中國近代人物日記叢書

〔清〕 皮錫瑞 著　吳仰湘 點校

皮錫瑞日記

第一冊

中華書局

圖書在版編目(CIP)數據

皮錫瑞日記/(清)皮錫瑞著;吳仰湘點校. —北京:中華書局,
2020.7(2023.3 重印)
(中國近代人物日記叢書)
ISBN 978-7-101-14290-7

Ⅰ.皮…　Ⅱ.①皮…②吳…　Ⅲ.皮錫瑞(1850~1908)-日記
Ⅳ.K825.1

中國版本圖書館 CIP 數據核字(2019)第 275855 號

書　　名	皮錫瑞日記(全五冊)
著　　者	〔清〕皮錫瑞
點 校 者	吳仰湘
叢 書 名	中國近代人物日記叢書
責任編輯	劉　明
責任印制	管　斌
出版發行	中華書局
	(北京市豐臺區太平橋西里 38 號　100073)
	http://www.zhbc.com.cn
	E-mail:zhbc@zhbc.com.cn
印　　刷	北京建宏印刷有限公司
版　　次	2020 年 7 月第 1 版
	2023 年 3 月第 2 次印刷
規　　格	開本/850×1168 毫米　1/32
	印張 63⅛　插頁 10　字數 1500 千字
印　　數	1501-2000 冊
國際書號	ISBN 978-7-101-14290-7
定　　價	290.00 元

《中國近代人物日記叢書》出版説明

編輯出版《中國近代人物日記叢書》，旨在爲學術界提供完備、可靠的基本資料。

日記體裁的特殊性，使其具有其他種類文獻所不具備的史料價值。日記中的資料，有的爲通行文獻所不載，有的可與通行文獻相互印證、補充，有的可以訂正通行文獻中的訛誤。中國近代許多著名的歷史人物都留有非常豐富的日記，較爲著名的有晚清四大日記翁同龢《翁文恭公日記》、李慈銘《越縵堂日記》、王闓運《湘綺樓日記》、葉昌熾《緣督廬日記》等，都是具有較高史料價值、經常被學者徵引的重要文獻。

然而許多日記文獻藏於圖書館、博物館、研究機構或個人手中，學者訪求不便。爲此，系統發掘整理這類文獻，是一項很有意義的工作。中華書局於二十世紀七十年代開始策劃《中國近代人物日記叢書》，出版了多個品種，受到學術界的重視與好評，《翁同龢日記》、《鄭孝胥日記》等至今仍是引用率較高的近代日記整理本。

新世紀以來，我們繼承這一傳統，加大近代人物日記的出版力度，試圖通過進一步完善整理體例、新編更便利使用的索引、搜集更完備的附録資料等方式，使這套叢書發揮更大的作用，繼續爲學術研究貢獻力量。

編好這套叢書，一定會遇到不少困難，但我們相信，在學術界、文博界和公私收藏機構與個人的大力支持下，這套有着悠久歷史的基本文獻叢書將會有更多更完備、精良的品種問世並傳世。

中華書局編輯部

目　録

第一册

第三册

庚子(光緒二十六年,1900 年)

第四册

第五册

點校前言

皮錫瑞(1850—1908)字麓雲,後改字鹿門,隸籍湖南善化縣(今屬長沙市),曾自署所居曰"師伏堂",後學尊稱"師伏先生"。皮氏於同治十二年(1873)膺選拔貢,光緒八年(1882)舉順天鄉試,後來四赴禮闈均報罷,遂以講學、著述終老。皮氏於光緒十六年(1890)延主湖南桂陽州龍潭書院,稍後游幕江西學署,光緒十八年(1892)掌教南昌經訓書院,前後七年,成材甚眾,光緒二十四年(1898)兼充長沙南學會學長,衎衎論學,宣揚變法,"戊戌政變"後遭受禁錮,坐館謀生,光緒二十八年(1902)受聘創辦善化小學堂,此後相繼執教於湖南高等學堂、湖南師範館、長沙府中學堂,講授經學、史學、倫理等課程,並兼任善化小學堂監督四年,代理湖南高等學堂總理半年。皮氏早擅文名,性喜詞章、議論,壯年轉治經學,究心名物、典制,進而專精今文《尚書》,疏證鄭玄經注經説,晚年融貫群經,創發大義。皮氏一生著述宏富,尤以《尚書大傳疏證》、《今文尚書考證》、《孝經鄭注疏》、《鄭志疏證》、《駁五經異義疏證》、《漢碑引經考》、《經學歷史》、《經學通論》等享譽學林。

皮錫瑞從光緒十八年壬辰(1892)正月初一開始留存日記,直到光緒三十四年(1908)二月初四日辭世,記事長達 16 年,文字超過 100 萬,蔚爲大觀。日記第 1 冊題"壬辰筆記",後來各冊均無標題,往往一冊記完即換新本,因此分冊較爲隨意,詳情如下:第 1 冊起壬辰年正月初一日,至閏六月廿一日;第 2 冊起壬辰年閏六月廿二日，至癸巳年四月二十日；第3册起癸巳年四月廿一日，至十一月三十日；第4册起癸巳年十二月初一日，至甲午年六月廿九日；第5册起甲午年七月初一日，至十二月三十日；第6册起乙未年正月初一日，至六月廿九日；第7册起乙未年七月初一日，至丙申年二月三十日；第8册起丙申年三月初一日，至八月三十日；第9册起丙申年九月初一日，至丁酉年三月初十日；第10册起丁酉年三月十一日，至八月初七日；第11册起丁酉年八月初八日，至戊戌年三月初二日；第12册起戊戌年三月初三日，至四月初二日；第13册起戊戌年四月初三日，至六月廿一日；第14册起戊戌年六月廿二日，至八月廿九日；第15册起戊戌年九月初一日，至己亥年二月初六日；第16册起己亥年二月初七日，至五月二十日；第17册起己亥年五月廿一日，至十月三十日；第18册起己亥年十一月初一日，至庚子年三月廿九日；第19册起庚子年四月初一日，至八月初八日；第20册起庚子年八月初九日，至辛丑年正月十六日；第21册起辛丑年正月十七日，至六月初十日；第22册起辛丑年六月十一日，至十月三十日；第23册起辛丑年十一月初一日，至壬寅年四月十七日；第24册起壬寅年四月十八日，至九月廿四日；第25册起壬寅年九月廿五日，至癸卯年二月三十日；第26册·起癸卯年三月初二日，至閏五月廿九日；第27册起癸卯年六月初一日，至十月廿六日；第28册起癸卯年十月廿七日，至甲辰年四月十五日；第29册起甲辰年四月十六日，至八月十七日（此册今缺）；第30册起甲辰年八月十八日，至十二月廿九日；第31册起乙巳年正月初一日，至五月初十日；第32册起乙巳年五月十一日，至丙午年三月三十日；第33册起丙午年四月初一日，至七月廿九日；第34册起丙午年八月初一日，至十二月三十日；第35册起丁未年正月初一日，至七月三十日；第36册起丁未年八月初一日，至戊申年二月初四日。

皮錫瑞日記翔實生動，内容豐富多彩，可爲後人全面研究其生平、思想與學術提供最爲真實的原始資料，也可爲今天深入瞭解晚清政治、經濟、教育、文化和社會變遷等提供新鮮而丰富的史料。

皮錫瑞生前聲名卓著，歿後却長期湮没無聞，周予同1928年注釋《經學歷史》時曾慨嘆：“他的生卒，他的師友，他的學術的傳承，我竟無法查考。我曾輾轉地詢問幾位湖南的學者，但不是没有回音，就是以不知作答。”直到1939年，他的孫子皮名振根據家藏史料編撰的《皮鹿門年譜》由上海商務印書館出版，皮氏人生經歷與學術概貌始爲外界知曉。其實，皮氏從43歲起，逐日記下自己的起居、出行、讀書、閲報、教學、著述和宴飲酬唱、書札往還、銀錢收支等，纖細無遺，已對其晚年生活、思想和學術作了全面記載（有時也追記少壯生活與交游等）。因此，根據這部日記，可以深入研究皮氏生平、思想和學術，並糾補《皮鹿門年譜》的疏漏、訛舛，排解皮氏詩文和經學著述中某些疑惑。例如《皮鹿門年譜》記皮氏受“戊戌政變”牽連，“奉廷寄，革舉人，交地方官管束”，此説廣爲流傳，但根據皮氏己亥年（1899）二月二十日自記南昌友人來電，“云此間已奉交地方管束之旨，功名無礙，御史徐道焜所參奏”，並回查徐道焜奏片和清廷諭旨，可知皮氏所受處分是從江西驅逐回籍，交湖南地方官嚴加管束，並未被革除舉人功名。再如皮氏《經學通論》卷四《三禮》末篇“論《禮經》止於十七篇，並及群經當求簡明有用，不當繁雜無用”，由評析歷代禮學得失而終論治經之要，篇末更説：“今科學尤繁，課程太密，即上智之士，亦不能專力治經。是以大義不明，好新奇者詆毀舊學，至有燒經之説。故作《通論》，粗發大綱，俾學者有從入之途，而無多歧之患。條舉群經之旨，冀存一綫之遺，觀者當諒其苦衷，而恕其僭妄。以教初學，或有裨益。若贍學淵聞之士，固無取乎此也。"已爲全書作結，使卷五《春秋》失去倫次，滋人疑竇。而翻檢皮氏乙巳年（1905）十二月至翌年六月的日記，知其編撰《經學通論》是先《易》、次《書》、次《詩》、次《春秋》，終以《三禮》，乃恍然釋疑。

皮錫瑞身處亂世，關懷時局，標舉"通經致用"、"鑒古切今"，並積极投入戊戌湘贛兩省變法和清末湖南興辦新學，成爲晚清政治與教育變革的參與者、思考者。因此，在皮氏日記中，既不乏家庭零碎、市井瑣細，也多有時事要聞，其中關於甲午戰爭、戊戌變法、庚子事變和清末新政更連篇累牘。這些記載，有些是他親歷目驗，有此爲戚友輾轉傳遞，更多的則源自報紙、電鈔或官場傳聞。凡關乎時局、人心、風俗者，他細大不捐，隨發感想，或大作評議。從這些記載中，一方面可見皮氏的立場、情感、主張、思想，另一方面也折射出晚清的時代劇變、地方興革與社會變遷。例如，皮氏1892—1898年間聘主南昌經訓書院，日記中詳載其教學生活以及與江西衆多官紳、士子的交往，成爲研究經訓書院歷史和晚清南昌社會生活的絕佳材料。又如，湖南從陳寶箴擔任巡撫以來，在軍事、政治、經濟等領域屢有變革，最後演成戊戌維新，對此重大史事，皮氏先是耳聞目睹，後來全力參與，並載於日記中，爲後人研究湖南維新運動提供了豐富而準確的信息。再如，在晚清新政中，湖南相繼將求實、岳麓、城南等書院改爲湖南高等學堂、湖南師範館、湖南中路師範學堂，但相關人事、課程、教學活動、學生風潮等，學界迄今語焉不詳，甚至張冠李戴，皮氏因在各校執教，還一度代理湖南高等學堂總理、兼任省學務公所圖書課長，與歷任巡撫、學政及省學務公所、各學堂主事官紳及教習往還較多，因此皮氏留存在日記中的種種親歷與見聞，正是研究清末湖南教育變革的第一手資料。

　　皮錫瑞日記一直以稿本存世，原件藏湖北省圖書館，1996年製成縮微膠卷，分藏於國家圖書館。另湖南省社會科學院歷史研究所藏有抄本，《湖南歷史資料》1958 年第 4 期、1959 年第 1 期和第 2 期、1981 年第 2 期選刊丁酉（1897）初冬至庚子（1900）年底有關維新變法的部分內容，可惜譌誤不少。2009 年國家圖書館出版社根據微卷還原件，影印出版《師伏堂日記》6冊，但模糊難辨處較多。2015 年中華書局出版本人所編《皮錫瑞全集》，第 9—11 冊爲日記。本人整理時，主要依據國家圖書館藏微卷（部分内容依據多年前在湖北省圖書館鈔録的稿本）。本次出版單行本，以《皮錫瑞全集》本爲工作本，仍據國家圖書館藏微卷，重新核校全文，糾正前次整理中個別識讀、斷句、校對訛誤，並編製人名索引（周明昭、張千帆兩生參與過索引編製）。因原稿字跡潦草，時有塗改，尤其微卷上少數文句被拍成黑影，無法辨認，有待將來查閱原稿後補正。

　　皮氏日記的整理及索引的編製較爲繁難，本人雖全力以赴，矻矻窮年，謬誤仍然不少，敬請識者指正。

　　　　　　　　己亥立夏日　吳仰湘謹識於嶽麓書院

壬辰（光緒十八年，1892年）

正　月

初一（公元 1892 年 1 月 30 日）

天陰。予自念不在家度歲兩年矣。前年庚寅奔喪未至，初一泊一孤洲，予有戒心，夜不能寐。去年辛卯在江右學院幕府，人皆喧呼飲博，予嗒焉若喪，悶坐無聊，改《〈關雎〉后妃之德賦》一篇，今刊入試牘者是也。今雖聚首故里，而老親棄養，幼子殤亡，悒悒無歡，覺君子三樂，其一已不可復得。且北上在即，行當束裝。天地者，萬物之逆旅，在家仍不殊在客時矣。

初二（31 日）

予以未釋服，不出拜年。戚屬中多有至者，汪受明、陳小圃、瞿述卿、彭念蘇、聰叔、廉泉、魯卿兄弟皆至。予以春闈故，日試書大卷數行。老目昏眊，歲甚一歲，輒誦燭武之言以自慨。

初三（2 月 1 日）

龍荔仙至，得江右經訓書院聘書，幸可爲北上留一退步。近日講席頗同祠祿，多以爵齒兼尊者居之。江右大邦，尤不欲借才異地。予雖故屬西江，今已占籍南楚，且名未通籍，年輩不尊，茲承破格之招，實由推轂之力。荔仙致芝生丈意，屬予先至江右上學，再行入都，則行期更迫矣。

初四（2 日）

祐兒得張子虞學使觀風題，予爲代搆數藝。《霍山爲南嶽辨》，向嘗執霍山南嶽爲今文説，衡山南嶽爲古文説。自東漢後，人皆知有古文，不知有今文，率詆霍山之説爲非，近時漢學諸公亦多不了了，兹爲大暢其説。又《秦漢之間楚地疆域考》，予考得項羽王梁、楚地九郡中有東郡，爲今直隸大名府地，始知羽當日欲據形勝，直以南北一綫橫亘於中原。羽生吳中，故會稽諸郡，必以自予。又欲北爭中夏，故其地直達今之大名，而自都彭城，以控制南北。其計亦未爲失，惲子居《項羽都彭城論》似見此意。

初五（3 日）

爲作《離騷經賦》，即仿騷體爲之。

初六（4 日）

爲作《湖南中興名臣序贊》，即予所知者，臚舉曾文正、左文襄、胡文忠、江忠烈、羅忠節、李忠武、曾忠襄、彭剛直、楊勇恪，凡九人。

初七（5 日）

爲作《讀〈鶡子〉》五古、《謁舜陵》七律。予故家江右臨江清江龍潭村，於初七天明時迎麗城菩薩，後家湖南，仍於是日祀之，亦劉中壘云毋絶種祀之意，然不解其所謂。去年九月至龍潭拜墓，始知麗城乃地名，距予村止三里，其神即此間之瘟疫神也。是日予始出門，至叔祖母及各姻戚處。

初八（6 日）

爲祐兒改"能以禮讓爲國乎"文。予向不解作小題，即以大題實做法爲之，似亦不溢題分。又改"客爵居左，其飲居右。介爵、酢爵、僎爵，皆居右"經文。予以照題鋪叙多雷同，將前後各作一比，雖不甚切，似略出新。

初九（7日）

爲作《湖北新建兩湖書院碑文》，其餘不暇爲矣。

初十（8日）

至唐雪樵丈處作吊。見陳璞山丈，代徐雨村之妻楊氏求入卹無告堂。晚間至芝生丈處謝，江右館事已成，並請教至彼如何辦理。芝生丈逐項指示，屬勿帶祐兒去，云前有人云曾通關節，攜銀式千旋里之説。予謂此兒何能爲，斯言殆謂予耳。然予爲人，丈所深知。予去年歸里，賣鐵舖屋田，得壹千三百金，以清債項，亦所深知。若有此事，何須鬻産？故予亦不必深辨，然即此可見世道之難、讒人之險。予用是益自警矣。

十一（9日）

始定期十六日，由袁州到江西，屬黄升催轎夫、車夫。

十二（10日）

往馮家冲拜墓，計二年不至先慈墓矣。轎中攜蔡雲《月令章句》①、邵瑛《劉炫規杜持平》閲之，亦無大發明。

十三（11日）

始束裝，爲北行計。

十四（12日）

瞿述卿爲予餞行。

十五（13日）

往各處辭行。自元旦至此，半月陰雨，未開霽。上元夜忽晴，月明如晝，方自幸以爲陸行無患矣。

十六（14日）

天明猶見日光，忽又昏黑，旋大風雨。午後冒雨起程，行二十里，至洞井舖中飯。又行十里，雨更大，遂止宿。

---

① 按，《月令章句》本東漢蔡邕撰，此處指清蔡雲輯本。

十七(15 日)

雨止。過馬崙山,宿朱亭舖,行七十里。

十八(16 日)

微雪。五里堆早飯,梢口舖中飯,宿板山舖,行六十里。前年由省城行三日至醴陵,始以爲三日亦可至,而尚隔二十里。

十九(17 日)

行十里,至元牌舖早飯。又十里,過醴陵。至土地舖中飯,宿油筒舖,行六十里。

二十(18 日)

過一關門,土人謂之昭關,即伍子胥所過者,荒謬可哂。此爲湖南、江西分界處。又過一關門,名太平關,遂過萍鄉縣城。又十里,名十里舖,止宿。

廿一(19 日)

行四十里,至蘆溪中飯。又行廿五里,至仙風舖宿。憶前年亦嘗宿此,今多行一日始至也。

廿二(20 日)

行六十五里,至袁州府。州方考試,人多如蟻。晚間登舟,作家書,交轎夫帶歸。計自起程至此七日①,時晴時雨,時復風雪。轎中寒甚,無可觀覽,攜熊、劉、方、儲時文讀之,始知諸公雖以時文名家,然其讀書亦實有心得。其引經據典,雖未必盡合古義,而具有所本,非杜撰無根之説。其義理精粹,則得自宋儒。以時文論,洵屬不刊之作。今之爲時文者,一挑半剔,守兔園册子,以爲傳衣祕訣,而於前輩根本之學,全不講究。其稍涉學者,又好援引古書,不加融化,童牛角馬,不今不古,或引《説文》古字,以爲古雅,痛詆宋學,以爲尊漢,徒以駭俗,終爲識者所嗤。

---

① "日",原誤作"里",據文義改。

興中瞑坐，亦嘗默誦經義，間有所悟，如《詩》"爲謀爲毖"之"毖"當訓"救"，與《書》"女典聽朕毖"義同；"商邑翼翼"，三家作"京師翼翼"，據《白虎通義》"周曰京師"，可爲三家《詩》以《商頌》爲美宋襄公之證。憾身無筆墨，未能懷握鉛槧①，過而輒忘。舟中有憶得者，當補録之。

廿三（21 日）

由袁州解纜，行六十里泊。舟中檢點什物，所損甚多，茶葉、筍乾和合爲一，尤可笑。江西小車破碎器物，較北方大車尤甚矣。是日晴。

廿四（22 日）

行三十里，至昌山，過浮橋。袁、臨之間多過水，爲銅車以注田，舟行謂之過灘，下水甚速，而行舟無法，輒至擱淺，以致反遲。舟中閱黃漱蘭所選《江左校士録》，甚多佳搆，其評語亦精當不浮，惟評盧震"子曰興於《詩》"二章文，云"王學、漢學所以必不可行"，則此言殊過當。夫學惟其是而已，聖人設教，判爲四科，未嘗強人出於一轍。後儒妄分門户，出奴入主，始有漢學、宋學之分，而宋、明理學又分朱學、王學。今日王學、漢學必不可行，然則可行者朱學而已。不知王學之名起於前明，漢學之名起於本朝，皆未嘗行之，何以知其必不可行？若徒以可行爲是，則黃老道家，異於聖學，而西漢行之，成文、景之治；徒以不可行者爲非，則《官禮》一書，云出周公，而新莽、王安石行之，爲蒼生之害。然則可行、不可行，亦甚難言，安見朱學可行，王學、漢學不可行哉！凡學當求心得，古人之自成一家者，其學皆有所長，非可輕詆。學者各以所近者學之而已，若暖暖姝姝，守一先生之言，如建鼓以求亡子之爲，而歷詆先儒之不合，此鄙人所不敢也。

---

① "槧"，原誤作"鏨"，據文義改。

作時文者,以兼詆漢、宋之學分作二比,乃八股中陋習,何必學使以評語揚其波乎? 是日作"工欲善其事"五句文一篇①。將晚,過分宜縣泊。兩岸青山,舟行曲折,仿佛嚴陵江風景。夜大雷雨。

廿五(23日)

雨止,北風甚大。登艫遠眺,見芳草微碧,幽禽亂鳴,頗有春意。記途中所得經義,《禮記》云"天子有田以處其子孫","田"當讀"甸",即天子甸服也。舟中可作書,書大卷、白摺各數行。作"太宰問於子貢"文乙篇。是日泊新喻縣,分宜至此九十里。夜風雪,寒甚。

廿六(24日)

推篷遠望,一白無際。飯後雪止,始行。寫大卷一開,作"子禽問於子貢"文一篇、"子曰吾未見剛者"全章文一篇。是日行六十里,泊楊梅灘下。

廿七(25日)

微雨。寫大卷一開,作"學如不及猶恐失之"文一篇。下午到臨江府。因搭船者上岸耽誤至夜,遂泊舟。又大雨。

廿八(26日)

雨止,頗有開霽之象。寫大卷、白摺各一開。早飯後至樟樹,舟子載煤還釐金耽誤,舟行又忘取衣服,開船已將晚矣。天晴風息,而無故遲留,令人恨恨。是日共行六十里。

廿九(27日)

半夜開船,放流聽其所之而休焉。舟中寫白摺二開。逐日看天、崇人時文,頗有所得。是日行乙百五十里,將晚至南昌。急束裝登岸,至官巷子春和客棧,已上燈矣。舟中同行者多湖南

①　"事",原誤作"學",據《論語·衛靈公》改。

人，至客舍又皆湖南人，鄉音盈耳，使項王聞之，必驚曰："何楚人之多也？"是夜宿客舍。天又雨。

二　月

初一（28 日）

以既到此當出拜客，不得已先期釋服。顧念以飢驅之故，禪祭亦不能在家行升祔禮，令人潸然。飯後將出門，而轎夫以朔望拜客者多，久待不至，至未正始出。先見福餘莘廉訪裕，極謙和，語言樸實，猶有倭文端遺風。談及上學、開課之事，允先擇吉上學，留題在此，課卷交摺差寄京評閱，師課須詢監院，即當傳監院來問。江右臬署與鹽道同一處，既出，遂往見鹽道裕觀察崑，人亦誠實，無矜氣。廉訪屬往見中丞，辭以將發奏摺，改日再請。至南昌縣汪綬之處，亦未見。至左菊生處略談，已晚，遂歸晚餐，覺憊甚。

初二（29 日）

往見方右銘方伯汝翼，云經訓爲人才所萃，去年兩主司云本科二、三場佳作頗多，伊云此乃整頓經訓書院之功，故請我掌教。江右藩署與糧道亦同一處，遂往見糧道鄧蓮裳蓉鏡。此公乃學海堂名士，留心文瀚，堅辭晚生帖不受，易愚弟帖乃見。見時極道傾慕，云經訓肄業生多伊門下，得我所評閱卷，無不欽佩。談未久，客至，約他日再談。歸寓而院書、院斗適至。代辦院書王益壽，南昌人，乃王益霖堂兄，院中一切皆伊辦理。監院、府學訓導夏定九鼎亦至，乃吉水人。人甚精明，云臬憲屬伊來，昨日我未歸，未得見；臬憲致意，擬擇初十上學，問我意可否。我以初十爲期太遠，能近更好。詢及師課，云課題即交伊手。去後，裕廉訪至。寓所迫狹，不敢請，而彼必欲一見，云有話說，見時即言上

學日期及留課題事。彼必欲留六個月題，我未敢應也。屬以中
丞處須再去。適中丞已親拜謝步，故云。廉訪去，遂往見中丞，
見時意亦優厚，詢及先君子事。遂言上學日期，告以廉訪擇初十
日。中丞云初十恐太遠，將入都，難於久待。命取官曆一看，云
初五日亦可用，俟見廉訪再商。辭出，往見夏定九，告以中丞之
語。伊云即往見廉訪，既中丞如此説，初五必可行。又見南昌府
曹秉濬、新建縣朱錫祁，均未見。同鄉李佑臣已行，徐仲衡先生及
閤覲臣、黃小麓、歐平叔、陳鶴春、李子賓、余端甫、沈鑑臣皆未得
見，惟見張詠仙、陳庚山二人。歸晚飯後，遂擬題數則。是日無
意中購得文三橋所刻圖章三方，價不昂，亦似非贗作。惟其語均
近高尚，一云“枕流漱石”，一云“吟風弄月”，一云“安分自足”，
豈天特以此爲之兆耶？

初三（3月1日）

　　所見諸公因祭祀，一早來拜。張詠仙、左菊生均請初五便
酌，以初五上學，並辭之。黃升往退帖，予尚未起。忽敲門聲甚
厲，云大人來送酒席。起視，則藩、臬、兩道公送燒烤燕席一桌、
酒一罈，辭之不可。旌使一元，而挑夫五人，黃升未歸，不知錢在
何處，窘甚，只得請寓中打埽夫換洋乙元，始打發諸人去。而予
得此實無用處，乃轉送左菊生。早飯後往龔養吾處，未見。李次
榮觀察未歸，拜其世兄，亦未見。梅小巖、徐子文爲此間耆宿，往
拜，亦未晤。惟見李俞農，詢其令姪吉齋同年已於廿八行矣。至
文道希處問問，云有信言在蘇州，日内將到京矣。歸寓，沈鑑臣、
陳鶴春均來見。夏定九亦來，云廉訪已定初五上學，屆期即來知
會。予始放心，初六准可行矣。是夜復擬題。

初四（2日）

　　寫信龍芝生丈致謝，並賀娶子婦喜。又寫家信，致秋珊師一
函。龔養吾至，久談。書院肄業生彭世芳、羅志清號文卿、魏焕

奎至，皆此間高才生。黃小麓來拜，談官場事。陳鶴春來，云曾見莫覲廷，有與懷欽聯姻事，並無悔意，爲之一快。客去，予又寫信往龍潭家健齋、芝仙族長，詢脩墓事，促其回信，並寫三、四、五、六、七五個月官課題，三、四、五三個月師課題。是日天晴明，喜其將有南風，不必陸行。

初五（3日）

梅小巖中丞來拜，必欲見，且先下拜。人極謙恭，語操土風，年七十，甚健，貌似老學究，並無官樣。九點鐘至經訓書院，首府、兩縣、監院均早到。予到院作主人，延諸君入談。遂至書院內看視住房，內一進陰黑潮濕，外一進略爽塏，但熱天恐熱耳。俄而福廉訪至，賓主對拜，四揖不跪。諸生亦四拜。茶罷，予送諸君出，遂歸早飯。沈兆祉號曉沂，其兄兆褘，糧道教讀。來見，問其年止廿六，英俊可畏。此人經術、詞章爲江右第一，將來造就正未可量。歐平叔來見。客去，遂出辭行。中丞、廉訪、鹽道均辭以整容，惟方伯、糧道請見。糧道處談許久，略及治經、作詩文法。首府、二三府、兩縣均未見。所擬官課題交廉訪，師課題交監院，乃歸晚飯。中丞致送程儀拾金，方伯、糧道各送拾弍元，廉訪、鹽道各送四金。廉訪又送翅席票一張、酒票一張，係長春與同春者，此照例事。予無所用，亦無可送，姑置之。龔養吾來，送臘肉一方、紙封二個。黃升去催船，議錢六千四百，搭一客除八百，寫有行票。是日晴，天甚熱，恐起風也。夜間整點行裝。連日利見大人，應接不暇，殊有丞相長史之勞，始知脩飾衣冠、奔走權勢，非吾輩野人所宜也。夜半大風雨，愁悒不寐。

初六（4日）

雨稍止，而風甚厲。予獨行作客，並無送我南浦之人，何石尤亦作祟耶？王慶康來見。此人有志向學，天分似不甚高。聞其品行端方，龍閣學所保人才不謬。左菊生來送行，且送食物四色，屬到京覓人書琴條四帋，見林綏臣託致書山東湯幼安方伯幕友張某，爲其兄芹生説項。日來受人所託：方伯託致意譚文卿侍郎；黃小麓託致意歐節吾同年；梅小巖託致意文道希，問萍鄉館當知住處；龔省吾有家信兩函、蘭花菇一包寄京；左菊生又求人書琴條四帋。是日予受寒，心中作嘔，甚不舒暢。書白摺一開，試筆。着黃升再看船，因前所僱太小，別僱一稍大者，價錢八千。還請新建差總同去，乃僱成。有長沙王姓者，先在陳庚山處，今得一小武職，其叔在京做提塘，必欲同行。予以係同鄉人，只要不荒唐，允其同舟前往。入夜，風稍止。

初七（5日）

　　風猶怒號，仍不能上船。左菊生又來拜。飯後寫大卷兩開，作“君子矜而不爭”文一篇。不能飛渡江，仍抱佛腳而已。夜寒甚，微雪。

初八（6日）

　　晴，風稍息。飯後上船，船甚小，僅容足。作“願無伐善”二句文一篇。是日風色仍不能行，以明日七九不開頭，略撐數篙，至滕王閣下。

初九（7日）

　　晴，仍是北風，幸不甚厲。下水可以斜行，所謂走之字路也。飯後作“君子和而不同”文一篇。申刻過喬石，行九十里，至蕭家莊泊。船名巴斗，其篷矮，故能逆風斜行。同行數船皆插會試旗號，蓋皆江右赴春闈者也。

初十（8日）

　　行六十里。兩下鐘即下雨，孤洲又不能泊，扯倒篷，倒行二里餘泊舟。作“子路曰願車馬”二節文一篇。是日予齒痛，不能飯。予向無齒疾，自去年遂覺齒牙動搖，右輔尤甚。近因患風熱，故痛劇。夜雨、雪，寒甚。

十一（9日）

　　雨止，北風亦少息。舟仍斜行，三十里至吳城。風又漸大，遂止。

十二（10日）

　　晴，仍北風。行三十里，至鄱陽湖口早飯。行六十里，至南康府。聞李藝園丈已卸篆，予亦未暇往見。前聞黃小麓云藝園丈以星子一案，不理於大憲，將過道班，改省江南。甚矣，做官之難也。是日作“述而不作”一章文一篇。予過廬山三次矣，不得一游，得毋爲山靈所笑乎？

十三（11日）

　　陰。黎明開行，飯後至姑潭，未初至湖口。望石鐘山，嵯峩可觀。予去歲嘗兩游之，蓋彭剛直所修飾也。南康至此九十里，從此入大江，須北風，而風微甚，將晚漸大。至九江輪船馬頭前，有長發棧接客吳姓者，云明日下水船名公和，乃江船最小者，後日江孚船可坐。如此，又須耽擱一日矣。

十四（12日）

　　風雨。待公和不至，聞須夜半始至，惟有待江孚而已。無事，作“子曰爲政以德”文一篇。詢吳姓，海舟以新裕、海晏、通州、武昌、重慶爲佳，特記之。是夜大風盪舟，殊有戒心。

十五（13日）

　　早飯後，上招商墩船。大風，寒甚。江孚未刻始至，多士濟濟，無容足地。在船邊暫住，風不可當。夜至安慶，有客人上岸，始得枝棲。人受寒，兩眉骨、兩臂痛。

十六（14日）

　　未刻至南京，戌刻至鎮江。舟中舉子計二百餘人，江西最多，湖南人未見。至此始見羅順循，略談近況及王吉來事。

十七（15日）

戌刻始抵上海,到長發棧。棧中無地可容,住一屯貨之屋,許明早再移。往年始此亦未見如此人多,且二月半後會試者多已渡海。今年節候較遲,二月初五海舟始行,故至今猶擁塞。予困甚,早臥。

十八（16日）

飯後至法馬路永安街長源泰謝筠亭處問文道希,云住長春棧。至棧中,道希出門。晤袁叔瑜,云已在新盛覓房艙,如有,可結伴偕行。申刻,叔瑜至,云已得房艙,約同去,乃急束裝登舟。舟中人多如蟻,無可容足,惟房中可藏身。四更後船開行。

十九（17日）

北風,雨。船微顛簸,予尚能起啖飯。惟茶壺爲人盜去,殊難忍渴。

二十（18日）

至黑水洋,顛簸尤甚。

二十一（19日）

過煙臺,未停住。風浪漸平。四更後至大沽口停輪。

二十二（20日）

早潮進口,午後潮退淺擱,路僅及半。叔瑜欲乘舟先往天津,予憚甚,不欲行,遂已。叔瑜贈予長歌,予答之云:"津沽水涸海不流,有如轍鮒窮莊周。租船高詠逢彥伯,長嘯意氣凌滄洲。君才槃槃滿人口,早歲傾動東諸侯。陸賈文詞重南粵,趙德師法尊潮州。枳不栖鸞古所慨,幡然更作京華游。滬瀆相逢聚萍水,船舷互扣交唱酬。君期素心數晨夕,我減青髯緣離憂。春風故園芳草發,雜花滿樹鶯聲柔。麓山蒼蒼湘水碧,落日悵望天南頭。方今公車集闕下,搜采傑俊延枚鄒。神山峩峩海上浮,查客漢津通斗牛。滇池鯤鵬有變化,草堂猿鶴無驚尤。金馬門中可避世，豈必招隱山之幽。鳳城楊柳笑迎客，人生肯似坳堂舟。”是夜夜潮，開行數里，仍擱淺。

二十三（21 日）

早潮開行，亦時淺擱。午後到紫竹林，住春元棧。街中晤俞伯鈞、程海年、林綏臣，彼坐新裕船，早行一日，亦同到，欲僱船由通州入京。予以困憊，不欲登舟，已與叔瑜有乘舟之約，聞之甚喜。而看船人歸，云冰雪尚未開凍，通河實不能行，只得舍舟而車矣。至歐節吾處，不晤。綏臣來，約過寓手談。予辭以困極，遂臥。

廿四（22 日）

至俞、程、林處略談。節吾來訪，未及暢敘，匆匆登車。行六十里，至楊村。予不乘車三年矣，未免有髀肉復生之感。

廿五（23 日）

四更開車，寒氣砭骨，覺己丑十二月出京走山東道，尚無如此之冷。見河中冰積尚厚，宜乎舟楫不通。行七十里打尖。予口占示叔瑜云：“馱鈴語深夜，馬色亂寒星。與子摩燕闕，相期對大廷。乾坤同抱策，江海幾漂萍。二月楊村路，荒原草未青。”又行七十里，至張家灣。叔瑜依韻和予詩五首，予又依韻得四首云：“車輪碾殘月，馬足蹴繁星。道路馳燕地，天人策漢廷。談詩深夜燭，感事異鄉萍。珍重藏山業，燈光卅載青。”“天祿多才士，雲臺有將星。吾人尚羈旅，何日覲王廷。世路叢荊棘，生涯逐梗萍。惟應薊門樹，不改舊時青。”“聞道乘查客，曾逢織女星。回車指仙路，泛海接天廷。握裏餘荊璧，飢時望楚萍。蓬萊如可到，莫負故山青。”“論交撫今昔，舊好若晨星。孤鳳猶藏穴，群龍正滿廷。枯榮原上草，聚散水中萍。獨有千秋志，逢君眼更青。”

廿六(24日)

天明開車，余家衛早尖。予車中有作云："馳車登碣館，立馬望燕臺。關柳何堪折，河冰尚未開。識時須俊傑，濟世在人才。太息長沙策，千秋首重回。"又示叔瑜云："海上榑桑挂曉墩，萬流鱗集仰龍門。漢廷選士文章貴，周室求賢道德尊。爲策天人來北闕，方期晨夕數南村。人生出處千秋事，素抱非君孰與論？""三春遠隔帝京程，因試南宮又北征。世事浮雲經歲變，鬢毛如雪逐年生。鵰盤大野寒無色，馬踏殘冰夜有聲。燕市故人應好在，論文當共酒樽傾。"午後入城，至試館。見沈小嵐，握手相勞。俄而黃子琳、熊笛樓至。又先至者鄒穀林、陳瀚仙及兩彭君，均相見共談。

廿七(25日)

擬至黃麓泉處詢起復事，而疲困殊甚，且畏早寒，乃致柬去問。回書云已辦妥，稍得放心。午後，林綬臣至館。

廿八(26日)

汪頌年至，暢談，留共飲。綬臣亦在坐。回憶己丑三人談讌時，忽忽如目前，而歲月不居，已三年矣，可慨也！

廿九(27日)

發家信一函。天甚冷，而予寒疾未愈，頭目眩然，作書殊不成字。是日黃斛泉至。

三 月

初一(28日)

檢點所攜書籍，多爲車中損壞，甚可憾。梁、馬、俞、劉諸孝廉至，多不相識者，而試館已有人滿之患矣。

初二（29日）

與綏臣共車出城。至黃鹿泉處，始知其病體未痊，頗有衰意，不勝慨然。又至李荔村處。荔村意氣尚豪，而容色亦非昔矣。至邑館，見楊惠皆、黃子餘、劉振愚、蕭叔薌、松喬、陳品章、譚蓉墅諸人，始知久安丈在浙江唐蓻老處授經，未至京師，亦未歸家也。至汪頌年處，未晤，見念恂與何璞元。至勞闓忱處，詢其行期尚定①，明日往殯宮，移居家眷不行，攜二子扶柩旋里。俞伯鈞、張元玉、程海年均在勞宅。歐節吾亦至，共談許久。遂至琉璃廠懿文齋，觀三鼎甲樣卷，朝考白摺字甚大，已滿格矣。與綏臣共買考具，歸寓已黃昏時，頗有饑色。

初三（30日）

將往勞宅拜殯宮，而人頗困乏，且剃髮恐冒風，遂着人送奠敬弍金。試筆，寫卷子兩開。是時天稍暖。

初四（31日）

往徐、烏、孫、廖、汪夫子處，皆未得見。欲下午再去，人甚困乏，俟場後再往見矣。

初五（4月1日）

檢理三場所帶書籍及場具。

初六（2日）

總裁放翁同龢、祁世長、霍穆歡、李端棻。房官，湖南止彭述一人。余所識者，外省惟呂世兄珮芬。有徐仁鑄者，年止二十歲②，科名太早，未知能閱文否也。觀入闈，止見祁公一人，房官數人多不相識。發風，灰土甚大，遂歸館。

---

① "尚"下，疑脫"未"字。

② 按，徐仁鑄生於1863年，至1892年應是三十歲。

初七（3 日）

綏臣强同抹麻雀牌二圈。頌年至，余遂止。是時來館者甚衆，共計二十九人矣。同邑會試者三十九人，以無隙地，有十人不至館中。入場可謂多矣。

初八（4 日）

晨起蓐食。約巳末午初時入場，甚擁擠。余坐西霜伍拾捌號。同號者有湘潭王綠波、黎薇生，得共談。是日天頗熱。三更後題昺下，題爲："子曰君子驕而不爭"二章，"斯禮也達乎諸侯大夫及士庶人"，"井九百畝"至"同養公田"。頭題太平正，無可出色。填詞藻、發議論，擅場者頗多，側串、截發亦難明晰，思作法未得，仍假寐。

初九（5 日）

幡《大題文府》，有三藝，均詞華極多。予盡棄不用，專用白戰之法。午後首藝成。至莫，三藝皆就。是日天尤熱。

初十（6 日）

書三藝，作詩畢，出場已未正矣。人頗困乏，而礴門外擁擠尤甚，殊可惡。至館，流汗浹背。

十一（7 日）

天熱甚，均解裘，着綿袍入場。坐西才式拾號，同號無相識者。場中熱不可當，有服單衣者。夜半題下："爲大塗"，"厥亦維我周"至"即康功田功"，"嗟嗟保介"二句，"公會諸侯盟于薄釋宋公"，"兵車不中度"至"幅廣狹不中量不粥於市"。

十二（8 日）

作首、次藝，遂膳真。至莫，三、四、五藝皆就。

十三（9 日）

書三、四、五藝畢，出場，日將中矣。

十四(10 日)

寒甚,仍披裘入場。坐西雨拾捌號,場中亦無同鄉。是夜寒氣砭骨。二鼓後題下,第一問《四書》;第二問新舊《唐書》,甚瑣碎;第三問《荀子》,頗難條對;第四問東三省水道、地輿;第五問農桑。

十五(11 日)

予對五策畢,書第一、二問,至莫遂已。

十六(12 日)

書五策畢,午初出闈。予逐日所見文,小嵐、綬臣、頌年、品章、笛樓、叔蘅、劉曉鰲、袁叔瑜、黃蓉瑞文律各異,亦各有長處,皆可中也,但未知天命何如耳。

十七(13 日)

頌年邀同寓。予以場後須醫藥調理,城內不便,午後出城,移寓汪宅。至夜,頌年及何璞元始歸,談至中夜。

十八(14 日)

予猶疲困,未出門,寫家信一函,將所作文寄示二兒。

十九(15 日)

至灃陽館,請侯箴卿診脈立方。遂至長沙館,見張宣臣文甚佳,以文論必可中,未知命何如耳。至善化館,聞宋大哥改官四川,將行。往見,未得晤。還寓,寫大卷數行。是夜右手忽木強,不能運動。

二十(16 日)

力疾往各處拜客,至旁晚始歸。有見者,有未得見者。見者,張埜秋先生、徐仲沅昆仲、黃麓泉、洪蓮午、黃俯山、彭石如、周湘屏、胡炳墀、羅順循、王夢湘。王名以乾。周名天保,此公已七旬有餘,人甚健,數千里奔到京應試,矍鑠哉!予年甫四十餘,已如昌黎所云"而視茫茫,而髮蒼蒼,而齒牙動搖"。昨夜右手忽木，尤可慮。詢之程海年，云此老境，非吉徵也，約明日往診脈。予歸仍覺兩手發熱，時痛時癢。計自場中如是，而今猶不愈，何耶？是日頌年與周郢生結姻定庚，頌年之女許郢生之子。

廿一（17日）

往海年處就醫。伊云外感已退，此陰虛血枯之症，立方用鼈甲、阿膠、牡蠣等藥，當可服。予以場中精力恐不及，服衛生丸三粒。大約此丸中有燥藥，予素陰虛，服之不宜，故現血枯手熱之病耳。往琉璃廠各處看舊書、字帖，並買眼鏡一具。歸寫大卷數行。陳梅生到此，已去，約晚間往聚寶堂一敘。日莫，遂與頌年同往聚寶堂。璞元已先到。在坐者，予所識有夏彝恂、袁叔瑜、文善孚諸人。客散，予先歸，服藥即卧。今年北方天時頗不正，予既有疾，故不敢與諸君子同游。二場後，有劉汝霖者，湘潭人，自場中抬出，僅餘喘息，已不能言，不知小寓何處。善化試館共議，以其人既病危，天氣甚冷，久卧荒坪必死，黃子琳與之同年，挪出小房一間，將此人抬入。次日告湘潭館人舁出，幸未死，遲二日卒不救。而沈小嵐之僕王五卒死於館中，蔣翰農之僕亦死于長沙館，可畏哉！

廿二（18日）

善化京官接場，設席於椿樹二條胡同富興堂，即樂春花戲故地。分得公車銀拾兩、李勉林觀察贈金式兩。同人即以式金爲長沙靳菊潭孝廉賻賷。席散後，至長沙館，見鄒建甫、徐寶生兩同年。至圓通寺周仲海郢生處，不晤，遂歸寓。

廿三（19日）

書大卷數行，右手又麻。遂往海年處改方，用龜板、鼈甲等藥並高麗參。歸寓後，林綏臣、二周君約同抹雀牌。予抹牌常輸，是日忽贏。至夜，將二鼓，遂罷。綏臣、郢生皆輸。約次日作東，聽戲、吃酒。

廿四（20日）

偕頌年、綏臣、二周往廣德樓聽玉成班梆子腔，戲尚好。有黃胖者唱薛仁貴，頗得神想九霄，有重名，日莫未能審視。遂至泰豐樓小飲，共歸寓。

廿五（21日）

入城，往各位夫子處，見徐蔭軒、廖仲山兩夫子。廖師意甚勤懇。至成子蕃、文道希處，皆未晤。歸寓已將莫矣。

廿六（22日）

頌年與郅生定姻，陪媒，約同往湖南館小飲。歸寓後又抹牌，予又贏。黃鹿泉、俞伯鈞至。天雨，鹿泉覓車不得，遂留宿。前見鹿泉所作文，借題發揮，痛言時事，具徵抱負不凡。而鹿泉云場中作不如是，此出闈擬作者。談至三鼓，予困甚，遂臥。

廿七（23日）

鹿泉一早已去。頌年、綏臣有戊子團拜之局。予欲出游，雨不止，遂寫大卷。甫一開，右手又麻，少歇。再寫至三開，覺頗費力，乃止。書扇二柄。買得裴鏡民、蘇孝慈二碑，玩之殊有意趣。憶己丑歲見此二碑，索價甚昂，未裱《裴碑》弍金，《蘇碑》乙金。今二碑裱好，合《過秦論》止廿乙千，價殊廉矣。

廿八（24日）

寫大卷兩開半、白摺半開。文道希來，略談。譚蓉墅、彝仲昆弟到此久坐，攜所書大卷去。聞譚敬甫中丞、唐薇農廉訪俱逝，不勝老成凋謝之感。節吾書來，索江西試牘一部去。叔瑜書來索枯魚，遂將前輪舟所作詩與之。夜間觀念恂所作詩，甚有詩才，五古、七古風格頗老，近體亦佳，擬《文選》中雜文亦能成體，似天分頗高，而時文則未了了。蓋由心好奇、厭薄時文之故。其讀天、崇、國初文亦躐等，宜降格求之，當有進境。

廿九（25日）

寫白摺三開半，仍苦手麻。午後至湖廣館，癸酉同年接場公局，拔貢惟予及節吾、晴峰，舉人則節吾、鹿泉、陶菊溪、傅迪齋、周湘屏。周年已七十有六，其所作文精力彌滿，是道咸間墨裁。齒之宿而才之新，真不愧李百藥矣。年逾古稀，而能數千里來赴禮闈，亦是異事。予年較周少三十餘歲，已不勝其勞，可笑也。同歲科舉已二十年，同年稀如晨星，惟冀今年多中數人，下科更不知有人來否。諸君云譚中丞、唐廉訪噩耗不確，想傳聞之誤也。曹次謀、劉笏雲兄弟過談。張幼林來，予出，未晤。予歸至圓通寺訪周君，亦未晤。

三十（26日）

寫白摺三開、大卷半開。念恂爲予作墨盒，乃頌年新得法，即以松香焚取煙爲之，計松脂乙斤，可作墨盒二個。其墨純黑，勝於松煙墨所爲，惟一筆只能作四五字，多則見枯耳。下午至琉璃廠，買墨盒並書數卷。

四 月

初一（27日）

壬午同年接場，在廣德樓聽戲、聚寶堂小飲。予先往海年處診脈易方，遂與伯鈞同至廣德樓，將晚至聚寶堂。壬午同年應試者有三十二人，到者二十餘人，多豪興，豁拳叫相公，足見科分尚未老，氣尚盛，較之癸酉同年大不侔矣。予歸亦有醉意。

初二（28日）

寫大卷一開。汪柳門師請湖南會館音尊，係小榮春班新編《兒女英雄傳》，戲頗耐看，作十三妹爲莊兒。歸寓已將晚矣。

初三（29 日）

寫白摺式開。往長沙、善化、瀏陽三館，代左菊生求書斗方。歸寓，書大卷一開。偕頌年、潤泉往琉璃廠，遂至西河沿大宛試館訪俞碻士，不晤。晚歸寓。

初四（30 日）

陳曼秋約巳刻廣和居小飲，先至瀏陽館見節吾久談，遂至廣和居。飲畢歸寓，寫大卷一開。鹿泉以《銅官感舊圖》屬題，予題云："陣雲黑壓銅官渚，江岸髑髏夜深語。大星將沈復未沈，狂波咽紅血飛雨。金田挺亂東南傾，湘鄉相公方聚兵。義旗周麾萬衆起，靖港一蹶暗無聲。茫茫舊事猶堪憶，章公從戎甫投筆。策士謀從死地生，大軍險鑿凶門出。此時浩劫厄元臣，自分懷沙湘水濱。元伯權詞解危急，祭公反振脫沈淪。不死扶持有神力，幕中天遣嘉賓匿。若真魚腹葬江流，那能龍膊摧堅壁。自收鐵甕補金甌，霜髯青門老故侯。每對畫圖傷掬指，何心恩澤羨焦頭。雲母溪風戰菼葵，猶似湘軍鼓聲紞。手援天下非公誰，掩卷更發千秋感。"晚間徐寶生、曹梅舫、洪蓮午、潘碧泉見過。夜間林綬臣來宿，談至半夜始卧。

初五（5 月 1 日）

至湖南館，北榜團拜，請老師，徐、孫兩夫子到。北榜壬午惟我一人，癸未合辦，到者惟李荔蓀並陳梅生，湖南共三人而已。夜歸已三鼓。

初六（2 日）

寫大卷乙開半，並扇二柄。下午偕頌年、韻泉往琉璃廠，遂至西河沿俞塙士處，不晤。由長沙館歸寓。

初七（3 日）

寫大卷、白摺各二開。下午黃鹿泉邀同義勝居小飲。

初八（4 日）

成子蕃邀同岳忠武祠小飲。歸遇雨，頗受寒。爲陳曼秋書扇一柄。

初九（5 日）

爲何樸元書扇一柄。至任雨田、徐叔鴻處賀喜。又往數處，皆不晤。惟晤李荔蓀，談數刻。

初十（6 日）

天雨，頗寒。李佑臣來，略談。左菊生亦自江西至。飯後至長沙、善化、澧陽三館。歸寫字數行。

十一（7 日）

寫字數行。頌年邀同兩周君抹牌，以揭曉，皆無興趣，遂同郅生至試館聽榜。聞已中葉、曹、胡數人，笛樓、斛泉云此科恐又不得，數人皆作怪文章者。葉起講跟上四個"君子"，全不粘題。曹破題云"君子大無爭，以天下觀天下也"，起講有"芒乎芴乎"、"蒼蒼者天之正色"等語。胡三篇皆段落，二篇破題云"所以補《儀禮》之缺也"。所中如此，則平作實做必不行。予聞之亦怦然。旋聞俞伯鈞、汪頌年中，則其文亦無甚異，俞六比總發，汪半中略側而已。至將晚，聞已中十一人，所餘三人耳，乃同歸寓。聞此三人亦出，更無復望。功名得失，自有定分，非必怨尤。惟年過四十，一事無成，得第難於登天，埋憂苦其無地。未秋蒲柳，年力就衰。此次奔馳，已形竭蹶，將來恐不能再與計偕。瞻望玉堂，如在天上。兼之家累益重，鬻產將空，歲歲依人，終非長策。思之慨然，不能成寐。

十二（8 日）

頌年賀客盈門，彼受賀而余受吊。文道希至，未得暢談。楊惠皆至，同往閣忱處，遂同聽戲。歸至琉璃廠，買墨合、朱拓等件。歸寓，郅生、亶臣、翰農至。亶臣云從此一行作吏，與大卷、白摺長別。予云可謂與大卷、白摺生死辭矣。遂以大卷、摺筆皆送頌年，云“老兄得此全無用，助爾添修五鳳樓”，相與一笑。郢生、樸元談至二鼓。

十三（9日）

予急欲出京，左菊生已於早間先去，未及部署，不能同行，乃至長沙、善化各館覓同行人。長館見亶臣、建甫、寶生，皆不行。見李佑臣，欲道山東，云有柳、馬諸君十五六將行。善館見蓉墅，云亦有數日。綏臣至，同往節吾處，見沈兆祉上龍閣學書，甚佳。復至闇忱處。還又至長沙館，晤荔村，見會墨，多駁人語，殊屬可怪。綏臣云准廿日內行，欲予少待。予急欲去，獨行踽踽，太覺無聊，而欲行者皆無塙期，不知何苦留戀也。歸寓，頌年已往內城，豫備覆試矣。晚間寂坐無聊，至圓通寺兩周君處，談至夜分始歸。

十四（10日）

兩周君約同往琉璃廠，並至戲園聽戲。遂至致美齋小飲，園中晤袁叔瑜，約十七同行。其同寓有浙江王君，亦同往。此君去年北榜講下用“老氏之言曰”，爲言官彈奏，請釐正文體，已通飭各省，節吾、叔衡皆見之，乃本科仍尚《老》、《莊》。曹梅舫破題云“君子大無爭，以天下觀天下也”，講中有“蒼蒼者天之正色”等語，不以爲忌。王君亦以彈奏，不敢再用，遂不得售。予見天、崇文多用子書、佛經，文運與國運相關，闈中諸君殆亦爲風會所轉耳。

十五（11日）

至道希處，不晤。至邑館，蓉墅外出，彝仲云十七准行。着人約叔瑜，亦云十七准行，遂將行囊略爲部署。所領落卷並未出房，批云“非不明晰，尚少獨到”，乃第五房，其姓名爲四川施屺雲。而頭場卷面署名爲俞鴻慶，文則予之文，以下第舉子冒新進士之名，甚可怪也。周郢生文爲人傳誦，亦在施屺雲房而未薦，其批與予略同。汪頌年亦出施之房，而薦得售。文之無憑如此！

十六（12 日）

叔瑜來信，云已僱車，大車卅千，單套廿千，十八准行。林綬臣至，同往節吾處。節吾留廣和居小飲，在坐有漢陽黃篤友、吳小珊。頌年約便宜坊爲予餞行，晚間復偕璞元、綬臣、郢生至便宜坊。臥已三鼓。

十七（13 日）

至郢生處，託寄家信，並食物及參式匣。遂至佑臣處，見方晴峰同年亦至，云已籌欵捐知縣。問其年，已五十餘矣。此番癸酉拔貢同年，惟我與晴峰二人。今晴峰決意出仕，我亦未必再來，節吾亦俟截取，恐下科會試無人矣。聞周湘屛後年仍必欲來，可謂老當益壯，予甚愧之。還寓，檢點行裝。與頌年商議，請譚彝仲教念佝書。函達彝仲，遂亦慨允。此舉可謂兩得。頌年夜持杯爲予餞別，不禁黯然有離色矣。

十八（14 日）

飯後登車，至楊梅竹鴻昇店，約袁叔瑜、王書衡同行。出東便門，不覺淒然。未央遼遼，比梁鴻之遠放；玉堂天上，無歐九之晚榮。回憶二十年來，歲月如馳，風塵告瘁。今茲一去，未必重來。蒲柳早衰，已冷朝天之夢；江湖嘯傲，能無戀闕之情？申刻至通州，上船。舟小人多，炎熱殊甚。

十九（15 日）

天明解纜。舟中談及近來文字之怪，有用鳩字串發二章者；有破題云"君子保身，世無蠱矣"，文中有云"君子所以醉天下也"。又有小講全作韻語，云"蛙鳴一堂，蟻聚四方"，收句云"死在水中央"。卷已備中，批甚恭惟，因用韻語，有違功令，不得已置之。榜前在京聞之，猶以爲非實事。今據王書衡皆識其人，塙實不謬。後至天津，見日報亦云然，真可謂文妖矣。是日行二百里。

二十（16 日）

行百六十里，至津尚隔數里。舟中甚炎熱。通州兩岸無可觀者。覽張爕堂湖南試牘，以經義、治事居中，時文殿末。治事惟用兵形勢一項，似太隘。詞章未足盡湖南之長，賦以多爲貴，殊無體裁。時文以自出手眼爲主，足矯庸濫之習，亦尚不如今年會試文之怪。李希聖、熊希齡二人才氣均可觀。熊鳳皇廳人，尤爲難能可貴。

廿一（17 日）

過關即浮橋舭誤，許久始到津。問海船，武昌、通州均有人滿之患。搭順和船，次日過船。小舟炎熱，上岸閒步，至紫竹林小飲，旁晚始歸。春元棧中見勞凱臣，途中遇譚蓉墅。

廿二（18 日）

待輪船，尚未至，仍至紫竹林小坐。過河至武備學堂，見其地甚潤大，諸生各有課程，但分門太多，恐無實濟，徒靡巨欵而已。諸生方飯，暫停功課，不及見其肄習。歸舟則舟已不見，行李皆上順和船矣。晚上復登岸散步。

廿三（19 日）

上岸至貴仲樓早飯。還船，至午始開。至武備學堂前，因潮退擱淺。

廿四（20 日）

午潮始開，至晚始出口。

廿五（21 日）

未刻後至煙臺。波平無風，海鏡澄碧。由煙臺開行，二更時將入大洋，忽舟人鼎沸，云艙中失火。安危呼吸，茫然無計，以爲不化劫灰，即飽魚腹矣。俄而云已撲滅，舟人額手相慶。計自甲戌泛海南旋，坐海舟已十次，雖有風濤之險，尚無焚燎之驚。今茲所遭，不堪設想。升斗微名，得亦何補，而輕性命於一擲，何爲哉！是夜睡夢中，驚魂尚搖搖不定。

廿六（22 日）

過黑水洋。微雨，頗涼，風平無浪。

廿七（23 日）

北風頗大，已過大洋，船尚平穩。午後到吳淞口，未刻後抵碼頭。寓永安街萬安樓。萬安樓非復故地，生意亦淡。同至更上一層樓吃茶，剃髮。歸寓晚飯後，至丹桂園聽戲。

廿八（24 日）

王書衡往蘇州。近日有水輪船，不用火，以二三十人踏輪，行甚速，云至蘇州一日可到。同往第一樓吃茶。書衡別去，予同叔瑜至店中買物。叔瑜買洋書數冊，《古經解》、《經訓堂》共伍元半，較予江西所買又便宜矣。予覓《續皇清經解》，只醉六堂有之，而不及裝釘。至九章買綢緞，將三十金。歸寓晚飯。至天仙聽戲。

廿九（25 日）

發家信一函。飯後，予復至醉六堂，問及江西文盛堂晏月樵在此，寓春申福棧，在三馬路。同醉六堂掌櫃吳申甫同往訪之，途中相遇，邀同茶樓小坐。約今將書帶至江西，交文盛裝釘，有缺頁即由彼寄滬，問醉六堂補足。議定後，將書裝箱中送至，價三十六元，扣釘價式元四角。予求此書久之，今得之，亦可在講舍遣日矣。晚間，叔瑜有人邀飲，獨坐無聊，又往丹桂聽戲。

五 月

初一（26 日）

早起束裝，飯後上江寬輪船。因在海船受虛驚，詢及輪船利弊，云招商較穩，因重客不重貨，凡不妥當之物不載，所以近年失事較少，價雖略貴而人爭赴者以此；若太古、怡和，則重貨不重客，凡引火之物俱不忌。此次順和所載，皆羊駝毛、綿花、松香引火之物，若非天幸，已受奇災。野雞船尤不妥，以後必須待招商船。江裕廿七已開，不能不待江寬，非無故耽擱兩日也。是日叔瑜坐汕頭船往潮州，予往九江。約登舟後仍上岸游覽，而雨甚大，叔瑜過船共談。約登岸，予辭不往。蕭叔衡往南京，亦坐此船，乃與叔衡共談。萬安樓約送飯，至夜不至。着人催取，飯菜俱冷。送飯者復爲同舟人打壞，頭破血流，殊可怪。萬安樓已易主，亦非舊處。飯菜不堪，坐客稀少，有門前冷落車馬稀之慨。予以海船接客者再三張羅，不得已而往，亦實不知其情形如此，乃至爲腹負將軍。

初二（27 日）

四鼓開船出口。江船房艙價倍，予本無意坐房艙，而棧中爲之代定，予以上海到九江加洋只二元七角，姑聽之。房艙客例請到帳房吃飯，早粥，午、晚飯，較客棧爲豐矣。舟中間出眺望。無事，觀《經訓叢書》中《明堂大道録》、《禘説》。惠定宇謂明堂即路寢，援引詳博，予不謂然。是日申刻後過鎮江。

初三（28 日）

天明過南京。問叔衡，已去矣。同舟有余洞澂者，廣西公車，原籍鄱陽，與王晉侯中表，少年英偉，與之談甚洽，約同往江西。是日過大通、蕪湖。

初四（29 日）

五鼓過安慶。未刻後至九江，寓春和棧。李佑臣曾交一函致德化令羅少垣，代託封船。予攜信往，羅辭以公事，未見。隨着人來，諾爲封船，且請明日到署過節。棧中多臭蟲咬人，徹夜不睡。

初五（30 日）

客棧送鹽蛋、糭子賀端午。因念己丑在京，庚寅在桂陽州，辛卯在九江考棚，今又在九江客棧，端午不在家過節已四年矣。人生不過數十寒暑，如此擾擾，何爲哉！申刻後，羅君催速至署，乃往，見賓客盈座，共三桌，大抵幕友、官親之流。將晚返署。夜間仍爲臭蟲所困。予初一在滬得《申報》，已知鼎甲之名，殿元劉福姚，余洞澂識其人，亦己丑中書，年甚少，出所書大卷見示，亦不甚佳。是日詢羅君，亦尚不知殿甲全報。

初六（31 日）

因前所定撫州船不開，別換一船，略小，與余洞澂同舟。午後登舟，忽大雨，又船關耽擱，仍未能行。

初七（6 月 1 日）

開船。下午至湖口略停，復行十餘里。

初八（2 日）

行十餘里，尚未至姑潭。過湖口即須北風，連日皆南風，殊不順。舟中取舊所撰《古文尚書辨證》、《尚書大傳箋》底稿視之，慨日月之遷流，恐修名之不立，擬至江右講舍多暇，取此書撰成之，爲身後醬瓿計。

初九（3 日）

始至姑潭。此去陸路至九江僅四十里，行四日始至，可笑也。近日小輪船之外，又有車渡，即水輪船，以十餘人踏行，日可行三四百里。余洞澂、袁叔瑜在兩廣皆坐之①，王書衡回蘇州即坐此船，云一日可至。此船不知能過洞庭、鄱陽否？若有之，則便甚矣。

---

① "瑜"，原誤作"衡"，據文義改。

初十（4日）

行二三十里。舟中觀《國朝駢體正宗》，其中高格如胡、邵、孫、洪外，佳者似亦無多。憶王書衡言胡稚威時文刻出，近人揣摩者甚夥，上科進士某文中小講云"且吾黨有耳學焉，耳者躬之囊"云云，即學胡文者。稚威在當時困躓場屋，而身後文運之行一至於此，亦可怪，惜未得胡之時文一觀也。

十一（5日）

早行十餘里泊。申刻後忽轉北風，張帆過湖，行九十里至吳城，不勝慶幸。得鮮銀魚、針魚，酌酒飲之。

十二（6日）

順風揚帆，黃昏至南昌，未得入城。行一百八十里。予至滬即患河魚之疾，日瀉數次，頗困憊，舟中尤悶。客有攜《紅樓夢》者，藉以遣日。伊又攜有袁翔甫出洋所箸書，見洋人風俗甚異，其國能上下一心，道路不爭鬥，而三綱不立，陰陽倒置，皆不明倫之故。聞去年總稅務司赫德欲使其子應順天鄉試，有尼之者，卒不行。又聞叔瑜言曾紀渠欲使新嘉坡、舊金山華人眾處，着人往設教、起書院，議亦未果。此等事，一則可動洋人向化之心，二則可維繫華人在洋之意，將使聖教達乎四裔，較之使洋人在中國傳天主教，何啻霄壤，乃於彼許之而此反不許，肉食無遠謀，可慨哉！

十三（7日）

早使黃升入城詢監院夏定九可直入書院否，云已收拾，可住。至院，則定九已先至矣。憶二月初來此上學，而今乃真到館，天其或者欲以暇日爲予箸書計乎？苜盤還我，蕊榜看人，亦不必賦《畔牢愁》矣。問定九，云龍三先生有電報促沈兆祉到鎮江，待彼同行，沈生已去。如此，則龍丈已可到京。沈生一去，有冀北空群之慨。又云新學使並未咨送一人，似全不留意於此者。

蓋今之能培植人才者鮮矣。是夜復爲臭蟲所擾，徹夜不眠。始猶以爲蚊也，俄而手背上有蠕蠕動者，起視則一臭蟲。蓋床架乃舊物，此蟲藏其中無數。予次日乃知之，亟命徹去。

十四（8 日）

飯後將《續經解》送至文盛堂裝訂，見有丁儉卿所著書，攜歸觀之。至夏定九處，不晤。隨送來三、四月課卷，佳卷寥寥。因去年所中及優貢六人已拔其尤，今年無科場，外府高才生至者無幾故也。得家信，知吉人出水痘，未入縣試，想家中又受一驚矣。

十五（9 日）

閱師課卷。午刻出門，往見藩、臬、糧鹽兩道，均久談。福廉訪意甚肫摯，云其令姪已得館選，會試八九次矣。方伯云有教諸生具禀①，請兼課經、古。此地風氣漸開，能崇古學，甚佳。鄧觀察云龍芝翁促沈兆祉往上海相見，是亦由海道去矣。惟中丞未見，首府、二縣、李觀察、左菊生、陳禹山均不晤。歸已申刻後矣。晚仍閱卷。

十六（10 日）

撫、藩、臬、兩道又送燕席票、酒票。予辭去，復送來，只得收之。臬臺、鹽道謝步，均攔駕。三、四、五月官課卷送來，趕急披閱，至暮方已。晚間寫家書乙函。

十七（11 日）

曹太守來，必欲會，相見略談。左菊生來，云看見殿甲單，汪詒書在十一，趙啟霖在第七。太守亦云汪得館選，但未見電報耳。三月官卷閱完，仍以沈兆祉爲冠，其餘沈兆褆、歐陽熙、魏燮奎均佳。節吾來乙函，中有李綠寶兩信，促沈小宜往芝翁處，不

---

① "有"，當作"友"，指友教書院。

知彼已行矣。予見解“京師之野”皆未明，擬作《釋京》一篇。

十八（12 日）

閱三月師課卷。初次以蕭毓蘅爲冠，以其考“公子朱裳”尚明晰。《燕昭王師郭隗論》，伊痛詆燕昭、郭隗。宋、明以來，論者工詞古人，而不審時勢。此陋習最可惡，予擬批深斥之。二次以廖壽蕙爲冠。書院中諸生年老最久者，以此生爲佳，而其年已四十餘矣。噫！

十九（13 日）

聞福廉訪之姪得館選，往賀，未晤。又往本處紳士、各書院掌教者及同鄉諸君，多未見，惟見李藐園年伯及張詠仙、黃小麓。小麓處見翰林報單，頌年名最高，列第四，次趙汝霖①、王良弼、劉潤珩、俞鴻慶，多出人意外。而洪汝源②、曹廣楨以爲必得館選竟不得，足見科名皆不可恃也。三月官卷閱畢，送去。

二十（14 日）

三月師課閱畢，即由予填名次發出。接閱四月官卷。

二十一（15 日）

閱卷。文盛書坊將《續經解》裝好送來。予匆匆點過本數，其有無缺頁，未能細閱也。新昌盧豫章來見。

二十二（16 日）

德中丞來回拜，見談許久。李藐園年丈亦至。客去後，仍閱官卷，仍以沈兆祉爲最。蔡藩一卷亦係伊作。賦題《文信國和王昭儀題壁詞賦》，雖有佳作，而少完篇。沈擬作最工，其自己所作無賦。《蒼帝史皇氏頌》最佳。予以沈已取第一，以魏燮奎居首。魏經解不誤，駢、散文皆遒古，亦可冠軍。沈與蔡次之，其

---

① “汝”，當作“啟”，殆當時傳聞有誤。

② 原稿於“洪汝源”旁有小字補注“洪已得館選”。

次秦鏡中最佳。

二十三（17日）

　　梅少巖先生至，小巖中丞弟也。熊濟洙來見。客去，閲五月官卷。下午閤覬臣、黃小麓至。小麓言其所箸書奇古，予暇時當往觀。

二十四（18日）

　　魏雅夫至，衡陽人。劉虞九年伯至，其子亦壬午，現留京也。秦鏡中、余兆麟來見。又晏志清號海瀾，乃文盛老板之四弟，以門生帖來，欲受業門下。客去，閲五月卷。《緹縈上書漢文帝除肉刑賦》竟無完作。《麒麟閣功臣圖像贊》，沈兆禕、蔡藩、徐運鑫、魏燮奎皆可觀。賦則舒恭瀼稍可。名次以沈居首。其弟兆祉已去，卷不知何人作，只一經解，未便入超等，實特等第一。

廿五（19日）

　　賀贊元贈其遠祖賀子翼先生集一部。此間向不收贄敬，熊濟洙送贄敬，予却之，餘亦無送者，若家集不妨受也。舒恭瀼、余生騏來見。宋功煒來見。客去後，將四、五月卷定甲乙送去。

廿六（20日）

　　同鄉賀輝玉號月槎至。徐拔、楊念惕來見。邢汝楫來見。諸生來見者，率以經術、詞章請益。予告以經學當守家法，詞章必宗家數，且示以餖飣摸擬之法，不嫌太卑。蓋此間風氣初開，罕得門徑。經解多雜采漢、宋，空衍義理，論不似論，文不似文。駢、散文參以時文。詩多俚俗，頗似謡諺。前《玉帶生歌》有云"爾今在那裏，莫不是"云云。"莫不是"云云可發一笑。予得丁儉卿《六薇堂叢書》，有《讀經說》一卷，乃先生主講鹽城刊示諸生之作，擬覆刊以示諸生。

廿七（21日）

四月初次師課卷閲完。《〈昊天有成命〉"成王"解》，此題毛、鄭所解皆非是，諸生罕能辨者。熊錫榮獨知《集傳》未知"成王"爲生存之號，未免强經就己云云，予置之第一。擬作一篇，以示諸生。是日，唐鼎昌、葉潤藜來見，鄒國光、賀贊元來見。賀年止十二三，英俊可喜。是夜大雨。

廿八（22日）

閲四月二次師課卷。題係《班超遣掾甘英窮西海望大秦賦》，南康秦鏡中、余兆麟皆兼古體，秦尤佳，置第一。下午發師課卷。朱溪雲來見，乃高安相國後裔，龍三丈特舉在書院管理書籍。見所攜書目，書並無多。

廿九（23日）

閲五月初次師課卷。題爲《絲衣會弁爲靈星公尸所服考》，見於《通典》引劉向《五經通義》，解者多不能明，惟蕭毓蕡少有發明。劉應丙引《禮經注》，列五證以明會弁是爵弁，列三證以明會弁非皮弁，而其説皆不搞。惟此間習於《禮經》者甚尠，劉説不搞而出自心得，非鈔胥得來，擬置之第三，以爲習《禮》者勸。午後，喻忱來見，黃文祥來見。晚間至朱溪雲及靖安陳君處略談。陳在此教書，非肄業生也。

六　月

初一（24日）

大雨不止。定初次課卷，以王益霖爲第一。接閲二次課卷，題爲《漢武帝郊雍獲一角獸賦》、《訪湯臨川玉茗堂故址詩》。夏承慶、蔡藩二卷最佳，置夏第一，蔡第二。夏定九之夫人割股醫姑，姑愈而婦病遂死，郭廷鈺爲作啟徵詩。予諾之而詩久不成，至是始撰就。夏定九處送來夏季脩金百六十金、節敬四金,予擬寄歸家中。春季脩金,予攜入都,將用完矣。此番入都,來往共用三百餘金。予實未濫用一錢,買物共費百餘金,餘皆舟車費居多也。

初二(25日)

雨止。二次師課卷閱畢。賀贊元之父名文華字晴江來見,言其子本不欲使之到省,聞予掌教,乃遣來受業。予甚愧乎其言。予始見默深先生《書古微》頗多武斷,將《召誥》、《洛誥》篇文任意顛倒,蹈宋人改經陋習,又引《書序》力辨周公無稱王事,皆宋人唾餘,予意甚不然之。今見劉禮部《尚書今古文集解》、《書序述聞》,乃知其說皆出陽湖莊氏。莊氏經學大師,不期謬妄至此。予所以云國朝經師治《尚書》,皆未有得要領者也。又見程綿莊《晚書訂疑》,力辨武王不蒙文王受命之年,其說皆謬。

初三(26日)

作書寄都中,賀汪頌年,並致書龍芝生丈、歐節吾、文道希兩同年。左菊生來,云譚文卿已放閩浙總督。《申報》有明年春鄉、秋會之說,恐未塙也。夜觀賀子翼詩,甚佳。其論詩有獨到處,雖取鍾、譚,亦兼宗王、李。此公以古文名家,今觀其詩,亦明末之矯矯者。

初四(27日)

清釐《經解續編》缺頁。段笏、李文釗來見。洪田、樊有季來見。洪都山長彭堯曦號穀孫來回拜。朱溪雲贈其祖文端公年譜,及其族名瀚號寅葊者詩集。其詩間有佳者,在武弁中亦難得也。

初五(28日)

清釐《經解》卷葉缺誤。下午往各處回拜,惟見劉虞九年丈、賀月槎大令。

初六（29 日）

蕭毓蕺、劉鳳鏘來見。蔡藩來見。李承芳、李廷樾來見。羅志清來見。魏燮奎來見。二李乃父子也。劉乃虞九丈族弟。蕭、蔡、羅、魏皆書院高才生。蕭治《易》，頗通曉。蔡能詞章，詩學梅村。羅詞章亦工。魏尤傑出，治經主三《禮》，爲此間僅見；詞章學晉、宋，奇古瑰邁，絕無庸俗之氣。袁子才謂孫淵如云："天下清才多，奇才少。君，天下之奇才也。"此地言奇才，惟此人猶足當之。能用力不懈，將來成就正未可量。此去年科試入學予所取經生也。此間新進諸生，予所最稱賞者，惟魏及萍鄉二李、清江何崇厚四人。李豫已連捷成進士，李夬亦不至。何頗通《易》，而詞章未工，不及魏遠矣。將《續經解》清理一過，共缺二十六葉，又裝訂多倒亂，擬送往書店改裝。下午天忽下雨，遂不出。賀贊元來見，呈其歲試一等第二名文稿就正。其文頗有想境，而語多未圓，予爲改竄數處。

初七（30 日）

送書往文盛改裝。文秀買《明詩別裁》一部。歸遇微雨。號《續經解》一百餘本，目力雖退，尚可勉強。張承祖來見。此人才藻頗富，作文字亦肯用功，惟文格尚未入古，近於平易。予告以學古法須字摸句仿，方有進境。往朱溪雲處，取子書數種。溪雲復來久談。

初八（7 月 1 日）

號《續經解》二百本。宋于庭《大學古義説》以爲古大學即在明堂中，"明明德" 即明堂之教，一部《大學》皆歸之於明堂。其説亦有把握。于庭傳陽湖莊氏之學，説多本之莊氏。

初九（2 日）

連日所看書有可爲《釋名》證者，録之得十數條。爲夏定九夫人作《青鸞曲》一首成，録出，擬寄之。爲人書"石室"二大字。

左菊生請明日申刻,已諾往,閻覲臣復來請,予以不得分身辭之。姚紹機來見。

初十(3日)

是日爲糧道課。委員點名,乃同鄉黃錫光號杏泉,來拜。又有二委員巡綽,非同鄉,未拜。派三委員,可謂鄭重其事矣。予以此早起,寫題目付之。又抄《釋名》數條。閻覲臣來催,必欲一往。予先往閻處,後往左處。未去時接到家信,知吉兒府試僅得終場。家中光景,彼似有不能明言之處。前領到脩金,擬寄回家中,乃問左菊生覓一相熟票號。彼言新泰厚做來往,着人去知會。歸途便去見其管事楊雲章,約明日午刻寫好字信,將銀付彼。歸來遂作家書。

十一(4日)

作家書畢。午後取銀往新泰厚,庫平九三八銀壹百陸拾四兩,折長沙省秤壹百五十兩,外匯水式兩,尚餘銀拾捌兩九錢式分。楊雲章云九三八秤比長沙秤每百兩大乙兩四錢,庫秤比九三八秤每乙百大三兩。歸至文盛釘書,並取《兩漢紀》、《癸巳類稿》等書。過高橋,見東湖漫溢,水深尺餘,與昨過貢院前相等。聞章江門水將入城,奉新等處圍堤已倒,南、新各鄉均報水災,未知臨江故鄉何如,亦未知湖南何如也。歸後,下午忽氣痛,甚劇。服藿香正氣散一劑,夜稍平,得安臥。

十二(5日)

將《經解續編》號畢。看《癸巳類彙》。李蓺淵年丈送示《西寧留別》詩,乃罷郡南康時作。更刻有《白水紀勝》、《慕萊堂題詠》,已將鄙人所作增入。其《留別》詩七律六章,予爲和二章云:"昔陪鯉對識鳳裁,今拜龍門大府開。治郡早恢黃霸略,名家還擅杜陵才。山中白水歌招隱,夢裏斑衣記慕萊。尚有蒼生忘不得,兒童迎問使君來。""焚香早晚對香鑪,坐攬匡廬喜剖符。每日清心窺石鏡,於今遺澤滿鄱湖。雞林客至詩增價,鹿洞才多興不孤。爲想聲聲統如鼓,留將五馬暫踟躕。"下午大雷雨,晚間雨淋漓不止,恐有其魚之患。夜觀毛西河《郊社禘祫問》、《大小宗通繹》,其說似是,謂古有禘無祫,禘、祫是一祭,從劉歆、賈逵說;三年祫即三年吉禘,五年禘即五年大禘,較鄭說爲簡明。

十三(6 日)

晴。讀江氏《禮記訓義擇言》,兼采漢、宋,說亦通達,惟解"孔子少孤"非是。鄧觀察送來本月課卷,乃即評閱。郭承平、胡應龍來見,皆南昌人,新調入者。廖壽薰來見,云已赴鄉舉十次矣。此人時文甚工而不售,可怪也。

十四(7 日)

閱卷。連日胃脘作痛,飲食減少,人殊困憊。

十五(8 日)

閱卷。有葛成春、舒繼芬、胡其敬三人者,同習《書經》,每課三人卷皆大同小異,的是一人所作。此次題係《羲和四子非四岳辨》,頗能辨馬、鄭之誤。《嚴助詰田蚡不救東甌論》,亦能按切時勢,通達古今,暗斥今日不救琉球、越南、朝鮮之非,不作迂濶之論。三卷亦大同小異。惟葛成春多作《陶靖節自謂羲皇上人賦》一篇,其賦簡鍊,雅近唐人,能切本題,不同他人泛作。《陶靖節賦》乃以是卷置之弟一。此外《石鐘山銘》駢文多有佳者,沈兆禛、沈兆祉、夏承慶、魏燮奎、蔡藩、羅志清、宋功煒、蔣用嘉皆可觀。小宜已去,此不知何人代作,頗得卷葹閣文格。詩爲《謁王文成公祠》五排十二韻,以老杜《謁先主廟》詩作法而論,後數韻須說祠中之景與謁祠之情,不宜全鋪事實。此間除段笏、李鏡蓉二卷作,全是堆砌文成故實,且將良知、心學一概填入,迂腐可厭。予嘗謂江西人中理學毒,理學不已,加以佛學。如此課題賦中,有用明心見性、即色即空者甚多。以此恭惟陶公,陶公有知，必遭其唾。而其實深於理學者，並無其人。前出《無極而太極》、《朱陸異同平議》，全是敷衍，無一能剖析異同者，亦何必徒挂招牌哉！

十六（9 日）

劉應丙、蔡儒貴來見。閱卷畢，共七十五卷，超等二十五名，以懸額多，不發壹等。觀《癸巳類稾》，淵博真不可及；又通二氏書，云佛生於漢哀帝時，較耶穌略早，日月爲三月初八日，非四月八，皆異聞。

十七（10 日）

覽閻百詩《尚書古文疏證》，精者極精，謬者極謬。蓋百詩生於國初，漢學初興，宋學猶盛，狃於先入之説，每以宋儒之説駁斥孔《傳》，而並駁兩漢古義，不特無以服僞孔之心，且恐袓僞孔者得以藉口。西河作《寃詞》，未必不因此也。予謂先生能知孔《傳》之僞，不能信今文之真，故於《尚書》一經猶未得其要領。其論《詩》主王魯齋説，尤謬。乃條辨其失，擬作《古文尚書疏證辨誤》一書。

十八（11 日）

辨《疏證》，得數條。文郁堂周姓持書來售，多小集部，無甚佳者，聞佳者皆爲陳伯年收去。惟《五禮通考》一書係有用之書，予還十二金，伊要十六金，多説妥。是日天氣漸熱。爲藝淵丈和詩二首已送去。

十九（12 日）

辨《疏證》，得數條。下午至百花洲眺望，其地頗幽勝，而頽敗殊甚。此間蓋少好事者，故無人培植也。周姓又送來《皇清經解》，係原本，而價太昂。

二十（13 日）

辨《疏證》畢。閻覲臣過談。下午至磨子巷文盛堂，催所刻

《讀經說》，尚未刊成。至文郁堂，取林喬蔭《三禮陳數求義》來觀。《吳梅村詩集》頗佳，亦帶來看。又吳文正《三禮考注》一書雖是古本，然其書將三《禮》全行移竄，此宋、元人陋習，殊無足取，遂置之。歸後又大雨。閻覲臣云聞湖南亦有水災，未知有無妨礙也。文郁堂周姓云曾見陳樸園，其人和平，好古書，在江西二十餘年，先爲知縣，後爲知府。其時言經學者推陳君，言史學者推夏君燮，即著《中西紀事》者，所著更有《明通鑑》，今板在書局。陳所著書，板皆攜歸矣。此君經學，予所服膺，惜未早到江西，與之談論經義。

二十一（14日）

　　將所集《釋名補注》録一過，擬寄王逸梧先生。因其先屬予纂集，去年無暇，録得數十條付之，彼大稱贊，擬刻入，故欲寄之。下午天色如墨，又大雨不止。夜甚涼。觀《陳數求義》。此君學問漢、宋兼采，不甚信古義，間有心得，如謂：高、曾、祖、考分四時祭，禘祫在四時之間，即追享朝考，故云四時間祀；天子五廟二祧，二祧是高祖之祖與父；文、武配明堂，在東都，西京並無明堂，天子六年一至東都，平時則周公及公之子孫代祭，故謂周公用天子之禮樂，乃沿宋人周公留後治洛之謬説。又謂《周禮》是西京所用法，《月令》有明堂，是東都所用法，東遷後，人皆祇知東都舊事，故《周禮》一書，孔、孟均不曾見，似未可信，蓋未曉經義有今、古文之分。此君駁注疏，不駁經，而於僞古文《尚書》亦信之，謂《周禮》據《周官》篇，則非是。不信王肅《家語》，而信《竹書紀年》。多引《五禮通考》，而間有駁義。全不引閻、毛、惠、江之説，似均未見其書，故於漢學家法不甚了了。其書瑕瑜互見，阮刻《經解》、王刻《續經解》均未收。

二十二（15日）

　　觀《古文疏證》一書，其説地理亦有誤，蓋亦不信古義而信宋人之過。丁儉卿有《禹貢錐指正誤》，謂胡東樵不信古説。
閻、胡同時相契，其説多同。擬即采丁説，以辨《疏證》。夏定九
過訪，詢及葛成春、舒繼芬、胡其敬三人之卷是何人所作，伊云當
是胡其敬作。託伊代刷漢石經，已應允。陳鶴春招飲，於未刻後
前往。芙初亦來，予見之不識也。

二十三（16 日）

　　師課卷至，題爲《齊魯二國封地考》。作者多不知二國封非
二次①，胡其敬等知有益封事，而不信其説。惟賴叔培一卷稍明
了，乃置第一。予擬作一篇。

二十四（17 日）

　　閲二次師課卷，題爲《班倢伃團扇詩賦》、《婁妃墓》七古。
賦亦有佳者，多不完善。詩以文廷楷、蔡藩爲最佳，置之第一、二
名。夜觀《三禮陳數求義》，其解“先配後祖”、“留車反馬”亦
佳，以《考工》證冕服十二章最新異，解“以字爲謚，因以爲族”亦
明了。是日初伏，夜大雨。

二十五（18 日）

　　閲課卷畢。熊錫榮來見，問之，住清江，距予故里止十餘里；
在湖南靖港生長，説話全是湖南。其人詞章有才華，而風格未
高。文盛堂晏月樵來，云醉六堂於予行後數日已爲火燒，予所買
書乃劫灰之餘也。夜觀《三禮陳數求義》，其書誤在專信《周
禮》，又不用鄭、賈舊説而好刱新義。如以《周禮》原本《尚書·
周官》，謂別有三公九卿等官，不在六官内，三公是宰相，九卿等
乃其屬員，六卿如今六部。不知六卿是周公所定之制，古皆三公
九卿，周朝一代即不盡用《周官》，如《立政》篇猶止三卿，東周執
政曰卿士，不得專據六卿之制也。又謂古九夫爲井，通井牧則九

───────────

　　①　“二次”，據上下文義及皮錫瑞《齊魯二國封地考》，當作“一次”。

夫止有五夫，以會通匠人、遂人之法，井田亦以五起數。其説皆臆造無據。

二十六（19 日）

擬作《九皇六十四民考》、《黜周王魯解》二篇。予欲將所命題諸生未能了了者均擬作，刊刻以示諸生，爲《經訓書院自課文》一卷。《讀經説》已刷印，俟發課卷時再發。

二十七（20 日）

作《古文疏證辨誤序》一篇。擬作《〈商頌〉美宋襄公考證》，未畢。下午往夏定九處回看，又往書店。聞學臺已歸。擬往看周道生，天已暮，又未帶名片，遂歸。

二十八（21 日）

周道生至，久談至下午，同往書局。予買得方彥聞駢文三本，道生買《朱子全書》，分手各別。

二十九（22 日）

往拜學臺盛星璇並周道生，又往黃小麓、閻覲臣及李薇淵丈處，歸已日斜。下午晏志清來，問予作文法，欲受業門下。南昌有周德芬者，在此讀書，請見，執贄，予却之。其人年二十，頗聰秀。詢之，即去年取古，以覆試不符見黜者。當時聞此人鉅富，係槍手所做。今觀其人是寒士，並非富翁，而覆試不符，可怪也。

三十（23 日）

歐陽楷、謝遠涵來見。二人皆贛州人。歐年廿一，謝十九，英俊可見。伊云考畢方來，額已扣除，求監院復額不允，求予向監院説。予雖諾之，亦不知此例能破否。文郁堂送《五禮通考》至。是書不信古義，所見殊偵，然考古不爲無用，予久欲得之。乃清理卷數，殘缺不少，甚爲憮然，即辭之不取，使其仍擔回去。

閏六月

初一（24 日）

　　寫家信一封，致王逸梧一封。將《〈商頌〉美宋襄公考證》續成，最塙者在《韓詩》作"京師翼翼"，據《白虎通》"周曰京師"，則此詩的是周人所作。陳卓人《白虎通疏證》最精，乃於此不得其解，信考證之難也。有虞銘新來見①，九江人，是新來者，似經學、詞章皆未入門也。夜觀方彦聞駢文，取徑甚高，足以抗衡二董。

初二（25 日）

　　晏志清來請受業，送贄敬式十元，予却之。諸生亦有獻贄者，如昨虞銘新來亦執贄，予未受一文也。蔣用嘉來見，乃心餘先生六世孫，其父曾任巡撫。此人詞章頗有才氣，而夾雜不純。予告以當學家數。函致陳芙初，屬將《讀經説》十八本帶至桂陽，交龍潭書院十八人，以見予不忘諸生之意。

初三（26 日）

　　作《攝主考》一篇。觀魏默深《古微堂集》，筆力橫恣，考證尚未詳塙。孔子、孟子年譜二篇多誤，不可信據。《詩古微》多獨得之見，勝於《書古微》之武斷，惜《公羊古微》未得見耳。下午周道生至，談至將晚始去。

初四（27 日）

　　二伏。周道生邀至百花洲五柳春小飲，在坐周、陳二君皆江蘇人，在學使處同閲卷者，遂同至浣薇軒及磨子巷各書店看。看

---

　　①　按，本日及初二日作"虞銘新"，初五日後均作"虞新銘"，當以後者爲是。

至午後，乘輿歸。觀《詩古微》，其發明三家及毛與三家異同，所見遠出諸儒之上，解《關雎》刺時，義尤通達，攻三家者無從藉口矣。

初五（28日）

徐運鑫來見，清江人，年止二十，英俊可愛。問其所居，在樟樹鎮過去十五里，大約離龍潭不遠也。見在清江人在此者三人，徐與羅志清、熊錫榮，皆能詞章，將來駢文可望有成。徐尤年輕，可以造就。何崇厚未至，此人未見過，觀其所作，亦可望有成也。天熱，不能執筆作文。看《白虎通疏證》，其考今文説最詳明可據。此今文家之鴻寶也。賀晴江來，久談，乃壬午副車，予同年也。虞新銘送西瓜一擔，勢不能却，轉送李菽淵年伯。夏定九送漢石經三套，宣氏搨，甚精。予轉送周道生一套。

初六（29日）

《白虎通疏證》閱畢。文郁堂取《揅經室集》來看，考訂不多而有特見，蓋由天資絶人。下午往賀晴江處回看，見張香濤制軍送合肥相壽文，歷官、建功一概不説，單説其興洋學、講洋務，不過鋪張盡致，句調亦未入古。聞此文乃南皮自作，非幕中捉刀也。

初七（30日）

觀《詩古微》，摧陷廓清，一破拘牽之習，於學《詩》者不爲無功，而其武斷有絶可怪者。予前出《公子朱裳考》，有以公子爲女公子者，不箸其所在。予深斥之，謂古男子不連衣裳，女子連衣裳，與今相反，女公子服裳見於何書？今觀《詩古微》，乃知默深先生以"爲公子裳"、"爲公子裘"與上"殆及公子同歸"義同，蓋國人女從公女爲滕者，而於古女子服裳、裘，絶無一字考證。以予所見之書，古女子無服裳與裘者。古人服裘，毛皆在外。女子服之，殊不雅觀。古女子天寒未必不衣皮，其製當與男子異，

亦未必同名爲裳，古書無明文也。又案《詩》有"衣錦褧衣，裳錦
褧裳"之文，則古女子即連衣裳，似亦有裳之名。古童子錦緣，
錦紳並紐，錦束髮，皆朱錦。未嫁之女子，或亦與童子同，則以朱
裳爲朱錦之裳，即以公子爲女公子，亦無不可，特默深未及徵引，
諸生更無見及此者耳。是日天氣漸熱，夜臥幾不漲汗。

初八（31日）

觀《書古微》，前半尚有心得，至《大誥》、《金縢》後則全謬。
蓋默深誤用陽湖莊氏説，必不信周公攝王事，故於《周書》皆不
可通。《召誥》等篇將經文任意變亂，用魯齋《書疑》之故智。謂
孔子删訂亦有誤，可謂非聖無法。既以古文《書序》爲不可信，
又引《書序》言成王爲孔子明知後人將謂周公攝王而豫之爲防。
痛詆荀子及漢儒，惟以伏生一人爲不惑。不知《大傳》明有"身
居位，聽天下爲政"，又有"天子太子年十八曰孟侯"之文，是伏
生固謂周公居王位、成王爲太子矣。尤可異者，前一篇謂武王蒙
文王受命之年、再期觀兵皆無明文，不可信，後一篇又主其説，即
數行之内自相矛盾。蓋不從古義，必有説不通處。故先云文王
不稱王，後又云紂賜文王王號而自稱帝，亦謂不以文王爲稱王，
《詩》、《書》義不可通，而不知紂王封文王爲王尤無是理也。

初九（8月1日）

觀鄒叔績《讀書偶識》，多有心得，亦有失之好奇者。許宗
彥、江藩言七廟制各殊，許二桃從王肅義，愚意仍以鄭説爲是。
"殷五廟，至子孫六"①，謂以契爲始祖，其後世以湯爲受命祖，廟
不可毁，故增一廟爲六。周以稷爲始祖，其後世以文、武爲受命
祖②，廟不可毁，增二廟爲七。其義一也。若文、武不在廟内，則

---

① "孫"，原誤作"湯"，據《禮記·王制》正義改。
② "以"，原誤作"爲"，據文義改。

與殷不同矣。至以文、武爲在明堂太廟、太室，以當二廟，其説尤非。明堂配天，又是一事，與五廟不同地，祭亦不同時。準柳下之言，夏、殷即有明堂祖宗之祭，亦非剏始於周。先儒所考，似皆不得其本。夜，朱溪雲至。

初十（2日）

是日點名給卷，委員早來請題，卯正即起，而天已甚熱，計不雨半月餘矣。飯後微雨，頗涼，爲之忻然。俄而日出，熱如故矣。點名委員李子政，名鏡□①，山東人，來見。李蒆淵年伯過談久之。觀焦里堂《群經宮室圖》，以東堂、西堂爲東西向，不與堂室南向相同。其説似是，而與《顧命》"東序西向"、"西序東向"不甚合。以五廟與二祧不同地，似亦未安。其論明堂專主鄭君五室之説，不取《大戴記》、蔡伯喈，頗有把握，而以宗祀之明堂與朝諸侯之明堂爲一，亦與惠棟、金榜、張惠言不同。晚間北風，雷雨，甚涼。至朱溪雲處坐坐。

十一（3日）

觀宋于庭《論語説義》，發明《公羊》家微言大義甚精。"述而不作"，以爲老子黄帝，《白虎通》黄帝號自然氏，以《老子》證之不誤，説剏而塙。以陽貨爲楊朱，則太怪矣。德中丞送西瓜二擔，予以分送陳鶴春、左菊生。下午至周道生處，談至將晚始歸。

十二（4日）

陰雨。在文盛取《經籍纂詁》一冊，並《笑中緣》、《梨花雪》、《白頭新傳奇》。《白頭新》乃乾隆年間事，《梨花雪》同治初年事，皆足表貞烈、維風化也。夜雨甚大。觀《揅經室集》，解"仁"字、"性命"字明白曉暢，或以爲支離，非是；解明堂極通達，

---

① "鏡"下，原稿空一格。

足以息諸家之紛。

十三（5日）

又晴。閱官課卷。此次卷子漸多，有八十六本，而佳者寥寥。賦係《蘇雲卿種菜賦》，多只做得"種菜"二字，能按切蘇公時事者甚少。《魯兩生論》竟有不曉魯兩生爲何人者，可怪也。

十四（6日）

閱課卷。文廷楷來見。道希有書二咭，云有表姪程世龍，欲受業門下，教作時文。予對法和言，儘可前來。法和言道希欲出洋，以都中賦閒清苦，恐考差未必得。道希書中必得秋後欲出京，而四方麋麋靡騁之言。得意人尚如此，矧在我輩？

十五（7日）

閱課卷。程世龍來見，號菊圃，南昌人，執贄，予却之。法和昨執贄，予亦却之。此人云未嘗治經，欲專從事時文。予告以近日時文亦須講求根柢，不必專摹墨裁。是日午刻立秋，而微雨。晚間朱溪雲來要《讀經說》，云鄒凌瀚著有《後序》，推廣其旨，並將《書目答問》考《讀經說》所引諸書甚詳，擬即刊刻，請予審定。予觀之，說亦明晰不誤，若刊刻，亦足廣予未發之意。是夜頗涼。

十六（8日）

閱課卷。張承祖各體均平穩，賦有議論，不專寫題面，《文謝二公祠》詩亦佳，擬置一名。胡其敬《尚書》有心得，論有見解，置二名。魏燮奎《儀禮》考校精博，古文、駢文皆不庸俗，置三名。文廷楷能爲唐賦，置四名。易菜賦作陶侃運甓體，置五名。超等共廿六名。是夜甚熱。

十七（9日）

課卷閱完，送去。予以秋燥，服生脈散，取都中所買黨參切用，乃解捆全是小枝接成。乾果店欺詐如此，殊可惡，幸予只買一斤。

十八（10 日）

　　程菊圃來，問讀經書、作文之法，予示以《讀經説》。陳芙初來回拜。文郁堂周姓至，言新收數書，約予往觀。下午作書復文道希。

十九（11 日）

　　看《儀禮圖》，以明堂即是路寢，本惠徵士、金殿撰説，殊未然。《群經宮室圖》明堂專主《考工》五室之説，謂夏、殷皆五室，殷惟四阿重屋及金室居前爲異，阿即棟，重屋即通天屋，周人則一室四堂，通爲五室，四旁爲八个，不用《大戴・盛德》、《明堂月令》蔡伯喈説，似亦明了。謂西京無明堂，惟東京有之，即朝諸侯之明堂，較諸説少葛藤。李佑臣來，云其家頗凉，約往小坐。晚至朱溪雲處。夜大雨。

二十（12 日）

　　師課，監院請題。時卯正，已熱甚。看惠棟、江藩、焦循、徐養原諸人所言七廟，大同小異。許宗彥、陳奐之説獨從王肅，以文、武祀於明堂而無廟。予甚不謂然，乃以《祭法》二祧考試諸生。予亦擬作一篇。賀贊元來問，予示以徐養原説，告以當從鄭義。

二十一（13 日）

　　看《春秋大事表》，折衷三《傳》，頗有摧陷廓清之功，然其失在不信《公羊》，不知《春秋》自立一王之法，並非專尊周天子，尤非專從舊史赴告，故必以爲《春秋》無褒貶，其不稱王、不稱氏皆是闕文，如此則真是斷爛朝報矣。其書於天文、輿地、列國形勢爲詳，所考制度則不皆合古義，由兼采漢、宋，無師法也。謂大別即漢陽魯山，吳由大別至柏舉，退回三百餘里，亦可疑。大別即不在安豐，亦必不在漢陽，似再考之①。晏海瀾來，呈所作文與

---

　　①　“似”，疑當作“俟”。

經解各一篇。金鶚《求古録》論七廟從王駁鄭，予恐人惑其説，作《金鶚〈天子四廟辨〉辨》，列《七廟二祧考》後。

廿二（14日）

　　秋風，稍涼。往陳鶴春處道喜、李鏡蓉處回拜，均未晤。往李佑臣處回看，適李蕠淵年丈亦至。蕠淵丈挽曾星槎，用“不名一錢”典故，而不得其出處，詢佑臣與予，皆不知。佑臣以《圖書集成》三卷，屬予歸繙閲。予向佑臣假紀文達、朱文正二《集》攜歸。佑臣云伊姪後日歸長沙，問有家書寄否，予歸寫家信。吉兒要《史記》，予因封寄，並《典制》一部、高麗參一小合與之，爲入場用。又寄述卿一函，並交佑臣。“不名一錢”竟未繙出，以書三卷還佑臣處。爲晏海瀾改時文、經解各一篇。文題爲“吾未見能見其過而内自訟者也”。此題若作新解，可用《易》詁題，“過”與“訟”皆卦名，可以坿會。爲人改文，不能及此也。

廿三（15日）

　　閲初次課卷，題爲《〈祭法〉七廟二祧考》。《祭法》之解，當如王氏《經義述聞》，説祖考爲太高祖，二祧乃太高祖之祖與父。然無始祖，殊不可通。故王子雍小變其説，以二祧爲高祖之祖與父，而其説亦非是。七廟古義，斷當從鄭，考此者當以《祭法》還《祭法》，乃折衷鄭、王二説而斷從鄭。諸生無及此者。《桓寬〈鹽鐵論〉書後》，或乃以桓氏爲是弘羊而非文學，正與次公意反。

廿四（16日）

　　周道生至，共看二次課卷，賦少佳者，道生以張承祖爲勝。道生呼賀贊元及賀月槎二子共語。予取酒與道生共飲。下午黃小麓至。予以七廟二祧質之，小麓亦謂當從鄭。予詢所箸書，云尚未鈔出，假《三禮陳數求義》書去，云湖南巡撫已放吳清卿。此人爲今能臣，當能整頓地方，但恐其談洋務耳。夜觀紀文達

《集》，爲後人掇拾，不足盡紀公之長。其論詩文破的處，非公不能道。

廿五（17 日）

閱課卷，初次畢。李鏡蓉據王蕭解"旅酬六尸"，謂與九廟自相矛盾，禮有以多爲貴者，天子七廟，欲言多，何以不言九廟？其説頗有心得。葛成春謂古者廟止稱祖考、顯考諸名，不云某帝之廟，故有遷而無毀，漢以後正名爲某帝廟，乃有毀廟之疑。其説亦是。朱錫庚、楊念惕《書後》作駢文，頗工。予置李第一，而詳批説解於後。

廿六（18 日）

閱二次課卷。惟舒恭瀼、朱錫庚二卷切漢武作，有佳句，乃置舒第一，朱第二，張承祖第三。鄒國光作古體，頗有意而未工。秦鏡中於末段填詞一闋，可怪。諸作多泛賦秋風，而不切武帝，又或滿昏牢騷，説成寒士無聊景況，殊不似天子身分。予詳批切戒之，以後或解隅反。夜觀紀《集》，多硯銘。予不蓄硯，擬作《銅墨合銘》云："天地爲爐兮萬物爲銅，惟爾墨墨兮文在其中。吾將藉爾挫天地，籠萬物，以大爾之功。"又云："知其白，守其黑，爲天下谷。爾似土行而友墨客，吾今錫爾松滋侯之國。"是夜漸凉。

廿七（19 日）

以凉出門，至道生處，遂同往文盛、文郁各書店。晏月樵在稼芸書局，云《續經解》已致信催補。見有《史記評林》一部，取歸。天下雨，命肩輿回院。前月十一由新泰厚寄銀壹百五十兩至家，尚無回報，詢票號，云信尚未到，可怪也。賀月槎來見，其二子觀《潛夫論》五帝世次與《五帝德》異，蓋出《命歷序》。緯書云：伏羲、帝嚳、周，木德；神農、堯，火德；黄帝、舜，土德；少昊、禹，金德；顓頊、湯，水德。五帝三王子孫迭王而非一姓，似可據。

又考三家《詩》，説樊仲山父爲魯侯之子，其後爲樊仲皮。《潛夫論》以予皮姓爲樊仲皮後，然則予本姬姓，元公之後也。

廿八（20日）

得初二日收條，知所寄銀已收到矣。觀吳清卿中丞《説文古籀補》，以《尚書》"寧考"、"寧王"、"寧人"皆爲"文考"、"文王"、"文人"之誤，無專鼎當讀爲"鄩惠"，謂孔壁古文即六國變亂之字，故《説文》所載古文與鐘鼎多不合。然則六經中郢書燕説多矣。觀長沙饒十三《十國雜事詩》，信有才，歸將訪其人也。其詩有唐音，序事與本事不盡合。

廿九（21日）

更考定七廟二祧。觀黃元同《經説》、《禮説略》，甚有心得。《經説》論四始五際、《國風》極精塙。《禮説》專取鄭義，考《司馬法》及《左氏傳》"偏兩"尤明通。此人爲黃式三之子、俞樾之弟子，學有本原，非一知半解者比。其論《周官》、《儀禮》、《月令》、《樂記》，皆較前人爲精，惜未得盡見其箸述。見在掌教南菁書院，可云名師矣。計予至此已將八十日，時光荏苒，一事無成，擬作之書，仍未脱稿，思之可愧！更八十日，又屆歸期。

七　月

初一（22日）

觀金誠齋《求古録》。是書予始治經時得於浙江，喜其斷制精塙，如獲至寶。今細按之，其獨得處不少，批駁先儒亦甚當，惟自信太勇，凡古人無明文者，多以意造故實，如謂士大夫皆祭四代，高祖與祖共廟，曾祖與父共廟，祭皆合祭。不知古禮皆不言士大夫祭有二主二尸，其合祭如何行禮？士一廟，祖考共之，而特牲饋食止一尸，必非合祭。又謂周祖后稷，則其下不得祀稷，當仍以柱代祭稷，太好新奇。天子冕服，從鄭駁伏，亦非是。以孫淵如爲垳會，則近之。予擬別作一篇，以疏伏、鄭之義。

初二（23日）

觀《求古録》，所辨皮弁、玄端服，金奏、下管樂，皆極精；朝覲、祭祀，亦多獨得之見。予擬作《虞制天子服五考證》一篇，以申伏駁鄭。又補作"三壽作朋"、"曾孫來止，以其婦子，饁彼南畝"《解》二篇。是夜頗涼，有秋氣。

初三（24日）

周道生及其同事周□南①、陳一士見過。周名召齊，鎮江丹徒人，《江左校士録》刻有賦。道生屬歸時帶銀信交楊樹箴，並屬題乃翁小照。予題五古一首。虞新銘來見。黃小麓邀飲，在坐同鄉二李、姚、郭，江西程式穀、余生芝。是日秋風頗涼，因步往，先至賀月槎處略談。又至李蕴園丈處，以有客，未進去。自黃宅歸，已將二鼓。微雨。

初四（25日）

早起，大雨。李蕴園丈見過。觀《求古録》，辨爵弁、韋弁是二，及狐青裘、狐黃裘所見，駁劉廣文饐羊説，車乘人數考，皆極精，可爲塙據。此君書畢竟純多疵少，惜其年不永，未竟其所學耳。前得芝仙族叔書，云玉芳兄回家，熊家山、謝家山兩處墳皆認識，熊家山碑石尚有"皮"字可見，謝家山已成没字碑，須早換碑，免致日後湮没。予欲往商修墳立碑事，又恐二人不在家中，乃先致函詢之。

初五（26日）

取《尚書古文疏證辨正》覆看，欲鈔録一過。以天氣尚熱，復止，又增入數條。李佑臣來邀。秦鏡中來見。程菊圃來，云文

---

① "南"上，原稿空一字。

法和所作《婁妃墓詩》乃伊捉刀,則其人詩才甚佳,爲此間僅見也。下午賀爾翊來,呈所作《方鳩二字非古文辨》,甚是。其駁段說,陳恭甫已言之。晏海瀾送所作經文、經解各一篇,其《尹吉解》頗明了,勝於前所作。

初六(27日)

爲晏海瀾改經文、經解。覆看《尚書古文疏證》,增入兩條。藝淵丈及歐陽平叔同邀陪吉安太守許公,亦年丈也。在坐有檀公,亦年丈。午刻往,酉初始歸。是日予邀客小飲,諸公聞藝翁邀予往,皆辭,予遂改期而言者未明,黃小麓酉刻來,予甚以荒唐自愧。夜往朱溪雲處談。

初七(28日)

觀陳卓人《公羊義疏》。《公羊》之學,自漢以後晦昧久矣,至國朝乃復明。卓人之書尤詳備,欲治《春秋》者,觀此可矣。左芹生來。賀晴江過談,予爲言三《禮》古義。魏燮奎亦至,以《公羊》黜周王魯爲問,意以《左氏》經承舊史、史承赴告爲非。予以《公羊》義詳示之。此人通《禮》學,可以語上也。是夜爲七夕,頗涼,無月。

初八(29日)

觀《公羊義疏》及《東塾讀書記》。陳蘭圃學最篤實,觀所著書可知,而於今文學則非所長。侯康《春秋古經說》專以《左氏》之經爲是,並"君氏卒"亦祖其說,殊不然也。凡學不能無偏,人卒以所見蔽所不見。兩漢時今文盛,古文不能與爭,今則今文不能與古文爭,孤家少與,率爲所壓,非顓門,未有不疑者矣。

初九(30日)

觀《公羊義疏》,考證詳覈,多存古禮,在孔巽軒之上,亦後出者勝也。《續經解》缺頁已由上海補來,尚有三頁不合。此處有一部,屬朱溪雲覓出鈔補。下午至賀晴江處談。晴江云去年院中師課至無人應，或作詩一首塞責，其詩題多可笑，經解批"有典有則"云云。前三年題目，予早見之，經解多無甚考證，論多性理論題，詩多七律題，甚俗，如登龍市駿、華祝嵩呼之類。此等人掌教，古學何由而興？熊錫榮、徐運鑫來見。二人皆清江，予故鄉比鄰也。熊有志禮學，告以先讀《儀禮》，看《儀禮圖》、《禮經釋例》。

初十（31日）

看《公羊義疏》。是日官課，《詩》經解爲《〈玄鳥〉箋"兩禘夾一祫"考》。賀贊元來問，予檢《注疏》及近人經説觀之，皆不了了。予爲擬作一篇，以《儀禮·士虞禮·記》"是月，吉祭"之文爲據，謂當有特禘，即吉禘，似較陳碩甫所考爲可據。

十一（9月1日）

得六月廿三日家信，云見《申報》極稱予在江右掌教之功："士論翕然，此間山長，當推第一。"并載六月所出題。將覓《申報》觀之。是日邀黃小麓、閻覲臣、李佑臣、左芹生、菊生小飲，皆至，惟張焱遄辭。問菊生，云《申報》上實有是言，曾見之，今報爲人持去矣。聞鹽局已易人，足見趙孟所貴不可恃。賀贊元呈應課文槀，駢文有進境，經解雖無心得，亦清晰。

十二（2日）

發家信一函。壽兒寄所作文二篇，筆頗靈活，因勉屬之。吉兒云學使重佾生，屬其必辦。湖南尚未考試，遲至秋涼，亦佳。聞年歲尚豐，亦足慰也。昔嘗考"清楚"二字出處，不得。觀《楚辭·招魂》"發激楚些"，注云："激，清聲也。"是"楚"與"清"義同。《淮南·原道訓》"結激楚之遺風①"，高誘注以爲"結激，清楚"，此"清楚"二字見於古書者。鄭以"華蟲"爲雉。雉，鳥也，

---

① "風"，原誤作"音"，據《淮南子·原道訓》改。

何以名蟲?《考工記》"鳥獸蛇",鄭注:"所謂華蟲也。蟲之毛鱗有文采者。"疏:"言蟲者,是有生之總號。言鳥,以其有翼。言獸,以其有毛。言蛇,以其有鱗。故云蟲之毛鱗有文采也。"案:雉非但似蛇有鱗,亦能與蛇交。《晉書》張華言武庫中蛇化爲雉。《玉壺清話》七引唐陸裩《續水經》,言蛇、雉遺卵於地,千年而生蛟龍屬;又言嘗游杭州,目擊雉與蛇交。據此,則雉與蛇異類而同,故能互化。今土俗有蛟能爲水災,云雉與蛇交,生卵入地所化。《月令》"雉入大水爲蜃",是蛟蜃之蜃,非蜃蛤之蜃,故雉得有蟲名。《詩》"蟲飛薨薨",疏云:"《大戴禮》'羽蟲三百六十,鳳皇爲之長',則鳥亦稱蟲。""如彼飛蟲",箋云"猶鳥飛行",疏:"經言飛蟲,箋言飛鳥者,爲弋所獲,明是飛鳥。蟲是鳥之大名,故'羽蟲三百六十,鳳皇爲之長',是鳥之稱蟲者也。"《禮記·儒行》"鷙蟲攫搏",疏:"蟲是鳥、獸通名。"皆可證也。特擬作《山龍華蟲作會宗彝考》一篇,以申伏義,以華蟲爲鳳,作會爲龜,可謂粉解。

十三(3日)

觀《公羊禮疏》。其說古禮最詳,乃《公羊義疏》之所本。取《〈玄鳥〉箋"兩禘夾一袷"考》更加增删,似其義可據。午後課卷至,觀之多不了了,皆沿孔《疏》及陳碩甫之誤說,無引《士虞·記》者,不若予所考之有徵也。夜,月明如鏡。燈下閱數卷。

十四(4日)

閱卷二十餘本。考《隋書·禮儀志》引《尚書大傳》"作會"字是"會"字,陳恭甫改爲"繢",甚謬。鄭讀"繪"爲"繢",以就其畫衣之說。今、古文皆作"會",或作"繪",未有作"繢"者也。又見梁武時議袞衣畫鳳,引"有虞氏皇而祭",謂皇在衣,是鳳爲華蟲,古人已有先我言之者,爲之一快。

十五(5日)

閲卷二十餘本。惟蔡藩、夏敬堉、冷芳梅解褅祫稍明,但少引證耳,然在此間已難得,置之前列。下午至朱溪雲處略談。

十六(6日)

閲卷二十餘本。此課有九十一卷,習《詩》者六十餘卷,佳者甚少。《書》問華蟲、作會、宗彝,亦無新解。連日大風,落葉滿階,大有秋意。夜甚涼。

十七(7日)

閲卷二十餘本,已畢。夏承慶居首。賦題《七月七日西王母見漢武於承華殿》,作者多泛寫牛、女事,又或以西王母爲西天佛。漢武崇佛教,是誤認尼姑作和尚,大可笑。惟夏承慶、舒恭瀼、宋功煒稍佳。予詳批於夏承慶卷中。《兩褅夾一祫》批蔡藩卷中。夜觀《隋書·志》,乃知六朝禮儀猶多存三代遺意,蓋其時皆宗鄭義。

十八(8日)

天涼。無事,欲出門,而大風不息,遂已。録所箸《尚書大傳箋》六叴。夜觀孚經室《性命古訓》,言:後之釋教皆出老、莊,然老、莊之書具在,義止於此而已,不能以異説羼入之。佛書初入中國,《四十二章經》說亦平實。至六朝尚清談,於是道安以彌天俊辯之高才,與羅什相應和,慧遠繼之,諸佛經皆翻譯於此時。慧業文人,騁其博辯,乃合老、莊與吾儒之旨,翻空出奇,㳹爲玄學。其後達磨東來,不通中國語言文字,乃去語言文字不用,直指本心,以求頓悟,又一變而爲禪學。後之儒者,復竊取其寂靜照覺之義,强六經、孔、孟以從之,如李習之《復性書》即是。其言深切著明。宋儒之説,多與禪學相出入。文達但詆習之、不及宋人者,殆亦恐詆宋儒不免駭俗乎?予聞古之釋教,本有律學、禪學之分。律學必精熟梵典,又博通吾儒之書,善談名理,剖析同異,猶吾儒之漢學也。禪學則一切不用,瞑目靜坐,頓悟即得,猶吾儒之宋學也。綜而論之,律學非絕人之資,又刻苦用功不能;禪學則純是蹈空,任其游談而莫之究,其名甚美,而其學多偏。明乎此,而漢、宋之學可知矣。

十九(9日)

飯後,至夏定九、左菊生處。遂往李佑臣處,云已出門接方伯矣。予尚欲至數處,恐皆出接方伯,遂歸。往書局,買《五史紀事本末》並箱,共錢十六千五百二十文。書刻甚精,亦有譌字。歸鈔《大傳箋》五頁。夜讀《國語》,先云"共之從孫四岳佐之",後云"一王四伯",此四岳有四人之塙證。禹為一王,是一人;四岳為四伯,是四人。如宋人說四岳祇一人,此何不云一王一伯乎?鄭云"分四岳,置八伯",亦與此四伯不合。

二十(10日)

為師課期,夏定九早來過談。飯後,許年丈名道培者,先君同年,初六在蘋淵丈處同席,前來拜已攙駕,今復至,請見。伊以吉安府八年俸滿入都,將行矣。鈔《大傳箋》六頁半。天復炎熱,大吏禱雨無效。

二十一(11日)

出拜客,皆不晤。惟見李吉齋同年,詢之,彼亦於六月得電報,奔喪出京。慨同病之相憐,感名場之誤我,追懷前事,不覺愴然。甫歸,歐平叔至,略談。午後,晏月樵來,言其弟受教,甚感情。予謂彼勤作,我總勤改也。是日錄《大傳箋》五頁,計《唐傳》已畢,共二十三頁。

二十二(12日)

錄《大傳箋》六頁,書扇一柄。觀汪文臺《十三經校勘記識語》,知惠定宇諸人校勘之學固善,而亦有誤處,其精審可學,其武斷可戒也。夜觀《明史紀事》數十頁。

二十三（13 日）

閱師課卷二十餘本。新建程式穀來見，號稻孫，住孝廉堂。
詢之，伊在經訓書院二十年，癸酉至、辛卯中舉始出，年三十六
歲。予憶去年選經訓課藝，以沈兆祉與伊爲最佳，沈選九十篇，
程選五十餘篇。今書院諸生無此二人才學也。李佑臣至，問予
明年仍舊與否。予謂未便詢及。佑臣云見鄧觀察將代詢，又云
有張年丈者，欲覓一教讀，將於書院中覓人才。予舉張承祖、楊
念惕，屬朱溪雲代問之。二人以蔡藩曾坐此館，一月遂不合，皆
不肯往。予乃辭復佑臣。

二十四（14 日）

閱課卷三十餘本，題爲《〈商頌〉美宋襄公考》。諸卷皆不了
了，多據《毛詩》、《左傳》以駁三家，能引魏氏《詩古微》者，即屬
明白。予以前所作再加删改，批於沈兆禅卷中，計千餘言，尚未
能盡意。

二十五（15 日）

閱二次卷，賦無佳者。魏燮奎才華極富，而運用未當，初次
卷經解亦未是，《漢通西域斷匈奴右臂論》指陳今日形勝，援古
證今。予極賞之，批云："深明大略，侃侃而談，如對王景略、陳
同甫一流文物。"兩課皆置之第三。初課，沈兆禅一，賀贊元二。
次課，朱錫庚一，夏承慶二。是日并夜閱三十餘卷。

廿六（16 日）

沈兆禅號又宜、吳珢號康伯來見。沈爲小宜之兄，現在已稱
高才，云小宜卷乃同事邵某作，浙江人，現在糧道書啟。吳優貢
取二等，云十餘年難以得缺，不如保教尚速也。是日閱二十餘
卷。下午至文盛、文郁等書店一觀，文郁取《何義門讀書記》一
部、《朱文端藏書》一部。賀晴江來談。

廿七（17日）

　　填卷面名次，發案。文法和、賀爾翊來。法和云道希決計出洋，八月將回家看看，想猶可相見也。係出使美利堅、西班牙等國，陳木生同往，折衝萬里外，可謂壯哉！友教山長程志和來回拜。其人在鄉，卷寄鄉下看，云每月有九百餘卷，太多，殊不易也。文郁堂將書送來，紙板甚好。朱文端於《禮經》功力甚深，乃漢、宋兼采之學。

廿八（18日）

　　大風，有冷意，覺秋氣逼人。抄《大傳箋》二頁。文郁堂送來《讀書紀數略》。此書甚便學者，惜有殘缺。下午至賀晴江、朱溪雲處。晴江云昨詳批沈兆禕卷中，卷發下，爲人竊去，伊現查問此事。又云院中諸生多飲博歡呼，用功者甚少。予甚愧在此掌教而不能變化也。

廿九（19日）

　　雨。江右亢旱久矣，此甘霖也。魏燮奎來見。此人才甚可愛，而貌近寒陋，未知將來功名若何。予告以當看《五經異義》《白虎通疏證》，以通古、今文門徑；看船山史論，以充其器識。文郁堂送來殿板《廿四史》，書極佳而價昂，憾囊空不能買。武英殿殘本，予還價十弍金，彼尚未允。監院處送到秋季束脩，共乙百六十四金。得家信，知廿二三已開考，未知兒輩今年能否發軔也。是日錄《大傳箋》，得三叶。

三十（20日）

　　雨。錄《大傳箋》七叶。繙閱《何義門讀書記》數卷。夜甚涼，秋風打窗，落葉如雨，蕭蕭槭槭，不勝旅懷。

八 月

初一（21 日）

雨。録《大傳箋》七帋。

初二（22 日）

雨止。程稻孫來，以所作夏廣文妻鄙孺人詩見示，予告以删去四句。文郁堂來，云新收書數種，約予往觀。晏海瀾來，以經解、經文各一篇呈閲。是日録《大傳箋》六帋。夜爲海瀾改文。

初三（23 日）

晴。往文郁堂觀書，亦少古籍，而價甚昂。有王逸注《楚詞》尚佳，攜歸。黄壽謙自京歸，來見。去年優生六人，以此人爲最，而朝考獨不取，命也夫。下午至李佑臣處。伊云見鄧觀察，談及鄙人明年之局，大約仍舊，尚俟見廉訪消息何如。是日録《大傳箋》二帋。夜讀《楚詞》。

初四（24 日）

微陰。張承祖、秦鏡中、王慶康、虞新銘、程世龍陸續來見，各問所疑，予悉所見示之。是日録《大傳箋》四帋。夜讀《楚詞・九辯》，秋聲瑟瑟，如在楮墨間。《九章》云：“甲之鼂，吾以行。”王逸注曰：“甲，日也。鼂，旦也。”《詩》“會朝清明”，毛傳訓“會”爲“甲”。此是塙證。《天問》亦云“會鼂爭盟”，《哀郢》云“甲之鼂，吾以行”。

初五（25 日）

録《大傳箋》六帋。文緝熙來拜。予忽氣痛不可忍，久之方平復，以爲受寒，乃换帳加被，薦以草。夜卧頗安。

初六（26 日）

録《大傳箋》二帋。彭世芳來拜，號小圃。詢之，朝考高列一等第五名。又有吉水劉人駿號牧村來拜，乃湖南知縣，由桂陽縣丁憂回籍，今將起復。其子應元新送入書院，故來先容。文郁堂送《武英殿叢書》來，中多殘闕。予略繙閱，胡武平近體、劉原父五古詩皆工。

初七（27日）

秦鏡中來見，且送磁器數種。飯後，至黃小麓處。小麓云得龍三丈信，屬致意予，有"見俗人莫說鄭康成"之語。是日小麓爲妻禪，留在彼便飯，予辭之。至李佑臣處久談，因留飯。復至李蕻園丈處，移寓銀西試館，距書院頗近也。歸來，朱溪雲過談。聞湖南醴陵有劫獄事，賊已踞萍鄉，蘆溪司昨調兵去，今日始行，且坐船去，真可笑。又聞湘鄉嘯聚近萬人。杞人之憂，何補時局？且岳州將開洋馬頭，湖南從此多事矣。

初八（28日）

寫初十課題，着人送廉訪處，並將《武英殿叢書》退文郁堂。得龍潭芝仙來書，云修謝家山、水心菴兩處墳並換立碑，共需錢六七千。予擬寄四金，不知信局能寄否。是日錄《大傳箋》六吊。

初九（29日）

錄《大傳箋》五吊。寫家信一函，又寄芝仙、玉芳一函，並銀四兩正，由森昌信局，寄樟樹街上祥泰油鹽店轉寄挂號，屬取收條。本擬由袁州歸，便道龍潭省墓，今會匪梗道，且聞萍鄉有失守之信，道路恐不能行，將來只好走大江，故寄銀使修墳換碑，明年再往視也。徐運錦、運釗、運銑同來見。運錦乃去年保舉之人，詢之，亦在湘潭生長者，其父見在湘潭十三總開藥材店，可知其學所自來矣。夜觀阮文達言《孝經》"宗祀"即《洛誥》"宗禮"，"宗"從"宀"，郊外明堂亦非壇而不屋，故《洛誥》有"王入大室"之文。古曰明堂，不曰明壇，惟巡守會諸侯則爲壇耳。泰山明堂仍有屋，故齊宣欲毀之。其説通達。

初十（30日）

録《大傳箋》四咠。信交信局寄去。李吉齋同年名翔鶴來拜，萬里奔喪，至爲可慘。賀贊元來請題解。文郁堂取書價銀去，云有《路史》，是舊板。屬其取來，乃又云已賣去，狡詐可惡。將晚，李佑臣至，云萍鄉已開仗，有探馬報捷，似尚易了。途中已有九十里無飯店。有走信者帶錢六百，竟被搶去。搶者衡州人，走信者亦衡州人，尚相呼鄉親，可笑。云萍鄉令傅君已面稟袁州守，袁守不以爲然，欲致信首縣又阻之，致有此事。

十一（10月1日）

録《大傳箋》四咠。往數處回拜，俱未晤。文法和送節禮十色，予受食物八種，其酒票、徽墨奉璧。予據《大傳》，考得太公望即太顛，似搞。夜起信槀，擬託李吉齋帶至滇中稟夔石師。

十二（2日）

寫稟夔石師啟。號《五史紀事》書當。抄《大傳箋》一咠，唐、虞、夏、殷《傳》已畢，計八十餘咠。黃小麓、閻覲臣來，談及萍鄉事似易了，已告捷矣。晚間朱溪雲邀飯，在鄒淩瀚宅中。鄒家甚富，多藏書。至二鼓後始歸卧。

十三（3日）

閱卷二十本。王慶康送禮八色，受六色。鄒淩瀚送禮八色，受四色。夜爲賀贊元、虞新銘改賦。

十四（4日）

閱卷二十本。虞新銘送肉、雞、鴨各一。予却之，不聽。夜爲文廷楷、秦鏡中改賦。

十五（5日）

盧豫章、劉應元、王慶康、朱錫庚、秦鏡中、賀贊元俱來。又有數人來早，予未起，遂去。朱錫庚、劉應元，新來見者。應元即人駿之子也。又有在此教書之陳藻、同鄉沈鑒澄均來。午後至李佑臣家過節。晚歸，微雨。中秋無月，可云煞風景。

十六（6日）

閱卷二十餘本。沈又宜至，云欲箸書疏《周禮》。予告以先鄭説前人未盡疏通，猶可藉手。此課《詩》考《天作》"祀先王先公"，多不了了。予擬作一篇，仍從《序》、《箋》以爲祫祭，不取新義。

十七（7日）

閱卷二十餘本。下午至鄒淩翰家赴席，坐中如彭世芳、徐氏兄弟，皆予門下。有張大令公束名鳴珂者，乃此間州縣中名士。去年在九江，見贈以所箸書及所選《續駢體正宗》，即此公也。見丁憂，在中丞處教讀。鄒之父名宗孟，曾爲湖南道員，已故，則鄒亦在湖南受學者也。

十八（8日）

閱卷畢。仍以魏燮奎列首，所作《申韓原於道德論》，有上下千古之識，謂宋尚申、韓，與鄙見合，予極賞之。《〈左傳〉魯鄭皆有周廟考》、《〈爾雅〉"小山岌大山，岨；大山宮小山，霍"，即北嶽南嶽考》，予皆有擬作。《易堂九子序贊》，魏燮奎、沈兆禕、彭世芳、姚紹機、李鏡蓉、羅志清皆佳，熊錫榮、徐運鑫、冷芳梅次之。朱溪雲過談。

十九（9日）

鄒淩瀚、彭世芳來見。下午至李吉齋處，託寄夔石師信，外出未晤。又往孝廉堂程稻孫處，云已歸家。是日録《大傳箋》二叴。

二十（10日）

師課，夏定九過談。虞新銘、賀贊元來請題解，題爲《兄弟同昭穆異昭穆考》。據三《傳》之義，皆以爲異昭穆，而解三《傳》者多以爲同。此漢人之誤，故韋玄成等議廟制，不聞以文帝禰惠帝、宣帝禰昭帝，蓋當時已不知其義矣。近人惟段茂堂《明世宗非禮論》、孔巽軒《公羊通義》說此最通。是日録《大傳箋》四冊。

二十一（11日）

至夏定九處，並看磁器、舊書，遂歸。得家書，知二兒考經正取，或得入泮，早晚當有好音。而土賊作亂，書中並不提及。蓋省城初不知此事，此地謡言無足信也。録《大傳箋》三冊。

二十二（12日）

録《大傳箋》六冊。晚至朱溪雲處。

二十三（13日）

閱初次師課二十餘本。題解多誤，大抵用萬充宗同堂異室之肌説，而不考古義。予爲擬作一篇。李佑臣來談。

二十四（14日）

閱初次師課四十餘卷，畢。以文廷楷、沈兆祉、賀贊元爲稍知古義，餘皆以後世之俗見妄議古人。

二十五（15日）

閱二次師課卷二十餘本。題爲《休屠王閼氏圖畫甘泉宮賦》，佳者寥寥，惟吳珍、張承祖、謝遠涵稍可。秦鏡中有賦才，而失在貪多。予爲删改，並改文廷楷、賀贊元兩卷。

二十六（16日）

閱卷二十餘本，畢。閱《義門讀書記》，多有心得，據《後漢書》，云馬融作《毛詩傳》，鄭玄作《毛詩箋》。疑《毛傳》是馬融作，與《毛序》是衛宏作同。

二十七（17日）

録《大傳箋》六冊。連日隨得隨録，頗有所得。觀丁儉卿

《尚書餘論》,言僞古文出於王肅,挍前人爲墻;解《禹貢》據班、鄭以駁胡胐明,亦甚當。

二十八（18日）

  録《大傳箋》三帋。未刻得家報,知吉兒入泮,十乙名,深爲慶幸。既過此關,可不做一挑半剔工夫,庶得讀有用之書也。聞黃棣威、譚君華皆得售。佑臣始約得喜信當先報,乃至佑臣處道賀,佑臣託代撥十金作賀禮。遂至蕺淵丈處。歸作家書。

二十九（19日）

  作書復秋珊師,發家書一函。録《大傳箋》三帋。院中把門者來叩喜,且放炮竹,貼報單,人遂皆來道賀。賀晴江喬梓、朱溪雲、秦鏡中、劉應元、盧豫章、鄒國光、謝遠涵等紛紛皆至,幾無啖飯之暇。又新淦朱綏初來見,乃前年我所取經入學者,人頗魁岸,所學則未也。

三十（20日）

  夏定九來道喜。彭世芳、熊濟洙、蔡藩皆至。又羅志清、魏燮奎、虞新銘皆來道賀。賀贊元、劉應元來問題解。文郁堂來,持《通志堂九經解》求售。此書皆宋、元人説,與漢人古義多違,然收羅甚多,其中亦有可采者。書係舊板,無殘缺,予還價五十金。是日録《大傳箋》弍帋。

九　月

初一（21日）

  閻覲臣、李佑臣來道喜。佑臣交拾金並信一函,託轉致黃薏丞。蕺淵丈亦至,予未敢請。程菊圃來賀,詢明堂制度等事。是日録《大傳箋》弍帋。

初二（22日）

夏定九來，致福廉訪意，明年講席必欲挽留，未知予意可否再來，如可再定，即此聘定，隨當送關等語。廉訪又親來道喜，予辭不敢當。盧陵新調生梁鳳韶來見。是日錄《大傳箋》弍甬半，於《大傳》所言堂室之制已粗得通。

初三（23日）

閱初次課卷二十餘本。文郁堂將《通志堂九經》送來，刊刻甚精，而書之有用者甚少，且中有缺頁，擬退還。

初四（24日）

閱卷二十餘本。《五服九服考》，胡其敬、沈兆禕皆能分別今、古文，以今文爲是，可謂有識矣。余生騏、唐鼎昌來賀。

初五（25日）

往鄧觀察處拜壽，廉訪處及各處謝步，均未晤，惟見夏定九。歸閱二次課卷二十本。下午賀月槎至。晚間至賀晴江處閒談。

初六（26日）

閱課卷二十餘本。夏芝岑師第四子芰舲世兄名敬莊來見，以芝岑師所刊《清嘯閣詩集》請作序。予不能不應。久不作文，未免搜索枯腸矣。賀贊元聞予買《經解》，來觀。晚間至朱溪雲處談，云鄒凌瀚將刻文端公藏書，請予作啟。

初七（27日）

閱課卷畢。題係《賓爵賦》。彭世芳、廖壽薰尚脩潔，秦鏡中、蔡藩作古體，稍有意致，餘平平。《雁聲》、《雁影》、《雁字》、《雁陣》四律，彭、廖及吳璆、魏巙奎頗工。楊楨詩不知何人作，儘有才思，未能一律研鍊耳。《九經解》查得缺卷是原缺，短少不過六頁。以舊本難得，姑留之。一錢銀一本買舊書，尚不昂也。宋人書亦有心得。予解華蟲爲鳳、作會爲龜，以爲刱獲，而黃度《尚書說》已見及之。但宋人不講考證，少徵引耳，以此知讀書貴博也。是日楊念惕來賀，問讀書用功法。其人有志向學，筆不庸俗，惜年近四十矣。夏承慶來見，年少美才，止廿四歲。芝岑師可謂繼起有人，亦培植人才之報。

初八（28日）

發課卷。寫初十官課題，送廉訪處。予所出題皆上《申報》，不可不慎。新奇者惟恐舛誤，太庸俗亦無謂也。作《徵刻朱文端公藏書十三種啓》一篇。

初九（29日）

至廉訪處拜壽，遂至夏芰舲世兄處。芰舲人甚倜儻，談吐不俗，惜以病廢，年少而手足偏枯。約改日請游園。予歸，爲作芝岑師《詩序》，未就。晏月槎至。彭小圃與徐運鑫至。李藐園丈過談。

初十（30日）

李佑臣派官課點名，予留早飯。此間南昌縣本有豫備委員早飯，特平時人多不待耳。佑臣在此，彼遂送來，乃共飲，得叙談。云陳伯年到廬山，易實甫爲地主，約張香帥少君來游山，問予能赴盛會否。予以游非數日不能竟，且不知到彼遲早如何，又未約定，只帶一僕，舟中無人守行李。如佑臣能往，可同往，恐彼亦不能也。羅志清、賀贊元來詢題解。

十一（31日）

至方伯處祝壽，遂往各處辭行，僅晤沈贊承、李佑臣、賀月槎、王晉侯、夏芰舲五處。歸取《清嘯閣詩》，序續成。

十二（11月1日）

取《啓》、《序》録正。王晉侯、鄒殿書來送行。以《啓》示鄒，彼刻否似尚未定，予既爲作《啓》，恐不得不刻也。晉侯云道希仍回京，得實録館纂修，出洋之計大約有尼之者，待明年考差，亦是正理。聞孫燮臣師升工部尚書，當具稟道賀。

十三(2 日)

寫扇式柄、條幅一張,略清理書籍。課卷午後始至,多至九十六卷,恐四日不能蒇事也。晏海南來送行,且送食物。李蓺園丈亦至。只閱十餘本。

十四(3 日)

閱卷三十餘本。邢汝楫來見,云丁憂回家,萍鄉之變,瑞州大驚動,官軍殺行客,刮其貨以報功,冤死者甚衆。

十五(4 日)

閱卷二十餘本。《尚書》考成王即位之年,惟胡其敬稍明。予極獎屬之,勉以共承絕學。《爾雅》考一闑二闑,沈兆禕、賀贊元尚塙。

十六(5 日)

閱卷二十餘本,畢。賀月槎來送行,屬作芝岑師《詩》題詞,且以賀晴江所擬詩見示。予見詩亦可用,因辭之。朱溪雲過談。

十七(6 日)

往居停處辭行。見曉峰中丞,云明年必欲挽留,問吳清帥相識否,屬致意。李幼梅乃翁開復之事,恐不易辦。徐子文先生同在坐,龍鍾殊甚。方伯請假,未見。見福廉訪,亦恭惟今年主講甚得士心,當隨即送關。見鄧蓮翁,談頗久。談及書院書籍苦少,彼云無從籌欵,遂爾結舌。歸院,李佑臣坐待已久,託帶信件。賀月槎至。賀晴江、張承祖、秦鏡中來送行。爲王晉侯書扇一柄、條幅四張。至夏世兄處赴飲,將《序》交去。晤大世兄,號鶴孫,在四川候補者,陪游其所謂壺園。

十八(7 日)

夏定九來送行,將明年關書送至。賀月槎屬作跋。跋云:"芝岑夫子,鸞鳳振采,蛟龍入懷。以天下之奇才,傳江西之詩派。賞雨茆屋,無其精純;藏園老人,遜此流轉。若夫閡嗷鴻於

中澤,清獄豻之沈積。勞形案牘,不廢丹鉛;暇吮吟毫,皆關蒼
赤。傳爲治譜,何有叢棘之冤;載入風謠,即是《甘棠》之詠。至
於看山拄笏,埽地焚香,自適天機,獨擄霞想。謝朓驚人之句,攜
上衡山;陶公遺世之情,歸來彭澤。則又顯晦一致,得失兩忘者
焉。厶厶湘水從游,壺園撰杖;西州抱痛,東閣許窺。李續尊師,
得觀昌黎之集;元禎著論,敢序草堂之詩。觀縷靡窮,主臣而
已。"□又託帶《禮記集説》、《儀禮鄭注句讀》、《周禮精義》諸
書。夏艼旀世兄來送行,意極勤懇,有昏姻之約。其子一辛巳,
一壬午,且言及其先人將以女妻僕之事。此事甚可笑,不料彼猶
憶之也。余女與伊子年相若,訂姻亦可,得毋有養女嫁江西之誚
乎?是日送行者甚多。王晉侯且有饋送,予受四色。夏定久處
亦受四色。龔養吾來談。彭小圃、羅志清、魏燮奎、鄒國光、劉應
元、謝遠涵、楊念惕均來送。胡其敬初見。此間能通《尚書》者,
止此一人。又有張嗣旭,新從龍南來此讀書,可謂有志之士矣。
晚間朱溪雲來談。

十九(8日)

早起束裝。朱溪雲、賀晴江父子、夏定九及院中諸生來送
行。午後始登舟,以衣箱一口、席子一束寄王晉侯處。天雨,行
十五里,至雞籠山泊。孤篷淅瀝,不勝旅懷。

二十(9日)

過樵石,晚泊吳城,行一百六十五里。夜轉北風。

廿一(10日)

大風捲江,舟不能行。予每行必遇逆風,不知天何使我至於
此極也?

廿二(11日)

風大,寒甚,如有雪意。舟中作《尚書大傳疏證序》並詩數
首,阻風無聊,藉以遣日。

廿三（12 日）

風稍止，曳帆斜行三十里泊。

廿四（13 日）

天晴，無風。六十里過南康，望廬山。屢過名山，不獲一游。聞實甫、伯年在此游山，而不能陪盛會。飢驅奔走，山靈得毋笑人？是日行九十里，泊青山。予氣疾發動，早臥。

廿五（14 日）

過大孤山、石鐘山。以爲至湖口得北風，可至九江矣，乃忽轉西風，舟子拉縴行，又不得到，不知天何厄人至如此極也！過湖口三十里，距九江尚三十里。

廿六（15 日）

風頗順，早飯後至九江。問及本日無上水船，惟怡和有一船，名元和，拖帶墩船，本日恐不能到，只得暫住一天。晚間有一野雞船，不敢坐。

廿七（16 日）

元和船又不到，只得再住一天，認船上口食較起棧稍便宜耳。買螃蟹數十，用醉蟹法醉之，未知何如。元和起更後方到，又不落碼頭，夜中倉卒恐遺失器物，且以前坐怡和船渡海失慎，頗有戒心。已待二日，且俟江裕。

廿八（17 日）

晨起束裝，擬上江裕。巳刻登舟，午後開行。將晚過鄔穴，夜過黃州。

廿九（18 日）

天明至漢口。五百三十五里，祇九個時辰。此船一個時辰行六十里，不誣也。搭小撥船，午後開行三十里，至沌口。夜，北風大作。

十 月

初一（19 日）

犂明開行，辰刻過金口，順風揚帆，甚快事也。乃至東角腦，風忽不順，收帆拉縴，水路曲折，可憾，造物亦不能一日十變也。將晚過簰洲，二鼓後泊嘉魚，行二百餘里。

初二（20 日）

辰刻過寶塔洲，風漸微。將晚過新堤，三鼓泊螺山。己卯年嘗在此阻風四日。

初三（21 日）

辰刻過楊林磯，風微甚。將晚稍大，過岳州，泊南津港。

初四（22 日）

北風不大，舟行甚安。今冬水尚未落，兩岸空濶無邊，不異夏水欲滿時也。巳刻至鹿角，申刻至磊石，風力漸勁。夜過城磯望、白魚磯、營田，三鼓後泊湘陰。

初五（23 日）

朔風甚大。飯後過靖港，申刻至西湖橋。抵家，幸家人清吉。見秋珊師、久安丈。至三叔父處問安，計自別家已十月矣。

初六（24 日）

風勁天寒。檢點行裝。至叔祖母、二叔父處問安，並至瞿述卿處。

初七（25 日）

寒愈甚。郭章甫過談，同至龔瓊山處。述卿、黃棣威來。予歸亟欲謁先人墓，並以二兒入學當祀祖，而雨雪交作，不能往，深爲悵然。

初八（26 日）

曹梅舫來拜，見其試卷，仍係時墨，而多用《老子》語，如廣東人鑲螺鈿，其本質仍是漆耳。聞予家近日不無勃谿，無術調停，可爲浩歎。黃薏丞親家來邀飲，云初九，既而發帖至乃初十。予初十擬祭墓，故辭之。

初九（27 日）

至各處拜客，僅見汪鏡青、汪受明、瞿述卿，餘多未晤。下午至三叔父處便飯。

初十（28 日）

率二兒謁曾祖父母墓及先母、元配墓，備羊一豕一，以入泮告祖，並至四叔祖墓。松楸無恙，予不至又二年矣。歸以酒肴共飲，致醉。

十一（29 日）

率二兒謁祖父母墓。至史家坡，以入泮告祖。歸至校經書院詢王伯璋，云適起程歸益陽矣，何緣慳至此！晚間以酒肴共飲。

十二（30 日）

往北城拜客，晤陳璞山、黃薏丞、陶履謙、彭念謙等。在薏丞處午飯。歸已曛黑。

十三（12 月 1 日）

中丞官課。爲一兒、二兒改文，並擬作"伯夷聖之清者也"二句一篇。是題爲予壬午北闈三題也。是日，熊太恭人忌日，至二叔父處共飲。

十四（2 日）

楊商農年伯至。汪受明至。料理十五下鄉。

十五（3 日）

邀同龔瓊山、子漁弟與二兒往盛家灣。出門即遇雨，至永安市已曛黑。予與瓊山轎頗重，尤難行，至九點半鐘始到。

十六（4日）

　　犂明祭先父墓。瓊山精堪輿，亦以其地爲佳。以祭席共飲後，即往泉窩塘。由春華山大路四十餘里，至已申刻。趕急料理，將晚祭黃孺人墓。歸宿田家。

十七（5日）

　　歸家已將暮。汪受明爲瞿子桓餞行，約四點鐘，予以已晚不赴。汪述貞親家選新疆道庫廳，云缺甚優，甚可喜，惟道遠耳。

十八（6日）

　　往賈公祠應孝廉課。予不赴此三年矣，今復爲馮婦，可嗤也。晤林綬臣、周仲海、陳小汀，共談。歸作文與詩，至晚皆就。

十九（7日）

　　寫課卷畢。兒輩應中丞經課，首藪問干氏《易》説。翻視，無下手處。王逸梧先生至。

二十（8日）

　　作干氏《易》説成。楊樹箴至。唐魯英至。

二十一（9日）

　　爲一兒改賦，擬作《漢長沙太守銅虎符歌》。譚海秋、劉芾棠至。

二十二（10日）

　　改《白鶴泉銘並序》。譚君華至。周仲海至。

二十三（11日）

　　改七律試帖。略將坐處收拾，爲自課之地。《尚書大傳疏證》覓一唐姓鈔録，已録出廿餘㫤。

二十四（12日）

　　以二兒入泮，治具陪先生，並請親戚曾送禮者。至者寥寥，並家中人未滿三桌。林綬臣、楊紹陸至，留飲，不赴。

二十五（13日）

晴。著吉人往湘潭外家拜客。飯後出游，晤瞿子和、程海年、子樸、陳芷青、星墀、胡子威、子正兄弟。汪受明處晤鄭星舫。

二十六（14日）

作書致龍芝生丈，未畢，已矄矣。

二十七（15日）

書續就，更致歐節吾一函。

二十八（16日）

校所録《大傳箋證》。袁叔瑜歸自閩廣，以《廣雅叢書》見贈，書甚佳，擬以《玉茗堂》等書酬之。久安先生至。

二十九（17日）

檢舟中所作詩録之。自歸家後，橫逆之聲日至於耳，令人思客游之樂。彭念蘇至，云將往山東。

三十（18日）

録所作詩畢。觀《廣雅叢書》，陳卓人《昭穆考》所見與余合。

十一月

初一（19日）

檢篋中碑帖閱之。取北魏碑，臨數帋。胡子威至。

初二（20日）

臨魏碑數帋。録《大傳疏證》三帋，以説解甚繁，非箋體，易名疏證。

初三（21日）

冬至。大公交賬，議數日始定，勉強保全。分二房輪管，恐尚非久遠計。祖宗有靈，當默鑒之。祭祖後，赴汪鏡青招飲，在座楊芝生、楊子端、陳程初、唐魯英、李幼梅。

初四（22 日）

臨《鄭文公》三葉。録《大傳疏證》三葉。

初五（23 日）

臨碑三葉。校所鈔《大傳》二十餘葉。袁叔瑜至，迨予出，已去矣。黃薏丞至。譚久安先生至。瞿述卿過談。

初六（24 日）

臨碑三葉。録《大傳疏證》二葉。往袁叔瑜、劉芾堂處，皆不晤。

初七（25 日）

臨碑二葉。録《大傳疏證》二葉。觀《劉氏遺書》，書不多而義甚塙。

初八（26 日）

應孝廉課，多士濟濟，將六十人，題爲"民之爲道也"三句。汪述真親家初七旋里，特往賀，並叙一切。其缺出關尚五十餘站，過天山、雪山，與庫倫近，可謂遠矣。

初九（27 日）

書課卷畢，取《十家四六》幡閲之。臨碑二葉。

初十（28 日）

録《大傳疏證》四葉。至袁叔瑜、劉惠堂處，皆不晤。

十一（29 日）

録《大傳疏證》二葉。以吉兒入學，謝秋珊師卅金。師必欲再假式十竿，言其苦處，深爲閔惻，雖處窘境，不能不强應之。

十二（30 日）

録《大傳疏證》式葉。吉兒歸自湘潭，云外舅甚健，新起支祠於住宅之旁，於初八日入主。予久有建祠之意，有志未逮，如天假之年，至外舅年，逾六十之期，或能成此事而無遺憾也。書此以誌息壤。

十三（31日）

孝廉課，題爲"文王發政施仁"四句。

十四（公元1893年1月1日）

爲予賤辰。憶己丑在京，適滿四十，黃鹿泉同年倡率同人爲予祝壽，而先君子適於是夜去世。撫膺增痛，抱恨至今。嘗立誓即壽至百齡，不爲稱觴之舉。今年吉兒入泮，親戚中有欲賀戲者，予力却之，乃更欲爲予稱觴。適譚君華於十二新昏，予於十四往封三堂作賀，藉以避客。午後至譚宅，夜飲留宿。得晤易極生先生。

十五（2日）

午後由譚宅歸。爲先君子忌日。予以奔走衣食，大、小祥日皆未能歸，今年始得拜先靈，曷勝感喟！

十六（3日）

録《大傳疏證》二臿。是書底稿尚未盡録出，家居俗累，未卜書能成否，唐姓所鈔者已五萬餘字矣。檢出《蔡中郎集》，借楊紹陸。

十七（4日）

率吉兒至林麓樵先生處，適許宅演戲，未晤。至楊紹陸處，見許銘鼎《〈爾雅·釋天〉篇有〈釋禮〉文考》一篇，引證詳明，筆尤清爽。聞此人不能應試，專心經術，可望大成。至文正祠，問雨珊丈未來。思賢書局所刻書皆甚精，擬購《音學五書》、《禮記質疑》、《句溪雜著》、《通藝堂集》數種。

十八（5日）

至汪述真處，遂至胡子威處久談。子威贈以所刻《瞻闓集虛》，體近諸子。是日先云有孝廉課，而經費已絀，遂不課，足見籌欵不易。吳中丞於窮員、士子、貞婦、孤貧皆加培植，恐難乎爲繼也。

十九（6日）

至城隍廟，並約彭某熬膠。予覺體近衰，三叔父謂予何不買麋茸，勸以熬鹿角膠，爲買鹿角卅勸、麋角卅勸、龜板六十餘勸，共銀六十餘兩。予以難得叔父如此關切，且許代爲指揮，故不惜費。

二十（7日）

往城隍廟，觀笠雲爲寶月題真，其禮與儒生所演不異。湖南所行昏、喪禮，必以諸生贊唱，名曰文公禮，不知所自來，諸生即以爲真朱子所定矣，然此禮不通行於他處，名雅實俗。今釋子復拾其唾餘，尤可哂也。

廿一（8日）

録《大傳疏證》弍帋。久安先生至。俞伯鈞、汪述真過談。

廿二（9日）

往葉焕彬、俞伯鈞處回拜，不晤。至黃薏丞處，賀其五少君貢如新昏，因留飲，至夜歸。熬膠至夜半，始收頭鍋。朔風甚勁。

廿三（10日）

檢出周荇老《漢書注校補》閱之，引證未詳，且多譌誤，以視逸梧先生所校《荀子》諸書，真後來居上矣。天寒而無雪，簷溜垂冰。

廿四（11日）

聞黃薏丞、瞿述卿出知單，爲庶母二十七日祝壽。庶母意不欲受，予亦以爲勞民傷財，乃至述卿處力辭，屬其轉致薏丞。汪壽民過談，聞予有開錢店之説，力爲勸阻，自是良友忠告。此事必不可行，而有欲行之者，苦無本錢耳。既不便明阻，亦知其事必不能行，目笑存之，不復置辦，而此聲已達於外矣。晚至薏丞處親辭演劇，明其窒礙難行之處，乃作罷論。

廿五（12日）

　　天尤寒。請彭東陵收膠，至三鼓始臥，寒不可耐。汪述真以爲止如塞外八、九月天氣，而南方之寒則止於此矣。

廿六（13日）

　　雪厚寸許。録《大傳箋證》式帋。夜爲庶母慶祝。

廿七（14日）

　　爲庶母生辰。黄薏丞、汪述真兩親家至。述真言塞外之事，駝城毳幕，可助異聞。是日内外四桌，猶濟濟也。

廿八（15日）

　　校所鈔《大傳疏證》。張少庚表弟以姑母奩貲泰升線店爲三叔父修復，久假不歸，今有許歸之語，予不勝慶幸。以契存我處，急檢付之，而事復有變。吁，可異已！出納之吝，古人所戒。予愛莫能助，將若之何？

廿九（16日）

　　取《古文疏證條辨》再加校訂，擬付鈔帋。

三十（17日）

　　覆校《疏證條辨》數則。自旋里後，人事煎迫，匆匆不暇唱渭城，匆匆兩月，於所箸書並未能訂正，乃歎俗務之有妨學問也。將晚至俞伯鈞處，託爲桂妹作伐。有吕小琴大令者，名鳳藻，浙江仁和人，其子十四五歲。歸至三叔父處夜飲，陪陳秋珊師。食牛肉過飽，與久安先生談至十二點鐘始臥。

十二月

初一（18日）

　　録《大傳疏證》式帋。午後邀三叔父、久安先生、郭章甫陪秋珊師。天晴，稍和暖。

初二(19日)

秋珊師歸。師家境甚困,老景頹唐,未知能再到城否也。以今歲所得脩金及謝敬叁拾兩,向予借錢式拾千,湊成壹百串文,交三叔父處,每月取息錢壹千,以供食用,所以娛老者止於此矣。

初三(20日)

録《大傳疏證》三帋。久安先生歸。予移席至外,始有安硯之處。

初四(21日)

録《大傳疏證》二帋。爲一兒改"道不同不相爲謀"文一篇。予意此文不當如大注善惡邪正之義,善與正可言道,惡與邪不可言道也,"道不同",如老子、墨子之流耳。經課卷下,王逸梧先生所閱,批評甚當,仍許銘鼎列第一也。瞿述卿、劉惠堂至。

初五(22日)

録《大傳疏證》二帋。述卿生日,往賀,留飲至夜。

初六(23日)

子漁弟將往湖北,依唐蘭生於沙市釐局,屬作書致余堯衢太守。校所録《大傳疏證》。夜收鼃膠,至四鼓始卧。

初七(24日)

録《大傳疏證》三帋。

初八(25日)

録《大傳疏證》四帋。瞿述卿至,同往子漁處送行。

初九(26日)

録《大傳疏證》三帋。夜雪,寒甚。

初十(27日)

雪。開篋啟十年前所作詩文,擬加删定。歲月苦遒,文章不進,不勝今昔之感。

十一(28 日)

天寒,復患目疾,不能作字,取前所箸書覆校之。

十二(29 日)

觀尊經課蓺,解經多新說,亦徵心得。壬秋先生學派如是。

十三(30 日)

閲《嶺南遺書》,有裨實用者甚少。

十四(31 日)

閲《嶺南遺書》。張寶生至,云欲從予游。

十五(2 月 1 日)

先君生辰。予嘗有志,少得寸進,爲先君慶生辰。功名蹭蹬,大故猝膺。敬獻酒肴,悲感交集。《尚書古文疏證辨》録出數十㗊,校一過。

十六(2 日)

録《大傳疏證》二㗊。目疾尚未愈,恐因服膠所致。

十七(3 日)

録《大傳疏證》三㗊。是日亥初立春。栗樵長子蘭伯久病,竟不能交春,於早晨已逝,聞之愴然。

十八(4 日)

汪受明來函,以黃姓索息銀,至和茂秤銀,送受明處,並與述貞共談。遂至栗樵處慰藉,見其尚未入棺。父不在家,窘迫之至。予光景萬難,愛莫能助,只好多少見意而已。

十九(5 日)

譚蓉墅至。周郢生來拜,閒談刻許。予擬將廣昌店舖出售,爲卒歲之計,久之始有成議,以乙千零卅金定價。彼始聞該店佃銀、押規皆八十金,兹復問廣昌,云不及此數,想因和茂所囑,欲以賤值得屋之故。於事無成,徒費脣舌而已。彭廉泉至。

二十（6日）

彭廉泉復至，云已看得地，將於廿四出葬，必欲假貸，以濟急需。予房屋未售，更無從出。六親同運，一至於此。郢生言印生妹婿不知去向，並未歸家，尤可怪。

二十一（7日）

祖母生日，設供叩拜後，至城隍廟吃年飯。此住持每年照例請紳士者。今住持爲葆悦之徒清塵。夜歸，與蓉墅談至中夜。

二十二（8日）

着黄升送拾金至彭宅。伊再着人來，云必須再假拾金。予力不能應，再送錢票伍十。親戚之情，已可謂竭忠盡力矣。目疾尤甚，不能作字，甚苦。

二十三（9日）

校所鈔《大傳疏證》、《古文疏證辨》。年歲逼近，索債紛來，無米之炊，殊難捓擋。譚蓉墅歸去，覓館尚未成。聞林綏臣亦未得館。寒士生涯，何以自處？爲一兒改“臧文仲居蔡”一章文。

二十四（10日）

録《大傳疏證》三吾。二日所開家人工錢、節賞所①、各房月費已七十千，用費如此浩繁，真無善制之治。胡眉壽來拜。

二十五（11日）

往史家坡先祖墓辭年。

二十六（12日）

往馮家冲曾祖墓及母墓辭年。輿中觀《漢學商兑》，其詆斥漢學，亦有見解，而堅持宋學門户，尤甚於漢學家。漢之大儒，無過鄭君；宋之大儒，無過朱子。而治漢學者，匡鄭君之失，並無瞻徇；治宋學者，於朱子之失，必一一回護，絶不許人攻擊。此元、

---

① “所”下，疑脱“費”字。

明以後錮蔽學者之耳目且數百年，尤不足以服人之心。此近日才俊之士所以起而力爭也。如方東樹者，修齋諷經，自陷於異端邪説，乃欲自託於衛道而痛詆古義，謬妄蓋不足辨。

二十七（13 日）

汪鏡青太夫人成服，往吊，在坐皆舊識。陶履謙云夏季臨世兄有書來，必欲重以昏姻，俟至江右相攸再議。

二十八（14 日）

清釐賬目，約開銷二百串，欠錢店將四百金，奈何？

二十九（15 日）

劉四先生以李君約壽文見託，羌無故實，又年下蝟務紛來，勉作一二段，恐年内尚不能成也。

卅日（16 日）

清理賬目，本年用度至二千串①，並無昏嫁之事，惟吉兒入學用百餘串，及多一閏月耳。如此浩繁，何能敷衍？計欠和茂四百四十餘金，急需賣房屋歸欵。近年湖南奢侈太過，富者亦貧。左右鄰近如唐懋陔、常人吉，家貲皆耗。除夕炮竹聲寥寥，大非昔比。

---

① 按，本月二十八日作"二百串"，此"二千"似有誤。

癸巳（光緒十九年，1893 年）

元日（公元 1893 年 2 月 17 日）

天明起，敬神。至叔祖母處拜年。將壽文續成。汪叔明、彭聰叔來拜年。

初二（18 日）

將壽文録出。與兄弟輩抹牌。汪述真、黃望之來拜年。是夜雷。

初三（19 日）

録舊作數旕。晚間抹牌。

初四（20 日）

往親友處拜年，惟至親數處見面耳。

初五（21 日）

録《大傳疏證》二旕。是夜熱燥殊甚。

初六（22 日）

録《大傳疏證》三旕。考《玉燭寶典》，得所引《大傳》數條，乃前人所未及見者。

初七（23 日）

録舊文數篇。《疏證》録畢。夜大雨，燥熱。

初八（24 日）

復郝雪塘一函。黃薏丞至，言棣威即日往蕪湖，約將來仍往江西。

初九（25日）

取《四裔年表》觀之，多異聞。西夷日尋干戈，視中國亂尤甚，或謂其有三代氣象，殊不然也。

初十（26日）

袁叔瑜至，言月半後將有粵東之行矣。是夜吐瀉，殊憊。

十一（27日）

郭章甫至，云恩科已有電報，不知確否。

十二（28日）

錄《大傳·略說疏證》二帋。

十三（3月1日）

到史家坡祖墓拜年。輿中觀《趙氏叢書》二種，無意義。《漢學商兑》二卷尤謬誤，擬作書闢之。

十四（2日）

到馮家冲祖墓拜年。輿中觀《目耕帖》數卷，無可取。

十五（3日）

因下鄉受寒，腹痛作瀉，殊不快。是夜上元，市中亦甚冷淡。

十六（4日）

汪宅見邀，以腹痛不能往。夜起者數次。何棠孫至。

十七（5日）

錄《疏證》三帋。黃蕙承邀往文襄祠觀劇，其地尚便，而戲不佳。

十八（6日）

往楊商農、張雨珊兩年伯處，不晤。回劉振愚拜。往周三丈處道喜，亦不晤。校所鈔書二卷。下午往汪述真處。晤張伯興，久談，計一別十年矣。

十九（7日）

往李健松、袁叔瑜、程子大處。觀子大近作，奇麗可愛。聞中丞大開求賢館，聘請多人。不知應聘而來、自命爲賢者，誰也？

二十（8日）

至李君約處拜壽。下午至吕觀察處赴飲，在坐多灛人。得商農丈書，云思賢考取生徒，先收寒畯，而灛人皆不取。予實寒而貌灛，今與灛人並坐，無怪人以灛人視之矣。逸梧先生云將刊予所補注《釋名》。雨珊丈言書局規模甚好，江西書局何不倣而行之？

二十一（9日）

録《略説疏證》二牉。覆商農丈一函。張伯興見訪，談及身世之感，不勝慨然。譚君華至。林綏臣以但少村觀察壽詩見屬，勉成五十均，聊以塞責。

二十二（10日）

中丞甄别三書院生徒，聞改新章，每月膏火分正課、附課去取，而出題太平庸，嶽麓“因民之所利而利之”三段、城南“寬則得衆”四句、求忠“分人以財”三句。汪輔臣請觀燈戲，於未刻往汪宅。

二十三（11日）

録《大傳疏證》二牉。叔祖母邀便酌，於申刻往小古道巷。見叔祖母甚衰弱，三叔父爲診脈，云不佳也。

二十四（12日）

到汪鏡青處陪吊。曾慕陶云陳俊臣年伯於去年十二月二十日仙逝，知己之感，甚爲慨然，擬作輓聯云：“西州涕淚爲知己常流，龍潭寵荷招延，别墅曾陪謝太傅；南嶽降神輔中興偉烈，麟閣功成歸老，衡山頓失李長源。”未刻後至李君約處赴席，同慶戲尚佳。

二十五（13日）

到汪宅陪吊一日，客不甚多。見陶履謙，力薦蓉墅教書，未知諧否。

二十六（14 日）

早起，爲汪太夫人路祭。午刻至瞿述卿處赴飲。

二十七（15 日）

録《大傳疏證》二冊。周郢生回拜，因往賀乃翁得中丞特保加四品卿銜也。中丞奏牘云"樂道安貧"，人多怪之，漢武所云此其人不貧也。譚蓉墅館事已成。陶履謙來，將聘書親送至，云即往拜蓉墅，而予與蓉墅並未見面。談及束脩並雜費止百串，未知肯往否也，乃着人送至久安丈處。

二十八（16 日）

往謁徐芸渠師太年丈，八十有餘，人甚矍鑠。至王吉來處，不晤。見汪輔臣、譚久安兩姻丈。回拜陶履謙，欲勸其再加雜費，而蓉墅已先至，賓主見面，訂廿九日上學，不便再置喙矣。遂至譚蓉墅處，所寓寧鄉館房屋甚不佳。

廿九（17 日）

録《大傳疏證》三冊。陶少翁請陪先生，肴饌甚豐，汪述真同在坐。

二 月

初一（18 日）

録《大傳疏證》三冊。

初二（19 日）

王逸梧先生邀巳刻早飯，在坐者劉少秋、何詩孫、李幼梅、劉稚泉、吳少階。歸過黃薏丞，不晤。作書唁陳亦漁兄弟。

初三（20 日）

往學宮祭文昌。飯後至汪述真、胡子威處。子威以其弟所刻書見贈。

初四（21日）

　　録《大傳疏證》三吊。是日天大熱，遂雨。本以天晴，邀汪二丈、蕙丞、述卿、述真、受明往文襄祠聽戲小酌，又值天變，戲亦不佳，坐者寥寥，恐此戲園生意未必能行也。晤楊海村，名灝，清江人，與周道生善。

初五（22日）

　　改"定公問君使臣"二章文，用劉端臨新義，以《關雎》兼《葛覃》、《卷耳》言之，《卷耳》金罍、兕觥即"君使臣以禮"，似亦天然湊拍。余一之子以所作文二篇求正，其文氣亦近清也。陳壽寅屬以李佃事求楊紹陸，紹陸亦以此事將到我處，大約其事尚可轉旋。紹陸有志箸書、刻書，甚善，予以鈔書人唐姓薦之。以陳蘭甫《遺書》二種贈胡子威。

初六（23日）

　　得《大傳》"昔者后夫人"一條，補前人輯本之遺，爲之疏證。閱胡子瑞所箸書，考反語不始於孫炎，漢人所作諸經音非後人所爲，甚有見；不信《玉燭寶典》，亦甚是。彭聰叔來。

初七（24日）

　　晴。予欲奠先子墓，即料理起程，而邀會未成，即至戚亦辭復不至，殊出意外。予亦不能作守株之待矣，往述卿處略談。

初八（25日）

　　晴。檢點書籍。《水窗春囈》言道光禁煙事頗與他書異，未知塙否。書大字數吊、對聯一軸。

初九（26日）

　　往盛家灣，先清明拜先子墓叩辭，將往江右。於墓之左右前後巡行審視，誠以東西南北之人，不可以弗識也。瞻望松楸，曷勝悽戀。因屬佃户余怡臣，促其出莊，告以將移居下鄉，要此屋住。

初十（27 日）

　　過永安市，沿河至春華山，往泉窩塘省繼室黃氏墓。輿中觀《玉芝堂駢文》，層次極分明，度後學金鍼不小。《漁洋詩話》亦佳。是日甚熱。

十一（28 日）

　　由泉窩塘回家。河邊岸多坍塌，可慮。將晚大雷雨。譚久安丈至，力勸移居下鄉，云楊公壩柳宅有空屋召佃，其房屋甚好，較予住宅尤美；柳家現住此屋，緩急可倚。予欲移居下鄉久矣，因無房屋可住，且無親友可恃，遲遲至今。此有此機緣，即當決計，但未知庶母意何如耳。

十二（29 日）

　　往各親友處辭行。與久安丈久談家計，舍下鄉別無良策，屬其極力開導兩弟，勿致梗議。謀事在人，成事在天。如先人有靈，家事不至一敗塗地，或不至有變也。三叔父爲予餞行。

十三（30 日）

　　以邀會，請諸人吃會酒。三叔父與汪姻丈爭四會，事幾敗。乃分七會爲二，予自占末會，始得定議。思賢案發，二兒備取第二，將來可望補也。

十四（31 日）

　　陳芷青至，予詢夏季臨二子，伊前年歸試皆見之，季臨夫人，王初田女，甚賢，且託帶梣榔與季臨。汪述貞來送行。伊往關外履任，尚缺資斧，未能成行，可慨也。予往叔祖母、二叔父處、述卿處辭行。叔祖母甚衰，未知能再見否。

十五（4 月 1 日）

　　寫會書五封，甚困。汪受明來送。張雨珊丈來送，託帶《水經注》一部與李藐淵丈，云詩俟撰就再寄。詢商農丈病，恐不濟，服附硫丸尤非所宜。鈔書人唐斛泉歸去不來，《詩經說》二本、《駢文》一本、《大傳疏證》廿餘昏均不送來，恐致遺失，殊荒唐也。交代郭章甫，未知能不失否。是日行李上船，而船不開，故未登程。張少庚表弟以姑母奩貲泰升線店屋一所，三叔父久不交付，今始付彼管理，誠爲幸事。少庚得此，可稍自給矣。

十六（2日）

飯後登舟，未刻解纜。將晚忽北風大作，退還至夏泥澗始停泊。不知不尤，何見厄至此？

十七（3日）

仍北風，挂帆斜行。午後至靖港，風愈大，遂泊。

十八（4日）

仍北風，微雨。午後至扁擔峽泊。計行三日，止百五十里。舟中觀《鐵橋漫槀》，惜所箸書多不得見。《毛氏四書改錯改》，予欲藉手，彼已先我爲之，其書亦恐未必傳也。觀王祭酒所校《水經注》。將晚大雷雨。

十九（5日）

晴，仍北風。過白魚磯，泊港中，時方午後。此三日俱止行半日，計程僅二百里，留滯可慨。觀成芙卿《鄭志考證》，止十之二三。此亦予所欲作而未逮者，有暇當續成之。是日患寒，吐瀉。

二十（6日）

泊城磯望。無南風，仍不敢過湖，下水船未有如此之淹久者。觀趙氏《水經注釋》，有一弊。酈注多本班《志》，間有異義，亦作疑辭。唐、宋以後，始撥棄古義，紛爲新說，如謂九江是洞庭，東陵是巴陵，大別是魯山，陪尾出泗水，及三江用徐堅所引僞鄭注。近人如胡東樵、閻百詩，多宗其說，丁儉卿始駁其非古。趙氏每引胡、閻之說，以駁酈注，所見殊愼。又《水經注》所引古郡縣名下，當以今郡縣名釋之，乃更瞭然。諸家皆未及。

廿一（7日）

　　順風，揚帆過磊石、鹿角，皆見《水經注》。《注》：磊石，一作累石。巳刻至岳州。望岳陽樓，風浪甚大，不能登岸。重以釐局耽擱兩個時辰之久，少行一百餘里。"今之爲關，將以爲暴"，信乎！申刻始開行，晚泊白螺山。地名見《水經注》。《注》又云："累石山，亦謂之五木山，山方尖如五木狀。"

廿二（8日）

　　四鼓開船，過新隄。午刻至寶塔洲，待釐局查船，久不至。予行此路屢矣，未有如是之苛索者。大抵弊政日甚一日，因慨兵興籌議，已不免始作俑者之譏，亂定而弊政不除，更不免月攘一雞之誚，故《易》曰"君子以作事謀始"也。

廿三（9日）

　　舟人以私帶鋼鐵報稅不及數，當受罰，稅則九千，罰欵乃十一千，苛虐甚矣！耽擱又大半日，申刻始開行。觀王祭酒所刊《鹽鐵論》，其文猶有訛脫費解處。《潛夫論》有汪繼培箋。此書西漢人作，乃無箋注，予有暇當爲之。王又刊《荀子集解》。荀子在七國時，其文視《鹽鐵論》更古，而校刊家較多，大略已闢荆棘矣，而亦有未盡者。荀子本意，亦趦發明。若加闡發，於楊注之合者疏通之，不合之駁正，兼采諸家，間下己意，以明蘭陵之旨，大是佳事。予恐有志莫逮也。行四十餘里，泊嘉魚上口。

廿四（10日）

　　行四十里，忽大雷雨，遂泊。雨俄止，而舟不行，殊可惡。計啟行已九日，尚有二百廿里也。而漢口至江右，又未知何日能到。觀陳見桃《毛詩稽古編》，守毛、鄭之故訓，斥宋、元之新説，地名、物名皆不取後人附會之論，尤具卓識。予謂名物必用古義，後儒説解既誤，或又沿其誤説而肊造名字、方言、俗語，不信無徵，此豈可引以證經者？近世所號通儒，亦多不免。此陳氏書可謂傑出者矣。

廿五（11日）

巳刻過薜洲，申刻過金口，幸稍得到岸風。晚泊沌口，距漢口僅三十里。陳見桃考《詩》甚精，而引僞古文"七世之廟"，以斷鄭、王異義，則大謬。人各有能有不能。閻百詩考《尚書》精當，而論《詩》主王魯齋，則失之。閻長於《書》而短於《詩》，陳長於《詩》而短於《書》，其蔽一也。

廿六（12日）

辰刻至漢口①，上江寬輪船。復上岸游覽，小飲。歸舟，舟中人多而熱。十點鐘後開行，過黃州、黃石港，天漸明。

廿七（13日）

午刻抵九江，到春和棧。船行云有紅船，用輪船拖帶，係德中丞將入覲爲帶磁器者，可乘便至江右，計日可到。登舟即行，至湖口停泊。同舟有武進程青佩者，歸自朝鮮，出寫照索題。圖裸祖握牟珠，似僧非僧，有玩世意。予題云："傾蓋逢程子，琵琶江上亭。乾坤容寄傲，冠帶苦勞形。四大空禪月，三韓舊使星。披圖豁懷抱，真氣滿丹青。麟閣他年畫，雞林萬里天。如何宰官相，猶慕竹林賢。禪任諸君入，神從阿堵傳。非徒負腹尺，經笥故便便。海畔株離俗，人間汗漫游。無妨入裸國，有路上瀛洲。記濯扶桑足，常昂天外頭。令升飛食肉，不必訪丹丘。"

廿八（14日）

過姑潭、南康，望見廬山。別匡君又半載矣，未知何日得尋幽選勝也。過湖，輪舟遂解去，不肯拖帶，云需索四竿，船戶不應之故。幸北風，揚帆能行。過吳城將廿里，天晚，泊一孤洲。半

---

① "漢口"，原誤作"九江"，據文義改。

夜遇大風,雷雨交作。舟人大駭,急下苗釘樁,呼號之聲不絕。
白浪撞擊,殊可怖也。兒輩未經此險,尤懼甚。至二點鐘後,風
略平,始得安枕。江湖多風波,古人所以有《行路難》之作。

廿九(15日)

天晴,東北風。舟行甚速,較輪船拖帶尤速。舟人不善駕
駛,致膠於沙,耽擱一個時辰。午刻過樵市,未刻後至省城章江
門。坐划子登岸,步入書院。夏定九、朱溪雲來。得方伯書,
以陸鳳石司成有書來,云南學需舊書古本,屬肄業生有書者呈
進。此間肄業多貧士,未必能畜古書,有者亦未必肯出也。聞
李佑臣病危,甚憂之。是夜開鋪掩門,草草就卧,計去此又半
年矣。

三　月

初一(16日)

發家信一函,檢點行囊。以衙門期,不出拜客。門生多來
見。鄒淩瀚、王慶康、彭世芳、羅志清、徐運鑫、虞新銘皆來。鄒
言瑞州新興蠶桑之利,事如有成,可推之四方矣。校《水經注》,
四十之三十一頁"即今雲南之今沙江","今"當作"金"。又三
十七頁"李如篊","篊"當作"簁"。又二十三之十"衛武與袁紹
相持於官渡","衛"當作"魏"。二十八之十四頁"上自御塡
篊","篊"當作"簁"。

初二(17日)

出拜各大吏,皆不晤。明日交卸公事,故繁難也。同鄉中晤
趙伯藏、黃小麓、任桂秋、沈鑒澄,餘皆未晤。李佑臣於昨日病
故,不意到此並不及一面也。登堂往視,不勝愴然。下午往朱溪
雲處略談。觀《江西通志》,其體例尚是。爲二兒改"周監于二

代"兩章文，未畢。是夜大風，寒甚。

初三（18日）

改文畢。發篋檢點藏書。德中丞來拜，云在此十年，不願再幹，使能推此心以及人，則善矣。夏定九至，云明日去請上學日期。予以書辦所擬提課章程示之。彼云向章有此，允回上憲。如行，則予亦可早歸矣。秦鏡中、蔡藩、熊濟洙、王世忠、余兆麟、張嗣旭來見。左菊生來回拜，已選安仁，改在江右，何官運之好也。以李佑臣事，屬一兒致函告黃棣威。王子庚、彭貢琨來見，皆九江人，云九江到省旱路止二百餘里。李盛鑾、李盛鏞來見，云曾在湖南讀書，李玉階中丞之胞姪也。擬挽李佑臣云："廿年前彩筆騁名場，方欣文得重論，載酒匏樽逢白也；千里外素車到章水，何意緣慳一面，擎悲蘭宇吊延之。"

初四（19日）

李蔽淵丈來拜。饒州吳寶田、張鳳藻、方之屏來見，萬知淦、劉思濂、劉璜來見，皆盛學使新調者也。晏海瀾來，適鄒殿書送蒸盆一個、點心式盤，乃留海瀾午飯。趙伯藏至，云欲刻叢書。予勸其刻湖南人箸述，仿趙翼之《湖北叢書》。海瀾言靖安縣梅君刻《清芬堂叢書》，其店中有之。予屬其裝一部來看。下午蕭鼎臣、吳世表來見，鄱陽人也。寫李佑臣挽聯一軸。胡其敬、舒恭潤、恭瀼來見。恭瀼經術、詞章皆佳。恭潤乃其兄，是宿學。胡治《尚書》，能通各家說，史論亦有識。予尤屬望此人。

初五（20日）

陳啟甲、張德溪來見，皆萍鄉人。瑞州胡思敬來見，前年曾見其考古卷，駢文、古詩皆佳，而其言語殊不可通，可怪也。飯後出拜客，見劉虞九先生及孝廉掌教楊大猷號子任，餘皆未見。中丞處送行，各大吏道喜，皆不晤。見李蔽園丈，賀喜。佑臣成服，往吊。與閻覲臣談佑臣之事，欲爲其所繼之子捐一縣丞,俾得贍家,如能成是佳事也。夜爲兩兒改"魯一變至於道"文二篇。

初六（21日）

德中丞起程。予昨已送行,不再送至江上矣。黄小麓來拜,云移居康王廟,距此較近也。楊念惕、熊濟濬、胡汝綖來見。楊子任來拜,予沐髪,辭之。梅少崖亦來拜。余生騏、唐鼎昌、吳衍任號少方來見。吳南昌人,能駢文。夏季臨之大兄名敬孚來拜,其人尚無官場習氣,曾在四川候補者也。周道生來,久談。故人相見,不勝忻幸。晚間盧豫章來見。

初七（22日）

署廉訪裕竹翁來拜,言初八開課。聞豫章書院亦初八開課,肄業生恐來不及,而裕公已將告示帶來,不便再説。又不提起上學。予言須上學乃開課,大約同一日也。張承祖來見,改名炳喆。餘干戴書屏來見,年少頗倜儻。文郁堂周姓來,云浣薇軒亦係彼開書店也。護院方右銘方伯至,寥寥數言。鄧蓮裳觀察至,久談,云前所選課藝太多,須再加精選,底本在彼處,即送來。梅少巖年伯至,云將往鹿洞,小巖先生已往江南,兼鍾山、惜陰兩書院。此處豫章並不上學,明日開課,將卷寄去。甚矣,此間講席之同祠禄也。文法和與其戚彭樹華至。魏燮奎、段笏至,魏云代小巖先生閲卷者即其兄也。擬題,着人送交廉訪。

初八（23日）

上學,早起。開課點名委員兆祺,號壽富,直隸旗人,新到省,云其兩弟皆壬午同年。上學廉訪不親來,委候補府葉佩瑒,廣東人,久不到。兆君不能待,乃先點名去。未上學即開課,理固如是乎？福餘菴來拜,亦不親至。文盛堂送來《清芬堂叢書》,乃靖安知縣梅雨田輯,其書大半取《武英叢書》,校刊不精,無甚可取。是日甚熱，夜雨，又見星。

初九（24 日）

觀《叢書》，所可取者不過數種，《滄浪詩話》、《谷音集》，予所未見也。劉虞九先生來拜。闇觀臣來拜，言佑臣家事，大可駭然。聞十一議事，如何了結也？下午至磨子巷看舊書，無所得，爲兩兒買《時文典制》數部。夜爲一兒改“子曰君子博學於文”一章文。

初十（25 日）

爲二兒改文一篇。友教掌教陶福履號華封來拜，予壬午同年也。下午欲出，適天雨，乃取《叢書》各種覆閱之。夜觀《揅經室集》，不睹此者半年矣。

十一（26 日）

觀鄒叔績《讀書偶識》，多獨到之見，亦有過於新異不可信者。佑臣家請議事，到者寥寥。其夫人出見，亦無甚話說。所謂秦姨太太欲出見客，衆辭以辦喪事者有話再提。聞此係廣東人，不止於刁悍，不得謂非啟寵之咎。甚矣，人不可不慎也。以予見，宜以早歸爲是，且俟諸君來再商之。

十二（27 日）

黃小麓、左鏡芙來拜。言佑臣事，亦無卓見，外人不便十分定議也。張鳳藻、龔福保來見，皆義寧州人。予以課卷未到，取《大傳疏證》覆閱之。晚間，卷子始到。新廉訪不知故事，以爲當發委員，監院始爲領出也。夜閱十來本。此次課卷共乙百十九本，習《詩》者七十餘人。

十三（28 日）

閱課卷廿餘本。

十四（29 日）

閱課卷廿餘本。有江蘇同年華文匯號海初來拜，癸酉鄉榜，聞黃少麓言，故來。文郁堂周姓來，因聞鄒殿書言方伯有信來採辦舊書，欲攬生意。予不欲與此事。

十五(30日)

閱課卷廿餘本。是日換季，天甚燥熱。俄而風雨，寒甚。

十六(5月1日)

閱課卷廿餘本，已畢。通經、史學，仍以胡其敬爲最。文有奇氣，仍以魏燮奎爲最。新到者，胡思敬有賦才而不完善，王子庚、彭貢琨、李道虞頗能詞章，劉思濂、胡汝綎、吳衍任次之，餘無甚佳者。予置胡第一，魏第二，超等三十名。是夜大風，寒甚。

十七(2日)

定課卷名次。擬作《詩》經解一篇。鄒殿書卷列第五，在前，乃粘其上。朱溪雲以鄒所刊《讀經説》見示。伊將《書目答問》中所列書刊上，甚好，然亦祇可爲有力買書者説耳。方伯刊婁妃書"屛翰"二大字，並爲作跋，見賜一帋。字大約六尺。婦人能作此，自屬異才，而遇人不淑，悲夫！陶華封同年便衣來拜，贈以詩集，始知即《四子詩》中之陶福祝也。此詩予於龍三丈署中見之，清刻得江西派。陶云擬刻《江西叢書》，甚善。談及方伯搜求書籍一事，伊亦得此書，擬邀同楊、彭二山長，四人公寫一信辭覆之。

十八(3日)

晴。爲兩兒改文二篇，係"蓋有不知而作"一章題。二兒以作《春秋》立意，未能切實，爲增補數處。録《〈商頌〉美宋襄公考》一過。閱劉原父《七經小傳》、鄭漁仲《六經奧論》，其書亦有心得，不依傍前人，惟於訓故、聲音未探其原，故離合參半耳，必概屛爲宋學，亦非平允之論。

十九（4日）

　　有南城趙世猷、世庸兄弟來見，年甚少。前閱其卷，亦近平穩，自屬可造之才。發家書一函。予本欲俟脩金至，再交票號匯寄，今久待不至，恐家人懸望也。爲二兒改文一篇，係"麻冕禮也"一章題，前二段用考證。

二十（5日）

　　爲一兒改文一篇，題同。師課開課，監院請題，予早起。監院以脩金久不下，恐乏用，假予拾金。飯後至陶華封處久談。此人尚明了，肯用功，在浙江生長者。繞道百花洲歸。至書店，觀監板《廿乙史》，配合太多。書多近人集部，無佳者。龍筠圃有《明史樂府》二卷，取歸觀之，詩不及尤西堂，然不陋。是日立夏，春去殊可惜也。夜雨。夢中得句云："柳短牽春色，樓高倚暮寒。戶開孤月迥，簾捲衆星濆。"不知所謂，姑誌之。

廿一（6日）

　　晴。看蔣仁叔《五經蠡測》，頗有獨見，不爲宋學所囿。解《尚書》有是處，"我之弗辟"不取避居之說，其識在閻百詩之上；《盤庚》"曰我王來"開姚姬傳之先。《詩》多用《序》說，辨朱子廢《序》之非，在元人中可謂卓然者。監院送到春季脩金。鄧蓮裳觀察送到予前所選書院課藝底稿，屬再精選。兩兒應友教官課，爲作詩二首、改文二篇。

廿二（7日）

　　取課藝中經解復閱一過，汰去少半，其中有心得者無幾，惟取其體格不謬、樸實說經者耳。又寫家信二帋，匯寄長沙秤足紋一百兩，交新泰厚票號郭迪安先生手收，即寄湖南。遂至府學前磁器店、磨子巷書店各處。今年磁器陡貴，殊不可解。文郁堂有鄒叔績《遺書》，攜歸觀之。洋板《名槀彙選》皆名家文，似較他本夾帶爲勝。

廿三（8 日）

取課藝中駢散文、詩、賦加以去取，計合經解共乙百餘篇，雖不皆佳，似無笑話。經解尤不能不寬取，以此間多不曉作法，可藉作程式也。予先選試牘亦此意。吳珍康伯來見。

廿四（9 日）

閲初次課卷。夜爲兩兒改文二篇。

廿五（10 日）

閲初次課卷，爲擬作一篇。有蔡炳南者作《"燔柴於奧"鄭注"奧"當爲"爨"解》，能別"爨"、"竈"爲二，與予意合，列第一。下午黃少麓招飲。小麓病，不能陪。閻覲臣得觀音閣通判，距贛州四百餘，以缺苦、路遠不願去，亦不能不去也。文郁堂以長樂謝枚如《賭棋山莊文集》來看。其人曾在此主講，其文有實學，不空疏。前經訓主講徐子文年丈去世，予擬作挽聯云："與先君同歲列賢書，倘能泉路相逢，爲道癡兒仍碌碌；繼前哲抗顏居講席，方冀登堂奉教，不圖成佛竟匆匆。"

廿六（11 日）

初次課卷閲畢，閲兩次課卷，題爲《昭明太子〈文選〉賦》。秦鏡中、胡思敬兩篇皆千七百餘字，雖字句有疵累，作法未盡合，而才氣自屬不凡，乃列秦第一、胡第二。

廿七（12 日）

佑臣處開堂，予往陪吊。天熱，悶甚。同鄉議欲公祭，將晚始歸。

廿八（13 日）

閲課卷。有吳正表者，年止十九，賦甚精切，有佳聯，《送春》七律亦有好句，可謂年少美才。賦後數段，才力已竭。予爲改作三段，取列第三。

廿九（14 日）

課卷閱畢。超等三十名，新到者居其半。王子庚、李道虞、彭貢琨、趙世猷、世庸、劉璜、胡汝綖、蕭鼎臣皆頗佳。晚間發案。

三十（15 日）

提四月師課。李盛鑾來見。新昌漆鳳池來見。新昌去湖南最近，而言語難通，可怪也。李隨伯父玉階中丞曾到湖南，説話尚明。友教課發，二兒借徐運銑名，取第四，江西課亦易取也。書辦以所録發看之作呈閲，劣不成字，予申斥之。

四　月

初一（16 日）

爲一兒改"周監于二代"二章文一篇。覆校所選課藝，且録目録一帋。得祥女家信一函，言家中平安，藉堪自慰。

初二（17 日）

往鄧觀察處，交付所選課藝，請屬書局印《注疏》數部給書院諸生閲之，並代朱桂林求鹽局乾脩勿撤。鄧公俱諾之。至春和棧，回程青佩看。歸書扇式柄、條幅一帋。有德化黎宗渭來見，黎經誥之從弟也。下午秦鏡中來見，云已自李家移出，仍住書院。將晚過百花洲眺望，水臭殊不可當。清流變濁流，可惜也。

初三（18 日）

閲初次課卷。黃棣威至，現寓李宅。爲二兒改文一篇。

初四（19 日）

閲課卷。下午同兩兒往棣威處。鄒殿書、彭小圃至。

初五（20 日）

爲一兒改"魯衛之政"三章文。閲初次課卷畢。鄒殿書作

《晁家令言兵事以蠻夷攻蠻夷論》，指陳洋務，大放厥詞，乃留心時事者。魏建侯云"禍不在海而在陸，變不自內而自外"，千古名言！而自好談洋務者視之，則翩其反矣。昨與鄒殿書言辦洋務者，太史公所謂"其效可睹矣"。鄒云只要有人講求，百年後必得其利，洋人所變新法，亦非一時即成者。其言似亦有理，大約今之講洋務者，皆如此說矣。

初六（21日）

閱課卷。聞楊商農丈去世，擬作輓聯云："曾從七萬里環游，握槧懷鉛，記考方言徧瀛海；留得五千文箸作，紆青拖紫，何如靜業守元亭。"楊嘗從曾侯至英吉利也。

初七（22日）

閱二次課卷畢。賦題《夫人繅三盆手》，惟蔡藩有數聯可取。詩《祈蠶曲》、《繅絲曲》，惟胡思敬、葉潤藜稍可耳。黃棣威來，云廿日外仍往蕪湖。左菊生邀飲。有瞿幕友者，現在護院處，云與沈小宜至戚，故識予名，得之小宜也。

初八（23日）

批初次課《呂叔玉說〈時邁〉、〈執競〉、〈思文〉爲〈肆夏〉、〈繁遏〉、〈渠〉考》，發案。得護院書，催取前次回信，因函致陶華封同年，約共回一信。陶回信云已別有所獻，應各回信爲是，又須別作書矣。是日豫章官課"善政民畏之"二句，爲兩兒改文。

初九（24日）

爲兩兒改"善人教民七年"文二篇。覆護院書。賀爾翊至，送吉安腿式隻、《續後漢書注》一部。虞新銘至，辭以以後萬勿送禮。同鄉有黃曾貽者來拜。夏季臨世兄來拜，云近下鄉爲芝岑師看地，尚未妥，昨日始回。談及金女親事，兩兒任我所擇。我擬往彼相攸再定局也。《續後漢書》，蕭常作。其書專講書

法，多删《三國志》文。陳《志》已略，再删，事更不備。宋人好妄
删古書，去實事而加空論，此通弊也。《注》，永新尹繼美作，頗
能補其闕遺，其苛刻不當之論，亦間有糾正。商農丈輓聯再改正
云："曾游七萬里歸來，別國語多殊，廣采方言筆油素；留得五千
文箸作，元亭名不朽，何須高位戳朱丹。"

初十（25 日）

中丞官課，委員八點鐘尚未到。其人名麻瑶，疑麻理之弟，
竹師師之子。彼未來拜，不便問也。羅志清、魏燮奎來見。作書
與芝生丈。左菊生入京，將付之。聞節吾已截取，想爲家計所
累，不能待也。新疆聞有事，陶模密疏告急，已有電報趕劉錦棠。
彼處餉絀兵單，事大可慮。鄒淩瀚來，呈昨所作文，欲摹高格而
未成者。朱綬、賀贊元來問題解。虞新銘來辭行，往湖州送學生
考。委員雷樹人奉委修理書院，來拜。夏定九來，欲借内面房
屋，予未諾之。將晚率兩兒至夏季臨處。季臨因傾跌傷足，未能
出，其兄與姪承慶出見。其家庭木宿鷺甚衆，云多年不至，今復
至，可異也。旋到王晉侯家，見文道希之子，年十三，字公達，
甚秀。

十一（26 日）

作書三函，與汪頌年、歐節吾、李荔村。夏承慶、李瑞菜來
見。左鏡芙來辭行。陳庚山來拜，云辦測量獲譴。此人不得詞
林，又遭際如斯，可慨也。將晚至夏定九處，遂往磨子巷書店
各處。

十二（27 日）

黄棣威至。予看《別下齋叢書》，多考校金石、古籍之書，有
關經旨者甚少。下午至小麓處，見其所解轉注甚佳。九江道策
問古文《尚書》，意袒古文，以爲未得贓證，中引張平子《思玄賦》
平子自注引孔《傳》文。此條前人似未嘗疑。予嘗發篋取《文

選》觀之,《賦》云"惟般逸之無斁兮",注引孔安國《尚書傳》注曰:"斁,厭也。"李善於前舊注下曰:"未詳注者姓名。摯虞《流別》題云衡注。詳其義訓,甚多疏略,而注又稱愚以爲疑,非衡明矣。但行來既久,故不去①。"據此,則以注爲平子自作,李書簏已疑之。摯仲洽非經生,其言未必可據。仲洽在子雍後,其時古文孔《傳》已出,故注者得引之。漢人尠有自作文而自注者,不當專執此疑似之文,以翻前人成案。

十三(28日)

爲黄穀孫乃翁名世崇作七律壽詩二章云:"群仙高控紫鸞驂,燕喜躋堂兕酌酣。生佛萬家呼楚北,壽星一點見弧南。神山木鍊春秋老,漢水陰留蔽芾甘。豈弟齊稱賢父母,詎徒華祝慶多男。""方正曾聞策漢廷,循良何必誦黄庭。堂前兩造無留獄,門下諸生盡執經。鴈户不愁灾地赤,虹隄長帶遠山青。古來艷説王喬舄,仙令於今定比齡。"舒恭潤與弟恭瀼來見,云去冬已出學,呈貢卷,去年曾領批,取《説文》第一也。書商農丈輓聯。作書寄文道希,交王晉侯轉寄。柬黄小麓,以予昨所考張平子《賦》注及《尚書餘論》一卷示之,看此案可平反否。下午課卷至,閲十來本。夜腹痛,頭熱。

十四(29日)

腹痛,瀉數次,下午更甚。勉閲卷十餘本。夜數起。天雨,甚凉。

十五(30日)

瀉稍止,頭目昏眩。書家信式函。閻覲臣來辭行。閲卷十餘本。

① "去",原誤作"來",據《文選》卷十五李善注改。

十六（31日）

閱卷廿餘本。黃小麓至，取《皇清續經解》十二本去，許以所箸書見示。天涼甚愈，病亦未愈，臥不安。

十七（6月1日）

棣威及屈禹臣至。小麓言倪覃園師到省詢及我，不得不強起去道喜。初到忙甚，見面未多敘。遂往各處送行、回步，見左鏡芙、雷委員，餘未見。歸我①。李子賓來拜。賀晴江來見。閱卷十餘本。人殊困憊。

十八（2日）

閱卷廿餘本。二兒應課，爲改文一篇。

十九（3日）

晏海瀾至，請題數則去，送洋板書式部及火腿、紹酒等物，留之午飯。劉應元來見。晚間至賀晴江處。是夜閱卷畢。《〈春秋〉天子之事論》，惟賀爾翊、文法和頗曉《公羊》義。《春秋列國名臣序贊》，彭小圃與蔡藩、胡思敬、熊夢祥頗佳，王子庚、吳寶田有才而不盡妥帖。賦爲《董仲舒夢蛟龍入懷作〈春秋繁露〉賦》，押"春秋"兩官韻。"子夏王春，萬歲千秋"對極工，予頗激賞。既而雷同甚衆，予乃疑之，查閱始知爲予擬作江西試牘中《張蒼獻〈春秋左氏傳〉賦》中語，殊屬可笑。王子庚賦氣極奔放，吳璆稍穩。

廿日（4日）

出師課題。定官課名次，彭小圃第一，賀贊元、王子庚次之。得楊少麓書，云退佃事決裂，已將陳壽寅扭送，且牽涉三叔父。竟至興訟，可怪也。海瀾言周道生爲陳一士所誤，不終局，已回去。謀生之難如此！晚間攜一兒至李俞農處診脈。李君代理星

---

① "我"字疑衍，或當作"餓"。

子,予始知之。鄒殿書以應課文來請教。其文奧折,是學五家者,頗費解。爲易數語,似較明了。①

廿一(5日)

錄去年擬作《〈玄鳥〉箋“兩禘夾一祫”考》、《兄弟廟制異昭穆考》二篇。爲二兒改“子張問十世”文一篇。

廿二(6日)

錄《〈春秋〉黜周王魯解》、《山龍華蟲作會宗彝考》、《楚王妻媚考》、《伯魚名鯉考》數篇。連日大雨,甚涼。黃棣威來,云廿五六日將往蕪湖。

廿三(7日)

閱五月初次課卷三十餘本。賀贊元來見。李俞農來拜。

廿四(8日)

閱初次課卷畢。題爲《〈邶·擊鼓〉〈鄭·女曰雞鳴〉兩言“與子偕老”解》,愚意終以鄭箋爲是,陳見桃、陳碩甫稍易箋義,改《鄭風》“子”字屬士,立説更穩,必以夫婦解“琴瑟”、“偕老”,此後世之見,古人所不曉也。又《“六合之外聖人存而不論”論》,説者多言洋務,或言是,或言非,此以言洋務爲非者爲合題。朱綬卷頗佳,楊念惕作駢文亦遒古,賀贊元用三家《詩》駁魏默深,是有特見,置楊第一,朱第二,賀第三。

_____

① 稿本第二册至此,末有附頁,載試題數道如下:諸葛孔明至德公家獨拜牀下賦;長安女子知韓伯休賦;今小女子皆知有我。向子平與禽慶俱游五嶽名山賦;俱游五嶽,不知所終。馬融閣下從曹昭受讀《漢書》賦;《漢書》始出,多未能通。陳蕃爲徐孺子設榻賦;特設一榻,去則縣之。安息國王以銀爲錢文爲王面幕爲夫人面賦;阮步兵登廣武山觀楚漢戰處賦;時無英雄,豎子成名。直抵黃龍府與諸君痛飲賦;漢明帝幸南陽祀舊宅召校官子弟作雅樂奏《鹿鳴》賦;自御塤篪,以娛貴客。《水經·沔水》注引《東觀漢記》曰明帝云云上自御塤篪和之以娛賓客又於此宅矣。

廿五（9 日）

爲兩兒改應課文。閱二次師課卷。下午至夏鶴孫、季臨處赴飲。見季臨二子，貌不甚美，亦不至陋。其長子甚矮，比次子矮半個頭。擬遲日着兩兒往視，再定局。歸得家信，知六弟府試前列，甚佳，而桂妹已定楊玉科之孫，不知何以倉猝至此，成事不説，甚非先子平生之意。予遠在外，將奈之何哉！

廿六（10 日）

閱課卷畢。題爲《龍伯國人釣鰲賦》、《洗馬池懷灌嬰詩》，賦完篇甚少。葉潤藜多近千金①，無甚警處，以其猶肯用心，置第一。胡思敬不完善，詩則極工，爲改正其賦，置第二。吳正表賦、詩皆有奇氣，秦鏡中詩頗佳，置第三、四。餘無甚佳者。晚間，賀贊元、劉應元、李瑞荼晉見。劉隨其父名人駿在湖南十餘年。

廿七（11 日）

發師課案。午後大雷雨。連日晴雨不常，霉氣甚重。監院送到夏季脩金壹百六十四兩。觀《周頌口義》，多獨得之見，莊氏陽湖之學如是。

廿八（12 日）

覆久安先生、楊少陸二函。晏海瀾來，呈時文一篇、經解一篇，稍爲删正。賀爾翊前呈科試所作時文與駢散文，皆古澹，絕不似幼年人所作，使場屋中之文如是，必誤以爲老手矣，置之案頭已久，今少暇，爲潤色。兩兒應豫章課，略爲改正數處，並爲作詩二首。

廿九（13 日）

取所作《今文疏證》覆校數卷。朱溪雲至，云鄧觀察已向鹽

---

① “金”，當作“字”。

局説,乾脩當可仍舊。下午屬兩兒往夏宅看其二子,與予所見略同,因寫信告知家中,斟酌定議。

五　月

初一(14 日)

發家信一函,並託左菊生帶京信四函。擬作《璋判白弓繡質龜青純爲魯始封之錫考》、《奄再叛再征考》兩篇。貿得鰣,招賀爾翊共飲,因談文久之。

初二(15 日)

擬作《鯀爲夏郊三代祀之考》。閲《詩書古訓》,補《今文尚書考證》數條。與賀晴江出城看龍舟,未得見。

初三(16 日)

作《〈釋山〉五嶽前後異義考》,足補邵、郝兩家所不及。爲二兒改文一篇。王晉侯、文法和送節禮數色,晚間得飽餐。

初四(17 日)

閲《詩書古訓》,補《考證》數條。鄒殿書送禮四色。其弟淩沅歸自都門,送兩兒禮各四種,辭之不得。殿書自來説洋務,多新奇之論。時漸熱,汗不止。

初五(18 日)

盧豫章早至,予起已去。朱溪雲、賀晴江及其子爾翊、劉應元、李瑞棻、鄒殿書及其弟淩沅、王晉侯、文法和及其兄廷橈、其姪公達,皆來賀節。午間約朱溪雲來過節,計端節不在家已五年矣。歲月蹉跎,飢驅奔走,良足慨歎! 是日繙閲《寄園寄所寄》。

初六(19 日)

爲一兒改文一篇。熊濟洙來見。彭小圃來見。予稱其古文能學子書,宜學龔定盦,不知其文乃殿書代作。殿書極慕龔定盦文，聞予言，甚欽服，以爲得一知己，作書與小兒，大發議論，並請初九爲兩兒餞行。予亦於初九請夏世兄、黄小麓，邀殿書作陪。彼云可改期，即改明日。

初七（20 日）

寫初十官課題。作書致逸梧先生，聞其有《三家詩義疏》之作，録予所作《〈商頌〉美宋襄公考證》寄之。下午雷雨，夜又雨。

初八（21 日）

夏至。閲淩曉樓《公羊禮證》，補《尚書》及《大傳疏證》數條。爲兩兒改文二篇。作《觀兵伐紂年月考》。

初九（22 日）

邀夏鶴孫、黄小麓、屈禹臣、朱溪雲、賀爾翊午酌，酒席乃上學縣中辦差所送，甚不佳。閲宋于庭《過庭録》，言《玄鳥》箋"兩禘夾一祫"與予説頗近，其文名《吉禘辨》。

初十（23 日）

官課，派委員三人，皆湖南人。余端甫、段少元來拜。任桂秋病，未能來。閲陳樸園《今文尚書》①，補正數條。

十一（24 日）

甚熱。補《今文尚書》數條。劉應元、賀晴江來詢題解。

十二（25 日）

出拜客，晤黄小麓，久談。新調章希孟來見。述卿有信來，云十七茶、攸府考，科試約在月初，將使兩兒料理起程矣。爲二兒改文一篇。

十三（26 日）

致信述卿。官課卷至，閲十餘本。熊磻、黎宗渭來見。

---

① 按，指陳喬樅所撰《今文尚書經説考》。

十四（27 日）

看兩兒料理行裝。閱卷廿餘本。得家信，亦云考試在月初，六弟府試第七，黃貢如亦得前列。桂妹訂楊家已成矣，噫！

十五（28 日）

飯後，兩兒起程。賀、朱、劉、李諸人來送，着黃升送至河下。天氣甚熱，頗不放心，然恐遲則更熱，不得不使之早歸。計至此兩個月半，花費數十竿，所學殊無進益，我不過盡我父教之心而已。周文郁來，呈書兩部，一《松源經說》，孫之騄作，稗販無心得；一謝枚如《詞話》。云《西河集》不全，已找出，着送來。閱卷二十餘本。夜與賀晴江久談。

十六（29 日）

閱卷卅餘本。朱溪雲過談。文郁堂送來《史記索隱》二本、《西河集》乙百十一本，計缺七十餘卷，約十六七本。所缺多文集，經說止少數種，尚可觀。燈下稍爲清理。

十七（30 日）

閱卷卅餘本。夏定九至。朱溪雲、賀晴江至。以昨日書卷鬧事，有齋夫打南昌考生，火夫率衆報復，誤將老喻扭住，又欲將彭升爲難。今其火夫願往服罪醫傷，彼猶不允，必欲報彭升夙仇，我書院生欲動公忿。聞彼有傅孝廉者好生事，願以功名同彭升相拚，可笑。未知夏定九如何調停，與我全無干也。

十八（7 月 1 日）

閱卷卅餘本，粗畢。王子庚來見，云以弟病急歸，今復至。弟病吐血，尚未愈，因用功，夜半不眠得病。醫書云夜半不寐，則血不歸經，用心更非所宜，讀書人不可不慎也。夜微雨，稍凉。

十九（2 日）

定課卷名次。魏建侯才極可愛，今年未取第一，乃以列首。其駢文、散文魄力雄厚，實非他人能及。彭世芳、秦鏡中、賀贊元、鄒淩瀚次之。《詩》經解《“王姬之車”言“齊侯嫁女以其母王姬始嫁之車遠送之”考》，大抵用馬元伯、魏默深說。惟盧豫章據《左傳》作五證、五義，定爲文姜，雖未必然，亦可備一解。駢文《伏戲氏畫卦序贊》，前五名皆佳，余國琛、蔣用嘉、黎宗渭亦可。李盛鏞來見。賀爾翊以應課文求改。予與彼用筆不相近，爲删易數處、改詩一首。周文郁來，云有不全原板《漢魏叢書》，屬送來。鮑刻《太平御覽》甚佳，還值廿金，尚未允。下午至賀晴江處。

二十（3 日）

提六月官課。委員無同鄉，不來拜。校補《今文尚書》數卷。賀爾翊來問題解，《詩》爲《路寢房中可用男子考》。陳碩甫既據《燕禮》爲說，又惑於路寢即明堂即文王廟，謂房即左、右个，左、右个亦非作樂之地，全不可通。予嘗謂國朝經師輩出，通者無多，非刻論也。夜觀毛西河《彤史拾遺》各雜著。夜甚凉。

二十一（4 日）

校補《今文尚書》數卷。觀毛西河解經諸書，獨闢畦町，於漢、宋人說皆加攻駮，佳者非顧、黃、閻、萬諸人所及，武斷處極武斷，其弊在過信《左傳》，以爲即夫子所作之《春秋》。過詆者爲朱子，故朱子尊《儀禮》，毛云三《禮》中《儀禮》最劣；朱子疑古文《尚書》，毛爲古文訴冤。而其說極暢，所謂“甲車四千乘，雖無道行之，可畏也”。其《大禮議》及言宗法謂兄弟異昭穆，極精，予惜見之之晚。《古文尚書冤詞》亦有塙當處。蓋《尚書》惟今文最信，攻古文者不知據《大傳》、《史記》，徒引馬、鄭及宋儒肊說，宜不足以服僞孔之心。予作《古文尚書疏證辨》已詳言之，今得此書，擬更作《古文尚書冤詞駁》。委員雷君來拜，年過七十而髯毛未白，可異也。書院脩牆，擇本日未時興工。將晚雨。

廿二(5 日)

補正《尚書》數卷。觀《西河集》,《大學》、《孝經》、《明堂》、《郊社》諸問①,多有心得。《尚書廣聽錄》皆攻蔡以申孔。其攻蔡甚是,申孔則離合參半,蓋不知折衷於《大傳》、《史記》。前人説皆如是,非獨西河也。周文郁持《漢魏叢書》殘本,係程榮刻,止三十八種,而中缺數種,較王謨本爲善。是日署廉訪裕公生日,差帖道喜,隨即回拜。夏季臨來請兩兒吃飯,不知已歸數日矣。如不耽擱,今日可到瀏陽也。將晚季臨自來,久談始去。夜頗涼。

廿三(6 日)

課卷送到,閱二十餘本。聶模懷來見,豐城拔貢,年四十餘矣,云到過湖南。又有茶陵譚君名鷗來拜,云係甘肅委員,曾出關,到過伊犂、喀什噶爾等處。天山並不高,上下各二十里。左文襄脩平山路,亦可行車。惟天時難測,一變即大雪雹,即六月亦然,避之不及。出關八棧,過古敦煌,今安西州,有十二棧。戈壁無人煙,夜宿蒙古包,苦極,過此到哈密便好。左文襄於戈壁亦築土室,可住,聞今又毀壞矣。伊到此坐催協餉,先有薪水,後丁憂回籍,年老不能再出關,在此住家,有孫十九歲,欲使來附課。記去年李佑臣亦曾言之。

廿四(7 日)

閱卷廿餘本。黃壽謙來見,久談。黎宗渭來見,送《八家四六注》一部。夜與賀爾翊談文,甚涼。

廿五(8 日)

閱卷廿餘本。下午以天涼,至彭樹華處回看,至佑臣家,回拜屈禹臣。見李仲雍,其家以書出售。予取章實齋《文史通

---

① "堂",原誤作"經",據毛奇齡原書名改。

義》、趙在瀚《七緯》二書歸。晏海瀾來，與談文久之，並告以作經解勿徒鈔寫，當用《經義述聞》法列證，較出色。聞湖南主考放黃紹第、秦綏章二人。黃乃漱蘭先生之子，想有家學，能衡文也。夜觀《文史通義》，立說頗異。

廿六（9 日）

擬作經解一篇，題爲《"右招我由房"路寢房中可用男子考》。孔疏誤信路寢即明堂之說，以爲小寢，與鄭説背。陳碩甫辨其失，而又引高注《淮南》明堂有房以證之，其失與孔疏同。此次課卷，習《詩》者百人，能知陳疏之誤者惟吳璆一卷，其説又不詳，故作此示之。閲卷廿餘本，習《詩》者已畢。彭世芳、羅志清、黃壽謙來見，以熊錫榮之兄錫疇在靖港開錢店倒閉，裕通昌乃郭家所開，告其該銀乙萬兩，已收押，屬爲道地。予以書目交彭小圃，轉交殿書。殿書至，云須看過書再議值。予函達屈禹臣，屬其將價劃定，送書來觀，並取來《古文辭類纂》乙部，板尚舊。

廿七（10 日）

接閲習《書》等卷廿餘本。夜觀《文史通義》。

廿八（11 日）

閲卷廿餘本，粗畢。賀贊元解《儀禮》別有吉祭，用予説，甚當；解《詩》能引阮文達説，駁陳疏；駢、散文皆不俗，置第一。古文首魏建侯，駢文首彭小圃。秦鏡中、盧豫章、王子庚解經皆有是處。賦惟吳正表可觀耳。虞新銘自九江歸，來見。周文郁來，以《湖南通志》易《江西通志》去。

廿九（12 日）

寫官課單子，將卷送去。本日提六月師課。監院夏定九過談，言及近日課卷已有乙百四十餘人，至七月到齊，必有式百。聞友教山長又送十四名，現在額內已有玖十餘名，近日應補者又

有二三十名，額少人多，如何處置？惟有俟學使到，屬其場後甄
別一次，方可疏通。鄒殿書約江南會館午酌。此地有園林荷池
之勝，乃早往。在坐多予門下，談經義，及與殿書談洋務，甚悉。
有云明年有恩挑者，不知塙否。是日初伏，甚熱，彼處亦熱不可
當。雷聲隱隱，卒不雨。歸已曛黑。

六　月

初一（13日）

　　晴，熱甚。連夜觀《文史通義》，粗畢。此書甚有名，予觀
之，其言作史修志之法極有見解，可與彥和《雕龍》、子玄《史通》
並傳。惟章君通史不通經，云周公集大成，孔子不曾集大成，六
藝皆周公舊典，孔子未嘗自爲說，殊屬謬妄。蓋誤信《周禮》爲
公手訂；孔子《春秋》，則信《左氏》說，爲經承舊史、史承赴告之
文。不知《周禮》一書，兩漢今文家皆不信；夫子作《春秋》，立一
王之法，並非周公舊典。《論語》答顏淵兼取四代，此斟酌損益，
不專從周之明證。孟子云“天子之事”，此立一王法，非因周舊
之明證。微言大義，具見《公羊》。而劉歆妄改《左氏》之文，援
引《周禮》以證其說。章君最推劉歆，故於經只取《左氏》、《周
禮》二書，其餘皆未肄業。不通經義，乃至不尊孔子，大可駭怪。
人各有能有不能，既不通經，不必妄言。且其書名《文史通義》，
但言文史可耳，何必強不知爲知哉！章言經義、道學，皆門外漢
語，惟言作志之法較詳。謂近人志書，皆誤以山水圖經之法行
之，故多載古蹟名勝、詩文題詠，而於應載之處反略，其論最塙。
觀趙在翰所注《七緯》，尚少發明。侯官許貞幹豫生所注《八家
四六》，即孔巽軒《戴氏遺書序》一篇訛誤已多。信乎著書之難
也。朱溪雲過談。

初二（14日）

虞新銘至，問降服報丁憂否，告以應報。彼云從九江來，見田甚洃，連日欲雨不雨，若仍亢熱，不免旱災。閲《毛西河集》，駁宋儒之説甚快，而自爲説尤武斷。如《昏禮辨正》辨《家禮》三日廟見之非，而云《士昏禮》之主人是婿父，非婿，婦至，舅迎以入，婦與舅姑以賓主禮見，舅姑乃率婦見宗廟訖，方導婦入婿室。吾鄉所行之禮正是如此，予嘗議其不合於古。今毛氏所定禮相同，不知吾鄉即用毛氏禮否，然其禮於古必鑿枘難合。古祭用質明，惟昏用昏時，故曰昏。《昏禮》親迎，"執燭前馬"，則婦入已夜，故同牢合卺即就寢。若再見舅姑、告祖，其禮非一時能畢。古無夜祭之事，夜豈可以告祖乎？吾鄉迎婦多在日中，不與用昏相合，亦以其禮非一時能畢也。西河力詆《朱子家禮》，而自造一毛氏禮以代之，於古無徵，何能信後？閻百詩以爲私造，蓋指此類。毛所定喪、祭禮，皆與《儀禮》相反。毛不信《周禮》、《儀禮》爲周公作，固爲有見，而專據《左氏》所言之禮，至以左氏之《春秋》爲夫子手定之《春秋》。此其意見之偏，議禮所以多誤。吾寧從《儀禮》、《公羊》耳，不敢從毛氏禮也。《廟制折衷》是王非鄭，亦未當。《祭禮通俗譜》似可行。《喪禮吾説篇》盡反《士喪禮》，亦難盡信。

初三（15日）

閲六月初次師課卷五十餘卷。王子庚才甚可愛，各體皆工，置第一。古文，魏建侯筆最雄强，胡模山通達史學，皆可觀。

初四（16日）

閲初次師課卷十本，接閲二次師課四十本。晚與賀爾翊談史。

初五（17日）

閲二次師課卷四十餘本。爲《陶淵明入蓮社無酒攢眉而去賦》,有不知題解者,有用眉黛、蛾眉、柳暈、桃花者,以陶公爲女人,可笑。吳寶田、吳正表、王子庚皆佳,舊人則張炳喆、蔡藩皆可觀。李道虜、楊亨頤兼古體。李謂陶不佞佛,託此而逃,尤有識。連日多雨,稍涼。晚間張寶孫至,云前月廿一日由湖南起程,走至半月,途中甚熱,轎夫皆病,每日止行四五十里,日中不能行。如此,則二兒皆不免受熱,不知何日到也。家信云七弟婦十七日産難亡,湖南亦甚熱,初四學臺科考齊集。

初六（18日）

晏海瀾一早至,送文一篇,繙閱課卷。予告以作經解之法:題是一句,宜用新説,破字叚借,取材於《經籍籑詁》、《説文通訓定聲》;若非一句題,不能破字,即應分條列證,不宜鈔寫,千手雷同。飯後海瀾去,鄒殿書至,言買書事,止能照價七折。李盛鑾至,送文二篇求改,其文亦倜儻。張寶生至,繙閱課卷,欲考經古。予告以作經解之法,與海瀾同。午飯後始去。晚間朱溪雲過談。是日客多,僅能覆閱課卷一過,並填名次甲乙。龍潭芝仙處有一信來,云族人有春魁者,於潭埠開煙館,彼處有一謀財害命之案,凶手攀扯春魁,現株連到省,求爲設法開釋,云家有八旬老母。予問來人,是其外甥。鄉下人全不了了,屬其探聽到省曾否問過、問官何人、如何説法,再來告我。

初七（19日）

發師次案。爲晏海瀾、李盛鑾改文。擬初十官課題,繙閱各書。觀《西河集·毛詩寫官記》等書,解經過於聰明,猶沿明人習氣。晚過朱溪雲談。屈禹臣至,言買書事,約可成。

初八（20日）

寫官課題送鹽道,乃首府曹公署。此公兄弟與先子同年,先未之知,聞李丈藝淵言始知。鄒殿書來,言買書事。三番五次,始議定照原價八折,《五禮通考》、《全唐詩》、《八編類纂》三書共五十四金。予出王祭酒所刊《荀子》、《鹽鐵論》示之，即以贈之。江西客至，云春魁已開釋回去，乃寫信復芝仙。閱《西河詩話》，甚有考據，惜不全。夜與賀晴江父子共談。黃升問轎行，轎夫尚未回。天氣炎熱，不知兩兒何日到家，甚念念。

初九（21 日）

往李宅，爲買書事，屬其將書發至鄒宅，因攜《韓詩》、《四六法海》兩書歸，並借閱《環游地球説》。周同甫至，予欲薦往李宅劃書價，並託銷售，函達屈禹臣。書店送《湖南校士録》來，予並《十國雜事詩》送殿書。左菊生來，以湖北同年汪翼雲之年丈九十重游泮水徵詩，屬作詩。又云湘陰傅右衡之姪錫霖攜其叔之書來依盛學使，屬見學使爲道地。又云左子建殁於京師，子栗亦病篤。不知文襄公後裔何至此也？晚與朱溪雲、賀爾翊共談。

初十（22 日）

官課。觀毛西河《周禮問》，謂《周禮》是列國人作，非漢儒僞作，甚當。然西河信僞古文《周官》，謂《周禮》是依傍《周官》，不知僞《周官》正依傍《周禮》耳。古無六卿，止有三公九卿，今文家説皆然。六卿是周公所定制，許、鄭二公亦略言之，攻《周官》者固未能及此。西河信僞古文，不通曉今文，亦不知也。西河云："善讀書者，必不執一以攻一，執所見以攻所未見。"此治經要訣。前人多執宋學攻漢學，近人又多執東漢古文攻西漢今文，皆狃於所見，昧於所不見也。觀《環游地球録》，粗通西國事。據其所書，西洋立法仁至義盡，但恐受西人之愚耳，而其機器之巧妙，輪車之迅速，能鑿山腹、入地中，當非虛語。梅台源來見，年止二十，自言課卷乃魏建侯作。梁鳳韶來問題解。賀爾翊亦來久談。周文郁與文義皆持書來，有《津逮祕書》，恐不能買。周云李宅喚彼劃書價，予所薦也。左菊生以湖北同年汪翼雲之父水如先生重游泮水九十大慶徵詩啟見示，屬爲作詩，並代作。

夜作七律四首云："襄陽耆舊仰鴻名，洛社年齡冠眾英。龍德爭推柱下史，蝌文共學濟南生。經師自古多眉壽，鄉望於今重老成。莫問桃潭水深淺，群仙高會即蓬瀛。""綺歲才名四境馳，青衿甲子一周時。重游璧水搴芳藻，不羨商山采紫芝。松柏後彫堅晚節，梧桐春早苗孤枝。蘭成射策渾如昨，可認當年舊泮池。""昔聞詩禮重庭趨，今見循良惠澤敷。百里異馴桑下雉，一官高舉殿前鳧。仁風布濩憑兒輩，暮景銷閒任老夫。想見萊衣歸獻壽，未妨酒滿洞庭湖。""哲嗣同年比友昆，未陪鯉對託龍門。每懷湘漢鄉關遠，謬主章江講席尊。何日扶鳩隨玉杖，幾人稱兕奉金樽。鶴籌豈但期頤祝，千載彭鏗定共論。"又代作四首云："八公十叟共驂鸞，燕喜華堂客盡歡。久向黃庭餐玉液，何須碧嶂鍊金丹。""重游頖璧樂如何，六十年華彈指過。想見丹顏仍少壯，非關青佩故蹉跎。""丈人久息漢陰機，仙令稱觴駟馬歸。富貴非云夸晝錦，歡娛喜得戲斑衣。""常欽令子古循良，幸託同寅在豫章。鶴算祇今遙獻頌，兒觥何日慶躋堂。"

十一（23日）

天稍涼，出拜客。見倪覃園師，誼甚肫摯，云廿九移署，將邀小飲，以鄱陽蕭鼎臣見託。見曹丈秉濬，談書院事，諄諄於九江人，王子庚、李盛鑾皆知名。見二府，賀君芝陔前以瞽者徐姓求送入院，云普濟院應歸南昌，非彼所司也。至李宅，交鄒殿書書價五十四金。周同甫劃價已畢，攜有正味、孫淵如二《集》歸觀之，乃知有正味係翻刻，孫集即湖南刻也。王晉侯過談，言梅十丈之孫即道希外孫，年十三，府試前列，恐不進學。予謂此地入學非難也。天大雨，甚涼。長夜短檠，頗有秋意。

十二（24日）

大雨。錄所作汪公壽詩。此公三十入學，不爲早達，而九十亦得重游泮水。予入學已三十年，計七十餘即可重游泮水，但不知有此壽否。若重赴鹿鳴，須九十餘，更不敢作是想矣。傅右衡之姪名迪康號錫霖來見。周同甫至，云所劃價似不見信，伊亦不欲與聞矣。觀劉申受《尚書集解》，多載陽湖莊氏之說，改易經字，移竄經文。夫國朝通儒所以崇尚漢學、詆斥宋學者，以漢學篤實，言必有徵耳。今改經以就己說，效王魯齋之尤而又甚之，以此說經，聖人之書無完膚矣。以肊說爲微言，以穿鑿爲大義，此真經學之蟊賊。劉申受、魏默深皆尊信其說，愚所不解，王壬甫亦間襲之。

十三（25日）

閱官課卷約二十本。夜雨，甚涼，秋風襲人。與賀晴江諸人談西事。

十四（26日）

閱課卷約二十本。曹觀察丈至，云主考電報尚未至，可怪。電信猶不可據，無怪遠信難通。兩兒歸家已一月，轎夫尚未回信，殊不放心。晏海瀾、賀爾翊來久談。沈鑒澄來，同往左菊生家坐坐。黃少麓至，談懷欽事。予言其曾往雲南劉蔭渠幕中，爲作請救越南及琉球摺奏。少麓言見劉公行狀有此奏，深贊之，今知出自懷欽，固無足怪，自喜其眼力不差。

十五（27日）

閱卷廿餘本。黃升問轎夫，乃知兩兒於前月廿六七已到，並無一信，可怪。轎夫但知其日從黃花市趕到看會，不記何日。張寶生來久談，午飯後始去。聞學臺已到，擬考經，借《易》數種去。聞江西主考是洪鈞、檀璣。新來陳昌言來見，所說未知搞否。

十六（28日）

正寫家信，兩兒所寄信忽到，係廿六午刻回省，廿八發信，不知此信何以如是之遲。云路上未受熱，稍放心。此刻科試已過，

未知名次何如。三叔父與楊少陸爭田搆訟，殊可怪駭。胡子正
縊於萬縣書院，尤怪事也。下午至夏季臨處，見季臨、少村，欲我
薦先生，恐難事。家信云親事可對，但恐愚蠢無知。細詢季臨，
其子未必穎悟，亦不至十分蠢，現已開筆，五經將畢，大約中人之
資。特恐家中以遠嫁爲嫌耳，俟再斟酌定局。芷青兄弟將至，恐
來説媒也。歸至晴江處談。是日閲卷廿本。

十七（29 日）

　　周同甫持書至，予挑書六册：《津逮祕書》、《經韻樓叢書》、
《五禮通考》、《三禮通釋》、《金石萃編》、《乾坤正氣集》，還價六
折，共八十餘金。賀晴江來久談。文道希來信一函，共觀之。道
希欲予勿講常州及川學，予亦未得其詳。常州即陽湖莊氏之學，
予亦不盡謂然。川學即廖季平一派，出自壬秋先生，分別今、古
文，各自爲學，甚是，而亦多坿會。道希與壬翁不合，故不謂然
也。朱溪雲夜來共談。是日閲卷廿本。

十八（30 日）

　　閲卷畢。王子庚經解直捷，駢散文、賦皆高絶。題係《趙充
國條留田便宜十二事論》、《擬昭明太子陶淵明集序》、《太史公
登廬山觀禹疏九江賦》。經解，賀贊元爲最，《〈儀禮·士相見
禮〉注"或曰：贄，孤之摯"與孤執皮帛不同考》、《〈公羊〉天子六
師方伯二師諸侯一師考》，能分別今、古文義，不以《周禮》古文
説亂今文家法。盧豫章《〈左氏〉"君冠，必以裸享之禮行之"
考》以裸享爲享賓，非祭祀，引《周禮》、《儀禮》爲證，甚詳；《〈周
禮·夏官〉〈秋官〉環人是一是二考》引《左氏》爲證，亦新。
《〈詩〉瓜菹獻皇祖不見於〈周禮〉七菹，天子税民瓜供祭祀亦未
見於〈書傳〉，試考其説》，熊夢祥據疏解箋，不引本朝人書，最直
捷。彭世芳考《爾雅》舍人注爲當時諸舍人共作，可備一解。餘
皆陳陳相因。周同甫來，言諸書必七折，予不允。貨各有主，且

看將來何如。

十九（31 日）

定課卷名次。今年人多，較去年佳卷稍夥，但特出者仍少耳。周同甫來，云書已歸他全買，《津逮祕書》已有人要。其餘我亦不欲。伊將《太平御覽》作廿金送來，並《西河集》共廿五金。下午無事，欲出門，忽大雨如注，乃致信答文道希。《御覽》引用書目有《韓書外傳》，不知何書，俟考之。

二十（8 月 1 日）

爲張寶生改文。寫致黃鹿泉、汪頌年、譚彝仲京信三函，屬以明年有挑即以見告。賀贊元來，告江西主考乃惲彥彬、鄒福保，又云聞文法和言，梅十先生於昨日去世。予擬作挽聯云："歸舟幾日別鍾山，豈期歲厄蛇嗟，兩地悲風寒講席；捧袂今茲在滕閣，方冀庭陪鯉對，三秋淚雨洒生□。"下午至左菊生處，託帶信四封。至鄒殿書處，書室深邃，空屋甚多。遂至百花洲①，荷花甚少。周姓書店署名漱芳閣，欲觀其新買書，未見。

二十一（2 日）

周同甫以《五禮通考》、《三禮通釋》、《乾坤正氣集》三書來售，照六折原價，《五禮通考》十八兩，《三禮通釋》五兩，《正氣集》十二兩，議成，將書發來。予略披閱《三禮通釋》，乃閩人林昌彝作，陳恭甫之弟子，用其師說，多本漢學，采近儒之說甚備，與《五禮通考》用宋人說頗異，然亦罕有別識心裁。其言大學、小學，多采段、顧爭辨之言，而在郊、在國，亦未能折衷一是也。下午屈禹臣至，言陳鶴春着人坐索借項，投明同鄉、同年，亦可駭異。往張寶生、晏海瀾處，看其科考文章，皆未得見。至夏定九處略談。還至磨子巷，遇海瀾，遂同往文盛堂坐談，其念文不甚

---

① "花"，原誤作"家"，據文義改。

了了。至文郁堂，見有《樊南文補編》，攜歸。經、古案已發，夏承慶第一。未見全單，所知者已有二十人。

二十二（3日）

清點《通考》、《通釋》，數目不誤。周同甫來取銀，與之。李叔和來拜，一別已三年矣，談及舊事，不勝滄桑之感。據云明年有恩挑，挑至今科，恐不免牽率一行矣。觀《正氣集》中黃石齋、陳臥子兩公集，大氣旁礴，似在專摹歐、曾一二轉折者之上，駢文格律俱高，亦有在吳、曾諸人之上者。

二十三（4日）

以大挑事，加一函與頌年。閱初次課卷四十餘本，多草率，取不滿數，止取二十名。題爲《“小學在公宮南之左，大學在郊”解》，賀贊元最詳覈，列第一。文廷華卷恐亦是伊作，次則盧豫章、王子庚二卷，解未盡是而筆尚爽。下午至菊生處送行，託以頌年加函。小麓亦至，云陳、李之事已了，止《册府元龜》一部作銀式百兩，可謂善價。爾翊晚間以應課文請改，爲改數行。

二十四（5日）

看二次師課。王尺孫來見，久談。其父名良弼，爲予壬午同年，登第已五旬，於前數年去世。有子如此，亦可謂不死矣。天雨，甚凉。晚步，與賀氏父子共談。閱石齋先生數卷。

二十五（6日）

二次師課卷閱畢。題爲《徐孺子賚磨鏡具自隨賦》，胡思敬最佳，吳寶田、熊夢祥次之，吳正表、蕭鼎臣亦近是。文道希放江南副主考，王晉侯着人來報喜。因至晉侯處道喜，其時道希之子公達、弟法和皆在。忽大雨如注，喚輿夫不得，因久坐，留飯，掌燈始歸。

二十六（7日）

發師課案。李盛鑾來見，以前所改文與之。此人文高下合

度，可中也。文法和偕賀爾翊來。予以所買書示之，法和欲更買
其餘。予聞勒中丞家尚有書未買，法和能更覓熟人買之，勝於買
之書估也。陳庚山來拜，云南康府請其看經課，問南康人才，此
間止秦鏡中、余兆麟、劉璜數人耳。下午至夏季臨處，少村取經
第一，科試十一，非第一也。聞陳芷青兄弟已到，不知湖南幾時
開考，有信否。是日校《尚書》二卷，閱《正氣集》數卷。立秋，幸
不雨。

二十七（8 日）

寫提九月官課題。熊錫榮來見，言其兄事尚未了。裕昌恒
乃逸梧、雨珊諸公合開，今亦關閉，虧短甚衆，不知諸公何苦爲
此。湖北同年汪翼雲名鴻來拜，以其年丈曾爲作壽詩，故致謝
也。校《尚書》弍卷。閱《正氣集》數卷。晏海瀾、張寶生至。海
瀾亟望一等而不得，寶生乃得一等十一名。以所改文示之。賀
爾翊爲予買墨，云魏建侯領批之文八百餘字，以“晝寢”爲“畫
寢”，足見風氣好怪。寶生取一等，亦以散行。張、晏二人云袁
德坤爲盛學使屬意，可望得優，而彼到處頂槍，前曾拿獲不究，而
仍不悛，今已發學，未得入場，恐功名難保，人不可不慎也。晚間
朱溪雲過談。

二十八（9 日）

芷青兄弟一早至，云初十起程，十一開考，已見我兩兒。未
寄信，大約考後發信也。我隨寄家信一函，屬二兒以挑事請頌年
查明。陳鶴春來拜，以俊老行述見示，云未葬也。屈禹臣、李仲
雍來謝，正覓住宅，將移居。寫梅十先生挽聯一軸。閱《正氣
集》數卷。夜賀爾翊進見。

二十九（10 日）

校《尚書》數卷。龔福保進見，呈所作取古第一、一等第一
之作，賦題爲《蘇武謁武帝陵廟》。予爲改作，文係墨卷，亦看得

去。龔云父爲湖北宜都知縣,已故,家有藏書,識陳伯年,云伯年之子甚佳,將歸試。下午至芷青兄弟所居長壽庵回看,同至夏宅赴飲,夜始歸。夏宅又入學兩人矣。夜甚熱。

三十(11 日)

提九月官課。夏定九過談,云初三即向學使説,屬其甄別。賀爾翊進見,問《儀禮》解。予檢《五禮通考》,亦無定説。以醴醮分適庶,《禮記》孔疏已及之,非始劉原父也。校《尚書》一過,畢。秋燥殊甚。復閲《通考》,言昏禮,《通典》有"拜時婦、三日婦輕重議"。是三日成昏,古禮有之,非始於《朱子家禮》,毛西河之攻朱,失之不考。憶昨於夏宅閲《申報》,考軍機取人不少,湖南無一焉,可慨也。觀《三禮通釋》,解氏族甚有見,而出於林喬蔭《三禮陳數求義》。予有此書,作《通釋》者似更不如《陳數求義》有特識也。

七 月

初一(12 日)

閲《讀禮通考》,喪服圖列元、明皆有養母,注云:"自幼過房與人者,明增爲斬衰三年,今律文因之。"此與頌年之母正合。當時曾詢及,無以答,自愧所學之疏。見明太祖御製文《孝慈録序》,文法鄙謬難通。前既以《周禮》、《儀禮》爲漢人書,不信爲周公作,後又引周公所作《無逸》或十年、或七八年之文,謂不永年由於庶母無服。其説既誕妄無理,又與前不以《儀禮》爲周公作之説不符。明祖以恣睢不學之主,溺嬖寵之私愛,決前聖之大防,定爲生母三年,猶云不失爲厚,至以適子爲庶母齊衰杖期,竟同於古人母服,宜乎閻百詩謂有冠履倒置之歎。本朝通儒輩出,乃不請爲刊正,沿謬至今,可慨哉!王晉侯、文公達至。文家兄弟應試者三人，不知官號有加額否。梅九先生之子又不入學，云新章默正場後比，多不能默出，蓋槍多之故。

初二（13 日）

閱徐氏、秦氏之考禮，可謂詳矣，然不能請於朝，斟酌古今，取其簡明可行者頒之天下，庶冠、昏、喪、祭無國異家殊之弊。講說雖詳，而無實用，此後世通弊也。雖有《大清通禮》諸書，士大夫不能舉其名，蓋亦與開元、政和徒存掌故而已。或疑《周官》一書亦如是，豈其然乎？龔福保來見。

初三（14 日）

閱卷廿餘本。天氣甚燥，握管則成汗淋學士。

初四（15 日）

閱卷廿餘本。得家信，兩兒皆不得一等。二兒文亦平順，但不奇，無以制勝。云金女與夏家兒八字又合上昏，一定可對。下午至陳芷青處，託其做媒。晚間賀晴江父子過談。

初五（16 日）

芷青偕夏少村早至，云季臨甚願意，即此定局，擇日定庚。伊家規矩只用一金如意押庚，餘皆可從省，甚好。閱卷廿餘本。

初六（17 日）

閱卷廿餘本，畢。盧豫章《"祭以特羊，殷以少牢"解》，據《禮》以祭爲殯葬，殷爲除服，據《傳》以爲豫戒薄祭，精塙不移，置第一。賀贊元第二，王子庚第三。楊念惕《嫁服錦衣庶人妻與夫人同解》，以《丰》詩爲刺鄭忽，義雖未塙，較勝鈔胥。予擬作一篇。賦題爲《孫伯符立表望太史慈賦》，佳者甚少。吳寶田後二段推開說極佳，而多累句，予爲改易大半。晚間與賀氏父子共談。

初七（18 日）

出拜客，弔梅十先生。見學使盛星翁，久談。伊極賞識王子庚、吳寶田有才氣，胡思敬、謝遠涵之詩。所言經術、詞章，亦不外教，閱卷尚認真。云八月初一甄別。見鄧觀察，告以課畢將歸。伊云明年正、二月早到，當可仍舊。其餘皆未見面。課藝，鄧云尚未興工；《注疏》，云屬監院具稟，可領二部。歸午飯後，王子庚進見，呈所作時文，甚有功力，自云上法歸、唐，佳在筆強，無一弱句。予告爾翊以初一甄別，復與久談。

初八（19日）

張寶生來，必欲到此住。大約一兒信中許之，予不得已允之。復閱課卷，定名次。錄擬作《詩》解。將晚寶生攜行李來，爲安置一切。

初九（20日）

天雨，甚涼，大有秋意。二兒云湖南考經問張髦以三昭三穆爲六宗，殊少發揮。予擬作一篇，將寄之。唐文星送來《湖南校士錄》，分贈文法和、王晉侯各一部。寫明日師課題。撫州饒之麟來見，今年在趙伯藏處教讀，攜有伯藏書札，云伯藏所辦撫建分局每年進歁有七千金，潤哉！伊所教係其三、四子，其長、次子在乃祖處，尚未入學。其長子，余在浙曾見之也。文法和夜至，以書單問價，約明日同往觀書。

初十（21日）

師課。監院因公不至，予作函告之。復趙伯藏一函。寫家信一函。爲二兒改文二篇。法和來，同往看書。中途遇雨，至殿書家避雨，與殿書、小圃共談。命輿至漱芳閣，將書價議妥，共三百十六金。予買《聚珍板叢書》，議定二十六金。其《全唐文》、《津逮祕書》均止四十金，惜未能盡得之也。

十一（22日）

發家信一函。復張竹濱一函。寫扇一柄。夏定九至，言課可提上，《注疏》當具稟去領，甚好。爲王尺蓀改文數句，文甚精渾，予無以易之。文法和與其八兄實甫名廷華自廣西來，及其十弟、又其姪景瀚由廣東來，攜其大先生信同來見。周文郁送《聚珍叢書》並《大清通禮》至。夜觀《通禮》，以考時制。

十二（23日）

清檢《叢書》，卷帙不錯，所少種數尚多。賀晴江過談。下午偕張葆生至書局，買經訓課藝。歸閱之，見其經解全無家數，大抵漢、宋兼采，終歸於右宋而左漢。前掌教王子莊孝廉，浙江黃巖人，諸生多稱其學，而所見如此，其中擬作亦無特見。信乎，能讀書者之少也。

十三（24日）

閱初次課卷卅餘本。夏季臨晚間過談，云其大嫂病危，擬早行定禮。

十四（25日）

閱課卷卅餘本，初次已畢。《〈月令〉百縣解》，賀贊元引《周禮》，能徵實，吳寶田次之。《廣韓退之〈師説〉》，楊念惕駢文頗工。夏承慶來見，詢其去年未舉優，蓋一發不中，不欲再發。予擬再向盛公説，可不説矣。謝遠涵來見。盛公前稱其詩，詢其科試第一，亦可望優。李叔和來久談，云明年恩挑未堉，予可免一行矣。賀贊元以應課文請改，爲易數語。

十五（26日）

閱二次師課卷。秦鏡中來見，云病新愈。談及甄別一事，其意亦欲爭優。院中諸生均以甄別爲大事，科場尚在其後，無非爲爭優計。學使牌示云每人須作本經文一首，不知習《儀禮》、《爾雅》者如何作法，欲以駢文、詩、賦爭勝者，皆不願作經文也。鄒殿書擬甄別名次，王子庚第一，魏燮奎第二，賀贊元第三，看驗不驗。晚間至夏宅，問季臨之嫂病症，云在旦夕。少村甄別擬不去。彼處有福刻《聚珍叢書》，首列御纂諸經、無恥堂、浮止等

《集》，與此不符，則此當爲武英原本，特未知究少幾種耳。爾翊夜至，談至三更。

十六（27日）

師課卷閱畢。《奇肱飛車賦》，王子庚對針火輪車作，筆力甚健，亦通洋學。吳寶田、龔福保皆雅潤。文廷楷法唐人，亦有佳處。列王子庚第一，初次賀贊元第一。我非有私見，亦憑文耳。周同甫取書銀去。湖南轎夫來，葆生有家信，我家無信，恐入學者亦無望矣。草數字寄家中。護撫方公回拜，談及書院諸事，予亦未便深言，云國學中欲得《全唐詩》《文》，擬屬周同甫覓之。晚間朱溪雲過談。

十七（28日）

寫廿日提十月官課題。李叔和以宋子才太守名廷樑《賦梅書屋詩》見示，屬爲題詞。此公滇南人，丙子補行壬戌舉人，論年誼當稱年丈。爲作五律四首云：“政績龔黃美，才名元白高。何嘗此事廢，猶是作詩豪。竟日香凝寢，廻風筆涌濤。鄱湖三百里，未足滌吟毫。”“大隱曾金馬，仙鄉在碧雞。日懷霄漢近，天入點蒼低。歲月吟髭老，關山健筆題。知公行部處，常有錦囊攜。”“家世傳梅賦，江湖問菊籬。未妨心鐵石，雅愛韻金絲。滕閣鳴鸞感，匡廬瀑布詩。漁洋摘名句，端不減南施。”“雲泥今異跡，霓詠昔同年。每慨卑官小，欣逢大府賢。論交一樽酒，談藝百詩篇。敢託知音契，常懷古調傳。”閱《叢書》數種。下午出門，遇陳芷青，復同還。芷青言季臨以其嫂病重，擬即於明日行聘。予應以如命，遂同往天寶樓買筆墨各二匣、大卷十本、金團扇一柄，共八千七百文。歸書院，即檢點一切，豫備明日客至。李承芳來見，呈所作今年科試取古文第一名作《王魏功罪論》。其文粗率，無含蓄，自謂於古文用功，不過於近人獵其皮毛耳。盧豫章來見，好學可佳。

十八（29 日）

鄒淩瀚以到其家借什物，知今日行聘，特來賀喜。彭小圃亦來賀喜。熊錫榮、徐運銑、徐運釧來見，三人皆曾舉優。熊云其兄事尚未了，且牽及其叔。魏建侯來見，呈所作文。文亦平正，並無作"畫寢"之詞，但其筆力雄奇，不落尋常蹊徑，不及王尺孫之精粹，而奇矯過之。且與縱談時事、洋務。天下人才寥寥不多見，予於建侯以偉人待之，不知將來能副予望否。黃壽謙來見，云近日作文亦變格學奇。此人文近枯，惜少才氣。朱溪雲來賀。午刻後，芷青偕夏達齋號敬敏同來作媒。達齋舉人，爲季臨同堂兄弟、曾作臺灣道之子，住石頭街。夏宅以金如意押庚，餘皆從省。庚帖甚小，不書年月、郡名，與湖南不同。芷青代寫庚帖，予寫拜書。天甚熱，衣冠作字，成汗淋學士矣。李叔和函來索詩，錄付之。下午至夏定九處，屬早請發脩金。至磨子巷，取《吳蘭雪詩》，歸閱之。

十九（30 日）

葆生有書歸家。予亦作數行，告知金女訂庚事，使家中放心。歐陽楷來見，呈其祖母八十壽辰徵詩啟，爲作七律二首云："琅璈朝奏古虔城，寶婺宵分上界明。畫荻家風高北宋，斷葱慈訓重東京。瑤池共獻仙娥壽，丹穴猶懷巴婦清。子竹孫桐並英發，豈惟桃李一枝榮。""灌園偕隱罋親提，賃廡頻年案舉齊。鳳帔允宜尊宋母，牛皮那見泣章妻。千秋闈範光彤管，幾日天書降紫泥。欲寄歌詩祝洪算，愧無彩筆卷中題。"閱《直齋書錄解題》、《唐語林》，亦有勝處。

二十（31 日）

提十月官課。夏定九見過，云已發文書領脩金，更當見梟臺問明年館地事。予亦聽之。今日領卷多新來之人，不知有佳卷否。得家信，云汪受明又挑而不進，如此困頓可慨！入學多貴子弟，曾、左俱有人。此大功臣後，分所應得。其餘似可不必，無惑乎物議沸騰。觀《唐語林》三卷。賀爾翊問題解，予因論昏禮不告廟，而悟及《左傳》"先配後祖"並非父母，其時鄭伯見在，公子圍告莊、共之廟，出聘本當告廟，非專因昏禮。《禮記》"冠、取妻必告"，當是告君，非告廟，"齋戒告鬼神"，或即卜吉、卜期之類，皆不足爲告廟塙證，當別作考以明之。

二十一（9月1日）

擬作《昏禮不告廟考》一篇。録壽詩二首。爲二兒改文一篇，未完。

二十二（2日）

徐運錦雲生至，論及經解作法，取所擬作示之。南康縣新調董崑德、陳啟麟來見。早飯後出拜客，晤陳芷青。至石頭街夏達齋處，並拜其兄敬忠、姪承冕兄弟，新入學者皆未晤。至倪罩園師處，以明年館地，屬爲問明能否定局，彼云説到即有信來。至叔和處，彼出門，屬家中云我到請少候，而候久不至，遂歸。夏鶴孫夫人去世，來報喪。午飯後往吊唁，與季臨親家久談。彼請薦先生，我薦張葆生，不知今年中否。並見其五弟鑒澄，人亦英發，即前年取古進者。歸遇秋風，甚凉。擬作鶴孫夫人輓聯云："戚末託葭莩，林下清風欽道蘊；秋高隕蘭蕙，壁間遺挂感安仁。"

廿三（3日）

閲課卷廿餘本。王子庚早至，魏燮奎晚至。二人可稱勁敵，未知甄別誰爲首冠。虞新銘亦來見。

廿四（4日）

舒恭潤、恭瀼兄弟來見。段節來見，呈所作取古一等文字，予爲言學術甚詳。是日閲課卷廿餘本。

廿五（5 日）

閱課卷廿餘本。賀爾翊進見，久談。得家信，云恩挑甚塙，頌年月底已出京，須致函彝仲。予即作書寄京，屬念恂轉交彝仲，恐其未出場也，並屬如不得暇，可轉託黃鹿泉，當不至誤。晚間夏季臨至。

廿六（6 日）

鄧觀察來拜。倪太守亦來回拜，云明年仍舊貫，但訂關須俟德中丞回任。羅志清、熊錫榮來見。羅問一子雙祧應如何稱謂。古禮獨子不出繼，無兼祧之說；今律例不知何如，未之考也。彭錫之師之孫名鑑祖號似村來見，云與其弟到省應試。其家計亦甚蕭條，伯父在廣東候補，曾署數縣，年七十餘，所得宦囊並乃祖所遺。其叔父爲一同縣生所騙，並死狀亦不明，三萬餘元皆化烏有，尤可駭異。

廿七（7 日）

課卷閱畢。陶華封同年之母夫人仙逝，來報喪。予擬作輓聯云：“封鮓守家風，教子稱賢，彤管定能追晉史；驂鸞感仙逝，登堂恨晚，絳紗不及受周官。”下午至彭似村正學書院回看，不晤。至黃小麓處，辭以疾。至鄒殿書略坐，遂歸。寫夏鶴孫夫人輓聯一首。夜大風。

廿八（8 日）

風不止，甚凉。定課卷名次。以經解而論，《〈儀禮〉昏禮壻家不告廟解》、《〈詩〉“取妻如之何，必告父母”，傳“必告父母廟[①]”，與〈白虎通〉娶妻不先告廟異義》，賀贊元皆有所見。鄒凌瀚解《詩》，以爲毛傳告廟即三月廟見，與予意合。盧豫章解《左氏》“先配後祖”即《公羊》“先禰後祖”文法，謂鄭忽母鄧縵

① “廟”，原闕，據《毛詩正義》補。

已死，祔於祖姑雍姑，諸內寵非嫡，故陳女既見舅，無姑可見，不得已見死姑於廟，並見其皇祖姑，而其皇祖乃至三月廟見乃見，故曰"先配而後祖"。其説極該，二千餘言，實獨得之見，無增字解經之失。此間重詞賦，王子庚賦、詩皆奇麗，以王爲首，賀、盧、鄒次之。黎宗渭來見。李叔和至，示以魏燮奎、王子庚作，伊亦稱賞。夜大風雨，寒甚。

廿九（9 日）

大雨。寫陶母輓聯。閲初次卷卅餘本。

八　月

初一（10 日）

課卷四十餘本閲畢，定名次，楊念惕第一，賀贊元次之。

初二（11 日）

往同鄉處辭行，晤陳庚山、黄小麓，告以盧豫章所立新解，二人皆稱賞。小麓云此人到此，伊欲一見。又云欲我稍候一二日，伊將往南京，可同至九江。往陶華封、夏鶴孫處作吊。芰舲本請下午餞行，因留久談，出芝岑師《家傳》見示，云湖南鬧迎會事，非師轉旋，幾釀大變，則有造於吾鄉不小矣。又出仿姜白石《探梅圖》、《嘉禾圖》諸題詠見示，吾鄉先生皆有名作，《嘉禾圖》賀祥齡序文、楊翰詩最工。芰舲屬作一首。予歸已二鼓，擬作云："昔讀逸書《嘉禾》篇，假王涖政方勤和。延登贊公公奉邕，魯天子命作《餽禾》。天人感召事不妄，陋儒疑僞理則那。《斗威儀》應政昇平，《援神契》徵德滂沱。《説題詞》云五精列，三十五穗連莖多。盈箱充車或夸説，重舌九譯非傳譌。鎬京事往數千載，東海幾見無揚波。黄龍連理瑞莫致，白虎封禪文空哦。我師盛德古循吏，樞府久直金鑾坡。湘中督漕兼秉臬，宣布惠愛除煩

苟。公餘宜園足嘯詠，筆染小閣憑婆娑。異母同穎忽驚詫，乃與
蘭蕙交枝柯。貫桑毋勞野老獻，播穀豈待農夫過。國香餘潤分
露葉，盆景古翠生煙莎。禾生瑞應入圖詠，喜歲兆稔人無痾。一
時才俊競賡續，各建翠鳳鳴靈鼉。德治精通法宜頌，詎貢諛媚徒
嫋嬰。瑞也於時走江海，矢音未及追卷阿。山頹木壞感何極，展
誦遺墨重摩挲。方今皇澤洽海表，地過日月窮羲娥。越裳白雉
豈足道，琛贐遠致英與俄。循良報國勝韓白，待鑄農器銷兵戈。
天下爲一自今始，擬獻圖畫豳風歌。"

初三（12 日）

欲出門往省中官吏處辭行，天又雨。閲畢式次課卷。王子
庚至，詢其場中所作賦，屬送艸稾一觀。隨將稾送至，題爲《南
北洋增設海軍賦》。伊作散行，計千餘言，直似一篇論，但有韻
耳，佳在筆力健舉，洋務通達，諸國兵數皆能指實，由於平日留
心。見在書院諸生曉洋務者，惟建侯、尺蓀二人，二人筆力亦不
相上下。近日取士亦尚時務，然人人抵掌談兵，非治世之兆也。
人多擬甄別尺蓀第一，亦自不愧。蔡藩、胡思敬至，云皆作駢文，
未作賦。秦鏡中云作賦近二千言，恐非尺蓀敵也。盧豫章至。
此人風貌樸古，言語株離，大約生平並無知己。爲寫片子，屬其
往見小麓，恐見其人未必賞其學也。爾翊晚間來，呈其甄別駢、
散文，《擬庾子山爲閤將軍乞致仕表》格調雅近六朝，求之髫年，
甚爲難得。《儀禮》考士冠醴醮異同，予已出過，伊與建侯得便
宜矣。爲芝岑師題《嘉禾圖》畢，適芰舲致函，云查《會典》，純廟
時太后兩次萬壽皆有恩挑。將《會典》送來一觀，所説不妄，即
復函，並所題圖交來使賫回。

初四（13 日）

辭行，皆不晤，僅見夏定九，屬開住處，爲將來寄關計。告以
居處，屬交都司前夏宅轉寄亦可。李盛鑾至，云送行，並贈所書

小楷團扇一柄。鄒淩瀚早來,未相見,送點心、茶、燭四色。復閱二次卷,定文廷楷第一,吳寶田、王子庚次之。漆鳳池押韻誤,前未看出,取列超等,使不復閱更正,幾成笑話矣。題爲《壁上觀戰賦》,"諸將皆從壁上觀"爲韻。漆誤"諸將"爲"諸侯",《史記》作"諸將"也。又"枝捂"之"捂",《史記》音"悟",並非"梧桐"之"梧",諸人多誤作平聲。將晚大雨,夜雨愈甚。

初五(14日)

　　裕廉訪來送行,云明年必請再留,約二月到館乃北上。夏承慶、彭世芳、羅志清、熊錫榮、徐運錦、謝遠涵、張炳喆、龔福保、王世忠皆來送行。龍潭本家芝仙之弟名松筠來省應試,寓府學宮孝弟祠。秦鏡中送磁盆一個、碗十個。吳寶田、黎宗渭亦來送。吳家極貧、多病,其才可愛,其境可憐。盛學使極賞其賦,其字太壞,恐難得優。予勸其學書,伊云㕦筆費亦無從出,何一寒至此耶! 段笏、段節、朱綬來送。段云卷中經解非胡模山代作,人不服善而作僞,可笑。予故謂經學、詞章須分兩途,人各有能有不能,免示人以僞也。黎宗渭有信託交乃弟,云其家住招商碼頭前,請予往彼處住,弟名撰之,在家,可作東道主也。下午至王晉侯處,同往文廷楷處辭行並送場①。忽大雨,乘輿歸。夜大雨如注。

初六(15日)

　　雨止。盧豫章以甄別所作呈閱,解同姓、異姓、庶姓亦有特見。劉應元、李瑞荼、蕭鼎臣、賀贊元、王子庚、吳正表、張啟明來送行。魏燮奎亦來送。甄別案發,王子庚第一,次爲胡思敬、劉應元、前八名皆此公新調。黎宗渭、劉璜、吳正表、蕭丙炎、龔福保、謝遠涵、賀贊元,前十名皆獎四金。其所取多不可解,王、胡、吳、謝詩賦尚可觀,餘皆次乘。此公止曉看經文、詩、賦,經學全不了

---

　　① "廷",原作"法",據文義改。

了。盧豫章在倒數數名，魏燮奎不在前十名，可怪也。賀晴江來
送行。張保生搬入試館。予不能照料，聽其去以免糾葛。共假
予洋廿元、錢八千；算火食，予辭不受也。舒恭潤、舒恭瀼、余生
麒來送，云南昌府屬前十名無一人，龔福保在十四。楊念惕經
學、詞章皆工，亦在倒數之列，尤爲怪。彭樹華、文廷華、文廷楷、
秦鏡中來送行。裕廉訪送明年關書至，冬季束脩亦來。黄升催
船已催成，磁器買好，初九可暢然啟行矣。

初七（16 日）

寫家信，一函付信行，又一函付票號。楊念惕、劉璜及新調
胡元輅來見。李叔和來送行，伊與朱溪雲有親，共一叙。盛學使
來送行，云作古賦者止王子庚、魏燮奎二人，胡思敬、吳正表、謝
遠涵詩、賦皆工，劉應元《李廣論》得解，賀贊元經學甚好，總由
老師指教。云幕友見止三人，周道生有信言場後再來。大約此
公止十名前曾寓目，其餘並未看，皆幕友爲之也。下午至票號，
仍由新泰厚郭迪安匯寄銀弍百柒拾兩長沙省秤足紋，並信一函，
計江西庫平弍百陸拾四兩，扣匯水三兩六錢，找銀弍兩。遂往本
家皮松筠、晏海瀾、監院夏定九處送場，及陳芷青兄弟、夏鑒澄、
少村竹林處。芷青瘧疾，不能入場。夏芰齡親家來送行，談及教
讀一事，予薦張保生及盧豫章。伊云束脩每年六十千，月費每一
千，川貲拾金，約場後寄信來。王晉侯來送，並送禮六色，受磁
器、茶葉、點心。夏送火腿、皮蛋、茶葉、點心，全受。秦鏡中送磁
器面盆一、盖碗十個，皆署欵，乃定做者。秦又偕王尺蓀晚間同
來見。朱溪雲送菜四色、點心二盤。遂約朱及賀氏父子晚間共
飲，久談。唐文星來，必求託帶洋錢百元，予面軟不能却。自己
之銀用匯寄，而爲人帶銀，可笑也。

初八（17 日）

早飯後，諸人已入場，予往貢院看看。此間場規更鬆，送考

直入場,而接卷可復出。見熟人甚少,遂歸,檢點行李。姜兆磻來見,丁憂不與試也。黃少麓來送行。周同甫以新城楊希閔所箸《水經注匯校》《四書改錯平》《江西九家年譜》來售,以三串售之。觀其書,亦績學之士,身後藏書遂出賣。同甫言鈔本、祕本甚多,可惜也。夜略繙其書,《九家年譜》缺陸文安公一卷。夜大雨如注,闈中人甚苦矣。晏海瀾已出闈,猶送禮四色。其人太情重,愧無以益之。

初九(18 日)

擬飯後上船,雨不止。往文郁取來《陸文安年譜》。將午雨止,始登舟,開至章江門。黃升買磁器,歸將晚,不果行。船上多臭蟲,夜不能寐。

初十(19 日)

晴。北風,船斜行至樵舍,風愈大,遂泊。此宸濠被擒之處也。閱楊鐵傭所作《年譜》,史學頗精,王荊公最詳。其書多右荊公,不滿元祐諸賢,然未知宋法最陋,本宜變,特所變者在去其猜防苛細之法,以盡人之才。荊公誤以爲當致富強,乃愈形貧弱,而爭新法者,又誤謂一切不當變,而又無致富強之術,故百說百不聽。此特船山先生知之耳。予是以知古今通治體者之少也。

十一(20 日)

斜行數十里,風愈大,不能至吳城,泊一孤洲。閱《四書改錯平》,多引《或問》《語類》以申朱義,甚是,而駁毛說,考證尚未精,引近人考證之書亦未盡當。此書予意欲作之。嚴鐵橋有《四書改錯改》,書不傳。若此編,非予所滿意也。然此人學識,今江西已無之,而江西不知此人,使在臺灣掌教數十年,可惜也。其書言"三監"甚誤。《孟子》"管叔以殷畔","以"猶"與"也,"殷",武庚也,謂叔與武庚畔也。舟中無事,欲作詩,無所得,戲爲詠史樂府數首。

十二（21 日）

復得樂府數首。舟行二十里，至吳城。水大風逆，行殊不易。鼇卡又追回看船，倒行數里。又順流而下，時已午後，遂泊，登舟。四日止行百八十里，滯留甚矣。觀《史記索隱》及經訓課藝，其中亦間有可取者，大約壬午前並此無之。

十三（22 日）

晴。舟行百餘里，風平浪靜，過湖亦算平安。望廬山蒼蒼，未知何日得一游也。得樂府四首。爲二兒改文一篇。觀《路史》數卷。

十四（23 日）

恐趕不及船關，四鼓即行。巳刻至姑潭，天已南風。而待關上人，至申刻後乃至。順風行三十里，至湖口，不過初更。夜甚熱。是日觀《路史》數卷。

十五（24 日）

中秋。以爲可至九江，而南風甚大，水又大，無牽路。舟中熱不可當。閱玉函山房言《詩》者數卷。欲往石鍾，恐天熱，未果。上岸散步，見岳忠武祠，作七律四章。予作此題屢矣，覺意猶未盡也。和朱溪雲二首。孤舟步月，爲之慨然。

十六（25 日）

晴。東南風，勉强可行。行三十里，黑雲壓山，回泊小港。俄大風雨，雨過又晚晴，北風，復挂帆行。舟中得長短句二首。閱《東觀漢記》及緯書各種，無甚發人意處。夜泊孤洲，北風甚厲，距江州尚廿餘里。

十七（26 日）

順風揚帆，辰刻抵九江。以爲可及早上輪船矣，而輪船爲怡和、福和，舟小而遲，夜半始到，不得已登岸，寓春和棧。上街買裁料三種。黎宗渭信投啟源號，其父號湘亭，即來請到伊家，云福和不可坐，宜待後日招商船。予辭之。湘亭又自來，請晚間便酌。予以其自至，情不可却，許往。伊又着其次子名宗彭字浚之來見。晚往赴席，在坐惟秦玉階名鼎升，乃鏡中從兄，曾秉鐸德化者。晚歸，又送禮十二色，有磁器數種，約共值十竿零。以其太多，受二色送人，送去。伊又送來，必欲全收。其意蓋因宗渭甄別第四，求得優貢，繼乃兄經誥之後。然予於明經去取無能為力，不能無功受禄，擬明日自往却之。夜大風。

十八（27 日）

早起。黎湘亭又至，云所送斷不可却，已代裝好，且云已備早飯，即請同去。予以其意誠，不得不往。而福和船已至，屬黃升往視，若可勉強，即行告知。伊往視，云亦可強容，船開甚速，恐來不及，坐此又耽擱一日。北風，殊堪焦灼。得江西題，為"道千乘之國"一章，庸爛多陳文，不知予屬意諸生何以制勝。順天主司仍是翁先生，大可開古董行。次題為湖南辛卯首題，湖南人有陳文可録矣。湘亭邀同游煙月亭。亭在城西湖中，四面皆水，風景殊勝。考《碑記》，云濂溪所建，又云建於濂溪之子壽，莫能明也。還至湘亭處晚飲，歸已曛黑。買得蟹三隻，與黃升共食之，殼嫩，肉少不美。作詩一首贈黎君云："黑風吹雨天冥冥，選勝乃至煙月亭。眼中見煙不見月，亭影倒插雲容渟。仰窺廬山識面目，俯鑒湖水清心形。浪花飛撓激輕素，苔色染屐縈深青。老衲迎客扁舟停，呂仙酣醉呼不醒。禪房通幽雜花木，傑閣煑茗開軒櫺。黎君好客比鄭驛，有子秀發真寧馨。坐上秦君亦耆宿，厥弟材質尤瓏玲。斂才受學傳古經，燿美結緑光青萍。爨下桐音已增價，天南竹箭方登廷。鄙人挾書滌案螢，敢云師範堪式型。抗顔空空每自笑，強解大義鐘撞莛。蠡湖秋高雁語汀，楓葉瑟瑟時倒聽。潯陽江頭接楚尾，即日歸泛湘江舲。桃潭千尺感君意，為君嘯傲凌滄溟。"夜大風，吹頭痛。

十九（28 日）

　　風未已。早起，豫備上船，而船須晚間九點鐘始至。黎君又邀往早飯、晚飯，每飯八碟、八碗。晚間送上船，代爲指揮，並代定房艙、寫票，歸値不受。在輪舟擾攘中，彼此推讓，觀者駭之。此翁情誼殊太重矣。十二點鐘開船。住房近煙筒，油火氣不可當。

二十（29 日）

　　房中甚悶，在外游覽稍可。晚晴，風息，五點鐘抵漢口，趕急過船。漢口新長水，水急浪大，可怖。天已曛黑，急不能擇，搭一小撥，甚小，客甚多，終夜不勝其擾。幸無臭蟲，尚可安眠。

二十一（30 日）

　　舟客多下岸買物，待其歸方可開船。午後解纜，行三十里至沌口。得樂府數首。觀毛西河《尚書冤詞》、《廣聽録》，解《多士》、《多方》最塙，在閻、江、王、陳諸人之上。諸人皆誤信鄭説，此獨扶孔《傳》。此孔《傳》是而鄭非者。西河駁宋人説極是，其失在駁宋並駁漢，不守古義，故得失各半。

二十二（10 月 1 日）

　　風色甚佳，未明即開。行六十里，至東角腦，仍須拉縴，此等怪地真可惡也。晚泊嘉魚峽中，行二百餘里。舟行得樂府數首，閲古文數十篇。世以古文爲難，似亦非難，但未嘗學耳。夜風甚大。

二十三（2 日）

　　微雨。天明始開。船過寶塔洲釐局，幸未耽擱。行四棧至城陵磯，晚不看船，風亦太大，遂泊。得樂府數首。閲《水經注》數卷。

二十四（3 日）

　　風大，不敢過湖。得樂府數首。閲《水經注》數卷。

二十五（4日）

風雨不止。船小人多，牛驥同皁，起居不適。繫纜湖邊，尤爲焦灼。得樂府數首。閱《水經注》數卷。夜泊金港，風濤擊撞，竟夕不能成寐。

二十六（5日）

風平雨止。因看船耽擱許久，始揚帆過湖，逾岳州、鹿角、磊石山、雲田。湖面極寬，不見兩岸，風勻行穩，幸獲平安。閱《水經注》言君山、磊石各條，恨不得一一窮其勝也。得樂府數首。天晚至湘陰，夜過靖港。

二十七（6日）

巳刻至西湖橋。入城到家，家中尚未早餐，幸大小平安。見二兒場中文，以《春秋》作主，頗嫌空泛。然近日風氣尚大處落筆，不必規規貼切，若命運好，亦可儌幸。一兒並稿子失之，予亦不再問也。見三叔父與衆兄弟、龔瓊山、瞿述卿、郭章甫。述卿文甚高老。

二十八（7日）

與二兒至叔祖母、二叔父處。叔祖母甚衰，首下垂，可慮也。遂至汪七先生、周道生、瞿述卿處。下午道生來回看，云患瘧，帶病入場，擬伊往江右學幕①。

二十九（8日）

至汪鏡青、汪頌年、蔡與循、王逸梧先生、陶履謙、黃蕙丞、汪二先生、程輔熙丈各處，多不晤。

三十（9日）

頌年來回拜，體更豐腴，云念恂八股文已清通，明年令下北闈，後年應辦親事，歸娶爲難，欲予送女到京，但望予明年會試得

---

① "伊"，疑當作"仍"。

第，事亦易易也。郭章甫、李兆基至。久安先生來。午飯後到汪
宅，予以《寧都三魏集》贈之。擬挽汪二先生云："愁予北渚緩歸
帆，一面緣慳，淚灑三秋驚薤露；有弟東牀容坦腹，聯姻誼重，情
深千尺感桃潭。"又爲小鶴作一聯云："一年明月正中秋，想公運
屬上仙，神迎應游廣寒殿；五載聯姻同半子，愧我才非快婿，誼高
有負丈人峰。"夜大風，甚寒。

九　月

初一（10 日）

雨。改作輓聯云："緣慳一面隔旬餘，秋月懷人，蘭宇肇悲
頻涕隕；好結兩家依戚末，春風送我，桃潭回憶最情深。"書輓聯
式軸，洋布不受墨，甚費力也。校所鈔書數十齣。

初二（11 日）

校所鈔書數十齣。取《路史》補《尚書》及《大傳疏證》數
處。舟中受寒，近數日更寒甚，頭痛鼻塞，甚不快。

初三（12 日）

李健松、馬承鄰至，以盛家灣批田事，求作引薦。我始防余
怡臣難於退佃，看光景不難，不過略吃虧。若批新佃，非經諸人
手不可也。陶履謙來回拜。買新刻四先生文閱之，爲船山先生、
章雲李、羅臺山、胡稚威四公，胡文尤近人所尚。

初四（13 日）

爲一兒改《王允論》一篇、二兒改時文一篇。録所作樂府詩
十餘首。逸梧先生來回拜，云近刻《漢書補注》，此書成，當是大
觀。予以楊卧雲《水經注匯校》示之。彼假一觀，即當贈之，並
江西局刻《桂州奏議》。

初五（14日）

爲二兒改文一篇。録樂府十餘首。汪受明至。與二兒至頌年處，久談。訪林綬臣，不得。至胡子威處，談及子政，殊可慘。並至瞿述卿處。程海年、子大至。

初六（15日）

録樂府數首。至陶履謙處赴飲，在坐汪頌年、譚蓉墅、胡眉壽、唐伯清。陶宅園林頗佳，惜少花木。

初七（16日）

久安先生與蓉墅至。是日放榜，人皆皇皇。至九點鐘即揭曉。買《題名録》，録長、善中人少，各止五名，不及湘鄉、湘陰之多。首府共三十六名，熟人甚少，惟何炳農係同事，其餘吳宗寶、李馥、陳鋭、雷飛鵬頗有名。

初八（17日）

至李健松處，云馬臣鄰、余怡臣下午必來，候之不至。樂府詩録畢。

初九（18日）

復至健松處。伊已下鄉，一切屬之其子紹箕。馬臣鄰亦至，約下午回信。至楊明遠買收光鏡一具。遂至程海年、子大處，云皆出門。至何炳農處道喜，尚未到城。晤棠生，久談。伊今年閱經課卷，云通經者乃許銘彝，非銘鼎也。又云：胡元俊子靜甚佳；求賢館極可笑，賢人不至，至者非賢，姚、楊二賢人皆不知何許人。孝廉書院已出售，此等舉動真可笑。海年云住院中，不知何説也。歸家，見君華至，俄蓉墅亦至。彝仲寄回北闈文，首藝精深，次、三經術非他人能及。葉德輝來拜。王逸梧、何棠孫極稱其人好學，校刊、小學甚精。相去尚近，將來可共談也。陳滿先生、廖應祥至。陳之子在兩湖書院，每月膏火四金，十二月全發，加以獎賞，一年可得百金。晚間李紹箕至。是日中途遇楊少麓，彼甚相顧，予亦無負於彼。訟事本擬作調人，到家許久，大阮並不言此事，予何敢置喙？

初十（19日）

　　試所買花鏡，鈔書數頁，頗覺明了，予目或猶可用。馬臣鄰、李紹箕至，議定長租減八擔，批價減四十二兩七錢，怡臣今年租減十石，作出莊費。明知喫虧，無可如何，止求免口舌，安靜出莊而已。下午至葉煥彬處，未晤。至唐魯英處，伊云節吾已保知府，甚善。往見叔祖母，人甚衰憊，心竊憂之。

十一（20日）

　　閱《癸巳存稿》數卷。馬臣鄰、李紹箕偕余怡臣及新佃余三翊臣至，寫退耕字、佃字，穀價作十四石折妥，尚可找回銀拾乙兩七錢八分，其銀改日送來。九安先生至，云今年所中，用《管子》書者有二人，用《禮》與《公羊春秋》者尤多，足見近日風氣所趨，經與子其大宗也。

十二（21日）

　　至葉煥彬處，談考訂、校刊之學。其人藏書甚富，所見甚博，論學當守門戶，不甚以二王爲然，與予所見相同。至汪受明處，云北闈今日揭曉，不知彝仲何如。至綏臣學堂，云回家去。歸見闈墨，仍不脫墨裁，間以經義粉飾之。王龍文係假王尤，此風又將煽矣。

十三（22日）

　　往史家巷、北正街兩彭家。五嫂託往秦家請改期媒人周渭齋出門，求予代媒，亦義不容辭也。至營盤街汪宅午飯。見久安先生，久談。王吉來云往衡山。往黃宅，見薏丞親家，其子婦病甚重。至逸梧先生處，不晤。見林先生，久談。往思賢講舍見雨珊先生，不晤。至書局，買書數種歸。

十四（23 日）

李紹箕至，以更佃事，屬其將銀暫扣不發，以俟清莊。何炳農來回拜，云四川文風亦不能勝江右，蜀人仍望壬秋先生去也。陶鳴謙來拜，初相見。程輔熙先生來回拜。不見二十年，丰采精神甚佳，備談舊事，爲之慨然。云浙江、湖北考試均有物議，言官已動彈章。湖北係彭向青，可危也。往李宅作吊。下午率二兒至同文，買《注疏》一部。道生買《鄉黨正義》、《三通序》。至秦雨泉處，言改期事。伊云期已再三斟酌，若再欲改，請彭宅另請高明，屬爲轉致。秦新起大屋，辦喜事，文老所積蓄也，云費三千餘金。夜，蕭姓送兩兒卷來。一兒雜寫古書，不切題，房官爲所蒙，亦看完，批以“用筆似子、史”。二兒用經義，無實際，房官朱士黼批甚好，有云“筆筆中鋒，字字精當”，實屬過譽。主司批以“尚少内心，置之”，亦未中其病。朱君所作擬墨，小講全不知何題，宜其不嫌人空，亦可以覘近日風氣矣。二兒運氣若佳，亦可僥幸，湖南中舉亦不難也。

十五（24 日）

寫信致彭魯卿，告以秦家之言。二兒應經課，代爲繙書，並代作《昆侖説》、《“子母牛”解》二篇。劉牧村大令來拜，肄業生應元之父也。是日爲曾祖生辰。久安先生至，邀同往三叔處便酌，亦三叔之姨太太生日也。晚作《秋柳》詩四首。

十六（25 日）

得魯卿信，轉致雨泉。得雨泉回信，又轉致魯卿。與小泉弟同至楊宅，晤其西席楊瑞霖，談桂妹姻事。楊君云彼未聞明年催辦喜事之説。彼係己卯生，年止十五。其兄丁丑生，較大，定徐家女，乃徐五先生姪孫，明年當完姻。此子大約在後年也。至頌年處，周郢生、黃蓉瑞皆在，談時事，拊掌爲笑。云陳冠生已死，浙江主司殷如璋交蘇州查辦矣。遂至劉牧村處

回看。歸作論一篇。唐魯英來，問屋起白蟻何以制之，不知予
正受此患也。

十七（26 日）

補録《尚書》數條。李幼梅來拜。下午爲頌年餞行，並請伯
鈞、履謙、蓉墅、述卿，夜分始散。楊瑞霖來回拜名肇元，云楊家
本有催完姻之語。

十八（27 日）

應孝廉課，早至賈公祠，見熟人甚多，而新進不相識者亦居
其半。册上有七十餘名，至者亦不過四十餘人耳。題爲"道在
爾"一章。歸作文，而客甚衆。李兆基來索米價。郭章甫薦石
姓爲予鈔書。何棠孫過談。至夜始交卷。

十九（28 日）

得雨泉信，以開容、合巹皆用午時，轉致魯卿，想可即此定局
矣。郭章甫云善化唐祖念乃鏡海先生之後，北闈得中，邯鄲報誤
至魯英家。鏡海先生後得中，天道可云有知。彼有信而彝仲無
信，恐不利矣。郭又云陳迪安得中。不知江右更中何人，着黄升
去借《題名録》一觀。昨日棠孫云炳農見主司，主司云特出此等
題，以擯湖南《公羊》之學。炳農首藝用《管子》，三藝《公羊》，
故入彀。其文本欲刻，以三藝有"陰陰而陽陽，黑黑而白白"語，
主司不知語出《公羊》，不敢刻。房官唐蓬州但批"蹊徑獨别"，
尤可笑。可見今人實不識古董，浮慕名耳，然能作贗古董者，已
無不得矣。孔摺階、譚蓉墅、柳寄雲公請頌年，予作陪。予至而
頌年下鄉，在坐惟王石帆、胡眉壽。蓉墅云電報到，曹東瀛中，
"譚紹"下缺一字，疑是彝仲。皆謂必是無疑，此二人皆應中者。
可見文字有靈，北闈尤可操券。湖南共中六人。

二十（29 日）

劉牧村早至，攜《江西題名録》。肄業生佳者王子庚、胡思

敬、吳寶田、謝遠涵、羅志清、張炳喆、伍致中、楊亨頤、段笏、趙世猷，而黃壽謙、黃錫朋今年雖未應課，亦龍閣學之公門舊桃李也。計數正榜十八人。副楊念惕上科已中副榜，可惜也。元許受衡亦院中舊人，前次課藝已刻箸作矣。文道希中五弟廷橈，實甫、法和皆未中。下午至陶宅，履謙、鳴謙皆未晤。至柳寄雲處，住求忠書院，甚苦。遂至逸梧先生處赴飲。有龍君者，係芝生先生之族姪，官於蜀中，云前曾來拜。其餘劉采九、張雨珊兩先生，李幼梅、俞伯鈞兩君。

廿一（30日）

清理詩稿，擬刪定，僱人抄一底本，一兒謄錄。蔡姓攜駢文一卷，使歸鈔。晚間馬臣鄰至，談退佃事。予欲邀同往清莊，乃交銀。伊攜緣簿，云修橋，予勉寫乙千。聞頌年即日登舟，夜同二兒往送行。

廿二（31日）

刪詩稿數卷。綬臣邀天后宮小集，至則諸人抹牌至夜，始共飲歸。

廿三（11月1日）

刪詩稿數卷。二兒房師朱士黼字笏卿，浙江上虞人，乃逸梧先生門下，今年六月始到省。着二兒往見，伊來回拜。頌年來辭行，云明日准行。

廿四（2日）

刪定詩稿數卷。寫送汪輔臣祭帳字式付。頌年今日想已成行，並送伊妹、瞿子桓之夫人到浙，或作西湖之游，則恐仍到山東，不走海道矣。蓉墅晚間來，云十三《申報》已到，北闈名全列，無彝仲、東瀛之名，可怪也。至述卿處，聞唐若渠死於浙中，在此設吊。

廿五（3 日）

李健松、郭章甫至。周郢生來拜。到汪受明處，借到《申報》，湖南七人，唐祖澍、譚福裕、周廣、章華、梁士銓、王澤沛、周昌岐。汪受明云譚福裕即彝仲，周廣即曹廣權，未知墒否。改詩數首。下午至健松處，還清米錢。至譚海秋、劉稚荃、胡眉壽各處，皆不晤。

廿六（4 日）

偕二兒至劉牧村、汪受明、孔擂陔處。秦雨泉約往彼處，有話面商，遂至秦處。據云喜期須改二十，初四過禮，以街上初七起醮，應吃齋，鋪房木器可先送來，並開門封各包多少錢，木匠安牀、二爺挂門簾可均免，諸事從省。一切皆瑣屑，甚矣媒人之不易爲也。歸爲二兒改文，題爲“歲寒”四章，後二章用《公羊》“反經合道爲權”之義。

廿七（5 日）

往彭宅致雨翁之意，大約無甚異說。往周宅，晤菱生、仲海二君，見周三先生甚健，餘皆未晤。校所鈔書數十昏。所鈔者皆不佳，不如前唐姓遠甚。

廿八（6 日）

於共賞取莊氏《味經遺書》觀之。陽湖莊氏之學，予所不嗜。今觀其言《尚書》，多取僞古文，所謂微言，多拾宋儒之唾，殊不足觀。其餘俟徐玩之。胡眉壽、孔擂階來回看。龍錫光來回拜，乃芝生丈之姪也。彝仲家信到，中廿一名，即譚綏裕。湖南正榜九人，從來未有之盛。善邑四人，唐祖澍、梁士淦、湯寶森。湯乃幼安方伯之子。叔明送《申報》來，略同。

廿九（7 日）

劉稚荃回拜，談及訟事，恐和議尚未能成。閱《四家文》，章雲李在胡稚威上，近人未必能學步也。是日爲孀母生辰，拜壽、吃麪至夜。

十　月

初一（8 日）

爲先祖忌日，不出門。致書黃麓泉，託以赴挑查注銷事，並致彝仲道賀。晚至叔父處餕祭餘。是日劉稚荃、秦雨泉、彭魯卿至。

初二（9 日）

至久安先生處道喜，晚始入城。夜讀《莊子》二卷。輿中閱王鎏《鄉黨正義》。

初三（10 日）

柑子園李宅報喪，服翼妻死，往吊慰。遂偕汪受明至劉笏雲處，笏雲亦以喪妻歸也。至孔晉陔處，言陳宅姻事，予辭媒人不作。受明云梁士淦乃梁柏廬之子也。下午補《大傳疏證》數條。譚蓉墅至，云履謙將攜子北上，請先生同去，而不言所以。履謙既不見問，予亦不便干預，屬其轉託吉某詢之。

初四（11 日）

往秦宅，因過禮，媒人須到。先往孫舉璜、陳迪安處道喜。初二芷青到此，適下鄉，未晤。夏芰舲有信來，屬請張保生教書。保生未到湖南，予不便回信，屬芰舲轉致之。遂往秦宅。同陳竹友至彭宅，轉至秦宅，飲至夜歸。君華云蓉墅已與履謙說明，歸家問二親矣。是日周菱生、張竹濱、陳子高至。

初五（12 日）

至勞吉卿處作吊。遂至黃薏丞處，其子婦已愈，能出見矣。至周渭齋處，見渭齋四川同年王聘三太史住其家，晤譚甚樸實。至王逸梧處，未晤。至汪宅陪吊一日，客至寥寥。聞順天覆試文

理、筆跡皆不符者三人已斥革，又有三人另覆，同邑玉茗公子在
內，可畏哉！

初六（13日）

往馮家沖埽墓。祭祖墓畢，乃至三兒所葬處一觀。兒死已
三年矣，感而作詩云："敬拜先人墓，因觀幼子墳。咽聲淒怨水，
冤氣黯愁雲。去日一何速，呼天不可聞。失雛哀爾母，瘏口枉恩
勤。""授讀如疇昔，嬉游似目前。從行應負汝，夙慧太無年。久
病瘡瘍誤，他鄉魂夢牽。可憐埋骨久，猶望好音傳。""宣平兒不
育，寥落毓麟亭。妖夢偏教踐，醫王竟不靈。書來成異物，望斷
失寧馨。豈必看碑字，方驚老淚零。""珍重高堂意，充閭許此
兒。九原應聚首，七載負含飴。丘隴悲衰草，庭階失玉芝。鼠肝
與蟲臂，知汝更何爲。"

初七（14日）

校所鈔書數十頁。寫對聯一軸。秦雨泉至，屬改辰時親迎，
巳時合卺。胡子瑞至，談江右書院事，云子威尚未入蜀也。君華
鈔唐祖澍、章華文，皆能用古書，不俗。

初八（15日）

爲一兒改文一篇。與郭章甫至遲齡菴觀所刻書，無有也。
葉焕彬至，談目錄、校刊之學。劉牧村至。汪七先生至，云楊紹
曾歸，以訟事爲不然，勸紹陸和。見在秣馬厲兵，決於一戰，恐須
戰後方可議和也。晚至張竹濱處，云保生未歸，亦無信來，屬其
再致信去問明。遂至叔祖母處問安。

初九（16日）

至李健松處。因吉兒歸云余怡臣將出莊，約十五去，而健松
已下鄉，十六爲李壽卿下葬，恐須廿日外始能往。至外供衙找馬
臣鄰，不晤。至思賢講舍，雨珊丈回鄉。觀書局中書，取一清單，
以便往取。至同文書局，買《廿二子》一部三元，《經餘必讀》二

百。至楊宅,回楊瑞霖看。至受明處,觀其所録文。至胡子瑞處
回看。至陳芷青處。迪安已來,攜有闈墨,取歸觀之,亦不佳,不
過疏爽,少堆砌,大致空疏,更不若湖南尚能引古籍也。汪七先
生夜至,欲作居間人,然事不易了也。

初十(17日)

往史家坡埽墓。有張明府死,即將葬於界石之外,雖不礙
事,若堆葬太高,亦非宜也。胡子威至,云子彝往迎子正之柩,需
假川貲。予無以應命,辭之。

十一(18日)

往汪七先生處。歸而柳象臣至。文偶蘭至,寓文家試館,一
别三年。黃薏丞至,云汪七先生屬爲居間,偕至三叔處。薏丞善
説,似屬可行,云即約汪同往楊宅。而楊又進傳呈,反覆如此,誠
不可解,此亦有數存焉。汪受明、周渭齋至。

十二(19日)

往汪七先生處回信,伊云薏丞並未至楊宅,約今日同往。既
如此,當往復彼也。歸補《禹貢》數條。下午偕二兒至文耦蘭
處。遂至健松處,已下鄉,云廿日外可去。

十三(20日)

同君華、象臣、小鶴、二兒至蓉墅處送行,已於辰刻上船矣。
至思賢講舍,見蔡與翁,遂至笠雲和尚處。至程海年處,何棠孫、
炳農處,久談歸。是日爲祖母忌日,祭後往三叔父處共飲餘福。
乃以訟事告捷,村夫惡隸溷厠筵中,殊屬無禮。二叔父已有言,
予不便再置喙,坐不安席而起。

十四(21日)

校所鈔書數十頁。書扇弍柄、對聯弍軸。復校所鈔書數
十頁。

十五（22 日）

補《禹貢》數條。久安先生至，見彝仲家書，翁先生能知爲湖南卷，可謂神解矣。

十六（23 日）

彭宅鋪房，並陪媒。陳竹友同至秦宅，復至彭處，飲至晚。歸讀《公羊》數十頁。

十七（24 日）

檢舊書，殘缺殊可恨。王聘三、周仲海、秦雨泉至。晚間汪受明至。

十八（25 日）

往陳宅陪吊一日。有蔡宗英號碌生者，文田先生之孫，上條呈三事於中丞，一城池，二保甲，三牙帖，推本乃祖文田公之意，並以文田公事實請入志書，云已來拜過。周菱生云孝廉課題"願聞子之志"一節。予不欲再試，詢以前課所取文如何，云係學墨選清腴而不至者。吁，可怪哉！

十九（26 日）

補《禹貢》數條。笠雲和尚過訪。下午往玉泉山等處觀舊書店，無足觀者。歸遇久安先生至，談小泉親事，意欲改期，擬請郭章甫往說。張保生到省，來候。

二十（27 日）

五鼓，二兒婦將產，一家皆起。至六點鐘，得一孫女，大小平安。秦宅請同往接親。至秦宅，遂至彭宅。新郎成偉親迎後，復還秦宅，飯畢辭歸。連日找郭章甫不得。久安先生復至，云已寫信回去，事屬可行，無須着人前往。

二十一（28 日）

林綬臣邀往福建會館抹牌，在坐周郢生、陵生、蔣翰農、屈小樵、張炳仁。至申刻，無大勝負。秦宅催請，遂至秦處。二鼓始歸。

二十二（29 日）

闻王聘三將行，一早往送行，程儀一金。晤聘三及周渭齋①，知輪船未到，尚未成行。遂至羅莆皆、楊宅、徐宅道喜。歸早飯。午後楊瑞安至，爲楊宅報日。是日孫女三朝洗兒，又以好日，爲小泉收拾新房，家人匆忙不暇。陳芷青至，送到張保生關書。予恐保生主意不定，面交乃翁竹濱，交代一切，想無翻悔。

二十三（30 日）

將書箱打開，檢出子書各種與二兒。王聘三來辭行，久談。彭魯卿、秦伯偉來謝酒。録《禹貢》數條②。觀《列女傳》。是日高太宜人忌日，仙逝即我家左邊正房。聞是日唐惠湘續娶，曾祖母往吃喜酒，坐新房中風遂卒，唐以住宅售我祖。又三世矣，我家能終保乃佳耳。

廿四（12 月 1 日）

往李健松、馬臣鄰、蔡宗英、李仲牧處，均未晤，惟晤陳璞山、譚久安二公。王壬秋先生處久談。吉來送妹往山東，已登舟。其弟代興亦通經，見其課卷，批總云“醰醰有味，矯矯不群”，此與經訓山長批“有典有則”何異？壬老鬢全白，談笑如常。至芷青處，回保生定關信。歸，久安先生至。

廿五（2 日）

至葉焕彬處。郭章甫薦遐齡菴楊子雲刻書，想不至誤。君華送來族人所鈔書，甚佳，此書可包彼鈔矣。寫復芟衿一函，寄君輔一函。廖應祥以彭同義穀票事來關説，此事殊可惡。馬臣

鄰、李紹箕言余怡臣出莊遙遙無期，託以所批田佃户蘇某霸莊不出，藉以狡展，恐難免動武矣。予實不欲生事，如楊少陸今日又進呈，官又批准，兵連禍結無已，可鑒也。

廿六（3 日）

録《太公太顛是一人考》一篇、《孟侯解》一篇。楊子雲送來所刻底子，尚勻整。程子大至，言久病，容甚瘦，且云歸家多不適意，又病。蓋與予同病相憐。云彦清風疾復發，尤可怪。

廿七（4 日）

録《作策命周公後年月日考》一篇。得張季山信，現在嚴州大南門外黃德泰米店，寫回信一函。久安先生誤聽李氏父子之言，謂予前日不應説余翊臣是扎茅人，予復一函。余一夜歸，言田的係怡臣自種，不出莊，不退田，舌敝脣焦，情形如故。此事爲馬、李所賣，不應使怡臣帶批，馬、李不自愧而猶嘵嘵，何也？夜煩燥，不成寐。

廿八（5 日）

頭痛，發熱，强起。乘轎至健松處，父子皆不在，屬其店夥代達。遂至久安先生處，告以實情，亦俀俀無計，不知作何究竟。蔡與循、陳璞山二公來回拜。校所鈔詩數十頁。

廿九（6 日）

熱退，稍平。寫對一軸。録《“周之始郊日以至”解》，補《華蟲解》。爲二兒刪經解四篇，《〈穀梁〉“緩帶”解》頗具別見。夜擬老杜《秋野》五首。

三十（7 日）

熱未盡退，嗽愈甚，强起。補《尚書》數條。袁叔瑜至，云其書院脩金五百餘，府縣別有饋送，較經訓爲優矣。晚間熱愈甚，面赤如火。瞿述卿至。

十一月

初一(8日)

幾不能起,强起。爲一兒、二兒改賦各一篇。校所録《自課文》十餘㗊。約健松來,復不至,云下鄉。馬成林亦下鄉,不知作何事。

初二(9日)

稍愈,嗽未已。校所録《自課文》四㗊,並未録底稿。爲二兒作詩三首。

初三(10日)

嗽逆殊不可當,似由閉表。一兒亦發熱。請趙淑之,不至。校《自課文》數十㗊。汪受明送來廣東、廣西墨,亦間有引子書者。廣西勝於廣東,主司爲之也。

初四(11日)

頭岑岑,不能起。趙叔之爲予診脈,亦云遍六至,與叔父之言同,足見此病不輕。述卿夜至,以出虜事,至急不能語。

初五(12日)

頭痛略平。石某送來所鈔詩,較一過,並較《自課文》數篇。得節吾、麓泉書,皆欲予北上,故人情重。以病,未能即答。李紹箕夜至,云已與馬臣鄰同至盛家灣,見怡臣問明,勸其勿再種田,趁早出莊。言語稍多,咳不能止。

初六(13日)

夜卧手心發熱,早起頭昏。計病已十日矣,尚未能復,請趙淑之再轉一方。久安先生、李健松至。與語,又嗽不止。補《書》數條。楊宅有舒姨太太者,於昨夜已死,匿喪娶婦,衰麻接弁冕,可謂異聞。有人心者,宜於此焉變矣。

初七(14日)

尚病,强起。補《書》數條。君華、象臣至。

初八(15日)

補《書》數條,據《七緯》補之。劉鹿泉、何棠孫至。棠孫云明年經課仍伊看,予勸擇其尤者刊之。汪受明請爲鄧貞女徵詩,鄧即龔省吾先生所聘子婦也。予爲賦七言云:"湘娥徒駭花魂泣,靈譚鬼語風習習。孤鳳氣痞不敢啼,藥店飛龍愁骨立。膏蘭竟夭龔生年,媧石不補蒼浪天。頮城染竹志莫奪,縶櫻肯使賢雄脱。青青女貞不著花,嬰兒徹瑱無鉛華。釵鳳塵生鏡鸞缺,蕙心團團明似月。瑶瑟未鼓朱絃單,古井不波湘水寒。地老天荒十二載,江流日夜走東海。精衛憾塞滄溟枯,黿梁萬里成坦途。霜女淩風歸薊北,雪凝縞袂天無色。隻身無偶拜尊章,光光大節非嫁殤。《周禮》嫁殤與此不同,焦里堂、劉伯山已辨之。精誠能教白石爛,彩伴驚詫都人歎。儀特何曾見兩髦,奇貞更比共姜高。"夜馬臣鄰、李紹箕又至。此事大爲二人所誤,反以費力相助謝之,可謂昧心之談矣。與君華談久,嗽不止。不雨兩月有餘,燥氣殊甚。中丞求雪不得,火災一日數起,寒心哉!

初九(16日)

校所録《書》十數叚。黃薏丞親家至,云李佑臣靈柩於十月初八起行旋里,今已一月,計將至矣。

十日(17日)

校所鈔詩數十叚。譚介林寄到所鈔《尚書》三卷,覆校一過。爲徐楊氏求得叚無告堂票,每月止一斗米、六十文錢。此係孤老糧,免死而已。

十一(18日)

楊子雲送到所刻書式叚,匀整可觀。寄復鹿泉、節吾兩函。録鄧貞女詩一首。鄧次儀至,始知貞女四月到京,六月已逝。予

詩已送交受明處，不及補叙，早知已逝，則着筆更易矣。晚至二
叔父處祝壽。

十二（19日）

往二叔父處祝壽。叔祖母衰甚，可慮也。往錢店取票，分送
各新孝廉。下午往二叔父處吃飯。

十三（20日）

閱《抱經堂集》。清釐書籍，取《潛研堂集》觀之。爲二兒改
文。張保生夜至，爲予祝壽，因留與飲。

十四（21日）

閱《潛研堂集》。張竹濱父子、瞿述卿、柳象臣、黃望之來，
留飲。是日冬至，兩叔父復以交帳有違言。予雖委曲求全，然公
不可廢，亦不能不出一語。

十五（22日）

往坡子街周聲和脩表。訪譚海秋先生，不晤。至述卿及張
竹濱處。見二叔父，談大公事，必欲照去年所議。是日先父忌
日，辦祭事。三叔父晚至，以二叔父之言與商，允交公，並分今年
所餘六十餘串，不算前帳，即以去年所定爲數亦可，惟文契不可
交，且不允作三、四兩房。天晴，夜燥甚。

十六（23日）

爲二兒作《龔氏〈尚書馬氏家法〉今無傳本試推論其義例》
一篇。往二叔父處講公事，云文契不交亦可，必欲作兩房，且明
年要管公。三叔父不允，必欲交我，仍作三房，謂作兩房明年恐
仍不交，且防意外之變。我本欲調停此事，免傷和氣，恐不能調
停矣。

十七（24日）

往秦宅問成偉病，云失紅，兼氣痛甚劇。晤李紹箕，更擬專
人往鄉，約等余一回信。回袁叔瑜看。伊帶《廣雅叢書》甚多，

亦少罕見者。晤程海年，託代辦起咨事。歸開底子送之，並請子
大書檢。久安先生至。

十八（25 日）

　　晤汪受明，云頌年當已到京矣。晤陳芷青，云夏少村斷絃，
安仁一帶疫瘰甚衆。到李仲牧處，辭以疾。到文正祠，買書數
部，《音學五書》、《文心雕龍》刻頗精，《世説新語》有校刊，云袁
本甚佳，予家有之，得之彭宅也。石某送來詩二卷，校對一過。
刻工送底子，亦校一過，寫尚少十餘，已選十二頁矣。復閲，其中
體例未甚合，箸書之難如此！得彝仲復信。

十九（26 日）

　　作《〈新唐書·兵志〉論》一篇，《驅瘰行》、《啼飢歎》各一
首，改《訪二喬墓賦》一篇。復往二叔父處講管公事，似尚易了，
廖應祥復從中調停。廖又爲彭學海借穀票事，强予借彭穀廿六
石餘。一動筆遂吃虧，足見熱腸人不可作也。連日頗寒，釀雪
不成。

二十（27 日）

　　作《元遺山文集跋》一首。檢書，取張亨甫《詩》閲之。其詩
有格調，而能自用其才，在黄仲則、吴蘭雪之上，猶嫌存詩過
多耳。

二十一（28 日）

　　閲《四書考異》。欲取所藏書録一書目，天寒頗甚，未能清
檢。喜見微雪，所謂“慰情聊勝無”也。閲《定盦集》。

二十二（29 日）

　　書春聯十餘首。録藏書目，略得大致，未能具備也。

廿三（30 日）

　　檢理書籍，擬題數十則。往紙店買紙。所刻《自課文》計七

十餘頁，每部需官堆唇十張，一刀紙二百張，止能印書二十部，每刀需八百文。

廿四（31日）

校所抄詩二卷。計自庚午至辛巳十年，存詩六卷，其中可刪者尚多也。校所鈔《自課文》數唇。鈔已將畢，刻亦將半，月初可開印矣。

廿五（公元 1894 年 1 月 1 日）

校所鈔文數唇。久安先生至。君華、象臣、述卿共議爲庶母稱觴，須演戲。予以羅荈皆姻丈成服，往弔。歸與諸人共議，一切布置。

廿六（2日）

看諸人布置，各處借物，坼屋抬櫃，大費厥力，所謂長官得半日閒，僧人忙了三日也。二兒領出經課卷，閱者不知《連叢》即是《孔叢》，可歎也。夜戲掌燈後許久方起，十二點鐘已畢，有常泰者唱陳公台頗佳。

廿七（3日）

賀客不多。二點鐘乃起戲，未及十二點散。

廿八（4日）

事畢，檢場。校所鈔文數唇。鈔者已畢，刻工亦及半矣。

廿九（5日）

校所鈔詩弍卷。寫書帖十餘封。以寫字煩難，付刻工刻印較省力也。繙閱唐詩，自問才力不及古人，似亦不難學步，惜方治經，不得專力於此。

三十（6日）

往徐宅拜壽。歸檢點書籍，擬題數十。夜觀《公羊》數紙。

十二月

初一（7日）

為一兒改"子曰夏禮"二章文。此題用《春秋》義黜杞、故宋、新周、王魯最合，必深於《公羊》義，乃能發明耳。擬明年三、四、五、六月經訓課題，官、師課皆寫好。下午往徐宅戲酒，清華班分班無足觀。

初二（8日）

閱《書目答問》，以予家藏書所有者用筆點出，經書所缺者無幾，餘則多不備，然亦非必要用之書，惜所有者尚未能盡讀耳。校所鈔《尚書疏證》數十昏。李紹箕、余怡臣，又有所謂余七先生者，言盛家灣事。今年租穀不清，又求作明年，其言殊不中聽。

初三（9日）

久安先生云李健松言有一本家在盛家灣有佃戶，可引進，因約健松來。健松亦言怡臣必須出莊，田不患無人作，不必再轉旋。其言與紹箕全不符。紹箕年輕，為馬姓蠱惑。此事若健松一手辦，不至如此決裂也。久安先生午飯後歸去，開容一切等項均自攜歸，灑脫之至。二叔父有信來問公帳事。

初四（10日）

往和茂換錢。楊子雲來，付錢十乙千，屬其買昏。花胚每刀式百張，八刀壹簍，每刀須乙千零六十文，買昏八千四百八十。刷印價乙萬張並裝釘須錢式千八百，殼面綫在外。計此書成，刷百四五十部，並刻工須四十千有零。校印出之書數十昏。下午至三叔父接公帳。去年結算外，又增出乙百串，此帳綿綿無結期矣。恐事決裂，權裝朦朧受之。連日背痛，胸膈不舒，夜夢不安。

初五（11日）

寫送楊宅祭幛字並對一軸。至述卿處賀壽。二叔父處交錢十九千五百。叔祖母面愈腫。二弟婦以其弟夏卿捐巡檢在湖北，屬函託陳伯年，諾之。校所刊文一卷。至述卿處飲酒。

初六（12日）

覆校所刊文。爲二兒改"質勝文則野"一章。《春秋》變周之文，從殷之質，亦以周末文勝，必參以質，然後文質彬彬，非欲去文而獨存質，如棘子成之説也。當時如老子、墨子，亦志在矯世。老子高言上古，墨子舍周用夏，皆尚質之意。然推其意，必欲盡去夫文，與《春秋》文致太平之義絶遠。此其説所以皆不能無弊，惟聖人之言無弊也。

初七（13日）

改"子謂子夏曰"一章。朱注以"小人儒"爲好利，非子戒子夏之意。子夏聖門高弟，豈猶有好利者？子夏規模狹隘，《荀子》有"子夏賤儒"之言。"小人儒"即"賤儒"，蓋其學之流弊至此。昌黎云"子夏之後有田子方，子方之後流爲莊周"，豈非束縛過嚴，遂激而成放蕩乎？子戒子夏，或即此意。若傳經之功，子夏最巨，當別論之。寫書帖數十封。夜觀《莊子》書弍卷。

初八（14日）

沈小嵐來拜，屬作百韻詩，予以不暇辭之。觀《史記考異》，補《史記》數條。清理書箱，貼封條，爲束裝計。校所鈔戊子、己丑、壬辰詩三卷。龔瓊山、張保生來。

初九（15日）

作告祖文，寫書帖。往李健松處，云馬臣鄰已下鄉，伊有房屋可與余怡臣住，其本家於日內必到，到即有信來。此事或可了矣。往小嵐、海年處，俱不晤。往何棠孫處，久談。伊云二兒所作經課卷、《〈新唐書·兵志〉論》及賦、詩《新樂府》皆佳，爲此中上品。足見近日所謂佳卷林立，亦不過爾爾。又云將爲乃祖子貞先生刊遺書。師以書名掩其學問，此舉若成，甚佳。箸書當及時成，賢子孫不易得也。

初十（16 日）

天頗寒。閲尊經課藝，頗知川學宗旨，大抵出於壬秋先生。壬老説《易》，先通文理，不用象數、爻辰，其旨亦本於焦里堂而推闡之。《詩》不主毛，亦非盡用三家，所立新説，與何楷《世本古義》爲近。《春秋》兼用《公羊》、《穀梁》，新義間出前人之外。《禮經》尤精，説《易》、説《詩》皆以禮證之，故其説雖新而有據，異於宋、明諸人。此等皆與予説經之旨同，惟予不敢過求新異耳。夜讀《莊子》書二卷。卧覺右手麻木，殊非佳兆。

十一（17 日）

喜期已近，予不善指揮，仍作故昏堆中生活，校所鈔書二卷。

十二（18 日）

何棠孫至，予薙髮，未能見。楊紹陸請明日赴飲，在坐王壬秋、張雨珊兩先生、葉焕彬、蕭叔衡。予以家有喜事辭之。譚宅鋪房畢夜，不鬧轎，亦設席，飲至更次。夢寐不安，醒後火熱。

十三（19 日）

人不舒暢，勉強早起。甫辰刻，新人轎已至。鼓樂未到，無人贊禮，將轎稍押。交拜亦止辰正。賀客寥寥，所請客亦多不到。

十四（20 日）

來賀者數人，席三桌，我家人居多。予性近僻，向不吵房。三鼓始卧，且係勉強支持，夜中手熱如火。

十五（21 日）

爲先子生日，設祭後，至楊宅作吊。久安先生以其子婦、蓉墅夫人送親先歸，云媵卿弟惡作劇，取新人睡鞋，且將門搭挑去，寫信大發牢騷，目爲無賴子，語甚憤激。予恐回信分辨愈觸其怒，故不裁復，屬君華轉致。吵房本非佳事，然處今日必欲繩以古禮，同牢後即脫繯燭出，爲此寐寐必以爲省費，草率了事，不得不從俗爲之。連年飢驅，家事概未管理，家中人不皆久安先生之比，何能盡以古禮繩之？此後酒席約百串有零，若守《禮經》，皆可節省。乃用錢而仍不討好，《莊子》所以有《人間世》之篇。

十六（22 日）

往各處謝客，因往壬秋先生處。十三日紹陸家予未赴飲，大約談及此事。紹陸爲壬老乾兒子，壬老乃以調人自任，十五日致一信，予往楊宅未復，故特往見，説明此事甚不難和，紹陸多出銀買三丘田，則無復事矣。不知此老能定議否？壬老復定《禮經》將成，將發刊，其詩文不欲自刻。云前在中丞席上論楊家事，王逸梧在坐，深不然之。此小事乃達中丞聽，可笑。中丞明正初八做壽，壬老爲作壽文。是日辰刻後楊宅出殯，其執引頭幡黑色小兒即新姑爺，昨晚騙述卿來行豬頭禮，太惡作劇。述卿不怒，然已憊甚。今詢之，尚不礙耳。

十七（23 日）

君華信來，言乃翁怒未已，首以挑門搭爲罪。予不改其故①，取前信詳觀之，始知此公以不肖之心待人，恐有鄉下所謂燒火之事。不知何以過慮至此，可謂奇談。欲復書詆之，礙在新親，恐致決裂，惹人笑話。此公必欲到此作鬧，則咎不在我，亦任橫逆之來而已。屬小泉致君華，勸阻此公不必到城，俟其氣平夢醒，或當自悟。李紹箕來，云余怡臣已於十二日出莊。須往清莊，約與同行，甚有難色。年近歲偪，天又下雨，自去亦屬爲難，皆由怡臣延誤至此，殊可惡也。壬秋先生來信，仍是王蓮生之

---

① "不改其故"，指不了解其中原故，長沙方言"解"音同"改"。

說，百金之數必不能行，辭復之。

十八（24日）

校所抄詩數十㕮。刻工云書已開刷，數日內可畢工。陳力田住遐齡菴，予不之知。此二十年前老友也。譚宅有人來，云已心平氣和，二十將到城，大約不再提矣，不知當日何以醜詆至此。怒時不宜作書與人，誠格言哉！怡臣處有人來，云十二已出莊，請往交莊。將文契點單鈔一過。予於問舍求田全不了了，寫片約馬臣鄰、李紹箕同行。

十九（25日）

閱《別下齋叢書》數種。約史恒章、德勝同下鄉。

二十（26日）

與李紹箕、二史同行。輿中觀《禮書坿錄》數卷。予未見陳用之《禮書》，此書止存大略，其駁詰漢人亦有心得，但所據止《周禮》，於今文家說殊不知，且多武斷，不得闕疑之旨。《坿錄》引《五禮通考》諸書，大抵是末師而非往古者。天雨，至永安市已晚。余一着七人來迎，乃夜行。紹箕轎覆墮水中，兩袖皆濕。二更始到。拜墓辭年，雪景滿山。

二十一（27日）

往清莊。天大雪，予不能往。史德勝乃原在場人，云田、山皆不誤，惟鳥塘坑尾坡有地一塊，甚小，伊云屬盛姓，姑不與爭。屋中門面、窗格亦尚在。余怡臣出言不遜，立索規銀。李自立以犂田糞草爲言，諸人斷三十千。自立想作此田，恐其翻覆，曉曉不已。余氏兄弟遂借此爲由，手打自立而口觸予。予斥之，遂與詢爭。余勢甚匈匈，甚將用武。予不爲動，伊計無從出，復陪小心，云伊罵李自立，非罵我，勿生氣。予見歲暮，行期已迫，不便與爭，姑忍之。紹箕爲作調人，打伊米坊上票付怡臣。怡臣復見予好言，現在家均搬出，惟其弟寶生夫婦擇廿四再搬,想不至再有翻覆矣。有戴石匠者,以前出圍縠式石問予。其縠已付,怡臣中飽,乃復行凶,斁毆戴姓。其凶逆如此。此人素有聲名,今觀其所為,有勇無謀,不過橫暴之徒。鄉人畏之,亦畏其橫暴耳。

廿二(28 日)

未明即起早飯,起程。山川一白,千里無塵,有衛洗馬"對此茫茫"之感。本欲趕到城中,至東南渡已昏黑,輿夫甚苦,不敢勉強,遂止宿飯店。與紹箕言余姓事。紹箕云怡臣出馬臣鄰私書,言即使翊臣同來,作一圈套。此人奸猾至此。怡臣以其不能始終保全,心怨之,此實告紹箕。我家亦有奸細,怡臣大鬧,深避不出,復為怡臣求作,其為此人主使無疑矣。

廿三(29 日)

到家早飯,與諸人談此事。恒章告奮勇,願作一年。此人頗能,如肯往,當能調處,不至生事。寫信往陳芷青、程海年、袁叔瑜處。芷青回信,云荬舲有信來,少村已到,當來見也。年歲逼近,賬務坌集。廖應祥云賬上又有八九百金,不知何以處之,賣縠醫瘡,目前亦難保也。連日受寒,腹痛,一身皆痛,是夜少愈。

廿四(30 日)

寫信回久安先生,言盛家灣一切,慰彼懸望。海年回信,云咨文尚未辦好。復函催之,擬初八准行也。取《禮書》,考《書傳》數條。庶母以家計日艱,痛哭言之。予心怦怦,真不知稅駕之所。

廿五(31 日)

校所鈔《今文尚書》第一卷。夏少村來久談,伊明年科舉時始歸也,云有家人坿予舟歸,允之。陳芷青、張保生來。荬舲寄保生川貲拾金,付之。余一晚至,言余三尚未搬,約廿八日,不能無慮。

廿六（2月1日）

　　往史家坡辭祖墓。新年開正即行，明春不及再往，瞻望松楸，良深太息。便過健松，言盛家灣事。伊一力承擔，以爲不礙，想不妨也。伊云有本家李四鬍子，離我處三里許，而紹基不知，亦可怪。轎中觀《後八家四六》，當以董方立爲最，餘非正聲；茗柯、養一格雖高，不是專家。

廿七（2日）

　　往馮家坑祖墓辭年。轎中觀張變君試牘，長沙任元德《〈易〉用周制考》、《補庶子冠禮》二篇，皆深於《禮經》，塙有心得，不同稗販，其餘趁軼群者，解《尚書》未曉今、古文師法。史論多勦王船山說，張君想未見船山書。其分經義、治事，以論春秋者入經義，論秦、漢以下者入治事，同一形勢、兵法，歧而二之，亦未妥帖。熊希齡《補〈方輿紀要〉東三省形勢》，尚足追步景范。

廿八（3日）

　　爲人寫春聯。楊筱園送書百五十部來，刷印、裝釘不佳，不及書局中物。字三萬二千餘，每字九毫五，花胚、官堆八刀，每刀乙千零六十文，並刷印、裝釘，共青蚨四十五千文，刻書甚不易也。閱葉九來《金石録補》，考訂亦審。甲午立春之時，爲是夜四鼓丑正，抹牌以待，至一點多鐘接春始卧。

廿九（4日）

　　得栗樵來信，云浙撫新放廖仲師之兄，求爲道地，並約到彼一敘。予不能往，屬其有事面商，可於二月半前到滬等候。旋作復函，付彼家中。不通問已兩年，談及身家，均不勝涸轍之感。芝生先生之姪禾宰來見，云芝老已升工侍矣。

三十（5日）

　　檢書，閱《春秋繁露》數氛。微言大義，多東漢以後諸儒所未究，此書尚少發明。魏默深《董子公羊發微》未見其書，淩曉樓《注》亦略，予有志未逮也。往城隍廟、祝融宮敬神，香火寥寥，可以觀世變。夏少村回拜，攙駕。吉兒至汪宅，見《申報》，云龍三丈是升刑侍，非工侍也。廣西試官丁某交通内監，二酉堂書坊經手，得試差，爲張凱嵩之子侍御所劾。頌年函中有"朝政日非"語，朝鮮大亂，逐日本人，皆謀國不臧以至此也。債務坌集，不能度歲，而猶不恤嫠婦之緯以憂宗周，所謂迂儒者非耶？

甲午（光緒二十年，1894 年）

元日（公元 1894 年 2 月 6 日）

早起，敬神奉祖，大小叩歲，遂至叔祖母、叔父處叩歲。與兄弟輩抹牌至夜。蓋獻歲一日，而悠悠忽忽已如此矣。張保生至，告以初八啟行。

初二（7 日）

致函賀龍三丈，並賀王夔石師年喜。致汪頌年一函。汪受明來拜年，憤氣不金頂，可謂有志之士。云五月准到京，但願彼時猶在京相見也。李丹農至，乃篁仙先生之姪。袁叔瑜至，云初八准行，託我處催船再告彼，大約行期可定。

初三（8 日）

檢點行裝。劉牧村、彭聰叔來拜年。龍禾宰至，以芝老賀金付之。伊云約熊笛樓同行，路上不耽擱可早到也。下午述卿至。夜飲至醉。

初四（9 日）

夏少村來拜。清理書籍並《自課文》，已盈擔矣。

初五（10 日）

張保生至。叔瑜着人來問看船否，擬明早去催船。飯後略辭行，兼拜年也。檢行裝，未就緒。城隍龍來，湘中以此爲吉慶事。函致陳伯布云：“卯年一面，倏已三秋。別久會稀，天遙夢短。黃鶴一去，鸚洲遂蕪。白雲在天，龍門不見。壬辰春，託龍荔仙兄寄奉一函，並黃刻《易林》二卷，亮登籤掌。於海年同年處,得讀《廬山詩録》,煙駕同肅,霞想益崇,晬此勝游,未參末坐。往返鄱湖數四,不及上揖匡君,山靈有知,當笑客矣。比維侍奉安吉,文福駢蕃。擁書南面,不羨公侯之尊;移文北山,無詒猿鶴之怨。高情遠致,良足忻羨。厶去秋旋里,獻歲啟行。履館南昌,沿江北上。萋萋芳草,感王孫之遠游;采采幽蘭,思公子而未敢。特寄書札,恭候起居。坿呈講席《自課文》二卷,尚希糾謬,勿憚獻疑,幸甚。"

初六(11 日)

出拜年,並辭行,各處多未晤,惟見汪受明、程海年、劉牧村、黃薏丞。聞中丞初十日有輪舟送孝廉。袁叔瑜亦未見,其家人云將待輪船。清早已着黃升僱船,議價十千,付定錢乙千矣。今既中變,自當別商。歸家,黃兆懷來拜。此人官星極旺,將來可作黑頭公也。寫信詢叔瑜,云將辦好船,約我共坐輪船,明日回信。

初七(12 日)

黃升去辭所僱船,乙千文不能退,算前生該欠矣。陳芷青來送行,託帶信件與芰舲。夏少村、劉牧村、瞿述卿、汪受明皆送下程,牧村並送程儀,予却之。彭魯卿請餞行,昨不及退帖,只得一往。李紹箕至。予以盛家灣事託之,彼應以事若有變,無不竭力。惟下手恐難其人,史恒章雖可用,然無本錢,不知能辦數十金否?夏少村來送行,久談。伊意不以其四叔拘守古法爲然,故到湖南用功。陳芷青來送行。下午至魯卿處,在坐秦雨泉、張子善。雨泉言其師左晨卿事甚詳。此人身死無後,可謂天道難知。歸過袁叔瑜問輪舟事。

初八(13 日)

李健松至,言盛家灣事。彼云余姓有變,伊可擔承;史恒章無批規,請作引批,不贊承,亦不打破;其本家李四鬍子尚未來,節後必到,田不患無人批,但不能急。我云伊來不妨説及,伊有妥人,儘可引進,恒章無批價,我亦不能應承。王祭酒請餞行。先到黄兆懷、何棠孫、陳芷青、張雨珊丈處,皆不晤。到王宅,葉焕彬、劉笏雲先到,羅舜循、袁叔瑜、吴少階、周郢生、陵生相繼皆至。游其葵園,起造亦布置有方,大有杜老游何將軍山林"何日營微禄,歸山買薄田"之感。諸君得予所贈書,皆加恭惟,未知心口相應否。經義非一人所能盡,予亦不敢謂所言之皆是也。寄禪和尚至,見其送中丞壽及題藏經閣詩,風格遒上。昨得笠雲和尚託寄李蘋園丈二詩,優劣判然,似不及也。少階言輪舟事殊無把握,所約人須至十一二始能行,輪船又止送岳州。予決意不待。

初九(14日)

着黄升再看船,云前船尚在。着再往看,議定四人、錢七千。約保生,不必再待叔瑜矣。葉焕彬請明日吃飯,辭之。張少庚來,同往叔祖母處拜辭。往張竹濱、瞿述卿處。午飯後檢點行李,先到船上,明早開行。葉焕彬復改請今日,不得已爲一往,在坐胡少卿兄弟、周陵生、王廉生。楊紹曾亦在,虞、芮之事彼不談及,予亦不言。

初十(15日)

早飯後登舟,保生亦至。北風,微雨,舟不開行。予出門不欲回頭,故不歸。

十一(16日)

行十五里,至三叉磯,載重水淺,舟擱不行,至將晚始起北風,遂泊。舟中觀胡稚威文甚奇,殊不易學。項水心文乃予卅年前所圈點者,觀之亦多佳處,大抵多過火語,有得有失。其勝人處在緊,長章題最可法也。

十二（17 日）

天霧，至早飯後始行。僅十里，同幫船又擱淺。順風耽擱，殊屬可恨。人云沙窩船不可坐，以後當以爲戒。行程欲速，還是坐衡州小撥。若湘鄉沙窩船既笨重，人又懶惰，不能趕路。其同幫船載尤重，將晚始能行動，走數里又擱淺，定更後始趕到。

十三（18 日）

南風甚大。行不數里，其同幫船又淺擱。長年昨云不得已耽擱一日，以後不待，乃又停船待之。下水船去如駛，此獨滯留。予大怒，責之，必欲開行。伊着小舟去説明。水流風迅，又耽擱一個時辰始行。午後過湘陰。至蘆林潭，日將曛矣，遂泊。約行一百里。若不耽擱，已過湖矣。舟中觀定盦文，甚奇古，惜所箸書不盡得見。前湖南課問馬氏家法，予以爲即《大誓答問》之義。馬季長《尚書注》除不信《大誓》外，並無特解也。舟中甚熱，恐有風起。

十四（19 日）

早行。無風，舟行甚遲。俄而風長，過磊石、鹿角。至高山，望日尚早，可過岳州，舟子必不肯行，遂泊。見輪船拖二紅船過，大約諸孝廉在內。我先行三日，反落其後，必爲諸人訕笑。然我所計實不誤，皆由此船耽擱三日，不然昨日已至岳州，較諸人先一日矣。沙窩船不可坐如此，可恨！可恨！舟中得詩三首。

十五（20 日）

北風，微雨，午後更甚，聲狂如吼。上元佳節，孤泊荒洲，作"棘子成曰"一章、"周公謂魯公曰"二句文二篇，聊以遣日，可謂無俚之極。

十六（21 日）

天晴，風略平。船仍不開，將晚行二里，復泊故處。作詩二首，作文不成。閲《史通》四卷。行已七日，路未及半，焦灼殊甚。

十七（22日）

風稍平，解纜又雨，强行卅里，至岳州城下泊。雨甚，不能登岳陽，作詩二首。作"子曰管仲之器小哉"文一篇。《漢志》管子書列道家，後人以爲當歸法家。其實，道德、名、法本是一氣。管子兼有道家、法家之術，則道德變爲名、法，不始於申、韓。近人云《論語》所云"或曰"，皆老氏之徒補之，故弗名，"以德報怨"一句是其明證。此章亦可以此解之。《老子》三寶，二曰儉，故或曰儉。《老子》書極詆禮，而夫子問禮於老聃，蓋深知禮者，故或曰知禮也。文以此立意，似有把握。又作"知者樂水"二章，以齊、魯分貼知、仁，則無理取鬧矣。

十八（23日）

得詩二首。閱《制義蕺話》，中多引經義，不同空疏。是知嘉、道間尚傳古學，非如咸、同以下之陋。近日風氣，亦猶行古之道耳。天晴，無風。過螺山，泊新隄。行百二十里。

十九（24日）

天晴，無風。校《大傳疏證》數卷，改正譌字數條。下午過寶塔洲，釐局耽擱一個多時辰。夜泊嘉魚對岸。行已十日，路尚隔二百里。見有輪舟拖三舟過，想是十六日開行。我先行十日，反落其後，亦如劉黃岡中進士，待朱之弼做房師耳。

二十（25日）

四鼓開船。天明時北風甚大，曳帆斜行。午後勉强行至簰洲，遂泊。激浪入船，被褥皆濕。校《今文尚書》一卷、詩二卷。

二十一（26日）

大風雨，寒甚，有雪意。中途淹滯，大爲可憂。作"哀公問曰"二章文一篇。校駢文四卷、詩二卷、樂府一卷。

二十二（27日）

天晴，風略小而未息。行數里，泊於江中。登舟已十三日，看光景半月尚不能到漢上，殊非意料所及。午後强行三十里。作“子曰褅自既灌而往者”一章文，以爲聖人贊褅之美，非譏魯褅，引《春秋》以明之。曰“不欲觀”，正甚欲觀未灌以前之美，與季札觀止之歎云“雖有他樂，不敢請”之意①。

廿三（28 日）

四鼓開船。風雨，加之以雪。行五十里，至金口。時始過午，遂泊不行。遥望鶴樓，如在天末。作“子曰雍也可使南面”文一篇，以闢道家之言立義。吾儒之簡先以敬，道家之簡但用簡。子桑伯子固道之流，非强解也。半夜大風雨，驚魂摇摇。

廿四（3 月 1 日）

風雨稍平，舟不行，迫之始行，浪亦不大。閲《十家四六》，壬老氣格較古，梧生、琴鶴多近時調，誠非其匹，湖塘善修飾，無俗語，風格尚未遒上。申刻到漢口，趕急料理，即上輪船。船户兇悍，爭錢作鬧，又耽擱許久。大通輪船已開行，趕之不及，只得上萃利船，即坐大艙。艙門未閉，夜風吹，頭涔涔作痛。

廿五（2 日）

天明開船。船小，且坐在船尾，震盪異常。將二鼓，到九江怡和馬頭。到客棧甚遠，幸雨尚小，未至霑濕。宿春和棧。憶去秋過此曾三宿，轉瞬又半年矣。夜雨甚大。

廿六（3 日）

發家信一函，並致陳伯年一函。黎湘亭與其子聘之先後來見。飯後同保生至啟源棧回拜湘亭，並寄衣箱、書箱各一，恐此番耽擱太甚，將來須起早到九江也。午後上船，黎湘亭送點心四色，又送蒸盆一個、點心二色到船上，拳拳以未盡地主之情爲歉。將晚開船，行三十里，泊張家灣。夜大雪，寒甚。

---

① 句末本當有“同”或“近”字。

廿七（4日）

晨起，皓然一白，景殊可觀。埽雪開船，飯後至湖口，看釐金耽擱一時。下午至姑潭。又三十里，泊平潭。共行九十里，已二鼓矣。舟中觀《莊子》書，其《內篇》之旨閎深，不盡出於老氏。子休本子夏再傳弟子，其書蓋出入孔、老之間，欲脫化儒、墨與道之跡，以自成一家。其自叙"古之道術，莊周聞其風而悦之"，是其學亦有所本，惜不可考耳，莊子並不云其術出於老氏也。若《外篇》，則多糾纏老氏之言，與《莊子》之旨不符，特《駢拇》、《胠篋》諸篇平易近人，便於學步耳。

廿八（5日）

雨雪不止。強行三十里，至南康府。匡廬在望，吟唐人詩"咫尺愁風雨，匡廬不可登"之句，爲之慨然。閲項水心"伯夷、叔齊不念舊惡"一章文，後亦引"得仁無怨"作陪，而未知此"怨是用希"之怨，亦即"得仁無怨"之怨。明人皆爲大注所縛，未有能別出手眼者。予謂夷、齊之讓全無怨，夷、齊之餓則非全無怨，據《采薇歌》可見，故子不曰無怨而曰希。擬以斯旨作文一篇。又念"殷禮吾能言之"，可用《易》、《詩》、《書》、《春秋》詮題；"不患人之不己知"，可以《春秋》詮題；"事君盡禮"，可用《禮經》與《鄉黨》。匆匆惜未能成。夜大雨不止，雷聲隆隆。

廿九（6日）

雨略止。曳帆過湖，行八十餘里，望見吳城而不能至。予念廿日必至江右，今正月已盡，計程尚遥，可云求速而反緩矣。

二　月

初一（7日）

雨止。到吳城。飯後始開，已午後矣，行三十里。又三十

里,云是昌邑山,未可詳也。觀《禮書‧叙録》。宋人議禮,多祖
王肅而背鄭君。其時經學未甚明,尚不足怪。秦蕙田當漢學大
明之時,其論天子七廟,亦引僞古文"七世之廟"以駁鄭義,則可
駭矣。經學不治專家,不可置喙。太史公云"故難爲淺見寡聞
者道也",豈不信歟?

初二(8日)

順風,無雨。未明開船,午刻已行百二十里,至江西省城,徑
入書院。計去年八月初去此,彈指半年矣。浮屠三宿,雖有繫戀
之情;大鵬九萬,終佇搏扶之勢。院中諸生未至,惟朱溪雲在此,
聞我到,即來問。隨同保生至溪雲處回看。彼備有點心,足以果
腹。夏定九來,云廉訪曾問及,彼已致函到湖南矣,即當回廉訪,
卜日上學。夏芰舲親家來,云請保生初四上學,乃弟達齋借朱家
紅船,初六起程,能同行最好。

初三(9日)

福廉訪一早來拜,予尚未起,攖駕。飯後出門,至廉訪處。
彼以祀文昌早起,歸卧。至中丞處,亦然。旋至李叔和處久談。
晤陳庚山、陳鶴春。鶴春云俊臣丈已葬,子聲保道臺,將往江南,
蓀石將開坊矣。晤賀芷瀾觀察元彬,係同鄉人。聞此公尚講學
問,平日未往拜,見署鹽道。復至廉訪處,將三、四、五、六月課題
交彼,議定初六上學。回頭知會夏定九。晤夏芰舲,見其二子,
言讀書一切,伊所説亦明了,與予所見同。

初四(10日)

夏宅接保生上學。予飯後亦出門,往見中丞,久談,説明初
六上學,已應允。談及江右有饒太史士騰者,以丁主考通内臣關
節,彼爲居間,事發服毒自盡。利之爲害如此哉! 至方伯處,云
送鄧觀察去矣。鄧觀察尚未上船,往見,謝却。而衙署徑至外一
路桌子,設果茗,用吊祭牌坊,如路祭然。如此送官,殊可駭也。

至沈鑒澄處。見李藏園丈，久談。彼云九江有解銀船來，劉儀亭管九江船廠，去九江十五里，日内船到可坐。如風色不順，可由南康起旱，一日可到九江。李俞農見任星子，可往拜發夫。如到姑潭起旱，更易易也。黄小麓補奉新美缺，往賀，云恐難到任。至劉鳳儀、陶福履、王慶康、文廷楷處，均晤。王晉侯已補安福教官，甚好。道希正月十三偕霞圃起程，其子寶書已入學，法和一等式名，其兄實甫第一。道希到湖南住十餘日，不一枉拜，何也？歸院，李叔和至，請明日便酌，辭以已應夏宅，乃改初六。居停五公公送燒烤燕席一桌，轉送芟舲。周同甫來。朱溪雲夜談甚久。同甫云道希之姪入學第一，想即其大先生之子。

初五（11日）

彭小圃來見，今年仍在殿書處教書。飯後往朱溪雲處，清檢所寄書，將場屋應用者檢出。《自課文》交十部與溪雲，有借觀者借之，不能徧給也。夏達齋來拜，言船尚未到，且恐坐不下。李藏園丈來拜，云船亦未到，到即有信來。賀芷瀾觀察來拜。方方伯送程敬捌金。沈鑒澄來拜。余生驥、王世忠、王慶康、舒恭潤、文廷楷與其姪寶書皆來見，云魏建侯卷已擬中，三場卷錯誤，誤以他人之策雜之，不滿三百，遂棄置，可惜也。梅台源來見。夏芟舲請餞行，觀其所作詩，可謂好學者。保生書房甚清靜。

初六（12日）

早起。寫七月課題。廉訪親來送學，以課題付之。廉訪有子在兵部，姪新庶常，丁艱。其老屋在宣武門内，靠城牆，新屋有在東華門長巷者。到京須往拜也。首府倪罼元師、二府蔡、三府郭、南昌錢、新建何，皆來拜。面問新建要船，應允，即着人去。監院至，以三、四、五、六、七月課題付之，並以《自課文》屬代送盛學使。劉璜來見，此人可望優也。藏園丈信來，云長龍船尚未到，以其壻何曾慶名條求送糧道，望得催道欤差。午後往各處辭行。見裕觀察，面遞名條，云此次人已派定，須待下次，可謂尋春去較遲矣。見方伯，相隔一年，龍鍾殊甚，拜跪需人扶掖。今年入京祝嘏，不知何以行禮。聞派定又不能告退，近規避也。往李叔和處赴飲，在坐皆熟人。小麓言予解明堂與彼不合，大約彼仍惠定宇舊説，予則以阮文達之説爲然。庚山言予宗今文爲是，彼亦信今文者也。鄒殿書來見，請明日餞行。夜雨。

初七（13日）

雨止。芰舲新脩靜室，顔曰拙齋，請予書額云："大巧如拙，道家恒言。其意蓋欲藏巧於拙，實非能以拙自安也。芰舲親家，生於鼎門，獨抱真逸。焚香擁卷，不羨軒冕之榮；觴月坐花，惟叙天倫之樂。新修靜室，顔曰拙齋。非欲善藏其鋒，惟期完守吾璞。君嗜吟詠，瓣香浣花。杜老不云乎：用拙存吾道。君之用拙，以存吾道而已，豈若老、莊之守拙乎哉！"德中丞送程敬拾金。夏芰舲送禮四色。李蓻園丈送禮四色，云湖口船已到。夏定九來，付春季束脩壹百六十金，別借四十金、光洋伍十七元、錢六百八十文。此次川貲，不爲擴充。撫、藩所送程儀，光洋廿五元。廉訪以下均未送，不如前年矣。劉虞九來送行，言鳳友、鳳鏗乃胞兄弟，鳳友亦可望優。鄒殿書請餞行，在坐張公束老名下。有熊經仲太史者，乃其姻親，聘主鹿洞教，已辭，將入京。至蓻園丈處辭行，云船上人多，恐不能坐。予已僱船，亦不必因人熱矣。夜雨。

初八（14日）

雨未止。檢點行李。鄒殿書送程敬二十四元、水禮四色。受水禮，辭程儀，亦君子不盡人歡之意也。李蓻園丈、王晉侯、朱溪雲來送行。飯後天開霽，急急上船，便道至芰舲處辭行。伊託寄書二部與龍芝老、歐節吾，且付廿金，託買力參等物。予以湖南刻《天崇百篇》、《十家四六》、《六家詞》贈之，《四六》少一本，未檢得。上船已午後矣。差船甚累贅，價止乙千一百，而不肯包關，將來還關又恐費事，且耽擱半日未開。夜聞歌聲，有白傅琵琶之感。

初九（15 日）

辰刻開船，行百二十里，泊昌邑山。得詩二首。閱《江左校士錄》，甚有佳文，其連章作法足覘風氣，范鍾、朱銘盤詞章尤工。

初十（16 日）

晴，而北風甚厲，船已開，復止，滯留可憾。觀夏大令爕所作《中西紀事》，令人憤激。養癰日甚，起廢無人，真不知禍之所終也。夜大風雨。

十一（17 日）

晴，風漸平。午刻到吳城，行六十里。船上無故耽擱一個時辰，可惡。開船遇南風起，行九十里至南康。日尚高，同行船皆泊，不敢強。前年行三日始至吳城，今日行百五十里，已云幸矣。作"仁者壽"文一篇。

十二（18 日）

行六十里，飯後至姑潭。予此行本託新建大令何梅閣叫差，恐還關費事，共以錢七千包與舟子，本可借同行孝廉咨文討關。舟子惜費，只借一人之咨文，關上仍要還一半，亦舟子自取耳。午刻開船，申刻至湖口，卅里又轉北風。予愧乎子安神之助我，不啻馬當矣。惜日已將暮，行廿餘里，遂泊。其地即湖口船廠，劉儀亭所辦者。戲作小講三個，懶於成篇。

十三（19 日）

北風甚勁。辰刻後已行四十里，到九江馬頭。禮拜，無輪船到，須待明日太古安慶船，只得仍住春和棧中。黎襄廷及其姪覺人、其子聘之先後來。予以黎送物太多，將省城所受茶葉、點心、

魚肉轉送黎處。黎又請往吃飯，並邀往彼處住。予力辭之。覺
人，予始見面，人甚倜儻。聘之取經第一。一等案今日下午發，
明日爲德化正場。此公屬望甚切，未知造化何如。栗樵來信一
函，事忙不能到滬，所寄物在上東門，屬到彼往取。湘亭邀往午
飯。此地翅席價亦在四元，然實不佳，殊可不必。覺人送孔巽軒
《大戴解詁》一册、何願船《一燈精舍甲部棄》一册、謝枚如《詩》
一册。黎湘亭又送水禮六色，却之不得。

十四（20 日）

湘亭請早便飯。飯後上安慶船。晤劉鹿琴、馬亮卿，約同住
長春棧。湘亭有信託其夥友謝彩明，在信隆昌棧中，係二擺渡後
馬路廣肇公所間壁。恐貨棧人到遲，先往長春亦可。船上人多，
氣薰蒸，甚熱，令人作眩。程海年攜如君亦在此船，住房艙。夜
到安慶。

十五（21 日）

早過大通。至蕪湖起貨，耽擱一個時辰。過南京。下午至
鎮江，起更時始開。船上添人不少，共有八百餘人，無容足地。
氣蒸，昏悶尤甚。

十六（22 日）

午刻至滬。登岸，風雨，甚凉。長春棧人亦濟濟。夜往天福
園聽戲。

十七（23 日）

一早同亮卿往緯文堂，買洋書十弍元。飯後謝彩明邀往，
有九江劉君雲喬，浙江金華縣，調補嘉興，與湘亭至親，同游張
園、愚園，布置甚工，乃消夏勝處。觀貓兒戲，皆女人爲之。有
唱正生者甚穩老，殊不似女人聲音。復往謝處，晚飯歸。栗樵
所云寄物處，黃升未能找着，復函告知栗樵。是日北風甚大，
夜少息。

十八（24 日）

晴。往同協祥買物。將所買書檢閱一過。通州船到，料理下行李，晚間上船。人多地小，鬱悶殊甚。

十九（25 日）

禮拜，船仍不開。同鹿岑、曉鰲、亮卿到杏花樓小酌。僱馬車游張園、愚園①，聽貓兒戲，晚歸。輪舟四鼓開行。

二十（26 日）

辰刻過南槎山，舟微播蕩，以後更平穩。晚過大洋，海波不揚。

二十一（27 日）

舟中行走、飲食如常，二月北行僅見之事。萬方卿好談，往往大噱。

二十二（28 日）

午後風更平。過煙臺，不停輪。至大沽，候潮進口，撥貨兩船。

二十三（29 日）

未刻到紫竹林。亮卿、曉鰲僱船，不可得。止一大船，價廿四元，七人分派。上岸小飲，晚歸舟。

二十四（30 日）

開行數里，大風，不能行。上岸剃頭、飲酒，晚歸。風止，行三十餘里。

二十五（31 日）

過楊村。再行一站，水道盤曲，時而拉縴，時而揚帆。舟人頗勤，能趕路。

---

① "張"，原誤作"章"，據文義改。

二十六(4月1日)

行百餘里。欲趕至通州,尚隔數里,不能到。舟中下船打牌,甚樂。

二十七(2日)

早到通州,無車可僱。萬方卿騎驢去。亮卿爲予計,僱一板車共裝行李,伊與我共坐一小車,鹿岑放箱二口,彼此得便宜。予以爲然。車至午初始到,以時尚早,可趕入城,遂行。而車甚遲,至雙橋打尖,耽擱半個時辰,入試館已曛矣。板車未到,既無鋪蓋,試館又無可住處。沈小嵐借鋪蓋一牀,勉强住宿。予不欲以小事與同邑相爭,慨然念行路之難。又愁板車失事,夜不成寐。

二十八(3日)

早起,黃升始至,云離城止三里,趕不到,幸行李不失。予爲車夫將毯子騙去,可恨。張野秋丈至,云今年並無挑,而因此誤至者甚多,其中必有達人,予亦其一也。三公子覆試題爲"比而得禽獸",不能嚴罰,徒事慢罵,奚益耶? 京師錢價陡長,一兩銀止換十弍千文,長安居更不易矣。出城,見頌年與其姪念恂。念恂較前略瘦,不知所學進益如何。並晤蓉墅、彝仲兄弟,劇談,吃飯。歸已日暮。寫信一函。

二十九(4日)

檢點書籍。聞廖穀似中丞已請訓,爲栗樵事往見,已出門赴席。徐、廖、孫、汪四師,皆未得見。林綏臣至,住小嵐處,劇談至夜。

卅日(5日)

錄文三篇,略加增損。彝仲來久談,云念恂文理頗清,體弱不能大用功,頌年在家,尚不出去,在京官子弟中尚屬佳者,羅石帆之姪當爲第一,念恂可列第二也。縱談家事,爲之慨然。劉振愚、楊德甫至。

三　月

初一（6日）

早往龍三丈處拜壽，三丈以救日食出門，見遜齋、萸溪、炳農、綏臣、胡子勛、沈小宜，留吃麪，並請次日聽戲。予漫應之，然以同鄉諸公處皆未往，恐相見難爲情，不欲往也。至仲師處，亦出門，浙撫已出京矣。歸館，小宜來見。陶履謙至。入貢院，見號舍高大，可謂德政。

初二（7日）

填卷面，戲書白摺數行，手眼皆不高，可慨也。汪頌年、湯稚菴、歐節吾至。着黃升買考具，殊不自意老阿婆猶東塗西抹，與少年爭勝。

初三（8日）

寫白摺一開。觀浙江鄉墨，疏宕有氣。聞李荔村操選政，想欲繼傅子純之後。兩人皆有足疾，可異也。夜與綏臣談家事，深有所慨。買高麗參三兩餘，青毛茸甚有佳者。勞勉臣所買參尤大，南方所無。

初四（9日）

寫白摺一開。魏紫侯來見。其人甚憔悴，而文筆與乃弟建侯可謂二陸雙丁。建侯亦瘦弱，見之者不知其才氣之雄也。楊惠皆至。王書衡至。

初五（10日）

寫白摺式開。譚蓉墅至，相地已無可容。陳小汀、熊棣樓至。與綏臣共爲雀戲，至暮遂止。

初六（11日）

見總裁報，正總裁李鴻藻，副總裁徐郙、汪鳴鑾、楊頤，房官鮑臨、張孝謙、翁斌孫、李盛鐸、華輝等，知名者甚少，湖南無一人。總無旗人，亦近時罕見之事。房官惟文煥是湖北駐防。下午文道希同年至，邀往東江米巷吃番菜。其地甚清靜，乃洋人宴會之所。人云是臺基，叫旗人婦女地。房中繡幔，此誠可疑。道希云地屬洋人，不能過問。太阿倒持，一至此哉！道希云今科老名下中，有孫衣言之子、作《周禮正義》者尚在公車，屬以宜用經義，二、三場宜加意。至暮始別。

初七（12日）

料理場具，看牌次。湖南二百八十餘人，善化四十八人，從來未有之盛。廖仲師送其兄、中丞所發別敬捌金。

初八（13日）

大風。入場擁擠，風沙撲面，不相見。坐西字柒十七號，場中無熟人。夜甚寒，擁裘猶不足。題冩下，爲：“達巷黨人曰大哉孔子”，“子曰道不遠人”至“忠恕違道不遠”，“慶以地”，“雨洗亭皋千畝綠”。予搆思稍得大致，遂倦臥。

初九（14日）

午後三藝皆畢，文機頗順。首藝以孔子兼包九流所以爲大、儒家不能孔子之道立意，三藝以《王制》補《周禮》之闕。錄稿，作詩，日已莫。秉燭刪改，遂臥。

初十（15日）

午初三牌出場，極擠，天熱。此次場規頗肅，考具皆須自背，汗流被體，苦甚。

十一（16日）

入場，熱極，揮扇猶汗不止，悶不可言。題冩下，予一覽仍臥。

十二（17 日）

微雨，稍涼。五藝俱畢。題爲："形乃謂之器"二句，"四曰星辰"，"以御賓客"二句，"取郫田自漷水"二句，"命相布德和令"四句。予首藝用問答體，談機器得失，餘皆考證。詩破"御"爲"迓"、"且"爲"俎"。夜雨漸大。

十三（18 日）

雨不止。冒雨奔出，水深處幾没膝，鞋襪、套褲俱滿。此生平未嘗苦境，天何厄人至此極耶！此次坐西闈四號。

十四（19 日）

雨止，路未漒。入場，坐西拱十二號，與湘潭孫楷字溪循同號。

十五（20 日）

策第一問毛、鄭《詩》，第二問輿地、緯度，第三問選舉，第四問永定河，第五問金石，多用"壽"字，寓祝嘏而無招頭字。予始欲頌聖，繼思頌聖必三招，遂中輟不爲。此篇用駢文，亦有六百餘字。經、策兩場皆止餘一葉帋。夜尤寒，兩腿酸痛。

十六（21 日）

巳刻出場。遂與綏臣同搬出外館。至黃鹿泉處，不晤。龍遜齋、莫溪、胡子勛至。夜與綏臣談，回憶己丑共住館中，忽忽若前日事，而日月易逝，已五年矣。内館人多搬出，又擁擠，予與綏臣住一房。

十七（22 日）

寫家信一函。小嵐亦搬出。檢點行李，頗有頭緒。龍遜齋約廣和居夜飲。將晚與綏臣同至節吾處，聽念場中所作文，看題緊而藻采紛披，與平日所作殊不似。至廣和居，聽熊笛樓、何炳農文，皆平正。楊韻仙爲芝老之壻，以恩賞舉人入闈，不待榜先行，豪爽可愛。得吉兒二月廿八信，云武岡真有事，而我家事尤棘,盛家灣尚未了。去年會項尤變出意外,宗族戚屬之居心殊不可問,令人恨恨。吉兒寄所作文二篇,全用道家言。近日風氣如此,可笑!可笑!

十八（23 日）

天氣甚熱。寫白摺,試昨所買墨,殊不佳。而人客坌集,秦子直、蔣翰農、汪頌年、何炳農、余子厚來者甚多,留頌年、翰農晚飯。黃麓泉至,見場作,大激賞,攜歸加評。恭惟過當,令人泚顙。聞翰林廿六日大考,太史公當抱佛腳矣。

十九（24 日）

飯後出門拜客。見龍三丈,念闈中作,伊亦許可,但云太拋荒黨人。其說甚是,殊見不及此。太史公多謝客。見陳梅生,喜躍不寐,自負必前列也。曾仲伯亦甚高興,索予所箸書,談經旨甚洽。又見彭少襄、張石蓀、羅石帆、李荔村、李獻夫、彭笙陔、譚蓉墅、周陵生,餘多未見。綏臣亦至荔村處,久談至夜歸。荔村以所選直墨見贈。

二十（25 日）

麓泉約同往畏吾村,天雨,不果往。書白摺一開、大卷數行,劣不成字,手亦麻木,此事無望矣。與小嵐、綏臣復同往荔村、子厚處,並至頌年處午飯。見念循所作文,氣甚充沛,二年中進境如此,亦屬大佳。復過琉璃廠,觀所懸鼎甲書皆佳。

廿一（26 日）

書大卷數行。王尺蓀至,呈去年試卷,才華奇麗,今年文極平正。胡炳墀、梁笙陔、蕭麟書至。胡芷岑同年、陳粒唐至。午後俞恪士至,久談。去後,遂同小嵐、綏臣及汪頌年、龍遜齋、黃望之、陶履謙至松筠菴,爲黃麓泉賀五十壽,共飲至夜。麓泉見示君子館送朝鮮人詩,戢戢如束筍。予未與此會,不可和,擬作詩爲麓泉壽,未能成。

廿二（27日）

寫大卷式開。黃壽謙至，念其文，極平正。尺蓀以予稿託爲己作，遍示人，此人可謂跳皮。尺蓀又云李瑞清試卷乃曾榮甲代作，足見湖南多異才。飯後入城，至各處，多不晤。至道希處，中途相失。見衡瑞字輯五者，乃福廉訪之姪，其子名衡璋字芝圃者未晤。庶常館見洪毅夫、趙芷生兩同年，出城至各館，多不晤。郡館見鄒建甫、陳小汀、胡炳墀同年，炳墀處吃飯。寶慶館見周湘屛老同年，七十七矣，尚能寫白摺。萬方欽亦在焉。岳陽館見李鳳鳴、方平伯同年。餘多未晤。

廿三（28日）

寫大卷壹開。鄒建甫、方平伯至。在京壬午同年在湖南館接場，午後同小嵐往，諸君已先到。會試者二十二人，僅丁雪濤一人未至。梅生飲甚豪，荔蓀已大醉。歸同小嵐至海年所寓文昇店，其如君出見，春風滿面。復同至勞凱臣處，云其選缺已可望。見徐叔鴻丈，云挑事似搞也。歸館，龍遜齋、萸溪、胡子勛至，約次日往聽戲。

廿四（29日）

寫大卷式開，筆稍活。蓉泉師至，人尚未老。午後龍氏昆仲至，同往廣德樓聽小丹桂，遂往致美齋小飲。歸過頌年處，不晤。見彝仲，觀其闈作，淺深合度，不庸爛，不怪奇，洵利試作。是日飲酒太多，夜臥燥渴之至。

廿五（30日）

寫大卷一開，謄文稿三藝。爲二兒改"子曰述而不作"一章、"子曰無爲而治者"一章文二篇。是日善化新孝廉題名，京官羅石帆、劉振愚、汪頌年皆至。頌年留吃便飯。譚彝仲至。衡芝圃用愚姪帖來拜，此等世誼似不必認，足見滿洲家法之謹。予以薙髮辭之。昨門下張炳喆、謝遠涵、羅志清、段笏、姚紹機皆來見,適予外出。段節有啟問安。

廿六（5月1日）

書大卷弍開。至餘慶堂,爲善邑京官接場赴席。善邑會試實四十六人,至者約三十人,分公車費六兩五錢。與綏臣、小嵐同至龍宅。復同遜齋至瀏陽館,見左子異丈移居館中。至文昇店,海年出門,不晤。予始學染鬢,兩夜爲不適,鬢尚未能變也。

廿七（2日）

寫白摺式開。同彭价人至琉璃廠,遇雨歸,再書大卷乙開半。頌年、遜齋、萸溪、子勛至。本以是日邀諸君聽戲,歸館小酌,而是日無戲,遂專飲酒而不觀劇,飲亦甚歡。龍三丈派大考閱卷。昨日大考,題爲:"水火金木土穀賦","書《貞觀政要》於屏風論","楊柳共春旂一色"七排。杜喬生來,頗得意。段笏來見。雲南吳楚生式釗來拜,住西江米巷翰林內閣吳宅,一別五年矣。栗樵來信,送浙筆四支外,寧綢袍褂一付屬代送龍三丈,並稟帖一函。綏臣夜歸,云龍三丈已到家,大考已揭曉,文道希一等第一名,次爲秦綏章、陸寶忠、戴鴻慈、陳兆文。不意蓀石乃在喬生、梅生之上。道希七排交頭卷,受特達之知,廓哉!廓哉!

廿八（3日）

寫摺子一開半。海年在此早飯。飯後往道希處道喜,適已出門。見其弟霞圃,並見其大卷及所作文。詢道希之賦,亦係三段,分點六項。至蓀石處道喜,其賦亦然,足見舍此無他法。蓀石云再委翁師傅等覆閱,恐有更動,未知確否。回拜吳楚生,不晤。至龍三丈處親送栗樵所寄物,亦不晤,交萸溪轉致。歸館,棣樓、小汀至,同抹雀牌至夜,二君留館中宿。

廿九（4日）

仍同抹牌。午飯後到琉璃廠,遇吉來,云移住衡州館。還至椿樹胡同新城館,陳迪菴出門,不晤。閱龍皥臣先生詩文,意格俱古。

四 月

初一（5 日）

寫大卷式開。黃俯山、歐霞仙至。有沈喆臣者，乃叔祖母之姪孫輩，在外十五年，以知縣到京引見，住省吾丈處，雖舊戚，不相識矣。周琴邨至。在館不出，則客子雲集，殊不耐也。擬作詩壽黃鹿泉云："丹鳳樓高接杳冥，蓬壺宮觀鬱瓏玲。但聞碧水求神藥，誰識金門隱歲星。變化鯤鵬大瀛海，鞭笞鸞鳳幾仙靈。廣成清靜長生術，間看西山一帶青。""非修白業拜瞿曇，默坐松筠古佛庵。佳氣五雲浮日下，壽星一點現弧南。隨鵷久應郎官宿，揮麈如聞正始談。試誦冥靈大椿語，應憐衆論匹彭聃。""長安人海屢升沈，白首郎潛歲月深。文戰豈忘觀鉅鹿，詩名早已貴雞林。杜陵老去工持律，山谷宗傳耐苦吟。願惜精神保元吉，莫將虛牝擲黃金。""千秋箸作抉靈章，廿年同譜獵名場。肯爲京塵變緇素，一笑重逢諫草堂。養生應問庖丁術，得壽如持上曳方。五十服官年未晚，祝君期耄更康强。"黃俯山、曹東瀛、龍遜齋、萸溪至。

初二（6 日）

寫大卷乙開半。陳梅生至。同小嵐、綏臣至湖南館，赴歐節吾飲席。是日節吾請客九十餘人，至者七十餘人，可謂豪舉。席散，同綏臣至龍宅，見芝老。談及栗樵所託事，芝老以爲難，不出我所料。此等事我素所深知，亦無怪乎人也。見大考單，一等添王廉生，二等張埜翁提至十六名，廉生由三等提上，因名士之故。繆小山名不在王下，乃列三等末，云因命題寫錯，信乎得失有命也。至王吉來處，不晤，晤夏彝恂。

初三（7日）

寫大卷乙開。黃篤友至。午後同小嵐、綏臣及館中數人至湖南館，赴龍芝老飲席。芝老因天壇迎駕，不能來，遜齋兄弟作主人。飲罷至蓀石處，不晤。遂至楊德甫處，亦不晤。至圓通觀，見陶履謙、周菱生、仲海。又至潘家河沿，見黃俯山、吳雁舟、曾重伯、俞恪士、袁叔瑜，久談至暮。叔瑜繙出俞理初《癸巳類稿·項橐考》。《新序·雜事五》明列秦項橐，《文選·公讌詩》注引嵇康《高士傳》孔子問項橐語。是以項橐爲秦人、爲高士，皆不誤。荔村尚未見此《考》也。歸至本街熊宅，見鄒凌沅兄弟，其兄字作南，亦於二月到京。

初四（8日）

寫大卷式開。

初五（9日）

寫白摺、大卷各乙開。録壽詩四首。午後至嵩雲草堂赴李荔村飲席。荔村與周栞村對親家，是日新過門。聞大考前四十二人今日引見。此次風波甚重，有查改教之説，殊可危也。聞今上欲疏通翰林查改教例，即庶常散館，恐亦不能多留人矣。

初六（10日）

頌年請湖南館聽戲，搭坐一席八金。日間戲甚不佳，新孝廉怒責戲提調。其人固屬已甚，然爲提調者，是亦不可以已乎？定更後歸，不能待散戲也。是日進呈卷，前十本云無湖南人。

初七（11日）

寫大卷三開。吳雁舟邀請龍樹寺。微雨，頗寒，蒲葦蕭蕭，一碧無際，大有野趣，不到此地又數年矣。南下窪有怪，作牛鳴，每日觀者車馬如雲。巡城御史云此名地漫牛，不爲異，又聞此係西人所考。近日其風稍息，云是人隱葦中吹竹僞爲者，今其人已禽獲。然如此何不明示衆，亦可謂謠言之妖矣。歸至節吾處慶壽，不晤。

初八（12 日）

寫字數行。綏臣邀同往吳楚生處，久談。遂至南學，晤劉笏雲、振愚兄弟，偕游聖廟、辟雍，觀石鼓及皇朝石經，古柏最蒼翠可愛。恭聞今上秋祭釋奠，尊師重道，甚盛舉也。歸已日曛。謝遠涵來見。閱京報，見文道希以侍讀學士用，秦、陸講學，戴、陳庶子，廉生與野秋先生侍讀。餘皆中允、贊善，至十六名止；遇缺提奏，至廿六名彭少襄止。出衙門止一人，雁舟止罰俸一年。賞重罰輕，聖恩寬大。新放四川鹽茶道玉□以召對不稱①，改同知，可謂英斷。廖仲師放欽差，到四川查辦事件，不知何事。

初九（13 日）

爲栗樵事，一早往見仲師，仍不能見。同年中有一年不得見者，亦無可如何矣。至徐中堂師處，不知是生日，只得拜壽而出。至文道希、張野秋處道喜，不晤。歸寫大卷乙開半。胡思敬來見，云今日江西諸生四十餘人公請龍三丈也。陳蕘石邀本宅飲席，至暮歸。

初十（14 日）

寫白摺式開。文道希請粵東館聽戲。席罷，又至湖南館聽戲。復至聚寶堂赴秦子質飲席，歸已二鼓。俞恪士又邀便宜坊，實不能往，綏臣云如赴菜市口之用酒飯也。

十一（15 日）

將揭曉，不欲出聽報。小嵐得《新學僞經考》，瀏覽一過。其說皆從今文以鬭古文，所見頗與予合，而武斷太過，謂《周禮》等書皆劉歆所作，恐劉歆無此大本領；既信《史記》，又以《史記》爲劉歆私竄，更不可據。晚間道希復邀義勝居一叙，見張季直、

---

① "玉"下，原稿空闕一字，當是"銘"字。

孫伯威、楊叔喬諸名士。歸而報尚未至，不無怦怦，夜不成眠。

十二（16日）

天明見報單，始知善邑中三人：蕭叔衡、鄒谷林、譚蓉墅。外府無人焉，壬午竟脫科。予與綏臣、小嵐皆落孫山之外，相對殊難爲懷。寫家信一函。晚間至頌年處，見太親母，談祥女喜期。太親母云緩一二年亦可，俟受明至，兄弟商酌。彝仲隨同歸館。予足指生一小泡，殊痛。

十三（17日）

以足痛不出，氣悶尤甚。領出落卷，在十四房高希哲手，山東人，壬午同年也。以“文不枯寂”四字備薦了之，首藝圈束比，三藝圈破、承題，似亦非全不了了者，豈湖南薦卷太多耶？綏臣與叔衡同房，爲楊頤所斥。綏臣始意用《公羊》、讖緯，與叔衡正同，後復改之。若照初稿，房官或亦薦汪柳門，何必不與蕭同售？此亦命也。叔衡、蓉墅見柳門師，以不得予與楊叔喬爲憾。然則叔衡高中，當亦誤以爲予。龍遜齋、黄溪來邀同聽戲，至太和樓小飲。

十四（18日）

函問道希挑事確否，復函云樞廷至今尚未請旨，或不舉行。以予與孫仲容下第，爲人才消長之機，甚愧其言。贈《東塾集》一部，閱之。陳蘭圃學最純實，素所深佩。予獨慨其以此才識，六上春官，以名山壇席終其身，矧予所學萬分不逮，何敢言屈？古語云“高才無貴仕”，予亦將以講席爲菟裘矣。連日吊客及賈人索貨直者雲集，大爲所困。

十五（19日）

至各位夫子處拜辭，見徐中堂師。師云大挑始於乾隆三十年，至三十六年太后萬壽再挑一次，並無恩挑之名，以後乃沿爲常，樞府查例，故不入奏。有四川王姓者同見，係予年家子新中者，云川中所中之文，有儒與釋爭、釋與儒爭等語。時文用釋家，可謂大奇。又有以《管子》、《老子》作大比者。湖南左欽敏痛詆洋務，總裁不敢中，房官李木齋强爭之乃得。風氣如是，非徐、李諸公所能挽也。俞伯鈞、勞凱臣請全浙館夜飲，醉者數人，予亦有醉意。

十六（20日）

同小嵐、綏臣至龍宅。芝老入閱卷，未得見，只得以栗樵名條交付黄溪，屬看機會。六謁仲師不得見，亦命也。至節吾處，見其所評會墨，字字精當，共取十篇，別定名次，會元批最壞，亦誠可笑。惟節吾所取有數篇能引書卷，尚可觀。見勞凱臣，晤陳迪安，云已約夏達齋，定十八日出京。遂定期偕行，請凱臣代僱車。見汪頌年，受明已到京，得二兒來書。文道希來，小嵐出見，道希約明早餞別。

十七（21日）

與小嵐至道希處，同往萬福樓小飲。樓臨西四牌樓大街，爲看萬壽，而談逢此慶典，予不得留京一觀盛事，有太史公留滯周南之憾，命也夫！命也夫！道希云諸公得會元卷，以爲已得張季直，如探驪得珠，其餘麟爪可勿問矣，廿一日遂撤堂，各房不得薦卷。李木齋得一卷，欲薦不得，即孫仲容也。而張季直雖幸獲，批止"斟酌飽滿"四字，名次在六十名。"主司頭腦太冬烘，錯認顏標是魯公"，殆可移贈諸公乎？黄升屬薦於道希處。道希欲得學差，不願入南齋，特恐欲大用之，不肯放出耳。道希亦以人才太乏，有神州陸沈之懼。歸將束裝，而送行者甚衆，節吾、鹿泉、龍氏昆弟、炳農、子勖、小宜、鄒叔澂皆至，至夜始稍能檢理。

十八（22日）

飯後登車，出東便門。見迪安、達齋之車，遂同行。回顧都城,但見塵霧,風沙蕭索,撲面不見人,大有老杜回首渭濱及王仲宣回望長安之感。至雙橋小憩。至通州,忽大雨,落宏興店。又晴,遂上船。予板車亦至。計予出門百日,在途中五十日,到京又五十日。今復登舟,見河水清漣,心目一爽,然則予其終爲江海人乎?

十九(23日)

天明解纜。天晴,南風甚大。舟子圖回頭生意,徹夜行。

二十(24日)

辰刻至紫竹林。曉起共飯,至永和棧。天甚熱,不欲回船,與達齋至茶樓,亦熱,茶甚劣。復至棧中,卧至日昃始登舟。迪安獨往火車路①,登車至大沽,天暝始返。

廿一(25日)

永安棧以新裕船到,解舟往,則無房艙。迪安至春元棧,出閣忱所託書,其掌櫃林衍堂親到船上,得席艙一間,予與迪安共之。達齋別住大餐房,主僕二人價四十金。船上悶甚,復至春元棧中,卧至日昃。同游大花園,見所蓄禽獸甚夥。有豹,不足異。有似豕而非者,不知何物。有鵰焉,慨其以凌霄之姿,困於網罟,擬作詩吊之。晚至輪船,極熱。

廿二(26日)

辰刻始開,行不數里已淺擱。行極遲慢,將晚始至大沽口,候潮出口。翰農、霞仙與新中左欽敏亦在舟中,相與談笑大噱。左告殿出京,其行徑頗異,振奇人也。夜舟行平善,將曉微覺動盪。

廿三(27日)

過煙臺,不入口停泊。見成山一帶島嶼出没,海天一碧,覺

---

① "路",似當作"站"。

三人鷺鶴，去人不遠。將晚入黑水洋，無風，不波。

廿四（28日）

　　過大洋平穩，與來時無異，此行尚無風波之厄。舟中起坐、看書。達齋所坐大餐房眺望尤佳。夜半風起，振振有聲，幸已過大洋。舟中已有吐者。

廿五（29日）

　　辰刻至滬。長春住滿，乃住中和棧，房屋殊惡。發家信一函。飯後至信昌隆見謝彩明，拉之同買物，至申刻始歸棧。晚飯後至天福園聽戲，汪桂芬唱《武侯祭風臺》全本，作周瑜、魯肅者皆佳。

廿六（30日）

　　往緯文堂，買書數種。至謝彩明處，屬換銀洋。江孚廿九始行，定有房艙。達齋必欲待之，計算須多住兩日，殊無謂也。午後倦臥一覺，同夏、陳往聽說書。至復新樓小飲、天福茶園聽戲。

廿七（31日）

　　雨，不能出。致彭栗樵一函。閱洋書目，有《毛詩世本古義》，問數家皆無之。二君買小說數種，皆不佳。畫報亦無新聞。夜觀鐵公雞戲，演長毛事。

廿八（6月1日）

　　飯後往信昌隆，叫火車游張園、愚園①，聽貓兒戲，至暮歸。見新聞紙，散館頌年高列，趙止生亦在一等，俞伯鈞二等二名，洪毅夫亦前列，四人必留。王良弼、唐右楨、劉潤珩皆將散矣。尹銘綬、鄭沅皆得鼎甲，何其幸！今年得庶常更便宜也。夜觀劇，演向忠武得病、沈夫人求救事，頗有聲勢。

---

①　"張"，原誤作"章"，據文義改。

廿九（2 日）

　　檢點行裝，飯後上船。復至信昌隆，邀朱拱之，同游紡織機器局、造紙局、自來水局。機器紡棉花極快，聲隆隆如殷雷，熱不可當。即其用人力者，每處以一婦女司之，亦與村婦所爲勞逸大殊。自來水用吸力取黃浦江水①，分注各池，澄清再分注各處。或云其水雖清，久在鐵管中，性寒，不宜人也。紙以各色舊布爲之，變爲潔白，然其本質殊不堪問，恐不盡清潔矣。晚飯後在街中閒步，悮走至黃浦灘，乃僱車上船。

三十（3 日）

　　大霧，辰刻始開行。江孚係舊船，機括已鬆，更不如海船平穩，行亦不速，上水船一個時辰難行六十里。有同船胡勖曾，仁和人，以詩見贈。

五　月

初一（4 日）

　　午刻過南京，晚至蕪湖。舟中閱《龔定盦集》，板已殘缺。愛其詞之工，生平不工爲詞，忽作填詞之想。

初二（5 日）

　　閱《文心雕龍注》，多譌失，紀文達已正之，尚有未盡者，暇時當爲之補注。天雨，起更後至九江。冒雨登岸，住致和棧。見鄒生兆先。黎襄廷聞予至，即自來請，云留船相候。

初三（6 日）

　　詢問達齋所借朱家紅船已去矣。至黎襄廷處，詢其船明日准開。達齋欲今日即行，別看船，而船價太昂。遣人看啟源貨船

① "水"，原誤作"火"，據文義改。

甚大，可坐，但恐無風不能行耳。擬作小詞數首録出，得毋蹈王西莊之譏乎？下午偕達齋至啟源赴飲，同游煙水亭。還至洋碼頭，晚步歸。九江蚤蟲甚多，徹夜不能卧。前年住馬春和亦如是，致和房屋、飲食又不逮春和。夜半蚤蟲上面，早起捉得十餘隻，旅況洵苦矣哉！

初四（7 日）

黎湘亭約早飯，又送禮物八色，却之不得。飯後同達齋上船。船甚大，而初上亦覺熱。船貨多洋油，頗觖心。申刻開行，至晚已到湖口。舟中閲《東塾集》，其文樸老，洵德人之言，與《定盦集》才人、學人之文蹊徑不同。而湘學與定盦爲近，或即出於定盦，無怪與蘭圃一派相齟齬。

初五（8 日）

爲端午節。念自己丑至今六載，端節皆不在家，慨然填詞一闋。南風，不能解纜，飯後偕達齋游石鐘山，見游人甚衆。片雲頭上黑，畏雨早歸。念去年在此過中秋，今又過端午矣，復填詞一闋。夜大雨。

初六（9 日）

雨不止，而風不轉。舟中閲《宋人本事詞》，填詞數闋。紫電輪船至，達齋曾坐過，與有舊。彼不念舊而反記恨，不果上。聞江西輪船又爲兩江批駁，公真不解事也。

初七（10 日）

天晴，無風，舟仍不行。滯留已三日，不知何日到省。舟中觀書，苦無所得，欲有所作，益動羈旅之感。

初八（11 日）

行數里，風不順，泊山下。舟中漸炎熱，而不能行，鬱悶殊甚。伏波類西域賈胡，處處留滯。隨意翻書，苦無新裘可觀。校《尚書大傳》數卷。

初九（12 日）

行數里，櫓斷，停泊。填詞二首。晚間復強行數里，望大孤遙遙，不能至。入夜，南風大作。

初十（13 日）

風大，舟不行。憶前年由九江到省七日，今已七日矣，高揖滕王不知何日。校《大傳》畢，填詞數闋。予非淺斟低唱之人，不能爲盪氣回腸之作，非必摹蘇、辛一派，而於鐵板銅琶相近，歌之當有金石聲也。

十一（14 日）

夜甚涼，疑轉北風，仍係南風，不行。校所鈔詩文數卷。和宋王昭儀詞二闋云："金粉南朝，換北地、臙脂顏色。看幾輩、辭樓下殿，輦來燕闕。香骨分埋青冢畔，歸魂驚斷黃河側。歎龍飛王氣盡東南，蟆更歇。　蜀花蕊，冤難滅。唐周后，何堪説。怕循環天道，更啼鵑血。半壁江山天水碧，六宮環佩關山月。怨媧皇鍊石補難完，情天缺。""惆悵玉顔，翻不及、寒鴉春色。忍回首、畫橋煙柳，故都宮闕。玉樹彫殘亡國後，荷花憔悴西湖側。問杭州歌舞幾時休，聲銷歇。　青衣酒，俄焉滅。青城苦，愁難説。任孤兒寡婦，淚冰紅血。夢冷椒房鸞影鏡，魂銷茅店雞聲月。幸黃袍保節比黃冠，完無缺。"晚間微有北風，行十餘里，至姑潭。夜臥甚涼。

十二（15 日）

行十餘里，風不順，泊。午後又行數里。天雨甚涼，仍多南風，殊不可解。校所鈔詩文數卷。日甚長而苦無事，真度日如年矣。填詞又得數首。

十三（16 日）

舟不行，鬱悶殊甚。達齋與予皆病。此等船與來時所坐沙窩船一樣大而笨，人多懶，非風不行，坑在中途已經十日，悔之無及。填詞一闋，寄懷綏臣。看孔巽軒《大戴禮注》數卷，可補《尚書大傳疏證》數條。

十四（17日）

行數里泊，距南康尚二十里。行十餘日，止六七十里。伏波類西域賈胡，處處留滯，殊可恨。達齋欲換一船，又恐不放心，止得聽之而已。《大戴禮》閱一過，實不在《小戴記》下，宋時曾列於十四經，而今日幾湮沒，書之顯晦亦有時也。閱董研樵《聲調四譜》。此《譜》作詩人不可不知，亦不必過拘。夜雨不止。

十五（18日）

風雨大作，將晚略止。舟仍不行。閱何秋濤《一燈精舍甲部稾》，甚有心得，不依傍前人，如祁黃羊字說太涉附會，惜不得起古人問之。

十六（19日）

風略平，强行十來里。用繳貓法，呼聲動地，勞苦甚矣，而行路無幾。下午又拉縴，勉强到謝子塘，離南康只四五里。十餘日計只行八十餘里也。填詞二闋，作詩二首。閱《唐駢體文鈔》。初唐猶沿六朝餘習，中唐文多在駢、散之間，不盡儷體，晚唐如義山專取輕秀，無復前人渾厚之氣，亦時代爲之。陳受笙所選殊不愜人意，不盡儷體者亦入選，而陸宣公文反無之，不解其說。多選二氏文，甚無謂也，尚不及《四六法海》所選之公。

十七（20日）

天晴無風，漸熱。十餘日始得一薙髮，爲之一爽。達齋着人往南康僱轎，云只有敞轎，轎夫亦不中用。起旱亦不能，只好作守株之待，計此行已半月矣。閱《梅村集》，題詞，得《鳳皇臺上憶吹簫》一闋云："小庾才華，大徐哀怨，填詞白髮尤精。歎一錢難直，總誤浮名。有負莫釐山色，生死諾、並負侯嬴。難言處，時移世易，鶴怨猿驚。　　吞聲。白衣老婦，又別抱琵琶，莫更陳情。少鐵崖清福，竟墮公卿。可惜牧齋芝麓，祇添得、小婦光榮。君應羨，黃袍卜賽，解習長生。”

十八（21 日）

五鼓微風，上水船有行者，而此船不行，可恨！閱《東塾集》，有《答戴子高書》云：“宋以後，不但儒家言近釋，釋家言亦近儒。蓋儒家自疑其淺而務求深，釋家自知其偏而稍歸正，故途徑有時而合。”此言可謂千古特識。九流之學，皆出於聖人，與吾儒相出入。漢儒言理近道家，言《春秋》近法家，《齊詩》五際、《洪範》五行近陰陽家。釋氏出於墨，亦出於老、莊，則亦九流之支與流裔，以其晚出，故不在九流之列。宋儒近釋，不必爲之諱，亦不必過詆之，與漢儒之出入諸家等耳。漢時無釋，以漢儒不近釋爲粹然儒言，不足以服宋儒之心。吾儒習儒家言，不能於諸家全無出入，但擇其是者取之耳，以聖人本兼包九流也。雖盲者不識，吾終身守此論。得陳先生此説，益可以自信矣。夜甚熱燥，三更後轉北風。揚帆過湖，不勝慶幸。是日夏至。

十九（22 日）

辰刻至吳城。而所搭洋貨，船須照票驗貨，局中鼠輩以風雨不肯上船驗。待北風半月，遇風又不能行，乃與達齋議別僱船。未刻換船，開行。二鼓至樵舍，已行百二十里。仍不繫纜，聽其所之。天明，距城十里，風已漸息。日出，轉南風，舟拉縴行。午初始入城，到書院。朱溪雲聞余至，來談，云鄒卓元到已十餘日。比我早行一天，遇順風之速如此，皆由上海待江孚耽擱二日之過也。夏定九到，云我久未至，衆人疑我歸湖南。我非不欲歸，然歸又何能到，必兩處皆有輪船乃可也。檢點一切，遂覺神疲力竭。夜臥，殊倦甚。

二十(23日)①

廿一(24日)

　　張保生至。秦鏡中、吳正表、余兆麟、蕭鼎臣、劉應元、李瑞棻皆來見。夏芰舲與其姪少村皆至。芰舲云保生太慈善,學生不畏懼。此事予早慮及,然其生性不可强也。飯後擬出,忽大雨。雨住乃出,僅見方伯、學使、賀觀察、夏定九、夏芰舲,餘均未見。芰舲家見電報,善邑三人:譚,庶常;蕭,部屬;鄒,即用。胡矩賢、熊希齡皆得庶常,湖南中書竟有三人,共五十餘人,從無如此之多者。

廿二(25日)

　　發家信一函,致久安丈一函道賀。陶華封來見,顧此番尚未往也。夏達齋來回拜。諸生熊錫榮、楊蔚霖、杜作鴻、杜述琮、王世忠、張嗣旭、饒之麟、黃樹珊、楊維翰人人問學,不勝其煩。廉訪、監院均送卷至。閱十餘卷。朱溪雲夜過談。

廿三(26日)

　　夏少村早至。諸生張啟明、龔福保、熊濟洙、盧豫章、賀贊元、彭世芳、鄒淩瀚、劉璜、胡元輅陸續來見。王慶康、文廷楷帶道希之子永譽字寶書來,執贄受業。予辭贄不受。閱卷不數本,而客踵至。言語太多,亦勞神之一事也。午飯後彭貢琨、萬知塗、段節來見。史恒章有姪孫保田到此謀事,帶有恒章信,盛家灣事伊已擔承,可放心矣。是日閱卷止十餘本。晚間張保生過談。

廿四(27日)

　　李叔和來拜。蕭丙炎、宋澍德、舒恭瀼來見。胡元輅送乃父胡廷玉來信,並字帖一部。其父江南候補道,或胡家玉兄弟也。

---

①　原稿未單列二十日記,十九日記中"天明"以下實記二十日之事。

萬知塗送禮八色，止收磁器、拜匣。諸人以考優，不無希冀，予不欲居功也。花承霖、魏堃來見。魏寧都人，爲叔子之弟季子和公八世孫，云族人止百餘人，叔子無後，金精峰已荒廢。彭世芳乃躬菴八世孫，今住省也。魏燮奎來見。此人江右奇才，學使不賞識，謂其史論多空。蓋彼所習者，朝考史論之類，宜其見此長江大河之文，舌撟不能下矣。魏優生恐不可靠，望其能中舉耳。陶華封贈《豫章叢書》第一集，江右亦有崇實學者，惜知之者少。是日閱卷廿本。晚間至李藐園丈處，見有都昌李勖翁者，李廬毓之父也，能詩。

廿五（28日）

夏芰舲攜其弟鑒臣來受業。黎覺人來久談，攜予所箸《尚書大傳疏證》去，願爲校正。漆鳳池、胡汝縆、張繼渠來見，又蕭匯漢、李若虛來見，皆新到者。李習《公》《穀》，此係絕學。去年有姜兆磻習《公羊》，予望其有成，今丁憂不來。賀爾翊兼習之。今又得一人矣。李承芳、廷樾父子來見。朱綬來見，封贄敬十金，予辭不受。晚間晏海瀾至，久談。是日止閱廿餘卷，以人客太多也。

廿六（29日）

盛星吾學使來拜，云刊試牘，請爲刪改詩賦。予不能不允，而現在課卷累積，無計擺脫。夏鑒臣、少村又以所作文來求改，勞苦甚矣。黃文祥、趙世庸、歐陽心存來見。下午至文公達處赴飲，在坐彭同年樹華、王晉侯、法和兄弟。晚歸，改“子所雅言”一章文一篇，用《爾雅》話題。盛學使云湖南主司白、蔣二人皆舊識，所學不高，未知能看墨卷否。

廿七（30日）

三月課卷閱畢，送監院。接閱四月課卷廿餘本。余生騏、唐鼎昌、唐際虞、胡獻璠來見。胡詩賦才甚佳，年甚少。下午至鄒殿書處。同彭小圃、賀爾翊至黎覺人、聘之處。暮歸，改"周監於二代"一章文。

廿八（7月1日）

夏鶴孫至，久談。夏定九至，言提課等事。盛學使云有人言監院於名次上下其手，我再三分辨無其事。大約因學使甄別，取入備取者數人，監院仍置額內，有人鼓噪，監院因出學使所批，前次功過皆不計，一切以甄別所取為定，亦屬斬截之至。廉訪着人差帖謝步。拜已十日，始有此舉，可謂待先生如此其恭且敬矣。有許太守字子笠者，杭州人，藝園丈以其《天際歸舟》《石鐘泛月圖》來徵詩。為題《天際歸舟》詩云："萬里疑無地，孤帆直到天。身行日月表，眼隘漢唐年。潑墨翻鯨浪，歸裝帶蜃煙。西湖舊花柳，應望錦衣旋。""龍伯何無罪，鯤人詎可通？誰能奠鰲極，失策監雞籠。精衛空填海，扶桑早挂弓。封侯丈夫事，投筆敢論功。""萬刼猶盤古，榛狉舊洞番。海東宣大化，天外拊中原。感慨虬髯客，飛騰鹿耳門。登艫眺鄉國，莽莽獨乾坤。""天漢乘槎路，頻年十往還。蛟龍藏大壑，鸞鶴在三山。欲駕長風往，其如短髮斑。因君話滄海，目極大瀛環。"楊念惕來見，云許公即其授館主人。晚間張保生、夏鑒臣來談。鑒臣云其三叔祖修恕，即在廣東校刊《皇清經解》者，今其書多散，住六眼井。周同福言有初印《皇清經解》，失二函，恐其書尚在彼處也。是日閱卷三十餘本。

廿九（2日）

閱課卷三十餘本。烹一鴨，食不能盡，鄒殿書復送一品鍋並點心，分送朱溪雲，且邀共食之，夜與久談。

六 月

初一（3日）

徐雲生至，現選南昌教官，路最便近，可謂運氣佳矣。陳庚山來，談《公》、《穀》經義。許子笠來拜，其女配夏達齋之姪，四門親家也。張鳳藻來見。徐雲生送晏斯盛《集》一部，並碑帖一套。是日閱卷二十餘本。將晚至芰舲處赴飲。夜歸，題許子笠《石鐘泛月圖》"酹江月"詞云："蒼煙高捲，看圖中風景、湖天如鏡。萬頃琉璃澄一碧，上下冰輪交映。激浪金鳴，迴風石答，恐有蛟龍聽。泛舟容與，斷崖留刻題詠。　把酒試問山靈，坡仙安在，鐘響猶相應。憶昨宮亭空繫纜，獨羨先生清興。短棹星搖，孤帆月抱，覽盡江山勝。夜游何日，舊盟鷗鳥重證。"是夜甚熱。

初二（4日）

出拜客，見盛學使久談。伊於八月初更擬甄別一次，大約爲優生再斟酌耳。書院刻課藝，託其催張觀察。見夏定九、許子笠、梅九先生，其餘未見。午後歸，閱卷數本。下午至文法和處赴飲。夜歸，熱甚，幾不能寐。得家信，云余姓又來打油火①，可憾之至。

初三（5日）

四月課卷閱畢。盧豫章解《左氏》"烝嘗禘於廟"，以《左》證《左》，又以《王制》"天子犆礿，祫禘、祫嘗、祫烝"等文證《左》，云天子、諸侯喪中皆有祭，考訂甚精，置第一。賀爾翊《儀

---

① "打油火"，湖南方言，指借機揩油、貪占便宜之意。

禮》、《公羊》皆可望有成，置第一①。三月課則法和第一，爾翊第二也。綬臣京中來信，並不言到山東，可怪。寄所收家信一函，家事萬難，令人太息。秦伯偉已故，可惜也。乃寫家信七昏，擬寄去。閱五月課卷十來本。芰舲夜過談，以所作詩見示。詩穩練，有功力。

初四（6 日）

閱課卷廿餘本。熊濟洙、濟濤、徐運鑫來見。盛學使以賦數十篇、駢文數篇請改。其賦尚妥，想已改正一次，再求刪潤，尚屬不難。芰舲送詩來，此刻未能和也。秦鏡中以所繪《抱吟圖》請題。賀爾翊晚間來談。夜雨，頗涼。爲改賦數處。

初五（7 日）

稍涼，乃寫課題二則。爲許子笠題二圖。復林綬臣一函。梅台源來見，云張觀察乃九先生房師，屬其代催課蓺一事。秦鏡中來見，以所題圖示之，並示學使送來之賦，伊云略有刪改。擬題其《抱吟圖》小影云："蒼涼琴劍，正人憑几案，鶴窺簾隙。卓犖觀書期達用，風月閒吟奚益？萬卷羅胸，千秋在眼，時抱廬中膝。致身須早，待落花春去應惜。　　我亦少日眈吟，青氈久誤，雙鬢垂垂白。樂得英才居講舍，同數素心晨夕。目眵嫌花，卷紛如葉，人老談經席。畫圖題罷，自嗤猶是詞客。"閱卷十餘本。夜涼。朱溪雲來談。去後，改賦數聯。

初六（8 日）

李蕘園丈、王晉侯皆來辭行。李云先到南京，此刻不入京。王到安福，不半月又須趕回應試。夏定九至，云劉觀察初十接印，官課改期。予云可提師課於初十也。閱卷十餘本。下午至晉侯處送行，遂到夏芰舲處。芰舲又作詩四首見示。以荷花開，

①　"第一"，當作"第二"。

留夜飲。歸疊韻和詩四首云："雨後微波漾碧鱗,小亭凉氣動池蘋。樽前風月無多客,世外煙霞有主人。楚士鳳歌聊自遣,嵇生龍性固難馴。荷花漫詡香清遠,已負東風漢苑春。""稱賢安得國人皆,經義湖州且闡齋。願使斯文光日月,誰從大道埽陰霾。逍遥竊比鵬搏海,變化難同鼉入淮。本是公門舊桃李,揚眉當日幸登階。""少時師友皆塵土,餘子眼中猶可數。看人黃甲何足榮,老我青氈未云苦。年來詩句少連篇,別後髯絲添幾縷。文通彩筆夢中還,敢向吟壇鬥旗鼓。""夕食燈前且屬厭,劇談豪氣壓重檐。螢光逐水時窺坐,蟲響先秋漸入簾。陶令逢親悦情話,東方避世怯涼炎。肯同鳧泛波高下,冷暖隨人若病痁。"到此半月餘,始送脩金。文公達處着人來催,殊難爲情,今並夏定九一項並還之。

初七(9日)

劉虞九丈來拜。熊磻來見。晏海瀾、張保生、賀爾翊至。晏送菜四碗、洋書《西域水道記》《漢西域圖考》《百二十名家文選》、錦字、各種茶葉點心,却之不得,乃留三人共食之。三人去後,予往李蕘園、劉虞九兩丈處。李丈索詩送行,予歸作二律云:"一路謳歌擁使驂,福星江右更江南。即今揮扇仁風遠,定見隨車夏雨甘。清節有心窺石鏡,深情相送比桃潭。紞如數罷天將曙,父老攀轅悵不堪。""此地登堂又五春,論詩奉教倍情親。通家已恨非年少,父執於今有幾人。目送輕帆下湖口,喜聞新政播江濱。金陵倘有揚眉地,可許階前置此身?"晚間彭同年樹華、文法和、賀爾翊至,觀試牘所列賦。是日耽擱,止閱數卷。

初八(10日)

黎覺人至,適周同甫送《詞綜》、《古文尚書撰異》至,因論買書之事。湘陰傅迪康,現在南昌書席,來拜,傅右衡之姪也。是日閱卷廿餘本。夏鑒臣夜至,觀學使所送來賦。覺人亦在此看過，謂駢文二篇可不刻。

初九（11日）

閱五月官課畢。魏建侯《武侯手寫申韓論》上下千古，文最佳，置第一①。吳正表《劉琨使溫嶠延譽江南賦》最佳，置第二。經解則賀爾翊《〈公羊〉不襄城考》、盧文明《〈左傳〉大路考》塙有心得而已。接閱三月師課廿餘本。天氣大熱，揮汗不止。晚間朱溪雲過談，呈所贈詩。夏幹臣至。

初十（12日）

糧道官課，而劉觀察新接印，改提師課。去年中秋在湖口寄答朱溪雲二首，今寫付之。閱初次師課畢，接閱二次師課廿餘卷。夏芰舲至，賷所作詩請評閱，言保生教書不行，予頗悔薦之。而芰舲云明年先生仍請我留意，意中恐無其人。芰舲去後，往溪雲處，以詩與之。

十一（13日）

賀爾翊至，問朝廟、朝享異同。劉瑞珊亦以爲問，且問《新唐·兵志》。予閱三月師課畢。經解《〈齊論語〉"問王"非"問玉"辨》，以文氏兄弟、賀爾翊爲通，定實甫第一，爾翊次之。《李白沈香亭進〈清平調〉賦》，熊濟濤最佳，疑是朱錫庚作，老眼當不謬也。下午接閱四月師課廿餘本。夜雨，稍涼。

十二（14日）

晴，尚涼爽。四月初次卷閱畢。《天子三公今古文說不同考》，劉應元、賀贊元爲最明。劉卷疑亦賀作，所見略同，能辨《大傳》鄭注之失。董崑德、苻葆初、姜兆磻三人之卷亦出一手，以大、小《戴記》所言三公皆太子三公，非天子三公，成王即位年少，故師、保、傅之名尚在。其說甚辨，不知何人作也。定劉第

---

① "一"，原闕，據下文云"第二"補。

一,賀次之,董又次之。其餘通曉今、古文者尠矣。接閱二次卷廿餘本。夏定九至。秦靜涵以自題之詞請益,詞有氣而未穩。李秀峰來拜,言其新移之宅在湖邊,景致甚佳,有船可游湖。乃於日落時,邀靜涵同往。其宅全有東湖之勝,不讓百花洲。秀峰好扶乩,乩仙詩甚奇,懸之堂中,字不能辨。秀峰云東洋窺朝鮮,以劉銘傳爲全權大臣,恐不免干戈。文道希奏府道不宜捐,此事曾在京言之矣。天瞑,沿湖歸。往漱芳閣,無書籍可觀。歸爲幹臣改"君子和而不同"兩章文一篇。幹臣文得離字訣,予改爲實發,得毋與時尚不合乎?

十三(15日)

董崑德來見。傅景俞來見。傅南昌人,在省教書,習《儀禮》,駢文能仿古,是用功人。云其父亦孝廉,在京曾見我文。閱二次卷畢。《山公妻穿墉視嵇阮賦》,惟秦鏡中、蕭鼎臣堆典頗滿,定秦第一,蕭次之。晚間往夏宅,見芰舲、幹臣、保生。歸改賦一篇。賀爾翊至,談及更深始去。

十四(16日)

閱五月初次課卷。熊濟洙來,呈所作時文,亦解用子書,可中也。課題《九命九賜異同考》,賀爾翊最明,能辨陳卓人解《公羊》何注之誤,謂何亦以九命、九賜爲二,與鄭君同,所見甚塙。《始皇得聖人之威論》,魏建侯云"後世之患,不在不德,而在不威",其說甚通。試觀漢、唐、宋、明之亡,皆亡於柔懦,不亡於暴虐。然則後之人主,特恐不威,不能如始皇,乃猶竊竊然以始皇爲戒,豈非迂論?予嘗謂宋以後之議論,足以弱中國。而迂遠刻深之說,江右人酷信之,由不讀書之故。此次賀第一,魏次之。

十五(17日)

官課。接閱二次師課。《晉人掩鼻敦謝安作濟生詠賦》少佳者,定劉璜第一,秦鏡中、吳正表次之。張保生至,吃中飯,久談始去。鄒殿書、賀爾翊夜至。去後，改賦一篇。

十六（18日）

課卷閱畢。黎聘之至。周同甫以楊卧雲所鈔書來，有《龔定盦集》，比鈔本多《明良論》數篇。文法和至，言其所作《始皇論》有見解，因久談時事。去後，往鄒殿書、黎聘之處。將往湖邊看看，忽雷雨逼人，乃奔歸並不雨，然已稍涼。閱所鈔課作。

十七（19日）

改賦二篇。通行瀏覽一過，可不改者仍之，看去似乎無大毛病。其中如蕭丙炎《百里奚爲典屬國賦》、陳啟麟《司馬相如游梁賦》、蔡光楣《王仲宣荆州依劉表賦》，全然做過，原本無幾。黃開元《長沙國小不足回旋賦》、文廷華《漢高祖奉玉巵爲太上皇壽賦》、楊瑞雲《漢成帝善修容儀賦》、吳正表《曹子建求通親親賦》、伍致中《南越王報漢文帝書賦》，亦略更。更竄駢文數篇。文廷楷、賀贊元所作可不改，其餘文體不古者亦無從改，只好聽其自酌而已。閱六月師課初次卷。《朝廟朝享異同考》，或誤以爲朝與享在朝、在廟之考，盧豫章亦誤，不誤者以賀贊元爲佳。宋澍德《〈新唐書・兵志〉論》作駢文甚古，爾翊云乃宋澍德之子代作。其子年十八，與爾翊同年，駢文可與爾翊抗手。定宋第一，賀次之。朱錫庚與溪雲來見，久談。此人言律賦法門甚合。胡汝綖，其弟子，前課胡汝綖賦即其捉刀。

十八（20日）

所改賦復閱一過，又改訂數處。爲鑒臣改文二篇，點定字句而已。熊濟洙文亦爲改正，刪去虛字數處。李夬送《遼金紀事本末》一册，其伯父李有棠所箸也。看《漢西域圖考》，李恢垣名光廷箸。漢三十六國，今已有數國淪入戈壁，善鄯等國不可考矣。喀什噶爾乃古疏勒地，述貞親家此刻未知到彼否。《遼金紀事》略幡一過，詳略尚得宜。《金史》注引《三朝北盟會編》，云本名"朱理真",番語訛爲"女真",係高麗朱蒙之遺。又云在愛新水之上,國語以金爲愛新水源於此,故又謂之金源。案國姓曰愛新覺羅,然則本金源裔。金又出自朱蒙,或以朱果發祥,即朱蒙事傳訛,不妄也。桂念祖來見,友教咨送,尚未當課。問之,經史頗讀過,憶王尺蓀曾言此人好學。

十九(21日)

閱二次課卷。李夬同彭樹華、文廷楷來見,久談。其人樸素,無貴介習氣,字至剛,住富順花園。夏定九至,云裕觀察此課仍屬送新糧道,無怪課卷尚不送來。近日大員,多有王戎之習,故知提官課不行,擬明日提師課。書辦云來不及,即改廿五日再課。下午黎覺人來,《大傳疏證》已校式卷,心甚精細。其意欲以辨正鄭注另爲一書,則更張不易矣。夏幹臣至,攜所改文去。是夜甚熱,與前數日同。

二十(22日)

勒羽儀來見。魏建侯來見,縱談史事,論作賦法,屬其作散體賦。裕觀察送課卷至。閱課卷。有餘干新調張捄來見。此間多有本人未到,書辦以其名借他人者。董崑德,王某代當課,豫章發雷同,將名扣除,本人到,不肯干休。夏定九將梁書辦革去,罰銀五兩,罰王某四兩,追還三月膏火六兩,共十五兩,和董生作調停之計,亦可笑也。下午黎聘之至,示以所改賦。去後,黎覺人、彭小圃、熊錫榮同來,天晚始去。是日閱卷十本。得家信,知迪安所帶物初三始到,食物已霉壞矣。吉兒寄文三篇,爲改一篇。夜雨,稍涼。

廿一(23日)

段節來見。蔡藩、熊濟濬來見。閱卷廿本。晚間芰舲親家過談。賀爾翊以所作時文來求改,"不患無位"二章文用《公羊》義,甚佳,未知此間有識者否。談作文、作賦之法,定更始去。

廿二（24日）

爲二兒改文二篇，寫家信五旽。梅台源至，言九先生已同張觀察說，張公忽奄逝。其人年已八旬，因飲白酒過多，吃煙旽熠火然燒死，大可怪也。閱卷廿餘本。夜爲梅台源改賦一篇。

廿三（25日）

閱卷廿餘本。龔福保、舒恭瀠來見，求改師課七月初四，允之。下午至夏宅，見芰舲、鑒臣、少村、保生，談至暮歸。賀爾翔夜至，送制藝三篇求改。

廿四（26日）

往劉毅吉觀察處道喜。福廉訪升奉天府尹，云不高興，與將軍有親，擬告回避，亦去道喜。皆未晤。往盛學使處，所改試牘交卷，久談，見示所買書，楊卧雲《海東讀書記》有三十二本，其書不少，不知落何所。楊手批《太白集》甚佳。盛擬捐書數册到書院，甄別仍定八月朔，且云張觀察言課藝已刊好，特未刷印，繼張者繆，再當向繆觀察言之。歸閱卷，粗畢。張捄、賀贊元、文廷楷偕其姪永譽同來見。道希已升講官，派教習庶吉士，居然大翰林矣。鄒殿書至，談洋務，云英國或出排解，朝鮮想不至大決裂。湖北鐵政局火災，又損二百餘萬，恐係人火。晏海瀾至，談至暮始去。夏鑒臣又送文二篇來請改。伊去後，爲爾翔改文一篇。

廿五（27日）

提七月師課。夏定九早至。去後，復閱課卷。賀贊元考“天子外屏，諸侯内屏”，駁金誠齋以申《禮緯》，甚佳。胡其敬解“小子同未在位”，與予所見正合。此人於《尚書》誠有所得。盧豫章解此亦明，解《左傳》“使宰獻而請安”，引《儀禮》以主人獻賓爲公自獻，乃大誤。賦以李瑞棻爲最工，題係《齊子尾送女器有犧尊賦》，能用金石典故，考訂亦精，不知誰捉刀。《和吳梅村〈宮扇〉》，李瑞棻、胡元輅、吳正表、龔福保皆哀艷可觀。課卷定

賀爲第一。同鄉何曾慶號幼雲來拜，澹川先生之子，李蓺園先生
之姪也。云蓺老已到南京稟到，部議不准引見，豈道希奏停捐府
道，并先捐者亦不能引見乎？盛學使來致謝改試牘，談書院諸
事。秦鏡中來見，言作文、作賦之法。朱溪雲晚間過談。大風忽
起，夜稍涼。

廿六（28日）

　　閱本月二次課卷。段笏來見。爲鑒臣改文一篇。

廿七（29日）

　　閱二次卷畢。《摺疊賦》，吳正表、劉璜、賀贊元皆佳。《日
本刀歌》，吳正表、胡其敬、劉應元、文永譽頗有可取，定吳正表
第一。鄒殿書至，云小闓告書全不專館①，有親戚至，屬覓先生。
予不能應，實難得其人也。得王尺蓀來信一函，云房薦不售，此
才必不久屈。晚間監院送福廉訪札來，云九月課提於廿九日，乃
爲擬題。

廿八（30日）

　　寫題送廉訪。張保生至，同吃早飯，久談乃去。賀贊元、秦
鏡中、熊濟洙、邢汝楫陸續來見。李叔和、沈鑒臣同來，久談。晚
間夏鑒臣、少村叔姪同至。聞陳蓀石放江南副主考，甚善。東洋
已開仗，互有勝負，中國兵餉船爲水雷所轟，損二千餘人，可傷
矣。客多，閱七月課卷止十餘本。

廿九（31日）

　　委員杜璘光號豫堂來拜，福建邵武人，去年調簾，今又調簾，
云李瑞清去年在彼房中，尚能識古董者。閱卷卅餘本。晏海瀾
以上海新刻《精選策學百萬卷》序不甚妥，屬代作序一篇。其書
於金石一門特詳。夏芨旀親家來，以少村事，屬代求叔和鶚薦。

---

①　"告"，湖南方言，即"教"。

七　月

初一（8月1日）

　　復王子庚書云："都門一晤，出京匆匆，未及再見。五月初到江州，詢弟出京否，江人無知者。湖口阻風半月，廿日始抵章門。課卷堆積，天氣炎暑，近日始將三、四、五、六月卷閱畢。昨得來函，過蒙推許，祇益愧恧。僕久困場屋，老驥伏櫪，已無千里之志。今兹被放，本在意中。文福不齊，古今同慨。科名、學術，亦自分途。以僕所見，如粵東陳蘭圃先生、吾湘王壬秋先生，碩學鴻才，震耀宇内，皆以孝廉終老。自審不及兩先生才學十分之一，何敢言屈？惟是修名不立，齒髮就衰，頻年奔走，並覆瓿之業亦不能就，斯足慨耳。弟才雄而氣靜，學富而心虛，無迂儒齷齪之風，亦無名士囂張之習，求之今人，殊未易覯。今雖暫跼駿足，轉瞬春闈，即當策名天衢，慎勿怏怏自苦。所論經學雖屬根柢，然年少有才者，多不願治樸學。僕少亦好議論、詞藻，壬秋先生勸專治一經，不肯聽。近以才華漸退，自分詞章不能成家，又困於名場，議論無所施，乃不得已遁入訓詁。經學非數年不能得解，又難遇識者，非寒士進取所宜。故僕並不以此勸人，講舍中自盧豫章、賀贊元外，無專治經者。弟將來爲文學侍從，暇時可勉爲之，此時不必汲汲。至詩、古文、詞，以弟之才，皆饒爲之，但宜斂才就範，講求格律、聲調。詩、賦師唐人，駢、散文上溯八代，古法具在，無假僕一二談也。袁簡齋云：'天下清才多，奇才少。'講舍爲一省人才所萃，然奇才不能多見，建侯、爾翔最爲傑出。然孔璋之才不嫻於詞賦，兩生亦有此病。人各有能有不能，足見全才實難。新來者尚有數人，詞章可望有成。周生觀濤年少有才，可以造就。桂生念祖限於例，七月始能當課，猶未見其文字。盛學使相見，即詢弟行止，云已寄函入京，勸留京，並贈旅費矣。此函曾收到否？學使刻試牘，請僕代改賦，其中有奇氣者，以弟所作二篇爲最，已爲更易數字。八月朔再甄別一次，不知所取又何人也。"代晏海瀾作《策學序》一篇，文不載。初次課卷閲畢。《〈七月〉詩兼風雅頌解》，多鈔胡氏《後箋》，惟賀爾翊、盧文明二人頗有心得。賀據《月令》鄭注引《詩》"萬壽無疆"作"受福無疆"，定爲《韓詩》，且以《甫田》詩爲述成王吹豳雅，《豐年》三章爲述成王吹豳頌之事，論粖而塙。《〈史記·朝鮮列傳〉書後》，亦洞曉洋務，大約鄒殿書教之也。晚間至殿書處，談海上戰事。殿書云只要數船封日本海口，不使出，爲上策，否則，恐其侵軼我沿海各處。至黎覺人處，云聞鎮海已有警，則已侵軼我矣，可慨哉！

初二（2日）

　　殿書早至，云吳淞口砲臺之砲，已爲奸細以鏹水淋壞，奸息已捉得，然無益於事矣。丁軍船帶四船出洋已回，云不見敵。聶軍坐困於朝鮮，云其王已爲日本捉去，日本增兵不已。兵法云："先發制人，後發爲人所制。"中國諸事落後，可爲扼腕！飯後往叔和處，所説已允，遂至杜玉堂處。官場所聞電報大致略同，云開仗打死日本一大帥，稍可快心。歸閲二次課卷。《阮步兵登廣武觀楚漢戰處賦》，蔡藩、余兆麟、秦鏡中、張鳳藻皆佳。《題〈吳梅村詩集〉》，桂念祖爲最，蔡藩、劉璜、文廷華皆可觀。定蔡第一，余次之。夏少村晚間來談。

初三（3日）

　　發師課後，看芰舲詩，略加籤記。録詞數闋。下午往何曾慶處回看。遂至夏宅，見芰舲昆仲、竹林。鑒臣云《犧尊賦》亦其所作，其才真可愛，講舍中人皆不及也。保生以《詞學叢書》見贈，歸閲數㕮。賀爾翊晚間來談，言宋澍德之子甚佳，屬其偕來見。夜涼，有秋意。

初四（4 日）

以涼，出外。至磨子巷觀書，周同甫不在家。至文盛，見學使所刊試牘、黃以周刻南菁講蓺，攜歸閱之。至定九處，尚未回。至海瀾處久坐，攜丁儉卿書、彭甘亭集歸。遇雨。街上有貼對聯請對者，第一送書八元。出邊云“細考蟲魚箋《爾雅》”，予對以“輕疑蝸螘駮《周官》”，屬海瀾往對。本日提九月師課。九月官課卷送至，閱十餘卷。夏芰舲親家過談。朱溪雲夜至。

初五（5 日）

雨。閱課卷廿餘本。夜甚涼，作《感事》四首，未成。

初六（6 日）

閱課卷廿餘本。夜雨，有秋意，瑟瑟逼人。

初七（7 日）

新秋。劉毅吉觀察來拜，人甚和平。詢海上事，云有捷報，初一日上諭甚嚴厲，不言和也。盧豫章、梅台源、黎經誥、張保生、夏鑒臣先後來見，皆久談。止閱十餘卷。是夜七夕。雨後微雲，初月不光，雙星何處？擬填詞一闋。夜涼。浴罷爲簷風所欺，體覺不適。

初八（8 日）

早起頭痛，飯後忽汗出不止，且畏寒。困臥半日，稍適，强閱卷廿餘本。此課胡其敬解十二州、九州分置先後，不誤。賀贊元《北堂考》以爲北堂居中，有一無二，從王壬老新解，勝舊説。桂念祖《“周之宗盟異姓爲後”解》引《覲禮》，謂春秋失禮難據，甚是。文永譽《蒲社解》謂爲宋記災，合《春秋》故宋之説。餘鮮佳者。《名實論》，胡其敬、桂念祖言時事最痛切。《評詞》，賀贊元不誤，餘數詞家多不當。《杜子美〈北征〉賦》，梅台源、秦鏡中、吳正表、蔡藩尚佳，謬者乃以爲杜老將兵北伐，大可怪笑。杜老一生未嘗得志,不知千載後尚有江西人爲之補憾,使得一展壯志也。始見胡獻璠一卷,以爲異,閲全卷後,竟有五人皆如此説。瑩無墨水至此,不亦輕江西而羞高才之士哉!

初九(9日)

復閲課卷,定胡第一,賀次之。以《楚蒙集》贈晏海南。周文郁持楊卧雲所批《近思録》、所鈔《黄氏醫書》來,留閲。賀爾翊、文寶書同至,云學使已懸牌,八月初一甄别矣。下午鄒殿書至,談海上事甚悉。晏文盛送到《味經齋遺書》、《鑑止水齋集》、唐子西《眉山集》、《綏寇紀略》,燈下略繙閲。

初十(10日)

官課。委員湖北邱承榮號雲舫來拜。閲《綏寇紀略》,明末之事與今略同,特今猶不至如此之甚,尚可爲耳。劉一到,得家信,六弟以爲家中虧空日重,現無别法,住宅有人願買,宜即出售。此事我所以遲遲,總望恢復中原,不欲遽作遷都之想。今力已竭,只得聽之,但恐中多周章,弟輩不能辦,仍須待我歸耳。爲一兒改文四篇、二兒改文一篇,告以作意,場中必須造異。二兒信云湖南近取課者亦用《老子》、《墨子》,足見風氣如斯。正主考係張野秋門生,其文已刻,有才氣,或能看文。湖南年歲甚好,穀價仍減至九百餘,亦佳事。

十一(11日)

擬作家書。芰舲親家來①,約同游東湖。遂邀鑒臣與其子二人同至五柳春小飲,觀荷。復同往李秀峰處,欲借其船游湖,水淺舟膠,又以防盜下閘,遂止。秀峰言乩仙事,云易實甫有乩仙對聯,出邊云"偕嬴化益爲百蟲將軍",對云"先陳希夷得五龍睡法",彼知化益即伯益,不知百蟲將軍何解,詢人多云不知。

---

① "來",原誤作"去",據文義改。

夫百蟲將軍即伯益，並非僻典也。宋梓儕太守至，請乩仙同聯
句。乩仙之詩，實與人不同，雄放古逸，亦有慨於時事。芰舲云
"湖海吟情壯"，彼對以"關河殺氣橫"，孤軍懸絕島"，收句云："論
詩失唐宋，避地入蓬瀛。回首紅羊刼，蒼茫有變更。"仙意固不
可知，據其詩詞，則時局將大變矣。又有"王侯大小爭"，特問我
云："鹿公知王侯大小事否？"我云："橫來大者王，小者侯，是
否？"乩連打數圈，亦有趣。我有句云"驪力休苦漢"，亦用《史
記》事。仙對以"狼煙欲壓京"，語甚雄，似不知驪力是人名，其
覓句亦須數刻，不能衝口而出也。歸寫家書，至夜。

十二(12 日)

　　爲鑒臣改文一篇。出拜客，至叔和與沈鑒澄處，約看牌。同
鄉石笙臣、黃荇泉、賀壽泉，同在叔和處吃飯。晚歸，見《申報》
言海上戰事，陸戰多勝，海戰互有勝敗。濟遠兵艦與其浪泊艦交
鋒①，彼不能支，下船旗乞降，有援兵乃引去。我師亦爲彼擊去
船面，傷斃二十餘人。高升船爲其轟沈。本係貨船，並無兵械。
不知何以不用兵船，猶可交手，乃以貨船濟師，致一千餘人束手
待斃，不可謂非謀之不臧矣。

十三(13 日)

　　爲鑒臣改文一篇。鑒臣至，即以付之。王晉侯至，言文法和
吐血。下午往視之，病雖止而瘦甚，勸以保養，勿吃藥。至夏宅，
見芰舲、鑒臣，皆疊前與乩仙韻再作一首。予不能作也。較院中
所録課文。沈鑒臣囑作李質堂挽聯，予擬云："早同哲嗣訂蘭
盟，憾鯉對遲陪，未從坐右聞庭訓；時値倭夷擾藩屬，歎鯨吞橫
恣，又報湘中落將星。"賀爾翊晚間來談，言其父將至。

---

① "浪泊"，應作"浪速"。

十四（14日）

閱卷數本。文寶書偕其從兄景清字嘯樵來見，盛學使最賞識者。此課係伊自作，待細玩之。陶緯仲名福田來拜，華封同年之兄，官户部，已補缺，丁憂歸。涂步衢字康吾來拜，院中舊人，本科進士，官內閣中書。梅子肇邀午酌，在坐即陶華封、涂康吾、文嘯樵，菜甚豐，飲蒲萄酒，幾醉。歸後芰舲親家至，以所作步聯句韻詩見示。予亦擬作一首云："秋風來幾日，萬木變商聲。坐歎容顏改，出游心境清。先生兼吏隱，賓客任縱橫。上界鸞驂降，圓沙寫篆明。新遷朱氏墅，勝絕灌侯城。入座吟方暢，敷天憤忽生。憂危屢西顧，倉卒又東征。昂畢華夷閈，山川蠻觸爭。王宜赫斯怒，師豈出無名。玄菟漢家郡，黄龍秦國盟。媧皇奠鰲極，軒帝教貔兵。劫火迷寰宇，祥雲護上京。時當奮鷹隼，飲定埽鯢鯨。四海波澄鏡，三宫酒獻觥。毋令越甲授，庶免杞人驚。報捷書頻見，平倭計又行。神仙猶有憾，我輩豈忘情。鼠思嗟何益，蟬連句已成。閒愁付煙水，夢想到滄瀛。夜起賡前韻，蒼凉聽短更。"

十五（15日）

吳寶田來拜。黎覺人至，爲予校《大傳疏證》已畢，校出譌誤不少①，猶有未盡者。原本引書多誤，宜考。予所引書，亦宜查原本乃合也。族人芝仙來應試，住上予亭五雲試館。胡發珠來，予出外，未晤，云住松柏巷朱宅。閱課卷廿本。録詩送芰舲閱，中多未妥，芰舲遽欲示秀峰，奈何？

十六（16日）

閱卷廿本。宋梓僑太守來拜，以《太華聯吟》、《涌泉修禊》二圖索題。此公亦與夏府有姻連。秦鏡中晚來，攜李秀峰和詩

---

① "出"，原誤作"作"，據文義改。

二首。蓋芟舲已將拙詩示之，彼搖筆即成，可謂敏捷。

十七（17 日）

閱卷廿本。桂念祖、張世畸、段節、黎宗渭、熊錫榮陸續至，云學使代辦監臨，甄別中止不行。臬使有信來，十月提課於本月廿日舉行，明日卸篆，家屬已登舟矣。夜作題宋太守二圖詩。

十八（18 日）

擬課題送臬使。王尺蕣有函來，並寄二詩求和，依韻答之，並寫回書交周觀濤。賀爾翊來函，並書二部，云吉郡有吳贊邦者，年七十餘，能詩，刻有《松蔭軒集》，及其外舅徐東松先生《睦堂詩文集》並呈，吳老人將來見，求作詩序。予略繙視，徐詩文皆有功力，吳詩殊不佳，以才力太弱也。閱卷廿餘本。監院來詢已閱畢否，廿日方伯交卸，卷不送，當移交後任。天氣太熱，予實不能拚命閱卷，聽其移交可耳。晚間鑒臣至，以所作感事詩及芟舲所作稿見示，又攜芝老《人日探梅圖》求題。

十九（19 日）

周觀濤來見，年止十八，頗有賦才。劉思濂、舒恭潤、恭濬來見。七月課卷閱畢。經解佳者實少。賀贊元《〈聘禮〉與〈鄉黨〉相出入考》、《禘異於祫功臣皆祭考》，皆有心得。盧豫章《魯禮啟蟄而郊考》言魯有二郊，極詳。《公劉古公亶父是名是字考》，楊念惕稍明白。予考殷以前人無字，皇甫謐言仲雍字孰哉，伯夷名允、字公信，叔齊名智、字公達，其說固未可信。周以後人有字，乃卿、大夫、士之制，天子、諸侯不以字傳。蓋字以表德，人君無有敢字之者。故天子、諸侯有謚無字，卿、大夫、士有字無謚。春秋初年，卿、大夫猶無謚，其後蓋僭禮。然則公劉、亶父既無謚，不得不以名稱，非可以周制解夏、殷以前，尤非可以士、大夫之制解諸侯以上也。黃遂揚卷頗見及此，而未能推闡，引書又誤，不能取。《讀〈魏書·釋老志〉書後》，魏燮奎言二氏源流甚晰。《義山獺祭賦》，文景清出筆開展，非諸人所及也。朱溪雲至，言學使送書十箱到書院，固是盛事，其如諸生無暇看書何？李秀峰至，將前詩又改數處。夜作題《人日探梅》五律八首。

二十（20 日）

提十月官課。夏定九來談。飯後往各處道喜、送行。見繆觀察，人已老，手足不便，而談學問尚洽，云課藝當往催印，屬再選近年課作。餘皆未晤。見李叔和，云劉毅齋死，中興將帥又弱一個。朝鮮奏捷，繆公亦言之，云近數日無聞也。下午至茇舲處，則傳聞又異，云牙山以無救失守，死者甚眾，豈官場諱言其事？舒繼芬仲裳在坐，始見其人。歸爲鑒臣改文二篇。閱九月師課卷數本。

廿一（21 日）

閱課卷廿本。六合田其田號籽雲者來拜，乃王逸梧門生，與易實甫相契，通天算，實甫薦爲此間興圖館總理，年止廿三。與之談經學、詞章，皆通。伊與李秀峰往來，見予詩，故來拜也。夏少村來久談。晚間茇舲亦至，以所作《書憤》詩見示，言到秀峰處，云仙人許今夜有所作，且看其所作何如。賀晴江來談。

廿二（22 日）

課卷初次閱畢。《少昊不列五帝考》，王益霖所作有心得，據《逸周書·嘗麥解》證清即青陽，質即摯，鳥師即鳥官，少昊是地名，古諸侯國，黃帝滅蚩尤，命其子清國於其地，清非天子，故不列於五帝。其說極有根柢。胡其敬作與此略同，而以摯爲古之少昊氏名，黃帝命清國於其地，改名曰質，欲其效古之少昊摯，勿效蚩尤，質與摯非一人。與王益霖說稍異，而皆可通。惟此二卷有見解。《齊桓不救江黃論》，多借說時事，胡其敬、梅台源最暢。茇舲送仙人詩五首，議論甚大，言時事張目言之。如其言，甚非佳兆，特鈔一底本，以觀驗否。予亦以所作示茇舲。

廿三（23日）

張保生過談。伊將往見夏定九，打聽補廩事，事亦不宜遲也。前聞劉毅齋死，擬作挽聯云："李密事原殊，正玉關威鎮西陲，烏養陳情誰可代；班超年未老，方鐵甲橫行東海，虎頭食肉更何人。"觀《野獲編》數卷。黎覺人同胡發珠來見。胡近在黔陽開礦，與黃忠浩同事，云無所利。晏海瀾來久談。連日熱不可當，甚於盛夏。

廿四（24日）

閱課卷廿餘本。陳庚山、李叔和先後至，言時事，多感慨。予以仙詩示叔和。夜邀朱溪雲過談。《野獲編》已粗閱一過，還之。其所言有諸書所不載者，於明末事尤詳。其世風似更壞於今日，亦互有得失。如海忠介作官起告訐之風，並無善政，羅一峰行鄉約致人命，呂新吾刻《閨範》興大獄，皆君子所戒。

廿五（25日）

爲宋太守題二圖。閱卷數本。晏海瀾至，言其店中人到院內張嗣旭處接錢爭鬥，張云爲所毆傷，率衆來，勢洶洶，董崑德在內。予傳董來問，其言尚循理，張言殊不善。海瀾之五弟亦至，云與蕭鼎臣善，屬其往請蕭與秦靜涵至，屬爲理處，賠理放炮竹，幸而了事。予非祖晏，以在此主講，不願此間有事耳。赴宋梓儕飲席，見滇中趙藩樾村詩，各體皆佳，五、七古尤雄渾古厚，今世所少，惜未見其人。天氣大熱，酒肴俱難下咽。云考謄錄暍死數人，若場期如此，將奈何？

廿六（26日）

往湖南館，劉毅齋中丞開吊，特往吊。歸閱卷廿本。大熱，難執筆。前三年選錄備梓之卷，重選一過。先閱辛卯課作，如沈、徐、二黃多佳文，在現在諸人之上，特經解少心得耳。芰舲晚至，示以秀峰和詩，屬代詢賀晴江能否代館數月，並屬勸保生同歸。

廿七（27日）

吳贊邦老人號信卿來見，請題其《松蔭讀書圖》。李豫太史號小園來拜，云六月底出京，東洋戰事，天威赫怒，翁師父亦主戰，恭邸常召見，文道希曾上疏。此舉甚善，特恐無堅忍之力耳。閱卷廿餘本。下午往鄒殿書處，邀爾翊同見其乃翁，代達芝舲意。遂往本家芝仙及吳老人、李秀峰處。晚歸，晏海瀾至。

廿八（28日）

張保生早至，借銀二定十七兩零，云欲還陳芷青。閱卷廿餘本。下午至芝舲處赴飲，宋梓僑、李秀峰在坐。秀峰言扶乩手舞足蹈，然乩仙感事詩實佳，特如其言，則萬壽不免艸艸，朝鮮亦不能保。今記於此，以覘驗否。詩云：“五帝軒轅始用兵，宦人天下啟紛爭。誰將形勢分中外，獨使憂危出聖明。漢武九秋期大舉，周宣六月示來征。夸戎燿武爲何事，載府傳聞已失盟。”“鐘鼓聲喧大海東，鯨魚跋浪勢翻風。妖皇照水光微白，初日生山淡本紅。大將功難成在外，奏臣疏不出留中。從來縝密惟持重，聲色何爲動上宮。”“閫外遲遲祝祜來，宮中速速壽筵開。解嚴赤縣兵三日，同飲蒼生酒一杯。內帑無多增戰氣，外援不少失奇才。功名未必無成者，麟閣何人出將臺。”“利之所在萬人趨，鷸蚌相持有老漁。東渡千人來不測，西江一口吸無餘。鞭長莫及心何用，甌破能全事總虛。況有紛紛思染指，豆分瓜剖竟何如。”“古往今來幾多事，前車後轍總長歎。犒軍金帛唐回紇，失地燕雲宋契丹。讀史恨遺千古易，談兵才出一時難。老夫壁上觀人久，袖有龍泉祇自看。”

廿九（29日）

保生早至。賀晴江來回信，云代館可行，惟出場須略歇息，其子考優須照顧，九月初乃可。飯後至叔和，交代見海瀾。歸將課卷覆閲。《〈左氏〉"聘而獻物"平議》、《〈尚書〉洛邑宗廟考》、《〈儀禮〉鄉飲酒賓主坐位考》，盧豫章皆通。《〈公羊〉貢禹説"宗有德廟不毁"考》，賀贊元明白，李若虚尤詳。古文，胡其敬、王益霖頗通時務。駢文，文廷華、桂念祖尚合。《夜郎不知漢大賦》無佳者，文廷楷稍可，或是景清代作。吳老人求爲題《松蔭讀書圖》，作五律二首。叔和求代題宋太守二圖，作七律二首。此等詩多作則滑，應酬不得已，奈何？

三十（30日）

朱溪雲至。陳芷青、星梅至。寫家書一封。閲卷數本。選壬辰課藝，較辛卯稍多。盛學使來拜，云既當監臨，不能不認真，聞此間謄録極壞，須少整頓，出闈須廿四五，考優當改期。朱溪雲云學臺所送書，監院全不理會。惜其言少遲，學使已去矣。改正題芝岑師《定王臺人日探梅圖》云："人日徵高會，王春眺古臺。十年久持節，一笑共探梅。東閤廑詩興，西園擁上才。清游薄張蓋，僚屬盡鄒枚。""長沙古貧國，大雅漢賢藩。同姓初茅社，漢以長沙封吳芮，景帝始以封定王。遺封有蓼園。後來銅馬帝，當日赤龍孫。博得西京土，憐王望眼昏。""夫子當朝傑，修臺重孝思。回旋憾地狹，窈曲駐春遲。古臺地狹，亦有不足回旋之恨，師布置有法。手植梅千點，情牽柳萬絲。行行未忍别，北去覲彤墀。時師將入覲。""城陰歌一闋，石帚句千秋。簫有小紅和，杯宜大白浮。山川迫南渡，雲水渺孤游。屐齒經行路，當詢湘綺樓。壬秋先生考訂《白石詞序》甚晰。""清晏逢佳日，登臨感昔賢。酒行例金谷，花坐繞瓊筵。圖畫鬚眉古，歌詞主客傳。暗香與疏影，更壽石湖仙。""隔歲春又到，重游興未闌。膝前有才子，師辛巳人日重游，芝畬世兄隨侍。天上望長安。赤壁客非舊，元都花滿欄。題詩草堂寄，應贈一枝寒。""驪歌方惻惻，師去湘，哀所得送别詩，名《湘湄驪唱》。鶴化又匆匆。詩好紗猶碧，人遥蕚自紅。蒼生惜霖雨,絳帳感春風。獨有官梅在,摩挲比召公。""賤子羈於越,頻年別故林。遲歸落雁後,未及和鶯吟。屬以蔦蘿附,彌懷桃李陰。尋師今憾晚,悽斷伯牙琴。"

八　月

初一（31日）

芝舲送到秀峰來信,云初二有泛舟之約,未備筵席,我有上學酒席票苦無用處,託芝舲轉致秀峰,爲游湖之用。芝舲面交秀峰,還過我,云彼不肯受,再三强之,屬更致函秀峰。得家書,言今年湖南亦大熱,妾與孫皆病。鄰省,宜氣候相同。午後雷雨,稍凉。閱課卷廿餘本。劉瑞珊來見,云其父信言見吳清帥,云李相薦其帶兵出關,力辭不獲,看旨意何如。見在知兵者少,此公曾辦東三省軍務,亦應有之義。夜雨,甚凉,有秋意。

初二（9月1日）

張鳳藻來見。此人詩、賦才尚可造,詳示以作詩、賦之法。寫題芝岑師《人日探梅圖》詩、題吳老人《松蔭讀書圖》詩。爲達齋寫扇一柄。遂出門,至賀晴江處,以芝舲所說問之,彼已應允。至黎覺人、聘之處,正料理場具,云聞文道希有幫辦北洋之信,恐未搞也。遂至秀峰處,觀白仙所改時文及衆仙聯句。五言一百韻,七言排律,雄渾蒼鬱,大有奇句。且長篇到底,一字不懈,尤見魄力。七律疊韻亦佳。夏芝舲昆仲及其二子皆至。宋梓儕至。命啟閘,泛舟行荷花中,有"畫船穿藕花"之致,兩岸人聚觀。行數里,興盡回舟,天已曛黑。飲酒至初鼓。請仙作詩,已作七律二首半,宋公家人作鬧,仙云:"詩興敗,吾去。"予等亦告歸。

初三（2日）

至夏定九處。聞江西新學使爲黃卓元,此公貴州人,癸未予薦卷房官,尚未見面。至晏海瀾處,見有石印《史通通釋》,帶歸。彼贈石印《金石萃編》一部,字尚可看。至王晉侯處,始知其患瘵甚重。詢道希之事,云未聞確信。至文法和處,云外出。歸而法和與其姪寶書至,云霞圃在京有信來,場中不可好奇,恐未盡然。龍芝老放江蘇學臺,甚佳。大考一等不放一人,可怪也。湖南學使放江標,此人尚屬有名。將九月二次師課卷閱畢。《徐市與童男女入海求三神山賦》,以吳正表、張鳳藻、周觀濤爲勝。徐福墓在日本界,三神山蓋即日本三島。當時方士以此愚其君,而徐福留王不歸,其計尤狡。賀爾翊問殿書,所見及此,而所作未佳。《東洋感事詩》無佳者,文寶甫差勝。保生與芰舲夜至,共飲,談詩。芰舲以秀峰處所送來白仙詩及所和作見示,予枕上思得四首。

初四（3日）

將所和白仙原韻録出,云:"珠荷雨過氣猶昏,路轉湖漘又一村。問事不求詹尹筊,呼朋先叩辟疆園。秋來作客宜詩酒,老去匡時有夢魂。乘興扁舟泛藕綠,藕花深處喜開門。""九垓汗漫化人來,萬古心智使我開。修到神仙猶有憾,挽迴滄海豈無才。清風徐動初旋棹,明月堪邀更舉杯。如此勝游良不惡,獨難回首望燕臺。""滾滾無窮東去海,蒼蒼莫問古來天。帝分赤白雄何在,龍戰玄黃大可憐。誰信昆池歷灰劫,即今淇水已烽煙。高牙大纛安危繫,辛苦籌邊數十年。""觸蠻其奈鬥爭何,鸞鳳仙山自舞歌。從古生天才子易,至今開劫度人多。衍波箋上詩無敵,碧落碑中字可摩。莫但煙雲安供養,且當風月共婆娑。"仙詩原唱云:"可人時節近黃昏,一葉扁舟五柳村。以上羲皇幾何世,故鄉山水借來園。眼前景半心頭語,醒後身驚睡裏魂。長臥

千秋誰喚起，兒童聲動小橋門。”“聲聲爭道畫船來，我亦臨風倦
眼開。虛左神原無不在，就中人是孰多才。平分秋氣須雙劍，消
受花香共一杯。坐看碧筒杯倒把，東湖之上好樓臺。”“此地豈
無瀅淨土，外間都是奈何天。東山擁鼻吟何苦，西子捧心顰可
憐。風鶴八公來晉警，銅駝三輔入胡煙。太平宰相逢時亂，悔不
抽身早十年。”“紛紛時論竟如何，笑付尋常一醉歌。開闢神仙
惟我在，平生意氣向誰多。古來明月幾圓缺，風雨大江相盪摩。
併入詩中酒中去，少年跌宕老婆娑。”芰舲以所作及仙詩疊韻並
秀峰詩送來，即以付之。往盛學使處辭行，此君談洋務亦頗曉
解。往繆廉訪處，賀其進銜，久談，以所選辛卯課藝示之。彼以
前三年課藝相贈，太少，只薄薄二本，想是鄧廉翁又刪削，頗有遺
珠之憾。繆公見予《自課文》，甚欽佩。始聞繆柚琴同年是其胞
姪，詢之非是，乃族兄弟，不親也。歸值彭章祖來拜，乃錫之師
孫，去年曾見過。下午閱卷廿餘本。覆閱所選壬辰課藝。

初五（4日）

芰舲約同往秀峰處請仙題圖，九點鐘往。予往，彼尚未
起①，與保生談久。芰舲起用飯，乃同往。見秀峰詩，甚有氣魄，
惟蘊藉含蓄不足。學宋詩一派者率有此病，六代、三唐本未嘗着
力也。予呈所和仙詩，仙評云：“雄。年字韻得杜陵筆意。”芰舲
以《嘉禾》《探梅圖》求仙題，並呈所題詩。仙云：“予詩爲楊詩所
逼。無楊詩，則亦無皮詩矣。”此評甚得解。予向不作長篇行氣
詩，恐流入宋格。此詩本仿楊海琴作也。仙詩超甚，惟言時事甚
不妙，似乎將來亂由饑饉，不在外國而在流賊。末又判一詩，不
可解，後二句言中舉事，不知屬誰。芰舲約仍還彼處吃飯，鑒臣
生一女作三朝。予飯後歸，則學使送衣料四端至，且有函，係親

---

① “彼”，原誤作“予”，據文義改。

筆，必欲受。蓋以謝所改試牘。予受袍褂一副，退一副，不欲盡人之歡。夏定九信來，云廉訪將送關，不知原關款式，乃以原關示之。予不解疊韻，芰舲嬲之不已，夜作三首，一和芰舲，一和秀峰，一和白仙。

初六（5日）

寫詩送芰舲。王晉侯問見學使曾言及病假事否，特覆一函。秦靜函來見，以其戚某小影屬題。黎聘之來，詢何日起程，彼又將告知乃翁矣。夏定九來問下關事，云脩金即將送至。顧輔卿大令名家相以其祖父遺書見贈，並屬代致黃蒽丞書一部、洋四元。此事蒽丞曾言之，乃祖爲阮文達所取士，有重名，觀其《集》甚佳。下午至賀晴江處，伊忽患瘧，恐不能入場。至黎覺人、聘之處，屬致乃翁萬勿費煩，若費煩，則不便以彼爲東道主矣。見簾單，叔和不得内簾，未審有通融法否。見本家芝仙兄弟。鄒、彭處皆未晤。歸閱課作數卷。夏鑒臣至。朱溪雲送菜五碗，請溪雲同享，彼已出外。予獨酌數杯，溪雲始至，久談。夜閱課作。復疊前韻一首，擬呈白仙。

初七（6日）

天雨。請溪雲吃早飯。寫一函賀芝老。訂正癸巳課藝，多有予改正者。此兩年我在此掌教，題目稍斟酌，説經略知門逕，可選者較多，然經解以盧文明、賀爾翊爲有心得；古文以魏建侯爲筆氣不凡，其餘絶特者不多；賦以王子庚、胡思敬、吳寶田爲有才氣。恐繆公復刊落佳者，加圈别之，將來再屬其多刻。下午雨略小，往王晉侯、文法和、寶書、夏芰舲各處，送新貴入場。晉侯瘧疾稍愈，將扶病往。人之於名，甚矣哉！

初八（7日）

晴。考生之幸也。此等天氣，不寒不熱，又無風雨，於試場最宜，未審湖南亦如此否。癸巳課藝覆閲一過，亦略爲删潤，似可爲定本矣。下午將書籍略檢閱。修函致文道希,賀其升遷,略及時事。晚間芝舲至,久談。

初九(8日)

出辭行,見德中丞、繆廉訪、蔣觀察、宋太守,餘未見。中丞、廉訪皆云明年必須藉重,隨後送關書來。歸寫家信一函,託芝舲交票號匯長沙省秤足紋叄百兩正回家,以免路上難帶及錢店受卡,並寫贈芝舲詩及題《荷淨納涼圖》。遂往芝舲處,以銀、信付之。晚歸,秀峰至,以四疊前韻詩見示,意在挑戰。不入闈而作此冷淡生活,何也? 予亦四疊前韻,贈秀峰並感時事。

初十(9日)

宋梓材來送行。中丞、廉訪送明年關書至。寫致文道希信,略及時事。寫信致秀峰,並錄昨作詩四首。劉廉訪、繆觀察、蔣觀察先後親來送,云吳清帥已至湖北,將出關,姚賢人想同往矣。閱卷十餘本。下午往文氏竹林處接考,云均未出場,以道希信並課藝一冊付之。遂往夏宅,見鑒臣文三篇,均新穎。首藝“父母在”一章題極平庸,能引用《大戴禮·曾子》篇,從上“參乎”章引入,“遠游”作環游地球説,可謂異想天開,通篇無一膚詞濫調。二、三篇用子書,作選體,皆不凡,大可望中。少村場中發痧,不得意。保生文不知何如。

十一(10日)

作書致玉芳兄,催彼立碑脩墓。遂往芝仙兄弟處,託帶交。往李秀峰、鄒殿書處,皆不晤。賀氏父子已入闈。晤黎氏昆仲,屬致乃翁襄廷,我到九江,切勿煩費。歸後黃苓泉錫光來回拜,云方伯每日習走數百步,以便祝嘏,可謂苦矣。新廉訪號小山,癸酉舉人,乃予同年,年內恐不能到。夏定九來送行。桂念祖、周觀濤晉謁。王尺蓀有書來,寄《讀〈拾遺記〉》五十章。予暇亦擬爲之,但篋中無《拾遺記》一書也。初次課卷閱畢。書扇三柄。課作《蜡賓解》、《〈墨子〉書後》尠佳者，定胡其敬第一。

十二（11日）

閱二次師課畢。《兒觥賦》、《靈壽杖歌》亦無佳者，龔福保第一。《歌》有結句云：“古今多少杖者出，都是此中太極，一圓未分兩陰陽。”腐惡不通，大可拊掌，江西人中宋學毒一至此哉！李秀峰來，盛稱予疊韻詩之佳，以其三子之文見示，皆精切。次子文起手云：“且人子百年無死親之心，即終身皆親在之日。”可謂沈痛。但恐此老代爲脩飾，未必三子皆工文也。宋梓儕疊韻送予與秀峰，擬更疊韻答之。芰舲送銀廿兩，意作乃弟束脩。予力却之，云必欲酬情，俟榜後高發再謝先生。下午往劉虞九丈處辭行，云今年順天正主考又是翁先生，怪物將畢出矣。見唐吉生，伊有一家人託帶回湖南，又託覓教讀，實不敢應。晚間芰舲至，云少村病，不能入二場，可惜。燈下復九疊韻答梓儕，十疊韻別芰舲。

十三（12日）

錄詩送梓儕、芰舲。芰舲欲以近所作詩彙刻爲集，因將詩錄出一本。下午至芰舲處，諸人皆出場。星墀場中吐血，彼故有此病也。晚歸檢書籍，擬作試帖一首。

十四（13日）

錄詩九弽。今年共作十七弽，在近年可謂多矣。近日鬥捷之作，多不足存。得家信，云祥女喜期擇十一月初七日，受明出場即攜念恂歸娶，屬買裁料、磁器。黃升催船，船甚貴，極小巴斗錢九千六百文。飯後又使去買磁器。芰舲約同往秀峰處泛舟夜游。天陰風大，至彼處又雨，殊阻清興，談至夜分始歸。

十五（14日）

將所填詞錄畢，檢點一切。芰舲送脩金廿兩，力却之，彼又買物四色送至，不便再辭。下午復邀往過節。晚歸，月色甚佳，惜泛舟未訂期。中秋也，對月有感，作詩一首。聞太后於是日恭上徽號。

十六（15日）

寫詩與芰舲親家觀之，並寄書箱大小十口。詩云："酒酣興來狂喝月，月光灔灔出復沒。纖雲盡埽開麡函，一鏡當空見毛髮。昨邀詩侶泛舟約，風雨敗興舟不發。今宵光采乃大佳，即無勝游亦足悅。況聞深宮上徽號，群公拜舞朝金闕。月爲陰象象聖后，媧皇定能補天缺。玉川妖蠱且莫慮，銀蟾照人方皎潔。壁上觀戰心蕭閒，闡中麈爭氣蓬勃。未知姮娥意誰屬，盡許仙桂手自折。悲歡離合豈有常，異鄉獨客逢佳節。遥憐兒女解相憶，誰道江湖不可越。去去從兹又將別，茫茫對此感超忽。瓊樓玉宇望渺然，夜久風凉坐砭骨。"下午將往夏宅，保生適至，將芰舲所言代達。彼亦無他言，云可同行。魏建侯送文章來，甚奇，以《孝經》天子、諸侯、卿大夫、士、庶分作五比。同保生至夏宅，遂同芰舲至秀峰處。月夜泛舟，風景甚佳。芰舲云不可無詩。予行色匆匆，勉疊前題芰舲詩集韻云："人間無此樂，天上是何年。玉宇寒微影，金波澹不煙。如聞羽衣曲，欲寫衍波箋。赤壁後游樂，茫茫豈異前。""嬋娟兩花月，天意太多情。圜景夜中滿，遠香風裏生。蘙荷分棹色，疏柳拂篷聲。撫境忘塵慮，何論身後名。""中秋已逾日，明月更清高。影見星河倒，情宜詩酒陶。棘闡尚紅燭，柳計孰藍袍。鼓角催人出，應憐麈戰勞。""一棹折浮處，三人離別心。逢君獨恨晚，顧我亦知音。何日買山隱，同爲梁父吟。東湖息壤在，舊約倘能尋。"

十七（16日）

本家芝仙兄弟、陳芷青、夏鑒臣、黎覺人、聘之、彭小圃、朱溪雲、熊錫榮來送行。賀爾翊至，以芰舲所言，託轉致乃翁。秦鏡中、吳正表來送行。芰舲信來，送到秀峰十字韻五古一首，甚雄奇。本約分“十六夜月”作詩，“六”字韻一時不能成，俟補作。寫信促保生速行，恐久生變，且我不能待也。觀電報，得數省題，皆不甚佳。順天正考官薛允升，向無文名；副考官徐郙、楊頤、長萃，會總已見一斑；同考官湖南陳兆文、彭清藜，二人大考一等，如斯而已乎！饒之麟、張捄來送行。楊藻鑑、黃樹珊先後至。文法和、嘯樵、寶書同來。王晉侯亦至，呈所作文，雖見老氣，然無味，未必行。保生來，云此刻不想走，擬搬出住，誠不解其何意，大約想候榜耳。伊不去，我不能強，促其作家信。我料理上船。法和送禮到船，勉強受梨與茶葉。船開至馬頭泊。夜大風。

十八（17 日）

微雨，北風，船不肯開。此保生誤我也。前泛月擬以“十六夜月”分韻作詩，秀峰作“十”字韻詩甚奇崛，予分“六”字韻未成，故疊韻作五律四首。今在舟中補作五古，惜無由寄二君。《史通》一書，舟中觀之，始得見其全。子玄《疑古》、《惑經》諸篇，爲人詬病。浦二田於《疑古》頗得其解，《惑經》無以解之，由不知孔子作《春秋》，立一王之法，非爲諸國作史記事；一字褒貶，有義例，非承舊史赴告；爲尊者諱、賢者諱、親者諱，非如後世史法，據事直書，不虛美，不隱惡。子玄精於史法，以後世作史之例繩《春秋》，固不可通，又偏據《左傳》及杜預解《左傳》之義，以疑《春秋》，其惑尤不可解。夫使夫子作《春秋》，其義誠如《左傳》家杜預等所言，則子玄所惑，雖聖人復生不能辨。然聖人之經，豈有不可通者？則據子玄所惑，正可知夫子之《春秋》，其義必不如《左傳》家杜預等所言矣。子玄又好據《竹書》以疑經，不知《春秋》傳於子夏，子夏退老西河，《竹書》出於魏人，其人必見《春秋》而仿其文，故其文略同。而杜預作《春秋後序》，乃益以堅其經承舊史、史承赴告之說，似以夫子作《春秋》，乃是依仿此等書爲之，可云顛倒之見。子玄所見亦同杜預，充其說，將以左丘明、杜預爲聖人，而夫子非聖。自唐以後，專信《左氏》，其弊皆然，不止子玄一人，特他人不敢如此張目言之耳。即此以觀，足見《左傳》家不可與言《春秋》，而杜預尤爲聖經之蟊賊。詆子玄者，以爲非聖無法，不知皆由此等瞽説啟之。王安石以《春秋》爲斷爛朝報，亦爲此等説所誤也。夜作感事詩四首。

十九（18日）

風大，仍不能行。飯後登岸，至芰舲處，録所作詩，屬代致秀峰。保生尚未行，且與東家有違言。予促之行，保生不悦。芰舲屬學生送行，亦自送，着人送擔偏轎，送其出門。于秉荀云保生去歲在試館中被打，移居彼處復有隙。此人愚而好自用，到處不行，可戒也。爲芰舲、秉荀、芷青、星楣書扇四柄，皆録近作。芰舲請賀氏父子至。午飯已晚，因留宿。

二十（19日）

舟不行，仍在夏宅。爾翊録文送閲，首藝爲題窘，强談考據，不切題；次藝從古義，用《公羊》；三藝用《周禮》，皆典實。陳星墀文亦佳，三藝用《莊子》，尤超妙，不知闈中能識古董否。爲芰舲、書菴寫扇各一。芰舲請賀晴江代館，亦予爲作合，或不至蹈保生故轍。定廿一日上學，留予陪先生。予日暮歸舟。

廿一（20日）

雨後風小，强行九十里，泊灣口。舟中觀《漢西域圖考》，其考據甚精。喀什噶爾爲漢疏勒地，不知述貞親家到任否。逆舟斜行，不平穩。夜復雨，艙中皆濕。

廿二（21日）

雨止始行。至下午風又大，止行六十五里，距吴城尚有廿五里。作《讀〈西域圖考〉》詩一首。徐星伯《西域水道記》、《漢書西域傳補注》互有詳略，皆可觀。云出嘉峪關，至喀什噶爾六千餘里，"喀什"番言各色，"噶爾"番言磚屋，言其地富庶，有各色磚屋也。既設郡縣，不用夏變夷，而仍其土俗之名，真不可解，豈必如地從主人之義乎？夜風雨交作。

廿三（22 日）

雨止，風尚大。勉强行至吴城，日將曛矣。閲徐星伯書，兼閲《五禮通考》一卷。登舟已七日，猶止到吴城。此番來去滯留，皆出意表。擬作江右首題文，苦無新意。憶昨見白仙之作，酷似江右人學五家派者，此公當亦江右人也。

廿四（23 日）

午後風止。唐宅二人均上岸，促之乃至，耽擱甚久。行二十餘里，風又起，退數里，泊一小港。舟中觀《五禮通考》數卷。擬作"父母在"全章文一篇。此題原不必説到遠游，而父母不在，錫瑞抱終天之恨，故於中比暢發此旨，云"病不知何時，亡不知何日，甚至音容已杳，游子方飲酒高會，而未知已同於鮮民"，正言己丑十一月十四日事，念之猶爲大慟。

廿五（24 日）

四更開，行十里，候天明。是日無風，過湖平穩。至姑潭，已暮矣。行百三十里，差快人意。作《讀〈漢西域圖考〉》詩八十餘韻。夜復得《江行絶句》數首。

廿六（25 日）

候量關，始開已將午。出口風漸長，不能進。中間無泊處，行十餘里，倒回仍泊姑潭。計登舟已十日矣。觀《五禮通考》載爲後之議，有獨子不得爲人後之律，有殤不立後之説，而亦有二三歲爲立後者，皆親王，非常人。吉兒信云尹丞親家有收回念恂之意，云殤不得立後，可以此文示之。昏禮有魏、晉有拜時之禮，入門即見舅姑，而不與夫成婚，似今帶小媳婦者，蓋亂世之禮。而云拜時禮重於舅姑，三日禮成於夫婦，是六代時已三日成昏，不始於《朱子家禮》。毛西河云朱子改"三月"爲"三日"，失考。

夜擬杜《秋夜》詩五首。

廿七（26 日）

風雨不止。下午風更大，上下無一船行者。觀宋于庭《大學》、《論語説義》①，謂大學、明堂同位，"明明德"即明堂之明德，即《潛夫論》所推五帝德，皆可據。引《公羊》家言解《論語》，不用《周禮》、《左傳》，宋傳陽湖莊氏之學者也。用老杜《白帝城放船》韻，作《章江放船四十韻》。夜風雨更大。

廿八（27 日）

仍不能行。若廿五到姑潭，早一個時辰量過關，廿六一早開，則到九江，免此耽擱矣。由吳城等唐姓家人，次日黃升使船上等天明致誤，可恨！觀宋于庭《孟子趙注補正》，論貢、助、徹最有力，孟子先梁後齊，似亦搞，然不如解《論語》尤得微言也。填詞二首。

廿九（28 日）

仍不行。憶李圭所箸《環游地球新録》，題詩一首。專憑默記，恐有不合，他日當求本核之。風雨，悶坐舟中，有同病困。買蟹，嫩不可食。夜作詩二首。

九　月

初一（29 日）

唐姓二人起早往九江。寫家書數行，言川路阻風，以免家中屬望。讀徐星伯《新疆賦》，分別新疆、回疆甚明。新疆北八城，故準部。回疆南八城，故回部。先是新疆設郡縣，回疆仍其俗，今皆爲郡縣矣。《西域水道記》酷摹《水經注》，得其筆意。此公

---

① 按，宋翔鳳有《大學古義説》二卷，此處所謂《大學》，應指此書。

才學甚富，何故楚人不能容之也？夜填詞三首。濤聲撼夢，天已晴而風不息。

初二（30日）

各船勉强開行一二里，仍退還。予欲陸行，黃升以爲此處非馬頭，人皆烏合，行李多，難照顧，又致躊躇。登岸徘徊，波浪甚大，風木之感，尤觸予懷。始以爲此數日可以抵家，不知留滯於此。湖南將放榜，不知兒輩得失何如，倘有好音，悔不早作歸計矣。觀《説文統釋序》、《古籀補》諸書。小學自是古學門户，然專務爲此，則所見者小，予不爲也。夜作小詩數首。

初三（10月1日）

天明風息，開出口，浪復起，回泊原處。閲《五禮通考》，其載史事、議論皆是，而解經多撥棄古義。蓋三代以上之事與後世異，漢人去古未遠，猶得其略。宋以後人習見後世之事，乃謂三代以上事皆不足信，漢人言皆非是，故議禮率是王非鄭，一聞讖緯之説，奮髯扼腕，如見貿首之仇，殊不可解。秦氏於經學全無所解，每以不誤爲誤，徒知先世之禮不可行於後世，不知古事與後世不同。趙汸言郊禘宗康成，引《國語》之文，最確。秦氏反以爲謬，所見殊愼。引宋、明肊説太多，甚無謂。分大字旁注，體例未全。注疏皆小字，即曰尊經，朱子集傳何又大字？先儒説多用小字，己説用大字，尤可議。俞理初極詆此書，不得謂之過也。下午開船，強行二十里①，泊白虎潭。得小詩二首。

初四（2日）

一早開行，辰刻至湖口。路止十里，費九牛二虎之力。閲《五禮通考》，知六天感生之義後人不信，亦有由來。上古之時，天與人近，帝王之生，皆有神異。生當五德之運，殁配五行之帝。

---

①　"里"，原誤作"日"，據文義改。

又古天子之先皆是諸侯，有大功德於民，如商、周之稷、契，以之配天，亦無慚德。後王崛起，皆以一時之功，非必當五德之運，不過因其受命，殁而配天。若其祖先，或居側微，並無功德，豈可躋之稷、契以配天哉！故感生、禘郊之古義，後世誠不可行。漢以後，人必欲以古義行之，當時拘泥鮮合。宋以後，人又誤以後世之見疑古事，更武斷鮮通。自非經學專家，鮮不以古義爲河漢，如秦氏者又何譏焉？暇時當作《感生及禘郊古義》，以通古今之旨，箝俗儒之口。自湖口順風揚帆，申刻已抵九江。登舟將二十日，始此快意。抵岸，着人到啟源知會。黎襄廷即自至，請發行李到彼處。見其兄號師僑者，人亦明了，乃覺人之父。彼云覺人與聘之皆嘗請數先生改文字，互證所見，亦是一法，足見其人教子弟認真，不惜費，後世必有興者。晚間聘之信到，云廿九考優題爲"顏淵、季路侍"一章、"舜使益掌火"。初一次題，初四五可發。覺人寄文章稿，有曲折奧衍之致。湖南題，遍觀《申報》，皆不見。《申報》載上諭，以加徽號，廣中額，湖南可多中二十人，兒輩未知可望否？報云平壤失守，李相亦得處分，甚有譏諷之詞。此人致寇負乘，固不足惜，將來大局可慮耳。能挽之耳，伊何人哉？乩仙之言，恐將驗矣。夜臭蟲咬人，不能睡。起視，則枕上大小數十，苦哉！

初五（3日）

禮拜，無輪船到，只得坐待一日。爲祥女買裁料，作嫁衣及零星物件。錄舟中所作《章江放船四十韻》，及擬作江西首題文，寄芰舲並呈梓儕、秀峰。

初六（4日）

未初船始到。黎處再三辭其酒席、下程，彼仍舊辦好，却之不得。得電報，其子聘之正取優貢第六，乃其父尊師重道之報。我非敢居功，亦曾於學使處力保，或亦因此而得。未知餘五人爲誰。黎送至江孚船，代僱船艙，出船價，意甚勤懇。船申刻始開。有湘陰楊君同船，云吳清卿請幫辦北洋受譴，令守威海衛，命魏午莊帶十營①、陳舫仙帶六營、李健齋帶五營。楊君以爲彼此不相節制，功難成也。艙中多螳，食物皆壞。

初七（5日）

未初到漢口馬頭，風浪甚大。申刻過船。船小，不能伸頭，臥並不能伸腳。夜甚寒。

初八（6日）

申刻始開，行三十里至沌口。感戰事，作五律八首。

初九（7日）

重陽。天晴，甚佳，風色亦順。閱《五禮通考》數卷，益歎秦氏之陋。過金口、東角腦、簰洲。兩頭風不順，以致耽擱，僅行百二十里。若西人處此，必將開通此數十里路，往來便近多矣。念此日重九，作詩二首、《武備學堂》一首。

初十（8日）

天晴，風甚微。予久慮北風太多，到漢口將守南風，果如我所慮。舟中頗熱，焦悶之至。撐篙拉縴行六十里，至嘉魚。作《〈史通·惑經〉篇書後》一篇。舟中多蚊，夜不能寐。日中目忽腫大，疑生目疾，繼乃知其不然，蓋爲臭蟲、蚊子所螫耳。予身無完膚，行路之苦如此。

十一（9日）

晴。微西風，行三十五里，至寶塔洲。甫過午，舟遂不行，可恨。下午停泊，熱甚。作《〈史通·申左〉篇書後》一篇。頭悶身痛，病將作矣。

---

① "魏"，原誤作"衛"，據文義改。

十二(10日)

微有北風,行六十里,至新隄已未初。北風漸長,行四十五里,至螺山始申正。一個半時辰行四十五里,不讓小輪船矣。作《五帝感生帝說》一篇。閱《五禮通考》數卷。未起更已至城陵磯,行二百里。非釐卡之阻,尚可夜行。

十三(11日)

無風,行至岳州。恐營兵擄船,耽擱許久。探聽只擄下水,不擄上水,始敢傍城。客上下,又耽擱。客自岳州來者,云放榜此間尚無信。欲着黃升到龍荔仙處打聽,又恐風順耽誤。客有下岸者竟失一包袱,為同船人竊去。故予在船不敢走開,岳陽樓亦不及一登,呂仙得毋笑我俗也?觀潘維城《論語集箋》一本,引證詳而斷制少。行二十餘里,午後泊南津港,因西風不順。始以為風順,今夜可到,不意未能過湖。

十四(12日)

無風,不行。至未刻,微北風,行至鹿角,四十里。已晚,風亦息,遂泊。閱《論語集箋》一本。得七律三首。頭悶殊甚。

十五(13日)

東北風。四更開行,辰刻過磊石山,六十里。午正過營田,六十里。申初三刻過湘陰,六十里。三鼓至靖港,六十里。以為竟夜可至長沙,而風忽息,遂泊。

十六(14日)

晴。無風,拉縴。辰刻過新康,行甚遲。過丁字灣,稍得北風。申刻到省城,抵荊宅。久客回家,有如夢寐。

十七(15日)

檢理行囊。飯後到二叔父處,見叔祖母尚健。子漁已往湖北,途中惜不遇也。至述卿處,還遇譚君華至。看闈墨,解元手筆尚不俗,以後無甚佳者,知名士甚少,暇時再當細閱。彝仲來談，云七月出京，蓉墅留京不出。吉人到汪宅，云受明已歸至上海，念恂未同出京，今冬喜期不能辦矣。

十八（16日）

飯後到久安先生處道喜，不晤。見俞伯鈞，談京師事，云道路傳言李傅相事非實。予始亦疑語不得體，果已訛傳。至楊宅，見妹及妹夫。黃宅晤薏丞親家。餘多不晤，歸家。下午史恒章至，言余怡臣屢發難端，勉强支拄，未大決裂，將來必須妥爲布置，以除後患。擬十月上墳，邀同譚、李二公往請地方，以了此事。

十九（17日）

久安先生與象臣至。盛家灣事，同久安先生談及，彼亦諾往。李健松亦至，云須過初六乃得閒。郭章甫至，尚健。王伯璋、仲蕃同來。二人卷皆出朱黼卿房，惜主司不識。張學使本保伯璋，誤保仲蕃。教職，校經堂已留伯璋矣。聞陳芷青、星墀、夏鑒臣皆中，甚爲欣躍。旋得全報，乃得文景清發解，院中高才生賀贊元、文廷楷、吳正表、蔡藩、胡其敬皆得售。此五人今年皆曾取第一，足見我老眼無花。他如李央、黎經誥、彭樹華、胡鵬、黃大壎，雖已出院，亦係講舍舊人，朱錫庚亦然，皆佳士也。現在肄業生，又有傅景俞、段節、舒恭潤、趙世庸、宋功煒、劉思濂諸人。李秀峰之子廬毓得中，蘇毓副車。胡元輅亦副車。本家皮垠亦副車。鄒殿書不中，而中其弟叔澄。此科江右可謂得人，惜盧豫章、魏燮奎不中。

二十（18日）

聞汪述貞親家二月已到任，彼處風土甚佳，致書往賀，並録題《漢西域圖考》詩示之。飯後往李質堂處及張宅作吊。歸後，張雨珊、王逸梧兩丈來回拜，談及海上之事，鳳皇城亦失守，距盛京只四百里。大局可慮，將若之何？云局刊咸、同《東華録》未

畢,明五子詩已刊成,《漢書·天文》《律曆志》已刊,現擬刊九種
《紀事本末》也。薏丞親家至。下午録詞數首。

二十一(19日)

　　寫信往芟舲處致賀。飯後出門,至汪鏡青處,問受明尚未
歸,見親家母及其次子。往師家祠,見譚太親家翁。人客多,有
話未説。蓉墅昨有信回,云京師人心皇皇,移家者甚衆。平壤之
潰,由北洋不發子藥,將軍餉二百萬送與日本。老奸鬻國,寸磔
不足蔽辜!歸録詩數昏。石先生來問抄書,約以異日。

二十二(20日)

　　爲二兒作《李牧守邊約》一篇。飯後往校經堂,伯璋、仲蕃
皆出門。還到栗樵處,入門聞號哭聲,大驚。五嫂奔出,呼天撞
地。問之,始知其子魯卿暴卒,可慘之至!予坐不安,遂歸。家
人聞之,亦皆駭然。吉皆之子亦病重。彭家家運不知何以至此。
下午抄詩數昏。

二十三(21日)

　　抄詩數昏。葉焕彬至,云朱黼卿房中佳卷甚多,主司不識,
可歎!李兆基至,南塘退佃,張姓不肯出莊。因退佃已遲,此事
不易了結。

廿四(22日)

　　作《宋義論》一首。小泉二十歲,譚太親翁、柳象臣、楊子
服、瞿述卿等來賀。有曹團總者來,以胡三事求幫助。予不應,
然不欲得罪街坊,以禮待曹。然團總以此等事上人之門,亦太無
謂矣。張潤章至。

廿五(23日)

　　聞汪受明歸,往見。彼云念循之事,亦再三躊躇。渠意自不
欲歸,云歸恐其父不使其再去。頌年意欲我自送,勸明年再會
試,汪柳門師得蕭叔衡文以爲予作屬實也。予意雖未允,然恐將

來不得不然。尹臣到城再作商量，恐彼到京亦未必能接回也。至孔擂陔處，談時事甚悉，云湖南必別放統帥，不宜歸吳清帥節制。甚是，特無人獻言耳。到譚太親翁，略言家事，並與兩弟言之。歸午飯後，録文一首。

廿六（24日）

録文一首。唐魯英來回拜。陶履謙來回拜。陶欲請久安先生，然不肯帶學生，事恐不行。久安先生來，家事亦未敢主議。此在親戚之誼固然，主意須自定也。見述卿，託以刷印書事。

廿七（25日）

録文一篇。買得王壬老《詩補箋》，閲之，非毛、非鄭、非三家，蓋同龔定盦説《尚書》馬氏家法。壬老云嘗見之，然則湘學、川學出於常州，非誣也。

廿八（26日）

往胡眉壽家作弔，遂至陳宅陪弔。午後往左子建處作弔。見陶少翁及履謙，致久安先生意，恐未必行。往周郢生兄弟處、朱黼卿、秦雨泉處，皆不晤，遂歸。得芟舲及賀爾翊來信。爾翊不得優，可怪。

廿九（27日）

汪受明至，問尹臣親家尚未到城。下午楊宅招飲，掌燈後始歸。是日嬸母壽辰，拜壽，出門不及與宴。

三十（28日）

往叔祖母處問安。往張潤章家回看。松祥舂店託其買舂，有招攬生意者，並求包刷印、裝釘。舂今年價昂，去年花胚之價，今年只可買官堆。殷紹僑同年之弟默存來見，言乃兄死已數年，局中虧空，家甚窘。長府同年死者過半，可歎也。憶黎覺人嘗言陳本《大傳》不盡可據，"大水、小水"一條，《文選·海賦》《郭有道碑》注皆無之。檢《文選》，果然，其書不可信如此，安得字字爲之檢閱也？《史記》言伊尹始見湯，"言素王及九主之事"，或謂即《春秋》素王之法，故《春秋》從殷制。子夏傳《春秋》，若據此以爲《春秋》素王及重選舉、譏世卿之義，亦見作意。擬作小講一個。久安先生來，談家事，亟宜鬻宅，甚是。然一時難覓主，且夸富者不許人看，交易何由而成？秦雨泉至，欲求薦龍侍郎館，恐彼中人才已濟濟矣。

十　月

初一（29 日）

致函黎師僑、襄廷道賀。周郢生至，云吳清帥巡捕歸，言義州未失，不甚緊要，而家弟言柳芝龍信回，云和議已成，銀乙千九百萬，恐未必然也。石先生抄詩詞十餘昈，爲校一過。是日祖父忌日，不出門。設供後，兩叔父、諸弟同飲福胙至夜。

初二（30 日）

往殷默存處回看，晤許理齋同年，始知其在里仁巷住，覓得其處又不晤。見汪受明，見其闈作，前用《易經》，後言時務，可謂極合時趨，不得則命也。湘潭楊承祖者，以官號得中，全套唐紹武文。近日好奇風氣如是！云黃小麓奉新缺仍駁去，何以爲情耶？理齋言恭邸之出，乃文道希與諸翰林同摺保奏。張埜翁奏云，恐彼據盛京、挾陵寢議和。此大可慮者，當早防之。曾重伯請加提督銜將兵，可謂請纓壯志矣，其詞未盡善也。下午久安先生至，云傅子微中副車。湖南六正一副，尚不吃虧。受明與子微同行，聞之益難爲情，胡不使受明得之也？久安先生欲就陶宅之館，不帶人亦可。姨太太喚小泉歸，與之對泣，予不敢作曹丘矣。

初三（31 日）

往馮家沖上墳，不拜松楸又一年矣。轎中閲《詩補箋》二卷。歸拜外祖父母墓。天氣甚熱。到家，日未曛。健松至，約其下鄉。

初四（11 月 1 日）

往史家坡上墳。閲《詩補箋》二卷，其中多有心得，駁毛《傳》處亦是。予向不甚以毛《傳》爲然，觀此足發人意。然壬老亦不宗三家，多用己意，能援《禮經》，故不同宋、明肌説也。歸過皇倉街，約健松。見兆基，云初八准去，已代約久安先生矣。皇倉街只兩空屋，已擁擠不通。鄉人來者甚多，殊可笑。

初五（2 日）

録江西擬作文。檢書，取《史記引書異文疏證》，擬録一過。殷默存至，久談。勞敏臣、許理齋至。李兆基至。史恒章，着人往找，幸已到城，使其先一日去，預備一切，免致耽擱工夫。

初六（3 日）

往汪受明處，賀其生子，不晤。往譚太親家翁處，約下鄉，並明年館事求其仍舊，未知行否？歸校《史記引尚書考》數卷。

初七（4 日）

往李健松處，約下鄉。健松引人看房屋，似可行，但價值不對耳。遂至坡子街看萬壽，不過燈彩略新，觀者已舉國若狂矣。校《史記引尚書考》。

初八（5 日）

天明至師家祠堂，邀久安先生同到盛家灣。健松已先到，與余姓説妥。予至已曛黑矣，未能拜墓。途中與久安先生談家事頗悉，勸其仍帶小泉。閲《鄉黨圖考》二卷。

初九（6 日）

早往屋後拜墓，不見松楸又一年矣。久安先生與健松言墓盧乾山巽向,於今大利,房屋亦堅固可住,特人心難齊,不能行耳。予因去年下鄉之計不成,故知必難定計,雖有巨室何益?下午請團保、鄰右。余姓已一早下區、搬東西,因健松之言也。健松與久安先生勸出三十千與余姓作出莊費,已後可到無事①,團保、地鄰同擔代。予以先子墳塋在此,不欲小人結怨,只得允行。此事由買進時不俟出莊,先交全價,致多口舌,後當以爲戒,但望此後永無變故耳。

初十(7日)

未明即起蓐食,俟天明乃行,未晚即到城。過河忽起風,吹頭甚悶。夜間黃棣威至,言乃弟貢如將及門受經。予告以經學無祕訣,當先看書,勸其不必及門。我家事紛紛,不日即有變動,來此未便。栗樵來一函。

十一(8日)

飯後久安先生偕健松至,言買屋事,示以分關老契,且帶看牆門,託其設法。二公力主下鄉之議,姨太太意亦允從,且留二公久談,午飯始去。去後,姨太太即號哭咒罵。當二公未去時,已有下鄉必死之言,尤爲可駭。若然,則鄉下人皆死盡矣,真千古奇談。蓋彼以爲二公所言皆我授意,意謂姑笑諾之,使我心喜,愚弄我等於股掌上云爾。不知彼不下鄉,我早知之。久安先生之言,乃爲我家統籌大局,必如是乃可敷衍,故苦口勸之,並非我授意也。唐斐泉先生回拜,不見十年,鬢髮皓然。前聞彼來看屋,大受呵叱。今家中見此人,謂非是。廖大亦云前來者係王姓,保靖人,在粵東作武官者,已還價五千八百金,因受呵叱而去,買文星橋屋,不中意,欲更覓南門之屋。予託廖大再往説合。

---

① "到",似當作"保"。

十二（9 日）

聞尹臣親家到城，往見。受明出頒年信，云京城人心驚惶，京官多送眷歸；伊無貲不能行，安排作忠臣而已。大局如此，明春請我送女之事且緩商，京師非久居之地。奉天無兵，僅潰卒數千。合肥不去，無可挽回。敗兵、降將、漢奸，不辦一人，何以激厲？翰林院兩次聯名攻合肥、斥和議云云，與昨見蓉墅信略同。蓉墅言時事更詳，云：長信痛詈常熟主戰以致賊，令往津央合肥主和。外議因有十九千萬，棄黑龍江、臺灣之説，言者交攻。常熟因爲人指摘，高陽頗著正聲，有"高陽誠高，常熟太熟"之語。又有爲之解者，云常熟往津督看合肥，非言和。疑莫能明。更有言常熟此行，一爲和議，一爲西幸計，長信欲先至保定。云得之萍鄉學士，事屬有因。而京師祝嘏至頤和園，鋪張如舊，無敢説者。倘有變故，可爲寒心。英、德二國有包打日本、取回朝鮮，索費二千萬，無敢主議。議和議戰，爭鬨於廷。此宋、明大弊，今復然矣。汪鏡青移住柑子園，往賀。其屋不大，月十九千，足見擇居之難。吾家如遷移，不能下鄉，城居殊不易也。尹臣云明正往京帶念恂歸，辦喜事約在三、四月。此去想可成議，或能全家俱回南也。陳星梅來，得芰舲書，主司批鑒臣所用書甚詳，可謂識古董者。晚間君華至，言小泉事。予未便深言，但屬其轉致乃翁再管教東牀一二年。街上觀燈虎兒甚多，不盡佳。有"上夫下可，打身體一字"，予猜是"也"字，《説文》云："女陰也。"得信昈十張，得六文錢。

十三（10 日）

汪鏡青來回拜。鄉下人來，言南塘事。珊池父子不來，勢不免一行矣。校《史記引尚書考》數昈。是日爲祖母忌日。設祭後，譚壽衡至，留共飲，譚鄉下事至夜。

十四（11日）

汪受明至，言京中消息甚不好，人心皇皇，廿七八二日又大敗，鳳皇城失守，旅順口登岸。披地圖共閱，牛莊距海州不遠，旅順口爲金州地，所謂金、復、海、蓋四州是也。過此則爲遼陽。遼陽北爲奉天，鳳皇城北無城，直至遼陽。如二處皆失守，則彼聲援相接，遼、瀋危矣！鳳皇城西南踰大淩河爲錦州、松山，再南爲寧遠，再南爲山海關，南來則京師亦危，誠不料大局至此！尹臣爲念恂甚憂，咎受明不帶之南歸，欲自往。今京中危甚，或家眷南歸亦未可知也。鄉下事尚未了。君華至，言乃翁亦爲蓉墅繫念。父母之情，大抵然矣。爲二兒改文數處。校《史記引書》數帋。

十五（12日）

校《史記引書》數帋。君華至，言奉天已失守，未知其説塙否。頌年信云其地並無一兵一卒，則彼來直入無人之地。既無守者，且不得云失守。昭陵在彼，視同甌脫，近日泄沓之輩不足責。乾、嘉時，不移旗丁、設城郭以固邊圉，失此大策，誠可惜耳。倭人乘虛，乃意中事。不知福京兆如何結局，此公與予故賓主也。

十六（13日）

校《史記引書》數帋。聞有山海關失守之耗，尤可駭！無此關，則無京師矣。南塘退佃一事，大費脣舌，張恒裕、譚壽衡共議久之。予於此等事甚厭煩，在家誠不若在外之安樂也。日內手熱作麻，且右頸拗痛。

十七（14日）

作《〈新唐書〉別出司空圖於〈卓行傳〉論》一篇。飯後至汪受明處。尹臣於今早已同朱尊生乘輪船至漢口矣，約計明日可到，電報後日可到京，再一日即有回電，但不知電線能通否。聞陳舫仙有電報回，已至山海關，九連城已收復。是好消息，特恐彼不得志於北，北地早寒，必將南侵，安得有壯士能出洋，先伐日本，使彼回兵自救也？至陳迪安處，見張埜秋參禮王、南皮片，及文道希爲瑞洵參樞臣、疆臣疏稿，及公保恭王疏稿，言之誠善，恐未必能盡行其言耳。往劉牧村處回看，不晤。劉以其子瑞珊不得優，甚怏怏，云寒士無錢。打聽今年優貢取華焯、吳祖蔭、程運熙，皆非院中肄業生，而高才如賀、魏皆不得，此言未必無因也。見蔡與循先生，云龍三丈請一新科孝廉王某總校，不知何人。往師家祠，久安先生已歸。晤彝仲及劉振愚，論時事，扼腕久之。歸午飯後，校《史記》數條。《經訓課文》刷百八十部，已畢工。

十八（15日）

　　録《史記引尚書考》數俉。石先生來索書鈔，即以付之。是日孝廉課期，予不欲與新貴爭勝，懶作時蓺，故不往。

十九（16日）

　　往葉煥彬處，見其校袁漱六諸人所鈔《書目》，擬發刊。此書成，有益考證。又有孫淵如手校《水經注》發刊，更佳。《世説新語》添《引用書目》及《逸文》，見贈一部。往書店取《明詩》。擬尹子莘《秋興》四首。校《史記》數俉。而鄉下三處人來，所言皆瑣屑事，如催租敗興矣。晚間袁叔瑜及彝仲來。叔瑜云方柳橋刊嚴鐵橋《全上古秦漢六朝文》一百本，贈彼一部，暇當往觀。電報有恭王督師，曾重伯、陳梅生隨營之語，未知塙否。彝仲談至定更始去。

二十（17日）

　　録《史記引尚書考》數俉。孫女周晬，邀客不至。食蟹，頗肥。

二十一（18日）

　　録《史記考》數俉。爲二兒改《"佩其象挮"考》。《詩補箋》

以爲刺驪姬。予出新義，以爲刺惠公烝賈君事。《國語》唐注以
賈君爲申生妃。尹伯奇有《履霜操》，云《履霜》哀申生也。《楚
辭·天問》有女岐縫裳事。夷吾淫其嫂賈君，與澆淫其嫂女岐
同，故云"縫裳"、"象揥"，刺賈君無德，猶《君子偕老》言象揥刺
宣姜無德，似亦可備一解。是日廖大帶有看屋者，云當住宅，已
出四千金。久安先生夜至，談此事。

廿二（19 日）

　　録《史記考》數帋。劉振愚、汪叔明至，言劉峴帥署直督，合
肥入閣。此事辦法亦好。曾重伯、陳梅生奮志請纓，交吳大澂差
遣委用。四川查辦已見明文，夏竹軒、宋省齋、楊紹曾均交部議。
宋大哥人極長厚，廖師亦不能祖護，可惜也。謠言大喪，幸其不
搞，所謂社稷有靈，必無此慮。

廿三（20 日）

　　葉焕彬至。出所箸《今文考證》、《大傳疏證》示之，伊極稱
《考證》之序，勸予先刊。言楊盛事《南史》無之。予一時難抬書
箱，繙《讀通鑑論》即有之，足見予所記憶尚非全忘，又以見讀書
之不易，言經學、小學，未必通史學也。是日爲曾祖母高太宜人
忌辰。唐惠湘續娶，太宜人往賀，得急症，殁於其室中，即今正屋
之東邊室，尚未改造也。先祖時買得此屋，予等不能保守，將此
屋出售，其罪大矣。天實爲之，奈之何哉！

廿四（21 日）

　　往李健松處，還余怡臣出莊一項。往袁叔瑜處回看，見廣東
王毓藻所刊嚴鐵橋《全上古秦漢六朝文》一百本。此書便繙閲，
大有用，惜不能得之。同叔瑜至久安先生處，見蓉墅家信，云京
師十室九空，乘輿有西幸之説，彼亦將作歸計。此信初五日，尚
不知現在局面若何。《申報》言恭王督辦軍務，各省兵皆歸節
制，何必以慶郡王、榮禄輩參之？翁、李二先生與剛毅入軍機，

不見出者，何也？峴帥初十起，此刻恐尚未到榆關，湘軍未集，不知能守否？西幸則大事去矣。聖躬憂勞，自七月即不安寢，何以堪之？《申報》云俄皇死，法民主被刺，尚是好消息，彼二國當不動也。歸過叔明處，云京中、漢口尚無信來，有即告知。午飯後聞二叔父病，往視，已痊可矣。爲二兒改《賈君房議罷珠崖郡賦》。

廿五（22日）

作《兵車行》，痛言時事。改《孔文舉禰正平論》。郭章甫至，云倭有分兵攻山海關及閩之語，不知於何得之。昨云孔揖陔、彭稷初見護院問時事，彼云擬設一驛報，專走湖北探信，而鹽道、首府尼之，今姑强設，尚未回報。李黨如此可惡，不知何心？邵小村聞被參，在滬候信。但望彼不來，湖南之福也。聞倭人傳檄，不知作何語，或亦有取侮之道乎？葉煥彬言吳中本《大傳》出於錢求赤，予所未聞，俟考，他日見葉當詢之。

廿六（23日）

校《尚書考證》及石姓所鈔《史記引尚書考》一卷①。秦雨泉、張保生至。珊池表叔着張姓送信來，伊袒張而無以服嚴，不使張姓出息認錯，而使予放炮竹、送酒席、出息銀，可謂老誖，復函譏之。

廿七（24日）

校《尚書考證》一卷餘。閱《八代詩選》，零章斷句皆不遺，似全録也。柳象臣至，談時務。吉兒至汪宅，尚無信。《申報》至十六，亦無甚動靜。

廿八（25日）

校《尚書》一卷。汪叔明至，出頌年手書，家眷已於初六日

---

① "證"，原誤作"正"，據廿七日記改。

出京往山東，伊送至通州還京。初八發信，云京師戒嚴，如西幸即扈蹕矣。《申報》已看至十九，尚無動靜。傳言宋慶陣亡，魏午莊退三十里，恐未塙。

廿九（26日）

微雨，復晴。校《尚書》三卷。假《申報》觀之，至十九，尚無大兵事。旅順口亦未失，宋慶退守遼陽似不妄也。都中祝嘏，初七至十三日止，一路點景，仍然歌舞承平，而諸人家信絕不齒及，何歟？昔嘗有留滯周南之憾，今日諸君恐更羡局外人矣。

十一月

初一（27日）

錄《異文考》數條。見廿日《申報》，云宋軍於十五六連捷。是好消息，特恐不塙耳。皇上召見各國使臣，不知何爲。德璀琳入京，豈議和耶？京官逃走，十室九空。《申報》云："養兵千日，用在一朝。今養官千日，用在一逃。"謔亦虐矣哉！

初二（28日）

錄《異文考》數條。二兒院課雖列第一，然此公於經解殊非了了。

初三（29日）

錄《異文考》數條。天氣漸寒，然不下雨。

初四（30日）

錄《異文考》數條。芷青到，出芰舲手書，必欲爲幹臣加評語。乃擬數語，並作復函寄芰舲，坿寄復爾朔。

初五（12月1日）

錄《異文考》數條。星墀到，言在湖北十日，湖北闈墨甚佳。芷青言湖北電報有"山海如警，駕行"之語。聞吳清帥得勝仗，又云並未出關，未出者似是也。湖南藩庫只存百金，市上已有抽一月佃錢之示。民窮財盡，將若之何？蓉墅已歸，云節吾亦出京，龍遜齋病危，皆可怪。叔明云尹臣已得覆電，將歸。子平之願，何日能了？

初六（2 日）

至葉煥彬處，談時事，云丁立鈞諸人聯名劾合肥最痛切①，有云："若不立予罷斥，將來盛京危逼，京師震驚，雖食李鴻章之肉，何補於國？"並及龔仰蘧、張佩綸、盛宣懷、丁禹昌、衛與貴諸人。衛已伏誅，餘未必終漏網也。《申報》中言某委員三批頗得二百萬者，即盛也。至二叔父處，言慶壽事，尚無辦法。遂往保生處回看。歸錄《尚書考》數條。楊子服往福建迎母，已行矣。

初七（3 日）

寫信寄黃君輔。午後至雙樂園，赴何棠孫招飲，談時事，云劉峴帥署直督已見明文，合肥無下落，譚文卿改督四川，邊寶泉升閩督，禮王、額、張二中堂皆出軍機，可謂官家另用一番人矣。吳清帥獲五人，奪洋鎗七支報捷，亦幸事。

初八（4 日）

《史記考》錄出數十愮，校數愮。《古文尚書考實》鈔畢一過。復栗樵一函。晚間薏丞親家至，以二叔父大慶，糾戲作賀，同到小古道巷觀地方。並至述卿處，見其冠軍之作極清刻。薏丞約次日來定議，東家未甚推辭，當可成。陳星埠處假得湖北闈墨觀之，皆古澹不俗。

初九（5 日）

秦雨泉求薦楊宅館，詢之已留任，函復雨泉。《師伏堂經說·禮記》閱數愮，擬擇其可觀者錄一過。黃薏丞至，約述卿定

① "劾"，原誤作"刻"，據文義改。

議發知單。往小古道巷再議,姨太太主政,決不可。此事予亦知其難,而親戚欲加熱鬧,予等不能不從興,而從中有撓之者,則亦可以止矣。函復薏丞。黃升往彭宅,歸云栗樵家眷擬往浙,欲彼護送,並向予假川貲。同在窘鄉,恐不能應。夜雨。

初十(6日)

雨不止。王逸梧先生招飲。飯後先往程輔熙年伯處,已出門,海年尚未歸。往陳芷青、星墀處道喜。遂往林麓樵丈處,云綏臣在保定陳伯屏處書啟館,並未往龍芝老處,蕭希魯將往。以主政寧當學幕,不可解。每月脩金三十,何所圖耶?往彭五嫂處,其往浙否主見未定,栗樵局仍留一年,尚佳。往薏丞處,父子均往李宅,惟望之在家。遂至王宅,以《大傳疏證》呈之。祭酒縱談經義。伊不信毛《傳》,與予不信古文《尚書》同,與康祖詒斥新學略相合。奏康者安維峻,乃祭酒門下士,伊意尚未知此事也。江學使習目錄之學,然此學非可以取士。江擬行季課,願捐廉,攜幕友十三人,想是做聲名者。以兩兒求與巍峩。伊來歲仍在城南,徐五公無告退之說。在坐畢純齋、陳璞山、俞鶴皋、龍際雲、程輔熙諸公。言國事,九連、鳳皇克復,旅順未失①,倭以雪深自退,恐冰泮復來耳。報捷止擒五人,奪馬數匹,及所繪地圖。乃繪圖人,非戰士也。傳聞殲倭數千,無是事。抽佃錢並二三百文皆取,止可七八萬竿,租穀亦須抽錢。諸公多不以為然,然不能阻,何也?此項為填吳清帥虧空,尤無理,護院乃偶人耳。祭酒云《漢書·天文》《律曆志》已刊,《藝文志》將送閱,《釋名》為王理安攜去,勸予刊《大傳疏證》。

十一(7日)

取《說文叙》補《考實》二條,皆於段注有駁正之語。取《蔡

---

① "失",原誤作"久",據文義改。

中郎集》閱一過。下午至二叔父處慶壽，夜飲致醉。

十二（8日）

　　天明至二叔父處陪客，到者僅數人。夜歸。以南塘退佃事，譚壽衡到，云事已了妥，着張文生有餘轉佃字。鄉下人作字甚苦，三更始寫完。

十三（9日）

　　以嚴姓批規交壽衡帶回，此事幸已了矣。以《蔡集》補《今文尚書》數條。《史記引尚書考》已録三卷，手校一過。夜爲二兒改文，代作試帖一首。

十四（10日）

　　復爲改文，代作試帖一首。聞旅順實係失守。號爲天險者，一旦委而去之，軍貲、火器遺棄蕩盡。吳清卿電信云衆軍皆潰，奉境全失，大局不可問矣！德璀琳往日本，大約欲爲調停。彼新得勝，志滿氣揚，恐要挾多端耳。是日爲予賤辰。念己丑在京稱觴，至今引爲憾事，家人戚屬稱祝，何忍當之？黃棣威夜至，有志經學，云已看《儀禮》，未知得門逕否。

十五（11日）

　　先大夫忌日，不出。二兒經課題爲《〈尚書大傳〉典禮類徵》、《稷爲司馬考》。予所箸書皆有之，檢視二兒，屬其逐項録出，典禮略依《五禮通考》，分吉、凶、軍、賓、嘉而稍變通之，如服色、正朔、宫室、制度無可隸者，統歸吉禮。

十六（12日）

　　爲二兒作《鄭注論》、《胡澹菴〈上高宗封事〉爲范瓊作論》兩篇。胡爲今之論合肥者説法，鄭注未知何屬，豈今亦有因宦官進而謀宦官者乎？冬至已近，將公帳録一過。林麓樵丈、汪受明見過。

十七(13 日)

袁叔瑜與黃子餘見過，言時事，云某電報言："京亂，車無，道梗，駕安。"下午赴久安先生招飲，至述卿、受明處，遂至孔搢陔家，同到師家祠堂。在坐胡敬哉、少卿、楊樹箴。孔大發議論，云今日官非官，紳非紳，護院尚可與言，誤於紳士逢迎，抽房租等事不能阻住。其言甚正。見翰林參合肥疏稿，云出文道希，列欵皆實，而不能請懸頭橐街，不及胡澹菴之快。

十八(14 日)

早起。因二叔父借袍褂，予提衣包閃腰，甚不適。繙《經韻樓集》，得《甄與為人為鄉名解》，擬作一篇。為二兒改《稷為司馬考》。彭頌如內姪來辭行，云廿日准行，必欲借廿金作川貲，予不得已允之。

十九(15 日)

致函栗樵，慰其喪子，並屬早歸借項。為二兒刪《〈尚書大傳〉禮制類徵》，計四十㭊，可謂一部書矣。程子大見訪，談時事，云讀書無用，今講西學，箸有各種表文，暇時當往觀。伊云中國惟人衆居最，出產貨物在十二等，足見中國之貧。然中國本不以貿易為重，其所以貧者，由理財、治兵無術也。

二十(16 日)

雪。為叔祖母作壽文，僅成帽子，以後事不深曉，恐有誤，當問明。

廿一(17 日)

晴。聞汪尹臣回省，往訪之。頌年初二發信已到，家眷已到山東。蔚雲病未痊，不能到魚臺任，係患腿疽，或多割腿筋之報歟？屬以切實寫信去，如正二月歸辦喜事甚佳，予二月又將行也。頌年云"肘腋之變，勢在岌岌"，不知何事。初八《申報》載太后懿旨，以珍嬪、瑾嬪屢有乞請之事，降為貴人，以示薄懲而肅内政。此事甚不妙。現已兵臨城下，兩宮有隙，亦當容忍，如此舉動，愈爲敵人窺破矣。以詩書禮樂之邦而内亂，何以能國？旅順不戰而潰，大爲夷人所嗤。今榆關之警不知搆否，但望肘腋無變，雖失北京，猶可作一龜兹國。二嬪未知乞請何事，或以其薦先生乎？此君主稿參東朝所用之人，宜其遷怒，然而失國體矣。水師提督以德人署理，其人告奮勇爲中國滅倭，需銀四千萬兩。唐嘗用回紇滅安、史，似亦可許。都中延頸望峴帥，湘軍不素練，未必能勝，不若以蠻夷攻蠻夷也。往黃子餘處回看，云湖北張羅不行。往叔瑜處，不晤，久安先生屬薦冕叔，乃致函告之。

廿二（18日）

校《師伏堂經說・左傳》。此皆十年前所爲也。中多前人已說，間有新解可取，擬使人録出。叔瑜至，言館事似屬可行，但恐先生專務自己用功，又恐有脾氣，伊不在家，或開罪，以此二事尚遲疑也。

廿三（19日）

將公帳結算，扣出吉人獎賞卅兩及茶葉店未收佃錢，猶餘錢卅餘串。將叔瑜所說函告久安先生，請其斟酌。小鶴銳意治經，取《公羊注疏》點閱，時問疑義。予亦取《師伏堂經說・公羊》一卷訂正之。

廿四（20日）

吉兒録《〈尚書大傳〉禮制類徵》三十餘昏。予閱之，未悉當，倉卒删定，不能盡妥。受明至，言《申報》復有捷音，克復九連，有溫旨獎裕禄、宋慶等。若爾乃佳事，但恐彼以天寒自退，收空城以爲功耳。龍際雲過訪，彼亦未得芝老之信也。張子虞學使試牘出，粗閱之，亦爽潔可觀。黎師僑、襄廷信來，並寄其子覺人、聘之鄉試、優貢合刻卷二本。夜閱試牘，雄奇不及張爕君所刻，而平正清妥，較便初學。爲一兒改論一篇。

廿五（21 日）

晴，暖。取《穀梁經説》閲之。葉焕彬至，言江學使觀風有《續〈經義考〉》、《續〈小學考〉》等題。此須書多，假以日時，非倉卒可辦也。索觀試牘，謂姚壽慈《〈古文尚書冤詞〉書後》非己所作，别是一篇，殊不可解，豈刊時名誤歟？

廿六（22 日）

冬至。此爲祀祖大期，古今異宜，不得以士庶不祀始祖爲疑。我家無祠堂，至並此區區者將不能保，可慨也。去年廖應祥斷以歸大家管理，有餘派歸二、三兩家，今年尚無異説。閲《申報》數旬，其論兵事及宜戰不宜和，慷慨激烈，當軸諸公不知曾聞之否。予謂尤不宜和錢，彼國本貧，如以億兆之數歸之，適足以資盜糧。彼得兵費，更可爲搆兵之用。不若力持其變，彼必有情見勢屈之時。《申報》言倭主以火災受驚病危，又言其在朝鮮者多疾疫，或亦天厭之乎？宋和契丹，歲幣止三十萬，尚未若今之動言億兆也。

廿七（23 日）

取《外傳》《論語》《孟子經説》閲一過，間有可采者。冕叔回信，轉達叔瑜，未知可定局否。是日庶母生辰。客來賀，飲至夜。

廿八（24 日）

閲《癸巳類稿》、《癸巳存稿》。俞理初極博，而惜其無經學專書。觀其詆斥《公羊》，則於經學用功亦淺，餘如説“先配後祖”亦未是。負此異稟，不專意治經，好采雜説，可惜也。《申報》言倭人詆吾人爲“豚尾公”、“半邊和尚”，可怪，“鏘鏘罷士”尤不可解。

廿九（25 日）

吉兒觀王慶來所作《春秋例表》，首列一正例，餘皆變例，惜其義不傳，當詳壬老所箸王箋《公羊》，俟求其書讀之。聞頌年已到山東，蔚雲病故，伊家眷明年必歸，恐不名一錢，難度日耳。袁叔瑜來，言薦館事，似尚不甚放心，欲闢聘，須當面交代。譚九叔病猶未愈，着人來借籐椅。久瘧，殊非所宜。申時小鶴又生一子，體氣甚壯。

卅日（26 日）

閱《申報》，言兵事宜伐日本，甚是，但如其言，魏午莊兵鎗均鐵繡①，陳舫仙兵不應歸清帥節制，此計何以能行？陳聞已放參。叔瑜言峴帥不肯任事，有自知之明，亦老成之見，特國事無可倚仗爲可危耳。又聞夔師內調，將入軍機，不知搞否。恭邸已補授軍機大臣矣。龍三丈初六由揚過江，初七往江陰進發，當早接事，聞年內不出棚也。

十二月

初一（27 日）

往二叔父處還公項。問明叔祖母以戊戌年于歸，其時叔祖已病，同居僅一月耳，庚子叔祖遂故，叔祖母守節將六十年。予未嘗見其施朱鉛、大言笑也，作壽文暢言此意。服藥數帖，腰痛漸愈。

初二（28 日）

閱《趙氏叢書》，無大菁華。《申報》言聶士成屢敗倭人，上諭獎勵，宋祝帥亦敗倭於金州。二人屢北之餘，恐未必能復振，道是佳耗，似非搞音。龔魯卿罪不容誅，未聞處置。衛汝貴拿問不到，殊不成事體。張士珩有查抄之說。此人乃賊種合肥之甥，

---

① "繡"，當作"鏽"。

連年辦軍械,不知欺騙若干。唐有上書請籍宰相路嚴親吏邊某家可抵一年租賦者,此人足當之矣。袁叔瑜、何炳農至。

初三(29日)

至叔瑜處,假鄒叔績之孫代鈞所箸《西征紀程》閲之。訪何炳農,不遇。至陳宅,芷青兄弟皆出,惟星梅在。遂至程子大家,縱論時事,見其所作《變法議》。子大云前月廿四牛莊失守,摩天嶺、岫巖州繼失,奉天被圍,危在旦夕,宋軍告急。至逸梧先生處,有婁軍門之子在坐,云中丞專人到湖北探信,所説亦同。婁又言吳清帥不得士心,任姚文卿爲總統,人皆鼓噪。吳與陳舫仙、魏午莊、于宏劻四人同在山海關,全不通問。山海關止能禦旱路。又有大清河水路二處,輪船可直入至天津,不過此關。現已冰凍,凍解尤可慮也。祭酒云合肥已革職留任,諭云:"倘敢仍蹈故轍,定以軍法從事。"吳清卿請規復朝鮮,批諭云:"該撫意氣甚壯,與畏葸退縮者固屬不同。惟自旅順失守,畿輔危迫更甚於前。該撫但當存臨事而懼之心,固守根本,毋得言行不顧,貽誤大局。懍之戒之。"祭酒言予所箸《大傳疏證》已閲過,伊意欲以陳恭甫案語併歸疏證,又欲歸併傳文,然中有難處,俟再酌。予又以《今文尚書考證》首卷送閲。祭酒云江學使知予名,並知予二子之名。云得之都中,不知誰所告也?至薏丞處,不晤,使其子棣威往南州開田,可謂好事矣。子大言倭人有軍師乃山東生員,不知塙否。

初四(30日)

將壽文録出,有千餘言,長可再删。録出《史記引尚書考》,校一過。譚蓉墅出拜客,言京中事。太后與合肥同誤,高陽請罪丁汝昌,太后不應,君臣對泣,高陽云事無可爲矣。《申報》中言十五又出妖星,惜未見之。衛汝貴已就執,當可稍伸天罰。張士珩,據王聞錦覆奏,以軍械竊售倭人,衆口一詞,事屬有因，交張香帥查辦。如得查鈔，亦可少濟軍餉。近又有議和之説。

初五（31日）

　　閲《西征紀程》，始知土耳其即西突厥後。其議論尤佳者，云閩、粵、吳、越近海各島皆宜設兵，據險築礮臺，以固門户，毋使夷船闌入，則彼無寄泊之所，不能内侵。此海防最要之務，人多不知。又言外國公法，凡爲人屬國，不得與他人立約通商互市，以其爲人臣屬，不得自專也。越南私與法人立約，中國不問，以致法人藉口，謂非中國屬藩。高麗又與各國立約，恐不能無事。其言不幸中矣。聞朝鮮本不願與夷人通商，合肥迫之。食此人之肉，不足蔽其辜也。述卿生日，往賀。以壽文底稿交二叔父，過長可删，若難於覓人寫，亦將屬予，明年正月如不行，可更爲書就，强允之。偕至述卿處，飲至夜。

初六（公元1895年1月1日）

　　以祥女嫁奩寄仁壽宫，往閲一過。訪焕彬，不遇。歸取《經説》中《尚書》閲改。叔瑜送冕叔關書至，每年六十二竿，又聘金式竿，亦算好館矣。校所録《史記引尚書考》一卷。此書共六卷，與《大傳疏證》、《今文尚書考證》相出入。

初七（2日）

　　取《師伏堂經説·尚書》二卷閲之。此所筆記，在箸《今文考證》之前，途徑尚未甚晰，一知半解，間有可存。王祭酒以所刊《漢·天文》《律曆志》見示。《今文尚書考證》承許可，並以全書示之。下午往蓉墅處回拜。聞楊子服歸，往見之。遂往程輔熙處赴飲。見仲變，以咨文託爲領銀，問海年何以不出京，因恐途中劫米，可謂縛繭自困。在坐有曹詠生者，乃曾公舊部，言兵事甚悉，清帥不知兵，必僨事，現在宜爲搗巢攻穴之舉。中國未爲無人，而未必能用也。噫！

初八（3 日）

取《師伏堂説詩》二卷閲之。此亦少作，罕佳者。閲祭酒所刊《天文》《律曆志補注》，此皆予所不解，中采葉、朱諸人所説。予若早參末議，或亦可備芻蕘之采也。夜閲《板橋集》，有别趣。

初九（4 日）

焕彬至，久談。閲《申報》，知李蒇園丈已得江西督銷局，甚善。劉峴帥廿四日尚未到天津，何遲遲也？拿問衛汝貴尚未到，復拿丁汝昌、葉志超、龔照嶼、豐隆阿。若能立正典刑，尚可爲僨軍棄城者戒。冬至免受賀，得警畏之意。會試已派提調等官，不知爾時是何局面。列上海道示，以印票借銀，息七厘，分六次歸欵，半年一期，第一期出息，以後本息並歸。不知急公者能信之否？

初十（5 日）

訪焕彬，不遇。至受明處，云山東信須一月，以有旱道，較京城更遲，現在擬發信。歸作書唁頌年，且屬早歸。秋珊師函問求恤縈事，作書回復，去年兩謁仲牧，無回信，非不爲着力也。閲《申報》，言戰勝負，未必可據。若真大捷，何以復州失守？惟云撤海軍衙門，以兵事歸疆臣，則甚是。夔師急詔入都，不知何故。

十一（6 日）

擬經解題數十。見江學使所刊題目，多大箸作，不過欲見己之學問而已，未足以取經學、詞章之士也。汪叔明、譚冕叔至。

十二（7 日）

擬詩文各題。冕叔至，云已與東家、學生見面矣。天極燥，體不適，又氣痛。

十三（8 日）

《申報》言制倭及斷接濟法，皆是，但望稍能持久，不急議和。倭言欲和須以華官出賞格者與之，得毋欲得太師頭乎？傳言倭犯寧波，雖訛傳，亦事所有也。下午以當鋪面至劉提塘處，受飢渴奔走，而事不成。晤蓉墅、彝仲，久談。

十四（9日）

風雨，漸寒。江學使觀風有《湖南金石詩》。善邑古蹟寥寥，爲二兒作《嶽麓峰〈禹王碑〉》、《李北海〈嶽麓山寺碑〉》詩二首。

十五（10日）

作《真西山諭僚屬詩碑》、《太乙寺宋鐘欵》詩二首。是日先子生辰。請蓉墅、彝仲兄弟，並約叔瑜、受明、述卿、子服作陪。沈小嵐來，言十月出京以前，見聞較搞，東家甚健，矯語鎮定，戰勝敗皆不爲意，但云我原說不可戰而已。諸君亦云聞安維峻言長信掣肘誤事，發軍臺效力，現在二妃已幽禁，劉峴帥督關內外師，陳舫仙、唐沅圃出關救奉天，夔師由湖北北行，不欲攜子往，云此去尚未知能見上否。果如所説，已岌岌矣！

十六（11日）

見《申報》，云張仍回兩湖，楊石帥署兩江尚無明文。李秉衡請斬衛汝成諸人，云不然，煙臺亦不能守。其言甚壯。福京兆賞假一月，仍赴新任，此公恐不免爲忠臣矣。倭犯鎮海有是説，恐訛言。錄所作《金石詩》。

十七（12日）

爲二兒改"述而不作"文一篇。連日爲典屋事，販夫俗子如雲而集，亦不得已以客禮待之。有徐泰生者，壽老姪輩，已定議。其人凶很異常，幾欲唾其面。

十八（13日）

爲二兒改"天子之制"一節文一篇。龍際雲炳來典此屋，以連押規壹千壹百肆拾金定議，實得乙千乙百伍十金，聊濟眉急。中人爲朱春生，係張七太太內姪，易姓乃龍家管事者。龔瓊山來手,云典當中費各半,應出廿式兩八錢。

十九(14日)

瓊山云須出拾柒金,交伊分付。郭章甫至,云此係彼引進,當爲正中,屬向瓊山説明,退銀乙兩與郭,再付郭六千文,約五金數,共出銀廿乙金矣。換錢一百千開消,頃刻已盡,浩費可怕。《孝經》國朝經師尠留意者,閲《注疏》,擬補古義。

二十(15日)

見初六《申報》,倭船已入山海關内洋河口,賈制壇駐守,並不開砲,任其來去自如,電稟傅相取進止。鄒代鈞以法船入馬尾爲不可解,此又蹈其覆轍。報云津、沽危懼,如此開門揖盜,不可保矣。峴帥簡放欽差大臣,關内外均聽節制,籲請收回成命,諭云:"毋得固辭,如有不遵調遣、不受約束,均照軍法從事,以一事權。"任人不可謂不專,不知能不負委任否。安御史奏長信"遇事牽制,何以對祖宗、天下",可謂敢言。既獲譴,而並禁諸衙門不准獻言,是城門閉而言路不開,又出宋人下矣。噫!

廿一(16日)

補《孝經古義》數條。是日爲先祖母生辰。夜飲至醉。

廿二(17日)

何棠孫同年至,久談。沈鑒澄由江西來,來拜。譚久安先生至,云翁曾桂放江西臬使,有電報到。閲初七、八《申報》,云張蔭桓、邵友濂兩鬼奴往倭乞和,紛紛調兵將何爲乎?往史家坡辭年拜墓。

廿三(18日)

往馮家沖辭年拜墓。道中閲《詩補箋》數卷。

廿四(19日)

往唐藝老處,見丰采逾前。云祝嘏草草,演戲只三日。乩仙"解嚴赤縣兵三日"之言驗矣。又云和議必成,"犒軍金帛"、"失

地燕雲”之言，殆亦將驗乎？翁小山觀察放江西皋臺，往賀，不
晤。往沈小嵐、鑒澄、何棠孫處回拜。

廿五（20 日）

蓉墅至。披地圖觀之，盛京僅存瀋、遼二城耳。《申報》言
十一日張鬼奴到滬，將出洋，十八日牛莊又失守矣。劉永福稟樞
廷，云伊在越南有數萬勁旅，入關只准帶一千一百人，歷年裁撤，
只餘三百，今趣其北去，新募之兵未練，餉又不可恃，可否歸李鴻
章節制，以便取餉。其言甚痛，足見中國之不能用人矣。

廿六（21 日）

得《孝經古義》數條，多從鄭注。煥彬言鄭注《孝經》可作
疏，暇日當爲之。

廿七（22 日）

得《孝經古義》數條。寫春聯數十昏。江學使來拜，或以祭
酒之言。祭酒允作《今文尚書考證序》。予言劉端臨《漢學拾
遺》有言《漢書》者，請借去。

廿八（23 日）

往江學使處回拜，言整頓校經書院諸事，人謙和，年三十許。
李洛才在坐，云寓走馬樓，當訪之。學使擬刻叢書，索予箸作，云
經費不足，止可刻小書，又云和議即在上海定議。歸閱《申報》，
張鬼奴已碰丁子歸矣，陳舫仙、李健齋已至營口，與宋慶合，不和
必戰，未知勝負如何。百忙中考《孝經》，得數條。

廿九（24 日）

補《孝經古義》，粗畢，疏鄭注俟續成之。彭宅以典屋請作
證，辭不往。沈鑒澄爲其叔假銀，辭之。欠和茂千金，立逼寫手
票，銀錢之難如此！

卅日（25 日）

列拜年單子，帳目草草了畢。

乙未（光緒二十一年,1895 年）

正 月

初一（公元 1895 年 1 月 26 日）

天陰,無風。聞元旦無大風、雨、雪,年歲尚好,然晴久甚熱,致旱之兆可畏也。汪叔明來拜年,云運河二月須讓糧船,歸期總在正月。若早到,可早了子平願也。閱《孝經注疏》,此書尚可致功。夜與叔父談今年出處之事,伊云今年運尚不佳,須四十八九,又勸我今年須去,乃門面應酬語耳。夜夢不吉,擬作壁上觀。

初二（27 日）

晴。閱《金石録補》。瞿述卿、張保生、彭吉皆之子來拜年。抹牌半日。夜甚燥渴。

初三（28 日）

晴,燥熱更甚。抹牌半日。黃棣威至。閱《孝緯》,知注《七緯》者爲魏博士宋均,稱鄭君爲先師,與東漢初之宗均非一人明矣。近人謂此宋均當作宗均,予誤從其説,改所箸書引宋均爲"宗",仍當改定爲"宋"。夜起風,不雨,恐旱。或云雷發聲,予未聞。

初四（29 日）

晴。閱《孝經》及《王制注疏》,知《孝經》皆今文説,鄭注《孝經》皆從今文,故與諸經注引《周禮》、從古文者不同。淺人不知鄭學不專一家，乃誤疑其非鄭注矣。考"五等"、"萬國"，得兩條。出行至叔祖母及述卿兩處。晚至司門口看燈，無一佳者。過年爆竹聲殊寥落，可以觀世變矣。

初五（30日）

陳芷青至，詢其行止，云節後到湖北聽信。聞和議已出七千萬，倭尚不允，果和則大事去矣。又云張、邵兩使臣逍遥滬上，湖南仍係邵來，王護院升安徽布政，王定安來爲臬使，何維楷已作古，翁節後行，到滬候旨。以撫州金谿附生于廷榮見託，此人到江右，當出一頭地也。袁叔瑜至，所言略同，云已得潮州關聘，擬節後行，先到館。催君華上學，予函告君華。

初六（31日）

前夜微雨，極燥熱，飯後又晴。往史家坡祖墳拜年。輿中閲王雁汀《石渠餘紀》。歲入錢糧二千餘萬，若和七千萬，須三年錢糧矣。行取推舉之制，前已屢行，近制拘滯，非是。歸見蓉墅來拜，云護院有輪船送公車，如能就便，可早行。

初七（2月1日）

得逸梧先生信，以予所箸《大傳疏證》當改從《白虎通疏證》式樣，伏傳用大字，鄭注中字，案語夾行小字，陳案融入己説。甚是，但須更張一次。復書謝之，並以《尚書古文疏證辨正》送閲。飯後往馮家沖拜墓。閲《詩補箋》數卷。夜極燥，五心煩熱。

初八（2日）

頭目眩暈，欲出門，不果。閲《別下齋叢書》數卷。夜風，稍凉。

初九（3日）

雨。作《張騫論》一篇。江學使每月有課，其經學、詞章題皆無可著筆，故代二兒作史論。

初十（4日）

出門，大風雪。往汪受明親家、譚久安先生、黃薏丞親家、楊周兩妹家、陳芷青兄弟處拜年。又至逸梧、壬秋兩先生處，不晤。遂至袁叔瑜處赴飲。伊請冕叔上學，予作陪。在坐程子大、粟谷青、王迪菴，縱談洋務。子大以爲必效西法。予謂效西法而不能實事求是，仍無濟，即廢八股、試帖，不過用《申報》文字耳。子大云合肥致書倭人請和，以生民塗炭爲言，倭復書云“爾國之民塗炭，我國之民並未塗炭”，不知此公何以爲情耶？

十一（5日）

作《〈金史·交聘表〉論》一篇，痛言宋人不可與金和，未必當此君意，箭在弦上，不得不發也。雪甚大，有寒意。

十二（6日）

冕叔至，冒雨歸去。但觀察送電報，與蓉墅觀之，十二月廿四日山東榮城縣失守，可歎也。作《書章實齋〈文史通義〉後》一篇。此書言文史極有心得，惟經術甚疏。予曾記其疵謬，今即以此意暢言之。

十三（7日）

得十二月十八九日《申報》，言和議有十條宜防，甚合事宜；言犯官不可聽倭人求寬，尤爲要着。衛、葉、龔、丁諸犯久淹不就法，蓋望彼代爲緩頰也。我之犯官與彼何預？彼所以必爲緩頰者，欲使我國之棄軍棄城者皆無罪，則日後彼軍再至，人更將望風而奔矣。披地圖觀之，榮城與斗入海之成山相近，彼蓋探其無備而登陸。山東登、萊、青皆濱海，防不勝防。彼聚而攻，故力有餘，我分而守，則力不足。登州隍城諸島，距鐵山、旅順尤近，《石渠餘紀》以爲百八十里程，然則旅順不復，山東未可安枕也。雨甚大，湖南年歲或可無慮，惜下午遽止耳。黃薏丞至。

十四（8日）

校所録《師伏堂經説・禮記》數十葉，近所作各種稿亦校一過。閲《申報》至臘月廿四日，蓋平已得復失，捷報恐未可信。劉峴帥尚未聞駐扎何處，不可解。陳芷青云廿日准行，約偕行。予恐將來文戰之時，武戰遽作，狼狽奔走，並無舟車，容更俟塙音，再定行止。下午赴述卿招飲。

十五（9日）

微雨，夜無月。抹牌半日。夜半家人請紫姑神至，予已卧。

十六（10日）

閲《申報》至臘月廿八日，云倭寇登州，不言榮城失守，奉天連戰，互有勝敗。前日又有敗信，宋慶現在牛莊，宋與吳清帥均着幫辦劉峴帥軍務，馮子材、蘇元春皆率師出關。此二人曾敗法人者。愚謂各軍到，須趁其朝氣，一大創倭，事久變生，不宜過於持重。報言和有十難，甚是。湖南按察使爲俞廉三補授，非王鼎丞也。烏達峰師已薨逝。十二月見上諭，王廉仍護理湖南巡撫，或仍待邵至與？

十七（11日）

黃公輔至，云外舅尚健，季谷戒煙，甚佳。伊住城南正心新齋，留在此吃午飯始去。連日覆閲《大傳疏證》，擬改從逸梧先生所定體例。檢鮑刻《御覽》及雅雨堂本，始知有盧本不誤而陳本反誤者，足見箸述之難。如“后夫人入御”，盧本有之，“周人路寢”亦有之，而陳本反遺不載。《水經》引《尚書》，陳氏於《辨譌》首辨其誤，而仍列入，皆不可解。夜，兄弟輩復請瓢姑，遇呂仙至，嫌不潔去，不得問。前夜所請江仙，有“十一人下湖北必不利”之語，不解所謂。家中勸予勿走湖北，陸行往江西。

十八（12日）

改正《大傳疏證》數條，體例較前頗合，但須更張一番耳。

久安先生至，云傳聞登州已失。又聞夔石師幫辦北洋，未知塙否。峴帥到京，恭惟合肥，京師失望，可慨也。

十九（13 日）

校所録《禮記經説》數十舙。朱苐卿大令至，詢及時事，云登州、威海、諸城、榮城皆失，吳清帥出關守摩天嶺。大局決裂至此，會試可不往。張少庚以其母奩貲泰升線店批契事請到場，設席二桌，殊費。少庚又學吹牛皮，云去冬曾往浙江一月，而歲月殊不相當，令人生疑。屬偕妻至，乃付契。

二十（14 日）

爲二兒作“凡語于郊者”一節。《義疏》以“語”爲“合語”之“語”，“郊”爲“大學在郊”之“郊”，成均爲辟雍，似勝孔《疏》。下午汪受明約陪先生。先往胡子瑞處，其衡山館專課經、古、章程新立，今年仍舊。子威尚未出京，已就陳又銘館。壬老已回湘潭。汪宅晤穀林先生，云山東兵本不中用，宜其敗潰。頌年尚無信，未知已起程否。歸見朱苐卿送來各題，夜爲作詩四首。

廿一（15 日）

作試帖一首。爲二兒改《〈湯誓〉“我后”“夏王”考》。冕叔至，云其二兄廿五起程，進京之計恐未能定，以煙臺已失，不免有戒心也。閲《申報》，元旦日張、邵兩使已出吳淞，赴廣島議和。初八日有威海失陷之語。夔師幫辦北洋已見報。清帥出關有告示，迂遠不切，恐是口打賊。王蓮生請歸登州辦團練。講金石學自謂能辦賊者，一時竟有二人，可謂無獨有偶。葉志超、龔照嶼已到刑部。裕禄參奏失守棄軍者五十九人。河北二十四郡，何無一顏平原也？倭人以陸奧光宗者來議和[①]，在高麗者爲井上馨，主謀者爲大鳥圭介。

---

① 按，實是陸奧宗光。

廿二（16 日）

爲一兒改文二篇。冕叔至，尚未到館，不知叔瑜行否。陳氏昆仲已行，云得閤忱書，以爲可去。送來賀爾翊試卷，此生亦未知北上否。連日燥熱，五心煩熱，夜臥不安。將晚有雨意，仍不雨。夜燥尤甚。

廿三（17 日）

大熱。録陳仲魚所輯《孝經鄭注》，以較玄宗御注，見其於鄭君所引故實，如三老五更、三公四輔、世子迎侯之類皆去之，而取其空言虛辭，足徵棄實取虛之風已始於唐人，不自宋儒始也。二兒爲朱苻卿作《漢文帝賜南越王趙佗賦》，爲改正數處。夜大風，雷雨。

廿四（18 日）

於張保生處取回《豫章叢書》。萬載辛紹業所箸書數種皆實事求是，足與王聘珍並駕，非龔元玠等所可及。閲《能一編》，見先朝取遼左，剏業甚艱，一旦棄之，何哉！以《釋文》較陳仲魚所輯《孝經鄭注》，中有遺脱，亦有譌誤，足徵箸書之難。倦臥。觀《夫于亭雜録》，論詩甚有見解，而考據多譌，詩人不足與言經史也。蓉墅、彝仲來辭行。

廿五（19 日）

至二譚處送行。蓉墅言行李上船而同伴皆未至，又不知輪船能來否。予亦知輪船最便，但中多轇轕，且未能一時即行。聞左子異陣亡之報似塙，則湘軍出關又敗，北上何爲乎？是日甄別，城南題“加之以師旅”二句。予擬作一藝，痛言時事。又爲一、二兒改文，作試帖八首。遂覺心痛，足見心血漸衰，故不欲北上。

廿六（20 日）

晴，熱更甚，豈天遂不雨，即由此漸熱乎？閲《潛研叢書》，所輯《風俗通》逸文以丘姓爲丘明之後，與以丘明爲姓左殊異，此亦漢人説也。看《申報》至十一，張、邵兩使臣將返，和議不成。劉毅吉升山西按察，何其速也！下午至城南書院訪黄公輔，遂往鄧次儀處。至小古道巷，大慶約作罷論。

廿七（21日）

往葉焕彬處。伊云《尚書大傳》、《孝經鄭注》皆有輯本，容假觀。江學使刊書有《大傳補注》，云出壬老，不知何如。其《漢書》明南監本云最佳，不知江右所見監本是否。晤吴季則，云少階觀望未行，何棠孫不去，經課仍是伊看。歸疏《孝經鄭注》兩條。閲《桦湖文鈔》，似學散文不難。聞左子異陣亡係戴某誤傳，乃威海衛失守時事，文襄時尚演劇，當是傳誤。

廿八（22日）

代二兒作《太白酒樓記》，不知地在何處，只得含混其詞。閲《申報》，劉峴帥於十三日帶兵出關，張、邵二使臣仍命在長崎候换國書，再議和，不知將何爲乎？《申報》十一二三日連刊《和倭統策》，甚有見。不知此等議論，當國者亦采及芻蕘否耶？《學海堂二集》侯康《孝經古義》考鄭注有可采。

廿九（23日）

焕彬至，攜所增輯嚴鐵橋《孝經鄭注》本，較陳本遠勝之。又《尚書大傳》鄭注輯本，《玉燭寶典》予所已輯，原本《玉篇》數條，予未及也。攜予所得鈔本《龔定盦集》去。出門，至朱苐卿處回看，遂至汪宅作吊，黄蕙丞、王逸梧、陶履謙處辭行。聞煙臺尚未失，而危在旦夕，李秉衡退守萊州。張、邵兩人歸，李鴻章自往乞和。夔師署直督，未知确否。安御史奏彊臣跋扈，請明正典刑，乃置不問，而以長信爲辭，祖李至此，可慨！苐卿言浙中甚驚慌，多移家避亂，真不堪問矣。晚間逸梧先生過談，云《今文尚書》已付鈔胥，《古文疏證辨正》亦鈔一過，所箸《漢書》將來屬爲校刊。予以鬻屋及龍際雲處贖屋事託之，並託爲兒輩巍峩。

三十(24 日)

　　鈔《孝經鄭注》十叚。

二　月

初一(25 日)

　　鈔《孝經注》二叚。弟輩約同往文襄祠觀劇，黃薏丞亦來邀，乃往黃處。樓上大熱，燈戲亦殊不佳。

初二(26 日)

　　作《書朱竹垞〈上史館總裁書〉後》一篇。鈔《孝經注》數叚。下午汪受明至，云山東尚無信到，不可解。

初三(27 日)

　　往倉聖廟、文昌閣兩處。祀文昌，與祭者多不相識，不到已六年矣，有令威化鶴歸來之感。歸錄《鄭注》畢，又錄焕彬所輯《韓詩》數十條，大率皆前人未引者。聞周道生、文耦蘭仍赴龍幕。閱《申報》，知伯藏回省辦七城保甲，庾山萬安緝私。報云劉公島已失，北洋四兵船爲魚雷所轟，丁汝昌已死，李相聞之痛哭，三十年之功廢於一旦。觀報所列《戰和末策》，於山東大員退守關外、督師逗留之弊痛切言之，尤堪痛哭矣。云倭東侵奉天之兵寡弱，宋祝三已復海城，析木城、復州亦有克復之語，不知塙否。

初四(28 日)

　　錄嚴鐵橋《後叙》，糾正其以注緯之宋均爲宗均之失，並辨其誤讀鄭注，以“百王同之”爲兼說五服，又以鄭君外無言服日、月、星辰者之誤，加案語示焕彬，不知以爲然否。

初五(3 月 1 日)

　　閱《申報》至廿四，云丁汝昌在劉公島以全軍降倭，此後中國無一兵輪。倭目張、邵二人爲乞降使，而十八子又往乞降。夔師署直督已見報。福餘菴規避不行，已休致，何以對乃翁乎？繆芷汀之夫人除夕前一日仙逝，未及致唁。芝老首出題爲"文王事昆夷，句踐事吳"之類，與此間護院可謂所見相同。云會試者多遲遲吾行，津郡現已戒嚴，無怪其遲遲也。十八子在津，倭人猶念交情，不知彼去後能保否。《論喪師失地之由》一篇，可爲痛哭。《地營論》三篇，不知果可用否，然勝敗之道不盡在此。山東文登、寧海皆失，又調兵馳赴山東。彼用亟肆多方之術，而我專顧退守，顧此失彼，奈何？倭脅朝鮮更張，第一欵以爲自主之國，不屬中國。天津已無車催，食物昂貴，北上者又何以爲計耶？是日微雪，仍不雨。夜復晴，甚燥渴。報言江西以立春日雨，恐霖雨，想天氣不澬。

初六（2 日）

錄《孝經》數條，覺作鄭注之疏不難，但不日將往江右，恐半途止耳。

初七（3 日）

疏鄭注，成一章。家事紛紜，不免如催租敗興。夜間叔父來議，迄無善策。連日心驚眼跳，臥亦不寧。

初八（4 日）

疏成二章。蕭叔衡至，云峴帥調馮星垞、張晴岩、楊德甫隨營，婁雲慶以李朝斌、孫開華之子爲分統。此數人未必是將才。申道發以剋扣軍餉申軍法，殆前年萍鄉冤殺平民之報歟？聞今上有密詔罪己，略云"將不知兵，士不用命，皆由朕之不德。朕遵國君死社稷之義，卿等護送皇太后西行，擇立賢君"等語。草茅之士，聞之涕零，而受恩深重者，猶笙歌宴飲，洋洋如平時，所謂全無心肝者歟？胡子瑞過談。

初九（5日）

疏得數條。閱《唐摭言》、《北夢瑣言》，當擾攘之時，猶斷斷以科第爲重，陋儒所見甚鄙，古今一轍也。

初十（6日）

飯後無故吐血兩口。至勞宅作吊、叔衡處回拜。李德齊云海州戒嚴，已開四營往辦防堵，徐仲阮可危，積重兵於此而不戰，倭更南侵，失策殊甚。閱《匡謬正俗》一過。因不敢用心，輒疏不作。

十一（7日）

校所鈔《禮記經説》一卷。爲一兒改論一篇。閱《申報》至廿九，云十八子廿五交卸，入都請訓，先往旅順。又云有言官參奏，唐沅圃出關時，有洋鎗萬支在天津，當軸者捎留不發，上聞其捎扣軍械、兵餉事甚多，將澈底根查，恐垂暮年華不免天譴，即指十八子言，並云其金昆亦將撤任。果能如聖祖之誅鰲拜，自可讋伏四夷，但觀葉、龔猶俟秋後處決，不立正典刑，恐未必能除元惡也。報言雲南邊界事，昔亦聞之，仁和公不能辭其責。丁帥降而自刎，恐未必然。云會試者無不效六鷁退飛，不知尚有北飛者否。趙伯藏丁憂，又少一友矣。袁州花朝後開考，此時文試將畢。此公照龍前例，想甚寬也。晚間三叔父邀陪先生，遂請二、三叔父同議家事。庶母欲分析，予不能强。予委曲求全已六七年，今家計日虧，尚遲數年，無田可分，必咎予捎留，至此只得聽之而已。

十二（8日）

久安先生至，論家事，以析爨甚難。予亦不能久待，擬仍舊同爨，認火食一半，庶母亦以爲然。閱《趙氏叢書》，無甚精彩。校所鈔《禮記》數眉。

十三（9 日）

發信一函與芰舲，將三月題寄去，言明不能屆期趕到。與弟輩同見三叔父，將田產、債項作三分品派，大約大局定於此矣。一人分租不及式百擔，而欠債二千金，非得脯貲，何以度日？予誠得一啗飯之處，此區區者當辭不受，而猶不能，噫嘻！

十四（10 日）

廖應祥來久談。閱《申報》至初二，云鳳城克復，恐是彼自退耳。十八子廿八往旅順，不知廷議若何。俛首乞和，則大事去矣。見安御史摺，奏"強臣跋扈，戲侮朝廷，請明正典刑"，為丁汝昌乞恩，樞臣"如在雲霧之中，霧氣之說，入而俱化"。案《洪範》"曰蒙"，《五行傳》作"曰霧"，豈即《五行傳》所謂耶？又云："李鴻章非不欲反，直不能反。彼淮軍將領，皆貪利小人，無大伎倆。其士卒橫被剋扣，皆離心離德。"可謂痛切之至。予謂此人才智庸下，又下於秦繆醜數等，而今之為大帥者，其才智更不及此人，是以不必畏而畏之。如王莽、桓玄妄庸可笑，而當時人皆畏服，致有篡國之事，豈非舉朝無人之故哉！今有此等敢言之士，猶不可謂無人，惜言出而貶斥加之。然云恐開離間之端，其間似有深意，但看此人入都如何位置耳。小泉弟有請纓之志，庶母恐其即行。不能文通，即武達亦佳，顧今之湘軍非昔比，甚不欲其往。

十五（11 日）

庶母以先父遺物見分，予分得玉帶、朝珠數事。憶當日蓄古玩甚多，今已不可復問，亦不欲復問也。寫帖請親戚十七日共議。致函久安先生，請擬艸槁。並致函王祭酒，以《禮說》四卷示之。《郊祀志》"九臣十四臣"，疑脫一"六"字，即九皇六十四民之臣也，未知以為然否。

十六（12 日）

往二叔父處，禀知分析一事，遂往述卿處。歸分衣服數件，式入質庫。此先府君所甚惡者。祭酒以管見爲然，問《周禮》所出。予明云見《自課文》，或已遺失，更送一部。楊橘紅、桐伯請文襄祠觀劇，至夜歸。大風，有寒意。

十七（13 日）

請憑族戚析産，分得泉窩塘租穀玖拾擔，合南塘租穀玖拾擔，共壹百八十擔，盛家灣除祭埽公費提式拾擔外，分得式拾擔。兄弟三人各式百擔，而每派債項即應歸息者各捌百六十五兩。計予積年墊入公用者八百金。有先大夫手書六百金會銀，三叔所經手。歸家十年，每年賣文字數十金，均墊歸公。慶義染坊每年租銀六十乙兩，甲子入學至今三十餘年，共計本銀不下三千金。今公上無錢，概作罷論。而負虁石師四千元之數及陳小齋三百千均應還，予不能獨認。久安丈命小鶴、小泉寫一分認字付予。予意師在當念師生之情，不即追問，日後恐不可保。此項係濟急之項，但望將來力量能歸，予即獨歸，無不可也。寫分關至三更後。大風，寒甚。半夜氣痛殊急。

十八（14 日）

將箱中字跡清理之，並檢出門衣服。夜風雷雨雪，寒甚去冬。

十九（15 日）

擬修啟賀虁師，亦欲藉此稍緩債項。現在北洋事急，不知布置若何。前日久安丈云海州、乍甫有失守之說，果爾則大可危。又聞和議已成，共六條，若皆然，則大勢去矣。《申報》言海州、沭陽有土匪，或非倭警。寫壽對一聯呈叔祖母，寫一半而墨已凍，天寒可知。介卿生日，邀飲。久安丈至，言象臣一項必須歸還，又須派過賬目。夜復風雷雨雹。

二十（16 日）

大雪。疏《孝經》數條。閱《癸巳存槀》，見俞氏之學長於三《禮》，而於《春秋》未有聞焉，駁《公羊》甚謬。惟"子叔姬"一條，治《公羊》者不審何以解之？

廿一（17 日）

晴。録《孝經疏》數條。寫稟賀夔師。閱《申報》，云十八子已覲天顏，詢謀僉同，皆主和議，倭酋已允和，惟須先見國書，割地以畀。以愚見惴人，倭寇實無大志，其取旅順、威海，意在踞險要以脅和，不犯京師與盛京，恐禍大無以爲和議地耳。我中國似未知其情，故爲所脅。然出關之兵二十萬，未聞一戰，大抵躲在空處，亟望和議之成。將士如此，欲不爲所脅，亦何可得耶？

廿二（18 日）

陰。疏《孝經》，共得四章，已數萬言。計此書一月可成，而行色匆匆，俟到館續成之耳。受明來，代假近日堂捌佰金，以還和茂，所謂剜肉醫瘡。校所録《左氏傳經説》。夜半復下雪。

廿三（19 日）

校《左氏傳經説》。閱《申報》，十八子已回天津，刻日出洋議和，峴帥、清帥未見戰事，關內外有二百餘營，宋祝三墜馬受傷。倭人言其兵一可當華兵千，出關兵二十五萬人，以二百五十人當之足矣。又畫一人，兩臂墮地，一旅順、一威海。其無禮如此。登州尚未失，李鑑堂何爲而逃耶？請緩會試説亦有見。

廿四（20 日）

疏《孝經》，至《庶人》章。定計由陸往江右。以芷青兄弟寄物太多，着人送去。星湄又將試卷一大包帶來，云必須帶去，芷青兄弟已於十一日航海北上矣。云昨得電報，十一日合肥往倭乞和，李經芳參贊。父子同使，古來未有。吳清卿、魏午莊之兵大敗,敗至遼陽。此番湘軍之出,固知必敗,然猶冀其或可僥幸。今如此,即欲不和,可乎?本屋出售已同三叔説明,打一牆,並將倉屋之牆圻毀,以後毫無罣礙,或可售矣。乃又有藉端作鬧者,想是發窮氣。憶前年二月臨行時賣劉乾昌,已將和茂一項歸楚,只欠黄聯桂堂八百金,買空穀銀百兩①,我設計打會一千兩,擬將賬目還清,以後會項我承認之。久安丈勸下鄉,若能從其言,何至析産賣屋②?今每人分賬八百金,又去年典屋一千零五十兩,計此兩年虧空式千六百金,濫用者以爲無與於己,而不知身當其阨。噫!

廿五(21日)

往汪受明、譚久安丈、瞿述卿處辭行,叔祖母處叩别。歸檢理行李。見《申報》,云威海等處,倭皆棄之,惟踞劉公島不去,海、蓋等處報克復,而牛莊又失守,恐所得不如所亡也。十八子處分一切開復,三眼翎、黄馬褂仍賞還,何不用安御史之言?但報云允償兵費,而地則尺寸不能予,未知搞否。

廿六(22日)

飯後起程,由旱道往袁州。行四十五里,宿跳馬澗。飢驅奔走,未知何日得已?念昨約久安、述卿與三叔議屋牆事,反復思之仍不妥,將來亦未知能出脱否也。

廿七(23日)

行六十五里,宿白關舖。車趕不上,又加一車,皆爲人寄物所誤。

廿八(24日)

行七十里,至醴陵。

---

① "買",似當作"賣"。
② "賣",原誤作"買",據文義改。

廿九（25 日）

行七十五里，趕萍鄉不到，宿葡萄嶺。連日轎中閱朱駿聲《儀禮補注》，亦簡明，惜經注多删。《楚詞補注》有見地。讀《離騷》正文，頗能背誦。

三　月

初一（26 日）

至萍鄉朝餐，宿仙風，行九十里。連日南風，熱不可當。讀杜詩，得感事數首，未得錄出。

初二（27 日）

轉北風，有雨意。未刻至袁州，以爲可登舟矣，乃值武考，無船僱。客店擁擠不開，不獲已强住一夜。夜風，雷雨。

初三（28 日）

雨止。飯後登舟。舟小如葉，劣可容足，行路之苦如此！人多踵接，雜以陰人，可謂牛驥同皁矣。幸天晴無風，午後行數十里，泊山下。

初四（29 日）

晴。飯後至昌山。錄出感事詩十餘首。閱王祭酒補注《漢書·禮樂志》，解“鄭、衛、宋、趙”，“趙”當作“齊”，“芬樹羽林”謂神來，非樂飾，“軒朱”爲軒轅、朱襄，皆塙；《郊祀歌》分某章屬漢武某事，亦皆諦當。以予所見，尚有可補者，惜書成難增耳。北風尚大，舟行甚遲，下午始過分宜。《漢·禮樂志》不以契爲玄王，又云：《詩》有“成康”，似三家《詩》之異。康王有詩，或即晏朝作刺之説，非以“不顯成康”爲成王、康王也。又曰《殷頌》猶有存者，《藝文志》曰“上采殷”，似不以《商頌》爲宋詩也。行百五十里泊。

初五（30日）

天陰,無風。飯後過新喻縣。得感事詩數首。閱《五經異義疏證》,佳書也,而引書詳略亦未盡當,又有未能折衷一是者,暇日當爲補正,以成完書。

初六（31日）

早過臨江,飯後過樟樹,將晚至豐城,約百里。天雨,遂泊。陳氏父子書,予所服膺,然猶憾其於今、古文未盡了了,於鄭説前後互異者併爲一談,未能分別得失。《異義疏證》亦然。予得一月暇,當補之。

初七（4月1日）

行二十里,至小江口。本船不肯到省,別僱一船更小,雨又不止,甚焦灼。俄而雨止,且微順風,初更後已到省城。此番算極快,雖喫苦,幸無風雨之厄。

初八（2日）

一早入城,到講舍。朱溪雲來見,請喫點心,聞乾館被裁,未知李丈肯轉圜否。桂念祖、張世晭、張拭、張鳳藻、張嗣旭皆來見。監院改用新建學官張希僑,號翰臣,龍泉人,曾任此處監院七年,即誣朱溪雲偷書者。聞予至,來見,説話亦明了。飯後將夏宅信件送去。芰舲即來談,云幹臣、達齋皆回頭,已到九江,有信來。京中信云會試有無未可知。爾翊父子已去。電報有云和議裂,李傅相中途受傷。《申報》云李已至倭,與倭相伊藤相見,面遞國書,不知何以決裂?砲擊李者何人?不可解。有九倭船在大沽口游奕,事大可危。吳清帥已奉明文,云:"吳大澂以統兵大員,徒託空言,貽誤軍事,交部議處。吳大澂着開去幫辦軍務,來京聽候部議。"此公不知何面見江東父老?和議裂,又不知木子何面回中國?放砲者若能制其命,是天去中國之疾,不當浮一大白耶?發家信一函。

初九（3 日）

舒恭瀼來見，言其兄恭潤入京，不知何如，會試不知有否，屬見當道問放總裁有無電報也。飯後擬出門，大雨不止。既定期十三開課，稍遲再出似不妨也。安仁楊維翰，武寧張錫年，清江杜述琮、楊藻鑑，先後來見。李若虛、歐陽心存來見。歐生云其父往詢提塘，無電報言總裁事，會場或不果耶？張錫年通洋務，即叔父所交條者。

初十（4 日）

奉新宋澍德率其子名名璋及廖廷選來見。去年賀爾翊曾言宋名璋能為駢文，其父課作皆所代作，亦有志經學，求來見，予屬其來，不果來。今已咨送。人甚英俊，云治《公羊》，蓋爾翊所授也。飯後出拜客，僅見繆芷汀廉訪、署糧道張觀察、賀芷瀾觀察、夏定九、劉虞九，餘皆未晤。見電報，會試已舉行，大總裁為徐蔭軒師，副以啟秀、李文田、唐景崇，分房同鄉有四人：周克寬、吳嘉瑞、彭述、彭清藜。云和議未成，先停戰三禮拜，大約為會試計。合肥傷面頰，乃日人恐嚇之，又不欲致其死命，非擊之不中也。合肥云"姻伯豈可打者"，真可發一大噱。清帥回任，"大夫若入，其若申、息之老何"？至芰舲處，幹臣已到家矣。盧豫章來見，待予至夜，久談，今年未就館，住書院。此人篤學可喜，然非予，無識此古董者。

十一（5 日）

晴，甚熱。新建熊夢祥、安仁鄒國瑋、奉新劉應丙、豐城吳志伊來見。閭覲臣回拜，已補南昌府通判，云每年不過千金。張監院翰臣至，云十三上學，廉訪親到。下午夏芰舲邀飲，晚歸。大雷雨。

十二（6 日）

鄒淩瀚、涂宜楫、梅台源來見。熊羅宿者，豐城人，友教新送,云肯用功。楊蔚霖者,孝廉堂山長大猷之子,與梅台源均在制。大猷亦來拜。豫章山長梅九先生、友教山長陶華封均來拜。繆廉訪來,以去年所選課藝請更斟酌,再刻,大約嫌多,云書局即伊所掰。予以湖南思賢書目及《六家詞》贈之。夏定九、徐雲生來拜。夏芰舲至,勸刻箸作,願任剞劂之費。予以駢文示之。客至紛紛,忍午飢待之,甚無謂也。午飯後將辛卯課藝刪訂一過,去詩文七篇。夜大風雨,微寒。

十三(7日)

上學,開課。早起,祀聖人。廉訪至,以先人《武烈公集》及《綱目分注補遺》見贈,始知此公即浙江殉難名梓者之子也。予以辛卯課藝畀之,云即此可發刊。上學後,繆公去,諸官已先去矣。賀芷瀾觀察來拜。前見初二《申報》云老奸已伏冥誅,繆、賀二公皆云不確。芰舲送到初三、四《申報》,亦云無恙。口天回任已見明文,不知何以用此等人也?壬辰課藝刪訂一過。晚晴。予以會客時穿脫衣,得寒疾,作嗽。

十四(8日)

癸巳課藝刪定一過,兩年共去四分之一,已屬割愛。此二年乃予主講,諸作皆手定刪正,故較多,難更刪也。芰舲見示王元圃詩,予不賞識。殿書送來叔城試卷,坿世系譜、師承記,可謂怪矣。下午往徐雲生、張翰臣處,皆不晤。往書店,取《錢注杜詩》一部,惜殘缺。盛學使試牘,賦皆予所改定,時文較多,云不甚行銷。閱《百寶箱傳奇》一過。

十五(9日)

寫致王祭酒一函。晏海瀾來。周鬚子來,言有孫刻《說文》、繆刻《太白集》及批《白香山詩》有殿板,及汲古原刻並鍾評《漢書》、南監《廿四史》尚在,可售也。張翰臣久坐不去。芰舲請看牡丹、小飲,暮歸。

十六（10 日）

往謁中峰，而彼來回拜，相左。見廉訪，交付課藝，爲朱溪雲遞名條，請交范觀察復乾脩。見電報，會試題："主忠信"，"優優大哉，禮儀三百"，"居天下之廣居"至"與民由之"，"褒德録賢廉字"。電報云李相傷重，時時昏，不能理事，已授李經芳全權大臣代辦，和議反復，倭欲攻臺灣。昨夜電報云劉永福用埋伏計，於臺灣港口擊沈倭船五艘，餘五艘遁去，可謂差强人意矣。見任雨田、黄小麓。黄云有文某欲請説經之師，彼薦盧文清，而不得其處，今不知彼已請人否。屈禹臣住黄處。歸後，王世忠、黄文祥來見。廉訪送課卷至，閲十來本。芰舲送詩來，予和一首。又作詩送藝淵丈。

十七（11 日）

寫兩詩。夏幹臣、少村、竹林同來。彭世芳、李承芳、楊垣先後來見。彭去年底在龍三先生處，云蕭希魯未到，出棚乃請南菁山長林某，觀風題亦此人所擬。周文郁送來南監本《廿一史》六百四十一本、鍾批《漢書》、批本《香山詩》、《儀禮經傳通解》等書。《廿一史》久不售，終歸於予矣。又帶一鈔書人袁姓同來，予以《大傳疏證》使鈔一過，未知何日蕆事。下午至李丈處，獻送行詩，並朱溪雲名條。至將晚，客始齊。予略坐遂辭，赴夏定九處，在坐者芰舲、竹林。海州失守已見報。

十八（12 日）

致函李丈，請爲一兒謀一館地，並請餞行。彼已辭謝。閲卷二三十本。魏燮奎來見，講舍諸生以此人爲最。

十九（13 日）

閲卷三十餘本。徐運銑、王廷獻來見。下午大風，予倦臥，起寒甚。

二十（14 日）

出師課題。監院來見。袁姓以所鈔書送閱，字尚勻整。其人係新昌生員，亦通文義，尚不致誤。夏幹臣、少村叔姪，文道希之子永譽，來見。官課卷閱畢，定甲乙，魏建侯第一。《討倭檄》以魏爲最工。宋名璋才氣縱橫可愛，不免貪多耳。劉應元賦甚佳，其人未到，未知捉刀爲誰。新來者廖廷選、朱錫年、楊垣、鄒國瑋、熊羅宿皆可觀。

廿一（15 日）

覆閱課卷。劉應元檄文有云"日出處天子徒爲狂謾之言，海外大九州僅在塵沙之列"，賦有云"用讐賀之單詞作傳，論實錄則班史原非；於孟喜之絶業何傷，彼三家固學官並立"，非深於《虞易》者，未能作此語也。予改結處一聯云："與南郡諸公對壘，當一鼓而望風皆奔；得資州《集解》流傳，閱千秋而幸存此注。"賦得此一聯，更氣足神完矣。《廿一史》繙閱一半，殘缺不多。惟《史記》、兩《漢》多補葉，想因其書觀者多，刷印太煩之故。《晉》、《宋》以下無甚殘缺，且字大悦目，勝汲古閣刻。書坊送來《儀禮經傳通解》全部，其書乃梁氏父子增訂，較原本多三分之一，雖援引較詳，然不知今、古文之分，漢、宋之別，一知半解，拉雜瑣碎，由未探其原之過也。《香山詩》批本尚佳。沈小宜來見，現補臨江府學訓導，將到任矣。下午芰舲邀飲，予疑劉應元卷爲夏氏竹林所作，詢之，不能隱，足見老眼無花。幹臣以所作詩見示，其才甚可愛，七言刻摹昌谷，將來詩壇一大敵也。

廿二（16 日）

《廿一史》後半繙閱畢。徐雲生來，云新淦有黃思聰者，欲求授經。予謂來者不拒，儘可來也。下午至藡淵丈處，不晤。到劉虞九、黃小麓、鄒殿書三處，暮歸。書吏送到去年選錄備梓之作，閱之如逢故人。

廿三（17 日）

往謁中丞，得見，云電報和議已成，前日已簽押，尚不知如何和法。非臺灣一捷，尚不能和，舉朝文武不及一黑旗，可爲愧死。歸閱初次師課四十餘本。《〈書〉云“棐忱”〈詩〉云“匪諶”解》，惟盧文清最通。《胡澹菴〈上高宗封事〉書後》責備胡氏，亦有見解。宋澍德駢文甚佳，其子所作也。

廿四（18 日）

閱完初次課卷，接閱二次。幹臣、少村至，云不曾爲人作賦。予觀李瑞棻乃幹臣代作，劉應元乃少村代作，而此二篇皆非經意之作，不甚精切。此次《桃源中人不知有漢賦》，以胡汝綖、楊垣爲最佳，徐運鑫、彭世芳、李若虛、勒羽儀間有切合之語，餘多桃源空話。予爲胡、楊、徐各改數聯。

廿五（19 日）

閱課卷，未畢。得家信，云：汪頌年有信云三月初起程，五月可到。叔祖母大慶殊不熱鬧。郝雪塘死，可慘。適監院送春季束脩至，擬寄銀壹百兩歸家，乃作家書，並致賀藝淵丈一函，着壽兒親送，爲見面之資。新淦王思聰來見，衣服甚華，問治經之法，送贄敬四元，並有脩金四十元，帖子予未拆看，適鄒殿書至。俄而黃小麓至，談時事，爲之慨然。作家書畢，擬送交芰舲，託其代交票號。芰舲忽至，即以付之。

廿六（20 日）

聞藝淵丈即日登舟，走送得晤，云朱某事未能報命，令郎事到湖南自必設法。伊已應允，當可謀一位置。談時事，云伊所聞除兵費三十千萬外，遼陽以南皆歸彼，澎湖、臺灣亦在內，且有長江水師炮臺聽彼干豫之語。若然，則大事已去，天下不復可問，二百餘年金甌無缺之天下，壞於陰人賊臣之手，傷哉！傷哉！二次課卷閱畢。下午大風。選定甲午課藝。盧、賀二生解經皆有心得,予在江右所不愧者,以得二生而已。

廿七(21日)

定課藝爲二卷。徐雲孫邀飲,陶華封、鄒殿書在坐,痛談時務。下午劉虞九丈邀飲,芰舲在坐。夜始歸。

廿八(22日)

覆閱課藝,又去其數篇。閱梁開宗本《儀禮經傳通解》,補入《大傳》“六沴”一條。胡汝縱來見,告以作賦、駢文之法。此人與邢汝楫、李家楨皆未取古①,不知黃公所取何人也。宋名璋來見。夏幹臣、少村來,云芰舲前有詩相贈,匆匆未及檢閱,聞其言始覓得,挑燈次韻和答一首。

廿九(23日)

楊念愓、熊羅宿來見。袁生鈔《大傳疏證》二卷送來,校閱一過。寫詩答芰舲。楊念愓來見。梅台源來,以小巖丈所箸《明史約》索序於予,出廉訪所送電報見示,共十條。日本所得地皆歸日本,遼陽以東及臺灣皆棄之,庫秤銀百兆兩,是萬萬兩實銀矣。又北京、河南、四川、梧州、肇慶五處添設馬頭,倭貨入口減釐二成。若盡從之,天下不可復問。然以陰人賊臣之所爲,不亡天下不止,其意只要私利不失,亡天下亦非所惜,何患不盡從之耶?下午往夏宅,芰舲下鄉看地,見幹臣、少村,以詩付之。

三十(24日)

作《明史約序》。校所鈔《疏證》二卷畢。熊濟潛來見。朱溪雲過談。疏《孝經鄭注》數條。下午往張翰臣、晏海瀾處。上海來雜書數種,攜歸閱之,《説文發疑》頗佳,餘多《後知不足齋》物,亦有無用者。

① “人”,原誤作“文”,據文義改。

四　月

初一（25日）

連日晴，漸熱。疏《孝經》數㕮。桂念祖與會昌文由純來見。

初二（26日）

鄒殿書至，談時事，甚感慨。王思聰來問《禮》學，告以治經門户，以《自課文》及《儀禮鄭注句讀》與之。疏《孝經》，得數紙。

初三（27日）

周同福至，書價議成，《廿一史》合《香山詩》、《儀禮通解》共四十金，從此書屬我矣。疏《孝經》數㕮，“郊祀”、“宗祀”二句甚糾紛。下午夏氏竹林過談。

初四（28日）

疏《孝經》數㕮。鄒殿書至，出示惲觀察電報，又與前略異。老奸已回津，請假廿日。和銀二萬萬兩①，五分息，臺、澎、奉天七城屬彼，威海六年還清退出，每年餉銀五十萬，添馬頭係蘇、杭、沙市、重慶。惲云如此情形，萬難立國，請憲臺速具奏，張香帥已具奏矣。事已至此，香帥將若何？德公又何能回天聽？昨周同福云文道希節前到家，大約站不住。從此朝政日壞，不可以五稔矣。吾輩固不能計國是，然安得桃源避秦哉！時未立夏，如此南風大熱，塙是旱象亡國之兆也。

初五（29日）

疏《孝經》數㕮。下午雨勢大作，乃不久遂止。災害並至，

---

① “二”下，原衍“百”，據文義删。

奈何?

初六（30日）

疏《孝經》數昏。周觀濤與新調黃鍾麟來見。周丁父憂，云王子庚到上海，復返。朱綬與新調朱守中來見，云係本家。徐廷笏來見，人極寒苦，無書可讀。然則如朱綬者，何幸而得此也！下午周道生至，云從江蘇學署回家路過，龍三先生家眷已回岳州矣，希魯未來，幕友只四人。此老躬攬萬機，何苦乃爾？云海州有德國買棉花四貨船到，相驚以爲倭人，奔走一空，可笑至此！晏海瀾亦至，送到《粵雅叢書》，有《群書治要》，較嚴氏本間有不合，爲對校一過。

初七（5月1日）

疏《孝經》至十五章。下午往百花洲，見其疲敝年甚一年。往漱芳閣，攜歸陳卧子《皇明詩選》及《徐文長集》、《朱升之集》。往黃小麓處，云中峰和議成欲告退，已請假矣，屬草善後事宜，求生財之法。伊疏得兩條，一墳契稅，一肉案稅。事若行，難免於作俑。暮歸，芰舲至，言時事，深以爲慮。伊房屋多，恐加稅，亦以難覓桃源爲憂，勸予移家江西。

初八（2日）

大雨，北風，有寒意。疏《孝經》一章。陳選明詩專用七子一派，未免於隘。徐文長詩文有奇氣，亦未爲絶作。

初九（3日）

爲晏海瀾書扇對。録出《明史約序》。天又大晴，恐此雨未必濟事也。新調奉新余潔來見。洪田、涂森來見。梅台源至，以序文付之，云文霞圃、法和不待榜先歸。往芰舲處縱談時事有感，歸於燈下再用前韻示芰舲。

初十（4日）

官課。監院來，同吃早飯。疏《孝經》數昏。李廷樾來見，云從徐雲生授經，改習《儀禮》。晚間芰舲過談。

十一（5 日）

疏《孝經》“衣衾”、“簠簋”兩條，有所得。沈小宜來辭行。洪都書院掌教彭來回拜。下午往小宜處送行，不晤。往陶華封處，談時事。伊云洋人必不輕犯京師，欲滅人國，恐中國無主，反難制服；和需巨欵，必木子所爲，以苛政不行，則人心不亂，欲使橫征暴斂，民生不聊，乃可從中起事也。

十二（6 日）

《孝經鄭注疏》粗槀已完，前半尚略，體例亦不盡合，當補正。下午芰舲招飲，言王繩祖云江南所見電報塙是三萬萬兩。按《申報》云倭索四百兆圓，今所議之數更多，尤不可解。坐上文、萬、趙三君，皆善修養術。此等予亦知之，苦於無恒，亦寧爲才鬼、不作頑仙之意耳。

十三（7 日）

重訂《孝經疏》，録首章，未畢。天大熱。得家書，湖南亦熱，苦旱，城隍廟神像盜毀，尤怪事也。中丞巡捕孫澄清號鏡江來問卷子如何送，云和議難成，七省督撫皆請上暫停畫押，俄、法、德三國亦不允割地，臺灣兵變，不知鬧到如何地步？芰舲晚間過談，云明日又往西山看地。幹臣、少村以所作賦請改，爲改竄數處。聞魏焕奎、胡其敬、胡朋得中。

十四（8 日）

録《孝經疏》二吊。課卷送到，閲十來本。魏建侯至，云其兄中，有電報到，彭樹華亦中，其餘多不識，兩胡皆譌也。云湖南有諸生袁祖□者①，在神機營，能出新式製機器，其兄在京見之。伊曾見峴帥，云不可共事，仍回京。

---

① “祖”下，原稿空一字。

十五（9 日）

閱課卷廿餘本。鄒殿書至，談時事，甚慨然。和議尚未成，俄、法諸國不允割地，中外臣多力阻，臺灣兵變不知何故，有加一百兆不割地之說。予以爲費多尤不可，今中國安得如此多金？橫征必亂，且如人盡去其脂膏，又安得久活？晏海瀾至，云江西無活字板，石印最便，其兄在滬已買得機器一具，價廉工省。予擬將《孝經疏》試試。連日大熱，是夜風雨，頗涼。

十六（10 日）

閱課卷廿餘本。下午往夏宅，見少村。閱《申報》，江西近二年所中，肄業生無得意者。湖南方朝治、蕭榘、任錫純、黃瑞蘭、章華、蕭榮爵、劉煌、李發直、戴展誠、劉慰慰、王龍文。方係壬午同年，蕭榘亦是。蕭素雲工書。章曼仙年少美才。其餘皆不識，似無善化人。徐雲生、彭小圃夜至。

十七（11 日）

閱課卷廿餘本。王思聰來見，號餘三，云將回家過節，節後再來。下午往徐雲生處，李廷樾亦在彼。復往晏海瀾處，其言石印不貴，而印必千部，每部一角，則需百元矣。攜石印《湘軍記》一部歸。張翰臣來，久坐。閱市上所買報，有袁緒欽，刻鄂字，想是湖南誤湖北也。

十八（12 日）

課卷閱畢，仍以魏建侯列首，第二名梅恐靠不住，盧文清文詞太不行。《文信國請建四鎮論》，魏出筆總不凡，梅說洋務最詳，計數千言。下午往鄒殿書、彭小圃處。伊所佃屋，即去年黎氏昆仲所居。往百花州漱芳閣，取《靈芬館集》四本，《蘅夢詞》甚工。

十九（13 日）

劉璜來見，尚未進京，云秦、黎約同行。文永譽來，云接乃父信尚是三月廿日，有和議成即歸之語。李秀峰之三子、去年中副車者名蘇毓字定山者來見，云扶乩事亦可行。芰舲恐未歸，俟約之同往。寫家書一函，言時事，不勝憂歎。閱初八、九《申報》云和議難成，初十云昨已鈐用御寶。言者似以割地爲恥，有加百兆不割地之說。予謂割地如去人一手或一足，人雖殘廢，暫可不死，和銀二三百兆，如將人之精血吸盡，必死無疑。今年一萬萬何從出？含糊應允，而臨時無此項鉅歁，又起兵端，且更爲外國恥笑矣。下午偕朱溪雲游孺子亭徐徵君故宅，即在書院後菜園，臭穢可憎。課卷復校一過。

二十（14 日）

師課。新調南昌張樹森來見，鄉氣可掬。昨卷乃盧文明代作，此人未必能學盧也。録《孝經疏》三昏。校《大傳疏證》卅餘昏。閻覲臣來拜，亦深以大局爲慮，云七省督撫所奏均留中不理，清帥先走，黃堇腴等皆被執刀傷，倭云將和，故不殺爾，大可浩歎！

廿一（15 日）

録《孝經疏》四昏。校《大傳疏證》十餘昏。校今年選録備梓諸作。爲胡汝綖改賦一段。天甚熱，夜煩燥異常。

廿二（16 日）

雨，復晴，總落不發①。録《孝經疏》四昏。周同福持《舊唐書》、《舊五代史》，勸續成全部。《注疏》一部雖非初印，尚是同治前物。予還六折。

廿三（17 日）

録《孝經疏》。課卷至，閱十來本。芰舲至，約明日往李家請乩。鄒殿書至。往朱溪雲處談談。日内背痛尤甚，胷中作惡。

---

① “落不發”，湖南方言，意指雨下不大、下不久。

廿四（18日）

往黃吉裳學使處。此公爲癸未薦卷師，見面不得不稱受業。問院中人才，予舉魏建侯、夏少村二人。伊云已調送十餘人，極稱熊錫榮，大約拔貢可望。往廉訪處，云和約未見上諭，昨有電報云倭已將奉天各處退還，倭以臺灣讓英，而德、法不允，又聞俄、日已開仗，各國均謂兵費太重，或可核減。方伯不能起牀，將告病。中峰亦請假矣。往小麓處久談。歸閱卷數本。課藝底稿，壬辰鈔出一本，閱一過。往芰舲處，即付少村校之。偕芰舲兄弟至李宅請仙，詢時事，云："豆分瓜剖動人疑，事亦尋常並不奇。奇絶華夷同萬國，本來面目失多時。"問湖南安靜，曰"不能"，問何故，曰"自己不安靜"。贈予詩云："時事急，湘軍力，書生胡爲不投筆？上書徒使人作惡，況隨幕下草羽檄。太平日久不知兵，宰相逢人但涕泣。涕泣猶有忠愛心，先生何爲直欲拔劍斬以臨三軍？"

廿五（19日）

閱課卷卅餘本。朱溪雲至，告以廉訪已交名條而不行之故。夏氏竹林至。鄒叔澄來拜。宋澍德來見，交盛學使所送課藝一部，以《自課文》一部屬與其子。周同福送陳卧子詩殘本至，挑燈讀之。

廿六（20日）

雨一日不止。初次課卷閱畢，接閱二次課卷三十本。《麻姑見東海三爲桑田賦》，蕭鼎臣、張世畸有才氣，不完善，燈下爲改數處。

廿七（21日）

見《蔡袁明堂二說平議》無能通者，爲擬作一篇。經非考不明，予作此篇，於明堂之制略得之矣。梅子肇至，云和約已見上諭，再加一百兆，不割地，長信出私財一千萬。予謂外夷所以藐

玩中國者,正由賄賂公行。此項正受禍之源,恐將來仍於此取
償,又不知巨欸何從出也? 雨不止,甚凉。夜觀《挐經室集》
數卷。

廿八（22 日）

　　將擬作録出。改訂《孝經疏》,較前説有把握,經學誠無底
也。録《孝經疏》二㕧。覆閲課卷一過。解明堂,惟曹伯棨、涂
觀光稍有心得。兩人未來見,不知有是人否,或皆王益霖所爲。

廿九（23 日）

　　桂念祖來見。袁小村以所鈔《大傳疏證》來取錢,計十五萬
字有零,共錢九千。以《孝經疏》使其接鈔。周同福送《注疏》
至,繙一過,缺十三葉。下午往鄒殿書處赴飲。歸,夏芰舲至。
是日晴,鄉下雨想亦足矣。

五　月

初一（24 日）

　　録《孝經疏》三㕧。夏氏竹林至,以《大傳疏證》屬校一本,
然此事極難。課藝又再校,仍有詤不可通者。張翰臣至。段節
出京來見,云伊並未候榜,其兄段笏榜後出京,昨亦至矣。會墨
甚平正。賀爾翊以周末文勝、反夏尚忠作主,此亦《公羊》義也,
惜無識者。聞王龍文榜眼,蕭榮爵傳臚。蕭乃不及王,晚達
之故。

初二（25 日）

　　録《孝經疏》初槀粗畢。李薇園同年來拜,名有棻,癸西同
年,今官陝西按察使,云在湖南多年,曾署沅州。聞其子言予教
學,極欽佩。其子又有名益者,已調送,未見到。談及書院膏火
薄,且無書,力任見香帥求書,見翁小山、陳右銘兩公籌費。此人

甚能，可望封疆。廉訪來回拜，云和夷事，俄人已爲中國爭還遼東，俄、法將攻日本，爭臺灣。峴帥已入關，欲告退。方伯病，不能起，請開缺。裕觀察署方伯，文觀察署鹽道，即在劉、夏宅同席之老人。課藝付廉訪帶去。晏海瀾送食物六色，辭之。海瀾自至，必使受而後已。鄒殿書至，久談時事，並及家事。

初三（26日）

往李薌園船上回拜，不晤。往文菊生觀察處道喜，伊云旅順等處已還，臺灣不在内。李薌園欲請以山、陝爲退步，大約陛見可以直陳。伊現官陝西，可任其事。歸校《孝經疏》、《大傳疏證》。周同福送《舊唐書》至，校一過，不誤。下午往芰舲處。閱《申報》，與諸公言同。文道希乞假三月已見報，必將歸矣。夜作《孝經疏自序》。雨，微涼。

初四（27日）

校《孝經疏》、《大傳疏證》。永新新到劉彭齡來見，云吉安來者止彼一人，贄敬六元、土宜六種，止受茶葉、火腿。歐陽心存送節禮，止受茶葉、皮蛋二種。周同福至，付彼十六金。朱溪雲過談。

初五（28日）

朱溪雲、晏海瀾來拜節。梅子肇送節敬拾元，却之不得。宋澍德及其子名璋、杜述琮、熊羅宿來。歐陽心存、文永譽亦至。文送節禮六色，却之不得。詢其父發信乃四月初一日，近無信，未審出京否。下午往芰舲處過節。夜歸，甚涼。

初六（29日）

黃鶴雲由京來見。袁小村送所錄《孝經疏》十七㕑至。黃借觀，即請代校。連日校對甚苦。今年所作詩錄一過。下午出門，至監院處。天有雨意，遂歸。至黃鶴雲處。伊云康祖詒去年爲安御史糾參，其所作《新學僞經考》交廣雅諸生查覆，皆前人説過，事遂已；今年爲李仲約所取中，大約知其人。李於江西李夬等卷俱打落，且云："不意江西文風一變至此，豈以五家爲不足法耶？"不意此公乃爲此言，江西何必法五家也？

初七（30 日）

寫本月官課題。新調奉新許振鴻、熊斯立來見。監院來拜。文觀察名鑴來拜，言洋務仍無墝耗，但知邊境收回而已。黃小麓來，云將往新淦公幹，新淦文芝塢名聚奎亦同鄉，有信來聘盧豫章，而彼忽歸家過節，不知初十課能趕到否。擬作《公劉公亶父是名是字考》，考古天子、諸侯不聞有字。《檀弓》："幼名，冠字，五十以伯仲，死謚，周道也。"周公所定之制，蓋天子、諸侯死有謚以易名，生無有稱其字者，故有謚無字；大夫、士生有字以表德，死亦可稱字，故有字無謚。後世人君亦有字，正如人臣亦有謚，非古義也。此發前人所未發者。黃鶴雲與宋名璋夜至。

初八（31 日）

校袁小村所録《孝經疏》十九㖧。宋名璋爲予校一過，仍有譌字。下午鄒殿書至，云其間壁有青蛙神至。偕往一觀，與常蛙無異，惟不鳴不躍耳。芝舲至，以《鄉詩摭譚》屬校定，擬付剞氏，並勸予刻駢文。

初九（6 月 1 日）

擬作《"小學在公宮南之左，大學在郊"考》一篇，又《"虞庠在國之西郊"當作"四郊"考》，未畢。楊垣來久談，云於詩頗用功。幹臣來，以所作《書憤》詩見質，才力不凡，嫌隸事太密耳。

初十（2 日）

官課。監院來，同早飯，贈石經一套。盧豫章至，使往小麓處。皮增來見，乃黃學使新調，正案第二，年已卅六七矣。高安與清江似非一家。《虞庠考》畢業，計千餘言。鄭不從蔡氏以大學爲明堂四學，又誤解《王制》三代小、大學相變，故學制不明。

段、顧兩家爭論不休,皆不得要領,由爲鄭説所壓,不敢駮正。得予説,庶幾豁然。久不能得家信,甚不放心。茇舲云湖南求雨不發,南城外有大盜案,又聞湘人不許口天再來,皆非佳事。幹臣生日,茇舲邀飲。見《申報》所刊臺民布告,情殊可憐。達齋云電報湖南庶常皆散,惟餘鼎甲二人,譚蓉墅亦改大令。梅子肇詢題解,云臺灣巡撫唐爲土人推戴,不能脱身。電報湯聘珍來京,另候簡用。

十一(3日)

晴。朱溪雲至,云去年拾得蔡某手票四千金,爲倩人捉刀者,其人去年已中。溪雲想於此發財,但太柔懦,恐不濟也。擬作《路寢如明堂之制考》。焦里堂以東堂、西堂爲東西向,今考得北堂當作北向,在正中,與明堂四面有堂合也。茇舲送來《江西詩徵》,屬校《鄉詩摭譚》,其中詩亦多佳者。得前月廿六家信,知前銀、信廿四始到。一兒病重,幸愈。汪宅已將到,擬住伍家井。二兒寄文三篇,才氣較前稍開張,爲删改數處。

十二(4日)

寫家信一函。《鄉詩摭譚》粗校一過。其書體例可議。本爲譚詩作,二劉獨載文,歐、曾、王、虞、揭皆無之,近人載李紘《南園問答》及彭元瑞四六謝表,皆不可解。其選詩亦不盡如人意。然既刻,不便删改,改之非本來面目矣。曾賓谷選《江右八家詩》,其序文極不取江西派,可謂先得我心。

十三(5日)

代茇舲作刻《鄉詩摭譚》序一篇。書團扇一柄。茇舲擬爲予刻駢文,覆閲一過,删去數篇。此多十餘年前所作,文章了無進境,可歎。至茇舲處,伊必欲代刊,不免嫫母獻狀之愧。見《申報》,載李傅相與倭相照會,彼有悲悼惋惜之語,蓋已以死人待之。李經芳至臺灣交地,臺民已立唐維卿爲伯理璽天德,彼去即速死矣。聞臺民勝倭，奪其一舟，未知塙否。至海瀾處，見會墨，康祖詒究竟是名士，與衆不同。歸遇會，零落不足觀。感臺事，作小詩二首。

十四（6日）

課卷至，閱卷三十本。文公達至，云乃翁廿日内可到。吳康伯來見。夜作《鄉詩摭譚》駢文序一篇。

十五（7日）

閱課卷三十本。芰舲至，以《申報》見示，上列照會，亦頗據理以爭，予疑僞作以謝諸人之唾罵者。夜改賦二段。

十六（8日）

閱卷廿餘本。鄒殿書、羅文卿至，久談時局。晚間夏氏竹林見過，以所改賦示之，題爲《漢文帝遺單于許結和親布告天下》。文帝以匈奴使先至乃許之，亦黃老家以柔制剛之術。觀其拊髀頗、牧，推轂亞夫，帝非真柔者，豈若今之議和辱國不堪告人乎？諸卷無及此者。

十七（9日）

閱卷十餘本。梅子肇以電報見示，江西李瑞清、彭樹華、胡思敬、謝遠涵館選，湖南戴展誠、章華館選，袁緒欽部屬，王龍文亦部屬。在鼎甲者名王文龍①，疑非湘人。周觀濤來見，以王子庚書札來，中有五詩。秦嗣祖字念□者②，其父名振岐，癸酉拔貢同年，以秦鏡中試卷來見。此人現住書院。周同福送《江西詩徵》、《穆堂全稿》、《十五家年譜》三書，共柒金，予爲芰舲代買者。下午送至芰舲處。芰舲爲予刊駢文，竹林共爲校正數處，意

① "在鼎甲者名王文龍"，電報所説有誤，故皮氏有"疑非湘人"之説。是科探花王龍文，湖南湘鄉人。

② "念"下，原稿空一字。

甚可感。夜大熱。

十八（10日）

　　課卷閱畢。李若虛治《公羊》頗有所得，置第一。盧豫章次
之。新到有桂棻者頗佳，不知是自作否。新調清江聶廷瑞來見，
云與聶北生是一家。朱溪雲過談，云此間方伯放魏午莊，不知塙
否。《申報》云本係蕭榮爵狀元，因駱君對策痛陳時弊，御筆定
第一，其策並非行行到底。據此，則極不通之格式爲之一變矣。
下午雨，頗涼。

十九（11日）

　　定課卷名次，送去。文公達至，云乃翁往江南。夏幹臣至，
論作詩法，以所作觀風詩請改，《十龍巖》、《雙鳳山》等題有何改
法？閱鄧湘皋詩文。此公於湖南有篳路藍縷之功，《集》尚
可看。

二十（12日）

　　師課。張翰臣至，以少村報優向説，伊推東齋楊公。鄒殿書
至，談家事，叔澄歲用萬金，可駭。胡模山自京歸，來見。聶同年
名昭潛，新淦人，來拜。新淦有聶某新調送，大約即其子也。爲
文公達書扇一柄。答王尺蘐函。下午擬出門，忽大風。作《駁
俞理初〈公羊傳及注論〉》一篇。

廿一（13日）

　　作《考〈郊特牲〉何以供燔燎正祭二處之用》一篇，並駁金誠
齋不燔牲、玉之説。金氏説《禮》極有心得，惟多以世俗之見疑古
禮，是其蔽也。校《孝經疏》。晚間芰舲至，久談。聞近有諷時事
者作聯語云：“宰相合肥天下瘦，司農常熟國中荒。”又云：“棄臺灣
翁孫賣國，通日本父子專權。”又譏志伯愚云：“可憐光采生門户，
未有涓埃答聖朝。”芰舲云魏午莊放方伯屬實。聞湖南聚衆逐吳
清帥，父索子，妻索夫，問帶去之人何在，此公遁回湖北。在此公

太不自量，而湖南囂張如此，亦可畏也。夜微雨，甚凉。

廿二（14日）

仍雨，甚凉。芟齡倩作《雙鳳山》等詩並試帖一首，強爲之以塞責。校《孝經疏》一卷。微雨。無客至，長日如年。

廿三（15日）

閲課卷四十本。下午往聶昭潛處回拜，不晤。往劉虞九處略談，往湖上看看。到袁小村破寺中，天已大熱，尚未到夏至，已如此。夜挑燈别作擬作一篇，以前作太長也，然因此知古人學皆在塾，所得不少。此前人未發之義也，段、顧、朱大韶、金鶚皆未曙於此。

廿四（16日）

初課閲畢，接閲次課。盧生以所校《大傳》呈繳，校出譌誤不少，甚細心，更以《孝經疏》一卷使校。聞黃小麓至詢館地事，着其往見，乃囁嚅其詞。小麓復來，詢伊究需脩金若干。生以在此應課月可得數金，就館須每月十數，未知能行否。王思聰來見。下午微雨，稍凉。

廿五（17日）

閲課卷卅餘本。文法和至，云道希往江南與香帥議事，來月可至。言時事甚可慮，俄船大至，不可測。其公使到京，以割東地有礙於彼，請改正，長信以事已了，不見，伊意不悦，乃挾倭人以東地還中國。今東方空虛，倭以全軍攻臺，李伯行在船上換約，不敢上岸。華兵皆聚唐山。京中又有對語云："父子兩大官，一匡天下；翁孫十八子，五代同堂。"伊意亦以十八子之傷爲僞造，于晦若見之，並不見傷痕。又在上海作書，言和議過不在己，足見奸雄亦畏清議。予以《申報》所載照會爲僞造，不爲無見也。云人稅兩圓已有成議，果爾，必大亂。云獲奸息，問之，有郜姓者在江西、湖南起事。臺地亦有奸細。今年殿撰之策,開口即云"主憂臣辱,主辱臣死"。賀爾翊爲湖北人薦批,首篇用《公羊》,次用三《禮》云云,將二百字,爲李若農打落。今年名士爲此人所厄甚衆。彼欲阿徐公意,批有云:"此等卷若中,必至兩敗俱傷,獨不見釐正文體之疏耶?"語甚可鄙。近且有廢八股之議,何釐正之有乎?桂念祖來,問作駢文及詩作法。下午至芰舲處。

廿六(18 日)

劉虞九至,云報臺北失守,漢奸布滿,放火燒衙,臺恐不可保矣,皆云梁亡之自亡耳。録擬作,將千言,題爲《"虞庠在國之西郊"當作"四郊"考》。惟熊羅宿知虞庠有二,所言已得大致。陳昌言寥寥數言,亦頗明。餘皆糾纏《注疏》及段、顧二家之言耳。次課卷閲畢。題爲《丁令威遼東化鶴歸來賦》,因有感於遼東事,出此題。幹臣爲李瑞莱作能切遼東,詞亦哀艷。宋名璋作甚有奇氣。定宋第一,李次之,各爲改正數處。

廿七(19 日)

將擬作《"虞庠在國之四郊"考》更定一過,分上、下二篇。理愈推愈出,可涣然冰釋矣。下午晏海瀾至,云將移居。晚閲《宋書·志》,爲芰舲代作小詩四首。天大熱,夜不成寐。寒暑表已過九十分。

廿八(20 日)

徐雲孫至。覆校《孝經疏》。閲朱大韶、黄以周説《禮》之書,黄爲優,其所箸《禮經通詁》惜未之見。聞有言時務書名《盛世微言》已呈乙覽①,屬海瀾於滬上求之,未知能得否。下午閲《魏書》以遣日。新調廬陵梁鳳岡來見。夜有所感,填《賀新涼》一闋。因見壺園荷花盛開,憶及去年酬唱之樂,匆匆一載而時事

---

① "微",鄭觀應書名本作"危",此殆傳聞失真。

大變，拈此寄壺園主人。天大熱。周同福言鄉間望雨又急，不知
楚南何如。芰舲云得陶宅信，吾楚以得雨，賽會酬陶、李真人，甚
鬧熱。

廿九(21 日)

校《孝經疏》。閱黃以周《經說略》。永新龍鍾沺來見，乃龍
文彬之孫，年二十，乃賀爾翊妻舅，治《公羊》，亦爾翊教也。接
家信，知一兒病重，用費甚多，幸已愈。江學使好怪殊甚，邵陽領
批作小講收筆"天且冗，地且陷，所以病天。聖且褻，褻且裘，裘
且長，長且短，短且袂，袂且右，所以病聖"，可謂文妖，無怪廷議
欲廢八股也。夏季課題多說洋務，爲作《讀〈後漢書·黨錮
傳〉》。

三十(22 日)

又爲作《論史學》絕句，國朝史學家每人一首，得二十首。
寫家書寄二兒，使其寫上。李定山來見，以詩請改。芰舲至，夜
談，以所和詞見示。幹臣和二首，清麗可玩。

閏 月

初一(23 日)

盧文明以所校《孝經》一卷來復命，甚細心，更以二卷授之。
鄒殿書過談。熊羅宿來見。此人究心禮學，此間亦難得也。觀
《日本外史》，始知其國有法皇，有上皇，有帝。天子同時竟有數
人，大奇。而源、平握兵相噬以來，諸皇皆擁虛位，如中國操、懿
局面，但弒逆廢立而不篡位，亦一異也。文公達至，云乃翁於本
日由江左還江右，若有輪船，即日可到。

初二(24 日)

《日本外史》閱畢。其國俗略似春秋時，皇帝數人皆擁虛

器,藤原氏以外戚世掌國政,號相門;源、平二族任兵事,號將門。平清盛恃強大,滅源氏,擅廢立。源賴朝又滅平氏,爲大將軍,於是相權亦奪。源氏衰而其家臣專政,正如東周,政在諸侯,又在大夫,而陪臣亦執國命。其國世爵,兼似封建,故享國久長。至於尾大不掉,強者稱雄,近唐之藩鎮,亦其勢然也。氏族近古法。源、平,姓也。新田、足利、德川,氏也,皆以所居爲氏。其姓皆出於源,而推其自出皆國族也。氏別不忌通昏,亦周以前之制。其俗輕死尚氣,亦似戰國人。惟楠正成、新田義貞舉宗殉國,其他皆權犬、鷹犬耳。新田支裔復盛,而楠氏不再振,豈天意乎?明沈惟敬和倭,云舉我大明奉承日本而已。賣國之臣,古今一轍。然平秀吉猶未能入明地,今之倭寇未及秀吉而決裂至此,則今之賣國者尤甚於明。父子兩大臣正用倭法,然一蟹不如一蟹,秀吉之子尚不能保,法倭何爲哉!晚間北風,涼。往芰舲處。芰舲以閏重五,憶十二年前湘江競渡有感,作《賀新涼》詞見示。夜歸,挑燈和之。

初三(25 日)

　　雨,甚涼。校所鈔書。賀月槎至。鄒殿書至,云江西京官多歸故鄉,有謀此席者,不知爲誰,予亦聽之。梅子肇至,見示電報。唐民主僞逃,訪知基隆失守乃淮軍通倭,因計就計,廿四日嚴責淮軍收復基隆,暗埋伏兵、水雷。淮軍引倭人深入四十餘里,水雷發,燒倭與淮軍萬餘人,餘逃走,爲伏兵所執。倭中有金飾服者,云倭太子。倭有鐵甲兵輪各二在口外,每舟只三十人。乃仍其旂號,坐木桶出,傳呼得勝。倭舟奏樂迎接,盡獲其舟,且移倭國云:貴國太子爲本總統擒獲,如貴國念父子之情,速將所侵中國之地及兵費二萬萬退還,即釋太子,否則於閏月十五日將太子祭旗,云云。可謂大快事,特未知塙否。下午往李定山處,以詩付之。湖上荷花已盛開矣。遂往徐雲孫處。又至文法和、夏達齋處，皆不晤。夜和幹臣所作詞二首。

初四（26 日）

周同福至，買成《沅湘耆舊集》、《楚寶》、《南村草堂詩文》、《唐陶山詩》，共六千。此皆鄉先生物，以舊印，收之。以《朱文端集》轉售芰舲。王思聰來見。新昌熊綏榮到，係新調者，途中失一箱子，衣、書、銀錢皆在內，亦不小心之過。擬官課題。披閱《耆舊集》。梅子肇送來《請纓日記》一卷，唐維卿著，言其自請往劉永福處綏藩固圉之事。紙橋一戰大敗法人，能乘此機速濟劉團餉與軍火，猶可保全北圻。而政府惟恐開釁法人，置臣各分畛域，遲至八月之久，始發大兵。而越王猝薨，篡弒相繼，法乘此時攻破國都，降其君臣，越事大壞，劉團之心亦搖，遂失北圻。可歎！

初五（27 日）

見張度西奇肆而不失法度，出入李、杜，不作一常語，悔知之晚也。午後至芰舲處，爲閏端午雅集。萬潛齋鼓琴，夏定九下棊。強予作詩題《終南進士圖》，爲題二百許字。飲至夜歸。

初六（28 日）

高安胡發元來見，今年領批，年廿二，去年入學者。人云此公所取多新進，此是也。繙閱經書。天熱，心煩。閱北魏《志》一卷。下午往黃小麓處，遂往閻覲臣處赴飲。李叔和已歸，同在坐。前見電報官場中並不聞，且云《申報》言總統已遁至滬，則此信未搞。是夜熱不成寐。

初七（29 日）

南昌龔樹人來見。其人有志經學，願習《儀禮》，告以經學入門之法。閱魏《志》、《傳》及近人詩集，以遣暑日。寫官課題。朱溪雲過談。

初八（30日）

寫家信一函。下午欲將家信及銀送芰舲處，熱不可耐，臥讀溫飛卿及張九鉞詩，憊甚。

初九（7月1日）

芰舲至，以銀、信付之。叔、姪所校《大傳》覆閱一過。余生騏及其弟生驥來見。臬臺親拜，予尚未往。劉彭齡呈其詩文及觀風作。此人經學全未入門，以經解作策，尤可笑，爲之刪改數十處。

初十（2日）

官課。監院以府試武童，不至。其長子大經號子微，請受業治經，告以經學門徑。盧文明以所校《孝經疏》來繳，云近與王餘三同寓湖南會館對門，餘三請易作之經解題，寫以與之。閱後漢《志》數帙。熱不可當，午後雷雨，稍涼，而雨遽止。鄉間待澤甚殷，秋收恐難得半，不知我鄉何如也？夜大雨，甚佳，不但稍解炎威，亦得少紓旱厄。

十一（3日）

往翁小山廉訪處，見面亦謙和。文道希亦至，先到我處，相左，回頭到彼處，尚未歸，復相左，在廉訪處得見。談時事，云木子耽耽求回任，藥師不敢更置北洋事，峴帥欲求脫身，徹湘軍，不知後事如何。遼東地尚未歸，又將有倭使至，不知爲何事也？歸閱漢《志》。《郊祀志》云："常山王有罪遷，天子封其弟真定，以續先王祀，而以常山爲郡，然後五嶽皆在天子之郡。"考《諸侯王表》，封真定王在元鼎三年，又三年爲元鼎六年，又五年爲元封五年，《本紀》云"南巡狩，登灊天柱山"，即《志》所云"登禮灊之天柱山，號曰南嶽"是也。據《志》所云，則前八年已以天柱爲南嶽，非始於元封五年。若以爲衡山，在長沙王所封之地，不在天子之郡內矣。長沙王王莽時國除，不得武帝時已爲郡。然則古之五嶽塙屬天柱，非衡山也。予考南嶽未列此條，當補入之。午後廉訪拜會，云入覲，上極重湘軍，伊言湘軍亦不可恃，必和前時曾國藩辦法，所用皆書生、農夫，乃無習氣，可用。其言甚是。下午微雨。閱明人集，所言時弊與今一轍。晚間張翰臣至，云聞臺地全失，劉永福亦到福建。梅子肇送來《請纓日記》三、四卷，閱一過。唐總統如此，則其書亦不足觀矣。

十二（4日）

晴。閱《求古錄》二卷。下午往芰舲處。得家信，汪宅已報日，八月十二，家中欲我歸。然歸必須早半月，七月初何能解館？又得彭栗樵信，並茶葉二簍，云廿金已由李俊卿交付。家信未提及，何也？

十三（5日）

往中丞處回拜、廉訪處道喜，未見。歸而鄒殿書、彭小圃至。新調黃傳鑣來見，乃樹齋先生孫，其父在湖北辦機器，名秩柄。又張贊明名祖祺來拜，臨川人，廣西知府，丁憂歸，住石頭街。文公達至，欲見《今文尚書》。予以《大傳疏證》、《孝經疏》示之，屬轉示乃翁。課卷至，閱十餘本。夜凉。

十四（6日）

飯後至道希處久談，云江南有曹元璧者，三《禮》最精，有《禮經校釋》已刊，恨未見。遂至芰舲處。歸而揭池鳳，新建新來者，與李若虛、楊垣同來見。又胡發元以《御製全韻詩》示我，問可買否。其書刻甚精，而無大用。閱卷廿餘本。

十五（7日）

夏幹臣、少村至，云未捉刀，劉應元卷實其所作。王餘三至，作《儀禮》解一篇，雖未詳，尚不誤，恐盧文明曾筆削也。梅子肇送電報至，十三日上諭：“吳大澂著開缺來京，另候簡用。”不知來者復爲誰也。又命中外官保舉奇才異能，將來未知能得人否。

裁減釐局委員,恐亦有名無實。閱卷共三十餘本。

十六(8日)

閱卷三十餘本。額內九十餘卷已畢,額外笑話更多。新調高安熊封楚來見。其人瀏陽生長,曾在麓山肄業,攜節吾書來。節吾五月發信,時尚未定行止也。晚間李秀峰至,言在滬見易實甫往廈門,至臺灣就劉淵亭。劉軍屢敗法人,擒其大將,使以四百兆來贖。然則前電報亦非妄,特不必是太子耳。又云前數乩仙,聯句有"宮監蒼黃天子出,將軍浮白故京收。豆分瓜剖偏安局,鳳附龍攀下士謀"語,可懼哉!

十七(9日)

閱卷畢。此次有百廿餘本,然佳者寥寥。盧文明考《左傳》"偏衣"有想境,以爲白狗皮則非是,予改爲狐裘。《孝經緯》、《白虎通》皆言古征伐皮弁素積。《玉藻》:"君衣狐白裘,錦衣以襲之。"①鄭注云:錦衣之上衣,皮弁服與?《詩》"狐裘以朝",金鶚以爲當服狐青。太子帥師,皮弁狐白裘。獻公時服狐青,乃以己之半青與太子之半白合成一衣賜之,故曰偏衣,似較前人所説爲塙。"盡敵而反"四字,即"狂夫詛之"之辭也。《"往伐歸獸"解》、《后稷作司馬考》,諸人皆不了了,亦擬作二篇。文道希來拜,尚未得暢叙,約明日席公祠再會。夜雨甚大。

十八(10日)

覆閱課卷,定次序。錄擬作二篇。飯後又大雨。下午往席公祠,赴陶華封同年招飲。道希病,不至。張同年云廣西有大可慮者:現在越南游勇,有七萬人一股,有十餘萬人一股,時出劫掠,法不與較。恐法定越後驅逐此輩,必入關爲患。重兵皆駐龍州,太近邊,南寧一警則聲息不通矣。記此以待後驗。戶部聞有

---

① "襲",《禮記·玉藻》本作"裼"。

支絀無從籌備之奏,不知二百兆如何支銷。湖南巡撫係黔撫調補,崧蕃字錫侯。

十九(11日)

覆閱卷,送監院。復節吾書一函。出師課題。閱陶黄江先生及文毅公詩文,皆高古。夜觀宋《志》二卷,題《請纓日記》二首。

二十(12日)

監院早至。聞方伯做壽,寫欵,借幛,擬送。黄小麓至,談時事慨然。寫家書,並寄復栗樵一函。

廿一(13日)

王餘三作《"歲三田"解》,請正。未明《王制》乃《春秋》法,誤引《詩》、《周禮》、《穀梁》駁之。不知注明引《周禮》,《釋廢疾》明引《詩》與《穀梁》矣,乃暢發今、古文家法以教之。方伯偏收壽帳,不知皆假之他人者,當償之也。家中喜事,我思之無難辦,但恐以去年之事看大眼睛,多用錢,且生事,乃詳悉切戒之。閱江永説禮書。其書最早,皆出心得,然門逕初闢,有不如近人之精者。芰舲過談,以刻工所寫書見示,尚可,屬其説定須七月完功。擬挽方右銘方伯一聯云:"去歲朝天,看袖拂鑪煙,依舊棠陰留召伯;頻年下榻,忍身齋鏡具,獨攜芻束弔黄公。"

廿二(14日)

往裕方伯處祝壽,並往張丹銘、李秀峰處,皆不晤。新調南昌王廷俊來見,王廷獻之弟,其兄弟詞章皆平穩而不工。閱宋綿初《釋服》,甚有新義,其説似勝先儒,謂:皮弁是騏弁,非白色,蓋蒼色兼青白。皮弁、錦衣、狐白裘別無上衣,狐青裘、玄綃衣亦同。鄭云"皮弁,十五升白布衣"非,"朝服,十五升布衣"亦非,天子朝服不當用布,玄端、素端皆絲衣。所謂"朝服,十五升布衣"者,蓋大夫、士私朝之服。又解褐襲,謂江慎修袒袖之説亦非,祖袖是古禮,而與裼襲無干。裼衣即錦衣,玄綃衣所以裼裘,襲則更加一重衣。説亦近理。朱溪雲過談。下午至道希處赴飲,在坐陶華封、張丹銘、梅子肇。道希又使其外甥執贄於予。談及京師對聯云:"遼臺二億金,一分大禮;翁孫十八子,三代同堂。"較前所聞尤工。又"孫毓汶狼心逼用寶,李鴻章狗臉假受槍"。又"臺灣省已歸日本,頤和園又搭天棚"十四字,感慨不盡。又大清門白書大字云"萬壽無疆,普天同慶;三軍覆没,割地求和",尤可痛哭!李鴻章對上稱我,李連英呼上爲他,云"他知道甚麽"。如此,則木子回任,恐有倒行逆施之舉。道希之進退,大約以木子之進退爲進退也。然北洋舉五人,而曉帥居次,奈何?聞官電十九日劉軍大捷,全臺克復,差強人意。歸填《高陽臺》一闋。

廿三(15日)

寫詞送道希。歸芰舲帳價三千文,不受。寫方伯挽聯送去。鄒殿書至,彼亦不知劉毅吉何爲開缺。張捄、張鳳藻、熊羅宿來見。師課卷至,閲十餘本。晚和道希詞《詠塵》一闋。

廿四(16日)

將詞録出。閲卷十餘本。沈鑒澄至,云五月始到。下午夏定九招飲,熱不可當。詢明彭章祖號蓬池。湘撫是德壽,非崧蕃。

廿五(17日)

往方伯處作吊。遂至沈鑒澄、文道希處,皆不晤。文公達與其表弟來見,攜《聲律通考》二本。予閲之茫然,由於性不解音,必先通俗樂,乃能通古樂也。晏海瀾至。閲卷十餘本。下午芰舲招飲。風雨,甚涼。以《聲律通考》示幹臣,彼聰穎,或能通解。

廿六(18日)

閲卷卅餘本。初次課卷七十餘本閲畢。《孔子爲魯司寇》,

解者多爲毛西河、全謝山等所誤。惟龍鍾澍能辨諸説之失，而據崔氏《三禮義宗》，與予意合，若自己出，孺子可教也。新調金溪于廷榮來見。于號秉郁，湖南校經生，到此當獨出乎衆矣。道希見過，久談。言有戴若士《音分古義》一書，論樂尤精。云合肥急謀回任，請整頓軍務摺留中，請銷假，批"知道了"，上意可見。予謂上英斷，宜亟放北洋大臣，毋使事留變生乃佳。夏幹臣、少村來，告以于秉郁至。伊亟欲見，乃覓于至，談至夜乃去。

廿七(19 日)

擬作一篇録出。校刻工所寫《孝經疏》四吊。芰舲爲説妥，八毫半一字，七月杪可竣事。前未當面交代，伊將經、注一樣寫，宜更正也。買得《求志居唐詩選》一部，較《唐詩別裁》稍多，可觀覽。閱二次課卷數本。下午往張丹銘處赴飲。其弟名祖笏號勉南，其家住湖南洪江①，在辰州上貿易甚大，有張百萬之名。在坐道希及二陶。道希云已見中丞，中丞無他意，伊又力薦，或不至爲人奪。又云遼東增兵，恐和議未定。歸填詞一闋，送道希北上，以官家知遇勉之。

廿八(20 日)

閱二次卷四十餘本。鄒殿書、彭小圃至。下午往芰舲處②，以昨面約五君初一小酌，往假器具，並請芰舲作陪。芰舲云可假坐，予不欲煩費，仍以敝齋爲妥。晚歸，甚凉。

廿九(21 日)

課卷閱畢。賦以杜述琮爲優，改定數語，置第一。江蘇吳寶鎔來拜，號希思，即用知縣，云曾隨洪文卿在此閱卷，經訓改章曾與議。李叔和去歲曾言其人好學也。予嘗疑熊慶熄卷是湖南人

---

① "洪"，原誤作"紅"，據文義改。
② "處"，原誤作"至"，據文義改。

作，吳云乃其戚夏時成捉刀。夏吳縣人，經古四列第一，龍學使不取，不知何故。屈禹臣與王景徽來見。芰舲親家過談，邀于秉郇共坐。芰舲邀于往彼處住，可謂愛才。于不欲往，亦不久將去。校經八十金，豈肯舍彼就此？王餘三又送經解一篇，云今年曾取古正案第六，可否求學臺調送？且看機會。龔樹人來見。朱溪雲過談。半日人客不斷。

六　月

初一（22 日）

晴。進二伏，恐不能如初次之涼也。定兩課甲乙，書名次。是日邀道希、華封、丹銘三同年小飲，芰舲作陪。艸艸之局，已忙三日。未暝，客散。晚閲宋《志》二卷。劉彭齡來見，以所改詩文付之，告以苦心烹鍊之法。

初二（23 日）

閲《藝文志》。班孟堅有言明堂、辟雍合一之義，前人均未引及。擬官課題。聞學使將至，不知改期否。道希見廉訪，力爲推轂。云書可交局刊，此次課藝刊成再説。擬提師課於月底也。李叔和至，以去年兩處手票退還。文公達及梅惠安至。梅名光大，人甚偘儻，大家子弟，器宇不凡。觀《繁露》，"秋上杌實"，諸本引作"机"，誤。《孝經疏》沿之，當更正。爲王餘三改《"神農將持功"解》，其解尚是，惟言神農官名無左證，予以《周禮》"伊耆氏"證之。《周禮》鄭注：伊耆，古王者號，後王以爲官名。《禮記》孔疏以伊耆氏爲神農。伊耆、神農是一人，伊耆可名官，則神農亦可名官矣。下午梅子肇兄弟招飲。道希病發，不到。華封、丹銘及華贊雲三同年在坐。華初從京師來，談時事，皆感慨，恐有曹、馬之事，然此公實不足繼曹、馬後塵。夜歸。盧文明至，見予改作及擬作，極拜服，云王餘三將歸，伊仍搬入書院。

初三（24日）

發篋見《西河集》。西河負萬人稟，惜其時經學方萌芽，不知漢有今文，專信《左氏傳》、僞古文《尚書》，故所説不盡是。其詩似宗初唐及王、李諸家。伊是七子面目，乃力詆七子，得非諱所自出乎？其言樂，未能定其是否。以天陰涼，往道希處，見其參樞臣三疏及爭和議疏，可謂敢言。所著《補晉書蓺文志》甚該博。所填之詞極綺麗，亦極雄壯，“看天荒地老，瑶池宴”句，令人慨然。沈子培送彼詞甚工。至芰舲處久談，至日落始歸。

初四（25日）

連日晴，又大熱。聞秋成不及半數，晚稻仍苦旱。黄河大決，汴梁幾没。中原有陸沈之患，奈何？下午芰舲邀飲，聞是老太太生日，予不知也。以毛西河樂書四種示幹臣，看能解否。天甚熱，表將九十度。

初五（26日）

閲《西河集》，熱，不能用心，聊以遣長日而已。答彭蓬池一函。胡獻璠來見。和宋人詠物詞四首，均用原調，藉諷時事。

初六（27日）

閲《經問》及《彤史拾遺》、《蠻司合志》數卷。下午閲宋詞。以予所作，寧取稼軒之豪放，不能爲白石之清遠。

初七（28日）

子肇至，云道希昨已行，往湖北。不知到湖南否？其行止，云出京時上有條呈，覘其用舍以定進退。廿八得電報，翁師傅以爲上意皆允，屬以早來，大約仍去。其條呈似有分北洋、直隸爲二之説，此亦不得已之下策也。龔福保、張啟明至，應蒇試也。閲西河《昏禮辨正》，改“主人揖婦”“主人”爲“壻父”，大謬。

"主人入脱婦纓",亦壻父乎？昏禮重夫婦,非重子婦,其見殊僔。《廟制折衷》天子七廟,遵王駁鄭,非是。又別添一遷廟,私造典禮,與"舅姑及婦交拜"同誤。《大禮議》原本古《禮經》、三《傳》,以爲世宗當考武宗,楊廷和、張璁二説皆非,其識解超出漢、宋諸儒之上。論廟制,諸侯以下,皆考訂精塙,在國初當首屈一指矣。得家信,湖南亢旱,米價已三千四百。汪宅喜期恐不能改,受明有一函來。陳秋珊師逝,擬作一聯挽之云:"先生晚景劇艱難,於今白玉樓成,赴召應知天上樂;弟子童年承屬望,豈意青氊坐老,聞歌遥痛泰山頹。"

初八(29 日)

閲西河所定喪禮。古禮不宜於今,如士禮楔齒綴足、設冒去冠,誠有可疑,此等可姑置之。西河詆斥太過,似可不必。其詆汪堯峰説亦不宜闌入,當低一格坿録,則眉目清矣。祭禮可通行,以《大同》爲古樂,非是。古士、大夫祭本不用樂,此則西河所不信也。予以爲論禮宜分別古今。論古禮,仍以古義解之,不必以今人所見疑古,其不可解者置之。論今禮,宜斟酌古今用之,但可從宜,則古雖未有,可以義起。如祭墓之類,宜從俗,必如西河云古極重祭墓,亦不然,其所引皆漢人書。蓋自戰國亂而人去其鄉,宗法衰,廟制壞,而墓祭起矣。西河論禮,多狃於俗見,故其説是非參半。其駁宋人説,如《聖門釋非録》之類,實有功於聖門,不必爲鼠目寸光者道也。下午聶同年昭潛至,久談。芰舲至,談至夜始去。

初九(30 日)

雨不成,仍晴熱如故。熊慶露來見,前曾在此當課者,云曾看《注疏》。李叔和至,云江南有委員來查案,人頗認真,舟泊對岸,暗查各處,二首縣在内。朱溪雲來談。宋奉峨以所校《大傳》來繳,甚過細,所引書皆查原書對過,校出誤處甚多,亦有本不誤者，各本不畫一也。更以《孝經疏》下卷屬校一過。文公達送日本岡千仞所作《尊攘紀事補遺》及鄭陶齋《盛世危言》。《尊攘紀事》尚有前編，惜不之見。其書約言自米、俄兵船無故陵壓之後，浪人乃有尊攘之說，歸咎大將軍不能強國，於是各藩義舉奪幕府之柄，歸之國王，始議變法。今木子雖專擅，不及倭俗大權旁落之久，亦何妨正其禦侮之罪，奪其柄耶？

初十（31 日）

官課，監院至。委員有譚元瑞者，同鄉人也。刻工送《孝經疏》四帋，覆校二次。閱《盛世危言》，多《申報》中議論，無過人者。竊以爲見在之事，宜先清內亂，嚴懲賄賂，刻繩贓吏、債帥以法，實事求是，乃可變法。變法應先改宋、明陋習，復漢、唐郡兵藩鎮之制，則兵強可以禦侮，不必從夷俗反肇亂也。聞此書已呈乙覽，必用其說，恐非善策。予固知其說不足采，然必欲一見，以窺破此等伎倆耳。鄭本市儈，言利頗有把握。郵政行則是官信局，而信行失利矣。銀行設則成官錢店，而票號、錢店失利矣。宋人炭、醋、酒皆官賣，此亦非必不可行也。

十一（8 月 1 日）

得秀峰信，知即日楚游。幹臣送來所刻駢文，誤字不少，並詞數闋。予亦錄所和宋人詞四首，使之和。《毛氏春秋傳》極無理，足以攻胡《傳》，不足以解聖經。謂孔父、祭仲皆名，古安有名父、名仲者哉！毛氏說經，當以《禮》爲最，雖有偏駮處，其獨得不可沒。其古文未成家數，而序事亦明暢；駢文在當時高出迦陵，惜不多耳。改作挽秋珊師聯云："童年受學負深知，何期坐老青氈，空對淒風懷化雨；造物扼師嗟太甚，今值樓成白玉，自當天上勝人間。"晚間至夏宅，以《盛世危言》與芰舲觀之，示幹臣以所作詞。少村報優已妥，一學六元，尚有小費。李若虛攻楊垣考拔，同縣相忌如此。夜和幹臣詞三首。

十二（2 日）

寫家信，並復受明一函。將詞録出，示幹臣。閲《東塾讀書記》。陳氏學極純正，然猶有未忘宋學者，在不脱村塾之見，所以見輕於王學也。以《左氏》詆《公羊》，仍是毛西河一輩議論。毛在國初經學未明之時，不足怪；陳時治《公羊》者已多，而束閣不觀，則可怪矣。王學深於《公羊》，宜其不合。下午觀竹垞、樊榭詞，似亦無難學步。晚間幹臣、少村至，談至夜深始去。

十三（3 日）

熱甚。隨意繙《兩都》《兩京賦》讀之。久不讀此，恍若隔世。其中有可證經者，所謂"五經鼓吹"，不虛也。舒恭潤、恭瀼兄弟同來。夜課卷至，略繙。

十四（4 日）

陳鶴春至，久談。豐城新送萬啟型來見。宋奉峨以卷未寫完，更以所續寫來交。此乃破例收之。宋擬報駢文並洋務，略以洋務告之。周同福送不全《册府元龜》，少兩函，價十餘金，不昂。予見此書無大用，不欲買。《説郛》亦有殘缺，若所缺不多，擬收之，以中多祕本也。揮汗閲卷廿餘本，不勝其苦。《宋太祖杯酒解諸將兵權賦》，周觀濤、杜述琮皆有佳處，不完善，爲删改數聯。夜更熱。

十五（5 日）

揮汗閲卷廿餘本。刻工送《孝經疏》，校二卷。所刻不甚工，不如所寫者遠甚，此書真艸艸矣。夜卧出汗，頭上尤甚。

十六（6 日）

閲卷廿餘本，揮汗不止。間看小詩詞遣日。夜不能寐。

十七（7 日）

晨起，頭涔涔然，餘十餘卷不能閲。王餘三至，告歸，送脩金四十元。此人受學不久，予未及多教，却之不可，可謂無功受禄。

伊求學使調送經訓,不知能如願矣。晚間芟斿親家至,談至夜。

十八(8 日)

立秋。熱。連日禁屠求雨,不發。芟斿送來《臺戰紀實》及《申報》,言臺事太俚,不足據,然劉二自是豪傑。木子告病,賞假一月,恐亦窺伺意旨耳。楊汝翼以扣餉革職提訊,子服本生父也。唐蓻老升雲南藩臺,可謂行老運。此公不死,或可更望封疆。强起,閱卷十餘本。下午閱詩詞遣日。秦年姪來見,其人不學,所作全不是。校《孝經疏》二卶。

十九(9 日)

擬作《〈爾雅〉“中有岱岳”解》。寫廿日師課題。閱卷數本,畢。王尺蓀來信,有函請代達道希。適文公達持道希到鄂函來,即以付之。道希用《念奴嬌》調答贈予作,仍用原調再答道希,並寄訊志仲魯、陳伯嚴兩同年。朱溪雲夜過談。

二十(10 日)

師課。監院來見,云廿三開考已懸牌矣。寫信並詞寄道希。定課卷名次,錄名單送鹽道。新糧道劉汝翼來拜。是課熊羅宿三《禮》皆簡覈,能守鄭君家法;《爾雅》以九府出《管子》書爲齊人言,亦有想境。于廷榮解《公羊》曉家法,史論有識。駢文,宋名璋爲最工。宋與龍鍾泲《公羊》之學可以造就。胡發元卷解《穀梁》“母以子氏”甚佳,不知誰作。蕭匯漢《〈儀禮〉“士卑無臣”辨》詳覈,亦不知誰作也。熊封楚解“譚公維私”爲寓公,甚通。習《詩》者七十餘卷,無及此者。下午北風,少涼。至聶、劉兩處,不晤。至夏宅,皆出門。見張監院及晏海瀾。取《洋務摘要》觀之,即《盛世危言》底本①,其書先出,有八分相同。夜閱《萬國公法》二卷。

---

① “危”,原誤作“微”,據文義改。

廿一(11日)

飯畢擬出，鄒殿書至，久談。云得京報，云近日朝事皆問南洋，有加賦之説，着南洋保人開鐵路，自王家營至京，關中有建陪都之議。各國要求無已，俄開鐵路至黑龍江，法通商雲、廣，大事去矣。殿書云主天象有三年旱災，將奈何？得初九家信，知百金已收到，喜期尚未定，一兒局務尚未到手，謀事之難如此。觀《萬國公法》，情理兼盡，始知諸國强弱大小能互相維者，恃有此法。中國不在內，非必彼擯不與，亦由中國自大，不曾留意，能用其法，或可稍顧目前也。晚間芰舲過談。

廿二(12日)

下午微凉，下雨，惜不大。填詞二首。閱竹垞諸家詞。

廿三(13日)

早出拜客，俱不晤，惟見吳希玉耳。歸閱初次師課卷廿餘本。是日南昌生員考經、古。下午北風，凉。往夏宅，見少村已出，詩、賦皆工。賦《李郭同舟》，詩《三顧頻煩天下計》，其餘題多可欬者。

廿四(14日)

閱卷廿餘本，初次師課畢。題《感生帝解》，知古義者甚少。《衛瓘張華論》，于秉郇作駢文，能馳騁盡致，頗似予手筆；龍鍾泙亦駢文，甚古奧，當是宋奉峩作。劉虞九丈來拜，云此公考試不好。下午往芰舲處赴飲。葉祖香在坐，是栗樵親家第三子之外舅，談栗樵事甚悉。歸又得栗樵信，云廿數實交李俊軒，恐李挪扣。

廿五(15日)

閱課卷十餘本。周同福送來《元人百種曲》，雖不全，尚有六七十種。觀之，甚有佳者，關、王、馬最箸，皆北曲也。聶同年至。

廿六（16 日）

文法和至，言查辦事甚機密，劉毅吉有升方伯信。于秉郇、夏幹臣、宋奉峨、龍鍾澠至。經、古案發，奉羲及李若虛皆未取，少村十六名，而古第一王景徽，經第一揭池鳳，我所不解。下午大雨，夜涼。閱元曲數種。

廿七（17 日）

寫家信一函。蔡藩來見。夏時成來請受業，送時文數篇呈政。

廿八（18 日）

發家信。閱卷卅餘本。擬作《感生帝解》一篇。閱元曲十餘種。下午少村至，言王景徽乃吳康伯代作，熊騰鈔《江左校士錄》。

廿九（19 日）

閱卷十餘本及元曲數種。下午幹臣、少村至，復邀于秉苟來。歲案發，少村第二，李若虛第一，宋名璋亦第二。如此，則看文章尚不錯。夏時成云孫同康來作總校，其信然歟？

七　　月

初一（20 日）

閱課卷畢。《歐陽子〈秋聲賦〉賦》無佳者，列周觀濤第一，取其稍能激昂。初次課列于秉苟第一，錄擬作示之。同鄉譚元瑞來拜。熊封楚來見。下午往葉祖香處，未晤。遂往夏宅，少村覆試已出場，題爲“游於蓺”一句。云正場有三道，批尚過細。李若虛批有“可當《注疏》讀”云云，豈真孫同康到此閱卷乎？晚歸，于秉苟以得家信云母病，告歸，來辭行，以課卷示之。因已發信，不再寄信。

初二(21日)

填課卷名次,發案。葉祖香名元芳來拜,詢及栗樵事甚不好。伊不理公事,終日困守江山船上,所娶一妓身價三千元。上司皆知之,同鄉、同寅皆不謂然。局務交卸,虧空公項不少,計過停委。現在聶仲芳署方伯,尚可曲全。新方伯來,恐難保,真不知其如何想法也。見《公車上書記》,康祖詒大筆滔滔萬言。前說寧遷都不可和,詞甚激昂,意亦曲暢。後半仍是《申報》議論,用夷變夏,未能探其本原。書吏送呈課藝底本,更校一過,擇其可備梓者。鄒殿書至,談及時事,云戶部有新頒六條,裁綠營兵,整頓釐捐,汰減冗員,未知其能實力舉行否。議開鐵路,有粤人容某,曾使外洋,已入美國籍、改衣冠矣,今授鐵路大臣、三品卿。此人巨富,不但可辦事,並可出錢,亦異事也。朱溪雲與書吏搆訟,屬予為助一臂。

初三(22日)

為文法和書"珮瑋"二字,據《張遷碑》書法,並繫以跋。周同甫至,云至文宅,知其主人往楚南娶姜,豈即梁紅玉耶?梅子肇至,云其尊甫於廿七日下葬,屬撰誌銘。予不慣作,辭之不獲。下午芰舲過談,言其子讀書少長進,性鈍者恐未能速成。

初四(23日)

豐城萬啟型來見,云係湖南生長,其父名時樂,字虛谷,任新寧縣,乃王逸梧房師。其姪兆□①,亦湖南知縣,現辦岳州釐局。啟型年廿二三,習《儀禮》,作律賦尚瀳淨,兩課皆在超等,歲試、考古備取正案一等第十,名次不高。此子尚可造也。為梅公作志銘。朱溪雲與監院、書辦搆訟,所爭香火、房租皆無據,何能制勝?予亦未便左袒。

---

① "兆"下,原稿空一字。

初五（24 日）

梅公志銘製成。古法載祖父不載子孫，載卒葬不載生辰，卒與葬亦止載年月日而無時，近人如袁子才文亦然，俗眼見之必大怪矣。爲録出初槀，約千二百字。彼無行狀，以哀啟作底子，九先生所增益尤不可解。我此等文恐不合渠意，俟明眼人觀之可耳。擬本月官課題。猝涼受寒，嘔瀉。夏幹臣、少村至，談至夜始去。

初六（25 日）

志銘更改正，録一過。寫官課題。爲芰舲寫隸書聯，並所刻書風面㕙字①。心總欲吐，下午加以頭痛。得廿三家信，本月初五齊集，現在將開考矣。秋成不及一半，奈何？湖南人保留口天公，可謂以德報怨，何愚民之易煽惑也？楊晴川以扣軍餉收監，且有查抄之説②，家中惶急，什物寄藏。我早知冰山不足恃，不知何以兵子輿女？前見《申報》，楊汝翼事已了結，豈又爲人挑發耶？

初七（26 日）

復彭栗樵、王尺蓀各一函。劉瑞珊來見，云其父可補龍陽。梅子肇至，以志銘付之，聊以塞責，彼未必能用，寫刻亦來不及也。劉彭齡來見，求書壽對。夜以七夕佳節，填《夜飛鵲》一首。

初八（27 日）

書壽對一聯。熊磻來見，云覆試第一。此人可望拔貢，屬其習小楷、試帖。周同福送《四聲猿》、《六如亭》。文長曲快利如其詩文，洪稗存以爲勝四夢，亦各有勝處。《六如亭》，吾鄉張度

---

① "風面"，似當作"封面"。

② "抄"，原誤作"鈔"，據文義改。

西先生作，言東坡謫海外，朝雲及温都監女事，曲文雅麗，不讓藏園。下午往芰舲處，勸少村邀字課、詩課。

初九（28 日）

往梅九先生處道喜，回胡君拜及繆芷翁處，皆不晤。爲幹臣改詩詞，"醋浸曹公一瓶"試帖改收句云："當時銅雀妓，曾否妒娉婷？"用後世所謂吃醋事，以映合曹公。題本詼嘲，不嫌游戲。熊羅宿至，云豐城領批者二十年不讀書，以勦襲得列第一，八股之不足得人如是哉！下午朱溪雲來，同到殿書處。歸，芰舲至，談至夜始去。

初十（29 日）

官課。監院至，言朱溪雲事，予力解之，告以三十提八月師課。溪雲來，假三竿。寫書籤隸字。考漢碑，集女壽聯云："含和履仁，福祿泛衍；奉爵稱壽，子孫繁昌。"又"既作母儀，登壽耄耋；膺鍾天慶，摯歛吉祥。"又"德音孔昭，永享年壽；長樂無極，摯歛吉祥。"下午往海瀾處，觀其新刻各書，有《詞律》，多杜文瀾《校勘記》二卷，糾正處甚有得，又有明監本《公羊注疏》，並攜歸。路過監院，詢之不在。

十一（30 日）

閲《公羊注疏》一卷。張嗣旭來見，辭歸歲試。此人寫作皆不行。會昌文由純楷法頗工，可望拔也。以洋五元，買山東紬一疋。

十二（31 日）

李叔和見過，其子於前月廿五歸應試矣。校所刻書數告。閲《曝書亭集》，新刻，多譌誤，前見原刻，悔未買也。下午往芰舲處。歸而羅文清、彭小圃至。文清代致徐雲生意，云其妻曾爲割股，今病卒，求代作挽聯。予始欲送香盤，陶華封遣人來，必欲合送一幛，乃買小呢七尺五寸並洋布、燭，共千四百文，已送去，不便再送挽聯，代作尤可笑。爲擬一聯云："鴻案昔相莊，感卿義重身輕，剜肉竟能醫奉倩；鸞儔今又坼，憾我情深緣淺，返魂無處覓稠桑。"

十三（9月1日）

閱《曝書亭》兩序，似竹垞亦精音律。課卷至，閱十餘本。鄒殿書至，久談。芰舲邀吃燒包飯。晚歸，月明如水。保生有信，云其父病故。

十四（2日）

閱卷卅本。新昌胡賡虞來見，云恐學臺甄別，故來。見在外府只十餘人，似未便請其甄別也。

十五（3日）

繆芷汀來回拜，云課藝已發刻，以甲午所選付之。云昨得電報，合肥入閣辦事，直隸總督奬帥補授。奪合肥兵權最好，然仁和公宜破除情面，極力整頓乃佳。魏午莊升滇撫，方伯須別放人。鐵路由漢口開至京，用香帥原議，不知黃河何以飛渡？前有法國兵輪至湘陰淺擱，人心閧動，吳清帥親往料理，始得無事。昨又有兵船至常州，皆可危也。此課《昆池織女石賦》，多摘撦吳穀人，惟杜述琮、徐運鑫二篇頗新警。徐不知誰代作，亦未完善，爲改正之。蔡藩、段節皆代人作，熊濟濤蔡作，萬知淦段作，老眼定無花也。段節至，詢之果然。云蕭匯漢卷乃義寧州尹倫作，其人同住孝廉書院，肯用功。孝廉初課有百人，第一止四金，膏火二金，特等一金，壹等膏、奬□金①。繆芷翁送《常州駢文》至，佳者亦止孫、洪、董、方、張、李數公，餘亦多濫入。張某有一篇全勦孫文，可怪。屠靜山自作尚可觀也。幹臣、少村至，談至定更始去。

---

① "奬"下，原稿墨污。

十六（4 日）

唐顯謨早至，云德公將告退，方伯放陳舫仙。李辰毓至，云乃翁至上海患病，行止未定；見羅某，云易實甫由臺灣來，劉淵亭並無能，日人以天熱、瘟疫退兵，秋凉將大舉，前捷皆土人力，不關淵亭。實甫又以淵亭待之厚，仍渡臺，亦不可解，豈真衛青不敗由天幸乎？唐言湖南新中丞德公在川亦不盡了了，家人權重，奈何？閱卷十餘本。熊羅宿言三《禮》，宋名璋、龍鍾渳言《公羊》，皆有心得，此前三年所未有也。虞新銘至，云賣廬山則江西全省皆失。其地天險，四山環抱如城，止一徑可通如門，夷人以砲塞之，則鄱湖不能渡。山後爲九江陸路，更以砲俯瞰，則陸路亦不可通。今夷人易地不可，退錢不已，必窺伺此地，可危。芰舲送《申報》來，有由漢口開鐵路至九江之議。若成，則來往較便也。

十七（5 日）

溪雲早至。予勸其可已，再爲作調人。閱卷十餘本。下午李叔和召飲，在坐鄞慕唐、撫幕黃子中、李華卿、臬幕周子聲荇農先生之孫、唐吉生、郭子翁諸人。夜歸，渴甚。

十八（6 日）

閱卷廿餘本。幹臣、少村過談。宋奉峨以所校《孝經疏》來繳，甚精細，能指予原本數處之誤。予勸其寫字。

十九（7 日）

夏若臣來，告辭回蘇，今年來否不定，屬覓曹元弼、黃以周所著書。閱課卷畢。熊羅宿解《尚書大傳》二條甚佳。《禮記》鄭注畿內二卿，以鄭注《尚書》夏制畿內證之，最搞。李若虛引《公羊》小國無命大夫，證皆命於其君，亦是。賦以杜述琮、徐運鑫爲佳，徐不知誰作。辛師濂《牽牛花》詞尚秀，亦不知誰作也。熊綬榮解《顧命》、《康王之誥》二篇分合，知伏生本分，後因《大誓》增入，乃合爲一。説與予合，亦不知捉刀何人。予詳引《史記》示之,並改杜、徐二賦,自謂盡心焉耳矣①。下午往芰舲處。伊以太夫人六旬大慶,屬作壽文並書。又欲爲太夫人請三品封,屬詢陳鶴春山東賑脩如何折算,又託問張丹銘有女否。張即天寶樓主人。

二十(8日)

師課。監院到,久談。校《孝經疏》二帋,並覆校下卷底本,又增改數處,信乎學問之無窮也!龔樹人至,以考古卷請觀,詩、賦皆清圓,無累句。初批甚好,加批"未盡工鍊"。衆韻押杜衆之韻,"本來龍性難馴,先生休矣;從此鴻冥遠去,游子何之","杜衆"與"龍性難馴"皆加巨點,不可解。此非僻典,豈真以駱駝爲馬腫背耶?云加批爲黄公親筆,其不取必由此。此次取古甚多,未必皆勝此作也。下午至張丹銘處,詢其二女皆已許嫁,其弟勉南有三女,大者十六七歲。乃回復芰舲,請其自酌。夜歸。閱《七修類稿》,論僧不應冠甚是,明太祖《御製皇陵碑》殊不凡,亦載建文遜國事。

二十一(9日)

往學使、臬司兩處,皆未晤。往吴希玉處,爲其壻夏若臣②行。聞臺灣消息不佳,臺中又失,已去三分之二,劉大將軍將爲田横乎?丹銘贈《積石文稾》,乃震澤張履箸,論喪祭禮甚精,兼祧爲後、宗祠主祭説尤通達。蕭丙炎來見,蓋以甄别而來。此公豈有意乎?晚間芰舲至,以高太宜人六十壽辰請作壽序,開送節略。太宜人與予賤辰同日。

二十二(10日)

李世廉與周文獻字仲賢者來拜。陳鶴春往義寧辦案去矣。

---

① "焉",原闕,據文義補。

② "臣",原誤作"時",據本月十九日、丙申年四月廿九日記載改。

胡模山至，云往見宗師，未見，許以有館來請，屬見時再爲道地。
伊現往景德鎮張羅。爲夏太恭人作壽文，未完。予久不作此伎，
又未攜底子，搜索枯腸，殊非易易，且其中有難執筆者：太恭人非
適，又不容太露，即稱謂亦不得遽稱師母，現尚有師母在堂。此
中甚費斟酌。

二十三（11 日）

作壽文畢。課卷至，閱十餘本。周同福至，云城外雨血。予
前亦聞張翰臣言之。果爾，非佳兆也。閱《七修類稿》數卷。

二十四（12 日）

壽文刪改，録出。萬啟型至，攜其考經卷，《儀禮》、《禮記》
解皆不誤，且考三《禮》止彼一人。此公加批云"兩解皆有斷制"
而不取，不可解。梁鳳岡來，辭歸。盧豫章至，久談，云熊綬榮卷
乃其子作。果爾，孺子可教也。胡發元卷乃梅宅西席歐陽某作，
梅子肇卷亦此人作。是江右非無通經者，特無人提倡耳。下午
送壽文交茇舲。

二十五（13 日）

閱課卷卅餘本。得電報，德中丞以受屬員餽送，當防務緊
急，兼旬演戲，辜恩溺職，革職；兩首縣何、朱，此外尚有數人，幕
友朱某，家人吳、高，斥革、嚴拿。張香帥可謂不徇情矣。茇舲
至，云壽文更須加十八行，擬增至十二張，並屬予包做包寫。

二十六（14 日）

增改壽文，再録一過，合計千餘字矣。聞電報，湘撫德壽改
放江西。去一德，又來一德，究不知其德不德也。湘撫放陳又銘
年伯，可謂得人，未知何時到任。文公達至，云其父廿三到江寧，
擬初一入都。鐵路議准江西、湖南，各省均自籌欵，鹽票將加捐。
下午往茇舲處，以壽文付之。劉瑞珊夜至，索觀今年選刻課作。
朱溪雲至，云院中諸生有保留彼者。此刻似可不必，但大王難見

如天帝耳。

二十七（15日）

大雨。不雨計已一月，秋燥殊甚，寒暑表又至九十分矣，再不雨，恐將赤地。聞已下赤血，可怖也。閱初次課畢。《顧亭林〈郡縣論〉書後》，魏建侯未作，自餘諸生未有能通知古今、考當時形勢者，率以唐之方鎮爲戒，何怪中國不能自立乎？陶華封送《豫章叢書》二集至，無甚精采，陳方海文尚可觀，惜知者甚少。云三集又已刻半，屬予作序。予見有喻某序，言漢、宋之學未能了然，欲暢言之，恐不免駁衆也。下午往藩、臬處賀接印，中丞處唁罷官，皆不晤。僅見學使，王餘三名條爲遞交，請再調夏承慶，並爲朱溪雲説開告書辦事，以名臣之後，屬爲保全。學使云監院未稟復，不知此公忘之耶？或監院�==言耶？此公賞李若虛，言及宋名璋，彼亦稱許。監院將晚來見。閱二次卷廿本。

二十八（16日）

閱二次課卷，仍以杜述琮、周觀濤爲最。宋名璋好奇麗而不盡切當，爲詳細批出。夏定九至，屬見方伯求友教監院。下午芰舲招飲，觀定九與萬潛齋對奕。夜歸，作書寄陳伯嚴同年。

二十九（17日）

徐雲生來致謝，云見予所作壽文；云運鑫卷乃熊元鈞作，南昌人。彭傳祖號蓬池者來拜，云將往湖北本家漢黃道署中。始知章祖不號蓬池，號銘菴，前誤耳。張丹銘至，言及芰舲，甚欽佩，惟姻事須問其弟與弟婦。其弟乃刑部郎中，弟婦天津人，游幕湖南者其父，乃刑友也。得家信，吉兒考經正取第三名，善化取經三人，伊居首。經正取十人，次取二十人，詞章取八十七人，共百七十七人，多矣哉！正案未發題，府學郵、長邑市、善邑關。江公好談洋務，宜切洋務説，恐考生未必解其意。念恂病，不入試，喜事改期，不知何病。湖南旱，無吃水，可慮也。寫家書並伯年信,寄去。閱卷十餘本。下午芝舲送筆墨至,屬爲作伐。

三十(18 日)

閱卷廿餘本,畢,定名次。朱溪雲至,告以見學使爲説明。下午往張翰臣、徐雲生、夏定九、晏海瀾處。翰臣坐見陶華封,言時事與予所見合。其《叢書》三集必欲予爲作序,予允之。

八 月

初一(19 日)

發課案。作《豫章叢書三集序》,大旨以爲宋學不專屬義理,江右之學不專屬金谿,觀此書可知前輩講實學不乏人,庶可以祛末學之陋。下午往彭蓬池處回看。遂往陳宅,見周、李二君。李云蘭生往上海接德中丞,因乃翁乃靜山中丞門生,彼時尚不知其到江西,今或當同來。往裕廉訪處,告以提九月課,彼已應允。聞新中丞坐民船,在武穴阻風,未至九江。往學臺處告辭,不晤。夜微雨,甚凉。

初二(20 日)

芝舲送屏幅至,試書之,畢四軸。雖手眼不高,尚能成字。程世龍來見,已起復矣,歲試未得高等。校《孝經疏》四紙。院中捉得一竊賊,云其父曾在此爲官。此亦爲官之炯鑒歟?芝舲夜至,觀所書屏,云學使調送八人,少村在内,而王景徽亦調送,豈有意乎?

初三(21 日)

寫屏五幅,而店中打格誤少一字,寫完方覺,可謂冤矣。幹臣、少村至,言寫字之法,予云惟多寫而已。聞王餘三亦調送。晚間賀晴江攜爾翊來見,縱談至夜,云在江陰見龍三先生,精神甚好,家眷皆在岳州,秋後將復來;蕭希魯、何炳農皆到,閱經卷乃浙江王某。爾翊在上海見易實甫，改字哭菴僧，其集名《魂北去》，怪哉！

初四（22 日）

寫聯四幅，畢。周齊來見，云先在此當課，乃咸豐十年，猶用經解，後乃變時文。楊垣至，改名增犖。周觀濤至。王尺蓀有書至，並寄詩數首，以其弟歿，屬爲作誌。下午往丹銘、達齋處，不晤。至芰舲處，賀氏父子在彼。芰舲邀同長樂居小酌。夜歸，爾翊來，談至三鼓，斐然有著作之意，但恐乃翁使之出游，不使學，則可惜矣。飲酒多，臥晚，甚不舒服。

初五（23 日）

新調豐城袁宗濂來見，乃袁守定裔孫，攜其祖《集》，並執贄。予辭贄受書。袁公詩亦可觀，文則學五家者。芰舲肅衣冠來謝寫作壽序，云葉祖香言此間九江、贛州兩道，南昌、廣信、臨江三府，俱不妙。王小初即芰舲內兄。倪覃園，予薦卷師，亦好龍之葉公也。閱初次課卷三十本。

初六（24 日）

葉祖香至，云將往浙，屬致意栗樵，云浙藩已補龍仁陔年伯矣。黃小麓至，云倪太守專用小人，逢迎上意，結局可惜。新中丞亦精戲學，家有戲班。今之大臣，皆以人國爲戲者也。賀爾翊與龍之溪、宋奉峨至，云明日將行。予云明年到省讀書固佳，否則與其出外張羅，不如往龍三先生處。李世廉至，云將以佐貳稟到，鶴春回省，可望掛牌。蘭生未知已同新中丞來否。朱溪雲以稟龍三先生底稿見示。予勸其先發一信，看有回信否，猝去恐不能位置也。閱卷廿本。

初七（25 日）

閱初次課卷四十餘本，畢，仍以盧文明列首。宋奉峨駢文甚高，層見疊出，得《江左校士錄》所説宗旨。然此體難求識者，予不敢爲,以此批示奉斂。接閱二次課卷。《文惠太子宮人識沈家令賦》,佳者甚多,足見出題須因難見巧,然仍以杜述琮、周觀濤爲最。

初八（26日）

寫八月官課題送去。閱卷卅餘本,畢。仿唐各家絶句多有佳者。桂念祖《游仙詩》卅餘首,高處直偪玉谿。此生本能詩,恐是宿搆。靜山中丞來拜,見面甚謙和,用鄉愚弟帖,當是誤也。略談書院中事。聞諸生有謀具禀求增膏火者,恐未必能行。聞龍三先生已與曉帥議行,因歐陽太守撻諸生,諸生鼓噪,曉帥怒,遂罷議,可云室於怒市於色矣。下午往芰舲處,桂花已開,命酒賞桂。夜歸,覆閱課卷。

初九（27日）

改作《孝經疏自序》。校《孝經疏》五吊。填課卷名次。熊封楚來見。李若虛、熊礴來見。李云不樂寫字,其駢文、賦亦有可觀,然不及少村。予勸其寫字、作試帖,以爲李得拔,猶愈於王漱芳也。下午往中丞處,不晤。至黃小麓處,云此公亦不甚識字。言參案者不一,又云倪、王二太守不在内,湖南有石鑒臣、陳叔疇,尚無塙信。假得小麓所箸書,歸閱之。《孝經内傳》乃口義之流,《外傳》言典禮有心得,而其説不詳。《易説通述》,予不甚解,其序言緯乃古史,與俞理初説同,精塙可傳。言明堂,夏以五數,殷以七數,周以九數。祠、禴、烝、嘗,四時祭,一時止祭一廟。靈星者,廟門也。繹祭於門,故曰靈星之尸。靈星角宿,廟東向。古以氐爲天廟,亢爲廟廷,故左右角象廟門。重屋即今之樓。四阿者,古者堂東隅獨有阿,故謂之阼。阿者小隅外出,四阿則四隅皆外出。殷彝器多作亞形,亞即阿,今譯語同音。此其説之最精者。栗樵有信,云今已大窘,求函致仁和公。予於此公處尚不敢自求,何敢更爲人謀耶? 擬調之云:"君有三千元寶貨，何憂於貧？"恐彼太難堪耳。

初十（28日）

官課。是日新中丞接印，並監院亦不到。王尺蓀求爲乃弟作墓志，勉作駢文一篇。錄出《豫章叢書序》，擬交華封同年。答王尺蓀一函、彭栗樵一函。周齊來問《易》解。劉應元來問《書》解。《尚書》題誤"周"爲"商"，當自檢舉，然《説文》"商"、"周"互見，亦可通。段茂堂以"周"爲誤，予疑所據本異，觀《藝文志》數遷書古文説，以《微子》列《洪範》前，可證也。

十一（29日）

改定《王黝笙墓志》，錄出之。校《孝經疏》三㨾。尚有二十葉未寫，本月當可畢工，刻則並未動手，必不能成。此事真大誤矣。余潔來請題解。無事，先擬出九月課題。閲小蘿書，作跋語。愛其《易緯通述序》，使袁小村鈔出備覽。幹臣、少村至，談未久，監院至，嚇之去，可謂俗客敗人意矣。

十二（30日）

錄九月題。至天寶樓，買對聯一軸，價千四百，在湖南不過一千。洋信箋甚貴，僅買信封廿個。往周文郁，取詞曲數種、平津館殘書二本。到夏宅，見《駢文》已椉成，再校一過可開印矣。夜閲《鳴鳳記》一種。

十三（10月1日）

周文郁送《全唐詩》至，數葉，八十本所缺尚少，書尚可觀。李秀峰至，云易實甫同陳笠唐往臺，臺無軍火，恐難持久。俞墻士亦到臺，深憾唐微卿之去。曾與日人對壘，非不可敵，一排砲僅傷數人也。伯年尚在湖北行臺，又老一時恐難到任，前函爲虛發矣。宋奉峨辭行，過節歸家，屬其寫字。龔樹人亦至。下午文法和至，云道希病，尚在南京，鐵路託德人包辦，以南京城外隙地與之。予謂險要斷不可與人，若閒地，彼亦不肯

要,恐非計也。云一里計萬金,民地猶不止也。芰齡亦至,談
印書事。上午晏海瀾至,詳問買㫪、刷印、裝釘。芰齡爲我買
㫪,而刷印、裝釘即交晏店,亦妥當。課卷到,閱數本。閱《蕉
帖》、《鸞篦》二記。海瀾又送節禮數色,芰齡二色,均受。歐
心存、文永譽亦受二色。

十四(2 日)

《全唐詩》閱一過,共缺五葉,尚不多。周文郁來,屬其補
足。閱卷十餘本。下午往秀峰處。憶去年此日約游湖,天雨不
果,匆匆又一年矣。秀峰出王繩祖書,言廬山地必不可許,與虞
新銘略同。歸閱所刊《駢文》一過,譌字尚有數處。梅光達送
禮,受二色。

十五(3 日)

朱溪雲、晏海瀾來。買㫪,云怡和行佳,每擔卅刀,七兩餘者
可用,銀實扣𠀜⚊〣①。刷印,彼店有人,每葉八厘,裝釘每本六
文,絲綫、栗壳在內。伊節後下鄉,交代乃兄。盧豫章、熊羅宿、
楊維翰、杜述琮、胡發元均來拜節。余潔、袁宗濂、歐陽心存、萬
啟型、文廷楷、文永譽、梅光達、夏氏叔姪五人陸續來。文云甘肅
省城被圍,道希當急去矣。校《孝經疏》四㫪,及袁小村所鈔各
種。劉應元至。梅台源送節敬三十元,爲謝予撰乃翁墓碑。彼
來,予已往夏宅。芰齡邀往過節,待月至二鼓始歸。

十六(4 日)

薦袁小村往夏宅鈔書。取前漱芳閣所見《金陀編》、林膳部
《集》。林詩主摸擬,雖唐臨晉帖,較勝亂説。《金陀編》爲江西
學官士景所訂,有增刪處,未善也。閱卷廿餘本。梅子肇至,云
九先生將約我議事。因有奏請盡廢天下書院,改用西學,並改科

① “𠀜⚊〣”,此用蘇州碼子計數,即九百七十八。

舉爲三年小試、十年大比者，以暢捐納，交督撫議覆。九先生約
山長數人，兩陶、楊、彭及予共議。此事殊可駭，將一往，看諸公
議論若何。得家信，吉兒取一等第四，與予得拔歲案名次相符，
或可望其步予後塵。小鶴六弟及達卿五弟皆入學，尤家門之慶，
但恐用夷變夏，奈何？

十七（5日）

寫家書。閱卷數本。朱溪雲、盧文明、文永譽、梅光達、熊封
楚、龍鍾泗、熊羅宿、歐陽心存、張啟明、龔福保紛紛來賀喜。張
詠仙來拜。梅九先生知單來，請明日到長樂居。胡發元至，云乃
師歐陽煜字宋卿，宜黃人，癸酉拔貢。此人經史有實學，子肇昨
呈乃翁神道碑即此人作也。芟斿來賀喜，談會議事，以爲五柳公
所爲，予亦云然。

十八（6日）

閱卷廿餘本。校《孝經疏》二岊。閱《申報》見香帥覆奏，尚
可謂公道，在今日爲鳳鳴朝陽矣。下午往會議，始知改明。書店
取《五硯齋》，歸閱之，尚可觀。又有《劉大將軍百戰百勝圖》，殊
可笑。

十九（7日）

閱卷廿餘本。午後到長樂居，諸公已到。華封見示胡裔芬
所奏八條，皆解散人心、賣國之事，云胡乃十八子替身、五虎大將
之一。予問何以復用此傳法沙門，云正猶不用阮大鋮而用馬士
英之比。其奏請將書院歸併裁撤，盡改西法，廢科舉及八股文尚
未明言。又有陳熾所奏略同，云更有數人奏大同小異，張野秋亦
有之，未及鈔。予非此間紳士，不過具到，詢其如何高見。陶華
封已有成見，出示節略，言添設書院無經費，改章亦難猝變，惟每
書院添考西學一條，增置各種洋書，俟學成送到上海、天津格致
書院肄業，或由上憲考取，厚其膏貲，另作一途。此搪塞敷衍之

法。諸公惟恐裁併書院,或提經費。梅公擬將各書院經費開列,使知滄海一粟。又諸公擬公稟,歐陽宋卿主稿,未知何如。歐陽心存前云陶山長擬請將友教改格致,今彼不言,予亦不說,恐彼回復中丞又是一番說話也。席散,攜其所鈔奏送芰舲觀之。歸閱所刊《駢文》,又校出譌字數處,如掃落葉,信乎!

二十(8日)

提九月官課。近來點名委員並不拜,此地不尊師更甚矣。閱卷廿餘本,畢。宋奉峩《公羊》甚精,駢文高古,可謂賀爾翊替身。杜述琮駢文亦佳。最謬是熊磻,全抄袁子才文,盡是平化外語,豈並不知王文成紀功碑事,南昌亦化外耶?予以宋列超等第一,熊列特等第一。萬啟型至。徐雲生、彭小圃來賀,出《駢文》示之,屬作序。

廿一(9日)

往撫、藩、臬、首府處,均見。中丞於書院事並無成見,似並不曾向五柳說,但云看各省章程再酌議,此地書院斷不廢撤。翁方伯處,與之深談,經訓課古學,江西止此一處,斷不可廢,伊意亦甚以爲然。裕廉訪問面即詢予明年何時來,予不能答,未挽留先生即問上學,非憒憒耶?諸公視此等殊不關緊要,云鐵路即可暫緩,惟裁營兵不易,已有某處因裁兵激變者。倪公亦不以改章爲然,云將往見中丞,爲予請留。此公意氣甚豪,似謡言不塙。同鄉中陳鶴春、陳庚山、張詠仙均挂牌,乃上饒、萬載、永豐三處。陳、張二處道喜,不晤。晤李世廉,喻某求薦親兵名條交李君。庚山辦鹽卡,未到省。往繆芷汀處,請爲《駢文》作序。劉虞九處謝步,伊詢楊四可用否,未敢深許。予觀諸公意,書院可不廢,予亦可不動,紛紛者皆五柳公所爲,恐彼亦枉用心力也。下午往芰舲處,伊請金海峰出城看地,始歸,辦有酒筵,請入坐共飲。芰舲云此公目力並不佳,則子肇示予以夢中得乃翁詩,殆自神其說耳。買舄，云佳者止三兩三錢一簏者，扣止三兩一錢零，可謂便宜。擬買一簏帶去。

廿二（10 日）

寫對聯四幅。膽名次送廉訪，此公蓋未嘗入目也。校《孝經疏》二舄，看光景月内難畢工，《駢文》辭行時亦未必能致送也。陶華封至，詢予見中丞如何說，彼惟恐失館，且更有希冀也。此公談洋務如予合。予問今中國不能自立，若入外國公法，或猶可苟安否，彼云非改民主不行，說亦有理。前屬予作序，以橐與之。文法和至，言道希在滬，十七起行入都，有書至，云英國以古田教案決裂，發兵輪十二，將入長江；廣東土匪起事，惠州失守。道希於滬上買地，爲避秦計，海口豈桃源耶？梅九先生索前所攜胡喬芬、陳熾疏草，問芟舲索還，一觀之。其言似亦有理，然中外情形各異，必用彼法，恐害多利少，且今日平章束手無策，何暇以科場惱秀才耶？晚間劉彭齡來，告辭歸家。二鼓後將卧，梅子肇至，云九先生使來索疏草，且詢予見中丞何語，足見諸公戀棧之較予更甚。予告以中丞未有成見，且云廢書院斷無此事，諸生儘可放心。據此，則歐陽宋卿之書暫可不上，恐彼反以爲多事也。

廿三（11 日）

爲芟舲校《詩帥》，書扇一柄。劉應元告歸。芟舲、幹臣、少村至，久談。羅運陟號邨峴來拜，亦不知右銘丈何時到任。晏老三來說刷書事。刷印八十文一千，裝釘每本六文，紙殼、絲線在内。下午鄒殿書處赴飲，張玉珊、吳希玉、李秀峰在坐，言時事甚快。夜歸，閱卷六本。

廿四（12 日）

夏宅送到爾翊爲我作《駢文序》，甚高老，可謂一日千里，當讓此人出一頭地矣。閱卷廿本。下午爲看印書，到芟舲處。芟觕以三兩零昒尚不佳,欲買五兩餘者。擬於鄉間置房屋作別墅,率子弟讀書,意甚佳。陶姓送來《分宜奏稿》及《洪盤洲集》,芟觕買之。

廿五（13日）

朱溪雲過談。李叔和至,云唐吉生欲以其子及門從學,伊亦欲使其子偕來,未知我明年局面何如,彼亦聞五柳公有"相奪予享"之謀。此等人有官不去做,不知何苦乃爾?閱卷卅餘本。得王謨《漢魏遺書鈔》,所列皆漢、魏説經之書,但玉函山房皆有之,不知同異若何。

廿六（14日）

提師課,監院來見。南昌李文鐸來見,曾在此當課十餘年,書法尚佳,或可望拔。王餘三至,因人口不清觥誤,聞調送始來。閱卷廿餘本。校《孝經疏》三昒。

廿七（15日）

校《孝經疏》三昒。寫已畢,刻尚少廿葉也。閱卷廿餘本。幹臣、少村至,坐未久而張丹銘來,贈以李氏希世之寶四種,言及作伐事,請夏宅先發八字。此人甚爽快,言時事亦通達。云現在朝政清明,但聞十八子由小李進長信壹千萬補祝,求回北洋,情甚可惡。故撫聞去官,燒翎捶頂,至九江爲戲子騙去行李不少。其太太在京演戲,得去官信,始偃旗息鼓也。下午至芟觕處,約明日往送八字。遂往張翰臣處赴飲。陶華封云方伯已刊九人所上條程①,交各屬員議,伊亦欲獻議也。歸後,龍鍾泲來告辭,云寄信已寄廣潤門外同升泰鐵號,出城二里餘,地名南塘灣。

廿八（16日）

文盛送書三十部至。聞龍生尚未行,寫一函,屬致爾翊,並

---

① "程",當作"呈"。

寄《駢文》一部。閱卷廿餘本，畢。下午往芰舲處，取八字交丹銘。還至芰舲處再談，暮歸。覆閱卷一過。

廿九（17日）

録課名次，送監院。公事畢，遂出辭行，方伯、廉訪均不見。見中丞，久談而不及明年館事，不知諸公何意。往見倪太守、繆觀察，均允力作曹丘。見劉觀察、黄小麓、陶微仲、華封、李秀峰，餘多不晤。飢困，遂歸，而廉訪已將關書送來。乃寫信辭復倪、繆兩公，可不必説。師課卷至，閱數本。舒恭瀼來辭，正案第一，可望拔，屬其習字。

九　月

初一（18日）

劉、繆兩觀察來送行，撫、藩、臬皆親拜而已。居停憒憒，不足責也。熊羅宿來見，持《皇清經解》問價，云前所考明堂有誤。此人研精三《禮》，此間不可多得。張啟明、胡汝綖告歸。梅九先生來送行，云西學書院惟通商馬頭可設，亦是一説。閱初次師課六十四卷，畢。《〈禹貢〉“聲教”解》，文公達用乃父之説，以“聲教”爲聲音之教，“名教”爲文字之教，可謂特識，惜未能暢厥旨。盧文明以“聲教”爲地名，亦新奇有意。

初二（19日）

李叔和來送行。楊念愒、龔福保、李若虛、楊增犖、熊封楚、袁宗濂、余生騏、生驥均來送行。歐陽心存送禮，受二色。芰舲至，允爲予刻《尚書大傳》，厚意可感。閻覲臣來拜。監院來見。盧文明、文公達、張捄、萬啟型來送行。徐雲生送禮六色，有《藝概》十部。下午赴張丹銘飲席，乃弟亦出陪，論姻事，欲相攸，約往達齋處一會。予曾往達齋處，初次登堂，回頭更至芰舲處告之。是日人客猥多,止閱卷七本。

初三(20日)

寫家書一封。校《孝經疏》一過。夏定九來送行。文法和亦來,云將往九江,初六七起程,可同行否?魏建侯至。予深歎其屈,屬作《駢文序》送少村處。秦同年之子、張監院之子、胡發元來送行。文公達送禮,受二色。夏幹臣至,以相攸似不便。予至兩鄒、徐雲生、張翰臣處,皆不晤。遂至丹銘處回信,彼在華贊雲處。遂見贊雲、丹銘,云即請贊雲相攸,先發草八字,明年服滿再下聘,未知其意何云。偕贊雲至芰舲處赴飲,席罷屬贊雲致丹銘。書板只少三塊,約明早至夏宅校譌字、補正。

初四(21日)

閱卷數本。飯後至夏宅,以家書並銀叁百兩屬寄匯回家。中有廿二金,係繆觀察託帶《國朝耆獻類徵》、《荀子》、《十家四六》等書。芰舲亦託帶郭筠老《集》及搨定王臺碑詩,買綠冷布。記之毋忘。《孝經疏》再校一過,交刻工改正。下午偕芰舲至達齋處赴飲,丹銘、贊雲在坐,談姻事可諧。芰舲擇重九日訂庚,又須耽擱兩日。

初五(22日)

文法和以已看船、初七准行告知,予以須遲兩日答之。徐雲生、彭小圃昨來送行,不晤,作函,促以作序。文、梅二生昨來,亦未晤。梅又送禮四色。楊念惕至,贈以《駢文》。王思聰來見,亦以《駢文》與之。聶讓皆同年來送行。華贊雲同年來拜,云女庚已送芰舲處,初九日定庚,不得不耽擱二日矣。閱卷四十餘本,畢。得家信,念怐爲瘋狗所傷,可怪,今已許久,當無礙矣。達卿有書,欲予爲作壽文。早又不言,扣算時日,斷來不及。張丹銘來,言下聘事,屬致于秉郇,明年必欲其來。法和回信云不能待,屬以可以先行。作壽文帽子一段。

初六（23 日）

做壽文，而人客紛至。李叔和、陶微仲來送行。周齊、吳式伊、龔樹人、晏海瀾均來送。芟龄衣冠至，請初九作伐，定更至。下午壽文始畢，約千餘字。不暇謄槀，即以原槀寄去，並寫信四吊交吉人，若廿前到，猶可趕辦。黃升催船，錢九千文。早行二日，此項可省。

初七（24 日）

清理書箱，校《大傳疏證》，譌字不少，奈何？劉應丙來送行。下午往海瀾處，促其裝釘，且屬寄廿冊到滬上出售，看拙筆可行世否。攜洋書數種歸。到芟龄處，託買吊並刷印等事。溪雲送點心、菜，可謂白費財，即約溪雲共飲。北風甚大，即上船亦不行。

初八（25 日）

寫信寄道希。校《大傳疏證》。芟龄擬二月授梓，趕將一、二卷校一過，其餘來不及矣。唐吉生來送行，明年欲使其子從學，特移家，近相就。叔和已爲予言之。以大小書櫃拾二口寄夏宅，並寄銀託買毛邊。刻工一項，芟龄着人算止五萬五千餘字，有六千數不合，尤不可解。予亦不暇細算，只好付錢芟龄，聽其算清而已。芟龄、鑒臣又公送禮四色，託帶物件，並託陶老三寫扁額。熊羅宿、王思聰來送行。張鑒臣、夏達齋亦來送。爲少村書二吊。下午往唐吉生、聶讓皆二處辭行，不晤。《申報》言甘肅已失，楊石帥云死，又云逃，楊汝翼革職永不叙用，夔石師調翁述堂、左子異諸人往北洋，豈定亂之才耶？十八子窺伺起用，奈何？

初九（26 日）

早起。校《大傳疏證》，譌誤尚夥，欲徧一過而勢不及。周觀濤來送。晏海瀾來送。午刻夏宅來請，遂往賀。偕華贊雲至張宅午飯後,仍同至夏宅晚飯,作伐事畢。張宅亦甚儉,而視予爲濶矣。有福建李君,云臺南已失,劉帥內渡,力竭可傷。刻價算不明,依彼算六萬式千餘字,約共伍拾三千零,已付八千,更以四十五千交芟舲算清再給。《大傳疏證》付彼授梓。《孝經疏》裝廿册恐不足,更帶未裝廿册歸家。二鼓後清理零星。微雨已止,擬明早登舟。

初十(27 日)

早起束裝。夏芟舲、幹臣、少村來送。適張勉南亦至,遂於此處會親。勉南言語尤樸誠,芟舲所重也。芟舲以幼妹屬問佑老幼子未娶否。少村亦屬作冰人,然有二妾,恐難,惟不擇寒士可耳。盧文明、朱溪雲、張翰臣來送。上船已午正矣。船客亂搭,予必不允,耽擱許久。行至王家渡泊。

十一(28 日)

雨。早過樵舍,此王文成擒宸濠處也。舟中增改《大傳疏證》序文,設爲四難,仿陳卓人《白虎通疏證序》。閱瑞安陳虬所箸《蟄廬叢書》,筆氣甚佳,議論亦有刱獲。彭宮保《洋務十三則》皆《申報》經濟,疑不出於彭公。《公車上書》萬餘言,氣足以舉其詞,自是大手筆。晚泊吳城,距省百八十里。

十二(29 日)

風頗順。校《孝經疏》,一葉翻葉引《爾雅》“水潦所止,泥丘”,“丘”字未缺筆;四葉翻葉所謂“教人親愛”,誤倒“愛親”;十五葉翻葉“陟岵”,“岵”誤作“岾”;十六葉注“事父與母,敬同,愛不同也”,“敬”、“愛”二字疑倒。以下不知尚有誤否。過南康,見盧山,屏風雲錦,宛然在目,感今人賣盧山事,爲之慨然。晚泊姑潭,行百五十里。明月朗照,猶可夜行,如不能效雞鳴度關何?

十三(30 日)

晴。候關,不能早行。關吏下午始至,中國之弊大抵如此。

官不勤政，奴才竊柄，專以刻薄商民爲事。人皆握錢以待，彼尚多方刁難。此等弊法不去，尚何變法之有？在此又耽擱一日，可惡！可惡！感西陲事，作詩四首。閲陳無己詩，非苟作者。

十四（31日）

未明即開行，午刻至湖口。又遇西南風，申刻後始至新港。舟人以不能到九江，遂泊。若明日能早到更好，遲則趕輪船不及，又耽擱一日矣。黄升數《孝經疏》止五萬五千零字，與夏宅管家所算略同，刻工以少報多，浮出七千餘字，殊可惡也。閲《古文尚書冤詞》。此書不爲人所稱許，然其駁宋、元、明人之説極有是者。僞古文孔《傳》本在作僞當誅之列，而諸人並未摻得真贓實犯，曉曉辨論，多不中肯。明人又自作僞欺人，而反詆人作僞，宜乎授西河以反攻之柄。歸時當爲之平。

十五（11月1日）

西風，又雨，不能行，舟中悶甚。閲《公羊義疏》一卷、《孝經注疏》二卷。

十六（2日）

大雪，寒甚。時爲九月，尚未交冬而大雪，南方所未見者，反常爲異，豈但旅人之厄哉！閲《鄭志》一卷。此書將來亦欲爲疏證，補成芙卿所未及者。擬作《兩漢詠史樂府序》。

十七（3日）

晴。風未止而少微，早飯後拉縴行。作《史記引尚書考》一篇[①]。申刻到九江。至啟源號，彼云十四接信一函，已轉寄省，皆由未經寫明，故致此誤。黎家二老強留夜飲，又辦酒席。聘之衣冠來謝，可謂尊師矣。聘之云京師出新書紀時事，始於二嬪受刑，終於頤和園又搭天棚，共百二十回，價六金，不知何人作，可

---

① 當是作該書《自序》一篇。

謂膽大。夜以肩輿送歸船上。

十八（4日）

辰刻江永已至，趕急上船。行李多，幾乎來不及，賴啟源着人幫助。又送下程數色，受之不安。西北風甚大。午後過鄔穴、黃州，四更至漢口。

十九（5日）

四鼓即起，捲鋪蓋，復和衣假寐。連日爲風欺，頭涔涔作痛，幸風漸息。天明坐划子，尋一小撥，無門，無以避風，因其云即開，欲趕急，故將就坐之。乃北風，仍不開，可惡殊甚。舟中閱南菁課藝一過。

二十（6日）①

四鼓舟中人即叫呼上岸接客，又接來黃軍門之姪等三人。同伴船上又接來女客數人，並一小尼，資裝甚夥。船仍不行，強之行，至湖北省城下泊，待之將晚，同伴船始至。又躭誤一日矣。

廿一（7日）

犂明開行，無風，拉縴。飯後過沌口，午飯後至金口，行六十里泊。閱《蟄廬叢書·西學類編》。陳虬才氣激昂，得永嘉經制之遺。其言變法欲盡從西制，有太過處。且不知中國所以牽制過多、萎靡不振、欺蒙廢弛之弊，由於文法太密、胥吏持權，欲奪其權，非舉所謂律例案卷者一切焚之，不足以奪其所恃。非先變此，何以變法？《類編》言西人議政院劫持君相，君相非得其稱頌不能固位，又或仍由其上誘脅，即有奇能，無由進用。又言新聞舛弊多利少，君上出游，多危魚腹，昏姻自訂，易致忕離。又云薪俸優亦不免貪黷，鐵路利而難行中華。皆今言洋務者所諱，而

---

① 原稿誤作"初十日"。

彼侃侃言之，亦有足取。

廿二（8日）

　　犁明開行，飯後過東角腦，將晚泊蘚洲，行九十里。遲遲如此，月內恐難到家。天晴，無風，拉牽不過一站。閲《公羊疏》及《五經異義疏證》。陳恭甫多疏漏，即可以《公羊義疏》補之，暇日當並補成芙卿《鄭志疏》。

廿三（9日）

　　早開行，無風，拉牽。午後稍有風，亦祇行到嘉魚，六十里。

廿四（10日）

　　天明開行，早飯後到寶塔洲，幸未耽擱。而到陸磯口，同幫船有游擊少奶奶者上岸，耽擱甚久。急催本船開行，風甚利，將晚到新隄。舟人終以欲待同幫不行，祇走兩站。閲《公羊疏》二卷。《洋務抉要》再閲一過。《公車上書記》閲一過。

廿五（11日）

　　四鼓即行，飯後過螺山。風尚順，但不大，將午稍長。未刻到城陵磯，順風過湖，晚泊鹿角。計行三站、二百餘里。夜風甚大，舟不敢行，不然可到省矣。吹風，頭甚痛。

廿六（12日）

　　天明開行，早飯後過湖畢。至白魚磯，風忽向南，拉縴數里，北風大作。午後過湘陰，將晚過靖港，三鼓始至水陸洲。行三百里。

廿七（13日）

　　天明入城。到家，大小清吉。一兒傷寒，爲藥所誤，甚危急，家人瞞不以告，到家始知。廿六夜以入學唱戲，惜未趕到。具衣冠賀入泮之喜，始知三叔前亦患病，精神未復，記憶遠不及前。買對聯，寫隸字祝壽。聞叔祖母病，往視，遂至述卿處。述卿隨來過談。

廿八（14 日）

檢視行李。汪頌年至，云尹臣到省，擇定十三喜期。下午柳象臣至。而介卿、美卿兄弟、叔嫂作鬧，因姨太太補服朝珠之故。予茫然不解，亦不敢參末議。介卿之論非不正，然不應聽婦言。夜往祝壽，兩太太皆珠服，無別也。寫信寄芰舲。

廿九（15 日）

天明即起，往陪客，至午後方止。李幼梅云無《耆獻類徵》，將來祇得退銀。芷青、迪安至。下午略睡。晚間往吃壽酒。

三十（16 日）

飯後出拜客，見李蓺淵丈，云已委壽兒辰州局務，可不去，甚好。云法人兵輪至岳州，以咸豐年間臨湘教堂被毀，今將興復，如不允，即開炮，約四日回報。今期已滿，莊賡良不敢去。陳右老將到，擬初三接印。正由岳州，如遇交鋒，奈何？遂往唐茂皆處，請作大媒。述貞出門，請述卿代往。見尹臣，云初九過禮，十二鋪房、開容。往薏丞處，不晤。見親家母，請十二開容，並謝照顧壽兒之病。見芷青兄弟。餘皆未見。以洋八元賀小鶴，書"八元"。"濟美"二字尚稱。三叔壽序，許崇熙所書。此人負才名，而作字潦艸，非載道器，譌誤甚多，尤不可解。

十 月

初一（17 日）

葉焕彬至，盛稱所箸《孝經疏》，語兼調侃，伊欲箸此書而未及者，並贈以所校阮文達《三家拾遺》、《淮南鴻烈閒詁》、《萬畢術》、《山海經圖贊》等書，皆校刊學也。李蓺淵丈至，以總局所發單與壽兒，每月肆金，大約更無札委。汪受明至，尹臣又寫片來，欲不用庚口作冰人，似乎不可，請其再酌。先祖忌日，設祭。

兩叔父、諸弟共飲至夜。

初二（18 日）

久安先生至，云蓉墅信言官家高拱無爲，樞臣糊塗昏憒，大勢已去，無可挽回，奈何？三叔處演戲，請女客，觀劇至夜。

初三（19 日）

往三叔處陪客，觀劇至夜。

初四（20 日）

往三叔處陪客。久安先生至，云七學聚議共斥洋教，府學宮到者紳士甚少。陳八先生至，談此事，以爲洋人未至，不必先自擾動，反激其來，恐以虛名受實禍，所見亦是。觀劇至夜，大風甚冷。

初五（21 日）

焕彬送來祭酒所刻《釋名》，中采鄙説，屬自校正。予説不多，而譌字已有十餘處，足見校刊之難。秦雨泉至，言以姪婦之事，與彭家有違言，云其衣服、首飾皆已取回。非己之過，大可一笑，而桂姑尚在母家，亦可愍矣。聞府學宮七書院生倡議禦洋人設教堂，山長、學官皆至。洋人並無要到省城之事，未免自擾。宋、明太學生動言士氣，古今一轍。

初六（22 日）

往馮家沖省墓。還赴璞山先生飲席。見節吾，亦力持變法之議。瀏陽書院議改章，紛行算學社，皆彼爲之倡，可謂風氣使然，且以胡喬芬之言爲是，可怪也。鮑蓉泉師在坐，在關外受傷，幸不死耳。

初七（23 日）

擬往史家坡埽墓，聞李蕘丈請客，在大西門外長龍坐船上，恐趕回不及，遂不去。往唐魯英、葉焕彬處，不晤。回龔瓊山拜。彭吉皆之子至，云明日輔丈九十陰壽。欲檢場，不能往。午後到船上,在坐成靜齋、蔡與循、陳璞山、歐節吾。船上大熱,汗甚,歸感風寒。見家中用賑已逾《毛詩》之數,今年又將受困,奈何?與循言書院生脅持院長,將來田、房買賣均須由書院生主持,可謂怪事。明日不知諸君如何議,不使我與,甚佳。

初八(24日)

秦雨泉至,託爲其子作伐。俞仲曾之子約以後日,當往。明日過禮,飭家人檢點房屋,稍爲鋪陳。晚得雨泉信,云已作罷論,可不去。

初九(25日)

汪宅過禮,唐、瞿兩媒人至。汪宅用八盒、四抬,從儉甚好。

初十(26日)

過木器後,清點妝奩,非必從豐,而在予家已爲侈矣。

十一(27日)

以汪宅所訂期鋪房、開容共一日,恐來不及,於是日先請媒人,約棣威奉陪,並請書奩目。茂公傍晚始至,席散後安置妝奩,至三鼓。

十二(28日)

一早料理完畢,而擡夫陸續不齊,至午始發行,而女客已至。未刻開容,至晚方成。女客四桌。

十三(29日)

晨起照料,午刻後媒人始到。念恂親迎,較前略瘦。祥女于歸,已了子平之願。念恂天分甚好,在鄉讀書,足以範其身心。舅姑二人,亦易侍奉。祥女體弱,不能耐勞,似此等人家甚好,但念古者"嫁女之家,三夜不息燭,思相離"之義,不能無遠別之感。是日高太恭人忌日。祭畢,飲至夜。

十四(30日)

飯後謝客,且往各處,多不晤。見徐芸渠師,衰甚,扶掖需人。一年不見,迥殊前日。見陳中丞丈,雨泉丈亦在坐。談及時事,臨湘洋務已了,償銀四百兩,尚屬輕鬆。西人以諸生所發詬厲洋鬼之文裝成一本,如至總理衙門,又多一番口舌。中丞議行新政,以開礦爲首務,云可富國,且免洋人覬覦。又議鑄洋錢,云參一成銅,獲利甚重,置買機器、房屋,止五萬金已足,而貲本不㲄,將來坿湖北局鑄,須設官銀行,乃不爲錢店所持。目前以救荒爲急務,各縣歸各縣辦,已留節吾辦瀏陽事,使饑民不來省。《周禮》荒政弛山澤之禁,開礦亦佳,但任人不易耳,且非甘雨,隨車即多金,亦不可啖。雨珊丈云已買十二萬石穀備荒,稍可恃也。中丞詢江右書院事,一時未能細説,伯年尚在船上,遲日再詳述之。往程宅到喜,海年已歸,云來月將往粵東,乃翁即日起程往貴州。伯翰子號瀛石,女家係許雪門姪孫。呼出見拜,予未帶見儀。下午往汪宅作上親,並無一客。席間與受明談洋務甚悉,伊亦以變法爲然。

十五(12月1日)

三朝,送茶點。此等事非必全不應辦,而踵事增華,甚可笑。黄心台之子又星名鼎彝,住隔壁,與壽兒相識,未見,即黄菊秋之姪也。江學使不甄别,校經春、夏課亦未發,而冬季課題又出經學題《釋儒》、《釋士》、《補〈經義考〉自叙》、《跋唐寫本〈玉篇〉後》。

十六(2日)

接雙回門,其諸《公羊》所云"雙雙而俱至者"歟?而本家中有閉門不納者,可怪也。得芰舲信,江西抽坐賈釐捐已出示,人心洶洶,訛傳湖南因此罷市。聞湖南本有月釐,或可免也。云《大傳疏證》已發抄,延盧文明爲之校正。因將《自序》一篇録出,擬寄去。駢文似尚有可刊者,亦擬寄之。夜雨,大雷。

十七(3日)

録《兩漢詠史詩自序》。張雨珊丈來拜,盛稱駢文在石笥之上,愧不敢當。詢及江西情形,告以彼處未能滿意,請易此間一席,彼云當在意中。下午李子科邀飲定王臺,爲輔熙丈餞行。予久不至彼處,見其已甚疲敝,樓板有聲欲裂,再數年又是百花洲故事矣。彼處公項不少,而廢弛不修,可慨也。芰舲託搨碑文,止有一碑,並詩字六塊耳。夜大雨,但不久即止。

十八(4日)

往受明處,見太親母,真長者。往楊宅,見太親翁,亦尚樸實。其餘各處皆不晤。錄《史記引書考自序》。汪鏡青、程海年來拜。程言季聘師沒後,家計不佳,子鶴早逝,子鴻缺苦,子鳶貧病交加。昨所見伯況,乃子鶴之子也。本屋已出售,現住司禁灣。汪宅所佃屋即其處,已歸鏡青。楊石帥開缺回省,陶模署陝甘督,湖南又弱一個。

十九(5日)

寫信致君輔。呼楊子雲至,屬其續刊《自課文》第三卷。汪受明、蔡與循來回拜。蔡云學使有意整頓校經,逸梧、雨珊欲邀壬秋主講校經,而杜仲丹不辭,學使只得敷衍了事。杜並不欲開除人也。殷紹喬之弟來見,云默存往粵東矣。爲吉兒作試帖一首。

二十(6日)

往藝淵丈處,未見。見逸梧先生,云已爲刻《古文尚書考實》,擬刊小書十種,屬爲搜采。德人索長沙馬頭,法人索常德、澧州馬頭。開馬頭,必立教堂。諸生所議,不過託之空言。現在辦法,惟有先自治,禁勿入教,勿買地基與西人而已。薏丞親家邀往曾忠襄祠觀劇。此祠予始到過,規模宏大,花園尚未畢工。堂上只坐六桌,每桌千六百文,戲提調恐貼本矣。晚歸,天寒,微雨。

廿一(7日)

寫信致李丈,詢壽兒局事。汪頌年至,言念恂欲我帶至江西讀書。予以考試往返不便。不帶子,何能帶壻耶？校石某所鈔《經説》二卷。

廿二(8日)

校楊子雲所寫《自課文》七吊及《經説》。約念恂出拜親戚,歸午飯。念恂言性與詞章近,因勸其學詞章。夜大風。

廿三(9日)

大雪。校《經説》數卷。中丞課,爲壽兒改文。高太恭人忌日。聞即殁於正屋東邊房内,因賀唐惠湘續娶,在新房内猝中風也。今屋歸皮氏,又求售無主,可慨哉！夜晴,見星。

廿四(10日)

爲吉兒改文,代作試帖。校《經説》二卷。下午寒甚。

廿五(11日)

祥女早至,云明早准下鄉,今日已發木器什物。飯後念恂至。祥女以下鄉,不能無戀戀。女生外向,無可如何。檢出《律話》五本,擬贈幹臣。閲屈復《弱水集》,其詩爲袁子才所譏,風格似在袁上。久安先生至,云蓉墅初三已出京,云英使將歸,語王大臣云："敝國與中國和好多年,無越數萬里而覬中國土地、人民之意。惟貴國不能自立,俄、法、德、美皆思瓜分中國,則於我印度大不利,敝國既不能阻,亦不能不分爾地矣。"似此,則"豆分瓜剖"之言將驗,奈何？夜至汪宅送行,告念恂用功之法。尹臣親家留飲,談至夜分。

廿六(12日)

往楊宅作弔客,客到甚尠,遂歸。校所録《自課文》十餘吊。祭酒送來擬刻《古文尚書考實》鈔寫本,校一過。

廿七(13日)

晴暖。爲吉兒作《電綫賦》,用主客問答體。

廿八（14日）

爲吉兒作《湖南可興之利可除之弊說》，每條各十。往見葉煥彬，見江學使所刊書甚精，多書目，所謂目錄學。其所箸詞名《紅蕉詞》，或小楷，或北魏，刻工皆能得筆意，足見湖南刻手之佳。每字二文。

廿九（15日）

校《考實》十餘頁。祭酒又送來《尚書古文疏證辨正》底本，云已刊六十頁，其餘屬校一過。下午往汪宅，見偉人之子夢來，倜儻可愛。往墨香簃催拓碑者。道生堂見小板《漢魏叢書·百三家集》，價太廉而工太劣。往芷青處赴飲。于秉荀云春季課已發，吉兒史學第一，經學名次不高。

十一月

初一（16日）

爲吉兒作《原工》及《書龔定盦〈農宗〉後》。下午往胡子威處久談，遂至蓉泉先生處，據云：關外之事，誤於清帥輕動，進兵驟而無備，急攻海城。倭人受偪，繞道攻北路。遼陽依將軍敗，致書諸帥乘虛攻海城，復不能用其策，倭遂由北路陷牛莊。諸軍輜重皆失，魏、李兩軍奔潰，清帥聞風而逃，乃致如此結局。如不輕舉，當不至此。

初二（17日）

卯正吉兒得一男，足月，頗壯實，甚可喜。天明即起，爲壽兒作《〈農宗〉書後》，改《次韻山谷〈題摩崖碑後〉》詩，又爲吉兒作一詩。蓉泉先生、胡子威來回看。殷紹喬之弟又至。蕭腴耕同年來拜，伊自辰溪教職前年丁憂歸，今授徒，在曾子廟對門鄂城周寓。聞近日上諭，汪鳴鑾、長齡以離間之罪，革職永不叙用。

當此時事孔亟之際，猶挾嫌怨以罪直臣，誠不解其何爲。汪與予有知己之感，聞其獲譴，不能無慨。

初三（18 日）

爲吉兒點定課卷。焕彬至，以吉兒取經學卷見示，云江學使將刻入試牘，屬自改定。更爲改定數處。校《漢書・郊祀志》一卷。汪頌年來道賀，云今年尚不欲出，轉有羨於蓉墅之改官，可謂天上憶人間矣。

初四（19 日）

覆校《自課文》數篇。爲吉兒作冬季史學課，論歸震川五色評本《史記》之陋。本家莘農來辭行，云原籍高安，今遷通城。嘗詢高安皮增，云非清江一族，則亦不過同姓而已。楊丈汝翼來拜，談臺灣事，云：廿六諭割臺與日本，廿七諭各地不得接濟臺灣①，廿八諭文武官員皆内渡，不得生支節。臺民大駭。唐巡撫不得去，初二接總統印，各官已紛紛内渡，日人來犯，兵敗而潰，臺北失，總統去，伊等亦不得不去矣。

初五（20 日）

校《自課文》十餘乕。作《身非史官不當爲人作傳辨》，未成。以冬至近，將交公帳，租穀未清，帳不能結。黄薏丞至，云其孫病故，其媳乳病更甚。

初六（21 日）

往蕭腴耕處，不晤。見譚君華，久談。遂至王壬老處，云香帥送乾修，不受，佑帥不以校經一席居之。言雖詼奇，不無恩怨。伊惡言洋務，甚不以節吾爲然，謂開礦必無利。中丞請吳虛谷辦理，不知吳何人也。至黄薏丞處，留午飯。薏丞云：有八人送長生牌往吳中丞舟中，辭不受，遂置於余、李二公祠，大可笑。由津

---

① "地"，原誤作"國"，據文義改。

開鐵路至蘆溝二百四十里,估值二百四十萬,胡喬芬總辦。上諭已見《申報》,由蘆溝至漢口三千餘里,招商承辦。恐華商無此力量,仍洋商包攬耳。至林綬臣處吊唁,思丑年事,不堪回首。歸遇受明,同往彼處一叙。

初七(22日)

鄧次儀至,贈以其妹貞節人爲所作詩文,洪汝沖《詩序》疏宕,曾重伯《徵詩啟》綿麗,皆佳。汪夢來至,久談,留午飯。是日冬至。他家皆有祠堂,我家獨無。然祠堂亦非古制,毛西河嘗辨之。若家稍有贏餘,宜斟酌古今,以爲之制,暇時當考訂之。

初八(23日)

爲吉兒作《班氏〈年表〉、十〈書〉、〈地理〉〈藝文〉二志爲後來箸書家大綱細目之規矩説》。逸梧先生見過,談箸書事,云今日事無可爲者,惟可讀書而已。江西族姪喜生至,云將往寶慶,待一同伴,須住七八日乃行。

初九(24日)

得芰菸信,云江西米價大漲,石三千四五百文。坐賈雖未能遽行,而物價已昂。少村聘浙江謝氏女,明春迎娶。《大傳疏證》已發鈔矣。爲吉兒作論茅鹿門《唐宋八家文》之陋,未成。久不雨,夜甚煩燥。

初十(25日)

續成前篇。此等文恐無能爲者,未知閲者知之否耳。程子大至,言易實甫隨乃翁至,俞恪士亦將來,湘社將復興矣。

十一(26日)

往二叔父處言公項事,並送二弟婦行。下午往子大、郢生、實甫處,皆不晤。遂至祭酒處赴飲,在坐王壬老、黃敬輿、李佐周、胡子威、朱次江、葉焕彬,皆名士也。壬老恢奇善謔,一坐盡傾。江學使極欲使坐校經一席,而卒不成,諸公蓋陰忌之,非獨周、杜爲祟也。

十二（27 日）

往焕彬處久談。至二叔父處拜壽。歸宅，周仲海來拜。陳壽生至，予不能識，乃秋珊師之姪也，在家鄉教書，欲到城謀館。其人誠樸，可薦，特恐無可位置耳。擬作《古文冤詞平》，檢閱一過。往二叔父處赴飲。歸聞親友爲予稱祝，力辭之。以爲先君棄養之夜，即賤子降生之辰，自憾奔走微名，在京聞訃，生不能供養，死不及飯含，常引此爲終身大憾，自誓即百歲不忍受賀。

十三（28 日）

易實甫至，談臺灣事。予告以江西賣廬山事，爲之欷歔。泉窩塘陳佃云往十香樓過楓林港牌樓沖四川廟即是，卅餘里耳。下午祥女歸寧。傍晚汪壻念恂至。

十四（29 日）

予生辰，即以是日爲譽孫洗兒。予雖不才，亦但望彼能繩武耳。親友有來祝者，留飲至暮。汪頌年稱賀而去。秦雨翁託作媒、薦館。

十五（30 日）

微雨，有寒意。作《古文尚書冤詞平》，得數條。芰舲書來，寄《尚書大傳疏證》寫本一卷，校數舛。

十六（31 日）

《疏證》校畢。得《冤詞平》數條。望雪而天復晴，冬澌必至。

十七（公元 1896 年 1 月 1 日）

往汪頌年、黄薏丞處謝步，往李宅作吊，遂至林綏臣處。伊請頌年寫主，屬爲作陪。胡子瑞在坐，言及衡山書院事，紳士作難，實不任咎，可見謀生之難。伊薦綏臣自代，未知何如。明年經課歸子威看,此課即屬彼。

十八(2 日)

早往林宅陪吊,未刻往忠襄祠觀劇。請薏丞至,頌年不至。劇甚不佳。

十九(3 日)

往葉焕彬、唐茂陔、秦雨泉、瞿述卿、黄覲虞各處,惟龍荔仙未晤,唐魯英過候。得《冤詞平》數條。下午微雨,以爲可望雨雪,而天復霽。八指頭陀寄禪送《詩集》至,詩甚清超。陳伯年、羅順循爲彼延譽,可謂護法沙門,乃因訟事故摧抑之,交情不可恃如此!

二十(4 日)

覆校《大傳疏證》一過。楊子雲送所刻書數冊至,字不勻,不及前所刻。下午往頌年處赴飲,在坐鄭叔靜、王心畬、胡眉壽、程子大①、周郢生、葉焕彬。

廿一(5 日)

久安先生以同宗訟事,屬往李薮丈處。大西門路濕,甚難行。歸至胡眉壽、龍荔仙處久談。到家函復久安先生,並致函復芰舲。譚君華至,以復函授之。道生堂送小板《漢魏百三家集》至,價廉而不精,頗便攜取。

廿二(6 日)

得《冤詞平》數條。龍荔仙、陳芷青、于秉郇、汪受明來。以復芰舲書付芷青。夜待叔父診脈,至三鼓。

廿三(7 日)

得《冤詞平》十條。易實甫送《魂東集》至,詩皆七律,氣甚勁。

---

① "程",原作"陳",據文義改。

廿四（8 日）

得《冤詞平》十條，請石先生先行鈔出。黄覲虞至，聞將有變命産發官興者，力不能止，殊愕不懌。

廿五（9 日）

大熱。得《冤詞平》數條。李子科至。訪葉焕彬，不晤。夜大風。

廿六（10 日）

得《冤詞平》數條。微雨。胡眉壽至。久安先生至，云李健松病故。

廿七（11 日）

得《冤詞平》數條。天忽開，仍不雨。姨老太太壽誕。久安先生、薏丞、述卿、子服等至。夜闔戲局，姨老太太與媳、女皆哭，點戲又不祥。

廿八（12 日）

得《冤詞平》數條，並《自序》一篇，書成。

廿九（13 日）

往黄子襄、李健松、汪四先生處作吊客。聞陶守謙死，往慰。至綏臣處久談。

三十（14 日）

祥女下鄉，令吉兒送之。閱《新學僞經考》，並不信《書序》，以《史記》爲後人竄易，不無過當。其餘與予説多合，乃前人所未發者。

十二月

初一（15 日）

往焕彬處，不晤。往見尹臣、受明親家，屬爲祥女添一女工，恐未必能行也。歸檢閲書籍，見王氏《説文句讀》似勝前人。

初二（16日）

假焕彬書補正《冤詞平》二條。林鹿翁至，云劉、張二督回任已奉明文矣。

初三（17日）

檢得十年前所録筆記，録出一通。

初四（18日）

往陳守愚、李子科處及汪宅道喜，李健松處作吊。遂往赴易笏山先生及實甫之招，其請帖云沃州山人命哭盦主人訂，款書某居士、某上人。客八，僧七，壬秋、逸梧兩公，棠孫、焕彬、子大、子琳諸君在坐，僧惟笠雲、寄禪相識。别有一寄禪，亦能詩。海琴能鼓琴，笏老作詩及《琴操》三疊，解其詩而已。聞香帥入京議事，王爵棠使俄賀俄皇加冕，陳梅生參贊，大意欲欵俄爲助。又有借洋欵一萬七千萬，合欵倭共四萬萬之議。見《申報》，香帥云所鑄官洋元與洋元成色無異，納糧等項通用，此間錢店未必能把持也。廖仲師特保人才有羅順循，送部引見。

初五（19日）

筆記録畢。往述卿處賀壽。晚間往赴席。

初六（20日）

校所鈔《冤詞平議》一卷。于秉郇同胡發元及鄒姓至，談及瑞州旱災與湖南等，撫、建略可；陶華封令諸生願往上海游歷者，彼有信去，可至格致書院、機器局一觀，本欲自行，因坐估釐金之事耽擱。今釐金已行矣，足見凡事持以毅然之力，無不可行，而湖南奸商敢於把持，耳東公如曲徇奸商，則威望大損矣。綏臣至，談此事及近人之談西法者，爲之拊掌。

初七（21日）

作《鄭志考證》，補成芙卿所未成者，得數條。得彭小圃諸人公信,云芝生侍郎明年六旬大慶,公具金屏十六,求作壽文。又須輳所箸書,爲捉刀矣。是日微雪,頗寒,恨未大如掌耳。

初八(22日)

作壽文一段,奈無節略,止得據所記憶成之。得黎聘之來書,云殿書在申有信,云內河小輪船已准行,見上諭;康長素到滬舉辦強學會。

初九(23日)

作壽文六段。予近不耐苦思,每用心則心痛,暫輟業,俟明日成之。微雨,總不破魄。問鄉民各鄉皆不足食,奈何?

初十(24日)

壽文脱稿。祭酒送到所采《尚書古文疏證辨正》七十六葉,校一過。

十一(25日)

將壽文録出,由芰舲寄彭、鄒、徐諸人,並復一函。因函致芰舲,引杜老詩"無食問樂土",江西尚足食,可稱樂土否?復黎聘之一函,並交芰舲轉達。

十二(26日)

作《鄭志考證》數昏。汪頌年至。

十三(27日)

得《鄭志考證》數條。族姪喜生告歸。王稚璜與王翊君來,云爲乃弟完姻,到莫府入贅,莫敬亭已死數年矣。作書致荔仙昆仲。

十四(28日)

率二兒至汪鏡青處。遂往王翊君處,見稚璜及乃弟季雍。又至于秉郇處,見其詞章第二及甄別第二卷子,駢文才華富有,格律純正,大約在此間已屬難得,無論江右矣。陳老六與勞仲剛至,談時務,云官洋定價玖錢四分,故不通行,此取利太深之弊。

歐節吾刊《興算學議》，攜歸閱之。見其門人譚嗣同復書，言時事極痛切，然廢八股可也，盡廢一切書以從西學，則無理而勢亦不可行。西人且尚中國書，而中國盡棄其學，可乎？欲賣西藏、新疆，以抵二萬萬之欵。予嘗謂割地如去人手足，尚可不死，盡括二萬萬金，如取人膏血淨盡，則必死矣。此議可行。下午校所錄《冤詞平議》。

十五（29日）

往煥彬處，不晤。至文星議刷印、裝釘書，每本十文。歸錄出《鄭志考證》數條。是日先子生辰。二叔父至，共飲，談及叔祖母衰症，甚可慮。夜微雪。

十六（30日）

辰刻往李藝丈處上壽，擁擠不開。微雪，寒甚。歸得《鄭志考證》數條。

十七（31日）

得《鄭志考證》數條。七弟生辰，往飲酒。至錢店算糧票。遂至叔祖母處問候，人尚如常，兩手紅腫。

十八（2月1日）

得《鄭志考證》數條。小古道巷火災，往二叔父處問候。夜雪。

十九（2日）

祭酒送來《今文尚書考證》寫本。伊已更正體例，分大小字，仍用通行本作大字，而以今文作某坿列於下，與予所定文例大異，而較穩妥。惟於今文無明文、以意改字，或與古文並不異者，亦一切列入，則殊誤。幸予先見此本，得以刪易，不然，以此發刻，必爲毛西河輩所訶矣。

二十（3日）

改《今文尚書考證》。往李藝丈處赴席，觀劇至夜。邑侯趙公在坐，人甚精明。

廿一（4 日）

校所録《鄭志考證》二十餘爲。未刻立春，天大晴明。是日先祖母生辰，祭畢飲酒，至夜。

廿二（5 日）

得《鄭志考證》數條。祭酒送來《古文尚書考實》楪本，覆校一過。

廿三（6 日）

得《鄭志考證》數條。寫信致祭酒，言《今文尚書》既以通行本作正文，則今又作某必有據乃可坿記，其餘宜刪。龍荔仙至，云芝老在署度歲，出棚當考徐州，做壽恐須改期。如改下，則予不往矣。

廿四（7 日）

五更起吃飯，下鄉祭先大夫墓。轎中觀《茶香室經説·左傳》，中有數條可采。《通藝閣集》説經甚暢，多用夾行小注，似於説經文別具一體。雨後路滑，二鼓始到墓廬。受寒嘔泄，一夜數起，憊甚。

廿五（8 日）

天明時大雨。早起昏眩。冒雨至墓下，一拜墳塋已一年矣，瞻望松楸，曷勝霜露之感！飯後服藥，冒雨行，至長橋宿。予在轎中未嘗廢書，是日竟不能披卷。夜泄，又數起。

廿六（9 日）

午後始歸。頌年至，訂來春同行約，云俞塙士至，住東長街左首俞宅。袁叔瑜曾來拜，予尚未歸。祭酒送來《今文尚書考證》原本，云字多費重，一時難刻。擬校一過歸之。蓉泉師因送《駢文》，極爲夸許，屬作詩序，當有以報命。校所録《鄭志考證》十爲。

廿七（10日）

往俞堉士處，談日本、臺灣事甚悉，屬致意伯年。往頌年處，不晤。見夢來，呈所作賦，有六朝之才，小品極工。往袁叔瑜處，不晤。

廿八（11日）

爲念恂改賦一篇。校《鄭志考證》數䀭，計四十葉，合之，成芙卿原書上卷已畢。往和茂借銀六十兩，尚須欠數十金，今年又虧短百金，奈何？

廿九（12日）

爲念恂改文。午後往城隍廟、火公殿敬神。歸家告祖。以本日除夕，吃團年飯至夜。乙未一年畢矣。

丙申(光緒二十二年,1896年)

元旦(公元1896年2月13日)

晨起天陰,無風雨。爲念恂改文。頌年至。夜見星斗,乃元日少見之事,或以爲丙年丙日火用事,恐旱;或又謂曆差一日。

初二(14日)

受明、述卿、周金生、袁叔瑜至。叔瑜談時事,云康長素在上海辦强學會,入會者出銀,而在番菜館出三腳,非憂國憂民之象也。受明云康局事已撤,每人各分得數百金,名士之不可用如此!

初三(15日)

校《今文尚書》一卷。黄棣威、彭念兒至。

初四(16日)

出拜年。晤袁叔瑜,久談。至兩江、黄、楊各處。

初五(17日)

芰舲來信,云江右食頗足,而後德更不如先德,恐土匪起事,官不知兵,就食之事,請予自酌。寄《大傳疏證》寫本一卷。

初六(18日)

校《大傳疏證》一卷。林綬臣至,留之久談,屬見龍氏仲昆詢彼行止。

初七(19日)

早起,敬麗城菩薩。飯後往馮家沖拜墓。輿中閲《玉芝堂集》,古淡無俗韻,然或不諧里耳。

初八（20 日）

飯後往史家坡拜墓。古不祭墓，惟去國哭於墓而後行。予東西南北之人，年年飢驅，拜墓不過一次，祭墓耶？哭墓耶？

初九（21 日）

祭酒覆書，詡爲“經學獨步”，屬將《冤詞平議》覆校一過，允爲發梓。更校正一過。陶履謙至，此次到家始見面也。龍荔仙至，云芝老改期二月初一做壽，即出棚考徐、海等處，幕友止四人，何炳農提總，周道生病重，屬代覓幕友，伊節後即趕去。予不能如是之速，且二月即到館太早，擬作賀啟並送壽聯，以代自行。

初十（22 日）

往本家爾梅處，見面。伊字治香，在雲南十年，起復過直隸州班，改湖南。聞其外孫杜作鴻言予在江西主講，且云臨江府章山書院有聘予主講之説，予未之聞也。至頌年處，祝太夫人壽。伊云唐紹武在城覓館，往問，則歸家度歲。至荔仙處，又未晤，乃函告荔仙。作函回復芰舲。《大傳疏證》覆校一過，又改正二處，信乎箸述之難！聞夒師病危，恨久不得見，將來北洋又爲誰也？夜將卧，聞叔祖母病危，往視，呻吟不絶，氣凑痰塞，甚可慮。

十一（23 日）

早起，往視叔祖母，病略平。歸致信祭酒，以《平議》二卷付梓，《今文尚書》請攜往江右，彼許諾，此書蓋不欲梓；《尚書考實》、《疏證辨正》二種屬向局中刷印數部，推雨珊丈主政，俟再往詢。焕彬函來，極稱所箸《感生帝解》、《駁俞理初〈公羊論〉》，有“湘中經學奪席”之語。祭酒亦許以“經學獨步”，豈諛辭耶？寫信祝芝老，並擬對聯。俞塙士至，云王之春往俄作罷論，康名士爲楊某所劾，有光緒某年下系以孔子卒後幾年及《廷寄書後》二事，其可笑如此。是日往小古道巷四次。

十二（24 日）

　　早起，往視叔祖母，病漸愈，似可無慮。歸寫壽對。袁叔瑜至，久談時局及身家之事。龍荔仙至，云已請胡荇江，即日將上船矣，幕中如再需人，即有信邀紹武。晚間至荔仙處送行，不晤，將對聯、賀信及所寄書交彼僕人柳姓。還至叔祖母處，又發燥、譫語不識人，仍可危也。

十三（25 日）

　　爲何棠孫同年元配李恭人題遺照。兩至叔祖母，早起清爽，下午則頰紅神燥，似虛陽外散，非佳兆也。郭章甫至，云朱洲荒甚，人已挨家就食。天甚熱而不雨，奈何？

十四（26 日）

　　鮑蓉泉師屬作《楡霞詩録序》，爲作數行。龍遜齋至，云乃兄已行矣。校所録《經説·禮記》二卷。此書呈祭酒竟遺失，乃重録一過。

十五（27 日）

　　作《楡霞詩録序》。是日上元令節，而冷風微雨，殊煞風景。連日往視叔祖母，病已漸復原。日者云有百年之壽，殆可信歟？

十六（28 日）

　　晴。望有雨雪，而復爲風吹散，恐旱象將成。早起敬送祖宗。飯後看叔祖母，飲食平復，可勿藥矣。王翊鈞至，攜仲蕃寄張石孫書，屬爲寄京。譚蓉墅至，云即日往江西。午飯後至龍遜齋處回看，遂至易實甫處。實甫出其游廬山詩南皮評本，此公於詩所得亦深。云峴帥十七接印，香帥亦即回任，合肥往俄國。此等舉動，皆不可解。至師家祠堂，見久安先生及蓉墅。至文正祠，雨珊丈尚未到。遂至逸梧先生處赴席，伊請易笏老及笠雲、常靜兩和尚，用齋席，嚴粗香、袁叔瑜、陳桐叔在坐。聞洋人將來湖南,已有照會,不知何以待之? 夜雨。

十七(29 日)

微雨。致書黃麓泉云:"閣下往年於東藩使至,招之飲酒賦詩,且繪圖徵詠以張之。在當時亦視爲故常,豈意今日遂同明堂王會,千秋盛事,不可復見。"又云:"方今議論,皆云變法自强,然今日之局勢,如病已入膏肓,論者始欲學醫以治之,即遇長桑君飲上池水,亦恐緩不濟急。"此數語似警動。仲蕃致石蓀信託其轉達。下午往視叔祖母,漸復元,而夜又脫衣,不可解。校《今文尚書》數十昈。夜五心煩熱。

十八(3 月 1 日)

不雨,煩燥。校《禹貢》十餘昈。往視叔祖母,面浮腫。八弟爲蓉墅餞行,屬作陪。

十九(2 日)

校《尚書·禹貢》畢。予於地理、水道皆非顓門,是卷惟存古義而已。下午往見尹臣親家,彼來拜年,兩相左。至蓉墅處送行,已出門。見久安丈。遂往林鹿丈處赴飲,在坐有畢純翁、陳璞翁。畢久官歸,猶坐湘陰書院,何耶? 聞徐五先生去世,老成凋謝,又弱一個。中丞開官錢店,以朱雨翁主政,官洋當可行矣。《申報》言江西銀價乙千二百廿文,洋錢九百卅文,與此略同。聞江西雨澤已足,除夕大雨,何此地獨不然?

二十(3 日)

爲豫桐女士題遺照。致棠蓀一函,並上蓉泉師一函。譚蓉墅來辭行。校《今文尚書》數昈。

二十一(4 日)

校《今文尚書》數昈。復蓉泉師一函。下午往焕彬處赴飲,逸梧先生、子大在坐。見張船山畫册,自題詩於上,印章有"張靈後身"字。易實甫亦自謂"夢晉後身",人以此贈實甫,逸老、壬老、棠孫、子大、伯年、煥彬皆有題詠。聞西人必來，或云馬頭必立於水陸洲，或云不如以北門新開河與之，恐亦五十步與百步耳。夜雨稍大。

廿二（5 日）

驚蟄。校《今文尚書》一卷。下午往俞塙士、張雨珊、汪頌年處，皆不晤。至袁叔瑜處，陪先生。塙士在坐，云：洋人無來湖南之言，中丞處並無照會。中丞以錢店把持洋錢不用，故開官錢店。庫中有銅、鉛萬斤，故鑄錢。胡喬芬爲額爾經額及李、趙兩撫劾奏。粵商某承辦鐵路，上諭云盈絀概不過問，已爲寒心，遂辭不辦。英使致恭邸書，力勸變法自強，否則三年必有變局，恭邸不敢答。日人威偪朝鮮改衣冠致亂，其王逃入俄使館中，俄人乘亂據王宮，英人助日拒俄。不知當軸何以處之？合肥往俄，將成行矣。實甫亦至，屬題冊頁。歸擬四絕云："船山三絕畫書詩，幸值開元全盛時。欲喚才人談浩劫，桑田留命惜遲遲。""莫向梅花問夙因，崔張舊恨渺如塵。黃人曾爲編佳傳，白老還疑有後身。""海外虬髥亦姓張，英雄兒女事尋常。麻姑有意栽紅豆，更遣張星下大荒。""三生石上精魂在，恨不能填滄海枯。若見女媧應痛哭，摶人還似舊形無。朝鮮柳得恭《二十一都懷古》詩云：虬髥客是莫離支。"

廿三（6 日）

微雪，頗寒。校《今文尚書》數卷。雨珊丈至，云：院長大約推升，求忠必是黃、汪兩太史也。中丞鑄錢須買銅，千錢只費九百文。夜大雪。

廿四（7 日）

雪少止。各書院甄別，爲大、二兒改文、作詩，共文三篇、詩四首。勇猶可賈，然以阿婆偌大年紀，猶東塗西抹，與少年爭勝，亦可鄙哉！

廿五(8 日)

　　校《今文尚書》，至《立政》。致函雨珊丈及于秉郇。往視叔祖母，人已復原，惟夜不寐，十數起。

廿六(9 日)

　　校《今文尚書》畢。秉郇至，云丹銘並無信到彼處，彼意以此躊躇。予亦未便强之同行。爲芰舲買得《弘正四傑》及《滄溟集》。李、何及後李皆予所見有者，邊、徐全集昔所未及，雨珊丈云得之棠孫家。棠孫序文甚佳。

廿七(10 日)

　　晴。恐雪後雨從此止，四鄉甘霖尚未遍也。得《鄭志考證》三帋。《鄭志》中卷皆言《周禮》，予主今文，不信此經，未嘗肄業及之。今申鄭，亦强作解事耳。

廿八(11 日)

　　微雨。得《鄭志考證》四帋。致函履謙，屬題書檢。爲一兒報名，據云兄弟不得同課，不解所謂。

廿九(12 日)

　　往芸渠師處作吊。劉牧村還寧鄉，來辭行。往賀、送行，不晤。得芰舲人日所發信，云欲挈眷往，當代謀寓所。予始亦慮及此，見雨澤稍足，或今年尚可保，妾又病重，兒輩須應試，何能定計遷居？得《鄭志考證》三帋。

卅日(13 日)

　　得《鄭志考證》四帋。郭章甫云報優事已向石老師說妥，贊敬三千文，唐、皮相同。而唐茂翁隨來，云龔季青共議，事不必急，可少待。予固不欲先，然三千之數恐不能少，且郭既說妥，更恐不能少也。以所箸書贈子大，易其箸作。所刻《楚望閣詩》七古最佳，才力雄富，予當避三舍矣。夜微雨。

二 月

初一（14 日）

得《鄭志考證》三卺。履謙來信，代寫篆文書面並"寄廬"字，篆體近古，非鄧派也。得寒疾，夜飲表藥，甚困。

初二（15 日）

劉瑞珊來見，送土宜六種，云乃翁已到任，伊十七起程，吉安穀石一千。牧村去臘已挂牌，而予不知，真山林人也。程子大至，談詩，索觀予集。以《師伏堂詩》三、四、五、六卷示之，請删正。陳芷青至，云秉郁尚躊躕也。得《鄭志考證》一條。下午往瑞珊處送行。遂往小東街王莘田宅，赴易實甫、俞恪士招飲，在坐有焕彬、叔瑜、子大、頌年、綏臣諸人，肴甚新，飲盡懽。

初三（16 日）

文昌誕祭，辰初到學宮。周笠西、張鏡堂二老亦至，一八十四，一八十二矣。笠老健談，予遠不及，可愧也。聞龔省吾丁憂，江學使有趕回看會之説。

初四（17 日）

飯後往頌年處，不晤。見張少熙，英才可愛，書法亦佳。至陳芷青處，談時事，云買得《中國亟宜改變論》，許見示。至程子大處，縱談詩文、當世人才、時務緩急。見《萬國公報》，俄與倭爭朝鮮，俄已得手，利歸漁翁矣。德國言俄假中國重貲，侵中國邊地，大得利。其言可怕。又比中國於病人，更可憤也。至祭酒處，不晤。遂往薏丞親家處陪先生。李華卿在坐，係翁方伯記室，約月半後同行，但恐彼待黃子琴耽擱耳。頌年、子大雖云不過廿日，然恐未能速行。

初五（18日）

晴，大熱。録《鄭志考證》二昏。寫字三昏。胡發元來見，改名明德，欲與予同往江西。其人甚無味，未之許也。下午往見叔祖母，寢食如常，惟言語不了了。夜大風，雷雨兼雪，寒甚。一日之内，氣候不齊。

初六（19日）

雨雪兼雹。録《鄭志考證》二昏。

初七（20日）

雪止。校《師伏堂禮記説》二卷。沈哲城至叔祖母處，往見。彼云去年至山海關辦軍糧，得千餘金，已引見，掣籤貴州，將到省。談時事，令人憤激。

初八（21日）

冰凍，甚寒。得《鄭志考證》三昏，又衍成一卷矣。一兒欲考思賢，報名，云兄弟不得同課。詢之雨珊丈，云未聞此例。蔡與翁尚未到，恐初十須改期。于秉郁至，意欲同行，撫州試期總探不塙。久安先生至，託寄函劉伯卿蜀中索債，蒙允許。

初九（22日）

録《鄭志考證》三昏，又成一卷矣。頌年至，云俞墻士覆閲甄別卷，城南取吉兒第一，初不知爲吾兒也。許季純丁外艱，謂吉兒可得拔。以吉兒所寫貢卷請教，彼帶回細閲。據云二十日前准行，約同伴，並約焕彬，將見中丞問小輪船。予亦欲過初旬往辭行也。

初十（23日）

爲吉兒改試帖六首。清檢碑帖，帶數種去，以便摩挲。沈哲城至，談時事，云大勢已去，木子固不容誅，卯金亦不得不任咎也。

十一（24 日）

往見煥彬，論學甚悉，録《玉燭寶典・鄭記》一條見示，並贈以《鄭學録》、《沈下賢集》。起程未定期，云要走即走矣。往黃覲虞處，以吉兒將以字請教告之，頌年已代達矣。往述卿處，遂歸。致書劉伯卿索債，書成將託久安先生代寄。君華、象臣至。晚間煥彬以孔廣林《鄭志》輯本見示，其書按經分類，與諸家輯本大異，考訂"筮參"一條①，視諸本爲詳覈，擬假以校諸本。煥彬假趙撝叔書去。江建霞所選《通雅集》文甚奇，大約所傳新出試牘即此本也。

十二（25 日）

微雨。校所録《鄭志考證》一卷。致函頌年，問行期。彼已出門，家中人云十八准行。胡發元來辭行，往瑞州應試。

十三（26 日）

往各處辭行。見履謙、壽丞。

十四（27 日）

往中丞處辭行，詢書院事甚悉，屬舉院中知名之士。問小輪船可借否，彼云十五有船開，如尚有數日，則另派船送。往頌年處，問行期定否，云廿一日准行。歸而頌年旋來，云已知會中丞處，云十九有船到。念恂、祥女同來，留吃午飯。念恂必欲同去，辭之不可。

十五（28 日）

尹臣親家至，云必欲使念恂同往江右受學。午後往尹臣處回拜。適中丞送席至，遂邀尹臣十六過門。易實甫請戲局，恪士、煥彬、子大、棠孫、叔瑜、頌年皆在坐，並請作陪。棠孫、叔瑜、頌年辭不到。連日目疾，不能觀劇，早歸。

---

① "筮"，原誤作"巫"，據皮錫瑞《鄭志疏證》及孔廣林《鄭志》輯本改。

十六（29日）

陶銘謙來送行，云芰舲太夫人做壽，擬不改期。棠孫至，索未刻稿，欲出城，留之不可。諸君將晚始到，子大代邀易由甫至，談論甚愜，而予目疾，殊不能耐。夜大雨。

十七（30日）

擬下鄉埽墓，雨不止。實甫屬題《浩園介雅圖》爲笏老壽，勉作一首。李蓻翁大世兄來送行，云入京引見即到江西。陳芷青來，云將於七月内往江西祝壽。逸梧先生至，以吉兒事託之，伊已首肯，言考求賢書院，云送過五十餘人，屬找鏡青。乃函致鏡青，未回信。夜風，雷雨。

十八（31日）

勉强題《浩園介雅圖》，目疾，殊不成字。擬下鄉，仍雨，不能行，想鄉下無憂旱災矣。逸梧先生至，以《鄭志》體例詢之，伊亦以孔本爲然，但此書不知可得否。錄來駢文三篇，作函致棠孫，以文備采録。

十九（4月1日）

欲下鄉，仍患雨不止。林綏臣來送行。易由甫亦至，索予所箸書去。清檢行李。年年如此，可謂鼠搬薑矣。介卿生日，又達卿洗兒，招飲。

二十（2日）

函詢頌年行期，云輪船尚未到，到即上船。焕彬來詢，以此告之。晚晴，擬下鄉，而清晨又大雨，北風甚寒，恐清明前不能晴也。聞叔祖母病，往視，飲食尚健，而人不了了。汪尹臣送肴饌、點心，以鴨子奉之，尚能食其半也。譚冕叔致函送行。俞壋士至，壋士前年賞予闈作，今見吉兒文卷，拔置第一。郭章甫至，云甄別案已發，不誤，壋士可謂有文字緣矣。龍遜齋至，言左菊生與陳伯商之弟彝範皆罷官，與林綏臣言同。綏臣言湖南尚有舉動，謂佑老將牢太過。予謂今之人特患過寬過緩耳，不患其過刻也。明似商，今似周。人云周家忠厚，不知忠厚乃無用之別名也。遜齋言《申報》云與俄人三約，中國各海口任俄人出入，東三省任俄人屯兵。是中國大勢全折入於俄，欲求爲小朝廷不可得矣，傷哉！傷哉！宋太祖云："臥榻之側，豈容他人鼾睡！"今乃以門户筦鑰盡付他人，則以後死生性命在人掌握，尸居餘氣，其能久耶？子大來送行，詩並未細閱，不過加贊恭惟而已。追思伯翰，令人涕下。以所題《介雅圖》付之。

廿一(3 日)

雨，仍不能下鄉。船上又無信來，輪船必尚未到。無電報，則一息信息皆不靈通，故洋務一辦，則不能不兼辦也。擬三月官課題。郭章甫至。念恂至，留午飯。尹臣親家至，云明日下鄉，送念恂零用十弍元。于秉郇來問信，先送來陳宅所寄物三件，云有壽屏在内。譚君華來送行，云蓉墅初九到江西，擬寓席公祠。果爾，則相去甚近，可常見矣。

廿二(4 日)

輪船尚未到，悶甚。飯後往遜齋、由甫處辭行。笏老有寒疾，未得見。實甫行二日，始至湘潭。求賢伊不願考，殆恐不勝爲笑耶？往受明親家處，以吉兒事託之，已應諾。伊亦不欲考求賢也。受明旋來送行。

廿三(5 日)

下鄉，往史家坡埽墓。先到頌年①，聞李德齋要搭船，謂予已應允，而彼與予並未謀面，以此告知頌年。有徐方泰者，以年愚弟帖來拜，詢知爲安徽廬江人，由宜章縣回省，便衣回拜，見面，其人尚講文墨，無官氣。鄉間道路泥深没髁，而田水已滿，可

---

① "頌年"下，應有"處"字。

幸也。轎中閲劉禮部《公羊釋例》，能以《公羊》通《詩》、《禮》，所謂常州學也。鮑先生來送行，送禮四色，受二色。

廿四（6日）

頌年信來，云船户報知湘騳輪船已到，屬函達中峰，而號房已來告知，明早准開行。復着人知會汪、葉、于各處。秉郇旋來，託詢郭質夫考拔否，可幫人否。回報云可，約明日一早登舟。焕彬來信，云尚有未料理事，且恐人多，不欲同行。予自秉郇外，未約一人。章伯范請同舟，已力辭之，但未知頌年如何，屬知會頌年。頌年旋至，云已向焕彬説明，准早飯後登舟，午刻開行，並告知中峰。予見諸君今日皆不必下行李，亦當俟明朝也。

廿五（7日）

早飯後登舟，送行者俞塤士、王莘田。汪受明先到，俄而頌年與念恂至。久之，焕彬始至。兩弟亦來送。程子大來送行。黄蓉瑞附舟到喬口。談謔鋒起。申刻輪舟開行，乃慈航，管帶姓樂，非湘騳也。行至湘陰泊。

廿六（8日）

早發。舟行如駛，至夜泊，已行六百里，將至艑洲，可謂神速。良朋共濟，談論甚諧。出詩集，請焕彬點定。明窗淨几，青山飛越，忘羈旅之苦。

廿七（9日）

午刻已至漢口。焕彬、頌年黯然將別，反恨舟行太速。申刻坐官渡，與秉郇、念恂上江輪。船熱不可當。葉、汪二君又到船上叙別。焕彬許録孔氏《鄭志》輯本見寄。夜甚熱。舟八點鐘開行，覺風吹腦。

廿八（10日）

晨起，霧氣迷漫，舟停不行。午後到九江，寓馬春和。樓上大熱，單衣，扇扇。到啟源，見黎師僑、襄廷，俄而聘之來見。九江正考試，黎氏應童試四人，有取算學者，可望入學。桂念祖、周觀濤皆未取録。所取者，《橘叟賦》有"不知老之將至，居然樂在其中"一聯，大加賞識，大怪事也。前聞道希被議，見《申報》乃知其審。劾之者楊崇伊，乃李黨，蓋爲報復。晚間黎家邀飲。歸寓，魏紫侯來見。伊亦寓此，將往漢上。

廿九（11日）

以大熱，知有風暴，不敢坐巴斗船。師僑爲覓撫船，明知笨重難行，只好將就。聘之言小圃到此，壽屏尚未寫，將到南京，請覺人寫，壽禮亦未辦，何以遲遲至此？鄒殿書試辦小輪船已有成議，將來來往或便利。未刻登舟，行至回風磯，夜泊，風起。

卅日（12日）

大風，行里餘，仍停泊。下午風更甚，遠天如墨，雨勢大作。閱易中實詩詞，得詞一首云："雷聲，雨聲，風聲，水聲。羈人起坐細聽，恐蛟龍夜醒。　神驚，意驚，魂驚，夢驚。村雞數到四更，恨篷窗未明。"

三　月

初一（13日）

西風，行十餘里，到湖口對岸，仍泊。閱易中實《經義莛撞》，雖多新説，而創獲者甚精當，《讀老札記》精者亦出前人之上，信乎才人無不能也！恨如此才，不能治顓門業，成一家言耳。

初二（14日）

北風。遇湖口釐卡留難，耽擱兩個時辰。行百里，到南康府城下。煙雨迷離，湖天空濶，香爐瀑布，望不分明。實甫約到廬山有信來邀同游，不知能不負山靈約否。時甫申刻，風甚利而舟子怯行。雨聲壓篷，殊形蕭瑟，幸秉郁可與談。

初三（15 日）

巳刻到吳城，又因釐卡留難，耽擱一個半時辰。今關爲暴，大可惡也。中國之患，在官不勤政，委權胥吏、家丁，以致上下之情不通，無非虐民之政。如洋貨係子口票，本不還釐，而驗票須廿四文，又須洋火、手巾，何爲者也？行到昌山泊，百五十里，距省尚百二十里。舟中閱鄭子尹所撰《鄭學錄》，皆精墝，惟以注《孝經》在避難南城山，爲晚年徐州避黃巾時，與予所見不合。予意注《孝經》皆用今文説，在注諸經之先，避難是避黨錮之難也。成芙卿《鄭志考證》覆閱一過，尚有略而不全者，當爲補足。此公長於地理、水道，而名物、制度多略。

初四（16 日）

行數里，舟擱淺，又耽擱一個多時辰。舟行而風已微，望樵舍，不能到。舟中無晚炊米。冒雨拉縴，勉强到卡子上。閱八指頭陀詩，與秉郇論之。其詩皆清微淡遠之音，惟僧詩爲宜，以其無身世之感也。此等詩，雖才力不豐，亦可做到，而非方外人，終嫌薄弱。觀實甫、子大之詩，皆有牢騷感慨不可遏抑之處，便知詩僧之作，不得與吾儕一致矣。

初五（17 日）

無風，强行里許，至樵舍，王文成擒宸濠處。野花芳草，煙霧中青山隱見，時露村莊，大有畫意。閱李蒓客駢文，功力雖深，無絕人處，僕能辦此。夜北風起，頗凉。

初六（18 日）

順風，午刻至江西省。冒雨登岸，到書院中。泥潦縱横，積垢盈寸。劉公祠牆倒，書籍多毀壞。文字之厄至此，令人慘目。朱溪雲來見，云幾隕巖牆之下。買包麧充飢，意可感。徐雲生來見，並無坐處。至晚始稍有眉目，可坐。寫家書一函。芰舲着人來問。

初七（19日）

以所買物並所帶物送芰舲處。布、按二公來拜。飯後出拜客。至監院處，詢起書樓事甚悉。往見廉訪，談及，殊不了了，云須百金，似以爲難。中丞將往贛州，秋審提上，日內不暇，擬十六開館。予既到此，遲速惟命。撫、藩、糧皆未晤，惟見文觀察、倪太守、黃小麓、閤覲臣。江西訛傳湖南饑民擾及省城，又云洋人滋擾，陳佑帥被議，且有吞金自盡之語。荒謬不可究詰，殆江西人開錢店，以官錢店恨佑帥耶？翁方伯辦蠶桑局甚認真。輪船事，據倪公説，九江到省可行，饒州、吉安恐難行。予意亦只望九江可行耳。至芰舲處，張勉南、盧文明在坐。芰舲以訛言，甚不放心，聞予言始豁然。歸院，譚蓉墅已坐待良久，云照例憑限應到任繳，若逾限，方伯有處分。俟月底如無信，當見方伯面陳，迴避一節可無庸也。芰舲來回看，約初十赴飲。

初八（20日）

漆鳳池、李若虛、陳澍、楊增犖、熊封楚、胡汝綖、廖廷選、宋名璋、歐陽心存、溥存來見。劉觀察來回拜。夏幹臣來見。張嗣旭來獻贄敬，云奉父命，予固辭之，云宗師調贛南七人均來矣。周齊、王思聰、胡發元、龔福保、袁宗濂來見。鍾元英、賴柱順、張洵、黃兆麟來見，皆贛南人，千里從師，可謂有志，此地人來省肄業者少也。張丹銘之兄亮臣名祖蔭來拜。其人痰喘，邀秉郇往寓甚急。秉郇與盧文明至。夏定九至，云廉訪尚無開館之信。左菊生、李叔和來拜。叔和往蓉墅處赴飲，屬蓉墅來邀，往赴之，黃小麓、向枝山、郭子桂、唐吉生在坐。夜歸，大風。

初九（21日）

唐吉生來拜，云欲使其子受業，告以近時風氣之變，不可拘守舊法。楊增犖至，以《水調歌頭·見懷》詞見示，云有同學包學淵者，浙江人，出南昌籍，乃翁名容，臺南知府，前年病故，願來

受業,許之。將出門拜客,賀爾翊至,云將往湖南北張羅,予以爲
非計也。到繆觀察處,退去年所交銀廿二兩,以《荀子》《十家
四六》並所刻書贈之。屬以所箸寄書局出售,定價,送去。至張
勉南處,所謂賞雨茅屋極潤大,價止四千餘金,甚廉,但修理不易
耳。云夏太夫人做壽,擬送屏,屬作文。予已作一篇,須變格乃
可。至劉虞九、張漢臣處,餘皆不晤。歸而廉訪送酒席至,將席
轉送芰舲。許子笠來拜。梅子肇至,送年敬十元,邀往復新園便
酌。熊綏榮、王世忠、尹倫、余生騏、生驥來見。尹倫即爲蕭匯漢
代作者。廬陵周錫藩來見,乃大鹽商周孚九之子,執贄廿四元,
力却之。周德華來見,陶山長所送也。閻覲臣來拜。晚赴梅子
肇飲席,兩陶、蔡寅生太史在坐。蔡云輪舟、釐金尚無成議,官吏
似有不能言之隱。蓋江右釐務極壞,浮收或至增半,惟有輪舟
行,必減成。予見官吏似皆不欲行,此舉必多阻撓。中國事往往
如此,可歎也。爾翊晚至,予甚不以彼浪游爲然,許以一函代達
佑老。彼愛才,或能爲之所也。夜臥甚不適。

初十(22 日)

至爾翊處,並以《今文尚書》卷一付宋奉峨校字。聞已定十
二日開課,封題送去。爲爾翊作書達佑老。門人至者紛紛。王
益霖、花承霖、饒之麟、郭銘綏、朱綏、朱守中、魏塾、楊瑞雲、陳存
祿、高昌燦、毛玉麟、舒恭瀼、皮增、張書鼎、胡發元、文永譽陸續
來見。益霖乃書辦王益壽之弟,向不來者。魏塾乃季子九世孫,
以《三魏集》見贈,並土夏布一端。楊送布一匹及《丘邦士集》,
却之不得。此次贛州到者七人,人多偶儻。下午盧文明、于秉郇
至,將同往夏宅。鄒叔澄至,談輪舟事。包學淵至,願受業,執贄
四元。同盧、于、汪到夏宅赴席,至夜歸。

十一(23 日)

爲爾翊函達佑老,及逸梧先生、俞恪士處,並函告爾翊,實爲

愛才起見，不欲其浪游廢學也。劉鳳起、秦鏡中、蕭鼎臣、張鳳藻、劉應丙、余潔來見。胡其敬、段節來見，言五柳事，多可笑者。芰舲至，云袁宗濂願格外受業，脩金百元，別執贄。予辭贄不受。陳主政名應辰來拜。進賢進士胡獻璠、唐鼎昌來。包學淵至，呈時文三篇，文氣尚清。爲出四題，看做來何如。從學者多以爲學有祕訣，數言可了，及與言讀書用功之事，則以爲迂遠難行，可笑也。將晚至子肇處赴飲。夜甚熱。

十二（24日）

上學開課。裕廉訪至，催其委員修牆及書樓，恐未必能速也。廉訪至，則首府、縣，二、三府齊至。此等具文真可笑。書院開課如戲班開臺，今已跳加官矣。夏達齋來拜。晏海瀾至，帶二月十六日《申報》。所箸書始登報單，不知誰何爲作恭惟語，尚不大謬。云有人索此等書，屬寄伊書店發售，乃各檢十部付之。下午往張宅赴飲，秉郇、夏氏昆仲在坐。有徐橘壽者，勉南之內兄弟，住湖南西元。念恂到此鬱鬱，詢知爲戀家之故。初六到此發家信已言求歸，而予未之知也。諺云：去心人難留。此事我早慮及，然到此即歸，未免荒唐，至考試時再歸，尚屬師出有名。乃與說明，寫家信寄去。

十三（25日）

寫家信一函。芰舲送來《大傳疏證》寫本、刻本，覆校寫本一過。取所寄書檢閱。袁鈞所輯《鄭氏佚書》有《鄭志》，即以五經排次，與孔本同，而不言及孔本，似亦未見。此等書本可照五經編成，即剙爲之不難，特難在合衆本折衷一是耳。予不長校槧，又不能得善本，惟考定名物、制度，頗可自信耳。下午往許、陳處回拜，不晤。聞譚蓉墅挂牌，往道賀，且薦舊僕吳炳、楊五。伊意以人浮於事，只肯答應一人，當由家信使之求老太爺，予不能以此强人也。往張翰臣處赴飲，李秀峰在坐，談時事，爲之慨然。蓉墅云有太監以越職言事處斬,翁師傅撤去毓慶宮行走。此大非好消息,官家孤立,可爲寒心。聞木子請修圓明園,部章請開郵政局,以赫德總辦,章程瑣細,不准人夾帶私書,犯者罰百金,從此更多事矣。夜歸,大風,頗冷。

十四(26日)

發家書。梅子肇送節略,爲伊岳母倪太夫人六十壽辰,請作序文。無事實可言,不易爲也。覆校《大傳疏證》。爲念恂改文一篇,筆不俗,可教也。陶華封來拜。周同福送集部數種至,紙本尚舊,而價不廉。日中甚熱,夜又雨。

十五(27日)

中丞來拜,予驚起,而外已攔駕。徐壽菊來拜,名鈺。張翰臣來拜。李文鐸、王廷獻、萬成春、龔延渤來見。爲倪母作壽序,其生日在四月初,不得緩也。李世廉來拜,已稟到矣。下午赴芰舲飲席,子肇在坐,詢之始知彼特求壽詩,屏文已託建侯撰成,然予已爲之,不得不成章也。幹臣買洋務書甚多,攜三種歸閱之。課卷已到,有壹百三十餘本。

十六(28日)

擬出門,忽大雨。續成壽文,並作壽詩一章,送子肇處。胡太史思敬來拜,託致函龍芝老,爲作一函。譚蓉墅至,云張野秋得祭酒,陳蓀石得學士,甚盛,其如此時何哉!閱卷十來本。下午夏芰舲、幹臣、少村至。晚間子肇及王餘三至,袁清舫至。

十七(29日)

往見中峰,云十三去閱邊,四月課方伯代理。見李秀峰,言五柳公事,開課童生有詩誚罵此公甚至。歸而雷恒、桂念祖、周觀濤來見。周丁憂未與試,惟桂不得高等爲可惜耳。唐吉生帶其子植城字子培者來受業,年十七,尚未授室也。晚間芰舲見邀陪客,徐壽菊與袁清舫之父純翁在坐。夜歸,大風。是日閱卷止十餘本。

十八（30 日）

　　鍾元英來見，問用功之法，送野參弍枝。李秀峰來。張勉南及其從弟文卿恒生、于秉郁同至，談及送芟舲太夫人壽屛事。芟舲以其獨送一屛恐太費，予欲多邀數人公送，勉南云非泥金，是冷金，不過十二三金，則予與勉南合送可矣。唐子培至，呈詩、文、賦，皆清順，而以近日風氣，則猶未也，告以讀書用功之法。擬廿日師課題。寫家信及致龍遜齋書，代買夏布，交蓉墅專丁帶回家。閱卷廿餘本，習《詩》者畢矣。惟漆鳳池作可觀，想是文明代作。予作《鄭志考證》得此條，自云刱獲。今已有得之者，信乎有識者所見略同，予之擬作可毋庸矣。有新化曾調鼎字作梅者來拜，乃泰和典史，調餘干也。念怐作應課文，筆甚佳。

十九（5 月 1 日）

　　爲念怐改文一篇。魏建侯至，談時事甚快，然危迫至此，又不能無慨也。閱卷卅本，覺精力不能支。天甚寒，殆大水之兆。

二十（2 日）

　　師課。閱卷十本。芟舲至，予以昨與勉南所議告之，大約即是如此，將來此屛與勉南共送而已。王餘三至，辭歸新淦，其在紅江八九十年矣。梅子肇至，必欲我寫壽屛，將屛帶來，格已打好，情不可却，只得爲此耽擱兩天。即將原稿再錄一過，改正數處。

廿一（3 日）

　　爲子肇寫屛五張。閱《泰西新史》，云俄國與東方諸國近，習俗相似，衣皆長大，昏用媒妁，彼得出，始改從西法。然俄君主大權獨攬，國不設議政院，西人笑其古拙，不從新法，則其制度必有與中國合、與西國異者，未必諸國盡是、俄國盡非。西人箸書者多英人,偏袒英法,中國不考校諸國之同異,惟英人之書是信。聞江右行鹽莢亦用西國新法,可笑,此與郵政局必用赫德何異?久雨,受寒濕,腰甚痛。

廿二(4 日)

寫屏五張。因腰痛,甚吃力。其屏乃土金,非蘇金,多不上墨。幹臣至,以《大傳疏證》底本送閱。文明卷中駢文乃幹臣代作,初學即能如是,才真可愛,屬爲我《駢文》作序。子培至,詢知彼於時文亦未多看,僅守《小題正鵠》、《八銘塾鈔》,足見三家村夫子敗壞人才多矣。丹銘來拜,久談。

廿三(5 日)

寫屏二張,畢。又大屏壽詩一張。閱卷廿本。包學淵至,呈文二篇。勸彼多讀書,少作課。念恂代秉郇當課,五柳公多算學題,問幹臣假算學書數種,閱之茫然不解。閱《泰西新史》,極言英法便民,而其先議改法,爲貴臣大族所持,亦近百年始改從民便。其先民與上爭權,且釀成弒逆大亂,足見變法之難言矣,今中國亦當慮及此。是日同鄉五人公請譚大人,以我配享,有張綬黃者向未通拜,辭不往。得吉兒初七信,云:湖南穀價九石餘,雨已足,不要再落。陳中丞十二考求賢肄業生,分經、史、算三項。學臺到約在五月底。酉刻交卷,考拔恐不能繼燭。

廿四(6 日)

閱卷畢,定甲乙,盧文明爲首。予擬作《詩》考,惟彼所見相合,信乎能讀書者之少也。秉郇至。下午往熊敬中方燧太史處,云輪船已奉部議准,有四船將到,蔡寅生金臺太史已往九江矣。至唐吉生處,告以其子應讀之書,未必了了。往張丹銘處回看。見勉南,以送夏宅壽屏事告之。遂往袁承志家赴飲,其花園軒敞,似西人,不設樓閣,亦可觀。夏氏兄、弟、姪三人並萬潛齋、趙南園在坐。晚歸。念恂急欲回去,再三導之。

廿五(7 日)

膳清單，送課卷去。接閱師課卷。張國光來見。張世畸自九江到，易名張黑，可怪。云殿書在省開豫報館，羅伯臣孝廉主筆，已到。文永譽來見，云乃翁往湖北志仲魯處，不久將歸家。伊校出《"中有岱岳"解》郭注誤作鄭注。梅台源至，接壽屏，云燈草可去油，試之驗，復爲填寫各處，可謂無聊矣。爾翊自漢上回信，閱之憮然。朝廷無養士之法，使可用之才不免餬口四方，豈獨爾翊之不幸哉！是日閱卷四十本。

廿六(8 日)

龔樹人、吳忠源、楊蔚霖來見。唐子培至，所作"爲政以德"文筆勢開展，亦用時事，可謂善變。閱卷五十八本，初次課畢。宋奉峨駢文甚可愛，解經仍以盧文明爲最通。接閱二次課卷。監院送脩金至。寫家書三啟，寄百金歸家。

廿七(9 日)

送百金及家書至芰舲處，託代寄，並歸還所假三十金。與幹臣久談，見所作詩詞皆奇艷。陳本禮解昌谷詩名《協律鉤玄》別具神解，謂《李憑箜篌引》爲刺玄宗寵樂人李憑以致亂，《洛姝真珠》爲感玄宗奔蜀宮人流落娼家之類，皆塙。歸作試帖一首。閱卷十餘本。宋奉峨至，贈以《駢文》、《孝經疏》，屬作《駢文》序。下午芰舲至，云與盧文明結親，三先生之子、文明之弟所教者，即聘文明之女，亦奇事也。李叔和至，約明日便酌。袁清舫至，呈文一、賦二。其文尚清，賦多不妥，告以多寫拔卷、作試帖。

廿八(10 日)

二次師課卷閱畢。嚴銘恩作最妥，然此人不知爲誰，賦亦不知誰作。于秉郇用《齊詩》，能見根柢，乃以于列第一。題爲《轅固生入圈刺豕賦》，他人無解用《齊詩》者也。熊慧舲來見,云瀏陽尚辦賑,節吾猶在家。下午芰舲、幹臣至。丹銘亦至。待蓉墅、叔和,將晚始到,未終席去。大風,夜又大雨,皆非所宜。

廿九(11 日)

至蓉墅處送行,云已登舟。往吉生處,喬梓皆在家。與念循游百花洲,疲敝尤甚,板子多坼去。至漱芳閣看書,多非善本。歸爲青舫改賦一篇,幾全作矣。填師課卷名次,交書辦發案。彼以爲官課未發,恐人要獎銀,此時不能發。嘻,疲玩廢弛,不恤寒士,一至是哉!下午到夏定九處,云催稟二次,請修書院,並無消息,屬其先清書籍,約明日到查冊。嚴銘恩係黃宗師調送,泰和人,已到,然未見也。到海瀾處及其店中,取時務書數冊歸。奉新許桂馨來見,黃公所送。黃公已回省,廿八出棚考建昌、撫州,隨考贛南、吉安。夜爲青舫改賦,未畢。

三十(12 日)

改賦畢。爲子培改賦。其題均易,略換字面亦可,非予有厚薄於其間也。爲子培改文,亦甚易。又爲包學淵改文一篇。張啟明來見,送絹衣料一件、粗茶一包。盧文明至,以所校《今文尚書》來請。閱《俄游彙編》、《中倭和戰》等書及《中國宜改革舊法論》,頗得其旨,而於中國不能變法及西國不能遍行於中國之理,諸君似尚隔膜。聞近有包修鐵路者,又小輪舟亦漸通行,將來必有盡變西法之時,此刻恐不能,予等亦恐不及見也。周崇福送來《全唐文》半部,可憐一代唐賢作,只賸徐妃半面妝。内有醉民先生文。予求《皮子文藪》數十年不可得,大約所謂大卷者,觀其序,皆在此中矣,惟《補九夏》未得見。夜爲芰舲題《大隱圖》,和《壺中天》一詞,題《動靜交養圖》五律二首。

四　月

初一（13 日）

校《大傳疏證》十七帋。作《大隱圖》題辭。尹倫進見，問律賦法，詳告之。贛、寧九人，此人尚非空疏者比也。覆校已刊《大傳疏證》卅餘帋。爲子培改文一篇，覆看五律詩，次首欠妥，改作一首。夜大雨。

初二（14 日）

以俗事既畢，續作《鄭志考證》，得三帋。鄞人袁鈞著《鄭氏佚書》，所編《鄭志》即以五經、雜問爲次，未知較孔本何如。既知《鄭志》體，即以意定之，亦易易也。當依袁本，更加刊定。袁本《秋官》“司寤氏”一條，檢疏引《禮志》，不作《鄭志》，與各處作《鄭志》不同，似未可據。書賈送《宋稗類鈔》至，以索價昂，略繙一過還之。予幼時見此書，今將三十年，不勝歲月之感。秉郇至，所作夏太恭人壽文用別調，甚佳。下午往唐吉生赴飲，其子受學，特陪先生。夜歸有醉意。

初三（15 日）

書賈送《帶經堂詩話》至，乃由諸書纂輯而成者，非皆論詩也。錄《鄭志考證》四帋。以與袁氏、成氏名混，易名《疏證》。袁本與《四庫》本不合，皆當移正之。

初四（16 日）

萬知淦、楊藻鑑、徐運銑、徐運鑫、李韻笙來見。萬云黃宗師十五甄別經訓諸生，已撰告示，未知塙否。夏芰舲、鑑臣、少村至。補錄《鄭志疏證》數條。魏塈、楊瑞雲來見。包培齋至，呈文一篇，更請數題去。念恂歸，云同秉郇往學臺衙門打聽甄別是實。

初五（17日）

見學臺甄別告示，亦以人浮於額爲言。萬簏來見，帶伊叔啟型書，因萬兆辛署攸縣，同往矣。楊念惕至，又將作老鎗手。秉郇亦至。夏定九來，談甄別事。吳希愈來拜，云倪太守已得開缺來京電報，中丞又覆奏，恐尚有後命。此公殊可惜也。擬官課題，開名條送學使。下午往見黃公，談甄別事。伊詢去年所薦魏某，亦尚留心人才。乃薦十餘人，以秉郇、少村、奉羡爲全才，古文建侯、經學文明爲最，其餘袁宗濂、舒恭瀼、皮增、張黑、桂念祖、周觀濤、徐運鑫、蕭鼎臣、尹倫共九人而已。歸至芰舲、勉堂二處。到館，慧舲、奉羡至，告以作賦法。朱溪雲夜至，談輪船事。

初六（18日）

校《大傳疏證》五恬。得《鄭志疏證》數條。舒恭潤、熊磻、李若虛、楊增搴、文永譽來見。文言乃翁於今日由漢口起程來矣。雷恒來見，問《公羊春秋》，詳告之。此人尚可與語。徐雲生至，序文送閱，甚古澤。

初七（19日）

夏三親家來拜，記曾在韓子翁處見之，到此數請見，未出也。張勉堂、于秉郇至，告以見宗師已力舉。勉堂云見《申報》，曾廣漢已保，陳伯年奉旨送部引見，不知更保何人。周錫藩來見，云已打電報趕子肇。熊羅宿到，云袁宗濂以十元請捉刀，頗嫌太菲。守錢虜欲以錢買人心血，復吝價，可哂也。依袁本校改《鄭志·周禮》一卷，粗畢。下午同念恂至雲生處，取《藝概》五部。遂至文郁堂，遇鑒臣、少村、秉郇，同到照相館。其人外出，約初九到夏宅照相。夜爲培齋改文一篇。

初八（20日）

天氣漸熱。得《鄭志疏證·儀禮》一卷。

初九（21日）

廣信新調黃梅雨、吳玉光、崔思敬來見。洪田、張捄、聶廷瑞來見。張峴堂衣冠至，請作壽文。徐雲生至，以熊元鋆名條求學使調送。袁清舫、唐子培至，以改作付之。下午夏宅約照相，同念循去。予嵚奇磊落，可笑之致，恐非西法所能窺。憶壬午在滬上照相，彼時猶美少年，曾幾何時而齒齯頭童矣。杜老云"勳業頻看鏡"，可爲一歎。久談，至晚歸。夏三先生、盧文明夜至。爲清舫改詩一首。

初十（22日）

官課。録《鄭志疏證》數條。監院來，云友教興算學，移文到此取算學書。此間實無之，取《授時通考》、《申耆五種》去。屬書辦移文，溪雲與之吵鬧，云監院借書七種，恐並此不還。予屬其問明。夏三先生與盧文明之弟元三及其戚李君至。文永譽與其表弟梅生同來，留一函，屬致書龍侍郎，爲任承沉求拔，未便造次。校《大傳疏證》十餘叚、《鄭志疏證》十餘叚。胡發元來見。此等人趕來何爲？寫大卷尤可慷。

十一（23日）

公達信又至，云乃父再三屬託，只得應允寫信。乃致函龍荔仙，並以夏時成託其留意，聽彼運氣而已。鍾元英求教。此人有志向學，惜村氣太重。周錫藩來詢杜牧之論，檢示之。得《鄭志疏證》三叚。接吉兒三月廿九書，其字墨氣頗佳，尚未勻，考求賢題係《原強》，而礦務不甚佳，寶南局未開，電線、輪舟亦未舉行，大約苦無貲耳。允忱、受明兩親家均有信來。念恂如此躁擾，難以作答，奈何？

十二（24日）

寫扇面四柄，寫家書，並復允忱、受明書。爲吉人改文、看字，並洋書二部寄去。下午往張宅回拜。秉郇亦聞江宗師考拔

甚嚴，屬意者別調一處，如此亦甚好。遂往夏宅道喜，留飲至
晚歸。

十三（25日）

書扇一柄、對聯弍幅。閱卷數本。聞方伯即真，往道賀。遂
至席公祠，赴賀芷瀾觀察飲席，將晚始歸。宋澍德、尹倫來見。
夜校《鄭志疏證》。因飲酒雜亂，有醉意。夜煩燥不眠，聞念恂
卧而復起者數次。

十四（26日）

李秀峰以其子辰毓友教甄別第一，欲與學臺甄別，夜有信
到。予詢監院，云公文已到，未及告秀峰，而一早又趕信來。予
以不寐驚起，甚不適，勉強閱卷廿本。王餘三、唐子培至。唐呈
賦一篇，作法未合，告以蘭脩館作法。此法於此間空腹人最相
宜，惜無人教之也。夜閱卷數本。念恂必欲歸，不便強留，乃決
歸計，談至三鼓。

十五（27日）

寫中堂一張。校《大傳》三㸃。寫信與吉兒，教以寫字法。
閱卷廿餘本。晚見題㸃，係《聞雞起舞賦》，經解爲“王瓜生”、
“四月秀葽”之類。此公似惟恐諸生不能完卷也。觀風劉彭齡
高列第四，甚不解。

十六（28日）

寫書逸老，屬吉兒面交。送念恂起程。與溪雲談念恂家事。
秉郇至。夏三親家偕熊慶露至。蕭丙炎、梁鳳岡來見，云由吉安
趕來。閱卷廿餘本。下午往夏宅，看少村賦尚圓滿，其觀風卷批
皆用八股法，以問《月令》爲策，尤怪。

十七（29日）

書扇數行。閱卷十本。楊增舉至，云恐友教所送皆將開除。
此等題未必能去人也。胡廷模至，此人向未來見者。鑒臣、少村

至，遇雨，久坐。去後，雨更大，且大雷，晝晦，不復能閱卷。閱鑒
臣送來洋書數種，有鄧鏗所著《東方時局論》，略言高麗事。人
已岌岌，中國猶不悟，哀哉！

十八（30 日）

雨。念循不知在何處，道途亦磨性子之一法也。飯後又晴。
劉鳳起辭，回建昌應試。盧文明送試作呈閱，賦亦清順。于秉郇
來，呈其賦稿，極典贍，押韻尤工。又攜宋奉峨賦稿，以駢文法行
之，古氣旁薄，非律賦行逕，未審能遇賞音否也。鑒臣、少村同
至。伊去後，芰舲親家至，談文明事，言其利心太重，足見知人之
難，亦由其心境不明耳。閱卷十餘本，以宋、熊、李數人為最。文
明到處應課，利心太重，其學恐不能有進矣。陶華封送《叢書》
三集至，前刻予序，中惟王朝榘《十三經拾遺》可觀。

十九（31 日）

宋奉峨至，告以作賦與駢文不同之法。作者難，識者亦不
易。今人耳目皆為八股所蔽，作者、閱者皆以八股法行之，奈之
何哉！熊濟潚來見。案尚未發，有傳秉郇第一者。閱卷十餘本，
畢。廣信所調三人無一不劣，不知何以賞識。擬明日師課題。
袁清舫來，呈所作詩、賦，僅適而已。下午又大雷雨，夜始息。燈
下為清舫改詩、子培改賦。

二十（6 月 1 日）

定課卷名次，送監院。建侯至，云場中亦作詩、賦。予以古
文薦，未及先告之也。為培齋改文。念循瑞州發信，云十八午刻
已到瑞州，車夫跳皮，又別僱車。江西車不可用，秉郇嘗言之，
一、二兒前歸，瑞州亦添車，予早慮及之也。雨又不止，行路難
哉！校《大傳疏證》十餘帋。華贊雲同年來拜，云已見道希，改
日將往見之。黃小麓、李叔和同來，言倪太守罷官，貧不能行，可
謂名利兩空矣。

廿一(2日)

閱《通鑑外紀》，此等書終無味，胡克家注亦未曉家法。作夏太親母壽序，未畢。唐子培至，以時文、賦與之。文永譽至，云乃翁因跌手未出。下午往視道希，豪氣尚存，言時事更不堪問。當今駐蹕頤和，且有修圓明之説，假一萬萬，還倭欵項，餘修園子。有識者均有燕雀處堂之慮，而所行若此。今年花炮用數十萬金，哀哉！言去臘有書致建霞，回信云必留意，屬再致書屬之。華贊雲處未晤。往夏宅，見芰舲、鑒臣、少村。芰舲屬爲尊人作墓志。師生之誼，亦不敢辭。至秉郇處，不晤。見丹銘、勉堂兄弟，出王幼霞諫駐蹕頤和摺子，立言得體，如塞耳不聽何？晚歸，續成壽文。卧、起者數次。

廿二(3日)

改正壽文數次，遂録一過。晏海瀾送洋書二種至。周同福送《歷代詩餘》至，惜前缺五本，中又缺一本耳。芰舲至，屬作夫子墓志。繙閱底子，未能下筆。夜作《摸魚兒》詞贈道希。

廿三(4日)

宋梓材來拜。閱初次卷廿餘本。文永譽作，想乃翁改作也。下午尹倫至，云甄別已發，伊名在次取，徐運鑫第一，于廷榮第二。予因着徐升往鈔名次①。宋名璋第六，魏元戴第七，皆是。王思聰第八，則不解；夏承慶次取第十，尤不解。校《大傳疏證》四叚。秉郇、鑒臣、少村至。少村甚不滿意，慰之去。

廿四(5日)

寫詞寄道希。李瑞棻來見。閱甄別全録，所取六十名額内，已有在額外者六十名，而八十名外謂之額外額外，未知何從升補，似與舊章不同。初次師課閱完，接閱二次師課。徐雲生至。

---

① "徐升"，似當作"黄升"。

前芝老甄別，伊第一，今乃弟又第一。秉郇亦湖南來者。信乎湘人多才矣。秉郇至，攜其試卷，前閱者已批壞，以爲滯，後閱者稍知好歹，云即鍾某。王餘三亦至。尹倫以不能當課，欲泣，亦可憐。

廿五（6 日）

尹倫至，云賴柱順哭已數日，以爲不能當課，即不能在此，稟求學使，不納；見監院，不見。屬以邀人再見監院，説明此事。得汪允忱、王尺蓀書。閱二次師課畢，置嚴銘恩第一。文道希至，云將往湖北，索觀予箸作。鄒殿書亦至，前月坐輪船來，將於城外開馬頭，並開磁器廠、開報館，諸事就緒，移家滬上。梅子肇至，送《公》、《穀》二傳，江南局書單無佳書。包培齋至，呈騈文一篇。予擬往監院言甄別事，道路未滌。宗師來回拜，亦不敢請。告示旋至，云額外額外不得給卷，備取諸生無復望矣。夜爲培齋改騈文。王餘三至，送節敬廿元，求教，告以寫拔卷、作試帖。

廿六（7 日）

晏鼎升來見。爲芝岑師作墓志，未成。下午出門往各處，多不晤。見黃宗師，言贛州諸生事，云示已出，不便反汗。尹倫名，彼亦知之。賴柱順、鍾元英因經解雷同，尹倫因律賦不佳，故置備取，必以爲可憫，將來再調送可也。往夏宅，少村處始亦在備取，覆看乃提上，可危哉！歸呼尹倫告之，云賴柱順等已去矣。致書文道希、夏定九。

廿七（8 日）

桂赤來見，言將録《詩》、《書》讀本。予謂止可録《毛詩》、古文《尚書》，以三家《詩》、今文《書》作某注於下。以《尚書·洪範》屬校正。楊念惕來見，云張國光是其代作，言明膏火給彼而復反齒，可笑。夏定九至，云嚴銘恩實未到，額外仍按舊章升補。沈鑒臣至，蓋已得官矣。續成墓志。夏鑒臣、于秉郇同陳希孟來見。永譽至，言乃翁已行，將到湖南、萍鄉，在省有耽擱也。
嚴銘恩乃其表叔、泰和彭應時作。鄒殿書至，約明日赴飲。夜改
定志銘。

廿八（9日）

　　將墓志録。寫家書並寄筆四支、洋書三册付吉兒。校《大
傳疏證》五卷二厝。下午往殿書處赴飲，蔡、熊、陶三太史在坐，
極言變法之善。然言之甚易，行之維艱。現議輪船章程，有一條
絶可笑，云坐船人須具結，交委員人數若干。中國向無人税，此
與釐金何涉，無非欲沮敗乃事而已。中國之官喪心至此，尚何言
哉！晚歸，秉郇、鑒臣、少村至。秉郇云明早起程。宋名璋偕龍
鍾洰至。龍甄別未趨到，屬詢監院。

廿九（10日）

　　收到夏季脩金，加函，並銀一兩湊成乙百七十金之數，並洋
書、浙筆往夏宅，託交匯局寄湖南。芰舲以少村考拔爲難，議爲
設法。歸院，胡舜卿來見。此人在省，向未至者。王益霖至，云
究心音學，著有成書。宋名璋、龍鍾洰又至，云監院不作主，擬稟
學臺。唐子培至，呈文二篇。下午往徐雲生處，見徐運鑫經解實
佳，詩、賦雅潔，字亦批好，恐熊錫榮難與爭。遂往磨子巷書店看
看。到吳希玉處赴席，告以伊壻夏若臣已爲道地。云蘇試在七
月。吳試帖極工，勝其古近體詩。學幕鍾伯和，伊亦認識，無深
交。李叔和亦知之，云有委員、候補數人幫閲卷。杜璘光在坐，
云看過廿餘本，李瑞棻是其賞識。挑剔經解雷同者，即此公也。

五　月

初一（11日）

　　晴。删改壽文。校《鄭志疏證》一卷有零。徐雲生至，攜其

弟運鑫觀風卷，經解、駢文、賦皆佳，列超等第三，較劉彭齡作天淵矣。芰舲至，談少村事甚悉。接十七家信，吉兒寄文二篇，聞有釐正文體之説，予謂未必然。夜爲吉兒改文並詩。

初二（12 日）

晴，漸熱。浮梁汪鳳翩來見，云可當課。改墓誌兩處。爲鑒臣改駢文數處。午後子肇招飲，始云席公祠，至彼則已爲臬使占坐，改江南會館内。至彼，則九先生已到，蔡、熊、鄒、陶諸人皆至，云輪船之議已妥，挂福康公司招牌矣。天氣猝熱，此地爲暑天極好之處，亦不可當。晚歸，路甚近。

初三（13 日）

熱甚。毛玉麟送袍褂料等項，璧之，只受茶點。晏海瀾送食物四色。包學淵、文永譽所送各收二色。宋子才送磁器四色，全領。袁清舫至，呈所寫拔卷。芰舲送到《申報》，見陳右帥所參各員，可謂極力整頓，正恐誅之不勝誅耳。鑒臣、少村至，留夜飲，久談。夜大雨。

初四（14 日）

得《鄭志疏證》數條，校《大傳疏證》二卮。皮增來見。包培齋送脩金十四元。周錫藩、梅光達送禮，各受二色。芰舲至，云袁清舫乃翁欲爲我刻書，屬爲轉致。然我書多未成，《今文尚書》卅萬言，又太費也。

初五（15 日）

門生來拜節者，舒恭潤、舒恭瀼、毛玉麟、周錫藩、袁宗濂、文永譽、梅光達、廖廷選、胡汝綖、宋名璋、龍鍾泒、晏鼎升、晏志清、包學淵、歐陽心存、尹倫、魏塈、楊瑞雲諸人。夏宅子弟、陳希孟父子均來，應接不暇。暇時爲清舫看字，擬官課題。下午往夏宅過節。晚歸，甚熱。夜半汗出不止，胸膈不舒。夜深始寐。

初六（16日）

晨起尚不適。寫家書一函。子肇至，送節敬十元。子培至，並未送。脩羊不至，翰墨空勞，豈澹忘之歟？録本月官課題。作《鄭志疏證》一二條。蕭鼎臣、龔福保來見。將晚赴芰舲招飲，宋子才、李叔和在坐。詢之諸君，皆云大熱，已九十度，乃知初五夜實因熱甚，非病也。然予畏病，甚不敢飲酒吃菜，清談而已。

初七（17日）

黎瑞棠來見，南昌人，年甚少，云龍宗師入學第一，予不記憶。其人年少好學，可造。清江孫經來見，皆五柳所送也。李廬毓、辰毓同來，云乃翁已到安徽省矣。得《鄭志疏證》三㕧。

初八（18日）

得《鄭志考證》三㕧。徐雲生來，言此地學官尤可笑。天更熱，逾九十度。夜大瀉數次，天明始寐。

初九（19日）

芰舲早起趁涼來，勉强起應之。飯後殿書至，云方伯不待駁，徑以三十條通禀定案，如船客具結、不拖小船二條必不可行，欲求香帥轉行於湖南北。予謂右帥亦亟欲行輪船，宜趁兩公在急圖之。伊詢湖南事甚悉，未知能定計否。宋梓材至，以近作見示。晚間夏鑒臣、少村、袁清舫至。是日尚瀉數次。得《鄭志疏證》二㕧。

初十（20日）

官課。夏定九至，云發卷八十一本。腹疾稍愈，體猶不適，强作《鄭志疏證》二條，《禮記》一卷已畢。《春秋》第一條查《注疏》無之，似不得以有一"鄭"字，即以爲《鄭志》也。晚間張國光至。夜雨，稍涼。

十一（21日）

晴，仍熱。病猶未已。黄升、尹姓皆病。唐子培早至，强起與之語。晏文盛送上海筆十一枝至，寄信交吉兒。王益霖來，汗氣不可當，與《自課文》使去。錄《鄭志疏證》二咶。下午荄齡至，云袁子純必欲爲我刊書，意極肫誠，不惜重貲，以《今文尚書》應之。風雨，猝涼，頓縮十度。

十二（22 日）

縮至七十度。飯後見日光，又漸熱矣。瀉止，而腹尚脹悶，頭亦眩暈。爲丹銘書扇一柄。錄《大傳疏證》弍咶。包培齋至，云爲安義生黃錦華譎詐，爲致書沈鑒澄。以錢債細故而出差十二人帶案，文芝塢老吏，何憒憒乃爾？連日偶繙《湘軍記》，今始閱畢。見當時賊之所以起及賊之所以平，並無他故。其先文武吏狃於承平故習，縱弛荒怠不事事，及事起，則推諉避就，相率奔潰，以致蔓延不制。曾、胡諸君出，乃講實事求是之法，先清吏治，求人才，練兵籌餉，步步皆踏實地，一反從前縱弛推避之習。其平賊一以朝氣乘之，故賊不足平。而今日情形，又與道、咸之時不異，非一反其習，必不能治，安得曾、胡再出？即再出，又安得如當時舉國以聽乎？爲之掩卷三歎。燈下爲子培改文二篇。

十三（23 日）

晴。李道廣來見，此子尚肯用功者。胡藻來見，新到，未知何如。官課卷至，閱十餘本。培齋至，言沈鑒臣病，不見客，求再致閻觀臣一函。得家信，云念恂廿七已到家，而劉一未到，可怪，不知行李到否。寄文二篇尚發揚，字太大。考期云在本月底。下午往荄齡處，談考拔事。伊所見亦是，而予不能遙度，奈何？鑒臣、少村旋來，步月歸去。

十四（24 日）

尹倫、周錫藩來見。張翰臣至，久坐可憎。昨夜思荄齡之言亦大有理，更詳悉寫家信與吉兒，且託受明作主。荄齡允假百金爲考試用，即聽其言，假百金寄歸。下午將家書交荄齡，伊允寄匯。清舫在坐，云刻書事已與手民議價矣。歸閲卷數本。

十五（25日）

無客至。閲卷三十本。取去年所選課藝底本閲之，杜述琮、周觀濤之賦實佳，無如不知子都之姣者何也。

十六（26日）

蕭鼎臣有學生歸湖南，問有家信否。予恐票號遲緩，更書數昮付之。閲卷廿餘本，畢。熊羅宿解三《禮》堉有心得，《儀禮》、《禮記》兩條已采入《鄭志疏證》中。新到者孫經、李益、萬簴頗佳。以予觀之，八十人尚可去其半也。張峴堂至，云依古禮，禫、吉後素服終月。更贈膏藥兩包。予貼之頗效，故求之也。下午鑒臣、少村至。

十七（27日）

覆閲課卷，定名次。得《鄭志疏證》二昮。校《鄭志疏證》、《大傳疏證》各數昮。下午芨舲至，以墓志銘付之。更欲予書，勢不能却也。六月初四老太太誕辰，記之勿忘。夜作詠壺園白鷺《摸魚兒》詞一首。

十八（28日）

盧文明至，久談。聶廷瑞、徐運鑫至，二人皆可望拔者。文公達送來曹元弼《禮經釋例》，其學可謂篤實，能墨守鄭義者。宋名璋、龍鍾泚進見。宋已校《今文尚書》一卷，屬其更校一卷。又以第七卷交龍生校之。録《鄭志疏證》二昮。下午往殿書處，不晤。往峴堂處，其賞雨茆屋搭棚，甚陰涼。遂往芨舲處，談至暮歸。夜頗熱。

十九（29日）

爲鑒臣、少村、清舫改試帖，諸人聯詩課甚好。唐子培至，呈賦一篇，寫數題與之。程世龍來見。此人久不至，因丁艱故。今來問文芝塢有來往否，答以未見，遂去，大約有所求而來也。周觀濤來見，呈子庚所寄書，有詩數首，係二月所發，尚未往嘉禾。時選去年課藝，周生賦最多而工，此人去之，可惜也。課藝草草選一過，俟再審定。

二十（30 日）

師課。無人來見。録《鄭志疏證》三帋餘。

二十一（7 月 1 日）

録《鄭志疏證》三帋餘。覆閲去年課藝。爲子培改賦。

二十二（2 日）

腹泄，殊不適。録《疏證》三帋。芰舲至，云東湖荷花已開，懶於往游。尹倫來見，以字呈教，山林氣殊重，而在彼處已算好字矣。以《今文尚書》第八卷付之使校。自校《大傳》二卷。夜雷雨，甚涼。

廿三（3 日）

閲初課卷廿餘本。徐舒欽來見，云能造快船，不用火，能造木牛耕田，未知塙否。鄒殿書至，云釐局已允改章，而九江道又以文、華二人事生意見，並聽書辦羅某慫恿，欲奪歸官辦，支節之多如此！劉一至，得壽、吉兩兒及念循書，云湖南亦熱，宗師廿八下馬，恐六月考拔更熱，奈何？而攘臂爭拔者已洶洶矣。殿書出京都來信，云俄約已成，西伯利鐵路准其直至牛莊，兩年可告竣，英由廣東西江通輪船，法造鐵路通龍州，朝鮮已歸俄人。殆哉，岌岌乎！

廿四（4 日）

初課閲畢，以桂赤、雷恒爲最。鑒臣偕陳希孟至。下午袁清舫至，呈賦請改。芰舲至，送紗袍、褂料、京繡貨四件，爲寫作墓志潤筆，情不可却，只得拜領。李叔和至，詢及芰舲家事，言其太夫人壽誕，試言書壽屏事，伊一口應允，並未推辭，俟見峴堂説明款如何落。夜大雷，風雨，復見星。

廿五（5日）

黎瑞棠來，久坐不去，促之去。熊羅宿至，《自課文》校出數字，引董子書"下及其爲民"，"及"當作"極"；"故雖絕也"，"也"當作"地"。以《今文尚書》第九卷付之使校，及《尚書大傳》卷一。萬成春亦來見。閱二次課卷廿餘本。徐雲生至，以考拔找南昌人相助詢之，伊云曹伯榮可，次則王益霖。致書芰舲，謝昨所送物。伊和詞一首，亦詠白鷺也。熊羅宿送來《救時捷要》一書，觀近事尤憤慨，仍用《摸魚兒》調作詞一首。閱《大傳疏證》十啎，又寫本二啎，五卷已寫畢矣。

廿六（6日）

課卷閱畢。題爲《李太白送内尋廬山女道士李騰空賦》，事見《太白詩集》，玩詩意，太白並未同往，其妻亦未入道。諸卷誤以爲偕行，或更誤爲其妻棄家脩道，太白如何悲戀，詩中絕無此意。或多填尋仙泛話，甚至說尋和尚，荒謬極矣。龔福保看題獨真，劉鳳起卷疑亦龔作。黃樹珊不知誰作，尚乾淨。袁宗濂多填尋仙空話，爲改全篇，復召之來觀諸卷，贈以小唐碑一套。萬簏來見，其人在外教書，非啟型一家，頗於三《禮》用功。尹倫來，呈詩四首。熊羅宿校《大傳疏證》數啎甚精，將來《大傳》並《今文尚書》皆當使校一過。

廿七（7日）

唐子培早至，示以所改賦並課作。校《大傳》第六卷二啎。發課案，初課爲《〈月令〉"命民社"謂秦制考》、《論萬國公法》。桂赤以鄭謂民社爲秦制爲是，《月令》民社爲秦制爲非，分別甚明。校《大傳疏證》刻本第三卷一過。爲峴堂書扇一柄。將晚芰舲至。芰舲和予感事詩甚工。鑒澄亦作，尤壯麗，又樂府數首，驚才絕艷，真可愛也。盧文明至，云聞殿書云龍學臺欲請一教書人通洋務者，毛遂自薦，求作曹丘。芰舲再三勸止之，予亦謂寫書不難，須問明殿書，求彼作薦乃可。

廿八（8 日）

　　録《鄭志疏證》二條。盧文明求薦館，請致殿書。雷恒來見，以《今文尚書》第六卷使之校。呼熊羅宿至，以《大傳疏證》二、三卷並底本與之，使趕急校，俟書畢工，七月底告成，一併改正即發印也。下午鑒臣至，送詞二首，皆佳。云丹銘之妾已化彩雲，芰舲往唁，遂趁晚涼往唁慰。旋至殿書處，云龍侍郎屬覓能通英、法語言文字者，非文明所能勝任也；輪船事雖不再阻撓，而定六月初二開局，猶必使遲一月。中國之事經涉官府，大抵如此，不能靈便也。

廿九（9 日）

　　尹倫辭歸寧都，書未校，仍送還。得《鄭志疏證》二條。文公達至，還所校《今文尚書》第四卷，校出數處脱誤，復以六卷付之使校。下午往夏宅，晤文明，以殿書所言告之。芰舲以其子所作小講見示，尚不了了，由天分不高。然今日子弟循謹者少，跳盪者多，與其不循謹，寧肯笨拙，只要家規嚴肅，不患讀書不成。晚歸甚涼。燈下作家書。

三十（10 日）

　　作書告頌年，並復念循，封家信中，並寄膏藥三帖，予貼之頗效也。得《鄭志疏證》三條。校《大傳疏證》二舌。雨，夜甚涼。

六　月

初一（11 日）

　　楊瑞雲辭歸應試，云州學止拔一人。魏堃亦州學也。尹倫云廣昌所拔並科、歲未取。經、古將來所拔，必不盡是院中諸生，此公於院中人並不以爲高才生特加青目也。得《鄭志考證》三條,《雜問志》畢,以次再整理《易》、《書》、《詩》。鄒殿書至,持京信,云日本已辦機九千張,小輪八十號,趕今年成,將遍行中國内河①,不知諸公何以拒之,伊輪船准十九開張矣。校録出《鄭志疏證》十餘帋、刻本《大傳疏證》十餘帋。夜甚凉。作感事詞一首。

初二（12日）

整理《鄭‧毛詩志》十餘帋。有成氏已作者,有予先作者,有遺漏應補者。鑒臣至,久談時事及讀書一切。下午大雷雨,打碎對門公輸子廟一溜筒,天威震赫止若是耶? 校《大傳疏證》寫本二帋。包培齋至,云事已了,呈文一篇、駢文一篇。將晚芰舲至,談時事並及家事至起更,勸予移居江西。峴堂有一子甚佳,欲爲予女作伐。

初三（13日）

録《鄭志疏證》十帋。成氏之學於地理、水道爲精,餘無發明。

初四（14日）

夏老太太壽辰。飯後往拜壽,留吃麪、吃飯。有坐唱者,略同湖南,云皆瞽者也。鑒臣以所作《東三省造鐵路議》見示,説頗暢。此事談洋務者所見不同,左、彭二公意見即不合,左欲行,彭不欲行。前見《救時捷要》,張某極言不可行,云法人於鎮南關不能長驅直入者,由無鐵路,如有,則粤西已不保,馮、王諸將何能拒之? 其説甚是。大抵我能往,寇亦能往,總要先自强耳。予謂中國此時恐似土耳其,將來當似美利堅。美本土番,無所知,歐人開闢之,而彼卒自建國,不受歐人約束。巴西亦然。況中國之大,豈有終受制於歐人者? 然不暫使歐人經營中國,則中

---

① "内河",原誤作"内政",據文義改。

國終不能變舊習、行新法。故天必使歐人暫至中國行之,將來有
豪傑出而驅除,仍可爲大一統之世。此事理之必然者,特我輩不
及見耳。鑒臣所作詩詞已裒然成帙,奇才可愛。飲至夜始歸。
是日天氣極涼。云此間早禾豐收,不宜再雨。

初五(15日)

早雨,俄而晴,漸熱。録《鄭志疏證》十昺。廣信新調傅巽
至,云龍宗師取古第一,科、歲均第一,陪優,調送經訓。予恍惚
記之。唐子培來,呈文一篇,甚有見解。賀爾翊來信,云十五已
至湖南,見予兩兒,見中丞,呈予信,極蒙獎借,逸老與恪士皆見
面。寄來七律八首。

初六(16日)

録《鄭志疏證》十餘昺。校《大傳疏證》四昺。鄒殿臣至,云
將往上海,議舉行西學書院。山西巡撫胡聘之有摺奏舉實學,屠
仁守在彼掌教,曾從李善蘭學算也。部議交各省,翁方伯以已行
算學復之,真敷衍文章。陳右老劾王廉革職,並及夔老被議,不
累及薦主耶?

初七(17日)

擬官課題。録《鄭志疏證》五昺,《詩志》畢,大約此第三卷
最多矣。包培齋至,送文一篇。陳庚山來,索所著書,云擬刻
《墨子》,問有習《穀梁》者否,予舉李若虛。初六起伏,下午已
雨,今日又雨,涼爽可喜,而此地早禾已收割,非所宜也。

初八(18日)

鑒臣、清舫送試帖詩各數首至。同福送來書數種,殿本《注
疏》不佳,《全唐文》亦不全者,未卜能合延平劍否。朱子《集傳》
有汲古毛晉印,似宋刻。此等書即宋本,不足貴也。録《鄭志疏
證·尚書》三條。爲培齋、子培改文,幹臣、清舫改試帖。

初九（19日）

晴，大熱。晏海瀾至。周同福送來朱文端《儀禮節略》初印本，尚可觀，南豐吳熙《十三經文字偏旁考》便於初學。揮汗錄《鄭志疏證》二條。周觀濤至，云致信往王尺蓀處。予至此得尺蓀三函，未復，即寫復書。芰齡至，以爾翊、尺蓀所寄書示之。周生屬書成交桂赤，燈下寫畢，呼桂赤、龍鍾泄至，以復書並《駢文》、《自課文》交桂寄尺蓀。以爾翊書示龍，則彼亦得信矣。二生談至夜深始去。

初十（20日）

官課。大雨。張丹銘至，彼親家桂履貞調湖南臬，可以不回避矣，擬秋凉後挈眷由湖南到廣西矣。錄《鄭志疏證》數㕮，《尚書志》畢。

十一（21日）

雨後頗凉。飯後往江太守處，見面云甚傾佩。此人官聲甚好，未審調首府能辦事①。往宋梓材處，約再扶乩。至李叔和處，伊自問及寫壽屏事，云任桂秋死，同年中又弱一個矣。往見繆芷汀，以乙未課蓺選本付之。歸而彭章祖至，意亦望拔。王益霖至，呈所箸《樂書》，云《月令》"中央土，律中黃鍾之宮"，是古有十三律，《呂氏春秋》亦云黃鍾之宮爲中律，合六律爲七音，至今不變，中律即今凡字。説頗直捷，未知搞否。晏海瀾至，云有戚雷某以乃祖會書索錢，事與包培齋相似，勸以調停，勿興訟也。將晚至夏宅，與芰齡昆仲談及暮歸。鄒弢箸《萬國近政考》略閲一過，言教派及各風俗頗有他書所未詳者。

十二（22日）

往彭章祖元吉棧回看，伊意到省謀事，找鄒殿書，彼已行矣。

---

① "辦事"下，當脱"否"字。

至海瀾處，伊欲往鄉了事，更好。至張翰臣、徐雲生處，云學使將
到，未知所拔人才何如。歸録《鄭志疏證》二㕥，較《大傳疏證》
十餘㕥，四、五卷均刊畢矣。海瀾送來《諧鐸》、《綴白裘》，略爲
繙閲。

十三（23 日）

接廿八家信，云初五齊集。此刻想已過科考矣，未知名次
何如，寫家書一函寄去。録《鄭志疏證》一條，《鄭志》已粗畢
矣。宋梓材至，約往秀峰處扶乩。午後往，彼已先到。請仙聯
句，彼西席曹姓甚鈍，未能盡興。雨忽大作，遂歸。宋奉峨夜
至，請歸家，談至夜分。撫州于廷榮、饒之麟、黄樹珊均得拔，
尚屬公道。

十四（24 日）

閲卷十餘本，間觀沈贅漁《諧鐸》①，有意趣，特太刻酷耳。

十五（25 日）

閲卷廿餘本。彭章祖告歸，欲求薦，予力不能也。繆芷汀來
回拜，云景德鎮聚衆至二萬，因爭洋價，賀芷瀾今日帶兵往，如辦
理不得法，又大亂矣。夏少村、鑒臣竹林至。文公達以任承沉考
拔，欲求再爲道地。此事不可太過，反使人疑，辭之。

十六（26 日）

閲卷廿餘本。是日二伏，微雨。初伏已漏，連日皆雨，夜甚
涼，二伏復如是，想不至大熱矣。

十七（27 日）

漸熱。課卷閲畢。雷恒賦考訂最是，爲改數處，以期完善。
芰舲送到秉郁來信，云芷青已起程來矣。張峴堂至，云壽屏已
到，議書款字數，每行加一字，添入一行乃合。

---

① "贅"，原誤作"鬢"，據沈起鳳字改。

十八(28日)

傅巽以不能當課,辭歸。朱溪雲以古硯託售。覆閱課卷,定名次,仍以熊亦元居首,其解三《禮》墨守高密,實今所罕。宋名璋、李約希即若虛、龍鍾沪之《公》、《穀》,盧豫章、桂赤之《左氏》,皆有心得。此予所開風氣,前此未有也。擬二十日師課題。是夜甚熱。

十九(29日)

《今文尚書》依王祭酒,大字改用通行本,《凡例》增入一條,覆校第一卷。大熱,過九十分。

二十(30日)

師課。汪鳳翩告歸。校《大傳》二昮,六卷寫畢。校《今文尚書·堯典》二十昮。緯書無善本,有無可查者。下午閱《八代詩選》,詩學源流備見於此,不學此,託體終不古,惜知此已晚也。芰舲來久談。

二十一(31日)

書扇三柄。爲少村、清舫看字。校《大傳疏證》二卷寫本二昮。

二十二(8月1日)

校《今文尚書》一本、《大傳疏證》一卷。鄒叔澄送來《時報館章程》、李提摩太所箸《各國變通興盛記》,閱一過。宋梓材至,云芰舲約廿四爲荷花壽,可否移樽借園,請仙聯句。予知不可,不能不爲代達。芰舲云邀有他客,且太熱,如可請仙降臨,即請代邀李氏昆仲到彼處,否則俟秋涼再約也。回信後,又着少村來説。包培齋至,送文一篇,云見《申報》,臺人與倭鬥,兩敗,死者數十萬。此皆劫運使然,破面鬼之罪也。

二十三(2日)

唐子培早至,呈文一篇。致書復梓材。閱初次課卷四十八本，畢。《〈莊子·胠篋〉篇書後》，盧文明云莊子所謂上古之俗，不過如海外黑人，然其地已爲歐人并兼，中國幸不從莊子耳。王益霖云俄國崇聖教，志不在小，恐如莊子所云並聖智之法而竊之。説皆奇刱。文廷華云聖人指周天子，大盜指諸侯如田成子者，尤得莊生之旨。

二十四（3 日）

閲二次課卷廿餘本。下午往夏宅，見初十《申報》。言予刻書事，《今文尚書》有某願出刻貲，盧茂才文明、文茂才公達任校讐，恐即二人屬登《申報》。徐州土匪因打教堂起，尚未了。俄人又有兵船東來。臺人與倭戰已敗，惜無鄭成功耳。飲至夜歸，得詩四首。

二十五（4 日）

寫詩送芰舲。朱溪雲過談。黎瑞棠至。二次課卷閲畢。楊增犖作古體尚穩。李益作序云周穆王時之化人即今幻民，其説甚塙。或謂即佛氏，此學佛者强爲攀坿，不足信也。釋迦生哀帝時，與耶穌年輩略同，俞理初所考甚塙。江右稱理學，好引佛書，殊不可解。文公達及其表弟梅光達來，云《申報》即彼所爲。

二十六（5 日）

填課卷名次，覆閲一過。爲培齋改駢文、子培改時文各一篇。芰舲來，見示和章及鑒臣所作。鑒臣詩有奇氣，非我輩所能及。晚間鑒臣偕陳壽文至，論詩文法頗詳。

廿七（6 日）

擬改訂今文《書序》，取各家解《書序》者觀之，無有能專信今文者，説《多士》、《多方》尤甚，所謂"寧道孔誤，諱言鄭非"，又見於今日矣。天熱，不能用心。閲沈歸愚所選《國朝詩別裁》。今人詩罕知宗法唐賢，沈選尚有唐音，惟評語太陋，不脱評八股氣習。其云某某深於經學，其書多未見，據其書名《三傳折諸》之類，則其書之不通可知。所選論史詩多腐惡陳言，而沈盲稱瞎贊，尤可笑。

廿八（7日）

閱劉申受《尚書集解》，補入數條。段氏《撰異》亦得數條。段氏雖袒古文，於今、古文分別尚審。劉氏多用莊氏臆説，所謂微言大義，皆拾宋儒唾餘。魏默深又拾莊、劉之唾者也。本朝解《尚書》者，數家爲最下，可取者殊尠。下午培齋至，呈駢文一首，云尊經聘予主講，予未之聞也。校《鄭志疏證》二房。

廿九（8日）

立秋，甚熱。爲培齋改文一篇。予所編今文《書序》原本《史記》，疑者闕不傳。今既據古文全編入，宜一切增添，當更編訂一過。趁閒暇録一房半，汗下如雨矣。宋梓材索前日所作詩，送閱戴名世《南山集》。此集予久欲一閱，不可得，今披覽一過。其文即桐城派，尚有法度，亦無甚犯忌諱處，惟紀弘光事稱上、稱帝、稱崩，其餘紀明末事亦有之，疑即當日致禍之由。戴生於順治十年，並非前明遺老，不知何苦爲此，蓋爲宋學所誤。宋人崇獎忠義，嚴別華夷，議論、主持不無太過。戴以古文、時文得名，其文所宗者皆宋學，又以史才自負，蓋謂史法如是。戴晚達，五十一得舉人，五十七得會元榜眼。此等文皆未達時作，功名蹭蹬，不無故國之思。其時名位尚卑，不爲人忌，一得志則禍至矣。實則天下非一人之天下，非其臣子，何必曲護？思陵寵任奄宦，斥逐忠良，亡國之君，無可解免，矧弘光荒淫無道，身爲囚俘。戴未嘗立於其廷，何必曲譽其美而諱其失？謂思陵太子復出見法，亦無塙證。戴鈞衡《後序》云刪去六十餘篇，或更有文字違礙，今不可見，而此等文字已足以致禍矣。戴長於時文，兼能古文，不過及宋而止，漢、唐以前經史之學並無所解。桐城一派大抵如是。所作時文，序至數十，殊屬無謂,且有大題、小題名,尤陋劣可憎。戴與望溪同鄉世交,所學亦略同。望溪《序》自稱同學,方苞稱戴爲褐夫,其時方與戴皆未得第,序言中並無違礙字面,而亦幾乎禍及池魚。以聖祖之仁明,而文字之獄如此,宜乎顧亭林云人之患在好爲人序也。朱字綠、王崑繩亦有序。此皆望溪友也,不知望溪何以獨得禍,殆以其名位之崇,爲人指目歟?

七 月

初一(9 日)

大熱。湖南此時正考拔,將何以堪?科試後無信來,不無懸念。録《書序》二咠。下午芰舲至,久談家事。溪雲託售一硯,云是文端故物,芰舲念文端名臣,贈溪雲四竿,勸其勿售,可謂慷慨。芰舲去後,呼溪雲與之。伊囁嚅其詞,欲受不受。予見其欲心動,勸受之再往謝。新秋,作詩數首。

初二(10 日)

録《書序》二咠。下午熱尤甚,房中不可坐,無可藏身,亦無事可作,隨意繙書遣日。芰舲邀陪客,熱甚,且腹疾,辭之。

初三(11 日)

録《書序》二咠。爲鑒臣改駢文一篇,將來當讓此人出一頭地。

初四(12 日)

録《書序》一咠。劉應元至,云中丞必欲開寧鄉礦,爾翊見中丞,已許屬同鄉官資助。有委員韓某、策某來見,一督工,一驗工也。熊一元以所校《大傳疏證》至。其所校甚精細,徧查原書,核對其中訛脫甚衆,惜未先使之校一過,今刻成,改甚難。芰舲函云芷青昆仲已至,下午往見。見吉兒信,云考經正取第二,補廩有機會,可成事,約費百七十金。小鶴考經亦正取第九,足見湖南通經者尠。吉兒云科試文不得意,題爲“愛之”二章,甚無義理。芷青云廿日起程,案已發,吉兒一等第二,第一者乃新生周介祺,不考拔,吉兒資格最高,可望。惟望如天之福,早得捷音。考拔正在此數日,如此大熱,甚苦矣。談至夜分始歸。夜熱,幾不能寐。

初五(13 日)

發家信一函。取熊校《大傳》覆校,有應改者,有可不改者,分別出之。爲陳卓人、樸園誤者不少,始知箸書不可不慎,恐後人又爲我所誤矣。此書惜未早付熊校,今已刻成,不能盡改,止好留此校本,將來再刻定本。此書體例本不盡善,繁簡亦不盡合。記此爲後日左券。晚間陳氏昆仲、夏氏竹林至。是日爲康成先生生日。

初六(14 日)

王益霖來,又呈《樂書》數吊,大約據黃鍾之宮有十三律,六呂即六同,合於八律,加中聲爲七音,古今所同,説甚直捷。覆校熊校本一過。校《大傳疏證》二吊,屬剞工再印一册,以便校定。繙《漁洋詩話》,聊遣日。

初七(15 日)

擬本月官課題,趁早凉寫成。録《書序》一吊。下午雨,稍凉。得《鵲橋仙》一首,又《念奴嬌》詠秋聲一首。晚間又晴。所謂洗車雨僅如是乎? 鄉間望雨,府縣禱求,得此稍可謝責。

初八(16 日)

子培早至。飯後趁凉出拜客,晤宋梓材、李叔和。往倪太守處送行,不晤。聞方伯做壽,又須送禮矣。歸録《書序》一條。得吉兒廿三信,云十七正案已發,三名龔福齌,四名即汪受明,五徐彌光。龔能書,可畏,而資格不如吉兒。郭質夫以名次低,必不肯入場，已別覓長沙歐陽鵬。初一頭場，初三次場，計此刻已揭曉矣。小鶴一等卅名外，補廩爲難。下午清舫至，作四律，筆甚弱。晚涼，至張峴堂處，其兄亮臣適至，略談。遂至芰舲處，夜分歸。雨，夜甚涼，有秋意。

初九（17日）

校《鄭志疏證》第三卷，並《大傳疏證》二䛐。龍之溪校《今文尚書》一卷，更換《毋佚》以下一卷。龔福保、胡汝縱來見，云黃宗師明正考首府，末考瑞州。張翰臣至，云今年考南、九，十六出棚。予昨往，未見，不及問也。燈下頗涼。峴堂奉主入祠，屬代作祭文，爲作一篇。

初十（18日）

官課。傅邦楨來見。其人龍公在此已陪優，今復不得拔，可云蹭蹬。爲劉瑞珊書扇一柄。李叔和至，云：有捐俄國監生者，甚奇。日本欲包釐金，中國不允，赫德作調人，請徧行子口票，辦釐者無復事矣。鄒殿書輪船已回，又去。景德窰已開工。賀觀察去捉人，人又逃散，仍不了。往夏宅，見《申報》，傅相往英國，英以賓客常禮待之，不如別國優隆。大約以俄國密約，英所深忌。予前云不能有得於俄，反致見惡於英，是也。此次辦船炮，又不知靡費若干。中國取盡錙銖，江西又興米穀釐捐，不准州縣報荒，恐他省亦將效尤。叔和、芰舲皆云湖南非樂土，未知何處爲樂土也？偕鑒臣及陳氏昆仲觀普賢寺鐵象，乃南唐邊鎬鑄。永福菴有一石，乃夏桂州故物，刻桂州字。檢《太平御覽》，《大傳疏證》所引與今本不合者皆在其中。假歸，再閱之。夜甚涼，北風大。

十一（19日）

錄《書序》二䛐。校《大傳疏證》十餘䛐。芰舲至，久談。涼夜，挑燈作《普賢寺鐵象歌》成。電報適至，吉兒僥幸選拔，不勝欣慰！先人餘慶，佑啟後人，小子何知，竟登高選，始願不及此也。

十二（20日）

寫家信，並致信祭酒道謝，屬代致宗師，此刻不便致書，歸後面謝。祭酒許作《今文尚書考證序》，書將刻，並促之。錄《書序》一昉。張峴堂來賀。亮臣與徐菊壽亦來。夏鑒臣、少村、袁清舫、盧文明、朱溪雲、晏海瀾先後來賀。以《禹貢》付文明校正。海瀾云《漢學堂叢書》十二元，《全上古至六朝文》十八元，屬各帶一部。伊與雷姓事不了，將興訟。

十三（21日）

龔福保、張啟明、胡汝綎、蕭鼎臣、龍鍾伊、宋名璋、李約希、楊增犖、包學淵、周錫藩先後來賀。夏定九、夏芰舲來賀。隨偕芰舲往張宅。張禫服，不受禮。茲將奉主歸撫州入祠，乃送席公祭，因留吃飯。亮臣云益陽因開礦激變，伊大兄由紅江專人來，不能過。佑老辦事認真，此舉恐不討好。前劉瑞珊言寧鄉事，亦有可慮。芰舲云此公恐以此被譴也。時候秋涼，而賞雨茅屋尚熱，飲至夜歸。

十四（22日）

閱課卷七八本。聶廷瑞、徐運鑫來賀。熊羅宿亦來，以《大傳疏證》六、七卷付之使校。徐雲生來賀，言少村呼將伯，有府學熊光瓚可用。張國光、劉應元、皮增、張捄、張洵、舒恭瀼、毛玉麟來賀。毛曾經鄒殿書說過，屬其送文字來看。雷恒、楊藻鑑來賀。楊有志經學，此課尚可觀。下午往鹽局范觀察處回拜，見面，彼云久已欽佩，乃翁有《仕隱圖》屬題，前輩如王柏心、楊性農、俞蔭甫皆已題詠。往黃宗師處送行，不晤。至黃小麓處赴飲。小麓云在善後局見黃公度，辦五省教案，極可笑。在坐有何茂生者，棠生之弟，新到江西。

十五(23 日)

李道賡、萬成春、晏鼎升、萬簇、文永譽、梅光達來賀①。文云乃翁尚在萍鄉,又云翁方伯有升廣西巡撫之說,不知塙否。子培至,呈賦一篇,未合作法。閱卷廿餘卷。范季遠觀察送《仕隱圖》至,屬題後圖,爲題二律。楊、俞諸公皆跋,無詩。詩甚多,高心夔、何杙負才名,其詩較高異。戴望子高是經生,無詩名,其詩尤高,特録之云:"手版不足恥,前身是少微。翩然去京雒,一鶴向南飛。鍾嶺烽初息,樊山夢早歸。東方稱大隱,跡末古賢違。眇然一芥子,可作須彌游。佛說四天下,鄒談大九州。梯航徧瀛海,聲教富春秋。待訪成連去,雲濤共泛舟。"詩用圖中"云翔黃鳴鵠"韻,予亦用之。

十六(24 日)

孫經、鄒淩沅來賀。鄒云乃兄此刻未能來,輪舟爲官府苛虐,另增數局盤查,停輪十一處,三日方可到九江。文法和帶二洋人來,歸萍鄉去矣。李叔和、唐吉生來賀。李云小麓作香帥壽文,方伯不以爲然,伊薦予爲之。予以小麓已作力辭。伊云此事亦慮及之,屬黃子輝請方伯自來奉請,方伯無升粵撫之說也。俄而方伯自來,久談時事,堅請代作壽文,只得勉索枯腸,聊以塞責。方伯幕友黃子輝懋典亦至,云無節略,憑空結撰尤難。下午得家信,初五午刻揭曉,府學畢、鄒,皆我邑人。張少熙不得,可怪。長,楊毓麟;潭,胡元倓;益,王景羲,皆應得者。念恂挑而未進,可惜也。至夜,壽文得大半。

十七(25 日)

張翰臣、黃小麓來賀。壽文湊成,擬録槀送叔和閱過。録未畢而天暮,叔和適至,閱之,云佳。芰舲亦至,談至夜分始去。又

---

① "達",原誤作"遠",據文義改。

將序文改正數處,已三鼓矣。

十八(26日)

梅子肇來賀。壽文復改數處,謄真一過,可以交卷矣。温味秋師箸述向未見,鮑蓉泉師前索之不可得,頃見范月槎集有師所作《臺城路·送范月槎由助教出佐揚州》,云:“西風蕭瑟長亭柳,能禁幾度攀折。酒淺愁深,離多會少,辜負好秋時節。天寒路潤,記廿四橋頭,舊時風月。十載烽煙,南朝金粉半衰歇。 鳴鴻無限哀怨,料使君此去,相望如渴。永叔梅花,魏公芍藥,冰玉一般清潔。更休惜別,正青史勳名,待酬丹闕。一曲驪歌,送君腸爲熱。”下午往方伯處交卷,及各處謝步,均未晤。至芰舲處略談。歸院,歐陽心存來賀,熊亦元屬請其助校,爲言之,伊家藏書頗有善本。

十九(27日)

李叔和至,云中丞必欲爲方伯祝壽,仍請捉刀作序。無節略,止有履歷,下筆亦難。閻覲臣來賀,惜伊家無人,可作小閻、王、皮也。黎瑞棠來賀。應心臣回拜,並賀。請其診脈,開六君子湯,云俟秋凉再行擬方。作書致道希道謝。擬師課題。黄小麓至。諸公恐對彼不住,反使彼來找我,而彼亦竟來,足見此公本色。王仲霖處姻事,許先發八字來。王益霖來賀。叔和函來,云前作諸公頗稱賞,此作祈速藻,廿一即要。本日及燈下所作已得一半矣。夜雨,俄晴,仍熱。

二十(28日)

師課。何茂生來拜。首府江、首縣文來拜。唐子培來。壽文草草續成。宋子才約今日往借園請白仙聯句,午後芰舲至,同往彼處,聯句五言十二韻。白仙又依韻作一首,語奇而速。子才設飲,至晚歸。遇風雨,甚凉。

廿一（29 日）

　　將壽文改正數處,録槀送叔和處。文觀察及李儒珍同年名宗言,閩人來拜。鈔書袁某以病告歸,書未録完,且失去二葉,可恨也。閱卷數本。小麓以文芝塢函至,云方伯力辭,可不作。予已作好,送去,用否聽之而已。夏毓峰與其戚李君至,索壽文攜去。鑒臣、少村亦至。夜凉,和前日聯句韻及白仙和韻各一首。詩由李挺山送至,故得原作。

廿二（30 日）

　　録所和詩二首,送宋梓儕處,先呈芰舲一閱。昨芰舲送所和詩至,予亦得一閱也。挺山昆仲請宋轉交,不及別録。俄而宋亦以所作送閱,工。李氏昆仲三人之作,靜山詩筆尚秀,挺山、定山多亂道語,乃效乃翁而又甚焉者。蓋其宗法止於蘇、陸,並唐賢之作亦未寓目也。是日無客至,閱卷一日,畢廿餘本。夜爲叔和作詩二首。

廿三（31 日）

　　閱卷十本,畢事。現在經解通三《禮》、三《傳》者頗有人,較前年僅一盧文明者略改觀矣。《鄭康成先生生日祝文》,以宋奉峨爲最工。李約希、袁宗濂、李益、王益霖、廖廷選所作均可觀。舒恭瀼等鈔袁、吳壽序,則笑話矣。天熱,燥甚,不適。下午又出門①,未敢,俄而大雨。

廿四（9 月 1 日）

　　定課卷名次送去,接閱初次師課數本。下午出門,往見黃、李及文芝塢。火頭喻姓其妻王氏爲人誘賣,求與文公言之。伊即記有此事,可謂精明矣。方伯決不受賀,壽文已塵彼觀。歸而龍之溪以母病告歸。芰舲至,久談家事,云前託籌欵,伊與袁清

————————

①　“又”,似當作“欲”。

舫言之,清舫即送《毛詩》之數來,可謂慷慨,伊未測我意欲多少,仍使持去,脩金百元已送至。芰舲欲贈百金為賀,似太豐矣,予辭之。

廿五(2日)

左菊生及黃錫光來賀。得爾翊十二湘潭來信,云右帥已見三次,屬劉定夫觀察發信三十餘函,且薦明年乾脩百金,祭酒以香帥壽文使代作三千餘言,筆貲五十金,恐此間待不能如此數也。閱課卷廿餘本。患傷風,甚不舒服,大約因前日李宅歸受風雨。

廿六(3日)

喻忱來見,云喻改釗事。昨日黎委員問,不究拐賣,反聽彼將幫喻姓之舒硯農收押,云係委員受賄。中國之官如此無恥不堪,安得不受制外夷?致函黃小翁,屬其轉達文芝塢。初次課卷閱畢。《騶虞解》以宋奉峨為最精。其說以為古書所言"騶虞",皆非《詩》之"騶虞",毛傳因此誤會,故前云"虞人翼五犯",下又云"騶虞,義獸",參差矛盾,正以古書有獸名騶虞,據之以與三家立異,可謂推見至隱矣。奉羑來見,以此告之,並示以爾翊之信。往應心臣處診脈,開玉屏風散服之。閱卷十餘本。

廿七(4日)

閱卷十餘本。周崇福送來殿板《注疏》殘本一部、《說郛》一部。《注疏》非初印,又殘缺,無取。《說郛》又缺十餘種,中有古書可觀,為檢閱篇目一過。包培齋至,以乃翁行狀求作誌銘。申刻往八旗公所赴李儒珍、應心臣飲席。請應診脈易方。天甚涼,而予頗畏風,力疾赴飲,殊不適。

廿八(5日)

二次師課卷閱畢。《錢如王面賦》無佳者,為蕭鼎臣改半篇,多用游戲詼嘲之筆。此題羌無故實,必能參活筆乃佳也。黃錫光與丘某同來，請爲趙南園寫主。予力辭不獲。夏鑒臣、少村至。鑒臣作詞三首，容暇和之。定課卷名次，録宋名璋《驪虞解》。

廿九（6日）

爲芰舲代作《大傳疏證序》，似自譽矣。校《鄭志疏證》所録《易》、《書》二卷。袁清舫、唐子培至，以所改賦與之閱。清舫言假欵已允，乃翁可謂隆師矣。黄小麓至，云文芝塢極精明，而所用委員甚壞，取其易與耳。縱談外教及海外事甚暢，不無杞憂。下午爲人書對聯、條幅、册頁，以清筆墨之債。欲往芰舲處，聞風大，不敢出。芰舲適來，談家事至夜，謂明年可攜吉兒至，不必發卷，可張羅處送扇對，亦可稍有所獲。

八 月

初一（7日）

范季遠觀察來拜，予卧，未見，旋以所題詩並所箸書贈之。芰舲屬使周錫藩寫捐，予恐其去，乃書數字與之。翰屏旋來，捐錢廿千。前送予贄敬廿四元，予不受，此數尚少減也。爲包培齋之父哲臣作志，夜始畢，尚未作銘。校《大傳疏證》十唘，書未盡善，刻亦未工。

初二（8日）

續作銘詞，略用臺灣事，發感慨。往應心臣處診脈改方。歸爲子培改文、賦各一篇。録出包哲臣志銘，約千一百餘字。蕭鼎臣見，謝改賦，不知予常爲諸生改作也。下午往芰舲處，將翰屏捐欵交付。遂偕鑒臣、少村往袁清舫、張峴堂處。袁之伯父生日慶賀，張則兄妾將撤靈，一有坐唱絃歌，一則僧梵鐃鈸，吉凶之禮皆使人驚。

初三（9日）

《書序》四、五兩葉爲袁某遺失，乃補作兩葉，多出半咶，較前説爲詳矣。盧仁山戀善來拜。桂赤來見，云桂菜其父名，代作者其弟桂青也。下午檢閲《説郛》，其中遺失不少，十四、五兩卷與後重複，以次論，不應此處雜入小説，其誤無疑，且不知所失何卷。

初四（10日）

録《書序》二葉餘。午後出拜客，皆不晤。遂往趙宅，强作大賓，爲寫神主。陳庚山作陪，談著書事甚悉。伊著《穀梁》及《墨子》，詢諸生中有通此二學者否，恐無其人。留飲至夜歸。

初五（11日）

録《書序》二葉。寫家書一函，寄秋節脩金百七十兩歸家。《大傳》棻成，請熊一元至，催彼校刊。彼云歐陽阮齋説木板剜改多不能垂久，不如少改，別作校勘記附後，本朝人箸書多有此例。此説甚善，當從之。周齊來見，求爲薦館。此人年近七旬，恐人不敢請也。下午送錢、信交芰舲，託匯寄家。鑒臣爲予作《駢文序》攜歸，並所刷《大傳疏證》，七月十一、廿一《時務》二本。同鑒臣、少村游孺子亭，至芰舲所置別墅地基，面湖可觀。夜改序文數處。家中久無信來，可怪也。

初六（12日）

閲《時務報》，其議論較《申報》殊勝。主筆者梁啟超，新會人，云即康有爲弟子。論變法，謂中國與前不同，不值泰西各國，猶可不變，今變亦變，不變亦變，將有人代變矣。此非《申報》所及。鑒臣、少村、陳壽雯來，攜《普天忠憤記》見示，有壬老貽傅相書、實甫所上疏，其餘亦多可觀，惜徒付咶上耳。宋奉峨以祖母病告歸，云今年恐不再來，又少一人矣。擬八月官課題。

初七(13 日)

録《書序》三舌。唐子培至。張峴堂以壽屏畫格成,送來請寫。格甚大,予久不作大字,將爲此出一身汗矣。得七月廿三吉兒來信,並不提及用費多少,但云見宗師贄用廿金,而譚瞎子之子四百金,廓哉!廓哉!張少熙頭篇用己課文,與人雷同,致誤事。宗師考二場嚴於頭場。宗師本不重時文,幸吾邑中如龔、唐者皆非長策論者,故易見長耳。

初八(14 日)

録《書序》二舌。張亮臣至,云九月初回湖南,丹銘行期未定。下午赴盧仁山飲,席設江南會館,地最寬濶。主人大戶,勸酒甚殷,醉歸,頗不適。

初九(15 日)

寫壽屏五塊。叔和至,屬代向芰舲籌欵,爲捐花樣之計。下午芰舲至,代達此意。芰舲允代籌數百金數,須稍假時日。趙宅送禮謝大賓,予欲却之,叔和云可受,受五件,並金腿一隻。

初十(16 日)

官課。監院至,屬卅日提九月師課。鑒臣、少村至,觀寫屏。已寫四塊,尚有三塊。包培齋至,以所作乃翁志銘付之,夜爲改文二篇。

十一(17 日)

屏書畢,送峴堂處,並致芰舲意,書扇一柄、條幅四張。晏海瀾節禮四色,並《新學僞經考》一部。周翰屏亦送禮四色。是日雨聲不止,颯颯作秋聲,中秋已在目矣。閱鑒臣《沁園春》詞,怦怦不寐,於枕上和之。

十二(18 日)

盡和鑒臣《沁園春》三首。録《書序》一舌。康長素攻劉歆,與予意合。惟不信周公攝王事,不脱村學究見識。不信《書序》，並不信《史記》采《書序》，然則《史記》所云作某篇實是序體，《逸周書》即如是，史公《自序》用之，如謂非采《書序》，是采何等書乎？此其立說之未穩者。周翰屏告歸。

十三（19日）

錄《書序》二肹。蕭鼎臣來見，云請彼即黃嘉爾，每月洋銀十兩，嫌太菲。芰舲至，云丹銘節後將行，約共餞送。毛玉麟、包學淵各送禮六色，受二色。官課卷至，閱十本。

十四（20日）

閱卷廿本。朱溪雲至，久談。芰舲至，云已約應心臣、李如珍共餞張氏一家於賞雨茆屋，定期十八。張峴堂送壽聯至，請書，並請代撰以祝夏太親母者。代擬云："天露垂綸，寵錫金花酬晝荻；海霞開宴，香含瑤草醉仙桃。"又云："林下風高，更仰母儀都水傳；壺中天慢，長延仙籙上清文。"文永譽、梅光達送禮，各收二色。予送應心臣六色，彼亦止收二色。月餅、梨子均滯貨，受者嫌多，而送者必以此爲敬，可笑也。

十五（21日）

中秋。計在外過節八年矣。朱溪雲、盧豫章、熊羅宿、萬簏、雷恒、蕭鼎臣、文永譽、張國光、歐陽心存、聶廷瑞、桂赤、梅台源、夏承慶、晏志清、晏鼎升先後至。子肇送節敬十元。唐子培至，以抬箱抬月餅、胡桃、梨子、百合四色，可怪也。下午芰舲來迎往彼，云丹銘十八准行，已改期明日，席設壺園，約李畬曾、李慎甫、應心臣共作主人，爲致函諸君處，遂在壺園過節。風雨大作，頗似重陽，殊煞風景矣。

十六（22日）

閱卷廿本。徐運鑫、運銑、舒恭瀠、毛玉麟來補賀節。李叔和至，云輪委已快，黃升、劉一皆求薦，彼云且看缺分如何。壽屏筆貲四十金，彼亦云太菲。肉食者鄙，安知文字之貴乎？下午往

夏宅，公餞張亮臣、張丹銘行①。先至丹銘處送行，久談。遂至
夏宅，飲至夜歸，月色皎然。

十七（23日）

得頌年京函，云晏安如故，朝政日非，高陽中風，合肥回國總
有變動。不知更何變也？煥彬寄來虞山潘任《孝經鄭注考證》，
即鐵橋之説而引申之，較詳，云孔叢伯本《鄭志》已交黃麓泉帶
交哲嗣矣。鄒殿書至，云輪船爲九江道誠勳卡索苛索，勢必難
行，已拼決裂，具稟告知總理衙門；江陰見龍芝老，勸其將公司改
歸湖南，云徐叔鴻、曾重伯已倡辦，芝老已致函徐、張諸公。伊有
股分萬金，不得不着急也。云節吾在省，求爲先容，諾之。是日
閲卷廿本。晚間往張宅作陪，丹銘有女未嫁而孀，不寐求死，可
敬也。夜醉歸，作家書三咠。

十八（24日）

作書致節吾，飯後往殿書處交付，帶《時務報》第三、四本歸
閲之。徐雲生至。周崇福來，付以十元，買不全殿本《注疏》，可
云收買破銅爛鐵矣。夏鑒臣、少村至，看課卷。熊一元以《大
傳》第四卷來繳，云須回家一行，四月内盧文明請開豐城煤礦，
聯名稟方伯，彼並不知，而邑中人咎其買山與洋人②，今當縣試，
至彼家作鬧，爲此暫歸。此課卷閲完，仍以熊一元居首，陳希孟
不便列第一也。

十九（25日）

録課卷名次，送去。擬師課題。校《大傳疏證》。龔福保
至，云乃翁爲東鄉教官，往省親來。芰舲託交毛樂齋卷軸勸捐，
寫三十元。下午往赴芰舲飲席，云係王小初之子到省，非爲祝壽

---

① "餞"，原誤作"薦"，據十四日記改。
② "買"，當作"賣"。

也,而亦有以祝壽來者。王號星臣,兩淮鹽官。談及周印生,云係伊表親,現在徐州保甲局,龍芝老所薦也。盧文明以書六㞧表明心跡,作《黃金考》一卷,迂濶可笑。

二十(26日)

溪雲來,久談。邀一元至,示以文明書,約其早來校完《大傳》。煥彬必欲予補"鄭氏解"疏義,乃強作之,竟二㞧。一元云十一外子謀此座,恐未必然。

廿一(27日)

又爲鄭君自序作疏,駁梁載言説,自謂粃獲。考得潘任引《六藝論》云云作邢疏,不知是劉炫語,引《儀禮經傳通解》作朱子,不知是黃榦續,皆誤。袁鈞以韋曜爲鄭君弟子,鄭歿於建安五年,曜被誅於鳳皇二年,計七十三年,曜年七十,不及見鄭君,亦誤也。

廿二(28日)

叔和至,云新建縣考,請彼當家。欲往芰舲處爲書庵勸駕,適芰舲書至,乃復書言之。校《今文尚書》一卷。閲《説郛》,有宋令狐澄《大中遺事》,具録之云:"大中時,工部尚書陳商《立〈春秋左傳〉學議》:以孔聖修經,褒貶善惡,類例分明,法家流也;左丘明爲魯史,載述時政,惜忠賢之泯滅,恐善惡之失墜,以日繫月,修其職官,本非扶助聖言、緣飾經旨,蓋太史氏之流也。舉其《春秋》,則明白而有實①;合之《左氏》,則叢雜而無徵。杜元凱曾不思夫子所以爲經,當以《詩》、《書》、《周易》等列,丘明所以爲史,當與司馬遷、班固等列,取二義乖剌不侔之語,參而貫之,故微旨有所未周,宛章有所未一。"唐人中如此等通識,大可取也。芰舲至,久談。伊決不欲乃弟應試,屬書志銘

---

① "實",原誤作"識",據《説郛》卷四十九改。

並代題仁山《破浪圖》。爲題七絕四首，以圖中王大娘裹腳甚多，頗懲之云。

廿三（29 日）

爲芝岑師書志銘，明知刻石須帶碑版法，而筆力不逮，由近日書法久荒也。至應心臣處診脈改方。楊念惕來，求薦館。唐子培至。下午往芰舫處交卷。遂至海瀾處，屬遴刷工來印書。

廿四（30 日）

閱卷三十本。題《乘槎破浪圖》。培齋至，云明日將往上海索債，墓銘請刪節，云上海有用西法刻者甚佳。本家松筠有信來，云有脩譜之議，又張某願從游。爲子培賦改正。溪雲過談。

廿五（10 月 1 日）

復本家松筠信。初次課閱過。熊一元解經明家法，説一義而各經皆通，此課《〈棫樸〉“六師”箋云殷末之制解》尤精塙，一時無兩，不得不置之第一也。劉鳳起來見，云黃某用三千金奪伊功名，臨時更換，太守與鍾某皆金夫，此公則木偶耳。接閱二次課卷三十本。

廿六（2 日）

課卷閱完，賦以徐運鑫、龔福保、張捄、周觀濤所代作之黃樹珊、萬知淦爲佳。文公達至，云任承沆未得拔，足見芝老考尚公道；道希冬初將回省，十一外子亦在家也。憶前日培齋云湘人有曾希照者，以營官守基隆礮臺，倭至，大帥皆逃，曾力戰，發礮沈其一船，衆寡不敵，被執支解，會棄臺，卹典不及。湘中不知其人，記此，俟歸問之。下午往張峴堂、夏芰舫處，借《緯攟》，歸閱之。

廿七（3 日）

以緯校《尚書》“旋機玉衡”一條，更正數處，覺前者罅漏甚衆矣。又録《書序》一帋。峴堂云當力勸芰舫做壽，約來時共説之。

廿八（4 日）

寫對聯二首、條幅八塊，汗出浹背，足見備書之苦，不知諸君何以必強我作書備也？錄《書序》一𥱥。熊慧嵛告歸。夏鑒臣、袁清舫至，各呈詩、字。清舫能作隸，以濟寧漢碑贈之。下午芝嵛、峴堂至，談做壽事，略有端緒，又欲予作啟。客去後，爲鑒臣、清舫改試帖。擬九月師課題。

廿九（5 日）

朱溪雲久談不去。盧仁山至，略言芝嵛壽母之事，約下午再往議。《書序》錄兩𥱥，已卒業，約三萬言。康長素力辨孔子無百篇之《序》，《史記》非采《書序》。予駁之，謂《史記》云作某某𥱥是序體，非采《書序》，是采何書？惜未能見康面質之。下午往夏宅，與盧仁山及峴堂議慶典。飲至夜歸。得家信，湖南有礦務、電綫、萬畝、火柴公司，耳目一新。

卅日（6 日）

風雨，已似重陽。發家信一函。聞鄒殿書尚在九江，前信付洪喬矣。爲吉兒看字，其字毛病甚多，俟歸教之。楊念愓來，云梅子肇之老太太初五日六旬整慶，請作壽文。現止四日，無論如何萬來不及，何以不早計乎？寫壽對一首、扇子二柄。楊念恂復至，云初五日要，其壽辰乃十一日也。節略乃歐陽宋卿作，亦是一篇壽文，並無事實。芝嵛至，詢之，云其太夫人亦由子貴，大約欲瞞去此一層無半，前半一節竟缺。世俗之見，可笑如此，爲之執筆者不亦難乎？

九　月

初一（7 日）

作《梅母馮太夫人六十壽序》一篇約千文，全無事實，且有

難著筆處。予近頗得架空之法,故猶能勉成章。李叔和至。因
伊請代借芰舲五百金,芰舲轉從錢店假得,約伊來取,且改券文,
書錢店名。芰舲着人來,以所撰燈聯見示,高華典重,想多出鑒
臣筆,即以叔和券文付之。風雨,夜寒甚。

初二(8 日)

將壽文略改定,録出。爲峴堂寫斗方數帋,生帋甚不易書,
草草塗鴉,已苦腕痛。校《孝經》前三帋,補板尚未齊,未開刷,
將來恐不能待,如何?

初三(9 日)

馬昌駿號瑤笙、何維植號茂生來拜。何將借差事回湖南,屬
向方伯求粥厰差。方伯前日進衙門,吾不知,未拜賀。楊若卿
至,以梅太夫人壽文付之。十一喜期,即於是祝壽,亦異事也。
閲初次課卷三十餘本。爲夏宅出知單,諸君必欲作啟,强作
數語。

初四(10 日)

閲初課廿餘卷,畢,接閲次課卷廿餘本。盧仁山至,以所作
啟付之。唐子培來,呈文一篇。文公達云乃翁在湘潭,十月將回
省,不知得面晤否? 熊一元至,託以校刊《今文尚書》,伊已應允
帶將家去校。

初五(11 日)

晴。次課卷閲畢。《短衣匹馬隨李廣賦》,杜老此詩天寶未
亂時作。若天寶亂後,長安蕭條,杜曲桑麻已不可問。故公客死
於外,卒不能歸,不得更有南山射虎之想矣。惟王益霖考此尚
合,餘人多以同谷浣花攙入,不分別,似此等地方即在南山之中。
地理不明,直是笑話。《大傳疏證》書板送到,共九十九塊板,書
共二百葉,六裁帋須三十三張有零。俟帋買來,即可印矣。仁山
處送到全書,屬將啟寫好。芰舲又送紅宣一張,云峴堂辦來,峴

堂意欲別書一篇大文字，鋪張揚厲。予謂此等事止可從衆，別作
文字，當稱何名、用何體裁、從何着筆？有似緣簿，直是笑柄。即
此數行字，予意亦以爲不必用，姑徇其請强作文，語已恐不免驚
世駭俗，又多乎哉！芰舲至，與之説明，以紅宣還峴堂，但云
已寫。

初六（12日）

擬本月官課題。徐雲生約午飯，以爲甚早，飯後即出門拜
客，往丹銘、峴堂處。丹銘云芰舲不肯受席，四桌亦不觳，改送魚
翅、海參等項，當與仁山商之。我到仁山處，不晤。往見馬堯生、
何茂生、李叔和、左菊生、宋梓材、夏定九，遂至雲生處。客尚未
到，仍至掌燈方歸。在坐皆教官、教授。李君九江人，頗倜儻。
南昌東齋年老，甚腐，云宗師約在九江度歲，回省考首府。定九
約於月半前見廉訪，請提課。

初七（13日）

函致晏海瀾，紙、板均齊，即著印工開刷。應莘臣來，爲改一
方。盧仁山來，寫知單八色禮，以玉如意易席。□□□來見。有
馬用錫號湄尊者，會稽人，在觀音巷吳公館教書，慕名來訪，必欲
觀所箸書，以《駢文》贈之。爲子培改文一篇。作校勘記一卷。
下午往芰舲處，慶典已點景矣。夜作《題〈乘槎破浪圖〉》五律
二首。

初八（14日）

送本月官課題，擬十月官課題。作卷二、卷三札記。陳庚山
來拜。此公尚可與談，惜不能常聚耳。梅宅、應宅、夏宅壽禮皆
會送，近日乃慶祝之期也。聞峴堂自往夏宅方全收，可謂誠矣。
《申報》言法人又圖暹羅，恐黃種均不保。俄人日夜造鐵路到旅
順，聚兵東方二三十萬，大有席捲之勢。中國已危如累卵，猶恃
鬻國老奸仗俄保護，即波蘭之續矣。

初九（15 日）

錄札記數條。往夏宅，約鑒臣作登高之游。天微雨，芰舲留飲。見《時務報》卷五、六，梁啟超云"欲聯俄拒英，請觀波蘭；欲聯英拒俄，請觀印度"，可謂明快，雖不能呼寐者而使之寤，亦令彼族毋謂秦無人耳。老奸請英加稅則十分之五，彼陽諾而陰拒之。公法，稅則由各國自主，請之他人，徒爲彼笑耳。夜歸，擬題二圖。

初十（16 日）

題圖，凡三。錄卷四札記畢。劉虞九丈來拜，云黃某書法本在劉鳳起上，科案黃第一，劉第四，則非學使不平矣。毛玉麟來，繳捐項而立之數，云新邑能書者以熊、夏、王三人爲最，得者必此三人矣。下午往清舫處，適請客，不入。清舫爲予刻《今文尚書》，芰舲薦朱某寫，由袁家舊刻工包，二人爭論不決。朱未面見清舫，彼信刻工一面之詞，十四文一百字，斷無如此便宜。朱所説亦未必全然，擬以此告清舫。至峴堂處，芰舲在坐，言葬墳擇日事，亦不便以此事相語。

十一（17 日）

梅子肇之母六十壽辰，即以其姪豫生喜期做壽，一早往祝。九先生自陪，別添菜。轎夫不肯待，歸已近午矣。校《今文尚書》十餘葉。下午往晏海瀾處，屬裝釘書。歸而芰舲至，談至夜始去。

十二（18 日）

校《今文尚書・皋謨》篇，譌誤猶衆，文明所校全不中用，須老夫自爲之，而校十葉已甚苦矣。芰舲屬問盧仁山送禮事，予往問，則已送去。往唐吉生處，見其父子，其子於冬間將往四川完姻。往鄒叔澄處，云殿書初三由九江起程往湖南，今恐尚在湖北。觀顯微鏡，一螘大於小蟹，有毛蝤、蟆巢、蛟睫，不虛也。江西新廉訪別放通永道張紹璜，桐城人，甲戌進士，到任總在年底。

十三（19日）

往應莘臣拜壽，吃麵。遂往劉虞九、張亮臣處，未晤。歸錄"華蟲"一條。以大小木箱四口託亮臣帶回家。鑒臣、清舫來，云刻工已同書局說定，每字一文一毫，未免太貴。聞陶華封在書局所刻止九毫，告清舫尚可議減否。二人去後，芰舲至，張丹銘來辭行，共談久之。丹銘去，遂偕芰舲至應宅，飲至夜歸。

十四（20日）

聞李儒曾署廣信府，即日起行，往賀。遂至李慎甫、陳庚山、馬湄蓴處，惟馬處略談，餘未晤。歸閱卷二十餘本。梅子肇來謝。龔福保呈所寫試卷，甚秀，亦可取。下午盧仁山至，同到芰舲處赴飲。試燈，頗可觀，夜分始散。

十五（21日）

聞胡湘琅師在洪江，由張亮臣之便，脩書一函，寄書三本，計不相見三十餘年矣。閱卷廿餘本。下午往丹銘處送行，以湘琅師書付之。伊到長沙在十月底，予彼時或已先至矣。

十六（22日）

閱卷廿餘本，畢。熊羅宿解《儀禮》束帛、束錦異用，極精；解《周禮》匠人、遂人異制，可相通用，算法、繪圖甚精密，惟緣邊一里治洫，更有一里無以處之，班氏盧舍恐非塙解。《公》、《穀》，李約希、雷恒皆不愧顓門。《左氏》"子之馬然也"三說，盧從賈，范從鄭，皆有意義。駢文，楊增犖有才氣，徐運鑫尚秀。賦則龔福保為魁矣。徐雲生過談。

十七（23日）

定課卷名次。于秉郇至。李叔和來拜。毛樂齋請酒十九日，辭以不暇，改明日上午，須往也。下午鑒臣來邀飲，同往夏宅。秉郇在坐，約在此如不久耽擱可同行。萬、趙二君坐小輪來，云擠甚，不能睡，但止一夜耳。張氏昆仲均不到，待輪船來，明早准行。

十八（24日）

校《今文尚書》一卷。王餘三至，云同邑有聶鴻勳者，因爭拔，與構訟。午後至毛家赴飲，熊敬中在坐。鄒叔澄云殿書尚在湖北，盛杏蓀以四品京堂督辦鐵路，合肥已回國，是彼舉動也。晚間往夏宅祝壽，見太親母衰甚，拜不能起。留飲，連十餘觴，頗有醉意。是日天氣大熱，只可單衣。半夜後，大風雨。

十九（25日）

辰初，雨少止。往夏宅治賓，賓客尚未至，此間禮節與吾湘頗異。丹銘以風大不開船，仍來。峴堂不畏風，亦至。所用坐唱，頗有北音。在彼一日，頗倦。晚歸，風猶大，夜甚寒。

二十（26日）

提十月官課。鄒殿書早至，談至將午始去。伊以上諭嚴切，輪船、鹺務必可更張，愚意恐未然也。校札記二叚，校《今文尚書》三叚。唐子培至，呈文、賦各一。下午往峴堂、秉郇處，談至昏始歸。夜食二蟹，不甚美。燈下爲子培改文、賦二篇。聞湖南電線俞恪士、鄒沅帆督辦，地圖亦歸入輪船公司。

廿一（27日）

海瀾來久談，聞收有舊本，約往觀。校《今文尚書》十叚。書局寫工艾姓書《今文尚書·凡例》送閱，爲閱一過，所寫字尚勻。云今年可寫出十萬字，發刻恐須明年。

廿二（28日）

《尚書》首卷再閱一過。魏建侯來見，云伊兄京信云合肥回國，謂已聯絡，數十年可保無兵革，圓明園已爲李鑑堂諫止，今聞此言，復興造，真喪心誤國；高麗人有來求援兵者，刑部下之獄，有人力爭始放，哀哉！張啟明來告歸。得家信，並寄考試文。寫家信一函。下午芰舲來謝壽。去後，校《今文尚書》六葉。夜看吉兒所寄場中作，文甚怪，恐不可用，經解繁而不精，爲舊説所囿。家用九百金，不可解。

廿三（29 日）①

往殿書處，並晤蔡燕生太史。殿書云小輪本船可坐，但未知能置行李否。往清舫處，適外出。往夏宅，見芰舲太山阮，久談。歸而課卷至，閲二十餘本。

廿四（30 日）

閲卷二十餘本。張國光告歸。聶廷瑞來見，出本家松筠來書，脩譜事不提，前所寄脩墓四金，已爲玉芳吞蝕，無以報命。所説張瑞林願來受教者，其人已到，屬其來見。清舫至，爲言刻書事，以《大傳疏證》贈之。芰舲至，談至二鼓始去。

廿五（31 日）

閲卷二十餘本，粗畢。張瑞林來見，是小孩子，年止十九，字秋崖，曾從聶蕡階受學，現住蕡階處。宋子材、熊鏡中來拜。

廿六（11 月 1 日）

定課卷名次。説經如熊益元，實能申鄭隱奧之旨，"豫、序、榭"異義解極精當，今不得不以此事推袁。秉郇卷似非其手筆，姑列第二。聶蕡階以張秋崖關書呈上，脩四十元，且收之。黎瑞棠來見，此課卷尚可觀，有進境，列名十七。此課詩《擬劉文房龍門八詠》，多佳作。下午夏少村至。去後，往海瀾處，屬呼印工來印書。往天寶樓買朝考卷，價甚昂，又無格子，止買二十本。往夏定九處，遂歸。朱奚雲來夜談。

---

① 自此日至廿六日，原稿均誤"廿"作"十"。

廿七（2日）

出辭行，方伯、廉訪皆未見，僅見中丞，頗説客氣話，云"費老夫子心訓教諸生，張香帥壽文費心，欽佩之至"等語，爲賢於裕公矣。見江韌吾太守，久談，溪雲事爲力説。又見宋子材、李叔和、左菊生等，其餘均未見。歸而夏定九至，云伊往見臬臺，亦未見，門上人云遲一二日送關往。芰舲至，將書板取回，伊亦聞有謀此席者。見《申報》，云傅相不豫，未解何故，玉銘事牽涉醇、賢親王府太監、管家，可駭也。鑒臣、秉郇來。殿書亦夜至，云將往滬上。

廿八（3日）

劉觀察、裕廉訪來送行。居停云即日將送關聘，江西飯緣尚未滿也。黃小麓來久談，屬覓先生，索所箸《大傳疏證》去。閻覲臣來，云乃兄信談及時事甚痛。黃云龍芝老書亦如此説，有識之士均有巢幕之憂，奈何？又云俄國聘七百人往行聖教，總教萬金，餘數百金，已有往應聘者，其志不在小。《時務報》閲至第九卷，言俄增兵及兵船橫行太平洋，人皆畏之，有兄相極梟雄，今已逝，或殺機少緩乎？盧仁山至，送行並邀飲，而予已諾叔和，辭之。是日忙迫中校《尚書》六昬。文公達至，贈以《大傳疏證》，並還《禮經校釋》。遂至叔和處赴飲。夜歸，關聘送至。

廿九（4日）

提師課。校《今文尚書》十餘昬。子培來，付以所改文，贈以所箸書。黃荇泉來送行，云俄有改衣冠之説。陶華封來，云皆無之，惟俄已立孔廟，則游歷人所親見者；俄通道旅順，爲攬太平洋利權，故英人深嫉之，恐南洋、地中海之利爲所奪，亦未必專爲窺中國，特我太不振，則事難言耳。陶説似可據也。下午出辭行，惟晤峴堂。遂赴文芝塢飲席。文自夸政績，有水清人渴、肉乾人飢之象。歸二鼓後矣。

十 月

初一（5日）

應莘臣來送行，爲易一方。徐雲生送禮，受二色。繆芷汀觀察來送行，隨送黃山谷及朱蘭坡《集》。課藝四部，仍前所刻也，但增辛卯耳，豈近年並未發刊乎？張翰臣來送行。鑒臣至，督朱某交《駢文》並補改字，爲指示覆閱。百忙中校《尚書》八咼。下午往芰舲處還以百金，必不受，以轉贈小兒，受賜太豐矣。《申報》言俄事，與黃小麓合。合肥入禁地，大可怪駭。歸而張秋崖入見。去後閱朱蘭坡書，談經亦可觀。

初二（6日）

校《尚書》八咼，至《牧誓》止。擬以此交清舫，約有十餘萬字，今年所寫不過如是止也。得家信，知九月初八日祥女已生一子，大小平安，甚慰。王翊鈞妹回女庚，聞吉生今日請，小麓亦在坐，當面付之。楊念愓至，許以薦小麓處教讀，使促梅老五潤筆貲。此等事使人索討，大可笑。吉生處不送脩金，亦當使叔和往討矣。寫屏幅四張。徐雲生來送行。陳庚山來，久談。芰舲至，云往袁家取銀付信局。下午往鄒叔澄處言小輪事，彼云可不算錢，給酒錢而已。遂往吉生處赴飲，小麓在坐，告以王宅回女庚及薦楊若卿事。

初三（7日）

寫信致小麓，並發家書，寄肆百金。袁子純處假叁百金，見月六厘行息，寫一摺子，稱福隆寶莊，從十月初一起息。盧仁山送禮，固辭不獲，受磁器四色。盧豫章、龔福保來送行。寫對聯六幅。閱初課卷廿餘本。楊增犖、陳希孟、夏鑒臣、少村竹林來送行。應莘臣送四色，受茶菊。下午往芰舲處赴飲。

初四（8日）

文公達偕其梅表弟來送行。校《今文尚書》十葉。初課閱畢，接閱二課十本。粵人史壽頤來拜。公達云此人好學，初到省者，來拜乃彼導之。予不暇接見也。下午往峴堂處赴飲，主人情重，爲之酩酊。

初五（9日）

張捄、楊念惕來見。因昨子肇來送行，並未提及，故再呼楊問之。黃小麓至，屬爲訂庚帶庚帖歸交翊鈞，以首飾一時難辦，即此定局，明年擬完姻，若到署，請彼送，擬寄川貲式百金，奩貲並不計較，遲亦在後年也。以楊若卿卷示之，甚稱賞，云其子楊緒昌卷乃彼賞拔，既有此文字緣，擬即延聘，現有三缺恐補上，猶不知西賓能遠行否，脩金可八十金。前聞若卿云有八旬老母，當再問之。課卷閱卅餘本，尚未畢。熊羅宿、雷恒進見，以《尚書》第七、八卷付熊校之。下午往袁子純處赴飲，請萬潛齋診脈定方。夜始歸。

初六（10日）

唐吉生來送行，未提送脩一節，擬致書叔和催之。桂赤來見，其所校《尚書》亦草草。課卷閱畢，清理書簏。唐處送來脩洋四十元。呼楊若卿至，詢之，可以出門。函致小麓，請其聘定。夏定九、張峴堂來送行。張送禮四色，辭之不得。歐阮齋送四色，受二色。包培齋送脩十三元、臺灣席式牀、香一束、上海筆十支、詩牋式合，有信問志文事，以稿付之。李若靈、于廷榮、雷恒、晏志清、鼎升來。下午芰舲至，談至夜。人客坌集，清理書籍、行囊，至三鼓方寢。

初七（11日）

寫信回松筠本家。黃小麓信至，云可定局，而不下關，復信促之。叔和至，煩致小麓。夏芰舲請官示稟帖含糊，須換。以衣箱乙口、書箱十七口寄芰舲，約一會。彼欲下鄉，請即去。少村、秉郇、清舫至，以禀帖付少村，約晚間去談。楊若卿來，告以黃信，屬待旬日。周觀濤、萬簴、楊藻鑑、王益霖、毛玉麟、張捄、熊羅宿、謝寶珩來送。朱溪雲至，送點心、茶葉。秉郇至，久談。芰舲以新建打官話，大發牢騷。晚間至芰舲處辭行。夜歸，鄒叔澄及皮益之來送行，云輪舟已知會。

初八（12日）

辰初到船局，管事朱英甫招呼上船。船名利濟，管朱穀能，揚州人。坐官艙頗舒展，然輪聲震撼不寧。拖船五隻，北風又大，行頗緩，既暝方到吳城。見十號《時務報》。

初九（13日）

早由吳城開行。有徐景濂號春波者，上年舉人，與袁子純有連，往南京找袁子良張羅，院中肄業生也。風稍微，晚到湖口。

初十（14日）

午刻到九江。黎襄廷接至啟源號。買裁料十餘金，買闈錶二，共將四元，寄芰舲，脩書一函，交朱穀翁輪船帶去。歸吃飯已天黑。黎師僑歸，久談。聘之在城送諸弟府考，未歸。以《大傳疏證》二部、《經訓課藝》留贈之。夜已卧而襄廷必欲邀飲酒，三鼓始卧，殊不成眠。鼠鬧甚，且疑有臭蟲。風雨又不止。

十一（15日）

風雨。恐輪船到，係招商江裕，不得不趕早起料理。買蟹數十枚，每廿四文，亦不賤也。師僑及聘之衣冠賀喜。襄廷又送食物六色，設席早飯。午刻江裕到，襄廷父子送上船，指揮一切，甚感其情。我勸聘之現在風氣不同，不必謹守繩尺。到湖南，當寄《通雅》等文與之。未初開行，晚晴止雨，到武穴。夜過黃州。

十二（16 日）

天明到漢口，天大晴。撥船上小撥。北風甚佳，而船今日不行，恐晴後將轉南風也。連日受風頭疼，午飯後疼欲裂，汗雨下，不能支。夜強起，飲酒一杯，食蟹一，甚肥。用黃酒醉蟹一罎。

十三（17 日）

晴，轉南風，舟不行。予無時不與天相扼，舟至漢口，必阻南風。此次江右至漢止四日，太速，至此必極力阻滯，始足以快天心也。然天究不能阻輪船，何歟？舟中無事，擬作"禮之用，和爲貴"文一篇，"物有本末"文半篇。閱《時務報》。

十四（18 日）

南風，仍不行。"物有本末"文續成，擬對策問。閱《時務報》。

十五（19 日）

策對畢，約千言。又擬論一篇，自謂頗佳。東風，行數里，泊鮎魚套。此地進城即鄂省。予性不欲干人，不往。去年過此，亦泊一宿也。

十六（20 日）

五鼓趁東北風開船，巳刻過金口，仍拉縴。作《驪虞解》一篇近千言，駁毛申三家，用宋奉峨之意而推廣之，可以爲定解矣。《時務報》九本已復閱一過。梁卓如所說誠是，然掃地更張，必不能行，不過託之空言而已。行至東角腦，晚泊。此地無論風順逆，總須拉縴，用西法必鑿之。

十七（21 日）

四鼓即開行，行至飯後，仍拉縴至簰洲。下午復行數里泊。覆閱《古文尚書疏證辨正》，校出一二譌字，俟歸付書局改之。夜雨。

十八（22 日）

雨止風息，舟行甚遲。策問改作一篇，視前作頗暢，然恐駭世，未敢如《時務報》之盡言也。校所作《書序考證》，多前人所未發。夜泊嘉魚。

十九（23 日）

四鼓風順開行，天明到寶塔洲。等看釐金，耽擱一個多時辰，少走二三十里。釐局虐民，無不受害。前見《湘軍志》，云雷以諴在江北始刱行抽釐。頃見《庸閒齋筆記》①，乃知抽釐之議實刱於雷之客錢江。江字東平，浙江奇士，後以侮傲爲雷殺，人冤之。聖人曰："始作俑者，其無後乎？"觀釐局之虐民，則錢之見殺，亦未始非作俑之報也。讀《昌谷詩》，得詩數首。晚泊新隄，夜雨。

二十（24 日）

天陰無風，天明始行，到螺山泊。下午微北風，舟中恐風暴，不敢行。校《今文尚書》一卷。

二十一（25 日）

大風，不行。校《今文尚書》一卷。觀前年所作詩，慨然有時序如流之感。夜聞濤聲，得詩三首。

二十二（26 日）

三更開行，天明風漸微，巳刻到城陵磯。風復長，揚帆過湖。未刻到鹿角，申刻到磊石，酉刻到雲田，遂至扁擔峽泊。一日三百餘里，神速不減輪舟，但如此快事不可多得耳。

廿三（27 日）

三鼓開行，天明到丁子灣，風漸微。午刻抵城下。入城到家，幸家皆平安。八弟得一子，久安丈攜八弟同往萬載矣。楊子

---

① "記"，原闕，據陳其元書名補。

服至，以家事相託。述卿至。家有祭事，兩叔父來，夜飲。

廿四（28日）

雨。檢點行李。下午往叔祖母處，毫不識人。楊晴川姻丈來，以《申報》及稟稿相示，楊吉逢、桐伯已瞞彼稟請分襲騎都尉與二等男爵，奉部文行查，屬往見中丞代稟明。既屬至親，不得不允。

廿五（29日）

汪受明至，談洋務甚洽。湖南亦議行輪舟，祭酒今日傳人會議，不知何如。汪夢來亦至，留飯始去。往述卿處，不晤。煥彬由京寄孔本《鄭志》並信函始見之。孔本與袁本似無甚異，俟略繙一過，再寄復煥彬。

廿六（30日）

飯後出門，至李蓺丈處久談，蓺丈之子及曾經郅之子皆陪拔，拔有王天保者，乃府學官之叔輩也。見右帥，未得。見王逸丈、張雨丈，皆往定王臺會議輪船事。黃薏丞親家往南州收租，未歸。至楊宅，留午飯，約遲日再往謁中丞。聞黃麓泉歸，唁之，其母柩尚未到。往受明家，見太親母及三親家母。歸已暮矣。

廿七（12月1日）

汪受明來，以所擬輪船章程見示，不招股，不歸官，能出貲者專辦一船，事最易行，無輆輹。陶鳴謙來回拜。譚君華、柳象臣至。送君華《大傳疏證》一部。以《駢文》交唐文星訂，並寄買十部，又《自課文》、《孝經疏》各十，《大傳疏證》五部。江建霞刻《靈鶼閣叢書》，談洋務者多新異可觀。送麓泉母夫人挽聯云：「昔歲記添籌，慶生辰兕酌陳辭，頌德曾披都水傳；終天同抱憾，嗟令子鳳城聞訃，奔歸不見老萊衣。」

廿八（2日）

陶履謙來，屬代覓西席。述卿至。張亮臣著人來知船已到，着人上船取磁器。箱來，開書箱，見《三通》。予得此書數年，未及一覽，愧甚。

廿九（3日）

謁見右帥，談輪船事甚悉，代稟明楊家事，彼云照律長房立後，承襲應歸長房。稟帖不收，云不便批，俟縣轉詳，再行批示。此舉失之太緩，若早辦，必可承襲也。今彼已照吉逢等稟奏，未知能挽回否。右帥似不復憶此事，我亦不便説及。各處拜客，均不晤，惟見唐斐翁。又到船上見亮臣。彼與我同到省，俟丹銘來再行也。汪鏡青、孔揩陔來回拜。兩人皆不好洋務者，不以右帥爲然。風氣如斯，恐非數人所能抗。云有一洋人來，欲傳教，婉勸之去，即螺山所見之人也。寫信復楊晴川。伊不放心，着子服來。屬其催縣早詳，並託陳海鵬、楊芝仙説明，恐中丞詢問。王翊鈞夜至，以庚帖面交，並致小麓催辦喜事意。

三十（4日）

程仲變至。唐魯英、張亮臣、張雨珊丈、俞恪士、楊子服先後至。張、俞二君皆云右帥辦事太緊，不能專行西法，礦務不獲利，所出安定磨尼亨大利，求售而議價太昂，若稍鬆，可得數十萬金。湖南有此自然之利，尚屬好消息也。客去後，校《書序》數紙。歸已八日，未能讀書十行，可愧！

十一月

初一（5日）

王翊鈞送年庚至，道遠恐寄失，俟明春帶去，當先函告小麓。本家芝仙來，云到已數日，寓白馬巷同興棧，武岡有翟某允薦礦務事，在此再待數日。此我家出色人，名心彝，松筠之兄也。郭章甫、李兆基、黃子家至。黃乃兆槐之弟，但少村壻。郭漸衰老，多病。李云阜南出四十萬票,乙百文起,欲平錢價,穀米空虚,皇倉未填,將來恐更昂貴。聞叔祖母不大便已十日,往視,頗能識人。歸校《書序》,復葉焕彬書。

初二(6日)

往白馬巷同升客寓回芝仙拜,與之談頗了了。歸觀譽孫周晬,設晬盤,取筆不置,或將來能傳硯田乎?寫信致芰舲、小麓、焕彬。

初三(7日)

寫信致頌年及黎聘之。黎索湖南時文,寄之。張雨珊丈以《弘正四傑》及《滄溟集》見贈。湯稚安來拜,談時事甚悉。旅順、威海、膠州悉歸俄轄,大有扼吭拊背之勢,非但中國之憂,亦泰西之憂也。下午赴李蓺丈飲席。丈云湖南賑務,伊竭力倡捐,約已得三萬金,擬買穀備荒,尚與賑饑意合,中丞欲以此項爲製造局用,將約雨珊丈等爭之。予極贊其善,未審能符原議否也。

初四(8日)

爲吉兒改文一篇,作試帖二首。下午松祥曾某與孅卿弟招飲,見楊篤生、許季純,人皆倜儻,好談洋務。楊子服至,以縣批見示,邀同往塘灣張芝岑處。晴川已回去,復同至楊宅。縣不轉詳,批户族查明稟復。晴川丈擬再上一稟,並請楊芝仙出名,看縣如何。

初五(9日)

孅卿屬題《九如圖》爲徐敏卿壽,爲撰數語,又强作壽詩二首。録出兩年所作詩六帋。子服夜至,以稟稿見示。

初六(10日)

晴川丈早至,云到芝仙處,芝仙不欲出名具稟,即於稟中帶叙,斟酌增入字句。松祥曾某請以膠書所題《九如圖》,殊不成字。下午往程仲夔處赴飲,以將下鄉,早歸。而晴川丈再致

函,子服夜至苦求,必欲予不下鄉,往中丞處一行。予以無益
辭之。

初七（11 日）

天明啟行,至盛家灣已暮,尚未走夜路。轎中閱《經解入
門》,其書託之江鄭堂,中有勦《輶軒語》,所引人名、書名有出於
鄭堂後者,爲近人略曉經學者僞託無疑,然初學閱之,可通治經
門逕。

初八（12 日）

天明登山祭墓,今年始得一拜松楸也。飯後過春華山,到泉
窩塘祭黃孺人墓,不到已數年矣。雨,寒甚。

初九（13 日）

飯後過楓林港,到石香爐。到汪親家處,見念循、祥女及所
生之子。子名益智,小字開慶,相貌豐壯。親家未歸,初十生辰,
既到此,不能不留一日。

初十（14 日）

在汪宅,客無他人,惟袁某、金某,乃親家母内親。

十一（15 日）

雨。飯後與念循同入城。雨止,見日,將晚到家。晚間往二
叔處慶壽。

十二（16 日）

往二叔父處拜壽。遂至唐菶之處吊唁,並拜蘇農丈靈位。
此老待我頗厚,未奠生芻,於心不安。歸錄詩數章。念循來。下
午往楊宅,芝仙竟不到,惟張芝岑尚能説數語。晴川與吉逢辨,
理雖正而氣不剛。彼讓爵係實情,惜未能早明讓。吉逢欺子服
弱,有逐之之語。今爵、蔭襲皆不歸子服,若再示弱,並家産不保
矣。議再具稟,申叙"並非暫繼,不得再有異言"等語存案,即此
了事。部文來查,乃查汝康、汝榮孰嫡孰庶,子服之名並未上達

天聽。聞前武慇死時出奏，即行暫行過繼，今並没其君①。始終
憒憒如此，何能爲力乎？

十三（17日）

　　録途中所作詩畢。念循至，云昨入城，後夜被盗，幸未入内
室。冬至將近，交公帳，算一過，略得大致。

十四（18日）

　　予生辰。汪受明至，留談時事甚悉。述卿、子服、念循、黄子
家及子服之弟至，留飲至將晚始散。張亮臣來辭行。念循云明
日下鄉。

十五（19日）

　　出門謝客。到張亮臣船上送行，云丹銘廿日内將至，家眷將
起坡，擬趁此收媳婦，女家即桂廉訪，丹銘將一人先往粤西也。
到汪受明、楊晴川處。晴川云事尚未了，屬致函京中管印結者勿
遽出結。予不知今年管印何人也。是日先子忌日，歸祭。與三
叔論冬至交帳事。

十六（20日）

　　北風甚勁。譚君華至。寫祭帳送唐奉之。夜雪。

十七（21）

　　冬至。往徐敏卿處拜壽、唐奉之處作吊。見韡之，鬚長鼻
赤，非復前日美少矣。云桑枝壓屋，擬翦伐，再俟商量。歸祭，交
出公帳，與兩叔父、諸弟飲至夜。

十八（22）

　　繙閲《通典》、《五禮通考》等書可以證《鄭記》者，亦不盡
詳。擬試帖一首。

---

①　“君”，疑當作“名”。

十九（23）

飯後往徐宅觀劇，飲至將晚始入城。

二十（24 日）

往節吾處回看，尚臥未起。歸遇受明至，以所作稟見示，使頌年毀繼，亦是正辦，特姨太太難爲情耳，似宜問過頌年，不必太驟也。受明去後，予作《鄭記考證》，第一條即"支子爲人後"。考諸書，惟本房無後歸宗有古義可據，與頌年事稍不同。楊晴川至，云前議尚延宕，屬作書致管印結羅石帆，使勿出結，此事恐無益也。往綏臣處，見綏臣，並見乃翁，云龍芝老保六人，有節吾、劉更生、秦子直、李俞農，惜公事不明，無"送部引見"字樣，留中不發。節亦有煙霞癖，豈習俗固然，賢者不免乎？往受明處，勸其先問頌年再舉動。

廿一（25 日）

往二叔父處交公帳餘銀，並候叔祖母安。彭廉泉至。檢閱禮書，擬作《鄭記疏證》。致函羅石帆，爲楊宅事。

廿二（26 日）

作《鄭記疏證》二牖。

廿三（27 日）

作《鄭記疏證》二牖。汪允忱親家至。黃兆槐之弟與子至，皆住衡清試館。張芝生名錫壽者來拜，子服之本生母舅也。言楊家事，吉逢猶不欲已，聽信歹人，欲更繼一子，爲爭產計。縣批云候詳撫憲，且看撫批何如。

廿四（28 日）

作《疏證》二牖。連日身體不舒。

廿五（29 日）

作《疏證》二牖。譚君華至，將往萬載。

廿六（30 日）

作《疏證》二紙。受明至，云京信已發，湖南輪船非香帥、敬帥梗議，乃欲留待盛杏蓀舉辦。此事歸外人辦，恐不行。電線歸彼，亦恐不行也。李兆基至，云穀滯不銷，九石半尚無售主。是夜庶母慶壽，飲多，煩熱。

廿七（31 日）

張丹銘至，云將起坡，明春娶子婦，自己先到省。黃蕙丞親家至。晴川丈至，以所具稟見示。子服、述卿至，爲庶母慶壽也。作《疏證》二爲。

廿八（公元 1897 年 1 月 1 日）

作《疏證》二爲。聞周五樓得拔，荔樵同年子也。又聞劉瑞珊亦得拔。

廿九（2 日）

往河上回丹銘拜，並幕友范澤芬。丹銘云初二起坡，住高升巷，擬邀初三飲席。遂往塘灣回拜張芝生，談楊宅事，幫子服者惟彼耳。

臘　月

初一（3 日）

作《疏證》二爲。譚彝仲至，云由萊州一月始達，匆匆歸去。作《疏證》二爲。得賀爾翊書，銳意箸述，作《韓詩外傳疏證》並《續漢學師承記》。彝仲歸自東萊。

初二（4 日）

復爾翊書五爲，並致黃君輔一函。作《疏證》乙爲。

初三（5 日）

作《疏證》二爲。“反舌無聲”一條，袁本所無，特補入。

初四（6日）

作《疏證》二帋。下午往黃親家處，遂赴王逸梧、張雨珊丈飲席。在坐龔省吾、蕭希魯、楊芝仙、魏子純皆舊識，惟蔡伯浩觀察初見。蔡辦礦務，議論通達，云應歸商辦，若官辦，弊多利少。

初五（7日）

作《疏證》二帋，《鄭志》一項粗畢。請客，惟王逸梧、汪鏡青、程仲燮、黃薏丞、汪受明、瞿述卿來，李蕘丈歸寶慶，張雨丈、黃覲虞、林綬臣皆不至。秋生姪自龍潭攜其妻子來湘，云在常德城外開設恒昌藥店，光景頗好，來接家眷。喜生姪亦同來。

初六（8日）

寫信付喜生姪，帶交芝仙、松筠、玉芳三人。秋生云伊已將謝家山、水心菴兩處之墓指示喜生，與三叔商議，即着喜生去立碑修墓，付洋弍元。恐玉芳又從中漁利，故寫信向索立碑餘費，彼恐喜生向彼索錢，必不來干與矣。芝仙兄弟不過面子上託人耳。往述卿處拜壽，留飲。彝仲來，談時事、學派至夜分，云高密一帶無復餘風，鄭過昭雲峰，山在萊州。

初七（9日）

據《通典》補《鄭志疏證》數條。朱苇卿自芷江交卸，來拜。

初八（10日）

校《鄭記疏證》十六帋。陳芷青由江西來拜，云法人有欲得粵西全省之說。剝牀及膚，可懼也。與彝仲談至夜分。

初九（11日）

往黃鹿泉處作弔。見中丞、廉訪、朱苇卿，皆未晤，惟見袁叔瑜、汪允怵。汪云蔡觀察屬稍候，將易一善地。聞製造局有行東洋車之說，可云耳目一新。校經，江宗師自爲政。求賢聘越中陳孝廉，豈即陳虬耶？熊棣臚同年在中丞幕府，拜彼可見伯年。歸後，仲彝來薦蒙師。秉郇來見，久談。芰舲無書來，殆匆迫未暇與？

初十（12 日）

致書芰舲，具稟賀黃宗師年喜，並薦魏、夏、宋、袁四生，聊盡我屬望之忱耳。秉郇言周錫藩、劉應元、劉彭齡得拔，不知更有何人。徐菊壽來拜，云明春挈眷往江西。

十一（13 日）

祭酒送來《古文尚書冤詞平議》寫本，覆校一過。文道希來拜，云萍鄉煤係采買，鐵礦尚未開；湖南輪船，香帥不欲行，恐洋人借此來開馬頭。何與批鄒殿書相左也？談箸書事，云《逸周書》有可下手處，戰國人引《詩》、《書》甚少，而引此書獨多，"海大魚"亦出此書，足見當時盛行。所說甚籹。此書不知更有人注否？朱右曾解，予不甚然之。

十二（14 日）

寫信賀劉牧村。以《漢書》校正《今文尚書》數處。下午楊晴川邀往塘灣張宅，見縣批，仍護前非，但不沒承繼一節耳。

十三（15 日）

校《洪範》篇，繙閱甚苦，校十六舛，已大費事。

十四（16 日）

校《洪範》、《大誥》、《金縢》。裁《琅琊碑》，此柳公之佳者。久安先生至。隆姪出痘，小孩子多恐傳染，請劉姓趕急點痘。

十五（17 日）

先子生辰。校《康誥》、《酒誥》、《梓材》。袁叔瑜至。徐叔鴻丈來拜，談時事，皆有漆室之歎。徐丈云夷爭中國，必先北方，次則海上，湖南不當要道，猶可後亡。其說亦是，予則恐湖南人先不靖耳。

十六（18 日）

校《召誥》、《雒誥》、《多士》畢。連日求雪不得，大風，旋晴。

十七（19日）

往胡子威、汪叔明處。子威云近日風氣大變，談時務者皆趨風氣，求如前日之士氣已不可得，經、史實學皆可廢矣。予意亦以爲然。往晴川丈處，彼來我處，相左。遂至九安丈處，道泥濘不可行，乃歸。陸仙七弟生辰，邀飲至夜。

十八（20日）

校《書序》十餘昏。往小古道巷見叔祖母。

十九（21日）

往孔揩陔處道喜。至俞恪士處，見示李觀察手書，其議論與《時務報》略同，忼慨激昂，不知是由中之言否。遂同往見伯嚴同年。一別五年，伊到此，因避嫌，未便請見，兹爲子服事，破例一往。談江西事甚悉，湖南事未敢詢問。子服事已向佑老面説，恐其忘記，更請代達。伯嚴意以爲當有族間及當時在場人具稟，乃可定案，此則非我所能爲矣。熊棟臚同年在幕府，往見，略談。歸遇子服至，舉以告之。

二十（22日）

聞恪士云道希尚未去，往見，不晤。見晴川丈，以伯嚴意告之。據云縣中詳文、申覆部文皆已上達，看中丞如何批示耳。往王逸梧、徐叔鴻、壽鶴丈及陶履謙、楊芝仙、徐菊壽處，皆不晤。黃親家之媳病重，往視，詢所服藥多誤，又信神太過，予不敢言。歸校《書序》數昏。得芰舲親家書，二十餘日始達。少村所寫字更進□□□□竹林無進境。予薦士書已發，未知如何也。夜夢作試帖，有“梅寒宜鶴守，絮暖有魚知”一聯，又爲人改試帖，下句云“經師寶訓儲”，予改上句云“士乃民之首”，不解所謂。

廿一（23日）

芰舲屬請陶履謙篆書“夏芝岑公丙舍”六字，函致履謙。芰舲書云李叔和前月廿五委署新喻，本月中旬到任，此刻當履新矣。黃薏丞至，云夏觀察已到省，住草潮門蔣幼槐家，以家眷未來，未佃公館，惜昨過草潮門未之知也。《書序》校畢，接校《鄭志疏證》。是日祖母生辰，留薏丞在此，與二、三叔父共飲至夜。

廿二（24日）

校《鄭志》數昏。往馮家沖掃墓。轎中閱蔣文鴻詞，有和黃仲則韻《金縷曲·歲云莫矣》，淒然有懷，依韻和作二闋云："又報梅花放。歎匆匆、年華去了，淒然長望。人道海中塵又起，水淺蓬萊堪量。便修到神仙猶悵。荷鋪劉伶真達者，莽乾坤何地將儂葬。爭忍見，疊舟蕩。　　生平抗志雲霄上。奈江湖、阻風中酒，蕭寥孤況。嫋嫋秋風如客燕，歸到故巢無恙。還仿佛、烏衣前巷。埽雪烹茶良不惡，看幾人醉夢銷金帳。待驚起，春雷響。""都道才人放。復誰知、無情天地，有情癡望。自昔蒼蒼同夢夢，禍福何容衡量。那能爲迂儒惆悵。地下埋憂俄已古，祇填胸萬卷難輕葬。搔首處，天門蕩。　　長沙痛哭千秋上。惹蕭條、憂時涕淚，弔湘情況。傑士英魂元不死，我識此君無恙。可還記、栖遲門巷。問鵬不言惟奮翼，總難明一昏糊塗帳。敲玉唾，聲聲響。"過彭孺人墓，再疊前韻云："拱木淒風放。問卿卿、芳魂何處，芳墳相望。黃土美人從古恨，天意冥冥難量。徒惹我清狂惆悵。骨化香銷三十載，顧此中猶有嬋娟葬。蝴蝶夢，任飄蕩。　　畫眉曾傍妝臺上。歎匆匆、聯吟寫韻，閨中清況。潘岳髻毛憔悴盡，惟有癡情無恙。怕重過、婦家門巷。惘惘不堪回首憶，倚玉人同坐流蘇帳。絃錦瑟，寂無響。"

廿三（25日）

寫春聯數首。往史家坡掃墓，見電線已立過河矣，火柴公司牆壁已將頹敗。今之鼠目寸光者，株守舊法，多不知古今事變、中外形勢，而主變法者，又皆好利生事之輩，得錢即濫費，並不求事之成,所以變法數十年,有弊無利。湖南近日之事亦大類此,不過可以略開風氣,求其成效,恐茫如捕風也。《曲禮》疏云:"其殷以上①,則《禮緯·含文嘉》云:'天子、三公、諸侯,皆以三帛以薦玉。'宋均注云:'其殷禮三帛,謂朱、白、蒼,象三正;其五帝之禮,薦玉用一色之帛。'故鄭注《虞書》'三帛':'高陽氏之後用赤繒,高辛氏之後用黑繒,其餘用白繒。''其餘',謂堯、舜之諸侯也。"應補入《考證》。

廿四(26 日)

校《鄭志疏證》二十餘㕙。寫春聯十餘幅。

廿五(27 日)

雨。校《鄭志疏證》二十餘㕙。得王仲蕃書。

廿六(28 日)

雨。往見夏世姻丈,云由桂林起旱來,廿日始到,家眷尚在梧州,來春再來;兩孫今年請程稻村教,程選新城學,明年回省應試,將來請業。此公相貌、言語均似芝師,精神甚健。往李蕘丈處,尚未回省。歸寫春聯數幅,校《鄭志》數㕙。

廿七(29 日)

夏丈一早來拜,久談,言時事甚通達,云粵人通洋務而不甚拜服洋人,事尚可爲,奈官府疾視其民,驅之從洋人,細江通商,即由此等人逼成。予云江西釐金甚苛,亦恐逼之引洋人來開馬頭也。夏云現在人心,有願洋人速來之意。嗟乎!嗟乎!敺魚敺雀者誰乎?豈非爲盜不操弧矛者乎?校《鄭志》廿㕙。

廿八(30 日)

校《鄭志》廿㕙。歲事既逼,索債盈門。今年除吉兒拔貢用費及還息銀外,尚用錢乙千串,不知何以濫費至此?

---

① "殷"下,原衍"禮",據《禮記正義》刪。

廿九（31日）

校《鄭志》廿叚。楊晴川丈至，示中丞批云：“官員襲蔭，自有定例，何得爭執？仰布政司查明行縣，飭即遵照。”語近模棱，殊與面説不符。楊欲再禀薇垣，亦是；屬再致書京官，則無益耳。

三十（2月1日）

校《鄭志》十叚。催租敗興，令人不堪，有“侯伯來朝有惡聲”之勢。樂蓮棠云：“身爲債帥，命應客星。”今予亦然，不知何時能脱此厄也。黃薏丞親家次媳巳時病故，楊希白之女也。屬在新年，不便往弔，亦不便往賀。

中國近代人物日記叢書

〔清〕皮錫瑞 著　吳仰湘 點校

皮錫瑞日記

第二册

中華書局

丁酉（光緒二十三年，1897年）

元日（公元 1897 年 2 月 2 日）

天陰，無風雨。早起，磕頭多，殊不適。校《鄭志》數卷。假寐片時，汪受明來，予睡不知。見第十七本《時務報》，論中國教童子之法極可笑，皆八股流毒也。《郵政局章程》已出，無拆家信之語，匯銀不過百兩，不知何意。徐蔭師大拜，孫燮師禮部尚書，高陽吏尚、協辦，並免帶領引見，殆未愈耶？外國報互相詆，由互相忌，言中國甚可怕。《時務報》館開課，題爲《問中國不能變法之由》、《論農事》，准五月十一收齊。夜雪，頗大。

初二（3 日）

校《鄭志》數卷，畢。譽孫似出天花，醫者視之，云不是，仍是風熱毒耳。手腳均腫泡，夜半啼哭，爲之不安。

初三（4 日）

晴。楊、瞿、彭諸戚來拜。

初四（5 日）

擬題目數十。閱十六本《時務報》。俄國言東三省、滿、蒙之地如指諸掌，極可怕。報中力辨《中俄密約》。中國獻臺灣於英，英不受。俄人崇孔子教，聘中國人教習，爲必無之事。似難保其必無，殆爲中國諱歟？盛杏孫陳自強大計，兵練土著，開學堂，用西學，與科舉並行，開銀行，收利權，撤釐金，增洋稅。所見皆是，特恐未必能行。梁卓如痛詆學究能亡天下。予謂非學究之過，乃有天下用八股者自亡耳。八股濫觴於王安石，王已云變秀才爲學究而深悔之，猶蹈其覆轍，何也？

初五（6 日）

　　畢松甫來見，人甚倜儻。有張太守毓麟者，云自浙歸，曾署台州，特來拜。其子名升猷，亦來。録題目，得數十以備用。得芰舲信一函。

初六（7 日）

　　出門拜年，惟汪、周、陳、楊各處内親見面。汪述貞年内回信，云今歲三年任滿，可調入關。尹臣事未定，日内當到城。陳芷青云龍芝翁八月七旬大慶，當致賀，計彼時未能歸賀也。《申報》有楊崇伊及某侍御請釐正文體。宋人云“平章束手全無策，却把科場惱秀才”，可謂古今一轍矣。此皆迂不曉事之人，且有心懷叵測，欲聾瞽天下之耳目以愚弄之者，應加申斥，猶付部議，何也？聞香帥於鄂開武備學堂，舉、貢、生、監皆可入，須扎包頭、穿號衣，人多不願。文武古不分，此亦不足怪，無如俗目易駭何也。彭念蘇來拜，云稟到湖北，歸接家眷，月内即行。

初七（8 日）

　　雪，頗寒。擬題數則。得王祭酒書並《今文尚書考證序》。

初八（9 日）

　　復王祭酒書。受明以近開時務學堂，欲爲伊姪道地，因垾名條一帋。王《序》意與予小不合。彼信班書，以爲西漢有古文説，不始劉歆；予則同康氏説，以《漢書》亦沿歆誤。各遵所聞可也。于秉郇至，云須在省發卷子，如二月底去，可以同行。予若枉道武昌，則行略早矣。作書寄芰舲。請夏子新觀察，辭不至。

初九（10 日）

　　晴。函致陶履謙，催取所書字。履謙適至請見，詢之，云長聯見《申報》，蓋芰舲愛此語也。黃蕙丞親家邀飲，鹿泉同至。鹿泉言常熟憒憒，以木易爲腹心，疏斥文、張，封强學會，殊可笑。

如此舉動，安得不爲敵人侮乎？

初十（11 日）

裱字帖數帋。赴晴川丈召飲，里仁巷張宅園亭頗佳，晚歸。譽孫手腳均泡爛，徹夜啼哭，爲之不眠。

十一（12 日）

擬題數則。孔刻《鄭志》於《周禮》後坿《答臨孝存周禮難》數條，亦擬補入。甫録數行，念蘇至，談至將晚始去。夜請三叔看譽孫，至三鼓始眠。

十二（13 日）

往念蘇處久談，遂至張必明家。回龔瓊山看，不晤。唐蘭生聞換陽禄局，不知在何處。看二叔，病已愈，叔祖母較去年明白，能認人，壽未必艾也。受明至，談教小孩事。録答臨碩二條。

十三（14 日）

往馮家沖拜墓。天雨，勉力登山。輿中閲《詩補箋》，多新義。《詩》自三家亡，毛《傳》孤行，不厭人意，故宋儒起而反之。近人駁朱申毛，亦不盡然，不必謂新義無可觀，《御纂詩義折中》已間從何氏《世本古義》。

十四（15 日）

雨，不能下鄉。昨尹臣親家來，不晤，往回拜，伊又外出，見兩老太太。歸，于秉郇至，久談。楊芝仙來拜，將入京引見，再到閩。

十五（16 日）

風，雨雪。到史家坡拜墓。輿中閲《詩補箋》數卷，佳在以禮解《詩》，用鄭君家法而易其詞，故無空言説經之弊。歸遇沈文卿姻丈來，不相見將三十年。伊年逾六十，猶在外作幕，予所處亦與之同，可慨哉！

十六（17日）

得賀爾翊信,言經義、時事皆有見解。請譚介林先生上學。譚名希泰,派名紹鋆,九安先生從子。是日大雪。

十七（18日）

雪未止,甚寒。疏鄭答臨碩畢事,雖止數條,考訂亦費事也。檢朱右曾《逸周書集訓校釋》閱之,其書所云文、武之年多信後人臆説,謂武王不蒙文王受命之年,與《史記》、伏《傳》、兩漢諸儒之説全反。此大謬不然者,其他亦少發明。此書塙是戰國人手筆,劉子政以爲孔子删《書》之餘,未敢信。

十八（19日）

雪止。閱傅世洵《洪氏隸釋補》,云《綏民校尉熊君碑》以"自靖"爲"自清",則馬本作"自清",或亦三家異文。又《李翕郙閣頌》、《費鳳別碑》、《辛通達李仲曾造橋碑》皆以"日稷"爲"日昃"。閱《古逸叢書·文館詞林》,隋文帝《答蜀王勑書》云:"凡此十者,滅天理,逆人倫,汝皆爲之,不祥之甚,欲免以患禍,長守富貴,其可得乎? 孔子曰:'孝無終始,而患不及者,未之有也。'今日於汝方復見之。"文帝引《孝經》解"患"字不誤,可補入《孝經疏》。鐵橋云明皇本删"己"字,今隋勑已無"己"字矣。又漢章帝《郊廟大赦詔》云"伯父、伯兄、仲叔、季弟,幼子、幼孫",用《甫刑》篇文。張華《魏高貴鄉公大赦詔》云"黎儀億兆,日新厥志","黎儀"用今文《尚書》。漢李固《祀胡母先生教》云"常學《春秋胡母章句》",是李公亦習《公羊》者。"胡母"字作"母"。

十九（20日）

于秉郇、瞿述卿至。吉兒聞江宗師言校經改章,以子、史、天算分五門,子學何以名家? 又將考送人才入京應試,廿人取一,亦未爲捷徑矣。右帥將出閱邊,往見宜早。閱《文館詞林》文數篇。《古逸叢書》有玄宗御注《孝經》，以校今本，無大異處。高似孫《子略》引《逸周書》數處可備查。

二十（21日）

錄詞三首。閱張皋文所選詞及唐、五代、宋詞，初無解處，知此道終不免爲門外漢也。復賀爾翊一函。

廿一（22日）

晴。擬出門，聞係開印日期，遂止。是日忌辰，實非開印日也。閱尊經課藝，足見王學宗旨。説《易》用叚借，最通，亦本焦氏。

廿二（23日）

見桂廉訪、夏觀察。夏言廣東極可惜，有財有人，無好官爲之，指日將歸他氏。英人請通西江路，由肇慶達梧州，法人開鐵路至龍州，將來粵東必歸英，粵西必歸法。英屯重兵於香港，法由越南窺滇，兩粵屏蔽一徹，江西、湖南危矣。見右帥，未晤，小輪已託廉訪轉達。

廿三（24日）

劉伯卿來拜，談及去年之信已達，而不云所以。初次見面，不能索債，俟繼見再言。伯卿已六旬而無嗣，官況雖佳，亦無味也。以蜀事詢之，云鈔票即藩臺印票，八錢一千，並不通行；火柴公司亦無成效；織布局股票每股百金，富商皆不願入，官吏强之則出百金，情願報效，不願得票。新法如此，真可笑也。閱尊經課藝，解《春秋》、《儀禮》極有思致。

廿四（25日）

爲馮烈婦、方孺人作四律。校《師伏堂經説·尚書》二卷，有可存者。凡《今文尚書》無明文、予別有刱見者，概入此。

廿五（26日）

閱劉禮部《論語述何》，亦不盡《公羊》義，戴子高《論語注》

似有與之同者。謂《論語》爲《春秋》微言，始於錢竹汀，劉、戴乃加訓釋，然猶未詳其義，尚可推闡，暇時當詳考《公羊》義，本劉、戴說而加推闡，名曰《論語發微》，亦今日不可少之書也。午後至昭武賓館，于秉郇招飲，方湘賓在坐。伊來自粤東，言彼處鑄洋元大獲利，火柴公司亦有利息，小洋通行，洋元猶一千貳百文，足見新法非不可行，無如風氣未開，把持太甚耳。

廿六（27日）

雨珊丈至，云邀少穆特開一學堂，額四十，年自十二至十八，止告外國文字，先以算學；今所謂時務學堂須待礦務獲利舉辦，未知何時也。下午往劉伯卿處，不晤，遂赴林綬臣飲席。俞堮士在坐，暢言臺灣事，地險非不可守，民心非不可恃，弊在調度乖方，兵力太薄，遂舉一方而棄之，惜哉！

廿七（28日）

檢閱《通考》、《通志》，未能得其要領，若全閱一過，又無此日力。書扇五柄。汪鏡青至，云小輪之議但稟右帥，未稟香帥，故阻大計。此豈大臣謀國之道耶？身任封疆而忌同婦女，無怪爲外夷恥笑。

廿八（3月1日）

大雨。書扇四柄。閱《花雨樓叢書》，未快人意，經解於今、古文門户不甚了了，特未知黄氏全書如何。聞英國有電報，八個字，不知何語，總非好消息。

廿九（2日）

往陳宅作吊，遂往右帥處辭行。小輪已應允，月半後先期告知。惟長慶輪船小，亦可勉强搭坐。湘帆、慈航皆有官廳。招商輪船還是敬帥不允，香帥尚無成見，蔣少穆等即赴鄂往商。去歲求彼致敬帥函，已蒙允許。今敬帥陞見，可無庸。致方伯函，伊云亦可，惟目下無暇，俟途中發書。余堯衢函，即請伯嚴寫可也。

楊子服事，伊云已批方伯稟覆。既承重數次，出繼已無庸議，惟公事過節不得不然，俟方伯查覆，再覆部文。未知楊家已稟方伯否？歸書團扇四柄。劉伯卿歸借欵本肆拾金。已十餘年，無不算息之理。予欲不受，此項並無字據，予又將出門，恐反落空，且受之，俟九安丈來再作計較。

二　月

初一（3 日）

書扇十柄。閱俞蔭甫書，有集《公羊解詁》引《論語》一卷，可爲《論語發微》之據。何君引"知和而和"三句，爲公朝齊而言。去年考拔"禮之用，和爲貴"，有據和夷言者，若引此，爲有據。然用代言格不能占下，則無據矣。此代言云云所以至不通也。

初二（4 日）

爲陶履謙題《靈竹圖》，作七古一首。王翊鈞至。寫扇數柄，改用羊毫，較活脱。陸仙邀聽夜戲，未往。

初三（5 日）

晨往學宫祀文昌。見鮑蓉泉先生，云在湘陰分銷局，歸録温味秋師詞寄之。檢《學海堂集》，增題數則。下午三叔父請陪先生，先生唐寶珍，名啟馥。是日雷雨。

初四（6 日）

雨不止，恐中丞閱邊未能去也。録題《靈竹圖》詩。閱《學海堂集》①。魯丕對策見袁宏《後漢紀》，當補入札記。

---

① "學"，原誤作"粵"，據文義改。

初五(7日)

閱《文館詞林》，魏元帝《改元大赦詔》曰"嗣守祖宗之大訓"，"左右小子，用保乂皇家"，又曰"集大命"。《藝文類聚》引魏丁儀《刑禮論》曰："是以中古之君子，或結繩以治，或象刑維明。夏后肉辟，民轉姦詐。"《宋書·禮志》魏侍中高堂隆議曰："《書》曰：'若稽古帝舜曰重華，建皇授政改朔。'《尚書傳》曰：'舜定鍾石，論人聲，乃及鳥獸，咸變於前。故更四時，改堯正樂。'《稽曜嘉》曰：'禹將受位，天意大變，迅風雷雨，以明將去虞而適夏也。'"魏明帝詔曰："或納大麓，受終文祖。"又青龍五年帝詔三公曰："延群后，班瑞信。"皆可補《尚書》義。《三國·魏志》注云："此則魏初惟立親廟，祀四室而已。"《隋·禮儀志二》："魏初，高堂隆爲鄭學，議立親廟四，太祖武帝猶在四親之內，乃虛置太祖及二祧，以待後代。"《志》又云："三祖之廟，萬世不毀，其餘四廟，親盡迭毀，如周后稷、文、武廟祧之制。"據此，則魏用鄭義。司馬相如《封禪文》："於是天子僊然改容，曰：俞乎，朕其試哉。"長卿用《尚書》文，是今文家上有"帝曰"二字之證。

初六(8日)

書扇十柄。患腹疾，且惡寒，殊不適。聞汪親家到城，開外孫已愈，譽孫頭爛亦就痊，可少慰矣。

初七(9日)

午晴。擬三月官課題。汪尹臣親家至，云未見蔡觀察，局事未定，礦務所聞甚不佳，又聞製造局已開，東洋車已造。

初八(10日)

出辭行，多未晤。往藝丈處赴飲，丈尚未歸，壽石世兄代東名毓璠，云今年可指省分發江右，三月入都。藝丈亦日內將到矣，伊督銷已滿，尚未交卸，聞代者爲易實甫，不便面問。在坐有張仲泉，東墅師之子也，云住局關祠。□□□□□□□□□□□

□□□□□□。

初九（11日）

閱《靈鶼館三集》，有《碧城仙館詩》，皆絕體。譚彝仲、柳象臣來。彝仲以《鄭文公上下碑》見贈，帋、墨皆佳。予不知天柱山在萊州，未及託其搨觀海諸詩全套也。廉訪着人來，云明午長慶船開，來得及否。予辭以不及，請待下次。云此船本擬十二三開，因洋人來，當禀制軍，故趕急去。

初十（12日）

書院甄別，作文一篇、詩五首，已覺喫力，老矣，無能爲矣。劉瑞珊至，送贄敬廿金，云乃翁廿日内可到。下午下雪子，甚寒，風雨不止。

十一（13日）

晴。文道希至，云伊有船名漢皋，將至，可同行。有德國一人來，必欲入城，意在開釁。方伯惟恐滋事，亟求制軍請領事爲之緩頰。德國要大沽、定海屯兵，已見明文，甚可怕。四川開州山崩，江水壁立，行旅不能往來，尤非佳兆。江西張廉訪正月已請訓，三月想可到省，新東家或稍勝舊乎？逸梧先生來，云督銷局是易實甫接手；洋人事，方伯推紳士作主，恐負通夷之謗，不敢深言，意以國勢如斯，彼欲入城，似不能拒，且云微服夜入，亦有畏我之意，持之過激，恐反誤矣。久安丈至，以伯卿款項息託之。子漁二弟至自湖北，言敬帥尚無交卸之信，唐蘭生住糧道街。是日請夏子新世姻丈，陪客朱芾卿、徐菊壽、張伯厚、文道希、俞塙士、楊晴川、劉瑞珊皆不到，到者譚彝仲、汪允忱、于秉郇、王翊鈞及子漁。夏公談興甚豪，飲食亦健，云洋人事，李觀察將邀桂、但二公到水滸廟，請洋人說明，不知果否。如辦理不善，湖南之禍自此始矣。

十二（14日）

見江學使辭行，云擬五月會覆，吉兒節前須歸，解部卷要平正合格，擬頒發格式，文三頁，策論二頁半，儘可做過。往見久安丈，聞一異事，八公山已付東洋大海矣，云不如此，恐海水橫流，誣以同黨。千金一擲，可謂慷慨。據云親得之八公之母。予亦聞海面甚濶，有三婦艷，得毋皆出八公山耶？可痛！可駭！黃鹿泉以陳時卿事託轉致述卿，下午述卿招飲，以此達之。伊亦慨允，但恐難乎爲繼，可謂厚矣。晚歸，姨老太太手指間生疔甚急，子漁飲酒忽暈倒，皆奇變也。

十三（15日）

聞易實甫督銷局總辦，陳笠唐匯辦，已到局，往見，云須接事後方見客，蔿老尚未至也。往視子漁，疾已愈矣。陳笠唐來回拜、送行，以一兒名條付之，和茂事亦提及。以小輪事詢伯嚴，云文芸閣漢皋船十六七可開行，可以坿載，約十五便酌芸閣、實甫共談。致函黃鹿泉，並送陳時卿奠敬壹金，請代送，述卿處，告彼已說到矣。允忱親家託以局務求實甫，當爲代達。

十四（16日）

實甫來拜，以允忱名條付之，壽兒與和茂事亦爲道及。楊晴川送行，久談，許以函漢上，云方伯公事已行下，當由縣中再查，明日見伯嚴可更說項。受明來送行，云唐蔿老身後得革職處分，做官甚不易也。夏觀察送禮六色，受二色。聞養泉於去年除日已病故，此老尚不知，可憐哉！道希來函，云漢皋船尚未到。天晴，甚燥，恐有大風。

十五（17日）

黃麓泉、劉伯卿、王翊鈞、彭念蘇來。王以名條託交實甫，彭以名條託交堯衢。予自謀不暇，何能代人謀？彼既託我，且看機會而已。彭云陳復心及魏溫雲之子在省，斗級營客棧可住，記之。下午赴伯嚴飲席。道希、實甫先到,正打詩鍾,拈“棄”字、“金”字,限第三字。予揮㖞得數聯云:“逸書棄稷疑真偽,正史金源記廢興。”“明主棄才東野句,聖人金口子雲書。”“珠崖棄地原非策,銅狄金人亦解愁。”“鄭國棄師文不隱,宋朝金狄讖先傳。”“便欲棄家尋五嶽,懶從金地證諸天。”嗣又拈得“淵”字、“字”字,限第四字。予得“下及泉淵王者德,右行文字墨家書”,“裹革文淵真烈士,畫眉正字是神童”。客至,催入席,未交卷。席上,道希言曾限“又”字、“壺”字,第三字,甚難。予歸得數聯云:“詩家又旦新城派,仙訣壺公縮地方。”“莫譏又相非仁者,應識壺公是異人。”“書辭又曰多疑義,詞譜壺天有慢聲。”是日在坐有鄒沅帆①、張伯純、王木齋、熊炳山。見有《諭書院諸生》,云“以褎衣博帶之倫,效磚石瓦塊之計”,爲之失笑。諸君言緬甸亡甚慘,妃主皆拍賣,分突厥後,將分中國,皆可駭也。

十六(18 日)

大風。麓泉函來,贈《説文繫傳》、朝鮮人詩。陳時卿之子伯衡來見,人頗聰俊,特惜未讀書也。爲翊鈞致書實甫,爲之先容,以求之已多,當面不便説也。檢點行裝已具,小輪不來,奈何?

十七(19 日)

風止。夏觀察來,云已得善後局事。中丞與兩司説夏某是老手,因迴避來,非新出仕者比,廣東資格皆其資格,考語甚優,云“老成練達,爲守兼優”。云不暇作書,屬致意芰舲。南昌考畢,尚無信來,未知得否。德國人是議員,曾請傅相吃酒,傅相有照會,彼見諸人作鬧,並不畏懼,已有信到上海、京師,將所拋石塊封寄,歸咎地方官不保護。李仲宣欲使夜入城,問協臺取鑰匙,協臺稟方伯,方伯急將鑰匙取去。不知此公何迂至此? 恐此

---

① 帆,原誤作“房”,據鄒代鈞字號改。

公當之矣。云湘帆將到,十九、二十准開,已有熊炳山、蔣少穆諸人,恐太擠,可另僱一船。予聞受明言煥彬之弟將往上海接乃兄,着人往問,伊云等船來再看。夜中八公山又發難,欲將田、屋急售,不允,即欲我受。詢以去歲價、歸何處,言語支吾。以久丈所言質之,伊亦不諱。予疑出稟欓柄在彼處,恐詒後患,乃議不認,已往不必追究,將來恐更有難言耳。予深憂之,夜展轉不寐。

十八(20日)

晴。往葉默菴炳文處,約僱舟,而彼來此,錯過。往久安丈處,不晤,與彝仲談時事。歸而久丈已來,談八公事,仍不聽認,不知究竟如何,但願未砍手與人,即如天之福也。久丈爲彼畫計,本宅急難出售,將南塘田强與我,撥賬歸我還。我本債帥,豈宜再加債耶?葉已僱舟,而輪船尚無確信,致函夏丈及伯嚴促之。夏丈旋着人來,云湘帆已至。聞夏十一乘此船來。

十九(21日)

廉訪辰刻着人來說,云湘帆十一點鐘準開。即起檢理行裝,飯後上船。船上無人,有書賈三人來。至三點鐘始開。管帶吳某,安徽人,自言是長毛投降者。夜至湘陰泊。

二十(22日)

兩點鐘開船,未明至湖邊略停。天明過湖,二鼓後已抵漢口。

廿一(23日)

辰刻開,過鄂省,入漢陽門。住斗級營福元棧,房屋、飯菜均不佳。飯後着黃升往漢口本家子城處投信,云此公已至,語雖摟落而光景不大佳,似可去可不去矣。天氣甚寒,被褥太薄。

廿二(24日)

出拜客,惟見唐蘭生太守,云將見方伯說項,但不知右帥信至否。陳復心、魏肇元、傅竹湘未見,黃綏麟、周勤生未在省。黃易字彝伯，或避世祖嫌名。謁方伯，亦以請客辭。聞唐夏卿到省送敬帥，即住隔壁，往未見而旋來，託以舉爾所知。

廿三（25日）

閱《七緯·尚書緯》，多可補入《今文尚書》者，當再細勘一過。《文心雕龍》有數語，分別《春秋》隱諱、史家直書之義甚塙，識在《史通·惑經》之上矣。唐蘭生丈、夏卿兄同至。魏溫雲之子名業釗，字肇元，亦來回拜。街上下轎，門不容車，可笑也。龔瓊山送洋乙元即走。便衣到夏卿處談。

廿四（26日）

陳復心、傅竹湘來拜。芰舲屬問復心傅家喜期，據云老五去年喜事，老六年始十五，大約在後年，在湖南辦。打聽余太守過江已回署，帶吉兒過江往拜。張羅一事，頗以敬帥不在此爲詞，耐有伯嚴一函，不便十分推却，云須見方伯。不知右老之信到否，若到，當更佳。伊意恐屬望太奢，不知予本無奢望，止帶卷四十本去。伊以少，不復辭。過江歸，雨更大，迷茫不辨，回署尚未晚也①。夜大雨。

廿五（27日）

吉兒出拜客。余堯衢來拜，復以張羅事託之，云須見方伯，必有以報命，有信逕寄書院，敬帥已行程矣。堯衢言洋人事，據條約，領事以上始得見官，游歷之士不得與官往來。彼欲入城，可派小委員與偕行，送禮、設宴皆可不必。湖南此舉，先倨後恭，兩皆失之。香帥亦不以爲然，云此小事不能辦，何能行輪船？恐因此事挽回甚難，伊已有信止住蔣少穆矣。陳復心送新洋四元。有吳城葉某，云吳城儘可張羅，俟到江右再設法也。唐蘭生四金，承之式元，夏卿四元，魏肇元式千。

---

① "回署"，似當作"回棧"。

廿六（28 日）

方伯送洋六元、《使俄草》乙部，其中議論可觀，詩則無味。余堯衢送十二元、蒸盆、點心，復書謝之。伊云同鄉外差當照發也。飯後同吉兒往游兩湖書院、織布紡紗局，極廓大。武備學堂未起造，現借自強書院。自強止方言、算學二門，額四十三名，不甚大。武備將來聞比兩湖更廓，不知經費何出也。兩湖分經、史、理、算，理學最無謂。堯衢云分校出缺，右帥欲舉我，聞江西留聘，遂中止。我亦不知理學如何教，惟示以躬行可耳。此間地方大勝江右，惟分校不如山長之尊也。織布局買天字號布乙疋，錢三千七百四十，云有十丈。找官書局，久而始得，買桂氏《説文》。歸遇雨，夜雨更大。

廿七（29 日）

以堯衢云須右帥信，託方伯致伯嚴一函催問。桂氏《説文》引證該洽，可作著書之料。陳秋舫《詩比興箋》於古詩多發明。

廿八（30 日）

寫家書一函。王秉恩號茶龕同年，四川人，送四元；陳稺亭同年式千；吳國傑號丹銘，壹元；黃挺之乙千，計共洋四十餘元，用費已廿元。耽擱八日，不再爲守株之待矣。飯後束裝過江，到漢口。臨行，傅竹湘送四元。申刻渡江，到沈家廟義生源藥材號，本家子城外出，夜始歸，相待甚優，將自己所居房挪出請住。言散卷事，云有七八十家，藥材四十餘家，外有油靛生意，皆可張羅。夜飯十點鐘後。

廿九（31 日）

雨不止，且下雪雹。子城公云扇對須換好的，且須小屏。漢口昏好，且便宜，代買數十幅。寫對二聯。杜葦如太史至。杜名作航，述琼之父，在此授徒，將歸。子城公治具款予，邀杜作陪。詢南昌考拔事，杜歸，抄單見示。肄業生有八人，夏承慶、宋名璋，最屬意者；次則李道賡、舒恭㐮、葉潤黎、張啟明，亦佳；龔延渤、朱益年，不深知。黃雲勉、楊宗瀚非院中人。魏元戴不得可惜，袁宗濂可憐，安得盡如人意耶？

三十（4 月 1 日）

晴。久不見太陽，蜀犬將吠矣。寫對三十七首，屏二幅，腕欲脫，文丐殊不易當。

三　月

初一（2 日）

寫屏六幅。子城公邀往得萃樓小飲，已力却之，據云本欲請客，非特爲我設，遂不固辭。子城公又邀會館中楊澍生。同吉兒出拜客，不衣冠，以便易見。三點中到酒樓相會。樓臨江水，風景可觀，酒席亦佳。至者四桌。夜始歸。

初二（3 日）

寫屏一幅、扇九柄。檢《湖南校士録》，任元德《〈易〉〈禮〉多合周制考》甚詳核，引《特牲》鄭注亦□□□□□□□□□□□□□□□□□□□□晴，頗溫。再寒雨，年歲可危矣。川東饑，人相食。印度大疫，死者十之八，皆種洋煙之過。未見《申報》，不得其詳。子城公約初六到會館看戲，爲其兄補去年六十壽酒。此間事亦非一時可了，予亦不能久耽擱也。

初三（4 日）

晴，頗熱。是日時當清明，瞻望松楸，不勝悲感，不拜清明墓九年矣。仁壽宮約敬神，與吉兒同往吃早麨，下午又午飯。陪者九人，云公項可得十六金。日中登樓，寫對聯十餘幅。子城公名振宗，派名心維，年四十八，其兄名心圃，尚有一弟在家。此公自己刱業，湘潭、寧波、營口均有字號，有五六萬金本錢，共三夥計，其二人皆故,止有兒子。

初四（5 日）

飯後無事,與陳煥章過江。游古琴臺,地係新修,大約去汪容甫爲畢秋帆作銘時又一次矣。時值清明,游女如雲。又游歸元寺,有五百羅漢,新塑,未畢工,不知費黃金若干。觀鎗礮局、鐵政局,規模甚廓,一時不知有效驗否。歸途遇雨,行甚矣憊。歸得《琴臺》詩云:"高山與流水,千載幾知音。濁世無夔曠,荒臺自古今。蛙徒能聒耳,魚或解聽琴。想像猗欽操,名師不可尋。""暮楚朝秦日,獨絃誰共論。馮琴答西帝,哀郢失東門。對泣春天未,餘音土俗存。故人心斷絕,應感舊乾坤。"《鐵政局》云:"鑄盡九州鐵,開通萬里天。鑪中賣日月,輪外走風煙。似覺乾坤隘,徒驚陵谷遷。從來大一統,拓境更無邊。"《織布局》云:"曾聞織問婢,今乃出於機。世已開灰劫,吾將老布衣。謀爭島夷利,翻使女紅稀。變幻滄桑極,毋言是與非。"《兩湖書院》云:"突兀萬間厦,真看到眼前。杜陵如夙願,荆楚固多賢。不信唐虞遠,徒爭戎狄先。文章重時務,俊傑想聯翩。"《清明即上巳日》詩云:"流觴方上巳,上冢又清明。已切彭殤感,其如丘墓情。愁深江水淺,春重柳煙輕。示子同工部,潸然老淚橫。"《漢上琴臺,一水可通,今開鐵政局,作長堤隔之,深感陵谷之變》云:"列艇曾屯港,長堤忽偃虹。鐵圍山頓起,碧漢水難通。陵谷遷移裏,滄桑變幻中。無論一隅地,今昔豈常同。"

初五（6 日）

寫對卅副,署欵七十餘首。下午恒義泰鄧玉堂招飲寶珍樓,鄧即請杜葦如教書者。夜甚熱,蚊多,不能寐。

初六（7 日）

子城公以兄老翼名心圖者去年六十,請客唱戲。飯後往仁壽宮，將晚始歸。是日又雨，稍涼。

初七（8 日）

　書屏對，並清檢各分，已八十餘處。下午怡德合李麗生招飲寶珍樓。是日晴，頗熱。

初八（9 日）

　號中鄧滋生坐鄱陽輪船往營口，本擬同行，因趕不及，再留一日。聞初九招商江孚船開，初十禮拜無船，准明日登舟到九江，趕十二小輪船，月半前可到館矣。出買綢緞、布疋四十金。歸寫扇對又數起，寫家書一函。檢點行李，以衣箱一口託彼號寄長沙，交大興代收轉交家中，想不誤也。

初九（10 日）

　約子城公偕往怡德合、恒義泰辭行。麗生、玉堂二人旋來送行，均送洋六元。義生源送洋廿元，子城公送洋十元，一公送，一私送。又送五加皮酒四餅並路菜。復辦翅席餞行，自送至江孚船上。主人情重，殊可感也。送彼湖南所刻文三冊，勸買洋書數種。今已有便寄家，特未知彼兒子能讀書否？彼屬撰對聯並書，長八尺，十一字，當寫寄去，誌之弗忘。將晚上江孚船，十一點鐘開行。

初十（11 日）

　十點鐘到九江，住春和棧。往余致和詢福康輪船，云十二日永清船准開，現已新製拖帶小船，備有欖子，其官艙加價四千四百，輪船官艙五千四百，局中袁某去年見過。熊濟濤亦在此，云老師可不算船價，予亦不吝也。見龔省吾、養吾二公。養吾往江右樂安接家眷，省吾與張憩雲往安慶，云偕蔣少穆到鄂見香帥，香帥始意不肯行小輪，少穆說數次，頗活動。此人口才勝蔣幹過江矣。與吉兒同到啟源，見師僑、襄廷二君，云張廉訪以病未到任，張樵野出使英國。襄廷旋與聘之來，云殿書有開官銀行之舉。聘之云去年所寄書收到，更以書數冊贈之。夜有廣信太守坐北京船來，行李百餘挑，鬧至四更，加以臭蟲咬人，夜不能寐。

十一（12 日）①

熊濟濤送輪船票式張、撫船票式張至，云殿書屬付老師來往不必付價。旋與吉兒往公司，言交船價，不受。見澳門新出《知新報》，與《時務報》又有異同。遂同到黎啟源，聘之未來。復回寓，發行李上船。聘之來，邀游煙水亭。建昌拔貢蕭文明號選樓在坐。游畢，返啟源小飲。聘之送至江干，旋送洋四十元至，可謂厚矣。輪船上客有楊德成號子美者，仲雅中丞之子，山東知縣，與夏府親戚，微生之叔父也，過談久之。是日甚熱，換夾衣。飛螳滿天，知有風起，以爲輪船可恃也。

十二（13 日）②

辰刻開行，到湖口。以行緩，解去煤炭船一隻，猶拖大小紅船式隻、撫船一隻。至姑潭，已四點鐘。管帶曾魚波必欲行，乃行至掌燈時，距謝司塘里許。雷雨暴風猝至，船不能進口。欲斫斷鍊，又無利刃。聞大聲忽發，恐是船撞石上。艙中水湧，頃刻數尺。急率吉人上船頂，浪聲洶湧可畏，不知何處是岸。天又昏

---

① 按，原稿第 9 冊末有同一天日記，與此略異，如下："熊濟濤至，云即送船票至，船價不敢領，殿書曾經屬託。飯後與吉兒往謝之。見又出有《知新報》，即《廣時務報》也，五日一本，每年四元半，亦梁卓如主筆，可兼閱矣。往啟源棧，聘之邀同蕭拔貢選樓名文明者至煙水亭小坐，仍回啟源小飲，屬將行李先上船。五點鐘同到船上，聘之送至江上。黎師僑、襄廷共送卷費四十元，受惠太豐矣。船上有楊德成字子美者，山東知縣，丁憂歸，盛杏蓀屬其向江撫說開德興銀礦，即微生之叔也。饒州已考過，不知忠嗣等得拔否。天氣太熱，飛螳甚多，恐有風起。"

② 原稿第 9 冊末有同一天日記，僅云："一早鬧起，七點鐘方開。"

暝,求救不應,以爲將葬魚腹中矣,幸風浪稍息。僕人黄升、劉一
聞聲尋至,詢知彼船已碎,可以登岸,乃勉力上去。見舟中客紛
紛到人家覓宿,乃留黄升守行李,使劉一扶行。路滑如油,數步
一跌。約半里路,始抵人家。主人譚姓,燎火烘衣,讓牀使卧。
於九死中得一生路,雖困苦,不恤矣。夜中風雨又大,念黄升與
船上之物不知如何,展轉不寐。

十三(14日)

　　天明,雨少止。見舟客大半在此處,有到船挑行李者,促劉
一往挑皮簀四隻、帽合、網藍各一回來。黄升亦至,始有小帽、夾
衣、套褲。而天氣大冷,仍難禦寒。身上衣、褲皆濕,以體熨之使
乾。兩胯、兩腿皆痛,寒濕所中也。以賞格募人到水中撈物,無
應者。夜仍宿譚家。楊子美及瑞昌令范老縣丞劉子勉名廷瑞皆
在,兩人皆同鄉。鄒殿書之妻、子亦在此間,其妻有心疾,言語駭
怪,其子則黄升等援起。

十四(15日)

　　晴。劉一往撈得提籃及零星等件,黎家所送四十元及錶均
在,已失復得,尚屬幸事。黄升同往,又撈得數件,而兩衣包不可
得。鋪蓋爲船上人撈起,亦無大用處。仍宿譚家。

十五(16日)

　　與楊、劉催一舊紅船。天明上船,風大不開。連日無衣加,
無厚被蓋,寒不可耐。

十六(17日)

　　午刻到吳城。船不肯到省,別催大鴉尾船,行九十里泊。楊
好洋務,所帶火鑪等物皆甚便,能曉外國語言文字。劉亦通粵人
語。船上無事,頗足解悶。

十七(18日)

　　午刻到省,入書院。朱溪雲來見,送麵。盧文明、元三來見。

元三歸,夏府着人來問,往借鋪盖、衣裳。寫信寄家並啟源、義生源各處,恐彼聞輪船失事驚疑也。

十八(19日)

往見撫、藩、署臬、道、府,皆見面,詢知船壞皆歎惋。言吉兒張羅事,求屬首縣及鹽局散卷事,並應允。見黃小麓,云龔養吾至,言我坐永清船,同鄉甚憂之,厚意可感。下午歸。飯後出見繆芷汀、張勉堂。至芝舲處,談至夜歸。

十九(20日)

藩、臬來回拜,託屬文芝塢於同鄉散卷、鹽局於鹽商散卷,皆允許。方伯呼吉兒出見。繆芷汀來,亦允向鹽局說。袁宗濂、夏鑒臣、徐雲生、包培齋、唐子培、龔福保、桂赤、歐陽溥存、文永譽、梅台源、梅光達、王益霖、王世忠、張世傑來見。夏芝舲偕萬潛齋至,將爲我看病。適楊子美至,久談,乃不果。譚蓉墅至,言與新城縣對調。新城乃麻幼魚瑤之缺,現被議,乃調好缺,甚發牢騷。許子立、徐菊壽、宋子才至。吉兒出拜客,午飯時歸。

二十(21日)

飯後出拜客,見萬潛齋、陳庚山、左菊生、劉虞九、唐吉生、魏覲文、鹽局松觀察。松旗人,未見面者,見即談及一切,託散卷,問有卷子否,想諸公已爲說項。庚山云文芝塢問有卷子多少,想大吏亦曾分付矣。周齊、陳希孟、楊瑞雲、李凝、楊增犖、熊羅宿、雷恒、晏鼎升、晏志清、萬啟型來見。萬送桂元、蓮子、酒式瓶、磁器二色。李凝即若虛,因用《公羊》,置三等末。聞近有釐正文體之諭,江學使被參,何朽人之多耶? 以《鄭記》一卷橐子付熊羅宿,使校錄。張秋岩來見,以松筠書至,云玉芳等並不知謝家山、熊家山墳塋所在,特妄言騙銀耳。我甘受其騙,事祖宗之心亦盡矣。萬潛翁爲我診脈,云無大恙,已服其藥一帖。連日勞擾,困倦尤甚,遇此大厄,不病亦屬幸事。左菊生言周道生病故,可憐哉！

二十一（22日）

廖韜、胡汝綎、熊封楚來見。韜即廷選，考拔不得，爲例所限，可惜也。論書法，南昌無出其右者，詞章亦佳，才氣不及宋名璋耳。毛玉麟、胡藻來見。胡取古、正案皆第一，幸未過歲試，不然少村又遇勁敵矣。毛之爲人奪，强顏耳。黃小麓來，以庚帖付之。文芝塢回拜，云方伯分付同鄉散卷，同鄉太少，須推廣不同鄉者乃更佳。屬其更回方伯，當蒙允許。與吉兒至夏宅，取書十弍箱回，並屬做衣、裱字、買扇對，商議張羅一切。同往孺子亭，別墅布置甚好，將告成，所費已二千餘金矣。壻承爵出見，已長成，字達三。夏三先生之女許嫁危子元之子繼絃，廿八定庚。張勉堂廿七壽辰，將入都矣。歸院，檢理書籍。盧文明夜至，呈所寫字，恐不行。因考拔而剃鬚，見之不禁失笑。芰舲屬撰寄盧聯語，思得二聯云：“結廬依東漢高人，正古意蒼茫，容我一聲長嘯；拄笏看西山爽氣，更湖光演漾，照君萬卷藏書。”“故鄉有此好湖山，羨君家跌宕煙霞，坐談風月；別墅最多佳子弟，趁斯地栽培蘭玉，吟詠桐華。”

廿二（23日）

上學、開課，劉廉訪親到，如演戲劇又開臺矣。監院來，屬催脩金。宋子才來拜，距伊所住甚近。張秋岩來請業。魏覲文來回拜，詢悉劉號獻夫，文號喬生，松號秀峰。陳子聲在湖口鹽局，而我不知也。包培齋至。芰舲衣冠回拜，云對聯第一首佳，殆以二首有未穩處，更擬改之云：“故鄉有此好湖山，更流連檻外煙波，亭中風月；吟館極多佳子弟，且培植階前玉樹，室裏芝蘭。”似較前自然矣。下午與吉兒到書局，詢經訓近數年無有。繆芷汀云已刻成，不知何故不見，事歸官辦，大抵如是。往叔澄處付英四元①,屬送《時務報》。詢永清船尚未取出,殿書已到城外,想此事已有頭緒矣。是日書紈扇八柄,閱《時務報》四本。夜甚煩熱。

廿三(24日)

雨。張翰臣至,久坐無謂。歐陽平叔、唐吉生、劉冕之來拜。唐云同鄉應徧拜,即開單送來,二府字又臣,三府字曉徵,南昌字子卿,新建字芝塢。劉與少村連襟,亦親戚也。閱《時務報》、《知新報》,多異聞。京師大學堂入者四五人中一人,較外省所送算學廿人中一爲優。批陳其璋興礦務摺引文廷式摺奏,不知何以忽憶其人,豈死灰可復然耶?下午與吉兒赴盧仁山飲席,二鼓後始歸。監院送春季脩至。奉裕竹村觀察訃,擬作挽聯云:"遺愛在章門,知有碑文傳叔子;高情下陳榻,忍賫鏡具吊黃公。"

廿四(25日)

寫對聯十餘幅、扇十柄。憶十二天明時,夢得句云:"六代江山濃似夢,九江風景澹如僧。"以"江"字複,改"江山"爲"繁華",醒而不喻其意。是夕遂有風波之阨,至今猶不解何兆也。張秋岩作賦呈閱,似有才,可教。唐吉生開同鄉單至,只廿餘人耳。下午往芰舲處赴飲席。芰舲明日將學堂移至孺子亭,擬攜對聯往賀,更改定云:"故鄉有此好湖山,任飽看檻外煙波,亭中風月;吟館甚多佳子弟,當培出階前玉樹,室裏芝蘭。"王晉侯送洋八元。

廿五(26日)

寫對送芰舲,並署各對聯欵,書扇二柄。熊慶露、萬簴、黎瑞棠、饒之麟來見,少村亦至。殿書來,久談時務,計一個時辰。梅

---

① "英",似當作"銀"。

子肇來,共談。殿書云官銀行不利各海關,諸公阻撓,已議五百萬提歸户部,則銀行全空虛,入股分者皆不來,彼亦求退。如此真無可爲,聞之憤慨,又飢腸雷鳴矣。吉兒出拜客,遇雨,歸而風雨更大。芰舲是日移學館到孺子亭,書聯擬往賀,因雨不果。申刻與吉兒赴峴堂飲席。夜歸,有醉意。

廿六(27日)

子肇至,出薦卷單子,約廿餘處。峴堂送來六十元,旋來辭行,面謝一切。課卷至,閲十餘卷。午刻後赴監院飲席,將晚歸。

廿七(28日)

閲卷廿餘本。往峴堂處拜壽、送行。徐雲生至,必欲明日赴飲。劉一附信船家,云船未出水,用小划往撈行李,輪船管事不許,問可歸否,答以早歸。鄒殿書來,出薦卷單子,云是毛振趾所開。大致相同,即用毛片。以輪船事告之,屬致信管事,撈出衣物付我勿誤,然此等物已付洪流矣。芰舲至,見所列單,云遺漏無幾矣。張秋岩至,呈所作文。此子文、賦皆佳,儘堪造就。寫對並落欵十來幅。

廿八(29日)

寫信致李叔和、閻覲臣,内附貢卷。黄升以失行李,吃虧太甚,求叔和於差使派一空名,得分大帳,未知可否。伊又欲爲設法,除非俟拔貢到齊日,屬少村往説,請各加賞號看如何。寫扇九柄。陶華封、楊子任來拜。朱綬、張國光來見。唐子培送文、賦數篇來。下午往夏宅道喜,遂往徐雲生處赴飲,晚歸。

廿九(30日)

寫扇對,閲課卷數本。陳庚山至,談箸述久之。文公達至,云乃翁將到省。晚間至文芝塢處,偕小兒赴飲。在坐黄子輝、陳庚山、沈鑒澄。有張梧岡者,山西人,在湖南三十餘年,現爲翁方伯錢席。以李、閻二函付芝塢,芝翁云將開同鄉單送來。

三十(5月1日)

落對子欵,清理名欵,甚苦。萬啟型、毛玉麟、游鳳墀、羅志清、夏芰舲、鹽臣昆仲、陳壽文來。宋梓材至,出所作詩,請訂正。杜嘯箴以所送扇對誤書名,蔡又臣以與其子同年稱謂誤,皆退還。蔡處換過,得兩分,只送二金。劉虞九送爛板乙元。如此生意,將失本矣。子肇送廿四元,亦不敎去年壽文筆貲。朱溪雲、張秋岩至。

四 月

初一(2日)

寫扇對數幅,發扇對送各處。爲芰舲書《宜園記》。閱卷數本。得十八家信,云譽孫瘄,身、手皆未愈,且發熱,屬吉兒早回,甚不放心。得子城公信,聞十二壞船事,特來問訊。又得黎聘之信,聞信尤驚駭,着人到南康打聽,云我父子無恙,已換船晉省,始釋然,其意尤可感。得周翰屏信,通候而已。余生騏、余生驥、洪田、晏志清、盧豫章來見。偕盧往孺子亭見芰舲,別墅布置甚好。

初二(3日)

閱額外課卷數十本,佳者寥寥。此等人已開除,不知黃公何以必留以擾我也?張詠仙來拜。芰舲過談。輪船管事曾餘波來,云船尚未出水,三箱土無下落,將興訟,船已爲土人圻壞,禁劉一攏東西者乃蕭某,殿書之表親,非彼也。曾蓋恐我要東西,問彼説話,故來表明。已去之財固不計較,但望劉一早回,以便同吉兒回家耳。

初三(4日)

擬師課題。往芰舲處,託寄百金歸家。到裕竹村處作吊,遇藩、臬諸公出,隨而出者轎數十乘,漢官威儀如此!到同鄉諸君處,惟見向湘生,餘皆不晤。歸閲卷數本。包培齋至,送文二篇。下午偕吉兒至鄒殿書處赴飲。陶華封、彭藻材在坐,縱談時務。夜歸。夢醒,聞雨聲甚壯,仿佛前月在謝司塘也。

初四(5日)

殿書早至,久談。去後,又邀毛樂齋至,屬予教樂齋。予無不教之理,但此子所造不深,恐難入門耳。殿書云得九江電報,輪船已起。劉一不知何以未來。屬輪船過時,如搭船,可允之。又云新廉訪與彼有連,不久將到,書院事可託彼轉達。向湘生來回拜。閲卷十本。與吉兒赴唐吉生飲席,見《知新報》數本。文芝塢開名單來,屬吉生寫住處。黃小麓、陳庚山在坐,飲至夜歸。查收帳,已二百五十元。夜大風雨,可怕。

初五(6日)

閲卷廿餘本,已畢。書團扇三柄,落對欵十餘,寫斗方一㕔。蔣少梅來拜,詢之,乃少穆之弟,云乃兄已向香帥轉圜,小輪、學堂可辦。胡少卿同年來拜,會稽人。李辰毓來見。文公達呈著述,斐然有述作之志,可愛也。下午往袁子純處赴飲,在坐三夏、二盧。夜歸,有醉意。

初六(7日)

定課卷次序,録單送監院。飯後往宋梓儕處,出拜客單,請開號。往各處及黃宗師處,皆不晤,游城而已,湖邊風景頗可觀。歸遇少村至,呈試卷底稿及所書朝卷。熊慧舲至,欲予見學使爲道地。不知此公難見,予亦無能爲力也。寫扇三柄,日雲莫矣。聞張秋崖將歸應試,夜爲改文。

初七(8日)

爲秋崖改賦。函復松筠。寫扇十柄、對聯十幅。擬四月官課題。得叔和信,極言去年所薦家人無狀。此等人原不可重用,予亦未嘗力薦也。徐雲生至，談及教匪多，教官亦難做。歐陽溥存至，此子尚可造也。夜呼秋崖來，以所改文、賦及松筠信付之。是日吉兒出拜客，又遇大雨。

初八（9日）

涂仲舫椿年觀察、王魯風景沂、徐雯青元霖兩太守來回拜。同鄉楊少鶴亦至。下午劉一到，衣包攧得，雖大半浸壞，尚能得此亡失之物，可以蔽形，不得謂非幸也。寫對十副。閱卷卅餘本，燈下接閱數本。天雨仍不止。

初九（10日）

傅子蒓太守鍾麟、張子彝大令學培、魯幼峰太守鵬來拜。曾勖庸、郭銘綬來見。落欵扇對，勞苦之至，草草了事，可收箱矣。文芝塢又取卷十二本，本錢已完，不必再尋生意。惟雨不止，吉兒未能即歸耳。閱卷十餘本。文家送喜餅至，道希於十一日贅婿，即李洛才之子，而自己留漢上不歸，可謂異矣。

初十（11日）

陸壽民太守錫康來拜。龍學震來拜。寫對聯並燭、炮、酒送文道希，皆收納。閱卷，初課畢，接閱次課卅餘本。燈下又閱十本。

十一（12日）

晴，又雨。章丹甫同年文煥來拜，東湖山長也。云有本家章希孟，欲來請益。旋着其來，亦八股先生耳。次課閱畢，為定名次。《〈詩〉魯説殷中宗周成宣王皆以柎殷考》，李凝、熊羅宿皆佳。王思聰論作駢文，頗可觀，不知何人作。《夜衣至國賦》惟龔福保可。《餞春詩》楊增犖作三十首，借感時事。予評云："以青蓮之才情，寓浣花之忠愛，不虛也。"序亦佳甚。為唐子培改文二篇。子培至，付之。下午與吉兒到孺子亭夏氏寄廬赴飲，為落成之宴。湖亭與樓可眺望，水滿時，徐亭煙柳，亞於西湖。夜歸，頗醉。熱甚，夜半大雨，可怕。

十二（13日）

早起又大雨傾盆，欲使吉兒歸，且略緩。飯後又見晴光。爲子培改文、賦各二篇，培齋改文二篇，均不過略定正而已。少村試卷底子爲閲一過。少村送四十元，毛振趾、樂齋四十元，袁子純、清舫六十元。此數處頗豐，非始願所及。余太守受扇對，送洋乙元，僅彀本錢，早知此，此等處可不必徒討憔悴矣。鹽道六元，中丞廿元，宗師十元。約計歸整數入箱者，肆百肆十元。少村來送行。

十三（14日）①

十四（15日）

十五（16日）

十六（17日）

爲海瀾作《中外時務策府統宗序》。聞德國有兵輪四到漢口，要往湖南開馬頭，不知確否。

十七（18日）

□□□□司索賠，彼自不得脫身，安能救人乎？唐子培至。閲卷廿餘本。

十八（19日）

三晴三雨，碧翁之戲毋乃虐乎？如此苦雨，並不聞求晴之事，所謂玩視民瘼。譚姓來，出謝司塘紳耆公信，文甚明暢，云有李、廖二訟棍，使安義魏姓以失土三箱控告，出差二十餘人，騷擾地方，無異當年長毛，但不殺人放火而已。予非不肯援手，特以此地所謂官者，不知尊師重道爲何物，縱致信，彼亦不省。只得函託文芝塢轉達，亦不知可行否。又寫信回復紳耆。閲卷卅餘

---

① 十三日至十五日日記脫缺。

本,額內謬妄尤多。劉鳳起、龔延渤來見。擬師課題。

十九（20日）

晴，下午復微雨。閱卷十餘本，畢。熊羅宿解經有家法，辨許、鄭異義尤塙，獨步一時矣。尹倫來見。龔桂嚴、文公達至。鄒殿臣來久談，聞鄉耆有信，急欲得之，非必專爲地方計也。下午往夏宅陪危子垣。夜歸，得家信，云譽孫病愈，幸甚。

二十（21日）

天陰不雨，行路甚佳。定課卷名次，一百三十五人，佳卷實無幾也。熊亦元卷可補入《鄭志》數條。包培齋至，云江太守課已發，多取怪文，可見江西風氣稍開。芰舲、鑒臣、少村至。少村云伊取第九，李凝、楊增犖諸人皆高列，足見取文蹊徑稍新，即可多得佳士，且聞有奏請時文准用時事者，彼蠚正文體，不亦迂乎？

二十一（22日）

晴。寫對聯、橫條。張廉訪來見拜。書院中事，殿書已先言之，特不知此公能辦事否。吳寶田來見，今年在我同鄉許統領二郎廟處處館。《知新報》送來，至十二三冊，麥、徐、劉、章所作皆可觀。聞多康長素弟子，此君門下何多才耶？下午往回拜廉訪及各處，惟晤胡子彝同年。歸得李叔和書，送式十元，黃升事亦應允，可謂多情矣。芰舲送詩至，依韻和之："結菴佳處好留茅，四顧何方是樂郊。江水猶存斷蓬梗，春風又過海棠梢。游山舊約遲禽向，避世深心愧許巢。我似頻來新燕子，賀君成厦漫相嘲。""天開畫本闢蓬茅，檻接嵐光似遠郊。下榻和煙暖清夢，移花帶露潤紅梢。壺公仙境還留跡，康節行窩別定巢。明月高霞足長嘯，北山南嶽可無嘲。"

二十二（23日）

早雨，俄而晴。復李叔和書，致子城公、余太守兩函。吳正表來見，年止廿四，美才可愛。聞樂平拔徐鳳鈞。此人賦才甚佳，芝老拘定調取經、不調取古，未送書院，可惜也。子城信送去，以中有對聯式幅，重至四兩，需加錢五百文，將信帶回，郵政局之虐民如此。閲《時務報》①，亦甚不以郵政爲然。《知新報》痛詆盛杏蓀，似亦如見其情。報言俄國足畏，又言其不足畏，皆有理，文筆亦雅潔。

二十三（24日）

晴，頗熱。芰舲又送詩二首至，依韻答之云："煙柳搖風晚抱樓，主人卜築草堂幽。何須傑閣連雲起，且任虛舟與世浮。碧水好憑湖映帶，黃塵休問海橫流。蕭然一榻耽禪悦，夢裏應忘大九州。""老大依人百不宜，夢思采菊隱東籬。遠游更覺乾坤隘，疏計還將翰墨疑。新緑濃時愁對酒，牡丹開過懶題詩。多君兄弟皆詞伯，一和朱絃答子期。"何茂生來，云接家信，湘人聞德國兵船到漢口，要到湖南開馬頭，人心大擾，奈何？湖南如此囂動，我恐洋人未來，地方已先亂矣。唐子培至，送文一篇。閲卷廿本。下午往宋梓儕處赴席，夜歸。王魯風九江太守在坐，年七十餘，尚健，能飲酒、下棊。聞仁山云夏毓峰昨日到，養泉靈柩亦來。

二十四（25日）

晴。閲初次課卅二卷，畢。"仲山甫"，引王充説，本壬老《詩補箋》，而《論衡》無此文，語出王符《潛夫論》，爲壬老誤矣。盧文明、熊亦元所説皆通，仲山甫當從杜欽異姓説。是我家得姓本樊仲皮，乃樊仲山甫後。是我族非姬姓，乃姜姓矣。史炳南來拜，云乃兄拔貢係癸酉同年。夏毓峰來，云已得保舉，當仍往蘇子溪處。熊亦元、慧舲、雷見吾、胡藻來見，言將稟上憲起藏書

---

①　"報"，原誤作"政"，據文義改。

樓。此殿書嗾使爲之,未知能行否。劉鳳起來見,詢此事,告以
儘可出名。下午往夏宅回毓峰看,彼已出外。芰舲到寄廬,遂往
寄廬,云廿六將移學堂來,以小孩子知識早開爲慮。幹臣、少村
亦至,同往倉聖廟一觀。廟貌尚新,即擬設藏書樓之地。夏養泉
未見面,擬作輓聯,難以著筆,只得空衍云:"遺愛在黃堂,西粵
仁風曾布澤;長途返丹旐,東湖明月爲招魂。"

二十五(26日)

閱師課卷五十本。楊增犖作《賀梅子賦》,序文感慨時事,
極蕭瑟嵯峨之致,賦語意雙關,亦不落小家技倆,《苦雨詩》作序
亦佳。次則劉鳳起,賦亦寓身世之感。其餘點染而已。尤謬者
有五人,不曉題解,以"賀"爲慶賀之賀,不知梅子如何賀法? 是
大笑話。熊亦元、慧舲、雷見吾來,言上禀事,約同往殿書處一
議,適李秀峰至,云方至殿書處,不見,云外出,遂止。秀峰言時
事,大發議論,極詆盛杏蓀,與《知新報》所見同;云乩仙言明年
秋有事,鄭某有望封侯。

二十六(27日)

天明大雨,以後止。閱十餘卷,畢,填名次。殿書至,以紳耆
原信付之。彼已探聽實有其事,任彼如何辦法。芰舲至,見示近
作七絕十首,云學堂節後再移。今日養泉靈柩上岸,不進城開
吊、設靈,堂期亦當在節後矣。午後到席公祠赴張詠仙飲席,客
未到,遂到李秀峰處,見呂仙乩示鄭崇義軍門:"戊戌之秋,丁丑
之日,爾須伏兵西岸,左翼駱游擊,右翼陳參將,聽主帥號炮,發
連環鎗,少刻可獲巨酋。此西遷首務,乃爾封侯之日。"又有大
散關語,記之俟驗。秀峰又示上右帥書,多言乩事,以辦洋務、西
學爲非,與右帥之旨刺謬,未必見聽。過漱芳閣閱書,無佳者。
回到席公祠,入席。張梧岡亦知德國要到湖南開馬頭,香帥、右
帥已允,奈之何哉! 席散歸,未晚。

二十七(28日)

取熊亦元所校《大傳疏證》，作卷五、六、七札記。殿書、亦元、慧舲來，久談藏書樓事。殿書已向方伯、廉訪説明，自任籌欸，交江太守甚妥，屬予函達右帥。此事無不贊成。下午欲往芰舲處，彼又寄感事詩並近日《申報》來，閲一過，打死太監倉李不明其罪，殊可駭，餘無事，惟紛紛考差而已，亦未見考差題目。燈下和芰舲作二首並絶句八首，爲唐子培改時文一篇。

二十八(29日)

閲卷十餘本。宋子文至，以詩稿見示，並請抽人税捐疏稾，云疏未上，翁常熟意欲舉行。聞至八月以後，國帑全空，恐不得不出此下策。我朝深仁厚澤，即如此辦，亦非甚苛，特恐不肖官吏浮收勒索以擾民耳。文公達來，云乃翁未到。殿書至，云已向廉訪説明，經訓脩書樓亦略説，須屬監院禀請。

二十九(30日)

海瀾至，欲退筆錢，請其再帶數枝。以去年課藝示之，欲其刊刻，恐場前不能出書也。閲課卷四十餘本，畢。《九門考》以王益霖、熊羅宿爲佳。《匡張孔馬論》無佳者。接閲二次師課十卷。披宋子山舍人詩集，題七律二首。

五　月

初一(31日)

欲出門，又大雨。閲課卷五十本，畢。《浣花草堂野人送朱櫻賦》，題佳而賦不佳。閲李相《日記》，後附《中俄密約》一條，外國大加詆斥。此人此去，直是送神州與俄人，而末尾一條猶云彼"臨行面奏，俄人狡詐，若有陳奏，不可允從。俄使乘彼未歸，即强政府畫押"云云。如此，到俄何不説明？何以對外國人雖

不認《密約》,已言東三省准其修鐵路?所謂欲蓋彌彰,千載下
猶肺肝如見矣。下午芰舲約往寄廬小飲,晚晴可觀,夜歸。三更
後又大雨。

初二(6月1日)

　　晴。擬上陳右帥一函言脩書樓之事、家信一函。奉新吳家
祝來見。此人駢文尚可觀,云係自作,乃去年友教山長送者。寒
士教書,恐不能盡其所學也。毛樂齋送脩金卅弍兩、禮六色。殿
書曾言彼來受教,故有此舉。然樂齋並未送文字與我看,可謂無
功受祿矣。唐子培至。黃小麓來拜,云有新建陶某作王尤文,以
爲奇才異能。我恐是鈔録陳文。小麓云衡州因洋人事殿官,不
知即前洋人否?夜間楊監院之子名臣送夏季脩至,係市紋票,
須查。

初三(2日)

　　選丙申課藝。王益霖至,久談。下午送銀、信到夏宅,至小
校場遇雨,到彼則芰舲已往孺子亭,見幹臣、少村竹林,以銀、信
並袁家息銀付之。少村云得湖南信,人心尚安帖,電報已將通,
東洋車已出。

初四(3日)

　　晴,熱漸甚。改作題宋子山詩,謄真。選丙申課藝,佳者儘
多,裝成有四本,而官書局延宕不刻,豈不可惜?下午往大宋、小
宋處,以詩付之。往殿書處,不晤。歸而萬啟型至。旋接廿三家
信,吉人尚未到。信云二叔父病重,三嬸母亦患足疾甚劇,譽孫
猶出鼻血。

初五(4日)

　　晴。自己丑入京,不在家過端陽已九年矣。盧文明來,呈所
書試卷,頗有進境。聞臨江拔聶廷瑞、熊錫榮,大約院中只此二
人,徐氏兄弟、朱綬、王思聰皆未得也。劉鳳起、楊維翰、王世忠、

楊瑞雲、晏鼎升、晏志清、曾勳庸、郭銘綬、袁宗濂、熊羅宿、熊封楚、雷恒、胡藻、夏承慶與伊兩叔鑒澄、書菴同來。歐陽心存、楊增犖、唐子培、王益霖、歐陽溥存、萬啟型、萬篪、胡舜卿、吳式伊、文永譽、梅光達先後來拜節。下午往夏宅過節，九年客裏過端陽矣。轎夫來，云吉兒廿五到家，有信來，路上爲人偷去。我已接廿三信，無信亦可，只要平安到家耳。萬啟型言日內太白晝見，未知果否。夜甚熱。

初六（5 日）

擬五、六、七月題。胡明薀來，久談。涂宜楫來見。此龍公所調舊人，惜家貧不能充所學。毛樂齋至，告以現在用功之法。予不能不盡心，但未知彼肯用功否。下午微雨，稍凉。夜大雨傾盆。聞又有出蛟之事，其將有陸沈之患乎？

初七（6 日）

雨不止。寫所擬題，覆查有誤。前出師課用湘王氏説，誤王符爲王充，此人可謂數典忘祖。而此《禮記》引《郊特牲》鄭注全無一字，慣造謠言，乃至是乎？此公誤人如此，其書可不觀矣。暇時檢今年所得詩録之，皆隨手牽率，無可存者。有黄子猷名勷者來拜，湘潭人，近出廣德州籍，居蘭陵，以縣貳官江南，偕鹽局松觀察來此，今往浮梁緝私分局，予再從内兄弟也。云明日即行，隨去回拜。即赴盧仁山飲席。夜歸，甚凉。

初八（7 日）

爲清舫改文，清舫適至，力勸其改故步，詳告以用子書、時務之法。清舫致乃翁意，息銀退還不受。予謂無不算息之理，擬秋節再送去。純翁尊師如是，予故亟欲見清舫發科。彼能信吾言，不難，特恐故步自封耳。朱益年來見，予亦以此告之。朱號延生，父名士傑，王逸梧門下士，曾官湖南寶慶等處，彼亦曾游湖南也。宋子山來辭行。書局刻工陳姓至，呈《今文尚書·堯典》一

卷,前十葉已付刻。雖促其趕急,然今年斷難成書。陳云課藝實
刻至乙未,特未開刷。予將告繆芷汀促之。校《堯典》十餘葉,
猶多誤處,將來予歸,更如之何？疊感事韻詩二首。夜又雨。

初九（8日）

　　校《尚書》十餘葉。閱《時務》《知新報》各一本,有云俄親
王至,今上出太和迎接,王大臣皆跪道。噫,何至是哉！芰舲至,
示題宋子山集詩。李浣青、包培齋來,予勸其文字改新樣。培齋
呈文一篇,頗用子書。此人較清舫易變也。下午往宋子山處送
行。遂至殿書處,談藏書樓事。聞湖南已放差兩人,周蓉階雲
南,杜喬生貴州。聞有外國兵輪到天津,有急電至,不知何事。
報中云俄國伯利武弁習華文,其心可知。秦嗣祖來見,曾在此代
靜涵當課者,今以算學送。

初十（9日）

　　雨。官課,請監院至,一爲稟請修藏書樓,一爲問明脩金何
以用票打市紋,一爲廿日提課先稟明糧道。校《今文尚書》二十
葉,《堯典》已畢。又校《洪範》數葉。有湘陰甘澍號貢吾來拜,
改省到此,停分發,曾在喀什噶爾等處,言彼處缺甚不好,又云廿
餘年前曾到我家見過,今住陳家花園。下午赴夏毓峰飲席。
夜歸。

十一（10日）

　　雨。校《今文尚書·洪範》畢,又校《禹貢》十葉。張秋岩
來,告以作文須變格。劉鳳起入見,亦以告之。鄒家着人來,見
示稟稿,有興務實學堂之舉。俄而殿書至,問之,始知是胡明蘊
與叔澄所爲,彼並不知,胡爲謀監院起見,五柳公又欲借此謅錢。
如此則大壞矣,不知殿書何以處之也。又云中峰與方伯大有意
見,柏垣亦不欲久於任。諸公於今皆五日京兆,尚何言哉！夜月
甚明。

十二（11日）

校《禹貢》二十葉，畢。刻工已來催取，送到《皋謨》一卷。繆芷汀亦回信，云課藝甲午以上均刻，尚未刻目錄，刻好印刷送來，乙未須俟江太守書成再刻。下午往楊監院、徐雲生處，不晤。到海瀾處，告以作文之法。到夏宅，見鑒臣、少村，云孺子亭有女客，遂不往。歸而殿書至，出部文，議准鄧華熙奏請開學堂，通飭各省，事或可成。

十三（12日）

課卷來，閱卷三十餘本。熊慧斾辭歸瑞州應試。唐子培來，送文一篇。小麓來函，有書二函託轉寄王翊鈞，是仲蘇寫致實甫、笠唐為翊鈞道地者。

十四（13日）

閱課卷三十餘本，額內已畢。盧文明歸瑞州，來辭。監院來看書籍，朱溪雲外出，門鎖不得入。陶華封至，出諸生稟中丞帖，屬予列書同送去。予允之。熊亦元、雷見吾旋來，云茲事體大，且五柳公不為當道所重，事必不行，而伊等皆列名，稟請脩書樓亦有名，恐大吏見之生厭，並書樓將不成，屬轉致殿書，將伊等名除去，而找殿書不至。包培齋來，云有新建某挖得銀礦，亦欲商之殿書。

十五（14日）

殿書至，云五柳等已上稟，將我名列首，亦元所説可無庸説，事之濟否，聽之而已。予云學堂恐不成，書樓事可自任之，毋為俗子所笑。監院至，看書樓須在井邊另起一間，劉公祠太矮。所見亦是。閱額外卷三十餘本，佳者甚少，《爾疋》多，尤可憎，幾無卷無之，以後出題宜更審。

十六（15日）

閱卷十餘本，畢。熊亦元解《周禮·大司馬》"巾車"一條，補入《鄭志疏證》。李浣青解《穀梁》"紀子伯"一條用《公羊》，以爲託伯於紀，甚新;《狄梁公檄告西楚霸王廟賦》，翻轉説項王好，以爲狄公是借警牝后，亦新。《脩藏書樓啟》，饒之麟、楊增舉皆佳。定名次後，校《皋陶謨》十喬。夏幹臣、少村至，談至晚去。幹臣作成感事七律，沈實高華。夜擬和之，未成。

十七（16日）

有陳習謨字典臣者來拜，丁酉拔貢，乃翁名紹棠，江西主簿，未見面，吉兒亦未往拜也。魏建侯來見，以未得拔，深慰藉之。文公達至，云乃翁在滬糾股開銀礦。熊亦元至，以《今文尚書》校本一卷呈繳，出方伯批脩書樓啟，以現已開算學，有用之學盡於此矣，書樓經費更大，庫欵支絀，無可撥給，能就地籌欵更好，應歸如何人管理，再禀明。殿書來，云適見廉訪，伊尚未知。李秀峰至，與殿書久談時事。秀峰有到湖南之意，不知爲何事。送客後，見街中紛紛看會，到小校場略觀。江西辦會甚拙，且各走各段，尤無謂。見賣主考報，廣西放尹銘綬，楚有三人焉。劉福姚、陳伯陶又放差，甚矣鼎甲之貴。蔣幹誤汪九，可惜也。燈下續成感事八首。秀峰言景德鎮事尚未了，官袒窑户，以燒窑閙事人作匪會辦;吳城閙教堂事，因小孩作麪菩薩做洋人樣，呼鬼子，洋人打小孩致死，地方人捉洋人，逃入二府署，遂燒毀天主、耶蘇二堂及領事署。彼所説如此，誌之。數洋錢，尚有七百六十元，內有爛板百元不可用。袁家洋票六十元，幾以敗昬棄之。

十八（17日）

校《尚書》數喬，又熊亦元所校依改正。徐雲生至。楊昀谷攜勒深之詩來見。勒詩與秀峰等耳，太流易，無高調，二人本姻家也。以《八代诗选》示昀谷。閱《時務報》二十九册，有士達者言中國應辦之事，切實可行。下午又雨。黃鈞宰著《金壺七墨》，所載之詩詞頗可觀。《西洋通俗演義》，予以爲言西洋事，不知是説三寶太監下西洋耳,筆墨亦俗,不耐看。殿書云桂履貞廉訪病故。

十九(18 日)

雨一日夜不止。校《尚書》第六卷。下午芰舲邀飲,因移學堂,並看煙火。待至將晚雨略小乃去,亦無煙火可觀。

二十(19 日)

雨仍不止。提六月官課。包培齋云豐城隄決,米一升長四文。王餘三來見,送贄敬十元,告以作文之法。校《尚書》十餘昬。將晚,芰舲邀往寄廬觀燈。隔岸望煙火,不見佳。有昬船,用木牌乘行湖中,可觀。

二十一(20 日)

雨止,漸熱。孟子卿來拜,交所發卷各縣寄來賀儀共九十元,皆非同鄉,蓋同鄉歸文芝塢發。孟云芝塢尚未歸,案未了,撫城門外教堂揭匿名帖,云是書院中人所為,方伯屬彼見各山長約束諸生,毋得生事。予之高足皆頗通中外之事,不至於此,其餘亦不敢保。乃傳雷恒、熊羅宿、王世忠、楊增犖、饒之麟、尹倫、楊瑞雲諸人戒之,並使轉喻諸人。殿書來信,云病不能來,屬熊亦元往彼一叙;伊將往上海,伯年、道希皆在彼,可共議;廉訪已稟明中丞,事必可行。予未敢信。校《尚書》卅餘昬。王益霖、劉鳳起至。此數人皆曾讀書,與言,皆通達,必不至少見多怪。若八股先生瞀無點墨,則末如之何矣。夜作《孺子亭》詩一首。

廿二(21 日)

將出門拜客,已衣冠矣,聞高橋水漫,不能過,乃止。為子培改文一篇。寫家信一函,復謝各處信九函。宋子才至,言吳城事,西人只索償萬金,事尚易了。家中久無信來,不知何故。劉一不再來矣。

廿三（22日）

課卷至，閱三十餘本。李若愚來見，李凝之弟也。梅子肇來拜節，送節敬十元。子城公有信來，云收數共壹百八十餘金，除用度外，壹百零七金零已寄湖南聶壁臣轉交矣。予在漢上，惟買衣料及洋布約四十餘金、扇子約十餘金而已，何如此之多也？下午到宋子才、梅九先生、袁清舫處，皆不晤。往夏宅，亦無人焉。遂到寄廬，見萬、盧二君在彼鼓琴，留飲數杯歸。鑒臣填《賀新涼》一首，言前夜觀煙火事。燈下和一首。夜臥忽氣痛甚劇。

廿四（23日）

氣痛未愈，強起。閱卷廿餘本。清舫至，以所改文與之，勸其力改故步。子培至，以所改文與之。余堯衢回信來，云已得右帥致方伯信，卷已散出，收齊即寄湖南。少村至，以試卷請加批，久談至夜去，云雲生致意，吉兒往湘潭張羅，伊可幫忙。

廿五（24日）

閱卷十餘本。王益霖至，請書扇。文永譽至，索《駢文》去。繆芷汀送課藝四部至，只刻壬辰、癸巳、甲午，且似有刪節不全處。張翰卿名虪飇者來拜，請爲乃翁作墓誌銘。乃弟名虪雲，癸酉拔貢，已故。張漢臣至，久坐，云學署爲水淹矣。聞張詠仙已故，李子賓已到省。詠仙只餘式百爛洋，可傷！子賓、天廓、胡貴送予帽盒箱，有稟請客。聞袁州拔李益、謝寶玿，文老八未能得。湖南副主考放朱益藩，此人好談時務者。學堂稟，中丞已批，仍是就地籌欵之語，且有何人管理之說。此地紳士如五柳等聲望不隆，素爲當道所輕，知其意非爲公，皆自私自利之見，宜其不允，特牽率老夫無謂耳。擬批少村試卷，並擬詠仙挽聯云："樽酒未寒，前月東湖曾召飲；琴歌既斷，故山南嶽遽歸魂。"夜又雨。

廿六（25 日）

雨不止。閱卷三十本。李子賓來拜，云小麓已挂牌代理新昌簾，缺甚佳。陳紹棠名新堂來拜，其子典臣已於廿日行矣。楊監院至，云書樓已回廉訪，屬估工價，今估工去，未得見，託予往說，欲攬生意，勿委員，即委彼。彼之要錢，與委員何異耶？有鄉人至，云與劉一同行，劉一到新喻耽擱，彼先到。大約信在劉一處，久不來，可惡也。夜五鼓又大雨，有陸沈之患，聞湖南亦如是，圍田死者甚衆。

廿七（26 日）

擬出門，雨不止，及現日光，已過午矣。閱卷廿本，畢。定名次，鮮可第一者，不得已以雷恒居首，熊、王、李次之。熊以無主不止與大夫、士無主爲一，殊誤。李不完卷，後始補入，不便以之冠首。王益霖解伏《傳》，以《禮書》爲是。予前解本如是。王以《隋志》所引爲後周制度，九章仍夏侯說，非伏《傳》本文，所見近是。《永福禪林觀桂洲石》，秀峰作詩二首，甚有氣。此等詩予不能作，亦各有門徑也。錄課卷名次。寫詩詞送芰舲，並以課藝贈之。去年課藝，屬幹臣、少村校正。閱《知新報》，云西人以中國爲中國蠔，戲作一首。

廿八（27 日）

閱初次師課卷四十餘本。梅九先生來，云學堂事作罷論矣。熊錫榮、蕭鼎臣來見。蕭云張家弄神通，將彼卷押下，學臺問及始得上，學臺云皮山長曾言蕭某，故與之。是彼得拔，予之力也。包培齋、萬雯軒至，談場中文字，云又出示，即上諭釐正文體事，好怪者恐多嚇退矣。朱益藩不善作八股，或能搜古董未可知。陳同禮更不知何如。予以"羅氏致鹿與女"發題，無能解者。惟熊亦元據上文鄭注引《都人士》詩以證草笠，謂"彼君子女"即所致之女，三家以此爲大蜡之詩，鹿與女皆諸侯所貢，可云讀書得間。《時務報》第三十有屠梅君駁廿三本《闢韓》，論極正大。報中詆古人以恭惟西學，似此甚多，誠有如屠侍御所議者。

廿九（28日）

出門拜客，惟晤唐吉生、陶華封。歸而徐運鑫至，其不得拔，爲額所限，將來優可望也。蕭鼎臣送磁器、點心各二種①，以當贄敬，受之。周同福送明板《史記》、《何大復集》、殘本《函海》至。以《史記》校《評林》本，尚不如彼《索隱》、《正義》完全。又有明晉藩本，假充宋本，索價甚昂，未知何如。南昌賑房着人來，云前來張子薀永豐大令洋廿元非送我處者，索還。予不知搞否，自帶交孟子卿，又未見面。其賑房如此荒唐，可笑也，更當託人問明。

三十（29日）

閱卷四十本，畢。《向子平男女娶嫁畢游五嶽名山賦》、《孺子亭詩》，楊昀谷兩序極悲壯。《高飛鳳賦》奇氣鬱勃，不知是小李作者否。郭之屏詩是老李作。劉鳳起詩亦佳。蕭鼎臣來，呈試卷底子，三賦皆佳而題太易，未能出奇，聽彼刻一篇。吳家祝來見。此人能用心，尚可造。監院之子來問信，俟東家回拜再説。下午出門，買鞋。到海瀾處，其《策》尚未出。《申報》已有《時務通考》，視彼多兩倍，其書將來恐不行矣。到寄廬，與芰舲、幹臣共談。看湖上晚景甚佳，歸猶凉。燈下定課名次。

六　月

初一（30日）

填卷名次。殿書至，云大吏已允立學堂，日內即下公事，各

---

① “臣”，原闕，據文義補。

州縣派歘矣。毛樂齋來。夏定九到省，來見，住石頭街裴姓處。周崇福送來《函海》殘本及《何大復集》，略繙一過。芰舲送《申報》至，湘臯即李仲璇觀察坐升。請開學堂禀已刻上，用殿書名。包培齋來。熊亦元晚至，屬彼至殿書處面議章程，若董事舉五柳公，恐非當道諸公所能允也。亦元言去年脩溝事，五柳與六一相傾，尤可駭，刎頸之交乃如此耶？劉一夜到，得家信，皆平安。家中先聞謠言，甚驚，不知彼信何如此之速。開外孫病重，幸漸愈。二叔聞亦漸愈。

初二（7月1日）

爲張鳳翔年丈作墓誌，未成。唐子培來，呈文一篇。下午回看夏定九。遂至李畬曾同年處久談，以沈文蕭林夫人《寳井圖記》見贈。至芰舲處。適天寳樓店夥至，清還扇對一項三十六元。談至晚歸。

初三（2日）

續成張公誌銘。宋子才至，以詩見示，予亦示以詩。王餘三夜至，以其母李淑人七袠，屬作壽文。

初四（3日）

往夏宅祝老太太壽，留吃麪，並到寄廬聽潛齋、仁山品琹①，談至將晚始歸。秉郇至，得家書並所寄物。得鄒殿書函，云兩司實已允辦，即日行文各縣，又錄得方伯通飭各縣看報札文，頗可一粲。

初五（4日）

爲王餘三做壽文。王香如來，以所書扇與之。張洵來見。芰舲來謝壽。下午往宋子才處，云傅子純以報歉二字了事，豈廉太守竟無一錢耶？往張宅見徐菊壽、于、范，皆出門。往殿書處

---

① “寄”，原闕，據文義補。

久談。伊既喜事，又怕事，事未必能成。歸而于、范同來。問秉郇湖南事，云小輪將有成議，蓺學堂未立，東洋車不行，又辦電氣燈、火柴公司，房屋始畢工，《湘學報》銷未暢。伊輪船拖帶，行至石頭關亦遇風。

初六（5日）

寫家信一函。文公達來，云彭藻材與法和又辦萍鄉鐵礦，道希往漢口。鄒殿書來，云梅、楊見廉訪，不見伊等，覿學堂事，當道不然之。伊又不敢獨辦，擬推之官。歸官辦，又有名無實矣。文芝塢送來同鄉卷金十四分，共乙百十八元、銀四兩。共計千元有零矣。

初七（6日）

天明時大雨，俄而晴，猶熱，表已八十七分矣。唐吉生來，云左菊生已補星子，得黃芍岩力，屬予往夏宅，仿李叔和故事，假四五百金。事恐不行，不得不爲一說。黃小麓以三千一百金包，亦無大味。錄出壽文及墓誌銘。閱《閱微草堂》，多詆講學，亦可不必。《衛尉卿衡方碑》云"夙夜惟寅"，《敦煌長史武斑碑》云"久勞於外"，可補入《今文尚書》，記之。又《范式碑》"徽柔懿恭"，《慎令劉伯麟碑》"高明柔克"，《祝睦碑》"曜重光"，皆可用。

初八（7日）

寫謝信八函。應心臣來拜。周齊來見。沈兆祉來見[1]，云近年在奉新辦書啟，昨始來省，爲伊當課者乃其兄又宜孝廉，浙人邵某亦在此當課，胡獻璠卷是所作也。小宜七月來省。是日飯後覺不適。校《禹貢》十餘帋。沈去後，擬到寄廬，天又大雨。倏腹痛作，瀉數次，腹猶不適。夜中又起一次。

初九（8日）

寫謝信五函。腹瀉雖止，而人甚倦。校《禹貢》數帋，目眩，

---

[1] "祉"，原誤作"褘"，據文義改。

遂止。王餘三來,以壽序文與之。下午李畲曾至,云月底將移至章江門外保甲局,其地即仙人舊館。李去後,到應莘臣處,請診脈,云濕重,用五苓散。藥太滲利,姑試之。

初十(9日)

爲唐子培改文,子培適至,與之。同年蔡學勤來拜,二府蔡公子也。云自湖北來,武備學堂流品雜亂,有家人之子亦入其中,曾陳其弊於香帥。予言此地議開學堂,屬與華封同年妥議。王廷俊來見,告以近日作文法,伊頗聽信。校《尚書》三十喬。胡明藴來,言殿書有退志。其人喜事,又畏事,非任事才也。到寄廬,見芰舲,詢及鶴孫之子,云已逝矣。一官遠繫,三子俱無,何苦乃爾?左菊生事,伊不欲允。左與幹臣有連,芰舲並未見過。盧仁山云寄廬比鄰之屋有售與西人作天主堂之説,芰舲甚危之。談至夜歸,風月甚佳,得一詩以慰主人。

十一(10日)

文公達至,云乃翁到萍鄉。致閻覲臣一函。録詩示寄廬主人。以天氣漸熱,恐將來更酷,豫擬九、十月課題。閲《知新報》,"湘學章程"言校經新制與報甚悉;劉楨卿責中國士子自是正論,然中國士氣摧抑已久,結會與社懸爲大禁,非必士子之咎,獨不觀京師之强學會乎?

十二(11日)

寫課題。往應莘臣處轉單,伊旋來請十四日赴飲。張秋岩來,呈文二篇。聞瑞州拔盧豫章、熊濟瀋、胡汝綎,未知宗師已歸否。秋岩筆氣好,而未得用子書之法,爲改全篇。閲所買殿板《注疏》,《毛詩》缺《譜》及《周南》、《召南》,《禮記》缺《少儀》以下,不知善成堂配得否。殿書夜至,聞學堂事伊亦有難處,事甫有成議,楊、陶、歐、胡諸人各有私心,允之則事敗,不允則怨叢。予告以明推官辦,暗中辦理最妥。燈下閲升菴《石鼓文釋》,云全文出李文正,似非後人所能僞。是日初伏,熱尚不劇,有風。

十三(12日)

夏幹臣、盧仁山來久談,云洋人買孺子亭地事有因,已繪圖去,未知能設計阻之否。課卷至,閱二十卷。包培齋至,呈文一篇。殷書夜至,久談,言方伯欲以此三萬金存歖生息不動,伊意先開報館、藏書樓,一面募化,再開學堂。此舉甚穩妥。聞有開人稅捐之議,予心憂之。

十四(13日)

出門,見張廉訪,略談書院之事,云書樓已移文藩庫取銀,俟回文即舉辦,或即委監院。見小麓,云七月初接印。吉生處,回左菊生信。蔡慕濤處久談,彼云曾受業俞蔭甫,今來開彭澤礦。江浙人多不俗,不盡有實際耳。仁山云伊妹已與劉鳳鏘聘定,廿一日定庚。孺子亭房子洋人不要,寄廬可永寶用矣。盧文明之子入學,而得拔乃李家楨,前說不塙。歸閱卷廿本。文公達至。張翰卿來拜,以誌銘付之。赴應莘臣飲席。天甚熱,不能飲啗,歸殊不適。

十五(14日)

文公達至,出梅氏書,説任公子事,予無能爲力。云湖南有開大學堂之議①,請乃翁掌教,恐不塙。張野秋放江西主考,能爲古董者儘可出售。徐壽老放浙江,亦識古董者。湖南已有五人,汪九公恐難望矣。閱卷二十餘本。赴寄廬飲席,夜景甚佳,二鼓後始歸。

十六(15日)

殷書至,云木齋、次亮有籌歖六萬之説。予勸其仍前議,勿大舉,將來再擴充。周崇福送《曝書亭集》來,是原刻,惜少十卷

---

① "堂",原誤作"開",據文義改。

至十三卷,以千文購之。得前月廿八家書,會覆尚無期,唐采臣欲得我屋,特後門費事耳。閱卷卅餘本。天氣炎熱,表已九十分矣。張秋岩、夏少村、包培齋來,告以主司不取平庸之法。秦嗣祖夜至,前未受贄敬,特送茶碗、飯碗數筒。

十七(16日)

胡明蘊來見,兩司詳文中丞批有皮紳某某之語。我仍歸江西籍作紳士,豈不可笑?明蘊又擬章程,上稟帖借貢院,云華封以爲不可。文法和來,云陳次亮捐欵本脩寶塔,迫於公議,擬脩學堂。伊意欲急開報館,屬往與殿書議。云伯年到上海,因委員賣礦沙與法人,遂連山並賣,幸而説通,以無撫臺印、礦務總局印,委員不得擅專,法人無詞,事已了矣。楊昀谷來,告以主司詞章家,儘可盡其所長。閱卷廿餘本。秉郇、鑒臣、少村至。秉郇言盜賣礦山事在湖南亦聞之,法和所云不謬。法和言乘小輪將至姑潭遇風浪,幾壞,兩個時辰船頭方起,不得已仍回湖口泊①,足見風波實險。又言少穆、炳山在上海辦輪船尚無頭緒,學堂事亦未知如何。湘人恐蹈江西人之後矣,不亦恧乎?

十八(17日)

閱卷數本,畢。定名次,仍以熊亦元居首。其解《昏禮》饗婦之俎即乾肉,亦即豚解全牲,故鄭云牲以爲脯者誤;解《詩》"綠衣",據《易林》以爲君服,如此解,乃可以釋婦人質不殊裳之疑,皆特識也。詞章則于秉郇、徐維三、沈小宜均可觀。去年課藝再刪訂一過,所留不多。文芝塢來拜,云唐吉生之父六旬大慶,屬作壽文。張翰卿又將誌銘送來,屬添入數處。此等債,皆不知何日還清。閱所刻《尚書》十七葉,譌字尚多。

---

① "泊",原誤作"迫",據文義改。

十九（18日）

錄課卷名次。增改張公誌銘。子培至，請題，乃祖廿二日生日。周翰屏至，送贄敬三十元。下午舒恭潤、萬啟型、夏少村至。少村呈文一篇，用《公羊》，幹臣一篇，用《穀梁》，皆非白腹所能辦，燈下爲改數處。雯軒言：伊戚謝某乃謝啟昆之後，現在俄國教書，脩乙千元。彼待師甚恭，並非大學堂，乃彼國貴人公設者，如京師願學堂之比。先生有十餘，皆中國人，各教一門。房屋甚精，飲饌亦豐。以三年爲期，今甫二年，欲歸應試不得。信常通，約三月可到，信貲止十八文。

二十（19日）

將張公誌銘錄出，有千餘字。殿書至，方伯札飭越第一胡發珠而給第二鄒淩沅。委叔澄，即委殿書也。通飭皆以予名列前，見之者得毋笑我鑽充江西紳士耶？王益霖來見。黃小麓來辭行，云明日即行，喜事今年且不辦。李子賓來拜，所薦李仁貴已允錄用。閱李心傳《朝野雜記》，"女真南徙"一條云：金國自完顏旻建國稱帝，完之始祖哲蒲者新羅人，自新羅奔女真，女真諸酋推爲首領，七傳至是而始大，所謂阿骨打也。據此，則近人謂愛新覺羅即新羅似不安矣。熊封楚至，云盧文明並未取一等，伊自知不得，幫李家楨二場，得百金。此人好利者，亦頗快意矣。夜間，方伯處送照會至。我非江西紳士，此等公事似不應施之於我，可謂糊塗。

二十一（20日）

往仁山處道喜，遂至張翰卿處，以誌文付之。伊云副主司乃泰亨寶號小掌櫃，不知能幹蠱否。見譚彞仲，乃兄來月方到，恐不免調簾矣。歸時轎中甚熱。翰卿云壙誌已送來，檢閱未見，爲再錄一過。《曝書亭》閱一過，予不甚滿意，謂不過雅潔而已。下午夏幹臣、少村來，以所改文付之。幹臣言中秋時擬到湖南，約同行。予告以乃叔現管湖南輪船,可先函告,八月半間有輪船到漢,打一電報。

二十二(21日)①

彝仲早至,久談,借《知新報》十二本去。此課題有《景教流行中國碑跋》,乃繙《金石萃編》所考觀之,似諸家皆未得其原。唐諱"丙"爲"景","景教"即"丙教","丙教"即"火教"。西方本有事天、事火之教,佛謂爲邪魔外道。自佛教盛,此二教漸微,而六朝時已入中國。祆廟即天主教,西方事天之遺。丙教,事火之遺。碑中所云十字,所云七日禮拜,正與西洋天主教合,而與回教無涉。至其碑文多用佛教語,又間涉回教,由於作文者皆中國文人,不深悉其源流。唐時佛教盛行,故多摭佛書爲之,如今天主教所刻書兼采三教之語,轉失其本教之宗旨。諸家但知考大秦、末尼同異,於此等處並未了然。又《編》中考《顔氏家廟碑》誤以率燭、芝貞、異肆皆爲一人,不知芝、貞即藏《孝經》者,大農顔異見《史記·平準書》,而云無考,疏失甚矣。吾觀前人書尠滿意者,然吾所著書亦未能自信,不知後之觀吾書者以爲何如,但留得數十卷爲後人指摘,則我名亦不至湮没,必求盡善而後問世,恐終身無問世之期也。是日二伏,風,頗凉。

二十三(22日)②

陰,頗凉。爲培齋改文一篇。培齋至,即以付之。有文杏林號小松者來拜,以府經爲章江門,求遞條廉訪調保甲,乃文藕蘭之姪。藕蘭現在譚文帥處教書。周翰屏送禮八色,辭之不可。廉訪送課卷至。午後微雨。閲卷二十本。向冠群號枝山來拜,

---

① 原稿誤作"十二"。

② 原稿誤作"十三"。

云從樂安交卸，龔省吾到樂安，不知予消息，甚念念。翰屏送
《韞山集》，燈下閱之。其詩古、近體皆有法度。乾、嘉時袁、趙
橫流之日，難得此等雅音。文不如詩。經説全無門徑，常州經學
最是，不料猶有此等門外漢，乃列之編首，不顧貽臭，信乎自知
之難！

廿四（23日）

閱卷三十餘本。龍之溪至，云乃祖在此主講，曾請繆芷汀甄
別而自閱卷，開除多人，有例似可援也。下午欲出而天下雨。秉
郇、幹臣、少村至，談至夜。秉郇、幹臣各呈課文一篇。

廿五（24日）

殿臣攜其子至，以方伯照會示之。予恐中丞出奏仍以賤名
列首，欲見中丞辭之，殿書以爲不必。殿書云胡明緼緘致右帥，
不知所説云何。伊意欲爲總理大臣，且俟熊餘波、朱爱卿到此再
議。宋奉峩來見。是日閱卷廿餘本。芰舲至，談至夜分，勸予見
居停説明，將照會繳還，免爲諸人牽率。

廿六（25日）

往居停處，云一早拜牌，歸卧，約次日至。遂歸，閱卷廿本。
李秀峰來拜，見示白仙和彼賀移居詩，仙云西山將開礦，避之鄱
湖玉靈洞。沈小宜至。彝仲亦至。沈去，留彝仲談至夜，出課卷
示之。

廿七（26日）

寫信致李叔和。復出門，見居停廉訪公，以下情詳告之，占
籍湖南，不能列入江西紳士，並請轉達中丞、方伯，文小松名條使
交付中丞處。適遇彭藻材、文法和在坐，彼言萍鄉鐵礦事，久談。
予以將來出奏求免列名告之，彼出奏尚未也。方伯到中丞處，恐
亦爲礦事。即將照會交門上，約改日面説，大約廉訪必轉致也。
歸未午，尚不熱。宋奉峩送試卷，並《黃文節集》與字帖。其卷

文、賦皆博麗,不似此間人。拔貢稱拔萃科,大約江右是科以此人爲拔乎其萃矣。宋子才至,云伊對門翁少村所住,乃黄仕琳没入官地,有以彼處建學堂之説。前見王魯風太守精力過人,而已故。白仙詩比以王庭,似豫知其事,可怪也。閲卷十本,畢事。子培來,呈賦一篇。

廿八(27日)

方伯一早來拜,談及學堂事,伊以中峰爲誤。此地情形,彼已深知。諸公攘臂其間,各以爲首庸應當首士。方伯云誰能召募多金,即以此金付之,官所籌之金不能付彼,其鄙夷江右紳士甚至。昨至廉訪處,木易亦至。此輩可謂無恥,宜其見輕於官府也。我辭照會,方伯亦不强。舒恭瀼來見。熊亦元至,呈所校《尚書》,未校第九卷仍攜去。談學堂事,彼勸我勿任事,我亦勸彼勿干預,且看究竟如何。聞廣西會匪起事,已陷三縣,戕官,由教案官辦人激變。竊恐今日上下憒憒,不必洋人至而已亂矣。電報傳俄人十款,中國皆允,不知何事。豫章以時務發策,梅公批以爲自强當用籐牌,以人髮爲之,可禦槍礟。人以爲奇策,可笑也。定課卷名次,以于廷榮居首,熊、雷次之。此課《〈西銘〉書後》率腐惡,惟王益霖及歐陽宋卿所作梅台源、胡發元卷頗知《西銘》有語弊,宋學難盡信耳。《景教流行碑》,王益霖、于廷榮、沈兆禕考之皆詳,所作亦工。《墨子距公輸賦》無佳者,亦因此題本難解也。接閲七月初次師課卷十餘本。是日梅子肇請往江南會館,予前已諾芰舲、仁山,遂至周翰屏處略坐,乃往寄廬。席將散,有妾人劉兆明者,使酒罵坐,詆務實學堂,語似侵我,乃略與辨數句。此等人如禽獸,不足與較,又恐對東家不住,任其叫囂而已。其人乃一臭監,一字不通,以銅臭得官,並不知學堂爲何物,不過家有當鋪七個,不願捐銀而已。予前夢爲瘋狗所咬,今似應之。

廿九（28日）

閱《知新報》，云湖南陳右帥已集二萬餘金，將開學堂，總署議覆鄧華熙亦列上。現在風氣如此，而妄人不知。《莊子》云"人莫哀於心死，而身死次之"，乃不自哀，何哉！予爲中峰所誤，列入紳名，知必爲見者所怪，然已往無從追正。惟聞五柳等又持函往右帥等處，芰舲屬急阻之，乃函告五柳，屬萬勿列我名。彼復云秋杪亦將北行，未知果否。得黄子猷來信一函。閱初次課卷卅餘本，畢。《"周之始郊日以至"鄭注以爲魯禮解》，熊亦元據鄭注所引舊説，知今文家有二郊，一祭昊天，在日至，一祭感生帝，在夏正，鄭、王皆爲《周禮》所誤，立説明通。王香如用予説，始郊在周未得天下之先，又引《公》、《穀》以證魯禮，亦詳覈。接閱二次課數卷。芰舲至，言劉某名秉珍，捐江蘇道，即劉養素之子。

七　月

初一（29日）

作書致陳伯嚴。恐彼不知學堂情形，見我列名居首，不免駭怪，故先告之。又復李次申、黄勸二函①。作家書，未畢。萬三先生來拜名立庸，云劉九乃其學生，代爲説清之意。徐雲生至，云乃翁現在湘潭，號名鈺昌，吉兒去，可爲東道之主。下午涼爽。往萬公處回拜，不晤。至文公達處，云乃翁月半可到。遂至夏宅，適秉郇、清舫至，久談。少村出《湘學報》六本，攜歸而殿書至，談學堂事，云俟諸人號召不動，再去辦，亦是一法。秉郇、清舫至，各呈所作，至二鼓始去。

---

① "黄"下，原衍"子"，由前文知黄勸字子猷，據删。

初二(30日)

作家書畢。閱《湘學報》。毛樂齋至,久談,告以作文法,恐彼不能變耳。夏觀察七旬大慶,擬壽聯云:"福曜湘中,輝聯花萼;耆英洛下,壽比松喬。"屬家中書送之。文小松至道謝,其人年已不惑,顏殊少也。委員方炳以廉訪飭修書樓來見,云其弟方霆亦壬午,現在翰林。功程甚小而必委員,官場照例,可笑。幹臣、少村至,談至夜。得吉兒前月半信,云會覆在七月杪,江宗師擬待優貢考後同覆,王祭酒於嶽麓有去八股之議,可謂識時務者。

初三(31日)

閱二次師課畢。仁山至,言前日事,此等妄人何足責耶?文芝塢送唐次雲壽文四篇至,即當依樣葫蘆爲之。文小松已得廣運門外保甲差與闈差,來稟謝。文公達至。包培齋至,言今年場屋文字宜變之法。方伯津帖房官每二百金,不准買關節,又令各薦二百卷。果然,可稍整頓。家信云永明失守,省城驚惶。仁山云丹銘有電報到,事已平,會首已擒獲,如天之福也!

初四(8月1日)

撰唐次雲壽文,一日而畢,約一千字。彝仲送西瓜二,予不敢嘗,轉贈芰舲。朱溪雲來久談,云書樓派委員,監院大不滿意。此等監院,所謂棺材內出手要錢者,其辦事亦未必勝於委員也。夜大雨,風雷可怖,頗涼。

初五(2日)

錄出壽文。天熱,不難於作,難於寫,今天氣幸未大熱也。唐子培至,以示之。子培云聞湖南電報永州失守,大可駭,丹銘云事已平,何又猖獗?豈賊入湖南,而粵西以爲事了耶?遂以壽文送交文芝塢,並問此報塙否。校錄出《尚書》一卷。往宋子才處,出門。往繆芷汀處問湖南事,彼云未見電報。往徐菊壽處問丹銘電報云事已平，予亦未敢信也。天晚歸。溪雲夜過談。

初六（3日）

芰舲至，談湖南事，云前得信，觀察公辦防堵，其他不聞。幹臣旋至，文明亦至，談未已，繆芷翁來回拜，遂去。繆云官場無此說，想屬譌傳。李高陽薨，謚文正，甚優，又弱一個矣。王香如至，屬薦殿臣館。殿書適至，云湖南無報到，不搞，託予問周漢屏要鹽票否。文公達至，聞石印有《無邪齋答問》、《格致精華錄》二書頗佳。申刻又大雨。爲子培改賦一，清舫改文賦一、詩四首。溪雲來，段二竿。熊亦元以所鈔《鄭記疏證》來，云其兄手錄，不便付筆貲，以《釋名補注》等書贈之。

初七（4日）

宋子才至，以《昌江覽勝圖》索題。李浣青、王餘三來，詳告以作文法。閱《申報》，云學堂事請鄒殿書部郎經理，鄒君躊躇不決，又請皮鹿門山長代稟湘撫陳佑民中丞，務邀鄒君經理其事，想鄒君亦不能固辭矣。殆即鄒君所爲耶？校《今文尚書》廿餘叚。到宋子才處，其地甚熱，略坐。到殿書處，未晤。遂至芰舲處，談至晚，託予到漢口代覓野參，當詢之本家，伊有生意在牛莊也。歸於燈下擬題宋圖云：“昌江大鎮接浮梁，太守乘驄覽勝忙。稅物本沿周法度，惠民何愧漢循良。九天風露千山翠，萬户雲煙五色光。聞道工人久爭訟，應追遺愛仰黃堂。”是夜七夕，計在外九年矣。方有神州陸沈之懼，豈有富貴壽考之情乎？有感於中，作《賀新凉》曲云：“今夕云何夕。問佳期、年年一度，明河中隔。溝水東西頭白了，修到仙人奚益。方須憑仗、芻尼雙翼。莫怪人間多債帥，想借錢、天上猶難覓。償不盡，古今息。

九年異地勞爲客。不曾見、畫屏銀燭，天階涼色。幾處鍼樓空乞巧，織女豈能留跡。如萬一、雲軿來覯。富貴不求求壽考，五百年、待更摩銅狄。看渾沌，可重闢。”

初八（5日）

録詞示幹臣。取書送書局，並前寄賣共《自課文》十六部、《駢文》十五部、《大傳疏證》、《孝經疏》各六部。書扇二柄、對一聯，爲宋子才題圖。校《尚書》數帋、熊亦元之兄所鈔《鄭記疏證》一卷。周翰屏至，與黃升八元，以吉兒卷贈之。殿書事向說，云恐太多。程稻村、王晉侯先後至，久談，晉侯將晚始去。見各報多稱馮林一《校邠廬抗議》，特取閱之。其成書在咸豐末年，今又三十餘年，若能行其變法之言，未必陵夷至此。林一亦善八股者，而能見及此，殆因入林文忠幕所得也。有人稱八股書、八韻詩爲二八者，予戲比之二八佳人。有詩云："二八佳人體似酥，腰間伏劍斬愚夫。雖然不見人頭落，暗裏催君骨髓枯。"予戲擬作云："二八文詩體似糊，篇中藏藥毒迂儒。雖然不見人身死，暗裏蒙君智慧枯。"夜漸熱。

初九（6日）

杜述琮來見，有病容。王晉侯送火腿、茶葉等物。覆校《尚書》，自《甘誓》至《多士》校一過，仍有誤處，真如埽葉矣。聶蕢階、徐維三來見。芰舲、幹臣至。幹臣和七夕詞甚佳。芰舲以陳壽文久不至，欲與之決裂，而代者難其人，予勸其容忍。

初十（7日）

立秋。甚熱，至九十五分矣。魏塈來見，看試卷，並非和公後，同宗而已。張錦堂至，云以乃兄事與族人構訟。族人張見六者，誣乃兄與族中婦周氏女姦，已上控首府。此等事，予不願與聞。校《尚書》四篇。殿書至。少村攜朱一新《無邪堂答問》至。蓉墅將晚便衣過談，至夜分去。今年簾差恐不能免，伊亦自知。

十一（8日）

更熱。校《書序》一卷。朱一新書閱一過。其宗旨近陳蘭譜，學尚通博，兼考證、義理之長，立説平允無弊，而經學未得門戶,祖宋儒甚無謂,然求之今日,此等人不可多得。聞已故,可惜也。溪雲夜過談。

十二（9日）

往仁山處拜壽,遂至蓉墅、彝仲處,略談時事。至沈小宜處,論江西風氣。歸院,幹臣至,久談始去。得六月廿七日家信,云叔祖母廿一日仙逝,境況蕭條,可哀！有初十日合優、拔會覆之説,果爾則已會考矣。吉兒寄文二篇,尚可觀。翊鈞有書來,並寄小麓昆仲書,當爲轉達,恐須託文芝塢官封乃可。《無邪堂答問》一書,予優爲之,連年經訓所批,如録出稍詳,再加引申,可成書矣,有暇當爲之。是日大風,頗涼。此地望雨,湖南亦苦旱。連夜木聲淅淅,大有秋意矣。燈下書家言二帋。

十三（10日）

胡汝綖來見,黎瑞棠來見,皆詳告以場中作文法。盧仁山來謝壽。于秉郇來,萬啟型、萬篪同來,均久談始去。閲課卷十本。

十四（11日）

閲卷卅本。芝舲過談。風止,又漸熱。爲程稻村母壽詩云："挽鹿清風未覺寒,咀熊懿德更和丸。女師德象親傳業,子膳修羊潔采蘭。彤管千秋光漢傳,絳紗幾輩授《周官》。三山未遠仙桃熟,想見麻姑駕彩鸞。"

十五（12日）

發家信。黎聘之至,云住貢院前軍火局隔壁,有弟同來。閲卷廿餘本。下午往寄廬赴飲席,夜觀中元燈火。俄而火發,幸即撲滅。得繆芷汀、文芝塢送來湖南電報,云永州已解散,足見永州有事,非盡傳訛也。夜歸殊不適。

十六（13日）

桂伯華、文公達至。法和前年借《經訓叢書》,久不歸,書已損壞,又失頭本,無或乎以借書爲一癡也。唐子培至。袁清舫、夏幹臣至，談文，久之始去。閱卷二十餘本。

十七（14 日）

閱卷十餘本，畢。經解仍以熊亦元爲最。盧文清説經多肊見，遠不如前。此課本强弩之末，奉峨、建侯皆未用全力，惟秉郁尚肯用心，此人今年必中矣。見《中外時務策府統宗》，收時務書頗新，《西禮》一卷可不必載入，其他專門之學恐亦未盡。予序已刻，似尚不陋。下午赴秀峰飲席，請白仙判事，多不可解。夜乘舟游東湖，月色甚佳，荷花惜少。歸後大風，凉甚。

十八（15 日）

晴，仍熱。定課卷名次，録送居停。閱《時務策》，“教門”一條不知誰作，考西教之源流甚詳，據《舊約全書》，證其變幻勦襲甚悉。予向疑彼教陋劣，何以能行，閱此略釋疑矣。劉瑞珊來見，乃翁調簾江右。劉榆生、龍禹門諸人皆八股先生，未必識古董也。晚間包培齋至。芰舲、幹臣、少村同來。芰舲屬致書叔和。

十九（16 日）

取幹臣、秉郁、昀谷之文閱一過，皆非江西風氣所有。《時務報》言中英緬甸條約及西江通商。今也日蹙國百里，詩人能無嗟乎？劉瑞珊以所佃屋不可居，必欲搬入不窋畬齋。予以其爲書院舊人，與吉兒同年，乃父又是湖南官，不得不允之遷移，甚喧雜矣。陳壽文、晏海瀾至，談文久之。張榮縷父子來，出家書，以訟事來求，彼族見六等已入福音堂。見在江西人凡入洋教者訟必勝，奈之何哉！

二十（17 日）

致書叔和，問經手事。校録出《今文尚書》一卷。寫工已添一人，或稍快，然予行期止半月，必不能待此書寫畢也。熊濟洙來見。黎聘之、陳星梅至。瑞珊之弟易堂同搬入院，來見。伊生長湖南，言皆楚南，人頗倜儻。芰舲至，言清舫事，屬爲道地。伊近日亦爲新學所誘，欲建一學舍，邀諸同志子弟十人，延中、西學師各一，仿湘學會章程，已與清舫商之，恐難得此素心人耳。張垂緌以誣奸梟詐控張見六，有世成反叛語。予勸易之，此等人那曉打官司？早商之於我，我必勸其息訟。今勢同騎虎，見六已入洋教，無論不能勝，即勝，仇隙愈搆，又豈能安處村中乎？溪雲屬爲求遺才，恐與張事皆難爲力。

二十一（18日）

張啟明來見。校《尚書·大誥》一卷，全用莽《誥》解之。此今文之遺，不以人廢言也。寫陳稻村壽詩一軸。吉水彭章祖來見，住自福巷本家處。周觀濤至。王尺蓀書來，並贈《嘉令堂課藝》，乃彼在嘉興幕中所閱，間有更定，詩、文、詞皆矯矯有氣，與尺蓀筆相似也。包培齋來，以三場所帶書目相示，可謂多矣。下午往陳、彭處，皆不晤。見西早公，以爲功令森嚴，未敢嘗試。此等事不便相强。

廿二（19日）

劉彭齡來見。張垂緌以架誣梟騙控見六，已攔輿禀府矣，來求我，我向不與事，何能爲力？汪鳳翽來見，問水雲先生，非一族也。下午往寄廬，借彼地請客，客九人：宋子才、袁子純、李秀峰、盧仁山、譚榕墅、夏毓峰、芰舲、幹臣、黎聘之。飲至夜歸，頗凉。

廿三（20日）

楊昀谷來見。閱十月初次課卷三十本。清舫、幹臣、少村至，言今年科場求嚴緊而不得法，恐鬧事。張國光至。于秉郇、鄒殿書至，殿書言學堂事到湘詳告右帥。我擬月初告歸，恐初十後近秋節，無船開，定期初八，屬訂輪船中艙。聞陳璞臣得優貢，內府不知何人。東、豫各省主司皆放，無湘人，汪九公難爲情矣。

廿四(21日)

大熱。初課閱畢。《"若兄考"解》能引"爲人後者爲之子",惟熊亦元一卷。接閱次課十餘本。秦鏡中來見。尹倫入見。此二人皆不長於時文,今科可僥幸也。唐子培至,呈文一篇。陳庚山來,自謂必得内簾,不知廣召生徒否。

廿五(22日)

張翰臣來。張錦堂請一名手做咠,上控到臬,以"録慘瀝懇"四字,盡删支詞,是熟於《鄧思賢》者。王香如、宋奉峨至。贈奉峨《大傳疏證》一部。沈小宜至,言風氣難開,在學課經、古反遭誘。予謂中國之八股教,其氣燄與外國之天主教相等,非一時所能滅也,特近人不知時文、八股之外猶有學問,中國九州之外猶有人才,其陋可哀耳。閱二次課卷畢。《孫仲謀拔刀斫前奏案賦》,于秉郇尚屬用心之作,楊昀谷有奇氣而不甚鍊,黎瑞棠能運用史事。《擬温飛卿昆明池水戰詞》,于、楊及廖韜、桂赤皆工。晚間芰舲過談,屬還清袁子純借項。至七月底,並付銀二百兩,庫秤一百六十四兩,京秤三十一兩四錢,合成夊川三秤約二百金之數,或先匯京,或暫留此,爲明年入京之用。

廿六(23日)

填課卷名次。賀晴江至。爾翊不同來,可惜。毛樂齋至,云有人欲求撰壽文,告以宜及早。王晉侯、于秉郇、夏少村至。有求捉刀者,幹臣、少村、秉郇皆爲人牽引。芰舲不聽幹臣、少村爲之,並屬代阻秉郇。予亦勸其勿應,特恐其不免爲利動耳。劉瑞珊偕義寧徐侍清至,以伊弟由右帥幕歸應試,有文書猶不取,義寧廿餘人有文書,止取一人,屬予爲之道地。黃升求予送名條二,不取一人,何必再碰丁子耶?與少村到寄廬,以二百之數付芰舲。談至夜歸。芰舲以令叔子新不署辰沅而委陳少眉,頗快快。

廿七（24 日）

彭藻材、文法和至，以法和之弟亦不取錄，予以無能爲力辭之。賀爾翊來信，言所作《韓詩外傳疏證》之義，甚有心得，今文之學得一干城矣。晴江欲居此，予不應，以實不便，此公恐難同住也。寫夏養泉挽聯及對聯三軸、扇一柄，改子培文一篇。海瀾送來《西政叢書》，閱之。得吉兒十三日來書，十六考優，會覆擬廿六，右帥病，有江學使入闈監臨之語；初一團拜，首事畢、鄒；叔祖母堂期未定，或在九月，我可趕到；湖南亦熱，收成有八分。有蕭鳳儀號仰喬者，偕瑞珊來見。彭章祖至，欲求代求遺才，予謝以不能。閱康長素所上書，切實可行，真起病之良方。然彼欲一切更張，具臣必不便，故多尼之。而非埽地更新，新法又多窒礙。今之變法弊多利少，皆爲此也。李若農力阻康君，殊不可解；前年會總，持五家派之謬論，打落江西名士，亦不可解，殆死期將至歟？溪雲晚過談。胡發元來，言數百金可買舉人，可笑。

廿八（25 日）

皮增來見，資格甚好而不得拔，豈真家風不利耶？張鳳藻來見。彝仲至，久談。殿書送蒸盆、點心，轉送夏宅。閱初課卷廿餘本。包培齋來，久談。江西科場之弊甚多，湖南視此猶爲少可，謄錄把持尤可惡也。

廿九（26 日）

出辭行。不料是日秋審，又方伯大慶，地方官惟晤江太守，張事已力說，云縣稟尚未批，屬加嚴屬。晤繆芷汀、宋子才、梅少岩、陳庚山、譚蓉墅、彝仲兄弟。繆詢明年事，屬轉達居停。伊云斷無他人。梅出贛道周浩書，濂溪書院兼課算學，屬覓教習，華封薦熊濟濤。每年三百元，火食、川貲在內，太菲矣。歸而陳紹棠來拜。張錦堂至，云臬稟已進矣。閱卷廿餘本，初課畢。《皋比考》未考得其實，或沿《通訓定聲》，以"比"爲貔貅之"貌"，似近之。文明以爲用弓衣之虎皮比合成之，亦通。溪雲晚過談。

卅日（27日）

居停來送行，以其先人文端公集求爲作跋，予亦以張垂纓事託之。居停絶口不及館事，殆未知舊例乎？恐繆芷汀或忘問及，乃函告殿書，託其轉達。監院來送行，屬臨行告彼來檢視什物。毛樂齋至，以其戚周母求作壽文。張錦棠來，告以已求廉訪，屬弗張揚。到劉、蕭處略坐。閱次課卷四十八本。作《尺木賦》者止九篇，不甚佳。《擬唐人宮詞》有佳者，或不似宮詞，頗難選擇。幹臣至，詢之，乃知于廷榮、陳希孟兩卷皆彼爲之，詩學昌谷、玉谿，有過於僻澀處。劉鳳起、梁鳳岡來見。

八　月

初一（28日）

饒之麟來見。盧仁山來送行。芰舲至。客去後，至殿書處，屬詢廉訪意，可否回報。程稻村約辰刻席公祠招飲，至則客已到而酒席不至。祠中大熱，至申刻始上席，即歸。受熱，大不適。張翰臣又請席公祠，辭之。殿書回信，云廉訪無他意，欲問中丞乃下關。旋得廉訪函，並贈《講筵詩鈔》等書，屬撰文端公集跋語，中有明年留講之言。回信謝之。張秋岩來見，云久病方痊，呈文字一編。燈下爲廉訪代作跋。夜微雨，稍涼。

初二（29日）

清舫早至，呈贐儀百金，太厚，決不受，擬託芰舲轉辭之。爲周良翰之母作七十壽序千餘字。宋澍德來見。徐雲生來送行，託以致書乃翁，爲湘潭張羅計。唐吉蓀至，云文芝塢致意，昨日到此未晤，吉兒散卷又有送卷金者。左菊生乃翁壽誕，又欲代撰壽文,而全無一字底子,何能憑空撰出？申刻後風雨,滌煩解暑,不覺大快,將來試場或不至大熱矣。

初三(30日)

錄出跋語、壽文,函復廉訪及李叔和。芰舲至,仍攜銀票來。袁子純必欲致送,芰舲勸勿再辭。此舉誠受之無名,得之有愧矣。張翰卿來送行,以廿金爲謝,可謂諛墓金也。五柳公至,云今年決意北上,代者爲陳樂安。文明來送行。培齋偕其戚馮某至。本家松筠來,云芝仙往甘肅矣。殿書夜至,云此席已有變局,朱某圖踞,賴伊力爭始允。此邦人眼孔小,居停又不擇師,予終將爲彼排擠,當早爲之所。下午又雨,甚涼。檢書,欲行而關書、脩金皆不來,居停屬少待數日,恐節前未必能成行。

初四(31日)

張秋巖來,送束脩四十元、筆敬一函。此生歸應試,復來,遂病,尚未復原。予未能教之,受之有愧矣。飯後出辭行,見黃宗師,提及清舫,伊云時文不佳,故未列,選拔亦非其意,而捉刀人不通誤事,可惜也。見清舫,以此告之,勸彼考優。聞有六百金內助之說,不妨嘗試,如有實際,自勝空言。歸後念及未爲秋巖求調經訓,更作一函,並呈名條,諺所謂"得人錢財,與人消災"也。行期未定,再發家信一函。張啟明來送行。少村夜至,以功令嚴切,各處不能寄書。問劉瑞珊,其所寄亦靠不住。夜間檢理所得洋、銀,共玖百柒拾元。

初五(9月1日)

發家書。《張文端集跋》改數處,再錄一過,送居停。予可謂盡心,特恐明珠暗投耳。檢理書籍,將送往寄廬,如鼠搬薑,一何可笑。沈小宜來送行,久談。此地學使放李黼藻,湖北人。張三先生乃放廣東,何不即留之江西耶？文芝塢來函,收到賀儀十分共八十元。左菊生尊人壽文欲憑空結撰,予實不能,必開數行字乃可耳。芝塢得信，又託吉蓀使子培至。予仍辭以不能，芝塢又以孟子卿壽文見示，不知誰作，尚雅潔。作謝書五函。下午欲出門，宋子才至。周漢屏、黎聘之、萬雯軒至。呼張秋岩，予以《自課文》，假以《時務策府統宗》。芝龄與秉郇先後至，久談，留吃飯乃去。芝龄將使其姪來受學。新出《萃報》，例分各省。《經世報》字大可觀。孟子卿使人來借書，云主考索書十册，有馬氏《繹史》，云知予有之，不知何以知之，殊可笑。冕堂寄予鎮江膏藥五十帖，丹銘已補潯州。

初六（2日）

復爾翊一函，寫謝信二函、對聯肆軸。夏承冕來受業，贄敬予却之，芝龄昨已致意，受業帖予受之。王益霖、熊羅宿、雷恒、萬篦、李凝、楊增犖先後來送行，皆予所屬望者。王託薦殿書處，送禮四色，受二色。熊託帶湖南新出書。劉瑞珊送禮，予受三色，轉以送本家。包培齋送束脩廿六元、禮十色，予却不受，而磁器四色已落款，止得受之。唐吉蓀送蒸盆，留以享客。周觀濤來送行。下午出門，到本家處送考。遂至晏海瀾、黎聘之、包培齋、賀晴江處送考，袁子純處道謝，並勸其使清舫考優。聞新學使甚陋，久不得差，自買小菜，妻任炊爨，前大考降官，復到少詹。江西例放大考三等末者，大奇。夜大雨，涼甚。

初七（3日）

雨未止。約溪雲、瑞珊、秋岩、蕭仰喬吃早飯，不料味已變，不可食矣。彝仲又送一蒸盆，只得轉送少村入場。梅子肇來送行，呈節敬十元。萬啟型送酒一小罎、月餅二合。賀晴江送禮四色，受二色。寫信三函。閱新出《萃報》，不佳。《知新報》歐某論變法自上、自下甚晰。《時務報》梁卓如論近談西學之弊，欲先考求西國政書，甚得大旨，與予見合。毛樂齋送壽文筆敬式十金、束脩卅式金。予並未能教此人，脩金受之愧矣，禮物受二色。

唐子培送脩金四十元,乃翁託帶醫書數種,出題一冊,屬寄文到湖南。伊云陳庚山未得內簾,彌封官耳。包培齋來送行。鄒殿書至,以輪船票相贈,云廉訪必是待脩金至再送關。彼爲護法沙門,所説或可信也。湖南學使爲徐仁鑄,少年,或不腐朽。瞿子玖放江蘇,徐壽老留浙江。湖南三人皆不到江西,數也。秦嗣祖來送行。是日欲出送考,雨竟日不止,夜始見月。

初八(4 日)

雨止,天晴,涼爽,入場者可謂如天之福。此等天氣極好起程,居停必欲羈我數日,殊不曉事。文芝塢送節敬卅弍金,想因爲唐次雲作壽文謝敬。左菊生尊人壽文無節略,我決不做,彼或誤會,以爲前作未謝,故特厚送以揶揄我。此錢得來雖容易,我不能妄下筆,打壞招牌也。又有武寧縣凌雲卿者,送洋拾六元,爲小兒卷費,由芝塢來,函謝之。盧文明來送行。熊亦元尚有《尚書》一卷未校,乃取校一過。書已檢,復繙出。幹臣下午過談,將晚始去。

初九(5 日)

晴。寫謝信一函,共十一函,封託文芝塢轉寄各處。覆校《尚書·甫刑》等篇一過。夏芰舲、幹臣與達三兄弟、陳壽雯之子同來。袁子純亦至,云昨日入場,非但不能整肅,較往年尤紛亂。考生揚言打官,官遂匿不敢出。近日諸公紛紛變法改章,大抵虎頭蛇尾,每變愈下,由於不習下情,輕舉妄動,又無堅定識力,畏葸特甚,往往爲人所持。秀才不能造反,如此畏之,何況勁弩臨城,長戈指闕哉!有人言幹臣爲黃幼農之子捉刀者,恐亦未必不説我。幹臣約同往街上一走,以明心跡。天忽下雨如注,遂將書箱大小十三口送寄寄廬。芰舲又約子純、仁山公請十一餞行,並約十五賞節。予以十一一局已屬多此一舉,不得不勉應十五之局,以十二准行謝之。燈下清理行裝。

初十（6日）

檢理一切。居停云不過初十，尚遥遥不至，未免貴人多忘矣。飯後至寄廬，與芰舲久談。芰舲教其子作論，屬改論二篇。予謂作此等文字，勝八股文多矣。幹臣至，聞題目爲"是故財聚則民散"二句，"子曰《關雎》"，"孟子曰：舜發於畎畝之中"至"行拂亂其所爲"。陳壽文出，見其文，首藝用《管子》，多古字，次藝極滿，三用《莊子》，語皆古雅不俗。幹臣又攜少村、清舫文至。少村兼用《周禮》、《管子》，甚切實，次、三兼駢體，多《文心雕龍》語，與陳作異曲同工。陳古奥，夏淵雅，皆必售之拔。袁文少弱，三藝不合法，難改；詩失二粘，與芰舲酌改之。鄒殿書攜所作至，用時事剴切，而文筆太生，不能縱横。此題用時事最相宜。予意當重發"財聚"句乃合。論廉訪事，殿書以爲此刻無暇去見，予謂此公日内亦無暇見客，殿書謂有事可不必待。芰舲必欲留予過節，且屬移居寄廬聚談數日。

十一（7日）

早起，欲觀諸生之作，詢之，皆卧未起。張秋岩來，念一小講，全用《莊子》，太不粘題，而出筆頗老，不似小孩子作，亦可望也。文明無異人處，且不圓，恐不行。飯後到貢院，見萬啟型，云用《管子》，此皆予所授心法也。到寄廬見芰舲，云少村、清舫皆入闈，必欲予去住數日。復歸檢理。午飯後又大雨如注。雨止，赴寄廬飲席。袁、盧、夏公請餞行。芰舲屬將行李搬來，即留下榻。飲至醉。客去後，與芰舲談至三更。酒多，夜渴，數起。

十二（8日）

早起，擬作文一篇，扭重上句，藉感時事，語頗激昂。飯後黄升來，關書、脩金已送到。着黄升往公司問，輪船已行，十五無船開，十六一早准開，只得在此過中秋矣。寫家書數句，以脩金並各處所送銀洋，湊成長沙省秤足紋肆百兩之數，由票號匯寄。幹臣至,云昨夜又得一雌,已三千金。談至午後。風雨大作,今日若上輪舟,過湖又未必不吃驚。陳壽文之子作文能用子書,是後來之秀,略爲點定。

十三(9 日)

微雨。擬作《一心憂國願年豐》詩云:"國以年爲重,憂心但願豐。滿腔關稼事,一念迫葵衷。杞慮忱擟赤,陳倉粟積紅。糇糧儲紫塞,香瓣祝蒼穹。有慕時傾蟻,無噉早集鴻。金甌千歲鞏,玉粒萬箱充。禾熟求康節,樓成記范公。聖朝宵旰切,解阜慶歌風。"得前月廿八家書,知已過會覆,湖南亦甚熱,想臨場不熱也。出看文章,惟見徐維三、毛樂齋、張啟明、劉鳳起數人,餘多未出場。徐圓熟,似湖南文,云雲生中、二用《管》、《墨》。毛清順,未脫西江氣習,而出筆尚老,如自己出,亦可望中。張用天地,分兩大比,尚撐得住。殿書□初出闈,未見。見叔澄,以關、脩已到,十六准行告之,詢湖南可接否,彼並不知,須查,云有《集成報》可觀。

十四(10 日)

晴,又熱。萬啟型送文來觀,用《管子》,頗不俗。請予評閱,爲作評語恭惟之。聞此地洋價甚昂,乃以乂三元、洋二百七十元、爛洋八十元付錢店,合成長沙秤紋二百兩之數,找來錢四千文。下午同芟舲兄弟、兒子往秀峰家,乘舟泛月,月色甚佳。見秀峰子蘇毓、辰毓之文,皆可中。老三筆尤堅蒼,恐秀老筆削者。老四詞華豐潤,而筆不甚老。

十五(11 日)

晴,甚熱。在江右過中秋七度矣。芟舲欲刻《寄廬倡和集》,屬略加删節,且屬代作小序云:"予久慕東湖勝,欲求數畝之地,闢一別墅爲菟裘終老計,而不可得。丙申買得菜圃,地接徐徵君故宅。南州高致,近在比鄰。相度基址,爰始興築。跨湖有亭，顏曰景賢。仰矚徐亭，煙柳蕭疏，儼如圖畫。内有靜室，予偃仰其中，焚香讀書，藉遠塵俗。其上有樓，曰延青閣。西山爽氣，朝來撲人。嵐光黛色，招入簾幌。面南爲堂，名古風今雨之軒。我有嘉客，於兹讌集。面北爲桐華吟館，庋閣書籍，延師課子，俾兒輩諷誦其中。南北之間爲中庭，編竹爲籬，雜蒔花木。秋月春風，足以嘯詠。夫以南陽樊重之第，西漢王根之宅，繚垣周回每數十餘里，持是區區者相較，奚啻蹏涔勺水之細？然一枝之上，得以安巢；一壺之中，可以容身。予素弱行，少無宦情，結廬人境，敢云心遠。且人生如寄，俛仰斯世者，不過數十寒暑。以彼連闥洞房，綠墀青瑣，轉瞬已爲陳跡。予地雖蕞爾，比於焦先瓜牛之廬，固已遠過。緬昔賢之清節，眺湖上之煙波，如莊生所謂埳井之鼃，穴處騰踔，自以爲至樂矣，奚如聞東海之大而適適然驚乎？丁酉季春，斯廬告成，署曰寄廬。用杜工部《堂成》韻，作詩二首以誌慶，獻之親故，多有和章。而游屐踵至，一觴一詠，翰墨間作，遂裒然成帙。諸君子見之，以爲可存，勉予付之手民，留此鴻跡。予惟宴集作詩，盛於金谷、蘭亭。漢上題襟，乃其嗣響。元、白、皮、陸，尤以倡和爭勝。予雖不嫻吟詠，而諸君子才思艷發，即諧謔漫興，皆有雅人深致，傳之於世，足見一時賡和之盛，以予之蹇拙，亦得附諸君以自見，不可謂非幸也。刊成，乃述其緣起如此。"得栗樵信一函，託我於張南齋説項。彼非有事託我不寫信，反謂去年有信賀喜，我不回信，我何嘗見彼一字？得毋以未道賀爲歉，而造爲此言耶？即日回信，並寄吉兒試卷，看彼作何説也。晚間，主人邀客賞月，月光甚佳。俄而涼風大作，客去。三更始卧，聞風聲怒號。

十六（12日）

風甚大。芰舲留勿上船，予亦以爲船必不開。詢公司，云開。黃升促上船，從之。十一點中開，兩點到樵舍，遂泊。舟中寒甚，夜不能寐。幹臣以詩贈行，答和一首云："秋風捲江江水枯，黑夜斷鴈聲相呼。一辭倫好即道路，遂覺魂夢傷羈孤。魂夢搖搖樵舍泊，紀功猶見文成跡。當時赤手捕長鯨，三百餘年鬼燐碧。重陰不散蒙氣昏，惡浪倒灌魚龍奔。老蟾匿光不敢吐，乃使蜃怪迷乾坤。君才奇律歸昌鳳，奮臆一鳴已驚衆。豈惟詞賦麗卿雲，抱策長沙有深痛。濟世常期英妙才，一篇抵贈千瓊瑰。美人欲報青玉案，招賢遲爾黃金臺。"

十七（13 日）

風雨交作，六點半鐘開行，十二點到吳城。舟甚顛簸，不舒適。閱《普天忠憤集》，當時獻言者多激昂，亦間見之施行，而卒無效，由本實先撥，以口舌爭無益也。十八子之罪不足數，然今日大吏，未見有才逾此公者，非必乏才，由無培植拔起之者。試觀曾、胡所用，皆新進之士，遂以戡定大難。倭人之猝強亦然。此非舉今之所謂大老者盡斥退之，令官家另用一番人，必不能挽回大局。人云此公不死，天下不太平。予謂此公即死，猶吾大夫崔子也，又安能太平耶？康門之論，欲盡改今日之政。予謂先盡易天下之人，改政乃可行，否則新政與舊法相背，老成必與新進相爭，終將扼之，使不得行，行之反多弊，以滋守舊黨之口實，今日所行是也，無可言者。此君識見未超，選擇未盡善，所選詩尤無謂。

十八（14 日）

風浪稍平，仍不敢過湖。今日所開船必趕到，使今日上船，較少受二日困苦，何苦汲汲乎？午後上岸，欲登望湖亭，而亭鎖不可開。往街上散步。萬壽宮演劇，立觀片刻，仍歸船。而今日所開澄清船已到，尚止三點鐘也。夜聞文道希由九江來，惜已晚，未得一敘。

十九（15 日）

犁明開船。北風雖勁，船行尚穩，以有銀數十箱押住。申刻後到九江。黎家邀往，而輪船泊龍開河，划子逆風，浪大，甚可怖，吹面甚冷。到啟源，見師僑、襄廷昆仲。夜盛設留飲，臥甚安。

二十（16 日）

觀《申報》，見順天大主考乃孫燮臣師，湖南分房止陳梅生，題乃"卞莊子之勇"三句。江、浙、福數省題皆見。湖南係"孔子謂季氏"兩章，《申報》未登，不知搞否。江裕上水船云三點鐘到，束裝以待。三點鐘果至，上船，四點鐘開。船上客甚多，無相識者。黎氏昆仲自送上船，指揮行李，送禮四色。

廿一（17 日）

九點鐘到漢口，北風甚小而水甚大，恐上船未必能開。以須往子城公、余太守兩處，只好且到義生源。駁船挑夫處處刁難，至彼已將午矣。輪船未開早飯，幾爲腹負將軍。見子城公，急爲具餐，真飢者甘食也。飯後過江見余太守，久請病假，聞予至，扶病而出。詢輪船事，云日內未有船開，漢皋船在脩理，亦須月初；所散卷已收廿餘處，計百餘金，即將送來。以其病，不久談，即辭歸。臥覺甚倦，不起晚飯。所攜《大傳疏證》及課蓺送子城公及余太守各一部。湖南題爲"述而不作"一章。此題江太宗師觀風只二句，兩兒皆作，予更有全章文一篇，不知吉兒帶入場否，文以《公羊》"從殷之質"爲之，如寫上，可望中。胡太史思敬至。

廿二（18 日）

微雨。有船戶賀姓至，子城公云其船可坐，約明日下行李。出子少城所作文使看，文筆亦近清，在清江稍用功亦可望進。子城公言先生不盡職，此等通弊真難處之。湘潭張羅事亦略題，伊云號在十總，徐鈺昌不肯當客總，客總姓張，而徐亦可託，許爲致書。予所擬文稿爲人傳觀，暇時録出，以示兒輩。寫家信一函。
閲《日本新政考》。顧君此作，與昔所見傅某作，皆於倭事纖悉
不遺。乃華人能舉其纖悉，不知其陰謀，非獨不能制之，並不能
防之，何也？聞黃公度亦有此書，而此不載，僅載其詩，亦不可
解。下午子城公邀寶珍樓小飲。樓又加兩層，可望大江，煙雨迷
漫，北風漸起。歸頗醉。余太守專人來，送來卷金十分，共洋卅
六元、銀廿弍兩。前云已有百金，烏覩所謂百金者乎？回書謝
之。略檢理行李，起牙牌數甚好，而夜夢不祥。

廿三（19日）

雨不止。舟子來，云今日月忌，約明早上船。飯後雨止，無
風，即將行李着人先發。子城公送小紅洋扣褂料四個、梳篦四
套。予前以黎家所送禮轉送子城，今彼又有所贈，殊過厚矣。芰
舲屬作《寄廬倡和集序》，勉成一篇。劉一由船上來，云明日尚
不開。舟子誆言可惡，悔前日未竟過船，今日必可開，在此耽擱
甚無謂也。間占牙牌數，詢明年應入都否，云：“平生畏簡書，攬
轡意躊躇。三接龍光後，依然賦遂初。”與予事頗合，誌之以觀
驗否。

廿四（20日）

無風，船亦不肯開。聞漢皋到，而開期亦不能定，看明日何
如。《寄廬倡和詩序》删定録出，云：“夫縠黃錦續，必五色之相
宜；鏗鏘鎗鞳，每八音之迭代。河梁録別，蘇、李椎輪；建安公讌，
曹、劉橫槊。金谷、蘭亭，並應弦而赴節；華林、二曲，亦爭軼而競
馳。始非代夫疏麻，繼乃矜其麗藻。匪惟球鍠之協律，抑若韅靷
之張軍矣。下逮唐賢，尤繁總集。模山範水，則輞川王、裴；體物
緣情，則杜陵皮、陸。飛卿漢上，聲曳篋中。詎斯藝苑之美談，吟
壇之逸響乎？寄廬主人，鴻冥區中，蟬蜕物表。結廬人境，厭車
馬之喧闐；游神濠濮，樂魚鳥之親附。所營別墅，俛瞰明湖。既

大隱於壺天，且小寄於蝸國。亭鑑澄碧，閣延遠青。下榻緬南州之風，捲簾對西山之雨。偶拈杜韻，自慶堂成。沮糜壘浣花之才，比背郭蔭茅之地。一時勝侶，多有和章。觴詠既興，篇什彌富。蓬萊居近，匡州宅之相誇；圭塘欵乃，猶棹謳之互答。蓋煙情霞想，但取其清妙；露初星晚，弗侈夫恢奇。句疊出叉，鏤東坡之片玉；集名酬倡，拾西崑之碎金矣。若乃江湖優閒，心在魏闕；滄海震蕩，人懷杞憂。振酒中之古悲，鬱宇内之今感。情既不可遏抑，詩亦無妨附存。主人勉詢同人，授諸剞氏。以厶厶曾列簡末，屬爲弁言。厶厶久廢嘯歌，敢矜旗鼓？幸託名於驥尾，殆著糞於佛頭。比謝公之斆洛生吟，能無掩鼻；非元晏而作三都序，未免汗顏云爾。"閱《庸言》、《富國策》①，多可行者。然統籌全局，權其先後緩急之序，一一如指諸掌，終以南海之四上書爲最。

廿五（21日）

問漢皋輪船，局云明日十二點鐘准開，每人三千五百文，遂往寫票，使到小撥船發行李先上。而天忽下雨，頗有北風，天時未可知，輪船較可以計日也，明日開船，月内猶可到家。輪船之有益於行旅如此，彼坐不垂堂之長者，如井黿穴螘，烏足以知之？《詩序》改正一過，録出別喬，擬到家寫寄寄廬主人。十八册《時務報》言俄似六國之秦②，最合。予謂並似十六國之魏。五胡亂華而魏得之，五洋鬧華，或亦將俄得之耶？下午天晴，仍無風，變計坐輪船非失策矣。

廿六（22日）

雨。問廣福泰局，云船今日不開，明日一早准開，然則昨日何以挂牌？中國人總不講信實，無惑乎爲外國所持。子城云今

---

① 按，陳熾著作本名《庸書》、《續富國策》。

② "務"，原闕，據文義補。

年生意極微末,由於銀錢艱難,茶復大折損數百萬。中國不設法保商務,一年窮似一年,將來何可問耶?伊湘潭管事謝餘三、徐鈺昌、吳德軒,誌之。伊允寫信,更須託聶弼臣也。將晚上漢皋輪船,拖帶一號船。臥用隔子,仿洋船式。

廿七(23日)

　　船仍不開,屢延期。詢所以然,有文四者,乃道希之弟,有一巴干船要拖去,而船已拖一紅船,乃華容蔡長毛之子,漢皋船小,難拖三船,文四又遲遲不欲行,延至申刻。舟中人王莘田、鍾堯階、車伯夔、李建初皆不肯待,與之大鬧,始行。至沌口,已掌燈,遂停泊。

廿八(24日)

　　由沌口開船,至簰洲,行百二十里。風大,俱逆,又拖兩船,行不能速。同舟者,王乃桐軒明府之弟,李之乃翁亦湖南官,車之乃翁署江華,鍾即譚鹿樵之戚,與予爭買居恭堂者。鍾、譚以此搆訟,兩敗俱傷,而予亦因此不能鄉居,飢驅在外,豈數有前定歟?

廿九(25日)

　　由簰洲行,未至新隄,泊一孤洲,行約百五十里。舟中客頗可談。莘田云湘鄂輪船公司將行,伊爲鄂中總董之一,本擬作大輪淺水船,因聞有粵東開鐵路至湘、鄂之議,黃公度已接桌印,督辦鐵路,此路若成,輪船又將廢擱矣,故不敢大舉。予謂漢皋輪船行期失信,又不能速,拖帶船笨拙不靈便,慎勿仍其故步。王又云中學堂已招考,中學師趙止生,西學師即求賢山長陳孝廉,衡清試館做學堂;煥彬已歸,頌年亦出京,將由山東歸矣。

九　月

初一（26 日）

泊楊林磯。舟中無事，車、鍾二人抹牌，莘田亦間至。倦時閱《時務報》數本，每日皆然。

初二（27 日）

過城陵磯，釐卡驗船，紅船夾帶私貨，將船扣住。漢皋先送一號船過岳州，至南津港，時止午初，又回頭拖紅船，到岳則已申刻矣。聞紅船罰一百七十餘串，小長毛不能庇護。堯階必欲催其過湖，呼其管帶朱某來責問，彼終不肯行。天熱，恐有風起。一號船水手人太少，又不得力，殊有戒心。又耽擱半日，可惡之至。

初三（28 日）

早行。湖中今年水極大，爲頻年所無。過磊石，尤空濶，風平浪靜，風景甚佳。是日止拖一船，雖係南風而行頗速。至靖港，天將黑，北風漸起，恐有大風，遂泊。初更後，風勢甚猛，夜中風雨大作。計此行上船時如是，到此本可以免，而船行太緩，仍須受苦一夜。

初四（29 日）

巳刻到省城。登岸歸家，家中皆清吉。檢點行李。往叔祖母處叩首，不料此行歸來不復能望顏色。詢葬地，已卜南塘尾，期在十二月，堂期月內外尚不定。二叔父亦衰病矣。往述卿處，不晤。見三叔父，而述卿適至，共談許久。念恂至，云開外孫好，將周歲矣。

初五（30 日）

見吉兒文，可望中。汪壽民來，以闈作相示，首藝用《公羊》，三藐用《莊子》，與吉兒略同，惟次藐用時務，與吉兒用《春秋》小異耳。着人送陶、陳各處寄帶之物。陳處云信中尚有茶葉二包，豈彼忘付我耶？擬致信芰舲。聞初十放榜，不無儌幸之想，再待數日。郭章甫至，人尚健。王成禮已於是日作古矣。

初六（10月1日）

出門，見黃公度廉訪同年，相隔廿餘歲矣，道故，甚親密，允以《日本國志》見贈，云此書早交總理衙門，而彼不刻，若早刊出，使道希、季直見之，或不至力主戰矣。詢粵東開鐵路到湖南確否，云已有端倪。到右帥處，適藩署火發，往救火。到芝青處。遂至王祭酒處赴飲，笏山、壬秋、采九、柜香諸君子在坐。聞中西學堂招考已發案；山長，公度擬請梁卓如，不知肯來否。求賢書局將改武備學堂。嶽麓師課已改，不用時文，課經、史，兼算學。此風既動，當有聞之而興起者。歸見水風井電氣燈爛爛然。

初七（2日）

飯後出門，到汪宅、楊宅，桂妹所生兒甚佳。遂往汪鏡青、黃鹿泉處。鹿泉光景甚窘，得益陽局，月廿金，須到局，本屋已賣與劉伯卿矣。至右帥處，云客多不暇。遂見熊棟臚，請伯嚴，久之方至。與棟臚談時務甚悉。以江西開學堂事託伯嚴，伊意亦苦辦事無人，予謂且先籌欵。湖南公事向不與聞，反以江西事喋喋不已，豈真爲江西紳士乎？實甫、笠唐、建霞俱不晤。龔瓊山至。夜甚熱。

初八（3日）

往龔瓊山、汪君錫、瞿述卿處。瞿文平正，人皆擬中。汪趕試期不及，丰采如故，久談乃歸。下午往小古道巷，屬作墓誌、祭文，而堂期尚未定，云須再下鄉看地。予謂泥之有無與泥色好歹，惟有鋤頭師夫可信，不必信堪輿。歸時風雨，是重陽天氣。

初九（4 日）

晴。寫書致芝舲、子城公。汪鏡青、周□生來回拜①。瞿述卿、郭章甫至。今日放榜，人心囂然。得芝舲信，有白仙擬作文，博大雄渾，有熊、劉筆意，不似江西文。三鼓榜出，諸弟、兩兒皆被落。解元黃運藩，季度同年之弟，光緒初年副貢，四十餘矣。知名者伯璋、由甫、楊篤生數人。拔貢中者七，善化六人，半餘多不著。

初十（5 日）

續成芝舲書，並致書殿書，告以與伯嚴談學堂事。陳笠唐回拜。楊晴川丈回拜，頂戴已捐復矣。聞韡之以萬五千金由鐵路捐復官，聖恩寬大乃爾！

十一（6 日）

至矗弻臣處，託寄子城洋信並請函託湘潭客總張石琴，始知其已丁憂，十七成服。遂至松雲四宜閣看扇對。歸而念恂至，彭念蘇之子亦至，神情惘惘，大有可疑。彼去後，留念恂飯。飯後夏子新丈至，談釐金事，云不能寬縱，恐開罪李仲璇，爲官者固應爾耶？晚得劉牧村所送闈墨，其中亦有用古書者，不盡時墨，失在不脫江西朽氣，不取排比堆積。不知湖南俗尚滿，其運典極密、屬詞極工者，皆續學能文之士；其枯淡清淺者，非年老荒蕪，即年少淺薄之人。蓋其人非不爲也，是不能也。盲試官必以爲清真而取之，則胸無點墨者入穀，而知名之士反見擯矣。解元文尤不悉其佳處，大約取其生湊格格不吐以爲奇耳。

十二（7 日）

致汪述貞親家一函。彼一官萬里，未得量移。予頻年飢驅，並不得一官。回憶在京時彼此少年意氣之盛，豈料今之落拓乃

---

① "周"下，原稿闕一字。

爾耶？得于秉郇書，並寄闈中作，雙管齊下，乃能如此，的未易
才。詢來人，云已得捷報，或名利兼收乎？詢夏府，尚無捷報。
本日祭祀，邀述卿、念恂、子漁至，談闈藝，足一大噱。聞副考官
陳尚識古董，大約知名之士數人皆賴此君得售。若盡如未撤之
朽，則所取皆胸無點墨之人，并此數人亦在孫山外矣，可勝慨哉！
有樊深者，策用夾行，監臨屬監試搜之諸房令薦，而仍不售。煌
煌諭旨，敢於抗違，何也？久安先生至，請三叔父脈理，留之夜
飲，診視乃去。夏觀察着人送電報至，云承慶入元，敬愷亦中，秉
郇六名。江西文章可謂有據，湖南乃誤於荒謬無文之主司，
惜乎！

十三(8日)

劉牧村至，云其姪中，其子不中，李瑞菜得優。汪受明至，云
約黃幼達游嶽麓，邀同往。飯後將赴約，天忽下雨。彼請改期，
而來輿已駕，乃衣冠出道喜。見實甫，以小泉及郭章甫名條付
之，恐未必行。彼云且看機會。江建霞病重①，似中風，不語，年
始壯而遽得老病，惜哉！見久安丈、唐魯翁、韠之、餘均未晤。黃
公度送《日本國志》一冊，閱之，體裁詳密，議論亦通達可行。

十四(9日)

夏觀察來回拜，云少村是亞元，黃幼農之子中，豈即秉郇所
捉刀耶？其孫將送文至。如送至，必爲之竭力改削。小泉、章
甫名條面交，云乾館裁盡，須緩設法。唐魯英、葉煥彬至。葉
云《四庫書目》經、史、子部已成，集部尚未就；輯有《傅子》《山
公啟事》等書、古錢絕句。徐學使乃彼房師，經學、詞章、時務
皆講究，不如江建霞之博雅。新出嚴校《北堂書鈔》八元，粵東
所刊，俟至滬上訪之。汪頌年始擬捐府捐道，今變計俟考御

---

① "霞"，原誤作"標"，據文義改。

史，將歸矣。予亦亟望其歸。念循性愈乖張，祥女甫歸一日，遽促其到祖母處，其意必將促其下鄉。病瘦可憐，欲留在城，爲之醫治，將往見其祖母訴之；頌年歸，亦擬詳告情形，誠不料伊姪竟至此也。

十五（10日）

雨不止。《日本志》閲一過，其以爲中國取民太輕，而又無制，故國用不足，中飽私囊，每年又不定爲出入之計，昭示中外，益便汙吏之慾壑，小民亦以此不信其上，莫肯出錢奉公。此等議論極通達，非迂儒所知。公度箸此書時，尚以爲倭人盡學西法非計，云流出金錢甚夥，所行新政得不償失。今乃富強如此，豈亦遲久乃有效耶？明治改元今三十年，《志》並未言其主英武，似倭之強非盡由其君所致。而其剙議變法者，西鄉隆盛以叛誅，大久保利通被刺，其能一變致富強者何人？豈皆井上馨、伊藤博文之力耶？他日見公度，將詢之。書扇三柄。是日楊姨太太壽誕，赴飲席，至夜看影戲。

十六（11日）

雨。往汪宅見姨老太太，留祥女在城醫病，伊已力允，念循當面聽見，想必不能再起波瀾，特言開、慶外孫太弱，目不能視，力不能立，由病多又欠乳之故，必有大福乃能長成。頌年無出京信，恐暫不歸，欲在京考御史，自以不歸爲是也。予歸，書屏弍幅。于秉郇之父來回拜，詢以秉郇是否名利兩得，彼尚未知。俞塙士來，予在三叔父處。熊迪樓至，有人告知我乃見，談片時許。吉兒領卷，出四房洗寶幹，薦批百餘字，主司批亦甚許可，堂備不售。由今年家運太不濟，非戰之罪，亦不能咎有司不明也。三鼓後三叔父暴病，中痰。往視，至曉未瘥。

十七（12日）

三叔父病初起，右手不動，左手縮胸，汗出如珠，小便遺失，似脱症,與先慈起病相似,繼遂痰湧氣促,舌漲滿口,口不能言。乃誤以爲痧,扯痧吹藥,噴涕不止,氣幾脱,久而漸復,痰聲如鋸。醫者投藥不效,或用黑錫丹,又不敢多服。擾擾一日夜,氣漸微細。

十八(13日)

辰時三叔父去世,傷哉!此老子平之願未了者半,公私債迫,事權不一,病起遂不能説話,無一遺囑。予歸不久,未及多談。聞年來大不樂,有憂生之嗟,致病之由,未必不因此也。呼醫多不來,惟衡山劉文炳寓雞公坡五聖祠巷,尚易至。弔客來者亦不多。夜疲困殊甚,一卧幾不知何事矣。

十九(14日)

擇辰時入殮,衣服來不及,已至巳時。黄蕙丞、汪受明親家來久談。黄彦廷外舅明年七旬,擬對聯云:"芝草延年,黄公大隱;椒花頌壽,青帝元春。"予本擬帶吉兒往黄宅,遂到湘潭稍爲張羅之計,今出此事,不便拜客,將來張羅可作罷論,即省城散卷亦須二十七日後矣。下午往二叔父處奉慰,留書狀榜。聞酉刻安柩,書畢趕回行禮。陪禮賓席,送客後二鼓矣。

二十(15日)

書狀榜。易實甫請念三音尊陪學臺、主考,謝之。七弟請作挽聯,予惟家庭之間非數言所能盡,勉作一聯云:"數十年辛苦治家,小兒黄口,賴起沈疴,豈期周甲未能,空謁三醫皆束手;二千里迢遥反舍,大阮白頭,如前老健,何意談辰相聚,不留片語遽歸真。"又恭挽叔祖母一聯云:"共姜節義,榮錫恩綸,久欽南國風高,蚤聽悲歌誓黄鵠;郗母神明,仰承慈訓,詎料西江棹返,遽傷華表集青鸞。"

二十一(16日)

寫挽聯二軸,書銘旌。石黄粗,紅帕更粗,殊不成字。成服期已定廿六日。副主司陳同禮來拜，辭之。代二叔父作家奠文。

廿二（17日）

作叔祖母祭文。三叔於十六二鼓時，猶命辦豬羊祭禮，屬我作此祭文，豈意踰一二時遂不能言，此祭文遂不能出名，且將使人爲彼作祭文也。致書芟舲道賀，説明作書稍遲因家有事之故。

廿三（18日）

作三叔父祭文。開吊未知何日，予恐日久意怠，趁此哀痛之時，言之較爲慘切。下午將祭叔祖母文録出。

廿四（19日）

計叔父殁已七日矣，謦欬猶存，時光已逝，哀哉！聞林鹿丈亦故，不便往吊。暇時校《史記引尚書異文考》式卷。寫關書，留譚岱林先生。明年隆姪讀書，加錢四千，共三十四千文。會女能讀書，惜非男兒。

廿五（20日）

作叔祖母墓誌銘。伊不欲長，計三百字。校《史記引尚書考》。得《江西題名録》，前十名宋名璋、夏承慶、龍鍾沂、蕭鼎臣、徐運錦、于廷榮、萬啟型、張捄、徐運鑫、楊增犖，皆講舍高材生。十一名包學淵，予門下士。熊羅宿、雷恒、李若希之經學，魏元霸之史學，王益霖、張錫年、杜述琮、胡藻、陳希孟、李盛鑾、蕭丙炎、劉彭齡、文廷華亦佳，沈兆祉、王慶康、李國梁、龍國榛皆宿學，賀文華亦在列。熊礕、李若愚、秦鏡中、桂念祖誤中副車。講舍佳士，一網打盡，爲之距躍三百，足見八股文未嘗不可拔取真才，特不當如江西人所尚之空疏庸陋者耳。

廿六（21日）

叔父之喪，是日成服。一早往襄事，至夜。到者，賓客二十餘人而已。張子亮畫真容不似，前未照相，無可形模也。秉郇乃翁至。

廿七（22 日）

雨止。將墓誌録出。作書爲經訓諸生代謝野秋祭酒，爲千秋佳話。尚有數人未塙，恐傳刻訛誤，俟芰齡信到，所寄《題名録》當清楚。秉郇乃翁送來優貢名目，徐運鑫、傅巽、沈兆禕、毛玉麟，餘二人非經訓生，皆中，徐亦中，補者吳郊、李瑞荃、張佑賢。袁清舫陪在十六名，卒不得，而毛不知何由得之，豈袁爲人撞木鐘耶？俟芰齡信到，當知之。易實甫來拜，云江建霞已能言，尚未能起牀。

廿八（23 日）

校《史記引尚書異文考》一過。其《史記》正文、《集解》、《索隱》、《正義》三家及江、段、孫、陳諸人説，皆當取本書細校，《史記》即用震澤王本。爲念循改文二篇。祥女又涕泣歸矣。下午王伯璋至，云係正主司所中。能得此人，尚可解嘲。往小古道巷看有事否，而事尚未舉。

廿九（24 日）

往林麓翁處便衣作吊，胡子威陪客。綬臣云乃翁是日猶到署，歸臥即逝。綬臣館事雖可蟬聯，然攜子而往，則家中無人，盡室以行，又從妹待嫁，意欲別圖。往汪宅，見太親母。此老極慈善，以祥女事甚繫念，欲俟頌年歸家，熟商位置念循之法，或有移居城中之議，特恐念循城居亦不能安靜耳。談一時許乃歸。是日三叔母誕日，不便稱壽。至小古道巷，初檢場，亦無甚事，仍歸。閱薛叔芸《海外文編》、《四國日記》。此人頗有學識，足繼郭、曾。會女得大便祕結病甚苦，呼號至夜半，菌燥不出，用挖耳扒出，始稍鬆。李小安用柴葛、桔梗升清，杏仁、榔榔、草菓降濁，又用左金丸，或用藥升降之效耶？云祥女是喜，但氣疾，防發熱。是夜熱燥，又聞會女呼號，不成寐。

三十（25 日）

楊毓麟來拜。此人品學兼優，無名士氣習，可佳許。收到裕通恒湘平足紋叁百兩正、芰舲信一函，有宋奉峨文稾。芰舲云太怪，恐不中，竟冠群英。芰舲殆猶未脫善者機乎？午刻小古道巷請往書狀榜，前榜爲野孩所壞，可怪！此中國不教幼童之失也。下午歸，天又雨。會女尚未愈，仍祕結。李小安至，開大黄、黄連等味，服頭煎猶未效。診予脉，謂脾胃有病，屬少食菌子。芰舲信云秋菌甚佳，屬帶菌油一罎，不得不爲備辦。

十　月

初一（26 日）

雨。録三叔父祭文。堂期未定，恐臨時我不在家也，是日已二七矣。小古道巷堂期已近，雨大，未往。是日爲曾王父忌辰，不料三叔即不能與飲酒也。夜聞其家有訟事，既不與聞，阻之不得。後聞有尼之者，已中止矣。聞夏觀察補辰沅道，未知碻否。

初二（27 日）

一早到小古道巷，叔祖母百日卒哭。因日子不吉，次日啟攢。于秉郇之父求見，云曾洪茂即秉郇岳家，上街者爲秉郇堂兄，以訟事牽連到官。予既不與知，詢及未收押，亦未受蹧蹦，不過洪茂吃虧耳，遂辭不見。

初三（28 日）

早到小古道巷，啟攢，家奠。夜始歸。

初四（29 日）

早到小古道巷。予主祭作奠，並爲寫主，未刻成主。夜朝祖、祖餞。予三鼓後歸。

初五（30 日）

早到小古道巷，送葬出城，遂歸。午後復往吃飯。湘潭送訃
聞至，季穀十五日出殯。予本擬攜吉兒到彼處，既可趕送葬，即
於初十内前往，乃致書君輔告之。念循下鄉，又欲接祥女去。晚
間見受明，説明此事。女既嫁，不便强留，彼云可留，即當以彼所
説回復來人。受明云即寫信尹臣，言念循如此行爲，屬尹臣帶至
局中，自行教訓。頌年已到南京，更須到湖北爲張羅計，日内尚
不能到家也。予挽季穀云："多年不見李東山，正旅客初歸，何
堪白馬素車，遠道來奔良友葬；昔日受知黄太尉，歎忠臣無後，爲
問青楓黑塞，幾時重返故人魂。"

初六（31 日）

往馮家沖掃墓，不拜祖塋又一年矣。六弟往盛家灣，吉兒往
泉窩塘。天熱恐變，分途趕急。念循着人接祥女，不令去。

初七（11 月 1 日）

寫壽對、挽聯。飯後到史家坡掃墓。見鄉人割晚禾，以天晴
甚佳，再遲數日，更不行矣。歸過火柴局，入視，局面甚大，略似
上海、湖北，專做火柴一種，恐利甚微。得芰舲來書並《題名
録》。闈墨未及細觀，觀千佛名經，則前所見尚有遺漏，如張世
畇、吳璆、黎瑞棠、張國光，皆前所未見者。又所刊《尚書》與寫
本各一卷，《時務》《知新報》各二卷。宋子材寄三集，並託寄王、
唐兩處。

初八（2 日）

寫信致張野秋丈，爲得人賀，並寫對聯十數軸。受明至，以
借券付還二百金來批，談及祥女事已函致念循，九公於月半亦將
到家矣。楊家四分五裂，桂妹歸，將什物寄我家，謀別覓居住。
左家德妹亦因家已敗，將奩具搬回家居。兩家之女如此，可謂無
獨有偶。而我家蕭牆之禍，已起於築里之爭。肉未寒而兆已成，

奈何？奈何？三叔三七，往拜靈，留吃飯。夏觀察處送札子至，小泉委湘鄉釐局，可謂神速，特未知局面如何。函致雨珊丈，以野秋祭酒函託轉致，並送經訓課藝一部。回信云野秋致意，送闈墨一本，云有我力薦拔而黃吉裳不與者一人，早在副車，見二、三場甚佳，取列正榜，不知即其人否。此人大約是魏建侯。夜卧甚熱，氣復作痛。夜半微雨。

初九（3 日）

晴，仍熱。寫對聯十餘軸。檢點一切，屬僱夫，明日起程。于老太爺來，云秉郇家書云填祝供即起程，月內可到，一切用費，以潤筆二百四十金儘足，所獲之項，不言而喻，屬勿爲外人道；曾洪茂事了了，亦未吃虧，但勸世叔等勿與若輩往來，恒生和以早拆火爲是。此人肯盡直言，惜乎聞之遲也。念循又命興來接祥女，殊太無聊。予屬其自來。彼來，仍以祖母病爲辭，予略訓教之。與小泉往見夏子新觀察，謝委釐局，詢知乃河上稽查事，月止數竿。云不嫌微末，將來再爲設法。予窺小泉之意忻然樂從，不便辭之。遂往念循祖母處問疾，云已卧。與夢來略談，乃歸，念循猶未去也。

初十（4 日）

天陰，北風。已決陸行，不便改從舟路。八點鐘出城，到湘潭已曛矣。過炭灘大風浪，舟子甚懼，行路皆畏途也。覓黃忠壯祠屢誤，方至，命人覓劉一至，二鼓後矣。彼處現議不留客。待至三鼓，飯猶未熟，須算飯錢。湘潭無客寓，不得不寓此。

十一（5 日）

到總上。十總見義生源謝吳山，詢知張石卿在十二總全福，徐德軒在十三總鈺昌，往過之。張云子城、弼臣信皆接到，惟近日同鄉議，以已出籍者不大理會。予謂本路過就便，非專爲張羅，可不必勉強。徐已於前日歸去做老太爺，其子不了了，可作罷論。蔣幹過江，此行又來差矣。買東西，道路不熟，至十點鐘始行。將晚至上仙橋，六十里。臭蟲咬人，殊不堪。

十二（6日）

早行，十一點鐘到古樓灣黃宅。見彥廷外舅，相隔十二年，精神健如故，惟鬚全白，面色蒼老耳。談家常事，刺刺不休。君輔聞予來，亦歸家，縱談。夜寫信數行，交輿夫帶轉。

十三（7日）

代作家奠文。君輔着吉人先往吊，必欲予爲題主，約明日用轎來迎，以爲炫燿，力辭之不得。

十四（8日）

爲外舅代作祭季穀文。季穀無子，公略之子兼祧。蘭生現尚無子，欲繼遠房，彼收其利而不得，乃議將來彼生子再繼一人。是又楊子服之故轍矣。予甚不以爲然，故於祭文詳言此義。午後，彼處用四轎、紅傘、鼓樂來迎，居然如見大賓。予既不嫻此儀，鄉下禮生、執事人亦不熟，糊塗了事而已。夜宿嘈雜，不成寐。

十五（9日）

早起送葬，半里外仍折還。其葬地距彼八里，鄉下路難行也。葬禮遠不逮省城，而在彼處爲僅見。季穀屋甚破爛，有楊孝廉者，諷以華屋屬他人，其實並不華。挽聯四十餘首，可謂多矣，亦有佳者。午飯後回古樓灣，談彼處事，頗費周折。予勸其早定計，不必避嫌，遲則人將生心，更有波瀾起矣。

十六（10日）

閱所攜《時務》《知新報》，江西寄來者。梁卓如痛言中國變法，止知講求船隻、鎗礮，徒爲西人利，不知講求學校、科舉、官制，西人無所利於此，故不以此勸變法，其實此乃根本所在，可謂探源之論。劉楨卿所言亦近是，不及梁透徹。所取課張壽洤第一,論中國不能變法之由,用筆不庸,亦未盡致。偕吉兒到蔡家灣,往見八叔岳母,送二元、一蒸盆。聞蘭生所分家産已罄,又圖季穀之産,往賣蘭陵田,可歎!

十七(11 日)

在鄉無事,閱架上《日知録集釋》。亭林於史學、輿地考訂極精,説時事亦透徹,惟經學多沿宋派,不及後儒之精。此時代爲之,而蓽路藍縷之功不可没也。《四庫提要》不以其談經濟爲然,蓋本朝沿明法,時當全盛,法雖敝而人才蔚起,四夷賓服,故謂法可不變。及今日而人才日衰,法敝愈甚,亭林所言,正對症之藥。梁卓如諸人議論,亦多推本是書,未可非也。趙甌北等所見弇陋,遠出亭林之下。黄汝成乃采附各條下,迷亂後學,殊爲無識。其餘後儒所説非爲是書發者,亦可不必附載。惟考訂此書者載之。駮辨此書,亦可並存俟考。外舅爲都總,爲地方了公事,夜不歸,非老人所宜。排難解紛,自是佳事。予曾祖父暮年樂此不倦,亦謂爲子孫計。予等今日當亦叨此餘蔭,但恐過勞致疾耳。有縣差至,亦鄉間種殖事,委各團總認真辦理,當即華贇雲所奏飭通行之事。今日之官,不能以實心行實政,一帋空文,未必有益。内兄鈞輔亦在内,而訛爲黄琴父。内兄不願與此事,佯爲不知,辭無琴父其人。

十八(12 日)

予欲是日告歸,留住一日。外舅早歸,爲予設席。公輔欲習時務及詞章,鄉間無書無師,殊不易易。蘭生之弟從壬老高足張某游,飫聞餘論,頗自負,恐無實耳。送洋四十元,季穀處二十元。

十九(13 日)

告歸,馳百里,到總上。彼不欲送到省,乃僱船。予不肯坐人載船,而所坐仍人載船也。船中三十餘人,天氣大熱,殊不可當。人禽對巢,牛驥同皁。此輩議論絕可笑,有謂電燈、電報,洋人將以此燒省城者。或告以電火不能焚物,稍爲明白,猶未知炸藥等物可以電火發之也。二鼓後開行。四鼓,月明如晝。煩熱,不能寐。

二十(14日)

辰刻到家。祥女於我去後,即爲念循逼下鄉矣。念循橫暴無人理,似有狂疾,發則目赤。予亦見之,或是猘犬所傷,尚有餘毒,亦未可知。尹臣親家專人接彼到局,因受明寫信告知,如彼去,家中稍安靜,不知肯去否。明日着劉一下鄉看祥女。以夜不寐,假寐。祭酒來拜,未知也。夜間三叔父處起道場,往觀。其儀頗嚴整,特以爲人皆有罪,宜請僧超度,則謬甚,然不如是,不能惑愚夫愚婦也。夜大熱。

廿一(15日)

風雨,頗有寒意。幸已到家,否則在船上凍僵矣。人載船必不可坐,此後切戒。龍愚溪至,云以婦孕先歸,乃翁交卸在即,亦將歸里,談江西事甚悉。夜大風。三叔父處請僧召亡,用紗燈炫人目,殊可不必。予以路滑,未同往。

廿二(16日)

受明至,云頌年將歸,尹臣接念循未必去,恐之而已。不纏足會已出簿,人多怪駭阻撓。少見多怪,人之常情。予亦欲入此會,不顧俗議也。云梁啟超已到,其報中有一文字詆中國太過,香帥屬毀之。予謂梁君習《公羊春秋》,於爲尊者諱之義尚未熟耳。校錄出《今文尚書》三卷。李藝丈寄闈中作,和作四首。夜,劉一由鄉回城,念循果不去,下鄉未吵鬧。

廿三(17日)

雨止,風息。校《今文尚書》一卷。是日曾祖母生辰,設供,邀夢來共飲,頌年尚未到家。

廿四（18 日）

晴。出拜客，右帥以武榜未發辭。見胡明薀，邀伯年出。伯年極稱江西闈墨當爲今年各省之最，謂非予之力不及此。學堂一事，已禀江督函達靜帥，提鹽欵、雜欵，規模必擴充，將往江西一行，並將經訓章程改好，減額，加膏火。予謂不能如校經，亦必如思賢乃可。湖南時務學堂月初當開，武備學堂以求賢改，不用鄂省辦法，即以營兵選用教之。湖南礦事，已出有數萬金，苦無機器，不能深入。土人既不曉解，礦師止一人，故尠成效。報館當擴充，再增二報，一説學校，一爲日報。江西亦當開學會、學報，屬予出任事。予不能明目張膽，止可暗中維持。江西風氣未開，豈可多事以招群吠乎？歸校《尚書》數卷。

廿五（19 日）

出拜客，多不晤，見陶鳴謙、龍荔仙、黃棣威。龍所居西園太僻，外爲菜園，可爲灌園叟矣。芝老三十交卸，約已起程，月初可到。遂齋已入都候選矣。黃薏丞往南洲脩隄，水淹無租收，且須出錢，甚不獲利也。下午校《今文尚書》四十葉。于秉郇至，云十七已到省。伊並未名利兼收，但得筆貲，出何敬釗房。秦鏡中亦在此房，經文不用破、承，故中副車。魏元霸本在副車，張三先生摸索得之，大喜。拔貢只中書院生六人。蔣用嘉中副車，抽去。出芰齡信，書菴十一喜事，毓峰之女亦將出閣，忙迫不暇。送奠儀四元。伊未得予廿二信，當是送叔祖母。籤面書姻愚姪，擬即以此送三叔父，免再破費。江西以此科爲張天師收怪物，可一大噱。秉郇欲求釐局乾脩，恐難，屬予求右帥，當代達。

廿六（20 日）

寫書復芰齡賀喜。校《今文尚書》十卷。寫信並録和詩寄李蒓淵丈。夜觀和尚轉蓮，以食肉髡徒走一轉、念一遍，即升一蓮座，可謂容易之至。

廿七（21日）

雨珊丈來，云野秋致意，其尤得意者，在暗中摸索得魏元霸，不知何以知之，又何以知此人爲予所賞，力薦於學使而不得拔者？真怪事也。予告以即課藝刻文之魏燮奎，文中曾説中國大勢在朝鮮，乃在日本起事數年之前，可謂文人有識者矣。龍荔仙來回拜。接閻象雯同年訃聞。當日稱閻、王、皮，今閻、王皆見閻王矣，惟皮尚在耳。擬作挽聯贈之云："同學三人，計拔萃南湘廿四春，可憐舊雨凄涼，又逐王喬化鳧舃；長安一別，聞分巡東粵十餘載，正好仁風布濩，誰知謝傅厄雞年。"夜看餤口。卧煩燥，夢與人談西法，謂泰西諸事盡善，惟無三綱；伊教同於佛法平等，故不知有君臣父子、尊卑上下之義；近聞能讀中國書，將來或亦覺悟，能改從周、孔之教乎？此平日常言者，夢中猶記不誤。

廿八（22日）

劉柏垣至。三叔父處散道場，燒屋，風大未往。閱《湘學報》數本。下午赴黃公度廉訪飲席，梁卓如、蔣少穆、熊炳山在坐，胡明蘊亦在。梁貌不甚揚，亦不善談，已到館，初六上學。額共百名，現取四十名，留三十名歸山長調取，三十名歸新學使調取。蔣、熊皆開化黨，所言皆變法事。公度議論通達，云鐵政局虧七百萬，弊在不審近鐵、煤礦之地，貿然舉辦，又不用歐洲鐵廠熟手，不多備緊要機器以防損壞，今盛杏蓀辦亦必不合法。伊親到外國，較道聽者自勝一籌。

廿九（23日）

往劉柏垣、龔瓊山處。歸遇黃仲炳與頌如至，留吃午飯。閱《湘學報》數本。畢松甫之母死，爲吉兒代撰一聯挽之云："教子早和熊，方期上殿榮親，南戒采蘭長奉養；同年剛附驥，未及登堂拜母，北風慈竹不勝寒。"

十一月

初一（24 日）

劉牧村至，久談。于秉郇來，言訟事干連，甚嘔氣。子漁送叔祖母墓誌請寫石，滑不受墨，寫未畢。

初二（25 日）

寫墓誌畢，書挽聯二首。寫信寄彥廷外舅，勸其靜養節勞。開書篋，生白蟻，《三通》被蝕三本，懊惱之至，幸猶未劇，若稍遲，即不堪問矣。《武英殿叢書》亦被蝕數本。

初三（26 日）

夏子新丈來拜，云江西務實學堂章程已改，紳董南昌梅九先生，新建即彼，彼不能去，當屬芰舲代辦，此外黃幼農、張冕堂、鄒殿書、喻澍山、蕭某、胡明蘊等，將大舉，並整頓鹿洞、經訓、修寶塔，伯嚴將歸料理。德人甚猖獗，因曹州教案殺彼二人，發三兵輪，攻膠州灣之秦島，守將張某，電報不准動手，聽其攻擊，一切軍械被燬，又加二兵船踞佔，以六事要挾中國：一、李秉衡革職永不准敘用；二、山東開鐵路；三、遍開礦務。不知諸公何以處之？先是德人以日本事曾爲居間，俄、英、法皆有謝敬，彼獨向隅，求閩之金門島，中國不允，遂有此舉。黃公度前日亦如此說。報中屢言德人挑釁，以爲各國於中國皆有駐足之地，彼獨無有，一旦瓜分，不能染指，是眈眈已久，即予以金門島，未必不得隴望蜀也。幸前日到湖南無事，禍未發於此耳。秉郇事亦提及，云襄辦難得，只好爲乃翁看機會，使得一事。小泉事，亦詢其應去否，云姜某尚病，見舊總辦施某，先去亦可矣。校《史記引尚書考》數叚。

初四（27日）

易中實邀游麓山，約巳刻往。登舟，則主、客皆未到，到齊已過午矣。中實與陳笠唐、江建霞、梁卓如、李虞琴、陳伯嚴、熊炳三、蔣少穆及予，共九人，黃公度不到。易與江用親兵承差扈從，三板升炮。以陳程初坐船小，別僱大船設席，可謂張盖游山矣。江以前游山致病，在書院等候。予行至萬壽寺力乏，亦不能上峰，計不到此二十餘年。人老，又體稍肥，登陟頗費力，恐傾跌，遂在寺與僧固之談。諸君游畢，同登舟。飲至二鼓，談時事甚暢。校經請沈子佩。伯年云江西學堂請陳伯潛，大半不到，即請江建霞。江云作報皆經筆削，楊篤生、陳璞臣明年將至，有沅江李君來者，年止十八，深通洋務，使辦交涉、商學。熊云《學報》將改用鉛印，機器已到。蔣云製造局止作電燈，鍋爐小，尚不能多出，頃已辦大者。右帥欲製鎗礮，恐不能辦，計此廠非二百萬金不可。麓山書院改章後，別造房屋二間，仿西學式，教算學、方言，現在算學止二人，方言止一人。算學教習黃某，湘潭人。予詢梁何以香帥不信素王改制，云學派不合，且似恐犯時忌。

初五（28日）

曝書，始知《武英殿叢書》亦被蝕三十餘本，幸未損字。念循來文二篇，頗合西學。姜炳榕號碧山者來拜，是清江人，與呂耦芝觀察親戚。呂沙名衍，已故者是其外姪。有一子十一歲，詢予有幼女，爲作伐。云湘鄉局是分卡，止收支①、稽查二人，局面甚小。伊初十外起程，同行須待數日，或先去亦可。校《史記引尚書考》數十帋。

初六（29日）

爲念循改文。校《史記引尚書考》數十帋，畢。

---

① "支"，原誤作"知"，據文義改。

初七（30日）

陳笠唐來拜，云乃翁亦壬戌，李藝丈詩即彼所寄。胡子瑞至，云尚未回任也。章曼仙拜，云初回故鄉，在胡眉壽處住。以右帥處同席，來拜。聞頌年歸，往見，頌年頗發牢騷。談念循事，云光景若好，可帶之同去。今其光景似亦進退維谷。略坐，即到右帥處。蕭希魯、譚璞吾、譚佛生已先到。佛生乃香帥遣來促辦鐵路、輪船者。席間，右帥出示電報，德人已占秦島，設關稅，以六事要中國：一、李秉衡永不叙用；二、濟寧教堂上匾額；三、嚴辦凶手，並撫卹銀；四、以後中國永不得有此事；五、山東鐵路、礦務歸彼承辦；六、議賠償。香帥恐德人更窺南邊鐵路。佛生云德人已向香帥開口，法人亦有由龍州開鐵路過湘到漢之議，故宜趕急自辦。倭有十輪到內江開行之說，小輪亦宜趕辦。今小輪初九借官輪先行，鐵路亦即挂牌開局，徐議章程、籌欵，請黃公度總辦。未終席，報又至。佛生即起身到公度、少穆、炳三諸人處議。時事之急如此，豈吾輩宴飲時乎？而長信又做壽，二百萬修圓明園，宜爲外人玩視，並阿洲黑人不如也。鑑帥有清望，乃援劉秉璋例，紲陟之權倒授於彼。右帥謂即魯連云"奪其所謂不肖，而予其所謂賢"，誠然！

初八（12月1日）

爲朱菊生母作壽文，未成。寫屏六幅。

初九（2日）

到林綏臣處陪弔。遂至子威處談時事，云外夷以湖南爲射之鵠，英、法、德皆覬湖南鐵路，意以湖南强悍，先將此地收伏，以外皆傳檄定矣。予意亦謂然，然不知何爲樂土，江西稍安靜，而官紳尤沓沓，不足恃也。歸撰壽文成，千二百餘言。

初十（3日）

將壽文録出。張少熙至，縱談久之。吉兒歸，與少熙同見江學使，未見。下午往兩劉處、葉處、譚處，皆不晤。晤蔣少穆、熊炳三、李虞琴，談時事。聞俄國使中國以膠島讓德，已命章鎮移縶煙臺，拱手授之，而六欵尚在外。總署屬將兵退出再議，而彼不允也。至逸吾祭酒處赴飲，建霞、公度、卓如、虞琴、炳三在坐。公度謂予通古學，不意兼通今學，甚愧謝之。十七壺園音尊，公餞建霞，予以叔父喪辭。江詢江右事甚詳，蓋以伯年延主務實講席之故。江右固陋，未必相安，當見伯年告之。

十一（4日）

久安先生、于秉郇、譚佛生、汪頌年來。詢譚鐵路事如何，云右帥已電咨香帥，彼已可以銷差，其如何辦法，看右帥與公度商酌。予云事全蹈空，恐情見勢絀，外夷又將生心。彼云既已電奏，或可杜其覬覦，惟中國事非一時能辦，湖南不能籌欵，惟恃粵人耳。久老大發議論，詢小泉事，亦云宜往，再看情形。姜公又致信催其前去，擬十四起程也。蔣少穆來，云香帥四日尚未回電，恐盛杏蓀作梗。予謂即不作梗，事亦難行，漢至湘將千里，湘至粵界亦將千里，至粵省不知幾何里，約計二千餘里，須二千餘萬金，湘、鄂無欵可籌，粵人未必能獨籌巨欵。若盛作梗，不歸公度辦，則粵人更不肯出貲矣。校《今文尚書》十餘臿。夜往二叔父處祝壽。歸至諸弟處，聞地師云龍駒塘鳳坡可葬，勸早定局，以時事可危也。

十二（5日）

往二叔父處拜壽。校《今文尚書》十餘臿。下午往二叔父處赴飲。

十三（6日）

校《尚書》十餘臿。陳璞老至，談積善堂事，云節吾已至。熊炳三至，論學堂及變法事宜，盛推予之善談，以爲學會非予不可。汪受明至，論鐵路事，將擬條陳，以爲宜先作歌勸鄉愚，通飭各州縣勘界買地，不發錢，且發股票，事較易舉，言亦近理。江建霞以兄故，辭十七音尊。楊彤伯以母四秩冥誕，有裕慶、饒智元爲發知單，收分貲，云將作壽屏。不知何以下筆，可謂奇聞矣。得陳曼秋同年乃翁訃聞，作挽聯云："教子爲漢吏循良，治績上聞，宜邑久傳甘雨沛；立身比太丘文範，微言記絶，潁川遽報德星沈。"

十四（7日）

陳辛眉至，得芰舲信，少村、壽文、試卷，晏文盛筆。芰舲云明年爲長子娶，後年當爲次子娶，屬開衣裙尺幅。予復之，云小女年幼體弱，全不曉事，奩裝未豫備，須稍緩時日，尺碼明春帶來。聞伯年將行，前在實甫坐中，屬將江西情形告知，予薦芰舲，答云素未謀面，屬作一函爲之先容，遂攜此函詣伯年，並詳告以江西情形，官不尊師，紳謀盤踞，我在經訓已不安於位，將來學堂借才異地，亦必如此，恐非江建霞等所能耐，我明年亦決意辭館。伯年云明年總須留住，再行設法。公度欲留我在湖南，右帥喬梓必欲我在江右，我反爲此所誤，食禄有方，再看機會。至焕彬處久談。彼不喜新學，進退裕如，故不需此。所作《靈鶼閣叢書序》甚佳，能以考據兼詞章者，惟祖護八股不可解耳。頌年不晤，見少熙、夢來。歸而客至。予生日，留飯。

十五（8日）

函致伯年，舉諸生所長，以備將來興學之選。劉伯垣、張少熙、陳芷青來。校《尚書》十餘昒。歐節吾夜至，談其在瀏辦賑如何盡心，欵十五萬，尚有餘欵，歸團防局，開公錢店以便民，以防後饑荒，興算學館，爲桑梓計極詳悉。言曼秋闈後即調補漢陽，署隨州，而忽丁憂，光景甚窘。乃改作挽聯云："立身如文範先生，瞻潁許德星，忽已沈光催鶴馭；教子比循良漢吏，惜宜都膏雨，未能潤到鸚洲。"是日先子忌辰，不出門。

十六（9 日）

易實甫請赴文正祠齋席。飯後到汪受明處謝壽，遂至劉牧村、于秉郇、本家爾梅、夏觀察處。芟於屬撥銀四十兩付秉郇，已面交，並促作《寄廬記》。本家處薦家人劉升。觀察處薦左魯軒、張代榮、譚書麟名條皆面遞。此公以辰沅道保莊惺菴，右帥謂其資淺，大不滿意，有去志。云右帥保朱菊生、蔣少穆，内廷不以爲然，並無下文。得之於汪頌年，當見頌年問之。二點鐘到文正祠，東家尚未來，游花園，頗軒敞。書局寄買《皮子文藪》影宋本，價六百，似即《全唐文》所收，不知有異同否？與笠雲和尚談，久之，客始至。予云近日談西學者謂可取證佛經，笠雲云有合處，章曼仙大以爲是。予無暇繙《藏經》，惟知天主教出於佛教耳。實甫至，邀鬥詩牌，每人百三十五張，合成一詩。予得五律一首，追述前游麓山云：“麓巒縈翠黛，江地列仙舲。松古恍藏曙，杉陰遠帶馨。拈詩刻箋紙，落筆和銅瓶。策士空潸淚，神宮渺漢廷。”實甫詩甚工，記起句云“烽火凋星罞”。曾介石子詠舟詩甚清老，年裁十九。蔬酌，笏老與僧共席。飲至夜歸。

十七（10 日）

風雨，擬往聽梁卓如講學，未能去。小泉一月餘不到局，乃當此大風之日趕去，阻之不得，不知能到湘潭宿否。校《尚書》畢，再以單行《索隱》校《史記引尚書考》，與《史記》引《索隱》多不同，而多以單行本爲勝，惜汲古閣本間有譌字。明知其譌，可不從之。近日校刊最爲精審，然有明知譌誤而不改者，殊可不必。煥彬講校勘，不以國朝人所校書爲然，云多以意改，而自謂一字不改，尤疑誤後學，不可不辨。此等尤不能爲諸賢解也。敬書叔祖母墓碑、陳丈挽聯。夜微雨雪，頗有寒意。

十八（11 日）

風雨止，頗寒，下午見晴光。繙《通典》、《注疏》，校《鄭記》

十餘帋。

十九(12日)

　　校《鄭記》畢,校《鄭志》數帋。

二十(13日)

　　微雨。校《鄭志》十餘帋。譚君華至,云福康公司輪船又失事於謝司塘,未損人,此公司恐不行。予謂不行則必歸洋人矣。

廿一(14日)

　　雨止。校《鄭志》十餘帋。欲往聽講,而路尚滑。午飯後至秉郇處,不晤,遂往文正祠赴劉牧村齋席。李秀峰到此,在坐譚及江西所中文字,大以爲怪,有對聯尤不通,可笑,學堂之議,更不知爲何事。甚矣,江西人之固陋也。實甫云山東事,六條將允許,俄國以膠島畀德,更將取償於我。譚佛生等禀請開學會,黃公度即以爲議院,中丞已牌示,以孝廉堂爲公所,開化可謂勇矣。局中有影宋本《皮子文藪》,買歸,並《浮丘子》一册。笠雲刊詩二卷,取歸。易笏老刊《文集》、《詩義擇從》,許見贈。歸聞祭酒復知照廿四請江建霞餞行,而梁、李二人已先請陪江,豈有分身術耶?臥而左太陽痛,知爲火逼所致。

廿二(15日)

　　爲三叔父作墓誌。秀峰來,大發腐談,云伯嚴已去,惜不及阻之,恐右帥聲望自此而衰;聞有胡某即明蘊到上海找洋人,人將殺之,伯嚴此行,將爲人所殺。此公行年五十,游宦日久,出言乃如嬰兒。君華至,共舉此爲笑。君華亦以不纏足爲極是,湖南人見識高於江西人多矣。校《鄭志》二十餘帋。

廿三(16日)

　　錄墓誌文。聞叔父已定來月初九、十堂期,十一出殯。寫帳上細字,請君華寫大字。校《鄭志》數帋。劉牧村便衣至,久談。送其姪應愷試卷,云伊姪本湖南生長也。送客去,往小古道巷,詢二弟媳病,正用齋公拜斗,又耳目一新矣。赴葉煥彬席,客未到,繙書籍,談考證。伊近作《錢法百詠》,考《説文》不列"劉"字,是沿揚雄、甄豐舊文,莽制去卯金刀,故不列漢國姓。開元、開通有二種,"開通"歐書,世罕見,可解二説之紛。祭酒《漢書補注》,伊覆用《史記注》補之。金陵局刻《史記》附札記甚詳,當購一部。近以此爲舊學,時務爲新學。熊炳山以電報見示,法謀占瓊州,倭艦又出,俄兵船出太平洋,不知其意云何,人尤駭懼。云今日舊學、新學皆無用,鐵路亦不復議,尚有欲留我在此倡學會,將何爲哉!梁卓如、李一琴請客改廿六,廿四公餞學使。祭酒又傳單至,似不以請假爲然。學使不辭同産之服,我恐亦不能辭。煥彬約二點鐘往。

廿四(17日)

校《鄭志》十餘叶。午後往江學使處送行、李秀峰處謝步,均不晤,遂至葵園。祭酒云湘中官紳議留我在湘,恐右帥不允,詢江西脩金多少,大約可爲我設法。予云江西我亦不願去,惟明年已接關,伯嚴云明年必須一往,且俟彼回署再説。祭酒亦云江西風氣難開,已勸江建霞不必往矣。是日主人廿數,客止江學使一人。熊炳山等至,見電報,云:英邀倭艦觀釁,已到舟山,俄又索地,乃肯調停;翁、張二人與德使議,彼抗不到,六條皆應允;膠澳已送彼,出示曉喻士民,可謂無恥!湖北有姚錫光來信,云法索福建,不知何地;恭維湖南辦鐵路等事,勸急練兵,爲保西南一隅計。熊云外人視湖南如此之重,不知此亦虛聲,但比他省人略有氣耳。輪船已定議,可拖貨。右帥電咨香帥數百字,云:"外夷來與不來,不在我之引與不引。"此破的之論。有恐輪船、鐵路引洋人來者,此前一二十年情形。今中國已不國,彼欲來則來,何須人引?右帥云須熊、蔣來議,輪船亦非熊、蔣不行,視二人如此其重也。是日觀此等文,無暇觀劇。予謂今日大局亦大戲場，俄、英、法、德、倭正是五洋，可畏哉！歸已十點鐘矣。幼安方伯帶留聲筒，不甚了了。

廿五（18日）

校《鄭志》十餘岙。中實約今晚邀同玉田、秀峰爲談仙之會。午飯後到藩城隉等處看舊書，匮無可用者。到秀峰處，略談時事。彼主戰，不知何以戰也？往見實甫。黃玉田觀察、鄭湛侯大令先後來，秀峰與黃鹿泉亦至。笏老出以和呂仙促拍詞見示。秀峰與實甫扶乩，即書促拍詞四首不停，自稱道人，始知爲呂仙。飯後復請白仙促“來”字韻詩，末首用馮衍責田邑書鉤頸、桃萊事，坐中皆不知，惟予知之。歸將三鼓。

廿六（19日）

天明未起，於枕上得和呂仙促拍詞四首，未及寫出。煥彬至，看江西闈墨，謂不如江南。此公猶有八股之見存也。約同往赴劉稚荃飲席。在坐黃子壽、胡少卿、楊紹曾，守舊、維新，議論不一，予以是知湘中風氣尚未開也。席散歸，遂赴時務學堂梁卓如、李一琴招飲。在坐新學使徐劍甫，稱予年伯，云乃翁癸酉同年。江建霞至，召諸生講學留別。予窺之，兩學使，兩院長，四人共坐，諸生彬彬列坐，所講亦尋常發落語。在坐逸吾先生、陳程初、葉煥彬、易實甫、鄒沅帆、譚佛生、熊炳三。譚、熊將同江建霞到湖北。談及留予學會之事，予意俟伯嚴歸。熊抄德使領事之語，云膠州築鐵路至濟南，可奪煙臺之利，不必自築，迫使中國築，工本鐵線並購之彼，中國當苦工，彼收利益，鐵路所到之處，即管轄所及之處，如英國之於印度。如此，則鄒魯危矣哉！彼亦知讀孔書，或不敢動孔林耳。聞右帥將會合諸人，謂廢八股事必不行。王、徐皆云洋人入中國，當仍用八股愚弄人，予謂勢所必然。右帥贈江學使詩予未見，見公度詩忼慨淋漓。節吾與唐繼常客將散始到。

廿七（20 日）

汪頌年來，云學會、鐵路亦邀彼，已列名。熊、譚欲留辦事，彼欲北上，未之應，故未拜地方官。現議開醫學堂。此舉甚是，今良醫實不可得也。促拍詞四首録出，寄實甫代呈吕仙與函樓丈，並索函樓所箸之書。是日庶母生辰，述卿、貢如、石麟至。闓夢轂號仲簏夜來，久談。其人癸酉生，頗通時勢，議論中肯，特未知所學何如耳。云廣東製造得法，鎗炮可用，乃香帥之力，譚瞎子必欲撤之，裁兵不用，必將廣東送與西人。予謂此亦天生亡國之臣，老而不死耳。夜甚煩熱。

廿八（21 日）

冬至。人皆有宗祠，而我獨無。如不做假賬賺祖宗錢，公餘十年即可起祠堂矣，乃欲并此而分之，獨何心哉！校《鄭志》十餘㗊。劉柏垣來求館地，實無以應之。黄公甫前函來亦有此言，作書復之，並寄三叔父訃聞。下午二叔父來赴席，談及公事，幸無大參商，尚可少延歲月。

廿九（22 日）

北風，微寒。實甫送函樓丈所箸書。秀峰以實甫《四魂集》見示。吕仙又疊詞韻四首，頗近流易。實甫又作啟，爲八指頭陀請檀施，予書式元。以熊亦元所校《大傳》録一底本，以備將來更訂，此書須補正者尚不乏也。梁卓如送所箸《讀〈春秋〉界説》一卷見示，發明公羊家言，其精者云："何注云'變一爲元，元者氣也'，則知原文必是'一年'。傳云'曷爲先言王'，則知原文必無'王'字；云'公何以不言即位'，則知原文有'公即位'。合而觀之，未修之《春秋》，必曰'一年，春，正月，公即位'矣。"又云："傳云：'則未知其在齊與？在魯與？'是先師能記及口説中有此義。而經文之中有兩經與此經相屬者，不能確記其屬何經。凡《公》、《穀》同經異義之故，皆可以此求之。開卷一條，《公羊》

極褒隱公，《穀梁》則微不足。《春秋》有賢讓國之義，又有大居正之義。兩家傳口説，同受之；及著之竹帛時，《穀梁》則以大居正之義解隱公之事，《公羊》則以讓國之義解隱公之事，而以大居正之義解宋宣公之事。援傳例言之，則亦當云'《春秋》有言大居正者，則未知其在魯與？在宋與？'"梁氏此説極通。唐啖助、趙匡已云《春秋》是口説大義，後人配入各條不無錯誤。此説亦極通。《公羊》大義，確有所授，而其中如"子叔姬"之類，又實有可疑，疑是末師坿益之文，致使不知者爲《公羊》口實。明乎此，乃釂然無疑矣。梁氏文筆甚暢，使予爲之，不能如此透徹，才力之相去遠矣。

三十（23日）

爲三叔父寫狀榜。劉一聞局中巡丁出息好，求薦入。庶母亦欲彼去，彼去則小泉有人呼喚。爲致書姜碧珊薦之。劉牧村來，以其姪壻蕭某求於夏觀察處道地。所説太多，恐無益也。實甫約晚請乩仙，將晚赴約。秀峰未來，吕仙、白仙皆不到。真一子作七絶，自疊數首。予和韻二首云："返日回天憾不能，陰符夜讀剔青燈。從來道學通兵法，試看陽明勒斷藤。""舉世狂言笑薛能，唐宮已熄九枝燈。坐觀龍戰淋漓血，如見昌黎詠赤藤。"笏老、粒唐、鄭湛侯叔獻喬梓、陳伯嚴之子師曾在坐。聞英船逼南洋，喻澍山謁峴帥未得見。恐伯嚴此去，未必能開學堂。江建霞與煥彬爭石醉六、劉蓮生兩學生，實甫與王祭酒爲之調度議和。輪船水淺不能來，又北風，故江未解纜。

十二月

初一（24日）

再疊《促拍滿路花》韻贈實甫云："壯懷追賈誼，流涕比袁安。匡廬佳絕處，慕雲間。膏車秣馬，從子擬於盤。海上傳烽警，黃石授書，赤松未得求仙。　笑齊梁衆作如蟬，詩格薄開天。況卑卑五代，與唐殘。英多磊落，再出濟艱難。痛五胡雲擾，羽書驚電，知君氣湧如山。"又感事云："割城多十五，一夕未嘗安。平章嬉蟋蟀，半間間。宜將若輩，請室劍加盤。悵六鼇連釣，三島方淪，漂流億萬群仙。　奈盈廷仗馬寒蟬，仰屋但觀天。那知柯已爛，局將殘。棘門兒戲，豈有撼軍難。問避秦何處，桃源津遠，更尋黃綺商山。"往陳芷青處作吊。遂至汪頌年處，請爲三叔父寫主，已面允。伊云譚佛生、熊炳山欲留我講學，已將我不可無館情形，略爲二人言之，彼云現往湖北，俟歸後再議。我問學會局面何如，云右帥許將書盡捐入，起藏書樓，立講學者一人，即以見屬。其章程甚繁，以此爲議院規模，利權盡歸於紳，即右帥去，他人來，亦不能更動。似此舉動，未免太怪。中國君主國，紳權太重，必致官與紳爭權。且恐洋人來，愚民無知，與之爭鬥，難以調停，學會、議院諸人必受其咎。俟伯嚴歸，看光景再斟酌。到學堂見卓如，略談《春秋》學，彼即升堂講學。竊聽數語，是說《孟子》中告子、子莫學術。學生執筆錄記，加以發明。予謂後世有取士，無教士法，如此方是教。廣東本有學堂，教時文之事，此特變其教旨耳。分教楊葵生、韓澍生，一徽人，一粵人。李一琴，中丞請去。有洋人來，不知何事，必非佳兆也。歸校《大傳》一卷。楊彤伯之母死已十年，作四十冥誕，演戲，作壽屏，竟有喪心人爲之執筆寫作，可謂怪事。請會客觀劇，予不往。夜頗煩燥。二媳汪氏病氣痛，天未明，聞其呼叫，促治方藥，不能寐。

初二（25日）

於枕上得感事詩四首，用易實甫《出榆關》韻。校《大傳》二卷，畢，但用熊亦元所校錄之耳。此書用陳卓人《白虎通疏證》

例，中多瑣碎，而大義有未盡，詳略不當，非更訂不可也。梁卓如欲觀此書，將以示之。觀卓如《中國將強論》，甚有見，然非濟急之道。叔父開吊，請幫忙，往陪客①。

初三（26日）

錄詩、詞寄易，以書數種寄梁。汪受明、夢來以數日内二媳病，皆來看。請周陵生，不知來否。又請胡少卿至，云前藥皆誤，不宜用熱。其説似有理，姑用之。易實甫以和詞四首見示，約明日再請仙。卓如回書，云西人游歷，無他事，時事亦無所聞，惟聞教案尚未了。如此，尚可苟安旦夕也。前觀卓如《讀〈春秋〉界説》，予意尚有未盡，擬再作《春秋義説》，互相發明，撰成一篇。晚間二媳服胡少卿藥稍愈。

初四（27日）

作書擬寄芰舲，並寄復宋梓儕，以訃聞達芰舲，回吊俟寄。再請胡少卿來轉方，並以金女請診，看服藥如何。實甫又以客單來請。下午到李兆基處，説盛家灣佃夫事，屬其留意。見傅五、傅六昆仲，亦已長成，儀表不俗。詢其昏期，五云約在後年。遂至實甫處。秀峰至，請仙。乩筆如飛，白仙與吕仙頃刻數首，且索人和。予和一闋。實甫云康長素賞加卿銜，主持弭兵會，予詞云：“時無向戍，猶恐弭兵難。”《萃報》言萬壽極鋪張揚厲，二十六年今上三十萬壽，援例必有恩科，二十五年鄉試，二十六年會試。時事如此，不知何爲。英索鎮江，法索瓊州，見湖北電報，可爲寒心。實甫有堂兄號益堂，自於潛歸，云到過宣平見先父。笏老臘八生日，寄禪上林寺約蔬酌。予以叔父開吊辭之，且約麓泉來陪吊。

---

① “往陪客”，原倒作“客往陪”，據文義乙正。

初五（28日）

徐壽鶴年丈來拜。作《春秋義》一條。下午往述卿處吃壽酒。夜尤煩熱，眼枯生眚，恐是吃羊肉所致。

初六（29日）

作《春秋義》一條。梁卓如送來《新學僞經考》，又從黃麓泉假廖季平《古學考》、《王制訂》、《群經凡例》、《經話甲編》。康學出於廖，合觀其書，可以考其源流矣。往胡少卿處，以其醫術有驗，約明日再來診視。往二叔父處問候。叔祖母已葬，泥色尚好，可無疑於石頭山矣。張澍堂來，云豐城案尚未結，得臬憲批、府憲札，仍然懸宕，欲予作書，辭以不能，如再到江西，當面說尚可。陳星墀夜至，云湖北來信，各國欲分長江，漢口各處保護，英分九江。聞山東殺教士，教士亦中國人，凶手乃德人以六百元買使行凶，尤可駭怪。予詢彼由陝西來，陝西地方如何？西遷可否？彼云陝西人極安靜，畏官，惟文學甚陋，生計甚窮；甘肅回人亦了而未了，誤於用撫，除惡未淨。

初七（30日）

胡少卿來，並以老妾脈使診，云此刻宜用平淡，不宜補。李秀峰來，云又請仙，詩用"藍"字韻，不能再疊。予思得數疊云："末路英雄學仙訣，陳陶化作采和藍。""白腹空空本頑質，合章可許變朱藍。""揚名鹿耳先朝事，破肚將軍舊姓藍。""旗分八面秦州下，應列黃紅與白藍。"叔父墓志用磁甀，滑不受墨，書不成字，甚苦之。聞西人強中國使北洋回任，殆兒皇之兆。得賀爾翃書，並乃翁與奉義、之溪試卷。

初八（31日）

叔父啟攢，予兄弟設羊豕之祭，傷哉！大阮遽赴重泉，非止一哀而出涕也。是日易笏老大慶上林寺，備蔬酌，予不能往。李一琴邀看光學，亦以有事辭之。

初九（1898年1月1日）

　　叔父家奠，往陪吊客。

初十（2日）

　　叔父成主，請汪頌年寫主，留飲不肯，送席固辭。夜待朝祖、祖餞，行禮至三鼓後。今人所行禮，惟此爲近古，然最哀慘。連日風雨，頗寒。興姪與五弟婦均患寒厥。

十一（3日）

　　一早送叔父出殯，繞西南城一轉，始出城。泥濘難行，幸未下雨。葬地龍珠塘，約近五十里。十八日下窆，速葬甚好。此老去世，家事殆不可問，將有四分五裂之勢，如俟仰盥，則喪葬無人料理，必成笑話，趁此辦妥，最爲了當，亦此老之福也。袁叔瑜來，久談時事，云盛大臣頗有大臣意狀，湖北鐵路已開辦，而苦無煤，欲於醴陵開馬路通萍鄉。近聞有西幸之議。予謂北京門户盡開，固難守，然今日局面，萬不可輕動，不動尚可苟延歲月，遷都則更示弱，洋人必瓜分内地，以數省地留之中國，速亡之勢也。聞庚口諸公欲下鄉，予以爲亦非計。洋人一時不能到湖南，惟恐洋人未來，湖南先亂。若城中巨紳先去，以爲民望，鄉下欲爲亂者必刦掠蜂起矣。現在湖南急務，當練兵以備亂，清保甲以消伏莽，開商務以活貧民，未知官紳見及此否。

十二（4日）

　　出拜客，見夏觀察，云時事大厄，出蔡伯浩信見示，云熊、蔣電致右帥，所言不忍形之筆墨，可過彼一閱。予請閱後抄以見示，牧村名條交付。見徐壽鴻丈，所說相同，云李合肥請歸俄保護，政府不允，謀西遷太原，已召董福祥兵入京扈駕，使爲陳元禮。予謂安知其不爲董太師耶？現止降、走二策，竟與阮大鋮如出一轍，可笑、可歎！甲、乙年如和而議遷，猶可背城一戰。今不戰而遷，是棄國也。保護則權盡歸彼，死灰更不復然。更恐四方豪傑，有聞此而揭竿者。湖南尤可慮，何以處之？見叔瑜，又談此事。龍三丈已出門。此老如此好應酬，豈猶有扈駕之心乎？晚間實甫約扶乩，蔡、黃兩觀察皆在坐。詢熊、蔣電報，云鐵路頗有成議，屬湖南趕急練兵，俄、英、德、法四國兵船大會於廣南洋，議分中國，日本有兩兵船到南洋見峴帥，願聯絡中國，有脣亡齒寒之懼。當日何苦首發難端？真鷸蚌相爭，漁人得利也。白仙一筆書七律十二首，贈笏老三、實甫二、七客各一，皆切其人身分，非仙才不能。予勉和二首。

十三(5 日)

夏觀察丈來拜，以其孫所作駢、散文二篇求改。此老猶有壯志，欲盡忠報國，恨無尺寸柄，力請右帥練兵，釐金局每年可供十二萬金，爲練二千人之用；開武備學堂，伊願當提調，力任事。先是有人勸其改省，昨詢白仙，贈一詩云：“天下滔滔不可爲，堅冰已及歲寒時。若尋捷徑終南去，面目廬山不可知。”仙意不欲伊改官，勉以歲寒之節，故仍欲在湖南任事也。汪受明至，以頌年之母明年正月初十壽辰，屬煥彬作文不允，屬以日內爲之，其節略亦甚難著筆。閻仲簾至，談時事，忼慨有父風。天雨雪，頗寒。右帥求雪禁屠，若如此能格天心，尚有可望。聞黃公度改保甲局爲保衛，仿設巡捕，如有實際，勝保甲遠矣。閻云鄉間須急辦團練。予謂亦難務實，有實效，雖不能拒外洋，尚足以防內亂。閻云哥老會到處嘯聚，尤可慮。

十四(6 日)

作壽文，未畢，頭目昏眩，遂止。梁益智送《拔貢同門録》至，格式不一，中有奇作，如樊錐八股全作四言，尤奇，而鈔寫墨選清腴者尚不乏。

十五(7 日)

作壽文，告成。是日先子生辰。孟萊至，出煥彬函，索所箸書。

十六（8日）

作《春秋義説》一條。連日大晴，天不寒，中丞求雪恐無驗矣。此數年皆冬行春令，不知何兆。本日請梁卓如、李一琴諸君便酌，指揮一切，殊乏供張。予家故不如此，化爲烏有，誰之咎歟？晚間客來者卓如、一琴、稚泉、少卿、實甫、焕彬、受明。聞近得電報，教案已少，膠島任租，似德人已意滿。不知諸國若何①，如能將就了事，尚可苟延旦夕。然不亟整頓，數年後又有變局，終歸於亡而已。聞香帥亦以聯俄爲是，焕彬笑爲從一而終。予謂但能自强，聯俄可也，聯英亦可也，聯日亦可也；否則，聯俄將爲波蘭，聯英將爲五印度，聯日將爲朝鮮，恃人總非計也。卓如云南海《孔子會典》並未成書。予疑廖季平所言各書亦當未成，徒存凡例而已。近人言箸述大率如此，予自謂勇過賁、育矣。一琴將歸，學徒已散。明日若看光學，即來知會。

十七（9日）

作《春秋義説》一條。蕭鳳儀號仰喬來拜門，執贄十元，再三辭之不得。伊已以府經歷分發湖南，猶有志向學，未知真能讀書否也。李一琴約明日看光學，諾之。下午以天晴，往街上略看，買灰鼠袍，無有。吉人買袍褂一幅，將五十金。夜雨。

十八（10日）

作《春秋義説》一條。晚間到時務學堂，袁叔瑜亦至。一琴云學徒大半已去，因諸君欲看，特演之。看二十來昚，皆英國倫敦王宫、街道、橋梁、飯店、馬車、小輪船、軍器庫，及獅、象、海馬、駝鳥之類，維多里亞象甚肥澤。光照布上，與在京勞凱臣處所看無異。楊葵園云不去，來春尚可觀也。一琴云英人由衡州還，云

---

① "知"，原誤作"如"，據文義改。

英願與日本保護中國,借金萬六千磅。彼本欲行,中丞留一二日陪英人。中丞夫人於昨夜仙逝,伯嚴今日始到湖北,不及送終。徐學使病重。熊炳三已歸。

十九(11日)

往中丞處作吊,攔駕不見。黃公度亦未晤。晤汪頌年,叩其行止,亦未能定。伊不以近日辦洋務者爲然,甚有見解。如小輪船已辦一年,尚無頭緒,熊、蔣才略足見一斑矣。歸與君華談時事。作《春秋義説》一條。

二十(12日)

作《春秋義説》一條,説《春秋》異外内之旨,闢近人誤解尊王攘夷之謬,與梁卓如説相近。爲夏小泉改論二篇。此子頗通史事,文筆亦不陋,如皆己出,大有可造。天甚熱,地出水,冬行春令。街中泥滑,不能出外一游。

廿一(13日)

飯後往胡少卿處,不晤。見二叔父,云日内又不舒暢,是日祖母生辰,恐不能來。歸作《春秋義》一條。下午祭祖母後,飲餘福止數人,三叔父已故,二叔父老病難出門,不勝今昔之感。

廿二(14日)

作《春秋義》一條。胡少卿來,爲兒女診脈。請其診視,云左手脈虛,尚安靜,可勿藥,不宜用心。下午往右帥夫人處成服行禮,右帥自答禮。伯嚴甫歸,不便與談。劉定夫觀察知客,詢右帥夫人歸葬江西或葬此,云不知。楊晴川移居千壽寺巷,往賀,屋兩進,二千金,且破爛,價不廉。夏觀察云北洋電止"教案了,膠島租,善後議"九字,有京官電報其壻詢會試者,云"事平,放心",特未知各國兵船退出否。江西學堂事,峴帥、仙帥皆不理,惟蔡仲啟許捐耳。擬挽右帥夫人聯語云:"畫翟錫崇封,佐君子求賢審官,常思卷耳憂勤,重覯周南化風美;和熊明大義,使賢嗣興學立教，豈期齧指傷痛，遽從江右見星奔。"

廿三（15日）

飯後到馮家沖拜墓辭年。大風，歸遇雨。輿中閱劉禮部書，釋《公羊》何氏例三十篇尚未備，可補。若齊召南《考證》，則聱聱而已，不知當時何以用之，阮刻《經解》何以入之也。歸而老媽陳姓者於曬樓跌下，幸不至死。

廿四（16日）

辰刻小泉弟舉一子，甚壯大。同小鶴往史家坡辭年，風雨甚大，延至午刻始行。作《春秋義》一條。過河，路甚難行。史恒章不在家，未能清屋寫佃。輿中頗寒。閱《穀梁廢疾申何》，知《公羊》之義最精矣。夏觀察送禮六色，受二色。復送彼六色，亦受其二。送胡少卿四色，止受年糕。寫數行與祥女，送食物一挑，非惟費財，亦大費力。

廿五（17日）

晨起，着劉一下鄉送禮。作《春秋義》一條。下午小泉弟歸自湘鄉。庶母以其未歸也，每夜泣，欲使劉一往問。今歸，可以慰庶母之心矣。夜雨，頗寒。

廿六（18日）

晴。作《春秋義説》一條。計之共得十五篇，約萬餘言。歲事匆匆，不能再續，且大義亦略明，似與廖氏、康氏書可互相證矣。中有疑義，當再考之。夏觀察來拜，詢時事，云教案已了，膠島百里任租，百里之外兵已退出，和銀二十四萬，濟寧添設教堂，各國無異言。不知旅順俄人退出否。合肥欲求俄保護，恭邸以下莫敢發言，獨董福祥爭之，云自古止有戰敗而和，未有不戰而和者。合肥問"能戰否"，答"能戰"，問"有兵幾何"，云"一呼可得五十萬人"，遂罷議。以堂堂中國，所恃止一降回，袞袞諸公能不愧死耶？江西學堂，各州縣浮收陋規每年約二十萬，右帥欲提爲學堂經費，翁小山不肯，靜帥調停，每年出三千金，事恐難成。鄒殿書事已敗，鹽票歸黃幼農。芰舲久無信來，予謂信當交伯嚴，伊此時未必檢理，亦不便問之也。劉一歸，云開、慶外孫已長好，尹臣親家歸來。

廿七（19日）

晴。得芰舲書，云伯嚴已談兩次，甚洽，勸其明年再來江西。不知彼已遭大故矣，豈天不佑今人之行新政耶？幹臣、少村擬正月下旬起程，亦聽上海消息。約先電知行期，並云先易錢爲都中用，恐會場時錢更昂也。有福建長汀人江瀚字叔海者來拜，云在四川重慶主講東川書院有年，言川士好學者無過廖季平，而其說愈變愈怪，解《詩》尤杜撰可笑，殆祖述其師之《詩補箋》而變本加厲者也。公度約新正初二赴飲，江在坐，故來拜，云寓長沙捕廳其兄弟也。

廿八（20日）

擬明年書院三月、閏月題。夢來送慶孫歸，云伊九叔已於廿五日納妾，明年擬改外，不北上，伊祖母將做壽，受明於年下趕補廩，假五十金。予促歸之，成人美也。三叔父本日卒哭。音容如在，倏百日矣。聞墳墓已成，此老可無憾，但家事未易了耳。

廿九（21日）

録出所擬題。循序敬神，還家吃年飯。天氣大熱，似行春令。計本年出入用度，江西匯歸銀壹千兩，漢口本家匯銀百餘兩，又百餘元，染坊佃銀六十一兩，共銀壹千三百餘兩，還近日堂式百兩又五十兩，撥付于秉郇四十兩，吉人買皮袍褂四十八兩，還去年帳約近百兩，實計本家所用近九百金，吃飯穀尚在外，可謂浩繁，其如不能省嗇何哉！

戊戌（光緒二十四年，1898 年）

元旦（1898 年 1 月 22 日）

天陰，微北風。天明時，爆竹聲尚夥。出門拜年。至龍芝老處，見面詢以行止，云決意不出。昨電報到，云英國借中國二萬萬鎊，以五十年歸還爲期。湖南湘潭添設馬頭，總理衙門已議准矣。右帥請紳士初三日聚議。朝議如此，紳士何能挽回？特恐亂民假以爲名，煽動人心耳。至親晤汪、黃、瞿，受明處略談。中途遇雨，日食不可見。聞元旦不宜風雨，矧加日食？英國肯假巨欵，分裂之事似可緩，但願不貽害湖南耳。

初二（23 日）

作書答芰舲親家。陶銘謙來拜年，詢知胡文忠有二孫，長者已娶，次未聘，屬以作伐之事，看回音如何。晚赴公度廉訪飲席，在座王壬老、江叔海、袁叔瑜、張伯純、易實甫、梁卓如，縱談時事及馬頭事。壬老云許開馬頭，不允保護，所見亦是。客散後，公度、卓如云學會將開，必欲留我在此講學，湖南官紳同志，事必有成；江西風氣難開，一人何能爲力？恐右帥不允，當以此意告之。我躊躇未便固辭，俟熊炳山詢明伯嚴看如何說，我再往見伯嚴商之，再定行止。

初三（24 日）

以公度所云，加入芰舲函中發去，屬幹臣、少村不必等候。予意於燈節後定行止，看學會諸公如何說，右帥喬梓如何說。若學會可入，即不入都，要到江西，遲遲到彼終局；學會不可入，即北上一行。此時我無成見，俟見伯嚴商之。天晴，甚燥熱。

初四（25 日）

覆閱《春秋說義》一過，略加增訂，似猶可以推闡，得暇當更增入數條。致書卓如，屬以上右帥書及南學會序稿見示。復云書稿在研甫處，以采成《學會章程》見示。序文淋漓痛切，言群誼切湖南之病。湖南人尚氣，各不相下，自相傾軋，尤甚他省人也。

初五（26 日）

夏觀察來拜，云海上事尚未了，英欲踞大連灣，俄云不與英爭，但問中國若以此地界英，即與中國仇敵，英欲由金沙江開鐵路入雲、貴，故覬湖南，又與法人爭南寧，恐粵東有事。問昨會議若何，云不能阻其不來，但請其來少緩。譚敬帥飭辦團練，香帥閱隄工回，聞之大怒，將札掣銷，不知是何舉動。予以公度所說及芰舲之書所云告之，並言小泉歸度歲，即去薪水，求援曾姓之例，酌加數竿。彼已面允。善化城隍龍來，照例接入，今年戲者較前略勝。江叔海以所著《吳門銷夏記》見示，隨手雜拾，罕有獨得之見，經學並無師承。此人以布衣到此掌教，而所學止此，恐未足饜湘人之心也。增入《春秋說》一篇。夜得彭栗樵書，並贈予馬褂料一件，屬見右帥求書與浙江惲方伯，恐不能。

初六（27 日）

出門。至怡和買物，未開張。司門口燈無佳者。欲至梁卓如處，天熱倦行，且恐彼未起，遂歸。增入《春秋義》一篇。

初七（28 日）

增《春秋義》一篇。下午往怡和，仍不買賣，遂往姜碧珊處略談。至陳伯嚴處，彼不見客。遂到學堂見梁卓如，談時務及經、史學，云前會議後，電覆以"通商，不開馬頭，且請緩一二年，湖南稍開風氣，設巡捕，立洋房，即來奉邀"，彼已應允。如此，則湖南之患可以少紓，將來不開馬頭，亦勝各處開租界也。至貢院街，見受明，云中丞聚議不到，以所議詢壬老，覆書云"通商人情所樂，保護中國所難"。此亦破的之論，壬老前在席上亦如是云云也。

初八（29 日）

熊秉三來，邀十一申刻陪江叔海、喬茂萱。昨聞在相國第，本欲往晤，卓如云不在彼，故未去。今詢之，仍在相國第也。實甫邀明日午刻賈公祠齋飯，有九僧，不知皆能詩如宋九僧否。蕭仰喬來。龔瓊山、郭章甫到，皆求局事，恐不能副所望也。覆閱《春秋義説》，請石先生爲鈔一過。梁卓如來，索經訓課藝去，云學會於廿外將開。

初九（30 日）

爲念循改文，告以宜看洋務書，學作論，不必專作時文。于秉郇來久談，伊意廿日外起程。小泉自鄉歸，亦謂彝仲、芝農廿日外起程。前日街上遇馬亮卿，亦云月底起程。北上者仍不乏也。下午易實甫邀賈公祠齋飯，請仙不到。見笏山丈詩及致官紳書，痛言湖南亂民多，恐因洋人來滋事。予亦慮及此，然何術阻彼不來？聞當日主議者爲王、熊二公，無怪人言藉藉。我不到賈祠數載，疲壞日甚，遲數年將同百花洲矣。公項甚多，私囊自飽，肉食之鄙，一至此哉！

初十（31 日）

早祝汪太親母壽。頌年云准十六起程，所以如是速者，因湖南學會右帥必欲留彼，如必不去，未免得罪地方官，故先去之；此去看張羅如何，能張羅即改官，否則仍入都也。談時務久之。三周來，留飲。歸而仁壽宮催客往觀劇。臨班主，懷班賓，均非前日，不滿四桌。我不到此二十餘年，有盛衰之感矣。

十一（2月1日）

天更熱。小泉往湘鄉局。陶銘謙約明日二點鐘在家相候，事或可諧。下午赴熊秉山飲席，適黄公度書至，囑留頌年及鄙人，有月百金薪貲之説。秉山云右帥總不允，有留我恐江西人罵之語。此老不知江西人但罵倡辦學堂，斷不罵留我，當自往見告之。在坐江叔海、喬茂萱、梁卓如、鄒沅帆、張伯純，談時務，多駭俗之語。《湘報館章程》已出，規模甚大。

十二（2日）

飯後往謁右帥，朱雨翁、汪頌年同見。右帥云近得夑帥電報，俄、英欵均不借，倭欵可緩還；湖南通商，似亦可緩。頌年婉辭留意，予亦言江西館事，欲即退關。彼不欲居留我之名，必不允我辭館，再三向説，總説不通。頌年爲我轉旋，云到館一行。予意可以到館稍遲，此處暫請庖代。已以此意陳之右帥，但不便明言。拜喬茂萱、熊秉山、梁卓如，均不晤。歸作二書致頌年、秉山，二人今日赴公度廉訪席，請以此意達之廉訪，屬其酌之。石先生録《春秋義》五篇，閲一過。陶銘謙至，以胡氏子男庚來，與靜妹同庚生，俟再送女庚去。彼云欲帶物往江右，恐一時未能往也。下午赴周仲海、郅生飲席。有廖叔賓者，逵賓之弟，善鍼法，不知比乃兄高明否。

十三（3日）

頌年至，云與公度談至三鼓，公度必欲挽留，並留我，云"右帥不允，即作我黄公度請"，其意甚殷，再託鄒沅帆與伯嚴説明。我詢彼行止，云且出張羅，如可行即改官，否則仍回湖南，公度約以兩月爲期。伊所請者，惟我與彼，及王炳青、喬茂萱、康長素五人而已。要我再往見公度，我恐其公事煩，不得見，屬以先致一函，約期再去。彼寫信甚切實，當即送去。頌年又云有電報上諭到，略云貴州學政嚴修奏請禮部與總理衙門議准開特科，求通西學人才，仿舉鴻博章程，十年爲期；又學堂保送人才，一體殿試，與科舉並重，大約可不經八股考試。此舉甚善，惜行之已遲，且恐仍爲八股先生所持，有名無實耳。蕭仰喬至，久談。下午寫挽聯，赴唐魯英飲席。葉煥彬、汪鏡青在坐，皆守舊黨，勸我勿入學會，恐不能久，與求賢館相似，現在時務學堂已經費不敷等語。其說亦是，然江右亦非長局，故不欲往。

十四（4日）

是日丑時立春。三鼓後接春始臥，拜起時頗眩暈，晨起亦不舒服。頌年來信，以公度復書見示，仍如前說，云俟梁任父與伯嚴說明，再約我往。秉三復函亦云沅帆已說，想已可轉圜。惟代往江西需人，我一時亦無人可薦，仍俟右老與伯嚴酌之。頌年云執事無再往江西之理，其信然耶？欲往頌年處送行，詢以不暇，明午再去。是日爲黃孺人忌，玉化香銷已二十二年矣。

十五（5日）

到頌年處送行，約三點鐘同往見公度廉訪，以廉訪有函約彼，云已與伯嚴說通，可不往江西，午後三四鐘請我同往一談也。尹臣親家到城，不來見，止得往織機巷見之，云祥女是喜，人好，分娩在三月，開、慶人好，念循仍託我教，恐未必受教，攜眷尚未定。頌年云已函託實甫，求調優地；又求夏觀察與衡州顏太守爲受明謀館，屬爲代催。胡子威得湖北分校經學，看經課不知何人，恐將併入校經也。校錄出《春秋義說》數篇。下午頌年至，同往公度處。公度言已屬沅帆等與伯嚴說明，可以不到江西，盡可退關，如右帥以留我爲嫌，即作我公度聘請，先搬入署中暫住，俟開學會再進去。問學會何時開，云須熊秉三向右帥說，先籌欵數千金，即可開。我思彼雖留意甚堅，然此事究屬右帥主政，即作彼請，亦屬掩耳盜鈴之計，右帥恐不謂然，伯嚴處雖云說通，究未當面，答以須見伯嚴面說究應退關與否，退關如何立言，再行定局。頌年意亦以須出外張羅，俟張羅不行再回答之。彼見示課吏堂、保衛局章程，條理精密，如能實力奉行，必有效驗，但須陳、黃二公久在此乃可耳。辭出後，即赴督銷局觀劇。由甫已到，云日內即行。龍芝老、陳伯屏在坐，談及館事，以近日所説告之，芝老謂宜到江西終局。詢彼行止，云不去。見俞恪士，約遲日往見伯嚴説明。席散將三鼓矣。上元日①，微雨，北風，歸途略見月影。

十六（6日）

晴，又轉南風，甚暖。豈一冬無雪，春仍無雪耶？寫信回復栗樵，並寫右帥夫人挽聯欵字及叔父墓碑。下午往赴陳笠唐飲席，在坐左子重、袁叔瑜、黃鹿泉、周郢生昆仲。

十七（7日）

往史家坡祭墓，並看墓前後餘地。上自廖家生基抵左家界，有高一步處，上皆左姓，下皆皮姓。其中墳墓皆止有挂掃，無丈尺，不得進葬。恒章爲其父求餘地，與以數丈地。立界石，距石欄尚二三尺。恒章云右邊須築一圍子，約二十丈，須二十竿，左邊有石欄，須挽一塊。又看墓廬地基，換寫佃約，約以次日來城寫。歸後，夜清出舊佃約，規模迥殊，故必須更換也。看分關，云左抵彼牆爲界，公牆公管，不云牆外有門可公用。在鄉下，子漁做中，云有售主，我家四千五，彼家五千五。我云屋係拈闔平分，出賣即須平價，豈有兩樣價之理？老五與我分辨，云我屋有老屋地基在內。荒謬可笑！有分關在，老契何用？夜大雨。

十八（8日）

寫對聯、屏幅。黃鹿泉至，云八月起復局務，月卅金，亦不甚願，我如不到館，可薦彼自代否。我亦欲見伯嚴，面説一切。將

---

① "上元"，原誤作"中秋"，據文義改。

挽聯、祭幛先送去,約下午一會。得芰舲信,云友教張翰卿主講
席,轅門鈔有張某稟謝藩委云云。師可委乎?孔、孟之道不尊,
五經掃地,一至於是!江西局面乃爾,無怪高賢不來。伯嚴欲開
學堂,請伯潛、建霞,諸公知此情形,必不肯到,言之甚爲慨歎。
予謂諸公即到,亦不能久留,將以此函示伯嚴。伯嚴不欲見客,
擬見夏觀察商之。伯嚴云與黃大人共商,似已說明白矣。黃鹿
泉來久談。

十九(9日)

請譚岱林上學。彝仲到城,云欲看光學。飯後到秉三處,云
已向右老說明,學會之事已定局,即當送關書來,略修房屋,即行
開辦;惟右老仍要我到江西終局,如予前日之議。我云薦賢自代
可否,意在鹿泉,秉三云俟再與右帥言之。公度云將調外縣人才
入學會,仍是授徒辦法。我云如仍須到江西,則此間必不受脩
金,免致人說騎兩頭馬,東食西宿。見變通科舉諭旨,分六條取
人,所謂特科,其餘由學堂保送鄉試,各用專門,名爲經濟科貢
士,不必會試,一體殿試、朝考。此舉可謂洗滌數百年陋習,惜已
遲耳。今年甄別變章,用《四書》題作論。梁卓如聞特科事,不
入都矣。請楊葵園演光學,彼云可行。隨到楊處面請,彼亦應允
下午准來。到本家心圃處謝步,即歸。適彝仲來,略談。其議論
極通達,將來可援入會。岱林來上學。鹿泉、彝仲旋至,談至將
晚,葵園始來。飲席散後,演光學。東洋人甚秀美,印度、非洲
黑、紅種甚陋。番、蟲大如人。有數紙能動者,云係兩張更換。
婦孺尤喜觀,以爲奇。

二十(10日)

劉牧村來拜。覆閱《尚書說》二篇,擬録出。予入學會,將
講求新學,考訂、訓詁恐將束閣,不復有暇著書。予精力漸衰,怕
用心,即舊學不廢,亦未必更有進益也。閱梁卓如所箸《西學書

目表》,其中佳者將購數册閱之。此間聞變科舉之文,西學書價必大漲矣。黄公度送《保衞局章程》至,已刻成。能如所言,是極善政,而其中不云裁併保甲團防局,豈防衆口之囂囂,故不先明言耶?《春秋義説》録成,校一過。

廿一(11日)

汪受明至,談變科舉事,甚忻躍。與君華、小鶴、吉兒到礦務局買報,見鄒沅帆,云學會月底即可舉行。又往人和豆豉店,買《湘學報》。其書甚貴,且無佳者。見爕全亨藥店吴某,乃韓子翁之外姪,云子翁次子死於湖南,其妾死於家,惟三子在家,尚有田數十畝可度日。此公身後蕭條,可慘。下午往潘箴翁處作吊,遂到汪鏡青處赴飲。在坐龍芝老、陳伯屏、左子翼、唐魯英、韓之,論及新政,多不謂然,甚矣人之難悟也!

廿二(12日)

飯後以吉日,約陶銘謙在家,送女庚到彼處。恐其晏起,先往葉焕彬處到喜,遂見陳樸山先生,晤俞恪士。彼云見伯嚴,談及江西事,伯年云我不到江西亦可。蓋彼親至江西,見情形不對,而到此並不曾以此情稟知右帥,故右帥仍固執不許。昨沅帆亦如此云云,不知秉三曾説通薦賢自代可否,如必不允,止得再往江西矣。見夏觀察,云學堂事,陳樂安已出議,以銀錢事歸芰舲管理。此間練兵五千,另招人,請倭人作教習,乃香帥之意。湖北亦練五千。香帥電云英欵雖不借,緬甸鐵路、湘潭通商恐須如前議。右帥又去問,未回電。前來英人已由沙市回去,或彼到國説情形再定局也。課吏堂,官吏多不願往。若有好處,未必不願也。製造局移湖南,已奉明文。長沙鍾太守自盡,真怪事也。黄薏丞做壽,屋皆坼開,云不受屏分,然至親何能不盡情?彝仲處略談,云將爲雙親做雙壽,屬撰壽文。王、張兩公均未見。歐節吾月初到城,不知肯入幕否。下午史恒章約請在本宅,因彼佃住墓廬三十餘年，修理增廓，規模與前不同，恐日後其子以此藉口，更換佃約。彼要錢二十千，公議與之。聞長沙鍾太守竟作齊景公，與臨江額太守可謂無獨有偶，代者爲顏小夏太守。

廿三（13日）

往叔父處久談。到彭先生處。龔瓊山鬧我不已，只得將名條致易實甫，明知其無益也。以二元半買得整年《時務報》一册。下午往李仲牧處，爲郝彭氏求恤嫠會，云看三月有缺出。往楊紹曾處略談，以廿八彼與王、張請芝老，我作陪也。往桂妹處看，彼移住前棟，只前後房兩間，飲食從轉筒入，三王爺自住前棟一進。遂往彝仲處赴席，客有粟谷青、胡少卿，待梁苾園，晚始至，其人議論通達。聞壬老以我與梁卓如在此講學，爲挂皮梁橫牌。今我與梁並坐，舉此語，幾閧堂。梁云南學會初一開講，不知搞否。歸見湖南所刻《勸女學歌》、《莫纏足歌》，甚佳。秉三云《莫纏足歌》乃鐵道人所作，尤可異。

廿四（14日）

秉山約往時務學堂議事。往富文書店、新學書局看洋書，皆甚少。到學堂問，客未到，卓如未起。到江叔海處，云已去；陳伯屏處，云出門。遂至秉三處。黃鹿泉亦至，云已得南學會佐辦，月四十金。得一素心人共數晨夕，甚善。其中管銀錢者楊輔臣，管書者蘇輿之父。到彼吃飯，不須舉火。初一開講，房屋尚未收拾，稍遲再搬入住。約初一一點鐘往開講，總讓中丞、廉訪先登場。予擬開宗明義數語云：

> 學以孔子爲宗，講學亦從孔子說起。子曰："學之不講，是吾憂也。"又贊《易》曰："君子以朋友講習。"學問之道，貴在講習切磋。義理愈講愈精微，愈無滲漏。一人之耳目不能徧及，合衆人之耳目，則推之彌廣矣。一人之心思不能洞徹，合衆人之心思，則達之愈深矣。獨學無友，孤陋

寡聞。

漢、宋大儒，無不講學。明末東林、復社，意氣太盛，門戶太分明，小人乘之，遂成黨禍。持論過激者，乃謂明之天下不亡於流寇，而亡於東林。本朝有鑒於此，故禁學者立會立社。紀文達謂但宜著書，不宜講學。乾、嘉以後，遂以講學爲諱，以致人才日陋，學術日衰。文達身爲大臣，習於國制，又主張漢學，揮斥宋儒，其作《四庫提要》，於宋儒多微辭。明人講學，沿宋人餘波，文達所不取。不知講學非刱自宋儒，兩漢、六朝講學授徒者，皆有講堂，有都講，與橫渠皋比講《易》無異，何得云不宜講學耶？時勢先後不同，議論因之有異。文達當乾隆全盛之日，天下太平，四夷賓服，學者無所用心，專事考訂、校刊、古器、金石，足以箸書遣日，可以無事講學。今天下多故，亟宜開通耳目，濬發心思，講學之舉，尤不可緩。

至於學之宗旨，宜開廣恢廓，不宜拘執狹隘。孔子之道，大而能博；聖人之學，無所不包。自聖人不作，道術遂爲天下裂，有漢學，有宋學。講漢學者，有西漢今文之學，有東漢古文之學。講宋學者，有程、朱之學，有陸、王之學。近日又以專講中學者爲舊學，兼講西學者爲新學。要之，無論何項學問，皆貴自有心得，不必徒爭門戶，是己非人。意有不同，不妨反復辨論，彼此參詳，以折衷於一是。若學派宗旨不可强合，則亦各尊所聞，各行所知而已。不妨有異同，不必爭門戶。學術與政術相通，期於切實有用。講漢學者過於瑣細，瑣細無用。講宋學者失於空虛，空虛亦無用。今當務其大者、遠者，不能不馳域外之觀，急宜講求古今事變、中外形勢，方爲有體有用之學。

梁卓如擬聽講章程，無主講章程。聽講者必先領憑

單,又須擇人而發,只許坐聽,不許開口。如有疑問,用筆
條記投匭中,再思所以答之。蓋防人雜言呢,以此沮之。
事方鼎新,少見多怪,似亦不得不如此也。近日朝廷議
論,亦知變通。各省學會林立,並無厲禁。去年諭開京師
大學堂,各省均設學堂。今又諭開經濟特科,變通科舉,
名曰經濟科貢士。從此風會大開,人文蔚起,講學尤一時
急務①。

此數語必應宣講者。是日到者王逸吾丈、熊秉三、張伯純、鄒沅
帆、喬茂萱、黄鹿泉。談至下午。觀卓如所閲卷,黄頌鑾、蔡艮寅
皆幼而才,長於議論。卓如改筆,仍重文法。又日記所載張伯
良、李澤澐諸人,皆有發明,通《春秋》大義。梁、韓、葉三先生加
評,皆有意致。將於廿六上學。又觀秉三所辦《湘報》館,活字、
機器皆備,請戴申喬主政,二月初即出報,屬人撰文,每日一咼,
不易也。予歸已曛黑,尚未飯,可云枵腹從公矣。

廿五(15日)

往久安丈處久談。其論事開通,大非往昔,將有全椒、揚州
之行,即將起程,父子同舟也。下午汪受明至,談及開講事,云須
自立章程。予以爲諸公意蓋不在講學,實是議院,而不便明言,
姑以講學爲名,以我不多事,借此坐鎮。其名官紳士庶入聽,其
實不願人入聽也,且看初一開講如何再説。

廿六(16日)

報館送去年《時務報》至,並《經世報》一本。王翊鈞至,云
得黄小麓年底信,將赴上猶任,今年要彼送親去,實不能往,如必
欲辦,請其世兄到湖南辦。我一時不得往江西,先致信去,但恐
其到任耳。翊鈞云保衛已請周渭齋、劉稚泉主政。昨見王逸丈,

---

① "一",原闕,據文義補。

云經費難籌,恐有開房捐、抽屠案之議,不知諸公何以處之。張雨丈至,談及時事,頗不謂然,以爲要在辦團。此公辦團,其效可睹。閻仲篪至,亦以練兵辦團爲然。此等少年尚有血性,或可用也。下午赴文襄祠左子異戲局,司道皆至。所定坐位,以予與梁卓如並坐,蓋以師坐位待,又挂皮梁橫招牌矣。有徐姓者,云近得十六字密電,有俄、英、德、日云云。詢逸梧丈,並無此事,恐又是土電報矣。陶銘謙兄弟皆到,銘謙云合八字尚須數日,履謙不入京。

廿七(17日)

請廿九日客,龍芝老、陳伯屏、左子異、周仲海皆退帖,所請喬茂萱、譚久安、汪鏡青、唐魯英、周郅生、熊秉山、胡少卿、黃鹿泉,凡八人,汪、周、胡又退帖。請陳笠唐、易實甫、唐韡之、劉牧村、蕭仰喬,陳、唐、劉復退帖。黃薏丞請午刻,未刻往,客尚未到。邀薏丞廿九,彼亦面辭。送壽禮八色,強之受,約四五竿。劉少秋云初三有戲分,約出一分。劉議論尚通達,云保衛局有初二聚議之說。官意如此,恐非諸公所能阻也。

廿八(18日)

寫信致芰舲。又王翊鈞屬致小麓,言不能送親,須彼來就昏之意。閱《申報》,徐勤《論中國無學之害》罵二八極暢快,亦詆考據、詞章無用。予以爲搬古董學問本無用處,在乾、嘉時可以此遣日,今更非當務之急也。陳伯屏、唐蘭生來看房屋。伯屏未起房屋,故有此意。彼初一即行,日內恐不能速成也。本日王、張、黃、楊請芝老與伯屏,屬作陪。公度廉訪來邀六點鐘議話,乃辭彼而就此。在坐王炳青、喬茂萱、鹿泉、笠唐、姚石山、戴軒翹。炳青課吏堂似已允。廉訪多言律例事,以喬、王皆比部。詢開講事,云先言立學會宗旨。予謂大公祖開講,彼云先請老師升堂。

廿九（19 日）

鹿泉一早送關書至，歲脩六百金，按月致送，署“教弟黃膺”名。彼云同年爲賓主，真佳話，亦笑話也。開講擬增入數語云：

道理必大家推究，方能漸入精微。疑義必彼此參詳，方能渙然冰釋。今有人挾一卷之書，竭朝夕之力，冥思苦索，或不能得其旨，及經衆人考定，忽覺恍然大悟。又或一知半解，自以爲是，及經通人指點，義蘊更深一層。乃知義理無窮，自己所得尚淺。此皆一定之理。凡讀書人，莫不經過此等境界，足見講學一事，大有益於學問。

漢、宋儒者，無不講學。至於明末東林、復社諸公講學，意氣太盛，門户太分明，小人乘之，遂成黨禍。論者推原禍始，持論太激，以爲明之天下不亡於流寇，而亡於東林。本朝有鑒於兹，乃禁諸生立會立社。紀文達著論，力詆講學爲非，以爲只宜著書，不宜講學。自此以後，皆以講學爲諱。今人驟聞講學二字，必以爲怪。不知百年以前，講學通行，並非驚世駭俗之事。孫夏峰講學蘇門，李二曲講學關中，施愚山在江西請人講學，如鵞湖故事。國初此風猶盛。惟近百年以來，風流歇絕，人才日衰，未必不由於此。近人議論，以此歸咎文達。平心論之，文達身爲大臣，不能不遵當時之制。習俗限人，賢者不免。文達主張漢學，詆斥宋儒，《四庫提要》於宋儒多微辭。明人講學，皆沿宋派，故文達並加詆毀。其實，講學非宋儒始剙。史傳所載兩漢、六朝經學大師，無不講學，故有講堂之名，有都講之名。漢儒弟子箸録，數至萬人。西漢石渠、東漢白虎觀，至以天子稱制臨決。六朝時，周弘正、張譏皆登高座講經，與張横渠擁皋比講《易》無異。不得以爲宋儒講學，治漢學者不必講學，遂並講學而詆毀之。

　　且宋、明講學，未可輕議。宋時立法不善，國不富強，豈由程、朱講學所致？程、朱立朝不久，旋遭貶斥，程門楊龜山，朱門真西山，皆未得大用，豈可以宋之積弱歸咎諸公？明末奄宦弄權，東林講學始於高、顧兩公，欲以清議維持大局。復社之起，皆當時才俊，後多忘身殉國之人。論者以爲講學無救於宋、明之亡，不知宋、明即不講學，豈有不亡之理？宋、明奸臣如韓侂冑、溫體仁，皆禁講學，妨賢病國，以速宋、明之亡。今不罪奸臣之禁講學，傾陷正人，反罪諸公不當講學，力持清議，是非倒置，豈得爲平？且一時一世，前後局面不同。文達當乾隆極盛之時，天下太平，四夷賓服，當時儒者無所用心，故專考訂、校刊、金石、小學，閉户箸書，聊以遣日，即不講學，未爲不可。今天下多故，迥非乾、嘉以前之比，有志於學，不能不馳域外之觀，更當開通人之心思，推廣人之耳目。當今皇上、政府諸公，深知變通，以開民智、求人才爲急務。近時各省學會林立，並不禁止。前諭京師開大學堂，各省均開學堂。今又諭開經濟特科，並命學堂保送人才，爲經濟科貢士。從此人才蔚起，風氣大開，講學一事，尤不可緩。

　　《學記》曰："獨學無友，則孤陋而寡聞。"凡事莫善於群，莫不善於獨。群力大，獨力小。群勢聚，獨勢孤。窮鄉僻壤，豈無好學深思？寒素之士，無從得書，僻處一隅，並無師友，往往因孤生懶，半塗而廢。即終日呫唔不輟，坐井觀天，知識不廣，聽人議論，少見多怪。此等人非有意深閉固拒，實由平日於天下之書未嘗多讀，於萬事之理未經講求，習於所見，而蔽於所不見。其於古今事變、中外形勢，全未講明切究，即硜硜自守，止可獨善其身。若欲開拓心胸，目營四海，斷非枯坐一室所能通曉。大凡人之見識、言論，山林之士，不如都邑之士；都邑之士，不如出外游歷之士；出外游歷之士，不如讀書窮理之士。山林之士，見聞最狹。都邑之士，見聞較廣，然皆得之流傳，未得親歷其境，不盡確實。出外游歷之士，雖親歷其境，不能盡通其理。讀書窮理之士，於諸事雖未親覩，而皆心知其意；於諸學雖非顓門，而亦略通其旨。學非空説而已，總要得之於心，施之於世，切實可行，方爲有體有用。

聖門四子侍座，夫子問何以酬知，子路、冉有等答以兵、農、禮、樂。農山言志，子路、子貢亦各舉所長。足見孔門不諱言富强，謂重心性而輕事功，乃後儒之誤解。諸葛武侯隆中問答，已定三分之策。范文正公爲秀才時，以天下爲己任。世言儒者迂疏寡效，豈知真儒必不迂疏。其迂疏者，乃叔孫通所謂鄙儒，不知時變者耳。粵匪之亂，中興將相，多出湖南。曾文正與唐確慎講學，一出而戡大亂。羅忠節與弟子講學，一出即爲名將。左文襄講輿地之學，一出而戡定東南餘孽，辟地西北數萬里。鄉先生流澤未遠，學者當聞風興起。即事權不屬，如王船山先生抗論古今，魏默深先生縱談海國，著書傳世，亦足以教後學。今倡立南學會，願與諸君發明大義。先在讀書窮理，將聖賢義蘊，瞭然於胸中，古今事變、中外形勢，亦期講明切究，庶幾有體有用，不爲空談。將來風氣大開，使我湖南得再見曾文正、羅忠節、左文襄之偉人，再聞王船山、魏默深之偉論，乃不負今日刱立學會之盛意。

陶銘謙來退女庚，云八字不合，且太剛强。子漁來，云伯屏買屋價仍止四千八百金。小鶴以爲仍是八王主意，且恐隔壁授意，議定非六千不出售。予意不欲輕棄先業，特恐彼不齊心，若得如此甚好。南學會聽講憑單索者甚衆，早已發罄，不知他處有否。講學久不舉行,人多以爲戲劇,欲一新眼界。且有誤以爲學堂招考者,恐有人攜考具,更成笑話矣。晚間,茂萱、秉三、久安丈、彝仲、受明、述卿到,餘皆不至,鹿泉亦不來。茂萱初二即行。秉三云將來須添副長、分教,外府調人入學會,供彼火食,貧者並給膏火。此時止我一人,七日宣講外,每日有人來問學者,隨到隨見;有獻疑投匭者,逐項批答。宣講有記言二人,予笑謂與招房録供無異。

三十(20日)

微雨,甚寒。彭聰叔至,索憑單,並求入保衛局,云伊五叔去年已入贅娶媳矣。黃鹿泉至,云學會已略辦妥,孝廉尚有一二十位未去,且物論囂然,以爲鳩奪鵲巢,恐有爭巢之事,將來必設法安置諸人,方免爭鬧。以徐學使諭諸生札見示,戒彼毋生事攻洋人。吉兒學作《湖南宜開民智説》三篇,亦同此意。予問鹿泉開保衛局何意,答云恐洋人至滋事,託巡捕保護而不能明説,故章程不及。予意亦以爲然。前日廉訪云開課吏堂,告以交涉之學,即以明交涉者,委之住扎各處教堂前後,保護教事,計不過數十處,雖每年費數千金,然較之賠欵巨萬,相去遠矣,即此意也。下午秉三約到時務學堂議開講事,至則諸君未到,卓如病瘧不出。見韓素枚、楊葵園,久談,同吃晚飯。秉山共公度廉訪、沅帆、佛生、唐黻丞先後至,即在卓如房中共談。見卓如頭名,共數十人,請南北洋、兩湖總督及右帥出奏,爲婦女裹足傷生,請旨禁革,立定分限。此舉若行,功德無量矣。開講仍無定章。

二　月

初一(2月21日)

早飯因修窆,略早。往薏丞處拜壽,少坐,即到學會。官紳及士人聽講者已到數十人。十二點鐘，尚未到齊。一點鐘，右帥方到，即登堂宣講。諸公必推予開臺，只得先跳加官，將前日所擬之語略述一遍。觀者二百餘人，幸不爲人多嚇倒，亦有稱予説得好者。説完後，公度、茂萱、佛生各説一段。中丞殿其末，説極切實。公度更透徹，人以爲似天主傳教者。彼在外國習見，我未嘗見過，以後可仿效之，説既容易，且易動人。講後將散，中丞送席至，留飲。在坐共七人，茂萱、羅邠峴、實甫、秉三、伯純、鹿泉。至暮始歸。彼處亦略有園亭，但疲敗。房屋未挪出，恐初十外方能入住。

初二（22 日）

思昨日所講意有未盡，更續之，以待二次講。大致云：

近來久不講學，見人講學，莫不譁笑，以爲迂濶。試想我等從小入學堂，便要先生講書；稍長能作文，便有朋友講論。今之講學，意亦猶是，不過人數多、局面大而已。正要人數多，局面大，學識方能開廓。或以爲講學無益，且恐生出事故。自孔子、孟子聚徒講學，從無講學致亂之理。人疑宋、明諸人講學，無救於宋、明之亡。不知諸人即不講學，宋、明豈有不亡之理？乾隆年間有禁，亦以天下無事，恐處士橫議，或多事耳。揚子雲《解嘲》云："世亂，則聖哲馳騖而不足；世治，則庸夫高枕而有餘。"太平時務安靜，但能守吾法者，即足以爲治，其下亦兢兢守法，不敢妄論。所謂"天下有道，則庶人不議"也。至於海內多故，朝廷欲得曉暢時務、博通古今之士，以振興國勢，既不禁人立會講學，多士亦當體朝廷下詔求才之意，遵聖人朋友講習之言。

學何以必有會？此等道理，亦易通曉。凡聚五方雜處之人、萬有不齊之衆，以共治一事、同習一業，必有會以聯合之,乃能齊心協力①,不啟爭端,其所習之業乃有長進。今士、農、工、商,惟工、商猶有會。凡做生意之人,各有會館,共議行規、定時價。做手藝者亦然。可惜不能推廣,不講工學、商學,不能精益求精。農未聞有會。近上海有農學會之議,若能通行,大有益處。士亦無會,惟有作文聯會,所講不過制藝文字,又不過幾個人,故沈溺於俗學者多。即有講求古義者,又各自爲學,不能相通,往往挾己之長,傲人之短,且護己之短,忌人之長。文人相輕,自古已然,湖南此風更甚。湖南人尚氣,勇於有爲,而氣太盛,即不能虛衷受益,總以爲自己是,人家不是。後生喜謗前輩,同時互相詆毀。外省人多推湖南人材極盛,而湖南學術不能成一宗派,皆由無會以聯屬之之故。

學宜通達,不宜狹小,黨同伐異,是己非人。漢學未嘗不講義理,宋儒未嘗不講訓詁,同一師法孔子,何必操入室之戈? 西學出於中學,皆周、秦諸子之遺。莊、列、關尹諸子書所載,是其明證。《史記》、《漢書》皆云七國之亂,疇人子弟分散海外。大約此時中國失傳,而外國得之,今仍通於中國。仲尼問官於郯子,曰:"天子失官,學在四夷。"據聖人之言,其學可以采用,亦不必分畛域。無論何項學術,總要自有心得,又不要務虛名,要切實用。講漢學者,要通微言大義,方爲有實用,破碎支離、不成片段者無用。講宋學者,要能身體力行,方爲有用,空談性理、不求實踐者無用。專講中國學者,要能博覽經、史,方爲有用,若墨守高頭講章、僅能八股文字者無用。兼講西學者,要能先通中學,方爲有用,若止能説幾句洋話、認幾個洋字者無用。

---

① "力",原闕,據《湘報》載《皮鹿門學長南學會第二次講義》補。

凡人專心向學，不過十年。幼年入塾，猶無知識。至十餘歲及廿餘歲，止有十年光陰。廿餘歲者，或得科名，即當入官，不能專學；科名不達，寒士當出外謀生；有力之家，亦當治家理事，非復能如前日閉戶讀書。趁此年力富強，急宜考求學問門徑，趕急用功。切勿讀無用之書，方有光陰讀有用之書；勿講無益之學，才有精力講有用之學。學乃天下公共之理，不妨彼此參詳。如所講有誤處，諸君儘可各抒所見，互相印證。

更有一說請教諸君。《春秋傳》曰："美惡不嫌同辭。"我輩有學會，哥老會、邪教會亦有會。會之名同，而立會之意趣不同，不得以爲彼有會，而我不當有會也。我輩講學術，外國天主教亦講道理。講之名同，而所講之義理不同，不得以爲彼可講，而我不可講也。聞外面有人説學會講學，與天主教講道理相似。一人講而衆人聽講，其規模誠相似。我講我之道理，彼講彼之道理，即相似，無礙也。且諸公曉得我孔子之教行得遠，彼天主之教行得遠？歐洲各國，皆尊信天主教。美洲、澳洲，歐人所開闢。非洲雖不全歸歐人，而歐人開闢者亦多，亦多從天主教。亞州如五印度、南洋諸島、日本①、朝鮮、越南、緬甸、暹羅，皆有天主教人，駸駸及於中國。惟湖南省城無教堂，外府州縣亦多有之。蓋其教蔓延五大洲，而我孔子之教，惟中國及日本、朝鮮、越南數處同文之國。何彼教所行如彼其廣遠，我孔子之教所行如此之狹隘？豈我孔子大聖人，反不如彼天主之力量大耶？此無別的緣故，實由彼有人傳教，有教會，故力量大，能行遠；我無人講學，無學會，故力量不大，不能行遠。天主教人性

---

① "本"，原誤作"宋"，據《皮鹿門學長南學會第二次講義》改。

情堅忍，常有在外被殺者，而彼不畏死，其國力爲保護。其神父、牧師爲人傷害①，彼國即興報復之師，故能遍傳各國。我孔子教既無人傳於外國，即中國亦無人講究，非止外國人不知有孔子，即中國亦但知孔子是聖人，而不知其何以爲聖人。然則天主之徒能昌明彼被，對得彼教祖住；孔子之徒不能昌明孔教，對我教祖不住矣。伊川先生見叢林規模整肅，太息曰：“三代威儀，盡在是矣。”程子理學大儒，非尊佛教，而其言如此。然則我輩孔子之徒，但能昌明孔子之教，即宣講者與天主教傳教相似，似亦無礙。諸君試想想看，還是要孔子之教行得遠，還是不要行得遠？還是要人人都曉得，還是只要幾個人曉得，不要人人都曉得？

午後到黃薏丞處看戲。晚歸，見郭松堂致唐茂陔信，驚悉章甫先生已故。

初三（23 日）

一早往學宮祀文昌。見湯幼安，以復廉訪書見示，一慮經費難酬，二慮用人不當。予謂用人不當可更易，惟經費誠如所言。得夏芰舲書，江西因抽肉釐，幾閉市，不宜專以官法行也。與陳八先生、劉四先生談及郭章甫事，皆慨允。飯後到黃鹿泉、夏觀察處，皆不晤。遂至薏丞處赴音尊，晚歸。

初四（24 日）

復郭松堂，伊所説皮府中費十金並無其事。我致奠分弍千，介卿處弍金，久安丈處弍千，述卿一千，均送交，則章甫已出殯矣。不知如何艸艸，傷哉！有歐陽覲光、郭保生、端生來要憑單，又有二吕貿貿然至，似不以學會爲然，均與之談論許久。受明至，亦談講學事。念循到城。

---

① “父”，原誤作“户”，據文義改。

初五（25 日）

録出初一所講。念循來見，以乃翁書信示之，意似願在省城受學，予聽之而已。往見徐研甫學使，略談，其議論甚通達。至羅邡峴處回看，云到熊秉三處赴飲。至秉三處，則已上席，以録出所講付之。遂到柑子園李宅赴公局，已起戲。諸君議論紛然，有説好的，有説不好的。惟焕彬所言通達，謂仍用我法講正學。予意亦如此，其餘俟諸人講可矣。見彼傳單，分學派、政教、天文、地輿四門，分送官紳，與京城送戲單相似。予不謂然。彼於官紳則延請其來，於士子發單多所刁難，以拒絶其來，殊乖平等之義。諸公多不以講學爲然，保衛局尤不肯籌欵。王、張、葉均以予主講爲可惜，謂將來當以校經一席相屬，且看機會何如。焕彬言夢來以時文就質，籤面云夢來西曆一千幾百幾十年制藝，彼已大加申斥。予謂此等舉動奇而不法，予亦不願子孫有此行也。後聞仍是孔子降生若干年，非西曆也。

初六（26 日）

鹿泉書來，送憑單廿張。擇其尤親識者發之，餘不遍及。夏觀察至，久談時事。何方伯與俞方伯廉三對調。李仲璇廉訪將到任，則公度當交卸矣。保衛局，中丞已力主其議，先墊公欵開辦，俟有效驗，商人自肯出錢。予意未必能然。江西學堂，伯嚴與翁方伯因籌欵決裂，黃幼農回，靜帥出爲調停，允提三千，不殼則五千，恐學堂未必能成。予謂有特科上諭，或有人明白時勢。彼云特科與制藝並行，人猶狃於制藝。此説誠是。凡事猝變固難，不盡變而留此根株，使人盤踞，終不行也。紳士有團練之議，右帥已允。夏公云必能各鄉挑壯丁、練鎗法，俟已熟則另選，將來可以人人知兵。予謂德國猝强即如是，特恐中國不能行耳。戴軒翹至，云《湘報》事已付唐黻丞主持，彼主持學會事，現擬定一章程，通行各處學堂、學會，應讀之書、應講之學，分列圖表，請右帥下通飭。予謂能將各處書院概加整頓更好。此君議論通達,如入學會,可資臂助。蕭仰喬來取憑單,勸其入課吏堂用功,勿爲浮言所惑。近人多以不狂爲狂,外間不知如何喧擾。聞街上有貼"妖僧作亂"者,妖僧是笠雲,殊爲駭怪。

初七(27日)

史家巷以賣房屋,着人來請,辭以已到學會。午刻赴學會。聽講者更多,幾無隙地。鹿泉、秉三皆以發憑單無善策。予謂當專由學會中發,如實不給,可儘先來者,似猶不失公允。中丞、廉訪到,遂開講。予講後,公度講政教,以官不能久任爲憾。彼將交卸,故爲此言。譚佛生略談天文、輿地①。楊葵生講天文。鄒沅帆講輿地。聞者不解,多欲去,秉三不允啟門,以致紛紛。堂設一匭,使人獻疑。啟視之,亦無甚疑義,攜歸答之。是日三女滿十齡,爲治酒食。女客要唱影戲,至三鼓,予先臥。

初八(28日)

甄別。爲一、二兒作《變通武科論》二篇、試帖三首。陳八先生至,云節吾已來,將入撫幕。郭章甫處,伊送二千,積善堂六家公送十二千,特不知此公已葬否,若葬,則無所用之,不過養活人耳。夜雨,甚熱。

初九(3月1日)

前日宣講,有問程、朱、陸、王之學異同者,略舉大概告之:

程、朱、陸、王皆講道學,所講者同是天人性命之理、身體力行之事,宜其學之無不同矣。何以同中又有不同?此由入手塗徑各別,爲學各有心得,故其持論、立教,大同小異。程、朱以爲學當先知後行,陸、王以爲學當知、行並進。朱學出於程。朱子教人,欲令其泛觀博覽,而後歸之於約。

---

① "譚",原誤作"唐",據文義改。

王學出於陸。陸子教人，欲先發明人之本心，而後使之博覽。朱以陸之教人爲太簡，陸以朱之教人爲支離。朱子所以必云先知後行者，其原出於《大學》。《大學》曰："欲誠其意者，先致其知。"又曰："知至而後意誠。"格物、致知是知，誠意以後是行。朱子取程子之意，以補"格致"傳。又釋"誠意"傳曰："蓋心體之明有所未盡，則其所發必有不能實用其力，而苟焉以自欺者。"先知後行，即本《大學》先致知、後誠意之義。解"格物"者數十家，朱子以爲"讀書窮理"，最爲顛撲不破。道學重在實踐，而亦先須考究。如爲臣當忠，須先考究如何盡忠之法，不然將爲愚忠，無益君國之事；爲子當孝，必先考究如何盡孝之法，不然將爲愚孝，反貽父母之憂。先知後行，次序不誤。朱子用程子之説，曰："涵養當用敬，進德則在致知①。"其理本並行不悖，並非截然分爲二事。陸、王所以必云知、行並進者，意以爲如朱子之説，窮盡天下之理，才可行誠意以後之事，天下之理終身窮索不盡，若必盡窮天下之道，然後爲物格知至，然後可以誠意、正心，則終身無致知之期，終身無可行之道矣。且誤會其旨者，將知、行分作兩橛，所讀之書是一樣，所做之事是一樣。格、致之學，毫無益於誠、正。不如通達一義，便行一義，曉得一事，便做一事，知、行並進，尤爲簡捷。

鵝湖之會，呂東萊本欲朱、陸二公互證異同，以折衷於一是，卒之議論不合。陸子靜先生與其兄子壽先生於途中論學，子壽先生得一詩云："孩提知愛長知欽，古聖相傳只此心。大抵有基方築室，未聞無址忽成岑。留情傳注翻榛塞，著意精微轉陸沈。珍重友朋勤琢切，須知至樂在於

---

① "德"，《二程遺書》卷十八、《近思録》卷二本作"學"。

今。"子靜先生和云："墟墓生哀宗廟欽，斯人千古不磨心。涓流積至滄溟水，卷石崇成泰華岑。易簡工夫終久大，支離事業竟浮沈。欲知自下升高處，真偽先須辨自今。"其後子壽先生到朱子處，朱子和詩贈之云："德義風流夙所欽，別離三載更關心。偶扶藜杖出寒谷，又枉籃輿度遠岑。舊學商量加邃密，新知培養更深沈。只愁說到無言處，不信人間有古今。"朱、陸都是大賢，同時講學而所見不同。即此三詩，可見其所以宗旨不合，即在一將知、行分先後次序，一將知、行並進，不分先後次序。若無極、太極之辨，不過語言文字，非其宗旨所在。平心而論，從朱從陸，皆可入德。譬如兩條道路，一是大路，計程稍遠，一是小路，取徑更捷，只要肯走，都走得到。談禪學者，有頓、漸兩義。積久生悟，謂之漸悟，天分稍次者皆可悟道。一朝大悟，謂之頓悟，非天分絕高不能。朱子所說，近於漸悟。陸子所說，近於頓悟。朱子教人之法最穩，陸子教人之法更捷。從朱子之說，中材都可勉為。由陸子之說，要天分高方可。朱子教人先看注疏，陸子謂六經皆我注腳，大有埽除文字之意。陸子以為："堯、舜之前，何書可讀？"朱子謂其全不重讀書，講學頗近禪學。

王陽明先生舍朱從陸，其《傳習錄》議論較陸尤曉暢，以為"致知"是"致良知"，與朱子以"致知"為"讀書窮理"不同。其持論亦別有見解，以為人臣只要曉得要忠，自然做出來是忠臣；人子只須曉得要孝，自然做出來是孝子。如舜不告而娶，伊尹放太甲，豈嘗平日考究其理？又豈有故事可師？不過能致良知，自然物來順應。心如明鏡，有物來照，便照在內，照過依然瑩徹。其宗旨與禪學尤近，使人領悟極易，無論讀書、不讀書人，都能曉解。焦理堂《良知論》曰：

"紫陽之學，所以教天下之君子。陽明之學，所以教天下之小人。紫陽之學，用之於太平寬裕，足以爲良相。陽明之學，用之於倉卒苟且，足以成大功。若行其所當然，復窮其所以然，此惟一二讀書之士能之，未可執顓愚頑梗者而强之也。良知者，良心之謂也。雖愚不肖、不能讀書之人，有以感發之，無不動者。故陽明以浙右儒生，削平四省之盜，自横水始，至擒宸濠、平藤峽止。讀《文成全集》檄文、札諭，真能以己之良心，感動人之良心。牧民者苟發其良心，不爲賊盜，不相爭訟，農安於耕，商安於販，而後一二讀書之士，得盡其窮理格物之功。天下讀朱子之書，漸磨瑩滌，爲名臣巨儒，其功可見。而陽明以良知之學，成一世功，效亦顯然。然則爲紫陽、陽明之學者，無容互訾矣。"焦理堂，講漢學者，其分別朱學、王學，論極平允。諸君如講道學，當看各家語録，審其如何入手之處、如何得力之處，各因性之所近，或從程、朱，或從陸、王，實踐躬行，方不愧道學之名，不必徒爲異同之辨。

至論其所以異，不特程、朱、陸、王有異，大程子明道先生與二程子伊川已異，朱子與程子有異，早年之學與晚年之學又異。王學出於陸，與陸亦稍異。明道先生涵養純粹，和易近人，與王荆公共事不決裂，且謂"新法之行，乃吾輩激成之"。伊川先生嚴氣正性，在經筵抗顏，以師道自尊，與東坡好詼諧不合，至分洛黨、蜀黨。是二程子已不盡同。朱子師法程子，以爲二程之學大同，故統稱子程子，不加分別。朱子之學，與伊川爲近。伊川先生不讀雜書，不治雜學，只著《易傳》一書。朱子學問極博，著述甚多，是程、朱又不同。朱子早年從劉屏山、胡籍溪講禪學，《文集》中自言之。三十歲從李延平講程門之學，四十後見道之不行，思著書傳後世，遂作《四書章句》《或問》、《易本義》、《詩集注》，後又注《楚辭》、《參同契》，脩《儀禮經傳集解》。其學無所不通，愈變愈近考證一派。明時王學盛行，欲援朱學以合王學，乃有《朱子晚年定論》，以爲朱子早年與陸學不合，晚年始合。其實，朱子早年談性理，猶與陸子相近；晚年多講箸述考據，與陸子更不合矣。王陽明詆朱子爲洪水猛獸，其攻朱子，甚於陸子，故亦不盡合。

周陵生來拜，云明日將使其姪來受業。講舊學者，不我遺棄，不知聞予談道學，又作何説也。下午赴唐韡之飲席。孔先生持論拘迂，黃鹿泉以諧語解之。予謂今日議論，無所謂守舊、維新，皆是自私自利。城中紳士，欲得保衛局事，則贊成之；有房屋怕抽捐，則阻撓之。鄉紳士論團練亦然。八股先生惡聞講學，亦何莫不然？彼除八股外無所有，故八股之外皆不願聞，其實有何舊學可守耶？夜大風，有寒意。

初十（2日）

錄初七所講，俟刊。周陵生率其姪名世㮴來受業，關書式十金，詢其年十八矣。問印生今在何處，云在南京，秦淮河房其地甚佳，常有人借坐。予謂宜其此間樂不思蜀矣。聞右帥已具奏，請殿試、朝考概用糊名易書之法，梁卓如之筆也。卓如將往粵，爲乃翁五十祝壽，病已愈矣。《時務報》四十一冊論《春秋》三世義，可謂上下古今，豈八股先生所能窺其藩籬乎？聞此次甄別重在論，猶不去八股、八韻，何也？念循至，問學會可住否。昨問鹿泉，云屋止兩進，前進作藏書、看書之地，後進留我輩住，現在孝廉尚有未去者。遲日彼進去，我再去看可住否。十四要聽講，開七人名字送鹿泉取憑單，並以前日所講、所批、下次宣講大旨付之。徐研甫學使來函，請十一日兩點鐘，旁注"泰西時刻"，想是五點鐘。此等未免駁俗，與云西曆若干年無異。

十一(3 日)

微雨，甚寒。閱《時務報》三本。胡子瑞至。又有劉茹芝者，以黃壽謙函來見，函云劉漱清之弟漱唐，胡太史思敬已求易實甫設法，請見易代催，云云。劉住衡清試館。黃鹿泉、熊秉三來談學會事，云以後不請官紳聽講。此説甚是，如此乃合平等之義。秉三欲更章，予謂不請官紳，如此天寒，必不十分擁擠，俟府縣考再議可也。鹿泉以天寒，稍遲再入館。予謂彼去則同去。熊云保衛局已有商人公稟請開辦，勢在必行。保甲局改遷善所。《湘報章程》已刻，條理尚好。談罷，偕秉三至學使處小酌，吃點心。在坐沅帆、黻丞、蔡紹諿。學使云十四亦來宣講。得此數護法神，可無患邪魔作祟矣。沅帆於予歸後，亦來略談。夜閱公度《日本志叙》，與其所講宗旨合。

十二(4 日)

冰凍，甚寒。周陵生書來，爲乃姪請題，寫數題與之，遂録出經訓兩月師課題。寫信與張筱傳廉訪，説明湖南留講學暫不能到館之故。歐陽節吾至，云十五入幕，略説講學之事。湯幼安方伯至，云將使五、六兩兒來受學，其次君已偕雅安北上矣。念循來，云將下鄉，固知其不能在城用功也。

十三(5 日)

寫信與芰舲，屬代送張廉訪信，又監院一函，不知今年委何人，並請芰舲填歀代交。受明來，以所作《辨私論》見示。其意爲舉辦新政者代辨其無私，筆氣甚能馳騁。《湘報》館擬題一單，皆有意致。吉兒録一通，再擬作。受明云陶舉鄰來辦保衛局，公度交卸在兩月後。彭聰叔至，索憑單，屬自往取。問史家巷何事，彼亦未去，云不知。龍蕘溪至，云乃翁決意不出，已請開缺。此老可優游林下矣。

十四（6日）

秉三來函，云請將講義編長，説義、利二字，使人汗流浹背。兹具其説曰：

> 道學真假，何從辯別？義與利而已。義、利又何從辨別？天理是義，人欲是利。公道是義，私心是利。無所爲而爲之是義，有所爲而爲之是利。不讀書明理之人，苦於不知有義，止知有利。曾讀書明理之人，苦於既知有義，而不能見利思義。其弊在見理不透，立脚不穩，操守不堅固，心跡不光明，明知事不應爲，而不能不瞻顧利害，明知財不應得，而不能不利欲薰心，卒之立身一敗，萬事瓦裂，一朝失足，千古貽憾。晉有王衍，能清談，負重名，口不言錢，自以爲高，至於國將危亡，尤爲狡兔三窟之計，死於石勒，身名俱喪。明有胡廣，當靖難兵到，與友人約共死節，慷慨激昂，乃歸家問喂豬否，聞者已知其不能舍一豬，安能舍性命，卒之不死而降。此等人非不知義、利之分，其不能守義，皆由不能忘利。

> 子曰："君子喻於義，小人喻於利。"解此文者有兩説，皆可以警醒人。宋儒解此，以爲人一而已，喻義則爲君子，喻利則爲小人。且有同此一事，而君子但見有義，小人但見有利。又有同此一人，先能喻義，則成爲君子；後來喻利，則化爲小人。人莫不願爲君子，不願爲小人。義、利一關，急宜猛省。陸象山説義、利，朱子甚佩服，以爲使人汗下，即是此意。漢儒解此章"君子"、"小人"，則以位言之。董子云："明明求仁義，常恐不能化民者，卿大夫之意也。明明求財利，常恐困乏者，庶人之事也。"是其解"君子"爲卿大夫，"小人"爲庶人。然即如此解，讀者亦可猛省。庶民百姓只爲一身一家之計，自私自利，人情之常。若學士大夫，當志

在遠大，大之當匡濟天下，使天下蒙其利；次則扶持一國，使一國蒙其利；又次則保護一鄉，使一鄉蒙其利。若但爲一身一家利，與庶民百姓同一見識，可鄙孰甚！樊遲請學稼圃，夫子斥爲小人，正以其爲學士大夫，不應與庶民同一見識也①。

其實推而言之，士、農、工、商皆不可存自私自利之見。即以商人而言，奔走道路，算及錙銖，原爲牟利。然止求自己利，不思與人共利，價值一起，爭先擁擠，攙雜巧僞，不顧聲名；價值一落，惟恐貨滯，不惜貶價，急於求售。其本意在專利，卒致大家失利。湖南茶務動輒虧本，皆由於此。如不各存私見，趁早設立公司，何至於此？義之中有利，利之中亦有義。能與人公利，即近於義。能使人人講明大義，天下之利，孰大於是？孟子告梁惠王“王曰何以利吾國”一節，是講專言利反不利，“未有仁而遺其親”一節，是講仁義未嘗不利。這都是喚醒世人勿專言利，寬一部正是緊一步。若是讀書明理之士，義、利二字久已明白，惟恐臨時不能自克，正要於天人交戰之際，一刀兩斷，方爲大勇。若不能有此大勇，即須平日講求義理，顧惜身名，臨時自然有所忌憚，惟恐他人曉得訕笑，不敢佻然爲利。顧亭林先生曰：“天下好利，惟名可以已之。”郭筠仙先生曰：“三代以前，質文遞嬗；三代以後，名利遞嬗。漢人好名。唐人好利。宋人好名，元人好利。明人好名，本朝人好利。”此雖戲言，實是確論。欲挽回好利之習，惟在使人好名。人能顧名思義，自能見利思義。

今人一見人講道學，即以假道學訕之。不知道學真假

亦不難辨，即以義、利二字辨之。其人能不爲利動，即是真道學。人能終身不爲利動，即終身無破綻。雖假道學，不得謂之假。若是一朝敗露，儘可俟其敗露責之，不當豫先逆詐，以不肖之心待人，沮人向善之志。至於要想維世立教，更應善善從長。見人有持正論、惜聲名者，即以君子之名奉之。其人既爲衆人擡舉，自然不肯貶下，不得不以正人自處，即見有利，而不能不顧名。譬如婦人守節半生，必不肯中途改節。此最扶持名教之妙用。而講道學者，又不可以此自恃，尤當兢兢自保，勿致敗於末路，如《孟子》所云"萬鍾則不辨禮義而受之"，則道學之實彰，而義、利之分益嚴矣。

一點鐘到學會，與徐研甫同行。至彼，則公度已到。右帥以明日開吊，不到。予説後，徐、黄二公各演一段。黄説知覺不在心而在腦，此西人之説。予則自覺心有知而腦無知。俞理初謂西人之心不同，信其説者爲無心肝之人，與予説合。梁卓如已往滬，乃翁在滬待彼入都。秉三云恐其父迫之北上，請右帥打電報，告以保舉特科，以安其心，可云愛才矣。如此寒天，聽講者猶幾滿，湘中人可謂好事。大抵一到不復來者，觀劇者也；二三次不厭者，好學者也。

十五（7 日）

受明、述卿來，久談。徐研甫送來《輶軒今語》，多與康、梁説合。鹿泉送來博問匭中物。辜天祐專重西學，駁之曰："孔、墨異同，朱、陸異同，其書具在，有何難定？所難定者，是非耳，非異同也。孔子説格物，朱子解爲窮理。西人聲光電汽之學，亦即格物窮理之事。不過此等學問，當時未入中國，今日當講求，以補古人所未及耳。孔、孟、程、朱之學，萬世斷不可廢。溺於俗學者，以爲講章八股遂足以盡中學，所見固陋；而才俊之士，又欲盡廢孔、孟、程、朱以從西學，更不可爲訓矣。疑朱子講學無救於宋之亡，然孔子講學何以無救於周之亡？豈孔子亦不足法乎?"所批共十三昹，其餘無甚發明，有龔生烈者所說尤不可解，一個時辰足了之矣。下午錄前日所講，未竟。

十六（8 日）

飯後撫署作弔，晤節吾，云將住又一村，大約與伯嚴作伴。予住學會，相距更近。夏觀察云幹臣、少村初二起程，海船頭幫初十開行。到秉三處，以批答付之，取十五、六《湘報》二本，問學堂添人否，云學生加多，則須添人稽查，此時尚未定。到芝老處，晤荔仙、黄溪。到周笠老處，笠老尚無激論。湯幼安處未晤。到汪夢來處，云念循十四已下鄉矣。到任壽文處，云傾慕久，故拜往①，其人未脱山林氣。拜節吾，未歸。到家已午飯後。閲兩日《湘報》，校《尚書解》十餘昹。夜雨雪。自去冬至今，初見白。

十七（9 日）

擬四次講義云：

三次講學，有疑學會無益，並疑孔、孟、程、朱皆不足法，宜專法西學者。講學宗旨，前兩次已説明。孔、孟、程、朱之學，今再略爲闡發。

近日學者有大患二：一則沈溺俗學，墨守講章八股，以爲孔、孟、程、朱之學，俱在講章八股之中，予既已知之矣，此外别無所謂學，安有所謂中學、西學？故不但見人談西學，痛加詆斥，即有人談漢學、宋學，亦駭爲聞所未聞。此等人固甚陋。而少年才俊之士，習聞此種議論，厭薄已甚，只想力反其説，亦不考其本末，以爲孔、孟、程、朱之學，不過如講章八股所云，今講章八股既不足學，則孔、孟、程、朱亦不足

---

① "拜往"，似當作"往拜"。

師，專講西學，方爲有實用。不知西學雖有實用，亦必先通中學。不通中學，則聖賢義理既未瞭然於心，我中國之政教得失、古今變革，亦全未經考究。此等人講西學，無論未必能精，即能精其專門之學，亦僅能具一藝之長，又下則略通語言文字，只能爲買辦、通事。此等人才，又何足用？《京師大學堂章程》以中學爲主，西學爲輔，湖南時務學堂兼講中學、西學，最爲通達。嘗聞西人之學，亦有性理一門。彼所謂性理，在中國視之爲異教。然彼所以宣明教旨，感動人心，具在於此。是彼所謂性理，猶未能謂之無益，故彼教首重此學。況孔、孟、程、朱所説性理，與彼大有逕廷，豈可謂之無益，而我輩不重此學乎？

人之疑爲無益者，不過以孔、孟、程、朱爲迂濶耳。"迂濶"二字，當考其人之事與其遺書，不當誤會其旨。孔子爲政三月，魯國大治。齊人曰"孔某知禮而無勇"，使萊人以兵劫魯侯。孔子能却萊兵，使齊人歸汶陽之田，其功效已見矣。孟子游説齊、梁，所説皆可坐言起行，並無迂濶難行之事。説梁惠王施仁政，可使制梃以撻秦、楚堅甲利兵，此中大有作用。商君與孟子同時，使秦誘三晉之人，力耕於内。若惠王能用孟子、施仁政，秦人安得而誘之？齊宣王取燕，使用孟子之言，置君而後去之，何至有燕昭報齊之事？仁政先制恒産，自是本計。所言行此五者，舉今所謂農政、商政、郵政皆在其中，何得以爲迂濶？凡詆毁儒者不可用，大抵以此藉口，雖孔、孟在當時，亦不能免。晏子詆孔子"窮年莫能殫其學，累世莫能究其旨"，即是言其迂濶。《史記·孟子列傳》曰："梁惠王不果所言，則見以爲迂遠而濶於事情。當是之時，秦用商鞅，楚、魏用吴起，齊用孫子、田忌。天下方務於合從、連衡，以攻伐爲賢，而孟軻乃述唐、虞、三代之德，是以所如者不合。"則孟子在當時，以爲迂濶者尤多。孔、孟在當時，人即以迂濶疑之，又何怪孔、孟之徒，後世不疑其迂濶也？迂濶在後世儒者嘗有之，然亦其人學識淺陋，妄引聖賢之言，以掩飾其無用，不當因其無用而追咎聖賢。

至孔、孟所説，後世有誤會其旨，堅持迂濶之論，以招人詆毁者，實非孔、孟之意。今試舉其一二。如衛靈公問陣，而夫子對以軍旅未學。後人遂據此，以爲儒者不談兵。不知靈公問而不答，明日遂行，別有微意。若必以言兵爲諱，何以子貢問政，告以"足食足兵"？四子侍坐，子問何以酬知，子路對以"有勇知方"，冉有對以"可使足民"。季康子問冉有曰："子之軍旅，學之乎？性之乎？"對曰："學之於仲尼。"然則夫子嘗以兵法教冉有，故夫子嘗曰："我戰則克。"此孔門不諱言富國强兵之明證。孟子曰："仲尼之徒，無道桓、文之事者。"後人遂據此，以爲儒者不言霸術。然則孟子何以言"五霸，桓公爲盛"，又何以稱秦穆公、百里奚？豈秦穆勝於桓、文，百里奚勝於管仲耶？此乃語氣抑揚，勸齊宣王行王道耳。不知此義，徒撫拾一二語，遂謂孔門宗旨如是，使人疑儒者爲迂濶，而並疑及孔、孟，皆論者之失，非孔、孟之旨也。

宋儒在當時，人尤疑其迂濶。然觀程子《論經筵劄子》所云："親賢士大夫之時多，親宦官宫妾之時少。"此等語，真大臣格君之言。朱子《庚子封事》以爲其本在"正心術以立紀綱"，紀綱不立，"軍政何自而修，土宇何自而復，宗廟之讎恥又何時而可雪"，皆探本之論。《戊申封事》所陳六事，而歸本於一心，其言尤深切著明。當時有云"誠意正心，上所厭聞"，戒以勿言者，朱子曰："吾平生所學，只有此四字，豈可回互以欺吾君乎！"孝宗，南宋英君，有恢復雪恥之心，無聲色玩好之失，惟惑於左右近習，不親信正人君子，當時賢相皆不久任，明知朱子之賢而不能用。朱子學孟子見齊王先攻邪心之法，以正君心之本，並非迂遠不切。方望溪謂王崑繩曰：“子毋以朱子爲奄奄氣息人也。觀《戊申封事》，雖晚明楊、左之直節，不是過也。觀南康、浙東救荒諸事，雖前漢趙、張之治績，不是過也。而世不以此稱之者，誠以道德崇高，稱此轉渺乎其小耳。”崑繩聞之，遂取平日詆斥朱子之語焚之①。據望溪所說，則朱子不迂闊可知。至於朱子之言，亦當分別觀之，不當誤會其旨。朱子嘗曰：“海內之弊，不過兩說：江西頓悟，永康事功。若不極力爭辯，此道無由得明。”所謂永康事功，是指陳同甫一派。同甫自負王霸之略，任俠豪舉。朱子與書箴其義利雙行，王霸並用，謂：“不說蕭何、張良，只說王猛。不說孔、孟，只說文中子。可畏！可畏！”據此，則非謂事功不當言，正謂不當專說王猛、文中子耳。朱子提舉浙東，有人短其疏於爲政。孝宗謂王淮曰：“朱熹政事却有可觀。”朱子居鄉行社倉法，正值王荆公青苗法弊之後。朱子仿其法而變通之，不以爲疑，其後奏請通行，至今猶用其法。其在潭州，得趙汝愚密書，云將內禪。朱子知必有赦書到，先取獄中死囚數人斬之。此皆非迂儒所能爲。其後儒者習爲重心性、輕事功之論，以經濟爲粗才，以文學爲浮華，以理財者爲小人，以談兵者爲武夫。其論太高而不切事情，太空而無濟實用，遂使人以道學爲詬病，謂宋儒有體無用，皆由此等議論啟之。

詬病道學，不始於今之人，宋末元初已有此疑。周密《齊東野語》、袁桷《清容集》已詆當時道學，謂其空談性命，

---

① “語”，《皮鹿門學長南學會第四次講義》作“文”，較佳。

所讀不過《四書》，“出則乘破竹轎，舁之以村夫，高巾破履，一望而知爲道學君子”，在官惟刻語録、立書院，兵、食皆置不講；賈似道當國，利其人迂愚無知識，陽崇奉之，無裨於亡，自此遂有“宋亡於道學”之論。嘗考賈似道所用，罕以道學著名。元兵方急時，金仁山上書，請由海道出師取燕，宋不能用。元滅宋，得其圖以興海運。其圖中水道曲折，無一不合。仁山亦朱門弟子。是當時道學非無可用之人，未必人人皆空談性命。周公謹、袁清容亦一時愛憎之言，非塙論也。即當時道學盛行之日，依草附木者自不能免，然不可以弟子無用，歸咎其師。曾子之門有吳起，子夏之學流爲莊周，荀卿之徒有李斯，豈可以此歸咎曾子、子夏、荀卿乎？

人以程、朱爲迂，並疑及孔、孟者，以其功業未顯於世，且無補於亡耳。功業不顯，由於時不能用。興亡自是天數，非人所能爲。天亡周而三代不可復覩，故孔、孟不見用於時，天亡宋而中國不能自立，故朱、陸、南軒、東萊不見用於時，皆天意也。而孔、孟、程、朱之道，不行於當時，而行於後世。後世讀其書，得以明理。人之所以尊孔、孟、程、朱者，不獨以其書可法，實以其人可師，豈可詆毁聖賢？至於後世陋儒有妄引聖賢之言，以掩飾其迂濶無用，不當誤信其語，動引孔、孟、程、朱以壓言富强、言事功之人，更不當以陋儒大言無實，遂疑孔、孟、程、朱之宗旨本如是，敢於詆毁聖賢，不得襲叔孫武叔、淳于髡之唾餘，揚韓侂胄、胡紘之灰燼也。子漁、述卿來，云賀某欲託薦保衛局，子漁亦欲自謀。予爲小鶴、子漁致書廉訪，呈二名條。廉訪見示《遷善所章程》，秉三云保甲局改遷善所。

十八（10日）

不雨，有晴意。詢節吾，云八點鐘往撫署送葬。予八點鐘往,則柩已將發。請行禮,彼攔住。予不見諸紳士,誤入官場中。送至府署前,諸人多脫逃,予亦歸家。受明來,談《湘報》、學會事。錄前所講,校《尚書》一卷,畢。閱《湘報》,樊錐開誠論文氣甚厚。保衛局,商人打公稟請辦,廉訪所批詳晰,不知何時舉行。予前勸秉三屬廉訪講政教不妨明言新政之益,似勝空談,有人駁辨儘可駁回,固無礙也。郭章甫處奠分共集十八千,着人送去,則已葬於南門外爛泥冲矣。吉兒作《平等說》,爲之改易數處。蕭仰喬來久談,云將移居三興街,不在劉牧村處。

十九(11日)

錄講義一過。黃鹿泉至,云左魯軒事,現有管理書籍,每月肆金,可以位置。此事與彼頗不相宜,呼魯軒至,當面說明,使彼自酌。栗樵來信,情狀甚迫,然難於開口,已見前次復函。胡眉壽信送去,已起程矣。閱《湘報》,見復生延年論,所說甚是,然恐彼自己亦未必能受此約束也。桂妹至,云三王爺吵鬧,子服病,欲託我謀事,不知何事可謀。聞隔壁唐家喊禮,詢之,唐十一病故。

二十(12日)

雪,雨,甚寒。爲吉兒改詩數首。爲周世櫛改文一篇,其文繁富,有卷軸才氣,可愛,不以尺幅限之。有十餘人要憑單,函致鹿泉去取。子漁弟來,云二嫂病重,甚爲可慮,勸其多請名醫。《湘報》送來,見予二次所講甚長,唐才常作熱力論亦暢。房、虛、星、昴四日不出報,未免局促矣。大約還是人少之故,何妨將報檢短?

廿一(13日)

晴。湯孝常兄弟一名寶葇、一名寶槊,來見。兄只能八股,弟自謂經學、詞章皆通,且看所學何如。弟號叔方,曾見過面。午後至學會,中丞、廉訪旋至。節吾、秉三,予講後各講一遍。秉三說時事，洋人不可與之開釁。中丞曲爲譬諭，屬湖南莫打洋人。學會之設，原爲此事，至今日始點題。《湘報》云沅州開馬頭，已有切膚之患，不得不說。講罷後，復議入會章程。鹿泉、軒翹約明日移居學會，約予同搬，以便聚議。節吾亦於是日移居又一村，相距甚近。魯英之子以腎氣死，往吊，其父言之。

廿二（14 日）

檢理一切，以便移居。周世燾送論一篇來，遠不及其時文，功力尚淺。昨聞中丞所說，下次擬引書闡明之云：

上次大中丞、歐先生、熊太史以時事講論，謂洋人不可以開釁。今以孟子、朱子之言，更爲闡發。

梁惠王欲洗恥，孟子告以施仁政，省刑薄稅，是脩内政；壯者以暇日脩孝弟忠信，即是講學之事。齊宣王問交鄰，孟子告以"以大字小，以小事大"，又曰："無好小勇。夫撫劍疾視曰：'彼惡敢當我哉！'此匹夫之勇，敵一人者也。王請大之！"此等言語，在淺人見之，要自强雪恥，而講孝弟忠信，甚爲迂濶；要交鄰，講求交涉學，而專說字小事大，但言和，不言戰，似無生人之氣。然試思之，不講孝弟忠信，則人不知親上死長，臨敵必潰，何能萬衆一心？不養大勇，專以細故分門，糜爛其民，鋒芒反損。孟子之言，古之人有行之者，越句踐、燕昭王是也。句踐事吳，孟子已言之。身爲臣妾，想報仇恥，惟是臥薪嘗膽，以激勵衆志；燠休小惠，以固結人心。觀《國語》所云"人懷必死之心"，何患不勝！燕昭王收破燕後，招賢下士，拊循其民者，雖不盡見於書，大約亦當與句踐同。此二人皆二三十年始得志。其時會未至，則范蠡、文種力爭於句踐，不使輕舉；時至，則及鋒而試之。此老子所謂"將欲弱之，必固强之"，兵法所謂"靜如處女，動如脱兔"，豈撫劍疾視之勇所能爲者？

今之外國主有行之者，德王威廉第三是也。德即犯我膠州灣之德國。其先本由日爾曼分出，名普魯士，國勢不強，法王拿破崙吞滅其國。普王再三哀懇，復求俄王緩頰。法王稍與之地，且限其兵數。普王乃用番休之法，練兵既熟，數年散之，復練新兵，新兵練成復如是；少給以口糧，約聞徵調即至。後俄、英合從圍拿破崙，俄使普人盡力，事成許以故地封之。英與拿破崙血戰不勝，得普人助乃克之。於是復得故地，而普王猶以爲未足雪恥，得俾思麥爲相，毛奇爲大將軍。毛奇親入法境，圖其險要。當出師時，俾思麥延兵官入密室，四壁皆法地圖。俾思麥言已脩改十六次，兵官皆賜一卮。其戰備已豫，蓄謀已久。十四日即入法境，擒法王，圍都城，割地兩處，償兵費八百兆元。此等堅忍之力，不在越句踐、燕昭王下。而事尤有奇者，當法破普國時，殺二萬餘人，普有銅匠，見屍骸遍野，傷心慘目，矢志報仇。乃棄銅而鍛鐵，入鎗炮廠學習，剏造後膛槍，獻之普王。普王用此新鎗，遂以破奧、破法。一銅匠能成此大功，異哉！忠義之士要雪仇恥，當有此等堅忍之力，非可徒恃客氣，反損國威。

朱子《戊申封事》謂："宴安酖毒之害，日滋日長，而坐薪嘗膽之志，日遠日忘。數年以來，綱維解弛，釁孽萌生，區區東南事，猶有不勝慮者，何恢復之可圖乎！故臣不敢隨例迎合，苟爲大言，以欺陛下。惟欲陛下正心克己，以正朝廷、脩政事。有志恢復，不在撫劍抵掌之間也。"以朱子之賢，豈忘大仇不報？然欲報大仇，當如句踐、燕昭，臥薪嘗膽數十年，不可輕於嘗試。若未脩內政，而遽召外兵，譬猶人家，家政不治，鬩牆內亂，而欲與人構訟，豈有能勝之理？自古中國之於外國，不諱言和。漢、唐之時，輸歲幣，降公主。賈太傅以爲天下之勢方倒懸，爲之流涕。惟其時君若臣猶以此爲恥，故漢有平城之圍，武帝能用衛、霍，而幕南無王庭；唐有渭橋之盟，太宗能犂庭埽穴，卒擒頡利。太宗嘗作詩曰："雪恥謝百王，除凶報千古。"必如此，方可比於孟子之所謂大勇。後如北宋之神宗、南宋之孝宗，雖欲雪恥自强，而無漢武帝、唐太宗之雄才，復無越句踐、燕昭王之堅力，又猜忌將帥，武功不振。惟高宗時，岳、韓、吳、劉名將輩出，大可恢復中原。誤用秦檜奸言，屈辱求和，忠義奮發之士，莫不欲斬秦檜。自此以後，皆以言戰不言和者爲忠義。然韓侂冑嘗伐金矣，卒致一敗不振。賈似道與元和，而諱和不言，虛報大捷。元世祖使郝經來聘，似道恐洩和議，囚之眞州，遂啟兵端，以致滅國。當其將滅，元猶不欲滅宋，使廉希賢來講和，行至獨松關，守將張濡殺之，和議遂絶，宋遂亡。元兵至獨松關，而張濡遁。是宋之不能恢復，由於不當和而和；宋之滅亡，由於當和而不和。古者兵交，使在其間。張濡殺强敵之使臣，以致滅國，敵兵來，又不能死節，其罪擢髮難數。然其殺敵使時，未嘗不以忠義自居，而其後竟如何也？

今之講交涉者，當以孟子、朱子之言爲法，以賈似道、張濡之事爲戒。疆場之事，一彼一此。彼亦一是非，此亦一是非。今論宋與遼、金、元之事，莫不祖宋而斥遼、金、元矣。然曲直是非，當以公理繩之，不可持一偏之論。北宋、南宋之亡，皆由失信，實有自取亡者。宋與遼素講和好，南朝爲兄，北朝爲弟。金攻遼而宋不救，反與金約共取遼，豈得爲信？宋不能取燕京，金人取之，宋又納其叛臣，又豈得爲信？金伐宋，數其背盟之罪，有《大金吊伐録》。南宋約元共滅金，趙葵背盟而取三京，元人使王檝來曰："何爲而背盟也?"賈似道、張濡，又一囚其使，一殺其使。是宋曲而金、元直，宋之亡，得不謂之自取乎？中國多受侮於外夷，而外夷謂中國失信。畏之而又欺之，復挑動之，無故殺其人，及兵來則逃去。沽忠義之名，啟滅國之禍。讀書明理者，慎毋蹈宋人之覆轍也。

往小古道巷問二叔父安，云飲食減少，不如正月。二嫂亦不知是喜是病，醫、巫雜進。歸而楊晴川至，聞有招兵事，屬爲道地，予實不知。伊云子服夫婦甚欲其移與彼同居，不知子服何以不肯，屬爲勸之。予疑子服不能受約束，詢之果然。鹿泉云二點鐘移居，先着人送行李去。唐黻丞來，云黃策生所練兵只招六旂。沅州馬頭已見明文，英由金沙江通雲、貴之路也。將往學會，桂妹歸，哭泣，謂幾爲三王爺打。乃請晴川丈至，議此事，彼亦勸搬出。我等不便着人去搬，乃請彼同往，清檢什物，不過數件。三王爺來與我講道理，我云我等原不便擅來，晴川丈邀同來。彼往找晴川，未及講理，兄弟痛打。我與小鶴弟遂歸。此等人家，真野蠻也。

廿三(15日)

聞晴川丈歸，受傷吐血。檢點一切後，當往學會，順道往視。午飯後去，其人已出，神氣頗短。有孫某與陳少宇爲三王游說，又有所謂楚老姨者，皆口斥三王而心實附之。但望晴川不至死，鬩牆之事，我輩必不預聞也。久坐，始到學會。鹿泉外出，與戴軒翹久談。見《推廣學會章程》。《湘報》中刻有《變學校議》，甚佳。鹿泉歸。晚飯後，與黃、戴二人久談。歸房清檢一切，乃卧。

廿四(16日)

晴。周世楠來久談，以所改時文付之。批答前所問者十餘焉。有二人問天文者，予不能答，轉交秉三。秉三送來卷子一千六百餘本，屬與鹿泉、宣翹分閱。宣翹歸，約共辭之，使候補人閱後，再加閱可也。秉三來，以批答付彼。受明來，云欲辭館事，謀保衛局，待鹿泉不歸而去。得楊晴川復書，云傷已愈，是大幸事。錄出廿八講義。晚飯後同鹿泉、軒翹到秉三處，辭閱卷事。秉三不在家，留書告之。見唐黻丞，看印《湘報》。聞李一琴到，同到時務學堂。一琴云：在上海見英人，云英願商務，極不願西人分中國，若俄占旅順、大連灣，彼必出與之爭，現請各國頭等公使到京議此事，勸中國勿以地與俄，彼借與中國萬萬金，仍講和好。此等消息尚好，而歸至上海，聞已得電報，俄限中國五日必允許旅順、大連灣，不允即以兵入滿洲。現已踰五日期，不知政府作何計？不允則俄兵將至，允則英人有切膚之痛，將與俄戰於太平洋。俄聯法、德，英聯日、美，亦不知勝負如何。英勝，中國猶可存；俄勝，則城門失火，殃及池魚矣。

廿五（17 日）

大風，頗寒。講義增入一段，説膠州事。爲周生改論一篇。昨在唐絨丞處，見絨丞爲學堂諸生改文甚好，黃頌鑾文筆學子書，尤可愛也。湯叔方來談許久，寫題一帋與之。同鹿泉至節吾處久談。又一村地方甚廠，風聲甚厲。伯嚴正會客，未晤。聞文芸閣來矣，未見面，不知伊近作何事。歸午飯後，有羅某至，云是三嬸族姪，在鹿泉家訓蒙。夜與軒翹論學，考廖、康宗旨。與鹿泉談保衛事，以爲戶捐更難，且多弊，不如房捐、肉案、煙燈尚有把握。叔方云乃翁已力辭不辦，商人稟請，本人多不知，乃饒十三兄弟授意於諸商人者，有擬打截名找爲首人論理者。旋聞湯三先生辭後，已請王三先生爲之。夜甚寒。

廿六（18 日）

擬講義云：

湖南官紳議開學會，實爲救時之計，萬不得已，非深觀時局，或不解此意旨。一以爲天下無事，正當歌舞太平，何必無病而呻，危言激論？是謂多事。一以爲大勢岌岌，已不可爲，空講義理，有何用處？是謂迂濶。不知今天下並非無事，亦非全不可爲，正宜急起爲之，如救焚拯溺，其亟宜講求者，一在保教，一在保種。

何以謂之保教？中國從孔子教，已歷二千餘年，代用其書，垂之國胄。三綱五常之道，五經四書之文，莫不家喻户曉，以爲人之異於禽獸者在此，賴此維繫世道人心。中國所以爲禮義文明之國，皆漢以來尊信孔教之力也。雖其間有道教，有釋教，並稱爲三。韓文公《原道》曰："黄老於漢，佛於晉、魏、梁、隋之間。老者曰：孔子，吾師之弟子也。佛者曰：孔子，吾師之弟子也。"當二氏盛時，從其説者，或以爲勝孔子，故文公惡而闢之，觝排異端，攘斥佛、老。然尊信二氏者，終不如尊信孔教之多。近二氏之教衰微極矣，而天主、耶穌教乃起於數萬里外，入中國與孔教爭勝。其教之入中國始於何時不可考。六朝、唐時有祆廟，或以爲祆廟即天主。唐時有波斯、大秦等教，《景教流行碑》現存於世。碑云"三一妙身"，又云"劃十字以定四方"，頗與今之天主教合。或云景教即天主教，或云非是，乃佛書所言婆羅門外道。當時此等教雖入中國，不傳中國人，猶與孔教不相妨也。明末，利瑪竇、艾儒略等由歐洲來，徐光啟諸人尊信之，稱爲西儒，並稱爲西方聖人，用之治曆、治兵、治水利，薦使入欽天監，京師立天主堂。然本朝禁中國人入天主教甚嚴，其後議和，乃弛其禁，天主、耶穌教乃蔓延於各省。其教以爲孔子之教止能治人，耶穌之教並能通天。各尊其師，固無足怪。而教士居中國久，通中國文字，乃引聖經賢傳所言敬天事天之義，以及《西銘》"乾父坤母"之文，盡掇取之以傅會其宗旨。其書亦談忠孝，説仁義，要人奉事父母、祖宗。此等道理，與彼教實不符，而與孔教反近。或曰：彼能崇尚孔教，是吾聖人之道當遠行於泰西，如《中庸》所謂"聲名洋溢夫中國，施及蠻貊"，此大同之兆也。或曰：彼實欲傾孔教，知中國信從已久，不能猝奪，巧爲援儒入墨之計，使淺陋之士莫能辨，以爲彼與孔教無異，則讀書者亦多附和，所謂彌近理而大亂真也。是二説皆有所見。然今日之勢，彼强我弱，彼教奪孔教甚易，以孔教易彼教甚難。孔教無人傳於海外，其知有孔教者，只在中國教士數人，是孔教之傳於彼者甚狹。彼教既遍傳中國，其勢必欲爭孔子之席，又恐爭之不勝，而取孔教之精理名言以入彼教，則彼教之行於我者更廣。趙雲松曰："孔、孟之教，佔地甚少，猶之於物，其精粹至美之處本不甚廣，其胏殼則所佔之地甚多，非聖人之教不敵彼教之善而民皆信服之也。"此論固是，然觀今日之事，竊恐並我精粹至美者，我亦不能保而爲彼所得也。韓文公云："其危如一髮引千鈞，綿綿延延，浸以微滅。"當昌黎時，猶未至此，今日乃真一髮千鈞之危矣。今欲保教，急須講明孔教義理，使我中國皆知孔教之大，又皆能有真知灼見，孔教與彼教何者爲同，何者爲異，自不爲彼煽誘。若能推廣學會，傳教四方，真能使聖人之道施及蠻貊，尤爲盛事。《時務學堂學約》十條，以行教終，謂："孔子之教，非徒治一國，乃以治天下。他日諸生學成，尚當共矢宏願，傳孔子太平大同之教於萬國。"其言深切著明，甚望諸君矢此宏願。如不先明吾教宗旨，專逞血氣，打教士，毀教堂，非徒無益，而又害之，使彼氣焰益張，何足以張吾教？去年江西吳城有毀教堂之事（因街上有以麪捏成西人形者，小孩買取玩弄。適西人至，小孩指示之曰："洋鬼子，三個錢一個。"西人怒打小孩撲地，市人譁逐西人。西人避入同知署中，市人遂焚其教堂)，新建縣同鄉文大令聚奎親往調停，費盡脣舌，賠三千八百元，事始了。方起事時，省城外教堂又得一匿名帖，送大憲署，云是書院諸生所爲。大憲命首縣見書院諸山長。予掌教經訓書院，彼亦來拜，出帖子，略云："彼非聖賢之教，乃楊、墨之教。凡我同人，齊心攻打。"云云。其來意，欲請山長諭諸生勿生事。予以生徒多，不能遍諭，傳在院肄業通曉者先告之。諸生云："我輩粗識道理，斷不爲彼所惑；稍明時事，亦斷不敢生事。惟現在明理者甚少，以能罵洋鬼子爲正人，攻天主教爲理學。我輩只能自保。若遍出傳諭，人必以我輩爲從天主教人，先被毆擊矣。"諸生所説有理，後亦幸未生事。今日官難做，鬧出教案，即是大事。今日山長難做，學生鬧禍，要問先生。所以亟須講學，使學人先知孔教之所以爲聖，然後可以保教。

何以謂之保種？天下有黃種、白種、紅種、黑種、楗色種。亞洲內，中國十八省、東三省、新疆、回疆，日本、朝鮮、越南、暹羅，皆黃種。歐洲諸國皆白種。美洲紅皮土番爲紅種。非洲土人爲黑種。印度、南洋土人爲楗色種。近百年來，紅種、黑種、楗色種爲白種人翦滅殆盡，奴其人，據其地，奪其生理。生理既失，種類日微。故五洲紅種、黑種之人日少一日，惟白種人獨盛，惟黃種人差足與抗。所以各種皆微而白種獨盛者，由强弱不齊，實由智愚迥別。紅種、黑種、楗色種人，皆蠢若鹿豕，雖性情獷悍，能以力强，不能以智强。故雖竭力與白種爭，終爲白種之所翦滅。强在智。牛馬爲人服役，虎豹爲人擒，皆由愚。古之時，草木榛榛，鹿豕狉狉，老子云"老死不相往來"。紅種、黑種正如此，西人來，終不可恃。故雖盡力與白種爭，終爲白種之所翦滅。黃種聰明才力，與白種相上下。凡白種所能爲之事，黃種無不能者。東洋一切製造，皆能仿效西人。今中國亦有能仿洋人者。中國人出洋學習，其智慧亦爲西人推服。然中國人雖有此智慧，未能設法廣開，通者自通，錮蔽者自錮蔽。其通者不難駕西人而上，其錮蔽者亦與紅人、黑人、椶色人相去不遠。若不及早講求開通，恐不免爲紅人、黑人、椶色人之續。《左氏傳》曰："非我族類，其心必異。"人情莫不自私其族類，歧視異族異類。《春秋》張三世之義，太平之世，遠近小大用心若一。此惟太平乃能若是，今天下尚未到此境界。西人雖講兼愛，奉耶穌宗旨，視人猶己，其實猶未化畛域之見，不能一視同仁。其治屬地與本國不同，自羅馬時即如此。故其待異種人，深防其强而必欲其弱，尤深防其智而必欲其愚。惟恐其人智則必强，勢將不爲之下，而將與之抗。故其本國最重上下議院、學堂、學會，而其屬地，如英於印度，不選其人入議院，亦不使開學堂；俄於波蘭，雖開議院，使其入議，而不假以權，且廢其新聞紙館，不許印售；法於越南，用舊法取士，且賜《四書味根録》，以愚弄其人。老子曰："大道非以明民，將以愚之。"秦始皇燔《詩》、《書》，以愚黔首。今之西人亦解此法，其意欲本國人智，屬地人愚，爲控制駕馭之權術。英於印度，法於越南，尚屬異種。俄於波蘭，則同一白種也，猶忌刻如此，況種類不同者乎？欲求自强，先開民智。必智然後能强，必强然後能保種。宜以印度、波蘭、越南爲前車之鑒，而勿蹈其覆轍。

來月宣講，當暢言之。李一琴來久談。其論外國事，謂美人立總統多用銀買，法不善，不能持久，其風俗尚不如英，外國過奢華，亦非持久之道。其持論不祖西人，云天下未至太平，不能立民主、開議院,中國斷不可學;西學不能人人皆知,當先譯書,是第一義,已爲盛杏蓀言之,並開書單矣。見本日《湘報》,有譚復生《後叙》。又得栗樵書,屬見龍芝老,求致書陳桂生學使。鹿泉往撫署,看批王三先生稟。時務學堂請黃公度主辦,非保衛局改屬此公也。又聞保衛局按招牌取錢,只取商家,不取民家,事或可行。晚間歸家。

廿七(19日)

飯後往晴川丈處問候,説明子紱久居婦家,恐有物議。彼以爲子大父難做,亦無策以處之。由彼處到學會。秉三處仍送來卷子七百本,分來二百餘本,又須耽擱數日功夫矣。閲二十本。蘇淵泉至,云住稻谷倉。

廿八(20日)

飯後吉兒來,幫閲卷,不數本,客至。夢來與蕭仰喬先到,俄而秉三、復生、唐紱丞、樊春徐、何來保同來。二點鐘登堂宣講。秉三未説,復生、李一琴各説一遍。廉訪至,説日本、臺灣、印度,極透徹痛切,云法人又有邀索兩廣利益、雲南鐵路之事。講後,與吉兒共閲卷二十來本。夜大風。吉兒歸家。

廿九(21日)

閲卷卅餘本。李復翊至。秉三、復生同來,稱予昨日講義之善。云昨規矩不肅,須改章,編定坐號。本日《湘報》已刻十四講義矣。有王學海擬策,深明大略,誌之。湯孝常來,呈文一篇,云乃翁已辭退保衛局,有改派左子翼之事。前與頌年見廉訪,彼曾問及子翼,頌年稱其近日打起精神做人,事或然也。孝常要坐近處,當爲先報名領單。晚間,楊輔仁送束脩五十金來。本月已講五次,每次十金,較十三旦登臺十六金遠不及矣。燈下爲吉兒改《醒世歌》,頗有趣。

三　月

初一(22 日)

　　招考時務學堂諸生於學會講堂中。中丞齒痛不來,委廉訪來。考生一百餘人,一早即鬧起,不能睡。七點鐘起來,甚寒。飯後,廉訪請到堂上,談性理,極聰明,有心得。考生分甲、乙。乙部皆幼童,有不能作文者,其中才俊想亦不乏也。閱卷卅餘本。湯叔方來,呈論一篇,無甚發明。家中送到善化縣請帖,聞為府學宮事,又聞是發印票。有獻策者請每分百金,集歉以還日本歉項,湖南派五十萬,不知何以應之。民窮財盡,盡削其脂膏,何以為國?日本既云聯中國,又何以不能緩此等錢?在受恩多者自應報效,恭邸只出二萬金,其餘諸臣又安肯出巨歉?況予輩並不得為蟣蝨臣乎?帖子退去,不往。下午廉訪復至。熊秉三等備有飯,屬予等陪坐。云保衛局請左子異辦已定局,閏月開局,局中用人,惟左主持。問廉訪已見前函否,云已見,而不置可否,將來恐須找子異矣。鐵道人已捉到,將使之坐監,其人亦可憫。是日考題為"論黃老之學最能害事"、"論孟子惡鄉愿"、"論南學會有益"。

初二(23 日)

　　擬作下次講義云:

　　　　既欲保教,當先灼知孔教之大。孔子之教,無所不有,觀其教人分四科即可見。

　　　　德行為聖賢學問根本,故居其首。言語一科,在後世不甚重,而在當時甚重之。當時列國紛爭,重在使臣能以口舌解紛排難。觀《左氏傳》所載,不一而足。鄭之子產,尤能擅長,夫子亦亟稱之,如云:"言以足志,文以足言。不言,誰知其志？言之無文，行而不遠。晉爲伯，鄭入陳，非文辭不爲功。慎辭哉！”《論語》“子曰爲命”一章，亦重言語之意。聖門子貢言語，亦屢見於《左傳》。《史記》載子貢一出，存魯、亂齊、霸越，雖不無後人增飾，亦非全然無因。戰國流爲縱横，故《漢志》列有縱横家。漢以後，中國統一，無所用其縱横，然漢武帝求使絶域之才，與將相並重。魏、蜀、吴三國及六朝南北通使，唐使吐蕃、回紇，宋使遼、金、元，皆能選第一等人。其時名臣折衝壇坫，多見史策。今中國與東、西洋通使，當極天下之選。鄉先生如郭筠仙師、曾惠敏公出使，皆能振國威，弭邊釁。今時事更急，當考求中外形勢、風俗、政事，通曉各國文字語言，以備使才之選，求子貢存魯之效。此在聖門爲言語科，不得以爲西學而斥之也。

政事一科，尤有用之事。雖有德行，不通政事，尚不免有體無用。聖門政事之選，冉有、子路“可使足民”，是説富國，“可使有勇”，是説强兵，夫子皆許之。後儒空談心性，動言聖門重心性、輕事功，謂不當説富强，富强是霸術，不是王道。此等議論，最是害事！其實聖門學術，何嘗如此迂闊？今中國民窮財盡，國勢積弱，正應急講富强。凡農學、商學、兵操、體操，皆“可使足民”、“可使有勇”一種學問。此在聖門爲政事科，不得以爲西學而斥之也。

文學一科，至今通行，孔教賴以不廢。然孔教所包甚廣，實非文學一科之所能盡。漢以來習孔教者，即偏重於文學。宋儒講性命道德，近於德行一科，故爲後世所尊。然其學之流弊，至於盡棄言語、政事不講，專講瞑目靜坐、明心見性，語録盛行，科渾俚俗，並文學亦在所棄之列，猶釋氏之枯禪，莊、老之清談耳。國朝通儒如亭林、黎洲、船山，懲明末心學之空疏，而欲救之以實。其學並非專主訓詁、考據，凡德行、言語、政事、文學四科宗旨，無不講求，規模甚廓，體用兼備，可爲師法。乾、嘉以後，乃專主國初訓詁、考據之學，引而申之，精益求精，於是標舉漢學之名，以別異於宋學。訓詁、考據精於國初諸儒，實不如國初諸儒規模之大，較有實用。其在聖門，只算得文學一科。江鄭堂之作《國朝漢學師承記》也，焦里堂與書爭之，謂標舉漢學，必啟爭端，不如改爲《國朝經學師承記》，較爲渾融。里堂所見甚高，而鄭堂卒不改。方植之乃作《漢學商兌》，推尊程、朱，痛詆漢學。此等門戶之見，彼此皆屬客氣。其書有可擇取，其是非不必深論。予謂植之推尊程、朱，其實未嘗盡讀程、朱之書。程、朱學術並不盡同，非可併爲一談。大程子與二程子亦不盡同，朱子晚年之學與早年又不同。大程子性情和易，與王荆公共事不決裂，且有"新法我輩激成"之語。二程子性情嚴毅，在經筵以師道自居。東坡好詼諧，不相合，至於洛、蜀分黨。是兩程子不同處。朱子以爲其學不異，總稱子程子，不分別，而其師法，實在伊川。然伊川不看雜書，箸述不多，止有《易傳》。朱子學問極博，著書極多，意在將四科之學一身兼之。是程、朱亦不同。朱子早年從劉屏山、胡籍溪講禪學，見於《文集》，三十外見李延平，始專主程氏學，四十後見道之不行，於是著書極多，六十七歲猶修《儀禮經傳通解》。其學愈變愈著實，與國朝考據一派相近，則謂考據之學由朱子啟之，亦無不可。植之於此等處，多不了了。陳蘭浦《漢儒通義》，意在和同漢、宋門户，爲作調人。

　　予謂漢學本之漢儒，人所知也；漢學本之宋儒，人所不知。宋儒之學，門逕甚多，不只道學一派。國朝考據、校刊、目録、金石、搜輯古書學派，皆自宋儒啟之。宋以前談考據者，如《顏氏家訓》、《匡謬正俗》之書甚少。宋人此等書極多,《容齋五筆》、《困學紀聞》極有名,他如《夢溪筆談》、《學齋佔畢》、《能改齋漫録》、《野客叢書》、《學林》之類,皆通博可觀。是考據一家,始於宋儒也。古無刊板,故無校刊之學。至宋,乃有宋公序之校《國語》,三劉之校《漢書》。是校刊一家,始於宋儒也。古無目録之學。至宋,乃有《郡齋讀書志》、《直齋書録解題》、《崇文總目》、《子略》之類。是目録一家,始自宋儒也。古無專攻金石之書。至宋,乃有歐陽公之《集古録》,趙明誠之《金石録》,洪氏之《隸釋》、《隸續》,婁氏之《漢隸字原》。是金石一家,始於宋儒也。古無搜輯古書者。至宋,乃有王厚齋考三家《詩》、輯鄭《易注》。是搜輯古書一家,始於宋儒也。國朝諸儒所謂絶學,皆宋儒發其端,豈可以道學概宋儒,遂欲抹撆一代?

故將自其異者而言之,不但漢學今、古文不同,宋學朱、陸不同,而且朱與程不同,大程與二程不同,朱子晚年與早年又不同。自其不異者而言之,則漢學學孔子,宋學亦學孔子,皆聖門之支與流裔,何必操室中之戈,鬥穴中之鼠乎?況今孔教日微,保教尤急,更宜破除門户,開通學派,慎勿以漢、宋之見,自相攻擊,亦勿專以宋學之德行、漢學之文學,沾沾自喜。當講求言語、政事兩科,方爲有用之學,方見孔教之大也。

秉三處送來應批答數昬。擬答劉景章云:"學堂、學會,今已舉行。嶽麓書院亦已改章,有算學、方言專門之學。而昨時務學堂招考,到者只百餘人。嶽麓書院學算學、方言者,聞亦未滿額。然則不盡由規模之隘,實由於有志向學之人少耳。至欲博觀書籍,學會但俟採辦之書到齊,即有章程,儘可入觀。"答周運鴻云:"洋煙傷敗中國,人皆知之,道光年間曾禁之矣。中西搆釁,即由禁煙而起。當時吸食之人尚少,林文忠等得以嚴刑禁之①。今已將遍天下,且不能禁洋人不販,煙來國家抽釐,藉以裕國,更有何法能禁? 其先洋人以此貽害中國,而禁本國甚嚴,近聞洋人亦多嗜之,而彼亦不能禁。是害中國必自害矣! 謂講論必本地之言方能入耳,官腔並非難解,諸生自不用心靜聽耳。中國話且不懂,更何望其通外國語言耶?"答周益生云:"中國並非未興學校,設船炮廠,弊在不能實事求是,所以不如泰西。今當推廣學會,多設學堂,延請名師,招致才俊,以收學校之益。船廠、炮廠亦須設法擴充,實力舉行,庶有效驗。"答黃仲瑛云:"農學、醫學之類,自應一律舉行。惟經費浩繁,非一時所能猝辦。今欲各立一學,必須遲以時日。有志之士,儘可邀同志集貲舉辦。一處辦有效驗,聞風興起者,必當處處通行。東、西洋各國學堂以數萬計,有國中公立者,有民間私立者,不盡仰給於國之經費也。"答周會昌問:"所擬省學會章程,自屬廓大,然欲通省文武大小官員皆至會所,此非極大之地不足以容。午餐皆在會中,所費甚巨。各官皆有公事,何能終日在會中乎? 講明學術,現在學會已經舉行。至於考核吏治,課吏堂即將開辦。其習業讀書,分別功課等第,皆已酌定章程。講學、課吏,不能併做一處,分兩處辦,乃爲並行不悖。"答梁仁駿云:"廣開學堂,廣置西書,自是今日急務。今已議推廣學會,使各處多開學堂矣。學會已廣置書籍,俟其到齊,即定章程,儘人入觀。有志之人,皆可入會讀書。時務學堂必要人保方可報名,不過藉此稍爲稽查。如縣府考必要廩保,考試章程本來如是。南學會要入聽,只要早到報名領單,並無須顯者名片也。"答閻棣問云:"算學、工學、化學,自是急務。然出洋聘請,談何容易! 彼需脩金甚重,每年必數千金,且

---

① "林",原誤作"周",據文義改。

須另造洋房,方肯居住,而所聘者,猶未必皆其國中之高明。爲今之計,惟重先聘中國通人,開示門逕,再行資遣出洋學習,方可有成。"答田目先云:"教堂、洋行,即云有害於我,今日中國勢弱,外國勢強,洋人要來,何以拒之?足下未聞去年膠島之事乎?只因殺彼教士,除辦凶手、出卹銀、賠兵費外,更以膠島百里租與洋人,山東一省,亦爲所制。今若彼來而逐之殺之,足下以忠義自居,殺身固所不恤,而禍及桑梓,憂貽國家,忠義安在?"

初三(24日)

壽兒生日,予歸家。憶去年今日在本家子城處,是日上巳即清明,予作有詩,今又一年矣。飯後往楊石帥處作弔。朱雨翁、李仲牧稱予所講之善,恐亦應酬語耳。得小泉來信,云湘鄉釐局改委秦大令,屬先託之。予不識此人,聞住青石井,往拜,不晤。夏子新丈處亦不晤,僅見長沙徐太守。到黃親家處,始知棣威跌傷,幾折足。到學會,見無甚事,仍到家。下午閱卷十餘本。見南海所上書,不減長沙痛哭,而尼之不得上。當危急存亡之時,仍護疾忌醫之習,彼昏不知亦至是哉!

初四(25日)

到學會,聞秉三來請,共鹿泉、宣翹同往。秉三、復生云昨見右帥,談至四皷,右帥痛哭,其所上條奏皆爲人所阻,不得上;電奏上,又減易其字,幾不可通。旅順、大連灣已豎俄旗,英將佔長江,法將佔兩廣,瓜分在即。電旨詢陝帥云:"長安古宮殿尚存若干?"魏午莊復奏云:"惟府城隍廟猶有規模。"蓋其地即古宮殿處也。夫長安宮殿,唐末之亂,焚燬無存,今又千年,安得尚有故宮可住?且既棄宗社,不得已而西遷,當仿衛文公之布衣、越句踐之嘗膽,豈宜先問宮殿?秉三云今欲西幸,尚不知外國允許否,彼如以債項未清,扣留不放,將若之何?譚、熊二公請予等共議保湖南之計,惟有先於各府、州、縣求訪人才,舉辦一切,計此一二年內，西人未必即窺湖南，將來諸事辦成，民智開通，或可冀其不來，即來而我屬文明之國，不至受其魚肉，特不可以鬧教，一鬧則彼必至，我事尚未辦好，大勢去矣。聞江西又有鬧教事，不知何如。諸公各舉所知。予於外府人所識甚少，不敢妄舉。歸會後，鈔出批答語。宣翹批張次宗問極明通。予將卷子覆閱一過。薏丞親家來，託予作曹丘。予致書夏子新丈及左四先生，皆無回書。

初五（26 日）

錄出明日講義。爲湯孝常、周綬楨改文各一篇，湯叔方改論一篇。譚復生、唐紱丞、龍莮溪來清坐號，共十餘人，各分管數十號。鹿泉、宣翹諸人大發奇論，皆小儒咋舌者。報刻何來保《悲孔説》，甚痛切。《醒世歌》，諸公頗許可，將登報。云有熊崇煦送文，極佳，不知何人。亦有極可笑者，甄別卷有作《擬賈太傅治安策》者，八股先生陋至此哉！天氣甚熱，恐將變。

初六（27 日）

值講期，飯後即有客至。講堂易新章，編坐號，人尚整肅。分查坐號者共十餘人，莮溪亦在内。人尚整，而坐已滿矣。二點鐘開講。予講保種保教。廉訪説教旨，略異。一琴説波蘭事，娓娓可聽。晚間歸家，預備清明埽墓。

初七（28 日）

天明下鄉，往盛家灣。午後雨數點，幸旋止。到墓廬尚早，即拜墓。計清明不在家已數年矣，瞻望松楸，曷勝感泣！在輿中無事，感時局之變，仿杜老意，作《傷春》七律八首。

初八（29 日）

往泉窩塘祭黃孺人墓，計五十里，午後始到，往墓上，大熱不可當。飯後到石香爐汪親家處看祥女，人尚如舊，分娩約在來月。談至二鼓後方睡。鄉下蛙鳴聒耳。

初九（30日）

飯後入城，將晚始到。三日計已走二百里，幸未遇雨。

初十（31日）

飯後到學會，路拜數客。晤張少南，到此數日，云已見右帥矣。往湯幼安方伯處赴飲席，在坐多舊學。渠意以爲天下未必有變，即有變，吾輩有錢，儘可安居，何必多事？予未敢信其必然。右帥照會四人辦昭信股票：湯與張雨翁、朱雨翁、陳程初。

十一（4月1日）

批答南學會問十峠。午後有老人李某來上條陳，說水利，爲代收之。到節吾處，轉交節吾看過，如可行，即代遞右帥。夏芰舲來信，云將與殿書、明蘊私設一學堂，章程請代呈右帥，亦交節吾。往見伯年，久談，云時局可危，英將佔吳淞口，則中國喉管爲所扼矣；江西館事①，可去一轉即回來否。我云不能，到彼即須終局。彼云可俟端節去，秋節歸，此間熱天亦須停講。談江西事，彼甚憤憤，不料如此之甚，渠意亦不甚願我去也。到《湘報》館見熊、譚、唐、樊諸公，略談時事。到蕭仰喬處，彼求保衛，恐難再啟齒。順便歸家，適念循至。夜頗熱。小鶴弟丑刻得一女。

十二（2日）

飯後到學會。錄講義未畢，則已午飯矣。陸子餘同年之弟名孝達字子敏者來見，鹿泉亦出陪，久談始去。此公選鄙縣教諭，來省驗看，將到省矣。張啟明亦來談。講義至燈下始錄成。

十三（3日）

微雨，頗寒。飯後，念循、夢來至。夢來作《時務報書後》，仿報館文，頗相似，好學勝念循。汪受明至，云保衛局東家已允，秉三不以爲然，謂事煩，不能用功。予謂予與鹿泉意亦云然，特

---

① "館"，原誤作"管"，據文義改。

成事不說耳。念循在坐，予亦明說願在此讀書否，願則此間可住，火食算我的，惟在此則不得出外，不得時時要去，使我失人。熊、譚、唐來，以夢來文示之。二點鐘後宣講。廉訪說天主教必無剖心挖眼睛事。其說始於《天下郡國利病書》，伊在東西洋考之最詳。中丞說周漢事，令人失笑。講後，詢中丞江西學堂章程如何①，云可不必，務實學堂已有端緒，請黃幼農、陳樂安辦，江建霞主講，若別議立，恐此事反鬆懈。

十四（4 日）

擬答辜天祐問云：“亂世尚武，治世尚文，此一定之理，然古時文、武初不分途。泰西兵強天下，而兵皆出學堂。其國用人之法，亦未嘗以文、武截然爲二。且其學亦有性理，有文詞，未嘗專尚武而不尚文也。天下各國，各有教旨、學派。論中國教旨、學派，自以孔、孟、程、朱爲嫡派正傳。學者必先講求義理，立身乃有本末。聰明才俊之士，尤須以此範其心志，乃能立定腳跟，否則恐其流入跅弛不羈，虛憍無用。若欲保全聖教，須先講明孔教義理，使中國人、外國人皆知孔教之大，皆能尊信，而後可保不廢。若中國讀書人先存一蔑視孔教之見，何怪外國不蔑視乎？日本無本國所刱學派，儒教、釋教皆從中國、朝鮮傳來。其舊俗崇釋而尚武，不重文學。豐臣秀吉得明帝策封之詔，必使僧人讀之，其朝中無文士可知。自德川氏柄政，稍取文學，於是其士人有講漢學者，有講宋學者。近日盛行西學，而漢學、宋學皆不講。所謂漢學重興者，乃其國人以中國之學爲漢學，非中國之所謂漢學，且亦冀幸之詞云爾，未知將來何如。日本之強，在多設學堂，廣開民智，實事求是，上下一心，不專在禮儀服色之間。中國當此變局，勢不得不變法，而欲一切效法日本，其勢又必不能，不過

---

① “堂”，原誤作“會”，據本月十一日日記改。

託之空言而已。孟子曰：‘孔子，聖之時者也。’司馬德操曰：‘識時務者，在乎俊傑。’孔、孟、程、朱生當此時，必不能舍西法不用。然中國自有教旨、學派，二千年來信從已久，豈能盡棄其學，全仿西人？西學近乎格物致知，孔、孟、程、朱雖未見過此等顓門之學，而其理已具於格致。中西之學，源流各別，而能多讀中西之書，深究其理，以觀其會通，則亦未嘗不可相通。兼講西學，以補中學，可也；盡棄中學，專用西學，不可也。學會意在廣開民智，聯合學派，但求開通，不求閉塞。而中學有漢學，有宋學。宋學又有程、朱之學，陸、王之學。今又別出中學、西學、舊學、新學，互相攻擊，有如仇讎。現在孔教衰微，不絕如綫，亟宜破除門戶，同心合志，以保孔教，豈可同室操戈？故第一次講學，即先發明此義。因有問程、朱、陸、王之異者，爲之開示門徑。其意仍在化異爲同，各求心得，非斷斷有意立異也。足下不深維其本末，狃於俗儒詆毀道學之見，前次所問，實有薄視孔、孟、程、朱，專法西人之意。今日所問，意猶是也，於孔、孟尚不敢昌言排擊，於程、朱則已明目張膽而詆毀之矣。程、朱之學並不迂濶，前已詳細講明。足下既不願讀程、朱之書，前日講義想必見過，何猶膠執己見，曉曉不已？南宋偏安，君臣無復讎之念，講學諸公何能爲力？程子是北宋人，其時國雖積弱，尚無深恥。足下乃云朱、程講學，實未嘗痛陳國恥，激動民心，誤以朱、程並爲一談，似並不知程子爲何時人，殊不可解。以講學不能激動民心爲朱子咎，亦非可以咎朱子也。宋時講學是常事，人人有學生，時時可講學，不過門生數十人，朋友數人，並未嘗如今日大開學會，有數百人環聽，止能開導弟子，何能激動民心？朱子晚遭僞學之禁，有人上書請斬朱熹，如持論過激，身且不捄，何能捄國？朱子於孝宗即位上封事言和有百害無一利，元年入對言復讎，戊申封事直攻君之邪心，並言近習用事，將帥納賄，宰相竊位，無卧薪嘗膽之人，淋漓痛切，毫無避忌，視胡銓僅請斬一秦檜，其忠直尤爲過之。足下於宋代獨許胡銓，謂舉朝皆心死之人，朱子亦在心死之列，何不取朱子之書觀之乎？足下所重者氣節，所尚者武功。程、朱未嘗無氣節，但無武功。王文成則武功甚偉，平浰頭、桶岡諸盜，擒寧王宸濠，用兵如神，變化莫測，且一面講學，一面治兵，尤爲奇妙。其實亦無他奇，惟以良知之學感動人之良心。故其所用皆本地鄉民，所將即本地府縣，人多以爲迂計，而卒能成大功。良知之學如此有用，足下乃無一字齒及，何不一觀王文成之書乎？足下云好理學，不知曾讀何等理學書？未嘗學問，而自詡已學，是謂大言欺人；未讀古人之書，並不知是何代之人，而詆毀前賢，是謂狂瞽無忌，皆學者之所當戒也。足下以中丞言恥、熊太史言公法爲是，鄙人所言爲非急務。熊太史言公法，推本《春秋》，乃是孔子舊學。足下既知公法本性理之一端，西學且言性理，而中學必不可言性理，又何説也？中丞言恥，原本《孟子》。足下亦引孟子之言。孟子説修孝弟忠信，非講學而何？足下年少氣盛，好任俠，稱引孟子浩然之氣。伊尹，聖之任者也。孟子，學伊尹者也，以天下爲己任，而在當日，亦但與弟子講義理，未嘗説如何闢土地，如何朝秦、楚。豈至大至剛之氣，亦無熱力、無血忱乎？氣有兩種，有正氣，有客氣。孟子云配義與道是正氣，揠苗助長是客氣。正氣久而不變，客氣不能久。若不能以義理養浩然之氣，專逞虛憍，一發無餘，偶遇利害，頓然消沮，始於尚氣，終且奄奄無氣，如中丞所言之人是也。中丞已開武備學堂，講體操、圖算，且用西法練兵。足下所云，今已見之施行。足下年少英才，早負大志，欲游歷外洋，今已有往日本之便矣。然須知以義理之學養心，乃不至染外洋習氣。前日洋學生不先通中學，多染習氣，僅足爲買辦、通事之用，以致議者謂此中無人才。願足下一雪此言也。鄙人既承進質，敢效忠告之言。所望多讀經史之書，兼通中西之學，勿逞盛氣，勿爲大言，總要智深勇沈，方能擔當大事。有用之光陰，當講有用之學問。毋好爭辨，徒勞翰墨，長攻擊之風，有乖於學會講開通、合群力之義也。”此次問者多無聊，此生雖狂，尚可訓誨，故詳告之。韓澍園、葉仲元、歐雲樵三人來，云康先生又有六上書，已達天聽。書中有請開總報館、經濟學會之文，不知更有何語。此等乃辜天祐所謂迂遠不切者，其切者，恐政府不便上達也。卓如初一由上海起程。英保護長江，湖南湘潭、岳州皆開馬頭。法占瓊州。仲元云洋人於中國情形皆深悉，頗重湖南。宣翹云歐已就常德學堂總教習，脩六百金。《湘報》來，見會試題，“子曰放於利”兩章頗可發揮。予五次講義已刻上。右帥開時務、武備學堂，已出奏。武備學堂，夏子新官提調，譚復生紳提調。復生論保衛局事，可謂明目張膽而言之矣。晚間歸家。

十五（5 日）

清明。是日爲彭孺人忌日。玉化香銷，忽忽卅餘年矣。午飯後到時務學堂，回拜葉、歐、韓三人。《湘報》載歐君語，云康工部六上書已見之施行。京師開制度局、民政局、統籌局，仿議院，開辦各省學會，以各省會館爲之。又開孔教會，云康君共壽富爲之，旗人信從，恭邸先入會。據此，或有振興之機，斯如天之福也。到《湘報》館，見復生、秉三。適左子異在坐，言局事，彼推官作主。諸公言此事章程極嚴，恐亦非書生所能辦也。到學會，批答九昺。

十六（6 日）

於學會招覆時務學堂所取生徒。鹿泉云二十不停講，又須做講義矣。云：

> 欲先發明孔教，要知孔子何以爲千古大聖人，何以爲中國二千餘年之教祖。中國所尊奉者，孔子以外，厥惟孟子。

欲知孔子，當折衷於孟子之言。《孟子》以爲"宰我、子貢、有若，智足以知聖人"，引宰我曰"以予觀於夫子，賢於堯、舜遠矣"，子貢曰"自生民以來，未有夫子也"①，有若曰"自生民以來，未有盛於孔子也"②。此是人人皆讀之書，而其推尊聖人，未必人人能解。中國之稱聖人者，孔子以前，猶有伏羲、神農、黃帝、堯、舜、禹、湯、文、武、周公，而子貢、有若以爲生民未有，則是孔子以前之聖人，皆不及孔子矣。試思諸聖人皆位爲帝王，周公亦爲王佐，開物成務，有大功德於民；孔子雖聖人，不得位，未能匡濟當世，其功德何以能在諸聖人之上？且宰我明言"賢於堯、舜"③，堯、舜之功，地平天成，萬世永賴，至今稱有道者必曰堯天舜日，孔子之功德又何以能在堯、舜之上？此無他故，堯、舜諸聖人是君道，能剙業，其功德在一代之天下；孔子是師道，能剙教，其功德在萬世之天下。

凡剙教傳後者，必有書籍。使後世讀其書，如見其人，則其教可久遠不廢。如無書籍以傳於後，當時則榮，没則已焉。伏羲一畫開天，黃帝始制文字，堯、舜、禹、湯、文、武、周公乃有書，然書不多，且不盡可信。今所傳古事，如伏羲蛇身牛首，女媧鍊石補天，黃帝應龍玄女，禹殺弍負、囚巫支祁④，《山海經》、《楚辭·天問》所云，皆荒唐無稽。子不語怪力亂神，此等皆經夫子删去，特取其可以維世立教者，定爲六經。漢人多稱孔子删書之功，太史公云："言六蓺者，

---

① "夫"，原誤作"孔"，據《孟子·公孫丑上》改。
② "盛"，原誤作"聖"，據《孟子·公孫丑上》改。
③ "於"，原誤作"如"，據《孟子·公孫丑上》改。
④ 《皮鹿門學長南學會第八次講義》作"囚貳負、鎖巫支祈"。

折衷於夫子。"書經夫子手定,去取必有微意,非徒纂輯成編,如昭明太子之作《文選》、真西山之作《文章正宗》。故自孔子之後,人人讀孔氏書,孔子遂爲中國二千餘年之教祖。

凡教皆有舊教、新教,新教盛則舊教衰。所稱教祖,不歸於其先剏始之人,而屬之其後集大成之人。集大成者,必力量最大,聲名最盛,徒黨最衆,著述最多。有此人出,而前人之舊學皆爲所掩。故中國不祖伏羲、神農、黄帝、堯、舜、禹、湯、文、武、周公,而祖孔子。以後之漢學、宋學推之:漢之伏生、董子、申公、高堂生,及衛、賈、馬、許,皆大儒,得鄭君集其成,而治漢學者皆宗鄭。宋之周、程、張、邵,及龜山、豫章、延平,皆大儒,得朱子集其成,而治宋學者皆宗朱。更以外國之佛與耶穌推之:釋迦文佛以前,有七佛,自釋迦出,而人皆祖釋迦。耶穌以前,有摩西、大闢諸人,自耶穌出,而人皆祖耶穌。此無他故,並由力量大、聲名盛、徒黨衆、著述多之故也。

孔子之書雖多,而剏教之功,以作《春秋》爲大。孟子稱孔子,必舉《春秋》言之。答公孫丑問,以"孔子成《春秋》而亂臣賊子懼",與"禹抑洪水"、"周公兼夷狄驅猛獸"之功並稱。又"人之所以異於禽獸者幾希"以下四章,文義一貫,自"舜明於庶物"以下,歷數禹、湯、文、武、周公,遂及孔子作《春秋》,終以"予未得爲孔子徒也"云云,亦以孔子作《春秋》,承舜、禹諸聖人言之,與緯書所言"志在《春秋》"、《公羊》所言《春秋》"素王"若合符節。《公羊》"素王改制"之説,亦出緯書。鄭君《釋廢疾》曰:"孔子雖有聖德,不敢顯然改先王之法,以教授於世;若其所欲改,其陰書於緯,藏

之以待後王①。"鄭君之言，深切著明。後儒不信緯，並不信
《公羊》，然則孟子何以云"《春秋》，天子之事"？夫所謂
"素王"者，素者空也，王即天子之事也。《春秋》有褒貶予
奪，即王者之賞罰。孔子不得位，不能行法，於是空設一王
之法，以行賞罰，而又不能以無是公、烏有先生當之，故因魯
史之文，而即託王於魯。朱子注《孟子》曰："罪孔子者，以
謂無其位而託二百四十年南面之權。""無其位"，即素王
也；"託南面之權"，即託王於魯也。《公羊》、緯書不可信，
豈孟子、朱子亦不可信乎？

　　俗儒所以多疑此者，蓋拘於"非天子，不議禮，不制
度"，孔子爲下不倍，何得有素王改制之説？不知此義甚易
解。孔子因道之不行，著書立法，以俟後聖。後之儒者，多
襲其意，如周、秦諸子以至國朝亭林、黎洲、船山諸公，其所
著書，莫不思以所立之法見之施行，世未有疑其譖妄者，矧
在孔子大聖人乎？

　　或又疑孔子嘗言從周，何得《春秋》有"變周之文，從殷
之質"之説？不知此義亦甚易解。孔子是周人，其平日行
事，必遵時王之制；若著書傳後世，不妨以意損益。答顏子
爲邦之問，兼取虞、夏、殷、周，此損益四代之明證。正如我
輩生於本朝，所服衣冠，所行禮節，必遵本朝成憲；若著書立
説，則不妨出入，或云宜改從古制，或云宜兼用西法，何嘗謂
時制不可改易？聖人制法之旨，雖非學者之所敢望，然後世
著書者，實莫不如是，特讀者習而不察耳。

　　孔、佛、耶、回，惟回教謨罕驀德及身而王。天主教至十
數傳後，始有教皇之稱。佛在後世，亦稱覺王。我孔子稱

---

① 　"待"，《禮記・王制》疏引《釋廢疾》本作"傳"。

"素王",在當時太史子餘即云"天其素王之乎",《春秋》公羊家稱"素王"尤著。

見本日《湘報》,《醒世歌》已刻上,人必詬病,但求喚醒夢夢,使桑梓之禍少紓耳。假得《格物探原》,觀格物甚精,言理頗誕,以爲天下之物皆上帝所造,上帝又即耶穌。書乃耶穌教所爲,詆天主教而好引經書,足徵予言不誤。康長素《孔子改制考》,向歐雲樵購取一部。雲樵又贈《嶺學報》二本,亦佳。是日中丞不來,廉訪點名亦去。辦有筵席,予與熊、譚、黃、戴諸人享之。

十七(7日)

致芰舲、粟樵書二函。周紱延來,取文字並領題去。夢來、念恂同。客去後錄講義,未畢,腕已欲託矣①。借閱《古教彙參》一卷,謂耶穌即耶和華,實即上帝,所謂"三一妙身";又謂含之後至中國,爲中國生人之始,含即挪亞二子。現在中國以爲白種即《山海經》白民之國,"白民"反音爲婆羅門,不但西教從中國去,西人亦中國種。彼亦一是非,此亦一是非,烏能定之?埃及拜禽獸爲上帝,一愚至此,宜乎西人以耶穌爲刱教之祖。觀耶穌未出以前,其風俗如此之陋,可知其國一切制度皆教士所刱矣。

十八(8日)

接錄講義畢,爲湯孝常改時文、叔方改論、吉兒改《醒睡篇》。李蓮臣大令同年名弼清,湖北人,曾署善化,前未見過,來拜鹿泉,並及予,略談時事。伊住長邑署,幫閱卷,云覆試兼用策論,仍是甄別辦法。俗人皆以變法爲難,恐無人能做,無人能看,不如即用《四書》論,略變格式,用魏叔子制科策,法最易而人皆不知。予嘗謂今之言變法者,高者太高而難行,卑者太腐而泥

---

① "託",似當作"脱"。

俗，非獨試文然也。本日邀同會諸君入會籍，到者惟熊、譚、唐。會籍先右帥，次公度，乃主會者；次即予，乃主講者。譚復生云李一琴譯《字林西報》，瓜分之局已定，兩湖、江、浙、江西、四川屬英，雲、貴、兩廣屬法，山東、河南、安徽屬德，東三省、直隸、山、陝屬俄，福建屬日本。惟甘肅無明文，或以予中國乎？下午赴劉牧村席。牧村云閱善化卷。煥彬在坐，發議頗不可解，右鐵道人，左康工部，未免意氣偏激。云有信與我，想大旨即如是。我用我法，不能隨人作計，故者無失其爲故，亦不必與爭也。

十九（9日）

往拜李仲山署方伯。其兄孟仙，拔貢同年，在京朝考曾見過。明日鹿泉邀彼聽講，予未往拜，恐見面難爲情，故往謁之，而彼辭不見。李蓮臣處亦云出門，遂到學會。得煥彬所寄書，擬答之云：

　　昨同席暢聆大教，頃復拜讀手書，議論崇閎，詞意嚴正，明中外之辨，峻夷夏之防，名言不刊，欽佩之至。向蒙雅愛，結文字之深交。今又惠貽以書，似猶以弟爲可教而未忍遽絕之者，用敢略陳其愚，惟先生督焉。

　　漢、宋儒者，莫不講學，而規模頗異。漢人專講經學，不及他事，聽講者皆弟子。宋、明人講道學，兼及時事，聽講者不必皆弟子，程、朱、陸、王之書可證。現在時務學堂講學是漢人法，南學會講學是宋、明人法。學會之設，意在開通學識，聯合群力，不能堅持門戶，專主一家之言。弟之學術，本兼漢、宋。年幼入學時，湖南學派未開，讀紫陽、陽明之書，頗知服膺，規行矩步，不妄言動。復得亭林、船山著述，始知義理必兼考證，且抗論時事，盰衡今古，鄙宋、明之貧弱，慕漢、唐之富强。少作詩文，多是此種議論，妄意得志有所建白。比年才退氣索，遁而窮經。中年出家，難期成佛，僭有撰述，頗蒙先生許可。然每聞緒論，驚深博無涯，舌撟目禁，歎爲天人。其未能以跛鼈追驊騮者，實以精力既衰，藏書苦少，略觀大意，不求甚解。官紳開辦學會，承乏主講，見其規模與漢人講學不同，不能專講經學，乃取幼時所誦習者，敷衍成章。百年以來，不聞講學，覿此粃舉，不免群怪，故前兩次但明講學宗旨。其説耶穌太多，以其教蔓延五洲，皆傳教之力，今欲大行孔教，必以講學爲先，非意有重輕，謂孔子力量不如彼也。前次講學，復舉趙甌北語以釋之矣。四夷交侵，中國衰微，問者欲講保種保教，遂爲宣講一遍。弟説保教，重在闡揚聖教，使人曉然於聖教之大並切實有用，庶人皆尊信，不至遁入彼教，並使外國人曉然於聖教之大並切實有用，庶彼亦知尊信，不至以彼教奪吾教。前者講學，皆如此説，未嘗如易君所云通教保教及合種留種也。弟亦知先生之言非爲弟發，觀《湘報》所刻講義，當信鄙言之不誣也。

小兒作《醒世歌》，因見學使札諭而戲爲之，報館遂付刊刻。小兒學識譾陋，不曉地學，地球云云，乃聽講竊聞之譚復生者。此等通俗文字，本不足登大雅之堂。即講義、批答，皆急就章，不能如閉户著書，字字斟酌。言多必失，誠如尊諭云云。既聞讜言，以後有誤，更祈揭示，庶乎下次宣講，可以改正補救，免誤後學，實爲至幸。時事岌岌，尤畏挑釁，苦口諄囑，欲人勿逞磚石之勇，少紓桑梓之禍，即群疑衆謗，亦所不恤。來書以爲當以佛、老相喻，最爲通達無弊；分别孔聖與耶穌之異，尤極精確。前説保教，亦略及此，但於彼教未能深考，不敢臆斷。

湖南舉行新政，弟惟主講學，未嘗贊畫其間。居其邦，不非其大夫，亦未敢置議。再講數次，當往江西。滄海横流，不知何處是乾淨土？先生以包山爲世外桃源，亦能爲我留茅庵否耶？

書未發而煥彬來，與宣翹及予久談，其議論比書中和平，不知其《輶軒今語平》如何説法。黃薏丞來，求予保薦，云已見廉訪，允留，但不知局面大小。伊意不欲十六元事，以錢少且難辦也。

二十（10日）

晴。不停講，取講義覆閲之。念循、夢來至。秉三來，以煥彬書示之，爲小鶴交一名條，屬其於課吏、遷善、武備、時務等處謀一事。予不欲其入保衛局，恐廢學也。仰喬與吉兒先後至。二點鐘開講，説《春秋》大義，紱丞與歐雲樵等以爲善。宣翹與秉三説保衛、團練事，非不欲辦團練，但欲章程畫一，事權歸一，不欲如前日之舊章敷衍耳。公度未講，而講畢談易蕭事，亦以爲駭俗，謂日本有漸進、頓進二黨，今即頓進，亦難求速效，不若用漸進法，報文勿太激烈，渠官府且不免畏首畏尾，況吾輩耶？宣翹言龍芝老以秉三批駁團練爲不然，意欲辦團，使右帥保彼爲團練大臣，如曾文正公故事。復生言外出知單，芝老頭名，問願入否，伊等書願入，再議辦法。此老向不好事，恐有主使之者，何不以鴉片、麻雀娛老，而必自苦爲耶？問者此次不多，沈璞、俞焯、張通煥皆有見解。

廿一（11日）

晴，頗熱，使人歸取夾衣。批答問六帋。下午到時務學堂，見李一琴，已將出門，與歐雲樵、韓澍園略談時事。遂至秉三處，見譚復生、唐紱丞方擬品學憑單。紱丞爲畢松甫作《公法學會序》。已刻有《皇朝經世文新編》，文頗該備。攜《春秋董氏學》一部，將歸閲之。談及團練一事，復生云芝老持之甚堅，且要官籌欵，伊以晚親，不便力爭。予云亦屬晚輩，可屬節吾往開悟之。至煥彬處，不晤，遂歸。

廿二(12日)

閱《春秋董氏學》。康氏極尊董子，以爲在孟、荀上，發明甚略，而大義已具矣。往見二叔父，尚健。弟婦病，請龍王發猖。子漁事，伊甚欲之，旋來求力薦保衛。乃爲致函公度，云黃紳求留總局，胞弟書生，求各處管書、管賬事，堂弟求局事，未知允否。念循下午來，留飲，與談時事。湖南釐金、督銷均爲赫德包辦，已見《湘報》，並言瓜分事，誠可痛也。

廿三(13日)

往天妃宮祀神、飲福，不到彼十年矣。到述卿處略談。畢松甫來見。吉兒云公法學會已散，季純等皆頑友，何能辦此等事？徒爲守舊人所笑耳。下午往俞恪士處，吊其夫人仙逝，伊往寧鄉調處鬧考之事。彼處聚衆數千，匈匈將反，皆八股爲之屬也。往晴川處，見桂妹所居處亦好。晴川有條陳，欲我代稟中丞，無甚佳處。到汪宅，賀孟萊高列第六。念循在五牌，屬其已報名可復試。伊鄉間有人來，云家中均好，亦可放心。街中熱氣蒸人，遂至學會。是夜喉乾作嗽，甚不適。

廿四(14日)

頭悶，背痛，時寒時熱，不知爲溫症、寒症。擬續前次講義云：

> 孔子所以必改制者，凡法制行至數百年，必有流弊。古者一王受命，必改制以救弊。《白虎通·三教》篇曰："王者設三教何？承衰救弊，欲民反正道也。夏人之王教以忠，其失野，救野之失莫如敬。殷人之王教以敬，其失鬼，救鬼之失莫如文。周人之王教以文，其失薄，救薄之失莫如忠。繼周尚黑，制與夏同。"《春秋緯·元命包》、《說苑·脩文》篇略同。據此，則孔子作《春秋》，有素王改制之義，實以周末文勝，當改舊法，去其流弊。使孔子得志於時，能行其道，必

大有所變革，而不盡用周制。然則孔子不得志而作《春秋》，以待後之王者，亦必有所變革，而不盡用周制，可知也。素王改制，爲後世法，然則後世一王受命，或英主中興，亦必有所變革，而不盡用舊制，可知也。

董子曰：“道之大原出於天。天不變，道亦不變。”今人狃於故習，秕政弊俗，相沿不改，偶聞變易，輒致紛紜，且以董子之言爲口實。董子，深於《春秋》者也，“道之大原”二語①，見於對策。董子對策之意，全在變法，故曰：“竊譬之琴瑟不調，甚者必變而更張之，乃可鼓也；爲政而不行，甚者必變而更化之，乃可理也。”董子以爲“繼治世者其道同，繼亂世者其道異”，舜承堯道，故可無爲；漢承秦弊，故必變法。説極通達，絕不拘泥。其對策又曰：“王者有改制之名，亡變道之實。”《春秋繁露》亦云：“必徙居處、更稱號、改正朔、易服色者，無他焉，不敢不順天志而明自顯也。若其大綱②、人倫道理、政治教化、習俗文義，盡如故，亦何改哉！故王者有改制之名，無易道之實。”董子此説，尤極精確。蓋千古不易者，道也；歷久必變者，法也。《禮記·大傳》曰：“立權度量，考文章，改正朔，易服色，殊徽號，異器械，別衣服。此其所得與民變革者也。其不可得變革者，則有矣：親親也，尊尊也，長長也，男女有別。此其不可得與民變革者也。”子曰：“殷因於夏禮，所損益可知也。周因於殷禮，所損益可知也。其或繼周者，雖百世可知也。”朱注曰：“所因，謂三綱、五常。所損益，謂文質、三統。”朱子此注，本於古《論語》馬氏注，是漢、宋儒者皆無異説。三綱，謂君

---

① “大”，原誤作“二”，據文義改。
② “若其”，《春秋繁露·楚莊王》本作“若夫”。

爲臣綱、父爲子綱、夫爲妻綱。五常，謂仁、義、禮、智、信。此等道理，亙古今，通中外，未有能易者也。

　　然三綱是大綱，其中細目，亦頗有異。即以君臣而論：古時朝，辨色始入，君日出而視之。其臣先至路門外，以序立，君出相見，即謂之朝。君揖臣，使入各治其事。君退適路寢聽政。或有事召臣入，或臣有謁於君，則登路寢堂，君命席使坐，即爲坐論。如今皇上殿廷外有朝房、官之大堂外有六房規模相似，未嘗見面即拜跪也。君燕其臣，獻酬答拜。臣疾，君親問之。臣死，君親吊之。兼有朋友之義，未嘗尊卑闊絕也。秦制始尊君卑臣，然漢猶有在坐爲起、在輿爲下之禮。丞相入朝，謁者贊曰："皇帝爲丞相起。"立秋獮劉，皇帝見大司馬、大將軍，降輿。徵聘高人，且設壇席。尊賢下士，猶近古風。宋太祖徹宰相范質之坐，於是坐論之禮遂廢，上下隔絕，成"亢龍有悔"之象。孟子論班爵祿，天子列於一位，故有"民爲貴，君爲輕"之論，有"貴戚之卿易位"之論，有"土芥、寇仇"之論。此等議論，自後世視之，皆大可怪。孟子大賢，非妄言者。蓋古者君臣共天位，治天職，食天禄。君與其臣共受天之爵祿，不敢以爵祿爲己私也，不敢謂臣受己之爵祿，當爲己死，不死亦不得事他人也。孔、孟周流列國，歷九州而相君。孔子以微、箕與比干同稱三仁，不責管仲以死。明乎此，而孟子之言可無疑矣。西人見君不拜跪，平等相視，有若朋友。論者以爲失君爲臣綱之義，然古禮本無拜跪之儀，有朋友之義。《易》曰："天尊地卑，乾坤定矣。"君尊臣卑，有若天地，然則地、天何以反爲泰？以天地交也。天、地何以反爲否？以天地不交也。日本明治元年，大久保利通疏云："誠欲合全國君臣上下爲一心，必自天子降尊始。自今以往，請盡去拜跪、俯仰之儀，一以簡易質實爲主。國有大事，與衆同議，我天皇必親臨太政宮而取決焉。政府諸臣，每日必見面，每月必會食，俾人人親君愛上，庶國勢可興。"日本以此成維新之治。然則君爲臣綱，不盡在尊君卑臣矣。

以父子而論：父子是天合，不同於君臣。然古《士冠禮》"見於母"，母拜之；《特牲饋食禮》"嗣舉奠"，父答子拜。經傳多以父慈、子孝並稱。《康誥》言"父不慈，子不祗"，未嘗專責人子。論者多言西人父子恩薄，然觀西人甚愛其子，則亦未必不孝其父也。

以夫妻而論：妻者，齊也，敵體之義也。妻有過惡，夫可出妻。夫有過惡，妻亦可下堂求去。夫死再降，不爲越禮。《易》著"從一而終"之義，而《禮》有繼父之服。至秦始皇立《會稽碑》，始嚴倍死、逃嫁之法，獎巴寡婦，爲築女懷清臺。程子云："餓死事小，失節事大。"是尊夫卑妻與尊君卑臣，皆起於秦而盛於宋。西人貴女子，自漢已然，論者以爲陰陽倒置。西法，一夫一婦，不蓄妾媵，與古法異。若夫死再嫁、妻可下堂求去，中國古法本如是也。然則夫爲妻綱，不盡在尊夫卑妻矣。

論五常仁、義、禮、智、信：古惟老子敢掊擊仁義，棄聖絕智，商君以仁義爲六蝨，韓非以仁義爲五蠹。其論最謬，以後無有敢詆毀五常者。漢人以五常配人之五事，貌屬仁，言屬義，視屬禮，聽屬智，思屬信；又以五常配天之五行，木屬仁，金屬義，火屬禮，水屬智，土屬信。中國言性，未有離五常者。西人用墨子兼愛之術，尊視人猶己之教，育嬰、治病、養貧民廢疾，多善舉，立紅十字架會，是近於仁；公理、公法，有條不紊，是近於義；會盟、交聘，彬彬雍雍，是近於禮；機器、工巧，日新月異，是近於智；盟誓、交易，甚惡欺詐，是近於信。西人未嘗不重五常，此董子所謂"天不變，道亦不變"也。

至於法之變者，後世於文質、三統久置不講，然自三代以來，封建變爲郡縣，井田變爲阡陌，世卿變爲選舉，鄉兵變爲召募，什一變爲兩稅，衣冠禮制代代不同，何嘗自盤古以來即是如此？法久必敝，敝則當改，未有因循廢弛，一切不變，而能轉亂爲治、轉弱爲强者。俗人妄引董子"道亦不變"爲口實，謂法亦不可變，不知變道與變法迥然兩事。讀古人書，不讀其全書，專引一二語以就己説，不但失古人之意，其貽誤今人亦甚矣。

張子善孝廉來，云住長學宮槃澗對門。蕭仰喬來取憑單。鹿泉爲予定藥方。下午歸家服藥。

廿五（15日）

在家檢理書籍，見《聖武記》、《東華録》、《能一編》，慨然想見我朝之所以興、明之所以亡。全謝山論明烈帝有亡國之道二：一在昵閹宦，一以不與本朝和。予謂此非獨咎烈帝也。明臣談忠義者以和爲諱，挾制朝廷。南宋以來，積習如此。清議足以維持國運，而亦足以亡國；士氣足以振興國勢，而亦足以亂國。有明之事，即前車之鑒也。筠仙師《使西紀程》略及此意，已有"一卷西程駁朝議"之語。嗚呼，難言之矣！

廿六（16日）

介卿兄弟於是日分析，並未謀及於我。老五曾來説過，云大致略定，惟三嬸要膳養田二百石，不再析與衆子，日後均與介卿，伊等不以爲然。同到二叔父處，請其到場。午後邀往，譚珊池、海秋、劉稚泉、羅敦甫等皆到。仍以膳養爭執，介卿不出，出又不能發一語，真可笑。將至日落，敦甫乃力説妥，又寫分關多出支節，拈鬮已三鼓，客多忍餓去。予體不適，支不住，遂卧。

廿七（17 日）

連日大熱不可當。予服藥兩帖，尚未愈。閱《東華錄》數卷，略具開國規模。當日有然，何怪其無今日？下午到學會。再請鹿泉改一方，服一帖。蕭仰喬偕其親戚來聽光學。湯孝常亦至。譚復生、唐紱丞、李一琴、楊葵園同來。七點鐘試演，幸未作鬧，惟多擁擠向前，人氣殊不可當。此事本近戲，勢不能如講學之整肅也。演畢，與陸子敏、黃達生談。服藥，乃臥。聞秉三以女殤不出，何兒女情多也？

廿八（18 日）

往陳芷青處作吊。見夏子新丈，談江西學堂事，云洋人包辦釐金、督銷止長江四省，湖南不在內。據此，則鹿泉所云有畢巧者來接實甫下手，乃湖南人好謠耳。又云秦委員，已屬其照拂矣。到黃薏丞處拜壽，以昨所得廉訪手書與看。伊云已見廉訪，又與同席，委彼每團舉議紳二人。人多不解此事，不肯出。總局，左子異力薦徐小圃，恐不能勝任，然廉訪信已云增置一席，仍屬管賑矣。信中又云：令弟昨來，未見，課吏堂、時務學堂無他席，惟遷善所事極繁難，未審能耐此勞否。詢之薏丞，云遷善所止一處，在曾公祠對門，起屋百間，容五百人，委紳止一人，管理並銀錢出入一切，故事極繁，但比保衛委紳上街寫捐略好耳。棣威請一牌客醫治，稍效。殿試聞仍在四月。學宮又傳人議話，以京師電報，聞公車費尚有五百金要寄去也。還學會，見《湘報》刻予七次講義。譚復生《治事篇》十篇已畢，論極平正，然明說一切皆歸入學會，人必疑學會之權太重。伊又云洋人甚佩服湖南，人聞之，又必以為與洋人交通。此等語，皆但可為知者道耳。汪述貞親家之子守逵至，出受明手書。又于越、楊渭璠二人同來，欲考時務學堂，請予作保，前有余沃者亦請作保，皆允之。與鹿泉言遷善所事，伊以為難辦，與薏丞所說同，恐小鶴未能勝任

也。夜看光學。薏丞至，小鶴與岱林亦至。問小鶴意如何，伊以
爲既出謀事，而樣樣不能辦，恐以後爲難，欲姑試之。予謂公度
本有晤時面商之語，初四必來宣講，俟再問明情形，既併歸一局，
必不止一人，倘有數人分理，亦不患其繁難矣。夜極熱，不可當。
夜半風起，雨。

廿九（19 日）

仍晴，不甚熱。以國初事作講義曰：

　　凡天下大事，當講理，不當負氣；當講公理，不當講一偏
之理。公理所在，即天意興亡之所在。請以我朝之所以興，
明朝之所以亡，爲諸君言之。

　　我朝龍興東北，其地爲古孤竹、肅慎之遺墟，其人本神州
之冑。而在我朝未入關定鼎以前，明與我朝爭勝。自明人視
之，皆以明朝爲中國，我朝爲外國。我朝是外國，何以興，何
以爲天所祐？明朝是中國，何以亡，何以不爲天所祐？此其
中自有公理。我朝合乎公理，故興；明朝不合乎公理，故亡。

　　我朝之興，始於我太祖高皇帝。太祖之祖曰景祖，父曰
顯祖。其時國勢未大，世受明之建州右衛龍虎將軍都督敕
封。明萬曆年間，圖倫城有我部中人尼堪外蘭者，引明大將
李成梁兵，攻古呼城主阿太章京。阿太章京之妻，乃景祖長
子禮敦之女。景祖恐女孫被害，與顯祖往救，欲攜女孫歸，
阿太章京不聽。明兵攻城不克，尼堪外蘭以計誘降，屠其
城，殺阿太章京，並及二祖。太祖大慟，詰明邊吏。明以誤
殺謝，歸二祖喪，給都督敕書。太祖以爲釁由尼堪外蘭，欲
明執以與我。明使臣曰："前事已畢，今復過求我，當助尼
堪外蘭，令爲爾滿洲國主矣。"國人信之，懼尼堪外蘭，欲害
太祖，歸尼堪外蘭。尼堪外蘭亦迫太祖往附。太祖時年二
十有五，英明神武，日夜思報大仇，以顯祖遺甲十三副，謀伐

尼堪外蘭。尼堪外蘭敗，奔明。太祖使人索之，遂斬其首來
獻。於時我國勢漸盛，滿洲五部皆歸附。扈倫四部曰輝發，
曰烏喇，曰哈達，曰葉赫，與我構釁。明稱哈達爲海西南關，
葉赫爲海西北關。哈達事明最忠順，國中内亂，明不能救，
遂爲我滅。明責我吞滅鄰國，復立其子。其子爲敵國侵逼，
明又不救，仍降於我。葉赫告急於明曰：“哈達、輝發、烏
喇，滿洲已盡取之。今復侵我葉赫，其意即欲侵明。”明人
始懼，而助葉赫。太祖天命三年，以七大恨告天曰：“我之
祖、父，未嘗損明邊一草寸土也，明無端起釁邊陲，害我祖、
父，一恨也。”其餘六恨，言明偏護哈達、葉赫，欺陵實甚。
天命四年，遂大破明兵四十七萬，明大將劉綎、杜松皆戰死。
從此以後，明人喪膽，遂不能戰。而熊廷弼之守遼陽，袁崇
煥之守寧遠，尤足自固。明又無故信讒，殺熊廷弼、袁崇煥，
自壞其萬里長城。我朝敗明兵，滅葉赫，平開、鐵，定遼、瀋，
天戈所指，無敵不摧，而我太宗文皇帝猶欲講和，不欲黷武。
因袁崇煥遣李喇嘛來吊喪，且賀新君即位，遂答以書。袁崇
煥以書中“大滿洲國”與“大明國”並寫，不便入奏，仍付齎
回。天聰元年，復與書曰：“吾兩國所以搆兵者，因昔日爾
遼東廣寧守臣，高視爾主如在天上，自視其身如在霄漢，俾
天生諸國之君莫得自主，欺藐陵轢，難以容忍，是用昭告於
天，興師致討。惟天不論國之大小，止論理之是非。我國循
理而行，故仰蒙天祐。爾國違理之處，非止一端。”又與書
曰：“前來書尊爾皇帝如天。李喇嘛書中，以我鄰國之君，
列於爾國諸侯之下。如此尊卑倒置，皆爾等私心。夫人君
者，代天理物，上天之子也；人臣者，生殺予奪，聽命於君者
也。今以小加大、賤妨貴，於分安乎？我揆以義，酌以禮，書
中將爾明國皇帝下天一字書，我下爾明國皇帝一字書，爾明

國諸臣下我一字書。”又與李喇嘛書曰：“大遼天祚無故欲害金太祖而兵起，大金章宗無故欲害元太祖而兵起，萬曆無故侵陵我國，偏護葉赫，而我兩國之兵起。我師既克廣寧，諸貝勒、將帥咸請進山海關。我皇考以昔日遼、金、元不居其國，入處漢地，易世以後，皆成漢俗，因欲聽漢人居山海關以西，我仍居遼河以東，滿、漢各自爲國，故未入關，引軍而返。”恭讀太祖、太宗聖諭，大哉王言，仁至義盡，“不論國之大小，止論理之是非”尤精。明朝行事不合公理，是以興師致討。兵既屢勝，猶欲息兵講好。既稱尊號，猶崇謙德，下明皇帝一字。不欲入居内地，深謀遠慮，引軍返國，與明講和，出於至誠。乃六七次致書燕京，明皆不答。錦州、塔山既克，乃遣總兵等官至軍前議和，齎其給兵部尚書陳新甲敕諭一道。太宗覽畢，諭諸王、貝勒曰：“閱爾等所奏，明之筆札，多有不實。若與我國之書，何云‘諭兵部尚書陳新甲’？既謂諭陳新甲，又何用皇帝之寶？況札内竟無實欲講和之意，乃云‘我國家開誠懷遠，似亦不難聽從，以復還我祖宗恩義聯絡之舊’等語。此皆貌視我國，實無講和之真心。我朝兵强國富，尚且諄諄願和，奈明國執滯不通，自以爲天之子，鄙視他人，口出大言，不願和好。不知皇天無親，有德者受命，無德者廢棄。從來帝王，有一姓相傳永不易位者乎？明之君臣，慮不及此，不願脩好，致億萬生民死於塗炭者，皆明之君臣自殺之耳。”太宗此言，明見萬里。明之君臣，狃於南宋以來議論，以爲堂堂中國，必不可與外國講和，和即是損國威，傷國體；其講和者，即是賣國，是奸臣。不顧事理之是非、時勢之利害，衆口一辭，以和爲諱，動以迂謬淺薄之論，劫持其廷臣，並劫持其君。明崇禎當錦州既失之後，非不知其勢不能不和，顧爲此等議論劫持，雖爲皇上，不敢明下敕書與我朝議和，姑爲敕諭陳新甲云云，以爲必如此乃不失國體。不知如此自大，我朝如何允和？卒之和議不成，言官又以議和攻陳新甲去之，帝不能救。從此至國亡，無敢上和議者，以至於亡。

夫明朝士氣之盛，清議之重，其氣燄至於使君、大臣皆畏憚，而卒無救於亡。故士氣可以振興國勢，而過於浮動，亦足以亂國；清議足以維持國脈，而過於囂張，則亦足以亡國。彼以尊國威、崇國體爲言者，未嘗不曰忠義，然是一偏之論，不是公理。孟子嘗言公理矣，曰："以大字小者①，樂天者也；以小事大者，畏天者也。樂天者保天下，畏天者保其國。"朱子注曰②："天者，理而已矣。大之字小，小之事大，皆理之當然也。"以我朝與明朝而論：我朝屢勝而强，同於大國；明朝累敗而弱，同於小國。我朝猶息兵講好，深念億萬生靈之命，是得以大字小之仁；明朝乃意欲講和，猶存虚憍執拗之見，是並無以小事大之智。惟其如是，故我朝能保天下，而明朝不能保其國。當時有云"寧可亡國，不可講和"者，此等謬論，尤不可解，直是負氣，不是說理，且並不畏天。古人云"祈天永命"，何等兢兢業業！今乃矢口猖言，不顧後患，自願亡國，安得不亡？及至亡國之後，所謂忠義之士，不過潔身而去。其上者陷賠絶脰，一死塞責；又或倡率義兵，荼毒生靈。皆無救於亡，追悔何及？譬如民間搆訟，其有識者當勸以息訟求和，其無識者反慫恿之，以爲寧可傾家蕩產，不可求和示弱，卒致訟既不勝，而祖宗基業蕩盡，窮餓以死。彼慫恿之者，能爲援手否乎？由此言之，勸

---

① "字"，《孟子·梁惠王下》本作"事"。

② "曰"，原誤作"者"，據文義改。

之息訟者爲愛其人，勸之搆訟者爲害其人，不待智者而後知矣。孟子言"天"，朱子言"理"，觀我朝與明朝之興亡，即其明證。如徒負氣而已，豈孟子、朱子皆無氣男子乎？

全謝山《明莊烈帝論》曰："莊烈之召禍，在内則退宦官而不終，在外咎於議和。伏讀《太宗實錄》，其與明議和之書，不可指屈，與督撫言之，與守鎮太監言之，又與帝書親言之，又令朶顔三衛上疏言之，最後破濟南，執德王，即令王上疏言之，而帝皆岸然不許。其始欲我去大號，太宗亦降心從之，不稱帝而稱汗，且令明人製寶以給之。是殆可以行矣，而尚不可，乃泥於'龍虎將軍'之稱，欲仍以臣禮待我，則勢所必不能者。何其固也！考之宋、遼議和，不過敵體，曰南朝爲兄耳。太宗令於國書之禮降明一格，推以爲中原一統之共主，其視遼人爲更謙，亦思是時之本朝，其何所畏於明而求和乎？明人於百戰百敗之後，而負氣若此，不量力若此，是則自求滅亡之道。然且南渡通使，高相國欲居尊稱，而目我朝爲可汗，其亦迂而不達時務矣夫。"案：謝山非無氣男子，而論明人負氣之非最允。高相國謂高弘圖。此時猶欲自尊，真迂謬可笑，後人尤可鑒也。

楊晴川來，以後須填票送之。周紱綖來《平等論》一篇。下午觀諸人所捐入學會中書籍，有《洪北江全書》、王壬老《三禮箋》、《郎潛三筆》尚可觀。予捐入所著書四種。吉兒來視予疾。晚間，宣翹約同往時務學堂看天文儀器。見木星甚大，旁有小星一，又小星三。人云星面尚有黑點，兩旁有帶，予與宣翹目力皆不能見。又觀星氣，見小星甚多，聚處有白氣，天狼星光芒射人，而無體質。諸星行甚速，云是地球行也。至復生處，已作書致宣翹，將發，云岳州通商在即，而諸生約縣考時毁教堂，校經堂岳州人請急開學會，囑宣翹往，而不知岳州紳士開通者何人。復生以此事關一省之存亡，予謂毀教堂亦八股先生之囈言，未必真有此事，然寧可信其有，不可信其無，以豫防爲是。見黃策生，頗有赳赳氣象，聞其治軍甚嚴。歸與宣翹談至夜分。

三十（20 日）

飯後歸家，往小古道巷問候。吳季澤至，云初十内外北上，約吉兒同行，遲恐太熱，來月當啟程矣。録初四講義一過。初四講後，當歸家爲彼治裝。

閏三月

初一（21 日）

聞以求雨禁屠，穀價貴至七擔，湖北以下運去甚多，當告官府，使亟遏糴。介卿分家後，母子又分兩竈，達卿兄弟共一竈，分爲三處，今日開火食。美卿改牌廣大利，大張門面，恐非善策。聞有納妾之議，於女安乎？午後雷雨。有師文璜字盤生者，以久安丈書來拜，云在滬上方言館多年，通西國語言文字，聞湖南興西學，歸謀館地，住青石礄師同興店中。客去後，到學會。因陶少雲丈去世，今日成服，往吊。到學會更衣，往陶宅。聞此老自挽云：“死近古稀年，未嘗險阻艱難，一事無成疇諒我；生逢陽九厄，□□憂愁抑鬱，萬緣□□豈猶人①。”可云達已。歸仍到學會。夜風甚凉。

初二（22 日）

重取講義，更正數處。又將十次講義録出。爲周紱延改論一篇。夏子新丈來拜，言江西學堂難成，得茇盦信，學會亦作罷論，而湖南事亦難辦，無人出錢，僅一朱雨田頗忱慷，而貲將罄

---

①　下聯原稿空缺數字。

矣；大勢將危，猶解散民心，抽房捐，抽股票，恐亂民乘之，而西人承其弊，亟宜講明商務。予謂有請商人聽講之説。彼甚以爲好，云何不早辦。當以此意爲諸公告之。閲報，言房捐已見明文矣。予不過歲出一兩銀，特恐人心將解體耳。

初三（23日）

爲夏子翁之孫改論二篇。有新出《渝報》十本，取觀之，乃宋芸子諸人所爲。鹿泉處假得《公羊》王《箋》，此處亦有人捐王氏《三禮箋》，惜無暇細閲。鹿泉捐《皇清經解》、《續經解》入學會。予亦擬捐書十來册，惟《三魏集》、《山谷集》在江右，一時不能致耳。鹿泉昨在公度處，見與左子異同定局紳名次，小鶴事已定局，未知能勝任否也，以此告知小鶴。公度明日來宣講，再當面詢一切。劉一來問行期，告以總在四月。《渝報》十本已略閲一過。宋芸子論時務尚切實，處處以《周禮》比挍西法，與卓如言《公羊》不同。此人亦壬老高足，而談時務非師法也。報後有寄售廖氏《四益館叢書》十二種，當囑吉兒於上海詢之。湯幼翁至，云鄉人辦團練極踴躍，不當以城中之法制之。右帥批黄廷璐禀，辦團仍委湯紳。彼爲團練大臣，將何爲也？案發，孟萊跌到三牌。八股無憑，固如是乎？城南諸生禀請官課改章，不課八股。此廓清一大機會也，特恐無人可閲卷耳。爲曹幼筠寫横披一帋。報館送西書至，有《俄土戰紀》。燈下閲一過，苦其人名、地名繁猥，如觀《元史》。《康工部五上書記》有桂赤跋，且題籤。伯華亦爲此公門入，無怪卓如識之。

初四（24日）

師盤生至，鹿泉考其所學，以鄧璋所書四字問之，彼能答，特不知是否。鹿泉云見楊振驤在銀元局中教西文，俟訪之。擬挽俞恪士夫人云：“海上有仙山，回看塵世三千，稽首麻姑先度劫；人間如夢境，贏得俸錢十萬，傷心元相且營齋。”二點鐘開講。

李一琴講通商事,云我設巡捕,則操縱由我;彼設巡捕,則操縱由彼。此極破的之論。譚復生講治兵,亦切實。廉訪未講,詢遷善所,云有三數人,較獨當一面爲易。方伯亦未講,講畢久談時事,議論通達,甚以近日所辦爲然,云過南京見峴帥,彼諄囑不可辦鐵路,留湖南一片乾淨土,與文帥所見合,豈皆所謂老成之見耶?香帥入京陛見,或入樞輔。客去後,與吉兒往見節吾、伯嚴,言城、求兩書院諸生請官課勿用時文,仿嶽麓分習各種學問,以免鬧教。所說甚是,頗以無人閱卷爲難。節吾卷將看完,所取城南第一仿胡稚威,文筆甚奇,破題云:"地球無隔力,以心通之也。"聞善邑侯敢於抗令,屬考生勿做論,並不閱,所取案首破題云"君子不談時務"。不學人之謬妄,乃至是哉!節吾云此文從落卷搜出,大約即此等人所爲也。問伯嚴輪船事,屬其留意,遂與吉兒同歸家。

初五(25日)

清理書籍十册,捐入學會。寫挽聯一首。左四先生傅小鶴與子漁,呼子漁來告之。聞二弟婦病更重,可憫。

初六(26日)

飯後往拜易實甫、陳笠唐。實甫未起,見笠唐,云一切要問實甫。遂至學會,風雨不止。來者亦近四十人。復生、秉三來,告以節吾、伯嚴以爲閱卷無人之意,共議云仍使委員閱過一次,一則復閱較易,二則藉此開通諸公。復閱即以南學會友分任之,章程添入願閱課卷一條。節吾至,以告之,請其萬勿批駁。惟書院分立數門,當請山長共議,或仿嶽麓章程亦可。熊、譚與畢松甫皆函請祭酒過江講學,以副諸生之望,祭酒辭以難。此公講學實不爲難,特不耐此勞耳。入會者有武備教習王、武兩君,又黃策生營官陶、田等三人,可謂文武不分矣。客去後,搬入上進戴宣翹對門房。夜批答六牉。

初七（27 日）

批答六爻，答黄日華問女學最詳。予捐入學會書十册:《湖南通志》、《御批通鑑輯覽》、《林文忠公政書》、《論讀史大略》、《柳柳州集》、《十駕齋養新録》、《爾雅義疏》、《賈服注輯述》、《小學彙解》、《邊事彙鈔》。現在所捐書，以譚復生爲最多。吉兒送來劉頌虞駁易甌、熊崇煦駁羅召甘二書，刻成。此二人皆號開通，而意見猶不化，徒費筆墨，何苦操入室之戈？復生來，縱談此等事，甚爲太息。有南州黄尊來信，云已開辦龍南學會，彼處開化較首縣爲易矣。爲湯叔方改論一篇。增入講義一段。黄升夜至，云撫署着人來，明日湘帆船開。恐來不及，且辭復之，待後一期。方卧而秉三來信，並見示中丞原函，屬以三事告我:一、輪船明日開;一、書院官課改章已准，惟添設各學經費難酬;一、《醒世歌》將刻大字，整篇頒發，不必再印。回秉三信，云輪船事已稟明中丞，並以初四所講付之。

初八（28 日）

晴。考時務學堂。顔小夏太守來拜，即出相見。俄而中丞至，云湘帆明日開，如來不及，慈航初十外必到。乃告知吉兒來得及否，云仍來不及，則等慈航可矣。師盤生至，鹿泉又繙諸生，使之認識解説。復生至，見面云明日下午可到彼處，約李一琴共談。《文編》中載復生《致貝元徵書》，説變法極曉暢，此才可愛。本日題爲"無敵國外患者國恒亡論"，"漢光武治天下亦以柔道行之論"，"三十年之通制國用，泰西"云云[1]。出監場，見于鈗

---

[1] 《湘報》第四十九號載時務學堂第三次招考題全文:丙字棚，"問古者以三十年之通制國用，今泰西諸國有大興作，則下之議院，計其所費之數，以徵於國中，而事立辦，民不違其道，何由";甲乙兩棚，"漢光武謂吾治天下，亦有柔道行之論";元字棚，"無敵國外患者國恒亡説"。

文頗佳，可取。汪守逮大致尚合，間有數虛字不合法。譚先通亦可望取。余沃文氣頗暢，必云敵國外之患，則不可解。此皆予所保舉者也。寫信二函致陳蓀石、杜喬生，屬其教吉兒詩、字。又起稿稟徐、孫、廖、王四位夫子，屬其往見。《湘報》館有《譯書公會報》，甚好，擬購一分。見日本報，以長信比朝鮮閔妃，謂支那主與大韓光武皇帝好一副對子，有安徽黨、湖南黨，香帥、右帥外知有易順鼎、陳三立。

初九（29 日）

寫信致張冕堂，託照拂吉兒。聞夏氏竹林①、于秉郇皆住彼處，將來或可同住也。鹿泉函稟虁師，亦當具稟令吉兒往見。飯後，各處回拜，到俞恪士處弔喪，談一切時務。彼亦以爲恐右帥去，維新黨將爲人齮齕。所見極是，特不知彼有策能使不變否也。到家，適秉郇乃翁至，略談。小泉已請假歸，云秦委員較勝前任之刻。梁益智爲余太華刻龔、魏集，假鈔本《定盦集》去，予許爲校勘。梁卓如《春秋界說》未成，從時務諸生假得之，擬刻。予《春秋義説》亦可付刊矣。

初十（30 日）

吳季澤着人來，云湘帆尚未開，擬登舟，促爲吉兒治裝，而船於初九已行矣。劉牧村來，云補缺無期，欲求事辦。久談時事，亦略開通。去後，仁壽宮來催，以陸仙更開廣達利行請客。往聽戲，二鼓歸。

十一（5 月 1 日）

講期。飯後赴學會。秉三云汪本可取，于更必取也。吳鳳笙同年至，談及岳州開學會事。此君學行甚卓，勤樸耐勞。先慮其不開通，今得如此，是大幸事，岳州或可保安靜矣。右帥來講

---

① “林”，原誤作“枝”，據文義改。

學,云香帥約共奏改科舉,擬一場用史事及本朝掌故,二場西學、西政,三場四書、五經論,不作時文體,分三場去取,取額遞減,仿縣、府試章程,以後取士專用此科,不用現在時文三場,亦不必別立經濟名目。此法若行,可以去中國一大害,特恐閱卷難其人耳。右帥以予所講爲善,予甚服戴君説中西教之精。講後,寫信五啎寄芰舲。

十二(2日)

寫信致張冕堂,屬照拂吉兒。彼居柵子橋,與善邑館對門,到京即可往見。彼約同住,亦可去也。飯後到復生、紱丞處,以昨所得問答妄署者示之,彼云無理可不答。屬致函乃翁,使吉兒往見。遂到秉三處,正在檢閱時務諸生卷,一、二名楊德鈞、張協沅,皆瀏人,極佳。于鉞本可列第三,因亦瀏人,置第七,批云:"縱橫一萬里,上下五千年,不凡之才也。"汪守遳批"有可采語",與余沃、譚先通皆在挑列。復生亦至,共定甲乙。予見有公事,遂行。至家,寫四月題,復朱溪雲一函,並寄芰舲。龔瓊山來。下午赴述卿飲席,晚歸。

十三(3日)

閱《知新報》數本,劉楨卿等議論可觀,遠勝《時務報》矣。批答數啎。易實甫來回拜,云笏老已入船,等慈航來拖帶;鹽局乾脩已稟求勿裁,將來多的恐不能保,少的或可仍舊。壽兒事已託之。

十四(4日)

批答十餘啎。見《湘報》,唐紱丞《辨惑》甚曉暢,熊崇煦言通商立馬頭亦有實際。汪受明至自湘陰,略談時事。達卿弟之長子萬兒患白喉症,前日歸猶見其嬉戲,次日遂沈重,痰滿氣促,是日三鼓即不救矣。云係誤服表藥,引毒入肺,故嗽聲甚異。楊石山辭不至,而巫猶云不妨,喃喃未已。主人來拜送巫出門,已翦紙招魂矣。小古道巷迎神發猖，夜分猶鬧。

十五（5日）

是日立夏。湘俗小兒皆稱量輕重，大人亦或從俗。予不在家過立夏十年矣。昔稱不過八十餘斤，今一百零九斤，年長而學不長，負此腹矣。見《會試題名錄》，善化中周仲海及楊霖生之子詠棠。知名者，夏壽田、張百禥、許鄧起樞，餘多不識姓名。江西門生惟楊增犖。若程式穀，雖知名士，尚非我徒。此科大抵多朽生，而名士一網打落。八股一日不廢，英才一日無出頭之日也。午後到礦務局拜黃、武二君，見梁君煥奎，云長慶輪船將開，已告季澤。予到學會，即着轎夫歸告吉兒。聞此船小，不能坐客，須着人看過，若不行，不必勉強。宣翹云復生、秉三共稟請書院改章，提所加錢糧爲經費。又徐君勉從東洋寄信來，云日本人甚拜服湘人，請入彼會，已將我與鹿泉名示之，未免私通外國，有似漢奸矣。宣翹又云校經堂學會有馬、熊二人者，不出飯錢，欲逐齋夫，蔡劭諿往調停，將轎打壞，衣扯破，廉訪大不答應。予謂此皆濫收入會之故，南學會可以爲鑑，勿濫收人。

十六（6日）

招覆時務學堂考生。汪孟萊與其弟守逵早來。黃公度、熊秉三至，予出見，並看其點名，易瑞龍、任壬最小。陳芷青至，云星墀失紅病重，請鹿泉往看病。此等病不易治也。爲紱延刪改論一篇。閱《春秋義說》一過。出看收卷，汪、于卷皆不佳，略翻諸卷，亦尠佳者。題爲"孟子兼師伊尹之任論"，通曉者少。梁卓如言今之學者未得西學，而先亡中學。今觀諸生言洋務尚粗通，而《孟子》之文反不解，中學不將亡耶？予非守舊者，然此患不可不防也。聞慈航已至，告知伯嚴，復書云已通飭管帶，明日准行。予遂歸家，爲吉兒料理行李。

十七（7日）

右帥送程敬十兩。黃升打聽船准開，飯後即將行李上船。午刻後，予送吉兒到船上，見喻樹、吳季澤，託季澤照拂一切。輪船將開，天亦開霽，予遂歸。回顧吉兒，惘惘有別離之色，但望道路平安，早得好音耳。下午又大雷雨，想船未過湖，必泊靖港、湘陰也。壽兒以所作歌呈予，惟説種麻尚條暢，而《重骨輕肉説》頗妥，未知有藍本否。

十八（8日）

天晴，想過湖甚安穩。飯後到學會。畢松甫來，久談時事。此人近極開通踴躍，苦於人心難悟，勸以堅忍，勿畏疑謗，必如此方可辦事。秉三處送來批答，有請思賢改爲學堂，並改寺觀者，答以“《益聞報》云京師隆福寺、護國寺已改爲大學堂、武備學堂，僧人移居黃、黑諸寺。如此事確，外間亦可仿辦”。予前批請改寺觀者尚未見此。有上手摺請開呂宋票者，異哉！而以廣東闈姓例之，亦不異矣。秉三已往衡州，留書一函，有稟稟右帥，岳、灃兩州加米釐，請以十之三付本地辦學會、學堂，十之七辦省城學會、學堂，已列予名。復生亦歸瀏陽去矣。有城南書院生李某來，欲入會看書。人頗開通，曾到上海，極稱巡捕之善，城南諸生請改章稟帖有名，上次有條陳交復生，未知遞否。周緺延來，云乃翁到浙江一轉再歸。師盤生來，云在儲備倉賑捐局邀得生徒二人。晚上李一琴、楊葵園至，云卓如入場不售，病尚未痊，美、西將開仗，德以膠島讓俄、自踞福建三沙屬實。演光學，尤不成事體，嬉笑誼鬧。此事可以已矣。有常某者寫信十鬠，爭辨妄言，酸腐之氣逼人，並孟子亦敢罵，八股之猖獗無忌如此！

十九（9日）

微雨。吉兒想已到湖北矣。季澤尚有數日耽擱，不知何日成行。擬下次講義云：

子貢曰："夫子之言性與天道，不可得而聞也。"性與天道，見於《易》與《春秋》二經。《春秋》變周之文，從殷之質，故有"素王改制"之義，以待後世有王者作，舉而行之。此聖人之微言。至於《易》，則其義更微，而亦未嘗不明顯。《易》之爻辭，九、六爲變，七、八爲不變。《易》占其變者，不占其不變者。《繫辭》曰："動則觀其變而玩其占。"又曰："爻者，言乎變者也。"又曰："神農氏没①，黄帝、堯、舜氏作，通其變，使民不倦；神而化之，使民宜之。《易》窮則變，變則通，通則久。是以自天祐之，吉無不利。黄帝、堯、舜垂衣裳而天下治，蓋取諸《乾》、《坤》。"孔子繫《易》舉黄帝、堯、舜，言窮變通久之義極精。

上古之世，榛榛狉狉，飲血茹毛，食肉衣皮，巢居穴處，與今臺灣、瓊州之生番、雲南徼外之野人無異。及巢、燧、羲、農，乃漸改變，始有火化、穀食、衣服、宮室。至黄帝，而制度大備，文之文字、書契，武之弧矢、甲兵、封建、井田，規模皆始黄帝。《繫辭》所云"後世聖人易之以宮室，易之以書契，易之以棺槨"，皆謂黄帝也。"垂衣裳而天下治"，特舉其一端耳，而"垂衣裳"亦是當時之一大事。《漢武梁祠畫象》伏羲、祝誦、神農皆短服，黄帝乃有長衣，所謂"垂衣裳"。中國自黄帝、堯、舜，乃由草昧而變文明，至周，乃爲文明之極。如必守舊不變，以爲古法必不可易，則古之飲血茹毛者，不當變爲火化、穀食矣；食肉衣皮者，不當變爲衣服矣；巢居穴處者，不當變爲宮室矣。試問既有火化、穀食、衣服、宮室，而欲反於飲

---

① "氏"，原誤作"既"，據《周易正義》及《皮鹿門學長南學會第十一次講義》改。

血茹毛、食肉衣皮、巢居穴處,能乎不能?

人情習於所見,而蔽於所不見;狃於故常,而不肯易故常。此是流俗恒情,實由不知通變。今試置身三代之上,而語人曰:"後世將變封建爲郡縣,中國幅員萬里,只立皇帝一人。"則人必譁然不信,曰:"諸侯分國而治,從古已然,後世雖有英主,能盡天下諸侯而滅之乎?"又語人曰:"後世將變世卿爲科舉,能做幾篇文字,即由徒步可至公卿。"則人又必譁然不信,曰:"世家世襲爵禄,相沿已久,布衣雖有賢士,豈有能起田間而爲大官者乎?"又語人曰:"後世將變井田爲各人私産,變鄉兵爲臨時召募。"則人又必譁然不信,曰:"井田是公家之物,豈可聽人兼并? 鄉兵皆同鄉共井,豈可招集五方雜處之人乎?"由此觀之,未至變時,則人必不信其後之將變;至於既變之後,則亦相安於無事,相習而不察矣。今欲復郡縣爲封建,勢必致亂;欲復科舉爲世卿,人必不服;欲復行井田,一人百畝,復行鄉兵,按户抽丁,則聖人復生,亦不能使其法必行而民皆樂從也。人情莫不日趨於便利。未覩其便利,則亦安之矣;若既覩其便利,必不能使復安於不便利。甚至即有大不便利者,而相安已久,亦不能使復古。如火化、穀食、衣服、宫室較飲血茹毛、食肉寢皮、巢居穴處爲利便也,郡縣、選舉、召募較封建、世卿、鄉兵爲便利也。若豪强兼併,貧富不均,較之井田人有恒産,此大不便利者,然欲復井田,雖愚者皆知其不可矣。且火化、穀食、衣服、宫室,此開物成務之聖人所改變也。若郡縣、選舉、召募及田爲私産,此後世以漸而易,並非開物成務之聖人所改變,卒之一變不可復者,此其中有天道焉。

天道或數十年一變,或數百年一變。七政之古法,八星之新法,非數言所能盡,今以地氣之轉移論之。古時地氣,

盛於北方。黃帝合符釜山,在今塞外,其時北方必非如今遼
曠荒涼。古時又以泰山爲中,故封禪升中之禮皆在泰山。
春秋時所號爲中原者,不過河南、山東等處。孔、孟周流,只
此千里之地。東南如楚、吳、越,皆號蠻夷。漢時山東出相,
山西出將,南方所出人物希如晨星。晉時五胡亂華,衣冠南
渡,於是南方漸盛,北方漸衰。其後宋又南遷,遼、金、元迭
起於北。古之所謂中原文獻,而今乃貧瘠愚昧矣;古之所謂
南蠻鴂舌,而今乃富庶文明矣。

即以湖南而論:春秋時,楚地不過湖南。悼王時,吳起
并百越,湖南始屬楚國。漢時,湖南人物罕見史傳。三國
時,如蔣琬者亦止一二人。唐開科三百年,長沙劉蛻始舉進
士,時謂之“破天荒”。至元歐陽原功,明劉三吾、劉大夏、
李東陽、楊嗣昌諸人,駸駸始盛。我朝同治中興,曾、左、胡、
羅、江、李諸公出而裁定大亂,言戰功者首推湘軍。近日湖
南文風,又爲各省之最。是由地氣變而益盛,亦由鄉先生之
善變也。如不變,則仍如古時之南蠻而已矣。

泰西諸國,自希臘、羅馬,已有文明之機,乃一厄於回
人,再厄於蒙古,其勢中衰,至明時乃復盛①,至今益進富
強。計歐州之興,不過四百年。其刱機器,不過百年。百年
以前,其火器、舟、車,無大異於中國。然則其刱機器以橫行
五洲也,亦天地之氣運,將以肇開大一統之象,而不可遏抑
也。《繫辭》曰:“刳木爲舟,剡木爲楫,舟楫之利,以濟不
通,蓋取諸《渙》。服牛乘馬,引重致遠,以利天下,蓋取諸
《隨》。”古時未有舟、車,而聖人刱造舟、車以利人,則舟、車
不可廢而不用。然則古時未有輪舟、輪車,而西人刱造輪

———————

① “至”,原誤作“自”,據《皮鹿門學長南學會第十一次講義》改。

舟、輪車以利人，亦豈可廢而不用乎？

昧者曰：輪舟、輪車出，則舟、車將廢，奪小民之利。則又不然。當未有舟、車時，人但知有負戴。智者刱爲肩挑之法，則一人可兼二人之用。智者又刱爲車載之法，則一車又兼數人之用。智者又刱爲舟運之法，則一舟又兼數車之用矣。而今既有舟、車，肩挑者猶有人，負戴者猶有人。物有多寡，路有險易，各有所便，而皆不可廢。然則舟、車未嘗奪肩挑、負戴之利，輪舟、輪車又何至奪舟、車之利乎？

天地之氣運當變，能迎其機而自變者，其國必昌；不能迎其機而自變者，其國必亡。至於國亡之後，必別有人代爲之變。俄大彼得、日本睦仁，能迎其機而自變者也。若五印度，若南洋諸島、非洲諸國，不能迎其機而自變，國亡之後而人代爲之變者也。要之，既有其機，則必不可遏而不行。既有其法而人以爲便①，既有其物而人覩其利，則必不可廢而不用。必欲遏之、廢之，則不自變而將有人代爲之變。自變者昌，代變者亡。請以《易》與《春秋》之義，告守舊不變者。有善化施文焱、江夏李□□、□□□三人來見②，呈《律法學會章程》，云已有二十餘人，大約皆學幕者。律法之外，兼講公法，能成亦佳。廣東有李玉林號雨農者，在此候補多年，作《探邪論》一篇，意欲送報館，而筆頗平沓。黃薏丞云棣威可扶行幾步，尚未消腫；保衛局收支事已定，局中現在收拾。曹貴來，聞譽孫發熱，請鹿泉往視。因同鹿泉到節吾、伯嚴處，遞米釐稟，囑明日勿出時文題，寧可以《四書》題作論。節吾云變科舉事，香帥未回電，恐因子中進士，又祖護時文，奈何？伯嚴云義寧州無興仁義

---

① "其"，原闕，據《皮鹿門學長南學會第十一次講義》補。
② "李"下，原稿空缺數字。

學會事,恐是廣西義寧縣之誤也。予歸家,見譽孫不甚熱,但咳嗽。鹿泉來診、立方,云到左子異處,云保衛局五月方可開,四月初不過議事,且須公舉紳董,考驗巡丁;遷善所現起房屋,須俟節後。變法不能迅速,不但無錢,且無熟手。

二十(10 日)

撫、憲官課。昨已與節吾、伯嚴説明,不知何以仍出時文。城南分六門,而嶽麓、求忠無之,只有“湖南水利”、“湖南險要策”,此乃數百年陳腐之物,不知何以至此。觀詩題,似節吾所擬。不知此等題出自何人,令守舊者鼓舞歡欣,維新者扼腕太息。如此辦法,必無振起之①。時文、八股既送崇禎,必再送我覺羅氏無疑矣。壽兒所作《重骨輕肉説》,細閲之不盡妥,其非録舊可知,爲改定數處,並爲代作《湖南振興商務論》數百字,大旨在立商務學堂、學會,剏設公司。

廿一(11 日)

晴。擬往學會,先到汪受明處,還近日堂本銀弍百兩、息銀弍十一兩五錢,算至月底,尚欠一錢。詢念循處無人到城,不知祥女分娩否。伊出所與公度廉訪書,以爲羅棠論周漢事物議紛然,而紱丞爲羅求事,如用其人,則物議更甚,必以爲大吏好迎合,報館爲矢所集,立説甚善。坐久,雨又至,出門更大,不能北去,仍回公館。見本日報,善化張翼雲論湖南尚未進於文明明白透徹,與受明所言合,誠可慨歎。陸仙來,云三叔廿四奠墓。若不雨,予約廿三同往,廿四趕回。

廿二(12 日)

恐將下鄉,將廿五日講義録出。雨又不止。見本日報,列吉兒《平等論》、善化黄寯《學戰會啟》,不知黄何如人也。聞星墀

① “之”下,疑闕一字,如“望”、“機”之類。

已故,可惜。

廿三(13日)

與弁卿同下鄉。鄉下久雨,極不好走。轎中閱《列國變通興盛記》,見俄彼得變法自強,真有氣魄。日本變法半由在下激成,而俄則彼得一人之所爲。其辦法全是霸氣,非霸氣不能成事也。下午到白塘,見春妹房屋甚好,而以兩寡婦支持之,哀哉!留飯,等至將晚。飯後往龍駒塘,只數里,走里多黑路。路已泥潦,又不能見,時有傾跌之懼。到莊屋夜宿。

廿四(14日)

早起,飯後拜叔父墓。墓地不高,兩旁有沙,朝岸乾淨,來龍則予不知,亦不及看。往叔祖母處拜墓,即予前約李某所定穴也。歸將至黑石舖,水深尺餘。涉水到舖,見諸弟方至。予到家已三點鐘後。飯畢,到二叔父處,詢弟婦未愈,猶不敢吃行藥而信巫,何益哉!《湘報》列右帥奏裁兵、練兵,甚是,鄉人傳爲練兵搶劫,恐不確也。又見周孔徒所帖《齊心協力》,所云"豬羊雜種"、"中國豬叫"最多,既不雅馴,又甚費解,"三日外有違示者,合門屠之",尤不可訓。此等人尚有爲左袒者,真天地之大無不有矣。又有頌清帥、罵右帥者,豈有是非之心者哉!挽星墀云:"回首壺園,憶花萼相輝,鹿鳴同報秋風捷;擎悲蘭宇,歎參蓍無效,鵬集俄驚夏日斜。"

廿五(15日)

飯後赴學會。廉訪傅小鶴九點鐘往見,着曹貴持帖同去。到學會,畢松甫、樊春徐在宣魁處,共談近事。聞廣西殺法人三人,四川亦有殺西人事。彼正欲挑釁,藉此發難,尤易瓜分。此等非中國之忠臣,真外國之忠臣耳。湖南此等忠臣不少,欲悟之,安得而悟之?與松甫言八股題事,相對扼腕。松甫背誦祭酒答書。焕彬欲爲刊布,何苦乃爾?予與廉訪講畢,曾某接講保種、保教，人一闋而去者大半。左四先生來，談保衛、遷善事，五月初開辦，而把持者至不肯以房子佃作局，可謂奇矣！宣翹云節吾力阻新政，非但時文一事。彼入幕由公度、卓如推轂，使爲維新內應。彼到省並無異論，乃爲維新黨所援，復爲守舊黨所煽。紱臣本不願其入，以此歸咎復生。公度亦甚悔之，將趕卓如來一決此議。如不勝，則維新事成畫餅矣，可歎！可歎！香帥打長電報，説《湘報》非是，不應説孔子改制，而易鼏尤非所宜言。習俗限人，賢者不免，爭學派尤文人陋習。予以爲在下之錮蔽終可開通，在上如此，終無開通之日，殆中國無轉機乎？

廿六（16 日）

往芷青處唁慰，星堰即於是日成服。是日大閱，聞礮聲隆隆。予以爲近戲劇，不欲往觀。歸作批答十七八旤，惟長沙劉志千知上憲舉行新政之苦心，可謂讀書明大義，具有天良者。下午小鶴至，云廉訪詢問一切，甚細心，以爲保衛每日要上街，不如遷善所尚有暇日。予見日昃稍涼，往報館。秉三已出門，見樊春徐，以昨日講義及壽兒所作《重骨輕肉説》與之。到時務學堂，見唐紱丞，詢乃師事。彼云乃師辦事本無決見，好聽小話，瀏陽開化並非其功，到此專聽汙吏賴子佩之言，熒惑上聽，現在要駁減税百文提歸公用之稟，彼已有書力爭，秉三有引狼入室之悔。不知此人何苦有中山狼也①？此人無道理，我所深知，後見其有虛名，以爲能打起精神，做一正人君子。今行徑如此，直是小人之尤，仍當時故態耳。可歎！可歎！往焕彬處，出門，遂歸。夜大熱，忽風雨，又涼。得芰舲書，云天熱，勸四月起程。

廿七（17 日）

雨止，又晴。閲《周髀算經》，答韓某問。爲孝常改文一篇。

---

① "有"，似當作"作"。

爲壽兒改《種茶歌》。蕭仰喬來，云中丞賞識伊字，欲求寫奏摺差，已見熊秉三面求矣。黃嫂轎夫歸來，祥女回書云伊姑見黃嫂來，大生氣，今日立將所請伴月者打發去。黃嫂不能接生，若分娩，真不得了。此等惡婦，可謂無理已極，令人忿恨。夜到受明處，要彼同下鄉去。彼云即專人去，囑將伴月者叫回。既如此說，只得等彼回信如何。

廿八（18日）

寫挽聯一軸。受明至，云已專人去，明日回信即送來。秉三來邀，有事共商。遂到彼處，亦無別事，云岳州米釐捐南學已批准，百文之稟不便批下。因右帥仿駱文忠辦法，錢糧每兩加六百文，將出奏，故不批。時文出題亦問明，因未早出示，鹽道令報時文者卷三頁，策論卷八頁，彼上去，回云已報名，不便改正，下次出示再改。松甫當日即如此說，此非舍人託辭，然亦何不可更正也？見廣東來信，文帥雙目瞽，兩人扶掖，惟痛罵洋務，而洋人要如何便如何。瓊州、廣南灣，法已占。法惡馮子才，將其軍調開；惡劉永福，錮之於軍裝局，以四十人衛之，令日磨鎗炮。法人搶去一氈，賠以五萬。可笑！可恨！何苦用此殘疾人，斷送兩粵也？蔣少穆已歸，將帶兵。復生，香帥委辦湖南焙茶公司。香帥廿二起程。樊春徐歸寶慶辦學會。予到會，則午飯已過，艸艸吃飯，將焙茶事續上，囑壽人膳來。仰喬事，已詢秉三，忘帶其所書小楷，着曹貴去取來，送秉三處。天時漸熱，予將有江右之行，俟月初得吉兒到京電報、祥女分娩喜信，乃放心起程耳。束脩是日領到。

廿九（19日）

擬作初三講義云：

> 凡人之聞見愈多，則愈開通；聞見愈少，則愈錮蔽。鄉曲之士，不如都邑之士；都邑之士，不如游歷之士；游歷之

士,不如讀書明理之士。鄉曲之士,耳無聞,目無見,有書數卷,一知半解,無由通知古今中外之故。去年膠島,今年旅順,德、俄占據,已見明文,而皆不知,有問洋人在何處,已到湖南否者。此如桃源中人,不知魏、晉,無足怪也。都邑之士,頗聞時事,然聞所聞,未見所見,言西人富強,則搖首不信;言西國文明,更拊心若疑。聞保種、保教之言,以爲過慮;聞瓜分中華之説,以爲詭言。游歷之士,見所見矣,鐵路、輪船,覩其利便;機器、製造,識其靈通。然識其器,未能考其法;覩其物,未能究其理。惟讀書明理之士,披中西之編,得師友之助,目營四海,心通五洲,不必識其器而能考其法,不必覩其物而已究其理。老子曰:"不出户,知天下。不窺牖,見天道。"此好學深思所以可貴也。

好學深思之士,既已通知古今中外之故,即當破除成見,開通智識,是則是,非則非,勿作違心之論;可則可,否則否,毋顧流俗之譏。如其所見不同,不妨明明立黨。守舊黨、維新黨,非止中國有之,外國亦有之。西洋有共和黨、王政黨,東洋有自由黨、進步黨。其名指不勝屈,其國並不禁止。然外國人雖明分黨,國有事則同心合力,未嘗以私廢公,而中國雖不立黨名,未免各存意見。湖南風氣,開通者自開通,錮蔽者自錮蔽。官紳籾立學會,本期聯合衆志,齊一人心。今聞外間議論,猶多喧競。昔唐時牛、李分黨,致使文宗臨朝歎曰:"去河北賊易,去朝中朋黨難。"宋時程伊川、蘇東坡皆賢臣,而洛、蜀分黨,爲奸人所乘。明永曆偏據一隅,岌岌不保,猶分楚黨、浙黨,以致亡國。今意見不化,恐非湘人之福也。現在威海、膠島、旅順、大連,神京門户,天險重地,皆爲他人所有。聞俄兵已入東三省,法人謀據瓊州、廣灣,英人謀據舟山,廣西永安州又有殺洋人事。若以

此開釁，兩廣不保，湖南屏蔽盡撤，何以圖存？岳州通商已
有明文，朝旨准行，豈能阻住？

今日説不怕洋人，而與之相爭，不能也；説怕洋人，而坐
以待斃，亦非計也。洋人之來，説大有害於人，不至此也；洋
人之來，説全無害於人，未必然也。彼來總以通商爲先，傳
教在後。通商足以奪我之利，傳教足以誘我之人。今既不
能阻之不來，惟有講求抵拒之法。急急開商學，立公司，買
機器，興製造，彼即通商，亦無能爲。急急推廣學會，講明孔
教，彼即傳教，亦無能爲。我不亟行輪船，彼將來立馬頭。
我不急行火車，彼將來開鐵路。我不急興保衛，彼將來設捕
房。與其待彼來辦，權柄一切屬人，何如及早舉行，將來尚
可自固。若事事疑滯，人人阻撓，他人我先，追悔何及！

中國大患，在上下之情不通，非止君門九重，蟣蝨之臣
不能上窺閶闔，即地方官與地方百姓，亦隔絶不相通。不相
通，則相疑。上憲苦心爲民，而民不信，以爲屬己。今上憲
用平等之義，親臨學會講學，欲知民間疾苦，許人投匭獻言，
無非欲通上下之情，而其不通者如故也。求通官民之情，端
賴紳士之力。所望諸君子讀書明理，深觀今日時局有不能
不變之勢，將一切利害得失，詳悉曉導愚民，庶使可與樂成、
難與慮始者，不致滋擾生事。伊尹曰：“天之生斯民也，使
先知覺後知，使先覺覺後覺也。”朱子注曰：“覺後知、後覺，
如呼寐者而使之寤也。”讀書明理之君子，所謂先知先覺。
諸君子當以先知先覺自任，喚醒一人，得一人之益，喚醒十
人，得十人之益。務須平心和氣，開誠布公，釋其疑心，通其
阻力。誰無天良，自然感悟。觀古今之興衰治亂，大抵奮發
有爲者興，因循不振者衰；上下一心者治，億兆離德者亂。
當以奮發有爲、上下一心爲法，以因循不振、億兆離德爲戒。

而非上下一心，安能奮發有爲？若功廢於半塗，事隳於中止，始於奮發，終於因循，一事無成，爲四方所笑。如朝鮮屢議變法，卒無成功，將來其國必亡，欲如日本之興也勃焉，豈可得哉！

歐洲重公法，待野蠻無教化之國，與待文明有教化之國不同，殺其人不爲不仁，奪其地不爲不義。故西人將滅人國，據人地，必先出報，痛詆其國如何無教化，其民如何不聊生。無教化，將代爲之教化；不能治民，將代爲之治民。以此恫喝其國，並告聞各國。其國醒寤，猶可挽回。若其國視若罔聞，各國亦置之不理，則彼大膽動手，以其國不血刃可得，各國亦無爲手援者。外國之報並非讕語，中國之報即從外國之報譯出，亦非空抱杞憂。昧者不知，猶以爲瓜分乃必無之事。試問今日割五城，明日割十城，中國尚堪幾割？分割洴盡，湖南豈有獨存之理？故到今日局面，猶以爲太平無事，不必先事豫防，又或挾數十年前湘軍之餘威，以爲洋人必不敢入湖南境。此全無知識之議論，想讀書明理之君子，必不爲此説也。

或謂爲政者宜從民便，此亦一偏之論。地方官之待百姓，至愛民如子而已至矣。然愛子必教以義方，教之不從，或加督責。此非不愛其子，將爲子圖終身久遠之計，不能從其一時之便也。但從一時之便，則必任其嬉游放蕩，溺愛而反害之。故愛子者必曰："愛之，能勿勞乎？"愛民者亦曰勞其民，未有但聽其便者。特此等道理，不能盡喻諸民，所以望讀書明理者曉導之也。

辦大事必先合群力，此一定之理。即以通商而論，要興製造，宜購機器。機器貲本重大，非獨力所能勝，故必先立公司，乃能合衆力購機器。而不曉商務之利弊，人懷私利之見,有誰肯立公司?故必先開商學會,立商務學堂,講求通商獲利之法。此等辦法,本是一貫,非合群力,必不能成。望諸君開悟衆人,此乃保全生理之第一義,切勿各存意見,自操同室之戈。如舟行遇風波,必大衆並力相助,或可脱險;陸行遇盜賊,必大衆拼命與鬥,或可解危。如一人向前,衆人退後,性命皆不能保,未有退縮而幸免者。今時事有遇風波、盜賊之急,湖南能齊心力,尚有遺種之地。若猶多疑多怪,以一事不辦爲是,以坐以待斃爲安,甚且謂天下無事,不宜生事,所謂麻木不仁、不知痛癢者,誠不知其何心也?惟有聽人魚肉、爲人牛馬而已矣。

爲唐姓寫《正氣歌》屏四塊。接葉焕彬書,如山膏好罵,及所刻《輶軒今語評》。不料此人如此之陋,中間多大笑話,何苦乃爾?是日時務學堂月課,歐、韓、葉三君,秉三、紱丞,皆到此,同閱其書,莫不哂之。今康門極盛,有反詆其書者,不知何以待之?下午歸家,余國鈞以其子余沃取時務學堂內課來謝。鹿泉來,爲金女、二孫診視立方。壽兒亦患腹疾。受明送到念恟回信,仍不了了。

四　月

初一(20日)

汪守逵與其師同來。其師即于鉞之父,以其子取內課來謝。汪取外課。録出初三講義,以葉語增入數句。爲周紱延改文。天雨,有涼意。

初二(21日)

擬復焕彬書云:

　　拜誦手書並惠大箸,不以弟爲不可教而再諄諄誨所不及,良友之責善,且感且愧。然區區苦衷似有未盡諒者,欲默而謝,恐違盍各之義,敢略陳其愚,惟公詧焉。

南學會之設,實以夷患方棘,不能開釁,而當求所以抵拒。今人專以講章、八股爲孔教,淺陋狹隘,使學者不見大道之全,彼教乃乘吾隙。不先講明聖教,徒逞客氣,見彼毆詈,恐蹈山東膠島之轍。故辦學會以開民智,惟期發明吾道之大,稍除中外畛域之見,不明與之爭,而暗與之拒。但使人人知吾教勝於彼教,彼雖傳教,不能誘我之人。弟未覯西書,公所知也。每次皆言孔教,何嘗説西教?明知百年以來,不聞講學,漢學家懲宋、明故事,謂明亡於東林,今譁然群怪聚罵,固其宜也。然而不敢避者,以時急如救焚拯溺,即焦毛髮、濡手足,所不敢辭也。不惜以身受議,求紓桑梓之禍,其心亦可諒矣。

漢、宋儒者皆講學,而規模不同。漢儒所講皆經學,問難皆弟子,觀《鄭志》可見。宋、明所講兼時事,問答不皆弟子,觀朱、陸、王之書可見。今之講學,似宋、明規模,只可講大義,不能講訓詁。弟所學本雜漢、宋,服膺亭林、船山之書,向主變法之説。屢次宣講,大旨皆是如此。登座説法,載筆者輒録付報館,非但不能如著書,字字斟酌,並不足以言文,其語氣之抑揚,言詞之出入,自不免有逾分溢量。前承示云言多必失,誠如尊諭,然無可如何,惟好學深思者心知其意而已。至作聯語醜詆,尤無賴子所爲。公昔與江學使往來,不得志於場屋之士,造聯語謗公,有葉麻云云。弟嘗爲公辨之,謂公必無納賄薦人之事,即有舉薦,亦是愛才,不是愛財。此等妄言,不值一笑,故未嘗爲公言之。今人詆弟,猶昔之詆公。至黃鹿泉不過辦事之人,並未開口,而亦遭醜詆。然則彼詆人者,並非以所講爲不是,不過欲一事不辦，束手待斃而已。近聞時事益急，來書以爲天下無事，竊所未喻。

文人常相輕，學人好爭學派，湘人尤喜自相攻擊。同鄉人有著作，必抉摘之，使無完膚。見《時務報》則譽之，見《湘學報》則毀之，《湘報》訾議尤甚。湘人結習，向來如是。來書又以學會爲開民亂，此仍漢學家謂明亡於講學之舊説。孫芝房先生嘗反其說，謂洪逆之亂乃講漢學所致。曾文正序其書，嘗加静論，以明亡於良知、洪逆起於漢學爲皆不然。文正所言，最爲持平。平心論之，講學實無惡於天下。弟即日往江右，此間講學之事，屬之戴君宣翹。戴君爲公至交，學識勝弟十倍，望公勿存意見，出爲護法，將來大開風氣，未必不有益於湖南也。

抑讀大箸，更有請者。公惡南海康氏，以《輶軒今語》爲近康學，逐條駁詰。弟嘗以爲逼人太甚，勸勿刊布，不蒙采納。獲覩成書，竊以爲詆毀《孟子》、《公羊》，可以不必。默深，鄉先生，而詆爲風魔。龔定盦，公素愛其書，嘗假弟藏本手校，而詆其人品之下。又詆黃黎洲《建都》篇啟洪秀全都金陵之逆志，尤爲文致。然則奉春建策，留侯演成，抑將以爲啟李自成都關中之逆志乎？其餘亦未暢所欲言，間有可乘之隙。以公學識閎通，精理名言，斷不至此，得無一時激論，未及精思乎？康門徒黨甚衆，如爲師報復，倒戈以攻公書，將若之何？弟與康未謀面，徐學使、梁孝廉到湖南始相見，並無深交。與公爲文字交已近十年，愛公甚於徐、梁，又屢承公忠告之言，故敢貢其一得之愚，仍勸公勿刊布；如刊布未廣，或收回更定，再以示人，何如？弟講義已傳播，即有謬誤，無可挽回。公書猶可挽回，願公平氣而審思之。秋後告歸，再當奉教。

到學會,見黃、戴,以此書稿示之。戴云《湘報》將改名《湘會報》,不列議論。畏首畏尾,殊無謂也。又云聞有南遷武昌之說,殆因香帥入覲而然。《湘報》載《國聞報》甚奇闢,彼在輦轂下猶不畏,諸君何畏之甚也?

初三(22 日)

答葉君書云:

拜讀手書並惠大著,不以弟爲不可教而再諄諄誨所不及,且感且愧。顧區區之衷似有未諒,而用流俗人之言以相訾謷,敢略陳其愚,惟公督焉。

漢、宋儒者皆講學,而規模不同。漢人所講皆經學,問答皆弟子,宋人所講兼及時事,不皆經學,問答不皆弟子,觀《鄭志》及朱、陸之書可見。學會講學,似宋人規模,只可講大義,不能講訓詁。弟所學本兼漢、宋,服膺亭林、船山之書,素主變法之論。今講已十餘次,所說非一端,其大旨在發明聖教之大,開通漢、宋門户之見,次則變法開智,破除舊拘攣之習。登堂説法,即記録付報館,非但不能如著書,字字斟酌,並不足以言文,其語氣之抑揚,言辭之出入,自不免有過當之處。言多必失,誠如尊諭,然口説只能如此,在聽者勿以辭害志可也。講學爲人詬病久矣。少見多怪,見駱駝言馬腫背,無論是不是,必舉國譁然。弟明知之而不避者,以時急如救焚拯溺,即焦毛髮、濡手足,所不辭也。

文人常相輕,學人每爭學派,湘人尤好自相攻擊,見《時務報》則譽之,見《湘學報》則毁之,《湘報》訾議尤甚。湘人結習,本不足怪。至作聯語醜詆,尤屬無賴所爲。公昔與江學使往來,不得志於場屋之人,作聯語詆公,有葉麻云云。弟嘗爲公辨必無受賄薦人之事,即有舉薦,亦是愛才,不是愛財。此等妄言,不值一笑,故並未嘗爲公言之。今人詆弟，猶昔詆公。呼我爲馬者，應之爲馬；呼我爲牛者，應之爲牛。牛皮、馬皮，有何辨焉？鹿泉，辦事之人，未曾開口，而人亦詆之。是詆人者並非因講學不是，不過要人一切不辦，坐以待斃而已。

太平洋不安瀾，公既已知之矣，乃云天下無事，竊所未諭。以南學會爲開民亂，此漢學家謂明亡於講學之故見。孫芝房先生嘗反其説，以洪逆之亂爲漢學所致。曾文正作序附諍論，謂明亡於良知、洪逆起於漢學，語皆過激。文正所言，得其平矣。

公惡康氏之學，遷怒於人，並遷怒於古人，《孟子》、《公羊》皆加詆斥。默深，鄉先生也；定盦，公素喜其書，嘗假弟處鈔本手校者也，而亦詆之。又詆黎洲《建都》篇爲啟洪秀全都金陵之逆志。然則奉春建策，留侯演成，亦啟李自成都關中之逆志乎？以公學識閎通，著書攻人，必有名言精理。今持論無墨守之堅，有可乘之隙，殆一時激論，未及深思耶？王鳳洲謂湯生標塗吾文，異日必有標塗湯生之文者。若康門弟子護其師説，倒戈攻公，將若之何？弟與康未謀面，徐學使、梁孝廉到湖南始相見，並無深交。與公文字交已十年，又兩承公忠告之言，故敢盡其一得之愚，仍如前日所言，勸此書勿宣布；若宣布未廣，或再收回更定，何如？弟講義已刊行，即有不是，無從追正。公書尚可設法，所望平心而自審之。

弟有江右之行，講學屬之宣翹。宣翹與公舊交，學識勝弟十倍，當不至如弟不善講論，受人譏彈也。與鹿泉、宣翹閱後，即寫出。宣翹屬去後一行。常德錢湘□①、

慈利朱某來,言學堂事。外府人易開通,無邑犬群吠也。龔海蛟來問所上條陳,宣翹已對付之。壽兒《勸茶商歌》送報館,秉三以爲善,屬多作。公舉畢松甫、樊春徐赴日本。報館主筆,且議聘日本二人到此主筆,或入時務學堂爲東文教習。此法最善,特恐龐也吠耳。夜演光學。秉三來,云香帥至上海,復奉電報回任。此等舉動,有如戲劇,所謂以一人之譽而召季布,以一人之毀而退季布,恐四方有以窺朝廷也。學會擬改章不講,以天熱爲辭,可以啟行,但望得吉兒到京電報乃放心耳。慈航已歸,又往湖北,無處問信。

初四(23日)

葉書略改數語投去,彼再興戎,亦非予所畏也。回公館,閱《經世新編》。嚴復《原強》篇議論極透徹,設爲客難,以保種、保教爲過慮,謂:“戎狄亂華,自古有之,而中華如故,聲教如故,五胡及遼、金、元無不旋踵而滅,彼入中國,非彼之福,而吾中國無慮也。”此即煥彬之説。嚴氏已闢之曰:“客知古而不知今,知一而不知二。無論匈奴及蒙古皆黃種,且彼皆無法,即入中國,不能不用中國之法,故中國無恙。今西洋皆有法,且勝中國,既入中國,彼必自以其法治之,中國即有孑遺,亦長爲彼牛馬而已。”此言深識遠慮,殊勝葉説,彼再爭辨,可以示之。下午往仁壽宮觀劇。詢大興等處,無吉兒到漢口信。

初五(24日)

到劉牧村處,略談近事。到受明處論時事,彼知予與葉爭辨,言彼又將發難矣。到述卿處及二叔父處,詢弟婦病甚可慮,由護疾忌醫所致。見《湘報》改作直白語,甚好。康氏又在京刱保國會。長信將出游天津,所謂安其危、利其菑者歟?壽兒作《種綿花桑麻歌》,爲閱一過。

初六（25 日）

宣翹約十點鐘往金盆嶺黄澤生營中一叙，至則諸君皆未至。俄而鹿泉至。午後，澤生始與時務教習李、歐、韓、葉四人，武備教習黄、武二人，秉三、繡丞先後至。同往營外緩步。營始造成，尚未開操。將立一營學，挑選入學，皆非一時能辦之事。繡丞云諸公議團練又不合而散，故有龍、王鬥法之説。湘鄉吳某上書駡右帥，右帥親見諭之，此事已久，可謂大度矣。飯畢歸，已將晚。至夜，往仁壽宮觀劇。二鼓後歸，始聞祥女於辰刻又舉一男，大小平安，幸甚。

初七（26 日）

得宣翹信，以焕彬所下哀的美敦書見示。本欲置之不答，而彼欲刊行，恐昧者蔽於一偏之言，乃勉答之曰：

拜讀手書，敬悉尊指云云。欲默而息，恐違各言爾志之義，敢再以書對。

弟與公爲十年舊交，無不吐之言。久羈江西，亦非素志，公固深悉之矣。湖南官紳立南學會，留弟講學。既應湖南之請，當却江西之聘。而學會本中丞主議，中丞是江西人，欲弟在彼造就人才，勸勿他適。伯嚴同年至好，諄諄以江東子弟見屬。將欲却聘，不能不告中丞，告中丞而不允，學會諸君乃爲調停，有先開講、後到館之議。弟之遷就，勢非獲已，非如齊女雨夜東食西宿，貪兩地館金也。既未却聘，日内必須到館，此間亦以天熱將停講。弟之心跡，他人或不知，惟公深知之，且嘗爲弟辦之，本無若吐若茹之情。公家素封，人所衆知，亦決不疑公有爭館之意。

弟年近五十，未嘗干預地方公事。去年九月，歸自江右，即遇先叔父喪。不出月餘，又往貴縣吊舍親黄季谷喪，歸而先叔祖母、先叔父開吊。到家有日，專爲荀文若借面弔喪之事，酬應久廢，與公相見日少。開南學會，弟初不預議。學會定議數月，至孟春始以弟充學長。弟即不應，亦必有人主此席。南學會非爲弟設，弟未嘗自爲謀也。公聞浮言，欲弟速去，自屬見愛之甚。然江西既未却聘，自當到彼終局，行計早決，不待公之激也。

弟少沈溺俗學，性淡泊，規行矩步，頗近宋學，亦嘗觀五子書。其時年少氣盛，思有所建白。披亭林、船山議論，參考歷代史事，以爲不當沿宋、明之弊法，舍漢、唐之宏規。其時新學未萌芽，人聞變法輒掩耳，自二三同志外，未敢深論。其後才華日退，鋒銳漸減，遁而窮經，於訓詁、聲音、考據、校刊，所得皆淺，又迫於飢驅，不能竟所學。葵園先生以弟與公並稱，而弟視公年力之富、處境之優，自謂如跛鼈之追驊騮。公前書謂學有異同，非所見不同，實有不能强效公者。治今文十餘年，顓門在《尚書》與《公羊》，頗相出入，並非見康、梁之學，始榮今而虐古。孔子改制，西漢舊説，近人多舉此爲冒子，此亦有故。中國重君權，尊國制，猝言變革，人必駭怪，故必先言孔子改制，以爲大聖人有此微言大義，然後能持其説。今日法制當變，無愚智皆知之。若謂舊法盡善，何以中國如此貧弱，不能自立？既言變法，不能不舉《公羊》改制之義。此非爭門户、矜墨守也。弟初講學，承公有勿言《孟子》、《公羊》之教，而其後不能不略及之者，此非有意與公背馳，實以學會所講在開民智，聽者人雜而多，必如此乃可推尊孔教而引伸變法之説也。講義刊十餘次，公於他説亦未置議，惟斷斷致辨平等之非。講義於平等止一見，且明屬之西人，未嘗專主其説。此次所講，皆爲變法，先舉董子之義，以爲道不變，法當變；其後説到應變宋、明之陋，復漢、唐之規。弟平日所見本如是，未嘗云改從西法也。其中説綱常亘古今、通中外，未有能易，謂外國亦有三綱、五常，未嘗謂中國可無三綱、五常也。所以言及此者，人多以外國爲無人倫，是禽獸，故見之輒毆詈。世無無人倫可以立國之理，且今之時勢，尤不可開釁，故講義略言外國亦有人倫，欲以開通此等人之意見。而其後仍謂其不如中國之嚴，則語氣已爲斡旋矣。凡文字必合上下文觀之，專摘一二語，必有語弊。著書且然，何況講義？若君臣答拜、母子答拜，《禮經》所載，非敢妄言。至於漢、宋學之異同，今、古文之真僞，此非數萬言不能盡，弟此時不暇與公辨。

公自謂大箸爲懸之國門、一字不易之書，更不便再置喙其間。《閲微草堂筆記》言族祖某當兵圍河間時，猶與都人爭門神是神荼、鬱壘，致罹屠城之難。今滄海橫流，非爭門户之時。弟不敢自居開智之功，亦不甘遽受開亂之罪。公以亂爲爭亂，又何必昌言攻擊，以啟人爭？欲將來往書函付刊，鄙見以爲不必。故者無失其爲故，公與弟當不致以此芥蒂，惟恐閲此書者各是其是，分黨與，鬥旗鼓，則爭亂尤甚。當此一髮千鈞之危，而開同室操戈之釁，此非弟開通門户之意，亦非公維持名教之盛心也。

下午往織機巷道喜，見四太親母，談念循事。彼亦謂難以處置，欲交乃父帶去，亦是一法。至鹿泉、恪士及夏子新丈處，皆不晤。至千壽寺，見桂妹及晴川丈。至孟萊處，問姨太親母，則已到織機巷，兩錯過矣。孟萊云頌年有信來，節前後將歸，並焕彬事，以爲其書乃湯、王促之刊行。到學會，見宣翹，云焕彬畏人攻其斥《孟子》、《公羊》，故欲刊此函，先占地步，無謂已極！壽兒與黃子家、彭廉泉同來。廉泉託爲張小芸之女作伐，云曾識朱太守之弟。七先生開一節略，屬交秉三。劉一歸，得念循復函。

初八（27 日）

得煥彬書，約往一叙。飯後與宣翹同往，力勸來往書勿發刊，所謂屁只管放，板是亂刻不的。煥彬作《西醫論》最佳，《明教書》推尊道教，仍是尊中學意，《與宣翹書》辨今古文、漢宋學，則好辨而已。談時事，彼終以一事不辨爲是。宣翹與我意，則以爲知不可爲而爲。大抵不得志於近日官紳者多歸葉，又習於王、張諸公之議論，故卒不能開通。故者無失其爲故，聽之而已。歸家，聞劉一説前信皆念循假造，並無開發老媽事，祥女分娩，其姑云年少，不肯進房。此人固無仁心，亦念循使之然也，將來更當爲其祖母詳言之，念循明後日必來城應試也。爲周緞延改文一篇。緞延到學會，予將出，未多談，云乃翁節後可回省。爲壽兒改定《勸種桑麻棉花歌》，先桑，次麻，又次棉，於次爲順。聞馬廠種桑甚旺，朱蕚生等所集公司，爲增入一段。黄薏丞至，云廉訪以局中火食事，條示黄某無庸留局差委，囑即函陳始末，代遞手摺，未知能否挽回。汪受明來，云聞季澤有家信回。吉兒何以無信？俟問明。

初九（28 日）

曹貴詢吳宅，云猶是漢口之信，云有數日耽擱。予故知之，特不知吉兒何以不發信耳。講義删改一過，如此天熱，何以堪之？閲《湘報》，有《國聞報》載國運論一篇①，嚴復譯之。彼以支那爲不可分，分據支那，以西法治之，支那人驚悟，而開其聰明，歐州商務必壞。此與譚復生言畢士麻克不敢滅法國之意正合。據此，足知中國人不愚，西人甚畏之。而中國君若臣必設法愚之，致成今日局面，士大夫名爲有識者，猶以講學、開民智爲

_____

①　“國運論”，原誤作“國運報”，《湘報》第六十九號轉載《國聞報》所刊《論支那之不可分》，據改。

非,獨何心哉!三點鐘得吉兒初八二點鐘電報,已到京,必是初
七日到,乃寫信一函寄之。薏丞來,屬函託左子異求轉旋,亦寄
一函託之。晚間念循來。

初十(29日)

飯後到汪宅,見姨老太太,言傭乳娘事,以爲可一不可再。
家計之艱,予亦知之。開、慶非止不能立,並不能坐,云因驚搐之
故,可慮也。到學會,見黃、戴諸君。秉三、紱丞等至,以張宅節
略、《勸種桑麻棉花歌》交秉三。兩點鐘登堂,講畢,秉三接講一
段。天熱,人氣薰蒸,殊不可耐,三點鐘止。聽者亦有二百餘人。
黃殿臣引單某入會,云通化學。汪鏡青來拜。去後,閱問答,多
無聊語。有黃球者,引外間蜚語歷詆我輩,而其實皆一無贓證,
道聽途説而已。聯語三首皆不工,痛罵楊鬝人,欲劘刃其腹,尤
可笑。夜批答十餘帋。雷雨,頗涼。

十一(30日)

出辭行,見右帥,以江西電報三帋見示。殿書經濟公學堂已
開,又有説務實學堂者。經訓諸生又以江太守立清節堂占經訓
地,囑勿使江與閩學堂事。聞李木齋奏請各省未立學堂者,限六
月內必成,無論何項皆可提用,似專爲江西發,此事或可成矣。
以外間謠言上彈章事問右帥,云亦聞之,而不得其實,亦題中應
有之義。右帥亦知無大礙,不過封報館而已。外府縣辦學會,右
帥頗疑其人未必可信,其不即批當以此也。見左子異,云薏丞事
難挽回,公度言太硬,又云皮某兩弟,彼似不可用,不如用此,其
調保衛,以保衛有二人不到一時需人之故。現請上海巡捕來告
巡丁,俟來乃能定期。見蔣少穆,以辦事之難,彼此太息。見龍
三先生,不以辦事諸人爲然,尤不滿《湘報》,然其桌上即《湘報》
也。有出山之意,尚未決。詢拔貢朝考在五月末,云早去可收贄
敬,其志可知。《湘報》載外國領事移文要拿周漢辦罪,附論一

段義極明暢。右帥亦言此事保全湖南不少,洋人前以岳州通商,恐周漢鼓衆作亂,欲調兵船前來,以周漢已監禁答之,乃止。彼聾瞶者,安得使彼皆知之耶?湯、王、周皆不晤。到曾經郭船上,云進城。到陳笠唐處,始知經郭宿彼處,始去。笠唐屬題乃翁《東山草堂十二勝蹟》,不知乃翁何如人,未便明問,當詢鹿泉。礦務局見沅帆、璧垣。公度廉訪辭不見,約明晚到署小酌一敘。歸家三點鐘矣。念循來,云家中難住,請乳娘無錢,欲求代爲謀事,俟見受明商之。上午到薏丞處,兩相左。見棟威扶櫬而行,甚可慮。薏丞下午復至,以子異所説告之。述卿來久談。屬劉一往搬行李回。

十二(31日)

飯後出辭行,見俞伯鈞,談京城事,在上者仍不事事,在下者並不議論,皆以爲勢在必亡,以後無會場矣,誠有如康長素所謂顏色慘悽者。湖南所辦之事,大約京中人不知其中有深意,多不謂然,夔帥亦不謂然,且詢及鄙人。見俞恪士,談湖南事。歸檢點書冊。下午赴蕭仰喬席,至則太早。見《湘報》,多載大挑一等之名,黃嘉祐即斛泉,馬亮卿挑河工,同年尚有彭應璋。拳擊傅相事大可駭,後世讀史者必曰:"惜乎,擊之不死!"酉刻赴公度廉訪席,在坐蔣少穆、熊秉三、左子異、歐節吾、黃玉田。公度見面即云有事奉商,課吏堂五月開,喬茂萱回電不來,欲留我在此,勿往江西。我云已到右帥處辭行,江西不能不去。彼云將自往見右帥,看説得通否,勸再等兩日。課吏事,予固不敢應,以本地人教本地父母官,勢不可行。江西此刻必須一往,有事早回尚可。右帥必不允我留湖南,恐公度亦空頭人情。日内須等輪船,看彼如何説法。薏丞事略説,彼一笑之,似以我爲親者諱。席間所談時事皆素稔,惟公度以沅江所出新洲之地七十里,有七十萬畝,若借洋欵,先築大隄,用機器開墾,講求農學,乃湖南大利。

此事極有把握。聞德人允借三十萬開鍊鋼廠。現在鐵礦不旺，未必可行，諸君以爲然，惟云須聯龍、王之倫入股，免其阻撓，亦是老謀，特未知右帥於此有定見否。席屬番菜，無大味，洋酒亦不醉人。

十三（6月1日）

夏子新丈至，談湖南、江西人甚久。念循不願讀書，願出謀事，大非予之所望，然亦無可如何，遞一名條，看彼機會。周陵生信來，送上脩金捌兩，作函覆之。致書宣翹，交批答十二皆。見《湘報》，有吳鳳笙《大家想想歌》。此人如此開通，非意料所及，岳州如賴以無事，湘人之福也。彼無耳目、無心肝者，何足道哉！發穀百六十石，尚有卅餘石未發去。湯幼翁來送行。陳立唐亦來。客去後至時務學堂，見李、歐、韓、葉四君處辭行。熊秉三不晤。見節吾，略談時事。見其少君，彼云囑世兄到京勿與人談時務，爲無益之爭，是老成之見。伯嚴上去，不晤。到學會，諸人多不在，惟見宣翹、黼人。宣翹之弟以西學功課太嚴致病，辭出。到芷青處，不晤。遂赴左四先生飲席，少穆、伯鈞、李少枚、黎滿在座。談新洲事，云一畝只能收兩擔，少者擔半，築堤不知需費若干。黎云岳州對岸有寄山田尤腴，田主貧，將出售，售之可獲大利。然此是私利，公度所說乃公利也，守錢虜不知公、私之別久矣。席散，欲至鹿泉處，適逢鹿泉來，予已出門，不便回頭，遂歸。

十四（2日）①

念循、孟萊來送行。予再三勉念循用功。俞恪士來，談臺灣事。楊黼人來，云秉三欲調彼入報館，鹿泉不允。公度約明日下衙門到學會一叙。得芰舲信一函，囑帶《湘報》，予本已帶往也。往錢店付銀卅兩，毛水一兩。往小古道巷，問二弟婦病如舊。天

---

① 原稿誤作“十三日”。

氣大熱，俄大雨如注，一洗炎歊。三鼓後，傾盆之雨。曹貴不願出門，多所要挾，遣之去。

十五（3日）

公度廉訪約學會一叙，飯後到學會。公度旋來，云課吏事找得一同鄉，暫開辦，約我早歸，以三個月爲期，此刻不便强留，聞江西有信催去，中丞亦不允也。公度去後，鹿泉、宣翹談及此事。課吏乃方伯責任，今俞公快到，若不先與商，推彼爲主，必又效李仲宣之阻撓保衛。公度喜事而不顧後，殊非所宜。秉三欲將報館移到學會，且擬改名《湘會報》。鹿泉云移到學會，則封報館，並學會亦封矣，加一字有何益處，豈欲學會爲分謗耶？予謂欲更名，俟封後再開更名不遲。熊氣餒，譚不來，大局恐翻，望卓如來，或能壯膽。屬鹿泉此間局面隨時告知。午飯後，談至申刻始歸。聞恭邸初十薨逝，可謂得時矣。

十六（4日）

致汪允忱書，賀喜並屬催乳娘事。笠唐屬題《東山草堂十二詠》，無可著筆，只好逐項敷衍。《東山雲岫》云：“古香蘊千軸，雲影青四圍。禽聲隔林小，人語入煙微。讀書掩關後，山樵猶未歸。”《五華聳翠》云：“錫挂綠天庵，筆落青蓮花。翠氣蜿蜒處，窈曲如秋蛇。名勝此具體，壺中有九華。”《鯉林聽禽》云：“陵鯉本若獸，化身爲鄧林。雷雨恐飛去，畜以碧潭深。生氣出萬葉，交交多好音。”《紫嵐夕照》云：“寫物杜陵工，山晚天半赤。回光幻朱丹，倒影亂金碧。紫氣從東來，或逢青牛客。”《黃崙環帶》云：“高岡面草堂，幽人采芝尤。玉帶形彎環，澄光若蒸栗。黃神如嘯吟，下有昆侖室。”《桐山卓筆》云：“桐山矗三峰，仿佛珊瑚架。此筆誰能扛，鑴崖命煙駕。搔首問青天，句攪驚人謝。”《黃鸝春曉》云：“金烏來何遲，先生春睡足。名山幽興多，斗酒釀方熟。黃鸝啼一聲，驚破滿林綠。”《戴公野燒》云：

"野火燒不盡，連山紅芙蓉。燎原伏生趣，斡運回春風。陸渾山火意，好問昌黎公。"《新林屏玉》云："麓山吾鄉秀，嘉號稱玉屏。茲峰並削立，鳳邸張瓏玲。恍若隔雲母，帝將朝萬靈。"《團山霜鐘》云："鐘聲搖暮天，不知何處發。深山觸聞根，寒夜警毛髮。欲問初地禪，霜天指明月。"《蓮峰石嶂》云："好山將盡頭，怪石乃秀出。嵌空團古青，剔蘚森玉骨。待呼米顛來，爲之具袍笏。"《西溪琴韻》云："淨洗箏笛耳，比之無絃琴。澹岩流水志，希寥太古音。何必滄海上，乃移成連心。"予久不作詩，有匆匆不暇唱渭城之誚。昨與鹿泉言之，已有同慨。今之應酬牽率，亦不可謂之詩也。下午往仁壽宮觀劇。歸聞頌年回省，晚飯後到汪宅，周菱生亦至，略談時事。菱生去，乃言念循事。彼亦無善策，不以求局務爲然，屬更致書夏子新丈求別事，或乾脩更好。

十七（5日）

致書夏子新丈，言念循事，俟頌年再去面説。君華至，談時事。此人甚開通，將來可任事，非前日阿蒙也。黃公輔到城府考，來見，詢乃翁尚健，乃兄公略吐血，可慮。以親戚久不見，留吃午飯。念循與黃子家先後至，鹿泉亦來，同飯。鹿泉云報館移至學會，不成局面。黃公度急於興辦，恐將有東洋之行，彼去，熊亦必去，此間事不必問矣。聞子異説右帥力舉胡文忠之功，請加世襲侯爵，賞其孫以京堂。恩澤非人臣所能擅請，恐獲譴也。爲桑梓計，所謂社稷有靈，必無此慮而已。客去，右帥使人知會明日長慶開行，可搭坐，着曹貴往船上問明明日何時開，以便早上船，一面料理行李。管帶蔡金尚着人來，云事尚未了，明日不能行，須俟後日。頌聲來[1]，云念循已爲

———

[1] "頌聲"，似當作"頌年"。下同。

説至半夜，督彼用功數月，以便應試。予致夏公書爲頌聲述過，屬見面再面託，看機會能得一事否。頌聲在粵所聞，亦即湘中所傳，而讕言近日尤甚，大約公車歸述都中之事，附和者衆。李仲璇來，與公度鬧意見，樂禍者更衆。保衛、遷善事何以不早出奏，以致爲人牽持？蒙所不解。

十八（6日）

念循來送行。委員馮君來，其人年少有才，可辦事，生長湖南，籍本山陰，未嘗到過故鄉，此間情形甚熟。小鶴得此幫手，一切可仗。惟分段之地甚不好，阿彌街一帶，藏垢納汙之地，事必棘手，且無欵可籌。黃蕙丞送白蓮、棗頭各一合，臘八豆一盤。黃仲炳送醬油一罌、《元祐黨籍碑》一張、蛤蚧一對。下午往伯嚴處辭行，談及時事，膽太不壯，迫於浮議，付之無可如何而已。湖南事豈遂無能挽回耶？聞洋人來此不去，且有陸續來者。湖南現當府考，不大作鬧，但望不生出事故，斯湘人之福，學會、報館亦與有開通之力。初十講義已刻，只得如此心平氣和與人説也。伯嚴云殿書已來，恐遇不着。慈航已到，一時未必開。夜雨。

十九（7日）

打聽長慶、慈航皆遥遥無期，函告伯嚴催問，看明日可行否。有李鰲者求我催撫臺，不知我力不能，如中丞肯派船送我，我已到江西矣。旋得伯嚴回信，云特使長慶送我，明早即行。述卿來送行，念循亦至。下午赴楊晴川飲席。是日和甥周晬。小鶴謂其西席及諸客議論難聽，予謂此等人知有開民智、伸民權云云，即開通之效也。夜略檢點。

二十（8日）

天明發行李，飯後上船。大南風。管帶蔡金尚即蔡燕生之堂弟。右帥以是日秋審，公事畢乃寫信，三點鐘開。船上甚鬱悶,且震盪。已上船,不欲回頭。三點鐘開行,夜泊湘陰扁擔峽。三更後大雷雨。

廿一(9日)

天晴,無風,過湖平穩。夜泊簰洲,五百餘里。簰洲多蚊,不能挂帳子,又無蚊煙,聽其姑喁而已,能鑽入鬓眉中,尤可怪。徹夜不寐,手揮扇不能當,身無完膚,其凶如此。舟中閱《三禮圖》,多守古義,然冠式太怪,必非三代古制,其衣服亦與近人所圖多異。

廿二(10日)

早飯後到漢口。詢江孚夜開,即上江孚船。以夜不眠,困欲臥。問到義生源有五六里,未往。下午船上鬱蒸,又悔不僱轎一往也。晚間九點鐘開行,夜中頗涼。

廿三(11日)

九點鐘到九江,住春和棧。往輪船局,多易新人。有安徽程某,與之略談,云殿書尚未來。俄而安吉船到。程某來回拜,云已電報殿書矣。殿書所立西學堂已成,輪船尚無起色,由官吏阻撓之故。不知洋人來辦,彼亦能阻撓否?黎襄廷來,適予吃飯。飯後到彼處,見聘之,略談。聘之已見《湘報》,云李學使但重八股。此等老朽自然如是,風氣所以難開。歸寓將晚,即臥,覺極倦。夜雨,甚涼。

廿四(12日)

雨,北風,涼甚。往輪船公司寫票,官艙一,紅船二,共洋十一元,叻光二十餘文而已。黎襄廷約到其家早飯,命轎來迎。其家亦不寬大。在坐有李作舟,即南昌府教、經訓監院之子。飯畢歸寓,已午正矣。擬函寄熊、譚諸君云:“別後輕舟反溯,衡流方羊,啟行七日,已抵江右。陳編盜竊,無謂應酬,紛紛擾擾,良足愧笑。湘中方伯已到,公度回任,保衛、遷善一切新政,有無阻礙？學會停講，外間浮議何似？竊意天下無不可爲之事，特視爲之者如何。少見多怪，人情之常。變法之初，必有一番風波。任事者當待以鎮靜，持以堅忍，久之風氣漸開，風波自息。望諸公以維持之苦心，運通變之大力。不必因彼撓亂，退求周全；亦不必過於張惶，激而更甚。要在集思廣益，開誠布公而已。若虎頭蛇尾，有始無終，中國之死灰不然，朝鮮之覆轍將蹈，已矣，復何望乎！岳州租界將開，省城新政初立，又值考試、賽會，尤事機吃緊之時，所冀陰雨綢繆，保全桑梓，此一時之至計。至於將來布置，尚可緩也。"又擬稟右帥云："日前叩辭，多蒙訓示。承派長慶輪船送至漢上，感謝莫名。抵漢即上江孚輪船，到潯俟廿五公司船開行，廿六已抵江右。生徒如故，愧馬帳之重開；知己難酬，感龍門之不見。伏惟我公實心實政，爲國爲民，愚智皆知，天人共鑒。而新政甫舉，浮言繁興，固由淺人不知曲體深心，妄生疑阻，亦由厶未能宣明德意，反致紛紜。小民可與樂成，難與慮始。仲尼麛裘之謗，子産蕫尾之譏，三代已然，矧在後世！伏願我公待以鎮定，持以堅忍，久之風波自息，即風氣漸開矣。安見誦麛裘者，不轉而誦袞衣；歌孰殺者，不易而歌誰嗣耶？"文公達來見，云乃翁已往湖南去矣，示我協會章程。美、日兵爭呂宋，華人多被殘害，現擬設法救回中國十餘萬人，作何安置？川資不足，欲借八元。予亦行囊告罄，以四元假之。其族兄景清亦來，云兩年在廣東，今不欲去，將往撫州，廣東亦不開通，譚瞎子已故。在京言開學堂則人掩耳，大卷課則樂趨之。梁卓如約公車上書請廢八股，都察院不收，總理衙門代呈，不知能否邀允。公度所謂卓如電報八股朝議可望廢，蓋即指此。香帥、右帥能趁此續進一摺，則更佳矣。

廿五（13日）

一早上船。有吳某者，樂平縣之弟。有徐星伯者，亦徽人，候補江西者。管船者王禹臣。徐好談論，頗通達。九點鐘到湖口，順風過湖，甚平穩。拖二船，行頗遲。天晚到吳城，見開河機器甚笨，到湖南殊不易。

廿六（14日）

四鼓開行，風景可觀。三點鐘到省。由章門到自福門鹽廠有五里，撥船遇雨，到館已五點鐘。館中積塵盈寸。見朱溪雲。俄而盧文明來見，詢住院不過廿餘人，大約舊人無幾。以信件送芰舲處，即兩着人來邀，至情可感。到彼有不便處，故不往。

廿七（15日）

芰舲一早來，略談。監院至。此公比諸人開通，無教官握齪氣。飯後出門，見張筱船廉訪，劉、繆兩觀察，同鄉黃荇泉、李叔和、唐吉生。張云殿書往湖南，已託其催我到館，知殿書爲龍芝翁算帳事。昨將到，見殿書船，呼之不應。彼既到湖南算帳，可無須我回電矣。劉云見報有許景澄、李經方、黃遵憲三人出使事，不知確否。公度一去，湖南新政如何舉行？大可慮也。繆云書局經費支絀，課藝不能續刻。數年心力，甚爲可惜。官辦之事，無一不誤，若歸書院，每年千餘金，要刻多少書？到夏公館，見書菴，不見毓峰。到孺子亭。芰舲約午飯三點鐘，客久不去，直至五點多鐘始飯。歸大不適，胃氣已傷矣。江西開學堂，全不曉學堂辦法，不教西人語言文字，何名西學？不分內外課，如何提補？芰舲云已與黃幼農言之。梅九先生云稟帖已上，恐不復更。

廿八（16日）

寫信到京寄吉兒，又寫信到家及謝右帥函。到此即託芰舲發電報，九字需錢乙千七百零，想昨日已到矣，信須二十日也。幹臣、少村已回上海，發電不日將到。客紛紛來拜。張廉訪，劉、春、繆三觀察，黃荇泉，李叔和，皆來。張云擇五月初二日送學。

宋梓材知予到，着人來請。王香如、雷見吾由京師歸，來見。王送王元圃詩一册。雷假《湘報》一本。《湘報》多有人索觀者，不審能寄二十分否。袁清舫來見，云《今文尚書》五月底可畢工。以《古文辭類纂》贈之，乃翁未歸，六月大慶，當致賀也。芰舲來，約同到宋處。予鑒於昨日之事，約稍遲，吃飯數口始去。芰舲言文明爲爭清節堂地基幾賈禍，大可笑也。到宋處，見乃兄及李大令相。酒罷歸，未掌燈，略將課卷繙閲，恐無甚佳作，枉費心力而已。

廿九（17日）

　　張漢卿之子佑賢、位賢來見。余生騏、生驥來見。張執贄，却之。劉秉楨來拜，殆酒已醒耶？夏毓峰與熊慶露至，言熊與彼換帖，今年賦闈，屬爲道地。徐菊壽來拜，云冕堂有信到，不知道及吉人否，俟再詢之。文杏林來拜，甚感謝，恐尚有所求。晏海瀾與晏鼎升同來，攜《湘報》一本去。周觀濤來見，亦詢講義，惜未多帶報來。閱卷廿餘本，佳者未見，經學尤寥寥。芰舲至，久談，云乃弟、姪在都有花天酒地之事，少年情性誠難防也。談書院、學堂事，二鼓後始去。

卅日（18日）

　　連日腹中不適，天明即起，苦哉！曾勳庸來見，送南豐橘餅、粉皮二色。高安褚景濂、鄒河清來見，皆黃公新調者。監院請明日，辭之。唐子培衣冠至，今年尚不擬歸考也。龔樹人來見。李秀峰來拜。德中丞來回拜。李去，靜帥到此，略談湖南事亦去。遂往芰舲處赴飲，在坐黃幼農、李畬曾、秀峰，並劉、趙。黃公甚健，開學堂事全仗此一人，然無輔佐，事總難辦。鄒、胡各懷私見，非實心任事者。鄒往湖南，專爲龍處算帳及租開河機器。伊既面説，我可不管。學堂章程如此狹小，即請我總教亦不願也，前已止芰舲不必説。見少村十五在京發信，已見吉人，付百金矣。幼翁云《時務日報》言湖南京官參右帥、黃公度,想即前事。又云翁叔平告退,錢亦告退,樞府大去其國,國事可知。來者復為誰?恐一蟹不如一蟹也。

五　月

初一(19日)

周齊來見,自云善醫,使診脈立方,方尚平穩,擬服二帖。文明具衣冠至,欲求保舉特科,言清節堂事,尤迂謬可笑。徐雲生、梅子肇皆衣冠來見,久談。傅幹臣至,云生徒無長進,近內曠,奈何?梅九先生來,詢江西事,殊不了了。胡明蘊至,談江西學堂事,云總教習江建霞到,即於黃子祠開辦,脩金仿湖南省西學總教習;擬開報館,俟殿書來共議。萬成春、吳忠源來見。閱卷廿餘本,以桂念祖為首,以其考《公羊》五年一朝能駁何、鄭,考《禮記·檀弓》從殷,頗通大義也。劉應呂考《周禮》夫家之征、夫布之異,以無職、無職事分別,可補入《鄭志疏證》。袁清舫送到所刊《今文尚書》數卷,未暇校。

初二(20日)

早起,閱卷十餘本。廉訪擇是日送學。監院先來,略談。午刻廉訪始到,送學後又看公事,云係爭米作鬧。客去後,宋子才至,略談。予出門拜客,見徐菊壽、劉虞九、胡明蘊、李秀峰、李畲曾,餘未晤。秀峰處見子才,以電旨見示,一為榮侍郎惠請設商務大臣,各省紳商講求商務,王公、貝勒游歷外洋;一為常熟攬權狂悍,本應重懲,開缺回籍,以示保全;一夔師入覲,大約將入樞廷;一徐致靖保康有為、張元濟[①],着引見,黃遵憲、譚嗣同着該

① "濟",原誤作"翰",據文義改。

省督撫送部引見，梁啟超着總理衙門查看具奏。觀此等旨意，意在維新，大有開通之象。然諸公皆去，湖南事將誰屬？保衛、遷善、課吏初辦，公度尤不可去也。李景膺來見，觀其卷頗能守師說，而年已卅四矣，略以讀書門逕示之。芰舲來，告以諭旨事。文公達至，云廿九到省，未聞乃叔爲右帥所薦。聞袁子純今年大慶，擬作聯云："綺里芝香，桃觴綠豔；燕山桂馥，萊綵斑連。"見李俞農，云其姪已故，范秋帆今年亦故，瑞昌缺陳庚山可補。

初三（21日）

文明來見，云文公達説乃翁保薦八人於右帥，伊居第四，考語爲"經術湛深，留心世故"，右帥允其四，餘候查，意求我再特薦於右帥。予以見右帥辭行，伊並未詢我經訓人才，不便干預。即文明亦非能匡濟天下者，特科仍須作一篇文字，伊文字亦不高，故敬謝之。渠意似怫然也。擬賀公度書云："頃閱電報，知公以犖犖大才，受非常殊遇。東山重望，克副蒼生；西賊寒心，先知小范。康、梁奇士，譚君偉人。我黻子佩，同趨朝命；左提右挈，匡濟時艱。甚盛事也。惟湖南新政初頒，保衛、遷善、課吏一切章程，皆煩經畫，而仁風未遍，福曜遠移。雖蕭規曹隨，可作畫一之守，而良法美意，究以籾始爲難。願借寇君一年，忍聽鄧侯五鼓。公之入覲，弟將爲天下賀，而不能不爲湖南惜也。深觀時局以及鄉評，天下不必即能維新，而有維新之機；湖南未必盡能開通，而有開通之兆。凡事機兆既動，則其勢必不可遏抑。今之所以囂然不靖者，正以兩黨方爭，國是未定。數年之後，風波自息，風氣自開，開通之人必多於錮蔽，守舊之黨必不敵維新。此是一定之理，斷非一二妄庸巨子所能阻撓。公在湖南，爲國爲民，殫忠竭智。人心狃於舊習，未能仰測高深，是非不明，毀譽參半，將來成效可覩，必當去後見思。前歌執殺，後歌誰嗣，古之遺愛，非公而誰？弟以不才，過推講學，未能開通民智，不免胥動浮言,反致紛紜,深負委任。公去後,無人護法,中丞不能常至,講學一事,未知能否復行?江右,弟亦不欲久留,鷦鷯巢林,不過一枝。公垂念故人,有可安硯之處,望爲留意。舍弟辦保衛局,恐不勝任,如蒙調入遷善,尤深銘感。遠在江右,未能拜送行旌。”云云。黃幼農來拜,略談湖南之事。夏承冕來見。沈文卿丈來久談,云在春觀察處,待九江延太守來,可得館。文公達送禮六色,受二色。李若愚來見,云乃兄以三場字潦草,罰停一科,未去,現往都陽閲卷。張漢卿來久談。沈文卿送來電諭,大旨在變法,以爲託於老成憂國之臣,空疏迂謬,急於開京師大學堂,講求西法。又有電諭求使才,要人保奏引見,則徐學士保公度諸君爲出使無疑,乃寫信公度處道賀,並有所託。又致書熊、黃、戴三君,並寫家書。是日撥冗閲卷十餘本,三月課畢。

初四(22日)

龔延渤來見,云丁憂未朝考。萬簴來見。唐吉生、應莘臣來回拜。幹臣、少村昨日到,帶吉兒十九所寄書。吉兒十七先發一書已到,云上海等船,初二方行,海中無風,邑館無可住,住客棧,搬入郡館,今將借居湘潭館。京中議論大謬,云湖南欲殺譚復生,可笑!公車歸,將爭窠,却不可不防也。海瀾送禮五色,受之,其先送席敬已璧之矣。劉應呂考夫家之征、夫布之異,摘録於此云:“《載師》不云無職而獨云無職事者,蓋無職不過無所職掌,然猶必爲有職者轉移職事,故《閭師》不云出夫家之征,而第云出夫布。若無職無事,則較之僅無職者,其罰當重,故《載師》不云出夫布,而獨云出夫家之征。經文易明,賈疏未及此,致使‘無職事者’與‘無職者’無異。竊謂‘夫家之征’者,謂無職者出夫征,無事者出家征也。若無職無事,則夫家之征俱出,故經云:‘凡民無職事者,出夫家之征也。’夫布者,謂有事無職,故不責其出家征,第令其出夫布。然則何以知其有事也?案:鄭答劉琰云：'夫布者，如今算斂，在九賦中者也。'是九賦中之算斂皆無職者爲之，此注所以云'無職者，掌其九賦'也。無職者既有所掌，則不得謂其無事明矣。有事，故寬其罰，但出夫布也。要之，夫家之征者，謂無職又無事之罰也；夫布者，謂無職而有事之罰也。無職而有夫稅。夫稅者，謂一夫受田百畝，既不力田，所爲罰以百畝之稅也。既不力田，又不事事，其勢必爲閒民，所爲罰以從車輦、給徭役也。無職者出夫布。夫布者，猶夫征也。然則何以不曰夫征而曰夫布？蓋無職而有事，實非閒民可比，故僅使之出夫布。若無職而又無事，故使之出夫征。後儒不識夫征之誼，謂夫征若係罰以百畝之稅，未免太苛。不知朝廷立稅，每視所受爲輕重。一夫既受田百畝，則朝廷之所罰，必視所受以爲衡，況不耕而又無事，而謂朝廷之罰不如其所受乎？家征，實一家力役之征。既曰無事者，則其未嘗力役可知。既未力役，則不得不出家征又可知。蓋家征者，謂民出貲錢以給繇役，而已可常安於無事也。所以然者，《載師》言'民無職事者'，明無常職，又無所事事也，故其罰重而令出夫家之征。《閭師》言'民無職者'，本於九職，則雖無常職，而轉移職事即其職也，故其罰輕而令出夫布也。"可補入《鄭志疏證》，故記之。臬臺處送春季脩至，銀票六十兩，在小皮箱下關書中，並記之於此。接閱初次師課卷廿餘本。夏宅送到吉兒所寄口磨、杏仁粉、蜜棗、扢塔菜四種，不嘗京中味數年矣。幹臣來，久談京中事。溪雲過談。幹臣云上諭所謂老成憂國，即指徐總憲參陳右帥言之。果爾，則罵得甚好。此人自託於老成憂國，正與妄庸巨子之託於維持名教相似，不自知其非人也。湖南見此旨意，衆吠或少息乎？傳臚狀元乃貴州麻哈州人夏同龢，不知何許人。榜眼夏壽田，尚屬得人。探花，俞蔭甫孫。

初五（23日）

文杏林來，執贄拜門，再三辭之，受帖子，却其贄。袁宗濂、盧豫章、萬簴、吳式伊、曾勳庸、游鳳墀、余生驥、生驥、朱桂林、傅邦楨、雷恒、胡藻、夏承慶及芰舲二子、夏敬觀、梅台源、吳家祝、晏鼎升、晏志清先後來拜節。撥冗閱卷廿餘本。往芰舲處過節，趙南浦、傅棟臣、少村在坐。夜雨。歸閱卷數本。

初六（24日）

閱卷廿餘本，初課畢。經解仍以桂念祖、盧豫章爲稍有新解。《十五國風次序考》，盧據《史記》、《左傳》爲孔子之舊，桂引申魏默深説。劉鳳起來見，云館唐吉生處，即教子培，每月十金，已算好館。閱二次師課五十餘本。《臧文仲祀爰居賦》，止有周觀濤一篇可觀，餘皆平平。書院人才寥寥，可歎也。夜定課卷名次。海瀾送來《海國圖志續編》，閱之，非也，乃《俄土戰紀》之類耳。彼云乃兄擬刻《經濟彙編》，分六門，亦是今日要書，但恐書賈射利，編定不善耳。

初七（25日）

寫本月課題。前在家已寫好，大索不得，只得再費力，冤哉！鄒叔澄來，久談，屬補去年《知新報》及寄《湘報》。文杏林送來乃叔藕南信，求薦釐局。我早知伊拜門意在此，故不受贄敬也。黃文祥來見，書院中舊人也。閱閏月課卷廿餘本。下午往沈文卿丈處，見春觀察，號會東，金將軍之弟也。紫瀾軒有《六十種曲》，缺四本，索價十竿。到晏海瀾處，取《海國大政記》、《經世三編》二部。到李崇如處略坐。歸欲至都司前，過六眼井爲神所阻。無故塞路，可云惡習。待許久，不能過。到孺子亭，芰舲出門，云到我處，遂歸。少村來，談至夜。

初八（26日）

熊益元來，云昨始到。王世忠來見。芰舲至，看文明大作，皆失笑。閱課卷卅餘本。夜作書三肴寄吉兒，匯寄京秤足紋六十兩。

初九（27日）

王翼來見，即王廷俊，與其兄延獻皆作駢文，而不能臻高格，詳告以作文之法。閱卷卅餘本。下午赴夏幹臣飲席，叔澄、清舫、梅斐猗兄弟、黃璇生、盧屏山在坐。夜雨。銀、信交芰舲。

初十（28日）

糧道官課。李崇如來談。賀晴江到，云爾翊尚在京，等考中書。朱溪雲來，求薦陳庚山處。庚山住老泉局，明日當一往拜。閱卷卅餘本，畢，仍以桂、盧、李為首，超等卅名不能足額。下午赴夏毓峰飲席，向枝山在坐，自新城來省。

十一（29日）

填寫課卷名次，底子送監院。閱師課卅餘本。為晴江、見吾書扇二柄。蕭兆熊來拜，云將歸，再來。隨往回拜，不晤。晤向枝山、陳庚山，庚山瑞昌已駿，枝山云毓峰欲與聯姻。遂赴黃杏泉飲席。歸而熊益元來，夜談久之，云欲學西文，有《英和新詞林》最易解，屬致書日本覓之。擬賀袁子純壽對云：「老子東來，豐城氣紫；長庚西耀，壽宇秋清。」

十二（30日）

李畬曾來回拜，云百花洲沈文肅祠將落成，當奉請。賀晴江來，云將回吉安，爾翊到必來見，已見黃幼農，欲為爾翊謀六齋長之一，不知何如。閱師課卷，初次已畢。又閱二次五十餘本，亦畢。初次，李景膚第一。二次，陳澍第一。兩人南、新人，真偽未可知也。《鍾建負季芊以從賦》，陳澍、熊騰、梅和羹皆有佳處，不知何人捉刀。報館送來各種報，去年《知新報》補來，今年《時務》《知新報》無足觀。《時務報》載何禮事甚奇，未竟其事。《格致新報》似有用，予不甚解。《實學報》尚可觀。下午夏少村、文公達、梅斐猗來。文、梅以爲薦文明事是戲之耳。客去後，赴應莘臣席，彼處甚熱。連吃晚食四夜尚相安，足見前日之病由於餓①，非由於飽也。噫！

十三(7月1日)

閱《實學報》，芝老作序，頗謬於是非。此報所以痛詆民權者，因孫文逃入外洋，倡爲民主、民權之説，欲以亂中國，故力防之。其所見亦是，而必以此詆及談時務者，並集矢於《公羊》，可謂怒其室而作色於父矣。午後到芰舲處，同往經濟學堂看西文，學生大考，不得其解。歸閱卷廿餘本。聞電報云夔石師已入樞廷，總理衙門兼户部尚書。任大責重，不知精力能支持否。宋伯魯、楊深秀參禮臣守舊泥古，阻撓新法，當即爲特科及改科舉事，禮臣殆孫夑臣師耶？楊鴻耉來拜。夏毓峰夜至，談與向枝山聯姻事，欲屬予作伐。

十四(2日)

熊濟濤至，云初五有電報，上諭停廢八股，惜未得見。五日乃天師收五毒之日，如有此舉，是去一四百餘年之大毒矣。問右帥保薦事，伊云聞之而未詳。芰舲至，以一名條託交叔和。叔和適來，即以付之。閱卷卅本。下午到江南會館，赴鄒叔誠飲席。得見諭旨，以爲時文不過循題敷衍，於經義罕所發明，自下科鄉、會試起，及歲、科試，皆改用策論，以期收實學而拔真才云云。可謂聖明，令人慶幸。朽腐如某天官，尚有何嶠可負耶？江南館荷花不甚多，紅緑疏疏，亦可看。歸，有雨意，卒不雨。

十五(3日)

少村至，云與徐雲生謀共立學堂，乃叔不肯，殆猶有善者機存耶？胡模山來，云稟請開報館，不知方伯准否。雷見吾來，云

---

① "見"，原誤作"以"，據文義改。

有事可覓否。既停八股，或者謀事不難。伊云去年所調惟安義楊聖燾頗佳。是日閱卷四十餘本。天氣漸炎熱矣。

十六（4日）

閱卷數本，畢。實無可冠群者，有數卷尚通經學，皆歐陽宋卿、王香如二人所爲，亦有出於盧文明者，不得已仍以文明爲首，批甚不滿而仍取之。前日斐猗云“盧橘夏熟，桂樹冬榮”，可謂切對。今桂去，僅盧一人在，奈何乏材一至是耶？填名次去，又了一局矣。接閱四月師課三十餘本。文公達至，云聞右帥有交廣西撫查辦事，乃翁由湖南來信，不聞説起，必是訛傳。變師入樞廷，右帥之起乃其保薦，必能爲護法也。芰舲邀往賞月。幹臣、少村共議開學會事，以集欵爲難。

十七（5日）

閱初次課卷畢，以王香如所作數卷爲佳。《〈梓材〉“今王”解》，伊云《酒誥》、《梓材》是周公歸政後作，故《史記》曰“申告”，《書序》云“成王若曰”，伏《傳》有“朝乎成王”云云，取證尚塙。楊聖燾卷頗合，疑即雷見吾作也。接閱二次師課五十餘卷。《錢武肅王遺吳越王妃書賦》，惟姜兆磻頗佳耳。現在人才之乏如此。朱溪雲來坐，告以叔和所説。黃幼農辭歸吉安，云廿日啟行，十九去送。芰舲至，談學會事，云到應莘臣處，大以廢時文爲怪，以爲不數年仍將復用，其子仍案課作時文，大約爲庸師所誤。今時文雖廢，其餘毒恐數十年内猶不息也。戲作謝表數句云：“當天師收五毒之日，正聖朝廢八股之期。革十八行省之陋風，除四百餘年之積習。大愚之士，兔無窟而何藏；奇悍之夫，虎失峘而奚負？”一笑！一笑！夜甚熱。覆閱師課卷批。

十八（6日）

爲芰舲二子改文兩篇。接壽兒初二來信，云二弟婦已於前月廿九病故，可慘；保衛局仍阻撓，不知如何局面。永新盛弼來信,云邵陽人攻擊樊春徐,無非不肯出錢。盛議論極開通,豈錫吾先生之子耶? 楊聖燾來見,云現住書院,去年安義調七人,王脩紀、脩綱是也。王翼來見,呈其觀風作,問今用功之法,勸彼立學會,買時務書及報。閱本月官課卷廿餘本。天氣大熱,下午只能看報。梁卓如請廢八股及請辦即墨毀聖像事,皆在《知新報》中。

十九(7日)

往黃幼農處送行,不晤。到宋子才處略坐,以趙潘詩札見示,其子死,宋女守志。此等事殊非人情,近人講宋學之流毒也,然持汪容甫之說,則人必怪罵矣。歸閱卷四十本。劉鳳起來,云與桂、張諸人議立學會。下午芰舲約往一敘,談學會,欲予為會友社長,予固不辭,然聞其所定章程,入會五十元,人已不願出,先無一錢,如何立會? 即芰舲出房屋、器皿,而圖書一切亦須貲本,各人各辦,如何算會? 如此規模卑狹,恐難有成效。宋伯魯又奏請歲、科試即不用時文,以上諭到日為始,見十七電報。如此迅速,尚有奮發氣象。

二十(8日)

師課未及改章,擬先出示曉諭諸生,並告知居停主人,官、師課均以策論居首,其餘能兼者聽。已擬稿,請芰舲酌之。閱課卷,有引《杜鄴傳》《棠棣》刺詩證樸園《魯詩》說,據《爾雅》郝疏駁《鄭志》,可補入《鄭志疏證》,誌之。閱卷三十餘本。海瀾至,久談。伊云廢時文,去二千金貲本矣,猶有勸留之以待復舊者,其在十二萬年後乎? 芰舲夜至,屬將上諭全引,邀文明至,談至夜分。見諭,孫爕臣師得協辦,裕祿入軍機,禮臣乃許應騤。

二十一(9日)

徐伯苑來見。報館送來《譯書公會報》,閱之,共二十册,閱十餘册。其報與各報相出入,惟所譯之書可觀。湖南每年五元,此間加郵費九角餘，太貴。閱卷廿餘本，畢。李景膺第一。《漢道雜王霸論》，桂念祖最高。聞伯華不在省，其弟所作。此人亦江西未可多得，而至今未青一衿，八股之不足得人如此。向枝山來拜，託爲作伐。彼已來面説妥，且已相攸，做現成媒人，有何不可？詢龍山王孚宗，彼知其人，亦有瓜葛，云其家貲在龍山係前三名，亦可通問。

廿二（10 日）

填課卷名次。如此炎熱，亦須出一身汗。此以後半日無事，明日師課卷又到，所謂浮生半日閒也。收到夏季脩壹百六十四兩。《公會報》二十本閱畢。毛振趾來拜，云乃弟四月到京，住興勝寺。下午往芰舲處，幹臣、少村與其三先生皆在，談至夜始歸。

廿三（11 日）

取昨攜歸之《時務日報》閱之，見其説湖南保衛、課吏，不言其究竟。《湘報》改章十條。右帥有升川督之語，但願其不搞耳。香帥保十餘人，湖南有實甫、沅帆。其中間有新奇，屬送一分。王香如來，云將往漢、粵張羅，屬問殿書之館。閱初次師課，竟有敢罵上諭者，不料八股家之凶悍悖謬一至於此！閱三十本。天大熱。

廿四（12 日）

飯後往監院李崇如處，以師課改章曉諭與之，屬交書吏懸示諸生。到紫瀾軒，以六千五百買定《六十種曲》、《錢箋杜詩》殘本，藉以消暑。遂到夏宅，見毓峰，以枝山所説告之。芰舲在家。幹臣、少村銳意向學。幹臣與書菴無師學算。少村欲興學會，請雲生共議，擬於六月初五六日先聚同人一會。雲生云乃弟維三來信，言拔、優朝考已改章。吉兒書法不能勝人，策論恐亦未必能勝人也。晚歸，大熱。桂念祖來見，云右帥保薦事，到此始聞之,恐不墻。

廿五(13日)

檢閱《六十種曲》,少《玉簪記》上下,《北西廂》少一本,《三元記》少一本。內有《東郭記》,言齊人事,大可笑噱。監院與西齋趙必明來。王翼來見。李世廉來,云住半步街。陳鶴春告病到省,中風,不能出,殆由色過度乎?文明、公達、斐猗晚間同來,云豫、友將改章,欲我見東家請講學,不知談何容易。是日閱卷十餘本。

廿六(14日)

劉鳳起、張佑賢、位賢同來。芰舲處送來青蚨式十竿。閱卷十餘本。刻工來取《書序》,云以上皆刻好,因趕校十餘昻。往鄒叔誠處退還各報,訂《知新報》、《時務日報》。彼云殷書廿二在湘起程,今將到,到此即將約伴赴東洋。俟其來時,詢明湖南一切情形,託帶東洋之物。天大熱,云九十四分矣。

廿七(15日)

龔桂岩來見。爲書菴改論一篇。伍致中來見,自負江右人才,求於龍芝老處保薦特科。執贄,予不受。桂伯華帶其弟來見,字公比,年止十九,貌倜儻勝伯華。此江西後來之秀也。閱卷廿餘本,初課畢,共九十餘本,以胡舜卿、楊藻鑑列前。此香如及伯華之弟所作,以其能痛發祖護時文之弊,故首列之。天大熱,求雨不發,有旱象,湖南不知何如。伯華云得康長素之弟信,云右帥保是真。校《今文尚書·書序》畢一過。

廿八(16日)

徐舒銑來見,云舒銑、舒鍾皆兄弟,舒欽乃其親兄也。閱次課,竟取不滿額。《秦築女懷清臺賦》,惟姜兆磻、周觀濤數卷稍可觀。此間經學、詞章寥落如此,談時務亦未必有多人也。《書序》覆校一過,似無誤。閱《綵毫記》,尚佳。

廿九（17日）

定課卷名次。宋子才至，云秀峰之子瘝病，其文或非己出。鄒殿書來見，云湖南爭鬧未已，新政未舉行，公度一時未必入京，右帥將留之暫辦事，右帥保人才亦未定，異常慎重，現在擬改書院章程。此間亦將更張，以經訓改章告之，囑轉達廉訪，天熱，可免自去。殿書將往日本，云遲數日即行，沈小宜亦同來，芝老已行，在途中相遇一叙。予欲彼來問湖南事，所聞不過如此。閱《時務日報》，宋、楊二人參許應騤，許覆奏痛詆康有為，殊非大臣之度。此人是一根蔥，使之掌禮，不亦謬哉！云文廷式有起用之信，恐不搞。下午往殿書處略談。伊欲改書院，恐難，或湖南趁此機會可全改耳。此地學堂章程，伊亦不謂然。我改師課章程已錄付之矣。夜熱不可當。

三十（18日）

芟畡早至，云往寄廬。學會章程又更改，云初五開會，約必到。初四老太太壽誕，當往拜祝。填課卷名次。殿書處假來香帥《勸學篇》。此老究竟是讀書人，所説透徹，亦平正無弊，不取民權，緩開議院，自是正理。保國教忠，彼身為大臣，應如此説。惟詆《公羊》使亂臣賊子喜，與予説《左氏》使亂臣賊子喜適相反。聞此老好《左氏》，宜所見之謬也。其論學以小學、訓詁為先，施之今時，亦覺迂遠。沈小宜來，談時事甚壯，勸彼力開學會、報館。晚間到芟畡處，以《勸學篇》示之。芟畡督其子作論不成，勸其仍用作《四書》文法，不必求深，或易成章。

六　月

初一（19日）

沈文卿早來，留吃飯。彼請作一詩，恭惟金將軍。殿書至，欲約初三到江南會館講學。楊蔚霖來見。文杏林至，欲求見方伯求釐局，云乃叔尚在京，擬復一信。殿書欲我擬告示，略云："今當滄海揚波，朝廷變法，將開民智，亟廢時文。科舉爲士子階梯，既不待至下屆；書院乃文人淵藪，豈宜少緩須臾？欲其博通古今，必須專重策論。晁、董、公孫之對，宏我漢京；《過秦》、《王命》之文，光兹蕭《選》。急於改法，惟此足以得人；名曰更新，其實無非復古。經訓不課制藝，亦宜稍加變通。命題策論居前，經解、詩、賦列後。策論二篇全作，經解、詩、賦聽兼。庶幾振起真才，奮興實學。元元本本，有大雅宏達之規；正正堂堂，得豪傑推倒之概。賈傅《治安》之術，能解天下倒懸；桓寬《鹽鐵》之書，入贊廷中大議。"云云。李景膚來見。向枝山夜至，以庚帖託送夏府。此間中峰又換一滿人蘇藩嵩長①，恐一蟹又不如一蟹也。壽兒來信，云倉穀少三十石。此是吉兒錯誤，然未必如此之多，恐有互混之處。

初二（20日）

寫家信一函，致鹿泉一函，致子漁、小鶴各一函，匯寄長沙省秤足紋壹百兩歸家。下午起風，微雨，稍涼。到夏宅，見芰舲，以銀、信屬寄湖南。見毓峰，以向家庚帖付之。談至夜。幹臣、少村皆在家。借少村《錢箋杜詩》歸，擬補抄缺頁，計有十餘頁。聞新中丞爲松壽，非嵩長也。

初三（21日）

晴，更熱。閱報，見汪康年言華人將來受害，令人悚然，恐不幸言中也。閱《紫簫記》，是《紫釵記》之原本，而事蹟全不同，其曲詞頗有未改者。詞極麗密，蓋臨川早年手筆如此。《紅梨》、《幽閨》均佳。毓峰來，云年庚相合，初八回女庚，屬詢納聘禮

---

① 原稿旁改"嵩長"爲"松壽"。

物。溪雲晚來略談。是日拔貢朝考，不知吉兒得意否，京師天氣不知已漸涼否。

初四（22日）

到廉訪、中丞處，皆不見。見方伯，以文杏林名條與之，彼已知其故，云此人甚好，要釐差且從容，似已説明者，特欲我催速耳。官場如此，可怕！可怕！談及科舉變法事，云已議頭場《四書》、五經、史論各一，八韻詩一，次場五策，三場不要。昨又有電諭到，要各省將所有書院經費、脩金、膏火之數查明報部，不知爲何。松壽要入京，一時未能到任也。到李世廉處略談。遂至夏宅拜壽，談科舉事，芰舲亦聞之，查康熙時如何變法，《東華録》不見。談書院事，芰舲云恐是提經費爲開大學堂計，若但併書院爲學堂，可任地方爲之，不必報部，其言亦近理。午後歸，熱不可當。閲傳奇三種。文明、公達、斐猗至，云欲我講學。殿書邀觀光學，辭不往。夜風，雷雨，稍涼。

初五（23日）

又晴。芰舲約今日開會，又退信，云客多不到。如此爲難，江西更陋於湖南，即此可見矣。周齊來見。復文耦南一函，言名條已面交方伯。補録杜詩一首。殿書至，約茶會講學。熊濟洙來見。叔和來拜。少村來久談，以學會未成，甚悵悵。住會止彼一人，足見好事之人不多，好學之人尤少。吉兒來信一函，是十九所發，言京中事大可慮。不言大熱，《日報》所説或未確。此刻寄信去，恐已出京，而予心不能已，仍作一書寄之，彼考得意，或未出京，亦未可知。少村來久談。伊年少氣盛，憤學會之難成，欲邀小宜、叔澄諸人。乃叔選擇太苛，自是老成之見，然在今日欲開風氣，如此拘執，勢必難行。伊去後，芰舲來，以爲殿書邀講學，勸勿去，予意亦看局面如何。芰舲云小宜以提補一事欲告方伯，恐其下手，宜先避之。恐小宜氣盛，未必肯聽。夜雨。

初六（24日）

微雨。毓峰來回女庚，約初八吉日送枝山處。殿書至，約明日九點鐘到江南會館講學，云江建霞有信，許到此間爲總教習，七月准到。伊出洋行期已定十三。去後，又有信來邀，云有屬志學會、官場人、經濟學堂諸生。夏幹臣、少村、梅斐猗、文公達同來，云明日均好。本書院有八十人，如此，則有百餘人矣。王晉侯來，云罰停三科，未曾會試，自京師歸，尚未到任，明日亦將往聽講。予以聽講人多，不能不先擬講義云：

　　司馬德操曰："儒生、俗吏，不識時務。識時務者，在乎俊傑。"彭躬菴極稱此四語可與虞廷十六字相配。魏叔子以躬菴之言爲然。二公皆江西鄉先生，生當多事之秋，喜爲此等激昂恢奇之論。今海內多故，與司馬德操、彭躬菴、魏叔子之時相似，當以識時務爲第一義。

　　儒生、俗吏所以不識時務者，承平日久，循習故常，人但知有舊學，於古今事變、中外形勢不加考究，見人談及時務，少見多怪，以爲新奇。德人占膠州，俄人占旅順，英人占威海，皆早見明文，而人多不知，有人告之，猶以爲訛言不可信。平日議論，庞然自大，以爲幅員之廣無過中國，文明有教化亦惟中國爲最，外國人皆畜類，無人倫，何能比我中國？又何能入據中國地？瓜分之説，乃必無之事，由報館人憑空捏造。不知今日割五城，明日割十城，即是瓜分局面。中國地方雖大，何堪屢割？分割既盡，一隅之地豈有獨存之理？今日不但爲保國計，亦當爲保身家計。若猶深閉固拒，全不想開民智，轉移風氣，見人談時事痛哭流涕，反至群然譁笑，以爲天下無事，庸人擾之，此如燕雀處堂，自謂安然無患，一旦堂中火發，不知栖身何處。此由平時全不講求時務，故茫然不識也。

時務因時而變，一年不同一年，如去年曆書，今年不可復用。中國自從馬關和倭，是一個局面；膠島租德，又是一個局面。非但比同治平長毛時情形不同，且比鎮南關敗法人時情形有異。當時中國差能自固，老成之士以爲電綫、鐵路、輪車、輪船，皆不宜到處通行。此在當時，自是深識遠慮，誠恐開門揖盜，教猱升木，反爲不美。到今日，則門無可閉，不必開門揖盜矣；猱自能升木，不待教彼升木矣。且鐵路、火輪，我不辦，彼將來辦。我自辦，利權猶歸於我；彼來辦，利權全歸於人。西人云鐵路所到之處，即管轄所及之處。是鐵路歸彼辦，則地方全屬彼矣。即如通商馬頭，當時以爲少開一處，可多留一方清靜地，其言未嘗不是，而今情形大異。作爲各國通商馬頭，猶屬公地，仍歸中國管理。若如膠州、旅順，一國强索一地，其地專歸一國。今山東，德人不許中國修鐵路，旅順，俄人不許中國泊兵船，名爲租界，實已反客爲主，中國全然無分，反不如開馬頭作公地之爲愈。時事變幻如此已極，猶得以昔日議論爲然乎？

今各處内地，皆許各國通商開馬頭，行小輪，興製造，辦土貨。彼牟利之途日廣，我興利之源日涸，若不急講商務，並講農學、工學，自己興製造局，開工作廠，並求種植蠶桑之法，將來脂膏爲彼剥削，民窮財盡，何以圖存？ 今外國人之擾我中國，曰通商，曰傳教。彼奉旨來，不能明與之爭，惟有暗地與之抵拒。彼來通商，我亦講求商務，並興農學、工學，則我能保利源，不至爲彼所奪。彼來傳教，我亦開會講學，發明孔教，使人皆知孔教之大，彼自不能誘我入教。

講學始於孔子。子曰：“學之不講，是吾憂也。”又曰：“君子以朋友講習。”孔子習禮樹下，講學杏壇，弟子三千，到處宣講。漢、宋儒者，無不講學。漢儒專講經學，聽講者皆弟子。宋儒講理學，兼及時事，聽講者不皆弟子。規模略異，而宣講則同。國初施愚山在江西，猶邀恥菴、西河諸君講學。其後因有鑒於明末東林、復社，始有講學之禁，所以近百年來，不聞此風。彼一時也，此一時也。當時天下無事，但求安靜，不欲人議論時事，恐致紛紜。今天下多事，不能不使學者考求古今中外之故。近日疊奉上諭，變科舉，廢時文，立學堂，講商務，大有維新之機。學會、報館林立於各處，不聞屬禁。康長素、梁卓如於京師立保國會講學，亦無禁止之事。當此機會，正宜立會講學，開通風氣，以破守舊拘墟之習。諸君當知講學是孔門及漢、宋諸儒舊法，並非奇怪之事。立會講學，在當日雖有明禁，而今日並不禁止。欲去錮蔽、求開通，非講學不可。欲講商學、農學、工學，亦宜先從我輩講學起點。必先講學，乃能開智。必先開智，乃能自強。此雖老生常談，實是一定道理。

初七（25日）

龔桂岩、盧文明至。文明問禮如何行，可謂迂矣。致函向芝山，屬明日勿出，將送女庚。殿書來催，遂往江南會館。到者約二百人，地狹人多，又無護法神彈壓，喧譁擾攘，雖強說一遍，恐人並不聽見。小宜說得甚暢快。有周某登戲臺，學外國人講道理，手舞作勢，亦有可觀。又演化學。人多，熱氣不可當，出坐，與小宜諸人談時勢。伊云報館無經費，殿書願獨辦，今且借沈文蕭祠，買報使人看。此事費不多，可急辦，亦開通之一法也。熊磻、秦嗣祖來見。張翰臣至。燈下為沈文翁代作詩云：“將軍威名震關隴，虎頭食肉精神竦。淮陰拔幟衆皆驚，王霸射樽獨不動。自從西域亂羌渾，白日慘淡煙塵昏。封狼窟穴盤蔥嶺，虜騎奔騰逼玉門。我朝威德超千古，白頭上相規平虜。曾聞介子斬樓蘭，又遣式師誅毋鼓。鳴劍伊吾神鬼號，耀兵青海狐狸逃。將軍此時挺戈出，殺賊不異艸與蒿。雄軍肅清關內外，甌脫直抵俄羅界。洗刀何止鸊鵜泉，傳檄直通雞鹿塞。重扶天柱蹴昆侖，鄯善車師列漢屯。邛竹迢遥達身毒，錦車照耀過烏孫。賤子西行入戎幕，長楫軍門規雄略。感激昌黎薦士心，歌吟王粲從軍樂。星沈五丈忽騎箕，大樹蕭蕭爲涕洟。空有祁連象高冢，時從酣戰想英姿。將軍介弟聯華萼，念舊憐貧加煦沫。拊膺始覺痛西州，下士何幸開東閣。茫茫知己嗟風塵，愧無椽筆紀鴻勳。聊將下里郢中曲，敬頌淩煙畫裏人。"

初八（26 日）

將詩錄出。飯後往向芝山處，以女庚付之。兩下願意，勢在必成，惟俟擇吉納聘，大約二金、二玉、紅綠湖縐及茶、果兩抬箱。至叔和處，大約伊亦冰上人。伊畏熱，又義武府考仍用時文，當入闈卷，看可俟秋涼否。歸而李世廉至，以名條託交方伯，求寶倉局差，恐不能發棠，當思以謝之。少村來，以學會不成爲恨。沈小宜勸其變產爲之倡，此非常舉動，恐乃叔不謂然也。下午往芰舲處，果不謂然，而云當挪辦農學會、醫學會，能成甚好，必以殿書、小宜挪學會爲多事，則猶故見未化。殿書辦理不善，小宜宣講並不錯也。叔和云屬志學會有四十餘人，買書在城隍廟共講明，方伯與首府爲會首，伊即總理之一。入會捐十金、數十金不拘，每月收五百文爲經費。如此辦法，雖無實際，總勝不辦。閻覲臣到，寓田家巷，云湖南保衛局已不辦，恐流俗訛傳也。

初九（27 日）

閱《時務日報》。于次棠方伯請簡用大臣摺甚剴切，歸罪李、翁、張蔭桓三人誤國，薦徐桐、張之洞、崇綺、邊寶泉、陳寶箴，請起用李秉衡。此等讜言，在今日可謂鳳鳴朝陽。《答問中英度量權衡表》云華一尺合英十四寸一分，華一畝合英七千二百六十平方尺，華一兩合英一兩三三三，華一斤合英一磅三三三，英一里合華三里三三三，一海里合一英里一五一五，大約十三海里合十五英里，一馬力合每分鐘時三萬三千尺磅，八人力合一馬力。以其言簡明，記之。廿八日報云英領事以沙市案，要求湖南長沙、湘潭、常德三處口岸，官紳未決，孔靜皆、鄭紹僑阻議。沙市事由湘人起禍，其禍即湘人自受之。此等亂民，寸斬不足蔽其辜矣。廣西土匪滋事，亦湖南之患也。殿書來，云十三決行。小宜來，痛罵殿書，云殿書不應使教士宣講，在湖南且保周某薦特科，伯嚴不知，恐爲所惑。予屬小宜以此情實告伯嚴，將來學堂西學教習亦宜慎擇，勿爲此鬼怪輩壞事也。芰舲晚間來，久談，云少村性情乖張，有恃才傲物之病，恐學會難立，彼此爭論，反難爲情。此亦不能不慮及。宋奉峨來見，云送其弟考。

初十（28日）

官課。委員汪鴻來拜。擬廿日師課題。校《今文尚書》數昏。閱《琵琶記》一過。此實傳奇絕作，可歌可泣。昔彭孺人有此書，玉碎香銷三十餘歲，書亦早失，今復覩此，感慨繫之。賀爾翊來見，云五月廿三出京，曾見吉兒，朝考是初三。大學堂章程歸梁卓如一手定，各省大學堂，舉、貢皆得肄業。若能一律，是大佳事。康長素見《湘報》刻予講義，甚傾佩，與此公可謂神交矣。爾翊云到殿書去住。叔誠旋來，以報館招股章程與我觀，云將開報，欲留爾翊，又欲定章程爲常講學之計。如章程好，或能一雪前日之事也。幹臣、少村、奉峨同來，言欲開一同心會，囑予作序，且擬上公稟，請改經訓章程。若能辦成，自是佳事。

十一（29日）

夏小泉早來。飯後擬作《同心會序》云：

孔子繫《易》曰："二人同心，其利斷金；同心之言，其臭如蘭。"二人，數至少也，何以有斷金之利效如是？蓋人與人相疇，自二人彼此相親始。"仁"從人、二，鄭康成以"相人偶"解"仁"字，"相人偶"即人與人相親之義。始於二人，而推及千萬人。能得數人，即可勝千萬人，《大誓》所謂"商兆民離，周十人同"也。

人之所以不能同心者，由於學派不齊，亦由於議論不一。學派有漢學，有宋學。漢學有西漢大義之學，有東漢故訓之學。宋學有程、朱之學，有陸、王之學。近世又以專講中國學者爲舊學，兼講西學者爲新學。互相攻駁，勢同敵讎，心安得同？議論或好安靜，或好動作。好靜主守舊，好動主維新。守舊者以爲舊法盡善，能守其法，天下自治，當一切不變。維新者以爲舊法盡不善，不盡改其法，天下無由而治，必掃地更新。一則近於道家清靜無爲，一則近於法家綜覈名實。分黨競勝，二者交議，心安得同？

今欲同心，當化不同爲同。宗派不齊者，當知漢、宋之學，皆出孔門，不可分門別戶，同室操戈。即西學非古人所知，亦足以補中學之所未逮，但有一得，並宜兼收。議論不一者，當知一切不變，施之今世，固不相宜；掃地更新，望之今人，亦恐難逮。宜去其太甚，盡其所得，爲守舊、維新，庶無黨禍。

至於學派通矣，議論一矣，而擴充學派、開拓議論者，尤不可各存意見。意見不化，即其先之同志，或以一時之激烈，盡棄前功；或以細故之參差，貽誤大局。宜集思廣益，開誠布公。風氣未開，持以公理；畛域難化，感以積誠。心雖急而戒毋躁，氣雖盛而戢毋張。謀事期於久遠，不必取快一時；立言無取高奇，恐其驚駭流俗。勿恃才傲物，而反渙其群；勿盛氣凌人，而欲速不達。如此，乃可以收《繫辭》斷金之利，以期漸致於《禮運》大同之機。

諸君子念切時艱，議興學會，恐同人之中有未能同心者，先立一同心會，以堅其志，而問序於予。予望諸君子之能同心以有成，而竊望其始終如一也，敢略陳其愚，以爲諸君子勖。

黃勱來見，云已換一局，來謝委，告以李次申在此。幹臣、少村、爾翊同至，言書院宜改章，事或可行。若改孝廉堂爲學會，並廢官書局，恐未必能辦也。所立學約甚佳。微雨，凉。

十二（30 日）

錄出序文。雷恒、胡藻同來，以孝廉堂改學會事告之，雷有難色，措大眼孔小，到處皆然。予謂據爾翊云卓如定學堂章程，各省書院必盡改學堂，斷不能照舊盤踞。今惟有趁早改經訓爲學堂、孝廉爲學會，請地方官勿以之入書院之内，或猶可保，其如人不悟何？袁子純六旬，不受賀，送禮四色①，只受對聯一軸。殿書至，云胡明蘊邀客，彼並不知，因言明蘊之非，要百金做川貲，幼農所用賬房黃某以係私事，不發，明蘊遂詆黃某所包木工頭有九五扣，要自包木工、石工，與黃某幾揮拳。芰舲從曾公祠來，則言明蘊云殿書帶經濟公學堂生出洋，並買書籍、儀器，皆要出務實公項，應否發給。看此兩人爭鬧，皆爲利耳，將來必如陶、歐脩溝，分贓不匀，爲人恥笑。江西人辦事如此，更不如湖南。芰舲於同心會亦不謂然，姑以所作序付之。到殿書處送行，不在家，見叔誠略談。日暮，遂歸。夜大雨。

十三（31 日）

仍晴。見《申報》列大學堂及各省學堂②，是梁卓如手筆，説

① "送"，原誤作"受"，據文義改。
② 句末似脱"章程"二字。

中、西學極通達,不知各省辦理何如。現在經費難籌,改寺觀如能行,不患無費,既奉明諭,無不可行,特恐人惑於邪説耳。大學堂總教習破格録用,似乎意在南海,不知能破格否。拔貢朝考改用一論、一策。今已十日,吉兒無電報,大約落孫山矣。王廷獻來見。王香如至,請書扇,託薦殿書館,不知彼歸我尚在江右否。閲卷廿本。

十四(8月1日)

宋子材至。楊念惕來見,云在胡欽大令家教書。聞首府考尚不改章,是大可笑。閲卷廿本。天氣又大熱。次申請十六日,辭之。

十五(2日)

得電報,知吉兒不取,而又欲捐教,是前一言誤之,多電報出費甚枉,又不知何以至十四打電報,殆二場不取耶?幹臣、少村、奉峨同來,云孝廉堂改學會已將具稟,經訓亦將請改爲師範學堂。閲《時務日報》,廿一日大臣密議,不知何事;廣西賊甚猖獗,奈何?爾翊來告辭,云明日即歸永新,此間有事再來。現在若變法,必需人才。然近日局面,有君無臣,名變而實不變。聞李學使考首府仍用八股,正如《知新報》劉楨卿所譏,即有人才,何從有之?將來仍係八股朽腐一切盤踞,促亡中國而已。閲課卷廿餘本。晚過芰舲,屬打電報,又須三千餘文,此舉殊屬無謂。與芰舲談諸事至夜,步月歸。

十六(3日)

文小松來,告以條子已面遞方伯,復耦蘭信付之。閲卷廿餘本。芰舲至,云電報已打,洋貨作一千,大無理。找文明至,詢其稟改書院爲學堂事,稟稿尚未定。

十七(4日)

此課經解題《考"興雨祁祁""興雨"或作"興雲"孰是》,諸卷考此皆不了了，今擬作一篇云：

自《顏氏家訓》謂"雲"當爲"雨"，引班固《靈臺詩》爲證，孔《疏》、《釋文》皆從顏説。近人陳啟源、劉履恂、胡承珙從孔、陸，以"興雨"爲是。臧琳、段玉裁、崔應榴、顧廣譽、阮元、陳奐、陳喬樅不從孔、陸，以"興雲"爲是。錢大昕、盧文弨謂有兩本，或作"興雨"，或作"興雲"，經師傳授之異。馬瑞辰以作"興雲"爲《韓詩》，作"興雨"爲《毛詩》。愚案：此當以段氏之説爲斷。段氏曰："'有渰萋萋'，言雲而風在其中；'興雲祁祁'，言雲而雨在其中。兩字分上、去聲，後儒俗説，古無是也。上句言'興雨'，下又言'雨我公田'，則無味矣。"段氏此説最明，顏氏致誤之由，即此可證。一字虛實分爲兩聲，今人奉此爲金科玉律，昧者且以此進退天下士，其説不知始於何時。考《顏氏家訓》，分別"好好惡惡"出於葛洪《字苑》，則以虛實分兩聲自晉人始，其説最荒謬不可通。"好好惡惡"，一虛一實，分爲兩聲。"賢賢親親"，亦一虛一實，何以不分？"君君臣臣"、"父父子子"、"兄兄弟弟"、"夫夫婦婦"，亦一虛一實，亦當分兩聲矣。《大學》格、致、誠、正、修、齊、治、平，明分八項，獨治國之"治"分兩聲，其餘七項皆不分。此説之萬不可通者也。顏氏生於梁，此等謬説蓋已盛行，《家訓》明引葛洪《字苑》，顏氏固深信其説者，故解此詩以爲"興雲"當作"興雨"，如字讀，下"雨我公田"讀去聲。不知一字以虛實分兩聲，兩漢人所不知，何論三代？若作一聲讀，則上言"雨"，下又言"雨"，重複無義，必非詩人之旨。此則顏氏所由致誤而臆斷不可信者也。至引班詩"祁祁甘雨"爲證，則尤非是。賦家引用經語，不必成文。上句"習習祥風"並非成文，下句何以必爲成文？"祁祁甘雨"，班蓋合用"興雲祁祁，雨我公田”二句，正可爲“雨”字不分兩聲之證。班書《食貨志》明引“興雲祁祁”，豈有作詩引作“興雨”之理？若謂三家作“雲”，《毛詩》作“雨”，引經不妨互見，則班書《蓺文志》明云《毛詩》“自謂子貢所傳，未得立”。“自謂”者，甚不然之詞，是班氏必不引用《毛詩》也。或以《鹽鐵論》、《後漢·左雄傳》、高誘《呂覽注》皆作“興雨”，然則顏氏何以舍各處成文不引，獨引班氏一詩不成文者？此等疑皆後人據今本改之。若《無極山碑》、《開母石闕》皆作“興雲”，此則金石文不能改，更信而有徵者。《西嶽華山碑》云“觸石興雲，雨我農桑”，“雨我農桑”與“雨我公田”句法相同，上云“興雲”，下云“雨我”，正可爲此經上云“興雲”、下云“雨我”之證。“雨我”之“雨”，實字虛用，不必讀爲去聲，此其明徵。《白華》篇“英英白雲，露彼菅茅”，亦與此經句法相同，上言“雲”，下言“露”，“露”字實字虛用，可與此經互證。“霜露”之“露”、“覆露”之“露”，未聞有分作兩聲者，何以“雨”字必分兩聲乎？《釋文》云“興雨，如字”，案《釋文》所分音韻，正篤信葛洪《字苑》者，皆非古音古義。孔《疏》云《定本》作“興雨”，唐初《定本》出於顏師古，師古必守《家訓》之説。是陸、孔皆因顏誤，後人又因陸、孔而誤，以至妄改經文。學者但知兩字必無兩聲，則可以無惑於顏説矣。

居停處送來銀二百三十九兩，我疑數不符，且太早，屬來人歸問，果誤，不知何以如此憒憒，可發一笑。閲卷廿餘本。文明、公達至，以經訓請改師範學堂具禀送閲，文頗繁，章程亦未定。熊益元來，告以此事，屬與諸人妥議章程。益元云豐城欲興學堂，籌脩不難，屬函託文芝塙。予謂作函亦可，但要其如何辦法，宜自酌定，方可託彼籌辦。聞又有電諭催舉人才，以三月爲期。予無志蜚騰，聽之而已，不能求人保薦。

十八（5日）

至袁子純處拜壽，未晤。叔澄有信來，云會序已刊，擬輯《新政記》刊布。此舉甚好。見《時務日報》，粤匪漸平，暫可放心；科舉已准香帥、右帥之議，仍作三場，三次去取。近日變法固勇，未免朝令夕改，恐非持久之計。又有云康工部得志，乃張樵野主持，卓如定章雖佳，必欲人人讀其編定之書，似有王荊公《三經新義》之弊。又議改官制，恐教官亦將裁，故不允吉兒加捐也。鄢廷煇、黄晉彝、余廷諧來見，皆校經諸生回來應試者，云：校經山長，沈子培不來，時務學堂教習皆去，因書院人有詆其教法太偏，專講《孟子》、《公羊》者，時務學生又稟各書院山長不好，須更換。熊秉三《湘報》痛王、張、葉諸人，仇隙更深。保衛局將開辦。觀《日報》，岳州亦將設巡捕矣，長沙馬頭尚無定議。公度此刻不行，復生上海辦機器去。出洋學生已招考矣。三人住綿花市萬隆客店，天涼當往回看。此間尚未開考，李宗師甚不願改，生童亦有稟求不改者，其陋可笑。中丞頗明白，謂當遵旨，電問江、浙亦皆改章，故李公不得不强作解事。而香帥、右帥所奏歲、科正途用《四書》義，經義不知是文是論，頗涉含糊，恐又將藉此以燃灰矣。少村到此，示以此旨，彼亦驚喜，以爲學會可成，庶鄉、會試免致不取頭場。溪雲晚來，攜此報去看。是日閱卷廿本，畢。

十九（6日）

立秋。復閱各卷，策論見解之透、文筆之强，仍止桂念祖一人，爲加批，並録擬作粘文明卷上。《時務日報》列文悌參康工部疏，訐發陰私，非奏疏體，孔子改制亦非滿人所知，謂講學不應昌言國亡及申民權、去拜跪之類，所見尤陋。惟言其好利、好鑽營、鑽張樵野之類，當屬有因。觀古來能幹大事之才，多不矜細行，欲圖進用，不得不託足權門，必苛繩之，三代下無完人矣，特不知南海果能任大事否耳。熊亦元、雷見吾來，談此事，亦與予所見略同。以上論及文御史所奏示之，大約開通之士多護南海也。姜穎來見，即姜兆礏，文筆頗佳，賦推獨步，云在上海就館數年，頗開通。人謂彼祖上入教，未知然否。芰舲來，談及改學堂、學會稟帖未上，章程亦未議妥。此等事予不欲與聞，若以我名帖送去，又疑我主使矣。芰舲云梅九先生言去年稟帖，的是用我頭名，九先生二名，並非靜帥之誤。此當是陶華封所爲，必是中丞處之稟另寫過，方伯處未換，故名字仍舊，方伯亦以爲中丞誤也。此公即憒憒，不應至此，今始恍然。江西人險詐如此，不知殿書知情否。芰舲論文悌一事頗袒文，猶是守舊議論。文並未被參，何苦表心跡，阿許尤無理。一字一句皆加注解，許摺恐即文所代作。文或受許賄，或營出洋差未見允，妒康有人保出洋，故呈其私書以賣友。二者必居一於此。

二十（7日）

師課。填寫官課名次。天熱，甚不易寫，趁早起，畢事。校《今文尚書》一本。得吉兒初五信，已考頭場，云可望取，不知頭場取否。子漁弟來信，欲求南塘舂上一穴地，俟寫信回家問之。幹臣、少村、公達、斐猗同來，云稟已上。斐猗云聞有並廢三書院，以經費充入務實學堂之説。如此，則學堂未增，書院盡廢，不知乃祖何以處之。夜秋風，頗涼。

廿一（8日）

擬致書伯嚴云：“春夏之交，屢承雅教。承以小輪送至漢上，感謝莫名。前聞卜擇佳城，將來江右，未審起程何日？能到省一叙否？弟到館兩月，前數課均閲畢。講舍人才，去年一網打盡，遺珠無幾。黃宗師臨行送數十人，聞係七千文一名，無可教者。廷議變法，書院改章，經訓亦改以論策居前，經解、詩、賦列後。諸生通時務者甚尠，風氣一時難開。頃見邸鈔，年伯大人前在講堂所云會合香帥請變科舉一事,已蒙俞允,章程盡美盡善,欽佩之至!惟《四書》義須由朝廷頒一格式,如荆公墨義之法,方免人誤會,以爲制義仍用八股文也。年伯前議書院盡改學堂,因八股文未廢,礙難舉行,此刻未審有成議否?聞諸道路,此間將廢豫、友、經三書院,以經費充入務實學堂。如此,則學堂未增,書院盡廢,諸生並無肄業之處矣。諸生議稟改經訓爲師範學堂,諸孝廉議仿南學會章程,稟改孝廉堂爲學會,爲保全兩書院地步,未知能否批准?培植人才一事,此間官紳不大理會。略曉時務者,惟經訓十數人,皆人微言輕,上無主持,下多阻撓,何能徑行其志?諸生議開學會、報館,事或有成。弟依人作客,不便干預,一切情形,去冬已爲閣下言之。非但弟不欲鬱鬱久居,即江太史來,亦恐難安其位。聞江太史聘書未送,學生亦未招考。幼農觀察回府,殿書出洋,胡與鄒又大齟齬。梅、夏函催幼農觀察速來。一學堂如此爲難,何論遍設?康、梁用事,毀譽參半。昨校經生鄢廷輝等歸應歲試,詢以湘中近事,云新、舊黨大鬨未已。中外局勢如此紛紜,雖有維新之機,何能幡然一變?草茅之士,未免漆室之憂,奈何?經濟特科限以三月,諸生有求引薦當道,並求年伯大人薦賢者,弟皆謝之。想年伯大人冰鑒高懸,此間人才早儲夾袋矣。雨澤希少,旱象已成。聞湘中穀價比江右更貴,秋成在即,長沙馬頭可能緩辦,粵西土匪不至蔓及湖南否?保衛、課吏一切新政想已開辦,湘中近事,望便中見示一二。此間情形,亦望代稟年伯大人。秋後解館旋里,再面叙一切也。課畢當在暮秋,南學會猶講學否?若須弟早歸,即提一課,重陽後可歸。"云云。清舫來,云已催刻工,七月初可完工。校正一過,可開印矣。李崇如來,云諸生以考試,不願提課。七月再提,則起程在九月初,未知湖南有事否也?下午稍凉,到叔誠處。小宜、幹臣、少村、奉義皆在,議上稟改孝廉爲學會事。啟上列名已數十人，足見風氣漸開，人不能阻，但諸人年少氣盛，以爲官不准即告官，恐賈禍。諸人皆我門下，居停且疑我主使，奈何？到百花洲，煥然一新。到宋子才處，宋云樓上尤佳，可望西山，憾未往一觀。漱芳閣無書可買。到芰舲處，談至夜歸，甚涼。

廿二（9日）

寫完家書，並子漁、介卿諸弟信，致陳伯嚴一函並封好，送森昌信局。夏小泉到此請題目，開論策題與之。彼云到有《湘報》，遂取來觀之。五月廿六日秉三與黃、戴稟中丞，言書院積弊、山長非人，意在沛公。廿七日秉三刊其《上中丞書》，自明心跡及王、張、葉三君之行爲。其餘我皆不知，而言梁卓如來，諸人傾服，自是實事。以後不知如何決裂，或因遷怒秉三。而其事起於書店之刊課文，授諸生以口實。或卓如去後，分教之才不及卓如，批改有未妥處。熊、黃燬板，以爲僞作，似未必是僞也。歸當詢明。代熊者爲頌年。再致一函與頌年，問之。我若在家，此事必然牽涉，幸逃出一場是非。然我在此既不安，歸又不能閉戶，必仍爲人牽引入是非場也。夏少村來，以此報示之，使知任事之難，當以湘人爲鑒，宜平心和氣，委曲求全，方能於事有濟。

廿三（10日）

閱師課廿餘本。策問西法與《周禮》暗合者，此間人不知西法，並不知《周禮》。卷止四十餘本。傅邦楨前問我，告以作法，仍不能動手。有郭之屏者迂而悍，其人在李秀峰處，前李辰毓卷當即此人所作，已痛斥之，今尚敢妄言，不得不再斥之。王香如來，有四本卷是其所作。芰舲邀過談，約明日爲荷花做生日，一早出城看花。夜雷雨。

廿四（11日）

天明大雨，看花之約不果。閱卷廿餘本，初課已畢。袁子純來拜，云泥濘，不便出城。桂伯華來見，請改學堂稟已寫好，伊名列首,云送監院過印即上稟,可不需費用。稟較前改妥當,或不至批駁也。下午赴芰舲飲席,梅九公在坐,大發腐談,不反己而妒前,以學會、師範皆非是。芰舲因言師範字可更易。予謂其稟皆從師範立説,去二字,全須做過,且恐空空蕩蕩,反招批駁。此等我不干預,聽之而已。天下人心如此,中國安得久存?可歎!可歎!

廿五(12日)

文明來此言稟帖事,我亦聽之,天下事不可冒昧,亦不必過於畏葸。此公自己飯碗不能保,何能及人?秉三稟右帥,説山長乃天下通病。今定學堂章程宜加一條,凡學堂教習不准用本處人,略仿教官必須隔府,則無盤踞傾軋之弊矣。秦靜函來見。公達、斐猗同至,云小宜等已開一學會,今日同議事。來開會自是佳事,特恐小宜等氣太盛,動欲收拾地方官,將惹是非,不可不防。閲卷十餘本。

廿六(13日)

閲卷十餘本。校《尚書》三卷。午後雨,又晴,秋燥如故。日長無客到,未免悶人。閲《日報》,京師大教習已定許竹篔;改官事,徐中堂阻議,有"請將老臣先正典刑"語,大可笑。芰舲送來《申報》,右帥與香帥奏科舉章程全載,《四書》義是講義形模。陳桂生以策論難看開缺,殊快人心。龍芝老告病,已開缺,大約將歸矣。《校邠廬抗議》進呈,擇其可行者議奏,不知又變何法。報館頗議張、陳二帥所奏變科舉法,云《四書》義應作《論語》義、《孟子》義,其説甚是;云專門之學難其人,則不過是如此説耳,將來以待通才,今非但無人做,並無人看也。下午少村來,云胡明藴開名實學會,逢四、九會議。予謂此當是明藴扯幫手,人得其名而彼得其實也。學堂西教習將請教士,我不謂然。云饒之麟第一,周漢屏第三,劉應元二等。江西易取,不比湖南。

廿七（14 日）

閱卷十餘本。得楊昀谷一函。賀月槎來拜，住楊家廠青雲紙店內。李筱屏來拜，帶吉兒一函，云徐致靖薦賢書乃研甫所作，張樵野實有查鈔事，康工部見用，乃今上特達之知，老臣多不然之。廖仲師以西法爲無益，據津榆鐵路七百里費七百萬，又增九十萬，每年雖得利百餘萬，除開銷外不過二十萬，並不獲利。予謂鐵路利在調兵運貨，爲富强之本，非專恃利息；即利息微末，亦由中國積弊，利歸中飽，若認真辦理，當不止此，不必據此以詆斥西法也。校《尚書》四卷，並經文有誤，奈何？叔誠、幹臣來，臬臺已批孝廉堂改學會稟，云此係鹽道主政，而春觀察亦非了了者。報館事，叔誠願獨任之，分句報、日報爲二，雙管齊下，尤不易易。主筆已請熊亦元，可謂得人，然非獨力所能任也。

廿八（15 日）

向枝山來信，云下定定期七月廿六日，屬向夏府說明辦法一切。王香如來見，云學使詢中丞閱卷朋友，中丞答以此間人才須問經訓書院，屬見學使爲之道地。俟七月半後考畢往見，如問及，當言之。閱卷七八本，熱不可當，已末伏，尚如此熱，不知吉兒已出京否，若漢口船上尤熱。報言輪船已開辦，不知何如。芝舲至，以乃弟、姪入胡明蘊會、聯名稟學堂事，大爲不然，云無以對黃幼翁。此一層予未見及。少村不肯出名，則予前夜忠告之功也。學會稟，中丞已批，用緩兵計，不出予所料，此間事不可爲矣。

廿九（16 日）

閱卷二三十本，畢。二次課卷有九十本，十餘本只作一詩，故易畢也。《荷花生日詩》有千言者，粗俗可笑。《王處仲歌魏武詩擊玉唾壺賦》，有姜顗等三、四篇可觀。晚間到夏宅送書菴考，並以枝山信示毓峰。與芝舲竹林談至定更後始歸。

七　月

初一（17日）

　　填寫課卷名次，發案。桂念祖論《周禮》與西法合者意，亦猶人而末言治道，有至纖悉，有不宜纖悉，則極精。賈生云至纖至悉，以事言也，道則天地之道，可一言而盡也。此等精理名言，無第二人能及此者。故讀書人貴有才有學，尤貴有識也。《時務報》改官報，名《昌言報》，歸康有爲辦。恐是諸公以此法擠康，如康去，則一切報罷矣。汪康年論西人取中國之法極痛切。又有人論今大臣不忠，陰排新法，如鑄鼎象物。《知新報》有日本人批王之春《使俄草》八事尤痛快，可謂直抉病源，其如中國護疾忌醫何？閱《時務日報》，朝考湖南一等六名，周士鴻、曹夢弼、丁可鈞、向學映、吳宗讓、胡傳樑。十六日上諭，翰、詹、科、道於值日輪派召見。十八日上諭復申言之，又令各部司員條陳時事，士民上書毋得阻撓，整頓吏治，開商務局。王文韶、張蔭桓專理鐵路、礦務①。皆維新大政。湖南米價四千餘，求雨不發，大約與此相同。右帥前以賑務辦礦，此事恐爲人所持也。鄭思贊奏保特科人才當考其品學，不得徇情面。當今之世，亦不得不如此認真，特恐無知人之明者，將畏不敢保耳。鄢、黃、余三人復至，云李宗師考試仍用看八股法，不得用後事，此必然之勢；云湖南現在亦考長沙，徐宗師當別有法也。

初二（18日）

　　得吉兒十三所發信，云朝考取士絕不可解，鄒、胡皆不得，得者多不知名；有欲邀至江蘇、廣東閱卷者，江師邀上海做報，皆謝

――――――――――
　　①　"路"，原誤作"理"，據文義改。

之；欲加捐教，毛應五十金，周不可恃，張、向、盧推，人情難信如此。伊十三發信，十四發電報，大約事不諧矣。云七月初可到，此刻想在途，不知湖南輪船已行否耳。李次申又嬲我求事，遲日當爲一往。閱《知新報》，康工部五上書，今所施行者皆在内。《日報》云康又召見一次，不知又何所陳奏？《校邠盧抗議》閱一過，有數條可行者，不知議者以爲何如。

初三（19日）

熊亦元來，云叔誠請彼做報，章程並未定，不云薪貲若何，彼常在省則家眷當全來，費用不少，又欲張羅川貲往東洋學習數年，此事恐不能辦。予謂不能辦，當辭之。夏家有人來，云昨得川電，鶴孫已於六月廿五病故。飯後至夏宅，芰舲甚着急，云乃兄無一親人在旁，身後不可問，以前宦囊及目前所蓄皆無把柄，且恐有經手未完事件。要親丁往搬靈柩，且料理一切。予謂三親家可去，伊云彼甚奮勇，然彼去恐不了，意在幹臣。鶴孫長房，必立後，來電云有遺囑，不知意屬何人，但望我壻勿再出繼爲妙。彼既有此事，今年或不能辦喜事，金女之事明年亦可從緩矣。現在打電報到夏竹軒等處，俟回電再商酌。予見有事，不久談，即歸，擬挽聯云：“雁序秋初，偏折翼分離，陳氏難兄俄化鶴；鸞叢天上，奈側身嗟歎，王家仙令遽飛鳧。”閱《知新報》數册，康門諸君言學派通於政事，不得謂之無本末，昧者何以詆之？《僞經考》言《尚書》止於廿八篇，與予意略同，必謂今文無《序》，則無解於予之駁難矣。天雨，夜涼，秋意到枕。

初四（20日）

以涼，欲出門，雨不止。寫扇三柄。見雨住，始出門。到黄、余、鄢三人處。袁子純、毛振趾、賀月槎皆不晤。李小屏搬至南昌縣梧桐樹下。見向芝山，告以夏府有事，下定從緩。見李次申,告以往方伯。即去見方伯,面遞名條,云此二處一時尚未更動①,省城事難得,外縣可去否。陳鶴春虧空賑捐四萬,奈何?書院改章,不欲出奏請學堂經費,實有盡併書院、但留一學堂之勢。我明年斷不戀棧,擬早提課,見監院尚未説及,以未得湖南諸公信,不知諸公意如何也。方伯亦見《湘報》,謂湖南撫臺難做。我恭惟將來必升湘撫,彼云有此事即告病,何其畏湘人如虎也?詢長沙馬頭,云尚可緩,惟岳州不能再緩。廣西土匪尚未了,乃湘中之患。云改官事,要裁六部,廷議不允,只允十二局之二,曰礦務,曰農學,上命再議,議如故,遂留中。予謂南海此舉是強秦武王爲孟賁,將有絕臏之慮矣。歸閲四十九本《知新報》,劉楨麟論西學無關西教,甚佳。下午芰舲至,談乃兄事,謂毓峰不可往,而不能止之,又不知遺囑所説如何,有立後一層否;如立毓峰子,則不能阻之,立己子則略有權。予不欲以予壻承繼,然彼遺囑果意在此子,此是彼家事,我力不能阻之也。改挽聯云:"蠡湖秋早雁行單,那堪折翼中分,歎阿兄風流頓盡;蜀道天高鳧舄渺,且更側身西望,問仙令消息何如。"

初五(21日)

李次申來,以左峰所云告之,屬勿爲外人道。李、趙二學官來回拜,云月半後考畢,考贛南等處。毛振趾至,問其弟得二等。彼出全單,江西徐一等,毛二等,湖南張緝光二等,餘不取。八十人取五十人,猶不得,何耶?其弟亦十三發信,云月初出京,月半後可到。吉兒所云知命之數,伊信未提及,俟歸問之。覆校《禹貢》,又校出誤字數處。寫本月官課題。得湖南來信,穀價昂貴,人心惶惶,新政阻撓,保衛初行,城外即有劫局之事。湘潭搶劫,亂民可慮。鹿泉詳言大局之壞,實由沈諸梁一人。學會將

---

① "處",原誤作"句",據文義改。

散,孝廉已盤踞。仙喬已去,伊亦將辭。脩金不能全送,予亦聽之。仙喬欲聘予往常德,此說前已與我談過,且看光景如何。文公達來書,云法和到,右帥保廿人,我名在內,此間人有法和、小宜、殿書、明蘊、熊召孫。予亦聽之。萬文軒、鄒叔誠來見,熊亦元之事已向叔誠言之,使彼斟酌。現議專辦日報,尚易成也。寫家書一封。

初六（22日）

復鹿泉一函,發家書。詢法和,云右帥祕密甚,聞之伯嚴,湖南有我,其他不知。文明來,告以鶴孫事。請改師範學堂稟已上,未批發,大約批亦必不了了。閱《日報》,湖南事已上報。殿書久未出洋,西學生又回頭。湘潭搶米事亦見報。官報歸康辦,不知是擠康外出否。《日報》有《為臣不易論》,譏刺今之為臣者,甚有意趣。黃思永請徧開馬頭,許各國利益均霑,猶勝一國獨據,似亦救急之法。報又云俄國承辦蘆漢鐵路,英國承辦津滬鐵路,又法人來江西勘鐵路,大事去矣。公達、斐猗、文明同來。公達云右帥所保,第一名壽富,有孫仲容,已出奏矣。少村、奉峨至,以湖南信示之,使知辦事之難,宜和平,勿激烈為是。斐猗云特科一等,記名出使大臣;二等,翰林編、檢;三等,總理衙門;四等,大學堂。今年恐來不及,當在明春。

初七（23日）

欲出門而天雨,七夕佳節,未免殺風景矣。寫挽聯一首。校《尚書》一卷。閱報數本。下午芰舲至,談右帥薦賢事,不以保鄒、胡為然。云又有電諭到,言各處阻撓新政,似即指湖南言,恐康、梁諸人為之。予云沈諸梁直攻康學,康、梁方得志,未有逐其徒黨不為報復者。徐彥甫遇逢蒙射羿,亦必深恨,將來必更有文章出。戎首實為諸梁,不知何苦乃爾? 公稟十人,惟王、葉兩麻頗通古今,其餘劉、汪、蔡、孔、鄭、黃、嚴、張,並不知孔子改制出何書，乃亦攘臂其間，且詆及予，造爲不容呵里之讕言，如傀儡然，任其播弄，不知將來有何面目相見也？夜閱《使俄草》條陳八款，此日本人所欽佩者，然言之不詳，並無特識。

初八（24日）

晴。擬八、九月課題。刻工送《尚書》刻本至，三十卷，《書序》尚未畢工，促其月半必完，以便刷印、裝釘，將來攜歸。校《尚書》一卷，訛誤尚少。芰舲送到六月廿五《申報》，已將熊太史書登載。予謂此等事彼此相詬，大爲湘人之恥。嘗見戲劇中看親相罵，兩親家母此罵彼云"偷人的"，彼罵此云"偷和尚的"，請以移贈諸公。所議特科章程，用有格子卷，准添注、塗改、點句、畫段，不拘字數，卷首仍書"臣對"、"臣聞"，尾書"臣謹對"字樣，無庸書寫策題。刊印題冩，按人分派，一俟咨送人數足敷考選，即可隨時奏請舉行。觀此議，其考法略同殿試，大約所問必不深奧，人亦必不能盡其長，未見得人勝殿試也。下午往徐菊壽處，問冕堂信來，未提吉兒事。梅九先生、袁清舫皆不晤。到芰舲處，見電諭，云"即如湖南巡撫陳寶箴，極意整頓，多不滿於人言，悠悠之口，搢紳亦隨聲附和，顯屬有意阻撓，當予以重懲"，云云。此旨似專爲湖南言之，右帥得此，可以嚴辦阻撓之人矣。罪魁禍首實爲諸梁，應先開刀。徐彥甫亦必不肯放過也。"殲厥渠魁，脅從罔治"，古文《書》之言維新也。今欲維新，當如此辦法。諸老朽皆由諸梁牽出，則諸梁爲渠魁。恐其聞此嚴旨必逃，特慮右帥手不辣，見其逃即置之不理。此人年少，又有濟惡之才，即歛跡一時，右帥去，必仍興風作浪，爲湖南之大蠹，必須嚴治，切不可以愛才而輕縱之。予非挾私嫌，實爲湖南計耳。

初九（25日）

函致芰舲，託買冩二擔印書，又以《尚書》序文、籤面交清舫，並函致清舫催刻工於月半完工，切勿遲誤。校《尚書》數卷，似無大錯。古人云校書如掃落葉，不敢自信也。而予此書則自信爲獨有千古，不知有侯芭能識之否。李叔和來，談湖南事。其僕人來報藩臺護院，即趄急奔去，官場人一何可笑！不知署藩是臬否，予亦將往賀。文明、公達來，云請改師範學堂稟中丞已批准，仍是空空蕩蕩，今中丞又去矣。公達請十六講學，予以湖南之事辭之。黃公度缺放多倫布，又大糟矣。

初十（26日）

官課。監院來，送提課單子，儘八月畢課。如此，仍須重陽告歸。予欲趄重陽前到家，擬將師課提上，八月底可歸矣。文明來，求保特科。予謂此須護院詢及方可說，不詢及則不便，他處更不便矣。閱洋務書，有鍾天緯駁劉錫鴻鐵路一條。劉說予前見過，頗稱之。今見鍾駁，雖有強詞，而劉說亦實不盡塙。是知理本無窮，不宜執一偏之論。彼固執不通者，正坐不看書耳。校《今文尚書》數卷。下午往書局催刻工，見刻《勸學篇》。到叔澄處，見《蘇報》，李苾園保十五人，韓文舉、歐榘甲、唐才常、熊希齡、戴修禮在內；唐春卿保四人，張謇在內；張野秋所保，康長素第一，次陳伯嚴、梁卓如諸人。江西得意門生，無一保者。再游百花洲，登樓，樓太矮，僅見西山而已。到宋子才處，云春觀察不識字，恐是繆觀察署臬臺。到雲生、漢卿處，不晤。到孺子亭，芰舲亦不在，旋來，略談，云四川尚無塙音，甚念。擬謝右帥云："聞保舉特科二十餘人，以姪菲材，列名剡牘。伏惟薦賢爲國，碩輔之盛心；以人事君，純臣之大節。吳公爲治平第一，乃登賈誼之賢；蕭相知國士無雙，始舉淮陰之傑。宏禮羅以收温、石，一顧空群；頓天網以掩應、劉，八紘大啟。人傳桃李，盡在公門；自愧櫟樗，亦登天府。姪力微蚊負，技小蟲雕。萬古心胸，讓龍門之開拓；九州名號，比騶衍之空談。昔託通家，久蒙陶鑄；今開學會，更荷招延。而赤舌羣燒，隱伏蛾眉之嫉；素心反擊，顯含蜮影之沙。乃蒙明鏡高懸，徵書上貢，不以狂愚見責，翻加汲引之恩。此則質謝蜚黃，遇孫陽而長價；珍勝結綠，逢和氏而增輝。聞命自天，悚惶無地。幸登李相之龍，相期騰躍；恐類羊公之鶴，不舞虒氍。私心榮幸。”

十一（27日）

往方伯處道喜，並謁中峰、右峰，皆不見。李小屏痁疾，不見客。見李叔和，談時事，云江南殺兩道臺，以私運米出洋，上海道亦在內，罰銀四十萬，歸罪於賬房，杖殺之。中國官場如故，安得不爲外夷輕視？歸閱《日報》，見上諭，與電報略異，云“即如陳寶箴，自簡任湖南巡撫以來，銳意整頓，即不能別白分剖，無慚於悠悠之口，屬在搢紳，竟亦隨聲附和，終是有意阻撓，不惟墨守，必當予以嚴懲，斷難委任”。又前總署、軍機合奏，云“梁啟超學有本原，在湖南時務學堂編有各種課程之書，教授生徒，頗著成效”。是梁教法之善已達天聽，而妄庸巨子以是爲非，豈不怪哉！竊怪右帥亦何不援此等語以駁之也？如痛駁之，則無熊、黃之稟與秉三之書矣。“當斷不斷，反受其亂”，此言誠然。萬文軒送蒸盆、點心，轉送夏宅，留酒二壺。徐雲生來，云乃弟亦將歸矣。文小松來，我未歸，留其遠祖忠肅公《事狀》徵詩，乃國初抗節者。夜挑燈爲作詩曰：“天地澄清日，孤臣涕淚時。入山深不免，蹈海死何辭。浩蕩興王典，蒼茫故主思。千秋光日月，忍誦口占詩。海石填何益，城磚立不完。餘生分薇蕨，自寇惜膏蘭。轉戰孤軍苦，撐持半壁難。中途訣妻子，雙烈感青鸞。碧血追柴市，丹心照武昌。九原留面目，一死植綱常。揮手黃冠恨，當頭白刃涼。無由挽頹運，擾擾奈諸王。抗直輕閹宦，仁慈化部民。在公屬餘事，即此見名臣。況值維新代，能捐殉國身。披圖觀遺像，懍烈果如神。”

十二（28日）

將詩錄出，並錄出八月官課題。校《尚書》至廿九卷，惟三十卷未完工耳。晏海瀾來，云學使出題誤劉宋爲趙宋，童生上請又誤劉裕爲晉人，而學使莫辨，可爲撫掌。閱《新學僞經考》，雖本劉、龔，實有獨到之處，惟間求之過深，反授人以口實，再加更定，可以名世，袒護古文者未必能強奪也。萬雯軒來，談右帥保人事，悔不到湖南，如到，可望保也。擬致徐彥甫云："恭承使節，屢奉教言。伏惟按部上湘，旋臨首郡。玉尺衡量，芬發芷蘭；冰鑑高懸，材收杞梓。士林欽仰，以忻以頌。弟以菲材，謬充學長，不孚衆望，仍赴章門。事由妄庸，自詡巨子。學逢蒙之射羿，敢於背師；效北海之操戈，怙彼入室。變亂黑白，上詆鄒嶧之賢；謬加丹黃，取悅流俗之口。煽惑黌序，牽率搢紳。嘘八股已死之灰，爲一網打盡之計。於是南海學派，訾以無君；鄙人講義，斥爲襲謬。力阻新政，功敗垂成。湘中變法維新，四方仰望。虛聲所播，覃及日本；今茲反復，竟類朝鮮。是使維新之徒，皆以湖南爲戒。一事不辦，坐以待亡，足使豪傑灰心，英雄短氣。誰生厲階，肇開黨禍？回望鄉里，憤慨交縈！小兒前承明示，囑爲詩歌，開導鄉愚，免招敵釁。爰命小兒擬作，名爲《醒世》。妄庸覩此，痛加詆諆。《平等》一說，尤肆掊擊。刊入《湘報》，諒蒙鈞鑒。小兒丁酉拔貢，朝考被擯而歸。非云通材，略曉時務。敢援祁奚舉午之義，仰求昌黎薦士之恩。倘蒙保薦，得列制科，則吐氣揚眉，不負識荆之望；感恩知己，深蒙薦襯之情矣。"

十三（29日）

錄所擬八、九兩月題。課卷到，閱十來本。幹臣來，云川電未回，得陳越卿函，言乃兄病爲藥誤，甚苦，後事當爲彼照料矣。談湖南事，深知辦事之難。胡明蘊至，亦略談湖南事。方伯考友教算學生,云將送出洋學習,此公或有維新之意乎?下午芰舲來,邀往孺子亭,談時事,至夜分始歸。

十四(30日)

聞枲署藩,糧署枲,鹽署糧,繆芷汀署鹽,往賀皆不見。歸得夏毓峰來片,云芝山下聘可不改期,借本家屋行事。不知芰舲以爲然否。桂伯華來見,云康長素之弟廣仁有信與彼,云保特科,不知搞否。此人去應試,勝鄒、胡多多矣。閱卷廿本,策論比經解難閱,多冗長。朱溪雲夜過談。

十五(31日)

喻、許二君來見,云醴陵人,在此生長,並未到過湖南。爲言湖南近事。文小松來,云官場中以我講學爲然,請復之。右帥委蓮花廳朱某來辦學堂,現寓黃家祠堂,電催幼翁來省。朱係進士,曾出洋被議者。不知是純卿何人,如來見,當詢彼一切。包培齋、萬雯軒來見①。包從福建來,言福建、臺灣事,可歎。萬欲稟求張野秋保薦,恐遲不及事矣。我欲爲吉兒設法,早未想到,今又不得信,不知彼歸否,甚念之。晚至孺子亭,河燈、煙火皆無,不似去年中元熱鬧。詢其故,則以從洋教者日多,官府又爲出不派錢之示,故爾寥落。即此可以觀世變矣。川電已回,鶴孫立後意屬芰舲之子,芰舲將以次子繼之,來月立後、開吊。不知我家女壻何以必屬出繼之人,豈亦風水所出耶?芰舲言本家屋甚小,門不容車,屬轉致芝山可不請叔和作伐否。是日閱十餘卷。

十六(9月1日)

函告芝山一切,乃高臥不起,云送回信來,而至晚不見到。毓峰來,云已過二十七日,似本屋亦可行,但不知請定叔和否,屬

---

① "來見",原闕,據文義補。

回信來告知。閱卷廿餘本。郭之屏不曉題解而妄說，此等人應逐齋。幹臣送來《東亞報》，猶云湖南維新，可愧哉！云陳三立興維新書院，有三千人，不知何據。

十七(2日)

閱卷十餘本。《東亞報》亦無大佳處，韓文舉在彼處主筆，更有韓曇首，不知亦康門否。包培齋云京城江右公車新舊黨爭，有"皮門"之稱，以我門下諸生爲皮門人，老輩望而避之，或可與康門抗行乎？芝山回信，仍請叔和。送示毓峰，即用本宅，明日再當知會芝山。文公達來，云小宜等已銳意著書，斐猗亦有此意，恐不過鈔撮而已。得吉兒初九信，已到上海，云湘漢輪船已開辦，廿日外可到家。

十八(3日)

發家信一函。致徐研甫信封付吉兒，彼自酌之，如以爲可行，即照寫好，親自送去，否則付丙。並告知夏宅之事，我壻將出繼，姻事可緩二年矣。是日各衙門接印，差帖道喜，並函告向芝山。桂伯華來，以康工部《桂學答問》見示，即《輶軒今語》之類。夏少村亦至。與桂、夏說今言維新變法，難出康學窠臼，除非不引經書，專講史事，復漢、唐之舊制，改宋、明之陋風，此亭林、船山諸公屢言之，引申其說，猶可自立一幟。以《春秋義說》與少村攜歸閱之。少村云三叔欲出爭繼，又欲再繼一人。此與楊、黃之事何異？下午芰舲來，細談此事，云老三不了了，皆其內助爲之，熊幹臣、詹菱初爲之主謀，其勢洶洶。在家下定一事，雖不謂然，而不能阻。伊云既不繼我子，我何知有喪？其悖謬如此，非可理喻。又欲下定後即行，以爲己不豫聞，爲將來翻案計。我謂既如此，宜早辦。芰舲云其姪女廿日外可到，彼到必遵父命，無異說，可以作一半主。鶴孫之妾亦可作一半主。其妾心境明白，三夫人極力蠱惑不動。由彼等行逕，人皆畏之之故。俟定議即電詢乃叔，伊是胞叔，亦可作一半主，此事當無能梗議者。芰舲云彼並不願以子出繼，其子服闋，又恐有承重服，姻事太晚，恐難管束。我云我亦不願女婿出繼，楊、汪二家已有榜樣，不過君之家事，我不便置喙耳。至下定一事，若在家究不便，將來必有物議，且將議及冰人。現在我不便阻撓，惟有屬叔和對芝山説在本屋即不到，芝山來找我，再爲轉旋。芰舲以爲然，屬轉達叔和，可謂作媒討煩惱矣。是日閲卷廿餘本。

十九（4日）

閲卷數本，畢，略定名次。得吉兒九江信，由九江登岸之李孝廉之珂帶來，云次日即到漢口矣。文小松送酒一罈、火腿一隻，豈已有佳音乎？約李叔和談冰人事，彼云下午過來。忽接毓峰信，云可從緩，則一切可作罷論矣，不知何人挽回之力也。

二十（5日）

師課。監院不來，真一蟹不如一蟹矣。録課卷等第、名次。胡廷模《天子一位列班爵五等論》能引今文以發孟義，策説變法能究其本原，非抄洋板書者，不知何人所作。李文鐸論深明平等之義，張鳳藻論能知民權之善，亦不知捉刀人爲誰，俟徐訪之。盧文明詆《孟子》，大謬。此人如此心境不明，猶欲著書干進，可笑之極。閲《時務日報》，極稱湖南學會、保衛。若不再加整頓，何以對四方之人？報列保衛局示，又云李廉訪不欲廢保甲。黃公度以三品京堂候補出使日本，已見明文。各處紛紛，似有維新之機，將來亦必有效驗，特患遲耳。若十年前能如此局面，斷不致壞到此等田地。湖南新穀猶需千三四百，可謂昂矣。下午往海瀾處，見其檢隨棚書多算學、醫書，而八股、詩、賦、楷法皆棄不用，足見風氣易開，云經學書猶有人買，是爲五經義之故也。往監院處，屬以提課，見有武夫來見，云係寫册費者。而部議以後屆廢武科，一出於行伍，則以後此項出息無矣。彼聞裁官之議，

督、撫同城，將裁其一，糧、鹽道及同、通不分防者將裁，即教官亦
恐不免。徐維三自京歸，聞有謗南海進春方之說。

廿一（6 日）

雨不止，自夜分至曉，將午見晴光。閱宋芸子《采風記》，甚
佳。學有本原，故不偏激。見西人之長，而不諱其短，必如此乃
能兼采中西之長。論教門甚精詳，能推其立教之旨，議其矛盾
之失。《公法駁正》極有理致，斷以《春秋》之義，惜未成篇。
少村來，言撥庚從緩乃其轉圜之力，然彼給詹菱初爲三分之
計，彼承祧，三接樞，四主葬，遺產三人均分。彼三叔爲所紿，
故暫不動。臨時知局面一變，全爲所紿，恐必滋鬧。聞又將往
四川毀遺囑，爲翻案計，不可不先發電防之。日内壻、女將來，
恐壻爲所賣，當先分產作奩貲，以抵拒之。至其後更有變端，
則防不勝防矣。閱《日報》，九月初三日長信駕幸天津。李苾
園保康工部留京。孫中堂師有編書宜慎議一條，云經書不可
删節，史書亦有輯本，惟西學書應編，以王安石《三經新義》爲
戒。此條最穩。《校邠廬抗議》、湯壽潛《危言》、《盛世危言》
三書，並交軍機簽記其可行、不可行者，或猶有變動之舉。峴
帥保特科先考試，豈平日全未留意人才耶？李叔和來，云昨到
電諭，裁官大理、太僕、光禄、鴻臚、詹事府官，外則督、撫同城
之撫，不分巡之道，不分防之同、通，府經、縣丞，皆裁，候補官
嚴加甄別，捐欸概加足十成。此等大改變，不知誰爲主謀？叔
和以爲剛子良，似是，特不知既裁諸官作何處置耳。《今文尚
書》三十卷刻成，校一過。朱溪雲晚過談。

廿二（7 日）

往見學使、署廉訪及中峰處送行，皆不晤。到叔和處，略談。
歸再校《書序》一過。下午沈小宜至，云黄幼農來送中丞，不上
岸即去。胡明藴到船上見，不甚談學堂事。朱某爲右帥使來者，

黃所用賑房將祠堂租人，使朱住一小房，不能見客。朱與胡月五十金，尚云不足。有人奏請錢糧加四分，將爲興學校用，江西合計有六萬餘金，方伯只允撥六千，合前五千，共萬一千金入務實學堂，其餘不知何所用。小宜屬歸見右帥以此情告之。明蘊將再往湖南一走。幹臣、芰舲、少村先後至。少村云立後事三叔已無異議，儘可放心。此事由其教讀詹菱初唆使致變，少村用術紿之，盡得其情。芰舲作哭兄詩三首，極沈痛，末云"何妨詹尹卜"，直刺之，故彼不敢再動。芰舲談至夜乃去。此事風波易息，皆由祖德之厚。

廿三（8日）

芰舲送來令叔信，云湖南武備學堂規模甚好，其教讀物使欲予薦賢。予一時實無其人，俟下午往面商。閱師課卷，《"凡邑有宗廟先君之主曰都"解》，文明引毛西河說而駁之。予嘗考毛說，尚無定見，今思毛說似易解。《禮記》云"諸侯不敢祖天子，大夫不敢祖諸侯"，《王制》孔疏遂有始封之君不得立廟、當此君之身全無廟之說，此殊非情理。世無無祖無父之人，則必無不祭祖、父之人。始封君無廟，何以祭？即云諸侯助祭王朝，古有一年一朝者，有數年一朝者，則必數年始一助祭，何以申孝敬之情？然則國君必祭所自出，毛說近理。《左傳》魯、鄭皆有周廟，魯祭文王，鄭祭屬王，所謂出王廟，非僭立，此在始封君皆當有之。毛以爲大宗乃有，尚非通論。出王廟不在五廟內，始祖廟仍祭始封君，故曰"不敢祖天子"。其大夫分封於外者，亦當援此爲例。然此當爲春秋以後之制。古大國止百里，春、秋可至國都助祭。春秋以後，大國數圻，大都耦國，故大夫已儼然小侯，其立廟於邑，亦不得不然之勢。《左氏》言禮，多當時之制，此類是也。雖非成周舊法，不得謂之非禮。若三桓未嘗分封於外，自應但於公廟助祭，而設私廟於家，是二君矣，故《禮記》斥其非禮。毛氏以

季氏立桓公與鄭立厲王並言而詆《禮記》，則猶半明半昧者。閱
《日報》，曹廣權東瀛爲袁爽秋所保，劉、譚二帥大受申斥，諭云
"若再虛延，必當予以嚴懲"。又峴帥有告病之說，香帥到兩江，
德靜帥到兩湖，未知塙否。李洛才之子九齡來拜，云新到省，住
北營坊口。劉鳳起來，略談時事，云學會未成，人心不一，子培家
苦無書。下午到孺子亭，芰舲已歸。到其家，芰舲狀頗倉皇。少
村云三叔前日已無異言，又爲閤內煽惑，今大吵鬧。芰舲之歸蓋
以此。予意此等人欲心既動，不稍遂其欲，必不干休，不知芰舲
見及此否。黃公度缺，黃玉田署。此必公度所薦，保衛局惟玉田
肯任事，且聞此議發自玉田，故使接辦，非必右帥之意。右帥已
密保子新丈，殆以不得署事特慰之歟？西席難薦，不知秉郇肯就
否。聞其子已十五六，非老村學究所能教。吉兒此時當已到家，
如需人，再函詢之。芰舲心有事，不便久談。幹臣、少村略談廖、
康之學。晚即歸，以涉嫌疑伺者衆也。

廿四(9日)

閱卷十本，初次課畢。卷止三十一本，要取三十本，明批不
通者均取入超等，大可笑。桂念祖說經義及時事均有特見，憾其
過於開通，迂生見之，必大駭怪。歐陽溥存卷不知誰作，亦有見
解，頗不信康氏學，而未嘗痛駁，其獻疑有理，非八股先生所知
也。張永太之子由豐城來，云案已結，送月餅、豆豉。沈文卿丈
至，久談。夏少村來，云擬廿六日過繼、成服。大約雖有餘波，不
妨事矣。留沈、夏午飯，先後去。客去後，閱二次課卷十本，倦
臥。溪雲至，强起。接來《今文尚書》數卷，約計共三百七十八
葉，分六本裝釘。

廿五(10日)

龔福保、萬簇、桂念祖陸續來見，談至午後，桂云節前擬入京
投康先生。我將致書卓如，略說湘事。始云聯絡湘、粵一氣，今

湘人逐粵人,奈何? 奈何? 閱卷廿本。

廿六(11日)

有平江李士鏐、湘潭胡會昌來拜。胡云與黃家有親,與胡家花園是疏族。李云與次青方伯亦疏族。平江金礦費數萬,不得金,礦師所指又非從前舊礦,此事恐其效可睹矣。《今文尚書》已刻好,而㫿未來。夏府今日入繼、成服,想無異言。聞翁太傅將來,不知塙否。致函海瀾,屬後日着刻工來裁紙,而紙已發來式擔,計銀廿六兩乙錢六分,價可謂昂,尚非上等貨色也。閱卷廿餘本。夜擬致卓如書云:"琴從南來,得奉教言,公車北上,未及走送。恭聞登剡章,荷宸眷。卯金好學,燃乙火以校書;重譯來朝,訂別風之譌字。特科詔下,薦牘交推。董相蛟龍,褒然舉首;東方金馬,拜獻先資。引領下風,以忻以頌!弟以菲才,謬充學長。春仲開講,文旌已行。歐、韓、葉君,時共談讌。學堂、學會,聲氣相通;粵人、湘人,波瀾莫二。方冀相與啟發沈痼,扶植英才,不意湘有妄庸,自稱巨子,怙少正之記醜,謀戴憑之奪席,煽惑愚瞽,牽引薦紳,噓八股已死之灰,設一網打盡之計。南海學術,誣爲無君;鄙人講義,詆以襲謬。射羿之志,先發於窮門;逐客之令,遂及於秦相。越在江右,聞之駭然。以爲文字黨禍,所爭猶末;安危大局,所繫匪輕。湘中維新,四方屬望。虛名遠播,罩及日本;今茲反復,竟類朝鮮。上負朝廷孜孜圖治之心,下辜先生惓惓施教之力。禍發於所忽,功敗於垂成。將來維新之人,必以湘事爲戒。惟有一事不辦,安坐待亡。此則痛水火而莫援,傷戈矛而難挽者也。"

廿七(12日)

李景膺來見,此人尚可與論學。文公達至,云乃翁、乃叔皆將往東洋,伊亦同往。俞恪士爲日本參贊。盧文明呈書拜康門,其書頗可笑。右帥密保人才,與保特科同發,人才第一陳伯潛,有黃幼農、夏子新。翁方伯不願江建霞，有請程樂安之意。朱溪雲、張翰臣來，久談，甚無謂。少村至，云昨已定局，三避不出，老太太對族人面説，皆無異言。云《申報》有卓如答穰卿書，可與熊書並傳。着人取觀。芰舲明日有信到湖南，即寫家信，而壽兒信適至，寄《湘報》及金女衣式，云保衛局尚好，東洋車已行，洋人欲於湖北會館開福音堂。此事恐不妥。徐學使六月廿八日已到，開考矣。閲卷廿餘本，畢。論無佳者，以傅邦楨列首。

廿八（13 日）

填課卷名次。閲《湘報》，見徐學使所出題目，極開通。有成本璞者，已作《九經今義》，刻其序。湖南風氣自隨學使轉移，不知逢蒙將奈之何？今日考長、善，初四武場。屬吉兒此信到，彼尚未行，前信似可投也。寫致梁卓如一函。周海漁來，問桂伯華行期尚未定，屬以行時來接此信。龍之溪來見，云四月已出京，同乃翁到廣東，昨始來省，爾翙云九月來。略以江西、湖南事告之。下午到芰舲處。鹽臣鋭意著述，著《孔子以農政致太平考》。現議開吊十一或廿一，欲請予題主，不知此間行禮何如。其狀榜甚小，挂門口。芰舲云梅九公言程樂安主筆致右帥，云江建霞輿論不符，則禾口奪席之説信矣。明藴於靜帥交卸前一日上一禀帖，靜帥與護院皆不悦，不知其意何居？到文公達處，云護院將保人才，已有六一之苗裔、魏武之子孫二人，可笑！可笑！近日電諭，李端棻署禮尚，徐致靖署禮侍，楊鋭、譚復生，更有林旭、劉光第賞四品卿銜，軍機章京行走。李鴻章、敬信出總理衙門。聞此好音，不禁有杜老“忽聞哀痛詔，又下聖明朝”之感。到夏小泉處，不晤。歸而小泉送文三篇來，皆廉悍，無時文委靡氣，如果自出機杼，不在幹臣竹林下矣。鄒叔澄與小宜、法和來，予未歸，旋致函云八月初一請講學，送報館章程，云益元將來，八月出報。秦嗣祖來見。

廿九（14日）

爲小泉改文三篇，惟《唐藩鎮得失論》尚未説得透，爲之加增數十言，餘二篇點定文句而已。閱《時務日報》至廿一日，右帥所保人才，以夏子新、黃玉田爲首，有陳伯潛、楊叔喬、左子異、杜俞。秉三、節吾何以皆不在内？聞保特科與此摺同發，何以未見明文？報云六月廿五日湖南嶽、城、求三山長猶聚議阻撓新法，守舊者多和之。蓋其時尚未見廿三電諭，不知見後猶敢爾否？寶慶因攻洋人，至毀大堂。湘潭搶米人自認哥老會，必報仇破城云云。無忌憚如此，殆嶽、城山長之流亞歟？小輪初行，而日本踵至搶生意，奈何？聞其船更快捷。江西和濟公司亦將開辦，來往更便矣。有同鄉人黃曾詁者來拜，不知何人。又有湘潭袁樹勛者，號海翁，以太守來候補，來拜，住田家巷。鄒叔澄來，談講學事，予甚畏之，云二百人，猶嫌庞雜①。伊意亦以初一太驟，擬與法和、小宜共議，或此事可已乎？萬雯軒至，與鄒久談，袁到始去。殷書初五已到橫濱，須再到東京。文公達、梅斐猗來，仍以講學爲請。人少或不礙，多則恐鬧事矣。湖南臬臺放蔡希邠，李仲璇升閩藩。此人去，亦湘人之福也。略擬講義底稿云：

> 近日屢見上諭，皇上勵精圖治，變法維新，宵旰憂勤，無非爲振作自强之計，令人感激涕零。杜老云："忽聞哀痛詔，又下聖明朝。"我輩草茅下士，無不食毛踐土，豈可不仰體聖意，亟思奮勉？
>
> 中國承平日久，積習相沿，忽聞變法改章，鼓舞者十之一二，腹誹者十之八九。不知法久必變，自三代至今日，不知幾經變改，並非盤古以來即如是。即以科舉而論：策論最

---

① "猶"，似當作"尤"。

早，漢人以策試士，如後世制科，其時尚無常年科舉。常年科舉始於唐，唐分進士、明經兩科。進士一賦一詩，明經默注、疏十條，通八爲得第。宋王荆公謂士子當通世事，不應閉門學作詩，默經專取記誦，不明大義，乃定墨義格式，即今八股文之濫觴，而其實不同，其體制在經解、論之間。今之八股文式始於明。明時可以興，今時何不可以廢？今改用《四書》、《五經》義，仍荆公舊法也。一、二場用論策，漢以來舊法也。同一文字取士，不過稍變格式，何足爲異？博學能文之士，變法亦得，不變法亦得也。不學無文之士，變法不得，不變法亦不得也。或又慮學堂既開，科舉將廢。人才出於學校，此三代盛時之事，竊恐一時未能及此。昔王荆公嘗欲變科舉一出於學校矣，而卒未能盡變。宋時惟太學有三舍之法，升至上舍即可出身，不必由進士，而進士科卒不廢。今稱某上舍，猶宋時舊稱也。將來變法，恐亦只能如此。太學出身與進士並重，未必能遍開學堂，全廢科舉。

　　至改官制一事，今之官制，本多重複。如九卿是今文説，見《禮記・王制》《昏義》、《尚書大傳》、《白虎通》；六卿是古文説，見《周禮》。許叔重《五經異義》以爲今文説是夏、商，古文説是周制。鄭無駁，與許同。漢十四博士皆今文，故漢有九卿，無六卿。至宇文周，蘇綽行《周禮》，乃改六部。隋沿周制，唐沿隋制，六部既設，而九卿不廢，前人多以爲重複。太常可併入禮部，大理可併入刑部，太僕可併入兵部。唐、宋以後，言之屢矣，而因循不改。詹事府官皆太子師友，古謂之太子詹事。本朝不立太子，詹事府官全無職事，不過爲翰林之陞階。巡撫上加總督，乃明末盜賊蔓延數省，撫臣各分畛域，故設總督節制數省，以專責成。其後總督猥多，至於薊州、保定三百里内各設總督，故顧亭林有巡撫裁而總督添之諿。本朝既定海內，裁總督過半，猶有督、撫同城者，乃當時因有事，裁汰未盡耳。河督不治河，糧道不運糧，皆冗員，可裁。此馮林一《校邠廬抗議》皆及之矣。

　　然則取士、改官之制，皆朝廷大事，或應改，或應裁，並因時制宜、萬不得已之計。他如刪改則例，保舉人才，開學堂，設農工商局，事窮則變，不得不然。昧者不察，猶以爲祖宗成法不可輕變，又或以爲變法之議始於《時務報》館諸人，深惡痛疾，以爲必亂天下。不知本朝入關定鼎，日不暇給，所用洪承疇、馮銓皆明人，沿襲明法。康熙、乾隆以後，小有更定，舉明之苛政蕩然除之，其他皆如故。而今日之法，又非康熙、乾隆以前之制。凡事久則敝，歷數十年必加整頓。如房屋久不修理，必破漏不可居；器皿久不整治，必毀壞不可用。今人知房屋、器皿久必修改，而法度必不可修改，何其明於小而暗於大也？至以改法爲始於報館，尤不通古今之言。我朝之法承於明，明之法承於宋。時文取士之陋，官制繁冗之非，上下相蒙，事權不一。此在明末顧亭林、黃黎洲、王船山、魏叔子諸先生，皆已痛切言之。宋末如葉水心、陳同甫亦屢及此。以報館所說，互相印證，若合符節，特宋、明人未知有洋務、西法，所謂變法，皆欲改從三代、漢、唐。而今西國之法，實有與三代、漢、唐暗合者。此心此理之同，不可誣也。如謂今之舊法盡是，不必變改，試思舊法如果盡善，何以中國如此貧弱，至於不能自立？然則舊法之不盡是，新法之必當變可知。

晚間至叔澄處，云必欲講，以百人爲度。彼云小宜、法和約明日到幼農船上一議。今幼翁已推梅九公，九公甚願意，擬用歐陽宋卿爲分教，且定章程。此人乃迂謬不通之尤者，何能教學生？其擬章程，必與維新宗旨大背。聞江太史處已下關，程樂安擅打電報持異議，又用此等分教，不由總教請，章程不由總教定，江太史將如何？胡所稟係幼翁稟，非諸人出名者。

三十（15 日）

提八月官課。監院至，云學使將編講義以示諸生，此事已見上諭。又徐致祥請歲、科兩試亦仿鄉、會試，分場取士，不知交部議奏何如。聞李端棻、徐致靖已補實缺，當能變改，不致阻撓①。徐季和最守舊之人，今亦從風而靡，世豈真有"至死不變，强哉矯"之人耶？飯後往海瀾處，付錢乙千，屬買檳榔箋帋，並屬趕急催刷印、裝釘，以便月底起程。又往監院處，屬將師課提上。彼云徐雲生將往上海，首府着辦書籍發肄業生。此舉可謂開通。歸寫九月官課題。閱去年課藝，極有佳者，今此等人才不可得矣。桂伯華來，云將入都，以卓如書付之，屬見康、梁致意。監院着人來，提課以十七、廿五兩期，且聽之。聞翁中堂來已兩日，方伯不許迎接。李合肥出總署，固是好消息，而《日報》云英相沙侯迫中國勿用此人，以爲失信於彼。李與俄定密約，英人必深憾之。其在英又不知許彼權利若何，歸或不敢言，或言而衆議不行，故彼以爲失信。此事似非無因，李以西人爲護符，非開罪西人，不能去之也。然以中國首相，彼欲去之則竟去，則位於首相之上者，不其危乎？又聞德皇后將來，不知兩后相見之禮從古未聞，當如何也？俄開萬國弭兵會，法人不悅，以爲俄許彼復仇於德，今不當言弭兵。不知俄此舉出於真心否耶？下午芰舲來，談及講學一事，力勸勿去，云翁中堂到，邀梅九公、程樂安入署，此輩極不開通，又眈眈學堂一席，既排江太史，次則將及我，不必惹官紳忌嫉，約明日到彼處避之。金女衣式明日帶去，嫁奩等項皆可勿辦，衣有布草儘可，木器搬運爲難，磁器江西所出，可以不

---

① "撓"，原誤作"饒"，據文義改。

備。伊始意明年嫁妹,趁便使子入贅我家,今既出事,傅家亦不催,或後年冬月再辦,仍是招贅局面。我看將來木器、磁器到此間買可也,或折銀亦可也,湖南要木器可借用。我亦不知後年我局面如何也。

八　月

初一（16 日）

文、沈、鄒約今日講學,移經濟學堂。予恐斷髮人登臺更不妥,飯後到夏宅避之。以金女衣式交芰舲,談時事及江西學堂事,大可慨歎。幹臣、少村頗以予不應不講學,芰舲與之辨論。予謂誠不戀棧,但必着一跡去,可不必也。芰舲言西席,予薦雷恒,餘俟到湖南斟酌。談及暮歸。

初二（17 日）

李秀峰來信,云得九江來電,署一"枹"字,不知何人。予以亦不知答之。閱去年六、七兩月課藝,熊、雷、李、王解經有心得,真可喜。此予在此開風氣之功,肉食者鄙,彼烏知之？下午龔桂岩來,告辭歸東鄉,云昨聽講有百餘人。

初三（18 日）

熊召孫來,云前日小宜、法和所講頗激烈,明言三紳士阻撓江太史之事,欲借江南會館,不允,小宜且欲作鬧,而彼止之。據此,則予前日不往,可較省是非矣。喻、許二生至,言昨講學直斥護院。此等議論尤足賈禍,不知何以氣盛如此？課卷來,閱十餘本。幹臣至,告以前日講學事,彼亦謂當以復社爲戒。欲聘王尺蓀教讀,此人頗高聲價,且久不通問,俟呼周海漁問之。

初四（19 日）

芰舲早至,言已見程志和,力勸勿與事,護院有四書院仍舊、但改招牌之説。不知程知文、沈罵彼否。閲《日報》，見上諭，修京城道路，清州縣訟事，以裁官歸各局，徐致靖請設散卿，以廣登進。各處保薦人才，峴帥保廿四人，湖南曾廣銓、杜俞、黄傳祁、席匯湘、魏允恭、張通典、葛道殷，共七人。書告白後，詆黄、梁、汪，甚快。報至廿五日矣。俄人立弭兵會，已照會日本，日人未答，不知到中國否。俄於山海關鐵路借歟讓英人，不爭，而索伊犁。報云恐喀什噶爾將落俄人之手，則汪述貞將安歸乎？少村來，甚憤憤，謾罵梅、程，止之不聽，奈何？閲卷廿餘本。

初五（20日）

李次申來拜。夏小泉來，云江太史辭館不到，未知究竟下關否。芰舲處來青蚨廿竿。呼周海漁來問，王尺蓀已歸家，伊在劉處脩二百元，看光景，如局面太小，未必忍來。海漁在省曾教書，似即此人亦可。閲卷廿餘本。往寄廬，以周與姜顯卷示之，伊以爲姜勝周。西席局面，今年八十竿。我又薦雷恒，俟彼斟酌。談近事，云前日梅九公送公稟與看，三紳議四書院仍舊，只改招牌，略買西書，添一西學教習。幹臣大不謂然，自寫信與九公，伊不能禁。如此，不知鬧到如何局面？我既不戀棧，惟有早去，以避是非而已。

初六（21日）

玉山徐士瀛來見，與沈兆褆之子世廉同來，久談學堂、書院及讀書法，云小宜將到任，即請咨入都。予謂早去最佳，但恐到京又有文章出耳。秦靜涵來，云將往高安閲卷，高安將開學堂，籌費，而殿書出洋，恐須彼歸。聞夔帥薨，調香帥，未必搞也。閲卷廿餘本。

初七（22日）

宋子才來拜，云將考官，十二以前考畢，佐雜歸首府考，伊一榜，亦在考之列，尚未定期，前與崔蘭嶼爭，力抵護院，恐歸考事甄別，當不至此。此事亦不易了，不認真，不如不考；認真則捐納多不能動手，概行逐遣，不足以服人心。不知當道何以處之也。電諭甚多，尚未盡譯，但聞有三月以後之旨皆應急貼膳黄。此舉甚善。盧文明至，出所定《閱書報章程》，在曾文正祠中。此事無弊。閱卷，有朽人不以《春秋》例公法者，爲批示云："西法合於《周禮》，公法合於《春秋》，久經通人考定，並非傅會。公法雖未能盡窺《春秋》義例，然經彼中賢智之士再三斟酌，各國遵守，少息戰爭，其中豈無是處？聖人作《春秋》，非爲西人，西人亦未必曾讀《春秋》，而人同此心，心同此理，心理不異，自然暗合。其不合者，專爲權利，誠有如宋芸子所譏。此由西人析理未精，立說不無遷就。辨正其失，可也；不節取其長，不可也。今中國既不能閉關獨治，不得不講交涉，恃有公法，猶可稍與爭辨，若並不講此，徒持攘夷狄、闢異端之説以抵之，能乎否乎？今人言變法主孔子改制，言公法主《春秋》義例，言西法引《周禮》、《王制》，皆有微意存焉。通經所以致用，漢人治經皆切時用，故經學莫盛於漢。以《春秋》斷獄，以《禹貢》治河，以《詩》三百五篇當諫書，以《洪範五行傳》警人主，此皆漢儒微意。若謂談經學不必及時事，則五經真同芻狗，而經義可廢矣。謂《春秋》之義，只可治東周之天下，不可治今日之天下，而《春秋》可棄矣。謂外國富强全不合於聖人之道，則聖人之道不足以致富强，而聖教可滅矣。學者尊聖教、崇經義，宜有貫徹古今中外之通識，不當專持拘忌陿隘之迂談。必以牽合傅會爲疑，則《春秋》非司空且書，漢人何爲引之決獄乎？爲此説者，非以張彼國氣燄，實以弘吾道規模；非謂夷狄之學可比於聖人，實以見聖人之道能行於夷狄，即涉傅會，亦可無譏。"因八股朽生有詆此等説者，故以此開通之。閱卷廿本。郭之屏妄言可惡，應除名。如師課再敢然，當與監院言之。下午芰舲來,少村隨至,以上梅九公書見示,謂其沮江建霞,所議書院章程非是,言太過激,末處直云將達上聽,恐未必能然也。芰舲與彼辨論許久,不能阻之,我又何能阻之,特恐將來興大獄耳。少村云聞小宜言熊秉三出使日本,黃公度入軍機,恐未必塙。諸人所以囂囂然者,欲學熊也。

初八(23日)

　　閱卷十餘本,畢。少村來,再三勸其罵梅九公書勿上。小宜亦至,以《湘報》所刊咨文示之,每錢糧錢一兩加錢五十文爲學堂經費,則江西每年有六萬金,何患學堂無費?惟有據此請另開一學堂,其書院皆不動,則九公與諸生皆不至失所矣。小宜云明日到臨江,廿日再來商酌,且云昨有電諭催康有爲出京辦報。今日官廳又傳有"太后臨朝,朕躬不豫"之諭。如此,則大事去矣,但願是訛傳耳。賀月槎來拜,云移居三義祠梅林試館,以考爲慮,欲借書。今日考府班,首府考首領,題爲"興學校策"。府經歷概奉裁,府四等者回籍,未必不閧。下午將往寄廬,途遇清舫,云芰舲出門,乃邀清舫回書院,談久之。芰舲至,留飲,夜分始去。

初九(24日)

　　雨,頗寒。定課卷名次。李景膺四藝俱可觀,列第一。次則桂棻,伯華所作也。李若愚公法極詳。盧文明以《左傳》說公法亦通。歐陽溥存見地甚高,如自作,亦難得。詢喻見宗,云彼自作。寫信王尺蓀,呼周海漁託寄,看彼肯到省否。海漁云願教小孩,再當酌之。

初十(25日)

　　官課。監院至,云初六下諭命議太后臨朝典禮,初八即臨朝。此等變端,出人意外,必是亡國老臣明知不能匡贊維新,又不肯退,乃想出如此辦法,只顧一己之富貴,不顧國家之存亡。

大約滿人尤甚，彼通長信宮尤易也。我輩想望中興，又付邯鄲一夢。即有人保薦，可不去矣。此是天意，非人力所能爲，言之不禁淚下！觀滿人之忌漢人如此，將來洋人入中國，其忌華人可知，惟有爲五六等奴僕而已矣！黄君厚森及夏幹臣、書菴、少村同來，告以此事，同爲慨歎。呼桂伯華告之，彼既已聞之矣，擬到上海見南海，問明情形，如不必入京，即返駕。予謂南海必知大局掀翻之故，詳以一函告我。旋得鹿泉前月廿四來書，云朝政維新，新黨之氣大伸，舊黨已如燼火。聞中丞、學使有合參葉之説。新黨有長沙大痞王麻、湘潭大痞葉麻行狀，院試散給考生。學堂總辦屬頌年，教習請沈子培。學會仍請我宣講，勸我於中秋前趕到。右帥保我特科屬實。此等事在湖南是好消息，而大局既翻覆，將來恐又有變，舊黨必死灰復然，恐報復無已時。予聞電諭，意懶心灰，非但講學不願再出頭，即特科亦不願應命矣。廿四吉兒不知何以猶未到，黄亦未説及。又云湘輪已行，俟明日再問之。下午無事，氣悶，到芰舲處。問伯華，云行急，未到我家，不知吉兒到否，棣威行走尚未復原。芰舲與少村又相爭。少村又坿會江右九江開鐵路，芰舲以爲有祖墳，恐遭蹂躪。予謂本地人辦，猶可避就，西人來更難爲力矣，浙江事可爲殷鑒，特守舊人難悟耳。

十一（26 日）

見《日報》，言論旨嚴切，要刷謄黄，遍諭各鄉，而不准阻撓之旨要懸堂上，使人知警，整頓吏治。一切皆佳事。又傳各部侍郎將去其二，御史八十員將去其半，徐中堂、譚、邊二制府皆乞休，敬帥入都。公度入軍機，秉三使東洋，有此説。詹事府改工商局，通政、大理改中學堂。所裁京官皆位散卿，仍食俸，有缺出可補。惟各衙門書吏皆錢買缺，今一旦無生路，失所者千數人。予謂臨朝事未必非此輩作祟。此輩勢大，能通宮掖、結宦豎也。

歷觀論旨，尤增感歎。飯後出拜客，往繆芷汀處，欲問問時事，云有考事，豈此公亦在考列乎？見賀月槎，餘皆不晤。午後到夏宅寫主，此間主是楊木，不上墨，不寫孝子名，可異。坐一日，殊悶悶。見《昌言報》，英人竟以印度待我，欲為我辦事，改新法，而不奪我君權，恐逼改內政事誠有之。予戲謂少村，我有一奇策，勸母子分家，或母北子南，或母南子北，北歸俄保護，南歸英保護，維新者從今上，守舊者從長信，如此則兩宮可不爭，兩黨可不爭，俄、英兩國亦可不爭矣。各國要瓜分，不若先自分之為愈也。《長生術》看完，其女主竟死，然則女主可恃乎？

十二（27日）

　　劉虞九來拜，此亦朽人之一也。寫信致鹿泉，稟謝右帥，而吉兒到家信未來，且略候之。下午到劉處，略談。宋子才處不晤。到監院處，聞有裁訓導之說。考官，人多作鬧，揭貼要取護院首級，數其買缺受賄之罪，波及中堂並沈幼宜，云是其主使。護院懼，欲不發榜，舉動可笑。臨朝後數日無電諭，昨諭到，令各省薦醫生，則聖躬不豫似實情，若更有變，將若之何？到文盛催書，海瀾云節前可成數十部。取《中東戰紀本末》一部歸。包培齋送禮八色，受其半。吉兒來信，云廿四到家，聞右帥所保有鹿泉、節吾，勸我一徑到京。如無此變，先去亦可，今臨朝，未必即行此舉，考亦未必認真，取亦未必重用，且歸家看同徵諸君行止如何，再作計較。於燈下作家書告之。

十三（28日）

　　封寄家書。鹿泉函中加增一啝，問諸公行止如何。課卷來，閱十餘本。芰舲至，以所作感事詩屬和，並屬寓箴規。云幹臣又造匿名書弌函，以鄙詞罵梅九公，嫁名於劉九及魏武子孫，可謂無聊。九公已呈護院，若以此賈禍，殊不值。夏小泉送菜四碗、點心二盤，予轉送芰舲。芰舲邀飲，辭不往。盧文明至，果如芰

於所料，首府疑匿名書出彼手，甚恐，予屬往見梅九公説明。朱溪雲來，云繆芷汀屬書院生畫押，似亦爲此事也。夜和芰舲詩云："章江波浪湧秋陰，擬泛都陽歸舊林。輔漢期償諸葛志，罵曹肯和正平音。無矜蹈海馮河氣，忍負回天捧日心。袖裏龍泉豈輕試，從來智勇貴深沈。"**"牛角山河震盪中，人間得失幾雞蟲。清流禍伏噉名客，黑夜書投亡是公。往事東林危結黨，頻年西海迫和戎。乾坤整頓須豪俊，莫倚空言發矒聾。"**於句下各加注腳，發明作意，告戒竹林可謂至矣。溪雲言文學士家已搬動，首縣到門促之，豈長信記憾，報復如是速耶？

十四（29 日）

　　録出和寄廬《秋感》詩。文明來見。劉署臬下監院札批桂念祖等稟，仍以候大學堂章程爲詞。十七日傳諸生畫押，以梅、程所稟爲然者畫押，不以爲然者聽，頗似西國議院法矣。云文家已搬上船，法和、公達皆未見面，且聞護院有參文、沈、鄒三孝廉之説，危矣哉！長信臨朝，瓜扯藤動。文家所以逃者，疑芸閣在上海有所聞，必將逃之海外，又恐連及家屬，故先使避之。常熟既恨文、沈，又欲參文以媚長信，此瓜扯藤動之説也。非臨朝必不有此舉，天實爲之，奈何？文小松送禮四色，予受火腿、雞子各一，且俟辭行看能爲言否。晏海瀾送禮四色，却之不可。《尚書》已來五十部矣。閱卷廿餘本。下午芰舲邀往寄廬，爲予預祝壽。連日智腹飽脹，本欠舒暢，主人情重，强舉十觴。少村來，云見電諭，消息甚惡，徐致靖、譚嗣同皆交刑，康黨免株連，汪鳴鑾、文廷式等訪拿，所裁官仍復，新政一切全反。予聞大駭，歸更不適，所飲酒皆嘔出。枕上用前韻云："妖孛橫侵白日陰，老蟾跳出照深林。漢家玉璽無完璧，唐代金輪有嗣音。虎鼠又成今日變，龍蛇方識古人心。黃塵碧海須臾事，多恐神州付陸沈。""神虬失水厄池中，猛虎毛間困毒蟲。黨錮人才尊獄吏，皇輿成敗問天公。他時白馬多冤鬼，異代元黿兆女戎。野老何心聽時事，祇愁雷響耳難聾。"

十五（30 日）

盧豫章、桂念祖、周觀濤、喻顯宗來拜節。予與盧、桂言時事，摧抑人才太甚，恐有北走胡、南走越之事，且恐託於徐敬業、駱賓王，中國無兵，將引外國兵以清君側。今各國虎視，必用英滅緬甸、日窺朝鮮之故智，挾中國之天子，用中國之人才，以籠絡中國之人心，更將爭居奇貨，以中原爲戰場。而巡幸天津，即恐蕭牆禍起。無金輪之才，何苦用金輪之威？桂云臨朝後五日，始有聖躬不豫之文，先所諭並未言，足見是託辭，詔求醫生，亦掩飾人耳目之語。若再有魏主之變，則人心更不服，將有河陰之禍矣。李景臏、萬簏、傅邦楨及其子與芰舲長子來。李館蔡某，徒三千，脩金八十竿，與夏宅略同。予屬其明年局面如不留，有館可薦。余生騏、驥全來。胡藻、曾勳庸、晏志清、張國光、朱溪雲、包學淵來。文明復至，云康已逃，有拿康門弟子之說。予謂此當是訛傳，少村昨見諭云免株連矣。惟康廣仁亦下獄，其人並無官守，則不可解。培齋云謠言有駕崩之說。果爾，更無望矣。芰舲至，言華贊雲到，言禍發於東亞協會，文芸閣、康長素倡之，報中明言欲廢太后，以新入四小軍機爲內應，故皆下刑部。禮部六堂斥革，未先稟太后，兩宮大翻。維新者亦太過。王照請易服色，上將從之，德親王送西服一襲，宮中已服之矣。芰舲亦云中國如此，已不可收拾，予謂尚有變也。盧、桂再至，皆以康黨自危，欲歸避之。盧尤恐匿名書波及。桂云友人至自京師，云十八子擁戴長信，將欲自爲，曾籠絡南海，南海不受，故有此舉。此護南海之說。梅台源至，則所說與華侍御略同，或即得之華。云護院參文、沈、鄒三孝廉之說似實，竟以康黨參之。翁六先生夜遁，恐亦在查辦之內。現所傳旨乃二等電，若頭等電，密旨，不譯。有四密電，不知何語，外人皆未得見。芸閣不知逃何所？予謂右帥、香帥必不舉發，然亦未必敢藏匿，惟有聽其出洋而已。上海懸賞格拿康。天地雖大，容身無所，痛哉！晚間到寄廬過中秋，賞月。陰風怒號，天地愁慘，月亦無光，飲酒不歡，情景視往年不同，明年中秋更不知如何也？歸，夜風甚涼。

十六（10月1日）

　　風愈大，屋瓦皆飛。現在局面，朝不保夕，天變如此，不知時事變到何等境界？幹臣至，云見贊雲，伊前月廿日外出京，勢已岌岌，先時維新亦稟命長信，後漸生意見，革禮部六堂未先請示，擬旨乃告，長信擲之地下，以後不再告長信，兩宮隙愈深，不能相容，母欲廢子，子亦欲廢母，卒之權力不敵，剛毅等擬旨臨朝。康廣仁久在宮中，近旨皆其所擬。康出京，事已變，恐是放其生路，或奉密旨索救。今必到東洋請援，當今未知存亡。康、徐諸人並提家屬，然則研甫亦危矣。波及者尚未知幾人，幸特科尚遲耳，否則予輩亦未能免矣。康、梁、譚復生皆負經濟才，不知辦事何以大謬？朱子解《敝笱》詩云：“母不可制，當制其左右之人。”兩宮既不合，既難兩全，惟有查明擁戴長信之大臣及左右近習，嚴加懲辦，即以唐代處金輪之法，錮之於南苑，以免園居城外，啟奸人之心，如此則別無他虞，可以暢行新政。乃不先慮此，而今日裁官，明日改制，驅數千失業之人使歸彼黨，不可謂智。明人上書方正學曰：“大敵將近，公宜練兵以衛京師。周公誅管、蔡，不聞行《周官》、《周禮》。”諸公自負經濟，乃與正學之迂相似，豈非天哉！各國瓜分，從此更無忌憚。聖躬無恙，必有勤王救駕之師，如有意外之虞，必將聲罪致討。文、康到日本必請兵，是爾朱榮河陰覆轍矣。即幸而不動，以後變法維新，亦無人敢再說，坐以待斃而已。前尚有策，而爲庸人所誤，今則真無策矣，令人氣噎！溪雲來談，予覺不適。夜不飯而寐，腹痛作嘔。惡風聲搖搖，五鼓時夢見復生，問彼實情，訝其何以得出，且云由何人誤事，彼云有李同康者作祟。怪哉！怪哉！

十七（2 日）

提八月師課。云仍傳諸生畫押，皆假名也。大風略平，猶有叫號之聲。溪雲過談。芰舲送《申報》來，觀初五、六論旨如常，猶多保舉、召見之語。康出京，促其毋得遲延觀望，意可見也。梅子肇送節敬拾元，可爲輪船之貲矣。閱卷廿本。體大不適。

十八（3 日）

芰舲送來電報，張蔭桓發新疆，徐致靖永遠監禁，其子仁鑄革職永不叙用，湖南學政放吳樹梅。楊深秀、宋伯魯皆獲譴，以濫保論，野秋先生不亦危哉！現在嚴究康黨，雖有官紳被惑免其株連之諭，然已一網打盡，且恐乘機報復，紛紛不已，從此言路閉塞，人才消沮，如宋禁元祐學術，至有作詩杖一百之律，“大哉堯，君哉舜”，以“哉”字與“災”字同音被斥，卒至神州陸沈，豈不痛哉！予不登朝籍，未能深悉諸君所爲，竊以爲諸君議廢長信云云，必無此事；若誠有之，上既言計聽從，欲行則竟行矣。“當斷不斷，反受其亂。”自宋以後，未有能爲非常之舉者，諸君必無此大膽。廢長信一節，必是讒臣加增之言。此事大誤在裁官，用新進行新政，已爲守舊老臣所不願，如户部清每年出入之數，吏部、刑部删定例則，皆非大老所能辦，不能辦又不能退，勢必鋌而走險。況且裁各衙門，而書差五千餘人失所，必將交煽蜚語，以危言惑長信，激成大變。以意度之，當是如此。如真有廢長信之舉，張、徐未必能保首領。今諭仍云訓政，仍是今上之旨，則上賓之事亦必無之。但此舉搖動亂民之心，又必懲羹吹韲，將來遏抑人才，閉塞言路，即在下之學會、報館，亦不敢辦，民智更無由開，中國如死灰之不復然。若文、康借外兵以清君側，則更“君以此始，亦必以終”矣。閱卷廿餘本，畢。

十九（4日）

　　風雨止，寒氣猶重。定課卷名次。熊坤卷不知誰作，能斟酌漢、宋，專推西漢，可謂特識。趙煇於西漢獨推遷、董，符葆初以西漢崇六經、黜諸子爲塞民智、愚中國之計，皆有特見，均不知誰作。其餘或尊西學，或詆西學，皆不甚切西漢學術。立論亦有專從康學者，李景膺亦然也。錄課卷名次畢，清理書箱。幹臣、少村至，出十四諭，明言康等有團圍刺駕之謀，當是莫須有。而楊深秀、楊鋭、林旭、劉光第、譚嗣同、康廣仁已正典刑，傷哉！十六夜夢復生，是魂來告我矣。"當君白首同歸日，是我青山獨往時。"此變與甘露同，而彼時無外侮。今聞俄兵船已雲集，京師閉城大索三日，統兵官皆易滿人。有云上逃，有云大行，立者又是一人。如此譌言，必將致亂。又聞召香帥入，不知是福是禍？敬帥難保，右帥亦不能安其位。不知諸公將廷尉望山頭乎？抑山頭望廷尉乎？我輩艸茅之士，殻不上入《黨錮傳》中，特恐內外交訌，無容身之地，又不知湖南近日有無變動，心甚搖搖。枕上作詩哀復生云："竟洒萇弘血，難完孟博軀。南冠已共惜，西市更何辜？濁世才爲累，高堂淚定枯。榮華前月事，緩步入中樞。""同歸首未白，相見眼常青。訪我來南學，看君上大廷。楓林忽魂夢，天道有神靈。一自沈冤後，朝朝風雨冥。""嵇康養生戮，何事說延年？杳矣匡時略，淒其懷舊篇。孝忠難喻俗，成敗總由天。自古如絃直，紛紛死道邊。""九關屯虎豹，一夜變龍魚。李杜死何憾，佽文謗是虛。焙茶嗟未試，芳艸痛先除。尚有湘人士，來披鄴架書。""君非求富貴，富貴逼人來。詎意山公啟，翻成黨禍胎。曾無紈袴習，終枉棟梁材。滄海橫流酷，人間大可哀！"

二十（5日）

　　發家信一函，恐湖南有變，屬其豫防。李叔和來，談及時事，彼亦甚為慨歎，惜復生之才氣太盛，受禍太慘。盧文明至，云桂伯華已逃歸，彼亦自危。予謂康黨甚多，叔和言昨考官，即其門人姚某取第一，如盧、桂一時尚殻不上入黨籍也。雷見吾至，云所居館每年六十金，弟子二人。此人尚穩重，惟住在城內，恐不專館。贈以《今文》，屬再校正。閱卷廿本。往芰舲處，聞右帥有鎖拿進京之説。華贊雲云前月右帥曾密奏保康一人，如塙，則此信有因。然如此，右老必死，湖南必亂。芰舲力勸我暫勿歸，專人歸接家眷，恐湘人舉義旗，必牽引我。説亦近是。幹臣、少村歸，云禁康書，毀板。此亦必至之事，惟願右老事不塙耳。

廿一（6日）

一早到夏宅陪吊。見宋、李、傅、許四太守，詢右帥無事，敬帥回籍，尚可保全。叔和諸人云土匪信亦未塙。菊壽云前有電報，云土匪入永道，未云永州。冕堂月內快到。贊雲見面，未詳問，俟往石頭街問之。幹臣出又有所聞，云當今實已上賓，李合肥逃走，外國責問，答以"我家事，不關爾"。禮義教化之國，恐不能以此塞人口也。江西不用豬、羊，不喊禮、縶屋，殊不成樣。予坐一日，頗倦，夜歸。所可異者，是日為鶴孫開吊，其遺囑即日午刻寄到，川省由票號計一月。其遺囑明云芰舲次子、皮鹿門之壻，可無疑矣。達三已更名承吉，在川開吊用承吉名。囑又云其妾每年給錢若干，其女給錢若干，終其一身而已，可謂周密。陳樾卿信尤悉，附身附棺，即親人亦不過如是。此等死友，直可入《獨行傳》中。

廿二（7日）

飯後出辭行，惟護院未見，司道皆見面。張小船云明年仍屈留，可否俟再回明護院，前已與護院談及。據云現擬改書院為學堂，委三紳士辦理。公稟仍舊不改，諸生鼓噪。今黃幼農往上海，俟其來再定局，大約仍舊。幼翁不知何時來，如行急，將來寄何處？此地有可交轉寄者否？答以都司前夏舍親可交。彼云夏觀察家我知道，將來即交夏家。劉以署任，不曾談及。繆問及，以小翁所云告之，彼云幼翁暫未必來。談及國事，張、劉皆不以爲善，繆尤慮有後患，在今日皆屬明白人。春意欣欣，與梅復見天日意合。滿人所見自應如是，況此人不識字，更無譏焉。宋子材處見電報，李端棻保大逆不道之康有爲，且召見時再三面陳，今又自行檢舉，有意取巧，着革職，發新疆；王照不知去向，革職，嚴拿查抄。觀此舉動，株連不免，張、陳危哉！《申報》言拿康時洶洶千人，不知若何驚擾。康爲英人接去，英已有兵船來。報言有人請散旗丁務農，別練勁旅，都統皆不畫押，故告長信，以致此變。恐不專爲此也。張、繆皆云護院無參文、沈、鄒事，惟云文廷式，已傳其弟廷楷來問，並不在江西而已。裁官尚未入奏，張極不欲裁教官。護院以爲安徽已裁，電詢峴帥，恐須一律。江西應裁者八十餘，每年只能省四千餘金。文杏林名條爲面投，不知考取三等，應停委二年。張云將回護院，爲求津貼。不知文是生員，何以至此？殆入官荒疏耶？張云現開勵志學堂，擬選諸人入學習。此舉甚好，與湖南課吏館相似。務實學堂既辦，仍須辦也。歸而護院來送行，云明年仍借重，書院照舊，並名不改。云昨又有旨拿芸閣，電問香帥，答云不在湖北。只拿芸閣一人，無革員十六人事，則翁、汪亦不妨矣。云江建霞不知來否，爲右帥甚觖心也。翁去後，閱卷數本。芰舲至，華贊雲亦至，略談時事。華去，芰舲詢及居停之意仍云借重，勸予移家江西，云江西一切不辦，無兵無餉，有事全不足恃，然人心尚安靜，目前可保無事，若湖南之患，恐在目前。此真深識之言。湖南人囂動，氣太盛，有事可以定亂，無事亦可以倡亂。予出講學，亦欲與諸公爲保桑梓之計，而事卒沮壞。今大局翻覆，尤可慮，俟歸商之。黃公度亦可危,到滬聞變告病,已改派李木齋。江建霞不知誰保入總署,欲入京,有人電止之。

廿三(8日)

宋子才、賀月槎來。賀云將補德安,缺甚苦,先求委一缺,旋送名條,請爲道地,恐不能也。熊益元、鄒叔誠、萬雯軒、萬簏來。熊云其鄉擬開書會,文公已允辦,而陳山長恐失飯碗,力阻之,恐其入省見太守亂説,屬見太守説明。銀止四千,三方各請提四百,則是不阻之阻。江來送,當告之。張位賢、佑賢、秦嗣祖至。閲卷廿餘本,初課畢。芰舲約往一叙,談時事、家事不盡。幹臣、少村歸,聞無消息。《格致新報》内載六月議改官制,設十二局,總署以擲還再議爲恨,合肥云:“龍戰于野,其血玄黄。慈意不測,請姑俟之。”據此,則今之翻覆,早在此老意中。外國報六月已昌言不諱,諸公何以憒憒若不知者? 豈未見此報耶? 亦見之而不信耶?

廿四(9日)

春匯東來送行。文小松至,問何以列三等,云因夾頁所致,今欲呈手摺自明。有即用縣朱紹文,號迪齋,安徽人,來拜,云有話説,定要一見。見面談時事,幾於痛哭。彼與殿書相識,右帥未見面,前有書來招往湖南,雖未去,有知己之感。今大局翻覆,恐右帥亦不保,欲往見香帥、右帥,看看情形。外國報英國有十六號兵船來,有三號已到香港,其餘已出蘇彝士河,云與俄人開仗,未必然,必是謀中國耳。此人忠義奮發,右帥所賞不謬,俟再往談。黎瑞棠來見。張筱翁、繆芷翁來送行,談及館事,屬以護院已定局,催其年内下關。伊以明日衙門期,與劉獻夫言之。劉親拜,未進來。江太守來,聞有上司在此,遂去,豐城事未得提及。沈文卿丈來送行,仍待九江太守,其子隨徐仲衡先生往東鄉矣。周海漁來,告以館事,彼斟酌回信定局。下午往冕堂處辭

行,未晤。晤九公,大放朽論。遂至袁子純處赴飲。夜歸,得芰
舲信,云乃叔署臬臺,右帥父子革職,爲彷徨不寐。

廿五(10 日)

提師課。擬往芰舲處道賀,芰舲來,云右帥父子、建霞、秉三
四人同革職,已見電報;已見冕堂,初二出京,云廿八已擬旨改
衣冠,長信盛怒,康欲借袁士凱兵脅長信,袁不從,謀泄致亂。
此未知是實事,是架誣? 李次申與胡會昌來送行,云有護院升
湘撫之說。此公雖不振作,尚不至仇視湘人,或能稍安靜也。
前聞城北公劾右帥、江太史,此舉想有力焉。秉三一書亦是禍
胎,自畫供招認康、梁黨,屢言伯嚴,以致牽涉原保大臣一節,
且恐牽及冶秋,危乎殆哉! 菊壽來送行。熊益元來,云將稟江
太守,請一函致文芝塢。閱卷廿本。往回朱迪齋拜,伊尚未知
右帥之事,告之,相顧太息,以爲右帥能脫身,猶屬萬幸。伊云
劉尤可惜,學在康、梁之上,人尤純正堅樸,不鶩名,不知右帥
何從物色之,以爲匪人,可歎! 往達齋、贊雲處,不晤。遂至雲
生處赴飲,伊缺將奉裁矣。李次申函來,求遞名條。予已辭行,
不能爲力。

廿六(11 日)

黎瑞棠送印色《搢紳》,回以《今文尚書》一部。楊昀谷回
省,來見,送火腿、鯗魚、洋糖、杏脯,贈以《尚書》一部。詢知
十二出京,所說亦與冕堂略同。因改服色,長信怒,欲剪髮,兩
宮不協,上欲廢長信,使康往津調兵不行致變。初九、十不見
上,但云不豫,不能視朝。外面謠言,大有所疑。伊同伴有臨
湘拔貢錢某,曾拜康門,爲書奏摺,已拿到都督府,王大臣以爲
無罪而免之。此人可謂萬幸。包培齋至,述昀谷之言,云昨得
天津電報,云某無恙,恐彼處已有事,前有信云宮闈之變,所不
忍言,情形可知。李叔和、唐顯謨來送行,云護院升湘撫無塙

信。叔和甚以湘中爲慮，約有消息告知，云朱迪齋頗荒唐，不可交。劉獻夫署廉訪送來關書、聘金，明年定局矣。閱卷廿本，畢，兩次仍以盧、李爲首。晚間得吉兒十一信，不知何以尚不聞朝局大變，猶言新舊交訌。孟萊入學，念恂又挑未進，可惜。研甫尚考特科人才，可憐。吉兒又借毛銀五十兩，須還，用費可謂多矣。

廿七（12日）

飯後往毛振趾錢店，還清吉兒借項，樂哉在揚州尚未回。加三庫平銀六十八兩，歸京平五十兩，外餘銀式十乙兩零，換洋三十一元四百，振趾找足卅二元，不算息銀，叨光多矣。彼尚要邀飯，力辭之。到文小松保甲局，云外傳護院升湘撫無明文，或云是任道鎔，似可信。夏達齋來送行，彼家看電報，云即俞方伯坐升，方伯放一滿人。近日皆滿人世界矣。致文芝塢一函。往叔誠處，託寫船票。見《中外日報》，右帥保二十六人，湖南曾重伯、歐節吾、易實甫、鄒沅帆、羅順循及予六人，無鹿泉，此外有壽富、陳驤、孫詒讓、鍾天緯、俞明震、江瀚諸人，江西五人，外有翦髮之周泰瀛生，乃與噲等爲伍，無怪謂其濫保匪人也。各報言各不同，有謂聖躬無恙者，有謂已上賓者。謂上面諭袁世凱，加以官職，欲其感恩，謂調兵即來。袁唯唯，而到津意變，反告榮祿。榮爲長信內姪，遂致全局盡翻。此人罪不容誅。當時蓋以李多祚待之，其如袁非其人何？王照與梁同逃，其摺已刻，頗激昂，並無改服色、從西教之說。恭惟長信，亦能逢時，似可以不逃也。報深責康之逃，此人極似張儉。報又言譚最慷慨不畏死，康廣仁至無人收屍，哀哉！報又云右帥奏四小軍機年少望輕，請召香帥入樞府，未知塙否，果爾，又牽及香帥矣。幹臣與黃伯華來。伯華云初二尚不能行，予不肯待。

廿八（13日）

冕堂至，談時事，極不以康爲然，謂瓜分亦彼恐嚇今上之詞，惟太后不受恐嚇。予非幸災樂禍者，惟冀此説信而康説不信耳。周海漁至，云聞桂伯華之弟言湖南民變，不知還是意度，是塙有所聞？惟願其如瓜分之説不塙耳。李景膺至，言東家已留住。閲初課三十七本，畢。包培齋送程敬十六元、一蒸盆、二點心。程敬拜嘉，肴、點實不領情，惟有轉送夏家。下午赴監院飲席。聞英、俄在旅順開仗，已見報。報又有殿書與黃幼農革職之説。幼農非維新黨，或是黃公度乎？雲生云傳聞請仿張柬之事召袁世凱之奏出譚復生手，楊叔喬不謂然，以爲事不成必泄，譚不聽，或並列楊名，同受禍，未知是否。歸已曛黑。燈下定課卷名次，閲次課六本。

廿九（14日）

蔡藩、許顯忠來。蔡初三出京，尚無事。許代張鳳藻等應課，才氣頗佳。夏小泉來，云得電諭，復八股，廢特科，禁報館，拿主筆。荆公聞罷傕役、復差役，曰："一罷至此乎？"可爲太息。唐子培又送蒸盆、點心，力辭之。張冕堂送皮帽幨二頂，鹿筋、茶、菊、冬菜四色。李若愚來送行。沈文卿丈來，託帶信三函，並屬貸數竿與伊家。鄒叔澄來送行，送船票三張來，照算十元尚要加，説不加，叨光矣。熊亦元來，以文芝塢信與之。既復時文，可不必辦藏書也。閲卷十餘本。赴芰舲飲席，談及時事，無不慨然。聞南皮亦致電以百口保六人而不應，聞叔喬死，哭之數日。南皮危矣。報言右帥以四軍機望輕，請召南皮入樞府。如此，則南皮更危矣。湖南尤可危，奈何？且急趕回。伯華可同行。子新丈電來，已接篆。叔誠贈予《全上古三代秦漢六朝文》一部、《勸學篇》十部，惜予無暇讀也。

九 月

初一（15日）

閱二次師課卷廿餘本，了此公事。論以王廷獻、郭巖二本稍知兩稅通變之理。監院來送行。陳庚山來拜，談時事頗持平。飯後到峴堂處，未起。往劉虞九丈處，略坐歸。楊昀谷、萬雯軒等來送，予未及晤。包培齋、晏海瀾等旋至。清舫、幹臣、少村皆來送。芝舲親家來送，略談，云將往峴堂處説，十一月廿九喜期，一切面商。予忝爲冰上人，恐不及與事也。芝舲又送夏布式疋、蓋缸式對、茶葉、酒，共四色，以予爲寫主，稱予壻所酬，不能辭。監院送束脩三百廿八金，交存芝舲。聞黃伯華已上船，午飯後亦趕上，束裝啟行，到船已矇黑矣。

初二（16日）

六鐘點開行，至諸屺泊。北風頗勁。有武進劉樸臣同舟，頗通時務，云又有封會、拿人之諭。勢同黨錮，解散士心，甚非佳事。伯嚴去年因礦務賣衡山事，到滬見梁卓如傾倒，遂有到湘掌教之約。建霞與康、梁諸人來往甚密，此招引奸黨、暗通消息之所由來。康、梁與汪爭報館，竟派黃公度爲欽差，查辦太橫，今同歸於盡矣。盧文明從吳城來，聞拿黨人，見予跪求救。問其故，云曾入譯書公會。告以此何足懼？伊指心云：我心裏怕。問將往？云欲隨我到湖南。予謂我不自保，何能保爾？

初三（17日）

到老爺廟，以風大，不敢過湖，停一時辰，風稍平乃行。到湖口已黃昏，遂泊。閱《勸學篇》一過，其論學雖與康異，而以報館、學會爲重，則亦與今之禁會背矣。

初四（18日）

九點鐘到九江。鄱陽船將至，將行李發墩船。予與伯華到啟源，見黎襄廷，久坐，索《申報》，閱至廿八日，見禁會、拿人之諭，尚未專指學會。公度發看守，已鬆禁。西兵入京城，不能遏。袞袞諸公，不此之慮，徒挾私見，爲時文鬼報復，何爲哉！黎又送火腿、茶葉、酒、石魚四色到船上。一點鐘上船，欲送《今文尚書》弍部，不能取出，下次再送。三點多鐘開行，將晚過武穴。

初五（19日）

天明到漢口。有高陞棧秦姓接客，遂落彼棧，在馬王廟，去岸甚遠。飯後到沈家廟，過火燒處，甚慘。見子城公，談及修譜一事，爲期尚遠。見廿九《申報》並《新聞報》，公度已得釋，回原籍，交地方管束。張樵野去京四日死，或云本欲殺之，因外國人保，只得於途中正法。此等舉動，得不爲外人所輕乎？西兵入城，並火藥、槍炮，以保護使館爲名。康在香港，明云奉密旨出京，足以召寇。報云湘人不靖，連結粵匪，且云長沙已起事。雖不足信，亦可慮也。到公司寫票，慈航明日三點鐘開，每人弍千。子城公留飲，食蟹甚肥，晚歸。本欲見余太守問時事，來不及矣。聞香帥革職留任，猶存碩果，恐一木難支。蘆漢鐵路命裕祿與張督辦，不及盛大臣，何以故？漢口日日火警，子城云有黑山不可開，香帥强欲取煤，故有此變，風水之説殆不謬耶？

初六（20日）

飯後上船，則統艙已滿。兩艙只容四十人。房艙價增倍，彼欲强人坐而增價。予不允，且坐之。伯華上岸買東西，與子城公同往。聞三點鐘開行，復還船上。乃紅船開行數里，輪船以機器壞，不行。

初七（21日）

開至鮎魚套，慈航買煤，又耽擱兩個時辰。船上以爲煤不

佳,而局中買煤人敢於持刀罵詈,無狀之至。行九十里,至東角
腦泊,由慈航機器不濟,火力不加。

初八（22日）

　　過簰洲、嘉魚,距寶塔洲十餘里而不肯趕到。晚開早泊,楚
功拖兩舟而與之並行,其馬力不足可知。舟中閱《采風記》一
過,及《太白集》。所買蟹多死,烹食之。夜對酒持螯,星月滿
船,風景不惡。惟日中甚熱,恐有風暴,而舟行遲緩,尚未過湖,
且聞湖南有變,未知若何,殊惓惓不安。

初九（23日）

　　早過寶塔洲看鼇金,過新堤。泊螺山,日尚未曛。

初十（24日）

　　午刻過岳州,耽擱許久。過湖,到晨起望泊,已日入半時矣。
幸未遇風。

十一（25日）

　　午刻過湘陰。早起霧甚,不見兩岸。下午發北風,漸勁,舟
行殊惝怳,幸已過湖。行至日曛,乃抵長沙,泊水陸洲。欲趨入
城,聞城將閉,仍宿舟中。風大,震蕩徹夜。

十二（26日）

　　一早到家,家人未起。詢湖南有無變局,云七月謠言最甚,
由保衛初設,奸人無所容,遂造安言,以惑人聽,大抵以為右帥勾
引洋人。此等言語,小兒所不信,而紳士顧信之。開井以為洋人
放毒,造火把以為迎洋人夜燒城,頗有畏怯移居鄉者。現久而稍
安,不關朝局反覆,不關粵匪侵軼也。大商賈亦知設巡捕好,無
火警、盜賊,頗願出錢,而苦不多,月止一二千金,尚短四千餘金。
現議裁併,兼用保甲辦法,大抵虎頭蛇尾。南學會招牌已撤,仍
改孝廉堂,書交時務學堂。學堂教習皆去,章程必壞。《湘報》
館已禁止,人才星散。可歎!可歎!是日家祭,飲不歡。二叔父

來赴飲，甚安。見述卿，留飲。

十三（27日）

　　聞右帥未卸篆，不欲到署，俟彼卸篆再去。滄海橫流，玉石同碎，雖蟣蝨之臣未能強附黨錮，而鷗鷺之侶亦恐並及推排，惟有杜門著書而已。而細審湖南謠言，則尤可怪，不起於時局變更之後，而起於保衛初立之時，是皆亂民所造土上諭，尤無狀，稍有識者當不惑也。目前似可無慮，而一股厲氣，四處訛言，將來恐不免有事。伯華與望之至，云薏丞親家尚未歸。

十四（28日）

　　于秉郇來，談近事甚悉。伊亦將挈家歸江西，一時難於移動，擬開正再行。予甫歸，未能決汁，將來亦是如此辦法，但今年、明年不定耳。君華來，亦談及近事，不勝扼腕。久安丈已歸家矣。

十五（29日）

　　聞泉窩塘陳佃有私宰、賭博事，致書陳雨田，屬覓佃夫更換，並着劉一催租。黃鹿泉來，談近事。伊亦以爲長信故縱，近又調和新、舊兩黨，禁止攻擊，或禍少息。南學會日記、文字着燬板，香帥查覆。已電香帥，南學會未刻文字，日記乃時務學堂板，已燬。而學會招牌已去，冊籍均付丙，書歸時務學堂，人均散去。左魯軒亦來，云鹿泉太膽小。鹿泉以爲奉右帥示，則亦無可如何也。並書樓不能保，可慨哉！是日家祭，留鹿泉飲，暮始去。

十六（30日）

　　致書芰舲。飯後往鹿泉處，見舊黨所刻大箸，文致周內，並及於予。諸人與予非無交情，何苦如此？鹿泉云此中亦有天意，即大局翻覆之先機。楊深秀參湖南莠言亂政，王、張、葉、孔四人，遂有人參新黨四人，牽及於我。又聞此疏未上。黃策安與葉同縣，或即彼授意也。訐王者並及菊姨，故又有賓鳳陽揭帖，大都如悍婦罵街而已。往頌年處,不晤。往節吾處,適右帥至,得一見。彼天君泰然,一無激詞,得大臣度。詢江右事,予據實以告。其夫人柩明日下河,多來祭者。擬卸篆即行,已屬胡明蘊於九江賃屋矣。右老去後,與節吾談復生事。節吾言彼丙申入都見康而議論一變,頗不信其師說,今年幾決裂矣。秉三,亦屢電促入京,以病未行,得保首領。右老保人才,彼列第一名,因在署,避嫌請去之。其時亦不知如此破格,以爲不過存記而已。如不破格,不關禍福。若與諸人同保、同入軍機,必一同受禍矣。楊已到滬,香帥三電促入京,次日引見,次日入軍機,遂及禍,故香帥深慟之。予輩當時如有人保,皆不免矣。歸值六弟生日,共飲,至暮。

十七(31日)

　　續致芰舲書完,並致叔和一函。陳芷清與頌年、秉郇皆來。芷青云西人有照會至,以爲岳州馬頭約開風氣再來,今學會等事不行,是永無開馬頭之日,不能更待,惟俟春水生即來,自行保護而已。此大可慮。頌年云右帥今日交卸,俞公尚和平,不至大舉動,學堂可不廢。伊今年亦不擬入京。見《申報》,初一懿旨云:"前因國家制治保邦,綱常名教,亙古爲昭。至於條陳損益,隨時變通盡利,本無一成之法。前因中外積弊過深,不得不因時制宜,力加整頓。而宵小之徒,竊變法之說,爲煽亂之謀,業經嚴拿懲治,以遏橫流。至一切政治有關國計民生者,無論新舊,均須次第推行,不得因噎廢食。迭經明降諭旨,剴切宣示,大小臣工,諒能仰體此意,而言事諸臣,往往胸無定識。即如亂謀方張之日,内外章奏能灼見先幾、防其流禍者,並不多見,迨至事後,或且以意旨揣合希榮。須知朝廷用人行政,一秉大公,執兩用中,不偏不倚。用特再行申諭:嗣後内外臣工,務當精白乃公,一化新舊之見。凡所建白,但期有裨時局,不得妄意揣摩。倘或挾私攻訐,是非所在,自難逃洞鑒也。"自此論後久無動作,或風波可息矣。《逮臣問答》,康言己事甚悉,云由高燮曾保,翁亦賞識,不言張、徐、宋、楊,不解其故。指斥長信不少,而報云盡削不登,殆猶有甚於此者耶?

十八(11月1日)

右帥來辭行,已去頂戴矣。望之來,云譚復生靈柩已到省,其僕言初六夜捕拿入朝,即下刑部。閱《湘報》,七月二十日諭四人入軍機,然則在樞廷止半月耳。薦石特保壬老,令其到省察看品學、年力是否尚堪委用。不知右老如何覆奏?八旗生計乃袁昶奏,而袁未獲譴,豈亦以爲然耶?此事經松文清諸人奏,而不果行,蓋懲苻堅之遠徙種人,不懲石羯之爲冉閔所殲也。是日三叔父小祥。轉瞬一年,不特國事大變,家事亦變。老七將家貲耗盡,又向兄弟吵鬧,殊屬不成事體。

十九(2日)

往見夏丈廉訪及右老處送行,皆不晤,各送《今文尚書》一部。見發行李,有二鶴,其聲似鷖,係人送清帥,清帥留贈右老者,以備歸裝,較一琴一鶴倍之矣。歸而戴宣翹著人來探消息,云其邑尊以有信捕報館主筆,告之書院,宣翹在鄉甚懼,故專人來問鹿泉,鹿泉已回信矣。汪公魯來,偉齋之子也。乃叔篤於守舊,此人或不然歟?周郪生來,予未歸,不晤。陶鳴謙來,云乃翁尚覓地未葬。孟萊與瀏臬于君來,劉俞生亦至。數子號開通者,持論頗激。汪、劉往謁徐研夫,不見,云李嶧琹在座。此人與葉厚,故不去。學堂分教,舍楊篤生而用蘇厚康,祭酒高足也,殆宗楚客所云"與我好者爲好人,與我惡者爲惡人"耶?

二十(3日)

見《申報》三爾,無新政。前見嚴又陵《原強》,引達爾文、斯賓塞爾之言所謂"天演"、"物競"者,惜未得覩其書。見《國聞彙編》所譯斯賓氏之文，不過言種類之强弱盛衰一出於自然，此之謂天演；而强者必有所以强，弱者必有所以弱，此之謂物競。其論極平正，而實有至理，然則種之弱者可危矣。嚴氏本此立論，高人一層。

廿一（4 日）

　　錄劉應呂作，補《鄭志》一條。錄《"興雨祁祁"或作"興雲"》擬作一篇。《古文尚書冤詞平議》，祭酒曾以稾交書局，不聞刊出，恐失之矣，乃呼石先生重錄之。夏子新丈來拜，云：長信有廢立之意，故以兵柄盡付榮仲華，榮懼而泣，計無所出，夜得右帥電云："慈聖訓政，臣民之福。而尊主庇民，全仗中堂主持。萬代瞻仰，在此一舉。"峴帥亦有電云："君臣之分當尊，夷夏之防當嚴。某之所以報國者在此，所以報公者亦在此。"榮天明以二電面奏，長信懼，乃輟計，而心銜二人。峴帥無人劾奏，右帥爲湖南人所鰓，彈章五上，徐爲之倡。言及梁啟超事，長信震怒，命挐問。爕師、仲師跪求，以爲時事多艱，此人可用，宜留之。長信顧榮云："爾意如何？此人爾所保也。"榮心怯，乃云："奴才初保此人尚好，以後不敢保。"長信乃命擬旨。爕師、仲師頗咎榮之口氣太頓，若少硬，可以革留，既已云云，則擬旨不敢太輕，故以革職永不叙用了事。仲師有信，云數月後尚可起用。右帥意不欲再起，雖去官，而君國賴以保全，可以無恨矣。昨登舟行，予未及送，云紳士送至三叉磯，新中丞送至湘陰。現在礦務甚佳，今年所出十一萬餘金。平江金礦雖未知何如，安的摩尼尤好。右帥去官之日，得紅色礦上之。新中丞更擬擴充，將來利不貲。右帥所費五十餘萬金，機器可抵十萬，所出十餘萬，只短二十餘萬。阜南與銀元局，朱雨田自承辦，朱只短六七萬金，不礙也。保衛改保甲，裁小分局，巡捕改巡勇，不裁。此事與南學會皆見明諭，蓋朽人所舉發。此正挾私攻訐之奸佞臣敗壞善政，可爲痛恨！

右帥復香帥南學會未刻文字，以時務學堂板片百餘呈香帥，事當已了。近日無電諭，惟三巡撫皆復，以下可不裁矣。劉牧村來拜，云祭酒有《翼教新編》，若輩詎真翼教者乎？

廿二（5日）

致書子新丈，爲小鶴求派入大分局，並薦曹貴，看彼際遇何如。閲《明夷待訪録》，其論多與近人言時務相合，足見先後一揆，英雄所見略同。予少服膺亭林、黎洲、船山諸老之書，以爲其學有體有用，非乾、嘉以後稗販古董無用之比。今年講學，即舉昔日所得者言之，非傅會近人議論也。而鼠目寸光之徒，聞而吠聲，並集矢於黎洲諸老，可謂怒其室而作色於父矣。顧、黃、王諸老之學，實非斗方名士、古董漢學所能夢見，何論時文鬼乎？

廿三（6日）

官課仍用八股。西人謂中國有三大害，今八股廢而旋復，正如戒煙癮而又吃，放小腳而又纏矣。閲《冤詞平議》，補二條。現在惟此等書可作，不至驚俗吠聲，乃知乾、嘉諸公有不得已而竭聰明於此者，然今何時哉！人人皆竭聰明於此，與八股有何異？一爲有用之學，則八股家毀之，講乾、嘉舊學者尤毀之，是必使人人聾瞽而後已也。

廿四（7日）

立冬，頗有寒意。北風大，仍不雨。予既杜門不出，校《鄭志疏證》一卷。閲初十《申報》，《洪都客述》云：「經訓書院山長皮鹿門先生，皋比坐擁，宏獎風流，裁培甚廣。邇以課事告竣，遄回湖南珂里，門牆桃李，無一不往恭送行旌。」然則湘人謂予不容於珂里，其信然耶？蕭仰喬來，云現在撫署監印，已奉札可蟬聯，將來須住署中，新中丞尚未入署也。保衛，店家以爲便，多願出錢，奈無人爲之倡。而謡言黃玉田參革，又有州縣數人，皆江西人。此皆官場所造土上諭也。劉牧村尚未得缺，屬見夏爲道地，恐不能多瀆也。微雨，夜甚燥渴。

廿五（8 日）

晴。校《鄭志疏證·周禮》一卷，將來擬作《六藝論疏證》、《聖證論申鄭》二書，爲高密干城，專講康成氏之學，多一"成"字，當不礙事也。節吾至，言右帥電奏兩次，峴帥奏意更顯，明爲稟告榮祿，其實奏上。所説與子新丈言合。云湖南官難做，自夔帥後皆不討好，宜翁小山之怕到湖南矣。妄人謠言云右帥至湘陰上刑具，不知彼行已三日，尚只到靖港。予歸半月，小輪已不能到省，故行不宜遲也。節吾云：前公度發看守，因有人奏康有爲藏彼處，搜索無所獲。人皆知康到外洋，而猶有此妄言，故朝廷亦厭之，以挾私攻訐爲戒也。洪汝沖所奏之事與康略同，幾及禍，訊無據乃免。復生僕亦被拿去，問洋人與其主人來往否，訊之再三，亦以無據得免。然則諸人及禍，蓋疑彼交外洋以脅君母之故。予謂此由東亞協會所誤也。

廿六（9 日）

往黃鹿泉、汪公魯、譚君華處，皆不晤。見劉牧村、陳芷青，談江右事甚悉。閲《申報》，無甚事。梁星海駁康逆書，不知原書云何，梁蓋自危，故不得不以此自明也。校《鄭志疏證》二十㕝。鹿泉來，談久之。

廿七（10 日）

校《鄭志疏證》卅㕝。葉焕彬來，予出，未晤。予固無憾於彼，所謂故者無失其爲故也。述卿來，贈以《勸學篇》。二叔父連日來午飯，聞其住屋已將出售。此老晚景不佳，甚可憫，而家運亦大可歎矣。久不雨，燥甚。

廿八（11 日）

校《雜志》一卷，畢。校《鄭記》七㕝。此書約一百四十餘㕝，要刊刻需錢百餘串，若照《今文尚書》需百金，或稍從價廉，則數十金足矣，明年到江右再酌之。請謝老者來診金女，云宜溫中，似亦近是。其子字子琴，沅江拔貢。薦吉兒往東安席家處館，云即右帥外孫。予謂吉兒不必辭，亦未知事諧否。小鶴云現議巡查長已裁，聞局亦有裁併，單子已下，尚未見也。王、張諸公亦願出辦，大約權在己則不阻撓。唐髯子賺錢，將重辦。此人不同公度去，可謂不知進退。近又出有《電報》，聞王、劉爲之，每月百六十文①，更貴於《湘報》。他人辦則痛詆之，自己賺錢則爲之耳。

廿九（12 日）

校《古文尚書冤詞平議》一卷。往夏廉訪處，據云局將裁併，只留十六局。鑒於公度請紳士公議應留應去，儘伊等私人留，其餘再自酌。巡丁留辦冬防，不裁。今年經費尚足，明年再設法籌欵，一切均憑紳士。小鶴再三託彼，或可不裁，吉兒亦遞一名條。夏云洋人照會香帥，以湖南馬頭已等七年，今年風氣稍開，學會、報館又停止，衡州又罵洋人，看來風氣斷不能開，伊亦不能再待。據此，則明年必來開馬頭。又香帥請借美欵開鐵路，請紳士議，惟王逸梧稍明白，餘多阻議。恐湖南禍從此始，勸余移家江西。伊明年亦欲去湖南，擬先卸釐局事。曹貴不能用，許轉薦。見汪頌年，爲曹貴遞名條。頌年云康書見《新聞報》，即梁星海所駁逆書。若如所言，恐更有事。見龍芝老、陶銘謙，餘不晤。見芹妹及黃、汪兩親家母，親戚並在北方，薏丞事不自來求，諸紳士公舉，恐不行也。天甚燥，喉間作痛。聞久安丈瘰甚重而畏死，死何足畏耶？夏公云謠言張丹銘家生意已倒閉，虧數十萬。伊家太奢，有姪孫在彼入贅，放花炮三百餘串文，其虧空亦應有之。親願親好，此言但願不確耳。三叔小祥，又做道場七

---

① "文"，原誤作"人"，據文義改。

日，是夜放燄，十下鐘遂了事，比前時少一個時辰，艸艸而已。

三十（13 日）

校《鄭記》畢。翻《欽定周官》《禮記》，補入數條。此書沿宋、明之舊，多空言，可采甚少。自宋以來，中國之學多失之空虛。我朝漢學甚行，實事求是。顧、黃諸公以及龔、魏爲近日言新學者嚆矢，此爲一大轉關，乃天意爲之，不可遏抑，我朝漢學未嘗有利祿以動之也。在下者崇漢學，在上仍崇宋學，以其講壓力便於己耳。而中國學術之空、人才之陋，即始於此。此非鼠目寸光之人所能解。頃閱定盦《明良論》四篇，言俸祿太薄、卑詔太過、資格太拘，道光時即如是。是知病根深痼，不始於今時。劉太尉云："譬如疾疹彌年，而欲以一丸消之，其可得乎？"

十 月

初一（14 日）

頌年來，云近日無事。陳蒗石順天府尹，何興之暴也！擬作《六藝論疏證》，繙閱書籍，多不應手。此書多引緯候，似《公羊疏》云作於注經之前不爲無據。陳仲魚駁之，未見及此。予據陳仲魚所輯本，不知此外更有足本否。煥彬云曾手輯，俟問之。陳本引《辨正論·三教治道篇》注，不知見何書。是日先祖忌日，又三叔母補祝，二叔與兄弟皆在。譚君華來城買參，云九丈瘧未愈。

初二（15 日）

疏《六藝論》一條，言六藝有今文、古文二説，今文六經即六藝，古文以爲禮、樂、射、御、書、數，鄭從今文。周四兄來，云小古道巷住屋出售事。予聞不放心，往見二叔，並不言及，但云冬至有話説而已。彼不言，不便干預。

初三（16日）

疏鄭言遂皇即人皇，蓋以爲開闢之人皇，故至伏羲有六紀九十一代。孔《疏》、《路史》皆未見及此，《禮器碑》可證也。述卿邀觀劇。

初四（17日）

見《申報》，云龍體未安，用三才養榮湯，敷衍文字耳。《梁節菴與康絕交本末》可備考。英國恐有舉動。京師黨禍漸息。湘城所出《電報》，皆八、九月電諭，可云失晨之雞。禮部言一切復舊，並復書院，去學堂，王安石聞復差役、罷僱役，曰："一罷至此乎？"吉兒云時務學堂已撤，當即爲此，誠可惜也。師盤生來，云住儲備倉，澧州鬧事，故歸。黃鹿泉移住同善堂對門。予對門章壽齡做壽，午後往赴綵觴。

初五（18日）

疏《六藝論》一條。閱報，諸事報罷，惟留武備學堂，蓋此無八股先生祖護故也。午後述卿邀觀劇。

初六（19日）

疏《六藝論》。鄭君似以遂皇與燧人爲二，惜《命歷序》無全文，不可考。子漁來，談家事，甚爲太息。美卿將什物出售，不知何爲？東海伏冥誅，是幸事。小鶴歸，云久安丈病甚重，恐爲藥誤。岱林留住，惕臣來代館。石先生送所錄《平議》來，校數叚。

初七（20日）

往史家坡埽墓。北風甚大。歸而二叔父至，談賣屋下鄉事。子漁每月送四千文，恐不可恃，僅索冬至公上餘歟。予與小鶴力勸趁早定議，不知能從予等言否。吉兒歸，云祥女將於初十歸寧，而風愈大，又雨，恐未必能歸也。

初八（21日）

閱《申報》，翁小山於十八日太夫人仙逝，護院未知何人，恐屬張筱船。松中丞已到申，亦必刻日趕到。廖穀似中丞告病，已開缺矣。張樵野未死，已到太原。昨小鶴云局事恐不能留，再函託子新丈。疏《六藝論》三冊。是日大風，頗寒。

初九（22 日）

閱報，張小船升江寧布政使，代者未知何人。疏《六藝論》三冊。小泉歸視九丈病，云其疾漸愈，而心疾難瘳。

初十（23 日）

小鶴歸，云局事已撤。子新丈回書，云因前辭過，故不便留，俟有機會再看。大約此事亦不能久，明年將一切報罷矣。聞昨拿得放火之人。各處商人既以保衛為不宜撤，又不肯出費，獨不慮湖北漢口之事乎？疏《六藝論》二冊。背心覺脹。夜間錢碩人至，云並未拿獲畢松甫，往日本亦無翦髮事，皆楚人謠言耳。又云復生諸人見殺，乃黃策安奏促，是楚人殺楚人。大局之翻，由上面諭袁世凱殺榮祿，復生等爭之，而諭已下，袁以告榮，遂有圍園之謗。榮本無人臣禮，出督直隸，於上並無謝恩摺。是可忍也，孰不可忍！聖躬無恙，即不豫，亦群小誣之。

十一（24 日）

見報，江西按察使放恩壽，上海道放李光久，奉天府丞兼學政放陳兆文，湖南鹽道亦將到矣。疏《六藝論》二冊。吉兒云祥女初十歸，使劉一往接，念循不認此語，且使祥女嘔氣。劉一歸，聞之，家人皆憤憤然無以處之。予胸塞背痛，夜不成寐。

十二（25 日）

往黃鹿泉處，請為脈理，云有寒氣。談近事，太息而已。往二叔父處，不能用予策，奈何？歸疏《六藝論》一冊。

十三（26 日）

疏《六藝論》三冊。是日祖母忌日，去世十二年矣。二叔父來，未終席即去，衰憊甚矣。俞中丞官課出搭題，烏龜又出世，可歎！

十四（27日）

疏《六藝論》一帋。代作試帖二首。陳曼秋同年來，云住頌年處。于秉郇來，久談，云張集昌生意倒閉三十餘萬，能從此料理明白，猶可以善國。其弊由其老大信堪輿太過，爲所愚弄，開官坪馬頭費二十餘萬金，以此元氣大虧。夜往視二叔父。

十五（28日）

疏《六藝論》二帋。曾經郛、陳曼秋兩同年先後來拜。曾住笠唐處，宦貲甚裕，云有數十萬，宦情猶未淡也，出乘四人轎。

十六（29日）

疏《六藝論》二帋。《電報》列葉駮梁《界説》"自序"、"經史無界"兩條，未免故入。一孔之士恭惟，尤陋，群兒相貴如此！龍國榛來見，云在京曾聽南海講學，甚推重之，其議論在江右爲通達矣。

十七（30日）

往胡宅作吊。遂至督銷局，見易實甫、陳笠唐。云右老到九江不留，坐本船到省城，其夫人已擇地廬山，不葬而送柩到省，不可解。云因九江房子不敷。實甫云往看過，甚大，非不可住。笠唐云爲浮言所擾。若然，則省城無浮言乎？實甫云松鶴齡召見，今上與長信並坐，曾問話，有陳某入醫病。見曾經郛，大約明春仍往江南，以館事託之。見夏子新丈，以小鶴事奉託，求稍近者。爲吉兒謀書院，恐彼難靠。歸致函節吾，屬轉致舜臣。子新丈有退志，云明年二、三月送眷歸里。翁小山丁憂是實。張小船護院，尚無明文放人。林壽丞來，住落星田，談近事久之，共爲歎惋。作書致芰舲親家，計發書又一月矣。

十八（12月1日）

疏《六藝論》二帋。發江西信。

十九（2 日）

中丞示求雪禁屠。天大晴。劉茹芝來，求問易實甫局事。左魯軒、黃望之、譚君華至。聞粵西匪黨逼境，派練軍去，川匪余蠻子甚猖獗，又聞有七國逼改內政之説，皆非好消息也。疏《六藝論》畢，共卅三葉，計近三萬言矣。龍國榛來，贈以乃叔起濤文集，索予著作，與以《自課文》、《孝經疏》。黃鹿泉來爲三女診脈，云粵匪已到江華。吉兒到頌年處，聞英、法、德、美、奧、比、日本七國照會屬實，請太后歸政，舉行新法，重用康黨，不知衮衮諸公何以應之？

二十（3 日）

天陰，有寒意。撰《魯禮禘祫志疏證》，鄭解禘祫用《公羊》義，與諸家異，與何氏亦不同。《五禮通考》取唐、宋以後臆説攻鄭，豈知古義者乎？宋人非止攻鄭，並將《禮記》等書一齊抹撒，大有自我作古之意，可謂爽利之至。今欲攻新學，儘可此法，若據漢學以攻漢學，先扳倒自己招牌矣。下午孟來至。

廿一（4 日）

天又大晴。疏《禘祫志》二㕓。孟來以昨日屬彼鄉下人來即來告我，夜有人來，云祥女母子無恙。小泉仍到局。

廿二（5 日）

疏《禘祫志》二㕓，補入二條。小鶴云城中搜得火藥，未然，而人不獲。此湘城大患也。小鶴又云保甲再請紳士議，恐又將裁撤。予謂當此匪人放火猶不豫防，一撤巡丁，必將致亂。無識之人寧受火災，不肯捐貲以辦保衛，奈何？

廿三（6 日）

疏《禘祫志》二㕓。閱報，見十八諭，今上尚未康復，冬至命郡王代行禮。不知爲時尚久，何以不及少待，豈不慮人心搖惑耶？又云外國兵入京城，官出迎接，且俟彼兵入城門方下鍵，豈復成國體耶？是日祭祀。得芰舲信，云峴堂已來湘，伊提上喜期，本月廿八其子入贅，月半其出繼之子往宜昌接柩，幹臣同行，可以放心。想川匪不甚猖獗，日内當已到宜昌矣。

廿四（7 日）

見《電報》，吳清帥革職永不叙用，翁叔平亦革職不叙用，地方官嚴加約束，以保康才勝十倍之故。不知何以又挑撥？臨湘有謝程氏京控劉榆生濫殺三命，不知究竟。飯後到鹿泉、綬臣處，不晤。往看桂妹。到頌年處，已出門，見孟來，與陳曼秋久談。歸至家，遇頌年來，略坐。學堂事伊不欲辦，已辭，且欲遠出。易實甫至，云右老住磨子巷，恐是離學署遠者一路。師盤生至，云西教習皆去，欲詢宣翹常德學堂何如，予不知宣翹住何處。

廿五（8 日）

疏《禘祫志》二㡭。閱《昌言報》伊藤與李相問答及日本人論中國黨禍，則彼人護康黨明矣。俄興弭兵會，不知是否真意，亦不知各國肯聽否。劉惠堂、黃望之、譚海秋先生來。予送《今文尚書》龍芝老處，聞芝老病，須扶掖。

廿六（9 日）

君華來，云久安丈病益甚，入城買人參云不效，藥又不進食，可慮也。送《尚書》一册，擬日內往看病，不作拜壽往也。疏《禘祫志》二㡭，已畢，共十四葉，計萬餘言。玉函山房引《魏書》，非《禘祫志》，特更正之。葉焕彬家做壽，湯三先生、陳八先生名出分貲弌竿單子。予以葉先來，故者無失爲故，特書名其上。

廿七（10 日）

到封山堂視久安丈疾。太親母十一月初一壽誕，本擬是月往祝，聞久安丈甚怒，不欲人祝壽，乃先期往視。相見，容顏瘦削，説話雖精神不逮前，亦暢言時事，發感慨，有尚寐無訛之意。龔醫啟南至，云胃氣雖弱，尚可救，惟有暑邪多痰，宜先祛邪痰，毋以薄削爲疑，方用參朮、苓草、歸烏，加常山三錢、草果錢半、香薷錢半。予詢其説甚有理，方可服。閲其前所服全是補，附子至三兩，不效再加，填塞必誤乃事。惟其父子全不知醫，恐不敢易方，則無可如何矣。龔住營盤街王家祠堂側，適送右帥，初十至吳城始告歸。右帥甚信服之，其子婦、孫婦皆病，孫婦蓐勞，恐難治。其不住九江，實因房屋太小，而去錢已不少，凡數百金，竟不可居，胡明薀何辦事如此之謬也？午飯後趕入城，已上燈矣。

廿八（11 日）

見報刻崐帥《息邪説論》，打官話固應如此，似亦不無恩怨之私，且見右帥罷官，自危，不得不爲此也。校鈔出《六藝論疏證》十四葉，已萬三千餘字。石先生明年得唐韓之館，由章甫之力也。擬作王肅《聖證論補評》。此書頗難分明，以諸書所列王肅語不盡《聖證論》之文，當分別觀之也。《電報》云張紹華調補江西布政使。如此，舊主人尚有一人在。芝舲信云其子本日入贅，何必如此急也？

廿九（12 日）

作《聖證論補評》四峤。節吾回信，云伊以改學堂事，與舜臣皆爲人攻擊，不欲與聞，且書院例請舉人，既復時文，尤難破例。此事予早知不諧矣。又云時局既不可爲，舊學亦復何益？予明知其無益，不過藉遣餘年。昌黎云：「可憐無益費精神，有似黃金擲虛牝。」今日有益之事萬不可爲，耗有用之精神於此，良可惜也！以此知乾、嘉諸公專搬古董，亦實有不得已之苦衷，猶信陵君醇酒婦人之意。今病勢已見，猶護疾忌醫，何況當時病未見乎？予一月中作《六藝論疏證》三萬言、《魯禮禘袷志疏證》一萬言，著書可謂勇矣，然於世何裨也？封三堂來人，云九丈病如故，專人來迎神。信巫不信醫，奈何？彝仲惜尚未到。《申報》云聖躬漸康復,又引西醫言,則尚劇。

十一月

初一(13 日)

《電報》云周桂午年伯補廣東糧道。孟來至,其作字仿北魏,頗得筆法,屬書封面看何如。云乃叔月內將出游,或往越也。予得《補評》四帋。

初二(14 日)

得《補評》五帋。薏丞親家至,隨往二叔父處。予亦往問消息,乃居城、居鄉全無定見。二叔父又不健,無爲之畫策者,畫策亦不行,奈何?聞彝仲歸,久丈當有起色。

初三(15 日)

得《補評》四帋,共廿餘帋矣。下午以坐處無鋪墊,往買一套,錢三千八百文。共賞書局有《經義考》、《戴氏叢書》,價太昂,二書亦非予所急需,忘問有《漢學堂叢書》否。君華至,云九丈少愈,請湯公真人肉身,服其藥,熟地四兩,而少能進食。

初四(16 日)

錄《補評》四帋,皆論昏時月也。閱《申報》五帋,到處火災,而朽人猶以拿獲火具爲巡丁自置以要功,恐湘城禍起矣。江西松中丞未四旬,已接印一月。湖南學使今日接印。

初五(17 日)

錄《補評》四帋,已將三十帋矣。熊慧舲與瀏陽鄭晟禮號夢覺者歸自東洋,來見。詢悉上海到長崎二日,再到神户、橫濱、東京,路上耽擱須一禮拜。彼處規模甚好,道路脩潔,無曠土,無游民,惟食用價昂。李木齋請推廣學堂,殿書薦予與節吾主講。兩人皆有家累,未必能居九夷,從鳳嬉。現在禁止學堂,江西吏治學堂奏請開辦，着毋庸議，木齋所請亦未必允行也。康、梁、韓、葉皆在彼處，畢松甫亦在。唐黻丞到彼，已歸，留上海。文芸閣聞尚在上海。伊等九月歸，因聞湘亂之故。各國照會，八、九月事，非現在事。大約今上無恙，新黨不更株連，乃彼人之力。今各國未聞有舉動。鄭本江西人，入時務學堂，家甚富。

初六（18日）

　　至馬家巷回二人看，復詢彼外國事。云彼信甚速，初五已得消息。復生曾到津，袁不奉照①。有與松甫訣別書，云本初不可恃，攜有照象文見示。聞康有上手諭二通，則彼所云非全烏有。示《亞東報》一册，言中國事甚詳。彼無忌諱，大約比此間爲塙。予復節吾書一函，託二人轉交。于秉郇之父適來，云明年將歸江西，各處火災皆湖南保衛所逐之歹人放火也。歸見《電報》，合肥至濟南，不知何爲？《申報》言亨利到膠州，豈即此事乎？龍荔仙來，云芝老手足中寒不舉。伊今年在衡山開鉛礦，不甚旺，礦砂皆出石中，工本不大，全用人力，無機器也。校《六藝論疏證》數旀。

初七（19日）

　　録《補評》四旀。子漁來邀午飯，以弟婦是日生忌，往飲，至晚歸。半夜後老鼠上牀驚寢，不寐，汗出甚多。

初八（20日）

　　録《補評》二旀。見報，俞中丞出示，“美人來脩鐵路，民勿驚擾”等語。若右老在此，人必罵之，此豈右老爲之乎？君華至，云神方用三黃散頗效，蓋中附子毒，必以此解之。湘人嗜毒如飴，真不可解。

---

①　“照”，疑當作“召”或“詔”。

初九（21 日）

録《補評》四叚。見《申報》，云李相委係巡河。法人又請擴四明公所租界，峴帥不允，法人白藻不再請見，終日登高眺望形勝，兵船游弋江面，不知何爲？峴帥又奏留蔡和甫矣。梁新會改名吉田氏，入日籍，哀哉！松鶴帥新政甚整頓。翁小山請辦學堂，該部知道，每兩銀提五十文亦附片，未知議准否。孝廉堂已復八股課矣。

初十（22 日）

長至。我家無宗祠，是一缺典。使人人如我，勿侵吞公項，則積一二十年之力，亦可小有刱造。祖先有靈，尚克鑒予。是日録《補評》三叚。楊晴川來，云子服在京已籌欵五千金，尚云不穀，須加千餘金，不知何以要如此之多？京師方危，豈可長恃而擲黄金於虛牝耶？彼且勸我捐官，蓋以爲天下太平也。下午祭畢而讌，以人多，議明年加一席。二叔父衰甚，且將下鄉，明年人日知何處？可憐哉！

十一（23 日）

往夏子新丈處，詢江西近無信到。蔡仲啟言是日起程，來月初六接印。毓方伯署江寧將軍①，未開缺。俞中丞請陛見，如新藩臺不到，蔡將護院矣。保甲，紳士均解囊，商人肯出費，坡子街已出一千四百串，皆以此舉使湘中無火、盜之警，願勿中止，而湘人爲言官者又參劾，恐不能保此善政。湖北英人練兵，派一大臣前來，不受中國節制。香帥力阻，彼云俄、法皆欲瓜分中國，練兵爲保中國也，餉無從出，可加洋稅。香帥電詢總署，云虛與委蛇，以觀後效。《亞東報》言英窺長江，今練兵武漢，扼吭拊背，殆哉！湘粤鐵路廿七日由湖北來勘路，美國十人，加以營兵護送，

---

① “寧”，原誤作“陰”，據史實改。

湖南、北委員共一二百人，日行二十里，廿日內可到岳州，月初將到省。湘人猶以此爲右帥招致，然則湖北練兵，亦香帥所招耶？到晴川處，彼猶以做官爲上策，不知此時官難做也。到頌年處，已出門。到周笠老道喜，攬駕。到芝老處問病，黃溪云左邊手腳無力，似痿症，屈小樵用鹿茸、熟地，李勘丞亦謂然。頌年適來，云湘言官參左子異陽改保甲之名，陰行保衛之實，希圖薪水，不顧虐民斂怨，交地方官查辦，《保衛章程》概行銷燬，中丞許爲子異洗刷，而保衛恐難保。又有追捕康、梁、王餘黨之諭。不知當此岌岌，何苦解散人心？而同鄉言官既已誤國，且欲荼毒鄉里，報復私怨，真瘈狗不如！往黃薏丞處，已出門。湯幼安、王逸梧皆不晤。劉茹芝找不着，乃歸。胡少卿來，云尚須下鄉，月半後准來診視。論及時事，彼亦慨然，云有人自四川歸，余蠻子勢甚大，不殺掠平民，專仇殺教民。王夰棠招撫之，恐不能了。然彼不剗掠，重慶路不阻隔，鶴孫柩或能回。張峴堂家字號當已檢清，聞漢號仍開矣。晚間至二叔父處祝壽。夜歸，頗有寒意。魯酒不成醉，然盛筵恐難再矣。

十二（24日）

　　致書芰舲，並致伯嚴各一函。往二叔父處拜壽，下午又去吃飯，聞促出莊甚急，新居尚未定也。憶昨夜夢中得句云：“風浮夕陽動，靈逐浪花舞。”不解所謂。見吳學使觀風題，尚不陋，內有《鄭志疏證》。裕德奏請各處責成保甲局董保護洋人，此與保衛局辦法何殊，而湖南所辦則爲會匪、爲奸邪。嗟乎，冤哉！

十三（25日）

　　錄《補評》三喎。鹿泉至，云今年無貲，未能行，且以子異事有戒心，攜《亞東時報》去。黃溪至，云芝老漸愈，服地黃飲子相安，與尋常中風不同。王祭酒至，索《今文尚書》去，云《漢書》紀、表、志刊成，今刊列傳。有《北海經學七錄》及《漢學堂書》，將假一閱。彼入門瞪目久視，似欲有言。予不道近事，彼亦遂不道及，但云著書好，惟此不爭。予云著書亦有爭，有鄭康成，即有王肅。彼此一笑而已。晴川函來，云子服捐官索助，予辭不能應。王尺蓀書來，云不能到江西省就館，付詩數首，頗有氣。

十四（26日）

爲予初度。已及知非之歲，尚覺寡過未能，自愧蜉蝣暓空延，馬齒加長。憶去年今日到伯嚴處送別，今彼父子均罷官，可慨哉！爲二兒作詩三首，可謂無聊。《補評》得三鬲。汪受明歸自子玖處，略談時事，相顧太息。留彼吃飯，不肯。與家人及親友數人飲，彊醉。夜半酒渴，感事不寐。天燥，五心煩熱。

十五（27日）

先子忌日。到受明處，詢蘇幕一切，云吳中人才以毘陵爲最，近日新章仍用磨勘舊法，不准用本朝人名、書名，愚民之法可謂至矣。至鹿泉處，不晤。遂歸，錄《補評》二鬲。何炳農至，云無所事事，舅氏豈不爲力乎？

十六（28日）

往葉宅祝壽、汪宅賀喜、黃宅作吊，歸。是日科姪聘沈獻廷女，往賀，留飲。夜大風。

十七（29日）

雨雪。俞伯鈞來拜，談及時事，云聞京師儆戒，防刺客，恐梃擊事復見。《亞東報》有"某主事進紅丸，諸人奏請移宮"等語。若更有梃擊事，則晚明三大案全矣。左子異被劾，又有左氏家難之事，爲左欽敏所誣，落石一至此乎？盛、張、俞出告示，以美工師十人來勘鐵路，使居民勿驚擾，引電線、輪船爲比喻。其說固是。昨見陳璞翁，云此事究竟有利益否。予謂無論有無利益，即害亦不能復計。去年在右帥坐上見香帥急電，云英、法、德皆覬湖南鐵路，問中國自開否，如不開，我國來開。香帥急應以現在籌開，屬右帥趕急設法，先開局挂招牌，以搪塞洋人，恐他人之我先。如此情形，我不開，彼亦將來開。政府一咨書來，疆臣豈能阻遏？人以此議香帥、右帥，皆不知實在情形也。録《補評》三帋。頗寒。

十八（30日）

雪更大。録《補評》四帋。吳學使觀風有《鄭注三〈禮〉引漢制疏證》，吉兒欲爲孟萊代作，屬其先檢《周禮》，有百餘條，大約三《禮》惟此最多，餘二經少矣。王厚齋《漢制考》太略，近儒無爲之者，此書尚可下筆，恐吉兒無此力量，予有暇當勉爲之。汪宅請，予不欲往。又有知單到，予不與聞，辭之。

十九（31日）

早晴，而雪不融，蓋冰凝矣。録《補評》三帋，畢。孟子字子居一條，今本《御覽》無之，不知何據？《北堂書鈔》家無此書，有鄭衆一條，俟考。下午又雪。到蘇州會館，赴葉氏音尊。見焕彬，談著書事。予詢彼有《六蓺論》、《聖證論》校本及《北海七録》、《漢學堂》等書，假一閱。彼云暇當過訪，看我所著書。是日兩司、首府、湯幼翁、徐八丈、汪鏡青、孔擂陔、汪頌年、魏子純、袁叔瑜、易實甫、唐韡之、王莘田諸人在坐①。二鼓後歸。夜雪更大，幾平地尺矣。左子異事交湍觀察查辦，焕彬云彈章疑出張幼杜。

二十（公元1899年1月1日）

微雪未止。校録出《六蓺論》數帋。檢《兩漢會要》，考鄭注引漢制可用，即《尚書大傳》亦多可引證者，異日當補入之。考《儀禮》引漢制不多，亦當有三四十條也。湖南繙刻《經世文新編》太草率，惟價廉耳，若稍可，當帶數册贈江右諸生。

廿一（2日）

晴。檢雅雨堂《鄭司農集》，《禘祫志》不載出處，尚不如玉

---

① "王"，原誤作"黄"，據史實改。

函山房。《癸巳存稿》解禘申鄭，可補入《聖證論評》。聞二叔父病，往視，衰憊已甚，出言尤傷，一夜不眠，而子不歸。予忝爲猶子，愛莫能助，永歎而已。已擇居落星田，即林綏臣所居左右。即須出屋，何能無慨？此亦病之所由來也。見《電報》，譚瞎子又落井下石，呈康書札，稱譚復生爲伯理璽之選，不知何故獨注意同鄉同宗之一人？《左氏》所謂脩舊怨乎？黃薏丞至，談左子異事，爲之太息。譚攻譚，左攻左，真同室操戈無獨有偶矣！

廿二（3日）

晴。着人往問二叔父病，云五更時甚危。往視，病勢漸平，楊六先生正爲立方，云中焦、寒痰凝塞，但胃火不動則不礙。其言頗有理。坐待服頭煎，並先吃粥二匙。其病固寒，亦因氣。自恐不濟，諄諄以後事見屬，惟姨太太不放心耳。其房子尚未看定，雲泉里有一處太小，又不欲居城外，不知究竟如何？午後始歸。曾經郛函請作峴帥壽詩，節略無甚可恭惟，七律一章尚易完卷也。校《六藝論》十餘昏。

廿三（4日）

晴。覆校《六藝論》一過，畢，譌誤不少。校書如埽落葉，不知尚有誤否。聞二叔父今日稍愈，下午往視，神氣清爽，已佃里仁巷房子，九串一月。此老不終於此屋矣。至胡少卿處，約日內一來。至曾經郛處，並見實甫，云係六尺屏，一首七律不毂，須四首或五言排律。久不作恭惟體，又須耽擱一日矣。往龍宅赴席，芝老少愈，請見未允，予遂不強。

廿四（5日）

擬作壽詩云：“湘軍匡輔中興年，魯殿靈光獨歸然。元老運籌能報國，萬方助順敢窺邊。汾陽福澤超前古，洛下耆英集衆賢。回憶功成投筆候，當時燕頷已華顛。久欽麟閣勒崇勳，又見鴻篇仰大文。桂管昔持唐代節，榆關曾駐漢家軍。丹心捧定天

邊日，白羽麾開海上雲。吳越福星明一路，壽星光又麗祥雯。三
鎮金陵擁節來，今逢幕府壽筵開。關西夫子多清德，江左夷吾是
大才。鍾阜依然龍虎氣，霞觴競上鳳凰臺。□□齊獻南山頌①，
併入聲聲臘鼓催。頻年主講客南昌，德政猶聞滿豫章。鶴曲遥
呈東閣彦，馬前未拜北平王。欣看碧浪澄三島，敢附丹屏和八
琅。天壽賢臣資保乂，羅侯百歲總康彊。"又代經郛作云："北海
開樽候，南山作頌年。鴻圖新獻歲，象畫舊淩煙。聽履星辰上，
乘舟日月前。甫申神降嶽，裴白望疑仙。世嬗詩書業，門承孝義
傳。澄清常攬轡，刻勵每懷鉛。車昔紅巾急，旗曾赭寇搴。班超
投筆出，祖逖枕戈眠。簡命榮加節，家風慎選錢。福星光一路，
甘雨潤三邊。粵海東西繞，吳江左右旋。由來開府地，並載去思
篇。再起蒼生望，重膺紫詔宣。威名知草木，惠澤被山川。謹守
嚴關鑰，深防下瀨船。金焦塵不動，鐵甕石同堅。江塹煩籌策，
滄桑感變遷。丹心惟報國，赤手可回天。忠比青蒲伏，勛宜翠琬
鐫。呂端持大局，周勃計安全。文武兼經緯，精誠在簡編。功高
神所勞，德大壽常延。一品衣披美，盈牀笏禱聯。龍光頌玉杖，
燕喜敞瓊筵。臘應嘉平改，弧看制府懸。梅香花滿座，桃艷酒如
泉。出塞曾隨幄，從官願執鞭。枌榆居幸接，松柏祝宜虔。黼黻
期元老，提攜仰大賢。椿齡八千紀，早晚庇藜莖。"共三十韻，似
亦足矣。校《聖證論》十餘昏。詢二叔父病漸愈，聞久安丈亦漸
愈，大約二老皆不妨事。芰舲書來，云蓉墅已挂牌赴新任，江西
人攻新黨，並及於我。此皆歐陽煜、郭之屏等所爲。二人卷經予
批壞，必憾予。批實無推崇康、梁之處，持論皆平允。此由夏氏
竹林遷怒致此，夏芰舲無如何也。右老不能自顧，何能爲我謀？
惟應別設法耳。胡少卿來，爲金女診脈立方，且以黃傳祥事託向

① "齊"上二字墨污。

夏子新丈説項。聞新臬使已到。美人勘路者亦將到,陳復心護送同來,共二三百人,不知何以必須多人也?

廿五(6日)

閲《申報》,美華公司合中國鐵路公司會辦粵漢鐵路,立章程十五條,先借英金四百磅,開辦股票,每分百金,先由廣東起手,更開支路,一由廣東通廣西,一由廣東通福建。英領事由九江至漢,英、美商人以八條請,一在湖南開通馬頭,保護教民,設英領事於長沙。不知香帥能駁回否。昨作壽詩改正數處,録出,其中重用字甚不易改,着人送交經郛,使其酌定、畫格。校《聖證論》數爺。左子異送到與欽敏搆訟事本末,則張氏是妻非妾,且年近六十,子異未必要此老貨,殊非人情。刻有左日升稟父家書,謂謝氏母子不應入家門,似非能偽造者。云有族人亮甫等從中播弄,事當有之,俟找欽敏所刻閲之。

廿六(7日)

校《聖證論補評》十餘爺。擬作獻歲春聯云:"己屯校尉橫圖廣,亥屬天門紫氣來。"又云:"己別青陽生子貴,亥推絳縣享年多。""己亥"二字見經傳者甚少,頗難裁對,此可云富麗矣。汪頌年來,云將同經郛、實甫、笠唐同行。聞唐魯英一早去世,往吊唁。斐四先生在彼,見予又不甚相識,可怪。到二叔父處問候,並賀貞姪女聘定唐宅許執吾之子爲室。云已擇來月十五移居,在長春園對門。

廿七(8日)

《聖證論補評》校畢,接校《魯禮禘祫志》數爺。是日庶母壽誕,有客。薏丞、君華、孟來、述卿至,飲至夜。

廿八(9日)

擬上右老書云:"前歸晉謁,未罄所懷,恭送行旌,曷勝悵惘。聞安抵珂里,小住章門。歸作寓公,無綠野優游之樂;夢爭王室,有蒼生仰望之情。敬頌起居,伏惟安泰。厶歸家兩月,閉戶著書,甘抱枯螢,聊免毒螫。頃聞貴省黨論牽引,亦波及厶。厶自湖南講學,頗有戒心,不敢陳義過高,更未干預諸事。其所以波及者,前因年伯大人舉元和總教習,紳士排元和,新黨攻紳士,而新黨皆厶門下,紳士疑厶主使。科舉變法之始,諸生袒護八股,亦多曉曉。郭之屏等竟敢訾毀上諭,厶斥其狂妄,曉以大義。又有歐陽煜館梅宅,代人應課,痛詆務實學堂,厶亦嘗與之辨。然批語皆稱道孔、孟,並未涉及康、梁。卷在院中,可以覆視,即彼執控,亦不足慮。但慮中丞新到,或聽紳士先入之言。仰求面謁之時,說明實在情形,或使人代達,庶不爲浮言所惑。近來講席盤踞把持,貴省畛域太深,尤排外省,大憲更易,設法排擠,前已爲年伯大人及伯嚴同年言之。今旋珂里,一切當在洞鑒之中。厶明年應否重來,統希明示。聞兩湖尚需分校,如蒙函薦香帥,更感盛情。夙荷垂青,敢陳愚悃。"並賀筱船方伯一函。陳八先生來拜,談及左四先生之事,云保衛當蒙洗刷,而左氏家難恐非一時能了。豐生之子亦由外抱入,彼處以此藉口挾持,又癸叟之子亦不甚明白,皆怪事也。予謂豐生子應襲爵,若不辨明,恐有違礙,奈何? 賀筱船方伯云:"自別鴻儀,詠歸來於衡宇;欣聞鵲報,傳吉語於郵封。恭惟護理撫軍,兆八座鶯遷之喜;真除屏翰,揚萬年虎拜之休。人思郭伋重來,帝許寇恂再借。以襟江帶湖之重任,宏駕輕就熟之遠謨。兹當鳳琯春回,共仰口碑之滿道;定見鸞綸寵錫,即膺心簡於專圻。遙祝喬柯,式敷翰藻。厶厶久羈陳榻,愧非孺子之才;引望章門,敢獻公方之頌。"見《電報》,各省督撫皆兼總理衙門。此蓋總署以教案煩難,意欲謝權,畺臣誠能,亦可少展布矣。石印康書誠有伯理璽之選等語,又推佛教,云欲西行,不知彼與人、人與彼也。下午赴周郘生招飲,黃彝伯在座,言湖北學堂如武備、農務皆告成,苦費支絀,盧漢鐵路並未開辦,現在權歸洋人,盛京卿不過擁虛名而已。如此,則湘粵鐵路將來亦大可慮。此時無論有無利益,即明知有禍,亦不能止之,奈何?

廿九(10日)

晴。寫致右帥書及賀張方伯啟。目力愈衰,寫紅愈喫力。致芰舲書未畢。下午桂妹邀抹牌。晚偪燈光,面熱不休,夜不成寐。雨聲頗大,數月內以此爲大雨矣。

三十(11日)

雨止,見晴光。致芰舲書畢,發信。聞省城巡丁昨已盡撤,由湘之言官劾左子異,有"湖南保衛不撤,恐有南顧之憂"云云。此等囈語,居然熒聽,大吏不敢執爭,亦不暇爲地方計。年近歲偪,恐火、盜大作,奈何?閱《辛敬堂文稿》,錄二條入《冤詞評議》,今江西紳士內無其人矣。報載康門人書,有極不關緊要者。梁書有三千金賄言官請奏改科舉事,或即楊深秀釐正文體一摺。書引胡文忠以四萬金賄肅順請用左文襄,不知所據。

臘 月

初一(12日)

覆校《尚書大傳》。實甫送來屛,未畫格。乃到彼處,見易、陳、曾,排算字數。經郛以予詩未備,又自增三十韻,有云"賴逢文母聖,能識武侯賢",可云善恭惟。左四先生至,以壽頌見示,四言,亦典雅。予與經郛略談江南書院事。陳文瑋在坐,云伯屛署藩臺。又聞張丹銘署首府,李謙六已補乾州廳矣。到頌年處赴席,鹿泉在坐,頗發議論。經郛云鹿泉處應幫二百金,未知果否。頌年與易、陳、曾、左准於初六起程。受明云薦吉兒到子玖處,以紹熙頗有意見,已薦篤生,欲吉兒往見紹熙云云。不知何以他人可薦而親戚獨不可薦，似太恝矣。求是書院不用提調，只一監院。謝大令乃王祭酒門生，六分校，三中學，二算學，一方言。有馬君在坐，汪戚也，由四川歸，云宋芸子在省講學，兩月止，入會者入聽，不過數十人，人多不以爲然，久已罷講，足見"萬方聲一概"。

初二（13 日）

覆校《大傳》畢。此書除訛誤外，尚有繁簡不得當處，將來擬再改正，以爲定本。檢《家語》，王肅注多影射攻鄭，此《聖證論》所自出也。

初三（14 日）

取《家語》王注與《聖證論》合者録入數條，如六宗等説不見於今《家語》，疑今所傳王肅本亦有缺佚矣。寫壽峴帥詩屏，老目漸眵，書手難當。下午往唐宅吊成服，見伯鈞兄弟、莄溪、望之。天寒，有雪意。歸閲《申報》，見宋芸子有逮問之文，云係創《救時報》，大旨與保國會相同，西人以爲川省民教不和，由此等報啟之之故。而余蠻子又刲一周統領去，更猖獗。江西廣豐亦有齋匪在九仙山作亂。下午受明至，所説與前不符。

初四（15 日）

胡少卿早至，爲二媳婦及金女診脈立方，其所見非市醫所及。覆校《古文尚書冤詞平議》一過，並增損其文數處。

初五（16 日）

微雨，甚寒。作《聖證論補評序》，發王肅之覆，今日之爲王肅者甚多也。報言劉獻夫調津海關道，李岷深放江西糧道，不知何許人。峴帥告病，温旨慰留，今年賜壽，或有異數矣。往述卿處祝壽，下午復往赴飲。

初六（17 日）

作《六蓺論疏證》、《魯禮禘祫志疏證》自序二篇。欲注書，無可下手處,《家語》孫氏已有疏證,《三禮目録》亦無可發明。

初七（18 日）

陳芷青來,云鶴孫靈柩未歸,因陳樾卿之兄病故,須在明年春矣。子新丈後日交卸,蔡廉訪已到。侯彼卸篆再去,免出入公廨也。閲《三禮義宗》輯本,補二條,惜不得此種完書。《尚書中候》、《鄭志》尚可作疏證,暇當爲之。實甫使人取壽屏去,不來辭,可免往送。

初八（19 日）

似晴非晴。張紹熙來,云住晏家塘羅宅。以《今文尚書》送焕彬,請假《六藝》、《聖證》校本,云明日自攜來。十五日爲先子誕辰,今年滿七十,依俗例祝冥壽文云:"長生不滅,仙人無窮極之期;事亡如存,孝子有祝延之義。是以詩歌燕喜,在魯侯既没之年;劍化龍飛,當王子昇仙之後。惟我先考,久棄凡塵。音容已隔十年,壽算方盈七袠。兹逢誕日,敬獻時羞。難追戲綵之期,敢效稱觥之祝。尚冀先靈不昧,享芬苾以居歆;仙壽常緜,與松喬而等視。"石先生録出《聖證論》三十餘帋,校一過。

初九（20 日）

將祭文録出。致黄君輔一函。檢《家語》,惟"昏禮"二條可互入《聖證》①,"六宗"一條實無之。元行沖云王肅難鄭六十八條,今輯本止三十條,劣得半耳。檢《亭林詩文集》,見其堅苦卓絶之操,令人欽服,後學所宜效法也,而變法之議,先生已多發之。

初十（21 日）

作《鄭志疏證自序》。焕彬至,攜其所校《六藝論》及鄭《論語注》、《高密遺書》、《鄭氏佚書》二函,索余《孝經疏》及近著《六藝論》、《禘祫志》、《聖證論》底稾去。《六藝論》校本可用,

---

① "互入",似當作"補入"。

《禘祫志》當仍用袁本，惜未攜歸，而誤用玉函山房本，將來多一番改定耳。頌年書來，云已行，擬明正入京，屬寄函通問。擬改門聯云："己分校尉三邊靜，亥合天門萬户春。"

十一（22日）

得芰舲信並匯百金，信云以陳越卿有兄之喪，未能照顧，扶柩當在明春；江西風波已平，知彼都人士未若湘人之悍也。《六蓺論》據嚴本補入二條。嚴本已《全漢文》①，到江西當校閱，當亦有《禘祫志》文。下午夏子新丈着人來知會，小鶴已委大西門河下釐局寫票。往謁，未得見。

十二（23日）

晴，復微雨。閱鄭注《論語》校本，甚精。然此書無甚發明，且有《古注集箋》、《論語正義》已開其先，難以積薪居上，手抄一過亦殊不易，姑舍之，仍當疏《中候》鄭注耳。閱報，見湖北巡撫曾鉌以奏請變法革職，不知所説何語，從此益鉗天下之口矣。而《昌言報》王與齡者以耄昏很恨詆朝貴，又有託西婦之言，譏華人爲伶人演劇。《申報》言湘粵鐵路借美人欵，歸美公司巴某主政，若湘人不梗議，西曆二月中可勘至羊城。

十三（24日）

晴。寫包四十。閱亭林《金石文字記》，廬山東林寺有柳公權書《復東林寺碑》，崔黯撰，不知尚在否，當訪之。錄出《六蓺論》、《禘祫志疏證》序文。下午往見二叔父，病稍愈，未復原。

十四（25日）

往胡少卿處，已出門。到小古道巷，叔父未起。見子漁，云十六過屋，以破日，俟十七日子時過香火，何汲汲如此？歸錄

---

① "已"下，疑脱"收"或"入"字，嚴可均輯《全兩漢文》有《六藝論》輯本。

《鄭志》、《聖證論》序文。小鶴往見委員段君，云派寫票，十七到局。陸仙所聘龍山王氏來信，云已病故，人多疑其非實，道遠無從問虛實也。十五日爲先考七十壽辰，循俗禮祝冥壽，夜設祭慶賀，喚賀神班。

十五（26 日）

致函芰舲，告以收到百金，並託明年燈節後再匯百金。頻年奔走爲稻粱謀，所得止此數。聞小泉局事每年可得五六百千，予亦願彼所得甚多，但勿過刻使人怨可矣。翁小山寄訃至，太夫人八十九歲矣。擬挽聯云："潘輿迎養在三湘，封鮓勵清，一路猶傳慈蔭遠；陳榻告歸纔數月，炙雞伸敬，中天忍見婺星沈。"並唁信一函，由芰舲飭交，挽聯即請伊弟代書。是日先考壽辰。楊晴川、汪黼文來賀。邀海秋丈與述卿贊禮。未刻行禮，並有傀儡登場，此西人所譏中華景象也。吉兒聞楊篤生云唐黻承以維新錢店虧短萬計，伊弟下獄，追乃兄到案，幾陷弟爲康廣仁矣。云爲舊黨齮齕至此。前聞節吾開錢店，恐牽涉彼，奈何？

十六（27 日）

出謝客，皆不晤。到里仁巷，見所賃屋亦可住，惟佃錢不少耳。歸書翁小山唁信，並託芰舲代辦挽聯，封信交森昌發去。聞中峰微行至羊風拐角被毆，未知塙否。余蠻子已至荆州，長樂失守。予夜夢歐節吾言我有牽引事，恐將有去國之感。其信然歟？抑予爲彼慮，彼亦代予憂乎？

十七（28 日）

晴。校《聖證論》廿餘咠。有目疾，不能執筆。王翊鈞至，云小麓有信來，其子將於明年入贅。

十八（29 日）

晴。欲往里仁巷，路滑不可行，半途而反。石先生來，云抄字十一萬四千餘，再支錢式千。唐老九請彼代館十日，今日上學去也。《聖證論》録畢，再校廿餘岴。檢出《初學記》，亦可備考。作《尚書中候疏證》一岴。林綏臣來，聞叔父有錢出借，大約爲賣屋事。予辭不能，因談近事，相對欷歔，所謂熬不恤緯者歟？聞中丞因晚乘輿出，有狂人用扁擔擊碎玻璃受傷。此人謂其引洋人來開鐵路，絶其生理，故擊之。人心如此，明年開馬頭、鐵路，可危矣哉！

十九（30日）

閲報，云上躬未康復，元旦免賀，太廟行禮委人。江西鹽局委達右文觀察，想又是滿人。峴帥以崇實學示札江訒吾，屬書院延請實學，不得專課時文，八股兗餤其少弨乎？傳聞香帥將調江南，而余蠻子甚猖獗。張季直等辦商務，欲改釐金爲印稅，其能行乎？下午至鹿泉處，據云正初即出門，到南京找經郛即北上。曾鉌以爭八股不可復獲譴。吳雁舟以講康學，爲黔撫勒令告病。蔡仲啟與黄兆槐爲人彈劾，聞難洗刷。蔣少穆、黄澤生與左子異皆爲張苟合所參。香帥保子異辦商務，湯幼菴委辦鐵路，聞其辦團練尚認真，兩子皆得官矣。至受明處，談及三親家過年將歸，勸將乃郎帶去。到二叔父處，又病臥，其屋甚逼窄。科姪樓上跌下，幸無恙。歸而廖應祥至，勸買住宅，姑漫應之。師礔生來，云明年邀得學生，陳佩蘅買屋作學舍。

二十（31日）

往煥彬處，不晤。往陳八先生處，詢節吾事，云伊所開錢店名流通公，或與維新無涉。到林綏臣、陳芷青、夏子翁處，皆不晤。復到二叔父處，人尚未愈，留吃午飯。歸録《中候疏證》一岴。又擬春聯云：“己避燕銜諏吉日，亥刊豕誤校藏書。”

廿一（2月1日）

晴，頗熱，似春深。録《中候疏證》二岴。是日先祖母生辰，祭祀後飲酒，兄弟多不來。隔壁木寭幾火發，可懼哉！

廿二（2日）

晴。録《中候疏證》二昈。閲報，見大學堂招考，取百六十人，而數月以來到者學生止七人。無利禄之途以誘之，誰肯離家數千里到京師學八股文耶？兩江、兩湖皆咨送人出洋學習，而湖南向隅，所招考之人俱散去，豈得謂平？俄國開弭兵會，又有添兵一萬二千來中國之説。余蠻子劫長樂令蘇貽瑛，不知何許人。《電報》載福公司請於中國北京開官銀行，乃將中國利權一埽打盡之計。云四大國，豈英、俄、德、法耶？報又云英占長江，許德占黄河，揚子江一帶立有密約。可怕！可怕！芝青處送到芰舲廿九日信，亦語及時事，云務實學堂雖招教習，恐成畫餅；張積昌事未了，人多控冕堂兄弟，冕堂又由洪江奔至漢上矣。

廿三（3日）

晴。録《中候疏證》二昈。有郭華臣者來拜，云在湘鄉局十年，從前紳士有權，自李局憲改章，權由委員，亦紳士自有錯處，爲彼查出，故至於此。其言自是實話。閲《路史·餘論》有引"兔園策"一條，記之，不知他處有否。汪受明來，云初十伊等尚在靖港。

廿四（4日）

辰刻立春，早起接春。是日年姪周晬。録《中候疏證》三昈，共十四昈，逾萬言矣。君華云九丈已愈，甚慰。着劉一往祥女處送年物，寫一函與祥女。晚間鹿泉至，云過初五准行，若不能張羅，即不指省，聽其所之矣。經郅以四百八十金買妾帶去，尚欲補缺，未必歸林。

廿五（5日）

往馮家沖辭歲，不拜墳墓將一年矣。轎中閲阮刻《經解》。阮文達之解明堂與《孝經》"宗祀"，可謂精塙。又有《圜丘解爲升中及禘説》，不著名，不知誰作，皆有可采。

廿六（6日）

往史家坡辭歲。未行時，子漁同沈獻廷至，以爲張恒裕因索債扭結，屬一往理處。胡少卿早來，爲二媳、金女診脈定方，云明年將往平江主講。有留崇實書院當分教者，伊不甚願，現在祭酒以太老師自處，一切須聽命，不如獨當一面之爲愈也。歸自史家坡，與達卿同到里仁巷，則唐質吾兄弟與張恒裕講理，而理不足言。既與銀錢，又須估價，卒之所議不成而散，恐尚有後患也。劉一歸，云念循毆母致傷，誠不意其披猖至此，爲之悒怏不寐。春來幾日，燥熱異常，夜甚煩，而隔壁打猹，門外沖鑼，殊可惡。

廿七（7日）

寫春聯數十舌。下午往鹿泉處送行，不晤。往受明處，聞尹臣已歸，不知父子相夷否。閱《申報》，見皖北渦陽亂耗已六誌，竟戕官據城。此地要衝，距蒙城、壽州皆近，可慮也。云徐蔭軒中堂劻峴帥及皖撫鄧、晉撫胡、東撫張、川藩王五人。鄂撫曾鈇原摺登報，未畢，所言改官制並無謬處，不知其餘何說。予意年下並無賬目，而索債仍多。吉兒約計需一百八十串，亦不菲矣。

廿八（8日）

擬送鹿泉詩云：“廿六年同譜，如君有幾人。道高忘毀譽，才大惜風塵。萍水聊鄉國，滄桑孰主賓。酒悲休感事，話舊總傷神。”“去去趨京闕，匆匆唱渭城。關山隔魂夢，江海變春聲。吏隱時俗垢，風騷有性情。向來醫國手，一起慰蒼生。”“白首郎潛久，終知斗大州。繡衣今刺史，墨綬古諸侯。宦轍期汾水，行舟過石頭。新詩憑寄興，定和鳳皇游。”“春滿洞庭天，分攜少別筵。寒梅應戀遠，臘鼓正催年。愧我羈陳榻，看君著祖鞭。茫茫煙水濶，何日錦帆旋？”送胡少卿年禮，並贈《今文尚書》一部。致函煥彬，取《六蓺論》還。復書言左氏爲素臣不可信，説極精審。是非不知是《公羊》、非《左氏》者，乃必強與古人爲難，何耶？柳象臣書來，云已説定胡君漢舟名昌吉明年來課讀，束脩三十六千，月費、節敬、轎錢皆四百，即寄關定局，新正十九日上學。晚間小泉歸自盛家灣，云余怡臣因打死人命收禁是實，此人乃地方大毒，能去之，無事矣。

廿九（9日）

是月小，是除日也。將送鹿泉詩録出，送去。當此催租敗興之時，猶有此閒情，亦幸事。沈獻廷來信，薦西席，以已經定局辭之。往城隍廟、火公殿敬神。歸吃年飯。夜接祖先，飲至醉。予以爲今年結算必有贏餘，而和茂摺上算清猶須欠彼數兩，餘錢四串，而和生一串幸而搶接。和生卒爲人搶倒，縣令、武官皆到，而不能制。聞搶去數千金，踹壞數人。又聞動手者即民壯，爲練軍捉得二人，可謂無法已極矣。老七不歸，聞躲在學院街，欠五千餘金，協成錢店有三千餘，兩人在此坐索，通夜不去。回憶十年前事，得無好還之報，可勝浩歎哉！里仁巷未能去，亦未知如何過。予家雖不甚寬餘，尚不至於此極。林綬臣夜間來信，猶乞援於我。同在窘迫，何能爲人代謀耶？

己亥(光緒二十五年, 1899 年)

元日(1899 年 2 月 10 日)

天明時,爆竹尚熱鬧。早起敬神後,到三叔母諸人處,皆未起。老五後來,談及協成事,欲爲先發制人之計,恐非老七自出不能了也。蕭仰喬來拜年,云中丞已奏請示入京,遲速再候明文。蔡廉訪恐不濟,不知兆槐何如。善邑令高公已到省,伊未出學,學官行文促歸歲試,是訛索錢耳。恩科未見明文,恐不搞也。録《中候疏證》一冞。當元日而爲此等事,匪云好學,直是無聊。閱《兩漢金石記》,引經多可采者。夜中煩熱異常,三更後雨。五更時坡子街失火,牆壁皆紅,起視大駭。

初二(11 日)

汪受明及述貞之子彭聰叔來拜年。瞿述卿、周麓湘先後來,談老七事,皆爲太息。其人尚留此未去。聞老七在城,未知搞否。老五等欲各散去,真可憫也。聞新設通商洋務局,在又一村,蔡伯顥爲大委員,委紳有左子異之説。今年馬頭必開,不知能安靜否。録《中候疏證》,得二冞。

初三(12 日)

録《中候疏證》,得二冞。天微雨,頗寒,有雪意。夜大雨,體甚不適。有聞雷者,予未之聞。

初四(13 日)

强起,出拜年,到各至親處一轉,其餘用帖子者皆未覿面。恩科尚無明文,恐不搞矣。到受明處,見鹿泉元日詩,擬和韻云:

"新詩早已企韓蘇,美政方同召杜虁。朝夕郡齋應運虁,生平郎署久懷珠。行看出牧分符竹,漫擬浮江隱大瓠。不見宋兵鏖采石,大功曾出自真儒。""春來雨潤物昭蘇,獨有乾螢待澤敷。自昔虛名迷鼠璞,幾人先見燬驪珠。處爲遠志無非草,吾豈匏瓜不是瓠。江海蕭然忘日月,蒙莊常笑魯多儒。"

初五(14 日)

　　録詩送鹿泉,不知彼何日起程,能一叙否。録《中候疏證》一㗂。見《申報》,云余蠻子戰敗,將華司鐸送出;長樂土匪亦敗,蘇縣令全家救出。惟渦陽賊甚披猖,監利又有民變事。曾鉌奏請改律,參用洋法,其四條尚有請罷八股一條未見,就所見者,可謂通達政體,爲滿人所難能。乃以此獲譴,不知何以如此顚倒是非,可慨哉!

初六(15 日)

　　檢《繹史》,所載古事有引緯候者,可備考。吉兒欲疏《獨斷》,檢《蔡中郎集》示之。此書多説漢制,既考出漢制,則疏此不難矣。二叔父來,精神大勝去冬,留吃午飯,久談不倦,惟手足無力耳。

初七(16 日)

　　録《繹史》數條入《中候疏證》。下午往隔壁唐宅與陳宅吊成服。遂至彭一姑母處拜年,泥沒靴,雨沾服,門不容車,不得已也。歸作挽聯挽唐魯英及其夫人云:"姻世託通家,又近接德鄰,何期兩月之間,外内訃音頻報鵩;鴻光諧舉案,本情甘同穴,想見九原相傳,神仙眷屬共驂鸞。"挽陳伯屏太夫人云:"長君南詔正開藩,坤蔭遽傾,荻畫更難承懿訓;王母西池俄返駕,履端方始,椒花安得祝遐齡。"

初八(17 日)

　　録《中候疏證》二㗂。受明爲鹿泉餞別,邀作陪。鹿泉疊二

首索和，云初十上船即行。聞是日大憲請紳士議鐵路畫押，乃再
疊二首云："憶昔杭城謁白蘇，明湖講舍大文敷。一從荆岫歸懷
玉，再上燕臺語貫珠。感舊空驚年似箭，欺衰非復齒如瓠。江頭
又唱驪歌別，誰念呻吟鄭緩儒。""雷聲車走震蘇蘇，同軌方將禹
土敷。鑄錯橫求數州鐵，諭文新下九天珠。道謀築室爭揮筆，泮
澥封侯恐落瓠。博士漢廷誰異議，無知應共笑愚儒。"

初九（18 日）

錄詩送鹿泉。壽兒亦作二首，並令錄送。其行尚未定也。
《中候疏證》得二咠。《稽瑞》引《中候》一條，似《雒師謀》文，俟
再檢。《詩》"我應受之"，可引《我應》以證。

初十（19 日）

晴，見日光，下午復雨。到仁壽宮觀劇，到者只十三人。生
意如此冷淡，此由商務不講，亦不保護之故。汪頌年生母壽誕，
吉兒往拜。聞醴陵縣杜雲帆拿得假充鐵路委紳，與前陳佃所說
合。此等事大可駭。中國凡事未辦，即有如此笑話，無怪外人輕
視。聞係書吏作弊，敢於假刻關防。胥吏如此披猖，非重辦不可
收拾。

十一（20 日）

錄《中候疏證》二咠。校所鈔序文四篇，以《中候》十五葉付
石君。彼在唐宅就館，恐今年不暇鈔書矣。

十二（21 日）

錄《中候疏證》二咠。檢得《開元占經》，可備校補。此書袁
氏未見，惟玉函山房輯本引之①。

十三（22 日）

晴。俞恪士來拜，云去年彈章，彼亦有名，黃策安以同衙門

---

① "房"，原誤作"坊"，據文義改。

去之。右帥獲譴，因諭旨褒美、責備紳士之故。東海公以爲南學會從天主教，可怪。所刻講義，彼並不看，云火把燒湖南，尤可怪也。伯年信云有人刻書誣梁書勸乃翁割據，殆即《翼教續編》所刻勸其學實融乎？融輔光武，畫雲臺，非叛臣也。薏丞來，云將有出山之志，須二千金，亦不易也。

十四（23日）

往史家坡拜墓。閱程瑤田《九穀考》，辨粱爲小米，稷爲高粱，原本《說文》，似塙而可信。丈人云五穀不分，分五穀亦非易易也。歸到尹臣、獻廷兩親家處回拜，不晤。

十五（24日）

上元微雨，殊煞風景。俗說上年中秋無月，次年上元亦如之。去年中秋天地愁慘，真不堪回首。聞劉臨刑呼冤，云不識康，並不識陳，尤可憫也。

十六（25日）

晴，甚熱。獻廷與龔養吾來。龔云集股開裕湘公大南貨館，每股百金，共二萬金，在大西門松柏齋，伊即在彼住也。芰舲來信，云西江風浪已靜，再雲主講友教，博孫主講洪都；伊將移居寄廬，大興土木，豈與三先生不洽乎？彭家有人來邀，云念兒入繼大房兼祧已定局，十九請客。一兒往彼，則聰叔意不謂然。彼欲請作祭文，不便下筆也。聞臬使即鹽道兼署，大約蔡公官不保矣。又聞聶仲方升蘇撫，德靜山不見下落，豈因病出缺耶？善化錢君署理，高以卓異入京。夜大雨。予頭痛發熱。

十七（26日）

氣痛不適，勉作《中候疏證》二吞。聰叔來，云伊母有廢立之意，云前入繼之字非彼所立，且不以兒子爲然。伊恐，先請歸宗，以免日後爭論。此事必婆媳、妯娌有隙，其中更有人主使。伊前入繼，乃稷初、伯翰等主議，予未置可否。今予亦不與聞，聽

彼邀稷初、輔熙諸君到場再説。聞請客用栗樵出名，自使聰叔難
堪，而帖子尚未到我處，或可暫作緩兵計矣。韋六來拜年，意甚
勤懇，留吃飯去。云文帥幼子得優者尚好，其孫得拔者全不行，
皆人捉刀也。彭敬齋病故，可憫。君華至，云蓉墅交卸尚未，將
來到省可相見。夜服羌活藥一杯，頭痛、身痛漸愈，氣猶攢左肋，
人覺昏倦。似此，以後表藥宜慎用。

十八（27日）

大雨不止。人不適，强起，録《疏證》二帋，粗畢。石雲松送
來所鈔數帋，共鈔十三萬餘字，取錢八千去。約計此書尚有二萬
字，録完頗合此數。伊十九上學，要製行頭。寒士謀生，真不易
也。彭家發帖，請一屋並請女客二日，豈文帝之立，先用二婦人
出名乎？李少庚來，開藥方，服一帖。夜猶作熱，惡寒。

十九（28日）

寒雨。檢玉函山房輯本引《開元占經》數條，如“桀時日傷，
天雨血，地吐黃”，皆當補入《雒予命》。“天能”二條，則不知篇
目矣。《易緯注》引一條，不得其解。據鄭注，《易緯》多古義，發
明圖緯者不少也，“孔子水精”及“五帝坐星”皆可據。補録《中
候》附録一帋。

二十（3月1日）

作《中候疏證自序》。小泉往湘鄉局，上船，云日莫方開。
小鶴已爲段委員調入棚子，每日須到，彼以辛苦不甚願，求調入
總局；又聞廣南局有缺出，欲求之。如見夏公，當爲道及。雨止，
有晴意。

廿一（2日）

晴。以《占經》補入《中候》數條，《考河命》以下俟鈔來再
補。彭曉元、陳翌之至。彭云五十一，較予長一歲。予以知非之
歲，擬自壽一聯云：“著書百萬言，發不盡滿胸鬱積；閲世五十載，

問何時散慮逍遥?"芟齡處久未致書,作一函與之。達卿生日,邀往飲酒。介卿以其僕人持刀傷達卿之僕,彼此大隙,其妻、子皆不往。此事極可怪。達卿等以美卿債事,欲搬出。如此,恐更不相安矣。晚間胡漢舟先生至,其家距城五十餘里,故到城晚。

廿二(3日)

檢《六蓺論》,依嚴、葉各本更定數處。各本亦不可盡信,予間以己意參校,不盡從彼,略增數處而已。寫挽聯二首。是日上學,陪先生,邀獻廷、述卿、受明、孟萊作陪。龔瓊山來,留之。孟萊言念循將到城,與乃翁赴局,不知果否。受明言教子之法,用《左傳》之事與人,令其數出,略加論語。此法甚善。夜又大雨。

廿三(4日)

欲下鄉,而雨不止。胡先生云彼鄉雨足,又望晴也。聞小輪已挂牌,明日開行。梟臺又放一旂人,新善化全君亦滿人也。蔡公已下河矣。校所録《中候》十六爲。經、注大小不分,殊爲朦混,悉加改正。録出《中候疏證》序文。

廿四(5日)

仍雨。彭三嫂來,力辨其無爭繼之意,且云十三年前仲燮曾稟存案,不准則義入繼。此事予所不知。現聰叔租穀一千八百石,猶賣田、該賬,亦予所不解也。念循來,云祥女與外孫昨同到城,後日將來,伊與乃翁廿七往醴陵。

廿五(6日)

欲出門拜客,而雨不止。更定《六蓺論》二條。檢閱《讀書脞録》《叢録》二書,無絶殊者。

廿六(7日)

雨止,甚熱。校《中候疏證》。送還煥彬所著《鄭論語注》、《六蓺論》輯本,作書與之,並索《禘袷志》、《聖證論》。彼未回信。午後祥女帶壯外孫歸寧。壯兒甚壯大白膩,眼甚大,有白眉，神氣清明，當爲吾家宅相。晚間念循至，再三諄囑照看此兒。
檢《小題時文》與之，勸多做練習，小試手筆。

廿七（8 日）

晴。出拜客，不晤，惟到兩彭及汪宅、二叔父處。尹臣親家昨
尚未來，念循方起，孟萊已作文二篇矣。歸爲兩兒作詩四首。此
等皆死灰復然，殊可怪歎。文題皆割截，尤無理。左祖二八者，誠
無心肝哉！小鶴求作詩，又是一首。是日極熱，四更後大雷雨。

廿八（9 日）

擬下鄉，又以雨不果。煥彬書來，送還所著書二種，且極恭
惟，屬到江右覓趙撝叔《叢書》。予既取回《魯禮禘祫義》，因取
袁本、玉函更訂一過，補入二條。念循來，云乃翁已到城，大約月
初行也。

廿九（10 日）

雨不止。校《魯禮禘祫志》數條。黃奭《通德堂經解・尚書
大傳》多出十數條，予考之，惟引《文王序》疏《書傳》一條不誤，
餘多不可據。《五行大義》，家無其書，不知是否。

三十（11 日）

晴。彭詒孫之妻來，言祧繼事。三嫂謂其言語甚利，誠然，
然亦由聰叔濫用，其妻妒忌相激而成，不然亦不至有祧繼事矣。
下午赴述卿飲席。述卿以鄭世卿假票致累，甚急。人之難信如
此，足見花骨頭中無良人。

二 月

初一（12 日）

天明蓐食，往盛家灣省墓。將晚趲到，入山拜墓。自去年清
明到此，又一年矣。憶去年今日，登堂開講，議論衎衎，響如振

玉,冠裳蹌濟,極一時之盛事。滄桑變幻,不異黃粱一夢。東坡詩云:"浮雲世事改,孤月此心明。"想此老身罹黨禍,故言之親切有味,古今有同慨矣。佃户張四云余怡臣命案未了,左姓係湘鄉人,有曾七大人者出而助之。余有田二坵,急於求售。我田中有小石橋倒壞,請略爲修理。伊鄉團練以團總押縣,未開辦。余苦戀團總以致禍,豈非自作孽乎?

初二(13日)

由鄉回城,天未明即起行。在輿中閱《五經異義疏證》。此書雖佳,尚有疏漏及繁簡不當處。予欲更作一書,當可超越左海也。將晚回家,見義寧喬梓復書,因務實學堂波及我。此事實爲五柳所賣,可憾也。云今風浪已息,囑予早去。聞二叔父家將移大橋,已看定屋子,達卿等亦欲搬出。予以爲遷都避寇非計也,彼且爲鬩牆出此下策,奈何!奈何!

初三(14日)

早到學宮祀文昌。周立老八十七猶健,郢生且將入京捐官,乃翁云作令,恐不止一令也。聞黃兆槐開缺,岳州李竹虛爲香帥參革,余堯衢亦幾不免。趙孟所貴,詎可恃哉!聞易實甫已到岳州,大約留住。聞以慶典,明年加廣中額,未見電鈔。鈔云陳秉和參東撫,牽及榮公,可謂敢言!溥良往山東查辦。聞湖南礦務亦有查辦之語。新臬放錫某,鹽道張鴻順署,即去年請辦寶善成者。歸家,念循至,云今日上船。乃到織機巷見親家,談久之。到里仁巷見二叔父。子漁弟云今日約寫佃字,未來。沈獻廷以爲賬目未了,猶須籌畫乃可行,不知如何辦法。擬作夏太親母壽聯云:"誕發蘭儀,永錫洪算;宣昭懿德,備致嘉祥。"六月初四誕辰,誌之。天大熱,恐又將變。夜果雨。

初四(15日)

雨。檢途中所閱《異義疏證》,增入所著書數條。電鈔陳秉和奏劾東撫，並及合肥。此時見此人，可謂鳳鳴朝陽矣。黃奭本《駁五經異義》分十卷。陳恭甫以孔本強分十卷爲非，黃本殆與孔本合歟？袁鈞輯本不可見，僅見一《序》。四世諸孫堯年據《序》大意，分經編輯，其書出於陳本之後，似較陳本更精。予作疏證，即當據堯年本爲之，陳所疏證擇取之。

初五（16 日）

雨止。考《異義》第一條"其義理也"，鮑刻《御覽》"理"作"禮"。《御覽》五百三十一《神主》引《異義》曰："《春秋左氏傳》曰：徙主祐於周廟，言宗廟有郊宗石室，所以藏栗主也。虞主所藏，無明文也。"此一條袁本未引，後引入十卷。五百二十五引曰："古《周禮》説：《大宗伯》曰：'凡祀大神，享大鬼，祭大祇，率執事而卜日。'大鬼，謂先王也。"亦引入十卷，皆不誤。引《通典》"竃在廟門外之東"，脱一"外"字。"諸侯有妾母喪"一條，見《通典》九十三《禮》五十三，袁引作七十二《嘉禮》十七，誤。"王使榮叔錫魯桓命"，"桓"下脱一"公"字。"奔大喪"一條，"召伯來會葬"作"又王使毛伯來會葬"，"襄王崩"作"至"字，袁本未引。"門内之治，恩掩義"，袁誤作"嫌"。"主者神象"一條，見《通典》四十八《禮》八，袁本誤作四十七《禮》七。"几筵"誤作"祭筵"。並記之，爲他日疏證之本。李紹箕至。石雲松以所鈔《中候疏證》十餘㗊送來，尚有四㗊未鈔，又以十二㗊與之。是日久安丈生日，命吉兒下鄉慶祝。汪黼文娶子婦，差帖往。

初六（17 日）

大晴。道路尚未乾。校所鈔《中候疏證》十餘㗊，以《占經》增入數條，尚有四㗊，俟鈔來再録入。見電鈔，東撫張聽候查辦，先開缺，毓賢升東撫。湘藩不知來者爲誰？聞峴帥去年並未賜壽，則聖眷已衰，猶不見機而作，何也？閲《路史》，引《摘洛戒》

尚有"周公攝政七年又生"八字,前引未備。焕彬來,云實甫已至,見伯年與實甫書,促予早去,講舊學,開新知,以證招引奸邪之實云云,謂予《古文尚書冤詞平議》已刻成,有引康説一條,必又爲若輩口實矣。吉兒自封三堂歸,云久安丈面色尚黑,噉粥,不能行。小鶴得小泉書,云文家灘照票改歸湘潭,無一錢出息,小泉四月將歸家。小鶴以木上卡鄭某犯事出缺,此缺閒無事,屬求夏公。

初七(18日)

見電鈔,錫良升布政使,文光調湖南按察使。諭云:"查辦事件,不得瞻徇。"可謂明見萬里,特不知袞袞諸公,能知事君勿欺否。欲出門,天又陰雨,不果。龍黄溪至,云芝老已復原,惟夜或不眠,則精神覺憊。詢吉兒事,云譚敬帥要覓先生,當薦之。覆校《六藝論》、《聖證論》,"正義"均改作"疏",以期畫一。

初八(19日)

焕彬函來,借抱經堂書。即到焕彬處,談著書體例。伊勸我補完鄭氏全書,《駁五經異義》可專用鄭義,用袁堯年本,一變陳氏面目,《箴膏》、《起廢》專用鄭義,自與劉禮部之説不同。如此辦法,尚可藉手,然殊不易易。劉楚楨《漢碑引經考》,彼曾見之,云不詳備,則此書亦可藉手矣。到督銷局見易實甫,汪鏡青亦至。實甫云笏老在九江城内南門能仁寺隔壁居住,由甫亦在彼。到九江,當訪之。城北總憲又奏整頓孝廉書院,欽派孔晉陔爲山長,可謂榮矣。而中丞算細用,獄、城例歲脩止四百金,名高而實不厚,奈何?其原奏,諸君未見,不知作何語。伯年原書亦未得見。到經濟書局問《泰西新史》,亦是繙原刻,非删本,删本或是譚復生爲之,不知板本在何所矣。聞老五等明日即移居黎家坡劉氏故宅,買對子賀之。初不料南門皮家如此之忽焉也。

初九（20 日）

雨。予感寒熱，痰嗽。昨服李少庚藥，小有驗，再服一劑或當愈，但嗽恐難猝止耳。以袁本《駁五經異義》較陳恭甫《疏證》，此書可以再作。陳引書雖詳，多不與原書相比拊，"明堂"一條牽引數十牾，尤無謂。此等宜從删汰，其未能斷者宜補之，次第從袁本可也。王復本，《續知不足齋》有之，當借校。將來到館，撥冗成此書，《漢碑引經考》緩圖之。《箴膏》等書恐難成，以《穀梁》説太少也。閱亭林《金石文字記》，《金鄉長侯成碑》云"滋滋履真"者，"孳孳"之異，《濟陰太守孟郁脩堯廟碑》亦以"滋滋"爲"孳孳"。《史晨碑》"飲酒泮宮"者，"泮宮"之異文，《益州太守高聯修周公禮殿記》亦作"畔宮"。《孔彪碑》云"抍馬"者，《易‧明夷》六二、《渙》初六皆曰"用拯馬壯"。《子夏傳》、《説文》、《字林》並作"抍"，音"升"，一音"承"，上舉也。《方言》："抍，拔也，出休古"溺"字。爲抍。"《周禮‧職幣》注："振，猶抍也。"《大司馬》注："振窮，抍救天民之窮者也。"又作"撜"，《淮南子》"子路撜溺而受牛"，謝注："撜①，音蒸，舉也，升出溺人。"則"撜"與"抍"同爲一字矣。古又有作"承"者，《列子》："使弟子並流而承之。"《鄭固碑》書"姁"爲"毖"，與《堂邑令費鳳碑》同，而《玉篇》云"毖，必媚切，女名"，此又後人之解也。此數條可引入《漢碑引經考》，故誌之。欲作《駁五經異義疏證》，頭目苦眩，又腹痛，乃止。

初十（21 日）

雨。書對聯式軸。閱董子書，發明《春秋》微言甚彰灼。近人復加推闡，所謂太平大同之盛治、二千年闇忽不還者，今覩青天、揭白日矣。然欲以此行於今日，則猶未可。《春秋》三世之

---

① "撜"，原誤作"拯"，據《金石文字記》改。

義,本以漸進。今日正當撥亂之世,當《春秋》撥亂之法,用心尚麤觕者治之。此時去承平尚遠,若遽用太平之法,必扞格不入。陳義雖高,求治太速,必僨事矣。乃講古義者不曙于此,背古義者又因此而追咎《公羊》,不亦過乎? 閲《玉燭寶典》,補《聖證論》一條。此書載蔡氏《月令章句》甚詳,屬吉兒手録之,爲作疏計。惟其字句與諸家所引有不同處,須作校勘以爲定本,恐彼不能爲耳。吉兒作《三禮鄭注引漢制疏證》十一萬言,已録出,予未暇正之也。夜雨不止。予苦嗽,心、胷皆痛。雨聲淅淅,殊悶人。

十一(22 日)

雨。得受明來信,寄示瓠廔《岳州見懷》詞。鹿泉因元日試筆詩用"瓠"字韻,改號"瓠廔",可謂好奇矣。詞用薩雁門《滿江紅》韻,即用原韻和之:"萬里圖南,如六月、摶扶聊息。念永夜、陶陶班尹,空游難追。我似春來新燕子,烏衣舊主曾相識。又杏花風信促歸來,安巢急。　　年歲去,如梭織。江海夢,餘鴻跡。正雲昏八表,星爭初日。枯骨連山龍伯釣,淚珠滿眼鮫人泣。想高歌應在岳陽樓,湖天碧。"

十二(23 日)

晴。作書寄芰舲,並寫三月官課題目寄去,恐到館稍遲,即使彼先交監院。題目予再三斟酌,不如復舊。蓋説經即加訶斥,彼不能爭,説時務稍加駁難,彼必執腐談以爭矣。受明至,云頌年已入都,甚善,在外作游客無益,不如在京熬資格,尚有出路也。

十三(24 日)

又雨。焕彬送還抱經堂書,索黄、袁兩家書去。予本欲作《五經異義疏證》,以病未果,今彼索書去,則此書須到江西開辦矣。《吕氏春秋·有始覽》云"東方曰蒼天",《開元占經·天

占》引《尚書考靈曜》云“東方暤天”，《廣雅·釋天》亦云“東方
昦天”，蓋本《書緯》。此可引入《異義》，記之。夏子新丈夜至，
出芰舲來電，云密致我勿來江右，廷寄宜隱。不知彼處又有如何
舉動？予恐即是湖南一事，因城北原奏詆訾學會，或有予名。子
新丈云此間廷寄，中峰惟與祭酒見過，餘皆未見，須託人詢之祭
酒。又云彼被黃鈞隆參，即“陽改保甲，陰行保衛”等語，中峰覆
奏尚好，未知有無違礙。蔡仲岐因有與康書，故處分如此之重。
聖躬不豫，觀醫案，敗症甚多。舊黨恐有大故，新黨復興，故又吹
索根株不已，殊可慮也！夜雨不止，檐霤淅瀝，祇益愁人不寐矣。

十四（25 日）

　　晴。命吉兒往薏承親家處，託其轉詢祭酒。于秉郇至，云以
父病趕回。詢江西事，予略言之，相顧扼腕。云冕堂去冬到此，
彼不來拜，何也？其欵項三十萬，分年停息歸欵。積昌仍開。

十五（26 日）

　　晴。校《中候疏證》數緜。見電鈔，黃鈞隆參山東學政姚丙
然，革職永不叙用。其過甚小，必有別故，大約與蔡仲岐同。又
不明正其罪，何也？擬作書致義寧喬梓，並致居停退聘書。下午
往受明處，不晤。至二叔父處，人甚好，下鄉尚無定所。

十六（27 日）

　　晴。一早往子新丈處。彼云關暫勿退，且俟芰舲來函何如。
彼之參案，中丞覆奏尚好。至三月初總有消息，或礙或不礙，再
説。我以兩兒名條付彼求薦，看光景頗難，亦萬不得已而出此
也。君華買上桂百餘換，以久安丈腎不納氣，非此不治。師磘生
來，云在落蓬磘敦復堂邀得數學生，澧州亦有人來。聞鐵路遥遥
無期，岳州馬頭已有西人在彼興工，不待鐵路。聶弼臣至，以老
七事，勸爲了妥，以住宅開磨，不然將興訟。予見老五將爲轉達，
恐未必能然也。萬不料予家一敗塗地，如此之速。予事不壞，猶

可稍支，今則已矣。特不知倚伏之機，有因禍得福之日否耶？黃望之來，未提及所託乃翁事。汪受明來，云頌年已到京，住圓通觀，有電報，尚無家書。予查芰舲十六來一信，是年底發，新年尚未寄信，亦未由票號匯銀，而昨電報屬乃叔墊付，則正月未寄銀、信可知，豈彼自有事耶？皆疑莫能明也。夜大熱，燥。

十七（28日）

晴，甚熱，恐有風雨。老五等將搬出，並無戚容。老七事亦束手無策，安排打官司而已。既可下哀的美敦書，又何必遷都避寇耶？《異義疏證》錄出"昊天"一條，"九族"一條未畢。下午往實甫處，見伯年書，促予往商量舊學，啟發新知，末署"坩寄於招引奸邪之室"，非副實之謂也。所刻《通學彙編》乃鄒氏所刻，非禁書之謂也。峴帥書屬實甫代東，請作壽詩諸人。實甫云殿書、蔡燕生皆到江省，伊在九江，廿日起程，未聞江省有何謠風。湖南夏、黃兩觀察皆以保衛被劾，非玉田獨免也。聖躬不豫，五日一咨各省置吏，醫案、藥方皆具，無非恐有紅丸之疑耳。江省事略提及，以吉兒事託之。到張宅，見師礌生。回拜聶璧臣，不晤。到黎家坡，見所佃屋頗宏敞。夜大熱。

十八（29日）

欲雨不雨。致書實甫，送《今文尚書》一部。致書芰舲，屬即詳覆，以決行止，以釋疑端。《老學菴筆記》云《該聞錄》言皮日休陷黃巢，爲翰林學，巢敗，被誅。今《唐書》取其事。按尹師魯作《大理寺丞皮子良墓誌》，稱曾祖日休避廣明之難，徙籍會稽，依錢氏，官太常博士，贈禮部尚書；祖光業爲吳越丞相；父璨爲元帥府判官，三世皆以文雄江東。據此，則日休未嘗陷賊爲其翰林學士被誅也。光業見《吳越備史》，頗詳，孫仲容，在仁廟時，仕亦通顯。乃知小說繆妄，無所不有。師魯文章傳世，且剛直有守，非欺後世者，可信不疑也。故予表而出之，爲襲美雪謗於泉下。案《皮子文藪》極推孟子、韓文公，其學識在唐人之上，必不至有事巢賊事。司馬《通鑑》亦取小說以誣前賢，楊氏嘗辨其誤。放翁此說已開其先，予故錄記其語。下午往黎家坡吃過屋酒。夜雨，大風，屋瓦皆震。

十九（30日）

辰刻到城隍廟，祝觀音大士。見陳八老丈，略談予事，屬邀生徒。陳云瀏陽丁祭攻節吾師弟甚力，目唐紱丞爲毀聖，節吾爲叛君，題名碑中去其名字，且著書攻之。節吾氣病，視予爲更甚矣。歸錄完"九族"一條。介卿生日，邀飲。是日天頗寒，早晨下雪。小鶴云河下壞船甚多，湘帆亦於前數日觸簰致沈。甚矣，江湖之可畏也。予所畏並不在江湖。下午又晴。

二十（31日）

晴。往史家坡埽墓。恒章云左文襄家分析，共止二千餘租，子勳之子現在坐局①，因所分式百餘石不敷用也。此公可謂清矣，齮齕其子者，果何心哉！歸見子新丈送茇舲來電，云此間已奉交地方管束之旨，功名無礙，御史徐道焜所參奏。山長奉特參，恐是從來未有之事，真小題大做矣！殆以不大做，不足以沮予耶？

廿一（4月1日）

晴。到馮家沖埽墓。彭四云有武人何鳴高者，串出馮姓人，謀買我祖墳上隙地。又是陳海鵬故轍。何住下搭舖。歸詢老五、老六，皆知其人，云所居距封三堂不遠，俟見人即詢之，能有人勸阻之爲妙。歸聞協成事已出差六人帶訊，每人四百文，押住，俟訴呈始去。

廿二（2日）

陰。老五求代懇夏丈，擬飯後往，彼又云須將節略改定。往

---

① 按，"子勳"當作"子建"，即左孝勳。

黎家坡問明，見彼原呈，以爲掣匪串騙，有云遷居兔脱，縱陸遠颺，而街坊及經手人皆如彼所言，以爲皮父子開號，介、達推避遷居，稱陸不知去向。此等光景不妙，而達猶欲推諉兄弟，殊誤。又聞陸在省，昨已生子，且賭輸六十元。不知彼何以不找本人？或云係陸主使，尤可駭也。歸見王祭酒送來《漢書·表》。龍蒪溪詢鄒殿書事，明當一往。下午往實甫處，聞船壞甚多，有三百號，俞恪士亦在内，又云非也，乃胡某之船。朱菊生云伊事已檢清，共虧四萬。右帥求乃翁出辦，叩四頭。彼失四頭，此失四萬。阜南收牌，礦務、銀元均辦。

廿三（3日）

雨。老五云協成之路即是夏公，不得不往問明。夏公云從來不管人訟事，伊亦未來求，手摺呈上，彼並不閲；云予事已有廷寄到此，中峰昨曾道及，此等事不過空文，無人來查，亦不發鈔，惟官紳知之耳。往俞伯鈞處，彼已知之。以訟事求彼照拂，送一手摺。彼雖接受，恐不可恃。往湯幼安處，坐有江南，未及明説。往王祭酒處，彼已知之，云去年江西人有公函，囑彼大吏不可留予，此計不行，遂激成變。謂去年不應接關，大約仍湘水餘波也。言去年七月有密諭湘撫放膽爲之，有官紳阻撓，可即正法；又有諭日本速率大兵前來救援，屬樞廷勿開，剛子良私拆，遂泄。湘撫接諭，彼幾不免。賓鳳陽揭帖有穢褻語一段，乃熊竄入。不知搞否，可見黨禍之動殺機矣。以《六藝論疏證》、《魯禮禘祫義疏證》送閲，彼許送書局發刊。聞《古文冤詞平議》已刊，有第四頁引康説，屬改刻。予無開罪此公之處，彼貌爲惋惜，未知其心何如。往薏丞處，未見。以手摺屬望之代交，彼與官場往來，或能爲力，並以予事告之。往龍芝老處，見蒪溪，告以予事，甚爲嗟訝。予欲親告芝老，久候不出，乃歸，已將晚矣。老五請街坊，往已將散矣。吃飯後詢彼事，訴呈已作兩日，尚未成，恐事不妙。

廿四(4日)

擬使黃升往江西接取衣物、書籍,作書致芰舲,聲淚俱下矣。郢生來談,甚為惋惜,許為留意,到京見頌年商之。伊入京捐郎中,將再改捐知府,過江西。下午黎家坡邀去,見訴呈方做好,俟其寫成遞去,乃飲。歸已二鼓。

廿五(5日)

陰。作書致義寧喬梓,同在失意,不知作何語。君華來,云久丈尚未愈,加氣痛,到城買上桂、蛤蚧。詢何鳴高係彼處人,屬託相識者勸阻之,如能消歸無事,即甚幸也。老九來,云訴呈已遞,未批,抱告尚未找人,欲予再出。予實不能,且兩脅增痛,恐非好消息也。夜風,甚寒。

廿六(6日)

風雨。芹妹四十壽辰,予未能往。無事,取吉兒所作《三禮鄭注引漢制考》校正、改訂。下午受明至,慰藉甚至。予書一函致頌年,即以付之,請入竹報寄去。據云大吏請欽命山長屈居四坐。王、汪一、二坐,尚可說,湯居三坐,下不去矣。江西山長奉旨欽逐,湖南山長奉旨欽派,無獨有偶,從來未見之事。方謂千載一時,躬逢其盛,然此間亦未見尊師也。

廿七(7日)

校《三禮注引漢制》二十㗊。壽兒擇於是月戒煙,但望不出毛病,得以戒脫,將來出外謀生較易易也。

廿八(8日)

石雲松送《尚書中候》十㗊,抄已畢,校一過。錢拔貢維驥至,云將往上海《農學報》館。告以予事,深為扼腕。沈獻廷至,鈔得原奏,語皆文致,七年無一實跡可指,丁酉槍替,豈即為少村耶?在湘講學,被毆流血,此湘人所共見,寧有此耶?在湘講學,到館批卷,並無一字涉及康、梁,何以知其心悅誠服?真"莫須有"三字獄，何以服天下耶！

廿九（9日）

爲吉兒作書寄江師，屬爲覓館。以所見原奏，增入芰舲函中。天晴將促黃升行矣，找得楊升替工，即夏老五帶往江西者。劉瑞珊至，云徐道焜從不開口，此事必有人主使。乃翁已到安仁，伊以嫁妹到此。王祭酒來信，云薦陳幼梅觀察處，脩金二百，止一學生，且欲以三五年爲期。予思不應之，則以後求館爲難，只好降格相從，可謂飢寒在身，不顧廉恥矣。

三　月

初一（10日）

擬往祭酒處面商一切，祭酒云將來，不必往。午後始至，云已轉達陳處，俟回音再送來；《魯禮禘祫義》已發鈔，俟鈔出送校；《古文冤詞平議》第三胕有引康説，恐致衆吠，屬更改删一條。梁刻工求薦，云《漢書》將畢工，可不用矣，書局所用鄒姓乃壬老刻書人。棣威來，云月半後往絳州，走樊城去，捐官須求渭陽，渭陽欠債尚不少也。校《三禮注疏證》，頗有可觀，惜家計萬難，不能父子在家著述自娛，否則南面百城，何計世之榮辱乎？吉兒云秉郇有薦陳處者，時止百金，故不欲往。徐道焜向不安靜，去年曾上摺參人。祭酒云伊門生也。

初二（11日）

雨。黃升未行，取致芰舲書更改寫一過，告以就陳幼梅館事。幼梅旋來拜，云止一子，甚望其有成。子定席家女，尚未成；女許黃伯華，喜期約在下半年。伊俟上學即出差，往返須兩月也。吉兒到胡迪生處，謡言有廿三大行之語，立恭邸孫溥同。但望社稷有靈，無此事耳。校《三禮注疏證》數胕。芷青、秉郇來相慰藉，久

談，伊亦有所聞。幼梅處送關來，歲脩二百金，節敬每八元，月費
每一竿。舍講席而就蒙館，可謂飢寒在身，不顧廉恥矣。

初三（12日）

黃升與譚宅家人黃八同船開行，與以川貨十九元。芷青來
一函，帶去。飯後往拜幼梅觀察，云此去查辦桃源錢糧、漵浦買
案首、邵陽殷曾二家命案，惟邵陽重大，不易辦。曾某歲貢，當團
總，送賊殷某到官，二日死。殷家抬屍訛詐，曾閉門不納，鳥鎗擊
斃殷姓一人。殷聚衆數百，穿號褂，抬劈山砲來報復，打曾某，焚
其屋，並焚其屍。縣官以鬥殺相抵，不辦一人，案已了。即俞中
丞在皋臺任內事。今重辦，於原審官有礙；敷衍，又無以服衆。
要顧自己，又顧同官，故甚不易也。其家即張芝生屋，前年到過，
云甚大，可容百餘人，內有大塘。伊親丁只數人，合家人亦有四
十餘人。將來熱天，或可避暑，特恐有塘多蚊耳。君華來，云久
安丈尚未消腫，來請謝老太爺，不知肯下鄉否。校正《三禮注疏
證》二十冎。吉兒集《月令章句》畢，計四十餘冎。復輯《韓詩》
數十條，有"上帝具心陶。陶，變也"，不知所出。予謂"具心"二
字當是"甚"字之誤，《韓詩》"'上帝甚陶'。陶，變也"，即《毛
詩》"'上帝甚蹈'。蹈，動也"。"陶"、"蹈"音近，"變"、"動"義
近。閱阮輯《韓詩》引《一切經音義》果有"上帝其陶"，但無
"陶，變也"三字，"其"字當作"甚"。"具心"二字，於"甚"字爲
近也。訟事催訊甚急，老三、老五自上堂。待至二更後，則全公
往迎新鹽道，暫置不問。夜大雨，北風。

初四（13日）

雨。周紱延早來，云仍來受業，乃翁已於廿八行矣。訟事已
爲説到，聞昨批頗好，或是周、俞二處力也。《三禮注疏證》校
畢，校《月令章句》一過。蔡立青引《明堂月令》皆非必蔡本，盡
汰之。此書作疏證不難，但不解天文、律曆耳。伯鈞來信，云已

説到。據云須禄到案,若債臺遠避,恐無以服訟者之心。所言亦在情理,然安得此人到案乎?云有晚堂,去又不問。

初五(14日)

晴。録"六宗"一條。薏丞親家來詢予事,謂去年失在不入都。予謂倚伏難知,恐入都禍更不止此也。云全公處昨已面説,總以本人應出爲言。述卿來,云今日准問,彼處亦有腳手,未知何如。陳壽文來,云去年同到鎮篁任内,洪江各處張羅共得千元,尚擬此地張羅,捐大花樣教職須九百金,四班統選只須四百金,不得缺也;云去年在京江西同鄉京官聞予不到館,擬作公函催請予往,今何故反面無情?人情翻覆若波瀾,信然!縶維異於白駒,變幻同於蒼狗。東方朔言獄中之蟲,冤氣所化,名曰怪哉。真怪哉!怪哉!訟事問至雞鳴,官以有人説項,斷極平允,不干涉兄弟,亦不勒限期,但使尋人,可云寬宥。而老三一言不發,老五但有"不曉得"三字。幸協成羅某不能説,聶壁臣全爲彼絀。此足見彼以經手代爲軍師,乃不知詆斥之,惜哉!

初六(15日)

晴。檢理一切,以便到館舍講學。就蒙館,可謂無聊。人聞之,其將曰"飢寒切身,不顧廉恥"乎?抑或憫之,曰"鋌而走險,急何能擇"乎?年及知非,不免見惡,擬自壽一聯云:"閲世五十年,所欠一死;著書百萬字,不值半文。"有爲我慶祝者,以此謝之。下午到廖應祥處,託以何鳴皋事,遂到黎家坡。彼家一夜不眠,今頗欣然,以爲可吃太平宴矣。歸途遇達卿,告以周、俞、黄三處須往謝,十日内再具稟,將來尚須求人也。歸詢廖先生已來回信,云見何,言曾有人勸買此地,問知是禁步,又皮墳在下,已作罷論矣。應祥勸作一疑冢,以杜後患,俟初八與二叔及兄弟議之。

初七(16日)

晴,大熱,恐又有風暴起,計黄升日内可到漢矣。令江人無變,予日内亦當起程。世路之險,甚於風波。前年遇風波而得免,今遇世路之風波而不免,東坡所謂"能者天也,不能者人也"。俞恪士、黄彝伯皆無恙,是風波不足畏,平地風波乃足畏耳!午刻陳觀察命輿來迎,遂往。其姪號茂松,出接。其子號幹臣。上學,陳壽文與九江黄星浦作陪。黄是副貢,云龍芝師曾送入經訓,肄業半生,自稱晚生,非門人也。伊是書啟,曾兼教讀,今同往勘案。又有九江蔡賡臣,是燕生本家,亦以委員同往。學生出所作文字,筆氣頗①,伏案不出,可謂佳子弟矣。而居停之意,欲求速化,今年將使歸應試,求入學。改小題文非我所長,只好强效三五少年塗抹耳。居停云意人索東三省,張觀察已到,中丞以其通洋務,使署岳常道,開馬頭,而以岳常道署鹽道,又無一錢與張,不知如何辦。然則孟萊聞有六國圖京之電,或亦有因。是日午後大雨,俄而晴,又大雨,又晚晴。夜又雨,未起風。其家睡晚,予雖卧,以紛擾,不寐。

初八(17日)

晴,北風。居停未行。予初到,無所事,閲架上書,有郭子瀞《莊子集解》、王先慎《韓非子注》、蘇輿《晏子春秋》,皆局新刻,予未見者。下午至五下鐘方吃午飯。飯後到里仁巷,以叔祖母生辰設祭,往拜,至則已上席矣。席罷歸館,已曛黑。聞送子呈批有"未先存案,不得置身事外"之語,則此事尚未了,不過目前稍鬆耳。

初九(18日)

晴。飯後送居停上船,船上熱不可當。彼唤肩輿送回。居停詢及兩兒,略爲先容,但未及遞名條,恐彼途中亦無暇及此也。王祭酒使艾作霖來索《六藝論》,不解所謂,以書詢之,乃知是索

① "頗"下,疑脱字。

《鄭志》。早知是此書，則早付之矣。貴人多忘事，誠然。下午到汪受明處，彼看卷三場遂歸，已到家矣。壯兒又傷風，其老祖母談傭乳娘事，亦以下鄉爲難。予歸，適逢湯幼安方伯至，託以一切。彼允爲道地，看訟事緩急再説。檢得《鄭志》等書，仍歸學堂。夜爲幹庭改詩文。晚飯已起更，臥將三鼓。

初十（19 日）

晴，更熱。鄒刻工送《禘祫志》來校，脱寫一葉有零，故校書不可以緩也。云艾作霖住武廟，甚遠，如不來，再呼之。飯後到夏公處略談一切，請爲留意。云幹臣到浙朝泰山，達三尚待信，未行，不知何以無書寄我也？歸館，再校《禘祫志》並《鄭志》。將晚大雷，夜大風雨。

十一（20 日）

録《駁五經異義疏》兩條。未刻到楊晴川處祝壽。子服分户部，二月到部。晴川丈云要到浙江找劉中丞，不日起程，且看到彼光景如何，家眷入京俟秋凉後，以川貲又須數百金，望彼分印結寄銀來也。聞近有《清議報》奉示禁止，以爲悖謬，殆亦華人所爲。伊籐亦華人，曾文正所派出洋學生，何張元、吴昊之多也？歸已二鼓後。

十二（21 日）

晴，又熱。録《疏證》數帋。艾作霖來，以《鄭志疏證》一卷付之，屬送《冤詞平議》四頁來改正。壽、吉兩兒與黄正卿兄弟來，屬十五歸祭黄孺人。有王子丹者來見，云保靖人，住省城文星橋，幹庭云繼母舅也。其母家姓潛，吉安人。鄒姓復來，所遺脱一葉已補上。録《異義疏證》二帋，未得《鄭氏佚書》，未録原文，又多一事。

十三（22 日）

録《異義疏證》二帋。學生開課，文氣頗清。前先生猶以小學生之法教之,不使博觀,專讀數篇文字,殊不得法。其論亦能成文,云去年已作半年。出所作,有時務論在內。問幹庭,云論比時文爲易。誠哉是言!而立法者必不欲天下有通人,今且盛行截搭,拘攣人之手足,奈何?下午擬歸家,天忽雨。

十四(23日)

大雨。錄《異義疏證》兩條。廟制木主,陳説未盡,將以己意發明之。追憶前月事,得詩三首云①:“暮夜來飛電,天邊有寄書。久知爭棧鷟,誰分及池魚。南海波猶蕩,西江潤竟虛。元亭今寂寞,莫叩子雲居。”“雲雨俄翻覆,雷霆忽震驚。遂同蒼狗幻,難命黑蝤偵。白簡矜風節,丹書枉罪名。如何繡衣使,搏擊到書生。”“嚴令勞秦逐,多言致楚咻。虎皮忘勇撤,狗曲伏慚羞。忍見江東面,聊存頸上頭。七年塵榻夢,往復爲誰留。”“點竄牛羊曆,推排鷗鷺群。幾曾希李杜,初不識伉文。局已蒼黃定,人無黑白分。飛霜未可致,默坐看浮雲。”

十五(24日)

微雨。祭酒送《冤詞平議》至,校一過,中有引《新學》兩處,皆改去。鄭君云在文網嫌引祕書,足見古大儒周身之防。今在文網同於北海,又豈可引禁書乎?飯後歸家,以彭孺人生日祭祀。檢閲書籍,剃頭洗足,談家事一切。得張季山所寄信,云在衢州,不通書數年矣。晚仍至學堂,教幹庭作小講。

十六(25日)

刻工送《六藝論》十六㐌,字多譌誤,校兩過,恐猶有誤者。應運生號子麟來拜,云在江西書院見處,今由安仁交卸回省,以相驗得降二級處分,不知能否抵銷。宦海風波固甚,予未入宦海亦然,奈何?寫信回張季山,回憶當年,感慨系之。

---

① “三”,應作“四”。

十七（26日）

晴。黃望之早來，請爲貢如捉刀，題爲“林放問禮之本。子曰：大哉問！禮”。阿婆强效三五少年，可笑也。言官聞之，得毋又參我槍替乎？弁卿與吉兒來，云昨已押歇家，明日委員問，恐不妙，求找夏公。予以爲無益，仍找同邑諸公關説慶、耿諸公，或猶有達到者。飯後將爲一往。芝舲函來告慰，云伊姪帶衣箱來，或夏公之孫耶？云見伯嚴，許函託實甫。將見實甫問之。聞黃小麓病故，其子約二月來，月底喜期，今期已迫，猶不至，事屬有因，奈何？予十點鐘文成，吃早飯，等轎子不來，另僱轎出。俞、湯、陳、王皆不晤。以《冤詞平議》交王家。見楊、黃，託以耿公事，均遞手摺，請今日即去。見周笠老，亦略提及，彼事非旦夕可了，將留以有待也。彼絶不提乃孫附課事，豈荒唐歟？見易實甫，彼尚未得伯嚴信，云有劉大全者，聘一教讀往大通督銷局，吉人能出門否。予云館穀略豐，學生不多，則亦可出。彼云約一二百元，問明再來回信。若得二數，亦可去也。夜有吕立夫來，與黃惺甫同縣，得其家電報“惺甫速歸”，來問信如何寄，俟問茂松何如。予歸，攜《繹史》來，局刻《莊子》、《韓子》擬購一部。

十八（27日）

録《異義》數峉。周紱延來執贄，脩金廿兩。伊去後，家中命興來，往張雨丈、王子丹處，皆不晤。遂至汪宅，與海秋先生談協成訟事。伊亦甚爲之慮，云須老太太上堂。予謂此計甚佳，特苦不能爲耳。觀劇至二鼓。予聞是夜覆訊，次日天妃誕祭，遂歸家。

十九（28日）

詢知訟事未訊，云官迎接洋人，不知彼來何爲。飯後至天妃廟敬神、觀劇、飲酒。午後歸。黃親家來，云已交付耿君。楊晴川丈書來，云已付内人代遞，耿君亦深知此事，令弟當不致大礙，或即薏丞所交。老九云昨日老五出門，爲差委住①，鬧滿一屋，今晚將問，云即耿公，或可不十分吃虧乎？到汪受明處談此事，彼云不出錢不能了，宜勸其各出少許，早了爲是。予謂彼樂興訟，今不知悔禍否也。到學堂，已午飯矣。爲學生改論、詩、小講。其論勝於時文，論本可展筆勢，亦其性相近。聞已專人到桃源，未得致書居停。是日遇妄人，避之，以後切戒。

二十（29日）

致書祭酒及龍黃溪。送題目與紱延。録《疏證》數昈。爲榦廷書金扇一柄，目力尚未衰也。下午與榦廷回家一轉。聞昨夜全公覆問，大不如前，老五幾被押。家人勸予勿與此事，予亦無能再爲力矣。將晚，同榦廷仍歸學堂。到茂松家略坐。入席公祠，望之規模甚大，遠勝江西矣。擬作楊德甫太夫人挽聯云："懿範著三湘，柳母熊丸傳自昔；慈雲沈六合，靈妃鶴駕返何年。"

廿一（30日）

祭酒來書，以《漢書·韋玄成傳》送閱。予正疏貢禹説，得此當可啟予。予校一過，疏貢禹説二昈餘。汪受明、師礌生來，談及黃鹿泉無信回，不知到京不受攻擊否。夏謙伯至，出芰艻書二函、少村一函、伯年一函。諸君慰我至矣，亦將有以爲我謀生乎？伯年致實甫書二函，亦不知有益否。云小泉將至，達三十七起程。大約黃升到，彼尚未行也。達卿至，云陳八公、張彝仲出勸和，甚善。弁卿往靖港找老七，未知如何。欲族人上堂，則敬謝不敏。

廿二（5月1日）

復芰艻、伯嚴書二函，攜交謙伯，久談，知芰艻已全家移寄廬

① "委住"，似當作"圍住"。

並迎養矣。夏公請假，不見客，云生瘰子，復奏尚無明文。歸午飯，攜謙伯所帶洋百六十六元回公館。天氣大熱。

廿三（2日）

往天妃宮祀神、吃早飯。到學堂，校《六藝論》寫本十餘昏。有師季廷者，陳公同鄉，此間典史，知醫，到學堂開方。送客後，予倦臥。念昨歸見全公出票，奉吏部查黃琮等在籍有無事故，查明詳覆，咨部核辦。黃琮、楊先倬、姚肇椿、徐弼光、呂家駒、張漢彝、黃仁吉、俞誥慶、杜尹九舉人皆善化人，予與凌价藩、璩子健三拔貢皆癸酉老科，不皆首府人，不知何事，恐是查教職等事，當無礙也。而舉人皆新科，丁酉六人未必皆教職，終不得其解，日後當知之，今不解此事何用票差也。君華以胡錫吉《夔一足》詩求作，率成二詩云："喪足猶遺土，蒙莊本寓言。誰知右師介，爲報主人恩。犯敵求骸骨，穿中漬血痕。生還豈君意，楚些分招魂。""苦戰在牛莊，歸來痛裹瘡。人推一夔足，自任百夫防。鳧脛猶能續，熊姿必更揚。風塵今未息，拊髀望重洋。"夜坐，又得一聯云："行遲孤月戀，坐久衆星搖。"

廿四（3日）

鄒刻工來，取《六藝論》覆校一過，仍有誤處，改正，付之。彼再要書刻，付以《尚書中候疏證》，屬轉呈祭酒，以爲可刻則刻。錄《異義疏證》，《書》一卷畢。午後到桂妹處見晴川丈，則廿一已行矣。子服信云今上病重。到孟來處，亦云伊九叔信云出京者紛紛，外間傳聞五國兵於京城外盤踞，殺居民二百，不敢問，或不妄歟？到書局，見有《北堂書鈔》二十卷，需錢十千，太昂，將來書來當寄售也。赴實甫補褉齋飯，見笠公話舊，甚慨然。游園，惜無花可觀。歸已曛矣。實甫云大通館事有電往問，伯年信並不提及，豈以坐上江南耶？在潯扶乩，又刻詩一卷，有董雙成諸女仙詩，且云諸仙到燕京議論國事，不知干仙人何事耶？坐有陳詒重者，舫仙之孫，著有《魏書》、《墨子》。有曾詠舟者，介石之子，著《小石樓詩》，甚麗。蕭希魯等比予大數歲或十數歲，髦髮未蒼，予蒲柳早衰，奈何？

廿五（4日）

微雨，少凉。録《異義疏證》數盻。吉兒送黃宅請媒帖來，云部章乃查舉人未注册者，湖南共百餘人，全公不明，小題大做，遽出差票，滿城驚怪，頗咎此公冒昧。予固知無礙也。三拔貢必是查教職，然未必有缺選。予今守法，更可不問。夜大風，稍凉。

廿六（5日）

雨止，風微。萬雯軒來拜，云住白馬巷長臨公館。言前年見張公，詢予已歸，云早歸甚好，則槍替關節已有謡言；去年南昌請漕酒，有人言彼是康黨，彼見孟子卿問之，云有人如此説，則黨論方起之時也。録《異義疏證》數盻。將晚到三興街魏宅，黃小麓令郎請媒人。其叔號錫之，云在江西見過，去年亦曾在保衛局者。伊家以我爲女家之媒，別請張敬夫爲男媒。夜歸家已二鼓。

廿七（6日）

立夏。飯後看稱小孩子，各長二三斤。予仍同去年。望之以今日四覆，請作四律詩，"蛙鼓漁鼓，蚓笛牧笛"，題甚俗，作畢已午刻。黃宅過禮，往彼寫庚，同敬夫到王宅。小麓書中但云廿九日喜期，不言時辰，錫之請人擇酉刻，翊鈞以爲太晚，能提到未、申較好。復往黃宅，以所説告之。堅留吃飯，待至將晚。是日甚寒，二字交迫矣。到學堂已日暮，爲幹庭改文一篇。

廿八（7日）

晴。致書祭酒，繳還《漢書補注》一卷，並《中候疏證》可刻否。録《異義疏證》二盻。下午王翊鈞必要往赴飲。久不到二叔父處，至則往本宅矣，遂至本宅見二叔父，腳力未復，移居無期。老五在彼，聞又進稟。老七不知去向，並不在靖港。往翊鈞處，則張敬夫並不到。馮子靖在坐，與談醫道，云久安先生處看過四次，全爲補藥所誤，今腫漸消，可無妨矣。日後當往請之。喜期已移上一個時辰，約明日二點鐘往。夜雨。

廿九(8日)

艾姓送《鄭志疏證》十三帋，校一過。遐齡菴刻《抱朴子》尚好，止有《内篇》。黃升回來，得芰舲、幹臣、文明、海瀾書，無非不入耳之言來相勸勉而已。芰舲恐我致病，勸以脩道。予不難披髮入山，奈家小何？午刻回家，見書箱皆到。予數年心血，賴有此耳。往述卿處，告以寄書箱事。王宅催往，發轎至，以張敬夫先來，同到三興街，請新郎同來。至王宅，見拜後，即擬告辭，敬夫不欲行，東家勉留，終席已二鼓矣。新娘未看明，見甚矮，不似乃兄之長。敬夫云新郎有煙霞癖，殊可惜也。以歸晚，遂至家。

三十(9日)

晴。檢點書板，已裝三架，須更添置二架。書板三架二箱，並書箱十四口，寄瞿宅。夏謙伯至，送銀票乙百兩來，云子新公足腫，未消假。聞謙伯已就學幕矣。下午往仁壽宮聽戲。述卿云見沈獻廷，云陳順之在漢口，見老七在彼大賭。晚間到學堂，爲幹庭改論，其論頗可觀。

四　月

初一(10日)

鄒姓送《尚書中候》九帋至，校一過。《禘祫志》已刻成矣。陳申華、聶璧臣來作説客，其事恐不易了。飯後回家。到陳伯屏處作吊，葉、孔在坐，劉四先生亦在，云歸數日矣。予歸，老九來，云劉與張、唐諸人調停此事,而彼猶欲再問一堂。予飯後又到老五處勸之,彼猶欲予往周菱生處轉求但觀察,意以爲有大帽子壓住,則不出錢可了事,豈非夢想耶？往仁壽宮觀劇。歸至受明門首,彼送劉頌虞,復邀入坐。略談,天已晚。劉云伊亦在塘灣高家祠堂住,遂同劉到學堂。艾作霖來,復取《鄭志》一卷去。予送劉出,已上燈,俟訪劉再談。

初二(11 日)

晴,漸熱。作書復寄旀,並幹臣、少村各一函。幹臣云秋間歸妹於湘,恐是傅家促辦喜事也。下午送書五種共十三部到思賢書局寄售,交張姓手收。雨翁未來城,送《今文尚書》一部。彼來回拜,當告之,特恐到家,不相見耳。回到秉郇處久談。到劉處,已出,不晤。

初三(12 日)

録《異義疏證》二㕥。下午歸,檢點書籍,吉兒墨盒、印色皆爲人盜去,幹庭扇亦盜去。

初四(13 日)

録"九錫九命"疏證一條,引《公羊》説,用賀贊元之説解之,甚通。《公羊義疏》可補入《疏證》者甚多。"鴻羽"一條,見"初獻六羽",俟補之。龍荔仙來,云芝老尚未痊,其外孫楊詠仙之子二人擬來坿課,三十金。詠仙亦甚窘,出就館,其家不能迎師故也。有蔡懋昭者來拜。廥臣之父云黃悷甫以辦御窰之事趕回,專差亦回省,云幼梅廿七到辰州去,悷甫聞信即行矣。閲《鄭學録》,鄭有《春秋左氏分野》,《七録》一卷,《隋志》亡,可補入《鄭志‧左傳》。天氣大熱。學生出門,楊升歸去,予在此獨坐,午飯無人伺候,可謂厄極矣。

初五(14 日)

居停大慶,公出,無大舉動,早起吃麪而已。楊道源、濂兄弟執贄來見，方試童軍，又須作小題矣。録《疏證》四冊。校《中候疏證》六冊。風雨，甚凉。

初六（15日）

楊佑蓀行六者來請詩題。幹庭得江西電報，南昌五月初府考齊集，云不往應府試。録《異義疏證》"刑不上大夫"一條，不禁有感，知今文説的是古義，古文説乃曲學阿世、流毒後人者也。萬雯軒來，談及去年會試老公車詆斥丁酉闈墨事，知江西五家作祟至此，亡國之鬼不更亡人國不已也。茂生往湖北候補，即日上船，不及送。歸家，檢點書籍。《稽瑞》引《尚書中候》甚多，書未刊，猶可補。吉兒歸，云壯外孫發熱，恐非痲子。小泉弟前日生一男，甚壯大。吉兒云李鑑帥起用已見報，乃夒師所薦。山東沂州府爲德人所踞，由於鬧教。雯軒云夒師力保右帥，凡數千言。得之汪鏡青，當不謬，或死灰有復然之日乎？右帥家計萬難，不能不出，否則以不出爲是，此等時候可保全也。岳州已將開馬頭，禍福未可料。

初七（16日）

以《稽瑞》補《中候》數處，並校正《中候》寫本數冊。《異義疏證》"明堂"一條極糾紛，陳本繁而不切，盡删汰之。沈幼宜來，云住落星田顧宅，小宜開缺，在上海學東文，文氏兄弟亦在上海。秉鄗來，談醫道，將晚乃去。

初八（17日）

一早到馮子靖處，請爲診脈、立方，伊云飯後即到我家，遂歸家中等候。伊與胡君同來，使會女出更方，而姪兒數人均求診，八嫂又血氣痛，請其診視，費煩之至矣。君華亦來，約明日不雨即下鄉。馮去後，清檢《續經解》，有數種需用者取出，書無地可放，真地狹不足回旋矣。午飯後服完一帖藥，乃至學堂。劉純生來談時務，此今人所不欲聞者。劉名澤熙，在間壁高家祠堂授徒，非頌虞也。相近，可常往談論。天雨，頗涼。

初九（18日）

　　雨不止。覆校《中候疏證》一過，似可無誤，刻工來取，與之。楊佑蓀兄弟各送文一篇來。兄已清通，在江右可入泮矣，弟則尚未盡妥，詩皆可造。未刻後將往彭宅賀喜，着楊升歸喚轎，而轎已來，待楊升歸乃去。上親、媒人均不到，並無客，席面真乃烏合矣。聰叔云陳家乃朱雨田如夫人之家，沅江人，以爲門第不類。席罷，仍到學堂。

初十（19日）

　　録《異義疏證》數脣。下午往二叔父處，下鄉尚無定所，倀倀何之，殊可憐也。周大姑娘肚腹脹大，亦大可慮。老五等使乃母求二叔上堂，不知誰爲畫此策者，尤可笑也。

十一（20日）

　　爲楊佑孫兄弟改文二篇。録《異義疏證》數脣。家中人來，云壯外孫病未愈。下午往看，祥女甚着急，云昨晚已動驚，今日略平。伊家全不知醫，所求神方熟地、附子，張少熙之父開南星、全蝎，皆萬不可服者，未知已服否耶？婦女門又信巫，云五日內禁生人，即我去亦不得見，並不能呼醫診視，奈何？受明已電報醴陵，不知歸否，付之天命而已。歸家，告之家人，欲爲請馮子靜，恐不肯往。聞下鄉，往問，則已歸。擬明早帶慧女往就醫，並探其口氣肯到汪宅否。譽孫亦潮熱兩日。老九來，云和須千金，以外要賠兵費，自然如此，早能見機，尚易了也。月內又將復歸於亳，此等舉動，安得不爲外人輕視乎？

十二（21日）

　　飯後往馮處，已出門矣。復帶慧女歸家，命吉兒往視壯外孫，熱仍未退，亦不醫藥，聽之。以《幼幼集成》辨驚風一條着吉兒示之，或不至十分冒昧乎？午飯後歸學堂，路過受明處，談此事。伊亦無法，伊家太客氣，避嫌太過，惟恐干連，殊不可解，或者天下事固當如是耶？談山東事，云德人已逐沂州知府，據其地矣。去年沂州府丁君自請開缺，歸主南菁講席，當是見機。沂州去膠州澳止二百里，蓋知其地不能守也。毓賢已接印。夔帥保三人，云右帥在內，而無明文，又云留中，未知其審。此等局面，此老不出亦可，特其處境甚窘，與予有同病耳。到學堂，則學生已出。爲周綏延改文、賦各一篇，覺用心已難，自歎心血耗矣。汪老姨太太又着人來，云要請馮某須俟後日，似乎不欲，而不知其並不易請也。云某法師開有藥方，不知何藥，此兒性命但靠天耳。

十三（22日）

天雨。不能往馮公處，着楊升歸問譽孫好否，如請馮，即用轎去接。又往汪處。楊升回，云小姐甚慌，欲我即去。問馮，已出門矣。又着楊升去，語甚支離，云已請邀齡菴和尚，豈即老和尚耶？吉兒來信，云譽孫熱未退，馮夜來，未看，亦不放心。受明來信，請捉刀做詩。勉做二首，而不來取。劉瑞珊至，云亨利到湖北，以水淺已歸去，杳帥詢沂州事，云教案了自當退去，皆哄小兒語耳。錄《疏證》二㗊，改文一篇。

十四（23日）

一早往馮子靜處，約到我家，遂歸等候。譽孫熱尚未退，馮來診，云非積滯，仍風寒耳，但不宜吃涼藥。看金女，云太虛弱，又不受峻補，並白尤、當歸皆燥，不可用，與會女體氣略同，切忌破藥，即芎歸、香附、玄胡、丹參皆不宜也。診畢，約同到汪宅看壯外孫，云表邪已盡，全是虛症，不可再用表藥、涼藥，立方用參尤、上桂，照彼調治，或可保全。午後還學堂。錄《異義疏證》二㗊。下午往劉蓴生處，云香帥有召見之説。香帥奏云如與德戰，願籌餉與軍械。俞中丞奏團練有成效，保舉湯幼安，或可起用。

往新建公處，不見。此秋珊師所云貧窮則親戚畏懼也。

十五（24 日）

　　晴，甚熱。録《疏證》三咠。下午往沈幼宜處，不晤。往萬雯軒處，適已下河矣。到實甫處問，回電不諧，伯年書中所云絶不提及。此人花天酒地，飽人不知餓人飢，早知不足恃矣。香帥内召、右帥起用，皆無明文。人則公與老媽同眠，嚇走幕友，可謂笑話。大約澗人應如是耶？長沙打秀才，有撤任之説，較善化拿舉人禍更大矣。錢店倒十餘家。湖南又來三洋人，不知何事。歸學堂，未晚。燈下爲楊氏兄弟改論二篇，小者筆氣頗壯。

十六（25 日）

　　録《異義疏證》一咠。飯後往馮子靜、劉瑞珊處，皆不晤。到家，詢知譽孫熱退，慶孫又發熱，頭上紅點，似痲。聞壯外孫亦退熱矣。隔壁仍搬回，兒戲可笑。到魯英處作吊，云因吃茸生背花致病，此財多爲累也。下午往仁壽宮觀劇，歸吃晚飯，仍到館。

十七（26 日）

　　校《中候疏證》八咠。往馮子靜處診脈，云右脈甚實，須用大黃；昨到汪宅，壯兒只咳嗽未愈，並爲祥女立方矣。家中不好再瀆，但云便過請入一看，若不愈，明後日再往請耳。歸館，録《異義疏證》三咠。家中人來，云慶孫是痲子。下午歸視，已見齊，甚好，劉某方且服二劑看。有肥婢，價四十六串，必欲在我家，不肯去，家中憐而售之，又須多虧卅餘金矣。晚飯後歸館。

十八（27 日）

　　校《中候疏證》四咠。録《異義疏證》四咠。函問慶孫，夜臥尚安靜，且服一劑看看。予大黃藥暫不敢服，俟明日再説。天雨，稍涼。聞槍聲，云是武備學童操演，不知有實際否。現又招兵,豈將與德人戰耶? 聞徐季和卒,擬華金壽代,未知是否。

十九(28日)

雨止。楊佑蓀兄弟送駢文各一篇至,筆致尚秀,句法欠老,似小者天分較高也。録《異義疏證》四叶。下午歸家,慶孫痲子就愈,會女又發熱、呻吟。問肥婢,則以太强,使之去矣。隔壁全家復歸於亳。聞夜又催問,欲强老六上堂,不知何以如此不明。予屬勿去,誠以無益於事也。晚歸館,爲學生改論。

二十(29日)

爲楊氏兄弟改駢文二篇。録《異義疏證》二叶餘,校《中候疏證》十叶。天雨,不能出,使楊升歸問,云會女未愈,老八昨已歸矣。

廿一(30日)

欲邀馮子靜看病,道滑不可行,着楊升歸,使家中接馮子靜。彼至,而家中不與李少庚方使看。彼見病加,不解其故,勉開一方,屬另請易麓泉。家人甚驚,而予不知也。祥女歸,云將下鄉,以所私蓄付吉兒生息,而予亦不知也。受明至,以所作《張蒼爲計相賦》示知,賦甚佳。焕彬來,談著書事,云蔡觀察在此住時常來。大約耳東非花天酒地人,與彼不甚洽也。此輩與龍陽君皆飽人不識餓人飢,惟祭酒曾爲寒士,猶略知耳。空言獎借,與我何益哉! 録《疏證》三叶。下午歸,泥滑甚,幾傾仆。到家,始知會女以李方太散、太凉,汗出作嘔,服馮方稍平,燒未退。慶孫咳嗽甚,亦未愈。六弟移河下,八弟云亦不如前。

廿二(31日)

雨。飯後找子靜診視、易方,復邀同到家,爲會女易方,略用桂枝,看可退熱否。午飯後往貢院街,勸祥女暫勿下鄉,多服藥,並催一乳娘,爲己計,並爲壯兒計。祥女似不能從,"女生外向",信然。彼家亦有不可與語之處,不能自如。予亦不能爲謀，命也，如何由彼。到學堂，尚未午飯。飲酒二杯，覺陶然矣。古人云："不重生男重生女。"予之長女已適人生子，而猶予慮。次女許嫁，未得其一臂之力，而謗言之起，實半由於女家。三女抱病，日爲就憂。然則古人豈欺我哉！不有杜康，何以解之？鄒刻工送書數冊來校，問更有書刻否。予著《駁五經異義疏證》未畢，惟《聖證論補評》可刻，未知祭酒公之意何如，屬詢明再説，並約有暇日來寫書當。

廿三（6 月 1 日）

雨。録《異義疏證》四冊。天時寒時熱，濕氣如蒸。周紱延來，呈文一篇，云乃翁尚未到京。晚間居停公到，未見面。

廿四（2 日）

晴。一早到馮公處，已上衙門，遂歸。會女已退熱，但眼赤面紅，似有風熱。飯後略檢書籍，仍到學堂。居停公來久談。此公言語樸實，似無虛辭。《六蓺論》刻本再校一過，猶有誤字，如埽落葉，誠哉是言。

廿五（3 日）

晴。覆校《六蓺論》。爲紱延改文一篇。李猶龍送論數篇來，尚有筆氣，贈以所著書，並以《異義疏證》付之使録。飯後往焕彬處，云剛子良查辦江南。祭酒七月初二壽誕，誌之。擬送一對聯，以酬其情。葉刻《傅子》及《宋元板本表》，見贈。此等學問，予終以爲枉費心力，不願效之。往二叔父處，則老五等昨已請其上堂，已面諾矣，而又躊躇，予不能爲之勸駕也。到家午飯，往仁壽宮觀劇。將晚回學堂。見居停公，談乃郎功課，似仍以舊法爲是，望子切而不信人教子之法，奈何？楊生送文一篇來，燈下改之。

廿六（4 日）

黃公甫今日府試，求代作首蓺，題爲"行夏之時"三句。予無本頭可繙，爲作截法以塞責，場中中異，或有取乎？録《異義疏證》二㕥。下午到家，公甫已去。聞君輔之子以出痘殤，公略内傷已失音，惟彦老健旺如前，然老境如斯，亦可憫矣。晚歸學堂，爲學生改文。

廿七(5日)

録《疏證》二㕥。午刻到家。是日爲先祖生辰及先母忌日。予此時不在家計十年矣。憶去年今日到江西，匆匆又一年矣！祭品二桌，約馮子靖、黄公輔、君華、正卿共飲，二叔父亦來。席散，仍歸學堂。子靖云錫方伯到，甚儉約，只帶五家人。此公必是清官，湘人之福也。聞水甚大，圍田均壞，瀏邑出蛟，無怪夜甚涼也。居停聽後妻之言，怒責其子，云功夫反退。不知此人安知進退耶？彭宅分家，來請，不到。

廿八(6日)

雨。爲李生改論、楊生改文。録《異義疏證》三㕥。下午意倦，繙《全文》①，見甄鸞《笑道論》，乃知道書可笑如此。《老子化胡經》，予恨未見，今見一斑，足徵荒唐。

廿九(7日)

聞蓉孫女、譽孫均出痲子，擬下午歸家。録《異義疏證》三㕥。黄升來，云里仁巷來請，二嫂周年。歸家一轉，復至里仁巷，唐宅諸人皆不到。聞以買空虧短萬計，喜事入贅之次日，債主打壞一屋並新房，今日請客，大是笑話。善邑以唐、皮爲首富，今安在哉！聞全公之子對君華云，皮家有十餘萬，何不還賬？虛名之誤人如此！天雨，喚轎到館，爲學生改論。此子散文實有可觀，遠勝於時文，其詩則全不行。

① 指《全上古三代秦漢魏晉六朝文》。

五　月

初一（8 日）

晴。艾刻工送所録《鄭志》廿二昬來，校一過。録《異義疏證》二昬，增《聖證論》一昬餘。周紱延送束脩八金來。下午飯後，將歸視蓉孫女、譽孫麻症，黄升已來，云蓉孫女病重。便道請馮子靖，尚未歸，約晚間來。到家看蓉孫女，氣促面青，麻已現齊，收太速。閲《景岳全書》，有用温補法，與其症頗相合，欲試用而醫無開此方者。子靖至，亦仍用治麻法。蓉孫女磨牙徹夜，爲之不眠。

初二（9 日）

命吉兒往邀子靖，略用清涼，更不對。家中手慌腳亂，以二媳臨盆已近，愛女情切，恐更有礙，雜投外治之法，皆係火毒攻心辦法，亦因其喉紅腫，現熱症之故。不知與病全反，將晚已現反張。子靖亦無計，薦湖北唐穀賓痘科。邀來，略談症候。彼看面青舌白，並不診脈，但云全是寒痰結胸，稍遲怕動搐症，藥來不及，趕急用四兩薑衝開寒痰，再用乾薑、法夏、香附、只殻，生薑引方。家中恐喉腫不可用薑，又見彼不診脈，未免艸艸。此人堅執必須如此治法，且云屢試有效，在此坐待灌薑。我見其所見甚堅，且病已垂危，舍此別無治法，依彼所説。薑汁既下，氣促略平，咳嗽開聲，有痰，乃並服其藥，睡稍安。是日先慈生日，邀二叔父、述卿、君華共飲。二叔父去後，訟事催問，二叔父辭以酒醉。子漁、述卿皆上堂，官不問戚族，將介卿收禮房，一點鐘後人歸。三嬸母、三弟婦大鬧。

初三（10 日）

復請唐痘科、劉痘科來看。唐仍前方，加白朮、當歸，服一劑。上午略平，下午又似反。復請微妙和尚使治，先云有邪，後又云無礙。寫扇一柄，並磁器、針線、水禮送馮子靖，只受扇與水禮。東家送脩金、節敬並潮扇一柄、點心式合，又水禮四色，受之。

初四（11日）

蓉女病漸平愈。寫扇一柄送學生。連日嫡母吵鬧不休，老五欲我等去勸，並託人求老三出來。予謂初收無即出之法，即勸亦無可措辭，如往勸，則必使予設法出老三矣。此事老五全然不是，收老三時，應上去力求老母在堂，不可收押，如必收押，則請兄弟同收。今兄收而已歸，嫡母生氣，生母受氣，即逍遙事外，如何過日？此人心境不明，且心術不可問，上累其兄，下累其弟，並欲累及我等，惟有遠之而已。

初五（12日）

端午節。予不在家過節，自己丑至今整十年，不料今年在家，而老三全未出門，今乃在禮房過節，豈非皆有數存乎其間乎？幸蓉孫女漸平，服溫補藥，舉家相慶，否則過節亦無趣矣。隔壁吵鬧，甚不可聞，云欲出來須四十串，而老五等惟恐彼出，則不肯再去，故意阻撓。嫡母云三日不出，即將大鬧。不知此事鬧到如何地位，恐更不堪問。予等亦無能為力，非忍於坐視也。周緞延來拜節，亦略提及。幹庭來拜節，約明日到館，擬再託東家。下午天熱，未敢出游。往二叔父處坐坐，談隔壁事，幸彼未上堂也。子漁明日到桐子塘，附奠敬三元，屬帶交。

初六（13日）

晴，甚熱。飯後到館，過馮子靖家，約下午來看小女，飯後當更歸矣。幹庭作小講三個，中排、後收均圓，惟起手尚欠緊耳。寫書復楊子緞。彼差易姓歸接家眷，以天熱，擬俟秋涼。又寫書慰黃君輔。閱張皋文《詞選》，此調久不彈，如隔世矣。下午歸家待馮子靖,至夜未來。見孀母,據云老五待彼全無人子之禮,予猶以爲未必如是之甚。夜歸,乃咆哮無狀,此人可謂不孝不友矣。

初七(14日)

煥彬來,云擬作序文,遲日往取。飯後到受明處,云岳州馬頭,香帥欲歸湖北,以寶塔洲歸湖南,派施太守來此與官紳商議,相顧莫發,惟孔觀察抗議以爭,自云不避權貴,俞中丞甚畏之,日趨其門。時務學堂經費,已强提二千歸孝廉矣。此人氣太盛,恐亦非福。中丞爲練兵,欲加鹽斤二文。易實甫阻之,中丞大不悅。湖南紳士太霸,禍未已也。方伯剛介自負,薦人不收。剛子良大約已到江南,恐又是滿人世界矣。將來龍陽恐不保,更何必求之?坐以待斃而已。到館,校《中候疏證》一過。寫一函慰君輔,送公輔,並邀之。

初八(15日)

有金谿壬午舉人余天隨字子宣者來拜,云住達順錢店內。錄《異義疏證》三帋。午後大雷雨。今年雷甚少也。晚間晴,夜又雨。閱《全上古三代文》,不載孔子語及諸子逸文,似猶缺略,又不說明所以不錄之旨。《六朝文》有甄鸞《笑道論》,誠有可笑。俞履初又作《道笑論》以詆之。二氏之書抵牾至此,皆後人傅會之過也。

初九(16日)

校《中候疏證》二過。飯後以家祭,歸。二叔父至,聞老三之子又抱病,老五不以爲意,語甚桀驁。飲畢,隨叔父至三孀處慰之,只訴前情,不說現在如何辦法,予亦無計可施。天雨,不能行,宿家中。待子靖,不至。

初十(17日)

飯後到館,過子靖處,云飯畢即來,仍回家。用轎接之,遂來,爲二女診脈,云比前好。彼去後,予亦到館。録《疏證》二吊。

十一(18日)

　　録《疏證》二吊。飯後以家祭,歸。過子靖家,邀之,遂到家。請公甫,云正三覆。子靖來,遂留飲。述卿、正卿在坐。散後,予仍到館。天漸熱,燈下不可坐矣。

十二(19日)

　　壽文來自湘潭,送醬油、燈草糕。居停至,略談,云中丞一切推諉,並彼公事亦付司道商議。詢時事,云主戰有舉右帥者,留中,而方伯出京,面保安御史,剛恐將到南洋。派丁某查湖南鹽務,龍陽處無望矣。夏觀察亦未起病假。岳州事,施太守悻悻去矣。學生云聽予教,或尚可爲。録《疏證》三吊。鄒富文來,付一吊,使覓人鈔。述卿來,云往見老三。全公往葉家相案,即麻子也。云係家人服毒,或可稍挫其燄乎?旋又聞是鄉下命案,非彼處。

十三(20日)

　　録《異義疏證》四吊,論《左氏》朝聘,頗得其旨。師磻生至,云黄鹿泉指雲南省,秋後將歸家一轉,榮禄保湯幼安尚無明文。吉兒求作二詩,爲作二首。云義生源子城公逝矣,念東道之誼,爲惻然久之,擬挽聯云:"漢上記鴻泥,桃水情深,提挈小兒曾託跡;江西傳鶡耗,竹林誼重,愴懷大阮遽歸真。"黄升來代楊升,此人老成,較可放心。是日予試幹庭,作二篇文,尚能完卷。夜爲改頭篇。

十四(21日)

　　一早往子靖處問方藥,歸家早飯。小鶴以約李兆箕未到,屬略等候。兆箕至,云盛樹琴已來,須同下鄉,約晚間同來見小鶴,面商能同去否?買挽聯,寫好,送子城公,並洋三元代席,屬吉兒送元亨利處。午飯後到館，校録出《異義疏證》二十㧑。沈幼宜、夏謙伯至。謙伯已就學幕，云子新公足疾又發，不見客。幼宜在湘潭亦略有所得，皆徐雲生乃翁之力也。聞英佔九龍，有開仗之説，意圖沙門，兵船已至吳淞，德索山東，俄通鐵路到北。直如一病夫，乃爲數强人攘臂相向，何以待之？

十五（22 日）

夏至。爲學生改二篇，並小講、後比。寫信致芰舲，賀太夫人六月初四七旬大慶。爲逐客，不得爲賀客，奈何？録《異義疏證》"三靈、辟雍"一條，頗有心得。受明與劉蕚生來，略談時事，云江南欽使已行，不知查辦明文。鄒富文來，付《異義疏證》七㧑使抄，以《聖證論》一卷付之，使問祭酒可刻否。現在八股既復，剗氏幾無生理，彼云時務無不行矣。予以《經世新編》一冊贈陳壽文。晚間家中忽命轎來接，到家始知嬸母以老三未出，曾進稟求用二叔頭託耿平野往説，官已允批放，老五又屬新河鴨往沮之，計窮，故找予。予亦無他策，惟應允求人而已。蕭牆之禍如此，有令人髮指者。是夜在家。

十六（23 日）

飯後出門，兩到陳八先生處，再三以情求之。彼云欲出須有人保，保人須乘肩方可，允爲設法，未知何如。云劉四先生又將往岳州去，和數須及半，大難矣。俄大雨如注。葉又不在家，轎夫不肯過北門，只得冒雨到館。本欲更求周、湯、俞處，而雨甚。如此，或亦數歟？到館已午初，録《異義疏證》"大夫、士無主"一條，力駁陳説，似可自信。見居停公，託以老三之事，云與全無甚交情，當託周太守轉達，但放出不難，事不了，總非長策。其言亦是。聞壽文云幹庭已聘席氏，即右老之外孫女，二十撥庚，擬請予寫庚帖。晚間改文二篇，其文已清通，場中能然，即可望也。

十七（24 日）

仍雨不止，恐年歲又不佳矣。録《異義疏證》四昺，八卷已畢，九卷止一條，惟十卷耳。寫信告知家中，使轉達叔母。此事愈宕而愈不妙，若再不見機，恐致傾家，老五亦未必能置身事外也。閲《文史通義》①，其文史實有心得，特於經學非所長，而必欲强言之，何耶？下午萬文軒來，云召張香帥入京已見明文，並調蘇子溪，爲山東事主戰也。浙江以山門島設防堵，舉鍾某將兵温、台。以神州全力不足當一東洋，今兵力又非昔比，足以當兩西洋耶？蘇非將才，香帥應變將略亦非所長。聞劉仲良亦起用。香帥入輔，右帥或可望起用乎？

十八（25 日）

又大雨，午後始晴。録《異義疏證》三昺。晚間居停至，云已説到，邑尊以爲不能空放，必須了事，即不能了，亦須先繳三百金以搪塞協成，方可放。受明同劉尊生來。

十九（26 日）

録《異義疏證》二昺。爲楊氏兄弟改文二篇。飯後到受明處。到劉稚荃處，彼云費盡心力，奈達卿不聽從其言，以致如此決裂。今託余介卿居間，以一千金了事，其餘打興隆票，俟陸仙發積乃歸之，不與兄弟相干。今無現銀，以姨太太膳養租五十石，不足，再加釵環湊成。云母出，爲子了事。云事已有規模，日内可望定局。彼要到岳州府考，亦不能久待。此公如此説，諒非虛謬，或有轉機。歸向嬭母言之，彼不信劉，亦未便多説，但言不能空放之故。三嫂欲呼冤，告老五。不禦外侮而先内亂，看此光景，外患即息，而内亂又將生矣。城隍廟和尚請紳士三下鐘往。二叔亦至，云沈十二在漢口見老七與寶貨同住黃陂街客棧。然即

---

① "義"，原誤作"議"，據章氏書名改。

知所蹤跡，誰敢找之？稚荃亦云斷不可使其歸來，恐彼咬兄弟，則一錢不能少矣。酒罷到館。晚間電報到，云六月十二南昌齊集。學生將歸，挑燈爲改文一篇。

二十（27日）

爲學生改論一篇。録《異義疏證》二畱。鄒富文送所鈔《異義》一卷，校一過。又取一卷去鈔，並取《聖證論補評》送祭酒，詢以刻否。楊佑孫、慶孫兄弟來。龍莫溪來，見有客，不入。是日學生下定席氏，擇期九月十三。彼處無本人在此，未能即應，媒人不能寫庚，屬予寫，汗浹背矣。向居停作賀，並見其老太太。老太太欲歸江西，已定廿五起程，學生同往，壽文護送。教戲三個月出臺，予尚未及三月，豈能遽包其出臺耶？

廿一（28日）

爲綏延改《何休爲學海賦》一篇。飯後往夏子翁處，以足疾，不見客。見謙伯，詢夏家事，並不深知。又往芷青處，云小泉日内到此。芰齡並無一字與我，何也？問周太夫人壽誕，云改期八月廿四。既改期，必大做。幹臣、少村同鄒叔誠到吉安散賑，是大好事。傅家催辦喜事，八月既做壽，恐無人、暇送。達三前到漢接柩，以不到，仍回去。昨其本家柩已到省，鶴孫之柩想亦到漢，不知達三來否。予以壽禮事，到家商議，送帳一個、對一聯，寫小字送店中趕做。仍到學堂，録《異義疏證》二畱。

廿二（29日）

寫信芰齡並伯嚴兩處。飯後攜衣冠到城隍廟，則升坐尚早。湯幼翁到，談我家事，云已向全公説，允爲緩辦，乃復押人，何也？劉稚荃到，云協成亦未固拒，但意在多，不便太急。告以昨歸聞介卿已病，不食，家中吵鬧更甚，似不可緩，且彼到岳州後，協成又將翻覆。劉云彼去必須將此事交代，當即交我，而達卿與余介卿亦須當面，方可有成。陳八先生到，亦談此事，云緩急兩難。

伊託强仲翁説，亦言周太守致陳觀察意矣。唐少咸事亦未了。葉焕彬家死一僕不謬，十二相驗，用費百竿，見在更須搬屋。聞此屋本不吉，開銷此僕，無所歸，遂以死圖賴。人心之壞如此，可以戒也。飯後到館，彼已將飯矣。艾作霖來，送《鄭志疏證》録出者三十餘昄，校二十昄。艾攜《鄭記》一卷去。

廿三（30日）

大熱。録《異義疏證》二昄。寫壽對，集選句云："誕發蘭儀，永錫洪算；宣昭懿德，備致嘉祥。"又校《鄭志疏證》二十昄。劉四先生請到城隍廟，恐有話説，往則專爲食蛙耳。達卿亦到，云介卿已歸家一轉，或稍安靜。然天氣大熱，壽兒與張少庚往視介卿，云陽光不可當。此等時候在家且不可堪，況彼處乎？二叔亦來，約明日到我家看會。晚歸館，燈下改文一篇。夜熱，幾不能睡。

廿四（7月1日）

改文一篇。封夏信並物件，幛一，對一，付壽文。飯後歸家。叔父亦來，又有親戚來看。會至三點鐘後方來。長沙會二十餘班。到南門，零落殊甚，聞近日本不及前。予十年不在家，前事亦不甚記憶矣。晚飯後仍到館。大熱，已九十二分。到初伏尚有廿日，如此大熱，或中間猶有少涼之時乎？

廿五（2日）

録《疏證》二昄。飯後歸家，彭孺人生辰。十年不歸，多不憶及矣。下午到廟中，問出會在十點鐘後。到館，爲幹庭改文字，並詳告考事。云明日上船，爲檢所帶書。予亦自檢理書籍，將歸家過伏。

廿六（3日）

一早歸家。飯後與兩兒同到貢院街汪宅看會，路逢正卿、望之。到老照壁，會已來矣，擠不過去。正卿有娣夫鄧武巡捕在彼處，遂往看會。會過，往孟萊處。催轎歸，着黃升往陳公館，則彼老太太、小姐與幹庭、壽文皆上船，不回公館矣。予亦着人將行李取回。汪受明來，云曾經郛署上海道有兩三月，又聞閩、粤已有戰事。

廿七（4 日）

校《聖證論補評》十餘旑，覆校《鄭志疏證》四十旑。二叔父來看會，云在老三處聞有爲畫策者，出六百金了事，認五分之一，求開釋，諸事不管。於此，則協成一毫不能少矣。二叔云子漁已允歲歸租三十石作零用，欲寄我處，公項餘欵付彼，勿付子漁。此等數目能值幾何，可歎！聞張堯卿自漢歸，有陸仙手書，諸事不理，且要趕銀子與彼還賬，不知是何肺肝。望之、廿五、正卿與屈禹臣之子來看會。午飯後會到，轎馬比前甚少，挂紅惡習，殊不足觀。予十年不復記憶，大約不及前遠矣。晚間到廟祝嘏，見劉四先生，云明日准行，與余介卿之子同舟，幹庭等亦此船拖帶。詢及訟事，甚不以老五爲然。此人多疑，並彼猶不見信，多方延宕，不知事久變生，老三處所議，予不能不告之。此言若漏洩，和議不可成矣。彼欲予往見余介卿，此須事成方可，否則將及我矣。老五亦在彼敬神。十二點鐘方歸。禮仿學宮。燈火多，大熱。

廿八（5 日）

再校《鄭志疏證》，尚有誤字。《皇清經解》放桌上，爲白蟻吃，真防不勝防。李兆箕來，云盛樹琴下鄉，團保云奉縣諭熬硝，不肯受罰，現在移往隔壁，不在莊屋。帶張姓悔服字來，予恐道遠，仍不能保其不蹈故轍也。下午天似將變，微有北風。晚間彝仲來，云久丈已全愈，蓉墅尚未到新城任也。盛某夜至，兆基不同來，小鶴見之，不便深言，致謝而已。

廿九（6日）

校《聖證論》數冊。陳慶農來拜。下午往城隍廟。晚歸，天氣稍凉，夜更凉。聞長西水。

三十（7日）

寫信曾經郛，囑爲兩兒謀館地，無聊之極思也。正卿邀往茶館坐坐，熱不可當。到述卿處略談。下午到城隍廟食蛙，人甚多。達卿亦在彼打麻雀。夜間聞訟事催問，又不果。三更後嬸母大罵，殊難爲情。置如罔聞者，真鐵石人心也。

六　月

初一（8日）

爲二楊改文二篇，皆不甚妥，恐未必能青一衿也。聞二十日考茶、攸四縣，試期迫矣。吳宗師翦小袖鑲襟，錫方伯亦禁此等衣服。服妖之風，或可挽乎？

初二（9日）

繙閱《説文義證》。此書於考證大有用，其體例與原本《玉篇》略似，徵引詳晰，亦有案語。案語多沿舊説，不盡可據。其徵引之博可以采取，省左右采獲之勞也。上午到城隍廟敬神，陳八先生、俞伯鈞、羅十二丈皆在。談介卿事，未有善策。俞云已見全公力説。陳云彼處數須稍加，乃可就和，此處一毫不能加，故不成。述卿託彼作主，然此須本人自説。本人坐視，他人何肯乘肩？羅云再問必再押人，則敗更甚，更難和矣。而吃酒聽戲者猶坦然如無事，不知何恃而不恐也？俞云京師食用更貴，進退爲難。方伯下車，訪聞湘潭大痞楊价人。楊是大買賣人，非痞子。首府力求，方伯云此湖南人所屬，我亦不知。推其故，乃去年辦保衞，楊禀請出頭名，遂招此禍。周聖人託人保出。陳八先生云口説尚可保，稟則恐彼出又生事。俞云彼在獄猶屢刻文字，有對聯一本，並罵香帥，有保全彼數人亦在內，力保之何爲乎？英有兵輪游歷湖南，香帥已有電保護。中丞電總署請暫止其來，覆電與香帥商酌，則必不能阻矣。總署欲卸責，督撫皆兼總理銜，更無可推託矣。俞云榮祿不安於庸碌，主戰，亦是戲劇，將來沙門之事，恐與我家事相類也。飯後歸，校《聖證論補評》二十餘咠。熱悶異常，夜微雨，頗涼。夜半雨止，仍熱，稍愈於前耳。聞介卿歸，不知議何語。

初三（10 日）

陰。覆校《聖證論》一過。達卿拉同往陳、湯兩處，皆不晤。據云余介卿所説粗有端倪，而彼處水長船高，欲得六折，伊請張南屏代求湯方伯，允爲調處，欲予往見，面商一切。黃升云轎尚在，實未出，門上不肯通傳，奈何？

初四（11 日）

録《疏證》一咠。達卿又拉同往見陳八先生，彼意尚殷殷，云諸人到，亦到。達卿擬明日請客也。湯仍辭不見。予順便往祭酒處，云往書院去。到楊佑孫、慶孫處，云學使挑覆默書，章無一定。詠仙已歸，予不知也。至王傳訓處回拜，其人老，尚健。往見周立老，云郢生已到京矣。往龍芝老處，未見，見黄谿，云現服湘潭李少庚藥，二地、二冬、黃柏、蒼朮之類。李歸湘潭，初十內外仍來。俟來，當往邀之。歸午飯。達卿求一函請方伯，不知發駕否。予出，到受明處略談。見陳幼梅，云初二方到漢口，不知何以如此遲。往夏子翁處，有客，未見。回拜陳慶農，亦未見。到里仁巷見叔父。沈獻廷在彼，云在漢口見老七，屬勿言其在彼，似猶有人心，堯卿所説不知搞否。夜甚涼，天明又雨。昨夜風不大，而陳公館梧桐吹倒，不可解。

初五（12 日）

爲楊佑孫、慶孫改文各一篇。録《疏證》一臿餘。達卿請客，二叔父至，遂往。俄而陳、湯二公至。余介卿不到，使秦蕡洲來。諸公擬託人勸協成將就了事。事之濟否，大約兩天定局，但望如天之福，免目前禍也。英兵船已到省河，其兵官將入城，恐別有要挾，則湘人必鬨，禍不遠矣。方伯公乃欲於此時保周道人，可謂不見幾，且長於兵間，位至方面，而不知義大利是羅馬，亦屬可怪。陳年及耄，前在廟深言八股敎之好，謂近年學使大謬，自朱肯夫言漢學已啟之。年愈老而論愈駁，其年稍輕者稍明白耳。俞太史亦八股家，其所言較通達，是其證也。酒席甚遲，久留諸公，定更始散。

初六（13 日）

周紱延至，出小題付之。録《疏證》二臿。閲《清議報》第二册，其言誠爲此間人所惡聞，恭惟當今，不得謂之悖。有英商致領事八條，其七條請於湖南通商、傳敎。聞英人今日入城，不知說何語，如及傳敎，則官紳必聚訟莫決。聞船泊河中，未聞有用磚石鬨擊者，豈聞兵船之名而閉户不出乎？彼來意誠叵測，然無以拒之，此豈空言所能勝乎？三叔父明日六十大慶，若在，當可稱觴，今之情形尤可慘也。介卿歸，不肯出吃䰈，老五、九皆不入母房呼之，尤不可解，豈兄弟從此遂如參商，不復相見耶？和議不先告之，將來要派出銀必不肯認，辦理殊不善也。

初七（14 日）

杜仲丹出《恭擬中外大臣爲皇上禱疾疏》，試擬一篇，聊盡艸莽臣之愚誠。録《疏證》二臿。三叔父冥壽喊禮，衣冠往拜。介卿出，共席坐，並不談及訟事。介卿已有病，去後，三嬸母又鬧，著門公向老五說，要彼往代。此等舉動真可笑。乃傳予去，仍是舊話，一切不管，一錢不花，只曉得要人出來，如何做得到？

母、子皆不能向人説一句話,吵鬧何益?話要自己説,他人何能代謀?介卿出來,並不到我處商議,我有話如何説?彼處耳目甚衆,未説先洩,只好聽湯、陳回信而已。丑初吉兒得一子,大小平安。

初八(15日)

録《疏證》二厏。沈幼宜到此,云將往滬上看小宜,小宜已籌一千四百金,擬在滬住三年,攜家同去,住新馬路,且擬出洋。此等人才,不知將來有用處否?聞文氏昆仲亦在彼也。沈獻廷來。天氣漸熱,夜亦熱,惟犂明稍凉。

初九(16日)

吉兒生日,又新得子,其内弟孟來等來賀,親母亦來,留午飯,下午始去,云念循月半將歸。校《聖證論補評》十餘厏。李猶龍來,送文字數篇,所鈔《異義疏證》二卷校未畢。

初十(17日)

校完《異義疏證》,改文字。此人時文功淺,不如所作散文。天氣大熱,漸不可當。陳璞老至,云湯方伯已向范清華説,出一千三百金了事,或可了,今日見秦蘋洲更當向説。予使達卿當面聽清。達云此金須介卿同派,予謂現在宜説,過後更難。夜聞介歸有砍頭不出錢之語,不知何以如此不明,將來後患恐未已也。汪受明夜至,談永定侯年伯分訃,伊已作挽聯。予亦擬一聯云:"與諸郎文字論交,年誼託通家,未得登堂拜荀淑;繼兩漢循良著績,去思留舊治,猶聞立社祀欒公。"

十一(18日)

爲周綏延改文一篇。覆校《異義疏證》。得公甫來信,知公略已於前月十七去世,作函唁之,並挽聯云:"賢姊已香銷,憾無北海神方,又見罡風摧内弟;丈人猶老健,詎料西河晚景,還揮淚雨哭佳兒。"改侯公挽聯云:"丹籍同年識長君,因而得友諸郎,憾未登堂拜荀淑;黃圖三輔稱循吏,直可追蹤兩漢,宜皆立社祀欒公。"得張季山五月十一來信,並吉兒卷敬兩元。伊欲予寫扇面,俟買扇寫好並覆之。下午雲起,稍涼。聞隔壁仍鬧不休,五、九已聽予言說明,老三云寧砍頭不出錢,不知性命要緊,銀錢要緊?如和再不成,則無人可求,將來追比恐不免,禍不知所終矣。

十二(19日)

寫挽聯式軸。飯後往馮子靖處,求改方。馮約今日親來診脈,云久安丈實係中風偏枯。又云西人悻悻而去,以中丞未回拜,又索湖南全省礦務,不滿所欲,徑還漢口。又有賣洋書者請保護,即傳教之漸也。陳璞老至,出湯方伯手書,云彼索六折,事恐不諧。璞老昨與湯議,云須再增二百金,作對折,再用壓力,或可了事,予呼老五來當面說。今賠欵更巨,家中各懷吝心,大難!大難!述卿與陳小圃至。小圃歸自新寧,住營盤街。作幕甚好,讀書萬卷不如讀律也。閱宋于庭《過庭錄》,云孔子刪《書》,存廿八篇,而存百篇之目於《序》,則已與《僞經考》之說合,特不以《序》爲非孔子作耳。

十三(20日)

寫唁函致侯雲谷、箴卿兄弟,並挽聯,託侯樹哉轉寄。又寫信復季山,並書寄扇頁二張。校《聖證論補評》十餘叴、《異義疏證》廿三叴。書手甚劣,鄒富文亦自知之,覓一鈔胥如此之不易也。馮子靖來,爲兩女改方。是日官課,題極無味,爲吉兒作詩二首,"先庚三日"題不解所謂,豈以伏日爲先庚耶?

十四(21日)

初伏。湖南近喜吃伏羊,買羊肉竟不得佳者。身上發風熱,而予不知,食羊愈甚。覆校《異義疏證》一過。夜因風熱,自頂及踵,無不關痛癢者,竟不能寐。祥女處有人來,云吉兒已生子否。織機巷人來，始知開慶外孫於十二日已殤，而來人不言，予寫數行與祥女，不及慰之也。

十五（22 日）

爲孫兒洗三朝，命名名撰。問馮子靖，已外出。請李少庚，服藥一帖。是日極不舒服，行坐不安。天熱，又過九十二分，不可當。夜覺稍平，得臥。

十六（23 日）

一早往馮子靖處，云尚無大礙，乃風熱，非血虛生風，少庚用滲利藥非是，宜專用風藥，兼養血。早晨街上尚不大熱。歸閱《電報》，見上諭整頓釐金、鹽務，係通飭裁乾修，禁外銷，非欽使覆奏。《漢報》有中堂偉論《不喜洋務》，謂打洋人用弓、刀、石足矣，何用鎗炮？又謂中國壞在讀書人翁常熟、吳清帥之類，若我係繙譯生員，並起講不會做云云，直是焚書坑儒之言。中國溺於俗學久矣，所謂讀書，亦不過會做起講，即如翁、吳，只是搬古董學問，不能爲眞讀書，施之於世，安能有實濟？昧者習見此輩，以爲讀書人皆不過如是，何怪以儒相詬病乎？鄒富文送《聖論》數咠，校一過。取《異義疏證》三十餘咠付之使鈔。述卿來，談及達卿使張堯卿到漢找老七，此舉恐非良策。

十七（24 日）

改論一篇，寫包八十個。黃伯華來，屬致居停今年喜事須早擇期，並欲入贅，未知可否。伊家住槃澗園，母氏同來，八月將到夏府拜壽。電鈔見香帥所參屬員，有候補府黃仁讓降通判，問伯華，即彝伯也。雲南巡檢夏敬培遞解回籍，交地方管束，不知是新建一家否。

十八（25 日）

録《異義疏證》二咠。念循歸自醴陵，云明日下鄉，廿四來城。天氣更炎，夜間幾不安睡。

十九（26日）

到城隍廟祀大士，見陳璞老，談及和議一事。伊亦知張堯卿往漢找老七，此舉未知變故若何，恐未必能了事也。聞新製風毯凉甚，不可當。電燈因失本太大，將盡撤。此等事非用壓力，必不能通行。虎頭蛇尾，徒爲人笑。

二十（27日）

録《異義疏證》二㕚。做來木架二個，往述卿處，將書板取出放好。伊處亦潮濕起霉，幸無蟻耳。

廿一（28日）

録《疏證》二㕚。叔祖母大祥，午刻到里仁巷，炎熱不可當。問芹妹，伊大女已行動，腹脹漸銷，服龔啟南藥，前用山棱、莪尤，今已不用，藥只三味：酒芍、桂枝、甘艸。此醫尚有見解。待至申刻始行禮，將晚乃歸。夜甚熱。

廿二（29日）

録《異義疏證》二㕚，十卷已畢，惟前尚有二條。此書成，計有十五六萬字，一百六七十㕚，與《鄭志疏證》略相仿。《鄭志》竭二年之力，此書之成未及半年，較前更勇矣，惜不得噉飯處，使得專力於此，以遣餘年耳。煥彬送《六藪序》稿來，以書謝之。下午煥彬來，談著書事，言無暇作疏證，惟作文字數篇，勸予將鄭氏書徧作疏證，鄭《論語注》亦可作。予謂鄭《論語注》太少，非完文，當以鄭君全書之義傅合成之。俞蔭甫引鄭各經注引《論語》文一卷，亦可備采。伊云峴帥告病，易實甫將北上，代者爲楊硯圭。

廿三（30日）

録袁氏《序》，並補卷一疏證。此書已粗了矣。聞節吾到城，住陳宅，往問，則云病，過日再去。聞老三以匿弟占産告老五,代書不肯蓋戳,未得進唁。如此殺家達子,恐季孫之憂不在顓臾,而在蕭牆之内矣。奈何！奈何！爲楊生改文一篇,作長搭全不得法,恐難望青衿也。校《聖證論補評》十餘唁。此書已録完矣。鄒富文又取《異義疏證》一、二、三卷去鈔。予以所箸書五種各二册寄經綸堂售,考先生不知有識此者乎？三弟婦云昨晚官又問介卿,限三日,否則撥房,甚爲着急。予謂不出錢,不能了事,即不能放人。伊願出百金。五弟婦又來,以禀稿示我。我見中云"協成籠騙"及"錢債細故,非殺人比"等語太激,恐火上澆油。彼云可見陳八公,請其照前説了事。予以事須議定,非可哄人。達卿來,語仍游移,以出百金爲太少,云禀帖内要激烈。俄而弁卿以稿來,云已删數語,係張某所作。予不便再説。夜聞孀母罵聲,三、五均在,仍是吵鬧一場,全無着落。

廿四（31日）

四伏,有雨意。録出陳《序》。擬作序,未成。下午風起,微雨。五鼓大雨,一洗炎蒸,有秋意矣。

廿五（8月1日）

校《異義疏證》卷二譌字數處,補十卷兩條。第一卷孔廣林數語未及采入,俟録出當補之。書扇一柄。王翊鈞至,小蔍子尚未去也。閲《古微堂集》,其論明事,謂本朝法弊甚於明;論元事,則畛域之分。今猶昔矣。得芰貯書,似四月所發者。

廿六（2日）

往陳璞老處,云見湯方伯議我家事,全公處不便再説,惟有再申和議,仍一千三數,苦口更説,范清華數日後往揚州,定局須及早。老七早已到省,佛基親見之,其所説全不成話,事不了,必更有變矣。節吾云楊念規已來,尚無明文,伊數日後將移居洪家井。聞朝議召日本小田七及劉學循、李徵庸筦度支,有新政可望復行、新黨可望復用等語。周郢生家信有長信授意榮、李，使康、梁返國，伊籐入輔等語，足見外間謠言不盡無徵。然果如此，亦非國之福也。往煥彬處，云《序》已交鄒富文矣，刻書宜上黑口短、下黑口長，祭酒不甚講古式，已向艾作霖言之。歸以璞老之言告達卿。伊仍以介卿須出三百爲言，若説不通，將來不堪設想。聞炮聲，吳學使已到省矣。夏子翁來拜，屬覓先生。詢以時事，云楊崇伊所奏，慶王、小李從中主持，派劉學循、慶長與日本領事小田七同往東洋，請伊藤與水師提督某某來中國，榮中堂不知，聞而大怒，將俟劉、慶二人歸而辦之。然機已先洩，二人何肯束手？恐反挑動日本，如東學黨之禍也。今上實無疾，而每月醫案仍五日一發。其防自家如此，又無故挑動外國，何耶？此公所言，較諸説似近理。如此，則以國事爲兒戲，媧皇補天手如是乎？念循到城，云乃翁亦將來，壯外孫體氣更不如前。俟乃翁到，當勸其僱乳媼。

廿七（3日）

校《異義疏證》。子漁來，送一名條，屬交節吾，云唐蘭生亦降通判，即周樹滋，誤刻姓耳。龔瓊山來，談及訟事，屬代勸二處，恐未必見聽。李又珊至，送文四篇，云住明道齋十七。汪受明至，念循亦至。念循晚飯後去。開考尚無的信。

廿八（4日）

爲又珊改文四篇。天微雨，甚涼，寒暑表昨猶八十八分，今退至七十八分矣。艾作霖送《鄭志疏證》來，校數唒。

廿九（5日）

校《異義》鄒富文所送來者，云二萬六千餘字，取錢一千去。北風甚大，如中秋天氣。寒蟲唧唧，涼籟蕭蕭，間展小詞，不勝悲秋之感。

七　月

初一（6 日）

往祭酒處拜壽、湯方伯處，皆不晤。晤雨珊丈，云日本請水師提督伊東，非伊藤也。以兒輩事託之，幸諾，歸寫信並名條付之。聞已挂牌，初三開考。考生來者寥寥。孟來、念循至，云尹臣親家昨到城，明日將下鄉。予先未聞，聞之則今日便道往貢院街矣。校《鄭志疏證》十餘㸦。天雨，風甚大而不涼，似西南風也。得芟齡十七書，已收到壽禮。

初二（7 日）

校《鄭志疏證》。念循與逵弟來，黃貢如亦來。予因龔瓊山云童古挂牌初四，已着人往三處奉邀，而三人俱來，因約明日早到我家，入場，並留午飯。生古初三，昨始挂牌，今日已不能報名，由學中奉行不善之故。閱李有棠《金史紀事》，引《三朝北盟會編》，云金之國號由於金水源，故一稱金源。金水一名愛新水，然則我朝出金源氏無疑。

初三（8 日）

寅時立秋。天晴，或不至穿秋矣。覆校《鄭志》。此書似已鈔畢，惟餘《鄭記》耳。是日考生員經、古。小鶴出場，問題目，尚屬通人所出，比江右爲最勝矣。嬭母邀二叔及予往，屬與老五說，將住宅一切推與彼，公帳、私債概歸彼了。老五不肯。此間云別有辦法，不知辦法如何。明日童古，念循與貢如、致齋次陶之子來入場。

初四（9 日）

校《異義疏證》十餘㸦。檢《五硯齋文集》閱之，一知半解，全無門徑，經學尤陋。凡學無師承者，大抵然也。念循出場，賦題亦不陋。得芰舲六月初四書,作書一函寄之。

初五(10 日)

校《異義疏證》十餘葉。黃公輔與君甫之子武實由家中來,趕考古不及矣。生古已發,小鶴與孟萊皆未取。是日三伏,有雨意,未下雨。老五得老七電報,要寄百金乃歸。老五擬自去。此舉亦不知妥否。

初六(11 日)

雨,甚涼。公輔與張俊揚同來。張爲壬老高足,談經學似不盡以乃師爲然。鄒富文送來《異義疏證》一卷,校一過。《聖證論補評》刻畢,送紅本來。葉作序文並刻上,其襃乎? 其譏乎? 呼馬呼牛,聽之而已。居停着人來,云學生不進,枉費兩月心矣。明日科試,小鶴、壽兒與君華、象臣同入場。天雨,尚不大。至四更後,大雨如注,外縣人苦矣哉!

初七(12 日)

學宮祀魁星,傳卯刻,往則無一人到,巳刻始行禮。雨止,路滶,俄復大雨如注。聞穀已發芽矣。湯、陳談訟事,云一千三數可了,執迷不悟,奈何? 伯鈞言乃郎局事,愈歎謀生之難。聞實甫來已抱病,硯規未受事,節吾已到彼處矣。正午始歸。校所刻《聖證論補評》。鄒富文來索書刻,答以從緩,以《異義》陳《序》二葉與鈔。未刻放牌,君華來,云府學"學而時習之"三章。此題要有見解,非淺學所能辦。小鶴、壽兒二牌始出。雨猶未止,打傘到里仁巷。是日叔祖忌日。達卿來,云母不肯當金釧,不能成行,衙門花二十費①,限期已滿。予以湯、陳所言告之,仍不爲意,此事可不必再與聞矣。

---

① "花二十費",似當作"花費二十"。

初八（13 日）

雨止。龔瓊山來，云取古，即龔獻也。此公年四十八，此番當可青一衿矣。公甫來，其堂弟亦來應試。校《聖證論補評》一過，尚有誤字十餘。林綬臣來，云幾中風疾，醴人告書院私設班房，可怪也。黃仲炳來，云由衡州耒陽歸試，耒督銷局薪貲有三十千，乃翁亦將歸矣。節吾來，云已移居洪家井，彥規日内將受事。仲炳在坐，不便干説。客去後，與吉兒往陳家井看公甫及張仲卿①，皆出門。學院街鵠袍紛紛。夜又大雨。

初九（14 日）

陰，微雨。今兹禾稼恐不豐矣。函致節吾，遞二名條，並贈以書三種。此亦無聊之極思也。公甫與乃弟萬生來。龍英溪亦至。英溪託覓一教讀，小學生二人，價可八十竿，當爲留意。《説郛》有《皮子世録》，爲襲美公所撰，云皮氏出於鄭公大夫子皮之後。如其説，則亦姬姓也。襲美公，唐之大儒，自述祖姓，似較據《風俗通》云樊仲後，及《權文公集》以樊仲山父爲魯武公之子而以皮氏爲周公之後，更爲可信。洪皓《松漠記聞》云女真酋長乃新羅人，號完顏氏，“完顏”猶漢言“王”也。文維簡《虜廷事實》云女真部族種類不同，惟完顏一姓則有異焉。蓋其遠祖因避罪，自高麗而至。考新羅後並於高麗，二説相合。或以“愛新覺羅”爲“新羅”二字之證，此亦可爲左驗。君華、象臣來，打聽一等案未發。小泉歸家。

初十（15 日）

陰，有晴意。作《駁五經異義疏證自序》畢，録出。鄒富文來，付之。《異義疏證》六卷録完，校一過。夜接祖宗。予七月不在家中已十年矣。祖宗有靈，見家中如此情形，恐不免有太息

---

① “公甫”，原誤作“公略”，據上月十一日日記，公略已去世。

聲也。荑溪借《通典》五本去。

十一（16日）

一早大雨。天乎！天乎！早飯後略止。錄出袁氏《鄭志序》。覆校《異義疏證》。馮家沖已來報災，云如此天氣，並不能割禾，禾在田中發芽。又聞長水出蛟，壞船數十。家中濕氣甚重，真秋行春令矣。晚聞發一等案，親戚中無一人。聞縣學許季純第一，可望優。周紱延名在一等。夜雨不止。

十二（17日）

一早大雨，飯後略止。覆校《異義疏證》六、七卷。邀黃公甫、萬生、念循午酌。武實病瘧，不來。飲畢，留抹牌，夜始去。又雨。

十三（18日）

仍雨不止，秋成恐大傷矣。天時、人事如此，奈何？督銷局送札來，委吉兒益陽文案，薪水六金。令到局謝易、陳，皆不見，不知應到局否，如不到局，可略助火食。實甫蓋以此塞義寧所託也。覆校《異義疏證》二卷。佃夫取禾來觀，牙深寸餘，深者並無米，大可慮。彼云鄉間紋銀九石矣。城中由十四石縮至十二石。汪受明來。吉兒應課，爲作詩二首、小講一。

十四（19日）

爲薦新及燒包之日。天猶微雨，包不能燒。覆校《疏證》前三卷。祭先祖後，往里仁巷。以是日爲叔祖生辰，到彼處祭畢而飲。禁屠，無物可買，菜不佳。且恐有雄雞，食之氣甚痛，且癬甚癢，夜不成眠。憶日中秉郇來談近學醫，近有所得，予亦欲略問津焉。秉郇云學使批湘潭學請革易甫，語頗得體。不知狂吠者何爲也？

十五（20日）

晴。天有轉機，人可不至盡餓死矣。飯後趕緊燒包。予以出城五里遠，未能往。聞昨又傳問，限二人勒限五日，五日不了，則一追監學，一發學。如此逼緊，不知何以處之。鄒富文送《疏證》廿餘冔來，校一過。下午往林綏臣、黃仲炳處回看，皆不晤。晤于秉郇，談醫理。見居停，詢知學生八月方來，其女亦回江西，伯華並未報期，其子喜期年底恐不能行，約在明春，現請雨珊丈斟酌。伯嚴病已愈，寓席公祠養病，其家每年須用四千金，無從出，奈何？中丞節後北上，糧道一席不知誰屬也。到受明處略談，歸已晚矣。

十六（21 日）

晴。飯後往兩黃處，皆出。到胡少卿處久談，約來診脈。到節吾處，云舊者可留，實甫新增太多，擬不給發，屬以照拂。少卿云平江有書啟館，俟更問之。歸校《疏證》數冔。下午嬸母呼去，乃知前夜官坐二堂，單提老三，使吏具限狀，云皮介卿欠協成賬目限五日了清，不了即繳監，照嚴比。其中並不提陸仙，不叫找人，亦不涉達卿等，專責介卿了賬，不了難免受刑。老三並不看，即畫押。大約今日始知其審，故慌亂，而猶不見機，仍是要喊冤，不出錢，一味盲詞，此事不知蹭到如何地步。俄而持客單來請客，客中似無可靠之人，五老爺、九老爺並列名。以母請子，尤可怪。

十七（22 日）

鄒富文送改正《聖證論》來，不知猶有錯否。欲求刻《駁五經異義疏證》，予書數行，屬呈祭酒。實甫送所刻《湘壇集》，屬作序文，勉作一篇，聊誌一時鴻爪，特中有感時之作，恐招群吠，予亦有數篇，奈何？下午嬸母請客，羅、張諸公評理。諸公皆不甚開斷，母子爭論許久。老五允將契押，母又不許用本屋契。羅十五舅爲之調停，云不必說明，且用屋契，請張九公同往秦黌洲處，看余介卿允借銀否。必欲予同往。夜往，則秦未回，予亦歸。

十八（23日）

録出序文，改正數處。鄒富文又將《異義疏證》六、七卷持去，云祭酒早看。昨夜湘潭挑案發，黄氏昆仲皆不與。聞有作駢文者四篇皆挑。龍子曰作駢文，亦難能而可貴矣。黄萬生來，云今日即歸。午飯後，達卿邀同往余太華見秦賫洲，張九公先到。交本屋及龍駒塘契，託押千四百兩，如余介卿見允，即請秦代付協成，以千三百金了事，成敗在此一舉矣。時大雨如注。歸而焕彬適至，交實甫來摺，變六金爲六竿。予以《湘壇集序》示之，云此集恐有違礙語。彼云不妨，序文亦妥。孟來至，遇雨，衣服皆濕，云尹臣今日即行，有話無從説矣。《電報》引《漢報》有"逋臣返國"一條，果有之，亦非福也。伊籐之事，傳聞異詞。又有"學堂一概停止"一條，可云兩頭扯矣。貢如兄弟來入場。夜月如晝。

十九（24日）

陰雨。李又聯送場中文字來，時文全不合法，史論亦少發明，爲改三篇。下午往織機巷汪老太太處祝壽，吃麪歸。

二十（25日）

晴。飯後往陳璞山處，云達屬求官緊介。骨肉相殘，奈何？學宮傳人二點鐘往。到督銷局，實甫已上船。見笠唐，以《湘壇集序》付之，屬代交。至李兆箕處，云穀價已十一石。到貢院街，汪老姨太太祝壽，留飲，以到學宮辭。到二叔父處。遂到學宮，見湯方伯，仍以和議託之。范清華已行，難保無翻覆，刻之又無現銀，空説而已。修府學宮頗有異議，有云大成殿有蟻，未甚壞，可仍舊貫，新之巨欵難酬，乃必無事自擾，無非自利而已。長沙劉穀生監修，祭酒以任用私人詆之。此等乃中國積弊，去年反復正由此起。全興之《跋》不知誰作，乃援去年新學邪説侵及聖教爲言。不知講學正以尊聖明教，安有侵聖教之事？若僅以修廟爲尊聖，是直如梁武之修佛寺，達摩以爲並無功德。此輩識見遠在達摩之下，不過俗僧販鬻如來之故智而已。可笑！可歎！久安丈到，見其雖未復原，而精神、飲食皆佳，亦大幸也。發簿子至將晚尚未畢，罷酒已日曛，餓極矣。夜卧，忽聞老三持刀自刎，幸爲人救。不想出路而遽輕生，徒驚老母，有何益處？五、九呼不到，忍人哉！

廿一(26日)

飯後往馮子靖處，請來診脈，允諾。往陳芷青處，云夏家九月傅埁入贅。問夏公已出門，屬覓先生，未能報命，芷青亦以爲難。到久安丈處，子靖正在診脈。予歸而子靖至，爲兩女診脈、立方而去。校《異義疏證》十咠。龔瓊山、譚岱林、迪臣、汪埁至，打聽挑案也。夜大風雨，不知何時發。

廿二(27日)

頗寒，雨止。吉兒往看挑案，汪、黃皆無，惟瓊山及楊佑蓀有名，止挑五十餘人。閱《夢溪筆談》，中有算學、測量，故前學使以命題也。朱大韶《實事求是齋經義》可補入《異義疏證》，有三、四條，録出一條。晚間案發，瓊山與佑蓀皆入學。久安丈來。夜甚凉，如重九。

廿三(28日)

到瓊山處道喜，不晤。日出，天氣漸熱。汪受明來。艾作霖來，取《鄭志疏證》二卷去。復到瓊山處，又不晤。往述卿處略坐。歸而興姪猝病，不能言動，俄而風瘗，舉室驚擾。醫三人所見略同，皆云寒症，宜薑、桂、附。服二劑，稍平靜。小泉請久安丈、象臣、述卿，客至正驚擾，勉強陪坐，幸病少愈，得以終席。

廿四(29日)

晴，復陰。興姪漸愈。胡少卿至，爲二女更方。請看興姪，云李少庚方可服。瓊山來謝。録出朱大韶説二條。

廿五(30 日)

奮志作《箋膏肓疏證》,得三叴半。鄒富文送來《駁五經異義》十餘叴,已録出發刊。此祭酒之功,使予心血不至堙没,而予亦可云拼命著書。

廿六(31 日)

作《疏證》三叴餘,校《異義疏證》。是日大覆試。予十年未往觀,擬一往,而雨不可行,在門首望望,亦有穿襴衫者,然寒士爲多。人云此公不徇情①,徐崇立不覆試,强之來,由廿名外提至二名,不徇情者乃如是乎? 實甫來,云住賈公祠,將歸常德;伯嚴大病幾死,幸愈;陳幼梅送右老二千金。

廿七(9 月 1 日)

作《疏證》二叴。欲往胡少卿處,先贈《大傳疏證》、《讀經說》②,云病,遂不往。吉兒云平江縣令爲冼公寶幹,當託之。達卿云事已了,謝老德已應允貸銀,彼處亦允,又加百金,計一千四。下午同往余太華見謝、秦,借字書達卿名,每月一分二,以三月爲期,中人謝、秦、張、羅並予五人。往夏公處,未歸,遂赴久安丈飲席。孔三大發議論,以近殺人爲致災,亦是;云達卿找彼,已向廉訪言之,全以紳士主和,故押人,足見和、戰並用誤事。

廿八(2 日)

校《異義疏證》六叴,覆校十餘叴。楊詠仙率子佑孫同來。述卿來,談隔壁事,始聞老七信東海,真有謀嫡事,因老三罵之而起,危哉! 危哉! 李又珊至,送古文數篇,説時務頗通,而筆不甚健。

---

① “公”,原誤作“云”,據文義改。
② “經”,原誤作“書”,據丁晏書名改。

廿九（3日）

飯後出門，見周建勳太守，云余振芝二子願來受學，姑諾之；陳幼梅女實病重，今年不能辦矣。王、張、湯皆不晤。晤楊詠仙，云佑蓀乃徐定生之壻，二子俱已昏矣；芝仙署鹽道，冬後交卸，將歸省母，笛仙目病，在家。往芝老處，不見客，黃溪出門，荔仙往滬，研仙署上元。到周郢生處，云京師謠風未息，長信出入用毛瑟自衛，紛紛召外兵而無餉，恐致變；今年印結至五月止二百金，每金十千零，無以自存；頌年欲歸，力勸止之。左四又爲張苟合所參，欽敏以四百金和張夫人，今日紳士聚議。閱《中外日報》，余蠻子已獲，有恭請南遷疏。龍盤之鍾山，亦未見可恃也。見實甫，詢寄禪被逐事，云萬福禪林惡僧不欲其來，先邀地痞攻之。寄禪詩云“出世尚爲人所忌，浮言寧與道相妨”，其所處境與予略同，出世人且不免，何況予輩哉！桂妹將入京，治具餞行。京官印結如斯，入京何爲？恐失計矣。

三十（4日）

錄《箴膏肓疏證》三岊。鄒富文來，以十一岊付鈔。黃伯華來，告以居停女病，事不諧。伊意怏怏，云將往江右一行。實甫贈所刻書，有《董皇后行狀》、《影梅菴憶語》合裝一本，不解其意，豈一人乎？復生云小宛曾入宮，《憶語》不云小宛何病死，似有可疑，不知復生所言出何書也。楊詠仙送謝敬十六元，數雖不多，而予受之有愧，其子入泮，非必予教育之功也。

八　月

初一（5日）

微雨，微陰，恐此月內又秋雨連綿矣。周紱延來，代父回拜也。錄《箴膏肓疏證》三岊。脇痛，日間亦甚，不能久坐。

初二（6日）

祭酒來拜，云居停致意要專館。予實不曾耽擱，吃人飯如此之難，可歎！屬謀經課卷看，彼不知處所，予亦不知也。談及前作《焦氏易林疏證》，《易》一經予不敢自信，必欲穿鑿，無不可也。錄《疏證》二㕓餘，氣痛，遂止。下午往劉伯卿處赴席，張、譚、魏、俞在坐。張云廣東新製小輪將至，製造局擬接辦，以語言文字及交涉學爲不應以噎廢食，可不必詆新政矣。諸君論剛是懲非剛，縱容家人要錢，他可不論評，在閩無錢不要。守舊黨魁如此，豈憂天下哉！日見晴光，夜又雨。天時、人事可知。

初三（7日）

雨，寒氣更甚。較《異義疏證》八㕓。學使月課，爲兩兒作試帖三首。周太守聯慶號建勳來拜，云余振之二子將來受業，幹庭來在節前後矣。半夜後大雨如注。

初四（8日）

雨不止。錄《箴膏肓疏證》二㕓。氣痛漸劇，殊可慮也。受明來，談時文甚有勁。伯華來，云將往江西，擬函致芰舲。聞伯嚴死而復蘇，亦可怪，將作書慰之。

初五（9日）

晴，復陰。作書與芰舲並與伯嚴，感懷身世，情溢乎詞矣。伯華云必往，因付之，並屬將《讀經說》書板帶回，伯嚴處託問席家館事。

初六（10日）

晴。一早往胡少卿處，請診視、立方。彼云病在帶脈。予以痛及背，恐及腰，其說似可信。託問平江書席，云到彼問冼公再說也。歸得芰舲七夕來函，甚以抽房捐爲慮。此事遲早恐不免，舍此無斂財之法。云彼處有不入場而入泮者，令門以不肯出千金而落孫山。其言必非無因，可歎！可歎！久安丈至。錄《疏

證》一卷餘。氣疾，不能久坐。下午出，走到受明處，略坐。往
黃鹿泉處，云尚未歸，見仲丙，言已到漢矣。往久安丈處，見久丈
及君華。往芷青處，云芰舲妹喜期即在來月。見報，有大力者將
迫歸政，世豈有大於玉皇者乎？媧皇斷鼇，恐有龍伯釣之耳。到
里仁巷，見二叔父，云芹妹有家中逼迫，將到南京找印生，沈獻廷
嫁姪女與龔省吾爲孫婦，可以同行，而桂妹將行，其姑大病，恐不
能去，皆出意料外也。人有云爲右帥提攜者，共籌三萬金以報
之，居停有二千金在內。又多傳芝老明年將聘予，出四百金。予
不聞此言。夜間黄溪函來，還《通考》三本，假《通典》二本，亦不
及他也。

初七（11 日）

晴。録《疏證》二卷。陳滿先生之姪來，云乃叔七月已故，
泉窩塘秋收尚好，欲易佃，伊有人薦。予聞此人不甚可信，姑置
之。楊硯規回拜，過門不入，何如此之自大？一兒取摺子去，看
彼如何，裁則裁耳。龍陽君殊不顧交情，何尤乎楊？人到無求品
自高，信然。夜聞漁翁有齊景之事，大可駭怪。

初八（12 日）

往璞老處拜壽，見畢鼎丞，欲詢乃郎事，不便，中止。聞在
《漢報》館主筆，改衣冠、姓字，其信然耶？録《箴膏肓疏證》三
卷，論今文説大夫、士無樂，自謂有心得。天漸熱，又須單衣。

初九（13 日）

録《疏證》三卷。氣少平，可久坐矣。校《異義疏證》十餘
卷。胡少卿來，更立一方，久談始去。聞林綬臣於初六復中，初
七已故，甚爲駭吊。初二往伯卿處，在小瀛洲相遇，匆匆數語，不
料遂永訣也。撰挽聯云："遺恨竟千秋，漫言蓬島仙班，一席皋
比猶落落；別君纔五日，記得瀛洲古道，片時傾蓋太匆匆。"

初十（14 日）

録《箋膏肓疏證》二臠。此書已卒業，共三十六臠，約三萬餘言矣。往瓊山處道賀，遂到節吾處。節吾云本欲來談，龍芝老明年欲延我教讀幼子與姪孫，共三人，脩金二百四十兩。芝老雖舊賓主，恐學生多難告，俟再斟酌，陳處亦須見祭酒説明，方可定局，總之此項館穀不足填窮坑也。見《電報》，宋慶已故，南洋着剛公練兵，以所籌百餘萬金爲養兵之用，特恐此公仍狃於弓、刀、石，奈何？劉九留任而不預兵事，伴食而已。沙門之局尚未了也。到里仁巷，問子漁病，諱莫如深。見芹妹，云去否未定，伊黃姑爺八月豐縣到任，印生同去，此刻已不在南京。豐縣在江北，恐近千里，未必能去。

十一（15 日）

雨。先生回去。瓊山來謝，託找館，不知自家飛絮猶無定也。聞訟事增至一千五百金，已了，而衙門未了，不知能出來過節否。鄒富文送《異義疏證》一卷，校一過。又《箋膏肓》十一臠校一過，餘廿六臠均付與鈔。是日欲往綏臣處作吊，雨，不果往。夜又雨。考地圖，豐縣屬徐州，與山東魚臺連界，距南京恐不止千里。

十二（16 日）

陰，下午晴。余振麈來拜，以其二子將來受業也。云平江金礦已出金。報上委員往查部章，用剛公章程，裁節冗費。湖南無可裁，惟有裁保甲耳。右帥朝珠均出售，可憐！可憐！艾作霖送《鄭志疏證》來，校廿餘臠。此書録畢，惟有《鄭記》一卷未來。

十三（17 日）

陰。校《異義疏證》卷四十餘臠。居停送脩金並水禮六色。水禮轉送馮子靜①，均受，亦藉了一心願。送桂妹禮四色，云已

---

① "禮"，原誤作"利"，據文義改。

催船，明日下行李。下午又微雨。去年今日，白首同歸，如果復生，又周晬矣。此君以戒煙爲箴膏肓，放腳爲起廢疾，去時文爲發墨守，嘗稱其刎而搞。今予疏《箴膏肓》已畢，《釋廢疾》方始，爲之輟筆三歎。夜雨甚大。

十四（18 日）

雨不止。記去年荄翁爲我預祝壽，飲未畢而少村至，出電報，見黨人下獄，在坐皆不歡而散，不知已同歸於盡矣！株連至今未已，何堪回首耶？録《釋廢疾疏證》二昏。艾作霖送《鄭記》一卷來。此書已録畢矣。校十餘昏。郈生送脩金六兩。

十五（19 日）

微雨，中秋想又無月矣。校《鄭記》一卷，畢。夏謙伯至，云子新公處西席仍舊。近閱報，海關新捐又加二程。慶王與榮公不合，真所謂殺家達矣。聞拿獲刺客，供是慶邸主使，而不敢追問，則推戴長信之人可知矣。受明至，云沈諸梁以文字得罪陳舫仙之子，請客十七桌，祭酒從中排解。實甫與綏瑜亦以爭風起釁。不知此等鬧法，亦可云維持名教否？夜雨甚大，殊殺風景。

十六（20 日）

雨不止。飯後見晴光，俄復雨。晚晴，月色甚佳，惜中秋無此月也。録《疏證》三昏。下午往陳宅音樽，清華班，十點鐘歸。節吾以病不到。龍宅事，璞老亦知之。詢及訟事，予再三致謝。唐仲武云唐家事已決裂，孔已興訟，不便深問，恐將步鄙宗之後塵矣。陳宅七桌，甚擠。得曾經郘回書，空言慰藉，可見求人之難。

十七（21 日）

晴。松亭與子城公之子來謝。子城年止四九，以脫症卒終，尚未葬。漢口陳某主事，生意尚平安。桂妹來告辭，明日開船，有李某同行，現寓粉房琉璃街，誌之。母女分離，甚難爲情，此別不知何日重逢,然如趙后之送燕后,必勿使返之爲幸也。下午往船上送行,有長沙李某,其戚也,同行。李在京官兵部,與子服同居,今其家眷往,路上有一伴亦好。歸,回松亭拜、到節吾處,皆不晤。到家,見夏幹臣函,感慨黨禍,欲作《歷朝講學記》、《西漢經師授受表》,以解時俗之惑。此等書出,適觸妄人之忌矣,惟藏山之業乃可耳。

十八(22日)

到夏子翁處拜壽、余振之處回拜、黃鹿泉處,皆不晤。飯後又到鹿泉、受明處,皆出門。途遇陳立田,云寓羅敦厚堂,將到張野秋處,索予所箸書。歸而鹿泉來,談久之,云:予事由湖南人寫信,徐向受人主使者。王、廖兩公猶欲稍緩付查,剛憤然以爲即當擬旨。彼見城北以伊曾薦右帥塞其口,遂無言。有薦右帥者,乃湖北人宓昌墀,官山西即用縣,錫良保奏引見。其人敢言,勸兩宮和睦,親君子,遠小人。問君子爲誰?薦香帥、于次棠、李鑑堂及右帥,云能任事,並非康黨。問小人爲誰?政府皆是。長信不怒,仍交存記。政府恨之,祕不宣。劉、慶往日本,始云請其捕康、梁,往則云日本言捕之無益,中國若欲富強,則須用彼伊相及小田七,願將前船退還中國,助中廢立,代約各國,由慶邸、小李、楊崇伊代請國書。外廷聞之,多上封奏,一切留中,不知如何究竟。聖躬康復,謂非大智即大愚也。左事由彼族挑動,苟合得二百金,爲上封事,交湖南、揚州、上海各處回奏,京官且寫公信屬湖南巡撫挂牌,氣燄之橫如此!剛往粵東,恐瞎子不利。剛不學,多可笑。伊在刑部,自負可比古之皋大人。人不知皋大人爲誰,云名陶,在唐王駕前爲臣。又薦某人,云我可比施大人,此人即黃天霸。叱滿人云:"我滿人爲何讀漢人書?漢人書不當讀。"視今人云西人書不當讀,更進一解矣。客去後,錄《疏證》三叀。本家少城送四丈多布、二點心來,應請彼一飯乃可耳。

十九（23 日）

　　早到胡少卿處診視、立方，伊云脈息尚好。桂妹之船已解纜矣。此等天氣甚佳，令人有江湖之思。錄《疏證》二咠。鹿泉送《出都》詩八章來，不免和之云："避世浮沈金馬門，碧雞持節事重論。藏身吏隱無形跡，望闕江湖有夢魂。秋老長條豈堪折，天有大瓠可爲樽。襜帷出牧毋嫌遠，問俗滇池到野村。雕龍世嬗荷天恩，群雁行分列薦紳。珥海蒼山千里月，峒煙箐雨萬家春。邊疆赤子皆吾與，瘴癘烏蒙重此身。猶憶艾年曾慶祝，期求大藥養靈椿。郎潛白首馮唐老，跮踱風塵困一官。再到鳳池常引去，社開龍喜自頻繁。不空北海金樽酒，並采東瀛鐵網珊。王會衣冠成往事，滄桑太息幾波瀾。陶公八表慨同昏，幸遇清時暫息氛。美政新詩應寄我，清風朗月倍思君。論交永夕燈微煜，惜別逢秋日易曛。此去相思誰問訊，元亭寂寞老楊雲。"

二十（24 日）

　　往祭酒處，説明來年館事，屬問居停，云此刻太早，俟九月菊花黃時再問。更有所請，皆不應，固知其意不欲使侏儒飽也。到萸溪處，伊詢館事，乃其兩弟，長者十六歲，已定李稚秦女，將娶；幼者十三，尚須點讀。其姪廿歲，去年已入學矣。予以稍從容應之。芝老如故，未進見。往周笠老處，屬薦吉兒蔡觀察處，已允屬陵生去説，彼處西席乃徐十一子，可謂貪矣。拜沈諸梁，不晤。歸錄《疏證》二咠。瓊山至，欲予薦以自代，談何容易！師礩生至，云仍住儲備倉，學生已散。現在漢人書且不必讀，誰讀西人書耶？

廿一（25 日）

　　往鹿泉處，見其出京贈詩甚多，名作如林。談近事，云兩曾軋徐桃，黃、彭成隙。不知同室操戈，何苦乃爾？到受明處，云頌年今年不歸，允忱將到局矣。歸校《異義疏證》第七段及已刻

一、二兩卷。作《釋廢疾疏證》二叶。念循來，云乃翁同往醴局。

廿二（26日）

到織機巷，見允忱親家。同受明往鹿泉處，談南京事，已可慨。湖南近事，諸梁以京官恐嚇兵子，聖裔又倡書院生控熊逆。其氣太盛，太多事矣。往里仁巷，詢子漁已愈，下鄉相宅。芹妹將往金陵尋夫，不知其戚已到任否。以予意，宜先電問乃去，較穩，恐進退維谷也。歸而念循來，云明日准行。目疾更甚，宜養，勿亂用藥爲是。録《疏證》二叶。

廿三（27日）

録《疏證》二叶。《釋廢疾》已二十叶，僅及半也。聞芹妹准行，爲其家所逼迫，並不帶一臧獲，大非所宜。伊父兄不言，未免太懦。我到底隔一層，不便多言。桂妹尚在三叉磯，同伴李某不知去向。

廿四（28日）

録《疏證》二叶。請鹿泉餞行、少城接風，並馬芥青、汪受明。尹臣父子已開船矣。送鹿泉詩送去，伊以朝回小照索題。芰舲親家來函，月初所發，云學堂已裁，伊與再筠、殿書議設一小學堂亦嚇散，桂逃於禪，盧遁異教，可歎！羅十五丈以名條求代交夏公，不知予且不能自謀也。云衙門有頭緒，田、房亦有受主，而又欲存案具結，請印及硃批，毋乃多費乎？老七已到上海找元暢，未必有濟也。爲鹿泉題小照，用前寄《滿江紅》韻云：「佩玉朝回，方脫帽、解衣休息。看鏡裏、平生勳業，感懷今昔。唐代凌煙毛髮動，漢宮圖畫春風識。數郎潛、白首幾星霜，年華急。　蠻中句，弓衣織。祠金馬，尋遺跡。望功成入覲，歸期何日。別夢千山難覓路，相逢一笑還成泣。想滇池、秋水照容顏，鬚眉碧。」

廿五（29 日）

到馮子靖處診視、立方，並請來看孫兒，伊已允諾。歸録
《疏證》二㐅。爲鹿泉題朝回小景。居停着人來，云學生已到，
不免稍爲檢理，以俟明日到館。祭酒來函，並居停元書，催到館，
云欲按日課，勿以大學生待之，彼非大學生而何？

廿六（30 日）

飯後到里仁巷，云下鄉，俟九月底服闋。芹妹往南京，初二
日與新人相妨，或當初六，訂期、催船由龔家。黃君尚未到任，或
猶在南京，則易相見矣。到館，則茂松、黃惺府、潛德釗，皆同幹
庭來者。云初六起程，到漢待十餘日，過湖大風，現在水甚大，從
無當此時長水者。東家未見面。下午設席相陪，殊太費事。録
《疏證》一㐅餘。幹庭録出場屋中文，大致近順，在彼處似亦可
望。聞十六人進十一，堂號則外號甚難。彼歸，府考初入場，早
三五日可趕及。此電報不明而誤。聞彼處六百金買秀才，言官
何當言不言耶？夜爲學生改場屋中文二篇。

廿七（10 月 1 日）

孔聖誕祭。卯刻往學宫，巳刻始行禮。湯方伯詢及訟事，云
多出銀，又張某得五十金，彼皆知之，甚駭異。云居停得善後局
差。伯鈞云葉、陳發難甚大，欲爲弭兵者恐不可弭。行禮無人，
强予讀祝。回學堂已正午矣。學生云得善後局乃十一事，月八
十金。此局恐無事可謀也。録《疏證》一㐅。夜爲楊慶孫改文
一篇，佑孫改論二篇。居停來，以所定功課示之。彼攜去，減損
其數。

廿八（2 日）

爲楊氏兄弟改文二篇。早晨飢腸鳴矣。聞年姪兒喉痛，飯
後歸視，則寒熱雜投，告以熱藥不可嘗試，服涼藥不多事，仍以守
方爲是。到鹿泉處，不晤。仍到館，録《疏證》二㐅，見居停，云

彼局無委紳。蔡處薦吉兒,云俟酌,亦不諧也。

廿九(3日)

錄《疏證》二昺,《釋廢疾》共三十昺矣。李又珊來。吉兒亦來,云龍處有薦楊篤生者。致書節吾,請姑少待。節吾已出去,仍移寓理問街矣。下午赴余詠芝大令飲席。其二子疥瘡甚重,未能出見。在坐俞、蕭兩太史、李君岳丈。兩太史月初北上。李詢及介卿事,云唐少咸之弟自投到,亦收吏房,初來且與介卿同榻。唐、皮邑中首富,而皆一敗至此,可歎! 臬臺放胡廷幹,由福建糧道升,河南光州人,太史公也。夜歸,爲幹庭改論。聞小鶴又得一千金。

三十(4日)

錄《疏證》二昺。艾作霖取《鄭志》《鄭記疏證》去,云近日甚少生意。師礎生函來,云道不行,求託居停薦入岳關或釐局務,不知此爲鐵拐醫腳也。午後到黃鹿泉處,彼已有書到我處,爲羅生求薦達卿館,乃魯軒所説也。有偽左四先生者,已騙魏午帥五百金,而猶不止,事遂敗,人拿獲,供係欽敏主使。欽敏父子住漢上天主堂間壁,逃往堂中。子異事或少白乎? 芹妹將行,治具餞之,並邀二叔。飲畢歸館,受明處略坐。夜腹微痛。

九 月

初一(5日)

以龍處有薦他人者,函催祭酒早致居停,毋使兩失。前在學宮與湯方伯言爲吉兒謀館,更致一函。郅生處亦致一函,蔡處可不言,他處再留意。小鶴送汪宅戲酒,邀我去。我無興致,亦恐妨誤功課,辭不往。余佩蘭號紉秋、友蘭號心言兄弟來受業,呈所作論與時文,皆可觀。江右此等人才不可多得,皆未青一衿,何也？有熊幼雅者，高安人，熊濟潘之姪輩，此地委員，云濟潘亦將來張羅。録《疏證》二昂。爲李又珊改策論。夜氣痛增劇。

初二（6 日）

體殊不適，右脇猶痛。録《疏證》二昂。祭酒處送來居停回書，挽留我，豈徒留之云乎？以予函致之，殊無謂也。鄒富文送到《異義疏證》廿餘昂，校一過。

初三（7 日）

寄芰齡一函八昂、幹臣五昂，真不知從何處説起也。下午到家一轉。燈下爲幹庭改文一篇。余紉秋來，以題目與之。

初四（8 日）

到汪宅拜壽。用吹打，與取親一般，習俗之異也。到祭酒處，高卧未起。歸作書與之，請致居停送關定局，看可加如龍處之數否？李稚蓁十月初三六十壽，邀分子。現在此等應酬極無味，無以避之。覆校《異義疏證》廿餘昂。録《起廢疏證》二昂。下午往久安丈處，談及館事，云有隔壁王某，一學徒，脩四十金，亦算好館，然此等館金不濟事也。又往子新丈處，云有書啟館可薦，當爲留心。

初五（9 日）

録《疏證》二昂。午刻往節吾處，屬婉辭龍丈以不得留此之意。談及時事，節吾云得劉艮生書，云瓜分之説先時不過登報，今竟達之政府，西聖爲之垂涕，諸公默無一言。事由德國發難，謂黃河一帶當由彼國權力所及。北俄，南英，大局不可問矣！到楊詠仙處，云有病，二子皆出門，則已到館中，兩相左。到周宅問芹妹，云在里仁巷，似尚未行。到王吉來處，談經義及近事。彼久杜門不出，治經課子，甚高尚，我不如也。到汪宅觀劇，夜歸。祭酒處送來關書及居停復函，脩勉加四十金，似以惟恐曠館爲言，謀食之難如此乎！

初六(10日)

彝仲早來,久談經學,以《駮異義疏證》二卷請校,云有孔廣林本鄭氏書,屬假觀之。録《起廢疏證》二帋。此書已畢工,共四十一帋。予著書性急,惟恐書不成,又惟恐其成,無事以遣日也。校《異義疏證》十餘帋。余紉秋至,呈文一篇,並乃弟文一篇。其文學子書,筆頗高,可謂矯矯者。夜爲幹庭改文一篇。

初七(11日)

爲兩余改文二篇。校《異義疏證》十餘帋。到鹿泉處,受明亦在彼處。談近事,云祭酒爲劉子元事頗嘔氣。求實書院教習吴、郭爲護院逐去,以嚴秬香、吕菊人爲教習。現在學堂將盡撤,恐同歸於盡也。到家,見子弟皆往汪宅聽戲,予懶去,仍到學堂。韓升到安仁,爲致書牧村。黄惺府以居停和學使詩請捉刀,韻既難和,詩更無聊,此等恭惟體大可笑也。勞心血於此,尤可惜矣。腹疾稍平,手熱如火,夜煩甚。

初八(12日)

録昨所作詩。復祭酒書致謝。飯後往九安丈處,託以薦館,云壽兒曾自託之,恐其不專館,鬧脾氣,不敢薦,彼如願去,使來説明。彝仲爲校出誤字二處,《通德遺書》取來,攜歸。過劉伯卿家,略談。歸閲《通德書》,與諸家所輯無大異,陳本《五經異義》即從孔本出,案語可取者亦采之略盡。《六蓺論》以前三條爲總論,與予所據嚴本合。《中候》十八篇次叙與袁本亦略同。《鄭志》"韋曜"一條亦有之,與袁本同誤。《箴膏肓》不録蘇氏説及孔疏下又二條,勝袁本,案語數條可采,當采入之。幹庭以《婺學治事文編》呈予,金華知府繼良所刊。予前在金華,不聞麗正書院有治事齋。滿人如此,可謂通治體矣。壽兒回書,仍不甚願就館。如此無用,令人浩歎!夜爲幹庭改小講、楊氏兄弟改文二篇。手烙於火,十指脹麻。

初九（13 日）

重陽。風頗大。爲楊氏兄弟改論二篇、余氏兄弟改文二篇。以孔氏案語補入《箴膏肓疏證》三四條。此不足采者略之，孔但知《左傳》，不通《公羊》也。《婺學文》談時務頗佳。予以爲湖南、江西必不敢刻此等文，刻則必闓，去年學堂刻日記可鑒。以談時事必有犯時忌者，浙人到底勝於諸省也。張恭論華士、少正卯、鄧析，對針黨禍，尤有見解。刻工送《異義疏證》十一吊，校一過。爲幹庭改論一篇。服藥兩次，恐不效，又服甘露飲半帖，手脹麻似略平。

初十（14 日）

覆校《疏證》十一吊。九安丈與彝仲至。以《箴膏肓疏證》請彝仲校。談壽兒館事，云向勞晉蕃説過，似以不專爲疑，大約九丈亦不敢力保。乃歸家再訓飭壽兒，使其自往説明。清理書數册，帶到學堂。見栗樵寄我書，似並不知我近事，乃求我代祈芝老，豈不誤哉！云杭州駐防瓜爾佳氏下書剛相，以歸政爲第一義，雙火公宜殺。此人可謂敢言，勿謂滿人中無人。此等語，亦惟滿人敢言之也。所惜未見此書，當再問之。申刻仍至學堂。飯後余詠之至，言其二子功課。紉秋通輿地學，甚佳，俟其來當詢其用功之法。予非專家，亦略解大意也。夜觀《金石索》，令人有作《漢碑引經考》之意。

十一（15 日）

致書九安丈，屬爲壽兒推轂，書到尚未起。復栗樵書六吊，愁人莫與愁人説，然彼有一官，尚有後望，我將奈何？到余詠芝處，談及小兒館事，云有沈太守者，文蕭公子，欲覓西席，脩六十金，生徒三人；武岡州有七書院，有高山書院，離州六十里，脩二百千，王伯璋坐，不甚滿意，明年可爲薦之。此等館皆不甚優，姑聽之。受明至，略談。聞李仲璇將到湖南，不知何爲。夜手甚燒,殊不適。

十二(16日)

以體不適,隨意繙《續古文辭類纂》,知桐城古文家無專治漢學者,不能謂陽湖諸公其文與之相近而强合爲一也。取張石州書一首而列爲一家,尤可不必。若然,當時治漢學者,豈獨一張石州乎?午後以家祭歸。聞鹿泉明上船,往送,未晤。到家,王吉來適至,略談著書宗旨,取《今文尚書》去。彝仲至,以《箴膏疏證》見還,云平允,無甚誤處。飲至日暮。以幹庭到外家賀喜,恐夜不歸,遂宿家中。

十三(17日)

雨,頗涼。幹庭舅氏喜事,請予,不便往,使黃升持帖往賀,並笠老、璞老二處。小泉已到局,屬往拜局員顧公,往,不晤。是日官課,爲吉兒做詩二首。檢書籍。晚飯後到學堂。幹庭二更後始歸,云余詠之降縣丞,以前在武岡其長子鬧事聲名不好之故,俞中丞所參也。連日服龜板、地黃,氣疾漸愈,手熱亦稍平,精神覺微倦。

十四(18日)

雨。録《疏證》一帋。閲《通鑑紀事本末》,其無類可隸者删節太甚,如唐玄宗初政甚可觀而全不載,姚、宋事業皆不具,則此書宜與《通鑑》並觀乃可耳。寫字覺目眩,豈吾衰之兆乎?雨不止,殊悶悶。

十五(19日)

雨,午後有晴意。録《疏證》二帋,周公攝政一條頗費斟酌。家祭,告歸。邀幹庭同往便飯,帶留聲機器往,聽者聞所未聞,幾塞破屋子矣。九安丈、彝仲兄同來,云壽兒館事已成,將送關聘。此子成敗,在此一舉,或祖宗與我母、我元配有靈,得以成就此子,亦未可知。晚席散,仍同幹庭到學堂。

十六（20 日）

晴。録《發墨守疏證》，畢。矻矻如此，不知後世有揚子雲否。以所著五種各式部共書十册付書局發售，並函致吉來，索壬老所著書，得《論語訓》一種。閲之，多取何注、皇疏，間出己意。其原本《公羊》者可采，其臆説如"冠者"、"童子"之類不足據也。是日小鶴生日，家中來請，四點鐘歸，飲至夜，仍歸學堂。爲幹庭改文一篇。夜眠不安，豈用心之過歟？

十七（21 日）

雨。校所刊《駁異義疏證》三、四、五、七四卷，即寄彝仲，請再校正一過。校録出《異義疏證》廿餘葉，又覆校一過，目力耗矣。閲《武梁祠畫象》，得二事。畫象成王中立，右俛立者二人，云周公、魯公，左俛立者二人，無名。成王形略短小，如今十三四歲之人，是周公輔成王時王不在襁褓之明證。《晉》《隋志》謂公制肩囊負王以朝，非其實矣。又畫文王、太姒並坐，十子侍立，伯邑考、武王發後即次以周公旦，而管叔鮮、蔡叔度列周公後，是今文説以周公爲管、蔡二叔之兄之證。康叔封、冉季載列最後，形皆短小，後立一乳母，此《史記》云康叔封、冉季載皆幼未得封之明證。漢人石刻有益經義如此，今人但知取鐘鼎文疑似難明者舉以證經，而石刻分明可據者反遺之，不可謂之善考古矣。夜又雨。《異義》復讎一條可補《廢疾》。

十八（22 日）

校《發墨守疏證》，補入二處。校《箴膏肓疏證》。見彝仲所校甚精審，使予不爲衣食所迫，鄉居得此等良友二三，足以遣餘年矣。午後到家。是日三叔父大祥。轉瞬二年，時事大變，家事亦大變，可歎！老三、老五將理家計，如此局面，自應料理，恐又有口舌耳。老九欲從予受學，予固不辭，但不能到彼及門耳。夜仍到館。

十九（23 日）

　　爲吉兒改《月令章句自序》。師礌生至，云已託鄧儀卿向張子虞説矣，洋學生皆召回，蓋即某中堂以爲漢奸之説，可慨！可慨！西人又到醴陵一帶勘路，云美人假三千萬金開粵漢鐵路，不知塙否。爲幹庭改《田單攻狄不能下論》，頗及時事，感慨係之。今人必以宿將爲可用，惜不聞仲連之言也。

二十（24 日）

　　晴。檢《經説·禮記》校一過。此予初講經學所作也，亦可擇而從之。此十餘年所學終無大進，可愧也。往彝仲處，不晤。見君華，王氏館尚未妥，關書未送，謀食之難如此！往芷青處，略談。往余詠之處，將吊慰之，云往岳州，豈求十八子耶？十八子將至，傳言有于到湘、王到鄂、俞到晉之事。電鈔榮、慶不睦，榮、剛亦不睦，可謂殺家達矣。德窺山東，欲得黃河一帶權利，政府何以應之？李鑑帥已召見，耳東何寐寐也？豈必事急乃需人歟？晚間壽兒來見觀察公，不知説何語。楊氏昆仲送文三篇、詩一首來，燈下改之。

廿一（25 日）

　　晴。補詩、文批語。校《禮記説》。李又珊至，以前所呈文付之。此子甚可造就，惜予不能無事專教此等人也。聞武備學堂移至金盆嶺，求實書院移武備學堂，書院分教習減脩，止三百金，大約此金加上總教習矣。周魯子一屋數易招牌，真兒戲可笑，恐此局又不久矣。午後到節吾、叔瑜處，皆不晤。遂至里仁巷，等一個多時辰乃行禮。叔祖母一生苦節，今服闋，事畢矣。早逝二年，猶屬福氣，使今尚在，尤不堪問也。晚歸學堂。夜雨。

廿二（26 日）

　　風雨，頗涼。校《禮記説》，並取《注疏》刊正謬誤，刪補數處。其中亦有十數條可觀者，易名《禮記淺説》，如可發刻，不枉我心力矣。家人以昨祭黃孺人，約歸享祭餘，因風雨不往，亦不欲多耽擱也。閱《宋紀事本末》，見王禹偁奏其時州郡城郭不完、器械不脩、蕩然無兵之弊，宋開國止兩代，而弊已如是，則今中國之禍，安得謂宋初君臣之遺謀不善哉！

廿三（27日）

有晴意。校《禮記淺説》畢。閱《公羊》《穀梁説》，亦有可存者，似《穀梁》各條尤善。《左氏説》亦有可補入阮刻《經解》者，特少時所見，今亦有不以爲然者，間爲刪補數處，刻以問世，似亦可無愧也。閱《宋史》，范文正已變科舉詩賦爲策論，不始於荊公。范所變諸法，不過裁省冗濫，並不擾民，當時已群起而攻之，范去而法皆仍舊。使仁宗以神宗待荊公者待范，則後世之唾罵，在范不在王矣。是則范之去位，范公之幸也；王之久於其位，王公之不幸也。議論多而成功少，自宋始；法必不可變，亦自宋始，中國不復振，亦自宋始，不鑒其覆轍，奈之何哉！爲幹庭改文一篇。

廿四（28日）

晴。閱《左氏説》。午後到家午飯。劉蕈生至，略談近事。遂往學堂，過受明處，云尹臣與局員不合，頗自危。現在謀奪人飯碗者多，亦可危也。聞新政禁服妖、木妖，衣有鑲牙子、蝴蝶者，杖之於市；有起洋房者，令拆毀。此等事誠應禁，然豈無大於此者乎？蔡觀察往岳州，不知何事。《中外日報》載瓜爾佳氏書，云是杭州將軍。若然，則可以自上書，何必由剛相，恐誤也。然能言，贈六人官，可謂大膽矣。當求其書觀之。又有何某者，將《勸學篇》逐條駁詰，已刊出，亦可謂有膽。當問蕈生取觀。夜捉一賊，云蔡姓，住桂花井。終夜擾亂，爲之不眠。

廿五（29日）

雨。爲楊氏兄弟改文二篇。作《箴膏肓》三書疏證《自序》一篇。閱《全漢文》，漢碑皆具，加以《蔡中郎集》，大略已備，作考可以據此爲之矣。吉兒書來，云聞龔雲浦家有館地，可託祭酒作曹丘。王處亦未送關，可催彝仲往問。

廿六（30日）

致書祭酒、彝仲兩處。祭酒云龔宅今年西席是彼所薦，俟問明再回信。彝仲云即當催問，以所校《疏證》四卷見還，引陳案衍二字校出，恐須鑿去二字矣。刻工送來《疏證》八頁，校一過。將昨所作《自序》錄出，改定數處。燈下爲幹庭改文。夜大雨。

廿七（31日）

雨止。致芰舲書五頁。得芰舲來信，言來冬須辦喜事，及貴谿鬧教案。又加四頁，言明年無錢恐不能辦、從容再議等語。"每有良朋，況也永歎"，感慨係之矣。閱《六朝文》，見其時釋教甚熾，攻擊道家。道家之書誠有可笑，不知何至如此荒謬？無可排遣，若得《道藏》、《釋藏》閱之，或可遣日。

廿八（11月1日）

晴。校《釋廢疾》廿二頁、兩遍。《漢碑引經考》試錄數條。予無《隸釋》、《隸續》，不能覩漢碑之全，《金石萃編》、《金石索》等惟即今所見者錄之耳。鐵橋《全文》雖具載之，不知可信否？《少室》《開母闕》，《全文》不見，恐不無遺珠也。

廿九（2日）

鄒富文送《疏證》三頁，校一過，十卷畢矣。午後歸，爲嬸母祝壽。二叔父亦至，下鄉在即，意甚快快。沈獻廷到漢有書來，云見老七，貧病交加，固自作自受，然兄弟能漠然乎？飲至夜。留宿家中，以明日祖父忌日也。

十 月

初一（3 日）

以書箱做成，瞿宅取書歸，檢理安放。以靖安舒邦佐《集》、《太乙舟集》、袁叔論《稾》三種送幹庭。老六查河，有箱一隻未了，仍去。飲至夜。明日下鄉，仍宿家中。

初二（4 日）

飯後到馮家沖埽墓。念我曾祖刱業艱難，不及百年，已將一敗塗地，禱告之下，幾欲痛哭。不知曾祖有靈，能祐子孫挽此衰勢乎？歸遇北風，飯後一吹，頭痛畏冷。到館，甚不適。夜强起，爲學生改論與小講、批日記，頭目眩暈，苦矣哉！

初三（5 日）

函催祭酒回信，並函託湯方伯，亦不過盡人事而已。芝老之子云十一日喜期，擬送對聯云：“南國風詩，和聲樂奏；東萊世學，博議書成。”芝老請初六，大約是陪媒，或即初六過禮，不能不一往。爲兩楊改文一篇、論二篇。佑孫《後漢黨錮論》能用船山書，可謂難得；慶孫論對針時事，氣亦激昂，皆可教也。祭酒回書，云龔小浦言將入都考蔭，尚未定。顏仙岩云東家挽留，學生無長進，恐孤負。兩人言已不符，則不洽之説必有之，特無人肯薦耳。夜爲幹庭改文。

初四（6 日）

録出《自序》付鄒富文，並校《疏證》四帋。歸家。見君華，言王氏館事已説妥，其家無人寫關書，稍俟之。到受明處，云尹臣無信來，或飯碗猶可保。

初五（7 日）

立冬。爲楊氏兄弟改論，大都囿於舊説，極口詆始皇。予則欲少爲平反，爲今日弱症對病之藥，舉始皇事批數百言，流俗見之又大怪矣。致節吾書，復云雲浦至好，其子却不相識，殊無益也。三、五諸弟促予歸家，不知議何事，午後乃歸。致桂妹信一函。老五向廖應祥言欲彼受屋，否則停利，應祥皆不肯，反要摺子算帳，賣田歸楚，云本銀二千八百兩，又錢五六百串，加一年多息銀，數不爲少。如兩下決裂，又將興訟，兩敗俱傷。應祥受予家恩，何苦乃爾？

初六（8日）

龍宅請陪媒，約九點鐘，往則汪鏡青、楊詠仙久到早飯矣。韡之後至。俟二冰人往李宅還，始上席，一點鐘後矣。韡之爲伊姪女請作伐，託找館則無以應。鏡青言龔家惟祭酒可説，當再祈之。到正卿處，已三四下鐘。俟告祖見拜，則莫矣。留飲，上湯後歸館，將二鼓。氣甚痛，遂卧。夜雨。

初七（9日）

爲幹庭改文。氣疾猶甚。閲漢碑，有數則未録出。家中命轎來，云祥女歸家，懶於出門。下午見居停，談作伐及薦館事。云俞中丞祝嘏即回任。北方大旱，撤壇十日，爲祝嘏事。王之春與皖撫鄧對調。岳州十一開關，又添一船關，不看貨，張道已費四萬金矣。閲船山先生《噩夢》，是小變法，爲一時計；《黃書》是大變法，爲萬世計，與亭林、黎洲所見大同小異。去年講學未及引，甚自愧也。有至死不變者，將奈之何？

初八（10日）

寫送龍宅對聯。余紉秋至，云乃翁昨歸自岳州，見李仲璇矣。其發難因陳晉卿，實因去年辦釐，開罪於大紳蒉，可畏哉！今因未見明文留原省否，故猶遲疑，恐未必留原省也。歸家看看，則壯外孫又病，體氣甚弱，尚不知噉飯。汪家不欲以人爲重，不僱乳母，可謂無理之尤，不可與講情理。下午到館。夜大風，頗寒。

初九（11 日）

風雨。録《漢碑引經考》數條。此書假以歲月當可成，惟須假得《隸釋》、《隸續》二書，其近人考金石家所箸書不得亦可。翁北平自謂通博，乃必以"三條"本《禹貢》、"十言"本《易緯》爲非，足見金石家多不曉經學也。此書若成，更當作《引緯考》。龍宅止受對子與燭。芰齡信來，云乃叔處不行，此老不過留待大帽耳；張筱傳頗爲不平，或可託殿書代求事。此亦甚無謂，惟可見公道在人心而已。是日落一齒。

初十（12 日）

聰叔來，請十一分析必欲一往。受明來，談壯外孫事，伊亦甚以尹臣等爲不然。頌年得子，亦不請乳母，任其糟死，尤不可解。如此重錢不重人，要錢何爲？録《漢碑》數條。爲楊氏兄弟改文三篇。氣痛又漸甚。校《異義疏證》十餘爲。夜卧殊不安。

十一（13 日）

覆校《疏證》一過。飯後往龍宅賀喜，甫進親，略坐遂出。又往拜客數處，皆不見。歸館，將《全文》打條子，使刻工書目。三點鐘後往彭宅，親戚皆至，分關已書。彭三嫂以分關不應書"合分兩叔公"字樣，詈主稿者永絕書香。聞稿乃大嫂自起，中有格格不吐之語，出自女人，可謂難能矣。伊家尚有一千七百石租，大嫂提膳養並祭埽八百石，二嫂、聰叔各四百六十石。三嫂以公田過多，欲其分諸姪兒各五十石，爲廉泉捐一官。題目太大，不能成議。陳寶生等以爲分析已定，別有支節俟廉泉來找我等再說，遂散去。予與吉兒還家。聞陳鑑州在祭酒處坐醫，惜不早知，未與一談。薏丞親家到，亦未早知，過門不入。述貞親家信云可爲吉兒保舉，惜未就州判，不能保知縣、教諭，只可保學正,加中書銜。吉兒悔之。予謂即保知縣,亦無大益也。

十二(14日)

飯後同吉兒往馮子靖處診脈,請到家醫金女。遂到館,閱金石諸書。余振之至,頗發牢騷。詢岳州開關事,云此刻説不礙釐金,將來必皆歸子口税,雖税、釐一也,而關税必歸關上之用,湖南更公事拮据,釐局仰食人多,將來亦無可位置矣。英人已買地開租界,此事關係更大。子靖言西人來此傳教,官禁佃賣地與西人,彼游弋不去,即在船上傳教。此尤可慮者。

十三(15日)

録《漢碑考》數條。未刻復以祖母忌日,歸祭。適薏丞親家至,留飲。飲畢,與薏丞同出門,略談。彼水田似尚好,視予爲勝也。過受明,略談,云十八子爲護院所驚而去,亦足快也。到館,爲幹庭改文,爲吉兒作試帖二首。北風甚大,早晚有霜氣。

十四(16日)

録《漢碑考》數條。學生檢書,有《圖書集成》。此書浩如煙海,不知其中有可觀者否,暇當閱之。張子虞學使之父名道,著《梅花夢傳奇》,言小青事。馮生即馮夢禎之子,則非亡是公矣。師磻生來,求爲謀事,不知予自顧不暇。蔡文光來,恐是彼東託相攸也。

十五(17日)

鄒富文送來《異義疏證》十卷,已刊成。《發墨守》《釋廢疾疏證》録畢,校一過。到綏臣處作弔。朋友之義,盡於此矣,可憐哉!龍老八在彼,問吉兒肯教小孩子否,伊家有小館可就。特恐楊篤生來,相形見絀耳,俟見節吾商之。鄒生一毛不拔,人皆不然之。今日人情,大率如此。閱《笠翁一家言》以遣悶,有書與都門友人,云:"以四十口而仰食於一身,是以一桑之葉,飼百筐之蠶,日生夜長,其何能給?牛山之伐,不若是其酷矣。"此語可爲予寫照矣。

十六（18 日）

覆校《發墨守》。考漢碑數①。到唐夏卿處道喜。歸家一轉，仍還學堂。夜爲幹庭改文。伊讀文字即能運用，足見天分高，特不肯多讀時文可惜耳。

十七（19 日）

録《漢碑考》數條。閱《天下郡國利病書》，云佛朗機國在爪哇南，引《月山叢談》所説同。蓋不知當時南洋諸國已爲西洋埠頭，故謂佛朗機亦在南洋耳。言其蒸食小兒，搞鑿可據。汪鋐以計沈其舟，乃去，因此海舶悉行禁止。兩廣巡撫、都御史林富稽《祖訓》、《會典》，奏上得允，番舶乃通，葡人請租澳門，即在此時。顧書不載林富貪區區小利而致今日中華之大禍，蓋亦非彼所及料矣。

十八（20 日）

録《漢碑》數條。壽兒與望之來，云里仁巷已下行李，乃往問。過余詠之處，略談。往二叔父處，尚未定期，約須來月。到家，食蟹二。到述卿處取書。彼有寄售貞老隸書《張遷碑》真蹟，愛不忍釋，價昂不能買。示居停，不知賞識否。夜肚痛，想食蟹所致，吃胡椒稍平。

十九（21 日）

猶腹痛。録《漢碑考》數條。陳家有《圖書集成》，勸其使刻工號記，而第一函即少二本，未知本缺耶，抑失之也？夜爲幹庭改論，其文筆可學，特恐不能竟其學耳。

二十（22 日）

録《漢碑考》數條。楊佑孫處假來譚佛生詩文集，閱之，歎

---

① "數"下，當脱"條"字。

爲才人。運極道消,碎此明月,不能不爲才人惜也!聞孫兒、孫女點痘,歸視之,則已點過矣。五弟婦生日,二叔父至,留吃食,飲至夜。聞六妹已定冬底出閣,非我族類,已爲寒心。四妹將許尹笙舫。尹雖家富,有官做,而年逾知命,妹不願而兄、嫂强之,母不能庇,可憐哉!到館,將二鼓。夜風頗刮面,卧甚不適。

廿一(23日)

爲楊氏兄弟改文四篇。閲《郡國利病書》,其所陳江南利病與今多不合,所言馬政、土布之擾民,今則無矣,而兵不精練之類則如故。

廿二(24日)

作《漢碑考》數條,"公劉"、"亶甫"頗有發明。祭酒復書,極恭惟所著《發墨守疏證》三種,而於館地則云龔仍舊矣。回書再託之。玉谿云:"直道相思兩無益,未妨惆悵是清狂。"

廿三(25日)

往沈諸梁處,云往麓山矣。見陳璞老,不晤,晤荇疇。見陳佩衡,不晤,晤覼虞,云伯屏在東牌住,時詢及我,當訪之。歸家,文公達來,云乃翁亦至,住碧湘街。往見,相顧太息,云彼事不甚緊,因子弟入保國會,查在家安分否,不安分即拿問,無進京字樣。詢外國事,云俄鐵路明年將成,英與非洲連兵,若不解,俄必乘隙侵中奧,窺京城,意將開釁。伊仍住滬,此來了萍鄉礦首尾,允爲吉兒謀報館事,恐彼不勝任也。歸自城外,叔父已至。祭畢,飲至夜。是日高太宜人忌日也。聞湘潭接衡山界會匪起事,已搶局,一早開營兵往。惟望早撲滅耳,燎原則不可當矣。岳家黃宅不知距遠近、受驚否。

廿四(26日)

大風,有寒意。録《漢碑考》數條。蔡文光來,必欲見學生之寫作，略示之，云兩家兒女彼此見過，皆願意，特恐親家須回避耳。

廿五（27 日）

爲慶孫改文一篇。文道希至，云近著述教源流，源極詳，恨未得見。彼欲託我代刻，一則恐人駭怪，一則恐不寄刻貲也。談近事，云榮、慶相見帶刀，劉、慶密約已作罷論，亦因俄人不允故也。彼見幼梅，不知何語。吉兒至，使見居停，亦不知何語也。居停以我太寬，不知如何嚴法？

廿六（28 日）

祭酒以《漢·地志》請校，爲校。往見節吾，云衡山事，因衡、湘兩界有一深林，會匪私造兵器，近一字河，大令出其不意，拿得二人，請兵捕餘黨。又有劣生向日隆聚衆拒捕，似尚非吃緊。硯規已來，喪愛妾，不得意。往陳伯屏處，節吾亦至，久談。陳意頗殷勤。到汪宅看壯外孫，已卧，祥女言其病甚可慮。老太太欲催乳母，恐已晚矣，何爲早不聽我教乎？夜爲幹庭改文，文頗成章，得毋有捉刀人乎？

廿七（29 日）

覆校《漢·地志》，籤出數條，其中頗采芻蕘，然不盡得鄙書作意。殷郁仙至，云亦賦閒。陳佩蘅來，云平江實出金，已出萬餘兩銀；大成公司煉銻本粵人，又有湘人謀奪之。伊辦製造，恐亦虧不少也。考漢碑數條。見曆書，明年閏八月，有言長毛初起其年閏八月恐不吉者。

廿八（30 日）

考漢碑數條。校《異義疏證》。祭酒至，以校《漢書》見屬，云書成當接注《後漢書》、《新舊唐書合鈔》，再作《三家詩義疏》，恐成書不易也。吉兒館事，云只有求薦館，無求先生者，亦是實情。余紉秋、心言來，呈文二篇，爲加點定。殷郁仙來，云住徐家，俟回看①。

廿九（12 月 1 日）

到周宅道喜，祭酒、黄彝伯處，皆不晤。見意丞親家，亦欲謀事，託求居停。又到汪宅，見壯外孫面色尚好，但少血耳。歸家一轉。聞二叔初六下鄉，往見之。遂到館，爲幹庭改文。胡又卿來，云乃兄已歸。

卅日（2 日）

校《異義疏證》。飯後過馮子靖，請改一方。歸家，着黄升問胡少卿，云不在家。致書道希，云有目疾。桂妹九月廿日到京，有書至，作書答之。吉兒補《韓詩考》，檢書示之。到館午後已上燈矣②。

十一月

初一（3 日）

校《異義疏證》卷六，考漢碑數條。爲楊佑孫、慶孫改文三篇。子貞師隸書《張遷碑》居停還價廿元，彼索卅金。予力不能購，愛玩不忍釋手。其用筆之法分明可見，而臨之者皆不能及，蓋無師功力之深耳。予若屏除一切以學之，未必不能至，但予不欲以彼易此耳。

初二（4 日）

校《異義疏證》，考漢碑數條。祭酒以《漢書·列傳補注》十卷來，請校正。爲校一卷，豈非舍而芸人乎？

---

① "俟"，原誤作"往"，據文義改。
② "午後"，似當作"午飯"。

初三（5 日）

校《漢書》一卷。飯後歸，將往胡少卿處，吉兒自彼處歸，云已出門。遂到述卿處，交還何字。到道希處，見所箸言教書，采摭極博，多舉《佛藏》，予所未見，引哲學之語，以爲佛教最好，更百年後將大盛，基督將衰矣。攜《天演論》一卷歸。向我索未見書，無以應也。二叔父初六下鄉，治杯酒作餞。接祥女、外孫，云歸。談至夜。以將一早往少卿處，遂留家中。壯外孫夜不安眠，時作鬧。祥女甚苦，亦其命也。欲僱乳娘，恐未必行。聞念循亦將歸。

初四（6 日）

一早同吉兒到少卿處，未診脈，云仍用舊方，吉兒方略更改。又求其診視金女，雖允，未知何時來也。歸早飯。閱《天演論》，赫胥黎著，經嚴復潤色，文頗雅。大旨仍物競、天擇二義，以爲必自營爭强而後能存。然爭營不已必亂，故必有教以化其自營之私。而人皆不自營又必弱，恐他種又必强，且太平久則人滿爲患。若欲擇種留之，而有所去取，亦恐擇取爲難。竊以此皆古今中外之通患，故百數十年必一亂，雖知之亦無以防之，所謂佛出世也救不得。論者反復曲爲之解，以爲有道可以長保太平，恐不過說得好聽而已。惟言物必自强而後能自存，則聞之當悚然。頃聞意釁已開，江防戒嚴，李健齋爲大帥，專摺奏事，未審能一戰否。若但兢兢自守，則彼聲東擊西，沿江海防不勝防，攻常有餘，守常不足，必誤事矣。午飯後到館，爲幹庭改文。彼處治具，似爲星甫乃兄接風。飲畢，少睡，復起。聞鹽票捐銀壹千兩，居停須報效萬餘金。如此搜括，亦太盡矣。近釐金不旺，並無生意，大吏猶以比校不足責夏老，不知民窮財盡，奈何？

初五（7 日）

爲楊氏兄弟改文二篇。飯後到里仁巷送行，明日准上船。

見二叔父，甚難爲情，云昨在老五處，兄弟又有違言，因老三不肯出一分，將來若再内閧，則家貲必罄矣。芹妹到南京有書來，云九月廿八到，蔭生去年從宿遷局回賦閒，黄補豐縣，部覆未回，尚未到任。看此光景，亦無了局。歸館，黄薏丞來詢遞條子事，當爲一説。楊佑孫、慶孫來，以文字付之。校《漢書》一卷。見居停，以名條屬爲代遞，云湍公不事事，託湍不如託況。芷江有土匪千人，已開仗。意國開釁，已見明文。鹽票提歇每年如是，彼家貲去一半矣。富人亦貧，貧人奈何？夜大風，有寒意。

初六（8日）

　　校《漢書》三卷，已畢，可消差矣。補注惟《志》稍詳，《列傳》甚略，以我所見，可補尚多，使我爲之必不止此。《史記》比《漢書》力量尤大，古來説《漢書》者多，説《史記》者反少。嘗有志欲爲補注，苦人事牽率，又無從得書，且補注成，有數百萬言，刻貲誰任？道希云中國惟《史記》爲國史，游俠、貨殖等《傳》尤貫徹古今之絶作，勸予爲之補注。假我數年，當勉爲之。祭酒云蘇厚康將爲之，此等書恐非一知半解者所能任也。考漢碑數條。聞又有急電到，俄、奧、意皆起事，十分緊急，各省趕急鍊兵。護院以爲瓜分約定，中國猶不知。本日看操①，護院以爲隊伍尚不整。竊謂此等營兵恐不足制土匪，何況西人？事急乃練，庸有濟乎？幹庭十二下定，屬予作伐，明年三月初二喜期。居停四月初五旬大慶，星甫云壽文以屬予。

初七（9日）

　　校《異義疏證》第八卷。歸家，見賀爾翊書，深爲太息。僕老矣，此才晚出，或有伸眉之時。聞二叔父昨痛哭登舟，其子悖凶無禮，不堪言狀，將來可爲寒心。望之云南州店被火災，貢如

----

　　① "操"，原誤作"鈔"，據文義改。

但以身免，失數百串貨物。棣威子生月餘，又以壓斃。薏丞所處之境，亦難堪矣。念循自局歸，匆匆而去，留飯不可。予亦到館。居停至，請作冰人。余心言、紉秋送論二篇①，"申韓原於道德"皆不知指老子，可怪。燈下改之，並復爾翊書。

初八（10 日）

將復爾翊書寫好。聞爾翊列名保國會首，當亦自危，見予此書，未必無慨然也。考漢碑數條。閱葉九來書一過，尟可采者。蔡文光來回居停拜，因拜我，詢作伐事。我云彼兩處皆有內應說通，我輩不過作現成媒人耳。趙太尊快回省，礦務可以辦通。予擬作送喜事聯云："吉日和鳴，鳳皇比翼；德星聚會，羔雁充庭。"皆用陳氏故事。天甚熱，恐將變。

初九（11 日）

錢碩人至，云《日報》言江太史已故。此君不幸爲黨人所殺，可憐！可憐！袁本初署東撫，廓哉！廓哉！每歎陳、寶不聯張奐而敗，何進召董卓而亦敗，殆有天焉？不識後之視今，與今之視昔何如也？錢云著有《論語述董》，亦公羊家言，今人所諱者。欲見萍鄉學士，屬以數字爲之先容，書數行畀之去。考漢碑數條。覺氣痛增劇，坐久則背脹。甚矣，吾衰也。夜爲幹庭改論。

初十（12 日）

到家一轉，過受明處略談。歸屬家中切勿受饋送，生日本無稱慶之禮，而今更非稱慶之時。且我以四十之年，都中友人爲予慶祝，不料家中已遭大故，不孝子猶飲酒高會，深以此內疚於心，誓以後永不做生日，何況在文網之中乎？到館，考漢碑數條。氣略平，或以走動之故。

---

① "紉"，原誤作"佩"，據文義改。

十一(13 日)

考漢碑數條。致芰舲一函。聞郵政局可寄，未知何如。往節吾處，談及時事，相顧雷息①。到伯屏處，伊許爲小兒薦館，俟屬彼往見面求。到蔡文光處，以天熱，約同穿綿衣。歸館，見敬帥來看房子，鬚白步衰，亦老矣。予二十年前在天津見之。此老家貲甚豐，但其子可憫耳。譚久安丈以五言詩爲予祝壽，燈下次韻答之。夜不能寐，或以用心稍過，且觸舊感耶？

十二(14 日)

將詩改正，録出。星甫有同年王秋帆，江蘇人，談江建霞之事，同此太息。午後蔡文光至，居停屬予代寫庚帖，同至趙公館。見趙太守之子孟剛，人甚倜儻。復同文光到陳公館，已將莫矣。至七點鐘後方上席，臣朔飢欲死矣。蕭廚菜甚好，又侏儒飽欲死矣。飢飽不時，夜臥腹痛。

十三(15 日)

將詩再改，録正，擬寄九丈，並以袁守定地書贈之。周太守丁憂，分訃開吊，送香燭一付。飯後歸家，深恐家中子弟、女壻不聽我言，胡鬧演戲，急以所答九安丈詩示之。而伊等猶不肯聽，怒詈之乃止，猶叫坐唱人，鬧至半夜。各處送禮，止受對聯、燭炮、包麴等物，不受壽帳，亦不挂壽帳、立壽堂。夜臥，氣甚痛，因日間動氣之故也。壯外甥亦吵鬧，磨牙嚼舌，醫云肝風。譚敬帥來相宅。

十四(16 日)

早起，應待賓客。來者胡、龔、彭三先生，黃薏丞、汪受明、楊詠仙、龍莢谿、汪聰、汪用宇、念循、孟萊、黃正卿、望之、伯華、左魯軒、瞿述卿、譚彝仲、君華、陳幹庭、周鹿湘，或去或留。有欲再

---

① "雷息"，似當作"歎息"。

叫坐唱者，力止之。客散，已憊甚，左腿因拜跪致痛。

十五（17 日）

往胡少卿診脈，云尚好，用原方。少卿談箸述甚通，不以二王所箸爲然，意在存舊説，不立新説，云《傳經》《通經表》皆未善，欲取兩《漢書》及漢碑詳考備列，下及南北朝，明經師家法。此書可作，亦有益後學也。歸已正午，命吉兒出謝客，多不晤。祭酒送來《漢書》一卷請校，以前校過九卷與之。張和茂請客，又將發難。達卿已於十三上船，往漢上找陸仙矣。伊兄弟既無定見，予不便開口，將帖退去。是日先子忌日，棄養已十年矣，不意家中之事決裂至此，不勝悲歎！予以十年前事，誓不稱慶，更不料有如此之變也。楊佑孫兄弟來拜壽，求《駢文》一部，與之。唐夏卿來補祝，言子漁又將余家屋場、墓田出賣，所得銀不知何處用，要出門，又戀戀不行，伊已苦口勸之，而漠然不聽，欲予言，奚益耶？念循吵鬧不休，外孫肝風可慮。無一如意之事，可歎！風雨，有寒意。

十六（18 日）

到館，爲幹庭改詩文。祭酒又送來《漢書》屬校，爲校京房、翼奉等《傳》。得芟畝書二函，但云催辦喜事，而不能爲予設一謀，亦未爲予稱祝，豈忘之乎？俟傅幼峩來如何説。又云萍鄉學士不知斂戢，欲求故鄉，其子得罪鄉人，有欲設法禽之者。鑒臣等欲開報館，不知有成局否。前信未發，更加三唇。送郵政局，云重七錢，要錢六十。不信有七錢也。十四學士到我處，云有東人宗方氏，號白岩，久居華地，擬來此開同文會，仍興學會、報館，將先拜官紳，聞我之名，亦將來拜，有謀報館之事，可以託之。予不敢再側足焦原，吉兒才非縱橫，亦不欲其往試，芟畝云伯嚴已函告席處，當可就緒。陳伯屏允爲推轂，往拜，未晤。一飲一啄，莫非前定，聽天而已。星甫云萍鄉來見居停借銀，云死灰有復然之日，必當有以報命。居停假以弍百元，將自送去。蔡亦假弍百元，今日請吃飯。此公或誠有復然之日乎？燈下爲幹庭改文一篇，頗有進步。改吉席聯云：“春滿梧桐，鳳皇卜吉；星聯喬梓，羔雁成群。”此等文字但求華艷，不妨杜湊也。夜臥甚安，而心微痛，足徵心血之耗。

十七（19 日）

校《漢書》二卷。致陳伯平書，贈以所著四種，與伊假《隸釋》，並問薦館事。彼云自來，未回信，乃來而門上不通報，可惡之至，不知有無話説也。夏鑒臣來書，云與陳伯嚴、華再芸到漢口開《江漢日報》，已有成局，請奉峨、爾翊作報，更需一人，伯嚴薦吉兒。席家如不成，可到伊報館司撰述。此報係熟人所辦，不比外洋，無事亦可往，但不知有外人爲護符否。云初三到漢找鄒沅帆，江、湘合辦。今又半月矣，辦成宜有信來。余紉秋至，以所改文、論付之，勸以閲時文中散文。

十八（20 日）

風雨，寒氣更甚。爲楊氏兄弟改文二篇。校《漢書》二卷。聞念循前日已强其妻、子到貢院街，即要下鄉。如此天寒，何能去？以書止之，亦不得已，盡我心耳。回復云此刻尚不下鄉。戴軒翹來，住東牌樓長發公館。談及滄桑之變，不勝太息。此人通達而慎重，因兩黨交訌，遂歸，故不及禍。使新學諸人皆如此謹慎，黨禍不起矣。

十九（21 日）

寒甚，不能作字。以近冬至，恐增氣疾，置不著書，爲祭酒校《漢書》五卷，真是舍己芸人，惟藉此一閲班氏，不爲無益。《梅福傳》引《穀梁》孔子在祖位，不過證孔子爲殷後耳，柳氏張大其説。《漢書》初無明文，福又云遷主流於户，亦可備考。郭筠仙師云古無黜伯之説，與予意合，見《補注》。明年庚子，擬春聯

云:"庚庚吉叶大橫兆,子子祥徵勿替詩。""庚郵喜報泥金帖,子
舍歡承彩色衣。"

二十(22 日)

冬至。爲幹庭改論。校《鄭志》二十㕓。閱《全漢文》,有應
劭《漢官儀》一卷,則衛宏、蔡質亦當有之,而並無一字,何也?
黃友梅得龍陽書記,屬代撰觀風告示,已數日,未爲著筆,友梅云
明日當去,予午後歸家檢舊簏,改作一篇與之。道希以東人來,
約到彼便酌一叙,再三催速,以冬至祀事辭之。祭畢,飲至夜。
小鶴以已管公四年,強予接管。本年只餘卅千文耳。議明年於
祖宗堂添置堂帳、宮燈。

廿一(23 日)

風雨,頗寒。午飯後到道希處一叙,東人宗方小太郎、岡幸
太郎、緒芳有鄰在坐。其意欲在此辦同文會,先開同文學堂,俟
英立馬頭,再開報館。致祭酒書不知何説,祭酒復書恭惟,辭以
老病,不肯任事,立言頗爲得體。予亦辭以此舉自屬開通風氣,
保全大局,甚善,然阻力甚重,非得總署應允不可,但有成議,無
不樂從。有李姓者,本地人,與陸仙換帖至交,頗知彼近事,云七
十元並未收到也。聞近又名捕康、梁,四百餘字,生獲者受上賞。
此舉未必能行,即《江漢日報》亦恐嚇退。初五諭意索登州,惟
有主戰,亦不知開戰否。予不欲久坐,即辭。到織機巷看祥女、
外孫,大小皆不適。新僱乳娘肯同下鄉,外孫夜肯吃乳,日肯就
抱,或亦有緣。伊曾祖母及受明亦見壯兒,爲擔心,而妄人猶催
下鄉。此等嚴寒,再三屬付萬不可行。稍有人心者,當知重人命
也。到館已暮。夜甚寒。

廿二(24 日)

爲楊氏兄弟改論二篇。余紉秋來,送文二篇。閱《全漢
文》,有桓譚《新論》,內稱王莽爲王翁,豈以嘗仕於彼,尊之不名

乎？聞又有電旨決主戰，不許諸臣言和一字。不知何所恃，危矣
哉！日本又向中國求援，云俄窺長崎，同州之誼，有急應助，中國
即無兵船，可以兵往。夫中國之兵，日人豈不知之，殆以此嘗試
中國也。變幻至此，不知何以應付？

廿三（25 日）

爲余氏兄弟改文二篇。楊氏請題目去。戴仙翹來，久談，云
諸梁等之攻擊我，因粵人去，學生欲散，公度諭以另請良師，如某
某學問通達，可聘，爾等勿以爲慮，彼恐我至，遂爲先發制人之
計，事宜有之。戴因秉山不告而先列彼名，恐及於禍，遂去，可謂
見機而作者。其所辦學堂，書與器具尚在，但無錢開辦耳。云去
歲各處書院求山長，而今無聞焉，此閉塞風氣之大弊也。爲幹庭
改文一篇，擬明年祝居停壽云："八千歲爲上古春，海屋籌添，鴻
案齊眉偕德曜；五百里有賢人聚，潁川星見，鯉庭執杖比元方。"

廿四（26 日）

校《鄭志》廿餘唇。飯後到戴仙翹處，談久之。朱太守來，
共談。此公爲官府中極通達者。到陳、歐處，均未晤。歸館，道
希至。予言黨禍、兵禍又起，彼云黨禍不足慮，現在只捕康、梁，
並王照不問。因康到澳門之故，二人訕長信太甚。長信云寧亡
大清，必誅康、梁，不至株連他人。至兵禍，則舊黨多主張戰，聞
意兵止三千，輕之。意已兩次請戰，未動，恐有謀也。法畫地六
百里，尚不滿意。日本必不求助中國，當是中求助於日，而日人
以此推卸耳。言我氣色較前開朗，未之敢信。聞常熟太史沈朋
者上書，云三凶在朝，謂榮、剛、李連英三人。榮兵權太重，從來
未有，可謂敢言。道希云此人乃楊莘伯之客，反覆不可憑，未知
是否也。云朝廷有悔禍之心，恐亦冀倖自改，但望能自改，勿使
他人逼改乃佳耳。録《漢碑》數條。閱《明史紀事》，定科場法始
洪武十七年，定生員額又在前，府四十人，四訓導，州三十人，三

訓導，縣二十人，二訓導，教授、學正、教諭各一。紀遜國事甚詳。谷應泰以擯五蛇而不載爲非，予意亦云其事或有裝飾，不必全無因。松陽葉氏譜云其祖希賢從亡，無墳墓。程伯翰云其家譜亦載程濟事。明人皆永樂子孫之臣，故爲尊者諱，朱竹垞之類是也。蒙叟不忠之臣，惡人忠義，故不信有此事。據張道作《梅花夢》，以小青爲實事，謂蒙叟不信爲非，正與此類。其惡言節義，猶惡言忠義也。易代之後，何必逐聲哉！夜大雷雨。冬雷，甚可怪，恐是兵象。

廿五（27 日）

校《鄭志》廿餘昏，考漢碑數條。閱《全三國文》，有《釋藏》引吳康僧會《安般守意經序》，云會見南陽韓林、穎川皮業、會稽陳慧，此三賢者信道篤密，執德弘正，岌岌進進，志道不倦。以其言及鄙宗，錄之。得伯嚴書，云席館已留，鄒、夏開報館，可往襄事。王秋帆至，云煙臺告急，意船已來，峴帥入京，或又將以督師任之耶？聞峴帥曾電香帥共請撤簾，香帥不報。此行可以造膝，勿徒灑淚出京城也。

廿六（28 日）

函復伯嚴、幹臣。吉兒云洪江有一收支缺，請求夏公爲致一函，以盡人事。書去，並無回信，豈竟不報乎？朱延生自岳州來見，云關上並無生意。未刻回家，爲庶母稱壽。

廿七（29 日）

校《鄭志》十餘昏。屬吉兒再校，誤字尚多。黃蕙丞來，云兆槐已保送部引見，而引見須三千金。蘇子溪辦理不善，粵人殺法人，兵端又啟矣。正卿遞條求爲謀事，實愛莫能助。桂妹京中來信，云上江輪時坐船忽壞，衣箱皆濕，在京被竊不少，每月印結只廿、三十金，用度須加一半。長安居不易，且恐難久居也。

廿八（30 日）

祥女必欲下鄉，恐念循又來鬧，壯外孫病不愈，故急急求歸。予見昨有晴光，北風已息，只得聽其去。十點鐘行，未數里，下雨。予十一點鐘到館，大雨不止。伊命苦如此，與予行風雨無異，可歎哉！爲幹庭改文，爲楊氏兄弟改文。朱延生移寓陳公館，送予夏布、磁器、豆豉、酒四色。彼由岳州關上至此，有張某同來。夜大風，下雪。

廿九（31 日）

起視，積雪數寸矣。爲楊氏兄弟改文二篇。考漢碑數條。《全晉文》有《傅子》，何必更編？温嶠《毀廟議》云："今兄弟同代，已有七帝，若以一帝爲一代，則當不得祭於禰，乃不及庶人之祭也。"予謂温議亦屬情理之至，然此事極古今之變，古禮無有，制禮之聖人未必爲之防，逢此極變，固當變通，不得據此以爲兄弟古禮當同室也。摰虞《答杜預書》云："今帝者一日萬機，皇太子監撫之重，不得伸其哀情，以宜奪禮，葬訖除服，變制通禮，垂典將來，何必附之於古，欽以舊義，使老儒致爭哉！"予謂此説亦通，古禮不盡可行於今，今將加以變通可也，不必追改古禮，引昔人以藉口。杜預知此，可無阿世之譏矣。龍莫溪來，以攸縣鹽事託找夏公，予辭以不通書，世態炎涼，無益於事。夜爲幹庭改論。使黃升歸問轎夫，回信母子尚安，少放心。

十二月

初一（1900 年 1 月 1 日）

大雪，凌。忽見日光，而雪不融。校《異義疏證》一本。考漢碑"堯之苗裔"出《左氏傳》，孔疏引劉炫説，以"其處者爲劉氏"一句爲賈逵等增入，其説近是，而班書引劉向《高帝贊》云

"在秦作劉"，子政已爲此言，則非東漢人增入矣。晉江逌有《論洪祀表》，可補入伏生《五行論》。《抱朴子》逸文，嚴氏所輯止此，惜未得嚴本《抱朴》一觀也。晉孔嚴亦諫鴻祀，見《全晉文》。

初二（2 日）

又雪。校《異義疏證》一卷。閱《圖書集成·邊裔》，載古國名及人圖像，有一臂、三身、貫胷等，大可笑。云出《三才圖繪》，此何足據？以西洋瑣里爲西洋，所圖之形並不似西洋人。此明之所謂西洋，實南洋也，而今之西洋人不載。中國泥古而不通今，地學、圖學無益如此！《申報》言廣州灣土民不服法人，法焚其村，婦孺死者無數，壯者與之門，亦斃法百餘人，傷數百人。法以此要挾中國，似比意國更難了妥。廣人如此仗義，惜中國不行民權之説，不能與之抗也。廖仲師不知何故出軍機，何不告退耶？節吾處假得十一月初七、八《申報》，編脩沈鵬以久旱應詔陳言，請太后歸政，謂："今日三凶在朝，憑權藉勢，上託聖慈之倚畀，隱與皇上爲仇讎。榮祿爲軍機大臣，又節制武衛五軍、北洋各軍。蘇元春練兵江南，亦歸節制。如鰲拜、明珠、年羹堯、端華、肅順，均無此勢力。剛毅外託清廉，内實貪鄙。去年皇上變法，抗違激撓，以致上怒擲章奏。故去年之變，平情而論，亦由剛毅輩激成之。充其居心，不至盡殺士類不止。裁撤學堂，摧傷士氣，省數萬有限之欵，灰百千士子之心。江南士民，感戴皇上，紀誦聖德，聞中外之訛傳，輒用怵惕而憂疑①。其用情雖愚，其愛君則摯。剛毅必指爲漢奸，摧夷挫辱，則必仇視皇上、腹誹聖德，而後爲大清之良民、中國之良士。是則率國人而叛皇上者，剛毅也。李蓮英上損我慈聖之盛名，下啟彼逆臣之口實，隱患伏于宫禁之間，禍機必發於至

① "輒"，原誤作"轍"，據《申報》刊沈鵬奏摺改。

尊之側。此三人行事不同，而不利於我皇上則同。此三人者，惟皇太后能操縱之，生殺之。皇上之才，非其敵也。宜乘訓政之時，分榮祿之權，懲剛毅之暴，除李蓮英之毒。"云云。可謂敢言，而論剛尤明快。今人議論，本以仇視皇上、腹誹聖德爲忠義，異此者爲奸黨，未有以保全聖躬爲言者，此文可謂鳳鳴朝陽。云"保聖躬，即以固大清基業"，所見尤大。奏上即未必能用，然可以寒權奸之膽，使聖躬得以保全，外洋亦知中國有人，則非無益矣。

初三（3日）

校《異義疏證》一卷，考漢碑數條。聞庶母昨夜忽精神恍惚，磨牙不止，醫云肝風，今已愈。雪積，不能行，故未歸。居停設席，陪朱延生，甚豐而己不出。予本不敢用火碗，以爲天雪不礙，吃湯數匙，夜燥渴，煩熱不可當。爲幹庭改文一篇。

初四（4日）

下淩，雪積不融。校《異義》第十卷。學生背《祭義》，"致和用也"，"致物用，以立民紀也"，"和用"、"物用"似皆"利用"之誤，記《師伏堂經說》有此一條，俟考之。黃正卿來，云貢如已歸，未得小登科，只好辦大登科，吉期擬十八，以十二是忌辰。薏承以人壽辦世襲託我，我並未聞，亦不能辦。正卿甚窘。我非不知，實無能爲力。現在只有夏公一路，此老如此慁然，何能開口？所謂"自家飛絮猶無定，爭把長條縛別人"。余心言來，送文二篇，云去年曾入時務學堂，由外課升內課，甚感梁師之教，歎學堂之廢。此沈太史所云"灰百千士子之心"乎？乃翁到岳州求事，而道關署已度地，不能起造，並無生意，奈何？黃星甫以居停請做壽文而無節略，僅送家譜。觀譜，始知居停之母黃太夫人、祖母蕭太夫人，均以賊至，投水以殉，小梅三月，擲之岸上。贈公梅生先生疏財仗義，周嶧亭觀察託以八千金，無知者，居積至十七

萬金，命長子送濟南。時周已故，人皆稱歎。此真可入《獨行
傳》也。

初五（5日）

雪又下。爲余氏兄弟改文二篇。考漢碑數條。楊氏兄弟送
文二篇，非我所命題，其文亦無甚可取，爲點定句讀而已。

初六（6日）

晴。星甫言東家壽文年内即要，此間無書可備用，飯後乘肩
輿歸家。錢碩人來，伊已就湖北館。談及去年之事，云由和德三
百萬，德使引見説及，伊並不知，查此項爲慶、張冒得，上怒，命抄
二家，慶乞援長信。時昭信股票有三千萬，長信提二千萬修園，
以致母子相仇，有廢立語。長信自危，遂逐師傅，以榮任北洋，命
督撫必謝恩。上問師傅去，何人可用？彼薦康才勝臣十倍。以
後變更紛亂，其謀又不盡出於康。擬旨仍小軍機爲之，即裁節原
摺成文，故語多冗沓。此説頗近理也。歸詢庶母之病，半由酒
起。老五廿三始到漢。午後仍到館，所檢書尚不全。夜爲幹庭
改文。心煩不寐。

初七（7日）

早起覺右眼蒙甚，惟左眼尚明，以後當養目矣。此亦由館中
人賭博吵鬧，徹夜不眠之故。甚矣，在外糊口之不易也。爲居停
作壽文，約千言，尚未成。

初八（8日）

續成壽文。飯後家中來接，云五、七昨已歸，今日禫服。
遂歸，見桌上帖子，傅家明日捲帳請客，送禮四色，不受。夏處
信、物並未送來。見老七，人尚如常，不復如前之氣餒矣。歸
來固善，但恐又有風波也。君華來信①，説明迪臣不能爲力

---

① "信"，原誤作"住"，據文義改。

之故。

初九（9 日）

飯後往傅宅道喜，東家久不出，遂行。彼仍用喜轎往船上接，可不必也。詢夏家花兒匠同來，尚未起坡，俟得彼信再寫回報、寄菌子。到館，將壽文改正，錄出一過，覺作字甚費力。夜爲幹庭改論。此文頗清順，不必多改。延生云來此亦爲謀乾脩，已找祭酒。

初十（10 日）

作《雙清圖序贊》，覺才尚未竭，恐識者稀耳。使幹庭將壽文錄出，有一千六百餘字。約以字數，須去三分之一，擬送居停閱過再刪。是日晴，冰雪解矣。夜月色可觀。

十一（11 日）

晴，暖。將《序贊》錄出，使幹庭謄真。閱《圖書集成》，有《皮姓部》。予曾爲《皮氏先賢錄》，凡史傳有及鄙宗者，皆錄出爲一編，後付懷欽，因其死，遂失去。今得此書，更錄一過，未畢，將暝而止。往見居停，説明十五解館，以《雙清圖贊》付之。居停云殺教主二人即在登州，此正意人所垂涎者，恐此地又不可保。浙江台州教案亦大，李幼梅等皆有處分，且須賠欵。合肥署兩廣是實，譚瞎子入京。聞夔石師得協辦，不知確否。

十二（12 日）

將壽文刪四五百字，屬幹庭再錄出。《皮姓部》錄畢，其中有漏略，有誤分一人爲二人，如子信與信之類；所引史傳，亦非全文；襲美公誣以從賊，尤須引《老學菴筆記》等書爲之辨明。夏宅人來，得芰舲書並洋廿元、幹臣十元、壽帳一軸，云喜事面囑幼羕。幼羕尚未見面，奈何？來人云幹臣在漢口見過，云將往上海，報館事不知能成否。星甫云居停爲小兒薦館，恐路遠不能去。予答以可去，不妨致函。少村書來，見涉騎牆，視前一變，作書答之。改聯二首云:"時及桃華,關雎雅奏;莊承梧蔭,鏘鳳和鳴。"又云:"星見潁川,五百里有賢人聚;籌添海屋,八千歲爲大椿年。"

十三(13 日)

爲楊氏兄弟改論二篇。致書謝芰舲,言及鼇局,不無牢騷。此老若少留情,我不至受困,今乃不報。芰舲亦云無回信,是不特無以對我,並無以對芰舲。此老姪女求情不顧,何有於姪乎?並致書幹臣及清舫、文明。芰舲云袁子純已將摺子交還,云此項不必歸我。受此公之惠已多,心殊不安,有轉機,再歸欵。清舫斷絃,捐部官,作書慰且賀之,並屬轉達乃翁。文明堪輿見賞右老,云九月夏毓峰之子往彼招親,聘金千兩,仍作奩貲,此事深可異也。芰舲屬幼羮面説,云不必形諸筆墨,豈亦將如此辦法乎?吉兒送陳伯平書來,云已得蔡觀察面諾,館事可成,屬其自往一叙。着黄升去,則吉兒性急,已便衣往矣。彼亦無其交代,但云每月八金,生徒二人,是按月送關。我再函託曹丘,請屬彼早定局,以防中變,若每月能加弍金更好。伯平未回信,但云或可。可則即此定局,不必往報館矣。居停晚間來,云將薦吉兒江西教讀。昨日黄星甫已説過,云可往則致書,予以可往應之,今既得伯平信,當以實告,並謝其前曾推轂之力。伊云此處甚好,其學生並無甚功課,大者十二三歲,小者十來歲,書極易告,如此則江西信可不發矣;云師曾亦到漢口,爲開報事。夜爲幹庭改文,文頗佳,有作意。"漢家堯後",見《漢書·眭弘傳》。

十四(14 日)

芰舲信改寫一帋,以館事將妥告之。着黄升送信並菌油、榔心交來人,與洋式元。來人不在家,着再去。吉兒來,告以昨日事。薏承親家至,以黄人壽請世襲及伯華喜期託致居停,云和茂又將決裂，介卿願將裏面房子作底，明日擬邀張南屛同往一説，恐此事又不妙矣。閲張子玉觀察之子璿伯《瓔繡鼚帨館詩文》，可云艷才。貴介能然，亦佳公子也。晚間居停便酌相陪，飲後見居停作辭，以薏丞所託代致，伯華喜事云開正專人往接，喜期總在三、四月，再遲則天熱矣。中丞入覲甚優，廣西法人已和，撫衃銀八十萬，割地不知多少。李健齋没於軍，保全令名矣。

十五（15 日）

早起檢理，飯後歸家。過陳伯平，將出，未晤。拜王秋帆，亦未晤。到家，薏丞即來見。老三無話説，老五不以邀張九爲然，欲薏丞往邀蕭某，薏丞亦不以爲然，且聞其言事恐難了。往和茂，禄豐已出，見廖應祥之子，語亦不愜，恐兵禍又將開矣。譚彞仲來，略談著述。是日先子生辰，祭畢而燕。邀馮子靖來，爲庶母診脈、立方，用養心補血之藥。老八已歸，心當少安矣。藉以此陪先生，述卿、君華在坐。早卧，卧少安，勝彼處徹夜不眠多也。

十六（16 日）

晴。略檢理坐處。伯平書來，云脩不能加，函去未回，除代甚忙，想無中變。以函復之，請更催速。薏丞來，言昨事，心頗不悦。君華談及，亦云不解，一誤何可再誤耶？爲楊氏兄弟改文二藝。

十七（17 日）

録出幼梅壽文。檢《北夢瑣言》、《老學庵筆記》二書，爲襲美公辨冤誣。孫光憲云遇害，無受僞官事。陸游據尹師魯作《皮子良墓誌》，稱其曾祖避廣明之難，依錢氏，並無遇害事，似其説尤可信。《唐書》、《通鑑》據《該聞録》，非也。居停送脩金、年禮，豈壽文白效勞耶？

十八（18 日）

飯後往傅幼厇處，云幹臣在漢已定馬頭，茇舲不以此事爲然；茇舲云明年冬必辦喜事，以二百金者過禮、催妝，餘皆從儉，到此辦後三五日即行。到祭酒處，不晤。到薏丞處道喜，尚未告祖，予不能待，遂走到伯平處，云蔡復書云所言之事更面罄，看來必有變局。伯平云催急失身分，少待之。見《勸學篇書後》，攜歸閱之，所言亦是，但駮俗耳。余紉秋來，送文二篇。

十九（19 日）

爲余氏兄弟改文二蓺。校《異義疏證》第六卷。受明來書，云蔡處有薦王理□、段伯猷者①。吉兒云皆沈諸梁之弟子，蓋諸梁爲之也。孟萊自彼來而不言，險哉！鄉下人來，云壯兒仍吵，十七請法師三千三百爲使法。非十分，不至此。彼家應請乳娘不請，而於此不吝，婦人、女子之見抑何謬哉！

二十（20 日）

致書伯平促之，看彼面孔大，蔡公不爽約否。書去，無復音，大約問明再復。楊氏兄弟來，送脩金叁拾兩，略談及時事。《申報》言英大敗於搭，是黑奴且不可限量，中國滋愧矣。李健齋死，而代以容良。伯平言是其保定後任，無甚知識，倚爲大將，何哉！法和未成，要挾甚多，索福州船廠，可危矣。《勸學篇書後》閱一過，乃南海何啟、三水胡禮垣同作，即作《中國先睡後醒》之人。此二人雖粵產，而非康門，有《康說書後》，未得見，蓋於康說亦有駮難，故知非康門也。祭酒來，以蔡事告之。

廿一（21 日）

晴。鄒富文送所改《異義疏證》覆校，又得譌誤二字。耳東尚未回信，而上海北市有善長嚴寶騏書來，不知何以知我住處，

---

① "理"下，原稿空缺一字。

殆以予爲澗人，未知予亦當矜恤者也。萍鄉來電報，云官紳議請予主講，脩三百弍十串，由公達來。是日祖母生辰，飲畢而燕，九丈在坐。

廿二（22 日）

到公達處，説明到館一課即歸，以後寄卷，可即應往。乃翁已往日本，明春回滬，俟回彼再去。打電報者，伊十叔也。萍鄉邑宰顧家相，不審此事果出彼意否？若彼能聘我，可謂有膽矣①。下午依祭酒説，使人持帖往，云蔡病，不知到否，已與葉言之。

廿三（23 日）

寒，有雪意。艾作霖持《鄭志疏證》來校，校一過。得夏幹臣函，云初一已回家，報館正、二月准開，伊正月到漢，約吉兒往，每月止十六元。乃再函問耳東，蔡處不諧，即當函復幹臣，到彼試試，所謂急何能擇也。鄧幼彌來，云十餘年不見，彼在粵東廣雅書局數年，以丁憂，未仕，明年仍將從事八股。壬老接俞蔭甫講席，船山不知來者爲誰，予不敢妄想矣。贈以所著《緑蕚山房詩》，劉采九作序，多抄陳秋航律賦，可笑。索予所著書去。

廿四（24 日）

耳東回信，云已見蔡，言事一定，但城北公未脱尾子，下關少遲。予答以歲事將闌，年內必須定局，免至兩失。校《左氏淺説》一過。

廿五（25 日）

微霰，寒甚。鄧幼彌偕胡幼卿來，屬書屏幅。録舊作，擬一詩贈之云："相見髩蒼然，相思二十年。論交自少壯，陳跡有詩篇。滄海無塵日，湘江積雪天。探梅定臺好，歲晚且留連。"寫

---

① "謂"，原誤作"請"，據文義改。

春聯三首。三、五諸弟以和茂債迫，請客調處。謝老德斷以明年歸本，老七一股兄弟分任，而以息歸老七還。諸人亦允諾，但欲以田作抵，田太抬價，未知可否。外侮既靜，内患必生。五說話全無理，老六亦不謂然，惡詈其兄，並及予，予以後不過問矣。芝仙從武岡來書，云乃翁八十，屬作壽文。州尊毛旭卿，清江人，彼在署教書。此書到遲，若早，則講席可託也。

廿六(26 日)

冰凍，甚冷，不能下鄉，奈何？寫贈幼彌詩送彼處。彼旋着人來接，字不可識，何忙之甚也？此次之冷，甚於前度，執筆爲難。

廿七(27 日)

冰益厚。丙戌年後無此冷也。只可圍爐，無所事事。夜雪，又雷。

廿八(28 日)

有開霽意。文公達早至，云往蔡觀察處，屬將館事詢之。年已盡矣，尚不定局耶？萍鄉事云有人回去，已致信，開正俟來人回，若行，當寄關書來矣。使予能兼兩處，明年尚可敷衍，但不知財運如何。和茂三四十千不肯發，固由予招牌黑，亦由彼處嚇怕人之故也。

廿九(29 日)

陰，不凍，亦冷。祭酒來書，云蔡公言家眷恐須歸，不歸必不另請他人。其言又異，人情變詐如螭魅罔兩，即禹鑄九鼎，莫能象之。歲盡不下關，事可知矣。誤人兩失，最可恨！開正當致幹臣，否則恐此處亦失也。鄧幼彌來，酒醉作歌，甚快活，攜乃翁詩及未刻稿，又左仲冕詩，又《樗園詞》。詞頗佳，不知誰作。彌老詩清微淡遠，味在酸鹹之外，恐知者希矣。余詠之送脩金十四金。校《鄭記》一卷。

三十（30 日）

作書致芰舲並幹臣及陳伯嚴。蔡既荒唐，不能不回報館之信。本年用費計脩脯所得外，虛空芰舲所存式百金，祥女所存百千。和茂欠不多，然已難乎爲繼。計一年用費八九百千，恃予一人力實不能，奈何？

中國近代人物日記叢書

〔清〕皮錫瑞 著　吳仰湘 點校

皮錫瑞日記

第三冊

中華書局

庚子（光緒二十六年，1900 年）

元旦（公元 1900 年 1 月 31 日）

天陰，不甚寒，雪漸消釋矣。早起，日長無事，取吉兒課文觀之，詞繁句生，爲刪改數蓺。八股一日不廢，不能不牽率老夫。

初二（2 月 1 日）

公達送到萍鄉來信，云須駐萍八月，辭以不能，大約又不諧矣。幼彌來，云壬老已過浙江，劉叔卿歸，伊過初五將東下。周麓湘、汪用宇來拜年。發夏芰舲信，信局未開。芝仙屬作壽文，爲作數百字，未畢。

初三（2 日）

汪受明、馬幹貞、汪孟萊、黃正卿、貢如、望之、于秉郇、陳幹庭來。飯後爲捕雀之戲。夜得耳東回信，中郎事竟不諧。此舉不能歸咎推轂，但中郎誤人不淺。身爲能員，將任大事，侏儒觀一節，有以知其無能爲矣。函復耳東，屬更留意。信送郵局，復不收。如此格格，殆將三處皆失耶？

初四（3 日）

續成德恒族公壽文。僕閉關却埽久矣，耳中時聞有改元事，下界蟻蝨臣驚怖其言，以爲河漢，謂是齊東語耳。黃子家來，云但觀察處親見元旦之諭，立何人，改元何字，皆不記憶，後猶意重湖南，以爲宜嚴加整頓，則竟有之矣。此殆所謂重見天日者耶？夜又雨雪，冰凍，子山所云"鶴訝今年"者耶？

初五（4日）

未初立春。善城隍龍照例來到，計畫無俚。擬致函丹銘太守，作乞米帖，略具底稾。

初六（5日）

飯後出門拜年，到四汪、龍、陳、黃、周、曾、瞿等處。孟萊處得見諭旨，以多羅端郡王載漪之子溥儁爲毅皇帝之子，入承大統，不即廢立，聊同建儲，崇綺爲師傅。英谿云廿八又有旨，明年萬壽應行典禮着議奏，聊顧面子而已。黃星甫云夏子翁言各國已有舉動，將兵臨城下，則雖爲盜鈴之計，仍不免召寇之事矣。又云蔡處延一候補中班教讀，不知何以對陳伯平、王益吾諸公？近日當道皆此等人，恐不遠矣。聞右老今年七十整慶，廿務中有製壽屏者，未知生辰何日，俟問之。受明云仲師出軍機，因李鑑帥回奏塞上馬賊清帥接濟軍火，並牽引常熟，仲師免冠乞恩，遂斥出。夔師得協揆，接燮師之位。燮師告退，不負君，亦可謂見險而止，異於苟患失之者矣。

初七（6日）

人日也。早起祀利城神。余紉秋來拜年，云聞有元旦諭旨，已改元。其説與子家同。子家言湖南事廿四一諭無之，語頗不符，豈又有上文耶？何以予昨日不聞也？飯後往馮家沖拜墓，感懷身世，摩撫松楸，作詩一首云：“一年今又逢人日，四海心猶戴帝天。世事茫茫若驚電，春愁黯黯欲成煙。循山敬拜先人墓，負郭難求下澱田。積雪陰凝幾時化，松楸摩撫總淒然。”又途中四首云：“感慨人雙淚，輝煌字數行。盜鐘非上策，挂壁有餘光。俗見多疑訝，神功易混茫。堅冰凝已久，消釋少微陽。”“變幻浮雲巧，迷蒙曉日明。幽居自清靜，高謝幾公卿。不解盈庭議，如聞二豎嬰。嘗疑汲冢語，猶見古人情。”“莽莽應無地，高高尚有天。免官同仕宦，脫屣豈神仙？環視曾無救，孤生祇自憐。昇平

方共慶,舞袖滿瓊筵。""棋局何翻覆,天時有屈伸。語真類東
野,言恐責西鄰。莫使漁翁利,何曾龍性馴。安危一家事,原不
問他人。"

初八(7日)

往史家坡拜墓。輿中閱《孟晉齋》,文甚工,其解"禋宗"有
把握,惜其説經之作不多見耳。今萍鄉縣令乃其弟也,與予未知
有緣否。上午晴,下午又微雪。輿覆於北門口。

初九(8日)

本擬下鄉、二叔父處拜年,伯華請今日陪媒,約八、九二弟明
日下鄉。伯華早來,擇期二月廿七日。予恐此日彼處未能允許,
且兩處輆輵必多。蔣幼槐辭不到,予亦着人退帖。念蘇來,久談
近況,六親同運。將芝仙之父壽序録出,並函復芝仙。居停來請
十九上學,許以如期。伯華必欲予往,詭云幼槐已來,往則並未
來,惟於學勤之子作陪。言其情形,於亦云恐不行。薏丞在坐,
談府學宫極可笑,大成殿比前高七尺,柱礎接而又接。彭稷初堅
執,以爲要匠人賠。匠求少秋,少秋云監修人多,不知向誰説。
夫殿有尺寸,豈可加增? 一國三公不可,況一學宫十數公乎? 以
脩學宫爲尊聖人,不異和尚、道士之見,而爭權利相傾,則又和
尚、道士所不屑也。守舊老紳大率如是。仲丙云剛相已回朝,此
舉出彼意。榮尚欲遲回,明年恐將改元。夜歸,又雨。夢與人作
詩,吟哦而醒。記一聯云:"鴉聲新雨後,馬色夕陽中。"又一聯
云:"異鄉諸葛菜,前代召平瓜。"不解所謂。

初十(9日)

到久安丈處拜年,已出門。見彞仲,見其杜門養親、課子,真
天上人也,清福令人健羨! 往白塘,約老九同到八字①。春妹留

---

① 按,此"八字"即十一日"八字沖",但後來日記多作"八吉沖"。

飯，予必欲行，遂約明日到三叔父墳前拜年。遂到二叔父家，房屋尚可住，但鄉居亦須錢耳。叔父去年底跌一交，尚無大礙。伊家之事殊不堪説，余家屋場又賣，尚堪幾割耶？夜談至更後乃卧。

十一（10日）

　　在八字沖早飯。同二叔父、一姑母、九弟同到白塘，吃早中飯，遂與老九入城。連日天晴。興中觀《大東合邦新義》一書，指陳利病甚切。其終決裂者，謀國之過也。

十二（11日）

　　晴。到受明處，云念循爲父母所不容，欲仍使歸姨太太，可謂奇談。吉兒昨到彼處，見壯外孫仍病。念循到此，我未歸，聞將訓蒙，或少安耳。見電鈔，不載廿四日諭。傅相派商務，到兩廣。因南洋商人屢請歸政，恐爲人所煽，使李聯絡人心。外洋不聞有舉動。夏子新信礦務局所接上海電，言之中峰，詢之總署，云京師無事，康黨所爲，嚴拿。此老如此深沈，何故輕發，豈防嫌尚有未至歟？楊崇伊放陝安，或有惡之者。沈鵬，彼壻也。見居停，云所立乃恭王次孫。今日團拜聽戲，太平景象，宜歌舞矣。黄家喜期必不允，仍退回，云三月以後聽彼擇期，今年必辦喜事。據此，則非不允也，必欲二月，强人所難，何爲哉！歸寫致丹銘書。馮家沖龍來，記不入城已數年矣。張紹熙寫信寄吉兒，並江太史訃聞百封、太史之兄霄緯名衡之書，屬爲分送哀啟，言《翼教新編》一字不及爲公論。《新編》之及不及，與公論何干耶？毋亦江之師友爲江少留地步耶？

十三（12日）

　　黄伯華來，以陳所言告之，惟三、四月有期可行，否則秋以爲期耳。蕙丞來，亦以此告之。彼又欲託求陳，不便多瀆，且奪人飯碗，恐難爲也。閲《四裔年表》，戰爭之亟甚於中華，分合不常,有雄主則强耳。沙蘭羗特,彼所謂異種,今以日爾曼爲貴族,即北狄羗特後也,沙蘭回部之先,然則種族貴賤豈有常耶？中華之自恃貴種,亦豈可恃耶？

十四（13 日）

汪受明來,與吉兒商發江太史訃事,攜衡州數封交人轉寄。是日黃孺人忌日,計香銷廿五年矣。

十五（14 日）

寫信擬致殿書。萍鄉書院來電,仍如前言,答以不能駐萍,若吉兒代庖則可也。元夜無月,殊煞風景。

十六（15 日）

受明書云江太史訃須祭酒提倡,當爲道之。尹佩之放山東學政,好運氣。年事已過,居停請十九上學,檢理書籍。王宅亦請壽兒十九上學。

十七（16 日）

述卿來,云門前舖面無人過問。我云南門王氣盡矣,宜移居爲上策。予意在鄉間省費,一時無安樂窩。薏丞來,云伯華擇四月初五期,陳壽誕,恐又不行。仍以前事見託,伺便看可否爲言。劉叔卿來拜,云全椒七年,去人四口,請交卸,歸家看看。彼兄弟三人皆無後,有錢無人,我則有人無錢,不同一缺憾乎？鄒富文送鈔書十餘昈,校未畢。

十八（17 日）

校畢一過。伯華送來期,一爲三月初二,一爲四月初五,皆與彼相礙。予明知不行,屬其請蔣幼槐送去,免再碰丁子也。兆槐夫人旋來,問三月半前後可否,答以當屬可行。致書頌年,屬薦尹佩之處小兒分校,亦萬分不得已之計。夜雨如注,屋舊冰裂,牆壁脫落,將有壓覆之懼。

十九(18日)

晴。午刻到館,爲學生改文二篇、論一篇、日記十餘篇。其文一篇無可改,非初學所能也。觀電鈔,今年萬壽恩科已見明文。一切典禮皆停,而獨行科場,亦不可解。又購賞十萬名捕康、梁,似乎視之太重。《蘇報》大發議論,責備大臣,且有退位大行之疑,云已改元普慶,又云保慶,又云斥革大臣甚多,榮亦在內,榮、李互毆,恐皆齊東語。惟云大阿哥止九歲,或可信也。居停出相見。黃宅送來喜期,改三月十三日。而居停云家有人來,老太太不來,女公子咳嗽未愈,渠已與夏公説,屬黃家擇四月、八月兩期。既如此,我可不與矣。晚間入席,居停出陪,詢右老壽辰,云係昨日。節吾作壽文,不告我,何也? 燈下作賀啟稿。伊家上學不執贄,毋乃太簡乎?

二十(19日)

寫賀右老啟,致芰舲書,封發。爲用宇改文一篇。入見居停,因聞顏太守署岳常道,趙太守署首府,爲吉兒送名條,託居停薦長府書席。伊至親,或可允,但不過三四月耳。陳伯平次子存恪號道威,來與幹庭結蘭盟。聞此子也才,爲伯平所愛者。旋來見我,言出京止二歲,則在京所見是其兄也。閱《新聞報》、《中外日報》,所發論與《蘇報》同。滬上一千三百餘人聯名請代奏總署,求上親政。湖南有楊樏、唐才常,江西有沈兆禕,爲首者經元善,名不悉載。

廿一(20日)

伯華問回信,據居停言覆之。昨蔣幼槐來,屬問夏、蔣二處。達卿三十歲,聞有戲。而居停請客,王秋帆、鄧、吕諸大令在坐。伯平之子亦來,大約此席爲彼設也。予俟席散乃歸,已初更後矣。看戲至三鼓,乃卧。

廿二（21日）

萍鄉來電，以將改請嘉祐，問駐萍八月來否。公達云此電須自覆，乃覆"來"。局定，或將寄關來矣。是日陪先生，邀君華、述卿，戲已開臺，席散往看，至一點鐘，甚覺疲困。

廿三（22日）

飯後到館，爲用宇改文一篇。閱《江右古文選》，解縉《大庖西封事》深通治體，陸象山論荆公極平允，不甚以元祐諸賢爲然，然則是非果有定耶？聞有名捕經元善之説，未知搞否。吉兒云張通煜即伯純，通理即仲純，恐湘人尚不止此，禍福未可知也。夜聞有戲，歸。

廿四（23日）

吉兒云見公達，云有訛言陳伯嚴病故者，未知確否，已電問梅斐漪，俟覆便知。見《五洲報》，沈士孫即小宜託名，云榮、慶爭黨，楊崇伊黨慶，余誠格黨榮，始知沈鵬言三凶不及慶，沈乃楊之壻也。楊已外放，則灼知其黨矣。又云剛不得於榮、慶，惟與李密，呼李大叔，焉得剛乎？又云剛似豬形，呼剛鬣可也。聞有五百金購唐才常之説。剛鬣噬人，士類將盡矣。午後到館，爲學生改詩文。欲學作賦，恐不易易。

廿五（24日）

晴。録出德恒公壽文。又録《漢碑引經考》數條。袁叔瑜來拜居停，不晤，乃拜我，極言沈諸梁之非。詢以時事，云無所聞。詢以行止，云將北上。閱李穆堂《敬齋文集》，《序》甚言八股文之爲累，而古文不可復識，康熙初年改用經論，加以制策，甲辰、丁未二科多能爲古文者，而空疏不學之徒，以其不便於己，遂復用之，沿至今日。予考之，乃學士王熙請復故也。熙千古罪人，云空疏不學，中其鄙心矣。王秋帆談及名捕之事，云湯鞠榮才甚高，乃曲園高足；俞鏡漵，曲園之孫也。若皆在捕，可惜！黄星甫云唐才常已見明文,湖南止此一人,因做報詆長信,並非因聯名上書,則其餘一千二百人或可免矣。秋帆云公車上書,伊未列名,有某曾列名,今官於此,已委差事,旋撤去之,中峰嚴防康黨如是!

廿六(25日)

熊乙垣來,云將入京,因豐城人在粵西銅仁開安的摩尼礦,亨大利謀奪其地,入京請准,而彼邀法人,有違西人止准采買不准開挖之章,故亦須入京。汪用宇來,送文一篇,為改之。閱《東華錄》數卷,咸豐初誤國諸臣可憾,恐後之視今,猶今之視昔也。

廿七(26日)

大熱,旋大風,甚冷。楊晴川邀往,云有事相商,辭以風雨。陳小梅由京來家信,云報館萬不可入股,將來必為禍階。胡幼卿云以此番報館詆傳外國之故。義民公啟,湖南有數十人,傳聞已獲唐口,何以處之?諸公久不嗛於報章,必以通外惑人之罪罪之。小梅在京,蓋有所聞。伯嚴、再雲聞之,必不敢與,而乙垣云機器作五千元,入股者已不願。即無此舉,《江漢報》恐亦難成也。小梅改官之江。胡少卿在師毛沖朱家教書,清明出北門,當往一游。是日錄漢碑數條。

廿八(27日)

風稍止,甚寒。予屢言廁屋壁將壞,幹庭不以為意,昨大風果壞,入廁更難。恐大局猶此廁屋也。錄漢碑數條,校《疏證》數昏。聞近又有天言,議叙榮、剛、張、李諸公,欲士人昌明學術,務正大有根柢,取文勿尚怪奇。此有為言之,恐將如宋之黨禁注不是偽學矣①。夜雷。

---

① "注"上,疑有脫文。

廿九（28 日）

寒甚。回家換衣，遂宿家中。檢碑帖玩之，《封龍山碑》前人未見。

二　月

初一（3 月 1 日）

飯後往晴川處，云子服十一月來信，云不敷用，將典衣服，以後無信來，所謂相商者，以聞方伯升浙撫，欲求居停説項。予未之聞也。至袁叔瑜處，略談。至熊乙垣處，談近時事。此人甚通達，亦穩練。到局買書，《六藝》《魯禮》《中候疏證》及《冤詞平議》已出書矣。吉兒以京官訃聞數函託寄，付之。到館，爲幹庭改論與詩。陳伯平函來，附中郎函，云將使吉兒校對條約。道威到此，屬致乃翁，允許之。詢方伯升浙撫，並無其事。夜雷聲。

初二（2 日）

函告吉兒問公達回信，到耳東處面許之。黃升回云公達處無信，耳東已見面矣。閲《圖書集成・道教部》，《真靈位業圖》殊無理，所云天尊、道君，皆不知何許人，而孔、顏、黃、顓反列其下，秦皇、魏武亦在其列，不幾如蘇侯與唐堯偶坐乎？韓遂、郭嘉、曹洪、曹仁等並列入，不知有何功德何道術也？《靈笈七籤》所列道君、帝君，皆無可考之人，且有以女化爲男者，率俚鄙不經，《化胡經》之類又未列入。據此，則道經無可觀者也。彈棊、六博，説皆不詳。《遁甲》、《奇門》，孫淵如所稱古書皆不載。

初三（3 日）

一早到學宮祀文昌。見蓉泉先生，云見在曾市鹽局。談身世，大發感慨。湯幼安方伯云陳伯商、吳楚生遞解回籍監禁，沿途地方官嚴加看守，係馮星垞所參，共四十餘人，止知此二人一屬湖南，一寄居湖南，故公事到此，餘人不知。伯商實不住湖南，住江蘇也。原奏尚未見，大約是黨禍未解。處分何以加此之重，人數何以如此之多？祭畢而燕，回家已午後。見伯平來書，云已晤中郎，意極勤懇，即日來拜，此雖短局，將來當更設法。復書謝之。清檢八股以示二兒，可笑！可笑！

初四（4日）

　　飯後到汪宅道喜，遂到各處，不晤。陳伯平見面，久談。伊更有一處，問吉兒能辦文案否。答以獨當一面恐難，尚有人則可也。到館，爲幹庭改詩文，並爲用雨改詩文。書局刊書數冊已出書，攜歸閱之。函告吉兒如中郎來過，即往見，回報云尚未來。王秋帆至，談及近事。秋帆云伯商與彼有連，有王某者，其郎舅也，屬問王某，當得其詳。秋帆恐彼同鄉亦有人也，不知沈太史在內否。

初五（5日）

　　晴，暖。錄漢碑數條。《封龍山碑》錄入，前人所未見也。芰舲、幹臣來信，報館尚不能開。大約聞近日事，作罷論矣。聞居停言萍鄉學士又有刊章之捕，漢庭蕭傅恐遭駢首之冤。若僇士不已，至於僇師，元氣盡矣！此心怦怦，夜不能寐，不知右老喬梓封神榜無名否。芰舲函云張變產清賬，鄒挈眷服官，則將伯之呼恐又爲屠門之號矣，奈何！奈何！

初六（6日）

　　着黃升歸，云蔡公昨暮已來拜，吉兒往謁太早，未得見。予歸家一望，路滑甚難行。過受明，不晤。歸屬吉兒明早來候，着人攜衣冠。到館，校所刊《六藝論》、《魯禮禘祫義》，譌字尚多，甚悔當時艸艸。夜爲幹庭改詩文。

初七（7日）

　　吉兒來，見蔡公，以初九甄別，約初十到館。受明見過，云未得新年京信,有信亦不言宣室也。蔡公云沈太史在内,不知是何罪名。蕭函到各官紳處,十八省義民請興義舉,不知誰爲之。居停處亦有之。此等舉動,實無益有損矣。録漢碑數種。閲《抱經堂集》,説漢碑者甚少,與孔葒谷書言《鄭志》可備考。

初八(8日)

録漢碑數條。改訂吉兒所作《補韓詩遺説考》,"繡衣"一條自謂能圓其説,"桃殳"一條當考,不知是出《外傳》否。彝仲過訪,談近事,爲慨然。彼乃常熟之門生也。楊氏兄弟來上學,云乃翁喉痛,故來遲。送贄二元,出題付之。

初九(9日)

微雨。甄别。阿婆如三五少年,重傅脂粉,豈不可笑!嶽麓"曾子曰"一章,以《孝經》作主,此等題實無可出色處。爲幹庭改文一篇,作詩五首,甚矣憊矣!黄兆槐寄居停一函,爲催辦喜事;云已見傅相,許奏留,或西或東尚不定。居停得電報,老太太於十二日起程前來。中郎處請十一到館,而未下關,函致耳東,託其催問。將來或一面到館,再送關歟?晚間吉兒來書,云關已送到。夜卧不適,似不宜用心。居停得電報,十二日老太太由家起程①。

初十(10日)

晴。朱延生復來,云西人今年將到長沙開馬頭,與道希言合,不知諸公何術以止之?午後校完所録《篋膏肓疏》,回家一轉。吉兒云彼處須帶隨人,爲覓一小孩子,使清理書囊。檢得"桃殳"事,出《韓詩外傳》,與余所記憶合。此條宋人引作《韓詩》,誤。丁儉卿録入"伯也執殳"下,尤誤。殳積竹爲之,不以桃,長丈,亦非可佩者也,當删去之。

———————

① 按,此事前文已載,屬重複。

十一（11 日）

六妹適譚，是日過禮，爲寫書聯。吉兒檢理畢，屬午後到館。予亦回學堂。聞爾翊在四十賢人之列，不免反袂拭面。又聞康逆掘冢，使盛京卿嚴捕，限一月，不知京卿何以處之？聞太史公有二十餘人，現奉公事止有五人。王秋帆云未聞常熟之事，惟願無此事耳。彥甫出洋，豈有申胥之意耶？湖北來非常人，所聞愈出愈奇。若久不定，恐致王之明之舉，諸君何不早定議？欲求一雋不疑不可得，豈不可歎？或亦疑其爲真龍歟？

十二（12 日）

録漢碑數條。往壽兒、吉兒館中，遂至陳芷青、鮑蓉泉先生兩處。吉兒本可不住館，其幕友皆朝出暮歸，但其地頗靜，用功勝於在家。條約多删併重文，不知續修者何如。聞羅維翰爲之秉筆，通洋務者。歸館，已二點鐘矣。

十三（13 日）

南風，大熱。録漢碑數條。見電鈔，甄別詞臣止五人，貴鐸、沈鵬、周錫恩及陳、吳二人。然則四十餘人，尚恐傳聞之誤，或是意在專射大鵬，而以四鳥陪伴。周、陳皆遭物議，陳以《校邠抗議》多主逆說，貴、吳則開礦斂貲無效者也。常熟之事似亦未塙，顧無此事耳。吉兒來後，壽兒與正卿來。正卿急欲謀事，愛莫能助，奈何？夜爲幹庭改詩文。

十四（14 日）

録漢碑，粗畢，再當據《中郎集》録之。蓉泉師來回看，略談。閱《圖書集成》，元仁宗所定科舉程式，已開明制之先：第一場用經疑，《四書》、《五經》各一道，結以己意，限三百字；二場用四六詔表；三場策一道，限千字。明制正從此出，惟一場七藝、三場五策爲增多耳。世傳明祖之制爲焚書坑儒技倆，不知其襲元。又謂劉伯温捌議，不知明祖用劉三吾，一切程式皆三吾贊成。故書此爲明祖、劉伯温平反。南風，大熱，忽轉北風，漸寒。本擬到城隍廟，以風大，不果。

十五（15 日）

雨，風漸止。録漢碑數條。校《禮記淺説》一過。刻工須書刊刻，此書一知半解，似亦有可采者。

十六（16 日）

聞六妹是日鋪房，飯後歸家，見有三十餘扛，可謂費矣。陪媒人飲酒。聞醉而賭，夜間大鬧，狂藥之爲害如此。

十七（17 日）

清理碑帖。予有陳蔗石所送《淳化閣帖》、譚彝仲所送《鄭文公上下碑》，皆不見，何也？風雨未止，猶寒。

十八（18 日）

午刻譚振初親迎，人頗長，微麻。六妹哭泣甚悲，勉强升輿，足見女兒身之苦。聞九安丈昨到學堂，往彼回看。伊云彼家東家、先生、學生共賭，未知搞否，如搞則不妙矣。到學堂，爲幹庭改詩文。聞有欽差來，詢之，即李鑑帥，因巡長江至此，未必有事查辦也。湖北來人云係貝勒，即今上之胞弟，使出請援者。此説頗近之。如係狂人偽爲，諸公何難究辦？既不敢辦，必有隱情，雖非真而近於真矣。

十九（19 日）

辰刻到城隍廟祀觀音，客多未至，巳刻後始行禮，午正方散。到西早處賀喜。彼以上親見待，但未把杯，留飲，却之，遂到館。黃宅又問信，似仲丙歸矣，帶有夏少村信，論學頗有見解，所問當條答之。此間之事，俟老太太到方可定局，云到則廿三過禮，否則廿七。居停屬致蔡文光，鋪房勿太多人，什物稍密，節儉甚好。吉兒詢鹽欵，云已向揚州問信，俟回信如何，初出須七八折，將來或可五六折也。即五六折，亦須數百金，何以處之？天晴，路乾。

介卿生日，有酒席。予以醉飽，不欲歸。龍荔仙至，云月内仍往吳淞口去，硯仙已補泰興，猶在上元署任。下午爲佑孫兄弟改文二篇，大費力，用宇改文一篇，幹庭改論一篇，事易也。夜卧腹痛。聞又下雨。

二十（20日）

雨。批所改文。録漢碑數條。校《中候》數帋。下午陳老太太到，本家茂生、禹疇、幹庭之舅潛君、姊夫徐士瑄字冠玉同來。禹疇云在夏宅見過，帶有芰舲之信，云報館已作罷論；催辦喜事，云擇吉在秋、冬之間。茂生云假皇事，香帥十三已坐大堂，請皇令問過一次，無如之何。湖北謠言甚重，大可慮也。十五湖北大雪，今日此地又下雪雹。

廿一（21日）

晴。吉兒來，攜《條約例言》，云蔡公言其中有不通處。稿出羅君。此事改亦不便，不改亦不便也。寫數行復芰舲，擬由郵政局寄送。芷青禪禮，黃升即交彼處，遲日見面當説明。聞夏達齋來拜，亦當往回拜也。六妹今日回門，家中演劇。未刻後歸，觀劇至三更後。

廿二（22日）

微雨。見文公達寄來伊叔之信，以中變爲歉，因此欵提積善堂欵，衆遂滋鬧。顧公輔卿始意聘予，繼欲改聘予子，官紳亦多願意，而浮言既起，謂不如先辭之勿來。此等情形，予亦慮及。飯後到館，録漢碑數行。居停來，云趙公意欲在署嫁女，而顏太尊家眷廿七始出署，屬詢蔡文光應在何處。問以時事，伊亦聞大老闆在楚，電問並無回報。又聞有宋某亦正法，豈芸子耶？翁亦在内，何無明文？李鑑帥尚未來，不知有舉動否。繼思之，宋當是伯魯，但未知果有事否。將以居停之意詢之文光，乃書發而文光已至，云入署尚未能定期，納采必仍在公館也。胡先生來看我，云更往一、二兒處。燈下閱漢碑，輯一聯云：“雅歌吹笙，相樂終日；奉爵稱壽，俾延僊軿。”

廿三（23 日）

陰雨。校《尚書中候》。以皮臣一條增入《世録》，擬以此數昏冠首，後列曾祖、祖考、先父母行述，刊之爲家乘。惟予現在禁網，無以上對先人，又無刻貲，且姑待之。録漢碑數條。爲幹庭改文。

廿四（24 日）

晴。王秋帆來，云在洋務局。伊意亦條約編定未妥，將屬吉兒往問。録漢碑數條。是日陳宅過禮。伊辦禮甚豐，而未必得中。予爲冰人，不見詢，亦不便干預。如豬、羊各二，彼退其一，所未見也。午後蔡文光至，同到荷花池趙太尊處。趙公極欲從省，鋪房不用多人，廿七木器先來，開、發隨意，接親包封要男家包，女家不別賞，必要親迎。均爲代達居停。此間四季衣服俱全，金玉首飾大備，未知女家將來如何。幹庭怯，不欲親迎，再勸之。客散，將起更，卧殊不適。夜又雨。

廿五（25 日）

録漢碑數條。寫喜對式軸，送幹庭云：“詩學鯉庭，二南起化；易占鳳吉，百世其昌。”孟萊云：“重親致歡，和聲樂奏；夙興戒旦，博議書成。”陳禹疇來談。彼爲居停叔輩，德大管事者也。

廿六（26 日）

朝雨，復晴。檢《隸釋》，可補入《漢碑考》甚多，録入數條。飯後歸家，送陳宅禮。檢出《三通》，待寫書當。申刻到九安丈處赴席。丈作《放言》六篇，與報所説無異。第一去私，即平等、民權之旨，足見有識者所見略同。彭穉初亦稱之，而意見不化，何也？在坐彭、湯、孔，多老生常談，共保周聖人，多見不量。湯

云雲南有平西王像,十八子極似之,南海又頗似十八子,則不可
解。彭云有平江陳某以意造渾儀,俟觀之。

廿七(27 日)

擬清明埽墓來不及,俟明日往。胡少卿來函,並江奠式元,
又洪藻四元,均代收。祭酒以《焦氏易林》底稿送來,屬撰成書,
其中采予説多條,而予所撰二卷未見。予底稿已無有,僅一卷
耳,當再詢之。校《廢疾疏證》五丣。蔡文光以未送開容席,自
來,似太易矣。木器均來,未入視。爲幹庭改文一篇。將晚仍
歸,豫備下鄉。

廿八(28 日)

飯後將行,九安丈至,陪坐片時。聞老九已行,遂上轎,到馮
家沖。詢彭四,鄉下無所聞,亦無地坐將買主來,然不可不防。
登山,録出夏芝岑師告示。奠墓畢,待老九不至,始知誤聽,以爲
北出,兩相歧矣。歸,日尚早,到外祖父母墳上一拜。入城,至塘
灣更衣,往陳慶農處作吊。到夏達齋處回拜,不見,仍到塘灣。
據彭四言,唐於爛泥沖已起墓廬,似未必別有舉動。然爛泥沖距
此止數里,亦恐生心。其田均歸斐四先生,或彼將有所圖,亦未
可料。再當探消息,或見璞老問之也。燈下爲用字改文二篇。
夜甚煩燥。

廿九(29 日)

陰。爲佑孫兄弟改文二篇。午後微雨。到汪孟萊處道喜,
見拜後,到趙府。太尊纔回,趁雨止,發奩二十抬。同文光回到
陳公館交點後,復同到趙處上席,陪者陳敬明及其表姪劉某。文
光云趙處至戚止此二家。上頭湯後,太尊有公事離席。酒罷,歸
館。伯華又報佳期,初六安牀,初七納聘,初十合巹。期太促,又
先後失次。居停已允四月辦,此期不能允,云其女公子實未康
復,不知伯華何如此急急。

三十（30 日）

李又珊至，云館落星田劉公祠。陳宅送文數篇，作法均未了了，長章尤欠妥，爲改三藝。校《發墨守》數叚。寫信復伯華。受明邀陪媒，冒雨往。上親郢生昆仲，陪媒梁璧垣、姚壽慈，將晚始來，酒罷歸館。文光開客單，仍止二家，函復之。此間以新郎整容封未來，予見小事，不必往索，既而聞係誤封於開容封內，則亦未失禮也。

三　月

初一（31 日）

大雨。芝老壽誕，着人挂號，並回祭酒信。祭酒隨着人送前稿二本來，略閱之，見所解已詳，今即加功，恐亦不能多有增入。回憶十餘年事，予所學無大進境，真可愧心，亦由迫於飢寒、紛於憂患之故也。校《箴膏肓》一過。二點鐘起戲[1]，往觀，中雲唱孔明罵朗，甚快。此人生子雍，大有誤後學，充南海掘冢之例，景侯不能不任咎也。吉兒云聞上海殺一報館沈姓，不知是小宜兄弟否。陳宅陪新郎，如新娘一樣，先加花紅，皆可異也。十點鐘客散，予遂卧。

初二（4 月 1 日）

晴。星甫前云小門封廿元，彼處已知，而茂松乃云八元，恐爭執不成事，屬增之。彼用費甚多，聞今日中丞來須用六十金，獨嗇於此，何意也？文光午後始到，同往發轎。幹庭親迎，四下鐘方進親，即於是日陪媒、戲酒。十下鐘散席，到新房略坐。回館將卧，聞唱崑腔，往觀，是《牡丹亭》，用燈戲中十二花神。戲

---

①　"鐘"，原誤作"心"，據文義改。

完,將花神並辦送子觀音送入洞房,已十二點鐘矣。

初三（2 日）

飯後歸家,安排明日下鄉。過吉兒處,見呂律甫。吉兒云鹽局有李蓺翁復來之說,果爾,或可求援也。歸見二叔父來書,屬買零星,又有信稿到沈獻廷處索債,屬吉兒代書。

初四（3 日）

早起,到盛家灣埽墓。閱《明夷待訪錄》,可謂通識,鄙夫非之,豈黎洲亦曾入康黨乎?宋芸子《采風錄》亦佳,其說金幣似有見解。到已將曛,拜墓,見草皮淩脫,宜補栽,屋瓦宜添,殊不易也。圍牆已築好。

初五（4 日）

天明即行,到泉窩塘始過午。埽墓,則石欄脫損一根,宜修復,而不記山向。午飯後行,往石香爐。一路天清水滿,杜鵑花紅照山谷,春鳥亂鳴,田中菜花紅、黃、白相映,菜色正綠,有如織錦。惟犁田已過,則無此景,惟漠漠水田而已。到汪宅,亦將曛。祥女人更瘦。壯外孫較前少健,面色總不紅,仍不能啖飯。夜夢有人呼陳學菜,予喚吉兒,云爾老師也。此公亦八股先生,豈吉兒與彼有師生之誼乎?

初六（5 日）

九點鐘始行。至中途逢念恂,云到我館,要我出題做文章,送受明處。入城到館。見居停,談墓地事,以夏公告示示之,將來或有事,當求彼也。飯後聞將送禮,遂歸。日內大熱,幸無風雨。入城熱更甚,夜不能寐。

初七（6 日）

伯華又有佳期報來,四月十九。飯後攜至陳宅,幹庭送上。茂松來,云期可允諾,但期須再斟酌,而彼處無伯華年庚,須問明再請人看。幹庭云其姊夫徐冠玉將來附課,聞君華云陶履謙子

亦將來附課,不知關書如何寫法,檢湯、周兩處關書示之。聞沅
州土匪又圍城,已發兵去,不知散否。聞鑑帥今日將來矣。居停
至,云喜期當先說明,此四十日內如少健,即可成禮,否則只可勉
強登輿拜天地,此意當爲伯華言之。即函復伯華,屬先開年庚來
斟酌。送楊氏兄弟文字去。往書局,取書來。伯華若往江西,可
託帶去。陳宅送禮,只受水禮,餘璧。我要收衣料,家中以文光
未受,衣料係線綢,故却之。伯華開年庚來,當付彼。夜大風。

初八(7日)

　　晴,風止。録漢碑數條。爲用宇改文一篇,出題付念循。下
午回家,途遇吉兒,以用宇文付之。至受明處,付題目。君華來,
以陶履謙之子關書見付,每節十弍金,約十二來上學。到君華處
回拜,不晤。遇陳立田,云未出門,在北門外東嶽宮訓蒙,約暇來
一叙。歸檢夾衣,買紙、筆。抄小講付壽兒,屬勿曠館,恐不能終
局也。到館,未曛。卧殊不適。

初九(8日)

　　早起,卧觀《參同契》。是書本文與注淆亂,似當以五言爲
本文,四言爲注,散文又一人之注也。虞《易》出此,何得非之?
録漢碑數條。茂松約同往伯華處,至則伯華已到漢迎母。乃母
初十起程,月半後當可到。仲炳言頗固執,俟乃母來再說。回
館,卧稍適。此間人徹夜不睡,與上海客寓無異。

初十(9日)

　　校《疏證》三帋,録漢碑數條。飯後欲出門,微雨。吉兒至,
云條約着人到京抄底子,上半年不能成書。聞常熟有賜帛之說,
此間亦傳聞名捕耳東,又聞湖北非常人已授首。吁,可畏乎? 其
駭人也! 聞上海殺數人,湘人不在內,有一江西沈姓,非小宜乎?
居停詢蔡,無回信,大約不確。星甫致居停意,伊壻附課,每節
十金。

十一（10 日）

晴。星甫將回九江，致函黎聘之，贈以《今文尚書》。飯後往伯平處，略談。唐八王爺在坐，其親家也。聞節吾未來，李仲牧外出，遂到芷青處，同往會達齋，又同往傅幼羪處，游其花園，雖荒涼，尚閑廠。諸人又約同往游陶家園，予不欲往，分道歸。達齋云廿日外將歸，吉期將託彼面説，亦略爲達齋、芷青談及。歸而受明至，云尹臣歸家，題目付去矣。下午録漢碑數條。陳禹疇來，云與潛德昭同歸江西，問有信回芰舲否。燈下書數昏。

十二（11 日）

陳家人賭博夜以繼日，且晨以繼夜，一早即不能卧，遂起，寫信並復少村，寄芰舲新刊三種，並《參同契》、《抱朴子》共十本，交禹疇便帶去。陳家擇喜期四月廿六日，廿日納聘，並衣式着人送去。陶慰慈來上學，贄乙元。徐冠玉來上學，贄四元。星甫與弟及禹疇、德昭同上船行，看可稍靜否。録漢碑數條。陶家有《隷釋》，許借，當假之。夜風甚大。

十三（12 日）

雨，午後有晴意。校《疏證》數昏。爲佑孫兄弟改文、論六篇。日前以《禮記》《左傳淺説》四本付鄒富文轉呈祭酒，今復書許可，云已付手民，屬爲賈、服注作疏。李貽德已爲之矣，似不能更安牀架屋，而《焦氏易林》亦未敢自信，暇日當往問之。録漢碑數條。燈下爲幹庭、冠玉改文二篇。冠玉作搭題，未解鈎挽法。

十四（13 日）

早醒，不寐。念吉兒前問《書吳侍御遺摺後》，將爲翊鈞捉刀，枕上擬作一篇，惜其忠而所言未盡，今雖其言若驗，又何忍？今上無後，如古制爲人後者爲之子，則兩全盡美矣。復卧半時起，寫成之，送吉兒。録漢碑數條。晚又微雨。

十五（14日）

　　辰刻往善城隍祀財神。生平此老無緣，今急而求之，不知許我否。璞老以病不至。屬杏雲如馮家沖有消息，望以見報。劉稚泉云伯華局事有三百金，但須每日下河，彼不能辦。督銷更動恐不搞，伊所用皆楊家將也，如滋他族，又豈湘人之福乎？午後始散，歸家。伯華尚未回，其家又送期至，着人交陳公館，幹庭往祝太岳母壽矣。是日彭孺人忌日，乃留家。爲吉兒作文一篇、詩二首。夜喉中作燥，或食煎炒燒烤之過也。

十六（15日）

　　飯後到學堂，爲用羽改文二篇。校《釋廢疾》數昏。夜爲幹庭、冠玉改文二篇。聞杜喬生亦被議，果爾則處世甚難矣。聞有東人至，不知何事。又聞善邑有陳某是學堂小學生，從梁在東，至是梁往臺灣，散遣生徒，故歸，云康亦往英。

十七（16日）

　　仍微雨，甚寒。如是，秧苗不旺矣。校《釋廢疾》數昏。錄漢碑數條。見蔡觀察《策時末議》十篇，戊戌年作，其言雖主變法，尚不過激，不及改科舉、興學堂，故招訐尚少；中言礦務、條約、稅則，頗有把握。

十八（17日）

　　仍微雨，想秧苗壞矣。錄漢碑數條。居停往迎欽使，云臃腫不能拜跪，不知此等人何所用之？日內受寒，頭痛，畏冷，微嗽，殊不適。

十九（18日）

　　爲佑孫兄弟改論二篇。校《疏證》數昏。鄧舜卿來，云將往湘鄉辦保甲。吉兒來，云此公可不往，其往蓋亦不得已耳，欽使不久即行。吉兒呈文一篇，題無味，文亦未出色，爲擬作小講及講下。燈下爲幹庭、冠玉改文二篇、詩二首。日內傷風咳嗽，可謂力疾從公矣。

二十（19 日）

　　聞達齋將回江西，寫信三㕣。飯後往達齋處，將信交付，並囑轉致一切。達齋與妹同行，即陳老六之妻，云幹臣、書菴皆生子，少村與芰舲之長子尚未得子也。歸錄漢碑數條。

廿一（20 日）

　　達齋一早來，云幹臣昨到，與伯華母子同來，渠明日准行。校《廢疾》六㕣，此書已將成矣。《左傳》《禮記淺說》將續刊，取《公羊》《穀梁淺說》校正之。吉兒來，云壽兒館事決裂，與勞晉蕃大鬧。勞固不足校，然亦由壽兒曠館、不聽話所致。打飯碗不足惜，打壞招牌，以後難耳。夜又雨。

廿二（21 日）

　　雨。錄漢碑數條。觀《明鑑》，所載甚略，而於宋、元諸儒從祀必書，豈以是即爲重道耶？遜國事不詳載，而書"不知所終"以誌疑，且云王鏊、薛應旂皆記之。王、薛去遜國時不遠，當可徵信，惜未見其書也。評中極訾建儲事，然則自三代以來皆誤耶？孔子曰"立孫"，乃云不見於書，何也？詆劉三吾泥古可也，謂貪皇孫柔懦，則彼安能豫料？三吾茶陵人，後坐多取南人遣戌。然八股法由彼所定，不得無過也。

廿三（22 日）

　　晴。錄漢碑數條。夏幹臣來，談及近事，云滬上名捕八人，芸閣其一，餘爲宋伯魯、汪康年、唐才常、畢永年等，故此事罷論也。去後，送予茶葉、香菰、洋桃、荔支等項，飯後攜歸。

廿四（23 日）

　　雨。聞夏宅請陶銘謙做喜事衣，再開衣式送鑒臣處，不晤。遂到館，爲幹庭、冠玉改詩文。聞居停申飭其子。近日本太不用功，居停既嚴，再從嚴可也。惟學堂太嘈雜，整頓學規，當自整頓學堂始。夜聞前後兩桌牌，竟若不聞，何也？

廿五（24日）

寫扇四柄。録漢碑數條。檢劉球《隸韻》，亦無可用。翁覃谿序言今視宋人所見，止四分之一。予謂宋以前無考金石者，漢碑未盡損壞；宋以後考金石者多，漢碑損壞亦多，無乃如顧亭林所云好古之君子階之屬乎？聞峴帥回任，文帥入都，倘所云鞠躬盡瘁耶？

廿六（25日）

雨止，猶陰。録漢碑數條。《受禪》等碑本擬斥之不録，而《王君》《范式碑》既録入，亦將從寬録之。少作《詩淺説》亦有可觀，但須再校正。是日慶孫十歲，汪家有女客來，着黃升歸照料。幹臣來，云昨得我信，即有信回去，俟乃兄書來再議，伊叔恐不允借屋也。今日陶宅大祥，將往，衣式當交銘謙。云發難恐由禾口起先，連及少村、爾翽，後有人止之。爾翽與乃翁去年以公事爲人毆擊，乃翁現到漢口。居停四十千買《耆獻類徵》，此書能續咸、同以來更好。夜改詩、文各二篇。

廿七（26日）

晴。天或有悔過之機乎？録漢碑數條。魏碑亦録入，但恐有遺漏，須補耳。下午歸家，金女又病。以與幹臣所言商之家中，入贅既難，夏公亦必不允，看芰舲回信如何。將晚仍回館中。

廿八（27日）晴

晴。録魏碑並及吳，略備。朱百度考《易》亦有遺失，可補入。覆校《鄭志疏證》，有譌字二處。吉兒來，同往見幹臣，云去冬梅氏兄弟與沈又宜起學堂已成，請西教習，朽人以《勸學篇書後》之故，起而撓之，華、鄒亦在其中。華固畏事者，鄒如此，不得爲通人矣。又云日本將易相，若大隈伯得志，恐有逼改内政之舉矣。近又有諭整理學校，山長不合，又可奏參，壓力不可云不至矣。明張江陵及魏閹當國,兩毁天下書院,梨洲深慨之,殆將如是乎?午後回館。幹庭明日欲學作賦,授以法門,惟彼讀書太少耳。

廿九(28日)

陰。檢緯書,作《漢碑引緯考》。《七緯》失末一本,遍尋不得,何也?學生强作賦,教之恐難。下午歸。檢緯書,得數條。聞近人有以路德請配孔廟者,幸部議不允,尚有一隙之明。明以奄人委鬼請配孔廟,今以時文鬼請配孔廟,可謂無獨有偶矣。嘗笑謂今之所謂聖人,昔之所謂民賊也。但此等人不足攻擊,更不足恭惟。《閲微艸堂》中有帶時文鬼吕留良者,此等人以配時文鬼吕留良庶可耳。夜改賦二、詩二,用心已苦,卧不甚安。

四　月

初一(29日)

檢緯書數條,未録上。飯後到君華處,王翊鈞在坐,談隸書法。其人聰穎,大有見解,謂貞老書惟貞老能爲之,學者多爲所誤,横往上挑非是,往下垂尤非;貞老擦得《張黑女碑》法,亦特識也。往吴大茂買傘一柄。到福源巷會人,不晤,遂歸。午飯後往仁壽宫觀劇。五點鐘仍到館。以所藏《禮器碑》校《金石索》,所載碑側似少數行。

初二(30日)

爲陶慰慈改文三篇,其文亦未盡合。汪孟萊、用羽至。孟萊云乃叔回信,云廷議文字須清真雅正,近又有釐正之語,墨選清腴之法當復用矣。張、江風氣之開,可再睹乎?寫壽對送居停。下午擬歸家辦禮物,天又下雨,俄北風甚厲,遂不歸,至夜尤寒。陳處家人余貴云二月間共田氏假予旗號,向居停假而立之數。

予茫然不知也，可謂變幻之極。

初三（5 月 1 日）

　　書《漢碑引緯考》五�，自謂詳覈。送居停禮，只受對子，餘璧。送屏止一副，對子有數副，云絕不舉動，儉德可風。下午又晴，路未漧，不出。夜爲幹庭改文、詩。

初四（2 日）

　　晴。夏幹臣早來。李幼玕亦來，告以今之所謂聖人，昔之所謂民賊。太史公想放差，又怕磨勘，相顧太息。幼玕久坐，呈所作文，恐不可用也。爲冠玉改文、詩，又爲用羽改文二篇。刻工送《禮記》《左傳淺說》至，校未畢。居停雖不做壽，而演戲家慶。晚間觀劇，吃麪，十二下鐘始散。

初五（3 日）

　　見居停拜壽。居停云其女公子近日略好，不甚嗽，可辦喜事。聞夏觀察言我家喜事亦當辦也。十二下鐘起戲，分班太多，不甚佳，《節孝圖》不完。十點鐘後遂臥。

初六（4 日）

　　爲佑孫兄弟改文四篇。午後歸家。飯後往仁壽宮觀劇。晚歸，途遇蓉泉先生，略談。到家，遇受明來。

初七（5 日）

　　雨。在家檢《路史》諸書。六妹歸，抹牌。馮子靖到，爲金女診脈。

初八（6 日）

　　雨更大。立夏，稱人。慶孫不長一斤，可怪。富孫壯熱，吃馮子靖藥不退，恐有滯。黃伯華來談辦喜事，媒人請幹臣，彼以師生爲嫌，過禮、鋪房一切開銷屬爲轉致。遂到館，見茂松，代達一切，云乃叔擬請呂律甫，俟問幹臣允否再說。陳大腳求薦伴婆，恐不行。改幹庭、冠玉文二篇，佑孫兄弟文二篇、論三篇。

初九（7 日）

晴。録漢碑二咠。爲陶慰慈改文一篇。下午過受明，見頌年所寄四白摺，字又作小，幾不知爲汪派，云恐有大考，當不礙也。到家，問富孫燒尚未退，仍回館，爲幹庭改論、冠玉改賦。

初十（8 日）

風雨，復晴。校《左傳淺説》。往幹臣處，云出城。過劉伯卿談，彼亦以峴帥到京六日即回，文帥假滿即行，尤怪。回館，録漢碑一二條。下午到馮子靖處，彼自有病，且云女科、小兒皆非所長。到家，見富孫猶燒，請劉、唐二痘科，云非麻症。略坐即回館，過吉兒處。

十一（9 日）

爲吉兒作《〈三國志〉不帝蜀論》。録漢碑四咠。聞中丞今日出巡閲矣。下午歸家，吉兒亦歸，同到胡少卿處，久談，約明日來診視。吉兒云伊處有四一同宮，不識是否。予憶昨夢送吉兒詩，有"一鞭馬色上長安"、"杏苑春風致身早"二語，其將驗乎？譚六翁明日生辰，送禮六色，不收，旋來請，明日將往祝壽。晚仍到館。天漸熱。

十二（10 日）

早到西早處拜壽。歸家，胡少卿已至，爲金女診脈，云更沈細，當亟扶脾，不妨稍熱。云富孫不可服表藥，亦宜扶脾。詢問昨服我所開方稍愈，即胡少卿所云二陳湯加參尤者，足見其不可表矣。午飯後西早處觀劇，夜歸。天熱不可當，夜不能寐。

十三（11 日）

早飯後到館，爲用羽改文一篇。録漢碑二咠。校《釋廢疾》四十餘咠。爲吉兒改文一篇、作詩二首，其文未免混入一章。爲冠玉、幹臣改文各一篇並詩。是日大熱，夜大雨如注。

十四（12 日）

雨不止。録漢碑二帋餘。校《禮記淺説》，有二條見《述聞》，去之，增一條。始食洋米粥，其米小圓而稠，略如藕粉，不知作飯如何。應子麟明府來，云住白馬巷黃宅。冰人已説定，將告知伯華。

十五（13 日）

晴。以女媒事函告伯華，云乃母忽病。望之來，亦云然，殆過勞致病也。吳某來見，云前卷實彼作弊，第一課以此名取列第三，故來問明，求卷票領膏獎。見其貧，可憫，允之。望之謂彼可惡，不當恕，恐猶有轉折。此等細事變幻可笑。録漢碑三帋餘。趙孟剛來。是日茂松四十整慶，午間吃麪與酒。下午歸，問服藥皆平安。晚仍到館。諸人送茂松席，夜飲。十一點睡，殊不安。

十六（14 日）

爲佑孫兄弟改文二篇。録漢碑二帋。爲幹庭改文一篇。彼朝太山去，予下午亦歸。將往胡少卿處，彼辭以疾，請亦不到。請馮子靖，亦辭不來。聞汪君錫病歿蕪湖，不無故舊之感。

十七（15 日）

録漢碑三帋。得少村信，云沈、梅以開學堂，又將賈禍。上下相反，好惡乖忤至此！伯華之母得暴疾，聞幸漸愈。已發廿日帖來。十八子保兆槐頗優，未知能依議否？請龍老八，亦辭。只得請此間四人，不便或去或取也。天氣漸熱，街上氣味甚重。上午到吉兒處一轉，云受明一早往蕪湖接柩去矣。下午歸，開菜單，即歸館邀客。

十八（16 日）

爲李又冊改文二篇。歸家檢出《稽瑞》、《占經》、《宋·符瑞志》。往詠芳買對子。三點鐘胡子靖先來，夏幹臣、陳芷青旋至。此間四人後來，客散已曛黑矣。冠玉以課文請改，爲改後比。夜大熱。

十九（17 日）

到胡少卿處，不晤。請，云目疾。往見，云出門，非疾也。檢出送陳宅添箱，使送，乃到館。吉兒來，云有客不便，將歸家。予亦欲歸，俄大雨。錄漢碑十餘條。趙太守孀母壽終，明日成服。居停以家中有事，難以分身，商之於予，或遲去，或使子去可矣。夜微涼，而抹牌殊喧嚷。應子翁屬明早往，彼同行。

二十（18 日）

早起。考得“赤羆，仁姦息”一條，“仁”讀爲“佞”，證以緯書，可爲《尚書》“予仁若考”讀“予佞若巧”之證，不知前人見及否。飯後往羅八先生處回拜。即至應子麟處，同往黃宅寫庚，同到陳宅。居停足疾已愈，出陪。復同到黃宅，幹臣與於承之作陪。席罷歸館，已曛矣。天氣頗熱，抹牌又喧至曙。

廿一（19 日）

爲幹庭書扇。寫對子送伯華。飯後到幹臣處，遂見芷青，見荄朌所寄書，仍如前説。予屬轉致荄朌，以籌畫尚難，女兒尚病，未知能否辦理。芷青云鑑洲館司馬礄左家，可往延請，俟暇當往邀之。歸館，見居停，談及館事，節後須略整頓，居停似亦知之。共田氏又至矣，不知有何説也。聞小李已服冥誅，去一凶矣，豈社稷有靈乎？《漢報》云剛相大慟，榮相甚喜，可謂苦樂不同也。錄漢碑二㪺，校九㪺。幹庭以其叔太岳母壽終，屬作挽聯。聞太尊曾爲叔母撫養，代撰云：“彤管式清芬，那堪外舅銜悲，撫養曾同謝宣遠；絳紗留懿訓，獨恨館甥新列，慈顏未拜宋夫人。”上二句改云“紫誥錫崇封，猶令外舅追思”，似更妥。連夜爲夜不收所擾，失眠，頭昏腳頓。

廿二（20 日）

錄漢碑數條，緯説略備。惺甫云黎覺人保知府，廓哉！聘之捐教官大花樣，似可不必。聘之有書致謝。歸家一轉，到吉兒處，云廿七須贊禮。到館中作祭文一篇。下午將歸，雷雨大作。此間又喧鬧至曙，苦哉！苦哉！

廿三（21日）

晴。添《引經考》數條。校《詩淺說》，增一條。夜失眠，憊甚。閱《耆獻類徵·文藝》，四百三十五卷以九齡童子沈志誠置之卷首，不知是何體例？玩其書雜采名人文集而不考其實，多有不應載而載者。伶人胡桂以善畫，亦入《文藝》，而名流反略，如王仲瞿，不載龔定盦所爲傳，豈未見《定盦集》耶？作《儒林外史》者爲全椒吳敬梓，字文木，號敏軒，見程魚門所作傳，云其人好詆時文，當是其人也。《類徵》收畫士太濫，湖南人太多，不知吳槎客爲何人，所收一則亦不可解。下午歸家，數日失眠，得安臥矣。小泉上午歸自湘鄉，夜談廿七爲祖父作冥壽事，開菜單交陳二。

廿四（22日）

飯後到館，彼處人始起，未布置。應子麟旋至，將午始送盒到黃家，廿四扛，條盒甚密，極豐盛矣。歸見居停，說明日內彼有喜事，我家亦有事，須告歸。席散天晚，遂歸家，已上燈矣。夜大雨，旋見月，甚熱燥。

廿五（23日）

雨。校《詩淺說·國風》。下午晴。往仁壽宮觀劇。到九安丈處，請廿七便飯，並請君華早來贊禮。

廿六（24日）

早到應子麟處，云已出。遂到黃宅，待早飯一個多時，至九點鐘後始飯，發轎已正矣。到陳宅，下馬宴酒席久待不至，彼以開容席爲之。新郎來，又將一個時辰。我爲調停，勸其免用，遂發轎。到黃宅，已未初矣。天大熱，不等見拜即歸。聞徐升已服冥誅,此等人論列是非,不亦冤哉!聞張南齋、曾副憲革職,或未塙。陳伯商已到,與周鐵真同居。二人相見,恐揮老拳。陳兩子相繼死,何其酷也!胡湘南師移寓瀏陽門正街碓坊內艸艸艸堂。

廿七(25 日)

早起,檢點。校《詩淺説》。客到甚少。午後行禮。是日又爲母忌日,席罷出城焚化冥衣,歸尚未暝。夜熱燥,不寐。作俞陔輔挽聯云:"花縣郚中傳,翠墨應多刊德政;玉堂天上遠,緋衣今又召才人。"

廿八(26 日)

雨,又晴。寫挽聯送俞宅。陔輔宦囊頗裕,而未有子,繼一子尚爭鬧未已,則亦殊無謂耳。《詩淺説》校畢一過。下午往仁壽宮觀劇。到譚寓,久安丈、君華皆出門,見彝仲,陳芷青兄弟在坐,云幹臣節前不行也。日內大熱,寒暑表八十八分。

廿九(27 日)

晴,甚熱。飛蝗滿天,恐有暴風。祥女來信,念恂寄文二篇,爲改正。文頗順,但恐有藍本。用羽文二篇,文亦多蹈襲也。下午往胡少卿處,爲金女改方。往劉、譚道謝,皆不晤。晤九安丈,云和茂已許受屋,後門一事屬轉致。夜風雨。

五　月

初一(28 日)

校《漢碑引緯考》十餘昏。閲吳荷屋《歷代名人年譜》,大約有譜者詳矣。作捕雀之戲。

初二(29 日)

仍捕雀。是日先慈生日。用羽來。伯華來謝酒。

初三（30 日）

飯後出門，陳、葉、夏均不晤。晤道威，云聞湘中鐵路歸英國辦，又聞各國使臣將來祝嘏，不知如何應付。汪受明歸，往視，云君錫身後蕭條，今年猶讀時文徹夜，可憐哉！閱各報，云小李暴卒，恐爲兩火所毒，有上書言其死有餘辜，家貲三千餘萬，應籍以助國用。言甚抗激，或兩火主使耶？如此水火，恐又有玄黃之戰。此豈亦新黨所爲耶？雲貴主試已放，大約非湘人。頌年來書，云考差題"'克明峻德'，皆自明也"，"君子以除戎器，戒不虞"，"篆刻鄙曹沈得文字"。見胡湘琅先生，久談，云張丹銘調省察看，無怪此函不回報矣。下午爲吉兒改文二篇。二叔父來函，以宋佃與譚佃爭水事。譚、張兩佃亦至，問明一切，寫書回報。彼處又來一函。芝仙以前作壽文，泐函致謝，送食物四色，云將脩族譜。

初四（31 日）

函復芝仙。爲楊氏兄弟改文三篇。以予算計家中實無賬目，而賬尚不少，皆由習慣成性，致蹈不節之嗟，奈何！奈何！擬挽汪君錫云："客死最堪悲，一去不還，魂返應同關塞黑；微名何足算，有文無命，心傷並未佩衿青。"此公有知，當亦九原飲泣矣。魏午莊之子、成靜齋之子壽松同來，二人皆陳定生之壻，夏幹臣之僚壻也。云幹臣尚不行，明年會試後將求官，信乎？子翹意欲受業，來者不拒。用羽送蒸盆、點心，云病，明日不來。黃念五廿七歸而大病，幾殆。

初五（6 月 1 日）

端節。半晴陰。艾綠榴紅，雖云佳節，而俗於是日債項必須清結，宜世人以過節爲過劫矣。此四個月用二百金尚不足，將來何以爲繼？幹庭、冠玉來拜節。夏幹臣亦至，云初九將歸，乃兄有書來，云九月十二日已定期。予仍依違答之，事與心違，令人恨恨。

初六（2 日）

飯後到館，過受明，云君錫但分訃，不開吊；放雲南差者即盛炳緯，文帥到京懸擱，兩廣已補十八子，工部升徐會澧矣。不知何苦不知止也？到館，聞冠玉病。幹庭作文一篇，爲改正。得芟畲書，甚難作答。

初七（3 日）

復芟畲書，以女病爲辭，引居停爲例。飯後到幹臣處，不晤。往芷青處，談此事，屬轉達芟畲。聞雷聲隆隆，急馳歸，而雨大作矣。寫挽汪七先生聯。鄒富文送所寫《禮記淺說》，校一過。

初八（4 日）

校《詩淺說》，見於《五經彙解》者去之。校所刊《左傳淺說》一過。魏子翊來，云將送文請質。幹臣來辭行，呈所作《歷朝講學記》，並詩四章。下午得陳漱文來書，並由居停撥銀三百，屬以百金並函轉交陶鳴謙，其二百金爲折門包、豬、羊、酒水之類。予以此時既不能如期辦理，此銀似不應受，歸家商議，以爲却之不便，暫留之。

初九（5 日）

一早往幹臣處送行，並說明昨接漱文函並《毛詩》一部之事。伯華亦在坐，云仲炳將與妻同往廣東矣。歸館早飯，吉兒來，云家中吵鬧殊甚。校《禮記淺說》更一過，未畢。歸過魏子翊處，不晤。到家，錢碩人至，云將往湖北，仍欲開學會，可謂大膽。勉予爲有用之學，著書發明黃、顧諸人之說，加以辨駁。予念其說亦是，但書成不能出，仍覆瓿耳，豈更待後世揚子雲乎！云義和團匪乃山東土匪，前聞作亂，不爲無因。報言小李未死，恐不搞也。是日高太恭人生辰，祭畢而飲。飲畢，仍歸館。以龍禹門誤來拜我，路過回拜，晤談久之，以所著《毛詩說》見贈。晚爲幹庭改論。

初十（6 日）

覆校《禮記》畢，校《公羊》《穀梁說》一過。飯後茂松、德生、余平山同上船，去送。彼行後，遂至錢碩人、歐節吾及李君處，皆不晤，仍歸館。街上漸有熱氣矣。閱《引經考》，添入數則。

十一（7 日）

閱《引經考》，補數條。飯後往陶鳴謙處，不晤。王、成、徐、黃皆不晤。見黃、汪兩親母。念五又病，用羽已愈矣。見龍三丈，丰采甚好，手足亦漸復故。醫云風濕，用麻辛，覺效。云忌熟地、龜板，所見是也。伍醫已去，留其徒蕭某。予不欲請，遂歸。是日熊太恭人生辰，祭畢而飯，述卿、慎初、子家在坐。客去，仍到館。幹庭云乃祖母明年六旬，七月初四壽誕，要請我先作壽文，請伍太史毓崧書之，意求速藻，又無節略。

十二（8 日）

彼找得五十壽文一篇，劉鎬仲作，散文，空無事實，惟修章江義渡、頌樂善好施扁額一事耳，只得架空爲之。錢碩人來，屬書扇。而徐蘅衫來拜，談及求醫之事，欣然應允，即同到家，呼女出診視，所見與胡少卿①，云不可用清潤，但勿用薑附，亦用吳萸，並用北芪。家中已午飯過，仍到館午飯。作壽文，未畢。予近不能多用心，用心則心痛，遂止不作。聞鎮篸有土匪，告急。

十三（9 日）

續成壽文，約一千二百餘字。星甫云居停欲兼序己壽，改增二行，付劉姓錄之。爲碩人書扇。聞彼到吉兒處，予亦往。彼以實行學會序、章程見示，云已有五十餘人，聚書共讀，並無流弊。

---

① "卿"下，原稿有脫漏。

云招商局爲剛相苛虐,盛杏蓀不管,船將盡售與西人。俄在旅順行政甚苛,每人年税五元,小孩九角,狗五角,雞一角。古今無此法,可怕也!伊仍往湖北,云湖北人尤不開通,香帥在湖北,契税、煙酒税亦甚苛,且恐波及湖南矣。歸館,用《潛夫論》補《漢碑考》二條。陶鳴謙來回拜,以銀、信付之。伊家請楊醫大士,住落篷磡水雷廟正殿側,俟往延之。爲吉兒作《朱張渡》、《妙高峰》詩二首。星甫又屬作一首。爲冠玉改文一比,又爲吉兒改文,用黨禍作主。用心,殊不適,改幹庭文未完。

十四(10日)

雨。改完幹庭文。録補漢碑數條。《樊敏碑》云后稷祖宓戲,可爲《潛夫論》之證,前人未引。

十五(11日)

晴。録補漢碑。吉兒來,云汪七先生柩已到,於洪恩寺開吊,定十八日,而十九日即葬。黄念五病重,薏丞已歸。伯華來朝泰山。校《漢碑引緯考》數幐。龍三丈邀飲,三點鐘往,客猶未至。與楊篤生略談。龍二子皆體弱,小者尤多病也。朱冕莊云初十電諭義和拳匪毁壞鐵路,燒燬教堂,顯與國家爲難,派趙舒翹查辦,宋慶、董福祥大兵回京。據此,則拳匪甚猖獗,且攻教堂、殺教士,恐掣動全局。聞西人已調兵入京護使館,俄人鐵路秋後將成,皆大可慮。初十並無放主差明文,恐是十五。京師電線亦爲拳匪打斷矣。黄兆槐已見明文,着照所請,將來可仍望補缺也。龍處水木明瑟,避暑最宜,學堂清幽,此等天時極涼爽。夜歸館,又雨。

十六(12日)

録漢碑數條,校《引緯考》一過。到城隍廟,詢知行禮在亥刻,因神像修理已定,須贊禮。日間無事,回家一轉,仍到館,將晚到吉兒處。聞蔡公將移住洪家井,以濕氣生瘡也。再到廟中,客亦漸至。陳璞老云到電報局，見初十電有數百字，因民教不和起事，已派榮禄將兵。千金之弩輕於發機，恐難收拾，且此等事宜善調停，不宜即用兵力。又聞麻陽已開仗，因莊道誤殺數十良民而起。近晝晦、地震、星隕，大可懼也。有恩詔將到，不知何事。蕙承親家來，云廿五病漸愈矣。飲罷祀神，歸館三鼓。

十七（13 日）

爲幹庭、冠玉改文二篇。録漢碑數條，二過已畢事矣，獨不得書一校，可殺青繕寫矣。天氣漸熱。伍太史來寫屏，幹庭又看姐去，予亦於下午歸。

十八（14 日）

飯後至洪恩寺作吊，遇鏡青、佛翼諸人。予旋歸，使吉兒往。檢出《經説》中《尚書》、《論》、《孟》，擬再校一過，使付梓人。下午到館中，見有黄家驤者石印詩詞，詞名《欸乃餘曲》，尚可觀；詩名《瓦釜雷鳴集》，名既俗，詩亦淺陋。

十九（15 日）

校《書淺説》一過，删去數條。約徐蘅衫十一點鐘到家診脈，歸候之，至未刻始至。立方加重分兩，不改動。蕙女方用丹參、香附、玄胡索，不可解。詢之，云治氣，非治血也，姑試之。到館，聞伍太史書屏已畢，往視之，頗得顏法。聞蕭榮爵、鄭沅得差，未知塙否。今日恩詔已到，如覃恩大赦之類。往年本於中途迎接，今以湖北之事，香帥特用接詔之禮，湖南仿而行之，反使人驚疑。兹已到，可無疑矣。夜爲幹庭改文。伍太史香山來，聞送筆貲四十元。

二十（16 日）

爲冠玉改賦。閲《後漢文》，補漢碑數條。未刻到城隍廟，客尚未至，將晚始散。家中來邀，予歸，則金女胃氣甚痛。和茂請明日立契，與小鶴商議，約老三、老九論牆門與倉事。老五二鼓未歸,令人慨歎。蓉泉師有信來,云有病,欲請前受傷卹銀。

廿一(17日)

北風猶大,甚涼。飯後待老五來議,伊意欲爲兩便之法。往視倉路,可不必走伊地界,而牆門則必不可讓。與小鶴同到和茂,見祿豐。彼茫然不知,爲詳言立契須照分關,屬致應祥。遂到館中。幹庭請親戚吃飯。陳敬民者貴州上科亞元,寫作均可,住仁美園。趙太尊二子皆跳皮,小者尤甚。云鐵路斷,全無消息。有某總兵月初陣亡,靈柩已還。現調黃忠浩兵。

廿二(18日)

爲吉兒改文一篇。飯後歸,而和茂諸人未來。將午到廟,神未更衣,午後始升座。敬神後吃飯。家中來催,云和茂請。飯後歸,則和茂算賬有誤,該彼者止五千零數十金,要彼找二百餘金,而廖二必不肯,老謝再三轉旋不得,遂各散去。予亦到館。在廟聞伯鈞之子云榮兵變,濟寧一帶電線皆斷,以電路有礙驛站,絶彼生計之故。薏丞云初二在南州,目睹三日並出,如瓜瓣然。大約是日光散裂,亦非佳兆。拳匪亦於初二起事,豈兆於天見耶?

廿三(19日)

爲陶慰慈改文三篇。校《論語淺說》半卷。二點鐘後往城隍廟。老謝喚達卿去,云勉強幹旋,彼只肯退押規百金,共五千乙百四十餘金。達卿還與兄弟議,老三、老九皆在廟中,陳、劉諸公皆謂事太不平,然果興訟,恐諸公未必肯出力,且兄弟又不合,席間已有違言。予亦止能杜口而歸矣。爲幹庭改文一篇。

廿四(20日)

爲慰慈改文二篇、冠玉改文一篇。幹庭云冠玉欲居外,其家未允;乃翁見報,云外國兵船到大沽口,急調李鴻章、袁世凱入衞。可謂師公鬬法,病人吃虧矣。午後同星甫、幹庭歸家看會,爲時尚早,待至將五點鐘始至,去後已將曛矣。金會二女、慶孫與姪皆病，遂留家。

廿五（21日）

　　彭孺人生忌，午後祭畢，飯罷到館，見昨夜密電，云廿夜華人開砲，得罪五國，大沽口砲臺英已踞。決裂至此，又須割地賠兵費，恐禍尚不止是。予所謂病人吃虧，不虛矣。到城隍廟，劉四先生云電報水師攻毀砲臺，佔據兩座，日人獨佔一坐，日官受傷，打傷英兵船一隻，各國齊心辦事，俄、日統領大隊，不日即登沽岸，大沽口已失。在廟飲酒，不勝憂時之歎。聞有捉得剜眼妖人送縣署者，如何問法尚不知。又聞下江大腳婆是男子，真妖孽並出矣。歸家已曛。惠女又喉痛。

廿六（22日）

　　飯後到營盤街汪用羽處，有女客，遂到伯華處，會未來。到徐蘅衫處，談及近事，云有匪人攻交民巷、董軍保宮之語。到楊佑孫處，云芝老前夜暈去一個時辰，昨稍愈，由藥峻之故也。回到伯華處看會，遠不及前。見《申報》，言拳匪事，情節支離，辦法實未善也。飯後過節吾，相對感喟。到館，見顏太守電，云總稅衙門已燬，目下京城有俄兵二三萬，英兵一二萬，大沽砲臺被英佔，謠有七千拳匪竄入長江，漢上商民驚惶異常等語。聞人云《申報》已見十五日諭，而十二所放之差尚未見，則大可怪，豈十二已未放人耶①？爲幹庭改文一篇。

廿七（23日）

　　校《禮記淺說》一卷。飯後往走馬樓看會。會阻道，幾不得過。午刻到家。伯華、望之等來。未刻會至，看完則五點鐘矣。將晚到廟，諸人午飯尚未散。起更後始夜飲，三更行禮。回館子正，是時又熱到九十分。夜甚熱。

---

①　"已未"，當作"並未"。

廿八（24日）

雨。爲冠玉改文一篇。覆校《禮記》一過，校《論語淺説》。擬到廟中午飯，雨甚，遂止。星甫言陳小梅恐未出京，家中挂念而無由探消息。居停見撫、藩，云初十電諭之後絶無消息，十二放試差尚無明文，京城之事大約凶多吉少，問香帥亦不回電，束手無計。諸公何不專人到京？現有輪船，十日内到天津，便有回電，仰屋竊歎何益乎？夜雨，甚凉。

廿九（25日）

校《孟子淺説》、《國語淺説》一過。汪受明到，言見人傳密電，甚危急。居停聞之，即往蔡伯浩處，問明所傳電不誤，云皇宮加緊，億萬人馬圍攻，董軍與拳匪句通，外城已破，董福祥革職，著湖南藩司錫良督兵北上。蔡云方伯見人痛哭，即將啟行往湖北會兵，大約但署藩、夏署糧。聞大柵欄已燬。據此，大事去矣！禍雖逆料，不料如此之速。云破城放火，又云董軍句通，則破城似是拳匪，非洋人也。京城恐糜爛不堪矣，不知桂妹如何？夜爲學生改賦二篇。感懷時變，悒悒不寐。

三十（26日）

雨止。爲學生改詩二首，頗託時事，有"大盜言忠義，西鄰責是非"一聯。老六使人來，云彼處今日立契。飯後遂歸，中人未至。内患復起，老九與老五又將分爨，不料離析至此。未刻後中人來，止謝、秦及廖耳。同彼看屋，指點牆界、倉屋，遂立契槀。彼欲照老契開便門，予請删"照老契"字，恐混入舊址由巷内開門有"發穀處"三字爲據，彼執以爲辭也。並改"通"字爲"對"字，老六又請加"私"字。契文云："右邊私牆，聽開便門，對興隆巷出入。"如此寫，當無後患。彼右邊牆惟傍興隆巷，屬私，其後與我家共者皆公牆公管，契載已明。言"私"，則不能開我家牆；言"對"，更不能對我家矣。倉屋，批云："雜屋後有坐北朝南大板倉一座，歸皮慎餘堂管理，以滴水爲界。"延至天晚，始畢事。
受明與劉笏雲來，言近事，云又有電，云前門外燒三千餘家，火及
城門樓，九門暫閉，復開，拳匪十八、九日燒各處教堂，刧軍裝局，
已與洋人開仗於紫竹林，退至鐵橋，橋開乃止。橋即天津浮橋，
予嘗過之者。如此，則匪敗矣。笏雲云京官無可逃，即避至無人
處，亦無從得食。其説誠然。又云現在當收拳匪以攻洋人，不當
護他人攻自己，則不度時勢，專分畛域，京官議論大都如是。吉
兒歸，見電報，與劉所見同。家人多病咳嗽，呻吟徹夜。

六　月

初一（27 日）

　　爲用羽改文一篇。寫包二十。午刻到城隍廟，送神回宮。
聞有電諭十六字云："諭爾督撫，各保疆土，厚集兵力，接濟京
師。"香帥又有電云："董革，裕仰剛暫署。"如此，則勢更危，朽人
猶以拳匪爲忠誠，不可解。試問燒三千家，非傷百姓乎？退至鐵
橋，非敗走乎？幸漢口之洋人皆去，能保不復來乎？收拳匪以攻
洋人，能幸勝乎？養兵百萬，不能一戰，何況烏合？官紳所見如
是，中國安得不敗？飯後到館，彼處見電亦同。又見一電甚詳，
云失在剛、趙主撫，聶軍欲勦，大受申飭，某副將陣亡，不但無卹，
且謂有應得之罪。慶王主勦，即出軍機，端王入軍機。或云端即
拳首也，大阿哥亦習拳。此説未知確否，而所述事情近是。端王
即大阿哥之生父，信用黄芳洲，習拳者，似宜有此，特未知慶出軍
機確否耳。各保疆土之諭極是，惜乎已晚。宋以後削弱藩鎮，敵
至一州則一州破，至一縣則一縣殘，平日盡奪其兵權、兵餉，一旦
有事，賢者不過如裕公之自靖，不肖者潰走迎降耳，欲予以權，倉
卒已無及矣。宋將亡而議立四鎮，金將亡而特封九公，豈有濟

乎？念循來，送文二篇，云壯外孫已能行走，近又不乖。

初二（28日）

校《禮記淺說》一卷。李又珊至，彼不見電，見《漢報》。予亦將找《漢報》閱之。到城隍廟看會、吃飯。歸家一轉，到館。居停來，云神機營殺德使並見電諭，義和團會助剿獲勝已傳旨嘉獎，云云。恐禍機一發，不可收拾，奈何？

初三（29日）

受明來，云直藩來電，言戰事甚詳，云官軍聯團與洋人戰兩晝夜，殺洋人數千，幾盡。彼意懸揣以爲五國請歸政，倡出此事，又恐是俄暗中主持，事亦近之。又見初一電云：「此次之變，事機雜出，均非意料所及。朝廷慎重邦交，從不肯輕於開釁。奏稱中外強弱情形，亦不待智者而後知。團勇在輦轂之下，仇教焚殺，正在勦撫兩難之際。而廿日各國兵船，已在津力索大沽砲臺，限廿一日兩點鐘交代。羅榮光未肯應允，次日彼即開砲，擊斃羅榮光，不得不開砲還擊，相持竟日，遂至不守，却非釁自我開。現在兵民久憤，在京各使館勢甚危迫，我仍盡心保護。此都中近日情形。大局安危，正難逆料。」此諭仁至義盡，不知何以又有嘉獎義民之言？二次所云殊不相合。又有電云義兵大敗洋兵，占去砲臺，燒燬總理衙門。予以爲此電恐不實，大沽砲臺廿一已失，京城並無砲臺也。飯後往笏雲處一談。受明云時事不必多言，謹當佩之。歸家，聞庶母頗驚慌，云老九泄之，真多事也。到館，途遇夏謙伯，云在公館，當往回看。又遇伯華，云將往岳州。湖南主考已放俞陛雲，曲園之孫，曲園時文必哃貴矣。三省又無湘人在內。又見一電，說戰勝事頗詳，即受明所言者。調度出壽帥，則「裕仰」之信不搞。洋人四千餘，止存數百。現在官軍、團勇十倍洋人，戰勝自有可必，特難善其後耳。昨所見電，大約因一戰志滿之故。聞有兵部火牌令燒教堂，中峰祕之不發，恐到處無寧日矣。校《左傳淺說》一過。閱《通考》數㕥。見電諭，洋洋千言，詞嚴義正。"忽聞哀痛詔，又下聖明朝"，不知諸君何以答升平耳。夜爲幹庭改文。

初四（30 日）

飯後到夏謙伯處，云幹臣歸尚無信，渠歸期在月底。到伯平處，談時事，甚爲太息。云榮有泣電，言奏七次，未蒙許允，惟慶邸尚有同心，已邀各國，使共議國事，而神機營擊斃德使，無可挽回，一死不足塞責，云云。是榮與慶稍明白，誤事者剛、端乎？到節吾處，又見電云："此次義和團民之起，數月之間，蔓延京師幾遍，其衆至十數萬，自兵民至王公府第，處處皆是，同聲與洋教爲仇，勢不兩立，勦之則即刻禍起肘腋，生靈塗炭，不如因而用之，徐圖補救。"據此，則朝廷爲此輩所挾，不得已抒目前之患，不復顧後。然此等事於古未聞，得毋迂生獻議，欲用以抗洋人，如前日報章已云云。碩人嘗同談及，以爲可慮，今不幸言而中耳，否則鼠輩何敢爾耶？金女二十歲，家中促予歸吃麪，將晚仍歸館。見電諭三道，一爲京城勇丁刦掠，已獲正法；一爲派莊親王載勛與剛毅爲義和統領；一爲發銀犒賞神機營、虎神營、義和團民各十萬兩。夜又得蔡密電，各國添兵，俄、日最多，租界復失，攻入津城。大沽至紫竹林百八十里，何以聽其來？天津有重兵，總督所駐，何以即能攻入？此信如塙，大事去矣。

初五（7 月 1 日）

聞夏公署臬司，便衣往賀，不晤。歸書扇一柄。鄒富文來，以《詩》《書》《公》《穀》《國語淺說》五本並作函，屬呈祭酒。當此時爲此不急之務，誠非所宜，實亦望書早成，可流布，免遭刦也。爲慰慈改文四篇、佑孫改文二篇。是日未聞報。

初六（2 日）

爲佑孫兄弟改文四篇、論一篇。爲念循改文二篇。到受明處，彼亦未聞消息，云今上十三已還海，長樂有避入俄使館之語，各國有不認中國政府之語。到家，見九安先生，來城探消息，在我家住。劉漢秋來拜，云四川等處來電請合奏停科，停則人心更搖動矣。陳伯平來，云電云各國兵船來，俄、日最多，督撫請停戰，俄、日未覆。蔡處之電，彼亦聞之。小鶴聞人言天津失守，非好音也。將晚到館。夜爲幹庭改文，未完。

初七（3 日）

爲幹庭、冠玉改文。見初二日上諭，賞罰分明，著裕祿督飭各營、團將登岸洋兵分途堵截，不得任其北竄，一面規復大沽炮臺，以固門户，尤爲至要。羅榮光尚在，並未死也。下午歸，則老八亦到家。九安丈在我家，晚上因陪共談論。此公因看報，通達，所見不迂。

初八（4 日）

到館。祭酒以此刻書局不能刻書，將前各種繳還。見蔡曘客所著《經窺》，有獨到處。聞今年各督撫請停科舉，湖南一時不至有兵事，停科恐反致會匪生心，非上策也。學使今日乃行官課，作詩二首，可謂無俚。又作《感事》二首云：“析津沽水血斑斕，殺氣橫生箕斗間。海上樓船來島國，漢家兵馬駐燕關。曾聞光武收銅馬，莫笑臧洪恃黑山。聽説蓬萊雲五色，占星猶拱列仙班。”“元戎生死異傳聞，驚電飛馳語太紛。三輔郡雄環日下，五諸侯變見星文。連鄉本出齊東野，兒戲休同霸上軍。社稷安危憑一戰，幾時麟閣策殊勳。”閲《宋史》開禧北伐事。復中原，雪國恥，名非不正也。襃岳飛，貶秦檜，事非不快也。韡韔已起，金人奔命，非無可乘之隙也。詔書云“天道好還，中國有必伸之理；人心效順，匹夫無不報之仇”，非不詞嚴義正也。而卒大敗

者,其時道學禁錮,正人君子已空,所用者由竇尚書、屈膝執政,
又任帶計諸葛之將,故以偏安之宋,不敵垂敗之金。豈真中國之
氣不可伸哉？以韓師王非其人也。後之欲立蓋世功名以自固
者,可以鑒矣。

初九(5 日)

吉兒三十初度。飯後歸家,九安丈已去。往劉漢秋處回看,
云五省合奏云欲展期,尚未明言停試。到胡少卿處,兄弟皆云外
出,遂歸。客來者惟用羽、正卿。飲酒後抹牌,夜作影戲,至三更
始卧。天氣已大熱。

初十(6 日)

甚熱。飯後到館,爲幹庭改論。見峴帥來電,云"情形危急
如此,自宜協助。敝處已發鎗四十萬,尊處宜勻濟,保全大局",
云云。不知所云危急何事也？閲《方輿紀要・直隸部》及《郡國
利害》,丘濬言立四輔郡,甚有見,至今無行之者,豈非在廷無明
於大計者哉！晚間歸家。夜熱甚,不能寐。

十一(7 日)

飯後到館。見峴帥電云:"展緩鄉試,已會銜電奏,尚未奉
旨。如不允,自可無礙。若允緩,務請公設法曉諭,一律辦理,免
弟爲難,感甚。否則由吾湘京官奏請,或可轉圜。"此可云無事
自擾矣。聞方伯自將勤王,是日啟行,以詩頌之云:"半捲紅旗
白日翻,高牙獵獵擁雄藩。宜將血肉當前敵,定有心肝奉至尊。
此去北行威獫狁,何時西倒蹴昆侖？棲棲六月中興烈,直抵津門
固壘門。""老湘營制有長矛,百戰威名今尚留。三户亡秦憑赤
手,異軍張楚奮蒼頭。兵家勝負毋輕敵,國勢安危在運籌。仗義
勤王青史在,急行早慰廟堂憂。"既而聞方伯尚未成行,十三北
上。閲《方輿紀要・湖廣》,其時多重在苗,與今不同。《郡國
書》並詳湖垸,今南洲、新洲大盛,又與前不同。故讀書當知

古今。

十二(8日)

受明與吉兒一早至。受明云近聞甚不佳，伯鈞等紛紛已出，傳聞津城已失，長樂已奔，如劉九昨到電恐係安人心者，殊未可信。然此等語，不便與朽人言之。又聞昨開隊到湘鄉，彈壓搶刦，恐甎機一發，處處不安，奈何？聞受明言，乃取《方輿》山陝各卷閱之。顧氏以爲山西可都，遠勝燕京。《陝甘》古事最詳，令人有出門西笑之意。而今甘肅之地，明皆置衛，未設郡縣，蓋防制疏矣。今設郡縣，禍又發於海外，豈可盡防哉！慰慈來，久談。彼嘗入學堂，受教新會者。

十三(9日)

閱《郡國書》。飯後歸，晤述卿。君華亦來城探消息，而旬日無耗。憶老杜有"再有朝廷亂，難知消息真"之句，爲之慨然。今日方伯大軍啟行，居停往送，亦無聞焉，或中峰祕之耶？將晚仍到館。吉兒夜至，言鹽局事，令人憤憤。

十四(10日)

爲幹庭改文。作《詠史》云："從來董卓爾朱榮，禍始庸人好大名。變起宮闈蛇虺夢，慘生荊棘鳳皇城。無端冒昧挑強敵，底事紛紜召外兵？倒授大阿真失計，悲哉頸血濺公卿。""媧皇鼇極奠神山，宮闕金銀霄漢間。奇幻大人偏善釣，漂流仙聖豈能還？愚公智叟交相笑，方丈蓬萊不可攀。東海揚塵俄咫尺，幾時天險固重關。"受明與張伯興同來。張住三府坪對照，云在乍浦帶水師五年，見時局，頗畏往。不見十餘年，鬚俱霜矣。當時意氣，可復得耶？閱《郡國書》數卷。明以遼東隸山東，猶古青州越海之法。今榆關外不可問，猶明末也。下午大風，雷雨。夜頗涼。聞正考官乃熊敬中，今年停科似亦幸事。

十五(11 日)

一早到廟中,見仲曾,云乃兄云由東道歸,初九電聞楊硯規之子以二千四百金,僱義團四名保險出京,而朽人猶信紅燈照之邪説,以爲大捷,然則何以無明文?罵中峰示保護教堂爲誤,實不誤也。惟云裕禄拿問,鑑帥署直督,不知搞否。飯後已午正,仍到館。又珊到,彼留問二喬,答之。閲《宋史紀事本末》,陳亮言恢復之計,實有下手之處,而廷臣皆惡以爲狂,陷之大獄,幾死,然則今人於南海不猶是乎?李全忠義軍,恐今之義民未必不蹈其覆轍也。將晚,吕律甫與吉兒同來。

十六(12 日)

飯後往受明處,同到張伯與處,久談。觀其近作,尚不枯淡,予許其厚福。彼宦囊不過三竿,尚未必能不出也。聞胡祖蔭爲欽派團練大臣,專摺奏事。用此孺子爲將,可謂無人,豈名祖之孫必克繩武乎?收拾貢院甚急,又新調簾官二人,或八股尚可一試耶?歸家已飯後,飯已仍到館。閲《宋史》二卷,金、宋之亡一轍也,後世可毋蹈其覆轍,噫!

十七(13 日)

早爲幹庭改文。又聘來,以答問付之。伊云書院諸生多告歸,王山長亦依違其辭。中峰禁打教堂示已出,人多晋之。星甫、官玉聞有電報,初八、九官軍大敗,死者萬人,義民已變。幹庭往太山處問,則無此説,有三電:一主戰各督撫保疆土,有疏失嚴辦;一設糧臺於保定、鎮江;一緩歸日本欵。不知別有電而匿之乎?抑訛傳乎?閲《宋史》數卷。天時甚熱,南風大。

十八(14 日)

閲《文獻通考·户口》,漢、唐極盛之時,口不過五千餘萬。今版圖之廓不過漢、唐,南越、朝鮮皆爲化外,惟滇、黔邊城及新疆稍過古人耳。説者皆云有四萬萬人民,恐未可信,乃據爲實數以威敵乎？取民之事，如古所謂和買、折帛之類，今無之，此則我朝之仁政勝於前朝，特恐一旦爲外國人，將不堪命耳。見電諭，甚長，與前大斟厥底，開口便罵亂民。所言亂民挾持與各國開釁情形，自是實在，云："中國即不自量，何至與各國開釁？亦何至恃亂民與各國開釁？"噫！早知如此，前日何必開此海口，發此夢天，決裂至殺使臣？乃知我之出使臣與彼外部講情，恐蘇、張無從置喙也。

十九（15 日）

一早到廟，以所聞電告之，朽人猶不信。俄璞老至，以所鈔示諸人，即此電也。然今廷議不一，令人無所適從。如初三諭各使臣，明係主和，欲使臣從中轉圜；初六諭督撫，又云和之一字不可宣之於口，何也？義和拳匪本非義民，然既信其神奇，獎其忠義，伊等亦尚能拼死決戰，此時未能即和洋人而勦拳匪，勢不能再與拳匪決裂，如初三諭痛罵亂民，盡以失和之罪歸之，恐未能得外國之歡，而先動團民之忿。二患交迫，又何以善其後乎？調外兵紛紛入京，不能一戰，而騷動天下，恐反致意外之變。足見手慌腳亂，必壞事矣。午後到館，見初旬《申報》，言五國之外更有美與意、奧。以一服八，誠有是事。言連日大戰，匪民死者不計其數，八國死傷不過百數。又言炮臺之事，實由中國先行開砲。其《慎言》云拳匪之禍，由毓賢縱容之，剛毅招之，奉以爲神，可以勦滅各國，謂皆可殺。又云滿人無不深信其神奇，敬服其忠義，如端王、崇綺、徐桐、啟秀四人，皆與剛同心，非彼一人之咎。其言似非盡妄。觀我邑紳士即信其神奇，服其忠義，至今猶執迷不悟，何尤滿人哉！聞書院生稟請攻教堂，中峰大加申斥。衡州燒兩教士，有三人在此經過，派人護送。峴帥家屬錦旋，可謂先去爲民望矣。《申報》不載近日電諭，而列各州郡告示，皆指名拳匪，無稱義民者，豈敢於抗上乎？如此上下相反，安能同心？和戰紛紜,又無定見,大可危也。閱《通考》、《宋史》各數卷。下午大風雨,稍涼。夜爲幹庭改論。

二十(16日)

初伏。閱《通考》數卷。宋熙寧、元祐、紹聖易經義、詩賦屢矣,未聞其法不行。前年改科舉,而士子囂然,何也？然使不變,則至今已風氣大開,必無有信妖術爲忠義者矣。識見不明,詎非《八瞀圖》階之屬乎？飯後歸吃伏羊。老八歸自湘鄉,因便血,又目疾不可開,醫巫並進。天熱,大南風,幸不穿伏,尚好。將晚到館。

廿一(17日)

爲官玉改賦。閱《通考》數卷。感事一首云："悵望銀河接鳳城,慘聞畿甸虎縱橫。孤虛詎解師風谷,六甲深憂誤郭京。欲埽九州歸赤縣,誰從三輔救蒼生。捷書曾到甘泉否,坐嘯旁皇但倚楹。"星甫自外歸,聞初八大敗,死者二萬人,羅榮光與某將官均死,京官出京並家屬數十人俱遭此劫。趙孟剛至,云官場並無近日消息,恐中峰壓擱也。閱《宋史》,汴京之亡,失在倿和倿戰,又惑於郭京六丁六甲之邪術。恐後之視今,亦猶今之視昔。

廿二(18日)

檢《引經考》,補入數條。閱《通考》、《宋史》。天熱不可當,桌椅均不可近。下午聞蔡觀察專親兵到北探聽消息,居停付洋四元,令探小梅,遂歸詢有事到楊子綏處否,庶母云無他事,要我寫信問候而已。小泉目疾少愈。會女病泄瀉。日晚仍到館,燈下作書與子綏。書成,屬居停並交親兵。

廿三(19日)

閱《通考·郊社》,多列宋儒說,《五禮通考》蓋從此出。久不談時務,閱《經世文新編》,不勝慘然。見夔師電云并入正科,今年鹿不鳴矣。香帥電云官軍敗,轟士成陣亡,亂兵燒正陽門樓，東城商民被劫。義和匪云法已破，催戰不戰。董軍叛，與匪合，仍攻使館不破，兵、匪死者甚衆，議用砲轟。各國共圖中國，德主以殺其使臣，大怒，欲以主謀之人抵償，誓取北京以圖報復。現在各國議論，皆謂用兵專爲救使，若能救使、勦匪，或有可商。乃京城來電，言董、拳之意必欲破使館而殲旃。此真亂賊妖孽，必欲覆滅中華，豈止京城萬難挽全，宗社可危，兩宮可慮。據此，則大事去矣。然朽人見之，必痛詈香帥不止也。香帥云今欲西幸，亦恐劫持。予意則恐董軍、拳匪劫駕遷都。董本陝甘降回，西行正其巢穴，恐其以董太師自命。拳匪知與西人不兩立，而又不敵，若解去，則廷議悔前之失，必和西人，與官軍共擊之，惟劫遷，則在彼掌握。主戰之人亦恐蹈韓侂胄故轍，必挾天子以令諸侯。如彼此合謀，兩宮不得不允。出此下策，猶可偏安，似勝坐而待亡，將不免河陰之禍也。吉兒來，以報示之，云彼處並不可坐，只可歸家辦事。受明旋着人借報看。王秋帆來索閱，又向汪處取來。夜爲幹庭改文。

廿四（20日）

早寤，不寐，書憤三首：“槃敦聯盟近百年，忽驚烏合奮空拳。穹廬尚解容蘇武，晉國何心殺伯蠲？魁柄倒持能抗主，蕃臣無罪枉呼天。郝經故事君知否，鬭蟻堂空禍已延。”“僥幸圖成蓋世功，開禧北伐太匆匆。津沽血染忠臣碧，壘士成死，京闕光騰鬼火紅。那有夷吾起江左，還憂董卓入關中。紛紛召外原非計，深恐蒼生誤數公。”“宮闕崔嵬仰帝京，何期鋒鏑遽縱橫。棘門徐厲真兒戲，内史王凝借鬼兵。早識黔驢窮少技，猶聞蜀犬吠同聲。五陵裘馬橐游地，北望觚棱萬感生。”閱《通考》，《郊社》九卷爲蟲所蝕，可憾，已補好，俟覓本寫之。閱《宋史》，知汴宋所以亡，由橫挑强敵而納其叛人，宜有《大金吊伐録》也。爲官玉改文並詩二首。

廿五（21日）

閱《通考·郊社》、《宗廟》，馬氏亦有特見，前人所未發者，未可厚非。聞有明文，直隸、山東、江南、浙江、江西、湖北、湖南、廣東、福建、四川十省停科，惟河南、山西、陝西、甘肅、雲南、貴州、廣西七省不在內。然主司未必能出京，且北事未知何如，恐亦未必能行。八股中興，群公攘臂，嚴磨勘，正文體，禁用後世事，其摧抑人才、杜塞明智之術至矣。宋人刺賈秋壑云："平章束手全無策，却把科場惱秀才。"今年科場若行，必更有許多箝制之法，而今何如也？時文之鬼不靈，邪術之神又杳。謠言都城已失，雖未可信，然不能保必無是事，北望觚棱，能無慨然？聞方伯至鄂，不欲行，今之忠義者蓋如此。峴帥與西人約不犯江界，豈所謂各保疆土乎？芝青書云夏幹臣歸即悼亡，又見示前月芰菸信。李又珊來，云錢碩人因東家眷屬歸，亦同歸。東家吳姓，住東茅巷。日暮歸家，見念穌信，云京師糜爛不堪，伊子鶴年歸應試，欲謀館，何易易也？聞黃彝伯家亦歸，大約湖北風聲更大也。曾女病痢未愈。

廿六（22日）

見劉、張、鹿、王、于、俞六公電奏，謂：拳匪、邪教、亂民、土匪應勦，請太后、皇上宸斷，以宗社為重，勿信妄言，撫卹洋人，速調李鴻章主和，一面請美使轉圜，再遲數日，恐悔無及。其言若行，尚可少延歲月，但恐此輩盤踞肘腋，不容改圖。受明云聞慶邸、蔭相、仁和合家皆被拳害，不知有此事否？如有之，非但徐、王二師可哀，兩宮亦必為匪所脅，不能議勦矣。聞居停奉委衡州查辦。飯後到館，見居停。彼亦見各督撫合奏，謂此處只能查明，不能辦理，西人以為須交首亂之民，並交出已死之屍及所捉去之人，此時首亂既難拿獲，屍已燒化，亦難交出，惟有敷衍了事而已。予謂能了事最好，不必博愚夫愚婦之稱頌以誤事也。閱

《宋史》二卷、《鑑》二卷。受明同伯興至，談及時事。受明以乃兄爲慮。伯興並慮及湖南，悔不應歸，因不知如此囂張，會匪如此之衆，欲鄉居以避之。受明云左子異、陳笠唐、蔣澍人出京，乃兄或同行。而予聞劉某出都，遇匪被害，即爲蔡觀察抄條約者，陳公及幹庭亦見其人，星府云其人善書畫，甚可惜，則出都亦危機也。聞有明文，今科全停，明年春鄉、秋會。甚願八股猶可一試，則幸事矣。伯華至，云彝伯全家歸，因湖北下午閉城，漢口生意皆停，瓜子亦無處買，謠言甚不可聽，《申報》、《漢報》皆言之。予屬彼着送報一分。

廿七（23 日）

爲幹庭、官玉改文二篇，有二語云"以庸才而貪蓋世之功，以兒戲而誤朝廷之事"，可爲諸公寫照。爲又珊答問三條，有一條言古今法律繁簡，予云"古人治天下之法繁，防天下之法簡；今人治天下之法簡，防天下之法繁"，似屬定論。見廿一日電諭，知朝廷尚在，幸甚！內皆撫卹洋人之語，各處教堂教士、租界商民，各督撫加意保護，日本人及德使當加優卹，除臨陣傷害不計外，其餘所傷教士、所燬教堂，皆認賠欵，至於土匪亂民焚殺刦掠，殊屬不成事體，着各督撫相機勦滅，以清亂源。一月之間，乍冰乍炭，然知失計，尚可改圖，特未知能制亂民不反爲所制否。十六日諭科場改下數月，恐天氣寒，着改明年春鄉、秋會，所放試官均着回京供職。但願明年有科試，即幸事矣。

廿八（24 日）

致芰舲書一函，爲獻廷書扇一把。閱《通鑑》侯景事本末，可爲慨歎。見札開衡州事，幾二千言，裕太守云教士無照會，不應保護，不知條約中如何說。聞譚瞎有電回，云天津失守，董、拳不力，李相到京，仍主和議，虎頭蛇尾，惜哉！予謂虎頭蛇尾乃近來積弊，此番因拳匪開釁，並不可云虎頭，謂之貓頭可也。周榮投信信局，云京信可通，須走東道，廿餘日可到。天熱更甚，桌椅皆熱，夜幾不能寐。

廿九（25日）

聞《通考》數卷、《鑑》數卷。天熱如此，真如歐陽子《大暑賦》。顧此大熱，吾不知其所逃矣。下午爲幹庭改論後，到受明處，聞廿三四有千急萬急之電，津城失守，裕祿革職。雖朝廷尚在，而事勢可危。李相廿一起程，望其速至主和，亦救燃眉之一法耳。左、陳、蔣、郭俱攜眷到德州，非不可出。頌年久居圍城不去，或尚不無後望。到家，將暝矣。吉兒亦歸。

七　月

初一（26日）

中伏。早甚涼。飯後用羽至，云十叔致函乃父，以時危，勸其早解組。新疆誠危地，恐早晚歸俄也。鶴年至，攜所讀東文，云學已有成。近日鄂中大擾，凡學堂及各局牽涉洋務者，義和人皆糊黃帖白，云將焚毀。香帥命晝夜巡查，故學堂生徒皆告歸。伊歸居書院。聰叔只允幫錢一千，欲求入求實書院，予無能爲力，他日見伯平當爲言之。胡少卿來，云彼所處館不熱，真清涼世界矣。爲金女立方。予旋到館，聞道希復來。朱愛卿有信來，云眷已出京，大沽炮臺兩復兩失，惟武衛軍尚得力，非有救兵，亦難支矣。救兵詎可恃耶？

初二（27日）

爲慰慈改文二篇，爲小泉寫信一函。閱《鑑》數卷。得少村書，云五嬸於五月廿八日病故，江西尚安靜，惟銀錢緊逼，亟望合肥早到，和議早成而已。居停明日啟行，往送，云聞合肥已到上海矣。衡州教案由官帖電諭所致，三洋人燒死，甚慘。道、府、縣

皆隱瞞,云無其事,中丞知之,特欲委人查明以覆香帥。予謂
"難將一人手,掩盡天下目",既有其事,不能謂無,百姓可欺,洋
人不可欺。中國官慣以欺百姓者欺洋人,此洋人所以云中國無
信,授之以兵端矣。中丞既早知之,惟有以實情稟明中丞,聽其
如何辦法而已。

初三(28 日)

一早起,送居停。星甫同往。飯後歸家,分付家中送禮。庶
母昨日跌倒致疾。富孫發熱、肚瀉,鄧先生用白朮,云防嘔吐,似
有理,着速服之。會女耳又作灌。彭鶴年來,求以一書代達伯
平。予爲作書,並問時事。復書云廿五日各國下哀的美敦書,洋
人入都者數萬,董軍又叛,吳淞口來兵艦數十艘,三公司輪船只
能到鎮江,勢甚危迫。鶴年事力辭,不能爲力。聞文道希至,擬
下午往問事,忽大雨如注,不能往。雨止,到館。夜甚涼。

初四(29 日)

陳老太太壽誕,衣冠祝壽。先云演戲,以時事不佳而止。爲
楊氏兄弟改文八篇,有盡善不必改者,未免陳言。黃伯華來,親
戚中止彼一人,可怪。早麨後歸。富孫未愈,鄧壽熙至,加吳萸、
乾薑、波蔻、上桂,皆熱藥也。着周榮往覓道希處,不得。下午到
館。蔗珍閣菜殊不佳。幹庭病,不能食。席散,李又珊至,以所
批付之。到受明處,云伯鈞已到宿遷,諸公多在山東尹佩之處待
消息,爲入都計。合肥補直督,文帥仍回粵督。胡大臣到,有抽
佃錢之説,不知確否。以富孫病,仍歸家。述卿來,談及起更。
景姪遍身發紅點,請鄧,以病辭,請李至。看富孫,亦用薑附。俄
大雷雨。

初五(30 日)

富孫病略平,屬趕服藥。飯後到館,爲用羽改文二篇,出題
與念循。聞外孫又病矣。閱《鑑》二卷。閱《嘯亭雜録》,言林清

之變，云白蓮邪教起於元末，至明唐賽兒、徐鴻儒因之，蓋由狐怪所傳，後變爲八卦教。林清之亂，太監劉金、劉得才、楊進忠引之，信其邪術。欽天監奏改癸酉閏八月於次春二月，其經有"八月中秋黃花落地"語，遂附會其說，以爲本朝不宜閏八月，而不知康熙戊戌有之。予謂不宜閏八月不知何說，今人訛傳二八交加，此十來年所傳耳。乃觀此，則嘉慶時已有此語，遂以致亂。今復如是，果何故耶？拳匪之術，大約即白蓮之遺，此番亦必有內臣引之者。昔以倡亂，今名爲助順，似罪有重輕，而昔雖震動宮廷，傷人不多，今則殺人如麻，且開外釁，不可收拾，罪較林清爲尤大矣。學生未愈，予亦覺頭涔涔，似微熱，惡寒，臥不安。

初六（31 日）

　　楊詠仙早至，詢時事，云李、譚復任是實，京信亦無確耗；羅榮光與彼有親，亦不知究竟在否，大沽砲臺伊曾見過，甚堅固可守，羅亦能戰，其失由火藥房起火，燒死數百人，以致潰亂，大都漢奸所爲。於此足見中華之敗，由人心之壞，號令不嚴，非盡火器、戰具之不敵也。聞陳海鵬招兵到岳州修砲臺，大沽砲臺且失，何有於岳州？屬予出時務題與二子試作。問芝老病如前，有和尚以爲犯土煞所致也。閱《鑑》數卷。打聽文君在唐家前所住宅。《漢報》五帋送至，自二十至廿四，言天津戰事疊有勝負，各國添兵，而端、慶、榮相攻，殊不成事。衡戕教十四人，彼亦載之。京師外城有一門爲德人所據，軍機大臣、京師大學堂孫家鼐全家六十口爲拳匪害，則勢甚危險。下午見文，云孫即蟻臣師。問何不歸，云宰相告退食半俸，仍不出京。又徐頌閣亦被害，非蔭師也。問李能主和否，云甚難。德主拍案，誓滅北京，英、日稍可轉圜，然必今上無恙乃可，而端守四門，不容出入，各國因兵少，華軍尚以二十萬計，共會軍百萬，俟到齊，糧運足，一駐保定，防奔走，一由山海截後路，則都人無可逃。六月十六以前，京官尚可出京，以後四門盤詰，道路刼掠更甚，有某某二十人皆被害矣。洋人擬六款，一款各部、各省設洋官，錢糧、釐稅皆歸彼收，則大事去矣，其餘尚不大礙。然李尚未與議，恐亦文等之所私議也。彼即將往萍鄉，因洋教習去停工，礦丁十萬人皆失業，恐亂，須調處之故。予入城到家，陶履謙、錢碩人到館，惜皆未晤。

初七（8月1日）

一早到學宮祀魁星。朽人之論如故，且爭論紅燈照是人是燈，真可笑！俞伯鈞之子云乃父已到宿遷，李相到滬，有停戰七禮拜之説。劉云裕太守已捉搶錢店之四人爲抵傷計，彭蘭生即彼放走，不知何以決不認戕害也？飯畢已午刻，到館，爲幹庭、官玉改文二篇，閲《鑑》數卷。是夕七夕，雨，俄見天河，復雨。

初八（2日）

作感事五言詩。飯後到錢碩人處，伊有弟在大學堂，未回，所見與文略同。欲往見文。到伯平處，不晤。到鮑先生處，云尚在局。見伊世兄説明，云秋節將歸也。閲《鑑》二卷。見太宗詩云“雪恥酬百王，除凶報千古”，令人神往，必如此，中國乃有生氣。今之撫劍疾視者，何爲哉！下午幹庭到太守處，近亦無所聞。而但猶課士，爲吉兒作詩二首。

初九（3日）

續成感事四首。閲六月廿六、七、八《漢報》，云董軍在山東界與袁軍戰，袁勝，真如漢世亦有袁、董矣。云各國約停戰兩月，俟添兵到。德王云並無瓜分中國之意，惟願早平亂黨，各大國勿懷私意。如此則尚可轉圜，不知李相到滬所説如何。赫德專人到京五百元，其難如此。又云此次開釁，榮相實暗使之，有手書可證，則滋異矣。閲《鑑》二卷。趙孟剛來，詢近事，亦無耗，但聞李到滬有不必信電旨之語。受明至，云《申報》所説亦同，停戰二月;八月初一後,如頌年等或可歸。聞伯年入峴幕。屬代撰陳某壽詩,爲作二律。

初十(4日)

將壽詩並感事十首録出。爲官玉改賦一篇。閲《續東華録》,庚申之變託之木蘭秋獮,而巴夏禮至,云力戰所擒。上下相蒙,一至於此。近時之事,何獨不然？今人多言報祖西人,不足爲據,而十七之戰,西人死七百七十五人,華人死者數不可稽,是彼不隱瞞,而報館亦不爲隱也。若爲隱,則當云未傷一人矣。黄友梅云渝關失守,未知確否。將晚歸家,接祖。老三既不拜祖,老五幾於毆母,先人有知,能無慨然?

十一(5日)

在家供祖。閲《漢報》"老成凋謝"一條,右帥六月廿六日騎箕。李相已到滬,未知和議若何。赫德與各使皆爲拳匪、董軍所戕,峴帥委戴勒接辦總税務司,恐難和矣。劉永福統黑旗勤王是實,不知過此否。京官出京要取拳匪護照,鄧小赤十六人爲拳害,只存主僕二人。各國有不認政府、請立新政府之語,云只認劉、張。以李不應去兩廣,李云奉親筆懿旨,又云不能保京中各使無恙,似亦不盡有把握也。黑龍江將軍壽山敢攻俄界,可謂拔都魯,未知勝負如何。中國向未有攻入外國界者,故俄人初不防備也。鶴年醉,乘轎來,家中不放心,仍用轎送聰叔處。夜風雨,微凉。

十二(6日)

晴,仍熱。飯後將到館,孟萊、用羽同來,云頌年附電來,云頌、吉結伴擬赴晉,豈將往扈駕耶？客去,予到受明處詢明,彼云師曾信來,云伯年由江南聞訃,絶粒六日,誓以死殉,屬黄脩園往辦大事並籌欵,黄不能往,周玉崑去,昨已行。杜喬生出京,頗受傷。羅石帆等家屬均避鄉間,大約即昌平等處。問李六尚未到,因無車。有黃五者先到，在雞公坡唐宅，不知何許人也。到聰叔處，云昨日付鶴年火食錢六兩，伊在學堂鬧脾氣，已出學矣，現在還是送往湖北，予亦力慫恿之。到館，見居停回書，云案易辦，裕公亦認是戕敎士三人，十七八可歸矣。學生外出，將晚予亦歸家。

十三（7日）

吉兒在蔡處代館，予留家供祖。富孫漸愈，而乳娘病，無乳食。年姪生瘍，鄧醫以爲肝腎之病。壽兒頭痛，以爲厥陰。

十四（8日）

巳初立秋。錢碩人來談，云報言康籌兵餉勤王不可信，外國人忌華人甚，在彼只可傳敎、講學，若聚兵造械必不允，伊恐華人或強將佔據南洋也。索觀新書，彼見示《戊戌政變記》，所說雖或過，而言變法非過急，甚有見。其餘似亦屬實，非盡捏造。罪戮內監名寇連材，禁錮皇孫名載漪，皆前所未聞也。章氏《儒術真論》立說亦新。下午薦新，燒包。天大熱。

十五（9日）

飯後到館，爲學生改文二篇。小梅有電來，已挈眷到揚州。伯華來，云夏老五去年所生之子又死，何其慘耶！見《漢報》三昹，云赫德尚在，黑旗兵北上不搞，中、日兩國書及李相所云皆云先護使，乃可言和。又云避入慶邸，慶有兵萬人。皆未知搞否。粵有朽生李某，聞今年無科場，自縊。此等人所在有之，其痛詈長官而歸者比比也。擬挽右帥聯云：「屈靈均哀郢蒼黃，戀闕此心存，望斷烽煙難瞑目；楊伯起傳家清白，蓋棺今論定，貧無斂具足周身。」晚歸，受明來，云袁叔瑜回，約同往。

十六（10日）

一早敬送祖先。天大熱，覺我家稍愈於塘灣。以請鄧壽熙並畏熱辭，受明復函，云頌年有家書回，云暫不出京；袁見人不言，如癡，可不必往。將晚到受明處，子威在坐，詢頌年書亦無多言。見袁跟人，云事起時最險，焚燒刦掠皆數日中事，故月底出京甚多，亦有遇險者，羅、杜幾被害，彼以爲教民，自辨其非，送回本宅，杜夫人受傷，有云死者，大約以後稍安靜也。到館，李又珊來，云見莫某，所言略同，孫、徐家均被刦，其被害與否則無明文。小梅又有電回。

十七（11日）

爲又珊答問九條，爲幹庭、官玉改文二篇。日中大熱，甚不可當。吉兒函來，云二叔祖病重，着人來要我兄弟下鄉，有話説。將晚歸家，商酌此事。介卿云伊本欲下鄉，當趁此一往。時已二鼓後，未催轎，來不及，約遲一日同去。

十八（12日）

午後天黑，有雨意，乃竟不雨，然微陰，少凉。乃料理下鄉，催轎，約黎明起程。

十九（13日）

黎明即起，出城已大明後矣。到新開鋪早飯。至黑石鋪，漸熱。至大托鋪、回龍鋪，更熱。予腹痛，瀉二次，到鄉下始漸平。嶺上無風，尤不可當。大托鋪團規公議禁包腳，犯者差、費均罰。彼出又有歌名署周孔徒，比《豬叫》通多矣。十一點鐘後到。見叔父容顏消瘦，問及病源，係六月十七周佃生日接去吃四圓蛋所致。今猶噯腐，中焦不通，飲食少進。醫見服溫藥未甚效，改用凉藥，勸其勿服。俄而介卿亦至。叔父云唤我等來，非爲別事，因恐病不愈，姨太太全無泊岸，恐有意外之變，欲於每年三十石中提出爲零用，以安其心。唤子漁告之，勉强許以六石，加增至作八石議妥。予以天熱告歸，夜半即行，略卧即起。聞叔父未寐，往問，姨太太言所議亦未可恃，且蓮沙又將出售，將來更有何穀？聞有契在夏卿處，屬見夏卿託之，將來賣田時可提銀否，見沈獻廷亦告之,致書姑奶奶勸速歸,能見面否。予再三勸慰,二點鐘即行。鄉下甚凉。夜行,月明如晝。

二十(14日)

行十五里,至回龍鋪。黎明入城,到家正早飯。一夜未寐,覺人尚能支拄,寐復不成,熱更不可受。吉兒晚歸自汪宅,云頌年有信回,暫不出京,惟以捕雀遺日。聞官電,許景澄、袁昶正法,侍郎立山亦爲端邸所殺。又聞出京京官皆革職。"危邦不入",信哉!是夜熱不能臥。

廿一(15日)

曬衣。午後微雨,略足解煩。弟四人抹牌,吃東道,同到玉樓春,邀述卿,屬獻廷來告之。飲畢,到館。聞居停十八已歸,往見,談辦案事,云尚易了,即此銷差;湘綺亦爲妄言,非所望也。見電旨,與昨所聞合。

廿二(16日)

爲幹庭改論、官玉改賦。見《漢報》,云丁韙良被害,陳學棻同行受傷,奄奄一息。報館仍危急①,停戰未允。袁辦拳匪,董、袁軍鬥,慶與董戰。珠寶市爲匪燒千家,京官眷多避至密雲等處。牛莊、榆關皆爲俄踞。有西曆八月初一聯軍入京之説,是中國之七月十七也②。現在不知有無舉動。聞張蔭桓正法,黃思永革職監禁。此兩人不足惜,特恐更有株連。漢黃巾起,乃赦黨人。今白蓮起,更誅黨人,赫赫之威,不遠過於東京耶?居停送稟稿一觀,情事想必屬實。實由亂民想發洋財,並未搜得挖眼之類贓證,卒見此等囈言不足信。朽人多信之,奈何?閱《惜抱軒集》。天大炎熱。

---

① "報館",似當作"報言"。
② "十七",當作"初七"。

廿三（17 日）

爲幹庭批日記。見坐探，云摺差言拳能禦砲，洋敗入洞。不知京師安得有洞？洋兵五百，合十餘萬董、拳圍攻而不能克，不亦可噱甚乎？立山正法、抄家，因保護洋人故。劉永福七月十二由廣西帶苗兵三千，過湖南能不擾民便好。胡祖蔭帶拳五十名來練團，前所未聞，但望其非實耳。閱惜抱《九經説》，亦有獨到之處，《續經解》何以不收？若云漢、宋雜糅，其中未嘗無雜者也。其所以不入者，以其好作文字衍義理，與樸實説經之體稍殊耳。祭酒極尊桐城，而不以姚説入《經解》，殆以此耶？聞居停出得密電，京師危迫，夜往問之，云中峰得電，云廿日洋兵離京城四十里，不得其詳。以《漢報》聯章北上之期度之①，正相及矣，彼都人士危矣哉！

廿四（18 日）

吉兒早來，同到受明處，論時事太息。允忱在彼，云今日即行。問壯外孫，云能自走，吃飯間能一小碗，惟説話仍不了了耳。略坐，歸家早飯。家中皆患熱，寒暑表已百一分。嬸母云六十餘年未有如此之熱者，予則以爲江西、浙江有過此也。將晚到館，路上熱氣猶不可當。夜起北風，稍涼。

廿五（19 日）

爲幹庭改文。聞中丞已撤衡陽縣任，別委人；香帥欲並撤府、道，中丞頗與之抗。然中國教案委罪於地方官，自曾文正辦天津教案已然矣。法換約明載之約章，豈人則公所能抗耶？擬改右帥挽聯云："子牟戀闕在江湖，望海上長鯨，憂國情深難瞑目；伯起傳家本清白，感墳前大鳥，蓋棺論定可明心。"胡先生爲王姓代求撰宗祠聯云："虔刀衍慶，淮水徵祥，盛族著東南，要惟

① "聯章"，似當作"聯軍"。

孝友傳家，常念美談留躍鯉；曲水名書，河汾設教，高門重今古，豈但文章華國，爭推世學嬗雕龍。"録交胡先生以塞責。覆《禮記淺説》一卷。聞有通州失守、兩宮出奔之電。來《漢報》五㖞，其中云京師至保定鐵路修好，擬由張家口出草坪，入陝西，先將輜重遷移，則此語似非虛謬。云英有魚雷船到漢，人頗疑懼。據此則香帥之欲重辦，亦非得已。又云湘軍至河南，頗有思亂之情，香帥派人護蘆漢鐵路。又聞鑑帥援兵沿途潰散，無到京者。勤王之師豈可恃哉！報云東撫被刺，不知塙否。浙衢事，由福建土匪竄入，江山、開化皆失。瓜扯藤動，甚可懼也。聞胡團練已至，帶五十名拳勇真有是事，云住參將衙門。現在京師如此，想諸公必已深知此輩之無用，宜早遣之，否則恐湘中之禍自此始矣。夜甚涼，爲此悒悒不寐。

廿六（20日）

碩人至，云謠言松甫有信與彼及何來保、黄萼，勸舉義。有欲捕之者，篤生以告，彼打聽實有之，將避往鄂。事勢至此，而猶興黨禍，真如三公子、五秀才矣。碩人云李又珊族大丁多，鄉居僻遠，其家皆務農，乃翁亦樸誠，在鄉理事，有事可避患爲桃源。俟又珊來，當詳詰之。作感事詩四章。又聞今上已西行，榮禄、裕禄、李秉衡皆爲炮子打死。不知是在中途，是在京師？又云止"裕亡李敗"四字。聞劉永福已到，帶三千人，胡尚未到，香帥許以槍三千桿，在彼等候，或云帶五十拳民不塙也。是日爲黄友梅餞行，飲罷將晚。歸家，未敢以北事告之庶母。

廿七（21日）

到胡少卿處，不晤。晤幼卿，云昨日考優題爲"予欲無言"全章，蓋有感於許、袁。聞朱祖謀、惲毓鼎並革職，大約皆多言所致。此間亦不宜開口。聞搜校經堂，人永函出倡家，未必真，何苦自擾？云駕早出，蓋走内地，或於五臺見之，蓋由正定、井陘。

文帥家書言之。陝西彼舊治，可屆從也。到鄧幼彌處，不晤。到受明處，略談。見麓泉處知單，往彼問問，云八月後開吊也。到館，逢湍來拜東家，云其母常爲長信打煙，現在亦未得信。新皇使今日將到，到即署藩。出示密電，云駕已到五臺，離京十二站，從行車三百餘兩。案地圖，是走內地真定、井陘，不出張家口。五臺距省三四百里，計已過山西省矣。閱陳頌南《籀經堂集》。此公爲名御史，亦通金石、考證，疏奏尤能言人所不敢言。文宗納諫之賢，亦非後所能及。觀近日之事，無怪學使欲無言矣。

廿八（22日）

卯刻東家郭姨太太生一子。近日譌傳是日瘟神下界，首勒紅巾可以免災。竊謂此即妖人所爲，以紅巾爲號召。漢但知誅黨人，而不誅黃巾，禍將作矣。爲幹庭、官玉改文各一篇。伯華來，云見報，云洋兵攻順治門。若炮火一轟，京師糜爛矣。閱《鑑》，言武、韋之禍，不忍卒讀。當時四夷皆弱，故不亡也。晚間又見電報，云洋已到城，把守數門，聲稱保上，九門閉，今日聞兩宮西幸。此電本月發，大約由鄂漢來。

廿九（23日）

昨聞伯華云夏謙伯將歸江西，致函芰舲、幹臣，並擬寄奠。飯後到芷青處，云彼已欲託寄，大約二三日起程。芷青見示書單，出自劉春熹先生家，挑數冊，屬送一觀。到謙伯處，云出門，明日即行，則辦禮物來不及矣。回館，李又珊至，又送日記數昒來。問其家在七都。受明來問近信，以所聞告之。受明云只要打聽洋人入城不殺戮否，予謂彼或不至肆殺，但恐亂民乘機搶刦不免耳。此地黨禍，由翟斗南之子在妓館遺失密書，有湯、但諸公子同在，今已傳翟某詢問具結，諸公子無恙也。秀才造反，三年不成，特亂民聞風而動可畏耳！歸家，取洋三元封入夏信，忘書奠儀，送謙伯處。彼云將來，待至二更，函辭不來。述卿夜過

談，云街上有扎紅布者，親見之。又有八月十三、廿三起手之謠，
又聞將打郵政局。

三十（24日）

    飯後到館。閱《通考》，歸崇敬請改學校法，當時憚改作，皆
不行，積弊千年，痛哉！唐以後用科舉法賺英雄，惟宋王安石有
意廢科舉，使人才一出於學校。此三代以後所未有之盛事，惜專
用三經義取士，授人口實，而崇寧、政和用事者皆小人，故其大學
三舍之法雖善，而不盡厭人意。南宋以後仍用其制，朱子、葉水
心並不謂然。元、明以來專行科舉，又專用帖括之陋，蓋於安石
墨義之陋法則用之，三舍之良法則棄之。中原陸沈，夫有以致之
矣。爲幹庭、官玉改賦二篇，二人皆非賦材。是日東家三朝洗
兒，衣冠往賀。云澧州作亂，臨湘告急，已調兵往；漢口亂民放火
燒洋行，火兩晝夜。大亂至矣，奈何？奈何？聞曾慕陶、彭少襄
皆陪斬，彭尤可憐，此人豈多事者哉！西安縣吳德瀟全家殉難，
吳乃公度、復生所稱許之才人。聽孟剛之言，官府聞此有戒心，
則不敢辦亂民矣。漢口官兵彈壓亂民，與之交手，則民不畏法
矣，奈何？劉璞山云有陳姓六月初出京，云目睹匪燒前門，孫燮
臣家被刧，姨太太受一刀；匪與董攻使館，洋人一排砲傷數百人，
並無封砲之術。此言大可信，今人乃信摺差邪說，何也？明知僞
示爲摺差攜歸，不辦人，何也？幹庭問孟剛索十三響槍，重不能
舉，舉黃季谷事戒之。

八　月

初一（25日）

    爲又珊批答數條。閱《通考》、《通鑑》各數卷。聞鄂省殺唐
才常、龍桂、向道隆，皆湘人，不知何故，亦不知龍、向爲何人也？

顏太守電報云乞師萬不得已,灘頭一路稍鬆,望撥一營前來。不知灘頭在何處? 此事宜早撲滅,若成燎原之勢,則省垣危矣。日中尚熱,夜涼,鳴蟲唧唧,有秋意。

初二(26 日)

早飯未畢,我所坐椅筍頭忽斷,坐墜於地,左腳微受傷。閱《通考》、《通鑑》各數卷。校《左傳淺說》一卷。晚間到受明處,云近傳駕至陽高;湖北所殺廿一人,湖南三人,有林述者,湘陰人,乃時務學堂生;胡定臣已到省矣。歸家,以足微蹇,挪治不效。

初三(27 日)

閱地圖,陽高當守堡口,屬大同,如塙,則當出居庸關、張家口,走口外至彼矣。飯後到館,走覺微痛。以昨聞受明言胡大臣帶回京信甚多,頌年有信回,特開條着人到胡處,問有楊子綏家信否。彼云楊某在京見過,人好,無恙,出京時未付家信。自彼貽誤,奈之何哉! 着人回復庶母。聞鮑蓉泉師病故,晚間往唁,云七月廿七到家無恙,因六月內其四世兄故,隱不以告,到家始聞而痛哭至夜,遂中風痰,三十日卒,病亟時呼頂痛,猶以牛莊受傷重也。世兄出拜,予回拜,覺左腿不舒,行走亦未如常。

初四(28 日)

爲幹庭改詩、文。閱《通考》,見官俸之薄自宋已有然,見楊大年之奏報,云"不及周之上農",用楊大年之語也。此亦陋法起於宋之一證。《漢報》云北塘敗後,以李相爲全權大臣議和,某京卿已到滬宣命,彼尚躊躇。又云湖北新學使周任綬,拜李相尚未八月初一,豈先放學差乎? 許先一日致書使館,爲董軍所得致禍,事或有之。鄂城紛紛遷徙,黃梅、浮梁鬧教,可慮也。牛莊、營口皆失,楊村警信已見報矣。受明至,索報觀,云《申報》尤詳,似有召外兵圖復辟之舉。徐研甫到滬,不知何爲? 從來召外兵者,莫能善其後,何況於今?又云聞徐東甫亦於初十被誅,不知近日京中作何狀?家中送來楊宅本日保定電,云全眷出京,無恙,已到保定。晴川帶三營,不知其何日出京,想必在廿日外。彼時尚可出京,則京城不甚擾亂矣。洋入外城,當不至肆殺戮。出京安穩,固是幸事,然歸來又何以爲生?晴川三營,不知何兵也?

初五(29日)

閱《通考》。飯後往鮑宅陪吊,至一點鐘,止送一客,人心冷暖如何!家中喚吃大肉,遂歸。下午將到館,微雨道滑,乃止。聞將殺三人,後止殺一人。街上出示捕康黨富有瓢、保皇會甚嚴,無敢偶語者。譚君華、柳象臣來。柳云朗黎帖條子,云先搶彼家。君華以爲當聚衆保家,甚是。鄉下人移入城,城中人又移何處?

初六(30日)

飯後到館。聞電,兩宮已到太原。廖仲山師、徐用儀、徐會灃皆正法,傷哉!仲師何不早歸?毓賢誘西人百餘到署殺之。張蔭桓於新疆正法。昨獲八人,爲首李榮,長沙人,已決,供爲康、梁、文之黨,放富有五百張,已散四百八十九矣;餘七人有汪佩之子及杜、黃等。到履謙處,云聞端、莊、徐、剛居守,約計今日可抵太原。胡殿臣云廷寄訓練成軍,聽候調遣,則不但保衛鄉里而已。不知費從何出?近有街團之議,抽房捐,各辦各團。所見亦是,特難其人耳。借《隸釋》、《隸續》,彼已允矣。王、湯皆不晤,仍到館。孟剛、伯華來爲幹庭祝壽。孟剛云李榮爲康營官,汪則糧臺也。見廿六、七《漢報》,云端先走,或云挾兩宮西行。現在剛、董主政,次則李秉衡,拳以三分之一護駕。東南督撫電各國,請保宮闕陵寢,惟日覆允保護。全權大臣電請和,俄欲先割地,德欲破北京再説。見上海蔡灝元信,云廿一日洋兵入京城，城門大開，請進，裕已陣亡，張樵野戌所自裁，凶信已到上海，餘與報、電略同。湍來云明日有數人當殺。

初七（31日）

又大熱，日間桌椅皆如火，惟夜稍凉，豈天心尚未悔禍乎？閱《鑑》數卷。觀宣公爲德宗下奉天之詔，歎德宗猶能用忠言也。受明來問，聞有電至。予不聞，或祕之耶？應子林來，竊謂外人不知近日情形，尚無足怪，而内廷亦似未曙，既放全權大臣議和，而猶以主和爲大臣罪，則合肥何敢入京？晉撫誘殺洋人百餘，曲更在中國，與保護之意全反，和何由成？不和，則彼必盤踞京師，且極之於所往。蒍賈曰“我能往，寇亦能往”，豈井陘、大同之險遂可恃乎？有以見禍之未有已也。聞廖師事尚不搞，但冀其不搞耳。聞畢與湖北難，固無足惜。芷青送劉書十一種，有春禧印，價太昂。予擇《古經解鉤沈》，還弍千文。陶處借書未報。

初八（9月1日）

閱《鑑》至黄巢之亂，僖宗奔蜀，猶殺孟昭圖，不能下奉天罪己之詔，慨然於唐之所以亡。天大熱，欲解館歸，居停以衡州之事，香帥欲並撤府、道，中丞推兩司及居停出議此事，未回，未得面辭，將晚又有雨意，乃止。待至二更後，居停歸，往辭，詢及時事，云廖師其弟之座師也，實有事。又有何乃瑩、那桐二人同監禁，未至槃水加劍，尚有望。剛等退至保定，似内城並失。毓守潼關，而李廷簫護院。現在以井陘、大同爲急，猶守潼關，何耶？見漢口信，云廿八亂民以壽器藏洋槍，約俟輪船到同起手①，已點名、給槍而事露。所殺湘人有三：一唐，一林，一未得姓名。前日火災，亦亂民所爲也。此事實不知是何

————————

① “俟”，原誤作“似”，據文義改。

主見,必欲糜爛桑梓。湘城捕芸閣,不得。居停囑劉錚堂勿使犯人亂供,各有子孫,真仁人之言。中丞訊汪某,亦飭勿援他人,令繳密電,尚未繳出。

初九（2 日）

飯後往節吾處。王吉來亦至,詢壬老文集已刻,尚未出書。遂至伯平處問近事,兩君皆不深悉,即嘉定師亦未有墙耗。節吾云瀏邑大旱過於前年,河淺,米船不能上,更可慮也。往夏卿處,道及二叔父事。彼云雖有文契一紙,勢難阻住,將來聞出售即告知共議而已。到諸梁處,不晤,遂歸。伯平云聞予選缺,恐未必有是事,俟再問之。昨已辭東,遂留家中。

初十（3 日）

夏卿來回拜。陳芷青送來夏芰舲函,云時事孔亟,恐道路阻隔,擬於閏秋前來完姻,使漱文同來。《古經解鉤沈》二千文可買,着送來,乃回書付價。《鉤沈》一書極有名,亦似無甚用處。其例,《注疏》、《釋文》所引者不備錄,故皆不完全,胡不盡錄之以成全書耶？君華、象臣到城,談及時事。象臣云朗黎市已揭帖,先搶伊家。君華以爲宜於佃家各抽一人,養之家中習武事,以防外患,待之宜厚。其言甚是。湯幼老至,云老七爲長弓牽引,子弟難約束。

十一（4 日）

到胡少卿處,不晤。到受明處,云頌年又有電到,但有"頌炳石喬安"五字。聞蔣澍人自京歸,與受明往問之。伊五月底出京,一路骩延,至今始到,幸未遇險。到館,遇伯華至。天氣大熱,桌椅皆不可近。下午風起,略涼,始歸。見《漢報》三昺,言湖北事亦不甚詳。京中事,云慶、榮留守亦不搞;云徐小雲及立三、聯元正法乃端矯詔,恐未必然。不及嘉定師,或不在内。

十二(5日)

于秉郇來,久談,云乃翁中風,不能動。陶慰慈至,屬將《隸釋》借來。客去後,到述卿處,見沈獻廷,談及二叔父事,彼云遲當往問疾,至家事亦無以處之。獻廷旋來,云鄉下謠言尤重,云鄙人亦有名,若某者固縠不上。惟老七因長弓家搜出信與像片,已達長官,聞已有人説開,方伯公亦云。而所謂子弟難約束,彼亦有同病焉。故不便求其解釋,聞諸梁以此詆之。諸梁又與李公孫爭風,周某與總查相爭,諸梁又與王山長各有所祖,皆可噱也。是夜漸凉,雨聲大作。

十三(6日)

大雨。雖云稍晚,而晚禾雜糧大有裨益,不嫌遲也。無事,繙《函海》,見李忠定《靖康傳信録》,慨然傷之。君固不明,而妒賢嫉能之臣尤可忿恨,究之君臣同歸於盡,而高宗仍不能用之,何也?孟珙《蒙韃備録》見《説郛》,謂韃人樸誠,亡金故臣教壞之,其信然歟?聞夷人焚宮,不知塙否。

十四(7日)

間閲《窮勝紀聞》、《拜恩記》,見明祖事多可怪。宋景文《筆記》、蕭該《漢書音義》多可采,不知後人采入否,惜未見全書也。街上列團丁,南正街共八人,歸團總統帶,房租一月抽一日爲用費,與保衛亦相近,而事權不逮,規模太小,何必當初敗乃公事耶?

十五(8日)

一年容易,又過中秋。予以家事付吉人,本節尚可支持,亦得過且過耳。譌言此日起事,巡查徹夜不息。如此佳節,如此紛紜,奈何?聞放火,幸未出頭,不知塙否。

十六(9日)

欲到館,而姨老太太忽病。周榮告去,另僱一人名楊安,其人重聽,恐不能用。黃彝伯來拜。老九明日二十歲,邀夜飲。

十七(10日)

寫信復芟齡,以爲現在人心驚慌,湘城大擾,女病亦未愈,秋以爲期,請更改定。予妾亦於是日生,老八等吵東西吃,往徐南興吃燒鴨。云是生物,予腹痛,未往。下午老九邀飲,用《西廂》酒籌,頗有趣。聞官吏大索吟香裕、來福兩處,無所得。

十八(11日)

黃望之約述卿、弁卿打窖。居停遽相催速,何太急也?夜臥覺頭微痛。風甚凉,有秋意。

十九(12日)

往鮑宅知賓,見周郢生、黃望之,談及近事,云洋入城不殺掠,大臣止敬信一人在。聞慶邸復回京議和,大兵駐保定。聞打勝仗,不知果否。俄兵允退至津,英、德尚遲回。議約有五條,亦不知果否。傳有求言之詔,予亦未見。午後到館,見《漢報》二咺,云洋入城殺掠四出,一如天津情形;王、趙、啟、董、宋皆扈從,董軍沿途騷擾。李相奉便宜行事之詔,載其與伊侯書,然即如所傳五條,豈能便宜行事乎?挽蓉泉師云:"昔年投袂赴牛莊,問誰憐屢犯通中,依舊青氈歸故里;幼歲受書趨馬帳,歎同是一般蹭蹬,退還彩筆愧師門。"挽右丈云:"先窺軺一月赴蓬山,早憂橫肆鯨吞,忍見煙塵生北闕;與賢嗣同年登桂籍,方冀長陪鯉對,何堪涕淚灑西州。"夜甚寒。

二十(13日)

聞此間即有人往江西,寫信喑伯嚴,並着人買挽聯,俟買來即寫寄。見《漢報》,云慶、禮、端王護駕,並王、懷、趙、啟及馬、董軍,而宋、李殘兵扎保定。李傷重吞煙,祿失津自盡,剛不知去向。北京、山西大道慈輿所過,並無居人,獨不爲回馭計乎?將午到鮑家,延至未正,始請寫主。俞伯鈞來,略問數言,未久談。

彼去,予亦歸館。寫挽聯並致書漱雯,託轉致荄舲,以有請彼前來之說也。聞今日又殺二人,一唐,一黄,不知何許人。聞王芍棠保張雨珊丈通曉洋務,與蔡燕生同年皆交督撫差遣。夜閱《通鑑》,唐昭宗紇干山頭之語,爲之悽然。今之播遷,獨無恫乎?

廿一(14日)

　　見《拳教析疑說》,見江寧藩恩壽所刊,原名《義和拳教門源流考》,乃直隸吳橋縣令勞乃宣編,恭錄《仁宗睿皇帝聖訓》卷九十九嘉慶十三年上諭軍機大臣等"給事中周廷森奏請嚴懲聚衆匪徒",有義和拳、八卦教名目,並那彥成奏疏,云義和門爲南方離宮頭殿真人郜老爺門下,其郜老爺係首先傳教之河南商丘縣人郜生文,已於乾隆三十六年犯案正法。勞云嘉慶十三年諭旨一道,乃義和拳奉旨查禁懲辦明文,嘉慶二十年那文毅公奏疏一道,內載義和拳教源流及歷次拏辦成案,歷述獲辦過青縣季八、葉幅明等傳習義和門教一案,故城葛立業傳習義和門拳棒預知逆情一案,青縣尤明等傳習義和門離卦教一案,均分別擬以凌遲、斬、遣等罪,此義和拳實爲邪教之塙切證據也。其《書後》尤明暢,不備錄。書乃今暗室一燈,竊怪守舊諸公動言祖制,此等明文豈並未見? 乃不知爲邪教,而以爲義民,何耶? 吉人來,云蔡謂條約此時不能成書,擬停薪水兩月,俟劉某歸再說,則是不辭之辭,屬見伯平託爲轉致,另覓機會。閱《日知錄》,補《引經考》兩條。陶不借書,並不送脩,何也? 予趕急辦送右老挽聯,原以有便,乃辦好而彼人已去,皆由幹庭所誤。下午接揚州電報,小梅在揚病甚,伊家擬着官玉往視之。是夜內東慶壽,伊避母家。

廿二(15日)

　　見《漢報》,云端王府已燒成平地,各國分地守京城,已設委員，又添兵來甚多，且儲衣食爲卒歲計。俄將佔滿洲，德將佔山東。李相以事關重大，請派慶、榮、劉、張共行辦理，西人以爲如搞，除峴帥外概置不理。報述拳匪起事及聶功庭死事甚詳。聶因擊匪獲譴，全家爲匪虜，八十老母在內，而身慘死，且以爲罪，何耶？各省捕富有票匪，鎮江亦設缸投票，非獨此間日殺人也。天明聞鳴鐘，知火災。予起視，旋聞在西方皇倉街一帶。劉璞山云李老四、任五臺爲拳匪所傷，撤任到省。此等大差誠難辦也。聞香帥派譚道獻供應至行在，不亦忠乎？報言長沙北門外有無賴痞徒立金剛會，現拿辦，此間未聞有此事也。蔣澍人、汪受明來，云近無所聞。蔣云陶履謙夫人又死，或有然歟？飲內東壽酒，復歸家一轉，仍到館。胡幼卿來，久坐，云蕭漱雲到家，言路遇拳匪，見其某老爺登臺，見言近戲劇，云有金龍四十條把守海口，何懼洋人？妖妄至斯，國猶聽於神，何耶？星甫云蔡觀察之弟來自上海，言榮、李並爲全權，洋保李到津言和，各國已允，請回鑾。如此易了，可謂如天之福。幼卿云聞湖南學臺留任，時文朋友又將攘臂而請縣試矣。

廿三（16日）

以宵寐匪禎，不欲出，錄《引經考》五帋。夜爲幹庭、官玉改文各一篇。揚電來，小梅漸愈，官玉可無行矣。

廿四（17日）

見《漢報》，云各國以李相不能認真，不允和。端委員查看兩江及各督撫情形，峴帥請來寧商一切。張、劉請捕上界租界新政黨十九人[1]，禍殆猶未已乎？匪首王金龍，湖南人，不知何許人也？東撫電有太后回京之語，豈洋兵已去耶？報言義民、亂民之異，有二帋，甚詳。是日錄《引經考》五帋。閱《鑑》二卷。

---

[1] "上界"，似當作"上海"。

廿五（18日）

閱《漢報》，見七月廿六侯馬電諭，乃罪己之詔，而不及拳匪作亂及諸臣誤用拳匪之罪，蓋此輩仍在左右也。報云已於初六日安抵陝西，飭令文武大小各官即速入陝辦事。峴帥請回京，電商香帥。俄人有商各國約和之語，各國已允，惟德、義未允。如各國兵早退出京，即幸事矣。録《引經考》四疋。見十九日電諭，慶王回京，"會同李鴻章與各國議辦一切事宜。此案初起，義和團實爲肇禍之由。今欲正本清源，非痛加剗除不可"。據此，則明見萬里，天將悔禍。又有旨，除留守外，皆赴行在，有徐會灃、那桐等名，仲師想無恙矣。又云探得肅王今早帶兩宮回京，不知塙否。報言許、袁二人以改"痛勤煨滅"爲"盡力保護"受禍，亦未知是否，恐二人未必有此大膽，而罪案亦未及之也。下午往受明處，不晤。歸家，聞屋柱將傾，殆亦郭林宗之時一木難支者耶？晚仍到館。

廿六（19日）

録《引經考》五疋。涼棚既圻，日氣蒸人，殊不可當。受明人來，索觀電諭。如回京事塙，不出京者便宜矣。夜爲幹庭改文。

廿七（20日）

録《引經考》四疋。閱《漢報》，各國議論尚有參差。又云派慶、李、榮、徐主和，西人以爲必劉、張兩帥，若太原諸公，不願與議。報載李鑑帥《檄》、劉峴帥《勸票匪歌》，皆可觀。晚間家人促歸，食大肉。聞明日宣聖誕祭，遂留家。

廿八（21日）

早到學宮，則云誕祭是昨日，已議明年頒胙矣。歸家早飯，到館。樸山送朱刻《四書》、《五經》來，雖非古本，可稱善本，還價四竿，《書目答問》所云崇道堂本也。録《引經考》三疋。衡道聞共擬夏、陳、蔡,中峰不能決,請香帥示。君華云履謙夫人十九日卒,慰慈之子亦卒。

廿九(22日)

錄《引經考》五帋。見廿四電旨,仍係拳民、教民皆吾赤子之語,但飭拳民解散而已。事之本末,未易明也。夏時升川梟,廓哉! 夜甚燥熱。傳言居停署衡永道,尚無明文。

三十(23日)

錄《引經考》五帋。下午同星甫、幹庭看洋貨。晤吳少階,云《漢書補注》已成,祭酒不送人,每部股票七千文。天晚歸家。老六出,見又捕一人,不知爲誰,唐才中被獲。

閏 月

初一(24日)

呼李木匠看屋柱,估功費須四百串,若支拄恐不可恃,議久無所成。周東明來,云二叔父病痊,寫信問候。張佃來求減租,又寫信致余怡臣。午飯後往受明處,頌年有信回,非人回也,云有同文帥歸者言臨行殺徐、聯、立三人,與《漢報》同。廖不在內,可以放心。放學差或在今日也。聞西幸不回京,上海聯會接濟京中官商,亦善舉也。湖南恐無入者。聞京官聯名電張、李,求援出京,湖南八人,不知其名。到館,錄《引經考》二帋。閱《鑑》二卷。

初二(25日)

錄《引經考》五帋。李又珊來,呈日記一卷,云錢下鄉。其日記頗有可觀。

初三(26日)

飯後到受明處,云有電諭,獎李、劉、張挽回大計,宗社有靈;

李所陳皆當施行，但分先後；此去距太原兩站，到彼更商久暫。聞俄兵將出京，和議可圖，斷不可一誤再誤，可謂"忽聞哀痛詔"矣。回家與老六議屋事，彼云一時難覓主，只有借錢修理。此説甚善，但不知有阻力否。午飯後仍到館。是日録《引經考》四昏，計經惟《詩》多，約有六十昏矣。伯華晚來，約稍涼往彼處。爲幹庭改文。

初四（27日）

　　録《考》，《詩》一卷畢，計六十餘葉，又以《全漢文》補入數條。劉璞山來，付之鈔録。《郙閣頌》得"兹惠君"一條，應補入。受明來，云人有疑木子將爲石、張者。予疑此亦朽人主戰惡和之言，彼不能爲等夷，斷不爲之下也。聞西人有以東三省及天津爲公地、各處租界設兵之語。居停家中有人來，云族人以旱饑索食，日閧於門，每日米數斗不穀。漱文言閏月即來湖南，不寫信，節後一函此刻想到，不知能阻住否，必欲猝來，將若之何？昨所致函又爲幹庭誤，未寄去，今始發，計又須半月後乃能達也。居停挂牌無信，豈有變耶？

初五（28日）

　　居停刻意教子，請往商一切。予以近日功課太少，久欲爲東家言之，今彼既認真，禁勿使出可矣。云挂牌，中峰欲俟劉兵過後。武陵捕得蔡氏兄弟，又有賞格，不知爲誰。是日以學生不出，予亦不出。録《引經考·尚書》三昏。

初六（29日）

　　九安丈至，云聞四足太史捕至省，省城未聞李某之子，又同邑秦某是秀才，均不得其詳。録《書考》三昏。爲幹庭改文一篇。居停照象，予亦照一昏。

初七（30日）

　　飯後到九安丈處，不晤。遂歸家，以陳壽文言告之。吉兒云四足有報故之説，又聞捕武陵太史兄弟，長弓購賞千金。老六言七事亦可危，且往滬非計也。李賓士與秦蘋洲之姪皆塙。韋六來，云未入京，只到山東，東撫捕治拳匪甚嚴，故山東尚安靜。午飯後仍到館。是日録《書考》三吊。腹中作痛，學生出，予到芷青處，詢芷青，云芰舲必不至冒昧使子來，有信去，當爲轉致。到胡師處，已移居。秉郁不晤。

初八（10月1日）

　　見初二電諭，莊親王載勛，怡親王溥靜，貝勒載薫、載瀅①，革去爵職，端郡王載漪從寬，撤去差使，交宗人府議處，並着停俸，載瀾、英年嚴加議處，剛毅、趙舒翹交部議處，謂謀國不臧，咎由自取。又德使着崑岡祭，回國復着吕海寰祭。又李秉衡、崇綺獎其死節。均哀痛詔也，然罪魁似尚過輕矣。芰舲來電，“喜期定擬，礙難改，可否送親，覆”。到家仍阻議，可惡，如何回覆？到館，録《書考》二吊。聞湘藩升張香帥之姪，當即張曾敭。錫升晉撫，李經羲升粤撫，皆伯叔之力也。李蓺淵丈署淮陽道。

初九（2日）

　　見電諭，以江北桐城富有票匪，革營哨官，未能豫防，豈匪竟據地耶？《漢報》久不至，可怪。熊慧舲、于秉郁至。熊云瀏邑諸唐外，尚無牽涉。于云聞人言伯嚴死，未知塙否。一、二兒至，屬往見芷青，商如何覆電，云已允寫信實告，先覆云“小女病尚未痊，乞改明春”。此真掩耳盜鈴，恐未必能阻彼不來也。録《書考》三吊。夜爲幹庭改論、官玉改賦。

初十（3日）

　　録《書考》四吊。氣痛略平，手熱如火。楊安打電報，去三元半。星甫云香帥意在張子玉，中峰意屬居停，何以久不見

---

① “載薫”，據《德宗景皇帝實録》，應作“載濂”。

明文？

十一（4日）

　　録《書考》四㕛。久不見《漢報》，來三㕛，所言和約亦無成議，漢上仍捕票匪未已。見電旨，陶模授粵督，魏光燾授秦督，岑春暄撫秦，升允作藩。聞鹿傳霖入軍機，初七太原電也。伯華來，以貢如條付幹庭，幹庭帶往看岳母病。壽人來看我，我云此電未必能阻其來，如來，則無論如何要辦矣。夜甚凉，大有秋意，風聲颯颯。

十二（5日）

　　吉人來，呈江西電報，云“家慈年老，喜事準辦，念後莊率兒來，請租房贅，令媛當可成禮”。前電阻不住，果不出我所料。彼自來，較好商量也。問芝青已外出，遂同吉兒歸家，亦知彼既準來，此事不能不辦，着成衣匠買綢布。尋芝舲前函，不得。閱曆書，十二是破日，不知是此日否。到馮子靜處，彼允明日到我家診視。到館，録《書考》三㕛。《通鑑》送來，似是原刻，一百廿本不缺，擬購之。問芝青尚未歸，約明早去。夜雷雨。

十三（6日）

　　録《書考》二㕛。飯後到夏觀察處，呈以電報。彼云我處實以官場不便張揚，又值多故之時，更不便發轎；若爾既租房贅，而芝舲又租房娶，兩處煩費，不如芝舲租房娶爲是。言時事，云初八駕幸長安，和議恐不易了。近以票匪、康黨、新學併爲一談，甚不謂然，幸而臬司已交卸耳。復往芝青處議，遂歸館。下午到馮子靜處。歸家，喚轎接子靜，診脈，立方。彼去，仍到館。《通鑑》是胡氏原刻，彼處不識，我以銀十弍兩加錢一千購。書爲張煥南物，言是亶臣一家，書尚多，惜不能多購耳。

十四（7日）

　　居停以未得缺，遷怒其子，使背書；不能記，遷怒及予。復不面商,致函來,云請星甫代背書,移居學堂旁以相逼。函面"教讀"二字尤不可解,似譏予不盡教讀之職。予即欲辭館,復忍住,俟投訴薦主再説。録《書考》三㕓。下午歸家,遇雨。

十五(8 日)

飯後到祭酒處,告以館中事,示以函。彼勸我且不必理會,挨到今年,只得從之。見雨珊丈,云彼雖奏調,決不出山。放學使看九月初一如何,以必須禮部呈單請也。西人雖未焚宮室,已搶掠一空。長樂只五兩車出京,其金銀什物可惜,何苦積私誤國?通州米,西人開倉賑濟,何苦以此等收拾人心好事讓之他人?彼欲殺剛,誠可殺也。聞端父子不見,信乎?見黃彝伯與伯華,伯華云前所住尚在。見陶鳴謙,云彼有房屋一所,惜已有人住矣。聞芰舲又有信到乃叔處,言喜事必須辦,乃叔已覆電,不知作何語也。到館午飯,閲《通鑑》數十㕓。

十六(9 日)

新章不課,予亦聽之。閲《鑑》,"胡毋輔之",胡三省注云:"毋音無。《姓譜》齊宣王封母弟於毋鄉,其鄉本胡國,因而胡毋氏。漢有太史胡毋恭。"案《公羊》師胡毋生,有人云當讀"胡母"者,可以此斷之,但此未引胡毋及漢末人胡毋班耳。《書考》録畢,接録《易考》。《易》有朱百度《漢碑徵經》,予無以易之,但補缺删繁耳。

十七(10 日)

録《易考》三㕓。閲《鑑》數卷。下午往鹿泉處作吊,聞鹿泉補缺仍被駁。龍宅十九喜事。歸家一轉,檢《今文尚書》、《尚書大傳》、《孝經疏》、《駢文》各三部送書局。道上又聞殺人,不知殺何人。到館,又接芰舲電,云"行裝備,電悉皮,不允贅,即改緩",不知何意,以示家人,亦云不可解。彼先並未云必入贅,豈又變計耶?

十八（11 日）

早起，見學案上有小講一本，面署"庚子仲夏"。我並不曾見過，足見蓄謀久矣。欲舉發，復恐忌器，且姑待之。飯後往芷青處，云夏公電以緩改爲是，前已有信去，彼亦與我説過，想因此緩改，當是緩至明春。到伯鈞處，問時事，云聞惠皆一汗衫逃出，汪、杜等飢餓，不能出門户，米一包三十金。事起之由，去年已有萌芽。四月漸殺人，官不禁，派剛、趙查辦，反言其神術，端爲所動。二十日傳王大臣會議，皆唯唯，惟聯元、朱祖謀痛哭言之，以此得禍。許因上握其手、袁因聞大沽失守一笑致禍，有一握爲笑之語。在朝房親聞滿大臣言紅燈照就是樊黎花，親見拳匪攻順治門外教堂，一砲打死五人。紅燈彼亦見之，甚小，不久即落，云燈光到處即有火發，信乎？今西行，恐千里草爲患，彼亦慮及。往伯平處，不晤。往節吾處，託以詢龍館事，云陳曼秋死，甚窘；右老處已爲勉強籌欵寄去矣。冒雨歸館。録《易考》二卲。爲又珊批答二卲，爲幹庭改論。挽曼秋云："廉吏不可爲，仕楚功高，誰復揺頭歌令尹；皇天何太酷，報劉日短，翻將灑淚哭慈孫。"挽陶三夫人云："仙駕促姮娥，月滿桂華俄損桂；神傷憐奉倩，天生孤竹又成孤。"

十九（12 日）

爲吉兒作試帖二首。龍芝老今日娶姪孫婦，差帖賀之。録《易考》三卲。閱《鑑》二卷。居停送閱戈什鍾某稟中丞字，云廿一駕出京，從行諸王及剛、王兩大學士，從臣有彭述、周克寬。山西拳、教大鬨，官兵助拳，爲教所敗，教聲言復仇。絳州亦不安靜。初八將幸西安，宋軍三十營，董軍十營，又武衛各軍扈從。惟湘軍有紀律。陝西大旱，米糧甚貴。回匪亦不安靜。彼從到陝再稟。錫良仍扈從。此説頗可信。聞毓賢在山西縱拳匪戕洋教，到處騷擾索餉，官不能禁。龍遂齋縣屬首府，所親見。山西糜爛,與直、北無異,不可久居,而長安又如此,奈何? 恐將來有南巡之舉。

二十(13日)

錄《易考》三爻。祭酒來書,以爲已與居停説明,云爲望子切,並無他意,屬每日講經云云。復書以爲恐事權不一,號令不行耳。下午歸家一轉,仍到館。請見居停,説明一印不可兩官,爲調停之計,以晚間功課歸彼,更擬學規。彼又聽子言,將章程更動、減少,真所謂"既從兒懶,又責兒工"者也。崇道堂經書勸彼受之,以非古本,故割愛耳。

廿一(14日)

聞衡永道委夏公,飯後往賀。謁見,談及喜事,云得其孫信,言周老太太痢疾甚重,頃已愈,芰齡前急後復不急,當以此也,有信到再送閲。託謀事,唯唯而已。歸館,錄《易考》二爻。爲學生講經十爻。我非憚煩,惜彼非解事。聞釐局歸居停接辦。

廿二(15日)

李又珊早來。飯後九弟請歸寫喜事對子,爲學生講經後即歸。過子靖,云爲封三堂接去,譚太親母病,不知何如。歸爲書對。午飯後仍到館。雨珊丈來,託謀館事,云江西事此間不忌,名山一席,彼可力薦,屬爲夏公言之。

廿三(16日)

函致雨丈,並呈二兒名條,請作曹丘,亦碰緣法而已。錄《易考》三爻。閲《鑑》二卷。聞劉淵亭已到,旨令返粵西,而彼索餉乃去。夏公謂何不留鎮襄樊? 深識之言也。聞小合肥升粵撫不塙。湯方伯馳赴行在,可謂忠義奮發矣。聞西人多所要挾,欲得端王、剛、趙,派二人入中國政府,二款即難允。不允,將有瓜分之舉,奈何? 爲幹庭改文一篇。

廿四（17 日）

録《易考》畢。閲《鑑》數卷。周印生來，云南京猶擾動，故歸。是日居停接局事，持帖道賀。壽人來，欲求事，談何容易，屬其往求夏公。乃先懇切致一函到夏處，如雨珊丈書意，亦盡人事耳。

廿五（18 日）

夏信發去。爲學生講書、講文。飯後以弁卿納聘，歸家。聘禮亦頗豐，云豫備二百千，恐將加倍。媒人徐蔭林及李某，李旋去。予兄弟陪蔭林，各敬十杯，徐大醉，印生亦醉。得黃公輔書，云家中清吉，君輔所繼子冬間將娶，擬送賀敬二元。

廿六（19 日）

寫信君輔兄弟致候。飯後將到館，忽雨，稍停，雨止到館。受明來，云有旨，仍主戰。昨夜方伯上院甚急，必有密電，不知何事，俟探問之。旋聞是王三美人之事。上海來公文付乃兄，内書太原銘三郎，署名深山虎太郎。乃兄持書上院，中峰即飭帶人問一夜，次日具結始放出。趙孟剛至，所言略同。下午到夏公處送行，云雨珊丈已説到，但須紳士聘請者乃可，廣東書院由府呈單，須上達中峰，未知此間亦然否。云明日准行。回到芷青處，略談，江右尚無信來。晚回館。

廿七（20 日）

飯後到節吾處，云龍宅大約仍舊。到伯平、雨丈處，皆不晤。雨至，到孟萊處少坐，雨止乃歸。遇受明，同到胡若霖處，談及彼美牽涉多人，中峰使往郵政局搜信，又得三函，湯、張之子，葉之弟。諸人約往葵園聚議一日，十二大紳公稟保請，不知所説云何也。歸館，録《周禮考》畢，共三卮。夜大風，甚寒。

廿八（21 日）

寒甚。飯後到子靖處，約到家診視。到家，楊宅鋪房尚未至。子靖來，爲母、女診視。二點鐘始來鋪房，奩賷頗豐。予看過即行。過君華，云將往江西省兄。以陶處脩未送，屬催之。過受明，略談。到館，閲《鑑》數卷。司道請紳士初二，席設賈公祠，並及鄙人，或是爲勸捐事，擬不去。

廿九（22 日）

函致夏公，賀到任喜，並指名求研經一席，或當可行。不得已爲此干人，可勝浩歎！録《儀禮考》一舿。閲《鑑》數卷。下午歸家，買得菌子，味苦。得夏鑒臣信，芰舲無信。

九　月

初一（23 日）

飯後到馮子靖處，請診脈、立方，遂到館。李又珊至，送所作。黃薏丞至，屬交條子。客去後，請見居停，先以兩兒名條付之，並説明明日有喜事，不到賈祠，請假三日，薏丞條子須後。薏云鄭紹僑言和議難成，長江戒嚴，官場尚不聞，亦意中事，有可慮也。爲幹庭改論，論已成章。下午歸家。晚間鬧轎。

初二（24 日）

隔壁未明即喚起，至巳刻媒人始至。發轎用百餘人，濶哉！新人來將午矣。女家以八千文包埽一切，媒人隨封已去四千，及開轎上，而隨新郎持拜匣者已無可賞，乃相率罵媒人，皆悻悻去。是日飲過多，致吐。

初三（25 日）

寫挽聯二軸送陳曼秋同年及陶履謙夫人。陶聯改云：“璧月不長圓，駕促姮娥，桂子中秋偏易落；情天多缺憾，神傷奉倩，竹枝此日又孤生。”男客無一人，皆熟客耳。予以昨日吐，猶不適。男上親乃其伯父，名壽英，道喜去。女上親在此吃酒，蘇州人,當日不送親也。

初四(26日)

得芟龄信,前月廿日發,云前電非本意,仍要辦,屬擇十月内期。予以期向由男家擇,請彼擇期乃可。飯後到芷青處,與彼商酌,請彼代致一切。遂到館,爲學生改文二篇並日記。午後仍歸家。老五到媒人處負荆,仍請其來。待至初更,蔭林方至。予與諸人雀戲,甚餓。飲畢,腹痛,大泄。

初五(27日)

到館。寫信芟龄,共八咠。恐芷青貽誤,先送信局,再以兩咠並幹臣處三咠送芷青彙寄。聞是日殺何來保、羅開先,前又蔡忠浩。聞香帥電屬勿殺唐才中。此老尚有愛才之意,而已無及矣。王桐軒署醴陵,黎到長沙,沈湘浦到善化,唐蓬洲署衡府,夏初四已接印矣。聞洋兵至保定,將窺晉、秦。

初六(28日)

爲楊氏兄弟改文四篇。致信節吾,以曼秋挽聯屬轉寄。見祭酒《漢書補注》,云不送人,乃送居停,何也?參訂姓氏有我,而獨遺我乎?其書粗覽,即誤字甚多。《惠帝紀》二頁"左官"誤"左宦",六頁"兒"皆誤"兒"。《高后紀》一頁"蔡京"誤"秦京"。《武紀》十三頁"應説非也","應"當作"顔"。劉蕈生來,太息時事。聞持夔師家信,惜未得見。星府言居停處有鹽㰷可買,歸告吉兒。仍到館,閲《武紀》廿四頁"爰納塗山","塗"誤"漢"。夜爲幹庭改文。

初七(29日)

録《禮記考》三咠。伯華來,云欲受業,予允之。聞幹庭云彼懷文二篇來,不以呈我,何也?吉兒來見居停,云捐㰷尚未定議,釐局事指名求收支,云當留意,望早有缺出耳。聞方伯均要委讀書人,與中峰意不同,亦安得廣廈千萬間乎?彭栗樵署宣平,在彼亦慰情勝無矣。

初八（30日）

致書雨丈,再求函提。致書栗樵道賀。録《禮考》三㕛。閲
《漢書·武紀》三十頁"漢舊儀","舊"誤"書"。此公若使予校
一過,不敢云必不誤,其誤必少矣。聞洋兵破涿州,至保定,又將
入長江,香帥使領事阻之不得。又聞蔡乃周蓉階之婿,恐泰山爲
鳴不平也。爲吉兒作試帖二首。夜大風雨,甚寒。

初九（31日）

風雨未止,真重陽天氣也。録《禮記考》一㕛,畢,接録《左
氏考》。胡幼卿及伍太史至,見夔師家信,十七到宣化發。幼卿
云聞仲山師已赴行在,是第三班。《中西報》云孫文將來,是又
生一秦也。電報有云長江無防,殊可慮也。下午往赴黄伯華飲,
客止予與星甫、官玉、幹庭。兆槐來電,云得書局差,接家眷去,
若不去即從師。伯華將於十一日來受業,故先請我。彝伯處見
和約十二條。

初十（11月1日）

録《左氏考》二㕛。致函祭酒,無回書。吉兒來,云到蔡處,
云有會辦缺出,此並局憲不知作主,必求大紳,屬與祭酒言之。
予謂此必不行,我輩必不能吃此孤老糧,求其次或可耳。下午歸
家。汪受明云日本許以兵送京官到塘沽,招商輪船接到上海。
如此,則諸公可慶更生矣。陶履謙夜使人送脩金、節敬,並假
《隸釋》一箱,函復之。

十一（2日）

飯後到館,過子靜改方。到館,爲學生講解,即到程輔熙丈
處作吊。見張雨丈,云夏已允,俟彼信來。歸館,黄伯華來受業,
贄兩小洋,出題付之。閲《隸釋》,多可桀正碑文,且有《全文》未
引入者,未知鐵橋何意也。

十二（3日）

　　録《左氏考》三呞。未刻後，以曾祖忌日，歸家祭祀，邀瞿、周、譚同飲。諸人以十五楊姨太太五十壽，請演劇，至夜始去。聞峴帥接家眷，云和議可成，保定開城，洋兵未肆擾。圍隊捕易仲晦之兄，且擊傷其子。紳士聚議，祭酒繼菊生之子，不知邀客否。

十三（4日）

　　飯後過馮子靜，不晤。遂到館，閱《漢·高紀》，二頁十六行“感赤龍交如生堯”，“如”誤“始”。以《隸釋》改正《易考》數處，如《張公神碑》“元亨利貞”，如《隸辨》引作“享”不同，未知孰是？挽程輔熙丈云：“得八番重險民情，叔子碑留，依古應編循吏傳；兼兩代四科年誼，長君玉折，至今猶痛伯牙絃。”

十四（5日）

　　閱《刑法志》，十一頁四行“非湯篇”當作“非樂”。飯後歸，彝仲至，縱談久之。午刻後往觀劇，至夜。

十五（6日）

　　曾祖生日，祭祀畢，邀客飲。午後復往觀劇。楊姨太太五旬大慶，亦以出屋，將留別也。小鶴明日生日，諸人欲再唱一日。小鶴不允，乃止，而周頗不悅也。見放學臺報，湖南乃宗室載昌。

十六（7日）

　　彝仲共談，甚愜。小鶴生日，留客吃麪，觀其抹牌。城北公訃至，寫帳字，廿四當一往。楊子服來信，云將赴陝，家眷寄武陟縣，懷慶府地也。桂妹生一女，其子車上跌傷一手，不知愈否。

十七（8日）

　　飯後往兩馬處，不晤。到館，爲幹庭改文、日記。伯華來文一篇，並改之。孟剛來，云胡大臣可脫身入京，團練仍歸湯辦。洋人要以回鑾，不回則擁戴合肥，合肥不受，真異聞也。陳敬明歸。吳委員爲團民所執，生死不知，可哀矣。爲又珊點定文字三篇。

十八（9 日）

祭酒書來，云薦芝老處，無回音，彼或尚躊躇乎？索觀《詩考》，乃校一過，須更以《隸釋》校一過，方可出示人也。聞又殺人。李幕已刑矣，臨刑呼冤，特不知其手書何如？如塙，則不冤矣。

十九（10 日）

早到廟祀大士，已八點鐘求熱水不得。天雨，催轎到廟。諸公旋至。聞捐不旺，錢店共止出千三百金。傳和議成，兵費何出？湖南京官得曾君和西語之力。楊惠嗜被刼，短衣逃。徐老九斫作九塊，徐中堂父子皆死，頌閣亦死，何城北之不幸！言皋大人者已自盡，又傳趙、毓亦自斃，此皆一死不足謝天下者也。伯鈞云書在京已盡，更索予書。歸館，日午矣。以《隸釋》校《詩考》，未畢。夜大風，甚凉。

二十（11 日）

以《隸釋》校《詩考》，增改數條。李又珊來。予以風大，恐吹屋倒，著人歸問，並取綿衣。祭酒書來，示《三家義疏》，首篇甚精當。

廿一（12 日）

校《詩考》，粗畢。黃孺人生日祭祀，歸家午飯。聞四紳以四信指名堯卿所爲，堯卿已於南京捕得，又將出瀏陽門矣。受明處見和議十條，恐將於此將就了事，特不知年內回鑾否耳。京官有輪船接，或可出京。下午到館，取吉兒所補《韓詩遺説考》閱一過。伯華送文一篇，點定之。

廿二（13 日）

函復祭酒，恭惟大箸，並呈《詩考》及吉兒補《韓詩》以備采。

以《隸釋》校《引經考》。伯華來。晚間學生邀同羞珍小飲。仍歸館。居停送閱電報,川督主議,江督邀各省合奏,以恩、正併爲一科,明年仍改秋闈,大約如此改也。祭酒回書,又以《葛覃》、《卷耳》二篇來,以龍處已留,勸勿辭館,不知何意。聞中峰查出楊彥規虧公欵五萬金,不交出即行參。又聞曾紀壽接辦,恐此後督銷事更緊。和款十條,釐卡歸洋人管理,則此間不更無路可走乎?剛死已見報,聞毓死亦塙,皆不得不死者也。敬帥於日內亦死。夜夢聞亂搶殺,恨不早下鄉。妖夢不踐,乃深幸也。

廿三(14日)

以《隸釋》校《引經考》,得"御衡不迷"一條。閱《通鑑》,得"侯釐"即"疾釐"一條。炳燭之明,尚有心得,特爲境遇所累耳。《三家義疏》校出譌誤四條,或可復命也。夜爲幹庭改文。

廿四(15日)

飯後歸家。往徐大司空處作吊,與仲遠略談,伊弟在京,尚不知吉凶何如。聞雙目已升大司空,長弓已升總憲,澗哉!歸餐大肉,仍到館。校碑數條。聞河局有缺出,未知居停意何如也。

廿五(16日)

校《引經考》畢。幹庭外出,下午予亦歸。過子靖,約明日來。

廿六(17日)

待子靖,午後方至。去後,到館。過受明,胡子靖亦至。聞長弓已到案,熬供兩夜,不知作何説也。到館,擬函致祭酒,並復羅十五一函。旋聞長弓尚未到。夜爲學生改文。

廿七(18日)

以《隸釋·韓勑後碑》補《引緯考》四節。聞和議已定,十條皆允從,每年付三千萬,六十年歸清。湖南每年百六十萬,不知從何出也？岳州關亦歸洋人，督撫署設洋官亦允之。端圈禁，大阿哥斥退，亦允之。建儲本非急務，然廢立豈可由他人耶？毓發新疆當苦差，趙革職永不叙用。誤國雖應治罪，何不早治，必使人持其柄耶？俞、蕭太史皆革職，惜哉！

廿八（19 日）

校《引緯考》，增補數處，畢。錄《左氏考》二冊。伯華來，云將往岳州。下午歸，爲嬪母祝壽。

廿九（20 日）

客至，同雀戲。夜看晚臺，至三數。此後盛筵難再，移居之後，不得合家同往矣。

三十（21 日）

脩理住宅，老八已允，與老六共議趁此將橫屋改向正屋，並改倉屋。呼李木匠計工，共四百千，泥工尚在外，大約四百金矣。費無所出，然不能不脩也。過馮子靖，改方。到館，爲學生改文與論。見電諭，以河南勤王兵沿途騷擾，斥革多人。華兵如此，可歎！可歎！鄂撫裕長開缺，豈滿人不能作督撫乎？以保教職之細而照常批發，又何暇也？夜大風。三更後城外失火，五更始息。聞大西門至南門河街俱爐，又大傷地方元氣矣。

十　月

初一（22 日）

聞火災起自大西門，接小西門處以上尚無恙，焚斃數人。錄《左氏考》二冊。天雨，未刻後歸，以是日先祖忌日也。飲畢將晚，風甚大，乃宿家中。

初二（23 日）

祭酒來函，見贈大集，而所求不提及。復書後到館，錄《左氏考》一帋。趙孟剛來，云湘藩放余聯沅，江撫放李興銳，此公惜已老矣，殆以後不放滿人耶？吳谷川放欽差恐不搞也。見香帥勸上海國會及出洋學生文，委宛得體。夜飲，菜滴洋油，幾嘔死，在外覓食之苦如此！

初三（24 日）

閱祭酒《集》，如送賴大令作勿刊可也。祭酒又書來，示以《樛木》以下八篇，文王十子可增入一條，餘無可更張也。受明來，云殿書有辨僞新學文，大約自危，然可不必。錄《左氏考》三帋。夜爲幹庭改文。

初四（25 日）

爲官玉改文。《左氏考》錄畢，共十五帋，接錄《公羊》。聞今年方向不利，不能修理，不知屋能待否。天陰，擬明日下鄉。午飯後歸家。

初五（26 日）

飯後將下鄉埽墓，天雨，乃改道往史家坡。風大，路滑，由轎中跌出。到墓，雨止。入城，仍到館。聞有云合肥相卒者。此公往年人皆祝其早死，今又祝其不死，以死恐和議中變也。張承基觀察死於山西，不知其所以死。二鼓後大西門又火。

初六（27 日）

胡五早來報喜，云昨二鼓又添一孫，人丁興盛，亦祖宗之餘蔭也。聞大小平安，甚慰。得賀爾翊來書，爲之慨然。復寄一函，俟夏宅書來，並復書寄去。錄《公羊考》一帋。考文王十子一條。

初七（28 日）

錄《公羊考》畢，計五帋。下午氣疾忽發，晚間尤不適。

初八（29 日）

錄《穀梁》一條。錄出文王十子一條，並作函致祭酒。又將武氏石室畫象一條增入《詩考》。又聘至,云中峰出示,以後概不株連,此風或可息歟?聞盤釐庫,方伯欲以此欵歸藩署。此公已升山西方伯,此間臬使未知誰也?聞李相疾甚,和尚未成。下午到家,始見孫兒,體氣尚好,其母血氣痛,予亦氣痛,夜不安眠。

初九(30 日)

二媳服鄧醫藥,攻伐太峻,痛甚。使吉兒往請馮子靜,彼云所服之藥大謬,現在全不可攻,用党參、續斷之類,云膽大應服熟地,且試一二帖再看。彼去後,往馮家冲埽墓。將晚歸家。

初十(12 月 1 日)

二媳服藥稍愈,飯後過子靖問之,云明日來看。到館,汪受明至,云頌年已到上海,有電來。聞陳伯平歸,候之,云往江南迎其媚女,初五始歸。問以所聞,云和議並無條緒,前十條不可信;洋兵破正定,攻固關,已入山西,以未辦首惡,不得言和。今首惡已辦,未知何如?江南以和未成,人心不靖。有自首四人,峴帥欲寬之,此間要人亦不復庇。有疑其謀督銷者,彼云並未見峴帥也。屬函致唐太守,以無書記,屬我自具艸。過節吾,云以往常德,以其弟局放帳倒閉之故也。回館,改論,講書。聞近日又有放火謠言。初九、十、十一三日晝夜警查,似亦無故自擾。見伊念曾銘谷隸書,頗近墨卿,或即其子弟也。字十一帋,數百文可買,當買之。夜聞伯華得衡州會辦,明早即行,書數行與之,屬見夏公詢講席事。

十一(2 日)

微雨,不能出。函致伯平,具艸與之。祭酒又送《召南》數篇來,閱視一過,校數譌字,並補季蘭一條。彼欲我以《詩考》見贈,另謄又須千餘錢。書既不能採,暫置彼處可也。聞其所繼子止七歲。錄出《易考》一卷,校一過,補入數條。以《書考》一卷與璞山接録。聞錫來電，云洋兵侵逼，山西戒嚴，若至晉陽，恐長安又不長安矣。憚祖詒升浙撫。譌言三日內放火起事，今已過三日矣。

十二（3日）

晴。録《穀梁考》畢。壽兒至，欲見居停。不見，其意可知。星甫云居停致意，許以遇缺儘先，未知果可恃乎？聞晉撫電八字，云"洋兵四逼，晉局緊急"，殆哉岌乎！幹庭作策，言遷都四可慮，甚有見，爲加增回鑾四可慮。星甫生日，幹庭等設筵賀之，肴殊不佳，夜食亦不舒暢。

十三（4日）

爲又珊改文、批日記。祖母忌日，飯後歸家。過馮子靖，請改方，云二三帖後可不藥也。到家，檢出書籍。聞老五等已定白果園住宅，十八准搬。二十，五嫂三十歲，人猶鬧戲局也。彭四來，言前所看塘須三兩百功，屬其略等諸人至共議，而彼竟去。念循來，吃酒去，云壯外孫能行矣，而不能言，何耶？予酒微醉，留宿。

十四（5日）

得夏親家信，廿四發，二十日始到。彼接我信，恐亦有二十日也。彼得夏公電與信，以爲我有他意，欲行復止，前信到乃啞然失笑，而十月後無期可擇，皆因此老貤誤，不然已滿月，可歸江西矣，乃以此意詳復之。午飯後過受明，略談。到館已將晚矣。彼處亦聞晉事不佳，有入蜀之説。若然，則西北不可問矣，東南能獨完耶？夜氣疾復發，痛左脇下。

十五（6日）

氣疾未愈。爲幹庭改文。復夏幹臣信，並送信局。申何君無反馬之禮，以爲今文義如此，三家《詩》當不異，駁賈疏引鄭《箋膏肓》取三家不可信，不知祭酒不駭怪否。夜大風。

十六（7 日）

風雨，又微晴。是日大雪，聞鄉下已見雪花。函致祭酒，繳卷。録《論語》一帋餘。聞洋兵船至漢，限六禮拜交出漢口，香帥束手無計。中丞隱電不發，未知搞否。星甫言郴州出收支，雷家市、衡州出查河缺，居停許見委。晚間歸告兩兒。吉兒自祥女家歸，云壯外孫弱如故，尚不及富孫。

十七（8 日）

晴，甚寒。飯後過九安丈及受明，云羅石帆之姪歸，言同鄉在京猶三十餘人，皆無恙。到館，爲幹庭改文。祭酒又送《義疏》來，閲一過。氣疾甚劇。客喧至曉，尤不安眠。

十八（9 日）

爲官玉改文。幹庭請作討拳匪檄文，戲爲之。午後過子靖，請診視、立方，云無寒滯，由血虛所致。歸家，檢藥，吃半帖。看發孫洗三朝，並未作湯餅會。老五等今日搬至白果園，過視之，屋不佳，惟住房稍大耳。過受明，問其兒女出痲甚重。到館，星府云永州出收支缺，路近，薪水較豐，居停允與吉兒。聞洋有四兵輪到岳，共三十七款，委蔡觀察明日到岳商議。

十九（10 日）

録出"騶虞"説，擬呈祭酒，並作函復之。録《論語考》一帋。九安丈至，云聞電報，有湖南、北兩省，下二字不甚明，限六禮拜交割之説，或礦務之類歟？丈以不戰爲罪，似猶未深知今之時勢也。夜爲幹庭改論及詩。

二十（11 日）

録《論語考》二帋。未刻後到白果園，五嫂三十歲，飲至夜，歸家。聞隔壁已出佃。七十餘年之基業，一朝棄之，予生於斯，詎能無慨？然今有二百五十五年之業，亦爲纖兒撞壞家居，何況我家？

廿一（12日）

飯後與吉兒同過子靖，請爲立方。氣疾似略平。吉兒背上脹痛，詢彼，亦不得其解。到館，見星府寫粘條，吉兒書汪頌年薦。如要保人，可即書頌年名。受明來，云頌年月内必到。聞西人直索湖南、北各處，有三人來此，蔡不必往，已飭廚人作洋菜以待之。不知如何了局？星府云聞山右白旗三十里以迎洋兵。若然，大事去矣，奈何？奈何？録《論語考》二舌。以《義疏》呈祭酒。

廿二（13日）

録《論語考》二舌。楊氏兄弟送文十餘篇來，爲閲數篇。祭酒又以八篇請益，爲閲一過，《緑衣》似更有説，俟歸閲之。聞蔡下行李，仍往岳。洋人不來，或要挾尚不甚。云索兩湖官場未聞是説，或尚可苟安。

廿三（14日）

祭酒一早又函來，云餘面磬，後日當往詢之。《鵲巢》一條已采予説，而與彼説不合，彼自酌之。爲楊兄弟改文畢。是日曾祖母忌日，約九安丈與子靖便酌，飯後歸家。馮、譚至，飲至將晚。

廿四（15日）

星府來條，云方伯已改委冷水灘稽查，予不知真爲方伯所改否。飯後到館，云改委吳孝廉，居停知吉兒不去，問壽兒能代去否。彼打主意不定，予亦不强，但以後可無庸議矣。爲幹庭、官玉改文二篇。録《緑衣》、《凱風》二條。《緑衣》用《小正》，自謂刱獲，特未可據爲三家説耳。夜見居停，云委不能改，須俟方伯去乃可，或使一本家代，或去。彼寫信總局顧大令，請對調一缺如何？詢時事，云：九月廿八李、榮、慶在京議和，端、莊逃入蒙古。山西苦饑，洋兵尚入不深。陝西撫署爲行在，客廳爲朝房，

軍機均住貢院。山、陝皆荒,發銀四十萬,設粥廠。漢口事尚不
搞。賀元彬贛南道,袁海觀上海道。局務即賀某之缺。

廿五（16 日）

以《義疏》送祭酒,云開針,不見客。飯後歸家,告以居停之
言,必須一人去,俟公事下,再謝委。胡湘琅師仙逝,明日成服,
當一往。聞陸仙歸,往視之,云滬、漢尚安靜。過受明,略談。到
館,適居停出找人,皆不見,惟我在,云聞京城洋兵已漸退出,或
和議可成。錄《論語考》一帋餘,用潘氏書補數處。擬挽湘琅師
云:"蟾宮馳譽在丁年,聞去冬千里歸來,家有青氊留故物;馬帳
承顏當午節,歎晚歲一般蹭蹬,才窮彩筆愧師門。"

廿六（17 日）

飯後往湘琅師處,坐上無客,寂寂可知。陶家喜事,未晤。
王云尚禁風。薏丞已往南州。晤仲丙,云彼亦求事,何必爾耶?
歸館後,到白果園,忽聞火起,步出街中眺望。遂歸吃飯,再往彼
處,飲至夜,仍歸家。

廿七（18 日）

喜生自江西一早到,見族長信,修譜及祠須捐費,並列底
子。何氏婆婆又有信求助。飯後到白果園,達卿等云老人既
有信來,須付十來元,若修譜,此時只好回空函,俟有成局再
付。此說亦是。到館,尚未飯也。爲幹庭改文。錄《論語考》。
于秉郇來。

廿八（19 日）

錄《論語考》三帋。韓升來,云劉牧村解餉被劫,做官難如
此。芷青請喜酒,只得一往。天甚熱,恐有變。銘謙與懋謙之子
來作上親。張君云山西四大天門不過翻車,亦非甚險;入陝西由
襄樊到老河口,換小船,速則七八日,遲十餘日;到龍駒寨旱路九
站,無車,須騎牲口,不能騎者坐轎,不如海道遠矣。芷青云夏公

到任後並無信來。回館已二鼓。

廿九（20 日）

録《論語考》一晌。午後到伯平處，云和議將成，各條與前所傳十條略同，多改覲儀、備顧問、駐兵津沽三條，與哀的美敦書並付；彼見廿二上諭大譁，以爲議罪輕也。唐信當發，尚無回音。永州事亦云宜去一轉。節吾未來，秉郇外出，仍歸館。受明至，云彭少襄、吳巨年歸，和議所聞略同。祭酒一針起陽，使如君出拜醫，或告者過歟？聞衡州事，西人索歀四十萬，且須道、府、州、縣交彼辦。録《論語考》一晌餘。聞喜生明日歸江右，晚歸家照料，彼行期尚未定。委札已到，與壽人説明，促使去。

三十（21 日）

寫復江西信，以丁口、年庚底子付之，費再寄。喜生云祠堂已將告成，用五百餘千，譜尚未起手，吉安、武岡各出百千，祁陽二百千，只收百千，萬載七十千。彼修祠不先告我，何也？修譜恐未必更有人出錢。彼信甚空廓，不云派出多少，亦不云祠將成，故亦以空函復之。何氏婆婆寄付八元，付喜生川貲弍元。過白果園。到館，聞居停未出，喚吉兒來謝委，説明兄代，彼允，屬勿張揚。天寒，有雪意。録《論語考》一晌。爲幹庭改論。芸閣致居停，道及我。其書爲薦龔某，已用之矣。一爲辨謗，云小田切請彼修國志，已籌歀數千金，《申報》館蔡爾康因前不中，挾嫌誣謗，中文《滬報》爲之力辨，將報裁寄。言時事，云西人限一日内回鑾，否則兩路進兵。珍、瑾二妃皆投井死，王蓮生、盛伯希合家殉難，太后梓宮、太廟神主、頤和園陳設衣物皆至滬，目不忍覩。惟云徐頌閣倒斃恐不確。聞夔師大拜，徐得協辦矣。

十一月

初一（22日）

冬至。飯後歸家。諸弟旋至，以大公用項及回江西之信與之觀看，所餘之錢交出。見伯平信，唐太守回書，云研經已聘袁守瑜。黃望之云求實出分校缺，亦袁守瑜得之，何歟？是日氣痛增劇，殆因節氣所感，臥猶覺痛。

初二（23日）

氣疾稍平。吉兒婦年三十，汪孟萊、用羽至。將江西回書交付喜生，聽其行否。兒婦乳痛，請馮子靖與孟某，用江豬油敷上，痛少止，屬勿藥。

初三（24日）

飯後過受明，適羅石帆至，詢出都事，云得津貼三千金，每人分八十金，由通水行到津，一路荒寂，皆西人管轄，由彼護送；和約無所謂議，彼議定徑付中國，無可改移；李荔村與子婦相繼亡，杜喬生之母到岳州，死舟中。荔村，予總角交，聞其死，不能無慨。到館，見湖北解貢委員稟，言和議略同，先止允四條，榮、李言彼將犯孝陵，勸以忍辱，大約即依議矣。《申報》云孫燮臣師起用禮部尚書，魏調雲貴。聞湖南委員以貢物薄，有俞太監者欲捆打委員，夔師使逃歸。此等時而此等人猶猖獗，可爲浩歎。錄《論語考》一唔。夜爲幹庭改文。

初四（25日）

校所錄《尚書考》一卷，增入兩三條。爲官玉改文。飯後到祭酒處。彼云平江、醴陵書院均未定，礙蘇、吳，不便薦，許初七過館探口氣。聞子玖到，往拜，尚未歸。求人之難如是！歸館，已午飯時矣。

初五（26 日）

録《論語考》一臮。聞桂妹昨到，歸家視之，幸大小平安，途中皆晴川丈護視。此行用費三千金，如不出京，尚可省費，亦免受辛苦也。云中途兵極騷擾，湘軍亦然。過受明，聞羅云西人到京，無一主腦，京官且不知兩宮所在，若不出京，早使人議和，尚可圜轉。惟聶戰死，馬戰敗走，尚能一戰。李不戰潰，陳並未死，哀哉！附和拳匪者不乏人，同鄉榜眼、傳臚皆在內。到館，聞星甫云居停所見電條款尚多，與前頗異，有不請回鑾，各處駐兵，拆毀炮臺，停考五年，廢八股文之語。今之禍固由滿人，亦八股朽生附和之，廢之不亦宜乎？彼索十一人，端、莊、載瀾、溥倫、英年、毓賢、剛毅、啟秀、徐中堂、趙舒翹、董福祥。死者亦從韓師王例，故徐死無卹典，但恐千里草為變耳。

初六（27 日）

録《論語考》二臮，畢。天熱，有雨意，未出門。

初七（28 日）

祭酒早來，未知如何說。録《孝經考》、《爾雅考》各一臮。下午受明來邀便飯，云頌年已歸。往見，丰采如故，意氣尚豪。客去後，以醴陵館事，託函致官紳，約明日往，遂歸館。

初八（29 日）

祭酒書來，云已說到，彼甚以為然，俟回音如何，並坿《詩疏》一卷，及和款各條。觀之，專詳教案，如回鑾、兵費、設顧問官皆不在內，似有下文。此間專人回江西，作書致芰舲。飯後微雨，欲至頌年處，不果。録《爾雅考》二臮，畢。校《詩疏》數條。晚間祭酒書來，云事不諧，彼復書以回家小試為辭。此間情形我早知之，為祭酒所誤，不早辭館，使人有戀棧之誚，可歎！

初九（30 日）

校《詩疏》畢，可增數條，"鴻羽"、"歸寧"須歸翻閱。致函促頌年作書。午後到小瀛洲，見介卿所遷之地甚偪仄。歸家，述卿來談。用羽來文一篇，改之。聞彼明年不迎師，非策也。

初十（31日）

飯後至頌年處，不晤，見孟萊。拜雙目，又外出。至晴川丈處，謝之。此公欲赴行在，想謀開復耳。到伯平處，屬致醴令，云已調攸。今日紳士合議，西人索明月池及大西門外地立教堂，不知何以拒之？有和議已成、回鑾在即之電，赴行在者宜趁早矣。到館，得頌年書，云須向接任說，恐又成五角六張矣。聞督銷易劉某，方伯以四名條屬陳先委，再委陳之人。中國之事皆如是云云，可慨！可慨！爲幹庭改論。

十一（公元1901年1月1日）

錄"鴻羽"、"歸寧"二條。我爲彼如此之勤，彼將何以報我？且示此公，以爲何如。錄《孟子考》畢，《十三經考》告成矣。前聞頌年云徐道焜已伏冥誅，因諂附拳匪，萬口唾罵，內愧而死。予之禍發於徐而成於剛，兩人皆伏冥誅，殆覆載不容乎？對頭已死，若張、瞿爲我轉圜，似亦不難，然須皇路清夷，徐議之耳。西人索地，恐棗梓之禍不遠。我既不得館，惟有移鄉避之，亦可省費也。主見已定，歸當告之家人。夜雨。

十二（2日）

晴。函致王、汪二處。以《隸釋》較《論語》等《考》。汪復函，云王已向心田說，即日有回音矣。伯華來，云彼處二十千，火食五千五百，可不再去。此等事惜不能得。彼云督銷未動，有伯平代之之說。猶望的確，可設法耳。汪二朽來薦館，當是薦吳少陔。吳求醴館未得，祭酒以礙彼，不便薦我，既碰丁子，乃有易地之意，薦我於彼，而吳於我又不欲自薦，而使汪來。山人掌握之中，固深悉此等計謀者。既有去志，亦不問來者爲誰也。

十三（3 日）

大北風。校《論語》等《考》，畢。飯後家中來迎。夜間兄弟俱來，兩桌，甚擠。

十四（4 日）

幹庭、伯華來，慰慈亦至，不知是拜壽否。念循與孟萊、用羽至。望之、正卿來，云翰雲靖港事已禀撤，惜不得此路近事也。聞述貞親家明年將告歸，世亂恐阻道，歸宜矣。

十五（5 日）

先子忌日，在家。

十六（6 日）

飯後到館，改十三日課作，批日記。張本立六十，託作壽序，爲作一半。夜復改文。見徐小毅，作《江漢悲秋圖》六律頗佳。其人與右老同鄉，由南京歸，曾見伯年在南京開吊，甚落寞。峴帥有連，亦不至。伯年有王粲依劉意，並未得事。在彼見董電督撫語，甚可慮。又聞洋兵欲入江截運道，英國不與，峴帥以此持之，限兩禮拜，不知如何議妥。汪穰卿名捕不獲，非塙士也。

十七（7 日）

寫挽聯送杜喬生之母云："教兒同柳母熊丸，聽臚唱先傳，捷報蚤登霄漢路；乘化有呂仙鶴駕，牽板輿無恙，安行已到岳陽樓。"爲張作壽文成，以稿付之。校《三傳考》一卷。擬和徐詩，枕上作未成。

十八（8 日）

續成和詩六首。天晴，路未乾。白果園來邀，云老八昨日到。遂强過受明，問其女已漸愈。到白果園，夜飲後歸家。

十九（9 日）

飯後到館，以《隸釋》校《引經考》，增入數條。聞蔡觀察已歸,西人方過境。英和一萬六千,法殊不易了。香帥謂蔡,云廣帥可危。法領事大不悅。聞已出示禁鬧教,恐無及矣。受明處見《申報》,和約尚未定,殆要挾未盡厭其欲乎?學使已到。聞督銷委曾紀壽矣。夜爲改論。

二十(10日)

校《引經考》一過,畢。寫對送薏丞。爲余雲山書扁對字。得芨舲來信,知葭莩之不可恃,然亦不能歸咎於人,爲之一歎。閱《鑑》一卷。夜甚寒。

廿一(11日)

風雨,寒甚,有雪意。閱《鑑》一卷。復閱《隸釋》,所引尚有漏,欲將石經録出,俟晴暖爲之。吕律甫委椰黎,陳力,亦蔡力也。

廿二(12日)

雨止。飯後到頌年處,云醴事與王、陳、葉四人公薦,已爲蕭希魯。以四大紳薦四百千之館不得,而希魯以傳臚倪就,難矣哉!頌年云攸縣有館,不知搞否。張、王皆不晤。到薏丞處道喜,尚未進親。拜陶、陳,亦不晤。遂歸館,校《隸釋》數處。將詩録出。

廿三(13日)

晴。函致張、王。張回信,云夏處並不回報,平已定伊本家,攸俟詢龍。王未回信。校《隸釋》數處,《夏堪碑》云"跰尺水,津未彊",可爲《三國志》"龍將騰驤,先階尺木"是"尺水"之誤之證。《張表碑》"蔲疾而終",可爲《書·洛誥》"蔲"字即"寢"字叚借之證。將《隸釋·石經尚書》《魯詩》録出。聞又殺四人,汪公子在内。徐小谷至。幹庭以我和詩示之,屬勿以示人,彼亦屬其詩勿宣,恐黃祖能懸國士頭也。

廿四（14 日）

晴。王回信，仍無着落，明年可無望矣。張本立謝作壽文，送席票，乃趕送禮。寫對一聯。録《隸釋·公羊》《論語》，未畢。爲幹庭改文。

廿五（15 日）

又陰，起風。録《論語》畢，共十一吊。復以《隸釋》補訂數條。閲《鑑》一卷。見上海謝鴻年電，云和欵着再蹉磨，慶、李以爲不能再减，十二條已定議，其餘詳細章程再當續議，云云。又有信，列一款毓佐帥縱匪之罪，已允從重懲辦；一劉景帥以帖宣戰之諭，致成衢州教案，殺教士十一人，西人欲將浙江一省提出，再三説始邀免。景帥革職，尚不滿意。府、道重則出口，輕則永不叙用。鎮臺以在場，喝令肆殺，已擬抵。看此辦法，衡案亦不能輕。星府欲捐州判，加足三班到省，指省捐免保舉，五百餘金，買欵七折，止四百零，便宜之至。蔡觀察明日又往湖北，以沅陵舊案也。

廿六（16 日）

飯後歸，爲庶母慶祝。壽兒往看船，擬初一日准行。夜飲至二鼓。天寒，半夜聞雪聲。

廿七（17 日）

庶母壽辰，兄弟輩、親戚皆至。久安丈到，云欲使女公子出閣，孔家未允也。

廿八（18 日）

飯後到劉牧村處回拜，遂到館。聞雙目將赴行在，雨丈亦將往漢上，會乃弟冶秋總憲，欲一晤談。以所著書贈雙目，彼出門，未約定。擬作書致冶翁。爲幹庭改文。幹庭云峴帥電至，云秋闈正、恩並行，已奉諭旨。方伯俟摺回即行，看陛見不陛見。楊硯規已留辦一年矣。夜雨，有冰。

廿九（19 日）

閱《隸釋》，補入數條。天甚寒，彼處尤寒。見吳宗師《湘雅扶輪集》，時文尚新奇，挂招牌，未能挽風氣。

十二月

初一（20 日）

早起，甚冷。午後始早飯。家中來接，云壽兒將起程。歸，丁寧再三。如此寒天，使彼遠行千里，父子之情誠難爲懷，然迫於貧，不得已也。

初二（21 日）

一早聞船尚未開。雙目將行，欲一見罄所懷，乃彼出門更早。到祭酒處，彼云書院恐無可謀，前與湯幼老談及，欲爲多邀子弟，送文字。彼之二子曾來受業，或再至乎？以轉圜事商之，彼以爲可，云野秋將歸，子玖處可代致。云居停又有函託薦先生，謂我心氣和平，豈不和平者乃善耶？到雨丈處，云野秋不歸，大約到滬度歲，俟電再往，轉圜事亦託之。云攸縣館尚未定，有本家求彼，屬詢愚溪，如塙，再託王桐軒。欲鬻書板，王、張互推，乃如此不值錢耶？湯、陳皆不晤。到館，正早飯，可謂晏矣。飯後寫書致雙目並愚谿，已午飯時。日云莫矣，明早再發。聞衡州無信，大約尚安靜。祭酒云北門門外教堂不能阻，和議有一百四十條，亦以千里艸爲可畏也。捐極便宜，府經、縣丞只三百餘金，巡檢百餘金，可到省，典史並花樣二百餘金，可補缺。聞二成四章程將到。星甫買欵七二折。聞李勉林將至，謀御窰事。

初三（22 日）

兩函皆無回信，豈愚溪尚待訪問乎？受明來，云攸縣已有人往作曹丘,而無消息,事可知矣。擬稟仁和師槀,並寄張槀,録出,歸付吉兒書。閱《隸釋》,《郙閣頌》"經記厥續",云"厥續"爲"厥續",則二字古通用。向疑《孝經》"續莫大焉"當是"續莫大焉",此其一證也。書頌者仇紼,《西狹頌》則仇靖,《樊敏》則劉懆。夜改文一篇。

初四(23日)

閱《隸釋》。見蔡公所引批牘,有沅陵管教士姦情一案,彼有手書可證,此次往漢,或尚易了乎?楊家送文章三篇,改正之,齊桓公二句似見過。聞李勉帥已到。陳伯平來書,猶言醴事,更以攸事告之。愚溪不復音,殆遲不及事乎?《隸續》跋《樊敏碑》云漢刻惟此碑及《武斑》與《羊竇道碑》有書人姓名。案《羊竇道碑》云"書此盛巨",《武斑碑》云"書此嚴祺字伯魯",則有姓名者凡五碑。洪氏不言《西狹》、《郙閣》,蓋未見全文也。

初五(24日)

雨止,尚寒。閱《隸續》。飯後往述卿處,伊生日,留吃飯、抹牌。夜歸家,不知是夜彼處已發盜案矣。伯平函來,云攸縣事。

初六(25日)

往胡子威處吊唁。即到館,聞幹庭桌上鐘失去,伊家疑楊五,使學生四人同到案。居停自來留我,明年同往江西。予以館地無成,不得已諾之。龍莫溪來,云攸縣只三百四十千。予問可到館旋歸否,伊云似可,但不知已定否。伯華來,予與談及館事。見楊五久不歸,疑之。午飯後催轎歸,楊安已奔來,云乃弟一人獨受打押。天色已晚,予亦無計,擬明日投人講理。居停見楊五不供,知已誤,仍用帖子保出。忽見楊五歸,甚訝之,問明,始知家中皆不伏,乃着人持帖,仍將楊五送去,使送官再究。彼無奈,使壻來説明,送楊五歸。

初七（26 日）

在家無事。予擬決意辭館。楊五幸遇熟人，打四百小板、二十釘板，不甚苦，然面子上不好看，難以爲情也。

初八（27 日）

往雨丈處，以稟仁和師函、致野秋總憲函面交，託轉致一切，攸縣事託致書。往祭酒處，告以前日之事，屬致函辭館，並以攸縣事託之，且託賣書板並書。往頌年處商之，彼勸辭館。往伯平處商之，彼以爲不必辭，云心田言館若未定，必可成也。晚間黃悝府來。居停得祭酒書，屬彼來陪小心，云求大度海涵等語。予未即允，仍使求祭酒。

初九（28 日）

函告祭酒，彼勸轉圜，且姑待之。述卿來抹牌。

初十（29 日）

彝仲來城請醫。祭酒送居停函來，云將踵門請罪，若然，可轉圜矣。劉氏兄弟來抹牌。汪壻書來，云外孫病重，擬專人往看。

十一（30 日）

幹庭來，叩頭陪禮，屬作祭岳母文。予約明日到館。

十二（31 日）

飯後到館，居停即到學堂。彼不提前事，予略提數語即止。隨到關聘，予不受，屬轉交祭酒。爲幹庭改日記數條。作祭文，未畢。欲即日辭館，彼留一日。

十三（2 月 1 日）

祭文作成，録出。檢理一切，家人擔回。入請辭，東云衡州教案索賠欵廿二萬，撫卹尚不在內，岳州錢店倒六萬，局事亦難辦矣。星府俟開正即稟到，云居停留彼再下場，帶幹庭同進去，彼意以爲無論進不進，須入場也。此事頗有關繫，謹記之。彼留陪，我不便固却，席面亦烏合耳。夜歸，見胡五下鄉回信，云壯外孫容顏尚如故，其母極瘦，可憐！可憐！吉兒云張紹熙來，云雙目致意，未寫回書，所託事必竭力，惟須發之自下，或江撫片奏亦可。此公頗怕入軍機也。祭酒將關書仍送來，收之。我但有一席可容，亦不願就此館，而攸縣亦無信來，奈何？

十四（2日）

函致芰舲。先待陳宅人回，必有復音，乃竟無之，大約此人不曾往接信。予明年將到江右，不得不函告之，要我送親，趁此機會可也。邀頌年明午來抹牌，云來。用羽來，云乃翁明年二月將歸，十月乃可到家，可謂遠矣。夜微雪，甚寒。先生欲歸，留一日。

十五（3日）

寒甚，有冰。先子生辰，邀頌年便酌。彼允來，待彼雀戲。下午始至，云尚須到煥彬處。陪先生飲，醉，變色。此公以後不敢再敬酒矣。予亦微醉。雀戲至夜分。

十六（4日）

晴。寫挽聯送趙太守夫人云："合郡仰慈雲，聞夫人德盛鵲巢，南國猶承肅雍化；中天沈婺宿，想太守香凝燕寢，左司忍賦悼亡詩。"為幹庭代作一聯云："黃堂高選，愧乘龍吉日記春三，灼灼夭桃方頌美；瑤島仙游，驚跨鶴淒風催騰八，蕭蕭慈竹不勝寒。"聞幹庭生一女，不能言，恐難成人。伊家富而人丁艱貴，凡事不必全也。戌刻接春。

十七（5日）

飯後到趙太守處作吊。到袁叔瑜處，略談，云總校黃是彼業師，談道學者，分校止四百金。到頌年處，彼將出門，略坐。張、王、黃並不晤。到芝老處，久談，以轉圜事質之，云地方官屬湖南，應找湘撫，與江撫無涉；或問禮部請會試，必允，則暗中消釋矣。其説亦是，但予不欲更入會場耳。到蔭生處，云下鄉見二叔，甚健飯，住廿日歸。蔭生屬求局事，云找但少翁遞條矣。歸聞老七生日，來邀飲。到彼處，尚未。往受明處，聞方伯十九交卸，劉定夫委署鹽道，雙目尚書之力也。白果園飯後，聽坐唱。二鼓歸。

十八（6日）

晴。以《隸釋》校《全文》數咠。吉兒自外歸，云鹽局已更席某，可託耳東設法否。諸弟會議，廿一祖母冥壽須演劇，予不便獨阻也。君華自江西來，云教案甚多。

十九（7日）

晴，暖。弟輩議廿一演劇，廿日亦須唱晚臺，叫木匠拆壁、架臺。至戚中多送禮。

二十（8日）

飯後到史家坡焚冥衣、楮鏹。下午歸，預備夜戲，至兩點鐘方卧。

廿一（9日）

早起，殊困憊。飯後行禮，客來回禮，兩腳酸痛。演劇至夜。安席，送客，至十一點鐘，實不能支，遂卧。黃伯華云幹庭十四生一女，十六已洗三朝。其女先不能食，今頗能食，不能大便，觀察甚不悦。

廿二（10日）

接夏幹臣上海來電，云張使英，求爲函薦隨員。飯後出謝客。至居停處，云出門。星甫云幹庭之女一足拳曲，居停晉其子，云要爾在學堂睡不肯，殊可笑也。老六云河局出三缺已上稟，星甫云未也。我以壽兒遠出，明年將往江西，欲吉兒就近謀事，不知能如意否。張使英，是野秋，乃往英吊維多里亞，並賀新君，須先赴行在。余方伯已署浙撫，一時不能來。蔡觀察奏調山西，過年將去。到祭酒處面謝一切，屬見居停，可否餽贐，並致秋試不能送考恐致物議云云。雨丈下鄉。各處均到，不晤，乃歸，城外黃、張明日便衣再去。居停送脩金、節敬至。

廿三（11日）

爲幹庭改文一篇。師礄生自羊城來函，云見邸抄，各省設西員，又有密諭，各省設中西學堂，前行新政之人概行擢職。此間未聞此言，豈官場閟之耶？即有之，亦非佳事，乃逼改内政耳。祭酒云和歝二百四十條，或即在内。傳言衡州拒命，恐亦訛言。浙案府、道均議抵，英、法、俄、德有以後中國教案歸四國辦之説。湘人何苦攖其鋒耶？

廿四（12日）

到馮家沖辭歲，暮歸。小鶴之子已愈，夜間又哭不止，病反復，非宜也。

廿五（13日）

以《隸釋》校《全文》。晚間劉璞山來，云二少爺已委河局。小鶴歸，云局中已奉明文矣。此等事誠非所宜，取其近便耳。吉兒到蔡觀察處，云教案未了，尚不能去，衡州事又反復，中峰將動。

廿六（14日）

校《全文》。閱《蠡勺編》引姜汝念云《戰國·趙策》惠公謂襄王曰“先王必欲少留，而扶社稷、安黔首也”，是趙國亦明明稱“黔首”矣，安見夫子時之必不稱“黔首”乎？可入《禮記考》。又引張力臣説，補二條。《費鳳別碑》云“文平感渭陽”，又云“孝孫字元宰，生不識考妣。追惟厥祖恩，蓬首斬縗杖。世所不能爲，流稱於鄉黨。見吾若君存，剥裂而不已”，與毛《傳》“我見舅氏，如母存焉”意合。此碑作於舅家中孫石勛也。

廿六（14 日）①

伯華來，送脩敬四元，請作觀風文字，《百里奚爲典屬國賦》、《擬何承天安邊論》二題可作，《周秦諸子引經異同考》可試爲之。黃仁潤即翰雲也，彼以叔親家只能如此照應，足見謀事之難。《隸釋·費鳳碑》云"諱鳳，字伯蕭"，古人名字相配，蓋取"《蕭韶》九成，鳳皇來儀"之意，足徵"簫"、"蕭"通用，"蕭韶"所以取名也。

廿七（15 日）

閱《嶺南遺書·三家詩拾遺》，采輯亦勤，而不盡信古説，蓋古説之不傳久矣。白果園邀吃飯。到受明處，云頌年見諭變法，有"不得因康有爲"云云，未得其詳，磻生所説似不妄矣。雨老今日已行，未及一面。尹臣親家回省，聞壯外孫尚未全愈，屬以吃藥宜慎。

廿八（16 日）

校《三禮考》一卷，補數條。下午往萃豐長買年貨。

廿九（17 日）

年下甚窘，又大公因演劇虧卅餘千，今年銀錢更緊，不免一統山河歸下欠矣。約達卿、弁卿來吃團年飯，飲至夜分。天甚熱燥，恐有風起。

三十（18 日）

局送札至，吉兒委下卡，專查輪船，接常某手。其二人乃從九徐霖、長沙陳公卓。無黃仁潤，豈改委他處乎？到城隍廟、火公殿兩處謝神，一年清吉。聞前夜瀏陽門傅家失慎，契文不免。陳宅恐亦受驚，使楊五往問之。夏親家久不寄書，何也？黃伯華來，送四元，却之不得。汪用羽來，送八元，却之，送禮數色。孟

---

①　原稿廿六日有兩條記載。

萊亦來。聞近日又拿飛龍會，更有回天票，亦託之南海。和議雖
定，衆論猶紛，有三十餘人合奏，請斬王、李、劉、張，背城一戰，王
龍文、夏壽田在内。又有浙人夏某請斬仁和。雖申飭，未加譴，
恐觖猶未已。又傳賠欵將加人稅、地稅，將來必無清靜日子過
矣。我非幸獲譴，於今兩年，憂讒畏譏，坐困日甚，但望瞿、張當
路，事可轉圜，政務更新，時開黨禁。灰死安國，得有復然之期；
羅傷翟公，重逢署門之日。明年春色，倍可還人；晚節寒香，終堪
娛老，庶將出東山之霧隱，奉北海之纁招乎？

辛丑（光緒二十七年，1901年）

元日（公元1901年2月19日）

晴，數年來所未有也。予發筆書云："否去泰來，轉圜可必。"諭行新政，用西學，學校、科舉均將變改，轉圜之兆，其在斯乎？

初二（20日）

晴，暖，大有春意。閱張萱《疑燿》，此等書小有致，不堪大用，如啖車螯而已。

初三（21日）

予未出門，親戚中多來拜，亦有生徒，幹庭、佑孫、伯華皆來，詢知漢雲委雷家市。

初四（22日）

居停來，攙駕。予出行，到白果園、小瀛洲。使楊五同到陳公館，夏公三百里牌單專信到彼處，託轉交。發視，則薦吉兒耒陽、常寧閱卷，十七開考，刻日須往，可到彼小句留云云，因屬星甫轉達居停云云。到伯平、頌年、受明、逸老、芝老，皆不晤。到蕙丞親家、蔭生妹夫處，略坐，遂歸。吉兒與小鶴以今日開局，同往，已早歸矣，以夏公書示之。午飯後往陳處見面，伊云可去，但須僱人庖代，並須見沈太令說明。

初五（23日）

作書覆夏公，使吉兒面呈。吉兒到沈處二次，不晤，往陳伯平處，亦不晤。乃函致伯平，屬薦唐太守閱府試卷，覆書云唐將來省,屬到時告知。是日陰,有雨意。

初六(24 日)

晴。作數行告壽兒。使楊六往催船,初八准行。吉兒再到沈處,相見甚好,云局不必常去可也。家中以楊六不如楊五,屬楊五去彼,楊五已遣之歸矣。下午往司門口看燈,無足觀。

初七(25 日)

早起,祀利城菩薩。飯後到馮家沖拜墓,下午歸。

初八(26 日)

吉兒將上船,問船上無風不能上駛,此去十餘里又無縴路。前日得壽兒信,十八到局,初八始抵湘潭。今風不順,更不知幾日到湘潭也。呼曾某問起早夫價,六文一里,到衡三百五十里,須二千一百一名,楊五又不能行,殊不合算。喚楊五商議,搭行船往湘潭,再換船往衡,或節前可到矣。至午飯後,天氣更燥,皆云恐有風暴,只得仍作陸行之計,足見行路之難。

初九(27 日)

天明起,到盛家灣拜墓。吉兒亦起程往衡。到盛家灣,日已將曛,拜墓後漸暝矣。午後風起,或即玉皇暴乎?

初十(28 日)

早起,興行。閱《文心雕龍》,辨別體裁頗有入微之論。今人但知詞華豐滿,能知體要者尠矣。午刻到泉窩塘祭墓,遂往石香爐。見祥女甚瘦,壯外孫病漸愈,瘦弱殊甚。談及夜。允忱親家歸家,又久談。予已不堪其憊,遂臥。允忱云聞洋人有洋鹽入口之說,恐於鹽法有礙。

十一(3 月 1 日)

九點半始早飯。飯後即行,途中風雨。興夫趲行,三點後到家。見夏幹臣來函,仍求薦墊秋處,云乃兄薦一兒蔡館,二兒學幕,久不來信,何也? 途中得詩數首,錄之:"幔捲天開霽,爐間篆裊煙。又聞哀痛詔，仍是太平年。戰事停兵馬，春風入管弦。
爲招王謝燕，還到畫堂前。""天意寧殊俗，人心望中興。蓬萊雲
氣在，滄海日華升。迅速新年換，艱難暮齒增。全生樗質在，不
敢憾無能。"又感事："皇澤頻加萬物深，雅詩盡廢四夷侵。早知
霸上同兒戲，誰料神州竟陸沈。冀幸朝陽有鳴鳳，夢思塞海化冤
禽。側身西望沾襟久，清夜何人抱膝吟？""淑氣東來萬象春，乘
輿西幸尚蒙塵。龍蛇思起中原陸，蟣蝨誰憐下界臣。洗日虞淵
宜有策，回瀾大海豈無人？辛盤又薦桃符換，俯仰乾坤惜
此身。"

十二(2日)

復夏幹臣書，並致埶秋總憲，爲作曹丘，不過盡人事而已。
小鶴云沈極刻薄，將吉人薪水全扣，初六即出查局，伊亦不願，將
求督銷，託木易代求，伊親戚也。江右學幕若成，我亦使吉兒辭
局就幕矣。

十三(3日)

到史家坡拜墓。過和茂，見已倒閉矣。到墓，待老三，久不
至。歸，日已曛。馮家沖龍甫過。君華來，云和茂倒千金有零，
述卿有六十金，找予作抵。予不過欠八十餘金耳。和茂既倒，無
從挪取，奈何？居停必欲十五上學，以厄日辭之。彼約十七已
到，當如期往。是日晴，夜又微雨。鄉下猶望雨甚切，亦有云可
緩者。計吉兒今日已到衡州。連日北風，早知之，不如舟行也。

十四(4日)

爲壽兒寫信與局憲，找出《中興頌》一帋以伴函。檢理書
籍，以胡刻《通鑑》、《嶺南遺書》入大書櫃，並檢理所攜書。晚間
彭老滿來，説話不明，意以店不能開，先行辭東，屬以喚老長之子
來議。

十五(5 日)

以脩理屋事,與小鶴、小泉共議,小鶴似不甚理,則我惟有遠舉而已。《集古録》於《郙閣頌》云"經紀厥續",今碑乃是"厥續",揆諸文理,則"續"爲長,疑重刻時以字形相近誤摹也。予按"績"、"續"二字,漢人蓋以形近通用,《孝經》"父母生之,續莫大焉",諸家解爲"繼續"之"續",誠如《漢書》所謂説不安也。竊意"續"即"績"字,此《頌》可證。義太來,云決意收店歸家,有押規銀卅兩,意求勿扣,俾作川貲。問達卿,云大公賬箱不在彼處。問介卿,只找得老佃約一帋,係道光十三年,上寫堂叔智州公佃銀四十兩,並無押規。小鶴云只可另送十金,此説亦是。夜觀街上有燈二班。微雨,路未濕。聞老五、老七因賭大鬧,可歎!

十六(6 日)

雨。以脩屋事,呼李木匠來議,如彼所説,小脩亦須式百六十千。現在欵無從出,別請李紹基來看,要另薦匠人何如。聞鹽局席已至,小鶴求木易遞條。予亦開名條,爲兩小兒謀舊。桂妹歸,云已付楚婆遞去矣。居停請十七上學,檢理行裝。袁叔瑜來,云二月書院上學,將住彼處,可常談也。

十七(7 日)

早飯後到塘灣上學。聞居停云英人以和議未定,辭吊賀使,張埜翁可不去。此舉於中國體面有礙。西人以無的欵,約尚反復,暫不回鑾。衡州教案已增至四十萬,殺二人矣。教士日内將至,唐太守同來,看如何説。當將吉兒名條託交太守,薦閲府卷。據居停云新章不准庖代,全扣薪貲則亦不必怔沈也。陪客爲王、黃昆仲,飲至夜分。爲幹庭批改日記。

十八(8 日)

爲幹庭改文一篇。現定功課每日作文一藝,限兩時交卷。

得一兒、二兒信，令人怊悵。一兒不能吃苦，言事不可辦，求調省與府局，二兒云考期尚未，早知如此，均可不去。謀生愈工而計愈拙，奈何？各復一函，屬一兒忍耐，二兒且等候，求夏公再薦一處耳。晚間芷青來信，並示江電，芰齡生母高太夫人仙逝。我亦以彼久無信，疑其有事，果然，喜事上半年不能辦矣。

十九（9 日）

改論一篇，擬何承天《安邊論》未畢，伯華託代觀風作。蔭生來，云已見停考五年告示，雖未明指湖南，恐亦未能免也。教士又來，賠欵卅八萬。唐太守想同來，不知停考有消息否。陝西坐探有稟云即將回鑾，當再無反復矣。一兒又來信求調，何其嘵嘵？薏丞親家來，求薦局事，予又何能太瑣瑣也？擬夏太親母挽聯云：“一千言恭逢周甲，侑爵陳辭，蘿蔦幸依光，記當鶴算秋高，菊酒曾同瞻懿範；數十載親歷艱辛，鳴環佐治，芝蘭方繞膝，詎意鸞驂春返，椒花未得祝遐齡。”是日大熱不可當，二更後起大風，屋瓦皆震，深憂家中榱棟之折。

二十（10 日）

風止，復晴，無以慰農夫之望。問家中，幸無恙。改文一篇，擬論一旵。閱放翁詩，仿其體作一首云：“綠柳千條縮細絲，紅梅數點綻燕支。青陽東至無多日，黃屋西巡又一時。楚水湘山春黯黯，秦宮漢殿草離離。步兵空抱窮途歎，悵望雲天有所思。”以唐太守來告陳伯平，復音云將面説。頌年日內將行，暇當送之。

廿一（11 日）

改文一篇。《安邊論》成，約千五六百字。天晴，復雨。路上未乾，取油鞋，往白果園。過席公祠，見叔母，以屋不好住，欲再遷。往受明處，云允忱來言壯兒漸愈。述貞之子守塽字公隼，欲來受業，到家與學堂皆不晤，適來此見之。聞《申報》載論式

千言,數諸臣之罪,英、趙賜盡,端發新疆極邊,啟秀、徐承煜爲西
人所執,交還正法。蔭師不保其身,並不保其子,悲夫! 由白果
園歸已夜分。雨復滑道。是日雷、雪、雨、晴雜見。米價大漲,雨
澤不降,可慮也。

廿二(12日)

居停着人持帖來請,何偪人太甚耶! 請李兆基薦曹木匠來
看屋。曹云合廚房須錢式百十千,比李木匠少五十千。寫包字,
定局。是日靜妹定庚,待至三點鐘,媒人方到。諸事從省,尚不
費煩。胡先生來上學。達卿處亦於是日上學,約陪先生。飲畢
到館。

廿三(13日)

以昨日汪孟萊至云頌年廿四起程,往送行,並託到京見瞿、
張,託設法轉圜,應如何辦法先寄示。云京中函催赴行在,與蔡
伯浩、陳梅生、黃策安、羅石帆同行。往伯平處,云出行。節吾未
到省。途遇陶宅家人,云得夏電,喜期定二月廿一日,問可允贊
否。到芷青處,彼未見此電,明日將往江西,即附汪舟,託帶夏處
祭幛、挽聯、唁信,並致一切。往傅幼孩家,吊失火。遂歸館,趕
急寫挽聯、祭幛字。陶處送電報至,云初三秀姑送弟媳來湘。秀
姑即鶴孫之女適楊家者,弟媳不知何人。天又雷雨,喚轎歸家料
理。寫信,封代席肆元,將送芷青處,而彼着人來接,屬作書與
汪,因約明早一叙。

廿四(14日)

早到芷青處,託見茇舲代致,此刻脩屋,不便入贅,恐初三前
未必能到,彼要來已來矣。迪安不往,屬作代媒。到頌年處,云
今日尚不長行,約下午便酌一叙,云不必待。寄禪和尚在坐,許
送刻刊之集。到銘謙處,云已析居,此屋歸二、四兩房,伊與三、
五皆歸安化,二月即行,秀姑來不能住,將止之。我請附八字云

"脩屋難贅，可否緩改"。彼今日即發電。彼處所以汲汲者，陶、陳皆云必係周太夫人有恙，如已平安，當可中止；如必欲辦，明後日必再有電來，再作計較。到館早飯，居停詢夏電事，屬趕吉兒歸，云衡府試俟蔡伯浩往漢口求領事電總署，可否將衡、清二邑分棚附考，否則二邑向隅，恐滋事，試期不知何時。前接伯平函，亦云唐太尊求交卸，不願收考，皆爲此也。一兒求調府局，云可行，俟顧總辦到面說。爲幹庭改文與日記。三點鐘家中來接，陪先生。頌年不來，允忱已來，復去。馮子靖至。與沈獻廷、述卿、君華飲至夜。君華買《金石叢書》，惟《楷法溯原》向未見，《司徒殘碑》、《魏大司馬曹真碑》引經數條，錄出之。

廿五（15日）

飯後到館。居停以衡州教案和議見示，隆、裕皆革職永不敍用，亂首已辦六人，尚有四十未獲，育嬰女孩並須尋獲，范教士等大體面人，不受撫卹，於被害處建立石坊，三十七萬特爲賠教堂並所失物，更須別建大教堂。惟停考事初不及之，或猶可徐商。此歉余等以爲過，而議者必尚以爲輕也。適閱《靖康傳信錄》，歎古今事有如一轍。以楊升菴所刻《石鼓》全文校今本，朱竹垞謂行列有定，不可加增，誠是。孫淵如謂楊說有本，當更考之。居停云得電報，須各省教案皆辦妥，方可議和。幹庭自長府歸，云錫良開缺，因法提督以砲擊邊關，開炮打死彼提督，然則將坐待彼攻耶？

廿六（16日）

晴。夏電又至，云"喜事仍辦，定成行，請代賃屋，贅娶惟命"。彼欲急辦，必有不得已之苦衷，不便再延緩，即打電報到衡州道署，"皮嘉祐速歸，夏催喜事二月廿一"。歸家午飯，着人送去。局中云衡不通電，乃寫一函，專人送衡，限三日到，尚不知在衡未動否。芰舲初五一函今日始到，內云不欲我到江西，想瘦狗雖伏冥誅，而嗾狗者尚曉曉乎？其所報日，亦即二月廿一午時合卺，十八辰時安床，是日上笄，即此云開容。十九、二十日皆不佳，十八恐太早也。並未言及周太夫人有恙，或不爲此乎？庶母許假桂妹木器，勸借隔壁之屋。予未嘗至謝處，往託老五，已出門。老九云恐廖家有人吵鬧，此亦不可不防，且如此辦仍是入贅，反多一隔絕，非計也，乃復辭之。

廿七（17日）

飯後往見祭酒，伊將纂駢文，託售書板不行，予乃今知書香遠不如銅臭也。到鳴謙處，示以電，屬代賃屋。彼雖強允，意尚遲疑。往託迪安，屬爲乃兄代媒，彼云芰舲已託鳴謙、幼兼。復往見幼兼，云芰舲並未説過。今人何如此避事耶？幼兼云當向銘謙夫人言之，此説甚是。轉託道地，尚未知何如也。到館，爲幹庭改文與日記。聞山西以岑春煊調補，陝西端方護理。祭酒云不應請旨，恐請旨不過去官，開釁罪尤大也。聯軍攻關，豈可信乎？

廿八（18日）

以《隸釋》校《全文》。改文一篇。白果園邀午飯，過受明處，遂往，飲畢已初更後矣。歸議喜事辦法。見吉兒回信，云廿二已往耒陽，則一時不能歸，歸已遲不及事矣。天大熱。

廿九（19日）

一早到李兆基處，託籌二百金，云當先付百金，明日送至。云傅家挪用甚鉅，幼兼往江右招親，開門一百元也。到館，改論並爲公隼改文一篇。蔭生來，託爲言。前已言之，恐不濟也。雨不能下，奈何？《水經注》載《王誨碑》有"規基經始"，又有"説以勸之"及"后稷躬稼，《詩》列于《雅》"之語。《隸釋》引趙氏《金石錄》，云"其妻易安居士李清照表上之。趙君無子，李又更嫁"。案易安改節之事，近人多辨其妄，《癸巳類稾》考證尤詳。

洪去趙不遠，時代相接，而亦爲此言，豈桑榆晚景之書果有據耶？夜微雨。

二 月

初一（20 日）

函致陶銘謙、李兆基。閱《集古録・劉寬碑陰》，云："唐世譜牒尤備，士大夫務以世家相高，至其敝也，或陷輕薄，婚姻附託，邀求貨賂，君子患之。然而士子脩飭，喜自樹立，兢兢惟恐隊其世業，亦以有譜牒而能知其世也。今之譜學亡矣，雖名臣巨族，未嘗有家譜者。然而俗習苟簡，廢失者非一，豈止家譜而已哉！"譜始於歐，蓋公嘗有感於此也。改文一篇。銘謙不在家，其夫人云看屋不就，賸房一間。

初二（21 日）

改文一篇。寄信到衡，促吉兒歸，恐專足將信攜回也。聞金女耳下生瘍，約馮子靖往視，遂歸待之。馮來視，云易愈。彭三嫂來，求爲廉泉謀局事。予以説多，使求蔣幕。九安丈初五六旬大慶，送壽幛不受，只受包麪、燭爆。喜事一切無頭緒，兆基亦不至，孔兄爲難，奈何？

初三（22 日）

早到學宮祀文昌。伯鈞云雙目已入樞廷，崧錫侯亦入，長弓亦可望入，入則必轉尚書矣。諸公多請勿回鑾，俄人未退出東三省，則西都長安定矣，特未知西人意何如耳。云和欵一千五百兆，從何出耶？伯鈞亦將赴行在也。學臺考不認真，又太遲，將遣郴、衡二府，回省收考，是此等主司則人無異議矣，否則江、徐又可爲乎？午後飲畢到館，改論一篇。俛念近聞，懷不能已，得一詩云："斗室煙煴春色回，長安消息日邊來。丹心報國冤西市,碧眼窺天迫五臺。絕域竟辭持節使,樞廷須仗出群才。此身自分躬耕老,不奈江湖白髮催。"

初四(23日)

函催兆基,約上午到家面交。飯後歸。兆基來,交百金,云晉昌錢店來年每月息一分二厘,三個月期,打手票,四月底付乙百零三兩六錢。息重不待言,惟彼時又須設法耳。聞老六下午到九安丈處祝壽,待彼同去又須明日。

初五(24日)

飯後同往封三堂。劉伯卿先到。吃壽酒後已五點鐘,不能入城,只得留宿,談至三鼓後。

初六(25日)

早飯後行已十點鐘,到家午後矣。專人將信帶回,果如我所料。到館,聞有遷都汴梁之報,蔡到漢尚無電復,恐有翻覆。下午往幼葰處,云見鳴謙,意猶未允。兆基云傅竹湘之子去年辦喜事,有木器寄陶宅,詢之,云須問履謙。聞少村同來,得之陳宅。至陳,見星梅、迪安,云無確音。星梅云與承之常見,屬致承之及乃翁租隔壁房,可否回信。伯卿云楊惠皆住彼處,往見之,云西人入京,與吳巨年逃至周曉漁處,道遇兵刦,到周處九月,周又死,復與史光普回京,同回家,苦極矣。歸,改文、論、日記。

初七(26日)

為公隼改文一篇。得漢電,達三已到漢。函致陶六問確信,未起,云再回復,看如何説。前聞易實甫放甘涼,今又聞下刑部,云係交通內監致罪。又云西人除首惡十一人外,尚有一百餘人平日與彼為難者,皆須重辦,實甫在內,恐未必因此也。《張納碑陰》云"承天百福,子孫千億",用《假樂》詩語也。孔山長、李太史來拜,俟晴往答之。劉伯卿欲為九安丈作壽屏,使予為文,孔書之。予作帽子一段,而文思不屬,此固不可以泛語塞責也。

客云江督與三撫皆湘人，而衡人居其二。聞江督保三人，祭酒與陳伯潛、張幼樵三人不同道也。祭酒未必出山，俟問之。天雨，將晚歸家。請易麓泉畫疢，恐亦贋術。

初八（27日）

述卿嫁女請酒，飯後往，觀新郎頗倜儻，紅頂花翎。喜錢雖包，猶不免閒。捕雀至夜。歸議入贅辦法。星湄回信，云承之不允賃屋，恐不能不用我屋矣。

初九（28日）

晴。飯後往鳴謙處。彼云連日看屋不成，故未回信，現看湯幼翁房屋，彼約今日回報。伊意以為夏不來信，不知何人同來，深恐無人作主。所說亦是，然必待彼到此始議，必誤期矣。見履謙，問及傅家所存木器，云牀已帶去，惟大小櫃、棹、椅在此，約屋定後再借用。然牀不可得，其餘似無庸也。孔、李皆不晤，湯亦不在家。到館，改文、論、日記。晚間歸家，過小瀛洲、白果園，約弟等同往。過受明，云頌年有電來，走信陽州。傳聞太原已失，乃法人進兵。俄有吞西北之志，席捲關外，使法為悵也。

初十（29日）

到馮家沖埽墓。北風甚大。彭四云雨不足，猶不能開耕，奈何？歸覺氣疾又發。

十一（30日）

到史家坡。歸過陶銘謙，不晤。往看衡清試館，房屋儘殼用，陶尚未放定錢。聞雨珊丈歸，往見，不晤。遂到館，改文一篇。黃伯華至，以朱雨翁八十壽屬題款，云初一移居寶南街，陶處已代說。楊六來，云陶着人來問房屋如何，明日再復彼信。前借百金已罄，託官玉往別處借，云不行，東君先送脩百金，蓋銀錢若斯之難也。蔡到漢尚無電。傳言中峰將動，小合肥來。又云錫良已死，憤與洋兵戰，陣亡，或言亂兵戕害，皆非好消息。《申報》言秋試只見兩湖、三江、四川，餘云且緩。洋人搜索拳匪餘黨，云有盟書，鹿傳霖在内，湖南有一太守。又聞千里草已畔，殆哉！

十二(31日)

改文一篇，作壽文二段。史滿來，云夏家有信來。歸視之，乃少村書耳，詳論時事，頗有見解，不言來湘，必不至矣。昨日陶家人來，屬着人往收拾房屋，且云去年有二百金，須取數十金去，甚下不去。此等情形我早知之，現在可不必理會，豫備入贅而已，但望兩吉早到。下午到館，將壽文撰成，二鼓始畢。

十三(4月1日)

將壽文録出，約千餘言，並稿送交伯卿，共議，以爲招人入分，恐非久丈之意，若不徧及，反惹是非，即我與伯卿二人合送，請楊惠嵆書之，最妥。到迪安處，論喜事並作伐、代媒，殊落落。辛楣云唐不允，無如何。幼羏不在家。到師祠見君華，彼總成，小鶴騰房，且云將向八嫂言之。歸館，改論。官玉送百金票至。下午歸家，議一切辦法。夜風雨。

十四(2日)

又晴。正卿來，求遞名條，甚切。午刻到館。居停至，即爲代遞，機緣頗好，或可望耶？改文一篇並日記。寫喜事聯一付。傳聞學使丁憂，以爲不確，居停言已見明文，中丞以爲湘人之幸。衡案久不畫押，恐有反復，更不可問。近有密電，祕而不宣。千里艸事官場尚無聞，但聞李在京亦受困，帶五十人，西人皆不使入，一人孤立。劉、袁時通電，甚密。香帥有獨立之勢。李劦張數十年督撫，不通洋務。受明至，云北京遥執朝政，一切照常辦理。近有搜索京官袒拳匪者，彭少襄有革職之説。彭向青又升給諫。伯鈞明日將行，將來北上乎？西行乎？

十五（3日）

甄別，兩兒既趕不到，予以有鄉試，恐彼歸無課應，用皮長治名，應嶽麓一卷。幹庭又有求忠一卷，名汪廷琮。强作二卷，懣矣。達三今日尚不到，芰舲於此事未免太大意，恐喜期趕不上。此則彼自誤，不能怪人矣。聞蔡回電云十三畫押，湖南無事，中峰可保。又爲小鶴、官玉各做一詩，爲幹庭改文、作詩，覺筆尚未老，而無用之之處，不亦惜哉！

十六（4日）

飯後歸家。下午吉兒自耒陽歸，云十一到衡見信，十二即行，夏公許薦長沙盛公書啟矣。劉一自永州歸，云一兒全然不行，其所發信仍如前説。七點鐘八弟生一女。江西人來，云夏壻已到。家中稱慶，而尚未知喜事何處辦。呼匠人明早來收拾房屋。

十七（5日）

飯後往迪安處，請作伐。往鳴謙處，見夏書菴，始知同來。見其已發行李到衡清試館，彼雖云入贅，並不堅執，云恐來不及須改期，面商辦法。可不必改，明日十八，仍如前説安牀、開容。鳴謙云木器只少牀鋪。予云牀鋪應歸女家自備，明日送到，男家不過禮，不用大開門封，明日但辦開容諸物送來可也。歸告家中，適得芰舲所發初二日信，亦不堅執入贅之説，云一切從省，與予見合。往馮子靖處，託找匠人借牀，不行。曹木匠來，囑勿拆房，但下門、拆炕，亦勞一日。託找新牀，正卿云已找得。

十八（6日）

正卿找得牀，云皇倉街周益順處所租，錢四千四百文。送看尚新，即屬送去。下午夏家送開容脂粉、衣飾至，並用酒與魚、肉、雞、鶩，我未嘗向彼要諸物也。

十九（7 日）

到城隍廟祀觀音，一早去，無人到。遂到館，爲幹庭改文一篇，告以書菴云江西學使重時務，須習時務論。到介卿處祝四十壽，復到城隍廟祀神，飲酒。聞黃薏丞病，歸問正卿，云已病久矣。家中檢點諸物，豫備明日鋪房。

二十（8 日）

午刻鋪房。請陶、陳二冰人，再三不到，僅允吃飯。幸而不等，稍遲則雨至矣。下午二人到，飲畢去，日莫矣。黃九嫂來，俟開容。

廿一（9 日）

早到，促爲金女開容。巳刻，夏達三來親迎，到彼處合巹尚早。吉兒歸，云不告祖，見客，客不多。母送親，將晚即歸。

廿二（10 日）

下午到館，約幹庭、官玉廿四陪新客。陶、陳、黃皆不晤。到薏丞處問疾，人尚如常。望之請馮子靖，爲代邀，已到，云係陰虛所致。往夏宅，尚早，並無他客。翁守溪者，夏毓峰之壻，善化人，而呼叔平叔祖，蓋本籍常熟。書菴將以縣式笯仕江蘇，云廿八即欲轉帳。芰舲書亦云然。予復芰舲書未畢，而出告書菴，以太促，請滿月後母送，答以電請兄示。

廿三（11 日）

夏信寫完，送局。寫廿四客目。送三朝茶去後，欲到館，書菴回拜，云已發電。沈獻廷與達卿至，約捕雀，速弁卿來。予先勝後敗，終以平平。散已三鼓。

廿四（12 日）

夏壻、金女雙回門。以開容未請女客，於是日補請，寫帖近百，至者寥寥。達三之姊不到，而我家人已三桌，尚不彀。聞陶家有違言，令人氣噎。幹庭、官玉、伯華來陪。將晚散。

廿五(13日)

到館。見居停,云長沙盛、永州局顧皆未到,賑捐二成半,尚未見明文,李勉帥無對調之說,香帥請以三場爲首場。頌年家書云今年科場未必行也。行在無消息。江西磁器送河南,恐將遷汴矣。爲幹庭改文、論、日記。樸山抄《引經考》畢,以《皮氏譜牒》使錄之。下午歸家,壻、女皆至。江電未復,恐未必行。棄書學賈,不知乃翁何意也。

廿六(14日)

雨。飯後到館。雨甚大,下午又晴,何不多下一二日乎?改《鐵路論》一篇。校《引經考》一卷。聞吉安教案已參四縣,主事張文瀾解省,朽人其戒哉!聞衡州又有阻立教堂者,恐禍未已。新來太守黃桂鋆,曾參保國會者,乃通拳匪二十七人之一,西人將搜索,中峰未敢使履任也。明日彭姑太太六十壽誕,晚間家中促歸。飲至夜,三鼓始臥。

廿七(15日)

上午飲姑母壽酒。下午請夏書菴過門,書菴飲酒數巨碗。適毛家沖來信,云壯外孫十五已殤,不知祥女如何痛悼!心甚怦怦不樂,飲殊不歡,臥亦不安。

廿八(16日)

飯後到館,改文一篇。書菴以陶銘謙三月初四四旬大慶,屬作壽詩四首。爲公隼改文三篇。下午歸家待兆基,並問吉兒歸見祥女如何,云尚不甚急,大約已痛定耳。兆基不至。

廿九(17日)

飯後到館。過受明,不在家。改策一篇。居停屬夏帶周太守信件,因促致顏觀察書,求免單。校所錄《皮氏譜》。

三十(18日)

致芰舲一函。大風,雷雨。三月三風暴早發,亦放心也。達三來見居停，請致顏公轉託江關，及問劉公礦務船何時開。去後，居停來，云現章借小輪須每日出銀五兩作煤錢，不如坐輪船矣。星甫旋作致岳關書見示，亦只得如此寫。改文一篇。學生要講洋務，洋書甚少而價昂，以《經世新編》讓之。數年來時務、時文迭爲盛衰，事大可笑。聞德人在京以"以不教民戰"文題、"飛鸞入長安"詩題課士，到者三百餘人。八股先生之技倆如此，平日所持攘夷狄、闢異端之正論安在哉！

三　月

初一（19日）

飯後歸家。夏壻、金女皆至。金女又病，頭痛發熱，達三云行李明日上船，後日准行，惟期速愈耳。詢江右諸人，云張家賞雨茆屋已出售，移老貢院；丹銘已開缺；袁子純已故；清舫續絃，兄弟皆變壞，子良管事，衣莊將收；熊乙垣由京歸，遇拳匪，幸免；鄒殿書在上海，移家歸瑞，叔誠在省。正卿來，云薏翁病甚重。廉泉來，云其姪女與劉第之反目，劉造假信誣之，特投人講禮。正卿云亦聞之，劉有族父游幕陝甘歸，住六合菴，曾談此事。達三吃午飯去。予待馮子靖，留家。

初二（20日）

達三一早至。飯後接子靖來看，云微有表。兆基與龔恒春來，言住宅只肯五數。小鶴云太少，辭之去，約明日回信。予到史家巷見三嫂，云劉已悔前言，然同去終不可保，若肯出銀，住娘家亦可。到黃親家處問病，已不起牀，說話尚如常，勸以電致侯馬。到夏書菴處，陶、陳、傅翁皆至，行李已全發，將上船矣。到館已午飯後，爲幹庭改文、日記。見電諭，云衡案鬧教處停考五年；有銜無名者卅餘人，查湖南有無，云是請建儲事。

初三（21日）

改論一篇。居停云中峰革留，有游歷士居然拜中峰，不敢不見。實甫事亦有因，行在杖斃二內侍，爲買官事，實甫以夔師之力得免。行在如此，奈何？聞每人每日須三金，亦不知諸君何以堪也？徐小穀云俄佔東三省，中國已將畫押，汪康年倡愛國會，五百餘人電爭乃止。俄亦以英國、日人相持，交還三省矣。香帥合督撫奏九條，王公大臣游歷，士大夫游歷，科舉變法，改用洋鈔，專官久任之類，僅見其目。去年殺會匪五十三人，已將罪名曉示。開福寺旁已立福音堂，開講矣。樸山云甄別發，取一副課。是夜子刻夢不祥，說破不算，云有信，江西贛州冥官似是劉姓，與我相識者，薦我自代，我云生不能治人，死當治鬼，特以我在，多少可得數百金，猶不足用，若必如此，奈何？以此屬妾，云當接爾同去。醒時猶能記憶。近日頭頗痛，畏冷，豈病將至乎？若妖夢是踐，將脫屣塵鞅矣。

初四（22日）

家中以金女將上船，請馮子靖再看，接予先歸。子靖來，予亦請診，云有表症，屬且禁風。爲夏壻、金女餞行。將晚登舟，拜辭而行，殊難爲情。予服表藥一帖，臥一覺，醒來覺左手不自如。記壬辰會場後服表藥亦然，殊非佳兆。

初五（23日）

將往子靖處問之，彼允前來，遂請來診，云表已退，血虛，風重，不可用表，開參、朮、歸、芍等藥。爲金女轉方。予將上船送行，聞一謠言，云達三有取妾之事。以伊家家法、乃翁家教，不宜有此，且乃翁不應瞞我也。先未嘗聞，今已登舟，更不便問，到彼惟訓以勿外出且讀書而已。到館，爲幹庭改文二篇。燒藥瀹薰濕，氣不可當，下午仍歸。

初六（24 日）

爲公隼改文二篇。兆基與龔滿來，仍是五數，不能增加。曹木匠亦同來，云可以先起手，屬以明日卯時起手拆卸。乃將堂屋檢清，並檢房內磁器。晚上小鶴歸議此事，又欲出售，趕信小泉，屬即回復。大約此屋不能保矣，極力撐持數年，奈力竭何？

初七（25 日）

天明木匠來起手，予起視之，復臥片時。飯後到子靖處，詢脈息尚不礙，其方亦平平。到館，改論一篇。見國會駿香帥書，大旨言其不知國家爲何物，以爲朝廷即是國家；不知歐美所以致文明之故，視世界之公理、新學一切臆斷，疑爲康、梁之説；不知志士之所志，以爲舍做官而外別無保國救民之法。洋洋萬言，責其於立嗣之命、蒙塵之變，不聞一言之力爭，一卒之勤王，恐亦無以解也。中國人心如此囂動，亦非中國之福。即令其事有成，亦必流血丹野矣。閱《韓非子》論備內云："唯母爲后而子爲主，則令無不行，禁無不止。男女之樂，不減於先君。"此殆爲不韋、嫪毒言之乎？令人失笑。是日大風，夜止，見星。

初八（26 日）

晴。閱《湘報》，言時務成章者使人録出。飯後歸家，詢夏家之船一早已開，戀女者猶哭泣不止。住宅事，十八子又來，與老六面議，待老八回信。彼急欲出售，意必速成。予力不能支，無可奈何，但遷徙爲難，鄉下找住宅亦不易耳。汪孟萊兄弟來，亦將遷居。李又珊來，今年館叔瑜處。未刻後回館，改文一篇。

初九（27 日）

微雨，復晴，午後始霽。今日未必能過湖，恐仍泊晨起望耳。改論一篇。閱《湘報》，不勝慨歎，天乎？人乎？不可得而詳也。彼時拿會匪，已有副龍頭之名，豈始於康、梁？西人呼中國官爲瞞得靈，殊可笑。姚錫光言日本學校井井有條，在《湘報》六月内,可録出。聞《申報》有三月回鑾之語,和欵七百兆,且須有實抵欵。湖南釐金有概加一倍之説,洋鹽入口將分鹽利,則鹽局、釐局皆亂,人尤不聊生矣。

初十(28日)

改論一篇並日記,言日本以親王爲知縣,自謂有得。下午歸家。小鶴言住宅待小泉信。對門演劇,夜往觀。予今年始觀劇也。

十一(29日)

汪公隼來,云乃翁二月交卸起程,乃叔已到行在,有電回矣。孟萊廿日外下鄉。飯後到館,取《讀書脞録》《叢録》、《義門讀書記》閲之,有可補入《引經考》者,惜書不在旁也。居停送報來,云湖南學臺放柯劭忞,山東膠州人,丙戌翰林;李仲仙放廣西巡撫。

十二(30日)

開課,作城南一卷,用黄仁倬名。爲幹庭改一篇,作詩四首。

十三(5月1日)

使楊六交卷,送詩與吉兒。聞譚太親母仙逝。黄桂鋆來拜,恐是癸酉同年,詢劉伯卿,云是乃弟同年,住蘇家巷,當往回拜。盧文明來信,以父子高列,甚得意。漱文寄題目來,尚不出理境與搭題,經、古題亦不陋,云出考建昌,歸即將考南昌也。以土希之戰發論,改作一篇,擬作一篇,以外國之戰無足論,論其可爲中國鑒戒者,立意乃更高。擬挽譚太親母云:"雙壽慶添籌,賀吊相尋,西母遽回鸞鶴馭;三春傷寸草,催歸太急,北堂忍聽杜鵑聲。"又云:"在貴弗榮,迎養有潘輿,豈必河陽花一縣;教兒俱顯,賢明比歐荻,請看階下樹三珠。"又改作下聯云:"敬夫偕老,相莊比鴻案,那堪堂上竹孤生。"聞陳麓生署臬升山西臬臺,岳關道放韓某。

十四（2日）

改文一篇。閱《義門讀書記》。伯華來，云薏丞親家病重，伊昨往看，聞水風井屋已賣千金，將使貢如往南州脩堤，此時恐不宜去也。次陶之兄得岳州稽查，十二千。下午歸家，聞封三堂十八成服。挽聯寫好，擬十八帶去。

十五（3日）

早往城隍廟祀財神。素未與尊神結緣，困厄至此，急而求之，未知其惠然顧我乎？伯鈞之子云雙目尚書家信有三月回鑾之語，入樞府尚未確，張亦只入南書房也。信中猶處處推長信，有云特旨起用陳三立。此必無之事，諸人無故自驚耳。午刻回家。汪孟萊兄弟三人到。孟萊云戴仙翹來，寓坡子街榮成客棧內。長、善縣試在四月初，有仍行秋試之語。是日彭孺人忌日，祭後午飯。過汪受明，見《申報》，有挽許、袁者，云：“主聖臣忠，際漢延熹、宋熙豐、明天啟諸朝，禍及群賢，戒史他年休誤擬；貞窮元復，有蘇相國、朱制軍、王中丞成例，恩加後命，湖山千古共增輝。”又有二聯不甚佳，有“遺孤杵臼”之語，豈許之子並命乎？蘇、朱、王係鰲拜所殺之人，後皆昭雪。“宋熙豐”應云“紹聖”，當以“聖”字犯複，改“慶元”亦可也。報亦言回鑾事。俄已退還東三省，聯軍亦退出京矣。到館，居停以學生錄成文，將洋板搜出，屬杜其弊，談至夜分。此惟面試可耳。其有洋板，乃瑡誤之也。

十六（4日）

監幹庭作文。改文一篇。聞孟萊云戴宣翹至省，住湧原棧，往見之。李幹臣拔萃亦在。俄于秉郇、郭質夫至，共談時事久之。回館，居停見示電諭，新設政務處，以慶、李、王、鹿諸公督辦，另舉人員議行新政，俟回鑾後次第舉行。又云：“各直省鄉試，前已降旨，將恩、正兩科當併於今年秋間舉行。現在和局將定，各士子觀光志切，自應仍遵前旨，一律舉行。着該省督撫各就地方情形，詳細體察有無窒礙之處，迅即據實電奏。"看此諭，則秋試必行矣。其所謂窒礙，即鬧教停考之事耳。聞縣考定四月初三。江西以教案參多官。勉帥猶革職開缺，聽候查辦，云係廣西之事。錫良湖北巡撫又開缺。從此中國無用人之權，真如仲連所慨。

十七（5日）

將所擬《安邊論》、《討拳匪檄》錄出。居停云和欵四百五十兆，各省攤派。日本弍百兆，派三十萬，今恐須派六七十萬矣。今日一點鐘司道共議籌欵之法，不知諸公何術以處此也？宣翹來，以國民書示之。彼亦變色，以爲禍猶未已。萸溪來，送張麟名條，求仍廣南乾脩，且云胡子靖求以其姪代辦，已致方伯書矣。下午歸家。夜到天妃宮。

十八（6日）

飯後同小鶴到封三堂作吊。久丈不以贊禮爲然，今亦從俗。彝仲謝作壽序，云已懸挂十餘日，待蓉墅歸乃葬，恐在秋後矣。下午趕入城，已初更，幸門未閉。

十九（7日）

到天妃宮飲酒、觀劇，夜復往敬神。天極熱，俄北風，漸凉。

二十（8日）

早到天妃宮，飲畢歸。小泉由局歸家，與議本屋事，彼意亦欲出售。予旋到館，改文、論、日記。將晚仍歸，呼小鶴，約明早回家。風甚大，不到天妃廟。與柳象臣、小泉夜談。小泉言近日局事益不可爲，甚爲太息。

廿一（9日）

往天妃宮，待至未刻始飯。歸家一轉。過馮子靖，求爲診脈。彼云無大病，而予甚不適，覺神氣蕭索，何也？到館已飯後。聞議生財之後①，善後局提十萬，釐金局提七萬，議裁襄辦、乾脩，而中峰未敢決，何畏大紳太甚？李又珊至，送文字數篇。

廿二（10日）

改文一篇，並爲又珊改二篇。黄次陶之子得岳州局，來見，並拜我。彼亦未辦過局，但觀其人尚無膏粱氣耳。聞江、皖、湖、廣停考見明文，予竊以爲非計。諸公所以請停者，以鬧教之處恐觖望向隅也。不知一人向隅者患猶小，億萬人向隅者患乃大；一方觖望患猶小，十八省觖望患乃大。教案終無了日，則科舉終無舉行之時矣，尚何變法不變法哉！讀書種子殆將絶矣。予家患蟲，不知此間蟲亦甚。《義門讀書記》取來只數日，已爲蟲傷，可惜。伊家用洋油潑，予歸。夜至天妃宫。

廿三（11日）

早到天妃宫敬神、飲酒，午刻歸。徐仲阮、陳伯平至。徐云愷臣家爲西人所逐，伊所寄物不可問矣。陳云大局未定，李與俄密約，劉、張不謂然，有全權大臣勿執己見之語，設政務處恐爲調和此事，未必真行新政，並不要督撫合奏。香帥九條未塙。聞英許加税，索利益，法索傳教專條。小泉歸，云九丈亦勸出售，屬即回兆基信。到館，適趙孟剛至，云聞峴帥電香帥，有回天票起事語，故罷科試，恐亦有之。改論一篇。吕律甫來，云行户告彼，孔山長主使，往謁不見，求局憲保全，殆矣哉！

廿四（12日）

飯後到伯平處，起復在即，當仍出山，許邀我同往。與商吉兒捐官可否，彼云非計，用違其才，所見亦是。到蔡文光處，云停考尚無明文，劉、張防回天票太甚耳。到袁叔瑜處，不晤，又珊亦

---

① "後"，似當作"法"、"計"之類。

不在館。到孟莱處，楊孝廉在彼，將下鄉，已下木器矣。到張雨丈處，不晤，云須早去乃可見。問書局書未印出，前寄售已盡售，共五千一百八十文，帶回，再送書去。到伯華、茂哉處，皆出。到求實書院，見叔瑜。彼留久談，恐館中午飯，遂歸。伯華在此，方二點鐘耳。改文一篇。見《申報》云西人戴某將徹兵，土人恐徹兵爲亂民所陵，期先遷徙，何彼如是得民心耶？聞五月十六日西人徹兵，未知果否。德人課士六十人，取十人，第一只十元，何措大眼孔之小也？得夏壻電報，廿一已到，代告陶、陳。聞星府家眷來，住秉鄃隔壁，往候之，見乃翁，號曉岩，善氣迎人，詢黎師僑、襄廷皆健。

廿五（13日）

飯後歸家，途遇吉兒。同過馮子靖，問齒痛應如何，云嚼細辛可也。歸見夏子翁回書，並致長邑尊書，着人送交邑尊，看有消息否。六弟、八弟皆出外，李兆基未見面，又聽張錦堂虛言，不售、不修，意將如何？令人不解。書箱急須復舊，恐有蝱傷，家人無知，快快歸館。改文一篇。夜見居停，交張、羅條，皆不行，正卿事更提起，亦恐無益。云張廣南乾修已裁，收支不能僱代；胡欲以姪代，亦須方伯應允。商吉兒捐官事，彼亦不謂然。謂星府接家眷非計，頃謀例差不得也。

廿六（14日）

改論一篇。雨，微寒，不出門。下午復晴。前聞洋兵退出井陘，今又聞入楊子關，距太原二百里。考地志，只有楊武關，在忻州，或傳者誤與？聞回變無期，兩處設立政府，事權不一，變故更不可測。諸公請停考，恐有不敢明言之苦衷，回天票特藉端耳。又有並停小試一年之説。

廿七（15日）

飯後歸家，約兆基來，俄與龔滿同來。價恐不能增，尚不知有他變否。正卿來，告以已提起，恐不行，意甚怏怏。聞薏丞加氣湊，恐非所宜。未刻到館，改文一篇，散行尚有可觀。家中攜來《引經考》，增入數處。羅琴甫書來問信，復告之。

廿八（16日）

陰，微風。飯後送《孝經疏》十部、《今文尚書》五部交書局，帶《聖證論補評》一部歸。拜張、王，皆不晤。晤陶鳴謙，云夏宅仍須用吹打接親，姨老太太喪在孺子亭，與都司前無干，故可舉動。伊家或下鄉，或移居，未定也。到薏丞處拜壽，並問疾，云已安眠，近來精神委頓，不欲見客，不能多言，且聞人言亦惡煩也。貢如以爲服下藥見輕鬆，正卿以爲腳腫非吉兆。親願親好，但望無恙耳。歸過桂妹，云已歸家。聞有聽講者譏其朽，捕送府署，西人欲重辦，乃求忠院生也。到館，改文一篇。校《補評》二十紙。書局人云紙貴，官堆每刀六錢四分，六裁㬷要一文一張。欲印書，非百金不可，欲售局中，王又作梗，奈何？夜夢人以"夏楚二物"屬對，答以"秋花一枝"，何不云"春花"而云"秋花"？不解所謂。

廿九（17日）

改論一篇。校《補評》一過，有譌字三處。吉兒來，云壽兒來信，已調寫票。長沙無消息，事不諧矣。兆基亦不回信，豈事久又變乎？長府考接連來，大約今年小試尚行，學使來必速，但此時諸公當與教士說明，暫勿講說，免致鬧事，此爲要著。官玉云電報洋人欲得鹽、漕，恐票將成廢㬷。伊泰山有十七票，值二十萬，奈何？聞西人欲以鹽、漕爲的欵，非此則和議不成。又聞票匪復起，湖北所殺岳州人也，何粵人智而湘人愚耶？《義門讀書記》閱一過，皆隨手批記之詞。予若隨手錄出，亦可成一書，惜多散失，未暇編錄耳。從今日起當記之，以存炳燭之明。

四　月

初一（18 日）

録日記兩條。飯後歸，詢兆基無信，見壽兒來書，云調入寫票。午飯後到仁壽宮。將晚到館，改文。

初二（19 日）

致書夏親家及達三。與壽兒書送交吉兒發去。李又玥來，云碩人在上海譯書局李提摩太處，月脩四十元，愈於教書矣。見電報，云鹽課已歸賠欵，洋鹽不可進口。語甚迫切，未知西人動聽否也。天甚熱，夜微雨。

初三（20 日）

晴，尤熱。改論一篇。爲公隼改文一篇，伊兄弟皆未必能青一衿也。又玥作吊右帥詩，筆頗清俊，但未穩，且多複。其文勝於詩，散行多可觀者。閱筠仙師《陳夷務寄合肥書》，真可謂通識。當時厄於衆吠，今日其言盡驗，此老得見，不知若何太息！戊戌之變，亦幸此老不見，見必爲黨魁，受詈更甚。然誠得此老爲黨魁，或湘人不致異議，不至如此決裂，亦未可知。天乎？人乎？不可測矣！下午歸，大熱，洗浴。兆基曾來，云買主無現銀，毋乃荒唐？此事不成，惟有賣染坊脩理，或一面料理下鄉耳。聞汪家鄉居之屋甚好。吉兒曾在局，見局員人多，彼不記憶，屬再到。彼公館在同善堂隔壁也。將晚到館，二更後熱極生風。

初四（21 日）

大風。着人歸視，屋尚無礙也。午後歸，過子靖，云慶孫乃風熱，無礙。歸問，則痛更甚，已請孟外科。小鶴云兆基言買主無銀，又須看屋，大約不諧。與吉兒言，惟有將染房出售，以其銀爲下鄉買屋搬家費，斯爲上策；次則以其銀脩理，並還債項。若爲吉兒捐官，俟再斟酌①。飯後到仁壽宮觀劇，將晚到館。伯華至，云居停明日生日，予幾忘之矣。並無舉動，草具而已。見徐仲阮，云蔡觀察言廣東以闈信獨行科場②；張野秋仍往英，改作參贊，肅親王爲正使。

初五（22日）

居停力辭不受賀，不强見。閱《韓子·說林》：「蟲有虺者，一身兩口，爭食相齕，遂相殺也。人臣之爭事而亡其國者，皆虺類也。」竊謂後世黨禍正如此，可無戒乎？孟外科言慶孫乃纏身瘤，衣上蟲蟶放毒所致，昨打燈火敷藥，似少愈，今再請彼設法，如何，明當歸視之也。改文一篇。周蔭生來，云已捐府經，指省安徽，秦、晉賑捐二成一，銀四百上下。詢星府，云二成一不錯，此間照尚未到，未開捐也。伯華來，爲伊弟及貢如謀前列，已託星府矣。居停壽筵便飯，八碗，儉德可風。冠玉云捐照收到，擬作第一人也。蔭生言龔省吾將補廬州，爲人所奪。沈獻廷在同仁公所巷內陳宅教書，暇當過之。蔭生節前行，亦當往送也。馮總辦亦在善邑侯處閱卷。

初六（23日）

改論一篇。午後歸。過白果園，達卿云有積善堂欵可買。如可得三四百金，當爲吉兒設法，百數十金無濟事也。陸仙到湖北，云做官，而官尚未捐妥，欲找方統領。聞三月初八方軍大敗於山西，道路皆知，想非虛渺，恐湘人損不少，恐陸仙亦未必有成。聞瞿尚書家信，科舉尚可望，亦欲爲吉兒姑待之。聞西人來一船，甚多，蔡往未得見，又不知有何舉動也？歸午飯。往仁壽宮，晚歸。因慶孫少愈，請孟醫，欲觀其治法，而孟不至。

---

① “俟”，原誤作“似”，據文義改。
② “闈信”，似當作“闈姓”。

初七（24 日）

飯後到館。過受明,未歸。見太親母,言祥女事,云已命其姑移換住房,生子必僱乳母。予意以爲移居姨老太太處更好,屬促念循於府試趕來。閱《申報》,西安白米每斗二千六百文,又貴於前。云又大旱,再不雨,則民無孑遺矣。見處分官吏,山西道鄭、縣白與衢州都司斬立決;衢鎮道、衡永道十數人充極邊永不赦回;浙撫劉革職永不叙用,勒回籍;衡府、清泉縣、江西按察陳、南城翁、南豐某等皆永不叙用,可畏哉!到館,閱王注《漢書》,並《北史·儒林傳》,見劉炫《自贊》,爲之憮然。炫書今見《詩》、《書》、《左傳》疏中,懸之國胄,而不免餓死。予生世略似,能無懼乎?炫猶升天府、鳳池、麟閣,雖不達,未爲不遇。以予視之,彌不及矣。劉書被用興俊縣令,辛彥之天上爲造堂,後皆應驗。予之妖夢未知何如,恐吳中高士求死不得耳。夜大雨。

初八（25 日）

雨不止。是日浴佛日,云不宜雨也。作《書劉光伯傳後》一篇。録日記二條。改文一篇。達卿邀午飯,請批契簿。晚歸。劉一已到,達三真有買妾之事,已見其極不成形,且偷盜,不知何以必用三百元買此人?當時既不告知,事後又不明説,停妻娶妾,種種情理不合。芟舲人極明白,何忽無理至此?向來教子極嚴,何忽縱容至此?其來信仍不提此事,先賠不是,欺人未免太甚,豈以我爲死人耶?抑天奪之魄,其自己死期將至耶?煩燥,夜不能寐。

初九（26 日）

寫信芟舲,並致達三。昔人云怒時不宜作書與人,予不能復顧矣。並唁清舫。芟舲云子純處已送禮到彼,當歸還。望之來,云乃翁病如故,乃弟可望前列,要能考方好。述卿來談。公隼來,云取七牌,將覆試。如此風雨,吉兒仍出北門,可憐哉!到館,改論一篇。

初十(27日)

　　函告夏公,投明一切。爲公隼改文一篇、幹庭改一篇。録日記二條。見電諭三條,無甚緊要,部中胥吏作弊,申飭堂官,亦未辦人。京師之變,不知六部檔案何如,若並付之一炬,是中國一大轉機。然庸人必嗟惜之,以爲去此無以治天下。此中國所以不振也。聞俄、日爭戰,未知塙否。彼不爲東三省,可以不問;如爲爭東三省,則中國如師公門法,病人吃虧矣。又聞回天票是一龍洋,其龍首反顧尾不同,用洋元者當慎之也。受寒甚重,不敢服表藥,聽之。

十一(28日)

　　病未愈,頭目昏眩。改文一篇。閱《文史通義》,欲作書駮其周公集大成、孔子不集大成之説,病愈當爲之。吉兒卷用氣學、重學,爲朽人痛斥,制藝代聖賢立言云云,真將死不悟也。初覆“不曰如之何”兩章,有言黨禍、談時務者,今多朽人,未必取也。受明來,云停科已見明文。

十二(29日)

　　頭昏愈甚。見香帥電,英、法、德兵輪到漢,要人襄河,意在要挾賠欵,以理喻之仍未去。逸帥電有回鑾大差、趕解十萬云云。吉兒來看我。飯後到子靖處求診,云表不甚重,爲立一方。送家檢藥,服一帖。夜臥殊不安,仍改文字不輟。

十三(30日)

　　應嶽麓一卷。爲幹庭改二卷。老九又請作刀①,更爲畫一篇。病體未痊,極困憊矣。伯華來。聞李仲璇留撫滇,滇撫調粤,錫良放河督,河督調浙撫,余方伯到湖南任,湍升臬司,新放

————————

　　① “作刀”,似當作“提刀”。

錫昌。將晚到子靖處改方。送文字與老九，旋歸家，走路無力。

十四（31日）

作詩三首。沈獻廷來，旋去。正卿來，急於謀事，情願改圖，然此事我不能說也。少村、達三有書來。少村意甚懇摯，可感。達三並口信不能寫，不知何至於此，惜哉！惜哉！晚間到白果園，祝融大帝生日，飲福酒。

十五（6月1日）

寫信與達三，未畢。到白果園飲酒。聞又有洋人拐小孩之謠，恐不免禍。考試又至，迎會有期，心切危之，奈何？下午到館，見居停，云禁會一事，初五曾與中丞言之，懲昔年燒藩署之事，頗難之，今已出示禁絷故事。回天票將起手，頭目三人到湘，用炸藥焚衙門，頃又日夜查巡。弁卿來送名條，面交星甫，屬為留意，使可終場。以章傑、羅振瀚事問星甫，云皆記名。正卿之名獨不記憶，俟問之，再查。

十六（2日）

寫信復幹臣、少村，並致金女。到子靖處改方，云昨到譚家看君華，久服龜板、熟地，大誤，恐成內傷。過席公祠，見介卿，告以琴甫湍條已到，遇缺可補。歸館，章伯梵至，問消息，告以記名。伊云雷家市有數缺出也。改論一篇。信送郵局。周蔭生來，問捐官尚未開，星府云十日內總有公事到。正卿事欲託星甫查，而忘其名，今記是黃仁疇。星甫云余方伯已交卸，將來，湍將卸任，交二名條須急委，一時何能到我？正卿求事甚急，不妨降格，乃託星甫代謀巡丁。彼以為可行，乃寫名條，改王振興，交彼看機會何如。黃桂鋆開缺來京，想為拳匪之故。中丞調黃玉田辦保衛，恐未必肯來。見電諭，以為部務不治，由蠹吏舞文。去年拳匪之亂，各部例案十不存四五，今將所存者一概燒燬，盡去胥吏窟穴，以後辦事責成司員。千年積弊，一旦廓清，中國大有振興之機。較之去八股文更難，更得實際，特不知此事從何而起，或即前論吏胥舞弊所激乎？雙目入樞府，已見明文。

十七（3日）

琴甫一早來，云曾市收支狄某已故，可先由局憲下條否。改文一篇。錄《書光伯自贊後》一篇、筆記二條。江電來，云府試定五月初旬，院試約六月初旬。官玉云江西未停科場。下午到陳伯平處，云江西亦在停科之列，廣東仍辦；明年會試，西人尚未允許，全權與爭，未知何如。五月畫押定議，秋後或可回鑾。伊俟文書辦好，即赴行在，有將來放缺來邀之約。云會匪四月十五起事，今期已過。有楊明遠者，捕得徐某，中丞大悅，云非楊某則湖南一城不救矣。又有龍某，亦使楊捕之。香帥甚怕刺客，想見國民書內懼乎？問其子考試，甚不悅。鑑州來，云小汀之子可望案首。歸聞案發，着人往看，貢如進點，老九到頭牌。曾市事擬爲吉兒謀，臨行再説。

十八（4日）

飯後往子靖處改方。到家，問慶孫瘡口未平，發孫又出水痘。請子靖，不肯來，孟、劉二醫亦未到。木匠來催修理，云李已回信不行。此事全爲彼誤，否則已修理好矣。午後到學宮，長案未發，尚未開局。飯後到館，改文、日記。夜雨。

十九（5日）

使楊六往詢家中，富孫亦見水痘，恐家中小孩均將傳染，但望清吉無恙耳。長案黃貢如第十，弁卿二牌。予以伯平將赴行在，致書賀野秋、子玖二公，並求援手，已擬稾，使吉兒書之。改論一篇。江電來，云考期初八。此間擬廿四起程，牽率老夫，殊可笑也。晚間家中送藥方來看，明當歸視。聞會匪有三萬人入長江，西人告知曾買炸藥，伊何必售於匪人乎？聞南海居然見合肥。又聞長弓到此，居然大教頭，在彭蘭生上。

二十(6日)

檢理書籍。飯後歸過子靖,請到家診視。歸,着人請,不到。發孫水痘甚重,口、眼俱有。譽孫不多。唐先生來,用凉血藥,試服之看看。念循來過府考。述卿來,以丁某名條託爲道地。予若能道地,當爲予壻言矣。到白果園、席公祠辭行,遂到館。寫念循名條交居停,託爲道地,並求爲一兒量移,云有缺當留意。見星府,託以王振興事。捐局將開,以前作學堂之處爲局,將來不能再到彼處矣。聞兩廣、雲、貴、河南五省行科場,江西請行,以鄱陽一縣停考,不允。湖南亦以清泉一縣停考,衡陽可不停,清泉實缺鄭炳奏報不明,遭大處分,實非鄭炳之事也。李尚卿補衡府,殊快。居停云右帥不死,可望起用,惜哉!鹽斤加五文,洋鹽可免進口。有加人税之説,每人二百,視武帝口算二十三錢已重矣。

廿一(7日)

念循來,告以遞條,勉以加功。乃叔云彼殊落落,欲遁歸,何其兀哉!善邑題"宰我子貢有若"。予擬小講,屬吉兒續成之。出門,見陳八先生、沈十二兄、陳、葉、李,皆不晤。聞和議將成,醇王使德,瓦帥回日本,聯軍撤,崑中堂豫備回鑾。或此議成,人心稍定耳。聞前所獲非徐某,已伏誅矣。火藥局鎖扭壞,失火藥六箱,人贓俱獲,供是作炸藥開礦山,非謀叛也。

廿二(8日)

飯後往張、王、陶、陳,皆不晤。見黃親家,加嘔蟲症,自恐不濟。企宇歸,云更須弍千,是加藥也。見荔仙、萸溪兄弟。荔仙在滬關,每月有百千,半年一任,留三任,今已滿矣。萸溪云埜秋奏請仍行科場,着督撫據實再奏,不知諸公不護前否。芝老不見。見楊篤生,稍談。回蔭生看。到彭宅作辭,廉泉事恐不能爲力也。歸聞小鶴云兆基來,云前二百金須歸還,售主即庚口,伊有一房屋要賣，賣成即買此屋，則俟河之清矣。壽人來信，云如何苦，如何難辦，以此間已允告之，命吉兒詳悉寫。爲本立書屏一幅。夏宅來信，芰舲仍不説及。寄陶老六書云厄於四叔，致壞家規。金女手書不知何人捉刀，到彼，人尚平安。達三每日到寄廬讀書，亦非計也。伯華送禮式色，汪親家母送禮四色。予以四色轉送伯平，作書與之，明日再去。

廿三（9 日）

飯後到兆基處，以前借式百金請展限期，託售慶義染坊。詢住宅事，云是魯英之子九麻兄弟不齊心，欲買無銀，有木牌樓屋欲售七千，售去再買，此真兒戲。現天熱，不能搬，俟秋凉我歸，再修理而已。見伯平，以解網事託之。彼云現有舉行經濟特科，諸公若肯保奏更好，可以此事開一節略，將來看可夾一片否。約得美缺，邀我入幕，脩六百金，已面許往。歸家，黃公輔至，云外舅尚健，君甫患失紅症，代父作都總，因公到縣，邀我處住；云有堂弟同行，約院試來。黃貢如來送行，云乃翁如故。伯平來送行，以節略示之，並以《書劉光伯自贊後》示彼，屬攜到行在，告之諸公，或有憐而救之者乎？陶銘謙來送行，談及夏宅行爲，彼亦以爲非計，云不如出之，並云芰舲長子尤壞，此子即爲乃兄引壞，彼家子皆如此，撻之不聽，奈何？云芰舲欲以長房家計畀之子婦，此計尤謬。既知其子不好，豈可授之以權？媳婦新來，又豈可即理家計，使其子不干預乎？此事到彼當苦口言之，並告少村以利弊。屬陶致書，勸勿避嫌怨爲是。伯華來送行，亦以此告之。居停請餞行，到彼託以頭場爲幹庭改文不可太好，宜就彼之筆性，以免文不一律。述卿、獻廷以丁某事託我代問，云方伯屬提調驗其子能否接辦。一兒求調，亦再言之，並屬星府代催王振興，倘有機緣，即告我家。見電論，擇於七月十九日回鑾，舉行經濟特科，仿博學鴻詞之例，各督撫保學問優贍之人，明年會試後舉行。上海信云欸成四百五十兆，四厘行息，五十年還清，賠教堂、教士均在内。俄以東三省鐵路所損甚大，須另加以鹽課、常稅、釐金作抵，俟加稅議成後再行更改。順天、山西、浙江停鄉試五年，其餘各省不必全停。會試不允在順天，各公使云何不可在南京舉行？全權云殿試須在北京，尚未議定。居停云每票捐五百金，不知是暫捐、常捐，洋鹽不進口，人稅恐不能免。朱延生弟德生在坐，張子玉之婿，湘官也。過受明，云念循已歸，初二初覆高列，即促其來。早知如此不受栽培，不如爲公輔謀之。過述卿，告以丁事。歸已夜矣。甚燥，不能寐。

廿四（10日）

再作書呈仁和師，屬吉兒寫好。予再書一咨，並節略交伯平，中有"薦禰之章，依劉之計"等語，看機會何如耳。正卿來送行，問消息，告以甚難。予目紅，恐昨爲日光所逼。檢拾衣服，明日上船，云四點鐘開。湘泰船有房艙，每人五元半角，比外艙加倍也。官玉來辭行，云船尚未到，明早着人知會。下午到子靖處，約明日來。到星甫處，見乃翁。到傅幼戕處，云前年冬到夏家，香泉已有聲名，達三尚未壞。不知其父何以既不教子，又不防出繼之子也？陳老六不在家，冒雨歸。述卿來，託帶磁器，不知現在可帶否。予欲帶咨印書，恐亦難帶。檢行裝甚少，而瑣屑之物頗多，實可不必寄去者。

廿五（11日）

雨未止。早飯後陳家無信來，或湘泰尚未到乎？着楊六往問，並請子靖來看惠女，云不應吃表藥，其生質甚薄，表、涼攻伐，皆非所宜。此言有理，不可忽也。午刻陳請上船，午飯後發行李。三點鐘登舟，四點開行。湘泰爲此間極大新船，特不知臭蟲何以甚多，夜不能寐。泊灣河口，亦有蚊子。涂吃煙，不眠，大爲所擾。蚊煙薰鼻，口、眼皆痛。

廿六（12 日）

天明始開，以霧甚重。過湖，水面不大，無風，平穩。岳州城陵磯耽擱甚久。夜泊䓥洲。

廿七（13 日）

早到漢口。萬福樓客棧接客人勸坐德興船，行李先發。茂生來，云不如錫和船大、鋪住好，且野雞船只一元，彼云一元三角半，爲所欺。到一品香吃菜二碗，並酒、碟、茶，共三元，可謂昂矣。將晚上船，鋪坐未能伸足。船上甚熱，二鼓開，始漸涼。

廿八（14 日）

早到九江，落余致和。此棧極不佳。到啟源，見黎師僑，云襄廷到省城西大街棧中，覺人去年歸自日本，不再去。呼聘之歸，約到彼午飯。下午往，則又盛設，無他客也。見《申報》，經濟特科之諭有"母子一心"語，又翰林習《會典》、《則例》，有課程、劄記，大考、考差皆須改章。此舉甚好。聘之云陶模四條勝於香帥，惜未得見。九江人心比漢口安靜。漢口湖北日夜巡查，挨戶捐錢，隻身作客者不免。九江每店派二人爲兵，保護租界。江西各省勒捐一二三萬，又非賠欵，云爲鍊兵，不知何名也？將晚上船，鋪坐尤促。三更後開行。風漸大，玻璃窗壞，移卧官玉鋪坐，失蒲扇。

廿九（15 日）

早過鄱湖，風平。船行上水甚遲，每時只四十里。到省六七里外，水淺不行，仍宿船上。

五 月

初一（16 日）

早坐撫船到章門外，上岸入城，到洗馬池乾泰錢店內公館。

別有小巷，不從店入。屋係新造，但老樣，不透氣。午後始飯，急欲往視小女，遂先到都司前。小女出迎。芰舲適歸，請見，留飯，共談。幹臣往上海，書菴往安徽，惟少村在家，因見裁汰書吏，任用司員，欲捐京官到部，將攜眷去，並不待回鑾也。呼達三歸，請入房坐，已移入上房，對面空出，留待其嫂。問金女身體頗好，瘄子已愈，前日發風熱，頭上尚有紅點。達三在坐，不便深問。金女呼秋妹子出拜，人不甚長，面扁圓，行步如風。責問達三，俛首而已。問芰舲，惟云對不住。從容細談，已見我書，移居寄廬，實有不便，今將全家搬回都司前，亦共在一處也。晚歸，以早起疲困，途中辛苦，始得安眠。

初二(17日)

寫家信，交幹庭彙封。少村來，細談伊家事，云乃叔爲乃嬸所誤，失計在移居寄廬，乃弟竊寶事發，乃嬸猶爲粉飾，又與長媳商議，勸將金器變賣，爲夫還債，以全體面，乃叔知之而怒，則又不認，痛詈長媳，以致婆媳成仇，今次媳來，盛稱之，以壓長媳。如此亦非所宜，恐妯娌不和也。云買妾亦出彼意，以子出繼，媳又不同居，欲別娶一人，久蓄此心，並非專爲婚遲，特以此爲題耳，乘乃弟胡鬧，以惑乃叔，謂可以維繫。伊與五叔力諫，不聽。及買一女，乃弟仍繫不住，乃叔悔失計，怒此女，不與錢用，不與共飯，以致偷食，情亦可憐。乃弟交結匪人，至有差役，壞處四字俱全，一言難盡。壽生乘喪事，竊母金器，三人同行。彼之外出，亦目不忍見也。將來移歸一處，或可少愈。達三來，予苦口教之，少村亦爲言。午後芰舲亦來，云事始去年端午往冕堂家拜節，李博生之子帶馬，遂致失足，屢戒不悛。問先買一妾何意？云已束裝前來，因得乃叔回電恍惚，彼時會黨大作，大約有訛言到彼，彼因生疑。然何不再發一電耶？以爲婚期已誤，只得出此權計，大約如少村所云。我又問既爲買妾，何又於百日內急急婚娶？彼云乃母遺命不必改期。自愧教子無方，將來請我與冕堂到場伸家法，用鎖禁，可否？我云如不率教，只好出此下策。看此光景，未必能做得出。此人雖非懼内，頗聽婦言，溺愛不明，多方煽惑，且現居兩處，即行，亦須俟搬回後再看。據少村言，弟猶小有畏懼，兄更忤逆。仗彼祖德盛，能回頭，否則不堪設想。相攸之難如此！芰舲云此女可則留之，不可則遣之，當時何必多此一舉耶？延生來，云考期十八。

初三（18日）

定課程交幹庭①，全不用功，燕朋頓至，恐爲夏二子之續，奈何？使劉一到夏家私問鄧媽近日夫婦、嫡庶情形如何。少村云乃弟嬉戲無節，須存身分，又喜怒無常，頗畏鄧媽在前，則此人亦可少留也。達三來，自辨明今年並不出外，現在仍在學堂作論，改日送呈。觀其情形，似乎尚有忌憚，芰舲若不溺愛，猶可挽回。劉一來，云約我一二點鐘到彼，明日當去。鄧云前因查問五元洋錢事，曾鬧一次。達三昨日又攛其妾，言過午節當嫁之。金女恐人議其不容。此等事可聽之，不必勸之遣，亦不必勸之留也。尚包家室在外，此患甚於買妾。芰舲來，請明日到寄廬，十一點鐘。先到都司前，彼必不防也。楊仲孫來請見，考期尚未定。爲幹庭改二小講。到德大拜涂渭齋，見有《中外日報》，攜歸閱之，云余聯沅請病開缺，升允升陝撫；保定以南拳匪又起，與官軍接仗，洋兵助剿。此事恐尚未了。論湖南門户大開，不歸功右帥，何也？新出《拳匪紀事》，二元。《日報》月止四百五十文。報言匪蔓延於保定以南，羅統領將博野西北之拳匪砲臺拆毁，匪逃完縣、唐縣等處。法帥貝羅偕方統領往安平縣，又赴南關平匪。又云直隸惟正定地方尚安靜，其安平、博野、蠡縣土匪愈聚愈衆，李相深

---

① "庭"，原誤作"臣"，據文義改。

以爲憂，與聯軍商善後之策，各州縣添設團勇，以資保護。其論亂事復萌之由，云中國北方於前十二月之內饑饉盛行，又加以戰禍，無所逃命，思作亂以求生路。此最近情理之原由。又云董逃甘肅，兵不多，端只十人逃往蒙古。又云總署改外務部，在六部上。六部多爲西人佔據，以拓租界，須另遷。改覲儀，宴客須主人自陪安席。洋兵退盡，須在五月初旬。恐又藉口拳匪，不即退也。

初四（19日）

改小講二個。閱《關中》《中州金石記》。芰舲請到寄廬，予欲先到都司前，而少村來久談，言伊弟久有出入，並不始於端午。伊嬬姑婦不睦，並小產不入視。達三昨因伊妾爲妻做鞋遲緩撻之，暴戾若此，聞其言甚可慮。圈禁一節，伊云當鎖大門，可即在孺子亭，迎一先生，飲食傳送，不准出入。此等固無大礙，不過嚴課讀耳。云幹臣看佛書，以割肉還母爲孝，舍身救世爲仁，恐其入魔，亦有可慮，如歸見當戒之。伊叔惑於風水，則此惑中國人所同，非予所能解也。下午往寄廬，適其楊姑爺來，同席，飲至夜歸。添置數間，予所不見，便衣作吊，並欲請見親母未得，異日再請見也。是日雨不止。

初五（20日）

傾盆大雨，恐有漫溢之事。聞府考已懸牌十九。此間店中人來拜節，不得不往回拜。到德大，見《申報》至廿七，不提拳匪，隻手詎屬子虛耶？撤兵、迎鑾屢見報，陝西二站，河南六站，每站七萬金，川貲甚費，至正定有鐵路矣。達三送菜，甚可不必，鱔魚、肉不可吃。香泉來拜節，詢冕堂住老貢院刑部張寓，當訪之，並詢以夏二子如何防範之法。幹臣、少村同來。幹臣云今日方趕到。詢上海，云無甚消息，各國當無舉動；英欲動長信，日本止之；榮病廢，鹿專權，《日報》所云頑固者也。論伊家事，二人皆云達三尚可約束，須將其兄隔開。幹臣欲帶上海學堂，乃父不從，則亦無別法矣。欲再談，此間催午酌，乃去。達三至，予見之，未及多談，此間復催，亦去。予在江右過午節八年矣，不意今復爲馮婦也。

初六（21日）

大雨如注。改論一篇。少村請吃便飯，午後雨略小，乃去。高橋水漫及膝，幾不能過。到彼見金女，云風熱點已愈，太婆以下相待甚好。聞其姑難說話，恐搬回後同處不易。達三飯後到孺子亭，晚歸，不知到他處否。見面尚無煙氣，不知吃煙否。到彼因做鑲滾衣服，爭鬧一次。聞父母將來，似内怯，近頗相安。去年鬧狠致病，私服藥，藥丸尚在。秋妹子偷吃，偷東西，性蠢而戇，呼出拜節，實不佳也。幹臣云請西教習同來，不日開館，已有學生二十人。勉帥許開報館，糧道阻之。有瀏陽易某在彼幕府，云與我相識，曾薦我，可請勉帥爲我轉圜，俟彼允許，再邀人具公呈。觀所作詞，仍有黄門之戚、白業之思。少村繙《亞東報》《仁學》示予，誠有可駭。《戊戌政變記》缺我名，亦關切之意也。飯後假報歸閱之，並贈我洋聒、信封及印花。

初七（22日）

雨止。官玉暫歸奉新。盧文明來。書院甄別，彼第一，其子第三，講舍可謂無人矣。寫家信，以近日所聞告知。因幹臣言，乃致一書與節吾，屬作書代求勉帥，亦盡人事而已。用印花交郵局，云八日可到也。閱《清議報》數聒。下午茇舲到，談幹臣事，伊不以西學堂事爲然，而不能止。予勸早爲幹臣續絃、捐官，似亦不能作主。談達三事，伊亦以二子須隔開，曾商之勉堂，欲以長子付之丹銘，而彼不聽。今窮於計，又頗袒其長子，與陶、傅所言不同。予不便揭破之，但以查究近來如何，如仍不悛，勸行下策，恐亦未必能行也。夜雨，寒。

初八（23 日）

雨仍不止。聞有人回湖南，致居停一函。閱《清議報》，有《佳人奇遇》，足見彼國男女之別不嚴，亦可見彼國女子慷慨報國。觀散士之與幽蘭兩相愛悅，與紅蓮來往甚密而不淫，即王羅與紅蓮已訂夫婦而不狎昵，足見無別中實有別。觀王羅以守城官可與女子同車游，與凶犯同車游，無兵護衛，足見其一切簡易。觀諸人以亡國之後不忘興復，各國嚴禁不能止，足見人心難死，非國法所能禁。此等書比空論尤可信。《清議報》爲梁所刱，與《政變記》相表裏，皆一偏之言。《亞東時論》亦東洋人在滬刱行，深山虎太郎有寄康書，以不與六人同死而出奔，既受密旨，乃不急行而登岸買石，爲一不可解；以欲效包胥之哭，不知各國必不爲匹夫興師干中國內政，爲二不可解；詆國母爲人所不忍道，違爲中國諱之《春秋》義，爲三不可解。則東人有不信康者，不知康何以解之也？王廷珍來，云住客棧，遲再答之。

初九（24 日）

雨仍不止，禁屠求晴無效。聞六月十七齊集，則亦須七月歸矣。寫信寄歸，已數昏。達三邀便飯，俟到彼有所見，再續成之。閱《中外報》，云須先清畿輔，甚是。云皇上先歸，太后暫居河南，不知果否。張有七省仍行鄉試，餘俟各省疆臣再奏之說。張慈眷甚隆，因總憲不入軍機，俟升尚書之後。樞廷資格榮爲首，王次之，鹿又次之。幹臣則云鹿甚攬權，與剛無異。此則變故尚未已也。到夏處，坐金女房中。聞喧鬧聲，則夏老三撻其子壽生，因與兩兄到危家借銀百五十兩，危使媳婦問，以至破案。金女言達三常早出，必有壞路，奈何？幹臣云十六開西學館，伊自入住，楊微生亦願入。達三云亦願入。彼或不與中學近，而與西學近，亦未可知，但恐其名入學堂，實以便出游耳。云恐乃翁不允，予當商之乃翁，喚彼問明，若堅承，可試試。如此事更不行，似舍杜門無他法矣。幹臣查賑捐，州判須四百零，抄有細單，擬寄吉兒。歸見居停來函，初三發，今已到，可云快極。予家無信來，何也？幹廷作《開利源議》五條，更加五條，不過備時務之一端耳。連夜雨聲，可怖。

初十（25日）

雨仍不止。改文一篇。鬱鬱之至，借《清議報》遣日，危言可警，不得盡以為妄。並閱《申報》、《日報》。《申報》多恭惟語，而於百萬脩宮殿、二十七站每站七萬之説亦不謂然。即此可見開報之難，必不能不發議論也。《日報》言珍妃安置絳月軒，西狩，使人投之井中，且下石焉。"濁泥猶得葬西施"，不其痛歟？達三來，云願入學堂是實情。明日若晴，當商之乃父。

十一（26日）

改文一篇。閱《日報》，雙目派充政務處大臣，所謂非常之遇。報云解赴行在之銀，有劉太監另造大秤，每萬兩須加七十兩，又小費五十兩。又云李蓮英每於千兩之外索百兩小費。如此，將奈之何？幹臣來，言達三外遇尚在，須逐之吳城。下午到荄畇處言之，彼不甚信，壽生事亦云不在內。幹臣、少村云其護短，誠不免此，於西學又不聽其往，予再三言之，恐仍不信。達三聞有人道其外遇，當面咆哮，良可憤慨。

十二（27日）

錄舊作二篇。荄畇來，仍謂達三無外遇，亦不以西學為然，則明知其壞而坐視之，又為之飾亂。養子不教，不得不謂父之過矣。張勉堂來，談及兩人，皆以乘龍為慮。伊亦以荄畇教子為不得法，其夫人喜怒無常。其意以優游以俟之，恐亦非上策也。是日晴。

十三（28日）

又雨。錄舊作二篇，改文一篇。是日店中請我，荄畇、少村來陪。芟於抄江西候補州判名單，有十三人，要我斟酌，如辦，則彼幫忙云云。云衡州鬧事，開六營去。果爾，則湘中亂矣。家中不發信，何也？達三之事，彼袒護，仍以爲無，似明知明昧者，意欲將香泉使出，專管達三，西學堂則決不使入。擬七月十九回公館，而孺子亭已爲水淹，恐不能待七月。陶某信來，云水災甚大，建昌縣署已壞，有一村四百餘人，止餘六人。居停處亦有水災，距彼家三里出蛟，幸未衝没。將晚席散，客去。

十四（29日）

雨仍不止。錄文一篇。閱《清議報》至三十餘册。其議論前後亦不同，前時多詆斥辭，猶以保國、保皇爲言，後乃專言獨立、自由。蓋彼素醉心於西人《民約論》等書，尚緣飾以中國名教。當時亦欲建非常功業，事敗逃遁，未嘗不望變政賜環。閱二年，聞已建儲，且購之甚急，於是憤激益甚，如伍胥所云倒行逆施，故議論又一變。以此觀之，去年、今年之事，未必非此輩主使，亦迫之使然也。舒大令子不知何如？衡州如有事，又或更加水災，尤可危矣。復居停書發去，看壽兒與正卿機會。

十五（30日）

仍雨。壽文與項某及禹疇來。與壽文談及夏二子，伊云彼不讀書，乃父嚴而不明，買妾一事，力阻不得；香泉罵先生，辭館强留，實難爲力。改文一篇，錄文一篇。

十六（7月1日）

改論一篇。到禹疇處坐坐。壽文云芟於致意，寄廬漬水，不必往。下午到都司前，見金女人好。前日達三醉，嘔一夜，亦常出外，奈何？與幹臣、少村同到勉堂處。幹臣西學堂亦以水漬未開。勉堂處止耕娱爲其西賓。芟於與陶蒲生皆以水阻不至。聞此間已開倉放賑，孟德諸人鑽入內，事恐難辦。浮屍滿江，所吃屍水也。夜歸，聞改期廿九，何苦早來一月耶？

十七（2日）

由郵局發一信。致信芰舲，勸歸于亳以避水患，復書不從。晏海瀾來，詢新書，云無之。改文一篇。閱報，有人稅一金之説。榮以病乞退，鹿傳霖、陳邦瑞皆昵李、黨榮，仇外人，惡西學。北方聯莊會甚熾，能安靜耶？去年拳匪之亂，三月已登報，先憂子一論如燭照焉，惜哉！是日幸晴，水災已不小矣。科舉直隸、山西停五年，沿江八省展一年，七省照常舉行。吕世兄放貴州。

十八（3日）

晴。海瀾送《玲瓏山館叢書》來，前緯書即玉函山房本，後即《益雅堂叢書》，中間略增。午後少村來，談至晚。伊捐部官似已決，亦不甚通世務，謂之謹守可也。官玉趲到，云有先考吉安之語。

十九（4日）

得家信，云家中清吉，黃薏丞初二已故，念循列十六牌，名條必是未遞。問無電報，亦可怪也。幹庭云先考吉安，則此行空勞往返矣。改論一篇。如不考，則彼更不肯功①，我亦無能爲力也。壽文今日到館，夏二子今年不爲人弟子，諄諄奚益耶？夏幹臣來，面請廿一午飯。金女送點心來。下午芰舲來，談至夜，太息而已。

二十（5日）

《繪芳錄》閱一過，似仿《紅樓品花》，筆尚不俗。下午到夏宅。聞金女氣痛，往視，云已愈，欲同我歸。彼有不能明言之隱，擬喚鄧媽細詢之。達三病痢，每日七八次。芰舲聞予來，即歸。幹臣、少村亦歸，云翁家有書來，湖南五門進水，不言衡州鬧教、省城戒嚴事。談至夜分歸。

---

① "肯功"，似當作"肯用功"。

廿一（6 日）

又雨，午後晴。周書賈來，云書店已閉，全無生計，惟柯梟使尚喜收書，欲加院生膏火，惜予不逢此等東家。予左手似非己有，令人自危，在家尚可延醫，此更不便，導引事亦非一時可效也。下午芰舲邀陪西席，談至夜分。

廿二（7 日）

閱《亞東報》，與《清議》又不同。《仁學》真不可問，特恐有人增加，未知即西早原本否。店中管事毛聘臣至。鹽局總王之傑今日接事，涂渭濱去見，云一張票每年捐一千五百金，則鹽商與我一樣矣，彼總辦又來何幹耶？毛振之請，辭之不得，只好一往。羅志清、朱綬在坐。羅云樟樹有水，則我故家亦不免。我欲往，因此遲遲也。

廿三（8 日）

早晴，復又雨不止。陳家有人回湘，我想既不道考，留此何爲？府考可考可不考。我左手麻木日甚，急欲回家就醫。居停託我幫頭場，考過頭場，我即先歸，致函居停告之。並作家書一函，告知家中。下午幹臣邀飯，到金女處。達三漸愈，昨晚又開罪孀母，而少村責備金女不出調停。我出見，少村並未提及。在坐勉堂、屏山。至夜分始散。雨，甚寒，有秋意。

廿四（9 日）

少村一早來説明，渠意實屬關切，然不思達三目無尊長，豈妻言能入？金女最膽小，何敢出頭排解？以此責備金女，未免太過。而芰舲並不深責其子，使向兄嫂陪罪，則縱容尤太過矣。聞漢口一片汪洋。此間災民千數，驅迫出城，現辦平糶。不知湘中何如？《亞東報》云十五年十二南海到橫濱①，不許上岸，乃由江

---

① "十五年"，似當作"二十五年"。

戶到香港數日。橫濱《清議報》館火,而報仍出。又斥保皇會之
非,其言頗平允,不護新黨,亦不護舊黨。有《江建霞小傳》。昨
幹臣言徐研夫去年冬亦故矣,皆可惜也。乃父出獄,已見明文。
芰舲送來走馬胎膏,試服少許。問徐雲生,道考在明年。蔣幹過
江,又來差矣。南昌兩教相爭,殺十來人,恐又將停考也。《日
報》云李、鹿及其黨劾敬信,請回鑾爲危地,將留開封不歸。前
見報,云敬信自盡。去年聞洋兵入京,惟敬信一人接待之,事屬
有因。又云董軍將逼太原,保定仇教尤甚,恐魯難未已,奈何?
漱文過談,云夏二子皆不歸彼教,亦實不能讀書。伊意欲勸乃父
爲子捐前程,使達三到湘,予屬暇時爲乃父言之。芰舲來,未談
及此事,不便發其端。乃父不以忤叔母責子,云少村因其婦到金
女處,偶未起身致隙。當告知金女,天晴召鄧媽問之,並使金女
勸達三到湘。

廿五(10 日)

晴。閱《漢學師承記》。此書初出,焦里堂勸改"漢學"爲
"經學"①,鄭堂不聽,遂有《漢學商兌》之爭。此與《新學僞經
考》謂宜改"古學真經考"者何異? 甚矣,好爭虛名之無謂矣!
改文一篇。聞府試不改期,道考有無亦尚未定。今日殺一營兵,
因強奸十二歲女子。其開臺基之婦站籠游街,又捉腳之婦打籠
條一千,快心哉! 女子乃水災難民,情尤可憫。或疑是和奸,不
當重辦,豈知十二歲女子雖和亦強哉!

廿六(11 日)

晴。欲出而道猶滑,因早上又大雨也。着人到晏處,取書數
種閱之。閱十六《申報》,有勉帥奏變通政務摺,將準《吏部則
例》,於署設課吏館,廣置書籍,考取二三十員入館肄業,授之日

---

① 按,致江藩勸改書名者乃龔自珍,非焦循。

記，使識別所習之書及其論説，按日呈臣查核批答，並專派館長，日與討論，臣曁司道亦間日造館，察其言論，觀其品誼，有經猷宏遠者，據實保薦，其次則立予差缺，仍統未經入館肄業各員，按季考試一次，遵照部章，分別等第，酌給奬賞，用示勸懲。其館内課程，略分三類，一中國吏治，二武備軍械，三泰西政學。此等辦法，與黄公度課吏章程略相似。聞已委提調，如得法，可使吉兒來此試試。張季直《變法平議》繙一過，與《校邠廬》、《時務報》亦略同。論廢時文須十年後，予則望其即行廢去，吾華之轉機在是，吾家之轉機亦在是也。改論一篇。

廿七（12 日）

晴。閲報，云樞府以仁和爲最老，今重聽，性謙退；榮慈眷最隆，亦相得；鹿亦重聽，作事頗有霸氣；瞿年最少，將來可有爲，特雖少而體弱耳。其言似不妄。湖南洋務府通飭言教案甚嚴屬。達三來，勸以見乃父勿言做生意，要做官，並要到湖南，看彼如何，但一時恐難，一則乃叔祖在彼，須回避，二則乃祖母在堂，須侍奉，三則少不更事。達三云金女要同我歸寧甚切，俟見乃父商之①，恐未必允許。予欲同達三去，聞路上尚未乾，擬明日去。夜又雨。

廿八（13 日）

晴。路又未乾，不能即出。芰舲至，以金女欲歸商之，彼不甚允，意以到此未久，彼尚未回家，許以明年可歸，未明説何時。言達三事欲與我商酌，達三適至，遂止不言，俄而去。少村又來久談，云李贄《藏書》未得見。予恐與《仁學》相出入。《仁學》出西早身後，恐或有增竄耳。少村去，達三在此同飲，下午同往磁器店看貨。彼看定白胚加描，價共十六竿，似貴，但底子頗淨。

① “俟”，原誤作“似”，據文義改。

歸已黑。

廿九（14日）

早起爲幹庭捉刀，題爲“斯知仁矣”，次“大戒於國”至“召太師曰”，未午並了。與漱文談夏、陳二家事。使劉一呼鄧媽來，云金女一切如前，病亦未愈，難歸，一切彼亦慮及，謂非達三同歸不可。彼亦可謂有識矣。屬勸其耐心略等，彼欲説定明年歸期，想芟龄必有説以處此也。初四夏老太太生辰，十六親家母四十大慶，擬買對配札送。

三十（15日）

到都司前，金女言其翁昨與彼言明年再歸，達三言乃父已籌欵，將爲捐官，指省河南。彼已云乃弟魯元不足恃，何又欲依彼耶？午刻到孺子亭。芟龄談及家事，云連年虧累，近尤慮行房捐，去年已售出，屋價萬式千金，不穀分，老太猶需膳養，今欲將住屋分開，幹臣不以爲然。彼欲回鑾，亦未能定。看其人爲家所累，並無一定主見。房中設二子書案，空文而已。少村亦至。以天熱，待涼始歸。徐雲生來，云學使臨行面訂歸考首府，今聞不考，乃書吏之舞弊。張勉堂來。晚歸館，與禹疇談夏家事至夜分，卧甚不適。

六　月

初一（16日）

幹臣送詩橐至。詢以家事，云析屋須立合約，恐或典佃，宜共議永不賃人，否則待價而沽亦可。勸以今年續絃，云無錢，且學西文，未暇，恐今年不諧矣。閲詩，前一卷可存無幾，後二卷葉、李已選，更有應酬改者。此調不彈久矣，此時亦未能付手民，且徐圖之。

初二（17 日）

欲往晏海瀾處，而彼適來，詢有書可觀者，云無之。閱小説《游江南》、《萬花樓》，皆不成章。《螢窗異草》即《續聊齋》，雷同勦説而已。此次三縣考試，爲"知及之"三句，較前頗難。幹庭作二小講①，爲改之。

初三（18 日）

得家信，云湖南水災甚大，史家坡墓廬傾倒，重修又籌欵爲難，奈何？歐未來，陳未去，白費心矣。東家又有信來，亦言水患，而衡州無事，學使不先考長沙，何兩處相同也？達三以金女生日與乃家母同日，先一日下麫。予本擬夜往，聞而下午早去，並無舉動。以家信示金女，彼亦欲歸，云三嬸下半年將到湖南爲女守生，因有隙，難同行。彼亦知非達三同去不可，不能去，則將以針線託帶去出售，爲打金挑，借六嬸樣。芰舲之意未知如何，有人在前，不便説及。電諭出洋學生入大書院，有憑照者付使臣考試，作爲進士、舉人、貢生。人聞此風，西學堂已有兩人報名。又傳聞出考撤回，胡不趁此將科舉併入學校耶？夏師母並家人不准慶祝，予吃麫遂歸。

初四（19 日）

飯後到夏處，師母仍不見，云遲日便衣來見。金女處有燈壺，屬早上煑粥，或苡米、扁豆。午刻吃麫。湘泉云欲入西學，又云乃父擬爲捐官，究不知乃父作何計也。乃父來，不便談，俟閒當細詢之。如湘泉可入西學，可捐官，達三當亦無不可矣。飲至夜歸。是日大雷雨。

初五（20 日）

大晴。聞有道考，廿八齊集，乃梅九所説，不知可信否？漱

① "庭"，原誤作"臣"，據文義改。

文來,以昨案發,幹庭取列十四名①,欲予更爲捉刀。予漫應之。無事,删定拙集,然無刻貲,留有待耳。達三來,云乃母不阻歸寧,恐乃父不允。乃兄如捐納,彼當不至向隅,未卜遲早何如。乃父許以明年,亦不知是指此事否。天時大熱,明日考試初覆,節候亦初伏矣。荽斻將晚至,談家事,云老三父子債主甚多,至入上房,此次分析擬使別出,可加津貼,彼不允則自己搬出,別開門石頭街。擬即爲二子捐官,使知自愛,不與下流爲伍,將來稍穩練,再到省爲加花樣。達三大約是到湖南,今年不行,或即在明年不定,我亦未便速之。少村已上光千金矣。

初六(21日)

初伏。場中消息不通,我可省力,彼亦不能怪我。漱文在此,無事,約同捕雀。八點鐘後,幹庭始出,題爲"周之冕樂",念小講尚通。

初七(22日)

幹庭將文録出,作法不誤,但少書卷。此間人大都空疏,未必能有用書者。爲改一過。得家信,吉兒頗願出仕,壽兒久無信來,乃復一函,告以現在有科舉改章之説,可少待我歸再商。幼梅處再發一書,以彼前有書來,並促爲調近計也。夏氏父子之言詳悉告家,以便放心。賀晴江來,云爾翊今年在家,著有《韓詩外傳注》、《孔教一統説》,現父子辦鐵礦,頗旺。云變科舉見《日報》,張冶秋所奏。於店中取《日報》閲之,報列五月廿四,略言當如二十四年張之洞所奏,其後説得甚激烈。《日報》推張爲中國一人。《申報》又列同鄉某帥所奏,恭惟八股甚至。此人出身微賤,安知八股何物? 其幕友江右人,頗開通,亦如此憒憒,何歟? 報云劉、張議裁佐雜,以本地人辟除;又議減京官印結,以便

---

① "庭",原誤作"臣",據文義改。

捐納之旺。既裁官，何人捐官耶？大局未定，故欲吉兒少待。報
又云千里草未動，惟聯莊會猖獗，西人撤軍緩期。李相云人稅不
可加，或可免此。沈、陳、吳諸人皆釋放，似乎事機有轉。吉兒云
伯平未行，節吾未到省，何人爲我言之？但望明春會場，或得門
人之力耳。《日報》言張眷最隆，頑固鹿忌言新學，以瞿摺專言
中學，故舍張而用瞿，又擠之出洋，不遂復使入京。將來回京後，
不知如何向用？又言有用王、瞿爲外務部大臣之說。又云京中
華官無權，一切聽於西人。又云李相參督撫四人，湘撫在內。入
伏後熱不可當，惟夜半稍涼耳。

初八（23日）

假《式訓堂叢書》閱之，多已見者，惟桂馥、沈濤《集》頗可
觀。予亦加以駁正，稍涼當録出。書壽對一聯。

初九（24日）

周書賈以初印《注疏》求售，較予所得頗佳；陳氏《今文尚
書》板頗不似《左海》，恐文字無異也。下午往都司前，以家信言
吉人將來江西、芰舲言達三將到湖南告之金女，使勿急急求歸。
便衣請見師母，精神甚健，言語謙恭，以乃孫不學好恐看不上眼
爲言，云乃父不應移居孺子亭爲過，此公論也。到孺子亭，與芰
舲談至夜。

初十（25日）

早晨即熱。官玉取四牌，予勸天熱勿入，即在家覆，彼即以
此求我捉刀，題爲“舉於魚鹽之中管夷吾”。早起，爲作一藝。
彼有窗橐可寫，予文未必勝於彼也。經題出僞古文，必欲予作。
天大熱，午後微陰，稍涼。聞雷，不雨。達三夜至，約明早往西學
堂看看。

十一（26日）

達三早至。飯後同幹臣、達三往西學堂，觀其教語言，似口

音亦不難學,惜予老矣。歸閱《詩人玉屑》,云曾景建作《文公先生挽詞》"皇天開太極,庚戌聖賢生",蓋夫子與文公皆生於庚戌故也,然惟文公當之無愧,若他人則擬非其倫。予不敏,何敢望聖賢?亦生於庚戌也。陳樸園《今文尚書》似原板,無甚異同,且予書出,此爲筌蹄,可不須矣。《注疏》是初印,予有二部,亦可不須。爲幹庭改論一篇。大熱,夜不能寐。

十二(27日)

上午陰,稍凉。午後案發,幹庭名列十三,尚可望前列。十六總覆。或云有道考,或云無。地方官如此怕考,何不奏請將考全停,使人才一出學校?閱報,野秋總憲請訓入京,政府既欲遠之,恐所奏亦未必行也。下午日出,仍熱。

十三(28日)

芰舲一早來,請爲其生母高太恭人作墓志。達三來,云甏器已送到彼處,同來接錢,計單十三千,餘尚在外,共付十四千四百。予向陳禹疇假廿文。下午往夏宅看磁器,並以我所買器交彼同裝。芰舲借留聲機器,復到孺子亭。夜歸。大雨,凉。

十四(29日)

晴,稍凉。周書客送不全《隸釋》、汪刻《説文繫傳》來,惜止徐妃半面妝矣。得吉兒初五日信,伊欲捐官,何從籌欵?前信説明夏家事,猶欲金女歸,何全無遠慮也?再要買磁器,當買之。送壽禮與芰舲,收對聯、包麪,餘璧。鄒叔誠來,云以家事須下鄉,再入西學堂。奉新案發,官玉取四十一名,二覆只調四十名,渠尚在外號。居停來信,有"道考遙遙不必等"語。此刻尚不知考有無,可恀。夜雨,凉。

十五(30日)

早起雨,午刻又晴。閱林昌彝《硯耕緒録》,多勦説,所録祕方或有可取。中風不語,切勿灌以薑湯,先以麻油一杯灌之,俟其呻吟有聲，再以薑湯灌之，即愈。再以麝香二錢、青油二兩和勻灌之，可免癱瘓，加以壁上舊紙醮油點煙於鼻孔薰之，即醒。漢防己、硃砂、真牛黄各三錢，共擂爲末，薑湯送下，立效。口、眼歪斜，用天麻子淨肉一兩、冰片三分、生黑附子二錢，下元寒者加乾薑二錢，共搗爲膏丸，口、眼歪左者以此膏塗右，歪右者塗左。今日塗，明日正，名曰改容膏。但已正即須速洗去，過時又恐偏於彼矣。輕者以鱔魚血塗之，立效。特録出之。欲到芰舲處慶祝，漱文云下午將來，果來，談及夜分始去。歸寧之説，仍云以待來年，現欲分析，尚未定局。詢以其子捐官，辭以他語。夜甚凉。

十六（31日）

早起，題至，"人莫不飲食也"至"舜其大知也與"，爲作一藝，卒傳不入，可憐無益費精神。周書賈送書來，仇注《杜詩》、李璧注《荆公詩》，板皆佳而價昂，且非必須之物。前所送書三種，以二元購之。將晚與漱文到芰舲處祝壽，留飲，夜歸。幹庭已出場，所作文亦清通，大勝初、覆之作，可望前十名也。

十七（8月1日）

寫家書一函，説明金女此刻不能歸之故。閲孫志祖《家語疏證》，甚精核，足發王氏之覆，而於六天、周公攝王猶爲王氏所惑。甚矣，不惑之難！達三晚來。

十八（2日）

勒家有書賣，見《言行録》、《鐵崖樂府》、《劉孟塗集》，價太昂，却之。天大熱，夜風起，少凉。

十九（3日）

以少凉，爲夏母高太恭人作墓志銘。忽患河魚之疾，未敢出外。午刻後勉强脱稾。閲報，王、瞿補外務部尚書，江西課吏館有秋季開辦之語。聞吳學使已到，不考南昌，將出示矣。南昌考生亦無敢稟求者，足見此間壓力之重甚於湘中。袁清舫來，云彼已捐京官，未到部，今年木生意爲水衝激，失數千金。此店中説失萬金，誠可惜也。

二十（4日）

將志銘改正，録出。茇舲來謝壽，即付之。少村來久談，云張野翁升工部尚書，見示電諭，即雙目缺，雙目調外部尚書，在六部上。我朝外部尚書從此公始，濶哉！伊入都見野翁，擬爲我設法轉圜。我云一人不便出頭，但有會試，聚十餘人公禀察院，先見野翁説明，並以禀稿呈閲，請爲改正，彼云可即可行矣。伊欲爲擬底子，許之。腹疾不愈，夜起甚苦。天大凉，有秋意。云水又長。

廿一（5日）

擬禀稿底子、留别茇舲詩一首。周書賈送書數册來。《朱子大全》係舊板，以三元售之。《黄氏日鈔》亦佳，惜無錢買。得家信，以天熱，勸緩歸。黄親家已故，堤工作鬧，將有百餘人來，親家母得毋驚乎？案發，幹庭七名，前列已定，惜不考，令人忿恨，誠不知何名也？地方官如此怕考，何不請廢科舉，延歲月何爲乎？

廿二（6日）

閲《申報》，云拳匪爲戲與小説所誤。少村云《永慶昇平》尤壞事，取其書閲，誠云。出到府學，見姨太太所需瓶、壺無合式者。到海瀾處，取書三册。到夏家，見壻服小茴、川棟、橘核，問有腎氣病乎？云向有之。約同到清舫處，遂到達齋處，花園甚佳。同到孺子亭，適茇舲出門，待之。見蔡氏所刻蒙學書二本，屬達三買之。茇舲歸，留飯。請見親母，人甚長，説湖南話，談及將晚歸。大雨。

廿三（7日）

晴。閲《大全》，後有蟲蝕字，惜無可校補也。約雀戲，予勝數次，計將十千。聞初一出案，無道考，十日將行矣。

廿四（8 日）

晴。是日立秋，不雨，甚好，特恐秋燥耳。予河魚之疾，吞胡椒漸愈。將留別詩録出。爲達三書扇一把。乃翁云達三本無病，其病皆去年所自作，並香泉亦有病。金女言達三欠債不少，年下何以過去？乃翁豈不知耶？是夜雷雨，仍算穿秋，恐人雖喜涼而年歲不熟矣。將晚到黎湘庭處略坐，棧在甲戌坊，無招牌。

廿五（9 日）

雨。將詩送寄於處，託達三買普通書。周崇福來取書錢，云學使考吉安回即考南昌，梅老九欲重游泮水。此老何不早計，豈先睡着耶？劉一來，云小姐昨日失去金扁簪一支，事大可疑，且不敢説，着伊到當舖問，無消息，有一處不便問，不妨以私問之。予欲往慰問，路未乾，明日再去。閲《日報》，張已到京，鹿力阻回鑾，以洋兵未退、東三省未還爲詞。其言未嘗不是，然西安人相食，何可久駐？或至開封再議耳。云西安密電，惟停漕運、廢武科已定，餘再俟酌。陳玉樹請歸政，可謂敢言。黎湘庭來回拜，云九江水未退，登岸須走跳板；覺人到日本，秋後歸。下午路乾，到夏宅。金女甚急，屬勿明説，但催達三去找，看彼如何。云伊要打金如意主意，不肯，乃不復説。我屬將金器交我帶去，又以彼家之物，不便，伊家中皆知其故。芰於歸，料理房屋，不便提及。談至夜歸。

廿六（10 日）

三伏。大晴，頗熱，恐又將秋陽暴之矣。少村昨云擬節後入京，屬致垫秋一函，爲擬一稿。致達三、金女，急找此簪。聞有九月初考南昌之語，亦未見明文。達三來，云找不着，總要彼找。金女喉痛已數日，屬爲請醫。蔡儒楷刻普通學書二本，伊已帶來。

廿七（11 日）

閱文明父子試卷，其子榮光文筆遠勝乃翁，字亦勻整，將來可望優，文明未見進步。《回鑾樂》尤可笑也。得居停書，云已調壽人衡州收支，甚好，但不知能不誤公否。又得家書，家中尚不知此事，云雙目致庚口，云皮事宜緩圖，將來可望昭雪。彼既有此意，便可脩函速之。王厚儒云初七考課吏館，看章程何如。着劉一往問金女喉症，劉一云失物可問學院前劉豫祥齋鐘錶店，俟芰舲來當告之。家信欲我戒飭達三，此如對牛彈琴，還是向乃翁苦口言之，看彼如何設法耳。案發，幹庭第一。云十七起馬考吉，回考南昌，何不趁此一回考畢？黎湘亭送蒸盆、點心，芰舲送磁器四色、茶葉、粉條，領之。

廿八（12 日）

發家信，並戒飭壽兒，恐其不了公事。又擬信稾，使吉兒寫寄雙目，亦盡人事而已。郵局云萬壽日不發信，須待明日。劉一往問金女，喉症漸愈，心病奈何？詩稾再校一過，擬付芰舲發刊。下午到百花洲，荷花爲水浸傷，並葉俱無，殊煞風景。到明月軒照像、五柳春小飲。歸已曛黑。

廿九（13 日）

致函居停道謝，並送郵局。近閱《式訓堂叢書》，錄出辨駁四條。天氣雖熱，較初伏稍平，夜甚凉。聞考南昌無期，七夕時可歸矣。又聞有九月初六之説，予亦不待。將晚與漱文到孺子亭，寄舲已歸，聞予來，復返，談至夜分。

七　月

初一（14 日）

府考末覆小講二個，幹庭所作亦可觀。聞謠風甚重，未必能得批首。達三邀飲，下午往，竟用全席，又不列單，幹庭等皆不往。彼留兩但共席，云但將捐知府，三千餘金，經手可得數十金，得此即賠金簪。金女頗信之，屬勿告乃翁。予恐未必可信，然必不便明言。

初二（15日）

閱桂馥《晚學集》，《說隸》云："以柤爲俎，以柜爲矩，以浩爲昊，以旌爲精，以術爲述，以夏爲暇，以皇爲黃，以衙爲禦，以殷爲隱，以公爲功，以頤爲叟，以覢爲眈，以緄爲袞，以凱爲楷，以資爲齍，以黎爲黎，以繡爲蕭，以綦爲淇，以熹爲熙，以偶爲隅，以犂爲黎，以胎爲鮐，以煙爲禋，以仁爲人，以薰爲勳，以畔爲槃，皆假借也。""《綏民校尉熊君碑》引《詩》'顯顯令德'①，《集古錄》云：其書'顯'字皆爲'顆'。按：許慎《說文》'顯'從㬎聲，而轉爲'㬎'，其失遠矣，莫曉其義也。顧炎武曰：愚考'㬎'字從曰、從糸，乃'㬎'之省，而後人寫作'田'，誤也。古人以'濕'爲'溼'者不一。《說文》：'濕水，出東郡東武陽，入海。從水，㬎聲。他合切。'《漢書·王子侯表》'濕成侯忠'，師古曰：'濕，音它合反。'《功臣表》'駟望侯冷廣以濕沃公士'，師古曰：'濕，音它合反。'《功臣表》有'濕陰定侯昆邪'，《霍去病傳》、《王莽傳》並作'溼陰'也。《地理志》平原有'溼陰縣'，而《水經》'濕餘水'，亦'溼'字之異文。《荀子》'窮則棄而傿'，注：'傿，當爲濕。'《韓詩外傳》作'棄而累'。魏《建成鄉侯劉靖碑》'隰'字作'隰'。惟其以日爲田，此永叔之所以疑也。武億《金石三跋》：北齊《少林寺碑》'顯'字作'顆'。《說文》：'㬎，從日中視絲。古文借以爲顯字。'後人轉寫'日'作'田'，漢《熊君碑》、《殽阬碑》皆有之。宋《寧州刺史爨君碑》'仁篤顯於朝野'，《益都隋殘碑題

---

①　按，此下一段引文，實見於桂馥《晚學集》卷一《溼水考》。

名》‘李方顯’作‘顥’。”《王基碑》“憲章墳素”，案《書》孔安國《序》、《左氏》昭十二年傳“八索”字，《釋文》皆云：“索，本作素”。《禮記》“素隱行怪”，亦讀如“索”。蔡邕《太尉橋公碑》“光光列考”，蓋用《洛誥》“越乃光烈考武王”語，“列”即“烈”字。沈濤曰：“《釋詁新義》本作‘台背’。濤案：《詩·行葦》‘黃耇台背’，傳曰：‘大老也。’箋曰：‘台之言鮐也，大老則背有鮐文。’是《毛詩》作‘台背’，《爾雅》釋《詩》亦當作‘台背’，農師所見本當不誤也。《校官碑》‘背有胎表’，‘胎’又‘台’字之假，可見古本不作‘鮐’。”此書閱畢，還文盛堂。達三請寫對聯，寫成。達三來，詢但捐事，則荒唐矣。幹臣來，芰舲亦來，以家信及交少村呈張書示之，並詩樂府四卷。芰舲云付彼帶去，將來爲刊。告以失簪事，彼云聞之，意亦疑乃郎，而難於發言，但云屬金女以後加謹，此時不便打簪子，將來或以年下、或以生日打付之。香泉病發，張接女歸。若達三病發，奈何？實無以處之也。夜風雨，微涼爽。

初三（16日）

太陽出，熱如故。居停之壻王星生來同住。王厚儒云課吏方開，考尚無期，以須待辦捐委員歸。聞將來勞績無用，皆以課吏功程爲進退，則讀書人可有出路矣。聞九月初六考南昌已行文，予亦不能待。官玉云衡州收支是總局，局面太大，尤不放心，俟歸再斟酌耳。閱《朱子大全》，公當黨禍時，與人書，或不報，有眼不識人之憾，而《語》、《孟》板亦燬，正與今日之事無異。下午少村來，議論一變，今日總以不議論爲佳，將晚始去，以張函付之。夜又熱。

初四（17日）

大熱。讀文公《戊申封事》，真第一等議。得家信，云頌年書來，瞿、張皆極關切，張過江南，已託陶榘林向峴帥說，爲之出奏。至今未見，峴帥處不行矣，張何不自奏而轉屬人乎？但得諸公垂憫，此身尚健，或不至如朱子不見黨禁解乎？張勉堂來，以乃壻無狀書見示，謂投媒人。我謂愁人莫與愁人說，爾壻病，接女歸，我壻病，又將如何？案發，幹庭列第一，不得批首亦好，免多物議。聞金女氣病，下午往慰問之，則兼發寒熱，有外感，已延醫服藥，看何如。達三云但事仍可成，亦未知果否，以乃兄事戒之。彼云病已愈，以齒痛服藥，則現在可無慮。到孺子亭，談至夜。勉堂有字條來，云香泉又接小女，親家何以處我？詢某某便知。芰畂見問，不能不直言，而彼乃若有所避而不能發者，如何得了？

初五（18 日）

往問金女，已漸愈。病易愈耳，心病奈何？幹庭見老查，贄敬四十金，詢考期尚無明文。幹庭急於欲歸，予謂一面束裝，待風雨稍涼即行也。閱《明會要》，無甚發明，不作可也。

初六（19 日）

與幹庭回王孝儒看，彼旋着人送菜、點心。是日店中陪我，未免重餐。喚鄧媽來，以我意及芰畂之意告之，使告金女勿着急，勿太怕。云香泉暴戾，恐其學樣，惟願張老亦痛責乃壻，以示戒耳。毛樂哉來見。下午喚達三來，以有菜招夜飲，並戒飭之。是日大熱，夜間猶汗不止。聞大水難行，若幹庭不留，予移至夏家少待。

初七（20 日）

陰。洗馬池閉市，以勒捐故。飯後到夏宅慰金女，詢其病愈。請見老太太及姨太太、姑奶奶辭行，皆不見。到孺子亭，芰畂以鄭陶齋六十自壽詩索和，請爲捉刀，歸擬二詩云："漫説清霜兩鬢斑，商山歲月自蕭閒。名成范蠡經三徙，丹鍊安期歷九還。葉縣昇仙兼吏隱，金門避世聽譏訕。玉璫緘札時通問，久慕聲華遍海寰。""匡時大略擅文雄，養性奇書道在躬。賈傅萬言多慷慨，羅侯百歲不疲癃。瑤天鶴駕真靈降，碧海螺舟製作工。望遵十年慚未見，敢矜位業偶然同。"幹庭擬明後日起程，天稍涼，似可允。

初八（21日）

微陰，不大熱。一面束裝。閱初一《申報》，勉帥所定課吏章程春季考，歸彼調取，同、通、州、縣二十名肄業，不知州判在列否。此老如昨罷市事，不愜人心，亦不知能久任否。張、劉合奏罷武科、獎游學，甚是。學校、科舉未見，聞仍如前説，恐繁瑣難行，必多阻力也。居停覆電屬靜候，幹庭見之而泣，必欲遄行。下午又燥甚，予決意暫留。夏壻來，爲言之。將詩録出，俟芰舲來付之，並到彼處且住。幹臣來送行。漱文來，與官玉皆云須再打聽考期。官玉送雕甕套杯二、印色合一、茶葉四包、雪片糕式合，殆以酬捉刀之情耶？

初九（22日）

閱朱子《學校貢舉私議》，有省試題"上天之載，無聲無臭，儀型文王"，已如今所謂搭題矣。經義取士，弊必至此。詩、賦空言之尤，朱子已明言之。云"策則諸史、時務亦然"，是史學必兼時務，朱子亦明言之。又云"直使待對於廷，訪以時務之要"，是廷對尤重時務。近以時務爲諱，何歟？閱《日報》，云雙目建議收召通達時務之士，政府尚無定見。王、榮欲參鹿阻撓回鑾之罪，全權以爲太早，且緩。全權力爭不可改期，電奏千言，行在惟云十九仍期起蹕，由汴到京尚無明文。衡州准一體考試。鄧舜卿大令來，云已見明文，鄱陽亦可仍考。《日報》云鄉試改明年三月，已放主考仍撤回，恐未必然。此間聞初七已行廣信文。天氣太熱，鄧君云水大難行，予須少留。鄧云可買歟捐官，彼探明回信。晏海瀾至，云倭人有《支那通史》。取觀之，叙述有體裁。

下午聞有家信到夏壻處，往觀，無甚事，靜妹九月廿一喜期。金女思歸，恐不能也。正卿書求援甚切，予力何能及耶？到孺子亭，談至夜分。芰舲約學生不肯待，即搬至彼家少住。歸聞幹庭言到老查處，屬勸余介卿捐五萬，許爲二子請欽賜舉人，否則二萬必不可少。查有留別信州四律，求代和作。夜五鼓聞水龍聲，城外失火。

初十（23日）

聞昨夜火居停焚三店舖，損千餘金。爲幹庭和查詩四首，發家信一函。聞余已於此處假一萬金，親送到府，府許爲言之，中峰不允，尚須加足二數。日内更熱，並夜亦不涼。

十一（24日）

考唐制，進士試雜文二篇、時務論五道，玄宗改試進士罷經策，代以時務策三道。是時務論、策，唐人已行之矣。嘗怪鄉舉里選，由學校取士，周制也，進士科始於隋煬帝，武科始於唐則天，今捨成周聖王之良法，而用弑父之煬帝、淫虐之武后之敝政，以爲必不可改，此何説也？幹庭必欲行，孝儒、潄文、官玉皆不謂然，如不能阻，止得各伸自主之權矣。下午稍陰涼。到海瀾處，取書數種。將到夏宅，過高橋，遇芰舲，云到我處，即同歸寓。詢以明年許金女回湘事，彼已有意使達三到湘，復以老太太年高，冢孫須在家侍奉，又觀察公在湘未便，應少緩爲詞，似非由衷之言。湘泉無狀，尚爲袒護。其姪竊楊洋槍，並查出有金釧等物，三、四、五一符牌，奈何？云祭酒處須送土宜，將來打點磁器、書籍，盡秀才人情而已，不知伊生日吉兒已送否。夜半大雨，甚涼，從此可以定歸計矣。

十二（25日）

大雨不止，炎威漸退，定期明日上船。芰舲約到都司前，午飯後坐轎往，高橋又水深尺餘。遇達三，見我來，復返。到金女處，聞我將行，涕泣不食，再三慰之。乃翁已許爲達三捐官到湖南，其遲遲未定者，以須看伊子性情稍定耳。金女仍不深信。予意但無別的變故，其勢必行。達三云張處恐有舉動，本擬往別，又恐生出是非，屬達三差帖辭行。飲至三鼓始歸。

十三（26日）

陰。早起，束裝。少村來送行，云五叔以瘄瘤不能來，呈五言古詩一首，付洋一元，請買附桂膏。達三來送，同往彼處。金女涕泣無一言，天性之厚有餘，言語之才不足也。到孺子亭，幹庭、官玉皆至。主人強勸別酒約廿餘杯。清舫在坐，必使送上船。日曛，遂同登舟。清舫送下程四色。天涼，得臥將曉。四點鐘開行。

十四（27日）

轉北風，水極大，過湖微有簸盪。幹庭嘔吐，不能起。予飲食如常。介卿父子同舟，已報捐萬五千金矣。將晚，泊姑潭。

十五（28日）

九點鐘到九江，住余致和。幹庭找人請免單，以爲本日難得，填十六江永輪船，不料俄頃即來。然是日禮拜三，無船。初更野雞船到，余氏欲上，趕不及，卒不能行。與余談親戚頗洽，許以所刻書相送。苦臭蟲咬人，不能臥。

十六（29日）

連日閱《翼教》書，何苦如此？是非自有定論，嚚嚚何爲？終不敢謂其所説盡是，況又增損其詞乎？昨到黎師僑處，不晤，晚間來回看，久談，云覺人往東洋，九月即歸；東洋食用甚費，米一擔十四元，肉三角，鴨一元半。華人甚爲彼輕視，可戒也。今日又來談，同到彼處。彼以水災，家眷分住店中，故不留我。送香腸、皮蛋、點心、酒四色，却之不可。等江永，至半夜始到，即起上船。

十七（30 日）

江永船大，甚舒服。以水大難辨路，江寬、大亨擱淺爲戒，其行甚遲，晚八點鐘始到。冥行至泰安棧，破爛臭穢，與致和同，臭蟲不可數計，坐以待旦，不如住佛照樓。

十八（31 日）

以夜失眠，腳無力。同幹庭到怡威洋行買雀牌、算盤、日規，共三元。茂松過江，同到一品香飲。夜用皮簀臥。

十九（9 月 1 日）

鹽棧周某、崇福本家叫席到棧午餐。二點鐘上楚寶船。見江漢關所鈔科舉變法從香帥議，而不從其三場遞減，以明年爲始，歲試恐仍用時文。武科竟廢，不知歲試用否也。五點鐘開行。坐船尾艙，透風，但有屎氣。

二十（2 日）

閱《明季稗史》，嘉定、揚州之事，但望不見之耳。觀江永船仲山師所繪北方之圖，已近之矣。晚八點鐘到城陵磯，云等洋關須明日十點鐘。

廿一（3 日）

十點鐘後始開。介卿云關上每月收四百餘金，而稅務司洋巡捕薪水每月二千餘金，年耗二萬金，不知設此何爲？九江、江漢關查貨比前嚴，非有護照，磁器已提去矣。夏宅送顏太守物，着劉一去送，取回片。聞顏將回任，蔡將到岳。八點鐘到湘陰。以無月，暫停。湖水甚大，茫無畔岸。入湖口微簸，以後甚平。丑正開行。

廿二（4 日）

八點鐘抵長沙。到家，家中無恙。檢點行李。是日爲外祖父母百年冥壽，具衣冠往拜。留飲，抹牌，至十點鐘歸。談家事，四鼓始寐。

廿三（5 日）

飯後往子靖處，以疾不見。到小瀛洲見叔母，塘灣見居停，云科舉改章不誤，賑捐加成可倒填年月。到受明處，荔仙在坐，云述貞已到迪化；頌年隨駕，得撰文事；石帆隨駕，彭、俞均歸。到白果園，兄弟議復歸於亳，尚未定也。下午寫信到夏宅。黃伯華來，以妹于歸，請爲作伐，期與靜妹同，予辭之未允，從容再商。云男媒易某，或即勉帥幕友，幹臣謂與予相識者乎？伯華生一女，大小平安。以正卿事屬之，彼亦云不能也。

廿四（6 日）

飯後到雨丈處，云去年已面交信件，允爲設法矣，到京家信只"寓某會館平安"六字，餘言家事，慰彼喪第三子而已，須回鑾後，可與雙目共商，此時恐無暇及也。屬薦書院，云須紳士主政者。彼甚不以中峰爲然。到陶六處，云將下鄉。黃親家處，云棣威不歸，堂期在節後。汪親家母云二子仍使附課，現已改章，恐更難也。周印生云將捐起典史，須千金，湖北只二人。祭酒辭以禁風，龍侍郎辭以臥，遂歸。汪孟萊、用羽到此等我。官玉來，云萍鄉已開復，將辦鐵政局，伊意頗怨乃岳不爲彼道地。夏寄五十金交陶，屬送來，云小梅承爵帥保，送部引見，祭酒之力也。祭酒姪壻委永州第一優缺，以謝之。

廿五（7 日）

到鞾之處，云行期尚未，須待憑文，此去且到汴梁，雙目尚書處託爲轉致一切。昨張劭熙至，吉兒以前致雙目書付之，云尚書公接眷到開封，看此情形，必在開封駐蹕，回京尚無日也。予以已致書，但託彼面說，請早設法，索我所箸書，許之。到兆基處，託售染坊，爲還賬並修屋計。歸告家人，我寧出一半，想兄弟無可藉口，一面擇日，俟有歇即起手。聞老八將歸矣。小鶴來，以此告之。檢書四冊送庚口，無回片。送祭酒《山谷集》、洋果四瓶、磁器四件。回信云《山谷集》已有,退還。受明來,云祭酒屏對仍收,對子再當送去。閱《日報》,云聶中丞使袁某查辦江西,不知何事。勸捐閉市已登報,非佳事。官玉云江西賠欵索二百七十萬,更不知何以了結,但願此公能久任耳。報云山、陝人肉百八十文,英兵復佔頤和園,俄兵據東三省,將以朝鮮讓日,華官在北京仍無權。和約已僉押矣,猶未敢回京也。又有十月萬壽後回京之說。秋旱求雨,禁屠。新穀千七八百,何以善其後?小鶴云倉穀須留吃,甚是。

廿六(8日)

束裝,將到館。天雨,坐轎到唐執吾處,其妻亡,往唁之。聞汪允忱來,祥女將分娩,寫信並寄食物付來信矣。到汪宅,允忱已出。見受明,略談。遂到館,居停出見,諄諄以子見託。不知南昌何時考,究竟用八股不用也?韡之送大集來,詩、詞、駢文皆備,共八本。

廿七(9日)

晴,恐雨降未足也。作七古一章送庚口,並恭惟雙目公。擬挽薏丞一聯。改《四書》義一首。羅琴甫來,局事尚未到手。周蔭生來,詢部照有無捐花樣,驗看應入京否,或赴京,或赴行在。問官玉,云只有實收,無部照。醴、萍將開鐵路,乃岳爲彼謀事,總辦爲謝鴻年。文由榮保,留中,恐尚未能轉旋。周云别省捐者此間不可驗看,即由彼辦,由縣出咨文可也。俟再問黄星甫。星甫云此時可不理會,現在彼尚未辦,辦則部中注册五六十金,本縣起文亦須三十餘千也。江西即用省秤,並不補水,捐亦較此間便宜。現又到明文,仍二成一,江西只二成也。其説亦未知確否。官玉以還陶五十金見付,明日擬親往付之。白露後日熱夜凉。

廿八(10日)

閲報數帋。劉、張二帥續條呈十二事,不及奄宦,豈亦如丘濬《大學衍義》不敢觸時忌耶①？宜人爭頌陶子方也。言學校最切當，必有養士之法，乃有取士之法。改科舉不及學校，失其本矣。飯後至書局，見王刻《律賦》甚工，今日已爲道旁苦李。鄒姓所刻，書局不知，屬再問明。陶鳴謙處交五十金。張、王皆不晤。見親母，談一兒攜眷事。桂妹屬打聽行在。沈十二云伯鈞已歸，俟問之，伊居停陳子初將往江西，可帶信件。伯屏行期未定，見電云已畫押，盛大臣知會各督撫。歸見改科舉上諭，歲、科、武考不詳。吉兒云此間已明售《日報》矣。爲幹庭改文一篇，時文鬼尚未落氣也。是日居停之子周晬，添菜。久行，飢甚，食之哽噎，且吐瀉，夜起數次，豈飢後飽食之過耶？

廿九（11 日）

録出送韘之詩。飯後過之，云下鄉，以詩投之。到家，詢擇日、賣屋皆未就。小鶴外出。小泉適歸，以脩屋告之，云一年不出兩堂親，九月期亦不妨，託代爲祭外姑文。到館，過受明，孟萊託代擬送立老九句壽對。爲學生改論、日記。擬壽對云："丈人峰高，上有壽嶽；純嘏天錫，巋然靈光。"

卅日（12 日）

代小泉作祭外姑文。飯後到伯鈞處，不晤。往見海年，云晤伯鈞，言榮相招權納賄更甚於前，鹿爭，多不勝之，調停而已。到傅幼毅、于秉郁處。陳芷青移東茅巷矣。歸，改論。閱報，香帥奏革差役、書吏、屯衛，裁綠營，籌八旗生計，州縣獄監訟費，皆可行，第一條請節省尤要，其如不敢言榮、李何？開學務處編書，課吏仿江西法。報言此間有開洋書館事，予輩何不聞耶？本家爾梅署靖州，在對門，當往賀，並劉升求薦。

---

① 按，丘濬之書本名《大學衍義補》。

八　月

初一（13 日）

閱《日報》數䎙，所言中國無自主權，爲之寒心。李連英之屬監劉三殿御史與縣令，此與唐元積事何異？云保特科京官四十兩，外官六十兩，恐未必如此之甚，而據俞太史云，則招權納賄非誣也。爲學生改義一篇。將祭文録出。以《金石存》補《引經考》二三處。晤居停，云余介卿欲以二子來附課史論，遲遲何也？壽兒帶家眷云儘可，只要不虧空耳。念恂來報喜信，云又生子一，子分娩甚速，大小平安。到受明處，彼已知之，云八字剛强，當易成長。曾晤趙某，歸自行在，云頑固黨甚多，以爲京師人皆可殺。宋芸子前在京，與日人通書求挽回，此輩誣其通倭引寇，幸有人證其早同出京。宋將開坊，急以道員出外。如此光景，若不回京，恐有分裂之兆，足見《日報》所言不謬。報云參李相有三十餘人，不知作何語也。周立老非整慶，擬不往。到家一轉，仍回館。拜本家，未晤。到館，爲學生改論、日記。

初二（14 日）

以《金石存》校《引經考》，增數處。聞有電旨停捐，索觀之，海防、賑捐一概永遠停止，惟虛銜、封典、翎枝尚議。擬告吉兒，彼適與汪氏兄弟同來，云託陳芝初帶信件即送此處，明日親自交付。擬致書芟齡，如可通融辦理，先填照與實收，則請趁早辦好。吉兒去，遂作書，並問達三捐官之事如何，能指省湖南否。每日改論、日記，不爲不勞矣，安得有進益乎？連日秋燥異常，求雨不得。

初三（15 日）

將信寫好，並致達三、金女。飯後往獻廷處，請見陳芝初，爲人甚好，一見即甚親密。伊未坐過輪船，細詢一切。告以到彼先投信，以有要事。彼一路不耽擱，初五坐湘泰，初十外可到，廿日外必有回信，看如何，如不行，再找居停也。到伯鈞處，詢子綏消息，云彼不見人，不回拜，同鄉相戒勿往，竟不知其行止。右帥齮齕未已，伯年一時恐難起用。湘人奔赴行在有三十餘人，視他省獨多。陶子方摺上，太監百餘與侍衛皆回京，皆埽除耳。仁和相國曾詢及我，雙目尚書亦甚關切，但以事宜由下辦。然會試不可靠，奈何？香帥欲收拾壬老，可怖。行在事約如報所説。彼六年俸尚少年餘，頌年已快滿矣。鶴老重游泮水，有詩索和。陳伯屏至，久談始歸。海年來談，云在粵聞去年會匪由康、梁寄銀，與庚口諸人辦國會事，此輩將銀花費，無以報命，乃出此下策，故皆湘人，無粵人，似乎可信。蔭生來，云已上光五六百金，無部照，將停捐，奈何？彼不由此處辦，無能爲力。既係六成，何不由藩署也？改論、日記。李又珊來，呈所作《論黃老朸約言》，論古今學術極平允，與予意合。此人甚可愛重。又珊云李提摩太作詩感時事，甚可觀，有"四壁圖書歸劫火，六宮花柳泣殘春"，上指武英殿災，下指瑾妃入井事①，餘不記憶。聞行在禁《中外日報》。近聞諸公言，頗與《日報》相符。

初四（16日）

問官玉，云捐官需貢照。星甫歸家，趨來。飯後歸家，屬吉兒將照封好，親送陳芝初處。秉郇來，云曾洪茂等看染坊，嫌太老，恐不行。伯屏以行遲，將三書送還，以稟仁和師相函託韠之帶去。送行，不晤，加函送去。過受明，見公魯，將爲其弟捐大八成知縣。聞江南人有以此開公司合夥捐官者，不停何待？到館，伯華至，亦欲趨捐，云廿一成，尚可買欵折算，四百餘金可捐通

---

① 按，被推入井中的實是珍妃。

判，未必如此便宜也。爲幹庭改文。閲《申報》，云各國以回鑾改期，復調兵來，俄據滿洲不肯退。

初五（17 日）

受明來，云入官無貲，甚慫惠吉兒也。夏公來拜居停，聞已委釐金，二人合辦。爲學生改文，並爲二汪改文。報云前請復八股者爲何乃瑩，現爲黄策安參劾，又云出自野老。張天師能擊時文鬼，大快人心矣。幹庭爲趙孟剛餞行①，云往東洋游歷。羅順循爲此間營務處派往東洋看操，同行者梁璧垣之弟，張某爲雨老之姪。善後局發二千金，趙自備三百金同往。去年以爲出洋學生皆可殺，今何如哉！飲至夜，歸家。

初六（18 日）

飯後到封三堂。蓉墅初三趕回，病後消瘦，云到省只耽擱數日。聞勉帥有查辦事，不知究竟。前在闈中，曾向野老言經訓人才有盧、魏諸人，乃搜盧而得魏，此關節云云之所由來也。伯卿所説甚朽。朽人以爲去八股，則無書可讀。此輩本不知所謂書，可哀哉！

初七（19 日）

以夜卧太晚且不安，早起甚困。楊樹箴至，談及乃弟，云與陳芝初同行，湘泰不能到馬頭，今日撥船到三叉磯上船，初八可到漢矣。芝初俟勉帥事定再稟到，樹穀買介卿歘須到江西捐，云可折扣，將以知府指省安徽。孔到，不留，未聞高論。申刻與劉、楊同辭歸，到城將曛矣。聞述卿病，往問之。傳言李荇仙正法。

初八（20 日）

飯後到祭酒處，託早留意覓館，節後爲詢居停，如吉兒往西江，余須在家，蟬聯亦可，但須加脩，並覓附課。祭酒《日本源流

---

① “庭”，原誤作“臣”，據文義改。

考》、《駢文》已付栞。李某開鍼尚在彼處,以詆之者多,不願爲人鍼治,屬往拜,更向説。回拜夏觀察,不晤。遂到館,改義一篇。羅棻父來,以和鶴老詩見示,七律四首。予亦須安排。王伯璋來久談。伊年四十矣,母壽六十,到省辦屏,乃父集已刻成。

初九(21日)

録出《金石存》所列《碧落碑》釋文。舊從《七脩類稿》録出此文,恐遺失矣。閲《日報》,由潼關至洛陽已十一站,到處皆設行宮。洛至汴不知更幾站。濰縣以加税閉市,不獨江西。王厚儒來信,云課吏尚無期,將分六等也。祭酒請初十音尊,殆爲補壽之故。今日幹庭作論,筆頗老。居停過談,予以不但可入學,並可望中欹動之。彼甚欣然。告以宜多讀書,並爲買書。居停云中丞言已奉部文,書院課即當改章;回鑾徑赴京師,不在河南留駐,以各國相迫之故;雙目尚書家眷亦徑赴京矣。夏公云湘綺飯碗亦打破,想因南皮之言。現在主講亦難,教人鬧教,教人勿鬧教,皆非也。江西查辦無明文,安徽被參,不動。湘中峰自剛毅死後亦失恃,何以猶在乎? 此間江水亦涸,小輪只可到三叉磯。

初十(22日)

飯後歸家。二點鐘後赴祭酒音樽,至則客未到,見李春山,云一鍼即可望愈。祭酒出,則數客至,不便深談。葉至,云頌年可望政務、外部,沈、陳開釋,雙目之功。今上云二人甚不安靜,欲使恩歸長信,次日遂詔釋放。是上甚智而亦見其不自專也。晤曾慕陶,云台吉房屋已毀,郡館、湘潭館無存,湖廣、湖南館亦須修理,善邑館無恙。天甚熱,定更後歸。

十一(23日)

飯後到葉處,見彼所刻書,攜《瑞應圖》一本。金石書彼雖多有,恐無能助我者。物聚於所好,彼力能聚書,我並所有者不能保,可歎哉!屬撰李氏《易解》疏,予無有暇,恐不能也。往徐仲阮處,云人稅、房捐江南已辦,人稅一元,房捐每間四百文。到館,改文二篇。閱報,見余聯沅請改律例、變科舉、設巡捕、行印稅四條,首一條尤重。劉、張亦言印稅,末以不宜省費爲歸宿。醇邸見德王,免叩首,而彼語甚桀驁。直藩周諭委員查案札甚佳,能如此辦,或免後患。有八月初一起蹕之請,至今無明文,恐未確也。西安米每石二十九千。《九通》全書股票四十八元,價尚便宜。余介卿贈以所刻書,將以所著書報之。居停歸,請見,辭放節學。將晚回家。

十二(24日)

飯後到胡少卿處求診脈,云表藥切不可服,記之。其所擬方,四物外加北風,殆以血藥監制不礙乎?箸《漢學通譜》,溯原七十子,亦是一法。到伯璋處,不晤。歸覺大熱。晚風起,漸涼。夜臥口燥,風寒伏矣。

十三(25日)

人甚不舒。趙太尊課改論說,爲作三篇。臥更不安,凡五起,四更始安臥。微雨,只滑道耳。

十四(26日)

更覺困乏。不敢用表,乃不服藥。兆基二百金甚迫,各處無欵可籌,向象臣借期票百金,賣穀百金。居停送脩,仍八數。

十五(27日)

中秋。微雨。先生不放學,邀象臣來飲。飲後伯璋至,久談,見我所送《今文尚書》,極稱之。索觀乃父書,以刊成《詩集》見示,不勝人琴之感,當代無此才,惜哉!少作刊落太多,屬再補刊外集。

十六（28 日）

傷風，未醒覺眩暈。寫壽聯送伯璋母文太恭人。檢理書籍，以八股將擱起，群書亦擬求售也。

十七（29 日）

飯後到館，改論三篇、日記數則，人覺支持不住。下午到白果園，弁卿生辰，諸人抹牌，觀之。夜看影戲，二更後飲罷歸。前有朽生言岷帥病故甚確，今詢無之，殆八股先生善頌善禱耳，愚悍一至此哉！

十八（30 日）

飯後過受明，云頌年得隨蹕，不自費川貲，明年可望京察一等、外放，大約雙目之力。雙目家眷九月由海道入京，以河南不留駐也。聞香帥請迎駕河南，不知准否。受明子十二歲，作論可愛。到館，改論與義。義與作論不同，詳告學生。官玉捐巡檢已成，又有月底截止之諭，近日仍不踴躍。

十九（10 月 1 日）

改論一篇。爲汪子改三篇。受明至，以示之，勸其請先生，勿荒廢。伯華至，堅約作伐，云男媒易鳴鹿已至，同李公子住官園，屬過訪之。伯華捐尚未成，擬往江右，又不果往。閱筠師言洋務文字，真坐照數十年後。若見今日事，不知如何憤慨，然亦未必不因此賈禍也。人心不明，世變未已，哀哉！檢前數年詩寥寥，如題宋子才圖二首不見存錄，歸當大索之。

二十（2 日）

早起猶苦眩，小病何難瘥也？改義一篇。義不知應如何作，大約前仍須發題旨，後略發議論，不可多，恐閱者仍以八股法繩之。閱《書林揚觶》，仍是《漢學商兌》之意，挾朱子以排異己。今有老朽專竊此等書，諸梁亦痛斥之，殆亦公論不可泯耶？予非排朱子者，購《大全》閱之甚服，但恐天道五百年一變，鄭學興五百年，至宋而衰；朱學亦興五百年，至乾、嘉後而衰，此其中有天焉。講漢學者，其轉關也。如方某者，斷斷爭之，何所見不廣耶？《文史通義補編》內痛詆袁子才《詩話》，或有宿嫌耳。下午歸家，檢得詩集。

廿一（3日）

家中見達三書，云秋妾已遣，甚是，然何不慎之於早耶？伊已捐兵馬司指揮，乃兄捐雙月知縣，均不解何意。寫祭帳，到唐執吾處作吊。歸遂過受明，略坐。到館，見伯華，云朱喬生來電，佐官議裁，勿捐，始悟達三兄弟捐官不捐佐雜之故。伯華云翁家見夏信，幹臣捐知府，書菴捐縣丞，達三兄弟與前信同。不知得予信後，允爲辦否？官既議裁，聽之而已。聞榮、王、瞿賞黃馬褂，闊哉！查雙月知縣六百餘金，兵馬司指揮亦六百餘金，加分缺先須千金，不知此官有出路否？若截取同、通又恐裁，奈何？竊意佐貳亦不能盡裁，裁缺不能裁官也。予與伯華均妙手空空，有口過官癮而已。改義一篇。檢理詩槀。夜臥不安。

廿二（4日）

吉兒至，云鄉下事，因穀無人買，將倉封住，未知如何。江西事告以靜聽佳音。伯華亦來，云伊泰水生日，捐事擬作罷論。聞催罷甚急，外間分局一時不能得信，將來實官只作虛銜，何以取信於人？停捐乃不易之論，如此迫促，又屬非宜。小官亦不必裁，應裁者甚多。香帥自謂迎鑾有事面奏。峴帥開派辦處辦一切新政，亦不知從何辦起，近有病，交恩方伯代辦，此時文家所以禱祝也。風起，甚涼。

廿三（5日）

檢所作詩，錄出數首。陶鳴謙至，以芰舲來電見示，云"難姒場擒捉奕觭假千悝份俎電垺膀鹿門侗捉定艇舲"。文既荒謬不通，意更離奇可駭。彼以有我之字，故以示我。屬再查明，或電覆詢。歸告吉兒，云恐係密電，往中郎處假之，不得。

廿四（6日）

到館，着人到陶處問明，始知譯者全誤，其文乃："鳴謙覽，擬捐府，乞假千金，可否電覆。致鹿門，吉捐定。芰舲。"陶云電局可惡，誠可惡也。以告吉兒覆查，云皆"乚"字誤作"丨"字耳。芰舲十三發信亦到，云已得我信，彼處局撤，屬其弟向皖局捐。既有電來，則必捐足，惟云京辦驗看，少村可託，或未捐免驗看乎？予歸見此信，益豁然。染坊已還八百乙十金，恐未必能加益，屬吉兒即此定局。二媳婦云鄉下房屋甚好，更有常姓屋，木器均全，只要四百金押規。祥女所生子頗結實，如覓得乳媼，當來城，用羽亦來。李石友來見，係荔村子，現住北門內，甚窘。兄弟四人，大在京，次病，伊行三。呈詩，頗有思致，攜到館，爲點定。是日爲起蹕日，想乘輿已駕矣。

廿五（7日）

函覆芰舲，問明一切。飯後到伯平處，云九月初起程，仍作明年之約，未知伊選何缺。都中事已託之，或不必致書乎？伊子已捐官，十一仍赴浙，娶婦在九月十九，誌之。訪雨老，不晤。問書局，《鄭志》未出，《漢書補注》官堆已有。官堆每刀六錢八分，合九百八十文一擔，十六刀計十五千七百上下，十金零也。裝釘每萬紙乙千四百文，刷印、殼面、線在內。到伯華處，屬拜易鳴鹿不晤。到沈獻廷處，云芝初十二夜到，有信回，云勉帥待甚優，爲脩住房，伊所帶人均開飯，伊不願入幕，屬加知府，許奏調，每月百金薪水，可謂江右紅人矣。歸館，改義一篇。於星甫處晤張霞村大令，名光淵，清江下溪人，云識芝仙，且有戚誼。予記族祖姑有名月姑者，適張，守節，孤貧，祖父時常寄銀兩，前數年始去世。問彼，不深知。言到龍潭見新起祠堂，譜尚未興修也。

廿六（8日）

作詩一首送伯平。伯平問帶信否，更起草，付吉兒書之。據云恐須仍在開封做壽，天津大沽炮臺西人已毀，使館更修炮臺，反客為主矣。彭述放湖北學臺，頌年獨不得，惜哉！改論一篇，為講書。下午過子靖，面色尚未復原，云又請李春山，腿上開五針，無礙，請彼須備點心，轎錢一百文，藥用東協盛好，價亦不昂。

廿七（9日）

先聖誕祭。早到學宮，聽吾邑耆宿高論，云八股仍復，故李相參香帥不應變法，又云俄人強中國復時文。無論李相非守舊之人，俄人又安知有八股耶？云為我不貼膳黃，膳黃惟慶典恩詔乃用。前為保教，係西人強之，非舊制也。云李相請不停順直捐，事或有之。樹箴云乃弟捐江西知府，買欵八折，不能再折，仍二成七，明年引見到省。勉帥嫁孫女，即劉更生家。禮生死者三人，無人贊引，強予讀祝，跪下即聲音下，足知跪拜非所宜。陳教官云乃弟年長，須昏，屬致栗樵。眾人屬致述卿四金，可弗折扣。飲罷到館，已午後。分得胙肉，晚仍歸。

廿八（10日）

飯後聞外孫又乏乳，函告念循，勸其僱乳娘。遂到陳梅生處，云張、瞿甚關切，以未昭雪，頗歉然，屬北上致諸公，云大梁做萬壽，十一月必回京。荔村事到京自當設法，使扶櫬歸，家計一層則甚以為難。堯衢署道湖北，不能晤。彝恂捐道，復心所助。彼小我一歲，有四子、四孫。蘭生尚未補缺，家亦以亂歸，向青亦丁艱，蓉瑞死矣。到璞老處告之，屬告李石友自去。節吾云將至矣。到館，改文、日記。寫出送伯平詩，並致經玉生一函。汪大姨太太朝香致禍，真異事也。張松宇中頭彩四萬元，潤哉！微雨，漸涼。

廿九（11 日）

爲汪氏子改論二篇。居停使其子學西文，每日九點鐘去，十一點鐘後歸，早飯恐更晏矣。學未必成，予不便阻之。此局捐六萬金，幹庭捐員外花翎，云可保三品銜。郭本謀捐道，賓鳳陽亦捐官，不見胡少卿，殆未加捐。聞少卿明日補祝，趕擬壽對寫送去，云："學紹孔提，下通赤制；經傳彭老，内養黄庭。"上聯用緯書，叙其作《漢學通譜》推原七十子而言也。大風，甚涼。

九　月

初一（12 日）

晴。送伯平詩、兩尚書函、吉兒扇面著人遞去，並問何時起程，再去送行。西學郭先生云來教，卒之不來，固知其不能爲一學生特教也。閲報，言邱某因報效，不惟免罪，且賞主事，然則梅生所云有何難乎？教案辦人甚多，隆文斬監候，裕慶充極邊，比前更加重。中無李荇仙名，固知訛傳不搞。無事，録出詩十餘首，其餘大約散在日記，俟再覓之。改義一篇，大抵不誤，少生發耳。得達三信，云五叔電云"辦妥，填照，吉人可速來江"。十八勉帥懸牌，未知何日開考。

初二（13 日）

覆達三一函，並致金女。校所録詩十餘頁。胡少卿請戲、酒，使吉人去。學生學西文，過午不歸，幾爲腹負將軍矣。是日雨。將晚家中命轎來接，乃歸。

初三（14 日）

以慶義染坊出售議定，飯後中人來，約同到城隍廟立契。同吉兒往，則買主未來，來即陳荇雲也，云買主本家忠恕堂託其來照料，豫備酒席。契載八百式十兩，除去批三十兩，只七百九十

兩。此屋先祖奉政公以予入學，給爲獎属，不料予不能保守而棄
之，何以對先祖乎？然予拮据半生，今以嫁女、脩屋、爲兒捐官，
不得已而求售，即先祖見責，亦可以告無罪，但自我得，自我失，
不能無恨恨耳。等至下午始入席。悶酒易醉。酒罷到館，將晚
矣。改論一篇。

初四（15 日）

以昨接芰舲信，云捐免驗看未捐，由京辦又耽延，不能禀到，
聞江西展限一月，乃再致書芰舲，託爲捐免驗看。聞庚口爲人參
劾，專人趕回，再作禀仁和師函，使吉兒寫交耳東帶去。耳東得
予詩，盛稱之，或能爲力。昨苻雲託見梅生詢荔村督銷脩六兩，
如來，即詢之。伯華來，云李府過禮，未示期。予以易某未來回
拜，託彼自去問。以《日報》見示，云已准裁糧道、漕督，佐貳、雜
職亦議裁，又議裁釐金，則外官難做。又云部中停選十年，缺由
外補，京官非部用不得分印結。説皆近是。言董福祥事頗平允，
似得其情。湖北委員敢觸權奄，此人可大用也。王、鹿未了，不
洽，王到外部，戶部專歸鹿。李入樞輔，北洋以袁代，東撫以胡燏
芬代，似亦近之。唔居停，託以撥寄江西，彼已允諾。李又聊至，
云黃老已故，有屬杜喬生之語，叔瑜亦將告退。吉兒云有舉我之
信，恐文網一日不解，講席一日不得也。彼明年亦不留我，云有
好館即不強，無則可到我處，脩不能豐，廿餘千而已。所作古文
頗有意度，惟近弱耳。此等人已不可多得矣。改論、日記，竊恐
分心，將兩失之。夜雨，甚寒。

初五（16 日）

致書頌年，屬轉催尚書設法。爲又聊批所問、日記。爲汪氏
子改論、義，論稍可取，義全不合也。見部文，和欵分派，部議裁
減神機營等項只每年三百餘萬，其餘各省江西派一百四十萬，湖
南派七十萬。内有房捐、稅糧，江南已行，各省亦可酌加。土藥

一項,茶、糖、菸、酒四項,再加三成,鹽斤再加四文。尚無加人稅、裁釐金之說,亦未言裁官,但裁綠營。昨日司道會議,不知如何議法。易煥鼎號鳴鹿來拜,云有易荇雲者,瀏陽人,其本家也,原係此人作伐,未來,故請彼代。江西展限三月,課吏已考一次,恐未搞也。幹臣前言瀏陽人曾識我者,乃易荇雲也。此人年輕,亦官知縣,不知是江西否,俟問之。吉兒來,交《毛詩》之數,當付居停。云即將致信德大禹疇,面交芰舲。此間亦有展限之說,彼不欲再辦矣。晚間欲歸,因雨不果。

初六(17日)

黃家一早來催,遂歸。問家中早飯尚未,命轎先至伯華處,告以易銘六所說。往張、陶、夏、王,皆不晤。遂到黃家,陪客一日。蕙丞平日應酬,故客尚多。將晚始家奠、吃飯,歸二鼓矣。腹痛,夜起。

初七(18日)

早勉出門,到易銘六處,將話回明。易為芸陔姪孫,喚彭老太老姑祖母,論戚誼小二派,已捐知縣。新郎號茂楨,已捐道矣。程子大來拜,未去,便道拜之,云日內將歸鄂,盛稱其辦自強學堂之功,以章程見示,伯翰之書亦發刊矣。到黃家,則客已不多,但方伯、趙太尊及居停皆到。但言將提契稅。趙言勉帥已奏請展限,俞未請,不能展。汪事尚未了,來找我。歐小滄館衡山。仲皋託致書黎大令,辭以局事待局憲示。王桐軒過衡山,看如何。伯華石灣委紳聞榮總辦到省,屬往見,而伯華已去,予亦歸。

初八(19日)

以蕙丞柩停南門外,設祭,未去送葬。以汪事函告伯華。李家初十陪媒,辭之。聞君華將往江西捐官,彼不知昭信票只能作一成餘,幹庭四千金只作六百金,則三千只五百金矣。寫信到夏氏父子,各一函。夏子新丈來,云衡州考不能在府城,衡山分入長沙,餘七屬分永、郴、桂,彼求中丞統歸長沙而不可。此公步履甚艱,不到黃處,難下拜耳。伯華來,復重託,約早回信。陳璞老至,以名條相付。午飯後伯鈞處致唁成服,遂到館。居停屬撰席少保祠對聯,欲叙親戚一層。予甚難之,強作一聯云:"思公南仲赫威聲,形圖紫府,位列青宮,仰瞻新廟華榱,大樹無由覘雄略;有子束牀備高選,甫聘烏羊,旋傷彩鳳,惘悵映階碧草,蔦蘿未得附喬松。"幹庭不欲認親,予亦以爲不合款式也。改論、日記。屋後夜見鬼。

初九(20日)

重陽。微陰。更擬聯云:"南楚建新祠,看此時碧草黃鸝,更添綴瀛洲勝景;中興昭偉烈,至今日蠻花犵鳥,尚流傳黔地威聲。"又一聯云:"問吾鄉祠宇可似瀛洲,試看複廟重檐,並堪稱勢瞰西江,氣陵南楚;仰少保勳名宜垂宇宙,想見輕裘緩帶,洵不愧形圖紫閣,位列青宮。"飯後到伯平處,云過十九、二十喜期方行,求實已歸杜矣。到沈十二處,不晤。到海年處,請診脈,云非止血虛,氣亦虛,宜用《醫林改錯》方;近人以鑑洲爲最精,信丹溪太過耳,次則趙淑之。趙居小吳門外,鑑居子大對門,誌之。傅、陳皆不晤。回館,伯華至,云尚未晤榮,下午去。李名鴻榦,字茂楨,昌洵其叔名也,未知同來否。李出繼,有二母,送聯宜出勉帥名,亦是。伊父爲王孝儒致函求事,云未到,殆官卑名恍惚乎?《申報》云香帥將辦畝捐,事恐不免。受明來,云廿日有變法之旨,惜未得見。升允以供應奏參知縣,且云王公從人搶食,雖蒙寬宥,究非所宜。潼關華廟留連數日,須九月底方抵開封,但望從此永慶昇平耳。擬送李云:"仙李根蟠,謀詒燕翼;夭桃華灼,吉葉鳳占。"送陳云:"羔雁盈庭,二雅並美;鳳皇卜吉,百世其昌。""夭"字,《說文》引作"楑",俟歸查之。夜雨,真重陽天氣也。

初十（21日）

閱繼廉訪《行素齋雜記》，嫻於掌故，可備考稽，較之發空論者爲勝之矣；惟當此時多故，不講振興、報稱，但侈稱門户、科第之榮，前人譏王定保《摭言》，恐亦似之。祭酒刻《功過格》傳世，殆爲子息之計。致函往問下午能見客否，以前此來回拜又錯過也。子大通蓺學堂章程甚好，未審能實在否，教習難其人，學生亦難其人。時文學堂改課時文①，惜哉！喬生明年又當如何？報言津、通處處駐兵，又云中國將以新疆伊犂换東三省，此亦不得已之苦策，竊恐東西皆不能保耳。文公達來見，仍住原處，云盛省傳在滬晤見，云寧波書院欲請我去，屬見省翁再詢詳悉，彼處局面如何，寫信告我。乃翁垫老所保，並有公度，榮擬准，鹿不欲，遂留中，東人擬回京後合保之。垫老不入樞廷，因摺後數語，大約即兩宫一心、滿漢一心，公達云小沂所擬。現在行在諸公與都中兩歧，全權云回京行新政，乃不俟回京即行以市恩。有張侍郎由京赴行在，云傅相欲裁政府，適陶子方摺至，觸怒，云張某欺君，擬正法，仁和爭之乃放歸。有内奄黑某甚當權，到河南恐尚有留連。英、日亦不欲速回京，恐俄、德把持。若執政異心，各挾外人爲援，禍不細矣。云盛杏生南洋公所起學堂招考，沈子培等閱卷，伊已取第二，將來學成，可奏請保舉人，勸吉兒到滬赴考。現一切未定，恐不可恃，事定再去未晚。王回信，下午須出，將來一談，下午可不往矣。改義一篇，頗妥，但黄黎洲言義須條舉《注疏》及先儒之説，再以己意用"愚按"結，則作法與經解略似，與論不同，未知近日程式應何如也？下午往李宅，李茂楨已來拜我矣。前請帖乃借歁，催客即用己名，自作主人，人甚老練，云江

---

① 按，"時文學堂"當作"時務學堂"。

西展限未得乃祖之信，似乎尚堉，但買籌餉捐欵八折現已不准，且聞彙足八十萬後，將一總奏請部議。若只准作虛銜，則諸人以小失大矣。易鳳樓在坐，談及汪事，伊云當往督銷局查明設法。

十一（22日）

伯華早來回信，云見榮大令，伊七月即到省，乃收支所稟，云扯破巡丁號衣，局憲命重辦。又鋸船之說今已輕減，但罰船戶數十元，即可開釋，屬再查批示。君華來，云明日往江西，捐鹽大使，只找百餘金，恐不能以信件付之。飯後到館，改定席祠聯云：“湘水小瀛洲，勝地新祠有似吾鄉，試仰瞻畫栱雕楹，並堪雄瞰西江，秀陵南楚；皇朝大一統，中興儒將交推少保，猶想見輕裘緩帶，不愧形圖紫閣，位列青宮。”以呈居停，似尚妥帖，特恐首二句人誤斷句耳。居停云有八省奏停分發之說，江西恐在內，宜早稟到。雙目尚書保十四人通西學者，湘人有四，其一爲陳璞臣。湖南派捐，紳士云田、房皆不可捐，專加釐金一倍已足，特恐操之太蹙，盡歸洋人口稅，並此釐金失之耳。如某瞎子始云捐一萬，今不拔一毛。不思於菟之義，專講楊子之學，其富可長保耶？諸公皆多田翁，故不肯加畝捐，願加釐金，不知太苛非可恃也。廷議不肯明定章程，紳士各徇私見，豈能成事？江臬柯逢時升湘藩，九江道明坐升江臬。聞柯亦鹿所保，在江聲名頗好，重讀書，到此或稍濟乎？聞校經有延湘綺之說，船山屬誰？予此時亦不敢望，寧波局面未知何如。爲汪子改論四篇。晚間胡五來，云汪大姨太太已歸，問及吉兒，五日不歸，何也？陳璞老託查陳嘉弗，任絛未交，求人不可恃如此！

十二（23日）

函復璞老與伯華。閱《普通學歌》，擬爲作注，以便初學。經學無難注，道學則不盡知名，大約依草附木之徒無著述傳後者，此書列之，未免濫矣。當檢《宋史》或《弘簡錄》，必有之。歸見祭酒函，並《三家詩義疏》刻成，予説皆采入。此書成，亦大觀也，今只刊《二南》、《邶風》耳。云已見居停，仍當奉屈，加脩一層未提及。索予駢文，殆欲入選乎？是日高太恭人忌日，邀諸弟飲，説及史家坡與江西事。飲半，吉兒始歸，云穀全去，且須找十金出莊。此事予早知失之於先，吃虧不細，然送官非計，意亦不忍，且姑待之。夜風，甚寒。

十三（24日）

復祭酒函，並呈駢文。以仁和師稟送伯平處。寫對聯二首，送李、陳喜事。飯後到館。璞老以梅生將行，促取李摺。當復函，並函致梅生。邀獻廷十五便酌。將晚始得祭酒回信，云加脩一層未及面説，今已將關送來，即付來手帶轉。此事不便將關再送祭酒處，亦不便直退交居停，擬轉交悍府，託爲代達。悍翁與官玉夜皆不至，當屬幹庭轉言。伯華來，云乃弟已捐按司獄，渠意亦欲往江西捐知縣，奈須等喜期後方可行。予以八省將停分發告之，伊云如此則吉叔亦當即去。其説甚是，當歸議之。夏家尚無的信來，何也？爲幹庭改論，作法皆合，間有稗語，在彼處已稱翹楚，特恐今年考仍用八股文，否則入學可必，即中式亦非難也，惟不應以西文分其日力耳。若留，當切告之。汪子改論，亦可觀。

十四（25日）

一早到家。午後謝家納聘禮至。晚間往白果園，爲楊姨太太祝壽。夜歸。

十五（26日）

高太恭人生辰。本邀客早飯，午後酒席方至，飲罷已四點鐘矣。往白果園祝壽，將晚入席。二鼓歸。

十六（27日）

小鶴三十歲，送禮者與添箱並送，頗熱鬧。羅彥之以雀戲爲人惑,小鶴力爲調人,將予局打散。羅欲演戲,不得已唱一晚臺,一點鐘始臥。小泉將晚趲回家。蓉墅來,留之不可。

十七(28日)

飯後到陳梅生處,以予事託致兩尚書。李事云已説妥,而摺未發,可託伯鈞催取。到李府,有號果哉行五者,勉帥姪兒,作主人。黄望之寫庚,同送聘到黄家,復回李家。席散,夜歸。聞八省停分發事塙,張小船到湘藩,柯升江藩。與吉兒商之,趕打電問陳芝初,云"江停分發,可驗看到省否",將回電資並付。

十八(29日)

一早打電,云明早乃有回報。是日課題,嶽"《大學》格物致知精義"、"各國交涉源流考",城"《周禮》六器六摯考"、"富弼使契丹論"。飯後到館,作論與義,並改文。將晚歸家。靜妹明日鋪房,甚忙。

十九(30日)

飯後見奩具一齊擺好,往黄家。便過伯平道喜,云月底准行,道及館事。到王、陶,皆不晤,陶云一姪病故。遂到黄,與易同到李處。有行五號果哉者,勉帥胞姪,官直牧,無鄉氣,議頗通達。宋某茂楨姊夫,劉某艮生之子、茂楨妹夫也。復同易到黄宅,席散二鼓矣。易云江西買欸只作虚衡。吉兒皖捐,或非買欸。芝初回電,分發未停,多費數元。唐愷之回電亦同,云初二准行,促吉兒同去。

二十(31日)

靜妹開容。俗忌一年不出兩喜轎,借對門發親,人皆到對門,予亦同往。李家早催客,以爲鬧轎也。往過劉牧村,云次子入學,屬打聽王某。其子行七,頗倜儻,家計不深知。牧村家計不便面問,介卿意在牧村子也。到李處,始知勉帥生日,七十五矣。入到壽堂拜祝,留吃便飯。晚間鬧轎,二鼓後歸。聞伯平娶媳，旋喪女。報言裁官，並府、道不用。李希聖《政務處條議明辨》甚通。廿日諭旨云母子一心，力行新政。劉、張所陳多可用。聞已到洛陽。

廿一（11 月 1 日）

早到李家便飯。到黃宅，茂楨親迎。回李宅已午後矣，彼強留，辭以須到謝家，約明日去。遂過謝家道喜，見南平，尚未告祖，即歸，彼亦不留。是日黃孺人生辰，祭畢而飲。庶母先醉，不能往做上親，使六嫂去，款待不恭，可不苛求。念循來，屬請乳娘。

廿二（2 日）

下午往李宅陪媒，安獨席，力辭之，引姚俶詞並坐。歸已二鼓後。李廿八回瀏陽，滿月到江。新娘甚富厚。

廿三（3 日）

飯後過受明，促以催乳娘事。過蓉墅，略談。遂到館，改論二篇。伯華來，云將到江西。銘六云李家可幫忙，以新親辭之。正卿言企宇丈人願為捐官，不肯，皆所謂礙臉皮餓肚皮也。彝仲將晚來，久談，至夜始去。

廿四（4 日）

以妹回門，一早到家，將午始來。新郎號俊卿，甚倜儻，貌豐厚，見者皆稱美。兩媒人來陪。喜事已完，將脩屋，促檢場，並催吉兒早料理行裝。

廿五（5 日）

壽兒啟程。午後過子靖，伊轉屬其師，現住千壽寺巷，就醫三百文，可於午刻往。到館，不交功課，亦無回音。石泉來，云彼處不留，約明年到我處，所作《勸學篇書後論》極佳。將晚到師家祠，九安丈以與胡止生聯姻，屬陪媒。劉氏兄弟作媒，蓉墅兄弟在坐。席散，回館。聞中峰云未到京驗看不得到省，報云香帥亦有未到京驗看不得差委之説，不知江西何如？茞齡初十函來，言捐事仍不了了。幹臣尚在皖，捐知府未妥。伊家所捐不知是買歟否，大約尚未聞作虛銜之説。金女亦有一函，聞停分發之信。

廿六（6 日）

以昨所聞告吉兒，催早去。補録近作詩文。午刻歸家，屬勿打電，惟早行自明白。黄九嫂至，託寫信黄小麓處索債。回館，書就送之。見李希聖所作《明辨》，可謂敢言，暢快淋漓。

廿七（7 日）

到獻廷處，屬函致居停爲吉兒求調課吏。到伯平處送行，珍重懸榻之約。云有大梁駐躃之語，恐將直走河南。初一趲湘泰輪船，吉兒可同舟矣。回館，寫信詳致茞齡，並禹疇、達三各一函。彝仲來，談中華將爲印度之續，未見嚴又陵《原强》而闇與之合，足見能讀書人所見自通。卯金老朽，何足知此？宜河漢吾言也。晚歸，催吉兒束裝並脩屋。

廿八（8 日）

立冬。飯後到館，改義一篇，爲又珊答問數條。茂楨到此謝客，想必到我處。伯華來，云明日請茂楨，以求調課吏託之。見電，廿五日到鞏。考地圖，過洛陽百三十里，距開封二百五十里，月底可到。傅相廿七未刻出缺。此公之死大有關繫，恐更不肯回京，一則抗爭無人，一則無可倚恃，將來變故尤不可料。此公遲不死，早不死，殆天意歟？將晚往嬭母處祝壽，吃麪。歸見居停，告以吉兒稟辭往江西，且不辭差，使黄正卿暫代。以小鶴名條交付，求調，彼云交星甫轉交馮伯初可也。

廿九（9 日）

録《詩考》數條。飯後到嬭母處拜壽，遂歸家料理。過受明，云即日起程，往江捐官。老太太出見，云已囑念循，必請乳娘矣。到小瀛洲，客未到，無坐處。復到館，爲學生改論。復到小瀛洲，抹牌，飲至夜。歸過受明，已登舟矣，可謂神速。

三十（10日）

在家，催檢什物，移居。吉兒檢點行李。庶母忽有異言。小泉初一赴局，以所説告之，云並無是説，可以不聽，脩屋照派，斷不再説。小鶴未歸。吉兒歸找錶不見，紛然半夜。

十　　月

初一（11日）

晴。吉兒所帶俞貴云湘泰在蘆林潭，駁船十點鐘准行。本日祖父忌日，已請客，改早飯，擬飲畢送吉兒登舟，既不能待，即只好使吉兒先行。周蔭生來，云將往鄂打聽，再設法。聞李謚文忠，追贈一等侯，世襲罔替。仁和師相全權大臣，袁世凱直督，雙目有協揆之信，外部本在六部上也。飲畢，聞船未開，上船，則人甚擠。伯平父子尚未到。北風大，不能開，予遂歸。是夜船仍泊省。問小鶴亦無異義，可成事矣。門前柱又折，奈何？

初二（12日）

天明船開。僱人搬什物，一日紛擾，尚未檢清。家眷居前面。李兆基薦楊泥工至，與小鶴當面議定壹百串文，並包一切，面付票錢拾千。吉兒錶仍在牀下。牙牌數失而復得，不必憂疑，驗矣。

初三（13日）

卯刻拆卸起手，天明即起。史家坡墓廬以水淹，前門倒塌，已約恒章在家等候，伊亦擇今日卯刻起手。因掃墓之便往看，飯後達卿同往。祭後看屋，不能不脩，起造前門，兩旁添屋數間，將內面一間改便坐，伊要錢四十千，已還三數，大約尚須稍增。歸告小鶴，云亦不貴。述卿約到彼觀劇，三更始歸。

初四（14 日）

往馮家沖埽墓。北風尚大，比昨日過河稍平，恐初二未必即到蘆林潭。此二日不能行，船上殊受逼窄。早二日與受明同行，已到九江矣。祭後飯，歸。彭佃求脩門前塘，未許之。歸遇汪孟萊來，託以見但公爲吉兒求信致柯方伯，柯與但同鄉。初一伯華來，亦屬轉託伊妹夫函求勉帥，擬更自往託之，亦盡人事而已。左文襄祠請初七音樽，想係九十冥壽，不知應如何送。伯鈞處十五六開吊，並須往，誌之。擬明日到盛家灣。風大，恐有雨，遂到館，改論、義各一。星甫至，詢以前説，云入學重謝，姑忍之。官玉將往龍陽，屬撰壽文。夜雨。

初五（15 日）

晴。欲出，聞路猶濕。録《詩考》畢，校録出詞一卷。改論一篇。問幼羮，云即行，趕寄一函。蔭生來，云弟長順爲蘭生毆擊，咎由自取，此等事何能告當道？惟屬老六向仲皋尚可耳。楊六趕至船上，云已挈眷上船，足見急於得官非止一人。報言裁官，又言十年內不能得缺者並遣回籍，恐未必能行。啟鑾一路經費得一千三百萬兩。九月初五日諭喀爾喀親王從人毆擁巡檢，殊不成事。又言一切新政，將來均照江、鄂兩督所擬辦法。近諭均樊雲門主稿。有大員某見榮相，請除黨禍以安人心，亦可搜羅真才，相意頗以爲然。江督已開辦新政局矣。此公前力阻新政，今忽開通，可喜。晚改論一篇。買得《古文辭類纂》，閲之，仍有誤，且黑字未補，未盡善也。

初六（16 日）

飯後到獻廷處。遂到楊晴川處，云子紱隨駕，並未派事，何苦不歸？挾妾偕行，洵非計也。到李茂楨處，云明日將往瀏陽，乃叔已往江蘇。銘六歸家，伊往返十日再見。到兆基處，不晤，遂歸。午飯後往沈小嵐處，不晤。歸遇李又珊，云東家出門，内東不賢，已散學。明年館事與之説定，統用而立之數。兆基來，云泥、木工均須交錢。

初七（17 日）

早起到盛家灣，將晚始到。興中閱某所上書，所言皆是，而不應詆斥大臣貴近，此其所以不行也。列國時呵詆權貴，策士之習也，非可施之今日。夜雨。

初八（18 日）

雨不止。將到春華山，大風，幾不能行，强到泉窩塘。陳佃不知好歹，可惡，念其先人，未送官耳。到楊家山，見陳光國，云租五十石之外，再找十四金，方可行。此事吃虧太多，悔前未自去也。如此大風，不知吉兒過湖否。

初九（19 日）

歸家，酉刻始到。李荔村之子至，云將往貴州。陳家喜事，不便往問。卷票大索不得。達三來信，殊草草。

初十（20 日）

往謝家拜壽。飯後到館。江電云十一月初三齊集。居停來，云廿日外去，未云欲予同往，予亦不肯再去。伯華昨往江西。江西捐九月卅日已停矣。官玉亦行，留字屬作壽文。方伯傳彼寫摺，官玉亦非能書者。張野老調刑尚，夔師已北行矣。詢伯平無到漢電信，路上豈久耽擱耶？改論一篇。校所録文一卷。聞江西開畝捐。湖南鹽斤再加四文，已七十二文矣，此項可四十餘萬。再加土藥、契税，十二再當會議。下午到謝家赴飲。南平云介卿不去，恐伊將往江西。晚歸家。

十一（21 日）

飯後到館，不見學生。得壽兒初三信，已到局，作函戒之。又珊來，寫關與之，生徒三人，束脩、月費、節敬、轎錢共三十串。

示以《普通學歌》，屬爲作注，予力實不暇也。樸山云擬廿八日往江。昨初八風暴，靖港覆舟，廚工某凫水得救。不知吉兒未受驚否。此間所用楊成衣已溺，云三十餘人只救十來人，可怖也。夜讀杜詩有感，得《回鑾》並《吊李相》各二首。

十二（22 日）

爲官玉作壽文一篇。補《書考》一條。改論一篇。見政務處擬訂考試章程，首場以《九通》、《通鑑輯覽》命題，二場問外國政事，不問藝學；義書寫原文，不能刪改、增減；鄉、會試不用謄録、對讀；朝、殿試卷式橫直均有界限，惟少"准添注、塗改"一語。練兵宜一律，亦是。報紀通州武生作鬧，可笑。柯學使已示停止矣。陝西鄉試亦改明年。回鑾仿南巡盛典，前門綵棚四萬金，誠爲過費，或亦以此歆動上意乎？俄國鐵路已通至東三省。有變法廢員均准開單之語。王照投到，未知果否。李勉帥設派辦處，以取第一方履中州判爲文案，不知方何人也？幹庭欲不赴考，不知誰爲之謀？

十三（23 日）

補《左傳考》"五舉"一條，俟再考。星府課吏，使幹庭捉刀，爲增補數行。是日祖母忌日，飯後歸家。蓉墅來，留飲，至夜。

十四（24 日）

飯後到館，見允忱到織機巷，云以席公入祠來，入到家[1]，屬僱乳娘。受明初三到九江，有電。到館，改論一篇、義一篇。閱《花月痕》，頗雅鍊。

十五（25 日）

寫信到吉兒處。官玉趕回，云將歸試並祝壽。幹廷恐不去，已三品銜矣，何區區一衿哉，特以前不知何爲耳。聞達三信來，

---

[1] "入"，似當作"若"。

歸視之,加一唅,惜廿八課吏又未到。幹臣未歸,驗看未捐,不知此月廿八來得及否。封山堂送來女孩,强人受,殊無理,屬送蓉墅處。夜猏聲又作。

十六(26日)

飯後到館,改義一篇。目疾,不能看書。正卿來,云黃氏兄弟父死不葬,爰及干戈,企宇毆兄,不知何以悖戾至此?聞受明歸,將往問之,而彼適來,云未到江西,因在漢口已託人捐,且肯墊欵,故到南京一轉即歸。吉兒初七到漢,與羅宅送口信合。云有廿二、廿四由汴起釁之説,頌年有信來,王爵帥又被參,勉帥無事,野老參徐花農,黃策安升鴻少。席祠十哲似無黃忠壯名。得伯年書,寄示右老行狀,述湘事頗能張目。書云"去敷衍塞責四字,尚有萬重",痛哉言乎!桂伯華坿書來,言法必變,但非是耶教、非孔教,所見亦是。伊歸心內典,才人末路至此,惜哉!

十七(27日)

雨。欲觀席入祠,不果去。官玉云俞介卿子亦不去①。遺金滿籯,豈在一衿乎?官玉將走旱路。問李茂楨未來,將來只好託彼。省城又出《近政統鈔》,一月一百。報云東三省事未定,傅相以此驚駭致病。王欲依傅相所定俄約,鹿不欲,爭論幾至揮拳。瞿欲以爲萬國公地,榮模棱兩可。一國三公,吾誰適從?劉定房捐,上等每年二錢,中乙錢,下五分,上下忙交歸業主出,舖捐五釐,租户不出。

十八(28日)

雨,頗寒。讀右老行狀,令人怦怦,補作挽詩四章。聞仲丹死。往見祭酒,告以學生無功課且不考之故。彼勸勿辭,俟見居停勸之再説,伯平得缺必相邀。我思伯平既以告彼,必非戲言,

---

① "俞",似當作"余"。

看明年可有轉機，今學生看彼如何說耳。云俄約四條，一退地，二廢舊約，三許中國增兵，四礦利中俄合辦。如此，則局面頗好，回京當搞，不日行新政，予或亦得轉圜矣。協辦云當屬孫。席祠配享本有黃忠壯公，彼以已有專祠，止之。《駢文》曾選予作，與《日本源流考》均未畢工。書局不能再受書板矣。語罷，仍歸館。居停怒詈官玉，不許其女入門，乃郎亦以爲過。

十九（29日）

晴。江右電來，問動身否，以此告。祭酒來，説須在今日。歸家，取姚某伯評本並附上。過受明，不晤。見允忱，久談。復到館。允忱云祥女母子到常家沖，念循未去。

二十（30日）

飯後到席祠看，對聯甚多，有用珠槃玉敦者，太不讀書。居停未上對聯。其花園無丘壑，頗似西人，塘比前填小矣。到介卿處，始知五弟婦生日。到白果園，略坐。過汪，不晤。得壽兒書，云衡總辦換浙人趙某，囑爲道地，免其挑剔，當爲居停言之。聞祭酒昨到此間，以後並無消息，大約作罷論矣。下午見有人留片，名皮承周，字岡如。詢門上，云住武林趙宅。找至吉慶巷菜園內，始見。其人由武岡，將回家，德恒公之孫、芝仙之姪也。談及脩譜，云欲我倡首。我何能倡，然不能不出費。晤汪受明，云李遺摺表新政，順直捐永不停。李保香帥，不知能入政府否。廿二回鑾當搞。到白果園，飲至夜歸。二鼓後火。

廿一（12月1日）

大風雨，屋瓦皆飛。閱公賬，大約餘五數，須賣穀，呼人不至，覓得卷票，呼匠人看前面。得回報，且促早成。到館，見王孝儒，由江右來，云已課四次，須俟明年，失此機可惜。彼亦以考不礙，大約亦不見聽，真冥頑不靈也。夜寒甚。見星府，詢衡局趙已到省，讀書本色，和平。

廿二（2日）

晴，頗冷。批日記，爲汪子改一論。昨向二媳説，勸請先生，此非批改能爲力也。封書，擬託茂楨帶交吉兒。《二十四家文》曾習之，當再找一部。閲報，云上見内豎進膳，輒言卧薪嘗膽，而朕食肥羮，殊覺於心不安，真聖明矣，而路上供應御用水用細白布瀘過，黄布封固，得毋不善奉行乎？衡人求附省試，中峰恐生事，飭衡府再查。有粤教官張克誠自新加坡稟督，請開尊孔教堂，批答甚優。此事早應爲之，無如朽人阻力何？各省辦學堂甚熱鬧，吾鄉寂寂，不如并兩書院如何？議京師工藝局甚佳，亦不知實在否。八月廿九日接歸併衙署電諭，出自内閣，查無其事，現拿捏造之人。又云内閣將改内部。

廿三（3日）

晴，猶寒。改論一篇。是日高太宜人忌日，飯後歸家主祭。約計大公用度可餘四五十竿，現在義太須脩理，江西祠堂、家譜派出洋乙百元，兩項均應提留。岡如來拜，不能見。義太來，以今年不能出莊爲辭。冬至須交公，賣穀叁拾玖石，足紋五十兩。門前又須脩理，估百餘竿，一時恐難，恐不及待耳。

廿四（4日）

飯後到館。蓉墅來久談，云君華在彼須停留，可與吉兒相見矣。廿日電旨："大阿哥撤去名號，並即出宫，加恩賞給八分公銜、俸，毋庸當差。至承嗣穆宗一節，應俟選擇元良，再降懿旨，以延統緒。"此民間所謂悔繼也。早知今日，何不當初？芸閣住下碧湘街詠仙堂龔，有暇訪之。下午到蓉墅處，示以廿日電。彼云聞張方伯調鄂，鄂藩瞿廷韶調湘。到受明處坐坐，遂歸。

廿五（5日）

得吉兒初七漢口信，爲買物件，並送李茂楨下程。問芸閣住處，不得。到館，幹庭云李來月半始行，復致家中緩送，如月初住宅修好，再請茂楨、銘六餞行。茂楨適來，云銘六明日起早到江西，乃將信另封，俟下午面交銘六。江西又到芰舲初一日所發信，乃復芰舲一函，託爲吉人薦館。金女發風熱，不知愈否？聞回鑾已定，命各省所派迎鑾之臣均回。皖撫開缺，另候簡用。鄂學放彭清黎。回鑾已改十一月初四，恐趕郊天不上矣。下午到小東街，李、易皆不在。到節吾處，略談，彼無出山之志，以乃弟事更須往常德。

廿六（6日）

蓉墅早來，云將下鄉。昨見居停，云已向衡局總趙説過，正卿求補實，彼云且從容，寫信告壽兒知之。居停云蘇撫調皖，恩壽撫蘇。其子不歸試，應如何用功？彼既不能安我之心，我亦略説大旨而已。受明來，告以所聞，深以其家有人靠皖撫爲慮，云兩彭皆保拳匪者，何以得差？聞有電云樞眷住漢，託詞海口已凍。予謂此大有關繫，恐未必回京，大約朝旨必仍以主戰爲忠義，主和爲漢奸，頑黨如鹿必勸不宜回京，偷目前之苟安，忘宗社之大計，禍恐未已，可歎！可歎！文公達來，不見我，不知作何語。將往見乃翁，以近事詢之。學生不歸，一燈熒然。取吊右老詩改之，太息彌甚。居停言壬老已辭船山，不知來者爲誰。此間將請黃敬輿，大約仍須八股大卷人充之，不用我輩。

廿七（7日）

晴，暖。閱報，曾廣漢得光禄卿；徐琪條陳商部事甚詳，但其言是，其人非，聞已爲張尚書劾奏出南齋。云陶芝方制軍初八出缺，此人可惜。節吾言其章奏乃其子所爲，三少之一也。報言俄事與伯年來書合，大約東三省難於完璧，此亦改期之原由。云王中丞不願干與滿洲，約慶王出主議。此老所謂善自爲謀，安危所關，進退維谷，洵有苦心難以告人之處。命醇王回京，勿來豫，又似回京已定，恐尚在遲疑，待議成再説耳。午後歸家。到碧湘街壽萱堂龔晤文道希,云明日將行,往南京見伯年,再到滬。談及予事,云小宜在滬甚關切,墊老頗有意,回京後必可轉圜。伊以爲必回京。日本人云將同英、美向俄理論還東三省,英、美不應,彼將獨出,未知可信否。歸午飯,留家。

廿八(8日)

飯後到沈小嵐處久談,引見約在明年,送伯華四十元已行退還,又送仲丙廿元矣。到館,改論一篇。道希來,予寫詩一首送之。致書伯年,託面交。又開吉兒名條,託致柯方伯。彼仍如昨所説。去後,居停至,云昨有電,云明年免會試,開封行順天鄉試,本省改十月,似有"直把杭州作汴州"之意①,初四起鑾恐不搞矣。告之受明,云此刻不必下諭,所以汲汲者,蓋以此試各國有責言否,再定行止。説亦近是。問伯平,云初十回信仍當北上,似又當入京矣。晚歸,彝仲來,留宿,談至夜分。父欲改祖墳,恐非子所能阻。風水惑人,甚哉!

廿九(9日)

飯後換銀,祥春錢店主乃徐雨翁之姪也。到館,校《引經考》數處。寫信吉兒、金女,託孝儒帶去。獻廷云接芝初十四信,吉兒尚未到,何如此之遲?抑信遲耶?孝儒來辭行,云後日准行,當往送之。星甫云又有改十二回京之語,令人怦怦。

三十(10日)

改論一篇。飯後封信,與幹庭同往孝儒處送行。歸過千壽寺楊家,往獻廷處略談。回館,閲黎蒓齋上毅皇二書,與南海何異?而一得官,一得罪,豈命不同耶?黎所言在當時曾議行,而今弊猶未去,何也?報言陶子方出缺無此事,香帥彩票已行。萍鄉鐵路、樹藝局二事,孝儒云局已開,鐵路尚須股票,恐亦説説而

① "直把",原誤作"直有",據林昇詩改。

已。顧家相所作《勸士説》甚通,不知所造之士何如？祁恩元殺
子事,臬使欲重究,已飭驗傷,且欲親問。牽引中葦之事,甚不可
道,宜訪聞有"衣冠禽獸"字。聞有仿《討武后檄》者,播揚其醜
太甚,君子所以惡居下流。末云"請看今日之臬司,竟是如何之
辦法",亦有趣。報言陶芷方出缺無是事,可爲中國留一人才,
香港妄報爲可惡矣。節吾爲右帥作行狀,文甚雅潔,爲右帥辨亦
得體裁,惟好用古字,如"相孟敦"之類,令人不曉爲何語,如"仰
給縣官馬萬蹄",可以不必,未若伯年爲乃翁行狀明白曉暢。

十一月

初一(11日)

早歸,飯後至述卿處。聞學使於十二月半間考長沙,現已改
章,以經、古爲正場,《四書》義一場爲挑覆,六門但去詞章一門,
與予私議頗合。道希云學使爲北方之學者,在兩張上。此間得
一開通學使,風氣或少開乎？聞衡州來人甚多,似附長屬議定,
惟望勿滋事耳。李又珊不知有人送信否。聞達卿兄弟移居府正
街,往問之,云介卿同住,甚好,將於初十過香火。到館,閲黎蒓
齋文,上書請醇邸游歷,今已行其言矣;請治京師道路,爲近獻言
者所未及;謂西國政治、風俗直是老、墨二子,論亦奇創。又云
唐、虞、夏、商、周二千一百餘年,而始皇暴興,滅封建,廢井田,燔
《詩》《書》,三代由是曠絶,秦并天下,歷漢、魏、六朝、唐、五代、
宋、元、明以迄於今,亦二千一百餘年,西洋通商互市,輪船、火
車、電綫、槍炮、機器馳騖紛紜,非常之變皆在此二千餘年間,若
有數以限之,尤爲奇闊。

初二(12日)

目疾少愈。補録《引經考》數條。受明以書彩票見示。郭

質夫死，家貧賣書，無售者，乃出票，一兩一張，以濟其家。予見可憫，亦受一張。樸山録《討祁恩元檄》，閱之失笑，是以君子惡居下流。晚間聞伯華歸自江西，使人問信，得吉兒所寄信、茶葉、橘子，知十三到省，未得咨文，尚未稟到。幹臣不知歸否，少村臨海返駕已歸。芰舲父子皆有信，得之少慰。

初三（13日）

一早送信件到家，使將寄吉兒物檢出送李茂楨，下程亦受二色，云月半起程，伯華大約同行。下午赴海年席。壬老在坐，云今年未到館，所刻集非全本，板在衡州。禮部議殿試用賦、詩各一，大可怪，未知搞否。鑒州住玉嘉巷，約期訪之。

初四（14日）

飯後到屈臣氏買票、吳大茂買物。到館，焕彬至，以《古泉雜詠》索序。示以《引經考》，云"童冠"一條有鄭注，在《玉燭寶典》，《武梁祠畫贊》有何篠何夗殺雞爲黍、柳惠坐懷不亂事，當補入。壬老十九大慶，當作對聯贈之，擬一聯云："西莊庪期，編成蛾術；南極眼燿，瑞應熊湘。"葉言《莊子》"素王"一條，俟再考之。焕彬所言與昨所聞無回京改期之語，則今日起蹕，大局可定矣，俟一二日必有電來。

初五（15日）

改義一篇、論一篇。改壽對云："南極光明，黔天祉錫；西河老壽，赤制經傳。"似較大方。飯後往沈獻廷處，伊云芝初有信云忙，未回彼書。蔭生云課吏歸芝初主政。到伯華處，久談，云可先到省，定十五日送妹侍母，再往江西，芝初回拜，已與吉人相見，幹臣、書菴並指江蘇，而矗移安徽，書已稟到，不知幹到省否。少村往返用八百元，現已起鑾，何必太怯？現與吉人同約達三讀書，恐未必行。伊意亦以達三兄弟捐官爲不可解。夏家喜事竟忘問之。到王、陶、張，皆不晤。書局人如聾啞，尤可惡。到楊三丈處,薦次甫教書,俟其斟酌。回館,以少村要《湘報》,呼璞山來,使覓之。街上有出賣貞老臨《石門頌》,價乙千,孫家礄薛某家,不知即郭子美家所刻否。晚間忽氣痛。

初六(16日)

見諭,初四起鑾,盛宣懷贊襄和約,保護東南地方,赫德立約、籌欵有力,賞太子少保銜。到受明處,見《日報》,部議忘常稅、釐金等未算,今查出,各省賠欵減三成。如此,籌欵較易,特不知如此大事何至誤耳。又云各使語慶邸,榮在行在辦事不合,可不必來,來恐不利;又云各國不至阻俄約,均不知塙否。謝俊卿生日,邀飲。

初七(17日)

伯華來,云茂楨下鄉,約初十可歸,十二上船,伊母同行,彼去否未定。夏有再署衡道之信,恐非塙耗。報言李尚書回到蘭州。此老已云歿,固無恙耶?用羽言乃翁到蘭州有信回,年內或可到也。到館,作書答芰舲。閱《日本新史攬要》,詳於戰鬥,略於變法,真相斫書。晚改論一篇。

初八(18日)

書與吉兒及達三,不覺言之複累。祭酒書來,云居停之意已決,轉致年底則盡情,但望明年有轉機,予意不爭此區區也。以小柬答謝祭酒。詢茂楨,云明日可早去。予體不適,似有寒疾。陳光國來,云陳佃已搬出三分之二,曹佃已搬進,團總陳某經手,必須出莊費十四金。有涂楚卿極壞,爲之出主意。陳兄弟有一人已批田,其人尚不壞,有一極無賴者。晚歸。夜大發熱。

初九(19日)

飯後到茂楨處送行,託帶信件,云伯華不去,其母行止未定。遂歸,寫信,裝書,算大公賬。光國至,付以元銀十兩、洋四元,真走劫財運矣。頭痛發熱漸愈,夜仍泄瀉。君華來,詢以滬上事,云傅相初薨,人心頗動,頃已靜。彼處盛稱張園聚議,有某女士爲主。古有處士橫議,今有處女橫議矣。

初十(20日)

作書致伯平,以堅其意。請鄧先生立方,用薑附桂,詢以耳後腫,云是氣,不礙。彼去,腫痛愈甚,藥煎好,不敢服。到白果園,尚未過屋,云在慎記不遠合面舖内。到受明處。遂到館,改論一篇。聞湖南只須五十萬,加鹽已殼,膏捐恐不行。方伯一席仍待張,瞿廷韶、曹鴻勛皆不搞。改壬老對云:"西河大年,經傳赤制;南嶽小隱,老作黃書。"似可用矣。是夜三點鐘仍起,頸更痛。

十一(21日)

陰。寫伯平信。詢鑑州午刻在家否,云辦冬至去,只得到易麓泉處就醫。伊云是傷寒發頤,不可補,只可温散,用獨活、前胡、桂支。我云手有麻症,忌表,伊云不礙,但不可用荆防風門藥耳,此與泄瀉是一症,皆寒,非熱。其言有理,歸服一帖,是夜未起,即算見效。明日冬至,將公賬再算一過。茂楨與璞老來,皆不便請。

十二(22日)

冬至。人皆有祠,我家獨無,但望先人默佑,稍有轉機,予能任之。達卿來看賬,云去年冥壽戲分未入賬。記有此事,檢《汲仁雜記》,果有之,忘入收數耳。擬將此項退還,免再改賬。吉兒卷取出,覆看人頗明通,"桓子野"誤作"子伊"。以茂楨行期尚未,再寄吉兒一函。夜雨。

十三(23日)

到璞老處,詢來意,仍爲積善堂事,屬致劉漢翁。到茂楨處,云改廿四日期。予將書箱取回,以吉兒信到再要加書。往麓泉處改方,病人滿室。歸得壽兒信,嚴委員接眷,欲趁此便接眷同行,

而其妻猶怏怏不欲行。此人眼小而行笨，心境不明，不得不强使
行。晚來達卿爲我祝壽，帶洋銀來交積善捐欵。即將各分廿四元
逐分歸還，述卿、君華在坐，各歸式元。惟介卿未來，未付。

十四（24日）

客來甚少，闔生徒不至矣。廉泉來，云栗樵已得孫，全家到
任，彼亦欲去。是日未暇服藥，病少愈。曹佃來，言陳佃未搬清，
須着人去。

十五（25日）

先子忌日。下雪，惜不久即止，亦算見意。房屋將完工，仍
搬入住宅，風雨漂搖可無懼矣。吉兒一函發去。喚彭姓來，甚
桀驁。

十六（26日）

往錢店換錢，遂出謝客。到府正街，將三元五百交介卿。彼
屋頗大，但係斜式。言彭桀驁，三、五、九弟皆云可取招牌、下舖
板。到麓泉處改方，猶不可補。千壽寺往視甥女，天麻甚重。劉
先生言尚可點痘，俟歸問之。到館，改論一篇。居停云夜間可
歸，予難以僕僕奔走也。口捐事峴帥不謂然，粵鹽亦不易辦，湖
南只派五十萬尚無明文。夜甚寒，屬燒炭。是夜東茅巷火災，焚
死數人，二朽固無恙耶？

十七（27日）

改論一篇。閱《申報》，言東三省俄必不歸，以爲各國爭之，
彼將答以各國佔中國之地盡歸而後可，所見甚是。閱日本地圖，
各國烹分阿洲，令人可怖。熊匯庭來，改名從龍，到江西捐湖南
知縣，云幹臣行後西學堂已散，殿書指捐湖北。李又珊來，云仍
歸，考試再來。送來日記一本，爲批答十數條。受明來取書彩票
一金，與之，又買綿鞋一金。曹佃來，言陳佃抗不出莊，欲拆毀
屋，要我專人下鄉。予仍責成光國作書，使曹佃索取回書，看如

何説。吉兒打電報禀到，不知到省不發電，今發電何也？初三至今始到，亦不可解。

十八（28日）

北風，有雪意。爲又珊改日記十數條、幹庭改日記數條。午後到麓泉處改方，便過楊宅，甥女痘尚未起，索予鹿膠。到吉祥巷同昌棧見陳光國，伊云已寫信交曹佃去，廿四五日歸家必能了妥。予云俟廿四五派人同往，成敗在此一舉，再不行，當以官法治之。歸家，值子家、望之來。留望之久談，屬爲其姊清理行裝，並斟酌人送。長媳昨已各處辭行，見嚴太太，想不能不行矣。請李茂楨，退帖不來。長沙還糧，云上忙未長付，須詢達卿，而彼堅索彩票，可笑。

十九（29日）

問正卿，已搬北門矣。飯後到館。閲報，見庚口引見，開復原官，歸福建，遇缺即補。此方兄之力，亦姻家之功歟？諭言鄉、會試事，明年會試恐各省士子向隅，經濟特科於會試前舉行亦來不及，故改癸卯，河南天下之中，可行鄉、會試。然則特科當緩，京師貢院永不脩矣。豈西人之意，不欲明言歟？爲葉作《古泉雜詠序》，未成。居停云湯、葉爭鬨，祭酒爲調停，湯亦何苦護葉乎？又云兩宮已至順德，去正定不遠，如從火車，計日可到。見排單，總稅務司提岳關税，不知此間有釐無税，提則又少十餘萬矣。請予看字畫，貞老隸書四塊是真，單條行書必僞，"醉倒黄公舊酒壚"誤作"醉倒江公舊酒樓"，"樓"字出韻，"江"字與上句"江湖"犯複，豈有貞老書譌字哉！可一大噱。已爲正卿求更名補實，遞一名條。

二十（30日）

改義一篇。序文續成，寫送壬老壽對。居停送公事，已爲正卿更名補矣。《古泉雜詠》復閲一過，論"夻"字爲"查"之省即

“圜”之省一條最佳，以刀幣爲瘞錢，説亦新異。居停送公事，正卿已補。

廿一（31 日）

將序文録出。再作書寄吉兒。天晴，漸暖和，以爲路涸矣，下午歸，甚不好走。歸家，胡先生來，屬薦館。

廿二（公元 1902 年 1 月 1 日）

正卿來，言局事忙，不能送，屬爲幫忙。義太老三至，甚桀驁。呼乃兄來，稍明白。要以寫字，彼以頂貨物爲辭，不知此本我家物也。楊篤生來，云明年將到南京學東文，龍擬明年只請人教小學生。芝老久不見，當往拜。發穀卅九石乙斛。壽兒到信，並洋六元。委員使李某接眷，呼長媳婦，猶約明日，太不曉事。到受明處，云書彩已開，即送書來。壬老廿九生日，即帶壽對去祝壽可也。榮、劉加太保，張、袁少保，乃及盛、赫。報有鹿辭機務、榮將退位語。此等人固宜早去之。到館，見吉兒書，云見張、柯，皆極稱予。張即來，當往拜，惜不早到省。云到省不能應試，未知新例何如。凡事有前定，非人所能爲也。居停以曹某索題小照，請捉刀，爲作二律云：“廿載皐比擁，雙清梅鶴存。傳神在巖壑，味易見乾坤。歲月丹鉛老，衣冠黄綺尊。功名付兒輩，和靖漫同論。”“聲利情原澹，林泉好不忘。名山自西粵，避世異東方。圖畫高麟閣，神仙本玉堂。煙雲常供養，何有髫毛蒼。”以詩示之，並談家事。壽兒欲爲李某求錢房，予知不行，未便多説。江西已每兩加三二百錢糧矣。幹庭言居停有兼洋務局事。

廿三（2 日）

爲汪兄弟改論二篇。再加函吉兒。又致光國一岳，伊云尚須兩日下鄉。午後往獻廷處。遂往楊宅看甥女，天花已漸愈。往麓泉處改方，云體氣變寒，可用附片。到府署回孟剛與蔡文光

看。詢孟剛東洋事,不深知。明日府試,四縣仍八股文,真不愧
"頑固"二字矣。云批《四書》義不應犯下乃汪雲甫,將來分房仍
屬此輩,中可必乎?到靜樂菴見嚴世兄,號蓉齋,乃翁號立生,拜
託一切,以錢房事託之。遂歸家,見正卿,云亦曾往嚴處。促長
媳歸,正卿爲治裝,正中夜。

廿四(3日)

使劉一送家言與書箱至茂楨處,行期又改初一矣。飯後到
焕彬處,見示稟幼老,幾於痛詈,其意與張、朱、孔皆不合,獨王爲
調停耳。到饒瑞生處回看。秉郇在坐,略談。遂過受明,云彩已
發,得《戴段合刻》;云湯、葉五月已興訟,今諸紳方爭口捐。脩
《翼教》之人所行如此,令人駭怖。壬老移居浩園,壽對可送。
到館,見書,尚不吃虧,段《集》予故有耳。將葉序改正。爲學生
改論一篇。得沈獻廷書。

廿五(4日)

録出序文。作函壬老,送壽對。又作函致嚴立生。伯華來。
家中以請謝南平,屬歸陪客。復過受明,見《日報》,又言歸政
事。到家,見二叔父手書,始知獻廷乃翁季雲七旬大慶,欲送而
獻廷已歸。問述卿,云伊已送祝敬弍元。與小鶴商,鄉間送禮不
易,共送祝敬四元,並代二叔送弍元。作書與獻廷,明日專人下
鄉。函復二叔,寄上大公捐歀開除外餘洋拾捌元、錢叄百文,交
來人帶去。南平至,飲至夜。

廿六(5日)

作書與焕彬,將序文、校本送去,並作書諄告壽兒。到裱字
帖店裱小屏。遂到館,覽報載論俄窺西藏事,甚是,但俄以窺印
度而緩圖東三省,中國雖失兩藏,比東三省禍少紓矣。伯華至,
託以轉致茂楨。渠云芝初面託吉兒找先生,彼既留獻廷,何必再
找,豈爲他人找耶?吉兒欲謀館,不託人薦,何也?即以此託伯

華，可乎？晚間歸，爲庶母祝壽。聞專人已歸，取回片。

廿七（6日）

達卿等共議出知單，爲述卿邀戲分。彼再三辭不聽，除我家外，不過十餘處。俊卿必欲唱戲，呼清華夜戲，殊不佳。予目疾又發，不能看。

廿八（7日）

以目疾，未到館。呼毛懷德堂，以小洋板九冊寄售，明板《鑑》《三通》《正氣集》各付一本去。長媳到衡局，將往，始上船。正卿雖不同行，亦甚得其力。

廿九（8日）

飯後到壬老處拜壽，自出陪客，云將補請戲酒。屏乃楊錫祉作，魏諴書。到張、王、龍、湯，皆不晤。龍子考取不高，女嫁陶，昨日喜事。見黃親家母，慰之。往茂楨處，因找出《丁酉齒錄》，託帶交吉兒。到麓泉處改方，遂歸。午飯後到館，改論、日記。擬送述卿壽對："雅歌吹笙，相樂終日；奉爵稱壽，長享利貞。"款云："述卿仁弟與瑞中表之戚，望衡而居。少日親鄰，同騎竹馬；中年老大，並撰杖鳩。五十之年，忽焉已過。君爲始滿，瑞又過二。今逢大慶，無以爲壽，爰集《史晨銘》語，取奉爵稱壽之意，勸君更進一觴，可乎？"夜肚痛又起，目疾亦甚，不能寐。

三十（9日）

早起，頗眩。改義與日記。見政務處條議，聞兩宮已回京，或云廿四，或云廿八。壬老言有明年四巡，着議簡便之法，豈捆載而歸未饜乎？新政舉行，或可企望。擬明年春聯云："壬林錫嘏歌周雅，寅正開春紀夏時。""壬任養陽稽漢史，寅賓出日戴堯天。"伯華來，云將到江西，不與茂楨同行，一以避嫌，一以從速。茂楨以乃弟名鴻棨見託，姑應之，此事安能爲力也？近日風氣不能面拒人，只得依違答之。伯華言勉帥送壬老二百金、紅緞幛，禮物全收，打發四元。報列陶督祭李相文甚工。云陶告病，奎調廣，德壽調川，周馥升廣撫，紛紛何爲？徐十一署藩，廓哉！

十二月

初一（10日）

寫述卿壽對，並繫以辭，在壽聯中可謂㧑格。予昔見郭子美家有貞老《石門頌》，呼拓碑人往，則云已取去矣，疑莫能明，當往詢孫家礄薛叔芸刊本何如。將晚過受明，云頌年來函，云雙目致意，事須發之自下，仍如前日所云。不知回京後與長弓共商何如，能別爲設法否？過述卿處，贈以對聯。聞獻廷已來。楊晴川妾猝死，爲柳菊生所誤。

初二（11日）

以昨所聞函告吉兒，屬與夏家商探中峰之法，擬飯後到伯華處送行付之。伯華回字，云電詢禀到可否方定行止，乃未往。寫皮氏墓廬字。往述卿處看看，遂到館。聞考試新章，卷廿四頁，萬二千字，二場策問寫全題，題不過一行字。電諭有再巡幸議簡便法，及捐輸有無違礙語。

初三（12日）

飯後歸家，問述卿處公分已妥。下午赴壬老飲，見伯亮已留鬚，不見半年矣。郭立山所作壽文甚別致，稱壬老之爲人。壬老恢嘲如昔，云《詩文集》板在衡，楊少陸請往刷印，將來可問彼要。王爵帥爲美人留任，不交卸。此真魯連先生所言。葉弟毆兄，爲戲子事，頗駭聽。

初四（13日）

述卿處演春臺，諸旦不言，因葉事未了。晚間祝壽，述自告祖，未免歉然。歸已三鼓。

初五（14日）

往述拜壽。歸爲汪兄弟改策二篇。檢書帖，以魏碑與小鶴。下午往赴飲。是日忌辰，只唱晚臺。歸又三鼓。臥遲，又吃火碗，雙目更紅。

初六（15日）

爲桂妹挽少姑聯云：“數年閫範式欽承，豈期靈藥難求，失誤遽遺終古恨；連夜女嬰勞保抱，方幸天花漸愈，恩慈忍負九原心。”天雨。閻秀峰至，查打窀吉日，云廿三日辰期大吉，彼二處則廿二可用。寫聯後，雨更大。命轎往鹿泉處易方，云須略吃風藥，不礙。往楊處，桂妹云其少姑病甚怪，其叔長大又出痘，其姑尚未愈。到獻廷處，以李事託致居停。到館，伯華來，云往江西，即日上船，茂楨初八始行，其母同往。

初七（16日）

改策、論各一篇，並批日記。挽楊姨太太云：“久聞絡秀賢明，歎藥丹難醫，兒女成行同一哭；忽報玉姜儵去，想落花待埽，真靈催請到三山。”聞唐韡之歸，其夫人即日死，挽之云：“東方千騎正歸來，想閨中忍死待君，片語猶留望夫石；南海八閩嘗佐治，從今後分符出守，同心難覓返魂香。”幹庭云電報各省阻恩關，汪遷外部。受明來，云頌年信言有調政務處之說，非外部，伊等十一由開封啟行，廿二到正定。報言廿二駕到正定，蓋同到京。報言初二慈駕入京，行在諸諭皆面子話，惟云勤舉時巡，尚未告歸，即擬再出，命御前、內府大臣議，此等有不思捆載者乎？又云政府允將湘潭作通商口岸，准東西洋各國明春開辦。陶芷帥奏奄宦事，人不敢言，滿漢不分，亦人所不敢言者，皆至言也。是日陳公館前相驗女尼，因僧尼通奸事，誤執一僧，可笑，且佛門廣大，此等事何必深究？

初八（17日）

改挽汪夫人聯云：“八閩正盼使君車，方期幢引碧油，恭頌沙哥領崔嫂；片語猶留望夫石，何意旄持綵節，忽聞王母召真妃。”此聯比前大方。沙哥事，待歸幡《白集》。補《引經考》數條。函致獻廷，示以稟稿，回信俟便寄去。幹庭云埜老總辦大學堂。閱報，堂子地歸租界，翰林院作拋球場。黄仲蘇上峴帥書亦陳言。程子大辦學堂甚紅，壬老云香帥使以學堂公欵捐道，此奇遇矣。聰叔云廉泉已往浙江，伊欲捐官，又欲謀局，局安可得，官聞尚可捐也。晚歸，過受明，云埜老管學大臣，似是管八旗學，非大學堂。見唐韓之，云雙目致意，與汪書略同。初十成服，擬將挽聯送去。

初九（18日）

到館，寫挽聯二首。居停云夏子翁致意，以爲我事可屬門下具稟請出奏，屬擬稟稿。予意此間人則不可與言，木可亦須先探其意，方可舉動。茂松來，云梁太守變法，人以爲怪，中丞尤不願意。人心之不明如此！學使尚未到，聞爲靖州武生所阻。此皆由錮蔽太甚，亦由德意未嘗下究，政令反汗，地方官詔書挂壁，復不宣揚。雖云阻撓者以違制論，敷衍者以溺職論，其實何嘗辦過一人？引領而觀新政之行，不亦難乎？

初十（19日）

改論一篇。唐聯着人送去。張本立爲伊親求我致函長弓，談何容易？易則我何至在此觸口乎？爲擬回信，並擬稟稿。又擬自致芝初太守一函。受明函告沈小嵐之嫂分訃，約合送一幛。彼訃未到我處，何耶？將稟稿略改，送居停一觀，並交沈以濟名條，説明十三四日解館。居停云天成豐倒局欵二萬，各局比校，不上阻恩關，太驟恐船户鬧事，粵鹽加價亦恐滋事，大學堂是歸張管，近日尚未聞新政。吉兒信來，頗以候補爲難。纔稟到即如此性急，奈何？云張方伯趕封印前到，見面時當以予事託之。

十一（20 日）

北風，甚寒。稟稿録出一分，再致獻廷問專人否。回信，將稿改增數處，更覺明暢，約明後日一叙，明當一往。此事上下俱通，中間尚隔，如能説明具奏，則事諧矣。聞慶孫未愈，歸視之。發孫亦熱，恐是天花，呼劉醫夜視之。

十二（21 日）

寫致陳芝初書。獻廷適致函來，將稟稿改正，屬往一叙。飯後帶會女、慶孫同往易鹿泉處。遂往楊家作吊。至獻廷處，以函付之。獻廷以致陳函見示，似尚有未詳者，云已得信，不專丁，將專函去。歸家，飲藥一帖，目疾如故。發孫似非天花。

十三（22 日）

寫二乕寄吉兒。檢書箱，失《全文》一部，不知壽兒取去否，當函問之。聰叔來交一名條，胡先生亦交名條，恐均不能爲力。到館，過受明，慨然於回京後新政絶無舉動。黃思永辦工藝局、《京話報》，皆不討好。四方拭目，將姑待乎？孟萊已到，念循不來，何耶？遇劉蕁生，云在萍醴鐵路局，鐵路已行廿餘里，盛京卿欲以此接粤漢，能乎？羅順循帶東洋學堂章程來，中峰派作提調，已下札委，紳士阻議。天成豐事，諸梁出袒護，當問收支張某，不得徇本家之情。如此水火，恐不無事，冷眼觀之可耳。徐菊壽來拜，住西長街某棧。

十四（23 日）

改論一篇。檢理書籍。閱報，見埜老管學大臣、翰林五月一考之諭。榮、王二相着稽察上諭事件。嚴又陵挽李文忠云："使先時盡用其謀，知成功必不止此；設晚節無以自見，則士論又當如何。"可謂言簡意賅。幹庭云伯華到九江有電來，茂楨船壞。

我所寄書籍、信件，得毋有損失耶？下午居停治具相陪，云見電諭，何乃瑩、彭清藜、王龍文、連文沖、曾濂以拳黨革職永不叙用。此輩喪心誤國，罪所應得，但拳黨獲咎，爲拳黨枉陷者不當牽復乎？葉祖蔡擠張，絕不爲兄大人計，可謂有膽，特恐因此牽引委紳之權，必盡歸官而後止耳。席散，晚歸。慶孫腹疾尚未愈。

十五（24 日）

寫書致芰舲、幹臣與吉兒、金女。以昨所見電告知獻廷。獻廷適來，是日先子生辰，留飲。邀李兆基算帳。客去，暮矣。

十六（25 日）

頗寒。將夏信封妥，內附録禀稿，送郵局，看年內能到否。毛懷德堂將《正氣集》代售，廿四竿，與古人別，不禁淒其矣。學生請題解，批示之。李又珊來，以日記付之。

十七（26 日）

小泉自局歸，云不免恩關，仍須再去。此事衆皆危之，何以不敢抗爭？壓力之誤事如此！張爕臣電招彝仲，學使已放四人，汪九仍不得，奈何？飯後帶慶孫往胡少卿處診視，所見高於市醫，昨鄧醫熟地藥幸未服也。伊所箸《漢學源流》未成，予有暇能爲之。獻廷補請壽酒，午後往瞿宅，飲數巡。李六先生請到彼交積善賬，新添文約、慎思、嘉樂四款，二四百，一六百，一七百，必是夫子自道，一覽即見。諸人皆不言，予亦不言。賬交璞老。云節吾來省，爲李荔村作有行狀。璞老云廿日兼善交賬，來邀當往。湘城馬頭所議地方不同，恐須合彼意乃可。

十八（27 日）

致書壽兒，屬恩關一事小心在意。小泉以藍節婦徵詩啟屬作，隨意作四首。檢日記，得舊作詩數首。鄒壽熙來，以黃某名條託交，姑置之。李君約七旬知單來，我仍不寫，擬送一聯云："僊李盤根，珊瑚家世；大椿稱壽，海鶴精神。"

十九(28日)

以《武梁畫象》補入《引經考》。錄藍節婦詩。檢歷年日記,找出壽對、挽聯甚多,錄出備考。孟來、用羽至,云學使到尚無期,孟來欲歸。詢以吉兒所託之事,云已應允,因近爲某大令致書,且少緩之。念循大約不來矣。獻廷以耳東書見示,云皮某已見過,人甚穩練,家學淵源,課吏必可調入,託致書即日當發,促予再催居停。李學鼎來,以失洋三十元,屬求居停,事更不行。

二十(29日)

日記中錄出筆記數條、詩數首,足見日記有益,非此則盡失之矣。君華來,云彝仲將往浙,更有郭立山並晏某。楊晴川丈來,云桂妹吐紅、咳嗽,鹿泉云恐傷陰,腰上痛似生瘡,特來告知。下午到陳宅,問節吾不在寓。遂到兼善堂,飲至夜歸,以晴川所言告小鶴、小泉。小泉云下午到楊處見妹,現法治,禁生人。二人皆言有心病,恐非藥所能愈。夜雨。

廿一(30日)

致書胡少卿請改方,未甚更改。是日王太淑人生辰,兄弟具來。陸仙由漢上歸,亦至。飲至夜。

廿二(31日)

雪,頗寒。居停送束脩,加四十金,可謂待先生忠且敬矣。打年終票,請更之。念循來,以試期未定,仍欲歸。升外孫尚未僱得乳娘。補錄詩數首。夜雪。彝仲至,云送考,將往浙。

廿三(2月1日)

晨起,雪一二寸,有冰。馮家沖人來,云鄉下雪深者二三尺矣。豐年之兆,疾疫亦少,可爲慶幸。檢點年事,或可敷衍,小泉則不能兼顧,或撥歸仁人壽,可少緩耶?下午往佛基處吃年飯。聞龍毅甫出痘,不能應試,明年請王某。

廿四（2日）

晴。遲一二日可下鄉矣。史恒章以脩墓廬賬目來，浮出一倍，先不告我，如何能認？擬後日看過再説。録詩數首。寫春聯。函催幹庭送脩金、書錢。小泉起程赴湘鄉局。

廿五（3日）

得壽人函，知長媳十四到，而彼調大陂稽查，不解其故。初八函不到，故不得其詳，乃函詢之。潛某到，得吉兒所寄信件。復函告吉兒。補録出詩數首。聞述貞親家到岳，有電報。黃公甫到。

廿六（4日）

得獻廷函，屬告吉兒以具稟出門下意，乃以原函又加一喬告之。到達卿處，邀同下鄉。到史家坡看屋，雖脩理較前頗生色，所費太鉅，彼又不先告知，議只允添坐落七竿。是夜丑初春，四鼓始卧。

廿七（5日）

閲門簿，開飛片手摺。下鄉到馮家沖，歸尚早。與老九議明年早行，到二叔父處拜年。彝仲來，云學臺已到，廿九開考，只中國政治、外國工藝二門，經學、詞章皆無用矣。聞唐家夜喊禮，云鞾之子婦又死，雙目公之女也。其孫與姪死者共五人，可謂多乎！

廿八（6日）

往公甫寓，不晤。公甫旋來借書，云外舅康彊，君輔夫婦俱病，今年又小産。伊亦失一小孩，堂弟經生病故。約明日來吃團年飯。用羽兄弟來，邀到此入場，乃翁尚未到。受明來，云允忱已歸，念循必來，孟萊趕古場不及矣。述卿來。達卿來，欲考古，天已黑矣，報名不行。小鶴入場已五更。

廿九（7 日）

約計賑目，短欠尚多。昨日用錢壹百餘千，賣去《乾坤正氣集》，廿四千，可惜，困乏至此！但望明年交運，有轉機。受明云各處開學堂，伯年在南京已得事，公度在粵，仍出講學。湘中頑固，其能久不變乎？幹庭處借來書式部，明日往拜年，再當攜數册歸，恐念循需用。閱《西巡大事本末記》，慨京師之浩劫，恨舊黨之召災。俟過新年，或行新政，有志之士所爲延頸企踵者也。午後往城隍、火公殿敬神。黃公甫來吃團年飯。將晚小鶴出場，題爲"宋李忠定不能救太原論"、"明顧鼎臣條陳錢糧四事論"、"波蘭辨亡論"，更一化學題，大約考生無能解者。至並不知波蘭，可笑也。述卿夜至，送到街上。看燈火，頗熱鬧。夜中爆竹不多，天晴始略多耳。龔瓊山來，明年館舐翁處，云未入場，恐不然也。

壬寅（光緒二十八年，1902年）

元日（公元1902年2月8日）

飯後出門拜年，到汪、彭、周、楊、謝、瞿、黃及府正街家中，並居停處，詢衡州無公事到，陳仲瑜往辦鹽務，本奉釐局札委，故干預釐務事。潛德翁出見，云仍將回江右，有信件寄去否。弁卿云將考古，屬來我處。述卿親家未到，屬用羽兄弟來。用羽旋來拜年，又面約之。歸寫片約彝仲之子。次仲來回信，云岱林、子培同住，恐人多。次仲晚來，又面約之。

初二（9日）

爲幹庭改論二篇。岱林與次仲來。又函告彝仲，儘可同到我處，已允諾。約公甫，云不來。秉郇、伯華來。伯華云到岳州，以無輪船復返，茂楨三叉磯船碰壞，十九尚在岳州，年内恐尚未到。伊初六或初九仍當往江西也。仲丙亦歸，皆不應試。李又珊來，云住黎家坡龔同興，考後須下鄉一轉。邀到我家，不肯，上學不能早矣。黃公甫不肯到此入場，用羽兄弟亦不來。述貞親家已歸，惟譚岱林、次仲、子培來。弁卿亦來入場。與彝仲談至三鼓始臥，擬再起送，則已去矣。長、善、湘潭、衡山四屬有三千餘人，點名較早。擬挽唐韐之子婦云："距君姑匝月返瑤池，有綵斿使者傳書，又催控玉鸞仙馭；念母氏經年留鄂省，與紅杏尚書聞耗，定撰成金鹿哀辭。"

初三（10日）

録駢文二篇。魯軒、少庚、石麟來。正卿之妻來，云正卿病，不能出；黃仲丙得一子，其母須三四月回湘。茂貞十九尚在岳，此刻恐未到。伯華行，擬再致函。長、善、潭、衡童古題“汲長孺包孝肅海忠介合論”、“崔造改轉運法韓滉以爲不可變常孰爲得失試詳言之”、“德國以興學校致富强論”、“光浪聲浪論”。往學院接考，譚岱林、次仲出。夜發生古案，小鶴未取，不知李石泉何如。

初四（11日）

到彝仲處，云同邑有易某通化學而不能文，惜未見之。歸家，夏子新丈來拜，云有話說，請見，云已與茂楨說，屬芟於兄弟邀人聯名，此事在今日易轉圜。現有辦學堂之議，以無師爲難。予謂不拘年齒、科名、籍貫，則不難矣。到黃公甫處，又不晤。書攤新出書皆《湘報》、《湘學報》所有者，有木板《湘軍志》、《西史彙函》，而陳太史《抗議別論》、《勸學篇書後》未見。

初五（12日）

得吉兒書，知幹臣三月喜期，金女可歸。用羽偕其兄來，人甚倜儻，略談關外事，云彼處有耿恭井，現飲其水，距新疆五十二站，距蘭州又五十二站，至龍駒寨方登舟，三月初十起程，行十月矣。正卿亦來，留午飯，並公甫、述卿。

初六（13日）

寫信吉兒，由郵局寄。到史家坡拜墓。約老九明日到馮家沖，彼以考事爲慮，只得少候兩日。得壽兒初十信，稍知本末。

初七（14日）

早起，敬利城菩薩。人日，作詩一首。飯後往子新丈處，不晤。晤陶履謙、陳小圃。往述貞親家處，彼已出門。下午赴受明飲，見述貞，丰采如前，鬢尚不如我白之多，已過同知班，將入京引見，分省未定。伊云悔不勝悔。平安到家，亦可無悔也。目疾益甚，易鹿泉云是癬，開癬藥使搽，如不效，當打燈火。是日歲考,經義"宋人執鄭祭仲"。

初八（15 日）

寫信寄壽兒。清理《説郛》,有失缺數卷,或者天留此書乎？《全文》找得,亦未失去。懷德堂送來《湘軍志》、《抗議別論》、《盛世危言》、《庸書》、《抗議》。見老六所觀經義,去年書院所取仍是八股文,或少怪如《通雅集》耳。以《武英叢書目録》付懷德。夜聞生古案發,不知次仲與汪氏兄弟有名否,後聞止取岱林一人。

初九（16 日）

下鄉,待老九,至十點鐘半尚未來,乃獨行。到馮家沖拜墓。飯後往八字沖。轎中閲湯蟄菴《危言》,此書作於十六年,説日本、朝鮮事,已能先見;論鹽捐每人百文,與今湖南口捐正同。知書生非無用,特未可與八股家道耳。已暮,始到二叔父家。見叔精神尚佳,因貧故病,而我亦愛莫能助,奈何？叔欲將蓮河出售,批價加至一千八百矣。談至十二點鐘。

初十（17 日）

雨。飯後告歸,途中得詩數首。四點鐘始到。夜聞發一等案,老五、老六皆不列名。得達三賀年書,云父子皆將來湘。

十一（18 日）

居停來請上學日,以十八日答之。找得數篇文字,代吉兒捉刀者,並録出之。爲壽兒擬稟稿,請人代寫。

十二（19 日）

致書吉兒,屬考課吏後自酌去留。旋得吉兒來書,云夏來否不定,屬致芰舲必使金女歸寧,再作書致芰舲。録文二篇。李石泉來,云取一等末,屬定十八日上學,更以名帖邀之。

十三（20 日）

録四六弍篇。述卿、正卿、達卿來,同雀躍。

十四（21 日）

小泉自局歸，云局尚安靜。到述卿處，託寫稟稿。伯華來，云明日往江西。前已致函，託面説一切。是日黃孺人忌日，約躬父來吃飯。汪用羽兄弟來報名，邀留飯，而兄弟遽去，獨用羽與躬父、望之、正卿同飯。下午述卿來，又雀躍至夜。發孫喉、口泡痛，今日稍愈。天燥甚，夜雨。

十五（22 日）

雨打上元燈，可謂殺風景。云湘城有燈，予未之見也。念循來，留吃飯去。小鶴、小泉所請譚述農，藻廷先生之孫也，是日上學，陪先生。予再飲致醉，頗不適，是知酒不可多飲也。發孫口瘡愈甚，夜發熱，請鄧醫不至。

十六（23 日）

大雨。使次媳帶發孫往易鹿泉處。易云是風熱，不當作實火治，次媳尤不宜作陰虛治，其言甚是。獻廷函來，云昨已到館，足疾，未能來。芝初擬引見，便道先回，雖可面託，而予事不能速矣。局事俟到館再回信。述卿以所寫稟送來，將就用之。念循夜至，云在此入場。發孫服鹿泉方少愈，夜半又哭吵。

十七（24 日）

聞發孫哭，起視，細思亦無多法，無醫可換。毛懷德來，取《全唐詩》二、《御覽》《五禮通考》《事文類聚》各一，又前《三通》《注疏》《通鑑》各一、《説郛》三，記之。錄出贈述貞詩四首。居停請明日上學，石泉未知來否，使人問之，已來，約明日上學。汪念循、用羽、黃仲丙、譚岱林、次仲、子培來入場。

十八（25 日）

飯後石泉來上學。未午而念循、用羽已出，不知何以艸率至此，再三囑付不聽，尚何望乎？甸侯、公隼出略遲。甸侯人甚安詳，聞得時文家學，或可望挑。聞受明將出洋，昨夜來送考，與之談至四鼓，云湖南送二十人，由山長保舉，王先慎、郭立山、楊毓麟皆在內，將來學成，爲師範學堂之用。校經聘杜，求實聘俞。孔不以出洋爲然，而亦保四人。其子求保，敎不能行於子矣。頌年得幫辦政務處，可望京察外放也。午飯後居停請上學，往見，以壽兒稟帖付之。彼並未聞趙到此，亦不提及，蓋視局憲如無矣。聞湖南將辦工藝所，有委夏公之説。滿漢合昏、無庸纏足已見明文，予未得見也。吉兒來一函。

十九（26日）

改論一篇。學生仍往西學，飯後歸。將使劉一往江西，寫信吉兒，並致芰舲喬梓准接女歸。九安丈來，留陪先生。過受明，云出洋分兩等，仍望可下場。勸往見羅舜循，在府圍後住。述貞、允忱親家將晚始至。黃躬父未挑即歸，假川貲四元，並託帶點心、酒爲丈人壽。受明、獻廷亦不到，客止五人。九安丈住我家，夜談。忽得江電，云"妹歸，速接"，不知何以緊急至此。

二十（27日）

將洋信封好，專人趕劉一來，即日使行。往李君約處祝壽，即到館中。見十二月廿三日諭，漢人婦女率多纏足，行之已久，有乖造化之和，此後搢紳之家務當婉切勸諭，使之家喻户曉，以期漸除積習，斷不准官中胥役藉詞禁令，擾累民間。此可謂立除痼疾，中國大害去其二矣。惟太寬緩，恐人未必遵行，胡不施行舊律耶？學堂章程甚詳，一時未必能舉行，胡不先整頓書院？張埜老升吏部，政務處在武英殿後。京中白米百斤京錢三十六串，尚不大貴，惟銀一兩只換乙千百餘文，則米百斤須銀三兩零矣。閲伯商書，頗有獨得之見，其論甚平允，實不足以賈禍，而已及禍矣。噫！

廿一（28日）

飯後到獻廷處，足疾未愈。到陶老六處，云得月初芰舲信，言將自來。左家允十三期，已打電去，但入贅未允，恐又須佃屋也。到晴川處，病漸愈。到易鹿泉處改方，云媳、女及孫皆易愈。到羅順循處，云有客，不會。到老五處祝壽，諸人又造戲局。歸已三鼓。聞岱林入洋，甚佳。

廿二（3月1日）

飯後過受明，適順循來，談東洋甚悉，云學校林立，絃誦洋洋，國主出，諸人迎候，三萬餘人蕭靜無譁，有加納者爲總校。云普通學立後，有三大效：一簽兵無規避，如前之去手、足、眼者；一監獄中人無曾入學堂者；一市集無婦女吵鬧、小兒跳亂者。文學堂以自由爲主義，在啟其心靈，武學堂以齊一爲主義，在同遵號令。華人以彼體操爲文必兼武，大誤。中峰只圈十名，明日求實驗看，受明與胡子靖在內，而篤生不與，可慨，將自備貲出洋。順循以爲人詆毀，恐蹈熊、蔣之續。伯年坐窮如故，伊館於其家數日，聞得學堂事，非也。此十人六月可歸，更有永久一班須五年，不知調何人。觀篤生與辜天祐，則吉兒即在此，亦未必得與。到館，聞蔡舅黃升湘臬，蔡更紅矣。獻廷函云陳三月方歸，不知能爲力否。大風，頗寒。

廿三（2日）

閱新聞，長信回，見諸臣，語絕沈痛，惟望毋忘在莒云爾。作七律四首送受明出洋。君華來，以王潤香女士詩索序。詩甚工，而遇甚酷，足見造物忌才並及閨閣矣。君華云有高某欲來受業，來者不拒也。午後過馮子靖，云下鄉就醫。過訪君華，不晤。遂到家，以書交九丈。君華與岱林來。見煥彬函，索書，詢家刻、局刻各種。下午過胡少卿，云將北上。赴小嵐飲席，同年中鑑洲、小汀、獻夫、紹明、海年，楊某現爲長沙學官，及予與主人，凡八人。鑑洲云伯平有信來趕銀，不知其詳。伊將往粵，糧道署桂午丈招教讀，三百六十元，有人來接也。歸與九丈談至三鼓。

廿四（3日）

復煥彬書。寫對聯賀小嵐。請胡少卿來，云發孫不宜再用涼藥，改用疏通看何如。孟萊來，以吉兒所託催之。匋侯兄弟三人同來，執贄四元，書題目一俰付之。下午赴李君約音樽，聞有鑄大錢之議，求實換大學堂招牌，鶴老重游泮水，足疾不到。歸與九丈又談至三鼓。

廿五（4日）

飯後到館。煥彬復書，將與祭酒謀之。于秉郇來，云瀏邑鄭某來受業，脩金頗豐，約明日午前來。改論一篇。晤受明，云行期未定，孔云出洋孝廉乃堂中下材，逐之海外。此意當使俞、張二君知之。篤生帶學生即龍荔仙子，自備資斧。許玉屏，前曾出洋者，云自備資斧儘可不要公文，外國人不重視此物，自備者反以爲有志加敬也。許與少村郎舅，不睦。受明擬攜子去。獻廷函來，以雷市收支李某託查有撤事否。小泉屬詢湘鄉委員朱國華新換，見居停爲道地。夜見居停，言之，云趙某謂壽兒人太善，不便辦收支，故更易，已屬其更調近處。

廿六（5日）

爲潤香女士作詩序。鄭晟禮來受業，贄四元，無關，云將回瀏陽一轉再來。過午歸家。芷青帶信件來，橘子已成餅，可惜。芰舲信許女歸，當可成行，不云自來，恐未必至。言及予事，甚以爲難，何以畏怯如是？耳東不回信，則其意可知，亦不欲其冒昧也。下午往唐家作吊、沈家作賀。到謝家陪先生，姓雷，瀏陽人。

廿七（6日）

飯後過受明，云人未到齊，又遲遲不願往者，可笑也。到館，作二函，致壽、吉二兒。沈小嵐昨未見，儀未拜送，似宜一往。伊一早催客，將晚尚不上席，二鼓後始歸。

廿八（7日）

飯後到館，改論一篇。九弟婦生日，使人來請。往芷青處回拜，云芰舲來否不定，意恐幹臣不肯辦喜事，故欲同來。幹臣已保道，俟核准可過班。冕堂河南知府，幹臣不過班，亦願到河南。月初即來湘，小女必同來。到府正街，飲至夜歸。過獻廷，告以李某事無可挽回。現在託我者甚多，如小嵐說賀某，稚荃說其子輔熾葉薦，述卿說丁某壬老薦，當問之。近日謠言甚大，十餘日未到電，云榮出軍機，劉、張調動，似皆未信。

廿九（8日）

將序錄出。夜爲館人吵鬧，不能寐，人甚昏沈。學生夜書白摺，不知何爲。祭酒書來，送所刊《駢文類纂》請校。予文已選四篇。諸君知重予文，而不能捄予困，可歎！補叔送高姓關來，歲十六金，約十二來上學，以讀選樓校本並所作序付之。《駢文》校二、三卷。

三十（9日）

改論一篇。聞小傳方伯已到岳州。香帥保八人，祭酒與李木齋、陳伯潛、黃紹箕及繆某，殆小山或岫琴乎，皆翰林也。湖南工藝局派四人，王、湯、葉、楊。明日鶴老不能赴，云可送對，擬聯贈之。胡子威太夫人初四開吊，亦擬聯語。毛懷德以有人售《全唐詩》、《事文類聚》，歸家檢書付之，送《尚書》一部。一兒書來，將倒擔歸家，何無用至此？待易鹿泉，至夜半不至。得吉兒十三書，在電報前。

二　月

初一（10日）

早到學使署，見人到不多，襴衫止二人，其一當是左。到胡少卿處，云已行矣。過受明，云王布衣等卒不往，伊亦未定行期。校《駢文》，《文心雕龍·辨騷》"嚼然涅而不緇"可補入《引經考》。祭酒函催所校文，又來二卷。學生出，予下午亦歸。鹿泉來。

初二（11日）

飯後到館。見電報，已裁通政、詹事衙門，以通政爲翰林署。伯平放迤東原缺，甚爲怏怏。居停欲招徐小穀伴讀而不成，復商之予，勸其勿習西文，再定功課。高序絅來上學，乃父見爲四川武官，在成都，現住趙家。

初三（12日）

早到學宮祀文昌。見新章，各處立蒙養學堂，見其章程，無不駭然，不知此是説官話耳，只要改一招牌，便可了事。我邑無書院可改，諸公議可並小義學。蘇大令將至，予先歸。見一兒夫婦已歸，付之一歎。匀侯、用羽送文字至，云乃叔不欲行。往問，則以派委員送之故。此舉誠可已，殆猶防秀、孝造反耶？到館，爲汪氏兄弟改文數篇，匀侯甚雅潔。校《駢文》數十頁。夜爲學生改論。

初四（13日）

飯後歸，往胡子威處作吊。見羅順循、王吉來，論受明不去之事。楊篤生決去。龍茣溪云乃姪同行，又去年乃父欲請我教書，聞此間已定遂止，近仍不大出見客也。到左家道喜、祭酒處道喜，不晤。遂到述貞處暢談，云曾在勉帥處作幕半年，屬爲吉兒致書，並催陵生致柯方伯。昨在學宮見陵生，亦道及此事。坐中客惟張伯興到，云去年由江浙回。受明云已辭出洋之行矣。晚歸家。

初五（14日）

早發穀，止餘十餘石，以後當買米吃，而米價漲至四千零，奈何？正卿至，言對調可行。小鶴買《九史紀事》，七元，屬分朝代。飯後到館，爲汪改義。焕彬送《古泉雜詠》，序已刻，有改竄數處。校《駢文》兩本。學生不見，遂歸。夜燥甚。

初六（15日）

雨，復晴。飯後到館，校《駢文》二卷。學宮傳午刻議事，往則諸公已至，仍如前議，以義學爲學堂，可歎！而諸公之論，又有不止於可歎者。噫嘻！歸館，見居停，付名條，云即下公事回方伯，工藝學堂將開辦，學生無飯食，與義學改小學同，張方伯尚未到，中峰入京亦不搞。

初七（16日）

改策一篇，且擬作一篇。校《駢文》一卷。昨楊述箴以《普通學歌》請校正，云將刊示小學生。予觀是書意在提綱，尚失繁雜，理學一門所收太多，有不識姓名者，子部亦雜，但當分別九流，其餘後世所箸，豈能悉數？二部皆宜删節，乃可讀也。長沙李金杜《實學門徑初編》爲十八省郡縣韻言，其書可用，未見，其人似是有志士也。寫出詩二㫷。學生買《三通考輯要》、《九史紀事本末》，二書雖佳，小字不便閲視。趙孟剛至，云明日受明仍同行。

初八（17日）

得吉兒書，云廿五課吏未得電報，恐名次不高。劉艮生到江西，俟節吾來再説。耳東無信，事恐不諧。少村人都，俟彼信如何，如不行，只好求張、王諸公矣。聞沈小宜入埶老幕，捐中書。少村到京，當可借力。往東游歷今日啟行。昨晤孟剛，聞受明去，即到其家送行。彼似覥顔，然非對我輩語也。甄别問《天演論》，人多不知。歸以此書付小鶴，恐猝閲之亦不解耳。予見獵心喜，亦作一卷。趕到館，爲幹庭改一卷，使劉璞山書之。天大熱，有旱意。

初九(18日)

校《駢文》一卷,其所選尚雅潔,大約以徐、庚爲極則也。將晚歸,彭老滿來求川貲,答以全搬再説。恒章亦求加增,小鶴云須取牌歸,要挂紅即使彼辦。

初十(19日)

搬書箱二口入館。閱薛星使文,有實際,非裨販也。午後赴楊樹箴飲席。晤伯鈞,云夏觀察言江西出奏事。予云恐不行,彼云可邀數人函致勉帥。時張、湯在坐,未知其意可否,未敢明言。小學堂議籌欵,救嬰局欵亦提,大約以義學加擴充耳。伯鈞云學堂須招考,額百二十人。歸館,改論。大熱。

十一(20日)

風起,少凉,又無雨矣。早到張處,伊以內辦爲是,云即致書乃弟,我致書小宜,邀同數人察院遞呈。陸鳳石爲總憲,與墊丈厚,事必可行,明日即發信可也。到王處,亦云可。伊等總推託,不肯致書求人耳。告以居停邀往江,勸勿應,且代邀生徒。遂歸,高序絅來,領題去。陳佩衡來,示乃兄書,尚在未放缺前,云缺好必踐前約,見目、弓二公,勸保我入學堂,二公難之,仍以外奏或察院上達辦法。如此函到,或不至再推諉乎?發一函告吉兒,問少村行否。起草致小宜,並録稟稿示之。吉兒函忘問南塘租穀,下次當問之。陳佩衡來,以伯平書見示,云見二公,勸其保入大學堂,張意難之,瞿以爲事須由下辦上,仍然前説。伊特致我速辦,且云放一好缺,必伸前約,川貲多少看路遠近。今放迤東缺,佩衡云甚苦,每月只津貼四百金,離省三站,其地無一物可買。如其説,則彼即願往,亦未必邀我同行矣。欲致書賀彼,云將歸,可不須,已打電,俟回音如何。遲日當往問之。到夏公處及芷青、蓉墅,皆不晤。蓉墅旋來,久談。大風,漸寒,夜雨。

十二(21 日)

風大,雨止。寫信致小宜,函請雨丈速發。聞居停得萍鄉信,云已與義寧、嘉應同得肅邸保奏,可望起用,即不入翰林,可仿梁星海外任。又得密電,云千里艸斬,不解所云。"千里艸"乃"董"字也。閱薛星使文,頗有見解。晚間以天冷,歸家。

十三(22 日)

以學生往趙宅喜事,不到館。録出和鶴丈詩送去。石泉要書看,檢《明史紀事》及《弘簡録》示之。石泉以葬事告歸。祭酒送文集至。

十四(23 日)

飯後到館,爲汪氏兄弟改文數篇。閱《時務彙編》,蘇撫奏學堂事全是敷衍,留數書院爲寒士衣食尤可笑。元和、長洲、無錫三縣共一蒙養學堂,如此簡陋,安得人才?晚間往城隍廟祭祀,三鼓始歸。

十五(24 日)

俞伯鈞來,談學堂事,有請益之意;予事,以爲不必邀王、張諸公,俟節吾來商辦。夏子新丈亦來,談及此事,伊亦太息於中峰之難。云今年將嫁女張家,幹臣來須另佃屋,現尚無信來。以吉兒事託致書柯[①],請催但方伯。沈小嵐來函,以賀亦元託催居停覆之。毛懷德送十金來,《説郛》還十四竿,予未忍棄之也。下午到城隍廟,待至天晚始上席。席罷到館,以沈函付居停,詢萍鄉書,云無之,豈諱言之歟?是日雨頗大。曹佃來,云尚未足以耕。陳佃全搬,可無後患矣。

十六(25 日)

晴。正卿來辭往衡。得吉兒書,取二等第二。耳東屬以邀

---

① "柯"下,原衍"書",據文義刪。

禾口同具禀，明是不阻之阻，江右可作罷論。信中不提少村入京，豈尚未起程乎？云見萍鄉，不言起用，其事或未塙。云差事可望，須到手方可算數。無事，擬作《普通學歌》，至夜成經學、理學二條。夜微雨。

十七（26 日）

又有晴意，豈旱象果成歟？改策一篇。繙《四庫總目》，茅元儀《西峰淡話》，云"其論有明制度多本於元，尤平情之公議"，此言足爲後世開國規模多本前朝之證；《皮子文藪》，云"尹洙《河南集》有《大理寺丞皮子良墓誌》，則稱日休避廣明之難奔錢氏，子光業爲吳越丞相，生璨爲元帥判官，子良即璨之子。陸游《老學菴筆記》亦據《皮光業碑》以爲日休終於吳越，並無陷賊之事。皆與史全異，未知果誰是也"，可補入《皮氏家譜》。續成諸史、諸子兩條。

十八（27 日）

晴。又成集部一條。以收條交居停，告以再雲放慶陽府，彼云缺苦。文芸閣起用，蔡伯浩無信，不確。請催但致柯信。聞夏家辦喜事已佃席公祠蔡前所住屋矣。下午歸，過楊述貞、劉笏雲。

十九（28 日）

早到城隍廟祀觀音。璞老云節吾言月半後來，學堂長沙明日會議，提欵只救嬰一項。述箴言厚生和之項不知能退否，善邑只二義塾，何濟於事？飯後到館。旋至銘謙處，佃屋彼不知，云聞夏家信，芰舲、謙伯同來，幹臣不滿月即入京。江蘇分發已停，不知改省否也。到獻廷處，云在劉家。到晴川丈處，復以不行。遂到介卿處慶祝、吃飯。晚歸。小鶴亦到晴川處，云其夫人促桂妹同入京。子綏無一字來，然其情形，去住兩難，不便阻之。夜熱，雨。

二十（29日）

雨，大風，恐又將雨吹散矣。飯後到館，改義一篇。張方伯來，廿二接印，從容往見。閱《申報》，言回京用費百餘萬金，保定火車二十餘萬。寶熙奏小學堂不必用西學，其所見甚是。聞報言前星將燿，不知何報所言。閱《使俄草》，抄薛文甚多，可笑。

廿一（30日）

陰。閱《漢紀》，譌字極多。此書不知有校本否，惜無善本校之。擬作史事篇，接本朝前，稍申己意，以示後生，與張少熙諸人所作少異，爲初學計，亦不必如其詳也。楊樹箴來，彼如欲刊《普通歌》，將以此示之，否則予出貲自刊。

廿二（31日）

錄日記二條。劉同年寶南來，仍不能行，以書院穀事爲縣令所誣，晉省來控，勸以忍氣。云住寧鄉館。辰州同年止留彼一人也。連夕大雷雨，田間當可開耕。不能下鄉埽墓，奈何？

廿三（4月1日）

雨未止。吉兒屬作書致陳梅生，作一函送楊樹箴處，屬其弟到京餉送。戴宣翹來，云將入京引見，以知縣分發江西，乃弟往東洋一轉再入京，數日內即起程，住東牌樓興隆客棧。如早來，則此函可付戴，不付楊矣。得吉兒初二來函，劉一已到，少村已入京矣。伊如早到，可與小宜商辦一切。吉兒謀得差事，不欲空歸。但函擬見汪親家，再託其催夏、陳，未知説到否也。夜又大雷雨，想今年可無雲漢之憂矣。

廿四（2日）

晴。豫備下鄉。改論一篇。致頌年一函，將交仙翹帶去，託以予事及吉兒事，亦盡人事而已。《普通學歌》經、子二條遠不如予所作，理學尤冗而無謂，史一條與予詳略稍殊，予擬將兵、財、官、士各條並作歌括，別刊之。將晚歸家。聞孟萊到我處，旋去，寫一函，託以催泰山轉求泰山事，並寄一名條。達三、金女到湖南。十四起程，行十日到。得吉兒信，言我事在江西不行，可作罷論。談至三鼓後乃臥。

廿五（3日）

微雨。飯後到府正街，邀老九同到史家坡。見田水沄沄，可無雲漢之憂矣。歸過述貞親家，云行期約在五月，將使長子教幼子，二、三子改行，亦是一法。歸家又雨。

廿六（4日）

不能下鄉，乃出拜客。拜方伯，以忌辰不見。拜夏公，與幹臣久談，云見雨丈，言京函已發。喬生言校經一席應皮某居之，但望從此有轉機。又云西人來此遍開學堂，不自開，則人皆將爲彼誘。此言甚合，無如彼昏不知何也？吉兒名條交付。到俞伯鈞處，云勉帥處可致書，俟節吾來，柯方伯處亦可致書，開名條去。以大學堂課程見示，現只七十餘人，將來滿百廿人，恐二分校不能勝也。到仙翹處送行①，云即上船，見乃弟太史。聞蔡亦同行，往送，不晤。拜陳佩衡，不晤。聞蔣少穆來辦官報，住賈公祠，往拜，亦不晤。遂歸，寫名條送伯鈞，致吉兒一函。見芰舲親家函，云達三、金女可住至秋凉，達三如坐鍼氈，奈何？

廿七（5日）

飯後過汪宅，孟萊已行。念循來城，云不待考歸，真復奈何？到館，改論。夏幹臣來，云十八子言無定準，可不必靠，柯、張不合，亦不必求書。然則張早來拜，予不見，未爲失計。吉兒事既無可託，我事彼亦無能爲力，遲再見之可也。又云伯年、公度、張元濟、曾鈢、蕭王密保，留中，文不在內。我事，少村想已到，必與

---

① "處"，原誤作"來"，據文義改。

小宜商之，要我再致少村，如不行，彼去再設法。觀察公欲以幼子來附課，節送廿金，允之。隨即作書致少村。居停過談。達三來。談及達三之事，居停有六月同行之語。託以見但再催致書。云蔡此去必得志，黃不來，若繼升臬，則蔡必得鹽道。下午邀戴鵠臣同歸家，爲二媳看病，頗過細，云喉似蛾症，由風寒閉住，並非陰虛。得芰舲函，允住至秋涼，而達三即欲歸，與家中言諸事含忍，予意過幹臣喜事，使金女同去。

廿八（6 日）

飯後到馮家沖，歸尚早。用羽送文來，仍到館中。居停來，云夏公已與但説矣。幹臣改廣東，前聯不可用，改云："夏伯陳謨，塗山吉娶；左芬工賦，甥館聯吟。"是日清明。鄉人云水尚未足。

廿九（7 日）

函謝芰舲，並致吉兒，告以達三情形，屬爲婉致乃翁。幹臣寄詞一卷來，不知此調不彈久矣，閲之令人悒悒。下午邀戴同歸改方，彼不肯，遂先歸。道甚滑。

三　月

初一（8 日）

早到館。見報列申飭御史蔣式惺諭，不知原奏何如，令人浩歎。聞電報，俄約已訂起釁前畫押，不知東三省退還否？蟄老大學堂章程已出，各省須籌二萬金，或萬或五千解京應用。改論一篇，爲汪兄弟改數篇。約戴同歸改方。過學宮午飯，歸館。大熱，夜大風，又寒。

初二（9 日）

閲《申報》，伯平十二召見，李果仙丈開復，於正月去世。京

師有磚擲使眷,廣西有擊斃洋官事。俄國學堂學生作亂,阻撓學
堂者又得藉口矣。金臺書院改中學堂,保定蓮池書院改行宮,不
知何意。爲汪兄弟改文,並出題。求但一書,費九牛二虎之力,
昨得之,旋寄去,不知有益否。請鵠臣診脈、立方,左手微麻,想
受寒氣所致,家中不送衣來,可惡也。至夜,撰成選舉一篇。
夜雨。

初三(10日)

　　晴。撰成職官一篇。是日請客,飯後歸家。幹臣、鵠臣、樹
貞、秉郇、俊卿、達三皆在坐。汪親家使旬侯來。樹貞取陳慶鏞
《十八省州縣歌訣》去。寫信復正卿。

初四(11日)

　　飯後到館,改論,並爲汪兄弟改論。是日縣考,《四書》、《五
經》義各一。璞山云大陂公事來,壽兒已降稽查,只八千,正卿
只能到大陂矣。作賦稅一篇。得吉兒初二明信片。

初五(12日)

　　作兵制一篇。共十篇,萬餘字,熟此,中學政治得大略矣。
芰舲謂大學堂編書予可任之,如楊意不逢何?丁國鈞以代父得
局事,送水禮四色。予以無功不受祿,再三辭之。丁重安子來
拜,住營盤街,暇當往回拜。居停與夏公共請王、張、葉、楊於定
王臺,云夏公傾跌。

初六(13日)

　　早到夏公處問候,則並無恙,已出門矣。晤幹臣,云江西來
信,有房捐、招牌捐、門捐之議,門捐即戶口稅也。幹臣問予編書
之法,可編經書。予謂非急,急在編史,中國無通史,宜仿日本人
《支那通史》之法,再加詳明,發論斷,編定不難,無人鈔録,且人
心固閉,易駭庸俗也。幹臣與其弟敬履號澤生者旋來上學,年十
六,贄八元。下午約鵠臣同到家改方,伊立方後,仍同到館吃飯。

學生外出，仍歸。

初七（14日）

飯後往陳十處，云伯平已歸。到賈公祠晤少穆，久談，云十二出報。伊歸杜門三年，今始出。以無書課蒙爲患，屬予編家塾本。予忘問成本璞及彼所刻書。出遇雨，過徐、葉，皆不在。過謝俊卿，借傘。歸聞案發，汪氏兄弟皆列一牌。甸侯、用羽旋來。仲丙借錢，不來取，大約不高。達三以去嚇人，稍戒飭之。

初八（15日）

雨。飯後到伯平處，不晤，云路上受風，使其子出見，云迤東須去，尚未定期，須三月方能到，去省又三站矣，在平定州。往拜張公，頗重聽，問予事宜向誰説，俟京信何如再託彼。付吉兒名條一㕙，屬於相契之人致書説項。彼云下場五月告假不遲，拔貢黃履中，李帥深喜之，許其下場，似可援例。往夏處，不晤。擬約幹臣説達三事。張云其孫有文字請改，看送來否。到館，改策，甚易。夏公至，略提達三。居停云上峰拿賭，要封集義、泰順；鹽斤加價多爲局中倒提年月，今委員往查。閲報，初六謁陵，又選秀女。蔡和甫電阻出洋學生，云皆謀反，可駭。

初九（16日）

寫對聯二軸。致函吉兒。祭酒送《駢文》來，爲校二卷。學宮交賬，未刻往，乃知楊樹箴交唐采臣，強我批簿，書二百餘字。朽人聞蔡和甫阻出洋事大喜，謂受明等在上海進退維谷，恐不必然。又以俄學生作亂阻學堂事，此何與於我耶？飲至夜。雨，遂歸。

初十（17日）

請戴君看病，待至下午不來。乃到館，改論一篇。戴至夜方來，以磁器二色送之，約明日同到家。案發，汪列二牌，六牌仲丙到頭牌。後聞仲丙未覆試，用羽與弁卿列頭牌。

十一（18 日）

晴。書扇一柄。校《駢文》一卷。約鵠臣同歸改方。見吉兒書，云江西大疫，茇龄初八起程出游，予前寄函未得見矣。到館，過受明家，見太親母，云受明病，甚不放心。石香爐人來，云外孫病泄，我亦不放心也，約得信彼此告知。到館，伯華來，云吉可望差，伊勸勿歸，課吏歸卯金，耳東已行，約歸接眷，請吉入幕。晚間正卿至，攜公事，云大陂缺已裁撤，欲見局憲，云到局投文。

十二（19 日）

晴。夏澤生早來，開題目一昏付之，云時務書未看，只好專出史論，若經義，彼有先生在，無須我也。見居停，云黃某總，予一事月内有缺，即當委之。飯後到獻廷處，云耳東五月到此。到伯平處，見璞老，云今日請城隍廟。伯平云彼見垫老力説，推以學堂未開，且俟明年；兩目亦曾催野老。彼到任俟秋後，不言邀往，其意可知。天津兵未撤，京中各署亦未修復，前門外正脩造，乃回鑾後舉動，初到更蕭條也。到晴川丈處，託以汪氏兄弟，但恐彼欲爲子請託，不肯爲人言。在陳處見璞老，云二點鐘到城隍廟，乃歸館。見《官報》及《時務彙編》，見江西畝捐已開，廣西鬱林有土匪，甚猖獗。二點鐘後到廟，諸君已至。金文齋以租十五石押與積善堂，得銀百卅兩，寫契，甚煩重，足見銀錢之難。晚醉，歸館。將寐，居停來説正卿事，强起與言，遂與鵠臣久談。一臥至三鼓始醒，脱衣。

十三（20 日）

飯後欲出，微雨，遂不果。校《駢文》二卷。孟剛之弟來，云蔡阻出洋屬實，孟剛尚無信來。校所錄文字數篇，殊不成字，將來欲託石泉錄之，或彼舉一人亦可。

十四（21 日）

改論一篇。飯後往夏家，出門遇幹臣、澤生來，遂邀同返。

談畢，送之同游席祠。歸家，秦雪泉至，云乃兄差事不佳，乃弟在粵督署得志，已稟到矣。栗樵調署青田。家中請鵠臣來改方。以大古道巷佃茶館，往述卿處，議妥。晚間同小鶴到東茅巷熊宅，赴財神會飲席。定更後歸館。

十五（22日）

早到城隍廟祀財神，飲至午後。伯鈞之子云乃弟到洋無電，李致楨後去乃有電，不可解。大雨如注，復晴。歸家，是日爲彭孺人忌日。以桂妹病，又請鵠臣。胡漢卿來，爲求局事。現在正卿尚懸無事，趙從泰稟壽兒極壞，伊已見陳面訴，見夏再當爲言，何能及他人事乎？伯華求書對聯，書好到館。夜又雨，微涼。

十六（23日）

晴。閱報，見蓀石至太常卿。太常以奉宗廟，不裁。大學堂三月當定章程，起造在圓明園，故址爲八旗學堂，先開譯書局，請嚴又陵。前日伯平云不廢科舉，學堂必辦不好。昨璞老亦言之，難得老人亦開通也。報云湘學大興，則不知何所見而云也。是日官課，"姚崇先設十事以堅帝意論"、"西學書浩如煙海學者從何入手試條其要旨"，試作一蓺，並爲幹臣改作。夜風，甚寒。

十七（24日）

爲澤生改論一篇。少穆來，示以胡子清所撰《歷代政要表》、《皇朝政要表》、《中外通商表》，皆佳書。胡住理問街楊家。少穆急於編書，匯文書局是彼所開。見予《蒙學歌》，屬錄出，爲刊刻，屬增交涉一篇。予意更增輿地。錄出選舉，作交涉，未成。

十八（25日）

得贛州電，云："贛南道賀曁紳聘師爲四郡學堂總教，脩紋五百四，關尙送，復贛小學堂贊元。"予前聞爾翊爲贛州教習，此蓋由彼所推舉也。得電，回家告知。是日幹臣喜期，往左府賀，見幹臣與觀察公，以電告之。胡少潛來，與之談所學，極談將北上補朝考。

十九（26日）

　　大雨。早到祭酒處，告以電，請轉致居停。彼云昨見雨丈，京信尚未到；雨丈欲開長沙學堂，以予兼之。往見雨丈，已出，遂歸。夏公來，云可，且緩行，喬生明春服闋入都，張方伯在此，可共推校經一席。予恐未必可恃，擬以“電悉，准來，可略緩否”復爾翊，再致書詳告之。局云電斷，須後日。往天妃宮飲歸，夜復往慶祝。

二十（27日）

　　早到天妃宮，飲罷到館，改論，作書致爾翊。報言河南題由內發，不慮漏洩乎？云不以恩、正兩科另加，不知各省何如。陸伯葵爲知貢舉，秋試想必行矣。居停來，談及贛事，以電示之。作交涉一條未畢，此條似不能太簡。

廿一（28日）

　　致函祭酒，云以蒲節爲期。寫出致爾翊書，又函告吉兒。龍之溪來，云爾翊已挈眷去書院，學堂可六百金。此去由湘潭、朱亭、攸縣、蓮花廳到永新，六日可到，再到贛，亦不過六日。伊以乃父丁艱，到此張羅，住長沙縣盛。盛小吾亦以知縣候補，現回去，頗講化學。伊現亦學算學、化學。爾翊著《引經斷史考》，曾與伊言舉我。四郡學堂如何辦法，彼亦不知。寄電信由贛南道較妥。乃將電字、信面增改，再發。閱報，汪頌年爲大學堂提調，不知乃母愈否。受明回電，居停云不堝。晚間以璞老邀天妃宮入保赤會，飲至夜，醉歸。杏雲云節吾廿五來城，其孫十二歲，得前列。

廿二（29日）

　　早往天妃宮，至午始飯。到館，天晴，路潨矣。作交涉一條，未成。

廿三(30 日)

飯後欲出,聞方伯孫當來,遂止。夏澤生來,以文與之。鄭晟應來,云縣考不得意,將住嶽麓。寫題與之,告以讀書之法。幹臣來,云四月仍須歸,以籌欵未得,不能北上。致乃叔意,留我勿去。我等贛信何如,若川貲、火食在內,則無味矣。澤生云百川通借得千金,只能分半與五兄,餘須下半年辦喜事,其姊許嫁豐潤張幼樵之姪,乃父不在。澤生已聘許仙帥之女也。為方伯孫改文三篇、汪氏兄弟數篇。撰輿地一條。夜得吉人十三信,不知前月底三函何尚未到。吉兒有歸志,恐得但信又不無希冀耳。已見伯年,云肅保留中,勸予不必渝雪。正卿來,云岳州有缺出,俟間言之。夜又大雨。

廿四(5 月 1 日)

改論一篇,續成交涉一條。閱《船山遺書》,將皮熊一傳錄出。此吾宗之忠義士也。得祭酒書,云京事未了,江不宜去。此層予亦疑之,故欲略緩,伯年蓋未曙於此也。下午晴。聞秧已半爛。

廿五(2 日)

陰。是日換季。錄完選舉,又職官,未畢。歸家,而壻又與家中作鬧,要去,稍為調停。正卿來,云已委常德起票,甚好。午飯後仍回館。汪氏兄弟來,云受明初四到,有信;孟來湖北教習,四百金。

廿六(3 日)

寫信告知雨丈得江電事,問京中回信,云得初三信尚未談及,恐彼尚未接到,江事亦不必辭,到彼等候亦可。不提長學堂事,祭酒之言殆未可恃。錄出《歌訣》二條。將晚歸家。

廿七(4 日)

李質堂入祠,有知單,予擬一往。達三要同走,不便,遂不往。使胡五下鄉，問外孫好否，祥女能歸否。飯後到館，改論。見報，埜老與陸鳳石皆黃其馬褂矣。録《歌訣》二篇。夜聞五、七兄弟鬩牆，往勸之。三鼓歸家。二人事實無以調停，真家門之不幸。

廿八（5日）

飯後到館。往伯鈞處，伊聞贛事，云長、善興學將下聘，又有信到兩目處，江信即發請。學堂事繁，惟校經賺錢不費力，將來杜去，伊必謀彼席，何能到我耶？到伯平處，告以贛事，仍不提及前事，赴任亦須秋後。問節吾，尚未至。到雪泉處，見其姪仲海，到李家入贅，李即栗樵内兄弟也。歸館，爲澤生改論，書扇一柄。得吉兒書，云投但信後，有方伯文案之語，有如是之速乎？下午往夏公處，交匋侯名條，並問潘文炳事。伊勸勿往江右，爲子讀書計耳。出遇達三，云祥女已歸。乃到學堂檢拾，出題，歸家。

廿九（6日）

立夏。飯後稱量，小孩均長數斤，予照常。仁壽發穀十一石五斗。即到館，録《歌訣》數紙。夜得龔省吾夫人訃聞，作挽聯。

三十（7日）

寫挽聯，改論。致書方伯、祭酒。午後歸家，同往仁壽宮。

四　月

初一（8日）

致書吉兒。邀述卿同往仁壽，遇優人所云拿韓者狂奔而來，幾被撞倒，碰右手膀頗痛，惡俗可惡。天忽雨。家中命輿來接，遂到家①。見祭酒復書,有長學堂之語。湯幼老又欲邀主善學堂,且使其子附學,歲八十金。

初二(9日)

澤生來,云幹臣擬十三回江右,不知確否。爲幹庭録《紀事本末》年代。閱日人所作《順天時報》,痛罵洋行細崽、欽差大臣,不亦輕朝廷而羞當世之士哉! 報言京事甚詳,無甚新聞。《官報》列經濟特科章程,第一場歷代史論二篇,二場外交策二道。所保人於二月到齊,非鄙人所敢望也。有香帥入軍機之語,恐未塙。粵西土匪,云甚猖獗。天雨,寒甚,秧苗必壞,皆可慮也。常德府委朱叔彝,趙將進京。俞明頤稱湖南道員,豈已稟到乎? 陳師曾爲恪士文案,想同出洋。陳隆恪、寅恪皆右老小孫,爲洋學生,宜細崽得以爲辭也。正卿晚間來辭行,云明日走。澤生來,云幹臣十三回江②。

初三(10日)

風雨不止。録出《歌訣》十峇。達三來,云十三回江,恐未塙也。夜夢予入場,題爲"初六發蒙"一節義、"無求備於一人"義,莫得其旨。

初四(11日)

晴。改策一道。録《歌訣》五峇。小泉請潘文炳字詠霓過門,即妹壻之兄、前爲託夏公者也,予歸陪客。函致祭酒,復云蒙學堂或能如陳館之數,加以附課,可至四百金,恐難及贛州,當爲致意柚翁,總之京事辦通,無往不利云云。如今年學堂成,可以兼領,則頗有可觀矣。張永泰以不脩屋,欲辭,無術留之。

---

① "家",原誤作"館",據文義改。
② "臣",原誤作"庭",據文義改。

初五（12 日）

以居停大慶，一早到館拜壽，不見，亦無舉動。鄭純殷送文二篇來，頗可觀，爲改正之。飯後往節吾處，見其孫，似十五六歲人，見縣試批，可謂夙成。云聞江西改豫章爲大學堂，不知何以處九朽，分校有六，較此間規模大矣。以吉兒事託爲致函。純殷來，不到我處，何也？到沈獻廷處，耳東尚無信。到銘謙處，云幹臣大約廿日内外回江。歸館，爲汪氏三人改文九篇。致書節吾，寫名條，屬以速爲妙。

初六（13 日）

雨。錄《蒙學歌訣》三吿，畢。家中以輿來接。小鶴云左魯軒來，云有南學會帳房楊君言常德學堂聘我總教，脩四百金，火食六十，係戴仙翹來頭。仙翹前未與我談及，何也？贛州專親兵亦到，關書脩金五百，川貲、火食四十。爾翊有信，四月即須到館。爲時既迫，脩復不豐，擬辭之。

初七（14 日）

飯後往雨丈處，不晤。見益丈，示以贛關，勸我勿往，云湯已呼老五歸，必來。張云長學堂可四百金，但學成亦在明春矣。雨丈方去，屬再往，仍未歸。見幹臣，示以關並爾翊函，亦勸勿往。往龍三丈、龍之溪、劉牧村、丁某、左魯軒處，皆不晤。王壬老、蔣少穆已去。見汪述貞，告以爲甸侯遞名條，屬好爲之。遂歸，到學宮午飯，遂到館，改論。夜擬答芷瀾觀察及爾翊書。居停來挽留，以老五名條付之。

初八（15 日）

早起寫信，着人送家。飯後爲澤生改論，畢。過織機巷，念恂考題"苟日新"二句、"君子豹變"二句義。孟萊已到城，將往鄂，云即日新學堂分校在此間招考者。同到家中，親兵未去。張永泰以不脩屋，欲去。記是瓊山做中，到瓊山學堂，云不認識曾姓。問明住址,當往説。到館,爲純殷、汪氏兄弟改論。居停云在方伯處飯,方伯有信到賀芷瀾處,問來人去否,使人歸問未去,旋送函來。

初九(16日)

早起,使人送張函交江人。作書致瓊山。復魯軒,以可延至秋初到館,當爲一往。閲報,言義人演鎗驚駕,且云從今上左顧過飛彈,幾中,尤可駭也。天津尚未退出,大沽口兵輪又來。東三省名爲退還,在一年半年後,另有支節,又難言矣。玉牒館開捐,善後捐已見明文,四成、三成。聞請假鄉試須在節前,當告知吉兒。爾翊函中亦提吉兒事,不知彼能爲力否。到夏公處,未見,見澤生,以論付之,並交老五名條,問汪守圻名條交去否。見陳芷青,談達三事。昨見其叔,亦詳言之。彼歸則歸,不歸則即須安靖,勿作鬧也。劉牧村來,以其姪名條欲求保特科,可謂不量。致爾翊爲求事,或可。之溪來,云爾翊不知彼在此,並無信來。以信示之,告以已退關去。之溪自負化學,欲起農政公司熬樟腦,云曾親試之。本家承周來,云住原處,即將回武岡,秋後歸試再過此。龍潭修譜事,要我出辦。喜生婆婆病重,未知在否。毛懷德來,《萬國通史》書甚佳,但太昂。《蒙學歌訣》授之,使刻。下午往本家處、于秉郁處,不晤,回館。晚間家中來接,云念循即欲祥女歸,作鬧,乃歸勸之,真不解此輩何肺腸!

初十(17日)

聞謝德翁夫人病重,往問之。途遇孟萊,今日登舟。到館,鄭純殷來,以所改文予之。伊住大西門棧中,前曾到過。改策一篇,録《讀選樓序》文。見柯回但信,云"承囑,皮州倅當遵留意,以副台諄"。乃致書吉兒告之,未知已得事否。見英人要挾中國商務廿四條,有許有駁。洋鹽進口,裁併釐局,内河通行小輪，此數條最關利害，尚未議准，不知能堅持否耳。爲石泉閱文數篇，頗得古文筆意。"李忠定不能救太原論"時代有誤，故未取古。此寒士少見書之誤也。下午歸，見家中女客，未上席。小鶴云謝老太已故，往唁。遇九丈跟人，云譚老太爺在徐長興等吃鴨子，遂往，菜頗佳而價昂。歸家，見祥女作辭，心甚怏怏，而堉之無狀已甚。

十一（18 日）

早到織機巷，堉、女尚未行，再三叮屬之。至劉伯卿處。見九丈，略談。蓉墅、次仲均在彼處。歸館早飯，天雨。銘謙來，屬轉致夏堉早定去留。領卷歸，額外七名，批不壞而不得獎，殆少《四書》義耶？挽謝母云："助夫偕老七旬餘，鴻案相莊，采藻宜家美南國；浴佛正當三日後，龍華方會，拈花微笑上西天。"潘詠霓來謝，已委洪江稽查。本家承周來，酒氣醺人，欲借洋式十元，無以應之。閱報，江西工藝局章程甚善。聞勉帥招黃公度辦警察，如肯出奏更好。聞粵匪甚熾，兩廣消息不通。閩中以土捐激變，恐不在頗弅而在蕭牆，奈何？

十二（19 日）

晴，又燥。録筆記一條。閱《通考·田賦門》，參以《詳節》、《輯要》，删取皆不甚當。少穆云宜删留四本，《詳節》去禮樂各類，不過四五本，但尚有宜删宜補者。此事予能任之，但無人主持采刻耳。報言袁出洋查看學生，此舉大有關繫。汪託予問再留半年之説，俟詢夏公，恐未必再留也。達三來，云謝家開吊，譚家做生，遂歸家。達卿、弁卿到譚家聽戲，勸同往，遂往祝壽，留飲。

十三（20 日）

早到館。張公課以《四書》義居首，足見無《四書》義不取之説不虛。爲學生改二篇，自作二篇。寫挽聯，到謝家，正行成服禮。吊後留飲。余介卿父子皆在，云欲來受學，又云節後再來。云幹庭將刻日記，俟詢之。蔡到京引見，歸省遇缺即補。李仲宣開缺，因與午帥不合，陳伯平、黃鹿泉或將得志乎？少村信來，云已有七人，俟小沂三月底由滬來京再辦，此事或可成。

十四（21日）

早到館，寫一卷，予目力尚能小楷。幹臣來，問少村住處，索書二本，與之，云十九准行。之溪來，又得爾翊電，請彼分校，四百六十元，當即去電。又催問予，答以能遲再議，川貲、火食不殼。藉之溪轉達之，然予實不欲到彼也。鄭純殷請往賈公祠，有楊檠字叔眉者，南學會人，云著有學堂課程，立學堂每人出四十千，四十人即成。此恐須科舉罷後乃可，此刻未必有人出錢也。聞勉帥寄二百金請黃公度，不知去否①。戊戌公度與仲宣爭，仲宣躐致封疆，公度廢不用。今仲宣又廢不用矣，公度將來或有轉機。升沈不測，可畏哉！

十五（22日）

爲之溪書扇，並致爾翊一函。飯後往見九安丈喬梓，次仲取列不高。往伯鈞處，不晤。見伯平，云滇撫林同年先後任，此去必得志矣。到府正街，遂到史家巷。劉家來六七人，云第之本長沙劉氏，其姊爲畢純齋先生長媳。諸人以第之真心疾，可用刑具，仍須其婦同居照料。三嫂始而不肯，繼而又不肯下鄉，將來或居城外。飯後客散。過李兆基，談及米價，云可俟秋成再說，屬催小泉工匠一項節下宜清。歸家，見吉兒兩函，課吏已考，未發，委貢院淘井差，豈但、張二公人情即以此塞責乎？云少村函來所言略同，公度將往江西辦課吏事。達三云祖母有疾，已電詢。

---

① "否"，原誤作"後"，據文義改。

十六（23日）

　　早到館，作書致公度，並示吉兒一函，擬交幹臣帶交。湘潭人沈寶生來見，不言爲何事，云潘詠霓回湘，已相見，亦見小泉，豈爲潘來謝乎？在督銷局住。祭酒以《駢文》數卷請校，又刻予贊、頌數篇。予尚有贊、頌未刻，擬覓草稾續刊，棄之可惜。

十七（24日）

　　改論一篇。澤生來，爲改策。批日記，校《駢文》數卷。居停云我事已聯七人，天官改定稟稿，聞之夏公，豈即少村之書乎？居停損鹽一船，小梅撤差。聞粵匪甚熾，全州戒嚴，不知搞否。天氣大熱。

十八（25日）

　　天氣大熱。午後大風雨。龍之溪函來，又得爾翊贛州電報，催我去，云務求惠臨。予仍以前意辭復之溪，屬轉致謝賀芷瀾觀察及爾翊。以致爾翊函付之，約明早送行面叙。校《駢文》畢。予尚有未刻駢文，擬搜輯，籌欵續刻。近刻湘省課藝亦有佳者，成本璞文筆頗暢。惺甫云蔡觀察來信，云洋人仍不准清泉人考，將來須改填他縣籍。盛京卿欲留黃花農辦洋務，廷議不許，人則公甚望其來開辦工藝、武備、學務等事，豈非此公不能辦耶？

十九（26日）

　　早到幹臣處送行，云未起。到之溪處送行，以吉兒調贛託之。之溪意仍望我去，望秋後可去否，答以彼時再商。晤龍國榛，現在盛公幕中，云盛交卸尚未。歸館，寫袁叔瑜母挽聯。閱《通考》，使予删選，與《詳節》、《輯要》不同。江西有大板《詳節》，屬吉兒帶一部歸。幹臣來辭行，付以家言。云五月初十後入京，如未舉辦，當極力從臾。求一函致頌年，許爲作函。下午歸。

二十（27日）

早起，作函致頌年。遂到館，改論，並爲甸侯、用羽改策論。二人所作非必過人，案發，一十三，一十七。用羽自十八牌提上，猶難得，蓋以其能作兩藝而篇幅又長乎？過織機巷，見二人。用羽云已寫滿卷，至無格子處，是以多動人也。歸家，適胡子瑞至，云住賜閒湖胡寓。談近事，謂予辦小學堂，予不與聞。居停言本邑小學堂聘我，二百餘金，予亦不聞也。到館，見惺甫攜課卷出，十餘本中無一佳者，並"士先器識"亦不知出處。故予與子瑞言今開學堂，不必講西學，當亟求中國政治、史學爲先。湖南文風近稱爲最，省垣如此，他處可知。前聞縣考不知魏默深，八股行而中學亦將絕矣。夜大風雨。

廿一（28日）

風雨，甚寒，大非所宜。今年多風，殆《洪範》曰蒙之應乎？惺甫攜出求忠卷卅本，請代閱。《慕容垂論》有全抄《王猛論》者，且有悖語。閱後到惺甫家，付之。惺甫云彼亦可請假歸試，不拘早晚。我卷在彭銘恭處，係我門生，曾來拜，現住藩城隄。彼更有經課卷九本，亦藩課，只三題，豈今歸官看乎？十六字義無可觀，有一收處作韻語，頗佳。閱畢，付之。爲石泉批文字三篇。

廿二（29日）

閱報，直隸官軍報捷，只獲匪首景某。裁釐事，榮、王、劉、張皆不謂然，鹿持之尤堅，或暫可延殘喘。大興、宛平援衡州例求考，不許，而清泉亦仍不允，聞中峰將密電請示。如此受制，並考試無自主之權，曷不並廢之而興學校乎？湖南各處興學稟報，長、善何猶寂然？湘潭已上稟，而子瑞不知，亦非必認真也。俄約已見明文，畫押後分三個六月全退出，彼此不准再添兵。彼磽兵二萬餘，我一千餘，多少何太殊也？人則公催黃桌到任，已准。

笠老加三品銜,重賦鹿鳴。

廿三(30日)

飯後歸,往袁叔瑜處作吊。到家,看純星閣開張,遂到會館。歸見黃正卿書,已接事,寄洋五元還川貲。

廿四(31日)

學宮傳人,飯後到學宮。止楊芝仙來,云前年已歸,久不見,略談,道濂可望府首。以尚早,仍到館,爲學生改論。過午,再到學宮。璞老云暫以耕雲圃巷對門屋爲學堂,學宮產業也。學宮提二百千,養正義塾提米穀加釐一成五百千,蘇大令捐廉三百金,且開辦。蘇所議開捐章程,派楊樹箴、劉立山、汪仲皋、張彝仲勸捐,並勸鄉捐,欲仿團練抽穀,諸公多不謂然。蘇至,談及此事,人甚精明,謂主講一定請我,脩三百金,教算一人百二十,人三十金火食。當面說,我再三辭讓,彼云再登門請。眾人有知此事者一辭不贊,不知此事者駭然,忌疾殊甚。周郢生、勞伯屛、童敬吾頗勸駕,然亦以爲我不去,不知彼請何人更不對,亦非必以學堂爲必應辦,而主講非我莫屬也。飯罷到館,往夏公處,以此告之,且問及名條,云方伯又送人來,姑少俟。歸館,居停來,以告,彼云五月京事必見明文,必有好事,意不願我去。我以此辭蘇矣,看能兼顧,且徐商之。聞鏡蓉室照像有江西萍鄉人姓柳照見二影,一爲女,云鬼,可畏哉!

廿五(6月1日)

函復正卿,並致吉兒,以次媳、發孫久病,勸早歸。晚間得來信,云取一等十二名,可望調入課吏館,調入,一時難於請假,修井須七月方可銷差,恐未必能即歸矣。九安丈勸我到學堂,彼子弟可入,若他人即不願入矣。大學堂被參責,可歎,現在任事之難如此。少村接眷入京,我事月初可辦,何未見明文?

廿六（2日）

鏡青早來，云蘇公致意，脩金加至四數。長沙擬請彭少湘，亦四數。云此事不過敷衍，斷不至任咎，儘可應允。我意以不能遽辭館，如可兼顧，再商。汪云此事開辦亦須秋初，彼時學生已歸，將來辭亦可，不辭亦可，不必住學，伯鈞亦未住學也。以此復蘇，大約即如是矣。以告居停，居停仍勸從容。渠意欲爲我圖校經，使子附學，將告祭酒商酌。我意恐難，杜去，必俞、彭、袁諸公，未必到我；欲附學，小學堂亦可附也。文芸閣又來，大約住原處。我將學堂事及昨得信再函致吉兒，使酌之。此間學務處派朱純卿太守，武備學堂電請俞恪士之弟明頤。張某請開官運局，爲運湘省米穀出口，云香帥將爲之，不如自收利權。張即湯方伯之甥也。報言拴婚選妃只存瑾妃一人，前云麟徵，恐猶未塙。滿洲改省，以爲非急。錫良開缺，李有棻放江寧布政。夜歸，爲法師驚擾至明。

廿七（3日）

是日先祖生辰，又先慈忌日，不出門。發孫病重，使法仍不效，又延其人來治。是日終場，甸侯十二名，恐難進點。

廿八（4日）

發孫病如故，又信其人，禁延醫，無可如何。飯後到鏡青處回拜，云已轉致蘇公，將來拜，即送關。蘇公以織機巷房屋太小，且學宮紳士云一年後須認佃，似乎畛域太分，擬佃黎家坡林宅，雖大，太貴，不知經費足否。已捐錢店，每月百千，再捐當鋪。將來招考不拘籍貫，可以通融。余介卿二千，不知何如。招考在五月，須先定地方也。召梁以智刻《蒙學訣》必須八文十字，還七文尚不肯，俟再召鄒富文。改論一篇。到楊樹箴處回看，未晤，遂歸。問長案已發，善化首姓胡，前十名無汪姓，而湯、唐固在也。湯即孝常，改名正頤，兄弟不來，恐乃父不能使其子也。見龔瓊山，言及學堂，欲使其姪來考，不知無膏火。聞分校二人，月十金，不知請何人。

廿九（5日）

飯後到少穆處，以《蒙學歌》屬改訂。彼云胡子清所著《皇朝政治考》須加職官、釐金兩門。有《東洋史要》，小木板，二本，甚佳，俟問之。伊日内須到湖北，見新置潘布政。潘欲請節吾，恐未必往。到鄭純殷集議公處，云已回嶽麓。回沈寶臣看，沈乃隨乃叔沈瑤笙在局。乃叔耳聾，云局憲有四川人佘某之説，尚未見明文。席在局，亦不深知。永康一萬，席所放出，亦未了也。報言直隸一律肅清。少穆言廣西事尚易了。明日放差，猶不聞考差題，何歟？善化第九黃啟瑞，云即仲丙，殆夏公力耶？見居停，辭以放學數日。云席爲中丞留辦一年，朱雲谷堂將倒，局出銀二萬爲之救助。聞票有十萬餘，可危也。欲爲幹庭刻日記，予意必再加删定，約節後再來訂正。此事頗有關繫，不早與我商酌，何也？徐小谷言有理，但不必分時代耳。書扇一柄。

五　月

初一（6日）

改論一篇。蘇邑侯來拜，無衣冠，辭之。聞芸閣來，問明再去。午後解館歸家，見石泉教慶孫初學作書，頗得法。

初二（7日）

先慈生辰，未邀客，石泉亦解館歸。往邑侯處回拜，見其開辦章程、募捐啟，皆通達。周郢生在坐，談提養正義塾事，云每年有數千，不知何須許多，則邑人亦有不以樹箴爲然者。邑侯云須勸其和盤託出，如不聽，則回中丞，仍須交出，且恐府提入中學堂，宜先圖之。現擬五月開考，六月開學。已佃小瀛洲蔡公故居,錢三十千,押規三百金。譯學一人,三百金,云有電去請。算學一人,二百金。分教二人,每月各十金,擬鄧次儀、鄒子俊,恐子俊未必肯來。初七再開學宮,我擬不到。昨到樹箴處,亦未談及,彼時尚未知有全提義塾歟事也。變法阻撓,半屬迂談,半爲私利,無非恐提公項而已。夏送脩廿金、節敬六元。

初三(8日)

得吉兒信,云派閡府考卷,課吏在調取之列,將來須移居,八點鐘入,四點鐘出,往來路遠不便也。陳送脩、節敬至。換錢開賬,一兩銀只換錢千二百零十餘文。糧房來催還糧,共單三張,一爲盛家灣上忙,皆我還。

初四(9日)

清釐各處賬目,所短甚巨。鄭純殷送脩廿元,甸侯、用羽送脩十元。共入百金、四十餘元,仍不濟事,可歎!

初五(10日)

述貞親家親到。澤生、幹庭、純殷、甸侯兄弟均來拜節。節賬勉力清理,計短百餘串。寫信致吉兒。發孫病未痊,大、小便均變濁,可慮。

初六(11日)

飯後到館,過馮子靜,已移寶南街矣。到館,刪改日記,其中蹈襲恐不可免也。道希來函並小詩,次韻奉答一首。

初七(12日)

改論一篇。居停言刊日記事,此事殊不易也。復閱數本。見報列初三吳魯放雲南學政,不及主考,豈各省今年不再考乎?翰林院日記呈崑不能答,歸而告病。孫久不起病假,想亦爲此。有治法,無治人,奈何?聞黃、葉將同來,或有舉動。周渤等於東洋出《湘南報》,蔡仍不逐,王公且有從東洋之語,可駭。約純殷初九便酌,已過麓山。伊託求派東洋學生,今尚未聞議及,想須

籌欸。沈文林在新寧殺人，鹽事敗矣，峴帥未必干休。李蘷淵丈
與蔡一樣，遇缺即補，此老可謂晚遇矣。

初八（13日）

閱日記。呼梁以智至議價，寫刻並謄真每字一文一毫，約
計十萬字，七月刊成。居停當面議定，照余介卿所刻書樣。此
書刊成，須百餘千矣。下午歸家，過述卿，邀明日小酌，並請代
籌欸。

初九（14日）

高太恭人生辰。昨攜歸日記，居停欲編年代，乃選其可刻者
逐條裁翦，次第編定，先成一卷。夏公來，必欲會，以題一帋付
之，一兒局換地方亦略提及。居停云此老送女將往北京，其補缺
在蔡、顏後。然則其北上若有所圖，亦未可知，特恐財力不及耳。
午後述貞來，久談，云勉帥已回信，親筆六字，云"另單悉，當留
意"，何其自大！述貞非彼屬員也。述卿來，飲至晚間。

初十（15日）

飯後到館，改論，編定日記一卷。呼梁以智來，以前一卷付
之。記多複出，刪併尚易，惟蹈襲不易檢閱也。明日熊太恭人生
辰，擬晚歸拜祝，天雨，不果。

十一（16日）

編定日記，多加刪改，凡駭俗語皆去之，然猶恐人有腫背之
疑，奈何？午後歸家，見述貞送我羽纓及《輞川圖》、《景雲鐘
銘》，未及作謝。發孫漸愈，幸甚。李石泉來，云見蘇侯出示招
考，廿八本邑人，廿九外處人，即在署考，六月開辦。祭酒云明年
之局，恐不深知此事。籌欸亦出示，勸捐阻力未去，似非易易。
棣威之子已長，欲入學堂，求遞名條。小蓉來，以扇索書。約述
卿來便酌。假得銀叄拾肆兩三錢，換洋四九元五角六分，三月歸
還，每月分二，計乙兩壹錢息銀。

十二(17 日)

大雨如注。冒雨訪友，不晤，遂到館。雨不止，恐又似去年水災，奈何？道希旋有信來，云闇者之過，贛館事彼有力，又嘗爲謀甬館，可千金，以信遲到不成。約再會，俟雨止。爲汪氏兄弟改四藝，編日記。

十三(18 日)

雨仍不止。編日記暫歇。梟課，"周雖舊邦其命維新" 義、"拔十得五論"。自作二藝，寫一藝。爲幹庭改二藝，題更朽。黃梟將至，或能行新政。

十四(19 日)

雨猶大，聞省河長水二丈矣。寫完交卷，仍編日記，有須做過者，不少寬假，不滿十萬字。

十五(20 日)

雨止。夏澤生來，送論一篇，爲改正。吉兒來信二函，已入館。復書一函。毛懷德來，《經世文編》頗舊，但弜太薄耳。編日記至唐，擬列爲四卷，作四本裝，大約十萬言。毛云祭酒《日本源流考》已成，將索贈一部。

十六(21 日)

不雨，亦未晴。編日記，有全做過者，亦湊盤而已。達卿邀往城隍廟，將往，秦雪泉至，談栗樵事，云人甚衰，常昏眩；吉皆爲人大變，近來不知何如。往廟，坐客已盈。小酌後回家。發孫漸愈。以房屋事與永泰再說，屬找曾姓呼彭，茶館四月十五起佃，四串文包打篾摺。聞澤春、松祥、泰順皆倒，大水將入城。

十七(22 日)

飯後出城，見文道希，云以吃麈鹿肉，多生瘍，服硝黃藥漸愈；在上海見小宜，云彼與公度諸人將次第保用我，將保特科，或不必另作一辦法以著跡乎？江西徐與彼甚好，云可寫信，俟再託之。大學堂已有百萬金，並無阻力。稍愈，將往萍鄉。萍醴路已辦五十里，蘆漢路可通信陽州矣。到館，改論一篇。石泉借來《李鴻章》，閱一過，是卓如筆，挽李一聯云："太息斯人去，蕭條徐泗空，渺渺長淮，起陸龍蛇安在也；回首河山非，只有夕陽好，茫茫浩劫，歸遼神鶴竟何之。"責李與人不同，頗有見。然李不能得大權，彼亦知之。予獨恨李不知不可則止，以去就爭之耳。《新民叢報》亦彼作，有售處，當以二月半閱半年。夜編日記。

十八（23日）

有晴意。編日記。楊君來，云常德關已寄來，並川貲廿元，聘金八元。午後路乾，到汪二先生處，告以此事，促問邑侯何未下關。到熊家，育慶會已散，乃到謝家陪吊。席散，晚歸。

十九（24日）

一早到謝家陪吊，至午後歸吃飯。邑侯送關來，係按月致送，到館起脩，却之不受。着人到楊家取武陵沈邑侯關至，亦略相同，亦却之。到謝家，尚早，未家奠。到織機巷汪處，始知頌年放廣西學政。到館，校日記，閱報。復至謝家，席散，晚歸。見樹箴、介卿，語皆不對。

二十（25日）

得張方伯書，並乃孫文字二藝。書云得柯方伯復函，談及世兄學有根柢，已調課吏館講求政治，委貢院監督淘井差，以資進取，此項差委向例釐局記名云云。將二藝改定。致函吉兒告之。出城見道希，云小沂見保單，有我名，沈子培居首。託以留意館地，及託徐谷青事。到城隍廟，客未到。遂到館，改論一篇，校所錄日記。汪二先生來，云蘇侯問何故退關。予謂彼陽爲不知耳，明知學堂事難辦，如可得四百金，笑罵由他笑罵，若一二百金，即不犯着。彼云當再去說，屬爲改換，不必再辭。居停過談，以此告之。復往城隍廟，和尚請飯也。歸家尚未黑。

廿一（26日）

謝家出葬，予不送，打路祭。午後到館，校日記。居停過談。下午到汪二先生處，不晤。到雪泉，亦不晤。晤沈十二，約到我處，以庶母屬寫京信。前日得子紱信，四月底始到京，住西河沿吉祥店，以中途病耽擱之故。沈云芝初月底將往江西，彼與其家秋涼再行。到節吾處，託以有信到艮生處，屬以吉兒應歸試事。到夏公處，云蔡歸，道及洋人要脅米出萬石，不應則將開釁，現已允，即須辦，加釐每石四百文。釐略多增，而米價更貴，奈何？

廿二（27日）

邑侯復送關至，云一年全送，聘金八兩。領受，打發六百文。改論一篇。聞沈小嵐夫人死，挽聯云："絳紗縵鳳仰宣文，方欣妙選東牀，愛女珠猶留掌上；碧油幛待迎雀嫂，詎意錦旋北道，望夫石已化山頭。"見《拳匪紀事》，與《西巡紀事》略同，有圖，述匪稍詳。《官報》列中丞致各屬催辦學堂札，朽人見之，或可少悟。午後到城隍廟，待至未刻始行禮，申正始上席。飲罷回館，校日記。

廿三（28日）

又致函告知吉兒已接關，屬致書到京問我事。居停以場期近，恐幹庭不能完卷，命使試作五藝。下午到城隍齋吃飯，晚歸。

廿四（29日）

一早見方伯致謝，彼云將使其孫來見。此公耳聾似更甚矣。見陳芝初，云勉老多疑，必公事到方可說，甚不以邑侯爲然，因木易事耳。見邑侯，云六月必開辦，已製木器，須買書，屬開列；鄒子俊不來，擬請蔡鹿岑；開考後再勸捐。約往學堂看屋，伯平、伯浩均未晤。歸早飯。汪氏兄弟至，爲改文四藝，留看會，下午四點鐘方來，一年不如一年矣。到謝家晚飯。

廿五(30 日)

開書目,屬石泉錄之。發孫全愈,譽孫又病。聞外孫病重,尤不放心。飯後到府正街,二點鐘會方到。過鴻文,問《李鴻章》、《東洋史要》,付乙千,不肯,欲加百文,舍之歸。彭孺人生辰,設祭。獻廷至。黄彝伯自鄂來,云香帥已籌欵至三百六十萬,小彩不行,買菜及挑夫皆稅。

廿六(7 月 1 日)

雨,不出會。呼張本立,責以不能遽搬,須找曾某取當契來公閲,要我出錢,須批上亦可。飯後到館,改五蓺,原本皆可觀,若場中如此,大可望。見報,列新出書甚多,惜不得見。吳保初、刑主政上書言李、榮,可云敢言,未審已上達否?毋謂秦無人,適不用,奈何?集義、豫義又倒閉,大金魚將盡矣。聞三分錢無借處。公欵數十萬皆由中郎放出,故中郎於此事不能徇情,恐將由兩本家動手也。湖南主司放李士鉁、夏同龢。李在京曾見過,丁丑翰林,恐老近朽。夏新狀元,未知何如。晉撫岑奏請優拔、副貢皆可調内簾,此舉甚通。外省貢、增不能赴河南闈,惟監生可。

廿七(2 日)

雨不止,甚凉。校《駢文》、《日記》各一卷。見《國民報》,似新會手筆,中有一段又似詆南海,何耶?其議論專主民權,說雖明暢,非時所宜。惟不知《新民叢報》與我前所見之報同否。《時報》列報尚有廿餘種,不得盡見,列書目亦可觀。三點鐘催轎至城隍廟,已祝壽矣。飲酒,有醉意。等至三鼓敬神始歸。聞江西臬司放陳慶之,不知何許人。是日小學堂招考。

廿八(3 日)

得正卿書,復一函。鄭純殷來,呈文字數篇,皆可觀。望之來送乃姪考學堂,云考者有二百餘人,恐多槍替耳。得爾翊書,仍請我去,當答復。得吉兒十二、十七二函,攜往館中。校《日記》十餘氄。作書復吉兒。聞芝初將行，將託帶朝珠，即以此函付彼。到廟，飯畢歸家。

廿九（4日）

雨。出看會，已過。到府正街，復至小西門。李兆基索米價，往，未晤。到廟，飯畢歸家。張永泰已搬，屬言脩理事。

六 月

初一（5日）

到永泰，談邀曾姓面議事。看會，馳歸。念循來，云外孫漸愈。本欲着劉一去，遂封四元，使其人帶回。方伯函來，云明早使其孫來執贄，約以在家等候。獻廷來，雀躍至夜。

初二（6日）

方伯自帶孫來，名家驪，字世孫，年廿四歲，已捐官，乃父在湖北候補，七月將歸應試，不過一月耳。執贄廿元，但供煤價。飯後到館，校日記數十氄。夏公來視居停足疾，久談。去後始到廟，已升座矣。聞江臬陳湖北人，陳寶樹之叔。賀芷瀾調署鹽道，唐調署贛南道，似唐未能任事，賀豈任辦學堂事乎？俞壽臣已來，住東長街。晚歸，目病甚。夜爲進場者起視，念循、用羽來宿，餘臨時至。是日考老生題尚合，論或下二格，或否，聞有明文，而報所刻政務處復各省奏請科舉程式無之。

初三（7日）

雨。曾姓來，强見之，談脩屋事，促彼寫信致攸縣，云彼處離朱亭九十里。龍字寄雲，四川做官，死止五十餘。曾意欲我多出，我欲少出，看永泰如何調停。封洋乙元，開生庚，過化龍池見閻秀峰，託爲擇吉日。遂到館，改五策，寫題送張世孫。祭酒送序文，閱一過，再作復書，將並前四卷送去。云醫病痔臥床，得非鍼誤乎？劉西村來函，並送茶葉。予何能爲力，復辭之。見官電，兩廣陶開缺，德壽署理，岑春煊調廣撫，丁振鐸調山西，王之春補廣西撫。江西名"慶滋"，非"之"也。又擬周立老壽聯云："鶴算九齡，大椿永壽；蟾宫兩度，仙桂重攀。"晚歸，過汪宅。受明二子出場，皆卧。見孟萊，云蔡觀察邀往彼學西文，大金魚先開参，奏摺已行，伊所居係易南生屋，恐抄没，宜搬入城。

初四（8 日）

祥、金二女同日生。予早到館，爲幹庭改五藝。丁同年來，以安化教官來城送考，云到任已八年，每年止四百串。校日記數十帋。午後歸。黄公甫來，云外舅今年病數日，伊亦病痘，又生魚口，方愈。五十已生一子，同來考，仍寓原處。留飲始去。蓉墅來，學使考古題皆不陋，而人多不得出處，聞大學堂考人不知利鹿孤。

初五（9 日）

飯後到館，爲純殷批文字。府正街來請，遂往，福姪十歲矣。起更始歸。雨不止，恐禾不長，將有蟲災，奈何？

初六（10 日）

到丁理堂同年處、黄公甫處回看。攤子上買《西史彙函》、《富國策》、江建霞《沅湘通藝錄》。觀《時務彙編》，所列新出書甚多，惜不得見。午刻到館，爲純殷、石泉點定文字。觀俄史，紀彼得事甚詳。《通藝錄》列吉兒經解二篇。邑侯約明早到小學堂看看。

初七（11 日）

爲幹庭改義三篇。澤生來，送論一篇並日記，爲改正。蓉墅至，久談，其姪未考小學堂。童古未發，生古今日覆，石泉未取。將小學堂功課擬出，邑侯不到，云爲水來廟事地方閉市之故。此等事，紳士何苦干預？且長沙地界，與我邑何關？聞學宫聯名多人,鬧到如此丟臉。將問邑侯封神榜無我名否。下午往回蓉墅看。到夏公處,爲老五説,以課文、日記付乃郎。見《外交報》、《滬報》。江西糧道、贛道對調,見《滬報》,夏公云尚無明文。報又云文聚奎、張謇兩觀察云云,殆芝塢過班、季直改官。又云汪詒書因議開報館、興學堂,政務處以其多言,放學差,爲耳根清靜之計。到鏡青處,云近未見邑侯。問小學如何,我亦不知。云江西主差十二始放,則訛傳姓王非實也。歸館,見居停,夜談。

初八(12日)

錄功課。邑侯仍約十點鐘。張石孫來論一篇,爲改正之。芝老之子必入學,擬一聯云:"鴟雛發聲,清於老鳳;龍子作事,不似凡人。"語頗新,當不以調俗爲嫌也。昨夏公云有周啟者,亦出洋十二人之一,上書祭酒,言東人可畏,嘉納將來中國,並到湖南,宜善防之。蘇公請到小學堂,見俞可人,即誥慶之兄,云乃弟書來,盛稱彼處整齊嚴肅,循序有恒,而諸人中有謂師範已有把握可以歸者,爲脱身計而已。學生正取六十人,備取百廿人。六十人中有客籍十五名、譯學三名、算學八名在内。備取可應課,隨班聽講。帳房羅恕翁兼管堂,敦甫堂兄弟,黃號瓊山,皆居學堂。譯學未來,不居堂,教一時即去。又有衡山王某叔姪,當是書啟。蘇旋至,看屋子,議請予居中棟左房,其右房以待分教。可人云次儀舊學,不宜,蘇意在蔡麓岑。所定功課及買書單付之。歸館中,擬增漢末日記數條,何許子之不憚煩也?夜歸。

初九(13日)

吉兒生辰,念循、用羽來賀,留飲。蔣少穆來,云《蒙學歌》前半已寄永州刻,交涉一條不宜下斷語,宜更酌。予覺並無礙眼處,删去注解可也。胡少潛朝考三等一名,例不入,一、二等以州判用,可免捐費,惟加分發,今歸家矣。其《表》,李某又加入選舉、學校,將發刊。伊現將開湖南全省礦務大公司,集股式百萬,每股百金。龍硯仙允出二十萬。伊無此魄力，恐有東人在內。現已稟中峰，允出奏，以爲抵制西人之計。稟內龍、王、湯、陳居首，局設岳州。將更設譯書編書局，招我共事。如事成，亦可去。伊將歸一轉，七月來再會。中元將近，寫包百餘，分派諸人。鄭純殷來，久談，云東學極好，將來入學仍欲往，已考古學，使出題，甚在行，多《公羊》義。索《今文尚書》，許贈之。

初十（14日）

寫包近一百，乃到館早飯。見蘇侯請帖，未刻席設學堂，則明日開館已定，但不知如何辦耳。時務學堂章程檢出，未可盡行。幹庭必欲以元、明兩朝續上，又爲添作數條。晚歸，送諸人入場。張永泰來，約明日曾姓同到一議，答以明晚。

十一（15日）

閻秀峰送所擇日來，七月十五辰時拆卸，十九申時豎柱。以此時最爲緊要，不可誤，記之。飯後到館，使楊六送寄江紙筆到陳芝初處。而邑侯遽來催，云已到小學堂，遂往。略坐，請上學，祀孔子，賓主對拜，諸生拜見。云六十人，亦只有四十餘人到，備取者十餘人。閱其履歷，善邑人不過一半，且有江西、甘肅人在內。算學黃瓊山到。譯學未到，請電報局辜某代理。管堂稽功課羅順生、歐陽慶光。以楊孟湘、黃南涯爲學長，年輩太輕。無分教，恐事煩難辦。汪、俞二公到，其餘到者何、劉、陳荇雲、湯孝常、劉稚泉及兩學，俞、王兩幕友，共三桌。談開辦事，尚無頭緒，功課未定，書未買。邑侯云每月初八課，朔望祀孔子，十五須往，並清人數。晚歸，張、曾來，持當契至，云一千一百四十金，小脩歸彼，大脩歸我，此照例語。張云各半，可否薦周木匠，約明日下午來看。曾云龍家小兒去年來，寓芝老處，來往親密，擬明日去求芝老一函，看可略省費否。古案發，熟人未取，不知鄭純殷何如。本日府學題"《春秋》無義戰"一章義，可用《公羊》。

十二（16日）

昨邑侯屬作公館聯語,擬一聯云:"中興平定苗疆,惟少保沃雪神威,謀勇兼優淨掃豺狼窟穴;小學近依祠宇,願諸生聞風慨慕,誦絃多暇旁通龍虎韜鈐。"飯後欲往北門,無轎可僱。曾曉霆來,云在《官報》館內辦報,現已可銷二千餘分,將來更當加增。彼處有十餘種可看,當往借閱。到小學堂,見羅、歐,談及功課與書,當更取單改正。刊功課格,出示買書、讀書之法,無《御批鑑》,即《易知錄》、《了凡鑑》、《約編》亦可也。有外課生熊某來見。楊晴川之子在內,有函託我。見無事,仍到塘灣,爲幹庭改論五篇。歸過縣,回俞可人看,並王南翁、蘇之親家也。歸家,則張、曾俱到。木工周姓徧觀前面,約歸商酌再說。

十三（17日）

早出,芝初未起,見獻廷。張未到城,王未起牀。晤汪親家,略談。到龍家,芝老未起,見黄溪,託以脩屋事。云寄雲夫人去年來城,曾到彼處,惜未聞知。屬以喚曾宏興來說,如說不聽,即求一函付我,專人到培遠堂可也。到郅生處,問立老病有起色,學堂事以爲捐欵不易,鄉捐可止,梁璧垣擬籌欵法可擇行之,乃翁愈後當出共議。見俞壽丞,云外洋學堂甚好,並無爲非之事,章炳麟在彼妄說,已嚴禁,善人張曾祐與章來往,即斥出學堂,絕不如蔡所言。武備學堂在校場起房子,開辦亦須冬季,按縣咨送非辦法也。歸聞譚至堂死,飯後往唁。即到館,方伯之孫送文一篇去。聞有坐升之說,未知確否。校改日記。璞山來,云乃弟取小學,又取大學堂。午飯後到學堂,以所改定功課、書單交羅壽生,云邑侯問何時開講。我以此事爲可不必,必欲爲之,十五行香,趁彼來此打一開臺可也。

十四（18日）

早起,擬作講義云:

今學堂開辦，且將宗旨略説。

古者家有塾，黨有庠，州有序，國有學。其教人之法，有一定課程。《王制》曰：“春秋教以《禮》、《樂》，冬夏教以《詩》、《書》。”《文王世子》曰：“春夏敎干戈，秋冬敎羽籥。春誦，夏絃，秋學禮，冬讀書。”凡太子，王子，群后之太子，公、卿、大夫、士之適子，與凡民之俊秀，皆造焉。其課程之嚴、規模之大如此。此三代之人才所以盛也。秦以後，不復以此爲事。漢初，未遑庠序。蜀郡太守文翁，始脩起學宫於成都市中，於是蜀地文學之盛，比於鄒魯。後以董仲舒言，始立大學。東漢尤盛，至有萬人。然不聞有教人一定課程，游談橫議，遂開黨禍。仇覽已非之曰：“天子設立大學，豈但使人游談其中耶？”漢之大學流弊至此，由不責人讀書，而但肆談議也。唐沿隋舊，用科舉取士。故雖立大學，而人才不盛，據昌黎之文可見。宋重講學，又用王安石法，三舍以積分遞升，至上舍釋褐。故太學生矯矯有氣，而如北宋之聚衆請用李綱，南宋之聚衆請逐史嵩之、丁大全等，名爲正論，實亦囂動。王船山《宋論》極非之，曰：“世衰道降，有士氣之説焉。”船山此言，亦有感於明末處士橫議而言也。

漢自文翁而外，未聞郡縣皆立學，唐時亦未處處立之。宋仁宗因范仲淹之言，始令天下州縣皆立學。然所謂學，特孔子廟而已，未嘗如古之學校①，有教人之法也。書院亦起於宋，其始由一二理學大儒聚徒講學，故多在名山勝境。其師謂之山長，又謂之主講席。當時以嶽麓、白鹿、嵩陽、石鼓爲四大書院，吾湘中得其一。當時立書院，本爲師生講學，徒黨不多，且皆通才，原非爲初學讀書設。其後遍及天下，

---

① “如”，原闕，據《皮鹿門年譜》補。

變爲課文,宗旨益遠。宋、明以後,書院本以補學校之不足,而亦非古之所謂學也。

方今皇太后、皇上①,因國勢積衰,由於人才不振,屢下嚴諭,令京師立大學,各省遍立大學、中學、小學、蒙學,復見古者家塾黨庠之盛。士生其時,宜如何鼓舞②,以副朝廷求才之望。況中丞通飭催辦,蘇侯鋭意舉行,爲此學堂竭盡心力。諸生既入學,宜勉力讀有用之書,他日學成,出建功業,乃無負朝廷興學與蘇侯創建之盛意。

學堂本中國所未辦過,見者多駭異,謂不知作何事。學堂所以讀書,我輩皆嘗從學堂中讀書來者,此何待言?或謂現有書院,何必再設學堂?不知書院本爲講學,後乃課文;原所以課通才,不爲初學讀書而設。學生則每日讀書有一定功課,正如人家塾中請先生教子弟一樣,即古春誦夏絃之遺意,與書院不同。將來人見其辦法,自然明白。

或又謂學堂但宜教西學,若中學,人皆知之,何待教?爲此説者,殆以能作時文即足以盡中學,不知時文爲經義之遺,充其量只能發明經義。今之世變爲前古所未有,必須博通古今中外之學,方爲有用。方今功令以策論列經義之前,正爲此也。譯學、算學固在所重,而史學、時務尤當講求。

或又謂學堂乃外國之名,不當沿襲。不知西人稱謂,一切與中國不同,惟東洋稱爲學堂耳。今人家家有學堂,豈是外國之名?香帥云"書院名亦不古,應稱學校,方合古名",殆爲此等議論而發。然事當務實,何必爭其名之古不古乎?

課程即當頒發,天時炎熱,課不能多,秋涼當再增定。

① "上",原誤作"后",據《皮鹿門年譜》改。
② "如何",原倒,據《皮鹿門年譜》乙正。

明日必欲宣講，以此應之，或不至駭怪乎？今之州縣，古之侯國，則今之小學，即古之國學也。聞有鄧林、龔□二人取古①，則其中亦有人才。大學堂取古甚多，用功過揀，較有憑據。幹庭云見調簾官單，多朽人，可歎。爲張石生改論一篇。函催萸溪向曾某説。下午往鏡青處，云九月蘇即交卸，或不至討學錢乎？見歐節吾，問知龍子字達甫，劉有信來頗稱吉兒。芝初云出門，明日即行。伯鈞亦出，未見。

十五（19日）

校日記十餘頁。到學堂，待邑侯久不至，先祀孔子。午後蘇始到，宣講一次。其地甚熱，桌椅盪人。忽大雨，坐轎歸。聞老五與李石泉取一等。錢碩人至，留連髶鬢，在彼辦陸師學堂，當東文教習，月卅餘金，暑假歸試，云江、浙開辦學堂甚好。見周匠所畫圖，開價一百十餘竿。曾已應出一半，則數不多，不必龍爲力矣。李仁壽將穀票退回，何侷人太甚乎？聞三嫂已備後事。

十六（20日）

祭酒送《駢文》請校，校二卷。往學堂，改日記卅餘，指授一次，覺甚困，以後當自愛，切記！切記！秦雪泉來，託其姪奇並戚何某、憲顒、楊冕。孟萊至，云已寓蔡處，由西入也。到館，見報，礦務公司已批准，蔣與朱老八、王三美人任事，黃脩園與焉。江西放李昭煒、顧瑗，朱愛卿放浙江，湘無人焉。科場履歷裁開，用勉帥奏。居停云芸閣病，此物不保，未知確否？釐局將裁，報亦言之，三江之官奈何？校《駢文》，覺不適，胷中欲吐，背脹，殊可慮。夜臥不安，腹亦作痛，手心燒熱。

十七（21日）

早起微泄，心怔忡不安。强起，改論一篇。將往鹿泉處診

---

① "龔"下，原稿闕一字。

脈,着人歸取錢。得吉兒書,或可歸,貢照交王三先生先帶回録科。得君輔書,以乃翁生傳見示。潭挑案想已發,不知公輔、五十如何,如不得而歸,須回信也,其生傳亦即當點定。晚間到學堂,見日記甚多,明日課當早往。歸館,擬李荔村挽聯云:"與我爲成童總角之交,先後同生,親若弟舅,數十年笑語疏狂,朗月清風想元度;嗟君竟傷亂苦兵而死,文章雖達,仍逢魑魅,三千里歸魂展轉,青楓黑塞哭長庚。"

十八(22日)

辰初到小學堂,日記更多,改廿餘條。早飯後升堂,出題,略坐,歸館。將黄公傳略改數字,擬作贊云:"一行可傳,公不勝書;千金不盼,公特緒餘。質如良玉,十德虹貫;才如精金,百鍊劑斷。孝感於家,誠孚於鄉;在山之靈,膏蔭沛滂。于公高門,陰德必茂。當享旄期,垂於裔胄。"復君輔一函。批日記數條,心病又發。明日當見俞可人言之,不立分教則功課須改也。閱《時務學堂劄記》,皆南海一家之言,其易見效在此,其召爭亦在此。下午到小學堂,遇雨,攜卷歸。夜大雨不止,臥仍不安。

十九(23日)

人尚不適。閱卷五十九本,以盛焱爲首。改正贊語,以復函交公甫。入學報無其名,想必將歸矣。汪二先生來拜。夏澤生來,呈論一篇。得龍英溪信,云已與曾言,彼要對開,伊云三七開,堅不允,將來四六開或可行,擬到永泰商之。陳有朋明日回江西,以吉人信付之。用羽與壽人來。用羽欲出學堂,不願受約束,聽之。以龍函付壽人,使見張永堂,屬找曾某與周匠議妥。

二十(24日)

爲幹庭改策、澤生改論。定課卷名次,擬一單子。早起仍不適,不知何故。用心則怦怦欲動,我心總不能閒,奈何?飯後到學堂。人云不必告縣尊,即可發案。予以日記批完,上堂指示,並告以作文之法。余學師至，與之談。彼看寫榜，予遂出。欲至易處，天微雨，催轎往，改用歸脾湯，云心脈虛，尚無他恙，屬多服藥自愈。往介卿處，問三嫂病時反復。到兼善堂，人未至。過李仁壽兩次，不晤。至永泰，與張澍堂及乃翁談脩理事，云曾復使匠人王姓到彼處，言曾某使來，只要省錢，儘可不固。予謂此言斷不可聽，屬澍堂再往，仍以周匠爲可信，約彼再來看，到即告我，我即歸。再到兼善堂，老人以爲鄉民打死塙是妖人，有眼珠一囊，蘇合餶不究，洋人打陰板，塙有是事。此等人錮蔽如此，恐尚不能無變。彭朽爲妻公孫納娼作伐，人云不可爲師。諸人言戲有《禪臺報》云云，禪讀平聲，可大噱也。晚歸。夜雨。

廿一（25日）

　　聞大雨，前面屋更斜，欲找秀峰再定拆卸日宜近，而彼已出。到學堂，批日記十餘條。到陳館。閱《西征紀程》，論島岸形勢可行，真可惜矣。居停言梟使已到，人甚魁岸。呂藕翁家難未已，可歎。閱報，印花稅已議行，諸處學堂多空文。有查屯田之議，昨已爲小鶴言之。述卿來，以告之，伊亦惶懼，十馬舖亦屯田也。加糧尚可歸公，奈何？

廿二（26日）

　　二伏。早得一夢，云：“落花飛盡鳳城東，轆轆輪蹄踏淺紅。一路曉鶯聲不斷，春風吹入上陽宮。”似在都與人同行作，人問何解，答以“上陽有白髮宮人，如我亦白髮宮人也”，一笑而已。醒不解所謂，記之以俟將來應驗。閱《英法日記》，曾惠敏可惜。夏澤生至。飯後到學堂，改日記十餘條，登堂指授。以考試近，放學數日。歸家，獻廷來，云芝初十九始行。

廿三（27日）

　　往龍芝老處道賀，見萸溪，談曾姓事，云再呼之來，即以百金説定，伊出六十金。予告以木匠宜仍用周姓爲妥，並宜速定，以應期日。到述貞處拜壽,約其三子來入場。周立老辭帖,九十不受賀,戲謂親家當仿其例。立老八月初二,祭酒七月初一,皆宜往,志之。到館早飯,改日記,爲旬侯、公隼改論各一篇。問芸閣病,云係囊癰。得正卿書,復之,不知其局不至裁否。天甚熱。

廿四(28日)

改論一篇。璞山來,云乃弟不曾挑,因槍手太多之故。科舉法至今日有不能不去之勢,何以當軸猶不知之?《時報》言日本蒙學書,不知已出書否,歸告石泉問之。到小學堂,羅十先生已去。歐勁剛言蘇公仍要課文,廿八萬壽,改下一二日,以便調備取之人,聽之可也。君華來,談及高序綱,云曾送文來,屬再問明,恐係遁辭,未有送文我不見者。歸見吉兒來信,云月底可銷差,俟方伯閱視計功,或酌委,或鹺差,記名亦須一二年後。裁鹺已近,其能待乎?是夜善邑正場,汪氏兄弟七人均來。其先生辜天佑來,談兩湖規模甚好,將改專門,香帥斂費爲開學之用,鄂人不敢違。此間朽人猶於學宮爭論唐五鼟子應考不應考,至於攘臂,豈不可笑?

廿五(29日)

作書寄吉兒。飯後到館,爲張石生改文二篇,訂正日記,言明朝事。見放六省主考,鄉人黃均隆、江人段友蘭在内,奈何哉!河南俟順天考後乃考,何以即放?山西并於陝西,何以又放?皆不可解。祭酒送居停《日本源流考》,閱其序,似不以效法日本爲然。中列明代倭事太繁,日史不載,似皆中國奸民假之爲名,彼方擾亂,未必及此也。夜聞鹿泉來,復起,詢前方可用,作丸。幹庭妻病不輕,能效藥當可愈,云白尤、當歸不可用。本日試題"夫夷子"三句義、"甲午治兵"義,見次仲問知之。往學堂,皆出去。

廿六（30 日）

復爾翊一函，謝之。述貞來謝壽，言三子所作已見，題解未明，惟達差、清墉備取古，弁卿亦取，但善化備取二百人，則亦多不可恃。飯後到小學堂，云入場者三十人。惟周覽最幼未入，實已滿服，而乃叔訐之，致哭於學院坪，殊可憫也。聞前日場中死二人。即此等事，皆足見科舉必應廢。到織機巷汪宅，聞述貞到我處，遂歸。述貞云頌年昨有信來，現始出都，由陸路，到家須七月底，不上岸，二三日即行，家事逐限開列，有帶念循去語。念循旋來，云未聞，亦不見信。伊家事多如此，可怪。孟來得臬幕，中郎力也。下午到永泰，遇神會，無可觀。疫症死者多小巷人，由汙穢氣所致，何不以賽會之費清溝修街？旋歸，而張恕堂與匠人至，曾某亦至。以黃溪所言告之，已應允。周木匠以乙百乙十串議定，寫包字，曾付五千，我付四元。而泥工忽看出有牆四丈餘，要從地起脩過，須加三十竿。曾欲帶彼所用匠人，約明晚再議。

廿七（31 日）

飯後到館，為幹庭改義。送芝老對聯恐太怪，改云："雛養桐華，丹山鳳翮；香蕷芹藻，頖水鸞聲。"有魏景岱者，自云午帥之子，以片字來求書。記前年午帥之子曾來，云將受業，後忽不至，當即此人。住荷花池，蓋成家也。此等人可不必理，以外出謝之。聞湯小秋調粵西藩，皆同鄉人，頌年來有事託之。星甫言有夾前十名挑取，宗師手書觸下斥之。下午到學堂，人皆去。歸聞挑案發，弁卿、譚次甫有名，餘皆未取。小學名有五人。曾某來，與李泥工已說妥，四十竿，少百文。李頗跳皮，然木工既不用曾人，泥工不得不將就。小鶴云須寫包字，屬擬底稿送曾處。

廿八（8月1日）

早到學堂，已定明日課。學堂多不到，有欲去者，但去自去、來自來可也。有周翼斌者，已做數日日記，攜到館批評。書送龍對聯、送沈挽聯。聞周三老已壽終，未知確否。孟萊至，云是前日事。伊在彼二日，彼處不報喪，何也？孟萊云家眷均將到城，乃叔來電，廿五出京，走海道。又有信約我處，脩四百金，我安能以此區區之數遠出耶？居停過談，足疾復發。閱報，新設宣諭化導使，以學使兼之。令教官講聖諭，殆足開民智乎？

廿九（2日）

邑侯早到學堂，來請予往。早飯後登堂，出題。余學師攜有長沙羅壬所撰《東征紀略》，言平粵賊事。云其人願來當分教，暫不取脩。邑侯以未知其人，予亦未聞有此人也。改日記數條。因堂上熱，覺房中少可。午飯已將晚。諸生納卷畢，邑侯去。予攜卷回館，閱廿本。

三十（3日）

閱卷畢，共六十五本。石泉來，以所作文請閱。偕石泉歸。聞譚湘城子入學，非次甫也。次甫與弁卿皆不得，熟人惟楊道濂是吾徒耳。學堂惟楊昌熾有名，黃堃堅不得，邑侯甚惜之。周笠老初二成服，須一往。飯後歸館，改論、日記。幹庭欲歸試，而其妻病，請鹿泉治之，亦爲不防。下午大雨，涼。

七 月

初一（4日）

定課名次，以楊冕列第一，取其頗有見解，非抄襲也。計備取應調廿一人，余式佳等可不調，蘇頗喜之。郭慶熙明《春秋》，例應前列，而蘇云其人不安詳，由是日答語不善，亦數也。學堂請行香，假衣冠往。以卷示歐、黃，俟蘇來酌之。歸館早飯，擬挽笠老云："五朝親見太平年，似天仙飽看滄桑，魯殿何人同老壽；周甲恰逢科舉歲，方月窟重攀林桂，燕山有子繼芳馨。"往楊樹箴處回看，以養正義塾用度冊見示，此事予不預聞。見列有新書，云是浙江《九通》，書最佳，九十二千，不貴，特難帶耳。學堂亦買書兩擔到，不知何書也。小學堂來催，云蘇已到。予往，則方言姚仲華至，上海人，住電報局，每日二點鐘到。弁卿來，適蘇公在我處，勸其入學堂讀書。伊以不能常在此辭，蘇云不必與學生同班亦可，且邀予孫習方言。恐慶孫太小，又吃，未必能學。是日陪姚某，飲罷，予攜日記數本到塘灣批答。將晚歸，達三欲學方言，一兒亦云欲來，漫應之。

初二（5日）

飯後往笠老處作吊，並羅宅、唐、朱、楊、孔道喜，皆不晤。見伯鈞，彼云日記作問答出題，可免抄錄之弊，固是，小學堂人尚不解鈔錄如何。見方伯，云乃孫將歸。到塘灣，幹庭亦檢書，將於初六行矣。改笠老聯云："五朝親見太平年，不知幾閱滄桑，九秩壽應推魯殿；三品榮加卿尹職，何待重攀月桂，兩枝芳早接燕山。"聞譯學師來。到小學堂，呼達三來。伊與鄭某同到，屬往聽講。見姚及蘇，畀以書，使學習。蘇姪、陳子皆來附學也。飯後歸。小鶴之端女暴病夭，鬧至半夜。

初三（6日）

秀峰來，託說祖墳事，使開節略。飯後到小學堂，批日記十餘條，登堂講學。譯學至，遂止。陶鳴謙至。有鄭某云其兄亦欲學，為告之姚。陳守愚來，云學使傳彼，付以稟帖，龍、王、湯、汪、俞、杜九人出名告譚匿喪，引律應杖八十，請即斥革，屬問諸紳士是否屬實，如實則譚危矣。到館，校日記十餘頁。幹庭云初六准行。同到小學堂，俄散去。復歸館清書籍，乃歸。脩理期近，費無從出,與述卿商之,云止有廿金。秀峰以事託我。

初四（7日）

　　問沈小嵐,云未起。澤生來,云陳老太太生日。到館,吃早
麪,爲澤生改一篇,改日記廿餘條。伯華云粵西一徑水路可通,
特須月餘耳,勸我往,並勸吉兒改省,云彼處無到省半年不得差
委者,特不知州判與州縣同班否。明日幹庭將行,其妻病甚。鹿
泉言頗恍惚,云似喜脈,又亂不明,近比前更燥,全無把握。伊求
籤不佳,云神令請楊聾子。楊來,云的是喜脈,且是男喜。予意
以爲幹庭可緩數日再行,伯華云乃翁恐病出變症,趁此促其去,
則無庸説矣。乃翁問我,不便阻之。下午到學堂,將散矣。仍歸
館檢理。

初五（8日）

　　早到館,改日記數條。飯後登堂。講畢,到塘灣送幹庭行,
作書與芰舲。到學堂,俞、王兩君云到我家不晤,到此爲東家致
意,節後再延分教云云。東家至,遂不説,不知更有何言。以秀
峰手摺交東家。到家午飯,爲匋侯改一篇。下午大雨。立秋,殊
不宜。夜甚涼。得吉兒廿四書,云彼大熱,中元後行。

初六（9日）

　　早起,見匠人已卸拆起手矣。富孫肚痛。飯後到學堂開
講,批日記卅餘條。學堂中學書不多,有《支那通史》,取閱之。
午飯後到沈小嵐處,云在京聞諸公有保我意,不知其詳。廣西
州判甚好,有署州縣者,鹽差易得,正途人少。伊到彼有能爲
力者,必極力相助。未在京注册辦驗看,改省甚易,部中花十
餘金可矣。籌歟許六十金,須當房子方能行。至述卿處,取月
半票廿金,云八月初即要。歸聞有楊希劭者,與述農同居,來
會我,因吳雁舟在貴州,薦我學堂教習,月百金,鎮遠月弍百
金,擬明日往詢。

初七（10 日）

早同述農到晏家塘福音堂間壁楊宅，晤希劭，長沙人，亦學者，云雁舟姪壻。雁舟爲大學監督，已請陳璞臣往，合薦我鎮遠。府吳姓，首縣湖南人，彼舊東家。鎮遠路稍近，脩更豐。答以可往，須回一切實信，寄關並川貲來，能專人更好。到鎮遠須向船户包日，廿餘日可到，看彼來信何如。小嵐勸我赴頌年之招，不如黔遠也。歸飯，到館，批日記四十餘條。蘇公來，云晴川得噤口痢。問其子，云漸愈。見俞誥慶海外書，甚明白，欲每縣派一人去學，爲教習用，亦是。上講堂開講。下午到汪鏡青、歐節吾、陶銘謙、沈獻廷等處，聞勉帥是調署，非補。或云頌年歸，住行臺，殆以前廣西學政到此而誤耳。晚歸。

初八（11 日）

早到學堂開課。是日大覆，二學不到，使在齋作。午後歸。下午到芝老赴芹酌。荔仙歸，已到京引見，云乃郎在日本甚好，清華法少寬，與弘文亦近，在彼有學生五百餘人，且有女學生，多粵人。新教科書東文，未譯。我舉俞孝廉説，彼甚謂然。

初九（12 日）

飯後到學堂，閱五十八卷，以余傅霖列首，王時潤、時澤皆佳。蘇約紳來勸捐，到者止一人，更約明日。下午往夏四公處，云病，歸卧。到伯鈞處，云所刻札記乃學生射利所爲，彼尚未見，恐非實話。大學堂算、譯不必兼。有中元請假者，當允之。歸已曛矣。

初十（13 日）

付周木工十元，伊云曾言我出六十竿，以龍之力，叩光十五竿矣。到學堂早飯①，批日記數條。上堂開講，將課卷發落。蘇

---

① “堂”，原誤作“生”，據文義改。

公來，言中元請假事，許城內一日，城外三日。紳士上街勸捐，予歸。至述卿處，祝其夫人生日，留飲。晚歸，接祖。

十一（14日）

午刻豎柱。下午與石泉到柑子園看洋書，擬購《中國魂》、《飲冰室自由書》、《政治學》、《萬國憲法學》、《脩學書》、《政治進化論》。到學堂，聞陳、楊二生爲譯學叱退。

十二（15日）

飯後到館，批日記十餘條。學生去者過半，遂不開講。聞昨上街到數處，並不寫妥，懸牌止四項。何鹿秋捐田柒拾石，曾是縉紳不如赳赳乎？可慨！可慨！歸家，亦息數日。

十三（16日）

在家略清理書。居停着人來，云幹庭已到，其婦病平平。是夜夢見詩一聯云："月明江浦無魚影，雨過煙村有雁聲。"黃瓊生請寫一聯，撰二語云："古算經傳《周髀》密，灃蘭香發楚材多。"並書笠老挽聯。

十四（17日）

出城燒包。走錯路，受熱，歸病。校日記，付刻工。

十五（18日）

強起，到學堂，祀聖人。回鄒淩瀚拜，不晤。到小嵐處作吊。歸飲香薷，頭涔涔然。

十六（19日）

早送祖先。午後到館，改日記數條。譯學來，要開除兩學長。將晚與黃、歐同到縣署說明，大約將分專門。歐云鄉人願出漕米壹石加八錢銀，爲學堂費，每年可三千金。蘇以中丞爲辭，欲請汪、俞先說通乃可。歸見吉兒兩函，云須廿五六方能行，先寄照歸，請旬侯代録，我事目、長俱梗議，頑固風尚未息。我固不足惜也，特二公於二邑學堂全不理會，爲可惜耳。

十七（20 日）

飯後到謝宅拜壽。到受明處，伊深怪兄大人。予恐其中別有故，俟頌年歸自知。路上遇府正街人，知三嫂已故，可歎。到館，閱日記十數條。坐轎往府正街，見嬬母，詢及一切皆未豫備，大熱如此，不知今夕能入殮否。遂歸家。閱《東洋史要》，道各教並及印度諸地。不知《西洋史要》如何，亦當買一册。受明云《中國魂》極好，已無魂，俟續之。受明云事須及熱，遲月徐問之。將晚往謝宅飯，歸。鹿泉三鼓始來。

十八（21 日）

課，早到學堂。聞蘇公已定分門，逐一問過，現在三十九人，願學方言者廿一人，不兼者十八人耳。飯後開講，出題。黃瓊生贈算書，云起文可即交縣署辦。到署，拜俞可人、王南崖，不晤。見王姪，以照付之。遂歸，爲達三書挽聯。念循來，伊祖母明日壽誕。

十九（22 日）

早到汪宅祝壽。允忱親家到城，問其孫好，但欠乳食。遂到館，閱課卷畢。府正街來請，先到汪宅吃麪，乃往。彼欲予寫狀榜，至則劉菱生已寫。擬廿四成服。將晚到家，見吉兒電，廿四歸。

二十（23 日）

早到汪宅拜壽。遂到館，復閱卷，定名次，仍以余傅霖、楊冕爲佳。余經史皆有根柢，聞在嶽麓應課常前列，算學則居末，足見人各有能不能。邑侯已詢諸生願兼不願兼，甚好。次則楊冕有心得，不勦襲。熊侯、雷豫可造。批日記後，講一次。爲甸侯兄弟改二篇。到汪宅，聞廣西馬鎮陣亡，梧州戒嚴。辜天祐談兵甚佳。日人欲廢中學，可駭。晚歸。

廿一（24 日）

待龔恒春，久之始至，云止有五十金，須穀六十二石，算十一石，多將十二石矣，吃虧殊甚，只得允之。付木工廿金，餘換洋。飯後與石泉到學署報名、投文、驗照。遇錢碩人。歸即到館，過縣署①，見王梅村致謝，可省四千。回周某拜。聞辰州戕教士二人，已調兵往，今日俞壽丞去。又聞桂林失守，但望不搞。到學堂，批日記廿餘條，校幹庭日記十餘悟。是夕宿堂中。三鼓聞火警，云是坡子街。

廿二（25日）

早起，批日記數條。飯後上講堂批發。閱《海國圖志》，在當時可謂有心人，惟今昔頗不同，惜今無人補訂之也。龔瓊山以結見託，余學師不到，往又不晤。歸見吉兒來信，十三日發，云秋課一等第四，若春課一等，可望得差，請一二月假尚不妨。芟舲、劍丞亦有信來。劍云見鳳石師，云兩尚書皆極關切，事可舉辦，陳梅生亦慨允。伊已擬稿，交陳與左四先生酌定，請同鄉諸公遞呈，將來仍須交江、湘兩撫查覆。江又換人，總憲亦兩目署，想不至推諉。湘當求夏、陳二公上言。汪歸如見地方官，亦宜亟託。

廿三（26日）

早起，請石泉為吉兒代庖。過受明，彼云不入闈，嚳言耳。贈暗射地圖，殊不解。到學堂，批日記。余松喬來，云監結非學宮所簽名不行。將所開名送瓊山請換，伊又外出。登堂宣講一次。俞可人來，以其子見託。詢教案事已稟上，沅陵縣陳某接印一日出事，如出口實冤，湖北電來嚴辦。粵事無明文。得匿名帖，大可笑。熊太史來拜，在黔陽學堂當教習，住文襄祠旁。曾曉霆云移居連陞街朱寓，送學生來考，暫不去。晚歸，已臥，陳宅報信，云幹庭之妻已故，請往。見幼梅，云趙府要電趕幹庭歸，殊

---

① "過"，原誤作"遇"，據文義改。

無益，即能阻趙，亦恐走消息也。天熱，宜早殯。彼欲仿湘人法，屬找禮生。

廿四（27 日）

早到府正街，成服尚早。以陳事詢彭、瞿，皆云無人磕頭，不能行禮。陳處來請，以此復之。到曾曉霆處，見報出甚多。伊箸有《萬國奇人傳》，尚未全出。東洋書仍止數種。午刻始成服，熱不可當。晚歸，過經濟學堂，訂《三通考輯要》木板書，約後日送來。途遇伯華，云粵事甚棘。

廿五（28 日）

早到學堂，批日記數十本。飯後上講堂。昨聞伯華云陳廿七成服，入殮以小婢磕頭，看成服如何行。擬挽聯云：“掌判曾爲冰上人，之子于歸，春日夭桃如在目；望夫已化山頭石，吾賢自愛，秋風落葉莫傷神。”達三請代作，云：“西江月色冷青楓，魂夢難通，奉倩情深偏賦別；南國風徽煒彤管，芳華易謝，婉姈書到遽歸真。”有人言我收贄敬發小財，可笑。又聞我將往粵西，亦非我意。胡子清來拜，住宮保第，當訪之。寫挽聯二首。陳守愚來，詢璞臣未歸，所云電報即前報也。將晚到居停處，云初一出殯，廿七成服後即開吊，不待幹庭，已看洪恩寺屋，出南門。晚歸學堂，大熱。夜半北風，稍涼。

廿六（29 日）

批日記數十條。飯後上堂指授。遂至胡少潛處回拜，見所作《政要表》又有增入，尚未刊行。見節吾，問鄭純殷下場不來，何也？過伯平，云有疾，不出。遂到府正街各書店略觀，蔣少穆刻《桂樓雜錄》有用，當索之。曾曉廷云蔣先住此，近移金線巷礦務局；袁海觀又應許二百萬，事可成，而蔣月初將行。熊移住文襄祠，與學生同居也。家奠早行。晚歸，過經濟，訂《三通考輯要》、《政學文編》、《萬國近政略》。

廿七（30日）

檢書數册。石泉屬改所作，爲定數字。吉人録科，名次不高。聞尚止五千文，朽先生不來者多矣。飯後到府正街寫主，席甚晚，飲畢已天黑。坐轎到學堂，以明日將課。聞投考四十餘人，楊宗溥不在內。是夜氣大痛，或因寒滯。

廿八（31日）

早起批日記，算學已宣講矣。飯後上堂宣講，出題，並指示之。邑侯來，久談，云初五日傳各鄉來議，已豫備餅，具禀撫憲，俟批准即可出示矣。開捐仍舊。有願學譯學者可來，備取有佳者可調，年幼願學譯學者列備取。屬取《官報》一分，有他種報佳者亦可備一二分。廣西事尚不大礙，學使監臨已定。蘇去，予擬歸。途遇楊六，云三弟婦柩已出城。黃惺府有柬與我，屬作家奠文，此文不易爲。遂往塘灣，鵠臣云只好空空用禮文備録所列可也。予以氣痛，請鵠臣診脈立方。伯華云乃翁署梟司，夏小泉調署馬平缺稍優。伊家喜事仍須到江南辦，大約九月，不必夏公自去。留予吃飯，見其尚未，歸學堂飯。張小屏到，云鄉人多樂從，初五到者大半。蘇云只要鄉人具禀，請中丞批示，便可出示，此事可保久矣。張云非獨長沙，即湘潭亦欲照辦，庶可暢行無阻矣。服藥一帖，氣少平。

廿九（9月1日）

璞山來，必欲代作家奠文，强作四言應之。閱卷四十五本，又求考廿四本。升堂宣講。勞動，氣疾復作。下午往塘灣看行禮，已行畢。鵠臣診視，云再服二帖，加上桂。居停贈少許，留飲。孟潤生言頌年已到，將下鄉埽墓，必入城少留矣。晚歸學堂。

八　月

初一（2日）

祀孔子，批日記十餘條。爲幹庭校日記數冊。發昨日課，以李幹瀟列第一，余列二。飯後過受明，遂歸。聞府正街請酒。扶病至易鹿泉處，請立方，伊云首烏不可服。到府正街，聞鄧一酒醉作鬧，人不可用如此。待客至將晚始入席，歸已初更矣。

初二（3日）

早起，往汪、熊、蔣、張，皆不晤。王約今日一會。飯後過受明，云頌年晚間略談我事，云將與祭酒議，今日出即爲此。彼約一會，或亦爲此乎？頌年十四四十初度，擬送一聯云：“星使詞曹，光增南極；月宮仙樂，壽慶中秋。”俟吉兒歸，議請頌年一次。批日記數條。上堂開講。將定七月分數，非將日記合計優劣不可。祭酒來，云汪彼此拜，未見面，而汪先有信與中郎，屬轉致一切，已與中峰言之，以爲可行，俟場後再舉動，約龍、張、湯同出名，中峰夾片，但云各紳，不必署名。屬諸公處自往一次，彼再發信。我云雨老云京信如何，答以恐辦不動，則幹臣所說難行，改途由此。汪之來，張、瞿必有意授之。王云今日見中峰，問以見汪否，皮某事可照辦，此事當更無阻力矣。汪與龍、湯處當再往一次，有求於人，無可奈何。下午往夏公處，伊亦談及此事，謂幹臣信至①，云京可舉辦，須湘、江兩省查覆，湘須紳稟，江須求張方伯函致柯公，彼於此事原委深知。其說亦是，如專在湘辦，則江可不問矣。教案尚未回電，未審中峰有無礙。九月喜事託伯平致幼樵，俟回信送不送再定局也。回學堂，聞鵠臣到我家，趕

① “臣”，原誤作“庭”，據文義改。

回,尚未去。吉兒尚不到,可怪。明日問津,看如何。

初三(4日)

早到學堂,批日記四五十條。聞吉兒到,乃歸家,見其人好,頗慰。伊云恐不能騎兩頭馬,大約中則所捐官不能算,且看榜發如何。

初四(5日)

早到頌年處,於中途相遇,遂歸。夏公來,以小泉所作二篇送閱,皆佳,未知本店自造否。到學堂,以日記定分數,現在從寬,將來當以佳者一分,平平半分,不通者不算。聞明日請客,或可不至。送頌年對改作"八月星槎,長庚獻壽;中秋霓詠,先甲稱觴。"十三與先甲三日合也。七月功課分數已定,即發。上堂開講①,遂歸。

初五(6日)

早到頌年處,云目公以在京恐有阻力,屬在湘辦,託見中峰再言之。云王爵帥坐探聞粵西有五府失守之說,始欲邀我同往,今如此,恐不能出棚,俟從容再商。彼處亂至此,吉兒可不去矣。歸家早飯。到學宮,鄉紳來十餘人,汪、劉、陳亦來。善學堂明日再請議,豈兩不相謀耶?晚歸。

初六(7日)

早到學堂,批日記近百餘。上堂指授。蔣少穆送以所刻書,並《蒙學歌》已錄出,屬覆校,乃校一過。往學宮吃飯,諸公似無他意,但蘇擬稿請列名不以爲然,謂具稟須由彼耳。晚歸,送頌年壽禮、下程,皆不受。述貞親家與念循來,祥女不來城。

初七(8日)

頌年來辭行,云十一准行,說明不受禮之故。以所校《蒙學

---

① "堂",原誤作"客",據文義改。

歌》並致少穆轉達伯嚴書送去，則已行矣；屬送曾曉霆，亦外出。
致書芰舲親家。子漁之妾來城借錢，二叔父函中並未道及，子漁
亦無信來。獻廷來，云父子不相顧，誠然。

初八（9 日）

　　早飯後送子弟入場。秋燥甚重，但望場中清吉，再望中也。
過陶銘謙，談達三事。到學堂，批日記廿餘本。刻工送幹庭日記
來，校三十餘昏。牀上有臭蟲，奈何？何棠蓀來回拜，云即將往
川。川亂由激成，民仇教而官以兵迫之，遂圍成都。內患如此，
奈何？將晚，閱卷數本。投考有獻諛蘇公者，萬不可取。

初九（10 日）

　　到頌年處送行，對聯仍受，云本欲過節，恐十三受賀，十二准
行。見祭酒，云正欲見我，事已定妥，可到諸公處一轉，再致函
邀。予舉龍、張、湯、汪、杜、俞。往拜，止見汪、杜，面諾，餘未晤。
到學堂，致函四處，並告知祭酒。閱卷四十餘本。有臭蟲，晚
仍歸。

初十（11 日）

　　早到學堂，定課名次，批日記十餘條。上堂宣講，遂歸。小
鶴已出場，面色大變，云昨發痧甚重。小鶴體氣比兩兒強，猶不
能受，甚爲兩兒擔心。俄壽兒出場，無恙。待吉兒，至初更後始
歸，亦無恙，乃放心。李石泉文甚佳，主司有眼，當必售矣。頭題
“理財論”，不知何朽至此！夏公是日送脩金來。

十一（12 日）

　　飯後送入場。至府正街，過書店，有《經國美談》，將取之。
作四詩送頌年，付甸侯兄弟，云頌年仍須節後始行。十三當往拜
壽，十八夏公壽辰，並誌之。小鶴擬不入場，卒不去。鏡青來，云
其子亦不入二場。王尚未有信去，豈待節後耶？鄭純殷送脩來。
獻廷送八吉沖一函，非老人手筆，云要發公上租穀六十餘石，言

殊無理,不知誰主使,當查究。是夜更熱。

十二(13 日)

　　早到學堂,批日記數十條。上堂,講畢。汪云可請分校,問我有人否,一時亦難其人也。何棠孫送詩、文各二卷。黃鹿泉送詩,請和。去冬之書,今始到也。爲和一首。歸家,熱漸甚。聞闈中尚清吉。蘇送百金,並不寫封,無乃太簡乎? 張方伯送廿金,可謂出人意外矣。晚間黃正卿來自常德,不知爲何事。

十三(14 日)

　　到頌年處祝壽,云外出。彼問《通鑑目録》,以《稽古録》贈之。歸換錢,還述卿廿金、近日堂息拾肆兩肆錢,餘換洋錢。計此節仍不足。午刻石泉歸,見題目甚易。至申初,兩兒始歸,幸皆清吉。聞場中已斃十二人,吉兒所隔數號已斃一人矣。以此求賢,烏可哉!

十四(15 日)

　　陳公館送脩來,拆銀換錢。陳云欲一晤,明早往祀孔子,順便可往。飯後兩兒與石泉入場。予以熱,並有事,未送。寒暑表已九十分矣。清理帳目,多不全還。晚飯後到陳處,問何事。云見中峰,詢及我在彼教書幾年,品學何如,伊盛稱我爲人。又問能講解? 答講解最好,且耐煩。云肯講解極好。伊不知其何意,故特告知。乃告以汪、王曾見中丞,允爲夾片等語。大約此公多疑,以彼爲江西人,且係賓主,故問之。夏公在前亦道及我,中峰云次日即有題出,知否,答不知。夏喜事在十一月,仍須自送也。小鶴託遞名條求沅江收支,已代説。歸而達三又與家中吵鬧。我不外出,當不至如此決裂。

十五(16 日)

　　早到學堂,拜孔子。學生尚留十來人。云今日題係"天下有道①,則庶人不議",亦未知果否。歸家,夏澤生來,送論一篇,亦以小鶴名條付之。連孟翶來,欲爲其子求學長。當以楊冕並舉,爲蘇公言之。約計節下開銷,銀壹百零伍兩、錢伍拾餘串、洋錢近玖拾元,尚有百餘串未還,借銀捌拾餘兩未付,奈何?

十六(17日)

石泉早出,題係"君子博學於文"二句,昨所傳非也。吉兒未刻始出,幸皆無恙。倩換洋藥,可笑。二媳婦云九叔致意,我事可了,月初必見明文,中峰云云,將來或可得省事乎? 天更熱,至夜猶不凉。蓉墅過談。

十七(18日)

以熱,未到學堂。家有生日,正卿宛轉使倩拜生,狂風吹散一天雲矣。下午北風起,漸凉。喬生來回拜。夏彝恂子字伏雛來見。

十八(19日)

早到夏公處拜壽,不見。聞此公以點名勞,發足疾,甚重。早到學,已飯矣。出題,閱日記並所點史書。曾曉霆與蘇石衡來,贈以《畸人傳》四本,屬題詞,以《蒙學歌》及伯嚴書付之。聞《大學堂章程》已刻入《時務彙編》,小學堂無方言一條,甚合我意,當假閱之。下午閱卷十餘本,歸。

十九(20日)

早到學堂。先閱投考卷廿四本,取六本,一長沙任之聖,五善人,如張學勤、周乃武、唐紹曾之類。內課卅餘本,以熊侯、楊冕爲首。午飯後往陳處,見幹庭十六電"文順,早歸"。居停云漱文亟稱以爲可望,看其命運如何,我財運如何耳。夏處問四公尚未愈,汪處未談我事。聞求忠改中學堂,想講席不改。彼不

---

① "道",原誤作"議",據《論語》改。

問,我亦不便説。聞叔瑜眈眈校經,恐我終不能得。黔亦無信,奈何? 晚歸。夜雨。

廿日(21日)

早到學堂,定課卷名次。閲日記廿餘本,上堂指授。曉霆屬作《畸人傳跋》,作四律應之。閲棠蓀詩、文,皆雅潔。黄望之約午飯,歸家。俞可人來,云寶慶圍城,由賀金聲仇教起事。衡州、瀏陽亦有蠢動。中峰怕極,催早放榜。邑侯有溆浦信,擅責曠公子,不知如何了事,恐須負荆,可爲打人者戒也。正卿明日准行。

廿一(22日)

過受明,問其子疾漸愈,不待榜早行,到上海必有所圖。到學堂,批日記三十餘本,上堂講。蘇邑侯至,略談,云有二客願來附學。以中學長須添置,舉楊冕、連鼎垚二人。云俟籌欵後再定,仍須勸捐。長沙已進稟,不知我邑稟否。今日學宫傳人,以買房屋免開教堂事,未刻後到彼問問。諸公已到,正擬契槖。往看屋止一進,值數百金,而價至壹千二百餘,左右尚有數間。彼若效尤,奈何? 伯鈞來,談及予事,彼深知之,祭酒尚無信與彼,何耶?《大學堂章程》已見,小學堂無方言,惟額定四百人,皆以爲必不行,其實一縣讀書人何止四百? 一處不能容,多設數處亦可,但教習難其人耳。長沙稟已見,擬照彼立言。長止二千二百餘金,善三千餘,比長爲多。諸公以爲得此可不再捐,不知今年有錢進否。待至將晚始入席,席散歸家。

廿二(23日)

早到館,批日記。飯後上堂。陳守愚與璞臣來,云黔事不好辦,至於欲毆吳太守,吳退避不任事,中丞軟懦不問,彼不再去。鎮遠一百金一月屬實,然脩多則爭愈甚,吳又無信來,我可不望矣。璞臣住東學巷,俟訪之。出到節吾處,云瀏邑饑荒可慮,寶

慶尚未起事，賀稟洋務局，又刻大字，印紅帋，勸教士歸。其人乃
周漢之流。邵陽令陳潤霖能員第一，或能定亂。到楊家少坐，往
鹿泉處診視，遂歸學堂。黃星府以妻死，屬代作挽聯與詩，爲作
之。謝南屏請爲乃母作墓志，亦爲作之。予百忙中實不暇唱渭
城，奈求者不諒何？達三請吃館子，予已飯飽，强往奇珍閣，食數
肴。歸學堂。

廿三（24日）

批日記，上講堂。將志銘録出。見《官報》列陶督奏停科
舉，云科舉一日不廢，學堂一日不能大興。賓興、公車，必停科
舉，乃可提費入學堂。此皆理極易明，而人多罾之，亦正爲此。
一縣四百，實不爲多，教習亦不難多，特不當拘資格耳。幹庭日
記刻成第一卷、三卷，爲校一過。刻工云止七萬餘字，只領十金
十千，須領錢，俟彼歸問之。用宇來，云乃弟公隼要考學堂，乃翁
見在織機巷，將到我家。當往織機巷一談。受明將同孫公使往
法國，前云有姪來考，並志之。歸家，述貞來，略談，云九月初將
行，先到山西籌畫，且看彼處情形如何，與丁中丞有舊，將指省山
西也。往陳璞臣回拜，不晤。

廿四（25日）

早到學堂，批日記，上講堂。歸過書店，見《寰宇分合志》，
頗便覽，取歸閱之。小鶴等廿六朝香，吉兒亦欲往看外祖。吉兒
文字合式，無礙眼字，大可望中。壽兒文太空，亦不礙中。

廿五（26日）

飯後到學堂，批日記，上講堂。有唐紹曾者來上學，其祖親
送，云係農陔之姪。學舍人已滿，後來當登樓大吉矣。擬送賀晴
江同年挽聯云："同年舊好幾人存，鵬耗遥傳，又見晨星隕江右；
令嗣高才一時冠，虎皮初擁，早開風氣到雯南。"俟便寄之。爲
幹庭擬作《日記跋》，何以尚未歸？江右題"和五典，叙百揆"，比

此更朽,非幹庭所長也。下午歸。楊晴川來,欲求將兵,談何容易?往述卿處,問其妻病。甸侯來,云乃父月初帶用羽去,公隼准考,成弟不來。

廿六(27日)

早過受明,問其子病略愈,行期未定。到學堂,批日記,上講堂。歸則小鶴已行。小泉、吉人後日方行。晚間歐勁剛來,云黃中犯規應斥,乃父見蘇公,歸罪蔣廷弼引誘,蘇信其說,恐專逐蔣,不逐黃,學生不服,屬作書告蘇,遂書一函送去。

廿七(28日)

先聖誕祭,早到學宮。聞初九揭曉,已有明文。有九十餘卷,皆有洋字,可駭。諸公議以學宮旁地爲學堂,每年以二千爲經費,餘乙千爲脩學堂用,因陋就簡而已。到學堂,批日記。蔣生來,力辨其誣,求勿扣行李,即行。幕友周君來,以此告之。幹庭已到,函求代撰祭文、挽聯。前爲撰祭文,彼蓋未見。擬代撰挽聯云:"傷心此去竟空歸,遺桂冷秋風,可憐室內淒涼,覿物思人增一慟;執手片言成永訣,芳魂招夜月,曾記夢中恍惚,先期告我赴重泉。"爲瓊孫書扇一柄。到幹庭處,目腫,可憐。云江西亦大熱,死十餘人。所作尚筆氣發揚,惟首藝頗蹈空。題出《史記》,本不成題,非幹庭所長。只要看完首藝不丟,即可望,語氣無違礙也。到星府處,不晤,遂歸。楊六歸家,使余貴代。挽聯未妥,更擬二聯。夜臥不安。

廿八(29日)

蘇公以到席祠祭,屬早到,往則彼未至。汪甸侯送弟公隼至,改名崇,譚君華薦其弟紹槩,均可取入。憶昨吉人歸,云晤汪鏡青,言祭酒已致書中峰,列五人名,王、張、汪、俞,不知更一人爲誰,中峰言榜後出奏。蘇公來,云榜發擬初九,尚未出示。賀已到案,辰事又翻。善邑稟已到,彼刪去"五方雜處"語,轉稟張。黄、蔣將懸牌示儆，未到者以初十爲期，再不來則開去。飯後登堂，出題。投考三十餘人。蘇去，予回房，録出挽聯，閲諸生所看史，定日記分數，閲所看史書。幹庭來，以所作祭文屬爲潤色。梁刻工至，校日記數𥿀，屬往取錢。聞鵠臣到陳公館，往請診視。至則在星甫處，往請立方。歸，幹臣到。蘇住西美巷况公祠，有書來。

廿九（30 日）

到學堂，閲卷，先定投考名次，正取八名。湯孝常來，攜其戚舒某兄弟，欲入學堂。答以昨已考過，俟初八再來。彭曉元以其戚某託説項，謝之。閲内課卷四十本，未畢，以日暮歸。節吾來函，託俞蕃邃，以反《孟子》，不取。

三十（10 月 1 日）

早到學，批日記，定分數，上講堂。接閲課卷，定饒裕第一。幹庭來，請寫聯，辭之。問茶葉，云已交吉人，吉人不告我，何也？歸學午飯後，以課卷名次付歐。閲蔣少穆徵壽言甚繁，帶回家，屬肖聃代作。牀上又有臭蟲，不能卧，奈何？再爲幹庭代作聯云："痛矣！疇昔遠行，輕抛病室，勉赴名場，兩三年天定良緣，豈意歸來難繼見；悲哉！於今絶望，始謂生離，安知死别，十六日電詢近狀，猶思調理起沈疴。"歸過汪二先生，云節後見祭酒，云致書中丞，聯名五人龍、王、張、汪、俞，中丞允場事畢揭曉即奏。辰案，彼欲效衢案，中丞亦不能保，奈何？歸聞殺鬧教凶手，賀已正法，有爲呼冤者。不明大抵如是。中郎爲人參劾。如鎮篁缺出，夏、陳或可望耶？日新書店買《支那通史》、《文獻通考詳節》備查。以蔣壽言底子付肖聃，屬爲代作。獻廷至，云陳眷已行，將往臬幕學習，日内將到八吉沖一轉。

九 月

初一(2 日)

聞受明未行,往送。彼先到上海,即往津辦北洋文案。云我事了,校經可望,蕭、袁不能爭。此事張護院當可面求,再屬王,並屬杜舉以自代,比學堂優閒多矣。聞吳季澤死,祭酒必卹之。到學堂,祀聖人,批日記廿餘條,定分數。到節吾處,講明俞蕃遻不取事。見胡少潛,閱其文,説時務得體,無刺目語,大可中。云蔣去年五十已過矣,不過求予文耳。礦務公司去年所無,宜暢發之。同年多已行,並不團拜,更不如前。小京官送江師式元,何薄也?到鹿泉處診脈,云補藥暫不可用,宜發散。過叔瑜,久談。伊以子病未出門,云今宜開報編書開智,且可射利,《李鴻章》賺二萬元,《三通輯要》亦大得利。蔣少穆前云公司成,將延我編書,我此事能任也。歸得星甫書,小鶴已調沅江收支,原缺委乃弟。乃弟來見,問原缺何如,小鶴朝香,略爲道之。

初二(3 日)

早到學堂,宣講。用羽送公隼入學。以明日達三生辰,請用羽隨乃翁來便酌一敍。孟萊來看公隼,同至其房,在後,甚靜。到陳公館,喬梓皆外出,見其王壻。到星甫處,見乃弟,云須往常德接眷,並有虧空,薪水多支二月,須來月方能回省。此須告局憲看如何,小鶴似亦非一時能往也。三點鐘歸,石泉作蔣壽文已成,頗絜,可用。

初三(4 日)

在家早飯。到學堂,批日記。貢如來,久談,屬提黃蘭亭事。予謂此不必本人到案,傳佃轉字可矣。又屬詢牙帖事。述貞喬梓來，云到織機巷，午後即來。歸家，彼旋到。祭酒送《駢文類纂》一部，云已函達中峰，即當具奏，復函謝之。鏡青來，云張雨丈痢疾甚劇，當往問候。待達三，將晚帶汪某同來，云彼父在湖北總辦鐵政，柳門先生乃其伯父，建霞其姊夫，住長沙府，一紈袴耳。夜六弟婦房中失慎，大受驚。

初四（5 日）

　　早到學，批日記。幹庭託代作挽星府妻聯，並擬挽人一聯。飯後登堂。淩駿記批脫“衰”字、連脫誤“父”爲“故”，李鳴岐一條失批，誌之。午後歸，以用度無用，又賣穀五十三石七斗五升。

初五（6 日）

　　早到學，批日記四十餘條。開講，甚不易易。聞昨蘇公至，以日記未合法，將來須出題做乃可，將擬改章。刻工送來數□，校一過。午後歸，吉兒到家，其外祖已衰，君甫目不甚明，季谷家尤不堪問，可歎。獻廷送來叔父親筆，當籌十元，發穀四十四石。

初六（7 日）

　　早到學堂。勁剛屬撰李公廟聯云：“衛國公行兩奇聞，故事見芸編，已具封章昭祀典；秣陵尉成神異骨，遺蹤傳梓里，當酬功德薦馨香。”又一聯云：“素王稱老子猶龍，本來仙李盤根，自應通靈參造化；黃帝問小童牧馬，何必具茨訪道，居然稽首拜天師。”批日記。講畢，以日記改問答，授以題。到伯鈞處，不晤。往孟萊處少坐，借《經國美談》。歸過伯平，云今年不去，子玖是王乃澂參，曾見張雨丈，云我事可解散。雨丈病，尚未出。到鹿泉處改方，遂歸。節吾又函託俞生。勁剛來，云蘇公定每溢分獎十文，可否？此大可笑，亦只好聽之。

初七（8 日）

　　早到學，批日記，講授。如此改問答，批少易，知不滿諸生意，告以如有心得，另紙呈閱。現章有讀經一條，問經義亦可。

小學堂課程,一脩身,二讀經,三作文,四寫字,五史學,六輿地,七算學,八體操,極易。原議四歲入蒙學,十歲入小學①,今開辦伊始,少變通,十五歲亦可,五年後不准。其意一項一教習,並不必通人。輿地一年,地球大勢,予亦能指點也。賀生戲喪其元上中丞書,可笑。伯華來,告以夏公長孫十八日故,是在粵西馬平者否,如是云云。云峴帥因病出缺,香帥代之。聶、湯大員鬥毆,可笑。陳老太仍做壽,演戲三天,大約月初又須送對,但望幹庭能中更好。貢如求局事,恐難言之。秦雪泉來,云乃姪仍欲進來,告以過初十不能。楊冕太寒,將爲求學長。歸家,清理未刻駢文一卷,擬續刻。小鶴晚歸。

初八(9日)

早到學,出題"漢道雜王霸論"。蘇公來,談及小學堂章程應如何變通之法,俟中丞批准,將邀兩學官到此籌商,發一通稟。明日寫榜,約在一點鐘後。王仲蕃來,久談,伊住里仁巷槐陰堂。王、余老師來,略談學堂章程。予擬錄出數條再酌,大約從高等。閱諸生所看史。貢如一函送名條來,不行,牙帖當爲問之。梁刻工來,日記已錄完,校數昏。俟彼刊試卷後,當續刊駢文一卷。吉兒云《三通考輯要》三元可買,看五元能二部否。投考卷閱廿本。晚歸。

初九(10日)

早到學堂,批日記,上講堂,並書錯誤,指授。閱卷五十本。茂生與王、李二人來。李官粵,有詩集見示,仍攜去,可免恭惟。君華來,久談。午飯後定課卷,歸已曛矣。待揭曉,至四鼓始見名錄,同邑八人,如鄒、鄧、龔應中者,長弓何爲耶?吉兒與肖聃皆可中,乃竟不得,奈何?

---

① "小",原誤作"大",據文義改。

初十(11 日)

　　早到學,批日記數昏。人少,不上講堂。往大學堂拜伯鈞,不晤。雨丈處問疾,談及我事。善邑學堂由長發端,甚以爲功,亦以爲興學非停科不中。見元作,頗清順,仍是八股家數,無長處。到書局,問書尚未刷印,可惡!予有錢當取板自印。《駢文》乙千六百八十文,官堆二千八百,俟出書當購之。取《景教碑考》一卷。到鹿泉處改方,府正街看道場。官報局晤曉霆,云少穆將歸,壽文當送去。屬將學堂章程另刻一卷。《蒙學歌》云已刻,欲取本校,予自校亦可也。歸,勸吉兒早往江右。留李肖聃,加脩拾千,定妥。

十一(12 日)

　　早到學,批日記,上堂。武陵楊世猷號繼之來拜,住白馬巷榮發公館,性老其祖,著《經義尋中》其父也,許以性老書見贈,《輿地沿革表》尤有用。索予書,取《自課文》與之,再當往拜。方伯以其孫試文見示,爲閱一過,加以恭惟。吉兒事,再當求作函。

十二(13 日)

　　到學,歐出門,不得日記。飯後到陳處,云江右今夜放榜,亟望喜信。夏老未愈。澤生改論一篇,付之。回學堂,改論,上講堂。楊繼之送書來,無性老書,惟乃翁與其自作。略繙之,乃翁書尚可觀,自作則不敢許矣。答以《今文尚書》。到秦雪泉,不晤。到節吾處,云中峰願革職,不辦二武官,未知能挽回否。峴帥謚忠誠,贈太傅,封一等男爵,褒以柱石之臣,甚優。胡少潛不在家,楊子賓不在彼住。楊繼之不晤。遂歸家祭。達三定十八起程。約計今年已用去壹千串,可恨!可歎!

十三(14 日)

　　早到學,批日記,上講堂。瀏陽黎鐵臣來談,云彼處書院皆不肯改。勁剛言《時務彙編》七日一休沐是本底，《官報》改十三日殊僭妄，當考之。致江訒吾、賀芷瀾各一函，爲吉兒屬託。勁剛言有淩黎氏以姦爲官責，願將租六十石捐入學，議却之。下午歸。

十四（15 日）

早到學。蘇公來，議中峰批准後，當斟酌具稟，請下札委實缺教官、查學監督，並定課程。予意課程既不盡同頒發章程，只可私定，不可具稟，學長只准楊冕一人。云長邑侯之子已得電，則夏、陳無望矣。作詩二首送吉兒、金女，並致芰舲親家一函。批日記，上堂。到陳處，居停詢上學日，答以過十八送行後即來。攜報及闈墨、龔、魏書歸。過鏡青，詢予事，不知辦否。到仲蕃處，不晤。歸，吉兒邀汪親家與其子弟在奇珍閣共飲。晚歸。

十五（16 日）

早到學，祀聖師。歸閱報，小學無方言、外國文，故不用七日休沐。中學有之，非私改。刻工送日記一本，閱一過。檢書，見舊作《先府君先慈事略》，擬付手民。過獻廷，足疾，用割更劇，云廿二到八吉沖。寫一函，將併八元託交。仲蕃來，久談，索《今文尚書》。是日先曾祖生辰，留共飲畢始去。夜麓泉至，予目疾愈，右手兩指麻木。

十六（17 日）

雨。早到學，批日記，上堂。合看兩報，實有不同之處。致函復劍丞，聞尚在家也。下午歸。夜拿獲一竊賊，予欲不送，店家不聽。

十七（18 日）

陪達三，爲照料行李。汪親家來送行，攜《漢口日報》，見饒調皖，聶調浙，汪亦將指徽。張伯興署石門主簿，伊尚臥疾在家，不知。柯課吏重律例，檢出舊本，屬吉兒帶去。伯華、芷青、星湄、孟萊等皆來送吉兒。吉兒見張方伯求書致函柯，答以少緩。
予往見再催。

十八（19 日）

以課，早到學堂，批日記十餘條。飯後出題。以吉兒、金女、
達壻起程，乃歸。先發行李，午刻同送到湘清小輪，湘泰尚在靖
港，舟行後歸。午飯後到府正街，三叔父忌日也。祭畢，飲至暮
歸。聞湯幼老已故，擬挽聯云：“芳風鄉臺幸親承，憶哲嗣從游，
北海樽嘗邀綠酒；重望邦家猶繫屬，歎耆英凋喪，東山人已謝
蒼生。”

十九（20 日）

早到城隍廟祀大士。飲畢，陳、劉邀同到學宮，更擬買趣園
地以爲學堂地步，規模更隘。云仿長沙，止四十名，客籍應開除。
批未下，因長沙擬章程十條交學務處，請兩司會議，故致遲遲，真
多事也。到學批日記廿條，上堂。午飯後閱卷數十本。頭暈，殊
不適，住學堂。

二十（21 日）

批日記廿餘條，上堂。講畢，攜未閱之卷至陳公館。居停請
見，云辰案尚未定也。江南昨揭曉，方伯孫恐亦不行。爲幹庭批
日記，閱《鑑》。卷十餘本接閱完。午飯後仍回學，交所閱卷。
天雨。雨止，歸。過獻廷，足未痊，云廿二必須下鄉。聞湖南有
場外舉子三人，可駭。見報列學堂出身，小學堂卒業作生員，特
不詳幾人，卒業是照所列課程否。小鶴得一女。

廿一（22 日）

到學過獻廷，交二叔信並八元。到學，批日記，上堂。寫柚
老挽聯。到陳處，點《通考輯要》，此書當購一冊。未刻歸，黃孺
人五十冥壽，設祭，焚冥衣。有扇一柄，題其上云：“玉碎香銷近
卅年，空持椒酒薦瓊筵。靈風盡日神旗滿，藉爾吹噓上九天。”

飯後出城觀焚包,遂歸。

廿二(23日)

　　風雨。飯後到學,寫對聯。看《中國魂》,甚痛快。批日記,至未刻。仲蕃來,云已爲我代擬批,甚好。冒雨至陳處,午飯後,晚晴,歸。

廿三(24日)

　　飯後到周、湯處作吊,湯云將待滿公。到述貞處,行期未定,子桓得缺,即送用羽入贅。雨丈處談學堂事,彼云科舉將來必廢,明年許爲留意。祭酒不晤,云將來學堂。方伯處託以函致木可公,允諾。回學堂,待祭酒不至,到陳處已暮。伯華云明日往江西。

廿四(25日)

　　寫信吉兒,並闈墨送伯華,託帶。復正卿一函。致祭酒一函。蕭詩笙送元作來,爲加批。飯後到學堂,上講堂。爲甸侯改論。師石華來。午後到陳,居停云我事已將出奏,想有所聞。教案今日了結,如何了法尚未知也。晚歸。

廿五(26日)

　　小泉弟由湘鄉早到,爲四妹喜事也。潘欲入贅,初五期或可行。到學堂,批日記。飯後上講堂。黃瓊生云薦卷交學務處文案董某覆閱。予觀報言送入京師範學堂者,學成只可出任教習,無出身。學堂雖有出身,尚未見全文,不知由小學更須升高等否。已以此告學生,鼓勵之。勁剛言學生吵鬧爭鬥,非止小孩,謹厚者亦復爲之,可爲太息。學堂出身頗迂遠,權力又不能制之。有師石華者來見,云戊戌時務學堂生,談當日事。其時學堂權力甚大,今止一邑,非其倫也。至陳公館,改論,批日記。閱《通考詳節》,似無可再刪,見少穆問之。達、弁二人來,詢入贅事可行否,只好依違答之。今時所行,豈能一依古禮? 飯後到劉伯卿處，死者其弟婦也。到夏公處，問疾未愈，喜事定期冬月十六，須送南京。

廿六（27 日）

早待鄉人折穀。李照箕來。飯後過學，問落卷，吉兒與石泉皆不見，蓋俱在薦卷中，不知董某如何看耳。到學堂，批日記五十條。以蕭詩生文送交報局，云少穆仍住礦務局，當訪之。到陳公館，幹庭外出，遂歸。午飯後到鹿泉改方。到府正街問喜事辦法，浼書門對，至晚始歸。夜雨。

廿七（28 日）

雨。到劉伯卿處作吊。到學堂，批日記，宣講。聞保特科亦在薦卷中選，分爲四等。果爾，則落第之人尚有望，且特科優於舉人矣。到陳處，爲幹庭作《日記序》，居停以爲善。問辰案，尚無消息。見報列中峰示，可云曲盡，人心難悟，奈何？湖北解元汪曦鸞文言關中、長江地勢切實，是第三題文。晚歸，君華來，云彼若作“理財論”，將從教案始。雨至夜止。

廿八（29 日）

曉霆早來，云少穆將行，壽文列予文，屬增入潘中丞保送部引見不往一事。予與少穆相知近三十年交情亦當序入，乃取原稾加增二段。飯後到礦務局，不晤。遂到學堂，出題，批日記數條。閱諸生所看史、《鑑》。到陳處，見《江西題名錄》，舊門生中十餘，如徐運鑫、劉鳳起、周觀濤、余兆麟、萬簏、葉潤藜、饒之麟、劉璜、胡獻璠、張佑賢、吳衍任、郭承平、邢汝楫，皆所記憶者。闈墨遠不如湘，解元第五篇全抄《文獻通考》；第二傅爾貽文筆不腐，頗可觀。聞第五名錯誤。項瑞生十八在江起程，已到，何以吉兒等尚無電來？晚晴，路乾，到府正街祝壽。過報館，不見曾。見蕭禮耕，其兄鴻鈞拜客歸，叩謝，欲稱門下，力辭之。以所刻《湘報》文見贈，予以蔣壽文付之，蔣後日行。吃壽麪，二鼓歸。

廿九（30日）

早到館，批日記。周覽病，亟送歸，即此可見蒙學之不易立矣。二兒落六七房，當查，云未能剴切敷陳，似又以上條陳爲善，此等人真脾胃難調也。閱卷卅本。到節吾處，云歸期尚未，將來行止亦未定。伯平將於明年再行。到麓泉處，病不能出。到府正街祝壽。夜歸。

十 月

初一（31日）

早到學堂，拜孔子。歸攜卷閱畢，盛家駿爲首。府正街過禮，男家由我處辦，可笑。得吉兒電報，云"到，好"，豈月底方到耶？是日爲先祖忌日，祭畢而飲。客散，未暮。往述卿處，見其妻病甚劇，五弟婦亦病，皆可慮也。

初二（11月1日）

飯後到學堂，批日記，上堂。到陳處，改論一篇，校日記一卷。陳家親戚多至，有做壽意。是日陪客，予飲近醉。歸到仁壽宮觀劇。

初三（2日）

飯後下鄉埽墓。見彭四，亦衰矣。墓屋須脩門面。歸見二叔父手書，仍如前説，作書復之。聞叔父益衰，發腫，可慮。

初四（3日）

風雨。早到學，批日記，上講堂。蘇擬初八甄別，宜略開除。以火食詢諸生，竊以現在辦法，不如使自食之爲愈也。可人呼勁剛去，告以共田事，云教有不盡，且有不端。伊係人則薦，邑尊有所聞云云。予謂此或告者過，仍須詢邑尊於何得之。葵園送人則公回書，云皮事早經定稿繕就，俟各摺彙齊，花衣期外拜發。

此事可放心矣。寫信吉人、金女、達三，送郵局。到陳處，居停以電報見示，云湘撫不允，領事不必與之再商量，香帥朔行，輕減已無可望。德爭長江之利，英不敢開罪於德，乃藉教案與中國尋釁，枝節叢生。又云魏道與領事言已決裂，英發兵輪八艘，四鎮漢口，四扼洞庭，速電外部云云。陳云蔡已不妥矣。雨止，晚歸。

初五（4 日）

飯後到方伯處拜壽，並拜伯平。到府正街。未刻潘少蓮妹倩至，人甚倜儻。晚上鬧房，策安折齒，可見戲無益也。二鼓後歸。

初六（5 日）

早到學，批日記，上堂。聞蘇公欲開除連、彭數人，託我求情，以今日不暇，俟明日去。伯平回拜，云今年不行，部文未到，通永止轄永平一府，管沿河水利，每年可萬金，不提約同往事。到府正街，止陪二客。下午到街上，見舊書店古帖頗多。逢吉來，略談。聞英船已到岳州，索湖南礦。王莘田已到京辦此事，何以抵制之乎？夜，飲罷歸。

初七（6 日）

早到縣見邑侯，云昨學宮又收一所房子，向余介卿借千金。明日甄別，不必開除，爲諸生求情。伊亦知數人不可去，記過示儆而已。漕事中丞已允，交方伯核，尚未下。中國事疲玩，往往如此。長沙到漵浦，何署長沙。蘇今年恐不動，留彼久在此亦好。到學，批日記，上堂。即到陳處，見《官報》恭惟吉兒，殊無謂。

初八（7 日）

早到學。飯後，蘇到，云已挂牌到漵浦，何幼伊到本任，甚速。上堂，出題。兩學到，云須下鄉講聖諭。到陳，聞老太做壽定十一月初四，擬聯云："嫣汭風高，璿源永壽；穎川星聚，寶婺增輝。"回學堂午飯。旬侯至,云念循全家將搬往醴,廣西止二府可考。閱卷廿餘本,歸。

初九(8日)

早到學,批日記,上堂。閱卷畢,以楊冕列首。蘇公欲取中學二學長,楊外如龔鏗、凌駿皆可。盛家駿作《四書》義,前作恐難信也。到陳,午飯後歸。改聯云:"南國母儀,芳流兒酌;西江閫範,壽錫鴻疇。"

初十(9日)

早往盛家灣埽墓,將晚始到,拜墓莫矣。輿中得詩數首。閱《芝龕記》,頗佳。

十一(10日)

由盛家灣到泉窩塘。黃孺人墓正子午向,不知可動土否。到石香爐已晚,問往醴尚未定。見升外孫,人頗健跳,雖瘦弱,有精神,當易長成人。祥女須服藥,念循酒病。

十二(11日)

歸過瀏陽門,見武備學堂規模甚大,大幾一里。到塘灣午飯。幹庭以泰山頹,往唁。趙公良吏,何遽殞耶?聞蔡歸,繼往。報云英送康歸國,似可不歸。留題一昏。回家,見王氏兄弟送乃翁大集至。

十三(12日)

過余松喬,問昨過訪是因下鄉講聖諭事,蘇擬十八交卸。到學,批日記,上講堂。歸過汪太史,云何大令不相識,約有餞請事入一分。到王氏兄弟處回拜。見芝岑,云已行矣。略談,回家。是日王太淑人忌日,邀潘紹濂飲,至暮散。得吉兒信,少村在京病故,可哀!擬挽聯云:"王規標映掩金鋥,七八年學授青編,贏得大名魁虎榜;謝傅庭階摧玉樹,三千里魂歸丹旐,空籌鉅欵返龍輴。"吉兒云夏將析居,本屋出典,伊亦不能久住。

十四(13日)

寫信致吉兒,並致芰舲作唁。飯後過陳守愚。到學堂,批日記。往唁袁叔瑜。遇伯平來,云部文已到,今年即北上,申舊約同往,辭以且待明春定局。到鹿泉處診視。歸過節吾,久談,吃飯。到夏公處,足疾愈,已出門。伊孫事已說明,告以少村事。到陳處,改論,批日記。幹庭屬撰挽聯、祭文。聞蔡歸,只去頂戴。洋人同來監斬。

十五(14日)

早到葉曷文處作吊。見煥彬,略談。伊病痔漏,不能坐。到伯平處送行、何幼伊邑尊處道喜,皆不晤。到學堂,拜孔子,批日記。是日休沐,不上堂。遂到陳處,批日記,以挽聯付幹庭。撰祭文,未畢。熊棣樓來,更名壽朋,云尚未選缺。有人託問學堂章程,現無所謂章程也。前有薦彼當分校者,彼固不願,予有事當薦以自代,云住寶南街石韞山房。蓉墅來,云有張守智者,述農妹夫,託遞名條。客去,遂歸。曾曉霆、蕭詩孫來。蕭用受業帖,卷上刻予業師,予何敢當?蕭云副主司開通,知我名,甚推重。蔣又將來省,洋人索礦尚無明文。取吉人信,加一唔,並挽聯底子寄去。

十六(15日)

續成祭文。飯後到學堂。聞都司已正法,滿城皆哀憐之。批日記,上講堂。張巡檢來,告以方伯處難言,云陳局憲亦可,前日曾見陳面求,且言口捐事不效,永州等處宜改釐捐尚可行,所言有理。到蓉墅處,不晤。陳處人皆出,不見面,以祭文槀置學生案上而歸。夜雨。

十七(16日)

飯後到學堂。聞蘇公大破費,甄別遍獎,共四十竿,可謂好名矣。批日記,上堂。寫聯送俞可人。到陳公館。聞茂松與何幼伊厚,將得帳房。又聞幹庭有與人則公孫女聯姻之説,未知確否。晚歸。家事不治,又以伯平事行止莫決,不能寐。擬致兩尚書書。

十八(17 日)

録出兩尚書書。飯後到史家坡。歸過朱家花園,無奇處,特予不能有此清福耳。到兩學堂,皆虚無人,遂歸。

十九(18 日)

早到學堂,寫兩書畢,閲卷。何公至,略談學堂事。何年甚少,人亦明白。蘇公至,到講堂,同何公談學事。脩金四百全送,已面言之。楊冕學長只式元,並送楊、周二人火食。云行甚速。汪無信來,何也?二公去,遂往伯平處,云即上船,明日准行,到彼看光景如何,如關未歸洋人,有衙門住,即有信邀我,並屬乃弟先送百金作川貲,到京尚須爲我舉薦。以二書付之。到《官報》局,見府、縣出口,道以上無處分,已見諭登報矣。到府正街,四妹生日,飲,晚歸。

二十(19 日)

早到學,批日記,上堂。寫陳聯,閲卷未完,攜赴陳公館閲之。爲幹庭改論、日記。其日記已刻成,序未刻,爲改收句。晚歸。

廿一(20 日)

往可人處道喜,遂到塘灣。小梅由京電催幹庭到部,云補缺快,恐未必然。秦王島馬頭已開,未知便否。居停以此相商,云須我到京便放心,我行止何能定?撫署送到奏稿,言甚可惡,然欲醫犬噬,無可奈何。以示居停,云必不駁,更須見諸公致謝,並問謝中峰否。老五事再催問,居停頗難之,當再催夏公也。到學堂,批日記,上堂,發課。遂歸,爲石泉改闈作,未完。

廿二(21日)

到學堂,批日記,上堂。遂往鹿泉處易方,因眼疾發,去熱藥,加風藥。到楊宅見晴丈,路遇伯華,云有信件在陳處。即到陳,見吉兒信,以課吏館差爲無益,然則奈何?方伯處俟見面再催,梓儕處即書一函,看可行否。晚到夏公處,又因足疾未愈不見。歸已黑矣。張仲翁又來,不知求人之難如此。

廿三(22日)

早到學,批日記,上堂。到陳處略坐,以家祭歸。潘、謝俱來。潘以曾介石函託交夏,並沈名條。兄弟去後,獻廷又送到八吉沖書,令人煩懣。夜作書示吉兒。

廿四(23日)

飯後到蘇公處,云廿六即行。清理學堂用欵乙千一百金,存二百餘金,用乙千串有零,將分兩簿,一交後任,一交紳士。幼老逝,璞老總理也。到學堂,批日記。出拜伯鈞,求函致木可,已允,云見此間木可,屬舉我特科,未知果否。彼大學堂亦未到頒發章程辦①。到伯華處,詢江西事,云屋未出脫,劍承先行,家眷十一月茇舲送至九江,彼來接,甘福到京接少村柩並眷。乃翁已奏補鹽道,有三萬金,潤哉!雨老下鄉,予書十一月可出。買《駢文》歸。到陳處,改文、日記。見報,明年四月考特科,不知有保予者乎?朱太守言學堂頗通,阻撓常德人開學堂,不可解。《理財論》頗迂謬。陳源裕之子云有布入城,見信係皮家,放行。茂生云伊係縣內帳房,在左邊內面。陳初三起戲。飯後歸,見吉兒函,布收,將蟹棄,可惜。加數信,封送郵局。

廿五(24日)

早到學,批日記,上堂。寫信並送《今文尚書》付伯鈞,催取

---

① “到”,疑當作“照”。

致木可書。聞蘇下午來，諸生結三萬鞭送之。此亦公論。到陳處，不見一人。仍到學午飯。取石泉閣作圈點、加批。見蔡公使要求日本警部捕送學生始末記，大可笑。今派汪大變，亦未知勝任否。待蘇至夜分，不來。此間頗寒。

廿六（25 日）①

批日記，並記分數。飯後上講堂，未藏事，蘇來辭，云脩一切已分付後任，獎厲學生數語，即行。伯華來談，極言江西不足戀，改廣西差委易得。乃父電報言大捷，報言大敗，未知孰是。又聞王爲人劾，交汪查辦，亦未知有此否。同到陳處，所刻日記覆校一過。晚飯後歸。到述卿處，問其妻病可慮。介卿與秀峰來，云十六日不可用，始知前期乃瓊山所看也。專人下鄉，屬勿動。

廿七（26 日）

飯後到學，批記，上堂。秦雪泉與張仲思來，求向夏說。秦云乃姪出房，學務取列，將電浙趕來。此生可出房備取，則亦易矣。到陳處。午飯後往夏公處，見步履仍不健。談及吉兒求信事，彼先阻住。五弟事，辭以提調王石卿不合，局不大，到當爲陳言之。鹽局明年十一月必裁，將設銷場稅，值百抽五。如是，則食用更貴矣。礦務局併入大公司，現在未開，未添局事。語畢辭歸，上燈久矣。

廿八（27 日）

早擬寄賀汪頌年、蘇紹文信。到學，發題。有汪鄨、李春二人求考入，歐見何，已允許。外縣人求送，何亦允許。汪即受明所託也。錄頌年信。到伯鈞處、孟來處，不晤。到府正街，以八吉沖信示諸弟，告以着人到泉窩塘屬勿動手，見夏公已説到。遂往《官報》局，見曉霆，告以吉兒言書貴不銷，云可隨意。蕭仲祁取

---

① "廿"，原誤作"十"，據上下文改。下兩日同。

第三，劉、曹不到則第一矣。出洋學生歸，議開學堂。醴陵縣張出題，"言自由民權即孔子忠恕之旨論"、"民爲貴"三句義、"神道設教駁議"。此人開通，亦大膽矣，報爲隱其名。到節吾處，云學務處卷彼幫看，劉係彼定，並不知其爲人，亦非亮卷。有郴人黃知伸卷最好，能盡通近人書。岳州吳某十三蓺皆仿《雕龍》，亦難得。《仁學》彼見過，頗稱之，以爲百年後必通行也。到雪泉處，略談。到陳處，幹庭正作文。仍到學堂，閱汪邕、李寅文尚明，付勁剛送署。晚歸，有沈申祐者屢來，不知即沈某否。又有蔣經青送畫四張，殊不高。譚請明日寫主。吉兒又來信，考在二等，云取亦無益，改章太苛。宋事已不行，甚急，奈何？惟再催張、俞耳。

廿九（28 日）

早到學，擬函致伯平探消息。批日記，並閱諸生所看史書。上堂後歸，到譚宅寫主。將晚歸閱卷，未畢。

三十（29 日）

早到邑侯、方伯、俞、張、汪，未見。惟見祭酒致謝，云俟有明文再謝。人則校經已歸共田八，並閱經課亦不辭，何也？中學堂彼與張擬我，而人或不同，不知爲誰。張云善學明年有減脩之說，俟見張問，若然，更不行矣。彼盛稱醴陵劉巨臣出洋歸將開蒙學之善，未見其人。言及朱太守書，索觀，應之。歸而汪太史來，言及學堂，如實無聊，蟬聯靠彼。到館，閱卷，粗畢。批日記，上堂。用羽來，云今年無喜期，擬不去。到陳，改文、日記。飯後歸。燈下定課卷名次。

十一月

初一（30 日）

早到學，祀孔子。到譚宅知客。待何，久不至。歸，伯鈞來，言學宫事，云朱太守將酌擬條款，吉兒事允致書。予作書求張公，並致祭酒，送各孝廉卷敬。到學，録出致伯平書。到陳處，焕彬適來，略談。彼去，予亦歸。燈下作書與吉兒。静妹子刻生一女。

初二（12月1日）

曉霆、禮耕來，云《官報》附《掌故摘鈔》、《地理問答》，屬送一分來。到學早飯，批日記，上堂。陳璞老知會，云約汪、俞二太史兩點鐘來議事，而西早處必請陪吊，乃到彼處坐一時許，仍到學堂待三公。申刻始到，甫坐即邀同到學宫。伐木丁丁，已興工矣。云用費得千餘金，年底始畢工，今年不移居矣。諸公議明年譯學不用，算學另聘，議減脩，只可二百金。雨老所云減脩，或即指此，未必及我也。看光景權歸紳士，一切必更裁省，更不成規模，故非所願。晤伯鈞，再催作函，已允。飲罷，晚歸。聞日者言驛馬已動，今年不行，明年二三月必行，或别有機會乎？獻廷來，言八吉沖須回信，申祐是乃叔，現下鄉。

初三（2日）

早到學，批日記，定分數，上堂。寫信致賀蘇公，復二叔父。何幼伊邑尊來，談學堂事。告以飯須三餐，報須二分，已允，即屬廚人定議矣。譯學一事，彼意不廢，云姚能畫地，不知如何。壽兒來，云公隼昨云賤辰諸生來叩祝，並送分子。即傳公隼、詠清，屬轉致諸生阻之。飯後到陳處，見尚早，乃到夏公處，公未歸。小泉來，見之，云少泉眷回，柩未回，少村柩亦未到。彼廿一起程，未到都司前。往陳二處，不晤。仍到塘灣，則將起戲矣。衣服來，乃慶祝，看戲，留飲，將三鼓尚未罷，乃歸學堂。夜雷雨。

初四（3日）

雷雨。到陳拜壽，吃麪。歸學，人甚擁擠。今日女客，紳士初七。我必在紳士之列矣。批日記，上講堂。小極，卧一時許。

到陳處，聞有電，柳州失守，桂林告急，中丞已發三營防邊，粵危，湘亦危矣。觀劇至暮。見坐有姨太告綠呢大轎、朝珠補服者，彼人不法如是！將晚歸學。夜又雷。

初五（4日）

批日記，上堂。養正義塾請送學，予未嘗往，乃往觀之。至下午方上學，學生百六十人，分八齋，教習八人。爲貧民設法，亦甚善，惜無教科書，而教以《覺世經》、《陰騭文》，爲可笑耳。璞老來，談及算學教習《毛詩》之數太費，蓋以珠算即算學也。陳守愚到，余已下鄉。初更始歸。君華來，談至夜分。石泉欲辭館往江南，未得碩人書，何如是汲汲也？屬薦賢自代。碩人姪石仙未知何如。

初六（5日）

早到學，批日記，上堂。勁剛言昨有長沙二陳君來詢學中章程，云今年將開辦，火食仿書院。勁剛痛陳其弊，屬爲何公言之。起大風，甚冷，陳請予今日，如何坐得住？着人歸取衣來。到陳，見居停，以明日請方伯，託催致書。王、張、孔、葉均來，席間不便深談。余介卿云金價又加，五兩四十五換，將來有五六十換事。謝老以孫非真，欲長子買妾，以致吵鬧。

初七（6日）

早到學。得吉兒信，廿四發尚未得，有初四去信，何也？屬致書華贊雲，擬稿封入信中，屬送郵局。早飯哽，甚痛，由天冷飯硬，奈何？批日記，上講堂。見報，明年新進士須入大學堂卒業三年乃得官，似趨重學堂，曷不並廢科舉之尤愈乎？此所謂月攘一雞也。到陳處，煥彬來，云柯學使耳予名，索觀所箸書。煥彬盛陳學使開通，嘗箸《爾雅正義》，兼通金石、考證，在江學使上，視吳遠勝，何所取人才不高？或幕友非才耶？晚歸，聞三弟婦初十下葬，不知與母、妻墓有礙否，明日着人往觀。夜又雨。

初八(7日)

取《今文尚書考證》送葉,轉呈學使。寫信,專人下鄉,看回信何如,如近、礙,即自往。陳、汪、俞定十二請何公,六人分子,不知定何處。飯後到學堂,出題。新調李寅來見。到陳處。晚間下鄉人回,云所扞穴距瞿恭人墓十一丈,距彭孺人墓九丈餘,横斜略下,似不礙事,未便阻其葬也。

初九(8日)

飯後到館,批日記,上堂。閱卷十餘本。此等題尚以爲難,何歟?張又來,殊無謂。君華又託爲譚求礦務,此皆難事。織機巷請酬勞,往則已上席,艸艸終席。歸過述卿,云其妻在旦夕矣。

初十(9日)

飯後到學,批日記,上堂。閱卷畢,只卅九本。以伯平賀函送佩衡處。問璞老,請何公改期十四,在樂道巷陳家祠堂。必對期日,不亦異乎?晚歸,聞述卿妻喪,往唁。

十一(10日)

甸侯來文二篇,爲批改。飯後到館,批日記,上堂。到鹿泉處改方。過陶銘謙,不晤。晤節吾,中峰已允保彼特科;見劉艮生子卷,甚怪。聞魏午帥調兩江,香帥回任,前何必使署也?丁振鐸調雲貴。到陳處,批日記二條。居停次女病危,吃人參,求神方,猶以升麻、細辛予之,其可用乎?晚冒雨回學堂,頗冷。

十二(11日)

批日記,上講堂。張仲思又來,云出缺十餘,何能屢瀆?雨不止,亦不能到耳東處。介卿屬作墓志,爲書百字。晚間家中來接,云念循與祥女歸來,遂歸。

十三(12日)

早閱報數紙。飯後到學,批日記,上堂。午飯後到陳處,聞幹庭之姊於寅時已逝,入唁居停。爲幹庭批日記。晚歸。沈順庭來，託催方伯，李拐醫腳，難哉！獻廷必索魂，恨恨！

十四（13日）

以予賤辰，汪親家與子、姪同來。學生來者廿餘人。黃、歐亦來。是日約公請何公，未刻到陳家祠堂。何至晚乃來。久飢，復過飽，歸吹晚風，夜腹痛①，起便受寒，甚劇。

十五（14日）

早到學，祀孔子。歸家，午後至定王臺，長、善紳士共議學堂事。長尚未開學，書一切未買。以前殿奉關帝，後殿奉佛，不敢移動，並無講堂。所定章程苟簡之至，總教二百金，分校、算學各百金，且欲強善邑而從之。陳與汪、俞共議少時，乃謂予明年仍借重，一切照舊，即當請何公下關，其餘將盡從長沙矣。王、孔不到。張到，一轉即去。劉少秋、陳竹友皆不了了。陳佩衡頗明，而不任事，云寄伯平信已發，伊已到上海矣。晚歸。仍夜起二次。

十六（15日）

飯後到學，批日記，上堂。到鹿泉處改方。遂到晴川丈處，遇午飯，留飯。到孟來、伯鈞處，不晤。到夏公處，亦不晤。小泉已去，屬夏公子請乃翁催提方伯致書。到陳處，復告居停，云後日必説到。雨老與江西陳方伯親戚，當往求書。居停云今日會議，以洋人來開馬頭，聽擇何處，諸公欲自開，物力恐不及。見示黃兆懷信，云西事將了，甚得意，外間所云或未確乎？

十七（16日）

飯後到學，批日記，上講堂。寫趙太守及瞿一嫂挽聯，又單條一昻。爲幹庭作祭姊文。到陳處，付幹庭。晚歸。

十八（17日）

送課題到學。飯後往瞿宅陪客，實無客也。晚歸。大風雨，

---

① "腹"，原誤作"服"，據文義改。

甚寒。六弟婦以方炳文控汪仲皋寫六弟名,屬於蔡處説明,屬抄底稟。

十九(18日)

待俞函不至,發一信與吉兒。飯後到學,批日記。閲卷廿餘本,未畢,攜歸。此次周覽遽優,未必進境如此之速。夜又起二次。

二十(19日)

閲卷畢。得吉兒信,云課吏尚可望好處,淘井已記功差委。更加一帋,送局。午刻到鹿泉處更方。到史家巷,拜岳母八十冥壽。乃到學,已吃飯矣。又閲後交卷數本,發落,批日記廿餘條。晚歸。

廿一(20日)

甚寒。念壻、祥女必欲歸,頗怏怏。飯後到學,批日記又廿餘本,計每日近五十條矣。學宫以買房子完價,並有事商議,乃冒雨往,實無甚事。伯鈞薦狄某算學教習,不知是狄鑫一家否。管堂用張、彭二人。分校,楊樹箴薦張翼雲。璞老謂其人不安静,予亦不識其人。諸公所喜者守舊之人,動以康、梁爲戒,故予不欲輕薦人。伯鈞約書即送來。杏雲云石泉明年就鏡人館,七十金,寒士生涯,亦不足怪。夜歸。半夜聞喧呼,學堂於子時上梁。何廿三請紳,予不與,豈另日耶?

廿二(21日)

早算公賬,未晰。飯後到學,批日記,上堂。到陳處,爲改文、日記。見《浙江闈墨》,遠過江、湘,劉焜策尤佳於論,《四書》義駁朱注甚是。不廢八股,詎有是耶?梁益智來議刷釘價,須二百文乙千張。予記前裝書不過百卅文一千,今不宜如此斗漲。居停意在印四百部。方伯處尚未言,求人之難如此!彼處廿六、初二皆有人回江西,寄信、物皆可。晚歸,算公賬,應交百餘串,穀價又跌，奈何？

廿三（22 日）

　　飯後到學，批日記，上堂。明日冬至，許假一天。與勁剛言學堂事，明年肯到我處否，彼似未甚允也。到陳處。聞璞山云居停有挽留之說，如脩金不能比學堂有加，亦不願留，陳事較少而寢食不時，亦非養生之道。改日記。閱浙墨，胡仁源策最佳，擬僱人録出。晚歸。

廿四（23 日）

　　冬至。早閱《江海險要圖志》，書甚佳。作者閩人陳壽彭，其妻薛紹徽作序，駢文可觀。得此嘉偶唱和，南面王不易也。蠢婦人勃谿，令人痛恨。有寧鄉廖君因石泉來拜，云寧邑紳欲請我學堂教習。予詢局面如何，此處四數，必須增加，乃可舍此就彼。彼云再酌，議可上六數否。聞寧邑捐欸甚旺，中學堂已解千金，或其邑紳勝於此乎？過日新，言印書事，開口每部六十四，還五十，減至六十，云晚間回信。到學，學生以假期，多去。遂到陳處，爲幹庭改文。馳歸，祀祖，並交公賬。

廿五（24 日）

　　聞陳處明日有人回江右，致書吉兒，書未完。飯後到學，批日記，上講堂。作一書賀冕堂，遂歸。幹庭姊夫王某屬作妻墓志銘，爲作一篇。沈獻廷來。何幼伊邑侯請赴飲，上燈始來。催往，則客至，主人未歸。初更後始歸署，云有人冒充礦務公司華洋合辦，詢洋人無此事，已奏請革職、訊問，俄而送至縣，問辦法，云尚未騙人，遞解歸籍而已。有鄔某是拔貢副版，亦可惜也。初六甄別，云已出示。

廿六（25 日）

　　寫家書成，飯後帶至陳處，交帶江西，王某初四起程。印書，日新已説妥矣。到學，批日記，上堂。劉伯卿來，云見告示，祠堂皆設蒙學。此亦不難，將義學、蒙館移置而已。石泉來，云將下鄉。石仙事已説明，予意欲待勁剛來再定。陳宜人志銘録一過。欲將《駢文》續刊一卷，蕭禮耕薦永州蔣姓，住曾子廟。晚歸，小泉已回，爲庶母祝壽。

廿七（26 日）

得吉兒十一信，又考取一等，仍無着落。吴寬仲壬午同年，不知何人與相識，俟月初詢雨老，來再往耳。飯後到學堂，批日記。幹庭來字，言旵不毄。往與茂生算明，毛邊要百刀，官堆要廿三刀。官堆五個多錢一張，毛邊二個零。印書四百部，合計五十二三千文，百廿文乙部。予欲用毛邊印《駢文》、《自課文》各百部，合旵價、印、釘亦需廿餘竿，且家中無空地，故尚躊躇也。還學，宣講。以庶母生日，早歸。唐采臣來，又陳守如來拜，不晤。

廿八（27 日）

飯後到璞老處，詢石仙今年在鏡人處如何。到陳佩衡處，云乃兄十八天津來電。有姚君至，爲保甲委員。現有諭到，開警察部。諸公又議此事，恐不能再阻，特不知籌費何似。予意以大街可就此籌歟，小巷則當津貼耳。到鹿泉處改方，云予腿骨痛是氣疾。過小倉，買《中國魂》、《清史攬要》。歸，清理《官報》，《皇朝掌故》應補二旵，《地理問答》二十餘旵。

廿九（28 日）

一早到學，批日記。彼已早飯，遂到陳處。午飯時始早飯，甚飢。飯後復到學，閲卷未畢，攜歸，閲數本。

三十（29 日）

飯後到學，閲課卷、日記。陳處來請速往，至則居停以中丞請我題《釣游圖》，作連珠體。予以此體非題畫所用，不便著筆。云係王世卿奉面諭，請王來問之，云中丞實如此説，只好勉如所

請。我事已回頭，免管束，仍着察看，不知留此尾子是何意？見
頌年代達樞意，何以不從中爲力？皆不可解。飯後雨止，到學又
雨。定課卷名次。欲不歸，而家以轎迎。將卷交楊冕。歸作連
珠十首。

十二月

初一（30 日）

又作四首。到學，祀孔子。諸生以狄某算學不高，即大學
堂學生恐不勝任，予以不能與聞辭。狄已下關，予不下關，是
何意也？録出連珠，到陳處，交居停閱之。待至未初，不開飯，
人亦不見。促其開飯，冷不可食。仍到學，作書致吉兒。將連
珠寫好，復送至居停處。彼云用一手本，着號房送去，取回片，
遂歸。

初二（31 日）

早到述卿處，客未來。歸早飯，作書賀芰舲得孫，送禮四色。
寫完致吉兒書，再到述卿處知客。伊所作家奠文頗暢。晚歸，伯
鈞送致柯書。

初三（公元 1903 年 1 月 1 日）

早到學，批日記，上堂。到陳處，將信並俞函交王、項二人，
所寄帽合一、洋鐵筒一、罎子一，並付之。歸得達三書，不欲用重
價請人。再作一書，送二人帶交。往瞿宅寫主，飲畢雀戲，至三
鼓歸。

初四（2 日）

早起，擬送葬，已過去。飯後到學，批日記，定分數。何公明
日請散學飯，因黃初六即去。初六不止甄別，且招考，卷必多矣。
爲汪匈侯、夏澤生改論二篇。擬來歲楹聯云：“癸父爵傳商代

字,卯金刀紀漢家祥。""癸象五龍稽鄹説,卯爲三際考齊詩。"到陳處,王、項二人未行,俟明日。爲幹庭改論、日記。見居停,以陳小圃名條託薦趙廷光。居停云且俟京中回電,如乃弟不出京,明春着幹庭去;出京則不去,仍使受業。問幹庭續絃事,亦未定局。云夏幹臣已得四省學臺提調事,書菴可得海運。此澤生所説也。到夏處,以論付彼。夏公方回公館,未便請見。天已晚,遂歸。夜雪。

初五(3日)

雪未止。官府方求雪,而天應之,喜可知也。飯後到學,爲弟婦撰成墓志銘,批日記分數。未刻璞老至,勁剛與言管書等事,以彭某煙霞不可用,恐彼未必以爲是也。何幼伊來,汪、俞亦至。俞言明年大學堂添分校二人,又有教格致者,而圖畫、體操仍無人。議明年應作日記否。其子在日本,所得教科書聲光專門,此間不解,史學與此不異,教文法與蒙學課本不異,則亦無所取矣。何云見中丞,談及予文,更請作序。居停來請,知爲此事,往則又來册頁四昂,前"炳"字犯諱,須改。攜歸,和中丞詞。

初六(4日)

得吉兒書,江右辦印花税、警察部。此等差事難辦而無謂,當告以可辭。到學堂,何已至。彼自點名,出題。予爲中丞作序文成,近千言,録未畢,以暮歸。

初七(5日)

早到中丞處,盛稱予之文字,謂揄揚過當,已以今日官難做,已請告開缺。略問湖南人士,予以初見,不欲盡言。往雨老處,未來。往方伯處,云致柯函已發矣。恭惟坐升,彼云中丞只請假,非開缺也。歸飯,到學,以關面送勁剛。何公取卷去自閲,予可省力。學生去者已紛紛矣。到陳處,午飯歸。

初八（6 日）

早起作家書，未成。飯後到學，改日記數條。學生在者無多。寫序文並詞。到陳處，交居停代送。爲此勞苦數日，此公既不能保舉，又不能與優館，恭惟何益？放大水賬而已。歸與君華論學堂事，爲之慨然，但冀明年遠舉耳。

初九（7 日）

閲《游學譯編》，頗可觀。飯後到館，作家書，並寄達三。伊云籌五十金，明春寄來，未知靠得住否。債主來索，只好緩兵而計。下午往陳處，學生不見，爲改論、日記，遂歸。

初十（8 日）

飯後到館，與勁剛談，云至王氏試館聽演説，皆自由、獨立之旨。此時當以開民智，不宜遽説到此。聞祭酒爲劉巨臣説動，明年送子入學堂。若果如斯，可開風氣，特恐年少氣盛者過於激烈，反不美矣，前年覆轍大可鑒也。歸值彭三嫂至，以緣簿求書，係陳秋珊師內姪婦。予擬乙元，多則須設法。遞名條首府亦可，恐不濟事耳。泉窩塘租穀來，大費厥力，要糧票，並寫信。河局糧房來，馮家沖加伍錢式分，南塘應加九錢零。聞河鴨御史已歸，不知何説也。李仲璇又放黔撫。學務案發，劉、曹、蕭皆不前列。

十一（9 日）

到汪太史處，云何甄別後即送關來。朱爲分教，諸公擬議之詞未與朱説。到學，孟來兄弟至，公隼亦去。往陳家看洋書，買《東洋史要》一部。《中國魂》只四百，價頗廉。《清議報》新會一家之書太多，難竟，演説則時務學堂評語也。到鹿泉處改方，均熱藥。到府正街，以緣簿交介卿，屬商諸弟可從公送否。毛懷德堂問印價，乙千頁只一百，比日新二百更少，特道遠恐不肯來，若送板去，亦不易易。歸得二叔父書，屬勿扣除。回信不扣八元,再作長付,共洋十六元,錢六百十文,並付之。

十二(10日)

飯後到館,見甄別案,彭、陶、汪邕前列,舊人多列後,足見所見不同。毛鴻濟備取,只四十六人,豈有未取者乎?得鹿泉書久不報,聞魯軒云仲丙在省,信可付彼,特作一函。到居停處,辭以十四解館。彼云夏公明年與蔡共迎師,澤生大約不來,幹庭亦未定局。晚歸,伯華來,云乃翁要找教讀、書啟兼閱卷,通中西之人,望之力舉壽兒,何能勝任?營平云無逾老夫,彼不肯出錢耳。報言某侍御參乃翁信李公真人,雖留中,未可知也。邑侯送來糧房期票三昏。

十三(11日)

以票兌錢,不行。飯後到館,爲幹庭之妻趙淑人作誌銘,遂歸。見新出《白話報》,似可爲初學之導。又見報云勉帥孫春煦將偕妻游學東洋,若能然,則與祭酒子入蒙學同一開通之機矣。典史作賊一事大可笑。

十四(12日)

飯後到學,檢理一切,擔回家中。年年如斯僕僕,可歎!正杜老所云"歸山買薄田,把酒意茫然"者矣。甸侯兄弟來,云乃翁開正行,乃弟喜期二月初六。念循無信來,明年恐將往醴陵也。到陳處,改論、日記。居停以散學請酒。熊竹軒者南昌人,在縣署幕,來陪。以達卿事諄屬居停,必有以報命。幹庭行止尚俟京信。酒罷,夜歸。

十五(13日)

足成誌銘。飯後到礦局見少穆,云伊事尚無頭緒,集股買山,礦師已還上海。此間冒礦唐醫官解至天津,出卅萬者名卜羅得,可以退彼,告以入股須入公司,勿受騙,想事易了。師範館已聘祭酒。中峰分付學務處禁止演説、《白話報》。告以我事,少穆甚爲太息，云現在頑固盈廷，恐再有仇教主戰事，以不出山爲是。予欲得礦事，彼事不知何時成也。到學，祀孔子，尚有生徒五人。到糧房取銀，王德昭未歸。回家。是日爲先子生辰，俊卿與達卿、弁卿來，並陪先生。何幼伊送關來，照舊。

十六（14日）

早到糧房換票，兌錢了帳。得祥女書，念壻與外孫皆病，甚悶悶，但願早愈，明年到醴或平安也。將志銘録出。勁剛言楊冕甚可怪。

十七（15日）

早到祭酒處，問師範館尚未定，彼自謂不解閱經課卷，覩虞已辭，欲薦我，有人阻之。告以見中丞，有文字緣，強彼力薦。到張雨老處，詢以此事，云彼同在場，阻者孔三也，不知朽人何苦乃爾？雨老許見中丞面説。將名條求爲吉兒致陳方伯，云陳號鶴雲，雖有親，未嘗致書，容遲當託人轉達。有熊書陽者，叔雅之姪，爲吳仲山牽及，馮總辦已稟撤。見陳，爲説項，云公事早到夏老處，因病未下公事，爲言能曲全更好，否則達卿欲求省局，正好委之。楊冕以半月薪水強取書，告知雪泉，伊復函，到學示勁剛，云書已取回矣。歸見吉兒書，已委差多人而不及己，只好待之，勸我不必遠出。

十八（16日）

飯後到孟來、周氏兄弟處。欲爲吉兒求書，不得。到龍芝老處，見彼看《新民報》，議論開通，姪孫出洋學工藝專門，八年乃歸，胡子靖到攸開學堂，甚佳。以事託之，均不應。到述真處，云開正行。問西粵事，云汪九公問瞿九公，云洗刷已洗刷矣。爵帥梧州大敗，且有失守之説。兆懷有革職之説。不知保案吉兒可搭保，屬家信爲言之。歸而黃彝伯至，則云兆懷初五發電，已回省，可望接印，開正可報肅清。所説絶異，官場或多粉飾。鏡清

至，云算學、分校均未定。我昨欲祭酒薦人，彼舉黃山而不肯薦
我，亦不犯着説。熊書陽至，求爲曲全。乃往夏公處問候，並探
消息。夏公病，未能出，澤生云皮繼業已委。名誤"敬業"，當告
之。乃往陳處，父子皆出門，留字告之，且云求委吳、何，莫委熊
缺，雖不詳知其故，大約三人同罪，若只一缺，恐輪不到我弟也。
到學堂，歐尚未去。桂妹欲以其子附我家塾，此事不敢輕諾，俟
小鶴歸商之。到兆基處，云張佃來穀陸拾式石，尚欠十八石。問
收數，告以小公式十石並歸我處。過織機巷，見受明之子，云乃
父回信，伯平聘我脩《鹽法志》，仍六數。我俟經課卷事成否再
定，事成即不去。

十九（17日）

　　寫信致吉兒，未畢。飯後出門，到焕彬處，遇西人來，不晤。
俞壽丞住曾宅，予不知也。到懷德堂，有人買《武英殿書》及鮑
刻《御覽》，議價伍拾金。予將遠出，書無擱處，出脱亦可。到報
館，晤曉霆。到府正街，告以達卿已委。張渭樵訃，外甥出名，稱
舅父顯考，可怪。介卿議送三元，楊廖氏亦三元。到鹿泉處立
方，命門火衰，寒滯即發。其説近是，而方不效，何也？歸而二學
長來，欲具稟請黃立隆爲教習。汪鏡青來，云狄辭，擬請王某。
予以爲即其人也。黃彝伯來，言分析事。望之見我，未提。企宇
將到粵西。下午方伯來催，即往，已書名條。欲爲吉兒求再致陳
方伯，此老重聽，又以甫求書，不便直説，乃止。

二十（18日）

　　爲吉兒家書，並賀芰舲，封發。作書告張、王，問事成否。汪
述貞來，云開正不自去，求熟人帶用羽。予言可同行也。下午到
佩衡處問信，云到漢口未回。到兼善堂，璞老云過小年將請聖位
到學堂，再邀紳士一議。算學王某是同邑人，非黃也。並欲去二
學長，予當爭之。荇雲云伯鈞欲我兼高學分校。此事不願，且精

力不及也。

廿一（19日）

　　到糧房兌銀，無之。到户房還糧。歸，陳送脩來。到店拆票。夏公至，病已愈。三人同罪，如我所料。錢碩人來，問石泉，彼並無信來，惟自己明年仍舊。三省學堂，香帥去，恐不行。香帥與袁合參野翁，着明白回奏，野翁辭管學，即舉香帥，不允。時事如此，畏首畏尾，亦不能怪諸公。勁剛來，云明日歸。外間皆云予欲高等學聘，予並不知。祭酒復書，云閲卷已聘壬老。伯鈞欲予兼分校，可與言之。汪甸侯來，云伯平處月可百金。果爾，即蹇裳就道矣。小圃與述卿來。趙未挂牌，且有故人，屬再留意。是日先祖母生日，留述卿、俊卿飲。陳光國來，付洋三元，爲泉窩塘脩理之費。曉霆送報三㕚至，非也。晚間又送《蒙學歌訣》來校誤，燭下校一過，有誤數處，刻尚佳。

廿二（20日）

　　飯後到糧房換票。歸過學堂，看房屋尚可住，特辦法不善耳。歸而伯鈞來拜，以分校見委，云尚有胡子瑞。詢功課，每日上講堂，不批日記。答以日講恐來不及。云間日亦可，下午到彼，可以兼領。耳東辦事，彼亦甚不謂然，以爲彼以育嬰等事辦此，必不得法。蘇只有一照會，並非總理，云會同汪、俞兩太史辦理，由彼交付，以爲必不願就，而得此即滿城拜客。何公問買房屋未兌價，要出息銀，湖南有此辦法否？彼已請何開去此項名目，以免牽涉，而以姻世誼不便爭論。予謂年底送聖位，可到一叙。祭酒薦黃山，請酌之。彼不以朱爲然，而不薦人，總爲情面二字所誤。得吉兒信，亦言之有慨，謀差不得，云夏五見南皮言及我，南皮云久聞名，甚佩服。彼爲我謀教習，據碩人説恐難。俟陳榻實信再商，如六百金即暫留，加倍即舍近就遠，主意如此。曉霆來，云有湘鄉人函告少穆，説彼多事，欲爲説明。予不接頭，屬伊自辨。龍愚溪至，云胡子靜所開學堂在省，舉子靖、篤生二人師範館領班，不願就，篤生暫不歸。熊煦陽來，云尚未委人，再求說項，豈公事尚未到局耶？

廿三（21日）

爲三弟婦寫墓銘、碑字。熊又來，求呈手摺。天雨，俟明日再往。問陳佩衡，尚未回省，亦無信與我，何耶？晚間祭酒來書，云順恂舉我師範分教，與高等分教兩處可兼，各三百六十金，勸辭善邑學堂，即住彼處，現定黃泥塅余宅。彼意欲扯我去，一切付之於我。辭以未見章程，不知勝任與否，再容面罄。

廿四（22日）

飯後換錢。到織機巷汪宅，面付息銀拾肆兩肆錢。問家信，云伯平轉薦津道脩《鹽法志》，脩金六百。若爾，則驛馬不動矣。彼兄弟欲進胡子靖學堂，云規模好。到居停處，問局事，云已畫稿，達卿補吳缺，非熊缺，手摺可不遞矣。爲幹庭改日記二條，出題一咮。歸遇君華至，告以近事，我辭學堂，彝仲可薦以自代否，云可行，俟我定局再說。潘妹夫至，言有訟事，我不敢與。下午陳宅送年禮至。

廿五（23日）

飯後到馮家沖。老農彭四已故。祖墓山向牌石爲人打破，馮公拜臺石被人偷去兩塊，殊可惡。其後人恐不可用。三弟婦墳雖近，尚不礙事。下午歸，到糧房兌銀。佛基請團年飯，陳、劉在坐，知予到處逢迎，以爲兩處皆一省之事，小學堂屬一縣，萬不可辭。所定章程，無非省嗇，去二領班，予不走再爭之。廿七學官請何公驗工，當往。

廿六（24日）

早到俞處。俞亦欲予辭小學，就兩處，云欲刻講義，此事恐不可行。分校子瑞不來，使舉所知，予舉彝仲。到王處。王云分校須多人，伊意仍須作文學①，則與小學辦法無異。欲予教經學一門，將來各門皆刻講義。見在無一人，恐暫時不能開辦。山陰公調山右，代者趙公爾巽，云嚴正風烈，又是一番氣象。近來積習，後人務翹前人之失，此館亦未知辦否，不如小學尚穩妥也。到順恂處，已出門。下鄉，到史家坡辭歲。晚歸。

廿七（25日）

發江西信。聞汪允忱到省。飯後到織機巷，屬下鄉調治外孫宜用溫補。到鏡青處，談學堂事，伊亦以爲兩處難辭，善化易辭。璞公事亦有所聞，爲之解説。到幼荄處，云已得差趕去。到芷青處，問黃小魯，云常通信篤友，春初將到，託爲吉兒遞一名條。到夏公處，出門。到陳處，爲幹庭改日記。遂到學宮。天熱極，轉北風。是日請何公驗工，紳士到，並未將賬送人看，何怪人言藉藉。諸公留我，我意亦不欲辭。伯鈞來，云事由學務主持，教習皆由學務分派，不能由人。飯後歸，則師範關已送到。

廿八（26日）

飯後到順恂處，而胡仁山名珍大令先來，即今年出洋，現爲師範館員，湖北人也。客去，出門，帶關往辭。順循云拉攏葵園大費心力，今葵園欲我往助，必不可辭。葵園必欲刻講義，將與俞稚華先立表，間日一講亦可。已派稚華整理學堂，並開二人名，教小學。問何人？爲曹子毅、曹近谿。予不識二人，久聞其名，特老紳必以籍貫、年齒爲疑，如此壓力，亦似太過。到中丞處道賀、胡處回拜，不晤。晤伯鈞，以告，云稚華來已告知，中丞札委，長、善二學長已力辭，善學只好聽彼。予云事委令弟，公爲怨府，且將及我。彼云明知決裂，無可如何。看此事由俞發難，必亦深怪耳東，此老蓋自取矣。二處既不能辭，往辭何公，不晤。

---

① "學"，似應作"字"。

歸則高等學堂關又至，皆司道出名，宜可以壓縣令矣。佩衡來，云伊姪有信，不詳，亦未寄關，作罷論矣。

廿九（27 日）

高等學堂委員董航秋名鴻勛來拜，直隸人，生長湖南，聞有文名。復正卿一函。清各處賬，已二百元，且不勝其勞，尚未能盡。

卅日（28 日）

大冰雪，甚寒，將十年無此天氣。午後剃頭，出敬神。遂到何幼伊處面辭，彼云意出中峰，知不可挽，欲予薦賢自代，仍舉彝仲。中峰在此多年，乃知予，此事無益於我，似反有損，而塞翁得失，亦未可逆料也。在彼久候，歸又久待，受寒頭疼，略臥少愈。達卿、謝正卿來。一點鐘始臥。

中國近代人物日記叢書

〔清〕 皮錫瑞 著　吳仰湘 點校

皮錫瑞日記

第四册

中華書局

癸卯（光緒二十九年，1903 年）

元旦（公元 1903 年 1 月 29 日）

大雪。甸侯來，云不過關外十月天氣，其寒可想。皖撫事未告乃翁，恐其着急，幸尚未稟到也。孟萊至，云蔡將隨俞往山右，廣西已考三府，將回省考，其餘亂不能試，奈何？年終冷清，爆竹聲亦寥寥，想見物力之艱，非徒沍陰之甚。去年進欵八百餘金，所餘無幾，將各處摺不用，庶省費，亦省力。

初二（30 日）

欲出拜年，冰雪甚大，湘中數年無此寒。甸侯來，云只可當十月關外天氣，北地苦寒，洵不誣矣。

初三（31 日）

破日，不出。撫、藩皆親到。觀號簿，將及二百名，從來所未有者，豈即以予爲濶人乎？

初四（2 月 1 日）

出拜年。到府正街，聞周吟樵丈夫人初二仙逝。廕生捐官，人多不然之，果有丁艱之事，幸未挈眷耳。高等學堂又使羅壽生管賬，想亦人則所薦。是日只到三汪、彭、楊、謝各處，其餘各憲、龍、王皆不見。歸已暮矣。得吉兒十七書，云夏處索債甚多，伊擬在館一二年望超委，上月名列第二，館長同年吳公頗許之，陳方伯不允州判署縣。豈本有此例乎？如有，則陳不能久在彼，雖禁止，可變通。欲辦注册，將詢黃惺甫如何辦法，並託程海年轉找蘇吏房。俟寄捐照來，再爲設法。

初五（2日）

又得吉兒信，云差事可望，大抵是統捐。予謂此等差事無益，不若且俟一二年得超委，能委州縣更好。陳方伯雖云此風不可長，彼亦何能久不動？若得此差無益，又恐辦法不妥，擬作一函止之。注冊事，有黃某曾爲蓉墅辦事，小鶴識其人，忘其字，將來可託，志之。

初六（3日）

寫信致吉兒。俄而得吉兒信，云得俞函即投去，見面但詢在館許久，旋着人來問住址，將寫回信，統捐差事可望，乃周玉山方伯之子所説。有宜黃之信，云其地頗好，距省三百餘里，亦須下委乃可定局。傅得二處差。

初七（4日）

何幼伊函來，請作但公壽文。令開節略送來，諸梁一序多是空談，然此公本無多政績，予亦知之。何云作整、散兩篇，用中丞口氣，姑試爲之。

初八（5日）

作二篇成。陳璞山來，言學堂需人，予薦彝仲。伊亦知其不能速至，欲先請蓉墅代辦，答以將專人去。俞秩華來，云已到師範館脩理，二月初三必上學。晉撫二月底到，中丞乃行。

初九（6日）

將二篇序文録出，改正。飯後出門，到但公處，請見，略談。予不能不送一聯。云璞老處告以專人往。到周宅成服，乃知蔭生已歸，將合葬，而未定期。到汪宅，聞外孫病危，何祥女不幸如是？甚爲怏怏。到秩華、鏡青處，均不晤，乃歸。秩華與熊笛樓晚來，談及小學，意欲整頓，將人更換，奈公事尚未到縣，必轉藩、臬、鹽道，不知何爲？始云無恩科，忽又有之。正科併入下科，不知何意？聞香帥實任兩江，魏到兩廣，江西德放陳章。

初十（7 日）

　　將壽文録出。飯後到汪宅拜壽，並至璞老、何公兩處，皆未晤。蓉墅來信應允，乃將原信交陳處，壽文交何處。歸而順循至，云祭酒欲予住館。予固可行，特不知辦法如何。劍丞信來，云三省學堂生徒九百人，欲薦予及吉兒爲總、分教。香帥若實任，學堂或能成也。

十一（8 日）

　　到馮家沖拜墓，又到龍駒塘拜三叔父墓。遂往八吉沖，見二叔父步履不健，飯量不加，咳嗽吐痰。以家用日艱，欲移住馮家沖，借租穀六十石。此不言坼公而無異於坼，鄉下人所告也。弁卿同往，宿一夜，彼聞之。夜雪。

十二（9 日）

　　雪不大。飯後入城。見譚函尚在，陳來二次，乃使人送去。寫信二扈與吉兒，未知已得差否。

十三（10 日）

　　早得陳佩衡信，乃兄薦予津通道汪錦端處，汪升運司，聘脩《長蘆鹽法志》，月可百金，屬即回復，辭以須辭此間兩處。往伯鈞處，不置可否。稚華變改，伊亦爲難。學堂，司道皆有權，亦不易辦。往祭酒處，以爲不宜辭，且陳信云大約月可百金，亦未下關，不宜遽往；中丞意不可逆，渠二月半將去矣。往順循處，已回潭。往璞老處，云已見何、譚，關即送，學堂虧四千金，不可不節，分校且緩。稚華欲改，誠難。往佩衡處，告以祭酒之説①。云再致函乃兄，問明脩究多少、已否下聘。二月半有復音再酌，彼時山陰去，或易辭。順循亦二月半行，彼來當與調侃。予以未定，不便立言，即不致書，託彼轉達。歸而汪姨太先至，以家事相商。

---

　　① "告"，原誤作"往"，據文義改。

馮家沖龍來過後，致書夏氏喬梓。萬篪辭歸江右，即以付之。夜
月甚佳，以爲必有上元，夜半雷雨。

十四（11日）

雨不止。送但公壽聯云："清德傳家，東京分郡；福星照世，
南極增輝。"耳東處思得一法，彼若能爲設法求保特科，藉此脱
身，亦不與試。不便自道，致書乃弟家信代言。佩衡復書，云已
如此寄去。明知不行，不過盡人事以塞彼口而已。報列大冢宰
保三十三人，而不及我，諸公之意可知。復劍丞一函，告以現在
局面。彼若能於南皮力薦，南皮來聘，人必不敢强留，以各封疆
皆畏南皮故也。念循復書，其子已於初十殤矣。祥女之命至此，
彼猶與爭，不使歸寧，傷哉！

十五（12日）

到但處祝壽，閉門不納。歸爲裕隆書牌。錢碩人來，詢及江
南學堂辦法，云教科書一面繙譯，一面講授；堂上立粉牌，可以寫
記；講時可以略歇，亦可問難，非四小時必一氣説。稚華來，問之
亦同。彼聞欲辭，來勸，且留善學。算學，何將聘李某，仍擬廿日
上學。師範史學將聘黃山，圖畫、體操聘周某，尚不肯就。格致、
化學聘武備學堂教習張某兼領。俞壽丞云武備開學，即不可兼。
張同邑人也。周紱延來，云已調師範學。孟萊來謝，告以外孫之
耗。璞老來，問蓉墅關尚未下。稚華云何擬用彜仲名，小泉已到
譚處致意矣。上元不晴，大煞風景。萬篪明日行，再致信吉兒、
達壻，寄臘菜一簍。佩衡函薦黃才甫，未必行。

十六（13日）

早起，送祖。飯後到述卿處。幹庭送文字，批改一過。八吉
沖又有信來，沈獻廷未到。有丁福亭者，云秩華許彼師範管賬，
屬函催之。

十七（14 日）

毛懷德來，付以《元和郡縣志》一本，又《隸釋》、《説文繫傳》共十二本，使其裝釘、印書，《駢文》百部，《自課文》、《孝經》、《今尚書》各五十部，須毛邊八十刀，屬代買，又長價，已還現錢十五元，要合百八十一刀矣。飯後帶八吉沖信到府正街，示介卿，伊云公不可動。同到史家坡，下午歸。徐友夒來，云將會試，屬嵯生來附課，節送十六金，約來上學。沈獻廷到城，代達叔意，屬代致書子漁及張五先生。

十八（15 日）

雨。已復八吉沖矣，未來取信。予思不如作兄弟公信回復，以免專責之我，再寫過一函，付諸弟一觀再發。昨晚竟有賊，將予所書"何規履榘，廣學甄微"門對盜去，殊屬可惡。閱報，言大公主開辦女學，似有開通之機。委刑尚榮慶爲管學大臣，更滋牽制之弊。上海開愛國彩票，盡收各票，似可以一利權。魏午帥將過湘，則香帥實授之説不確。余堯衢升荆宜道矣。君華來，買洋書數種，云地圖極佳。石泉來，云出洋學生有一人不去，欲求補入，行期已近，欲不告家。予不謂然也，許爲致順循。

十九（16 日）

晴。致順循一函。俞懋人來，云二月行。幹庭來，亦云二月半行，乃兄茂松送去，以所改文付之。伊又送文一篇來，爲之改正。毛懷德買恬來，毛邊八十刀，洋十五元，又錢八百，比去冬又加二分矣。同到瞿宅布置一切。恬不就裁，大者只四裁，餘恬可供小兒書耳。怡仲闊已送來。高等學堂未請上學，殆教習未到乎？閱《滿洲旅行記》，爲之太息。此書將購一册，石泉云陳處有《新廣東》，並志之。獻廷來，付以《中國魂》，催寫四川信。

二十（17 日）

晴。寫周吟樵夫人挽聯。石泉來，云有人出二百元爲出洋費，勸以錢不足，未必一年後即可賺錢，且不告父母，非孝也。彼意終怏怏，所薦張繼卿來上學，歐勁剛已到，亦接來上學。劉國鈞至，始知高等亦在脩理，初三尚來不及，恐須月半後。高等定章，須生、監。陳觀察許助，尚不敷。現有七十餘人。呂、蘇並不曾上堂講，只看日記。予寧批改，難於講也。師範初三上學，行李可發彼處。陳來請，明日再去。袁叔瑜約明日十點鐘來談。

廿一（18日）

待叔瑜，至午刻不來，乃出門。往徐友夔、俞可人處，不晤。到塘灣，見居停，云請我無他，蔡伯浩爲頌年長女説媒，旋聞將聘兆槐之子，已作罷論。幹庭二月半去，到河南秋試，即歸娶，再挈眷入京。到陳立德堂，問石泉已上學，買洋書三種。到師範館，正脩理，屋亦太小。中峰欲買黎家坡林宅。聞有電准開缺，未知新任如何。師範附小學，劉柱臣教習，額四十名，每年十六千，並衣、鞋、筆、墨在内，較善學更便，不知汪、黃能入否。善學分教鄭藻字少華，乃李質堂家設小學教習，可以兼領，日上堂。算學李某將下闈，稽查將更換伯鈞子經畬。到館，見面，丁福亭亦在。吃飯。住房小，頗黑。我去後，順循旋至，我往又未晤。曾曉霆未來，局刻游學生書將索之。達卿生日，到彼抹牌，聽戲，三鼓後歸。

廿二（19日）

祥女昨來，今日始見。見其更瘦，譬解之。伊意欲爲念循置一人，如意誠，當告允怴行之。問受明之女已於昨夜逝矣。得人日吉兒信，云宜黃爲人奪，安遠遠，不欲去，看新昌、瑞昌如何，不得則謀支應，得之月可四十金。夏宅將典，不可久居。達三吃煙事發，夫妻反目，真不知我家女命何以皆如此也！于秉郇父死，明日成服，擬挽聯云：“祝延已過杖鳩年，仙馭俄催，真返應歸神木島；教子早登苹鹿選，公車未發，著終無憾蓼莪詩。”周翼斌來求湘潭送入師範，石泉求送武備學生，許再致函順循。譚次虎求薦學堂事。黃躬父來信，亦求事。乃翁老病，非復從前之健，何能遠出？復書辭之。是日陪先生。獻廷、述卿至。

廿三（20 日）

致書順循。閱《王安石新政論》，大可爲古人吐氣。陳璞老約到善城隍，爲天妃宮事。午後往，云脩理須一千多串，無從出，恐募化不易也。是日晴，復雨。勁剛總不到館，不知何事。蓉墅來城。

廿四（21 日）

得吉兒信二函，安遠已下札，復云小縣不委。如此辦事，真如兒戲。既遠且苦，不委亦好，復函告之。陳舫仙主入祠，有知單來，特往一轉。見履謙，云乃姪亦出洋，竟開通矣。聞石泉決去。周翼斌求入師範，順循回信不行，又與凌駿求入湖北文普通學校，懇致余太守書，允之。念循來，即將往醴陵，祥女恐亦不能留矣。嫁女如此，令人浩歎！

廿五（22 日）

致書余公，又致達壻、金女二函，發去。與念循到織機巷，慰藉四太親母。到秉郇處吊唁。到蓉墅處，不晤。見伯卿，略談。到陳家，見居停喬梓。現無人回江右，王三昨已行矣。刷印書籍，始知《孝經疏》缺二板，尚可補刊；《駢文》全未來，似夏府本未發之故，豈幹臣以爲彼刻，不與我耶？予前欲補刊《駢文》一卷，若全翻刻，則百竿外矣。致書問夏家再説。餘唇擬多印《自課文》，再借《日記》印之。日新問價，當可售也。吉人信云去年阻議，即小宜、少村亦爲彼離間，二人本不甚合，尚無怪也，予與彼無嫌，乃前則推尊誤我，今又欲賣我以示異，豈非聳人百尺樓上，掇將梯子去乎？世道如斯，可歎！以是知兩漢風俗之不可及也。

廿六（23 日）

微雨。欲出門，且到鹿泉處，不果。夜眠屢有冷氣一口，或由鼻入，或由口入，驚醒，前忘問之，豈寒重所致耶？石泉來，云行期已定明日，乃翁來書阻之不顧。唐嵯生來，執贄二金。其形狀大不如前，似有煙霞之癖，可惜。彭三嫂至，云廉泉未愈，又不信醫。蓉墅來，云秩華言教事須遵定章，以日上講堂爲難。鄭已下關，一百金，並請體操，已將利權收回歸官，尚可有爲。汪家請廿八，須一往。寫對與挽聯。憶前在幹庭處見《漢口日報》，無甚高論，殆鑒於前《漢報》耶？紀事亦誤，云善化學堂因經費不足，收學費弍元，所聘教習爲革職主事皮淥門。此去年事，已爲失晨之雞，而又皆不合也。幹庭處借來《日記》板。伊託做挽聯，擬一首云①：“封翁鄉薦享高年，教子有方，食報已登仙桂籍；哲嗣春官遲上計，養親終老，銜哀無恨蓼莪詩。”

廿七（24 日）

飯後擬到鹿泉處請，彼云必來，天又將雨，遂不往。到對門看印書，《孝經疏》缺板已找出，惟《駢文》板未來，無書可印，只得即將《日記》印七十部矣。曾曉霆來，云已不在報館，屬將《蒙學歌訣》板送來自印。秩華來找勁剛，我知必爲學堂事，出見之，彼果談及此事。勁剛終日不落屋，去心人難留，只好允以自由。秩華云孫世兄儘入學堂，慶孫可去②，譽孫太小，與二媳議，即請甸侯教之。閱報，三叉磯、水陸洲、湘潭十三總皆須開馬頭。

廿八（25 日）

晴。石泉來，云乃翁來，必不允出洋，已作罷論，求送入武備

---

① “云”，原在“擬”上，據文義移。
② “孫”，原誤作“堂”，據文義改。

學堂。此須歸縣送，將來託縣與俞壽丞代謀之。午後到對門，又發㕥二十五刀，印《尚書大傳》。《日記》板不缺，百卅九塊，可印七十部。往師範館薦次虎，不行。見黃山所擬史學章程。胡仁山又有信來，云將另請陳鼎，已與館長商定。聞湘潭陳鼎已死，豈即伯商耶？見劉柱臣，教習、監督皆兼之，恐未必能行。小學初十外方能開辦，擬帶慶孫去試試。到鹿泉處立方，仍用熱藥，云夜有冷氣是心腎不交，腎氣不納。到述貞親家處，告以欲請甸侯來教譽孫，答以可到彼處。到汪宅，老五不來。李夥跋扈，不知楊、劉諸人如何處置。

廿九（26日）

擬講經學家法章程數條，自漢及今，大旨略具。幹庭送文及日記來，爲批改之。聞允忱來，即將往醴，祥女不能久留。翁家明日即行，再寄一信。日中天黑，雷雨，俄而復晴。云擊一老婦人，七十老婆何足誅乎？

二　月

初一（27日）

寫信，仍送郵局，以翁家不報信，不欲託之也。勁剛託撰湯公廟楹聯，並爲之書。陶慰慈來，云女學堂已寫費數千元，可成。石泉來，所言皆主開通，但望暢行無阻力耳。邑侯着人來詢譚住址，云初六日上學。師範館未來請，豈將改期耶？石泉來，談至中夜。

初二（28日）

致正卿一函。爲湯公廟做對聯，並書之。楊六來，余貴要跟官，從譚蓉墅去。君華與乃姪來考甄別，借其《西史綱目》觀之。此書聞有木板，將購一冊。顏太守來拜，云明日上學，一點鐘到，中丞自來。新撫到在月底、月初。太尊爲提調，人尚健，未衰也。聞但、夏諸公畏新撫嚴，皆思去，未知確否。師範教習有黄、周、單、陶，陳鼎之説不確。蕭詩蓀來，云乃弟禮耕，少穆勸以到師範肄業，科場後再出洋。少穆亦將入都引見，不辦礦事矣。詩蓀問有信致伯嚴否，草一函付之。

初三（3 月 1 日）

晴。檢點行裝，俟午入館。學宮不發知單請祀文昌，豈諸公與予有異意乎？如此遷怒，則大可笑，亦非予所畏也。午後到館。中丞未到，先見方伯、廉訪。聞繼與湖北朱鹽道對調，朱乃南皮戚，回避也。黄鹿生、許葵園、徐韻士三教習到。祀孔子後，賓主相見，生徒拜見。禮畢，遂歸。祥女上船，予不及送。是日甄別，“范升請與周黨坐雲臺之上試圖國之道論”，擬作一篇。報列新撫趙請停山西科舉，云科舉與學堂無並行之理，中肯之至，不知政府見之何如。

初四（2 日）

飯後到師範館，將擔子取回。秩華云房子迫狹，可住高等。予以孫兒將入小學，予不住館，則彼不放心來。伊與柱臣商之，挪一屋子。開講在初十後。再約館長來，與諸教習議定課程。聞伯鈞亦病，問之，云今年有閏，將取關書改正，加增正、二月脩，即送來，甚感。高等屋亦小，不好住，已收拾一間。胡子瑞不住宿。擬初十開學也。到夏公處，不晤。見澤生，云學堂將開，即在其屋後，由大門入，每年費三竿外。出此巨欸，澤生能學，乃不妄費耳。到陳，不晤。到蓉墅處，云仍將照我去年樣，略加通變，不能空講。予云高等講三《禮》，尚不患無説，師範講家法，四年安得有許多講乎？聞總裁已放孫師及榮慶、徐會灃、張英麟，分房無湘人，恐所取未必當也。陳立德堂取《新民報》，止十七部，有七部未來。取有憑單。《新小説》到三部，取一册。歸見九安丈來片，請到鄉。予正躊躇，小鶴云有礙，辭之不往。八吉沖又來信告急，墊付五元。陳宅請明日音樽，擬一往。書已印完，書板送幹庭處。

初五（3日）

閱《新民報》、《小説》，皆佳，但字、紙板不佳，殊傷目力。熊迪魯太夫人故，擬挽聯云："孫周舊好締，同年廿載交孚，未得登堂拜賢母；鍾郝徽音傳，昔日三山書到，忽聞促駕召真妃。"旬侯來，言彼處開堂，乃往織機巷，及于竺珊、熊母、張太宜人三處作吊。遂至黃泥塅陳宅赴音尊席，晤黃彝伯，云幼梅將與兆懷結重親，其幼子已與蔡訂姻矣。陳云湖南將開彩票。兩學云善化可送五人到高等，但須生員，由縣考取。二鼓歸。

初六（4日）

昨在汪宅見受明家信，言汪都轉已與伯平説妥，月八十金。乃復受明一函，屬轉致伯平與都轉。刻工來，以《漢碑引經考》付之，每字八毫，數年心力，擬舍七八十竿留之世間。周渭齋子求來附課，即王乃澂壻，允之。小學堂是日上學，往一轉，則張、彭具在。算學李希益甚短小，學生不知可肯上講堂。生徒來者三十六人。汪、俞、陳皆不到，用費無出，何幼伊云且到我署中領。蘇尚未交卸，送溆浦三人，較鳳皇劉不送一人，可謂忼慨矣。聞俞因御史有言，故乞退，已見報，將來住揚州，以子在彼，則卧游亦甍言也。將晚到陳處，幹庭十六准行。聞裁釐尚未定，各國有阻力在。夜歸，雨。李石泉來，談至夜分。

初七（5日）

雨。閱報，列師範教習名，記之：倫理、經學爲予，史學黃山，輿地寧鄉周振鱗，算學黃陂許兆魁，物理安徽單啟鵬，外國語兼理科陶孝燈，體操徐繼焜，共七人。是日約館長與七人到館共議。胡仁山下帖，請未刻往。先往鹿泉處改方，再到館。六人陸續均到，黃字麓生，許字奎垣，單字翼民，陶字仲樂，矩鄰之姪。館長後到。不開點心，飢寒交迫。館長欲我住宿，讓房與我。見所定課程表，八點鐘上堂，非住宿不可。日日宣講，力恐不及，略爲俞、胡言之。歸見石泉書，屬薦武備，並薦張季卿保送高等。小鶴以爲不可無師。

初八（6 日）

致函秩華，屬改間日一講，並致石泉，屬再薦人自代，石泉復日内來説。又致祭酒，祭酒復即告秩華商之，秩華未復信。閱《新民報》，足以益人智，其過火語可以駁正。聞師範館買報，朱太尊並《滬報》不敢買，可謂遠慮矣。常德朱太尊請易叡吾，安得此朱太尊與共事乎？師範文案羅玉書有新學經紀之稱。黃山不滿公論，不知上講堂如何，亦不知李矮子小學堂如何。連日雨不止，頗寒。

初九（7 日）

顔太尊一早來催客，云一點鐘到。此舉爲籌辦中學堂。予無錢可捐，亦無暇勸捐，不妨一往。祭酒復書，云已與秩華商定，一星期第一日倫理，二日經學，三日空，四、五日經學，六日空，七日休沐。復書勉力遵行，特不知高等課程如何，一日不能兩次，屬再轉致秩華。連鼎坴乃翁來，欲爲其子留一外課，長沙學楊君彬來，欲爲其戚備取者入師範館，皆辭以有主者。甸侯、幹庭各送文一篇，爲改正。書挽聯一首。是日太尊請議開中學事，往則諸公已至，云須萬金，劉子元承辦。太尊各付捐簿一本，予辭不暇，云且受之，乃攜歸。

初十（8 日）

石泉必欲爲季卿求送高等，昨在席間見何公，問之，云五人已滿，有我令姪在内。詢其名，即大猷，蓋冒充本家以求入也。何云五人外尚可送，屬遞名條，不必禀，亦不必考。張書名條，乃作一函告何。周渭齋之子名□虞①，號夔球，來受業，脩雖薄，以戚誼，不得不收之。周前來拜，云已往川矣。吉兒來信，並寄捐照，屬辦注冊。當找王楚材，京事將詢星甫。夏敬中來，想住瀏陽門。

十一（9 日）

原議今日開講，而無信來，想尚未定。石泉屬致書俞壽丞，爲作一函，遞一名條。吉兒往安遠恐已行，初一信未知收到否。午後邀小鶴同往找王楚材，已作古矣。其家云乃叔亦辦此，現下鄉，約歸即來。到陳處，見居停，談及小泉求調事，云不裁儘可設法。幹庭十六准行，以京中注冊事託之，云星甫亦託彼辦，不知要照否，查明即復。歸見太尊送到知會，十三開講，十七星期，十五休息，十四可往城隍廟矣。夜雨。

十二（10 日）

致吉兒一函，由達三交。俞壽丞復書，寄武備章程，學生仍由縣送，方能與考，不知要公事否。錄子胥一條，爲名人言行説法。到師範館，館長已至。同到各處一看，規模略定。小學十八開學。秩華云仍須邀勁剛。房子挪出一間，太小，若開二鋪，則無餘地。飯云別開，有教習到則共食。明日不輪我講，擬明日搬入，後日開講。到府正街陪潘克翁，夜歸。

十三（11 日）

發行李到師範館。本擬下午往宿，以雀戲不果。

十四（12 日）

早起吃飯，到館略等，遂上講堂。照《大學堂章程》，考經學家家法，從先儒卜子説起。講畢，作次日講義，講荀子傳經之功，遂歸。

---

① "名"下，原稿空缺一字。據本月廿四日記，當是"起"字。

十五（13日）

早到館，開講。是日小學堂上學。秩華找勁剛到任教習兼監督，與劉巨臣及王子崑三人分住。欲待彼上學，尚早，遂歸。下午往城隍廟領神惠，晚歸。勁剛來，極言小學辦法之善，整齊嚴肅。諸君欲以此示師範準則，必如是乃可耳。黃山講史，有歐洲即洋人之說，為學生姍笑，今年安得終局？連日雨不止，頗寒。

十六（14日）

勁剛早去。午後到幹庭處送行，云十九坐昌和。星甫云伊辦注册共廿四元，京中託人約五十金，須由縣辦更好。見居停，問調局事，云益局三人難動，局事可不撤，得之雙目，江西不如湖南消息之靈，故猶委員。到學堂上學，亦中丞自送，問予是兼兩處教習。胡子瑞、許奎垣、徐繼焜、郭月波、周道興未到。俞伯鈞病，衰甚，云夜苦嗽。伊言鰲局無不撤事，湖南亦委員。查汪事，與俞言之。許告算學，屬諸生錄所說。予亦擬明日上堂照辦，較可少講，否則二處開講，且人來多，要分兩講堂，安得許多講？又安有許多力耶？晚歸。雨仍不止。

十七（15日）

星期，不往館。為甸侯改論一篇，文頗暢，特史不熟耳。張季卿往探問，善化送五人，無其名。何得我名條，飭吏云楊昌熾改此。楊在師範，本不須送，乃卒不改，何也？更函問之，則云公事行，不復更矣。石泉事已託之。少穆來，云在鄉辦蒙學，似未必不出山。

十八（16日）

早到學，開講。往伯鈞處，見課程表，六人須講五次①，屬以詞章歸子瑞，少講一日，但任史學、倫理，一日亦須講二次矣。往

---

① "人"，疑當作"日"或"天"。

海年處，未起。過善學，見蓉墅。登堂，面試日記。歸見大學課
程，高等史學是中外制度異同，頗以爲難，函告伯鈞，並致海年。
撰次日講義。

十九（17 日）

早到，講畢，見所辦儀器及洋書，不解和文。往潘處回拜，不
晤。到花文奎買筆四元。到府正街，介卿生辰，尚未起，病嗽吐
痰。是日祀觀音，午後始上席，飲罷歸。

二十（18 日）

早起即不適，飯後强撰講義二次。蓉墅至，極稱楊冕、周覽，
以爲周在楊上。下午接甸侯來上學。甸侯好作詩，詩優於文。
石泉來，予意以爲高等史學若不能辭，將屬石泉代撰講義。季卿
言黄山答學生問十二州何以後止九州，以爲失之，又哄堂。祭酒
書來，云病不能出，索予講義，並約面罄，或即爲黄山事耶？復以
予亦病，由勞心所致。將來必不能講二次，非但難以多説，並難
於多做也。夜病不能寐。

廿一（19 日）

不能①，强起到館。飯後往玉局堂蘇，晤瑞臣，託以辦注册
事，云須三十餘串，答以照傅幼峩三十元，縣印可以自辦。京事
彼亦可辦，云只須十餘金，不知確否。到伯鈞處，力言中外史不
易講，屬另添人。彼必拘資格，不知資格老者不能行也，必欲我
打一開臺再説。到館，更以告之秩華，彼亦以應請我講經，當見
乃兄商之。伯鈞言師範有請我講史之意，秩華不言及此，黄山已
至，或以此也。到鹿泉處診視，遂歸。使人請石泉來，託做講義。
致書達三，寄筆、扇。

---

①　"不能"，似當作"不適"。

廿二（20 日）

强起到館。太尊至，言中丞又欲請我作序文。此刻實無暇，不能用心，奈何？講後，與秩華言，屬商之乃兄，只能講一項，或經，或史。歸過蘇，交照，説定照幼羛卅元。到陳處，談及成事，以夏函見示，云局中議以乃兄希尹接辦。堯衢來電，保其甥劉丙炎。電報不奇，奇在余函不知何以如此速也。歸發江西信。録三次講義。

廿三（21 日）

録倫理講義。飯後帶慶孫到館，看機器。俞壽丞、譚蓉墅到。周蔭生送哀啟稿請改，閲一過，仍歸之。到易鹿泉改方。到楊宅，又到彭一姑處看病。歸作倫理講義。心覺痛，豈全不能用心乎？石泉來，已擬中外數條，宜加展拓。

廿四（22 日）

飯後到文正祠，書尚未出。到祭酒處，以病不見。歸而周起虞至，呈文四篇，頗可觀，略爲改定，而心覺怦怦矣。是日極燥，夜雨。得祥女信，十一至醴陵，初七遇風。得金女信，乃吉兒所書，云初十行，雨則且止，恐目下尚未到也。

廿五（23 日）

早到館，講倫理。秩華云人尚未定。順循以爲子威不如子瑞平和。我欲薦于秉郇，以百日未滿不可。歸校《引緯考》數旤。是卷約二萬言，所録未及半也。述貞親家過談。至下午則畏寒，不可解。子瑞至，論開講去。伯鈞正送課程單來，子瑞不肯多兼，屬轉致伯鈞，並託秩華往説。祭酒函來，恭惟講義，云咳嗽不能落枕，豈中國不應開學堂耶？

廿六（24 日）

到館，宣講。得伯鈞信，必欲開臺。秩華仍以另請講經爲言。予請仍以講經，可免狗吠，無奈到高等講史，彼處比師範更整肅。伯鈞扶病至，予云不來對不住，然不可爲常也。到陳立德取《新小説》二本。歸，九安丈至，不以學堂爲然。予亦不盡謂然，而如長沙，則如俞云嚴老開叢館，尤可笑矣。閲《新小説》二卷。陳幼梅送來壬老送廣帥序，屬作詩，予轉屬之甸侯。吉兒來信，十五尚未成行，以雨不止，云《駢文》板或在樓上，《詩集》彼歸再刊。

廿七（25 日）

以廣帥欲予作序，不得不勉作應之，强爲一篇，文思涸矣。小鶴託到陳璞老處論汪宅事，往則云將屬鏡人致楊紹曾，能以數百了事更好，恐須一竿，議成再有信到。

廿八（26 日）

早到館，講。見又添許多畫片。聞鶴老仙逝。到高等，再講。現在指畫及閲所録講義，口舌不甚勞矣。到俞作唁。聞伯鈞吐血加大，故可危也。到久安丈處作謝。歸見汪佳煇請明日帖，豈彼尚有話説耶？六弟婦歸，勸我一往，云仍是前請人。擬挽鶴老云："桃李新陰在鯉庭，方偕哲嗣談經，共仰韋賢舊家法；藻芹重采推萊壽，詎意耆英罷會，仍歸方朔列仙班。"

廿九（27 日）

到館，説經。有曠同年鳳岡名超一者，衡山人，將開學堂，改研經等三書院，到此聘教習，可云有心人矣。同劉柱臣談，以爲今講外國人，宜用到過外國人爲之。館長昨來，惜相左。未刻到順循處回拜①，已上船矣。拜子瑞，不在家。到石泉處坐坐。到王伯亮處，久談。伊弟出洋不告父兄，伊不能阻，壬老亦不能阻，現往陝西，不知何爲。伯亮口云不赴特科，恐不能爲嚴光、周黨。到汪五處，聳母出鬧，至夜不上席，事不了，反餓倒。

---

① "未"，原誤作"來"，據文義改。

三十（28 日）

飯後到高等，説史。諸生已將前二次講義録出，粗閲一過，説一次，攜歸再閲之。明日逢朔，六點半鐘即將到，率諸生拜孔子，並講聖諭。如俞到，我可不到也。鶴老初四成服。

三　月

初一（29 日）

（原稿闕）

初二（30 日）

早起，帶慶孫到館。見館長來函，云黃已辭館，欲我講史。秩華以高等講經者頗不滿人意，欲我兼講經，又欲分兩班講。此必不能爲者，惟知難而退耳。上堂，講倫理，並録倫理兩次講義，以付館長。昨佩珩示乃兄家信，云津館尚在，作書致彼，如館在，即請闗聘，一面來電告知。家中送到吉兒贛電，云到。再致書汪受明，屬探館事。慶孫已上講堂，列入體操。是夜宿館。

初三（31 日）

天明未久即起。飯後講經，畢，到高等講史，畢，到府正街。是日玄帝誕辰，午後上席。飲罷回館，過毛懷德，見書裝好。有删本《方輿紀要》、《柔遠記》，並取歸館。見伯平通州十二信，云已爲我辭館，與電報合，與其家信不合，豈發信在前耶？行止有數，但過勞非宜，課程必更定，乃可持久。聞師範生亦有不勝其苦而告退者，豈止難爲師乎？晚間氣疾漸劇，遂帶慶孫歸。服藥，稍愈。

初四（4 月 1 日）

編講義。得達三來信，寄茶葉等件，乃翁家人回來者。午後俞宅成服，往而車馬盈門。諸梁謂單亦不滿人意，由太自尊。予見徐教體操罵學生，恐人未必服也。

初五（2 日）

　　早到兩處開講畢，到立德堂。去年《新民報》到齊，今年已來一本，比前更厚，一年七千一百文。又《學報》亦可觀。各帶一本。歸家，録前講義一道，校《引緯考》數昃。八吉沖又來信，屬送周宅奠禮。問二叔父病，甚可危，奈何？函復館長，並呈講義。

初六（3 日）

　　早到館，講畢，録出送俞中丞序文，送太尊處。館長到，談史學事。予不允兼，屬薦秉郁，待與彼言之，如予遠行，當以自代。佩珩旋至，以伯平信示之，如電報，不如家信所言。彼云家信是手批數行，當以彼爲正，俟月底回信便知分曉。弁卿來，談及叔父事，云下鄉當往問候。館中新到洋書甚多，惜不識東文。將往帶慶孫歸①。甸侯云乃翁已允到我處教書，大約即此定局。學堂雖好，不教書、作文，未爲盡善也。

初七（4 日）

　　早往祥春換錢。館金已發三月，而無正月，與高等不同。昨已與秩華言之，云將發閏月，或不數正月耶？歸作書告子漁，促其回家。以昨問獻廷，云張住成都上升街也。書未成，弁卿來，同到馮家沖埽墓。歸續成此書，並告曹、張佃催租各一函。伯華來，請作伐，云初四下聘，初六即全眷往粵西。其泰山必欲留冬間辦喜事，彼已允辦，但須幹庭到彼入贅，恐仍費脣舌矣。厚德恒爲張瑶林控彼統捲，嚴正順在內。石泉來，云紹興一府出洋二百餘人，大約游學生以千計，將來不知如何位置，振貝子甚開通，然不能如日本用游學生。

---

①　"往"，疑當作"晚"。

初八（5 日）

飯後往史家坡拜墓。歸過明德學堂，看其規模更狹，自修室在樓上，寢室在對門，而八十名已滿，明日開講。子靖、柱臣、黄溪皆在。過汪親家，言定旬侯教書。彼已挪出屋子，預備轉帳矣①。歸聞鴨子中有人形，真可怪，或人禽種亂耳。許葵園亦謂然。

初九（6 日）

早起吃飯。鴨子插銀針，黑，遂不食。到館講畢，録出序文兩篇。下午到劉牧村、蔣少穆處回拜。蔣云書即送來，伊將往衡州辦鍊廠，不北上。徐係彼所用，亦聞其不洽人心。鄭舜卿來見，不晤。往彼，亦不晤。所印書皆取回，而無處安置，可憾。

初十（7 日）

早到館。講畢，到高等講。諸生講義甚多，攜歸再看。子瑞云有出洋學生演説排滿，滿人電奏請殺諸生。到立德堂，云亦聞有此事，不知如何處置。出洋諸生皆已到東京，見報矣。《飲冰文集》頗佳，但皆見報。取《憲法精理》、《周禮政要》二書。乃歸閱講義，多言新學，當戒之。

十一（8 日）

作講義三篇。致達壻、金女一函。發穀八十八石，尚欠廿三石，俟泉窩塘到，付龔恒春，餘付仁壽，計多發汪家穀拾石，當歸拾金。節吾來，云湯稚安住東長街俞故宅，皆當往拜。云粵有排滿黨，去冬已將起手，英領事從中調處，乃未發。勉帥家書言之。此等事大可慮，甚不願身親見之。聞李荔村之子爲人毆死，和乙千一百金了事，不知搞否。

---

① "轉帳"，據本月十三日記，當作"捲帳"。

十二（9日）

　　早到兩處講學。高等諸生獎其學識開通，戒以議論平正。董公見中丞，云屬諸生勿看《新民》《清議報》，亦不得謂過慮。董已移居學堂間壁矣。見伯鈞，人甚消瘦，云眠、食皆不佳。湯稚安、歐節吾回拜，皆不晤。歸，閱報二、三卷。初十師範《學報》未知出否。連日雨不止，令人悒悒。曹希周母死，不送租。陳光國三元不交，陳四月十六脩理，先二日須專人下鄉，誌之。

十三（10日）

　　早到館，講畢歸。大雨不止，館中濕氣尤甚於家中。送書五種各三冊寄思賢書局售，取回《駁五經異義》《發墨守箴膏肓起廢疾疏證》、《禮記》《左傳淺說》四種，《鄭志疏證》遺不刷印，可憾也。汪用羽已娶婦，明日捲帳，後日當往賀。李石泉晚過談。

十四（11日）

　　到高等開講。到立德堂買《歷史問答》一部，見有《女學報》到。此間將開女學，即在易鹿泉所居宅，易移居府圍後，不知已移否。到于秉郇處，告以薦充教習。伊雖謙讓，亦未固辭，云開錢店改爲商業，卒哭前不能出也。彼已鬇髮，或肯通融。予如遠行，當薦自代。聞學生稟四條，一勿刻講義。今初十未見出報，或以此乎？明德先刻講義示人，再演說，辦法又異。中丞來辭行，明日當往送。汪宅請十六，或後日往亦可。蘇處送文書來，將往縣請過印。吉兒何日到省，予復不記，當空出，俟路乾當到何公處一轉。秦雨泉至。毛懷德來取印書錢叁千，借《時務報》一部，付《日記》四部寄售。得汪受明回信，甚言天津之不可往，居停不易見，恐非好龍者。津門至紛紛罷市，中華民力竭矣，可慨哉！

十五（12日）

　　星期。早到城隍廟祀財神。陳八先生云荔村次子實死於白喉，其母請驗，李巡捕出一千二百金始了。其長子字銅士，頗弱。
汪事有端緒，須乙千二百金轉灣，當告弟婦。彼歎可託朱稚泉。
到中丞處送行，不晤。到汪親家道賀，遂到周宅寫主。芹妹請
進，久談，吃便飯。歸見叔父書，取祭費，云周處折錢八千，禮已
辦好，答以已送。蘇送文書來，請送縣蓋印。往拜何公，不晤，致
函送去，並爲周世榮遞條，求送武備學堂。少穆處送來《蒙學
歌》百二十部，並蒙學書數種。

十六（13日）

　　到館講畢，午後到鹿泉處，已移居。晴川丈處欲予改送中丞
詩，已送去矣，不贊一辭。到汪親家處，談及尹臣虧空千計，委員
不肯接，恐通天，欲先爲之防。孟萊言仍席留辦，同新中丞來矣。
親家云吉兒事已託學使，回信相機而行。彼意欲念循往粵西，亦
是一法。館長書來，詢秉郇事，着人往問相見期，云須即去。遂
往一談，云雷愷等出造謠，言何煒立少年會云云，朱太守以爲言。
問秩華，云無其事。何立公約，約人遵守學約，使各簽名。既在
館，何必別立約？可謂多事。而無知者遂以爲有異謀，則亦如近
賽財神有短打會，謠爲短刀會之類耳。雷、何皆同邑人，何苦乃
爾？秩華定課程，分二班，日日須到。予不肯應，爲館長言之，館
長云見于説妥再商。復到汪處，飲罷歸。用羽發瘂方愈。《學
報》須廿日出，六十餘頁。會試題尚未見，可怪。

十七（14日）

　　兩處講畢，攜高等講義歸閲之。高等分班尚未。子瑞云
《大學堂章程》一禮拜只講四次，若分班講二次，則一星期只到
兩回。高等賬房翟姓少年，不知誰也。歸看講義，有支那將亡
語，批不必説到如此。是日中丞接印，使人挂號。夜往天妃宮敬
神，飲歸。夜半大雷雨。

十八（15 日）

　　又雷雨。中丞來拜，無人答帖，甚窘。到天妃宮，飲歸。高等三月脩換洋四十三元四角六毫，拾金約十四元四角零也。下午府正街來請，云有夜戲。往，過懷德，見有書櫃一隻，將以書易之。《時務報》、《平津館》未歸還，志之。觀劇，三鼓歸。見介卿，嗽音已變。達卿必欲邀會。

十九（16 日）

　　到兩處講。大雨。秩華云何煒公約將刻入報，予謂須告祭酒。日本事，云有劉宇生者已剃髮，學並不深，倡言排滿。此等人適足生事。論程課，明日分班。予寧講二次，十點至十二點，早飯後往，只到一處，師範逢單，高等逢雙，倫理暫兼之，將來屬秉郇兼，則四日有二日空矣。高等門外水深尺餘。歸閱《官報》，似會場有更動，特人不知新政奉旨，望新中丞罷之，大可笑耳。晚間雨止。到天妃宮，二鼓歸。是夜八弟婦又生一男。

二十（17 日）

　　天明即以胎衣不下，喚我看醫書，而衣旋下。現改程課，十點至十二點，可以早飯後去，而仍不能早臥，頭目殊眩。飯後到館，説兩次，頗喫力。講罷，走歸，路將乾矣。館中濕不可當，不能久坐也。爲周生出題，改論一篇。下午毛懷德來取《五禮通考》卅、《十三經注疏》廿、《朱子綱目》十二各一本去，記之。蓉墅來。

廿一（18 日）

　　早到肇基處道喜，又往中峰，不晤。飯後到高等，講畢，到立德堂，取《新民報》廿六號。《新小説》以新會往美，須空數月，至年內補出九月，非但延久，且未必扣前，可恨也。《野蠻精神》形容刻酷，而變名爲蓋有之。是日大雨，一晝夜不止。

廿二（19日）

仍雨。得達三及正卿信。吉兒到彼尚無信來，現已二十日，公事畢，想可轉身回省。復達三、金女一函。下午到兆基處，早歸。

廿三（20日）

飯後到館，講兩次。歸，路上乾矣。閱《萬國歷史》，簡明可觀。《官報》學務處定章，月朔館長課文一次。彼勞一日，我歇一日，否則勞逸太不均矣。晚間石泉至，見所作《曾國藩》，仿《李》爲之，非有特別思想。聞去一凶甚塙，慶邸入樞府，或有瘳乎？是日下午到陳幼梅處，云初七幹庭入京，而捐歇無案，再須補入。兆懷已回電，下半年在此辦喜事。初四請予作伐，彼請星甫。鹺局未定，以老八事託之。又到夏公處，未歸。到學堂看，正演體操。見教習，略談。生徒止十人。夏公歸，云中丞將開警務學堂，大開礦學，整頓營務，廿七開課。云課一文無益，書院恐有改動。鹺是殘局，無可改，今尚有日、法、美三國未畫押，恐今年尚未必撤也。亦以老八事託之，問曾與幼梅言否，云已言之。夏公步履益艱，兒女事今年不辦，其孫已歸江西，太息住房不保。到彭一姑處，云右邊手腳無力。

廿四（21日）

到學堂講。見經詒，云乃翁稍能睡，示子靜信，云須考驗，約廿六，出二題使問答，以定分數。黃九嫂事，云女學教習需人，問能講史學否？歸，函告望之轉達，告以講史不難，彼若來，我可傳心法。並函催吉來對聯、何幼伊印文書。吉來復以大筆遺失，行期未定。復黃正卿一函。

廿五（22日）

到館，講二次。見會試題，"管子作內政寄軍令論"、"漢文帝遺南越王趙佗書論"，後二題頗僻，俟考。他省考題有"團體"

字，"意大利三傑論"，報章文字也。學務處定章殊不然，月朔課
文，館長事也。秩華云館長欲用問答。經詒以高等問答須出八
題，擬出備用。云已見秉郇面訂，小學堂有六十二人矣。歸家，
黃九嫂來，告以講法。伊意欲得賑房等事，明日到學堂問之。陳
守如來拜，以璞臣現爲郴州教習，寄銀二十兩，爲江建霞奠敬，屬
爲代收。孟萊來，云允忱虧將二千，函召之來。

廿六（23日）

已禁五葷，雨仍不止，得非翦爪宜侵肌耶？爲甸侯改論一
篇。飯後到館，出八個題，使諸生答。有九人後來者，未嘗全聽。
不能全聽，當別出之。經詒來，談女學堂事，教習不上十元，只備
夫馬，此須常住學堂乃可，否則只縠轎錢。功課六門，不講史，即
講文法亦可。學生有廿餘歲已出閣者。俟監督到下關。歸爲黃
九嫂言之，使自斟酌。見胡子靖信，將來即如此記分數。周夔生
來。見報，錫到川，岑到粵，李到閩。閱卷十餘本。

廿七（24日）

中承課題甚異，意在廢書院，朽人見之必大鬨。飯後到館，
講二次。秩華云見中峰，言到城南，有婦人圍之，甚怒。大約改
變之機，特不知何以處牛馬耳。秩華云初一課文館長未道及，初
一仍須一往。歸，路已乾。得吉兒贛州書，云到安遠三百四十
里，尚須五日。閱卷共六十九本，畢，不知分數如何記法，明日往
問之。董委員來知會，明日不必到。

廿八（25日）

晴。照子靖信，將分數列上，飯後着人送去。問學生今日仍
上講堂，則非學生不暇，豈又有他故乎？黃九嫂信來，以錢少，不
甚願意去。近人辦事總不妥，往往如此。糧房送單來，上忙八兩
六錢三分，約月半來取。小鶴糧須墊付。下午到伯鈞處，云已變

症,呃逆二日夜,家中慌亂。到學堂①,見翟澤生,問知今日爲經學考驗,故不講史。初一須講聖諭,尚未定也。到秉郇處,略談。見《官報》,管學大臣演說老生常談,亦不得不然。到蓉墅處,見鄭紹華,久談。人甚開通,何不聘入師範? 資格限人,可笑。歸致書吉兒,告以注册須到省日期。見初四陳、黄下定,來請。初一老五請會。

廿九(26 日)

天明雨,俄復晴,又雨。爲夔球改文二篇。汪氏昆仲以哭姊詩來請改,爲點定字句。聞用羽病,着人往問,並問伯鈞。擬講義一道。下午冒雨到仁壽宫。

四　月

初一(27 日)

早到高等學堂,祀孔子,講聖諭。遂到師範館。館長已到,不依朱所擬章程課文。廿五《學報》已出,在顏子廟,俟買閱。談及高等問答辦法,館長以爲可即照章從本月底起。談及改書院事,亦云難改,地方不對。劉柱臣以爲可改中學,中學必須住數百人。館中諸生以屋不可居禀請,地太濕,無怪其然。柱臣云公舉我總理女學堂,我再三辭,且以爲女學堂不必用男人,免招物議。開辦尚未,女監督未來。俞伯鈞昨日未刻已故,云已電雙目,託人向中丞爲經誼謀事。擬挽俞伯鈞聯云:"承推轂爲高足弟子之師,有如盧植生徒,受教逾年,絳帳應猶懷馬學;居倚廬竟毀身悲哀而卒,真是王戎死孝,喪親匝月,黄泉又得侍龍舒。"雨稍止,歸。飯後到伯鈞處,云酉時入殮,柩停後棟,擬先

---

① "堂",原誤作"生",據文義改。

開吊，一切均未備也。到館，講二次。到達卿處吃會酒。介卿咳嗽聲啞，少濂吐紅。

初二（28日）

晴。到高等講一次，歸作講義。見《學報》，前三次已刻，暇時又當録一二篇，經學爲先。閲石泉所作《曾國藩》。聞武備學堂今年難完工，石泉來，以告之。湯肖菴來訃聞，幼老兄也。伯鈞初六成服，湯初六開吊，可順便往，特湯處難於送耳。幼老十一開吊。

初三（29日）

飯後到館，講二次。天又雨。歸作講義。育嬰堂交賬，請初五未刻。厚德堂來，云明日問，求爲先容，當爲一往。寫伯鈞挽聯。遍找《隸辨》不得，豈又爲人攫去耶？聞黄兆懷降同知，宦海風波良可畏也。夜雨不止，甚寒。閲《黄氏八種》，甚戒涼藥。

初四（30日）

雨。飯後到學堂，彼處亦有水患。到立德堂，取報一本，《寄學速成語》須數日乃有。歸閲廿七次報，亦無大味。孟萊以爲今年不及去年，蓋新民去而他人代作。將來《小説報》出，亦必不如前矣。《漢報》言外部禁此二報，果能禁否？下午耳東來催。過縣，往拜，不晤，乃以一函投之。到陳，問兆懷事，竟是革職，牽及十來人，而爵帥無事。伯華將往省父。幹庭印結等項尚須四千八百金，將五千矣，何苦乃爾？從熊敬中受業，將請戴鴻慈保特科，如歸香帥看尚可耳。小泉與岳州城陵磯楊某對調，不知較湘鄉何如。到黄處，仍回陳飲。歸，打發隨封甚少。

初五（5月1日）

晴。函告小泉調岳州事。飯後到館，講二次。館長來，索講義，初七休沐録出。少濂與達卿兄弟來，同觀各處。與柱臣論女學堂事,云依我説,不用男子,請吳某爲教習,未到,恐須節後,小學生不能加。秩華定分數章程,廿日外出四題,限一小時交卷,大約如此辦法。歸,路已乾。潘少濂來,爲其兄文炳求調近。小泉初調,不便遽提。伊云已託俞壽丞、曾介石求夏公,俟見夏公再説。下午到育嬰堂,問劉四先生城陵磯局何如,云甚好,但易出毛病,須通同巡丁。楊某之對調,想亦有毛病也,見小泉當戒之。劉云局員孫某係新拔貢,年止廿九,甚漂亮,老總郭某則朽人,好用私人換巡丁。周郢生云汪事已有成議,皖南出千二百,昨往看屋,不過可買五千,殊不合算。

初六(2日)

飯後到高等,講畢,往湯二先生處作吊,見湯稚安。遂到伯鈞處成服,仲增請入見,以爲乃兄毀卒,已求王、張諸公稟中丞作孝子請旌,諸公皆允,無人屬稿,求我爲之。出見張、汪、孔,亦道及此事。張、孔詢我有主張民權之説,非師範館,大約高等學生講義有以致之,然亦實無"民權"字樣。此史學所以難講也。總理一席,先云請翁恕堂,又云中丞有人,廣東葉某,換一不相識者,又未知如何辦法。即將出奏,故屬稿宜速也,歸爲擬作一篇。夜大雷雨。

初七(3日)

將稿録送仲增。録講義四篇,送館長。聞用羽病更劇,使人問之。孟來姊來,人極開通,特不肯入女學堂爲可惜耳。聞是夜又吐紅,終夜不寐,非養生之道。復幹臣一函,不憶其住處。

初八(4日)

晴。飯後到館講。永綏劉民安持論頗近民權,既有所聞,不得不切戒之。歸,午飯後到仁壽宮一轉,即到皖南汪處。路遠,足爲之痠。皖南倒找千三百金,出莊二百,買屋一千,彼猶再三刁難,始肯寫契。上席二鼓,歸已三更。

初九（5日）

飯後到高等，亦痛戒民權，並引黨禍爲申言之。到俞宅，見芳塢昆仲，告以實事須詳叙入。到立德堂，買《新三字經》、《寄學速成語》歸。下午換錢。到沈十二處，邀同來雀躍。得津電，云"志館定，請速來，電復"。浮言既起，似以遠引爲高。

初十（6日）

爲周夔球改論二篇。飯後到佩珩處，云此事即非長局，尚可設法，勝於湖南死地，但須早去，恐汪君牧升遷，電宜早回。主張民權之説，彼亦聞之。受明所云可勿介意，大約乃見到津發電，復電仍宜復通，宜云北通州道。欲假川貲，彼亦應允。到館，見稚華，云提調換朱太守，不知何故，諸生頗爲動摇。講畢歸，到楊述貞處吊。歸繙賬，無之，鶴老亦只一綵。擬復電十字，云"北通州道陳：電悉，即來。瑞"。南城電局在全泰布莊對門。夜雨。

十一（7日）

微晴。早到湯幼老處作吊。到館長處，云顏太尊推朱辦，無他意。高等大約是翁，現有八百金，可謂賺錢不費力矣。京師太學張爲李、沈二人誤，李不深悉，沈反復小人也。此處之事，彼云不礙。趙極開通，而意不以爲然，然則官紳又將水火，雖不干小人事，亦恐水缸浸過隔壁，浮言尤可惡也。此行專爲避謗，並非貪脩，如有事相連，此公未必可恃，不如趁此遠舉爲愈。到文正祠，不晤雨老。到學堂講。遇子瑞，以將行告之。歸到電報局，復電十字，式元四角有零。下午到織機巷，問汪無信。秉郇出門，蘇瑞臣亦出門。到陳幼梅處，見幹庭信頗明白，云可望保特科，住魏冉胡同靖安館①。向幼梅假川貲百金，到京歸還幹庭，彼已應允。

---

① "同"，原誤作"安"，據文義改。丙午十一月十六日記作"魏染胡同"。

到夏公處,潘文炳並不曾有人説過,告以將往天津。到彭一姑處,伊左手不能動,不復飲酒。到蓉墅處,告以往津之意,云體操教習欲逐盛家駿,學生幾放牌。此輩有何德能,妄自尊大乃爾?

十二(8日)

晴。飯後到館,彼已午飯。與秩華論辭館事,將行李取回。午飯後乃上堂,講二次,告以辭館,勖戒諸生。朱太尊來,以辭館告知。秩華不肯轉交關書,朱來,亦不便面付。朱久坐,談學堂事。其人亦非全不開通,但防制之意深,則辦事之膽小。到鹿泉處,云脈息好,目疾無礙,腹疾宜速乃可行耳。到府正街,見介卿,云日内似略好,餘皆不在家。佩珩送到乃兄來書,云息壤在彼,儘可前去。遂到佩珩處,假川貲百金。據云昌和、沙市、湘泰可坐,海船以新裕、新豐、新泰爲優,皆招商局。此處可一徑寫到上海,惟欲繞江西則不便也。歸午飯,述卿以果臣先生行狀見示。企宇來,言欲見耳東,屬爲催提。

十三(9日)

晴。見方伯,告知辭館,遞一名條,屬交陳方伯。云方伯姪署醴陵,已故,未能設法,不便啟口,將來再當催。朱未得見,以兩處關書交付。顔亦未見,乃歸。飯後到學堂,講一次。到俞宅,告知經詁。到秉郇處,談及辭館事。彼亦有所聞,不願側足焦原,聽其便而已。歸,清理書籍。問明昌和十七行。

十四(10日)

録講義二道。董湘舲來,云見中峰,意欲挽留,必不留,亦須覓替人乃可行。飯後到朱、董、胡、張,皆不晤。晤館長,呈講義,云已見中峰,詢及一切,略爲道之,託明日再去説。到汪、黃三處辭行①。中峰未見,予以爲不必見,見恐挺住,更難説話。見顔

---

① "三處",原文如此,據下文"中峰未見",似脱漏一處。

太尊，託爲婉言，並捐欵一事，明日須見璞老，問明如何寫法再送去。歸見朱帖，未送還關，當可辭脫。堯衢回信，淩駿已録送。周未到，寄示章程。星甫以胡瑛求入小學，恐不能也。

十五（11 日）

録講義三道。周蔭生來送行。到府正街，以大公交達卿。到鹿泉處改方，並立一常服方。到桂妹處辭行，晴川丈已行矣。到師範館辭，俞秩華示以館長回信，云朱太守函來，並關書二封，覆以陳伯平有約在前，事簡金多，難以挽留，仍交來人帶去，有此一擋，不至再來等語。胡仁山亦來，彼不問及代人，我亦不必再説。到陳佩珩處，示以館長函，云儘可以行，恐汪君牧升，不宜耽擱。到璞老處，不晤，以捐簿付之。到靜妹處辭行，遂歸。幼梅送八十金來，此項當交幹庭。吉人久無信來，當往江右一轉。用羽云亦欲往江西看看。

十六（12 日）

檢行李，到各處辭行。見何幼伊，云但公壽文潤筆即送來，俄送四十元來。汪四太親母屬致受明，當爲説到。祭酒來送，云即請秉郇代我，頗不以新公爲然。孟來來，極稱此公開通，恐開通太過耳，演説尤不易開。汪述真、歐慶光、潘詠霓兄弟來送。各處送下程，有皖南汪、楊、謝、周等處。下午着人看船，房艙五元六，統艙半之。明日十點鐘開，須早。

十七（13 日）

早起，催發行李。飯後辭家上船，惘惘，出門非得已也。房艙甚擠，幸二客自去。午刻開行。過湖，泊岳州。

十八（14 日）

耽擱至午後始行。晚泊金口。吉來亦坐此船，而不早來。其家人無錢，假以式元。有同鄉四人入京，三引見，一爲丁西拔貢李君補朝考。

十九（15日）

早到漢口。上鄱陽船，與用羽登岸聽戲。忽大風暴，上船幾跌倒。壞舟甚眾，乃有戒心，欲不過江西。

二十（16日）

午後過九江。時吹風，欲嘔，決計徑走上海。兒女情長，奈風波道阻何？

廿一（17日）

過南京、鎮江等處。雨大，風少止。船中人多，未見有如此次者。

廿二（18日）

午後到上海，住大方棧，湖南人所開者。天晴，風尚未止，少待一二日。發湖南、江西、南京信三函。買春陽蝦子、笋乾數種、支那書局洋書數種。夜到春仙茶園看汪笑儂《打嵩》，小桂芬唱得好。

廿三（19日）

聞盛京將開，早發行李上船，並無坐處，乃回棧，屬將行李發回，再等二日。彼云有招商運米公平船即開，客少，有房艙可坐。我疑此船何不上報掛牌，又何以獨客少？恐是野雞船，但以天晴無風，要早趕到，只得且去。到船，客果少，獨占一間房。四點鐘開。天晴，微北風，船裝米二萬七千餘包，每包百五十斤，計有千餘萬，平穩不動，飲食、行走如常。

廿四（20日）

入大洋，先微震撼，後亦不覺。同行有胡立齊，分宜拔貢，到京補朝考者，所買《元祕史》可觀。

廿五（21日）

如前。取代受明買《東西洋倫理學史》觀之，似吾儒之性理，說中國諸子頗有見，而詆孟子，與近人極尊孟子又異。《百傑傳》無味。

廿六（22 日）

　　聞快到口，已束裝。下午到，忽起風，小火輪不來接，本船須撥，所撥無幾，仍解裝臥。船上鼠子將我新置考籃咬壞，所帶麪已吃殘。

廿七（23 日）

　　風雨大作。連日早起看日出，第一日日出稍在後，次日正對窗子，又次日則在前。初出赤如血，而無光，漸上色漸澹，光漸加，再上則如尋常日色矣。觀日漸移，日球不動，而視之有前後異。此地球繞日而行之證。隔千里已移轉，何怪美洲與吾國晝夜殊乎？是日雨，無可觀。撥米未盡，又誤一日。

廿八（24 日）

　　天晴，風止。船上作書二函。下午貨撥完，四點多鐘到塘沽，入口四十里。到泰安樓甚遠，有數里地。夜將行李檢出，不帶者寄棧。帳房姓白，茶房姓杜，已書件數，共十二件，彼此存單鈐記，當不致誤。此去到津九十里，若到受明處，又須奔走一日，寄棧較便。發電到家，並湖、江各一函。以風大，明日不能不坐二等艙，價四元八角，減價須到車行，而我不知。彼云只少一角，以爲細，不足數。合計火食、撥劃、挑力、車價十一元。

廿九（25 日）①

　　早吃粥。上火車，震撼甚於輪船，耳爲之聾，目爲之眩。久坐，亦不甚覺。同坐有楊子琛者，即夏氏壻㴱生之父，選直隸雞澤縣，未到任。㴱生將以縣式到蘇。彼車錢只三元三，我吃虧多矣。云上等只五元三，三等只一元七角半。一點鐘到前門，新豐雞犬不可復識。問通州車四點十分鐘開。無坐處，更無買吃處，

---

①　"九"，原誤作"八"，據上下文改。

不得已入郵亭。傭保雜坐，等一個時辰。買票即在亭邊，此亭即爲通州客設者。三點鐘後乃寫票，三等三角。到路上找楊六。等到四點十分，火車方開。四十里到通州。南門外寶通寺上馬車，又四里到道署，見伯平觀察，署中始午飯。問一日未食，別開飯。談及一切，云汪君牧人甚好，昨日又有信去，當再發電往。伯翁不甚舒服。予亦困乏之極，乃臥，而不能安眠，反不如海船上，殆困極之故。伯翁欲留十日，問何日入京一游，予擬節前到館再説。

三十（26 日）

　　早起仍眩暈，又不能睡，强起。錄出道中二詩，又錄一詩呈伯公。伯公已電汪君。汪辛酉拔當是補行，己酉生不能得辛酉拔也。幕中有傅太史，今年散館第一，伯公門生，可談，將來大約即住幕。志有底子，體例再酌，可兩年成功，儘可不急。此去到津不走塘沽，九點鐘開車，到前門須等車，遙達津。當住棧一二日入署。坐民船亦可，近有盜賊之警，仍坐火車爲妥。到彼再着楊六往取行李，須開衣箱驗視之。如早知不過塘沽，必不寄泰安樓矣。伊大少君及乃弟節後歸家接眷，當託帶物。致書幹庭，問到京彼處可住否。汪覆電，云關聘已寄。

五　月

初一（27 日）

　　致受明並家信各一函。伯翁以答勞乃宣書見屬，阮生餘事，非我所長，强擬一函，又恐如受明之於汪公矣。見《北洋官報》、《經濟叢編》，大學諸生以俄謀東三省演説會議，請管學代奏，管學再三曉譬，擲毀告示，日本留學生編義勇隊。叫囂如此，恐開事變。又云某大臣以廣會謀亂，欲搜學生來往信函，賴慶邸力持

之。故予不敢任學堂事而出避。今各國以東三省與俄爭論，兵
艦紛來，在此又恐有變，奈何？天下之事不勝防，委心任之而已。
道威來，談許久。伯翁約馬宮保營中文案夏梅生，乙酉拔貢，何
立齋，丁酉舉人，邀同雀戲。予贏兩抵多。

初二（28 日）

伯翁過談。道威談更久。取《英軺日記》與《官報》來看。
報列會試全録，湖南吳達三、黃兆枚、曾熙、黃純垣、郭立山、袁大
籛、彭兆琮、張襄沅、曹興初、郭宗熙、王景明當是王景羲之誤、鄭
家溉，共十二人，無朱、易二人，何也？江西門人有杜述琮、劉鳳
起、胡藻、萬簴、魏元戴、王益霖、蕭丙炎、李盛鐸或盛鑾之誤，佳士
多不入轂，可惜也。上海買物，已與道威言之。久不作詞，戲拈
二首。夏梅生、何笠農送洋伍捌元來，受之，再當往謝。汪公回
信已到，寄來聘書，月脩百金，須兼文案，聘金十二兩，程儀肆拾
兩。此行已百元，僅得半耳。不便再説，擬先以還伯翁。伯翁觀
予經學書，以《駁異義》贈之。道威示振貝子《英軺日記》，甚佳。

初三（29 日）

今日本可行，既留過節，且遲二日。致祭酒書一函、俊卿一
函。續書家信，未完。欲候夏、何二君，以同伴有公事，日又太
烈，未往。伯翁邀雀戲，不成。閱報，有易由甫誤作頓豫，又誤湖
北散學留許、鄧及周渤、戴展誠、伍毓崧並改大令。《英軺日記》
閱畢，頗斥平等、自由，足見上人總不能忘情於此數字也。其書
載外國法度頗詳，考試大可勸説。

初四（30 日）

作致佩衡、述卿、達卿、甸侯四函，以《曾國藩》寄石泉閲，將
並交道威。午後雀戲，輸去八數。得受明、幹庭復書。

初五（31 日）

重午。計予在外過重午過十次，今又獨在異鄉爲異客矣。

録出《沁園春》詞,呈伯翁。致秩華一函。幕中李實臣、鄧黼卿、程子英來拜節。八數已付子英,賞楊六一元。鄧湘鄉人,李北人,程徽人,名文炳,乃弟丁酉拔貢。汪公之子亦丁酉舉人,江西道,辦武備學堂。受明又有信來,佩珩有家信,廿二發,云得祭酒信,有獻媚者將前事和盤託出,中峰仍不放行,極力斡旋,言往江西看女,仍將回家,以爲轉旋地步。我性和易,與人無爭,乃造爲誣謗,不容其在家,又煽起風波,不容其出外,不知此輩何苦乃爾?伯翁以爲不必理會。我信已交養之、道威昆仲,王信在內,彼月底可到,俟到津再另致王一函,謝其斡旋。欲歸伯翁一項,彼云自己需用,此可從緩,將來即交關上亦可。關名工部,去運署不遠。有長沙常德生者,佩珩妻舅,穩妥可靠。問京中注册事,云可問順循。幹庭云彼處不可住,子紱住教場五條胡同。汪云雙目在頤和園,到京可緩。是日雀戲得二元。

初六(6月1日)

有王南浦者,新選同知,同行到京。六點半起束裝,俟八點上車。余所帶錶玻璃面壞,又失鑰匙,到津脩理。昨李佩珩云到津火車二點半開,須等二個多時辰,可略花錢,先到二等艙坐。伯翁云新車棧要過楊村、北倉,誌之,勿誤。八點上車,到前門。二點天津車開,六點到津。排隊甚多,云係迎振貝子。坐東洋車到福泰棧,房子不可住,且茶、飯皆取之於外,價甚昂,又不便。受明聞予來,過談,云初二接電,有"速歸,官勢相壓,館萬難辭"等語。大約是家中發,必先發江西,我未到江,故徑發到此。受明云已與順循商之,可以不理。不知中丞所諭何語?此公躁而輕聽,予早慮之,即在學堂,未必能終局也。工程局有彭禹門及張,皆同鄉。與受明往,久坐。十一點見居停。伊公事煩,送貝子,又接臬司。略談脩志事,云尚有舊志,新志已成書,因拳亂盡毀,僅有長編。幕友呂蕉生曾在場,可與共商。亦有書札須爲代辦，即請入署。歸寓束裝，受明、吉來同來。受明邀聚源樓小酌。本欲拜順循，順循到受明處，略談。四人同渡河，入座。燒鴨甚好。飲畢，到工程局坐。俟收拾妥，入署，拜呂蕉生及刑名沈伯翁。呂云書成二函，寫甚工，擬進呈，毀可惜。舊志當可找，有書吏楊姓熟例案，底子問彼。《畿輔通志》、《天津府志》可備查。天津無書可借，奈何？發家信一函，電報似可不發。受明、吉來到順循處，本欲同往，而受明云恐居停來拜，可不去。我亦畏風眯目，乃不去。房子頗好，但近衝繁，當出入孔道。將來受明去，我可移住彼處。聞運署將脩造，以天津縣署舊址爲之，八月可落成，不知予彼時何如耳。

初七（2日）①

初八（3日）

始擬發電，受明云可不必，更致祭酒一函，求爲斡旋。譚廣生一早來。兩汪過談，答之。往拜同寓諸人，惟見一張小松。着楊六到塘沽取行李。看《大公報》數昒，雲南阿迷州失守，香帥有回任之說，雙目請開外部，特科尚無定期，俄約亦無成議，留學生編義勇隊竟有公啟，亦不過說得好聽而已。受明得廿六家信，可云迅速。我家何不寄一信來？寫信謝陳伯平。居停來拜，並請呂樵翁共談志事，呼爲樵叔，想係長親。旋送舊志及新脩底子來。天晚，未及閱。楊六由塘沽取行李到。

初九（4日）

略閱志書，如不更張，增錄可矣；更張須仿《文史通義》，改《皇言紀》、《政書》、《律書》、《轉運》、《職官表》、《人物傳》。原書斷自昭代，以古事列後，似宜更置先後，從容再商。張、彭來回

---

① 原稿無初七日記，當是誤合於初六日記中，因初六車抵天津時已下午六點，所載"受明聞予來"以後諸事，當是初七之事。

看。彭好道,自云有得,當從受道,或可却病。張號茂卿,常德生歸,彼謀關事。彭名承謨,工程局員,旋來,請明日便酌。耳東信到,寄示佩珩挂號一函,有大苗寄彼一函電,云我非能出入自由之人,舍瘠就腴,尤爲無理,强彼爲辭津館,斷不放其遠出云云。所謂諭者,想即此電。然何不由官電逕達,乃示館長?又示佩珩傳諭我兒,何也?殆如西人啁喝中國伎倆,口稱開釁,實未發兵。佩珩疑即館長爲之,我意不至於此。未撇著名頑固,向不以我爲然,彼爲提調,不先拜我,我亦竟不往,想以此恨我,狐假虎威。挂號一函後到,而後一函先到,殆有天焉? 如先到,則伯平亦必不勸我,即到館,或如佩珩所說,往求瞿、張,更生支節矣。來函云小兒到津,仍須兩函封寄,蕎直、道威不久必來。本日驟熱,下午又發風,不能出門。受明讓我住房,可感。

初十(5日)

發陳伯翁、幹庭、壽吉兩兒四函。帳房汪振軒過談,居停本家,今年將應試,書啟楊亦文名光熊,去年中式,與居停之子同年,昨來久談,皆幕中讀書人,稍可談者。下午往譚廣生、羅順循處回看。到復升樓赴彭禹門飲席。晚歸。

十一(6日)

閱志書底子,簽出數條。依我所見,宜將諭旨、奏疏、優恤、轉運各條複見者併而爲一,方合體裁,俟與居停商之。昨買十八省地圖,此間裱工甚貴。配錶鑰、玻璃面只五角,尚不昂也。臬司與海關道結姻,居停作伐解席,並我輩亦有吃,乃差帖賀喜。閱報,雲南臨安、阿迷失守,法兵助勤廣西,滇、越一帶又多事矣。江西大學堂事可笑,總辦汪頡翁即居停弟也,前爲武備學堂總辦官,候補道。閱志書,頗思得歸併之法,但應增補者無書可繙,如得《九通》則善矣。舛誤數條簽出。巢鳳岡、孫用釗來回拜,云皆優差。晚間與呂樵生談脩志事,云新志前脩係徐九成,後即勞乃寬，再後則呂，底稾燬於兵燹，猶記大略：天章一條只存過津之作，餘皆删去。行宮、船塢皆於道光年間廢棄，非因兵亂，故非與此地相涉者可删。優恤一條亦多歸併，常年蠲免只載前一條，餘仿此。其賞鹽商荷包等物，亦可不載。此等處與予意合，予欲删之而未敢也。援證一類改爲大事表，凡例皆比前爲善。今雖不存，可以意爲之。予意用《文史通義》法，《皇言表》載諭旨，附過津作，《恩澤紀》載賞賚、蠲賑之事，賦課、律令、商竈等稱《考》，附以表，職官、選舉列表，人物列傳，奏疏文字入《文徵》，後列大事記，照編年例，不列子目，眉目較清。須得《畿輔通志》一觀。得通州書，家中以我未回電，又電問通州。壽兒一函內有王二函、朱一函，膽小之人已嚇甚矣。兩電江西，吉兒尚未回省，令人懸企，豈在贛謀事耶？恐又有電來，趕拍一電，云事已解釋，以慰家人。夜怦怦不寐。

十二（7日）

又起風，云十三不雨則旱成矣，邯鄲鐵牌不知何日到。居停以公事見委，粗閱一過，如不動筆，亦尚不難。呂已選州牧，不久將行。受明云居停欲我接辦，故先使我看熟，脩志特其名耳，將以予爲韓荷生乎？韋癡珠乎？閱報，雲南石屏失守，法人藉此進兵，恐滇、粵不可問矣。開道臺缺甚多，李蓴園開缺來京，江韌吾請開缺。

十三（8日）

此日爲磨刀雨，南北皆同，仍放大晴，畿輔旱可慮矣。再致書求祭酒，請其回信，以便放心。彭禹門屬作放生募捐啟，作數百言付之。此間戲男女合演。有鐵公雞，恐夜間難扣門，予亦欲保目，擬不往矣。下午史光普來，伊將買地清欸，尚未妥。順循與梁璧垣、楊錫祉來，約同上酒館。飲畢，聽戲，女人頗能唱。歸三鼓矣。

十四（9 日）

早到羅處，回梁、楊看，二徵君今日仍回京。特科無期，報上不一。云香帥奏請取者入大學堂當教習，勝任再授職，辦法亦善。羅云應改經濟特科爲教習特科矣。嚴範生太史到羅處，議蒙學生事。此人開通，無太史公握齪氣，所辦小學堂規模好。同往普通學堂一觀，乃美國人開，有青年會，五洲結團體，可懼。中國不辦學堂，何以抵制之？閱報，李薇園開缺，黃花農升補，胡湘林升湘臬，新建人，沈幼嵐龍茂道，澗哉！《北洋官報》言予辭學堂事，將來莫載。下文云留香帥辦俄約，上海會議此事，王電魏下袁道禁止，報深譏之。受明見示頌年家書，其女病甚，粤事亦未了，歸咎兆懷甚至。送看公事，張家口外向無鹽課，今已加增，定州鹽犯爲教民劫去，猖獗如此。受明處有《吾妻鏡》，乃新民，以爲著者可殺，必非朝鮮之《吾妻鏡》也。

十五（10 日）

又刮風。昨因風吹，嗓子頓啞。馮星言觀察一早來拜，索觀《學報》講義。伊與李荔村厚，談及荔村子被毆事，爲之慨然。言已見我著作，檢所著書各種贈之。擬凡例數條，尚待斟酌。以詩中既載游覽，天章亦必恭録，奏疏可坿各條，不必另立一目。古事舊志分録，似可仍之。要照年代總編，則須通改一過。其與長蘆無涉者，可盡删矣。樵生云已取《畿輔通志》，何以尚不送到？俟到時更閱過，則可定大致，特缺者宜再采訪耳。受明云袁叔瑜到津，伊兄弟在山東者來接乃姪，即名幽字展成者。此去山東八日可到，車價須十金。有德律風可到塘沽、到京，比電更快，聞所未聞。午刻小雨，又晴，風更大。

十六（11 日）

又刮風。擬凡例數條。閱嚴太史之子叔敏遺文，言聯英、日有特見，其人可惜。靳某所著《脩道》所見是，而文筆不佳。報列晉撫吳言武備生須予文出身，所見極高，比前所定用爲哨官、文武分途勝之遠矣。陳立曇奏參，可惜。幹庭寄論一篇，爲改定。云乃叔出京，將送之來津，可面晤。汪展成下午到。此去到濟南八日，途中無大米飯，小輪通到德州，則便多矣。報言大沽接客小輪失事，則亦不足恃。

十七（12日）

凡例略就，録出二條。順循來，久談。蒙學堂已出示，借城隍廟爲講習所。欲予宣講，已辭之，恐傳至湘，云我不在家中講而出外講，又增一重罪案矣。嚴太史家居大馬路盡頭四窠樹嚴太史胡同，當拜之，以便借書。陳蕎直、道威來，示伯翁函、和詞二首，云事不了，伊可稟中峰，屬擬槀，以備不虞，亦見致館長書，措詞宛曲，看彼回信如何再説。鄧黼卿同來工部關，接常德山事①。又有吳晉卿者，亦在關上。受明與同往游，予不便去，亦以須復伯翁一函，並和一詞，送郵局。又書家信及述貞親家一函，交陳便帶。楊亦文過談。受明歸，同到工部關晤鄧黼卿。伊到此未一月即得事，而云一月只十六金，更無出息，帶家人須出火食，不甚滿意，若外關有數百金者。二陳未歸，留名片及家信一函，日内未必行也。

十八（13日）

早起看公事，將凡例録出。見報，鐵牌已到京而不雨，袁帥又委員請牌，何爲？天津霍亂漸行，街上熱氣頗重，非一早不宜出門矣。考差題爲"學堂以儲才致用應如何豫防流弊策"，此等大爲學堂阻力。報言湖北有電致午帥查上海學生有革命黨事，京中亦有香帥奉查之語。報云因此疑忌學堂諸生，幸振貝子力言日本留學生甚精進，無革命、自由之事，乃頗釋疑。學堂之興，

---

① "常德山"，前文作"常德生"。

貝子之力。又言汪伯唐言湖南學生猶勇，派人到內地調查，湘其興矣云云。順循言此等恭惟無益有損。汪又言學生編義勇隊，禁之不可，電奏不知何以應之。學界風潮，我早防之，以此出門，特自己風潮則實不曾防也。報言香帥向人言"啟沃君心，恪守臣節，力行新政，不背舊章十六字，我終身守之"，不知不背舊章如何行新政？豈所謂兩頭扯者歟？

十九（14日）

作函致張方伯，託轉圜及爲吉兒託江藩事。居停送到百金，送交工部關鄧黼卿還陳伯翁。蕎直昆仲未起。鄧云庫平比公法平多三兩餘，再找我湖南匯水至少二兩，即當函告伯翁。到彭禹門處，見示道書。予謂此不難明其理，難於曉得運氣節度，《參同》、《悟真》，我皆知之矣。歸館，見條，查內務府涼帽。查《志》，止有朝冠一項而無數目，今須六百金外，無乃費乎？道威約捕雀，再往，腳未齊，久之始上場。予輸至十一元，一牌打轉，尚贏六元餘，現得三元。歸已二鼓。晚間微雨，地尚未潤。

二十（15日）

見報，江西護院請伯嚴辦礦，已來省，木可可謂有膽。漢上又有票匪，用銀行票爲記，已捕獲。香帥以學界風潮徧及大陸，欲拔擢一二人以消弭之，政府不謂然。停科一事，有大員力爭，似指行者公。張云阻止停科者比義和團尤盛，予實不能爲力。聞有回任之說，則香帥此行全無補於時，亦不能怪此公。雙目欲引入軍機，長信不悅，無如何也。受明得家信，初六發，湖南猝熱。我若爲諸公播弄，由江返湘，則天熱不能出門矣，是不幸之幸也。信中亦不言及吉兒，看以後家信如何。午後道威又邀打牌，同受明往，牌無大勝負。將晚同吃番菜，到慶樂園，菜不佳而昂。予與黼卿作東，共洋五元，未能飽也。飲畢歸。

廿一（16 日）

閱報，兩江密電到鄂捉票匪，頭係一僧人，供有千餘人，午日夜舉事，有同黨六人，又八人皆捕得，不知與學界風潮相涉否。《粵事表微》歸罪王、黃謹於撫局。又云沅、靖戒嚴，豈黔中亦牽動乎？《文史通義》閱一過，引書有誤處，如云引"推官"以叶韻，事出宋稗史，忘其書名，言有作《望江南》小詞以譏諷時事者，上官詰之，其人又作詩自解，云"只是嘗題青玉案，何嘗敢作望江南。試問某都監"，殆誤"都監"爲"推官"也；李廣入程不識之軍，誤用李臨淮事。監印戴花農來拜。閱《中外報》，《革命駁議》甚是，謂適足以召外國之窺覦，速中原之分割，以滇、粵事證之尤合。言湖北所捕者係開礦人，又言僧侶姓蕭，明有票布、洋礮，未知孰是。問送報人，《蘇報》每月須九毛，鄧未必肯出。報言新出《叢報彙選》，以《新民報》爲主，一册一元，不知何如。有《仁仁學》，一本一角，乃駁西早者。欲訂《浙江潮》、《大陸報》一分觀之。《繡像小説》不知何如。再板《近世界史》九角。凡再板必廉而昏色好看，如有須取閱。

廿二（17 日）

填《楊花》詞一闋，擬作函寄伯平。居停請今日相陪，有林大人者，受明云入曾忠襄幕府，與湘人習，其人不如毛實君。毛癸酉同年，久聞其人，不記在京見否。擬使順循先容，往拜。寄家書及伯平、幹庭各一函。吉人無消息，甚念。彭禹門來談道，似有難言之處。予非不明其理，但不得口訣耳。受明得述真信，猶勸我歸。歸將奈何？俟祭酒來信再説。汪信云不知我到否，豈塘沽電竟不達耶？抑彼不知塘沽爲何地耶？有楊毓煇者，係支應局書啟，新到，來拜。予以剃頭，未見。將晚，林先來拜，遂到居停簽押處。見有《畿輔通志》，居停云太多難拿，答以且拿前半。楊號燃青，廣東人，在上海多年，乃翁現官戶部。受明云

《格致課藝》有其文字。席間談及脩志事，居停欲招書手二人。呂云須先將舊志編次，再延書手。答以重定凡例，録出呈教。席罷歸。殷頗清澈，受明云須廿元。

廿三（18日）

閲報，東三省事炭炭，雲南亦猖獗，有革命黨在内。竊恐各國動分裂之機，令人怦怦。兩江捕哨弁吳某，其手下會黨有二千人。端午帥電致江西，大學堂有學生入康、孫革命黨。江西學堂新樂府《神仙洞》大可笑，腐敗至此，安得有革命思想？日本撤蔡使，又捕留學生，復云密捕二人，或即排滿劉宇生等。學界風潮可怕，故有託而逃。此番風波，似比彼之風潮猶小也。鐵牌到京，拈香不下輿，報以此恭惟不信邪，爲民請命之謂何？雪梨地方商人電請歸政，勿允俄約，不知雪梨何地。雙目辭外部，有盛代辦之説，殆亦知難而退。慶屢告病，聞其才力更不如榮。同鄉二公使援香帥入政府而不能，香帥恐亦無能爲也。報言有一著名華官，似指香帥。彭禹門求作禁女優禀，爲作四六一篇。報又云湘撫欲行新政，爲難之處甚多，紳士守舊不少。汪信以爲漸怠，似即爲此。彭禹門來，約將晚過談。與受明同去，交禀帖稾。彼以道書見示，云看書自知。不得口傳，不敢信也，未知彼真有口傳否。是日楊亦文移來，以前房讓楊然青。

廿四（19日）

閲報，《續革命駁議》言中國無大苛政，民無自由心想，甚是。湖北獲會黨，供詞狡展，不知即前所説否。土匪流入雲、貴邊境，湖南沅、靖已派徽字營往防堵。趙中承到師範館，宣講平允。易主政渥芝辦《通俗報》，不知爲誰。東省俄事日棘，來兵日多。此事無中止之理，不知何以應之。土匪有總統、義勇、常勝軍之名。報又言北地旱災，恐人心搖動，皆可怖也。馮月娥已捉，將官裏處，不知彭禀仍上否。張茂卿來，談久之。得吉兒到省電，稍放心。又得壽兒十二日信，有吉兒前月廿日信，云添派查印稅契等事，大約節後方起程回省。風波無大舉動，彼亦知不能即歸。節下開百六七十千，可謂浩大。打電十四元零，甚冤枉。塘沽電不到，尤可恨。又爲送電人騙去一毛，皆中國辦事之弊也。與受明到丁某處。見《直報》，云此間殺兩留學生，一鈕，一湯，並無此事。有兩人自日本來，欲以義勇事説制軍，人阻之，遂止矣。假《新民報》廿八、三十兩本歸。過大王廟，見鐵牌，高止七寸餘。

廿五（20日）

　　見報，特科閏月十六日考，有留香帥閲卷之説。某侍御劾親貴大臣微服冶游，不知是何肺腸，上怒，已交查辦。近日每言卧薪嘗膽，不知此輩所卧何物、所嘗何物耶？可爲一笑。《中外報》言湘某太守素以頑固名，恐不得志於新撫，乃極力鑽營裕、鄥，求爲文案，王、孔、葉益相固結，阻改書院爲學堂事，某太守已定議，增加月課，將寢室、自脩室仍不分別，以《翼教叢編》爲教科書，禁人閲報，新撫不悉其原委，未知爲所惑否。此函乃新學徒所造，其言未撇未必如此之甚，然學界從此又多風潮，予在家亦未必能不牽及。楊然青送來大箸《格致治平通議》、《越事備考》，已移入局。乃檢數書往送之，並回看。適居停亦至，略談。回寓遇雨。閲楊書，少發明，《盛世危言》之類也。時雨時止，尚未霑足。夜雨頗大，甚凉，有秋意。

廿六（21日）

　　雨稍可觀。閲報，張名傑才識闇陋，夙著貪名，著革職，陳昌曇革職永不叙用，皆岑帥所參。張五先生將奈何？子漁想必歸，歸又如何？恐不免打大公主意矣。録《例言》二咢。居停送來《畿輔通志》四函。《通志》十二年乃成，體例頗合，而開卷所載即多通諭，長蘆事全不載，別有《鹽法》二卷，當取觀之。御製廟碑甚多,亦深得佛理。此間志書所列,詩皆不録,詔旨、宸章分二門,本舊志,新志統歸《帝制紀》,始於國初,而《封建》、《職官》則從前朝起,似次序較合也。夜又雨,云已霑足。

廿七(22日)

晴。夏至日也。將所定凡例録一過。發家言二函。楊燧青過談。此人戴鴻慈保特科,此處蓋亦戴所薦也,不久將入京。今日小傳臚,不知何許人。香帥不能停科,報言欲分門取士,此尤不能行者。新進士不入大學堂,當時何以有此詔乎?是所謂反汗,宜乎守舊阻撓者以爲不可信也。

廿八(23日)

見報,紀傳臚名次,郭宗熙第十,云特科已近,專習楷法,以某爲最,每日五千字,中國經濟人才可見一斑,真可大噱。大龜又電端方,云留學生名爲拒俄,實圖不軌,通會黨,密布長江一帶,端已電湘、浙各省。學界風潮至此,吳、鈕、湯三人尚到京游説,恐激成事。報言俄約已定,由榮壽長公主内線,已允,何勞學生爭之? 俄又設新疆巡撫於迪化,潘效蘇屯田之奏已晚。近又議設奉天省,何爲乎? 江撫請伯年辦礦,不知搞否。幹庭云來月中旬將送乃叔到津,伯華到京引見須七月。吉兒注册須七十餘金,想尚有還價也。

廿九(24日)

得慶孫十五信,云家中清吉,兩女亦好。塘沽電竟不到,可恨,爲此多發三電,去七八元,誤人至此。仲紫鳳來拜,約初一晚聽講、看光學。録出《例言》底稿。再填詞二闋,擬寄伯平。昨日與受明同看順循,云臬司留半月,不赴特科矣。特科改一場,策、論各一,蓋輕視之。閲報,見殿試全單,王伯璋倒數十名,在歸班列,郭立山、曾熙、易順豫皆名下而次在後,蓋仍用楷法取人歟? 昨不晤順循,遂至學堂訪嚴範生太史,看體操甚整肅。借

《天津府志》，歸閲之。蔡啟盛續成之，乃俞蔭甫弟子，著《經窺》者，頗不以徐方亮爲然，並不以新《通志》爲然。自云勝《通志》一籌，而《職官》從總督起，亦失限斷。《通志》開卷詔諭，即多通套。予能摘其失，不知他人將來摘予失何如。《府志》有三諭，可采入，已批出。舊志略閲過矣，其中應刪、應併均籤出。有尚須采訪者，如可不增入，即可以如此塞責矣。夜凉，腹微痛。受明及二家人均病。

閏五月

初一（25 日）

致書伯平，録二詞並《例言》底槀付之。前百金已由鄧輔卿歸伯平，庫平比公法秤多三兩八錢四分，賬房又送本月脩金，俟幹庭來歸之。報言外部電上海捕愛國會黨①，覆電外國領事均不認此政策，黨人多入租界，外部得之，面面相覷。香帥云此番來途中遇少年，持論多反對，真無可如何。朱叔彝在常德開學堂甚好，惜將瓜代。中丞使仍留辦學堂，何不以此朱代彼朱乎？新聞亦載湘人來函也。無事，將所作詞及伯平和作録出。晚間擬赴仲約，受明以新愈怕晚風，予亦覺不甚適，遂不往。丁劭容請文興樓一叙，亦辭。

初二（26 日）

雨，甚凉，似南方長水天氣。閲報，雲、貴已放主差，大有鄉試之樂。聞此次考差，言科舉不可廢者多列前。某侍御力詆張、袁之説，云張亦出科舉，袁亦不出學堂。此等謬論，人多持之。其實三代學校，恐亦是孔門緒論云爾。孔、孟皆不由學堂出，此

---

① "部"，原誤作"報"，據下文"外部"改。

可考者。聞日人嘗論此，云學堂求人才是第二義，實所以靖一國之思想，同一國之風氣。能知此旨，即不必以人才之説，爭科舉、學堂之興廢矣。蓋人才不出科舉，亦不出學堂，歷考史書，乃知其審。前代用科舉，亦所以同風氣，非以求人才也。今二者並行，風氣不一，將來學堂之進士、舉人出，爭鬧必更甚，兩項人必不相安，張、袁猶未見及此。發家信一函，告以"志"字誤入，現在我意已定，看祭酒回書如何説，如已解釋，今年不歸，如尚要我回，秋、冬回家亦可。

初三（27日）

晴，稍熱。録出寄祭酒書，並擬禁女戲稟。閲報，外部電日本汪監督，游學生三年不准擅歸，今以拒俄爲名，私自回籍，查出即行斥革。似亦疑學生，而不欲明言。端則明拿學生，因見《學生界》，而痛惡之起，又不如香帥矣。雲、貴四主司合"吉慶明年"四字，或亂神不至爲崇耶？同事張小松病，與受明往問之。其兄小圃名鶴齡，從京師大學堂來，見楊習子，知予之事，謂京師之論以爲予仍應歸湘，蓋但知教習事重，不知湘電云云非所以待教習也。張云朝防學生，如防大敵。香帥到學考察，演説甚好。香帥主停科舉，仁和力阻，不知何意。伊向圓通，何獨固執如斯耶？又同到張茂卿處小飲。歸見陳毅詁重卷，頗異，子元之子，丁酉陪拔。

初四（28日）

閲報，云特科卷非但香帥、外官不能干預，管學亦須回避，須未嘗保人者乃可，如委雙目，猶不致誤，否則糟矣。又言雙目夫人甚賢，力勸早退。京官聯名參天津本籍司道二人，不知爲誰。校士首題論商鞅、王安石變法，不知誰擬、誰閲卷也？管學請派重臣會商學務，派香帥會同張、榮，"一切事宜再行切實商訂，並將各省學堂章程一律釐定，詳悉具奏①，務期推行無弊"。香帥廢科舉不能得，擬請嗣後鄉、會於策、論外添考專門，凡與試者令其自行報明，非兼肄專門不得取中，庶於科舉之中，仍寓學堂之制。電汪監督學生不准私回一節，因蔡密電學生"會議以拒俄爲名，實圖不軌，陰謀並密置黨羽於長江、北洋一帶之地，分派會黨，糾合同志，以便起事，請速電致湖北、直隸、兩江督撫，嚴密拿辦"等語，故外部有電致各省督撫一體嚴拿之信，又有致監督之電也。學界風潮至此！昨張小圃言非振貝子、香帥之力，學堂敗矣。張云新翰林部官百餘人，須另設一學堂，惟即用可免耳。報言有劉某攜二女由京往保定，遇火車二洋人强引二女到頭等車②，灌酒汙辱，劉到保控告，僅一撤差，一罰百元，以後華人婦女搭火車可危哉！伯平書來，寄詞七首。擬再和數首，未就。叔瑜約過談，未來。晚間丁紹容約看光學，予實看不明白，上樓幾跌，出門失足溝中，右腿去皮，甚痛。念樂正子春之戒，以後夜間誓不出門。

初五（29 日）

吉兒來信，復彼一函，並致伯嚴一函。以後見居停，當爲吉兒遞一名條，求乃弟照拂，志之。報言密電可驗，藍天蔚事不知確③，言午帥本不了了，令人回憶南皮。張小圃禁學生上書，云於俄約無絲毫之益，於學堂有丘山之損，誠哉是言！袁叔瑜來，久談，頗悔不曾謀高等總理。告以居停所説，云並不曾拜，明日約往拜。受明言未必不拜，恐拜而未見耳。鄧輔卿來，約明日雀牌。明日擬拜叔瑜，在針市街花德盛土藥店内，看明日來見我

---

① "具"，原脱，據《光緒朝東華録》載上諭補。
② "人"，原誤作"車"，據文義改。
③ "不知確"，似當作"不確"或"不知確否"。

否，不來則往邀之。和詞六首已就。

初六（30日）

報載殿試題頗切實，而仍以光方烏取士，奈何？俄約慶王雖拒之而不堅，袁海觀又得外部密電，相機行事，覆以"官可革，約不可簽"，殆即各國要索長江利益之事。湖南沅、靖有土匪攔入，不知確否。受明二子將入明德學堂，言辦法甚好。譚文卿捐銀乙千兩，送二十人入學堂，極頑固而開通，豈芝老之力歟？録出詞七首。楊徵君過談。此課是彼看，七十餘卷，云無佳者，擬初十進京。未刻赴輔卿約，則無人焉，坐待一個時辰，遂歸。聞錫帥已到，又追轉入京，不知何故。予時方改詞，云"鰥生豈足容追騎"，不覺一笑。彼赫赫者金牌十二固其宜也，何以加之蟣蝨臣乎？

初七（7月1日）

閲報，疑錫帥之返爲西藏事。慶邸欲以蒙古易東三省，此二者皆久在俄人口中，能舍其一而存其一乎？朝考名次，湘中二郭、鄭、吳可館選，江右則劉鳳起、吳璆、胡藻可望，楊繩藻、李澤蘭，予所不知，杜述琮、李盛鑾、魏元戴難望矣。湘師範館教習歎賞，可憶及洴澼絖人。常德師範朱太守恐易其章，演説之言可慨。擬脩志議數條，俟此議妥，再回居停。報言兩王鬥毆，大可笑。前奏狎妓事，竟無下文。貴州殿撰謀優差，豈去年湖南主司乎？方履中高列，可望點，然則老人歸試不礙，有例可援，將告之。午後同受明到袁叔瑜處，久談。彼拜居停，不晤，屬代呈著作，探消息。歸後，即將書與《望海樓詩》送來。到彭道人處，略坐。晚間見楊燃青所閲課卷，前三名在北人已爲難得者。

初八（2日）

録出條議並志書，及叔瑜詩文，呈之居停。如來見，當以吉兒名條付之。得吉兒函，云丁觀察乃江西紅人，將引見，能找仁和説項最好。此事談何容易? 無論不易見,即見,亦未必肯説也。報云臨安已克復,捉周某。湖南長沙、安徽安慶、廣東東江、西江作爲通商口岸已見諭。各公使請以奉天作通商口岸,慶王答以尚早。香帥會辦大學堂。特科取甚窄,多不願入試,榜眼楊三甲末,以不照向章另列之故也。錄出詞七首,發家信第十一號。晚飯後同受明、振軒到普通學堂聽講,先到順循處。約叔瑜,未至。順循家人云制臺處有人來,問袁居此否,殆已有消息耶? 叔瑜來,以告之,渠意欲更來見。許某講魚雷、海船等事。講畢,仲子鳳請入坐,所説亦有理,而漸講入敬上帝宗旨,以朱子"天即理也"爲非,予輩遂歸。

初九(3日)

居停送到《通志》全部,《鹽法》二本似尚簡明。報言湘中女學堂上月十五已於宗聖廟側開辦,王氏女士教習。"王"豈"黃"之誤耶? 湖北拿會匪,驚擾,密諭捕革命黨,大學教習紛紛避退,亦因人參,不知香帥何以處之。仁和專摺力爭科舉,何不移之以爭俄約?《字林報》言東三省早由李送俄,此破的之論。函致伯翁,以詞七首並條議兼送閱。彼見之,或又將摩壘致師歟? 下午叔瑜來,久談,留吃麪。伊有去志,取予所作詞歸,將和之。彭禹門亦過談。到楊燃青處送行,十一入都考特科。張小松處略坐。

初十(4日)

閱報,愛國黨首蔡元培逃出洋,太史公也。江南傳聞科場有靠不住之説,供應緩辦。閱《通志·金石》,漢《無極山神廟碑》尚在元氏,但模糊,當求之。元碑云猴兒年、狗兒牛兒年,志以"拔都"即今"巴圖魯",引《平津讀碑記》。《白石碑》云《詩·雲漢》篇"敬恭明神",《釋文》本"神"作"祀",此碑作"敬恭明祀",與陸氏本同。平津書予未得之,《兩漢金石記》引《公羊傳》一條,不知曾采取否。《夏承碑》有翁覃溪重刻,在廣平,予亦未見。永年縣有趙群臣上壽刻石摩崖，乃漢篆，尤未聞也。嚴範生太史來拜，約往城隍廟聽講，云新署落成移入後，去彼學堂甚近，將來或可常往。此公樸實可敬，無新學浮囂之習，真任事之才也。《金石》元碑又有豬兒年、雞兒年。東魏《定州刺史李憲碑》新出，在趙州書院，字無剝缺。

十一（5日）

　　輔卿來約牌局。叔瑜早至，云見宮保道乏全無把握，受明勸以到京設法，或到南京。禹門約聽戲，叔瑜亦欲往，乃辭輔卿。飯後與叔瑜到禹門處，同往天仙茶園。是日禮拜，人多，坐樓上，稍透氣。女孩子頗可觀。叔瑜又急欲歸，牽率同行。歸館，閱《通志》。戲用《金縷曲》韻再作一首，感東三省事一首。閱報，大學生留張、屠二教習書甚佳，湘人有如此仗義者乎？一歎。

十二（6日）

　　報云湖南兩郭、鄭家溉、曹典初館選，伯璋即用，江西劉鳳起、吳璆、胡藻館選，杜述琮、魏元戴、李盛鑾部屬。特科取四十人，大學堂人皆不入試，可云高尚。夏同龢已入參案矣。匪徒二百餘人闖入頤和園，大肆搶劫，只捉得六人，餘未捕獲。此與林清之變何異？殊非佳事。叔瑜約今日雀戲，不到。輔卿五點鐘來約，以將晚辭之。又填詞二首，一詠觀女戲事。伯平又來詞數首，有一首與前所錄複出。夜間擬再和二首，並贈叔瑜一首。

十三（7日）

　　得家信，驚悉介卿三弟病故，可憐，亦不料如此之速也。續成家信一函，並書一咡慰五、九兩弟，屬轉慰堂上。報又言頤和盜事，現派火車追捕兇人。俄約尚不知如何，日、美以開奉天商埠為勸，而外部不應。竊謂東三省已無可保之法，似行此策猶愈於全歸於露。特科仍用白摺，但加紅格，必仍以光方烏為貴矣。

叔瑜來，云已得電報總局文案，月三十金，不甚滿意，勸以既來之
則安之。打聽海關，唐不見客。同往工部關抹牌。有李伯文者，
通州紳士，畏辦學堂，逃來。打四圈，無勝負。晚歸，挽介卿云：
"悼亡一載竟同歸，傷心愛日方長，堂上翻悲鵑淚落；臨別數言
成永訣，轉瞬秋風又到，天涯遥痛雁行分。"

十四（8日）

天氣漸熱。又得詞二首，録寄伯平，又告以此間局面。叔瑜
約同往通州，暇當一往。閲報，岑帥參王之春、湯壽銘、希賢、蘇
元春革職，黄仁濟、申道發發往軍臺，柯逢時補廣西撫，夏嘗署江
西撫，可云彼一時此一時。夏如來京，當託人説説，三十年前舊
交，彼未必記憶，擬託蓀石最妥，當告知吉兒，屬將江西有何優差
開來，以便請託。幹庭寄杏仁粉二斤，作書謝之。彼不知何時
來，天涼予當入京一轉。是日小暑，頗有暑氣。張小松來。

十五（9日）

寫書致伯平，説明此間情形，問與夏竹軒有交情否，並詞八
首寄去。寫出贈叔興詞，俟來與之。閲報，江藩放李岷琛，云是
老朽。受明云夏公事明白，膽小，非任事才。報云俄約已畫押，
日、俄已定議，或云將有戰事，未確。魏以拿學生屢照會，爲西人
所厭，謂頑固，不勝兩江任，請香帥來。云魏受端愚，端受梁愚。
魏不勝兩江，端豈勝兩湖耶？云學生多少年狂妄，只集二百餘
元，安能舉事？徒以此見疑政府不再派人，不能不責學生，亦是
正論。特科只取二十，一等只二三人。管學請假，善避嫌矣。上
海拿報館五人，浙江章某或即壽麟。西人以爲文明通例，言論自
由，出板自由，彼等無罪。又云袁帥不欲捕留學生，云此輩無學，
不識天下利害，但宜開導，何必張皇？果爾，則視午帥明白多矣。
岑帥已到梧督戰，舉止尚可觀，或可望成功乎？叔興七律用門存
韻，疊至七十餘首，中有懷予一首，記入都唱和事，予贈詞亦及

之,復依韻和作二首。鄧輔卿來,叔興不至,無由赴局。輔卿言陳覲虞欲覓此間事,以裁釐在即,所辦不可恃也。叔興俄來,云兩謁唐道,不見。此間居停並未差帖謝,地方官大如此。受明教以寫二稟去,不必再往。

十六(10日)

和叔興韻二首。是日諸徵君方鏖戰保和殿。報言只取二十人,不知何人得頭、二、三彩矣。報有《致留學生書》極佳,責備學生,謂從此不再送學生出洋①,成城學校不得更入,黨禍更不解,均痛切,不知出於何人。仁和喪幼子,力持科舉,蔣式惺參其阻撓新政,何苦來哉!湖南臬司放沈文肅之孫。《北洋官報》前次論說頗工,合考試格,而今無之。張茂卿、譚廣生、金道堅來。下午廣生又來,請看楊六,方不效。夜謝升至,幹庭不來,云送伯舉來。伯華又將赴粵西。兆懷須到京,進刑部,方發軍臺,國法之嚴如此。報列閱特科卷人數有八,香帥為首,餘皆朽人,一薛居州如宋王何?

十七(11日)

熱更甚。幹庭來日記一卷,閱一過。泰伯之數以公法秤秤付謝升,以《蒙學歌》並寄幹庭。吉人來函,未免於躁。予以夏竹軒中元前後必到京,亦擬彼時一往,即不見面,亦可託人,特恐葆石、梅生諸君出差耳。報言湘中女學已開,只十餘人,趙無大舉動。問謝升,云幼梅來信亦未說及,惟言幹庭喜期已定十一月而已。報言香帥改學章,加經、史二門,以正人心,去堂後議論②。欲靖風潮,只得如此。張、屠教習決意辭退。上海西人議報館事,以上海道為原告,各請律師,費至一萬數千金。章壽麟

---

① "此",原誤作"生",據文義改。
② "論",原誤作"院",據文義改。

公然到案①，有所恃也。志書體例擬再更張，蓺文散附各條，不別爲一卷；《證古》仿《通志》，改爲《前事略》；前志仿《天津府志》，但云前志附後。

十八（12 日）

楊六未愈，强爲立方。檢《醫方集解》，缺一卷，屬家覓之。受明云中州試畢仍歸，可以託帶物也。如不歸，亦請略帶書。報云仕學師範不報名，應試者止數十人。香帥再三開導，改而不去，去者不及百人。特科一百八十七人，有一人未到，江蘇居四十八。題係“《大戴禮》保保其身體，傅傅之德義，師導之教訓，與近世各國學校德育、體育、教育同義論”，“漢武帝造白金爲幣，分爲三品，當錢多少各有定直，其後白金漸賤，錢制亦屢更，竟未通行，宜用何術整齊之策”。十九揭曉，夢易醒矣。楊六吃藥不效，早輕晚重。

十九（13 日）

閱報，言考差有人代書，特科有三四人上殿槍替。考試之弊如此，又不認真，不去何爲？金臺校士館策題甚佳：“問：朱子言：‘熙寧變法，亦是勢當如此。凡荆公所變者，初時東坡亦欲爲之，及見荆公做到紛擾，遂不復言，却去攻他。’按攻字即今所謂反對也。彌勒約翰言：‘政府文明程度雖達極點，亦必有反對之人民。’觀此，似東坡諸人當時反對之力甚猛，宜荆公之不能成事。然則以朱子處荆公時，能助荆公變法否？東坡之攻荆公，是私意否？試一一論之。”朱子所言，未得所出，當取《全集》考之。觀此，乃知朱子真是大儒，其言極通達。東坡所作策，何嘗不說變法？及其事不自己出，即反攻之。意見之

---

① 按，卷入《蘇報》案的是章炳麟，此處報中所言乃傳聞之誤。後同。

私，賢者不免。朱子若處程子之時，是否助荊公蓋不可知，而此言已可爲荊公辨枉矣。岑請兩廣文武實缺無論候補、候選以及丁憂之員，果才可用，即行補缺。其權可謂重矣，然辦大事非此亦無以奔走豪傑。現已抵潯州矣。趙次帥批湖南女學堂事文太煩雜。汪奏粵西二優貢亦須破格，似不必教官先舉。寫家書二函，提及楊六之病。今到陸某處就醫，開輕淡之藥，以爲暑溫，看有效否。

廿日（14日）

腹痛，且泄，早起已數次。楊六稍愈。發家信二函，並幹庭一函。閱報，本日爲法人慶賀革命之日，宮保亦往賀，《大公報》竟有《法國大革命頌》。香帥奏定學堂經、史二門，更有詞章。此番閱特科，慶邸面傳特旨。到者百四十餘人，有二君不知體育、德育、教育，殊可笑。吾恐不知者並不止二君也。

廿一（15日）

閱報，特科一等四十八名，第一梁士詒，粵人，翰林，第二楊度。湖南尚有張通謨、成本璞、許岳鍾、羅良鑑，共五人。楊習子甚爲湘人詆訾，今得高科，亦可使鼠目寸光之人盲稱瞎贊，未始非開風氣之一助也。宋育仁在前列。湘人舊學如節吾、吉來皆不在內，不知二等有名否。云一等皆滿卷，亦不易也。閱《通志》，共費十一萬餘金。所編《列傳》不無可議，不引《史記》，引《漢書》，不引《魏》《齊書》，引《北史》。《雜傳》尤無義例，其意似以事兩朝者入《雜傳》，父子、兄弟分列二處，而又有不盡然者。有功中國如耶律楚材，文學如劉炫、孔穎達，使與方技、僧道、亂臣同列，似皆未允。予意當以無行之祖珽、無恥之馮道等入之《雜傳》，若文武名臣雖不必一節，亦入《人物列傳》爲宜。曹魏諸臣皆入《雜傳》，六朝、五代亦然。諸人亦不幸生於其時耳，以之爲貶，殊非公理。方技、僧道諸人多有不見史傳、僅見舊志者，應歸《識餘》而並列之《雜傳》，皆可議也。其加案語，頗見斟酌，而截引舊史不書姓，不知爲何人，亦是一失。下午與受明同到官書局，新出各書皆無，其價比上海加一，只買《皇朝政治學問答》、《熙朝政紀》二書。到電報局見叔瑜，已到局二日矣。借《游學譯編》八本歸。

廿二（16日）

早起，記夜夢似二十年前事：課兩兒讀，背《禹貢》不熟，屬再讀兩徧。予時有事，正作律賦，題爲《禰正平擊鼓》，記平字一聯云："歎才名誤我奔馳，何事鼓鐘聞外；看烽火連天擾攘，豈宜鼓吹承平。"此聯非吊正平，實自道耳，夢中作此何爲乎？閱報，二等七十九名，備取五十餘名。歐節吾、梁璧垣、陳補之等在二等，王吉來、程子大、易由甫、曾重伯在備列。江西張佑賢、胡其敬、黎經誥在二等，梅光羲、吳璆備列。一等似無江西人，不知熊元鍔即夏氏壻否也。《蘇報》已封禁，報云江督奉密旨捕愛國會蔡元培、吳敬恒，江督不欲株連多人，委俞恪士到滬封禁報館，解散會黨，不料六人均自投到，以至進退兩難。又云入頤和園實止武衛軍散勇十四人，某侍御奏請兩宮回京，留中不發，殆爲是耶？特科二等亦於廿五日覆試，備列不與。大學堂止魏允恭一人入試，名列榜末，似賤之也。閱《熙朝政紀》之序，乃知即《石渠餘紀》之原名，以爲佳書，誤矣。《群學肄言》極通暢，而後無歸宿。《譯書類編》所譯即《民約》等書。順循來，言在京見葉景葵，極開通而和平，次帥促即往湘，且云頗悔前電，欲改正，仍促予歸。葉已來津，將來見我。若來，看所説何如，"迎之致敬以有禮，則就之"，亦必俟中秋再説。羅云祭酒辭師範，香帥欲推之入大學堂；野老實病，榮薦香帥以擠之；香帥欲去張、屠，別無宗旨；湯亦病不愈。大便不通八九日，予欲以下劑攻之，請彭禹門來，云脈虛，不可下。吃補丸一粒，大便略通。

廿三(17 日)

閱報,湖南主考放支恒榮、呂佩芬。支甚不高。呂爲九霞先生世兄,少年,當開通。趙次帥諭高等學生雖屬官話,亦極通達,辨自由,防破壞,不分忠君、愛國爲二,予所嘗講説者。熊元鍔南昌附生,學政所舉,是夏氏壻。江西見此,或頑固稍知悟乎?飯後與受明到小學堂,見嚴範生、羅順循。是日爲學生考試日期。順循邀至彼處略坐,云葉揆初未來,伊已薦趙止生、洪毅夫、周渤三太史任湖南學堂事。到官書局看書。同到金道堅處,不晤。到孟晉書社,有《瀏陽二傑文》,七角。予未帶錢,遂歸。見家信並祭酒函,彼已辭師範館,因欲開除學生三人,爲陳、仇二學長所持,次帥亦不肯去三人。不知此三人即所謂議論荒謬者耶?而荒謬又是何等荒謬?皆不詳。既與次帥決裂,自不便説。據葉所説,亦無須彼斡旋矣。特學堂局面又一變,恐更難辦。周夔生來論數篇,暇時當爲改定。此子文理可望中,乃翁隨岑帥,可大澗也。

廿四(18 日)

爲夔球改文七篇。午後得陳七先生書,亦頗有恙。輔卿請雀戲,往則叔輿已至。晚歸趕飯。楊六病少愈。錢某看病須乙元,予自爲斟酌,少用大黄試試。

廿五(19 日)

發家信,以順循所言告之。寄還周生之文。報列香帥議俄約八條尚堅定,特恐未必見用。此次特科卷皆香帥定,秦樹聲本首列,以用駢體少降。又有某卷本取前列,以用"盧梭"二字斥之,批語有"奈何"字,香帥吟曰:"博得南皮唤奈何,不該考試用盧梭。"又云捕報館事,有鄒某著《革命軍》一書,章壽麟爲之序,又《駁康書》太不諱,故封《蘇報》,並及愛國社。《直報》言粵匪畏岑帥之威,竄入湖南界,不知確否。祭酒云有三人議論荒謬,恐即前報所録詆朱太守及祭酒事。受明以爲然。填詞一首，並致書陳伯翁，説近日之事。書未發，而居停適至，談及脩志，謂一切與呂共議，公事實不暇，尚無他意。呂云一面使人鈔録底子，其人即用清書，不用外人，將來發刊尚須開局。得汪匋侯來信，乃翁已見中峰，學堂腐敗，更非前日之比。王既辭館，中峰又嚴責，翁恐亦不安其位。水火至此，予所以遠避，今豈可再側足焦原乎？湖南辰、沅戒嚴已見報，尤可慮也。葉揆初並未來拜，予疑此乃順循之意，屬葉到湘以告次帥轉旋。此事次帥未必知我，葉亦未必知我也。其意固可感，然非我本意，且看葉到湘後有電來否。生平出處，聽之於天，我亦無成見也。夜大熱。

廿六（20日）

雨。閲報，黎覺人已觀察江蘇，與胡橅山皆陸鳳石所保。伯平一函未發，以昨日事更換一啝，告以居停面談志事及羅所説，約略言之。幹庭來書，屬代作商務條呈，冀求調入商部，並論二篇，爲之點定一過。楊六飲錢某藥嘔吐。晚飯後受明忽吐瀉不止。請彭禹門來，未下藥，吃霍香丸，漸愈。廣東頤和堂所買，或勝於湖南，將買一二包備緩急。

廿七（21日）

初伏，頗熱。諸徵君又鏖戰殿上矣。爲幹庭作條呈六條。閲報，湖南女學教習六人，黃不在内。云大學堂有衰象，皆云有害無利。有歐孝廉體操架上跌死，亦學堂阻力之一端。

廿八（22日）

閲報，上海報館已訊，鄒容直認《革命軍》自己所作，章直認爲作序，而報事推吳稚非主筆①，又云是録西報，非自作。特科覆試須原保大臣具結非愛國黨及與報館往來者，乃授職。汪頌

---

① "非"，本應作"暉"，此當時報道有誤。

年桂林所取入學，學堂生居四分之一，可謂得鼓舞之術矣。岑請接濟，袁許以二十萬，汪派五萬，先墊解，後捐賑。

廿九（23日）

閱《新民報》二本。《大公報》館有《繡像小說》，擬購閱。報載特科覆試題，論《周禮》事，策問《鹽鐵論》利不外溢，均不難。陳伯年已到江西。沈幼宜派日本陸生監督。肅王拿沈某，有戊戌牽涉事，不知誰也。輔卿約抹牌，往打四圈。輔卿云藺盛長百金三兩可匯。歸館，適送脩至，將寫家書，攜百五十金，往請輔卿同到票號。得家信，知道威信件已到。汪親家信來，云葉揆初與孟萊總角交，當可以通消息。報言沈是沈藎，以賭錢爲人誣告，非大事也。又云特科無大更動，太后問第一名梁士詒廣東人，是否梁啟超一家，故密查所取諸人是會黨否。又有密電到蘇，查拿會黨。中國政府控《蘇報》、《革命軍》語，實不成名詞。東單牌樓所捕六人，不但沈某，京師人士震動。

六　月

初一（24日）

大暑節。早起，寫家書，匯寄長沙秤銀乙百兩歸家，並復祭酒一函。伊方治《尚書》，參孔《傳》。予意孔《傳》亦有可取者，去取一以今文爲斷。香帥辦學堂首重經學，或江河萬古，不廢斯文乎？聞香帥欲舉祭酒辦大學堂事，恐未必搞。飯後攜銀到工部關。輔卿邀叔輿雀戲，至夜始歸，先敗後勝。以爲時太久，又庭中風大，半夜覺頭涔涔。

初二（25日）

頭痛未愈。函告輔卿今日不能往，付以家信，請代交匯號。閱報，江撫夏二十八日由西安起節，至信陽州乘火車南下，或不到京。受明云可問蓀石，不知其住處，屬陳幹庭代送。自西安過河南至信陽，由火車到鄂，坐輪舟到南昌，秋後即可接印也。《繡像小說》第一期已閱，遠不及《新小說》，又頁數太少。伯平回信，復疊一詞，云順循書已道及我事，則說必有因，奈何人世隨虛舟，聽其所之而已。再疊一詞，擬寄伯翁。

初三（26日）

作書致蓀石，問夏入京否，由幹庭送，屬取回信。將條陳十則錄出，並論三藝，均寄幹庭。此間寄物須到紫竹林總局取，可惡之至。閱報，特科全翻動，一等前三名均不錄，湖南一等無人，二等羅良鑑、梁煥奎、許岳鍾、張通謨。許不知何處人。梁或以姓同，楊度或以登報①，亦或以覆試文字不應用新名詞，皆爲《蘇報》所誤。《中外報》列所說大同小異，皆非所宜言者。嚴辦亦屬應然，特不必疑及他人耳。拿留學生諭是《蘇報》僞造，藉以鼓煽人心，尤乖公理，即西人報律亦未必許之。得二兒江西十九信，亦知夏竹帥事。芰舲勸彼到武漢接，求陳復心爲之先容。予以其未見過竹帥，去亦無益，不發電勸其去，亦不阻之。趕發一函致復心，夾一名條，屬面交。如過鄂，即函寄。若吉兒果到鄂，此函不爲無功。更致吉兒一函，天黑，未畢。

初四（27日）

續成前函，共五㕧，即發。閱報，云特科翻覆，因樊增祥面奏，又吳逢甲參十八人，午帥亦有密奏，三十名中更去三人。此事不但不能開風氣，反生阻力，亦因學界風潮所誤。聞京捕沈某即愚溪。香帥有巡視長江之說，想是查長江一帶會黨。報云華官以十萬金向外國領事請以六人交華辦，而彼不允，何重視之如此！楊六似瘧非瘧，以瘧論，可用理中湯，江浙人忌用熱藥，不敢

---

① "度"，原誤作"成"，據文義改。

開此等方。亟望其愈,攜之入都,如久纏綿,甚不方便,奈何? 夜
已卧,輔卿來,云百金已付票號,長沙秤比庫平小三兩六錢,匯水
去三兩,加以輕秤、毛水,只找還三錢,吃虧之至。以楊六病請
診,云明日擬方送來。告以叔興先有人來,約明日到,到即着人
來。卧殊不適。

初五(28日)

鄧送方來,藥十六味,太雜,姑試之。以風潮再疊一詞,將前
詞録出。下午得伯翁信,湘電云"請飭ムム速回",伯翁不告我,
即復電云"ムム現在津,遵諭電促回湘,辭館成行再稟覆"。函
云不可再拒,屬我復電,並欲函致居停。我見此電仍不恭,似葉
尚未到湘,欲等葉有電或有信到再復。彼既復電,無可挽回,只
好允以早歸,但此時大熱難行,楊六未愈,月脩寄匯,並乏川貲,
俟七八月秋涼即行,此時不必告知居停。以此函復,當即寄去。
彭禹門請到局便飯,家肴甚佳。我有事在心,不能多食。

初六(29日)

再函致伯翁,屬復以"皮遵示歸,秋涼即行"。又填詞一首,
即説此事,並前二首録寄。發家信一函,告知七月將歸。幹庭來
信,云將赴汴。告以不必太早,並告以將歸湘。下午同受明到
彭、張處。居停送西瓜,予等不食,轉贈之。欲往京並通州一轉,
楊六未愈,俟道威來,同到通州,再到京。

初七(30日)

閲報,楊廉甫升江藩名士驤,與陳、汪皆至好,可託以吉兒
事。受明云特恐與直藩周浩對調,否則彼亦將指江西。報又云
未撤署首府,顔署鹽道。趙又到師範演説,第四條説戒纏足事。
報載一詩云:"詔書昨夜選如花,延壽依然是畫家。贏得明妃嫁
胡虜,不須幽怨訴琵琶。"殆有所爲而言乎? 録《志例》二昬。得
甸侯書,未知我事,亦未知時事,尚稱許議政等會。李石泉將入

《蘇報》館主筆,幸而尚未入也,豈知特科覆試,采訪輿論凡有時望名譽均置之不取之列乎？報云惟辦頤和電燈,不問俄、日戰事。飯後同受明、楊六共到葉矩明處,立方尚穩妥。其所居大熱不可當。路上亦熱,頗覺腹痛,歸而陳幹庭、余亭伯、楊篤生之兄杏生同來。楊以弟病急歸,陳、余送之。陳亦兼爲看我,送杏仁粉、白瓜子、榛仁、桃脯。予同受明留客吃麪,同到紫竹林回林道志拜,云入京。受明請吃餃耳,遂到天仙聽戲,夜半歸。

初八（31 日）

葉矩民回拜。余、陳同來。余買東洋竹器甚多,假洋五元。予約彭禹門、汪、余、陳同到聚源樓早飯,歸遇雨。聞沈決於今日。楊云吳楚生同人往捕,又爲之證,殆殺人以媚人乎？京中謠言大起,有捕特科二人説,吉來函及余、楊所説無之。閲報,粵匪入湘境,寶、永、靖州有崇孔教、强黄種僞示,已調兵防堵矣。叔興來,云《蘇報》館主陳範即伯商弟,爲江西鉛山縣令者。芸閣亦牽涉在内,芸閣不知在滬否。陳本與常州人密,故吉來以沈、陳事並言之。

初九（8 月 1 日）

函致吉兒,告以七月將歸,並楊處可託事。閲報,俄、日戰事將起,蘇元春下獄,特科第一袁某作四詩,猶歌舞太平之舊也。楊然青回,往問之,云特科有遞條事,粵人本皆不取,麥鴻鈞以肅王條取之,名次皆兩目翻騰,鹿止之不得,以告張,不知確否。張小松處借報閲之,多可駭。燃青來回看,久談。夜約觀劇,予不能冥行,遂歸。

初十（2 日）

函致陳、汪二處。閲報,休文休矣,並有習子下獄之説,章、鄒亦有交中國辦之説。楊云陳範即衡山陳彝範,未知如何結局。某撫又請辦宋伯魯,某中堂以爲戊戌事不必追問,恐即夔師也。

張茂卿過談。爲幹庭改文一篇。張小松過談，言木易事恐非無因，但果有事，學堂必敗，欲致乃兄使辭。受明言彼係蓀石保，如有事，舉主亦未免。是蓀石正危疑之際，無怪不回我信，則亦不必到京找之矣。伯翁來函，云若强留辦學堂，不防俛就；若可擺脱，儘可北來，即不到汪處，可下仲舉之榻。其意可感，留爲後圖，再疊一詞。要我代撰稟稿，擬具稟並和詞寄之。受明爲我具稿，略加增竄。

十一（3日）

復伯平書，並疊詞二首，將稿寄去。聞楊坐升直藩，昨又空費心矣。周調江藩，雖亦可託，而不如楊與二公之深，且坐官於江，熟人多矣。閲報，知初七子雲已被收，今已五日，未知如何，不牽及舉主否。如重辦，必坐舉主，蓀石處又不可找，奈何？我且遲遲，入京與否再酌。受明有委樂平鹽局之信，怏怏不欲去。《大公報》云楊某於初七早被拿下獄，聞悉因楊曾爲日本留學生，不免與新黨中人通聲氣，故遭此禍。受明見楊方伯之兄，以爲據理不至有此，天下事豈盡可以理斷耶？楊升直藩已見明文，報喜人大嚷。《大公報》云閏月廿六夜九點鐘彗出紫微，問人有見者否。《京報》特科授職不甚優，第一之庶吉士僅予編修，舉人予知縣，副貢予州判而已。伯平函來，又和詞三首，錄之。

十一①

閲報，子雲被收，已釋；休文之休以杖斃，杖至二百不死，以繩縊之，甚慘。此固有罪，而子雲投閣則過矣。報頗恭惟香帥，謂正宜用學生、新黨數人，以勵其餘，某中堂與之反對。覆試名次則定於榮，與然青所説異②。《大公報》演説文以昌黎云"民

---

① 原稿十一日記載有兩次。
② "異"下，原衍"此"，據文義删。

不出粟、米、麻、絲以事其上,則誅"爲訞病。予謂昌黎是闢釋、老,事釋、老者不出租税,而不事釋、老者不出租税則有罪,故以此言正之。古以責罰爲"誅",非誅殺也。演説者不得其解,又誤以爲誅殺。蓋本於《時務》之説,所謂《闢韓》,屠梅君已駁之。《新民報》又屢舉西人不出租税要挾憲法爲言,意欲中國人亦如此。不知中國人畏王法已久,即如吾鄉水旱,顆粒無收,而錢糧不敢蒂欠,安能使四百兆人皆不出租税以要挾立憲乎?聞賽金花以殺婢事下刑部,絶似魚玄機事。與子雲可云名士、美人一般憔悴矣,況又有粤西大帥蝨乎其間,刑部中是一大舞臺,可笑。疊詞二首。

十二(4日)

閲報,子雲已釋,而無罪下廷尉,爲已甚矣。順循未來,大約因急友難,俟彼來,當有以告之。函致葉公,更發一電,乃允歸里,時值大熱,必亦不行。受明到工部闕。陳老四到,云得道威電,云因驗病止滬,不知何人病也。夜熱,幾不能寐。

十三(5日)

閲報,昨放三省主司,湘人無一焉。江西張仁黼、李家駒,李似優矣。報亦言子雲釋放。又有廷寄拿會黨數人,不知何名。誤以沈爲康,以其短鬚相似,諺所謂認錯鬍子矣。英、法二公使許以愛國黨交中國辦,或亦以其言太過。俄、日戰事恐未必成,日不得英、美,未必敢獨舉。軍機處得湖南電,云某州有匪蠢動,大書强種保教字樣,殆亦即前所云。閲《小漢碑》,有可入《漢碑引經考》者,俟再考之。受明夜見順循,云葉初二始行,仇、陳已出館;彼未入京,楊初六已到津;左全孝復趕回京,云香帥傳見。

十四(6日)

《大公報》復云楊無下獄釋放事,前所聞誤,俟順循來便知。

《官報》言柯調王、丁、汪、劉四觀察隨行。夏廿四日啟節，計日內可到矣。云蘇擬斬監候，王亦有下廷尉事。賽金花人人爭問，真不成官樣矣。香帥電斥兩湖囂張者數人。梁太守出示，有用"團體"、"目的"、"自由"、"民權"等字者，照犯聖諱例不取。阻抑至此，不能不憾《蘇報》之始禍也。順循來，言習子事，似不盡知。受明意其有隱，將來必知。寄壽、吉兒各一函。夜大雨，頗涼。

十五(7日)

致伯翁、幹庭各一函。聞子雲投閣實烏有之事，蓋已爲明妃嫁胡虜，不爲廷尉望山頭矣。報有《刑部人才》一條，與我所説頗合，但是説休文，非説子雲也。然青來談，索《例言》觀之。聞彼聘書實兼脩志，大約替人在是。吉兒來書，云等幼羕來，同到武穴接。此非到武漢先見復心不行，而復心亦未知得見否，故亦聽之。次帥許述貞文案，想是署中事。伊欲我歸，仍充教習，又何不用禮貌而用威嚇，豈尊師重道之意乎？閱《隸辨》，有可補《引經考》者，當更考之。時雨時晴，濕熱尤甚。夜又大雨，有秋意。

十六(8日)

陰涼。順循來，云葉到湘後，必更有電。師範館長仍留，胡仁山亦辭委矣。索祭酒書觀之，且云子雲實歸，前報非是。又傳梁士詒下刑部，《大公報》亦言之，云未必確。有某侍御請安慰游學生，奏尚未上。有某革員參新某[1]，首香帥，次鹿大軍機，又某二大員，香帥名誤"棟"字。大約猘犬之噬如此，豈真獺豸不識字耶？《中外報》列新出書，有《支那五千年大事一覽表》、《朱子議政録》、《新湖南》、《中國腦》、《清議報論説》、《政海波瀾》

---

[1] "新某"，似當作"新黨"。

等書，俟到滬問之。順循云葉歸有電，且俟此耳。夜輔卿來，云道威十六由滬來，十九可到。家信初四日發，今到，云有物託道威帶。早知將返，不必多此一舉矣。

十七(9日)

立秋。閱報，停止徽號之議甚正，英政府不允以《蘇報》人交華官。明明認罪，而以為未認，似亦强辨。柯在江右，人惡其刻，今又留之，毋乃勢利？沈曾植署首府，此人尚屬通人。有某典史，軍機至親，欲得藩庫，不得已以道庫與之，得毋即幼羕乎？伯嚴已薦賢自代，殆以彼中頑固太多，有不自適者耶？叔興、禹門來。叔興以近作詩詞見示，約同往通州。得通州來信，已為稟復，並詞三首，許以懸榻相待，而此時不欲予往，云判袂難為情，然則可不往歟？且俟道威來酌之，或初一同受明入都，再往通，與袁同行似可不必。為幹庭改文一篇。天仍熱甚，夜稍涼。然青邀往觀劇，歸而辮髮纏於車輪，幾殆。甚矣，此物之誤人也！

十八(10日)

再疊四首，擬寄伯翁，從今罷戰，或留二首，到家再寄之，以誌餘情，恐到家無暇唱渭城也。受明得家信，三書院試後皆當改，嶽麓改師範，館長甚便，教習不便矣。《北洋官報》初四日湖北瞿方伯出缺，以關道岑署，陳復心署江漢關道。歸至漢，好去見。吉兒不知看《漢報》否，看則正好到漢口往見也。予前信面不知其故，信局能見及此否？十六夜十點鐘津地震，已見報，予寐不知。元時稱師傅"八合識"，學生"必闍赤"，見碑刻，異聞也，誌之。幹庭來信，云伯華已到滬，將來未必過我。子紱住教場二條胡同北頭路西，我書去，無回信。幹庭亦不言接我住，我去仍住會館可也。

十九(11日)

將詞四首録出，再改。報云慶寬已拿梁士詒，不知何罪，先革去翰林。沈蓋供出同黨及某大員共二十四人，除京官外，已飭各處密拿。英使云某某在彼國辦事，不得借黨禍羅織，不知其人爲誰，恐非全無因者。但梁當得何罪，似亦風鶴虛驚耳。連日不出，無書可觀，仍繙《通志》以遣日。得伯平書，又詞二首，以其二子無消息爲念，並問順循消息。再疊一詞答之。

二十（12日）

録出詞四首，寄伯平。報云梁事不確。十七日又捕得一人，係沈所供者，不知誰也。俄約簽押，又可歌舞太平。閱《通志》，李文忠建立新城，周盛波刱開屯田，皆當時大計。聞文忠曾設砲對紫竹林，意以要挾西人，深意存焉。津事之壞，由裕壽山、聶功亭爲西人所愚，盡去砲隊，云省經費。故洋兵攻砲臺，遂不能守，否則猶可不失，使文忠數十年之力隳於一旦。使彼在津，必不至此。故功罪當合而論之，不可徇一時之毀譽。裕、聶能死，勝於他人，而誤國之罪，亦不能免。世俗多不知此，特志之。閱《通志·金石》，《常山金石志》乃沈濤所作，考證《三公山碑》數條，已將《小漢碑》譌字訂正。《小三公山碑》別鈔録出，俟補入《引經考》。

廿一（13日）

閱報，捕沈者，慶寬以道員補用，吳式釗以六部主事通選，倪世儀以同知用，可謂優矣。粤匪已竄入湘省城步、新寧、零陵、永明一帶，東安、江華、道州暨靖屬之通道亦有匪黨出没，人心惶惑異常。傳聞永明已失，零陵危在旦夕。又云委送軍火赴永明，爲安仁土匪劫掠，安城已失；初四日又委解火藥百餘箱，派勇四十名護送赴永。云見《鮀江日報》，但願其不確耳。本日日本租界戲園開張，又假某紳活戲臺爲慶祝用，真慶賀太平之日也。報云捕會黨有四十餘名，某某三人電致各處密獲。沈所供有某侍郎、某大京兆，已派大臣密查。近政府無論何等考試及選缺事宜，遇廣東、福建、湖南、江西等省籍貫均不擢用，並嚴密查，獨遺江、浙，恐未可信。香帥於學堂添經、史，管學以下皆不謂然，教習多辭。國粹亦不可失，特宜改爲專門耳。得吉兒初九信，擬與幼羕同到潯接，彼尚不知復心在何處。瞿方伯初四出缺，岑署方伯，陳署關道，當在初五六，彼時非電到江不知，想到九江必聞之矣。欲不歸試，又欲到家看看。到家，人必留之應試也。書扇面一岼。將晚，道威處送來信件，不覺慨然。予早知即歸，不必多此一舉。

廿二（14日）

早同受明照像，先到彭、張二處，約彭同往，價式元，尚不知佳否。閱報，次帥屬提州縣平餘七成辦學堂，函致午帥籌欵辦礦務，言尚切實。又云俄、日當有戰事，故不加徽號。本日崇壽之做壽，猶極張皇，何耶？欲觀鐵公雞，又熱，不欲出。輔卿夜至，已知湘電之事，蓋陳四所言也，屬且勿言。

廿三（15日）

又疊詞二曲。閱報，言京師學堂多不欲往，特科更有五人疑會黨，欲去之，某官保力持不可。五黨有商賈黨，楊欽使力爲之辨。午帥某公子出洋，甚開通，豈即予所見耶？鄭叔靜放山西。香帥參某大員，非同姓否？滇、粵皆不靖，吾湘能幸免耶？報又云外部派一能員往日本查留學生，未知確否。前報云某某三人，即慶、吳、倪。又有以李盛鐸代倪之語。李盛鑾已來稟到矣。日內頭目作眩，日中燥氣尤重。

廿四（16日）

閱《新聞報》，云慶寬將到津捕新黨，以爲再得二三人，可至總督。近日行事頗似庚子，楊天驥即拳黨魁，各國何以不問？《大公報》則云各國以辦舊日黨事太甚，欲索庚子所失財產，又開拳黨百餘名，各有的實罪狀，欲中國重懲。種種風說，人心不安。沈所供多舊黨，今密拿者係他人指出。午帥催香帥南下。香帥議大學堂卒業時，簡派大員來學命題考試，以前分數不算，張尚書不以爲然，亦且聽之。五城學堂生暑假後多不欲再去，其腐敗可想。郴州學堂經費抽煙、酒捐，某劣紳阻撓，以學堂爲洋教堂，倡衆毀局，焚斃多人，嬰㜷無遺，已稟上憲。岑帥調查，七事皆是。但願此事速了，免侵灌湖南耳。大學堂編譯書局近日初次印得《愛國心》、《民種學》兩書，唇板甚佳，銷路頗暢，擬買一部，誌之。《官報》載次帥宣講章程甚佳，特恐教官勝任者無多人，奈何？得吉兒十五漢口來書，已到三日，夏竹帥尚無電報，不知何日到，只得在彼拱候。復心已去二次，未見，而復心回信已到，名條事已允面交。以彼公事極繁而回信甚速，較蓀石不回信，相去遠矣。予欲到漢找彼，不到京找復心①，更俟數日酌之，趕即寄信一函，或彼留數日，尚可接到。亦文來，云汪公子將來見。俄而來，談讀史等事，人甚開通。乃翁致意，擬寄景將軍書，屬爲具稟，意在少別蹊逕，但無事可說，且擬一通，晚間又加改正。

廿五（17日）

將稟錄出。閱報，《京師大學堂章程》由香帥主稟，請欽派學務大臣管理通國學務，大學堂另派校長，以專責成，然則管學大臣恐不須矣，野老藉此脫身亦好，特恐學務部仍須借重耳。城外瓦窰脩學堂事，即作罷論。外務部奏派幹員赴日本調查要政，得非查學生乎？沈案內有邵坤，不知誰也。周方伯已到津，別書一條，回拜汪向叔，託交乃翁轉交，昨所具稟亦即交卷。下午叔興至，云脩尚未領，假予叁洋，彼亦有歸思。昨與順循談湘事，頗以土匪爲慮。夜與叔明觀慶祝，燈火甚壯，旗則略存形式。到中

---

① "復心"，當作"蓀石"。

華茶園觀雜耍,三鼓歸。

廿六(18日)

萬壽節日。《大公報》極恭惟,而望立憲法。竊謂中國之弊,在律例繁而不必行,上下以具文相蒙,柄歸胥吏及幕友,遂無一事利民,宜將舊令埽除更張,去其煩文,參以西法,以後令出惟行,則國治民安矣。報言懷遠失守,西征兵力甚單,馮宮保已到南寧招撫,或有成效。匪中有會黨數十人爲之調度,恐革命諸人有與通者。漢上又捕得二人。昨汪向叔以岑帥盡易舊人爲不然,乃叔仍留江,不赴粵,以庶祖母不允之故。叔興聞粵東人言岑儘取粵東銀、米以賑粵西,彼得賑仍負固,反資盜糧。此事已見粵人奏章,或分畛域之見。蘇軍以鄭蘇菴接統,此公名士,得非殷浩、房琯乎?西人以蘇元春曾得外國寶星,必不可殺,然則外交者多一護符矣。張建勳改江西觀察,此人認湖南原籍者,旋聞並非其人。管學遞封章,爲大學堂新定章程。新進士入館事,云新庶常津貼二百金。俄人欲於黑龍江設立都城,何以制之?伏日將過,天又大炎似南方,所謂反秋,歸期須稍緩矣。夜聞制府放煙火,受明探聽,不得入。伯平來信,又詞二首留別。依韻和二首。

廿七(19日)

吉來早到。予聞之即起,問京師消息,云子雲已爲左全孝邀至京,幸彼有先入之言,子雲見幾,前門火車棧遁去。伊與嘉納問答有排滿語,亦太膽大矣。云蓀石甚懼,京師可不往。假洋十四元,惜早行十日,不能同伴。順循來,云可以緩行,俟湘電來再去,今天氣大熱。予意亦俟秋凉再說。梁璧垣至,將往日本聘礦師並師範教習,云特科初意甚好,誤於樊增祥之面奏、吳逢甲之奏參,頑固人誠不足責也。寫家信數行,錄詞寄伯平。大熱,腹痛。吉來與受明夜來宿。

廿八(20日)

早同王、汪到賑務局回璧垣看,歸微雨。順循至,將往保,此間學堂又挽留之,一月須來一次。璧垣一主一僕,二十六元坐官艙,與房艙有別,房艙廿四元足矣,記之。萬籟來見,送眼鏡盒一個、杏仁、葡萄各一匣,玉蘭片式匣。冒雨來,其情可感。雨更大,坐久,不能不東道主人。云分四川,須到湖南。余亭伯信來,還南洋五元,若王但還爛洋足矣。《新湖南》閱一過,至說胡、左皆有異志,未免屈人地下矣。

廿九(21日)

陰涼。聞受明束裝,怦怦不能寐。早起,發家信。致伯平函,請爲辭館,並致蓀石一函,請遞名條;幹庭一函,封銀四兩,託代買物。閱報,湘士城、獄各一,一女辦男,一男辦女,未必同時有此。云:吳以章、鄒獻媚俞。聞捕蔡、吳,俞贈吳使遁,殆欲以此牽及恪士。慶寬放滬道,恐西人未允也。飯後順循來,請到聚源樓,不敢多食。同人約晚間公請順循,先到中華茶園聽唱。到閘口,不見諸人,到茶園,又無唱,只得獨歸。接幹庭信,屬帶酒一瓶,着人買來。將晚到日租界華泰館吃番菜,公請順循。菜頗佳,予不敢多食。晚歸甚涼,俄大雨。

三十(22日)

閱報,湘撫批浙江舉人稟請開《外交俚語報》,頗開張,云欲將《官報》改良,《白話報》、《通俗報》、《蒙學報》皆批准,不知曾出報否。報云岑到任後,匪更猖獗,柳、慶一帶尤甚,竄入湘境,恐不能免。粵楊雲衢爲人打死,云係新黨,政府以二萬金購之。又言吳與俞有暗碼往來。同一吳,而一受上賞,一不免逃遁,豈誠然歟?戒煙方,但早起用鹽湯,臨吃煙,用鹽湯一盃,便能淡癮。見吃煙醉者,用醬油解,事或有之。聞此地有在理會,不吃煙、酒,能蠻戒煙,何不一試?飯後請受明聽戲,並邀禹門同小喫歸。

七　月

初一(23日)

受明一早登程,客中送客,殊難爲情,疊前詞二曲,俟寄之。彼爲用羽還洋六元,我不受,將到上海買食物帶送彼家。報云慶遠失守,匪竟與岑帥宣戰。岑請馮帶安勇,馮欲另募,四月方能成行。湘鄉教士李孝廉加以激變賀金聲之罪,永遠監禁。休文死不足惜,但太慘,爲外人口實,彼無此等刑法,以爲異耳。得家信,十五發,未説及土匪事,想省城尚無驚恐。有李君致龍葂溪信,云撫意必欲我歸,否則公事下不去,歸當有以位置,不講學亦可,中丞推誠布公,似以遵示爲是。金太守已説過兩次,想即金還,不知葉太守到湘如何説,恐其在京聞學堂諸人及羅、梁議論,仍須我講學耳。飯後即致信受明,並録二詞,合彼家信送局。獨坐悶甚,往天仙聽戲,晚歸。叔興夜至,久談。彼亦欲歸,又戀戀不舍,想我薦以自代,此須居停問及乃可。去後,輔卿又至,云自通來,陳七先生望我到彼,有信與我,看所説如何。廿九一函想今日已到,再看此函來後,如不定要去,可不往也。七月脩來,約輔卿午刻到彼請換洋。彼有弟同行,甚好。

初二(24日)

閲報,岑雲帥電奏軍中消息不佳,又廣東廉州失守,岑軍在黔、粤之交戰敗,常備兩軍亦敗,真可慮矣。伯平信來,寄詞六首,無多語,但云何日惠臨,盼望之至。我去容易,但無人守行李,獨去又不便,若早知其意,知輔卿去,便同行矣。將詞録出。飯後到輔卿處,付銀七十六兩,請代換。見乃弟,號小卿,邀抹牌、聽戲,皆不暇。歸過禹門,談道。彼以爲不死甚易,似未敢信,但求却病延年耳。三點鐘歸,疊《滿江紅》二首。有皖人李次蓮者,移入受明所住房。夜間汪樂民來,言庫平寶銀六錢九分五可換洋。孫子京言予將往通,似略知我消息,我詳告,不復隱。

初三（25日）

閱報,譯學題第一是"公德私德於國政民俗效力不同論",云此篇歸張宮保評定,史問宋徽宗詔天下取士悉由學校升貢,其州郡發解及試禮部法並罷,范文正以變法自任,謙讓引身,皆切今事。英儒施理以政學兼史家,謂天演日進,學有專史,推其論,馬、班分錄,宜付專門,國史所紀,正在一朝措注,與民史說不同,所見亦新。保定大學堂教習李佑元請定學律一門,凡學堂中不守章程、不循規矩者,分別處分;不應議論、不應干預、不應糾衆者,嚴定處分。是亦壓力辦法,然今士習囂動,亦不可全無壓力。此人所說不爲無見,蓋彼身爲教習,知非此無以制服學生。次帥設因利局,借貧民錢,意雖善,恐瑣細難行。使教官每月須廿日下鄉演說,不知教官老朽之尤,更難行也。楊然青過談,知予將歸,論脩志事,予傾心告之。得吉兒書,廿三發,尚在漢,竹帥到猶無信,復心同人見一次,未及細說,再往未得見。已知予有信去,彼有復書,特未知如何說。到漢川貲已盡,劉一又病,現借錢用,奈何? 陳伯翁信到,未要予去,但望擺脫學堂仍來耳。其致汪說予事頗詳,即將關書並致居停。呂樵生夜來,云居停致意,袁宮保聞我至,問居停,云志事倘有頭緒,某人我欲任用,今欲去,須回明宮保,如彼欲留,即不必去。我與宮保向無淵源,不知何由知我,亦不知如何留我。明日居停必上院,我去面辭,即知其詳。居停弟頡翁署臬臺。

初四（26日）

閱報,廣東高州某縣爲匪所踞,懷遠鎮爲匪攻破,廣東運往火器中途爲匪誘搶,未知確否。大學堂已擬定學律,增經史、詞章兩科,已定議每日講史,隔日考試詞章。順天主司徐郙、葛寶

華、溥良、熙瑛,湖南許鄧起樞、黃昌年、杜本崇三人分房,江西亦
有三人。請辭東,云自來。一點鐘來,陳謝一切,並吉兒事,云周
方伯入京;再往江;乃弟署臬司,家書中當提及。宮保處,係因面
謁,詢及幕中人才,伊舉我與然青。宮保云現行新政,開學堂,需
人甚急,既有人,勿放其去,我將來要用人,須讓與我,並言特科
不取之人,若出京過津,為我留意,今可稟宮保設法。我云不知
宮保與次帥有無交情,交情深,可電致次帥,"此人讓我留用,請
勿促歸",方可以行;如無交情,則宮保未必肯發電,次帥亦未必
肯受壓也。彼云似有交情,回明再說。為此不能不候兩日,否則
初六七安平、新裕皆可坐也。叔興約聽戲,晚歸。近處有一舊書
帖店,不歸,可往觀。輔卿晚來,示以通函,云孫子京頗關切。

初五(27日)

　　閱報,俄約阿臘塞夫為東三省總督,黑龍江建立都會,以外
尚有六條。岑電軍稍欠利,又有兩營為地雷轟斃之說。岑誅蘇
黨,有數營因此激變。報又云湘邊安靜,前云永、靖之事或不確。
趙於工藝學堂演說甚好,此人殆以此擅長歟? 居停來信,云今早
謁帥,已允致電,將稿見示,云:"長沙趙中丞鑒:皮鹿門前由汪
運司延聘修志,現在直隸廣興學堂,風氣初開,師範難得,甚須借
重,兼資教育,務求見讓,賜復為感。凱。微。"居停云且俟覆電
再定行止。閱《官報》,湖南有林傳甲請飭發《算學報》。袁宮保
批文明書局編譯新書,上等八種,《蒙學讀本全書》、《博物教科
書》、《初等植物學教科書》、《東文典問答》、《學校管理法》、《最
新教育法》、《英國通典》、《美國憲法》,次等四種,《高等小學地
理教科書》、《華生包探案》、《彼得大帝》、《海軍第一偉人》,次
等三種,《皇朝掌故讀本》、《萬法精理》、《埃及慘狀》。不知此
等書何處有之。午後到叔興處,以電示之,彼亦以為且俟復電。
欲入京送黃子餘,亦未定。談至申刻,策六至,彼等打茶圍,我

歸,遇雨。再疊詞二首。

初六（28日）

閱報,軍機已奉諭,科舉永遠不停。陳大京兆諭各堂學生不得閱飲冰室文、留學生報,因沈氏供陳是同黨,急欲以此自洗。張宮保當回鄂,須請假脩墓,巡視長江之説不確。新進士八月假滿,入大學堂。順天農工學堂經費無着停辦。又云軍械全失之事非虛,亂黨將攻潯州。南寧以西法行軍秋毫不犯,西人見者稱居然一小小自立國。又官場人言土匪經雲帥賑撫後概已歸農,其餘慓悍不過三千,又不相統屬,三個月內當可一律肅清。二説不同。柯遜帥所奏四條頗有理,但須切實見之施行。各處裁釐已見明文,吾湘亦必不免,未知吾家子弟如何安置耳。禹門來談道,疑其言之太易,如留此,無事亦可藉以消遣,或亦得却病延年也。《校官碑》後列名有戶曹掾楊淮,疑即《楊淮表紀》字伯邳者,然考其年代,初不相符。《表紀》云"以熹平二年二月廿二日謁歸過此,追述韶銘",已在楊君没後,而《校官碑》"光和四年十月己丑朔廿一日己酉造"。按漢靈帝熹平六年之後乃改光和,楊君雖不知没於何年,計立《校官碑》時,必已没數年矣。且漢掾史皆本地人爲之,無用他郡人者。《表紀》以伯邳爲大司隸孟文之玄孫,《石門頌》云"司隸校尉楗爲武陽楊君,厥字孟文",是伯邳乃楗爲武陽人。《校官碑》立於溧陽,吳、蜀相距數千里,必非一人可知。據《華陽國志》,伯邳名準,《表紀》作"淮",省文。若《校官碑》之楊淮,或竟是"淮"字也。幹庭來書,云朱部書與彼深識,不至中飽。受明來書,云朱名寯湘,住南火局。我如不去,到京可面託,伊二人今日已赴汴矣。報云車價四十金,太昂。幹庭云乃叔月內出京,早去尚可晤也。

初七（29日）

是日七夕,疊前韻二首。閱報,廣西屢敗,電奏有"將士臨陣，鞭之不前，稍加約束，變象已萌"語，又云匪將雲帥先墾剖挖。《新聞報》云紅團甚熾，雲帥不敢戰，華軍未成軍。某侍御請主司取光明正大之文，一切自由之類不得取錄，報以爲百犬吠聲。又云吳、慶更有所圖，十五前使其心腹至上海，探數人，求保舉。接廿三、廿五家信，我初六一函已到，知將歸，託帶物。蔚盛長百金尚未收到，當問之。汪信二封，將加函寄開封禹王廟湖廣會館，俟湘電復，並告之耳。夔球來論三篇，改之。黃鹿泉來詩片，依韻和之云："粵滇烽火抗威棱，遠官將無熱飲冰。君是男兒能作健，吟聲猶滿快哉亭。再到津沽城郭荒，居然鱗介易衣裳。黑山白水成甌脫，何況燕人衛滿王。"湘電到，云"巽甫到湘，皮硬攔館事，不辭而去，屢邀回館，仍派教習，並無惡意，乃迄不遵，跡近貌抗。兹承明示行止，候裁示復。"據云宮保已回電不強留矣，俟見居停，當得其詳。既已決行，乃到輔卿處問問，云初九、十可行。函致伯翁及受明兩處，告之。居停來，云宮保復以"皮遵示即歸，尊處教習如有替人，望仍撥派來"，謂歸去敷衍一兩月，如有人能轉旋，可以脫身，望仍北上。其意雖厚，未知一時能脫身否。檢點一切，甚苦。輔卿夜來。又得伯翁書，並詞二首。鄧云票號斷不致誤，不知何如此之遲。所換英洋全無，云上海可用，如不可用，只得少買而已。夜怦怦不寐，又得二首。

初八（30日）

　　錄詞並書一昏，再寄伯翁。檢理頗有頭緒。鄧云新裕今日開，來不及，要等新豐來，再問之。飯後問三星棧，不知。到禹門處，不云辭行。到輔卿處，久談。伊已著人到紫竹林問船，將到，即有信來。欲到叔興處，恐雨，遂歸。發家信一函。居停請晚飯，餞行。有張雲衢者，新來辦《官報》，乃張一麐之弟。其餘呂、楊、張、楊，皆幕友也。叔興夜來，談久之，伊亦欲歸。此間脩志有人，我不能薦以自代。夜雨。家信云久雨求晴，收天不好，省城亦聞永州有事，但尚隔遠，不驚。

初九（31日）

天明大雨。屋漏，臥處滴水，殆天意亦催我走乎？昨夜夢在家，聞砲聲，旋見報喜人來，報條上書皮嘉福字，豈壽兒今年有望耶？到滬當買洋板數冊與之，屬場中用心做，以期應此佳兆。早起，擬作謝居停書一函，恐到家匆忙不暇也。風雨交作，幸昨日不行，躲過此風暴，遲一二日不妨。再疊前韻二首，擬到家寄伯平，亦恐無暇也。蕉生云報上並無船到，奈何？叔興約明日會。

初十（9月1日）

晴。無事，尋和伯平與伯平見和詞，錄出之，名《潞沽酬唱集》，但內有忌諱語，不便示人耳。禹門來，云八月彼亦到湘，請我餞別，俄以帖子來。聞新豐十二開行，則明日即當上船，以此却之。飯後到同事各處告辭。以名帖辭居停，攔駕，當可不再往矣。買水果一元攜歸，不知到家好否？王璟芳賞舉人。報言午帥電招留學生，獨王一人回，見面力辨，無如之何，商之洋人，洋人皆以學生爲是，不得已出此羈縻之策，請王仍帶學生出洋，事或有之。待叔興不來，亦中外不相及之一端。

十一（2日）

雨。耽擱數日，愁悶之極。覺頭眩氣痛，小便頻數，未上船先病，奈何？着人問鄧，屬往紫竹林探船何時進口，恐今日未必成行也。得達卿書，云二叔吵分租殊甚，歸恐不得安靜，或田或房，斟酌行之。張小松送路菜，並來送行。居停送酒、杏仁、冬菜、麪四色。沈、呂、楊、汪來送。彭禹門仍請晚飯。輔卿來信，云新豐今夜不到，明早准到，到即飛告。既不登舟，只得前往。叔興亦至。客止二人，殊抱不安。邀張茂卿共坐，茂卿又送扝搭菜、酒二色，受之猶不安矣。以難聚會，談至十點鐘乃歸。禹門九月准歸，俟彼時再盡東道誼耳。彭家肴甚佳，吃略多，寐不適。夜寒。

十二（3日）

晴，可謂天從人意。早起尚不得輔卿信，豈尚未入口乎？開銷賞號近八元，照節賞樣。閱報，新濟先到，今日開，恐鄧不知，飯後馳往。彼着人問新豐，無的信，新濟更在後，無可如何。邀叔興抹牌，又混一日。晚歸，甚凉。

十三（4日）

錄潞津酬唱詞完。禹門來，云有沈小階，湘藩監印，伊有信去，問明往投，沈浙人，有姪希榮，聞在慈利縣九谿衛，當日有過手五竿之數。伊擬回湘，即爲此也。鄧着人來，廿元須加，要四十三元，大約合四人。言新豐今日到否尚在未定，真令人悶煞。《新聞報》仍云十二新濟，十四新豐，十五公平，恐公平不能進口。汪樂民云此是第一最大之穩船，如可進口，我寧可等候一日也。報云瞿大軍機欲退，薦張自代，恐不確。岑雲帥見事棘手，欲退，恐亦難聽其自由也。上海縣捕黃舉人，又爲教士索去，大爲上憲申飭，西人亦不肯交出黃某。東三省俄已建都，仍言退兵，豈非誑語？湖北保王璟芳，亦不得已羈縻之意。汪伯唐請告退，恐東海之波未已也。家中無信，不知銀收到否。吉兒無信，不知見夏後還回湘或回江西，甚念之。下午無聊，往禹門處久談。歸，居停來，言日本楊欽使亦坐新豐，後日上船。明日須留一日。仍云可以擺脱，望即再來。語未畢，客又至，乃去。

十四（5日）

早起，無事，取舊詩文橐閱改。飯後到叔興處談，邀同觀劇，以遣一日，真度日如年也。夜半輔卿來信，云船已到，明早開。

十五（6日）

天明即起束裝，不及與東家面別。板車爭價，喚東洋車七兩，又人坐二兩。到船甚遠，已八點鐘矣。十一點開船，無房艙，適官艙空一間，加弍元坐官艙，頗適。下午到塘沽起煤，晚一點開出口。

十六（7日）

　　無風，船無貨，亦平穩。不過煙臺。望海邊一帶島嶼甚多，惜不知名。以近日海防形勝言之，宜擇其有險可守者，乃可以固門户。然大沽礮臺且不保，遑恤其他？

十七（8日）

　　過大洋，微風，雖不顛播，亦覺惝怳，能起坐飲食，但不敢遠走，恐跌耳。此船來時遇風，泊煙臺，四月初八開，十四日乃到。予若非湘電一事耽擱，亦必於初八日行，賴有此躲過一難也。晚過洋，見黄水漸平。

十八（9日）

　　二點鐘到上海，仍住大方棧樓上。將到，不開早飯，到棧又飯過，等至五點始見飯。街上買南貨數種、書數種，報説新書多未出。晚聽戲，三鼓歸。臭蟲咬人，竟夕不寐。

十九（10日）

　　是日江裕開，招商無貶價。聞東洋大利船甚好，寫定官艙並一僕共十二元，且試試看。買裁料廿八元。予欲買紬汗衫小衣，錢不觳而止。昨一日不食，一夜不寐，亦尚能支持，不眩，船上幸未遇風故也。飯後上船，夜四點鐘開行。

二十（11日）

　　舟中閲《中國腦》。客邀雀戲，皆江浙人，予贏弍元零。晚到鎮江。

廿一（12日）

　　舟中得詩數首。午前到南京。方灃清者，上年優貢，考得知縣，不赴試，約同到湘。

廿二（13日）

　　晚過九江。

廿三(14 日)

未刻到漢口,住長春棧,地甚不佳。到鴻安棧問吉兒消息,云仍回江西。到江漢關,復心云竹帥十六接篆,談及我,彼尚記憶,可致書道賀。吉兒事,請再致函催,如釐尚未裁,能委更好,次則土藥捐可辦。歸寓,作書致吉兒告之。夜蚊與蜜蟲相率食人,竟不能寐。

廿四(15 日)

昌和到,云明晚開,寫定房艙。飯後上街買物。遇蓉墅,過其寓,久談,云趙與王皆不到師範館,教習甚少。龍、王大決裂,因劉柱臣說周道興錯誤,王袒劉,龍袒周、陸,趙責周、陸有故明宗藩等語,二人皆不認,並日記亦非出弟子,誰何捏造以誑趙者?館長以柱臣易秩華,學生不願,乃易以顏。善化學秩華亦辭,諸公欲去體操,彝仲初一始接事。學堂腐敗如此,我去何益?小泉現在城陵磯局,船到當問之。晚間蓉墅來談。夜用油㟁,仍有臭蟲,用蚊煙,仍有蚊子,真無可如何。

廿五(16 日)

早起,錄出詩數首。飯後上昌和船。所坐房艙黑暗,甚熱,晚間稍凉。五鼓腹痛,將如廁,不看見,將明開船乃如廁。未加衣,頗冷。

廿六(17 日)

船行,微風。將晚過新堤,泊螺山。臭、蚊二蟲想未淨,不成寐。

廿七(18 日)

早到城陵磯。使楊六呼小泉來,云薪水雖增至十一千,無別出息,寫票甚苦,求調他處。伊既增薪水,調大局如何再說,岳州應裁之局,或可以此爲辭。船至午始行,夜泊靖港。

廿八（19日）

早到城，下撥船至大西門碼頭。予先入城，覓轎不得，一徑走到家早飯。家人幸皆清吉，惟發孫病痢未全愈。吉兒來信，已得南安差事，月卅六金，路遠無味，不知夏到任能更動否，恐彼初接印，未必即肯更動，且聽後信。小鶴已歸。達卿、弁卿來抹牌，予先勝，有客來，小鶴代，負七角。熊秉三來，不知何以即知予歸，云葉葵初致意，予辭以教習斷不願。秉三辦西路學堂，住勇介祠。子漁來，以公欵事到城，不考。

廿九（20日）

飯後出門，到織機巷，見太親母，述貞親家旋至。予歸始知允誠親家之夫人仙逝，談及此事，以祥女等且勿歸，念循扶柩歸葬爲是。太親母云允誠虧公欵，恐田廬莫保，奈何？到陳幼梅處，小泉事如前說略提，云釐局事已問上海，看回信。幹庭九月初到湘，喜期十一月初十。兆懷私歸，將行，明年萬壽可赦，但應繳臺費耳。予爲幹庭改文十餘篇，已告之，能中，將索謝也。夏子翁獨住洋務局，未晤。秉三亦未晤。到桂妹處，云三王爺作古，柩已到，伊姑病。小鶴云伊姑挾毒以嚇子婦，不料彼家一至於此。到鹿泉處，云脈甚滯，開消導方。到府正街，見嬸母尚如常。子漁亦到，共留午飯。到福源巷，晤陳佩衡，略談別後之事。到青石街，見子漁，其二女均長大。到一姑母處，見其病甚重，恐在旦夕。到謝家，見妹壻與妹，乃翁甚健。歸已曛矣。秉三函云葉太守屬往見中丞，已爲先容。

八　月

初一（21日）

飯後換錢。周夔球來，乃翁署象州，云土匪踞，近省二百里。

此間招兵，黃澤生帶。出門，到張、王，不晤。到黃親家母、汪親家、汪孟萊處，云中丞將辦《官報》，編上諭，可以見委。晤龍蒪溪於經世學堂，明日開館，有百人。此係龍、譚二家合辦。明德風潮大起，劉柱臣殊非人①，館長亦未免輕聽矣。到芹妹處，知送禮竟誤。往見次帥，待至一個時辰。彼不衣冠，不拜，見面猶憤憤，與之再三辨駁，色始霽，云我講學好，學生均望我來，彼亦從眾，我再三辭以精力不及。至學務處，先見胡仁山，找葉揆初來，以所説告之，中丞別有差委當效力，教習實不勝任。俟葉回次帥如何，特恐湘中新政一時未必能行，彼必權以教習相浼，許以再作後圖，將來又難以脱身耳。出門至此已五點鐘，予餓，轎夫亦餓，遂歸。

初二（22 日）

以各處未拜，早出門，拜藩、糧、府、縣，皆不晤。晤蔣少穆，云中丞欲併礦務局於公司，恐不易，現已開辦數處。顏習安在坐，云講義刻六次，已停，兩處學生皆望我歸，我未必不爲此輩所誤。歸早飯，子漁又至，爲致達卿。顏習安來勸駕，云師範單教經學，不兼倫理，並主筆編講義，且過今年再説，館長亦只勉過今年。我思講義不易編，安得有許多説？此層不能允許，如實辭不脱，寧可照前兼兩處耳。歐勁剛來，頗袒柱臣，附設小學黃瓊生等主政，約初三晚間看影燈。子漁晚又來。擬挽汪親母云："八九年姻誼託朱門，歎小女連失三男，幸猶慈訓親承，詎意萋聲寒隔户；二百里靈風返丹旐，看令郎扶歸孤柩，記別鄉園未久，如聞珮響逐行舟。"

初三（23 日）

俞秩華來，伊現辦學務處文案，兼南路學堂，自出師範館，並

---

① "臣"，原誤作"石"，據文義改。

辭善化小學，陳釗遂去體操，彭利咸爲政，小學講堂只十餘人矣。諸公謀所以位置我者尚未定，故葉未來拜。擬辦學報，使我主筆，若不易辦，寧當教習，若兼二者，尤不能，且不知薪貲多少。俟彼來說，再問其詳。達卿送來七元，屬稟明叔父，爲作一函。待子漁久不至，午後始至，面付之。顏習安來，仍持前議。葉揆初亦來，與顏說略同，欲予仍爲經學教習，兼監督事，答以再商。祭酒來，極不欲予入學堂，云此公不可與共事。彼何爲又接關？並云可以不歸，趙亦無如之何。彼何以不早言？又云此刻不必任事，一二月再北行，勿使人知。吾恐朝行而夕已有人獻媚矣。到成性學堂看看。到汪受明處，面交息銀，付其長子，云甫由經正學堂歸。到善化小學，彝仲出外，見李教習，詢知高等學堂史學教習有李某，故不欲予復任，而別謀所以位置。晚到成性學堂觀影燈。

初四（24日）

　　胡仁山來，云監督不易當，想不肯別籌欵，欲予辦學報，且看辦法、薪貲如何。陳璞老來，云彝仲明年會試，擬仍以此席屬我。小學堂易辦，但不兼脩太少耳。湖南學差放三人，陳兆文、黃均隆、鄭沅。不知蓀石是江西否，俟出問之。換洋，比津稍長，但光洋難得。閱《自由結婚書》，頗暢，惜下卷未見。胡雪巖不說到商務之敗，亦似未成。

初五（25日）

　　致書袁、彭、鄧三人。飯後到秉三處，云龍三丈等請編歷朝上諭作教科書，將以屬我，不甚費心。問及吉兒，云將屬復心、午彝，午彝將歸，可面託之。到習安處，仍以監督相屬。高等監督彭子善欲援我入高等講倫理。高等史學李光翁亦來，徽人，議先刻講義，亦是一法。開講在廿日外。予意仍充兩處教習，一禮拜說四日，似尚穩妥。到鹿泉處改方。到府正街，以會項廿兩交達卿。同抹牌至晚。

初六（26 日）

致書吉兒、達三。飯後印生來。出門到汪鏡青處，云城步等處考生有歸去者，以邊事急，雲帥大敗，遁走粵東，大可慮也。到九安丈處，不晤。到蘇瑞生處，云注冊須三個月，到京伊包辦，須卅六金。俟九月幹庭歸，再酌。到述卿處，甚怕土匪，欲下鄉，予意則在江右。歸，達卿、弁卿至，邀述卿抹牌四轉。到營盤街汪，爲交契事，吉來病稍愈。夜歸。

初七（27 日）

師範送關，由習安來，顏太守名。聞唐斐翁去世，來報喪。飯後往唁，而客麕集。龍萸溪來，云監督不可當，彼處講歸，身能一往否。脩止月廿四千，太不合算。編上諭事，彼亦知之。今年爲辦學堂，不入場，可謂勇任事矣。陳芷青來，其子歸江西考試，早到。于秉郇來，云師範已說妥，伊亦未固辭，而事又中變。予所聞是陳、仇所阻。若彼入任事，或予事稍寬，次帥並不聞也。述卿邀抹牌，至夜歸。擬斐丈、汪親母挽聯各一首。

初八（28 日）

致書唁允忱親家。匋侯云挽聯、奠敬一時難寄，俟彼到省再交，九月必來。飯後送考，到府中街略坐，同到舉場，小鶴、壽人進去乃歸。過秉三，云編上諭擬出奏，即將開辦，已催夏午彝歸辦南路學堂。楊澍生椠以大令分發江西，竹帥之戚，欲致信去，不知住處。我云即送舍間，轉寄夏宅送交，吉人恐起程矣。此番編輯，爲平學界風潮起見，所以反對排滿。秉三甚以湘人多事爲累。途中遇俞秩華，以受教習關、不任監督告之。天氣甚熱，舉場人多，尤不可當。歸寫謝居停並謝舉主信函，未完。

初九（29 日）

寫完陳函，並致黃正卿函，並送郵信局，共四函。開工錢廿餘千,節賑尚未及開,只餘洋四十元,恐一元寶亦難保也。《官報》改爲二日一張,白紙,似《中外報》,其中無新聞,惟學部初開耳。寫挽聯二軸。徐仲阮、沈傅巖來。徐云聞之曾霖生,日本留學生殺大龜。果爾,則大亂至矣。予與楊欽使同船到滬,計楊月初必已接事,恐交卸後出事耳。送客,同到對門抹牌。黄鈞甫來,不相見已七年,俱老矣。問岳丈,亦不如前之健。伊送公甫來考。

初十(30日)

到鈞甫處回看。到仲阮處,約再雀戲。到奐彬處,取其刻書數種。歸,南塘來穀式百式十玖石,仁壽不要,均令發來。天氣一日熱似一日。下考,到貢院前接考,甚擠。到府中街,達卿已出。問集益,報未到,官報局書俟帶錢去取。歸而小鶴、壽兒已到家。首題"夏少康年四十以一成一旅致中興論",殊無味。胡子瑞來,伊不入場,子靜亦不入。伊現住營盤街聽橘園。師範請彼,辭之。晚間聞一姑母壽終,馳往,已殮,問之能應,且云請坐。過九安丈,未歸,彼此相左,聞丈又得新寵。彝仲云中丞將考小學堂功課。盛家灣張四至,使寫退耕。南塘譚蘭臣云莊屋不能照租算,即半出猶喫虧,俟小鶴往視。

十一(10月1日)

擬作首藝一篇。往斐丈處吊,已成服矣。歸作書致芝舲喬梓,吉人恐已起程,故竟達夏宅。學務處送來編書札子,仍止月三十金,豈一定如天造地設乎?昨走路多,今日腳力頗覺乏,未送場。聞一姑母更不識人矣。下午起風,頗凉。

十二(2日)

飯後往君輔處,久談,贈以所著書。君輔云城中無一熟處可談,邀抹牌又目力不給。到述卿處,傅巖已去。歸檢理賬目,不少。檢書,得壬老《桂陽州志》,閱之,議論甚佳。《鹽法志》亦宜仿之，方見作意，但只一事，不能如方志之閎通，且今議論亦難，以係官書，恐須進呈，招人駭怪也。秉三言《新湖南》似彼弟子作，中有言胡文忠謀計事，聞之於此老也。《志》云臨武學宮在城北官山下，宋孝宗乾道初故學地，元仁宗延祐二年縣尹皮元重建。誌之，補入《家乘》。

十三（3日）

飯後到李兆基處，云張佃去年欠十七八石，宜將穀早折賣，不准其兄張二分作，約晚間來。到玄帝宮，見胡仁山，云此間地窄，在家修書亦可。葉太守來，當屬假《十朝聖訓》、《東華錄》，將來大約二本即殼。各處學堂程課甫行文去，一時尚不能來。予云書宜大板，洋板難看。書店《十朝東華錄》四元八角，將來恐亦須購一冊，不知《聖訓》有洋板否。到府中街，達卿未出。遇傅巖，云仲阮邀牌。到述卿處，云未聞。歸而陳佩衡來，言秉三云脩可照津，何以仍舊？七先生有書致意，云汪君牧有書到彼，如可擺脱，仍望重來。予已有書致兩處，看彼如何説也。方伯來回拜，不敢請。小鶴、壽人均回，題亦容易。兆基與張四來，論至夜分。

十四（4日）

飯後換錢。送考入場，到府中街。欲請少濂與公輔接場，云十六恐來不及，即改十七。官報局買《歷代政要表》、《泰西新史攬要》。歸聞沈小嵐參革，住頌年署中，張丹銘爲袁宮保特保，兩人心術略似，何所遭不同耶？劉振愚得督銷會辦。閲《桂陽志》，《陳章伯傳》云"臨江皮元宰臨武，見所爲文，大奇之"，則元臨江人，或即予一家歟？述卿與仲阮來。仲阮云述卿已撫一子，予未聞。在府中街見龔恒春，云穀已收清，仁壽米摺已收穀廿三石，則泉窩塘似全完矣。兆基斷張四欠去年穀近十八石，折十二千石，今年新穀折千零六十一石，已寫票壹百零三千四百文，四百現交,限本月廿八清訖,如不清,九月另招佃,恐未必能如數也,並屬其兄張二必須屏出。鈞甫晚間來,久談,云十七必回潭祀忠壯公,接場之舉仍用十六,並約中秋來過節。

十五(5日)

又中秋矣。記前月十五一早登舟,今又一月。函請君輔並告達卿,屬約少濂明日同來,稍遲不妨。約計今年用欵,予兩處脩金師範三月、高等四月共式百乙十金,又挪用陳璞臣寄賻江學使廿金,陳幼梅借八十金,匯歸百金,帶回百金,但公壽文四十元,督銷六十千,只達卿會項廿金、注册卅元不在內,計已用七百餘串矣。午後約君甫來過節,五點鐘去。《官報》有粵人上書雲帥,頗切實。送二學生至美,遇風而病,美人驗病,不應上岸,罰五千元,二生仍歸,費二萬金。不知何苦乃爾? 何不以此開學堂耶?

十六(6日)

小鶴、壽人早出。公甫出場,來。胡少潛來,云將往江南。談及江學使事,丁酉拔貢有應試者,屬問之。楊銘勳來,求爲吹噓。其畫不工,奈何? 熊乙垣函來,言泰興榨行事。述卿來邀抹牌,因爲君甫兄弟及紹濂接場,不往。待紹濂,乃至夜。君甫以忠壯祭,明早准行,乃寄食物,並作一詩送之。

十七(7日)

飯後到君甫處,出買物,尚未行。有王某索予所箸書。到仲阮處,約廿日外請吃飯,並邀牌。到少潛處,不晤。到陳蕎直處,云道威取譯學,乃翁有信,云汪君牧仍望再往。到君華處,不晤,晤象臣。到秉三處,不晤。到府正街,潘紹濂、謝俊卿皆在,邀同抹牌至夜。歸紹濂千一百文。

十八(8日)

少潛送予《政要表》,揀《自課文》、《日記》各一部送之,並送紹濂各一部。俊卿來，邀述卿抹牌至夜。目疾頗發，以後宜戒。天漸涼。

十九（9 日）

作書致夏竹帥。飯後出門，回璞老拜。拜佩衡，不晤。到昭忠祠，見紹濂及乃兄。到院回陳廷緒拜，云到學務處會。到玄帝宮，見胡仁山。陳來會，字理卿，寧波人，呼予年伯，當是丁酉。葉揆初亦至，談及脩書事，云《十朝聖訓》只有洋板，《東華錄》當能找木板；要分類編次，只須兩本，不必太多，欲先定條例，再酌。今日中峰請山長議改書院，以嶽麓改高等，山長脩金仍送，當不至阻議也。到府正街，紹濂亦至。官報局取書二冊。歸，諸梁過談，以《漢碑引緯考》示之。予校一過，訛誤甚多，將使梁益智改正，並翻刻《駢文》。小學堂生龔鏗、廖燮勛、楊冕、周覽來見，皆應鄉試者。周漸長大，比去年高半個頭矣。師範館來知會，廿四開講，一禮拜只二次。仁山云場後只可四五十人，則只須講一鐘點矣。翻《四庫提要》，不得分類法，擬以意定爲勤政、愛民、審官、勸士、輕賦、省刑、詰戎、變法八類，復定爲制法、育才、勤民、審官、省刑、輕賦、定禮、崇文、經武、柔遠十類。

二十（10 日）

潘氏兄弟來回看，紹濂云考優，請幫一篇，可傳。如照章廿四，則是日開講須略晚矣。《三國志》高貴鄉公是論少康、漢高優劣，非論光武。予記憶少誤，然人未必知也。擬《凡例》四條。夜雨，驟涼。

廿一（11 日）

將《凡例》四條錄出，並寫致竹帥書，目力竭矣。稍睡，略愈。補《引經考·三公山碑》。編定《駢文》，以俟翻刻。曾曉霆來，云在《通俗報》館，儲備倉對門。《官報》湖北題比此爲優，廣西又開捐。香帥定大學堂章，明列大經、中經。劉巨丞請師範教蒙師有不合,惟師範監督是問。予幸未就此也。趙出示禁纏足,恐空言無益,非辦一二人不行也。聞馮萃亭故,粤事更難。靖州搶刦。

廿二(12 日)

録《卧游圖序》一篇,補入《駢文》,以便繙刻。一卷並目加廿四昂,二卷並目加廿三昂,原本一卷五十七昂,二卷六十二昂。大約原本四萬字,加增二萬字,刻價共須卅餘竿矣。旋復改釘,一卷卅一頁,新入並序十二頁;二卷三十八頁,新入並序十六頁;三卷四十三頁,新入八頁;四卷四十頁,新入並序十頁。分四卷可也。閲《萬國演義》,比《西史綱目》諸書爲詳。

廿三(13 日)

顔習安來知會,改期九月初一,不知八月脩送否。聞師範館請客,豈洋教習到耶?飯後到小學堂,彝仲欲復體操,予以爲不犯着去説。陳幼梅未出闈。一姑母病如故。到芷青處,見江西題目。夏公已出門。到高等學堂,見翁恕堂、許葵園、李光翁、彭子善、翟澤生、俞經詒,李亦予年姪也。恕堂云任雨田在清香留,往見,云將往江西,託帶信件,遂歸。

廿四(14 日)

寫信致芰舲,並託轉寄吉兒一函。彭一姑母已刻壽終,午飯後往視,無人無錢,後事恃吾家而已。歸見八吉沖信,强索七月十四一項,未免節外生枝。任雨田回拜,未得晤,聞明日即行,乃封信件,並致達三。龔瓊山來,今年仍館黃宅。

廿五(15 日)

早起,催送物件到雨田處。復叔父一函、正卿一函。飯後欲出門,雨不止。翁恕堂來回拜。閲《萬國演義》,詳略貫通,甚有條理,惜五元太昂。夜聞熊廚子痛哭,失銀錢,無可追究,疑曹矮子,恐未必然。

廿六(16 日)

晴。學宮知單明日孔子誕祭,須早往。午後龔瓊山至,邀同下鄉相地。俞伯鈞之子來,求爲乃翁作志銘。顏習菴來,邀住師範館。非不欲往,奈以生飯難吃。下午到瀏陽門祭一姑母畢,飲至晚歸。

廿七(17 日)

弁卿以紹濂請幫首藝,不能往學宮。題來,係"明鄭三俊議國學積分咨送太濫論"。檢《明史·選舉志》《鄭三俊傳》,皆無之。弁卿假《九通》,有此一條,事未行而明亡,無甚可説。聞柯學使尚多,勉强作千餘言付之。下午聞受明歸,往看,十七起程,五日始到。確山首題"漢初弛商賈之律論",伊欲讀"弛"爲"治",似鑿,場中不宜。伯華同歸,幹庭須遲二日,云近亦冶游,與伯華不睦。有江西候補道江峰青晴嵐來,云竹帥奏聘壬老,諭旨甚優,特使來湘,造廬請謁。其人亦頗通時務,有著作者。予未見此諭,及明年停止萬壽之説,當索觀之。歸而徐叔鴻之子名□立①、字明齋者來,乃任雨田壻。雨田辭行見次帥,談及我,謂脩太菲,須月百金,且欲薦我入幕,以行急,不及見我面説,屬彼轉致。其情可感,若入幕,則非所願也。

廿八(18 日)

閲報,見各省題多平易,二場題頗有新色者。王乃澂參仁和,慶邸受餗,所傳湯小秋事似不塙。兆懷刻文申訴,亦無益也。劉牧村補桑植,胡沅似即仁山。上諭嘉獎壬老見報。徐副將報捷,未知塙否。蔣少穆來,請辦報,以目力不行謝之。伊云中峰亦以爲然,我不應,即中峰如何?周夔球來②,云乃翁在象州無恙,岑

---

① "名"下,原稿缺一字。
② "球",原脱,據文義補。

實還粵東，惟鄭孝胥在彼，許專摺奏事。此人名士，將略恐非所長。吉兒中秋一函云後日即行，此刻想已快到。云信不由夏處，即掛號寄贛州磁器街恒孚蘇洋貨號代交轉寄，號係袁家開設者。

廿九（19日）

到瓊山處，學堂已移。到奐彬處，不晤。晤徐仲阮，邀抹牌，約下午到礦務局。少穆已移賈祠，遂到尋秋草堂。蔣不言及報館事，礦務云已開四五處矣。歸而述卿至，約到仲阮處，下午同往。

九　月

初一（20日）

飯後到館，學生祇五十人。習安云有人願繳學費，朱太守阻之，必欲縣送。以此等反對之人辦學務，何患學堂不興？只講一堂，尚不大喫力。巨丞欲開實學公司①，以買印板印要書及買機器、化學等物演爲圖説開通民智爲急，集股一萬，每股百金。邀予出名可也，惟予不任事。蒙師講習所在貢院，巨丞亦欲予往講。到鹿泉處診視，云係風寒，非風熱，不宜寒涼。到府正街，云已到瀏陽門等我。歸過瑞文書局，有《十一朝東華録分類》，價四元，未攜歸。午飯後過徐明齋，不晤，到瀏陽門，達卿未到。到陳止青處，不晤。其次子辰生出，云乃兄即日歸，迪安已到川省，家眷尚在江西。復到彭，仍未來，爲寫主位。歸過幹廷，閲其闈作，能用予意，亦可望中。過受明，不晤，歸。

初二（21日）

録講義。得受明函，云欲見夏公，屬致書爲先容。爲作一

---

①　“實學公司”，下文作“實業公司”。

函,並致焕彬,索《引緯考》歸。午後同述卿到仲阮處抹牌,晚歸。仲阮云將往江西,再當問何日起程。優貢案發,内府曹、張,紹濂並未得陪,前日代作亦未傳入。幸而未傳入,免予文字之厄。

初三(22 日)

飯後到獻廷處,云公事甚忙,因新章批要長,要有意,各州縣結案不能仿造。沿路到南陽、府正街,買《東華録類纂》,皆無有,只得仍買瑞文,一部三千八百文。到達卿處,見優貢名單,是曹佐熙、成本璞,宜他人不能爭。又有王猷美,益陽人,内府占三人矣。到學務處,胡仁山云已買得《東華録》木板,係湊集者,《聖訓》只有洋板,將送來。忘記説要用鈔脊,下次當問之。中峰擬以嶽麓改高等,城南改師範,求忠改忠臣後裔學堂,如無人可附學校逕改商學堂,孝廉改校士館。現清理各書院貲産,將來脩造房屋,如此則將走城外矣。聞朽人猶望學使阻撓,請齋長稟求。措大眼孔小,老無恥者尤可笑也。有初六定王臺之説,如有,亦必不到。到彭三嫂處問候,云病,尚未能起;栗樵交卸,不名一錢;廉泉尚無信來。到《通俗報》館,曾曉霆外出,報亦停。到昭忠祠抹牌一轉,始上席。潘紹廉初六歸家,此席殆以謝予,亦無功受禄矣。晚歸,氣痛。

初四(23 日)

飯後到受明處,云壬老已到省,不知肯去否;吉來尚未愈,恐是發背。江峰青明日即行,乃趕回家。過劉稚荃,略談。歸着將所買菌子趕辦好,寫信到江西。問江尚未歸,約下午去。顔習安請一點鐘到師範館。既以一、五爲期,初四來邀,何也?紹濂來,云初六未能行,將待揭曉,云廣額十名,不知確否?下午往師範講經,乃知本是今日,乃禮拜之五日,非初五,明日可不到。館長至,云近著《尚書孔傳參證》,采予説甚多,書已發刊。云柯、吳二學使皆舊學，吳與仁和甚厚，不廢科舉，與有力焉者。習安云學報仍速刻，取先刻六本歸。過東牌樓，問江觀詧，云已至予處，乃以所贈書付彼人，馳歸。俄而江至，託帶物，應允，云明日壬老邀飯，恐趕不上。壬老約十一月到館，要更正學章，並要趙中丞出奏，趙未必以爲然。衡山優貢即陳梅生之子陳雲鵬，人以爲有私。柯極守舊，出示禁新名詞，而不知此二字即非中國所有。

初五（24日）

閱《東華録》，有非十條所能該者，擬增入垂訓、敬天二類。聞桂妹病，又四妹與紹濂明日准行。下午到紹濂處，云過十五，爲岳母祝壽；又云校經爲學使強留。此本非官所立，説或可信。伊意欲求調校經，遲歸半亦由此。嶽麓改，校士館亦似，隔一河，教習往來不便也。官報局取書數種，蓋少穆新栞者。到桂妹處，云吐血，氣痛，面色不好。歸過陶銘謙，云近未得夏信。歸見達三廿二信，吉兒是日始行。

初六（25日）

午刻述卿約同到徐宅雀戲。晚歸，見吉兒、金女信。陳燕謀至，廖嫂同歸，云吉兒自四月起咳嗽、吐痰，痰中包血，現猶未愈。力疾從公，甚不放心，不知現已到南康否。達三與金女不睦，其行徑甚不堪，或有溢惡之辭，聞之怦怦不寐。天甚熱，恐有重陽暴。

初七（26日）

録講義一道。飯後到館，講一次。習安云再開學報，須録講義。到千壽寺見桂妹，云今日又吐，人尚能起。到夏公處，今日病愈，又出。途遇芷青，問燕謀在落星田任宅，或即小棠家。燕謀云吉兒朝夕見面，並無甚病，今已愈矣，儘可放心。夏宅惟夏公子孫二人入場，湘泉未去。錶與書已帶來，以未會人，仍帶轉去。到幹庭處，尚未發信。星甫在彼，屬開底子，寄信入京看如何。蘇吏房前日來，以多六金，且恐不可靠也。裁釐尚未定，或可苟延。歸過受明，未回。風大，甚冷。陳宅取芟舲書信，乃寄我《通一齋道書》。

初八（27 日）

微雨，甚寒。作書致吉兒，未畢。下午赴謝家飲席。余庭伯云曾來拜，人不告我，何也？夜歸。

初九（28 日）

晴。得贛電，知吉兒已到，幸躲過風暴，不知嗽症愈否。致書芟舲，謝其勸道之殷，責以閑家之則，未能出世，豈能縱子不教耶？王德昭請爲其母作壽文，無事實可紀，女人大抵如是。重陽佳節，無處登高，將例言録出。二鼓後即揭曉。聞次帥不吃慶榜宴即催放榜，不用鑼與吹打，心惡之而無如何也。榜中熟人甚少。

初十（29 日）

寫信與達壻、金女，勸之戒之。聞彼家情形不堪，殊非意料所及。午後李兆基至，爲小泉事。送客，到述卿處，遇獻廷邀牌。至晚歸。聞岑在廣東，二場自出五策題使諸生作，未知果有之否。有之，豈病狂耶？抑欲借此脱身耶？開福寺延日本僧爲護法，殆恐奪寺爲書院耶？

十一（30 日）

封信，發行，吉兒信挂號寄贛州磁器街恒孚蘇號轉寄。飯後到館，講經。中丞用西路學堂章程，諸生具結三年卒業，不得中輟，違者罰學費，卒業予文憑，派充各處教習，不得推諉。諸生不甚願，由科舉爲害也。諸生中者六人，彭兆璜、邱才英、謝煜章、李光第，尚有二人。高等四人，二、三名是。到千壽寺，桂妹下午發昏，夜發熱，上午稍鬆。到鹿泉處診視，問桂妹，云脈息無礙。到學務處，以《凡例》示仁山。秩華云改書院仍如前言，長、善二縣已有札飭查課程，問教科何不備，善化教習譚某學行甚好，堪勝總理否，胡廣東人，云辦事勝何，尚未接印。到府正街，皆出，遂歸。閱闈墨，元頗有書卷，餘平平而已。聞念循病重，甚不放心①，專人明日往問。

十二(31 日)

寫信允忱親家並祥女，不知不如意事何以如此之多？飯後到受明處，看允忱信殊不詳，但云十六發柩，停金剛院，不云念循夫婦來否，所言病症亦略，但云醫言虛弱已極，能受補猶可治。受明校其祖集，有"金鑄賈長江"語，疑爲"長沙"之誤，問新孝廉張之基，不知。予知爲賈島事。壬老不欲往西江，有"今云西學乃倭學"之語。今本是學日本，已聘日本教習，豈獨壬老知之？不往西江，可謂自量。乃云今之監督、教習乃厶厶之流。此老本頑固，何強爲頑固耶？述貞親家來，談及留甸侯事，已應允。蔣翰農來，云在礦務局。到幼梅處，云裁釐有待，或可延一二年。幹庭處問京信已發。到蘇瑞臣處，云要四十二金，看幹庭處回信如何。到汪鏡青處，略談。歸遇述貞親家，本欲留飲，昨日達卿在此言明在我處飲神福，今值曾祖忌日，乃復着人請到彼處，予不欲去，不便留客。祀神後，屬來人告知，責其不來敬神，報本追遠之道安在？明日城隍廟請議捐排扇事，午刻後到。陶銘謙來回拜。

十三(11 月 1 日)

做壽文一段。受明來，云北榜已發，伊與幹庭無名，夏公女婿張某入彀，殆即幼樵之姪。受明行急，予款既不能歸，屬致伯平一函，假三四數撥歸我還，爲作一函，以注冊事託之。下午到城隍廟，爲太平街房屋乃廟中產業，與鄰家爭排扇事。吃飯後到受明處，付以陳函，並洋式元，託買食物。受明云到湖北，年內不

———————
① "心"，原誤作"人"，據文義改。

歸。到勁剛處，欲借影燈，伊以劉巨丞辭，着無庸議。

十四（2日）

　　録講義。飯後到館，講一次。歸作壽文畢。閲《國民日日報》，比《蘇報》稍含蓄，亦有可觀。言湖南學界風潮及賣小輪船事頗詳，似有湘人在内，幸不登予名耳。劉巨丞興實業公司，請予列一名，漫應之，《官報》乃以予名列首。此等事諒無礙，然亦必爲頑固所排矣。

十五（3日）

　　因昨葉揆初函來，請代中丞致陶拙存員外一函，陶勤肅之子，三少之一也，現爲浙江大學堂任事，不得志，中丞與陶公有舊，特派沈令保宜赴杭親謁請之，程敬式百，早起爲擬函稿。飯後往府正街祝壽。遂到學務處，請葉來面交。葉云中峰見所擬編書例言，甚稱許，延我入幕。我辭之，彼待我太過，且與紳不睦。祭酒云此人不可與共事①，故不欲允。若恭敬待我，加重脩，再説。葉云陶未必至，欲請張小圃，彼已引見，指省湖南，不便奏調，但用函催，屬再代撰一函。歸過普通學局，有《新政真詮》，八百文。過陳佩衡，適蔣少穆在坐，予爲受明代致一切。歸邀述貞、受明及周夔球。是日爲曾祖生辰，席設我處。受明來，云所謀不遂，擬變計不北上，昨交卅金爲吉兒注册，仍將退還。問述貞，中峰處何以無消息？云聞人言彼舊學，故不用。予未便以延請入幕告之。專人四日不歸，可怪。

十六（4日）

　　擬致張小圃書。閲《國民報》，新臬乃龐鴻文兄弟，庚子拳黨，戊戌請親政致通顯者。張有瘟神之名，柯有伐柯之誚。瞞得靈有此代表，殆於元寶、煙燈外别一思想乎？幹庭來信，云東三

---

①　"人"，原誤作"云"，據文義改。

省確已屬俄,何見事之晚? 彼欲題目,當寫與之。小鶴生日,欲行,不果。達卿、弁卿、紹濂來,同抹牌。夜專人回,念郇回信,病少愈,可不妨,母柩先來,不日將至,厝金剛院,並非葬。何不待念郇病愈同來? 不可解。

十七(5日)

錄出信稿,並講義二道。桂妹女工以乃弟李仁方被押,使地方保甲到我處問總查王某是江西人,下午爲此到幼梅處,云此人同鄉,不甚密,可託黃惺甫去;江西揭曉,徐小谷第二,本擬元,以監生抑之;岑帥行文十八省捕黃兆懷,由不早去;月初將移住東茅巷,欲使幹庭入學堂。爲幹庭出題,同到惺甫處,不晤,面交乃翁。到受明處,云仍將入都,即日行,不待允忱。到彝仲處,云楊冕等皆去。經貽頃來,言學生具稟,請立汪鏡青總理、俞秩華監督,彼不知也。

十八(6日)

寫信致小泉。飯後到館,仍講二次。到桂妹處,病已少愈,云子紱可望襲爵,須數百金,此事亦須做成方可信,告以李仁方已託耳東矣。到學務處,見札有"無益有損之紳士,一概不得干涉"等語,札胡看如何辦。梁鼎卿乃璧垣之弟,東洋歸,派師範會辦。見葉揆初,以信稟與之,云將委代高等總理,以編書須巨紳督辦,委翁恕堂,以我暫代。到府正街,是日三叔父忌日,在彼吃飯,晚歸。俄而札至,止夫馬廿兩,要認真辦。匋侯云有謠趙將動者,予所以不欲入幕,擬見葉詳問之。

十九(7日)

到城隍廟祀觀音,得毋笑迷信宗教耶? 午刻到高等學,見恕堂,云洋教習來,不欲過費,與經貽及陳禮卿抬扛恐爲此,故日內即辦移交搬出,似未必因此一事也。賬房羅壽生、文案羅羅生皆見過。經貽、澤生處略談。經貽云似是長局,目前不得不如此説，將來須入居。翁云彼自起火，每月十三千文似不敷，宜仿羅十二老掠火也。到幼梅處，云信已寫，取所帶靴、墨盒五個、《金石索》。歸過受明，早行矣。見董湘舲，云美、日開大東溝，中國允之，已畫押，俄以此爲詞，佔奉天，囚增祺，各國兵船集江陰口，要挾利益，恐十八省不足以償之也。榮慶入軍機。晚到孟萊處。待揆初，夜分歸，略談。

二十（8日）

羅湘琳、羅正芑、羅昌燦並管書與繕寫胡元霈等來見，云翁將歸湘，請我移入。翁將木質關防並卷案一箱送來。如此移交，可笑。八吉沖又來信，我無暇及，付達卿答之。吉兒到吉安信來，云人好。昌曉初來拜，殆憶及年誼。朱杞字伯威來，住貢院西街學報館。將壽文録出，送彝仲。録出《讀選樓序》一篇。學堂書目有予《駢文》，可取校也。復八吉沖一函。聞汪親母靈柩已到，未知今日登岸否。葉言見中峰下午去。先到行臺拜呂主考，云在貢院；到貢院，云已出。往謁中丞，言學生明白者少，翁與洋教習恐不和，故先易之，欲我到學堂，數日後便知應改之處，彼亦來堂查看，臨行一揖拜託。今日派人到嶽麓履勘，將大興作，非一時能完功也。到方伯處，未晤。

廿一（9日）

飯後到師範，講二鐘點。顏習安似不知洋教習至，並未收拾房子。聞二人，一爲輿地、歷史，一爲理化。館長以爲輿地、歷史不須洋人，而此人正爲師範聘來者，所謂江口。前聞葉、胡欲電阻其勿來，不知來否，故習安不便理會，予故以師範監督爲難也。到千壽寺，見子綏初四信，云承襲已由部辦妥，行文湖南，將傳族長具結，以爲必無反復，恐未必然，自夸可爲欽差大臣，殆所謂驕妻妾耶？到高等，是日公餞翁總理，請予作陪。聞翁言洋人不可於聖人前行過，可謂能崇聖也。彭、俞皆以學生年長者不能學西學爲慮，予謂中學果優，不能學西語可寬容，而西文不能不上講堂。既今年課程不算，則直是敷衍矣。嶽麓要大舉，非半年不可。歸過允忱，不晤。

廿二（10 日）

早到允忱處，送奠敬八元。念循猶咳嗽、氣痛，惟燒、氣促少愈，足勉能行數步，尚須扶掖。受明漢上電找楊紹星辦親老告近文，大約仍掣籤。董湘翁來，云密電祕而不宣，又有熒惑入斗之說。飯後到斐翁處作吊。見汪二先生，云不欲兼小學總理，云恐以虛名受實禍，似過慮矣。彭作潤子善請入堂，云翁已行。午飯後束裝到館，同事人多來。唐季山管儀器，云須璧垣來，方能查點。印書器本此間買，因千二百金不毅，現爲武備學堂取去，言可公用。此物須屋一間方可放，須五六人方能理，且須用火，所費不貲，見俞壽丞當言及之。彭子善來，談及夜分。家中持躬父書來，送東西，欲以劉某來受學，作書復之。此間夜頗寒。

廿三（11 日）

早起，霜氣重。董、羅、羅、俞來談。昨來公文一函，付羅生，云須底子咨復各項，須到家取來。領款亦須辦文，不料如是速也。俞辦事頗認真。教西文者姓呂。近又聘一王姓，未至。飯後往俞壽丞處，不晤。由劉襄勤祠出寶南街，頗近。到張雨老處，不晤。思賢局買《四書》一部，近書皆加價矣。《鄭志》不印，其餘亦不行，無如何。到館長處，云聞予入幕。予告以辭却，現只代辦高等。伊言辭却甚好，高等不妨，甚不以秩華爲然。謂新政抽煙、酒、肉捐，並米升加四文，夏子新爭之，不聽，湖南尚有欠數十萬，何必效法香帥？東人止一人來，大約江口不來矣。有李孟祁在坐，長沙小學分校，極稱嚴老精力之強。館長服鍾乳，云須新，極細，上浮不沈，然後可用。已服三月，亦無大效。此等止能壯陽，予無所用之也。到黃宅、汪宅，述貞已允甸侯館事，更欲爲用羽謀事。丁次山已與夏午彝對親。次山如來，再說。到子瑞處，不晤。壬老不見，見吉來，病未復原，可無礙矣。歸館午飯。此間公事甚繁，彭、俞二人能任事。董公朝夕在此，談論甚愜。翁不欲洋人見聖，爲聖人設帳，豈居夷浮海之意耶？

廿四（12日）

英文教習呂文濤來，現住撫署，任繙譯委員。到學務處當回拜，體操教習徐住定王臺側，記之。飯後歸家，檢《西河集》，《古文冤詞》止一卷，尚有一冊不知何處，當以致祭酒。白昂《孝經疏》一部送吉來。字畫數種皆不全。撫札帶交文案。閻季蓉著有《六典通考》一百本，十五元，未見其書。如二顧書十元可買，當買之，取其爲蜀刻也。文案以此間公事於藩、憲、學務皆用咨，請予官銜。予秩卑，不能平行。董湘翁以爲只稟撫憲可矣，然恐以後有事，奈何？此當告之葉公。《官報》沈小嵐革職永不叙用。道遇芷青，江西元即熊元鍔，與徐小谷可謂得人矣。報又云張入政務處，榮入軍機，學堂改文部，任事誰耶？香帥定章未見頒發，何也？學生李烋在街爲人毆擊，屬諸生勿鬧，託善化總查張謨懲辦。

廿五（13日）

飯後往師範，講二鐘點。太早，以後十點去最合。習安移住對面，將自己房騰出以待東教習，云仍將來，與館長言不符，何也？歸午飯。予火食十三千，每日四百文，而菜止於此。彼且欲同文案諸人吃，儘可自開火食矣。但予現是暫代，且見葉公說明再處。彭子善辭委，何意？豈與予不洽耶？總查處送到謝某悔結，云已懲責，可以了事。羅喻番處看，此間所藏書不少，在此可假觀。以予自著書捐入一分。此人知醫與堪輿，選擇汪親家母葬地，即仗此人。云須年假乃有暇，其莊屋亦曾到過。胡澤存乃蔭森胞姪，蔭森所繼子即其兄，今亦故矣。

廿六（14日）

作書致茇舲父子，並告吉兒。致李壽石一函，交夏轉寄。陶履謙至，以鄧立山軍門壽文見屬。是其丈人，不便推辭。彼有《九朝聖訓》可借，《六典通考》亦有之。以殘本《古文冤詞》送祭酒，《孝經》《大傳疏》送吉來，並索償，不回一字，信乎通財之難！下午歸檢《駢文》，仍到堂，作序一段。

廿七（15日）

發信，作壽文。是日星期，無甚事。收到夫馬廿金。聞端午帥有分裂在即之電，請辦膏捐以鑄鎗炮。錫清帥劾陳鹿笙休致，楊士驤代之。不知何人代楊，汪、陳二公動否。龍蛇起陸，本來天發殺機，蟻蝱下界豈能手回劫運？奈何！奈何！下午錄出壽文，俟廿九自送去。俞壽丞來回拜，言有機器在此間，彼與我皆程不識也，還須識者檢明。云洋教習仍是二人，約看武備學堂。十月埽墓回，便道一觀，先着人知會，彼乃往。

廿八（16日）

飯後到講堂，正英文考驗。閱報，所見《漢聲》一卷似非諸生所宜閱也。到師範館，講二次。習安約明日十一點鐘往考驗師範經學，諸生有起而抗者，似彼處學規不及此。辦事人亦太少，習安之兄作幫手也。往千壽寺，桂妹小愈。往鹿泉處診視，伊云喉燥非熱，是寒，看服其藥何如。歸堂午飯。聞有教習三人來，非必此處所聘，洋人以水少，尚有待。下午覺疲，將槀送陶處，假《六典通考》前四本一閱，似有條理，可買一部。予所有志未逮者也。官堆帋十八元，有夾板，比《五禮通考》爲過之矣。羅壽笙送賬來閱，翁總理在此火食十六千，家人工貲、火食式千八百文，明日當到學務處問明，非五日京兆，亦當照辦。副辦卅二金，予夫馬只廿金，未免倒置。聞中坐有更調，不知確否，前恨不動，今又願其暫無動也。

廿九(17日)

錄講義。飯後到師範館考驗經學,而史學考驗久不完,習安以爲不考亦可,且將經學講義定分數。乃到貢院看蒙師講習所,巨丞正在開講。到學報館,朱杞不在。其家前有買洋書處,《萬國演義》五元。到學務處,見葉太守。新來教習是聘來者,留二人,分一人到師範。翁某最好,須留在此。翁歲八百元,李、陳各六百元。予以藩臺、學務不便平咨,且札云暫代,只發夫馬,似五日京兆,恐人輕視,屬轉達中峰。編書云可起手,屬將《東華錄》送來。閱報須慎之,仁山亦以爲然。《迷津寶筏》是明德某教習印送人者,不知何意也。葉欲請范澤生,仁山似不然之。城南脩理委許春山,云潤屏之叔也。到府中街,爲嬸母祝壽,坐客無可談者。晚歸,見新來教習三人,似皆平和。侯昌鳳已開缺,來求復。夜大風。

三十(18日)

甚寒。幹庭來文二篇,爲改正。師範送講義至,閱一過,多鈔錄而已,傅念恃、劉民安、劉錫慶、陳國璹四人稍有發明,恐仍須考驗乃可定分數也。此間史學、輿地講義亦須看看。胡子靜來。蔣少穆來,云須歸家,十月再至;公司在蛻園周宅。託以位置一人,云再商,恐予、季皆非敢保者也。達卿着人來,云明日酒席仍開彼處,何以如此糊塗?諸生以呂文濤罵人,不上講堂。傳班長八人,再三喻之,不聽。此輩自大,善詈或亦有之。學堂難辦,此亦一事。明日歸,須檢《提要》、陳澔《集說》及《後漢書》。經詒來,云呂罵一人,由於考驗夾帶,諸生亦無不上講堂之事。劉輔宣者乃巨丞之姪,與徐某皆好生事,由二人導之,前來說話者即此二人。此事尚可調停。新教習亦通西文,須待王某來,不可造次。經詒以侯昌鳳必不可破例,中丞十二月招考,屬再來。顏習安來,以講義事告之。彼欲稟提欲入學堂,子善以爲太易。

十 月

初一(19日)

早敬聖人,率諸生聽聖諭。董湘林委查湘陰學堂事,明日行。録出鄧立山壽文。午飯後①。是日先大父忌日,燕畢已暮。履謙來,云壽文只須九百餘字,須删去十行。鄧初十生辰,宜早定妥。天雨,遂留家。

初二(20日)

飯後到師範,講二點鐘。到高等,見公事如前。編書事已出奏,洋教習昨到二人,一爲關口壯吉,此所請者;一管一郎,常德所請。江口或可不來。龍陽劉伯耕來,約同二教習來見。伯耕爲繙譯,道殷勤。予旋回拜,伯耕不在側,將筆談,黃澤生來,有何某同來,能譯數語。澤生來談少許,住寶南街黃寓,俟去回拜。壽文删定,録未畢。善學宮傳人到彼處吃飯,看大成殿,現屋漏,應修,恐又藉此好開報銷,提學堂欵。聞自玄帝宮移像,開半日學堂,朽人大譁,以爲將盡毀像與廟,並禁香燭店,且云半日學堂取小兒心、眼,中坐至出示自明。湘事之難如此。二顧書送到,十千,又增二百。書多譌字,此是原刻,恐繙本更甚。

初三(21日)

將壽文録出,送履謙,借《聖訓》數函,付八函來。議陪洋教習見中丞,經詒云不必去,予亦恐人指目,不去更好。聞關口以爲器具不好,且不全,又繙譯口頭語者不能繙理化學,恐日内尚難開臺也。《大陸報》《泰西名言録》有可采之,録出之。的格維

---

① "後"下,據下文,當有"歸家"二字。

爾曰：“欲人民之無無愛國心，必與以參政權，故參政權與愛國心爲正比例。”孟的斯鳩曰：“人民不參預國事，則人民與國事漠不相關，即偶及之，亦猶評俳優之技藝，以資其談助。”馬格勒曰：“政治如衣服。國家、人民漸進文明，則政治亦當改良；人既長成，則衣服亦當改造。”彌爾曰：“凡以政治使人民進步者，必政府與人民之關係善爲處置。”又曰：“政體、政法之進步，譬如登山必自其麓，拾級而上，達於頂巔，決非由麓一躍而至於巔者也。”習安來，云欲辭監督。予謂恐辭不脫，不如請添監督，子善云已派劉伯耕爲師範監督矣。子善欲籹設譯學館，云籌欵易，但難得任事之人。唐季山云首府借演影燈，即時務學堂舊物。予家欲看，當亦可借。徐志衡以去年日記求批閱，爲批數條。陳佩珩來，欲爲侯昌鳳轉圜，辭以不能，云七先生久無信來，恐病。受明函不知投否，當再致書。黄伯華來，云明日即行，到省。

初四（22日）

閱《利病書》，大名濬縣西北二十五里有善化山，山出雲，多樓觀、亭臺或舟車、旗鼓、人馬之狀，幻態百出，故曰善化。山多花斑石，可爲屛几、柱礎。或曰善化者即其氣也，近因採石太多，變狀頗少矣。又廣東明景泰二年有黄蕭蕎作亂擒斬，所云黄蕭蕎回頭即此事也。飯後將歸，中丞回洋教習拜，非拜我也，不能不與周旋數語。歸至織機巷，覺頭眩足軟，勉強到家。以學務有司道名，不得不往一轉。往多不晤，惟見朱益齋廉訪，爲人、説話樸實，戊戌曾在大學堂任事。胡邑侯甚漂亮，亦談及小學堂事。問周聲洋，答以恐不肯任事。又云有薦鄒森焱者，予不識其人。欲復體操及高等教習兼之，似可行。歸午飯，而足猶倦，遂留。夏府送到達三寄蟹式罎、小布三疋、姨老太太之壽幛一軸。蟹火酒太多。述卿來，言獻廷太夫人去世，送奠敬乙元。昨夜太尊借影燈，告以予家可借，甚欣躍，擬十三日，就祭祀。周夔球送來文二篇。

初五（23 日）

飯後到師範，講二小時，覺吃力。到鹿泉處診視，云無甚病，由脾腎兩虧，爲立方。到學堂午飯。爲夔球改文。復栗樵一函。腿痛總不愈，豈將痿痺耶？善學堂三教習過談。胡公求體操，經詒薦周道輿之弟，鄭教習已上講堂，教代數、西文。諸人欲予講倫理，予未應。

初六（24 日）

致蓀石、復心二函。蓀石計未到任，擬將復心一函先寄。藩臺處領到經費式千兩。壽笙言上月火食翁已領去，火食且由彼發，十月再補算。翁十六千，只算三千，可餘十三千矣。學生任儁辭以往澧州辦學堂。楊道濂來，即翁述唐之壻也。子紱事可託芝仙。蕭禮衡來，以學報校刊李某請託秩華留住。習安請三日講經，是添二鐘點矣，告以不行。明日下鄉亦約後日。往夏公處，晤澤生。園中可觀，仍苦腿軟。澤生云芰舲看地，達三不在家，幹臣錫辦海門釐，有信去可付彼。達齋同到漢口，將往南京。

初七（25 日）

飯後到師範，講二小時。自此後一星期只禮拜三講一次，稍易矣，而學報歸我總理，併入編書。習安要我舉人辦事，特薦乃弟，今年備中者，俟商之學務處。我尚未見公事，云已出批。來去路不多，地滑，勉強可走。歸見中丞改書院公事，校經、孝廉改校士館，一名成德，一名達材①；現在高等學堂改農、工、商實業學堂，與始議改中學堂又不符矣。致函達三、金女，並寄吉兒一函。李增城來，云學報館止收支、校栞二人，刻價八二。羅壽翁送來夫馬廿金，火食再送。二顧書不肯退，當待此欵付之。新來

---

① "材"，原誤作"財"，據文義改。

三教習翁名鞏，字士工；鄭名建，字曰功；李名鴻祺，字昭文。洋教習不知何字，俟與筆談。晚雨，明日未能下鄉，誤在天晴不肯走也。夜甚涼。

初八（26日）

雨，寒甚。作書寄伯平，並寄受明，略言近日之事，將交其家彙寄。受明不知到京否。吉來前數歸歟，尚不失信，亦未必非受明力也。寄謝任雨田同年一函，將送交徐明齋轉致。甸侯來信，欲爲乃翁謀小學堂總理，答以須請汪二先生薦以自代，若孟來找葉公與胡公説更妥，特不知煙霞無礙否。祭酒送來《孔傳參正》一卷，屬校正，並請補闕書太甲稽首於伊尹誤倣《洛誥》、后稷先王畢公四世誤會《國語》，二條原闕。

初九（27日）

晴。閲王書一過，"六馬"一條可增，補闕須歸檢閣書。汪述貞來，屬代謀小學堂，明日到鏡青處問問。甸侯不願意，看加脩可留否。江西趙世猷來拜，云住乃叔小東街。陶履謙送筆資十六元，約晚間往取書。洋教習出門，派護勇二人從之，其禮服略似中國之套，上有紋章。劉伯耕接師範事。梁鼎甫在此處，馮立夫亦快來矣。彭子善出買油印機器。學生求綿操衣，議允之。英文教科書有違礙之語，屬置勿用。取《漢聲》及《游學譯編》閲之，有違礙即不示諸生。致夏劍丞一函，交澤生寄去。胡公明日請客，我帖恐發家中。監督舉鄒玉崑，殆即鄒森焱，總理恐即以彝仲兼之矣。洋教習似號菊潭。此間十二開講。

初十（28日）

萬壽，拜牌。祭酒回洋教習拜，略談。到謝宅拜壽，遂歸家。飯後到史家坡拜墓，晚歸。縣署請議小學堂事。彝仲兼總理，不加脩。鄒玉崑副監督，去彭不用。體操請徐閏生。出簿具觀之，所借公車費及何幼伊所墊應先歸。楊某乙竿多云可不還，陳以爲要還，俟劉歸乃明。人多不然陳，而無以處之。

十一（29日）

飯後到馮家沖，見彭一姑母墳在圍外。聞二叔父欲祔叔祖，殆欲合葬福姨而難措辭乎？予亦欲合葬於彭孺人墓也。馮公拜臺石已浚，彭佃殆恐更佃，稍認真耳。盛家灣莊屋已倒塌，泉窩塘亦須脩理，奈何？晚歸。甸侯意不肯留，公隼薦龔鏗，再酌之。瓊山亦來求找館。

十二（30日）

到學務處，無人。郢生處回拜，見壬老所作碑。到芝老處，丰采甚好，特畏行走。黄溪薦湘潭周某，壬老門生，云通輿地，年止廿餘，不惑之數亦可。到述真處，告以總理事，甸侯恐難強留。見祭酒，猶不忘明德學堂，恐報復尚在後。《孔傳參正》又付一卷，帶回。見履謙，云書已清出，可着人取。歸學堂午飯。借《聖訓》全書來，共四十函，弍百五十本。譚蘭臣來索修屋錢，寫條着到家取洋拾元，當非假冒。云南塘尾將出脫，而價太昂，且未知批價多少，着打聽再議。

十三（12月1日）

閱《孔傳參正》一卷。《新小說》六號不甚佳。假《水心集》、《十七史商榷》觀之。羅玉衡云我所居房甚濕，窗戶宜開，爲立方多去濕，所說似是。過門限，無故傾跌，幸無恙。羅壽生云本月用費至千餘金，擬匀入下月。翁臨行向方伯說過，恐有謂其一去即濫用者，予與彭子善亦慮及此事，真不易辦也。是日大母忌日，三點鐘約唐季生同歸家演影燈，二鼓始畢。覺足軟，無故傾跌，似中濕，人亦疲困。

十四（2日）

飯後到師範，已十一點鐘，過時矣。到學堂午飯。見中丞批翁稟甚婉，病愈仍須來編書處，未知翁意如何。閱報，香帥約束游學生及獎勵之方。今學界風潮，不可無此抵制，未知能實見施行否。又云三科減額，以後停止，部議已妥，何無明文？補《孔傳》"六馬"一條，並補閻書之闕三條。將牀移出。

十五（3 日）

爲幹庭改論二篇。招考公事已到，廿五以前報名，初一招考，與諸人議報名辦法。巡勇出缺，喚王嫂之夫來，名星楷，年近四十，善化人，即來堂聽差。益陽吳某求破格收，告以已批示矣。買機器印講義，議即以黎慰農兼寫，胡澤生兼印，已告知二人試爲之。閱武陵課卷，頗佳。湘潭不及武陵。此蓋各處解省備選入報者。熊笛樓來，云武備學堂不常去，只改漢文。武備而偏重文字，何爲乎？蘭臣來，云南塘尾田須元銀乙千五百五十兩，批價退，仍不能加租，不上五納，似太昂，使與弁卿等議之。送桐子塘奠敬式元，交蘭臣寄去。南塘租共三百六十石，予得四之一，若買此田，計須足紋乙千式百兩，當借銀二百兩，每年納息四十餘兩，只得穀十二石五斗，太不合算，故不欲也。天晴，甚冷。

十六（4 日）

寒甚。閱《憲法志》，伊大利不得以女子繼統，使國統暗移，幼主七歲以前，母后聽政，七歲後別立攝政，皆一變西國舊習，所謂進于文明者乎？觀洋教習上講堂，翻譯周伯勛，即作《憲法志》者。自東人來，議論漸多。副辦、監督不和，宜何以調停之？弁卿來，亦以田太貴，不欲買，且姑待之。張四言脩屋須十竿，予亦未允。梁璧垣至，住礦務局，俟往回拜，並伊弟鼎甫、劉伯耕、周伯勛諸人。梁云印書機器壹千九百餘元，須僱東洋匠，又須月五十元，川貲百元在外，費甚矣。帳房送炭錢式竿，炭須自買。胡仁山至，略言此間難辦之事。伊到彭、俞二處，想亦必有所聞。編書事亦提及，屬將《東華錄》送來。彼云抄寫無人，要我找人。劉國鈞云有一人，屬覓之。聞已聘黃仲弢及張小圃來，辦事不患無人，予願辭退，辦小學堂較易也。

十七（5日）

晴，而霜重，手指皆痛。録出補閻氏《疏證》三條。徐繼焜辭體操教習，將赴廣西，關退我處。經詒以爲可找周某，周到小學堂，須常川住，此間暫代，再説。洋教習所乘轎四十餘元，似太濶矣。蘭臣來，以爲六老爺分示，無論價值多少，必須收買。今且緩住數日，專人到沅江問明。乃於飯後歸家。出門，遇幹庭與其王姊夫來，乃同往陳公館。幼梅外出，到公館各處一觀。遂到汪鏡青處，略坐。到彝仲處，正在講堂課文。其子次仲以其師曾上條陳於中座，許送出洋，辭館，故來城。待彝仲，久之不下堂。乃歸與六弟婦商議，專人往沅，寫信小鶴，約五日回報，看所説何如。

十八（6日）

飯後出買帽與鞋。到三味，看《海國圖志》，紙、板甚佳，須四竿。《乾隆府廳州縣圖》竿半，要再去取。歸於旬侯處取《國聞報》閲之，甚暢。午飯後到彝仲處，又不晤。到夏公館，晤澤生與謙伯。謙伯臨行見吉兒無病。夏公腰痛，久不見客。遂到學堂，見公事，須發翁教習三月脩金，與帳房説知。彭與人則不和，云彼將有移此間歆到女學堂之事，不可不防。將來報名如何辦法，約明日同到學務處，調和之難如此。

十九（7日）

閲《東華類編》，大約應有盡有，可即以爲藍本，而以《十朝》對勘，免致爲人繙損。有法人來看學堂，值洋教習上堂，旋去。唐吉生不肯兼稽查事，與彭子善議之，未妥。觀冊子內有明德、經正女學堂皆借去木器，皆有字據，此非我手之事，然不可不誌之，若移歆則不可。李升求薦陳家幫喜事，擬送對聯云："福曜三湘，克昌鳳卜；歡聯二姓，互締鴛盟。"讀《葉水心集》，其言宋弊與今無異，謂天下之財錢，歲入於官八千萬緡，而支費常不足。今地大於南宋一倍，所入九千萬金，不能多於南宋一倍，蓋所取尚輕於宋，而近所行苛政，則亦幾於宋之和買、折帛矣。今養兵百萬，視宋以半壁江山養兵百萬略少，而不能戰則同。劉璞山以寫字送閱，着明後日來。夜聞學生魏某打布店人，未知其審。洋教習欲請一人教國語，殷殷中國如是。彭議請彼吃飯，問廚人辦洋人菜尚合，可不必起爐竈。

二十（8 日）

閱《東華錄類編》，略得辦法，可即於此取材，擇有關繫者錄出之，各自爲篇，以便增渻。明日喚璞山來，付一卷使錄。陳保彝來，云住東茅巷許對門。汪鏡青來回拜。孟萊、甸侯亦來。聞汪有出山之志，退明年關。黃、孔未退，王三辭不受，意見重矣。下午到張雨丈處，詳問我及吉兒事，告之，彼以不入幕爲是。吉兒事屬設法，云俟衡州陳、楊至。到玄帝宮，胡不在，見秩華，以編書抄寫屬轉致。小學宮①，彼欲改造自脩、寢室，免繳火食，寫願書，一年只增乙千零八十千，事或可行，云一年豫算共二千六七百金矣。李石泉來書，云陸師學堂楊慎初辦，腐敗，欲求中丞送出洋。寫名條，未得交。到府正街，達卿夫婦出避。到師範館，晤周伯勛，云將往平江。洋教習年内將歸，可託買物件。彼欲帶人來辦玻璃，習安答以玻璃可，已有人辦矣。洋教習以四鐘點爲難，此事載在合同，明德不在内，可不往，此不可減。彼云明德待之善，殆筆談、陪款未周乎？歸覺行步費力。經詒云須定豫算表，恐不易。

廿一（9 日）

以帳目還交帳房。松雲昏價八折。吴大茂共買三百元，往

---

① "宮"，似當作"堂"。

借物，當無不可。以稽查事仍交羅生代辦，免更加人。飯後到師範，講二下鐘。習安云有信到京，黃忠浩、熊希齡潛謀不軌，恐出祭酒。咋雨丈云觀望，殆以是歟？旬侯謀澤生事，當告之。周伯勛來，趁此與關口略談。其人亦能言，出送行詩扇見示，暇時當買扇寫詩送之。聞祭酒與竹帥同年，寫一名條試試。旬侯云吉兒有信來，人好，在彼無事，即住縣署。謙伯云是通行各縣，大約設法調劑耳。夜擬送關口詩二首。蔭生請初三，辭以家祭。

廿二（10 日）

陰。以書六册送中座，還書二本送祭酒並致函。又致書胡仁山，爲石泉遞一名條。復萸溪一函。璞山來，付二卷使鈔，百字八文，咷在內。爲二羅寫屏各四咷。閱《東華類編》四卷。夜接公事，現在師範改中學堂。嶽、城尚未勘工，大約移動必須明下半年。撫札有"國勢如此危急"語，似君臣對泣之事不謬。英設長江總督，恐亦不免矣。祭酒又送書一卷。

廿三（11 日）

旬侯早至。見澤生，云待來年，恐來年未必可待。董湘林搬出，有屋十餘間，招考在即，留待學生。體操教習周壽珊來，小學堂亦此人也。校《尚書》一卷，補七廟一條。與彭、俞言戒學生勿鬧，內外俱有風潮，靜以俟之。油印講義派狄澤生之子任夫暫辦。胡子靖來，請兼明德講史，辭以精力不及。萸溪所説周仲元，伊力保可用，歸再商酌。蔭生改廿五申刻，不便再辭。胡幼卿問司徒易馬，不知所出。是日家祭，飯後歸家。見小鶴回書，亦無成見，乃致久丈一函，問明一切，並轉交蘭臣信。子漁至，不便與之説。汪述貞晚來，亦聞消息不佳，留學生有書來，夜半傳點經正停課四日，密電未宣，可歎。側室病足，夜半請醫。吉兒連來三函，云南雄州通郵局。

廿四（12 日）

飯後到館，過小學堂，彝仲正訂豫算表，每年用欸、學生火食須二千五百金，自脩、寢室改否再酌。乃兄京中信云俄約召袁、張密語，不知何云，瞿、鹿不言，慶邸、仁和辭以疾。經正學生頗激動，小學堂亦有之。南塘田貴，彼亦聞之。次甫、劉家留住。到學堂，子善以學生請兵式體操，求中丞給鎗，同一往。予不欲入署，乃同到學務處，見胡仁山，託轉達。胡云英設長江總督似不妄。印書機器已到，同往看看，云湖北有人能使。仁山以教科書譯出，請訂正，但可訂歷史及教育法耳。繙譯馮立甫到，所聞略同。取吉兒信細觀，壽石刻齒，難與共事，芰舲將往海門索債。芰舲信云謁竹帥，不見，信不便遞，須加封。早知然，悔不交任、江二公矣。覆小鶴一函。明德、經正已起風潮，此間亦躍躍欲動。有二學生到彭處，再三開導。

廿五（13 日）

寫對聯二軸。經詒云學生立公約送閱，演說一層不可。予謂公約無論如何總不應立。予亦不敢演說，傳八班長切實喻之。匊侯、公隼云龔鏗曾教書，恐仍拘舊法。到西元，欲見周仲元面說，值龍家喜事，不便入。到礦務局，梁不在，蔣亦出門。乃赴蔭生之招，太早，等二時客始齊。戚澹生者，學務文案委員，云柳州失守，中丞招六營防邊，午帥招二萬人到江南，事甚急。蔭生謀礦務事，蔣、二黃分三路辦。二鼓歸家。

廿六（14 日）

飯後到學堂，得梁壁垣清單，費可謂巨。日幣乙元幾乙金，江口已付川貲、束裝費矣。彭云鎗已允發。俞云學生已說妥，於自修室講習，不上講堂。接二公文，一羅振玉辦《教育世界》報，一巨丞蒙師講習事。打聽芝老少子達甫明日喜期，趕買對聯，用"南國風詩，化行嬪則；西垣翰墨，世嬗文宗"十六字，明當往賀。

楊六取聯至，遂書之。又爲經詒書送蔣幼懷一聯。朱廉訪來拜。檢點不暇，繼思之，"化行"宜改"家傳"，"園"誤"垣"，改之無及矣。關口觀予作字，頗羨慕，屬書聯或扇贈之，或聲價播雞林耶？唐采臣、胡幼卿曾來家，當回步。讀《明史》，戲題二詩云："黨禍相傾國必亡，一舟飄泊已堪傷。如何岸上刑金堡，廷杖猶誇祖制良。""燕子箋傳一代才，小朝大用亦堪哀。何知編訂蝗螭録，未殺黨人兵已來。"改云："燕事箋傳小有才，蝗螭録出黨人哀。紛紛緹騎真多事，未殺侯郎兵已來。"

廿七（15日）

閱《東華録》數卷。往芝老處道喜，云未進親，攙駕。女家即左文襄家也。回學堂，稽查云左昆出外不歸，有人來討嫖賬。此人乃學堂派伺候董湘翁者，並非董之家人，乃未及懸牌，但扣其火食，而出言跑踍不服，足見任事之難。俄而董著人來，云已歸，俟見面告之。陳幼梅、蔣少穆來，談及時事。陳去，復與蔣、彭共論，急宜實辦警務、團練，可告之中坐，皆躊躇不欲往，奈何？夜風，甚寒。

廿八（16日）

飯後到師範，講二小時。習安云陳天華來血書，云分裂在即，各宜死戰，小學生均痛哭，有去辮者；以血書呈館長，館長復云："此等亦常見之事。孔子在陳絕糧，絃歌不輟，固非敢望，而孔融、張奐，亦前事之師也。武侯高臥隆中，有此等舉動否？"主鎮定不叫囂，固是，但處外患，不得不如此耳。若粵匪至，恐未必能如漢黃巾拜鄭君車下，奈何？歸學宮，周蔭生來，印書事薦乃弟，而此間已有人。董湘翁來，未及談左昆事，遽去。現移居小吳門外，或當出城一轉。聞報名者將來，多明德、經正之人，已入學堂者更好，但多童生，須捐監方合例。又聞有二十名官家子弟附學額，而無人肯來。幹庭如來，出學費不難，特恐不能喫此苦耳。菊潭欲予寫對,擬一聯云:"東海釣鰲,遠來嘉客;南湘揮麈,喜得良師。"聞節吾來,未見面。

廿九(17日)

晴,少暖。未五鼓,已聞吆喝聲。學生得陳天華信,云"俄人限文,武官六日搬出,其餘大家不准動,姦淫劫掠,慘無天日",故又鬨動,天未明即體操。又欲將陳信發刊,禁之,不知聽否。湘翁來,將左事說明,尚無意見。習安來,云以後講須更早,亦必須飯後方可。彝仲來,論學堂事,已告官紳,將免繳火食,分別自脩、寢室工程只百餘竿,恐未必然。夏公處來報喪,云昨日戌時仙逝。往唁,尚未入斂。其子在湖北者已歸。身後蕭條,可歎。聞小鶴歸,不知何事,到家問之,云以怡裕事歸。擬提上十日做壽,人多鬧戲。小鶴不肯,恐未能拒絕,云不牽入小泉也。夜擬挽夏公一聯,改送菊潭一聯云:"學有淵源,來從東海;理通造化,教重南湘。"似乎渾含。雞公坡有橫幅,的是吾家故物,以二元贖回。彼定須四元,可恨。

三十(18日)

飯後到學堂,過秉郇處略談。祭酒信來,復以書一卷請校,並酌"大享"一條。復函告以學界風潮,並前一卷坿繳。飯後到鹿泉處診視,言中焦結轖。近日實有積滯,足見此人脈理不誤。到桂妹處,又氣疾發,云恐京中有事。予謂京中不至有事,恐湖南有事耳。歸堂,爲習安作《鋤經園跋》、奭球改文一篇。略臥,起覺寒。學務處送來《中國輿地圖》八十分,云輿地先通中國爲急。此說甚是。《圖》式元四角,昧不佳。即須交錢,帳房答以明日。又瀏陽、安福二縣課卷略繙閱。安福策問冉有仕齊而用矛,齊以強,並《左傳》不知,可駭。到馮立夫處談,云關口託買東西,則年假歸,否則不歸亦可。立夫找寫名片,忘問其名。

十一月

朔（19日）

早祀孔子。胡子瑞來，久談。問周仲元，云聞名，未見。致
芰於一函。閱《孔傳參正》一卷，節王注一條頗費斟酌。習安欲
假鎗十六桿，辭以並無多餘。湘翁云報言湖南分屬法國，英起爭
之，英待屬地或優於法。但不能自立，而望優待於人，不已鄙乎？
閱《美國獨立志》，以學堂爲開國基礎，云諸傑士多出於此。今
日學堂如有實用，或將來能如美國乎？枝江張煦由東洋寄人
書①，語不駭俗，有下手之處。到管書處樓上看書，予所捐書具
在。《武英叢書》、鮑刻《御覽》乃去年售出者，今乃在此，王兆涵
不知開價若干，予之賤售可惜也。有《功順堂叢書》，取來，燈下
閱之，並《大雲山房集》。羅十先生送來夫馬並二月火食，加一
印書人，予去三千文。又經詒夫馬，須與二副辦商定。

初二（20日）

閱《大雲山房集》，甚佳，瀏陽所捐也。飯後歸，送黃宅添
箱。往采臣、幼卿處回步。幼卿云慶遠與城步連界，可慮也。小
鶴請定雷民蘇，欲予請次甫，俟問明周仲元再說。兩腿畏寒、酸
痛，不能疾行，奈何？

初三（21日）

飯後到學堂，録出《鋤經園跋》，送幼梅四色禮，皆受。發
《輿地圖》五十六分，董、羅各借一冊，尚存廿二分。閱《官報》，
陳書甚略，王剛之書頗詳，有湖南屬法夷語。秦樹聲、王乃澂上
書面奏，頗激烈。袁、張主戰，晚矣。董云傳聞有限六十日押遷

---

① 按，應是張繼煦。

之語,不知尚能留園子歟? 羅八先生來,當回拜,略繞瀏陽門。

初四(22日)

晴,更冷。子善言各學堂、武備將弁等共議休息日聚會。此事無益,且恐有損。經論云昨館長拜中坐,以下鄉爲辭,不受聘,意見仍未化,可怕。壬老痛詆梁逆,極不以立學爲然,其定章程因陋就簡,以學政、學官爲教習,安得其人皆通學耶? 閱沈欽韓《左傳補注》,痛罵《公》、《穀》、史公,以治《公》、《穀》者爲罪人,未免叫囂,而"夫人子氏薨"、"用致夫人"又不能不從《穀梁》義,然則《左氏》可盡信耶? 以短喪責杜預,是也,而《左氏》實有開其端者,其所言禮,多春秋時通行之禮,尤非沈氏所知。惲子居非經學專家,所言亦不可據。劉璞山來,復交二本使録,催取前所録文。閱《新民叢報》一卷,尚未見及近日事也。翁述唐來,云見中坐,以爲俄、日將戰。予謂二國即戰,亦非吾華之福。翁將趁夏竹軒之調到江西,託以帶信、物,云明日即須送去。趕寫致竹帥一函,即前函未達者。着人歸家,有物帶即檢付。祭酒送書來,閱一過。夜寫芰舲一函。

初五(23日)

飯後到師範,講二次。歸過敬業學堂,入觀,以冬至放假,惟師範、高等未放。到述唐處,付竹帥信,並開名條一舌交述唐。到家,又寫信達三,並寄洋鐵筒一個,送翁處,請帶交。予家無宗祠供席,先到府正街,再供祖,不成事體。掌燈始上席。吃夜食不舒,發氣痛。

初六(24日)

見《留學生公啟》,不知是高等學生刻者否。犬養云支那朝亡,日本夕亡,言甚激烈。恒章與盛某來見,求開釋盛大發,往縣,未得見。街上人甚擁擠,問之,則看此《公啟》也。又有人加以演説。聞下午官府使人撕去。街上人已有殺洋語,恐又如浙江出教案，撕去是也。到陳處，隨星甫到黃宅過禮。回頭又到陳處，等一個多時始入席。無事，閱報，未見新聞。官電節吾放廣西思恩府。報言陳梅生放福建漳州府。陳云俄、日開戰，與翁言合。日有大臣不肯主戰，爲人所刺，則彼氣盛於吾人矣。兆槐已免罪，可不出口，現在京中。其家企宇爲主事，初八鋪房。

初七（25 日）

飯後再到縣，不晤。回羅八先生拜，亦不晤。遂到學堂，子善云《公啟》信是由此間發出，但隱其名。有湯松者甚不安靜，宜戒飭；戒不聽，宜開除。報名用名單，狄云須數十文，否恐亂報。此事似宜告學務，否則又恐人云需索錢也。望之、夔球來。寫信，致石泉一函、胡大令一函。張季卿夜來談。作小詩四首贈菊潭。

初八（26 日）

經詥以爲十五即須報名，議先出示，惟報名錢數十文須酌，不須錢，人必亂報；須錢，又必以爲此間橫索錢矣。閱《浙江潮》二本，內言自治，與枝江張繼煦書相近。學堂、團練、善舉皆有下手之處，而無侵官之弊，但鄉紳一時難其人耳。下午往黃宅，復往陳宅押送妝奩，復到黃宅晚飯。聞棣威同六舅入京引見將歸，明年赴粵，兆懷免罪，在京，彝伯已到海參崴。又聞俄人據黑、吉，留奉天爲萬國通商。若此，則可和平了結矣。鄉人謠傳廿四作亂，官府已出示拿人。經正有胡某妄言，逐出。

初九（27 日）

飯後到松雲買扇對，擬送東人。過秦雨泉，云乃兄署臨海，而寧海教案甚重，死二洋人、七教民，首惡未得。到學堂，見方伯與翁書，九、十兩月學務處仍送脩百兩，何厚於彼、薄於此耶？董湘翁屬交胡澤生。澤生來，面付之。俞仲曾、顏習安、程瀛石來。同事諸人皆以休沐出門。陳宅邀今晚鬧轎，申刻前往，等至二鼓,再三催始入席,匆匆即歸。

初十（28 日）

天明往陳宅。到黃宅同接親,又耽擱一個時辰,進親已巳刻矣。等至未初,始開早飯。歸家,見受明信,注冊仍須照會,屬寄驛馬市京店劉蔭堂,彼將分發江西。寫信一吊,屬甸侯送郵局。將晚復至陳宅,晚歸。

十一（29 日）

飯後到龍宅,見莫溪,周仲元已回湘潭,屬致書問之。到學務處,見仁山,告以將辭此間事,辦善化小學並編書。薪水云將照送,有新譯《東亞大陸史》屬删定,已送到學堂矣。葉揆初方與黃澤生談兵事①。黃爲兩江請去,以粵西方棘,欲留辦事。陳禮卿至,甚以粵事爲憂,苦無任事之人。沅江欲覓中學教習,問有人否。關口歸不歸,以託帶東西與否爲定,問我意云何。我云託帶須送川貲,專人亦須川貲,欲省費,但請其函託妥人可也。問師範明年如何,云仍須辦,學生即於考取中撥。待葉不來,遂到學堂。見《東亞大陸史》,多誤,紀年及國民革命等須删除淨盡。甸侯至,云受明住善邑館,家書中云即出京。屬甸侯即寄京店劉某,屬仍交汪某。見吉兒兩信,望此甚切,只得趕急。吉兒仍望甸侯留此,俟再商之。受明攜眷,如粵事急,將趁此送小孩子往江西。周仲元不肯出門,如甸侯留,以此辭之。馬介卿來,欲考學堂。

十二（30 日）

飯後往師範,講畢,歸學堂。現在精力尚能支持,不眩暈矣。經詒云十四西曆元旦,須公賀關口,當屬其早,以便馳歸。關口來,以西曆元旦請假一日,云彼國鄉下亦未盡變,有過兩元旦者,

---

① "初",原誤作"之",據文義改。

足見習慣猝改之難。寫扇對送關口,並夏公挽聯。家中復請書門聯。璞山處送所録一卷來,仍未能編次。改定《大陸史》數處。以予意,當通加改造。

十三(31日)

改《大陸史》,年號在共和前,無可考信,以後可取史書易之。經詒言十四請胡公已改十五,家祭須改早矣。胡少卿來,請爲其女作伐陳守愚之子。歸過守愚,未晤。晤彝仲,談請胡公乃二俞、章季詩、許景山公請,我二人作陪。許頃於學堂見,其人不知誰何薦脩嶽麓也。到家,親友數人至。

十四(公元1904年1月1日)

飯後到學堂,關口已出門。彼國有新年會,共二十三人。近又有海軍人到此測水道。閱《大陸史》,與《東洋史要》十同八九,而不及彼之詳明,且宗旨全然排滿,一切删薙,此書似可不刻。假《鐵世界小説》一閲,可謂奇想。等關口,三點鐘方至。又等菜,至天黑乃上席。菜不中不西。子靜、鼎甫來,邀入坐。言明年師範不知如何辦,其人即由考送,未嘗明言考,若借學院,須知會。

十五(2日)

顏太尊早來,無話説。問近事,云香帥有電致午帥,三月内不致有變。俄、日協商,可以磋磨。粵匪勢盛,可危。無人辦事,所見略同。報名已設地方,尚無人來。俄有長沙監生周賚來報頭名。學務處送湘平銀壹百廿金,大約從八月算起編書處之薪水,乃攜歸。是日先子忌日,設祭後,到定王臺,請胡祥清大令,作陪。詢盛事,彼已開釋了案矣,而竟不告我,鄉下人不足信如此。加糧每年三千四百金,只收三千零七十金,胡公亦不能知其詳,當由糧書作弊。大風,甚冷。發信吉兒,並浙江學政陳兆文信。

十六（3 日）

在家，改訂《大陸史》。午刻到學宮，事由學堂人與學宮人作難，以爲每年必有餘欵，欲提入學堂用，而陳、羅、湯、周諸人皆不到。管賬唐敬之等以賬目示到者，印卷局年租二千六百石，須千六百石歸教官，連二屆有虧短，公車五百餘石，今年千金，明年又須千金，亦不毅，計一年不上五竿，不能有餘。固是，但不曉示衆人，則人生疑，專制之弊，如是！如是！冒風歸家。庶母提上十日做生，夜當慶祝。胡藻來見。

十七（4 日）

早起祝壽，客來不多。下午起戲。天下雪，是豐年之兆，但壽日不宜也。祭酒又來《尚書》二卷。幹庭請作聯。朱部書回信，只廿六金，但云此間公事尚未到，與受明所言不符，未知其審。述真親家云念循已愈，不能飲酒，或可延年；祥女能當家，甚好。三更後左目畏風，遂臥。

十八（5 日）

學堂來人，云有公事。飯後回胡太史拜，云江西學堂甚不對，贛州稍可，賀、宋、龍皆在彼。回梁璧垣拜，云順循不得意，有歸志。凡事不能如意，類如此。昨見彝仲，仍欲舉我自代。此間無替人，奈何？到學堂，只尋常公事。報名已百餘人。善化小學生皆欲一躍而登大學。幹庭復來書，復之。夏公十二月初一二即開吊，豈年內即歸葬耶？

十九（6 日）

飯後到師範館，講二小時。歸送扇對。菊潭旋來謝，云學生所說皆能記憶，頗有進步。胡祥清來看學堂，屬公禀米捐一事。閱《大陸史》，增入中國年號。《歷代名人年譜》不載外交，可恨。《東洋史要》亦不全。下午歸。小泉云象鼻明年三月再去，小鶴云明日即行。南塘田已跌至元銀一竿，足見蘭臣不可信，已託九丈。九丈已下鄉，事成當有信來，但要現銀，不易設法耳。

二十(7日)

飯後到保康買杭寧，六錢乙尺，袍料一丈四尺，合八兩四錢。常某云不必使成衣匠過手，有舊摹本。帳價廉，可做夾袍，再當取回觀之。檢得《歷代年表》、《四裔年表》，帶至學堂，校數昏。祭酒又來《書》二卷，云"五章、五服"再酌，以十一卷付之。彝仲薦張某，詢副文案無更動事。子善有事不到，檢出上諭四本送來。禾山云有大板《東華錄》出售，須六十竿，詢學務處要否。經詒云查帳須出不意，當日辦法不誤。許住郵廬，章住武備。

廿一(8日)

晴。閱《中外報》，云俄已退出，又云不確。英佔兩藏。吳郁生參廖平，革職，管束。此等人到湖南，奈何？少穆來，云彼爲坐辦。澤生不往江南，亦在省。各處辦團練，挑人到省，研究學體操、警察，未議加人。粵西事稍鬆，柳、慶尚未失，但有賊耳。以弟事託之，云須多開幾處，明年再看。王廷珍來，榦庭之舅也，云廿四即去。填年號，尚未畢，覺此事甚費力。楊冕來，云欲考高等，告以須監照，且須年歲合格乃可。劉璞山送鈔本二卷來，取三本去，云已五萬餘字矣。聞夜失火，燒皮家試館。

廿二(9日)

晴，暖。李禔農來拜，號籽疇，藝淵丈之姪，有兩弟在學堂肄業，住邵陽試館。胡幼卿催回信，予亦函催黃溪回信。彭禹門信來，託再問沈義人住九溪衛何處，云在署內。黃溪回信，云周仲元願受聘，須略加月費。擬每月加四百文，按節送脩，恐有送眷江右之舉。粵事甚急，孟來信亦以爲慮，奈何？下午到夏處，見謙伯，云魯元已來，初三即下河，已催船。芰牕已到海門，無信到此，恐未必來。到瀕石處，報名欲考，人多阻之，小人不樂成人之美如是。歸家，以書板廿三片送梁益智補正訛錯。

廿三（10 日）

飯後到館。中丞來請，即往。過雨丈，云大學堂將散考譯學，野丈不到，香帥所定章程有兩大本；壬老已力勸往江右，爲多金計，計已往矣。到中丞處，以募化開槍炮廠屬作啟。云近得電，日本有九千兵到韓，英、德諸國爲之解紛，戰不戰數日當有明文。槍炮廠須四百萬金，現已籌得一百萬，將來膏捐可得百萬，礦務、銅元局可得百萬。現勸捐，並發股票，百金一股。前聞朱太尊爲議長，大約從此事開議矣。出到學務處，孟萊委文案，未到。見葉、陳、胡，亦以百萬爲難籌。歸過桂妹，又發氣痛。到學堂，已四點鐘，始午飯。做啟，至夜方成。

廿四（11 日）

將啟録出，送撫署。寫關書，送英溪，歲四十竿，每月費四百文，明正十六、十八上學。幹庭書來，云欲赴考。惺府欲以女配受明之子，恐不允，俟問之。守愚不回信來，有女求人之難如此。湘翁云湖北日本領事以爲留學生意在挑釁，人當拿辦。中丞傳警察委員申斥，委員以所揭文字呈上，即陳天華之書也。諸生憤憤，予早見及之矣，特昨聞俄、日宣戰，今何忽有此舉，豈彼國主和、戰者所見不同耶？亦豈協商已定，不欲開罪俄耶？師範監督改劉伯耕，習安得脫身矣。學務處意仍託關口買物，須三千金，費不知從何出。嶽麓脩改估工一萬二千金，將動工，恐用下尚不止此。《大陸史》改年號粗畢。下午赴俞仲增飲席，聞海年家計不佳，又畏岑，不欲赴粵。黃鹿泉家住晏家塘，擬問明，復彼詩片。

廿五（12 日）

改幹庭、爕球論各一篇。報名已千餘人，恐非實數，外省人考未奉公事。幹庭來問，告以少待。復閱《大陸史》一過，可交卷矣。學生彭某打碗，齋夫罵之。議逐齋夫，學生亦記過。得湘潭信，外舅廿一日仙逝。

廿六（13日）

飯後到師範館，講二鐘點。習安云歸脩家譜，明年劉伯耕接辦監督。到李秄疇處回拜，云已去。到桂妹處，已愈。到鹿泉處，又氣疾，不能出。到學務，見秩華，李仲九在坐，派半日學堂稽查。見仁山，問初一考事，云副辦宜往。告以往湘潭事，定期再請假。到府正街，報尚未出，可惡，取蒙學五書。歸過陳佩珩，云擬開長沙中學堂，甚善。到保康取幛，松雲取帋、筆歸。

廿七（14日）

以庶母生辰，留家。錢碩人來。壽兒以李篁仙女公子遺墨請題詞，題《滿江紅》一闋。寫信致唁鈞夫兄弟，告吉兒、祥女以外祖之喪。慧女生寸耳風，其母吐瀉。

廿八（15日）

飯後過小學堂，見規模頗改良，招考未發。彝仲云聞有張錦瑞之子某開《俗學報》，語多違礙，現當拿捕。以街上帖留學生書，撤委員多人，未免大做，而觀《江蘇》又甚於《浙江潮》，此等亦烏可長也？到學堂，聞王星楷與張炳南醉酒毆打，千里挾前恨，蔽王。予昨未到學堂，不及彈壓，猶欲爲之設法。羅十先生聞之，以打掃夫欲升王缺，知不能留，並革兩人，以馮華廷補王缺。馮旋至，告之。以《大陸史》送交仁山。發湘潭信，未知能達否。董云有電，云將有戰事，《官報》亦無明文。《灃州衛足會章程》頗佳。閱《尚書參正》，祭酒有疑於"五采"一條，予書引孫說，不見《今古文注疏》中，當是《平津館文集》，俟歸考之①，王書引作皮云，誤也。《東華錄》又來一卷。

---

① "俟"，原誤作"似"，據文義改。

廿九（16日）

閱莊述祖《說文古籀疏證》，"皮"字作"𣪊"、"𣪊"。宗周鐘文曰"南國皮孳"，《積古·釋服》。莊云古文《周書》、《史記》古諸侯有皮氏，或即周初諸侯，孳其名也，蓋與奄、淮夷同時叛者。案如莊說，可爲吾家增一故實。又在戰國時，皮相國之前，奄、淮夷於周爲叛，乃後世所謂義兵，不服新朝、不忘故主者，不必諱言之也，特未知下文云何，當求《積古歀識》考之。錄出《東華錄》三卷，填入年月次序。又閱一卷。有趙某來自上海，云英駐兵瓜洲，即長江總督之說所由來。章、鄒議永遠監禁，英只許一年。《國民報》禁不銷，亦旋止矣。子善云陳書是此間人所刻，移禍求忠。《俗說報》要歸學務處閱過，尚無捕人事。此間人亦有在內者，宜深防之。夜風雨，甚寒。作祭外舅文。

十二月

初一（17日）

早祀孔子。今日招考，我不到。中丞已委員六人，無須我輩。如此天氣，考生大苦。報名三十三牌多人，恐不過二十牌人而已。飯後到夏公處作吊，見魯元，云初五即行。歸家看女，昨服鹿泉藥少愈。張季卿考歸，云卷亂，隨人改名。寫信正卿及達三。爲幹庭批日記。下雪見白，頗寒，考生苦矣哉！

初二（18日）

聞師範考驗經學，飯後趕往出題。習安云初八散學，我答未聞。乃約同見中丞，並問甄別事。請示，云下午去，乃歸學堂。經詁云已請示，初八解館，而甄別期尚未定。昨日並不點名，且以填名注冊爲非，費力不討好。子善云將去辦湘鄉試館改學堂事。得重伯信，云此公辦學務，人多稱譽。魏、端兩電並云俄、日將戰，又有科舉五年爲期等語。祭酒函催前事，以下鄉爲詞。昨歸找孫説已得，將復之，乃書二臄，而無人送去。習安送來問答一束，閲十數卷。命輿到習安處，同謁中峰。見面揖謝費心，以爲文采風流，或猶以爲少實乎？問散學及年終甄別，以爲初八散學太早，初六來堂甄別。予以代辦久，請交卸，願仍回小學堂，此間風潮大，才力不及。彼云非才不及，但需才之地甚多耳，現在無人辦，奈何？予未便多言，俟再託人辭之。歸而葉有書來，云分門考試一天來不及，仍用各教習出題考試，收卷呈閲校定，中丞發文憑再來。復以高等不發文憑，亦請憲駕一臨，以昭慎重。經詒云請一定初八，過初八諸生欲去者聽之。燈下再閲十餘卷。

初三（19日）

飯後到貢院照像，學生七十三人層累而上，棹椅不堅，可懼也。歸學堂，又閲卷數十，畢，並定名次。祭酒人來接書，以昨所書與之。家中人來，云惠女又一邊痛，而不持方來，後亦未見人來。子善以試館改學堂明日定議。胡仁山晚至，亦云初八可放學，師範初十發文憑，云罷科舉之明文仍是遞減。今日電至，各國以兵輪封海口，英將助日，必有一大舞臺，特恐陪京之民無孑遺矣，慨然作詩二首。羅綬翁送來夫馬、火食。八先生請書春聯，云官錢局洋元票可換六錢八分半。

初四（20日）

以課卷送習安。閲《東華録》四本。化學試驗，看諸生，亦有能條答者。下午達卿着人來，約同往述卿處。乃歸，以信件送夏宅，請帶寄。

初五（21日）

檢舊碑搨，有可懸挂者，明年當更易之。往述卿處，聞呱呱之聲，云是得雄，向主人道賀，後乃知爲雌也。抹牌至晚。譚壯飛夫人捐式百竿於女學堂，便到我家請見，乃歸見之，贈壯飛詩，舊學也,屬贈我以全集。見吉兒二書,冬至前後發,云郵局現甚遲,在彼人好,屬求方伯致周方伯,屢見不得,奈何?有閔子元者付彼洋十五元,屬爲撥寄。

初六(22日)

湘潭專人至,云十二出殯,寄訃聞來,並寄祭酒及郭某二處,屬楊六代送。還善化糧,南塘叁兩九錢六分,錢叁千一百零五文,小鶴一分在內,盛家灣乙錢四分,錢六十六文,交鄒禮耕之子號海某。遂到學堂。湘翁云湯壽潛以知縣加道銜署兩淮運司,可謂破格。據《危言》所説,恐鹽法將改章矣。幹庭來,以文一篇付之。往省官錢局,換式拾金,得洋式十九元式角六錢八分半,洋錢票早知如此,免出一銅洋事矣。然則官設局,豈不勝挂牌强盜乎?寫挽聯並幛字。録出送關口詩,夜間親付。彼問《岣嶁碑》、屈賈故蹟,知有吳芮是秦末人,久談。偪火氣,夜卧不適。着人送閔函並十五元,得收條。

初七(23日)

弁卿早至,云有省河缺出,屬問耳東。録出祭文。將《十朝聖訓》共四十函送還履謙。又將《東華録》送還幹庭,弁卿事託代達函。致吉兒一函。見《官報》,孫燮臣添派學務大臣,改管學爲學務。中峰批張某云:"以無學識之人,語以獨立、自由,適足以亂。"所説最是。雖不以警部捕拿爲然,亦以爲該生自取。是即前聞捕張錦瑞之子之説也。《俚語報》未之見。《中外報》言日本備戰甚忙迫。汪都良、陳鵬運皆初十發,涂次衡已以知府引見矣,長沙客廓哉!既云將西幸,又提四十萬做萬壽,至有假振貝子,尤爲笑話。彝仲晚至,云已薦我自代,胡公將送關來。答以匆匆匆,此席恐未能辭,何能兼理?如必乏人,分總理、教習爲二席亦可。我意在薦述貞爲總理,此刻姑且勿言。予忽發熱惡寒,腹痛水瀉,乃歸。是夜起六七次,竟不成寐。

初八（24日）

瀉未止，頭目昏眩。湘潭不能去，致函鈞夫昆仲道歉，以祭禮交馮一去。吉兒函加一唇。午刻到學堂放學，仍趨衣冠。中丞處來牌示，十一外府、十二內府覆試，諸生仍在高等報驗、注冊①，即議出牌。董云湖南又派練兵餉四十萬。梁璧垣委農工商礦學堂總理，翁教習副之。保俞壽丞深諳韜略，復保葉、陳、金仍珠辦槍炮廠。未刻率諸生祀孔子。中丞旋至。諸生分數有二月不及分者甚多，且有三月不及者二人，速將開除。教習以為試驗尚佳，從寬留之。演說過一小時，以事理通達、心氣和平飭諸生，甚切，中述昨考野蠻口氣真可笑。下堂，又坐談許久。予實憊矣。去後，乃到鹿泉處診脈，歸。夜起一次。

初九（25日）

飯後到學堂，看報名。遂到學務處，見胡仁山、陳禮卿，說關口歸，送川貨，託帶物件，又各教習去留。陳似有算學人，許去留未定。等葉，久不至。見孟萊，屬轉致。昨善化送關至，予不能受。問此間究是長局、短局，長局須改代理名目，短局即求交卸，以便辦小學堂，否則薦述貞到小學。孟萊亦以為善。過彝仲，以此告之，亦以告俞秩華。歸到鹿泉處更方，不知是彼大慶。聞予至，特為改用補藥，云病已退。腹瀉止，而臥仍不安。

初十（26日）

師範一早催。往貢院照像，遂至師範館。習安云館長力辭不至，遂不拜孔子。中峰至，又演說一小時許，始發文憑。復與關口訂買儀器三千金，又添補五百金。仁山與約，明正底准到。彼處陪教習吃飯，予不敢多吃，遂歸。見石泉書，尚未得禍，欲予為致愊士，當與壽丞言之。劉國鈞聞派學生出洋學警察，求舉

---

① "等"，原誤作"考"，據文義改。

薦,亦此間翹楚。仁山以受斥,怏怏,到此久談。經詒豫算三萬金,難哉!予以勞,臥未安。中丞公事至,起視,又有三人補考。覺冷,遂大不適,四更始寐,總理不可爲如此!

十一(27日)

早起,顏公來點名,不吃飯。予輩吃畢,閱補考三卷,有湘潭章成達甚好。同年李奇珍至,三十年舊識也,現任鳳皇廳教官。孟萊回書,仍云明年有人交卸。舍長局,就短局,豈爲得計?擬晚間再去。董云見方伯,不以取歁四竿爲然,辦事不其難乎?補考又來三卷,不足取,並封送院。晚間到孟萊處,同見葉公,以前事託之,薪水一層未說,看彼如何回復。孟萊云此席有留待小圃之說,小圃才長,未必專在此也。許仍留,葉謂其教法不善,當屬改從教科簡便之法。孟萊處取報五本歸。

十二(28日)

早起,牌示。章成達來,同覆試,免致一人又須一場。院送題來,較昨更易。經問《孟子》、《王制》何以不同。交卷數十,無作經題者,真將有經亡之患矣。朱太守來,以盛業駿名條付之,云可蟬聯,其弟家駿與廖錫勛、李鳴波、李嵩嶽皆在取列。屬文案送許、李、二周之關。明日請關口島田樣、胡子瑞、李光炯、許奎垣、周道腴、周綬堂、翁右工、鄭曰功、李昭文、馮立甫。旬侯與石泉來。石泉云陸師學生無鬧事之說,楊撤差不爲此,錢尤暴,打學生軍棍,故避之。彼處一年用七八萬金,何此間所見之小?蔭生至,云學務處有管書事出缺,求補入。到小學堂詢秩華,云無之。胡祥清大令欲定明年之局,答以待葉回音。晚歸,勁剛來,談小學事,以爲腐敗,詆少華或過當。顏習安到高等,以爲胡仁山發憑單錯,秩華則謂仁山不錯,乃習安錯,未知孰是。秩華云劉弟之長街乞食,可歎。

十三（29日）

得葉回信，云屬事已轉陳帥座，蒙諭，小學總理係長局，請足下可就之，惟高等總理現尚無人，仍請勿辭，一面當速覓替人，不至過久。以此告之彝仲，屬轉致胡公，並問今年如何課程。云每日上講堂，禮拜六課文，第二星期則只三日上堂，二日試驗，與鄭分任，講歷史、脩身。口舌雖勞，風潮較小。到鹿泉處診視。到學堂，着催客。昨謁方伯，又未得見，乃作一函，以名條付之，所謂盡人事耳。祭酒有嫂之喪，明日天氣好即去，若如此風雪，仍不去也。學堂陪各教習，並爲關口餞行。恐路上耽心，與湘翁商議，用手本到中丞處，請炮船護送。

十四（30日）

到王氏試館作吊。祭酒在彼答禮，問我明年館地，具以告之。聞將下鄉竟是實事，距城六十餘里，明年將往，不知何意。大紳皆在。雨丈云江右信須衡州人來可也。到吉來處，云壬老一轉仍歸，喬梓皆以立學爲不然者。到學堂，見學務處片，云撫憲面諭遠來者仍准續考，以免向隅。彭、羅皆以爲今年斷不可，恐不取者改名再來，乃函告胡仁山。關口未行，往周旋一轉，屬開學早到。賑房云並領明正一月三百元，又朱太尊中學堂託帶儀器千金。今日尚不能行，乃歸。縣中復送關，受之。

十五（31日）

仲增屬具稟稟夔師。經詒屬代請黃九嫂充女學堂教習，致書問之。告蔭生學務處無管書事。石泉至，云已入明德學堂習東文，見俞壽丞求出洋事。是日先子生辰，留吃飯。邀瞿、謝雀戲至夜。

十六（2月1日）

到織機巷，交本季息銀。受明初一至滬，初四往江，計已到三道橋劉笏雲處矣。到學堂，人皆去。以仲增屬稟、黃九嫂回信

交狄氏子致經詒。羅喻藩云汪宅請下鄉,天晴即去。攜《翼教
叢編》三本,予取之。張翼雲來見,或以小學堂事耶?問發文憑
究屬誰誤,云胡、顏皆有誤。學生見中丞,已一榜及第矣。到學
務處,見仁山,云補考可到明年。徐之翰已取,因父病歸,求補
覆,云亦可歸明年總覆。鈔胥索費,云即送來。高等、師範二處
皆有關來,明年力如不及,小學教習當辭,或仍薦張翼雲也。陸
仙能戒煙,可爲設法。歸見述卿,送稟與章程殊不妥善,且爲送
學務處。秩華晚來,云二處即將送關,知我力不能兼,欲以張庚
生任小學歷史,並課文字,我不必上講堂,與予意相同。稟與章
程送秩華看,云皆不妥,恐難批准。乃秉燭爲改正,送述卿處寫
過。鹿泉三鼓至。

十七(2日)

惺府來函,託爲作伐。汪太親母欲依次先定長孫婦,乃函復
之。黃九嫂來,云不接關,明年試講再議。到學堂,經詒云即先
當監督,請入堂住亦可,但攜小女須例出學費四元。以歷史教科
書及女學生名馥者所作文字示之。董、羅皆云彭要照董例,年下
再加卅二金。董由翁請藩示,予亦不欲專主,請學務處示再説。
徐之翰事,經詒云俟中丞批示。覆試已發,此處取一百人,師範
四十人,准即入堂,恐來不及,予謂年内來者亦必不多。陸仙生
日,到府正街。夜歸。

十八(3日)

晴。汪守寬以乃祖詩集缺字來問。甸侯告歸。醴局人來,
云念循全愈,祥女無恙,當以食物寄之。陳光國來云泉窩塘願折
租穀壹千百八十文一擔,不知近日穀價如何。劉璞山來,付洋五
元,以書四本並付之。梁益智來書板廿三塊。《師伏堂駢文》擬
續梨,俟梁來與議定。兼善堂請廿日未刻。述卿再送來稟。下
午往學務處一轉,見胡仁山,請其批准,並問彭副辦事。葉、陳出

外,託轉問之。習安另加十金,月報捐伍十元,云高等亦然。仁山頗怪其不先回明。到學堂,問收支,云不聞捐月報事。本月報銷過印並行,乃歸。

十九(4日)

晴。致書祥女。學堂擔鋪蓋回,未交卸,終不能不去。見述卿,問此事稟中峰否。穀價不止一千二百,可不必折。下午爲唐黄氏作公稟稿,即魯英子婦也。婦人能興學堂,亦屬巾幗之英。清書板,尚不誤。昨聞仁山云日本限俄人三日退出滿洲,否則宣戰,今不知何如。予左胯骨作痛,因桌矮所致也。路已漧,以此未出遠行。

二十(5日)

將稿録出,並《鋤經園跋》。久坐,痛尤甚。未刻接春。下午到學堂,羅喻凡約汪家看地。羅綬翁云彭未來,俟問乃告之,有人聳彭援武備學堂例,謀利益均沾者。二十四請各教習團年。馮、李處略坐坐。經詒云學務處擬批駁,陳禮卿改批由縣查覆。到兼善堂,告知璞翁已與縣言,屬再致函。我恐此事未必能妥,所説崔某未必能任事也。夜歸。是日甚暖,夜雨。

廿一(6日)

爲幹庭改論一篇。致書胡公,屬稟復廟歸紳士開學,彼處另覓地方。汪、譚書來,爲張子雲請留,似張已下鄉找譚。此人不爲衆議所容,昨璞老以此藉口,今既函託,無可如何。述卿送稟撫文書來,再當一往。學務處有公事,言師範、高等學生求併一處,亦俟商酌。校所録上諭四卷。下午到學務處,云周揚俊稟送高等廿人入師範,即如此辦。天妃宫學堂,彼處查案未稟撫臺,此亦可不稟,若稟,須改用紅帋,由巡捕進,須數百文。秩華言正要見我,張事得歐勁剛信,言彼在學堂做壽,殺豬二隻,辦廚即其乃郎。問張實有其事,將以信呈汪二先生,最好是找一地方安置張，顧安得有地方可置？將見胡公商之。到學堂，人皆出門。見電報，關口已到漢。過縣署，見胡公，言開學事，云即催送稿稟覆，張事亦略提。郅生在坐，談學堂欵項。胡公已還錢店四百金，公車費八百金只可歸半，歲修五百今年恐不能歸矣。歸家，是日先大母生辰，兄弟祭祀，飲畢雀戲至二鼓，人頗覺眩。

廿二（7 日）

勁剛來，以對聯屬書，言學堂、張事，極憤激。石泉來，總望出洋，現在尚無其事。曉霆來，屬問吉兒買書事，信中當及之。往述卿處。回獻廷看。述卿旋來，付以稟，言學堂事可問勁剛，彼處教習多可兼。勁剛言國文數月有效驗，曉霆亦聞其名。彼半年只用三百千，且要佃錢，每餐飯廿文，可仿行，燈節後必來，陳所用人不可信也。夜作詞一首送子善。

廿三（8 日）

晴。收支來信，云董司馬欲改舊章，廿四不辦酒席。復以可不必辦，而學堂人皆不願意，向董面爭，董復推我。我未嘗說不辦，仍舊可也。明日擬下鄉，不辦正好，而如此反復，辦事之難如此。寫春聯，並錄子善冊頁二臿。達卿來，同到勁剛處，問明開辦一切。柱臣云一桌一椅只須一千百文。勁剛云可找石泉、甸侯開辦，即不能久，可打一開臺，俟再商之。陳幼梅送來卅元，並年禮四色，不便爭執，受之。

廿四（9 日）

飯後過幼梅，見幹庭。到鏡翁處，言長弓事，意雖左袒，亦不以殺豬爲然。予謂此真支那代表矣。秩華信蓋未與看。到學堂，閩人蔣君來見，云住經正學堂。羅八先生楹聯八軸言大而夸，書之出汗。綏翁交正月夫馬、火食，學務處送十二、正月編書脩來。經詒託交學務名條，算學教習二人、副舍監二人，請擇。

予意無人可薦，只好聽之。飲畢歸。

廿五（10日）

致受明書。飯後到學務處交名條與仁山，並二稟，擬批。見香帥奏三科遞減，仍留學政、主考，當不至生阻力。章程已出，未見其全。到史家坡辭年。歸，旬侯來，以正誼學堂事託之。周世櫺來，亦謀出洋。述卿來，議開辦。夜聞老照壁火，府中街頗受驚。

廿六（11日）

致芰齡並吉兒各一函。到謝德翁處問病，因吃茸起，引動風熱。到官錢局換洋，比錢店少一釐，銀少扣一錢半，挂牌強盜不如官矣。到學堂，賞各項，共式千文。香帥所奏有札飭到。到經詁處，商長弓事，必不得已，當去其子。到府中街告慰受驚，云中丞親指揮徹夜。過佩衡，云辦學堂未成居，鑿舊學堂辦，甚廓，蕭、周在內。聞俄、日二公使下旗回國，彼不戰而壓支那，亦支那作壁上觀有以取之。報言譬兩奸夫爭風，而本夫袖手觀，可謂惡謔也已。

廿七（12日）

晴。出買鞋及年貨。閱《新民報》三十七號，無甚新文。歲已終而報止及半，何也？聞廿五日、俄開戰，擊沈俄船三，未知確否。下午過縣，不晤。到善城隍吃年飯，耳東所言仍是敷衍，止招生徒廿人，用義學教法，必不善。屬定課程，而無教習，奈何？縣批未下，須略送費，衙門大抵如是。歸見汪二先生書，長弓似可辭退，云"日來攻訐此君者甚多，即欲推愛矜全，未免不犯眾怒，幸勿以函託在先，為人受累"云云。聞南塘尾田歸周三，無契無糧，儘可理論，恐彼亦未敢生事也。

廿八（13日）

晴。旬侯有信來，求高等監督事。彼處恐難，長弓一席或可

謀也，以此復甸侯。甸侯旋來，告以須到鏡翁一轉，使彼薦以顧
面子，亦見我非私其親，我再向胡公說可也。楊晴川來，欲向中
座求事。石泉來，云明年正月十九滿一月期，欲其打一開臺，似
無不可。陳佩衡來，請作一開學募捐啟；七先生有信，云長蘆志
事仍望我去。現在既未交卸，而俄、日方爭，有屯兵京津之語，豈
可側足焦原耶？達卿送年禮來。陸仙亦來，明年當催少穆也。

廿九（14 日）

　　致陳伯平一函，並致胡仁山、胡翔青二公。甸侯來，以已託
胡告之，云已見二先生，新年當往說，予恐他人先入，早下手也。
午後小鶴歸。年下開銷略了，較所籌又多二三十竿。慶孫算四
月至今，用錢九百餘串，銀在外，真不節之嗟。天甚熱，夜起北
風。總不雨，井涸，而白沙泉亦涸矣。

卅日（15 日）

　　陰，北風大。佩衡託所啟，試爲之。孟萊至，云日沈俄鐵甲
三，奪戰艦十餘，差強人意。吉兒來信，云明正晉省，信一月始
到。午刻到善城隍、火公殿二處謝神。歸吃團年飯。學堂亦有
飯，未暇往。元旦當往謁孔廟也。晚間縣送汪甸侯札，十竿，火
食在內，不過比教書強。夜雨甚大，頗寒。爆竹聲多，依然太平
氣象。

甲辰（光緒三十年，1904 年）

元日（公元 1904 年 2 月 16 日）

早起，吃麪後到學堂，祀孔子。歸過述卿，云縣示已出，當邀會首議出錢。天微陰，不出日，亦無風雨，占驗甚好。下午微見日光。幹庭來，言籌欵局設於藩圍後，乃翁兼之。孟萊來，云督銷局程商霖不來，有朱八之説，述真求會辦未得。甸侯來，以縣札付之。作《元旦拜孔子》詩二首。

初二（17 日）

飯後出拜年，龍、黄、彭、三汪、周、楊、譚、謝及府中街十一處皆親到。龍託催周仲元早上學，並問龔所託事，云俟告之研仙。汪處聞逯到兩淮，彭處聞栗樵代理麗水，周處聞前所説是委員宋姓兼辦，不到，學務處欲更人，俟見陳禮卿言之。彼處有《東華録》大板。見報，日亦傷四船，退出旅順，未足大衂俄也。作詩二首。

初三（18 日）

録出詩詞及佩衡託做學堂捐啟，函致佩衡，且恐鏡青見怪，復函告之。張某尚在學堂，想不至盤踞也。天氣冷熱晴雨之常，大有春意，但恐雲漢之災。

初四（19 日）

録出雜文數篇。楊冕來，云師範送四人，善邑居三，一楊廷傑，一劉某，吾邑人才盛矣。關尚未送，豈無意蟬聯耶？抑別有所待耶？

初五（20日）

雨。爲正誼學堂立簡章八條，以便開辦，送交述卿，並邀雀戲。

初六（21日）

晴。石泉來，云初四已到城，可謂好學。詢問高等考期及送學生出洋學警務事，告以澤生丁憂，趕壽丞回家，不知到否，可去問問。周綏延來，云乃翁許備學貲，送其出洋。蔭生來，云所説未必然，伊將往何棠孫處耳。宋委員已辭管書事，可以謀之。陳作礪號仲金來拜年，福建侯官人，住鳳儀園，未備贄敬，或當再來一次。得栗樵書，詳問一切。我亦詳復五㟼，寄麗水署。得吉兒、達壻二函。壻已見受明，乃翁彼時想尚未回。金女云思歸，欲家人去接。走一次何容易，且不知公、姑肯否，俟吉兒到省説明一次，再當酌議耳。

初七（22日）

早起敬利城菩薩。利城地名，離龍潭數里，前到龍潭問知。彝仲來城，云張巒鈞電催到京入大學堂，現在日、俄交鬨，未知海道通否，擬往漢口探問，如不通，即先往汴候考。

初八（23日）

與彝仲談，甚洽。到司門口看燈，遂至府中街，仍歸。

初九（24日）

到馮家沖。輿中作詩擬贈彝仲云：“薦賢曾汲汲，承乏復云云。都講守家法，要删治國聞。精神蚤駏合，蹤跡燕勞分。西笑長安樂，含情一送君。”“禮部人才貴，師門道誼親。文場鏖古汴，學界招成均。艸緑湖邊雨，花紅海上春。杏林香十里，應逐馬蹄塵。”“努力匡時事，澄觀養道心。鳳嬉從大聖，龍戰鬱群陰。地域無中外，元天有古今。安危繫公等，賦且遂初尋。”“舊館津門地，新聞島國波。戰場滄海濶，和議漢廷多。阻塞防燕路,迷陽託楚歌。憑君謝臺省,意欲老煙蘿。"又《野望》云:"艸色蔚平田,春光透暝煙。山川仍故國,氣象又新年。古木連岡抱,澄潭一鏡圓。行吟澤畔客,何必問蒼天。"是日大熱,下午起風,忽雨。晚到二叔父處,言談如故,面色頗勝前。

初十(25 日)

歸接師範關及學務公事,魯某補副舍由學堂定。無一人到堂。聞芰舲已歸,翁家已來,子病復返。今危家人到,云翁將着人往接,寄物去並問金女能歸否。函致芰舲及達三、金女與吉兒。師範關來。

十一(26 日)

危士藩送土宜四色,夏家壻也。下午到天妃宮,各會只捐十竿,或三四十竿,合計百七八十竿。局面太小,如無算學、體操,恐無學生來也。

十二(27 日)

聞中峰十點鐘到學堂,乃趕去而中峰不至。因前夜張翯、李克明二生服操衣過東長街,爲痞徒圍住,警察護之歸,稟中峰,後聞事解,故不到。經詒屬函告葉公。見公事,學生百人將入堂,經詒請緩,且教習未至,並緩上學。廿日考試普通學生送鄂,又將考實業學堂。副舍監補魯某。到千壽寺,見晴川丈,云襲爵公事已託辦,須百六十金,近來並無俸金,惟得此即可補缺,不知確否。到學務處,見仁山,陳提調亦在,云小圃觀督將到,交卸尚近,特未知交卸後如何。游學生歸,上書中峰,多自立語,亦頗以爲可怖,查問學堂。蔭生事已託陳交條,宋委員未辭也。到集益,屬告知石泉。到達卿處,因潘老到省,屬作陪。飲畢,晚歸。見芰舲及吉兒二函,旋得贛電,云"祐下泗","泗"當是"洪"之誤,謂下省也。函云南康留辦學堂,蓋已辭之。二百四十金,若歸,亦可得也。

十三(28 日)

晴，更熱。聞張子雲尚在學堂，伺侯昨來，以爲疑。飯後往小學堂，張在，彼已出外。乃往汪處，云已告張，侯替人到即交卸，想不至久盤踞。廿日上學，已近，當告伺侯知之。到幹庭處，付以題，並請見乃翁，遞陸仙名條。云無他事可謀，惟釐暫可不裁。即請委釐，看機會如何。歸録贈彝仲詩。石泉來，云將考武普通，勸枀開中學堂。不知同邑諸公皆反對者也，小學堂不能擴充，何況中學？晚雨，微風。想吉兒已上船，但期日內無風暴耳。

十四(29 日)

雨。西路學堂教習菅野新一郎有書來賀，云：謹賀新年，某處某人頓首。《官報》列日、俄事，云日壞軍艦四，在朝鮮仁川地界；日大尉一、中尉二在松花江偵探，爲俄人捕殺；日以壞船四塞旅順口。

十五(3 月 1 日)

雷雨。學堂請上元慶賀，午後到彼。聞新臬使本日接印，邑侯調耒陽，委沈保宜，即去歲中丞使往浙江聘陶拙存者。兩首臺皆姓沈，皆江蘇糧道委。任秉之亦江蘇。藩、鹽皆徽人。開學堂於局關祠，朱八總理，朱原籍亦徽也。督銷云換魏某。聞送出洋生十二人，皆梁、胡所定，不知確否。取《湖北學報》歸。夜見月。

十六(2 日)

雨，復晴。再書一函致吉兒，並致翁述唐書。以邑侯將換人，函致秩華添聘教習，而楊六出，不告我知，可恨。彝仲至，以龔某屋契及公事交我，並簿三本，而豫算表未見。行期甚急，黄溪請明日，我作陪，彼不去，我亦不去也。幹庭來論二篇，爲改正。得彭禹門信，須復。少濂來，住府中街，當往回拜。伊欲入校經，不知改章何如。秩華來函，云根青到城，住清香留楊宅，屬告邑侯下聘。楊紹曾請廿日,東家廿人,往否再看。董云翁有書索薪水,云方伯篤念貧家,此漢武所云此其家不貧也。又云有張某稟中丞,外籍求附學,不知何批。

十七(3日)

雨。達卿約下鄉,而龍宅改十點鐘請彝仲。不能下鄉,且作陪客,乃到彼而客未至。入見芝老,略談。見電報,云日本陸軍攻南韓、平壤、北韓,攻海參崴,俄軍已遁至鳳皇城。莫溪言周仲元廿日來省,廿二上學亦可。女學堂開學須初一,學生來者頗多。歸拜梟臺、首臺,不晤。沈字子貞,云甚能,年四旬餘。函達胡聘根青,此一書去二百金矣。陶履謙請明日音尊。

十八(4日)

天明大雷雨。胡公來拜,太早,約一點鐘。梟臺朱來回拜,龐尚未入署也。胡邑侯早來,予未起,約再來,久不至,乃往道賀。談及張事,意頗躊躇,恐年輩太輕,衆望未洽。開學期亦未定,交卸亦未定也。赴陶履謙席,乃知五十大慶,予未送禮、未道賀,擬壽聯云:“靖節高風,能韜洪族;通明仙骨,必享大年。”見電報,云日沈船四塞旅順口未合法,不能塞,俄七船攻日,日人擊沈其軍艦二、雷艇一,餘四船退回;日攻平壤,俄督回奉天備陸戰。人云此電留學生發,不可問,然旅順未塞,亦不諱。黃、孔皆云葵園不開議院,仍不下鄉。黃云校經分內課、外課,皆無膏火,只有獎銀,內課必須住齋。夜歸,大雨。

十九(5日)

雨,下午少止。聞輪船聲,已能抵省。受明信來,問及注冊事,蓋未見予信。問郵局,仍云未到。已二月餘,何以不到?彭禹門有信來,復一函。寫片,問秩華前所說如何。邑侯以張根青關見示。

二十（6日）

驚蟄。寫片邀唐敬安，問汪旬侯有人來否。旬侯旋與鄒裕昆同來，云鄭、李均到，學生已來廿餘人，可以開學。周夔球來上學。將所編訂上諭再校一過，以便送學務處。邑侯送來秩華函，取總理關去再寫過，或可加四六數。下午赴楊紹曾家公局。聞張小鶴已到①，委學務、洋務，渠以未署糧道，不滿意，雨老云其欲去。葵園云俟嫂葬再下鄉，《尚書》已編到《梓材》，以我不暇，故未送閱。璞老以此局須復席，客止十來人，分貲恐不菲。陶處亦有賀局，未邀我。聶雟威送來女教科書，並《驗方新編》、《池上艸堂》二種。

廿一（7日）

陳大令自新約帶二子來見，待至二點鐘方到。其長子學輿地，次子名作材，尚幼，皆不執贄。去後，乃至鹿泉處看脈。到學務處，葉、陳皆在，交付上諭九本，合前三本共十二本，云今上諭上海無有。日本戰事屬實，二日電報又斷。辭高等事，云張將來拜，高等不必交卸，現已改總理爲總監督。如欲予接辦，須照發薪水，將小學堂辭去乃可。陳云管書事例用委員，不改用紳；出洋學生已定，將來再續送。李猶龍名已告之，再當付一名條。到府中街。晚歸，見小學關已換，加四十金。龍處着人來，周仲元已到。

廿二（8日）

致函邑侯，請廿五上學。並致芄溪，以本日俗忌，請廿四陪先生，廿五上學。勁剛與石泉來。石泉考武普通在明日。勁剛云立學可使石泉開辦，甚善。成性教體操乃李嚴翼，使暫兼亦可也。而據現在局面，阻力太多，學堂必不成，學生必不至。李教

---

① "鶴"，當作"龥"，指張鶴齡，字小龥。

習希易來。

廿三(9日)

飯後往拜龐廉訪,見面云在津聞我名。其人似尚謙和。到三張處,皆不晤。張方伯似有意見,龐公或可求乎?到學堂,談及初一開學,須驗看照,先懸牌。以潘益壽補打掃夫,馮萃廷調齋夫。狄別有人,殊不願也。見西文教習王、副舍監魯壽耆。魯老朽,聞吸煙,其子在集益,頗開通,當是因其子也。續送師範二人。歸拜危、陳,不晤,晤芷青。復往見邑侯,云西文教習須請,龔姓屋有還三百金者,十五已邀諸紳。過小學堂,只旬侯在家,已豫備。歸家,望之至,爲陳氏兄弟請題,亦以無贊敬爲言。予謂並無受業帖,此公殊憒憒也。下午赴謝俊卿飲。歸見京信,注冊又生支節,在籍赴選文,俟再問蘇吏房何久不到京。芷青問題,予未聞。經詒若爲不知馮萃廷者,來問,復之。

廿四(10日)

晴。以京信函告吉兒,並致受明。聶其昌來拜,湖北道也。作函,以書三冊贈之。下午着人迎周仲元及萸溪、經詒,三妹丈作陪。周來,談教法甚通。汪述貞來,留之不可。少濂明日考校經,留之入場。

廿五(11日)

天未明聞礮聲,促家人起治具。少濂去,復臥至辰正。飯後將往小學堂,高等人來,云有公事。到亦無甚事,議出牌示學生,分三日入堂,不必驗照。開學擬初一。又送二人入師範。西文教習王正廷字汝堂來回拜,看關,約一月百金。欲拜張而小學來催,云胡已到。來則胡又去,俄而至。待張庚生來,到大成殿謁孔子。劉稚泉來,旋去。紳士只湯稚安、俞秩華、羅衡翁至。胡云契稅新加二成,以一成歸學堂,可一千餘金,一成歸警務,如不擴充,亦可稟請。又督銷局二百,共五千金。中學已提三百,恐須增加。將來必有餘，一時緩不濟急。去年已歸錢店四百，公車二百，公車尚有六百餘，稅契九十餘兩。今此項尚可歸，但歸則無一文，擬留爲現在用度。據云每月火食、薪貲須二百金，寅吃卯糧，殊非善策。中丞有提公車、賓興之示，恐未必能行也。胡初六交卸，沈子貞即其親家。西文，秩華云待華子輝邀人同來，非即華也。夜歸。

廿六（12日）

汪、鄒早至，以課程表來問，告以每日經、史、算、習字、西文、體操。體操昨已與周紹堂定四下鐘，西文等人來再議。脩身、輿地間日一，星期一作文。算學教習開書數種。予亦開經、史數十種，俟交胡公。康樂園房子未審能否脫售，否則買書無錢。紹華云須脩理，可多售，現亦患無錢也。仲元屬買小學地理及輿圖，買來。報言日人已塞旅順，俄不能軍，聚兵鳳皇城，責美人從中從臾，各國許中國中立，滿洲不在內。

廿七（13日）

欲到學堂，雨不止。高等送月冊報，閱過，屬楊六往用印。幹庭來論一篇，改正送去。問陸仙事，復云已補澧安。陸仙來，告之，並勉之。陳氏兄弟不執贄，用受業帖，望之屬補，迄未補來。有龔雲圃之子請卅日，卅日李七先生已知會復席，乃辭龔。葵園函問《梓材》“欲至於萬年”趙注見何書，記是“盡信書”章，答之。俄而自來，告以復席事，云是日與雨老共請小圃。小圃以中峰意不合，不欲留，或亦彼之意耶？

廿八（14日）

飯後到小學堂，查問一切，與鄭少華久談。午後歸，見學務處送來各縣課卷，並取前次各卷。師範借印關，約明日。將往學堂，路傳甲、趙從嘉來拜。述卿云正誼學堂初七上學，屬代邀石泉。汪偉齋之子兆煦號潤民來附課，年甚少，云天貲頗高，排行六。

廿九（15日）

汪接題目去。望之來，云陳確有受業帖、贄敬封。楊六云有門敬四百文，係洋票式㫚。飯後接胡公書，言康樂園屋無售主，仍就龔姓亦可。復書後，到小學，以胡公書付徇侯，屬交鄒、鄭。到高等，見各屬課卷，復閲前番各卷加批，未畢。以武陵爲極開通，似秉三所批。新來一包講義已刻，其中亦頗有驚世語。湘潭日記批亦詳晰，云係米教習，其前數名楊茂、朱炳已入高等。許奎元至，閲數學，亦以湘潭爲優。學生已入五六十人，可以上學。經詒未至，不知何意。聞師範須月半，此間不煩早也。彭子善求交卸，不允。予亦恐難辭。巡丁以打埽夫推升，打埽夫須添人，尚未定。羅十先生以師範借欵數百金爲言，亦不可不清界限也。未刻歸。陳仲金來，呈文二篇。楊六旋往問，其家人云即門敬八百文。數既不符，亦無此理。石泉至，述卿屬天妃宮開臺事，與之略説。欲當面交代，述卿出門。石泉考武普通未取，少濂考校經亦未取。民蘇取，恐須入堂。節吾來拜，云在船上，即將長行。達卿來，言諸公致意，豫算表尚須撙節。聞楊某要再算帳，勸勿輕舉。中丞批吳某提公車、賓興，亦未必能行。次仲來。夜與仲元久談。

卅日（16日）

早爲仲金改文，未畢。飯後出門拜客，惟見趙君從嘉，號善臣，龍陽交卸，赴安福本任，江西人，所談辦學堂尚合，欲請一人專講性理名義，以平新舊之爭，縣立一學務分處，使舉各鄉之人專辦學務，公事、書函徑達，不由衙門。如此，或鄉學可成。到李宅，客未至，其後來者不過十數，主人中亦有數人不至。璞翁言學堂甚可笑，以彝仲豫算表不先告彼，彼哉！彼哉！欲今年更加裁減，惟有應加增者，如何可減？學生尚欲與之算帳，何足算也？

聞日人已得旅順,誠爲快事,特民人可憫耳。夜歸,見吉兒信,中峰有回信,頗可望。照文寄來,須仍寄京。受明已得釐局文案。葉公信欲見石泉,可送出洋。

二　月

初一（17 日）

　　早到高等祀孔子,學生將百人,猶不上學,將到學務處告之。打埽夫已下條,補易桂林。到小學堂,已敬神,排班上講堂矣。歸早飯,復出門,拜節吾,已出。經詒來,言學生未寫願書,算學所添教習未至,排班未晰。擬初十上學,禾生兼稽查,喻凡兼醫生,須加脩。到學務,向仁山言之。經詒言葉撫初欲我兼教習,我寧兼教習,辭總監督①,亦爲仁山言之,並告孟萊轉達葉、陳,時皆出門也。見印書,所印商律字尚明,云字不全,須配,此試印耳。須用四人,不必要火。到紫東元,見述貞,云壬老到城,受明得差乃其力也。往見壬老,出門。見吉來,云乃翁暫不到江西,仍往衡再看,不便向説。到忠裔學堂,汪已行,見其子誠之。黃宅拜親母壽。聞兆懷將歸辦捐,四成可以捐實。到張小圃處,見面,談及學堂事,請其接辦,彼唯唯而已,云洋人謀礦利,甚難抵制。小松仍在津。聞君牧升臬臺,未及問之。到聶處,已上席久矣,番菜不佳。歸見周綏堂,鄒裕昆以公啟攻之②,欲辭館。此去年事,今年已定四五點鐘,諸公不知而妄言。君華云並攻少華,數璞老三大罪。此石介之鬼怪害事也。

---

① “監”,原脱,據上月廿一日補。
② “鄒”,原誤作“致”,據文義改。

初二（18 日）

改陳氏兄弟文二篇。昨夜得吉兒電云到，已到省矣。又得其贛州及南康信並照，云竹帥回信甚好，此番晉省或有好處，當函復之。飯後出拜客。小學堂言周教習辭館，鄭亦欲辭，慰留之。到高等學，將前次課卷批好。到六泉處，云眼角爛乃飲食、風寒所致。到學務處，交付葉揆初，云初十上學，兩羅加脩，皆依議，高等交卸且俟香帥新章出再商酌。有張九者在坐，派僧學堂總理，笠雲爲監督，俟開學當往觀之。到府中街，晚歸。

初三（19 日）

早到小學堂，已飯後矣。寫信未畢，學宮人有至者，遂往。又久之，始祀文昌。到者甚少。耳東似未聞人詆之，此公有自取處，然水火亦無謂也。學官言初八丁祭。城、嶽改學堂，提學租二百，不知如何祭祀，此事當問之。聞高等食堂容四十八桌，可三百餘人，不易約束；朱張渡船有二隻，專載學堂人。若兼教習，七日當一往也。飲福後到小學，寫信，並致受明。又復揆初，因石泉來，告以願學師範，屬即補入。以書二種送壬老，遞一名條，復云往須夏、秋。仲曾來，以其子將來受學，函告經詒，即以付之。歸過勁剛、述卿，言小學、正誼教習事。到家，見經詒函，即前事轉告我者。

初四（20 日）

致書栖碧父子，並寄吉兒。又將照寄騾馬市京店劉蔭堂，用雙挂號如前，想不至誤。見公啟，今日定王臺會議，未必能使學宮出歇，徒增阻力而已。君華言庚生輿地頗用功，教此須暗射圖，如人人發，則所費不少，先用一大圖使閱，不過四元。小學堂操場仄狹，一講堂不能分班，皆經費難籌，非我不知改良也。昨龔壽永來見，言康樂園屋，甚桀驁，已面斥之。今日假期，故未往學。學務處送來《光緒諭摺》四函，摺多諭少，不難選輯。幹庭送來論、日記並函，言注冊事，附京友函。其人朱姓，未知即前寄京信者否，俟受明回信再説。將論改好。陳氏兄弟送論二篇來。黃九嫂來，云已上講堂，脩身教科書多謬誤。晚間甸侯至，云是日定王臺會議詆學堂無一完全之人，忿欲繳札，言學堂人皆欲拂衣，慰以從容再商。陸仙公事到，係羌卡填票事。

初五（21 日）

一早到小學堂，問明昨定王臺事。甯鷔等言昨曾往聽，並未詆及全堂之人。周教習聞已改良，公稟中亦删去，惟痛詆鄭教習耳。諸生亦不以鄭爲然，鄭已出門。勸張、李仍上講堂，並上堂演説。有甯鷔欲改名甯劉協萬，云係雙姓，但“流血”與“劉協”似影射，故未許改。此人頗桀鷔也。歸早飯，送惠女入女學。諸人必欲予演説，復演一遍。女學地方甚好，有三講堂，勝小學多矣。到官錢局換錢，毛四錢八分，云初十有行錢票黃銅毫出。到高等，初十上學已懸牌。禾生致謝，云董司馬所居宅須修理，恐學生多。到學務處，見秩華，經詒亦來，彼已知，而秩華未知。秩華以爲可不理，公稟上淡淡批之。予謂惟鄭少華頗難處置。葉太守來，告之，云出洋總在月底。到集益，取《新民報》。到府中街午飯。歸，鄒、汪來，言鄭去而不退闈，學生先亦未嘗不上講堂，今爲諸人所動，恐不可留。予謂姑俟之。

初六（22 日）

到小學，改文四篇，覺用心爲難，以後須戒。陳守愚、璞臣、歐勁剛、劉柱臣來。璞臣在耒陽坐書院。守愚言彼家以辦學堂抽費，爲亂民毀屋，璞臣幾不免。此等事均可戒也。述貞來，言羅喻凡加薪事，現已加矣。夏午彝言迎壬老，俟問之。教習虛懸，請張、李多上一堂。學生欲改課程，不用脩身、經學，嚴斥不行。歸午飯，作黃恭人挽章云：“明大義以殉夫療姑，節孝雙完，彤管當增都水傳；育英才而興學立校，精横大啟，絳紗忽失講堂師。"經詒來，約明日到學務處。

初七（23日）

飯後到學務，待經詒，久之方至。先與仁山、秩華議。陳禮卿後至，未見公稟，以公啟示之。胡邑侯詳稟改良，中丞已批，應即遵守。教習不得以學生爲去留，課程不得依學生爲更改，大致如此辦法。有用桂午先生名報效二萬金爲學費者，中丞批獎，而實無此事。學生妄上書如此，當與揆初議禁止之。到柱臣處，蒙師正報名。問有可小就者，云有黃襄臣，名翼球。到鹿泉處診脈，云甚虛，不宜過勞，用芪术等。到天妃宮，學生只四人。石泉來，請留十天再説。愁無學生，不愁無先生。

初八（24日）

飯後到小學堂。諸生欲添一講堂，事尚可行，欲逐教習斷不可。裕昆言譚總理去年已與諸生説明留鄭教習，並無異言，而今背之，並及張教習，尤可惡。鄭之經學、張之史學雖不深知，教諸生總有餘，乃召數人面諭之，如不遵示，可先告退。到高等，論開學事，持帖請中丞示到不到。請羅喻凡下午來看病。關口來無消息。聞俄有兵船在吳淞，自備出東洋到上海仍退回，石泉等未必即能行也。王必名送來《湘水懷清集》，乃諸人送俞廙帥詩文，予文亦在内。王、孔之作猶未忘前事，湘綺亦然。女學堂請楊莊，而湘綺不允，將邀孟萊姊。孟萊將往廣西。高等經學關送來。

初九（25日）

寫黃恭人挽聯。左氏昆仲請初十，以上學辭之。致書雨老，以午彝來，請爲道地。予素未見，不便進言。到小學堂，適秩華至，談及鄭既力辭，須覓替人，熊棣樓可否。當將甯鰲開除。改汪文二篇。歸，陳兄弟至。

初十（26日）

石泉來，將往天妃宮，言小學堂規則未合。飯後到高等，改陳兄弟二論。俞仲增子頌承來上學。用心甚難，奈何？中丞來送學，上堂演說，戒飭學生，以李鍾琪說脩身爲是。江口辰太郎至。劉伯庚云師範十八上學，須教三鐘點，一日不能，即分二日。經詣云高等亦然，以分三班故也。經詣云學堂須請胡公餞行，擬十三。關口無信來，日船價倍。飲畢歸，過小學，鄒云秩華已與棣樓說定，予當往拜。到家，見石泉，云到廟，見辦法全不是，崔石生仍督學生背書，旁置大板，不似學堂，又寫東文、法文、德文以哄人。伊意頗不欲任事，此事之糟必矣。唐黃氏挽聯送去。聞挽有用新名詞者。

十一（27日）

鄭少華來退關，云係去年學生聚賭、殺羊，彼申斥、開除，以此蓄恨，今不欲再往。予深慰之。花之安所著經學書，黎家坡福音堂有買，八百文。西教士猶知經學，吾華其可廢乎？明早上講堂，編講義未畢，攜至小學堂編之。沈子貞邑侯來，人甚精神完足。談及學堂事，云已有公事到署，鄭教習仍應留，不以學生爲去就。欵須墊付，彼已應允。高等向先倬失衣事，彼亦應允。各處看視一遍。予與裕昆同到鄭處勸駕，已允明日仍上講堂。幹庭日記閱畢。《新民報》閱一過。夜臥不安，心微痛。

十二（28日）

一早到高等，云今日不上講堂。羅、狄以公事有意見，勸其和衷。經詣云四日再去。到笛樓處，未找着，云在北頭。到小學堂，聞鄭昨晚來，以學生又在定臺會議，不肯上堂。擬到沈公處，歸而沈公來，云鄭教習來見，言有四人須開除。予謂可照行，並請示戒諸生。向先倬付彼，請發諭帖飭差查典舖。復到鄭處，問爲何人，云譚紹槼、黃湛霖、劉端冕、周晉福、劉鳳藻五人皆不安靜。到天妃宮,見學生正作破題,其他可知。裕昆來,仍祖學生,只開劉端冕、周晉福、楊秉元三人,俟再酌之。汪理芝來,用小片。陳仲金來,以題付之。醴陵久無音信,寫一信去。高等公事來,並請成衣匠。課程表分三日,復經詁請併作二日,如一日更好。易乾豐約明日發穀。見會試總裁裕德、張百熙、陸潤庠、戴鴻慈,房官湘人有趙啟霖、蕭榮爵。

十三(29 日)

大雨。將所錄上諭校一過。陳、周關檢出,擬辭之,汪亦擬辭。此數人均佳子弟,予力不及,恐誤人也。馮一來,云羅、狄爭論,不發火食。向先倬失物,恐送官。付清曾馬頭轎錢。曾有山租與人,現出物,每擔值十餘元,與爭,興訟。此不講礦學之過也。下午晴。俞頌承來請題,付之。檢《方輿紀要簡覽》付仲元,失《湖南北》一卷。

十四(30 日)

飯後到高等,講一鐘點。久不講,覺氣怯。到棣臚處,不晤,聞其子在高等肄業。到晴川丈處,云子紱文書已詳院,請見時催問。到學務處,以添體操教習徐某告之。張小圃所定學堂章程甚好,云不大來。秩華談小學堂事,云學生不必多開除,隨時剔退,擬再見沈公商之。歸家,周生來,呈三藝,以心疾不能改文告之,俟望之來退關。江西信來,吉兒來省後仍住夏宅,見中峰,詢及予,似尚有念舊情,未知何如。金女此刻不能歸。芰舲云將爲達三改捐府經、縣丞,到湖南,此前在彼共商者當非託詞。夜到城隍廟。

十五(31 日)

石泉早來,談天妃廟事,予意不欲再與聞矣。飯後到高等,講一點鐘。經詁談小學事,只可隨時剔退,不必多開,與秩華所見同。徐某當下關,禾生歸,使慰農寫。董、彭皆不在學堂,恐學生滋事，俟楊六來，即移住彼處。經詒云島田與號房夜出，已申飭矣。見《警鐘》所畫圖，大可笑。歸過鏡翁忠裔學堂，竟不理會。過陳幼梅致謝，云釐局暫可不改，人皆咎盛杏蓀，俄未畫押。問有人往江右，云明日有一人去。歸告家料理，擬寫信，而客來坌集，子漁、魯軒皆來求事。鄧幼梅函爲羅家藻求事，且求分潤。甚不耐，乃到小學堂。探問沈公出門，乃作函告之，並致書吉兒、金女。甸侯言醴陵信來，念恂病反，甚爲之慮。到城隍廟飲神惠。聞鎗炮廠部駁停辦，足見此公不得盡行其意，且籌歖百萬已和盤託出，恐爲部提，可惜予一篇文字矣。江西停辦學堂，是恐州縣借以厲民，非不辦也。夜歸，封信送陳公館，以物多，須水腳。祭酒書來，以黃子熹二子欲來受學，函復辭之。夜臥，氣痛右肋下至踝。

十六（4月1日）

沈公書來，並示稿、關聘，函復之。甸侯來，談改乙班講堂事。棣臚來拜，議定十九到館，講二點鐘。函告幹庭，付水腳四百文。縣復送鄭教習一月脩。熊關聘使此間人送去。石泉至，聞有廿五起程之說，又云改派警督，乃致書葉太守問之。君甫兄弟信來，請作外舅志銘。事略甚詳，稍刪潤爲作銘，以難於用心。望之來，以二陳及周三處關書使其辭退。望之尚欲爲周改完一季，且看。《華陽國志》云：元興四年秋七月，詔書除長沙太守下邳皮素泰混爲益州刺史。冬十有二月，素至巴郡，降人天水趙攀、閻蘭等夜煞素。素字泰混，下邳人也。

十七（2日）

經詒書來，云西文教習朱子陶已到脩業學堂，請見邑侯關聘。鄭少華以一月脩少，須加一月。乃到小學，見鄒玉昆，云已喚酒席。予謂可並請朱。到縣，見沈公，云告示、諭單已下。告以朱教習事，允即送關，云鄭教習胡祥翁邀往耒陽。沈欲以其子附入小學堂，年止十四，恐不合程度，且多窒礙，而無辭拒之。到高等，告經詒，以爲不可，小學鐘點及添講堂約十九到學一議。到脩業拜朱，不晤，聞係傅家親戚。到學務處，秩華以爲鄭若有館，可不加脩，沈公子欲來，只得允之。沈公於學務不在行，其子不耐，必自去也，最好是專習英文。歸而少華來，云末館只月十金，現不能行，必欲再補一月。將志銘改正，錄出。赴余庭伯飲席，桐伯太史在坐，云仕學館四月開學。夜雨不止。

十八（3日）

復鈞夫兄弟書，合志銘槀寄去。飯後將出，晴川丈來，云公事已行，今日必須赴飲。鄒裕昆來，云帖已發，鄭處再送一月脩。客去，往師範學堂。中丞五點鐘來，已演説去。予與劉繙譯麟及小學教習李希易等祀聖人。各處看視一遍，講堂在一處。已與伯庚議定，一星期三鐘點，併於一日，分上午二班，下午一班，在彼午飯。雖甚勞，頗省往返。以楊必請往，乃不飯歸。吉兒來信，寄回予詩集六本。信云鰲差難辦，夏劍丞爲子餘參奏，交江督查辦；達齋豐豫亨倒閉，爲人告，假會試走開；幼羢撤差；受明入課吏館。夏壽生旋來拜，住危叔明處①。朱子陶來拜，云與夏壽生同來。此人生長湖南，尚無習氣。下午謁方伯，以祭祀不見客。往危叔方處，見危。到學堂一轉。遂到楊處，見公事。客止詠仙，云其二子皆出門，依丈人，不通問，歸咎龍八，二人未嘗進學堂也。

十九（4日）

晴。付惠女學費十弍元，但望其學稍有成耳。飯後到小學堂，熊已來講，使催朱。遂到高等，講一小時。仍到小學，朱旋

---

① "明"，似當作"方"。

至，上席。飲畢，議定鐘點。秩華、經詒亦來，議不分班，講堂暫可不添，但將格門撤去，透光透氣。甯鰲求再入，根青、裕昆爲之請。予謂須求一出路，免出爾反爾。張欲使稟求邑侯，予歸。是日已聞念恂病故之電，家人未以告。

二十（5日）

始聞其事，早起寫一信，自至織機巷，專人已行。到小學，公隼亦始知之，以爲惟其兄可去。歸早飯。李仲九至，言甯事，云甯丙炎乃夏卿先生子，實非一家。李宗道、曾壽彝皆爲之請，事且再商。到高等，發冊報。師範塾欵亦宜辦妥。到述貞處，喬梓皆往連升街。到則孟來已行，述貞亦去。與甸侯言，尚須歸商。予歸，幼梅處着人促改文字，爲改一篇。致允忱、正卿各一函。仲九復與根青、希易、郭宗煦之父同來，爲甯鰲請留，擬牌示。丁福廷求朝出暮歸，屬向劉伯庚言之。

廿一（6日）

致吉兒、達壻，並起繆芷汀函稿寄吉兒。飯後到高等，已過鐘點，未上講堂。聞武備學堂生打碗作鬧，壽丞辭差。此等須嚴辦乃可。到小學，屬復甯生，且戒之。甸侯不去，推科弟。又聞科亦不去，無可如何。廖嫂已早行矣。時晴時雨，一日數變。發江西信，並寄湘潭。挽念壻一聯云：“壻病竟難痊，高才不遇，醇酒自傷，士澗忽先亡衛玠；女嫠尤可憫，隻影獨留，三男連失，冰孀惟自勵共姜。”黃九嫂云陳仲金以予退關，哭而嘔血，仍求收之，恐未必如此好學也。寫信數函，已支不住，故不得不遣學徒。楊六辭工，以盛貴代。

廿二（7日）

飯後到高等講。經詒下鄉營葬，屬予移住學堂。武備開除六人，交地方官嚴加管束，再有鬧者以軍法從事。如此懲治，或可少安。到小學①,正授西文,甯生事已了妥。歸遇鄧幼彌至,云將稟到江西,壬老將到衡一轉再往江。伊今送眷回武岡,川貨一二竿亦可,不知何以至此? 只得送彼一竿。廿五假期,發二帖,請危、夏,如來,再請他客。

廿三(8日)

寫念恂挽聯。飯後到小學堂,檢拾衣物。到高等,有二生求補入,允之。熊有信來,云作文不在內,前已說過,何復云云? 到高等,董亦由平江回。爲仲經改文二篇。閱詩稿,多可刪者。課卷多不全,亦不能遍閱。下午到織機巷,慰四太太。聞述貞到我處,遂歸,而述貞已去。

廿四(9日)

飯後到小學。熊擬與張分課文。聞去年經、史並課,當更商。到高等,董以墊欵太多,屬詢學務。云雷飛鵬爲以祠堂改學,使姪經理,衆殺其姪,與郴州焚陳屋同一野蠻。收支發馮脩,屬且勿墊。閱詩稿,可多刪,辛未、壬申不留亦可。下午到熊、張,皆不晤。學務見仁山,遞手摺,屬交葉公。胡云師範去年應找彼五百十元,可兩抵。今年關口、馮歸高等,江口、劉歸師範、明德,可勿墊。書局取三冊,集益取報一本。到陸仙處,未行,旋來。汪回信,今日成服,三月初八扶柩回湘,請僱一女工去,則僱人趕去爲應急矣。轎夫回,云已有信。

廿五(10日)

飯後到小學。沈公來,必欲以其子附學,廿七早來。此公於學務不甚明,阻之不住。又云有戚張某,年十七,頗通西文,將來亦求附學。且等其子來再看。到高等,以告收支,江口已付一百五十元,未知何說。爲幹庭改文一篇,以付幹庭,問煙酒捐未開

---

① "學",原誤作"等",據文義改。

辦。劉國鈞在彼,求送實業。李改警督,三月初十准行。歸得吉兒書,尚未得事,張梧岡之子所帶物未到。

廿六（11 日）

雨,微寒。織機巷專人往江右,未及寄信。小泉往局,假五竿以行,云益陽丁某病,不欲往,如不去,即求調。裕昆來,言英文教科書事,語無大礙,恐不知者以爲口實。到小學,見講堂不甚明,須改良。沈公請明日,約諸人同往。到高等,講一點。歸午飯,到城外師範鐘點,兩處來不及,當議改也。冒雨出城,到師範,見劉伯庚,塾欵事及丁馥亭事皆説到。教甲班一點後,仍再教甲班,未備兩次講義,幾爲所窘,幸頗能記憶,不至下臺不來。蔣少穆來拜,居通太街礦務總公司,云四國人來爭礦利,抵制甚難。湘鄉學堂已開六處。

廿七（12 日）

飯後到小學堂,看沈公子上學。其子甚大方,似聰俊,能作論。其戚張某送來,即沈公所説者。到高等,閲課本,一一加評。寶慶佳卷多;鳳皇廳小僻地,亦多佳者;寧鄉章程甚好;永州卷亦有可觀,而加以時文評,太陋矣。二號寢室倒,幸未傷人。又須脩理,云須稟方伯,告學務處。劉伯鈞交條①,求送實業。向先倬、何國璽送警督。石泉未到,或其家有變耶?四點鐘到沈處,未歸。復到小學,諸人皆來,俟催,乃同到署,以買英文書、塾欵、請示禁買物告之。沈言中學派千七百金,胡交五百,今千二百金尚無從出。飲畢,晚歸。

廿八（13 日）

早煮飯吃,到高等,講一鐘點。取詩稿稍更定。泥木工擬包定,木工要一百八十千,泥工要五十千,大約共二百千,但須包年

---

① 按,當依本月廿五日作"劉國鈞"。

限耳。聞武普通學生包釐，到寶塔洲作鬧，中丞聞之不悦。此考生陋習。伯庚説教育變氣質，豈易言哉！雨，甚寒。歸見達壻書，江右亦然，許金女秋歸，豈改捐已定耶？述卿來，問丁事，云已病，未必肯丢，小泉事再看。

廿九（14日）

飯後到高等，講畢，往學務處，以脩屋告仁山，遞劉國鈞條。仁山云我高等可交卸，新章無總理，擬以俞可人爲總監督。此事我可脱身，一則防學生風潮，一則恐用費太巨。吉人由張孝熙來信，云翁頗疑我奪彼之事，豈知我並不願耶？到鹿泉處，告以頭眩腳重，云天氣使然，宜用升陽法。下午到師範，已過期。彼上午四點，下午弍點，一、二下鐘，以後須記。講畢歸。

卅日（15日）

雨不止。聞芝老明日七旬大慶，作壽對一聯云："緑野引春，三朝裴令；黄庭養壽，百歲羅侯。"倉卒來不及，下午須送也。旋問君華非整慶，我推之大約在明年。午飯後到小學堂，與熊、張、李諸人談。學務處調各學堂講義、課文，善化亦須豫備，屬諸生録出，予再酌之。彝仲薦我入大學堂，百元。我現辭總理，亦不此止，何必遠出？寫信告吉兒、金女等。晚歸。

三 月

初一（16日）

飯後到龍宅，見其幼子，問乃翁今年六八，如我所推。回拜少穆，不見。見述貞，略談彼家事。到學堂，雨深尺，直到内堂，教習不能開講。見羅十先生，談及用費，已備文方伯處，請銷墊欵，工程尚未説定。到方伯處，仍不見。歸，封信發。湘舲函來，請發四月火食、薪賫。予不欲以公家錢做人情，又不欲開罪地方官,此所以急求交卸也。

初二（17日）

閱壬辰以後詩,大半可存,更有更可續者。羅綬翁來,以師
範賬模糊,不欲爲人受過,請辭收支。予已辭差,不復干預。馮
一至,已知此事,想公事已下矣。明日往辦移交。孔君谷來,問
《墨子》,借《平議》一卷去。吉兒書來,差事進退維谷,欲歸一
轉。達三戒煙,甚狼狽,芰舲書云已爲捐縣丞到湘,下半年可
攜眷。

初三（18日）

飯後到小學。沈公以差二千文駮帳,收支更正。龔氏宅着
招佃,即以脩理當押規。聞長沙爲講經開除全班,事不發於此而
發於彼矣。到高等,公事已到,俞可人總監,仍照發五十金,何厚
於彼而薄於我耶?須辦交代,又須移居,搬薑自笑鼠徒勞矣。歸
檢卷箱,無交代文書,記在文案處,屬禾生速辦。

初四（19日）

飯後到師範,講罷歸。天有晴意。禾生着人來接卷宗,以有
契據明早帶來覆之。云可人初八接事,尚有數日。甸侯來,以邑
侯回書示之,批所定分數。朱子陶如索脩,當告邑侯。下午可人
來,云彼有館,忽然調還,擬初八接事,中丞猶以爲遲,改初六。
予謂明日當奉拜,送移交。

初五（20日）

早到高等,講畢,檢拾卷冊交文案,戳記交收支。付三月脩
金、夫馬,正月欲不送。然則各教習何以從正月起,且有從未起
程送者耶?約明日陪送,三點鐘後,以一、二點須到師範也。將
所閱各屬卷送學務處,發行李到小學堂。歸過可人處,不晤。到
小學檢理,不見詩稿一本。幼彌函促再寫前詩,不盡記憶,爲補
成云:"一別屢經歲,相知已卅年。人歸嶺嶠地,詩帶洞庭煙。

滄海無波日,寒江欲雪天。探梅定臺好,春近且留連。"鮑淀生世兄求薦實業收支,不知予非紅人。蓉泉師《榆霞山館師友詩錄》前刻予序,此文久忘之矣,今見之,當增入。丁福廷來謝,云師範館人加一倍,戴惠安太史任總監督。璞山夜至,交《駢文》廿餘㗊,並上諭四卷。屬《駢文》急錄,再錄詩,付諭摺兩函。羅十先生補送正月脩卅兩。

初六(21日)

飯後到高等,可人已來,演說一遍去。講經一點,送至師範講。見戴惠安、劉伯庚,劉云鐘點已改,遂歸。陳璞臣索歸所寄江學使廿金,往錢店換十金,以廿金歸陳,交守愚手收。到高等,待可人,一個時方至,將公事交付。陳兔奎住礦務局,王汝堂、馮立夫移董、彭處。董、彭二處書未取回。

初七(22日)

到學堂,改仲金二作。校《駢文》廿餘㗊、上諭數卷。復幼彌、幹庭二信。詩卷找出。旬侯取詩三本去閱。歸午飯,見夏幹臣來書,尚不知已列彈章。聞高等新來教算者上堂即鬧堂,因以七八爲十六之故,是亦大可笑者。

初八(23日)

錢碩人、李石泉來。錢住望麓園寧鄉中學堂。李今日上船,明日中峰來送再行。錢極以米釐爲不然,鄉人之見,特不知此數十萬作何用耳。飯後到學堂,復幹臣書,並致吉兒、達壻,書未完。小學堂府縣試,皆可不與。裕昆云令彼到廩保掣票,再造册,甚好。康樂園房子有人佃讀書,五個月三十元,僅可作脩理費。門房添一人,月二千五百,當可行。歸見可人來書,欲以其子誠伯送入學堂。此事恐難破例也。下午赴楊松年席,祭酒將晚始至,云詩集已刻,《尚書》刻出數卷,將送來,近學體操,甚有效。

初九（24日）

函復可人，明日再當面説。戴惠安來，問及吉兒，云竹帥昨有電促往江西，伊選廣西缺，竹帥爲奏調開缺，大學堂亦催往過省，爲此間所留。竹帥不便致書，當託幕中黎、李二人可也。發信江西，以告吉兒。惠安云大學可往，不比前時。予若往，則津館可兼，但須遠行，又此時難擺脱。

初十（25日）

飯後往小學一轉。到高等，經貽云今日試驗，不必上講堂，經學講義可攜歸閲之。可人未來，經貽以爲不必破例，當爲代達。劉伯庚亦在坐，云今日不必到師範，鐘點已改，明日不知去否，俟再問之。復歸小學，閲講義，無發明，有數人誤者扣分數。大學講義閲之，無異人處，説變易、不易與我正同。庚生云柱丞將開志圖學堂，刻圖，邀股。經世教習張某出家。此人所説荒唐，或心疾耳。歸見祭酒送來詩文集，詩近宋人。刻出《尚書》四卷，校十餘㸚。

十一（26日）

問劉伯庚，今日亦不必去，一星期止第四日一鐘點，午初至午正，與高等十點至十一點相礙，恐趕不及耳。到小學，校《尚書》廿餘㸚。檢《駁五經異義疏證》，無之，當買式册。聞實甫革職永不叙用，渭哉出口，仲友去官。希易言葉《昆侖集》有箋注，爲自己與諸公寫照。王有集大成者，金聲玉振；以全交也。竭歡盡忠，引對雖工，侮聖豈免？閲諸生所録講義，無能發明者。下午往幼梅處，中座委陳、趙往江西募捐鎗炮廠股票，殆以其富，欲其自捐；云煙酒税議包，膏捐亦不旺。往鏡青處，略談。往君谷處，始知在楊家教舅子。往危叔方處，云壽生已繳卅竿，到中學堂肄業，其家人廿日内將回江西。到織機巷，談念恂事。予欲歸二百金，云可從容。安亦歸家，云經正因飲食事出數十人。湖北以張弁欲入女學，與監督鬥毆，香帥袒私人，並欲破湖南女學，尤可笑。歸見吉兒函，云爲予請封，殊無謂。閔子成欲入學堂，寄還曾曉廷書。京師柳蔭堂寄回照三昈，云事已辦妥，乃知前誤"柳"爲"劉"。油昈扇何人偷去，殊可惡。

十二（27日）

聞念徇靈柩船到。飯後到高等，講一點鐘。狄澤臣欲爲其子求出洋，屬交名條沈公。過織機巷，云尚未起柩，乃到船上，見祥女，慰之。碩行來起柩，乃歸。祥女云念徇臨終説話甚明，所謂其言也善，亦可憫也。閔子成來，長沙人，欲入高等學。此事須考，考亦歸官，無可爲力。弁卿求爲縣考道地，當爲言之。下午到織機巷看祥女，欲祭念循，彼家力辭。到小學堂，校《尚書》廿餘昈。裕昆云房屋已佃，廿八元，即爲脩理用。

十三（28日）

飯後到高等，講畢，遂到師範，以爲十一點鐘，又走須二刻，已遲，而彼鐘尚未到十一點。伯庚付本月脩。講畢歸，已一點矣。汪氏兄弟至，云經正已散。次仲來，云因辭體操教習，龍八怒，欲停辦，今已議明日仍上講堂。又云改不舍宿，學費減半。聞述貞至織機巷，飯後往談。祥女以須住對面正房，再當告之伊家。到小學堂，校《尚書》十餘昈。歸遇殷默存至，述貞亦至。

十四（29日）

飯後到默存處回看，不晤。謁葉，亦不晤。到仲阮處，邀仲求、述貞抹牌。聞李丹農、張仲友皆罷官。渭哉因稟營官，與道臺忤致敗，得凶信日，其夫人正五十壽也。唐次榮亦罷官。與述貞同會獻廷。送團扇四、摺扇二付蘇家巷裱店。到小學，聞希易學東文，虛上午講堂，當與議之。夜大熱。

十五(30日)

早到小學,率生徒拜孔子。閱《尚書》二卷。到城隍廟敬財神,倘蒙祐發財乎?稚荃辦團,詢之,亦是敷衍。楊少曾辦農局,每百石租派錢百文,又有房捐、畝捐之説,恐未必能行。天雨。歸見吉兒初三書,云已屬伯嚴、芷汀。伯嚴處當再致函去。蕭叔衡書來,轉致彝仲補書脱葉,詢予要《九通》否。予無暇觀,亦無處置,姑緩之。

十六(5月1日)

幼彌早來,云將赴江。鮑世兄請飯,必欲一往。鮑旋來,請申刻。璧垣未必到,鮑事亦無能爲力也。幼彌云壬老四月將往,衡芷亦去,俟再問之,仲元與衡芷厚,當知之。仲元有《湘綺詩》,賀五拔貢二詩在集中。李、王、殷、胡四子皆逝,惟予在耳,可慨哉!幹庭來函,云乃翁可不往江西,論一篇爲改正。俞頌承來論四篇,筆太弱,復請題去,云乃父以待新局憲未行。程公昨已到矣。鏡青來回拜。鮑家不來催,遂未去,恐彼未備,難爲情也。書二昂寄吉。

十七(2日)

晴。飯後到學堂,改論二篇。見縣示,學堂不准考,是奉旨。會試首題周、唐外重内輕,秦、魏外輕内重,似是元魏。到縣署,見沈邑侯,云考恐須改期。交弁卿並狄仁立名條,云送人尚須與紳議四百金從何出。見示電報,十一日勝,占九連城。又云海面俄擊沈日艦一,死者二百餘,降者二百餘,俄不許各國調停。官電殆不虛也。修屋與徐世傑事皆告之。到高等,上講堂。歸過織機巷,勸請鄧醫,云明日搬往對面房。

十八(3日)

飯後到天妃宮。午後始到小學,將頌承文閱畢。致書伯嚴、受明,將京信並封付吉兒。閱各縣卷,保靖爲最,其教習本地人,不知其名；安化史學亦佳；臨湘可笑。晚歸，經詒來函，云明早試驗。

十九（4日）

早到高等，試驗一班，當堂閱卷，未畢，試二班。雨，寒，未待卷齊歸。閱卷畢，佳者甚少。聞昨日鼓譟，不服監督。此輩不足責，而無學律，不廢科舉，必無辦法。甸侯函來，請槍未回信，周綏堂以病辭。在高等已與經詒言之，且再商酌。下午到天妃宮，晚歸。鹿泉來診惠女，看發孫眼翳，云有物犯，予未信之。是日受寒，又晚食，腹痛，夜起。

二十（5日）

飯後往高等。早起已將試驗卷閱畢，帶去。問經詒，以爲暫不必發。講畢，仍攜之歸。經詒云甲班更須試驗，擬禮拜一。體操教習云當往覓。到師範，試驗至一點鐘，卷齊，始歸午飯。閱試驗五十本。惠女喉痛甚，請鄧、龍兩醫，一主散，一主涼，云鹿泉不應用鬱金，故受不住。保赤會請明晚衣冠往。幹庭亦請，不知今日、明日也，未催，不往。

廿一（6日）

立夏。復閱高等卷，擬批云："法可變，道不可變。此一定之理。中國之法多沿宋、明之舊，富強之效不及漢、唐，國初亭林、船山諸公已明言之。海外交通，世變益甚，西人致富強之術，皆前古所未有，自應兼取其長。而拘執成法者，必以爲不可變；矯其說者，又不知當變法不當變道，乃謂古帝王聖賢無一是處，欲舉君臣、父子之倫而變之。不知外國亦非無父子、君臣，若無人倫，何以立國？"大略如是。到天妃宮，飯歸。仲元云有新章，禁書三十餘種，云由香帥。予謂此等不能不禁，特恐禁不住耳。到小學，將各縣試文覆閱，加評，着人將高等試文送去。棣臚來，云有蕭姓可教體操。小學月止十金，屬問之。甸侯仍欲待經詒信。到織機巷，伊專往江西人已歸，得吉兒書，言差已辭，託繆求調，前信送去。受明信云爲謀農工局文案，遲十日有分曉。不知胡德齋即胡欽，此人同年，在江西似亦見過。達三來信，云知悔悟，戒煙，學西文。小泉指省湖南。是夜保赤會來邀，夜食不舒，未往。鹿泉三鼓至。

廿二（7日）

飯後往天妃宮。熊氏兄弟約抹牌，紹芝三百，乃弟四竿，述卿一竿，一共贏兩抵。惠女仍服鹿方，喉痛少舒，胃痛又甚。聞靖港因開學打死人，閉市。又有抽房、畝捐之説，赫德勸行此以練兵。又聞中丞奏請開辰沅鐵路，云已有欵四百萬，不知從何出也。幹庭請明日，以辭差禀稿見示。予不曉公事筆墨，且此亦非口舌所能爭也。

廿三（8日）

師磻生來，云從新加坡歸謀事，當爲學務處言之。劉璞山來，付以前抄《駢文》，並《榆霞山館》、《異義疏證》二篇補入，付《東華》二本、《日記》二本使録。周蔭生來。到天妃宮。歸，下午赴幹庭招飲。仲丙自京師歸，歌太平如故。幼梅決意辭委，已託方伯轉言，云朱、余各一萬張股票，皆置不理。又奏開辰沅鐵路，以抵制洋人，亦須集股，空言而已。晚歸，見吉兒十六信，謀文案尚未得。伯年負氣，與江不愜。文道希到省，腿未愈，公達已授室矣。

廿四（9日）

早到高等。聞關口至，與之略談，云日兵第一隊到鳳皇城，如得此城，則旅順亦可得也。上堂試驗，甲班兩點鐘畢。在堂無一事，擬再致竹帥一函。到可人處，子善亦至，略談學堂事。又上堂宣講。歸過秉郇，不晤。到織機巷，允忱未到。到小學，與玉昆言體操教習，俟棣臚到再商。遂歸，閲卷廿餘，録出書槀。

學務處送來常德課卷一大箱，下午帶到學堂。常德、永綏所録題目，書目表極精。熊來，與説妥，函致沈請聘定。晚歸，玉昆云屋子已有人出三百金，學生多要考，只做不知可也。二鼓時汪科忽至，云體局來二電，允忱病重，請往。往議，先專人去，屬甸侯寫信託同事，再聽回音。

廿五（10 日）

糧書鄒來取糧銀，屬分南塘，計式兩三錢五分，代小鶴式兩八錢八分。閻秀峰來言屋事，以有人出三百金告之。飯後到樂陶汪，體電復至，云今早仙逝。述貞俄至，云下午自去，商議一切，將伊後事了妥，公事料理，衣物攜歸，大約往返須十餘天。午飯歸，致吉兒函，告之，並致江幼嵐及達壻。閲《佳人奇遇》一過，以兒女之情，寫興亡之感，於小説別開生面。

廿六（11 日）

到高等，講一鐘點。到織機巷一轉，天雨，恐述貞今日不能到也。到小學堂，蕭鏡帆已來，許住學堂，甚好，想邑侯已送關。歸聞紅十字會募捐於女學堂，勉捐四竿。君華買多圖沿革，東西洋二圖可觀。我以日爲東洋，日亦以我爲東洋，誰能辨之？挽允忱云："年餘四命赴重泉，若教地下相逢，差幸妻帑仍聚首；秋後數言成永訣，方謂春間再見，豈期悲慟竟傷生。"

廿七（12 日）

飯後到高等，講畢，到師範。惠安往漢，不知再來否。舍監又換陳小汀，非同年陳小汀也。歸午飯後到小學堂，蕭鏡帆來，約初二到館，已下帖。明日考試，只好僞爲不知。張子雲來，以甸侯欲更換廚子，想過節後再交。甸侯此事並未告我，與張鬧，亦太躁。張説話甚不中聽，此等人何必與之較耶？閲東安，竟是全卷寄來，其中佳者不多，輿地以土爲英屬國，未合。歸繞汪家一轉，云已看鴻恩寺，約初一請瀹凡看地。祥女氣曖作嘔，奈何？

陳仲金來,呈日記數俈。胡祥青來信一函。

廿八(13日)

飯後到府正街,遂到學務處,見胡仁山,交師礦生名條,並四縣卷子。爲小學請槍,云須問葉太尊,未知可否。予以爲此何不可,後乃聞因香帥禁民立學堂不得講政治學,習兵式操,故次帥批駁請槍,並明德、經正之槍皆命追繳。此等舉動,無怪報章罵之。靖港人請賠所燒物,幸未傷人。上海道捐萬金入明德,胡子靖運動之力也。到礦生處,不晤。到鹿泉處,約今晚來。遇雨。再到府正街。歸聞伯平家有人歸,行李甚多,未及往問。到家,答日記數條。下午到學堂,與玉昆談房屋、廚役事。扇面請庚生寫。閱吳傳綺書目表,甚佳,講義平平,不及常德講義有條理。歸得小鶴書。九安丈夜至,住劉伯卿家。

廿九(14日)

礦生早來,云叔瑜已到家,充廣方言館監督,將挈眷去。到學堂,正試驗。到汪宅,祥女云夜不寐,臂不舒。到劉宅,九安丈出門。到中學堂,見壽笙,云暑假將歸。到鮑宅,見二世兄。到芷青處,不晤。到鏡青處,告以張子雲事及允忱事。到陳幹庭處,幼梅來,云張、王勸勿辭,以緩兵計宕之。所見亦是。歸午飯。至學堂,錄詩槀千餘字。歸,晚到仁壽宮演劇。

四 月

初一(15日)

早到小學堂,祀聖人。到高等學堂,已祀禮過矣。可人處略坐,伊將出洋,又委户部主政彭紹宗接辦,云是湘陰人,彼亦不識。到仁壽宮敬神,吃早麫。到汪宅,見述貞回信,云初一、二送柩回。伊家前約羅瀹凡今日下鄉,旋云不去,今又言去。乃歸,

寫片邀羅。得陸仙信，復寄一函，並復小鶴一函，屬並寄去。復
胡祥春一函。到仁壽宮。晚歸，議學堂火食事。

初二（16 日）

　　鄭在衡謙來，云謀送出洋，長沙已送嚴粔香之子，將再送一
人，又欲求入師範，辭以須考，長沙亦無往來。可人昨云此番出
洋是學政治，官家子弟與學生各十人。善化送學生，沈公以無歀
辭，今不知已定否。到學堂，蕭鏡帆已到，笛樓亦來，談靖港事，
云張某本非善類，此等人辦事必誤事也。蕭已移來，陪小飲後，
錄詩稾千餘字。案發，弁卿第九，學生有一頭牌、一二牌。仍要
覆試，太無志矣。

初三（17 日）

　　飯後到學堂，錄稾千餘字。歸午飯後到仁壽宮，人甚擁擠。
歸見經詒信，云師範又改第五日十下鐘。

初四（18 日）

　　早飯後到高等，見經詒，云常在師範，惠安已來，仍辭，將入
京師，彭亦辭，不肯接。高等又添一講堂。云明德求緩繳槍炮，
此刻請未必准，且緩。講二鐘點。過織機巷，汪八太太又故，其
孫即前見者，與四老太大鬧。現在人心不好，大抵如是。羅已看
洞井鋪，不就，約初八往平唐，頃在學堂已約羅矣。將往小學，遇
雨，馳歸。弁卿來，呈昨所作文，自恐跕不住，題甚平正。幹庭送
日記來，閱之。《官報》云日人已得鳳皇、旅順，幹庭乃云日人大
敗於鳳皇城，失七千餘人，仲元、君華亦言之，果孰是耶？

初五（19 日）

　　飯後到學堂，錄詩千餘字。聞允忱靈柩昨已到，往汪宅，云
柩已起矣，靈位設於宅內，擬成服、成主做一天，尚未定期。允忱
虧公歀六千餘金，述貞查出一筆，可抵二千，將告頌年、受明。四
老太欲止之，似應以告知早設法爲是。歸寫挽聯。閱日記十昏。

答正卿書一函。

初六（20 日）

飯後到師範，經誼云教習多城中來，故鐘遲一點，以後十一點去可也。高等彭不願接，渙散無主，體操、火食又起爭端。可人以幕學多出牌，人皆嗤笑竹林不相得，故經誼在師範。惠安已辭，將入京矣。俄、日事見官電，日已得鳳皇城，出示安民，人情悅服，小田切索中國助餉，俄人有南侵之勢，皆大問題。講一點，歸寫江西信，發去。吉人又來一函，是文案也。下午往小學堂。聞述貞到織機巷，往細問體局事，可歎，擬電問受明方舉動。夜極燥熱，甚不舒。

初七（21 日）

帶病至高等，講。見可人、子善，略談。歸爲幹庭批文、日記。新置地理書，取視之，惜予不能記也。得《新大陸記》，未及閱。述貞親家來，竟欲待受明信到再舉動，且恐受明將歸。夜雨。

初八（22 日）

晴。閱《大陸記》。作者嘗以美爲文明，今言其官吏之貪及待華人之酷，乃悟共和政體多缺點，且不如專制。此非親見者不能悉，亦非言新學者所能知也。引華盛頓之言，曰“惡政府猶愈於無政府”，足爲欲傾政府者下一鍼砭。美國如是，足見世界大同之期尚早。下午往仁壽宮，戲不佳，遂歸。夜雷雨。

初九（23 日）

飯後到學堂，錄詩畢，訂好，攜歸。下午到汪宅，聞瀹凡昨看地可以葬，四月有期。予勸其早爲計，云欲待受明信，十三開吊已定。復到學堂改詩本。晚歸。

初十（24 日）

飯後到保康買呢帳。到叔瑜處，久談，伊在上海只八十元，若能留此辦學堂最好。云金仍珠來省，住洪家井，蘇少文已去矣。到千壽寺，子綏引見，尚無信來，桂妹擬節後入京。聞馬玉崑已與俄戰，未知確否，確則以不去爲妥也。到鹿泉處診視。往集益，買《周禮政要》、《戊戌政變記》歸。

十一（25日）

飯後到高等，講二點鐘。見羅瀹凡，談及汪家葬地，云甚好，四月廿二可葬。彭子善留久談，云中峰有與江蘇對調之信，恩伊舊上憲，其人察察，好挑剔，而不能辦事。張伯純上中峰書，陳義甚高，現已留爲參謀矣。到汪宅，云十三已定局，十五後做佛事，即在廟中，廿二准下葬。歸午飯，到小學，批各屬卷。吉人爲予抄詩一卷，無七古、七律，所取亦未當。蔣少穆請十三，辭之。張伯純來拜，云住府正街，現入撫幕，問明回拜。劉蕁生來，求送出洋，苣侯不知籌得欵否，若中峰動，將作罷論矣。縣案發，弁卿第六。

十二（26日）

到學堂，檢理所錄上諭，現在數卷多無次序，且聽之。復蕭叔衡一函。歸午飯。汪宅來請，遂往，布置一切。寫主尚未議妥，四老太欲即寫期服姪，二媳、祥女、孟來之姊皆不謂然，勸予勿寫主。述貞親家病，俟來議。中峰已有電報，來京陛見。漕督陸元鼎調署湘撫，恩壽署漕督，端方署蘇撫，不知將何以位置此公。

十三（27日）

早到汪宅，客甚少，或以不承繼爲怪，女人不可以理論，且虛空一事恐致干涉。述貞扶病至，議即書期服姪敬立，將來再更改，强爲書之。王心田至，云去秋允忱面談，云只七百餘金，屬開數目來，而無回信。數百金可設法彌補，今欵太鉅，未知何如。即將往爵帥處，與程局憲同席，當可道及此事，不能不爲之危也。歸得吉兒初三信，尚未知得差事，亦未見予廿五函也。

十四（28 日）

到高等，講經。可人尚在，言及中座，歎學務之中變。過汪宅，議念經且緩，將來一併舉行，即在城中較爲省便。歸飯，到小學，寫信五咮，未發。歸見所抄上諭，校一過，裝成數本。陸仙來信，云出息少。

十五（29 日）

早到小學，祀聖人。歸校《騈文》、《日記》一過。檢書，並不見所録《皮子世録》及皮熊事，俟再檢之。前見常德地理講義，甚有條理。閲高等小學地理教科書，乃知全出於此。近日言新學者大抵皆然，故予甚以爲不難也。礌孫來，求薦事。師範送卅金來，換錢，今年已換二百金矣。

八 月①

十八（9 月 27 日）

閲《官報》，大學堂招考題，波斯澤耳士之軍容似淝水，希臘達拉固之刑書似商鞅，英紅白玫瑰之爭似牛李、蜀洛，俄大彼得突厥之圍似白登，法若安之忠勇似秦良玉，鴉眠盟約似洹水，巴、埃遺民之拒奧似倉葛，皆中外相似者。俄被圍在百路得河。以題佳，記之。山東周撫請嚴禁漢人婦女纏足，一命以上以違制論。如實行，當可禁止。蘇撫飭武官乘馬戎裝，欽使在滬庫提七十八萬爲練兵費，香帥以房捐、膏捐撥歸學堂，皆近之大事。仲元云壬老自別於康、廖，殆以廖去年之事自危也。玫瑰題作薔薇，玫瑰無白花，當以薔薇爲是。到小學，已開講。録《春秋講義》，即用《彙纂》，引諸説後加案語，如此辦法，似有把握。添講

---

① 按，自四月十六日至八月十七日，原稿遺失一册。

堂即以予所居對面屋爲之,須添置桌椅廿具。汪大小姐病,仍開講,可云能盡義務。歐勁剛夜至,甫二鼓學堂已閉門,雖管理不敢呼也。

十九(28日)

經詒知會今日開講,早去,待一鐘點,彼處鐘稍晚,以後可遲去。經詒云善化不必招考,可延過今年。現已定期,不便反復。朱子陶加四金,尚可行。契税加二分,其一分警訾,可歸入學堂,當爲胡公言之,逕稟學務似不必也。西路學生以題新、文新,須再改考。南路已入學,今所講乙班是也。嶽麓仍使許九監脩,因陋就簡,以期速成。小圃尚未來,顔太尊欲予兼中學講史。如來,須却聘。夏竹軒爲郭人漳嚴加申飭,殊可不必,謂郭爲將才,公論殊不爾。

二十(29日)

雨。李兆箕來。蘭臣送租至,云卡索殊甚,言糧單不應圈,且無姓。鄒禮臣來,當告以後加姓,予不加圈;云須下忙單,則太無理矣。下午到女學看體操。隨到小學,作君華《地理統部》書序。

廿一(30日)

飯後到小學,將序録出,並録講義。報名已廿餘人。曾壽彝來,而龔固、歐某不到,開除。康樂園房屋云有人買。歸,弁卿來,似不願考師範,亦不強之,善化只取二人,殊不易入。楊老五來,廿四准行。

廿二(10月1日)

早到高等,試驗一次。到雨老處,尚未來。《鄭志疏證》板在武廟艾作霖處,當往取之。到學務處,聞小圃觀詧已歸,已迎養,當不去。陳亦至,而缺將裁。女學堂見彈章,杜喬生以爲辦理不善,不知更説何語。孟來約有話來説,亦不知何事。王鏡芙云中學監督請龔季青,岳州歸中路,當爲本家言之。到府正街與鹿泉處,仍到學,試驗一次。畢,再到府正街。飯歸,君甫來,以伊岳家訟事,屬致書何幼伊。與此公無深交,未必中用。鹿泉言予受寒,無大病,而徹夜不能眠,何也?

廿三(2日)

星期,不到學。飯後往楊五丈、沈小嵐處,不晤。弁卿來,同雀戲。仲元云《新民報》言湖南女學黃、潘兩教習甚好,學生陳德芷、胡逸群尤佳,精於武備,有革命思想。是非恭惟,實欲破壞,杜侍御之奏殆即因此。龍氏昆弟伊已屬設法,不必停。胡子靜已使其姪女歸去矣。

廿四(3日)

早爲君甫致書幼伊,發江西信。希選來,云乃父電云必迎養九江鹽局,則乃父已得分銷矣。飯後到小學,布置考事。閱試驗十餘卷。歸得孟萊函,云女學堂事馮星垞將爲梟使、張觀督言之,看能苟延否。《新民報》已見,教習是許非黃,並牽引淑慎、西路二處,殆欲一網盡乎?又引朱太尊,真鬼怪害事也。到牧村處,説韓升事,彼不顧而言他。見汪老太太,云須九月半後去,已回電,准留本屋,帶孫媳去。到高等,試甲班。季安約食蟆,用粉蒸,殊不佳,且餓後食畢,天晚走還,發動氣疾。與君甫夜談,支不住,乃臥,臥亦不安眠。

廿五(4日)

早強起,送君甫,則已去矣。函復孟萊,辭中學,並以宏毅名條付之。致艾作霖,取《鄭志》板。聞蔣少穆歸省,再送函去。到學,見考桌已發來。胡公以明日祭祀不能來,云送題來,請我點名,則師範不能去矣,作書告知經詒。閱試驗卷數十本。小鶴已去。桂妹已寫票,廿七准行,屬致函到京。見子綏函,尚未引見,亦恐俄、日有變,云難民已有到京者。晚間經詒復函,云可不到,女學或可保全,局面須更動耳。

廿六(5日)

早到學堂點名,考生八十人,縣到,已寫名過矣。題爲"漢惠帝庚戌四年除挾書律論","庚戌"二字可去。考生以爲挾帶,尤可噱也。略閱一過,可取寥寥,少佳者。又年高,分年貌爲三束,送縣閱,覆試當在彼處。師範問心理學,人多不解。考生止百餘人,臬使點名。在學堂一日,閱試驗畢,錄講義三帋。《新民報》不及前,於用羽處假閱之。吉人又來信,彝恂竟函復不行,州判單缺亦將裁。昨述貞來,云夏將調浙,周護院,恐彼處又將一變矣。幹庭與余庭伯之弟來,以論付之,云兵部司員已改外矣。

廿七(6日)

早到學堂,祝聖誕。遂到學宮,人尚未來。回學堂,錄講義二帋。致胡公一函,二名條封入,高馥文實不足取也。復往學宮祀聖人。飲畢,仍到學。遂往織機巷,祥女歸受寒,意不欲往九江,老太太亦欲彼不去,云明年去不遲,則亦聽其自便而已。陳守愚云宗師給施、常二人生員,並無文書到學,伊升教諭,或不至裁。閱報,直隸學校司以經學書不必編,其說亦是。以《奏定章程》每學應講某經,某經應講某注,已有明文,必欲編之,如我所編《春秋講義》亦可應用。所說國朝之事,前所編《歷朝上諭》正是此意,特不知底稿猶在否。《列聖仁政》、《皇朝要典》皆編輯所有也。見小圃觀督,當爲言之。

廿八(7日)

寫秉郇母挽聯。君華昨下鄉,忽趕來,云昨失背心一件,家賊如此猖獗,可慮也。到學,錄講義三帋,歸飯後復往,錄講義二帋。縣已取五十人。玉昆云陳祖皋澤焌非本人①,李毅年太大

---

① "云",原闕,據文義補。

不足取,而潘焱森二人不在内。明日在署覆試,云欲見我。我明早須到高等,或致信去。蔣少穆、任雨田來。任住洪家井。楊世猷來,住白馬巷乂仁棧。玉昆來,以六人不足取,屬告邑侯。

廿九(8日)

早到高等,講一時。到縣署,六人名條付之。邑侯云已十點鐘,有數人未到,將不等。問契稅事,云不上一萬,價昂,人多避就,則稟請一事可不説矣。陳屬歸何幼伊,假歲脩五百,解開辦中學費。今脩大成殿又千餘串,已爲胡公言之。然彼必須扣還自己墊欵,有餘乃歸他人,此一定之理也。歸家,見桂妹發行李上湘泰,此番可以決行,致一函寄子綬。龍莫溪來,未得見。李闓來,用洋式片子。到錢店換洋並錢。到楊世猷處回拜,陳佩衡處略談,俞仲曾處略談。又到高等,講一小時。岳凡云學堂將有更動,張舉王而陳不謂然。歸午飯,到汪宅,以陸拾金所換洋面交老太太,云得受明信,九江局面甚小,有汪都昌事託問汪某,試詢之。到小學一轉。歸,有劉熙、劉樹傑、馬堯臣三人後到,欲求覆試,爲致書胡公,看可行否。

九 月

初一(9日)

早到學堂祀聖。劉、馬二生來見。胡公今日上各署,未知何時能回。此亦由諸生不以爲事,如學臺考試,有不趕到者乎?近日粵事無聞,報言洪江失守等事恐皆不確,岑留黄似實事。聞劉春霖調湘藩,不知確否。報言西藏失,屬地盡,比鐵路公司爲俄、法傀儡,湘人不能爭,即能爭回,五百萬亦無從出,教育緩不濟急,皆實在情形。教案由搜括民貧,並非仇教,亦實

情也。楊端六、師磻生來。師云曉鰲子乃仲瑚外姪也。到任
雨田處回拜，不晤。到學堂，録講義二㕥。問胡公尚未歸，不
知肯補覆否。黄九嫂來，云今日紳士龍、俞諸公議，以憲意不
可回，只得暫停，另覓一處，請彼與許出名佃房屋，照舊開辦，
伊未敢應。學生依依不舍，哭泣不去。諸公又請關口設法，日
本文部大臣現來，但允出名，不允保險，恐更有風潮。聞之怦
怦，作無題詩二首。

初二（10日）

　　飯後到學堂，録講義一條①。閱報數十㕥。問劉熙，仍未得
覆。邑侯問上學期，此刻不能定，俟月半後再商。玉昆云朱子陶
已來。午後到弁卿處，取銀卅乙兩三錢弍分。到子陶處，云將往
河南搬伯父柩，再回湖南，此刻不能來。到高等，講一時。歸，獻
廷、子漁來，以銀票五十兩並弁卿欵付之，批記手票。檢出胡文
忠地圖卅二本，交仲元。

初三（11日）

　　飯後到小泉處，問伊眷尚未來，傅老太去否不知。到孟萊
處，云陸、王一氣，王開三俞、黄軫、胡元倓、周震鱗、梁焕奎、翁鞏
八人名付陸，皆須斥退，陸付張，張甚難之。伊勸秩華行，學務諸
人皆有退志。到少穆處，云其礦務無效，所託人恐不行。到芝老
處，伊膽小，不肯出擔承女學事。愚溪到女學去，留仲元事即託
芝老，明年加廿笲，到江再加廿笲，及早定局。伊欲以二子到我
處改文，如黄壽謙來，即可不託我，我亦不欲用心。譚、王、張皆
不晤。方伯處到賀，亦不晤。聞此老猶欲赴滇，劉月半可到也。
歸午飯。到小學，案已發，取廿八人，備取太少。師範取周覽、譚
紹槧。迪魯云武備學堂並無一事。到普通，見師磻蓀，陳、危皆

---

　　① "講"，原脱，據文義補。

不晤。問傅宅,尚無行期。見汪鏡青,云長沙請彭少襄,且將使兼中學。見陳幼梅,云黃策生敗,有稟來,言賊多猖獗,須招兵設防①,大可慮。文芸閣死於萍鄉,幼子二人,湖南所生也。此人亦到萍鄉。芸閣不似不壽之人,猶謂其將來必見用,而止於此,哀哉!

初四(12日)

早到師範。彼鐘點遲,尚早,經誼請書一扇,乃上講堂。講畢,歇一鐘點。以子陶事商之經誼。女學事,云中峰意尚可知,湘人促之,芝老所謂下石,殆有爲言之。現擬遷地爲良,黃九嫂所託已代達之,孟萊所云,彼似亦知之也。報有杜某之歷史,口舌何益?師範亦爲飲食爭執。當此時猶不能自治,將來必用壓力造奴隸,諸生亦知之乎?午後再講一小時,歸。下午到小學,張、李、熊談此事,云十日即須盡撤,又云日本文部大臣已爲中坐言之。中國學堂亦偪之使外人干預,是何説耶?子漁來催十八兩六錢八分之數。編輯所送現錢,換票又吃虧。

初五(13日)

雨。受寒,聲嘶,未出。得陸仙信,云病愈,煙戒,兼代收支。吉人信云病瘧,金女信亦道及,不知已愈否。云汪局有式竿,各有因緣,莫羨人也。黃鉞來,欲入湘潭速成師範,屬託梁、胡。現彼二人自顧不暇,即説亦恐無益。子漁復來換銀,祥春須補八錢水,仍攜歸。

初六(14日)

致函吉兒、金女,並致子靜一函。焕彬來,久談,渠意亦以王任佐楫爲非,又以任雨田請客興訟爲不然,雨田不找我更好耳。飯後到小學堂,用羽云江南委員來提督銷虧空,十叔恐仍須一

---

① "防",原誤作"房",據文義改。

歸，不然有礙。到官錢局換銀，只補四錢五分，多四百餘文。到子漁處，不晤。歸，俞頌承來，送八元，並文二篇，亦言席元生來，共十八萬須催，節吾亦有之，又言節吾離任，豈仲仙記幼帥之恨乎？秀峰來，云明日可用。達卿來，以陸仙二書付之。

初七（15日）

早起，着泥工俏門前地。到高等，講一小時。聲音稍開，尚覺喫力。往黃處回看，不晤。府正街一轉。鹿泉家做陰生，未進去。仍到高等，羅十丈處取本月俏金。禾生以冊頁請跋，不知研老爲禾生何人也？未初再講一小時。歸過汪宅，問行期尚未，現往賀述貞得孫也。歸見周紱延送來貞老集，禾生將冊頁亦送來。子漁取票銀拾捌兩、票錢乙千，作銀六錢八分，合前項爲百金之數。鄭謙來，託問師範卒業是幾年，伊列備取可補入否，馮一託薦師範包火食，經詒未回信。勁剛夜至，云成姓事已交卸，不知究竟若何，要之，與劉立山不和所致。云劉言八人事爲小圃爭罷，未必可信。

初八（16日）

閱貞老集，有云羲、農時有《易》未有《書》也，虞、夏時有《書》未有《詩》也，湯、文時有《詩》未有《禮》也，周公時有《禮》未有《春秋》也，孔子作《春秋》，所以補諸經之缺，申諸經之義，似奇而確。釋秦鐘“畏龔威忌”，據《史記》三父、威壘、弗忌之事以釋武公、德公可也，穆公在前，豈前知有威、忌事乎？彭光堯送來公啟及禀，曲在任。任請客定王臺，爲一往，觀諸公議何如。至則到者寥寥，久之，王、馮、楊、徐、劉三人、孔、陳等至。任出節略，極醜詆，又引一家人李姓爲證。予疑此婦未必如此無恥，且僕人何可作硬證，獨不可買囑乎？諸公似頗信之，孔與任戚，持之尤力，且勸刻其大作，痛詰彭禀。予本欲勸任略出貲了此事，已與二劉議合，既如此，知必不能了，只好靜聽諸人所爲。情節支離，未敢據一面之辭爲定也。歸聞康樂園有人以三百竿求售。

初九（17 日）

爲頌承改文二篇。飯後到學堂，録講義三旿。以昨所聞告用羽，問房屋事，云已佃，每月四竿，前有人還價二百八十竿，後復不要，三百竿似太少。午後過汪宅，老太云渠意以一百金太少，欲歸一半，不知一半亦非可了不斷，欲將允忱田産變盡，不欲其子認承耳。我女守寡，竟不留一飯碗與彼，忍哉！到高等，講一時。歸飯。黃鉞至，今日聞忠裔中學堂散隊，如果然，則彼屬忠裔，當可送入。張小圃觀詧至，談學務事，言及周震鱗何如。予依違答之，但言胡元倓、俞蕃同不可去。彼言彭紹琮不肯就，未言必推我也。次帥有電，言所用人不可動，不知諸人正以次帥所用仇視之耳。周道輿來書，言周壯歸柩，學堂人各助數元，不得已亦出兩竿。八吉沖來書，爲子漁謀事，除非我出任事，引達卿入學堂，以局事屬子漁乃可耳。予家已得釐局五人，安可再求益耶？

初十（18 日）

早寫對聯數幅。女學堂以散學來請，往則是約明日。問歐某，則以將散請客，將來再起，未能定也。到學堂，録講義三旿。歸書扇一柄。祭酒來，託提請中丞銷處分事，云雨老已來，十四當往候之，云學務事不管。又問高等何人任事，答以戴、周。問昨所議任事，以李某爲蔡五之家人，所説可信，而任處置不善，予終不敢以爲信也。

十一（19 日）

風雨，頗涼。早到師範，見送中路考生文書已到。問備取可入否，云須其縣有缺乃可，卒業須四年。講一小時，復坐待一小時，乃上堂再講，遂歸。孟來至，云愚溪未見仲元，見即回信。女學堂正待我，遂往，席將散矣。吃飯，略坐。可人來，大發議論，以上中丞書稿見示,云知不可抵抗,亦須表明一層,看彼批示何如,十四可,且勿停,而學堂所擬稟亦極激烈,不知用何人也。可人云徐八先生以查嶽麓事,將請客。芝生亦云陳竹友管城南,問其底子,二月不回信。嶽麓六百租,今只餘百廿擔,云加批減租,田究安往?批規二千餘金,又在何處?然則今之持腐論阻新學者,吾知之矣。經詁言周綏堂已薦人代,西文教習別有人可延。鄒玉昆辭監督,予未聞也。子靜云黃鉞可補入,歸致信黃。馮一來,云十六仍着彼四人包火食,前人已告退矣。此等紛更,殊屬可笑。爲禾生擬跋。外間傳聞黃軍大敗,賴鎮筭兵擊退。又云黃已到桂,岑優保之。岑使降匪到南非充華工,此舉頗善。報云鐵來是袁意,袁忌張,不使入樞府,並忌東南督撫,故爲搜括,亦以固寵。樞廷有二人告退,趙可望入,否則將往東三省。此公進退,於此間頗有關繫。達卿來,云局欵不敷局用,恐裁,當爲局憲言之。

十二(20日)

以黃歸,專函寄彼祠,囑即趕來,未知尚在縣城否。送槐仙禮。飯後到學堂,錄講義,以見之行事爲即事以明義,自謂創獲,說《春秋》必明此旨乃可通,否則必以《左氏》疑孔子矣。歸備家祭。女學堂照像,未往觀,亦不忍再往也。子漁等到,抹牌至夜。仲元到龍處,不知所說何如。閱報,言俄兵將六十萬,日兵已南退至遼陽,豈中怯與?旅順尚未破,日兵已死五萬,殆可危也。日人將强中國改革,韓人已翦髮易服矣。

十三(21日)

到學堂,錄講義二條。東文擬請聶鑑湖,前云彼盡義務,不計較,略送夫馬即可,今仍須西文之數。日中止三鐘點,夜課又須添置燈,且下關須告邑侯。順昌買屋止可加一二十竿,亦須告邑侯。聞前夜希選入冥,見念循在冥司罰跪。其情確鑿,往汪宅問之。希選出看船，老太太須俟允忱事稍有緒再行，尚未定期。吉來以彭事，不暇。歸見彭帖，明日又請定王臺。

十四（22 日）

早到高等，講一小時。到迪魯處，其女爲女學教習，亦以停止爲恨，言杜劾趙薦史可也，乃牽引史在粵曾用康爲其心不可測，杜之心乃真不可測矣。到雨老處，不見。見蔡，談彭事，約同往。鹿泉病，不能出。仍到學堂午飯，可人正與王、徐爭嶽麓田產賬目。禾生出學務所下公事，有極多含混語。徐不能受，王助之，張甚爲難。此等舉動，真不可解。善化田有五百租今不知在何處，丁祭遲至九月初六，尤可怪也。復講一時。到傅宅，問老太太十五後行。到普通，見聶鑑湖，彼已應允，但可三時，與訂四時，夜課再説。到定王臺，觀諸公所説李某以拐帶犯，任保出，則尤可疑。馮星垞來，云雨老肯任調停，乃約明日再請張、王、葉、孔一會，云任猶易説，孔不易説，此尤不解者。

十五（23 日）

到小學堂，祀孔子。見桌椅已做成，將請邑侯牌示，及房屋事、東文教習事，擬明日爲一往。歸爲幹庭看一策，筆頗飄忽，勝前。録跋與禾生。得吉兒信，瘧疾已愈，更作一書與之。智洲公生辰，邀希選兄弟餞行。散後往定王臺，張、王未到，孔到，與諸人爭執，後語頗頓。黃九嫂談女學堂事，將講義、日記不合者皆摧燒之，甚是，足見事亦有可影射處，皆學堂所宜戒也。高等閲《江蘇》、《浙江報》①，我在彼，必不許也。索觀我無題詩，又得兩首：“驕妒蘭香在上清，下山十里幾飛瓊。真靈六甲無呵護，淪謫諸仙有姓名。怪雨驚殘衍波字，罡風吹斷步虚聲。漫將哀怨從空訴，廣樂鈞天醉不明。”“修竹甘蕉任巧彈，叢鈴碎佩去珊

---

① “浙江報”，當指《浙江潮》。

珊。夗央瓦冷空留夢，官陽堂回已罷壇。波弋香燒魂定返，蟾蜍藥化膽應寒。紅牆碧漢須臾事，倚遍仙城十二欄。"萸溪來，云仲元意可仍舊，數須八竿，出門約百數矣。更託說七竿之數，如可行即定局。女學善後策仍以望彼。

十六（24日）

致芰舲父子各一函。午刻到小學堂，玉昆云舊生徒止七人，周乃武身家有疑，合六人之數。到縣擬面說，並請聶厈湖東文、買康樂園屋子及新班入堂日期諸事，胡不在署。遂到高等，教一小時。禾生云明日張、任二觀督到麓山查產，徐不交賬，每年須更歸彼二百金，不知何爲。歸過汪宅，云恐須十九始行。乃歸午飯，聞胡粵生來拜，彼此相左。

十七（25日）

致書受明，託轉寄夏宅信件。飯後到學堂，錄講義三條。問胡公下午始歸署，乃歸午飯。到邑署，見胡公，將房屋事說明。伊奉到中學堂公事，十月初十前各縣學須送生徒，要年紀二十以內者。學堂新班俟送中學生後再入。聶厈湖，彼在桃源聘之不至，今不願再聘，屬另覓他人。回學堂，以告玉昆，云庚生言黃某，可屬同商酌。歸見幹庭送日記一本至，爲改數十。子漁來索銀，專函到南塘。獻廷來，云捕回天票，牽引學生。

十八（26日）

早到師範，見經詒，彼亦聞有風潮。予謂諸公恐借以破壞學生，惟早檢點，自慎重，勿使人藉口而已。張、任尚未去，是勘工，非查産也。講二小時，歸已一點矣。到汪宅送行，見孟萊，云已名捕，黃軫逃去矣。此人絶無聊，前以《猛回頭》事遠遁，何苦又來？但望不牽及他人耳。曾士元、彭應庚入學務處，云皆開通，又設教育研究所，云日本人所説，恐皆非諸公所樂聞也。歸批日記。

十九(27日)

早到學堂,告玉昆做學生,屬將稟送邑侯,云周乃武託人做保,七人中再斟酌。玉昆請致書羅八公,爲作一函。云東文學舍有劉某被捕,是長沙人,其學已散。到城隍廟敬觀音。陳云伯興今日六旬,任請張、王、葉於韻南處議事,尤怪。午後歸過小學,略坐乃歸。譚南臣送銀伍拾兩來,當付子漁祥春票一四十兩,二張五兩,均玖月半。王順昌送來銀伍拾兩。

二十(28日)

批完日記,送交幹庭。到學堂,聞希易言捉得何紹曾,供出黃、劉、彭,諸人皆逃去。周綬堂逃湖北,聞乃兄亦去。胡子靜亦牽涉,不知鬧到如何地步。子陶亦倡愛國會。朱樹常與甯鼇來往,當禁之,做報尤不可者。

廿一(29日)

早到高等,講一時。見道興仍上講堂,則綬堂之行恐非因事遁也。可人談甚久。秩華與許九至,談嶽麓事,今年恐尚不能了,則明春仍未必搬也。許言楊德吾二媳之事牽及女學,尤可笑。禾生亦言及。子靖云彭某逃,並毀其屋,有教供者,尤可懼也。午後再講一小時。歸,祥女來,醴陵又信到,催提欵項,述貞不欲理,屬彼自寫信寄九江。吉來先交一百金,約限十年之計,甚善。彼家必欲先將允忱之田破壞,看受明如何説。中國婦女無識,大率如此,可歎。

廿二(30日)

孟萊至,云編輯所議裁撤,若然,予又去卅金一月矣,將見張問之。稚華云所編上諭已找出,胡仁山歸湖北,不來省矣,未言裁編輯事。曾士元、彭應庚入學務,云又未提。彭即紹琮。外間傳郭宗熙,或曾熙之誤也。獻廷來,云問案在首府,故不得其詳,孟萊亦不知也。下午述貞來信,云到織機巷等我。往則云席元生見孟來,言此欵可折半,只算九百,伊與商霖各出二百,汪家只出伍百即可了事,張伯興應允借三百,要我出二百。如此辦法甚好,但一時我不易籌耳。歸過述卿,借五十金,促弁卿歸二十金,專人到泉窩塘催租。傅宅將行,再致吉兒。

廿三(31日)

飯後到小學堂,斟酌所送六人内,汪最在後,楊廷幹分數少,看可移否。周乃武託人保,又無人攻擊,恐不好不送也。録講義二㕔。歸到汪宅,云孟萊來過,即日須辦。到高等,講一小時。許奎垣等設立俱樂部,不知何以必用俄人虛無黨名?昨已封禁,臬司不欲興大獄,或不至株連多人乎?報言宮中立毓坤會,南苑開女學,教東、西文,外省女學何以又禁?報又言政府不任事,練兵一事有强政府爲之者,或屬本初而言。爭鐵路電甚詳,然粤人能出貲,湘人不出貲,奈何?歸見吉兒來信,以江人開鐵路爲空口打哇哇,大抵皆然。汪留差事,將上省,不知何意。

廿四(11月1日)

以述卿送來元寶到祥春換票,計五十乙兩六錢七分,少作六分,只吃虧九十文,較免周折。得小泉信,問送中學事,復告之。封達三信,拜託傅宅使帶南昌,云行期尚未定。飯後送銀到汪宅,事又中變。到小學,見用羽,出述貞信,乃知吉來打破,以爲恐靠不住,然吉來亦不爲彼家所信,述貞兩信皆未達之受明。女人做事,陰險如此。彼以爲事不干涉,可以不理。若事久決裂,未必不干涉也。勉帥出缺,來者爲誰?屬用羽告乃翁,與孟來打一電問受明爲是。録講義二㕔。歸見吉人又來信,言慶孫姻事,二媳不欲早定。今女學已散,且聽之。《萬國演義》閲一過,覺惟此書議論無弊。俱樂部在永慶街李子科故宅,無學生,空議論。

廿五(2日)

早到師範試驗。經詁云杜爲伊戚,有聘媳、將婚女欲留學,不願往，遂挾此嫌，京中多以爲非。宮中興女學，看如何。楊事已了，祝睍可望空拜，不必立牌。午後歸，見任復刻，家難事已決裂，大約彼不欲再到江右，故敢開罪壬老及四出名人，並程皆有考語。或孔爲邀王、葉，得韻南力乎？天下事如此無是非，可歎。下午到小學，屬勿開人缺而不送中學，體操託道興找代者。根青言華興公司牽及萸溪，王、孔以西早比之，撫請張示，未知如何。請迪魯加一次國文①，而彼推根青。學生講堂太少，止求安靜而已。閱《祕史》，無甚異聞，所詆斥不中肯，與《新民報》天淵之别。

廿六（3日）

再致一函付吉人，送傅宅。彼不肯帶菌子，仍付還。求人之難如此，亦以罎子本不易帶也。王燮臣來，詢韓家事，云其姨太太到家三年，爲其長媳毒死。其長子雨田在同興合藥店，忽云姨娘來三日遂死。其三子流落在此，彼費財力始送之歸，旋將家貲蕩盡而死。惟雨田有一子，已授室、生兒，尚可自給。飯後到學堂，閱試驗卷數十卷，餘攜歸閱畢。玉昆欲辭事，學生以不開曾缺疑之，由太寬之故。蓉墅選扶風，古名勝地，漢右扶風所轄，唐始名扶風，薛景仙令此以拒禄山，乃入蜀之路，非入凉之路。往彼須由郿、襄過，西安距扶風縣二百餘里。東撫周馥署兩江，胡廷幹護東撫。

廿七（4日）

到學，錄講義三條。體操屬道興請代人，有朱桂生者來，與訂四、五點鐘。啞鈴只來廿對，有年小不能舉者。歸午飯後到陳處，見幹庭父子，云葉將交卸，以方弼卿代，方安徽人，次帥所調。會匪事彼無所聞，粵匪逼鎮遠。劉樸山云乃弟在長沙館，尚須考

---

① "文"，原脱，據文義補。

入學堂,無期,頗悔,此行海中遇風,甚苦也。歸見小泉信,求總局事,或即葉缺,以所聞復之。

廿八(5日)

早到高等,講一小時。岳方云聞民立學堂將停,嶽麓改校士館,郭立山與曾、彭入學務,不知確否。所捕是劉佐周,非揆一也。聞劉已棄市,未知確否。歸到羅、陳二處作吊。拜張,不晤。仍到學堂午飯,講一小時。到俞壽丞、葉委員處,皆不晤。到鹿泉處診脈,云屬寒滯,胃氣不舒。到府正街祝壽,夜飲,二鼓歸,又加寒滯矣。

廿九(6日)

飯後服藥,乃到府正街。夜歸,又二鼓矣。近有長衣飯舖生意頗盛,馮一急欲發跡,阻之不可。

十 月

初一(7日)

早到小學,祀孔子。飯後復往,録講義三咶。到汪宅,知彼家眷廿二已到。受明前阻家小勿去,云將辭局晉省,後家小到,又不説而決計將毛官沖田産歸官,促將契據、糧單找出。祥女住彼已近十年,戀舊之情非止三宿,今雖不忍再去,亦不忍輕棄。前日猶含悲忍淚勉往清理,尚有遺物未盡搬回,而今鶴去巢空,未免於十分悲感之餘又增悲感,奈何?到高等試驗,四下始歸。是日祖父忌日,邀棣威來。子漁來,將田價尾數付清,字據收回。秦雪泉來,求於楊紹曾處薦善化農務事。伊内兄劉某將委中學收支,故求代。現居皇倉街陶順興木店内。

初二(8日)

閲試驗卷。爲幹庭批文一篇,並寫題目付之。馮一於東牌樓白馬巷口開一品仙酒館，爲書招牌，並假十竿，但願其發財耳。萬壽聞仍加至十日，因稟求允之。而人云諸梁以不用春臺，故先阻議，亦以其好爲伶人出力也。城門牽線出入，如此畏怯，何必慶祝？即諸梁有此，亦未以爲非也。下午到仁壽宮觀劇。雪泉信來，云楊已到農務局。予往，則楊已去。到雪泉處略談，仍到仁壽。晚歸。

初三（9日）

早到師範，上講堂畢，觀食堂，有朱子手書詩及楊廉夫書南軒詩石刻，未見拓本。午刻復講一小時。轎夫不來，走歸。學堂以執照未填四至，再致縣請更換、增入。而壯飛先生夫人與媳來，忙亂之至。飯後到仁壽宮。沈小嵐函問房屋事，復之。俞仲增又着人來，願加價，事已定矣。雪泉來問回信，而致書紹曾未回報。

初四（10日）

飯後到學堂，錄講義。聞近日風聲稍息，慶五外皆傳聞也。授堂來，找一張某自代，平江人也。所取生徒太少，擬請胡公再考一次，一併送入。房屋事已了，豫昌合出二百六十千，云即羅敦甫所開。先不聞有此，豈物各有主乎？王約明日送席，屬送學堂，召佃轉字。下午再到學，寫講義。

初五（11日）

早到孔寓拜壽，到者皆孝廉，屏亦諸人名也。飯後到學，錄講義。歸遇九安丈至，談任、彭事，以任爲是。此輩與我輩異趣，即此可見。王順昌請客。到學堂，聞近日風潮稍平，而道聽塗説者不已，如言柳聘農事，譚家皆不提及，足知多是烏有。湖南學使放支恒榮，恐一蟹不如一蟹。郭立山奏留師範監督，每月百金，又何其優也。報云李苾園起用。

初六（12日）

早到高等，試驗畢，到小圃處，不晤。晤仲曾，云前所説乃姚某也。晤紹曾,云張、劉薦柯壽吾,俟局中有事再説,文翁亦世交也。復到高等午飯,再上堂。歸到九安先生處,伯卿亦出,所談不對,將來見九丈再説。到汪鏡青處,略談。陳氏父子皆出門,遂歸。聞祥女仍要前項,攜銀百四十兩往,云王莘田出來擔承,只要四百金可了,明日到孟萊處定議。汪氏兄弟回信,云受明已帶眷晉省,云委署可望,有如此之速乎?

初七(13 日)

　　高等陳、李二生來,請作報館募捐啟,辭之。致小圃一函云:"兩謁崇轅,未承大教。湘中學務,賴公主持,士林喁喁,莫不仰戴。茲有啟者,ム厶去秋旋里,奉次帥委辦編輯所事,令充編輯歷朝上諭爲教科書之用,將以昭尊王之大義,息排滿之邪説。奉札之後,謹擬體例,呈之次帥,甚以爲然。嗣又奉到札催,乃取《十朝聖訓》、《東華録》恭閲一過,録出廿餘萬言,繳呈請示,再加删定,以俟刊布。會值次帥北上,底稿遺失。前聞學務處已覓得。現在風潮甚急,庶可藉此抵禦。前見奏定新章,内有宣講皇朝德澤一條,意亦脗合。爲此敬請明示,如須删定刊布,望即飭學務處將原稿檢出。其應如何删定之處,再當趨謁台端,恭候指示也。"聞編輯所將停,致此書,看彼如何説。芸閣訃來,又見《時報》有吊彼詩①,作詩挽之曰:"一别近三載,重逢是隔生。訃來君定死,歎逝我何情。鵩鳥應先報,驊騮不再鳴。青楓魂返來,杜老已吞聲。蒼茫海天濶,長嘯動魚龍。異地同舟誼,奇材曠代逢。方攜漢廷策,同聽禁城鐘。阿大蟬聯語,都門憶舊蹤。同年舉京兆,積歲判雲泥。倚伏寧夭數,功名是禍梯。鳳鸑偕伏竄,勞燕别東西。十載江湖客,新詩海外題。滄海正横流,嗟君得首丘。緗囊幸未撲,禁網惜輕投。思舊山陽賦,懷忠地下游。

---

① "彼",原重,據文義删。

遺書等身在,應待茂陵求。"到馮家沖埽墓,風雨交作,歸來頭涔
涔作痛。仲元擬燈謎,予戲作一二十條。街上人多,皆由尸女。
聞皇倉街踏死數人,何苦乃爾?聞織坊作袍褂者停機,豈真易服
耶?夜大風。

初八(14日)

風未止,寒甚。王順昌催撥佃,告知玉昆。周升來,云今日
必妥。閱試驗八十餘本,畢。一下鐘到高等,交澤臣,講一小時。
歸,欲往小學,出遇雨而反。晚間龍氏兄弟來。同仲元、開智打
謎,甚擠。

初九(15日)

凍,晴。飯後到皇倉看戲,農務局側面,不好看。聞楊、劉諸
人在皇倉正臺,往則地方雖好,而太遠,日光照人。在彼吃飯。
戲完,晚歸。聞謝家姨太太生日請戲,往則云家中不便,在同仁
公所,遂往同仁,歸已將三鼓矣。

初十(16日)

到小學堂,復到師範祝嘏。歸飯後,到謝宅拜壽,云晚戲仍
在同仁。再到皇倉看戲。晚到同仁,出分貲乙元。歸已三鼓。

十一(17日)

飯後到坡子街、太平街、臬圍後、青石碼。過陳公館坐坐,則
彼處唱京班,幼梅喬梓留看。京調遠勝土腔,而朽人極口詆之,
風氣難開如此。

十二(18日)

連日看戲,頗倦,左目尤不舒。煥彬約今日火公殿,不往。
高等邀明日三點鐘,想是陪新教習。我明早本須去,家祭,須歸。
寄吉兒一函。到小學堂,鄒、張未來,學生不多,今已開講。昨胡
邑侯言所送六人要再造冊,問之,已送去矣。此亦書吏挑索之
故,官未必知。閱報,無新聞。昨聞湖南糧道、同、通、丞均將裁,

教習可緩至停科舉後。外人以欽使搜索多金，要挾賠欵，磅價吃虧甚重，何苦來哉！商霖盡裁乾脩，我先求之亦所得無幾，故不求也。下午安排下鄉。晚間到坡子街看燈一轉，忽起火，徹燈。

十三（19日）

早到高等，講二小時。午後歸，獻廷不來，只棣威到。是日智洲公忌日。客去，已晚矣。學生周乃武爲長沙捕去，旋放歸。到學堂，問明無事。

十四（20日）

早起，出城。轎中默《左氏傳》，尚能記一半。將晚到盛家灣，不拜松楸已二年矣。牆將傾圮，使張四脩之。

十五（21日）

擬趕入城，天明即行。到泉窩塘，日未中。有一轎夫不行，只得住下。到後山，忽然難上，不可解。屋小，脩理工程不大。黃孺人石欄修好，碑一角缺。

十六（22日）

早起，入城已申刻。大風，頭涔涔然。飯後到小學堂一轉。廣隆倒用羽五十金。聞黃修園死於上海，或曰吞丹，倒廣隆十七萬以致閉。柳芝龍死於四川。

十七（23日）

早到師範，講二小時。經詒未來。歸遇獻廷，約廿三來。見桂妹信，云海中遇風，二日夜嘔吐不食。予不北上，半以此也。小泉寄蟹與水仙花與母，分送與我。復彼一函。下午到小學堂。迪魯來，談黃脩園事。禍福倚伏，其可量乎？聞祥女病，往視之。歸，達卿來，致文公達唁函、奠敬三元。

十八（24日）

飯後到府正街，回少濂看。伊家喜事，送見儀一元。到夏小泉處，問江西近無信。到學務處，見孟萊，云已託馮星垞見鹽道説明，大約事可了。張小圃在此與諸公不洽，偏信吳某，人不謂然。到鹿泉處診脈。歸聞壬老將回省，仲元請往視之，將晚歸，云昨來省，今已行矣。到小學一轉。見報，言周玉山年近七旬，須人扶掖。御史某奏開女學堂於京師，佐貳、教官留爲學生出身不裁，練兵章程將來均以學生爲兵，皆新政之大者。歸使人問壬老，云實已行，吉來同往，何其速也。得吉兒初四書，達三亦有一函。

十九（25日）

玉昆使人來，請往議請邑侯再招考，使人去打聽，已出門，又須到席公祠，今日可毋往矣。中學廿二日可往，學生止三十三人，並新班仍不滿額也。錄講義三翏。往問祥女，病尚未愈。歸午飯。礄生來，云高等、普通亦將散矣，豈不可惜？譚槐仙來辭行，云將返瀏。閲報，以鐵路仍歸美人，頗責備張香帥，撥賑捐百廿萬歸湖南辦學堂，只受卅萬。勉帥臨没云美、英已允言爭金磅事，且云以爭歟抵制鐵公。勞瘁以死，評語甚好。

二十（26日）

早到高等，教一小時。到甸侯處，因聞重元已允，但不欲教富孫，商議即此訂關，每年脩七十竿，月費四百文。吉兒書云宜留，彼接眷不定，江右送官紳十人出洋，彼以須考不欲往。現在出洋即算人才，膽小氣弱，予亦不强也。還高等，聞彭應庚已接事，見之共談。郭復初來，住六堆口養知書屋。二人皆須出洋。高等須付彭千餘金。郭云趙已批准加漕百四十文爲師範學堂費，馮星垞用三監督稟，作中、南、西三路均分，中路吃虧，已與王言之，王云宜待張來。彭意在擴張。二人皆月百金，進士、翰林固不同也。羅云受明之安兒已與袁海觀對親，譚祖安爲媒，何不依次序？吉人書云初四未到，不知伊家坐民船遇風否。午刻再講一小時，是朱子説《左氏》事。説完，到張小圃處，論編上諭，彼不謂然。此事趙實出奏，必無妨也。予出，送云學務將更張，欲以煩予。若使入學務，亦不辭也。到府正街，無客，遂歸。記小圃云日人聞俄艦過波羅的海、黑海，頗惶恐，以爲意料不及，桂太郎欲請中國出爲調停，伊藤以爲不可恃，惟拚死一着耳。旅順八英里地攻不破，西人可謂悍。黑海之約亦不信，殆黄禍之怵其中歟？報云香帥作《萬壽歌》，使學生歌之，云："瑶池桃熟歲三千，不及□□億萬年①。大孝聖皇親戲綵，深宮慈母壽齊天。"又駁酒館、飯莊捐，女人報效賞國秀寶星不可行。惟婦人首飾捐即西人奢侈稅，惟難查耳。

廿一（27 日）

檢出次帥委札，編上諭爲教科書已奏准，擬呈長弓。高等生劉希綱求爲譜序，暇時當爲一揮。飯後到小學，録講義。問邑侯，接新方伯未歸。希易言有堂弟可教書，俟小鶴有信再説。歸午飯後，到楊宅陪上親。朱九號梅仙，雨老幼子，胡少卿之弟子也。二鼓後歸。子漁來，後日邀楊佑生、觀生。是日雨。

廿二（28 日）

未晴。問邑侯未出，將往，到中途聞已到中學堂，遂歸。郭復初來拜，用年姪帖，住六堆口養知書屋，當往回拜。其論以國文爲重，予云必專設一科，每星期作文一篇不可。午後到高等，試驗畢，往楊宅觀劇，至三鼓歸。

廿三（29 日）

飯後到小學堂，問邑侯回署，往則云廣西兵變解要犯至，即須升堂。歸作書，告以再招考，使人送去。俞頌臣送文一篇來，幹庭亦有一篇。閲試驗十八卷。是日家祭，客多，以後當不邀客。

---

① 原稿空兩格。

廿四(30 日)

　　早到師範,講一小時。現改章,西、南二路均歸彼處,學生當去者半,而皆不願去,郭復初以爲可送高等,而嶽麓尚未修好,經詒云可照附學例,且容之。乙班今日不上堂,與郭久談。彼意以爲宜編教科書,與予所見同,然此事不易。郭以爲李希聖浮華之士,不勝任。今欲兼通中西之士,豈易得乎? 嶽麓留愛禮堂,爲葵園計,恐彼亦不願小就也。漕捐,葵園欲芝老出頭名,此事或可行。女學未開,云須修屋,恐亦不敢遽辦,欲少待耳。潘蘋秋即少甫之女。歸閱《史通》,子玄不通經,且爲杜、孔所誤,阿《左氏》,大可笑。吉兒來信,云十一汪家尚未到,任事是架誣。甸侯來,以關交仲元,無甚話説。胡邑侯來,未請。到小學,屬周升去問。看啞鈴操。遂到織機巷,彼時尚未得吉函也。

廿五(12 月 1 日)

　　彭應庚來拜,出洋尚未定期。伊不以師範移高等爲然,畛域之分如此。飯後到小學,屬周一問縣,已允照辦,但考期未定,辦好請彼過硃。到陳公館,幹庭云彼文案田君聘妻爲乃父羅敦陽打死,夏小泉委岳州收支,有萬計,恐不如此之多。到中學堂,不成局面。到鹿泉處改方,云羅係内戚,深知其事。今羅已收押長沙,相驗傷痕甚多,羅妾交看守矣。到達卿處,馮沖折穀乙千一百,曹門又須修。冬至辦四桌,堂帳被竊,又須另做也。下午到織機巷,以吉書示祥。到小學堂,致書吉兒,未竟。

廿六(2 日)

　　爲頌臣改二篇。幹庭使人問題,並以前文加評付之。到小學堂,續成致吉兒書。閱《官場現形記》。歸,黄溪至,告以仲元説妥。彼云郭必去俞,未知何人接手也。續成吉兒書,並寄芰舲喬梓。胡公來,未請。

廿七（3日）

早到高等，試驗乙班畢。彭應庚未來，伊姪在此。檢清一切。聞師範收支更換，經詒尚未動。戴奉璋同出洋，大約在月初。閱報，王爵帥在滬被刺，刺者長、善人，不知何事。飯後又試驗一次。歸到長弓處，不晤，以次帥札示之，札明載奏文，看彼如何說。到秉郁處，託問有往江者。到縣，不晤。到小學堂，告之玉昆，屬仍付錢乙千，催彼用印。歸閱試驗卷。

廿八（4日）

閱試驗卷畢。天漸暖。上午未出門。馮一欲求巡丁，函託小泉前來託我，雖非必我力，亦何不來謝也？旋得回信，頗謝鼎言，而巡丁推豫總辦作主，有事再說。算回價，須找出弍金，小公長用拾肆千零。批頌承兩篇，並出題一單。閱報，云鐵有不來鄂、湘之語，灣沚、萍鄉移廠亦皆不便。彼入都急，或可免來此乎？馮說帖尚通，而鹽欵之提不無私意。楊冕來，云張祖馮，屬葵園不必爭，郭無法教學生，上稟鹽利南路，漕利西路，而西、南人云中路占城南得便宜，可笑。經詒送課程來，改三日八、九點鐘，更須早去。

廿九（5日）

江右來信，云金女病，吉兒有調撫院收公文差，或兼差乎？汪眷似已到。祥女吐血，留住二日，未吐，請鹿泉看，使服藥兩日再看。飯後到學堂，錄講義二㕽。歸午飯，到高等講一小時。聞長弓又有新章將頒發，教習須考。如及我，則將辭，錄講義可與之。上海人刺王爵棠，以其聯俄，而此事彼亦何能運動耶？彭未來，行期亦未定，云住三泰街彭氏總祠，其姪亦去矣。戴啟璘同出洋。

三十（6日）

閱報，見長弓學務處分設專科議，一曰審訂科，審訂各學堂教科課本。大約彼所說即此事。惟編輯西書，我不能也。既有此舉，小學課本亦須安頓。飯後出門，到方弼卿處。此公爲次帥所調，談次帥待我事，人頗開通。云京師大學辦法亦不善，孫不過問，監督主政，教習常更。現在京師亦昌言革命，不能禁。此間以三叉磯事爲難，壽人允爲更調。拜彭、郭，皆不晤。見莪溪，云王爲鐵路大臣，並非公舉，乃翁已函香帥，電是竊名。述卿言王在卿用官派，尤可笑。任事殊不可問，其子有詩爲證，乃父亦有投金事。壬老恐有舉動，吉來亦得分銷。席元生恐不可信，須商霖來定。葵園言《尚書》將栞成，近修西史，未知是何體例，欲予助加論斷，但可爲校訂，不欲加論也。聞愛禮堂有百廿名額，不及問之。棣威處約明日來抹牌。夏小泉即接方手，俟初三新方伯接印後稟辭，以小泉求到本缺託之。歸，換錢，弇卿未付清田價分數。

十一月

初一（7日）

早到小學，祀孔子。郭來請，遂到師範。鐘點改八、九時兩次，講畢。郭云欲辭，現在欸墊千餘，十一月已無着，學生分黨。王鏡芙、俞秩華來，問廖先塾等具稟欲歸，云排擠，一刻難安，問實即聽其去。欽差仍須來，且甚速，只閱營伍，不查欸項，或稍留餘地乎？歸，俟客來雀戲，至夜。棣威以其子詠清名條求入學堂，改名恢漢。

初二（8日）

到學堂，錄講義。爲劉希綱作家譜序。歸，孟萊至，云張將以審訂科屬我，仍即調閱學堂課本。師範紛爭事，以曾士元爲是。郭出競爭之力，多不然之，無怪其欲辭。師範無米之炊，前月脩今尚不送，猶可抱彼注茲乎？醴局事待程，程待周帥，王心田當不荒唐也。是日譽孫十歲。閱《新世界學報》，無甚深意，且十五期後以《經世文潮》補，更無謂也。汪大小姐來，云《新小説》十、十一期至，當着人往取。

初三（9日）

雨，旋晴。録出《劉氏譜序》，並下一次講義。張小圃至，仍持札來，云陸帥已知此事，仍委編輯，審訂亦以見委。講義送堂，不必交學務。師範今年只用一萬餘，明年歉儘有用。學生打架，恐有人從中運用。問郭復初能彈壓否，意似疑郭。大約此三項勻歉不能改矣。蔣少穆至，云黃事聶仲偉接辦，伊所虧不止卅萬，又借洋歉急，以善後局歉歸之。劉方伯仍不能接印，且兩腿病，張不任事，糧道亦將裁，杜、俞將撤，強留。張子豐只四營，可慮。客去，閱報，載學務新章甚詳。往小學堂，告以預備講義。閱《中外報》數昏，撤杜、俞由頌年發電，刺王之春由報館痛詆其賣國所牽及，果有李壽芝。夜間夏小泉來告辭。

初四（10日）

早起，聞馮一生意恐不妥，趕寄一函與小泉。遂往高等，講完，閱報，有言學生謀反、電奏只辦二人者，實無此事，游某亦非學生。此等事傳於外，殊生阻力。屢言子靖，亦非佳事也。彭行未有期，師範亦未了。聞有委員與許合辦獄麓事、今年必趕完工之説，未知確否。下午再講一小時。歸過汪宅，兩女約皆明日歸。

初五（11日）

風雨。星期，不出。閱報，粵兵大敗，學生皆死，岑奏勝仗，恐未必實，報亦以第二王之春譏之。又有袁、岑對調及調馬玉昆之説，滇撫林自請裁缺，不允。聞岑、李又不睦，節吾有兩姑難爲婦之意。督、撫同城，何以不裁？聞黃策生兵皆病，粵事其可爲乎？檢出楊希閔《王文公年譜》,閱之,祖王雖太過,然多有據。後之守舊鬼以此事借口,宋儒之過也。

初六（12 日）

頗寒。未刻到學堂,彭應庚正與乙班長説留教習事。學生留許、周二人,迫以定鬮,彭以尚早,且嶽麓催動工,明年須移,未知教習能兼否,一時不能定局,學生遂不上講堂,予亦空歸。近來生徒不安靜如此,我所以辭不辦。彭、郭恐亦未必妥善,二人出洋亦不提。

初七（13 日）

飯後到小學堂。玉昆云陳催還欵,中學堂又有札提欵,年内所餘不多,還欵未必能清,再提只好另設法,見胡公當言之。學務處頗祖外路①,以中路學生詈辱鬥毆爲非,王在晉、何卜二人須革辦。

初八（14 日）

早到師範,連講二小時,頗喫力。一班止十餘人,共五十餘,西、南人皆去矣。聞實無揮拳事,不過飯堂譏刺而已。歸值衡山羅某來,云歸去並無學堂可入②,譚所新脩全照書院式。君華來,云蓉墅年内將歸。午飯後往學堂,録講義。有云師範革王、何二人,必更有風潮,看彭、郭如何彈壓。

初九（15 日）

閱報,端午帥到湖南,陸到蘇,升吉帥到江西③,夏到陝。端辦學堂認真,到湘甚好。升安靜,到江西亦可,但道路更難通。壬老不知同去否。胡送公事,中學堂五百之欵,已歸學宮三百。

---

① "務",原誤作"札",據文義改。
② "堂",原誤作"生",據文義改。
③ "吉",原誤作"竹",據升允之字改。

到小學問，彼已早見到。汪宅聞羅升言吉人前擬委收公文，一月有數十金，今爲沙某盤踞。受明上憲許明年委缺，大山又移動，奈何？慶孫咳嗽，到鄧處改方。遂到陳幼梅處，云夏小泉事每年在二竿外，張、顏亦與有力。子漁事已向說，再開名條送去。到裱店，要五十文一頁，仍攜歸。到陳十處，未歸，其妻九月死，予未聞也。問其家，云姓常，三品封，其子友古在東洋，未能歸。佩衡適歸，旋去。擬作挽聯。

初十（16日）

飯後到學堂，致書壬老，並寄竹帥，信稟寫三忝，並寄吉兒使謀差事，亦不得已之計也。以子漁名條致耳東。告高等假三日，擬明日去。下午瞿一嫂大祥，往彼處，暮歸。

十一（17日）

飯後到八吉沖，輿人不力，到甚晚。叔父丰采勝前，亦無病，大是壽徵，特境遇不佳。談及將來，可爲寒心，亦只能坐視而已。

十二（18日）

鄉人來祝壽者頗多，吃麪一擔餘，宰豕二只。乞食者婦女、小孩百餘人，有穿得甚好者，亦來乞一碗米，足見支那代表之一斑。

十三（19日）

飯後歸，到家又傍晚矣。夜間祝予壽者亦多，吃麪廿餘斤。述卿昨生一子，可喜。予明日初度，晚間有來祝者。述卿忙甚，不到。

十四（20日）

高等改鐘點，第二日九時至十時，往講一次。問二處學生皆安靜，郭已到湘陰等候。曾、彭將行，日本道路無阻，恐觸魚雷之說未確。歸早飯。是日爲予初度。楊松年來，其母亦今日生辰，不能不去一轉，留聽戲，辭以有事歸。席散後，天將晚。楊家催客，達卿約同往，歸已中夜。

十五（21日）

　　早到小學堂，祀孔子。到碧湘街回公達看，云即將行，伊在《中外報》館做文字，有信可寄報館。伊姑在淑慎女學堂者，即王晉侯妻也，已歸，明年仍來，來當見之。到師範，講二小時歸。是日先子忌日，達卿、弁卿至。作冬至祀文。

十六（22日）

　　晴。寫出祀文。閱報，見景賢堂稟，令人神往。堯衢在荊、宜、施開學堂，學生規避，可欽。玉昆言報名者只十餘人，學界如斯，又可歎。賀澍人來拜，請十八作伐。賀名壽者，現署臨湘司官，乃父名之翰，州吏目，丁艱回省，住小東街。帖寫申刻，十八上講堂後尚來得及，須帶衣冠去換。閱報，湖南止裁一糧道，其餘皆得苟延。湖北、雲南巡撫裁，廣東無明文。批盰眙學堂極可笑，不知是周仲海否。命婦羅皮氏係布政使銜、貴州候補道、巴圖魯羅應旒之妻，上書請開女學，有十善。榮以湖南封禁女學，不爲代奏。皮氏又請派女學生出洋，飭命婦爲監督同往，殆意在自請歟？頑固盈廷，良圖中阻，可惜。而婦人中有如皮氏學識者，可增吾族光矣。江西裁缺甚多，直州判不在內。

十七（23日）

　　爲幹庭改論。飯後到小學，報名止廿餘人。欲將講堂改良，所費不多，當可行。西文教習，明日當見王汝堂議之。狄澤生來片，請明日改試驗，依前時刻後一小時。當請假先歸，試卷難齊，恐太晏也。育嬰堂經費支絀，將改章，十九未刻請兼善堂會議，暇時當到。

十八（24日）

　　早到高等，試驗一小時。閱報，云學堂可危，某學政面稟學生多革命黨，某言官陳流弊有十，已交學務處查辦。湖南所供有陳天華、黃、劉、徐、柳四老師,徐有名。又云電致日本欽使查二人名,云無其人,皆無事自擾耳。祝嘏千二百萬,如何扣算不可知。佛照樓百五十萬,當是實事。以金條算百五十萬付户部開銀行,差強人意。午帥不回任,將到,電未回,已差人接矣。未刻再講一小時①。歸更衣,至小東街賀宅,甚簡省,只二拜匣交媒人轎上。酒席照常,即樹人陪,云廿八起程。心甫云幹庭生子在即。

十九(25日)

以小學堂脩理,早往指點,從省亦須數十竿。昨問王汝堂,云錢某已去,屬另找一人。玉昆云體操是營中人,不合學堂教法,恐亦須另找。迪魯亦不願留,俟問之。報名只廿餘人,何不踴躍如此?彭應庚來拜,屬兼史學教習,辭以不能;云明年上學恐趕不到,可不必等。到胡粤生處,告以改講堂、請教習事。彼亦知長沙學堂兩次風潮,我邑幸免,廿六准來點名。到劉方伯處,長談而不切題,頗有老村學究氣。張、顏、姜、彭皆不晤。沈子楨調零陵,今年尚不能去。張方伯云搬席祠,亦未出署,他日再往。歸午飯後到兼善堂,以育嬰堂虧萬餘金,郢生交李系菰,謀開源節流之法。開源議立一文會,按户收捐,節流則少收、多貼。此事本無善策,溺女中國惡習,非嚴辦不可也。劉毅生欲公稟銅元不出境,云任秉之方船載下。聞此人有風聲,不知確否。陳竹友盛稱景賢堂之善,惟恐端來又變,其朽如此。王譚氏名條面交羅衡老,學堂脩理亦略告璞老知之。劉云張方伯廿二即行。

二十(26日)

到學堂,閱視工程。閱試驗卷畢,歸午飯。再到學,迪魯至,

---

① "講",原脱,據文義補。

與談學務,亦未固辭,擬仍留之。彼不欲添國文,欲加一教國文者,不用英文。鄒、李云西文不可少。張薦陳某看國文,予未敢信,似以仍舊爲妥。桂妹有信來①,並未問及我,庶母屬書回信,書以付之。譚南臣辭團總,函致胡公。

廿一(27日)

早到高等,試驗甲班。張公送行,未見。過汪宅,入少坐,近亦無信。到小學,閱試驗畢。王汝堂云有一人可薦,欲上講堂,未畢其說,與鄒、李說,當即此定局。張云有體操某,屬再往問之。歸午飯。致小鶴、正卿各一函。寫挽聯二軸。程商霖來拜,談任、彭事。爲言汪事辦法,云局中有稟來,分十年歸清云云,似不便打官話,已經批駁,非與汪下不去也。席元生未來。王莘田初見,未談及前所議,看光景未必如此易易,席、王見面後看如何耳。伊住局中,容回步再說。報云黃忠浩爲會黨擄去,恐未必確。只破一峒,報大捷,亦未必確也。仕學館日人强要,亦即拱手讓之,尤可笑。夜邀述卿議公賀事。

廿二(28日)

早到師範,講董子義二小時。歸,家中始飯,已午初矣。述卿來辭,竟不自主,可作罷論。吉兒來信,云金女似有喜。芰舲有雀癖之外,更加雀躍,已買一人,方外客毋乃自尋苦惱乎?賀澍人來辭,云廿八准行。熊迪魯請明日未刻,移居千壽寺對門曾子廟,當一往。閱報,午帥札飭兩江學務似更不及湖南,而所言俱中肯。吉人云此公聲望極好,非所及料,時雨之望,安得從速?初一已交卸回蘇矣。永綏廳吳稟甚詳,似不盡虛。破峒之説未知確否。檢得《文成集》,擬觀之。下午到學堂,録講義三條。迪魯約二點鐘往。夜與君華談,云彝仲信來,言大學堂有教歷史

---

① "來",原誤作"去",據文義改。

陳介石者，其人傾險，挑學堂不上，輿地講堂因停一課。伊又以擅減鐘點搖戴遂菴。彝仲乃辭，張蠻鈞留之，擬明春要引見出京。忽得京電，云：“師席需人，仍請速來，以慰眾望。百熙、亨嘉。禡。”彝仲且不安於位，予去何爲？聞王冕南亦有電催，不知復電否，屬君華往問。今日龍荑溪同席，亦可託，如託彼帶復數字，較省費式三元。高等乙班生鄒之偉、段典欽安言平等並革命思想，誌之。

廿三（29 日）

胡粵生來，云欽使將到，廿六恐不能來，仍請我代點名。以電報示之，云必須留，長沙多風潮，善化獨安靜，即將定關。唐承之來，極言吳某之善，云學堂諸生有夏課在彼受學者。俟問諸生，如彼以爲可，則可耳。到瞿宅作吊，只鏡青在，勸勿北去。回拜程商霖，不晤。見賀澍人，云彼曾祖、祖皆仕湖南，現在舊人無復在矣；廿八准行，彼處亦有六七百千一年。見孟萊，告以程所說，云自己不便說，須託王心田，俟席元生來再商。到學務處，見王鏡芙、姜作梅，以電示之。王云即將下關，亦言彭云須兼史學。彭、郭今日將行。審訂科將辦，須撰教科書，不知如何辦法，須問長弓。到迪魯處赴席。章易山新太史，吉人同年，曾在此閱卷者，現在撫署，聞亦將往大學堂也。晚歸，見吉人又有信來，菽帥十二已交卸，則前函無用矣。彼不咨調，同去無益，不知汪十悔否。前日陳璞老問張少庚，云有廿金與之，此事仍須問達卿，誌之。姜云師範招考已上詳，令各縣送人，明正齊集，不拘生、監，只要廿五以上。沈小嵐二姪欲入學堂，告以善化廿六招考，屬急報名，如來考，當留意。

廿四（30 日）

晴。撫憲着人來問官銜下札，大約即審訂科事，共四人，有諸、周等。周名士棻。聞鹿湘到京求信，或即世棻改名乎？璞老來,以中學堂收條送來,云少庚歆須面交,兼善堂欲交我與劉穀生,事請穀生代辦,一年不過去數回。到學堂,見小嵐姪已報名,云有五十餘人。承之所説吳小松,學生不甚謂然。録講義三吊。歸,姜作梅來,云審訂科將委我,加十六金,事尚可辦。唐敬安來,以祖山與曾姓爭事,求縣唐公踏勘,囑代禀陳道。此事非面見不行。

廿五(31 日)

早到高等一小時。往張觀督處,不晤。白馬巷回熊從敬看,誤找南昌熊某,云慧齡在樊西巷吳大茂住宅。回楊紹曾看,云心田曾找彼了汪事,彼以爲可不理會,見簿列虧數千者甚夥,汪載翰林汪某薦,彼要找,只可找薦主,頌年紅人,彼不敢找,不關他人,出數百金仍不能了,不如留贍家。其言亦有理。到高等,復講一小時。見王鏡芙,未及談。王汝堂云有寧鄉中學堂謝仁仲可兼,在樂道古巷,可往拜。回到小學。是日龔、曾二人做芹酌,遍請學堂諸人商之。玉昆云承之所薦吳某,學生不以爲善,謝某亦未知何如。中學堂將邀某人,可姑俟之。歸家,達卿、獻廷來,云瞿已説妥,定期初一。

廿六(公元 1905 年 1 月 1 日)

邑侯以接欽使,招考未能來點名,請我代點。到者六十四人,中有年長捉刀者,別出十三人,請邑侯寬取,廿八發案,三十復試。有鄉人被竊票銀八兩,求飭捕追。在堂督塲,擬辭張尚書函,並寄吉人、達三二函。歸,夜爲庶母慶祝。述卿云欽使來,預備湖綢帳六十餘鋪。

廿七(2 日)

致芰齡一函。到學堂,録講義歸。是日爲庶母生日。客來,議初一戲局,只譚、沈、謝、黃、朱暨予兄弟四人,謝議人少,各加乙竿。聞學務處送王公分五竿。

廿八(3 日)

早到高等,議初二試驗仍早到,以後可停課矣。澤生云體操徐某可兼小學。過官錢局換錢,有銅元,殆公稟之力耶?甄別已出,任乃漏網,未爲公允。端須過浙查辦,有十八接印之説。欽使尚未到也。歸聞案發,到小學,見已取五十名,前所列出亦有取者。與玉昆議體操,即此定局,每月十金。西文俟中學堂,迪魯亦以爲宜,俟見王鏡芙問之。王議高等初十放學。毛懷德來,取《通志堂》一函去,豈亦王需買,又好開賬耶?祭酒來函,並《尚書》一卷,云我欲往京師,不知我不願去也。閲報,長、善兩縣,顔、唐、劉三郡守,皆嘉獎。録講義三吊,《春秋》大義略盡於是。達卿來談大公事,可歎。

廿九(4 日)

早到師範,已停課,而不知會我,辦學堂者固如是乎?歸到小學堂,録講義。聞欽使來即去,當再來,不到江西。旅順已降,日人尚欲得海參崴,或鷲旗不至東指矣。

三十(5 日)

料理演戲事。到小學一轉。歸乃知戲子翻復,改期初三。子漁來爭管公,在鄉多窒礙處,仍須請我等代,不過爲分錢計耳,祠堂起不成矣。

十二月

初一(6 日)

到小學,祀孔子。歸飯。到吳大茂,問慧舲已去,常泰興問少庚,不知住處。到陳八先生處告之,陳十兄尚未回。毛懷德見書在,未回信,《綱鑑易知録》板尚舊,惜缺一本,《欽定明鑑》甚好。集益問《新小説》未到。鹿泉診脈,云右手洪。學務處見王、姜、汪諸人。到府正街，棟威來抹牌。

初二（7日）

早到高等，試驗三班。徐榮甲面定妥。王鏡芙送關來，加一週講十二小時，擬與之言，未來。歸過小學，聞覆試全取，函致取二三十人已足，不及分者又開二人。教習擬開名送縣立關，而以諸生不願留熊，熊未辭，不便退。我意以爲當加國文，如熊實不肯加國文，則必自辭矣。閱試驗卷，甲班畢。歸，鄒、汪又來議事，熊講義録大事表實不誤。

初三（8日）

閱試驗，未畢。演百福班，其調高，實勝土腔，武戲尤此間所不及，朽人不知賞識。君華得醴陵學堂館，王冕南所薦，特借此請王。是日大熱，夜雨。

初四（9日）

閱卷畢。爲幹庭改論一篇。玉昆來，云甯鰲常來引誘學生，立會名，且著《自由潮》，不可不防。我當嚴飭朱樹常諸人，且屬邑侯出示。覆試已發，正十二，備十八，已足。午間玉昆復來，云胡公到學堂，談及名目須更正，有梁某可講脩身，欲我講經學。不知現在脩身可不講，何用特用教員乎？且梁某未知登過臺否，我亦不能兼講經也。放學定初九。胡公旋送帖來。報有十一月裁釐加稅語，果爾，諸人奈何？欽使將還，新撫亦將到。胡云已賠二萬矣，而沈再調衡山，胡無動信。聞顧玉成將到善化，不知然否。徐本麟署長沙，岐黃之力也。報云粤事頗得手，汪出示似可考。

初五（10日）

到小學堂照相。迪魯自辭，以爲郭宗熙等不是，辭可不强，然安得有勝彼者乎？看章程，高等經學止二點鐘。王不遵章，全不曉辦法。報云端初一起節，或有辦法亦未可知。明德明日午前十時放學，來請，且看彼時暇否，或當一往。歸過學務處，聞胡邑侯在署，告以甯協萬事。伊不肯出示，云初十當來飭諸生。欲我講經學，而薦梁某講修身，當已辭之。云欽使今日復來，中丞初四起程，月半必到。歸過小學，告鄒玉昆，云彝仲次子亦入甯會。此等人恐將善化人一網打盡，當爲諸君言之，非止保全小學堂也。

初六（11日）

飯後到學務處，見王鏡芙，問何以加鐘點。彼云文案所寫，並非己意，儘可變通。我云只可照舊，新章只二點鐘。以甯協萬事告之，使敬業逐此人。到明德，晤經詒，告之，云此人曾來過，答以是學堂事則可，此等事不可。云復初亦欲加鐘點，且欲我住堂。俟其來再商，能加脩，亦無不可。以學堂事告秩華，云迪魯須留，找人甚難，甯事當告總辦，約初九早到。經詒又有中學之議，不知何說也。明德師範生卒業有百餘人，不知何處容許多師範。子靜演說，自表功德。予亦演說一次。張觀察演一次。餘人不盡識。以風琴和所作歌，頗似崑曲。客散，予亦歸。用羽以鄒不合，欲辭，予勸勿辭，鄒欲加脩，加十二金可也。雨連夜不休。鏡芙云端與壬老善，將入幕。

初七（12日）

雨不止，未出門。昨師範送脩來，視之，則卅元，非卅金也，不知何以糊塗至此！予不識廖某，當交經詒或姜作梅更換。邑侯送薪水來，係年終票，恐須認倒息。蓉墅到城，談及京師大學堂事，云乃弟不欲再留，彼處湘人太多，爲人所忌，陳介石浙人也，事權不一，學生尚似安靜。今年並未點景，是報不可信。惟新脩儀鸞殿須陳設，藩臣入貢甚豐，豈即佛照樓乎？鐵路已停工，雙目以爲爭之不得，反將吃虧，亦是。現在政府一切無定見，極爲諦當。以蓉墅至，告學堂補請。道興來，以綏堂脩金廿兩爲年終票，伊即起程，錢店不肯換。予欲問邑侯，一時未必有回信，擬明日自爲換之，再面交。

初八（13日）

雨不止。小泉自岳局歸。小鶴回信，魚、鴨均貴。録講義一條。師範明日放學，兼善堂請大後日，汪鏡青請十二，誌之。出門，爲周換光洋，六錢九分二，扣倒息二分半，共二十八元四角。到小學，已發譚、劉帖。到譚處，云擬坐火車先行，家人走龍駒寨。韓、馮名條付之。到敬業學堂，周不在，交湘陰郭某，乃芸老姪孫輩。姜作梅搬連升街。見張觀督，告以京電及所下關，云奏派監督不由彼節制，鐘點總好商量。予既告之，彼不能諉爲不知。彼以爲郭少更事。問彝仲，亦云郭頑固。郭以年伯呼予，當不至十分勒格。予意二處必加鐘點，則辭一處，辭多就少而已。張云學務事當費心，亦未下札，何也？閲報，胡廷幹授江西巡撫，今之用人翻覆如此。竹帥許致升吉帥，真呀口願矣。堯衢升山東臬，廓哉！小泉言已會小泉，彼以母病電報趕去，愈即將挈眷來。現在岳局不如前，每年不過弍千元矣。

初九（14日）

録宋襄一條。飯後到高等，云不行禮，止吃飯耳。以教習多欲去，故改上一日。見關口、許、狄、羅諸人及王鏡芙。王將補臨武。關口云天冷停戰，俄兵在奉天四十萬，將來有一劇戰。席散已三點，到師範略坐。姜作梅住孟萊間壁，云明年關即送來。經詒云已到小學一轉，問何事，云擬留迪魯並朱子陶。朱住敬業。謝仁仲聖公會人，似不便以脩元票付，經詒云換銀送來。到小學，陳、汪、湯、俞至。秩華告胡公留迪魯，當告以略改課程。欽使已行，端十一抵漢，十七接印。張小傳改山西，恐將往矣。

初十（15日）

閲《顏氏家訓》，云"明《史記》者，專皮、鄒而廢篆、籀"，

"皮、鄒"謂裴駰、鄒誕生也。北人"皮"、"裴"同音，顏氏豈因此而誤乎？抑音同可通乎？吾家未聞有治《史記》之專家者也。錄齊襄復仇一條。香帥特立存古學堂，以存經、史、國文，用心未爲不善，特不知其章程若何。黃星甫署桂陽州同，前在桂陽聞缺不優。縣中送照會來。玉昆來，云朱子陶亦聖公會人。此輩本難責以大義，只要彼不教壞學生便好。

十一（16 日）

雨。少甫云有人以《耆獻類徵》出售，還價式元。如可買，亦有用處。此書實編法不善，九歲童子不得謂之耆，能畫優人不得謂之獻也。下午到迪魯處，說明加國文一次，減脩身一次，已應允。到鹿泉處，云胃氣不調，宜節飲食。伊欲使其子來受業，如來，即便難辭。到兼善堂交賬，魏子壽管，似子純兄弟，不知住何處，俟問之。劉穀生與葉雨村、東協盛皆不任事者。璞老談及少庚，亦以存案刻石爲善。此事須急與老五言之，稟稟予亦能起，交胡邑侯更易也。吉兒廿三信到。經詒換銀票來。

十二（17 日）

晴。到小學堂，鄒、張、李明日均歸。天晴，學生亦必歸。明日我亦可搬行李歸矣。閱新章，高等每星期止二點鐘，優級師範四點，初級師範九點，是讀《左傳》二百字，無須講，若但坐坐，亦不妨也。迪魯事告鄒，即可定局。字課添亦可。子陶事，鄒以爲少緩。根青屬加一次國文，云且看。二處關已送矣。支觀風題甚庸。招考師範出示，恐未必有六年盡義務者。下午到陳公館，觀詧云子漁已委榔棃局事。夏小泉丁母憂，真無如命何矣。裁釐未必遽行，而民貧財盡可慮，此公亦知之。赴汪鏡青席，任、彭、徐在坐。彭云中學監督無權，仍由鏡芙主政。西文乃雨老薦，恐未必佳。中學經學、國文四十元，而其餘又少，不可解。彭住文襄祠對門。歸遇璞山來，所刻書成。乃弟信來，云諸公必欲我去。

十三（18日）

雨。校《駢文》一過，其中錯誤豈前未校出乎？到學堂，搬行李歸。鄒已去。張、李將去矣，屬明年早來。歸，高等換關來，載鐘點，想彼亦知誤矣。師範關尚未來，何也？彝仲廿一來函，正二張發電日，蓋恐電難達，意更使作書，云只經學一項。聞彼生徒四百外，每班一點鐘，亦合計七八矣，復周秦諸子一點鐘，亦非易易。脩仍百廿，川貲百元。予已有書告尚書，此函從容復。彼已將引見出，何強人以己所不欲乎？吉兒函云爲壬老作餞，彼老矣，遠行不畏，予所言幸不妥。升不到江，此着又空下矣。達三亦有一函。吉人云彼太不了了，現在不了了者何止一人？

十四（19日）

校《駢文》又一過，《詩》、《詞》一過。明日先子生日，達卿着人來，云歸公辦，如此則小公不虧矣。連鼎垚來，云明年在顧宅，陳守愚尚未移。

十五（20日）

覆校一過，《詞》刻最壞，須刻過方好。小泉歸自鄉，達、弁與述卿皆來，藉此陪兩先生。

十六（21日）

再校一過，仍有誤字。君華刻《地理統部》甚好，一文一字，亦以其少耳，多則不能一律矣。閱報，黃忠浩無被捉事，但似又打敗仗。陸奏防地空虛，添補新兵，未知可恃否？璞山與許某來，云共刻十四萬餘字，百字六十四文，須九十弍千九百文，除已收四十七千外，更須四十五千九百文。許約明日下午來。將來刷印彼亦可包，須乙千六百一萬頁，唇好寶胚乙千四刀，次乙千五刀，馬連略同，官堆須乙千四百乙刀，太貴矣。劉云公事已下，須到局，專函趕子漁來城，屬即日到。鄭晟禮來書，云到日本，兄喪，奔返，並致訃，後列其嗜煙酒，豈日本之訃例如是乎？擬挽之云："朔風吹斷鴈行單，聞我公育弟成名，露葵有連枝華萼；今歲適逢龍虎陁，歎吾友喪兄抱慟，星馳復萬里扶桑。"劉云老總趙文萃，茶陵州判，住小西門牆灣，收支住斗姥閣，姓馬。

十七（22日）

寫信吉兒與達三，送郵局。到官錢局換銀，人多，耽擱甚久。到鹿泉處又許久。到學務處，房子修好，人云可請我入住，但不知辦何事。晤王鏡芙，而姜、汪皆不見。歸家，始知孟萊曾來，惜錯過，未及談。子漁公事送來，姓名誤同幼州。《新小說》全來，閱未完。是日聞少庚住石門倉唐家灣，已屬常泰興報信，並找少庚矣。

十八（23日）

閱完小說，無甚可觀。寫挽聯送鄭俊卿，後日唐家成服，帶交熊慧齡。兼善堂後日交賬本。是日學宮請驗工，到則尚未。學堂尚有三人未去。到縣，胡公未歸。到星甫處，云彼將過班，不引見，只七八百金，今爲此就誤，桂陽州判亦有五百餘元也。到祥女處，談及醴事，程云彼出式百，已打票矣，席未來，尚未了。到學宮看工，雖美輪奐，已用式千串矣。穉安云華洋雜居不好，當移新關於北門外，所說有理。任、彭和，又決裂，因壽可到，聞轎夫罵弟王八，又去。雨田結槀有閨門云，壽可不肯寫，郅生、伯興往勸壽可。任只還六百金，而無養贍，未知如何。

十九（24日）

子漁來，見陳、王、趙皆不晤，明日往局見趙。師範十日關尚未來，致函問經詒，並問子陶事，以便復邑侯。許、艾刻工來，刻價十川，未肯刷印，一萬頁要乙千六百文，擬再問毛懷德。毛邊帋好的云須一百五十文一刀，開正再印，約計一部近二百文，印百部須三十竿矣。閱報，陸餉種植，如紅茶改造，綠茶不用腳踹，土棉改用南通妙種，皆切當，特恐地方官不實力舉行。委蔡啟盛辦桑秧，此人如來省，當見之。仲元云聞端廿二到。芝老言鐵路事有把握，刻有章程，所云百萬未知何爲的欵。黃、柳在租界甚窘，龍蝶園亦在內。

二十（25日）

　　北風，微雪。師範送關來，加捐，月五十元，恐將來鐘點必加，照章四小時尚可。下午到兼善堂，璞老以廿金屬面交少庚。又劉順伯家有小樓對鮑宅，鮑作一木照壁高式丈當之，今歸學堂，劉託陵生要挖去一尺，恐致學生窺見室家之好，擬以緩商復之。葉雨村甚健，甚樸實。魏子壽住營盤街，云陳友古已歸，聞母死投水，遇援，尚未染家庭革命之習。佩衡礦不獲利。壬老電端，云懼公開學堂，端答興學急務，何恤人言。觀光來，病後足跛。

廿一（26日）

　　王太恭人生辰。少庚來，以廿金親付之。少庚勉強能行，足甚跛，云病時以佃摺押永隆錢店四十金，今歸伊收。勸有此廿金，可取還。子漁已見趙，屬見收支馬，即小莊幼子，看年內可不去否。經詒來，云乃弟病請東洋人醫，子陶處須加脩，應以加四兩一月。縣中着人來，云西教習可請熊，有人說話，擬明日去面談，問是誰說，現在當請何人。周仲元歸。大雪。

廿二（27日）

　　晴。吉兒信來，云小泉丁艱，光景甚難，胡來甚悔當日枉用情，此亦數也。託陳寄銀五十兩，以廿金歸我，明日去換。下午到縣，云各都總以熊迪魯不肯講改爲言，署中有梁棟字桂生，善化癸卯舉人，府刑幕之弟，筆下甚好，不知經學何如。我云學生意重國文，須一星期一回國文，屬詢梁君可否。到經詒處，不晤。赴危叔方席，云翁守書已歸，改江蘇，小泉收支委蕭鳳儀，不知碻否。陳月卿在坐，以佐班在湘稟到，現爲十四局警察官，住阿彌街，即爲鶴孫料理後事者，暇當訪之。端來尚無期。袁帥又有息借民欸之奏。歸見報，已行下，誠如所言，未嘗不可，恐人不肯信耳。

廿三（28日）

出換錢。歸發信一函，告吉兒銀收到。補叔問守愚信，以未回信告之。育嬰堂送來答雨珊書，以近日禁苛細捐，一文捐恐不合，不知何人書也。汪文溥署永州一缺，旬侯同去，可兼文案。鮑蓉師選東安教，惜已赴道山。善化教亦故，欲求此官，非八百歲不可。吉兒問胡有科名否，記是甲戌進士，翁、任皆同年。劉一之舅屬催劉一寄錢，記之。

廿四（29日）

到王鏡芙處拜壽，客皆未到。屛乃戚澹心寫，未知予名上否，如分子到，必來請。幼梅處道喜，未晤。又方、陳、張、俞皆不晤，歸以教習事函告經詒。是日家中吃團年飯，共二十人，尚有數人未歸。祥女歸見受明家書，又欲搬屋，欲接其弟婦去，殊無定見。夜，街上失慎，起看，甚冷。

廿五（30日）

約下鄉，以風雪未去，恐年內不能去矣。寫春聯“乙夜上呈金匱史，巳年新擬玉谿詩”，自謂頗佳。張觀詧來，問北上之事何如，答以未欲遠行，新撫來請告以有一北榜同年在內。伊云祭酒欲以景賢堂事相屬，如閱卷，尚不難。經詒來，云子陶可住堂，必欲四十元，訂一上期。國文有平江鍾某可用，但此事須酌，恐邑中不服也。到縣，不晤。到城隍廟，和尚請團年，客止八人。劉云京師譯學館有談革命者，雙目子亦在內，皆辦理不善之過也。歸聞趙文萃持帖來，云榔梨有信來，必欲子漁去。彼不去，奈何？鈞夫來書，云明年欲以其子到城入學堂，殊可不必。

廿六（31日）

函復鈞夫。到南貨店買物，甚擠。許蓉浦送來版片乙百五十九塊,共錢九十二千九百,付清。《詩》、《詞》復校,尚有訛字。伊要刷釘一萬張乙千六百,殼面、絲綫在外。記毛懷德是在內。君華寫殼面字頗板,且用之,約初十送來。下午許宅作吊,王鏡芙家戲酒,戲不足觀。晤胡粵生、俞秩華,談教習事。梁下鄉去,經詒亦無信來。

廿七(2月1日)

得陸仙信,云不回。小鶴回家,云常德卡有事,不知正卿如何,伊十二信中未道及也。學務處送正月脩來。他人年下有四十、二十千不等,而我無之。芹妹來,云麓湘已得一月脩,十六金。我亦未奉公事,豈以予已有卅金,不另加耶?姜作梅何以言之也?芹妹以年下萬難,假十元去,云三月歸,未知何如。閱報,審訂科章程已列入,自新所工藝已有成效,不知確否。俄水手殺周某。似已爭回鐵路,合興公司毀約似亦可望,聞香帥病,事宜早定。午帥明日到,亦未知確否也。張季直辦商務,保三品銜。合奏裁漕撫,添淮徐巡撫,廣西移桂柳同知。

廿八(2日)

校《詩集》,尚有訛字,將來請一人來改補。賬目將清,勉強可湊。凌更大,寒甚。迎春本明日,今已迎矣。鄭俊卿聯無處寄,只好函託熊慧舲。君華來,云關已接到,正底再去。李芸生事尚未説妥,現無人,大約可行。

廿九(3日)

天寒更甚。約計一年所用不止千元,物價日昂,又不能節省,奈何?孟萊至,云南、太、泗可考,已科、歲並行,柳、慶尚未,以新章閱卷不易。謂張難共事,然官話不過説説,且端來又未必盡如張議也。伊有《大舞臺》、《大復仇》,俟拜年往借。到城隍廟、火公殿,覺敬神者不多,非必新學行,實由世道艱耳。

乙巳（光緒三十一年，1905 年）

正　月

初一（公元 1905 年 2 月 4 日）

　　除夕微雪，天明雪止，有開霽意。吃早麪後，到小學堂拜孔子，堂中止周升及一廚下人。各處拜年多不見，惟兩汪、黄、彭、謝、瞿。府正街進去一轉。聞午帥今日入城矣。孟萊處攜新書三種歸，午飯後略閲一過。

初二（5 日）

　　閲《月界旅行》，此必無之事，而彼中已有是説，或將來能通月球亦未可知。來拜年者甚多。俞頌承來，以教習事屬轉致秩華、經詒共商之。予意子陶處當與説明，每日上三講堂，住堂，自備火食，即四十元一月亦可，關尚在我處，擬改寫再送；迪魯如無他人接手，亦可仍舊。胡公來問朱子陶事，答以説明再送關。胡未送聘金，似宜補。匄侯來，云二月當同東家同往永順，由常德、辰、沅去，須月餘日。聞午帥今日接印，又云初六，當是初六也。

初三（6 日）

　　雨雪。子漁有信來，云初五到局，不入城，告以年内趙文萃來催，必須早去，萬勿遲誤。文卿醉吐，以後宜戒。

初四（7 日）

　　雪甚大。馮家沖佃户來，云鄉間雪已盈尺。《左氏傳》云平地尺爲大雪,所惜遲數日,是春雪矣。抹牌久,夜臥頭、頸痛,殊不適。

初五(8日)

以教習事告經誥,復書云朱與午帥有舊,宜早定,熊仍宜留。俟九叔來,當屬轉達邑侯。楊廷傑來,云師範講堂已改造,廿日外當可工成。郭復心三月方能歸,現有楊某任收支,改造是彼監督。學務是廖某,寧鄉人,曾出洋,頗不欲任事。經誥已辭。孟萊云祭酒必不欲用三俞,云俞亦世交,寧可以他事與之,不欲使辦學務。

初六(9日)

改寫子陶闓書,送經誥轉交,必須住堂,每日教三小時,不如此無以箝衆口也。迪魯來拜,説明仍當挽留。彼以學生不敬師長爲言,尤不滿郭宗煦,云道腴等往迎午帥,仍歸。三監督恐失利權,亦有同歸之説。譯學館事,聞由雙目之子攜書歸家,乃父見之,有學生題數語在上,語有不合,乃開除數人。朱某其戚也,亦辭退事務。以此見任事之不易,政府諸公之不自堅也。鄧壽熙云淑慎女學堂移陳海朋屋,不知文女士仍來否。

初七(10日)

早起,祀利城菩薩。此亦劉子政所云不絕種神之旨耶。利城距龍潭村約三里。得吉兒十六信,云夏宅邀彼度歲,荩舲於菜園及前門側起造房屋,擬移眷入居,而以正屋出佃,可謂工心計矣。君華來,未知彝仲分發閩省之事。予亦未見報,有云見之者,想不誤也。云金女人好。危家人來,云二月底回江,似可不往。

初八(11日)

閲《日知錄》,得一解。《漢書·古今人表》有"司徒皮",即《毛詩》之"番維司徒"也,三家《詩》作"皮"。"皮"、"番"古同音，安知皮氏非司徒皮之後乎？《日知錄》：“《蕭望之傳》‘御史大夫繁延壽’，師古音婆，《谷永傳》師古音蒲何反。《左傳》定四年殷民七族繁氏，‘繁’音步何反。《儀禮·鄉射禮》注：今文皮樹爲繁豎。皮古音婆。《史記·張丞相世家》‘丞相司直繁君’，索隱曰：繁，音婆。《文選》‘繁休伯’，吕向音步何反。則‘繁’之音‘婆’，相傳久矣。”據顧説，則“皮”與“繁”古皆音“婆”，又安知皮氏爲非繁氏之後乎？《潛夫論》以皮氏爲殷後，此其一證。《日知錄》云：“隱公三年二月己巳，日有食之，其後鄭獲魯隱。按狐壤之戰事在其前，乃隱公爲公子時①，此劉向誤説。”按劉不誤，顧氏誤耳。《公羊》不以狐壤之戰爲隱公爲公子時，劉向持《穀梁》説，蓋與《公羊》説同。顧但知有《左氏》，以《左氏》駁劉，不知劉非治《左氏》者。《日知錄》：“《衛世家》：頃侯厚賂周夷王，夷王命衛爲侯。是頃侯以前之稱伯者，乃伯、子、男之伯也。《索隱》以爲方伯之伯，雖有《詩序》之‘《旄丘》，責衛伯也’之文可據，然非太史公意也，且古亦無以方伯之伯而繫謚者。”與予説同。吉來歸，江西帶信件來，醉蟹臭鹹，何不自製而買物也？信發在先，尚欲於壬老求援，云李鄉園鐵路公司招牌已挂，在百花洲，招股無人過問，不得已借農工商礦局五千金開辦，可笑之至。此間鐵路可知。

初九（12 日）

閲《日知錄》：“按《唐書·宰相世系表》云宋戴公生子衎，字樂父。裔孫大心平南宫長萬有功，封於蕭，以爲附庸，今徐州蕭縣是也。其後楚滅蕭。”據此，則蕭乃戴公之後，與華氏戴族同出，去本支不遠。頃公之母蕭同叔子即出於蕭，是同姓爲昏。宋承殷制，當所不忌。《公羊》以宋殺其大夫爲内娶，或以宋卿皆

---

① “公”，原誤作“太”，據《日知錄》卷二十七改。

同姓，不得有内娶事，蕭同叔子可以證之。致書芰畣、受明並吉兒。旋得劍丞海門來書及五言詩數首，云午帥咨政府徇湘人之請，去蘇時云誓蒞湘之後身爲土偶。如此，又無望行新政矣。作書復之。

初十（13日）

往汪公館拜壽。郢生言任、彭事甚悉，彼處歸咎伯興。伯興適來，一笑。到午帥處，不見客。到學務處，見王、姜、車、周。陳履卿問人都否，答以不去。彼云不去亦可，譯學館風潮甚大，由兩目公子。鏡芙云壬老到城，即將往潭。此刻見之無益，故未往。到迪魯處，説明仍留。到子陶處，未見。幼梅亦未見，見幹庭，問仰喬事不知，大約屬實。粵生處亦未見。歸作書，以留迪魯告之。

十一（14日）

閲所假孟來書，《新新小説》頗可觀，舊學則全阿朱明，不知朱明有何功德？子陶來拜，説明住堂，每日三小時。彼已面允，云須添置書，已交經詒。縣中送迪魯關，着人送去。局面已定，可放心矣。小鶴言沅江須教習，此等學堂實不難，而亦難其人。左魯軒、張少庚來，皆欲謀事，何事可謀？黃正卿之弟來，亦謀事者。予未嘗任事，何從求人？若有得志之時，千萬間廣厦乃可以位置諸人。

十二（15日）

飯後到封三堂。西早公自寫片來，必欲予往，不得已偕小鶴一行。道中積雪未消，甚恐傾跌。到彼，客主兩桌。蓉墅云打聽輪船來即行，帳房用朱某，庖人姓張，陳三所薦，本日乃試演也。前夜被盜去衣物，值百餘金。彝仲已領憑，須川貲，擬匯式百金，由電報可從速。長沙留彼不派，許不扣貲。補缺如故，未知能脱身否。

十三（16 日）

　　早起。閱嚴侯官文集，歎其議論透快。蓉墅云此人能説不能行，譯書賺錢，而不爲學堂辦事，頗有好利之累。李鄰園亦不任事。編書者奉懿旨，以《尚書》演成通俗，得毋蹈高頭講章之陋耶？譯學館事權歸一，勝大學堂，而出此風潮，可惜。樞廷多不協，榮以此傾雙目，可懼也。歸過小泉，所居屋亦明淨。本欲往八吉沖，以道滑，不可行。歸家已申初矣。譚家龍至夜始來。荔村詩閱一過，尚可觀，其子銅士當能保其手澤。

十四（17 日）

　　毛懷德來，言前年是式千文一萬葉，與許所言略同。言其兄在武廟，與艾作霖同事。艾有二子，一刻字，一入學矣。文正祠板可取出，擬將此書印卅部。毛邊唇不上式百，比前年稍便宜。泰慶唇行好買。約計詩文集式百餘文一部，式百部須四十餘竿。苦無可藏書之所，板則樓上亦可藏也。

十五（18 日）

　　彭應庚、陳幼梅來拜，以客廳漏，不便請。幹庭書來，云仰喬爲午帥留，繕摺差已另委人，不知誰也。爲幹庭批日記數十條。

十六（19 日）

　　雪漸消而雨未止。爲幹庭批日記數十條，改論一篇。聞子漁初七到局。

十七（20 日）

　　飯後到首府，云出門。姜崐山先來，我尚未去。到撫署，待至二小時，仍不見，見司道府未已，豈衙門不拘日耶？約明日九點鐘去。與許景山久談，云未發欵，寢室、食堂未修，看新中丞如何。祭酒薦劉高照而不用，至造云毁聖人之鬚。張大先生告以安好，不知聖象是塑成，並無鬚也。女學堂房子已退，學生仍要來，可歎。李子疇亦辦學堂者。到學務處，見王、姜，云壬老十四回潭，仍須到省，再西行。陳佩珩云卅日始歸，伯屏署按察，毛實君代之。伯屏之子出見，云自大學堂來，仍當去，今年卒業，出身甚優，内可中書，外可知州；譯學匿名書疑白話館朱琦所爲，以兩目公子爲革命魁，云受家庭教育，直達慶邸，兩目惶懼；燮鈞先生不能任事，三先生亦常來，學生甚盼我去。

十八（21日）

雨。早到午帥處，仍不見，再約明後日亦不去矣。賀佐清號秉衡來拜，報日四月十三、廿八兩期，恐彼處未能允，實則儘可從省辦也。星甫今日已行。李芸生來，瘦小與仲元等。吉兒廿六來信，已移居夏宅，頗有佳節思親之意。熊迪魯以病退關，不知實病或有他意。開學已近，覓人甚難，當與胡公商之。達卿來，付以佳期，歸再議。

十九（22日）

致書伯平奉賀，並復彝仲一函。君華云當出京，蓉墅廿一到城，伊二十七到醴。談教習事，云根青言陳國燾好，俟根青來議。問胡公，云今日開印，如可會，當往見一談，並定開學期。檢《詩》、《詞》應補字，將板清出，俟刻工來改補。《駢文》當無大誤，略觀之，未暇再校也。

二十（23日）

刻工來，以所校誤使之補正。彼欲式千文一萬，止用麻線，與毛懷德同，且以道遠不便，如不行，仍用毛㿱價，彼所用㿱稍白，一百廿文一刀。景星、彩雲二家便宜，俟買㿱，再使人唤毛，總以無隙地爲患也。聞湘潭輪船通，重元何猶不來？希易來，云陳號卯喬，在附設小學堂，亦同縣人，年近三十。予意不拘貲格，即此可延請也。程商霖來拜。聞胡粵生與胡祥清對調，未知確否。裕昆來，云胡署零陵，卯喬乃學生陳國藎堂兄，彼亦知之，但不知文筆如何，當託希易找其改筆一觀。予謂下月關亦可。晚間府正街來人,云有戲,往則無班。

廿一(24日)

飯後到小學,見希易。胡粵生道喜,不晤。賀秉衡、程商霖、彭臣功皆不晤。到府正街,雨大,又不能演劇。席散,晚歸。

廿二(25日)

以幹庭來邀聽戲,辭李局以省費。星甫云見電報,閩督升允,陝撫曹鴻勛,魏、夏皆開缺,夏有來京二字,魏並二字無之。聞係鐵良所參,不知此人與湘何仇?大約湘人頗為人疑忌,《新湖南》等書誤事之尤者也。先云曹、劉對調,今曹不來,又不知何人來。星甫又云午帥於州縣遍發章程,開蒙小學堂,以教員及學務委員薪貲為太薄,云興學乃根本事,當校各局為優,特此公在此數年,或有起色。聞貢院每日開席七桌,薪水已加二萬,如此闊手筆,長沙地狹,何足回旋?晚歸,聞明日唱北班,未知果否。

廿三(26日)

開霽。函致重元,使馮一往迎之。小學或薦李孟麒,號子期,回信似許可。鄒玉昆已去,當再告之。彭應庚來,欲加鐘點,予未應之。開學尚無期。達卿約下鄉,到史家坡。過河,風浪甚大。史恒章衰甚,人易老,可畏也。歸已天黑。幹庭着人來請觀劇,遂往。葉刻全書有未見者,不送知音而送彼處,惜明珠暗投。

廿四(27日)

聞李子期已説妥,致函胡公,請即下關,並定廿七開學。飯後到官錢局換錢,可乙千五百文。到俞宅作唁。俞字鶴孫,行八,年止廿一。經詒仍以聘陳卯橋為是,云致函去。予知其不行,亦聽之。到張雨處,不晤。晤祭酒,談景賢堂事。伊云怕人罵,必不就,已薦賢自代。故外間傳言是我,又云是葉。葉必不就,王亦未必真薦我也。鐵路云外國只要不損利權,並不阻止,由盛從中爲難。香帥授意復翊告湘紳電外部，芝老已擬電去。見吉來，云壬老已下鄉。見述真，云醴事程與席、王各欲居功，不能會商，醴局來函仍如前議，程亦不以變田爲然。出城，回楊明遠拜。到府正街，四月佳期已議允。集益買書三冊。

廿五（28日）

重元早到，談及因爲到壬老處拜年，聞其姪詠保在鄉冒壬老名，逼勒人女買娼，幾出人命，壬老命往打媒人，幾至不測，耽過數日。壬老在鄉求書往陝者多，到城求薦於端者恐更多矣。午帥回拜，必欲見，適往小學，爲廿七開學事。黃毅等欲再入，似太自由。公隼必欲再來，恐中學整頓，求再入不能也。閱《時報》，江西胡某已革職，交地方嚴加管束，爲造匿名書事。小李六十大慶，親王以下叩祝者三百餘人。日、俄無聞，英不還威海。譚紹述求學堂事，予既不能爲力，彼亦豈辦事者耶？

廿六（3月1日）

又微雨。胡粵生來，云明日午帥來縣看監禁，恐開學不能到，欲我代東。臬臺升藩臺，英年放湘臬，劉方伯到雲南。劉太尊在辰州，今日交卸，不久將到。龐公處又須道喜矣。重元言湘潭師範卒業生拜客，祭祠挂匾，考取學堂者送報條，可一大噱。閱康南海《官制議》①，頗有獨得之處。

廿七（2日）

飯後到小學堂，檢點一切。在彼吃午飯。李子岐、徐榮甲至。率諸生上學。朱子陶到湖北，並不通知，何也？議課程，未定。子岐不就任觀督館即住堂。芷青與任觀督有連，有事可託之。子岐亦近五十矣。陳、湯二公來。胡將晚始至，云中丞急辦蒙小學，鄉下散漫，開學甚難，欲立附設小學堂，即以學生高者爲

---

① “制”，原誤作“職”，據康有爲書名改。

教習，亦非籌欵不可。京師昭忠祠要忠裔捐錢，亦不知從何下手。

廿八（3日）

　　聞朱子陶到學堂，未往湖北，到學則已去矣，約明日着人去接行李。張、李俱出，課程未定，必須照舊，張一小時、李二小時方可。張須添一次國文。學生八月所取均已入，十一月所取已入二人，尚可入五人也。黃誼、劉某已開除，仍入，外人所云學生自由，殆謂是耶？歸見重元，云胡子威中頭采之半二萬五千元，子靜勸略捐入學堂，發欵明德、修業未確，考師範生有十五牌，幼稚園附仕學館，不知從何處得育幼兒之婦人也？吉兒來一函，十六發。復吉兒書，未畢。仲曾來拜，云羅氏女要過門守節，彼處兩喪，不便迎，答以可借爲緩兵計。云雨老亦如此説，所見相同。經詒出學堂，須找事，已託雨老。伊家一月須七十千，亦與我家略同矣。府正街來請，往則使予籌欵，恐難。

廿九（4日）

　　早起，始聞李四與王、易同作賊，易爲街坊捉去送局，二人逃走，可惡殊甚。李最荒唐，恐彼主謀。找馮一來辦早飯。經詒來信，云已使卯橋辭館。彼何以前游移而後決計？又何以不早説耶？到小學堂，希易云巨丞仍請卯橋，並不至於兩失，已將此事回復經詒。我亦書數字去。玉昆云卯橋辭不教經學，又不欲改國文，似於舊學不深。希易云忠益學堂用經詒，當屬雨老之力，彼干與此事甚無謂也。歸與小鶴往蓉墅船上送行，到河下甚不易。歸聞易已杖枷，供出李四，爲王出脱，王亦不可謂不知情也。王順昌來稟稿，尚不礙事，然不便保出，看可不交捕役否。狄澤臣、羅岳凡來。寫信寄吉人、達三。

三十（5日）

　　飯後到小學，定課程表，再三斟酌。子陶云須分班，甲班須換教科書,正則英文書錯誤太多,不知彼先何以教也? 甲班大約不多,買書尚易。張、李不肯多講,分班缺課以西文補之。子陶亦止肯教兩點鐘,云教多學生不能記,加習字、練習名目。習字尚可混去,練習則無此名,着刪去之。歸,因雨路濕,約下鄉仍不去。下午再到學堂。到汪宅,祥女言其家只靠乾脩,每節四十八金,佃錢七十千,還佃錢外無幾。劉笏雲去,要買東西,不能多買,屬問笏雲住處,將往託帶物件。

二　月

初一(6日)

早到學堂,祀聖人,戒飭諸生付證金,守規則,約初三開講。歸早飯。毛懷德發咶來,十九元百刀。今日找人來裁咶,予下鄉,不能待。由馮沖到八吉沖,天晚,且迷路,二更始到。叔父丰采如故,去年又截賣田五石,現止餘七十餘金。子漁以三月叔祖母九十冥壽,欲照前年祖母冥壽辦法。達卿問鄉辦、城辦,宜請真容,只能一處。

初二(7日)

飯後啟行,歸已午飯後,甚熱。見學堂送課程表,乙班缺課太多,每日連體操止四小時,未免太少。到學堂一轉,仍須初五開講。學生六十人已齊。黃光裕未到,棣威來,忘告之。印工未來,豈找人未得耶? 周家所薦張升來,人矮小。諸道、府、縣公請初五席祠,予多不識,着張升到縣打聽住處。明日須到學宮,且衙門期初四,當往拜。劉笏雲住石樂私巷。

初三(8日)

祀文昌。到學宮尚早,到小學一轉,復到學宮。陳以契稅不止此數,且以文昌閣須脩理,更欲算佃錢,大可笑,皆不能並行之驗也。稅契長沙云有七百金，恐粤生未甚明白，將來交卸必有分曉。荇雲云李仲九又打天妃宮主意，附設小學當附近，天妃宮亦不便。羅敦甫亦止以稍緩爲計，云經詒得五十金事，無怪其氣盛也。忠益改思益，其子在彼，以爲腐敗，須舍而之他。織機巷聞即第一女學堂，並非淑愼。幼稚園正找屋。有公事開景賢堂，程商霖允籌欵，恐程去又變矣。岳凡來，云高等請王達，道輿到師範，經詒仍留，學生只到四十餘人。往胡、方處，皆不晤。幹庭云有人到江西，可寄物。許教習不來，要找西文教習，師磻生到常德，可薦。

初四（9日）

　　飯後出拜客，多不見。學務處見秩華，云學生不以子期爲然，有朱某在內，當即樹常。經詒未得師範事，仍是忠益。新添諸公並未進來，只有算學、英文數人。午帥以會外國人辭。到笏雲處。見蔣翰農，云德國有督轅顧問官及礦師共三人來，現覬湘礦德人爲甚。鐵路已爭回，云不須買股票，並不礙事，開辦須數百萬。米抽式升不足，只有籤捐一法。鄂以督撫親臨，海關道親上簿，如此人方見信。彼爲礦局文案。劉初八准行，危行期須三月。歸見江太史太夫人訃，趁此寄吉兒。下午到學堂，聞學生取師範有七八人，共取二百，明日覆試，取百廿人，將來添入師範新班不少矣。到汪宅，問明鄉下佃屋，恐楊某保和假名，用費不敷，告十叔恐不能上達，可由吉人轉交。汪大小姐病可慮。

初五（10日）

　　學堂開講，天雨，未往。寫信達三喬梓並吉兒，檢食物入竹簟，送交幹庭，便帶江西。穀價十一石餘，穀四十四石，賣四十金。有彭貴生者想買牛角巷屋，函告府正街，着人同往看。黃次如太史來拜。龍荔仙來，云其二子皆出洋，硯仙開學堂爲午帥奏獎。予謂今之大紳講新學者惟龍家耳。到席祠，春臺名角皆到，惜無一出新之劇,省城大紳皆到,惜無一維新之人,可謂人舊戲舊,反不如所喫菜有炒鴿蛋用核桃肉爲稍新也。祭酒云景賢堂須待星垞到,鐵路尚未爭回。幼梅言幹庭找英文師,師不敢遽薦,恐不合。粵生欲以九歲子來學堂習英文,約十二點鐘。英華將飭街房以貨作錢,歸債主,已批曾興和矣。衡衫能記前事,問令媛好否,出閣否,足見其記性高。計此席費百金,客約廿人,如還席,則分貲不少。歸後天大雷雨。

初六(11 日)

雨止。盛先疇來。爲幹庭改《海運論》一篇。印書人來,清理書版。到學堂,見已開講,今日不知習國文否。胡公之子來習英文,與子陶言之。此胡不久將去,彼胡又有子壻來習,其子甚跳皮,又難照顧也。閱報,言大學堂腐敗,監督以下、提調戴某皆不學無術。俄窺新疆,法窺兩粵。政府謀奪疆臣之柄,袁督失寵。又有袁往東三省、調楊護北洋之説。政府議立憲,未必確。報以立憲爲有害,亦是。留學生六事皆將以虛名受實禍,尚未云湘人在内也。初八席祠又有戲局,彭紹宗、陳爲鑾、陳鎔、蘇興、胡祖蔭、陳爲鈉、顔瓊林、彭臣功、楊明遠、謝典禮、熊得壽、王詒善十二人公請,予名冠首,不得不往。昨局則爲徐榮、姜鍾琇、陳家述、王必名、徐培元、潘清、裕慶、賴承裕、徐本麟、胡日升、王厲生、王壽齡十二人。

初七(12 日)

彭應庚來,必欲予加鐘點,或兼倫理,另送關脩,辭以力實不能,必辭師範乃可。彭云初八不到,彼何以列名耶? 云是蘇興爲之,乃父現在軍裝局,豈有局差又兼收支耶? 十二人惟彭、陳、楊、彭四人拜過,餘又須往拜。玉昆來,實業學堂禁學生去考,今日假期,無從查問。學生以子期不應講朱子小學,此亦照章,只可改講學案耳。甯鰲仍來,子陶亦與往來。此層可不問,只禁學生，如不行，再向學務言之。風潮不可不防，或即由我諭禁亦可。歐勁剛來，病已愈。易乾豐來買穀肆十四石，銀卅八兩，咸亨期票，嵯生所開，一月内當不倒。陳家人將菌油送還，罎子已壞，菌亦微酸，菌油不能寄去。

初八（13日）

又雨。師範送脩五十元至。李局未到，必欲索錢，照沈小嵐例，付弍千文。和伯輿自壽詩，未成。黃邦彥求代遞名條，向耳東説。報言户部頒發預算表，推廣京官議事之權，内閣、軍機之權一歸軍機，並奪置臣之柄，爲中央集權計。能集權固善，特恐太阿仍倒持耳。又云借比國欵，以湖南釐金作抵，湘人請籌欵自辦，以保利權。此事亦未聞也。陳幹庭退企宇式元，稱令親，彼獨非親戚耶？下午到席祠，彭、蘇皆不到，東家多不識。顔在金盆嶺，回拜尤難。張九云銅元局已將成，五月開辦，現銅價長，須開銅礦。金仍珠住局旁，由王爺廟進去。黃敬輿云校士館不考，由學臺送。陳璞山聞又有開中學議，楊紫照等不解事，現但應開附設小學耳。

初九（14日）

和伯輿詩成。縣移學務處章程，整頓學堂。九安丈來，欲以二孫來附課。此老科名心太重，注意《四書》、《五經》義，予實不解作法，薦子期自代，如不行，則但改史論。又以豐樂團送賊，張惠南屬向縣説，彼何不自去耶？

初十（15日）

到學堂，與玉昆談一切，等子期不至，屬代謀之。閲《時報》，云火車湖北一日至，信陽州又一日至，許州換馬車，一日至鄭州，又一日至黃河，又一日至新鄉，又一日至彰德，上火車一日至順德，又一日到京，合計八日。以後全路告成，則四日可到矣。次帥又云赴遼，文案派小嵐，不知是學務否。子期來，已應允。

九安丈來,告之。

十一(16日)

到學堂,告知玉昆,屬轉致子歧。證金納者止二人,無法可施。希易以爲入學時未認真,其説甚是,以後可悟辦法。王中堂猶力持重修貢院,學界何由成立耶?報以留學生六條爲梁運動,而諸學生已不謂然。云端以學堂、警察、實業三事爲重,極賞胡元倓所辦學堂,事或然歟?街坊又有皇醮之説,何迷信之深也?

十二(17日)

周升來,云學生復作鬧,不上子歧講堂。俄而朱樹常等五學生來言此事,正色斥之。飯後到學堂,見諸生紛紛不已。子歧來,止十九人上講堂。閲報,奉天已爲日占,俄人逃鐵嶺以北,俄都大亂,王與其母皆逃。專制國雖大,不足恃有如此哉!歸而九安丈使人來接題,函告玉昆,屬子歧以題付之。玉昆來,以爲此事由朱子陶使之,朱樹常、譚成鵬、劉鳳藻皆與一氣,與甯鰲聖公會相涉者。明日到彼,再告諸生,如有桀驁不馴者,即行開缺。

十三(18日)

雨。到學堂,傳諸生到講堂問之,皆不言。子陶到庚生房,予言彝仲在大學堂教習相傾事,張、李頗自疑。此事張無與,而李頗預之。朱亦似自知,如辭,予不强留。不悔用子歧,悔用子陶也。聞朱樹常等將告學務處。如查實,前列四五人可開除,現在首從難分。歸午飯後,到鹿泉處診脈、立方,云有表邪。到學務處,見秩華,云學生已上公呈。索觀,則朱樹常、李宗道、劉端廉、狄鑫四人居首列名。見提調陳禮卿,亦不謂然,云所講並無大礙,以講義六冊示之。陳云如何辦法,告以須除數人。云即批,交學堂查明斥革。到孟萊處,云其姊少愈。到陳幼梅處,有客。以企宇條交幹庭,云余介卿次子城伯將來受學。到縣,不晤。到學,告知玉昆,俟批下再開除。

十四（19 日）

縣約十點鐘往。見周遠鵬，改名祖勃，師範止取彼一人，求致書郭復初作保，爲作一函，並説明不可加鐘點。聞師範十八開學，高等十六，帖已到矣。玉昆來，約同見胡公。周生來，取書去。到縣，見胡公，亦言學生應先禀監督禀縣，不應徑禀學務，目無官長，約明日到學斥飭諸生，並傳諸家父兄。朱樹常乃樹彬之弟，問其何以如此？附設小學急須開辦，以契税一次勉强敷用，告以先看房屋，既出佃錢，不必學宮之屋也。明日來，即可請同一觀。歸見高等改明日，又告胡公。如中丞來，彼亦不能分身，恐須後日。張、李來，云周生人才可惜，年紀太輕，議留在小學堂。既公函達師範，彼有此舉，何不早告我，使我又失言於復初？欲向周索回此函。周生來，則函已投，並有回片矣。俟見復初，當告之耳。聞師範以脩身併入經學，又與新章不符，不知鐘點多少。復初來拜，注重經學，欲加鐘點。予力辭之，以爲經學教習可加一人，且看何如。録出講義一篇。

十五（20 日）

早到小學，祀孔子。即到高等開學，中坐不到，龐方伯、張新廉訪來。以學生衝突事告張，云此事常有，中學堂亦衝突，李某講義不誤，演説有排外思想耳，現已批下。履卿回信，云須呈總憲，今彼已知之矣。彭一切委任周，云爲學生所挾。前請李某怕事，已去。請鄒价人講史，即周所薦，其人學問頗通達。但教習任學生揀擇，教習又相朋比，豈可爲訓？《警鐘報》詆諸公而盛稱胡、周，亦云周已入教，稱胡亦非好消息也。席散，到幼梅處，以張署臬，牢騷甚重。到同文公所，江口留別，云不留因演説有男不再娶、女不再嫁非社會所宜，上《新民報》之故。葉贈以詩，爲之解釋。予亦擬追送一詩。以鄭謙事告復初，云可行。歸已三鼓。

十六(21日)

到學堂,作詩送江口。等胡公,至未刻始到。演説亦極平正,伊意以爲諸生所服,欲即請子期來。玉昆云且緩,頗有見。歸午飯,到師範見復初,久談。並見廖鹿樵、陳澍翁,皆辦學堂者。予以廖樹蘅即鹿樵,不知是筀畎。復初重經學,欲加鐘點,辭以不能,將來三班恐須加一點。十八上學亦未必來得及。復初人稱頑錮,予見其人尚了了,似勝彭。晚間鄭在衡來,云已上稟學務處,以爲然,當可允。馮一欲包學堂火食,使請甸侯商之。

十七(22日)

學生九人來,云彼不在場而諸人鬧事,不能讀書,請開缺。予慰藉之。禮卿來函,云不可留李教習,恐全堂渙散。此必無之事,蓋子陶諸人所爲,張、李亦不免。聞昨見脩業人來邀諸教習,蓋議此事。玉昆亦以子期不必再留,特將來請別人爲難耳。到學堂,録出送江口詩①,並乙班講義。師範無請帖至,大約明日不能上學。高等將上堂矣。到胡公處,云俟批下公事到,即開四人缺;子陶擬回中丞,請派人。歸見幹庭函,云承伯將來附課,歲脩六十金,允其來。余家姻事可輟議。爲改論一篇,函復幹庭,並送講義到應庚處,無回信,不知已開講否。俞頌承來,送贄並去年脩。連鼎垚來。甸侯來,云十九准行,火食事已與之説,而馮一不來。學務處公事到,送縣署。

十八(23日)

陰。柑子園仍來索分,付之,以後此等宜戒。到而不出錢,不到而出錢,豈賓主之誼然歟?公事送縣,彼以爲交學堂,欲我開除。朱、張二人來。朱自明不上講堂,因人不齊。學生十餘人趕來,門者拒之。飯後到小學堂,學生訴朱教習自言一二人亦

---

① "口",原誤作"右",據上一天日記改。

教，何以哄人如小兒？大約人分兩黨，一欲逐李，一欲逐朱。告以回明學務處，自有處置。到高等，講二小時，甚喫力。岳凡云彭畏周甚，端不來送學，未必不以學堂宗旨不正，恐牽涉也。到子期處說明，伊不辭館，可怪。到鹿泉處立方，其子將來受學。到學務處，見陳禮卿，辭監督，彼慰留。請學務處派人，云無其人，西文尤難，云可保無風潮，未必然也。到府正街，以星甫信並衣則書付之。歸見余承伯關，約暇日來見。子漁來信，付達卿。玉昆來，言開缺事。

十九（24日）

　　玉昆、用羽來，以錄批示開缺示底子付之。到城隍廟，學堂來人，言譚成鵬、陳國藎、楊秋照、胡上琦、劉燮燾將牌打壞。久待胡公，云廣隆起貨，一早未回，乃歸。劉已開除，仍鬧，可惡。公隼亦在列，尤可怪也。又有郭宗煦、章亮煦、劉鳳藻在內。聞邑侯回署，往見，即同到學，傳四人，皆匿不見。寢室各處搜找，只見郭宗煦、章亮煦，問之，皆不承認。胡訓飭一小時。傳各處父兄，只劉燮燾之父至，與言，頗開通。四人聞胡去，又咆哮。胡屬明日必上講堂，不去四人，恐終無安靜之日也。

二十（25日）

　　擬稟學務處辭監督。聞學生去者廿餘人，俟查名字。此等鬧事人去亦好，尚有三十人可教也。經詒來，云學生明稟胡公統率差役騷擾學堂，不知昨日胡公不來，學堂必更破壞。余承伯來執贄。久安丈函來，謂子岐出題近考證，宜向《四通》出題。予固知此老之事不易辦也。下午寫稟，未畢。胡公約同上院，先到張公處，未歸。到學務處，告陳履卿。同見午帥，仍如次帥，一揖不拜。胡亦不請安，陳明小學堂事。予辭監督，不准，云老同年須盡義務，問年紀，問有幾子，《翼教》有我文字，不知與我反對者也。回到張處，經詒已以全堂破壞告之，說明尚有四十一人，

張亦以四人必斥革。予辭監督,求大公祖別委差使,張云且過上
學期,不知何所待也?

廿一(26日)

　　鄒以張、李將去告,乃往學堂欵留,且留朱。現在四十一人
皆欲上講堂,而諸人爲革生所持,不知何故。到師範,已上學,張
已去。郭云學生不肯帶奴隸帽子,不肯拜孔子,不肯拜官及監
督、教員,張做好,不肯乘擡子,將來不可辦,欲借出洋辭之。中
峰昨言不敬聖人,即指此言。此公似不滿湖南學生,故今日又不
到,如到而嚴加申斥,或尚可爲。聞俞、胡到學堂,歸而已去。胡
明日復中峰,趕寄一函與之。聞各學堂已聯名稟中峰,但嚴飭
之,即無事矣。吉兒來書,云已調課吏,劉一仍留用,汪、李議姻
不成,希選將定沅江張家。學務委王夢湘。玉昆來。鄧幼彌來,
子岐關已退。聞學生已稟,李元明爲首。俞九大發狂言,實屬喪
心。履卿持論稍平。聞撫臺將傳見學生,予決辭監督。高等、師
範學生上控,並辭兩處教員。大亂將生,脫身爲幸,特須另求差
使耳。

廿二(27日)

　　雨。寫好稟帖。飯後到胡處,不晤。危、陳、張、廖皆出。見
應庚,告以不上講堂之故,付以講義,使其查究。陳禮卿未至,以
帖付澹人。索學生稟,不得。見秩華,告以將薦自代,所謂就鬼
打鬼。見胡九,彼亦謂然,屬作書與張公。昨中峰傳彼來查,屬
見我問如何辦,其意尚善,但多此一查耳。彼見稟,無各堂學生
名,專告鄒,我尚在次,人所見或另一稟。見二龍,略談及。到汪
處,旬侯已上船,公隼考預備科。見游府熊,云午帥昨往麓山看
工,已加油漆,三、四月可搬,亦提及景賢堂事。歸致書張公云:
"日前面陳一切,仰蒙溫語慰留,感激之私,匪言可喻。聞學生
上控,並合各學堂生聯名,雖承恩言慰藉之情,實有衆口鑠金之

懼。已具稟學務處懇辭監督，請委接辦。弟辦事疏失，咎無可辭，然誠如上控所言，何以辦理數年，初無異説？今學堂生尚有四十一人安靜求學，若辦理不得其平，何以並不鼓噪？學堂生不動公憤，而各堂學生反出扛幫，其中情僞，當蒙洞鑑。前日懸牌開缺，即録學務處批字於上。數人擊毁示牌，是非毁學堂之牌，而毁學務處之牌也。且喧呼打監督，胡令聞之，不得不來彈壓，並未淩辱士子，捕拏學生。如以帶差來堂爲胡令罪，必先正學生毁牌示、打監督之罪。今厶厶告退，李孟麒亦告退，教習、監督盡去，足以快學生之意矣。若胡令再得罪，未免益長刁風，想大公祖自有權衡也。高等、師範忝充教員，上控有學生名，不便再上講堂，俟與彭、郭兩公説明，即當退闈辭謝，惟有求大公祖別委差使而已。四十一人不上講堂，恐其散去，亟宜差人接辦，整頓學堂，如急切難得人，可否委俞孝廉？伏惟鴻裁斟酌。中峰不能上瀆，並祈轉稟爲感。"得一匿名書。

廿三（28日）

高等來信，云此番李生並不在内，請我仍上講堂。函致胡公退照會，不收，云中丞已留，須示知。函致吉兒，並達三。書已印完，催毛懷德來取。所擬函未發，先到學務處。張公適到，子靜、秩華、履卿皆在，論及此事，我告退，不强留，但問如何辦法。我云學生四十一人故在，只委人接辦，學堂仍然完全，今監督、委員、舍監俱退，足以快此輩之意，似不宜罪胡令，以長刁風。張公終以全堂涣散爲疑，予云儘可飭查，或傳諸生詢問。翁右工亦以實業爲問，張云昨傳一十二歲小學生，言學堂監督宜公舉，教員宜公薦，經費宜公用。小孩能知共和主義，可畏哉！右工以任其全班盡退，張云恐鼓動各堂，此可見諸公受病之原，若小學堂並不全班涣散，而亦懼也。張云事由次帥之退，諸生畏風潮，遁入他途，以致不可收拾。其説固有見，然欲辦實不難，但諸公視一官太重，不肯嚴辦耳。予欲究高等、師範生，且欲辭館，張、陳皆謂徐之。陳不與禀帖我觀，云姑待數日，恐我又牽涉兩處。子靜等已舉秩華辦，予亦只得就鬼打鬼，庶可早脱身，保全胡公。我只得如此説，諸公甚難此事，云須下一通示，恐非一時能定。大吏如此畏懼，禍不遠矣。范靜生帶女學生出洋學師範，又是枌舉。到鹿泉處，云脈甚虛，下元不固。到鄧幼彌處，見子岐，謝之。到高等，講一小時。經詒來，仍執罪胡之議，不知是何肺腸。過問祥女，云將來，須着人去接。唐紹武來，住理問街陳力新對門，云黄鹿泉任廣西州，寄書由滇省文□街任恒泰轉達。玉昆來，亦欲去，得匿名書甚多，屬且忍數日。張、李二人來，意在陳、謝。

廿四（29日）

致書禮卿，看如何回報，彼仍依違其詞。秩華到堂查點學生人數，必將使壞種復返，深可太息。將行李擔回，退照會到縣。聞午帥今日壽誕，着人挂號。發江西信一函。師範送課程來，逢五日二小時，六日一小時。録講義送復初，以學生名請查明回復，亦不過做做樣子而已。集印成，交毛懷德裝訂。次仲至，云鄉下亦知此事。此事予實無過，過在前稍激，後則勢不能已。枌辦數年，如此結果，惜哉！日人已過開、鐵北，壯哉！然本朝由此進兵伐明，今仍屬他人，不知諸公亦動心否？乃奏日兵入奉天，宫寢不犯，豈即爲幸事乎？大學堂生昌言立憲，試問如何立法？范靜生云東京學生定律列表，各國不同，議用俄律，取其相近。今俄已内亂，又足恃乎？俞九來學堂，予往，當面交卸。伊查問學生有廿餘人在，帶名册去，問明打牌者何人爲首，衆不敢對，看來此等壞種子必仍留。禮卿復函云須留鄒，俞亦云留爲庶務長，則教務長不屬之矣。鄒如見機，必宜速去。俞頌承來接題。余承伯亦來請題，付來人手。黄彝伯有子再過繼，其子婦來投親戚。八弟起程到局。達三來信，云其母未必早歸。

廿五（30日）

縣裏人來，仍帶照會，云撫臺留我，不知已交卸。來人云胡記過一次。我再三爲之説，充耳，奈何？復初回信，云高等人多，而師範不在內，不過哄小兒之言，不欲深究耳。到高等，講二小時。彭不在，無從説，周云上期不能移。

廿六（31日）

早到師範，講二小時，甚喫力。復初云善化、實業稟皆鄒代藩作，此人與彼同學，文筆好，而心術不正，慣當訟棍。此輩何可共事？況又有周教士？擬俟高等移時辭之。批示抄來，前痛斥學生，將陳、譚、楊三人斥革，甚是；其後又安蛇足，與前矛盾。將胡令記大過一次，並定以後章程，縣令不得管學生，差不得入中門。教習、庶務長皆撤退，辦法殊謬。惟未及我一字。先正學生之罪，乃加胡令之罪，尚與我昨函合，若非此函，恐尚不能如此也。實業開三人缺，翁右工亦辭。以此爲持平，亦太寬縱。周覽有信來自辦，尚有仁心，云楊冕等告胡令，未告我，不知即告我也。打醮改初二，已出費，問之乃四月初二也。秩華與許潤屏來，云將舉郭桐伯。此一月廿金，而郭復初百金，二郭不大懸絶乎？欲並收譚成鵬等，予以爲不可，云將來求，姑聽之。九安丈來，仍住劉家，使其孫考達材。彝仲爲大學堂留住不放。玉昆來，使見秩華面辭。

廿七（4月1日）

早到師範，講一小時。彼處鐘點遲，此後可遲去也。講義止印一張，不足以盡吾意，以後當酌。復初云湘陰師範學堂請彼總理，兼講經，即以我講義付之，問我能講否，脩不豐。大學生六十人，不知如何住也。胡來，必欲見，仍欲我再辦，力辭之，如此辦法，必更有事，壞種若入，必更速也。次仲云四人亦欲入，或不至此。

廿八（2日）

録出講義二道。寫唐、周二處挽聯送去。璞老至，談學堂事，如此鬧法，適足快諸公之心矣。裕昆來，云許薦一接手人，係湘鄉籍，現在張代監督，朱代庶務長，今日尚未上講堂，笑話甚多，壞種已紛紛搬入，可嘆。伊聞余介卿來有館①，託幹庭轉薦。祭酒送來《尚書》，采予説頗多，以學堂事告之。達材招考數千人，有一人數卷者。題爲"天下有道則庶人不議"、"漢武開西域論"，或即仲叔所出乎？聞名條已不勝取矣。高等講義送去。

廿九（3日）

晴。戲作一詩云："茂弘憒憒當思我，深源咄咄常書空。眼前黑白何分別，如坐十重煙霧中。"希易來，談學堂欲招回三人，又以詩謝之曰："昔本開山祖，今爲退院僧。業經空五蘊，無復説三乘。"幹庭回信，云余已聘蕭，可作罷論。重元爲人控告，甚矣好事之不可也。到久安丈處，云此番學堂之事邑紳大不謂然，以三教習皆不可用，云學費由衆公出，不可以養教徒、革命，欲具公稟逐之，又恐無人接辦。撫軍以所帶學生充，予勸從容再商，將來必有事也。到幹庭處，略談。鏡青處談學堂事，彼盡委權於經詒矣。方、許皆不晤。歸見午帥帖，請明日，當一往。

三十（4日）

晴。龔固等來，云學務處有公事，初七考驗學堂，將送出洋。聞午帥將送一百，學堂或即爲此。彼以去年訛誤無分數爲疑，云我已辭，彼等亦欲辭退，而新章不允告退，勸以姑俟之。一點鐘後到高等，説一小時。到學務處，見秩華，云七人開缺者不再入，湘鄉楊某改國、脩身，經學另找，大約徇學生意不要矣。同邑陳岳芬爲舍監，月十六金，即前在師範者。郭桐伯有代高等之説，

① "來"，疑當作"處"。

未必到小學。考驗各學從明日起,因各學求津貼,故欲加考。到禮卿處。陸詠霓爲實業監督來説辦好。翁、鄭、李均去。有一談舊學者,甚佩服我經學書,云來拜過,或即陳慶年,俟問之。到官廳,與迪魯久談,云有報上寫"今日之天下,是漢人之天下,非滿人之天下也",有以告午帥,頗不悦,然不究。又有李某講倫理,開口説孔子是大壞人,皆大可駭。武備無事。入席將二鼓。吉逢在坐,子緩事不便説。午帥不提善學事,我亦不提。彼以爲革命不妨,日本先亦如此,程度高當自定,無怪其祖學生。余堯衢發胖,云火車五日可到京,不禁又有遠舉之想,擬託堯衢轉達。

三　月①

初一(5日)

危淑放明日即行,再致吉人、達三各一函。到唐、周二處作吊,芝老處拜壽,見黄溪,略説學堂事。堯衢處不晤。歸與慶孫到鹿泉處改方。保康扯馬褂料,歸視之有一跡印,以後應留心也。君華信來,問學生事,不知予已退位,據實告之。黄邛生來,云已入明德專科,以後到彼當回拜,云五十亦將來入學堂。李仁人壽倒閉,予多付六石矣。

初二(6日)

玉昆來,求一書與秩華,中學堂可入辦事否。到祥女處,云醴陵事可了,大小姐病重,將往視。到高等,講二小時。監督言學生事皺眉,此等人何能辦事? 見道興,以移嶽將辭,免彼忌刻也。

初三(7日)

早到師範,講二小時。復初云祭酒得編書總辦,前所晤即陳

---

① "三",原誤作"四",據文義改。

慶年,號善如,鎮江人,祭酒門生,頗通經術,云將移入學務處,索予所著書。將贈之,並贈書復初。再向祭酒說,擬辭教員,看編書能加薪水否。歸到府正街,等至未刻後始飲。天小雨,馳歸,復晴。堯衢來,過門不入,何惡至此?予無他事,欲託致午帥辭教員,求別事耳。

初四(8日)

晴。到師範,講一小時。以書四種贈郭。鄭在衡求入師範,已考過,不能矣。勉南云鐵路費出五項,一股票,二彩捐①,三銅元,四畝捐,忘其五。公司已開,在明德,仲元云皆龍氏親故也。下鄉,到馮家沖埽墓。彭五云馮家往年有二老人帶一孩爲馮公埽墓,今不來矣。夜臥不適。忽聞失火,由祥春起。茫然無計,只好打後園牆,從唐家出。雞公坡幸未延燒。至四鼓始安息。

初五(9日)

龔瓊山、俞仲曾、羅十二俱來問。李荇仙來拜,住水風井魏宅。録講義一條,送高等。沈獻廷、孔君谷、黄邘生、謝俊卿、子漁、達卿、述卿均來。小鶴以俊卿、達卿昨夜不來爲不合。明日請昨夜幫忙者,後日請下人五桌。

初六(10日)

爲承伯改論二篇。飯後到縣,不晤。到余處,問行期未定,老太痰症未愈,請醫學堂陳醉六,不受包封,止轎錢式百文。託余代達中峰辭教員,別謀事,編書事亦可,彼以薦幕相勸,只要優閒,亦可勉就,且姑俟之。祭酒不晤,再當致書。太尊亦不晤。此公最重興學,而到中學堂,學生並不三揖,使彼怏怏去,不知此輩何以必使人人厭惡也?録師範講義。請客皆不至,惟二先生與用羽。邀述卿來,云十八封齋。二唐家皆將屋扯壞。

---

① "二",原誤作"一",據文義改。

初七（11 日）

雨。始擬下鄉，明日爲叔母陰壽，今不能去，下午又須上講堂也。致彝仲一函，説明善學之事。龔啟湘至，説秩華來堂演説，人多不服，擬入公稟，將來此事必再反復，且必牽涉及予，奈何？仲元今日生辰，和彼自壽一詩。到高等，講一小時。羅十先生因學生以買炭故，條子駡彼"非汝私産，何得慳吝"，亦欲辭退，不知何苦如此。歸爲前夜之事請人酬勞，到者不及廿人。又辦酒肴，爲仲元祝壽。

初八（12 日）

復和仲元一詩，並致黄、郝二函。姨姪劉陶然來受業，帶有黄鈞夫書，云其子在昭潭書院，劉來考豫備科，屬予道地，何能爲力？劉住府戸科，即前邢生所住處。《集》來廿部，帋、墨皆不佳，適足覆瓿而已。寫信致祭酒，明日並《集》送去。是日以叔祖母冥壽，設祭並共飲。弁卿來，以所作二藝請改，並請交條。

初九（13 日）

雨。爲弁卿改二藝。飯後到縣，云梟臺進衙，往賀，送《集》一部。堯衢處送《集》一部，云明日行，老太已愈。到高等，以《集》並各種送應庚。伊有出洋之説，未提及，云中學堂將請桐伯。岳凡云小學有經詁之説，果然，未必人肯服。徐榮甲亦不到小學，不知何意。李灼華奏學堂十弊，如此胡鬧，恐不破壞不止也。送張小翁、雨老、陶三及祭酒各一部，祭酒又一函。歸以書贈焕彬，索其書，云即送。報言脩貢院事，六部九卿各進説帖，大可笑，主脩者居多數。高等請兵式體操，周振武乃周漢之子。送女學生出洋決行否尚未定。夜演傀儡酬神。

初十（14 日）

雨，復晴。到師範，講二小時。以《集》贈復初。見開一缺，以衝突國文顔習安。習安云學堂不整頓，我等均告退。復初以

爲皆張小圃之過。周道興昨來師範，欲演説，止之。轎夫不待
而歸，甚可惡，坐勉南轎歸。鄭舜欽來，云將出洋，贈以《集》一
部。聞李石泉將歸，不知警察如何辦法。祭酒復書，將以昨函
致中丞，屬改數字，勿作滿語。已改，寫付之。陳善餘處須往
拜，大約係祭酒挽來者。有人以請免米釐公事送來，批猶不
允。聞將以米釐作鐵路之一項，如何肯免？此事早有所聞，諸
公徒勞而已。聞獲馬某，即去年所捕會首，其地位在黃、柳上。
不知所供如何，牽及學堂否。裕昆來，云仲九邀同查半日學堂，
每月十竿，不能帶小孩子。秩華欲送學生入他處，而另招小
學生。

十一（15日）

師範講一小時。昨開一學生，尚未大衝突，奏派監督較有
權。廖鹿樵屬查善邑以漕銀捐辦學堂案，云各縣同，俟問璞老。
歸家只十點半。小鶴上船，復回。爲承伯改論一篇。寫信致吉
兒，昨得彼書，云將與希選兄弟同回，金女有脱肛病，前未有此症
也。以書送中丞，並兩陳提調。

十二（16日）

得堯衢復示，云所託事已代達，彼甚欽佩，當爲設法。録講
義二道。致芟斿一函，送郵局。送《集》一部與方伯。講義送
彭。到劉漢秋處拜壽。李君約初八仙逝，十五成服，老輩又弱一
個矣。日來極困倦，想是受濕，路濕當以告鹿泉。仲元歸，云龍
家親友爭鬨，不知養此輩何爲？電燈與我在津所見略同。送女
學生出洋已作罷論，午帥云以此被參不值得。予謂送女學生或
不至參，縱容學生講革命乃可怖耳。

十三（17日）

録講義二條。祭酒來，云已與中峰面説，將信呈上，已允遵
辦。劉太尊訓飭學生，頗快人心。中峰近已明白，此公何以不

言？又何不爲長弓言乎？陳醉六來看慶孫，是虛寒，應服熱藥。彼不知其有疝氣，而用胡己、因脂，似有見解。毛懷德送書來，《集》百五十六部，《事略》同，《引緯考》百部，訂價已十三千餘，云《鄭志》可印卅部，但須與管事人言之。

十四（18日）

到陳幼梅、汪鏡清、熊慧舲處，各送《集》一部。孔三、老九各一部。歸午飯後到高等，講一小時。聞師範國文不上講堂。歸過德香，寫票二張。到謝俊卿、龔瓊山處。達三來信，云其母不歸，現在要去，又無人送，殊難作計。昃後到老德香，尚未，復到老九處，晚始同往，八點方起。有數張佳者，行動如生。天燥，人多，甚不可耐。二鼓後歸。

十五（19日）

早到城隍廟，祀財神。伏念生平於此公少緣，今求神佑，大發財源，無求於人，未審能如願否？聞長沙學堂又壞，中學堂運動學生不聽學務處下公事，長沙縣使學生鬧。此等事不知王、張、孔亦出頭否？又聞玉帥不用英、日人，改用德人，英、日不允。電問香帥兩江否，答以補實則可。如張去端繼，湖南學界庶有瘳乎？到君約處吊。歸，惠女氣痛，請陳醉六。熱極生風，下午大風雨。陳不至。觀柳宗元《與諸生書》論留陽城事，極言向時大學生聚爲朋曹、侮老慢賢、惡言鬥訟之習。周密《癸辛雜識》稱景定之末三學橫恣，至與人主抗權，動以坑儒惡聲加之。今之學堂，正如唐、宋惡習。

十六（20日）

寫信致芰舲。陳醉六來診予，云不宜吃附子，宜用歸脾湯加生芪，亦不知宜否。診惠女，不宜破血，用溫經湯，似有見。爲幹庭改論一篇。到高等，講二小時。近又派人出洋，高等、師範甲班全去。聞師範停課，又云止國文停講堂。途遇長沙教習，談長學堂事。歸遇裕昆至，云小學教習無人就，擬請一楊姓吃煙者。承伯來，以論並予《集》付之。幹庭來，天天看影燈。送《集》及《引緯考》各五部到書局，取《左傳》二冊、《禮記》一冊。致雨老一函並書，云下鄉。祭酒送中峰手書來，云已延入圖書館裏編校矣，日內當有委札，不知薪貲若干。

十七（21日）

早到師範，講二小時。風潮已平，國文仍上講堂。勉南知予得圖書館事。天又雨，頗寒。午後歸，錄講義二道。復初來，言价人非人，師範幾爲所破，暗使李某當堂難習安，以韓公之子何名，顏尚記。符讀書城南，又開寶慶館，使寶人以欺外府，稟具未上，幸而解散。高等已許學人干預學堂事矣。夜到天妃宮。歸，雨雹，恐秧有損。

十八（22日）

接午帥札，委圖書局纂修事，月薪貲四十金。到師範問復初，云恐係乾脩，現在圖書館尚未定處所，何從到館？俟謝委見面請示，問如何辦理。復初欲請祭酒實見之施行，恐不易也。到天妃宮，飲罷歸，已未正。欲到撫院，天大雷雨，未去。裕昆來，云君華有信責備張、李二人，疑裕昆爲之。君華云得家信及友人書，友人或指予。胡公請裕昆往，不知何事。

十九（23日）

早到中峰，云不見客。見藩、臬，張亦不甚了了。周、胡諸人到。胡率七學生來見，皆送出洋者。周又欲送人，張推中峰，云人多經費難籌。恐此公去，他人代之，不肯出錢。到祭酒處道謝，云須問善餘，彼在何處，即館在何處。善餘以爲須另覓地，彼亦不知從何編輯，中峰無明說，大約是乾脩局面。彼如此，我亦可知。長學破壞，亦以爲秩華爲之。雨老廿三上城，看如何說。看彼光景，尤惡秩華。云並八人之說，梁與彼厚，黃不足道，三俞以可人爲可，翁

亦未嘗非之。人乃以翁曾拜王門而攻去之，尤可笑。去年小圃
曾力引入學務處，伊云須勿用此數人乃允，今此數人未嘗去一
人。小圃係彼門生，數人所恃者小圃①，敢於爲難，可謂不量力
矣。歸到天妃宮，晚始歸，已二鼓後。方伯云汪君牧在德州機器局。

二十（24 日）

許蓉甫來，送以《集》一部。以《漢碑引經考》卷一付寫工，
貲照舊，約計刻工又須百竿。予既得館，不得不爲覆瓿計矣。到
天妃宮，鏡人云長沙學事，學務處認不是，長弓以信爲人僞造，豈
亦如庚子僞政府耶？王、張二公何不趁此去人則耶？聞《官報》
改日報、旬報，旬報月止一百五十，日報增倍。歸又二鼓。殺叉
實不能見。陸仙來信一函，云外局無味，勸達卿勿謀外出。

廿一（25 日）

寫信一函致吉兒，並受明一函。到天妃宮，二點到高等，略
遲。甲班學生將出洋，多外出矣，遂歸。晚復到天妃宮。陳、劉
以保赤會人少，邀入。劉云長弓親到穀生處，長沙親到各教員處
挽留。長弓以信爲僞造，何不究其人，斥去之？如人則在内，學
堂絕無安靜之日也。予不思食，食少許。歸甚不適，氣又作痛，
豈誤服藥半劑耶？陳善餘來書，索所箸。錢碩人來書，薦教員，
不知早爲退院僧矣。

廿二（26 日）

飯後謁中峰。有余肇升子昭者，堯衢從弟，湖北學生，稱此
公爲師，欲求學堂事，云堯衢過漢，曾見。問予學堂事，略告之。
陳善餘在官廳見面，本擬往拜，即以所箸書送之。問館在何方，
云將覓地，且須出洋學生問明東洋圖書館辦法，現在惟議脩書凡
例，不日將移入學務處，再商之也。中峰亦無他言，但云與葵園

---

① "人"下，原衍"者"，據文義刪。

及善餘議之。子昭亦無下文。聞此公將往明德、經正。赴芝老席，而高等、師範竟不一至，不知何故。到醉六處，約明早來。遂到天妃宮，晚歸。

廿三（27日）

醉六來，云二人均宜丸藥，慶孫竟吃蛤蚧。到高等，講二小時。出洋學生今日驗看，云近六十人，甲班盡送，或可少一講堂。閱報，黃公度二月廿三病故，可惜人才，不獨故舊傷心也。日爲俄敗，報不明言。俄闌入蒙古、新疆，如艦隊東來，尤震動中國矣。官局光洋①，大慶買物。歸，幹庭來論二篇，改付之。弁卿送一篇來改。縣考初四，當見邑侯，並李雷一條付之。

廿四（28日）

早到師範，講二小時。復初將出洋，以陳樹藩代辦。應庚以陳善餘代辦。勉南亦欲出洋，云參謀是虛名，恐二公去又起風潮。江南普通學堂全堂退散。此等事初無足異也。初講至改正朔二說，次講孔疏，未畢，誌之。葵園請廿六申刻，陳善餘、汪甘卿、葉矣彬、郭復初、郭桐伯、蘇厚菴。汪或穰卿之弟耶？爲弁卿改一篇。孟萊復函，云乃姊病危，恐難交夏，可憐！可憐！下午錄講義二道。裕昆來，胡公以初等小學堂事屬之，附設及瀅灣市，而不下公事，又不付錢，如何能辦？

廿五（29日）

早到師範，講一小時。講至改正朔並及外洋止。關口云將移居隔壁。復初行尚有十日，俟月初與餞行也。校《引經考》數舌。下午邀重元、芸生到玉樓東小飲。到幼梅處，甚發牢騷，王式卿加五十金，而彼不得，現只張、俞、任紅。伊泰山已頹，屬作挽聯。予擬亦挽彼一聯。

---

① "光洋"，當作"換洋"。

廿六（30 日）

作二聯，並和黃、鄧詩，未成。到邑侯處，交二條。云濚灣捐廉二百四十金，先付百金開辦。歸帶慶生到鹿泉處，云不能如陳所説，咳嗽總有外邪，若引入裏，恐成癆症。回頭到府正街，五弟婦云賀壻已見過，十九過禮，擬廿六鋪房。老五出看木器，送木器擬折八元，小開門亦如之，屬告知星甫。子漁今年擬考。泉生吐血，甚危。歸少卧。下午到汪宅。到兆槐處，云捐復入京，或江南，或江西。到葵園赴飲。聞波羅的艦將到南洋，有七十餘隻，日有八十隻，尚未戰。湘粵鐵路已作罷論，黃子餘摺不應加尾，如不能廢約，即將約更數條。或謂此數語政府强使加之，大約送於吾邑人矣。德人欲於鄱湖鑄炮，玉帥以爲可於洞庭。幸彼不能來，如來，何以待之？政府、封疆如此，吾華危矣。奐彬言玉帥乃課棚出身，或不謬歟？善餘專講舊學，尚可與談。將散席，大雷雨，冒雨而歸。

廿七（5 月 1 日）

四學生來，以有人考銅元局，借我名做保，告知，云可取八百人，前三年盡義務，以後乃有工貲。不知需人何若是多也？午帥送《湖北官報》來，不載細事，其前即恭録上諭，加案語也。和成鹿泉詩，録出和幼彌詩。録講義一條。覆校《引經考》。迪魯來，云彼亦得圖書館四十金。是此公以此應酬同年，非真知我而用我也。以《集》贈之。又贈孟萊一册。其姊病重，可危。夜大晴，半夜又雷雨。

廿八（2 日）

雨未止。有夏輔清者來拜，云同年，住小東街。熊秉三歸自東洋，云彼中叫局止二元，多則交警察，其政府干涉，重保商如此。新嘉坡將戰未戰。伊聞近日學堂事，甚不謂然。極新人不敢言新，風氣又一變矣。校《引經考》一卷。兆槐來，云初三起程,擬指江西。到高等,甲班已停講。午帥請諸生餞行。奉璋來,云聞日本敗信,却未見報。高等亦來一洋教習,即住學堂。歸而楊懷慶來,其事不領款,但求批准,亦須運動之力,云萬金可開辦。祭酒去年已與星垞辦農工試驗場於湘陰,辦成則倡辦者可送股,一人二三千租不難。雨老與賴子佩親家,楊與賴隙,不宜找雨老。然張、王一氣,可不慮乎?達三信來,屬僱一女工。迪魯借《善化志》,找不得。

廿九(3日)

錄《引經考》數條。還善化上忙。彭應庚善學宮請明日。到奐彬處,云有金闇伯者以乃祖檜門先生詩及《課孫圖》索題,許贈以所刻書。任雨田處,云將出游,大約不再往江西矣。仁壽宮觀劇,並晚臺無之,不知何以蕭條若此。

四　月

初一(4日)

奐彬送來所著錄一、二集,並金闇伯二册頁,索《屈悔翁集》去,又退來,云已找得。和《觀劇》詩數首。仁壽宮只有早臺,以無味不往。到幹庭處,使遞張運智求免調條,代擬挽聯,告以王三事須託縣,王老號受之,武功將軍也。到高等,試驗二乙班。閱報,艦隊已到瓊州,近廈門,二國當於菲力賓一大戰。兩縣請停影燈,以縣試故。是日善餘入學堂任事,又陪洋教習芝佳君。飲畢歸,已晚矣。述卿來,云學務又有占天妃宮之事。夜和詩三十首,未畢。

初二(5日)

發帖請王、陳、彭、郭、葉、熊。到師範,講二小時。勉南云伊地理書三百餘文,問明德門上有買。復初云桐伯已允辦中學堂,未允兼善小學。善學欲陳國燾去，未允。歸而高等請往照相。
照畢歸，過星甫，不晤。到學宮，見仲九，云天妃宮事是實。稚荃
來，商如何抵制。有貼匿名者，云教習私加捐。此次事皆彼時挑
發，均須更換，監督俞不必強留，司事汪年少無知，當撤退。如諸
公不理，則府考時當公稟上控，此黨人所爲也。歸閱試驗卷八十
本，尚未晚。請客人歸，云皆到。

初三（6日）

雷雨。早到師範，陳樹凡欲予兼史學，俟辭高等再説。復初
云高等未必須經學，善餘任事當重經也。歸，閱卷畢。録講義二
道。和詩卅首粗成。頌承云經論爲學生控告，此自取耳。送論
四篇來，以《集》贈之。云祥青已來，有初六接印之説，而初四考
期未聞改。

初四（7日）

爲頌承改文四篇。將詩録出，尚須更改。午後客至。奐彬
帶來所和詩三十首，亦不過如是。葵園亦須作。予以良工不示
人以樸，未以示諸公。楊懷慶事告之，葵園云此事深知，馮星坨
曾見及之，以爲難。伊既不允，馮不便別應他人，予亦不便再説。
金甸丞乃午帥文案，好讀書，不釋卷。善餘已移入學務處，現在
事難辦者，以各學堂紛紛請出洋，稟帖盈几。育材隱居許送二人
猶未足，頗歸咎子靖，諸生亦罵子靖。經論定王臺傳人，商君法
自弊，可笑也。奐彬欲刻《百種》《六十種曲》，假予所藏，許之。

初五（8日）

幹庭函來，云蘆林潭伍紳求調省，可與壽人對調，每月十六
竿，薪水加倍。壽人不欲遠出，達卿前欲求出，此亦是一機會，使
壽人自去説。幹庭與其姊夫王仲山來，壽人下午始去，則是日爲
幼梅生日，不便入見。我向不記諸公生日也。程寅石來，云見午
帥，許以事。伊不願辦學堂，請我見面時爲催速，俟見面再看。

海年尚未行也。周夒球來,云乃翁尚須發遣,求致節吾一函,爲之保全。渭齋致張、王二公書,情亦可憫。校《漢碑》略一過。題《觀劇》詩册八絕句。得吉兒書,云前寄何樹齋信件尚未到①。

初六(9 日)

晴。聞已禁屠矣。天甚寒,下午少暖。題《課孫圖》一詞。致節吾一函。致吉兒、達三各一函。奐彬函來,借《百種曲》、《六十種曲》。《百種曲》止有五十本,約六十種;《六十種曲》有一百十八本,似止少《玉簪記》及《白兔》《西廂記》各一本,並檢付之。彼欲重刊,如能刊成,亦快事也。熊慧斿來。達卿來,未告之,渠意似可以遠去也。壽人歸,云問明是核算兼寫照,不去。

初七(10 日)

發江西信。録出詩、詞。下午到劉太尊處,云久仰大名,欲我兼中學教習,辭之。到鹽道處,略談。到孟來處,問其姊與女,云少愈,實未愈也,其行八者又死於鄂矣。到礦公司,見熊、蔣,蒓陔在坐,云有黃某,龍城三傑之一,現賣礦於西人,搜出據。次帥到奉天,埜老轉户部。見報,盛到鄂,香帥使湘紳往議,王、張不去,蔣可去也。到周宅,鹿湘襌服,留飲。夜歸。

初八(11 日)

高等催往照相,往又不照。到瀛石處,未起,似亦煙霞中人。到俞宅,經詒出,云忠裔招考,昨在學務見二陳。俞九來,云仍須桐伯,不宜用余肇升。經詒云桐伯並未接中學事。縣試昨已發,弁第三,芸十四,只十八牌人考。復往高等,講二小時,略閱報。歸到仁壽觀劇。以二册頁交焕彬。周道興妻死,擬挽聯一首。

初九(12 日)

早到師範,講二小時。復初云到漢口須見張問鐵路事,恐亦

---

① "未",原闕,據文義補。

只可於舊約中改定數條，諸公不肯出頭，未必能廢約。陳丙焕代
監督，午帥面諾，小圃必欲用馬某擠陳、廖，已回午帥，恐行後又有
變。留學生電云傳有事，緩開缺。聞日海軍敗，尚未知出洋阻礙
否。歸書挽聯二軸。録講義一條，約計尚須六次講義即暑假，如
試驗，並不須六次。以書送仲魯太守，復初云桐伯已就中學，勸勿
再應小學。太守尚明白，中學如需才，可就。復初云高等將來必
不用經學，小圃以經、史、國文皆可廢，與道興所見同，其所著《變
法精微》以字昏拭穢爲合理。此等人主學務，安得不壞？香帥要
見湖南學生，以近日聲名大，欲觀其人。望之來，以節吾函付之。

初十（13 日）

天明大雷雨。昨連子賓來，云鄉下已種二次。如此天氣，再
爛奈何？種秧逢大雨，恐漂散。冒雨到師範。陳樹藩以退關見
告，如此爭論一番，或不至再爲人擠矣①。見公事，每年須四萬，
除二萬五千外，須更籌常歇一萬五千，深太息於三路分派。張不
喜中路人，不知何意。歸録講義二道。雪泉來，云乃兄在京，將
同次帥到奉天；栗樵與梅舫對親家，乃兄作伐。栗樵得軍機潤
親，或有濟也。屬見禾口催速。秦子和已觀察，曾爲關説，允五
月在此必設法。又廣雅俗報館有機器求售，以我辦圖書館可見，
不知現未有館也。吉人回信，云練兵考取不用一人，江右頗有紳
權，有二、三百金者。程某得志，我之仇也。

十一（14 日）

録講義二道，送二學堂，彭、郭皆去。高等來送表，改第一
日，幸已早豫備矣。秉郇送扇來，以《集》贈之。下午與慶孫到
鹿泉處改方，伊爲屈姓求調，恐不能也。集益取《滿洲源流考》
一部。府正街橡裝已略備，屬見星府説過禮包封。晚上案發，弁

---

① "至"，原誤作"是"，據文義改。

卿第二，芸生十二。弁卿文冗蔓，爲删改數處。

十二（15日）

爲幹庭改一篇。校《詩考》數十叚。到楊懷慶處，告以難，云海年亦與議，見時當問之。到星府處，略談作伐事，云過班已妥，只八百餘金。夏輔清號應之，即夏公之姪，何以先未聞也？到高等，講二小時。善餘每日來取《説郛》看，云將提書入圖書館。羅云用費亦不敷也。講義未到，憑空演一時，歸。

十三（16日）

爲承伯改文三篇。獻廷請見廉公，到則未起。午帥云見，又約明日。金甸丞出門。遂歸，寫一信致張。又何宗杰者由江西歸，來拜，往回拜。遂見獻廷，以函示之。伊必欲予見張，見則云昨已彙送，不能再續，須自往見午帥，或可行，只好明早再往一轉。官局換錢。歸，復初來辭，云將往大學堂，此處已辭。伊自知與諸人不合，早脱身未始非計，然彼去，師範又恐破壞，奈何？幹庭來問巨文島，予不甚曉其地，而猶略知其事。縣試題問《學案》四山四峰，予各知其三。

十四（17日）

早往見午帥，等至二小時。夏小泉來，云臨行晤二哥，云見新中丞後當歸家一轉。昨日到，住陶六處。見午帥，以沈名條呈上，云再遲則不行，使家人收牌取回，添名再出，沈某廿日來考可也。奉璋辭事，慰留之，云彭不回即交陳善餘辦，學生不靖，將仿日本辦法，不知如何辦也？見予三十首詩，甚稱之。而金兩次皆云出外，大約署中不便見客。到復初處送行，云未行，已出。歸而小泉來送信、物，信中並不云將歸事，達三信亦無多語。

十五（18日）

録講義二道。黃正卿來帶其母柩，而乃弟阻，不令起坡。古云"喪不慮居"，此輩安知之？送彼奠敬陸元。獻廷來，云已添上名字，在豫備科處考。到府正街，飲畢抹牌，晚歸。

十六（19日）

早到師範，講二小時。郭尚未行，云學生住湖北，長府中學議論大不合，湖北學堂是服從主義，告之香帥，昨來二百餘字電，云“湖南學生狂悖，鄙人聞之久矣，此等人資以官費，送之出洋，爲革命排滿之健將，不知公是何居心”，云云，子靖等大失措，請彼往疏通，彼避之。此皆子靖等自取，不知將來如何，亦不知中座如何堪此也？獻廷屬函致張，恐此番未必再送。案發，芸生開點，弁卿第三。伊欲首冠，云芷青閱卷，屬往關說。許送《易考》一卷，取《書考》一卷去。現刻繆某《金石考》，由葵園發，是彼門下，豈繆荃孫乎？俟見王問之。校《易考》一過。下午路乾，往芷青處，云一場卷是彼閱，二、三場非彼閱。以首列事託之，並請轉告胡公，看如何。達三將來，彼亦知之，云須改脾氣方好，能如小泉即可。到幼梅處，云胡不甚相好，未便説，此等事不好强。云次帥調俞、金，皆不去。俞係彼密保，受恩深重，而竟負之。俞現在五百金一月，宜其不去，所謂飽則揚也。夏達齋庶母爲錢店事上公堂，殊可不必，亦彼姨老太恃能之過耳。賀之翰來拜，請十九過禮。陳璞山來拜，以任小棠問我前事。我不知去年春帥如何辦，王云可不理，不再問。陳許送《訪古志》。

十七（20日）

以書送陳，並索其書。到師範，復初已行。胡子靖、王冕南、陸詠霓、陳樹藩、戴奉璋與齊某六人今日行，往見香帥。聞香帥生氣，因學生議不叩頭之故。已帶奴隸帽，往多磕幾頭。星海電更激，午帥頗恨之，云或爲夫人入署，學生議之也。歸見陳書，有《湘城訪古録》二部，輯佚書二部，《海道紀要》、《大秦國傳補注》二册，芸畦可謂好學之士，跨竈遠矣。俞鐵樵請廿日會酒。以陳書二部送善餘，並告澤臣以十九日恐不能到。同慶孫到鹿泉處,云慶孫面色頗發胖,故略加補,予目疾云只可養,用薑鹽茶洗。到理問街,影燈演《珍珠衫》。到織機巷,祥女肯去。予歸,商以此等戲不欲使兒女觀之,遂不往。正卿扶母柩,兩弟鬥毆,或阻之,或幫之,野蠻之至。

十八（21 日）

許蓉浦來,以《易考》付之使改,《詩》《書考》校畢,亦付之。以煥彬處或有金石書未見者,往視,則皆予所見過,目錄予所不要。問繆小山《金石考》,亦目錄耳。見宋、元人畫與西畫頗相似,其大寫非古法也。見雨田,云廿四往江西,胡是同年,往彼看相待如何耳。

十九（22 日）

寫信寄吉人。得吉人一函,云金女分娩將近,趕寄催生衣服。兆槐爲小梅事將往江西,俟問之。到賀家,旋至府正街,再往賀。星府云小梅事乃其內姪女壻歐陽某,已閱多年,其所生子亦可疑,且訛詐八百金,可云陪了夫人又折兵。事已登報,不能再到皖,幼梅爲此頗不樂。洋人一電,釐局留難,幼梅撤差,改調善後,金某接辦,想即仍珠。趙調張、俞、金,皆不往,熊秉三、胡祥青將往。劉牧村以疲軟填大計,以太太生女汙學堂者亦填大計,加不謹字,可笑。淡香云學生事由黃某挑發,梁到學堂查學生不拜,遂告香帥。繼蓮溪又來一電,趕將學生撤回,未必六人能挽回此事,且恐受申飭,復初不肯干預,是也。夜歸,受寒。

二十（23 日）

發吉兒信。因寒滯,腹痛作泄。校《引經考》數十咠。聞案發,老九仍三名,芸生二名,大可望首。下午赴俞鐵樵會酌,彼病不出,乃弟小開作陪。以腹疾,不多食。予四會只須十六兩六錢六分,仍將銀攜歸。星甫來函,交達卿手收。歸,又夜起數次,且似發熱,不料因執柯致病。

廿一（24日）

起覺頭眩足頓，席祠不敢往。明日蒙養開院，何不約我？學宮請明日，不欲去。雨田來，云廿四准行，已看沙市船矣。趕辦三朝，未審來得及否。學務處晚間來知，蒙養院十點鐘開學。

廿二（25日）

葵園早來書，云太尊必欲請我中學教習，極言中學整頓之善，勸我俛就。我以須辭高等再就中學，不能兼三處復之。十點鐘到蒙養院，已開學矣，方唱勸學歌。唱畢照相，我與二洋婦並立。男孩大小略等，女孩有十三四歲者。聞中丞有女在內，宜乎官紳承風，願以子女入也。太尊當面又固請，看來恐不能辭。高等須過河，無論就中學與否，皆必辭退，如太尊意堅，當應之，再看葵園如何説也。秉三云往奉天再説，次帥或已前往。雨田云廿四未定。歸聞案發，汪健爲首，大有異論。理卿云昨案亦將發，月內即須行。劉太尊來，必欲予應允中學堂。脩金未知若干，三點鐘猶嫌多，能改二點鐘否？葵園再有信來，當與商之。太尊以彼處屋子爲非宜，欲更覓地，再加擴充。詗伯以事下鄉，他教習亦未備，大約一時未能開講。弁卿考事已面託之。李文郁來拜，名葆恂，奉天人，其兄癸酉拔貢同年。伊現辦電報局，三四點鐘到，尚在撫署中住，亦談舊學者，以今人廢學爲可歎。云梁有電，云帥意已釋，或可挽回，而學生有四條，一穿操衣，不外褂，一見香帥不拜，一不見梁星海，見亦在學堂，不到署，不知六人如何調停。

廿三（26日）

早到師範，講二小時，覺難支拄。廖鹿樵云黃名樹侯，挑發此事，皆有不是。有廿日由鄂來者，未見六人。歸，往官局換錢。到小泉處。遂往易處診脈，方與我所立同。到府正街，約廿五日。歸作書致芰舲。到仁壽宮。往雨田處，云又有人勸和，屬往璞老處説，行期少待，云立空結，歸銀三百，或可了也。兔彬處聞加孔、黃、汪脩，此公以湘財買湘人，何薄於我？吉人又來信，以得乾脩爲幸，何所見之小也？達三亦有信。桂妹又有函來。聞汪女士過屋病危，慨然久之，擬一聯語。

廿四（27 日）

師範講一小時。見金仍珠，云因膏捐三個月失報廿餘萬不對，香帥電責午帥，乃撤局憲以謝，始二人並撤，伊再三説，乃留王而己佐之。西人雖不願北門，尚未定議，北卡暫不至撤。銅元人數已滿，將開鑄矣。香帥有照會，鐵路龍、王總辦、愚溪會辦，葉辭議員。歸到璞老處，不晤。問任即將行，昨云不行，請我居間，足見其人全然無主。乃趕寫信致吉兒、金女，將信、物寄去，而書仍不肯帶，求人之難如此。夏應之來，云將開警務學堂於福源巷，考委員入學習。王炳章求普濟堂歸首府管，無告堂歸李管。

廿五（28 日）

録講義一道。劉陶然來自衡山，住西牌樓如是公棧房洪某處，送食物數種，伊考取豫備科，打聽開學遲早。明日高等試驗，問陳善餘知否，不知再問理卿。現暑假已近，恐月內未必開學。周道輿來謝，云麓山房子彭某所修不好，五六月未必能成，則一時亦未必能遷，云善餘常上堂聽講也。到府正街，同星甫到賀家，復還府正街。到學務處，問前案未發，豫備科五月初六開學，告知劉陶然。照相片須乙元，在蓉鏡。星甫派閲卷，不終席去。歸聞汪左如垂危。黃正卿往常局去。劉采九復請席祠廿八，而廿一不到，又去二竿九百五十矣。學務處送來講義、課程三皮箱。

廿六（29 日）

録講義二道，送一與師範，三十、初一尚須往講。高等初三可不往，尚有講義一道在彼，以後可不用矣。午後到高等，試驗二小時。善餘云彼亦不欲往麓山，以老親屬勿渡河，鎮江到瓜洲且不欲去；暑假須歸，促彭應庚早來，而戴、狄以爲麓山一時難完功，彭某起造不善，下期開學尚不能移，然則中學一事且聽之耳。雨。歸家。先母本明日忌，府正街誤以爲今日，已叫席來。以先祖明日生辰，先設供，祭畢而飲福。腹疾少愈。

廿七（30 日）

晴，熱。閱試驗九十卷。閱課卷，有去年予所已閱者，何以猶未發下？此事大約文具，將來加一戳記可矣。劉楚雄來，問其父號子材，其人並無昆弟。我家不能住，屬問豫備科可先往住否。俊卿不欲考而欲出洋，不知何意。言戲園事甚悉，遲日當往試看。

廿八（31 日）

早到賀宅，而黃不到，待至二小時。天忽大熱。午刻到府正街發親，新郎人頗倜儻，能外事，善應酬。回到賀宅。彼處用浙紹禮，進親即贊禮、交拜。如用儐相，更請一老人祝讚。所請乃徐太尊。予道喜即行，往席祠。主客已到。采老八十，甚健，衣冠迎送不衰。是日熱不可當。葵園云已照前函告太尊矣。鐵路有九分，彼不任事，應問雨老。雨老復辭不居。王心田云汪事已了，伊欲辦印票，須五萬金，恐未必有人出股票。席元生亦幫辦，約日再敘。任、彭事，璞老亦略提，云尚未行。余堯衢調江西臬司。二鼓歸。

廿九（6 月 1 日）

爲承伯改二篇。聞汪左如死，寫挽聯。劉楚雄來，求保書與沈子貞，呈節略，爲其父子才控姪少瑛私買田事。子才有一函與我，復書一函，並致子貞一函，云初六開學不誤也。獻廷送我蒸盆，而人未見面，云案尚未發。到雨田處，伊尚未定行期。有人挽和,探其口氣頗難,此有孔、楊,彼有張、王,從中作梗。據孔昨云伊媳當殺,豈與人挽和者哉！到幼稚園看看,頗有趣。中丞子亦在內,古者大學諸侯與士庶之子本同學也。

三十（2日）

早到師範,試驗二小時。歸閱卷數十本。寫挽聯三首。汪家明日成服,將大舉動,請我寫主。賀家送席,必要受。其席必不好吃,擬仍以請新郎。劉子才來信,求致書沈子貞,爲作一書付之。獻廷來,尚未發,其姪沈雄十名,屬道地。

五　月

初一（3日）

早到師範一小時。樹藩云學生斫頭、監督投江,大可笑,香帥見後即餞行,送上船,恐滋事也。香帥作歌攜歸數本。閱卷數十本。雨田來,云雨老不肯用空結,欲加大歸字,鄭生不謂然,又中止。伊初六准行。吉兒來函,云調藩署文案,廿四移入署內,所下單係經理督練公所教練處、兵備處、武備學堂、製造所、子彈廠、常續備水師各軍、軍裝所、官書局、官報局各局所文牘。督練教練、兵備均初開辦,事必多,未審能勝任否？劉鑑來,云慈利劉某由高等帶入撫署,似袁某記恨,但無實跡,不妨。聞高等放假一日,初三更須往一轉,俟問之。汪左如今日成服,送挽聯。以賀新郎將來,待之,竟不到。危叔方送信件至,云住東牌樓乾升棧。

初二（4日）

錄出三十首詩。賀鳳九來。是日先妣生辰。獻廷來,云案尚未發。重元將去,以邀往江西商之。李慧哦請做挽聯,爲擬一首。致書吉兒,未畢。小學送四十金來,編輯送五月脩,圖書館仍未送。還祥姑百元。

初三（5 日）

到李六處，云到卹無告堂。到官局換錢。到危叔方處，云月半方行，現住永州，不必到本任。達三數次不見，何其忙也？張、蔡皆不晤。書局説明節後印書。到高等，人皆散。羅十先生付五月脩，云劉潤鴻以東洋血書並手書爲人告發，現學務處着人看守，待慈利縣官來面質。到幼梅處，云三月限裁釐、興統捐，已有公事。洋人以約定長沙開碼頭，藉口省城開租界，足見筆墨萬不可省。七百餘萬贖回鐵路，湖南派三百萬，開辦又須乙千餘萬，不知從何出。局裁後，小鶴、小泉更作何計？幼梅離局，又求誰也？鐵路事當爲謀之。重元歸，其思想可笑，以予詩"青天一鏡夢魂圓"爲證，尤怪，不可不深防之。

初四（6 日）

以書信送雨田處，云初六尚未准行，須初十内，恐尚未可信也。何樹齋須出月，寄物之難如此。師範言錫疇號葊生來送脩五十元。計此一節已用三百金矣。危叔方來，言江西匯水重，二百金去十五兩。節下實無賬，而開銷亦有百竿。

初五（7 日）

致書小鶴、陸仙並桂妹。鐵路公司請明日未刻文襄祠，上列龍、王，下列席、張、汪、孔、黃、馮、龍七人名①。彭栗樵來，住西長街賓興公館，丰采如故，云到保定見陳七先生，言志書未成，仍望我去。午刻到高等，善餘云午帥以葵園未送脩事撤文案，並送至六月，計千金矣。前葵園不受，未知後竟受否。我未領脩，俟問之。善餘屬作《經學歷史》。此事亦不難，暑假後可爲之。他日見善餘當言之，書當作，脩亦當送也。聞雷，飲畢馳歸，未遇雨，後竟雨。爲沈雄致書惺甫。

---

① "下"，原誤作"上"，據文義改。

初六（8日）

雨。請男客，明日賀、危、彭、陳、夏，女客後日。夏、危翁如來，再定酒席。聞俄、日戰於日、韓之間，日擊沈俄十餘艦，何不早擊？豈欲縱其深入而截其後援乎？鄒云日開清韓語學堂，意在以二國爲殖民地。報有日留韓王之説，殆以琉球待之，而支那亦危矣。閲《經世文編》數卷，見中國善政所以不行，皆由胥役藉端滋擾，以至一事不辦，不去此弊，無論古法、西法，皆可行。下午雨稍止。到左文襄祠，已挂湖南鐵路總公司牌。入則中座已去，見香帥電，云尚未畫押，已定七百廿萬贖回路權，湖南三百萬，湖北百廿萬。彼借洋欵，此亦擬照辦。開辦用畝捐，一石抽二升，與收條，入股分。其股分以五十元起，周年六厘，開辦後八厘。孔三阻彩票，甚迂，此所以爲孔三也。米釐亦一大宗，再當請客議定章程。問雨老卹無告堂事，云須報名掣籤。到龍宅，問芝老稍愈，吃凉藥，以附子服多之故。迪魯云彼已領薪水，着人到善後局去領。荑溪云總公司需人甚少，分局或可消納，付一名條與彼。彼求代作挽左如聯。回拜栗樵，云勞老太太爲洋人開棺，因王某以棺貯金寶，現在棺中不知是否。記在京曾送奠敬，覘臣將送式元。到任雨田處，云初八行。任與危、陳皆辭不到。

初七（9日）

早到師範，講二小時。第一講堂所講未完，因先曾講孫林父、甯殖出其君一事，畫板，故未及講前次之義。歸而栗樵旋至，欲邀牌，無人。是日邀劉楚雄及達、弁，皆至。賀、夏、陳後至。飲畢，已天黑矣。幹庭言其舅明日往江西，託帶書五部，並請乃翁善後局問予薪水之事。栗樵約初九抹牌。小鶴有信來，求省局。

初八（10日）

早到師範，講一小時。再以數函致吉兒。致荑溪，爲黄仁宣求小事。請俊卿、棣威、邢生明午來。校講義畢。校各處試驗卷，無甚可觀，惟武岡州學頗多佳卷，閱者亦頗細心。

初九（11日）

晴。求晴禁屠。錄講義一條。復小鶴一函。書板已霉，加刷，安置樓上。周重元到。栗樵、俊卿、棣威來抹牌。黃邢生來，云五十到城，住史家巷某客寓。廉泉與陳子發來，云十二請五叔，我作陪。

初十（12日）

閱武岡州學喻紀綱卷，甚佳，餘皆平平。飯後到胡、黃、張，皆不晤。思賢書局云印書即由彼亦可，特恐價昂，不如仍找懷德。到高等，講二小時。閱報，江西護撫請開復陳三立，粵督保汪詒書、歐陽中鵠，俱不知准行否。日人竟能於對馬一戰掃俄艦廿餘，擒羅提督。其戰功固偉，其堅忍尤難及。引於近國聚而殲之，雖損失十餘艘，豈足惜哉！昨陳善餘與禾生等到麓山勘工，寢室不合程度，須改造，意欲六月畢工，暑假移去，不知何如。善餘暑假欲歸，誰與為主？胡澤臣以善餘責之，自辭，將往翁述唐處。翁儉者，與胡帥必合，督練公所即營務處之新名詞也。問堯衢，云月内必到。

十一（13日）

高祖母熊太孺人生辰。君輔之子雨植來，留飲，現考府考，又考取忠裔學堂，覆試未發。栗樵之壻陳子發來，留飲，筠心先生之孫，乃祖未梓著作，可惜。予之汲汲自買誃癡符，有鑒於此耳。幹庭來文一篇，日記一卷未閱畢，文改好，並出題一咨。伊有人來取，付之。幹庭云圖書館薪水從三月起，須使人具領結去領，不知如何寫。

十二（14日）

何樹齋處不晤。告毛懷德印書，云咨只可五裁，屬印廿部，校書局好算。到學務處，見陳善餘，以三卷箱付之，並開示批改處。陳云昨豫備科又未能開學，學生不肯向官、師拜跪，且公函致長弓，長弓恐香帥見責，只好打官話，出示嚴飭。伊恐過激，擬批駁學生公函，陳引古義。予意以爲迂而不切，不如就現事論之。陳欲我引《禮》告諸生，我擬下期講三《禮》，以此宣講。平心而論，開學大典，拜跪不爲過；香帥每日上堂須大帽作揖，則太過耳。長弓失之於先，欲挽迴於後，又爲香帥之故，人必以奴隸責之矣。到鹿泉處診脈，云有濕氣。到迪魯處，云下鄉。廉泉請乃妹，予以爲接風，不知是生日也。晚歸，聞芝老仙逝，擬挽聯。

十三（15 日）

聞案發，弁卿開點，不知可望首否。到府正街。到學務處，見善餘，云昨所擬交午帥。問前考幕發否，云不知，屬見帥催問。到芝老處，三大憲均到，十八成服，當早往。到小東街賀宅，云將改雲南，須入京一轉，鳳九指省湖北。樹人着人接眷，並找門上，大約其缺尚好。邱斷夫云嘉禾須興學，如須教習，當有信到，屬爲留意。雨植在晉豐棧，云忠齋以筆跡不符未取。此子頗穩練，重元亟稱之。回到府正街，飲畢抹牌。子漁來城，約同看戲，地方尚好，戲則平平，未起更即散歸。

十四（16 日）

到師範，講二小時。頗有人氣，再熱恐不行矣。歸見幹庭送文一篇，爲改正，並日記改畢。傅幼羲到，得吉兒信，並寄磁器一桶。金女寄洋鐵筒一個。高伯足《集》閱之無大味，似乎天分高、學力少。幼羲又送禮四色，月初即去，當還禮。信云方伯不喜人出，事亦頗繁。夏家前託辦繡貨，可推幼羲。堯衢歸時，自當面託。芰舲信云下年可望差委，傅家人云即可挂牌，想必已有人謀事也。親母已回，稍可放心，欲接眷，恐先生爲難耳。趕寄一函，交何帶去，書俟交傅。

十五（17日）

師範講一小時，云廿三後試驗。報言並未禁會，學生能不耽擱耶？金蓉鏡以江蘇直隸州改官湖南，往拜，不晤。到汪宅寫主，與伯輿、述貞久談。尚未旌表而先書旌表，倘所謂先斬後奏乎？述貞不以爲然，而不欲爭，以彼意在張皇，必欲出南門也。醴陵已了，吉來猶欲從中阻之。伯輿云彭事亦王所誤，女公子未出洋也。報載午帥牌示，即善餘之稿。聞學生已遵辦，首倡不拜者二人逃去，風氣殆可挽乎？

十六（18日）

陳爲麒逢吉來，住府正街集益對門，乃父鏡翁，前雨老與我說過，使其壻來受學，以甲班送出洋，不去，不能再入學堂，來請題，寫與之，與子發不相識也。其父善澄號鏡生，亦來拜，慨學生不能卒業，將來無出息，仍望科舉。聞京師脩貢院無望，人心觀望，而學堂辦法又不善，何爲乎？傅幼峩來，以買繡貨轉託之，云來月半往江，可託帶物。吉兒不能兼他事，並不能出，即有調劑，無好差事，釐局不可辦，奈何？下午龍宅來邀往，以遺摺見示，全屬通套，撫臣出奏須列事實，要我開節略，云晚間以奏稿送來，竟不來。

十七（19日）

到幼梅處，云伯年已開復原官矣；鹽票、股票是指湘岸，蕭、周均在內，非專屬湘人也；領結查明款式來告。到幼峩處，云江西不大應酬，卅餘金一月已足，惟請先生別論，伊月初將行。到仲增處，云芝老因電帶致誤，費百金，足爲好奇之戒。許理齋河下開弔，不知會，可不到。高等二小時，試驗在廿八九，各二小時。議假後遷。俟遷，可退關矣。聞學生議論不一，夜半揮拳。不辦景賢，禍或尚小。三羅有一羅未加薪水，頗牢騷。須招考，已爲善餘言之。前案未發，彼亦不知也。迪魯回書，云照彼格式具領。胡子靖夜至，云疏稾未找得，屬姑即所知條舉之。

十八（20日）

龍宅一早來催，趕録四條。先到勇介祠弔李亦元，即到龍宅，成服禮已行過，陪弔，客來甚多。午帥又來。程商霖云汪事不行，三百餘金，水田不能作抵，但以四百金交伊辦，即可了結。彼快交卸，須趁彼在此辦。述貞云吉來以爲程不可實不謬，但銀已交王、席，今程要交彼辦，如何取回？同一熱腸爲人解圍，何苦生意見也？聞伯年開復，幼老亦開復，惜已歸道山。雲帥保頌年可任封疆，子直、節吾可任器使，優劣迴殊。午後走回，到陳鏡生處回拜，不晤。到達卿處，天符會，邀鳳九打牌。夜歸甚凉，雨不止。

十九（21日）

爲幹庭改二篇。彼云式樣未開得，我已寫有三吊，俟晴去領。復閱《王文公年譜》，而知黨人之論固不足憑，亦由中國狃於宴安，有議更變，必遭詆毀。此數千年之陋見，宋以後尤甚也，至今日是非稍明矣。下午赴佛基請。聞子餘以殺兵滅口、媚外失權參玉帥，使香帥查辦，有二公對調之説。又云張到兩江，盛到兩湖，則鐵路必爲所梗。張、席廿一到鄂，今日請客，有履謙等，不及我也。明年丙午，宋人有《丙丁龜鑑》一書，俟查。

二十（22日）

晴。爲承伯改二篇。還長沙糧尚少十文，毛、許二處皆催。奐彬送來册頁六吊，屬向金甸丞説再送數吊。將後作卅首並寫上，計二千餘字，送交奐彬。彼云亦有續作，當往觀之。

廿一（23日）

幹庭送來款式，與熊相同。成德課文二篇爲改正，付之。到祥女處，告以商霖不允，使告孟來轉達心田。云孟來下鄉做墳，須月底方回。到善後局，祝某收支未到，到則有領結札子，人皆可領。欲到幹庭處，天微雨，過楊松年借傘。歸閲《退菴隨筆》，無一字心得。

廿二（24日）

以一班未講，告陳樹藩廿四可不試驗否，復云一班即去年甲二班，仍須試驗，然則以去年所講爲問乎？伯興來，談未畢，金旬丞來，云便衣由又一村可會，奂彬續和亦到彼處矣。葵園來，云奉午帥公事，催辦編事，已薦王先慎、顔可鑄、劉佐楫三人，約日會議，即以彼處爲公所，編專門書，須一經歸一經，一史歸一史，中小學教科書如善餘説分條可也。予謂專門亦須分條，乃便教授，看彼章程如何。到廟，甫升座，久之始行禮。陳竹友云劉潤鴻事已問，照陪審例，自招扳引多人，不知如何了結。彭壽可之母死，又生支節，投團保，云死不明，而玉田已到江西，彼又不知何説也。歸與述卿觀劇。夜歸。

廿三（25日）

到幹庭處，以札領付之，託使妥人去領。聞又有公事催裁釐。星甫委榔棃局，此局似亦在裁之例。下午往廟飲酒，旋歸。幹庭處送銀來，寶新票，云是雨老所開，在轅門上，以後但用午帥札去領可也。武廟送《引經·書考》來，取六卷去。晚間幹庭、承伯同來。承伯云現住河西墓廬，鐵路局用三支發，文案廿元者尤多。

廿四（26日）

爲承伯改論二篇。校《引經·書考》，未畢。到師範試驗，熱不可當。歸午飯。周道腴之母帶小孩即幼稚園數人來看會，人多尤熱。會過，已將暮矣。陶橘溪同年之兄柚溪卒於伊犂，柩回，開弔長春園，擬挽聯。

廿五（27日）

閲試驗廿三卷，帶到師範，試驗速成班。見學務處示，訓飭學生，云益陽自治會不應越權限，善化同鄉會何獨不言？李希易云左全孝爲香帥派來辦學堂，彭、郭二人見香帥，極言小圃辦法不善，用人尤非。觀此示，似此説非無因，能整頓一番，勿用長弓，湘之福也。廿八日八點鐘必到彼早飯乃可。歸聞高等請明日五點鐘照相，安得如此之早？予爲高等騙者屢矣，擬不往。閱試驗卷四十八卷，佳者寥寥。弁卿來，云將發長案，恐李芸生冠軍。是日彭孺人生辰。天熱，不欲往北看會。葵園晚來信，云午帥有公事，催辦修書，已擬規條，專門一經歸一經，一史歸一史。此事殊不易了，依違答之，將來再面商一切。

廿六（28 日）

到幼稚園看小孩，教授馮哲夫，襄陽人，暑假將歸。同用羽到彼處，與述貞親家久談，同到孟萊家看會，以程語教之，使儘問心田，此事恐不易了。歸過府正街，遇會。會過，行至育嬰街口，又遇會，擠，甚熱。約案發達卿使人報信，夜竟無信，豈未發耶？或發而未得首耶？

廿七（29 日）

雨，復晴。寫挽聯送柚溪。獻廷來，託向太尊説，辰府淩公聘陳、張二人應分兩席，張恪存名育鳳，如得彼處，則永明一席伊可望。弁卿來，云案已發，李電弟一，伊弟二。伊始望不過前列，及開點，則望首。芸生之意，亦豈不然？此二日皆不暇見太尊，後日再往謝也。覆校《書考》及試驗一過。看會後，入廟飲酒。到星甫處，不晤。到祥女處。回到廟，大雨。與湯稚安久談，云黄鹿泉到廣西州，由任恒泰可轉寄。夜行禮，歸已三鼓。

廿八（30 日）

早到師範，試驗兩班。聞律法將不送，並有張到兩江、端到兩湖、李仲旋到湘之信，湘撫遠不如粤，恐李未必來也。歸見吉兒十七來信，任所寄物已到，云分娩在即，何尚無電來？獻廷來，

云急須見太尊。乃往高等試驗畢，即往太尊處，公出，不晤。到
迪魯處赴飲，彼爲陳善餘、熊秉三、姜作梅等餞行。陳云圖書館
難開，恐午帥動，伊初一二即歸，七月來。熊銳意辦醴陵陶器，不
以學堂爲然，謂我們今所謂頑銅，欲立一頑銅學堂，專教國文。
譚文帥謚文勤，龍只可夾片。

廿九（7月1日）

　　飯後到府，見，遞兩王條，張事不行。中學堂我云辭高等即
來，彼恐我未能辭脫，彼處用關約十八點鐘。此必不行者，詞伯
來當告之。見午帥，言法律發案事，云以湖北風潮少緩，以彼爲
謀反頭子，湖南官不好做，云京事湘人猶自以爲第一強國，不知
約章。幼稚園仇毅等以爲不應用湖北人。女學堂事，彼曾上陳
碰過，屬陳寄元勿居其名。楊子紱事，彼已允飭查公事到否。汪
左如事尤允出奏，但具稟來。問我能出洋否，孔、葉惜不肯出洋。
有畫圖屬題，應之。以《鄭志疏證》贈善餘，云更須數日。歸見
報，仁和師以病乞開缺，徐世昌入軍機。汪君牧亦以病開缺，似
是風疾，並德州機器廠不能辦也。歸寫書致吉兒，閱試驗卷。栗
樵來，約觀劇。去太遲，只一齣即散。歸見葵園問張于湖事、師
範催試驗二函。

三十（2日）①

六　月

初一（3日）

　　早起，趕看完，送師範。午刻到廟，聞今日武備卒業，請中丞
試驗，人誤以爲洋人賽會，觀者萬計。午後大雨，未知已畢否。栗

---

①　本年五月月大，應有三十日，但日記原稿缺此日。

樵託保盧某,問善化總查即汪文洲,轉託迪魯。葵園又使人問張事,查《本事詞》告之。吉兒又有信來,再添入函中,並致達三。

初二(4日)

封信並書箱一口,送傅宅託帶。彼老太太又來,豈彼來而幼㟅去乎?到師範,中丞未來,久之始至。升堂發憑單,楊冕第一。中丞、廉訪演説①,次請我演説。樹藩、道輿各演一次,周宗旨頗異。陳善餘云移嶽麓彼必不去,我辭可同辭,並薦我自代。道輿云一星期渡河一次亦不難,且看如何,若不辭,則辭中學,必欲兼,一星期亦只可一次也。廉訪云史學請我看,中丞云有教科書請我潤色。經詒云到我處,欲立一善化師範學堂,俟初六張公接印後邀集數人共議,科學不必完備,取人即取鄉下老生,以半年爲期,經費不多,亦須籌畫,我不過到場,必不任事。中丞允吃飯,久坐,照相後不見飯至,遂去。我等又等許久②,四點始歸。見熊回信,云盧某須告臬臺,王又下鄉。傅不能帶東西,仍退回。獻廷云堯衢已到家。其考事問禮卿,云卷又復看,當發。劉潤鴻已招,只收自新所二年,中丞批有"悔過,隨時開放"語,似太寬矣。栗樵請聽戲,大雨,甚狼狽。

初三(5日)

校《書考》畢。加信仍封交幼㟅。到府正街看會,歸已暮矣。明日祥女、金女同生日,接祥女歸。吉兒家眷往江,彼將同行,在此亦不甚相安。

初四(6日)

到堯衢處,云請假一月,因老太太怕熱,過七月半乃行。二張聞我辭善學堂事,欲電催我去,伊以我意不欲遠去止之。大學

① "丞",原誤作"堂",據文義改。
② "許"上,原衍"處",據文義刪。

堂亦不安靜。文部暫不添設。次帥將往遼東。夒石師以重聽，不留樞府，尚不欲歸，現在精神甚好，年七十六，欲過八旬得重赴鹿鳴、瓊林，宦情未澹。張、瞿欲留午帥，加增公費，歸告午帥，不願。伊欲晉兼圻，自不肯受此虛名。到惺甫處，云有黃花農到此之説。幹庭子病，當往問之。

初五（7日）

得江西電，云"丑時得女孫，安"，大約是昨日丑時，母女同一日，亦異矣。陳爲勛送文四篇至，爲改之。馮一來，言小學堂生與寶樹堂謝家婦女相窺事，令人大笑，將來鬧出事故，不知諸君何以處之。師範索照相片，未得。馮問包火食，亦未定。師磻生來，云由南洲來，將往廣東。胡麗生來。寄賀芰舲一函送傅宅。

初六（8日）

改陳爲勛四蓺畢。吉人又來卅日一函，云汪有挂牌信，復無聞，練兵處招考亦無味。李石泉東京來信，以警察已滿期，欲求永久，當攜信爲長弓言之。郭桐伯來，言中學事，仍答以須辭高等乃往，大約此時不能搬，亦不招學生。如二處皆不能辭，各二點鐘可也。查章程，中學講讀《左傳》，尚不爲難。云善化須開師範。隨有人持單至，請明早八點鐘天心閣一敘，當一往，我懲善化事，斷不任事也。獻廷云案已發，取八九名，十五齊集，月內恐須行。聞取八十七，惟不完卷者未取。

初七（9日）

早到天心閣，風高折傘。郭、許、二俞先至，汪後來。章程尚妥，籌欵須問縣。張以爲學堂用餘千金，恐未必然，又須禀午帥請欵，不過欲借予等名耳。汪云已見雨老，一面開辦，使股票易售；已借洋欵五百八十萬，二十年歸還，先從我邑到潭。米釐只數十萬，銅元紫的錢店不用。庫已滿，須另起貯之。不平錢價，如何能行？此須由官定價，或銀價少貶，而紫銅仍作十文，乃可行也。歸，復往府正街，三叔父生日也。晚歸，君華來，不留似下不去。李仁壽欲來我家住一二日，謝之。

初八（10日）

到煥彬處，聞陳妙常事見《南宋雜事詩》，云葵園詩甚工，現在城，伊後十首亦有新意，欲從香帥請欵刻書，並刻諸曲。爭洋人事，頗自負。更有新刊各種，將以《鄭志》易之。到栗樵處，已行，冒雨歸。楊冕、楊廷傑來。端六已派醴陵中學監督，不欲往，云六條已覆，自生支節。不知二公何苦乃爾，毋亦專爲一己計乎？

初九（11日）

吉人生日，大雨，汪氏兄弟不到。幹庭來文一篇，改正。錄"經學胚胎時代"四條。彝仲來，云二張致意，仍欲我去，鐘點不多。然脩不過百廿金，我在家尚不止此，何必遠出？以書贈彝仲。邀同君華小飲，述卿、達卿抹牌。

初十（12日）

錄"經學萌芽時代"數條①。公分請楊宅，客徐、胡、張、王，豈桐軒又署首縣耶？十三當早到。雪泉託問豹子，以楊雲軒得刑名事出缺可望否，黃雲仙又來求，當爲豹子言之。雪泉云栗樵以浙電促行，恐誤機宜，何事機宜，未徑說明。劉某買房，帶彼看看。少濂來，邀述卿抹牌。

十一（13日）

馬介卿來。君華贈講義。近講地理者不僅地理，兼風俗、政治，大都如是。錄《歷史》數條。劉子材信來，屬再致沈子貞。彼不回書，似不必嗣音，念戚誼，再致一函，屬以和爲是。述卿來，欲同看戲，天雨不得去。

---

① "代"，原闕，據文義補。

十二（14日）

　　錄二條。到彝仲、介卿、麗生處回看，止晤彝仲。伊講輿地，欲講鹽場，問長蘆事甚悉。到幹庭處，見林傳甲輿地、國文講義，不知此人如何。幼梅云岳州鰲有入口，可不裁，現已委員去查。劉國鈞來，索《集》一部去。下午與述卿出城觀劇。

十三（15日）

　　幹庭來，云電到，午帥來京陛見，不知何事，方伯護院。以課題言日、俄東三省事，屬代作，乃作一篇。到兩縣道賀、送行，郭桐伯處回看，方伯道喜，皆不晤。到紹曾處，問楊雲軒，云未決辭。俄客來，戲起。葵園到，云午帥與瞿尚書出使美國，調停日、俄，圖書館恐未必開，前送章程與午帥無回信，故無舉動，今更不暇及矣。十六席祠公送午帥，十七即行。是日戲不佳。

十四（16日）

　　作四詩送午帥。致書吉兒。俞、董同來，云前事趕辦公呈，四點鐘同到郭桐伯處，汪、俞、譚與予共五人面遞，求發欵。十六早八點鐘天心閣學堂辦事人公餞午帥，予當可以不到。午帥十七交卸即行，出洋學生同行，沈獻廷餞行不及矣。十六席祠單來，午刻，人不少。下午到郭桐伯處。秩華以汪、譚不到，約同到學務處稟帖，並即請見，乃等至兩個時辰，汗流浹背，此公始出，稟上，當蒙允許，明日即批指欵。聞長沙已發千金，故此千金即慨允也。編書事亦略告之。善餘與譚、郭已同奏派。此公自云未開缺，事可無變，而出使尚無明文，接京電云考察憲法，或有立憲之事。云不學邵小村、張樵野，非議定不往也。張埜老同振貝子往日，更有往俄者。歸而午帥帖來，請十六早八點席祠。

十五（17日）

　　將詩再改，錄一過送去。端來辭行，予已到城隍廟輸錢。受熱,歸來肚瀉,徹夜不眠。幹庭云乃舅請予點主,又須送挽聯。太尊亦入都,備出使。中學可辭。十七又約商務局午刻齊集,殆公送午帥耶?

十六(18日)

腹疾未止,八點鐘强到席祠。出洋學生並學堂、學務諸人廿三桌,乙百餘人皆到,其聲如雷,令人眩暈。待至午初,午帥不到,遂歸服藥。四下鐘再去,午帥始至,尚未入席,遂坐予首座。戲二班合演,跳二加官。問奐彬出處,亦不能答。彼知生腳唱不過北調,專用旦腳戲。數百人,熱不可當,前席散,稍靜。將晚上燈,赤膊人人,又不可當。午帥謝予詩已登報,云明日上船,恐不能開。上頭碗菜,人多逃席,予亦歸。聞後有二班交鬨事。

十七(19日)

午帥送扇一柄、皮酒三箱、紹酒二罎,打發千六百文。商務局約三點鐘爲中丞祖餞,不知送上船否,人少,恐不能不往。十九城隍廟祀大士①,二十兼善堂交賑②,望食量早復,不虛邀耳。下午商務局催,云午帥將到,往則已到。祖餞禮桌上擺十六碟,設座,不坐。爵棠敬酒三杯,午帥即下,與衆拜辭,送上轎去。打聽官場人散,乃送上船,拜送即行,未坐也。是日熱亦不可當。

十八(20日)

人甚疲困,且不小便。録二條,寫挽聯。到鹿泉處立方。送獻廷行,未晤。熊惠舲來辭行,云明日開船,又云後日。吉兒來信,有芰舲一函,頗以得女孫爲喜,折置四元,云吉兒下年必得統

---

① "十",原誤作"初",據本月十九日記改。
② "二",原誤作"初",據丙午年六月十七日記改。

捐，勸早接眷。見重元，略提，似應不應。換錢取銀，就近到咸亨，云局色九九。未到寶新，不知何如。下午獻廷來辭行，與述卿、達卿同到館子作餞。熱，車中人氣不可當。

十九（21日）

以昨夜受熱，又作瀉，熱度益增，城隍廟不敢去，且辭。王宅廿一題主事使幹庭轉達，以《熙朝紀盛》贈之。許蓉浦送《書考》並《詩考》前半來，云廿四回永州，將《易》、《書》、《詩》先帶去刻，取十千去，尚須廿千。《詩考》校一過，頭目苦眩。獻廷來告別，以姪餘卿託爲堯衢言之，鹿泉聞陳復任，又言雙江口屈壽吾求調事，並誌於此。達三信來，云小孩重六斤餘，乳名招弟，因將來此，恐乳娘難僱，故未僱。

二十（22日）

疾仍未愈，熱度日增，強錄二條。端六至，呈英約六條，誠有蛇足之處，不知紳士所議能挽回否。端六尚在學堂，欲再留學，可謂有志。

廿一（23日）

彝仲早來，出示大學堂孌老電，欲我去，請勸駕，屬善爲我辭。湘撫放張曾敭，與香帥竹林，云不甚洽。聞香帥有請王、孔、葉辦學務事，是不必張至而事已變矣，亦諸人自取也。屬用羽向重元言之。承伯送二篇來，爲略改正。

廿二（24日）

錄二條。長日如年，熱不可耐。晚得午帥電，云："盛餞感謝。十九到鄂，不日北行。回首湘雲，不勝企戀。余介卿、楊紹曾諸兄均此致意。"

廿三（25日）

以電中尚有數人，予不識，乃封電交介卿，使其轉告，附黃仁宜名條一怤，看機會何如。陳爲勛取文字去，請題，送三藝來，爲

改正。是日大熱，夜不成寐。聞有一家渴死者數人。用羽云圍
吉索值太昂。

廿四（26日）

　　雨，稍涼。録得五條。吉兒十八來函，並寄茶式斤、洋四元，
又郵局一函、夏子新事略，屬作志銘。回寄吉兒一函。

廿五（27日）

　　君華來，略談。許蓉浦送《詩考》一卷來，彼行急，趕校一
過。惺甫來信，云子魚不理公事，意欲禀撤。回彼一信，請暫緩，
封信告子魚。寄復芰舲一函，並吉兒信，送局。鄭謙至，云在農
學試驗場學習，惟蠶學可行，而擇種看病不易，種必將蛾呇包，俟
其乾，取研碎，用顯微鏡看過，無病方可留子。而橡樹可養蠶，亦
可熬膠，今子可種。若田事則肥料本貴，一石穀七百文，止及日
本十一之數，非自造肥料不能用。説皆有見。是夜鹿泉至，云脾
胃尚不舒。夜夢館京師旗人某公，敵兵入城，有某中堂亦滿人，
來見東家，同謁新主，云官爵仍舊，履歷無漏，居停唯唯。予見二
人紅頂花翎，蒼髯老者，其言如此，憤欲批其頰，不覺失聲叫呼，
人皆失色。予走開，見持酒肴至，同事云東家以先生閲卷勞苦，
故送酒肴。予云東家能吃毒藥酒，予陪飲一鍾，此酒可不飲。又
有一老者問予今應課，“富而可求也”如何做，予更大罵八股文
亡人國，今又亡一朝，爾猶作八股文耶？又忍應課耶？遂驚寤。
可謂妖夢矣。外間喧傳午帥電邀入都，固無此事，予亦恐踐此
妖夢。

廿六（28日）

　　録五條。君華至，以夢告之，相顧太息。弁卿至，云初二開
考，告以聯終同考爲題解計。達卿邀抹牌，不欲往。子漁回信，
殊不了了。陳某來，不知如何。付許蓉浦廿竿，伊去交艾崙卿作
林子也。雨，甚涼。

廿七（29日）

雨不止。録五條。述卿至，以黄李氏屬見張大令，辭以交疏。陸永儀母死，明日成服，擬不往。瓊山來，云七月十一日寅時可起手。達卿來，云須八月，未知孰是。龔固出學，佃屋讀，龔鏗在伯卿處，用羽以爲不如龔啟湘，使往問之。孟萊亦至，皆云百元無人肯去。我意仍請舊學，爲諸孫將來應試計。孟萊屬爲其姊請旌作公呈，用偶體。

廿八（30日）

爲作四六一篇。録三條。小鶴來書，云急欲走開，願與諸人對調。壽人欲去，予不敢保，庶母亦不欲其歸，將作回書告之。是日二伏，幸不雨。

廿九（31日）

問祭酒生日有公分否，奐彬不答，不知何意。正卿來信，云常局將撤，屬爲設法。秩華至，以初二學堂會議，將爲一往，學穀銀三百兩須問縣，學宮須歸式千餘兩，當即房屋而言也。夏小泉來，云已得礦務廿金，同於乾脩，求作乃祖志銘，當爲動筆。回復小鶴一函。記孟萊云小圃已兩電催新臬臺，去志已決。理卿委武陵，甸丞委灃州。學務處人未動，午帥移，變十六人。聞有學務處請王、葉之説。公呈交，已向小圃説明，請彼轉呈護院矣。

七　月

初一（8月1日）

葵園處拜壽，張下鄉，余不晤。劉采九已移居，王桐軒住種福園。晤黄、汪、龍，談西席事。孟萊出門，以公呈付之。到府正街。閱《中外報》，載澤、戴鴻慈、徐世昌、端方東西各國考求政治，擇善而從。報言立憲有是有非，皆有理想。次帥保秉三開復,更欲奏調策生爲副都統。黃策安出題,學生洋裝、教習華裝爲問,傳旨申飭。日人已得庫頁島,圖海參崴,而哈爾賓亦振動。二國議和,恐一時難了。俄人欲中國勸和,璞科第來運動,報極駁之。鐵良請停鄉、會試,恐亦未允。

初二(2日)

爲幹庭、承伯改文。孟萊來,同到學堂。學宮人無到者。夏壽衡扶病來,住天妃宮。玉昆入場,住清留對門鵬程試館,擬見彼問龔子完等。劉柱臣出洋,因縣出差帶學生之故,何善化縣獨不可帶人乎? 長弓如此勢利,宜乎爲人詬病。是日大熱,學堂不可當,遂歸。是日服黃芪四錢,晚上頭涔涔,臥不安。夜雨,頗凉。

初三(3日)

頭悶殊甚,强起,錄數條。幹庭來信,云裁釐約在明年夏間,或猶可苟延旦夕。彝仲將行,爲桂妹託寄一函。伊氣疾又發,不知愈否。熱度又到九十分,不可當。夜又肚瀉。

初四(4日)

寫挽聯二首。錄經學數條。彝仲來,云即日北行。如此炎蒸,舟車趲路,我自問必不能,請致謝諸公。達三信來,云小孩乳量甚宏,僱乳娘不得,徹夜吵鬧,奈何? 沈子貞回信,云事當遵辦,不知事已了否。晚來大燒,頭、面皆熱,請李少庚來。

初五(5日)

燒尚未退,眉骨賬痛。發信寄吉兒言西席事,達三言乳娘事。璞老來,以秩華爲多事。學宮一項,予不便説。賀親家來,云將指山東。惺甫之妻生産甚慘。鄒裕昆來,以西席事託之,云龔固少精神,張其楷、彭榘、彭銘初皆可,諸人未盡到,須廿日前必來,當爲留意。達卿來。重元以母命欲入場,而十二始大祥,遽易辮綫滿服,此理之大不可者,予甚不謂然,且俟之。幹庭、承伯來。

初六（6 日）

熱退，頭尚涔涔，強録二條，自謂於此事貫通，多籾獲。復陸仙、正卿各一函。重元請予決疑，予不從臾。彼亦自知，將卷焚化。旋聞湘潭正攻冒籍匿喪之人，幸未去也。孟萊請初十，看天氣何如。

初七（7 日）

往學宮，祀奎星，午後歸。用羽屬擬聯挽蔡世兄，走筆作一聯與之。端已召見，賜紫禁城騎馬，不知此行何如。街買學臺報，可怪也。歸録二條。賴子佩送照會，當退還。桐伯又來纏，據云三點鐘四十元。予若退高等，亦只可應兩點。聞陳伯平有謀鐵路大臣事，得之則幸矣。吉兒信來，云藩署亦無好處，望余去，當奉請。聞今日在葵園演北班。

初八（8 日）

三伏，又新秋，早涼。頭稍清爽。録三條。閣克堅號叔固，行八，象文之子也，來見，甚肥，有父風，住小桃源，不知所學何如，索予《集》一部去，年十八。將晚小鶴歸自沅江，云有侯某以偷釐反控祝紳，並及彼，縣官張某助之，看龔總辦何如。

初九（9 日）

録四條，至明末矣。連鼎耋來。晚間出城看荷花。歸，達卿來。扇已請賀八先生畫。沈小嵐來，云彼處每薪二百金，今不欲往，約同請堯衢，云月底乃行。劉璞山來，以小鶴條付之，屬到即鈔來，並覓一書手録《經學歷史》。

初十（10 日）

將《歷史》開卷稍加增，改爲"開闢、承流時代"。飯後出拜客，多不晤。郭世兄初五已行。晤伯興，勸以椠著作。到述貞處，見吉兒書，急欲接眷，西席但求端人。孟來本請今日，往問，則客皆不到，而不告我，即非戲弄，亦近荒唐，乃歸。小鶴晚欲觀劇,雨,不果。沈小嵐來。

十一(11日)

大雨不止,甚涼。録得數條。孟萊來,陳説前事,云瞿儲及李致禎皆狎妓,頗爲學界之玷;唐蓬洲以西路多革命黨,長弓痛責之,非好消息。小鶴云朱爲人參奏,戴亦在内,可怪也。

十二(12日)

録數條。下午述貞來,同觀劇。雨,述貞催轎去,予冒雨歸。一等已發,達卿名不高,君谷冠軍,連鼎垚第二,豈知《五行傳》者亦憗乎?

十三(13日)

《經學歷史》粗畢①。予以漢武、宣及嘉、道以後治今文學者爲極則,東漢古文及乾隆治許、鄭學者次之,六朝、唐爲衰,宋至明爲極衰,不知未駮俗否。述貞云聞王布衣云葵園以閨門事不樂,不知何事。賴太尊回拜,不請,恐彼又糾纏。同年鄧直卿來,改名承武,任湘潭教,住天妃宫。郭復初由京來書勸駕。幹庭函詢似要疊闌干之數當是廿四,此不必有據者。爲夏公作志銘,未畢。述貞來,同出城觀劇。晚歸。

十四(14日)

續成志銘,約千五百言。到直卿處,不晤。壽衡亦下鄉。晤小嵐,云堯衢喪一子,止二歲,其長子止五歲。海年欲單請,予亦只好單請矣。幹庭來信,云章程已出,惟裁雷市而已。是日薦新,祭祖,燒包。客惟仲元。龍八回信,云仲元以母老不欲遠行,不便相强。

十五(15日)

爲幹庭改一篇,其文筆有進步。志銘録出。聞受明來電,促

---

① "學",原誤作"史",據文義改。

羅升去。祥女在此亦大慪氣，每每氣痛，羅升去，更爲難，將告吉兒。盛先疇來，求入高等，亦知須由縣送，先入稟求再試，看驗云須廿歲以內乃合格也。下午擬觀劇，又下雨，乃作書告吉兒、金女。達卿來，云復試仍爲《書》義。是夜湘潭入場。邀雨植，不來。桐伯請十七巳刻天心閣。

十六（16日）

早起，送祖。請堯衢十九，云須下鄉，看廿日外再約。秩華來，約同汪、郭以請張公天心閣，應之，欲佃天妃宮出錢，屬自去問敬基，我不干預。去年學穀銀三百云交璞老，屬自問之。契税歲有千金，甚好。理卿今日去。胡仁山去李球，餘未到。高等亦未移，考由縣送，外縣可徑送學務也。校《經學歷史》，以書數本寄吉兒。夜到謝宅慶祝，看戲。

十七（17日）

加入一條。飯後到謝拜壽。周宅亦今日，予不知。午刻到天心閣赴調伯席。調伯云張不回拜，不願入分。王、葉與心田至，談湘事，云倍納次事已了，將出城，以後洋人來者均守湖南規則。德國兵輪無故徑到朱洲，詰之遂去。小圃與王、左、馮有信，與王言水田事，王以問心田，心田以爲難。善餘准來。唐蓬洲稟戴啟璘爲革命黨，小圃護之。聞善餘亦倚仗之，何也？彭、郭到京，力言湖南學堂不善，有開會館之説。端與徐往英、法、德，端帶熊、曾二太史，劉從徐去。不用美貨，上海已見實行，天津不同心，中國人每如此。心田云現改章，升知縣五品，可行取御史、主事，則佐班升州縣更難矣。廖孫階送説帖來，敬基來，同屬自向秩華説。仲元託芸生説願到江西，要每月十二元，且須先支脩金還賬、製衣。其人主意不定，且緩之。二媳起程川貲、用費亦不菲，今兹又無一錢餘，奈何？體事心田云已妥，銀器留住，程已下公事矣。

十八（18日）

校《經學歷史》，增改數處。鄭謙考師範，屬自問明。雨植亦考，交名條與我。我不與事，如廿日考，彼亦不能去也。下午到謝宅觀劇，晚歸。天又大熱。

十九（19日）

復校改數處。以《集》送沈、郭、俞、李並函告一切。連日人覺困倦，口舌無味。欲到學宮，復不欲去。玉昆取一等，來云未找得人，恐仍舊爲一女。芸生不來，未得，説以胡某自代，已來。支仍照前六條，考古有"擬募盂蘭會放河燈小啟"。下午棣威來抹牌，打票。

二十（20日）

增改數條。吉兒初八日來函，云統捐尚未可靠，江西覓師亦難其人，文明不可請，誠然，乳娘已換十餘人，終未妥，未言秋後來湘否。邀弁卿明晚入場，應來。鄭謙考師範，云即歸陳樹藩看，爲致函，加一名條，題爲"道德人倫爲各科之首論"。醴陵唐顯度來，芸生請代館胡君亦醴人。

廿一（21日）

録《經學歷史》二則。又得吉兒十四專函，茇舲月初自送達三來，屬兒媳勿來，未免失望，議寫回信。弁卿晚間來，達卿來送考，抹牌等候，入場已三鼓。微雨。

廿二（22日）

寫信吉兒，並致茇舲，以爲僱定乳娘，即不歸亦可，如未僱妥，仍以來湘爲是，看彼如何説。録《歷史》二昏。湘潭案發，雨植未挑。

廿三（23日）

飯後出門，到祥女處。謁余，未晤。見幼梅，云局可不多裁，紳士不允，且無把握，雷市後皆擬仍舊；乃弟不出，兆槐官亦未妥。見銘謙，問芰齡來，彼云無信，我家不能住，惟有彼處可住，未審吉兒代達否。到府正街，遂到學務處，見胡仁山，云卷仍歸學務看，數人予皆未識。到寶新換錢，只扣五分，少換三文。歸過府正街午飯，同小鶴出城觀劇，滑倒於永豐倉，以後當視大西門爲畏道矣。

廿四（24日）

　　錄三咭。請堯衢，云有姊喪，大約可作罷論矣，不知公局如何。小嵐母八旬冥壽，請廿六，只得送禮四色。凱臣處分訃，不知訃將如何送。雨不止，收成可慮也。黃慰農、徐芸生來，住仁壽宮。

廿五（25日）

　　錄四咭。雨仍不止，殊悶人也。達卿、弁卿來。夜大雨。弁卿入場，忽發痧。臥聞雨大，甚驚，詢知已早入矣。

廿六（26日）

　　錄三咭。楊仙舫同年名生春來拜，現任攸縣教，云有一竿。到小嵐處，祝乃母冥壽。拜黃、徐，已去。任處不晤，云初六起程。見奐彬，取《覺迷錄》、《消夏記》歸，云將與祭酒運動香帥刻書，又可刻元、明各種雜劇，《短雨集》可不必也。《覺迷錄》專攻康、梁，不知近人所云又與此異，何不續刻一書耶？回拜仙舫，約下午同到小嵐處。見海年，云瀛石得圖書館廿金，恐不可久。約同請堯衢，鑑洲子在坐，使致乃翁，其子去年入學者。璞老諄諄以天妃宮不可佃開學堂，此事予不任也。

廿七（27日）

　　錄六咭。劉楚雄來，彼入場在節邊，約到我處，豫備科已上學矣。聞弁卿又病。題甚易，不知可望否。

廿八（28日）

　　錄四咭。黃邠生來，云等伴出洋，住明德。熊秉三來，云午帥出京須秋節，擬往上海待之，欲於常德開一舊學學堂，約我往，看彼能辦成否。連鼎垚來，云乃兄考師範，前只考六縣，今又一場，欲爲遞名條，事恐難。學宮傳人，將往，李定九來，云以張子卿矇乃姪超宗保文煥槍替，已枷號，將公稟張子卿，俟學臺草書也。往吃飯後，廩保以稟稿請署名，看衆議如何。小嵐來，云公局未定。袁慰廷力請廢停科舉，交各督撫覆奏。省城米貴至三千八百，即將開倉。今日勉强晴，尚未可恃也。歸，唐鵬達來見，云開學未定期，新班更未定，各百四十人，合三百之數。達卿來，邀述卿抹牌，等案發。發後壹號人均挑取，譚次仲第一。

廿九（29 日）

往凱臣處作吊。見張小圃，不晤。韓方伯見面，云聞名已久，談學務，是守舊一派，不以此間辦法爲然，欲緩停科舉。歸作書致張，託兩植及李又玶事，看看何如。弁卿出場，不得意，題爲"犧象不出門解"、"裴頠論"，皆不曉出處，恐又不可恃矣。錄三昏。下午紹廉、達卿來抹牌，等案發。發又無名，惜哉！堯衢來辭行，云月初即行，吃飯均不到，託以吉兒事，滿口應允，且託帶東西。

八　月

初一（30 日）

錄五昏。下午往青石磧買物，送堯衢下程。問弁卿，未到楊宅。將雨，遂歸，俄而傾盆。楊下鄉看禾，云泉窩、盛灣均有蟲傷，現已收割，今年只能八九折矣。陳爲勖來，送文五篇，云將歸科試，又欲入大學堂，俟停科舉明文再商。雨老須節後到城，彼處未接關，看彼節下如何。汪兆煦入學。

初二（31日）

　　楊冕來辭，往瀏陽教習。伊今年入場，竟不挑。周遠鵬亦不挑，盛可第亦學生而進第一，無憑如此。堯衢下程一物不收。吉兒、金女來信，云達三父子初三起程，初七八不耽擱即可到湘矣。傅宅嫁女，趕送添箱，只收一對燈。録《歷史》四牉。棣威來，云辦驗看須銀元，以十金。

初三（9月1日）

　　録四牉。任雨田之子號月卿來回拜，云欲借小輪，現催民船百二十竿，拖船到漢須百廿元，欲找礦務船，廖孫荄云已歸善後，伊找子期甚好。又以釐局乾修去年已停，今欲領款，另立一摺，託向幼梅説。此事本無理，姑漫應之。李芸生薦胡倉庚自代，謬謂是我處，可託我薦教習，近胡知皆不然，已去，人皆以木子爲荒唐，悔將名條交胡粤生，以致弇卿爲所誤也。棣威來，邀弇卿抹牌，同往觀劇。

初四（2日）

　　富孫壯熱，李少庚藥不效，請壽熙來。作詩四首送堯衢。任月卿又來久談，交一名條。飯後出門，到幼梅處，面交幼梅，亦不謂然。金仍珠初八交卸，釐局將歸彼專政矣。午帥十六出京，使五國。鐵寶臣入樞府，科舉恐氣數盡矣。往余、孔、汪、譚、李處，皆不晤。師範開學，到已行禮。房屋尚未修好，只添小學生。高等今日考，三千人，報名時面問經史，此法甚善。許奎元云尚未搬，開學須俟九月。飲畢歸。洋教習云彼處宴會或作詩，或演説，今將屋中星圖，略説地震、海嘯一遍。彼中好學，此間所不逮也。歸録二條。

初五（3日）

　　詞伯來，云中學堂明日上學，務必應允。答以一星期二小時，須分二班，免致要二次講義，云一時恐難分班，以二小時爲定可也，約十二點鐘到，即送關來。許子順來，云天妃宮已卅竿説妥，明日約以請邑侯於天心閣，要我到，又請盡義務講歷史，力辭之。富、發二孫皆病，擬自請鹿泉，又以寄東西交堯衢，須寫信往江西，乃致吉兒、金女各一函，封洋六元，折坐欄、摇窩，共衣、帽總裝一滑箱，送余處。鏡青來，云鐵路有摩根出阻撓，即所謂鐵路大王者。彼出，事將壞矣。雨老新得佳人，故久不來。

初六（4日）

致書賀雨田，並復月卿。樹藩有信來，更庖人，着馮一去，云説定過節後，廿二接事，碗歸學堂，只要米、肉，南貨店起摺即可矣。羅綏生至，大約探我口氣辭否，云尚未搬，俟考後。昨考亦止一千一百餘人，題問湖南學派及中等升高等以何科舉爲重，尚切合。録一啎餘，遂往拜客，皆不晤。到鹿泉處，云柴胡尚早，幸有粉葛、桂枝，否恐成瘧。伊欲子來附課，今晚想必可來。到中學堂，以二王名條交太尊，云須缺出，上學仍行拜跪，教員有黄黄山名駿，住吉慶街。勉南、仰喬皆不到。初八開講，要録講義。初九天心閣公請邑侯，汪、郭、俞、許、王並予六人，云聞之支學使，仍三科遞減，有明文。鹿泉來，云富孫是積滯，不宜凉，宜用甘温。

初七（5日）

録講義，一道送中路師範，二道送中學堂。昨見彼處有空房，將與峒伯言移入居，以達三來須讓之也。録《引經考》來，校一過。連孟翔來，其子鼎垚號秩三，將往沅江，其姪入學。問鹿泉，云明日將來問高等學堂事，方改用帶補。富孫晚又吵鬧，譫語，起視之，少止。

初八（6日）

録一條。覆校《引經考》一過。爲幹庭改一篇、承伯二篇。幹庭書來，云停科已有明文，非入學堂及出洋游學者無出身。使人問之,旋來,云即從丙午正科起,科、歲試並停,不知今年考完否。護院改署理,移入署,則張將不來。有李到兩廣、張到粵西之語。金仍珠今日去,歸陳獨辦。王世卿未開缺,統捐章程已出,裁五十餘處,羌卡在內。着人往借看。請鹿泉,允來。醉六已出學堂,辭不來。富孫覺少愈。秩華來,云明日只四人,則分子甚重;用羽失錢十六串不應入賬,俟來問之。幹庭來單子,北卡、羌卡、象鼻俱在裁撤之內,奈何?劉楚雄來,云明晚入場,南嶽宮有熟處,乃兄孝高等遞名條。鹿泉四鼓來,云有考高等者而忘其名,約今早送來。所開方甚清淡,言必效。

初九(7日)

一早到中學堂,開講。言欲入住,酮伯並未開戶,豈猶臥未起耶?久未講而連二小時,頗覺爲難。還到天心閣,邑侯與汪、俞已到。張汀州人,與江西近,是進士,已補衡陽,頗通時事,言本初權力更甚合肥,鐵、徐皆其門下,南洋亦聽指揮,有節制七省語,次帥亦與之合,午帥頗悔此出。英瑞節後將到,必署方伯,十九護院入署,張此刻尚不來。又有開女學之文,有云御史聯名奏數人,交香帥查辦,不知搞否。請集都總於十八日。秩華在閱卷列,忘帶名條,歸以名條寄之,並復幹庭。雨植來,告以發案須十日。伊又考高等也。復校《引經考》。富孫稍愈,甚欣幸。

初十(8日)

到師範,講二小時。忘記此次講義師範已講過,幸猶能猝辦改説耳。聞郭酮伯以修中學地基與席元生爭,實則中學三萬金,銅元不獲利,未必能指撥,鐵路有變即辦,亦未必復開銅元,似不必爲雞鵲也。歸而述貞親家與用羽來。用羽云已與俞説,節後將往廣西。晚間承伯、幹庭請看戲、小酌。彼云在此設席須火錢,約六百文。今日報又載明文,仍留學臺,考課學堂,則學使、學官仍可延殘喘。

十一（9日）

早到師範，講一小時。因一學生記過，反噬要挾，甚矣監督之難爲也。聞侯官又遣朱某來請教員，有吉來、伯興，皆不欲往。復初函已交樹藩矣。十六日又須宣講，將義編出，録出一道。弁卿來抹牌。接漢口電，芰舲坐湘潭船來，屬借賈祠住，致陶河接。小泉云陶六回安化。予同兄弟到聚南珍，歸始見之。靜妹生一女。晴川丈來城，爲子緻事。

十二（10日）

飯後到賈祠。因設商務局，人皆占滿，並將尋秋艸堂間作房子，樓上亦有人住，王心田又未到，無從設法。到仁壽宮，向敖迪泉説，可通融暫住數日，亦只一小房，甚濕、黑，客廳内一間太小，且再商。恨蝸居僻陋，不足下高賢之榻耳。着人問湘潭船，十四下午方到，大約今日始開。堯衢信來，明日准行，謝予送詩，寄來湖北留別諸作，提及吉兒事，而託帶一層未道及。回信詳説，使勿忘記，下午再往送行。連秩三來辭行。録成講義三篇。艾刻工送所改字來，付洋八元。下午到汪、余、顧，皆不晤。見小泉，云陶六丈月初將回，十四往接芰舲。回到席祠，赴邑侯席。仲叔大發議論，大約爲達材靠不住耳。見電報，初九正約畫押，此後鐵路已定。聞美約亦有優待華工之語，從此民氣大張，必將事事干預矣。以新秀才爲海底符，大可笑。余介卿言黃仁宣許爲設法，問能書否。

十三（11日）

承伯、逢吉親送脩來。以黃頗能書告承伯，屬歸告乃翁。云將入譯學館，找楊篤生。逢吉送十元，亦將入大學堂，大約以後如黃鶴矣。録三臿餘，粗畢，須校一過。寫賀對、挽聯送兩譚。陳送脩並節禮六色，以四色轉送易，改方，云晚間或可來。達壻下午到，云乃翁到陶家，問吉兒、金女均好，已照相片，金女略胖。

我家偪仄，今有客到，我亦無坐處矣。

十四（12日）

　　芰舲親家到，屬致堯衢書，云彼必升藩，特恐調鄂，宜趁其在江藩任內早謀之，達三託我照顧，已將游嶽，邀同往，更有熊某同去。予未知得暇否。下午到天心閣，始知爲中路師範與西、南爭歇事。小圃專袒兩馬，一而再，宜人不悅，而郭請銅元一項亦足以貽口實。議以仍從趙辦，不請銅元，甚是，特王、張、汪、孔皆未到，恐餘人權力不足耳。到者卅餘人。歸已將晚。爲幹庭改日記。胡貴不辭而去，達三追捕，伊盜書帖甚多，送局，撻之二百。富孫又病，鹿泉細加診視，云是傷食，無礙，略加疏導看如何。

十五（13日）

　　擬致堯衢函。吉兒信亦知十六始行，大約明日開船，寄六十元，當是路費。富孫病，二媳不欲去，今年恐不能行，慶生須入學堂，當詳告之。碩人云石泉已補半年官費，十月歸，可不再致信矣。到芰舲處回拜。到高等過節。道興、介人甚得意，云有“快來救命”之匿名帖，以廢科舉，將聚衆抗糧，大可笑。歸而雨植、楚雄至。據禾生云高等卷須覆閱再發，未知何如，楚雄未知挑否。留二人過節。

十六（14日）

　　致書吉兒，將堯衢書封入，使自投，告以江西行未定。富孫初愈，以方求易改，云將來。約計今年已用錢乙千串，不節之嗟，奈何？抽空爲幹庭批日記，無坐處，大不便也。秋燥，甚熱。

十七（15日）

　　早到師範，講二小時。楊泥工託薦事，陳云須問許。許至，云此間事已有人，中學堂亦將歸彼脩，如脩當可用，或以楊任此處之事，而更人往中學亦可。小學堂正在動工，修未經年而牆已走，官脩多弊，不如許多矣。歸而客多來，夏來尤早。連日紛擾，夜唱影戲至三鼓。鹿泉至，彼脈理甚細，亦頗有據。聞老十病久，何不延之？夜大風，有寒意。

十八（16日）

早到師範，一小時。歸，擬出而遲久不妥，遂不出，批日記畢。見富孫人漸好，甚慰。

十九（17日）

出拜潘、俞、張、王，不晤。到譚作吊，亦無多人。見芰舲，云下午到我處竹談。邀棣威，不在家。邀述貞，允來。汪受明早來電報，譯云“代樂安翼亭速來”，乃弟亦不解所謂，告知述貞。到孟來處，談用羽事。到黄溪處，云初七開吊，荔仙已歸。談及仲元須入學堂當教員，則二孫可附學矣。周六湘喪妻，往吊。問唐十病，知鹿泉來，方與富孫略同。歸叫菜，等夏、汪至，談及受明，始知是代理樂安。伯平升皖臬，袁海觀升蘇臬，潘少泉發軍臺，升沈無定如此。高等明日覆試，請早陪官。師範時刻又改。

二十（18日）

早到高等，取三百人。張來點名，談李、黃事，云李已補，黃不甚記，再交一名條。張云警察考在九月底，武備考由俞壽丞，二處尚可圖也。龐、韓、朱至。龐各處看一轉即去。三公留飯，作陪。張云日本萬人鬧至議院，打報館，不肯和，議尚未成。秉三赴遼，仍出洋。沿海七省海嘯，死者萬計，上海馬路皆浸水。有外國戲將到。席散已午。過織機巷，十四明日行。歸見吉兒書，云樂缺不佳，家眷不去，然則要十四看家耳。

廿一（19日）

錄講義送師範，又改鐘點，星期第四、五日皆三次，講堂十點鐘，可早飯去矣。又發印字送各處，屬列衙，廿三面告之。午後芰舲來抹牌。調伯來，云後日將下鄉脩墳，講堂後有空房可入住。師範事當可爭轉，中學堂即在師範之側，但俟領欵即當興造，交許景山監修。新臬大抵署藩，長弓已辭，香帥仍留。聞學生公逐長弓。彼待學生可謂厚矣，乃以洋務責之，何不識好歹至此？

廿二（20日）

致書王、張二公，爲壽兒謀事，亦不得已之計也。飯後到承伯處催問仁宣。到璞老處、陳十處。陳云仍須引見，家眷先歸，缺不優，未盡得意。其子皆在署，將歸矣。到保康買馬褂，送芝老帳。到府正街，老十略有轉機。同弁卿到易處，云明日必到，將往進香。到中學堂，郭外出，看房屋可住。到芰舲處，云初五乃姊生日，過此乃可游山，選嬌數人，不知爲誰也。竹談先勝後敗，晚歸。鹿泉來已四鼓。

廿三（21日）

師範又改鐘點，三日一時，四日二時，昨已過時，今趕十點前往。陳、廖皆出。講二小時歸。閱報，科舉之廢，香帥與袁首列，而朽人猶云張爭復科舉，可笑。第一條尊經學，不謬，未知能實行否。楊汝康同午帥出洋，澗哉！歸爲幹庭改文一藝。覆彭栗樵、張季卿、黃正卿三函。龔瓊山來，以龔鑑三求取鄉學師範，云廿五、廿七考。龔立誠來，已取師範，求覆取入。天妃閣請不來，催不往。

廿四（22日）

爲龔立誠致書樹藩，聞明日覆校，復書仍不知何人復閱，猶有李嘉度、楊俊等託我，恐無益也。飯後到幼梅處，云新臬署藩，長弓欲辭，而内之長弓電留之。護院在此，局不改章，今年可以無慮。幹庭擬明春入都。閱報，言生員出身廣，優仍拔，以三科爲止，學使保舉人才，凡有一長，可賞舉人、進士，亦不過寵絡人才之計而已。楊家巷見芰舲，邀抹牌、聽戲。迪樓以知縣用，覃盛鳴辦學堂爲人控告，黃策生副都統矣。報列次帥行程甚詳，地方自治由東三省辦起。

廿五（23日）

發行李到中學堂。爲逢吉改文。到府中街，問文卿病漸愈，而信巫，禁生人。鹿泉方用附子，移山參，何轉手之速？歸午飯。達、弁下午至，亦云文卿有轉機，祝叚大約即在本宅。

廿六（24日）

青石礄買物。到楊家巷，約芰舲聽戲，使人定坐。到中學，問明明日聖誕放假，不到。觀書一時，仍歸。下午往茶園，晚歸。是日府學傳人，到一轉。雨老至，允爭中路師範利權。長沙册費開單有千餘租提作師範之用，秩華抄單，擬照辦。劉穀生云定臺只辦祭祀，年領伍拾金，歲修歸官，今裁歸藩，而英方伯新到，初一祭祀約同往，將底子清出共議。雨老云鐵路開辦須明春，名條收到。歸見葵園信，亦云條交雨老，一時未必能辦。

廿七（25日）

早到高等攝祭。拜方伯、施太守，不晤。到學宮，鄉紳以善邑册費與長不同，長出余、李二家，善多鄉人所出，提欵不能歸城中專用，擬會議。飲福酒畢，到芰舲處，小泉考未歸，未刻始來，抹牌至夜。芰舲云定臺無租，賈祠有租，不知志書能找出否。是日大熱。

廿八（26日）

北風起。彭中星來，云仍是求送武備，速成歸監督送較妥，擬與黃宗度並請樹藩送，俞不回拜，未便致函。到中學堂，作序，未完。到府中街，問文卿病又反復，壯熱，譫語，恐受寒。陸仙已歸而不得見，屬暫停藥再看。歸見陸仙，屬歸細診，如有表，宜略散。彼意在求調，而附骨疽尚在，奈何？陶華封同年來拜，住東牌樓興隆棧，部選慈利縣，即江西某以生女去官者。吉人來廿日信，以富孫爲慮，彼已愈，想信已到矣。中學以習運動停課，函問樹藩明日到學堂否，復云初七始開講，送武備俟再商，恐學生不以送堂外人爲然。

廿九（27日）

到汪宅，祥女氣疾又發。到夏處，云今日與月卿訂盟，約明日早往抹牌陪月卿。到中學，將序續成。致賀伯平一函。《歷史》增入二處。聞文卿少愈，陸仙亦不見面，乃不往而歸。覓《定王臺志》，找得。今日邑侯考學生，歐某往考，衆元以不留胡使彼失信，大發牢騷，亦無怪其然，亦隆姪等無緣之故。胡倉庚德瑩來函道謝，恨無以位置之。黃君甫來函，即雨植所爲，面書"緘"字作"鍼"，可駭。問武備事，以樹藩所云答之。吉人來十九一函，尚未知富孫病，故二十打電，想早得予函矣。定王臺來傳初一辰刻，當一往。《志》已找出，無租，惟八百金付典生息，又五十金爲祭費耳。明日當告芰舲，看如何説，以便回復二劉，據云歲修即在五十金中，則亦無可言矣。

三十（28日）

再付雨植一函，以原函坿寄。迪魯來拜，云須扣留二年，否則須五百餘金，伊不能辦，仍歸教官選，教官不裁，但出缺不補耳。聞廷議官制當改，服制未聞，大學堂辦法亦未盡善，午帥廿六出京。旋見報，云載澤、紹英廿六上火車，將開，忽聞轟振，炸藥猝發，二人皆受微傷，車中炸死一人，似即放炸彈者，奉旨嚴辦，不知此輩是何舉動。東洋留學生附和鬧事三人爲彼殺。傳有電來，云中國不助日本廢約，即全班退學，亦不知此事所終矣。芰舲與陳月卿換帖，今日請陪。往，至夜歸。約明日到我處竹談、便飯，往聽戲。

九 月

初一（29 日）

早到定王臺祭祀，以《志》呈諸公商之，云八百息歉歲發八十金，由衙門扣去七八金，然此小事，不便公呈，其説亦是，惟豬、羊、酒席何須五十金？據前章歲修在内，亦不知是教官或紳士主政，不便問也。午帥有電來，言澤、紹傷，而彼與戴、徐無恙，仍折回京。此番爲立憲計，似彩頭不好。八股家恨午帥，亦可笑矣。歸而芰舲已來，竹談至夜。

初二（30 日）

爲衆元閲詩，有才思而風格未老，年爲之也。介卿弟今日禫服，往，見文卿病漸愈而甚瘦。如此風雨，鹿泉不知何時能回。富孫腹脹未消，亦望天晴彼早來也。運會必當改期，問道興要票，未回報。夜甚寒。

初三（10 月 1 日）

達三生日，邀述卿、陸仙來竹談。閲報，日、俄鐵路由長春之寬城子分界。據圖，大約黑龍江及近吉林地界歸俄，以南歸日，韓國全由日，而俄無大權。日之君臣蓋知其力止於此，歐洲各國亦妒日而不思想其過强。在下者未知耳，中國人何爲助之？彼如逐客，亦未始不善，特恐其回國又生事耳。

初四（2 日）

運動會以天雨改期，中學堂仍上課，早往，講二小時。遂往龍宅陪吊，官府皆到，英方伯亦老矣。張邑侯云考生有五百餘，擬多取，明後日發。迪魯言留學生據彼弟、姪言，無助日本事。吉來以爲革命黨不欲立憲，故有此暴動，或亦然乎？

初五（3 日）

錄出序文。飯後與達三到秉郇處，即付之。到九安丈處，不晤。到芷青處道喜。芰舲已先到，留竹談，夜歸。

初六（4 日）

早到龍宅，伊請榜眼寫主。經詒接子訓片，云致意我莫辭。我於脩身因善學堂事有慊於心，決計不允，非止省心力，亦省是非。未刻歸。述卿以北班只三日即行，邀同達三往觀。頃在龍宅見艮山，云但換本家，可以挽回。不知伊自己能開園子否，與彼交疏，未便深言。

初七（5 日）

以辦路費①，未往龍宅送葬。午後始過南門，送者學生百餘人，手執白氈，或是東洋之俗，人以爲洋人出葬，尤可笑也。作書致吉兒，告以衆元之事。富孫愈而慶孫又病，壽人已歸，不知鹿泉歸否。小鶴來信，廿五到局。聞諸人尚有不甘之語，恐對調所不免。各學堂取票，只得高等二帋。既欲開風氣，又恐人去看，不知其意云何。約芰舲往觀劇。

初八（6 日）

早與達三往觀運動，天大熱。遇經詒，送到官廳，余子昭讓坐，二人皆陪待員也。看三次，既不能遠眺，亦無意味，遂歸。過學宮，汪鏡青到，聞查欵項，佃錢八百餘串，租九十餘石。歸而陸仙等來，午飯後到戲園。遇荇雲，云今日所議無成，黃老太爺以加糧八錢爲子餘爭轉，鄉下人欲並提八錢之欵，學宮人辭以未經管。二俞未到，伯卿與九安丈云姑置之。聞長沙亦有爭端，舊黨舉嚴秬香辦師範，新黨舉陸詠儀，故不合。

---

① "費"，疑當作"祭"。

初九（7 日）

約熊、夏同到天心閣登高，游人頗多，乃歸。聞昨日大笑話，有先出題私與學生者，有擠退他學生以護其學生者。古月聲名大損，洋人亦有宜公允之言，不爲外國人所哂乎？下午到九安丈處陪李子期，備聞老成説。

初十（8 日）

鄧幼彌欲刻詩，索序，勉爲之。芟舲約竹談，往彼，則二美皆成議，約八百金送鄭陶齋，未免入坑，不若我家粗婢嫁村夫，今日來迎之爲愈矣。幹臣送予百番，報效師門可謂情重。

十一（9 日）

早到中學，講畢，編寫講義二道。到府正街，以芟舲將行，約五、七弟買物送之。彼留吃飯，已檢場矣。飯後同買磁、竹器，遂同歸家。約述卿竹談至夜。

十二（10 日）

録出序文。君華來，請爲黃錫光之母作壽文，現住學院街，又從龔固學東文。彝仲家書云刺客是出孫文，徐欲行，澤以傷求緩行。芟舲請往照相。照畢，以家祭，馳歸。是日大王父生辰。沈文卿來，尚欲往九江、安慶。劉、萬二人來，十都人。萬係都總，瀏陽籍，今考取，有攻擊之者。聞覆試又有衝突，許子不量力也。高等開學，明日須往，三、四點鐘太晚，須使改期。

十三（11 日）

到師範，一小時歸。下午到府正街，已檢場。到寶新換錢，不成。到鹿泉處，請晚來。熊、鄧、鄒、陶皆不晤。中學堂録講義二道，歸。承伯晚來，言薦黃子善往郴州宜興局聶少華處已成，伊家廿日外取弟婦，來月將與乃兄北上。

十四（12 日）

早到師範，二小時歸。午刻到嶽麓，見學堂規模宏敞，願入居之。六時係二點鐘,到已晚,屬改期五、六日。善餘已到上海,欲護院電午帥使其促來。歸到府正街,客甚少。

十五（13日）

晴川丈來,言子綏事再辦過,屬爲關説,恐未必行。吉逢亦虧二萬金。見報,李開缺,林補授,岑春蓂調黔撫,龐護院今日改署理。聞人未升藩,尚無明文。棠元允往江西,即下關定局。芰舲來,交洋六十元爲達三零用,恐不彀。與達三到府正街。歸祀曾祖。

十六（14日）

以送眷計定,告知吉兒。芰舲云彼處有房子可租,恐十二金吃不起。致書劍丞道謝。將書與物並交芰舲。汪子玉來,小鶴有書,託查學堂事。覆小鶴一函。高等改期第五日十時至十一時,廿二當如期往,廿九又對期矣。小學堂云九時議事,天妃閣請明日申刻,想係開學。陳逢吉來,以文五篇付之。伊今年不去,云東洋學生死四人,多病回。徐世昌補警部尚書,未知出洋否,報無明文。聶翁開缺,湘無督撫,而栗樵亦失所恃,奈何？

十七（15日）

爲黃母作壽文一篇。付棠元四十金,想無反悔,川貲尚須百元。午刻到小學堂,秩華以學生攻其不住學堂告辭,可謂從自及矣。定豫算表,與縣分別,並以示眾,自是正辦。竊賊尚無主名。子順約下午准到。歸見芰舲字,約牌局,辭之。下午到天妃宮。有湖北李蓮舫者,欲以其人附天妃宮學堂,共五十人在此寄宿,此事似非其宜。予仍辭不講脩身,必欲講,只可隨意一到。夜大雨,有寒意。喉痛,聲嘶。

十八（16日）

早到中學堂,又晏式刻,以後六點即須起矣。兩班併作一班。講畢,作講義一道,録四道。學堂新添樂歌教員龔某,留作陪。樂歌止數月畢業,洋琴歌唱想無深旨。晤徐滋軒,由大學堂回，即前傳言來找教員者。彼自以妻喪歸，非專爲此也，明日仍北上。張燮鈞將與梁節庵同爲文部侍郎，尚書即張、榮也。傳聞小圃將爲譯書局總辦，現在爲黃仲弢，或更調他處乎？飯後到府正街，爲三叔父忌日，祭後即坐車回。獻廷書又來，爲李華求補官費，即李嚴翼也。

十九（17 日）

以聲嘶，未往城隍廟。致袁清舫一函。午後到芰舲處，尚未飯，乃往鹿泉處診視，並請晚來。仍到楊家巷，遇雨，坐車，雖顛簸，猶遠勝京城也。抹牌，夜歸。寄清舫書、劍丞書物並交芰舲。

二十（18 日）

送芰舲菌油、醬油、酒、磁、竹器。到師範，車馬盈門，問之，爲覆試補考者。講一小時，殊勉強。閱報，論放炸人，作十説，以孫黨爲近理，已捕獲賈志詳等五人解京。次日報復云是錯誤，有已革道員在内，有數人已開釋，是趙秉鈞所爲。此人如此冒昧，豈可重任？

廿一（19 日）

早到師範。樹藩云昨大憲來談及歉目事，鹽道語頗公允，方伯和之，中丞以小圃之言爲疑，彼力駁之，看稟帖如何批。鹿樵言彼縣紳把持情形與我邑相同，火食已派管廚，頗袒學生，以廚役爲不是，只好聽之。昨題爲"六經皆古史論"，未必諸生有能作者。陶華封派閱卷。講二小時。歸，大風。到芰舲處送行，留抹牌，夜歸。見師範改二日兩時，四日一時、兩時，講義已説過。

廿二（20 日）

早起，擬到高等，轎夫以風雨不可渡河，遂不能往。以兩次講義交道興，説明廿九又不能往，可改初一否。龍荔仙來，云十月到皖，伯平到亦須十月，皖臬有萬金。有李起榮者來拜，是四川人，新來道臺，住三貴街。報云五大臣秋操後行，徐升警部，有改曾廣詮之說，袁到河間閱操，如防大敵。錄出講義，爲廿五、六日用，共六吊。胡一不任事，呼胡五使之往，更將呼楊六告之。昌和未來，芰舲今日不行，明日再走送。

廿三（21 日）

寫封條四十餘吊。飯後到芰舲處，云船已到，行李已下船，還等昌和，一禮拜來不及，二禮拜在初七八，想可行，近水漲一丈，日内不至涸也。下午擬到介卿處，不送上船，即此告別。到幼梅處，已出，將達三名條付幹庭。歸見逸老來函，稱予所著書，而以中用"特色"、"膨脹"爲嫌，何所見之拘乎？

廿四（22 日）

子順與廖爕勛來，云師範廿六開學，仍挽予説脩身，予仍辭之。劉同年世嵩來，云住馬家巷。富湘公以靖州教二次俸滿驗看來省，告以蔣世兄事，彼同縣，更應爲力也。汪子玉來，云高等尚未補考。雨植、楚雄來。閱報，高等監督陳則蓬，豈即善餘耶？又東渡，何也？幹庭昨云任、俞、張松雨、黃、文、涂、但、沈八觀詧爲黃昌年所劾，交香帥查，不知何如。小嵐昨云人未有升藩信，亦未知確否也。覆校《經學歷史》。

廿五（23 日）

早到中學，講一時，考驗一次。閱卷畢，增《歷史》一條。歸，回黃邛生看，云將出洋，似可不去，到府正街，已檢場。到鹿泉處改方，云肺氣虛，由講説多，以後宜戒。歸見吉兒書，前洋信尚未收到。

廿六（24 日）

師範考驗二班。歸閱卷畢。鄉學師範開學，往一轉，力辭講說。迪魯云有某某因勉强講致嗽，今病重，尤當切戒者也。予亦微嗽，聞之不覺悚然。

廿七（25 日）

致吉兒一函。陳鑑洲來，久談。曹希周復邀陳大來，仍以允減少、不能定數告之。府正街促往，至則未也。到馬家巷回劉仲廉看，見有戴某卿者，徽人，丁酉拔貢，爲河局會辦。總辦又改陳國仲少卿，住伍家井，前在桂陽州與我爲賓主者。

廿八（26 日）

雨。往師範試驗，歸閲卷，尚有邪説，不得不正告之。録講義二次。聞午帥有江督信，不知確否。香帥鐵路大臣無明文。聞龐電政府派香帥，野老止之，以有人謀此席，並謀張、席之席者。中人爭利權如此，恐易他人更辦不通。有刺客索午帥，適值其到頤和園，幸而免。晚到府正街。

廿九（27 日）

早到府正街拜壽，代東知客，奔走勞而又餓，幸客不多。晚集分唱晚臺。聞北班又開臺，且視前爲勝也。歸三鼓，甚困。見幹庭信，條已交況，有警務缺即委。

十　月

初一（28 日）

晴。爲幹庭改文一篇。録講義二篇，試驗卷送師範。報云派尚其亨、李盛鐸會同載澤、戴鴻慈、端方出洋考察政治。尚不知何人，其姓名頗似尚享。聞福建人議事，以日人請以福建易東三省，如此則分裂至矣，未見報，或不確。是日先祖忌日，計將四十年矣。此四十年中，家國之變皆不堪問，不知以後何如。衆元已來。

初二（29 日）

又雨。出門拜客。陶華封不晤，彼署沅江，小鶴事當託之，

並薦楊五。拜張，不晤。晤首府，爲達三及王炳章遞名條。晤李
光輔，癸酉拔貢同年，其姪丁酉，與吉兒同年。李作教官多年，香
帥門生，湖北停分發，改此。晤黄溪，云荔仙下鄉。晤述貞親家，
賀生女。晤陳鑑州。晤陳少卿，云已辭省河局，改委楊瀚。到幹
庭處，爲達三求十四局陳月卿事。到席祠，雨老來，見垫翁復電，
云閩歸日無其事，聞學生甚鬧，屬太尊出示或登報。張、席、葉後
日赴鄂。葉云運動香帥刻書，香帥借英欵，英必護之，不能易他
人。王現擬先修西國地志，再作史，屬刊《經學歷史》，以爲別開
生面。以後公局須備加官、封賞號。

初三（30 日）

到中學，講二小時，録講義並壽文。詞伯來，云彼等已擬會
議，告以復電無事，曉告諸生。午後到府正街。遂到學務處一
轉，見戚、姜、王，以爲閩事應登報。復到府正街觀劇。腹痛、瀉，
早歸。吉兒來信，現料理房屋、木器。又來電云"眷緩行，羅升
接"，昨接夏電"承吉勿回"，大約不欲達三送也。幹庭來函並況
函，以爲達三事可照辦。是夜起二次。

初四（31 日）

强起，到師範，講二小時。樹藩云閩電係林某所爲，意以國
民主義爲是，然學生未必具國民資格也。歸見孟萊，云武備事未
了，學生欲將俞壽丞攻去，猶以運動會未能覺察舞弊之故。官派
如此，無怪詞伯將出洋，祖安不任事。此由學務處祖學生所致，
運會亦何必如此急急也？俞爲學生攻其不住堂，皆所謂請公入
甕者。馮一又決裂，恐有下文，後日到講堂再詢消息也。到府
正街。

初五（11 月 1 日）

到中學，見詞伯，以經學書贈之，云將出洋。見林子超電，百
餘字。聞學生已電政府，各省何冒昧也？今日又有會，已解散。

復校《經學歷史》一過，稍加注。又到府正街。晚歸，見高等鐘點加至五小時，五、六二日均須往，俟初七去再説。

初六（2 日）

師範講一小時。閱報，言日不索賠歉，並割樺島之半，所以國民不服，而小村歸，仍爲日王勞勉，其中必有隱情。日死傷十七萬人，俄死傷四十餘萬人，戰禍可畏。京師排滿風潮甚重，可不戒哉！栗樵得甬差甚優，作書致賀，云欲使壽兒前往，看彼如何回答。下午到戲園，頗改良，看者甚多。小鶴夜得子。

初七（3 日）

早起，冒風過河，渡船甚笨，木牌又多，至中流風長浪大，將轎上玻璃打壞，只得仍回。配玻璃去錢千零。下午仍往戲園，陸仙作東。歸，達三委札已下，是十三局火公殿後，彈班所聚，把握猶不易。

初八（4 日）

風不息，仍不能渡河，着人送講義往高等，則人皆去矣。道興來，予已外出，不晤。陶華封來，云缺苦，恐人不願，問前任三十七人，往後只有六人矣。小鶴事已託之。録講義二道。往史家巷，栗樵是辦洋廣，非洋關，云前有四五萬元，今約得半，已接事矣。昨仁壽宮見敖迪泉，云聞吉兒有署豐城信。俊卿來，亦云聞之余家。伊未必能得此優缺，果然，何不見電報？羅升尚不到，亦不可解。到鹿泉處，云肺、胃頗傷耗，宜少講。如吉兒得優缺，將如白懷辭衙門矣。是日岳丈冥壽百歲，回到史家巷拜奠，飲酒歸。

初九（5 日）

録講義一道，做一道。劉楚雄來，訟事仍未了，屬查明再説。君華來，以壽文付之。聞勉南亦爲學生所排，行及我矣。馮一云師範每日斫辦者數人，有母泣勸不聽。聞有某撫電責署公縱學生、信謡言，不知確否。着人以講義送嶽麓，道輿云每次須二篇講義，不知講義亦非易也。達三已入局，在三王街。觀劇還，到局略坐，同事黄伯生尚樸實。

初十（6日）

萬壽假期。録講義。到謝家拜壽，下午往吃飯。羅升到，得吉兒信，枲臺傳見，問州判可代署否，答以出自憲恩。此豐城之説所自來，而江西未聞，但望人未肯爲力耳。

十一（7日）

到師範，講二小時。曾、馮將來。葵園與爵帥書見過。見馬貞榆《左傳講義》，此人乃蘭圃弟子，且迎香帥意爲之，但知阿杜，並非《左氏》之意，謂章帝立《左氏》博士，殊無據，且立學、不立，何足爲榮辱乎？師範已動大工，許九監場，言鄉下積穀事已不干與。陳復心云來，不知住何處，俟問明。歸促家人治裝，致吉兒函五㐌。岳凡來信，云陳善如已來，託求加脩，予亦欲見善如也。問昌和十二點鐘到，四點鐘開。諸孫遠行，不能無離別之感。予以肺虛難講，且學生不服教，明年擬辭講席，將來必到江西，見面尚易，已函告吉兒知之，但望彼能得優缺耳。

十二（8日）

早起，促人治裝。飯後到師範，鐘點改十一，而十一點仍不上講堂，遂歸。樹藩云附設小學又有風潮。向某寧鄉人，考二百人而寧人取六十人，又誤開五人缺，以致學生鼓噪。予以爲現在辦學務者多無賴，以致學生藉口，嘩逐監督，習以爲常，由不擇人之過也。歸聞昌和已到。孟萊來送，亦云善餘來，未到學務處。午後吃飯，送上船。羅升以老成名，此番辦理不善，先不定房艙，以致人占去，只有火倉，又二家人先來占住，大小五人，合予家十三人，熱不可當，恐小孩受熱。以後此等事當以爲戒，不可大意。天晚，坐車歸。述卿來，云敬基被收。陳設求信。

十三（9 日）

天明聞輪船放氣，已行矣。陳設以入武備，求一函交壽丞。陳亦謂壽丞無能開排。達三前云有公文捉鍾凱，係當日鬧事者。閱報，有因炸彈事幽上之語，未知何來，《日報》、《時報》皆載之。江西張飛鴻請開戲園於百花洲，人未公痛駁之，殺風景矣。是日祖母忌日。録講義三呇。陳善餘來，與談圖書館事可以小辦，如可位置，我當盡力，嶽麓明年必辭，以《經學歷史》付之。

十四（10 日）

早到嶽麓，講一小時。閱《南方報》，頗可觀。午飯後又講二小時，而無講義，隨意敷衍。善餘未到。明日當再往講，擬便游山。閱《南方報》，頗可觀，現已不看《日報》，專看此及《呇報》、《長沙報》。報言幽上不塙，又言建儲在溥倫、載振二人；恐亦未塙。云湖南鐵路籌欵甚易，湖南統捐奏請不行。俄内亂日甚，罷市阻電，俄王豫備出走丹麥，爲憲法不合人心之故。此番考察憲法，由日本二人到京游説各大臣，謂守東須五十萬人，達之於上，太后問袁，袁詰二人，云日本取奉天只三十萬人，中國守之何用五十萬？雖以此拒外，然亦自危，故請派大臣出考憲法，瞿、張辭，故未派。其言似近理。歸四點鐘。聞達卿喉症甚劇。

十五（11 日）

早到高等，無渡河，仍坐划子。陳、周皆未到。講一小時。飯硬，不可耐。復講一小時。歸，忽南風暴，轉至大西門坐渡船。到定王臺，以靜機被押請客。陳、劉不到，羅、朱、瞿無成議。彭宜輝云即高等督工者，已挂益陽。前聞是江西人，猶可託人説，今云是四川人，與許九先後辦事，必相識。羅十二找許九，看何如。後日到師範，亦可晤許九問明。靜機一徒死，一病，現只求脱身，爲銅元局謀鐵佛寺，今銅元不再要地，不知更需寺産何爲？

佃户反告僧人，亦不知何意也。

十六（12日）

　　劉子才又來書，云訟事仍未了，屬再致沈公，不得已再致一函，並函告子才早息訟，以與楚雄。黃公輔來，已報名考警察。雨植亦來，留飯。南塘來五十石穀，收入倉，其餘要折，問價乙千七百六十合八石三斛數，米貴如此，真不易也。午飯後同往觀劇，歸而黎家坡失火。夜煩燥甚。

十七（13日）

　　早到高等，講二小時。晤詗伯，將行李擔回。到府正街，達卿未起牀，非止喉痛，屬少服涼藥。到學務處，見陳善如，將渡河往嶽麓。王勉南在坐，不能無狐悲之感。問善如《歷史》，云以《東洋史要》增改，屬覓一部。以彭宜輝事託善如，云速具一公函來，當爲轉交。鄉學師範又有風潮，學生夜出，不受約束，自謂通學務者何以處之？到黎家坡慰羅、沈，其屋已售礦務局，萬六千八百金。以彭事告羅，允出名。鄔小亭在坐，問之，云大憲並不知。還到家，復以告述卿，即作函，致善如轉達。是日大風，不知吉兒家眷到否，甚不放心。幸得電，云已到，不知行李到否。承伯來，云擬廿一同乃兄及粟谷青北上。李木齋已出京，想午帥亦出。張、王鐵路有意見，故王使葉爲代表人。二公向來最好，何以又參差？承伯云譯學館亦不好，到京再看。大學堂不善，予亦聞之，或比此間稍安靜耳。

十八（14日）

　　早到師範，講二小時。師範因俞芳塢以補考多舊人，文理不通，擬牌示，稍過。樹藩以小學事未及看，以致岳州人鼓噪，欲分設五監督，樹藩求去。小圃回書尚合，恐不能實行耳。岳州人求去，盡可不留，即公呈亦不可收，補考亦不可准，則無事矣。詠霓在坐，實業亦鬧事。以和尚事問許九，云不行。予早知不合也。

實業工程亦請許辦。上堂，學生缺數人，想皆岳人也。歸，述卿來，以告之，云羅滿不肯賣屋，唐家索杜家賠償。錄講義，未畢。

十九（15 日）

錄講義畢。到師範，講一小時。聞風潮已平，取備取數人了事。盛家灣租向未交納，今送六十石半，僅見之事，而佃户欲如此即了，則未能也。穀八石三斛將來，奈何？送承伯行，不晤。仁和師久未通候，擬作一書。

二十（16 日）

書仁和稟，並寄《集》一部，引袁子才《送尹文端序》云"如其後會難知，誓永立來生之雪"，不覺黯然。師欲重赴瓊林，無怪其護科舉，而竟不行，猶不懸車，何也？吉兒十一來函，未言及彼之事，圍吉仍不告退，人未恐升他省。伯年同李有棻來而不聞，豈未到湘耶？到承伯處，付以書。達卿處問病。

廿一（17 日）

早到高等，講一小時。閱報，云木齋約同四大臣陛辭時請立憲，俄王已允改立憲，國民鼓舞，亂稍平矣。五臣十七出京，上海豫備迎接。香帥爭路權，不欲派袁，亦是，並駁陳學堂出身事而執己見，則非矣。廉州殺美教士，美人牽入抵制，不知如何了結。歸始三點。公甫與衡山黃某求爲考警官道地。汪甸侯來信，有乃東詞二首，無暇和也。幼彌來，云到江西、安徽，以序與之。云詩遺失，欲再寫送。公甫與衡山黃某來，云初一考。

廿二（18 日）

作四詩寄彙元。致吉人書，未成。飯後到高等，已遲。善如早到，略談，共飯。圖書館恐中丞不肯出歎，不能辦。靜機出筆私賣寺產，有契可據，未能開釋。下午講二小時。鼓勇登山，至響鼓嶺，轎不能上，步行至雲麓宮。計不到此三十年矣。下山入城已曛。有平江江學尹耕莘者，挾吳鳳生函來，書辭甚奇，現辭官當岳府教員，尤可怪。以僧事告述卿。

廿三（19日）

作四詩寄芰舲。飯後，以善如云廉訪太夫人廿五生日，學務處有公分，往學務見周鹿湘託之，云此公不受賀，且列名送去再說。到府正街，福姪通身腫，不知何症，予覺腳頓，坐洋車歸。公甫、雨植來，是日高太恭人忌日，留飯。幹庭來，以論付之，邀看戲，以家忌未往。七、九來甚晏，飲畢已將暝矣。述卿猶爲老九捉刀應課，云尚謀開景賢堂。

廿四（20日）

將詩與函寫成。到中學，講二小時，下次試驗。桐伯云今年不出洋，學堂歀已領五千，即興工，徐八先生猶未交地，中路歀事俟長弓歸再議。歸，發信。道興約今四點鐘往議課程，予擬決辭，不欲再去，且人實不舒服，時覺眩，不知何故也。錄講義一道。

廿五（21日）

早到廉訪及黃處拜壽，皆擋駕。遂到師範，講二小時。歸錄講義一道，寫一道。陸仙來，云已與張子成説妥對調；老太太又病，似風虛；約下午觀劇。道興送課程，加至七時，豈以予爲戲耶？復以准來一日。往戲園，今日殊不佳，且脩路難走。

廿六（22日）

到師範一小時。晤許九，薦楊泥工，云且俟中學興工，所繪圖有墳，須遷。昨調伯已及之，有地方云陳竹友買，須退出，師範以移住，又閣一夜矣。歸寫講義二道。下午到陳公館見幼梅，爲陸仙呈對調名條，云五日回信，今日得京電，銅元停鑄，不知本錢百萬何從取償，釐局暫可不改章。達三資格尚未，鐵路事尚無所聞。西元龍宅有售陳伯平之説。晚歸，覺途人甚多，夜夢不安，五心發熱。

廿七(23 日)

函小鶴二厛。飯後到公甫處，云已歸。問三嬬病無礙，福姪腎囊腫，爲楊聾凉藥誤矣。告陸仙五日候信。到鹿泉處立一方，甚奇，試服之。下午弇卿邀觀劇。樾卿勸達三考，甚感。路遇渭齋。

廿八(24 日)

早到高等，講三時。善餘另飯可吃。余子昭云爲衆集矢，不以樹藩演説爲然。羅岳帆已加拾金，感情，將送旁行。歸，達三來，云初一考，官卌餘人取卅人，士三千餘人亦取卅人，難矣哉！吉兒書來，言諸孫無恙，甚慰。彼事未知如何，擬上條陳亦未知見賞否。圍吉書仍疼氣，打聽伊家甚不行，事不諧矣。

廿九(25 日)

李七先生早來，云渭齋爲臬臺催急，限十天，求爲緩頰，又爲會女作伐胡眉壽出繼之子，即彼外孫，住瀏陽門北門外。龍王宮有僧來，云廟係二叔父脩，立碑不允頂換，欲求一條，俟子漁來告之。到高等，講二時。見武威張介侯《集》，經學兼詞章，北學不可多得，而人多不知，葵園似亦不見也。歸，復旬侯書，擬和乃東汪幼安大令詞。南臣來，折穀銀壹百陸拾叄兩八錢，作八石八斗，尚欠弍十乙兩。渠意欲了事，不能也。

三十(26 日)

飯後到幹庭處，云商務局言張小傅升湘撫，龐到廣西，未知確否。周朋壽處不晤。晤李稚翁，言古月事，此子頗重聽，恐亦不諧。報載京電，駐俄胡欽使言俄國大亂，使臣爭避，今安靜矣。衆議七條，言論、宗教一切自由，開議院，俄王用人不合，公會得議之，一一盡畫押。今兩宮命大臣出考政治，各督撫當察民情，認真查考，據實奏聞。如此，則立憲是實事，各疆臣必復以暫緩期限也。

十一月

初一(27日)

早到中等,講一時,試一時。到迪魯處,不晤。晤鄧幼彌,云督銷有李蓺丈之説,不知確否。伊將戒酒,到江作官,恐僕射不如飲酒樂也。壬老將歸作生日。到鹿泉處改方。府正街問福姪未愈,德妹又病。歸閲四十九本。七、九弟來,邀同觀劇,晚歸。卧極不適。

初二(28日)

到師範,講二時。聞有風潮,問樹藩,未畢其説。學生又印公啟,向某如此,何以必容留之? 報載廿九上諭,嚴拿革命排滿之黨,照謀叛辦。此事出,妄人或有儆懼,又恐株連無罪,奈何? 聞寶慶土匪甚猖獗,現調兵去,又有兵敗之説。公甫來,云昨問《周禮》與警務合,尚易;日本警務與泰西不同,知者尟矣。又諭設立考察政治館,延攬通才,悉心研究,則立憲已定,特恐此時程度淺耳。許立憲而禁革命,兩層文字原是一層,似不如並作一層,意更剴切。郭、俞二人請初四未刻假座蔭園,汪、陳、湯、周數人,當是爲提印卷等項。聞張、席歸,以籌欵無定,已爲香帥所斥,將另委人,則利權屬他人矣,不知袁來否。

初三(29日)

寄吉兒一函。師範講一小時。閲報,刺客姓吴名樾,安徽桐城人,已得其黨汪炘,擬擢用之以離其黨,則前所云似湖南人不確矣。《日報》有《駮排滿説》。閲卷已委人,有芷青及吕律甫、王允猷,似在學務處。公甫名篤光,雨植不知是宗度否,武備則名黄彊。録講義三帋。

初四（30日）

　　録講義三道。下午到星甫處。吕律甫移東茅巷，往拜，不晤。到幹庭處，問對調已核准，有公事到局，儘可去，以名條託交吕。到芷青處，見燕謀，云已消差矣。到蔭園，見秩華，云此次考由太尊主政，將來須考政治學堂，未定期。陳、汪、劉、周到，開議。桐伯云須更邀都總説妥，鄉人有稟在學務處，擬批駁，俟批未下，留面子先定議，提出仍歸城辦師範。汪盛稱現辦師範規模好。劉云和尚事已向徐公説，礙於彭，未能允，恐須上控，由上作主，領價事之所無。俞亦不以彭爲然，脩理各處，吃錢多矣。

初五（12月1日）

　　早寫一函，附名條，並《集》一部，送太尊，恐緩不及事也。得謝帖，或可取入，告公甫勿去。陸仙早行。到高等，講二時。現減爲四時矣，而不告我。善後局派王福厚同許景山來勘工。蘇紹文同數洋教習雲南所聘者來參觀，伊向在支應局，住會館中。許云師範昨議到三更，陳、廖已去。學務處欲開除數人，而陳不肯。學生議以祖安至當打，或云伊係奏派，俟其辦得不好再打。監督之不可爲如此。向未去，因陳派二人往干預，而小學生不受，致此風潮。陳太不行，芳塢擬牌，彼改二字而後不認，歸咎於俞，豈丈夫所爲乎？初八達官將張蓋游山，陳善餘擬以房屋未成辭之，似不如勸少帶驕從。

初六（2日）

　　謝俊卿二十歲，往賀。歸而周麓湘來，以退佃屬致張邑侯，其事與尋常送佃不同，以係王家物而王家人干預也。車伯葵來，云中承委圖書館提調，午帥曾交萬金，買東洋圖書去四千，現只准儘六千金開辦，擬將定王臺照洋樓式造爲藏書樓，其下脩理擴充爲閲書所，使屬許九估計工料，先作五千計算，以後每月常歀百金,亦不觳用。善後局借四十萬金於票號而不應,一窮至此,無怪此公不允發欵也。聞午帥已出京矣。學務處批朱樹斌稟極剴切,請鄉人議一節似可省矣。到高等,講一時。紹文云仍要來,不出予所料。歸到謝家,飲至天晚。南屏有客來找我,不知何事。麓湘送節略來。

初七（3日）

將近所作詩詞録槀,昨得詩二首録入。師範生四人來,言學堂事。陳、廖各生意見,欲並留之。予意亦以今年必須終局,現在停課數日矣,後日當可不往。有任剛號佩君來見,桂秋之子,現考高等,大約欲予道地,不知現在甚難。太尊復函,以卷呈帥座爲辭,恐二黃靠不住。雨植初九考武備,又須託壽承矣。致函迪樓,爲李寅事。彼亦有信,爲曹某求景賢堂算學教習,請致葵園,景賢果開辦耶? 吉兒廿七信來,考取一等仍無消息,家人攻圍吉,以爲八面。此事頗難處置,當以原函致吉兒酌之。

初八（4日）

晴。不知諸公張蓋游山已改期否。中學講二小時。詗伯云師範尚未了結,忘問善邑之事,批出矣,當云何? 歸作書致吉兒,未成。陸仙來,云將往羗口。留,邀述卿雀戲。

初九（5日）

師範講期,聞停課,不往。吉兒書成,並致圍吉一函,看彼能醒悟否? 今日陸軍速成招考,中丞自往試驗。爲雨植致壽承一函,爲鹿湘致縣一函。廉泉送栗樵函來,云彼事不佳,問其子入學堂可否。日、俄議未成,中國坐受縛。報言小村至更優待,六款尚屬妥協,恐彼未必肯俯允也。迪魯至,以黃彊名條託之。彼雖推辭,或亦可行,五百餘人取百餘人,尚易也。蘇少文來,云子䃏事已再辦,渠不便爲左右袒。棣威來,約同觀洋戲而不果,擬明日去。

初十（6日）

作講義二道。中路師範有信來，云事已了，請開講。往見陳樹藩，學生正在議留，而陳不可，云學務處已派陳詠芳、馬鄰翼，全由道腴、子靜作主，另派陳入學務。學生必不欲更換，將來必又衝突。習莽云現編史學書，不知體例如何。講一時，歸到娘娘廟，正在搭臺，云須三點開演，遂歸。錄講義二道。見報，張、席已歸，葉爲香帥派礦務、鐵路參謀。彼不爲香帥用者，何又爲所用乎？楊八先生夫人十三開吊，當往，並見張、王、汪、周、車、蘇諸公。達三來，云臺上木墜下，打死一洋人，傷一人，停演。北風甚大，明日不知能過河否。發江西信。致俞壽丞函。正卿來書，送四元，求收支，恐難。小鶴來一函。

十一（7日）

作講義一道。飯後將過河而風雨，輿夫不肯去。錄講義三道。閱報，裁國子監而不裁翰林院，以爲史官，不知諸公皆能修史否。徐十一歸。葉保幼梅、服翊爲賑糴捐會辦，得毋以多財乎？衡州學生碎牌鬧堂。馮一來，言小學生又打兩桌碗。皖撫整頓學堂之諭，何不見之施行乎？下午頗寒。劉柱臣言圖書館七善、三難，未知如何説法。

十二（8日）

早起，渡河。遇善餘，云今日大憲皆往。上講堂，而諸公至，下坐答禮。諸公吃飯，復游山，風甚大，不畏寒乎？下午復講一時歸。幹庭送文一篇，爲改正。龍王宮福裕堂傅請明日下午，云喜事，蓋中學教務長，以有事不到辭之。

十三（9日）

到楊少六處作吊，少曾云鐵路增二人，爲黃覲虞、馮星垞，葉以一人總全省礦務，恐專斷難成也。到俞、張、王、車、周、汪，皆不晤。晤述貞、棣威、蘇少文。歸見葉函，並壽對一首，爲易笏山丈祝壽。譚祖安來知單，明午師範一叙，須往。

十四（10日）

賤辰，親戚來賀。午刻到師範學堂一轉，譚祖安入堂理事，馬正吾佐之。陳、廖、向皆去，云風潮已平。譚頗開通，亦懍懍以難辦爲懼。許景山云學生亦不齊心，有憤然言殺人而聞者不理讀書自若者。又提及楊泥工事，云開工來告，定王臺事彼辭不能。冕南明年欲辭教員，薦君華自代。巢某言朝鮮歸日本，爲之慨然。吃一肴歸，客初更散。

十五（11日）

早到中學，講二時，云廿八九停課。歸作壽筍老詩一首。閱報，學部尚書榮慶，侍郎熙瑛、嚴修，不見漢尚書名，豈無漢尚書耶？是日先子忌日，有親戚數人來。致函小鶴、正卿。

十六（12日）

師範講二小時。以所著書送祖安，已歸家，云其所定章程甚嚴。如能見之實行，則善矣。舍監云盡此星期將停課，月初大試驗。歸又出城看東洋雜耍，以小技已爲吾人所不及，可慨。警察發，二黃無名。

十七（13日）

飯後到師範，講一小時歸。俞壽丞來，託以黄彊，云委武弁到寧鄉選兵，有教習某人來干預，爭鬧後率鄉人毆武弁幾死，學界中人如此野蠻。又云日本强學生從規則，以致衝突。有善化唐遂作賊，尤爲彼人輕視。日本電各省官自約束學生，江督來電，云南洋學生欲籌欵數萬金作川貲，問湖南如何，豈竟下逐客之令耶？足見此輩爲到處所不容矣。詗伯請徐長興，到則客皆教員，惟外國人不在内，云太尊致意，明年均留，可則換關，以俟再商答之。冕南云唐遂與兄進皆浙人，住善化，實非同邑，其人亦未嘗讀書者。議以留教員先留監督，恐詗伯明年將去也。報云高等教員由督撫出奏，不可輒去，將來保獎，又云教科書先由各省編定暫用。此二事皆於我有影響，不知督撫能實行否。

十八（14日）

雨。轎夫不肯過河。閱《癸巳橐》，有得有失，故予欲訂正各説爲一書也。計成此書須僱一鈔胥，凡引前人之説皆使鈔録，惟予自爲説則手録之，故非屏除一切不行。葵園來，又不相值，恐此公亦未必可恃。

十九（15日）

已僱轎夫，忽雨，又不能去。江學尹做錯題，擬見監督言之，又不能去，奈何？午刻到學務處，多不晤。晤姜作梅，云在閲卷之列，以江任名條付之。到鹿泉處診脈，云沈滯。到府正街，子漁出契，是一百四十四千文買李姓屋，起造同治十年事。譚、黄、蔣、龔諸人到。子漁擬明日自至廟中。乘車歸，風雨不便。

二十（16日）

天似開霽，頗寒。昨光國來，云曹佃將退，別薦李海青，前在馬道屋者。今來乃其姪，名舜卿，不能書，光國代書。找曹希周佃字不得，用陳富廷佃約照録一過，特改元銀八十爲一百耳。曹欲減租廿石，止允六石，將來看十數何如。蔣哲生來，出嘉禾丘大令端甫書，屬找教習二人，共六百元。予意中無其人，特不知胡倉庚住何處耳。吉兒來函，云二楊均欲去，計予書此時亦到矣。芰舲亦來一函。達三來，以示之，未見能行也。

廿一（17日）

葵園請玉樓東早飯，爲善如餞行。勉南問地理之故，詗伯在坐。二處停課，但須試驗。善如年假後將歸。圖書館，葵園似亦不理會。問景賢，復不與聞。曹湘亦可薦嘉禾，未深知其人耳。譚祖安來信問此事，即以告之，並芸生所託事。連日檢書籍，《經學提綱》一書似不難成，須先閲《皇清經解》、《續經解》二

書，擇取摘出，加以論斷，有暇即可録出，特需鈔胥之費，而刊板
費尤重。貢如辭行。到李六先生處。兔彬函催
壽笏老詩，明當寫好送去。函致芸生，告以已函達監督，並問胡
昌庚住處。伊亦不知，云須轉問曹，可代達。江學尹來，告以只
取七十人，恐未必行。

廿二（18 日）

録《經學提綱》一條。寫笏老壽屏，字大小不匀，送兔彬彙
寄，不知此老在九江、在廬山也。經學多滯阻，皆由後儒臆説亂
之，專主最初之説而盡駁其餘，則無礙矣。予始恍然。述卿來，
告獻廷寄信處，忽失之。

廿三（19 日）

又録一條。幼彌來乞援，依違答之。介卿來問兔彬處壽分，
似不能不應也。函問迪魯曹湘住何處，可往否，彼未回信。兔彬
來請廿五並謝帖。師範送試驗來，分二、三、四日三班。

廿四（20 日）

譔冬至文。函致組安，問丘大令請教習如何，文案事如何。
第四日須併入二、三日，恐須過河，並請棟威廿六贊禮。迪魯來
函，云曹可去，亦須函復丘再致聘也。陳璞老來談廿八會議事，
云鄉人以學務批爲不然，蓋知其出秩華手。許文玉與李某互控
事，詷伯已告中丞，張蟹蘆又回明，傳許文玉具結詳中丞，許家仍
不願息訟。子順欲天妃改期，恐不行。定王臺有蟻，不如報國寺
是官廟，俟見車伯葵告之。

廿五（21 日）

早有冰，頗寒，難作字。李兆基來，云欠我六石穀，小鶴欠彼
十餘石，兩抵後應找彼九石，小泉欠彼十餘串，又要我爲找，事恐
不易。云現在穀價一兩零六錢，約一千七百有零，漢口價與此略
同，龍八、楊三欲與日人訂五百萬石之約，每石抽一兩爲鐵路費，

今年穀少，諸紳不謂然，故未行。黄溪曾談及之，似不謬。下午赴葉公分，奐彬亦主此議，云香帥以違約章，今以留學生多接濟爲言，未審可否，以五年爲期，而米釐不偷漏，可得百萬，則一年出口，亦有數百萬石之多，但中國諸事無調查，不知確否。奐彬說已推陳，礦務推朱喬生，已不任事。香帥已允口捐抽尾數刻書，亦不知確否也。得廖季平書，當假觀之。笏老臘八生辰，伊作二律亦工。葵園與笏老隙，不肯作。

廿六（22 日）

雪。以昨拜哲生未晤，以曹小葝事函告之。冬至，邀述卿、棟威行禮。若不分餘欵，則數年後可起祠堂，而人不能如我意，奈何？報云舉人概來京聽候揀用，又云翰林數年後再考，不論已仕未仕，恐皆不可信者。欲改官制，又欲立武部，待五大臣歸再議。午帥前日始放洋也。

廿七（23 日）

雪融，又大雨。久不寄書江右，乃致一函與吉兒。歲云莫矣，彼仍無消息，若月半後無信，當致人未賀年，並爲提催。劉一之舅吳某來，以乃母書請彙封入，辭甚淒慘。劉一誠非人哉！乃爲封入，並屬吉兒念與劉聽，扣工價數元歸家，以安人心。哲生來，云丘事可以代主，屬往見曹面訂。迪魯來書，亦如是說，且看哲生復書云何。高等送關書，命來使帶回，不肯。予將見陳善餘面辭，屬歸告陳，且言試驗如風雨不能來，當付題使舍監監場收卷。

廿八（24 日）

曹小葝來，云哲生來，未晤，屬以仍往哲生處面議。云體操亦能，未審能一人兼之否。王世龍來，請作譜序，云以肺氣病歸，明年擬再去，留學生事尚未了。觀其自作之序甚佳，今學堂人恐未能如此，而亦去辦，何也？周麓湘來，云佃夫已反告之，陳炳章又出扛幫，達三前送手摺示之，屬見達三與王某調處，不必興訟。

昨夜小西門失慎，達三夜有事，此刻不知起未？此事以了妥爲是
也。王生自叙意已盡，爲作跋一篇。唐成之送單來，小學每季十
元，如辦得好，亦可入。下午到學宫，議仍不決。舊者極詆開學
堂多事，其意不在學堂，以爲吾子孫世業，不應提歸學堂而已。
新者極稱開學堂之善，其意亦不在學堂，以爲爾吃公多年，今應
讓我而已。許子順云鄉學師範開辦四百六十金，現每月須三百
金，午帥發乙千，學堂提六百，尚短五百。予去年辦學堂，只用式
千七百金。今彼半年用式千百金，秩華猶云須省儉，無怪吳某詆
之。又議提公車五六百金，恐亦未免人議。云學堂卒業猶必入
師範，方知管理教授法，非欺人乎？看彼定計算表如何。學堂非
抽學費，必難遍開，然亦必通省皆然，乃可議此。若前年即停科
舉，至今早已通行，朽人猶謂不應停科舉，謬矣。詷伯不到，問中
學試驗，云第四日。

廿九（25 日）

狄澤生來，請明、後日試驗，封題與之，請代監場收卷，以天
寒雨雪必不能到。惟關書須退，《經學歷史》須取回，問善餘未
來城，俟其來面交可也。麓湘請客，達三云諸王皆不到，予亦辭。
幹庭來文一篇，改之，日記批數十條。雨植已取陸軍，云昨覆試，
中丞自來，又考校一過。

十二月

初一（26 日）

早到師範試驗。函致迪魯，屬勿點黄彊，並曹小渠事。哲生
適來片，云曹事已定，伊別薦一曹姓，以國文兼體操，二百四十
元，小渠二百六十元，云適符其數，豈伊函但云五數耶？以蔣片
並告熊。馬正吾來，談明年蟬聯事。到學堂，組安亦談及。許以

蟬聯,曹事告組安。試驗一時有餘,歸將一點鐘矣。閲卷五十三本,已晚,以蔡鼇、易緯爲最。鹿泉夜至。

初二(27日)

早到師範,試驗一時。歸閲卷畢。師範來下關,以明日題並試卷使帶交馬正吾。馬邵陽人,似是舉人,放學亦將歸去。初四又有學生立學業會,考校一年進退。冕南以爲多事,予意亦不欲往。使介卿歸公分,並問子善事。致蔣,如函致丘,將復一書。蔣云專人已去,曹關即下,有信送彼處。余云宜局近無信來。江學尹云已取覆試。伊家住湘陰長樂街江乾亨内,森昌局可寄坡子街錦泰生扇店尤便。送禮四色,屬更爲説,乃作復鳳笙書付之。師範送關來,無聘金。

初三(28日)

致姜作梅與善餘函。到師範試驗。歸,江學尹又至,云即行,相片來請轉送高等,以兩照相不出,恐不止一人也。達卿來,以雷市收支吳鑫瀾故,求改。弁卿亦以上辛謝履卿故,求補。將晚,到縣見張,談及鄉人失錢事,云飭差嚴追,龍王宮事亦略提及。達卿云鄧甚桀,可惡也。孔宅道喜。到幼梅處,云雷市收支早補人,上辛尚未報。遞弁卿條,云現又增沈瑜慶,恐難專制,如不能,再於他處設法。高等送試卷來,以陳函付之。

初四(29日)

早到中學試驗,云初六放學。詗伯未來。歸過小蓀,不晤。閲卷畢。予以幼梅今日到孔道喜,使弁卿見孔,求再説。彼遲之,未知及事否。考仕學題"藍田吕氏鄉約論",幹庭來問,找《四庫目》不得,不知歸何類也。菊生辭行歸衡。耕莘辭歸岳,云相片送我處,屬送高等。鄭舜卿來,云到城辦師範。東洋有全行回國信,上海已籌欵接之,陳天華投海死。傳云詗伯欲出洋,以此將仍留也。晴川丈至,屬見邑侯催公事。問家人,云子緞有信來，將歸。

初五（30日）

以子綏將歸，告乃父可俟其歸再辦。復函云縣已批示，俟問詠仙在城否，頗怪蘇少文之兩面，吉逢事更不了，未知若何。如此，我暫可謝責矣。閱試驗卷，四班粗畢。高等比二處尤艸艸，豈以予未親到，遂艸艸塞責耶？善餘送予四色禮，未解其意，只得且收。述卿生日，往，留飲，抹牌至夜。張某失物尚未有消息。子漁來函，以鄧事託辦。達卿託述卿找人做禀，大約又須我去，將封印，不可不急急也。

初六（31日）

明德卒業，請往，不去。麓湘至，託向善如求圖書館事，恐未必行。江學尹送相片，屬交高等，並關書、聘金、試驗卷，着人送交善如，看回信何如。王世龍來，以族譜序與之。據云高等諸生仍求留我，云東洋學生實有全班退學事，大約仍是數代表人挾持不上講堂，且有持鎗恐嚇事，欽使已逃避，天華已死。其規則以監督查住處、出學堂不得再入二條爲嚴，實亦應辦之事，何必如此作鬧？周云師範傳習卒業，廉訪送學臺甄別，學生不肯去，是又一交涉事矣。鄒玉昆來，云尚未放學。善化學堂卒業，亦籠絡之術歟？鄭謙來，云在農務學堂，講蠶桑種植。此大有益之事，惜不能擴充經費也。爲幹庭批日記數十條。善如復函云仍須送關，當要以星期一、日兩次乃可。

初七（公元1906年1月1日）

晴。學院放砲，想已説妥入試矣。幹庭日記批完。述卿邀同達卿到戲園。達卿以鄧事具呈文字不妥，函催子漁自來，又云省河艸正馬頭束某必不來，雷市收支未補人，求爲再説。

初八（2日）

復丘端甫一函。雨植來辭，云學堂如此辦法無效，理化、博物尤無謂。其言頗有所見。即如前在講堂，見衛生講義殊淺，此等不足以爲科學，徒然眈誤日功。理化、博物，農學堂須用耳。考《易》義，見阮福引《繫辭》四條，以《繫辭》爲卦辭、爻辭，後世所謂《繫辭》者乃其傳，孔門弟子所作。此説如得一真珠船，可爲子作卦辭、爻辭之證。《史記》自序引《繫辭》則《易大傳》，亦其證。

初九（3日）

將《繫辭》一條録出。昨夢見有大官者屬予書學堂名册，有蒙□學堂，中一字不記憶，教員爲予及歐榘、鄭家聲、段才初四人。予手書其名，歷歷可數，而現在無此三人者，不知何説也。師磻生來，云由南州學堂來，監督、教習皆由學生告退。此風實不可長。

初十（4日）

高等狄澤生來，不晤。旋又送關聘來，予意仍辭。中學送關，以二小時受之。到幼梅處，云束某係金仍珠人，未便開除。午帥到京，初見甚獎其興學之功，旋有人奏其皆虚名①，遂失主眷。伊欲求不出洋、得一尚書而不能，求回任亦不能，遂不得已仍去。現買銅尚須數十萬，非止金仍珠發財。銅元以今年爲期，故日夜催，明年將不行矣。伯年現到省，有信來請。其有信到人未處，爲吉兒提及，云須交條。聞留學生已歸上海，楊習之爲諸人所戕，不知確否。上海事大決裂，報言之詳。幹庭得《國粹報》，止三期，取歸閲之，與予所見有合，將買一分。小泉十二、十四准行。出城觀劇，小西門閉，走大西門，路甚濕。

十一（5日）

致伯年、芰舲、堯衢各一函。又致吉兒、祥女、金女。潘文炳欲以雷市與小泉對調，彼此又未得見面，俟彼面定再説。子漁事

---

① "有"，原誤作"又"，據文義改。

尚無信，何也？弁卿來，問之亦不知。潘所云仍屬雷市收支，並非對調。請鹿泉，云前不來因做壽唱戲。初九生日，明年似整慶，記之。陳善如已行，何不來辭？將來關仍須送學堂，交澤生，再致善如可也。《經學歷史》悔不取回，俟致善如問之。

十二（6日）

魯壽者來，予欲退關，云不回學堂，明年恐須另覓枝栖，陳尚未明言。現在禾生大權獨覽，狄時來去，住塘灣。錄《易》一條。出觀戲法，多前所見者。

十三（7日）

錄《易》一條。葵園來索《經學歷史》，復以陳帶去，問其居處，想必知之。爲幹庭改文一篇。龍王廟禀夜間已進。

十四（8日）

達三早來，云有法人華裝，在此住一夜去，囑店家勿報，不知何事。洋學生歸九人，皆禿頭者。洋人，廉訪分付嚴查，借冬防爲名。愚意不若於登岸時嚴查也。云撫、藩已補實，須往道賀，乃使人挂號。旋見報，臬司即顏小夏，午帥升閩督矣。見長弓，遞手摺，即請籤差。伊頗以洋學生爲慮。見吉兒書，差事未可靠。伊膽小，亦不欲求速。姬四事誠荒謬，然亦只好靜以待之。得桂妹書，子紱已歸，云由上海，恐在彼耽擱，而耽擱何至一月乎？夜甚燥。

十五（9日）

致吉兒並圍吉一函、桂妹一函。劉采九先生云亡，圖書館可省六百金矣。先子是日生辰，邀客，並留歐陽生共飲。錄《易》一條。夜雨。

十六（10日）

寒，雨。錄《易》二條。閱報，陸伯葵已總憲，劉太尊常鎮道矣，那桐、榮慶大拜，端、戴已往美，澤、尚、李十二始出洋，公堂事尚未了也。

十七（11 日）

微雪。致介卿問子善，復承伯一函，致狄一函問善如居處，皆未回報。問善化出差事，云今日用印。致書董湘林，託包探查事，從前所未有也。達三來，交票十竿，屬致吉兒撥付金女，並致二函。錄《易》二條，駁宋人先天之說甚暢，要非予一人之私言也。

十八（12 日）

錄《易》一條。縣差送票來，予以爲宜單傳鄧，屬送達卿觀之，以爲可用。到善學堂，見長弓，又請催提卒業。十四人以周遠鵬爲首。道、府皆至，發憑單。強予演說，爲勉屬數語。秩華定五學豫算表，共須一萬六千串，現止有一萬，其餘不知何以處之。予謂兩初等小學、一高等小學應辦，中等似可緩，現無此人才。胡粵生二百金已認陪，託仲九找先生，未知何如。聞派賀鳳笙、郭調伯、陸永霓等五人到滬照料留學生，而報中又云電止諸生勿回，不知亦有不回者否。公堂事可和平了結，允撤西牢，辦西捕，或亦諸人流血之力。此等競爭亦不可少，特不宜過於野蠻耳。許九尚在打官事，屬楊泥工往見。報云彭宜輝稟知高等學堂工竣，車賡稟開辦圖書館，云仍在定王臺。陳善如住處，皆不知。

十九（13 日）

錄《易》二條，似略備矣。艾刻工送《漢碑引經考》刷本至，云板已上船，須明年到，許蓉浦亦須明年來，約十二萬餘字，當付八元八千。云吳鳳笙著書名《一法通》，現在已刻一卷。狄澤畇回信，云陳善如住鎮江城內磨刀巷。

二十（14 日）

校《引經考》三卷。下午到兼善堂交帳，仍魏管。魏比諸人開通。

廿一（15 日）

致陳善如一函。李佃來折租，又吃虧，收七十石零六升，錢價又落矣。閱焦氏《易學》，尚有可補入者。狄澤昀來，云善如言聽我斟酌，俟彼來約法三章，大約非我莫屬也。皖高等請嚴幾道爲監督，月五百金，潤哉！酮伯等上海來信，云約已改定，使諸生仍東渡，事當了矣。是日祖母生日，瞿、謝、夏來。

廿二（16日）

復校《引經考》，尚有譌誤。寫春聯云："丙科漢制稱高選，午日周詩頌吉辰。"又云："丙見祥徵麟趾盛，午晴春煖蜾衣香。"吉兒來書，云得事甚難，人未不可恃，求每月多一二十金不可得，望得彩票，可謂無聊。祥女仍吐紅，在彼亦不安，欲歸，又不欲住織機巷，即住我家亦無不可，恐其仍不安耳。達三云過五中准告假歸，如金女來，可以同來。

廿三（17日）

復校《易》《書考》。黃正卿又送鴨子、橘柚，再求調，恐不能。弁卿亦送年禮。予皆難爲力也。君華來，云明年勉南薦以自代，中學四點鐘，應之，師範廿二點鐘，則不能應。羅敦甫來，深怪小嵐，云伊得礦務百金回此，午帥奏復，岑又劾之，此番保案未知何如。伊有錢而無人，無乃因太刻歟？現住吉慶街。

廿四（18日）

馮家沖辭歲。歸見子善函，知已到局矣。局事不好，求調恐難，予特幸其人無恙耳。

廿五（19日）

史家坡辭歲。過集益，問《國粹報》，無之，可恨。歸而小鶴已返舍，子漁亦來城。鄧姓具禀乞哀，子漁欲過年再說，擬屬達卿同勸之。

廿六（20日）

錄《易》二條。吉人信來，云楊升得罪仲元，大怒欲去。此人必不可用，伊自遲疑，致生支節，不知如何了結？得我信，又何以處之？劉一屬撥六元，俟其吳舅來説，有信一函並交。梁武以《文言》爲文王所制，又一異説。夜雨。

廿七（21日）

雨不止。録《易》二條，大約此一經略具矣。下午到學宮，秩華議提欵，以鄉學師範六個月用至弍千零，不知如何用法。湯稚安以鄉下提一千爲未足。此間人眼孔小，亦辦事人用費太大有以致之。守舊人以爲不應停科，更非知此事本末者，宜新黨目笑存之也。江耕莘信來，彼竟無名，奈何？

廿八（22日）

復江一函。致子漁一函，以鄧有葉某保，勸其丢手，但如何辦，却須斟酌。子漁旋來，云今日下鄉，開正過五中准來。達三來，邀下午到彼團年。將晚到彼處，客猶未到。伊過年又大窘，明年過五中即回江西，要帶一巡丁，不知川貲何從設法？我約計今年用欵共八百餘金，又六百餘元，惟還祥女百元、付重元四十元、川貲八十餘元不在用費之内，其餘竟不知如何，用費可謂鉅矣。

廿九（23日）

寒，雨。仍録千餘字。開拜年摺子。南門外地方譚、黄諸人來保鄧，使鄧寫退廟字，願具保狀，使出過年。以問達卿，看如何説。達卿旋來，亦以爲可，乃着人持帖往縣。門房云保狀並未到，蓋孔方兄未到耳。

三十（24日）

晴。檢點出入欵，計今年入乙千三百餘金、乙千洋元，出八百餘金、六百餘元，惟還汪百元，川貲、脩金百餘元，印刻書百千，不在日用之内，日用約計乙千有零，可謂鉅矣。葉某又請着人往縣，門房仍言保狀未到。此人恐不能出署過年，其咎不在我也。

丙午（光緒三十二年，1906 年）

元日（公元 1906 年 1 月 25 日）

晴和。擬作《漢碑引經考自序》，未成。

初二（26 日）

雨。飯後出門拜年，歸續成《自序》文。幹庭處聞法人擊斃英人一事，凶手出小西門，逃往湘潭，似不難捕獲。陳觀察未得晤，屬幹庭轉催弁卿事，新年有缺出，優者更好。俊卿云介卿致意，送年脩打門不開，再當補送，誠不解何意也。到史家巷，聞栗樵爲索債氣病，仲篪往江南，廉泉已到，吉皆寄三十元回家，鰲局並不甚優。又聞德、法人已就捕矣。

初三（27 日）

改定《自序》，録出一篇。楊冕來，云仍往瀏陽。鄭晟禮開師範於省城，學務處於省城開學多批不准，學使有干預學務之意。楊家住理問街盛臨店內。楊廷傑來，云住西元，今年不往瀏陽，求學堂事，邀彼教書，似不願。胡子靜入都，以其姪代辦，恐是脫身計，未必學堂仍能辦也。楊子紱來，在上海耽擱五十餘日，人現有病，頹唐殊甚。

初四（28 日）

晴。陳小圃來，現賦閒，住高升門，其子在明德學堂，屬打聽客籍人可備學費入高等否，俟見學務處人問之。達三初七准行，作書致芰舲與吉兒、祥女、金女。

初五（29日）

得槃元及慶孫書。致函槃元，又加吉兒一咭，我意仍分兩事，屬吉兒致泰山豫定甸侯。是日吃拜年飯。

初六（30日）

與小鶴到園聽戲。初七起分日戲、夜戲，日從十一點起。日本人又添燈戲，不知何如。雨，戲園明瓦漏。

初七（31日）

早起，敬利城神。達三上船，以川貲少，不帶人。又付六元，使帶一人。屬到家打主意，若無接濟，不能攜眷，看乃翁以爲何如。復校《引經考》，尚有誤。上海來電，云：「高等學堂皮：不來。泗。」蓋高等學堂請上海某教習，泗是其人之名，上署我姓，蓋猶以我爲監督也。閱報，學部有陳慶年名，不知其人都否。孟萊欲謀圖書館事，不見長弓，未便致信，且現有交涉。聞二凶手已鎗斃，今日相驗，雨，不能往看。子紱云楊書辦晚來，屬待之。

初八（2月1日）

雨止，風大。復校《引經考》數卷。羅瀹凡來，云電報是西文教習趙某所回，趙同縣人也，取電報去，云狄將關書改送，是陳所屬。予意不欲加脩，但欲減課耳。《經學歷史》尚在學堂，陳並未帶去，擬更取回增改，俟狄來當言之。

初九（2日）

增入漢碑引《易》一條。潘駝子來。作書與狄、羅，屬有便寄《經學歷史》付我，並問有蒙師否。子紱屬往見邑侯，問之，云二日內無暇見客，三日當來請。瑞臣三十夜已放出矣，子漁何仍不來？汪曰郊來見，住周家，須往湖北搬伊八叔柩再來，即前在小學堂者。閱報，《湘路籌欵章程》仍是彩票，每票四元，頭彩三萬元，除得彩外，更有四厘行息，仍照湖北號碼，每月五萬張，不知能暢銷否。江西已在上海開鐵路銀行，蔡、蕭、周爲總辦，文法和在内。兩楊歸自江西，猶抵賴。

初十（3 日）

　　録所改《經學歷史》二條，蓋所論又較前微異。甚矣，人不可以無學，尤不可以無年也。與小鶴出城觀劇，至則停演。乃到東洋戲法處，仍舊貫耳。朱紹遠請十三，不知何事。問述卿，云請林次璜，作陪。

十一（4 日）

　　到馮家沖拜墓。歸，往見張蟹蘆，云昨在席祠，裕蓉屏太尊爲吉逢遞稟請襲，既有糾葛，只好兩下均擱住，俟外面理清再辦。族間無人，如何理清？歸告子紱，使自爲計。五、六往看燈戲，趕去則甚不佳。歸，俟子正迎春乃卧。

十二（5 日）

　　到史家坡拜墓。歸過北門，微雨，路滑，跌轎。連日在轎中看《困學紀聞》，有可入《經説》者。

十三（6 日）

　　補入數條。下午赴朱桐岡席。過余介卿，不晤。晤陳幼梅，云岳州缺已補人，再等。賑糴捐，葉推彼爲總辦，而自任總稽查，是權仍歸紳，且由善後局帶辦，則無費用，今另設局，所費必巨。今年米貴，恐生意微。到朱，則林次璜已來，仍帶金頂，似大失計。報云現定學堂品級，高等監督四品，助教七品，用此頭銜何爲哉！瀹凡來信，薦族人炳臣，不知何如。

十四（7 日）

　　改定《引經考序》。小鶴屬致書再問瀹凡，約來面訂。郭詷伯來拜，云前數日到省，湘人回者二百餘人，欲開學上海，香帥不謂然；中學堂已辭，現住貢院西街客棧。

十五（8 日）

曹小蘗來，催其早去。致正卿一函，並李、袁二佃，催租。又致甸侯一函，並三首詞，勸以歸來即往江西，勿往他處。元夜，晴月如鏡，而亦不甚熱鬧。

十六（9 日）

郭詗伯、周道腴、譚君華來。周住永興街家棃堂，譚住師家祠堂。周云高等不必辭，鐘點可減，再添一人，加芝將去，可缺一門，大約與我言仍是朽話耳。南城外諸人來，以尼僧與黃某佃字來，未落價，云現有道人二在廟內，問以此二人可靠否，云老者尚好。毛懷德來，取《通志堂》一函八本。

十七（10 日）

雪。買得《國粹學報》十二本全，不知此報仍續出否。又載有各種教科書、戴氏《原善》《孟子字義》，俟再問之。閱《學報》一本。子漁來，以鄧姓退字、二處佃字付之，屬自往清理。

十八（11 日）

雨。得伯平函，作函復之。閱報一本。劉光漢之學博而不精，以僞古文《尚書》說經大誤，駁《太誓答問》非是，鄧實說經沿章學誠、龔自珍之誤，予皆不謂然也。閱報，端、戴到美，澤、李到日，吉、黑開大商埠。

十九（12 日）

雨。往羅宅作吊。到君華、道腴、小圃等處。道腴云善如《歷史》湖北有刊本，皆本《東洋史要》而稍詳。《經學歷史》彼未見也。是日大兒婦四十歲，到予家已二十年矣。

二十（13 日）

得吉兒書。錄《經學通論・書》一條。羅炳生來上學。

廿一（14 日）

復吉兒書。君華函來，求薦惕臣銅元繕學，爲致少文一函。

問蔡啟盛，矓客住史家巷，有便當往拜，此人通經、史也。到集益，買得《孟子字義疏證》、《原善》及《經學》《倫理教科書》①。《經學》列入《孝經鄭注疏》，但誤“錫”爲“日”耳。欲作一函，贈以文集，又恐生事。達卿生日，往飲，晚歸。賊竊磬去。

廿二（15 日）

　　録一條。子綏得鄉中信，頗歸咎我家，以爲挑唆，使勿歸。庶母以此責子綏，即負氣去，云住客棧。澧州周傳愷來，住又一村西路學堂辦公所。

廿三（16 日）

　　雨。録二條。得江西十一信，知二女皆將歸，達三尚未到也。閱報，留學生爭二條，亦是，但可緩商，不必暴動。中、日之約已定，東三省皆開通商埠。如此，主權盡失，但較勝一國獨吞。中、俄亦已開議。王步瀛論圜法宜添鑄制錢，否則銅圓將只作一文用，鐵路宜開學堂，學堂宜重經學，皆是。金蓉鏡稟辦事甚實在。陳理卿，次帥電催之去。常德又開馬頭。張蟹蘆有衡山對調之信，則沈子貞又將來。明日師範開學，辭之。小泉去找子綏，云在羊風拐角巷内。曹小蔾來拜辭。周心約來，云酮伯決辭，黃雨植仍未取。

廿四（17 日）

　　鄒裕昆來，云初一開學。笠雲來，薦碧蓮到龍王宮，不知子漁昨下鄉如何，已説妥否。澧州拔貢周傳德字宣三當中學教習來，云伊處學堂亦不盡善，出洋學生氣燄尤盛，現住又一村西路學堂辦公處。廿六又有公局，有學臺名，乃往拜之，不見。到師範，人已散，許子云恐不能辦下。到席祠，已來多人。見楊詠仙，慫臾出頭，云晴川父子未託彼，亦未信致乃兄。祭酒仍促《經學

---

① “證”，原誤作“義”，據戴震書名改。

歷史》發刊，云善如未必來，其來信亦無必來之説。北班無好
戲，去采弍竿。

廿五（18日）

　　録一條。函告子緩，不過盡人事而已。玉昆來借衣冠見邑
侯，云彝仲將歸，張亨嘉離學堂，戴展誠亦去。大約湘人多站不
住，陳善如或當往也。子漁來，云有張五太太願住廟，如不合，再
找笠雲所薦者。閲報，潘調衡州，而岳州周儒臣署長府，張調衡
山，而興寧王章祺署善邑。昨不知，未道喜，明當記之。

廿六（19日）

　　予搬出外。録二條。午後到席祠，諸公皆至。學使長白，微
鬚。譚觀察尚記己丑在京同考中書事。以孟來事告長弓，以爲
難，不比在午帥時。以楊廷傑事告雨老，云不送人出洋，即在此
思益學堂添鐵路學堂，有招考章程。出云稟辭此事不幹，以籌欵
難，又有難處也。廣東官紳結搆未已。長弓云善如必來，開學在
初一二。

廿七（20日）

　　録二條。閲報，吉逢以性情狂妄、抽捐不實革職。子緩不回
予書，而欲仍來予處，詠仙亦非可靠之人，彼不往，聽之可也。

廿八（21日）

　　飯後出拜客，多不晤。見笠雲，以《東游草》及詩見贈，並示
森大來《檀欒集》，每年一本。彼處極重文字，足見舊學不能廢
也。歸見報，曾慶溥署長沙府，未往拜賀。

廿九（22日）

　　録二條。報云瞿得協揆，陸署尚書，澗哉！聞午帥快回，不
知有何舉動。繼蓮溪升湘臬，而顏留浙，湘紳又未免震動矣。圍
吉來信與詩，深恨馬扁之父逝，與我無涉也。病人可慮，日夜
不安。

二　月

初一（23 日）

　　得吉兒書，達三十四方到，發信在十七，兩女來否尚無定見，打一電報而電綫斷，不能打。達三此刻想已起程。子紱久不行，致書促之，送禮四色。彼來問候，欲仍留住，小鶴不肯，我不作主。幼梅來信，云賑糶明日開局，弁卿已委管票，每月廿竿，明日即須到，局在草潮門。面付達卿告之。鹿泉來，云脈息稍平，開養血袪風藥。復吉兒書。

初二（24 日）

　　又雨雪。明日文昌祭祀，初五復大憲席，初六復諸公席，約有二三十人。録得二條。京師來電，云："大學堂史學虛席以待，每星期四鐘，月脩百廿金，學生望公如歲，幸勿却，遥賜覆。廣櫻、紹棠。豔。"聞彝仲將歸，豈以我爲替人而求脫身耶？又聞湘人將放牌，又趲我去，是何意耶？監督派李家駒，而袁海觀升府尹矣。常鹿樵來，所見與易略同。

初三（25 日）

　　雨雪。到學宫祀文昌。聞初六主人有六七十人。劉伯卿七十，予不知，幼梅送自壽詩索和乃知之，分子又不收，只得罷論。賑糶副辦爲二李，收支爲童敬吾。幼梅舅子在内，云姓喻，則非也。聞是日汪鏡青六十，不聞諸人説及，久乃知之。歸作書致彝仲。後乃知"廣櫻"乃"廣權"之誤，蓋曹東瀛也。夜和伯卿詩四首。鹿泉來診脈，云略平，以手腫，用防己，仍不效。

初四（26 日）

　　晴。録一條。寫出詩與彝仲書，送郵局。莫溪來拜，帖子亦來，明日中學堂開學，因太尊明日交卸故。曾乃中丞同學，過班即署首府。裕昆來，云秩華將提鄉學到城，昨云十二請客籌欵，恐不易也。連秩三來，云顧家只六元，若加脩，往江西必去，誌之。胡子清來，住湘潭試館，去年由日本歸，現入政法學堂。官歸仕學館，紳另覓地，更將招考。

初五（27日）

晴。得爾翊信，現辦礦務、電燈公司，當由吉兒寄回信去。湖南電燈不行，南昌比長沙更寬廓，恐未必能行也。錄一條。飯後到中學堂開學，因太尊明日卸篆故。學生只到二十餘人也。香帥所頒帽式甚怪，學生亦不肯戴。德律風傳語甚奇，始親見之。予上學後，即到席公①。學使以病不來，譚已行，加以曾，共客六人，主三十人。曾已六十餘，人和平，云久仰。邑侯見京電，勸行，不知得此二年前已云然矣。小鶴事，面達介卿，云有事再有信，子善事已有信往矣。與佩衡言商會事，在儲備倉，須起房屋，逢三、八會議。其子友古在上海復旦學堂，一月十元。

初六（28日）

陰，寒。念蘇來，云薪貲二十四竿，彼在湖北比此尚優，因服翊調，不得不來，將更接眷。善化開學，到彼一轉。到席祠，無一人來，更到陳幼梅處。幼翁去年十一月起不吃煙，可怪。幹庭二月底入都。再到席祠。聞學部調卅六人，湘人八，楊晳子、范靜生、張少熙在內。幹庭託寫信少熙。夜雨。

初七（3月1日）

雨止。黃雨植來。發電江西，屬覆。初八申刻葵園請陪林，初十師範上學，十點鐘往。雨植留住，不肯。劉菊生亦來。兩人皆送禮。企宇亦至，高等亦初十上學。告以同期，不能來。錄二條。

---

① "公"下，似當有"祠"。

初八（2日）

録一條，《尚書》初畢。達三到，廿二起程，路上走十餘日。金女未同來，電已去，奈何？得吉兒書，屬買暗射圖及《古文百篇》。兒媳信云有挂牌之信，吉兒則以爲難。芰舲復書，以爲達三不應歸，不許接眷，特不知復電如何也。下午出拜客，官場皆不晤，惟到賑局見念蘇、弁卿、童敬吾。局只一進，云無章程。到英溪處，云中學堂十一開講。告以去年尚有未講之義，問周心約發否，已印出否，講二點鐘，勿講第一次。赴葵園席，客尚未到。見示《大洋洲志》，善於傅會，以雷《志》爲主。談鐵路事，云垫電芷、香水火可憂，則不獨湘紳水火矣。林次璜派農務監督。汪承之、劉柱臣從東洋回。善如不到京必來，現吐血，須緩。

初九（3日）

晴。料理講義，豫備上堂，添寫二道。江西覆電，云"刻礙難行，愈仍覆"。俟達三來，再覆一電。達三欲於此催乳母去，恐尤礙難行也。鹿泉壹點鐘來，云脈比前好，看日内似有轉機。請醫學堂朱廷利號彥□來診①，所開案甚有理，藥亦可服。既鹿泉有效，不便更張。

初十（4日）

寫數行與吉兒。師範、高等皆十點鐘開學，云不請官，只能到一處，且到師範。十點鐘往，則已開學矣，云十三開講。大學堂湖南八人，有彭、張、戴、曹，現在京者又楊、范及楊某，亦頗雜。報言德、法以摩洛哥致鬨，俄海參威仍亂，未言美國之事。而漢上美人操演，如有戰爭，菲立賓到兵船，似爲華人抵制美貨，藉以示威。《白話報》略及排外，而西人請禁止，其意可知。申刻歸，又到俊卿處赴席，陪子綏。子綏已見父，父不罪，且與川資，本今

---

① "彥"下，原稿空缺一字。

日行,而船已開,又將有待。道士鬧至三鼓乃已。

十一(5日)

擬電復江西,達三口氣,云"達到,岳母稍愈",亦只可如此也。閲《詩古微》,頗有心得,改《史記》"周道缺"爲"商道",未免强古人以就我。述卿邀同觀戲法,至則已撤,遂同觀劇。晚歸,遇子紱上船。

十二(6日)

得師範課程表,第四、六日下午鐘點。送講義一分交馬正吾。到胡子清、任剛處,皆不晤。到學務,見戚澹香,云考政法尚未定期。到鹿泉處,約早來。到府正街,因笠雲早使碧蓮自來,云認脩理即不能出佃規,告達卿,屬致子漁回復定議。鹿泉云謝老又病,往視,遂歸。沈獻廷來一函,復函,交述卿。又復爾翙一函。鹿泉來,用麻黄、桂枝。

十三(7日)

録出《引經考序》。到連秩三處。顧公來,大發牢騷。到幹庭,云待趙同行,南昌有教案,恐未確也。交達三名條。到鏡青處,云鐵路有王、袁合辦之説,得之兩目,尚無明文。到小泉處,不晤。伊借廿元,託達三説有信可撥付之。换錢,比牌少廿二文,不知何意。江西已停鑄,候部頒式樣。湖南彩票廿萬,只發六萬,其餘十四萬雖可暫用,須年四釐,亦不勝其煩也。

十四(8日)

録講義兩道。午後到師範,尚未開講,而早不知會,白跑一遭。其課程移上第一日一點鐘,屬馬正吾仍改併作一日。高等亦來課程,共四點鐘,有一日三點鐘者。已寫信,明日着人退去,不能改即告辭。湘皋升莊惺菴,此公必已七旬外矣。郭詗伯來回拜,以學生不但無學堂入並無客寓住爲慮。晚到城隍廟敬神,聞江西事屬實。南昌江召棠爲教士所刺,民人憤怒罷市,殺外國

人六人。不知如何了結，近日官真不可爲也。云《申報》三見，
俟觀之。

十五（9日）

雨。録講義一道。不能使人過河。午後到城隍廟，璞老邀
雀戲，二鼓後歸。見吉兒書，王安之戕江令乃廿九事，初三江人
大鬨，取王殺之，投於東湖，頗快人意，但不應燒各處教堂，傷損
百十餘人。不知外國人有損否，焚教堂止於賠歉，傷其人則禍更
大矣。重元初二函云江撫庸懦，臬臺與首府尚能爭辨。此事如
官有膽識，立捕王某，加重典，以平民氣，不至有暴動之事。上不
能辦，則下愈不平，以致激成大變。初三以後不知更有舉動否。
重元怕事，必欲歸，不能留，只好問連秩三能去否。

十六（10日）

晴。使楊六過河問回信。函復吉兒，問江事究竟如何。校
《易》一過。得陳伯平回信，辭以圍吉、人未皆不便致函，不撞木
鐘，尚屬直道，問予脩金多少，彼處請嚴幼陵。當再復一函，彼已
有人，予亦不欲往也。報見上諭，恐學生排外有暴動之舉。而江
右之事，即起於學生演說，亦由古月無用所致，不能專怪學生。
錢價九十八文，轉瞬七百，洋價亦五十三矣。

十七（11日）

晴。道上猶濕。得慶孫初七信，云殺英、法九人，謡傳英、法
兵輪將來，人心惶惶，各謀奔走，金乙兩八十千，洋乙千二百，米
四千五百。汪家已全往樂安，彼等亦欲回湘。未提起重元。予
謂歸則宜全家歸，走袁州可也。磻蓀來，云自粵歸，路上亦聞江
西有事。周傳禮、周傳愷來。連秩三來。羅瀹凡來，云善如日內
可到，《歷史》彼交張某，張某欲仍交善如。請彼看病，以爲風濕
生熱。瀹凡看病多主濕，未知所見何如，未服柴胡，且試試。鹿
泉至，云脈比前好，而方不改，僅加生芪四錢。江學尹來，云高等

可附入，十九須定局。中學堂來片，請明日開講。

十八（12日）

　　早到中學，講二小時。寫片，辭以師範須併入一日一點鐘，歸四日、六日均可。又使人到高等，問江學尹事。江住南陽街廉靜公館。信去，道腴猶未到堂。禾生來信，云須廿八報名，俟江來告之。錄中學講義二道。下午出問消息，余介卿、楊澍箴皆不知。陳不在家，幹庭取報，觀之。此事當掣動全局，非獨鄱湖必有兵輪屯駐，北京等處撤兵皆將藉口保護不去。報云王安之可惡，更有劉某助之爲虐。又云江實自刎，尚不至死，劉又加刀。不知此人曾伏誅否。云江城紛紛遷徙，未知我家何如。有云古月不聽長沙之言者，是人未猶有識也。余云京城無事，炸藥是謠言，特不知長信之病確否。小李逐出，亦是謠言。嶽麓對過有僧渡某叩闇告葵園，發刑部，不知爲何。李舜卿不來，使曹希周來，李尤校可惡。陳光國所薦全不可信，此次不能叚借。袁佃亦不見來。許蓉浦書板聞已來。

十九（13日）

　　九點鐘到城隍廟，諸公未來，璞老留抹牌，至夜。聞江西撫、臬到九江，求西人船炮莫近省，未知能邀允否。人未獻二策，不能用，宜其致亂。胡所出示和平了結，尤誤。夜寐，忽氣痛。

二十（14日）

　　以講義送抄書人，取稍可代勞，想不致誤。復江學尹。請黃梅生，而誤至述卿處，去乃知之。劉稚荃薦陳雪卿名文鴻來，開人參白虎湯，全不對。請梅生之兄味駿來，開方尚合，服之。劉璞山來，以《易》一卷付之，使人鈔。取《觀劇》詩，再作卅首。

廿一（15日）

　　取詩再改，並翻書證之。吉兒來初八初十二函、芰舲初九一函，言江事尚未了，所謂"刻礙難行"以此。現在尚不知兵輪能

阻否，將派欽差。聞江督到西江，或即欽派。作函再告吉兒。幹
庭來信，有人未電云風潮已平，不知確否。請黄梅生到。

廿二（16 日）

致芰龄、重元函，又續吉兒函，並與金女。達三欲再歸接眷，
屬自致書問明再定局。金女云三月張家有伴，當即張丹銘家。
廖孫階來，云見長弓，言京師事，報上所載皆實，北洋簽押房亦有
炸藥，禽其人，不敢辦，更加銀慰之。寧鄉用地方自治法，錢糧歸
學堂收，王靜軒依允，上稟奉批駁。伊云寧鄉、新化大可慮，麓
樵、道腴爲魁，碩人亦其一也，又有拳匪妖法，仇教並仇學堂。滄
海横流，非獨江西可危也。達卿邀陪先生，廿五又有公局，請在
李宅。下午往達卿處，聞二叔父病重。弁卿云聞江撫革職，藩、
臬革職留任。

廿三（17 日）

欲下鄉，聞達卿不去，芹妹來過，屬趕急寄信來告。將《觀
劇》詩改定、録出，蓋易稿數次矣。午後到師範，講二小時。鄭
謙來，云仍住農學，尚未開學，將來須移往鐵佛寺，和尚又難做
矣。艾刻工來，予適出城，彼欲便人送去。小泉起程到岳州局。

廿四（18 日）

得子漁信，云即用碧蓮，不知如何寫字，病勢未知有轉機否。
鄒玉昆來。寫書籤送艾刻工。問善餘尚未來。廖蓀陔送詩來，
頗可觀，予亦以《集》贈之。閲船山《春秋世論》，摘其於時事有
關繫者録作講義。

廿五（19 日）

早到中學，善化十人已補入矣，又送八人入師範。茛溪云未
動工，明日須出城看之。歸遇汪公魯，伊廿五由江歸，事尚未起。
歸見幹庭來信，亦前事，未知後事如何。茛溪看報至十四，亦無
明文。景賢堂事俟問諸公。報言堯卿爲人打死，不知是此人否。

講義錄來三分，勉强可用，看璞三處所錄如何。下午赴李宅音樽，服小毛衣，大熱，有穿夾、扇扇者，幸彼處尚透風。問景賢歸紳送。小嵐云辰沉不委人，幼梅不確。楊三云初一覆席只十一二人，如何？

廿六（20日）

更熱。十七江信到，云事稍定，尚未開議，諸孫已上課矣。前電錯成"達隨岳母病都"，"隨"知是"到"之誤，"都"疑"重"，則全非，以致金女更驚慌，欲同徐冠玉家眷。達三欲自往接，我不總成，不打彼也。查《戴東原集》，《原善》比洋板少一太半，或定本刪去。俞書全，南菁書少《易林釋文》、子高《論語注》二種。碧蓮師來，使寫字，云須問笠雲寫。字送來即當入廟，再俟脩理。將寄和鹿泉詩並幼彌詩錄出。夜大風，雷雨，屋瓦皆飛。初一知單來，共十五人。

廿七（21日）

晴。致黃鹿泉一函。閱《琱玉集》，錄入日記四條。錄《觀劇》詩，未完。下午往蓀陔處回看，問近年礦務，云出入約三百萬，兩抵並無贏餘，尚該欠數十萬；平江金礦，午帥請一德人，今日始出，又非十萬金不事矣。部章要報賬，乾脩不能報，奈何？小泉出門。到天妃宮一轉。秩華已返，又有舉動，彼交五百金只一半，必須再催。竊以此等事兩失之。聞人未丁艱，未審確否。夜雨。

廿八（22日）

陰。錄三和詩畢。碧蓮以所寫字來，恐未盡妥，使問達卿。適弁卿來，即以付之。到師範，見舍監皆去，停課數日，今日方上講堂。前聞有風潮，不料如此之大。組安云已開除八人，周覽在內。此子亦染習氣，可惜也。歸聞壽兒言黃望之謀事，試薦舍監。

廿九（23 日）

　　得組安回書，云已定局。以詩送葉處，已出門。到陳處，問徐冠玉並無信來，是行期尚未定。辰沆委朱朽，陳頗不平。江西事未深知。鐵路，王分四科，以籌欵任席，彩票任沈，三月將出票矣。到公魯處，見江大令稟，實情可憐，其妾陳氏自縊以殉。云將爲請卹，江人將爲立祠，以妾附祀，則直道尚存也。重元信來，云西人欲以七人抵一官，三人抵一命。然則彼戕我官，其七人應償命矣，不知有以此爭之者否。找出少時筆記，録數條。與諸人抹牌，晚同到清泉吃東西，貴而不佳。夜大雷雨。

三十（24 日）

　　雨不止。録《詩》學一條，以此經尤難明也。午後到師範，不知鐘點甚遲，將三點始上堂。飢寒交迫，歸飯半盂。陳家花園赴俞、許飲席。陵生以外間浮言，不許私相授受，一百五十金故未送。秩華必欲設學務辦公所，善化止一學堂，亦何必設？現在仍多阻力，亦在上無定章頒發之故。岳凡復云《歷史》仍須待善如來。

三　月

初一（25 日）

　　録日記畢。到席祠，遇大雨，云兼有雹，雷亦大。聞前日夜打死一蜈公，吕學凱代理善城隍事三日。此皆近迷信，不知實有之否。以雨，故人多遲到，二點半方開演。演十二劇，慶華班散稍晚。少曾亦以葉祖春臺爲恨。介卿屬致子善速同往潭。鏡青云景賢仍照前，每月應課，有人可代送。程今日交卸，允忱事尚未了，其田去年淹壞，仍算，未交一錢，不知心田等如何辦法。

初二（26日）

函致子善，送余處。以名條送汪處。到中學，講二小時。遇許九，問學堂地方尚無定處，南城外有數處難收，鐵佛寺須官退稻田，地云不大，一萬五千金亦不敷。心約云長、善每年六百，茶陵一錢不肯解，亦不送學生。預備科今日覆試。報又有限制學生出洋事，去年鬧事之胡瑛等已受斥矣。經正將散，已上報。農務奏派監督，亦説得好聽耳。廿四江西信來，云徐冠玉夫婦准來，金女擬同行，不攜小孩，因乳母跳皮之故。予以此事大不相宜，欲電阻之。陳善如來，昨日方到。學堂事及箸書宗旨與之略談，此人尚可談也。

初三（27日）

寒，微雨。寫信告荖齡與金女，不帶小孩斷不可來，並吉兒信封發。到陳善如處，不晤，云明日往學堂。到鹿泉處，請其改方，約明日來。到熊處，玄帝會。到幹庭處，見其戚，廿五由江西來，云並未閉城罷市。冠玉月半後行，金女同來，亦聞之。歸見報言舉貢生員疏通之法，優加四倍，尚不詳明。

初四（28日）

録《詩》四條，解《關雎》自謂有把握矣。鄉下專函來，叔父病危，擬明日一往。

初五（29日）

晴。録《詩》一條。到師範講一小時，即往八吉沖。長水轉路，將晚始到。二叔父已於初四未時去世，一切茫無佈置，子漁全不理會。達卿來，始往佃處看壽枋，更不如周佃者，只好將就仍用周物。鄉下用水發灰全濕，亦只好將就用。聞前月病勢稍平，望我等去，有話説，初一變症，則不能言矣。其話不過以姨太太不放心，我等亦無能爲力。前云穀八擔、十擔記不清，要問獻廷，亦未必能踐言，將來只好量力而已。夜不成寐，且多蚤。

初六（30日）

　　早起，午刻看入殮乃行。從小路歸，到城不遠坐划子，暮乃入城。孫陔一函，並送吳雲亭詩一本。正卿來書，促小鶴去。龔總辦到沅，不見收支，大約有話，故宜速往。小鶴託見局憲先容。

初七（31日）

　　致吉兒一函告之，論服制，我小功，彼緦麻，慶孫等無服矣，並告以金女切不可獨歸，恐前函遺失也。到師範，講二小時。見組安，以壽齡堂薦藥店爲言之，醫官姓易。黃溪亦在坐，云中學仍南城外也。閱報，言童某騙江，令人髮指，新《西游記》，足資嘔噦。歸錄《詩》一條。

初八（4月1日）

　　錄《詩》一條。到善學堂，見收支黃。遇馮一來省，云學堂有槍人之説，故趕來，屬見俞九言之。十五事已改二十矣。到陳處，以小鶴事託之，屬寫一條，許致龔君，屬趕急到局，云若動公事，即難挽回。見陳醉六，強之同來，開方全用補藥，又恐填實。爲叔父書挽聯一付，十一成服帶去。又碧蓮和尚來紙燭一付。小鶴明日准行，寫復正卿、陸仙二函。夏小泉來，不提及廿元事，豈又有他故耶？云撫再留張，辰沅尚未定。達三仍搬入局。

初九（2日）

　　早到中學，講二小時。見報言江西事，一吳城開商埠，一沙市輪船裝土藥，一燒教堂四人永遠監禁，余廉訪尚未允，現查沙市裝土藥是否可行。又云官惟藩、鹽、新建無處分。到雨植處，已回湘。陳善如到高等。到達卿處開知單，約明日先到馮沖，再到八吉沖。歸得高等來函，問鐘點事，仍照前書復之，十七八將一往矣。小鶴起程往局。久安丈來，云月半時起程，鄭州往扶風須十餘日，苦哉！錄講義一篇送中學，校《引經考》一過。到師祠,九丈未歸,與次仲略談。

初十(3日)

飯後到馮沖掃墓。往八吉沖,將晚始到。鄉下一切艸艸,庖人辦翅席至通夜,然無客到。

十一(4日)

早飯後行禮。下午達三到①,商葬地,云南塘尾有一地,人出百金,力勸其可將就用。姨太太説前事,云亦不求穀,但求公上酌提。此事當可徐商。

十二(5日)

飯後歸。將至,遇雨,未刻後到家午飯。中學送單,又改至二小時。二十學宮會議,似辦公所勢在必行,然何人能任此也?錄講義一條,復校《引經考》一過。夜卧不適,年望六而猶有此疾,何也?

十三(6日)

清明,又雨。致書善餘,爲江學尹求取。致碧和尚,改寫佃字。以講義二道送毛懷德,屬抄胥。到鹿泉處,約今晚必來,遂到史家坡掃墓。歸見吉兒來信,江西教案祕無消息,圍吉妄動,甚不相宜。招甥出麻,此刻必不來矣。幹庭來函,云冠玉月底行。來文一篇,爲改正。曹小渠來信一函,當復書。鹿泉晚來,大雷雨,久不去。天后宮又失慎。

十四(7日)

錄《詩》一條。雨仍不止。午後,師範講二小時。歸又錄《詩》一條。閲報,云人未欲以一官爭之,香帥電止,使勿過激,得不爲任光山頭笑乎?吳城開埠,鄱湖駐兵,恐皆不免。廷議英、法各辦法,尚不知何如。鄒呼冤,上憲慰之,何也?

――――――――――

① "達三",似當作"達卿"。

十五（8 日）

晴。到城隍祀財神。聞歐陽伯元仍復各處乾脩，或即祀財神之效乎？又聞人未有護理江撫之說，北洋未允，古月與彼同鄉。前見明文，舉人仍入京應試。蓋一次恐更反復，看廿日衆論何如。午後歸。是日爲彭孺人忌日，計將四十年矣。"此身將作稽山土，猶吊遺蹤一泫然。"讀放翁詩，曷勝慘惻！譚君華至，以呢幛託寄八吉沖。譚紹岳至，求致師範作保入簡易科。劉菊生至，以雨植今日入武備，求致周仲玉監督作保，看可不親到否。程瀛石至，問圖書事，欲見車伯葵。周鹿湘請十七四下鐘陪伯葵，可見面問一切。閱報，仁和告病未允；西粵賊又猖獗，殆即前賊，實未肅清；五大臣五月將歸①，未知改裝否也。

十六（9 日）

飯後到葉，不晤，俞亦不晤。到中學，晤楊仲芷，乃錫子之弟，現充繙譯，曾在日本三年。云錫子學部調，不歸，蓋有戒心。到府正街與鹿泉處改方，云我脈弱，講多傷氣。到中學，不得不講二小時，亦頗喫力。歸錄《左傳》一條。聞高等前夜失慎，時山水猝發，沖去物件不少，學生次日無處喫飯。由脩屋不知避水之故。道腴來信，定第三日第四時，後日飯後當一往。

十七（10 日）

錄《詩》一條，錄《左》義一道。下午往汪述貞處，云旬侯四月方歸。俟歸問之，已有信復吉人矣。商霖已下公事，其田爲水沖屬實，與心田幾揮拳。頌年求交卸，留中，家眷暫不歸，須嫁女。赴麓湘席，車、羅在坐。羅即署寧鄉者。車護送出洋學生極嘔氣，香帥不理，渠帥何必理之？定王臺五月可落成，再議辦法，收掌已有四人，程其一也。

---

① "臣"下，原衍"華"，據文義刪。

十八（11 日）

飯後九點過河，到高等已稍晏。第四時是十一點鐘。到彼一個時辰有餘，水大，過河愈難，以後八點即須去。廿五、初三、初九，當誌之。晤善如，久談，吃午飯，云事甚忙，到此即未到城，未與葵園相見，深以鐵路不辦爲不然也。《經學歷史》彼已抄一分，原稿取回。江學尹取録，共四百人，尚有去取，現已二百人，再取百人。我只教甲班廿人，一小時。一點鐘歸，取《歷史》復閲，裝釘過。晚得子漁信，取銀如索債，辭之。述卿言送陳小圃移居落星田靈官巷，約共送。

十九（12 日）

雨。增補講義，又手録一篇。中學堂須二篇，甚不易也。飯後到師範。回天妃宫，等至三點鐘始入席。夜敬神，復飲，二鼓歸。

二十（13 日）

飯後到天妃宫，敬神、飲酒。四點鐘到學宫，人聲鼎沸，鄉城新舊方爭，以舉、貢須入京，公車不能提，只提印卷，教官酌送。此項如何分，尚不能定，先立學務辦公所，汪爲總董，湯、周庶務，我爲教務長，皆辭不獲，此本有名無實，不過一到而已。擬不在學宫，在印卷房屋中擇立一處。部駁存古學堂，省城只准成德一處，景賢當作罷論。達材已辦，恐須敷衍，特不知開口寫主者將何以自處也。復回天妃宫，夜飲，二鼓歸。惠女病，請丁菊人來。

廿一（14 日）

致吉兒、祥女書。碧蓮來，云已興工，字未寫過。到天妃宫看戲、吃酒。午後到師範，講二小時，頗喫力。歸已申初。吉兒十一函云學堂頗安，江子未及，以花酒爲外交之術，可笑！祥女欲歸無伴，金女亦未易來，將來皆累枉道也。周四託向陳善如説求圖書館事，陳欲不補人，以此歉買書，恐不行，見時當略提。晚間到廟赴保赤會，二鼓歸。

廿二（15 日）

發江西信。校所録《經學通論》，其後半行書，更以《書論》付之，屬勿行草。許刻工約廿四送書板來。飯後到廟，飲畢抹牌，夜祀神，二鼓歸。惠女又病，待麓泉不至。

廿三（16 日）

接師範、中學試驗表。閲報，雷即見吾，梅即子肇，許立飭，則罪止永遠監禁，輕刑之效也。午前到天妃宮，人尚未到。飲未半，中學催，往已過一刻。試驗四十四人，李植衡、張承叙稍可。歸閲一過，填分數。夜又雷雨。鹿泉來將四鼓矣，看會女非虛，不可補，脈理較明。

廿四（17 日）

大雨。不出，録講義四道，《易論》校一過。《引經考》書板送來。

廿五（18 日）

早到高等，水甚大，一舟可通。善如在城。以《易論》付馬某。閲《時報》，古月强江子具自刎結，其子大哭，法人出示以爲自刎，江人大鬨，遂不敢帖，猶有人心；梁與法領事已入都，江官陪法領用妓五人，纏頭皆出自公。如此外交，真屬希有。梁節菴到江辦此案。歸見《日報》，江撫已放吳重熹，由梁敦彥入京面奏，與胡不符之故。三大吏皆有處分，恐人未亦不免。岳凡云飄匪牽及學生，有王漢魔者已下監，涉黃輯五在内。益陽姚某以請欵不得投水，學生爲作記念。

廿六（19 日）

飯後到師範試驗，尚早。蕭詩孫來見，云去年底歸自東洋，乃弟禮卿尚在彼，現爲妙高峰教授，天晴當登峰一望也。馬振吾以《一不醒》請出錢印，只好書一千部，須錢四竿。此是禁書，何必多此一舉？因譚、馬諸人皆出錢，不得不從眾。閱報，人未以未能立即訊驗，先行交部議處。又云人未入京，江訒吾署臬，恐不確也。試驗文科，歸閱之，謬論甚多，學堂可怕。毛懷德來議刻書，攜有廖季平書，買閱，即前所見《四益齋》，是早年說，惜未能得其全，然其晚年說求之過深，不如早年分別古、今尚有據。

廿七（20日）

閱試卷畢。以書送汪公魯，請帶江西，云初五准行。以《經學歷史》送葵園處。閻克堅請初三喜酒，問其號，以便送對。政法學堂招考，已定皇倉後街房子。得吉兒十八函，云金女下半年來，外孫女咳嗽未愈；梁星海已到江右，不止查教案。大約圍吉站不住矣，不知誰代之。閻字叔固。

廿八（21日）

到師範，試驗兩班。歸閱之，未畢，覺理科之卷頗優。夜見星，以為姝，而將明又大雨。

廿九（22日）

閱卷畢。汪芷玉來，云已入高等，現在學生以報言日本攬中國警察權，又鬧動，陳監督告以探聽明白再爭，否則電政府必不認。水更大，難渡河。雨植來，云尚未開學，以教習未齊之故。俞將去，有鄮伯接辦之說。汪公魯來辭行，云挈眷去，開初起程。寫寄吉兒書，未成。錄《詩》二條，自以為通。書對子送叔固。

三十（23日）

晴。得吉兒廿四書，云三峰俱動，果如所慮。彼聞子靖得道臺甚羨，此事亦未知確否。到中學，聞黃溪辭監督，以太守干預請關防不得之故，留之，不知何如。講二小時，頗喫力，又覺腹空，歸申初矣。飯後到公魯處送行，並以所帶物件託之，不晤。遂到陳觀詧處，云米捐擬停四月，而鐵路竟置之，王亦擬辭，江西亦無成議，而開支已數萬，李薇垣得錢不少，湖南尚未開薪水。

余堯衢已開缺，將歸，其所住房已爲徐叔鴻買。此事由彼自取，報已言之，云大吏欲翻莅港案，以致有江令事，故大吏不敢重辦，足見其有心病，故以不立即訊驗爲罪，協揆亦不能袒護也。得吉兒廿四函，以三峰俱動爲慮，我已勸其勿急，如不行，可歸辦學堂。幸代者爲秦子質，亦是世交，特不知彼講交情否？榦庭來月將入京，乃翁欲其進學堂，不知何處可入。榦庭欲予寫信照拂，當道久不通問，如彝仲者恐無大益也。夜到仁壽宮觀劇。二鼓後猶見星，乃又下雨，恐鄉間又有爛秧事，則可慮矣。報以飄匪牽及學生爲譌言，而黃漢不知何人，云未獲。

四　月

初一（24日）

微雨。屬星期之二日，學堂無事。録《詩》二條。閱報，江西按察使着秦炳直補授，可謂楚人失弓，楚人得之。嚴範生辭侍郎，不准，蓋以破格，爲人所怪，故不能不有此辭。報又云學部爲喬樹枏主持，嚴不能與爭，或亦爲此。茂萱既主事，何無一章程頒下也？下午到仁壽宮。夜大雨。

初二（25日）

雨不止，不能往高等。聞前日水略退，恐又漲矣。録《詩》二條，意在折衷前人之説，分別其是與非，顧力不逮耳。寄復小鶴及正卿，又曹小渠各一函。小鶴見總辦，無話説，想飯碗可保。任毓焘來函，假旅費。

初三（26日）

天明大雷雨。午刻到師範，講一小時。經詒云汪推我與伯卿。歸見知單並稟稿，請列名稟學務處，以立辦公所事，鄉舉五人，有黃、謝、張、陳，而無子俊，想不願當，已辭脱矣。録《詩》一條。唐某又錄《書》義一卷來，付洋弍元，並《詩》義一卷使錄之。久雨道滑①，遂致傾跌，幸而無礙。校《書》義一過。

初四（27日）

雨不止。錄《詩》一條。黃躬父來，將考政治，報名已六千矣。望之來，云李六先生任滿歸家，其母與兄同歸，坐民船，已至新隄。丁福亭先來，過靖港，划子上溺死，可憐。公甫云昨高等有划子淹斃十餘人之事，不知確否。如確，則此道路有戒心矣。達三云已入仕學館，胡子清爲講友，而警務事撤去，爲徐某所擠，恐亦有自誤之處也。仍搬入我家，又欲回江西，均聽之。毛懷德來，云已講羅家祠堂劉某，須加價，一萬頁並裝釘要弍千四百文，昏須十八元一擔，屬買半擔。連秩三來，云考優學臺已送前三名，小學宮止一二十人，鄉人故有索八錢之議。

初五（28日）

又雨。見報，各省學政回京供職，則考優不確矣。提學使管學堂事，將來是外放是内放尚無明文。到師範，講二小時。歸錄《詩》一條，未畢。燈下閲《挈經集》，説"頌"字極是，而以《肆夏》爲詩，似非。

初六（29日）

雨。是日星期。劉菊生、黃雨植來。菊有病，頗苦學生課重，云大水淹彼食堂。雨植云彼學堂尤嚴，至食不飽，聞呼即起。仲玉屬保結送我寫，爲寫與之。渠帥又約香帥保俞壽丞，豈此間竟無此才耶？公甫來，云明日入師範，考法政名爲黃離耀。出君甫信，三月初一被盜，送賊到縣，屬致任緝臣一函，爲寫付之。錄《詩》二條。述卿來，交獻廷之姪二名條，又以其女欲入幼稚園，屬爲報名。蕭詩孫來，云簡易科已開學，學科無東、西文。任佩

---

① "雨"，原誤作"跌"，據文義改。

瓊來，云將往上海，求川貲，實不能應。夜夢寫對子，其文云：
"化俗開通，隨時動靜；證人忠孝，壽世神仙。"不解所謂。夜大
雨不止。達三搬來。

初七（30 日）

雨。錄《詩》二條。到中學，講二小時。云以黃溪辭監督停
課數日，亦由大水淹浸，今始開講。問政法考，云由陶惠叔、陳鳳
光主辦。陳爲樹藩之姪。樹藩現住湘陰師範，將找之。胡仁山
寫捐，只得賻二元。李教習分訃亦只好送一竿。郭桐伯請初十
未刻假座蔭園。閱報，貢院中開學務總會，舉桐伯爲總辦，組安
爲會辦，伯葵爲提調，未知是議此否。堯衢降二級，只得一知府，
得意豈可恃耶？達三云省河又壞船四隻。

初八（5 月 1 日）

雨不住。師範又改期，四日五時，六日四、五時，五時一點至
二點也。錄《詩》一條，《詩》初畢矣。下午到仁壽宮。龔瓊山仍
在黃宅教書。是日晚晴。

初九（2 日）

晴。水仍未退。閱報，云房屋多坍，船多壞。街坊募捐，發
粥捐米一擔，云數十年未有如此大水。陳小圃來，云現移落星田
靈官巷舊居，高升巷水數尺矣。吉兒來信，云彼處雨晴不常，有
疫症，未嘗云水災；秦當引見，或江訒吾署臬，梁已回去，不知方
伯如何。金女仍思歸，祥女亦欲歸，或同行。彼不知達三差事已
撤，當告之，特致一函。到陳樹藩處，見我舊居規模大異，講堂即
在祖母所住，並打通堂屋。中學生八十人，多樓居。其姪是政法
教習，胡少潛副監督，不如找胡。胡即住儲備倉。明日蔭園爲請
葵園。桐伯擬辭學會總辦，此無薪貲者也。到城上看水，游人甚
衆。玉昆來，云彼亦辭漁灣市學堂，學堂即李荇仙前所居也。善
學堂招考廿四日，現止二十餘人。馮一辭火食，不肯包，以人太

少、小菜太貴。高等又有風潮。岳州學生攻周道腴，有寧鄉周某傳遞，已開缺，復留，岳州葛夏擬作文，無傳遞實跡，反開缺，不知善如何以處之。達三云史家坡有水，墓廬又可危矣。

初十（3日）

雨，又晴。毛懷德來，買㮿半擔，五十刀，價玖元。喚劉姓來，約明日來印書，擬印詩文三十部、《引經考》三十部。龔恒春來，約明日發穀。午後到師範，講一小時。歸午飯。到鹿泉處診視，微有寒滯。到善如處，不晤。赴蔭園郭桐伯席，到者只陳樹藩、王達。葵園後至，云《經學歷史》已發刻，《經學通論》成，許並刻，四年未刻書，積貲多矣。南路爭歂發刻議論，云有學生直達學部，張與曾士元最善，徇其意，故致此，未知張去後能翻案否。葵園不理圖書館事，云善如《歷史》自知有誤，欲改正乃再刻。勉南欲我爲之，我非不能，實不暇也，《五經通論》成再看。勉南云有能刻銅板者。夜歸，又大雨。

十一（4日）

雨。史恒章之子來，報墓廬全坍，其父欲投水，捆之樹上，亦可憫矣。達卿昨來猶慮及此，今果然，奈何？除非一切復舊，留錢爲脩屋計，子漁恐有後言，處置洵不易也。致書善如、少潛，爲黃、沈遞名條。善如回書，允爲轉交閱卷諸公。閱報，言湘潭水災尤重，十四、五總又有火災，未知重元家何如。省城學堂多停課，公甫、菊生何未見來？錄講義二道，以中學須講二次也。印工來，已開印。買㮿稍潔，又力薄，奈何？下午善如來，取《書論》閱之，云須立題目，加圈點，分段宜短，乃便人閱。段有可分，有不可分，惟題目可立耳。高等事似爲周所蒙，彼意亦不甚以周、鄒爲然，不過面子上顧全而已。

十二（5日）

黃運機來，言爲人竊名，並爲人冒名，現學務處照會除名，是周恨其發告白之故,冒名者彭德材,縣已收押,求致縣據實詳學務處。飯後到師範,講二小時。閱報,法於三大吏外更須處分府、縣、參將,又紳士三人革職,賠七十三萬,又須紳士賠禮,立紀念碑。南昌熊元鍔死於上海,豈即夏氏壻耶? 歸午飯。黃又來求信,學務處批交善化提究,不得已爲致數行,恐無益也。幹庭函來,索《金石索》,云張小圃浙江提學,湖南爲吳絅齋,未知確否。《孽經集》"書不盡言"一條可補入《易》,《列女傳》"太姒"一條可補入《詩》,記之。達三云熊是其姑丈,比達三止長三歲,尚無子,人才真可惜也。

十三(6日)

　　立夏。晴。録《春秋》一條。黃躬父、雨植、劉菊生來,云湘潭失火、出蛟皆無其事。菊生豫備科有水患,停課,散居客寓。陳樹藩來,云黃氏試館今開學,論高等事,頗不謂然。羅綏生來送脩,云善如已到學堂,學堂人以黃爲屈,照會所説太過,黃未曠課,有册可稽。此是公論,不知善如何以處之。看水退,十六能去否? 黃惺甫函來,請爲鄭某作壽文。

十四(7日)

　　陰。述卿邀同到蒙養院,見馮哲夫,女孩子體操頗可觀。幹庭亦來送其家女孩報名,云將北上。璞三云米捐停辦,不扣薪水。午後往中學,講二小時。胡仁山式元交李衛君,而李果侯之母亦送一竿。又李幹臣之父亦來訃,不知從何處寄。聞龍家被水,將移住小瀛洲,其家四散,淹斃一僕。報云回水灣一口計撈刀九百六十,又聞郴州死二千餘,不知確否。報云現議府、縣以下官可參用地方人,果爾,當喚吉兒歸來。小圃放浙江提學尚無明文,幹庭云不可信。三紳士即歐陽霖、雷恒、梅台源,而鄒凌瀚交地方管束。徐冠玉未有來湘之信。徐小谷已死。江西人才不可惜乎?

十五（8 日）

晴。爲鄭母作壽文，未成。以《金石索》歸幹庭，云廿四日起程。到熊宅，火公會，未刻後歸。明日擬過麓山，皆云水未退，不可去。八吉沖堂期，葬期又改月底，不言及分訃。碧蓮和尚來，云已動工，一切更昂，字未改寫。夜五心煩熱，不寐。

十六（9 日）

晨起覺頭昏腿軟，未敢出門。壽文續成，録出。閲報，胡子靖等又有商務學堂之稟，即在明德，不知明德已淹坍矣。快車由漢到京止兩日夜，真縮地法哉！栗樵撤差。史家巷牆坍，幸未傷人。

十七（10 日）

晴，忽陰。報言周鏡漁太守儒臣及善邑侯王章祺文淵均到省，須打聽何日接印、有迎送之局否。株洲小輪炸裂，可畏哉！録講義三道。江學尹來，云高等覆試已取，今將往繳學費，須保人自書狀，乃寫一函與周道生，俟廿三來親書。江云前已開除者不能復，但使周某勿再來耳。

十八（11 日）

録《春秋》二條，用《公羊》説，解以平正之詞。定廿二請會酒。廿二蒙養院舉行周年紀念會，致馮哲夫，取票四張。達三云將與仕學館對易，何若是之好紛更也？發穀四十餘石，計尚存捌石餘，餘皆歸小鶴，而予所存礁坊穀可吃至七月。小鶴來函，云伊事不礙，得上憲信之力，而正卿大西門棚缺在裁撤之列，俟見耳東道謝，並爲正卿言之。

十九（12 日）

晴雨不常。録一條。到師範，講二小時。閲報，立憲已合奏，以五年爲期，一定宗旨，二地方自治，三定集會議説權限，或可見之實行。提學使位三品，與按察同。立六課，以官紳充辦。

議紳四人，聘紳士。議長一人，由學部派，恐非祭酒莫屬。提學使亦由學部奏放。江藩云將放朱家寶。人未始擬永不叙用，並追及施南事，今猶改輕。云已議妥，一認江令自刎，一賠欵四十萬，一懲辦三紳士。《日報》《時務報》皆云然。又云不確，恐未必不確也。嚴幾道爲熊季廉開追悼會，請西醫割肝癥致死，云有七個月遺腹，或尚有後望。

二十（13日）

星期。到耳東處，云常局未見公事到，恐裁撤則不能禁，遞名條，求早設法，爲留一噉飯處，小鶴事云前爲言之。幹庭廿四准行，邀廿二便酌。到汪太史處，云辦公處學務來照會已退，屬以府、縣新到有迎送局可知會，入一分。云長邑亦將交卸，大約可同請也。歸遇雨。達三本約觀劇，以雨不去。録《春秋》一條。擬作一書賀張埜丈、瞿中堂。

廿一（14日）

張、瞿書成，並各寄《集》一部；致彝仲一書，寄《引經考》一部，送交幹庭帶去。達三云有人到江西，趕寄一帋，並《引經考》交彼。午刻到中學堂，講二小時。歸校《詩論》，未畢。善化今日接印，云長沙換陳吳萃。閱報，又有學部覆電湘撫言考優事，學政裁，如何考？殆亦如天之乍晴乍雨耶？報云湘潭水災最苦。龍家已搬至席祠，當往看看莫溪。

廿二（15日）

飯後往蒙養院，觀者甚多，已過六七回矣。天大晴，俄而雨至，匆匆蕆事，遂歸。子餘來拜，云住天妃宮。善餘前日過河來，明日不雨當往嶽也。是日請會酒。俞小陔不來，送銀票十弎兩來，即過繼陔輔者。鐵樵一分歸達卿，兩分共五十兩，已來卅四兩三錢七分。俊卿來十弎兩。吉兒來信，加查輪船差，廿金。

廿三（16日）

又大雷雨，過河不成。出拜客，到黃子餘、王大令，不晤。晤俞可人，爲中律教習發講義，而官不上堂。到幹庭處，始知頌年放江西提學，而湖南又放吳慶坻，支放浙江。到孟萊家，見老太道喜，甚歡悦，大約將同往江。到述貞處，彼尚不知，甸侯初八起程，月底可到。到善餘、小圃、周鏡漁太守處，皆不晤。歸作書告吉兒，屬加捐趁機會。

廿四（17日）

發江西信。録《論》二條。往師範，講一小時。仁壽宮有戲，言無，往申飭之。

廿五（18日）

晴。席祠傳人，往則爲學總會事。郭、譚恐學界中不服，特演説告人。現欲改貢院房子爲學會，俟以待提學來方合。人未將歸，要屋，中學須搬。荚溪推郢生接辦，其家只書損壞，無大損。李幹臣處奠敬送貢院西街靖州會館楚怡學堂陳夙芳收。湖南學堂廿七招考。棣威來，爲其子越求考取，又欲在省謀事，又李家以田契押銀，皆不易易。飯後往園觀劇。

廿六（19日）

拜學使，未晤。晤黃子餘，甚以變法爲不然，謂香帥借洋債千餘萬。若然，誠非善策。祗及女學，則全不知外事矣。往師範，講二小時。閲報，南昌亦有水災，風神廟南豐試館牆倒，死傷數人，豐城圍坍二十餘丈，天氣甚冷。人未入京，錫署。江案緩畫押，呂使已去，未必能翻。英索四萬金，辦四凶手，爲教士立碑，不及其他。端、戴閏月初一即歸。德皇云立憲尤須尚武，甚是。子餘云練兵無實際，外國人恭惟不可恃，似乎有見。寫挽聯送周綏常，送李乙元交陳夙芳。以黃越轉託秩華，予未與邑侯見面也。昨所議晤桐伯，云無他説，馬正吾以爲不然，現議各路舉人,不知如何舉法。昨見趙孟剛,在戲園受傷。不知幹庭去否。

廿七(20日)

爲先大父生日,又先慈忌日,設祭二次。昨聞嬸母跌倒,飯後往視,人幸無恙,惟拗筋,甚痛。俊卿至,因邀五、九二弟同來與祭,共飲。

廿八(21日)

録《春秋》未畢。葵園送《歷史》底本至,校一過,多誤字。往中學試驗。周郢生本日接事。廖麓樵至,云將找西牌樓沈廣泰屋子。試畢往園,俊卿已定坐。看《洛陽橋》,不佳,散早。

廿九(22日)

覆校《經史》,送葵園處,並《漢碑考》。又譚、郭、周、陳各處。閲試驗卷,填分數。閲報,江西亦有水災,藩幕華君牧逃走,南康激變。聞米至十竿,比湖南又增倍,未必如是之甚。

閏四月

初一(23日)

早飯過河,見學生紛紛同去。過河,見各學堂生列隊迎接,知爲迎陳天華柩,今日必不上課,已至此,且到學堂。見善餘,久談,見示張小圃書,甚不以學生爲然,而不能禁止,何也？善屬書近作於扇面,又屬借《明詩》抄楊一清作,並《四書改錯平》。午飯後歸,過仁壽宮觀劇。歸作詩四首贈善餘,擬書扇面。

初二(24日)

晴。録《春秋論》。《歷史》有應改者,"司空掾"誤作"司馬","寓褒貶一字之中","寓"改"有","中"改"文",誌之。《公羊》義有可疑者,如鄫季姬、單伯淫子叔姬,叔術妻嫂之類,皆不見於董子書,或後師附益之説也。午後往師範,講一小時。

已定試驗十三日起，十六、十八爲予試驗之期。下午校所録《詩論》。

初三（25日）

録《春秋論》。往府正街看嬸母病，猶覺痛，恐非日内能愈。歸而陳璞老來，談湖南災荒可危，當亟採買。碧蓮來，云已入廟，脩理將畢矣。伊志甚大，欲贖回二處地方，能做到甚好。吉人信又到，並寄物。諸孫有信，欲買地圖、釶、筆，俟往作民譯社觀之。人未有復書來，罷官乃復，可畏！可畏！

初四（26日）

復吉人一函，並示二女。到師範二小時。閲報，言湖南大水爲三百年所無，上海謀爲賑濟。提學使未出洋者須出洋三月方到任，考優仍歸提學，皆疑莫能明。香帥以子餘所參，解説甚辨。鎮江買鐵路股票甚踊躍，已有萬股，或湖北之票乎？瞿舜英取備取，須俟缺出，現在學堂難入如此。歸午飯。欲到善化小學，馮一言學生要打俞監督，擬往一觀，而大雨如注。雨稍止乃往，人已將散。俞云須全班開除，有父兄保仍可留，亦尚活動。馮一云學生鬧一夜，擬聯名告人則。此人則教猱升木也。

初五（27日）

星期。書扇，録《論》。玉昆來。黃公甫、雨植來，云君甫到縣，求轉懇賀處致信任輯臣。葬陳事，以紳士致渠帥，有"天華何如人，嶽麓何如地"之言，渠帥要辦人，有已捕三人語，且已電奏。學生亦發電，又在天心閣議，前日學堂人不往者，要逐其監督。無狀至此，此番不整頓，必不可也。葵園送《歷史》來，覆校一過。

初六（28日）

晴。到府正街，問三嬸痛未止，羅四已病危矣。找鳳九至，允爲致任。到鹿泉處，是風寒，非水虧，且試服之。到集益，問鄒圖，只《中外全圖》六元四、《五洲總圖》六角四，無六洲名目。到中學，講二小時。云已看東茅巷、黎家坡二處，價須萬金，且須起造，現擬不到城外，即在城內亦好。歸而馮一來，云學生請各學堂説情。躬父來，云聞回電有"已往不究，以後須加約束"等語，未知確否。善如已過河，無從問之。

初七（29日）

微雨，下午晴。天氣甚寒，恐水勢未已。報云常德城不没者三版，則下游又可危。瀏陽等處、湘陰、醴陵皆搶刮，尤可慮也。撫示有採買之説，米價已五千六百，奈何？碧和尚送字來。小鶴來信，欲歸考，可笑。炳生事當見岳凡言之。明日本擬過河，善餘明日三下鐘請學堂諸人，不知何意。送葬事，不知了妥否。馮一來，言善化事未妥，小學堂皆停課，皆非好消息。録《春秋》三道。

初八（30日）

過河到高等，以扇面、《明詩》二卷付善如。觀子大爲善餘書扇，亦是贈二詩，皆工。學生又貼字條，謀抵制遷葬事。學務出示，語極和平，但云阻撓亦須拿辦，無即拿辦之文，善餘以爲官不肯辦人。葵園亦咎張，與張早絶交。大約張去吳來，事必有變，亦望其一變也。鄒价人於此事不謂然，足見新化亦不袒。道腴亦不謂然，不知言由衷否①。首禍四人皆非學界，亦不難辦。講後留飲，爲加芝餞行。善餘言放財政大臣爲英人所阻，主權之失如此。以《左氏兵略史》見贈。歸已暝矣。

初九（31日）

録《春秋》二道。到師範，講一時，十一試驗。閲報，岑留，于、汪二學使爲提學，恐未必行。米價已上六竿，外無米來，急須

---

① "否"，原闕，據文義補。

採買,下游又急,奈何?

初十(6月1日)

　　錄《春秋》二道。李兆基來,索小泉米債,託以盛家灣事,云有便人去,當呼之來,可先着人催,乃書數字,專一人去。復小鶴一函。

十一(2日)

　　錄《春秋》一道,畢。到師範,云五月乃試驗,仍講二時。閱報,又將設巡警司。次帥改官制,去藩、臬名目,人疑更張太過。江令又有手書出現,香帥據以爭。今於上海合各國會議,江西官紳及江家屬俱往候訊。江西水亦大,守隄人淹死四十,豐城船直入大堂。鎮江米五元,松江六元二,上海六元四,價並昂。歸,路上甚熱。校所錄零星文詞。各省貢院改歸學部建立學堂,已見明文,湖南未知如何改法。聞郭、譚二人以此次風潮由學界外人干涉,辭不辦。黃子餘已行。此等事儘可出奏,諸公何惴惴之甚也?岳帆來,云所葬在山後陘上,其下亦有墳,乃前日齋夫諸人葬處。此事似不關緊要,特聚衆千數可駭耳。張曾出洋,俟莊引見後乃交卸。張欲傳各監督到麓共議,中峰止之,且俟從容。以講義付岳帆,前所言大約代達矣。炳生云半日學堂因俞哄教習加脩,彼上稟又痛駁,故停課,且述俞歷史。

十二(3日)

　　星期。補《春秋》一篇。發沅江信。天氣大熱,已過九十分。閱報,仁和師又乞假,再賞假一月,此老可以退矣。中俄約尚未成,威海未退,奉天主權未收回。稅務大臣,英有違言。江西教案未了,未可高枕,而吾湘尤可危。專人到張四處,云節後來了,無可如何。

十三(4日)

　　飯後到謝處,又葉、陳,不晤。到府正街,問陳未過河。到中學,講二小時。周乃武開缺,此人本不靖者。中學將買府學宮邊王顛子屋,計一萬,又七千脩理,城外作罷論矣。歸見吉兒信。達三云乃伯將往江西,寫信一函,買中外地圖送交小泉。而達三來,云乃伯往江西否未定,遂仍取回。乃伯名敬中,字蔭孫,即謙伯之父,宦況甚窘。

十四(5日)

錄講義二道,爲中學用,中學須講二道。閱報,生員考巡典事由各州縣會同教官保送,由提學使分二場考試,一場試經義、策論,取稍寬,二場試時務策二篇,當如額。在考優生之後,則儘可從容矣。發江西信。師範講期又改。

十五(6日)

早過河,至高等,講一時。善如云高等生尚安靖,而城內學堂時來告白,以致鬨動。戚澹香來,不知與善如何事密談,恐亦是爲此事。有出洋歸傅念恃者,云陳之死本無甚關繫,伊等立維持會,起先止一二百人,而彼會數千人,俄而多歸此會,彼等昌言無忌,挽陳聯尤無忌。彼歸不久,不知此地内容更甚。善如以爲圖書館辦成再請人捐書,加脩房屋似已成功,俟觀之。午飯歸,便道觀劇。夜大雷雨。

十六(7日)

因師範改九點鐘,趕去則又改矣。閱報,見上有恙,云已痊,又云尚未,近將園居。放提學所説不同,支被參,吳不欲來。聞之組安,在京諸人立會,研究一二月再出洋。京城禁謠言。袁大京兆已覆商會,應承總理。各省米皆六元上下,杭州有搶米店事。江西大水,樟樹被淹,吾老家必不免。教案改威偪自刎,江手書已照出,或可即此定案矣。飯後講二小時。聞學生食粥,高等亦有是説,未知見施行否。馮一事已告言某矣。歸午飯,以晏,不欲觀劇。予亦困憊,稍臥,似停滯,氣痛。甯協萬來辭,不見。

十七（8日）

録講義一道。小鶴又來信，爲潘某託考府中學事，未聞招考，復一函。聞人未來，住艸潮門劉定夫隔壁，洋鐵筒即彼所帶也。下午到園觀《斗牛宫》，不佳，且有事停演。夜又雨。

十八（9日）

雨。到師範，講一小時。詩孫以所著日本書見贈，爲之興歎。江督電請裁漕二十萬石以濟東南，袁請上海再賑湘五萬，已北上矣。吳飭江藩禀報出入總數，並屬各局上條陳。此舉有利有害，吉兒未知能上否，不上亦是穩著。黄朽已交卸矣。又有提學免到東學習之説。

十九（10日）

雨，下午稍止。碧蓮來，云兩佃家有摺子，請發，須俟子漁人來，將字寄去。碧云朱家運米到，在長春棧發，三十文一升，出入印手爲記。現米價少三百矣。閲報，米捐大紳已寫，如到我處，須寫數千。有電到江南，辦十萬石，云現三數或零一，須趕銀去，遲恐加價。潘雲笙來，住黄氏試館，告以府中學不招考，云欲入高等，願出銀，俟往問之。雨植、菊生來，云公略之子已死，何彼家之不利也？公甫已歸，不知官事問否。云香帥委員來，使學生蓄辮，已剃者與銀一兩買假辮，不願者開除。此公此舉可云差强人意矣。黄敬輿寫中堂聯語送來。

二十（11日）

周四來，問八吉沖事。問學務，云張因趙電催，將往，不日交卸，擬况接臬司。學務中峰自辦，圖書館事中峰不謂然，恐難持久。善如暑假將去，到上海見午帥，渠意欲去湘，云汪可不出洋，未知確否。八吉沖俄有信來，要籌二百餘金方能喪葬，以愛莫能助復之。到中學，講二小時，云廿七停講，初七試驗。游學預備科將停辦，香帥委員來查學務屬實。中學看地未定，小東茅巷有房子可佃，並無招考之説。歸而小雨，俄又開霽。潘雲笙送酒、點心，家人誤以爲少廉而收之，後日如過河，將問能補入否。夜雨不止。聞余某云寶慶吃泥土，多餓死，爲之悚然。

廿一（12 日）

雨。改《詩論》一條。檢《西河集》閲之，其特識真可佩，而如士昏禮之舅姑迎婦，則誠如百詩所云私造典禮矣；廟制多一遷廟，亦未是。恨古人不見我，誠然。大雨一日，水又長矣。得吉人十四函，云于某將往江西，秦將到任，米價四千八百。

廿二（13 日）

冒風雨渡河，則又停課，因二生以謝某生瘡，以爲毒，於講堂拉下，將二生開缺，並及舊班數人，遂啟風潮。善如辦移交，決辭，使先放假，以後可不去矣。歸又水長數尺，南風甚大①。來去已閲三時，戲園已停，遂歸。問于某節後始行，余充鐵路總辦。正卿來，爲裁局事。

廿三（14 日）

飯後往采臣處，云巷内歸成之松順總佃。到成之處，不晤。到陳觀誉處，見冠玉，云來時江西並無水災，幹庭走海道遇風，以同人要到上海之故。見陳，爲遞名條，云前已致書，未便再致，俟彼稟上再説。俞補鎮篔，頗發牢騷。朱兼署臬，大約不久。余即住米捐局内。江藩有顏小夏之信。歸見惺府請帖，又討老婆，只説寫對送禮②。張煤拐以立生控累，求緩頰。予未見邑侯，恐難耳。到師範，講二時，云初二試驗一班。有信來，譚亦欲辭。經詒、詠霓、儀陸皆將辭監督，一齊散去，亦是佳事。

---

① "大"，原誤作"水"，據文義改。
② "只説"，似當作"只得"、"只好"。

廿四（15 日）

飯後出拜客，到縣，未見。到實業，見詠霓，爲羅氏子遞條，云報名四千人，止取卅六，難矣。道腴亦在，言高等事原委甚悉，善如已入城，出示即放假矣。見葵園，略談諸事，以我輩仍著書相勖。到孟萊處，云乃叔節後將行，尚須出洋，發欵止四百金，已別佃大房子。述貞親家在彼，問及其家人病事，遂不往彼。見堯衢致謝，云屢次提及，而方伯唯唯，臨行故有此委，鐵路事未定議。招飲，堅辭。見周太尊，略言學校事，頗以爲難。俞、朱、張、李皆不晤。朱兼署，張起程尚無明文，云須詢問香帥。府學保舉生員，太尊云未見明文。歸見師範定初二午後一時速成試驗，中學初九八、九二時試驗。于洪熙來，相左。采臣來，壽兒與同看巷口並無豬樓。

廿五（16 日）

晴，又雨。報云有蟲災，謂此也。善餘將歸，函邀廿八一叙，並請堯衢。到師範，云已停，昨未審視之故。馬振吾云組安決辭，舉我自代，我亦再三辭之，如果人皆推戴再説。歸買采一條，明日開采，試看。堯衢退帖，達三往拜，不見。善餘未退帖，擬請譚、郭。

廿六（17 日）

飯後到府正街，集益買地圖。遇羅十先生交束脩，云馬某爲鄒惡詈，足見辦事必不可用私人，當以爲戒。到學務處，路上已接陳回信，退帖，乃見陳，遇廉訪在彼，云以母老將歸家一轉。窺其意，不欲往奉天，不知能運動否。云下半期將先約學生以從規則，恐亦陽奉陰違。陳以事皆由鄒主持，此一訟棍，何能當教員？皆圍吉援黨與所致，而二人又決裂，豈小人同本如是耶？圍吉將謀出洋。組安以速成考驗在彼，有欲予擔任之語，可見振吾之語有因。予非約法三章，必不孟浪任事。云張去後中峰自辦，不知

如何辦法。陳云此時尚不擬去，以圖書館開辦有事。若然，則請
客俟節後可矣。歸午飯。寫賀子質一函，並致吉兒。

廿七（18日）

封寄江西十六號信。鏡青至，云聞江西又有暴動，因凶手正
法洋人監斬所致。教案尚未了結，何遽正法？恐未確也。聞龍
陽、益陽有會匪，地方官不敢辦，勾引饑民，大有可慮。皇倉穀只
存六萬，數日即盡，何以處之？陳申甫由龍陽來省，蓋避亂也。
學宮明日又傳人，爲學務辦公事。

廿八（19日）

漸熱，日中將九十分。録《禮論》一條。見提學章程，分六
課，課長五品，副長六品，勸學所七品。蕭詩孫以請立紳學章程
送閱，其説甚是，特未知能否實行。陸詠霓來，云昨日考又鬧事，
有遲來未報名者必欲與考，共四千餘人，條已代遞。此人近日議
論頗正，豈見我等爲此言耶？亦任事不得不然耶？下午到學宮，
仍推桐伯總董。桐伯以將東渡辭，欲索房子爲辦公及小學之地。
房子説妥，不知費從何出。孟萊到，云乃叔廿六起程，途中有耽
擱，六月初可回省，房子不改佃。稚荃云江西辦米三萬，價式兩
八錢。暴動之事云有所聞，不知確否。

廿九（20日）

李衛君來，退胡仁山式元，云已去矣，伊薦余某自代，不欲再
去。周郢生、廖麓樵皆欲辭。唐某送來所鈔式卷，復持一卷去，
付一元。臬臺今日交卸。致冠玉問江西事。江耕莘送禮三色
來，將歸。問學堂事，云監學有過當處，謝下講堂，非學生所拉，
由英文教習使下，道腴挾前忿，責學生太急。不知監督何以不先
問教習，未免疏失，辦學堂者當戒之。下午璞老來，云聞俞秩華
捆送學務。到廖蓀畦處，云張廉訪將歸，放起身炮，即指俞事。
唐季山至，言高等事由二監學皆市儈，道腴私人，馬則監督私人，

以致生事，與江、汪所説合。

三十（21日）

出晤璞老，談人則事。到學務，見善餘。善餘以今日當言德育，不得以風流罪過爲解，可見中國人格之卑。人則已撤差。其送來，額標"嫖"字，赤體書官銜、姓名，背插標，且照相於女人胯下，可謂辱極。而省城夜間聚衆數百，警察與官不問，亦不成事極矣。過府正街，見芹妹，鄉下仍無定期。

五　月

初一（22日）

録《禮論》三篇。吉兒信來，江省無事，已上稟求調濟，以文案年滿可得税差。圍吉大約不妥，秦尚未到，恐歸。署梟錫署，錫、周頗好，當可蟬聯。以加通判爲無益，俟再商之。楊廷傑西屏來，求薦汪處。戴國華來，求補學生，免出費。連秩三來，又送點心。予適出，未見面。欲往俞家問候，行至小瀛洲，龍八不在家，天雨，遂歸。夜大雨。

初二（23日）

雨。録《論》二條。到師範，試驗速成三十八人，惟曹作奎頗通經學，不知何處人。以《集》贈馬正吾、胡少潛、蕭詩蓀。前有名單，云天心閣議學會舉教員，予舉詩蓀。正吾自閣歸，云郭、譚均不到，無成議。是日先慈生日，亟歸設祭。計明年八旬，當作冥壽矣。邀陳申甫小酌後，閲十來卷。

初三（24日）

閲畢，有甚不行者，何能算畢業也？脩業監督王楨幹復循來，言人則既敗，善化學務仍須舉辦，所見亦是，但無人耳。云將同經詒到奉找次帥。府中學堂來函，云嫖案一出，學生又起衝

突，已趨初一散學，並不試驗，初九可以不往。如此不靖，惟有一
齊解散，可謂破壞再成立，諸生必起而邀求矣。報云昨日演説，
公舉禹之謨、鄒代藩①，奈何？公甫來，因試驗，明日仍趨回過
節，其鄉尚頗安靜，亦在辦賑。曹作奎湘潭人，甚拜服我，足見我
眼力之不謬。莊悍安聞不來，朱不肯兼署，張已開船過對岸矣。

初四（25日）

　　師範請明日，中學請初六徐長興。有陳星述鳳岡來拜，幼梅
本家，自洪江來，言辰、沅穀米多，屬其何不上條陳到彼採買。達
三請函致幼梅謀差事，爲致一函。此節賑不多，不過百竿開銷，
已不易矣。陳樹藩來辭行，節後即往日本。監督學桐伯、祖安、
道腴、詠霓皆將去。學會爲西、南路吵散，當此時猶不脱畛域之
見。中路師範擬蕭詩孫，學生意仍在予。予固不欲爲之，詩孫遂
足以勝任乎？達卿來歸會項。

初五（26日）

　　晴，漸熱。師範催客，不往。府中學改初七。于秉郇來，送
乃祖詞，久談。雨植、菊生來。俊卿來，云承伯早歸接眷，介卿亦
欲同去，幹庭家眷亦擬往。承伯未來見我。

初六（27日）

　　録三篇。下午雨，復晴。問于磻溪行期未定，旬侯將歸。

初七（28日）

　　師範試驗文科。組安云民會舉禹之謨爲會長，以後事更不可
爲，詩蓀與彼同鄉，或猶可辦。頌年由粵東徑出洋，未知確否。晤
郇生，云不確，頃見孟萊，未聞此説，其子游學東瀛甚好。善學堂
事云已推湯、李，鐵路俟袁來，余將來必幫辦。中學仍在城外，仿
余子昭七千金辦法。可人發告白，有"繡妓橫陳"語，何不通至此？

---

① "代"，原誤作"价"，鄒代藩字价人，據改。

璞老來,以禁會爲難,陳申華事似非此團可問。知單來,傳初九午後一時議善學堂事。閱試驗卷,有大悖謬者。予若辦學堂,此等人必開除,開除必大鬧,故予必不辦也。師範云明日,又云後日,且看天氣。雨植來,云初十放假,請致仲玉加分數,辭以不能。

初八(29日)

閱試卷畢,楊開育、毛仞翔極悖謬,誌之。師範來請,再試理科畢,歸閱,粗畢。蓀畡來,以《珠泉艸廬圖》索題,譚事許爲留意,云湘鄉報搶,並傷事主,帶兩稍人去,而彼處聚衆已三千,若一敗,則事危矣。現捐欵數十萬,辦米廿餘萬石,儘足。今年水災實不甚重,並未餓死人。任觀督不肯多僱,船未來,不能應急,遲則可不用矣。二王請與美人淘金,沿河兩岸皆將屬人,幸香帥能痛斥之,不料葵園亦如此也。冠玉來,云江西辦米爲所阻,屬以有歸江西者以告,爲書對,並書扇二柄。熱度九十一分。夜城外火災。

初九(30日)

師範約初十六時撮影。卷覆校,加批。是日高太恭人生日。善學堂傳人,到一轉,而甯協萬居然發議論,欲以余覺民所辦之民立中學學生拼入中學。乃知甯、余來拜,皆有道理,蓋彼所辦不能下臺,欲藉此卸肩也。舉堂長,予舉迪魯,迪魯不就。衆舉孟萊,辭以皆出洋,已辭差,渠帥發五百元,俟乃叔到即行,或是實事。孟萊推湯稚安,稚安亦必不就。此等狂妄敢於張口,予以後亦不復到善學矣。達卿來,云子漁欲彼下鄉。

初十(7月1日)

師範約照相,往已照過矣。見冕南,談善學堂事,伊亦甚以余、甯爲不然,必不得已,許尚可辦。是日師範簡易科畢業,請朱廉訪,發傳單。欲往參觀,到妙高峰演說一番。朱亦演說,其音甚細。歸甚熱。報言江西教案已了。吉兒來信,並致人未及汪九公、孟萊函,着人送去。將題珠泉詩寫好。致吉兒一函。玉昆來，談俞事，亦云余、甯必不可入學堂，伊事幾爲余破壞。彝仲暑假將歸，京中編書需供事甚多，伊欲往，半日各學已委余子昭、周菱生。

十一（2日）

發江西信十七號。又復小鶴一函。題圖詩寫好送去。請雨植，已不辭而去矣。師範今日學生考薮，不往。昨見伯葵，言圖書館已脩好，欲請中峰往視工程，以賑務、學務事未允。明日師範速成卒業，恐亦未必至也。聞將使各府、縣學堂各歸各處，則省城食用、佃錢皆省，且解散其黨一半矣，但須趁此時嚴示之。孔三以商會爲集洋股，殊不達事理。

十二（3日）

大熱。張蟹蘆來賀節一函，復之。鄧又彌來取詩，與之，云黃子餘薦往衡州，即去也。到師範，則已行卒業。官畏熱，早到，入席矣。予等亦入席，與蕭、言、廖、俞談學務，蕭又將出洋，經詒云仍請熊爲堂長，公稟請我列名。甯合併之説，彼亦不以爲然。胡子靖來，仍將去。歸而熊至，已允諾矣。黃九嫂來，云于磻溪此刻不行。棟威求學務事，如何能得？連秩三來，云善化舉優十餘人，有七月考之説，學臺處仍須二兩餘，極可笑。高等有曾熙之説。甯夜至，必欲十五一到，招學簡章居然監督，澗哉！

十三（4日）

録《禮》一條。周傳禮來求事，以實告之，不欲如秩華之輕諾也。羅氏兄弟來投街鄰，以唐當屋於江西萬某，價五千，催出屋，或即萬兆莘耶？甸侯來，云乃叔已到衡，念恟父子事，老姨太尚不知如何説法。我所寄詞，彼未收到，告以往江西事，云不知東家留否。此時吉兒能得事最好，遲恐汪幼安得缺，又不能脱身矣。汪報館人才，現住大古道巷。得芟斿示子信，無信與我。伊不欲其子歸,放假後又作麼生也? 熱至九十二度。

十四(5日)

將詞三首錄出,送甸侯轉交汪幼安。甯楚善請明日九時,人甚多,須一往觀。錄《禮》一篇。張啟芳來,議定秋後歸租拾壹石,寫有字。

十五(6日)

錄《禮》一篇。到君華處,略談,云彝仲歸無的信,迪魯亦有雀癖。到達德公所,只經詒、陶叔惠、言蔭松兄弟來,餘皆辭。經詒言此事恐不成,勸作罷論,或小辦,先定豫算表。少年人不知辦事之難,哀哉! 善餘還書來,以爲宜分段目,列標題,甚是;圈點仿西河,可不必。善邑人送賑糶章程,頗善,特太晚矣。師範生索《一見醒》,貲送蔭松處。

十六(7日)

陳申華欠租錢,十八日午刻設席城隍廟,邀集團鄰,須一往。錄《禮》二篇。和尚請進廟在二十,云不出會。

十七(8日)

錄《禮》二篇。覺心力不給,然此書不可不成,成此書後當靜養也。唐鵬達云詩孫亦不敢接,有並高等委官辦之説。此事予早料及,皆無知者自取之也。米已跌至五千,禾出甚好。今日小暑,南風甚大,或是豐年。述卿云有蟲災,又有回水,南洲倒圍,恐未確。

十八(9日)

用羽早來,云前日到姨老太太處,已告知一切,亦不甚慟,大約早明白矣。鄭謙來,云鹽出甚佳,可抵江浙,甘蔗亦大,惟學堂太無規則,今將起房子,仍就先農壇,現教習三人,並無監學,宜擴充方好。昨得仲元信,以挽季廉爲江人崇拜,而失音可慮。今又得吉人初十信,圍吉尚未走開,英人有中國亡於學生之言，恐不幸言中。說壽兒事甚是，當與壽兒言之。達三今日放學，兩月中無事可做，亦無錢進，差使未知何如，似亦可歸一轉。聞午帥有到兩江信。下午到城隍廟，爲陳申華事。熱不可當。

十九（10 日）

　　錄《禮》一篇。爲《易》《書論》做題目，甚不易。岳帆來，云高等有曾熙接辦語。善如即將去，已提書數十册到圖書館。善如將爲母做生日。午帥如到兩江，恐不來矣。前派一同知來，全不行，已告中丞撤之。師範有蘇輿語，或即此二人歟？汪二姨太太病故，初七在此尚見面也。楊廷傑來，求薦汪處，當爲言之。達三夜來，云小泉將往江西，即行，已上輪船，有物寄即送去，因將圖書、帋、筆並各零星共四大件送上船。歸已三鼓，城尚未閉。頌年來拜，答以出門，可惡也。

二十（11 日）

　　因昨未及致信，寫信致吉兒，未畢。聞陳已到廟，乃往捕雀，是日大捷，晚歸。聞江藩放沈瑜慶，文蕭之後。

廿一（12 日）

　　出門拜客，見善如，云即日行，只待船來，談著書事甚合。葵園已下鄉矣。午帥信未確，伊秋後再來。到朱廉訪處，談學務，以各處學歸各處可散其黨，云未稟學務者可也，已批准者恐難。付以達三名條，云近只有警務需人，以多出辦賑，有數缺出。我不便以達三曾辦警務告，又慮及況作梗，乃往幼梅處託之。見頌年更壯實，云可不入京，出洋尚未定期，意不欲辦學堂。予以江西無風潮告之。幕中需人，付以楊廷傑條。孟萊、用羽同去。姨老太太起，云目不甚見物矣。歸閱報，乃知圍吉事亦黃子餘參奏，查覆甚不體面。繆老勒令回籍，何苦戀棧？黃錫光不知是湘人否。頌年云沈頗好名，似午帥，則尚不麻木，特未知切實否。

以禮四色送善餘,收酒、茗二色。

廿二（13日）

　　寫信致芰舲。子漁以葬事需錢,只得再借三十元,渠意以爲不足,予力只能如此。午刻到廟,稚荃云學生有六月起手之謠,此刻人去七八,何能聚衆? 祁陽人來數百,以官奪民田呼冤,恐是譚芝雲太急迫所致。達三到警務總局探消息回,臬臺已下條子,委第三局,管老照壁等處。渠意尚欲仍舊,不知此決不可者,即委本局亦須辭也。

廿三（14日）

　　發江西信,添入達三得差一事,告知乃翁與吉人。閱報,浙江新城起事,離省百六十里,省城戒嚴;六安州因教案開仗,看來必無安靜之日。禁迎會是徇西人之請,足見彼亦甚畏我民暴動。午刻到廟,夜歸,雨。

廿四（15日）

　　初伏。又熱,下午微雨。鄉下尚望雨,而落不透,不知年歲如何。爲諸論添題目,未完。午刻到廟,夜歸。達三札已來,幸甚。

廿五（16日）

　　致數字與陸仙,聞來月半將歸。達三云豬、羊辦不及,折錢。尚有十日,何遽云不及也? 爲《詩》《書論》補題。是日彭孺人生日,本擬不到廟,璞老又速之往。

廿六（17日）

　　得吉兒十八日來函,二媳暴病,漸愈,而重元病猶可慮,宜使早歸,而一時無人接事,奈何? 甸侯爲用羽假百金出洋,辭復之,送四竿。言蔭松處,未找得住處。許子訓來,約廿八日公請頌年,或天心閣,或蔭園,應之,而維持學界則不易易。伊住金沙井看守木器。天妃宮失壽嵩會衣物數百金,由學堂散時未查也。

秩華作《紀略》自辦，固可不必，而辦學堂之本末，不可不使人知。

廿七（18日）

大雨。聞鄉下未落透，今或可遍及。衡、永一帶得雨，祁陽人已去矣。浙江新城竊發，省城解嚴①。學部俟提學到，調查學堂。吳慶坻等方引見，大約同伴出洋。頌年定期初二，明當往見。汪明日成服，爲弟婦作挽聯，書之。到汪幼安處，不晤，旬侯亦出門。到王邑侯處，初見面，其人頗有作爲。論學界事，云日内當有改章辦法，長弓被參，然今日並無長弓其人，亦公允之論。蜀人也，崇拜壬老。到廟，聞稚荃亦云有密查事，似有人參奏，不知是子餘否。賑捐寫捐甚濶。城外辦粥廠，有以爲不必者。問經詒，云請汪改後日，即在藩圍後。聞有拿辦禹之謨事，已逃。是好消息，諸公能趁此整頓否？仲增云來兩次，未見，託頌年求柯，未必行。稚安云屋已催矣。祝壽，三鼓始歸，殊不舒服。

廿八（19日）

到善如處送行，已去。桐伯未來。到述貞處，云在史光普家陪吊，遂往史家作吊。晤述貞，付吉兒函，談及西席一事，云陳鹽洲之子頗通天文、輿地。此子見過，人尚安詳。用羽將往浙江，未提出洋之事。晤郳生，云頌年明日之局不到，彼亦不到。袁已奉旨回湘勘定路線，不日將到，住席公祠。龍宅已搬回，不見報，何也？到頌年處，云明日將到織機巷祭乃兄允忱，沅江到即上船，實不得暇。到迪魯處，告知此事。遂到經詒處告知，經詒欲再邀桐伯到學宮議開辦，公請我副總。正董我不願，況於副？許子訓處尚有百餘金未歸，亦當議及，俟彼時人如何説。到廟捕雀，歸頭痛，以後當戒之。汪宅成服，往，無一人。石麟四十元方

① "解"，似當作"戒"。

肯磕頭,可謂罕聞。庸醫殺人尤可惡。人多稱挽聯之善。勞伯
屏云人未得三品京堂候補,亦未見報。

廿九(20 日)

雨,復晴。吉人來書,云圍吉事牽及多人,朱士元在文案同
事,甚謹飭,亦在內,彼倖免,恐未必蟬聯。如不得差,豈能贍眷?
宦途如此,追悔何及? 師礐生至,云南洲學生不靖,告官及監督。
到處如此,奈何? 以書送邑侯,有謝帖。閱報,有學部將頒行學
律及學堂章程之語。留學日本者有一萬三千人,自費居多。新
城事已了,江西又有事。

六 月

初一(21 日)

録《論》一篇。甸侯、用羽來,乃翁見江西信,不放心,欲用
羽去看姐,即日上船。適已發江西十九號信,乃再寫一咶,將紗
裙面交,並寄食物二洋鐵筒。午刻到廟,送神歸案,飲酒。歸,袁
叔瑜來,云歸自奉天,次帥奏調幫辦學務。袁大京兆,英人以公
堂案不許到任,歸辦鐵路亦不便明降諭旨,但云勘路綫以此也。
然則人未事未可信,勞頗荒唐。李石泉歸自東洋,尚無習氣,云
得暫補二百元,伊住店月止十元,未問學費多少,暑假後當再去。
伊恐為人強留,是亦在己而已。作祭叔父文,未成。

初二(22 日)

祭文成,寫畢。頭甚痛,是風射,非因抹牌,故止一邊。熱度
又過九十分,明日下鄉宜早。桐伯來,云明日學宮共議,辭以下
鄉。伊見中丞,以嚴辦為難,似整頓拿人之説不確。學部所定章
程已到學務處矣。云蘇亦不敢接。仲增昨云仍有推我之説,我
不審之再三亦不敢輕許也。秩三來,云鄉下辦賑全不得法,不委

任團保，而委員與紈袴城紳一切茫然，將上控，且有送上海刻
報者。

初三（23 日）

　　早到八吉沖，已交午，尚不大熱。鄉下諸事艸艸，外客惟譚
姓二人。

初四（24 日）

　　一早行禮，祭畢寫主，下午成主。二鼓後朝祖、祖餞，熱不可
當，以人多地狹也。吹打，徹夜不寐。

初五（25 日）

　　卯時出殯，到山已八句鐘矣。開井泥色尚好，午時下穸。俄
而大雨，井中水恐盈尺矣。廠搭不好，又不往視，即作石墓亦未
定妥。達卿送到山，遂歸。予與弁卿畏熱，約夜行，四鼓即起，行
數里始見光。

初六（26 日）

　　辰刻到家。見陳世兄與述貞信，已允到江。旬侯信云十二
元尚不欲去。重元一時未必歸，且俟之。圖書館請客十二人，以
予為首，約未刻往。往則客尚未到，上樓看，脩造甚新異，上層頗
可觀覽。故府中學堂有請車脩造之事，車云尚未允諾。官場中
聽謠言六月有變，查客棧、城門甚嚴。莊日內到。黃大以事託，
往見縣，則已迎接莊矣。中丞允五千金開辦，擬略添書，並收房
屋為辦事人居處。同事熊、汪、胡、孔、程數人外，有何翼雲者，研
生之子、堯衢之壻，李某湖北人。又傅、洪、王諸人在坐。俄而大
雨，聞是日不宜雨也。閱報，江西吉安又變。車亦云然。

初七（27 日）

　　曹小葉來，送茄楠、蓮子，云丘公官聲好，學堂安靜，而有省
城數人歸，挑撥之，又生風潮矣。聞警兵搶鄉人錢票，得毋禦人
於國門之內乎？到袁叔瑜處，約牌局，俟稍涼。小葉處回看，彼

一家皆住惠裕棧。麓泉處診脈，云無大恙，胃氣不舒。到達三局中，不晤。到集益買《國粹》，無之。到府正街，三叔父生日，祭畢飲酒，晚歸。

初八（28 日）

聞于磻溪初十准行，致吉兒一函。楊端六來，云瀏邑不欲，再出謀高等事。碧蓮和尚來，言黃剃頭殊可惡。小鶴來信，官興勃發，捐實官須少待也。作《徵書啟》。

初九（29 日）

增改啟文，録出，並録《論》二篇。甸侯來，云陳允到江，現乃東數人開亞興學堂於營盤街，實江蘇之旅湘學堂，規模粗就，當搬去。黃子善夜至，其事已失，代者爲陳國仲，惜早不知，今再求余，未知行否。

初十（30 日）

將啟文繕好，可交卷矣。俞塙士來，久談。伯嚴必不到京，現到海上籌欵，辦江西路百里，其子尚在東洋。此來玉帥屬致渠帥整頓學堂，恐未必能。袁海觀不到湘，鐵路更無望矣。云前與香帥談及我事，甚不謂然。此公本不知我，乃星海進言。星海待公度太過，足見人心難測。鄒容已死，西牢甚苦。章太炎作成衣匠三年，亦困甚矣。伊云學堂、練兵、籌欵皆不行，中國無望。徵兵仍是召募無賴，並非土著良民。加稅免釐尤非良策。寧、蘇、揚銅元已停辦，江南比前盛而内虛。談一時餘始去。學宮約明日午刻。報言湖南賑捐已准，仍是封典、翎枝，四成並無實官，當告吉兒與六弟。夏幹臣來信，云彼處有廷寄，密查軍界、學界與湖湘勾結將實行革命之舉。索予書，由恪士帶往。吳奉生來，亦九年不見矣。言稟雨老非彼意，已面説明，胡松年稟將查共閲。伊處學堂亦爲此間人引壞，攻擊監督。炳生云學務出有嚴示，何不見報？奉生住吉祥巷李家祠堂，師住師家。

十一（31日）

復劍丞一函。致黃溪一函，爲贖屋事。協萬至，云事有基礎，然恐終難。午刻到學宮，只熊、許來，鄉下有周、謝二人，餘皆未到。桐伯又下鄉，可謂多議少成。學務新章即報所刻提學使事，學務示已登報，語尚嚴屬，恐禁立會、演説未必能見之實行，拿瘄徒或指禹。高等曾士元不來，曹東瀛之子未必行也，聞復信允來。復小鶴一函。

十二（8月1日）

見臬、府、縣，均不晤。晤迪魯，屬定中、小學豫算，不必問諸人。晤恪士，云伊即爲廷寄來，查發端由俄人，俄仇日，以日人勾結學生爲言，有將弁學堂人，而查無其人。湖南有黃新，或即黃軫。禹逃入聖公會。恪士云當趁此時獲而監禁，勸見當道力説。乃弟已搜得日人信，恐亦未敢舉發也。報列江西吳撫請捐實官而不詳，或見下期。抄字人送《春秋》一卷來，字太不工，取洋乙元去，計尚須找半元。檢存歁票銀有四百五十，尚不豰也。閲所鈔一卷，伊又攜《禮》一卷去。將晚到甸侯及余覺民處，不晤。米捐局無人焉。到余承伯處，請乃翁再致聶少華一函，云幹庭欲歸，京師學堂不好，仕學館虛無人。吳子長請作壽蘇淵泉詩。

十三（2日）

黃谿來，云伊本家八月吉事必到，女家即戴氏也，屬有信去可先告之，並屬攜文契來。云郢生又辭府中學，舉湯、李自代，湯未必允也。高等、師範猶無人，伊意亦以不整頓不可辦也，大府不可與言，人皆知之，奈何？録《禮》二篇。城隍廟來知單，十五祀韋佛。夜成題《鯉庭獻壽》四首。

十四（3日）

將詩録出。録《論》二通。作書致伯嚴並贈以書，合贈劍丞書、信送交恪士。余承伯來，云乃翁允爲子善致信。達三云吉安劫軍裝人到湖南,故城門搜檢,告示又出大字。吳子長回岳州,以孫、吳二生考武備者見託,云填我名保,應之。炳生言復科場,此輩宜有此語。

十五(4日)

録《論》一條,未成。到廟,見陳、劉、李。陳以車修定臺並壞正殿爲非,將俟葵園來告之,云初一生辰後乃來。賑捐仍於積善堂,各捐百金,明年將交出,若交予,則學堂可辦矣。劉云招忠捐可靠,特似不止三成,俟查。李云胡號蝶園,相攸儘可,服翌有女,以彼有三姑且重聽爲疑。陳守愚二子皆未娶,俟再酌之。午後歸,甚熱。閱《雕菰樓集》,有可采者。林昌彝襲其説而没其名,可鄙。

十六(5日)

録二條。甸侯來,云念恂今日生辰,廿日禪服。重元有信與之,不知何説。玉昆來,欲接仲九事。致子訓,云下鄉矣。袁佃來報蟲災,交錢三串,又將使人往勘。達卿來,與之言秋後當營史家坡墓屋。閱報,見江南學會致分會書,痛言解散之非,有教員以"童汪踦"爲人姓名、"遼金元"爲人名之笑話。此必東洋學生歸充教員者,村學究猶不至此,而人必舍學究而用學生,不知此輩本無點墨也。又沈觀督致張殿撰書亦言學生宜約束,足見彼此一轍,何怪風潮大起乎?此間拿黃軫,殆已知黃新即此人。聞有七函到湘。

十七(6日)

微雨,頗涼。録《論》三篇。吉兒初六來函,云文案未連,二媳病腹脹,不知是喜是病。重元亦病,當與甸侯商之。芰舲有書戒子,云得我信,知其亂打人,實前此所言也。兼善堂廿日未刻,予爲主人。去年未往,今須一往,汪宅到一轉可也。城隍廟十九祀觀音。焕彬送還前書,並贈《古今書目》二本。

十八（7 日）

陰，下午日出，又熱。論《禮》粗畢，補《易》二條。何炳農來，云已入學務處審訂科，數年在袁海觀幕中，袁已接印，或當來湘一轉，上海學堂尚安靜。甸侯來信，云用羽初七到江西，有信回。以《集》送何炳農。

十九（8 日）

到廟祀觀音。劉四先生云中丞中秋日生辰，兩縣託作壽文，屬送節略來。云近捕禹甚急，學部有電。禹本布販，曾到日、美。如此人去，學界較有儆懼。劉欲保我入高等，且聽之。香帥壽文將求壬老。黃敬輿十一壽辰，擬送分子，且看。是日立秋，頗涼。聞曹東瀛之子不來。朱觀詧親拜湯稚安，辭不肯出。電請李系純，未回報。吉兒十二又來一函，二媳已漸痊，重元秋後欲歸，明日將與甸侯喬梓議覓代者。余介卿爲子善作書送來。

二十（9 日）

作書致吉兒，未成。彝仲來，久談，云張學部已不管，户部由鐵主政；駮景賢堂乃子靖、紹熙等所爲；學部以陳、姚事，頗不以湘學爲然。教科、學律皆未聞也。到汪處，以吉兒函交汪氏父子。陳應嘉在座，其人頗有父風，芷青挂新化牌，欲邀同往，屬述貞早與説定。到勸學所，許不在，羅在，不知二人如何進去。到兼善堂，爲苻雲言之，彼推我，斷不接也。

廿一（10 日）

人未來，出葵園函，以香帥八月初三壽辰請彼作文，推我代作。人未云此是紳士公祝，或葵園或爵帥出名，當舉湖南密切事言之。贖鐵路是挽回利權，今年賑務辦二十萬，學堂以湖北之歟育湖南之士，粵西亂事以黃澤生辦湖南邊防，遂平粵亂。此數事皆犖犖大者。鐵路以聯絡大紳及商會、商務爲難，籌歟先須贖路。葵園下鄉亦是避此，看袁來再議，不來必不辦。香帥已奏，以袁、余、王三人合辦矣。吉兒事允致沈、秦，云先未告彼，可電錫留。此事後之言，事前未必肯也。彼云所殺九人並不冤，想因暴動致彼去官，其意亦以江爲自戕也。發江西緘，並以告之。作壽文，未成。聞禹某已就捕。到芷青處，伊不敢到新化任，已辭，亦無請應嘉之說。學生狂妄至如地方官不敢做，可謂無狀之至，如嚴辦或可挽也。到彝仲處，不晤，見君華。

廿二（11 日）

續成壽文，尚未妥畢。有李葶者呈畫一軸，云與重元熟，住十五總後彭某處，求學堂圖畫教習。羅十先生來送六月脩，云學堂無人，有陶委員亦不常往，西文教習要買書銀，善如並未交代，介麻子仍在彼，有徐某兼庶務長。伊亦搬回城中。蕭鐘秀號安民帶來江西信件，住耕雲圃，湖南官辦賑者。甯協萬來，云退證金，不辦，將往江南考水師，見恪士將託之。聞車伯葵委嘉禾，丘公任滿乎？

廿三（12 日）

壽文擬成，録出，並録稾呈葵園。金旬丞來，將往靖州，談及學界中事仍須壓力，以禹爲應重辦，云彼在郴即不假借也。今年所和三十首彼未得見，云以後續刻交奐彬矣。孫耀祖來，云陸軍不考，吳是乃岳，我無暇寄信去。羅傑號峙雲來，係高等、法政教習，其人舊學，亦過三十，出洋未變，索詩文一部去。下午到連秩三處，問陳守愚已五十，屬帶其二子來一看，云不出外，未審能做到否。陸仙由益州歸。

廿四（13 日）

致書葵園，呈以文稾。飯後出門，拜莊，以倒花廳辭。金適外出。到余處，金適至，談及與午帥絕交事，或由奐彬從中增益，然勢利之交可畏哉！云端必不得入樞及南洋，惟奉天、兩粵或可。金去，與余論壽文須改正事，俟葵園商酌；吉兒事，俟沈、秦

到任致書。到英溪處，云龍某來須中秋，已寄信去。到學務處，
車云嘉禾未確，芷青改委安鄉，有五千金，江某已用，止三串餘一
月，督工事未奉札，開辦五千金尚未領，房子甚貴。禹事大約不
過監禁，並無他人，惟一學堂已封。曾士元已允接高等。晤王允
猷及何炳農。天甚熱，歸氣痛。致書秩三，以扇屬陳世兄畫，藉
此以觀其人也。小鶴晚歸，夜談至二鼓後。麓泉來已三鼓矣。

廿五（14 日）

末伏，頗熱。南風甚大。鄉下仍有旱象。錄《尚書》一條。

廿六（15 日）

錄《尚書》一條。伯葵來，云上憲雖封惟一學堂，飭拿湘鄉
學堂發傳單者，猶不欲重辦，亦不欲株連，諸人不鬧，尚可保全。
此人實屬機匠，非學人也。胡同年名祖復者，桂陽州人，其子來
考優級師範，攜一函來，云乃翁已七旬，伊到省住貢院西街客棧，
亦知優級未必即開，不鬧事或可行，鬧則自生阻力。彝仲來，云
將行，京師學堂亦小圇辦壞，運動長沙，京中人亦知之。唐姓交
《禮論》一卷，校一過。

廿七（16 日）

雷雨，稍解燥氣。得吉兒十八函，于君已到，有致乃岳一函，
圍吉事想已詳言之。作一函與劍丞，俟甯來即與之。補《尚書》
一條。上午又雨。陸仙來，云二姪女病重。晚飯解老又來催促。
將五鼓，聞打門甚急，予知有事，即起，乃府正街報喪，二姪女已
死，何其速之？爲旁皇不寐。

廿八（17 日）

胡五來，言二姪女似非病，其姑母連日打罵，恐有別故，尤爲
可傷。旬侯復書，得吉人書，言西席事，而陳欲往安鄉。此伊父
子過慎致誤，亦凡事有機緣，未可強也，但覓人甚難耳。飯後到
府正街，議論紛紛，皆云可疑，其前一夜還賬檢理，實有死志。少

庚頗説話,陸仙以爲投鼠忌器。予思之亦無良策,耽擱一日,不能發難。衣衾、棺木尚齊備,申刻入殮。擬用式百串,又欲爲善後之計,且聽彼兄弟如何酌之。五嫂欲與九嫂各帶一人,似可行,但須諸人耽待無後言乃可。瓊山云有李某曾入鄉學師範,年五十餘,可教書,中元當歸問之。予歸,見葵園復械,堯衢於壽文獻疑甚多,增改不難,又須費一二日心耳。

廿九(18 日)

王大來求向縣尊説,云以成衣匠稱卑職押之,具結即可開釋,香帥壽文亦欲見委。歸見陳九齡畫扇,已與秩三自來,錯過可惜,欲再約之,未知肯來否。增改壽文,粗畢①。甯協萬至,復作一函與恪士,聞恪士已行矣。府尊來約有話面説,待至下午不來。府正街搜出汗衫有煙,邀往。見三嬸,達卿以家遭橫事,不能再管,交賬爲辭。彼猶力爭,並不説女一語不是。兄弟六人交口與辨。予以府尊約,先行。見之,云奉中丞面諭屬壽香帥,以壬老力辭不作,故並歸我;府中學已請系純,禹尚未定辦法。以棣威名條託之,已允設法,遂歸。小鶴回,云已搜得煙數缸,由老人親説出鬼使之也。

三十(19 日)

雨。小鶴屬作祭文,録百餘字與之。將所改壽文録出,增百餘字。府正街又來請,俟下午去。申刻過連秩三處,云前日來二次,屬門上次日十點鐘准來②,而不告知,誤事可恨。今屬秩三再邀陳子,而初四曾士元到堂,伊等恐將去也。到府正街,諸羅未至,後來五人。衡老使其子來,十二滿,到南洲。十先生來,同到上房,語仍桀驁,且怪我多事,但應允其女去即可不言。十先

---

① "畢",原闕,據文義補。

② "來",原闕,據文義補。

生云英文教習已電催，禾生善餘薦往蘇，月百元，將去，此席與周未知委何人。奉璋與曾隙，恐亦將去。

七　月

初一（20日）

錄壽文首段。飯後到恪士處，已去。小秋入京，葵園未來。到黃親母，約明後來議壽兒納妾事。到皖南作吊。九公處問，已到岸信來。述貞處問，親母瘍四口未封，用羽已往浙而乃岳有帶印逃走事，科同出洋，安在滬大壞。近之人才如此。黃伯華之妻廿九日死。到人未處，不晤，以壽文付之。到府正街，云下午或去，特恐復來。李萼來書求薦，當復之。至夜，文尚未就。

初二（21日）

壽文粗畢。報有諸提學出洋事，廿二同行。述貞云岑又奏留頌年，未知能否脫身。口天亦有辭意，將來或對調否。梟臺訪聞四人，有孔三、葉四。云香帥交十人，又云十八人，有子靖等在內，亦不知確否。用羽云重元稍愈，不欲回。既無人，可俟之，作書與吉兒。

初三（22日）

將壽文錄出，送鏡漁太守，並致一函。王文淵大令回拜。黃成衣已開釋，來謝。胡世兄來，云仍將歸。泉窩塘陳某來函，殊謬。聞左已去，昨看地，在王一姑母墳側。黃親母來談買人事，然此事恐不行。陸仙來，亦談彼事，將謀之家兄。左去時無他言，葬約在初八也。

初四（23日）

一早發廿式號信。飯後到幼梅處，始知爲太夫人生日。幼梅云其女以伯華納妾發病亡。幹庭考法政取第七，寄文稟至，皆予所改作也。到府正街，云母女皆無話説，留内一間仍爲後圖，甚畏鬼，將爲打鐘。到學務處，見何與蔡劭安。請鹿泉診脈，云係風寒，告以生氣，云亦有之。到叔瑜處赴飲。黄子綱乃子餘之弟，子餘尚未放缺。中路師範蘇興已接。袁京兆已出京，聞到漢矣。立憲問各督撫，次帥極慫恿，玉帥等均附和，香帥云鄙人不敢與議，報以爲香帥消極主義，豈其然乎？ 云岑帥慈眷甚隆。

初五（24日）

眼疾未愈，昨服風藥，頗受不住。王文淵着人來，云昨文後段少，不知應如何增入，屬詳致一信來。重元信云又患痧症，七、八月仍需歸，此時無人，奈何？ 以書贈袁及蔡，蔡送《湖北學報》三十二本來。王文淵回信，云並未見所作文，無後段太少之語，然則早晨來人所説，果何人所使耶？ 甸侯來，云陳應嘉必不欲往江，屬再找人。學宮知單初七祀奎星。

初六（25日）

眼尚未愈。小泉來，接吉兒廿七信，云沈、秦月初將到，如人未日内不到，再函催之。重元將歸，瓊山所説之人亦擬再託。此事不可不慎，小鶴致岳帆逐客可鑒也。汪姨老太太廿日七旬大慶，俟到府正街借壽帳，屆日一往。秩三來，屬找妥人，云彭中星、鄧汝縣可往，中元歸家問之。九齡兄弟看日内能來否，初十外到學堂，彼亦將歸也。壽文首段當加云：“然則匡扶日月，撑拄乾坤，固宜神以鍊而彌强，氣以沈而益固。豈必彭祖延壽，皆由詘伸偃仰之功；羲和授時，初無變化久成之速乎？”俟索回原稿增入之。小泉來，云吉兒可酌委，惜未早得，沈、秦此刻接印矣。岳帆來，小鶴已面説。

初七（26日）

將壽文首尾略增。到學宮祀奎星。守愚云請題圖作文，優已舉十餘人，考職照章亦只能舉十餘人。二子未到。學堂開學在月底也。禹二點鐘出城，顧廉泉押解，走湘潭去，云充極邊，有中途行事之説，又云交湘鄉監禁，事或然歟？下午到鹿泉處改方，用熱藥。聞達三喉痛，往視之。府正街正行祭，慘不欲觀。達卿云戴號哲容。送壽文交太尊，約上燈來，歸候不至。

初八（27 日）

將陳圖序文做成。聞江有二司到，致書人未，並遞名條。待太尊，未送去。石泉來，屬覓西席，云難其人。叔興次子亦伊學生，幼時頗聰穎也。目疾未愈，可恨。閲《西清散記》，如逢故人。

初九（28 日）

致書秩三，已去。汪幼安有書致許九太太，送子訓處。余函送去。王靜軒來，云禹解常德，以有會匪報之，請常德府審問再説，如無則羈桃源。碧蓮來，云兩佃欲將屋轉賣，伊欲將屋出佃，子漁已去，如何？鮑承彦來，問經學書，須俟葵園來。鮑住樊西巷。謝俊卿來。

初十（29 日）

風。飯後到小泉處，廖孫畡未來。到瓊山處，屬問李某。鮑不在家，遂歸。將陳圖序錄出。校《尚書論》。石泉來，久談，云十三出洋。下午接祖，倏忽又半年餘矣。夜大風。

十一（30 日）

風未止，微雨不止。錄出壽文兩道，共將三千言。吉兒初三信來，云二媳病未愈，不知是孕與否。達三欲金女來，伊不欲來，我信于想可緩。重元又決裂。此人器量窄，早知其不能久，彼等必以爲好，今當悔其誤矣。看連、龔二人回信何如，如行則八月即可使往，重元處付一函可也。下午石泉來，云有族兄號鏡元，年三十零，曾挑取過，文理清通，亦略通算學、興地，其兄出洋，弟在學堂，可先寄關，由陳子潛寄交，彼來則來，不來則退關。陳住肇嘉坪立德堂。又有張子雲之子某，年二十餘，亦可，亦問陳便知。石泉十二即上船，官費止今年，要長費，更得設法，渠帥不肯另送，只可求補。有楊紀彝已故，可補。更有一人，忘其名。桐伯處屢往，未晤，晤時當轉致。

十二(31日)

雨止。熊、許又請十三日一句鐘到學堂議開辦中學事，當往一轉。閱宋人經解，大都得失參半，亦有可補入《通論》者。報列提學新章，高等監督亦歸提學節制，課長無官給銜，須三年考察後，議長、議紳亦有薪賫。王文淵着人來請作壽文，語殊不明，使人問之。又着號房來，仍不明。予面告以若另做一篇是一說，刪改前作是一說，請其寫一函來，改即須將原作發下。以鄭樵說補入《通論》。宋儒說經得失參半，元人則無心得矣。

十三(9月1日)

晴。致吉兒一函。聞周太尊署岳常道，劉桐封署首府，周已登報矣。蔣哲生又來索壽文。周有此好事，無怪壽文事不管矣。復以須問太尊。報言提學十三人到東，初一起每日聽演說，而普通、高等演說，已頗知學生不可干預外事，是亦好消息也。下午到學宮，止劉、汪來。首府乃許某署，庚寅翰林，新改省來，龐大先生乃其座師，故來即委撫署文案，今即署首府，然亦五日京兆。新岳常道石某已將到矣①。聞韓以開關事致誤，此人守舊本太過也。龐大先生尚在此未去，袁大京兆尚在滬，來否不定。張亶臣來，住西長街德隆棧，有數萬金，告病不幹。問承之，云房屋乃其公產，仍佃學堂，今監督李祥霖殆名譽監督乎？議開中學，收學費三十千，小學二十千，勉強可敷，更須招考，稟請立案。

---

① "矣"，原誤作"否"，據文義改。

十四（2日）

晴。發江西信。校《通論》，所鈔三《禮》不送來，可惡。哲生又來要壽文，蓋周公升署，無暇及此，故並未來拜。文稾已不知落何處，屬再往問，如遺失，又將再録一過矣。石泉已行，留函更薦長沙易國觀鎮南。問陳子暉，此人似亦聞之。羅、唐以房屋上報章，羅以唐姓録送。此事我不在場，殆以比鄰故耶？曾士元來拜，欲以福建魏某爲教務長，狄澤臣爲庶務長，羅綬生可仍舊，監學用三人，不知爲誰。檢察魯我已提及，新入班云可補。約開學前先到學一叙。現住賜閒湖。

十五（3日）

校所鈔《論》。陳應嘉至，似又不欲到芷青處，有俛就意。既下李鏡元關，則不能不待之，亦疑陳太舊也。唐鵬達至，云學務有信派往武岡，恐不可恃。甸侯信來，云房子尚未妥，欲請我爲名譽監督，多一事不如少一事也。蔣哲生處取回壽文，改定首段。彼以"清廟"二字請改，其多忌諱如此。署長府爲許景祁。聞韓古農以開關應升龍旗誤升洋旗被議，已放石某，將到此，可爲不講外交之戒。涂次衡爲次帥參，革職永不叙用，亦可爲老不知止之戒。聞禹已辦，不知確否。爲伯華夫人作挽聯一首。

十六（4日）

早起，送祖先。補《論》二道。殷默存與文國華來，同住彭家試館。文爲攸縣文星輝之子，將往廣西，求致節吾一函。殷云翁恕堂問及我，現住營盤街總税土藥處，周某乃玉帥之子，由柯遜安委，遲日將往見之。文云乃翁藕蘭已故，乃兄小松去年亦故矣。寫挽聯、壽對字。挽聯亦須四百卅，比前多百文也。彭家試館在三泰街。人未請十七五點鐘。甸侯來，云姨老太太改期十九，得江西所寄磁器，大哭一場，可憫，故欲避至織機巷，而人止之。提學講授止四禮拜,九月即可歸省,無調粵明文,仍到江西。晚間到謝宅慶祝。

十七(5日)

早往拜壽。歸作書寄節吾,即交文君帶去。陳子暉嘉爍至,云伊將移居鹽道前,廿日外出洋。李鏡元已來,允往江西,現住府正街衣莊内,須問集益。伊以初出無伴,欲即於月底同行。鄒玉崑來,欲求小學堂事。熊迪魯來,當面託之。熊云契稅有千金,則辦小學尚易,已上公事,並請縣開考矣。中座有與黔撫岑對調之説。午帥與玉帥對調已登報,云南洋地方緊要,迅即赴任。文國華來辭行,以歐函付之。到府正街問鏡元居處,不得。曾士元處回拜,云渡河赴堯衢處飲席。見官電,立憲已奉上諭,立憲國民之基礎,以進化之程度爲實行之年限,且派尚、侍多人,外吏則袁、張、岑、升、端、周,而慶邸、孫、瞿總其成。岑、龐對調已有旨。岑迅即赴任,年止三十七歲。據余云此公深沈,與乃兄不同,説話音甚低,舉止從容,滿面春風,而手段頗辣,到黔帶教員卅餘人,軍人數十人,自用數萬金,以開風氣,午帥所密保者。彼知秦到任,沈未到,稍遲一併發。京兆似可來,批云官督商辦,總理香帥覆奏,香帥有王而商禀易以張,二公有意見而不自認,故調處頗難。

十八(6日)

雨。補《春秋》一道。閱報,則昨見上諭已登載,文氣近緩,無毅然一變之概。載筆者非其人,且不能瞻徇也。連甲遽升而補以朱益藩,則將有不終任而遷者矣。《圖書館徵書啟》已載,頗有改竄,不作中峰口氣而稱敝館,恐未必行。送汪禮只收包麪,並欵不受。函問陳子暉,出門,無回信。下午謝宅觀劇。

十九(7日)

雨止。往長府、中丞處道喜,不晤。到汪宅,見老太太甚健,不提前事。陵生云郢生往湖北迎袁京兆，中學公事已交批，旨在香帥覆奏前，張、王大約並行不悖。到翁恕堂處，云總局無事，頗同乾脩，彼猶以爲在高等也。見李鏡元，云不再下鄉，將同子暉等行，子暉移居未定，尚不能限日。其人頗樸實，未知所學如何。予略談而楊六不慎，致將紗褂爲路人攫去。程度如此，能遽云道不拾遺乎？歸録《論》一條。又雨。

二十（8日）

晴。録《論》二條，駁宋人臆推共和以前之年，似發人所未發。瓊山來，云李某尚在躊躇，屬辭之。小鶴明年欲延瓊山，今年彼有百元，恐不行。秩三來，云彭已允來，屬亦辭之，以題圖付之，問耳東子弟到學堂否。

廿一（9日）

到秩三處，云其兄弟已去，明日齊集。聞幹庭歸，往問之，云學堂已取，九日開學，節後再去；立憲本不欲遽定，以五大臣歸，不得不以此搪塞。到陳子暉處，云移居即行，約在廿六七。李鏡元移住藩城堤張家祠堂。伊曾在民立師範學堂卒業者，科學當略知也。歸録《論》一篇，大義極明著者前幾忘之，甚矣學問之無盡也。君華託爲乃姪求取中學，其大姪送往湖北考師範，想因湖北較安靜之故。翁恕堂來，以子善名條付之。

廿二（10日）

發廿四號信，並致復重元，使早歸。録《論》二條。黃伯華來，云即往江南，乃父尚差銀，未辦妥，屬爲其妻作志銘，開行狀來。幹庭至，京中事袁京兆不能到任，由外部問英人誤之。張三先生接我信，問及我。熊迪魯來，以譚名條付之，云中、小學皆考，擬定初五，問玉昆能來否，來須兼講脩身，月脩十金，君華能來講輿地否。胡世兄來，住貢院西街筆萃，又一村前，欲稟學務求進師範傳習所。

廿三（11 日）

致鄒厚垓，屬轉達玉昆，可否復信。魯壽耆來，云曾將人盡更換，惟二羅、狄不動，餘皆換學堂卒業人。彼將別謀他事，若鄒不來，可薦之。曾士元請廿五一句鐘，不風雨當渡河一轉。蔣哲生請作壽聯二三首，彼全不知筆墨不易，已力辭之。魯壽耆來求事，看玉昆何如。楊端六來，云瀏陽土人盤踞，不欲往，想出洋，勸勿造次。鐵路學生不知送否。復正卿一函。

廿四（12 日）

聞黃公甫來，往候，不晤。袁叔瑜已往湖北。郭桐伯、胡年姪皆出門。到學務處，晤麓湘，託查胡稟已批駁。明日見士元，問南學可入否。到集益，問鏡元未來，魯云下鄉，亦知其人誠篤，相隔甚近也。到府正街，諸弟同到聚南珍飲，歸爲煤擔觸鼻，以後宜慎。歸見吉人二函，並輪船差亦撤。伯年已到，看能爲力否，另啟須寫過一咮寄去。圍吉來書，云前初九一函並未見，伊意又遲遲不欲歸。我昨信去，當不至再戀棧也。

廿五（13 日）

致人未函告之，並示以壽文稿，回書極恭惟，允爲竭力。送翁恕堂《集》一部。問鏡元，云下鄉。書另啟一咮寄秦，俟李帶去。渡河到麓，曾邀同事一敘，有魏、盛二無辮者。許仍在，羅甚好。餘數人面善，不相識。許未來，學生只到百餘，開學尚未。曾云三月不走開，尚能認真，亦尚重舊。見二羅，告以炳生事須常向説。羅云王仲蕃死於漢口，年四十一，與乃父同。羅字峙雲。

廿六（14 日）

得吉兒十六、十九函，云欲往江南，寫信止之，勸其早歸。往史家坡，見屋全坍，強支草棚，而今年子午向不開，今年又不能動工，空走一轉。天大熱，又渡河耽擱，到家已三點鐘。桐伯來，云仍欲出洋，京師湘學堂招人。岱林來，求薦事。君華已到鄂，何不送次仲到京乎？招考定初四日，二姪可並考小學。平江江生至，又中路師範生來求書，與之。組安尚不能辭。劭安來，云靖州楊某前開缺，求補自費，或者可行，胡某事並託之。胡名蔡瑚。

廿七（15日）

找得賀午帥稟，改定，録付吉兒，使自寫。發江西信。閲報，岑調雲貴，周調兩廣，丁調閩浙，有改定官制語，學生速成不送。笏老九十仙逝，實甫奔喪歸。袁京兆已到漢矣。録《論》二篇。

廿八（16日）

余覺民請今日開學，中路師範初四，譚延闓、陳嘉會名即鳳岡也。爲楊人偉致士元，人偉又來求信，以名片書數行，使見士元自求。汪子玉來，送銀魚等物，云人偉事恐難。潘某求入附學，亦未知能行否。玉昆來，云已見迪魯，有人言其太和易恐不行，其子亦將入學堂。楊廷傑來求薦，岱林亦求薦，不知已定人否。予説話覺舌頗強，以演説爲難。吉兒不能歸，夜念之不能寐。

廿九（17日）

微雨。補《論》二篇。爲楊、譚致書迪魯，薦學堂事，恐不行。達三來，云仕學館題有言志詩，予取少作使自録之。匡吉又致壽兒，謂予不復書，實則初八一函未之見也。周夔球來，云捐虛銜，望丈人保實職。彭二嫂來，求爲仲簾起信稿，請朱雨翁致菊尊求事。仲簾妻爲雨翁夫人姪女，其夫人本如夫人也。仲簾小楷甚工。

八 月

初一（18日）

晴和。續作《通論》一道，似可以藏事矣。到府學觀演樂，器多虛設，琴瑟無聲。此乃宋大晟樂之遺。趙彥肅所傳《鹿鳴》十二曲，以一字爲一聲。朱子非之，謂古樂有餘聲，如樂府有趨有豔，故樂亡後人不能補，若一字一聲，則三百篇皆可按節而歌矣。今此特餼羊耳。見璞老，談穀米不宜出口，約明日大演，往觀。迪魯復書，云歷史、國文須教員，下期壹百串文。即告岱林，欣然願往。達三來，請作言志詩，爲作七律四首。夜不能寐，心血耗矣。

初二（19日）

抄《論》來，校一過。黃公甫來，云已上學。譚岱林來，屬少待送來。彭會求入湘學堂，寫片，屬見桐伯。章宗憲亦如之。到府學宮觀演樂，聲多怪狀，鐘不側懸，皆不合古。古禮樂不可復，其精義固在，難爲淺人道耳。到蓀咳處，云未來。

初三（20日）

彭汝縣來，願往江西，而李先定，足見凡事有數。李云有病，暫待數日。重元信找出。此事皆有錯，想彼得我信必行矣。到迪魯處，擬再問玉昆事並考學堂，未晤。麓泉處看脈，云尚安靜，惟肺、胃氣虛不納，以説多傷氣之故，茸、膠皆可服，開方以歸脾湯加減。學務處見炳農，以石泉事託之。到府正街，陸仙云茸甚貴，須百金，不如熬鹿膠，且斟酌之。吉兒來函，云差可望，不得再往江寧。二媳病未痊，慶孫更瘦，不肯長，尤可慮。玉昆送子求考中學。

初四（21 日）

致函吉兒，再申前説。午刻到中路師範，云莊公四句鐘即到開學。組安仍當監督，鳳岡亦久在師範者。講堂、教員室均改。定文、理一堂，可省一鐘點。已與鳳岡言，可歸併一日内。閲報，先裁同、通、佐貳。少潛亦云吉兒何不早歸。聞英溪初七八可到。府中學尚未定，待蕭詩孫，詩孫未必肯接。許九買材料堆積，而無錢起造，故監督以籌欵爲難。歸而同宗宏毅來，求入中路師範，書一昏與之。任啟璵求入湘學堂，其子求入陸軍小學。李東來至，云待吳某，住大西門樂雲菴，信件交集益亦可。旬侯來，請書招牌，已定伍家井，亦以吉兒早歸爲是，屬致函勸之。夜甚燥。君華來，云湖北已考矣。

初五（22 日）

發廿六號信。迪魯函云姪文厈在應取，岱林亦已面訂，尚有一席，欲請君華，如必不來，即請代邀楊西屏，楊住北門雲鶴堂。下午到幹廷處，云月底擬挈眷去，將請代買參、茸。到旬侯處，云乃翁亦以吉歸爲然，屬乃翁函促之，恐乃姊不歸爲所掣。假《尨書》觀之，彼亦知我有《孝經疏》。到君華處，不晤，見乃姪，屬轉致。歸聞棣威求薦忠齋，經詒辭事，予屬過汪氏，惜不早知。

初六（23 日）

微雨。致書汪，並復熊。高等請帖來，初七十下鐘開學。汪復云經詒已薦人。熊復云譚、楊合四科，尚未議定。閲報，蓀石告病開缺，豈真老病乎？或不能任事乎？聞伯葵署道州，不知圖書館何人辦。到府正街，文卿弟廿歲矣。賀澍仁回省，來拜。任啟璵來，云送湘學堂，已見桐伯，須俟厚康。其子長治求入陸軍，考無期。送布、茶葉，却之。黄正卿來。

初七（24 日）

陰。湘陰潘光斗求入高等附學。閲報，改官議以通判知縣爲三等知縣，不知直州判能準通判例否。上諭禁鴉片，又收膏捐，何也？柯遜安爲人參奏，豈可任事？鄒爲新化貢生游昌際等稟爲敗類，破壞學界，介麻子猶忝擁皋比乎？曾何以用之也？蕭鳳儀委石門，足見湖南得官之易。到高等，尚未開學。士元仍用舊式，生徒亦皆拜跪，足見小圃縱容之過。以潘條交士元。莊觀督初見，未深談，以石泉條付之，屬補官費。使予陪官及洋教習，用洋席，殊不佳。諸公游山，予先歸。得吉兒廿九函，已得予廿二函，匡吉猶欲中秋後等湘泉同行，彼甚以裁官爲累，予以裁官爲幸，不知得予廿七函作何説也。高等補試驗，節後再開講。賀爾翊來函，到省辦電燈。甯楚善來函，已見俞、夏。復熊迪魯一函，使自聘訂譚、楊。鏡元來，云明日上船，以川貲拾元付之。棟威來，云已見經詒，屬再致一薦信。

初八（25 日）

再致函吉兒，交鏡元帶去。君華來，云高等已出百元，以鐘點太多，未能應。介麻已走，以批交臬臺察勘，歷史聞已聘人。臬臺演説甚嚴，比張爲優，從此學界或稍安靜。君華云迪魯去，無人接，許必不行，惟冕南相宜。其説甚是。岱林不長於國文，屬致迪魯以便更易。經詒辭不脱，恐未必加人也。致經詒一函，盡人事而已。潘文斗來問信，以名條面交監督、須一縣補一縣告之。石泉亦爲交一名條，廉訪云俟缺出，似可行也。

初九（26 日）

加録《禹貢》一條。君華不欲入高等而不能辭，又有教習相戒不惹胡子靜之説，求薦陸軍，爲致壽丞一函，並問經詒回信。二姪今日覆試，不禁念及諸孫。題爲"學而不厭"，可云易矣。經詒回信，不行。楚善歸自南京，云恪士致意，南京無學堂可入，欲求小學地理教習，告以已定。

初十（27 日）

　　閱報，京兆已到，住席公祠。師範開講，往講二小時，皆新班。彼欲分二班，各爲講義分授亦可也。君華來問回信，告以並無復書。夜大風，有寒意。

十一（28 日）

　　送湯世兄挽聯一首，並書笏老挽聯。《通考》有《鹿門家鈔詩詠》五十卷，陳氏曰："鴻臚少卿襄陽皮文燦撰，以郡書分類事爲詩而注釋之。其祖日休，有書名《鹿門家鈔》，故今述其名。"予欲以筆記名《續鹿門家鈔》也。連秩三乃翁送予雞、魚各一，愧無以答之。

十二（29 日）

　　錄講義一道。師範講一小時。銅元局見蘇少文，云只有粗事，三千五百文一月，有缺告知。歸見江西來電，云"奉札速回"，不知是奉彼處札耶，或即指我信耶？石泉來書，言求補官費事，俟見莊公再説。李順欽送年雞來，求折穀。現城中價已近二千，彼只肯一千八百零，故未議妥。日前張四來議，並下河費五十文只一千八百五，今穀價又長矣。達卿言石香爐有人願折買穀，俟袁佃來問明。小學案發，仲蕃第一。小鶴來信，當復告之。

十三（30 日）

　　晴。唐姓鈔書來，校一過。《通論》粗定。寫出講義二分。師範請中秋午時。君華來，云已定高等，九十元一月，一星期廿四鐘。蘭臣來，求折租，屬仍送。復小鶴一函。雨植、達三、陸仙來。麋茸廿換太昂。達三生魚口，云幹廷亦生，俟問之。子漁來，告以和尚要摺子，須去看看。

十四（10 月 1 日）

　　爲正卿致周鏡如一函。慶孫初八函來，始知吉兒初七已起程來，派辦處有札下，趕彼回去，前來電是札已下矣，何以至今未到？豈已回江西乎？再發一電問之，云“吉未歸，回江否”，若已回江，必有電復。此等差事得之無味，徒然耽擱正事也。玉昆來，談善化學事。閱報，裕容屏故，張小傳開缺。晚間吉兒到，匡吉同來。

十五（2日）

微雨，不能見一年明月矣。再發電到江西，此電本不可少。匡吉早不起，小輪已開，住客棧，少閱歷之過也。録出講義。午刻到師範。組安未至，到者共一桌，學生三十桌，到食堂見之，大觀哉！閱報，香帥將彙刻壽文，將楊汝康驅逐回籍，議改官制略有端倪，午帥十二陛辭。夜見月光，頗有寒意。

十六（3日）

晴。與吉兒到蒙養院，未開學。到謝，略坐。到陳，久談。明知事權在總稽查，不能早辭，不得爲智也。到圖書館，云劉詒烈接辦，江西人，住種福園寧鄉試館，將於廿四開館。到善小學，見熊、許、羅，云廿一小學開學，廿二中學開學。歸而送禮者紛來，殊不必，演劇更不必也。

十七（4日）

早到師範，講二小時，甚費力。歸而行奴隸禮太多，兩腿酸痛，右者尤甚。演劇至三鼓，憊甚，先卧。此等事苦而不樂。君華定高等，而暫不訂閱，俟一星期能勝任再説。教務長詹澤霖，益陽人，師範頭班學生。芰舲有信來，並寄派辦札。孟萊有信與甸侯，極言留學生之可笑，《學生現形記》之縮本也。彼欲先歸，九公須九月底。

十八（5日）

檢點一切，尚未盡了。迪魯請廿日申刻。鈔目録，校一過。

十九（6日）

校《通論》，得訛字數處，不欲再校矣。府學東齋廖雲漢來拜，索予書，擬送之，問考職，云尚未得公事。到師範，講一時。是第五日五時，非六日也。廖號卓如，吳奉生言其好學。

二十（7日）

詹普勳來，請明日講堂。聞昨來知單，明日高等請客，問詹不知，須一往也。岱林與彭某來，云桐伯言已有九十餘人，明日擬照相片，俟見問之。又子培欲入法政旁聽班，屬問奉光、少潛。下午出門，到袁、俞、王、車、郭處，皆不晤。晤劉幻吾，云未接事，故未來拜，廬陵人也。晤龍黃溪，云龍蓉生已來，佃坡子街，九月十二喜期，曠屋事當往問之。奉光在坐，問旁聽已滿矣。赴迪魯飲席。宣臣同年在坐，寓所不遠，已買房子，在府後街。

廿一（8日）

早到高等，講一小時。熊世兄欲入學堂，問之不行。胡進賢說學生事甚有見解，可與孟萊言留學生書並傳。見雷小秋講義，無過人者。歸到高等小學，已上學。迪魯宣講，予亦講一次。吃飯歸。作書寄芰舲。得獻廷書，求薦汪，恐不行。桐伯云彭已選入，章不得入，已照相矣。正卿去，寄小鶴一函。報列樊增祥壽香帥文頗佳。葵園來，託以圖書館事。

廿二（9日）

陰。復獻廷一函，並爲致汪九公一函。收石香爐折穀三十六千。吉兒明日准行，屬帶五十元與祥女作穀價。南塘來穀一百九十六石，云其餘爲地方扣留，挑力亦加十三文，此前所未聞也。喑易實甫一函。往善化學堂，已開學。邑侯不到，送演說一篇。熊云來月即行，將往江南求午帥。予必不接辦也。歸見報，伯平升蘇藩。

廿三（10 日）

吉兒歸十日，復去，情不能已，作詩送之。聞圖書館廿七開辦，劉幻吾接事，人頗不謂然也。汪幼安委醴陵，家眷不往。與吉兒觀幼稚園，遂往城隍廟，赴劉稚荃席並牌局。聞鐵路正開議。劉議開醫學於天妃宮，為調劑住持，非開通新學也。黃氏兄弟主教，學生二十。棣威又有信來，昨已問經論，云須從容，渠等不欲用外來人，説無益。十六女學生歸，郭、俞往迎，未知確否。

廿四（11 日）

早到師範，講二小時。吉兒未行，屬往觀。歸又同往小學一觀，已開講矣。慶孫信來，云李鏡元十五日到，不知何以行多日也？蔣哲生處送來百元，壽文筆貲也。曉霆求書聯語。小嵐來拜，俄去。

廿五（12 日）

到廖卓如處回拜，云新任已來，即丁里堂，住東牌樓桂華公館。到蓀畡處，以《隆無譽詩》見贈，云小嵐住里仁巷，鄔小亭同寓，平江事已辭，西礦師在彼弄大笑話。催譚事，云留意。論時事，頗有感，特調查難其人耳。昨夜有電至，銅元即停鑄，只留南北洋、廣、鄂四廠，不知湘廠如何支消。英溪來，言龍蓉生已向晚，而彼未帶契來，須歸再專人送。又耽擱半年矣，悔先未專人一往也。欲先交銀撥佃，使彼寫一收條，憑英溪諸人作證，未知可否。葵園看完《易》一卷，批示送來，亦甚難得。到師範，講一小時。似學生與教員小有衝突，聞有捕某，仲瑚事前已見報，豈學堂中諱之乎？再致芰公一函，説達三事，不欲終隱。吉兒不放心，去看，問已定湘泰，晚間上船。予不恨別離，恨不能為予作代，尤悔去年不應使彼家眷去也。

廿六（13 日）

得葵園送來已閲《通論》一卷，批示甚細，乃致函，屬其餘詳批，並請作《經學歷史序》。莫溪云蓉生未帶當契來，歸取恐耽擱，此事尚須彼寫一收條，將來當契再寄亦可，更致莫溪一函，未回信，大約須問蓉生也。錄《通論》二條。高等函來，改講期。君華託柳克頤事。

廿七（14日）

早到學宮，祀聖誕。傳有學生亂我籩豆，而迪魯云無之。小學欲借泮池前爲操場，諸公不肯，擬改用射圃，二事又幾衝突。我所以決不任事也。歸而公甫、雨植、菊生至。袁佃來，議讓穀十八石，猶以爲不足，要讓廿二石，大約廿石了事。價照吳家，作乙千六百五十，只肯送廿石到吳家，計三十三千，須找還吳家三千，去年錢少百六十，又假票五百文，均記之，約重陽後來。高等號房送脩，屬致詹普勳函，說明初四改講期與中路師範複，須再改。

廿八（15日）

寫賀伯平書。劉原父《春秋權衡》論《左氏》甚佳，錄之。葵園送來《書論》。芰舲付達三一函，猶欲爲加銜加捐，不知乃郎如此行爲，似前函不可不交也。出拜小嵐，不晤。找丁理堂不著。晤幼梅，賀彼小女下定。幹廷初二與承伯同入京，擬託帶東西。晤鏡青，言鐵路事，大可笑。現等人未來商，香帥意屬余、王，不在袁，袁亦知之，故不任事。已用銀十二萬餘，尤可怪也。有張孝熙者，送壽帳等件，欵書年伯，云乃兄與吉兒同事。當告知吉兒，使謝彼。高等改第二日一點鐘時，當一往。聞許太太歸，將開女學。

廿九（16日）

過河，講一小時。與君華談時事，甚慨。星垞爲景賢堂長，已開學，仍應課，成德改法政學堂，皆不解者。以所著贈曾士元，云將申明法律，能實行乎？歸止三點鐘。計日，吉兒可到江西矣。

三十（17 日）

録《論》一篇。到幹庭處，託買茸，先交三十兩。伊定明日上船，已發行李。到承伯處，云尚須數日，行李交客棧徑寄天津，出水腳數十元，亦爽利。到小學，看諸生唱歌，此事於小孩最宜者。予爲官場祝香帥文已朶，又有散文一篇，不知誰作。官場祝渠帥駢文云出夗彬，亦雅潔，鋪張科第、門閥甚盛。韓楚駿傑軒持片來，問楊泥工。蓋彼處所用泥工亦姓楊，實非一人。呼楊漢秋來，使往見劉公。江西電來，吉兒已到。

九　月

初一（18 日）

早到師範，講二小時。有東洋教習永嘉者，由經正來，講理化，頗通華語。近來鐘點稍晏，以後可以少遲。承伯來，以壽蕭小泉文請改。達卿云嬸母頭爲玻璃打破，出血甚多。

初二（19 日）

陰。爲承伯改壽文。圖書館初三開辦，各憲於上午九時到。此日是閉日，不知何取？豈力與迷信者反乎？到府正街，問老人無恙。歸到師範，講一小時。慶孫來信，云李鏡元中風，大可駭，當即書片，以原信送集益，屬陳子暉告之李家，彼有人去接更好。

初三（20 日）

九時到圖書館，則報期互誤。司道先來，兩縣後來，中丞十一時始到。照相後，又使我輩照相，歸已午後矣。馮星垞得監督，胡子瑞亦派事，不知用許多人何爲？司事月止數竿，劉幻吾甚不謂然。楊漢秋分工四成，稍可塞白。迪魯十一請客舉代者，云學費有三千竿，稍可敷衍。予亦仍不欲接。許太尊頗謙恭。

石已來,須入省,再到鄂,尚須時日。堯衢待午帥,午帥以伯母喪乞假三月。新中丞廿九到洪江,來須月半。席祠連日請中丞。《日報》又列一壽文,不知誰作也。陳子暉回信,云李家無人去,欲我處送。發信告吉兒。得葵園書,付《詩論》來,云說《關雎》太多,又有意測,似宋人。其言甚是,當刪去之。錄《春秋》一則。

初四(21日)

飯後到袁叔瑜處,勸謀湘事,勿出。到亞新學校,觀開學,止五十餘人,未能滿額。閱報,多言立憲事。慰帥幾爲何進,唐紹儀入軍機代鹿。鐵、袁同閱兵而甚反對,水火可憂。歸到席祠,過熊、陳,熊云善學堂可增入,恐二孫不能即歸。

初五(22日)

假袁《國粹報》觀之,頗得王、廖宗旨。師範約三分鐘照相,往則以日光大,待至五分。三百學生排齊而日落,幾不能照。予等仍另照一㕚。赴陳申甫席,已上燈矣。張四來折租,作乙千八百。

初六(23日)

周仲元至,病仍未愈。潘紹廉至。連秩三至,云彭民初亦體弱,又不對矣。往麓山,講一小時歸。曾士元頗認真,訓飭學生甚切。秩三云二陳以爲腐敗,不知是指現象否。途中得小詩二首。夏幹臣書來,云尚賦閒,欲歸。伯年與東陽頗密,已屬轉達,叔瑜亦允致東陽,以名條付之,皆無聊之極思也。夏函云南京以會匪戒嚴。

初七(24日)

閱《國粹報》①。約袁、熊、陳到善城隍叉雀。陳臨期辭不

---

① "國",原誤作"學",據文義改。

到,乃約瞿往,晚歸。瞿大勝,袁約再舉。熊擬指江西找九公也。

初八(25日)

早到師範,講二小時。歸而仲元來,贈磁器數色,留吃午飯。現寓礦務公司錢店一邊花園內,音稍復原。作書致吉兒與小鶴,小鶴信略及乃母事,近顛象日甚,吵鬧要錢。達卿來,云乃母以護女故,欲出居羅或居賀,何以如此不明?魯軒回信,甚不平,可不理。

初九(26日)

佳節,放假。病河魚之疾,不能出登高,鹿泉云現在此病甚劇也。錄講義一道。下午往鹿泉處診脈,瀉漸止,而身不適。

初十(27日)

葵園來書,極恭惟,作書謝之,並問萸谿約月半後何日、蓉生住何處。許太尊、劉幻吾索觀著作,各贈一冊。萸谿回信,定二十日同來,蓉生住小西門正街協茂祥錢店內。查日記,是甲午十二月廿日事①,來手朱某,張七太太親戚,又易某,龍際雲家人,龔瓊山、郭章甫在場,連佃規乙千百四十金,實得乙千百五十金,不知如何算法。伊未帶契,不知曾某記憶否?前年見契在曾某處,俟再問之。王、張、孔、余、席五人名帖,送洋錢四十元來,大約是香帥壽文筆貲②,受之,使敬乙元。下午到學,來者甚多,取靳江河豬捐歲可千串,又議提公車、印卷兩學之歖,未妥。王文淵來,並無點心、酒席,衆人向之大鬧,足見近日官難做③,鄉人太野蠻也。明日公舉堂長,後日學宮大請客,家忌,亦須一到。

---

① 按,據現存日記稿,此事實載於十二月十八日。
② "文",原誤作"人",據文義改。
③ "日",原誤作"人",據文義改。

十一（28 日）

致書八弟,告以母病速歸,六弟處使興姪自寫。寫對送龍蓉生。到奐彬處,觀所藏書,假廖季平書歸。伊推米捐不任事,與葵園決裂以用人故,子善名條不便付來。晤瓊山,云朱某不必邀,價記是一竿,有老契一張,銀當交羗谿手,甚是。晤廖蓀荄,云前交條頗有消息,須到平江,俟從容,來請。閱廖書,有是處,有不可信處。下午往學宮,公議推予接辦事,固辭不許,明日再當辭脱。

十二（29 日）

曾大父忌日。壽兒云孟閏生約今日來,持帖邀之。十四未刻兼善堂請便酌,有事奉商。孟至,而客不至。以庶母久欲邀孟畫眼,請入,而言語多,孟暫去。予至學宮,堅辭有二不便,實則更有三難:一則學生習氣已深,難於約束;二則教員、監學多不得人,難於更動;三則新舊畛域太重,難於調和。與杏雲言擬舉冕南,彼不謂然。寄青要予勿辭,遂舉寄青,告歸。晚間君華至,云勞伯平命人乞榼子,學生欲打伯平。君華云鄉人皆開通,鄒氏父子亦以爲學堂應開,城紳錮蔽如此,不可解。

十三（30 日）

迪魯至,云伯平欲與彼拼命,擬先開學生二人,再與湯、龔言之。函致王、孔、譚。《歷史》閱一過,交王,請作序。往高等,見士元,云學生文云有"狗帶"者,乃"拘滯"之誤。歷史欲予兼講,力辭之。歸,譚、廖至,云迪魯不能開除學生,只能全堂記過,伯平捱打,頭、眼俱腫,由彼先拍桌罵,學生乃推桌倒而呼打,仲蕃在傍親見。自有學宮以來,此等事大約罕見,與《桃花扇》鬧丁並傳不朽矣。將來此席恐非冕南不可,更當爲諸公言之。轎中得詩數首,歸多忘,録成之。

十四（31 日）

陰。閱報,見銅元分廠有湖南,豈誤歟? 劉幻吾得常德鳌差,圖書館又須更人,小鶴、正卿當先託劉。袁京兆在潭演説,勸人入股,似非全無意者。組安回信,送化皮少許,相片須重照。到陳守如、孟潤生、余覺民、楊樹穀處,皆不晤。晤甯楚善,在善化公學。歸閲廖氏書,云《楚詞》不道孔子,不引經義,所言怪力亂神近《山海經》、《竹書》,爲孔教未行於楚之證,宋玉則間引《詩》。下午到兼善堂,陳、劉皆在,未云勞請客事。歸聞城隍廟請。

十五(11 月 1 日)

早到師範,講二小時。君華云詹普勛來,欲予兼高等史學,辭之。圖書館改妥秦匯生,蓋即學務委員,今兼辦此。中峰初八已到常矣。留學生用以進士、舉人,不知如何差遣? 有工科、醫科之名。學務有禁德育演説嚴示。今日學官人在城隍廟請客,我以家祭辭之。竊謂此事幸當禁演説時,否則不知鬧到如何地步,諸公憒憒不知耳。現在惟有迪魯到伯平處賠不是,將監學更換,學生記過,至於操場別議,或另以一地換之,無他辦法也。申甫、潤生邀來抹牌。夜送客遇風,氣痛。

十六(2 日)

寒甚。函致劉幻吾,爲小鶴、正卿照拂。子善欲求事,無以位置,到常又恐誤乃兄事,不敢薦也。到師範,講一小時。閲廖氏書,其和同三傳具苦心,以《左氏》解經説出先師,非丘明本有,亦非劉歆僞竄,五十凡亦出先師,非周公所爲,皆平允,特謂亦有素王三統之義,並與《王制》合,與《周禮》異,則未敢信,素王改制之義並通於《易》、《詩》、《書》,亦求之過深。其説略本於王而傳於康,與王、康又不盡同,大約亦惟予略知之耳。録講義二道,續《通論》二篇。葵園來函極恭惟,有“胸羅衆家,掌運千古”之語,屬即送交手民,而末卷未來,不知何故。君華來,云學堂事粗了,杠子挖去,必欲計過、開缺,無奈强開二缺,作僞以飾耳目。仍欲予接，決意辭之。

十七（3日）

　　廖蓀荄來，云平江事須少待，嚴某接事。唐成之約廿日請飯，辭之，改廿一五分鐘。鮑承彥來，住北正街通泰街口脩凝堂，以乃姪求入中學。彭民初來，請寫對，未與言江西事。甸侯來，問江西信。仲元來，云潤生難找，去找鹿泉。弁卿來，云少濂求遞名條。英溪函來，云蓉生有兄少仙來，須補請。聞郭、譚、龍皆捐道臺矣。問羅恒興仍押四十金，佃五十四金未加。廣貨店姓廖，佃六十金，押五十金，當邀之。葵園送末卷來，復函謝之。

十八（4日）

　　（原稿闕）

十九（5日）

　　補録《易論》，未畢。早飯後到城隍廟，聞中丞廿四到，廿六接印。學堂事，陳、劉不大理會。到學堂，見迪魯，云鮑可以入，公呈已進四日，未批發，我云札下我亦不接，熊云須布告諸人乃可。長沙已大衝突，子昭辭事，高等士元亦託故回衡，如此，學堂將無人辦矣。稚安住孫家碯，擬拜之。下午往保康買袍料。到學務處，問秦已去。何炳農言秦名家俊，則匯生別是一人。到集益，見陳子佩，云鏡元親兄弟二人皆在鄉，未曾出門，有堂兄一人在青石碯，當告之。

二十（6日）

　　到高等。士元以妻病歸，聞亦有反對者。甲班史學無人教，欲予兼之，再三辭，而學生張孝良亦來求請，不得已應以一鐘點，以十一分鐘爲期。見君華、岳凡。試驗畢，歸。龍、曾諸人來，言及撥佃，尚有轇轕，五月已談此事，而欲從本日起，又欲予任脩理，贖屋一千一百，扣佃規九十兩，加十兩，又補水四兩，脩理陸元，無非吃虧。曾某之眼小刻薄，殊可笑。蓉生則小孩無知。英溪云捐尚未妥,陳佩衡亦未,現寓彼家。定更後始妥結。

廿一(7日)

以應允説史,撰講義二道,大約非今人所知。出門換錢。到陳申甫處,約明日手談,云得京信,立憲出獨斷,將宣布。到迪魯、甸侯處,皆不晤。吉人信云鏡元有轉機,不知能復原教書否,姑俟之。龍昨託查陳申華契,到璞老處查明,業出我家,曾許寄縫。張伯輿、李獻夫在坐。李住乾元坪,張館小西門恒裕内。歸約述卿,又潤生,未回信。閲試驗卷畢。迪魯來,同赴唐成之席。寄青許出調停,要以實開張嶔、徐世傑缺。成之以爲杠子不應挖,迪魯云李系純亦以爲然。府中學舉系純,現在何不舉之?聞唐仲青瘋死,郭章甫以爲人才者。

廿二(8日)

早到師範,講二小時。録《通論》一道。陳、瞿、孟來,手談至夜。仲元來,云服鹿泉方不對,現服魚肝油丸,孟薦張某,使自求請。

廿三(9日)

録《通論》一道。師範講一小時,下期試驗。俞芳塢云善紳仍以尊孔被毆,將上控,真頑錮也。學務處陳君蔚章來拜,福建人,收支文案。以不接事及學宫事略告之,彼亦有所聞,如稟上,恐將批駁。蓉生來,又以銀須補秤一兩及脩理事曉曉爭辨,可謂全不開眼,曾某使之也。小鶴來信,云陶將稟裁局,以麻釐歸學堂經費,欲先辭事,明當見局憲言之。孚家巷麗仙茶園廿五開張,有單子出。達卿來,意願與小鶴對調,屬見幼梅勿辭。

廿四(10日)

書一函寄吉兒。録《詩》一道。蓉生又至,一分銀亦計算,真可笑。璞老來,云龍家阻撓,挖去其碑。此等無知之人宜少加懲治也。三人至,又手談至二鼓後。迪魯來信,云學務已批准,將下札，又將傳人。

廿五（11 日）

錄《詩》一道。玉昆至，談學堂事，皆願我辦。炳農來，亦談此事。陳蔚章來回拜。問炳農，云在學務久矣。同述卿、躬父往孚嘉巷觀劇，晚歸。

廿六（12 日）

昨見小嵐，云今日起程，往問，已下河矣。幼梅賀中座接印，未晤。晤鏡青，勸出了事，並説明我不接堂長。回致幼梅一函，但云求調。復小鶴一函。得石泉兩函，復一函。李蕚來求事，無以應之。

廿七（13 日）

錄《易》一道，二道未完。到高等，講二小時，下期當試驗。歸而葵園來拜，略及學務，屬將《通論》先交一、二卷，並屬找前年講義，俟問之。迪魯約明日學官，殆已妥乎？報云已批准熊辭，札委我接。明日往，當布告，必不接，下札即具稟繳還，已擬底子。唐姓送所鈔數篇，夜校一過。

廿八（14 日）

錄《詩》一道。丁理堂來拜。李韻仙求入法政，屬寫名條，當交理堂。子訓來勸駕，我即舉子訓。楚善來，求出洋官費。種緣來，云張彝初方頗對，住白馬巷乾記棧內，年五十餘，肯出行道。韻仙住府圍後升貴內，送盒子二，擬還之。閱報，共改各部院爲十六衙門，鹿、榮、徐、鐵出軍機，惟慶、瞿仍舊，添世續、林紹年。張改郵傳部尚書，管輪船、鐵路、電綫、郵政，則鐵路事又不能外大先生矣。內官已改，外官尚未議及。增改佐，殆已發其端矣。

廿九（15 日）

錄《詩》一條。葵園來，索刻《通論》。到師範，試驗二小時。

歸到熊處，未晤。晤申甫，約明日未刻。旬侯出汪大令詞索和。
李韻仙處回看。張亶臣處久談。鹿泉處診脈。三嬸母生日，往祝。

十　月

初一（16 日）

幼彌早來，嬲人不已。李韻仙與郭某至。恒春來，爲周乃斌
求補忠裔。乃函致經詒，並致葵園，將《易論》送桊。到師範，講
一小時。歸家，祭祀。閱試驗卷。高密復來。

初二（17 日）

羅、黃、張、廖來，坐迎新任，告以決計不接。閱試卷，有吉元
勛者痛罵滿賊，昌言革命，將告監督，聽其處置，故教員亦不可爲
也。李肇基來問學堂，無可人者，穀錢須問小泉。張佃來折穀，
憑李斷，讓九石。子漁來，同觀劇。歸見委札。

初三（18 日）

具稟辭事。欲出拜客，以衙參日，改明日去。高密復至，屬
作乃翁墓志，以壬老作見示，此題殊不易作。閱試卷，未畢。錄
歷史義一道。王世龍來，以周乃斌託之。彭斟雉來，託求陳幼梅
爲湘陰學堂提局欸事。北風，頗涼。

初四（19 日）

廖卓如來，云將行，詢熊迪魯截取事。飯後到丁、廖處，將小
鶴名條交丁。莊、周不見，見新撫，語甚從容，略詢高等之事。到
人未處道喜。雨老與豹子在坐，談學堂事，欲使我接高等中學。
彼長沙擬辦通學，不膳宿，亦是一法。我邑早未聞之，長紳似比
我邑人開通也。學務見陳、秦、蔡，將札繳還，彼云可不必稟，代
爲稟明即可。見黃溪，屬催取當契。彼不提蓉生事，小孩蓋不敢
向彼說。見陳佩衡，云伯平已接印，鐵路甚窘，何不運動長弓？

見幻吾，云學堂不能提鰲，彼去必不允，可放心。袁、曾、王皆不晤。歸致莊、周二函。

初五（20 日）

到麓峰，試驗歷史，講一小時，乃歸。火食月千餘串，可謂巨矣。歸錄經學義一條。吉兒來函，云鏡元大痊，甚好。渠意願與麓泉聯姻，云二孫明春准歸，俟歸再定不遲。其意仍待九公，用羽又到江，云栗樵署嘉善。

初六（21 日）

致幹庭一函。悍甫來函，云乃弟梓爵以府經稟到，其父是葵園門生，求介紹往見。到悍甫處，詢及子漁事，願爲求調，不知真否。到汪處，告以退札事。耳東處談及沅江，云無明文，彭尌雉信告之，子漁事亦略提。付幹庭信，云已入學堂矣。下午觀劇。歸而黃送禮四色，受之。

初七（22 日）

早到師範，以試卷交黎桂生，並告奉光以吉元勳違礙事。黎云此人係安化，不安靜可設法開除。午刻再講一時。璞老約到城隍廟，往則劉、唐二君在坐，手談至夜歸。

初八（23 日）

致王函以黃君事，譚函以吉事，鄧函送《集》，並還王作，意屬其勿來事。閱高等試驗卷，彭尌雉、徐昌諤頗有史裁。到師範，講一小時。歸往觀劇，東洋教習在坐，爲出坐貲。

初九（24 日）

下鄉，伯勛同往，云放假三日。出城風大，到盛家灣祭畢，未往，屬張四帶伯勛四處看過，其屋到處破壞，宜修。李兆基在。張四扣油錢十六千，出老八賬。

初十（25 日）

由盛灣到泉窩塘，風更甚，微雨，頗寒。曹與陳竹泉盤踞不去,李順卿已買瓦四千,欲來修理。請陳光國來,彼與曹郎舅,已成仇,云陳竹泉使之。我云爾等事我不管,但曹即須清莊清租,出莊後再讓兩石亦可。曹妻云再要住一二年,面斥之。

十一(26日)

光國與李壽泉來,云順卿之叔復呼曹,限半月出莊,如月底未出,即出差押退,順卿月底須來報信。天下雪,輿夫不欲行,強之。雪花甚大,過排頭漸止,而到家已上燈矣。夜晴,月光甚明。

十二(27日)

復惺甫、申甫兩函。約申甫明午來手談,乃母今日上船,不知暇否。申甫回信不暇。過河,講二小時。聞學生得東京信,提學換夏同和,恐亦學生思想云爾。閱報,府、州、縣已改,首縣均裁,宜鄉人有并善入長之語,特彼長、善皆將併入長府也。道裁不裁尚有再議,問各督撫,恐主不裁者多。錄講義一道。孟閏生邀往,至則已晚,未手談,只飲酒,約明日來手談。歸見惺甫函,云送禮不受,不先往見,何也?葵園送《易論》廿餘㸐來校,無書,校十㸐,考廢黽論出唐李華。

十三(28日)

理堂來,久坐,託葵園於提學前求事。寫對送壬老。錄講義及《歷史》。到師範,講二時。歸等組安來,渠意欲敷衍了事,亦聽之。學生發傳單,行自治會,出示痛斥。新出《洞庭波》,當取閱之。連秩三來,乃兄已報名,云須彭少襄來甄別。致吉兒一函。是日先祖忌日。

十四(29日)

錄講義。補《書》一條。覆校《易論》一過。

十五(30日)

往師範,講一時。連日下鄉,予不能往。達卿金字牆事欲送佃,以稟示我,欲送節略與長邑侯。約瓊山盧家沖看地,未知何如。發三十號一函。

十六（12 月 1 日）

補《書論》。光國來，云曹、陳已催搬，恐須限一月，當不致再反復。金字牆事俟彼再問，契載裕德堂，可問組安是否其家售買。萸溪函云裕泰仁事尚未議妥，屬其另繳押規，當呼問之。

十七（2 日）

張庚生等來探口氣，只得就鬼打鬼。何某來見。飯後到張、王、譚，不晤。晤蔡與循、翁恕堂、王吉來。到頌年處，已歸，談及到任事，云在月初。子靜在坐，屬找曹子毅與秩華、馬正吾。到述貞處，甚以找秩華爲不然。予云即已請，亦不可假以大權。述貞患足爛，親家母亦未愈。到長邑，不晤。晤府尊，談及府中學。伊明知彼等欲去經學，既云不然，何以不說？棣威事已應允。頌年亦需書記，恐難中肯。到廉訪處，託以補李猶龍，並爲達三照拂。歸而達三來吃飯，喉痛甚劇。金女有信來問，甚爲之慮。達卿來，請致書。

十八（3 日）

致書長邑，復萸溪，請頌年廿一。頌年來，云未暇，須廿五後。吉兒事略提，彼意欲延入幕，恐人則難共事，當先告之。錄《書論》，未完。達三來，邀孟、瞿共手談，孟大勝。

十九（4 日）

早到高等，講二小時。聞又有飲食風潮，正如學部云藉口衛生者。此等事上既知之，何不授人以整頓之柄乎？歸見小鶴回來①，云陶已稟，提麻捐萬不可辦，勸以習莫找學堂事，託問許奎垣一年能出屋否。

---

① "回來"，似當作"回書"。

二十(5日)

録《書論》畢。録講義二道。蔡與循來。楊六求薦九公處，爲致一函，並邀廿六，未回信。下午到鹿泉處改方，告集益以鏡元漸愈。到府正街。

廿一(6日)

往師範，講二時。聞高等又風潮，以詹普助受廚子十五金之故。陳奉光往調處，未妥。歸作書寄吉兒，告以九公之意，達三之病亦告乃翁知之，不敢隱也。小鶴事已問小舫、杏泉。葵園來，不欲見黃，不便再説。

廿二(7日)

録《書論》二道。往師範，講一時。歸，天微雨。發卅一號信。

廿三(8日)

録歷史義一道。葵園送《易論》，校一過。是日家祭。蘇厚康來。

廿四(9日)

發帖請頌年諸客，廿六未刻。録《禮論》一篇，校《書論》，當繼刻。黃梓爵來，欲見葵園不得，予亦不能强也。郭不來，譚、龍亦未定，改請蘇。

廿五(10日)

校《書論》一過，更加刪改。吉兒初七函始到，李全愈，能改文，可喜。黃躬父來，云菊生已愈，亦幸事也。醴陵有土匪，有官兵敗之説。金盆嶺兵去，不敗方好。午帥請學部直達提學乃有權，多以議會爲不然，亦不可不防其漸也。提學已至湖北。瀏陽亦有事。敬帥家上省，轎十千一名。

廿六(11日)

早過河，講二小時。普助已去，士元未來。找包火食人，仍薦馮一，恐無本錢。羅、狄皆云予須加脩，故未送，俟士元來。晤小秋、君華。是日請客，歸而頌年先來以蔭園請，欲至彼處乃來。組安至，云以我請客，已改明日。金字牆事，彼全不知，亦無此堂名，是韋買無疑，韋亦不在彼處，有事乃召之。郭、唐、朱皆來，予曾擾彼而復席者。頌年晚乃至，行期在月初，且須往南京一轉。瀏陽土匪，大憲驚惶，城門早閉，莊廉訪夜出巡，中座已電告京，到鄂請兵矣。石泉事，譚、郭皆求莊，當可設法。

廿七（12 日）

錄講義，爲明日。劉漢秋來。璞老約往城隍廟手談。羅峙雲送詩卷及法政書，彼在立達學堂，俟問之。

廿八（13 日）

早往師範，講二時。黎桂生瀏陽西鄉人，云縣城無恙，費釀亂激變，逃走，賊有周、呂二首，多萍鄉、醴陵挖煤人，西鄉最甚，東、南次之，北鄉無事。有三縣合勦之議，壽丞已親往，由莊激之。歸聞達三病甚，欲歸，心甚憂之。學堂又傳人三十日會議，舉堂長。

廿九（14 日）

補《詩論》二道。到師範，講一時。李順卿來，云曹尚未搬，彼處人心驚擾，因瀏人來省過彼之故。瀏邑幸全，因官兵趕到打退，遲一二時則無及矣。古云兵貴神速，不虛也。省城脩闔門，安砲位，中丞將門子，必有調度，不至如柯之大堂安砲也。袁佃不送穀，又退十石付吳。

三十（15 日）

君華來，久談，以鄉人驚，請假下鄉，鄉人眼孔小，彼家做官，多有生心謀劫者。述卿之妾巳刻去世。中丞出示解散土匪，有"大兵一到，玉石俱焚"等語。補《詩論》一道。

十一月

初一（16日）

補《詩論》一道、歷史講義一道。到頌年處，出門，孟萊云初六起程，振吾同去。秩華須明年，大約有人尼之，且以彼不應薦此人。此人誠不必薦，但人才難得，有事者多不願去耳。吳提學已將到，孟萊不幫乃叔而欲幫吳，何也？周十來報日，明年二月喜。汪十已交卸，老太先到省。到述貞處，尚未愈。到鹿泉處診脈，云有風。府正街不見達卿，囑告少濂以提學到。歸，黃躬父到，假洋廿元。劉菊生來，面色不好看。閱報，獻廷幸列末名，卒業後似即可歸矣。匪耗尚急，南京兵到。

初二（17日）

錄講義。到成之處，云仍不受，使唐代。到幼梅處，云患縮陰症幾死，陳醉六治頗效，沅事中丞並未發下，俟有明文再調。到鏡青處，云請紳士辦團，以爲暫緩，不必驚擾。到星甫處，已搬至登隆街，云幹廷已捐道，廣西捐駮，桐伯、組安、莘田皆退還，雨老甚受敵。葵園云下鄉，不見客，告彼昆季知之。是日熱不可當，夜不能寐。三鼓大雨，忽大雷，雨止。冬雷非佳兆也。

初三（18日）

早渡河到高等，北風，浪大。至則孟以甲班來不及請停講，已來告予，而予未知。既到，仍請講二小時，以後彼來請則往。曾初八起程來。聞又執絨丞之姪某，牽引陳奉光，奉光恐亦不安。樹藩在日本爲諸生所窘，已告歸矣。予歸，楊西屏至，求薦頌年處，云端六出洋求補官費未得。石泉事郭、譚已言之矣，如再不行，則無法矣，何能更爲端六設法？

初四（19 日）

　　録出《詩論》弍千餘字。閱報，近日上封章者於變法多反對者，摺多留中，足見阻力尚多，然其防弊未必全無理。香帥亦以設鄉官爲不然，然則其以本地人爲州縣者又可行乎？任雨田以受賄三千金撤任，事或有之。子漁賣田致鬧官荒，縣官不可得見，只好寫一信去，而誤寫其姓，可笑也。

初五（20 日）

　　早到師範，講二小時，大抵再一期或二期可了事矣。得午帥親筆回信，可云念舊，而分銷不行，另致贛撫謀位置，恐亦空言。提學並未來，到湘陰者乃林紹年，已過境矣。唐姓抄書已畢，付四千四百文，清。

初六（21 日）

　　録《詩論》二道。出城，講一時。謝俊卿生日，往賀。

初七（22 日）

　　致吉兒一函，在師範接午帥函附寄去。瀏邑土匪云已竄萍，不知彼處警急否。録出冬至祭文。正卿由澤安寄物件來。幹廷由余家寄物件來，云已買茸卅二金，俟覓便寄，伊部員未知裁併與否，看來一切尚未議定。江撫瑞良補授，吳調郵傳侍郎。曾熙、李致楨捐道，龍紱慈、劉澤熙捐主事。彭少湘來拜，住三泰街彭家祠，云將甄別。聞强報名三千餘人，不得不甄別也。云午帥現頗明白。報有宣城縣稟主事呂士元借立憲爲名，邀同學生抗官，不許鄉民控訴，擅傳團保，一切把持，午帥已嚴飭辦，可謂得政體矣。栗樵調署太平。

初八（23 日）

　　頌年回信，日内即行，楊生俟需人再來。是日冬至，祀祖。以無祠堂，常疚於心，人且欲以餕餘供始祖者。菊生來，假六竿。

初九（24日）

録《詩論》一篇，似已足矣。璞老又約往城隍廟。本邑辦團，邀鄉人於廟中會議，何不在縣署、學宮？到者無多，稚安亦未到。聞孝常、叔方皆不在家，沈小嵐得督署文案。土匪事皆云無礙，又發兵往，且有拆城外房屋之説，似未必無礙也。

初十（25日）

録講義。報言顧永鑑赴岳州勘路，或鐵路猶可爲。吴撫奏粤直捐須補足十成，已通飭，足見吉兒不加捐爲是。又有本地人作本地官之議，更可歸矣。南京又捕陳、曾二元帥，皆湘人，湘人宜爲人指目。九丈歸自西北，贈《武功志》、《甘棠圖》及麨。復幹廷、正卿二函。本日聞有戲，又無之。下午出買馬褂料二件並皮子，又四十竿矣。

十一（26日）

往劉宅道喜。遂到曾、蘇、俞、王、許、彭，皆不晤。到頌年處，今早已行，家眷後往，廿一二移居小東街劉相國第。到堯衢處，見廉訪手書，云瀏、醴將次肅清，大坑地方竄至平江，復爲陶軍擊敗。如此，則匪可無慮，何以鳴鑼拆屋？堯衢云並不因亂，以照章城外之屋本應拆，何以必於此時驚動人心？屬向中峰言之。云已動手，真不可解。堯衢議辦團法甚是，只清户口，不取經費，每團昈、筆錢三千，已請中峰發二千串文，不費民間一錢，與楊豹子爭至拍案。如此辦法，即無益，亦無損。鐵路云與袁已議出辦法，俟香帥公事到開辦，今又須肅清乃可議也。中峰意在按部就班，大抵如是。報云公舉唐濟樹稟已批准，有皮某年老事繁等語。楊西屏來，以汪信示之，云小學廖秉忠頗攬權，且勢利，於瞿、湯諸人相待不同，又堂中人多鄉學師範人，惟彼與岱林爲我所薦，頗形傾軋。與君華所説同。夜得陳佩珩信，内附電報，伯平所打，問我能到蘇否，薪月百金，即須到館，復以"皮難猝來”四字。

十二（27 日）

　　到師范，講二小時。云以後停講，下期猶須去一轉，以後試
驗。歸作書復謝伯平。

十三（28 日）

　　發復伯平、正卿二函。録《春秋》一道，《詩》一道未成。師
範説一小時。聞張堯卿被捕，可謂自投網矣。出示禁謡言，拆屋
者似非謡言，或有人進説，大吏不肯任過，乃歸之謡言耳。君華
來，云士元尚未到，有推舉詗伯之説。

十四（29 日）

　　君華、麓湘、秩三來。試驗擬“子産何以必作丘賦”，“征伐
自諸侯出，始於春秋何年”，“王伐鄭，王人救衛，何以以後遂不
出師”，“‘右轅，左追蓐，前茅，後勁’何解”，此甲班也。“《春
秋》增損改易之跡何以徵之”，“楚滅夔，何以不取蜀”，“《左氏》
失巫是迷信否”，“《左氏》深於君父，何以見之”，“春秋戰國事
頗近文明，於何見之”，“盟向何以不肯歸鄭，陽樊何以不肯服
晉”。狄澤畇來，云高等有十七試驗之説，屬以定日即着人來
告。麓湘云善如薪水已裁。予亦未得圖書館薪，俟問之。

十五（30 日）

　　録《詩論》。景賢甄別，“漢人以《春秋》斷獄論”，人多來
問，躬父屬代作一篇。《書論》上卷送來，爲校一過。是日先子
忌日。

十六（31 日）

　　成之來，問學堂故事，一一代告，不知近來歸官辦否。出門，
到劉、廖，不晤。晤里堂，云提學以警未來。潤生云拆屋事撤差
記過甚多。達三喉爛，不能復原，餘可望愈，宜請假調理。歸作
書寄夏幹臣，住中正街江寧府中學堂對門。陳幹廷住魏染胡同

靖安館。

十七（公元 1907 年 1 月 1 日）

拜邑侯及李起榮、李葆恂、秦匯生，不晤。晤李頤，云瀏、醴之賊皆走義寧、萍鄉等處，屯某山上；禹已決矣。歸錄《春秋》《禮論》。聞提學到。

十八（2 日）

致書葵園，屬於提學處為先容，顧全學務事，說明著書宗旨，以《詩論》付之。李萼又有書來，以名條並躬父名送劭襄處。圍吉來，云將往江右，聽之。理堂來，久坐，屬求學務事，不知自家飛絮猶無定也。吉兒書來，言改官事，可為一歎。江西臬臺帶兵出勤，小題大做，與此間同。久旱不雨亦同。李頤來拜，攬駕。李起榮來回拜，略談。二人皆忘其號，俟問之。幹廷寄茸半架來，貨色正而出頭少，須找銀二兩，俟東家來歸之。

十九（3 日）

到師範，待質疑而來問者止數人，此猶為好學者。歸而俞頌承至，彼為鹿泉之壻，以丈人壽文見示，譚汝玉所作，而組安不肯寫，欲予做過，勉力為之，未成。

二十（4 日）

續成壽文。到孔、謝道喜，皆未晤。歸錄文，未畢。邀往城隍廟手談。

廿一（5 日）

錄壽文成，送頌承，云筆貲儘可不必，請我多看一天戲足矣。子漁託找邑侯，邑侯昨有信來云須抄老契，乃將抄契並節略面交邑侯，為馮一交條，已允，可往見。到提學處，不見，殆以尋常教員相待耳。石泉信來，云可補羅峙雲缺，羅大約不去也。葵園拜提學，過我，屬為先容。彼云學務公所有事能辦否，答以力所能任，自當效勞。秦匯生亦其門人，拜彼，未嘗回拜。圖書變局亦

可託彼。夏芰舲有信到，云恐官制有變，故不爲其子加花樣，百
金之數已允。廿九發信，尚未得我之書。吉兒不敢歸辦學堂，是
過慮。屬薦耕餘與陳，當屬吉兒言之。中學傳人，五點鐘到。成
之以爲須添徐子□爲齋務長①，以魁星樓外地爲操場，人皆許
之；爲經濟困難，須籌千金，則無以處之。予前辦學堂止用弍千
七百餘金，今開銷至四千金，蓋所謂能辦學堂者如此。

廿二（6 日）

以講義入《春秋論》二條。鄒玉昆來，談善學事。羅綏生
來，談高等事。士元久不到，又用四百元，無賬報，所謂能辦學堂
者又如此。雷小秋加至七十金，看何以處我。廖孫階來，云福帥
節省裁人，所屬人無可位置；今年善後局少五十萬，匯豐洋行不
肯借，奈何？頌承送十二元作筆貲，却之，亦竟攜去。

廿三（7 日）

到西元，龍八下鄉，見達甫與仲元，云蓉生已歸，當契應寄。
見珮行，云乃兄久無信到，有信再告知。伊與郭、譚、龍、王捐項
俱妥。到述貞處，已愈，云孟來尚未搬。往見老太，云九公十日
始到鄂，九太太廿六上船。到學務處，吃飯，未入。路晤炳農，云
已調王靜軒、陳蔚章四員往署，餘未動，似今年有考。到府正街，
又有風潮。少廉來，相左。歸見吉初七函。致吉一函，未成。

廿四（8 日）

早往師範試驗。歸續家書，並致頌年、芰舲二函。徐雲生
來，云捐知縣，留湘，現見提學求學務事，以《集》贈之。劉策安
來。校《尚書》半卷。

廿五（9 日）

早往師範，試驗一小時。更有一班，以題交奉光使代。奉光

---

① "子"下，原稿空一格。

云初一放假,請到,明年仍請費心。組安雖捐官,明年仍接辦也。以寄江西之物送汪宅,請帶去。到城隍廟,晤周紱延,云汪姨老太同去,而二老太太不去,可謂善讓。

廿六(10 日)

閱試驗卷二百餘,憊甚矣,足見閱卷之難。報言以後學生送京不試驗,殆以此故。高等各學皆無出身,惟優級師範可賞官,亦須在京盡五年義務。又有教員兼管理之議,仍重經、史、國文。葵園回信,云口天已為先容,伊將來拜,俟其來再往見並送所著書可也。

廿七(11 日)

試驗卷閱完,覆看一過。對門瞿請寫主,歸而九安丈至。聞柳家捉一人,乃象臣胞姪也。江學尹來,云曾尚未至,學生漸散。

廿八(12 日)

到九丈處,並晤叔欽同年,久談。到策安處回拜。到小學堂,則已散矣。到成之處,問明年小學可增入否,云儘可行。中學張監學將更,楊西屏亦不留矣。操場又有異議,籌欵亦無定計。小學英文程度甚淺,二孫不難合班,當告之。少庚與蘇某來說張事,告以策安所言,沈士登云宜少從容。錄《春秋》二條。

廿九(13 日)

錄《春秋》、《禮》各一條。下午到府正街,見魯軒,略提家事,彼亦無甚異義,但云勸解而已。師範送關,高等送年禮四色。

臘 月

初一(14 日)

錄《禮》一條。師範請今日放假,午刻往。先攝影,乃入席。左盦並無客氣之語,殆今日不講過節耶?躬父事略提,云需人再説。歸已五點，不能到救嬰局。彭三嫂帶胡國聶來，云求入附設小學堂。

初二（15 日）

以胡生事告左盦，復云明春招考，可去投考。閱報，張慶勛、黃仁黼皆革職，袁盡解兼職，非止兵權，云以改官不能兼職，得毋爲法自斃乎？報言督撫不可去兵，是亦確論。録《論》二篇。

初三（16 日）

録《論》二篇。周道腴來，安假辯，歸娶，住水風井脩業。師礒生來，住原處。羅十三先生來，欲爲西屏再説。西屏亦來，求薦附設小學，函致鳳光，未回信。此間學堂有把持之者，予所言不信也。李順卿來，折榖銀伍十乙兩，作乙兩式錢乙石，太便宜矣。曹佃初八准出。張啟芳亦來。

初四（17 日）

録《論》二條。以書七册捐入圖書館。仲元來，云曾往觀書，求江西事，屬以不如此間。陳八先生、劉四先生請初六未刻城隍廟，譚、劉在座，或有牌局。河南孫某來，住青石礄李全順。報云初一開演，而大吏禁止，得毋殺風景耶？曾曉霆來，住高等普通，云祭酒爲議長，馮、孔爲議紳，郭辭不就。此間高等推郭，而日内無聞焉，士元或尚無頭緒。報言野秋丈遭申斥，更何有入樞之望？官真難做，宜香帥有退志。

初五（18 日）

録《論》二篇。成之來，云小學可添人，西屏與廖不合，故二人並不用，經學、國文用張某，在求是學堂者。述卿生日，往祝，留飲。

初六（19 日）

録《論》二篇。葵園來函，得繆筱珊書，索我著作，與王壬老並稱。柚琴同年舊識，筱珊並不相識，孔北海亦知世間有劉備耶？以書七册付之，屬爲轉交。到城隍廟，譚、劉久之始到。璞老云巷口開戲園,已請客,而敗於垂成。論穀米太昂,而出口無制,皆云束手。中座病,不見客,奈何?

初七（20日）

錄《論》二篇。成之以掣肘辭事,初九二句鐘到城隍一叙。買廖季平《穀梁》一部。幼梅送銀一百兩來,達三隨即索去。出賞格捕土匪,蓋以柳爲柳際貞。劉云無供,尚好。又有罰十萬金免罪之説。張又復訊,已加刑矣。

初八（21日）

錄《論》二篇,意可粗畢。復幹廷一函。函致吉兒,未成。高等請明日未刻放假,俟彼如何説再告之,亦看成之如何説也。廖書引鄭《駁異義》"玄之聞也",據誤本作"玄之闇也",屬上句,謬誤可笑,其中脱誤亦多,取其日月時例一條。晚間周緻延來。聞汪姨老太太歿於漢口舟中,孟來往迎喪,不知九公如何辦法。作挽聯云:"洞庭波冷墜慈雲,湘君應跨青鸞,北渚恭迎仙馭返;聖水鄉遥碎明月,弱女方悲黄鵠,西江猶望板輿來。"又挽左二太太云:"相侯子婦共稱賢,當年黄鵠悲歌,方獨任熊丸荻畫;王母仙班俄返駕,一夕青鸞上馭,祇留遺鳳誥花封。"

初九（22日）

雨。高等請今日放假,本擬一往,看士元如何説,既雨,可不去矣。到鹿泉處拜壽。即到小東街,孟來昨日已起早往岳州。見老太太,云船小地狹,不知如何,電報不言已裝斂否。九公初一到江,計已接印,奈何?到向子政處回拜。再謁吳公,久候始見,紹襄在坐,論景賢、法政事。吳公久仰未見,將來有借重處,略談各學堂事,歸檢書六種贈之。下午往城隍廟議事。成之云改張先炳文案,彼出言無狀,與之辨論,學生遂聚衆嫚罵,呼打呼滾,實不能再辦。湯稚安云須解散中學,退張庚生等教員再説,屬成之進稟,汪鏡青見提學面陳。不知此輩何苦踏沈船頭也?

初十（23日）

發江西信。汪十四喜事，問之，已改期矣。仲元來，云達甫出麻，欲借閱《説郛》，茰谿將往江南，硯仙丁母憂。屬以專人往攸取當契①，專人費我出也。下午往鹿泉處壽宴，慶華班。客言戲園年內將開，已説妥矣，惟福源巷地狹，樓上人來多恐危險。夜雨。

十一（24日）

龍毅甫來，假《説郛》八十二本，因寄數字與茰谿，屬專人取當契回。君華來，云明年已續約，將回去矣。士元明年仍舊，以教務長欲開除學生數人，恐未必能實行。高等送脩壹百伍拾金來，而未續約，士元或别有意乎？甸侯來函，云汪幼安邀之往，必須一去，日内即行。以唐某求薦附設小學，恐不行。公隼考修業不取，何必入此學堂？其文理本不行也。不知提學前云明年考驗，何以今年又考？

十二（25日）

擬來歲春聯云：“丁當清逸推文苑，未有涓埃答聖朝。”“丁辰有命宜逢吉，未艾方興合受釐。”“丁子深孳文字學，未央高列貢書名。”校《禮論》一過。

十三（26日）

補《禮論》二道。高等齋務鍾昌駿至，云教務未定，士元請添一副監督，向姓，明年仍辦，致意必欲我盡義務。甲班二、三月卒業，請提學甄别，欲我全教乙班史學，我辭以只可仍舊二小時。雷已入京，經義添彭毅。得江西信，二孫文字有進境。吉兒往迎九公，不知得電後如何辦也。下午往府正街陪媒。劉云炸藥入城，與煤炭混入，且有柳家搜出之説，彼親見之。學務一萬餘金無帳，提學將和平了結，除調五人外，皆裁撤，我

---

① “人”，原誤作“函”，據文義改。

當亦在其內,不知此公所云借重如何耳。歸見李東來片,不知何故速歸。

十四(27日)

錄《禮論》。下午到鹿泉處,晤麓岑,云洋學堂規矩頗嚴,辭事未允。張亶臣云迪魯江北勘災,海年已往粵矣。

十五(28日)

曹小槃來,送龍鬚一㡤,惜已折斷,云彼處明年仍留,以路遠,欲求附設小學算學教習。鳳某不識,只好仍問組安。黃正卿送牛肉、醃鴨來,復函謝之。曹住胡家花園,丘公景章住長學宮街,記之。曹云嘉禾米八九千乙擔,大可慮也。報云改曆,何更新至是乎?改官制多云緩圖,當可緩。萍、醴信至。京師亦搜捕黨人,無怪此間紛紛。連秩三來,云有郴州永興陳某至湘潭,惟香帥所委勇捕,謂有皇令,問官皆知其冤而不能救。伊明年欲求王。有鄒德蕃欲就高等醫官,屬爲先容。沈獻廷歸自東洋,送小印章及畫八幀、牌一副。黃、劉三人來。先子生辰,留飲。劉假十元去。獻廷夜至,略談外洋事及此間學堂。

十六(29日)

晴。早到對門,獻廷已去。再致吉兒一函,並祥女、金女。復芰舲一函。永昇倒票四千,挂牌強盜可惡如此。覆校《詩論》上卷。下午往大觀園觀劇,戲腳太少,地方危險。

十七(30日)

以《詩論》並《春秋》送葵園。又以曹小渠、楊西屏薦左盦處。何炳農來,云學使單子已下,委我圖書館課長①,伊與周、蔡皆不在列,俞子昭、瞿根岳委課員,紳甚少,官較多,課長月五十金,以中丞病,未下公事。報云汪丁慈母憂開缺,林開謨放江西

---

① "課",原闕,據文義補。

提學,則汪必然歸,不知年下能起程否。吳提學十五日請功服假七日,即公事到,亦須假滿方可往見也。葵園回信,亦云劉柱臣見單子,不誤。報云日本留學生有五千人入孫、章黨,禁假回國。此後留學生名譽大減,或不至侵入學界矣。香帥駮鄉官一層亦是,以地方人辦地方事是古法,特須如漢世專用地方名士,皆出身所由則可行。既廢科舉,當停捐,而皆從鄉官出身,則名臣出其中矣。再發信到江西。補趙汸《春秋》一條。小泉來,云蓉墅官罣誤,我家親戚何多不利? 善化監督不患無人矣。

十八(31 日)

到幼梅處,不晤,致一函,並幹廷一函,銀五兩,屬彙寄。到鏡青處,云頌年可即交卸回,姨老太未到漢已故,初五日事。成之辭稟已上,渠意不欲太激。新章監督、教員、管理均歸提學使委,將來聽提學委人可也。湯云開名單送提學,我邑亦無多人,奈何? 州縣挂牌數人,致函首府,爲棣威謀。鏡青言湖北捕得聖功會劉某,搜有火藥,供出學堂多人,將興大獄。本初有罷官信,端到北洋,岑到南洋,看今日有電到否。閱報,則無電。任雨田已革職,而其媳已死矣。議釐局不用司事,湖南奈何? 檢所作筆記,可分三卷,駢文與散文皆無幾。校吉兒所作《三禮鄭注引漢制考》①。

十九(2 月 1 日)

陳樹藩來,住晏家塘橫街。楊卓茂來,云監督以詹教務事將彼與易經海開缺,屬其求鍾慶咸、狄澤昀。下午鍾來送關,寫乙一、二班各二小時,云上半年仍教甲班經史各一小時,畢業乃教乙班。予以學務事辭,云只到一次亦可,不能教四小時,改作三小時亦可。楊事託爲轉旋,記過,不開缺,並爲躬父遞名條。達

---

① "制",原誤作"事",據皮嘉祐書名改。

卿來。

二十（2日）

到樹藩處回看，譚、陳均在，略提曹、楊事，云未定。曹來，以此告之。仲元來，云舌泡爲東醫割去，乃陸軍學堂醫佐久間也。荑溪已行，云蓉生已傳信去，不寄來再專人。陳光國來，云曹尚未去，廿三准搬，租亦須清。李佃求讓租九石折清，告以鄉留穀不能照鄉價折。到兼善堂，晚歸。夜雨雪雹。

廿一（3日）

微雨。校《漢制考》，甚費力。是日祖母生辰。達卿來，云炮竹買瀏陽門劉正泰甚好，約廿四下鄉。

廿二（4日）

校《漢制考》畢①。李育齋來，云是鏡元堂兄，前來者即此人。鏡元尚未能如常，行走勉強，年已三十有八，若然，明年必須歸。彼在多福寺陳立順南貨店，來是爲討學錢。此人不來，我已早送，今當送到彼店，取收條。麓湘來，云移住孟來前住屋側，孟來單子亦無名，可怪。王時澤來。

廿三（5日）

早起接春，改春聯云："丁字簾開迎淑氣，未央鐘動報新年。""丁年事業桑榆補，未谷文章札樸傳。""丁辰有命常逢吉，未艾方興又換春。"交廿四元到陳立順，取有收條。李佃來，云曹佃已出，而租未清。張佃來，錢雖付清，而數不符，賬目難理如此。閱報，湖南督銷委李文碩。

廿四（6日）

到史家坡辭歲。先往小東街見汪太親母，云孟來先歸，未到，頌年已到漢，祥女似未同來，其意頗不以丁憂爲然，豈此等大

---

① "制"，原誤作"志"，據皮嘉祐書名改。

事平日絶未曾談及耶？路上泥濘，幸未下雨，歸已暮矣。

廿五（7日）

　　賀午帥年節一函，報有此公調北洋之説。賀劉焕吾一函，報云已補永州同知。吴撫言改官不易，亦透徹。林紹年面對，四事及之，有罷置鄉官之説，誠見其不可也。梁舉葵園、陳伯潛，而梁又爲人劾奏，事不行矣。梁請尊孔，立曲阜學堂，幹庭來信亟稱之，然不尊經，何以尊孔？再致吉兒一函。書春聯數首。黄惺甫來請，云局中有要事，或子漁有事耶？楊六病，不能往。碧蓮師送點心來，云佃錢收不起，我亦不能管也。夜雨。

廿六（8日）

　　閱《續説郛》，多格言。鄭曉《古言》云："才之用世者日卑一日，世之忌才者日狠一日，人之生財者日懶一日，財之靡費者日甚一日。"闕名《蒙泉雜言》云："革弊如接戰，無援者不勝而敗；建利如務農，不力者無穫而荒。革弊而上不援者身危，建利而下不與者謗作。"皆切中今日之事。崔銑《後渠漫記》云："謝枋得有言，宋亡於道學大明之日。夫亡漢者梁冀、曹節，猶有君子起而存之；宋亡於韓、史、賈、丁，亡能存之者。蓋漢之明經以修行，宋之注經乃衍詞。漢士實，宋士浮。漢協忠，宋爭名。"亦有見解。王凝齋《椽曹名臣録》由吏員至尚書者四人，所載共十三人，今人止知況鍾一人而已。其序亦言人才用之則貴，今欲用吏、用鄉官，有出身何患無人才？得吉兒十六函，其前尚有，交馬振吾，未到。甸侯來，云醴陵火車之難，受傷，幸不甚重。所辦學堂汪幼安不肯出錢，明日將請人共議。孟來已到，九公亦將到，到即下鄉。述貞有信來，必欲假百金過年，勉强付四十元。予亦非有餘者，親戚無可如何，亦不料伊家事如此也。晚間聞頌年已到。

廿七（9日）

　　（原稿闕）

廿八(10 日)

飯後到頌年處,船泊草潮門外,上船作吊。見其陳情表情義兼盡,不知部議如何。云明日下鄉,不舉動,此番欠債又四竿矣。述貞尚須開發,無以應之。據所云,亦不能怪汪幼安。我謂甸侯昨啟太激,昨日並無人到。入城,到丘、王、陳、黃處,皆不晤。歸聞子漁來,云星甫將加薪水四竿,屬見局憲請不駮①。前日星甫請我去,豈爲是乎?約計一年用項,洋錢乙千二百上下,銀亦四五百金,除大欵項不計外,算入欵有此數。寫挽聯、幛字。

廿九(11 日)

一早着人送挽聯、幛子到汪船上,船尚未開,云當在船上過年,何不起坡?公隼來,云有逐王復循之説。葵園送來《易論》,已棖成,覆校一過,刻頗好。排拜年單子,不過百餘號,交游少矣,亦見予之門無雜賓也。約計一年用洋千元、錢千串,可謂巨費,而予實不曾濫用一錢,親戚家間借欵約二百元,多一閏月,亦不過用千餘金矣。

三十(12 日)

雨。覆校《易論》畢。檢《説郛》閲之,當此時猶可從容,或亦世之所罕也。天微寒,無春意。午後到城隍廟、火公殿謝神。歸見提學處送委札來,圖書課長每月薪水止四十金。吉人云江西課長百金,何懸殊也?歲云莫矣,明年再往謝委。仲元來信,云舌泡又長,東醫又爲割之,反硬而痛。予曾屬其勿信外國人用蠻法,此内症,非可如是治者。據來信云言語、飲食不便,則危險矣,不知龍家何以處之?

---

① "局",原誤作"屬",據文義改。

中國近代人物日記叢書

〔清〕皮錫瑞 著　吳仰湘 點校

皮錫瑞日記

第 五 冊

中華書局

丁未（光緒三十三年，1907 年）

元旦（公元 1907 年 2 月 13 日）

微雨，過午有開霽意。試筆，得詩一首云："新年景物換乾坤，旭旦春光早到門。衰老未能抛筆硯，團圝那得聚兒孫。圖書謬許推吾長，雨雪方寒覺少溫。但願常逢太平日，桃符更帖爆聲喧。"五、九弟、俊卿、達三來。聞除夕有謠言，徹夜巡警，幸而無患，新年仍是太平氣象，故詩中及之，願如放翁詩云"餘年見太平"耳。下午又雨，徹夜不住。

初二（14 日）

雨。飯後出行，見提學吳公謝委，問如何辦法，但云事繁，每日須到，答以高等講期不能到，師範只一二時，猶可前來。云已委胡子瑞、王冕南、曹子穀，開辦未定期，定即來請。到瞿、謝、彭、汪、黃等處。孟萊云已捐知州，將往西粵或江南，提學委普通課員，而課長爲孔昭琴，不欲居彼之下；乃叔船已到靳江河，所奏交部議，未下。彭初一有木匠刎喉之變，大是怪事。吉皆、廉泉均在太平署，年終寄卅金回。歸問提學處抄單，未得，不知更有何人也。

初三（15 日）

雪，頗寒。擬作《經學通論自序》。燈下閱《淳化帖》，陡覺寒氣中人，昏眩冷汗，吃薑湯稍愈，子後始眠。

初四（16 日）

早起猶覺微眩，足無力。兩處戲園開演，不欲往。述卿、達三來，約竹談。旬侯來函，云提學處有人運動委課員，欲更得我一言，俟開辦後得常見乃可。作一函致吉兒。俞六、汪六來拜年。

初五（17日）

雪霽。下午又下雪。小鶴約看戲，以寒不去。録出序文。晚得南昌電，用洋碼，審視，爲"達三勿歸"。

初六（18日）

融雪如雨。發南昌信第一號。得彼處來信，係金女發，云不得達三信已三月，未云勸其勿歸。年底有陶思曾、廖某同組織總學會，啟、片子專用廖名，頃又來請初十實業學堂共議。現在一切皆歸提學，由下發啟，恐不謂然，擬不往。初十爲孟萊祖母生日，當去一轉。旬侯又有信來，何不求仲叔圍耶？

初七（19日）

早起，敬利城菩薩。利城，地名也，去龍潭三里。神管瘟疫，以天明後到龍潭。自吾祖以來，世祀之。融雪甚於雨，到處皆漏。聞昨大觀園爲常備軍打壞，無紀律如此，不嚴懲如何行？商鞅治國，罰不避親貴。今外洋頗得其意，故强，而吾中國全無法紀，徒變其名，何爲乎？作詩一首云："一歲又逢人日到，幾人來訪子雲居。暄風入户蘭先覺，積雪封條柳未舒。白髮看人同老大，青氊誤我是圖書。定臺疇昔探梅處，石帚清詞默誦餘。"

初八（20日）

學務開辦，飯後到公所，濟濟多士。議長未定，議紳郭、譚、馮、曾。六課、總務處多官，批發文案。圖書則胡子瑞先到任事，餘多未來，權限亦未清。有張某、王某，皆官。予房在王某外間，不能落鎖，殊不便。孔氏父子不在內。普通課長乃湘潭黎承禮，不知孟萊何以云云並未到也。共飲，歸吃午飯，約觀劇，而大觀園有戒心。王君親見之，常備軍不敵優人，可笑。乃往宜春一觀。廖名緒，問子瑞云是丁酉拔貢，瀘溪人。考事問吳公，云先考舉、貢，次優，再次職，職十人取一，不能多舉。豫備科停辦，學生要打監督，可笑，聞分送高等、實業以調停之。

初九（21日）

晴。飯後到公所，聚談、共食而已。人數未齊，權限不明，將來須再議。同事王、吳、張皆江蘇人。張在朱觀察處教算學、國文，到此空坐。王、吳住此。我房係過路屋，甚不便，將來亦須設法。歸校《禮論》。鮑承彥至，以簡易師範卒業，交條求事。許子訓住伍家井學堂辦公處，久不見此人，不便致函，聞其丁憂。

初十（22日）

飯後到汪家拜壽。孟萊擬四月到廣西，辭學務，屬舉徇侯自代。到學務，閱《穀梁古義》數卷。張頗知經學，以《孝經疏》贈之。聞堯衢放法部參議，中峰有更動語。小泉由鄉來，云封三堂被盜，蓉墅可不去官，彝仲將往西安。子服來信一函，又言承襲事。有東洋信至，不知何人。

十一（23日）

雨，微寒。飯後到公所，吳錫侯來，云火盆無有，有鋪架要否。吳即學使之姪。孔憲甲稱少翁，張號杏春，王號敬侶，林號仲堪，吳惠康未悉其號。胡子瑞云官報公事已交到，應回明學使請辦法，所有書籍應略清理，當發者發出。現在一切皆歸圖書處，普通、實業、專門皆虛設，應請議紳說明。東洋信即楚善所發，今補官費甚難，石泉幸已補矣。夜，星月甚明，俄又雨。

十二（24日）

大雪。到公所，諸人檢理，各學堂公牘數與書册多少不符，皆艸艸從事者，不知視學將如何辦法也？此等事實不關圖書課，亦無書辦管理也。飯後到宜春。如此雪天，人數甚衆。

十三（25日）

到公所，仍無事，閱《穀梁古義》至文公。

十四（26日）

出門拜客，皆不晤。惟見李觀督，云其子十九將回南昌，託帶信件，已諾。欲以其子入湖南高等，辭以須問監督。到學堂一轉。歸見南昌電報，云"舉雄，吉"，知又得一孫。此孫即名名舉、字雄孫可也。吉兒一函又不欲兩孫歸，云李鏡元教法甚好。芰舲來信，云欲我爲達三謀釐差。幹庭一函云有便寄緞靴、墨盒。

十五（27日）

以胡子瑞子出天花屬代辦公，故節日仍到公所。俊卿請聽戲，早歸，到戲園。回家過節。月色甚好，夜半又雨。受寒，夜臥不安。

十六（28日）

復芰舲、鏡元函。到公所，寫信付吉兒。鮑世兄屬求小學教習，致子訓，回復不行。劉柱臣到公所任，云習安到高等。代子瑞收公文、挂號十五件。彼以公事與書卷分爲兩處，又有公事中夾書卷者，故甚不易清理。

十七（3月1日）

晴，路尚未滌。到公所，聞《新聞報》有"學務贓欵"一條，言侵蝕游學生費三萬餘金，車廣、羅、章三人皆列參案，又吳敬詒無缺，亦可危，而事並無查實。此事外間多言之者，不知究如何也。學部定學費甚輕，小學堂三角至七角，但有膳宿在外，尚可變通，高等亦止四圓，云前議津貼均裁。明德八百、修業四百皆無，不知高等、師範何如也。閱報，堯衢與王世琪爲左、右參議，曲園年底已歿。師磻生、唐鵬達來。師云南洲局尚未定。唐在攸縣。君華來，云乃兄的係革職。善學監督我推君華，彼亦云非換人不行，苦顏面太熟。

十八（2 日）

晴。翁守書求一函致伯平，爲作一函。家信並洋鐵筒弍個、蒲包一個，送交李世兄帶往江西。飯後到公所，閱《穀梁》弍卷。午後到城隍廟赴策安約，聞張雨老有不吉之語，未知確否，埜老病失下頦，已愈。又聞堯衢請假，兩月再行。釐局專任幼梅，遲日當去一轉。

十九（3 日）

雨，又不能下鄉。飯後到公所，見學使開印儀注，收公文十餘件。閱《穀梁》，未畢。近人經學實有心得，超過唐、宋，如劉氏《權衡》非不佳，但如一串散錢，由不守古義之故。香帥駁裁判司不由督、撫、臬司之弊，甚切當。此公究屬讀過書來，非袁、周之比也。夜喉痛，發燥。

二十（4 日）

體甚不適，强起，到公所。《穀梁》閱畢，閱《公羊疏》。飯後歸。達三來，其被盜尚未獲，約同觀劇。楊西屏來，云伊事可望成，善學仍留成之。

廿一（5 日）

聞廿八開學，早到成之處，二孫與榮姪皆允，云須到勸學所報名、繳學費，廿八亦不能開學。小學監學姓李，乃徐子謙人，云小學有應升入中學者，不知何人也。周夑球來，現居鄉，其保舉爲江撫所駁。鮑承彥來信，欲求釐局事，更難。到公所，與諸人議閱卷事，現無通英文、理化者，算學只張杏春一人，亦難，須人齊方可議辦法。到馮沖祖墓拜年，介卿亦有葬彼之説。

廿二（6 日）

到史家坡埽墓、拜年，定二月初十日興工修造。子漁云已到廟中，佃錢已清。回復鮑、孫、曹三處。寫挽聯送朱觀督處，云隨時可往吊。企宇來，約廿四觀劇。李慧哦病失血。獻廷與其兄傅巖來。隨到對門回拜，談東洋事。

廿三（7日）

到公所。曹子穀來，人甚安詳。杏春、步蟾急欲開辦閱卷事，敬侶以爲侵越權界，不以爲德，反以爲怨。柱臣現擬條陳，且姑俟之。子瑞亦以爲不可急。飯後歸。李文石來拜，云《漢碑引經考》擬著未成，索觀予書，以書四册贈之。玉昆來，云欲辭事，薦仲九自代。出門到各處，多不晤。晤余介卿，託以子善事，恐未必行。到圖書館，閱書者已去，云看報人不多。歸見彭菽原函，約明日十句鐘來拜。達卿來，請明日陪先生。

廿四（8日）

伯勛往盛家灣，聞幼梅老太太病重，使人問，並爲達三求差。到公所。彭菽原來，言其著作甚多，有《漢書引經考》、《白虎通引經考》、《五洲輿地》等書，呈學使與葵園，以筆記與詩付我。閱筆記，隨手記載，詩格律老，此人入學務，當能任事。余子昭到，以長學監督，不能常來。閱報，岑、錫對調，官制大致已議定，裁道留府，以廳、州、縣分三等，佐貳及教職皆考驗，分別去留，文理不通及有煙癮者給川貲歸，教職年老改奉祀官。如此，無大更張。州、縣下設六職，官、紳皆可委用。下午到鹿泉處診脈，云虛。無《國粹報》買，可惡。天甚熱。

廿五（9日）

到公所。柱臣擬條陳未完，亦云圖書課無閱試卷之理。此議發於普通課，可無避事之疑。書堆積未開箱，亦以爲可移圖書館。章程教員由提學派，柱臣以爲不可，只可派監督而已。已出示催舉人報名，通飭各學堂繳費。午刻歸，飯後邀獻廷觀劇。

廿六（10日）

到公所。吳步蟾云子瑞所收公事失桂東縣申文一咨。如何問我？子瑞多挑眼，豈欲借此爲卸過地乎？足見共事之難，共事權限不清尤難也。歸約獻廷、澤安手談。獻廷云已見人未，許爲遞條，學使前不便言，俟見法政李監督當爲道及。善化調衡山，未知來者爲誰。天氣熱而不變，夜甚燥。

廿七（11日）

廖某早來，求學務司事。予未聞此名目，即有亦不便薦。唐顯度、唐鵬達昨亦來求薦。魏聯秦由永州中學堂來，云求教員，我薦楊廷傑，劉柱丞薦唐顯度，云其算學好。魏住西長街福勝棧。子瑞問舉人如何考，報名已有多少，云須問紅案房。王榮曾叔松來接王靜軒手，善化胡鑑塋到任，長沙沈瀛署。棣威來求事，現在挂牌多，是一機會，惟予多不識者，府尊不可恃，俟出門當一往耳。子毅言夏曾佑《中國歷代史》有三本，到隋止，俟到書店問之。李文石來書，極恭惟，以古玉斑屬題，作詩未成。

廿八（12日）

詩成。到公所。甸侯來見，言頌年之子起驚，鄉下並不開吊，伊將往體，古人年底借受明處五十元，欲以借我四十元撥付。胡舜卿來，欲謀事，亦識魏壽貞。王勉南不來，換羅伯勛。柱臣章程得見，亦仍以學部章程爲底本。如此辦法，可免閱卷之煩。初三日考舉、貢，已挂牌，不滿一百人，即在本署內考。陳善蔭號伯松視學官來，王立猷乃會計課員也。歸聞唐質吾病故，覓獻廷不得，想未知也。西屏來，云已見奉光，奉光與左盦皆欲辭，故未聘定，卅元一月，不欲舍近求遠。岱林來，云初六開學。夜雨。

廿九（13日）

小渠云欲入附設小學，專教算學。聶斤湖與曉霆來，云廿日上學，在東長街。岳帆來，云向某不來，即歸鍾某代辦，學生不甚服，士元又加學費，恐未能行。到公所，有羅厚忻來片，云接孟萊手者非伯勛也。魏壽貞來，問西屏，而奉光回信須問組兄再奉告。甸侯云公隼就永中學英文聘無是事也。彭菽原約明日二點鐘到玉壺春，以與人有約辭之。見邑紳稟學堂事，痛詆俞、熊，以爲張搖鈴使學生打勞，並以開中學爲不然，學宮演操尤不然。不知成之受人推戴，何以了此問題也？錄出題古大圭圖詩。夜大風。

二　月

初一（14 日）

　　甚寒。到公所。魏壽貞催定局，而奉光云未見組安，柱臣云且定約，子昭言開學尚早。半日學堂已開學，孫某已不在彼矣。覆閱菽原所作，題詩一首，子瑞取去看。下午擬到彭處，獻廷來，約手談，至夜。失眠，以後戒之。

初二（15 日）

　　打雷，又下雪雹，殊不相宜。到公所，見魏壽貞來，以永州四游學生求學臺派充永中學堂教員、管理①，四人皆年輕學淺，不可用，用之必爭權利，果如柱臣所説。柱臣勸見學臺，而不在家。西屏據奉光回信，已定附設小學，而小渠不曾提及，彼來問信，仍赴嘉禾。子昭遍請同事，以下雪不往。飯後歸，見吉兒信，云小泉來湘，擬使二孫同來，不如自送爲妥；四十元數由汪對撥，再找十元。

初三（16 日）

　　到學宮祀文昌。勞又進稟，以毆彼者爲張振湘，出張翼雲、張星炳主使，批張星炳已斥退，公稟留成之，公事未下。衆議欲去張、繆諸人，開單呈學臺請派。以汪、湯不到，欲再議，初六不能上學矣。到各處，多不晤。晤李觀督，云法政現已有人，胡子清考舉

---

① "堂"，原誤作"生"，據文義改。

人，取則將入京，不知獻廷能勝任否。陳國仲移大東茅巷。

初四（17日）

晴。到公所。子昭云有警兵查半日學堂，説是奉公事，可怪。柱臣云有人言復八股，更可笑。昨日出題，八人作兩蓺，已派數人，諸利賓、王叔松、張杏春、林仲堪在内，不派紳，殆恐徇私乎？歸致一函李文石處，爲壽兒求分銷，誠近冒昧，看彼顧交情否。爲仲堪寫詩數首。夜又雨。

初五（18日）

到公所，見學使致我與子瑞函，催開閲講義。冕南不來，薦一人代。子穀奔母喪，使柱臣相助。子瑞與吳步蟾清理半日，尚未妥。羅厚炘號彝仲，來接孟萊事。王立猷號焕吾，誌之。獻廷欲見學使，以閲卷辭。杏春言算學五卷只一卷完善。張庚生問學堂事，大約有所聞，予亦不知諸公意如何也。雨植來，云初八上學，乃叔亦將到。見通飭查學堂《洞庭波》等，由醴陵李某告文俊鐸，此人恐跕不住矣。豫撫有請定學生滋事律。律早宜定，乃至今尚無明文，何也？

初六（19日）

首府以丁祭路過，回拜，棣威事已再三允許，想不荒唐，光明事早定他人。王嫂求百善堂外糧，交條，已允，云外糧尚易出缺。曹小渠來，云永州算學未定，唐顯度爲人所攻。到公所，問柱臣已出，不歸。子瑞來，清出講義。予閲經學、脩身，曾□□所講①，頗有思想，而宗旨不正，已籤出批駁，將呈學使觀之。近之教人如此，可畏哉！子瑞不肯看，又無他人，奈何？張杏春以爲《官報》亦歸圖書課先閲，此尤不能者也。頌年之子已殤。歸見正卿書，屬再致劉公。明董穀《碧龍子》："文中子曰：清談盛而

---

① "曾"下，原稿空缺二字。

晉室衰，非老、莊之罪也；齋戒修而梁國亡，非釋迦之罪也。愚則曰：舉業興而世道微，又豈仲尼之罪也？"今人以中國之弱歸咎孔子，蓋明時已有此説矣，當以董説爲正。張三先生請假，或真病歟？

初七（20日）

到公所，閲高等講義，予所説有一卷，雷小秋、鄒桂生所説亦平允。閲壬老所作《衡陽志》、《東安志》，山水皆模仿《水經注》，《衡志》體例尤精。

初八（21日）

因補考，未到公所。得正卿書，云常郡開關，屬致焕吾，爲作一函，並復正卿一函。録歷史講義一道。買來《經學歷史》，百卅文一本。下午往麗仙觀劇。

初九（22日）

到公所，問昨係復試，今日派人閲卷，未發案。閲羅子雲所説法政經濟，語有分寸，以音樂、生理、性理交柱臣閲。午帥復書，非親筆，允致當道，未知何如。子瑞云彭俊五辭高等不就，經學須人如此之難。歸寫家書。棣威來，云南洲陶益卿處總收需人，屬指名求薦。孟來來，云乃叔俟部文，且找地未得，伊照亦未來，須俟之。潘某求致丁理堂用印報名。黄運機送禮來求事，無以應之，岳州委方某，不識，將禮退却。袁叔瑜之子來，云將往京師，問譚補叔索書，不知其已到城，當即告之。學宮請十二午刻議考優事。秩三來，云欲求學宮幫錢，約到一轉。李仲九來，求致孔公謀齋長，此公處不欲往。

初十（23日）

又雨，否則路上可走矣。然雨不大，水仍涸，小輪擱淺，二孫豈以此耽擱耶？發三號信往江西。以洋拾元找付述貞。關約送交西屏。復袁世兄。致胡少潛一函，爲獻廷謀事。到公所，閲

《王制注疏》，欲改定一過，以《王制》爲孔子素王之制，可解周與夏、殷之紛，不知書能成否。吳公今日到朱益齋處題主，予欲見此公言事，繼思可以不必。歸爲仲堪再書横幅。聞吳鳳笙不在。府學堂招生四十人，另開學，可謂奇絶。劉澤熙上秦撫書甚有見解，曹公未必能行。師範教務李號倉山，記之。

十一（24日）

雨。奮志作《王制箋》，録一㐌。到公所，閲《孟子正義》一本，於孟子齊、梁先後仍不能決。子昭云雨老中痰，在城，當往問之。歸而黄公甫來，以伊本家慶元事，屬求首府保釋，爲致一函，並提棣威事，盡人事而已。夜大雷，雨雹。

十二（25日）

録《箋》一㐌。到公所。閲報，野老病愈，又有外人放炸藥事，牽及某某大臣，午帥捕孫毓筠，爲孫中堂姪孫，而無據。日人允逐孫文出境，必欲其捕送，未必能行。徐、趙對調尚未定局。飯後到學宫，考優有三十餘人。客到甚少，遂歸。少廉來，比前肥胖。少潛回信，云伊仍留，有他事當延聘。俊卿屬爲宋某求事，恐難。吉兒廿九來信，二孫猶未成行。以後可不來，予亦不望。

十三（26日）

菽原信來接著作，到公所並以予詩集贈之。柱臣以報見示，四川提學使方通飭以日本稲田大隈重信所著譯漢講義録勸人購讀，每部廿四本，價廿四元，以兩年卒業，與學堂同。柱臣欲運動葵園與提學照辦，予謂須找此書一觀，恐人以洋人書爲嫌，若中國有教科書則善矣。報云學律即可頒發。屈彊與女學生書，大爲學界之玷。君華來，云高等十五開學。西屏云師範亦十五。貝元徵接奉光手，尚未見請帖。歸録《箋》二㐌。聞學使通飭公欵作八成是官立學堂，民立皆無津貼。通飭學堂限六個月戒煙，已見明文。皖撫通飭戒紙煙、麻雀牌。廣東李統帥以吃洋煙殺三人矣。夜雷雨。獻廷、閏季遝來。

十四（27日）

　　録《箋》，《白虎通》多可采者。拜王文淵，云交卸在三月，以子善名條付之，不好如何説。王、李、陳不晤，晤煥彬，取劉楚金所著書觀之，不知母以子貴出董子書，宋真宗注唐太宗焚經臺詩以爲漢明帝時已有杜光庭書，尤可噴噱。到公所，閲《禮疏》。下午歸，聞獻廷又不得見成之，見不知如何説。士元未到。師範十五上學。晚到廟，聞雨老未愈。

十五（28日）

　　雨。録《箋》一帋。到中路師範，脩理將畢，登樓觀之，比天心閣耳目尤曠，入夏最宜，監督、教員皆樓居，計用萬餘金。見貝元徵，彼此不相識。其人出洋歸，頗開通。黄運機事，爲黎桂生言之。不見李倉山。有包子卿任檢察。二點鐘左盒尚未至，乃歸，往城隍廟。是日又補考，故獻廷往，以閲卷辭。陳鑑周故，作挽聯。夜大雨不止。達三以嗜好太深撤差。小泉已到。

十六（29日）

　　雨仍不止。録《箋》一帋。璞老請到廟手談，至夜歸。見李君和觀督一函，云缺《殖民政策》東文教習，未知沈君能否擔任，找獻廷不得。胡樹瑚送乃翁《九老圖詩》與《詩文集》。璞老云劉主政即振愚，進士科所得人才如此，而偏爲吾邑生色，尤可駭。報言留學生暴動，傷副監督，又有革命黨數十人回國運動軍界，江北饑民亦多鬧事，奈何？

十七（30日）

　　到聶、曾處回步。看雨老，未見面，云左手、足恐廢，野老亦未愈。葵園屢謁，不見。到長沙學堂，見子昭，參觀學堂，規模遠勝吾邑。見吉來，云病，學堂無欵，已辭。師範有請劉更生之説。見汪述貞，云部議恐無下文，匐侯已行。自立書局李在巷口。到鹿泉處，云右手脈强，風痰閉塞，非止有滯，並有寒；雨老病應吃麻黃、桂支，今吃熟地，不能復原。到府正街，見獻廷，云《殖民政策》不多，屬向集益找書。少濂云明日已定房，請看戲，辭以須先作東。到公所吃飯，成之託催公事，云已核稿。成之云總留二缺以待，須更致書催之。小泉未見。達三以病未愈、又撤差爲宜回江。

十八（31 日）

錄《箋》二唇。到公所，寫三號信發江西。拜李君和，不晤，致一函去。下午少廉請往觀劇，晚歸。

十九（4 月 1 日）

早到城隍廟，祀觀音。劉四先生云頌年事已議妥，丁憂一年准歸宗，仍爲馬氏服一年，地已看，定百金；孟來事，周家未允。倉穀並未填滿，須禁出口。沈諸梁云云，湖南若變，參之肉其足食乎？雙目已補夔老之缺，協揆擬鹿。

二十（2 日）

黃運機與劉某來，云小學英文已定，更有代數可求，爲寫對聯，並朱挽聯。飯後往史家坡，上清明墳。鐵路局請廿三午刻，出城宣講後當往。朱焕曾請廿二，以高等上學辭之。善化學堂亦廿二上學。聞黃溪歸，致信促之。李君和回信仍不明，自往問之，脩止十二元，止一小時。幼梅來，請往，其母將逝，議服制，有三子不使承重，而使其孫承重，何也？幹廷欲不使歸。其母因打牌受寒起病，昨日猶打四轉，可鑒也。獻廷來，云代善邑刑幕，《殖民》可任。

廿一（3 日）

復君和函，使即定約。致焕彬函，使即編戲。到公所，閱報，新疆、東三省事未定，象山、惠州等處多揭竿事，饑民食木屑，可慮。猶云張尚書已愈，而十七日已仙逝矣。陳幼梅母亦於昨夜

逝。午後一點鐘到師範，講一次。廿五有公餞奉光之舉。歸見
朱四先生請明日，辭之。廿七日府、縣請席祠，以瞿四老太爺
爲首。

廿二（4日）

　　風大，不能過河。往善化學堂，尚未上學。成之云留二缺教
員已請辜蘭生、陳卯橋，算學李希易薦廖某自代。興、隆二姪已
升中學矣。到幼梅處，云未檢場。到府正街。又到鹿泉處診脈。
荇雲云李銅士住聽橘園。陳家人多，酬應不易。郝滿奶奶與壻
不合，人心叵測如此。

廿三（5日）

　　早到師範，已遲二刻，以後須更早。講二小時。歸見吉兒來
函，云二孫與祥女月半後准行，不言自送。又致堯衢一函，路上
打濕，只好換封面，帶到鐵路公司，見余面交。老太太猶欲同行，
壯哉！葵園云兩次均因有事出行，未請見；艾刻工已故，故寫刻
略緩。學務事已略陳之，彼亦不甚以此公爲然也。鐵路章程仍
是空言。歸見龍八來函，契已取回，又了一事。躬父來，云將往
安徽，前洋廿元送還，換光洋八元去。獻廷來。

廿四（6日）

　　錄《箋》一咠。寫挽聯、對聯。以天晴，到嶽麓一轉，並無甚
事。教務羅伯勛未至，有龍陽劉次翁、寧遠楊某任事，庶務姓劉，
而狄改往新班。彭、顏皆不到，李某、蕭某充教員。易睿如來，略
談。曾士元欲往學務住數日，與提學談一切，看彼説話行否。組
安因香帥訾之，與提學亦不合，故辭。廖名繙組織學會，提學
不批准，足見予不到爲高矣。聞馮星垞亦故，猶議辦景賢，何也？
報詆吳、莊，學生亦以減二成議之。前日此公曾到學訓飭學生頗
嚴，有鞭撻語。今年學生有不來者，須併班次，或因考試之故。
九安丈至。秩三與乃兄秩西來，遞受業帖，不知何意，考事不能

爲力。達三曾考警官，卷亦不歸我看。彝仲來信，以名不列保案，謂改官制實長夤緣，不知已西行否。

廿五（7日）

冕南來，云欲同往公所，而考試扃門，屬到彼取卷送實業。鄒玉昆至，云已辭事。仲元來，仍未愈。獻廷來，云胡某找彼，想是子清着人，屬致少潛一函。陶叔惠在福源巷，當往回拜。李石友至，云乃兄銅士在景賢，伊充女學教習。到師範，見叔惠，云關昨已送，未找得人，仍帶回。法政員自教，不知獻廷能任否。劉更生已來，並請之。組安不到，奉光到，東家十五人，樓上儘可眺望。更生頗開通。許云郭某盜物，大損學堂名譽。師範欠項仍舊。員到此，學生已輕視之。歸見高等送課程，一、二日各一點鐘，六日二點鐘，屬將一、二日并作一日，六日師範已改是期矣。天妃宮巷羅宅高等學堂收發處可寄信。

廿六（8日）

雨植來信，屬爲菊生求高列。到公所，問是莫覃瀛看東文。莫字杏甫，見面託之。勉南來，付以地理七本，予復閱數本。飯後到府刑房見躬父，云明日即行。見菊生，告以託人。到府正街，陳宅粧奩已到。付弁卿十金，認穀十石，尚須找八百餘文。到九安丈處回拜。歸見兩孫與祥女歸，甚慰。伊行十日，船上機器壞，足見壞船不可坐。李鏡元亦病歸。

廿七（9日）

寫信寄吉兒，先發電。送二孫到學堂，見李石渠、張璧生，付半期學費。歸，小泉至，伊伯魯元已故，伊已知之，云仕學館將裁併矣。到陳幼梅、龍研仙處作吊。遂到席祠，無戲，甚遲。蔣哲生脩府中學，薦楊漢秋，已允。

廿八（10日）

早到府正街陪媒，大熱流汗，掌燈即歸。

廿九（11 日）

到公所，問保送尚未發。此公第一次即棘手，奈何？略閲講義，下批。飯後歸，録《箋》一咠。府正街催往陪上親，甚苦熱。

三十（12 日）

到公所。歸録《箋》一咠。飯後觀劇。孟來至，云將往奉天。

三　月

初一（13 日）

葵園送來《春秋論》，攜至公所閲一過。歸帶二孫往觀劇。

初二（14 日）

到公所，復閲《通論》。批講義數本，以東文等付杏甫。歸録《箋》一咠。得人書，求事者甚衆。有張某者並不相識，自稱受業，有"世人若要得館早，千記一拜皮鹿老"之語，不知何以得此不虞之譽。唐顯度欲求高等算學。高等送課程表，星期第一日四點鐘。岳帆來信，索《集》二部。夜大雨。幹廷信來，並寄緞靴、墨盒二個，尚未知其祖母之事。善如寄訃並哀啟，其太夫人去世，爲作挽聯。鹿泉晚來。

初三（15 日）

早起，雨止。過河到高等，講二小時。所用皆外府人，與叡吾、君華略談。庶務長劉某頗加敬。飯畢，雨止，歸。到小學，屬李石渠爲二孫謀連牀。鄉學師範開學，演説一番。歸，壽人四十歲，辦四桌。少濂必欲演戲，叫春臺唱一晚臺，至三鼓始卧。連日目疾發，以此更甚，甚矣戲無益也。

初四（16 日）

録《箋》一咠。到公所，批講義。子瑞送來李元音所作《十三經西學通論》，雖有牽引，尚無背謬，欲求專利，不知撫院允否。飯後歸，補錄《箋》。

初五（17 日）

到公所，閱講義。杏春辭，朱觀詧專辦此處，云拳匪之事在京親見之。壽松、敬侶約觀劇，歸到麗仙。晚歸。

初六（18 日）

早到師範，說一小時。云艮生大約可來，未下公事。見勉南，催速閱地理。歸錄《箋》。到朱蕎初處寫主，約初九早往治賓。

初七（19 日）

改《王制》一條。寫挽聯二首。到公所，問王志藻。鏡侶云善如是同鄉，已送臬圍後陶聚茂綢緞店，亦同鄉，可寄，陳蔚章處可公送。有宋家琪瑤階者作《統系綱目表》，請專利。前集止及七國，已四卷，以後當加數倍。其中徵引余說甚多，而"文王元妃周姜"不知所出，擬批駁之，近章本謂韻語不合教科書也。歸錄講義，爲沈錫疇衍九、吳惠康步蟾寫條幅。

初八（20 日）

早出城，講二小時。到公所，批《十三經西學通義》，並批講義七本。歸覺頭目不清。爲潘母作墓表。達卿來，言文卿事甚異。毛懷德來，說定日內有人來刷印，伊移玉泉街，請書招牌，刷印、裝釘式千四百乙萬，二十刀昏止可印四十餘部。

初九（21 日）

早到朱宅陪吊，客來不多。午後到雨老處問候，仲友云神志不清，亦不能起，乃叔歸須四月，傳諡文達，尚無明文。歸到公所，校學章十餘昏。歸，錄出墓表，爲毛懷德書牌。閱報，云郵傳部不補，將併，直隸總督將改直東總督，北洋大臣別爲一官，西藏將設省，外官不改。

初十（22日）

早到高等，大水，無渡船，划子卡索，去百廿文，一徑直達。見土元，云已與學使談，勸辦優級師範於貢院，經費無多，開教育研究所，使教習居之，有事分派，並模範小學。提學以甲班須補習兩期，此問題尚未妥。見許奎垣，薦唐顯度，李君和子不便附入。講二小時歸，土元云鐘點隨便，不强也。歸從朱張渡，風浪甚大。歸録《箋》一侰。《國粹報》取回，略緐。府尊着人來，云黃某已薦蕭怡豐事。棣威已有事，予意轉薦貢如，而西早至，無以應之。子善欲求常備，捎書壽丞，已飭知到任，明當一往，並爲吳求保釋。晚上接府尊信，黃君已薦茶陵州錢綠濤處，錢將來拜，又與前異，豈蕭處又一事耶？

十一（23日）

到善化，見王文淵，云吳出廿金可取保。李君和云小泉不回再用沈。壽丞云司書紳士無缺，再設法。周鏡如云錢將來拜，面說下關，老六許保送。朱益齋允爲西早薦事。下午到公所。歸見璞老，請十三早刻蔭園雀局，須一往。徐到東三省，趙大約内調。徐與汪好，孟來仍去。秉三有不去之説，已往醴。廖蓀荄云湖南有，未必往川辦，米四兩乙石，辦十萬石。萍、醴已平，必招兵，又必須長、善人，皆可笑者。見張遺摺，已謚文達。

十二（24日）

録《箋》一侰。到公所，批講義十餘本。致啎善如一函，又正卿、幹廷各一函。

十三（25日）

到師範，講一小時。歸到公所，批講義，寫家信一函，致芰公一函。到陳家花園赴璞老約。

十四（26日）

發各處信。到公所，批講義十餘本。見學臺，欲爲少濂、秩

三遞名條，座上有人。因李銅士來，云住聽橘園，爲見學臺代求
事，並爲獻廷一言。略說講義之事，士元所説，似不謂然。人云
此老不能聽言，果然。歸午飯。因王壽松約觀劇，彼來甚遲。獻
廷來，云乃叔文卿已故，足見老健不足恃。君華來書，云陳左衡
必欲予講歷史一小時，擬仍辭之。林仲堪云捕得作《洞庭波》，
姓甯，似協萬不足以當之。報云得王勝，亦未知何人也。報有附
張云三耳之事，極醜曉霆。有一片至，似即曉霆所爲。學界相傾
如此，可歎。

十五（27 日）

早到師範，講二時。已開正門，直入即是，天潮則巷內不好
走。到城隍祀財神，甫入席，歸已一點鐘。仲元來，云研仙之子
延彼教書，其子清狂不慧，不可解。下午到福源巷見璞老。麗仙
晤許奎垣，邀飲。晚歸。

十六（28 日）

錄講義。左目紅腫，寫字甚難。黃兆槐家眷到江，不知祥女
能同行否。聞述貞病，使二孫往問候，云醫言脈不好，已趨甸候。
到公所，閱講義。欲見口天，爲潘、連説項，而人多不便説，遂已。
考試六百餘人，聽命而已。

十七（29 日）

雨。過河，途見岳帆，云裁去四金，欲求士元復之。甲班仍
上課，須講一小時歷史。連講三時，乃歸。到麗仙觀新戲，不
甚佳。

十八（30 日）

貢如早至，云尚未接關，致太尊書促之。兆槐姨太太即行，
帶東西來不及。爲子善問壽丞，未回信。到公所，問派人閱卷，
凡四，皆非本署，此人多疑如此，潘、連事不便盡言。曾曉霆來，
以學生已告圻湖，而未批發。此等事或不批，而學界人如此凶，

終亦可怪矣。録歴史一道，送收發處。

十九（5月1日）

往龍宅陪吊。聞岑陛見，不來。連換七總兵，恐有事。王邑侯至，以達卿名條付之。歸，到公所。得子穀信，已到城，不便出來，將講義送十八本去，予看廿本。到天妃宮，席散歸。録講義二道。夜又到天妃宮祀神，歸已三鼓。鹿泉來。

二十（2日）

早到師範，講二小時。歸到天妃宮，尚無人來。到公所，閲十本講義。聞卷已閲畢，擬取一百人，吳錫侯主政，諸、孔派入，外四人。到廟敬神，飲罷到學宮，以乙千百廿千文買房子做操場，更有一處可買。若變通，此錢可省也。人多不來，倦歸。夜不到廟。

廿一（3日）

到公所，閲講義廿餘本。柱臣來，聞優一場取二百人，內委諸、孔，吳亦在內，外四人，一日消差。飯後歸。獻廷請招陪客。到胡少潛處送行，伊又拉廖名緒。報言仍照會試額，則尚有去取矣。獻廷處有李雨農者，好發牢騷，即林所言者，而云不識林。席未散，到保赤會，飲歸。聞伯平放江撫，不知確否。

廿二（4日）

太尊回信，云可另薦一處，前名條遺失。欲復書而不知貢如意云何，專人問明乃回信，再坿名條。到師範，講一時。歸午飯。到麗仙園，並無新戲，歸。到廟，夜歸。

廿三（5日）

雨。岳帆來，云莊、余今日過河，屬明日見曾爲一言。到公所，校《春秋論》一過。尚有講義卅餘本未閲，慈利講義甚佳，致書冕南催之。到廟敬神，歸已未刻。頌年來，云即日下鄉，更須找地。稚安已接陸軍學事。閲報，滇省危而且荒，法兵已入境；

各撫多駁刑律矢誓一條,尤可笑;藍光策以所作《春秋公法比義發微》呈午帥,頗稱許之,而以學章云《公羊》非常可怪不得作教科書拒之,真懲羹吹齏之見。趙侍御請以王夫之等從祀。

廿三①

雨。到公所,閱講義。下午歸,復校《通論》。夜卧覺氣噎,甚可懼,當請鹿泉問之。彭三嫂云左豐生子未定親,當往陶名謙處問明。

廿四(6 日)

雨止。到高等,以《通論》交葵園。見士元,爲岳帆説項,問卒業,云函致學使,未回信,大約不以上期爲是。考國文云佳者亦多,須開除一二十人。有用"見新詳越"四字者,恐又譌誤。連講三小時,甚費力,似是痰塞,非氣噎也。得吉兒一函,彼不放心二孫,當詳告之。岑任郵傳,趙任川督。東三省試行新官制,恐未必能行。少濂來,不列名,將歸。鹿泉來,云是寒滯,用附子、細辛,屬禁風油。

廿五(7 日)

立夏。爲吴致書邑侯,求保釋。到公所,閱講義廿本。歸,少廉來,云有名,欲考輿地,爲致冕南、君華借書。子穀書來,送還講義十八本,送交吴步蟾照收。君華來書四册,送交少濂。獻廷來,云學生有意問難,仍將辭席。

廿六(8 日)

雨。到惠歟處,伊上禀請改監獄,分開老囚,將寓仕學館對門。人未下鄉,葵園出門。到述貞處,已漸愈,云陳七先生事頗可信。到棣威處,九嫂病,甚危,屬請鹿泉問可用附、桂否。見冕南、子穀,催閱卷。李君和處告以獻廷事,云明往學堂,飭學生以

---

① 原稿廿三日記載有兩次。

後勿再問。歸，二孫來，云學生事將就了，計一人過而已。

廿七（9 日）

早到師範，講二小時。到公所，閱十餘本，云已盡於此矣。考職報名以牌示不取一文，而書吏仍須四百，大起衝突。午飯後歸，聞府、縣案發，均取。

廿八（10 日）

達三以太尊傳見，求致一函求監印事，無回信，不知何如。警官以不能默，頭場不取，真無如何也。到公所。歸，獻廷函來，云已退關，約明日同觀劇。

廿九（11 日）

到公所，閱十八卷。歸，獻廷來，以未送單，必無戲。既知有戲，獻廷又去。棣威來，以朱母壽文少弍百字，急須補足，且爲函請鹿泉。雨植來，云年內卒業，京師調四十人，皆不願往。菊生等案發，尚未去。師範送課程來，第二日二時加一點鐘。過河，大水，云耒陽發蛟，傷萬人。新來一洋教習園田愛之助，字斐江。李某、蕭某皆年家子。

四　月

初一（12 日）

到公所，聞報名止千人，亦殊不易。歸，下午到仁壽宮觀劇，不佳。佃人甚雜，不敢唱晚臺。先人心力敗壞至此，可嘆。將晚微雨。錄講義，看明日天色何如。

初二（13 日）

晴。過河，水大。到彼，云須試驗乙二班。見陳夢周，人、文皆常才。講史一小時。飯後再試乙一班。雨大，不得歸，坐划等渡，耽擱甚久，歸已將晚。閱數卷。鹿泉晚來，云陶不礙，黃明日去。

初三（14 日）

雨止。閱卷畢，示以國文爲重。高等開十四人，或知悟乎？小鶴昨三鼓後歸，題難出色。得吉兒信，甚不放心二孫，乃作一函復之。傅老太太月内行。問汪十四歸辦喜事，不知祥女行遲早也。高等送乙一班卷來，閱十來本。諸人邀同觀劇。

初四（15 日）

雨。腹痛，豈河水不可飲耶？閱卷，未畢。以師範分班，往加一小時，講畢歸。到公所，閱講義完。聞派八人，一日看完，有千一百餘人，優有初六放榜之説。又傳聞舉人入京不必保送，取同鄉印結，如前會試，或遂以爲科舉將復。子瑞云頃有人去，不見明文，恐難信也。歸閱卷完，發八號信。二孫歸，丁寧戒之。譽孫云上講堂不過卅人，餘多裝病，亦不扣分，可爲腐敗之極。壽兒云蔡劭菴管賬，作函託之。

初五（16 日）

晴。師範講二小時。到公所，清講義，予所閱已畢。冕南云伊編外國地理將出書，明德中國歷史似是易緯如妻舅吕某所編教科書。報云長、善設二局戒煙，已見通飭，以庸庸戒煙丸爲主，須保人同取。江西奉新縣爲教士批頰，慶邸父子做壽，趙芷生所劾僅及段某而已。報説“臥薪嘗膽”四字最妙。

初六（17 日）

到公所，見南路師範講義，經史、倫理皆習菴所編，理想雖新，實無謬妄，曾太守乃使辭席，士元亦不聘之，屈矣。聞將發優案，又無消息。舉人會試不須保送，所以有復科舉之説。警兵已由長沙撥録取。長、善分立二戒煙局，如人不戒何？到小學堂，見諸孫住房。聞中學堂有“別夢依依到謝家”事，未知確否。回實勤看，云其十四叔已定廿一喜期，擬廿四往江，九公已到城。

優案發,四十人,有孔、雷、連,少廉無名。

初七（18 日）

以覆優扃門,午後出城,講一小時。穀價已將八石矣,尚有穀六十石,可以吃到年終。録《王制箋》近二帋。聞幼梅二十七開吊,送柩回江而仍來湘。天氣漸熱。

初八（19 日）

出拜張、涂、陶、李,皆不晤。晤吳劭之,似亦隱士。陶履謙云鄧立山無疾而終,左豐生之子已娶生子矣。汪、孔、林皆不在家。取《轟天雷》歸視之,乃沈鵬故事也。到公所,閲南路師範經史講義,習安所編,擬批襃之。秩三來,云伊不取,取其兄鼎焱及馬幹貞、雷愷、張振遠、張□①,凡五人,《四書》義加七律二首。

初九（20 日）

早到高等,講三小時。岳帆云十先生要與我商酌,監督虧二千金,恐牽及,欲和盤托出,而曾云提學爲人控告,中峰處此等事皆不知如何了結也。南風甚大,學堂頗凉,歸覺更熱。閲報,趙芷生革職,不禁有感於《轟天雷》,而振貝子因此辭差,不爲無稗,特恐一蟹不如一蟹耳。

初十（21 日）

録經史講義三道。到公所,云評閲已完。閲報數帋,《日報》多譌字,頗以爲校者不力,然非予等責成。歸録《箋》二帋。晚間優案發。

十一（22 日）

到師範,講一小時。忽晝晦,大風雨,講堂玻璃多損,勉强完事。歸,黄小魯至,云爲雨老事來。雨老作五律一章,伊和六章,廖蓀荄之子爲畫《湘江訪舊圖》,屬作序並詩,詩爲寬、歡、難、潤

---

① "張"下,原稿空缺一字。

四韻,乃勉爲作序。

十二（23 日）

作序文並詩成。出門,到質吾處作弔。回拜小魯,贈以《集》,又見示留別五首。李、孔、胡、王皆不晤。到城隍廟手談,夜歸。

十三（24 日）

早到師範,講二小時,云艮山十日内來。到公所,人皆往長學,予以講期辭不到。憲命審定《法政質疑》,此等書無大用,學生未必願售也。歸録出序文並詩,改定。

十四（25 日）

寫序、詩成。到公所,見吳錫侯、王壽松、孔劭洪,説明書已看過,無礙眼字,可以銷差,遂以書付之。吳云條已上呈,發案尚未。柱臣處見報,列趙摺,以段爲無廉恥,某王父子爲毫無心肝。段以萬弍千金買天津女伶楊翠喜送振貝子,今翠喜在津看管。報極詼諧。

十五（26 日）

獻廷託往堯衢處送行,不晤。晤朱觀督,云名條已失,自書一條,當可望。頌年找地未得,孟萊因無錢不能出,云今年已用弍千餘金。曾懷柳介石處回拜,見面甚好。到府正街,獻廷屬致余函,復云既有顧慮,不必往,反增痕跡;世兄處未及回信,請竹報説明,所屬已照轉矣;太夫人十一月九旬,屬作文。

十六（27 日）

過麓山,講並試驗。士元已去,云提學飭留學生信須折觀。協萬欲求補官費,難哉! 君華屬查一人,尚可。璞老約十九陳祠公請二縣。

十七（28 日）

桂陽李金燊號履卿,高等教經學者,蕭鯉祥號迪吾,教國文者，皆以年伯見稱，皆上次拔貢耶？許蓉浦來，云葵園刻時文，尤可怪。予所作日記擬先刻之。校《禮論》一卷。閱試驗五十八本。菊生來，求遞摺王文淵。

十八（29日）

到師範，講一小時。回到學務，見高等加課國文，乙班以陳先翰、夢周爲最，文頗可觀。閱《神州日報》，云趙侍御爲某中堂運動，某慈眷大衰，殆指雙目言之；云岑將入軍機，仍請改外官制，劾陳、柯等，現住保安寺，甚儉約，與幕友共一室，未必實也。書印來百部，八千餘，並帋十六千餘。

十九（30日）

到公所，閱《通論》，批國文，以《集》送各同事。午飯歸。報云岑又放兩廣。周太尊升岳常道，遺缺祿顯又是旗人。振貝子出洋，趙交徐世昌差委，所謂調停也。振請開缺，摺子頗佳，幕中高手爲之。到陳祠，止王文淵來，以摺付之。龍艮山作陪。聞張文達已到，廿一巳刻入城，有傳單。余母許太夫人壽啟到。

二十（31日）

出城，講二小時。到公所。歸，璞老約雀戲，以有事辭。

廿一（6月1日）

到河下張文達船，擋住。遂到官廳，見沈士登，託獻廷事，云薦醴陵。見胡玉山，談學堂事。見文達喪儀不用僧道，甚善，花圈西人所贈，向來所無。到行臺，見輓聯甚多，用吉田松陰、斯賓塞爾爲比。吉田事，羅正鈞所用也。到汪宅賀喜，見述貞，左手無力，張伯興以爲可用馮了性酒擦洗，甚效，不及見拜，遂歸。彭吉皆之妻言仲籛尚未得事，欲往太平。

廿二（2日）

雨。錄出講義，明日雨止即過河。到公所一轉。

廿三（3日）

到高等，講二小時，試甲班經義。見蕭迪吾、許葵園、譚君華。譚家事不知了妥否，蓉墅仍將出門。岳帆云學生欲告士元，十先生未與我説，俞伯鈞入主，不知會我，又有胡子靖運動人告提學之説，大約皆不可信。聞鹿泉之子與馬某以大頭小尾被押。

廿四（4日）

到公所，寫信寄吉兒，並致芰舲、受明。到實勤處送行，以信、物付之。旋聞得電，受明署萍鄉，老太太將歸一轉。

廿五（5日）

到師範，講一時。歸到公所，賀提學公接關防，與演戲不異。聞職案已發，遂歸。小鶴取一等，達卿不取，彼只能做一人情也。俊卿云楊家屋爲袁京兆所買，七萬金，屬告知子紱，未知確否。閲試驗卷，以成振玉、張卓、彭斟雄、徐明諤爲佳。

廿六（6日）

晴。易棣鄂及其子孔詳來，以《世孝録》請題詩。到公所，無人焉，吃飯止三人。聞釐局事大翻，黃星府虧四千金，並老太爺收押，易鹿泉之子亦收押，子漁不知牽涉否。達三廿八行，再致吉兒，並賀受明。

廿七（7日）

早到師範，講二小時。艮生已來，住樓上。到公所。歸，以祖父生辰、先母忌日，邀獻廷來。慎初以朱觀察委新關事來謝。璞老約雀戲，辭以家忌。

廿八（8日）

到幼梅處作吊，府、縣皆在，以獻廷事提及。到朱觀詧處道謝，云係寫公事，不知司事月薪若干。委員宋啟明，浙江人。到頌年處，云得江電云眷回。高等請趙芷生，將到。到師範，艮山已接事。講畢，歸午飯。到俞家吃會酒，晚歸。達三上船，胡一同行。

廿九（9日）

出買馬褂。歸，發穀，少十石，不可解，以後宜分置，免掍亂。秩三來，以名條請留成德法政，將條帶去，見機而行。約述卿、獻廷初二贊禮。

卅日（10日）

往高等，到河下，風大水大而無渡船，臨河而返，着人將試驗卷送去。作祭文並寫好，題易氏《世孝錄》四首。到公所，閱報，次帥又進度支部，吳重熹放川督。孫汶已倡亂饒平等處，廣東、福建、江西三省戒嚴。午帥殺革命黨三人，皆湘士留學東洋者，不知何名，十三日事。

五　月

初一（11日）

到公所，校《詩論》，未畢。飯後歸。葵園書來，以頭眩傾跌不能校書爲言。予近亦有此病，不可不防也。見知單，以鐵路分三段，洙洲以上歸萍醴礦局，是洋歇，初三申刻約城隍廟一叙。易宗夔來，即緯如，云芷生不來，將到東三省。胡子瑞敢運動人在京參天口，何不以革命魁辦之？校《禮論》一卷，增數行，而二卷續處又須做數行。《書論》校未畢。吉兒書來，云劍丞在滬病，幸愈。

初二（12日）

增入二百餘字，使《禮》各爲卷，與諸經一律，不分上下。覆校《禮論》。是日先慈生日，冥壽八旬，出城焚包與冥衣，歸祭。天氣甚熱，至九十分。

初三（13日）

到公所。見報有面諭徐世昌帶趙啟霖往東三省之語，宜趙不來。陳蔚章署永綏。共議初五八點鐘到署賀學臺。評講義四本。學臺有各課須同閱之諭。子穀已到署見學臺矣。申刻到城隍廟。鐵路由湯稚安發起，余臨行與力爭，香帥來電云既有礙，可作罷論。湘潭以彼辦，將由洙洲直達，不走潭邑，故亦議自辦。蕭、周二巨商與紳二人將節後到省，再當傳各鄉共議對付。善邑六十里，只六十萬，開銀錢，出紙幣，有二三十萬即可開辦。鏡青以集股爲難，正報云紅頂白鬚之類耳。小鶴已見學臺。胡玉山請初四席祠。夜雨。

初四（14日）

大雨，又有晴意，仍熱。覆校《詩》、《書》。頌年來，以吉兒事託之，云久不作書，俟作書當提及。節賬開銷不少，今年已用三百五十金、洋百元矣。晚間到席祠，主人方來，二鼓上席，散已三鼓。詠仙不聞楊家賣屋事，問人皆不知。約還席，艮山云待太尊交卸。歸，子漁復來，云局稟其辱罵官長，批押解來省，奈何？

初五（15日）

到公所團拜，並等吳公歸賀。見太尊，以子漁事託之，云公事未到彼處，如由彼問，自當留意。聞太尊升任，王太尊壽蓂可代理。在公所飲節酒。歸，俊卿邀往宜春。

初六（16日）

致子綏一函。周夔球、陳作礪來。到蓀荄處，屬其子作畫，久談。到公所，閱報，有楊翠喜相片，與振、段並列，云饒平事可了。瀏陽事報未上，聞由義寧供出五月起手，胡玉山邑侯甚懼，欲禁會，未知如何。子漁來，促予歸，已擬手摺，屬早求朱。弁卿來，云手摺須更定。陳杏生云沈葆楨乃葆宜之弟，爲收支委員，可託，其家在官錢局，十點鐘到差，此人未見面，乃兄同年也。致楊子紱一函。晚忽眩暈，幾傾跌，臥亦不安。

初七（17日）

　　幼彌至，以將刻集，請書扇面。將試驗，擬題目數則。爲幼彌書扇面。許子訓請初八午後三時席祠，在坐皆學務人。俞壽丞來拜，云將往鄂，再往南京，迪魯自南京來，午帥殺留學生事誠有之，瀏陽無事，彼可以保，我所交條現無缺出，已交營官陶某矣。往迪魯處，不晤，聞以女死歸家，女即當女教習者。鹿泉云脈息胃氣中寒，當是初四晚歸所致。云其子全不在場，前問亦未牽涉，聞係組安之力。到府正街，以手摺交我。到道、府，均不晤，遂歸。弁卿來，云公事已到首府，更打探消息。到沈子炳處，必不肯見，蓋明知爲此事而來，特意拒絕者。此官場常態，無可如何。子漁夜來。

初八（18日）

　　陰涼。到師範，試驗二小時。到公所，聞中丞參十餘人，有朱其懿、陳國仲、王祖蔭、劉華邦諸人，皆老吏紅員也。李致楨亦在內，且須候辦，以前辦理學堂糜費之故。以辦學堂得名者多反得咎，吳傳綺其一也。閱報，更有施啟宇、張廣淵、彭宜輝、吳章諸人。趙芷生初四已到省，不知接高等事否。晚赴許子訓席。

初九（19日）

　　到師範，試驗文理科，午刻始歸，閱卷數十。聞兩目、人未皆大糟，惲毓鼎所參，殆報復之師歟？佩珩夜來，議乃姪與子漁辦法，當往太尊處投到。承審官王少堂名遐齡，與彼有親，已説通，太尊已以我信並手摺交此公矣，當即使人告知子漁。貢如信來，云歲止八十元，求調，恐難。

初十（20日）

　　張文達處作吊，見秉三。《日報》已登兩目事。熊云張可云死榮，此可云生哀，何不爲人喜如此？又云此公去年延入幕，辭之，並曾勸余勿往。到述貞處，云受明將歸，爲吉兒謀萍鄉統捐，方伯云爾可擇人，叔和亦爲之力。到小東街，頌到張處陪吊，與太親母言之，請頌即致方伯，玉成其事。到佩珩處，云已辦好稟帖、保狀、信稿，當送我看過寫。彼處園林甚好，吉王故園也。到家，而子漁並不曾來，可謂太平。得吉兒初二信，云謀發審，不及統捐，何也？黃彝伯回省，來拜。

十一（21日）

到高等，試驗乙一、二班。只見陳夢周，而先瀚不見，蓋請假歸。水大，過河甚難，而交卷甚遲。合計二學堂諸生數百人，無一下筆千言者。歸家，以熊太孺人生日。子漁來，云稟帖辦好，屬致太尊，事或可了。

十二（22日）

閱卷數十。到公所，談時事，云又有長恨歌，報載陳天聽投海事，即陳焕皋次子也。醇邸與鹿入軍機，慶辭不允，余十二出京，瞿廿外出京。稟投總局，未批，予致太尊函並稟送去，云仍須到局，由局再到衙門。子漁來，言長沙已出票拘陳，問彼在内否，云不知。

十三（23日）

閱卷數十。到府正街，云長沙傳票不及子漁，似較輕。袁局憲忽傳達卿，恐又生出一事。後聞仍爲子漁之事，以太尊向説，袁説話亦和平，云局以二人同稟，陳乙千四百須繳清，皮方可以脱身無事。陳只認七百串，其餘馬手三百餘，又修理船隻及長支，子漁長支四十千亦在内，恐上司未必肯應。子漁亦不知何以用許多而仍無一錢也？

十四（24日）

帶卷到公所閲。爲達卿遞考成德名條。飯後歸，到佩珩處，不晤。歸過福源巷,已開臺,而停演。歸見吉兒信,知汪家已到。到彼道喜,見太親母與受明,請吃飯,不肯來,屬家人辦一蒸盆送之。

十五(25日)

閱卷畢。寫致吉兒一函、小泉一函。到公所,學臺調查《大清會典・文廟祀典》,子瑞着人往圖書館,亦不知有此書否。湘鄉教員斥換,以我批講義之故。下午到府學宮,議孔子升上祀添舞佾、籩豆事,尚無成說。

十六(26日)

晴。發信。為鈞甫作壽文,未成。閱報,仁和師已准馳驛回籍,瞿缺歸香帥。大拜在即而不及待,其命也歟?

十七(27日)

壽文成,録出,未滿千字,並書壽聯幛字。受明來,云即行。渠意亦以吉兒廿六兩,不如匄侯伍十元,戀戀不歸,何也?子漁來,又需索八竿,但望事可了結。高等教員鍾覬奎病故,送奠儀式元。到公所,王敬侶以陳劍溪辭餞行,擬改送下程,約乙竿,應之。陸仙來省,不知何事。

十八(28日)

師範放假,學生請以酒席費捐賑,甚是。請六時撮影,往則共有卅餘人,人才可謂盛矣。府學以府札催圖志見示,圖書課已調州縣志多種矣,不知作何用處。回復理堂,請假年譜。以《集》贈廖世兄,請作畫。岱林來,云譚彝仲亦到家,兄弟皆足疾,故未到城。到公所,張杏春、吳步蟾皆歸。學臺語子瑞,欲冕南、子榖來署。子榖下鄉葬母,冕南今早見之,恐亦將下鄉,當告之。校《日報》,子瑞以推柱臣,甚善。小鶴十三發信,到局無事。子漁事可了,並予三百文亦取去。杏生繳歀當無他言。聞陳、沈、姜亦在參案。陳終為星甫所誤,惜乎!許珏奏辦學堂法

不宜皆用英文，應另開一學堂，與予意合，乃必駁之，以爲人人皆
應通英文，將何用乎？報又有論學堂科目太多之弊，皆可傳者。
香帥奏學生皆服長衣，亦是正論。

十九（29 日）

　　錄《王制箋》弍昈餘，復小鶴、正卿，致冕南、雨植。報云魏
午帥將起用。此公與鹿極合，或有可信。翠喜已有小説，以寶
玉、芳官比之。陳劍溪送禮止收四色，乃請同人留別。柱臣言楊
某湖北局差爲洋人踢死，又有巡警二人爲局長派爲東洋人嫖土
娟把門，憤辭差事，皆可歎。謝姨老太申刻仙逝，往唁，衣服尚未
做。到三山會館，無人到，乃歸。將晚再去，主人猶未來，上席已
八點矣。陳明日准行。

二十（30 日）

　　錄《箋》一昈。貝元昆來，云師範改豫備，優級不用經學，屬
講歷史與人倫道德。歷史鐘點太多，或改國文，一星期有三百
卷，亦太多，如加脩，則辭高等亦可，俟再酌。璞老約早到城隍
廟。雨植來，未見面，云去須六月初，乃翁七月十九生日，將避往
上海。汪老太太亦七月十九。祥女不能往潭，恐禮到人不到矣。
瞿、余已歸。

廿一（7 月 1 日）

　　到公所。冕南來，云地理教科書出，屬其呈憲。予《經學歷
史》亦擬呈上，請通飭各學堂均當重經學，遵欽章。元昆所言甚
謬，當見王、譚道之。子穀能來住甚好，冕許勸駕。有易紹生者，
四川人，代陳劍溪，有片遍拜。聞考成德有人綴以感懷詩，云
"宗師開考試，想入成德堂"，三句忘之，四句"愧無好文章"，批
以"由衷之言"。黃氏總祠學生相毆，長沙驗傷，已稟學使，皆可
笑者。唐顯度來問，俟羅回信。李仲九、鄒玉昆來。下午觀劇，
歸。大雨徹夜。

廿二（2日）

午刻雨略小。録《箋》一臿餘，改《論》二篇。午後到定湘王處行禮。達卿交潘函，屬書"彩娱大鏊"扁額。袁局憲又傳諭，有十九票未交，現在陳萬全處。陳稟子漁爲馬氏家臣，惡言惡語，無法無天，可笑。羅次結復函云趙侍御薦劉某，須俟葵園回信①，殆仍戀棧，如外議何？安化學堂在趙家坪，須告唐。

廿三（3日）

復唐一函。録《箋》一臿餘。爲少濂寫扁。到丁理堂處，云書辦已見電，復考試。到公所，問及全無此事，各報亦未言及，惟衹鹿頑固。又留學生不以王充議長爲然，傳聞葉有列參之説，未知確否。易紹生到差，久談，聞是學臺優貢門生。

廿四（4日）

晴。録《箋》乙臿。府學傳明日一句鐘會議，艮生到，當爲言經學不可廢。謝家成服，恐出會塞途，午前早去，無一人焉。到公所，見易鏡龕，贈以《集》。見報有黄馬被射、五豬爭槽之畫。與柱臣略談學事。飯後歸，録《箋》。將晚會到。聞學臺要會。

廿五（5日）

雨植早來，云放假即行，以帳、對着人送至舟中。復少濂函並字帶至府正街，看會後到府學宫。劉艮山如前説，辦學堂而先廢聖經，將來我退關而已。共議稟學臺請欵，須增數千串。看武佾可位置人否。

廿六（6日）

閲報，雙目牽涉，所云同鄉即曾廣銓，擬派出洋中止，至戚即朱啟鈐，以辦警務姑留之。報館，朱、曾與汪穰卿及兩目四人組

---

① "葵"，原闕，據文義補。

織，曾又充《泰晤士報》訪員。因買通兩目之僕，得據乃參。兩目謝恩摺極詆慶邸招權納賄，故慶辭差，殆箭在弦上，不得不發耶？聞香帥有電，請勿株連。報有群鴉驚飛之畫，足見京中人心惶惶。次仲以爲京中殺人，當是舊事，望勿再見耳。吉兒信云候審差不得，望禁煙局事。達三似更甚，有何仙降乩戒之。正卿信云欲求局憲，不能，前函已言之。到廟午飯。歸錄《箋》一昈。

廿七（7日）

微雨。到公所，無事。見報，江西受明傳旨嘉獎，唐顯謨革職，粵東惠州、粵西欽、廉均不靖。岑在滬電請頌年去，殆將用之。周太尊飭知赴任，汪鳳池署首府，彭家驥署衡州，擬往賀並回拜。下午大雨，會鳥獸散，可惜。晚到廟，三鼓行禮。夜大雨不止。

廿八（8日）

雨止。錄《箋》二昈。連孟翱來。劉艮山來拜，云瀏邑蛟水甚大，仍須我看國文，一月一次，似可應之，多則不能。璞老邀到廟手談。劉云鹺事只參徐、趙、黃、馬四人，趙頗屈，汪乃汪鳳藻兄弟，芝房在湖北甚紅。

廿九（9日）

錄《箋》一昈。出拜客，瞿、黃不晤。晤人未，云母壽，請作文，曾兩函寄子植，何以候審所事不得？所掛埃及石刻在五千年之前，午帥用十萬金買回各種，可謂好古。曾、朱亦將告退，兩目引咎，無再劾慶之事。見子漁，云杏生繳欸，批未下，聞參案有名。往見太尊，亦未知其審，託往問局憲事了否，了若可仍舊貫，求調他處。正卿事亦交條。伊云須回局憲，肯説更好。彭家驥往岳，未晤。到廟，聞皖撫爲徐道錫麟擊斃，徐亦正法。事大可怪，中丞已禁會矣，何不遲數月再出事？歸閲報，已登載。人未云芝房在京，湖北又是一人，此公居長。

六　月

初一（10日）

　　胡玉山來，云方伯傳問皮宗義是一是二，岳州教授何以又爲榔棃稽查？據實告之，此事似尚未了。伊云徐曾出洋，到省未久，何處人則不知。曾曉霆由上湖南來，云士元決辭，薦我自代，將來伊求一事，斥湖已將學堂頂與日本人，殊不宜，梅曉已盤踞不去矣。簡易師範卒業，辭之。將胡所云告知子漁。到城隍送神。劉四先生云劉、葉、唐言參案八人，子漁在內，屬達卿轉告之。一監生而名達天聽，此等功名不足惜，特以後找事爲難耳。

初二（11日）

　　到師範，拜艮山，已出。到公所閱報，尚未説廿五事。改官、立憲均見上諭，猶是緩辦之計，今人程度亦實不能急也。歸，二羅至，云曾尚未決辭。余子昭請初五四下鐘，屢次不到，當一往。報云近議舉、貢出身太優，恐礙學堂，只中書、司務等職。香帥電參前有剛毅，後有鐵良，今又繼以陳璧，只求造就一己，爲聚斂之人格，可謂敢言。

初三（12日）

　　到府正街，子漁以爲無事，五、九以爲尚有訊辦字樣，欲遞手摺與稚安，求見中峰説明。下午歸，獻廷來，以告之。晴川來，云吉紅又將屋典牙釐，得加二萬。見賴子佩，云已成事，求致稚安阻之。

初四（13日）

　　録《箋》二㗊。璞老約到廟，晚歸。報載恩恤典甚優，又巡捕等二人亦得卹，陳伯平二人嚴捕。

初五（14 日）

礒生來，言曾、聶事，可笑，黄祠學生更可笑，皆爲區區之利而已。劉國鈞歸，來見，云大學尚好，然不易入，來必考驗，人人及格，且出身須七年。與伯勛出買帳六千一百，歸寫帳聯，伯勛跌傷甚重。到公所，見片奏，抄歸。子漁來，以示之。手摺帶見稚安，伊已知此事，云此公多疑，難説話，見幾而行。鹿泉亦託之，其子本無事，不應押契又撞問官。楊事先典一萬，又加一萬，又三千百，今加六千九百。現在兄弟爭鬧，伊不在場。到葵園及楊、羅、陳，皆不晤。湯函付楊。到余子昭處，在坐皆公所人。陳鳳喈未見面，現署湘陰。二鼓後歸。見楊函，請明日八九點鐘到彼處，將不去。

初六（15 日）

録《箋》。晴川來邀，辭之。到公所，易鏡盦以其父古田所作《易説》見示，屬爲之序。飯後歸，到戲園。晚歸。

初七（16 日）

爲古田作序。致正卿一函，復匋侯，寄唁恕堂，送挽聯。致葵園，以《詩》、《書》二册呈繳。到謝宅治賓，客甚少，遂歸。到公所，見報論徐，爲作歷史，乃癸卯副貢也。歸晤獻廷，云省吾太守子歸，言乃父受傷甚輕，徐非真願流血者，行刺後即率黨劫庫，而槍子不合，兵丁圍之，徐登屋望，一槍打下擒之，剖心祭恩，恩歸未死時知是徐，收支顧某以直言被戕者。所言比各報爲詳。徐世昌亦逢刺客。引見現改驗放，按察使改提法。孟來云乃叔往馮煦處。

初八（17 日）

録出序文，又録《箋》。到公所，交序與易。而丁未《國粹報》三本不見，須賠還柱臣，可惡已極。飯後歸，再録《箋》。五、九弟來，云子漁須捐一府經待參革，免致冒充有罪，可謂駭聞。

謝宅請作志文,底子殊不足據。子漁來,云有二小孩持首府名片請,問號房無其事,尤可駭。鹿泉來言乃郎事,亦可憫。

初九(18日)

錄《箋》。目疾又發。石琴來,云有人到乃翁處,作一賀函。杏雲來,云公稟未批,有發五千金之語。艮山云丘公所教非一字一板,取《儀禮通解》去。補之歸自皖,所說又略殊。報言傷五六十人,捕乃弟徐偉未得。此間殺一常備牌長,搜出票六百㕔。軍界、學界可畏哉!近目疾大作,作字甚難。下午子漁信來,云到府過堂,須找厚德恒具保狀。屬達卿自來,邀黃老闆同去。

初十(19日)

爲孫輩改文各一篇。不放心子漁事,擬往問,而路遇子漁,略問之,知不礙,遂歸。弁卿來,云四觀嚳參案已出,餘人不詳,子漁事亦須如此了即好。子漁至,詳問之,仍係王委員問。陳萬全之子到府與吉生鬧,殊不成事,即此已可參革矣。彭二嫂來,云已歸家,劉第之持刀强索,向子振乃其母舅,屬往見,而向病,不能見客,仍歸。閱報,趙芷生開復原官,秦炳直放廣東水陸提督。

十一(20日)

初伏,頗熱,幸未下雨。到公所,子穀來,久談。飯後歸。貝元昆來,必欲予任國文,約以每日一次乃可,雖勞心思,可免勞口舌。貝即日到上海,不久即歸,云趙之開復及預備立憲歸功雙人。得獻廷信,亦云趙復,則兩目、人未亦可望起用,或因雙人,不然,何趙孟之貴之速?求予見首府遞名條。汪兆煦、連鼎垚、鄒大綱來。

十二(21日)

到首府,不晤,到府正街致一函①,未知肯上達了事否。到

---

① "函"下,原衍"否",據文義刪。

鹿泉處，云係風寒。歸到公所，閱初三、四報，徐偉已獲，而云徐道外止馬某、陳伯平三人發槍，馬某已死，學生爲徐誑，云顧松打死撫臺，我已打死顧松，諸生同護軍裝局，違者斬，故諸生從之，非助亂也，不知確否。鄧得八元乾脩，來謝學臺，不見，因到我處强取百文，又索王鏡侶百文，殊無理。

十三（22 日）

到公所，閱報，有保險箱之畫，又有美午帥者，且有大更動之説，未必塙。袁、岑皆被參，有促岑赴任、毋負國恩之旨。述徐事與前異，陳死，馬獲。胡子瑞查舞佾頗詳，亦未得武舞譜。撫諭委長沙學傳紳士詳述章程，覈實用欵，命書吏辦稿，明日去核。吉兒初五信到。

十四（23 日）

閱報，志伯愚奏新政有名無實，洞見症結，論遼陽民變亦可戒。曉霆來，言高等事，予未聞。小蓂來送香，言欲在省謀事，只可見事留意，若曾求報館事，則不能也。到公所看稿，瀏陽上禀頒發祭文及武譜程式，擬批"候詳撫憲轉咨禮部"。學臺又飭易、劉、莫三人審定各學册式。報言紹郡明道女學堂教習秋瑾正法，即徐某弟婦也。報云秋瑾爲徐某開追悼會，故及禍，不云是其何親。徐煒訊無確據，乃父七十餘，自投到，或皆可免。

十五（24 日）

到廟，已敬神矣。李稚荃來，屬轉達向子政。劉稚荃云湘潭袁伯元、匡正吾、楊价人及蕭小泉之夥來議鐵路，席元生主開放，將大會議。學宮以買屋會議，欲改學堂門，往看。湯稚安至，以二弟再託之。天大雷雨，稍止歸。爲孫、姪改文。《王制箋》略定。

十六（25 日）

改《箋》，發江西信。彼又來信，云達三已愈十之八，屬以須戒煙乃可來。到公所，擬作《箋序》，未成。歸家，熱度近九十分，足成序文。

十七（26日）

到公所，見報，爲秋瑾呼冤，極詆剖心爲野蠻。法、學部丞、參十人記名，吳公在内。小鶴將入學部。次帥有兩廣信，不知此公調川確否。雲帥又賞假半月。報云江督、皖撫有停辦學堂之説，獨不記廢科舉爲何人耶？巨丞云秋母家湖南，出洋學生有名者，殆爲名所誤。報云徐之表妹、徐偉尚可活，何苛於其親？殆有幸不幸耶？唐蘭生去世，往唁之。在學務見部示，九成五陛，亦以改造爲難，云當日功堅料實，致敬以實不以文，惟崇聖祠、省牲亭須擴充，登本銅改用黄色瓷，鉶用金飾，簠、簋及豆飾以玉，邊用黄色，殿通用黄瓦，而祭文、樂譜無明文。是夜忽水瀉，四五起。

十八（27日）

水瀉未止，到鹿泉處診視，云風濕積滯，不礙事，立方。歸見報，南皮大拜，鹿協揆，兩目得無恨乎？劉通三與楊冕之兄來。楊云乃弟尚未補官費，此事現在更難。劉云京師學堂甚重舊學。雷豫歸自大學堂，云舊學生多望我去，足見舊學終不廢也。送孔君谷、馬价卿、鄒玉昆、李仲九，又公送陳菶喈大令名慶森下程，共五千文矣。陳能詩，粤人。學務同事周送墓志，魏鐵山書。

十九（28日）

早到城隍廟祀觀音，爲譽生贖名，以腹疾，不吃飯即歸。録出序文。唐姓來，以《箋》十八頁付之。李稚荃回信，云子政病，不能起，不許第之進屋，以爲須稟臬臺禁錮，而彼母舅不能出，奈何？報言賀贊元、毛玉麟皆前列，賀第三，不知亦有探花名目乎？述貞廿三六旬，書壽聯並帳字。劉應元在二等。

二十（29日）

到公所，見報，易由甫上江撫書言國文、讀經之重，甚是，恐瑞公未必解耳。秋瑾，王某之妻，王湖南人，或云即湘潭王輔臣之子婦，或云非也。《日報》載堯帥駁新律各條，甚是。香帥使仕學館員爲州縣佐治官，是一國三公矣。漢口查私土，有炸藥、彈子。聞此間亦查獲一箱，奈何？下午到鹿泉處改方，遂到兼善堂。璞老云王廉生之子先孚甚佳，王任壽州知州，子以考職歸，住朱稚全宅，元配稚全女已故，可備東牀之選，屬向朱家探聽。廉生我會過，楊蓬海丈之妻舅，逸梧丈之叔輩也。夜雨不止，甚涼。

廿一（30日）

早仍雨，二伏穿矣。閱董子書，補數條。送述貞，只收對聯，復函云母難，豈亦與予同歟？到公所，閱報，南京、浙省無故自擾，何以全不靜鎮？徐又不如趙，東三省糟了。韓王受偪退位，前車可戒。秋女士能詩，五、七律不似女人作。巨丞言其言談亦不似女人，殆不祥歟？聞參五觀察，任革職永不叙用，驅逐管束，陳革職，沈、姜降同知，王已故，免議，其餘尚不知何人。飯後歸。子瑞約以《九通》送圖書館，附以法政，又欲設領書館，使人領去，亦是一法。報列恩遣摺，云徐因爲俞廉三表姪，故信用之，以後出洋學生宜慎擇用，出洋者更增阻力矣。述貞云萍鄉稅相助爲理，吉信未及，何也？

廿二（31日）

到公所。李克恂云已見學臺，許委本署閱算學事，屬爲催提。乃見吳公，談及，已允，想可成事。以《經學歷史》送彼，言各學堂不用經學之弊，即中路師範亦廢經，請加通飭，彼即屬我具稿。葵園學長已送，照會已接，而不肯任事。問劉鶴雲可辦學堂否，答以甚好，特恐太舊，或將以代士元歟？歸而磻生來，云見稚安請爲提及。報言今日有戲，述卿云須廿五。

廿三（8月1日）

到唐蘭生處作吊。到述真處拜壽，云已下鄉。因劉稚全云劉叔卿故，往問之，則叔卿出迎，甚駭人。叔卿云有從兄猝故，始知傳誤。云徐道未見恩撫，急躁出外疾走，祭祀匆匆即去，不可解，軍裝局並無可用鎗炮，徐蓋不知。前聞秋女士爲湘潭王輔臣之媳，今知甚確，其父曾署郴州，其夫王子方。女士恃才，庸奴其夫，經人斷，給彼七千金，聽其自去。王家不牽涉，亦幸事也。璞老約手談，晚歸。石琴兄弟至。聞周蔭生妹丈卒於漢上，將來如何？黃公甫來，將回湘。吉兒信來，云萍稅已委人，伊亦不欲，戒煙並不開支，留彼何益？正卿來信，已委代辦沅局收支，更求運動總局，俟再託太尊。

廿四（2日）

　　録通飭札稿，到公所，呈學臺。我以爲學堂即不停，將來必有改之重中學者。巨丞謂高等當屬我，學臺未説，我亦不想。到府學。如樂舞冠服皆照圖式，祭器、樂器亦照加，須打價再稟復。

廿五（3日）

　　到公所，見《葵園書札》，與小圃爭爲貝納賜事居多，學務事有與冶秋書，亦言俞、胡不可用，其與朱純卿以日本教科書不可用，甚是，而戊戌答畢松甫與右帥，尤大有關繫。右帥保南海書亦始得見，將求全書一觀。學部定初等小學課程，八、九讀經，九、十講經，脩身十、十一，算學一、二、三，國文、寫字並歷史、輿地在內，體操間日一行。仍重經學，甚合，未知其餘有定章否。外官決改，直州判不知如何。文廟奉祀已見明文，教官不知如何裁法。歸聞丁大嫂故，往唁。念蘇云乃叔又有罣誤之説，已見《日報》。予未見，俟考。

廿六（4日）

　　閲《日報》，有此事，已查辦，未知查復如何。徇私諱盜，照辦當去官，輕則亦當撤委，不知何以憒憒至此？到公所，見報列秋詩，略記之。李銅士來，告以憲臺已允，若十日不下札，可再往見，以《集》一部贈之。子縠言撫軍不出，又一村築一臺。敬侶言釐局將改章，用司事。鹿泉子有出口之説，乃父何以爲情？漢口捉得孫姪，鎗子甚多。鄭子餘在滬正法。秋詩記有"詩思一帆海空濶，夢魂三島月玲瓏"，尤可惜也。幼彌來，云有姑母欲屬作壽文，八百字可也，先許數元，後又許贈壬老《集》。下午凉，往觀劇，人氣仍重。

廿七（5日）

　　見報，須繳追執照，告子漁預備。聰叔請酌狀板，仲篋稱兼祧，伊無本生之親，止稱孤哀，似不誤也。聞撫公竟不出，設臺於又一村。有張某家人入署，牽及多人，真艸木皆兵也。巨丞云我接高等，答以未聞。

廿八（6日）

　　到公所，旋到廟，尚不大熱。手談，晚歸。

廿九（7日）

　　到阿彌街魏處，云今日即行，來不及矣。到廖處，云歸家。到公所，見學使所定《優級師範章程》已刊布，而猶使六課各陳所見，何耶？云已通飭各校注重經學，以明尊孔之意，則予所具稾見用矣。請劉笏雲，恐未必能辦。工程云委子昭。貢院無可取材，非二三萬不濟。學生二百，常欵又須二萬矣。子漁來人，云可報遺失，我以從實報錯誤爲妥。

卅日（8日）

　　寫挽聯。彝伯八月廿二六旬作壽詩，不敢和。到公所，優級師範五日交卷，皆以爲莫贊一辭。瞿根約來，云又有召舊學之議，如開特科，以恭惟我，亦非我所欲也。黃子餘放天津府，羅順循加道銜，署山東提學使。有議改官名不正者，云提刑按察使今當稱提刑提法使矣，可笑。有鐵到兩湖、張到兩江、端到北洋、袁入軍機之説，趙仍赴川。

七 月

初一（9 日）

到葵園祝壽，不晤。晤俞壽丞，云初間即赴任，子善事復催之。到頌年處，病稍愈。述貞處，舊病又作。府正街不見子漁，云將歸。拜黃自元，不晤。天熱，遂歸。小鶴回家，云正卿接辦恐難。劉菊生來，送東西，云前函非彼作，亦未得實信，君甫壽辰擬改明年正月，伊戚廖某官事未了，將來求，伊亦爲此來也。是日秋伏，下午微雨。

初二（10 日）

致正卿一函，使彼量力自酌。到公所，聞子穀上萬言書，亦欲少抒所見。報列學部請搜訪耆儒碩彥學通古今中外者舉報，於十月前到京。王祭酒委禮學館顧問官，恐亦列名而已。飯後歸。子漁來，求見太尊再提，空白照須求稚全。棣威來，送錢老太壽文節略，九月做壽，請作文；以朱慶威號景喬之女爲慶孫作伐，雨老姪曾孫女，當告吉兒酌之。擬上條陳，未畢。棣威云仁和師以八十老人，娶四十餘歲之夫人，傳爲西湖佳話。

初三（11 日）

條陳續成。到彭宅成服，客少，天熱，遂歸。過汪宅，祥女云十嬸有私蓄，欲買田，聞彭將賣田，屬問之。過劉稚全，湯、童在坐，言子漁事，云須捐一虛銜爲妥，須十餘金，亦不知從何出。鰲局改章，劉云湖南無人，可歎也。歸見達緘，云請作《孔子升爲大祀頌》，爲作一篇。明日交帳，當一往。報載訪求經師人師，十月到京，止驗明，不考試，乃因詹天佑等賞進士而發。聞新疆巡撫爲某令槍傷，河南巡撫祭祀燒文幸天雨未入香爐，幾逢炸藥。鬧到如此，宜乎更求舊學矣。四更有彗出東方，夜起視，不見。

初四（12日）

　　録出條陳。菊生來，送二摺，屬致王公，强爲作函，而獻廷書來候回信，吉兒又書到，心遂亂，作書脱三字，寫過仍誤，以此見精力不逮，而條陳千八言未誤一字，猶未大衰。到公所，遞條陳。子瑞來，云未作，予亦不以告人。飯後到府正街告子漁，使自酌。將晚歸。

初五（13日）

　　到公所，寫家信與吉兒。銅士來，已奉札，將來住。孟萊邀聽戲，飯後歸。廖玉書號振南來拜，以書信須改封，使再送來。彼送禮甚重，晚間歸始知之，改寫信，將禮退去，只受雞、鴨、佛手。彼云已買好，再送來。受挂屏四塊，云須五元，又點心四合，餘仍退還，此函未必大有功，不欲受人虛惠。達卿來，云子漁事更有翻覆，不知鬧到如何。戲園見王允明。

初六（14日）

　　致達三，勸戒煙，發信。又致陸仙一函。到公所，銅士已來。閱報，香帥存古學堂出奏，言中、小學堂不重經學之弊。學臺如通飭，正與香帥合。禁剃辮、改衣服，已見通飭矣。天更熱，歸。廖孫荄送乃郎畫四幅至，送裱。子漁傳審，晚間到府正街問信，以票不符押候審所，屬達卿往問明。

初七（15日）

　　到文廟祀魁星。大祀只發四千五百千，恐未必殼。龔省翁作竹枝詞述皖事甚詳，伊目覩，可信，未牽及學生。飯後歸，弁卿由候審來，云實可疑，"宙"字不合縫，下結絲字不同，一子漁寫，一杏生寫，一弍百，一弍千，如作弊，不應以少報多，乃號重複致誤。屬趕遞一手摺，晚間去求太尊，以汪公已到，十一交卸也。湘潭陳某五十六千事幾正法，現擬監禁。羅綏生弟借陳十千，誣以分贓，未知能辨脱否，真可怕也。報載化滿漢界之詔，何不去滿缺、撤駐防？

初八（16日）

早到太尊處，見面甚好，云本要拜府問令弟實情，當將手摺呈覽，面稟一切，已允即調票查，稚泉來見，遂出。到府正街，祥姪十歲。到集益，問《國粹報》到五期，《叢編》無大味。子漁信云已具稟，陳杏生之父到黎局找得存根，並無舛誤，此事儘可辨明，特太尊行急，能於兩日內了結方好。歸見報，兩廣放張人駿，豫撫林紹年，岑開缺，與報所擬不合。夜更熱。

初九（17日）

再致太尊一函，促之。到公所，見《北京日報》載奏章等特詳，改官及以卒業生充鄉官均印示，湘藩放吳引孫。報載保國粹說，甚是。羅振玉條陳學務已發各省學務公所，各陳所見，俟發下再看。六、九弟來，以存根二本錯列九號，知局票錯發九張，屬再致太尊說明。乃歸，再寫一函。科姪來，籌欵無所得，奈何？以後無信來，恐未提問。

初十（18日）

科姪來，云未聞，我亦無法。拜劉四先生，不晤。見聰叔，云變產未定，堂期在八月，浙江無信復，汪石琴只千餘金。老九云小沖須弍千，當屬開水程使看。到公所，見羅振玉所議開學甚是，但惜不早，現在各學堂糜費甚鉅，何能改良？優級師範已常欵弍萬五千金，開辦四萬，想可辦成，亦與我所議略同。天熱，彼處尤不可當，歸稍可。科姪來，云可問陳杏生之弟，在中路師範者亦來，云乃伯昨見局憲，今局憲已將票交府，屬再致府一函。作函與之，以後無信。夜接祖先，七月初即嘗祭也。

十一（19日）

問府正街，始知昨夜仍未問。弁卿旋來，子漁亦來信，只好

另起爐竈。閱《國粹報》三本。以畏熱，未到公所。下午天微
陰，不雨，晚稍凉。待鹿泉，不至。

十二（20 日）

　　早起即熱。汪來拜，住洋務局，當往賀並遞手摺。《荀子》
書亦有《王制篇》，與《禮記·王制》多合。到公所，聞學臺兼署
藩臺，十九接印，挂號先道喜。聞彼時若到藩署，我輩亦當往也。
柱臣云雷小秋署提法使甚確。去秋尚在高等講經，可云一步登
天。而據報言，在奉天坐困者不乏人，則未必人人皆小秋矣。奉
天督署内忽得畫圖，殺滿及袁、張、岑，尤可駭。端請撤駐防及旗
兵，如能實行，方可以慰衆望。張以法、日合約事急調，入京尚須
病愈。浙江又殺胡桂女士。報列秋女士供，謂必非是。周爰諏
請撤回留學生一概不用，並禁女學堂，報以爲某邸授意，無怪有
新八齣出現。飯後歸，以《王制箋》無人抄，交柱臣請人抄。歸
聞黄九嫂已故，豈女學界之餘殃乎？石琴兄弟來抹牌。下午微
雨，稍凉。科姪來，以稟稿見問，爲删四句，屬趕寫手摺來。達卿
來，言子漁借銀撥租。汪有銀買田，屬催弁卿具水程。

十三（21 日）

　　録出《王制篇》語，擬作《後序》，其餘篇亦有與《王制》合
者。到公所，聞學臺十九卯刻接印，須天明到藩署。有李令以高
等小學畢業請獎堂長宋某，按《奏辦章程》有保獎一條，並卒業
學生賞給附生、廪貢、舉人等，皆未見舉行，仲堪擬批推撫院，似
未妥善，高等畢業看如何。閱《定安集》，有變法意，可云先見。
飯後歸，似暑氣稍闌。挽李鑫一聯，有感昔年之事。周爰諏請禁
女學堂，然則前又調查，何爲？以卒業學生任鄉官已通飭，此事
必不可行。河南提學孔祥霖請以本地人作勸學、勸業官，地方自
治最宜，立憲基礎在此，此可行者。事雜言哤之時，在聽言者能
審之耳。聞聖躬不安，又有立大阿哥之説。

十四（22日）

我家是日薦新並燒包。天微陰，不雨。甸侯至，將到醴，云乃叔將往徽。

十五（23日）

往賀英、汪，不晤。歸到公所。報云祖安等稟午帥開官立女學，而周某又請禁女學，可謂兩頭扯矣。周云操衣皆革命之形模，然則不穿操衣即非革命矣。撫憲通飭禁雀牌、宴會，云指莊家、子弟言之。

十六（24日）

到公所，有本署接印之説。羅十先生至，云乃弟爲人牽引，中丞批有私造釐票、以多報少之語，恐難解脱。禾生來，善餘索我著書，伊可代寄。擬致一函，並託致午帥一函。葵園請二十申刻，明日璞老邀牌。

十七（25日）

致午帥一函。君華來，住天利亨。到師範，回貝元徵看。艮山已到，仍欲我改國文，以學臺通飭學堂示之看如何，通飭又何不早下也？到謝家拜壽，即往善城隍。見劉四先生，云已託劉、葉、唐，當更託沈士登回太尊。歸而正卿來。

十八（26日）

致善如一函，屬轉呈午帥書、函。致謝劉焕吾一函。到公所，見書鈔四頁，殊不佳，將就用之。報載文廟新頒祭文，巨丞以爲不如原文之簡老。優貢案馬、雷二等，孔三等末。鄭沅請化滿漢數條亦是，在前日則杭大宗請平滿漢幾大辟矣。某舉人請禁女學，皆八股語，報以爲頑錮，所言亦有是者。歸見吉兒信，雄孫乳娘甚嘔氣，欲攜之歸。若佐治官可用本地人爲之，何不同歸？川督送高等學生被駁，以爲年限不合，又有學生只許卒業之説。

十九（27日）

未明即起，不見彗星。以學臺接藩印，往賀，待至辰初，見撫臺所下通飭，禁演戲、抹牌、宴會事。幼梅以伊戚黃中孚爲黃柏爵求留，不知中孚爲誰。李文碩調鄂，不來，代者訥良滿人也。子漁昨夜覆訊，仍未開釋。今見汪而不識，云亦癸酉拔貢，今日不便往拜。到汪宅拜壽，遂歸，寫一手摺，擬見學臺面求。

二十（28日）

檢《說郛》閱之，其書太不完，又缺多種。岱林至，云今日未能上學。到公所，學臺分班見客，二十二見圖書館人，不能單見。報有一"泄"字，爲化除滿漢，又駁羅振玉條陳。傳周氏女塾監督前夜見殺，甚可怪。歸而貝元徵至，云廿五開學，已說定一月課一次國文，不勞口舌而勞心思，亦無可如何者。貝云繙譯不識字，"狼似犬"訛成"娘似犬"，可笑。到羅十先生處，以陳善餘書託寄。到葵園赴席，見允明，云女學今日已開學，謠言當即以鄭先聲事傳訛，乃八股家惡女學而造言者，官場人何爲信之？葵園倡辦小學，使劉、曹二人任事，故有是請。云日保福建，法保雲南，即分列之兆，必不可許。王心田來，久坐，以洋商以要入城，極罪小圃。《經學通論》八月可以出書，伊所著書尚未成。

廿一（29日）

頗凉。到周、汪、胡，均未見。汪在家，不見客，中國官大如此。到公所，易鏡菴忽腹痛甚劇，大約受寒。下午歸。黃正卿赴沅，其兩弟糾纏不已。此亦中國大弊，兄弟中有一稍可者，則共倚賴之而不自立，所以多游民。

廿二（30日）

到公所，以傳圖書館人，乃皆不到。聞又有七八月留學生起事之說，以埋炸藥，掘豆子店土數尺而不得，恐皆訛言。留學生近來甚多，學臺派孔、林接待，多求官費及派學堂，此等人非能革命者。閱報，詆香帥，又有張南、端北、袁、鐵換內外之説。袁、鐵已不兩立，岑因人言多而罷，又有此岑到兩湖之説。歸見吉兒函，欲歸求六七十元之事。芝公函云增修壺天，令人艷羨。彝伯來，自作壽文，更求作一駢文，用孫中堂款。

廿三（31 日）

致芝公並達壻、金女並家言，發江西。小泉歸，病甚，鄧壽熙以爲誤服涼藥，用薑附桂救之。到公所。張杏春來，云查剪辮甚嚴，江北餓死者七十萬人，有"六月六，殺周馥"之語，彼處甚思魏午帥也。端作序似善餘手筆。禮學館長孫詒讓乃張燮君薦。貝元昆來，云廿五辰刻開學，學臺當往彼，更望我講國文，當辭之。胡玉山來，請編鄉土志，辭以不能獨辦，當到公所查明何者爲可仿行。以子漁事託之，允見汪、傅二人説，而太尊處似憚言。予已函求學臺屬太尊矣。君華、述卿、弁卿來看小泉。子漁函來，且聽佳音。弁卿欲予見李光輔，不到靖港。

廿四（9 月 1 日）

爲彝仲作文，未成。到公所，子瑞不到，無從檢鄉土志。閱報，鹿當權，魏有新疆消息，岑電奏起程赴任，答以已有旨，譏其進退失據。京師文廟亦以聖駕親臨，忙迫。湘學堂已卒業，歸求事。有胡扡琪求薦師範，明當爲言之。到稚全處，云已屬沈言，王少棠歸更當言之。文廟不改修，鄉土調查無此財力。子漁撥租，以告汪而不聽，甚矣現銀之難得也。歸聞老八病重，已謁三醫，而仍要信鄧醫，我亦無法，看病無礙，恐藥誤耳。胡粵生分訃，擬一聯挽之。《箋》抄十餘昏來，殊不成字。鹿泉夜來。是日來七醫。

廿五（2 日）

小泉似稍愈。壽文成。到師範開學，官不來開學，亦不請教習。共艮山談，彼邑投票易團總事，鄰邑似可仿行。述卿昨云羅鼎新、凌生雲與彼團郭某抗官,似可亦用投票之法。問勉南善邑地圖,云前右帥所辦圖有計里開方法,伊曾略改,現許子訓處有刻本,子訓住小古道巷城牆灣,俟問之。廿八開講,予只應一星期一次國文,出題送去。艮山云三路爭欵事已了,由彼撥二萬,津貼明德、經正、楚怡各學堂,而師範改造只領九千金,尚虛九千,借府中學堂材料五千未歸,所用人多易瀏,無怪有瀏學之稱也。歸已四點。小泉病又增,夜熱出汗,五更起視之。

廿六(3日)

將壽文録出,約千三百字。君華來,云圖彼處有之,在高等,亦止總圖,無各都分圖。到公所,找鄉土志條例,不得。到府學觀樂,與昆腔頗近。總教劉乃艮山兄輩。艮山云留二人在此教十餘人,明年可不借才異地,苻昀以爲難。鄉土志爲璞老喬梓、周菱村言之。周云伯興可幫,又云汪九明年准行到皖,是運帷幄,蔭生可使周四冒替,尤可怪也。初一菱生以印卷、公車交李德齋,苻昀欲交我,伴食可矣。明日小學開學。

廿七(4日)

發熱身痛,勉强出門。到頌年處,已出,晚間上船。孟來云十一日歸,起復。到彝伯處,付以壽文。巷内如此曲折,如何做生?到李光輔處,已允不派弁卿出去。到汪太尊處,伊以月日不對爲罪。予云此係通弊,騰挪日月爲比較計。伊云此小事,我亦不計,汪朝宗病假二日不到,俟來當屬取保開釋。胡玉山問案,不見。到中學,胡亦不到,外客均不來。歸見小泉病更沈重,多敗症,夜請巫師。鹿泉來,云脈已散,陰將絶,用生脈散加薑附、牡蠣、固紙。譚蓉墅到,久談,云鄉土志以氏族爲最難,秦民有以此爲抽丁幾致變者,乃鄒沅帆一言啟之也。聞汪柳門師仙逝,又喪一知己矣。

廿八（5 日）

小泉服藥大有轉機，早飯坐起自吃，説話精神甚好，屬再服一帖，去接鹿泉。弁卿來，云鹿泉之子茶票尚有牽涉，故不准取保，光輔所説已告之。胡挹琪來，貝不兼，屬再説。小渠函求學臺，告以不能，葵園小學肯俯就否。彝伯來，以壽文並其本家所作駢文來請刪節，問其《古文筆法》，送一部來。述卿與李芸生來，言團保事，彼團裕豐成郭四胖子、張立昌擅革保正，又引水龍局諸人打幫，已告胡公，欲舉人，我亦不知此團誰可保也。小渠來，小學不願就，欲求忠裔事，見汪鏡翁當告之。下午大熱，客去，殊不可支。達卿來，又爲子漁取十金去。鹿泉竟不至。

廿九（6 日）

熱退，仍眩暈。爲彝伯刪壽文。再致鹿泉，着轎往接。小泉氣痛又發，云此症已起三年，特未如今之甚耳。胡少潛來，云黨禍可慮，並非滿漢、新舊之謂，無非私爭。胡挹琪已託之。子漁信來，王紹唐已回，袁允開釋。似此夾攻，何以猶無舉動？俄而科姪來，云子漁已出，找保人未得。旋復來，云不必保人，但要錢耳。鹿泉來，爲小泉診視，云脈比前好，其氣痛據小泉自云已三年，則非一時所能即愈。徐子謙與李逢原至，云唐成之致意。以吉光勛爲人告，明日到學務當爲一查。閲報，張、袁入軍機。汪太守號藥階，以書二冊贈之。

卅日（7 日）

子漁早來，云事了，須下鄉。小泉昨夜睡好，今早氣又微痛，云吃大參便好，今之大參真有此力量乎？熊惠軨來，云辦四縣警署，住在湘潭。蘭臣來，將送租。到公所，取得鄉土志例目，並七邑志，回玩之。聞張雨老仙逝。次帥到兩湖，楊到北洋，袁外部尚書，陳到四川。元澂又來，議分三班，文、理、豫科，每課一班即發落，前一班不別講，速成班不課文。子漁來，即觀劇①，辭以初一不暇，初二不知學臺往觀樂否，想我輩可無與也。督銷那良，非訥良也。張到江蘇。馮汝騤升浙撫，昔在津只候補道，可謂速矣。

八　月

初一（8 日）

　　晴。秋燥猶甚。小泉氣痛不止，擬請鹿泉商之。玉昆來問小泉，略談。君華、岱林來，以例目、以各處鄉土志示之，囑君華過河寄地圖來。細閱各志，《衡陽》編課極合教科書用，而水道、氏族俱略，《麻陽》則詳，餘或失之過詳。《古丈坪》董湘林所爲，亦可觀。午後到學宮，陵生以印卷、公車交李德齋，公車餘千金，予列名而已。以鄉志事告諸公，諸公不欲調查，恐費多。陵生薦張伯興，予亦贊之，後議送伯興一百竿。陵生以例目去示伯興，約某日到彼一會。夜鹿泉至，云小泉脈復無礙，氣疾可徐調理，如天之福也。聞有熒惑入南斗之象，但望其不驗耳。

初二（9 日）

　　彝仲來，云將往閩，尚須下鄉一轉。到公所，見報，四國邀挾圻炮臺者爲日、俄、英、法。同洲、同種、同文之國，乃甘爲戎首乎？香帥尚未行，待存古學堂開學。葉到彼處，不知何職。周奏停學生出身已駁，現議如何出身。到府學宮，見學臺、邑侯、劉四丈，皆致謝。樂頗有頓挫，但歌聲太高，掩人聲，干戚不舉，乏尚武之精神，無發揚蹈厲之氣象。干太窄小，學臺云具體未嘗挑

---

　　①　"即"，當作"請"。

眼,而樂舞生以挑飯菜鼓噪,乘學臺在此起風潮。杏雲無如之何,孔揩陔出而調停,乃散去。劉云璞老初八大慶,約邀局致祝,街團事已回邑侯。黃云缺出須由學臺,老五已託之。歸聞李文碩已到。兆懷送筆貲十金。吉光勛事已屬錫侯。

初三（10 日）

達卿請代作"漢涿郡太守請不設廷平論"一篇。往拜李文石、陳幼梅、熊慧昤,未晤。幼梅家眷方至,豈不作歸計乎？致李文石一函。聞周姑太太來,蔭生柩猶在漢。

初四（11 日）

師範課文期係星期第三日,元昆謂可不去,寫題付之。陵生信來,云伯興已認可,約明日十一點鐘到彼處一晤。到公所,閱報,云聖躬不豫,又云康復,袁到二日不見,張尚未行,有繼來湘之說。黃運藩奏止立憲,學堂、科舉並行。報云周太史後有連侍御、俾侍御,今又有黃中書,足見人才之多。予則不料此等人才竟出於楚也,此等猶交學部,何怪阻力之多。錫侯云吉稟已批縣,不能銷案。

初五（12 日）

閱卷。十一點鐘到府正街,子漁已去。見芹妹,云蔭生以內傷死,現在寄園。到周陵生處,以此告之,陵生許為籌欵。伯興當面說定,以麻、衡二邑志付之。回拜少潛,言京中事分黨尤甚。歸閱卷,粗畢。危士藩妻下省,為夫求調。

初六（13 日）

定分次。過河到高等,士元未來,與次結言,甲班卒業,不上課,乙班仍講經,學臺只許發文憑,不送京,亦無出身,且以高等囂張,今年又有告士元者,雖非學生名,而疑其指使,屬見學臺解釋。歸無渡船,可惡。蓉墅、彝仲來,久談。獻廷來,云慧昤請同去,已薦自代。吉兒廿七來信,未得乳媼,仍擬歸。

初七（14 日）

到公所，聞學臺已移住藩署。吳引孫請假回揚州，來須九月，大約尚不願來。同人約到府學觀禮，予飯後到府學，初獻已過，觀禮畢，同人並未來。見衣冠煥然一新，觀者如堵，大熱觀止。入見伯興，促書氏族送彼處。陵生付洋十六元，屬代交渭齋，云香帥帶寶甫、煥彬入京，煥彬帶優伶福冬等四人同行，大可助朗潤園之新劇矣。奎元云存古學堂開學二日即扃門，云無歉，且章程未定，香帥特欲一開辦以塞人耳目耳。蓉墅、彝仲處送行，云已上船。待鹿泉不至。夜大雨。

初八（15 日）

晴，更熱。録講義二分，送二處。高等送時間表，第一日兩鐘點，初十開講，已二日矣，十六再去。到璞老處拜壽。往見朱益齋觀詧，爲壽兒求留，爲危士藩求調，皆應允，好在永、桂缺苦，彼在此久，深知之。向藩臺説清，我自説更見信也。釐局事省河仍委紳，外局改司事，委員只准用四分之一，真不知是何舉動。到鹿泉處面請。府正街以十六元交芹妹。歸而士藩之妻至，以已遞條告之。岱林屬見大令遞手摺，未得見，太尊處道謝，亦未見。

初九（16 日）

録皮氏得姓之始及先曾祖事略，並先父事略，送交伯興。寫挽聯。到公所，閲報，云黃運藩所議已駁，香帥已到，趙炳麟所奏甚是，軍機以慶、醇、世、張、鹿、袁爲次。梁劾慶、袁，得毋授意？或譖岑、林通革命黨，尤可駭，豈非黨人自相軋耶？歸而久安丈至，久談。小鶴邀同到清泉吃茶。夜歸，瑞康正挂牌，熱鬧。歸聞街上拏人，云邑侯自我家出即出籤，疑我所使，而不知實非也。

初十（17 日）

到公所，閲孔劭洪詩文，擬評語恭惟之。桐士以乃父詩集屬作序,節吾之傳已略備矣。報云吳方伯已到滬,假歸,次帥恐亦須假歸。又有立儲之議,香帥何以處之? 下午邀九丈往觀劇。北風甚厲,小泉下鄉未吹風否?

十一(18 日)

街上竟敢閉市,李芝生大受氣,縣令來勸不聽,太尊來始開板。如此無狀,豈可更申民權? 不知古月如何,我意惟投票一法耳。寫完家信,並復達三信,發去。正卿來信,云已補實,故信未發。到公所,以詩文交劭洪。書彩票乙元交壽松。問考職,羅書辦云須由此發執照,但須花錢打聽已詳院否。到師範,講一小時,云十四、五、六放三日假。不知高等同否,函問之。校《王制箋》十餘㗊。叔卿請明日觀劇。

十二(19 日)

微雨,涼。校《箋》數㗊。到公所,子穀問經學書,屬問書局。考職問舊書辦,未得。講義已來不少,屬步蟾節後再發。叔卿約觀劇。晚歸,轎壅不行,以後宜令在外等候。正卿來信已補實,煥吾復函亦言之。

十三(20 日)

閱國文及半,佳者頗多。劉四先生來,云閉市事莊、汪皆欲嚴辦,中峰云須查實,紳士可進一稟。芝生本有此說,予未敢應,今彼亦云,想無妨礙。云現差查訪始禍之人,將來歸府拿辦。到廟,復與陳、瞿商之。

十四(21 日)

閱國文畢。葵園送來三《禮》、《春秋》刊本,爲校閱之。索債者多,有催租敗興之意。危士藩妻來,辭行回署,拜門送贄,力卻之。致書子昭,薦楊漢秋,復云彼力辭差,俟派人再轉薦,信乎? 下午聞三嬸母中風,往視,神氣尚清,服楊蓮臣方一帖,更服鹿泉方。晚歸。

十五（22 日）

飯後往府正街，待鹿泉來，云脈漸平，或不礙，用參、附桂、法夏、陳皮、雲神、天竺黃、灶心土、生薑，云切不可用風藥，天麻、句藤之類，芪恐氣促，尤恐滯氣，陰藥亦恐滯，只可以薑、夏略散，天竺黃、灶心土略去心火。歸過節。雨植至，云乃翁改期未定，湯盡易舊人，不相安，周仲玉亦去。此近日習氣，予不謂然。校三《禮》畢。

十六（23 日）

校《春秋》一過。到彭宅陪吊，客少。歸聞嬸母如前。吉兒來信，仍欲使雄孫歸，欲以發孫或譽孫聘于礄溪女，觀孫可發朱家八字。述貞云九公言吉人可得優差，或得江西回信，且看如何。江撫欲告退，侯官可望坐補。鐵路仍李、陳。閱報，臬批團稟尚屬嚴厲。張兼學部，必不改章。哲生云中峰以胡爲不善，賴太尊明白，爲之回明。伊委岳州督銷，府中學事將辭，尚少萬餘金也。

十七（24 日）

請十九日辰刻文運街李、趙大中丞與祭，得暇即往。閱《通論》，復校。到府正街，見病勢如故，鹿泉已辭不肯治矣，黃枚生方尤不可服。到公所，分卷二十七本，經學似出湘綺，餘無可觀。飯後歸，以趙氏生辰，有女客，男客惟述卿到。

十八（25 日）

以彭恭人出葬，路祭，早起，待至辰刻始到。校《通論》畢。到公所一轉，出城講一小時。歸聞府正街待我，遂往，病似更委頓，面色好，乃服葭之力。鹿泉不到，遂歸。送彝伯對、雨丈挽聯。以《通論》並《王制箋》送葵園，復函許代刻。稟批“該紳等毋得稟瀆”，似不謂然，甚矣公事之不可與聞也。王冕南住小東茅巷口王宅，東茅巷轎馬頭對門。

十九（26日）

早到李大中丞祠。苻雲約廿一到路邊井李、劉二公祠，璞老約明日城隍廟，轉告述卿。人皆恭惟璞老無姬侍，故得長年，僕庶幾焉。汪云葵園二月後不出門，今日有戲局，只邀數客，彼亦在內；議長月二百金，不受，以開小學，即劉、曹所辦也。葵園復函許以《王制箋》付栞，不請觀劇，何耶？述卿云諸人更欲我往見太尊，似可不往。鹿泉許往府正街視三嬬病，能吃，似無礙。歸而俞經詒來，不知何事。小泉入城，云已到鹿泉處。羅恒興頂與陳恒興，已轉佃。陳同縣人，先在學院街開成衣店，今爲羅夥黃某邀合開煙店，其人矮且跛。閱卷，作講義，均未畢。

二十（27日）

閱卷，並作講義二道。到府正街問病尚平，到鹿泉處代請並立方。到城隍手談，至夜歸。

廿一（28日）

往路邊井李、劉二公祠，祭李公，宋潭州安撫也。歸，孟萊至，云經詒來二次，以許九壽文求作，邀往戲園。許奎元云羅岳帆故。

廿二（29日）

爲許九作文，錄未半。到彝伯處祝壽。見堯衢，亦以壽文見委，允爲致江西糧道，屬並致藩。獻廷事爲言之，科姪考陸軍已屬府正矣。見朱益齋，催所說二事，云欲以其子來受學①。到府正街問病，遂歸。

廿三（30日）

本擬過河，彼改期第六日，不往。壽文錄完。鮑承彥來，云倉聖廟祭祀不辦，史、朱等瓜分五百金，並求入葵園小學。到公

---

① "子"，原誤作"力"，據九月初七日記改。

所，見柱臣言之。《日報》不符，可怪。胡玉山竟撤任，云另有差委，代者孫之湘，彥臣之姪。不辦民而辦官，何耶？歸閱卷畢。壽兒云局事仍不穩。

廿四（10月1日）

路邊井祀陳公，廿六則祀蔡公。見劉縠生，談倉聖廟事，云何哲生之子常爲言之，即朱、史上工目也。稚荃云胡失在不先稟中峰，彼以先入之言爲是，現在邀八團相抗，殆學界餘波歟？曾曉霆云湖北喧傳香帥邀我到存古學堂，全無此事。彝伯處赴壽宴。璞老約明日復局，告以須出城，到稍晏。彝伯云聞堯衢之姪云袁海觀去官，並須賠歉。壽文瀛石寫，墨氣頗好，許景山其丈人也。見棣威，云朱景僑以娶媳下鄉，俟來再發八字。

廿五（2日）

錄講義一道。以壽文送孟萊。朱益齋來回拜，攔駕。昨云那鐵珊已面説，可不更動，現在需一書啟，問壽兒能擔任否，答以原札本兼書啟，如須任事，儘可效勞。此等依樣畫葫蘆似不難，滿人多忌，格外留神而已。午後到師範，講一小時。黎桂生云善化去一好官，四大金剛真凶可惡。彼外縣人，兩無恩怨，足見公道在人。四大金剛之名，予等尚未聞也。到城隍廟手談，又勝。陳、唐不服，約後日復場。

廿六（3日）

早到路邊井，祭畢歸。閱卷十來本。聞江西大庚民教不和起事。

廿七（4日）

文廟誕祭，加太牢。祭官上下從西，不飲福受胙。談及去年今日以亂我籩豆生風潮，又一年矣。璞老邀同到定湘廟，晚歸。

廿八（5日）

起信槀二封。飲後過河，士元尚未來，次結云三班求我兼講，辭之。下午歸，棣威來，云朱喬生邀往廣東，催發八字，寫與之，爲辛卯三月廿六巳時。吉兒信來，云發孫夭折，可惜。伊移家甚苦，加寫一昏慰之。陳佩珩來，云乃兄權蘇撫，電邀我去，屬問明局面再説，並告吉兒。壽兒奉札調靖港，擬使辭。

廿九（6日）

發江西信。定王臺明日秋祭。作書謝周鏡如、劉焕吾，賀陳伯平。壽兒見朱益齋，云書啟已薦伊戚，宜自求那，乃往不見。

九　月

初一（7日）

到定王臺秋祭。天雨，無閲書者。到幼梅處，以銀伍拾兩付之，屬寄交吉兒，使作川貲，送眷歸。云幹庭每日到部，考列第四，不能兼學堂，又生一子；李薌園於廿六日全家死於龍開河，君和已報丁憂歸，伊今年不去，俟明年再看。歸見吉兒函，已移居，蓉、雄尚未全愈。下午到謝南屏處，以足紋伍百伍拾兩付寄，存余太華，寫樂道堂名，月息七厘，即付存摺。到陳佩珩處，以賀信付之，伊尚未發家信，屬轉致一切。張曾敭調山東護理，未登報，蓋本不登，未知能即真否。到府正街，見三嬸不説話，鹿泉用治風藥，有勾藤、地龍，已服三帖。到明遠配眼鏡。

初二（8日）

雨不止。閲國文畢。到公所，填履歷。巨丞云明日擬假歸，欲定《論語》、《孝經》爲小學讀本，屬予爲之，以《孝經疏》贈彼。講義又來廿餘本矣。歸家，小泉上船，局中已來電催。壽人云有二人可運轉，擬請聽戲。許景山請予晚聽戲，蓋以謝作文耶？南屏送摺來，署永康福鹽號名，予署樂道堂名，想來無妨。秩三來，詢無確信。晚上到景山處聽戲。孟萊邀明日同樂園，始知爲彼生辰,衆人集貲公請,須出分子。歸已三鼓。

初三(9日)

錄講義。飯後往許宅祝壽,正擁堂,足見近人出外多晏。到藩臺處,不晤。到善化,亦不晤。聞孫公能吏,或能整頓地方。歸而科姪來,云三孀如前,陸軍小學九月底止,須由地方官送。老五又請作論,爲作一起頭。出城,講一小時歸。午飯後到同樂園,廿一人公請孟來,費三十餘串。

初四(10日)

閱卷十來本。到公所,以心理教育義仍交步蟾,不敢强不知爲知也。歸午飯後到許宅聽戲,熱不可當。

初五(11日)

早起。魯軒來訴,以德妹歸,並搬箱櫃,老五夫婦阻之不得,事已決裂,殆漏洩先機耶?飯後到唐宅陪吊,又大熱。歸,許宅再請,辭之。明日蕭運昭請學官,亦辭之。閱卷數十,粗畢。致賀次帥一函。吉兒又來函,欲歸,予已有書促之矣。問幼梅,云撥銀信初二發,何必拍電?陳伯平已改署理,可望即真。香帥倚重湘人,當是其所主持。朱菊生調奉錦。

初六(12日)

早起得棣威信,云乃母昨辰刻起病,至今不省人事,託代請易鹿泉,當是爲媳急病。棣威急欲出而遇此變,奈何?飯後往高等,大風,大雨,大水,大膽過河,至正午始到學堂,已午飯矣。飯後上講堂一時,前一時俟補。歸又見晴。閱卷,粗畢。唐八出殯,使小學生送,殊無理,辦學堂巴結監督至此,非奴隸性質耶?

初七(13日)

寫次帥、周、劉三函。出拜首府,不晤。晤朱觀詧①,壽兒事

---

① "晤",原闕,據文義補。

許代説，此老尚可與言。前言以子受業，絶不道及，何也？危叔方事亦託之，云已向吳子脩説矣。到孟來處，云初十將往鄂，今日許奎元戲園請客，爲母做生，約同去。到府正街，問病如前。歸飯後到同樂，許已先到。戲完，定要飲酒，孟來爲定席，甚費。云同仁將入屏分，景山又請明日酬勞。

初八（14日）

晴。致一函付正卿，周、劉信並寄去。到公所，鏡侶云楊海雲委圖書館提調，已薦吳步蟾兼司事，屬再遞一條。楊住種福園。胡以請試卷難批議回學臺，又欲約曹、王共議。飯後歸。許宅請往，二鼓後歸。

初九（15日）

于毓筠來見。岱林來。到公所，閲講義數本，爲人所擾。聞欽差即盛杏生，與英工師來勘路者。曹子毅以祖工役致鬧事，江口醉打，已去。蔡伯浩得參議。睿、莊二王與陸伯葵犯煙禁，殆可實行耶？約冕南來，同見學臺請示，云試卷可留不發，省一事矣。問考職，云已詳院到部。歸將次帥信送交孟萊。于云信送南陽街詹永立眼鏡店。

初十（16日）

録講義。到公所，閲卷十餘。到師範，尚早，登樓一覽，吃飯後講一時。江口倚酒發瘋屬實，然則彼人格並不高，何爲必奉以爲師乎？歸而易緯輿送所著西史至。《王制箋》亦抄畢，未得盡閲。劉一來，將使往江。連夜大雨。

十一（17日）

雨略止。出門拜孫邑侯，云廿年前在桂陽署州同，曾相識，以科姪及吳名條附之，云照章須由高等小學，而現來求送無入小學者，考期尚未，擬廿日内再送。孟萊亦至，以其墓廬須□都總爲説，云待心田、秉三同行。黃策安、羅順循皆來，羅住黃花園許宅，黄住船上。拜吴方伯，略談學務，伊亦以須獎勵爲然。拜楊海雲，未晤。晤葵園，云歐洲圖未成，欲作《新舊唐書合鈔注》。到黄棣威處，云擬十八日行，朱宅未回信，乃母病似不礙，然非一時能愈。見汪述真，亦以吉兒眷歸爲是，已有信去，甸侯不欲再往醴。汪幼安住斗姥閣。到府正街，見嬸母説話聲音宏亮，亦必不妨。歸校《王制箋》廿㖇。善如復函索《通論》，謂無出山志，誠然乎？

十二（18日）

雨不止。到公所，閲講義畢，三益中學未知何人辦，教習甚不正也。歸閲《意大利游記》。久安丈至，云有和息，求孫蘭畦銷案。是日家祭，留飲。

十三（19日）

雨止。寄吉兒信一函。過河，講二小時。贈蕭迪吾、易緯輿詩文，屬迪吾找湘綺詩文。歸幸未遇風。以詩文送孫、吴二公。

十四（20日）

雨不止。閲國文畢。到公所，有陳立達者以《蒙雅》請板權，未批。子瑞云前批亦未下，豈尚未決耶？許奎元來，其壽分弍元已付矣。下午赴劉叔卿席。袁幼安局憲在坐，人甚和易，與叔卿在皖前後任，相好。起先不知有此門徑，今猶可留爲後圖，住伍家井，當往拜之。袁云有四川王某考職一等巡檢，新稟到，如問此人，即知辦法。聞街坊事太尊已問，有三十餘人到案，太尊怒，謂爾等以人多嚇我，謂我不能盡收押爾等，令一概收押。諸人懼，叩頭求免，亦有不叩頭者。太尊令將叩頭者釋放，不叩頭者收押，謂爾等敢再罷市，將取爾腦袋。子夜月出。

十五（21日）

陰。録講義一道。撰壽文。是日曾大父生日。約棣威來餞行，並請張某。諸姪、諸孫皆歸，共飲。

十六（22 日）

續撰文成。楊海雲來拜，約吃飯，以吳步蟾名條付之，允補司事。劉廷薰來拜，蓋采九先生子也。九安丈以公稟來，求代呈，詢邑侯迎盛杏生未歸。小鶴生日，有客。

十七（23 日）

到公所，告步蟾。易云同鄉王某住東茅巷陳公館。出城到蘇少文處，欲爲子漁説項，伊云蘆林差事已辭。師範講一小時。歸，子漁來。張、林邀聽戲。

十八（24 日）

錄出壽文。到府正街，達卿致陸仙書，屬更作一書。鹿泉處診視，云胃氣虛，用歸脾湯。到群治買書三册。歸，葵園送《通論》來，屬書籤，以《王制箋》付之。焕彬來，云只到鄂歸，吉來亦歸，約明日宜春看《西湖主》。赴圖書館楊海雲飲席，夜歸。群治書多出一百文，店家可惡。

十九（25 日）

到孫蘭畦處，代遞和息。到城隍廟，劉四先生亦談及南正街事，云委員問得不是，太尊欲究倡首人，不應問街坊。李芝生已出脱。璞老邀牌，以有事辭。歸見吉兒函，銀收到，以無乳娘，仍不能歸。函復九丈，並致七弟一函。下午往宜春，焕彬、吉來到。復到玉樓東，叫旦六人，宜自以爲福人矣。歸，劉一來，云已找得乳娘，屬即往鄉與之來。

二十（26 日）

本講期，昨有人來云停課，不知爲何。到公所，見商務印書局以書四十種請審定，其書實無可用，皆由上不頒教科之過也。聞又舉人才，譚道舉壬老。歸閲試驗畢。

廿一（27 日）

雨。謝俊卿生子，早來報喜。錄出許、黄壽文。璞老約到廟手談至夜，歸甚乏，打牌不如聽戲之樂。

廿二（28日）

到俊卿處道喜，乃翁出而彼未起。到煥彬處，云有女客。到劉廷薰處，住樓上，云乃翁有《莊子注》，不知若何。到公所，有許景祁請委教員，教英文、算學二門，脩四百千，要往永順，人多不願，不知礛蓀、小渠肯去與否。閱講義十來本。飯後歸，育嬰堂請廿六舉公交賬。邀張、林二人觀劇。

廿三（29日）

校《王制箋》。閱戴鴻慈《游記》，美總校長言法取他國仍須勿忘本原，中國以文章著於世界，當保存之。懷特君亦云然，即東人國粹之説。又云美國應增入孔教一教員，言教科貴簡，不可太繁，彼校亦幾經改良而後有今日，皆篤論也。報云張駁裁判多確。張前云鄉官不可設，議院宜緩，現又以二者爲請，豈宗旨又變乎？吉兒十七來信，云乳媼已僱妥，未敢請假自送，使達三送又不放心，招甥革乳則金女可同來，未審已啟程否。江西亦大雨，甚凉。以永順事問礛蓀、小渠，礛蓀約明日八九點鐘來，小渠已往湖北。礛蓀來，云止能英文，不兼算學。下午往府正街，云比前稍愈。左歸亦無異言，周擬到漢迎柩。

廿四（30日）

蔣哲生來信，云余母壽文請作，不知即鏡老所言者否，回信云即此，公分當送芹贄。飯後到公所，閱西路師範，講倫理先抹倒五倫，大約以君臣一倫尤不便於革命。竊謂倫理、脩身必須併入經學，此當日分科之過多也。吳錫侯將歸，杏春欲約公餞。聞中峰告退，來者爲誰？又督銷換何詩孫，不知果否。陳伯平回信，不再請，大約脩不能豐。到師範，講一時歸。録壽文送蔣哲生。

廿五（31日）

師範卷至，閱十來本。到公所，閱講義畢。擬公請吳錫侯，只胡、張、劉,共四人。劉擬刊《孝經》,屬予删定。歸而達卿至,邀同觀劇。

廿六(11 月 1 日)

閲國文畢。到公所,莫杏臣約教科書不批,將批一二種塞責。聞錫侯退帖,鏡侶云不如請在公所。胡、張不至,再議。常德中學堂講義脩身田金楠,經學向上文,歷史周傳德,教育張葆元,皆善。田尤傑出,謂今人欲破中國之教,先破中國之倫,西人書不言五倫,曰社會、家族、國家倫理,乃附會之,以社會爲朋友,父子、兄弟、夫婦爲家族,君臣爲國家,覺其不符,乃以五倫爲不完備;又新名詞拉雜,多至不可數,何倫何理之有? 駁今之倫理、脩身講義最痛。予謂此等教習宜特獎、西路教習當重辦乃可,而亦由分倫理、脩身科別異經學爲巨謬也。

廿七(2 日)

一早過河,到高等試國文。聞有初一請學臺來試驗,第一日經學,予亦當到,已有公事,未知改期否。試驗一日方畢①。飯後帶國文歸,水甚大,又長風。

廿八(3 日)

閲乙一班。到公所,批數種,此等書不知商務印書局有否。胡子瑞言西路公立學堂倫理不應批壞,與所查不符。予謂查者未見講義,學臺云悖謬須批出,此等如此悖謬,正如田金楠所駁,至以夫婦應自擇所宜,依辦法,當嚴飭永不准充教習,田金楠當特獎方合。杏春云錫侯須出月,可如鏡侶所說,即在公所較便。是日雨不止。

廿九(4 日)

晴。汪子玉託寫對二軸送許,許云卅日行,試驗再來。到

---

① "日",原誤作"月",據文義改。

公所，子瑞云陳某查西路公立學堂，以講倫理者本某教科書。不知此等書即應嚴禁者，流毒已不少，其言夫婦自擇所宜，豈可信乎？見學臺當告之，不知初一去否。下午到府正街，見嬭母更衰。到育嬰堂，仍劉穀生接事。李稚蓁云服翼來，傳聞何棠孫署蕪湖道。詩孫湖南督銷尚未確，又云詩孫以熟人多，力辭。

三十（5 日）

覆閱諸卷。鄒玉昆至，云將入京就職，約小鶴同行，舉、貢又添官數千矣。云李岷琛將爲湘撫，又一老成。又有吳坐升之説。到公所，閲《時報》，甯調元事尚未了，公堂案未定，無甚新政。批講義六本。學臺初六過河，予初四當先去一次。根岳辭實業不辦，接事恐無人，學生要求而上不應，辦事難其人也。

十 月

初一（6 日）

先祖忌日。録講義一道。到公所，交講義，擬《蒙雅》批。閲《時報》，無新聞，四川有分省之説。出城，講一小時。閱報，禮學顧問官四十六人，吾湘有四，二王之外，閻鎮珩繼容、成克襄贊君；纂脩十人，吾湘郭立山復初一人，爲首孫詒讓，餘多不知名。朱竹垞詩云："海内文章有定評，南來庾信北徐陵。誰知著作脩文殿，物論翻歸祖孝徵。"今之著作才皆徐、庾耶？亦有祖珽蝨其間耶？子山《哀江南》云"天子方删《詩》、《書》，訂禮、樂"，此雖佳事，亦可爲不識時務之鑒。

初二（7 日）

國文來，閱十餘本。慎初來，云事有變，屬見關道一言。閱《學報》二本。

初三（8日）

閱國文畢。往見朱益齋，云現歇月虧百金，欲裁人，爲之別謀事，郴州嫌遠，看蘆林潭米捐何如，已屬姚良楷，彼以人多辭，爲言有好處，更感情，否則仍求關上效力。危叔方事，云已爲方伯言之，方伯以須實缺到任，劉越已一年期滿，年内外總可望。伊子本欲來受業，以扶櫬歸，年内可到。李光輔未晤，即來回拜，授以子餘名條，云蘆林恐不行，且俟機會。子餘田已將售，算計餘留不多，前歇須追還。三嬸言語清朗，無礙。

初四（9日）

到高等。水退數尺，尚茫無畔岸。見曾士元，云十五始試驗，准照中學獎貢。其論優級師範亦有見，甲班有出身，則乙班亦可望，小學堂生亦有望矣。

初五（10日）

覆校《王制箋》。到公所，王壽松送郭志正直夫《遺集》，詩文不俗，經學尚未有門逕，而以郭道士之子能爲此，亦難得，且可惜也。吳步蟾先云十千，後只得六千，足見謀事不易。譚慎初請飯並聽戲，其事所說與我聞朱觀詧之言同。

初六（11日）

校《王制箋》。獻廷來，云余奉趙電往鄂，新居成將歸矣。陸軍小學已考，科姪不至，殆知難而退。黃邗生回，未見，賢輔亦回。

初七（12日）

到公所，明日爲憲太太生日，公送壽禮，更須慶祝。但功權至。劉焕吾函，正卿似未收到，再補一函。旋得正卿初六日函，沉信如此之遲，則初八函或可遲到。吉兒卅日來信，云不過初五准行，達三未愈，不敢使送，伊事有可望，擬請假二十天。

初八（13日）

致信正卿，並回謝龍池一函。車伯葵來，住六堆子保節堂。

余紉秋國薗來，住瀏陽門正街。到學臺處拜壽，不見，壽禮概不受，只去門包四竿及借禮四元。歸覆校《箋》，尚有誤。殷敦磐來，紹僑之子，求事，當爲留心。賢輔來，云十一日往南京就姻，十一即行，走犯人事不礙。

初九（14日）

錄講義。到公所，再校《箋》本。公分派四百卅文。昨日翅席請同事，予未到。飯後歸。到同樂，見君華，云十一可不必過河。幼彌云胡子威死，壬老將來省。十五當早過河觀禮。

初十（15日）

閱國文畢，十四着人送去。《王制箋》送葵園，請催開刷《通論》。《日報》用紅㫄，且有祝文，以祝萬壽。蘇杭爭鐵路權，報不敢登一字。聞彼處皆知路權甚急，人人爭先入股，湘人恐無此見解也。余到鄂，不知回否，回當問之。是日風雨。

十一（16日）

雨止。到公所，以《筆記》三卷付檢，印亦須錢十千，可印三百部。奐彬《百一詩》亦付印，多譌字，太不校。學臺乃祖《九華新譜》印出，見贈，此等書實無用，必畫用五色筆印出，庶可爲博物之助也。高等請十三會議，天晴當往。孟萊歸，云人未在鄂漢演說，集股百萬，或可望成。吉兒尚未見來，恐又躊躇，不果來矣。

十二（17日）

以喉痛，到鹿泉處，云紅腫，風寒、風熱皆有之，方中用細辛三分，一帖後可勿用。嬸母可扶起坐，其方多疏通，少補。歸而黃雨植來，云邢生就明德教習，五十元，一點鐘，來則在文襄祠楊習子處，習子以伯父喪歸湘潭，伊今年畢業，當營中學習三月乃授職，乃父做生改明春。汪孟萊來，云次帥准奏留一月一百元差，乃叔月底將回，俟回即往鄂。約同聽戲，而竟不至。夜大風，頗冷。

十三（18日）

　　風雨不止，不能過河。是日先祖母忌日。述卿請往陪新貴人，聞此子不大了了，未知其審。子漁來，云田已售，定三千六百，即日寫契，當來邀請，姨老太已許給弍百金，前欸又持十金去，云即全還，並付息銀，出嫁須借我處。

十四（19日）

　　風雨，仍寒。致子紱、獻廷書。再致吉兒一函，伊必變計不歸，特不知事可望否。到學務，詢悉未改期。學臺過河，學務諸人有同去者。閱講義十本。歸見高等學堂來函，有試驗日期單，至來月十六止，則不能不去，幸下午雨稍止。索觀《鑑古日記》甚衆，此特一鱗片爪耳。擬作《讀史隨筆》，略發予之史學。

十五（20日）

　　風雨止。飯後過河，學臺已先行矣。與余子昭同舟，坐舢板，行甚遲，云堯衢當已到，擬今日移居，恐不能也。到學堂，與學臺、監督同上講堂，出題，監場。還吃飯，久談，擬行乃聞尚有酒席，有似紅藷消食矣。談學堂獎勵出身必須行。關口云畢業須名譽，不知如何，予等亦不知如何。許奎元，大學堂調之，擬留，亦不知如何留法①。艮山云用品須限制，甚是。瞿根約辭實業，薦彭某自代。張又甫在忠齋亦不合，開除七人，黃潤清在內，皆因要求無限制所致。歸仍與子昭同舟。入城已晚。子漁售田，請到場，不能去。聞蘆林局傳見。

十六（21日）

　　師範送來國文，閱畢。弁卿云子漁事尚未妥，見後乃可定局。鄒玉昆來，催小鶴十八必行，遲則不能趕廿八驗看矣。送雨

────────────

　　①　"不知"，原誤作"不可"，據文義改。

老幛，云不開吊。曹小渠處送奠敬四百。以《箋》本送葵園，請催印《通論》。子漁夜來，云見姚之階，言人多，且看，事不諧矣。姨太太提膳養二百，要我到場。同去，則以一百放我處，一百交達卿，周年一分行息，放余處只七厘，每年須貼一兩六錢銀。又欲買回南塘尾田，歸告小鶴，云須言明以後不得買與他人，即仍買與我等亦不得加價乃可，此事須書一合同。夜雨。

十七（22日）

　　雨止，又下。撰講義一道。高等來信，以明日當試驗歷史，八點鐘前須到，經學當在堂閲看，未審明日天氣如何。檢三十年合同，已有不得售他人、不得卡價抬價之説。小鶴以爲佃戶亦不可分，分則爭水。今日檢場，不得去，彼處亦未來催，或可押住。聞樊西巷有小屋並鋪面，千金可買，當往觀之。黄彝伯死，來報喪，始擬一往，因明日須早起，乃不去。

十八（23日）

　　風雨，渡船無人，坐划子。到高等，只八點半。上堂命題，監場。學臺派張杏春來。退而閲經學卷，未半已三點鐘，乃攜卷歸。走朱張渡，渡夫言十月向無此大水，常德平城圍多倒矣。到家，小鶴已行。閲數卷，已暝矣。汪頌年歸，送糟蟹、蝦子、腐乳。予送各處，唐受帳、酒，朱受對子，餘璧。

十九（24日）

　　微雨，甚寒。閲卷畢。以五百金送交南屏，屬付余太華永康福生息，共乙竿零五十金。陶履謙死，來告喪。作陶、黄二人挽聯，燈下稍用心，遂不成寐，足見心血之耗，以後更宜養生。

二十（25日）

　　寒，雨。到唐宅拜壽。往頌年、伯葵、紉秋、慧舲、鏡青處，皆不晤。晤劉叔卿，以小泉名條屬交袁幼安求調。袁住又一村，當往拜。晤陳幼梅，談彝伯事，以伯華爲不然。到汪宅拜壽。歸見吉兒信，似不欲歸，不知富、雄二孫愈否。正卿信來，寄棉花、鴨子、銀魚來。子善到彼，而仁宣不婚，不可解。學務同事秦家駿請廿二喜酒①，住大院子，云學務已公送，當問之。閱報，列蘇、浙爭路權事，令人慨然。受明事已登報，趙伯藏能爲洗刷否？以受明之勤慎，猶不理政事，信任家丁，足見做官之難。

廿一（26日）

到學務，詢及秦伯昂是爲乃弟完姻，不受禮，皆往賀。我已挂號，各處擬皆不去。閱報，江、浙路事似又轉圜；公堂案可了，袁出五萬元賠英，尚須公欵六七萬償德，又二國各數千元，而中國人打死者有如雞狗，痛哉！王、黃、顧三先生幸已從祀矣。下午到唐宅，晤趙恭愷，乃伯藏子，云萍事由彼自稟復，汪信紳士太過。問文某何人，云是教士。蓋汪見近日教案難辦，極恭惟教士，而人又不服也。

廿二（27日）

學宮來請未刻，云爲報國寺和尚事。出城，講一小時，匡、張、孔、馬多不知者。下午到學宮，云和尚爲人捉拿，不願以寺産歸街坊，稟請充入學堂，可笑納之。

廿三（28日）

黃大來，云將往江西，託帶物並寄吉兒、達壻。致趙伯藏一函，並書三部，送其子恭楷處。頌年來，云葬地又不成，勸其將就。成之來，言欲告退，請另舉人。我以學宮無賞罰權，必不可辦。新化張幟號鼎元、瀏陽林毓棟號漾青執贄受業，作論二篇呈政，文理清順，高等，師範生佳者不過如是也。是日曾祖母忌日，聞即在正屋左邊房卒脱。葉、秦二家請，皆不到。

---

① "務"，原誤作"者"，據文義改。

廿四(29日)

閱國文畢。到公所,有顏某求蒙學教習,問柱臣,尚未定,地方已得六處,將開十餘處,一處一月止十餘串文。學臺生日係除夕,不肯出節略,要《提要·史部》查閱,歸檢與之。達卿屬作論一篇。

廿五(30日)

過河,到學堂,講二小時。士元學《夏承碑》甚佳,壽張太夫人詩亦古雅。歷史試驗卷攜歸。閱報,見駁黃運藩奏,批周爰諏奏。香帥但知彼所定章云人倫道德不能參新說,不知人言倫理先抹倒五倫,皆由教科書本不通,不奏請燬此等,流弊不可言,批講義無益也。忠廉帥孝廉所奏皆可觀。蘇少文署沅陵。獻廷來,必欲予文壽余母。

廿六(12月1日)

楊西屏來,云附設小學彭源開缺風潮如告學臺,應批斥。狄澤昀、唐季山來,云高等開,保二人久任,不宜向隅。狄恐明年裁乙班,無事,求與少華對調。唐裁銀四兩,求復,岳帆之子只食堂檢察,求留。初三見曾,當告之。

廿七(2日)

閱試卷,未畢。見報,以蘇杭爭路,恐有匪人布散謠言,是上不信其下,又云不以鐵路作抵,抵還借欵或可了事。召魏午帥已見明文。獻廷爲乃姪求拜鄥門,璞老以爲難。

廿八(3日)

閱卷畢,寫字數幅。到公所,聞葵園請初三,許奎元也,我未見知單。聞注冊候選三十六萬人,可駭。法政畢業如何獎勵?王宏甫以官紳共堂爲窒礙,恐不可行。教育會不知如何,我邑人又議立自治會,何苦學禹之謨?

廿九(4日)

到丁禮堂處,彼以殷敦盤爲說,當留意。到蘇少文處致賀,云即行，交式於名條，云到彼看機會。到師範，講一小時。云以後停課，惟十二、十四兩日須試驗。歸作壽文，未成。

十一月

初一(5日)

續壽文。拜余堯衢致賀，予所作文已見，拜謝。鐵路明年可開辦，云繞湘潭須百萬，彼只出四十萬，須找代表人告之。演戲在內廳，外不作戲臺。見汪述貞，云甸侯已接孟萊事。見張伯興，云文已發鈔，二冊帶回。見黃邗生，其妹出見，問吉兒等事，甚大方。晳子已來，出門，未見。湯、龍皆不晤。頌年下鄉，見乃母，以周事託之。

初二(6日)

錄出壽文。復閱批字一過。吉兒廿八來信，云仍不來，將移居，又有劉一帶乳娘來接、明春回之説。達三鼻未消，癮未斷。李叔和處姻事已辭。

初三(7日)

過河到高等，聞又有風潮，已平。狄、唐事已爲言之，忘帶殷條。講二時歸。李銅士請初九同樂。晚到同樂，一點鐘回。

初四(8日)

到公所，公請王荎生太尊，初六恐未必到，代者彭筱香，年五十九矣。少潛面約午刻到法政學堂組織諮議局事。此事當發之自上，若發自下，必生阻力。《日記》已印①，云需廿串，須六十文廿餘頁也。到法政，來者甚多，約數十人。胡子靖、周道腴皆到。周云到廣西開墾。胡云學堂年下有事，子威身後蕭條，須買本宅

---

① "日記"，據本月初八日記，當作"筆記"，指《師伏堂筆記》。

治喪。楊晳子略談數語，其演說仍激烈。予亦升堂演說一遍。其所擬章程雖善，未知具稟允否。到朱穉泉處雀戲，並見新娘。璞老初六約予到廟，答以王芰生不到即來。聞雲帥到此。

初五（9日）

張鼎元、林漾青來辭，張即行，林暫不去，移住長慶菴。到公所，云王太尊未退帖，學臺亦請明日申刻，當改上二點鐘。子瑞來，子威堂期未定。巨丞云昨日議未有辦法，亦無用公稟語。黃澤生未到，學生意在開局謀事，尤可鄙。報云年內須將辦法達部，明年三月一律開成，不得蹈前習，則此局不至擱起，特不知辦法何如耳。閱講義十本。甸侯暫共予房。歸書挽章四幅。錄講義，未畢。辭璞老明日局。研仙請初七四點鐘，須問住處。學臺作啟辭壽，文可觀。

初六（10日）

錄成講義。拜王、彭二太尊，不晤。晤蒙養監督朱蔭濤，美少年也。到公所，交講義。午飯後催王芰生三次，乃至。與諸人談，根約言實業已卒業，不知何以處之。王來，根約告以辰州中學堂已五年，應卒業，來省覆試否，須回明學臺，將來須照章獎屬。王吃一看即起，何不竟辭？

初七（11日）

錄講義一道。得小鶴書，廿三已到京，真快，指省分缺尚未辦。吉人書云移住下水巷河東會館，雄兒生瘡炮，以爲虧乳所致，恐未必然也。寫隸字三昏。吳鳳生來，久談，云住皇倉街鄭萬順棧。碏蓀來，告以薦陸軍新班。赴研仙席，熊、蔣在座。熊云由江南來，將回家，開正再去，明日即行。蔣丁艱，未報告，今來仍住公司，在通泰街。萸谿云將議開教育會。

初八（12日）

寫隸字。到公所，取回《筆記》二百七十本，共錢十九千六

百文。前公請派乙千七百文。見《抱冰堂弟子記》，殆即奐彬等
所爲。此老做事甚多，或得或失，亦是常理，《記》惟舉其得者，
亦是常情。惟言公素惡《公羊》，其後果有以《公羊》倡亂事，此
大可笑。報言張中堂欲以蘇杭欸撥粵漢，此謠言所由來。湯工
程師餓死①，已演作傳奇，不如改二黄，可通俗也。下午找吳鳳
生，不得。晤久安丈，略談。

初九（13 日）

復正卿一函。魏子壽至，云兼善堂已收陳鏡人，問予交誰，
予不知誰可交，意在唐仲裴，不知定要長沙人否，陳佩珩未知何
如。獻廷以底稿來請，校一過，尚無譌字。賀子潤隸書當可觀，
必借黄自元、何詩孫名，何也？奐彬以《百首詩》贈予，屬爲之
序。予不深畫學，不欲作。報載蕭縣情形，北方現象如是。張薦
魏午帥可起用。蒙養院朱靖培請明日，辭之。明日成之請學宫，
須一到。

初十（14 日）

到高等，見士元，爲殷遞條，並請書聯。講二小時。伯勛求
入余壽分。歸到學宫，成之辭而衆留，季青爲成之代説，推我，我
決不接。晚間有本家名承忠號作霖，住永州祁陽，藥材生意，是
吉安一支、靄泉之姪，談脩譜事。此甚不難，特我無從得底子，而
彼等無任事者耳。高等十九停課，十七仍須一往。

十一（15 日）

爲奐彬作序。汪生請作贊。菊生、與植來，以湯函示之。邢
生歸，將復來。彭仲篪來，云已愈，欲求事。羅綬生至，云有視學
缺出，爲人代求。此如可求，予又將先親者。到本家熊丸和處，
云已往湘潭。見璞老，問兼善宜交何人，云可交穉泉，不允即交

---

① "師"，原誤作"事"，據文義改。

仲求。下午林、汪來，請同樂，到者秦、易、林、王、沈、吳、李、汪八人，包箱辦席，殊可不必。

十二（16日）

到師範，試經學。學臺到。組安、子昭同席。成之稟已上學臺，云已見汪鏡老，云仍留辦。做壽一層，云學臺聞之大怒，説孔紹洪不是，將節略收去，且作罷論。

十三（17日）

到師範，試國文並數學。國文以仲篪條交元昆。午後歸，屬汪代邀八人，後日鐵路公司邀人，須到。璞老來，約十六同局，同善仍須交長沙人，已交周蕭山，住孫家橋塘沖元。周與湯幼安近，十五當一往。吉兒來信，仍要乳媼。回一信，俟劉一來問之。陳寶書、王壽松來函並節略，仍請作壽文。菊生、雨植又送禮來，兩聯頗佳。菊生欲求學堂事，彼是衡人，問問士元。達卿欲求思賢講舍，吳劼之恐已去，明年事矣。秩三來，云乃東派鐵路提調，袁某、謝某皆洋學生，二人任事。

十四（18日）

微雨。發江西信。頭忽眩，殆昨爲火氣所偪耶？閲卷數十。賀客紛來。黃正卿由沅江趕來，尤可不必。公所八人皆至，林、易皆好捕雀，當再約期。邢生不知而適來，聞已委幼稚園矣。送客，又眩，竟夕不成寐，可危也。

十五（19日）

先子忌日。本不欲出，艮山請，辭之，擬往鐵路公司、到鹿泉處診脈，而恐跌，不敢往。作壽文，未半，譚次甫求附設小學事。岱林爲漆店求佃，辭之。鄧某佃開土店，已交佃、寫字。高等信到，十七可不去，廿七試驗。

十六（20日）

撰壽文畢。到鹿泉處診視，云胃氣不調，誠然，由飲食失節也。鹿泉之子又捕收押，故不欲出門。到府正街，三嫜母能起坐，惟一邊痛，氣血將行，仍阻塞也。歸錄壽文。

十七（21日）

錄稟。出往公所，問錫侯三代名諱並辦法，云此間仍不舉動。唐虞際來見，長沙人，住青石井總局。以名條送貝元昆，無回信。繕清稟，未畢。正卿將去，同往觀劇。正卿託再致周觀詧。

十八（22日）

繕壽文畢。龔固兄弟來，開自治會即彼也。到公所，以文付鏡侶。林、易皆至，告以須六行每行廿七字方可合。云須呈學臺，問署何人名，若是外人，則有數字須易，後須改爲“周前魯後，榮同隆古梓喬”，誌之。到席祠，到者近三百人，投票選舉，會長劉艮山得二百廿票，副長曾士元得一百卅票，譚組安得九十餘票。本擬劉、曾，毋乃先授意乎？予亦得二票，二王各得一票。晢子演説鐵路事，各學堂發簿勸捐，予遂歸。聞後又説開國會事，恐未必能行。西屏所聞也。求薦事，且看。閲試卷數十，尚有三百餘卷，元昆云廿七日前要。高等試經學廿七日，發憑單擬初一。劉鴻生以傳求改。夜擬冬至祭文。吉兒電來，云“劉速帶乳來”。

十九（23日）

恭錄祭文。接閲試驗，速成班多可觀，皆八股舊人也。午後祀祖。請述卿、獻廷來。俊卿催乃母志銘。

二十（24日）

閲試驗百本。學堂人須認一股，恐不可少。

廿一（25日）

出拜客，多不晤，余以幼子病辭。見晢子，問國會可成否，秉三、子靖在坐。見璞老，告以周蕭山有喜事，不便出見，允爲代

邀。鹿泉改方，云有風。聞其子打手心，不知確否。歸閱卷數
十。夜臥極不適。

廿二（26日）

子壽來問，以璞老所説告之。陳吉六廿六喜期，發帖，寫對
聯送。聞韡之柩明日入城，寫挽聯送。閱卷數十。

廿三（27日）

閱卷畢。得吉兒信，云可得咨議書記員，月卅金，不知能任
事否。達三信云病未全愈，煙亦未斷，明春將挈眷來。小鶴云廿
八驗看，十一領憑，未言定指何省。到公所，鏡侣云壽文已將寫，
價八十元，尚可打折，共卅人送，每人止二元餘，即用我名，書用
陳寶書名，不再配禮，而彼十三喜期，又須公送。閱報，袁叔瑜調
查江西、湖北土藥，彼非隱士耶？袁海觀迅速來京，又不能歸辦
鐵路矣。江浙鐵路尚未了，英有下旗恐嚇之語。日本教員言宜
辦地方自治，再開國會，其説有次序。

廿四（28日）

爲劉鴻生作乃祖傳。吳楚旦漢槎送文三篇，略可觀。丁大
晟以前歷史文求改正，實不盡妥，爲改數處，加批。到余宅拜壽，
據云前所交條當爲設法。司道以下均到，予陪吳、朱席。局面愈
大愈不妥，當見孫邑侯謝之。歸而學會請明日十辰①，聰叔請明
日，辭之。胡雲溪來，不知爲何事。廣西鎮南關失軍火不少，張
鳴岐被議。聞係革命黨所爲，或即欽、廉一黨。上諭戒人藉口立
憲相率干預，謂民情固不可不達，而民氣斷不可使囂，當由諮議
局呈請大吏咨送資政院，不得陵躐紊亂。今之要求開國會者，可
以已矣。黃邘生來，云伊局在友善堂王略過去蒙養院，月四十
金。王壬老賞進士，現在省，擬逃賀。

---

① "十辰"，似當作"十點"。

廿五（29 日）

録《百一詩序》。改文。到公所，云公分止弍元零，更配大燭一對。敬侶喜事，王宏夫辦禮。到席祠，各學堂捐欵三十四萬餘元。予二孫，捐十股。而京兆來京，次帥奏留不得。晢子演説似不帶勁，更開股東會，不知何如，予勸其先聯湘紳辦株長路再説。久待士元不至，云爲風阻，有使諸生國會簽名之語。下午到余宅，見電諭，痛斥學生干預國事，電達樞部，以蘇杭爭鐵路而起，且以荒棄經學、不問國文爲教員罪，當重辦。教員聽監督，監督不遵奏章，奈之何哉！次結同席，屬與士元言之，勿使學生簽名。

廿六（30 日）

奉學臺委經正學堂試驗經學，監督仇道南請説題解，子穀所出也。説畢，遂先歸。至萸谿處，詠霓在坐，以登報之諭共閲，問彼運動國會何如。到稚安處，頌年在坐，頌年云須先辦汪大燮乃公允。以西屏與錢維騏事託彼，彼學堂與各處不同，且俟年餘。吳楚旦事明年再説，今年將畢，不欲使出二月費也。汪十九起復，十六喜期，明年正月葬期。到公所銷差，見諸人説學堂事。胡子瑞云壬老進士未見明文，現已去。

廿七（31 日）

一早渡河，已過一道，風雨大作，仍行折回，專人送問題去。擬學堂章程六條，切實可行，無爲我代奏者。是日庶母壽辰，八弟婦來，兩弟婦頗衝突。

廿八（公元 1908 年 1 月 1 日）

寫信到六弟、二兒兩處。學宮傳議鐵路、報慈寺、豬捐三事。稚安言鐵路水道、運道、人行道皆宜兼顧，不止軌道，當早與工程師立約説定，所見甚遠。其二問題乃小事，予先走。到兼善堂交周茀山，諸梁之父大發其子牢騷。楊泥工事忘記未説。

廿九(2日)

丁大晟取文去,屬勿簽名。閱乙一班試驗卷。下午久安丈約到同樂,劉氏兄弟定桌。久丈云將承認監督,爲小泉計。予不便阻止,屬一切問君華便知。

三十(3日)

王大到,見吉兒信,猶望劉一帶乳娘去。王大失洋鐵筒並傅家所寄物。到高等攝影,至則學堂散學席已殘矣。攝影後歸,與君華談及,似不謂然,俟彼父子商議妥帖。閱試卷廿本。閱報,又載戒飭學生事。

十二月

初一(4日)

一早過河,則藩、學臺已到。以等第爭至一個時辰。舊章百分列最優等,現無其人,新章八十分又太多。學臺以福建比例須九十分,止有八人。監督求寬,以八十六分爲斷。學生又求我說,學臺已允,而八十五分有二人,又求,仍以八十六分爲止。懸牌示儆,乃不爭。行禮後演說,我亦說一遍。乃有學生演說,學臺以無此例,呼使下。又攝影,乃入席。提久安事,黄谿在坐,不謂然。學臺云唐又禀辭,善邑紳又禀留,留則無須說矣。

初二(5日)

閱二班畢,專人送去。到公所,聞參議缺出,學臺名列第一,恐將北行。庶母屬致書小泉,呼使歸。子漁來,請明日前往。實業可去,後日師範速成當往矣。周㧑山來拜。西屏又求蒙養院事。聞銅元可再鑄乙年。京師米貴至七兩餘,客寓半元一日,長安不易居哉!周與陳姻,長一輩。獻廷晚來,云協揆天明到余宅祝壽。

初三（6 日）

　　録序文。擬函至陳、周二處。到余，不晤。遂到府正街，等至三點始過禮，禮甚薄。彼本欲免，女家強之，多用數十竿，甚無謂也。予折奩儀四竿，又送蔭生奠儀四竿，交芹妹，云葬事春間再説，周初多覿二百金。

初四（7 日）

　　到師範，藩、學、臬皆到。危叔方事，已見方伯面求，方伯初到，不知情形，廉訪頗知之。此番無爭競，頗比高等整齊。予讀頌詞，演説一遍。歸見江西信，仍望乳娘甚急，劉一不來，奈何？達三安得猛士守鼻梁？

初五（8 日）

　　拜朱蔭濤，不晤。晤煥彬，借來《考信録》一部，蘇州會館事彼不管。初六三時經正來請，初七實業畢業。彭菽齋來，云欲赴甘肅，葵園先生留之，不知何以位置。其人能詩，通輿地學，留湘亦可談也。幼彌來，衣不蔽形，頗知悔，言吳劭之倡"菴三談酤男"韻多和者，亦當作一二首。煥彬言《觀劇》詩是録最後者，彼亦有所作者，歸以序文寄之。

初六（9 日）

　　閲《考信録》二卷。叔原寄"菴男"韻一首。饒裕等四人來。到公所，問易、張等皆應往經正，送鏡侶禮約一竿。高等送關來，又有新約。下午拜余、王，不晤。晤涂次衡，索予書。有金桂翁者，壬午同年；梅曉和尚能中語，好舊學。到經正，譚、龍、胡作主人，言信義洋行鎮江馬湘伯出名，尹某承辦，銅元機器已賣，前辦鐵路已定機器，尚未到，一時未必能開。江西又有電來催乳娘。二孫假歸，云李東來已故，學堂教員其兄也。成之有信來，仍辭，云稚安言已有人，豈即久安丈耶？

初七（10 日）

專人下鄉，問劉一未找得人。連道南等來求事，無以應。到實業，演說一遍。藩、桌不到。飯後歸。經詒約到宜春，而彼不至。夜用"菴男"韻作詩四首。

初八（11 日）

録送彭菽原詩，並以《尚書》贈之。此人經學無心得，而宗旨尚正，欲求奏留，不知辦何事也。拜稚安，不晤。到經正，以唐信告王壽松等。彼處辦事大糟，客無茶，亦不開點心，下講堂多去。子靖等平日辦事可知，猶欲上書請開國會。見《日報》，鐵路公稟察院不收，此輩皆無耳無目乎？君華夜來，談學堂事。

初九（12 日）

録詩送稚衡、笠雲。稚衡旋來，談拳匪事甚悉。銅士來，以伊爲額外員，恐明年換札不留，云俞經詒派事。余壽璋號作吾，即索吾集者。璞老來，約明日雀戲。葵園來書，寄《經學通論》一部、《魏文貞傳》一本，問前所來《唐書》，尚未及閱，乃略加閱視。賀三壽以文來求改，殊不佳，不知何以列前三名。

初十（13 日）

録和檜門《觀劇》詩一過。連道南來求事。閱《考信録》，辨文王不稱王、周公不攝王，未免宋儒以義理斷數千年前事實之弊。此近日所謂懷疑派，亦有疑所不當疑者。

十一（14 日）

陳七先生補蘇撫已登報。到公所，見長沙小學十三卒業，帖不到我處，何耶？王鏡侶住黎家坡司禁灣口，易鏡菴同居。閱講義數本。歸作家書一函。録所擬章程六條，今禁士民上書，何由上達？朱益濬以未能止學生演説，撤去大學堂監督，請開學會者危矣哉！

十二（15日）

雨，有雪意。復守書一函。得小鶴函，指分江蘇，當即爲耳東而往，十二出京。岱林來，云成之欲我教經學，辭不能。次甫來問事，辭不行。秩三與陳九齡、延齡兄弟來，以驗論似推難弟。下午晴。

十三（16日）

飯後到長沙學堂。不知學臺先到醫學，予本擬先到醫學，再到長沙，未先問明，不能再去矣。長學卒業年皆少，只二年，云明年開中學升入。汪太尊言府中學明年收學費四十元，再籌欵，擬於長沙文昌閣改造，楊紹曾爲運動。學臺知湘人要求國會劉、曾、譚爲首，何不禁止？楊杏生演説與從前大不同，始以爲習子，習子已往鄂，將復來。張仲友住習子對門。

十四（17日）

寫挽聯。飯後將出門，成之來，云國文將更人。岱林曾請予挽留，二孫云學生多不然之，予請成之自酌。薦次甫與連鍾嶽，中學生皆列名，而成之不知也。到韡之作吊、洪家道喜。出大西門，到李薇垣船上送挽聯，云明日即行。歸到王鏡侶處，不晤。遂歸，録《觀劇》詩。菽原寫一詩來，笠雲和一詩。

十五（18日）

録詩畢。到公所，閲講義十餘本。飯後歸。先子生辰，祭畢而飲。潘少濂到，欲出歲貢求出身，又欲待拔。于秉郇來，已稟到。賀爾翊來書。

十六（19日）

爲二孫改文。往璞老處，求作月老。到府正街陪新郎，耽擱一日。天甚熱，夜大風。撰春聯云：“戊象五龍研古訓，申占重巽揆天章。”又：“戊籤唐代詩才美，申錫商容眉壽高。”又：“戊占吉日中興盛，申受皇天百禄多。”

十七（20日）

晴。彭菽原來。《考信録》閱一過，畢。此公善疑，亦有不當疑者，既信三家以《關雎》爲康王詩，又不以爲諷刺；既推伏生傳經之功，又不從《大傳》文王稱王、周公攝王、發金縢在公薨後。其不信古文可也，不信今文非也。待洪佐卿，至四時方來。程瀛石來，以乃翁墳爲陳會湘佃夫沈某侵佔①，託求邑侯。到成之處，云小學國文請夏壽衡之姪，中學國文請曹子榖，現住紫東元，屬問能住堂否。小泉歸家。

十八（21日）

臨武知縣金君鵬同年來拜，住理問街。寫信致夑彬，還書並《觀劇》詩。夑彬着人取書，送《石林燕語》一部，多言制度。金搏雲送來《宣南留別》詩十餘首，亦可觀。録出章程六條，惜郇模三十字無由進獻耳。聞士元尚未去。報言正月廿二日再開會，不知代表已入京否。成之言中學名册已取回，今年虧七百金，明春再議。洪某已故，恐守如不能兼二項矣。

十九（22日）

微雨，寒。飯後出門，多不晤。晤金搏雲。聞此公聲名不高，派出洋而留上海不去，故上司不准其到省。伊自謂不能定期也。到頌臣處，已更吉服，云葬地已妥。堯衢亦來，云《神州日報》罵彼最甚，楊篤生主筆，乃周氏之壻，周、陳爲香帥訴責，疑堯衢使之，故爲之報不平。予謂堯早開辦，則議論已息，堯云明春准開辦。張、袁共電請楊皙子，甚懇至，不知去否。二公又水火，恐將出。胡雲溪來，畀以二金，云女學游藝所已成立。伯華屬作其妻墓志，爲作一篇。又作李荔村詩序。

----

① "佃"，似當作"佃"。

二十（23 日）

因正卿寄物來，作復函。小鶴歸，略談都中事。子緻真可惜，誤機會也。火車甚好，但非人健壯不行。到公所，見戒飭學生又添數條，特不知如何懲罰耳。幹庭送物八包，索所著書，俟問其家有便寄否。銅士來，欲借銀過年，匀侯處亦須問之。下午到兼善堂，問璞老前説已代達，云須商量，約廿三早到廟。前日商會大議，爲紹曾多出票事。此等演説似可不禁，惟禁議國事則得之。

廿一（24 日）

録出詩序。到公所，見子瑞，云吉來已歸，女學乃楊莊所開也。午飯歸。是日先祖母生辰。達卿來，史三同來更佃，寫佃字，每年三竿，火食每頓五十，不記押租拾千是何年所收也。銅士來，借十金，約開正歸。劉一來，云開正再找人去。

廿二（25 日）

金搏雲送四詩來，頗工，作函謝之，並薦獻廷，伊回信云挂牌再説。吳某送年禮，求入學堂，俟見稚安問之。雨植云有送鄂，有留湘，伊欲往鄂，亦當代問稚安。雨植亦知有附學廿名也。邀雨植、菊生午飯，同觀劇。

廿三（26 日）

周陵生送來張伯興所撰《鄉土志》，蕭括具史裁，想鈔一分備覽，書未裝釘，須爲代辦。伯興開正將往萍鄉。到城隍廟，晤劉四先生，云《鄉土志》宜仍交邑侯，備文送去，年下事多，未必能會，邑侯不甚治事，街坊事尚未了。劉鉞又調平江，不到任，危叔方如何能來？做官之難如此。

廿四（27 日）

約下鄉，遇雨不能去。到公所，聞電請周道焜、李鍾奇、余子昭，不明言憑單分別，反以王鏡侶爲誤。匀侯言廿金即歸，而不能歸。以《唐書》繳葵園，以《鄉土志》送交毛懷德裝釘。告知邑侯吳正泰被盜，並求飭差。請子縠住堂，回信云不能。到南屏處，付以摺，請發息銀。

廿五（28日）

雨。高等送照相片來，囑催本月脩金。謝處來息銀，除夕票不能用。閱報，云廿日、廿二日上諭某大軍機爲之，且嫁名於張，張見人呼冤。新內閣擬正慶而副張。畫一人無口，乃百姓；一人無耳、眼，乃政府；一人有面，無七竅，乃外交。又云開正即定立憲，不知何説也。袁海觀云明正准回省，議辦路信頗切實，未知能否實行。張寉臣約明日有事面商。

廿六（29日）

雨。吉兒來廿二信，仍望乳媪，外差不可得，諸議局未開，留連誠無益也。到公所，議廿九去一轉，彼必不見，不盡具到而已。寉臣來，云欲買府正街屋，予言敝廬可否。彼未必肯出價，我意亦以先人之遺不欲舍也。劉荃伯送學堂名册來，脩金亦來。達卿來，云下鄉恐不能去。

廿七（30日）

雨。堯衢送禮來，辭之。翁家送蒸盆，辭之。一欲留爲後圖，一恐無功難受祿也。毛懷德送《鄉土志》來，並《東萊博議》二册，云楊宮保家有書出售，可怪也。無事，閱《經學通論》，譌字尚少，《禮論》重一“禮”字，“不知”誤“不如”。具元昆來，云明年請改講歷史，每星期六時，予只應以三時。問歷史何本最佳，云《新體中國歷史》爲佳，次則夏曾佑所編。此二書皆當購來一閲。雷大亨已到京作代表，大亨恐是欠亨。

廿八（31日）

晴。到公所，取三十竿回。計一年用費乙千四五之數，無可如何。《通論》閱一過，尚有誤字。《支那開化史》略繙閲，似亦可用，仍宜增定。作一詩守歲，不勝身世之感。小鶴云京官多破格，與頌年所説同。予早入都，或有機會，疏慵自誤，亦時數使然耶？

廿九（2月1日）

打聽學臺處人不盡往，遂使挂號而已。蕭霖舒歸，住東茅巷。洪佐卿來，移住寶南街官園。晚間彭菽原送一詩，予録前作與之。吳學使送其曾祖秋漁制軍《小羅浮山館詩鈔》、乃祖宜甫觀詧《花宜館詩鈔》。略繙閲，詩皆工，乾、嘉年間無稱之者，甚矣詩人之多而傳者不易也。詩工鎔鍊，不事新奇，頗似予詩。

戊申（光緒三十四年，1908年）

元日（公元1908年2月2日）

有晴意。到公所見同人，約團拜，換札如前。待學臺歸，乃同拜年。欲即日到各處一轉，小鶴要轎，遂歸。閱吳氏喬梓詩，得詩數首。和菽原作，共四首。

初二（3日）

欲出，而天雨雪。檢《戴段合刻》閱之。二公小學名家，於經學則衹知古文而未通今文，溯其原至許、鄭而止。戴《答彭允初書》甚佳，又有《答是仲明書》，即所謂權勿用也。

初三（4日）

雨止，出門。到府正街及彭、瞿、謝處。栗樵十二月半交卸，云可再得缺。聰叔賣田得六千金，不使仲筦知之，可歎也。歸錄出詩四首答叔原。

初四（5日）

立春。有晴意，甚佳。觀段氏書，於校勘字句甚精，而考求制度不足，只能知鄭、孔以下之誤，而鄭已先誤者不能知。故與顧千里爭論萬言，而皆不能定，惜不及見二公而告之也。開辦公所今尚未，大約在初八日。吳楚旦至，云陸軍十八開學，見稚安當爲説項，不得見則當專函告之。聞叔方在漢有覆舟之説，未知確否。劉一來，云已找得一人，有女兒一歲，屬説定同往。

初五（6日）

晴。得吉兒十九日函，猶望乳娘，諮議局尚未開，瑞入京，沈護院，林署方伯，福建人當更得意矣。無事，閱《嶺南遺書》，《雙槐歲抄》記張敏事稍近理，記建州女直事在明中葉已仇殺，特未明言爲滿洲耳。

初六（7日）

又得菽原詩，再和一首。錄講義，未成。菊生來，邀同觀劇。乃父不使其歸，又不寄錢來，殊不可解，找事談何容易，非鄉下人所知。

初七（8日）

到馮家沖。歸到府學，丁祭二月初一，已請得歟，將仍請瀏陽人。借才異地，烏可常也？文廟武舞譜稍不同，東瀛自書。孔劫唐事，人人皆知，杏雲目覩。李仲牧繼一子凶悖異常，年下無錢，欲殺妻子。蔣少穆得礦務調查局，將見之，交名條。葵園約明日申刻，學務散後再往。

初八（9日）

到公所，以票三千交錫侯，公送學臺一桌式十千、翅席四桌每八千，並撮影。學臺定章程第一條乃《教育官報》每月二期，月底即須出報，不知如何辦法。三點後散歸，五點到葵園，乃陪西席長沙胡某、根岳、子穀、菽原在坐。歸已二鼓後。湖南舉人蕭鶴祥上書請開國會，都察院代遞，交政務處議。蕭迪吾之兄弟，一人去者，非雷大亨一氣，何不結團體？范靜生來，爲鐵路事，已大廓矣。以陳煥堯條交子穀，不知能插班否。辦本科尚少費。京城須送優級師範，由本省考送，要英文、算學高者，二月可考。問菊生，只學東文，恐不行。

初九（10日）

微雨。無事，錄經義一道。葵園問予所著，如須刻書，不知

《三禮鄭注考》可刻否，俟問之。福太仁來，議定每年加銀六兩。百川通來，議定加銀拾弍兩。團總源茂充當，保正姓姚。郭、張未出，黃未捉入，花錢不少。

初十（11 日）

到彭、朱、那，皆未晤。汪處祝壽，老太太有寒疾，未見。歸見報，家塾照學堂辦法，須九年，可與官立同出身，五年初級，四年高等，然則官立高等四年可得出身矣。極恭惟次帥。南京開地方自治局，端帥演説。江西伯嚴辦鐵路頗踴躍，未知確否。達三有信來賀年，云已痊，不云來否。

十一（12 日）

雨不止。閱江氏《叢書》，劉錫鴻《英軺私記》論英事甚允，謂彼惟父子之親、男女之別殆未之講，其餘皆善。今人不知法其善者，乃欲並其缺點學之，正如學某家字，專學其敗筆，豈中國並棄五倫即可以富強乎？達、弇卿來，云文卿一分田欲並歸我，又欲借銀，以南塘租作抵。

十二（13 日）

雨。到公所，閱《時報》，留學生上次帥書痛詆人未。此事必早開辦，乃不授人口實。渠意在推袁，而《時報》云袁有贛撫消息，又何來湘之望？次帥批高等學生告曾、羅及李金戣學問淺陋，學生並不列名，恐是挾嫌誣詆。吳公亦有查究此事之語。又欲月內出報，人皆不承認，俟此公自派。實行印花税，自十文至千文。郴州陳王氏告陳善寶、爲福父子職官兇毆叔母，事已五年，並告問官，陸伯葵總憲批湘撫查辦，不知陳家何人。彭菽原又有詩來，説前葵園召飲事。予和一詩。其子亦來詩一首。

十三（14 日）

録出詩，俟便寄。將《教育論》録出。閱報，仁和師當重賦鹿鳴之年，無此名目，止加太子太保，師之決意不停科舉，或以此乎？湖北陳鴻儒又請復考試。《請頒湖南鐵路關防》云袁既遵旨來京，余爲奏派總理，請給關防，二月開辦。十一日股東席祠會議。廿二教育五次開會。山西請禁《新世界報》。新章，上書者由咨議局代遞，演説亦有章程。請定帝國立憲章程，各省自治憲政會皆須呈章程乃准立，誠以不能不辦，又不能不防也。醇邸入軍機任事。張於國子監邊立國學，仿存古學堂辦法。報言長沙工業能製皮包等件及樟腦，製象牙、玳瑁，比東洋廉三四倍，又磁業發達，恐未必然。聞磁業所出不多，又價昂，多折閱。梁奐奎等立礦務提鍊公司須十萬金，亦未必能成也。小鶴子時又得一男。

十四（15日）

　　晴，俄而又雨。到公所，聞高等告曾、羅事，中丞批拿上書之人既無姓名，去年開除數人恐不免牽累，由此輩自取也。而淥江學堂猶欲請鄒代藩監督，想憲臺必知其人也。銅士索序文，歸檢之不得，再録一過。

十五（16日）

　　雨。轎夫不肯下鄉。菊生來，云古樓灣恐不能去，甚願其藉此歸衡山，久留此非計也。師範請十八，大約議課程事。弁卿約明日往，佃夫已喚來。夜晴，月出，尚是上元景象，特燈不可見矣。

十六（17日）

　　陰。早起送祖，又是一年矣。到府正街，以五百五十金付文卿，寫推約并借券、佃户嚴撥租字。同到宜春，晤淩學師、笠雲師。笠已會彭稱其父子。淩云廿一演樂，廿四五可觀。劉子才送東西，來接其子。

十七（18日）

　　晴。師礵生來，住育嬰街鞋店内。彭菽原來，云李砥卿屬羅次結薦以自代，不知士元到否。貝元昆請明日議，鐘點只可仍舊。小圃之子來見，云將稟學臺，亦恐難。

十八（19日）

早起，聞九安丈猝逝，小泉趕去。得吉兒書，生疥瘡，漸愈，擬帶兒歸。芰舲寄詩來，云達三俟二三月病不發即來，太親母七旬晉九，擬攜之南京祝嘏。到公所吃飯，出城到師範。元昆云艮老未到，上學未定期。莘田、子縠皆云不能插班。高等、優級師範並送京，優級皆有考。見報，說中峰爲李灼華所奏，交次帥查辦，有顏小夏來之說。人未以官辦自居，故人不悅，無欵，不能開辦。銅元將開，擬再見人未說。子縠云中史以《歷代史略》爲最好，有八本，集益有書。鹿泉來。和芰舲詩四首。

十九（20日）

同小鶴到封三堂，已殞矣。云亦病數日，特變症速耳。廿三成服，暫找停柩處。歸尚早，出看壽幛、壽對，擬送夏家。晚間得江西電，云眷行。又寫數字與劉一，止之勿來。

二十（21日）

晴。傷風，甚不適。寫九安丈挽聯，廿三成服恐不能往。伊着人來，云彝仲回電，云恐不確，再復電去促之。壺園來書①，恭惟《筆記》，校出二訛字，足見此老猶細心觀書。勸予作《禮記疏》，亦久有此意，特以孔疏已詳，宋以後多駁鄭、孔，亦未見其必然，難以折衷，故本朝無爲此舉者，船山、芸老之書皆不愜意，孫希旦輩更無足觀，未敢奮筆爲之，仿廖氏法，作一二篇疏，看能成否。小渠來，云子縠所薦仍未成，問有教書館否，百竿即可，云迪魯止四十金差事。午帥請朱菊生，言同鄉熊某甚苦，朱言恩典出自大人，午帥應之。此言既宣，同寅爭賀，而兩月無消息。我

---

① “壺園”，似當作“葵園”。

早見及此,故無出山之想。秩三來,云顧館擬辭。

廿一(22日)

晴。易乾豐來兌穀,百金三兩半銀六石三斛,去年入穀乙百六十七石,賣銀一百五十兩,可餘六十餘石。小鶴信劉某六石六斗,不知能行否。到公所,閱講義廿本。勉南來,告以君華丁父憂,有人可庖代否,云無其人。夏辛酉巡五省江防,已因病出缺,黃仲弢亦出缺矣。到府學,方清人數,廿三開演。艮山住學院前,云雷大亨今日方行,政府必用緩兵計,彼處鄉團尚安靜。成贊君當高等脩身教員,脩甚豐。顧問官恐無薪俸。成爲人未之師,人未所薦。

廿二(23日)

聞俞仲曾病故,往唁,不見頌承。拜余、王、湯、蔣,皆不晤。晤汪述貞,云壽兒拜年言雄兒過繼事,可謂無聊;頌年爲馮撫奏留不行,仍須入京,放缺非二萬不可,再到皖只能當道班差事,亦無味也。到周宅,雀戲至晚。是日肇嘉坪教育會又議,予不欲出錢充議員,故不往。擬俞、湯挽聯。閱報,危叔方缺已委王開文接署,而無下文。陳芷青亦以任滿歸。

廿三(24日)

汪六來,云有蔡某欲來坿課,辭之;云欲請教讀,脩百竿。連仲瑚來,問以願教書否,伊致信在吟霞紙店。二孫繳學費,屬往汪處問明。到學務,閱講義廿餘本,以田金楠、向上文爲最。學臺請客,劉、王、汪、龍、譚及予六人,菜多而精,酒亦美。歸見菊生專函,云高等齋務缺出,求薦,辭以不能。正卿來函,云見周觀察,甚優待,許以總辦更人可爲設法。子善又來城,云乃兄許鐵路事,不知誰荒唐。

廿四(25日)

將《三禮鄭注引漢制考·禮記》一卷閱一過。到公所,閱講義。下午往葵園，以《禮記》一卷呈閱，看可刻否。彼欲以《唐書·禮樂》《藝文》二志請我校注，當取《唐書》觀之。到長沙學堂赴余子昭飲席，晚歸。

廿五（26 日）

連仲瑚來，着人問汪潤民，等回信。曹小渠、林漾青來。小渠云有吳某由沅江回，請一算學。吳福建人，俟問仲堪。小泉來，書數字寄君華並挽章。又寫信致稚安，兼寄挽章。取來《通論》二部，以一部寄幹庭，並信一函。校《周禮》數十爾。檢《唐書·禮樂》《藝文》二志觀之，欲爲之注，不易也。

廿六（27 日）

汪閏民來，云蔡某或附課，或延師，未定。仲瑚來問回信，以此告之。岱林來，云廿八可開學。出門，到俞仲增處成服。到余、陳，皆晤。以幹庭書、信付陳。歸作函致余，而余來，不晤，亦未回信。

廿七（28 日）

到公所，閱講義，粗畢。家中來接，云江西來人已到，遂歸，見吉兒及孫兒、孫女等。下午赴王壽松席，朱純卿、李公輔在坐。李云雷灣出缺，可望。有饒某，城陵磯委員，以小泉託之。

廿八（29 日）

趕《三禮注》書校正。致書李公輔，更爲子魚謀事，回復云明日上午須到織機巷見委員謝根雲。即專人告子漁，復云明日必往。到柑子園李家作吊，始知其祖老太太已故，改期，年八十七矣。七先生七十爲孝子，亦難得矣。到子威處作吊，見守如、黃谿。到學堂，已開學，邑侯不到，外客或到即去。在彼吃飯，聞稚安欲仿葵園辦法，以馮教官歲脩開蒙小學堂於各鄉，人以爲鄉下須略變通。豬捐要包萬竿，只應四千。報慈寺只須償欠百竿，即可招司命出，當可了結，成之以爲邑侯少肩力也。易緯興來，住文襄祠，云晳子尚未行，伊所箸《外國史》已呈學臺，屬見時問及。現在高等生來三人，中路師範二人，學臺使莫杏甫調查，不知如何回復。雨植來，帶乃翁信，並未做生。菊生不欲進學堂，只求數竿之事，予甚不謂然。

廿九（3月1日）

校《禮注》粗畢，擬致葵園酌之，有不關禮制者，書名可加"方言"二字否。到公所，見報，江撫力保伯年及王乃澂，曹樹藩未見批文，岑雲帥所參人有准其申訴之説，山字頭之眷衰矣。子漁到謝處，未見，明日再去。府學明日大演，請十一句鐘。黃宅請初一，禮尚未送。擬請仲簏教富孫，今日來，未説妥。學宮初三祀文昌神。前年所買婢已出售羅某，於其去不能無慨於妒婦之可惡也。

三十（2日）

到公所一轉。到府學，始知請官，着人歸取衣冠。方伯、學臺、鹽道俱來。聞那又將去，代者爲劉仲良之子，已向朱益齋略説。觀禮三點始散，府、縣皆至。孫云仍要《鄉土志》原本。將晚方喫飯。陳八公云初三，當向守如説，劉穀生將以女與彼長子。予歸，而孫索書去。

二　月

初一（3日）

大風，甚寒。到黃親母處祝壽。因拜客，晤張、李。李云雷灣事可行，習子以組織鍊銻事尚須留，京師當去一轉。託以劉菊生事，伊云並不曾來過。王不見，以書付之。到府正街，子漁已見謝根雲，月十千八百，猶不滿意，豈知謀事之難哉！歸而述卿、雨植來，談二孫入學堂。

初二（4日）

爲陳秋垣作傳，録出。周同年名建自雲南歸，住南岳宮，來拜。張世兄元紹自江西歸，住文正祠，來拜。張又甫來，請兼忠裔經學，辭。連秩三、楊西屏來，屬找西席。子漁來，云十日外再去。下午出門，見朱、劉、彭、頌年處，到堯衢處，周、陳、二張五位①。余云銅元事權不在，四月鐵路開辦必爲設法。贊鈞已定高等脩身。經學顧問公事到，甚優禮，而無俸金。

初三（5日）

到周長侯處，已將行，云當再來。到師範開學，學臺不到。艮山將回瀏，仍往廣西，索作歌詞。談歷史事，取少潛講義觀之，講明史尚可補，當續成之，國朝恐觸忌諱，且制度多本明，講明史於時事亦有關也。西屏來，云自己願來，即可定局，到初七可上學。

初四（6日）

學臺招考扃試，不去。到鹿泉處。到保康買袍料、松雲買金對。歸，秋三來，云仲瑚不願小就，即關聘西屏，每月四千。撰《浪淘沙》十章。達卿來，云求考思賢，問可兼否，俟見秠香問之。

---

① 按，此處原稿應有脱漏。

人名索引

説　明

一、本索引是對《皮錫瑞日記》所涉人物姓名及其他稱謂的索引。

二、凡《皮錫瑞日記》中出現的人物稱謂，均列爲檢索條目；姓名未出現但可考者，補出姓名，作爲檢索條目。

三、在人物姓名條目下開列該人物在《皮錫瑞日記》中出現之年月日。

四、在其他稱謂條目下括注人物姓名，其他稱謂出現之年月日併入姓名條目下；姓名暫不可考者，年月日仍置其他稱謂下。

五、本索引按音序排列。

A

阿骨打　**1897**.07.19

阿太章京　**1898**.04.19

哀帝（見漢哀帝）

哀公（見漢哀帝）

靄泉（見皮靄泉）

艾刻工（見艾作霖）

艾崙卿　**1905**.07.28

艾儒略　**1898**.03.18

艾作霖　**1899**.04.18,04.19,04.21,05.10,06.08,06.29,08.02,08.04,08.28,09.16,09.18,10.04,**1900**.01.23,**1904**.10.01,10.04,**1905**.02.17,01.24,09.10,**1906**.01.13,03.17,03.18,**1907**.04.05

安（見安禄山）

安禄山　**1894**.12.17

安維峻　**1894**.12.06,**1895**.01.10,
　1895.01.15,02.23,03.10,03.
　21,05.29,**1899**.06.19

安御史(見安維峻)

敖迪泉　**1905**.09.10,11.04

鰲拜　**1895**.03.07,**1900**.01.02,
　1901.05.03

B

八指頭陀(見釋敬安)

巴夏禮　**1900**.08.04

白(見白居易)

白(見白起)

白(見李白)

白傅(見白居易)

白居易　**1893**.08.28,**1894**.03.14,
　1897.09.11

白起　**1893**.09.11

白石(見姜夔)

白藻　**1898**.12.21

百里奚　**1894**.07.19,**1898**.03.09,
　1901.02.14

百熙(見張百熙)

柏垣(見劉柏垣)

班(見班固)

班超　**1892**.06.22,**1894**.08.23,
　1899.01.05

班固　**1892**.10.17,**1895**.04.15,

07.23,**1896**.09.28,10.22,**1898**.
08.04,**1899**.12.21,**1903**.08.25

班倢伃　**1892**.07.17

班孟堅(見班固)

班氏(見班固)

板橋(見鄭燮)

包培齋(見包學淵)

包容　**1896**.09.07,09.08

包孝肅(見包拯)

包胥(見申包胥)

包學淵　**1896**.04.21,04.22,04.
23,05.05,05.12,05.16,05.19,
06.01,06.06,06.13,06.14,06.
15,06.22,06.23,07.12,07.17,
07.18,07.21,08.01,08.05,08.
07,08.08,08.21,09.04,09.07,
09.16,09.19,09.30,10.02,11.
10,**1897**.04.20,04.23,05.04,
05.13,05.21,06.08,06.13,06.
19,06.27,06.30,07.12,07.15,
07.22,07.31,08.15,08.18,08.
25,08.30,09.02,09.03,10.20,
1898.08.31,09.02,09.27,09.
30,10.11,10.13,10.15

包哲臣(見包容)

包拯　**1902**.02.10

包子卿　**1907**.03.28

保生(見張寶生)

葆生(見張寶生)

葆宜(見沈葆宜)

08,05.25,06.10,07.28,08.28,
1907.02.07

璧垣(見梁焕奎)

邊(見邊貢)

邊寶泉　**1894**.12.03,**1898**.07.27

邊鎬　**1896**.08.18

邊貢　**1896**.03.09

卞和　**1898**.08.26

弁(見皮弁卿)

弁卿(見皮弁卿)

賓鳳陽　**1898**.10.30,**1899**.04.03,
1901.10.11

秉郇(見于廷榮)　**1894**.09.18,
1895.01.30,07.18,07.21,08.
10,08.14,08.16,08.19,08.20,
10.22,12.15,**1896**.01.06,01.
20,01.28,03.08,03.09,03.15,
03.21,04.03,04.06,04.09,04.
14,04.16,04.20,04.22,04.24,
04.30,05.05,05.06,05.10,05.
14,05.16,05.17,05.19,05.24,
05.28,05.30,05.31,06.01,06.
02,06.04,06.05,06.08,06.09,
07.23,07.27,10.23,10.26,11.
01,11.02,11.10,11.11,**1897**.
01.11,01.12,02.09,02.15,02.
20,02.26,03.13,07.03,07.04,
07.16,07.17,07.23,07.27,07.
29,08.10,08.14,08.16,08.20,
08.22,08.23,08.27,09.01,10.

07,10.09,10.11,10.20,10.21,
10.22,10.27,11.03,11.19,11.
24,11.26,12.04,12.09,12.14,
1898.01.21,01.30,04.29,09.
08,10.28,10.31,11.27,12.18,
1899.03.25,04.10,04.11,05.
11,05.16,08.19,08.20,**1900**.
02.02,09.05,09.30,10.02,12.
18,12.20,**1901**.05.04,05.12,
09.12,09.16,**1902**.01.03,02.
09,03.04,04.10,05.16,**1903**.
02.19,02.22,03.23,04.03,04.
11,04.13,04.16,04.22,04.25,
05.07,05.09,05.12,09.27,12.
18,**1904**.05.09,10.07,12.03,
1905.05.14,10.03,**1906**.06.26,
1908.01.18

秉濬(見曹秉濬)

秉三(見熊希齡)

秉山(見熊希齡)

秉珍(見劉秉珍)

炳臣(見羅炳臣)

炳農(見何炳農)

炳三(見熊希齡)

炳山(見熊希齡)

炳生(見羅炳生)

礪生(見師文璜)

礪孫(見師文璜)

礪蓀(見師文璜)

伯藏(見趙于密)

伯純(見張通典)

伯庚(見劉伯耕)

伯翰(見程頌藩)

伯浩(見蔡乃煌)

伯衡(見陳伯衡)

伯華(見桂念祖)

伯華(見黃伯華)

伯犖(見陳伯犖)

伯蠲　**1900**.07.20

伯鈞(見俞鴻慶)

伯況(見程伯況)

伯葵(見車賡)

伯亮(見王代功)

伯魯(見宋伯魯)

伯年(見陳三立)

伯平(見陳啟泰)

伯平(見勞伯屏)

伯屏(見陳啟泰)

伯起(見楊震)

伯潛(見陳寶琛)

伯卿(見劉伯卿)

伯商(見陳鼎)

伯翁(見陳啟泰)

伯勛(見羅伯勛)

伯勛(見周伯勛)

伯嚴(見陳三立)

伯夷　**1892**.12.01，**1894**.03.05，
　08.19

伯邑考　**1899**.10.21

伯魚(見孔鯉)

伯興(見張紹齡)

伯璋(見王景峩)

博孫　**1899**.02.25

卜羅得　**1903**.01.13

卜商　**1903**.03.12

卜子(見卜商)

補叔(見譚補叔)

補之(見陳補之)

不韋(見呂不韋)

步蟾(見吳惠康)

C

采臣(見唐采臣)

采九(見劉鳳苞)

采老(見劉鳳苞)

蔡(見蔡鈞)

蔡(見蔡枚功)

蔡(見蔡乃煌)

蔡(見蔡沈)

蔡(見蔡邕)

蔡(見蔡元培)

蔡(見姬度)

蔡鏊　**1905**.12.26

蔡炳南　**1893**.05.10

蔡伯浩(見蔡乃煌)

蔡伯顥(見蔡乃煌)

蔡伯喈(見蔡邕)

蔡鍔　**1898**.02.14

蔡爾康　**1900**.12.21

蔡文光　**1899**.03.18,11.16,11.
　26,12.10,12.13,12.14,**1900**.
　03.19,03.22,03.24,03.27,03.
　29,03.30,04.01,04.06,**1901**.
　05.12,**1902**.01.02

蔡文田　**1893**.11.25

蔡希邠　**1898**.01.14,01.18,02.
　10,02.25,03.04,03.24,03.26,
　09.14,12.23,**1899**.01.30

蔡學勤　**1897**.07.09

蔡燕生(見蔡金臺)

蔡寅生(見蔡金臺)

蔡邕　**1892**.01.03,08.02,08.11,
　1894.12.07,12.09,**1895**.06.02,
　1899.02.15,03.21,10.29,**1901**.
　08.15

蔡又臣　**1897**.05.01

蔡與翁(見蔡枚功)

蔡與循(見蔡枚功)

蔡元培　**1903**.07.04,07.16,08.21

蔡雲　**1892**.02.10

蔡質　**1899**.12.22

蔡中郎(見蔡邕)

蔡忠浩　**1900**.10.27

蔡仲岐(見蔡希邠)

蔡仲啟(見蔡希邠)

蔡宗英　**1893**.11.25,12.01

璨(見皮璨)

藏園(見蔣士銓)

曹(見曹秉濬)

曹(見曹操)

曹秉濬　**1892**.02.29,**1893**.07.23,
　07.26

曹伯榮　**1895**.05.22,**1896**.07.05

曹操　**1895**.08.28,**1898**.06.29,
　08.16,09.28,**1900**.03.02

曹次謀(見曹詒孫)

曹典初　**1903**.07.06

曹典球　**1903**.01.26,**1906**.12.02,
　1907.02.14,03.07,03.11,03.
　18,05.01,05.07,05.08,06.13,
　06.28,07.01,07.20,08.04,08.
　10,09.19,10.15,12.30,**1908**.
　01.20,01.27,02.09,02.19,02.21

曹東瀛(見曹廣權)

曹公(見曹操)

曹觀察(見曹秉濬)

曹廣權　**1893**.10.28,11.02,11.03,
　1894.05.05,**1898**.09.08,**1906**.02.
　25,07.31,08.08,**1908**.02.08

曹廣楨　**1892**.04.30,05.10,06.13,
　11.26,**1905**.05.13

曹洪　**1900**.03.02

曹鴻勛　**1901**.12.20,**1905**.02.25

曹節　**1907**.02.08

曹近谿　**1903**.01.26

曹梅舫(見曹廣楨)

曹夢弼　**1898**.08.17

曹仁　**1900**.03.02

曹樹藩　**1908**.03.01

常鹿樵　**1906**.02.24

常人吉　**1893**.02.16

常熟(見翁同龢)

常泰　**1894**.01.02

萇弘　**1898**.10.04

晁(見晁錯)

晁錯　**1893**.05.20,**1898**.07.19

晁家令(見晁錯)

巢鳳岡　**1903**.06.06

朝雲　**1895**.08.27

車(見車廣)

車伯葵(見車廣)

車伯夔(見車廣)

車廣　**1897**.09.23,**1905**.12.02,
　12.20,**1906**.01.12,04.08,04.
　30,07.02,07.26,08.04,08.11,
　08.13,08.15,09.23,**1907**.03.
　01,11.13,11.25

辰毓(見李辰毓)

宸濠(見朱宸濠)

陳(見陳寶箴)

陳(見陳伯平)

陳(見陳蕃)

陳(見陳國燾)

陳(見陳奐)

陳(見陳家述)

陳(見陳夔龍)

陳(見陳璞山)

陳(見陳啟泰)

陳(見陳喬樅)

陳(見陳慶年)

陳(見陳慶滋)

陳(見陳紹箕)

陳(見陳壽)

陳(見陳壽祺)

陳(見陳天華)

陳(見陳兆文)

陳(見陳子龍)

陳邦瑞　**1901**.07.02

陳保彝　**1903**.12.08

陳寶琛　**1897**.11.27,**1898**.02.08,
　09.12,09.14,**1901**.03.26,**1902**.
　03.09,**1907**.02.07

陳寶生　**1899**.11.13

陳寶書　**1907**.12.17,12.27

陳寶樹　**1902**.07.06

陳寶箴　**1895**.02.14,05.25,09.14,
　10.01,10.11,10.27,11.16,11.30,
　12.21,**1896**.01.20,04.02,04.19,
　04.21,04.22,04.23,05.05,06.13,
　06.19,07.16,08.21,09.02,11.30,
　12.03,12.04,**1897**.01.21,02.20,
　02.23,02.28,03.02,03.24,03.26,
　03.28,03.29,05.27,05.28,06.01,
　06.23,07.24,07.28,08.04,08.20,
　08.23,08.24,10.01,11.18,11.19,
　11.27,11.30,12.04,12.07,12.09,
　12.15,12.17,12.19,12.24,**1898**.
　01.04,01.05,01.14,01.18,01.22,
　01.23,01.24,01.25,01.26,01.31,

02.01,02.02,02.03,02.04,02.05,
02.06,02.09,02.12,02.20,02.21,
02.26,03.02,03.06,03.14,03.25,
03.31,04.01,04.04,04.08,04.10,
04.23,04.28,04.29,05.01,05.07,
05.08,05.14,05.18,05.25,05.30,
05.31,06.05,06.08,06.12,06.16,
06.18,06.20,06.21,06.22,07.02,
07.04,07.11,07.12,07.15,07.17,
07.27,08.05,08.12,08.13,08.17,
08.21,08.22,08.23,08.24,08.26,
08.27, 08.28,08.31,09.07,09.
08,09.12,09.13,09.14,09.25,09.
27,09.30,10.04,10.05,10.06,10.
07,10.09,10.10,10.12,10.14,10.
26,10.27,10.29,10.30,10.31,11.
01,11.02,11.04,11.08,11.11,11.
30,12.07,12.10,12.11,12.23,12.
29,12.20,**1899**.01.05,01.09,01.
10,02.22,04.02,05.15,05.21,05.
24,06.19,06.23,06.24,08.31,09.
10,09.16,09.22,**1900**.01.13,02.
05,02.18,02.19,03.05,08.05,08.
09,08.19,09.12,09.14,10.11,
1901.01.06,05.20,06.06,06.18,
09.15,11.26,11.28,12.06,12.10,
1902.05.09,**1904**.10.14,**1905**.06.
20,**1907**.08.03,09.02
陳本禮　**1896**.05.09
陳莑嗜(見陳慶森)

陳璧　**1907**.07.11
陳丙煥(見陳炳煥)
陳秉和　**1899**.03.14,03.15
陳昴爕　**1898**.08.29,10.06,**1899**.
01.18,01.22,**1905**.01.27,09.
01,09.04,09.27,09.28,10.29,
11.23
陳炳煥　**1905**.04.28,05.06,05.
12,05.13,05.20,06.03,06.24,
07.04,08.20,09.04,09.09,09.
26,09.27,10.19,10.31,11.08,
11.14, 11.24, 11.28, 12.06,
1906.04.30,05.02,05.03,05.
06,06.25,12.18,**1907**.02.01,
02.02
陳炳章(見陳翰霄)
陳伯衡　**1897**.03.18
陳伯犀　**1903**.07.10
陳伯年(見陳三立)
陳伯平(見陳啟泰)
陳伯平　**1907**.07.13,07.21,07.22
陳伯屏(見陳啟泰)
陳伯潛(見陳寶琛)
陳伯商(見陳鼎)
陳伯陶　**1897**.06.16
陳伯翁(見陳啟泰)
陳伯嚴(見陳三立)
陳補之　**1903**.07.16,**1907**.07.18
陳昌曇　**1894**.04.26,**1895**.10.01,
1897.03.15,06.12,10.01,10.

05, 11. 27, 11. 30, 12. 23, **1898**.
02. 06, 02. 17, 02. 18, 04. 26, 05.
30, 06. 01, 06. 04, 11. 28, 11. 30,
1899. 01. 07, 08. 25, **1900**. 07. 22,
1903. 06. 21

陳昌言　**1893**. 07. 27, **1895**. 06. 18

陳長橝　**1892**. 04. 30, 05. 04, **1897**.
12. 06, 12. 08, **1898**. 11. 27, 11.
28, 12. 07, **1900**. 10. 11, 10. 25,
10. 28

陳程初　**1892**. 12. 21, **1897**. 11. 27,
12. 19, **1898**. 03. 31

陳熾　**1895**. 10. 07, 10. 10, **1897**.
07. 15, 07. 16

陳次亮(見陳熾)

陳存恪　**1900**. 02. 19, 03. 01, 05.
30, **1903**. 05. 27, 05. 28, 05. 30,
05. 31, 06. 04, 06. 12, 06. 14, 06.
15, 07. 23, 07. 29, 08. 04, 08. 08,
08. 09, 08. 13, 10. 07

陳存禄　**1896**. 04. 22

陳稻村　**1897**. 08. 18

陳德芷　**1904**. 10. 02

陳迪安　**1893**. 10. 28, 11. 11, 11.
16, **1894**. 05. 04, 05. 20, 05. 22,
05. 24, 05. 25, 07. 22, 11. 14,
1895. 11. 15, **1901**. 03. 14, 03. 17,
03. 25, 04. 01, 04. 05, **1903**. 10. 20

陳迪菴(見陳迪安)

陳鼎　**1896**. 04. 02, **1900**. 03. 03,

03. 04, 05. 24, **1902**. 02. 11, 02.
27, **1903**. 02. 25, 02. 28, 07. 31

陳定生　**1900**. 05. 31

陳蕃　**1899**. 12. 11, **1903**. 08. 02

陳範　**1896**. 04. 02

陳方海　**1895**. 09. 15

陳舫仙(見陳湜)

陳逢吉　**1905**. 06. 18, 09. 11, 09.
23, 10. 14

陳奉光　**1906**. 10. 07, 11. 22, 12.
06, 12. 18, **1907**. 01. 09, 03. 12,
03. 13, 03. 14, 03. 15, 03. 26, 04.
03, 04. 07

陳鳳光(見陳嘉會)

陳鳳喈　**1907**. 07. 14

陳芙初　**1892**. 07. 15, 07. 24, 08. 10

陳黼宸　**1904**. 12. 28, **1905**. 01. 12

陳富廷　**1905**. 12. 16

陳復心(見陳兆葵)

陳幹廷(見陳紹箕)

陳幹庭(見陳紹箕)

陳公台(見陳宮)

陳公卓　**1901**. 02. 18

陳宮　**1894**. 01. 02

陳恭甫(見陳壽祺)

陳冠生　**1893**. 10. 25

陳觀詧(見陳家述)

陳觀察(見陳家述)

陳光國　**1901**. 11. 18, 12. 18, 12.
19, 12. 27, 12. 28, **1902**. 01. 02,

07.12,08.23,10.15,11.09,11.
12,11.18,12.17,**1907**.01.20,
01.31,03.02,03.08,04.02,04.
03,04.04,04.09,05.18,06.08,
08.27,09.10,10.07,10.11,11.25

陳嘉莆　**1901**.10.22

陳嘉會　**1906**.04.30,09.16,09.
21,**1907**.01.16

陳嘉言　**1892**.04.17,05.01,**1894**.
04.24,04.28,05.02,05.06,11.
16,11.19,**1896**.01.18,**1897**.09.
16,**1900**.01.04,**1901**.03.13,10.
10,10.12,10.15,10.24,10.28,
1902.04.01,08.25,**1903**.07.11,
10.23,12.24

陳見桃(見陳啟源)

陳劍溪　**1907**.06.27,06.29,07.01

陳鑑州(見陳鴻業)

陳鑑周(見陳鴻業)

陳鑑洲(見陳鴻業)

陳鑒洲(見陳鴻業)

陳介石(見陳黼宸)

陳晉卿　**1899**.11.10

陳覲虞　**1903**.07.09

陳敬民　**1900**.06.17

陳敬明　**1900**.03.29,11.08

陳鏡人　**1902**.12.20,12.27,**1903**.
03.25,**1905**.04.24,**1907**.12.13

陳鏡生(見陳善澄)

陳九齡　**1906**.08.18,08.25,**1908**.

01.15

陳均　**1894**.06.19

陳筠心　**1905**.06.13

陳俊臣(見陳士傑)

陳夔龍　**1907**.09.07

陳蘭甫(見陳澧)

陳蘭圃(見陳澧)

陳蘭浦(見陳澧)

陳蘭譜(見陳澧)

陳樂安　**1897**.08.30,**1898**.02.12,
04.03

陳理卿(見陳廷緒)

陳澧　**1892**.08.29,**1893**.03.22,
1894.05.18,06.07,08.01,**1895**.
08.02,**1897**.08.08,**1898**.03.23,
1905.11.07

陳禮卿　**1903**.11.07,12.29,**1904**.
01.25,02.05,02.17,03.23,
1905.03.18,03.22,03.23,03.
27,03.29,04.04,07.04

陳力田　**1894**.01.24

陳力新　**1905**.03.28

陳立　**1892**.07.24,08.28,12.18,
1894.07.16,**1895**.10.28,**1896**.
08.13,**1897**.12.25

陳立達　**1907**.10.20

陳立曇　**1903**.06.11

陳立唐(見陳昌曇)

陳立田　**1899**.09.22,**1900**.04.07

陳笠唐(見陳昌曇)

陳粒唐（見陳昌曇）

陳亮　**1892**.09.15,**1898**.03.09,
　09.14,**1900**.07.11

陳琳　**1894**.08.01

陳隆恪　**1902**.05.09

陳鹿笙（見陳璃）

陳麓生（見陳璃）

陳履卿　**1905**.02.13,03.20,03.
　25,03.26,03.28

陳曼秋（見陳長櫺）

陳卯橋（見陳國燾）

陳茂生　**1900**.03.20,**1901**.06.13,
　1902.10.10,11.23,12.26

陳茂松　**1899**.04.16,04.26,04.
　29,09.30,**1900**.04.01,04.06,
　04.08,05.06,05.13,06.06,
　1901.08.31,**1902**.01.18,11.16,
　1903.02.16

陳梅生（見陳嘉言）

陳夢周　**1907**.05.13,05.29,06.21

陳妙常　**1905**.07.10

陳木生　**1892**.09.17

陳乃績　**1892**.02.29,03.04,06.09,
　1893.05.26,08.07,09.11,**1894**.
　03.09,03.12,07.03,08.24,**1895**.
　02.27,10.09,**1896**.07.17,09.10,
　10.14,10.20,11.06,**1897**.04.21,
　04.30,05.05,08.21,08.26,09.03,
　1898.06.20,06.28,06.29,10.15

陳佩珩（見陳文瑋）

陳佩衡（見陳文瑋）

陳佩蕎（見陳文瑋）

陳鵬運　**1904**.01.23

陳品章　**1892**.03.29,04.12

陳璞臣　**1897**.08.20,11.27,**1901**.
　10.22,**1902**.08.10,08.28,09.
　23,09.24,**1903**.04.22,10.05,
　1904.03.22,04.21

陳璞老（見陳璞山）

陳璞山　**1892**.02.08,11.30,**1893**.
　12.01,12.05,**1894**.12.06,**1895**.
　11.22,11.23,**1897**.12.06,**1896**.
　03.02,**1898**.12.29,**1899**.07.17,
　07.19,07.26,08.02,08.25,09.
　12,09.20,10.17,11.25,**1900**.
　03.28,04.14,06.12,07.15,
　1901.10.10,10.19,10.22,10.
　23,10.24,12.21,12.23,**1902**.
　01.26,03.28,04.19,04.23,04.
　28,05.31,11.23,12.01,12.04,
　12.09,12.20,12.27,**1903**.01.
　03,01.18,02.05,02.06,02.07,
　02.09,02.10,02.12,02.20,03.
　25,05.10,05.11,09.24,10.09,
　1904.02.05,02.06,03.06,03.
　16,03.17,12.25,12.29,12.30,
　1905.01.16,01.25,03.13,04.
　02,04.15,05.19,05.26,05.27,
　05.31,08.05,08.16,08.26,09.
　20,12.20,**1906**.03.09,03.13,

05. 25,06. 20,06. 21,06. 28,07.
16,09. 18,11. 07,11. 10,11. 22,
12. 12,12. 24,**1907**. 01. 19,03.
29,04. 23,04. 25,04. 27,05. 27,
05. 31,06. 07,06. 30,07. 08,07.
13,07. 29,08. 01,08. 24,09. 03,
09. 09,09. 15,09. 26,10. 01,10.
04,10. 25,10. 27,12. 02,12. 08,
12. 09,12. 15,12. 17,12. 25,12.
26,**1908**. 01. 12,01. 19,01. 23

陳璞翁(見陳璞山)

陳璞山　**1898**. 02. 12

陳樸園(見陳喬橪)

陳七先生(見陳啟泰)

陳其璋　**1897**. 04. 24

陳啟甲　**1893**. 04. 20

陳啟麟　**1893**. 09. 02,**1894**. 07. 19

陳啟泰　**1894**. 12. 06,**1898**. 02. 05,
02. 11,02. 14,02. 17,02. 18,02.
19,**1899**. 01. 12,02. 16,05. 10,
11. 25,11. 28,12. 13,12. 18,12.
19,**1900**. 01. 13,01. 15,01. 16,
01. 18,01. 20,01. 23,01. 24,02.
05,02. 19,02. 20,03. 01,03. 02,
03. 03,03. 04,04. 10,06. 30,07.
02,07. 26,07. 28,08. 02,09. 02,
09. 14,10. 11,10. 20,12. 01,12.
02,12. 20,12. 22,12. 31,**1901**.
01. 02,01. 12,01. 23,01. 24,01.
27,02. 22,02. 23,03. 10,03. 13,

03. 14,05. 11,05. 12,06. 03,06.
05,06. 08,06. 09,06. 10,07. 22,
09. 10,09. 15,09. 16,10. 07,10.
08,10. 08,10. 10,10. 12,10. 20,
10. 24,10. 30,10. 31,11. 07,11.
11,11. 20,11. 28,12. 08,12. 20,
12. 21,**1902**. 03. 02,03. 11,03.
20,04. 09,04. 14,04. 15,04. 19,
04. 23,05. 05,05. 20,05. 22,06.
29,08. 29,09. 03,10. 07,10. 30,
11. 04,11. 05,11. 13,11. 14,11.
16,11. 18,11. 28,11. 30,12. 09,
12. 14,**1903**. 01. 16,01. 19,01.
22,02. 11,03. 04,03. 31,04. 03,
05. 11,05. 25,05. 27,05. 28,05.
29,05. 31,06. 01,06. 03,06. 04,
06. 05,06. 12,06. 14,06. 17,06.
24,06. 25,06. 28,07. 03,07. 06,
07. 08,07. 09,07. 19,07. 20,07.
25,07. 28,07. 29,08. 02,08. 03,
08. 07,08. 10,08. 11,08. 12,08.
18,08. 19,08. 21,08. 24,08. 25,
08. 29,08. 30,08. 31,09. 01,09.
29,11. 01,11. 26,**1904**. 02. 14,
05. 13,**1905**. 02. 20,02. 22,08.
07,09. 17,09. 27,10. 20,11. 22,
1906. 02. 11,03. 10,10. 09,10.
15,11. 19,12. 26,12. 27,12. 28,
1907. 03. 02,05. 03,10. 06,10.
11,10. 30,**1908**. 01. 14,01. 15

陳啟源　**1893**. 04. 10, 04. 11, 06.
08,**1898**. 08. 04

陳喬樅　**1892**. 07. 13,**1893**. 06. 23,
09. 30,**1896**. 08. 13,**1898**. 07. 08,
08. 04,**1901**. 07. 24,07. 26

陳蕎直　**1903**. 05. 31, 06. 04, 06.
12,06. 14,10. 07

陳慶年　**1905**. 04. 04, 04. 07, 04.
14,04. 23, 04. 25, 04. 26, 04. 28,
04. 30,05. 04, 05. 06, 05. 07, 05.
15,05. 17, 05. 20, 05. 28, 05. 29,
06. 07, 06. 12, 06. 14, 06. 15, 06.
17,06. 19, 06. 24, 06. 30, 07. 01,
07. 04,07. 16, 08. 17, 10. 12, 10.
22,11. 07, 11. 08, 11. 09, 11. 10,
11. 13, 11. 18, 11. 19, 11. 24, 12.
01,12. 08, 12. 17, 12. 23, 12. 25,
12. 28, 12. 30, 12. 31, **1906**. 01.
05,01. 07, 01. 11, 01. 12, 01. 13,
01. 15, 01. 31, 02. 01, 02. 12, 02.
17,02. 18, 02. 19, 03. 02, 03. 11,
03. 18, 03. 24, 03. 26, 03. 27, 04.
02,04. 06, 04. 11, 04. 14, 04. 18,
05. 02, 05. 03, 05. 04, 05. 06, 05.
15,05. 16, 05. 23, 05. 28, 05. 29,
05. 30, 06. 06, 06. 11, 06. 13, 06.
15,06. 16, 06. 17, 06. 21, 07. 06,
07. 10, 07. 12, 07. 19, 08. 11, 08.
19, 12. 29, **1907**. 04. 14, 04. 19,
04. 24, 08. 24, 08. 26, 08. 28, 08.

31,10. 17

陳慶農　**1899**. 07. 06,07. 11,**1900**.
03. 28

陳慶森　**1907**. 07. 27

陳慶鏞　**1900**. 08. 21,**1902**. 04. 10

陳慶之　**1902**. 07. 02

陳慶滋　**1902**. 07. 06,07. 07

陳璩　**1901**. 05. 01,**1903**. 11. 15

陳秋舫（見陳沆）

陳秋航　**1900**. 01. 23

陳秋珊（見陳善昌）

陳秋垣　**1908**. 03. 04

陳虬　**1895**. 10. 28, 11. 07, **1897**.
01. 11

陳銳　**1893**. 10. 16

陳潤霖　**1902**. 09. 23,**1906**. 05. 18,
05. 19

陳三立　**1892**. 07. 11, 10. 30, 11.
13,**1893**. 08. 10,**1894**. 01. 11, 02.
09, 03. 03, **1895**. 08. 09, 09. 16,
09. 17, 10. 01, 11. 30, **1896**. 01.
03, 02. 10, 03. 04, 05. 19, **1897**.
01. 11, 01. 21, 01. 22, 03. 02, 03.
15,03. 16, 03. 17, 03. 20, 03. 26,
03. 29, 06. 20, 07. 16, 07. 29, 10.
02,10. 05, 11. 18, 11. 26, 11. 27,
12. 03, 12. 07, 12. 08, 12. 15, 12.
17, 12. 19, 12. 23, 12. 24, **1898**.
01. 10, 01. 14, 01. 18, 01. 19, 01.
23,01. 24, 01. 28, 02. 03, 02. 04,

02. 05, 02. 08, 02. 12, 02. 26, 03. 08, 03. 17, 04. 01, 04. 24, 04. 26, 04. 28, 05. 06, 05. 09, 05. 10, 05. 26, 06. 01, 06. 06, 06. 07, 07. 27, 08. 08, 08. 09, 08. 22, 08. 26, 09. 01, 10. 10, 10. 16, 12. 24, 12. 26, **1899**. 01. 09, 02. 22, 03. 17, 03. 19, 03. 28, 04. 26, 04. 30, 05. 01, 05. 03, 05. 24, 06. 29, 08. 20, 08. 31, 09. 08, 09. 09, 12. 18, 12. 19, 12. 27, 12. 28, **1900**. 01. 30, 02. 23, 02. 26, 08. 03, 08. 06, 09. 13, 10. 01, **1901**. 01. 06, 05. 03, 09. 15, 11. 26, 12. 07, 12. 08, 12. 10, **1902**. 02. 07, 03. 01, 03. 21, 04. 05, 04. 30, 05. 01, 09. 08, 09. 19, **1903**. 02. 28, 06. 23, 06. 15, 06. 29, 07. 23, 08. 09, **1904**. 04. 30, 05. 03, 05. 08, **1905**. 06. 12, 06. 19, 06. 20, 11. 16, **1906**. 01. 04, 01. 05, 07. 30, 08. 03, 09. 12, 10. 23, **1908**. 02. 11, 03. 01

陳善寶　**1908**. 02. 13

陳善昌　**1892**. 03. 02, 10. 19, 11. 23, 12. 29, **1893**. 01. 17, 01. 18, 01. 19, **1895**. 01. 05, 07. 28, 08. 01, 12. 27, **1899**. 05. 23, **1903**. 01. 08

陳善澄　**1905**. 06. 18, 06. 20

陳善如（見陳慶年）

陳善蔭　**1907**. 03. 12

陳善餘（見陳慶年）

陳商　**1896**. 09. 28

陳少眉　**1897**. 08. 23

陳少卿（見陳國仲）

陳少宇　**1898**. 03. 15

陳紹箕　**1899**. 04. 16, 04. 18, 04. 21, 04. 22, 04. 24, 04. 29, 05. 06, 05. 09, 05. 12, 05. 15, 06. 12, 06. 13, 06. 20, 06. 23, 07. 02, 07. 03, 07. 04, 09. 07, 09. 30, 10. 03, 10. 07, 10. 10, 10. 12, 10. 13, 10. 16, 10. 17, 10. 19, 10. 20, 10. 23, 10. 27, 10. 30, 11. 03, 11. 05, 11. 09, 11. 15, 11. 18, 11. 21, 11. 28, 12. 01, 12. 06, 12. 08, 12. 11, 12. 16, 12. 18, 12. 22, 12. 25, 12. 30, 12. 31, **1900**. 01. 03, 01. 06, 01. 09, 01. 10, 01. 11, 01. 12, 01. 13, 02. 02, 02. 19, 02. 27, 03. 01, 03. 04, 03. 06, 03. 09, 03. 13, 03. 18, 03. 19, 03. 20, 03. 23, 03. 24, 03. 25, 03. 27, 04. 01, 04. 06, 04. 12, 04. 14, 04. 15, 04. 18, 04. 20, 04. 23, 04. 27, 05. 01, 05. 06, 05. 07, 05. 11, 05. 14, 05. 19, 06. 01, 06. 02, 06. 05, 06. 07, 06. 09, 06. 10, 06. 13, 06. 15, 06. 17, 06. 19, 06. 20, 06. 22, 06. 29, 07. 02, 07. 03, 07. 06, 07. 10, 07. 13, 07. 15, 07. 19,

07. 22, 07. 23, 07. 25, 07. 29, 08. 01, 08. 02, 08. 11, 08. 16, 08. 17, 08. 19, 08. 22, 08. 24, 08. 28, 08. 30, 09. 14, 09. 16, 09. 19, 09. 23, 09. 26, 09. 27, 09. 29, 10. 02, 10. 04, 10. 11, 10. 16, 10. 23, 10. 28, 10. 29, 10. 31, 11. 08, 11. 14, 11. 16, 11. 24, 12. 03, 12. 06, 12. 08, 12. 09, 12. 10, 12. 15, 12. 18, 12. 21, 12. 24, 12. 31, **1901**. 01. 04, 01. 13, 01. 14, 01. 18, 01. 25, 01. 30, 01. 31, 02. 01, 02. 04, 02. 09, 02. 10, 02. 11, 02. 21, 03. 07, 03. 08, 03. 14, 03. 15, 03. 17, 04. 03, 04. 07, 04. 10, 04. 12, 04. 13, 04. 20, 04. 23, 04. 30, 05. 04, 05. 27, 05. 30, 06. 09, 06. 17, 06. 18, 06. 24, 07. 04, 07. 14, 07. 17, 07. 20, 07. 21, 07. 22, 07. 26, 07. 27, 07. 31, 08. 05, 08. 11, 08. 14, 08. 17, 08. 18, 08. 19, 08. 20, 08. 21, 08. 22, 08. 23, 08. 24, 08. 26, 08. 27, 08. 28, 08. 31, 09. 10, 09. 16, 09. 17, 09. 21, 10. 11, 10. 19, 10. 24, 11. 22, 11. 23, 11. 25, 12. 05, 12. 10, 12. 28, **1902**. 01. 01, 01. 16, 01. 17, 01. 23, 02. 02, 02. 07, 02. 09, 03. 17, 05. 09, 05. 20, 06. 05, 06. 10, 06. 18, 06. 28, 07. 08, 07. 11, 07. 14, 07. 16, 07. 18, 07. 24,

07. 29, 07. 31, 08. 03, 08. 05, 08. 06, 08. 07, 08. 08, 08. 16, 08. 24, 08. 26, 08. 28, 09. 02, 09. 09, 09. 20, 09. 24, 09. 26, 09. 28, 09. 29, 10. 01, 10. 05, 10. 08, 10. 21, 10. 27, 10. 28, 11. 11, 11. 13, 11. 14, 11. 16, 11. 19, 11. 20, 11. 27, 12. 12, 12. 16, 12. 23, 12. 24, 12. 26, **1903**. 01. 02, 01. 10, 01. 11, 01. 12, 01. 22, 01. 25, 02. 13, 02. 16, 02. 18, 02. 23, 02. 26, 03. 02, 03. 04, 03. 07, 03. 09, 03. 14, 04. 04, 04. 20, 04. 30, 05. 07, 05. 11, 05. 26, 05. 30, 05. 31, 06. 05, 06. 11, 06. 17, 06. 23, 06. 25, 07. 08, 07. 10, 07. 11, 07. 14, 07. 20, 07. 21, 07. 25, 07. 26, 07. 29, 07. 30, 07. 31, 08. 02, 08. 07, 08. 09, 08. 10, 08. 21, 08. 28, 09. 20, 09. 26, 10. 17, 10. 20, 10. 26, 10. 31, 11. 01, 11. 04, 11. 05, 11. 18, 12. 03, 12. 05, 12. 16, **1904**. 01. 04, 01. 05, 01. 08, 01. 11, 01. 12, 01. 17, 01. 22, 01. 23, 02. 06, 02. 09, 02. 16, 02. 28, 03. 02, 03. 13, 03. 20, 03. 27, 04. 01, 04. 10, 04. 22, 05. 01, 05. 05, 05. 07, 05. 08, 05. 14, 05. 18, 05. 21, 10. 05, 10. 23, 10. 25, 10. 28, 11. 04, 11. 08, 11. 29, 12. 01, 12. 02, 12. 23, 12. 24, **1905**.

01. 09, 02. 13, 02. 18, 02. 19, 02.
25, 02. 26, 03. 08, 03. 10, 03. 11,
03. 13, 03. 18, 03. 22, 04. 02, 04.
03, 04. 20, 04. 27, 05. 04, 05. 08,
05. 15, 05. 16, 06. 09, 06. 13, 06.
16, 06. 21, 06. 23, 06. 25, 07. 06,
07. 11, 07. 14, 07. 15, 07. 17, 07.
21, 08. 02, 08. 03, 08. 05, 08. 13,
08. 14, 08. 15, 09. 06, 09. 07, 09.
08, 09. 12, 09. 14, 09. 21, 09. 22,
10. 21, 10. 22, 10. 27, 10. 28, 10.
29, 10. 30, 11. 19, 11. 26, 11. 30,
12. 08, 12. 25, 12. 29, 12. 31,
1906. 01. 01, 01. 04, 01. 07, 01.
26, 02. 28, 03. 07, 03. 12, 03. 15,
03. 19, 03. 27, 04. 06, 04. 23, 05.
05, 05. 07, 05. 08, 05. 13, 05. 14,
05. 16, 05. 19, 06. 14, 06. 26, 08.
01, 08. 23, 09. 09, 09. 10, 09. 22,
09. 30, 10. 15, 10. 17, 11. 21, 12.
17, 12. 22, 12. 25, 12. 31, **1907**.
01. 02, 01. 11, 01. 21, 02. 07, 02.
26, 10. 07, **1908**. 01. 23, 02. 26,
02. 27, 04. 02, 04. 14, 04. 24

陳紹棠　**1897**. 06. 16, 06. 25, 08. 26

陳設　**1905**. 11. 08, 11. 09

陳申甫　**1906**. 06. 18, 06. 23, 10.
22, 11. 01, 11. 07, 11. 15, 11. 27

陳申華　**1899**. 05. 10, **1906**. 06. 28,
07. 07, 07. 09, 11. 07

陳師道　**1895**. 10. 30

陳師曾(見陳衡恪)

陳時卿　**1897**. 03. 14, 03. 15, 03. 18

陳湜　**1894**. 10. 04, 11. 14, 12. 26,
12. 29, **1895**. 01. 10, 01. 23, 09.
04, **1899**. 05. 03, 09. 19, **1903**.
02. 21

陳士傑　**1893**. 03. 12, 08. 09, **1894**.
03. 09

陳氏(見陳澧)

陳氏(見陳喬樅)

陳氏(見陳壽祺)

陳氏(見陳振孫)

陳守如(見陳守愚)

陳守愚　**1896**. 01. 18, **1902**. 08. 06,
08. 28, 09. 23, 11. 13, 12. 04, 12.
26, **1903**. 12. 31, 04. 22, **1904**. 01.
11, 03. 22, 04. 21, 10. 06, **1905**.
01. 19, 01. 28, **1906**. 08. 04, 08.
12, 08. 26, 10. 31, **1908**. 01. 21,
02. 29, 03. 02

陳受笙(見陳均)

陳壽　**1893**. 05. 24

陳壽彭　**1902**. 12. 23

陳壽祺　**1892**. 08. 26, 09. 04, **1893**.
08. 02, **1894**. 12. 29, **1895**. 02. 01,
02. 11, 03. 31, 11. 08, **1899**. 03.
13, 03. 15, 03. 19, 03. 20, 04. 23,
05. 16, 06. 23, 07. 31

陳壽生　**1895**. 12. 27

陳壽文(見陳壽雯)
陳壽雯 **1896**.08.05,09.12,**1897**.05.01,08.06,08.16,09.05,09.06,09.08,**1899**.04.14,04.16,06.19,06.22,06.23,06.27,07.01,07.03,**1900**.06.04,06.05,09.27,09.03,09.13,09.30,**1901**.05.01,06.30,07.01,07.04,07.09,07.14,07.20,07.21,07.30,07.31,08.13,08.21,08.24,**1902**.09.20
陳壽寅 **1893**.03.22,06.04
陳叔疇 **1895**.09.27
陳澍 **1896**.04.20,**1898**.06.30
陳澍翁 **1905**.03.21
陳樹藩(見陳炳煥)
陳樹凡(見陳炳煥)
陳順之 **1899**.05.09
陳碩甫(見陳奐)
陳頌南(見陳慶鏞)
陳夙芳(見陳潤霖)
陳蓀石(見陳兆文)
陳太史(見陳鼎)
陳天華 **1903**.12.16,12.17,**1904**.01.11,01.16,12.24,**1905**.12.29,12.31,**1906**.05.23,06.06,08.09
陳天聽 **1907**.06.22
陳廷緒 **1903**.10.09,10.09,**1905**.05.25,05.28,07.31,08.16,**1906**.02.16
陳同甫(見陳亮)
陳同禮 **1897**.06.27,10.16
陳桐叔 **1896**.02.28
陳萬全 **1907**.07.02,07.19
陳爲鋕 **1905**.03.11
陳爲福 **1908**.02.13
陳爲鑾 **1905**.03.11
陳爲麒(見陳逢吉)
陳爲勛 **1905**.07.07,07.08,07.25,08.30
陳維崧 **1895**.08.01
陳蔚章 **1906**.11.09,11.11,**1907**.01.07,04.19,06.13
陳文鴻 **1906**.03.14
陳文瑋 **1899**.01.12,01.30,11.25,11.29,**1902**.03.20,04.04,05.11,11.21,12.09,12.14,12.27,**1903**.01.18,01.21,01.26,02.10,02.11,02.12,03.30,04.03,05.06,05.08,05.30,05.31,06.04,09.20,10.03,10.09,11.03,**1904**.01.13,02.11,02.13,02.15,02.18,02.20,10.08,12.15,**1905**.01.25,**1906**.02.27,11.06,11.19,12.26,**1907**.01.07,06.19,06.20,06.24,10.05,10.07,12.13
陳卧子(見陳子龍)
陳吴萃 **1906**.05.14

陳右銘（見陳寶箴）

陳右帥（見陳寶箴）

陳幼梅（見陳家述）

陳佑民（見陳寶箴）

陳佑帥（見陳寶箴）

陳雨田 **1898**.10.29

陳禹疇 **1900**.03.20,03.25,04.10,
04.11,**1901**.06.30,07.01,07.15,
07.28,10.16,11.07

陳禹山（見陳乃績）

陳庾山（見陳乃績）

陳玉樹 **1901**.08.09

陳元禮 **1898**.01.04

陳源裕 **1902**.11.23

陳月卿（見陳昂燮）

陳岳芬 **1905**.04.04

陳越卿（見陳昂燮）

陳樾卿（見陳昂燮）

陳雲鵬 **1903**.10.23

陳運溶 **1905**.05.20

陳藻 **1892**.10.05

陳則蕃 **1905**.10.22

陳鱣 **1895**.02.17,02.18,**1898**.
11.14

陳章伯 **1903**.10.04

陳釗 **1903**.09.23

陳兆葵 **1897**.03.17,03.24,03.
26,03.27,**1899**.01.05,**1901**.10.
10,**1903**.07.26,08.07,08.10,
08.13,08.16,08.25,09.14,09.

25,11.24,**1905**.11.07

陳兆文 **1894**.03.09,05.02,05.
03,05.07,05.12,05.13,07.30,
09.16,**1896**.04.28,**1898**.04.28,
11.01,11.14,11.24,**1900**.03.
17,**1902**.04.23,**1903**.07.08,07.
11,07.25,07.26,08.02,08.03,
08.16,08.19,08.21,09.24,11.
24,**1904**.01.02,**1906**.09.23

陳振孫 **1906**.09.28

陳芝初 **1901**.09.10,09.14,09.
15,09.16,09.19,10.07,10.28,
10.30,12.09,12.15,**1902**.01.
05,01.19,01.21,02.23,06.26,
06.29,07.03,07.15,07.17,07.
18,07.26

陳止青（見陳芷青）

陳芷青 **1892**.12.13,**1893**.03.31,
07.28,08.07,08.09,08.10,08.
15,08.16,08.28,08.29,09.02,
09.16,11.11,11.16,11.29,12.
01,12.25,**1894**.01.29,01.31,
02.12,02.13,08.28,08.30,09.
16,09.18,10.17,11.30,12.01,
12.06,12.29,**1895**.01.30,02.
04,02.08,03.20,11.15,11.16,
12.15,**1896**.01.06,03.15,03.
17,03.30,07.27,08.12,**1897**.
01.10,02.07,10.01,12.08,12.
24,**1898**.04.18,05.06,05.16,

06. 01, 10. 31, 11. 09, **1899**. 01.
18, 01. 31, 02. 02, 04. 11, 04. 12,
06. 28, 08. 26, 09. 10, 10. 24,
1900. 03. 12, 03. 21, 04. 10, 05.
16, 05. 19, 05. 26, 06. 03, 07. 21,
08. 23, 08. 31, 09. 03, 09. 30, 10.
02, 10. 05, 10. 06, 10. 11, 10. 19,
10. 26, 10. 27, 12. 19, **1901**. 03.
08, 03. 13, 03. 14, 09. 12, **1902**.
03. 05, 03. 07, 03. 20, 05. 16, 10.
18, **1903**. 01. 25, 09. 27, 10. 13,
10. 20, 10. 26, 11. 12, **1904**. 03.
09, 05. 14, **1905**. 03. 02, 05. 19,
10. 03, 11. 29, 11. 30, **1906**. 08.
09, 08. 10, 08. 13, 09. 03, **1908**.
02. 23

陳芷清(見陳芷青)

陳中丞(見陳寶箴)

陳鍾嶽　**1892**. 12. 06, **1894**. 04. 10,
04. 27, 05. 03, **1901**. 06. 03, **1902**.
03. 02, **1904**. 05. 12

陳仲金(見陳作礪)

陳仲魚(見陳鱣)

陳仲瑜　**1902**. 02. 08

陳竹泉　**1906**. 11. 25

陳竹友　**1893**. 11. 11, 11. 23, **1902**.
12. 14, **1904**. 10. 19, 12. 25, **1905**.
06. 24, 11. 22

陳卓人(見陳立)

陳子初(見陳芝初)

陳子發　**1905**. 06. 11, 06. 13, 06. 18

陳子高　**1893**. 11. 11

陳子暉　**1906**. 09. 02, 09. 05, 09.
06, 09. 07, 09. 09, 10. 19, 10. 20

陳子龍　**1893**. 08. 03, **1895**. 05. 01,
05. 02, 05. 19

陳子佩　**1906**. 11. 05

陳子潛　**1906**. 08. 30

陳子聲　**1897**. 04. 23

陳子元　**1903**. 06. 27

陳自新　**1904**. 03. 07

陳祖臬　**1904**. 10. 07

陳醉六　**1905**. 04. 10, 04. 17, 04.
19, 04. 20, 04. 26, 04. 27, 09. 06,
1906. 04. 01, 12. 17

陳左衡　**1907**. 04. 26

陳作材　**1904**. 03. 07

陳作礪　**1904**. 02. 21, 03. 15, 03.
16, 03. 28, 04. 06, 04. 08, 04. 22,
05. 12, **1907**. 06. 16

成本璞　**1898**. 09. 13, **1902**. 04. 14,
05. 25, **1903**. 07. 15, 10. 22

成昌　**1892**. 04. 21, 05. 04

成芙卿(見成孺)

成果道　**1895**. 11. 23, **1900**. 05. 31

成靜齋(見成果道)

成克襄　**1907**. 11. 06, **1908**. 02. 22,
03. 04

成孺　**1893**. 04. 05, **1895**. 11. 02,
11. 08, **1896**. 01. 21, 02. 11, 04.

01.30,02.10,02.11,03.20,04.
28,05.01,05.03,12.06,**1895**.
01.02,11.30,12.04,**1901**.09.
12,09.15,10.20,12.13,**1902**.
03.02,**1903**.02.01,03.16,**1904**.
01.11,**1905**.05.08,05.15,08.
14,08.26,**1907**.01.27

程頌萬 **1893**.03.07,10.14,10.
18,12.03,12.24,**1894**.12.15,
12.29,**1895**.02.04,12.25,12.
26,**1896**.01.04,01.18,03.04,
03.13,03.15,03.17,03.28,03.
29,04.02,04.07,04.16,**1901**.
10.18,10.20,10.21,**1902**.01.
17,**1903**.07.16,**1906**.05.30

程廷祚 **1892**.06.25

程瑤田 **1899**.02.23

程伊川(見程頤)

程頤 **1898**.02.19,02.22,03.01,
03.07,03.09,03.23,04.04,04.
06,04.09,05.19,07.29

程寅石(見程瀛石)

程瀛石 **1895**.11.30,**1903**.12.27,
1904.01.09,**1905**.05.08,05.11,
08.26,**1906**.04.08,**1907**.10.01,
1908.01.20

程魚門(見程晉芳)

程運熙 **1894**.11.14

程志和 **1892**.09.17,**1898**.09.19

程仲夔 **1895**.01.02,**1896**.12.04,

12.10,**1897**.01.07

程子 **1898**.04.14

程子大(見程頌萬)

程子鶴 **1895**.12.04

程子鴻 **1895**.12.04

程子鳽 **1895**.12.04

程子英 **1903**.05.31

誠伯(見俞誠伯)

誠勳 **1896**.09.23

誠之(見汪誠之)

蚩尤 **1894**.08.22

尺蓀(見王子庚)

恥盦(見周軫)

赤松 **1897**.12.24

崇綺 **1898**.07.27,**1900**.02.05,
07.15,10.01

崇禎(見朱由檢)

仇(見仇兆鰲)

仇道南 **1907**.12.30

仇緋 **1901**.01.22

仇靖 **1901**.01.22

仇覽 **1902**.07.18

仇毅 **1905**.07.01

仇兆鰲 **1901**.07.31

楚善(見甯協萬)

楚雄(見劉楚雄)

褚景濂 **1898**.06.18

儲(見儲在文)

儲在文 **1892**.02.20

船山(見王夫之)

船山(見張問陶)

春匯東　**1898**.10.09

春魁(見皮春魁)

春禧(見劉康)

春煦(見李春煦)

純卿(見朱益濬)

純翁(見袁子純)

純殷(見鄭純殷)

淳于髡　**1898**.03.09

醇(見載灃)

醇邸(見載灃)

醇王(見載灃)

慈禧太后　**1894**.11.09,**1895**.01.
　10,01.15,02.23,05.21,06.17,
　10.15,**1897**.11.30,**1898**.04.28,
　05.24,09.06,09.25,09.26,09.
　28,09.29,09.30,10.01,10.03,
　10.07,10.10,10.11,10.12,10.
　29,10.31,11.04,11.30,**1899**.
　08.02,09.03,09.19,09.22,12.
　26,**1900**.01.06,02.24,08.21,
　1901.05.03,06.20,09.22,**1902**.
　03.02,**1903**.06.15,**1906**.03.12

次甫(見譚次甫)

次虎(見譚次虎)

次結(見羅次結)

次亮(見陳熾)

次青(見李元度)

次帥(見趙爾巽)

次陶(見黃次陶)

次儀(見鄧次儀)

次仲(見譚次仲)

聰叔(見彭祖彝)

崔黯　**1899**.01.24

崔蘭嶼　**1898**.09.22

崔靈恩　**1895**.07.18

崔石生　**1904**.03.26

崔氏(見崔靈恩)

崔思敬　**1896**.05.21

崔銑　**1907**.02.08

崔應榴　**1898**.08.04

崔造　**1902**.02.10

翠喜(見楊翠喜)

存恪(見陳存恪)

嵯生(見唐嵯生)

D

達爾文　**1898**.11.03

達甫(見龍紱慈)

達摩　**1899**.08.25

達磨　**1892**.09.08

達卿(見皮達卿)

達三(見夏承吉)

達三(見夏承爵)

達壻(見夏承吉)

達右文　**1899**.01.30

達齋(見夏敬敏)

大阿哥(見溥儁)

大彼得　**1904**.09.27

05.29,**1904**.12.28,**1906**.02.18

戴震　**1906**.02.10,03.20,**1908**.
02.03

戴子高(見戴望)

丹銘(見張丹銘)

丹溪(見朱震亨)

單(見單啟鵬)

單啟鵬　**1903**.03.05,04.01

亶臣(見張祖綸)

但(見但湘良)

但方伯(見但湘良)

但公(見但湘良)

但功權　**1907**.11.12

但觀察(見但湘良)

但少村(見但湘良)

但少翁(見但湘良)

但湘良　**1893**.03.09,**1895**.02.06,
1896.12.05,**1899**.05.10,**1900**.
02.03,03.24,06.25,**1901**.02.
05,10.18,11.14,**1902**.03.27,
04.05,04.06,04.09,05.05,05.
17,05.22,**1903**.02.04,02.06,
02.11,02.12,02.28,05.12,10.05

啖助　**1897**.12.22

淡香(見戚澹香)

澹人　**1905**.03.27

島田(見關口島田)

道(見張道)

道安　**1892**.09.08

道濂(見楊道濂)

道培(見許道培)

道生(見周道生)

道威(見陳存恪)

道希(見文廷式)

道腴(見周震麟)

道輿(見周震麟)

德(見德壽)

德璀琳　**1894**.11.27,12.10

德公(見德馨)

德恒(見皮德恒)

德靜山(見德壽)

德靜帥(見德壽)

德生(見朱德生)

德勝(見史德勝)

德壽　**1895**.07.16,09.14,09.19,
09.26,**1896**.02.17,**1897**.11.18,
1898.01.18,02.26,06.18,08.
06,09.08,09.13,**1899**.02.25,
1902.01.09,07.07,**1903**.02.06

德馨　**1892**.06.16,08.03,11.06,
1893.04.13,04.18,04.21,09.
06,**1894**.03.13,09.08,**1895**.09.
04,09.13,**1896**.02.17

德昭(見潘德昭)

德中丞(見德壽)

德中丞(見德馨)

德宗(見唐德宗)

的格維爾　**1903**.11.21

鄧(見鄧黼卿)

鄧(見鄧國瑎)

鄧(見鄧華熙)

鄧次儀 **1893**.12.18,**1895**.02.20,
12.22,**1902**.06.07,07.12

鄧輔卿(見鄧黼卿)

鄧黼卿 **1903**.05.31,06.12,06.
14,06.15,06.25,06.29,06.30,
07.05,07.06,07.09,07.18,07.
23,07.24,07.25,07.27,08.08,
08.14,08.23,08.24,08.26,08.
29,08.30,09.02,09.03,09.05,
09.25

鄧觀察(見鄧蓉鏡)

鄧國瓛 **1900**.01.23,01.25,01.
26,01.29,02.01,08.21,**1904**.
03.31,04.07,04.20,04.22,05.
01,**1905**.03.26,03.28,04.30,
05.01,10.08,11.17,11.27,12.
19,**1906**.03.20,07.03,11.16,
1907.06.17,08.04,11.14,**1908**.
01.08

鄧華熙 **1897**.06.11,07.28,**1899**.
02.07,11.09

鄧鏗 **1896**.05.29

鄧立山 **1903**.11.14,11.19,**1907**.
05.19

鄧廉翁(見鄧蓉鏡)

鄧蓮裳(見鄧蓉鏡)

鄧蓮翁(見鄧蓉鏡)

鄧林 **1902**.07.18

鄧縵 **1893**.09.08

鄧蓉鏡 **1892**.02.29,06.09,07.
06,09.12,09.23,10.25,11.06,
1893.04.22,05.06,05.17,06.
13,08.18,09.06,**1894**.03.10,
09.03

鄧汝縣 **1906**.08.25

鄧實 **1906**.02.11

鄧壽熙 **1900**.07.29,08.10,**1905**.
02.09,09.02,**1907**.08.31

鄧舜卿 **1900**.04.18,**1901**.08.22

鄧析 **1899**.10.13

鄧顯鶴 **1895**.06.11

鄧湘皋(見鄧顯鶴)

鄧小赤 **1900**.08.05

鄧儀卿 **1899**.10.23

鄧又彌(見鄧國瓛)

鄧幼梅(見鄧國瓛)

鄧幼彌(見鄧國瓛)

鄧玉堂 **1897**.04.06,04.10

鄧璋 **1898**.04.24

鄧直卿 **1905**.08.13,08.14

鄧滋生 **1897**.04.09

狄(見狄澤昀)

狄梁公(見狄仁傑)

狄仁傑 **1897**.06.15

狄仁立 **1904**.05.02

狄鑫 **1902**.12.20,**1905**.03.18

狄澤臣(見狄澤昀)

狄澤生(見狄澤昀)

狄澤昀 **1903**.11.07,12.11,12.

25,**1904**.02.21,03.09,04.27,
11.14,12.23,**1905**.01.03,03.
04,05.20,12.25,**1906**.01.04,
01.05,01.06,01.11,01.13,01.
15,02.01,09.02,12.29,**1907**.
02.01,12.01,12.07

迪安(見陳迪安)

迪臣(見譚迪臣)

迪康(見傅迪康)

迪樓(見熊廷鈞)

迪魯(見熊廷鈞)

笛樓(見熊廷鈞)

笛仙(見楊笛仙)

帝嚳 **1892**.08.19

第之(見劉第之)

棣樓(見熊廷鈞)

棣艫(見熊廷鈞)

棣威(見黃棣威)

典臣(見陳習謨)

甸丞(見金蓉鏡)

甸侯(見汪甸侯)

殿臣(見鄒殿臣)

殿臣 **1897**.07.24

殿書(見鄒淩瀚)

丁(見丁大全)

丁(見丁汝昌)

丁(見丁振鐸)

丁次山 **1903**.11.11

丁大全 **1902**.07.18,**1907**.02.08

丁大晟 **1907**.12.28,**1908**.01.02

丁福廷 **1904**.04.05,04.20

丁福亭 **1903**.02.13,02.18,**1906**.
04.27

丁馥亭 **1904**.04.11

丁國鈞 **1902**.04.12

丁儉卿(見丁晏)

丁菊人 **1906**.04.13

丁軍船(見丁汝昌)

丁可鈞 **1898**.08.17

丁里堂(見丁理堂)

丁理堂 **1902**.07.10,**1906**.10.12,
10.15,11.14,11.28,12.31,
1907.01.02,03.22,06.28,07.
03,12.04

丁禮堂(見丁理堂)

丁立鈞 **1894**.12.02

丁令威 **1895**.06.18

丁汝昌 **1894**.08.02,12.30,**1895**.
01.04,02.07,02.27,03.01,03.
07,03.10

丁劼容 **1903**.06.25,06.28

丁紹容(見丁劼容)

丁帥(見丁汝昌)

丁韙良 **1900**.08.16

丁雪濤 **1894**.04.28

丁晏 **1892**.06.08,06.20,07.15,
10.17,**1893**.04.06,**1894**.08.04,
1900.03.10

丁儀 **1897**.03.07

丁禹昌 **1894**.12.02

丁振鐸　**1902**.07.07,09.24,12.
　10,**1906**.09.15

丁中丞(見丁振鐸)

丁重安　**1902**.04.12

鼎甫(見梁鼎甫)

鼎焱(見連鼎焱)

鼎垚(見連鼎垚)

鼎彝(見黃鼎彝)

定盦(見龔自珍)

定公(見魯定公)

定九(見夏鼎)

定山(見李定山)

東方朔　**1899**.04.14

東萊(見呂祖謙)

東坡(見蘇軾)

東瀛(見曹廣權)

董(見董福祥)

董(見董士錫)

董(見董湘芩)

董(見董仲舒)

董(見董卓)

董方立(見董祐誠)

董福祥　**1898**.01.04,01.18,**1900**.
　06.11,06.22,06.25,07.19,07.
　24,07.28,08.03,08.05,08.16,
　08.17,08.24,08.28,08.30,09.
　12,09.13,10.11,10.12,12.26,
　1901.01.06,01.21,03.30,04.
　02,06.18,07.09,07.22,10.15

董公(見董鴻勛)

董毅　**1907**.03.19

董航秋(見董鴻勛)

董鴻勛　**1903**.01.27,04.09,04.24

董基誠、董祐誠　**1892**.07.24

董崑德　**1893**.09.02,**1894**.07.14,
　07.15,07.22,08.25

董士錫　**1895**.09.03

董司馬(見董湘芩)

董太師(見董卓)　**1898**.01.04,
　1900.07.19

董委員(見董鴻勛)

董文煥　**1894**.06.17

董湘林(見董湘芩)

董湘芩　**1903**.05.10,11.07,11.
　10,11.11,11.12,11.19,12.11,
　12.15,12.16,12.17,12.19,12.
　27,**1904**.01.11,01.15,01.22,
　01.24,01.29,02.08,02.71,03.
　02,03.21,03.31,04.08,04.09,
　04.16,04.21,**1906**.01.11,**1907**.
　09.08

董湘翁(見董湘芩)

董小宛　**1899**.09.04

董研樵(見董文煥)

董祐誠　**1894**.02.01

董仲舒　**1893**.06.03,**1896**.07.05,
　1898.03.06,04.06,04.12,04.
　14,07.19,10.04,**1899**.03.21,
　1902.07.18,**1904**.12.28,**1906**.
　05.24,**1907**.03.27,07.30

端（見端方）

端（見載漪）

端邸（見載漪）

端方　**1901**. 03. 17, **1903**. 06. 18,
06. 23, 06. 27, 07. 09, 11. 15,
1904. 01. 18, 05. 26, 12. 15, 12.
25, 12. 28, **1905**. 01. 03, 01. 10,
01. 11, 01. 14, 01. 24, 01. 25, 01.
27, 02. 01, 02. 03, 02. 04, 02. 05,
02. 08, 02. 09, 02. 12, 02. 13, 02.
18, 02. 21, 02. 25, 02. 28, 03. 01,
03. 09, 03. 10, 03. 16, 03. 23, 03.
25, 03. 27, 03. 29, 04. 03, 04. 04,
04. 07, 04. 16, 04. 19, 04. 22, 05.
01, 05. 02, 05. 07, 05. 08, 05. 12,
05. 16, 05. 17, 05. 20, 05. 27, 06.
07, 06. 15, 06. 17, 06. 20, 06. 24,
06. 25, 06. 27, 06. 30, 07. 01, 07.
06, 07. 09, 07. 15, 07. 16, 07. 17,
07. 18, 07. 19, 07. 24, 07. 27, 07.
31, 08. 01, 08. 07, 08. 28, 09. 02,
09. 07, 09. 21, 09. 28, 09. 29, 10.
12, 10. 26, 10. 28, 11. 13, 12. 02,
12. 22, 12. 24, **1906**. 01. 04, 01.
08, 01. 10, 01. 17, 02. 11, 02. 19,
02. 22, 03. 21, 05. 19, 06. 11, 07.
09, 07. 10, 07. 12, 08. 13, 09. 05,
09. 15, 10. 02, 10. 09, 10. 20, 12.
10, 12. 20, 12. 22, **1907**. 02. 07,
03. 11, 03. 22, 03. 25, 05. 05, 06.

10, 06. 17, 07. 09, 07. 22, 08. 08,
08. 20, 08. 23, 08. 24, 08. 25, 08.
26, 08. 30, 08. 31, **1908**. 02. 21

端華　**1900**. 01. 02

端六（見楊冕）

端生（見郭端生）

端王（見載漪）

端午帥（見端方）

段（見段祺瑞）

段（見段玉裁）

段伯猷　**1900**. 01. 19

段才初　**1906**. 01. 03

段典欽　**1904**. 12. 28

段笏　**1892**. 06. 26, 07. 08, **1893**.
04. 22, 09. 14, 10. 29, **1894**. 04.
30, 05. 02, 07. 28, **1895**. 05. 24

段節　**1893**. 09. 04, 09. 14, **1894**.
04. 30, 06. 26, 07. 23, 08. 17, 10.
17, **1895**. 05. 24, 09. 03, **1896**.
04. 23

段茂堂（見段玉裁）

段某（見段祺瑞）

段祺瑞　**1907**. 05. 16, 05. 25, 06. 16

段少元　**1893**. 06. 23

段氏（見段玉裁）

段友蘭　**1902**. 07. 29

段玉裁　**1892**. 08. 26, 10. 10, **1893**.
08. 02, **1894**. 12. 07, **1895**. 06. 02,
06. 15, 06. 18, 09. 28, **1896**. 08.
07, **1898**. 08. 04, **1908**. 02. 03,

02.05

敦甫(見羅敦甫)

多倫布　**1898**.08.25

E

額爾經額　**1896**.03.05

恩(見恩銘)

恩(見恩壽)

恩銘　**1907**.07.13,07.16,07.30,
08.01

恩銘恩撫(見恩銘)

恩壽　**1898**.11.24,**1900**.09.14,
1901.12.06,**1904**.05.25,05.26

耳東(見陳家述)

耳東(見陳啟泰)

耳東公(見陳寶箴)

爾梅(見皮爾梅)

爾翊(見賀贊元)

爾朱榮　**1898**.10.01,**1900**.07.10

二程子(見程頤)

二董(見董基誠、董祐誠)

二兒(見皮嘉祐)

二郭(見郭立山、郭宗熙)　**1903**.
07.01

二劉(見劉敞、劉攽)

式負　**1898**.04.06

式師(見李廣利)

F

法和(見文廷楷)

樊(見樊錐)

樊遲　**1898**.03.06

樊春徐(見樊錐)

樊梨花　**1900**.10.11

樊敏　**1900**.06.10,**1901**.01.22,
01.23

樊深　**1897**.10.07

樊榭(見厲鶚)

樊有季　**1892**.06.27

樊雲門(見樊增祥)

樊增祥　**1901**.11.15,**1903**.07.27,
08.19,**1906**.10.08

樊仲皮　**1892**.08.19,**1897**.05.25,
1899.08.14

樊仲山父　**1892**.08.19

樊重　**1897**.09.11

樊錐　**1898**.01.06,**1898**.03.10,
03.20,04.01,05.15,05.16,05.
18,05.22,07.06

繁延壽　**1905**.02.11

范德培　**1895**.04.10,**1896**.08.22,
08.23,09.07

范觀察(見范德培)

范季遠(見范德培)

范靜生(見范源濂)

范蠡　**1898**.03.14

范溁　**1898**.10.04

范清華　**1899**.07.17,08.02,08.25

范秋帆　**1898**.06.20

范升　**1903**.03.01

馮伯初　**1901**.11.08

馮莘廷　**1904**.03.09

馮莘亭(見馮子材)

馮道　**1903**.07.15

馮宮保(見馮子材)

馮桂芬　**1897**.08.05,**1898**.09.14

馮華廷　**1904**.01.15

馮立夫(見馮立甫)

馮立甫　**1903**.11.27,12.12,12.18,**1904**.01.28,04.21

馮林一(見馮桂芬)

馮夢禎　**1899**.11.16

馮銓　**1898**.09.14

馮汝騤　**1907**.09.07

馮錫仁　**1895**.03.04,**1900**.03.03,**1904**.10.03,10.22,11.24,11.26,**1905**.03.10,05.02,05.07,12.09,**1906**.10.16,10.20,**1907**.04.06

馮星垞(見馮錫仁)

馮星言　**1903**.06.10

馮煦　**1907**.07.16

馮衍　**1897**.12.18

馮月娥　**1903**.06.19

馮哲夫　**1905**.06.28,**1906**.05.07,05.11

馮子才　**1898**.05.18

馮子材　**1895**.02.10,**1903**.08.18,08.23,10.11

馮子靖　**1899**.05.07,05.17,05.

20,05.23,05.25,05.26,05.30,05.31,06.05,06.08,06.09,06.10,06.13,06.16,06.17,06.18,06.21,07.19,07.20,07.22,07.23,08.26,09.17,09.29,11.14,12.02,**1900**.01.15,05.05,05.06,05.08,05.14,10.05,10.06,10.15,10.21,10.23,11.21,11.04,11.30,11.16,11.17,12.01,12.09,12.12,12.14,12.04,12.23,**1901**.03.14,03.21,04.05,04.10,04.19,04.20,04.22,04.23,04.25,05.09,05.13,05.21,05.29,05.30,06.02,06.04,06.06,06.10,06.11,09.05,10.08,11.05,**1902**.03.02,06.11,**1906**.04.23

馮子靜(見馮子靖)

奉春(見婁敬見)

奉峨(見宋名璋)

奉光(見陳奉光)

奉璋(見戴奉璋)

鳳岡(見陳嘉會)

鳳岡(見曠超一)

鳳光(見陳嘉會)

鳳九(見賀鳳九)

鳳鏗(見劉鳳鏗)

鳳笙(見吳獬)

鳳石(見陸潤庠)

鳳友(見劉鳳友)

佛基　**1899**.08.02,**1902**.02.01,
　1903.01.23,**1905**.06.21

佛生(見譚嗣同)

佛翼(見李祥霖)

伏(見伏勝)

伏生(見伏勝)

伏勝　**1892**.07.31,08.22,08.23,
　09.02,**1895**.02.01,09.07,**1897**.
　02.18,06.26,**1898**.04.06,06.
　04,07.05,**1900**.01.01,**1908**.
　01.20

伏羲　**1892**.08.19,**1898**.04.06,
　05.09,11.16

芙初(見陳芙初)

服(見服虔)

服虔　**1900**.04.12

服翊(見李祥霖)

服翌(見李祥霖)

服翼(見李祥霖)

苻葆初　**1894**.07.14,**1898**.10.04

苻堅　**1898**.11.01

紱臣(見唐才常)

紱丞(見唐才常)

紱延(見周世楙)

福冬　**1907**.09.14

福廉訪(見福裕)

福餘菴(見福裕)

福餘莽(見福裕)

福裕　**1892**.02.28,02.29,03.03,
　06.09,06.13,10.22,11.06,

1893.04.23,09.14,09.15,09.
　19,10.09,**1894**.03.09,04.27,
　07.26,07.29,**1895**.03.01,**1896**.
　04.24,11.02,11.03

黻丞(見唐才常)

輔熾(見劉輔熾)

輔卿(見鄧黼卿)

輔熙(見程輔熙)

黼卿(見鄧黼卿)

黼人(見楊黼人)

傅邦楨　**1896**.08.18,**1898**.06.23,
　08.10,09.12,09.30

傅迪康　**1893**.07.21,07.24,**1894**.
　07.10

傅迪齋　**1892**.04.25

傅棟臣　**1898**.06.23

傅爾貽　**1902**.10.29

傅幹臣　**1898**.06.19

傅介子　**1898**.07.25

傅景俞　**1894**.07.15,10.17

傅念恃　**1903**.11.18,**1906**.06.06

傅世洵　**1897**.02.19

傅桐　**1894**.03.01

傅相(見李鴻章)

傅巽　**1896**.07.15,07.28,**1897**.
　10.22

傅巖(見沈傅巖)

傅右衡　**1893**.07.21,07.24,**1894**.
　07.10

傅幼羮　**1899**.12.18,**1900**.01.12,

高希哲 **1894**.05.17

高燮曾 **1898**.10.31

高心夔 **1896**.08.23,**1905**.06.16

高序綱 **1902**.03.11,03.20,07.28

高陽(見李鴻藻)

高誘 **1892**.09.02,**1893**.07.09,
　1898.08.04

高宗(見宋高宗)

告子 **1897**.12.24

郜生文 **1900**.09.14

誥慶(見俞誥慶)

葛寶華 **1903**.08.26

葛成春 **1892**.07.08,07.15,08.17

葛道殷 **1898**.09.19

葛洪 **1898**.08.04

葛立業 **1900**.09.14

根青(見張根青)

根約(見瞿方梅)

根岳(見瞿方梅)

艮老(見劉人熙)

艮山(見劉人熙)

艮山(見龍艮山)

艮生(見劉人熙)

庚生(見張庚生)

耕莘(見江學尹)

賡臣(見蔡賡臣)

賡雲(見張賡雲)

耿平野 **1899**.06.22

公達(見文公達)

公達 **1900**.01.22

公亶父 **1895**.05.30

公度(見黃遵憲)

公甫(見黃公輔)

公輔(見黃公輔)

公劉 **1895**.05.30

公魯(見汪公魯)

公略(見黃公略)

公束(見張鳴珂)

公孫(見公孫弘)

公孫丑 **1898**.04.06

公孫弘 **1898**.07.19

公隼(見汪守墉)

公子圍 **1893**.08.31

宮保(見袁世凱)

恭邸(見奕訢)

恭楷(見趙恭愷)

恭濚(見舒恭濚)

恭潤(見舒恭潤)

恭王(見奕訢)

躬菴(見彭士望)

躬父(見黃躬父)

龔(見龔遂)

龔(見龔照嶼)

龔(見龔自珍)

龔定盦(見龔自珍)

龔福保 **1893**.04.27,08.10,08.
　13,08.27,09.14,09.15,**1894**.
　06.26,07.25,07.27,09.11,
　1895.07.28,10.05,10.19,**1896**.
　04.20,06.16,07.06,08.17,08.

21,09.25,10.02,10.20,10.22,
11.07,**1897**.04.20,05.12,**1898**.
09.10

龔福燾 **1896**.08.16

龔固 **1904**.09.30,**1905**.04.04,
07.29,08.02,08.05,10.10,
1907.12.22

龔桂巖 **1897**.05.20,**1898**.07.15,
07.25,09.17

龔海蛟 **1898**.05.22

龔恒春 **1901**.04.20,**1902**.08.24,
1903.04.08,10.04,**1906**.05.03,
11.16

龔季青 **1896**.03.13,**1904**.10.01,
1907.12.14

龔鑑三 **1905**.09.21

龔鏗 **1902**.11.08,**1903**.10.09,
1903.11.29,**1903**.12.13,**1905**.
07.29

龔立誠 **1905**.09.21,09.22

龔魯卿(見龔照璵)

龔啟南 **1898**.12.10,**1899**.07.28

龔啟湘 **1905**.04.11,07.29

龔瓊山 **1892**.11.25,12.03,12.
04,**1893**.10.06,**1894**.01.14,
1895.01.13,01.14,11.23,**1897**.
02.13,03.25,10.02,10.03,11.
23,**1898**.01.29,02.13,05.02,
1899.03.03,08.03,08.07,08.
13,08.26,08.27,08.28,08.29,

09.14,09.15,09.24,**1902**.02.
07,05.15,05.16,06.04,08.25,
08.26,11.25,**1903**.10.14,10.
16,10.19,11.29,**1905**.04.09,
04.18,07.29,09.21,**1906**.05.
01,08.17,08.25,08.29,09.08,
10.27,10.28,11.30

龔生烈 **1898**.03.07

龔省翁(見龔鎮湘)

龔省吾(見龔鎮湘)

龔壽永 **1904**.03.20

龔樹人 **1895**.06.29,07.21,09.
08,10.01,10.23,**1896**.05.08,
1898.06.18

龔遂 **1893**.08.28

龔獻 **1899**.08.13

龔小浦 **1899**.11.05

龔延渤 **1896**.04.27,**1897**.03.31,
05.19,**1898**.06.22

龔仰蘧 **1894**.12.02

龔養吾 **1892**.03.01,03.02,03.
03,11.07,**1897**.04.11,04.19,
1899.02.25

龔元玠 **1895**.02.18

龔雲圃 **1904**.03.13

龔雲浦 **1899**.10.29,11.07

龔照璵 **1894**.12.28,**1895**.01.04,
02.07,02.15,03.07

龔鎮湘 **1892**.03.04,**1893**.12.15,
1894.05.05,**1896**.03.16,**1897**.

鯀 **1893**.06.15

郭(見郭立山)

郭(見郭璞)

郭(見郭嵩燾)

郭保生 **1898**.02.24

郭本謀 **1901**.10.11

郭承平 **1892**.07.06,**1902**.10.29

郭迪安 **1893**.05.07,09.16

郭訒伯(見郭宗熙)

郭端生 **1898**.02.24

郭復初(見郭立山)

郭復心 **1905**.02.08

郭華臣 **1899**.02.03

郭佽 **1899**.01.09

郭嘉 **1900**.03.02

郭京 **1900**.07.17

郭筠老(見郭嵩燾)

郭筠仙(見郭嵩燾)

郭立山 **1902**.01.12,01.29,02.25,**1903**.05.28,06.24,**1904**.11.05,11.11,11.26,11.28,11.30,12.02,12.04,12.06,12.07,12.08,12.09,12.12,12.14,12.20,12.29,**1905**.01.11,01.13,03.19,03.27,03.20,03.21,03.29,03.30,03.31,04.01,04.07,04.08,04.14,04.21,04.22,04.28,04.29,05.05,05.06,05.12,05.14,05.16,05.17,05.19,05.20,05.22,06.27,08.13,09.09,09.

20,**1906**.05.18,06.02,06.23,**1907**.11.06

郭林宗(見郭泰)

郭銘綏 **1896**.04.22,**1897**.05.10,06.04

郭璞 **1896**.05.07

郭慶藩 **1895**.09.05,**1899**.04.17

郭慶熙 **1902**.08.04

郭人漳 **1904**.09.28

郭松堂 **1898**.02.22,02.24

郭嵩燾 **1895**.10.21,**1897**.10.24,**1898**.03.06,03.23,04.15,**1899**.12.21,**1901**.05.20,10.01,**1905**.01.13,**1908**.02.21

郭泰 **1900**.09.18

郭廷鈺 **1892**.06.24

郭桐伯(見郭宗熙)

郭隗 **1892**.06.12

郭巖 **1898**.10.15

郭月波 **1903**.03.14

郭章甫 **1892**.11.25,**1893**.01.18,02.27,04.01,10.06,10.09,10.27,10.28,11.03,11.15,11.26,11.27,12.02,**1894**.10.17,11.22,**1895**.01.14,**1896**.02.25,03.13,04.02,04.03,12.05,**1897**.09.30,10.04,10.08,10.09,**1898**.01.29,02.22,02.23,02.24,02.28,03.10,12.11,**1906**.10.27,11.07

23, 10. 28, 11. 20, **1894**. 04. 06,
04. 22, 04. 23, 05. 21, 12. 28, 12.
29, **1895**. 09. 21, **1896**. 02. 21,
1898. 12. 27, **1906**. 08. 07, 08. 13,
09. 20, 11. 05, 11. 11, **1907**. 01.
07, 01. 30

何卜　**1904**. 12. 13

何焯　**1892**. 09. 16, 09. 20, 10. 16

何承道　**1892**. 03. 29, 04. 17, 04.
13, 05. 05, 05. 08, 05. 12

何承天　**1901**. 02. 14, 03. 09

何崇厚　**1892**. 06. 29, 07. 28

何大復(見何景明)

何大令(見何幼伊)

何方伯(見何樞)

何公(見何幼伊)

何國璽　**1904**. 04. 12

何進　**1899**. 12. 11, **1906**. 10. 21

何景明　**1896**. 03. 09, **1897**. 06. 28,
06. 30

何敬釗　**1897**. 11. 19

何君(見何休)

何楷　**1894**. 01. 16, **1897**. 02. 14

何來保　**1898**. 03. 20, 03. 26, **1900**.
08. 20, 10. 27

何禮　**1898**. 06. 30

何立齋　**1903**. 05. 27

何笠農　**1903**. 05. 28

何鹿秋　**1902**. 08. 15

何茂生(見何維植)

何梅閣　**1894**. 03. 18

何鳴皋(見何鳴高)

何鳴高　**1899**. 04. 01, 04. 05, 04. 15

何某(見何啟)

何乃瑩　**1900**. 09. 01, **1901**. 09. 17,
1902. 01. 23

何璞元(見何承道)

何樸元(見何承道)

何啟　**1899**. 10. 28, **1900**. 01. 20

何秋濤　**1894**. 03. 19, 06. 18

何紹基　**1894**. 01. 15, **1899**. 11. 20,
12. 03, **1900**. 04. 29, **1901**. 12. 15,
12. 29, **1902**. 01. 10, **1904**. 10. 15,
10. 16

何紹曾　**1904**. 10. 28

何詩孫(見何維樸)

何氏(見何楷)

何氏(見何休)

何栻　**1896**. 08. 23

何樞　**1898**. 02. 26

何樹齋　**1905**. 05. 08, 06. 06, 06. 14

何棠孫(見何維棣)

何棠蓀(見何維棣)

何維棣　**1893**. 03. 04, 10. 18, 10.
27, 10. 28, 11. 20, 12. 15, **1894**.
01. 15, 01. 18, 02. 13, 12. 03,
1895. 01. 17, 01. 19, 02. 21, **1896**.
01. 18, 02. 25, 03. 03, 03. 04, 03.
09, 03. 28, 03. 29, 03. 31, 08. 22,
1902. 09. 09, 09. 13, 09. 21, **1904**.

01，09.05，09.19，**1895**.09.21，
1897.08.23，08.24，09.02，09.
03，10.20，**1898**.06.28，06.30，
1901.07.22，**1902**.09.26
賀祥齡　**1893**.09.11
賀貽孫　**1892**.06.19，06.26
賀元彬　**1894**.03.09，03.11，06.
24，**1895**.04.04，04.07，**1896**.05.
25，07.25，08.18，**1900**.12.15，
1902.05.14，05.15，05.25，07.
06，10.14
賀月槎（見賀輝玉）
賀贊元　**1892**.06.19，06.21，06.
25，06.26，08.12，08.16，08.26，
08.31，09.01，09.15，09.17，09.
30，10.03，10.05，10.10，10.14，
10.15，10.20，10.26，10.30，11.
04，**1893**.05.24，05.25，06.03，
06.04，06.07，06.08，06.10，06.
12，06.14，06.18，06.22，07.02，
07.03，07.07，07.11，07.16，07.
21，07.22，07.26，07.30，08.01，
08.04，08.07，08.08，08.09，08.
11，08.17，08.18，08.25，08.26，
08.27，08.31，09.05，09.08，09.
10，09.12，09.15，09.16，**1894**.
06.26，06.28，06.30，07.05，07.
06，07.09，07.09，07.11，07.13，
07.14，07.15，07.16，07.17，07.
19，07.23，07.25，07.26，07.27，

07.29，07.30，08.01，08.03，08.
08，08.09，08.13，08.18，08.19，
08.27，08.29，09.02，09.05，09.
16，09.19，10.17，10.26，11.30，
1895.02.16，04.02，04.04，04.
20，05.24，06.17，06.21，09.21，
09.22，09.24，10.08，10.12，10.
16，**1896**.04.21，04.22，04.23，
05.07，07.15，07.19，08.12，09.
02，09.03，**1897**.01.03，01.04，
02.17，02.21，08.23，08.24，09.
02，12.30，**1898**.06.28，06.30，
07.28，07.29，07.30，08.02，09.
13，**1899**.05.13，12.09，12.10，
12.19，**1900**.03.11，04.25，11.
27，**1901**.07.22，**1902**.04.25，04.
26，04.27，04.28，05.13，05.14，
05.16，05.21，05.22，05.25，07.
03，07.30，**1906**.02.27，03.06，
09.24，**1907**.07.28，**1908**.01.18
賀之翰　**1904**.12.22，**1905**.05.19
賀芝陔　**1893**.07.23
賀芷瀾（見賀元彬）
賀子潤　**1907**.12.13
賀子翼（見賀貽孫）
賀佐清　**1905**.02.21
赫（見赫德）
赫德　**1892**.06.06，**1896**.04.25，
05.03，08.18，**1898**.04.12，**1900**.
08.03，08.05，08.09，**1901**.12.

16,**1902**.01.01,**1904**.05.07

赫胥黎 **1899**.12.06

鶴春(見陳鶴春)

鶴年(見彭鶴年)

鶴孫(見夏敬孚)

亨大利 **1900**.02.25

亨利 **1898**.12.18,**1899**.05.22

恒春(見龔恒春)

恒章(見史恒章)

橫渠(見張載)

衡方 **1897**.07.06

衡瑞 **1894**.04.27

衡璋 **1894**.04.27,04.30

衡芝圃(見衡璋)

衡芷(見王衡芷)

弘光(見朱由崧)

弘羊(見桑弘羊)

宏毅(見皮宏毅)

洪(見洪亮吉)

洪(見洪适)

洪北江(見洪亮吉)

洪承疇 **1898**.09.14

洪皓 **1899**.08.14

洪鈞 **1893**.07.27,**1895**.07.21

洪蓮午 **1892**.04.16,04.30

洪亮吉 **1892**.06.04,**1895**.08.27,
09.03,**1898**.04.19

洪逆(見洪秀全)

洪盤洲(見洪适)

洪汝沖 **1895**.12.22,**1898**.11.08

洪汝源 **1892**.06.13,**1894**.04.27,
06.01,**1903**.07.17

洪藥 **1900**.03.27

洪氏(見洪适)

洪适 **1895**.10.12,**1898**.03.23,
1901.01.23,03.19

洪田 **1892**.06.26,**1895**.05.03,
1896.05.21,**1897**.05.02

洪文卿(見洪鈞)

洪秀全 **1898**.05.21,05.22

洪毅夫(見洪汝源)

洪稗存(見洪亮吉)

洪佐卿 **1908**.01.20,02.01

紅蓮 **1901**.06.23

鴻鈞(見蕭鴻鈞)

鴻棣(見李鴻棣)

侯芭 **1898**.08.25

侯昌鳳 **1903**.11.17,11.18,11.21

侯成 **1899**.03.20

侯官(見張亨嘉)

侯景 **1900**.07.24

侯康 **1892**.08.29,**1895**.02.22

侯樹哉 **1899**.07.20

侯雲谷 **1899**.07.20

侯箴卿 **1892**.04.15,**1899**.07.20

后稷 **1892**.08.22,**1895**.07.09,
1897.03.07,**1900**.06.10,**1901**.
03.19,**1903**.11.26

厚康(見蘇輿)

後德(見德壽)

02,10. 11,10. 14,10. 17,10. 19,
10. 28,10. 29,12. 10,**1905**. 01.
11,03. 03,03. 16,03. 28,05. 07,
05. 19,05. 20,06. 19,12. 06,
1906. 01. 27,05. 09,07. 03,08.
09,08. 21,09. 26,12. 02,**1907**.
06. 03,12. 08,12. 25,**1908**. 01. 11

胡元儀 1892. 12. 13,12. 19,**1893**.
01. 05,03. 20,03. 22,10. 14,11.
14, 11. 17,**1895**. 02. 14,12. 16,
12. 17,12. 26,**1896**. 01. 01,**1897**.
01. 19, 10. 24, 12. 02,**1898**. 02.
05, **1900**. 08. 10, **1901**. 01. 25,
1902. 03. 09,03. 13,**1903**. 03. 23,
1905. 03. 03,**1907**. 11. 14,12. 08,
12. 09,**1908**. 02. 29

胡元玉 1893. 03. 23,11. 14,11.
16,**1895**. 02. 14,03. 04,**1896**. 01.
01, **1897**. 11. 30, **1898**. 03. 03,
1902. 05. 27,05. 29,**1903**. 01. 20,
01. 24,03. 02,03. 14,03. 16,03.
23,03. 27,04. 07,04. 14,05. 07,
09. 30, 11. 11, 12. 19, **1904**. 01.
28,**1906**. 10. 20,**1907**. 02. 14,02.
20,02. 23,02. 27,02. 28,03. 07,
03. 10,03. 11,03. 14,03. 18,03.
19,03. 22,04. 16,05. 15,06. 11,
06. 25,06. 28,07. 22,07. 30,08.
12,09. 01,10. 20,11. 04,11. 03,
12. 09,12. 30,**1908**. 01. 24

胡元直 **1892**. 12. 13,**1893**. 07. 28,
10. 14,11. 17

胡沅 **1903**. 10. 18

胡粤生 **1904**. 10. 24,12. 25,12.
29, **1905**. 01. 31,02. 13,02. 23,
02. 24,03. 01,03. 08,03. 10,09.
01,**1906**. 01. 12,**1907**. 09. 01

胡雲溪 **1907**. 12. 28,**1908**. 01. 22

胡藻 **1896**. 06. 23,**1897**. 04. 22,
05. 25,06. 04,10. 20,**1898**. 06.
23,07. 30,09. 30,**1903**. 05. 28,
07. 01,07. 06,**1904**. 01. 03

胡澤臣 **1905**. 06. 12

胡澤存 **1903**. 11. 13

胡澤生 **1903**. 12. 03,12. 27

胡珍 **1903**. 01. 26,02. 25,03. 05,
05. 11,08. 08,09. 21,09. 24,10.
03,10. 09,10. 18,10. 30,10. 22,
11. 09,11. 17,11. 26,12. 04,12.
10, 12. 12, 12. 29, **1904**. 01. 13,
01. 15,01. 19,01. 25,01. 26,01.
28,01. 30,02. 01,02. 03,02. 04,
02. 10,02. 14,02. 27,03. 17,03.
23,04. 09,04. 14,05. 13,10. 30,
1905. 08. 16,08. 23,**1906**. 04. 30,
05. 07,06. 20

胡止生 **1901**. 11. 05

胡芷岑 **1894**. 04. 26

胡稚威(見胡天游)

胡子靖(見胡元倓)

胡子靖(見胡子清)

胡子靜(見胡元俀)

胡子清　**1900**.05.16,11.17,**1902**. 04.24,04.25,06.05,07.13,08. 28,08.29,10.02,10.13,**1903**. 10.06,10.07,10.08,**1906**.02. 26,03.06,04.27,05.02,05.04, 06.23,09.21,10.07,**1907**.03. 16,03.23,03.25,04.07,05.03, 09.06,09.12,12.08,**1908**.03.05

胡子瑞(見胡元玉)

胡子威(見胡元儀)

胡子勛　**1894**.04.06,04.21,04. 28,05.02,05.21

胡子彝(見胡元常)

胡子正(見胡元直)

胡祖復　**1906**.08.15

胡祖蔭　**1900**.07.12,07.29,08. 17,08.19,08.20,08.26,08.27, 11.08,**1905**.03.11

斛泉(見黃積厚)

湖塘(見李慈銘)

笏老(見易佩紳)

笏山(見易佩紳)

笏雲(見劉鉅)

瓠廎(見黃膺)

花承霖　**1894**.06.27,**1896**.04.22

花之安　**1904**.03.27

華(見華輝)

華焯　**1894**.11.14

華封(見陶福履)

華輝　**1894**.04.11,**1895**.07.23, 10.20,10.21,10.22,10.26, **1896**.06.01,06.02,**1897**.11.11, **1898**.09.30,10.01,10.05,10. 06,10.07,10.10,**1899**.02.25, 09.28,12.19,**1900**.02.26,04. 27,**1902**.03.27,12.06

華金壽　**1899**.05.27

華君牧　**1906**.05.22

華盛頓　**1904**.05.22

華士　**1899**.10.13

華文匯　**1893**.04.29

華再芸(見華輝)

華贊雲(見華輝)

華子輝　**1904**.03.11

淮陰(見韓信)

槐仙　**1904**.10.20

懷欽(見王德基)

懷欽(見王懷欽)

懷特　**1907**.10.29

郇模　**1908**.01.21

桓(見齊桓公)

桓寬　**1892**.08.15,**1898**.07.19

桓譚　**1899**.12.24

桓玄　**1895**.03.10

幻吾(見劉煥吾)

奐彬(見葉德輝)

煥彬(見葉德輝)

煥吾(見劉煥吾)

皇（見皇侃）

皇甫謐　**1894**.08.19

皇侃　**1899**.10.20

黄（見黄霸）

黄（見黄帝）

黄（見黄建筑）

黄（見黄晉彝）

黄（見黄丕烈）

黄（見黄瓊山）

黄（見黄山）

黄（見黄奭）

黄（見黄膺）

黄（見黄兆槐）

黄（見黄自元）

黄（見黄宗義）

黄（見黄遵憲）

黄粤　**1898**.05.12

黄霸　**1892**.07.05,**1893**.08.28

黄柏爵　**1907**.08.27

黄邦彦　**1905**.03.13

黄炳離　**1897**.12.18,**1898**.05.31,
　09.08,09.14,11.07,**1899**.03.
　28,**1901**.06.02,**1905**.06.24

黄伯華　**1898**.10.12,10.14,10.
　15,10.18,10.20,10.27,**1899**.
　04.11,07.24,08.20,09.04,09.
　08,09.09,12.16,**1900**.01.14,
　02.08,02.12,02.16,02.17,02.
　20,03.29,03.30,04.06,04.08,
　04.20,05.06,05.12,05.13,05.

15,05.19,05.29,06.05,06.11,
06.22,06.23,06.29,07.22,07.
29,08.09,08.22,08.23,08.30,
09.04,09.26,10.04,10.08,10.
29,10.31,11.02,11.08,11.12,
11.13,11.19,12.01,**1901**.01.
02,01.04,01.25,02.09,02.14,
02.18,02.21,03.09,03.30,04.
12,05.02,05.12,05.21,05.22,
05.30,06.08,06.09,09.05,09.
16,10.01,10.03,10.04,10.07,
10.15,10.17,10.18,10.19,10.
20,10.22,10.23,10.24,11.03,
11.08,11.14,11.20,12.08,12.
12,12.13,12.15,12.17,12.19,
1902.01.04,01.05,01.09,01.
11,01.15,01.23,02.09,02.10,
02.21,04.18,04.22,08.07,08.
27,08.28,08.31,10.08,10.18,
10.24,10.25,11.21,11.23,11.
25,**1903**.01.10,04.04,04.30,
06.23,07.10,08.10,10.17,11.
21,**1906**.08.20,08.23,09.03,
09.10,**1907**.11.25,**1908**.01.22

黄伯生　**1905**.11.05

黄才甫　**1903**.02.12

黄策安（見黄均隆）

黄策生（見黄忠浩）

黄昌年　**1892**.03.29,**1894**.12.13,
　12.17,**1903**.08.26,08.27,**1904**.

04. 03, **1905**. 04. 30, 06. 21, 10.
22, **1906**. 05. 15, 05. 16, 05. 19,
05. 26, 06. 02, 07. 03, 07. 12, 07.
18, 08. 23, **1907**. 08. 08
黃巢　**1900**. 09. 01
黃傳鑣　**1895**. 07. 05
黃傳祁　**1897**. 06. 12, **1898**. 09. 19,
　1902. 01. 17
黃傳羲　**1892**. 02. 29, 03. 02, 03.
　04, 03. 10, 06. 13, 06. 17, 07. 22,
　08. 16, 08. 24, 08. 27, 09. 01, 09.
　27, 10. 02, **1893**. 04. 17, 04. 21,
　04. 27, 04. 29, 05. 10, 05. 27, 05.
　28, 05. 31, 06. 01, 06. 19, 06. 22,
　06. 25, 07. 26, 08. 04, 09. 07, 09.
　11, 09. 12, 09. 17, **1894**. 03. 10,
　03. 12, 10. 30, **1895**. 04. 10, 04.
　16, 04. 19, 05. 01, 05. 18, 05. 30,
　06. 02, 06. 16, 06. 28, 07. 12, 09.
　24, 09. 27, 09. 29, 10. 17, **1896**.
　04. 19, 04. 20, 06. 01, 08. 22, 08.
　24, 08. 25, 08. 27, 08. 29, 09. 03,
　09. 06, 11. 03, 11. 05, 11. 06, 11.
　07, 11. 09, 11. 10, 11. 11, 12. 03,
　12. 05, 12. 06, **1897**. 04. 19, 04.
　22, 05. 05, 06. 01, 06. 12, 06. 25,
　07. 06, 07. 13, 07. 19, 08. 09,
　1898. 02. 16, 02. 18, **1899**. 01. 28,
　04. 26, 05. 05, 05. 06, 08. 01,
　1901. 11. 06

黃傳祥　**1899**. 01. 05
黃純垣　**1903**. 05. 28
黃次如　**1905**. 03. 10
黃次陶　**1899**. 08. 08, **1901**. 05. 02,
　05. 10
黃琮　**1899**. 05. 02
黃達生　**1898**. 04. 17
黃大人（見黃遵憲）
黃大壎　**1894**. 10. 17
黃道周　**1893**. 08. 03, 08. 05
黃帝　**1892**. 08. 03, 08. 19, **1894**.
　08. 22, **1898**. 04. 06, 05. 09, **1900**.
　03. 02, **1902**. 10. 07
黃棣威　**1892**. 10. 18, 11. 25, **1893**.
　02. 24, 04. 18, 05. 18, 05. 19, 05.
　22, 05. 27, 06. 01, 06. 06, **1894**.
　11. 07, 12. 10, 12. 29, **1895**. 01.
　28, 11. 27, **1896**. 02. 15, **1897**. 11.
　19, **1898**. 03. 24, 04. 18, 05. 09,
　05. 30, 09. 25, **1899**. 04. 10, 12.
　09, **1901**. 09. 06, **1902**. 06. 16,
　1903. 12. 26, **1904**. 11. 07, 11. 19,
　12. 06, 12. 07, **1905**. 01. 06, 03.
　07, 06. 10, 06. 11, 08. 19, 08. 31,
　09. 01, 09. 17, 12. 05, 12. 09, 12.
　20, 12. 22, **1906**. 05. 18, 07. 03,
　08. 18, 09. 22, 09. 24, 10. 10, 12.
　02, **1907**. 03. 11, 03. 19, 03. 22,
　03. 24, 04. 22, 05. 08, 05. 11, 08.
　10, 10. 01, 10. 05, 10. 12, 10. 17,

10.21

黄殿臣　**1898**.05.29

黄鼎彝　**1895**.12.01

黄篤友　**1892**.05.12,**1894**.05.07

黄篤瓚　**1892**.04.16,**1894**.05.05,
05.07

黄度　**1892**.10.27

黄萼　**1900**.08.20

黄芳洲　**1900**.06.27

黄墮堅　**1902**.08.03

黄紱麟　**1897**.03.24

黄俯山(見黄篤瓚)

黄榦　**1896**.09.27

黄公(見黄卓元)

黄公度(見黄遵憲)

黄公甫(見黄公輔)

黄公輔　**1895**.02.11,02.20,**1897**.
11.12,12.21,**1898**.06.05,**1899**.
06.04,06.05,06.14,06.18,07.
18,08.10,08.11,08.13,08.14,
08.17,**1900**.10.18,**1901**.06.09,
1902.02.03,02.06,02.07,02.
09,02.11,02.12,07.08,07.10,
07.21,07.23,**1903**.09.29,10.
04,10.06,**1905**.11.12,11.17,
11.19,11.23,11.28,11.29,12.
01,**1906**.04.27,04.29,05.04,
05.27,06.10,06.24,09.12,09.
19,10.14,**1907**.03.24,08.01

黄公略　**1897**.11.08,**1898**.06.05,

1899.06.04,07.18,**1906**.06.10

黄躬父　**1902**.02.21,02.26,**1903**.
02.19,11.10,**1906**.04.27,05.
06,05.28,11.11,12.10,12.16,
12.30,**1907**.01.02,01.14,02.
01,04.05,04.08

黄貢如　**1893**.01.09,06.27,**1894**.
11.07,**1897**.12.20,**1899**.04.26,
08.07,08.08,08.23,12.09,
1900.01.04,02.02,10.04,**1901**.
05.02,05.16,05.22,06.03,06.
05,06.09,**1902**.10.04,10.08,
10.09,**1905**.12.17,**1907**.04.22,
04.30,05.04,06.19

黄穀孫　**1893**.05.28

黄光裕　**1905**.03.07

黄桂鋆　**1901**.04.14,05.01,06.02

黄邗生　**1905**.04.05,04.09,04.
12,06.10,06.11,08.28,10.23,
1907.11.11,11.17,12.05,12.
15,12.18,12.28

黄漢　**1906**.04.23

黄翰雲　**1901**.01.04,02.21

黄鶴雲　**1895**.05.29,05.30

黄厚森　**1898**.09.25

黄斛泉(見黄積厚)

黄花農(見黄建笁)

黄黄山　**1905**.09.04

黄恢漢　**1904**.12.07

黄積厚　**1892**.03.27,05.07,**1898**.

05.31

黃吉裳(見黃卓元)

黃輯五　**1906**.04.18

黃季度　**1897**.10.04

黃季谷(見黃季穀)

黃季穀　**1895**.02.11,**1897**.10.30,
11.08,11.09,11.10,11.12,
1898.05.26,**1900**.08.24,**1902**.
10.06

黃家驥　**1900**.06.14

黃嘉爾　**1896**.09.19

黃嘉祐　**1898**.05.31

黃建筑　**1902**.03.01,05.25,05.
29,06.18,**1903**.06.09,**1905**.
07.06

黃彊　**1905**.06.13,06.15,08.15,
08.18,08.22,08.29,09.07,09.
13,09.26,09.27,09.28,10.22,
11.12,11.19,11.29,12.03,12.
05,12.13,12.25,12.26,**1906**.
01.02,02.16,03.01,04.02,04.
08,04.22,04.29,05.06,05.27,
06.10,06.26,06.28,07.02,09.
30,10.14,**1907**.03.18,04.08,
05.11,06.29,06.30,07.05,09.
22,11.17,12.15,12.17,**1908**.
01.25,02.29,03.03

黃堇腴(見黃自元)

黃錦華　**1896**.06.22

黃晉彝　**1898**.08.05,08.17,08.20

黃覲虞(見黃自元)

黃經生　**1902**.02.06

黃景仁　**1893**.12.27,**1897**.01.24

黃敬輿(見黃自元)

黃菊秋　**1895**.12.01

黃君甫(見黃壽康)

黃君輔(見黃壽康)

黃均隆　**1898**.10.30,11.23,**1899**.
02.22,**1901**.03.13,09.17,11.
26,**1902**.07.29,**1903**.09.24,
1905.08.01,**1907**.10.17

黃鈞夫(見黃壽康)

黃鈞甫(見黃壽康)

黃鈞隆　**1899**.03.24,03.26

黃鈞宰　**1897**.06.17

黃開元　**1894**.07.19

黃康祺　**1892**.04.12,**1893**.10.25,
1896.04.07,**1901**.10.10

黃蘭生　**1897**.11.08,**1901**.10.10

黃蘭亭　**1902**.10.04

黃黎洲(見黃宗羲)

黃離耀　**1906**.04.29

黃立隆　**1903**.01.17

黃鹿泉(見黃膺)

黃鹿生　**1903**.03.01

黃麓泉(見黃膺)

黃履中　**1902**.04.15

黃戀典　**1896**.08.24,**1897**.04.30

黃枚生　**1907**.09.24

黃梅生　**1906**.03.14,03.15

04, 10. 05, 10. 06, 10. 07, **1904**. 01. 14, 01. 24, 04. 01, 04. 03, 10. 01, 10. 03, 10. 04, **1905**. 01. 30, 01. 31, 04. 12, 06. 13, 09. 27, **1906**. 04. 29, 05. 27, **1907**. 06. 26, 08. 09

黄壽謙　**1892**. 09. 23, **1893**. 07. 07, 07. 09, 08. 29, 10. 29, **1894**. 04. 27, **1898**. 03. 03, **1904**. 10. 11

黄漱蘭(見黄體芳)

黄樹珊　**1894**. 06. 25, 09. 16, **1896**. 07. 06, 07. 23, 10. 02

黄樹齋　**1895**. 07. 05

黄思聰　**1895**. 04. 16

黄思永　**1898**. 08. 22, **1900**. 08. 16, **1902**. 01. 22

黄頌鑾　**1898**. 02. 14, 03. 17

黄體芳　**1892**. 02. 22, **1893**. 07. 08

黄天霸　**1899**. 09. 22

黄廷璐　**1898**. 04. 23

黄庭堅　**1896**. 11. 05, **1897**. 07. 26

黄挺之　**1897**. 03. 30

黄萬生　**1899**. 08. 14, 08. 17, 08. 23

黄望之　**1893**. 02. 18, 12. 21, **1894**. 04. 26, 12. 06, **1898**. 10. 27, 11. 01, 12. 02, 12. 08, **1899**. 01. 14, 03. 27, 04. 03, 04. 26, 05. 06, 07. 03, 07. 04, 11. 20, 12. 09, 12. 16, **1900**. 02. 02, 05. 13, 06. 23, 09. 11, 09. 12, 12. 22, **1901**. 01. 04,

04. 10, 05. 26, 10. 28, 12. 28, **1902**. 02. 21, 07. 03, 09. 21, **1903**. 01. 10, 01. 17, 04. 21, 12. 25, **1904**. 03. 09, 03. 13, 03. 15, 03. 30, 04. 01, **1905**. 05. 12, **1906**. 03. 22, 04. 27

黄慰農　**1905**. 08. 24

黄文節(見黄庭堅)

黄文祥　**1892**. 06. 23, **1894**. 06. 29, **1895**. 04. 10, **1898**. 06. 25

黄五十　**1902**. 07. 08, 07. 21

黄武實　**1899**. 08. 10, 08. 17

黄錫光　**1892**. 07. 03, **1894**. 08. 12, 09. 10, **1896**. 09. 02, 09. 05, 11. 04, **1898**. 06. 15, 06. 16, 06. 29, **1905**. 10. 10, **1906**. 07. 12, 12. 06

黄錫朋　**1893**. 10. 29

黄賢輔　**1907**. 11. 11, 11. 13

黄襄臣(見黄翼球)

黄蕭蕎　**1903**. 11. 22

黄小魯　**1903**. 01. 25, **1907**. 05. 22, 05. 23

黄小麓(見黄傳義)

黄小翁(見黄傳義)

黄心台　**1895**. 12. 01

黄新　**1906**. 08. 01, **1906**. 08. 05

黄星甫　**1899**. 04. 16, 04. 26, 05. 13, 09. 30, 10. 11, 12. 06, 12. 08, 12. 14, 12. 18, **1900**. 01. 04, 01. 06, 01. 12, 01. 13, 02. 05, 02. 24,

04. 01, 04. 09, 04. 10, 04. 11, 05.
20, 06. 09, 06. 20, 06. 24, 07. 13,
07. 17, 07. 22, 07. 28, 09. 09, 09.
15, 09. 23, 10. 03, 10. 07, 10. 28,
10. 31, 12. 03, 12. 07, 12. 09, 12.
12, 12. 15, 12. 26, **1901**. 01. 15,
01. 21, 01. 27, 02. 01, 02. 10, 02.
22, 04. 18, 05. 12, 05. 13, 05. 22,
06. 01, 06. 02, 06. 06, 06. 09, 06.
10, 09. 16, 10. 07, 10. 24, 11. 08,
11. 14, 11. 23, 12. 01, 12. 09,
1902. 05. 25, 05. 27, 05. 28, 07.
31, 08. 31, 09. 23, 09. 28, 09. 29,
10. 02, 10. 03, 10. 05, **1903**. 02.
01, 03. 08, 03. 09, 03. 14, 04. 20,
05. 10, 10. 26, 11. 05, 12. 24,
1904. 01. 11, 02. 02, 12. 24, **1905**.
01. 15, 01. 23, 02. 21, 02. 25, 03.
23, 04. 30, 05. 05, 05. 14, 05. 15,
05. 22, 05. 23, 05. 28, 06. 07, 06.
25, 06. 29, 07. 06, 07. 27, 08. 05,
11. 30, **1906**. 05. 06, 06. 14, 11.
21, 11. 27, 12. 17, **1907**. 02. 07,
02. 10, 06. 06, 06. 28

黄星府(見黄星甫)

黄星浦(見黄星甫)

黄惺甫(見黄星甫)

黄惺府(見黄星甫)

黄興　**1904**. 10. 11, 10. 26, **1906**.
08. 01, 08. 05

黄杏泉(見黄錫光)

黄荇泉(見黄錫光)

黄修園(見黄脩園)

黄脩園　**1900**. 08. 06, **1902**. 07. 20,
1904. 11. 22, 11. 23

黄璇生　**1898**. 06. 27

黄學使(見黄卓元)

黄彦廷(見黄潤琛)

黄彝伯　**1899**. 01. 09, 04. 16, 07.
24, 12. 01, **1900**. 07. 21, 07. 22,
09. 09, 10. 08, 10. 31, **1902**. 06.
30, **1903**. 01. 16, 01. 17, 03. 03,
12. 26, **1905**. 03. 29, **1907**. 06. 20,
08. 08, 08. 30, 09. 04, 09. 05, 09.
06, 09. 25, 09. 29, 10. 01, 11. 22,
11. 25

黄以周　**1892**. 08. 21, **1894**. 08. 04,
1895. 06. 20, 06. 21, 09. 07

黄毅　**1905**. 02. 28, 03. 03

黄誼(見黄毅)

黄薏丞　**1892**. 10. 21, 11. 26, 11.
30, 12. 23, **1893**. 01. 09, 01. 11,
01. 14, 02. 24, 03. 05, 03. 19, 03.
21, 10. 08, 10. 22, 11. 12, 11. 18,
11. 19, 12. 16, **1894**. 02. 11, 09.
05, 10. 16, 10. 18, 12. 04, 12. 05,
12. 06, 12. 29, **1895**. 02. 04, 02.
07, 02. 23, 02. 25, 11. 16, 12. 06,
12. 20, 12. 21, **1896**. 01. 01, 01.
02, 01. 11, 03. 17, 11. 30, 12. 31,

1897. 01. 07, 01. 23, 02. 01, 02. 10, 10. 14, 11. 19, **1898**. 02. 12, 02. 17, 02. 21, 02. 22, 02. 23, 03. 25, 04. 09, 04. 18, 05. 09, 05. 27, 05. 28, 05. 30, 05. 31, 06. 06, 10. 27, 11. 12, 12. 14, 12. 23, **1899**. 01. 02, 01. 08, 02. 22, 03. 25, 04. 03, 04. 14, 04. 28, 11. 13, 11. 15, 12. 01, 12. 07, 12. 09, 12. 16, 12. 29, **1900**. 01. 04, 01. 14, 01. 15, 01. 16, 01. 18, 02. 08, 02. 12, 02. 16, 06. 11, 06. 12, 06. 18, 12. 17, **1901**. 01. 10, 01. 12, 02. 22, 03. 09, 04. 10, 05. 02, 05. 15, 05. 16, 09. 09, 10. 17, 10. 19, 10. 23, **1901**. 04. 07, 07. 04

黄翼球 **1904**. 03. 23

黄膺 **1892**. 03. 25, 03. 29, 04. 16, 04. 22, 04. 23, 04. 25, 04. 30, 05. 03, **1893**. 01. 01, 08. 01, 09. 05, 11. 08, 12. 12, 12. 18, **1894**. 04. 21, 04. 23, 04. 25, 04. 26, 05. 05, 05. 21, **1896**. 02. 29, 09. 23, 11. 30, 12. 01, **1897**. 01. 11, 02. 10, 03. 14, 03. 15, 03. 17, 03. 18, 10. 02, 12. 18, 12. 27, 12. 29, **1898**. 02. 06, 02. 08, 02. 09, 02. 14, 02. 17, 02. 18, 02. 19, 02. 20, 02. 21, 02. 23, 02. 26, 02. 27, 03. 01, 03. 02, 03. 03, 03. 07, 03. 11, 03. 12,

03. 13, 03. 14, 03. 15, 03. 16, 03. 17, 03. 18, 03. 25, 03. 26, 04. 02, 04. 03, 04. 06, 04. 08, 04. 09, 04. 14, 04. 17, 04. 18, 04. 23, 04. 24, 04. 28, 04. 29, 05. 05, 05. 06, 05. 09, 05. 19, 05. 21, 05. 22, 05. 25, 05. 26, 05. 29, 05. 30, 06. 01, 06. 02, 06. 03, 06. 04, 06. 05, 06. 21, 07. 20, 08. 09, 08. 21, 08. 22, 08. 27, 09. 25, 09. 27, 09. 28, 10. 12, 10. 29, 10. 30, 11. 02, 11. 09, 11. 17, 11. 25, 12. 02, 12. 07, 12. 25, 12. 27, **1899**. 01. 12, 01. 30, 02. 04, 02. 07, 02. 08, 02. 09, 02. 13, 02. 14, 02. 17, 02. 18, 03. 22, 04. 30, 06. 20, 09. 10, 09. 22, 09. 23, 09. 25, 09. 26, 09. 28, 10. 02, 10. 04, 10. 11, 10. 16, **1900**. 08. 21, 10. 10, **1902**. 05. 20, 09. 13, **1903**. 01. 10, 08. 29, **1904**. 01. 11, **1905**. 03. 28, 04. 30, 05. 01, 06. 29, **1906**. 03. 20, 03. 21

黄詠清 **1902**. 12. 02, **1904**. 12. 07

黄友梅 **1899**. 12. 22, **1900**. 08. 04, 08. 20

黄幼達 **1897**. 10. 08

黄幼農 **1897**. 09. 05, 10. 09, 11. 26, **1898**. 01. 18, 02. 26, 04. 03, 06. 15, 06. 18, 06. 21, 06. 30, 07. 05, 07. 07, 07. 30, 08. 08, 09. 07,

12.18,12.21,**1908**.01.23,02.24

黄知伸　**1902**.11.27

黄秩柄　**1895**.07.05

黄致齋　**1899**.08.08

黄中　**1902**.09.27

黄中孚　**1907**.08.27

黄忠浩　**1894**.08.23,**1898**.03.14,
04.19,04.26,05.25,**1899**.01.
30,**1900**.06.17,**1903**.09.21,11.
20,12.09,12.29,**1904**.01.08,
10.11,12.11,12.27,**1905**.01.
21,08.01,09.22,**1906**.08.10,
1907.12.09

黄忠壯(見黄潤昌)

黄鍾麟　**1895**.04.30

黄仲丙(見黄仲炳)

黄仲炳　**1897**.11.23,**1898**.06.06,
1899.08.13,08.20,09.10,**1900**.
02.08,03.19,04.08,06.05,12.
17,**1901**.12.08,**1902**.02.09,02.
10,02.24,04.14,04.17,06.05,
1903.01.10,**1904**.05.08

黄仲璜　**1898**.03.23

黄仲蘇(見黄傳祁)

黄仲弢(見黄紹箕)

黄仲則(見黄景仁)

黄卓元　**1894**.09.02,**1895**.04.22,
05.18,06.02,09.08,**1896**.05.
11,05.16,05.17,06.07,08.17,
08.22,**1897**.01.12,05.03,05.

07,08.31,11.02,**1898**.06.18,
08.08

黄子燾　**1904**.03.31

黄子綱　**1906**.08.23

黄子煇(見黄懋典)

黄子輝(見黄懋典)

黄子家　**1896**.12.05,12.18,**1898**.
05.26,06.05,**1900**.02.03,02.
06,06.07,**1901**.12.28

黄子琳　**1892**.03.24,04.17,**1896**.
01.18

黄子琴　**1896**.03.17

黄子善　**1905**.10.11,12.27,**1906**.
01.11,01.18,02.27,03.25,03.
26,07.29,08.03,08.08,09.09,
10.28,11.02,**1907**.03.07,03.
27,04.22,04.30,08.09,11.25,
1908.02.24

黄子壽(見黄彭年)

黄子襄　**1896**.01.13

黄子猷(見黄勱)

黄子餘(見黄昌年)

黄子中　**1895**.09.05

黄梓爵　**1906**.11.21,12.09

黄自元　**1895**.05.14,12.26,**1896**.
01.03,01.08,03.24,**1897**.01.
07,**1898**.08.23,**1899**.11.25,
1901.12.06,**1903**.01.15,**1905**.
03.13,12.09,**1906**.06.10,08.
08,**1907**.08.09,12.13

黄宗度(見黄彊)

黄宗師(見黄卓元)

黄宗羲 **1893**.07.04,**1898**.03.23,
04.06,05.21,05.22,09.14,11.
05,11.13,**1899**.11.09,**1900**.04.
03,04.27,06.05,**1901**.10.21,
1907.11.26

黄祖 **1901**.01.13

黄遵憲 **1896**.08.22,**1897**.09.18,
09.25,10.01,10.08,10.10,11.
22,11.26,11.27,11.30,12.03,
12.04,12.07,12.14,12.19,
1898.01.05,01.11,01.19,01.
23,01.24,01.26,02.01,02.02,
02.03,02.04,02.05,02.08,02.
09,02.10,02.18,02.20,02.21,
02.26,02.27,03.03,03.05,03.
06,03.18,04.08,04.10,04.12,
04.18,04.23,05.06,05.11,05.
15,05.30,05.31,06.01,06.02,
06.03,06.05,06.12,06.15,06.
18,06.20,06.21,07.17,08.05,
08.09,08.25,09.05,09.08,09.
22,09.26,10.07,10.13,10.16,
10.18,10.19,11.08,11.11,11.
12,**1899**.12.25,**1900**.08.24,
1901.07.11,10.21,**1902**.02.07,
03.21,04.05,05.18,05.21,05.
22,05.23,06.22,**1905**.04.27,
1906.07.30

筤仙(見李壽蓉)

恢漢(見黄恢漢)

惠安(見戴惠安)

惠帝(見漢惠帝)

惠定宇(見惠棟)

惠棟 **1892**.05.27,08.02,08.11,
08.12,09.12,**1894**.03.12

惠公(見夷吾)

惠皆(見楊壽彤)

惠齡(見熊慧齡)

惠女(見皮嘉慧)

惠微士(見惠棟)

匯生(見秦匯生)

會女(見皮嘉會)

慧齡(見熊慧齡)

慧女(見皮嘉慧)

慧業 **1892**.09.08

慧遠 **1892**.09.08

檜門(見金德瑛)

霍(見霍去病)

霍穆歡 **1892**.04.02

霍去病 **1898**.03.14,**1901**.08.15

J

姬伯禽 **1894**.02.20

姬昌 **1892**.06.25,07.14,07.31,
08.01,08.12,12.31,**1893**.07.
03,**1895**.03.01,**1897**.02.18,03.
07,**1898**.04.06,09.08,**1899**.10.

21, **1900**. 11. 24, 11. 27, 11. 29,
1901. 08. 22, **1906**. 01. 20, **1907**.
04. 19, **1908**. 01. 13, 01. 20

姬旦　**1892**. 02. 22, 06. 25, 07. 14,
07. 18, 07. 31, 08. 19, **1893**. 07.
13, 07. 14, 07. 22, 08. 12, 12. 04,
1894. 02. 20, **1895**. 05. 30, **1896**.
09. 18, **1897**. 11. 21, **1898**. 04. 06,
07. 05, 10. 01, **1899**. 03. 17, 03.
20, 08. 14, 10. 19, 10. 21, **1901**.
05. 28, 08. 01, **1904**. 10. 16, **1906**.
11. 02, **1908**. 01. 13, 01. 20

姬度　**1898**. 10. 01, **1899**. 10. 21

姬發　**1892**. 06. 25, 07. 14, 07. 31,
08. 01, 08. 12, **1897**. 02. 18, 03.
07, **1898**. 04. 06, **1901**. 08. 15

姬誦　**1892**. 07. 31, **1895**. 03. 29,
1899. 10. 21

姬鮮　**1893**. 09. 20, **1898**. 10. 01,
1899. 10. 21

箕（見箕子）

箕子　**1898**. 04. 14

嵇康　**1894**. 05. 07, **1898**. 10. 04

吉（見皮嘉祐）

吉兒（見皮嘉祐）

吉逢（見楊吉逢）

吉光勛　**1907**. 09. 06, 09. 09

吉紅（楊吉紅）

吉皆（見彭吉階）

吉來（見王代功）

吉人（見皮嘉祐）

吉生（見唐吉生）

吉蓀（見唐吉生）

吉田松陰　**1907**. 06. 01

吉元勛　**1906**. 11. 17, 11. 22

吉齋（見李翔鶴）

汲黯　**1902**. 02. 10

汲長孺（見汲黯）

棘子成　**1894**. 01. 12, 02. 20

芰公（見夏敬莊）

芰舲（見夏敬莊）

芰齡（見夏敬莊）

季安　**1904**. 10. 03

季布　**1898**. 05. 22

季純（見許崇熙）

季度（見黃季度）

季谷（見黃季穀）

季穀（見黃季穀）

季康子　**1898**. 03. 09

季廉（見熊元鍔）

季臨（見夏敬莊）

季路　**1894**. 10. 02

季聘（見程季聘）

季芊　**1898**. 06. 30

季青（見龔季青）

季卿（見張季卿）

季山（見張季山）

季雍（見王季雍）

季雲（見沈季雲）

季澤（見吳季澤）

季札　**1894**.02.27

季直（見張謇）

季子（見魏禮）

紀（紀昀）

紀文達（見紀昀）

紀昀　**1892**.08.14,08.16,08.18,
09.08,**1894**.06.05,**1898**.02.14,
02.19

寄禪（見釋敬安）

寄舲（見夏敬莊）

寄廬主人（見夏敬莊）

寄青　**1906**.10.29,11.07

寄雲　**1902**.07.07,07.17

祭酒（見王先謙）

祭仲　**1895**.08.01,**1902**.02.14

稷　**1892**.08.01,**1894**.10.02,
1894.12.11,**1894**.12.14

稷初（見彭樹森）

濟濤（見熊濟濤）

覬臣（見勞啟捷）

繼（見繼昌）

繼昌　**1901**.10.21,**1902**.11.11,
1903.03.01,**1905**.05.22,**1906**.
02.22

繼廉訪（見繼昌）

繼蓮溪（見繼昌）

繼良　**1899**.10.12

加芝　**1906**.02.09,05.30

迦陵（見陳維崧）

家俊（见秦家俊）

家駿（見盛家駿）

家驤（見張家驤）

嘉定師（見廖壽恒）

嘉納（見嘉納治五郎）

嘉納治五郎　**1902**.07.12,**1903**.
08.19

嘉應（見黃遵憲）

嘉祐　**1900**.02.21

賈（見賈公彥）

賈（見賈逵）

賈（見賈似道）

賈島　**1903**.10.31

賈傅（見賈誼）

賈公彥　**1892**.07.18,**1898**.06.22

賈捐之　**1894**.11.21

賈君房（見賈捐之）

賈逵　**1892**.07.05,**1898**.04.06,
1900.01.01,04.12

賈秋壑　**1900**.07.21

賈生（見賈誼）

賈似道　**1898**.03.09,03.14,**1907**.
02.08

賈太傅（見賈誼）

賈誼　**1897**.12.24,**1898**.03.14,
03.24,03.26,07.19,08.17,08.26

賈志詳　**1905**.10.18

价人（見鄒代藩）

稼軒（見辛棄疾）

菅野新一郎　**1904**.02.29

菅一郎　**1903**.11.20

見六（見張見六）

建甫（見鄒彥）

建侯（見魏燮奎）

建文（見朱允炆）

建霞（見江標）

健松（見李健松）

健齋（見皮健齋）

劍丞（見夏敬觀）

澗香（見王澗香）

鑑帥（見李秉衡）

鑑州（見陳鴻業）

鑑洲（見陳鴻業）

鑑祖（見彭鑑祖）

鑒臣（見夏敬觀）

鑒澄（見沈鑒澄）

鑒澄（見夏敬觀）

鑒州（見陳鴻業）

江（見江標）

江（見江晴嵐）

江（見江聲）

江（見江召棠）

江（見江忠源）

江標 **1894**. 09. 02, 12. 06, 12. 21,
　12. 29, **1895**. 01. 06, 01. 09, 01.
　22, 01. 23, 02. 03, 02. 21, 06. 21,
　09. 17, 12. 01, 12. 14, 12. 18, 12.
　26, **1896**. 03. 16, 03. 24, 05. 24,
　06. 02, 12. 01, **1897**. 01. 11, 02.
　20, 03. 14, 04. 21, 07. 30, 08. 24,
　09. 17, 10. 02, 10. 08, 10. 09, 10.

22, 11. 27, 12. 03, 12. 06, 12. 07,
　12. 14, 12. 17, 12. 19, 12. 23,
　1898. 02. 08, 04. 03, 05. 21, 05.
　22, 06. 19, 07. 24, 08. 08, 08. 18,
　09. 12, 09. 13, 09. 14, 09. 15, 09.
　18, 09. 20, 09. 22, 10. 07, 10. 10,
　10. 16, **1899**. 01. 09, 04. 09, 12.
　11, 12. 14, **1900**. 02. 11, 02. 13,
　02. 15, 03. 27, **1901**. 03. 22, 07.
　09, **1902**. 07. 10, 10. 02, 10. 04,
　12. 06, **1903**. 04. 22, 10. 05, 10.
　06, **1904**. 04. 21, **1905**. 03. 09

江大令（見江召棠）

江督（見劉坤一）

江藩 **1892**. 08. 01, 08. 12, **1896**.
　12. 11, **1898**. 03. 23, **1901**. 07. 10

江峰青（見江晴嵐）

江耕莘（見江學尹）

江公（見江標）

江觀督（見江晴嵐）

江瀚 **1898**. 01. 19, 01. 23, 01. 26,
　01. 29, 02. 01, 02. 14, 10. 12

江衡 **1900**. 02. 11

江建霞（見江標）

江口（見江口辰太郎）

江口辰太郎 **1903**. 11. 09, 11. 11,
　11. 20, 12. 14, **1904**. 03. 26, 04.
　09, 04. 10, **1905**. 03. 20, 03. 21,
　03. 22, **1907**. 10. 15, 10. 16

江令（見江召棠）

江晴嵐　**1903**.10.17,10.23,12.12

江韌吾　**1896**.11.02,**1899**.01.30,
　1902.10.14,**1903**.06.07,**1906**.
　04.19,05.02

江慎修(見江永)

江生(見江學尹)

江聲　**1892**.07.14,**1893**.09.30

江師(見江標)

江氏(見江永)

江叔海(見江瀚)

江太史(見江標)

江太宗師(見江標)

江學使(見江標)

江學尹　**1905**.11.18,12.15,12.
　17,12.27,12.28,12.29,12.31,
　1906.01.21,03.11,03.12,03.
　14,04.06,04.11,05.10,06.20,
　09.14,**1907**.01.11

江永　**1892**.07.06,**1895**.07.13,
　07.14

江遆　**1900**.01.01

江幼嵐　**1904**.05.10

江召棠　**1906**.03.08,03.09,03.
　12,03.23,04.23,05.12,06.02,
　06.07,08.10

江鄭堂(見江藩)

江忠烈(見江忠源)

江忠源　**1892**.02.04,**1898**.05.09

江宗師(見江標)

姜白石(見姜夔)

姜碧珊(見姜炳榕)

姜炳榕　**1897**.11.28,12.04,12.
　23,**1898**.01.28

姜公(見姜炳榕)

姜夔　**1893**.09.11,**1895**.07.27

姜崐山　**1905**.02.20

姜汝念　**1901**.02.14

姜兆磻　**1893**.09.17,**1894**.06.28,
　07.14,**1898**.07.05,07.16,08.06

姜鍾琇　**1905**.03.11

姜顥　**1898**.08.06,08.16,09.20

姜作梅　**1904**.12.29,12.30,**1905**.
　01.12,01.13,01.14,02.01,06.
　30,12.15,12.28

蔣(見蔣德鈞)

蔣(見蔣哲生)

蔣德鈞　**1897**.02.27,03.02,03.
　19,03.27,04.11,05.06,07.16,
　11.22,11.27,11.30,12.03,12.
　04,12.09,12.17,**1898**.01.04,
　01.11,05.18,05.30,05.31,06.
　01,**1899**.01.30,**1902**.03.01,04.
　04,04.14,04.24,05.14,05.19,
　06.05,07.13,07.20,08.29,09.
　03,09.07,09.08,10.01,10.02,
　10.03,10.11,10.26,10.27,10.
　29,11.14,**1903**.01.13,01.20,
　02.28,03.15,04.06,04.12,09.
　22,10.18,10.19,10.24,11.03,
　11.18,12.13,12.15,**1904**.01.

08,02.13,04.11,04.16,05.25,
10.04,10.07,12.09,10.11,
1905.05.10,**1907**.12.11,**1908**.
02.08

蔣幹 **1897**.04.11,**1897**.06.16,
1897.11.05,**1901**.07.09

蔣翰農 **1892**.04.17,05.08,**1893**.
11.28,**1894**.04.23,05.26,**1903**.
10.31,**1905**.03.09

蔣經青 **1902**.11.27

蔣仁叔(見蔣悌生)

蔣少梅 **1897**.05.06

蔣少穆(見蔣德鈞)

蔣士銓 **1892**.07.24,**1895**.08.27

蔣式惺 **1902**.04.08,**1903**.07.10

蔣澍人 **1900**.07.22,09.04,09.15

蔣悌生 **1893**.05.06

蔣廷弼 **1902**.09.27

蔣琬 **1898**.05.09

蔣文鴻 **1897**.01.24

蔣用嘉 **1892**.07.08,07.24,07.
25,**1893**.07.02,**1897**.11.19

蔣幼槐 **1897**.01.23,**1900**.02.08,
02.17,02.20

蔣幼懷 **1903**.12.14

蔣哲生 **1905**.12.16,12.22,12.
23,12.24,12.26,12.27,**1906**.
09.01,09.02,09.03,09.11,10.
11,**1907**.04.09,09.23,10.30

焦里堂(見焦循)

焦理堂(見焦循)

焦氏(見焦循)

焦先 **1897**.09.11

焦循 **1892**.08.02,08.12,**1893**.
12.15,**1894**.01.16,**1895**.06.03,
1897.02.22,**1898**.03.01,03.23,
1901.07.10

蕉生(見呂樵生)

揭(見揭俣斯)

揭池鳳 **1895**.07.06,08.16

揭俣斯 **1895**.06.04

桀 **1899**.02.28

節吾(見歐陽中鵠)

頡利 **1898**.03.14

解女 **1900**.02.22

介麻(見鄒代藩)

介麻子(見鄒代藩)

介卿(見皮介卿)

介人(見鄒代藩)

介石(見曾介石)

介子(見傅介子)

金(見金蓉鏡)

金闇伯(見金蓉鏡)

金榜 **1892**.08.02,08.11

金誠齋(見金鶚)

金道堅 **1903**.07.10,07.17

金德瑛 **1905**.05.03,**1908**.01.13

金甸丞(見金蓉鏡)

金殿撰(見金榜)

金鶚 **1892**.08.13,08.22,**1894**.

07. 27,**1895**. 06. 13,06. 15,07. 09

金海峰　**1895**. 10. 09

金還　**1903**. 08. 23,**1904**. 01. 24,
　05. 24,**1905**. 03. 13,05. 22,05.
　27,09. 02,09. 06,**1906**. 01. 04

金履祥　**1898**. 03. 09

金女(見皮嘉金)

金仁山(見金履祥)

金仍珠(見金還)

金蓉鏡　**1905**. 05. 03,05. 04,05.
　07,05. 16,05. 17,06. 17,06. 22,
　06. 24,07. 31,**1906**. 02. 16,08.
　12,08. 13

金搏雲　**1908**. 01. 21,01. 22,01. 25

瑾妃　**1901**. 09. 15,**1902**. 06. 02

瑾嬪　**1894**. 12. 17

勁剛(見歐勁剛)

晉文公　**1898**. 03. 09

靳菊潭　**1892**. 04. 18

覲光(見歐陽覲光)

覲生(見楊慶孫)

覲虞(見黃白元)

京房　**1899**. 12. 18

京兆(見袁樹勛)

荊公(見王安石)

經郛(見曾丙熙)

經誥(見黎經誥)

經生(見黃經生)

經詒(見俞蕃同)

經貽(見俞蕃同)

經畬(見皮經畬)

經玉生　**1901**. 10. 10

經元善　**1900**. 02. 19,02. 22

井上馨　**1895**. 02. 15,**1897**. 10. 10

景范(見顧祖禹)

景瀚(見文景瀚)

景清(見文景清)

敬夫(見張敬夫)

敬孚(見夏敬孚)

敬基　**1905**. 08. 16,08. 17,11. 08,
　11. 11,11. 18

敬愷(見夏獻愷)

敬侶(見王敬侶)

敬履(見夏敬履)

敬帥(見譚繼洵)

敬信　**1898**. 09. 13,**1900**. 09. 12,
　1901. 07. 09

敬中(見夏敬中)

敬忠(見夏敬中)

靜涵(見秦靜涵)

靜機(見敬基)

靜山(見德壽)

靜山(見李靜山)

靜帥(見德壽)

鏡芙(見王鏡芙)

鏡海(見唐鑒)

鏡侶(見王鏡侶)

鏡青(見汪殖)

鏡清(見汪殖)

鏡人(見陳鏡人)

鏡翁（見汪殖）

鏡漁（見周儒臣）

鏡元（見李鏡元）

鏡中（見秦鏡中）

鳩摩羅什　**1892**.09.08

九安（見譚世鑫）

九公（見汪詒書）

九齡（見陳九齡）

九齡（見李九齡）

九丈（見譚世鑫）

久安（見譚世鑫）

久丈（見譚世鑫）

菊生（見劉菊生）

菊生（見左菊生）

菊壽（見徐菊壽）

菊潭（見關口壯吉）

巨丞（見劉佐楫）

秬香（見嚴家罶）

聚奎（見文聚奎）

瞿（見瞿鴻禨）

瞿儲　**1905**.08.11

瞿大軍機（見瞿鴻禨）

瞿方伯（見瞿廷韶）

瞿方梅　**1907**.08.08，11.05，11. 20，12.10，**1908**.02.09

瞿根約（見瞿方梅）

瞿根岳　**1907**.01.30

瞿鴻禨　**1897**.09.03，**1898**.12.26， **1899**.01.12，**1900**.11.15，12.31， 12.25，**1901**.01.01，01.18，01.

21，02.01，02.05，02.18，03.13， 03.22，05.03，05.23，06.02，06. 05，06.26，07.12，07.22，08.03， 08.04，08.11，08.12，08.17，08. 22，09.06，09.07，09.09，09.15， 09.21，09.22，09.30，10.03，10. 10，10.16，10.22，11.11，11.27， **1902**.01.10，01.17，02.05，03. 20，04.19，05.05，08.19，08.25， 09.03，09.06，10.07，**1903**.03. 14，04.27，05.31，06.03，06.04， 06.15，06.18，06.28，08.01，09. 04，12.12，**1905**.01.12，01.30， 02.09，02.13，02.16，02.20，07. 06，07.15，11.10，**1906**.02.22， 05.13，05.14，09.05，11.14， **1907**.04.01，05.29，06.19，06. 20，06.22，06.26，06.30，07.06， 07.09，07.20，07.27

瞿尚書（見瞿鴻禨）

瞿述卿　**1892**.01.31，02.12，08. 14，11.24，11.25，11.27，12.23， **1893**.01.11，01.21，01.22，01. 25，03.14，03.21，03.24，03.31， 06.25，06.26，10.06，10.07，10. 14，10.26，11.02，12.07，12.11， 12.21，12.22，**1894**.01.01，01. 11，01.22，02.08，02.12，02.14， 10.15，10.22，10.24，12.04，12. 05，12.13，12.31，**1895**.01.10，

01. 27, 01. 29, 02. 08, 03. 12, 03. 21, 03. 22, 11. 13, 11. 16, **1896**. 01. 03, 01. 11, 01. 19, 02. 14, 03. 24, 11. 27, 11. 29, 12. 02, 12. 18, 12. 31, **1897**. 01. 07, 01. 08, 02. 20, 03. 14, 03. 15, 09. 29, 10. 03, 10. 04, 10. 07, 12. 20, 12. 28, **1898**. 02. 19, 02. 24, 03. 07, 03. 09, 04. 13, 05. 02, 05. 24, 05. 30, 06. 07, 10. 26, 11. 10, 11. 16, 11. 18, **1899**. 01. 08, 01. 16, 01. 26, 02. 11, 03. 03, 03. 11, 04. 14, 05. 08, 05. 09, 06. 09, 06. 18, 06. 19, 07. 07, 07. 09, 07. 19, 07. 23, 07. 27, 08. 28, 09. 02, 11. 20, 12. 05, 12. 16, **1900**. 01. 15, 02. 16, 02. 21, 06. 07, 07. 09, 07. 29, 08. 15, 08. 23, 09. 05, 09. 11, 12. 30, **1901**. 01. 24, 01. 28, 03. 03, 03. 14, 03. 27, 05. 26, 06. 06, 06. 09, 06. 10, 09. 19, 10. 09, 11. 13, 12. 11, 12. 23, **1902**. 01. 04, 01. 06, 01. 08, 01. 10, 01. 11, 01. 12, 01. 13, 02. 06, 02. 07, 02. 08, 02. 12, 02. 20, 02. 21, 02. 23, 03. 07, 04. 21, 05. 08, 06. 13, 06. 14, 06. 16, 07. 25, 08. 06, 08. 09, 08. 13, 09. 14, 09. 26, 10. 31, 11. 25, 12. 08, 12. 09, 12. 31, **1903**. 01. 19, 02. 13, 02. 19, 05. 08, 05. 30, 09. 26,

09. 27, 10. 02, 10. 03, 10. 04, 10. 06, 10. 08, 10. 19, 10. 21, 10. 25, 10. 29, 11. 22, **1904**. 01. 20, 01. 21, 02. 01, 02. 04, 02. 06, 02. 07, 02. 10, 02. 16, 02. 20, 03. 14, 03. 15, 03. 19, 04. 13, 05. 07, 10. 30, 11. 01, 12. 06, 12. 19, 12. 27, 12. 28, **1905**. 01. 01, 01. 20, 04. 09, 04. 10, 05. 04, 06. 24, 07. 11, 07. 12, 07. 13, 07. 14, 07. 20, 07. 29, 08. 28, 10. 01, 10. 04, 10. 09, 11. 08, 11. 13, 11. 14, 11. 18, 11. 19, 12. 04, 12. 18, 12. 22, 12. 30, **1906**. 01. 01, 02. 03, 03. 05, 03. 06, 03. 14, 04. 11, 04. 29, 05. 07, 07. 08, 11. 07, 11. 11, 12. 15, **1907**. 01. 18, 02. 16, 06. 09, 07. 31, 08. 31, 09. 02, 09. 05, 09. 24, 09. 26, 11. 18, 12. 23, **1908**. 03. 03

瞿舜英　**1906**. 05. 26

瞿廷韶　**1901**. 12. 04, 12. 20, **1903**. 08. 10, 08. 13

瞿中堂(見瞿鴻機)

瞿子和　**1892**. 12. 13

瞿子桓　**1892**. 12. 05, **1893**. 11. 02

瞿子玖(見瞿鴻機)

雋不疑　**1900**. 03. 11

爵帥(見王之春)

爵棠(見王之春)

覺人(見黎經誥)

君甫(見黃壽康)

君輔(見黃壽康)

君谷(見孔君谷)

君和(見李君和)

君華(見譚紹裳)

君錫(見汪君錫)

君約(見李君約)

鈞夫(見黃壽康)

鈞甫(見黃壽康)

鈞輔(見黃壽康)

筠師(見郭嵩燾)

筠仙(見郭嵩燾)

筠心(見陳筠心)

俊臣(見陳士傑)

俊老(見陳士傑)

俊卿(見謝俊卿)

寯湘(見朱寯湘)

K

開智 **1904**.11.14

凱臣(見勞啟捷)

愷臣(見勞啟捷)

闓忱(見勞啟捷)

康(見康有爲)

康長素(見康有爲)

康成(見鄭玄)

康工部(見康有爲)

康廣仁 **1898**.08.30,09.30,10.
01,10.04,10.12,**1899**.01.26

康名士(見康有爲)

康南海(見康有爲)

康僧會 **1899**.12.27

康氏(見康有爲)

康叔封 **1899**.10.21

康王(見周康王)

康先生(見康有爲)

康有爲 **1894**.12.06,**1895**.05.29,
06.05,08.21,**1896**.01.22,02.
14,02.23,09.12,09.18,10.05,
1897.02.09,05.22,08.24,09.
13,09.20,12.27,**1898**.01.08,
01.18,02.03,03.07,03.17,03.
24,04.04,04.05,04.06,04.08,
04.12,04.23,05.21,05.22,05.
24,05.26,05.31,06.20,06.21,
07.15,07.17,07.24,07.28,07.
31,08.05,08.06,08.08,08.14,
08.17,08.18,08.20,08.22,08.
23,08.26,08.28,08.30,09.03,
09.05,09.06,09.08,09.09,09.
10,09.11,09.15,09.23,09.25,
09.30,10.01,10.02,10.03,10.
04,10.05,10.07,10.10,10.12,
10.13,10.16,10.17,10.19,10.
30,10.31,11.08,11.09,11.12,
11.17,11.29,12.07,12.17,12.
18,12.23,**1899**.01.02,01.05,
01.09,01.11,01.30,03.24,04.
03,04.08,04.10,05.05,08.02,

09. 22, 12. 23, 12. 26, **1900**. 01.
06, 02. 18, 03. 11, 03. 26, 04. 15,
07. 11, 08. 08, 08. 30, **1901**. 02.
15, 02. 18, 04. 25, 04. 27, 06. 05,
06. 23, 07. 09, 09. 15, 12. 10,
1902. 07. 02, 07. 22, 11. 11, 12.
20, **1903**. 06. 18, 07. 19, 08. 05,
1904. 09. 27, 10. 22, **1905**. 03. 01,
08. 26, **1906**. 11. 02, **1907**. 08. 03

康祖詒(見康有爲)

柯(見柯逢時)

柯(見柯劭忞)

柯方伯(見柯逢時)

柯逢時　**1901**. 07. 06, 10. 22, 10.
28, 11. 14, 12. 08, **1902**. 01. 01,
03. 13, 03. 24, 03. 27, 04. 04, 04.
05, 05. 17, 06. 25, 09. 03, 10. 18,
10. 24, 11. 23, 11. 24, 12. 31,
1903. 01. 05, 06. 15, 07. 08, 08.
06, 08. 09, 08. 28, **1906**. 09. 04,
09. 24

柯公(見柯逢時)

柯臬使(見柯逢時)

柯劭忞　**1901**. 04. 29, 11. 22, **1902**.
01. 18, 11. 23, 12. 06, **1903**. 10.
17, 10. 23

柯壽吾　**1904**. 11. 12

柯學使(見柯劭忞)

柯遜安(見柯逢時)

柯遜帥(見柯逢時)

可人(見俞可人)　**1902**. 07. 12, 07.
16, 07. 22, 08. 21, 08. 26, 09. 21,
11. 03, 11. 16, 11. 20, **1903**. 02.
18, **1904**. 04. 14, 04. 18, 04. 19,
04. 20, 04. 21, 04. 23, 04. 24, 04.
25, 05. 09, 05. 15, 05. 16, 05. 20,
05. 21, 05. 28, 10. 19, 10. 22, 10.
29, **1905**. 04. 23, **1906**. 05. 16,
06. 28

恪士(見俞明震)

孔(見孔安國)

孔(見孔廣林)

孔(見孔憲甲)

孔(見孔憲教)

孔(見孔憲教)

孔(見孔穎達)

孔(見孔子)

孔安國　**1893**. 05. 27, 07. 05, **1901**.
08. 15

孔北海(見孔融)

孔彪　**1899**. 03. 20

孔叢伯(見孔廣林)

孔父　**1895**. 08. 01

孔廣林　**1896**. 03. 24, 04. 09, 04.
25, 05. 14, 09. 23, 11. 29, **1899**.
03. 15, 08. 01, 10. 10

孔廣森　**1892**. 08. 30, 10. 10, **1893**.
07. 13, **1894**. 03. 19, 06. 16

孔渼谷(見孔繼涵)

孔繼涵　**1900**. 03. 07

孔晉陔(見孔憲教)

孔靜皆(見孔憲教)

孔君谷　**1904**.04.17,04.26,**1905**.
　04.09,08.12,**1907**.07.27

孔鯉　**1893**.06.06

孔明(見諸葛亮)

孔融　**1894**.11.22,**1903**.12.16,
　1907.01.19

孔山長(見孔憲教)

孔劭洪　**1907**.05.25,09.18,09.
　17,12.16

孔紹洪(見孔劭洪)

孔聖(見孔子)

孔氏(見孔廣林)

孔外陔(見孔憲教)

孔外階(見孔憲教)

孔文舉(見孔融)

孔先生(見孔憲教)

孔憲甲　**1907**.02.23,05.02,05.03

孔憲教　**1893**.10.28,11.04,11.
　06,**1894**.10.23,11.22,12.13,
　1896.12.03,**1897**.01.21,**1898**.
　03.01,07.27,08.23,10.30,12.
　31,**1899**.03.19,04.06,05.10,
　11.10,**1901**.03.26,05.11,**1902**.
　01.03,03.04,12.05,**1903**.05.
　02,06.20,**1904**.03.24,10.16,
　10.22,10.23,11.02,**1905**.04.
　19,07.23,09.12,**1907**.09.09

孔祥霖　**1907**.08.21

孔詳(見易孔詳)

孔撝軒(見孔廣森)

孔嚴　**1900**.01.01

孔穎達　**1893**.07.09,**1903**.07.15,
　1904.11.30,**1908**.02.21

孔璋(見陳琳)

孔昭琴　**1907**.02.14

孔子　**1892**.07.06,07.14,07.26,
　07.31,09.08,**1893**.07.13,**1894**.
　03.04,04.13,04.14,05.07,09.
　17,**1895**.07.18,**1896**.02.23,08.
　06,09.28,10.05,**1897**.02.05,
　02.18,02.19,09.14,11.21,
　1898.01.08,02.08,02.14,02.
　22,02.25,03.07,03.09,03.18,
　03.23,04.04,04.06,04.14,05.
　09,05.15,05.26,06.12,06.24,
　07.24,07.29,08.06,08.23,09.
　13,09.22,**1899**.01.09,02.28,
　06.15,07.19,12.21,**1900**.03.
　02,04.21,**1901**.05.28,**1902**.07.
　15,07.19,09.02,09.15,09.16,
　10.31,11.14,11.27,11.30,12.
　14,12.30,**1903**.01.13,03.01,
　03.28,04.27,06.26,10.16,12.
　16,12.19,**1904**.01.17,01.24,
　01.26,02.16,03.11,03.17,04.
　30,10.16,10.20,10.23,11.07,
　12.07,12.21,**1905**.01.06,02.
　04,03.20,03.26,04.04,**1906**.

10. 31, **1907**. 03. 19, 03. 23, 06.
25, 08. 07, 08. 11

L

口天(見吳大澂)

口天(見吳慶坻)

寇連材 **1900**. 08. 08

寇恂 **1899**. 01. 09

匡吉(見周逸)

匡正吾 **1907**. 07. 24

況鍾 **1907**. 02. 08

曠 **1897**. 04. 05

曠超一 **1903**. 03. 27

奎(見奎俊)

奎俊 **1902**. 01. 09

奎元(見許兆魁)

逵賓(見廖逵賓)

揆初(見葉景揆)

揆一 **1904**. 11. 05

葵園(見王先謙)

夔 **1897**. 04. 05

夔老(見王文韶)

夔球(見周起虞)

夔師(見王文韶)

夔石(見王文韶)

夔帥(見王文韶)

崑岡 **1900**. 10. 01, **1901**. 06. 07

崑中堂(見崑岡)

賴承裕 **1898**. 05. 16, **1905**. 03. 11,

05. 02, 08. 07, 08. 13, **1907**. 07. 12

賴叔培 **1892**. 07. 16

賴太尊(見賴承裕)

賴柱順 **1896**. 04. 20, 06. 06, 06. 07

賴子佩(見賴承裕)

藍光策 **1907**. 05. 05

藍天蔚 **1903**. 06. 29

蘭伯(見彭蘭伯)

蘭臣(見譚蘭臣)

蘭圃(見陳澧)

蘭生(見黃蘭生)

蘭生(見彭蘭生)

蘭生(見唐蘭生)

朗(見王朗)

勞(見勞伯屛)

勞伯平(見勞伯屛)

勞伯屛 **1902**. 05. 31, **1906**. 07. 19,
10. 29, 10. 30, 11. 01, **1907**. 03.
13, 03. 16

勞吉卿 **1893**. 11. 12

勞晉蕃 **1899**. 10. 14, **1900**. 04. 20

勞凱臣(見勞啟捷)

勞闓忱(見勞啟捷)

勞勉臣 **1894**. 04. 08, 11. 02

勞敏臣(見勞勉臣)

勞乃寬 **1903**. 06. 06

勞乃宣 **1900**. 09. 14, **1903**. 05. 27

勞啟捷 **1892**. 03. 29, 05. 08, 05.
09, 05. 17, **1894**. 04. 28, 05. 19,
05. 20, 05. 25, **1895**. 02. 16, **1898**.

01.10,**1901**.05.11,**1905**.06.08,
08.24,08.29

勞仲剛　**1896**.01.28

老(見李耳)

老聃　**1894**.02.22

老杜(見杜甫)

老奸(見李鴻章)

老子　**1892**.08.03,**1893**.01.21,
1894.01.12,**1898**.03.14,03.18,
04.14,05.19,06.29,**1899**.06.
06,12.09,**1902**.10.07

嫪毐　**1901**.04.25

勒方錡　**1893**.08.07

勒深之　**1897**.06.17

勒羽儀　**1894**.07.22,**1895**.04.18

勒中丞(見勒方錡)

樂鈞　**1897**.02.01

樂蓮棠(見樂鈞)

樂哉(見毛樂齋)

樂齋(見毛樂齋)

樂正子春　**1903**.06.28

雷大亨　**1908**.01.30,02.09,02.22

雷飛鵬　**1893**.10.16,**1904**.04.09

雷恒　**1896**.04.29,05.18,07.04,
07.08,07.27,08.22,09.21,10.
22,11.09,11.10,**1897**.04.21,
05.25,05.26,06.04,06.13,06.
20,06.26,09.02,10.20,**1898**.
06.16,06.23,07.03,07.05,07.
30,08.06,09.16,09.20,10.05,

1906.04.16,05.07

雷見吾(見雷恒)

雷君(見雷樹人)

雷愷　**1903**.04.13,**1907**.05.19

雷民蘇　**1903**.12.20,**1904**.03.15

雷樹人　**1893**.05.25,06.01,07.04

雷委員(見雷樹人)

雷小秋　**1906**.08.20,10.08,12.
11,**1907**.01.06,03.20,08.20

雷以諴　**1896**.11.23

雷豫　**1902**.08.23,**1907**.07.27

冷芳梅　**1892**.09.05,10.08

黎洲(見黄宗羲)

黎承禮　**1892**.04.04,**1907**.02.20

黎蒓齋(見黎庶昌)

黎桂生　**1906**.11.22,12.13,**1907**.
03.28,10.02

黎經誥　**1893**.05.17,09.26,**1894**.
03.19,06.28,06.30,07.10,07.
21,07.22,08.01,08.07,08.15,
08.23,09.01,09.05,09.16,10.
02,10.17,10.28,12.20,**1896**.
04.11,**1900**.05.20,**1901**.06.14,
08.09,08.29,**1903**.07.16,07.20

黎覺人(見黎經誥)

黎君(見黎襄廷)

黎聘之(見黎宗渭)

黎瑞棠　**1896**.06.17,07.05,08.
04,08.27,11.01,**1897**.04.26,
08.10,08.22,11.01,**1898**.10.

19,**1896**.10.28,**1897**.11.26,11.
30,**1898**.07.27,**1899**.05.15,09.
22,10.24,**1900**.02.05,03.18,
03.22,04.06,07.11,08.19,08.
20,08.30,09.13,09.20,10.01

李伯文　**1903**.07.07

李伯行(見李經方)

李博生　**1901**.06.17

李倉山　**1907**.03.23,03.28

李昌洵　**1901**.10.20

李長源(見李泌)

李朝斌　**1894**.08.13,10.18,**1895**.
03.04,**1902**.05.04,**1903**.02.18

李辰毓　**1895**.09.04,**1896**.05.26,
06.17,09.10,**1897**.05.06,**1898**.
08.10

李成梁　**1898**.04.19

李承芳　**1892**.06.29,**1893**.08.28,
1894.06.28,**1895**.04.11

李乘時　**1894**.07.14,08.11,08.
15,08.16,08.19,08.21,08.26,
08.27,08.28,08.31,09.01,09.
02,09.03,09.04,09.08,09.09,
09.10,09.11,09.13,09.15,09.
16,09.17,09.18,10.03,10.17,
1895.05.13,07.08,07.14,08.
01,10.01,10.02,10.11,10.17,
1896.04.25,04.29,04.30,05.
26,07.23,**1897**.05.26,06.16,
06.17,06.26,07.25,08.14,08.

19,09.10,12.14,12.15,12.17,
12.18,12.22,12.23,12.27,12.
30,**1898**.06.18,06.20,07.17,
08.10,09.17

李崇如　**1898**.06.25,06.28,07.
12,08.08

李春　**1902**.11.27

李春山　**1901**.09.22,10.08

李春煦　**1903**.01.11

李蒓客(見李慈銘)

李慈銘　**1894**.03.01,**1896**.04.17

李次蓮　**1903**.08.24

李次榮　**1892**.03.01

李次申　**1897**.07.29,**1898**.07.29,
08.18,08.20,08.21,09.20,10.10

李大叔(見李鴻章)

李丹農　**1894**.02.07,**1904**.04.29

李道廣　**1893**.05.01,05.14,07.
17,**1896**.06.23,08.23,**1897**.
03.31

李德齊　**1895**.03.06

李德裕　**1898**.05.19

李德齋　**1896**.04.05,**1907**.09.03,
09.08

李砥卿　**1908**.02.18

李電　**1905**.06.29

李定九　**1905**.08.28

李定山　**1895**.06.22,06.25,**1896**.
08.30

李東來　**1906**.09.21,**1907**.01.26,

李鴻翰　**1901**.10.18,10.20,10.21,10.30,11.01,11.08,11.16,11.27,12.02,12.05,12.13,12.17,12.18,12.19,12.21,12.22,12.23,12.28,**1902**.01.03,01.05,01.08,01.09,01.15,01.23,02.09,02.10,02.11

李鴻祺　**1903**.11.25,**1904**.01.28

李鴻棨　**1902**.01.09

李鴻藻　**1894**.04.11,11.09,12.30,**1896**.09.23,**1897**.02.02,08.03

李鴻章　**1892**.07.29,**1894**.08.31,10.02,10.16,11.09,11.19,11.21,12.02,12.03,12.12,12.13,12.28,12.29,12.30,12.31,**1895**.01.15,01.20,02.04,02.12,02.23,02.27,03.01,03.07,03.10,03.17,03.19,03.20,03.21,04.02,04.04,04.10,04.28,05.05,06.05,06.17,07.03,07.14,07.18,07.30,08.08,09.03,10.07,10.15,10.25,**1896**.02.28,03.05,03.23,04.25,08.18,09.12,09.23,10.14,10.15,10.24,10.28,11.02,11.05,**1897**.03.19,05.31,09.13,**1898**.01.04,01.18,05.31,07.27,09.13,09.15,09.30,10.06,10.08,12.08,12.18,12.21,**1899**.03.15,

08.02,10.24,11.15,**1900**.01.11,02.11,02.18,02.23,02.27,03.09,03.26,05.15,06.02,06.20,07.22,07.24,07.25,07.27,07.29,07.31,08.01,08.03,08.05,08.09,08.28,08.31,09.12,09.15,09.17,09.18,09.20,09.24,09.26,09.27,11.08,11.26,11.29,12.15,12.24,**1901**.01.15,02.18,04.02,05.04,05.11,05.20,06.05,06.18,07.02,07.09,07.22,08.22,09.12,09.13,10.09,10.15,10.21,11.08,11.11,11.21,11.27,12.19,**1902**.01.09,01.23,04.05,06.22,06.30,07.01,10.02,**1903**.07.03,08.12,**1905**.09.07

李華　**1905**.10.16,**1906**.11.27

李華卿　**1895**.09.05,**1896**.03.17

李浣青　**1897**.06.08,06.15,08.04

李篁仙(見李壽蓉)

李恢垣(見李光廷)

李慧哦　**1905**.06.04,**1907**.03.06

李吉齋(李翔鶴)

李家駒　**1903**.08.05,**1906**.02.24

李家楨　**1895**.04.22,**1897**.07.13,07.19

李嘉度　**1905**.09.22

李建初　**1897**.09.23

李健松　**1893**.03.07,10.12,10.

17,10. 18,11. 03,11. 16,11. 19,
12. 01,12. 05,12. 08,12. 13,
1894. 01. 09,01. 15,02. 01,02.
13,10. 17,10. 31,11. 01,11. 04,
11. 05,11. 06,11. 08,11. 21,
1896. 01. 10,01. 13,01. 18

李健齋(見李光久)

李鑑帥(見李秉衡)

李鑑堂(見李秉衡)

李金杜　**1902**. 03. 16

李金殘　**1907**. 05. 28,**1908**. 02. 13

李經方　**1895**. 06. 17,**1898**. 06. 15,
1900. 10. 16,**1901**. 03. 30

李經芳　**1895**. 03. 20,04. 10,06. 05

李經羲　**1897**. 03. 19,06. 30,10.
06,**1898**. 02. 26,04. 09,06. 03,
06. 05,09. 14,**1899**. 10. 15,11.
10,**1900**. 10. 01,**1901**. 04. 29,05.
30,**1902**. 05. 20,05. 21,**1903**. 01.
08,**1904**. 10. 14,**1905**. 06. 30,
10. 13

李景膂　**1898**. 06. 20,06. 30,07.
09,07. 19,09. 12,09. 24,09. 30,
10. 04,10. 13

李靜山　**1896**. 08. 30

李鏡蓉　**1892**. 07. 08,08. 14,08.
17,10. 08

李鏡元　**1906**. 08. 30,09. 03,09.
05,09. 07,09. 09,09. 12,09. 13,
09. 24,09. 25,10. 11,10. 19,11.

05,11. 07,11. 20,12. 05,**1907**.
02. 04,02. 26,02. 28,04. 08

李九齡　**1898**. 09. 08

李君和　**1907**. 03. 29,03. 31,04.
02,04. 03,04. 22,04. 23,05. 08,
10. 07

李君來　**1897**. 11. 27

李君約　**1893**. 02. 15,03. 08,03.
12,**1902**. 01. 27,02. 27,03. 03,
1905. 04. 16,04. 19

李俊卿　**1895**. 07. 04

李俊軒　**1895**. 08. 14

李克明　**1904**. 02. 27

李克燦

李克恂　**1907**. 07. 31

李雷　**1905**. 04. 27

李荔村(見李夢瑩)

李荔蓀(見李夢瑩)

李麗生　**1897**. 04. 08,04. 10

李連英(見李蓮英)

李蓮臣(見李弼清)

李蓮舫　**1905**. 10. 15

李蓮英　**1895**. 07. 14,10. 15,**1899**.
08. 02,09. 22,12. 26,**1900**. 01.
02,05. 19,05. 30,06. 05,**1901**.
06. 26,09. 13,**1905**. 02. 28,**1906**.
03. 12

李臨淮(見李光弼)

李隆基(見唐玄宗)

李廬毓　**1894**. 06. 27,10. 17,**1896**.

09. 15, 09. 27, 10. 19, **1896**. 04.
20, 05. 18, 07. 17, **1897**. 04. 21,
05. 12, 05. 21, 06. 22, 09. 02

李若愚 **1896**. 11. 10, **1897**. 06. 22,
10. 20, **1898**. 06. 21, 09. 24, 10. 14

李善 **1893**. 05. 27

李善蘭 **1896**. 07. 16

李商隱 **1894**. 06. 19, **1895**. 09. 26,
1897. 08. 27, **1898**. 10. 04, **1899**.
04. 23, 11. 24

李尚卿 **1901**. 06. 06

李少庚 **1899**. 02. 27, 03. 20, 05.
30, 07. 11, 07. 22, 08. 29, **1905**.
08. 04, 09. 02

李少枚 **1898**. 06. 01

李紹基(見李紹箕)

李紹箕 **1893**. 10. 18, 10. 19, 10.
20, 10. 23, 12. 02, 12. 12, 12. 15,
12. 24, **1894**. 01. 08, 01. 09, 01.
23, 01. 24, 01. 26, 01. 27, 01. 28,
02. 01, 02. 12, **1899**. 03. 16, **1901**.
03. 06

李慎甫 **1896**. 09. 21, 10. 20

李盛鐸 **1894**. 04. 11, 05. 19, 05.
21, **1897**. 07. 15, **1898**. 05. 30, 10.
07, 12. 17, **1902**. 03. 09, **1903**. 05.
28, 08. 15, **1905**. 10. 28, 11. 13,
11. 17, **1906**. 01. 10, 02. 11

李盛鑾 **1893**. 04. 18, 05. 15, 07.
18, 07. 19, 07. 23, 08. 07, 09. 13,

1897. 10. 20, **1903**. 07. 01, 07. 06,
08. 15

李盛鏞 **1893**. 04. 18, 07. 02

李石渠 **1907**. 04. 09, 04. 15

李石泉(見李肖聃)

李石友 **1901**. 10. 06, 10. 10, **1907**.
04. 07

李實臣 **1903**. 05. 31

李士鏐 **1898**. 09. 11

李士鉁 **1902**. 07. 01

李世廉 **1895**. 09. 10, 09. 24, 10.
09, **1896**. 04. 27, **1898**. 07. 13, 07.
22, 07. 26

李世申 **1892**. 02. 29, 05. 06, 05.
09, 05. 13, 05. 29, 08. 11, 08. 14,
08. 26, 09. 01, 09. 09, 09. 13, 09.
23, 09. 27, 09. 30, 10. 05, 10. 13,
10. 18, 10. 21, 10. 30, 10. 31, 11.
06, **1893**. 04. 15, 04. 17, 04. 18,
04. 19, 04. 20, 04. 24, 04. 26, 04.
27, 05. 12, 07. 06, 07. 08, 12. 16

李壽卿 **1893**. 11. 16

李壽泉 **1906**. 11. 26

李壽蓉 **1894**. 02. 07, **1904**. 01. 14

李壽石 **1903**. 11. 14

李壽芝 **1904**. 12. 09

李叔和(見李克燦) **1893**. 08. 03,
08. 25, 08. 28, 08. 29, 09. 02, 09.
08, 09. 16, **1894**. 03. 09, 03. 10,
03. 12, 06. 27, 07. 30, 07. 31, 08.

02,08.12,08.20,08.24,08.29,
09.05,**1895**.06.28,07.21,07.
23,07.30,08.31,09.05,10.13,
10.19,10.23,10.25,**1896**.04.
20,05.09,05.10,06.01,06.10,
06.16,07.04,07.21,08.16,08.
18,08.24,08.25,08.27,08.29,
08.30,09.15,09.22,10.07,10.
12,10.23,11.02,11.03,11.06,
11.10,11.11,**1897**.01.23,04.
29,05.08,05.22,05.23,07.06,
07.26,08.15,08.17,08.30,
1898.06.15,06.16,07.02,07.
05,07.23,07.26,08.25,08.27,
08.31,09.01,09.02,09.03,09.
04,09.06,09.07,10.05,10.06,
10.11,10.31,**1907**.06.20,12.06
李舜卿　**1905**.12.16,**1906**.03.12
李順欽　**1906**.09.29
李順卿　**1906**.11.25,11.26,12.
14,**1907**.01.16
李斯　**1898**.03.09
李嵩嶽　**1904**.01.28
李蘇毓　**1894**.10.17,**1895**.05.13,
1897.09.10
李太白(見李白)
李騰空　**1896**.07.06
李提摩太　**1896**.08.01,**1901**.05.
19,09.15
李廷簫　**1900**.09.01

李廷樾　**1892**.06.29,**1894**.06.28,
1895.05.04,05.11
李挺山　**1896**.08.29,08.30
李銅士　**1903**.04.12,**1905**.02.16,
1907.04.04,04.07,04.26,08.
04,08.13,08.14,09.17,12.07,
1908.01.12,01.23,01.24,02.15
李維格　**1897**.11.27,12.03,12.
14,12.16,12.19,12.24,12.31,
1898.01.08,01.09,01.10,03.
16,03.18,03.20,03.27,04.08,
04.11,04.17,04.24,04.28,05.
08,05.25,06.01,11.02
李維翰　**1892**.03.10,06.13,06.
16,07.11,08.24,08.25,08.27,
09.10,09.27,10.18,10.21,10.
29,11.02,**1893**.04.20,07.20,
1894.02.13,03.10,03.11,03.
12,03.13,03.14,06.27,07.01,
07.08,07.09,07.27,**1895**.01.
04,04.10,04.11,04.12,04.16,
04.19,04.20,11.23,12.06,12.
07,**1896**.01.05,01.30,02.03,
03.30,11.30,12.07,**1897**.01.
07,01.28,03.10,03.15,11.16,
11.30,**1900**.04.02,**1904**.01.09,
1905.11.27
李衛君　**1906**.05.07,06.20
李文鐸　**1895**.10.14,**1896**.04.27,
1898.09.05

李文石　**1907**.03.07,03.11,03.
17,09.10

李文碩　**1907**.02.05,08.27,09.09

李文田　**1895**.04.04,05.29,06.
17,**1897**.08.24

李文郁(見李葆恂)

李文釗　**1892**.06.27

李文正(見李東陽)

李文忠(見李鴻章)

李希聖　**1892**.05.16,**1901**.10.31,
11.06,**1904**.11.30,**1905**.06.20

李希易　**1904**.03.08,04.03,04.
05,04.26,04.29,10.28,11.27,
1905.02.23,02.24,03.04,03.
16,04.03,06.27,**1907**.04.04

李希益　**1903**.03.04,03.06

李翕　**1897**.02.19

李習之(見李翱)

李系純(見李系蒓)

李系蒓　**1904**.12.25,**1906**.08.08,
08.18,11.07

李憲　**1903**.07.04

李獻夫　**1894**.04.24,**1902**.03.02,
1906.11.07

李相(見李鴻章)

李相　**1892**.03.01,**1893**.06.04,
06.07,**1894**.03.10,**1896**.12.24,
1898.06.20

李薌垣(見李有棻)

李薌園(見李有棻)

李祥霖　**1893**.11.10,**1900**.06.14,
1905.02.27,12.07,**1906**.02.08,
08.04,09.01,**1907**.11.04

李翔鶴　**1892**.03.01,09.11,09.
30,10.01,10.09

李小安　**1897**.10.24,10.25

李小屏　**1898**.08.20,08.27

李筱屏　**1898**.08.14

李肖聃　**1899**.06.03,07.16,08.
03,08.04,08.24,09.02,10.03,
10.05,10.25,**1900**.03.30,05.
02,05.16,06.28,07.11,07.13,
07.21,07.23,07.29,08.10,08.
11,08.20,08.23,08.25,09.25,
10.11,10.15,10.23,11.08,11.
11,12.04,**1901**.04.26,05.09,
05.10,05.12,05.19,05.20,09.
15,10.15,10.16,11.05,11.08,
11.16,11.21,11.29,12.11,12.
27,12.28,**1902**.01.25,02.09,
02.10,02.19,02.24,02.25,03.
22,04.20,05.17,05.28,06.06,
06.07,06.16,06.22,06.30,07.
10,07.11,07.19,07.28,08.03,
08.14,08.24,08.26,08.30,09.
11,09.14,09.15,09.17,10.01,
10.03,10.10,10.11,10.27,11.
20,11.24,12.04,12.20,12.23,
12.25,**1903**.01.19,02.15,02.
16,02.17,02.18,02.19,02.21,

02. 23, 02. 25, 02. 27, 03. 04, 03.
05, 03. 06, 03. 08, 03. 09, 03. 15,
03. 18, 03. 19, 03. 21, 03. 27, 04.
04, 04. 10, 04. 20, 04. 28, 05. 30,
07. 30, 12. 08, 12. 10, 12. 25,
1904. 01. 26, 01. 28, 01. 31, 02.
07, 02. 08, 02. 13, 02. 21, 02. 27,
02. 28, 03. 07, 03. 08, 03. 14, 03.
15, 03. 16, 03. 19, 03. 23, 03. 24,
03. 26, 03. 31, 04. 01, 04. 12, 04.
23, **1905**. 04. 14, 07. 08, 08. 29,
09. 13, **1906**. 07. 21, 08. 27, 08.
29, 08. 30, 09. 02, 09. 20, 09. 24,
09. 25, 09. 29, 11. 12, 12. 02, 12.
11, 12. 18, **1907**. 01. 05, 02. 23

李心傳　**1897**. 07. 19
李鑫　**1907**. 08. 21
李興銳　**1892**. 04. 18, **1900**. 11. 23,
1901. 01. 21, 01. 23, 04. 13, 05.
04, 06. 21, 06. 22, 07. 11, 08. 21,
09. 05, 09. 18, 09. 19, 10. 07, 10.
09, 10. 12, 10. 18, 10. 20, 10. 28,
10. 30, 10. 31, 11. 14, 11. 22, 11.
26, **1902**. 01. 09, 03. 13, 03. 19,
04. 04, 05. 18, 05. 21, 06. 14, 06.
29, 07. 20, 08. 10, **1903**. 01. 11,
04. 08, 04. 23, **1904**. 11. 01, 11. 25
李荇仙　**1901**. 09. 19, 10. 12, **1905**.
04. 09, **1906**. 05. 02
李秀峰(見李乘時)

李勖丞　**1898**. 12. 23
李續　**1892**. 11. 07
李續賓　**1892**. 02. 04
李續宜　**1898**. 05. 09
李學鼎　**1902**. 01. 28
李學使(見李綏藻)
李延平(見李侗)
李嚴翼　**1904**. 03. 08, **1905**. 10. 16
李鄴園　**1905**. 02. 16
李一琴(見李維格)
李貽德　**1900**. 04. 12
李頤　**1907**. 01. 01, 01. 02
李亦元(見李希聖)
李益　**1896**. 06. 26, 08. 04, 08. 31,
1897. 06. 24
李蓻翁(見李維翰)
李蓻淵　**1892**. 07. 05, 07. 22, 07.
28, 08. 02, 08. 14, **1893**. 04. 01,
04. 19, **1895**. 11. 16, 11. 17, **1897**.
11. 20, **1900**. 10. 01, **1902**. 06. 12
李蓻園(見李維翰)
李蓻丈(見李維翰)
李毅年　**1904**. 10. 07
李嶧琴(見李維格)
李寅　**1902**. 11. 27, 12. 07, **1905**.
12. 03
李邕　**1895**. 01. 09
李顒　**1898**. 02. 19
李猶龍(見李肖聃)
李有棻　**1895**. 05. 25, 05. 26, **1902**.

06.02,**1903**.06.07,06.09,**1905**.
02.11,11.16,**1906**.04.23,**1907**.
10.07,**1908**.01.17
李有棠 1894.07.20,**1899**.08.07
李又珊(見李肖聃)
李幼珊(見李肖聃)
李幼梅(見李輔燿)
李佑臣(見李世申)
李佑元 1903.08.25
李俞農(見李相)
李畬曾 1896.09.21,**1897**.07.01,
07.08,**1898**.06.18,06.20,06.30
李虞琴(見李維格)
李漁 1899.11.17
李雨農 1907.05.03
李玉階(見李明墀)
李玉林 1898.05.09
李育齋 1907.02.04
李郁華 1902.04.09
李毓璠 1897.03.10
李豫 1892.06.29,**1894**.08.27
李元度 1898.09.11
李元明 1905.03.26
李元音 1907.04.16
李約希 1896.07.28,08.21,08.
31,10.22
李芸生 1905.02.02,02.21,04.
29,05.11,05.14,05.19,05.23,
06.27,06.29,08.17,08.19,08.
20,09.01,12.17,**1907**.09.05

李韻笙 1896.05.16
李韻仙 1906.11.14,11.15,11.16
李澤蘭 1903.07.01
李澤澐 1898.02.14
李增城 1903.11.25
李丈(見李維翰)
李昭煒 1902.07.20
李昭文(見李鴻祺)
李兆基 1893.10.09,10.27,**1894**.
10.21,11.01,11.02,**1896**.12.
05,12.30,**1897**.12.27,**1901**.03.
12,03.19,03.20,03.21,03.23,
03.25,04.16,04.20,04.24,05.
11,05.13,05.15,05.17,05.18,
05.20,05.21,06.08,06.09,09.
07,09.26,11.12,11.16,**1902**.
01.24,05.22,07.04,**1903**.01.
16,04.18,04.19,10.03,10.04,
10.29,**1905**.12.21,**1906**.06.01,
11.17,11.24
李兆箕 1899.06.21,07.05,08.
25,**1902**.10.27,**1904**.09.29
李兆洛 1894.02.01,**1895**.09.03
李照箕(見李兆箕)
李肇基(見李兆基)
李徵庸 1899.08.02
李芝生 1907.09.18,09.20,10.25
李禔農 1904.01.09
李植衡 1906.04.16
李致楨 1902.04.22,**1906**.12.22,

廖雲漢　**1906**.10.06,10.12,11.19

廖仲山(見廖壽恒)

廖仲師(見廖壽恒)

廖卓如(見廖雲漢)

列(見列御寇)

列御寇　**1898**.02.22

林(見林紹年)

林(林系尊)

林昌彝　**1893**.08.02,**1901**.07.30,
　1906.08.04

林傳甲　**1903**.08.27,**1905**.07.14

林次璜　**1906**.02.03,02.06,03.02

林道志　**1903**.07.30

林放　**1899**.04.26

林富　**1899**.11.19

林鴻　**1895**.10.04

林開謨　**1907**.01.30

林鹿翁(見林麓樵)

林鹿丈(見林麓樵)

林麓樵　**1893**.01.04,**1894**.12.06,
　12.12,**1896**.01.16,03.02,**1897**.
　10.19,10.24

林麓翁(見林麓樵)

林喬蔭　**1892**.07.13,**1893**.08.11

林清　**1900**.07.30,**1903**.07.06

林膳部(見林鴻)

林紹年　**1902**.05.22,**1904**.12.11,
　1905.10.13,**1906**.11.14,12.20,
　1907.02.07,08.16,09.16

林壽丞　**1898**.11.30

林綬臣(見林系尊)

林述　**1900**.08.26

林同年(見林紹年)

林文忠(見林則徐)

林系尊　**1892**.03.04,03.21,03.
　22,03.25,03.26,03.29,04.03,
　04.12,04.19,04.20,04.23,04.
　30,05.09,05.12,12.06,12.12,
　1893.02.09,03.09,10.14,10.
　21,10.31,11.28,**1894**.04.04,
　04.06,04.08,04.10,04.21,04.
　22,04.24,04.25,04.26,05.01,
　05.02,05.06,05.07,05.12,05.
　14,05.16,05.17,05.20,06.16,
　07.05,07.07,12.06,**1895**.12.
　21,**1896**.01.01,01.13,01.20,
　02.18,03.15,04.01,04.02,12.
　24,**1897**.01.07,02.27,10.24,
　12.02,**1898**.12.07,**1899**.01.02,
　01.29,01.31,02.09,08.13,08.
　20,09.13,09.15,11.17

林旭　**1898**.09.13,10.04

林衍堂　**1894**.05.25

林漾青　**1907**.12.09,**1908**.02.26

林毓棟　**1907**.11.28

林則徐　**1897**.08.05,**1898**.03.23,
　04.27

林仲堪　**1907**.02.23,03.17,03.
　23,04.26,08.21,**1908**.02.26

林子超　**1905**.11.01

劉伯温 **1900**.03.14

劉伯垣 **1897**.12.08

劉采九(見劉鳳苞)

劉憬 **1901**.01.22

劉策安 **1907**.01.08,01.12,03.02

劉長卿 **1896**.11.01

劉長佑 **1893**.07.26

劉敞 **1892**.09.26,**1893**.05.03,
08.11,**1895**.06.04,**1906**.10.15,
1907.03.03

劉楚金 **1907**.03.27

劉楚雄 **1905**.05.30,06.01,06.
09,08.27,09.06,09.13,10.22,
11.05,11.12

劉楚楨(見劉寶楠)

劉春霖 **1904**.10.09

劉春熹(見劉康)

劉純生(見劉澤熙)

劉尊生(見劉澤熙)

劉次翁 **1907**.04.06

劉大將軍(見劉永福)

劉大全 **1899**.04.26

劉大夏 **1898**.05.09

劉得才 **1900**.07.30

劉弟之(見劉第之)

劉第之 **1901**.04.19,**1902**.05.22,
1904.01.28,**1907**.07.19,07.28

劉定夫 **1896**.09.02,**1898**.01.14,
1901.02.05,**1906**.06.08

劉端廉 **1905**.03.18

劉端臨(見劉台拱)

劉端冕 **1904**.03.28

劉鐸 **1892**.03.29,**1893**.03.06,
1894.04.05,04.30,05.12,11.
14,11.19,**1903**.10.04,**1907**.
03.29

劉二(見劉永福)

劉逢禄 **1892**.06.25,**1893**.07.24,
08.07,**1896**.04.05,**1897**.02.26,
1898.01.15,08.28,**1899**.03.19

劉鳳苞 **1893**.10.29,**1897**.10.01,
1898.08.23,**1900**.01.23,**1905**.
05.28,05.31,08.01,**1906**.01.
09,**1907**.10.22

劉鳳鏗 **1894**.03.13

劉鳳起 **1896**.04.23,05.30,07.
06,10.01,10.16,**1897**.05.19,
05.25,05.26,06.04,06.10,06.
20,06.29,08.27,09.09,**1898**.
06.24,07.07,07.14,09.08,
1902.10.29,**1903**.05.28,07.01,
07.06

劉鳳鏘 **1892**.06.29,**1897**.07.13

劉鳳儀 **1894**.03.10

劉鳳友 **1894**.03.13

劉鳳藻 **1904**.03.28,**1905**.03.17,
03.24

劉苐堂 **1892**.12.24

劉苐棠 **1892**.12.09

劉福姚 **1892**.05.30,**1897**.06.16

08.07

劉康 **1900**.08.23,08.31

劉寬 **1901**.03.20

劉坤一 **1894**.11.19,11.21,12.
03,12.17,12.26,**1895**.01.04,
01.10,01.15,02.08,02.10,02.
12,02.22,03.04,03.19,05.08,
05.25,07.03,**1896**.01.16,02.
28,03.23,**1897**.12.23,**1898**.01.
04,01.14,04.24,09.06,09.08,
09.19,10.07,11.04,11.08,12.
11,12.21,**1899**.01.03,01.14,
01.16,01.30,02.07,03.17,03.
28,07.29,12.27,**1900**.04.24,
05.08,07.06,07.07,07.15,07.
21,07.22,08.03,08.05,09.15,
09.17,09.18,09.20,09.26,11.
03,12.01,**1901**.01.06,01.18,
02.18,03.26,04.02,05.11,05.
12,07.22,08.17,08.21,09.10,
09.23,09.29,10.04,10.31,12.
26,**1902**.01.01,01.17,03.07,
05.29,06.12,10.08,10.13

劉焜 **1902**.12.21

劉琨 **1898**.11.13

劉禮部(見劉逢祿)

劉立山 **1902**.05.31,**1904**.10.15

劉蓮生(見劉煥辰)

劉伶 **1897**.01.24

劉菱生 **1902**.08.22

劉鹿岑 **1894**.03.20,03.25,04.02

劉鹿琴(見劉鹿岑)

劉鹿泉 **1893**.12.15

劉履恂 **1898**.08.04

劉冕之 **1897**.04.24

劉民安 **1903**.05.04,11.18

劉銘傳 **1894**.07.14

劉牧村(見劉人駿)

劉彭齡 **1895**.05.27,07.01,07.
22,08.26,10.10,**1896**.05.27,
06.11,**1897**.01.12,08.19,10.20

劉屏山(見劉子羣)

劉璞山 **1900**.08.24,09.15,09.
21,09.27,12.01,**1901**.02.13,
04.13,04.21,11.21,12.12,12.
15,**1902**.03.17,04.11,07.17,
07.28,09.01,12.22,**1903**.12.
07,12.08,12.10,12.22,12.30,
1904.01.08,02.03,04.20,05.
08,**1905**.01.17,01.21,08.09,
1906.03.14,03.19,05.07

劉樸臣 **1898**.10.16

劉樸山 **1904**.11.04

劉錡 **1898**.03.14

劉慶光 **1900**.02.01,02.16,**1907**.
08.01,09.18,09.19,10.20,11.25

劉球 **1900**.04.24

劉荃伯 **1908**.01.29

劉人駿 **1892**.09.26,10.05,**1893**.
06.10,10.24,10.25,10.29,11.

04, 11. 15, **1894**. 02. 08, 02. 11,
02. 12, 11. 14, **1896**. 03. 12, 03.
15, **1897**. 01. 14, 10. 06, 10. 08,
11. 24, 12. 09, 12. 14, 12. 16, 12.
23, **1898**. 01. 04, 02. 10, 02. 17,
03. 10, 04. 08, 04. 30, 05. 24, 11.
04, 11. 07, 11. 09, **1899**. 10. 11,
1900. 12. 19, **1901**. 01. 18, 10. 31,
1902. 05. 14, 05. 16, **1903**. 04. 06,
10. 18, **1904**. 10. 03, **1905**. 05. 22

劉人熙　**1896**. 12. 24, **1899**. 10. 09,
1901. 10. 09, 10. 30, **1902**. 03. 17,
06. 26, 12. 10, **1907**. 03. 30, 04.
07, 04. 18, 05. 24, 06. 07, 06. 08,
06. 14, 07. 04, 07. 05, 07. 08, 07.
11, 07. 18, 08. 25, 09. 02, 09. 03,
11. 20, 12. 19, 12. 22, **1908**. 01.
16, 02. 19, 02. 22, 03. 05

劉茹芝　**1898**. 03. 03, 12. 02, 12. 23
劉汝霖　**1892**. 04. 17
劉汝翼　**1895**. 08. 10
劉瑞珊　**1894**. 07. 13, 08. 31, 11.
14, **1895**. 08. 26, 09. 14, **1896**. 03.
15, 08. 18, 08. 21, **1897**. 01. 01,
03. 12, 03. 13, 08. 15, 08. 16, 08.
17, 08. 23, 08. 24, 08. 31, 09. 02,
09. 03, **1899**. 04. 09, 05. 22, 05. 25

劉潤珩　**1892**. 06. 13, **1894**. 06. 01
劉潤鴻　**1905**. 06. 05, 06. 24, 07. 04
劉三吾　**1898**. 05. 09, **1900**. 03. 14,

04. 21
劉少秋　**1893**. 03. 19, **1898**. 02. 17,
1900. 02. 08, **1902**. 12. 14
劉少瑛　**1905**. 06. 01
劉申受(見劉逢禄)
劉師培　**1906**. 02. 11
劉氏(見劉敵)
劉氏(見劉台拱)
劉世嵓　**1905**. 10. 22, 10. 25
劉叔卿(見劉慶光)
劉漱清　**1898**. 03. 03
劉漱唐　**1898**. 03. 03
劉樹傑　**1904**. 10. 08
劉樹堂　**1899**. 04. 20, **1901**. 01. 15,
05. 24
劉帥(見劉永福)
劉順伯　**1905**. 01. 25
劉思濂　**1893**. 04. 19, 05. 01, **1894**.
08. 19, 10. 17
劉四　**1893**. 02. 15
劉頌虞　**1898**. 04. 27, **1899**. 05. 10,
05. 17
劉台拱　**1892**. 12. 25, **1893**. 03. 22,
1895. 01. 22
劉太尉(見劉琨)
劉陶然　**1905**. 04. 12, 05. 28
劉綖　**1898**. 04. 19
劉廷瑞　**1897**. 04. 14, 04. 16, 04. 17
劉廷薰　**1907**. 10. 22, 10. 28
劉通三　**1907**. 07. 27

04. 20, 04. 24, **1894**. 03. 13, 07. 09, 09. 11, **1895**. 04. 04, 04. 16, 04. 21, 06. 15, 06. 18, 08. 14, 10. 09, **1896**. 04. 21, 10. 016, 10. 19, **1897**. 04. 21, 05. 01, **1898**. 06. 20, 09. 27, 10. 15

劉宇生　**1903**. 04. 16, 06. 18

劉裕　**1898**. 08. 28

劉毓崧　**1893**. 12. 15

劉淵亭(見劉永福)

劉原父(見劉敞)

劉越　**1907**. 11. 08

劉鈇　**1908**. 01. 26

劉雲喬　**1894**. 03. 23

劉澤熙　**1899**. 05. 17, 05. 23, 06. 22, 06. 25, 10. 28, **1900**. 10. 28, **1902**. 01. 22, **1904**. 05. 25, **1906**. 12. 22, **1907**. 03. 23

劉兆明(見劉秉珍)

劉楨　**1898**. 08. 26

劉楨麟　**1898**. 08. 20

劉楨卿　**1897**. 07. 10, 11. 10, **1898**. 05. 03, 08. 02

劉振愚(見劉鐸)

劉錚堂　**1900**. 09. 01

劉知幾　**1893**. 07. 13, **1894**. 09. 17, **1904**. 11. 30

劉志千　**1898**. 05. 16

劉稚全(見劉稚荃)

劉稚泉(見劉稚荃)

劉稚荃　**1893**. 03. 19, 11. 03, 11. 07, 11. 08, **1897**. 12. 19, **1898**. 01. 08, 02. 16, 04. 16, **1899**. 06. 26, 06. 29, **1900**. 04. 14, **1902**. 03. 07, 07. 15, **1903**. 10. 23, **1904**. 03. 11, 04. 30, **1905**. 05. 05, **1906**. 03. 14, 06. 19, 07. 13, 07. 18, 10. 10, **1907**. 07. 24, 08. 01, 08. 10, 08. 11, 08. 16, 09. 01, 10. 01

劉中丞(見劉樹堂)

劉中壘(見劉向)

劉仲廉(見劉世鬻)

劉仲良(見劉秉璋)

劉晝　**1901**. 05. 24

劉柱臣(見劉佐楫)

劉柱丞(見劉佐楫)

劉肅　**1894**. 07. 26, 08. 07, **1895**. 02. 20, 07. 15, 08. 16

劉子才(見劉子材)

劉子材　**1905**. 05. 30, 06. 01, 06. 02, 07. 13, 11. 12, **1908**. 02. 17

劉子鬻　**1898**. 03. 01, 03. 23

劉子勉(見劉廷瑞)

劉子元　**1899**. 10. 11, **1903**. 03. 07

劉子政(見劉向)

劉子壯　**1892**. 02. 20, **1894**. 02. 24

劉佐楫　**1902**. 11. 29, **1903**. 01. 08, 02. 18, 02. 25, 03. 02, 03. 13, 03. 27, 04. 05, 04. 27, 05. 01, 09. 15, 09. 21, 09. 22, 10. 11, 10. 20, 11.

01,11. 02,11. 17,11. 18,12. 14,
1904. 02. 08,03. 22,03. 23,04.
25,**1905**. 03. 04,06. 24,08. 02,
12.07,**1906**. 03. 02,**1907**. 01. 30,
02. 28,03. 07,03. 09,03. 11,03.
12,03. 14,03. 15,03. 17,03. 18,
03. 19,03. 22,03. 26,05. 03,05.
25,06. 28,06. 29,07. 04,07. 17,
07. 26,07. 30,08. 02,08. 05,08.
20,08. 26,09. 30,10. 08,11. 29,
12.09

劉佐周　**1904**.11.05

柳得恭　**1896**.03.05

柳公(見柳公權)

柳公權　**1897**.01.16,**1899**.01.24

柳惠　**1901**.12.14

柳寄雲　**1893**.10.28,10.29

柳際貞　**1907**.01.20

柳菊生　**1902**.01.10

柳克頤　**1906**.10.13

柳門(見汪鳴鑾)

柳聘農　**1904**.11.11

柳氏(見柳興恩)

柳象臣　**1893**. 11. 18,11. 20,12.
14,12. 21,**1894**. 01. 01,10. 17,
10. 22,11. 24,**1895**. 03. 15,11.
14,**1896**.03. 24,12. 01,**1897**.03.
11,**1899**. 02. 08,08. 11,08. 14,
08. 28,**1900**.08. 29,09. 03,**1901**.
05. 08,09. 26,09. 27,**1903**. 10.

07,**1907**.01.11

柳興恩　**1899**.12.21

柳芝龍　**1894**.10.29,**1904**.11.22

柳宗元　**1905**.04.19

六一(見歐陽昱)

隆(見隆文)

隆文　**1901**.03.15,10.12

龍(見龍湛霖)

龍炳　**1894**. 12. 06,12. 20,**1895**.
01. 13,02. 23,**1906**.10.27

龍紱慈　**1903**.12. 14,**1906**.12. 22,
1907.01.07,01. 23

龍紱年　**1902**.02.01

龍紱祺　**1892**.02. 01,**1894**.02. 09,
10. 11,**1896**. 01. 03,01. 05,01.
06,01. 27,02. 06,02. 21,02. 22,
02. 24,05. 23,**1897**. 11. 19,11.
21,**1898**.03. 08,12. 18,**1899**.05.
13,09. 03,**1900**.03. 19,**1901**.06.
08,09. 05,**1902**. 03. 04,08. 11,
1905.03. 10,09. 17,10. 20,10. 29

龍紱瑞　**1894**. 04. 06,04. 21,04.
28,05. 02,05. 03,05. 05,05. 17,
05. 20,**1897**. 11. 15,**1898**.03. 08,
03. 05,03. 26,03. 27,12. 23,12.
25,**1899**. 01. 14,03. 18,04. 02,
04. 03,04. 29,06. 27,07. 11,08.
14,08. 15,09. 03,09. 10,09. 24,
12. 16,12. 31,**1900**. 02. 05,**1901**.
01. 21,01. 22,01. 23,01. 25,05.

05,06.08,**1902**.03.13,07.17,
07.18,07.23,07.27,07.30,
1903.01.20,04.05,08.23,09.
21,09.27,11.30,12.10,12.11,
12.29,**1904**.01.09,01.11,03.
02,03.03,03.08,03.10,10.08,
10.11,10.19,10.23,11.02,12.
02,12.06,12.28,**1905**.04.05,
05.27,06.08,06.10,09.17,10.
29,12.21,**1906**.02.26,03.02,
03.19,03.31,04.23,04.30,05.
14,05.18,07.31,08.13,08.02,
09.21,10.07,10.12,10.13,10.
27,10.28,11.03,11.06,11.19,
12.01,12.03,12.11,12.30,
1907.01.23,01.24,02.02,04.
02,**1908**.01.04,02.29

龍閣學(見龍湛霖)

龍艮山 **1905**.10.04,**1907**.05.30

龍公(見龍湛霖)

龍桂 **1900**.08.25

龍國榛 **1897**.10.20,**1898**.11.29,
12.02,**1902**.05.26

龍㙫臣(見龍汝霖)

龍禾宰 **1894**.02.04,02.08

龍際雲(見龍炳)

龍筠圃(見龍文彬)

龍荔仙(見龍綬祺)

龍起濤 **1898**.12.02

龍仁陔(見龍錫慶)

龍蓉生 **1906**.10.07,10.12,10.
13,10.27,10.28,11.03,11.06,
11.09,11.10,11.19,**1907**.01.
07,02.02

龍汝霖 **1894**.05.04

龍三(見龍湛霖)

龍三丈(見龍湛霖)

龍少仙 **1906**.11.03

龍生(見龍鍾洴)

龍侍郎(見龍湛霖)

龍文彬 **1893**.05.05,**1895**.06.21

龍錫光 **1893**.11.06

龍錫慶 **1895**.09.24

龍學使(見龍湛霖)

龍學臺(見龍湛霖)

龍學震 **1897**.05.11

龍遜齋 **1894**.04.06,04.21,04.
22,04.26,04.28,05.01,05.02,
05.05,05.07,05.17,12.01,
1896.02.26,02.28,04.02,04.
04,04.30,**1897**.11.19,**1900**.
10.12

龍研仙(見龍璋)

龍硯仙(見龍璋)

龍陽(見易順鼎)

龍陽君(見易順鼎)

龍毅甫(見龍綬年)

龍毅甫 **1907**.01.24

龍莫溪(見龍綬瑞)

龍莫谿(見龍綬瑞)

龍愚溪(見龍紱瑞)

龍禹門　**1897**.08.15,**1900**.06.05

龍湛霖　**1892**.02.01,02.08,03.02,
03.04,05.09,06.07,06.09,06.11,
06.22,06.26,09.27,12.14,**1893**.
05.02,05.25,10.29,11.06,**1894**.
02.04,02.05,02.07,02.08,03.14,
04.06,04.22,04.24,05.02,05.03,
05.06,05.07,05.13,05.20,08.18,
09.02,09.06,10.28,11.14,12.06,
12.20,12.26,**1895**.03.01,03.07,
04.11,04.30,07.21,09.21,09.24,
09.26,**1896**.01.21,02.06,02.21,
02.23,04.28,05.22,06.05,06.17,
07.07,07.08,07.15,08.18,09.23,
09.25,10.02,11.03,12.24,**1897**.
02.07,05.23,06.05,11.19,**1898**.
01.04,01.22,02.05,02.11,02.13,
02.17,02.18,03.08,03.18,04.10,
04.11,05.30,05.31,06.15,07.01,
07.17,07.15,08.13,11.12,12.08,
12.18,12.23,12.25,**1899**.01.04,
03.18,04.03,04.16,05.13,07.11,
09.03,09.10,09.14,09.24,10.09,
10.14,11.05,**1900**.03.31,06.07,
06.11,06.22,07.31,10.12,11.09,
1901.02.05,02.22,06.08,09.06,
1902.01.01,01.08,05.14,07.12,
07.15,07.17,07.27,07.31,08.11,
09.03,09.10,10.01,**1903**.01.16,

02.01,06.30,09.25,11.30,12.14,
12.15,**1904**.03.03,04.15,10.11,
10.12,11.30,**1905**.01.24,02.27,
04.05,04.26,05.27,06.07,06.08,
06.14,06.15,06.19,09.20

龍璋　**1899**.09.03,**1900**.03.19,
1902.07.13,**1904**.02.17,**1905**.
03.10,**1907**.01.23,04.09,04.
27,12.09,12.11

龍丈(見龍湛霖)

龍之溪　**1895**.09.24,**1896**.08.17,
09.01,**1897**.07.23,12.30,**1898**.
09.13,**1902**.04.28,05.14,05.
16,05.21,05.22,05.25,05.26

龍芝老(見龍湛霖)

龍芝生(見龍湛霖)

龍芝師(見龍湛霖)

龍芝翁(見龍湛霖)

龍鍾伊　**1896**.08.21

龍鍾洤　**1895**.06.21,07.18,08.
10,08.14,08.16,09.04,10.05,
10.15,10.16,**1896**.06.09,06.
10,06.15,06.28,07.19,07.28,
1897.10.20

龍宗師(見龍湛霖)

婁妃　**1892**.07.16,08.26,**1893**.
05.02

婁機　**1898**.03.23

婁敬　**1898**.05.21,05.22

婁氏(見婁機)

婁雲慶 **1895**.03.04

盧(見盧見曾)

盧(見盧豫章)

盧見曾 **1895**.02.11

盧懋善 **1896**.09.09,09.14,09.
28,10.05,10.10,10.11,10.12,
10.13,10.18,10.20,11.03,11.
07,**1897**.04.24,05.24,06.06,
07.03,07.09,07.12,07.13,07.
20,07.27,07.31,08.09,08.10,
08.19,08.28,09.05

盧屏山 **1898**.06.27

盧仁山(見盧懋善)

盧榮光 **1901**.08.11

盧生(見盧豫章)

盧梭 **1903**.07.19

盧文弨 **1898**.08.04

盧文明(見盧豫章)

盧文清 **1895**.04.10,04.17,05.
12,**1897**.08.14

盧豫章 **1892**.06.15,10.05,10.
19,**1893**.04.21,06.18,07.02,
07.11,07.30,08.04,08.17,08.
28,09.08,09.11,09.12,09.15,
09.16,**1894**.06.26,07.05,07.
11,07.19,07.27,08.01,08.07,
08.19,08.29,09.06,10.17,
1895.04.04,04.20,05.14,05.
30,06.02,06.10,06.16,06.23,
07.02,07.07,07.09,07.23,09.

12,09.25,10.03,10.05,10.18,
10.19,10.27,12.02,**1896**.04.
19,04.20,04.22,04.30,05.04,
05.06,05.08,05.09,05.12,05.
17,05.21,05.22,05.30,06.28,
07.07,07.08,07.09,07.28,08.
02,08.03,08.20,08.31,09.21,
09.24,09.25,09.26,10.18,11.
07,**1897**.04.18,04.22,05.02,
05.25,06.04,06.13,07.11,07.
13,07.19,08.03,08.26,08.30,
09.04,09.07,**1898**.06.14,06.
16,06.19,06.21,06.23,06.24,
06.26,06.30,07.04,07.08,07.
13,07.22,07.25,08.03,08.04,
08.06,08.12,08.22,08.25,08.
26,09.05,09.08,09.12,09.22,
09.24,09.28,09.29,09.30,10.
05,10.16,**1899**.05.08,09.28,
1900.01.13,**1901**.05.01,06.22,
08.11,**1905**.08.20

盧震 **1892**.02.22

盧植 **1903**.04.27

廬毓(見李廬毓)

魯定公 **1893**.03.22

魯公(見姬伯禽)

魯連 **1897**.11.30,**1902**.01.12

魯鵬 **1897**.05.10

魯丕 **1897**.03.06

魯卿(見彭魯卿)

魯壽耆　**1904**.03.09,**1906**.01.06,
　09.11

魯軒(見左魯軒)

魯英(見唐啟璠)

魯幼峰(見魯鵬)

魯元(見夏魯元)

魯齋(見王柏)

魯仲連　**1899**.10.23,**1901**.05.04

陸(見陸寶忠)

陸(見陸龜蒙)

陸(見陸九淵)

陸(見陸游)

陸(見陸元鼎)

陸奧光宗(見陸奧宗光)

陸奧宗光　**1895**.02.15

陸寶忠　**1894**.05.02,05.12,**1902**.
　04.27,**1906**.01.10,02.22,**1907**.
　10.15,**1908**.02.13

陸伯葵(見陸寶忠)

陸德明　**1903**.07.04

陸佃　**1901**.08.15

陸鳳石(見陸潤庠)

陸龜蒙　**1897**.09.11

陸賈　**1892**.03.20

陸九齡　**1898**.03.01

陸九淵　**1892**.07.08,**1893**.09.17,
　1898.03.01,03.06,03.07,04.
　09,05.21,05.22,07.29,**1900**.
　02.22

陸潤庠　**1893**.04.15,**1902**.03.20,

　05.04,08.25,**1903**.07.20,**1904**.
　03.28

陸氏(見陸德明)

陸壽民(見陸錫康)

陸帥(見陸元鼎)

陸文安(見陸九淵)

陸錫康　**1897**.05.11

陸仙(見皮陸仙)

陸象山(見陸九淵)

陸孝達　**1898**.04.02

陸宣公(見陸贄)

陸裡　**1892**.09.02

陸永霓(見陸詠霓)

陸永儀　**1905**.07.29

陸詠霓　**1905**.04.04,05.20,11.
　14,**1906**.01.12,06.14,06.15,
　06.19,06.25,**1907**.12.30

陸詠儀　**1905**.10.06

陸游　**1896**.08.30,**1900**.01.17,
　1901.03.10,**1902**.03.26,**1906**.
　04.08,**1907**.02.13

陸元鼎　**1904**.05.26,12.09,12.15

陸贄　**1894**.06.19,**1900**.08.31

陸子靜(見陸九淵)

陸子敏　**1898**.04.17

陸子餘　**1898**.04.02

鹿(見鹿傳霖)

鹿岑(見劉鹿岑)

鹿傳霖　**1900**.07.22,10.04,**1901**.
　03.30,05.04,06.20,06.24,07.

02,07. 09,07. 12,07. 22,08. 09,
08. 22,09. 12,10. 15,10. 21,10.
22,11. 27,12. 06,**1902**. 01. 01,
05. 29,**1903**. 08. 01,08. 08,12.
12,**1906**. 10. 21,11. 14,**1907**. 04.
01,06. 22,06. 29,07. 03,07. 27,
09. 01,09. 16

鹿樵(見廖鹿樵)

鹿泉(見黃膺)

鹿泉(見易鹿泉)

鹿湘(見周麓湘)

禄(見裕禄)

禄豐 **1900**. 01. 15,**1900**. 06. 17

禄山 **1904**. 11. 03

禄顯 **1907**. 05. 30

路傳甲 **1904**. 03. 14

路德 **1900**. 04. 28

路巖 **1894**. 12. 28

麓岑(見蔡麓岑)

麓樵(見廖麓樵)

麓泉(見黃膺)

麓泉(見易鹿泉)

麓泉(見易麓泉)

麓湘(見周麓湘)

呂班 **1906**. 05. 19

呂不韋 **1901**. 04. 25

呂東萊(見呂祖謙)

呂洞賓 **1894**. 10. 11

呂端 **1899**. 01. 05

呂鳳藻 **1893**. 01. 17

呂海寰 **1900**. 10. 01

呂家駒 **1899**. 05. 02

呂蕉生(見呂樵生)

呂菊人 **1899**. 10. 11

呂坤 **1894**. 08. 24

呂立夫 **1899**. 04. 26

呂留良 **1900**. 04. 28

呂律甫 **1900**. 04. 02,05. 06,07.
11,**1901**. 01. 11,05. 11,**1905**. 11.
29,11. 30

呂耦芝 **1897**. 11. 28

呂藕翁 **1902**. 07. 25

呂佩芬 **1903**. 07. 17

呂樵生 **1903**. 06. 01,06. 03,06.
06,08. 25,08. 31

呂樵翁(見呂樵生)

呂沙(見呂衍)

呂使(見呂班)

呂士元 **1906**. 12. 22

呂叔玉 **1893**. 05. 23

呂文濤 **1903**. 11. 12,11. 18

呂仙(見呂洞賓)

呂向 **1905**. 02. 11

呂小琴(見呂鳳藻)

呂曉初 **1903**. 11. 08

呂新吾(見呂坤)

呂學凱 **1906**. 03. 25

呂衍 **1897**. 11. 28

呂椎生 **1903**. 06. 10

呂祖謙 **1898**. 03. 01,03. 09

履謙(見陶覿儀)

履卿(見陳履卿)

羅(見羅壽生)

羅(見羅順生)

羅(見羅維垣)

羅(見羅澤南)

羅(見羅正鈞)

羅邠峴(見羅運陟)

羅炳臣 **1906**.02.06

羅炳生 **1906**.02.13,05.29,06.02,07.30,08.03,09.13

羅伯臣 **1896**.05.07

羅伯勛 **1907**.03.12,03.13,04.06

羅昌燦 **1903**.11.08

羅次結 **1907**.07.02,09.13,10.05,12.29,**1908**.02.18

羅從彥 **1898**.04.06

羅鼎新 **1907**.09.02

羅敦甫 **1898**.04.16,**1902**.07.12,**1904**.11.10,**1905**.03.08,**1906**.01.17

羅敦陽 **1904**.12.01

羅莆皆 **1893**.11.29,**1894**.01.01

羅衡翁 **1904**.03.11

羅厚忻 **1907**.03.13

羅厚炘 **1907**.03.18

羅家藻 **1904**.03.31

羅傑 **1906**.08.12

羅君(見羅少垣)

羅開先 **1900**.10.27

羅良鑑 **1903**.07.15,07.26

羅羅生 **1899**.10.04,**1903**.11.07,12.09

羅屏山 **1901**.07.08

羅琴甫 **1901**.05.15,06.02,06.03,09.09,09.20

羅栞父(見羅琴甫)

羅壬 **1902**.08.02

羅榮光 **1900**.06.29,07.03,07.17,07.31

羅少垣 **1892**.05.29,05.30

羅生(見羅羅生)

羅十先生(見羅壽生)

羅十丈(見羅壽生)

羅什(見鳩摩羅什)

羅石帆(見羅維垣)

羅壽生 **1902**.07.17,07.28,**1903**.02.01,11.07,11.11,11.16,11.24,11.25,12.01,12.19,**1904**.01.15,01.19,02.05,02.09,03.15,04.16,04.17,04.20,04.26,05.14,10.15,**1905**.04.11,06.05,09.04,**1906**.05.06,06.17,08.11,09.02,**1907**.01.06,08.15,08.24,08.28,12.15

羅壽笙(見羅壽生)

羅壽翁(見羅壽生)

羅綏生(見羅壽生)

羅綏翁(見羅壽生)

羅恕翁 **1902**.07.12

馬宗漢　**1907**.07.21,07.22

麥鴻鈞　**1903**.08.01

曼秋(見陳長樞)

莽(見王莽)

毛(見毛公)

毛(見毛亨)

毛(見毛奇齡)

毛公　**1894**.04.19

毛亨　**1892**.06.21,**1893**.04.10

毛鴻濟　**1903**.01.10

毛晉　**1896**.07.18

毛樂哉(見毛樂齋)

毛樂齋　**1896**.09.25,10.23,**1897**.
　05.05,05.13,06.01,06.05,06.
　30,07.30,08.23,08.27,09.03,
　09.09,**1898**.10.12,**1901**.08.19

毛聘臣　**1901**.07.07

毛奇　**1898**.03.14

毛奇齡　**1892**.07.05,07.10,07.
　14,**1893**.04.04,06.28,06.29,
　07.03,07.04,07.05,07.14,07.
　19,07.20,07.22,07.31,08.11,
　09.20,09.30,**1894**.09.25,**1895**.
　07.18,07.24,07.25,07.26,07.
　28,07.29,08.01,08.02,10.31,
　12.22,**1896**.02.02,**1898**.07.24,
　09.08,**1903**.11.12,**1906**.06.12,
　07.06

毛慶蕃　**1903**.06.17,**1905**.02.20

毛仞翔　**1906**.06.29

毛實君(見毛慶蕃)

毛氏(見毛奇齡)

毛西河(見毛奇齡)

毛旭卿　**1900**.01.25

毛玉麟　**1896**.04.22,06.13,06.
　15,08.22,09.19,09.22,10.16,
　11.11,**1897**.04.22,05.01,10.
　22,**1907**.07.28

毛振之(見毛振趾)

毛振趾　**1897**.04.28,05.13,**1898**.
　07.10,08.20,08.21,10.12,
　1901.07.07

茅坤　**1895**.12.24

茅鹿門(見茅坤)

茅元儀　**1902**.03.26

卯金(見劉坤一)

卯橋(見陳國燾)

茂公(見唐茂陔)

茂生(見陳茂生)

茂生(見何維植)

茂松(見陳茂松)

茂萱(見喬樹枏)

茂貞(見李鴻榦)

茂楨(見李鴻榦)

懋謙(見陶宸翼)

枚(見枚乘)

枚乘　**1892**.03.20

梅舫(見曹廣楨)

梅斐猗(見梅光遠)

梅斐漪(見梅光遠)

梅福　**1899**.12.21

梅光達　**1895**.10.02,10.03,10.
05,**1896**.06.14,06.15,08.04,
08.23,09.20,**1897**.04.20,06.04

梅光大　**1895**.07.23

梅光義　**1903**.07.16

梅光遠　**1898**.06.27,06.30,07.
04,07.13,07.22,07.24,08.07,
08.12,08.22,09.02,09.14,
1900.02.23

梅和羹　**1898**.06.30

梅惠安(見梅光大)

梅君(見梅雨田)

梅啟熙　**1892**.06.17,**1893**.04.22,
1897.08.26

梅啟照　**1892**.03.01,03.03,03.
04,06.17,**1893**.04.22,**1895**.
04.23

梅少崖　**1893**.04.21

梅少岩(見梅啟熙)

梅生(見陳嘉言)

梅生(見陳梅生)

梅台源　**1893**.07.22,**1894**.03.11,
07.07,07.24,07.24,08.07,08.
08,08.22,**1895**.04.06,04.23,
05.03,10.03,**1896**.05.07,09.
21,**1897**.04.20,07.27,**1898**.06.
23,09.30,**1906**.05.07

梅小巖(見梅啟照)

梅曉　**1907**.07.10,**1908**.01.09

梅雨田　**1893**.04.19,04.23

梅豫生　**1896**.10.17

梅子肇　**1894**.08.14,**1895**.05.21,
05.28,06.02,06.09,06.25,06.
26,07.03,07.07,07.14,07.23,
07.28,08.22,08.26,09.12,10.
04,10.05,10.09,10.10,**1896**.
04.21,04.23,04.26,04.27,04.
28,05.02,05.03,05.19,06.06,
06.12,06.16,08.26,09.21,10.
06,10.17,10.20,11.09,**1897**.
04.26,04.27,05.01,06.22,07.
27,09.03,**1898**.06.19,10.02,
1906.04.16

美卿(見皮美卿)

媺卿(見皮美卿)

夢來(見汪孟萊)

夢周(見陳夢周)

孟(見孟子)

孟賁　**1898**.01.08,08.20

孟博(見范滂)

孟的斯鳩　**1903**.11.21

孟剛(見趙孟剛)

孟琪　**1900**.09.06

孟軻(見孟子)

孟來(見汪孟萊)

孟萊(見汪孟萊)

孟閏生(見孟潤生)

孟潤生　**1902**.09.01,**1906**.10.29,
10.31,11.01,11.03,11.07,11.

27,12.31

孟文(見楊孟文)

孟喜 **1895**.04.15

孟仙(見李孟仙)

孟郁 **1899**.03.20

孟昭圖 **1900**.09.01

孟子 **1892**.07.14,07.26,09.08,
1893.07.13,**1894**.09.27,**1897**.
09.06,12.24,**1898**.02.08,02.
22,03.06,03.07,03.09,03.14,
03.18,03.22,04.04,04.06,04.
12,04.14,04.19,05.06,05.08,
05.26,12.31,**1899**.01.09,03.
29,**1903**.05.21,06.26,**1907**.
03.24

孟子卿 **1897**.06.20,06.28,09.
01,**1899**.05.05

彌爾 **1903**.11.21

彌勒約翰 **1903**.07.13

禰衡 **1894**.11.22,**1898**.09.28,
1903.07.16

禰正平(見禰衡)

宓昌墀 **1899**.09.22

宓戲 **1900**.06.10

勉老(見李興銳)

勉南(見王冕南)

勉南(見張祖笏)

勉帥(見李興銳)

勉堂(見張勉堂)

冕南(見王冕南)

冕叔(見譚冕叔)

冕堂(見張勉堂)

民蘇(見雷民蘇)

閔子成 **1904**.04.26,04.27

閔子元 **1904**.01.21

名舉(見皮名舉)

名璋(見宋名璋)

名撰(見皮名撰)

明(見明徵)

明道(見程顥)

明皇(見唐玄宗)

明烈帝(見朱由檢)

明世宗 **1892**.10.10,**1895**.07.28

明太祖(見朱元璋)

明武宗 **1895**.07.28

明頤(見俞明頤)

明蘊(見胡發珠)

明徵 **1901**.10.22

明珠 **1900**.01.02

明莊烈帝(見朱由檢)

茗柯(見張惠言)

銘鼎(見許銘鼎)

銘六(見易煥鼎)

銘謙(見陶廷玉)

鳴謙(見陶廷玉)

繆(見繆德棻)

繆(見繆曰芑)

繆德棻 **1894**.07.26,08.20,09.
03,09.08,09.09,**1895**.03.01,
04.04,04.06,04.07,08.28,09.

03, 10. 09, 10. 17, 10. 21, **1896**.
04. 21, 07. 21, 07. 25, 11. 05,
1897. 04. 19, 04. 20, 04. 23, 06.
07, 06. 11, 06. 24, 07. 23, 08. 02,
08. 03, 08. 12, 08. 26, 08. 27,
1898. 08. 26, 08. 30, 09. 26, 09.
28, 10. 09, **1904**. 04. 06, 04. 30,
05. 06

繆公(見繆德菜)

繆觀察(見繆德菜)

繆廉訪(見繆德菜)

繆荃孫　**1894**. 05. 06, **1902**. 03. 09,
1905. 05. 19, 05. 21, **1907**. 01. 19

繆小山(見繆荃孫)

繆筱珊(見繆荃孫)

繆岫琴　**1894**. 09. 03, **1902**. 03. 09,
07. 25, 08. 06, 08. 08, 11. 25,
1904. 10. 14, **1907**. 01. 19

繆柚琴(見繆岫琴)

繆曰芑　**1895**. 04. 09

繆芷汀(見繆德菜)

繆芷翁(見繆德菜)

繆梓　**1895**. 04. 07

嫫母　**1895**. 06. 05

摩西　**1898**. 04. 06

謨罕驀德　**1898**. 04. 06

莫炳琪　**1892**. 03. 02

莫覬廷(見莫炳琪)

莫敬亭　**1896**. 01. 27

莫覃瀛　**1907**. 04. 08, 04. 14, **1908**.

02. 29

莫杏臣　**1907**. 11. 01

莫杏甫(見莫覃瀛)

墨(見墨子)

墨翟(見墨子)

墨子　**1893**. 01. 21, **1894**. 01. 12,
1896. 07. 17, **1897**. 07. 27, **1898**.
03. 07, 04. 14, **1901**. 12. 11

默存(見殷默存)

默深(見魏源)

某王(見奕劻)

木可(見柯逢時)

木可(見柯劭忞)

木可公(見柯逢時)

木齋(見李盛鐸)

木子(見李鴻章)

目(見瞿鴻禨)

目公(見瞿鴻禨)

牧(見李牧)

牧村(見劉人駿)

睦仁　**1898**. 05. 09

慕容垂　**1902**. 05. 28

穆堂(見李紱)

N

拿破崙　**1898**. 03. 14

那(見那良)

那良　**1907**. 09. 07, 10. 02, 10. 06,
1908. 02. 11, 03. 02

那鐵珊(見那良)
那桐 **1900**.09.01,09.18,**1906**.01.10
那彦成 **1900**.09.14
南臣(見譚蘭臣)
南宫長萬 **1905**.02.12
南海(見康有爲)
南皮(見張之洞)
南平(見謝南平)
南屏(見謝南平)
南施(見施閏章)
南軒(見張栻)
楠正成 **1895**.06.24
訥良 **1907**.08.27,**1907**.09.07
尼堪外蘭 **1898**.04.19
倪(見倪世儀)
倪恩齡 **1893**.06.01,07.23,09.02,09.06,**1894**.03.12,**1895**.09.23,09.24,10.09,10.17,**1896**.04.19,05.17,06.01,08.16
倪公(見倪恩齡)
倪世儀 **1903**.08.13,08.15
倪太守(見倪恩齡)
倪覃元(見倪恩齡)
倪覃園(見倪恩齡)
年羹堯 **1900**.01.02
廿五(見黄念五)
念郇(見汪念恂)
念穌(見彭念蘇)
念蘇(見彭念蘇)
念五(見黄念五)
念壻(見汪念恂)
念恂(見汪念恂)
念循(見汪念恂)
念祖(見桂念祖)
聶(見聶緝椝)
聶(見聶士成)
聶(見聶昭潛)
聶北生 **1895**.06.10
聶弼臣 **1897**.06.22,09.22,10.06,11.05,**1899**.03.27,03.28,04.14,05.10
聶壁臣(見聶弼臣)
聶璧臣(見聶弼臣)
聶功亭(見聶士成)
聶功庭(見聶士成)
聶圩湖 **1904**.10.24,10.25,**1907**.03.13,04.26,04.30,07.10
聶鴻勳 **1896**.10.24
聶緝椝 **1899**.02.25,**1901**.09.07,12.15,**1902**.10.08,**1905**.08.21,10.14
聶鑑湖 **1904**.10.21,10.22
聶雋威 **1904**.03.06
聶蕢階 **1896**.10.31,11.01,**1897**.08.06
聶模懷 **1893**.07.06
聶其昌 **1904**.03.10
聶讓皆(見聶昭潛)
聶少華 **1905**.10.11,**1906**.08.01

O

歐某（見歐榘甲）

歐平叔　**1892**.02.29,03.03,09.11

歐慶光　**1903**.05.12

歐阮齋（見歐陽熙）

歐霞仙　**1894**.05.05,05.26

歐先生（見歐陽中鵠）

歐小滄　**1901**.10.18

歐心存（見歐陽心存）

歐陽伯元　**1906**.04.08

歐陽公（見歐陽修）

歐陽節吾（見歐陽中鵠）

歐陽覲光　**1898**.02.24,**1905**.
　01.25

歐陽楷　**1892**.07.23,**1893**.08.30

歐陽霖　**1906**.05.07

歐陽鵬　**1896**.08.16

歐陽平叔　**1892**.08.27,**1897**.
　04.24

歐陽溥存　**1896**.04.20,**1897**.04.
　20,05.08,06.04,**1898**.09.09,
　09.24

歐陽慶光　**1902**.07.15,07.16

歐陽阮齋（見歐陽熙）

歐陽宋卿（見歐陽昱）

歐陽熙　**1892**.06.11,**1896**.09.11,
　11.10

歐陽心存　**1894**.06.29,**1895**.04.
　03,05.27,05.28,10.01,10.03,
　10.05,10.07,10.19,**1896**.04.
　20,06.15,08.26,09.21,**1897**.

06.04

歐陽修　**1892**.05.14,**1893**.08.03,
　1895.06.04,08.20,**1898**.03.23,
　1900.07.25,**1901**.03.20

歐陽玄　**1898**.05.09

歐陽詢　**1897**.12.16

歐陽昱　**1895**.10.05,10.07,10.
　10,**1896**.10.06,**1897**.06.30,07.
　27,**1898**.07.04,09.14,**1899**.01.
　05,01.09

歐陽煜（見歐陽昱）

歐陽原功（見歐陽玄）

歐陽中鵠　**1892**.03.04,03.21,03.
　22,03.29,04.24,04.25,04.30,
　05.09,05.10,05.12,05.13,06.
　11,06.26,12.15,**1893**.05.25,
　05.26,10.19,12.12,12.18,
　1894.03.14,04.07,04.22,05.
　06,05.11,05.20,05.21,12.01,
　1895.07.08,07.11,11.22,11.
　23,11.30,12.21,**1896**.01.28,
　05.10,09.23,09.24,12.24,
　1897.12.06,12.08,12.19,**1898**.
　02.12,02.28,03.04,03.08,03.
　10,03.13,03.14,03.17,04.01,
　04.11,04.24,04.26,05.09,05.
　10,05.15,05.31,06.01,09.14,
　09.27,10.12,10.30,11.08,11.
　30,12.12,12.17,12.18,**1899**.
　01.26,01.27,01.31,03.30,07.

30,08.02,08.03,08.12,08.13,
08.14,08.21,09.14,09.20,09.
21,10.03,10.09,10.25,11.07,
11.17,11.28,12.13,**1900**.01.
02,02.18,04.10,06.06,06.22,
06.30,09.02,10.11,10.20,10.
28,12.01,12.20,**1901**.03.13,
06.22,07.18,07.22,08.10,10.
10,12.05,12.07,12.10,**1902**.
01.26,01.29,03.17,03.24,03.
28,04.04,04.28,05.05,05.12,
06.05,06.26,08.29,09.23,09.
30,10.02,10.07,10.13,10.30,
11.13,11.27,12.10,**1903**.04.
08,04.09,07.15,07.16,12.16,
12.24,**1904**.03.15,03.17,10.
14,12.11,**1905**.05.08,05.09,
05.12,06.12,06.20,**1906**.09.
04,09.05,**1907**.09.17

歐陽子(見歐陽修)

歐雲樵(見歐槃甲)

耦蘭(見文耦蘭)

藕蘭(見文耦蘭)

藕南(見文耦蘭)

P

潘碧泉(見潘學海)

潘布政(見潘效蘇)

潘鼎新　**1902**.10.29

潘光斗　**1906**.09.24

潘蘋秋　**1904**.11.30

潘清　**1905**.03.11

潘任　**1896**.09.23,09.27

潘少甫　**1904**.11.30,**1905**.01.16

潘少蓮(見潘紹濂)

潘少濂(見潘紹濂)

潘少泉(見潘效蘇)

潘紹廉(見潘紹濂)

潘紹濂　**1902**.11.04,11.12,**1903**.
04.27,05.01,10.04,10.05,10.
06,10.07,10.08,10.09,10.10,
10.17,10.21,10.22,10.23,10.
24,11.04,**1904**.03.02,03.10,
03.11,03.15,11.24,**1905**.07.
12,08.29,**1906**.06.11,10.23,
11.03,12.16,**1907**.01.07,03.
25,03.30,03.31,04.15,04.26,
05.06,05.07,05.17,07.03,07.
05,**1908**.01.18

潘氏(見潘維城)

潘維城　**1894**.10.11,**1900**.12.16

潘文炳　**1902**.05.05,05.11,05.
18,05.23,**1903**.05.01,05.07,
05.12,**1906**.01.05

潘文斗　**1906**.09.25

潘效蘇　**1902**.06.05,**1903**.06.23,
1905.09.17

潘學海　**1892**.04.30

潘焱森　**1904**.10.07

彭价人　**1894**.05.02

彭鑑祖　**1893**.09.06,09.07

彭敬齋　**1899**.02.26

彭榘　**1905**.08.05

彭俊五　**1907**.03.22

彭鏗　**1893**.07.22

彭蘭伯　**1893**.02.03

彭蘭生　**1900**.08.01,**1901**.06.05

彭利咸　**1903**.09.23

彭栗樵　**1893**.02.03,02.04,**1894**.
02.04,03.19,03.23,04.04,05.
02,05.03,05.06,05.13,05.20,
05.31,10.20,11.07,12.04,12.
05,12.06,12.15,**1895**.07.04,
07.12,08.14,08.21,08.26,09.
24,09.27,09.28,**1897**.09.11,
1898.01.26,02.06,03.11,03.
18,04.07,**1899**.02.26,10.14,
10.15,**1900**.10.30,10.29,**1901**.
10.09,12.24,**1902**.04.21,05.
05,06.21,**1903**.10.22,11.23,
1904.02.17,02.21,**1905**.05.13,
06.07,06.08,06.09,06.11,06.
13,07.01,07.03,07.04,07.10,
07.12,09.21,10.14,11.02,11.
04,12.05,**1906**.01.26,05.09,
11.20,12.22,**1908**.02.04

彭廉泉　**1892**.01.31,**1893**.02.05,
02.06,**1896**.12.25,**1898**.05.26,
1899.11.13,**1901**.03.21,04.19,

06.08,12.24,**1902**.01.17,**1903**.
02.23,10.22,**1905**.06.11,06.
14,12.05,**1906**.01.26,**1907**.
02.14

彭魯卿　**1892**.01.31,**1893**.10.24,
10.25,10.28,11.08,11.30,
1894.02.12,10.20

彭民初　**1906**.10.23,11.03

彭銘初　**1905**.08.05

彭銘恭　**1902**.05.28

彭某(見彭東陵)

彭念兒(見彭念蘇)

彭念謙　**1892**.11.30

彭念蘇　**1892**.01.31,12.17,**1896**.
02.15,**1897**.02.07,02.12,02.
13,03.17,10.06,**1900**.02.08,
07.21,**1906**.02.28,03.02,**1907**.
08.03

彭蓬池(見彭傳祖)

彭清黎(見彭清藜)

彭清藜　**1894**.04.24,05.12,09.
16,**1895**.04.04,**1900**.08.24,12.
20,**1901**.04.02,12.05,**1902**.01.
23,06.02,**1904**.10.11,**1906**.11.
28,12.22,**1907**.01.02,01.22

彭慶鍾　**1893**.09.06,**1894**.09.03

彭汝縣　**1906**.09.20

彭少湘(見彭清藜)

彭少襄(見彭清藜)

彭紹琮　**1904**.10.17

25,**1897**.08.18,08.24

彭兆琮　**1903**.05.28

彭兆璜　**1903**.10.30

彭兆蓁　**1894**.08.04

彭尌雊　**1906**.11.18,11.21,11.23,**1907**.06.05

彭政樞　**1907**.03.07,03.08,03.13,03.14,03.26,**1908**.01.09,01.11,01.17,01.20,02.01,02.02,02.07,02.09,02.13,02.18

彭中星　**1905**.09.26,**1906**.08.25

彭仲箎　**1906**.01.26,09.17,**1907**.06.01,08.05,12.15,12.17,**1908**.02.04,03.01

彭子善(見彭作潤)

彭祖彝　**1892**.01.31,**1893**.02.17,03.23,**1894**.02.08,**1898**.02.20,03.05,**1899**.02.11,02.25,02.26,03.05,03.11,05.18,11.12,11.13,**1900**.07.26,08.05,08.06,**1902**.01.17,01.22,**1907**.08.05,08.18,12.28,**1908**.02.04

彭作潤　**1903**.09.25,10.13,11.10,11.13,11.18,11.21,11.27,12.01,12.06,12.07,12.11,12.12,12.14,12.22,12.25,**1904**.01.07,01.16,01.18,01.19,02.07,02.08,03.15,03.31,04.21,05.09,05.21,05.25,11.26

伓(見王伓)

皮(見皮日休)

皮靄泉　**1907**.12.1

皮弁卿　**1898**.05.13,**1899**.04.26,04.30,07.30,**1900**.09.11,10.18,**1901**.02.17,04.11,06.01,06.05,09.29,**1902**.02.08,02.09,04.17,05.19,07.30,07.31,08.03,08.04,**1903**.01.13,02.08,04.03,04.04,09.19,09.26,10.17,11.04,12.03,12.04,**1904**.01.23,04.27,05.02,05.16,05.18,05.25,09.30,10.02,10.10,10.30,12.06,12.21,**1905**.01.20,04.12,04.13,04.27,04.28,05.11,05.14,05.19,05.25,06.15,06.27,06.29,07.28,08.20,08.21,08.25,08.27,08.29,08.30,09.01,09.09,09.20,11.23,12.28,12.29,**1906**.01.05,01.17,01.26,02.23,03.02,03.16,03.22,07.25,11.03,**1907**.04.08,06.17,07.19,08.15,08.19,08.20,08.31,09.04,09.05,11.21,**1908**.02.12,02.16

皮璨　**1899**.03.29

皮長治　**1901**.04.03

皮臣　**1900**.03.23

皮承忠　**1907**.12.14

皮承周　**1901**.11.30,12.03,**1902**.05.16,05.18

皮春魁　**1893**.07.18,07.20

皮達卿　**1895**.10.04,10.22,**1896**.
04.01,**1898**.04.21,05.04,**1899**.
02.06,03.02,03.13,04.15,04.
30,06.26,06.29,06.30,07.07,
07.10,07.11,07.12,07.17,07.
23,07.30,08.02,08.12,08.21,
08.23,09.01,10.04,12.17,
1900.02.20,06.19,12.18,**1901**.
02.17,03.05,03.12,04.11,05.
23,05.25,11.13,12.11,12.22,
12.23,12.28,**1902**.01.06,02.
04,02.06,02.20,05.19,06.21,
1903.01.12,01.13,01.15,01.
17,01.22,01.28,02.18,04.15,
04.27,05.01,05.11,05.30,09.
02,09.19,09.22,09.23,09.25,
09.26,09.30,10.03,10.05,10.
20,10.22,10.31,11.04,11.08,
11.18,12.08,**1904**.01.20,02.
08,02.13,02.27,03.03,03.15,
10.14,10.17,10.19,11.23,12.
01,12.20,12.21,12.29,12.31,
1905.01.03,01.19,01.20,02.
21,02.26,03.06,03.23,04.09,
04.24,05.08,05.09,05.23,06.
20,06.28,07.11,07.20,07.28,
07.29,08.05,08.09,08.12,08.
15,08.21,08.25,08.28,08.29,
11.10,11.13,11.16,12.28,12.

30,**1906**.01.01,01.12,01.19,
01.23,02.14,02.23,03.06,03.
16,03.17,03.22,03.29,04.02,
05.04,05.15,06.25,06.30,07.
25,08.05,08.18,08.26,09.29,
10.18,10.25,11.09,11.30,12.
02,12.16,**1907**.02.01,02.03,
03.07,04.20,05.01,06.05,06.
23,06.24,07.02,07.10,07.18,
08.13,08.14,08.20,09.05,09.
10,10.24,10.31,11.21,11.29,
12.17,**1908**.01.24,01.29,02.
12,03.06

皮大猷　**1903**.03.08

皮德恒　**1900**.02.03,02.24,**1901**.
11.30

皮登樂　**1901**.03.05

皮爾梅　**1896**.02.22,**1897**.12.09,
1901.09.12

皮光業　**1899**.03.29,**1902**.03.26

皮宏毅　**1906**.09.21

皮繼業　**1903**.01.16

皮嘉福　**1892**.09.02,12.01,12.
09,**1893**.01.21,02.09,04.18,
04.24,05.05,05.16,05.20,06.
04,06.19,08.19,10.06,10.13,
10.23,10.30,11.15,12.08,12.
10,**1894**.01.07,08.10,12.20,
1895.02.16,03.07,04.12,04.
19,06.03,06.21,08.11,11.13,

11. 16, 11. 17, 12. 01, 12. 07, 12. 09, 12. 17, **1896**. 03. 11, 03. 21, 06. 01, 07. 03, **1897**. 03. 15, 03. 16, **1898**. 03. 24, 05. 03, 05. 07, 05. 10, 05. 16, 05. 17, 05. 18, 05. 19, 05. 22, 05. 24, 05. 26, 05. 27, 07. 06, 07. 19, 09. 12, **1899**. 02. 18, 02. 25, 04. 07, 06. 30, 08. 11, 08. 12, 09. 11, 10. 12, 10. 14, 10. 15, 10. 19, 10. 24, 11. 20, **1900**. 02. 15, 03. 12, 03. 13, 04. 07, 04. 20, 08. 07, 10. 04, 10. 17, 12. 03, 12. 15, 12. 20, **1901**. 01. 16, 01. 20, 02. 10, 02. 24, 02. 26, 03. 01, 03. 04, 03. 08, 03. 09, 03. 14, 04. 04, 05. 17, 05. 18, 05. 19, 06. 06, 06. 08, 06. 09, 06. 29, 07. 22, 08. 11, 08. 12, 09. 10, 09. 13, 11. 05, 11. 21, 11. 30, 12. 06, 12. 23, **1902**. 01. 01, 01. 05, 01. 22, 01. 27, 02. 03, 02. 13, 02. 15, 02. 18, 02. 25, 03. 04, 03. 09, 03. 12, 04. 11, 04. 22, 06. 14, 07. 23, 08. 04, 09. 11, 09. 25, 12. 02, **1903**. 01. 10, 06. 06, 06. 19, 08. 06, 08. 31, 09. 28, 09. 30, 10. 03, 10. 06, **1904**. 01. 14, 12. 06, **1905**. 05. 08, 05. 09, 07. 30, 09. 20, 10. 05, 11. 02, **1906**. 03. 22, 06. 15, 07. 09, 08. 20, 09. 17, 10. 29, **1907**. 03.

17, 04. 15, 05. 15, 09. 15, 09. 30, 10. 02, 10. 05, 10. 06, 10. 08, 10. 13, **1908**. 02. 23

皮嘉會　**1897**. 10. 19, 10. 24, 10. 25, **1899**. 05. 17, 05. 23, 05. 28, 05. 29, 05. 30, 05. 31, 06. 02, **1900**. 07. 18, 07. 21, 07. 28, **1902**. 01. 21, **1905**. 11. 25, **1906**. 04. 16

皮嘉慧　**1899**. 05. 20, 05. 21, **1900**. 06. 15, 06. 21, **1901**. 06. 11, **1904**. 01. 14, 01. 19, 03. 21, 04. 04, 05. 04, 05. 05, 05. 07, **1905**. 04. 19, 04. 20, **1906**. 04. 13, 04. 15

皮嘉金　**1893**. 05. 24, 08. 15, 08. 30, **1897**. 12. 27, **1898**. 05. 19, 08. 19, 09. 12, 09. 15, 09. 16, 11. 11, **1899**. 01. 05, 01. 15, 02. 06, 05. 23, 11. 14, 12. 06, **1900**. 04. 26, 05. 05, 05. 10, 05. 27, 06. 16, 06. 30, 07. 26, **1901**. 03. 21, 04. 09, 04. 12, 04. 19, 04. 22, 04. 23, 06. 02, 06. 08, 06. 16, 06. 18, 06. 21, 06. 24, 07. 01, 07. 04, 07. 05, 07. 08, 07. 09, 07. 12, 07. 13, 07. 14, 07. 15, 07. 18, 07. 19, 07. 24, 07. 29, 08. 01, 08. 08, 08. 09, 08. 10, 08. 11, 08. 12, 08. 14, 08. 15, 08. 17, 08. 18, 08. 19, 08. 20, 08. 22, 08. 24, 08. 25, 08. 26, 09. 15, 10. 13, 11. 05, 12. 05, 12. 09, **1902**.

01. 24, 02. 12, 02. 19, 04. 02, 04.
04, 04. 05, 10. 15, 10. 19, 11. 03,
1903. 02. 22, 03. 22, 04. 08, 04.
19, 10. 25, 10. 29, 11. 25, **1904**.
02. 21, 02. 25, 03. 30, 03. 31, 04.
13, 04. 15, 10. 13, 10. 14, 12. 05,
12. 28, **1905**. 02. 10, 04. 15, 05.
22, 05. 27, 06. 16, 07. 05, 08. 15,
08. 31, 09. 03, 09. 11, **1906**. 01.
05, 01. 11, 01. 16, 01. 28, 03. 02,
03. 16, 03. 20, 03. 26, 03. 27, 03.
31, 04. 14, 04. 20, 05. 02, 08. 30,
12. 02, **1907**. 01. 29, 02. 18, 08.
31, 10. 29

皮嘉禄　**1893**. 11. 13
皮嘉祥　**1893**. 05. 16, **1894**. 05. 16,
09. 13, 10. 03, **1895**. 01. 01, 11.
29, 12. 11, 12. 28, **1896**. 01. 14,
01. 15, 03. 27, 11. 06, 12. 13,
1897. 10. 09, 10. 11, 10. 23, 10.
24, 10. 30, 10. 31, 11. 02, 11. 03,
11. 14, **1898**. 01. 16, 02. 05, 03.
29, 05. 11, 05. 17, 05. 18, 05. 25,
05. 27, 11. 20, 11. 24, 12. 04,
1899. 02. 04, 03. 05, 03. 07, 05.
20, 05. 26, 05. 30, 05. 31, 07. 21,
11. 09, 11. 28, 12. 05, 12. 23, 12.
30, **1900**. 01. 30, 04. 04, 05. 27,
12. 07, **1901**. 02. 28, 04. 15, 04.
16, 05. 24, 09. 08, 10. 06, 11. 29,

1902. 05. 04, 05. 05, 05. 16, 05.
17, 09. 07, 11. 10, 12. 11, 12. 20,
1903. 01. 14, 02. 06, 02. 11, 02.
19, 02. 21, 02. 26, 03. 01, 03. 22,
09. 20, 10. 31, **1904**. 01. 04, 01.
14, 02. 03, 02. 04, 04. 27, 04. 28,
05. 12, 05. 14, 05. 26, 10. 06, 10.
29, 11. 07, 11. 12, 11. 23, 11. 25,
12. 05, **1905**. 01. 23, 01. 29, 03.
05, 03. 28, 04. 06, 05. 20, 06. 23,
06. 29, 07. 05, 08. 15, 08. 23, 09.
27, **1906**. 01. 05, 01. 16, 01. 22,
01. 28, 04. 14, 05. 02, 10. 09,
1907. 01. 29, 02. 06, 04. 05, 04.
08, 04. 28, 05. 14, 06. 30, 08. 11

皮嘉祐　**1892**. 02. 02, 02. 06, 02.
08, 04. 14, 06. 08, 07. 03, 08. 14,
09. 02, 10. 11, 10. 18, 11. 25, 11.
28, 11. 29, 12. 01, 12. 03, 12. 12,
12. 13, 12. 29, 12. 30, **1893**. 01.
01, 01. 04, 02. 16, 03. 30, 04. 17,
04. 25, 05. 03, 05. 04, 05. 15, 05.
18, 06. 02, 06. 05, 06. 16, 06. 25,
07. 17, 08. 09, 08. 15, 08. 20, 08.
21, 09. 01, 09. 22, 10. 06, 10. 07,
10. 13, 10. 14, 10. 23, 10. 24, 10.
30, 11. 01, 11. 04, 11. 16, 11. 19,
11. 20, 11. 27, 11. 30, 12. 06, 12.
08, 12. 09, 12. 20, 12. 23, **1894**.
01. 02, 01. 12, 01. 15, 02. 05, 04.

22，04. 30，05. 20，07. 22，07. 24，
08. 10，09. 25，10. 15，10. 20，11.
11，11. 18，11. 21，11. 24，11. 28，
12. 09，12. 11，12. 12，12. 14，12.
15，12. 19，12. 20，12. 25，**1895**.
01. 09，01. 12，01. 13，02. 03，02.
14，02. 15，02. 17，02. 22，06. 03，
06. 22，09. 17，10. 04，10. 23，12.
05，12. 10，12. 13，12. 14，12. 15，
12. 16，12. 17，12. 18，12. 19，12.
23，12. 24，**1896**. 01. 14，01. 28，
03. 22，03. 23，03. 24，03. 30，04.
02，04. 04，05. 05，05. 23，05. 24，
05. 27，05. 28，06. 09，06. 11，06.
21，06. 24，07. 03，08. 12，08. 16，
08. 19，09. 06，09. 13，10. 06，10.
28，12. 08，**1897**. 01. 30，02. 20，
03. 14，03. 26，03. 27，03. 28，04.
02，04. 04，04. 11，04. 12，04. 13，
04. 19，04. 20，04. 22，04. 23，04.
24，04. 26，05. 02，05. 03，05. 04，
05. 05，05. 08，05. 10，05. 12，05.
13，06. 03，06. 04，06. 16，06. 23，
07. 29，07. 30，08. 05，08. 09，08.
16，08. 24，08. 29，09. 11，09. 17，
09. 30，10. 11，10. 14，10. 30，10.
31，11. 07，11. 10，11. 23，12. 03，
1898. 01. 09，01. 21，02. 11，02.
20，03. 05，03. 10，03. 12，03. 20，
03. 21，04. 08，04. 10，04. 13，04.

19，04. 20，04. 23，04. 24，04. 27，
04. 28，04. 29，04. 30，05. 02，05.
05，05. 06，05. 07，05. 09，05. 12，
05. 18，05. 22，05. 23，05. 27，05.
28，06. 16，06. 17，06. 18，06. 22，
06. 26，07. 12，07. 19，07. 21，07.
23，07. 28，07. 31，08. 02，08. 05，
08. 07，08. 14，08. 15，08. 18，08.
21，08. 24，08. 31，09. 02，09. 03，
09. 04，09. 08，09. 13，09. 25，09.
27，10. 11，10. 12，11. 11，11. 12，
11. 17，11. 20，11. 24，11. 30，12.
02，12. 26，12. 30，**1899**. 01. 12，
01. 26，02. 07，02. 15，02. 19，03.
16，03. 17，03. 18，03. 21，03. 25，
03. 28，04. 06，04. 09，04. 10，04.
11，04. 12，04. 26，05. 04，05. 12，
05. 15，05. 21，05. 22，05. 30，06.
09，06. 20，06. 21，07. 14，07. 16，
07. 18，07. 20，07. 21，08. 13，08.
18，08. 27，09. 01，09. 24，10. 02，
10. 03，10. 05，10. 17，10. 23，10.
29，11. 13，11. 14，11. 15，11. 17，
11. 25，11. 27，11. 30，12. 02，12.
05，12. 06，12. 17，12. 18，12. 19，
12. 28，12. 29，**1900**. 01. 13，01.
14，01. 19，01. 23，01. 31，02. 11，
02. 13，02. 14，02. 19，02. 22，02.
23，03. 01，03. 02，03. 03，03. 04，
03. 06，03. 07，03. 08，03. 09，03.

10,03. 11,03. 12,03. 13,03. 19,
03. 21,03. 24,03. 31,04. 02,04.
04,04. 07,04. 09,04. 13,04. 14,
04. 18,04. 20,04. 27,05. 08,05.
09,05. 11,05. 15,05. 17,05. 20,
05. 30,06. 05,06. 09,06. 11,06.
12,06. 14,06. 18,06. 26,07. 05,
07. 08,07. 09,07. 11,07. 19,07.
25,08. 02,08. 07,08. 11,08. 14,
08. 18,09. 08,09. 14,09. 30,10.
05,10. 16,10. 12,10. 28,10. 29,
10. 30,11. 01,11. 12,11. 13,11.
30,12. 07,12. 09,12. 12,12. 15,
12. 21,12. 23, **1901**. 01. 22,02.
01,02. 06,02. 10,02. 13,02. 18,
02. 22,02. 23,02. 24,02. 26,02.
27,03. 01,03. 02,03. 03,03. 07,
03. 08,03. 14,03. 16,03. 18,03.
21,04. 04,04. 09,04. 16,04. 30,
05. 01,05. 12,05. 13,05. 17,05.
19,05. 20,05. 21,05. 23,05. 26,
05. 28,05. 29,06. 03,06. 05,06.
07,06. 08,06. 10,06. 24,07. 11,
07. 22,07. 24,07. 29,08. 12,08.
24,09. 07,09. 10,09. 14,09. 16,
09. 17,09. 20,10. 04,10. 05,10.
06,10. 08,10. 12,10. 13,10. 14,
10. 15,10. 16,10. 21,10. 22,10.
23,10. 28,10. 30,11. 04,11. 06,
11. 07,11. 08,11. 10,11. 11,11.

12,11. 14,11. 18,11. 21,11. 25,
11. 26,12. 02,12. 04,12. 05,12.
08,12. 09,12. 12,12. 13,12. 15,
12. 18,12. 22,12. 23,12. 25,12.
27,12. 31, **1902**. 01. 01,01. 02,
01. 05,01. 08,01. 11,01. 19,01.
22,01. 24,01. 28,02. 03,02. 04,
02. 12,02. 13,02. 18,02. 19,02.
25,02. 26,03. 01,03. 03,03. 09,
03. 13,03. 17,03. 20,03. 24,03.
25,04. 01,04. 02,04. 04,04. 05,
04. 07,04. 11,04. 15,04. 16,04.
18,04. 28,04. 30,05. 05,05. 08,
05. 12,05. 16,05. 17,05. 22,05.
23,05. 26,06. 01,06. 02,06. 08,
06. 10,06. 20,06. 25,06. 26,06.
28,07. 03,07. 10,07. 13,07. 18,
07. 21,07. 23,07. 28,07. 29,08.
07,08. 08,08. 19,08. 22,08. 25,
08. 26,08. 30,09. 03,09. 04,09.
06,09. 11,09. 14,09. 17,09. 25,
09. 27,09. 29,10. 01,10. 06,10.
09,10. 10,10. 11,10. 12,10. 14,
10. 15,10. 18,10. 19,10. 25,10.
27,10. 29,10. 30,10. 31,11. 03,
11. 06,11. 12,11. 13,11. 14,11.
21,11. 22,11. 23,11. 26,11. 27,
11. 30,12. 06,12. 18,12. 19,12.
24,12. 26,12. 30,12. 31, **1903**.
01. 04,01. 15,01. 16,01. 17,01.

18,01. 20,01. 25,02. 01,02. 02,
02.03,02. 07,02. 09,02. 12,02.
19,02. 21,02. 22,03. 08,03. 09,
03.10,03. 22,03. 24,03. 30,04.
11,04. 13,04. 19,04. 24,04. 25,
05.11,06. 06,06. 14,06. 15,06.
17,06. 19,06. 23,06. 29,07. 02,
07.08,07. 11,07. 26,07. 30,08.
01,08. 06,08. 07,08. 10,08. 13,
08.16,08. 25,08. 26,09. 04,09.
14,09. 19,09. 25,09. 26,09. 28,
10.01,10. 14,10. 18,10. 24,10.
25,10. 26,10. 27,10. 28,10. 30,
11.03,11. 08,11. 14,11. 25,12.
06,12. 08,12. 09,12. 11,12. 12,
12. 29,**1904**. 01. 02,01. 14,01.
21,01. 23,01. 24,02. 07,02. 11,
02.15,02. 21,02. 25,02. 27,02.
28,03. 02,03. 10,03. 16,03. 18,
03.20,03. 30,03. 31,04. 03,04.
06,04. 10,04. 14,04. 15,04. 17,
04.23,04. 24,04. 26,04. 30,05.
03,05. 06,05. 08,05. 10,05. 20,
05.25,05. 27,10. 05,10. 13,10.
14,10. 23,10. 30,10. 31,11. 01,
11.03,11. 18,11. 24,11. 26,11.
30,12. 01,12. 02,12. 05,12. 15,
12. 16,12. 28,12. 29,**1905**. 01.
01,01. 16,01. 18,01. 22,01. 27,
01.28,02. 10,02. 12,02. 21,03.

03,03. 04,03. 09,03. 10,03. 26,
03.28,04. 05,04. 15,04. 25,05.
08,05. 09,05. 13,05. 22,05. 23,
05.26,05. 27,06. 03,06. 04,06.
10,06. 16,06. 18,06. 30,07. 01,
07.03,07. 05,07. 08,07. 11,07.
16,07. 20,07. 26,07. 27,08. 05,
08.07,08. 10,08. 15,08. 16,08.
20,08. 21,08. 22,08. 23,08. 29,
08.31,09. 03,09. 10,09. 11,09.
13,09. 14,09. 18,09. 26,09. 27,
10.05,10. 14,10. 23,10. 25,10.
29,10. 30,11. 04,11. 06,11. 07,
11.13,11. 16,11. 18,11. 24,11.
29,12. 03,12. 04,12. 05,12. 16,
12. 23,**1906**. 01. 04,01. 05,01.
08,01. 09,01. 11,01. 16,01. 20,
01.28,01. 29,02. 13,02. 14,02.
23,02. 27,03. 02,03. 04,03. 09,
03.10,03. 15,03. 16,03. 27,03.
31,04. 06,04. 10,04. 14,04. 20,
04.22,04. 23,05. 02,05. 07,05.
15,05. 16,05. 25,05. 26,06. 04,
06.09,06. 12,06. 17,06. 22,07.
01,07. 04,07. 09,07. 11,07. 14,
07.17,07. 19,07. 20,07. 28,07.
30,08. 06,08. 08,08. 09,08. 10,
08.13,08. 16,08. 17,08. 21,08.
25,08. 30,09. 01,09. 12,09. 14,
09.15,09. 16,09. 20,09. 21,09.

24,09. 25,10. 01,10. 03,10. 09,
10. 10,10. 11,10. 12,10. 15,10.
16,10. 17,10. 20,10. 25,11. 07,
11. 10,11. 20,11. 28,12. 03,12.
06,12. 10,12. 22,12. 25,**1907**.
01. 02,01. 05,01. 07,01. 21,01.
26,01. 29,01. 31,02. 07,02. 12,
02. 08,02. 16,02. 26,02. 28,03.
12,03. 15,03. 25,04. 05,04. 09,
05. 06,05. 14,06. 04,06. 06,06.
11,06. 14,06. 20,06. 24,06. 25,
06. 27,07. 06,07. 22,07. 30,08.
01,08. 10,08. 12,08. 13,08. 26,
08. 30,09. 13,09. 23,10. 05,10.
07,10. 11,10. 17,10. 19,10. 25,
10. 29,11. 12,11. 16,11. 19,11.
25,11. 28,12. 05,12. 06,12. 11,
12. 17,12. 22,12. 27,**1908**. 01.
01,01. 03,01. 29,02. 06,02. 19,
02. 28

皮健齋　**1892**.03. 02
皮介卿　**1895**.03. 15,11. 14,**1896**.
04. 01,**1898**. 02. 24,04. 16,04.
21,08. 09,**1899**. 03. 02,03. 30,
06. 09,06. 29,06. 30,07. 09,07.
13,07. 14,07. 17,07. 30,08. 02,
08. 21,10. 03,**1900**. 01. 14,03.
19,08. 11,08. 13,12. 30,**1901**.
03. 05,04. 07,06. 02,08. 27,09.
03,09. 19,10. 31,11. 20,11. 30,

12. 11,12. 23,12. 26,**1902**. 03.
28,06. 24,07. 24,11. 25,12. 11,
1903. 01. 09,01. 17,02. 14,03.
17,04. 15,04. 27,05. 08,07. 07,
1905. 07. 14,07. 25,09. 30,10.
21,12. 19,12. 27,**1906**. 01. 11,
01. 26,02. 27,03. 25,06. 26,
1907. 03. 05

皮經畬　**1903**.02. 18
皮陸仙　**1897**.01. 19,03. 04,**1898**.
04. 30,05. 11,**1899**. 01. 25,06.
26,07. 04,08. 21,12. 17,12. 23,
1900. 12. 16,**1901**. 05. 23,**1902**.
01. 30,**1904**. 02. 01,02. 02,02.
13,02. 28,03. 13,03. 20,04. 09,
05. 15,05. 28,10. 13,10. 14,
1905. 02. 01,04. 24,06. 07,08.
06,09. 26,09. 27,10. 01,10. 06,
11. 03,11. 21,11. 22,11. 23,12.
01,12. 04,**1906**. 04. 01,07. 16,
08. 12,08. 16,08. 17,08. 22,09.
20,09. 30,**1907**. 06. 27,08. 14,
10. 24

皮美卿　**1894**.01. 21,**1895**. 11. 14,
1896. 12. 08,12. 09,**1898**. 04. 21,
11. 19,**1899**. 03. 02
皮名舉　**1907**.02. 26
皮名撰　**1899**.07. 22
皮秋生　**1897**.01. 07,01. 08
皮日休　**1896**.05. 12,**1897**. 09. 11,

14,06. 05,06. 13,06. 28,06. 29,
07. 26,08. 09,09. 16,10. 22,11.
05,11. 21,11. 22,11. 23,12. 11,
12. 27,**1908**. 01. 15,01. 23,01.
31,02. 02,02. 14,02. 20,02. 22

皮錫琦 **1893**. 10. 25,11. 26,11.
29,**1894**. 01. 23,10. 22,10. 30,
11. 05,11. 09,**1895**. 03. 10,03.
13,**1897**. 10. 08,10. 09,11. 02,
11. 03,11. 26,12. 04,12. 10,12.
23,**1898**. 01. 16,01. 17,01. 26,
01. 30,02. 01,03. 24,04. 29,11.
22,12. 04,**1899**. 01. 26,02. 08,
03. 01,03. 17,05. 15,08. 14,08.
28,10. 17,**1900**. 05. 21,07. 18,
07. 27,**1901**. 03. 05,04. 24,04.
28,05. 08,05. 11,09. 11,09. 12,
10. 27,11. 10,**1902**. 01. 26,01.
27,01. 29,02. 01,02. 02,02. 21,
02. 22,03. 04,05. 11,05. 22,05.
23,09. 27,10. 26,12. 25,**1903**.
02. 12,03. 09,04. 30,05. 01,05.
01,09. 15,09. 18,09. 20,10. 29,
11. 06,12. 17,**1904**. 01. 06,04.
11,04. 13,11. 01,11. 04,11. 23,
12. 04,12. 06,12. 10,**1905**. 01.
13,01. 20,02. 16,06. 05,12. 21,
1906. 01. 04,01. 05,02. 16,03.
17,06. 01,11. 17,**1907**. 01. 30,
02. 22,04. 23,06. 25,08. 31,09.

02,09. 04,09. 05,09. 06,09. 07,
09. 08,09. 17,09. 26,10. 08,11.
25,**1908**. 01. 02,01. 05,01. 20,
02.19,02. 26,02. 28

皮喜生 **1895**. 12. 23,**1896**. 01. 27,
1897. 01. 07,01. 08,**1900**. 12. 18,
12. 20,12. 21,12. 23,**1902**. 05. 16

皮心圃 **1897**. 04. 04,04. 07,**1898**.
02. 09

皮心維 **1897**. 03. 23,03. 30,03.
31,04. 02,04. 03,04. 04,04. 07,
04. 10,05. 02,05. 23,06. 22,09.
17,09. 18,09. 19,09. 22,10. 04,
10. 06,11. 05,**1898**. 03. 24,10.
19,10. 20,**1899**. 06. 20,06. 21,
09.21

皮莘農 **1895**. 12. 19

皮熊 **1902**. 05. 01,**1904**. 05. 29

皮業 **1899**. 12. 27

皮益之(見皮增)

皮垠 **1894**. 10. 17

皮玉芳 **1892**. 08. 25,09. 29,**1894**.
09. 10,**1896**. 10. 30,**1897**. 01. 08,
04. 21

皮元 **1903**. 10. 02,10. 04

皮增 **1895**. 06. 02,12. 19,**1896**.
04. 22,05. 17,06. 14,08. 22,11.
11,**1897**. 08. 25

皮芝仙 **1892**. 03. 02,08. 25,09.
28,09. 29,**1893**. 07. 18,07. 20,

璞翁(見陳璞山)

璞元(見何承道)

浦二田(見浦起龍)

浦起龍　**1894**.09.17

普勛(見詹普勛)

溥存(見歐陽溥存)

溥靜　**1900**.10.01

溥儁　**1900**.02.05,02.18,06.27,
　11.18,**1901**.12.04

溥良　**1899**.03.14,**1903**.08.26

溥倫　**1900**.12.26,**1905**.11.10

溥同　**1899**.04.11

樸山(見劉璞山)

樸元(見何承道)

樸園(見陳喬樅)

Q

栖碧　**1904**.03.20

戚澹生　**1903**.12.13

戚澹香　**1905**.05.22,**1906**.03.06,
　06.06

戚澹心　**1905**.01.29

漆鳳池　**1893**.05.15,09.13,**1894**.
　06.28,**1896**.04.20,04.30

祁恩元　**1901**.12.10,12.12

祁世長　**1892**.04.02

祁奭　**1898**.08.28

齊桓公　**1898**.03.09,**1901**.01.23

齊景　**1899**.09.11

齊景公　**1898**.02.12

齊襄(見齊襄公)

齊襄公　**1905**.01.15

齊宣(見齊宣王)

齊宣王　**1892**.09.29,**1898**.03.09,
　03.14,**1900**.10.09

齊召南　**1898**.01.15

企宇(見黃企宇)

起濤(見龍起濤)

啟(見啟秀)

啟型(見萬啟型)

啟秀　**1895**.04.04,**1900**.07.15,
　09.12,09.13,12.26,**1901**.03.11

契　**1892**.08.01,**1894**.10.02,
　1895.03.29

千里(見董湘舲)

千里艸(見董福祥)

千里草(見董福祥)

遷(見司馬遷)

謙伯(見夏謙伯)

錢(見錢謙益)

錢大昕　**1897**.02.26,**1898**.08.04

錢江　**1896**.11.23

錢綠濤　**1907**.04.22

錢謙益　**1895**.04.08

錢求赤　**1894**.11.22

錢石仙　**1902**.12.04,12.25,12.27

錢碩人　**1898**.11.23,**1899**.12.11,
　1900.01.06,06.05,06.06,06.
　08,06.09,06.30,07.21,07.31,

08. 02, 08. 08, 08. 20, **1901**. 05. 19, **1902**. 07. 19, 08. 24, 12. 04, **1903**. 01. 19, 01. 20, 02. 12, **1904**. 01. 14, 04. 23, **1905**. 04. 25, 09. 13, **1906**. 03. 16

錢維驥 **1899**. 04. 08

錢維騏 **1907**. 12. 30

錢竹汀(見錢大昕)

潛德翁(見潛德昭)

潛德昭 **1899**. 09. 30, **1900**. 03. 20, 04. 10, 04. 11, **1902**. 02. 08

潛德釗(見潛德昭)

潛君(見潛德昭)

潛齋(見萬潛齋)

喬茂萱(見喬樹枏)

喬生(見杜本崇)

喬樹枏 **1898**. 01. 29, 02. 01, 02. 02, 02. 03, 02. 14, 02. 17, 02. 18, 02. 19, 02. 21, 05. 31, **1906**. 04. 24

蕎直(見陳蕎直)

樵生(見呂椎生)

芹生(見左芹生)

秦(見秦炳直)

秦(見秦綬章)

秦炳直 **1894**. 05. 14, **1906**. 04. 23, 04. 24, 05. 02, 06. 12, 06. 17, 06. 22, 08. 10, 08. 13, 08. 25, 09. 05, **1907**. 07. 09, 07. 19

秦伯昂 **1907**. 11. 26

秦伯偉 **1893**. 11. 30, **1894**. 07. 05

秦成偉 **1893**. 11. 27, 12. 24

秦鼎升 **1893**. 09. 26

秦皇(見秦始皇)

秦匯生 **1906**. 11. 01, 11. 05, **1907**. 01. 01, 01. 05

秦蕙田 **1893**. 08. 13, **1894**. 03. 07, 10. 01, 10. 02, 10. 07

秦檜 **1895**. 03. 10, **1898**. 03. 14, **1898**. 04. 04, **1900**. 07. 04

秦家俊 **1906**. 11. 05, **1907**. 11. 25

秦家駿(見秦家俊)

秦靜函(見秦靜涵)

秦靜涵 **1894**. 07. 14, 08. 25, 09. 05, **1897**. 06. 08, **1898**. 08. 12, 09. 21

秦鏡中 **1892**. 06. 16, 06. 18, 06. 22, 08. 18, 08. 26, 09. 24, 09. 27, 10. 04, 10. 05, 10. 15, 10. 19, 10. 27, 11. 06, **1893**. 04. 18, 05. 11, 05. 17, 06. 10, 07. 02, 07. 11, 08. 07, 08. 26, 09. 12, 09. 14, 09. 15, 09. 16, 09. 26, **1894**. 06. 24, 07. 06, 07. 07, 07. 15, 07. 17, 07. 27, 07. 30, 08. 02, 08. 08, 08. 16, 09. 16, **1895**. 06. 09, **1896**. 04. 23, **1897**. 08. 21, 10. 20, 11. 19

秦良玉 **1904**. 09. 27

秦繆醜(見秦檜)

秦穆 **1898**. 03. 09

秦賞洲 **1899**. 07. 17, 07. 12, 08.

22,08.23,**1900**.09.30

秦蘋洲(見秦簀洲)

秦始皇 **1898**.03.18,04.14,**1899**.
11.07,**1900**.03.02,**1901**.12.11

秦氏(見秦蕙田)

秦綏章 **1893**.07.08,**1894**.05.02,
05.12

秦樹聲 **1903**.07.19,12.21

秦嗣祖 **1895**.06.09,**1897**.06.08,
07.15,09.03,**1898**.07.25,09.
13,10.08

秦武王 **1898**.08.20

秦雪泉 **1902**.04.21,05.05,06.
21,06.26,07.20,10.08,10.13,
11.26,11.27,**1903**.01.15,**1904**.
11.07,11.08,11.09,**1905**.05.
13,07.12

秦雨泉 **1893**.10.23,10.25,10.
28,11.04,11.05,11.08,11.14,
11.24,**1894**.02.12,10.26,10.
28,11.23,12.05,**1895**.11.21,
11.24,11.30,12.29,**1896**.01.
03,**1903**.04.11,12.27

秦雨翁(見秦雨泉)

秦玉階(見秦鼎升)

秦振岐 **1895**.06.09

秦仲海 **1902**.05.05

秦子和 **1905**.05.13

秦子直 **1894**.04.23,**1896**.12.24,
1905.06.20

秦子質(見秦炳直)

琴甫(見羅琴甫)

琴鶴(見趙銘)

欽敏(見左欽敏)

欽命山長(見孔憲教)

青舫(見袁清舫)

清塵 **1893**.02.07

清舫(見袁清舫)

清帥(見吳大澂)

晴川(見楊汝翼)

晴峰(見方晴峰)

晴江(見賀文華)

晴丈(見楊汝翼)

頃侯(見衛頃侯)

慶(見慶長)

慶(見慶寬)

慶(見奕劻)

慶長 **1899**.08.02,09.22,11.27

慶邸(見奕劻)

慶郡王(見奕劻)

慶寬 **1903**.08.11,08.15,08.29,
1903.08.13,**1903**.08.16,**1903**.
08.21

慶孫(見楊慶孫)

慶王(見奕劻)

慶元(見黃慶元)

慶滋(見陳慶滋)

瓊山(見龔瓊山)

瓊孫(見黃瓊生)

丘(見丘端甫)

容某(見容閎)

蓉泉(見鮑文浚)

蓉瑞(見黃康祺)

蓉生(見龍蓉生)

蓉塈(見譚紹裘)　**1892**.03.29,04.
24,05.09,05.11,05.17,**1893**.
02.05,02.07,02.09,02.10,03.
13,03.15,03.16,10.15,10.16,
10.18,10.26,10.28,11.02,11.
10,11.11,11.20,**1894**.01.21,
04.03,04.10,04.24,05.16,05.
17,10.15,10.19,11.09,11.11,
11.21,12.01,12.30,**1895**.01.
02,01.08,01.10,01.20,01.31,
02.06,02.18,02.19,06.02,11.
18,12.11,12.18,**1896**.02.28,
03.01,03.02,03.03,04.03,04.
19,04.20,04.25,04.28,04.30,
05.05,05.10,05.11,**1897**.04.
20,08.26,08.07,08.09,08.18,
08.19,**1899**.01.05,02.26,07.
05,**1901**.05.06,09.18,10.27,
11.03,11.05,11.23,11.25,12.
04,12.06,**1902**.03.20,05.18,
07.08,07.11,09.17,11.14,11.
15,**1903**.02.02,02.05,02.07,
02.12,02.20,02.22,02.23,02.
28,03.02,03.16,03.18,03.21,
04.17,04.25,05.07,09.15,
1904.11.03,12.14,**1905**.01.12,

02.15,02.16,02.22,03.04,
1907.01.30,02.22,06.03,09.
04,09.13,09.14

榮(見榮禄)

榮(見榮慶)

榮公(見榮禄)

榮公(榮公)　**1899**.09.19

榮光(見盧榮光)

榮惠　**1898**.06.20

榮禄　**1894**.11.21,**1898**.10.12,
11.04,11.08,11.23,**1899**.03.
14,05.19,06.20,07.09,08.02,
08.03,10.24,11.27,12.26,
1900.01.02,01.06,02.08,02.
18,02.23,02.27,06.12,06.18,
06.30,07.31,08.20,09.04,09.
15,09.20,12.15,12.24,**1901**.
06.20,06.24,07.02,07.12,08.
22,09.09,09.12,10.03,10.21,
11.15,11.27,12.16,**1902**.01.
01,01.23,03.07,05.29,07.01,
1903.06.18

榮慶　**1903**.02.15,03.02,07.16,
08.03,11.07,11.12,**1904**.12.
22,**1905**.02.16,10.16,12.11,
1906.01.10,11.14

榮侍郎(見榮惠)

榮相(見榮禄)

榮仲華(見榮禄)

汝康(見楊汝康)

汝榮(見楊汝榮)

汝翼(見楊汝翼)

阮(見阮元)

阮大鋮 **1895**.10.07,**1898**.01.04

阮福 **1906**.01.02

阮文達(見阮元)

阮元 **1892**.07.14,09.29,**1893**.
07.11,**1894**.03.12,09.05,**1895**.
11.17,**1898**.08.04,**1899**.02.05,
04.12

瑞(見瑞良)

瑞臣(見蘇瑞臣)

瑞公(見瑞良)

瑞良 **1906**.12.22,**1907**.07.29,
1908.02.06

瑞珊(見劉瑞珊)

瑞洵 **1894**.11.14

叡吾(見易叡吾)

潤屏(見許潤屏)

潤泉 **1892**.04.29,05.02

潤生(見孟潤生)

S

薩都剌 **1899**.03.22

薩雁門(見薩都剌)

賽金花 **1903**.08.03,08.06

三寶太監(見鄭和)

三兒(見皮嘉禄)

三耳(見聶斤湖)

散士 **1901**.06.23

桑弘羊 **1892**.08.15

森大來 **1906**.02.21

山公(見山濤)

山濤 **1898**.10.04

山陰(見俞廉三)

山陰公(見俞廉三)

珊池(見譚珊池)

善澄(見陳善澄)

善耆 **1900**.09.18,**1901**.05.21,
1902.03.21,04.05,**1903**.07.23,
08.01

善如(見陳慶年)

善餘(見陳慶年)

商君 **1898**.04.14

商霖(見程商霖)

商農(見楊書霖)

商鞅 **1898**.03.09,**1903**.06.28,
1904.09.27,**1907**.02.19

尚(見尚其亨)

尚其亨 **1905**.10.28,**1906**.01.10

尚書(見瞿鴻禨)

少城(見皮少城)

少村(見夏承慶)

少甫(見潘少甫)

少庚(見張少庚)

少昊 **1892**.08.19

少華(見鄭藻)

少階(見吴少階)

少康 **1903**.10.10

少廉（見潘紹濂）

少濂（見潘紹濂）

少穆（見蔣德鈞）

少潛（見胡子清）

少卿（見胡棣華）

少秋（見劉少秋）

少泉（見夏少泉）

少熙（見張緝光）

少仙（見龍少仙）

少瑛（見劉少瑛）

少曾（見楊紹曾）

少正卯　**1899**.10.13

劭安（見蔡劭安）

劭洪（見孔劭洪）

劭襄（見彭清藜）

邵（見邵晉涵）

邵（見邵齊燾）

邵（見邵雍）

邵（見邵友濂）

邵晉涵　**1893**.06.16

邵坤　**1903**.08.17

邵齊燾　**1892**.06.04

邵小村（見邵友濂）

邵瑛　**1892**.02.10

邵雍　**1898**.04.06

邵友濂　**1894**.11.22,**1895**.01.17,
　01.30,02.15,02.20,02.22,02.
　23,03.01,**1905**.07.16,11.02,
　12.05

紹（見紹英）

紹琮　**1904**.10.30

紹華（見鄭藻）

紹基（見李紹箕）

紹箕（見李紹箕）

紹箕　**1894**.01.28

紹榘（見譚紹榘）

紹廉（見潘紹濂）

紹濂（見潘紹濂）

紹陸（見楊紹陸）

紹明　**1902**.03.02

紹僑（見殷紹僑）

紹棠（見陳紹棠）

紹文（見蘇紹文）

紹武（見唐紹武）

紹熙（見張緝光）

紹襄（見彭清藜）

紹英　**1905**.09.28,09.29

紹曾（見楊紹曾）

紹芝（見熊紹芝）

申（見申不害）

申包胥　**1901**.06.23

申不害　**1894**.02.22

申道發　**1895**.03.04,**1903**.07.08

申甫（見陳申甫）

申公　**1898**.04.06

申生　**1894**.11.18

申胥　**1900**.03.11

申祐（見沈申祐）

深山虎太郎　**1900**.10.19,**1901**.
　06.23

神農　**1892**.08.19,**1895**.07.23,
　　1898.04.06,05.09

神宗(見宋神宗)

沈(見沈保宜)

沈(見沈蓋)

沈(見沈瑜慶)

沈(見沈兆祉)

沈保宜　**1903**.11.03

沈保宜　**1904**.03.01,03.03,03.
　　11,03.27,03.28,03.30,03.31,
　　04.01,04.02,04.10,04.11,04.
　　12,04.18,04.27,05.02,05.16,
　　1905.06.01,06.02,07.13,08.
　　04,11.12,**1906**.02.16

沈葆宜　**1907**.06.16

沈葆楨　**1897**.07.01,**1898**.06.30,
　　07.25,**1899**.10.15,**1906**.07.11,
　　1903.07.10,**1907**.06.16

沈寶臣　**1902**.06.05

沈寶生　**1902**.05.23

沈德潛　**1896**.08.06

沈傅巖　**1903**.09.29,10.02,10.
　　03,**1907**.03.06

沈公(見沈保宜)

沈歸愚(見沈德潛)

沈季雲　**1902**.01.04

沈鑑臣(見沈鑒澄)

沈鑒臣(見沈鑒澄)

沈鑒澄　**1892**.02.29,03.01,10.
　　05,**1893**.04.17,07.26,**1894**.03.

10,03.11,07.30,08.12,08.13,
1895.01.17,01.19,01.24,07.
16,07.17,**1896**.06.08,06.22,
06.23,**1897**.04.30

沈蓋　**1903**.07.23,07.27,07.31,
　　08.02,08.03,08.05,08.07,08.
　　12,08.13,08.16,08.17,08.23,
　　08.28,**1903**.08.11

沈朋(見沈鵬)

沈鵬　**1899**.12.26,**1900**.01.02,
　　01.04,02.11,02.23,03.04,03.
　　07,03.13,**1907**.05.19

沈璞　**1898**.04.10

沈起鳳　**1896**.07.24

沈欽韓　**1903**.12.22

沈申祐　**1902**.11.27,12.01

沈士登　**1907**.01.12,06.01,08.25

沈士孫　**1900**.02.23

沈氏(見沈蓋)

沈世廉　**1898**.09.21

沈世培　**1892**.03.24,04.12,04.
　　17,**1894**.01.14,01.15,04.02,
　　04.04,04.22,04.25,04.26,04.
　　28,05.01,05.06,05.07,05.15,
　　05.16,05.20,05.21,**1895**.01.
　　10,01.19,**1901**.11.16,12.08,
　　1902.01.19,03.02,03.03,03.
　　06,03.07,03.24,06.27,08.07,
　　08.09,08.10,08.18,**1903**.10.
　　04,11.12,**1904**.10.02,11.09,

12. 29,12. 30,**1905**. 03. 13,03.
15,08. 09,08. 10,08. 14,08. 24,
08. 26,08. 28,10. 22,**1906**. 01.
17,03. 19,10. 11,10. 12,10. 15,
11.12,12.24

沈順庭　**1902**.12.12

沈太史(見沈鵬)

沈濤　　**1901**. 07. 23,08. 15,**1903**.
08.12

沈惟敬　**1895**.06.24

沈文林　**1902**.06.12

沈文卿　**1897**. 02. 16,**1898**. 06. 21,
06. 25,07. 19,07. 25,09. 09,10.
09, 10. 14, **1905**. 10. 10, **1907**.
04.26

沈文蕭(見沈葆楨)

沈文翁(見沈文卿)

沈希榮　**1903**.09.04

沈義人　**1904**.01.09

沈錫疇　**1907**.04.19

沈獻廷　**1898**. 12. 28,**1899**. 02. 06,
02. 09,02. 23,02. 25,03. 03,03.
14,04. 08,05. 09,07. 11,07. 15,
09. 10,11. 02,**1900**. 04. 02,07.
24,08. 13,08. 15,09. 05,**1901**.
03. 14,04. 11,05. 22,05. 31,06.
09,09. 15,10. 07,10. 24,11. 07,
11. 16, 12. 09, 12. 10, 12. 15,
1902. 01. 02,01. 03,01. 04,01.
05,01. 10,01. 15,01. 17,01. 20,

01. 21,01. 24,01. 26,01. 28,02.
04,02. 23,02. 26,02. 28,03. 01,
03. 04,03. 07,03. 28,04. 19,05.
12,06. 30,07. 05,07. 17,07. 26,
08. 10,09. 08,09. 12,10. 01,10.
06,10. 16,10. 21,10. 22,11. 22,
12. 01, 12. 12, 12. 24,**1903**. 02.
13,02. 14,02. 16,02. 19,04. 04.
10. 22,10. 29,11. 22,**1904**. 02.
07,04. 29,10. 10,10. 25,10. 30,
11. 19, 11. 23, 12. 31, **1905**. 04.
09,05. 16,05. 18,05. 19,06. 01,
06. 02,06. 04,06. 29,06. 30,07.
04,07. 08,07. 16,07. 20,07. 21,
10. 16, 12. 18, **1906**. 03. 06,03.
29,04. 29,10. 08,10. 09,12. 16,
1907. 01. 28,01. 29,03. 06,03.
09,03. 10,03. 12,03. 14,03. 16,
03. 18,03. 23,03. 26,03. 27,03.
28,03. 29,03. 30,04. 02,04. 05,
04. 07,04. 26,05. 03,05. 07,05.
08,05. 10,05. 11,05. 26,06. 01,
06. 07,06. 08,06. 09,07. 12,07.
16,07. 20,08. 12,09. 13,09. 29,
11. 11, 11. 19, 11. 30, 12. 02,12.
13,12. 23,**1908**. 01. 05,01. 25

沈湘浦　**1900**.10.27

沈小階　**1903**.09.04

沈小嵐(見沈世培)

沈小宜(見沈兆祉)

沈雄 **1905**.06.02,06.07

沈瑤笙 **1902**.06.05

沈以濟 **1902**.01.19

沈邑侯(見沈保宜)

沈瀛 **1907**.03.11

沈又宜(見沈兆褘)

沈幼嵐 **1903**.06.09

沈幼宜(見沈兆褘)

沈瑜慶 **1905**.12.28,**1906**.07.11,
07.12,08.10,08.13,08.25,09.
05,**1908**.02.06

沈餘卿 **1905**.07.21

沈贊承 **1892**.10.31

沈曾植 **1895**.07.24,**1897**.11.27,
1898.08.05,09.25,**1901**.10.21,
1902.06.25,**1903**.08.09

沈兆褘 **1892**.03.03,06.11,06.
18,07.08,09.14,09.15,09.16,
09.18,10.06,10.08,10.24,11.
04,**1897**.07.07,07.27,10.22,
1898.09.27,**1899**.05.16,05.24,
06.21,07.15,**1900**.02.19,04.
27,**1903**.07.23

沈兆褆 **1898**.09.21

沈兆祉 **1892**.03.03,05.09,06.
07,06.09,06.11,06.16,06.18,
07.08,09.13,09.16,10.14,
1893.05.22,**1894**.04.06,05.21,
1895.04.15,05.05,**1897**.07.07,
10.20,07.25,08.09,08.22,09.

01,**1898**.07.17,07.18,07.23,
07.25,07.26,07.27,08.08,08.
12,08.21,09.02,09.07,09.13,
09.14,09.16,09.18,09.19,09.
21,09.22,09.23,**1899**.05.16,
07.15,**1900**.02.23,03.31,04.
09,**1901**.12.07,**1902**.03.17,03.
20,03.21,04.01,04.05,05.20,
06.22,06.25,**1903**.02.22

沈哲城 **1896**.03.20,03.23

沈喆臣 **1894**.05.05

沈志誠 **1900**.05.21

沈諸梁(見葉德輝)

沈贅漁(見沈起鳳)

沈子炳 **1907**.06.17

沈子培(見沈曾植)

沈子佩(見沈曾植)

沈子貞(見沈保宜)

沈子楨 **1904**.12.25

慎初(見譚慎初)

升(見升允)

升菴(見楊慎)

升吉帥(見升允)

升猷(見張升猷)

升允 **1900**.10.04,**1901**.06.18,
10.20,**1904**.12.15,**1905**.01.13,
01.18,02.25,**1906**.09.05

生驤(見余生驤)

省吾(見龔鎮湘)

盛(見盛宣懷)

20,09. 24,10. 04,10. 23,11. 16,
1901.02. 11,02. 15,**1904**.05. 08,
05.13,05. 14,05. 29,10. 09,10.
11,11. 25,**1905**.03. 08,03. 10,
07. 07,**1906**.01. 03,03. 11,07.
20,**1907**.01. 16,03. 01,07. 14,
07. 31,10. 28,10. 29,12. 11,
1908.02. 18

師曾(見陳衡恪)

詩孫(見何維樸)

詩孫(見蕭鴻鈞)

詩蓀(見蕭鴻鈞)

十八子(見李鴻章)

石(見石洪)

石(見石敬塘)

石帆(見羅維垣)

石洪　**1898**.08. 26

石鑒臣　**1895**.09. 27

石羯　**1898**.11. 01

石敬塘　**1900**.09. 27

石麟(見汪石麟)

石琴(見汪石琴)

石泉(見李肖聃)

石笙臣　**1894**.08. 12

石笥(見胡天游)

石蓀(見張家驥)

石陶鈞　**1897**.12. 23

石仙(見錢石仙)

石勖　**1901**.02. 14

石雲松　**1899**.02. 27,03. 16,04. 08

石齋(見黃道周)

石醉六(見石陶鈞)

時樂(見萬時樂)

時澤(見王時澤)

實甫(見文廷華)

實甫(見易順鼎)

實勤(見汪實勤)

史(見史彌遠)

史(見史思明)

史炳南　**1897**.05. 25

史晨　**1899**.03. 20

史德勝　**1894**.01. 25,01. 27

史光普　**1901**.03. 25,**1903**.06. 08,
1906.07. 19

史恒章　**1894**.01. 25,01. 29,02.
12,02. 13,06. 26,10. 16,11. 02,
1898.01. 16,02. 07,02. 12,**1899**.
03. 31,**1901**.11. 13,**1902**.02. 02,
03. 18,**1903**.12. 24,**1905**.02. 26,
1906.05. 04

史彌遠　**1907**.02. 08

史壽頤　**1896**.11. 08

史思明　**1894**.12. 17

史嵩之　**1902**.07. 18

始皇(見秦始皇)

士工(見翁羣)

士傑(見朱士傑)

士景　**1895**.10. 04

士元(見曾熙)

世(見世續)

世鐸　**1894**.11.14,**1900**.09.13

世廉(見沈世廉)

世櫛(見周世櫛)

世續　**1906**.11.14,**1907**.09.16

世庸(見趙世庸)

世宗(見明世宗)

是鏡　**1908**.02.03

是仲明(見是鏡)

釋迦　**1896**.08.04,**1898**.04.06,
　　1907.03.19

釋敬安　**1894**.02.13,**1896**.01.03,
　　01.18,04.16,**1897**.12.22,12.
　　27,**1899**.09.03,**1901**.03.14

守遂(見汪守遂)

守如(見陳守愚)

守書(見翁守書)

守愚(見陳守愚)

受明(見汪詒撰)

授堂　**1904**.11.10

壽(見周壽)

壽丞(見俞明頤)

壽兒(見皮嘉福)

壽富　**1898**.04.05,08.22,10.12

壽鶴(見徐壽鶴)

壽衡(見譚壽衡)

壽衡(見夏聲喬)

壽可(見彭壽可)

壽人(見皮嘉福)

壽山　**1900**.08.05

壽生(見羅壽生)

壽生(見夏壽生)

壽笙(見羅壽生)

壽石(見李毓瑤)

壽松(見成壽松)

壽松(見王榮曾)

壽文(見陳壽雯)

壽熙(見鄧壽熙)

綏臣(見林系尊)

綏堂(見周綏堂)

綏翁(見羅壽生)

綏瑜　**1899**.09.19

叔城(見鄒凌沅)

叔誠(見鄒凌沅)

叔澄(見鄒凌沅)

叔方(見湯寶棻)

叔方(見危叔方)

叔固(見閻克堅)

叔和(見李克燦)

叔衡(見蕭文昭)

叔蘅(見蕭文昭)

叔明(見汪詒撰)

叔平(見翁同龢)

叔齊　**1894**.03.05,**1894**.08.19

叔喬(見楊銳)

叔欽(見譚叔欽)

叔卿(見劉慶光)

叔術　**1906**.05.24

叔孫通　**1898**.02.19

叔孫武叔　**1898**.03.09

叔獻　**1897**.12.23

叔雅（見熊瑞昌）

叔瑜（見袁緒欽）

叔輿（見袁緒欽）

叔原（見彭政樞）

叔子（見魏禧）

書菴（見夏書庵）

菽帥（見夏岜）

菽原（見彭政樞）

舒邦佐　**1899**.11.03

舒恭瀁　**1892**.06.18,06.19,08. 18,09.07,**1893**.04.19,05.28, 09.04,09.15,**1894**.06.27,07. 25,08.19,**1895**.04.03,08.03, 10.17,**1896**.04.22,05.17,06. 15,08.22,08.31,09.22,**1897**. 03.31,07.27

舒恭潤　**1893**.04.19,05.28,09. 04,09.15,**1894**.03.11,08.19, 10.17,**1895**.04.03,08.03,**1896**. 05.18,06.15,**1897**.07.18

舒繼芬　**1892**.07.08,07.15,**1894**. 08.20

舒欽（見徐舒欽）

舒銑（見徐舒銑）

舒硯農　**1896**.09.03

舒鍾（見徐舒鍾）

述琮（見杜述琮）

述農（見譚述農）

述卿（見瞿述卿）

述唐（見翁壽籛）

述貞（見汪度）

述真（見汪度）

述箴（見楊樹箴）

恕堂（見翁壽籛）

漱蘭（見黃體芳）

漱唐（見劉漱唐）

漱文（見陳壽雯）

漱雯（見陳壽雯）

樹彬（見朱樹彬）

樹常（見朱樹常）

樹藩（見陳炳煥）

樹毅（見楊樹毅）

樹華（見彭樹華）

樹人（見賀壽耆）

樹齋（見黃樹齋）

樹貞（見楊樹箴）

樹箴（見楊樹箴）

雙目（見瞿鴻機）

雙目尚書（見瞿鴻機）

雙人（見徐世昌）

水雲（見汪水雲）

舜　**1892**.02.05,**1892**.08.19, **1894**.10.02,**1897**.01.25,**1897**. 03.07,**1897**.09.06,**1898**.03.01, **1898**.04.06,**1898**.04.14,**1898**. 05.09,**1898**.10.03,**1901**.07.31

舜臣（見涂啟先）

舜卿（見李舜卿）

順卿（見李順卿）

順恂（見羅正鈞）

07. 23, 07. 28, 08. 21, 08. 31, 09.
03, 09. 05, 09. 12, 11. 20, **1897**.
03. 31, 04. 22, 07. 24, 07. 26, 08.
14, 08. 22, 10. 20, 10. 25, 12. 30,
1898. 07. 27, 07. 28, 08. 02, 08.
08, 08. 22, **1899**. 12. 19

宋祁　**1900**. 09. 07

宋啟明　**1907**. 06. 08

宋慶　**1894**. 11. 25, 11. 26, 12. 20,
12. 28, **1895**. 01. 23, 02. 10, 02.
27, 03. 19, **1899**. 09. 14, **1900**. 06.
11, 09. 12, 09. 13, 10. 12

宋仁宗　**1902**. 07. 18

宋神宗　**1898**. 03. 14

宋省齋　**1892**. 04. 15, **1894**. 11. 19

宋澍德　**1894**. 06. 27, 07. 19, 08.
03, **1895**. 04. 04, 04. 17, 05. 19,
05. 28, **1896**. 05. 25, **1897**. 08. 29

宋太守(見宋廷樑)

宋太祖　**1895**. 08. 04, **1896**. 04. 02,
1898. 04. 14

宋廷樑　**1893**. 08. 28, **1894**. 08. 11,
08. 16, 08. 25, 08. 28, 08. 29, 09.
01, 09. 08, 09. 09, 09. 11, 09. 12,
10. 03, **1896**. 06. 04, 06. 13, 06.
16, 06. 19, 07. 21, 07. 23, 08. 01,
08. 08, 08. 16, 08. 28, 08. 30, 10.
12, 10. 31, 11. 02, **1897**. 04. 20,
04. 23, 05. 01, 05. 07, 05. 24, 06.
21, 06. 22, 07. 02, 07. 04, 07. 26,

08. 02, 08. 04, 08. 05, 08. 19, 08.
26, 09. 01, 11. 01, 12. 27, **1898**.
06. 16, 06. 20, 07. 07, 07. 17, 08.
01, 08. 08, 08. 26, 09. 22, 09. 27,
10. 07, 10. 08, **1901**. 10. 01, **1902**.
11. 21

宋襄　**1905**. 01. 14

宋襄公　**1892**. 02. 20, 04. 07, 07.
20, 07. 24, 09. 14, **1893**. 05. 03,
06. 20

宋翔鳳　**1892**. 07. 01, 08. 03, **1893**.
06. 22, **1894**. 09. 26, 09. 27, **1899**.
07. 19

宋孝宗　**1898**. 03. 09, 03. 14, **1903**.
10. 02

宋宣公　**1897**. 12. 22

宋義　**1894**. 10. 22

宋于庭(見宋翔鳳)

宋玉　**1906**. 10. 31

宋育仁　**1898**. 04. 23, 09. 06, 09.
22, **1899**. 01. 12, 01. 14, **1900**. 03.
22, 04. 03, **1901**. 09. 13, **1903**.
07. 15

宋芸子(見宋育仁)

宋真宗　**1907**. 03. 27

宋祝三(見宋慶)

宋祝帥(見宋慶)

宋子才(見宋廷樑)

宋子材(見宋廷樑)

宋子山　**1897**. 05. 30, 06. 03, 06.

孫（見孫中山）

孫保田 **1894**.06.26

孫伯符（見孫策）

孫伯威 **1894**.05.15

孫策 **1893**.08.17

孫澄清 **1895**.05.07

孫鼎臣 **1898**.05.21,05.22

孫陔（見廖樹蘅）

孫光憲 **1900**.01.17

孫家楣 **1900**.07.31

孫家鼐 **1892**.03.31,05.01,11.
01,**1894**.04.04,**1897**.02.02,09.
16,**1898**.04.28,07.01,07.08,
09.06,**1900**.02.05,07.31,08.
10,08.24,12.24,**1901**.11.28,
1903.03.02,**1904**.01.23,12.06,
1906.09.05,**1907**.03.25

孫經 **1896**.06.17,**1896**.06.26,
1896.08.24

孫犖璜 **1893**.11.11

孫開華 **1895**.03.04

孫楷 **1894**.04.19

孫蘭畦 **1907**.10.18,10.25

孫林父 **1905**.06.09

孫奇逢 **1898**.02.19

孫權 **1897**.08.22

孫師（見孫家鼐）

孫氏（見孫志祖）

孫同康 **1895**.08.19,08.20

孫文（見孫中山）

孫汶（見孫中山）

孫希旦 **1908**.02.21

孫夏峰（見孫奇逢）

孫爕臣（見孫家鼐）

孫爕師（見孫家鼐）

孫星衍 **1892**.06.04,06.29,08.
22,**1893**.07.23,**1894**.11.16,
1895.04.09,09.03,**1900**.03.02,
1901.03.15,**1904**.01.15,01.18

孫炎 **1893**.03.23

孫彥臣 **1907**.09.30

孫陽 **1898**.08.26

孫耀祖 **1906**.08.12

孫衣言 **1894**.04.11

孫詒讓 **1894**.05.18,05.21,**1898**.
08.22,10.12,**1907**.08.31,11.06

孫用釗 **1903**.06.06

孫毓筠 **1907**.03.25

孫毓汶 **1895**.07.14

孫淵如（見孫星衍）

孫之騄 **1893**.06.28

孫之湘 **1907**.09.30

孫芝房（見孫鼎臣）

孫志祖 **1899**.01.17,**1901**.08.01

孫中山 **1898**.07.01,**1900**.10.31,
1903.06.18,**1905**.10.10,**1907**.
01.30,03.25,06.10

孫中堂（見孫家鼐）

孫仲謀（見孫權）

孫仲容（見孫詒讓）

09. 26, 10. 04, 10. 06, **1899**. 03.
18, 12. 13, 12. 15, **1900**. 11. 13,
1906. 12. 10

譚介林　**1893**. 12. 17

譚介休（見譚紹鋈）

譚敬甫（見譚繼洵）

譚敬帥（見譚繼洵）

譚久安（見譚世霈）

譚君（見譚嗣同）

譚君華（見譚紹衮）

譚鵑　**1893**. 07. 06

譚蘭臣　**1903**. 09. 30, 11. 30, 12.
03, 12. 05, 12. 11, **1904**. 01. 06,
09. 29, 10. 27, 12. 26, **1905**. 11.
25, **1906**. 09. 30, **1907**. 09. 07

譚鹿樵　**1897**. 09. 24

譚冕叔　**1894**. 12. 17, 12. 23, **1895**.
01. 01, 01. 06, 01. 07, 02. 04, 02.
06, 02. 15, 02. 16, **1896**. 04. 02

譚南臣（見譚蘭臣）

譚璞吾　**1897**. 11. 30

譚蓉墅（見譚紹裘）

譚榕墅（見譚紹裘）

譚汝玉　**1907**. 01. 03

譚珊池　**1894**. 11. 10, 11. 23, **1898**.
04. 16

譚紹槃　**1904**. 03. 28, 10. 11

譚紹衮　**1892**. 10. 18, 12. 10, **1893**.
01. 01, 03. 09, 10. 18, 11. 11, 11.
14, 11. 20, 12. 02, 12. 14, 12. 15,

1894. 01. 01, 01. 21, 01. 23, 10.
15, 11. 09, 11. 11, 11. 12, **1895**.
01. 30, 12. 21, **1896**. 01. 05, 03.
24, 04. 03, 12. 01, 12. 20, 12. 29,
1897. 12. 13, 12. 15, 12. 16, **1898**.
01. 11, 02. 11, 06. 05, 10. 28, 11.
09, 11. 14, 12. 02, 12. 09, 12. 15,
12. 20, **1899**. 01. 08, 02. 04, 02.
26, 03. 27, 04. 05, 04. 12, 05. 02,
05. 17, 06. 05, 06. 07, 06. 09, 08.
11, 08. 12, 08. 14, 09. 10, 10. 24,
11. 06, 12. 16, **1900**. 01. 08, 01.
15, 01. 16, 02. 21, 04. 06, 04. 07,
04. 29, 05. 23, 05. 26, 07. 09, 08.
29, 09. 03, 09. 21, 10. 21, **1901**.
02. 06, 03. 03, 03. 14, 04. 01, 06.
02, 10. 19, 10. 22, 12. 04, 12. 19,
12. 23, **1902**. 01. 29, 03. 02, 07.
28, 09. 29, 10. 10, 10. 28, 12. 04,
12. 08, **1903**. 01. 06, 01. 22, 02.
15, 02. 28, 10. 07, **1904**. 03. 17,
03. 20, 04. 15, 05. 11, 05. 18, 09.
29, 10. 07, 12. 14, 12. 28, **1905**.
01. 08, 01. 21, 01. 31, 02. 02, 02.
10, 02. 22, 04. 05, 04. 22, 07. 09,
07. 11, 07. 13, 07. 27, 07. 28, 10.
10, 11. 05, 12. 10, **1906**. 01. 17,
02. 09, 02. 12, 02. 14, 04. 08, 07.
06, 08. 10, 09. 09, 09. 10, 09. 14,
09. 21, 09. 22, 09. 25, 09. 26, 09.

27,09. 30,10. 04,10. 13,10. 16,
10. 29,11. 01,11. 02,11. 06,12.
11,12. 15,12. 26,12. 28,12. 29,
1907. 01. 24,03. 01,03. 26,04.
15,04. 26,05. 07,05. 27,06. 03,
08. 25,08. 31,09. 03,09. 08,11.
14,**1908**. 01. 02,01. 03,01. 11,
02. 22,02. 26
譚紹榘 **1902**. 09. 29
譚紹裳 **1892**. 04. 24,05. 11,05.
13,**1893**. 08. 01,09. 05,10. 18,
10. 21,10. 28,11. 02,11. 03,11.
06,11. 08,11. 22,12. 25,**1894**.
04. 03,04. 05,04. 29,04. 30,05.
16,10. 15,11. 14,11. 16,**1895**.
01. 08,01. 10,02. 18,**1897**. 01.
03,01. 08,01. 10,03. 11,03. 13,
03. 20,07. 20,07. 21,07. 25,08.
01,08. 09,08. 25,08. 26,09. 03,
1898. 01. 30,02. 09,02. 12,02.
13,02. 19,12. 12,12. 14,**1899**.
07. 05,10. 10,10. 12,10. 14,10.
16,10. 19,10. 21,10. 22,10. 24,
10. 29,10. 30,12. 16,**1900**. 01.
15,02. 09,03. 08,03. 17,05. 26,
11. 05,11. 07,**1901**. 01. 29,05.
06,11. 03,11. 07,12. 08,**1902**.
01. 26,01. 29,01. 31,02. 05,02.
08,02. 09,02. 11,**1903**. 01. 22,
01. 24,01. 28,02. 05,02. 12,02.

16,09. 15,09. 23,09. 24,09. 30,
10. 13,11. 05,11. 08,11. 27,11.
28,12. 05,12. 06,12. 12,12. 17,
12. 31,**1904**. 01. 05,01. 07,01.
15,01. 23,01. 25,01. 29,02. 22,
02. 23,02. 24,02. 28,03. 02,03.
03,03. 16,04. 15,04. 30,12. 28,
1905. 01. 10,01. 13,01. 18,02.
10,02. 15,02. 22,03. 18,03. 31,
04. 11,07. 11,07. 14,07. 23,08.
03,08. 04,10. 10,**1906**. 02. 18,
02. 24,02. 25,02. 26,04. 23,05.
14,07. 01,07. 06,08. 09,08. 10,
08. 15,**1907**. 02. 22,04. 06,06.
28,09. 01,09. 09,09. 13,09. 14,
1908. 02. 21
譚紹述 **1905**. 02. 28
譚紹鋬 **1897**. 02. 17
譚紹岳 **1906**. 04. 08
譚慎初 **1900**. 06. 07,**1907**. 06. 07,
11. 10,11. 07
譚世肅 **1892**. 03. 29,11. 23,12.
16,12. 23,**1893**. 01. 08,01. 17,
01. 18,01. 20,03. 15,03. 16,03.
28,03. 29,06. 12,10. 09,10. 16,
10. 20,10. 22,10. 24,11. 09,11.
22,11. 26,11. 27,12. 01,12. 04,
12. 05,12. 13,12. 24,**1894**. 01.
01,01. 09,01. 21,01. 30,06. 25,
10. 16,10. 17,10. 24,10. 26,10.

28,10. 30,11. 01,11. 05,11. 06,
11. 08,11. 14,11. 18,11. 21,12.
13,12. 17,12. 19,**1895**. 01. 17,
02. 04,02. 12,03. 08,03. 11,03.
13,03. 15,03. 20,03. 21,03. 22,
11. 18,11. 20,12. 11,**1896**. 01.
05,01. 10,01. 11,02. 28,03. 02,
03. 21,03. 24,11. 27,**1897**. 01.
16,01. 19,02. 17,03. 02,03. 13,
03. 14,03. 19,03. 20,10. 07,10.
08, 12. 04,**1898**. 02. 15,02. 17,
02. 19,02. 24,04. 21,10. 28,11.
12,11. 14,11. 19,11. 22,12. 09,
12. 10, 12. 12, 12. 14, 12. 15,
1899. 01. 05,02. 04,03. 16,03.
17,03. 27,04. 05,04. 12,05. 07,
07. 05,07. 19,08. 25,08. 26,08.
27,08. 28,09. 01,09. 10,10. 08,
10. 12,10. 14,10. 15,10. 19,12.
13, **1900**. 01. 21,02. 09,03. 18,
03. 26,03. 28,05. 23,05. 26,05.
27,07. 02,07. 03,07. 05,09. 29,
09. 30,12. 08,12. 10,12. 14,12.
15, **1901**. 01. 17, 03. 21,03. 23,
03. 26,04. 01,05. 06,05. 11,11.
05, **1902**. 02. 26,03. 02,03. 03,
05. 17, 05. 18, 05. 22, 06. 01,
1903. 03. 02,03. 24,03. 26,09.
26, 09. 30,12. 11,**1904**. 01. 06,
05. 13, 05. 14, 11. 11, 11. 12,

1905. 03. 14, 03. 15, 03. 17, 03.
25,03. 31,04. 03,10. 03,10. 06,
10. 07,**1906**. 04. 02,12. 25,**1907**.
01. 11,01. 12,04. 06,04. 08,09.
16,09. 17,10. 18,10. 22,10. 25,
12. 12,**1908**. 01. 02,01. 04,01.
09,02. 19,02. 21

譚壽衡 **1894**. 11. 10,11. 13,12.
08,12. 09

譚叔欽 **1907**.01. 12

譚書麟 **1897**.12. 09

譚述農 **1902**. 02. 22,08. 09,08.
10,11. 14

譚嗣同 **1896**.01. 28,**1897**. 11. 30,
12. 04,12. 14,12. 19,12. 20,12.
24, **1898**. 02. 20,02. 21,02. 27,
03. 11,03. 18,03. 20,03. 21,03.
25,03. 26,04. 01,04. 03,04. 04,
04. 05,04. 06,04. 08,04. 09,04.
10,04. 11,04. 17,04. 18,04. 19,
04. 24,04. 26,04. 27,04. 28,05.
02,05. 05,05. 08,05. 15,05. 18,
05. 28,06. 12,06. 21,06. 22,06.
20,08. 05,09. 13,09. 29,10. 01,
10. 04,10. 05,10. 12,10. 13,10.
30,11. 01,11. 08,11. 23,12. 18,
1899. 01. 02,03. 19,09. 04,11.
22, **1900**. 08. 24, **1901**. 07. 07,
1903.06. 16,**1904**.01. 21,11. 09

譚惕臣 **1898**.11. 19,**1906**.02. 14

03, 10. 16, 11. 08, **1901**. 01. 21,
03. 28, 12. 29, **1902**. 01. 03, 01.
08, 03. 19, 05. 08, 06. 02, 09. 03,
09. 10, 10. 19, 10. 22, 11. 23,
1903. 04. 28, 05. 07, **1907**. 12. 17

湯壽銘 **1902**. 07. 31, **1903**. 07. 08,
10. 18

湯壽潛 **1898**. 09. 06, **1902**. 02. 16,
1904. 01. 22

湯叔方(見湯寶棨)

湯松 **1903**. 12. 25

湯顯祖 **1892**. 06. 24, **1898**. 07. 21

湯小秋(見湯壽銘)

湯孝常 **1898**. 03. 13, 03. 21, 03.
26, 04. 08, 04. 17, 05. 17, **1902**.
06. 04, 07. 15, 09. 30, **1906**. 12. 24

湯肖菴 **1903**. 04. 28

湯幼安(見湯聘珍)

湯幼菴(見湯聘珍)

湯幼老(見湯聘珍)

湯幼翁(見湯聘珍)

湯蟄菴(見湯壽潛)

湯稚安(見湯魯璠)

湯稚菴(見湯魯璠)

唐(見唐才常)

唐(見唐季子)

唐(見唐景崧)

唐(見唐順之)

唐寶珍(見唐啟馥)

唐奉之 **1896**. 12. 16, 12. 20, 12. 21

唐伯清 **1893**. 10. 15

唐才常 **1898**. 02. 20, 02. 26, 03.
03, 03. 12, 03. 14, 03. 16, 03. 17,
03. 20, 03. 26, 04. 01, 04. 03, 04.
08, 04. 10, 04. 11, 04. 17, 05. 02,
05. 04, 05. 11, 05. 15, 05. 16, 05.
19, 05. 25, 05. 29, 08. 26, 12. 17,
1899. 01. 26, 03. 30, **1900**. 02. 19,
02. 23, 02. 24, 04. 22, 08. 25,
1906. 12. 18

唐才中 **1900**. 09. 23, 10. 27

唐采臣 **1897**. 07. 15, **1902**. 04. 16,
12. 26, **1903**. 12. 14, 12. 20, **1906**.
06. 14, 06. 15

唐成之 **1897**. 03. 27, **1901**. 03. 25,
03. 27, **1904**. 12. 29, 12. 30, 12.
31, **1905**. 12. 24, **1906**. 06. 14, 09.
01, 11. 03, 11. 07, 12. 17, 12. 31,
1907. 01. 05, 01. 12, 01. 18, 01.
20, 01. 21, 01. 22, 01. 31, 03. 04,
03. 05, 03. 13, 03. 16, 03. 27, 03.
30, 04. 04, 09. 06, 11. 28, 12. 13,
12. 14, 12. 16, **1908**. 01. 09, 01.
15, 01. 17, 01. 20, 01. 21, 02. 29

唐承之(見唐成之)

唐春卿(見唐景崧)

唐次榮 **1904**. 04. 29

唐次雲 **1897**. 07. 31, 08. 01, 09. 04

唐嵯生 **1903**. 02. 14, 02. 23

唐德宗 **1900**. 08. 31

05,08.16,08.23,08.28,09.06,
09.08,09.13,09.21,09.29,09.
30,10.10,10.13,10.26,11.04,
1897.04.20,04.29,05.12,05.
13,05.18,05.24,05.28,06.01,
06.04,06.12,06.21,06.23,07.
01,07.09,07.18,07.26,08.02,
08.03,08.13,08.21,08.24,09.
01,09.03,**1898**.06.18,06.24,
09.08,10.14,**1902**.02.08,02.
09,02.24,**1906**.10.07

唐質吾(見唐執吾)

唐仲冕　**1895**.06.26

唐仲青　**1906**.11.07

唐仲裘　**1907**.12.13

唐仲武　**1899**.09.20

唐子培(見唐植城)

唐子西(見唐庚)

唐總統(見唐景崧)

唐祖念　**1893**.10.28

唐祖澍　**1893**.11.03,11.06,11.14

棠生(見何維棣)

棠孫(見何維棣)

棠蓀(見何維棣)

陶(見陶模)

陶(陶觀儀)

陶葆廉　**1903**.11.03,**1904**.03.01

陶必銓　**1895**.07.11

陶宸翼　**1900**.12.19

陶督(見陶模)

陶福履　**1893**.04.25,05.02,05.
05,05.23,09.07,09.11,**1894**.
03.10,06.25,06.27,08.14,
1895.04.06,04.21,05.05,07.
10,07.14,07.22,07.23,08.31,
09.15,09.18,09.28,10.05,10.
07,10.09,10.10,10.13,10.15,
10.17,**1896**.01.20,04.21,04.
23,04.26,04.29,05.05,05.30,
06.17,10.19,11.04,**1897**.04.
29,05.04,06.10,06.13,06.14,
06.24,06.28,06.30,07.09,07.
16,07.28,08.26,08.30,**1898**.
08.06,**1899**.03.13,**1905**.09.26,
10.19,10.29,11.04

陶福田　**1894**.08.14

陶福祝　**1893**.05.02

陶公(見陶濬)

陶桄　**1898**.04.21

陶華封(見陶福履)

陶惠叔　**1906**.04.30

陶觀儀　**1892**.11.30,**1893**.02.13,
03.13,03.15,03.16,10.08,10.
12,10.15,10.26,10.29,11.10,
11.11,**1894**.04.06,04.26,05.
07,10.24,10.26,**1895**.02.23,
1896.02.21,03.11,03.14,03.
26,12.02,**1897**.01.22,01.23,
02.10,03.04,**1898**.02.16,**1900**.
04.06,04.07,07.31,08.30,09.

15, 09. 21, 10. 25, 11. 01, **1901**.
03. 25, 03. 28, **1902**. 02. 14, **1903**.
02. 21, 11. 14, 11. 16, 11. 19, 11.
21, 11. 27, 11. 30, **1904**. 01. 23,
03. 03, 03. 04, **1905**. 06. 21, **1907**.
05. 19, 11. 24

陶靖節（見陶潛）

陶菊溪（見陶煜南）

陶橘溪　**1905**. 06. 26

陶槊林（見陶森甲）

陶畢鄰　**1898**. 03. 05

陶侃　**1892**. 08. 08

陶履謙（見陶覲儀）

陶名謙　**1907**. 05. 05

陶銘謙（見陶廷玉）

陶鳴謙（見陶廷玉）

陶模　**1893**. 05. 25, **1895**. 12. 04,
1900. 10. 04, **1901**. 06. 14, 09. 10,
09. 15, 10. 21, 12. 07, 12. 10,
1902. 01. 09, 01. 16, 09. 24, 07.
07, **1903**. 11. 03

陶蒲生　**1901**. 07. 01

陶潛　**1892**. 07. 08, 11. 07, **1893**.
07. 17, 07. 30

陶勤肅（見陶模）

陶森甲　**1901**. 08. 17

陶山長（見陶福履）

陶少雲（見陶桄）

陶守謙　**1896**. 01. 13

陶叔惠（見陶思曾）

陶澍　**1895**. 07. 11

陶思曾　**1906**. 07. 06, **1907**. 02. 18,
04. 07

陶廷玉　**1893**. 10. 23, 10. 29, **1896**.
03. 29, 12. 01, **1897**. 11. 19, **1898**.
01. 23, 02. 01, 02. 02, 02. 12, 02.
16, 02. 19, 11. 02, 11. 12, **1900**.
04. 23, 04. 25, 06. 04, 06. 07, 06.
09, 10. 08, 12. 19, **1901**. 03. 14,
03. 17, 03. 20, 03. 25, 03. 28, 03.
30, 04. 05, 04. 16, 05. 16, 06. 09,
09. 10, 10. 05, 10. 06, **1902**. 03.
28, 05. 12, 05. 18, 08. 06, 08. 10,
09. 09, 12. 10, **1903**. 10. 24, 10.
31, **1905**. 08. 23

陶微仲　**1895**. 10. 17, 10. 23

陶緯仲（見陶福田）

陶慰慈　**1900**. 04. 11, 04. 30, 05.
07, 06. 19, 06. 20, 07. 01, 07. 08,
07. 27, 09. 05, 09. 21, **1901**. 01.
04, **1903**. 02. 27

陶孝瞪　**1903**. 03. 05

陶益卿　**1907**. 03. 22

陶柚溪　**1905**. 06. 26, 06. 29

陶淵明（見陶潛）

陶萸江（見陶必銓）

陶煜南　**1892**. 04. 25

陶芷方（見陶模）

陶芷帥（見陶模）

陶拙存（見陶葆廉）

陶子方(見陶模)

緹縈　**1892**.06.18

惕臣(見譚惕臣)

天華(見陳天華)

田成子　**1896**.08.02

田單　**1899**.10.23

田蚡　**1892**.07.08

田橫　**1895**.09.09

田忌　**1898**.03.09

田金楠　**1907**.11.01,11.03,**1908**.02.24

田目先　**1898**.03.23

田其田　**1894**.08.21

田邑　**1897**.12.18

田子方　**1894**.01.13

鐵(見鐵良)

鐵寶臣(見鐵良)

鐵道人(見周漢)

鐵公(見鐵良)

鐵良　**1904**.10.19,11.25,12.04,**1905**.02.25,08.01,09.02,09.07,**1906**.08.09,10.21,11.14,**1907**.07.11,08.08,08.30

鐵樵(見俞鐵樵)

鐵橋(見嚴可均)

廷楷(見文廷楷)

廷橈(見文廷橈)

廷獻(見王廷獻)

廷樾(見李廷樾)

亭林(見顧炎武)

挺山(見李挺山)

通理(見張通理)

桐伯(見郭宗熙)

桐士(見李銅士)

桐軒(見王桐軒)

童敬吾　**1902**.05.31,**1906**.02.25,03.02

銅士(見李銅士)

涂森　**1895**.05.03

涂步衢　**1894**.08.14

涂楚卿　**1901**.12.18

涂春年　**1897**.05.09

涂次衡　**1904**.01.23,**1906**.09.03,**1908**.01.09

涂觀光　**1895**.05.22

涂啟先　**1898**.11.30,12.12

涂渭濱　**1901**.07.07

涂渭齋　**1901**.06.18

涂宜楫　**1895**.04.06,**1897**.06.05

涂仲舫(見涂春年)

屠寄　**1895**.09.03

屠靜山(見屠寄)

屠梅君(見屠仁守)

屠仁守　**1896**.07.16,**1897**.06.27,**1903**.08.03

W

瓦德西　**1901**.06.07

瓦帥(見瓦德西)

完顏旻　**1897**.07.19

萬(見萬斯大)

萬成春　**1896**.04.27,07.05,08.
23,**1898**.06.19

萬簴　**1896**.05.17,06.26,07.06,
08.23,09.21,11.11,**1897**.04.
26,06.04,08.10,09.02,**1898**.
06.22,06.23,09.10,09.30,10.
08,**1902**.10.29,**1903**.02.10,02.
12,05.28,08.20

萬充宗(見萬斯大)

萬方欽　**1894**.04.27

萬方卿　**1894**.03.27,04.02

萬啟型　**1895**.08.04,08.23,09.
12,10.03,10.08,10.19,**1896**.
05.17,07.06,**1897**.04.21,05.
01,06.03,06.04,06.27,07.18,
08.10,09.01,09.03,09.07,09.
10,10.20,**1898**.08.21,08.27,
08.28,08.31,09.14,10.08,10.
15,**1899**.05.05,05.15,05.24,
06.24

萬潛齋　**1895**.06.27,09.16,**1896**.
05.06,11.09,**1897**.04.20,04.
21,07.03

萬生(見黃萬生)

萬時樂　**1895**.08.23

萬斯大　**1892**.10.13,**1893**.07.04

萬文軒(見萬啟型)

萬雯軒(見萬啟型)

萬兆辛　**1896**.05.17

萬兆莘　**1906**.07.04

萬知淦　**1893**.04.19,**1895**.09.03,
1896.05.16,10.02

萬知塗　**1894**.06.26,06.27

汪(見汪錦端)

汪(見汪康年)

汪(見汪鳴鑾)

汪(見汪藥階)

汪(見汪詒書)

汪(見汪詒撰)

汪(見汪殖)

汪伯唐(見汪大燮)

汪廮　**1902**.11.27,**1903**.01.10

汪朝宗　**1907**.09.04

汪承之　**1906**.03.02

汪珵芝　**1904**.03.28

汪誠之　**1904**.03.17

汪聰　**1899**.12.16

汪大燮　**1902**.11.24,**1903**.06.13,
06.27,06.28,09.04,**1907**.12.30

汪甸侯　**1902**.02.25,03.03,03.
12,04.10,04.14,05.05,05.14,
05.27,06.03,06.09,06.10,07.
27,08.08,08.19,08.23,09.12,
09.26,09.29,10.25,11.07,12.
10,**1903**.01.02,01.12,01.19,
01.29,01.30,02.24,02.25,03.
03,03.07,03.15,03.18,03.24,
04.03,04.05,04.23,05.30,07.

19,07. 30,09. 28,10. 31,11. 06,
11. 11,11. 26,11. 27,11. 29,11.
30,12. 06,12. 08,12. 09,12. 09,
12. 11,12. 13,12. 28,12. 29,
1904. 01. 28,02. 08,02. 10,02.
13,02. 14,02. 15,02. 16,02. 28,
03. 06,03. 09,03. 15,03. 20,03.
31,04. 01,04. 05,04. 06,04. 19,
04. 22,05. 04,05. 06,05. 09,05.
12,11. 26,11. 30,**1905**. 01. 28,
02. 05,03. 21,03. 22,03. 27,11.
17,11. 25,**1906**. 01. 29,02. 08,
04. 10,05. 16,06. 26,07. 04,07.
05,07. 17,07. 18,07. 21,07. 26,
07. 29,08. 01,08. 05,08. 06,08.
07,08. 08,08. 17,08. 24,09. 03,
09. 04,09. 21,09. 22,10. 04,11.
03,11. 07,11. 15,**1907**. 01. 24,
02. 08,02. 10,02. 16,02. 18,02.
22,03. 12,03. 13,03. 30,04. 28,
06. 27,07. 16,08. 22,10. 17,12.
05,12. 09,**1908**. 01. 23,01. 27

汪都昌　**1904**.10.08

汪都良　**1904**.01.23

汪都轉(見汪錦端)

汪度　**1892**. 12. 05,12. 26,**1893**.
01. 05,01. 08,01. 12,01. 14,02.
04,02. 15,03. 06,03. 17,03. 20,
03. 21,03. 31,**1894**. 07. 20,09.
20,10. 18,**1895**. 11. 16,**1897**. 02.

07,10. 07,**1898**. 04. 18,09. 19,
1899. 02. 11,11. 13,**1901**. 01. 04,
03. 11,09. 05,**1902**. 02. 03,02.
09,02. 14,02. 24,02. 26,03. 13,
04. 03,05. 14,06. 10,06. 14,06.
16,07. 27,07. 30,09. 07,09. 24,
10. 04,10. 24,**1903**. 01. 16,01.
18,02. 25,03. 23,05. 12,06. 12,
06. 17,08. 07,09. 20,10. 31,11.
03,11. 11,11. 27,11. 30,12. 11,
1904. 01. 04,01. 05,01. 23,01.
25,02. 16,03. 10,03. 17,03. 22,
04. 05,04. 08,04. 16,04. 28,04.
29,04. 29,05. 11,05. 15,05. 19,
05. 20,05. 21,05. 26,05. 27,10.
05,10. 15,10. 29,10. 30,11. 01,
1905. 02. 27,06. 17,06. 20,06.
28,08. 10,08. 12,08. 13,09. 08,
09. 17,10. 29,12. 09,**1906**. 04.
10,05. 16,06. 15,07. 19,07. 26,
08. 09,08. 20,08. 21,12. 02,12.
16,**1907**. 01. 07,02. 08,02. 10,
03. 23,03. 30,04. 28,05. 08,06.
01,06. 20,07. 28,07. 30,08. 01,
08. 09,09. 23,10. 17,12. 05,
1908. 02. 23

汪鳳池　**1907**.07.07

汪鳳翽　**1896**. 06. 12,07. 30,**1897**.
08. 19

汪鳳藻　**1907**.07.08

汪輔臣　**1893**.03.10,03.16,11.02

汪黼文　**1899**.01.26,03.16

汪甘卿(見汪鍾霖)

汪公(見汪瑞高)

汪公魯　**1898**.11.02,11.09,**1901**.09.16,**1906**.03.19,03.23,04.20,04.22,04.23

汪公隼(見汪守墉)

汪桂芬　**1894**.05.29

汪鉉　**1899**.11.19

汪鴻　**1893**.07.21,07.22,08.08,**1898**.07.28

汪噦鸞　**1902**.10.28

汪繼培　**1893**.04.09

汪佳煇　**1903**.03.26

汪監督(見汪大燮)

汪健　**1905**.05.25

汪頡翁　**1903**.06.06

汪錦端　**1903**.02.10,03.04,08.02

汪鏡老(見汪殖)

汪鏡青(見汪殖)

汪鏡清(見汪殖)

汪鏡翁(見汪殖)

汪九(見汪詒書)

汪九公(見汪詒書)

汪榘　**1898**.11.02,**1904**.03.14

汪君(見汪瑞高)

汪君牧(見汪瑞高)

汪君錫　**1897**.10.03,**1900**.05.14,05.30,05.31,06.02

汪康年　**1898**.07.21,08.17,09.12,10.16,**1900**.04.22,**1901**.01.06,04.21,**1905**.04.28,**1907**.07.06

汪科　**1904**.05.09

汪樂民　**1903**.08.24,09.04

汪柳門(見汪鳴鑾)

汪夢來(見汪孟萊)

汪孟萊　**1895**.12.15,12.22,**1896**.02.10,11.29,**1897**.11.03,11.17,12.07,12.26,**1898**.01.07,01.20,02.25,03.08,03.20,04.03,04.07,04.10,04.13,04.23,05.06,05.26,06.02,10.11,11.02,12.03,12.04,12.07,12.13,12.30,**1899**.01.08,03.03,03.08,04.16,05.03,07.03,07.16,08.06,08.10,08.23,12.16,**1900**.01.19,02.02,02.05,03.25,03.29,04.30,08.06,10.20,12.23,12.31,**1901**.01.04,02.18,03.13,04.26,04.29,05.03,05.04,05.12,09.06,09.11,11.14,**1902**.01.22,01.28,02.06,03.03,04.02,04.05,05.02,05.15,05.17,07.07,07.20,07.30,08.01,10.03,10.07,10.18,11.27,12.15,**1903**.01.09,01.16,01.29,02.12,04.13,04.22,04.30,05.03,05.12,07.23,09.21,

11. 07, 11. 26, 12. 08, **1904**. 01.
09, 01. 10, 01. 25, 01. 27, 02. 15,
02. 16, 03. 17, 03. 17, 03. 24, 04.
05, 05. 26, 10. 01, 10. 03, 10. 04,
10. 11, 10. 12, 10. 19, 10. 26, 10.
30, 10. 31, 11. 01, 11. 12, 11. 24,
12. 08, 12. 29, **1905**. 01. 14, 01.
22, 02. 03, 02. 04, 02. 08, 02. 14,
03. 18, 04. 28, 05. 01, 05. 10, 06.
23, 06. 28, 07. 29, 07. 31, 08. 01,
08. 02, 08. 06, 08. 10, 08. 11, 09.
17, 10. 31, 11. 08, **1906**. 01. 31,
02. 19, 05. 16, 06. 15, 06. 19, 06.
28, 06. 30, 07. 01, 07. 12, 10. 04,
10. 08, 12. 16, **1907**. 01. 07, 01.
21, 01. 22, 02. 04, 02. 06, 02. 08,
02. 14, 02. 18, 02. 20, 02. 22, 03.
13, 03. 18, 03. 22, 04. 01, 04. 12,
04. 23, 05. 26, 07. 16, 08. 13, 09.
04, 09. 28, 10. 02, 10. 08, 10. 09,
10. 13, 10. 15, 10. 17, 11. 16, 11.
17, 12. 05

汪鳴鑾　**1892**. 03. 31, 04. 28, **1894**.
04. 04, 04. 11, 05. 17, 10. 23,
1895. 12. 17, **1898**. 09. 29, **1902**.
10. 04, **1907**. 09. 04

汪念佝　**1892**. 03. 29, 04. 24, 04.
26, 05. 13, **1893**. 09. 05, 10. 09,
1894. 04. 03, 04. 05, 04. 25, 09.
13, 09. 25, 10. 15, 10. 23, 11. 09,

11. 11, **1895**. 09. 17, 10. 22, 11.
29, 12. 07, 12. 08, 12. 11, 12. 28,
1896. 02. 11, 02. 12, 02. 13, 03.
27, 03. 28, 04. 03, 04. 07, 04. 09,
04. 24, 04. 26, 04. 30, 05. 01, 05.
05, 05. 06, 05. 11, 05. 16, 05. 19,
05. 21, 05. 23, 05. 25, 05. 26, 05.
28, 05. 30, 06. 01, 06. 23, 07. 03,
07. 10, 08. 24, 12. 13, 12. 15, 12.
16, 12. 17, 12. 18, **1897**. 09. 29,
10. 06, 10. 07, 10. 09, 10. 11, 10.
23, 10. 24, 10. 30, 10. 31, 11. 02,
11. 03, 11. 14, 11. 16, 11. 28, 11.
29, 11. 30, **1898**. 01. 30, 02. 05,
02. 24, 02. 25, 03. 02, 03. 04, 03.
08, 04. 01, 04. 03, 04. 07, 04. 10,
04. 12, 04. 13, 05. 11, 05. 19, 05.
26, 05. 27, 05. 28, 05. 30, 06. 01,
06. 02, 06. 04, 06. 05, 06. 06, 06.
07, 10. 11, 11. 24, **1899**. 02. 06,
03. 03, 03. 05, 03. 07, 03. 08, 03.
09, 03. 14, 07. 16, 07. 25, 08. 02,
08. 03, 08. 06, 08. 07, 08. 08, 08.
09, 08. 17, 08. 26, 09. 25, 09. 26,
12. 05, 12. 09, 12. 16, 12. 17, 12.
20, 12. 30, **1900**. 02. 11, 04. 05,
04. 07, 05. 27, 06. 27, 07. 02, 07.
30, 12. 04, **1901**. 01. 04, 01. 29,
05. 24, 06. 06, 06. 07, 06. 09, 07.
04, 09. 13, 10. 10, 11. 01, 11. 09,

11.29,**1902**.01.22,01.28,01.
31,02.06,02.07,02.22,02.23,
02.24,02.25,04.05,05.15,05.
16,07.05,07.06,07.13,07.30,
08.21,09.07,11.07,11.10,12.
11,12.20,**1903**.01.12,01.14,
02.11,02.19,02.21,02.22,04.
13,09.20,10.30,10.31,11.04,
11.10,**1904**.01.04,02.,03.31,
04.04,04.06,04.08,04.26,04.
27,10.21,**1906**.07.04,08.05

汪念循(見汪念恂)

汪佩　**1900**.08.30

汪穰卿(見汪康年)

汪容甫(見汪中)

汪瑞高　**1903**.05.06,05.11,05.
25,05.26,05.28,05.31,10.03,
10.07,**1904**.03.17,**1905**.04.23,
07.01

汪閏民(見汪兆煕)

汪潤民(見汪兆煕)

汪石麟　**1897**.12.20,**1902**.02.10,
1906.07.19

汪石琴　**1907**.07.18,08.01,08.
18,08.20

汪實勤　**1907**.05.17,06.04

汪守寬　**1904**.02.03

汪守遂　**1898**.04.18,04.28,05.
02,05.06,05.20

汪守圻　**1902**.05.16

汪守墉　**1901**.03.11,03.19,03.
26,04.16,04.24,04.29,05.20,
05.26,05.27,**1902**.02.25,07.
27,09.24,09.26,09.29,10.03,
12.02,**1903**.01.09,11.29,12.
13,**1904**.04.05,**1905**.02.28,03.
24,03.27,**1907**.01.24,02.11,
03.13

汪受明(見汪詒撰)

汪壽民(見汪詒撰)

汪綬之　**1892**.02.28

汪叔明(見汪詒撰)

汪述貞(見汪度)

汪述真(見汪度)

汪水雲　**1897**.08.19

汪頌年(見汪詒書)

汪廷琮　**1901**.04.03

汪琬　**1895**.07.29

汪偉人　**1895**.12.15

汪偉齋(見汪榘)

汪蔚雲　**1894**.12.17,12.25

汪文溥　**1905**.01.28

汪文臺　**1892**.09.12

汪文洲　**1905**.07.03

汪希選　**1904**.10.03,10.21,10.
23,**1905**.03.26,04.15

汪向叔　**1903**.08.17,08.18

汪笑儂　**1903**.05.18

汪炘　**1905**.11.29

汪壻(見汪念恂)

汪堯峰（見汪琬）

汪藥階　**1907**.09.20

汪詒書　**1892**.03.26,03.29,04.
03,04.12,04.13,04.16,04.17,
04.20,04.22,04.23,04.26,04.
29,05.02,05.07,05.08,05.09,
05.11,05.12,05.13,06.11,06.
13,06.26,**1893**.05.26,08.01,
08.04,08.09,08.12,09.05,10.
08,10.09,10.14,10.15,10.25,
10.26,10.28,10.30,11.01,11.
02,12.25,**1894**.02.05,02.07,
04.03,04.05,04.07,04.23,04.
25,04.26,04.29,04.30,05.02,
05.10,05.16,05.20,06.01,10.
23,11.09,11.12,11.25,12.17,
12.25,**1895**.01.05,02.14,04.
19,11.14,12.07,12.28,12.29,
1896.01.01,01.02,01.04,01.
26,02.09,02.10,02.13,02.22,
03.05,03.15,03.17,03.22,03.
24,03.25,03.27,03.28,04.02,
04.05,04.06,04.07,04.09,07.
10,09.23,12.07,12.24,**1897**.
06.16,07.14,08.20,09.25,10.
09,10.11,10.24,10.30,11.02,
11.16,11.17,11.30,12.04,12.
07,12.09,12.20,12.24,**1898**.
01.02,01.05,01.11,01.31,02.
01,02.02,02.03,02.04,02.05,

03.21,05.26,06.04,06.05,08.
09,09.25,10.30,10.31,11.12,
11.14,11.27,12.02,12.07,12.
23,12.31,**1899**.01.07,01.12,
01.21,02.19,03.23,03.27,04.
04,04.06,09.03,09.25,11.12,
1900.02.17,05.07,05.30,07.
25,08.03,08.06,08.10,08.14,
08.27,09.04,09.24,12.01,12.
12,12.28,12.29,12.30,12.31,
1901.01.01,01.12,01.12,01.
27,02.02,02.03,02.05,02.15,
02.22,03.10,03.13,03.14,03.
28,04.13,08.17,09.05,09.15,
09.22,09.30,10.08,10.16,11.
26,**1902**.01.10,01.16,01.26,
02.25,04.02,04.28,05.26,05.
27,06.24,07.11,07.30,07.31,
08.10,08.20,09.01,09.03,09.
05,09.06,09.07,09.08,09.10,
09.12,09.14,11.25,11.27,12.
29,**1903**.01.16,02.18,06.09,
07.13,07.22,10.04,**1904**.05.
19,12.09,12.31,**1905**.06.12,
06.20,**1906**.04.10,05.16,05.
31,06.28,07.01,07.10,07.12,
07.17,07.18,07.19,08.21,08.
20,10.04,10.09,10.24,11.20,
12.02,12.03,12.05,12.06,12.
09,12.11,12.16,12.18,12.23,

12. 26, **1907**. 01. 81, 01. 07, 01. 21, 01. 22, 01. 26, 01. 30, 02. 06, 02. 08, 02. 10, 03. 12, 03. 19, 04. 01, 04. 23, 05. 05, 05. 17, 05. 26, 06. 08, 06. 14, 07. 07, 08. 09, 09. 03, 09. 04, 09. 23, 11. 23, 11. 25, 11. 28, 12. 05, 12. 30, **1908**. 01. 22, 01. 31, 02. 23, 03. 04

汪詒撰　**1892**. 01. 31, 11. 27, 12. 02, 12. 05, 12. 13, **1893**. 01. 11, 02. 04, 02. 17, 03. 21, 04. 01, 08. 31, 10. 14, 10. 21, 11. 03, 11. 04, 11. 06, 11. 10, 11. 16, 11. 18, 11. 24, 12. 10, 12. 15, 12. 18, 12. 25, **1894**. 02. 07, 02. 11, 02. 12, 05. 16, 05. 20, 09. 13, 10. 15, 10. 19, 10. 23, 10. 27, 10. 30, 11. 03, 11. 09, 11. 11, 11. 14, 11. 19, 11. 21, 11. 25, 12. 01, 12. 12, 12. 13, 12. 20, **1895**. 01. 05, 01. 06, 01. 10, 01. 26, 02. 04, 02. 14, 02. 26, 03. 18, 03. 21, 07. 28, 08. 02, 11. 17, 11. 30, 12. 04, 12. 05, 12. 21, **1896**. 01. 06, 01. 15, 02. 14, 04. 04, 04. 07, 05. 23, 05. 24, 06. 24, 08. 16, 11. 29, 11. 30, 12. 01, 12. 18, 12. 19, 12. 24, 12. 30, **1897**. 01. 07, 01. 19, 02. 02, 02. 09, 02. 13, 03. 16, 03. 19, 09. 30, 10. 08, 10. 14, 10. 30, 11. 02, 11. 14, 11.

16, 12. 06, 12. 09, 12. 26, **1898**. 01. 05, 01. 08, 01. 20, 01. 22, 01. 28, 02. 05, 02. 11, 02. 15, 02. 19, 02. 24, 03. 05, 03. 07, 03. 10, 03. 16, 04. 03, 04. 18, 05. 04, 05. 11, 05. 17, 05. 18, 05. 19, 05. 24, 05. 27, 05. 30, 12. 26, 12. 27, **1899**. 01. 12, 01. 14, 01. 30, 02. 03, 02. 07, 02. 11, 02. 13, 02. 17, 03. 03, 03. 22, 03. 23, 03. 26, 03. 27, 04. 06, 04. 18, 04. 28, 04. 30, 05. 10, 05. 20, 05. 21, 05. 22, 05. 30, 06. 14, 06. 22, 06. 25, 06. 26, 07. 03, 07. 11, 07. 17, 08. 03, 08. 18, 08. 20, 08. 28, 09. 08, 09. 10, 09. 19, 09. 22, 09. 25, 09. 26, 09. 28, 10. 04, 10. 11, 10. 15, 10. 28, 11. 06, 11. 12, 11. 15, 12. 12, 12. 16, 12. 23, **1900**. 01. 19, 02. 02, 02. 05, 02. 11, 02. 13, 02. 15, 03. 06, 03. 07, 03. 30, 04. 05, 04. 07, 04. 10, 05. 04, 05. 07, 05. 15, 05. 30, 06. 02, 06. 25, 06. 26, 06. 29, 06. 29, 07. 02, 07. 08, 07. 10, 07. 12, 07. 19, 07. 22, 07. 25, 07. 29, 08. 03, 08. 06, 08. 09, 08. 10, 08. 18, 08. 21, 08. 23, 08. 26, 08. 27, 08. 28, 08. 31, 09. 04, 09. 15, 09. 18, 09. 19, 09. 24, 09. 26, 09. 27, 10. 19, 10. 20, 10. 21, 11. 01, 11. 12, 11.

17，11. 24，12. 01，12. 05，12. 08，
12. 09，12. 12，12. 16，12. 20，12.
24，12. 26，12. 28，**1901**. 01. 08，
01. 09，01. 22，02. 05，02. 15，02.
22，03. 11，03. 18，03. 28，04. 02，
04. 17，05. 03，05. 24，05. 28，06.
09，09. 05，09. 07，09. 08，09. 11，
09. 13，09. 16，09. 17，09. 30，10.
01，10. 03，10. 20，11. 03，11. 09，
11. 14，11. 24，11. 26，11. 29，11.
30，12. 04，12. 06，12. 08，12. 12，
12. 16，12. 20，12. 27，**1902**. 01.
01，01. 03，01. 04，01. 10，01. 16，
01. 17，01. 19，01. 22，02. 06，02.
07，02. 14，02. 25，02. 26，03. 01，
03. 02，03. 04，03. 06，03. 10，03.
13，03. 16，03. 17，04. 16，04. 18，
04. 28，05. 02，07. 07，08. 20，08.
26，09. 02，09. 03，09. 22，09. 24，
09. 27，10. 02，11. 27，**1903**. 01.
16，02. 19，03. 04，03. 30，04. 11，
05. 06，05. 12，05. 21，05. 24，05.
27，05. 30，05. 31，06. 01，06. 03，
06. 04，06. 07，06. 09，06. 10，06.
12，06. 15，06. 17，06. 18，06. 19，
06. 24，06. 25，06. 27，06. 29，06.
30，07. 01，07. 05，07. 09，07. 12，
07. 15，07. 17，07. 19，07. 20，07.
25，07. 29，07. 30，07. 31，08. 02，
08. 03，08. 04，08. 05，08. 06，08.

09，08. 10，08. 14，08. 17，08. 18，
08. 19，08. 20，08. 21，08. 22，08.
23，08. 24，08. 28，08. 29，09. 23，
10. 17，10. 20，10. 21，10. 23，10.
26，10. 31，11. 01，11. 03，11. 05，
11. 07，11. 10，11. 21，11. 26，12.
28，12. 29，**1904**. 01. 04，01. 11，
02. 01，02. 10，02. 21，03. 05，03.
10，03. 16，03. 17，03. 19，03. 20，
04. 03，05. 03，05. 06，05. 19，05.
20，05. 21，05. 23，10. 08，10. 25，
10. 29，11. 01，11. 07，11. 12，11.
26，12. 15，**1905**. 01. 29，02. 12，
04. 25，08. 15，09. 17，**1907**. 03.
12，06. 04，06. 06，06. 20，06. 24，
06. 27，07. 07，11. 25，11. 26，
1930. 70. 2

汪翼雲(見汪鴻)

汪尹臣　**1894**. 09. 25，10. 23，10.
27，11. 09，11. 11，11. 14，12. 01，
12. 17，**1895**. 11. 14，11. 16，11.
17，12. 11，**1896**. 01. 15，03. 02，
03. 28，04. 02，04. 03，**1897**. 02.
07，02. 15，03. 09，10. 30，11. 14，
11. 16，**1898**. 01. 18，02. 05，**1899**.
02. 07，02. 23，03. 08，08. 06，08.
23，09. 28，10. 28，11. 06，11. 12，
1900. 04. 10，**1901**. 02. 15，**1903**.
04. 13

汪用宇　**1899**. 12. 16，**1900**. 02. 01，

02. 19,02. 22,02. 25,03. 04,03. 19,03. 28,04. 07,04. 15,04. 30, 05. 02,05. 11,05. 27,05. 29,05. 31,06. 07,06. 22,06. 27,07. 05, 07. 26,07. 30,08. 06,12. 23,12. 30,**1901**. 01. 04,02. 02,02. 18, 09. 06,10. 06,12. 17,**1902**. 01. 28,02. 06,02. 08,02. 09,02. 12, 02. 21,02. 24,02. 25,03. 12,04. 06,04. 14,04. 17,05. 27,06. 09, 07. 06,07. 13,07. 23,09. 24,09. 26,10. 03,10. 24,11. 29,**1903**. 01. 18,04. 10,04. 13,04. 26,05. 03,05. 11,05. 15,08. 23,11. 11, **1904**. 10. 05,10. 14,10. 17,11. 01,11. 22,**1905**. 01. 11,03. 24, 04. 10,06. 28,07. 23,07. 25,07. 29,08. 07,09. 06,09. 08,09. 17, **1906**. 07. 09,07. 12,07. 17,07. 19,07. 21,08. 07,08. 20,08. 21, 11. 20

汪用羽(見汪用宇)

汪幼安　**1905**. 11. 25,**1906**. 07. 04, 07. 05,07. 18,08. 28,10. 10, **1907**. 01. 24,02. 08,02. 10,10. 17

汪曰郊　**1906**. 02. 02

汪雲甫　**1902**. 01. 02

汪允忱　**1896**. 05. 23,05. 24,06. 06,12. 27,**1897**. 01. 11,03. 13, 03. 15,03. 16,**1898**. 06. 04,**1899**.

09. 25,09. 26,**1900**. 08. 18,**1901**. 02. 28,03. 11,03. 14,09. 08,11. 24,11. 29,**1902**. 02. 06,02. 26, 08. 22,**1903**. 01. 25,02. 19,02. 26,04. 22,09. 20,09. 28,10. 31, 11. 05,11. 09,11. 10,**1904**. 04. 05,05. 09,05. 11,05. 14,05. 19, 05. 27,10. 17,10. 21,10. 29, **1906**. 03. 25,07. 19

汪展成　**1903**. 06. 11

汪兆煦　**1904**. 03. 14,**1905**. 08. 30, **1907**. 07. 20,**1908**. 02. 26,02. 27

汪振軒　**1903**. 06. 05,1930. 07. 02

汪殖　**1892**. 11. 27,12. 21,**1893**. 02. 13,03. 12,10. 08,**1894**. 10. 19,11. 09,11. 10,**1895**. 12. 04, **1896**. 01. 28,03. 30,12. 03,**1897**. 01. 07,02. 28,10. 02,10. 04, **1898**. 02. 03,02. 11,02. 17,05. 29,08. 23,12. 31,**1899**. 03. 19, 04. 06,05. 15,11. 08,**1900**. 06. 14,**1902**. 06. 02,06. 04,07. 11, 07. 18,08. 10,09. 10,09. 12,09. 15,09. 29,10. 01,10. 04,10. 15, **1903**. 01. 16,01. 17,01. 25,02. 06,05. 02,09. 26,10. 31,11. 05, 11. 27,12. 05,12. 08,**1904**. 02. 09,02. 13,02. 18,03. 17,03. 31, 04. 26,05. 01,05. 14,10. 11,11. 12,12. 29,**1905**. 01. 13,01. 17,

04.03,04.18,09.03,09.12,10.
06,**1906**.02.25,03.07,03.25,
06.18,10.15,11.12,12.17,
1907.01.22,01.31,06.13,09.
05,11.25,12.16

汪芷玉　**1906**.04.22

汪中　**1897**.04.05,**1898**.07.07

汪鍾霖　**1905**.04.28

汪仲皋　**1901**.10.18,11.15,**1902**.
05.31,12.17

汪子玉　**1905**.10.14,10.22,**1906**.
09.16,**1907**.11.04

汪左如　**1905**.05.28,06.01,06.
03,06.08,07.01

王(見王安石)

王(見王鰲)

王(見王代功)

王(見王夫之)

王(見王懷欽)

王(見王闓運)

王(見王鳴盛)

王(見王實甫)

王(見王守仁)

王(見王肅)

王(見王文韶)

王(見王先謙)

王(見王照)

王(見王之春)

王安石　**1892**.02.22,**1893**.09.19,
1894.09.17,**1895**.06.04,**1897**.

02.05,**1898**.03.01,03.09,03.
23,08.05,08.08,09.06,09.14,
10.14,11.17,**1899**.10.27,**1900**.
02.22,08.24,**1902**.07.18,**1903**.
02.20,06.28,07.13

王安之　**1906**.03.09,03.12

王鰲　**1897**.10.23,**1900**.04.21

王柏　**1892**.07.10,07.31,**1893**.
04.11,07.24

王柏心　**1896**.08.22

王必名　**1904**.03.24,**1905**.03.11

王秉恩　**1897**.03.30

王炳青(見王世琪)

王炳章　**1905**.05.27,10.29

王伯亮(見王代功)

王伯璋(見王景羲)

王步瀛　**1906**.02.16

王粲　**1894**.05.22,05.23,07.19,
1898.07.25,**1901**.01.06

王朝榘　**1896**.05.30

王成禮　**1897**.09.30

王尺孫(見王子庚)

王尺蓀(見王子庚)

王充　**1897**.05.25,06.06

王初田　**1893**.03.31

王楚材　**1903**.03.08,03.09

王處仲(見王敦)

王船山(見王夫之)

王傅訓　**1899**.07.11

王達　**1905**.03.08,**1906**.05.03

王晉侯　**1892**.05.28,10.31,11.01,11.06,11.07,11.08,**1893**.05.25,05.28,06.16,06.18,07.23,08.06,08.12,08.20,09.14,09.16,**1894**.03.10,03.14,06.29,07.08,08.13,09.02,09.05,09.06,09.16,**1897**.04.25,08.05,08.06,08.23,**1898**.07.24,**1904**.12.21

王荆公(見王安石)

王景羲　**1892**.11.29,**1894**.10.17,10.20,**1896**.08.24,**1897**.10.04,10.23,**1899**.10.15,**1901**.09.20,09.24,09.27,09.28,**1903**.05.28,06.24,07.06

王景徽　**1895**.07.21,08.16,08.18,09.20

王景略(見王猛)

王景明　**1903**.05.28

王景崧　**1894**.10.17,10.20,**1896**.02.28,02.29,**1897**.01.26,**1902**.10.09,10.15,10.16,10.23,**1906**.09.13,09.29,10.30

王景沂　**1897**.05.09,05.24,07.26

王璟芳　**1903**.09.01,09.04

王敬侣　**1907**.02.23,03.07,04.17,06.27,08.04,12.29

王靜軒　**1906**.03.16,08.28,**1907**.01.07,03.11

王鏡芙　**1904**.10.01,12.07,12.29,12.31,**1905**.01.03,01.07,01.11,01.14,01.17,01.22,01.29,01.31,02.13

王鏡侣　**1907**.04.19,07.21,10.14,11.01,11.03,12.22,12.27,**1908**.01.09,01.14,01.17,01.27

王爵帥(見王之春)

王爵棠(見王之春)

王筠　**1896**.01.15

王開文　**1908**.02.23

王闓運　**1893**.01.29,07.24,07.29,10.23,12.01,**1894**.01.16,01.18,01.22,01.23,03.01,08.01,08.08,08.30,10.25,11.01,12.25,**1895**.02.04,02.14,02.21,12.05,12.21,12.26,**1896**.01.18,03.04,09.12,**1897**.02.22,05.25,06.06,10.01,11.12,**1898**.01.23,01.28,02.13,04.19,04.23,11.01,**1899**.04.10,08.11,10.20,**1900**.01.23,02.01,08.15,09.02,**1901**.09.15,09.21,10.22,12.06,12.13,12.14,12.20,12.30,**1902**.01.01,01.03,01.04,01.08,01.09,01.12,01.17,03.07,05.14,**1903**.01.19,03.24,03.27,10.02,10.17,10.18,10.23,10.31,11.11,11.30,12.22,**1904**.01.10,01.30,03.17,03.19,03.22,03.24,

04.07,05.01,09.27,11.02,11.
24,12.06,12.15,12.16,**1905**.
01.11,01.18,01.25,02.11,02.
13,02.20,02.27,02.28,11.27,
1906.07.18,08.08,08.18,10.
22,11.02,11.18,11.28,**1907**.
01.19,03.20,08.04,09.24,10.
19,10.26,11.14,12.28,12.30

王夔石(見王文韶)

王崑繩(見王源)

王朗　**1900**.03.31

王理安　**1894**.12.06

王立猷　**1907**.03.12,03.18

王廉　**1895**.01.30,02.10,**1896**.
07.16

王廉生(見王懿榮)

王蓮生(見王懿榮)

王良弼　**1892**.06.13,**1894**.06.01

王鎏　**1893**.11.09

王龍文　**1893**.10.21,**1895**.05.10,
05.24,06.09,**1901**.02.18,**1902**.
01.23

王魯風(見王景沂)

王魯齋(見王柏)

王綠波　**1892**.04.04

王羅　**1901**.06.23

王麻(見王先謙)

王莽　**1892**.02.22,**1895**.03.10,
07.03,**1897**.12.16,**1899**.12.24,
1901.08.15

王梅村　**1902**.08.24

王夢湘(見王以乾)

王猛　**1892**.09.15,**1898**.03.09,
1902.05.28

王勉南(見王冕南)

王冕南　**1904**.12.28,**1905**.01.08,
04.08,04.14,04.21,04.28,05.
05,05.20,09.04,11.05,11.13,
12.10,12.13,12.17,12.27,
1906.01.17,05.03,07.01,09.
25,10.29,10.30,**1907**.02.14,
03.12,03.18,04.07,04.08,04.
18,05.05,05.07,05.08,05.16,
06.28,06.29,07.01,09.02,09.
25,10.15,**1908**.02.22

王銘忠　**1896**.03.15,04.07,**1897**.
09.23,09.25,09.26,**1898**.12.
31,**1901**.01.02,01.27,**1902**.11.
05,**1904**.05.27,11.12,12.08,
12.27,12.29,12.31,**1905**.05.
31,06.23,06.28,08.17,09.10,
1906.03.25,04.10,12.17,**1907**.
08.28,10.17,**1908**.02.19

王鳴盛　**1893**.09.30

王謨　**1893**.07.05,**1895**.10.13

王木齋　**1897**.03.17

王乃澂　**1893**.11.12,11.24,11.
29,11.30,**1902**.10.07,**1903**.03.
04,10.18,12.21,**1908**.03.01

王南浦　**1903**.06.01

王南崖　**1902**.08.21

王凝　**1900**.07.20

王凝齋(見王鴻儒)

王鵬運　**1896**.06.02

王伾　**1898**.10.04,**1899**.04.23

王聘三(見王乃澂)

王聘珍　**1895**.02.18

王喬　**1893**.05.28

王清惠　**1892**.06.16,**1894**.06.14

王慶康　**1892**.03.04,09.24,10.
　03,10.05,**1893**.04.16,**1894**.03.
　10,03.11,06.26,**1897**.10.20

王慶來(見王代豐)

王慶雲　**1895**.01.31

王秋帆　**1899**.12.14,12.27,**1900**.
　01.15,02.20,02.24,03.04,03.
　11,03.24,07.19

王壬甫(見王闓運)

王壬老(見王闓運)

王壬老(見王闓運)

王壬秋(見王闓運)

王戎　**1894**.07.21,**1903**.04.27

王榮曾　**1907**.03.11,03.17,04.
　17,04.26,05.25,09.18,11.10,
　12.17,**1908**.01.11,02.28

王汝堂(見王正廷)

王山長(見王先謙)

王芍棠(見王之春)

王少堂(見王退齡)

王少棠　**1907**.09.01

王紹唐　**1907**.09.06

王繩祖　**1895**.05.06,10.02

王勝　**1907**.04.26

王石帆　**1893**.10.28

王石卿　**1902**.11.26

王時潤　**1902**.08.12

王時澤　**1902**.08.12,**1907**.02.04

王實甫　**1895**.08.15

王士禎　**1893**.08.28

王氏(見王筠)

王氏(見王闓運)

王氏(見王蕭)

王氏(見王引之)

王世龍　**1905**.12.24,12.31,**1906**.
　11.18

王世琪　**1898**.02.03,02.18,**1907**.
　03.01

王世卿　**1902**.12.29,**1905**.09.06

王世貞　**1898**.05.22

王世忠　**1893**.04.18,09.14,**1894**.
　03.11,06.25,**1895**.04.10,**1896**.
　04.21,**1897**.04.20,06.04,06.
　20,**1898**.06.26

王式卿　**1905**.04.29

王守仁　**1892**.07.08,**1895**.10.08,
　10.28,**1896**.04.17,**1897**.12.23,
　1898.03.01,04.04,04.09,05.
　21,07.29

王壽齡　**1905**.03.11

王壽松(見王榮曾)

王壽薲　**1907**.06.15

王叔松(見王榮曾)

王叔文　**1898**.10.04,**1899**.04.23

王書衡　**1892**.05.14,05.15,05.
24,06.03,06.04,**1894**.04.09

王漱芳　**1895**.09.27

王順昌　**1904**.11.11,11.14

王思聰　**1895**.04.19,04.26,05.
11,06.16,06.26,07.02,07.07,
07.13,07.21,07.23,07.23,08.
07,09.15,09.21,10.14,10.22,
10.25,**1896**.04.20,04.28,05.
02,05.26,06.04,06.05,06.06,
10.24,**1897**.05.12,06.04,06.
19,07.02,07.04,07.08,08.04

王肅　**1892**.07.14,08.01,08.12,
08.13,08.15,08.17,10.17,
1893.04.11,05.27,07.14,**1894**.
03.07,10.01,**1895**.07.28,**1898**.
12.11,12.25,**1899**.01.13,01.
14,01.16,01.20,**1900**.03.31,
1901.08.01

王天保　**1896**.11.30

王廷俊　**1895**.07.14,**1897**.07.09,
1898.06.27

王廷獻　**1895**.04.13,07.14,**1896**.
04.27,**1898**.06.27,07.31,10.15

王廷珍　**1901**.06.23,**1904**.01.08

王庭　**1897**.07.26

王通　**1898**.03.09,**1907**.03.19

王桐軒　**1897**.09.24,**1900**.10.27,
1901.01.21,10.18,**1905**.07.12,
08.01

王文成(見王守仁)

王文韶　**1892**.10.01,10.02,10.
09,**1894**.02.07,12.26,**1895**.01.
05,01.10,02.12,03.07,03.13,
02.15,02.23,03.01,03.15,03.
17,07.03,09.03,09.27,10.25,
1896.02.22,07.16,**1898**.02.02,
04.28,04.29,05.31,06.20,07.
01,07.04,08.17,09.21,11.04,
11.08,**1899**.05.15,05.21,09.
22,**1900**.01.11,02.05,07.19,
07.22,09.12,09.13,10.12,10.
28,10.31,12.21,12.24,**1901**.
01.22,01.27,02.18,04.21,05.
04,06.10,06.24,07.12,07.22,
08.03,08.22,09.15,09.16,10.
03,10.15,10.21,10.24,11.11,
11.20,11.27,**1902**.01.23,05.
29,**1903**.06.27,07.03,07.10,
08.02,10.18,10.23,12.12,
1904.01.31,**1905**.07.01,07.06,
11.15,11.16,**1906**.04.08,06.
03,**1907**.04.01,06.26,08.10,
1908.02.14

王文淵　**1906**.02.18,05.10,05.
16,08.22,08.24,08.31,10.27,
1907.03.27,04.23,05.28,05.30

王闓錦　**1894**. 12. 30

王熙　**1900**. 02. 24

王遐齡　**1907**. 06. 19

王先孚　**1907**. 07. 29

王先謙　**1892**. 07. 14, 07. 24, 12.
07, **1893**. 01. 21, 03. 08, 03. 19,
04. 04, 04. 09, 06. 20, 07. 20, 08.
08, 10. 08, 10. 13, 10. 18, 10. 22,
10. 29, 11. 01, 11. 12, 01. 10,
1894. 01. 22, 02. 13, 08. 21, 10.
18, 12. 06, 12. 29, **1895**. 01. 02,
01. 03, 01. 22, 02. 01, 02. 04, 02.
11, 02. 23, 03. 11, 03. 12, 03. 29,
04. 09, 08. 23, 11. 21, 12. 05, 12.
06, 12. 12, 12. 15, 12. 23, 12. 26,
1896. 01. 18, 01. 24, 02. 02, 02.
05, 02. 06, 02. 09, 02. 21, 02. 23,
02. 26, 02. 28, 03. 04, 03. 17, 03.
30, 03. 31, 04. 23, 05. 28, 07. 15,
07. 29, 08. 20, 09. 02, 11. 29, 11.
30, **1897**. 01. 06, 01. 07, 01. 13,
01. 22, 02. 08, 02. 09, 03. 13, 06.
07, 07. 30, 10. 01, 11. 14, 12. 03,
12. 14, 12. 16, 12. 17, 12. 19, 12.
23, **1898**. 02. 14, 02. 16, 02. 25,
04. 26, 05. 15, 05. 26, 05. 27, 05.
31, 08. 05, 08. 09, 08. 23, 09. 25,
10. 30, 11. 02, 11. 04, 11. 11, 11.
12, 12. 23, 12. 25, **1899**. 01. 12,
02. 06, 03. 24, 03. 25, 04. 02, 04.

03, 04. 06, 04. 09, 04. 10, 04. 18,
04. 24, 04. 29, 04. 30, 05. 03, 05.
07, 05. 30, 05. 31, 06. 03, 06. 22,
06. 27, 07. 11, 08. 02, 08. 06, 08.
22, 08. 23, 08. 25, 09. 14, 09. 19,
09. 24, 10. 05, 10. 06, 10. 08, 10.
09, 10. 11, 10. 12, 10. 29, 10. 30,
11. 05, 11. 08, 11. 13, 11. 24, 11.
28, 11. 30, 12. 01, 12. 04, 12. 08,
12. 17, 12. 18, 12. 21, 12. 23,
1900. 01. 09, 01. 18, 01. 20, 01.
22, 01. 29, 02. 05, 02. 15, 03. 27,
03. 31, 04. 12, 07. 01, 07. 04, 07.
13, 08. 17, 08. 30, 09. 05, 09. 23,
10. 08, 10. 13, 10. 28, 11. 01, 11.
03, 11. 09, 11. 11, 11. 13, 11. 17,
11. 23, 11. 24, 11. 29, 12. 02, 12.
06, 12. 07, 12. 08, 12. 10, 12. 12,
12. 13, 12. 14, 12. 16, 12. 17, 12.
20, 12. 25, 12. 28, 12. 29, **1901**.
01. 02, 01. 12, 01. 13, 01. 14, 01.
21, 01. 27, 01. 28, 01. 29, 01. 31,
02. 01, 02. 10, 02. 11, 02. 22, 03.
17, 03. 17, 03. 26, 05. 16, 05. 24,
08. 24, 09. 06, 09. 07, 09. 10, 09.
20, 09. 21, 09. 22, 10. 21, 10. 23,
10. 24, 11. 28, 11. 29, 11. 30, 12.
18, 12. 29, **1902**. 01. 03, 01. 08,
03. 04, 03. 08, 03. 09, 03. 10, 03.
13, 03. 17, 03. 20, 03. 22, 03. 24,

04. 12, 04. 16, 04. 26, 04. 28, 05.
01, 05. 03, 05. 07, 05. 08, 05. 11,
05. 14, 05. 23, 06. 02, 06. 16, 06.
20, 07. 07, 07. 12, 07. 17, 07. 20,
07. 27, 07. 29, 09. 03, 09. 10, 09.
12, 09. 15, 09. 22, 09. 29, 10. 01,
10. 02, 10. 04, 12. 05, 10. 24, 10.
25, 11. 03, 11. 29, 11. 30, **1903**.
01. 08, 01. 11, 01. 13, 01. 15, 01.
16, 01. 18, 01. 19, 01. 20, 01. 21,
01. 24, 01. 26, 02. 01, 02. 07, 02.
10, 02. 25, 03. 02, 03. 05, 03. 06,
03. 07, 03. 10, 03. 18, 03. 22, 03.
23, 03. 27, 03. 30, 04. 02, 04. 03,
04. 13, 04. 16, 04. 24, 04. 27, 05.
01, 05. 02, 05. 03, 05. 07, 05. 10,
05. 11, 05. 12, 05. 29, 05. 31, 06.
03, 06. 04, 06. 06, 06. 08, 06. 12,
06. 17, 06. 20, 06. 26, 06. 27, 07.
16, 07. 17, 07. 19, 07. 24, 08. 08,
09. 15, 09. 21, 09. 22, 09. 23, 10.
23, 11. 03, 11. 09, 11. 11, 11. 12,
11. 13, 11. 14, 11. 26, 11. 27, 11.
28, 11. 30, 12. 09, 12. 10, 12. 16,
12. 18, 12. 22, **1904**. 01. 04, 01.
07, 01. 15, 01. 18, 01. 19, 01. 22,
01. 26, 01. 29, 01. 30, 03. 04, 03.
06, 03. 13, 03. 24, 03. 31, 04. 23,
04. 25, 04. 26, 10. 18, 10. 22, 10.
23, 10. 27, 11. 02, 11. 26, 11. 30,

12. 04, 12. 06, **1905**. 01. 03, 01.
30, 02. 08, 02. 20, 02. 27, 03. 10,
04. 02, 04. 07, 04. 10, 04. 12, 04.
13, 04. 14, 04. 17, 04. 19, 04. 20,
04. 22, 04. 23, 04. 24, 04. 26, 04.
28, 05. 02, 05. 07, 05. 10, 05. 19,
05. 25, 05. 27, 05. 31, 06. 07, 06.
24, 06. 27, 07. 01, 07. 03, 07. 10,
07. 15, 07. 23, 07. 31, 08. 01, 08.
13, 08. 17, 08. 26, 09. 12, 09. 24,
10. 21, 10. 29, 11. 07, 11. 13, 11.
25, 12. 03, 12. 14, 12. 17, 12. 21,
1906. 01. 07, 02. 17, 03. 01, 03.
02, 03. 07, 03. 12, 03. 23, 04. 11,
04. 20, 04. 23, 05. 02, 05. 03, 05.
12, 05. 21, 05. 22, 05. 27, 05. 30,
06. 15, 06. 29, 07. 12, 08. 04, 08.
10, 08. 12, 08. 13, 08. 17, 08. 20,
08. 28, 09. 05, 09. 07, 10. 08, 10.
12, 10. 13, 10. 15, 10. 20, 10. 27,
10. 28, 10. 30, 11. 02, 11. 03, 11.
13, 11. 15, 11. 16, 11. 21, 11. 27,
11. 28, 12. 06, 12. 08, 12. 09, 12.
17, **1907**. 01. 02, 01. 05, 01. 10,
01. 17, 01. 19, 01. 30, 02. 07, 02.
11, 03. 08, 03. 26, 03. 30, 04. 05,
04. 13, 05. 06, 05. 08, 05. 28, 06.
11, 07. 02, 07. 03, 07. 14, 07. 16,
07. 29, 07. 31, 08. 03, 08. 09, 08.
10, 08. 24, 08. 28, 09. 05, 09. 21,

06. 13，09. 03，12. 16，**1898**. 03.
25，**1899**. 10. 04，**1900**. 05. 31，10.
04，12. 24，**1902**. 05. 20，07. 31，
12. 10，**1903**. 02. 06，02. 15，06.
09，06. 13，06. 29，07. 09，07. 27，
08. 14，08. 15，08. 16，09. 01，
1904. 01. 02，01. 18，**1905**. 02. 25，
1907. 06. 29，08. 31，09. 01，12.
02，12. 13

魏焕奎　**1892**. 03. 02，**1894**. 04. 09，
1895. 05. 07，**1896**. 04. 10

魏建侯(見魏燮奎)

魏觐文　**1897**. 04. 21，04. 23

魏景岱　**1902**. 07. 31

魏堃　**1894**. 06. 27，**1896**. 04. 22，
05. 16，06. 15，07. 11，**1897**. 08. 07

魏禮　**1894**. 06. 27，**1896**. 04. 22

魏聯秦　**1907**. 03. 11

魏明帝　**1897**. 03. 07

魏默深(見魏源)

魏氏(見魏源)

魏壽貞　**1907**. 03. 12，03. 13，03.
14，03. 15

魏叔子(見魏禧)

魏鐵山　**1907**. 07. 27

魏温雲　**1897**. 03. 17，03. 25

魏無忌　**1898**. 12. 12

魏午帥(見魏光燾)

魏午莊(見魏光燾)

魏武(見曹操)

魏禧　**1894**. 06. 27，**1898**. 04. 08，
07. 24，09. 14

魏燮奎　**1892**. 06. 11，06. 16，06.
18，06. 29，07. 08，08. 08，08. 28，
09. 15，09. 19，10. 08，10. 20，10.
27，11. 07，**1893**. 04. 22，05. 01，
05. 20，05. 25，07. 02，07. 11，07.
15，07. 22，08. 08，08. 26，08. 29，
09. 03，09. 08，09. 12，09. 15，09.
16，**1894**. 03. 11，04. 09，06. 27，
07. 11，07. 16，07. 22，08. 01，08.
19，09. 06，09. 15，10. 17，**1895**.
04. 12，04. 14，05. 08，05. 12，05.
18，09. 15，10. 20，**1896**. 04. 27，
05. 01，05. 17，10. 28，**1897**. 06.
16，08. 14，11. 02，11. 21

魏雅夫　**1892**. 06. 18

魏閹(見魏忠賢)

魏業釗　**1897**. 03. 25

魏諴　**1902**. 01. 08

魏元霸　**1897**. 10. 20，11. 19，11. 21

魏元戴　**1896**. 06. 04，**1897**. 03. 31，
1903. 05. 28，07. 01，07. 06

魏元帝　**1897**. 03. 07

魏源　**1892**. 06. 25，07. 26，07. 30，
07. 31，09. 14，**1893**. 06. 08，07.
02，07. 24，**1894**. 02. 05；**1896**. 08.
07，**1898**. 02. 19，04. 29，05. 21，
05. 22，06. 24，11. 13，**1902**. 05. 27

魏允恭　**1898**. 09. 19，**1903**. 07. 16

魏肇元　**1897**.03.24,03.27

魏忠賢　**1900**.04.27,04.28

魏子純　**1897**.01.06,**1898**.12.31,
　1905.01.16

魏子壽　**1905**.01.16,01.25,**1907**.
　12.13,12.26

魏子翔　**1900**.05.31,06.04,06.05

魏紫侯(見魏煥奎)

温(見温造)

温飛卿(見温庭筠)

温嶠　**1899**.12.31

温體仁　**1898**.02.19

温庭筠　**1895**.06.30,**1897**.08.22

温味秋(見温忠翰)

温造　**1898**.08.26

温忠翰　**1896**.08.26,**1897**.03.05

文(見晉文公)

文(見王叔文)

文(見文廷楷)

文(見文廷式)

文(見姬昌)

文寶書(見文永譽)

文炳(見潘文炳)

文長(見徐渭)

文達(見紀昀)

文達(見張百熙)

文道希(見文廷式)

文帝(見漢文帝)

文端(見朱軾)

文法和(見文廷楷)

文公(見朱熹)

文公達　**1893**.05.25,06.18,08.
　06,08.12,**1894**.06.29,07.08,
　1895.06.06,06.11,06.12,06.
　23,07.05,07.17,07.23,07.30,
　08.09,09.14,10.18,10.19,10.
　20,**1896**.05.23,06.28,07.09,
　07.25,08.03,08.04,10.02,10.
　10,11.03,11.08,**1897**.04.30,
　05.06,05.20,05.29,06.16,07.
　05,07.10,07.13,07.14,07.29,
　07.31,08.03,08.13,**1898**.06.
　12,06.20,06.21,06.30,07.04,
　07.13,07.22,07.24,08.04,08.
　07,08.12,08.21,08.22,08.25,
　09.02,09.12,09.13,09.14,09.
　29,**1899**.11.25,**1900**.01.21,01.
　28,02.01,02.21,02.23,03.02,
　03.22,**1901**.10.21,12.06,**1904**.
　05.08,11.23,12.21

文觀察(見文鏞)

文光(見蔡文光)

文國華　**1906**.09.04,09.05

文斤(見熊文斤)

文華(見賀文華)

文焕　**1894**.04.11

文惠太子(見蕭長懋)

文緝熙　**1892**.09.25

文景瀚　**1893**.08.22

文景清　**1894**.08.14,08.19,08.

29,09.16,10.17,**1898**.06.12

文菊生(見文鏡)

文聚奎 **1895**.05.30,**1896**.06.22,
06.29,08.29,09.01,09.03,09.
06,11.04,**1897**.04.20,04.21,
04.22,04.30,05.05,05.10,05.
19,06.20,07.05,07.17,07.31,
08.02,08.09,08.12,08.29,09.
01,09.04,09.05,**1898**.03.18,
08.04,10.10,10.12,10.14,
1902.07.11

文鏡 **1895**.05.25,05.26,05.30,
1896.04.19,08.29

文俊鐸 **1907**.03.18

文明(見盧豫章)

文偶蘭(見文耦蘭)

文耦蘭 **1893**.11.18,11.19,**1895**.
02.27,**1898**.06.25,07.23,08.
03,**1906**.09.04

文耦南(見文耦蘭)

文藕蘭 **1897**.07.22

文彭 **1892**.02.29

文卿(見皮文卿)

文卿(見沈文卿)

文三橋(見文彭)

文善孚 **1892**.04.17

文實甫(見文廷華)

文帥(見譚鍾麟)

文肅(見沈葆楨)

文悌 **1898**.08.06

文天祥 **1892**.06.16,**1895**.05.12

文田(見蔡文田)

文廷華 **1893**.08.04,08.22,09.
15,10.29,**1894**.03.10,07.13,
07.19,08.02,08.29,09.02,
1896.08.02,**1897**.10.20

文廷楷 **1892**.07.17,08.06,08.
07,08.08,08.20,08.26,09.17,
10.01,10.04,10.14,10.15,
1893.04.22,06.03,06.16,06.
18,08.01,08.06,08.07,08.20,
08.21,08.27,09.13,09.14,09.
15,10.29,**1894**.03.10,03.11,
06.26,06.29,07.04,07.05,07.
09,07.18,07.19,07.21,07.26,
08.13,08.29,09.02,09.06,09.
16,10.17,**1895**.05.03,06.17,
06.25,08.16,08.22,10.01,10.
03,10.10,10.20,10.22,**1896**.
08.24,**1897**.07.05,07.16,07.
26,08.13,08.24,**1898**.08.21,
08.22,09.16,09.13,09.14,09.
18,09.19,09.29,10.07,**1906**.
02.02

文廷橈 **1893**.06.18,10.29

文廷式 **1892**.03.01,03.04,03.
16,04.21,04.24,05.08,05.11,
06.26,08.06,08.10,09.17,11.
01,**1893**.05.25,05.28,07.23,
07.29,07.31,08.06,10.29,

1894. 03. 10, 04. 11, 04. 27, 05.
02, 05. 03, 05. 12, 05. 13, 05. 14,
05. 15, 05. 18, 05. 20, 05. 21, 06.
26, 07. 14, 07. 26, 07. 27, 08. 27,
09. 01, 09. 02, 09. 07, 09. 09, 10.
30, 11. 09, 11. 14, 12. 13, **1895**.
04. 14, 04. 28, 05. 26, 06. 17, 07.
03, 07. 06, 07. 09, 07. 10, 07. 14,
07. 15, 07. 17, 07. 18, 07. 19, 07.
22, 07. 23, 07. 24, 07. 28, 08. 09,
08. 10, 10. 01, 10. 03, 10. 10, 10.
25, **1896**. 04. 10, 06. 01, 06. 02,
06. 03, 06. 05, 06. 06, 06. 07, 08.
27, 10. 02, **1897**. 01. 13, 01. 22,
03. 15, 03. 13, 03. 16, 03. 17, 04.
24, 05. 10, 05. 11, 06. 20, 07. 05,
09. 14, 09. 23, 10. 01, **1898**. 03.
17, 07. 17, 09. 28, 09. 29, 09. 30,
10. 01, 10. 03, 10. 07, 12. 17,
1899. 11. 27, 12. 02, 12. 05, 12.
08, 12. 11, 12. 18, 12. 22, 12. 23,
12. 26, **1900**. 03. 05, 03. 10, 04.
22, 07. 26, 07. 28, 07. 29, 07. 31,
08. 02, 08. 30, 09. 01, 12. 21,
1901. 09. 06, 09. 09, 12. 04, 12.
05, 12. 07, 12. 08, 12. 11, **1902**.
03. 21, 03. 24, 03. 25, 03. 27, 04.
05, 06. 02, 06. 06, 06. 11, 06. 17,
06. 22, 06. 25, 07. 20, 07. 27,
1903. 07. 31, **1904**. 05. 08, 10. 11,

11. 13
文王(見姬昌)
文維簡　**1899**. 08. 14
文翁　**1902**. 07. 18
文霞圃　**1894**. 03. 10, 05. 03, 09.
02, **1895**. 05. 03
文襄(見左宗棠)
文小松(見文杏林)
文信國(見文天祥)
文星輝　**1906**. 09. 04
文杏林　**1897**. 07. 22, 07. 26, 07.
30, 07. 31, **1898**. 06. 17, 06. 23,
06. 25, 07. 19, 07. 22, 08. 03, 08.
27, 08. 31, 09. 04, 09. 29, 10. 07,
10. 09, 10. 12, **1906**. 09. 04
文學士(見文廷式)
文毅(見陶澍)
文永譽　**1894**. 03. 10, 03. 11, 06.
26, 07. 26, 07. 29, 08. 08, 08. 09,
08. 14, 09. 02, 09. 05, 09. 16,
1895. 04. 14, 05. 13, 05. 28, 10.
01, 10. 03, 10. 05, **1896**. 04. 22,
05. 07, 05. 18, 05. 22, 06. 02, 06.
04, 06. 08, 06. 13, 06. 15, 08. 23,
09. 20, 09. 21, **1897**. 04. 20, 06.
04, 06. 24
文由純　**1895**. 04. 25, 08. 30
文芸閣(見文廷式)
文芝塢(見文聚奎)
文中子(見王通)

文忠（見李鴻章）

文種 **1898**.03.14

文宗（見唐文宗）

文宗（見奕詝）

翁（見翁壽鑅）

翁（見翁同龢）

翁北平（見翁方綱）

翁斌孫 **1894**.04.11

翁常熟（見翁同龢）

翁方伯（見翁曾桂）

翁方綱 **1899**.11.11,**1900**.04.24,
 1903.07.04

翁鞏 **1903**.11.25,12.06,**1904**.
 01.28,10.11,**1905**.03.28,03.31

翁教習（見翁鞏）

翁少村 **1897**.07.26

翁師父（見翁同龢）

翁師傅（見翁同龢）

翁守書 **1905**.01.27,**1907**.03.02,
 1908.01.15

翁守溪 **1901**.04.10

翁壽鑅 **1895**.10.25,**1903**.05.02,
 05.07,10.13,10.15,11.06,11.
 07,11.08,11.09,11.10,11.11,
 11.16,11.24,12.01,12.02,12.
 22,12.23,12.24,12.27,**1904**.
 01.24,03.02,04.14,**1905**.06.
 12,**1906**.09.04,09.07,09.09,
 09.13,12.02,**1907**.07.16

翁叔平（見翁同龢）

翁述唐（見翁壽鑅）

翁述堂（見翁壽鑅）

翁恕堂（見翁壽鑅）

翁太傅（見翁同龢）

翁覃溪（見翁方綱）

翁覃谿（見翁方綱）

翁同龢 **1892**.04.02,**1893**.09.27,
 11.22,**1894**.05.03,08.27,09.
 11,11.09,11.21,**1895**.07.28,
 1896.04.25,**1897**.05.29,12.17,
 1898.06.18,06.20,07.27,09.
 11,09.15,10.31,12.07,**1899**.
 07.23,**1900**.02.05,03.08,03.
 11,03.13,04.09,**1901**.04.10

翁先生（見翁同龢）

翁小山（見翁曾桂）

翁右工（見翁鞏）

翁曾桂 **1894**.09.10,**1895**.01.17,
 01.19,05.25,07.03,10.09,
 1896.03.17,04.19,07.16,08.
 23,**1897**.04.30,**1898**.01.18,02.
 26,09.12,11.08,11.21,11.30,
 12.21,**1899**.01.26,01.27

翁中堂（見翁同龢）

翁總理（見翁壽鑅）

倭仁 **1892**.02.28

倭文端（見倭仁）

巫支祁 **1898**.04.06

烏（見烏拉喜崇阿）

烏達峰（見烏拉喜崇阿）

05, 05. 07, 05. 09, 05. 27, **1902**.
10. 02

吳家祝　**1897**. 06. 01, 06. 29, **1898**.
06. 23

吳嘉瑞　**1894**. 05. 07, 05. 11, 05.
12, **1895**. 04. 04, **1899**. 01. 30,
1902. 08. 09, 08. 10

吳郊　**1897**. 10. 22

吳玠　**1898**. 03. 14

吳晉卿　**1903**. 06. 12

吳敬恒　**1903**. 07. 16

吳敬詒　**1907**. 03. 01

吳敬梓　**1900**. 05. 21

吳絅齋(見吳士鑒)

吳巨年(見吳國鏞)

吳康伯(見吳璆)

吳寬仲　**1902**. 12. 26

吳蘭雪　**1893**. 08. 29, 12. 27

吳老人(見吳贊邦)

吳魯　**1902**. 06. 12

吳梅村　**1892**. 07. 13

吳起　**1898**. 03. 09, 05. 09

吳清卿(見吳大澂)

吳清帥(見吳大澂)

吳慶坻　**1898**. 08. 26, **1906**. 05. 16,
06. 07, 07. 18, 08. 21, 12. 16,
1907. 01. 10, 01. 22, 01. 30, 02.
14, 03. 23, 04. 06, 04. 28, 07. 31,
10. 13, **1908**. 02. 01, 02. 13

吳璆　**1892**. 09. 16, 10. 15, 10. 27,

1893. 05. 08, 06. 03, 07. 09, **1895**.
06. 06, 08. 18, **1897**. 11. 01, **1903**.
07. 01, 07. 06, 07. 16

吳榮光　**1900**. 05. 28

吳芮　**1894**. 08. 30, **1904**. 01. 22

吳三桂　**1900**. 03. 26

吳少陔(見吳少階)

吳少階　**1893**. 03. 19, **1894**. 02. 13,
1895. 02. 21, **1900**. 09. 23, **1901**.
01. 02

吳劭之(見吳熙)

吳申甫　**1892**. 05. 25

吳昇　**1908**. 02. 01

吳士鑑(見吳士鑒)

吳士鑒　**1901**. 08. 03, **1906**. 05. 05

吳世表　**1893**. 04. 19

吳式伊　**1895**. 10. 23, **1897**. 06. 04,
1898. 06. 23

吳式釗　**1894**. 05. 02, 05. 03, 05.
12, **1900**. 03. 03, **1903**. 07. 31, 08.
13, 08. 15, 08. 29

吳樹梅　**1898**. 10. 03, 12. 24, 12.
30, **1899**. 07. 08, 08. 02, **1901**. 01.
19, **1902**. 12. 06, **1903**. 10. 23

吳嵩梁　**1893**. 12. 27

吳提學(見吳慶坻)

吳廷斌　**1903**. 06. 11

吳希玉　**1895**. 08. 13, 09. 09, 10.
11, **1896**. 06. 10

吳希愈　**1896**. 05. 17

吳熙　**1896**.07.19,**1907**.05.19,
　12.17,**1908**.01.08

吳錫侯(見吳道晉)

吳小珊　**1892**.05.12

吳小松　**1904**.12.30

吳獬　**1898**.05.01,06.01,**1905**.
　11.18,12.27,**1906**.01.13,**1907**.
　03.23,12.11,12.12

吳鑫瀾　**1905**.12.28

吳虛谷　**1895**.12.21

吳學使(見吳慶坻)

吳學使(見吳士鑑)

吳學使(見吳樹梅)

吳衍任　**1893**.04.21,05.01,**1902**.
　10.29

吳雁舟(見吳嘉瑞)

吳仰山　**1903**.01.15

吳引孫　**1907**.08.17,09.14,09.
　17,10.17,10.19,11.05

吳玉光　**1896**.05.21

吳郁生　**1904**.01.08

吳樾　**1905**.11.29

吳雲亭　**1906**.03.30

吳贊邦　**1894**.08.18,08.27,08.
　29,09.01

吳章　**1907**.06.18

吳振棫　**1908**.02.01

吳正表　**1893**.05.13,06.10,07.
　11,07.17,08.06,09.15,09.15,
　09.16,**1894**.06.24,07.11,07.

17,07.19,07.27,07.29,08.08,
　09.02,09.16,10.17,**1897**.05.23

吳志伊　**1895**.04.05

吳稚非　**1903**.07.22

吳稚暉　**1903**.08.21,08.22

吳中丞(見吳大澂)

吳忠源　**1896**.05.08,**1898**.06.19

吳重熹　**1906**.04.18,08.01,12.
　22,12.25,**1907**.02.07,06.10

吳子長　**1906**.08.01,08.03

吳子脩(見吳慶坻)

吳宗讓　**1898**.08.17

吳宗師(見吳樹梅)

吳宗寶　**1893**.10.16

吳祖蔭　**1894**.11.14

梧生(見傅桐)

五柳(見陶福履)

五柳公(見陶福履)

五十(見黃五十)

午帥(見端方)

午帥(見魏光燾)

午彝(見夏壽田)

伍太史(見伍毓崧)

伍胥　**1901**.06.29

伍毓崧　**1900**.06.07,06.13,06.
　15,**1903**.05.29

伍員　**1892**.02.18,**1903**.03.10

伍致中　**1893**.10.29,**1894**.07.19,
　1898.07.15

伍子胥(見伍員)

武(見武則天)

武(見姬發)

武斑 **1897**.07.06,**1901**.01.23

武帝(見漢武帝)

武庚 **1893**.09.20

武侯(見諸葛亮)

武后(見武則天)

武愍(見楊玉科)

武實(見黃武實)

武王(見姬發)

武王發 **1899**.10.21

武億 **1901**.08.15

武則天 **1900**.08.22,**1901**.08.24,
　12.10

武宗(見明武宗)

X

西楚霸王(見項羽)

西河(見毛奇齡)

西屏(見楊廷傑)

西施 **1901**.06.25

西王母 **1892**.09.07

西鄉隆盛 **1897**.10.10

西甲(見譚嗣同)

西甲公(見譚紹裘)

希魯(見蕭大猷)

希榮(見沈希榮)

希劭(見楊希劭)

希賢(見葉希賢)

希選(見汪希選)

希易(見李希易)

希尹(見陳希尹)

惜抱(見姚鼐)

晳子(見楊度)

溪雲(見朱溪雲)

僖宗(見唐僖宗)

熙瑛 **1903**.08.26,**1905**.12.11

錫(錫良)

錫昌 **1901**.05.30

錫疇(見熊錫疇)

錫方伯(見錫良)

錫侯(見吳道晉)

錫良 **1899**.03.14,03.18,06.05,
　07.08,09.22,**1900**.06.25,10.
　01,10.12,12.01,**1901**.03.15,
　03.30,05.04,05.30,**1902**.06.
　02,**1903**.04.23,06.30,07.01,
　11.15,**1907**.03.08

錫霖(見傅迪康)

錫某(見錫良)

錫清帥(見錫良)

錫帥(見錫良)

錫吾(見盛慶黻)

錫之(見彭慶鍾)

錫子(見楊度)

席(見席元生)

席寶田 **1901**.10.19

席匯湘 **1898**.09.19

席少保(見席寶田)

席元生　**1904**. 10. 14, 10. 30, 12. 06, 12. 27, 12. 29, **1905**. 01. 23, 05. 31, 09. 08, **1907**. 07. 24

習安(見顏可鑄)

習菴(見顏可鑄)

習莽(見顏可鑄)

習子(見楊度)

襲美公(見皮日休)

喜生(見皮喜生)

系純(見李系純)

瞎子(見譚鍾麟)

霞圃(見文霞圃)

霞仙(見歐霞仙)

夏(見夏敬觀)

夏(見夏峕)

夏(見夏獻銘)

夏承吉　**1898**. 10. 06, **1899**. 04. 19, 04. 30, 06. 28, **1901**. 03. 26, 04. 03, 04. 04, 04. 09, 04. 12, 04. 18, 04. 19, 04. 20, 04. 22, 04. 23, 05. 12, 05. 19, 05. 25, 05. 26, 05. 31, 06. 01, 06. 08, 06. 10, 06. 16, 06. 17, 06. 18, 06. 19, 06. 20, 06. 21, 06. 22, 06. 24, 06. 25, 06. 26, 06. 27, 06. 28, 07. 01, 07. 05, 07. 08, 07. 09, 07. 12, 07. 13, 07. 14, 07. 15, 07. 18, 07. 19, 07. 20, 07. 24, 07. 25, 07. 26, 07. 28, 08. 01, 08. 06, 08. 08, 08. 09, 08. 10, 08. 11, 08. 14, 08. 15, 08. 17, 08. 19, 08.

21, 08. 22, 08. 24, 08. 25, 08. 26, 09. 14, 09. 15, 10. 03, 10. 12, 10. 13, 11. 07, 11. 19, 11. 25, 12. 15, 12. 18, **1902**. 02. 17, 04. 02, 04. 04, 04. 05, 04. 07, 04. 10, 04. 14, 04. 15, 05. 04, 05. 05, 05. 10, 05. 16, 05. 18, 05. 19, 05. 22, 08. 04, 08. 05, 08. 21, 08. 28, 09. 09, 09. 15, 09. 23, 10. 03, 10. 04, 10. 13, 10. 18, 10. 19, 11. 03, **1903**. 01. 01, 01. 07, 02. 12, 02. 22, 02. 19, 03. 10, 03. 19, 04. 01, 04. 08, 04. 19, 09. 26, 10. 14, 10. 24, 10. 25, 10. 29, 11. 22, 11. 24, 11. 25, 12. 23, **1904**. 01. 17, 02. 21, 02. 26, 03. 30, 04. 06, 04. 13, 04. 17, 04. 23, 05. 06, 05. 10, 11. 01, 11. 24, **1905**. 01. 01, 01. 18, 01. 22, 03. 04, 03. 10, 03. 28, 03. 29, 04. 05, 04. 18, 05. 02, 05. 09, 05. 17, 05. 19, 05. 26, 06. 05, 07. 03, 07. 21, 08. 04, 08. 05, 08. 21, 08. 31, 09. 05, 09. 11, 09. 12, 10. 01, 10. 03, 10. 04, 10. 06, 10. 13, 10. 21, 10. 29, 10. 30, 11. 03, 11. 05, 11. 09, 11. 22, 11. 23, 11. 24, 12. 06, 12. 16, 12. 24, 12. 25, **1906**. 01. 08, 01. 11, 01. 16, 01. 22, 01. 28, 01. 31, 02. 16, 02. 23, 03. 02, 03. 03, 03. 05, 03. 07, 03. 16, 03. 20, 04.

01，04. 27，04. 29，04. 30，05. 02，
05. 05，05. 11，05. 13，05. 14，06.
04，06. 16，06. 25，07. 09，07. 10，
07. 12，07. 13，07. 14，07. 15，07.
16，07. 27，08. 03，08. 26，08. 30，
09. 17，09. 18，09. 30，10. 12，10.
15，12. 02，12. 03，12. 06，12. 13，
12. 31，**1907**. 01. 20，02. 13，02.
16，02. 17，02. 18，02. 26，03. 04，
03. 08，03. 28，03. 30，04. 06，05.
10，06. 06，06. 08，07. 06，07. 25，
08. 14，08. 31，09. 18，10. 29，11.
12，11. 28，12. 06，12. 27，**1908**.
01. 07，02. 11，02. 19

夏承爵　**1897**. 04. 22，09. 05
夏承冕　**1893**. 09. 02，**1897**. 09. 02，
1898. 06. 21

夏承慶　**1892**. 06. 24，07. 08，09.
07，09. 15，10. 27，**1893**. 05. 26，
07. 28，08. 02，08. 07，08. 16，08.
25，08. 26，09. 14，09. 16，12. 25，
1894. 01. 29，01. 31，02. 05，02.
09，02. 12，06. 24，06. 26，06. 29，
07. 25，07. 30，07. 31，08. 02，08.
21，09. 09，09. 11，**1895**. 04. 11，
04. 14，04. 18，04. 22，04. 23，05.
07，05. 10，05. 18，06. 12，07. 07，
07. 18，08. 01，08. 02，08. 13，08.
16，08. 18，08. 19，08. 20，08. 24，
08. 27，09. 03，09. 06，09. 15，09.

20，09. 21，09. 27，09. 29，10. 11，
10. 15，10. 20，10. 25，10. 27，12.
24，**1896**. 04. 28，05. 16，05. 17，
05. 19，05. 28，05. 29，05. 30，06.
02，06. 04，06. 07，06. 09，06. 10，
06. 11，06. 13，06. 19，06. 23，06.
26，06. 29，07. 25，07. 31，08. 01，
08. 20，08. 22，08. 29，09. 05，09.
08，09. 11，09. 12，09. 16，09. 21，
09. 24，11. 01，11. 07，11. 11，
1897. 01. 22，03. 31，04. 22，04.
24，04. 26，04. 29，05. 07，05. 13，
05. 21，05. 25，06. 02，06. 04，06.
11，06. 15，06. 23，06. 24，06. 26，
07. 15，07. 16，07. 18，07. 20，07.
23，07. 29，07. 30，08. 07，08. 15，
08. 20，08. 23，08. 31，09. 03，09.
06，09. 07，10. 07，10. 09，10. 20，
12. 07，**1898**. 01. 19，01. 24，03.
08，06. 16，06. 18，06. 22，06. 23，
06. 25，06. 30，07. 03，07. 04，07.
10，07. 12，07. 20，07. 23，07. 24，
07. 26，07. 27，07. 28，07. 29，08.
02，08. 05，08. 07，08. 08，08. 09，
08. 13，08. 15，08. 22，09. 03，09.
06，09. 07，09. 08，09. 09，09. 12，
09. 16，09. 19，09. 22，09. 23，09.
25，09. 26，09. 29，09. 30，10. 04，
10. 05，10. 08，10. 15，**1899**. 04.
08，04. 30，05. 11，06. 28，09. 18，

09,09. 16,10. 17,11. 09,11. 30,
1895. 04. 02,04. 04,04. 11,04.
14,04. 15,04. 18,04. 22,04. 23,
05. 07,06. 01,06. 02,06. 11,06.
18,06. 22,06. 25,07. 07,07. 17,
07. 18,07. 25,08. 01,08. 02,08.
16,08. 19,08. 24,08. 28,09. 03,
09. 06,09. 21,09. 29,10. 11,10.
15,10. 20,10. 25,10. 27,12. 11,
1896. 04. 20,04. 27,04. 28,05.
04,05. 04,05. 05,05. 09,05. 10,
05. 16,05. 19,05. 29,05. 30,06.
02,06. 04,06. 08,06. 09,06. 12,
06. 13,06. 19,08. 20,06. 23,06.
26,06. 29,07. 04,07. 07,07. 08,
07. 12,07. 14,07. 18,07. 25,08.
05,08. 11,08. 18,08. 29,09. 05,
09. 08,09. 11,09. 12,09. 16,09.
17,09. 18,09. 24,10. 04,10. 07,
10. 15,10. 19,10. 23,11. 02,11.
05, 11. 07, **1897**. 04. 20,05. 01,
05. 21,05. 25,06. 02,06. 04,06.
11,06. 15,06. 22,06. 26,06. 29,
07. 09,07. 12,07. 16,07. 18,07.
20,07. 23,07. 30,08. 03,08. 05,
08. 06,08. 09,08. 13,08. 15,08.
16,08. 19,08. 20,08. 23,08. 27,
09. 04,09. 05,09. 06,09. 08,09.
12, **1898**. 01. 19,01. 24,03. 08,
06. 16,06. 22,06. 23,06. 27,07.

04,07. 10,07. 12,07. 20,07. 24,
07. 28,07. 29,08. 02,08. 07,08.
08,08. 14,08. 19,08. 29,09. 01,
09. 07,09. 08,09. 13,09. 16,09.
18,09. 20,09. 25,09. 28,10. 01,
10. 04,10. 05,10. 06,10. 08,10.
12, 10. 15,12. 06, **1899**. 04. 19,
05. 08,05. 11,06. 28,09. 21,10.
07,12. 18,12. 19,12. 27,12. 28,
1900. 01. 12,01. 13,01. 18,01.
23,01. 29,01. 30,03. 05,04. 19,
04. 22,04. 23,04. 25,04. 26,04.
27,05. 02,05. 06,05. 08,05. 16,
05. 18,05. 19,05. 26,05. 31,06.
01,06. 03,06. 04,06. 05,06. 30,
07. 21,08. 23,10. 22,10. 27,12.
06, **1901**. 02. 10,03. 01,03. 02,
06. 02,06. 16,06. 19,06. 20,06.
21,06. 22,06. 24,06. 26,07. 01,
07. 04,07. 05,07. 08,07. 09,07.
15,07. 16,07. 26,08. 15,08. 21,
09. 05,10. 03,10. 16,11. 05,11.
25, 12. 12, 12. 15,12. 27, **1902**.
01. 24,02. 12,03. 07,03. 24,03.
28,04. 04,04. 05,04. 06,04. 07,
04. 10,04. 13,04. 15,04. 21,04.
23,04. 25,04. 30,05. 09,05. 12,
05. 14,05. 21,05. 23,05. 26,08.
25,09. 03,09. 29,10. 17,11. 23,
1903. 01. 02,02. 07,02. 11,02.

22,07. 24,07. 25,07. 29,08. 01,
08. 07,08. 08,08. 11,08. 14,08.
22,08. 25,08. 27,08. 28,08. 31,
09. 01,09. 04,09. 07,09. 08,09.
09,09. 12,09. 13,09. 14,09. 16,
09. 17,09. 20,09. 22,09. 23,09.
26,10. 01,10. 03,10. 05,10. 07,
10. 09,10. 10,10. 11,10. 12,10.
15,10. 16,10. 19,10. 20,10. 21,
10. 22,10. 23,10. 24,10. 25,10.
26,10. 27,11. 14,12. 02,12. 03,
12. 24,12. 30,**1896**. 01. 05,01.
06,01. 25,02. 17,02. 22,03. 09,
03. 12,03. 29,04. 18,04. 19,04.
19,04. 21,04. 23,04. 25,04. 27,
04. 28,04. 29,04. 30,05. 02,05.
09,05. 09,05. 10,05. 12,05. 16,
05. 17,05. 30,06. 02,06. 03,06.
10,06. 11,06. 13,06. 14,06. 16,
06. 19,06. 21,06. 23,06. 24,06.
27,06. 28,07. 02,07. 04,07. 05,
07. 07,07. 08,07. 09,07. 12,07.
19,07. 21,07. 27,07. 30,08. 01,
08. 04,08. 05,08. 09,08. 10,08.
12,08. 16,08. 18,08. 19,08. 21,
08. 25,08. 26,08. 28,08. 30,09.
01,09. 06,09. 07,09. 08,09. 11,
09. 15,09. 17,09. 19,09. 20,09.
21,09. 25,09. 28,09. 29,10. 02,
10. 03,10. 04,10. 05,10. 06,10.

07,10. 11,10. 12,10. 13,10. 15,
10. 17,10. 18,10. 19,10. 20,10.
28,10. 29,10. 30,11. 02,11. 05,
11. 06,11. 07,11. 10,11. 11,11.
14,12. 06,**1897**. 01. 11,01. 12,
01. 22,01. 23,02. 06,02. 09,02.
10,03. 19,03. 26,04. 19,04. 20,
04. 22,04. 23,04. 25,04. 26,04.
28,05. 01,05. 02,05. 03,05. 04,
05. 21,05. 22,05. 24,05. 25,05.
27,05. 28,05. 31,06. 02,06. 08,
06. 18,06. 19,06. 26,06. 29,06.
30,07. 01,07. 04,07. 09,07. 10,
07. 24,07. 27,07. 28,08. 01,08.
03,08. 04,08. 06,08. 11,08. 15,
08. 17,08. 19,08. 22,08. 23,08.
28,08. 29,08. 30,09. 01,09. 02,
09. 05,09. 06,09. 07,09. 10,09.
11,09. 12,09. 19,09. 20,09. 21,
09. 30,10. 04,10. 05,10. 17,10.
22,10. 25,11. 01,11. 19,11. 20,
11. 26, 12. 07, 12. 09, 12. 27,
1898. 01. 18,01. 19,01. 23,01.
24,01. 26,02. 08,02. 12,02. 18,
02. 23,03. 05,04. 01,04. 07,04.
22,05. 01,05. 02,05. 16,06. 02,
06. 14,06. 15,06. 16,06. 17,06.
18,06. 20,06. 23,06. 25,06. 26,
06. 27,07. 01,07. 02,07. 04,07.
05,07. 06,07. 07,07. 08,07. 10,

07.12,07.14,07.18,07.20,07.
22,07.23,07.26,07.27,07.30,
08.02,08.03,08.06,08.08,08.
10,08.11,08.13,08.15,08.16,
08.19,08.20,08.23,08.24,08.
25,08.26,08.29,08.30,08.31,
09.03,09.07,09.08,09.12,09.
13,09.15,09.16,09.19,09.20,
09.22,09.23,09.25,09.28,09.
29,09.30,10.02,10.03,10.05,
10.06,10.07,10.08,10.09,10.
10,10.14,10.15,10.30,10.31,
11.30,12.06,12.11,12.24,
1899.01.05,01.10,01.11,01.
22,01.26,01.27,02.02,02.25,
03.02,03.23,03.24,03.27,03.
29,03.31,04.04,04.09,04.11,
04.26,04.30,05.01,05.08,05.
11,06.22,06.28,06.29,08.01,
08.06,08.09,09.08,09.09,09.
10,09.18,09.28,10.07,10.31,
11.11,12.13,12.18,**1900**.01.
12,01.13,01.14,01.18,01.30,
02.01,02.19,03.05,03.20,03.
21,04.10,04.11,04.19,04.26,
05.19,06.02,06.03,07.21,07.
24,08.23,09.03,09.10,09.13,
09.30,10.01,10.05,10.06,10.
08,10.10,10.14,10.22,10.26,
10.27,12.29,**1901**.01.10,02.

02,03.08,03.14,03.16,03.17,
04.03,04.05,04.10,04.18,05.
25,05.26,06.08,06.09,06.16,
06.17,06.18,06.19,06.22,06.
26,06.27,06.28,07.01,07.02,
07.04,07.05,07.06,07.09,07.
13,07.14,07.15,07.18,07.20,
07.24,07.28,07.29,07.30,07.
31,08.04,08.05,08.06,08.09,
08.11,08.12,08.13,08.15,08.
17,08.19,08.20,08.21,08.22,
08.24,08.25,09.14,10.05,10.
06,10.07,10.15,10.16,11.05,
11.07,12.05,12.12,12.17,
1902.01.24,02.11,02.19,02.
26,02.28,03.05,03.07,03.28,
04.04,04.05,04.07,04.12,04.
18,08.08,08.25,09.08,10.15,
11.13,11.23,12.31,**1903**.01.
18,07.26,10.01,10.14,10.26,
10.28,11.14,11.24,12.12,12.
19,12.22,**1904**.01.09,02.11,
02.25,02.27,03.30,04.17,10.
24,12.02,12.28,**1905**.01.02,
02.10,02.12,04.16,04.20,05.
26,06.16,07.07,07.20,07.27,
08.21,08.22,08.23,09.09,09.
10,09.12,09.13,09.17,09.19,
09.20,09.22,09.24,09.25,09.
27,09.28,09.29,10.03,10.05,

10. 08, 10. 09, 10. 10, 10. 13, 10. 14, 10. 15, 10. 17, 10. 18, 10. 19, 10. 20, 10. 21, 11. 19, 12. 16, **1906**. 01. 05, 01. 28, 03. 02, 03. 15, 03. 16, 03. 27, 07. 04, 07. 13, 08. 06, 10. 04, 10. 08, 10. 15, **1907**. 01. 05, 01. 08, 01. 29, 02. 26, 02. 28, 06. 04, 10. 12, **1907**. 04. 25, 08. 30, 08. 31, **1908**. 02. 19

夏堪 **1901**. 01. 13

夏老(見夏獻銘)

夏廉訪(見夏獻銘)

夏魯元 **1904**. 01. 09, 01. 17, **1907**. 04. 09, 07. 15

夏梅生 **1903**. 05. 27, 05. 28

夏謙伯 **1899**. 04. 30, 05. 01, 05. 09, 06. 21, 06. 28, 09. 19, **1900**. 06. 29, 06. 30, 08. 23, **1902**. 03. 28, **1903**. 12. 06, 12. 09, **1904**. 01. 09, **1906**. 06. 04

夏卿(見甯夏卿)

夏卿(見唐夏卿)

夏若臣 **1895**. 09. 07, 09. 09, **1896**. 06. 10

夏少村(見夏承慶)

夏少泉 **1902**. 12. 02

夏聲喬 **1905**. 08. 02, 08. 14, **1908**. 01. 20

夏峕 **1893**. 05. 25, **1894**. 11. 19, **1898**. 08. 19, **1900**. 09. 22, **1903**.

07. 08, 07. 09, 07. 11, 07. 25, 07. 26, 08. 06, 08. 16, 08. 25, 09. 04, 09. 14, 09. 19, 09. 28, 10. 09, 10. 11, 10. 17, 12. 09, 12. 12, 12. 22, 12. 23, **1904**. 03. 18, 04. 24, 05. 09, 09. 28, 10. 05, 12. 15, 12. 16, 12. 29, **1905**. 01. 13, 02. 25

夏時成 **1895**. 07. 21, 08. 17, 08. 19, **1896**. 05. 23

夏時濟 **1892**. 04. 17, **1894**. 05. 06, **1901**. 10. 10, **1902**. 09. 18, **1904**. 10. 05

夏世兄(見夏敬莊)

夏壽衡(見夏聲喬)

夏壽生 **1901**. 06. 17, 06. 24, 06. 26, **1904**. 04. 03

夏壽田 **1898**. 05. 05, 06. 22, **1901**. 02. 18, **1903**. 09. 25, 09. 28, 11. 11, **1904**. 03. 22, 03. 25

夏書菴 **1894**. 09. 19, **1896**. 09. 28, **1897**. 06. 04, 11. 19, **1898**. 06. 15, 07. 12, 07. 15, 08. 16, 09. 25, **1900**. 04. 19, **1901**. 04. 05, 04. 07, 04. 10, 04. 11, 04. 16, 04. 20, 06. 16, 10. 03, 12. 15, **1903**. 01. 02

夏同和 **1906**. 11. 27

夏同龢 **1898**. 06. 22, **1902**. 07. 01, **1903**. 07. 06

夏午彝(見夏壽田)

夏獻愷 **1897**. 10. 07

夏獻銘　**1897**. 01. 23, 01. 29, 02.
09, 02. 23, 03. 13, 03. 16, 03. 19,
03. 20, 07. 30, 08. 23, 10. 06, 10.
07, 10. 09, 10. 26, 11. 02, 11. 03,
11. 26, 12. 09, 12. 23, **1898**. 01.
04, 01. 05, 01. 14, 01. 16, 01. 18,
01. 26, 02. 05, 02. 08, 02. 12, 02.
23, 02. 26, 03. 08, 03. 24, 03. 25,
04. 04, 04. 18, 04. 22, 04. 23, 05.
26, 06. 01, 06. 04, 06. 05, 09. 08,
09. 12, 09. 14, 10. 07, 10. 14, 11.
02, 11. 04, 11. 05, 11. 08, 11. 12,
11. 21, 11. 23, 11. 30, 12. 23,
1899. 01. 05, 01. 18, 01. 22, 01.
31, 03. 27, 03. 01, 03. 17, 03. 24,
03. 31, 04. 02, 04. 03, 04. 19, 04.
26, 05. 01, 05. 09, 05. 23, 06. 19,
06. 21, 06. 28, 07. 11, 08. 02, 08.
26, 09. 01, 09. 19, 09. 22, 09. 28,
10. 08, 12. 06, 12. 28, 12. 31,
1900. 01. 04, 02. 05, 02. 11, 02.
18, 05. 03, 06. 25, 07. 01, 10. 06,
10. 11, 10. 14, 10. 15, 10. 16, 10.
17, 10. 19, 10. 22, 12. 01, 12. 05,
12. 19, **1901**. 02. 22, 02. 23, 03.
08, 04. 04, 05. 13, 05. 27, 08. 24,
09. 17, 09. 20, 09. 21, 10. 19,
1902. 01. 18, 02. 11, 02. 14, 02.
25, 03. 19, 03. 20, 03. 24, 04. 04,
04. 05, 04. 06, 04. 12, 04. 13, 04.

15, 04. 25, 04. 26, 05. 05, 05. 11,
05. 16, 05. 19, 05. 24, 05. 31, 06.
05, 06. 14, 06. 26, 07. 06, 07. 11,
07. 12, 08. 31, 09. 03, 09. 05, 09.
11, 09. 12, 09. 15, 09. 19, 10. 08,
10. 26, 11. 13, 11. 20, 11. 21, 11.
26, 11. 27, 12. 02, 12. 15, **1903**.
01. 02, 01. 10, 01. 15, 01. 16, 01.
19, 01. 25, 02. 28, 03. 02, 04. 20,
05. 01, 05. 07, 09. 20, 10. 13, 10.
21, 10. 26, 11. 01, 11. 11, 11. 24,
12. 06, 12. 17, 12. 30, **1904**. 01.
05, 01. 17, **1905**. 05. 15, 07. 26,
08. 13

夏獻雲　**1892**. 10. 26, 10. 27, 10.
29, 11. 05, 11. 07, **1893**. 05. 24,
09. 11, 09. 12, **1894**. 08. 30, 09.
01, **1896**. 06. 07, 09. 29, **1897**. 01.
23, **1900**. 03. 28, 04. 05

夏香泉　**1901**. 06. 10, 06. 20, 06.
28, 06. 30, 07. 19, 08. 08, 08. 15,
08. 17, 08. 19, 08. 24, **1903**. 10.
26, **1906**. 09. 24

夏小泉　**1898**. 01. 12, 07. 29, 08.
09, 09. 13, 09. 14, 09. 20, 09. 28,
10. 14, **1899**. 04. 30, 06. 28, **1902**.
08. 31, 09. 05, 12. 02, 12. 15,
1904. 05. 06, 10. 11, 11. 24, 12.
01, 12. 06, 12. 09, 12. 15, **1905**.
01. 13, 01. 17, 01. 27, 05. 17, 05.

19,05. 26,07. 31,09. 09,09. 10,
09. 25,**1906**. 03. 07,03. 21,04.
01,06. 04,07. 10,08. 25,08. 29,
1907.03. 15,03. 28,03. 30,04. 09

夏燮 **1892**.07. 13,**1894**.03. 16

夏辛酉 **1908**.02. 22

夏修恕 **1894**.07. 01

夏壻(見夏承吉)

夏言 **1896**.08. 18

夏養泉 **1897**. 03. 16,05. 24,05.
25,05. 27,08. 24

夏彝恂(見夏時濟)

夏應之 **1905**.05. 27

夏育 **1898**.01. 08

夏毓峰 **1896**. 08. 29,**1897**.05. 24,
05. 25,06. 09,08. 19,11. 19,
1898. 06. 15,06. 17,06. 28,06.
29,07. 01,07. 12,07. 20,07. 21,
07. 24,08. 16,08. 20,08. 30,09.
01,09. 02,09. 04,**1900**. 01. 13,
1901.04. 10

夏澤生(見夏敬履)

夏曾佑 **1907**.03. 11,**1908**.01. 30

夏丈(見夏獻銘)

夏芝岑(見夏獻雲)

夏竹帥(見夏旹)

夏竹軒(見夏旹)

夏子翁(見夏獻銘)

夏子新(見夏獻銘)

仙喬(見戴德誠)

仙翹(見戴德誠)

仙帥(見許振褘)

先德(見德馨)

先孚(見王先孚)

先瀚(見陳先翰)

先鄭(見鄭衆)

賢輔(見黃賢輔)

冼寶幹 **1897**.10. 11,**1899**.09. 01,
09. 10

冼公(見冼寶幹)

峴(見劉坤一)

峴帥(見劉坤一)

峴堂(見張峴堂)

憲顗 **1902**.07. 20

獻夫(見李獻夫)

獻廷(見沈獻廷)

香泉(見夏香泉)

香如(見王益霖)

香帥(見張之洞)

湘琅(見胡湘琅)

湘阾(見董湘阾)

湘綺(見王闓運)

湘泉(見夏香泉)

湘亭(見黎襄廷)

湘翁(見董湘阾)

湘鄉相公(見曾國藩)

襄廷(見黎襄廷)

祥女(見皮嘉祥)

向長 **1894**. 12. 01,**1895**. 01. 26,
11. 29,**1897**.06. 29,10. 13

向道隆　**1900**.08.25

向冠羣　**1896**.04.20,**1897**.07.22,
1898.06.28,06.29,07.01,07.
09,07.12,07.19,07.24,07.25,
07.26,08.15,08.16,08.20,08.
30,08.31,09.01,09.02,09.03

向青(見彭述)

向日隆　**1899**.11.28

向上文　**1907**.11.01,**1908**.02.24

向先倬　**1904**.03.27,03.28,03.
29,04.12

向湘生　**1897**.05.04,05.05

向戌　**1897**.12.27

向學映　**1898**.08.17

向芝山(見向冠羣)

向枝山(見向冠羣)

向子平(見向長)

向子振　**1907**.07.19

向子政　**1907**.01.22,07.24,07.28

象臣(見柳象臣)

象文(見閻士良)

項瑞生　**1902**.10.29

項水心(見項煜)

項橐　**1894**.05.07

項王(見項羽)

項羽　**1892**.02.02,02.27,**1897**.
06.15

項煜　**1894**.02.16,03.05

霄緯(見江衡)

蕭丙炎　**1893**.09.15,**1894**.06.27,

07.19,**1895**.09.09,**1896**.05.28,
1897.10.20,**1903**.05.28

蕭長懋　**1895**.09.25

蕭常　**1893**.05.24

蕭大猷　**1894**.12.06,**1895**.04.11,
04.30,09.21,**1897**.01.06,11.
30,**1899**.05.03,**1901**.01.12

蕭迪吾(見蕭鯉祥)

蕭鼎臣　**1893**.04.19,05.14,07.
23,08.06,09.15,**1894**.06.24,
07.15,08.25,**1895**.05.20,**1896**.
04.23,05.17,06.16,06.26,08.
21,09.05,09.08,09.19,09.21,
1897.06.27,06.28,06.29,10.20

蕭鳳儀　**1897**.08.24,09.03,**1898**.
01.09,01.29,02.03,02.17,02.
26,03.10,03.20,04.01,04.10,
04.14,04.17,05.17,05.18,05.
31,11.07,**1899**.02.10,**1905**.01.
27,02.13,02.18,09.04,**1906**.
09.24

蕭該　**1900**.09.07

蕭何　**1898**.03.09,08.26

蕭鶴祥　**1908**.02.09

蕭鴻鈞　**1902**.10.25,10.27,10.
29,11.14,**1903**.02.28,**1906**.04.
19,04.29,06.09,06.19,06.23,
06.25,06.28,07.08,09.21

蕭匯漢　**1894**.06.28,**1895**.08.10,
09.03,**1896**.04.21

蕭鏡帆　**1904**.05.11,05.12,05.16

蕭棨　**1895**.05.10

蕭禮耕　**1902**.10.29,12.01,12.25,**1903**.02.28

蕭禮衡　**1903**.11.24

蕭禮卿　**1906**.04.19

蕭鯉祥　**1907**.05.28,06.03,10.19,**1908**.02.09

蕭霖舒　**1908**.02.01

蕭麟書(見蕭兆熊)

蕭榮爵　**1895**.05.10,05.24,06.10,**1900**.06.15,**1904**.03.28

蕭詩生(見蕭鴻鈞)

蕭詩笙(見蕭鴻鈞)

蕭詩孫(見蕭鴻鈞)

蕭詩蓀(見蕭鴻鈞)

蕭叔衡(見蕭文昭)

蕭叔蘅(見蕭文昭)

蕭潄雲　**1900**.09.15

蕭松喬　**1892**.03.29

蕭統　**1893**.05.11,07.30,**1898**.04.06

蕭望之　**1905**.02.11

蕭文明　**1897**.04.12

蕭文昭　**1892**.03.29,04.12,05.10,05.26,05.28,**1894**.01.18,05.16,05.17,10.23,**1895**.03.04,03.06,**1904**.04.30,05.26

蕭希魯(見蕭大猷)

蕭相(見蕭何)

蕭小泉　**1906**.10.18,**1907**.07.24

蕭衍　**1892**.09.04,**1899**.08.25,**1906**.01.20

蕭仰喬(見蕭鳳儀)

蕭怡豐　**1907**.04.22

蕭腴耕　**1895**.12.17,12.21

蕭毓薈　**1892**.06.12,06.23,06.29

蕭運昭　**1907**.10.11

蕭兆熊　**1894**.04.26

蕭鐘秀　**1906**.08.11

蕭仲祁　**1902**.11.27

小傳(見張紹華)

小村(見邵友濂)

小舫　**1906**.12.06

小合肥(見李經方)

小鶴(見皮錫琛)

小嵐(見沈世培)

小李(見李蓮英)

小魯(見黃小魯)

小麓(見黃傳義)

小梅(見陳小梅)

小圃(見陳小圃)

小圃(見彭世芳)

小圃(見張鶴齡)

小秋(見雷小秋)

小渠(見曹小蕖)

小蕖(見曹小蕖)

小泉(見皮錫琦)

小泉(見夏小泉)

小山(見繆荃孫)

小山（見翁曾桂）

小松（見文杏林）

小松（見張小松）

小田七（見小田切萬壽之助）

小田切（見小田切萬壽之助）

小田切萬壽之助 **1899**.08.02,09.
22,**1900**.12.21,**1904**.05.20

小汀（見陳鍾嶽）

小宛（見董小宛）

小巖（見梅啟照）

小沂（見沈兆祉）

小宜（見沈兆祉）

筱船（見張紹華）

曉鰲（見劉曉鰲）

曉峰（見德馨）

曉帥（見徐延旭）

曉霆（見曾慶榜）

孝常（見湯孝常）

孝達（見陸孝達）

孝高（見劉孝高）

孝儒（見王孝儒）

孝宗（見宋孝宗）

肖聃（見李肖聃）

嘯樵（見文景清）

協萬（見甯協萬）

夑（見夏夑）

夑臣（見孫家鼐）

夑鈞（見張亨嘉）

夑老（見張亨嘉）

夑師（見孫家鼐）

謝安 **1893**.03.12

謝寶珩 **1896**.11.11,**1897**.06.24

謝彩明 **1894**.03.20,03.23,05.
29,05.30

謝典禮 **1905**.03.11

謝枋得 **1907**.02.08

謝根雲 **1908**.02.29,03.03

謝鴻年 **1901**.01.15,09.09

謝筠亭 **1892**.03.16

謝俊卿 **1901**.11.04,12.16,**1902**.
01.06,04.10,04.14,**1903**.01.
13,01.19,05.29,10.07,10.08,
1904.03.09,**1905**.04.09,04.18,
05.30,06.10,06.11,11.04,
1906.01.26,03.04,05.15,05.
20,05.21,06.26,08.28,12.21,
1907.02.13,02.27,03.25,06.
05,06.15,10.28,12.23,10.27

謝龍池 **1907**.11.13

謝履卿 **1905**.12.28

謝枚如（見謝章鋌）

謝南平 **1901**.11.01,11.20,**1902**.
01.04,09.23,**1907**.10.07,10.
08,11.24,**1908**.01.27

謝南屏（見謝南平）

謝啟昆 **1897**.07.18

謝仁仲 **1904**.12.31,**1905**.01.14

謝太傅（見謝安）

謝朓 **1892**.11.07

謝吳山 **1897**.11.05

謝餘三　**1897**.09.22

謝煜章　**1903**.10.30

謝遠涵　**1892**.07.23,10.15,10.19,11.07,**1893**.08.18,08.25,09.14,09.15,09.16,10.29,**1894**.04.30,05.12,**1895**.06.09

謝章鋌　**1893**.05.10,06.28,**1894**.03.19

謝正卿　**1903**.01.28

心甫(見黃星甫)

心圃(見皮心圃)

心田(見王銘忠)

心言(見余友蘭)

心餘(見蔣士銓)

辛(見辛棄疾)

辛敬堂(見辛紹業)

辛楣(見陳星梅)

辛棄疾　**1894**.06.13,**1895**.07.27

辛紹業　**1895**.02.18,**1899**.01.11

辛師濂　**1895**.09.07

辛通達　**1897**.02.19

辛彥之　**1901**.05.24

莘農(見皮莘農)

莘田(見王銘忠)

新會(見梁啟超)

新建公(見夏獻銘)

新莽(見王莽)

新民(見梁啟超)

新田義貞　**1895**.06.24

信陵君(見魏無忌)

星垞(見馮錫仁)

星墀(見陳星墀)

星甫(見黃星甫)

星府(見黃星甫)

星海(見梁鼎芬)

星楷(見王星楷)

星梅(見陳星梅)

星湄(見陳星梅)

星楣(見陳星梅)

惺甫(見黃星甫)

惺府(見黃星甫)

邢(見邢昺)

邢昺　**1896**.09.27

邢汝楫　**1892**.06.20,11.03,**1894**.07.30,**1895**.04.22,**1902**.10.29

杏春(見張杏春)

杏甫(見莫覃瀛)

杏泉(見黃錫光)

杏生(見陳杏生)

杏生(見楊杏生)

杏雲(見陳荇雲)

性老(見楊彝珍)

荇疇(見陳荇疇)

荇昀(見陳荇雲)

荇雲(見陳荇雲)

熊(見熊伯龍)

熊(見熊羅宿)

熊(見熊廷鈞)

熊(見熊希齡)

熊秉三(見熊希齡)

熊秉山(見熊希齡)

熊炳三(見熊希齡)

熊炳山(見熊希齡)

熊礄　**1893**.06.26,**1894**.07.09,
　1895.08.27,09.27,10.08,**1896**.
　05.18,**1897**.10.20,**1898**.07.25

熊伯龍　**1892**.02.20

熊崇煦　**1898**.03.26,04.27,05.04

熊從敬　**1904**.12.31

熊得壽　**1905**.03.11

熊迪樓(見熊廷鈞)

熊迪魯(見熊廷鈞)

熊笛樓(見熊廷鈞)

熊棣樓(見熊廷鈞)

熊棣艫(見熊廷鈞)

熊方燧　**1896**.05.06,10.24,10.
　31,**1900**.07.10,**1903**.04.30

熊封楚　**1895**.07.08,08.10,08.
　20,09.27,10.05,10.19,**1896**.
　04.20,**1897**.04.22,06.04,07.19

熊幹臣　**1898**.09.03

熊光瓚　**1896**.08.22

熊侯　**1902**.08.23,09.20

熊惠舲(見熊慧舲)

熊匯庭　**1901**.12.27

熊慧舲　**1896**.05.10,05.17,10.
　04,**1897**.05.07,05.25,05.26,
　05.28,06.12,**1898**.12.17,**1900**.
　10.01,**1904**.12.31,**1905**.01.06,
　01.23,02.02,04.18,05.09,07.

20,**1907**.05.08,09.07,09.10,
　09.13,11.25

熊季廉(見熊元鍔)

熊濟濬　**1893**.04.21,**1894**.07.23,
　1895.04.24,**1896**.05.31,**1897**.
　07.11,**1899**.10.05

熊濟濤　**1894**.07.06,07.13,**1895**.
　09.03,**1897**.04.11,04.12,08.
　26,**1898**.07.02

熊濟洙　**1892**.06.17,06.19,10.
　20,**1893**.04.18,06.19,**1894**.06.
　26,07.06,07.16,07.20,07.30,
　1897.08.17,**1898**.07.23

熊經仲　**1894**.03.13

熊敬中(見熊方燧)

熊鏡中(見熊方燧)

熊坤　**1898**.10.04

熊羅宿　**1895**.04.06,04.14,04.
　23,05.28,06.18,06.23,07.15,
　08.10,08.28,09.04,09.07,10.
　03,10.05,10.18,10.25,**1896**.
　05.19,06.26,07.05,07.06,07.
　08,07.28,08.12,08.13,08.14,
　08.22,08.26,09.11,09.21,09.
　24,09.26,10.01,10.10,10.22,
　11.01,11.09,11.11,**1897**.04.
　21,05.12,05.20,05.21,05.25,
　05.26,05.28,05.30,06.04,06.
　13,06.14,06.15,06.16,06.17,
　06.20,06.27,06.30,07.17,07.

27,07. 28,08. 03,08. 05,08. 14,
08. 21,09. 02,09. 04,10. 20,12.
22,12. 25,**1898**. 06. 26,06. 29,
08. 04,08. 06,08. 14,08. 19,08.
21,09. 13,10. 08,10. 10,10. 14,
1900. 02. 25,02. 26,03. 01,**1901**.
04. 19,**1903**. 10. 06
熊夢祥　**1893**. 06. 03,07. 30,08.
06,**1895**. 04. 05
熊慶熄　**1895**. 07. 21
熊慶露　**1895**. 07. 30,**1896**. 05. 28,
1897. 04. 26,**1898**. 06. 17
熊瑞昌　**1903**. 01. 15
熊紹芝　**1904**. 05. 07
熊綏榮　**1895**. 06. 26,09. 07,09.
12,**1896**. 04. 21
熊書陽　**1903**. 01. 15,01. 16
熊斯立　**1895**. 05. 30
熊太史(見熊希齡)
熊騰　**1895**. 08. 18,**1898**. 06. 30
熊廷弼　**1898**. 04. 19
熊廷鈞　**1892**. 03. 24,04. 12,05.
07,**1894**. 02. 08,04. 10,04. 22,
05. 03,**1897**. 01. 11,01. 21,10.
02,10. 11,**1902**. 11. 14,**1903**. 02.
06,03. 03,12. 03,**1904**. 03. 25,
03. 26,03. 28,03. 30,04. 01,04.
08,04. 09,05. 06,05. 09,05. 16,
10. 11,10. 22,11. 02,11. 23,12.
25,12. 26,12. 28,12. 29,**1905**.

01. 03,01. 07,01. 10,01. 11,01.
14,01. 16,01. 17,01. 27,02. 05,
02. 08,02. 09,02. 13,02. 14,02.
21,04. 04,05. 01,05. 02,06. 08,
06. 14,06. 19,06. 30,07. 03,09.
22,09. 28,10. 02,10. 24,11. 27,
12. 03,12. 05,12. 19,12. 20,12.
23,12. 26,**1906**. 06. 30,07. 06,
07. 19,08. 01,09. 05,09. 10,09.
16,09. 17,09. 18,09. 20,09. 22,
09. 24,09. 25,10. 05,10. 07,10.
08,10. 14,10. 20,10. 30,11. 01,
11. 05,11. 07,11. 10,11. 13,11.
19,**1907**. 01. 27,06. 17,**1908**.
02. 21
熊文圻　**1906**. 09. 22
熊希齡　**1892**. 05. 16,**1894**. 02. 02,
06. 24,**1897**. 03. 17,03. 19,07.
16,11. 22,11. 27,11. 30,12. 03,
12. 06,12. 16,12. 17,12. 19,12.
20,12. 24,**1898**. 01. 04,01. 10,
01. 11,01. 23,01. 29,02. 01,02.
02,02. 04,02. 05,02. 09,02. 12,
02. 13,02. 14,02. 17,02. 19,02.
20,02. 21,02. 25,02. 27,03. 03,
03. 06,03. 08,03. 09,03. 10,03.
13,03. 14,03. 16,03. 19,03. 20,
03. 21,03. 22,03. 23,03. 25,04.
01,04. 03,04. 04,04. 05,04. 06,
04. 08,04. 10,04. 11,04. 17,04.

26,04.27,05.01,05.02,05.05,
05.06,05.08,05.16,05.17,05.
18,05.19,05.22,05.25,05.26,
05.29,05.31,06.01,06.02,06.
03,06.05,06.12,06.21,08.05,
08.09,08.12,08.24,08.26,08.
27,09.12,09.14,09.22,09.26,
10.10,10.30,**1899**.04.03,12.
25,**1902**.03.01,08.26,08.29,
09.03,**1903**.09.19,09.20,09.
25,09.28,10.02,10.03,10.07,
12.09,**1904**.03.15,**1905**.05.02,
05.10,05.22,05.25,06.30,08.
01,08.28,09.18,**1907**.04.23,
06.20,10.17,12.11,12.25

熊錫疇　**1893**.07.09

熊錫榮　**1892**.06.21,07.18,07.
28,08.30,10.08,**1893**.07.09,
08.08,08.29,09.06,09.14,
1894.06.25,07.22,08.17,09.
16,**1895**.05.18,**1896**.06.10,
1897.06.04,06.27

熊煦陽　**1903**.01.20

熊一元(見熊羅宿)

熊乙垣(見熊羅宿)

熊亦元(見熊羅宿)

熊益元(見熊羅宿)

熊幼雅　**1899**.10.05

熊餘波　**1897**.07.24

熊元鍔　**1903**.07.16,07.17,11.

12,**1906**.05.05,05.12,07.09

熊元鈞　**1895**.09.17

熊召孫　**1898**.08.21,09.18

熊竹軒　**1903**.01.12

休文(見沈蓋)

修恕(見夏修恕)

脩綱(見王脩綱)

秀峰(見李乘時)

岫琴(見繆岫琴)

徐(見徐道焜)

徐(見徐仁鑄)

徐(見徐世昌)

徐(見徐樹銘)

徐(見徐桐)

徐(見徐錫麟)

徐(見徐用儀)

徐(見徐禎卿)

徐(見徐致靖)

徐拔　**1892**.06.20

徐寶生　**1892**.04.18,04.30,05.09

徐本麟　**1905**.01.09,03.11

徐弼光　**1896**.08.16,**1899**.05.02

徐伯苑　**1898**.07.09

徐昌諤　**1906**.11.23

徐承煜　**1901**.03.11

徐崇立　**1899**.08.31

徐道(見徐錫麟)

徐道焜　**1899**.03.31,04.09,04.
10,09.22,**1901**.01.01

徐德軒　**1897**.11.05

徐定生 **1899**.09.03

徐東甫(見徐會澧)

徐東松 **1894**.08.18

徐方亮 **1903**.06.24

徐方泰 **1896**.04.05

徐妃(見徐昭佩)

徐棻 **1893**.03.16,**1895**.11.30,
1896.03.12

徐鳳鈞 **1897**.05.23

徐福 **1894**.09.02

徐郙 **1894**.04.11,**1894**.09.16,
1900.07.31,11.10,12.21,**1903**.
08.26

徐谷青 **1902**.06.25

徐冠玉(見徐士瑹)

徐光啟 **1898**.03.18

徐蔭衫 **1900**.06.08,06.15,06.22

徐鴻儒 **1900**.07.30

徐花農(見徐琪)

徐會澧 **1900**.06.02,08.28,08.
30,09.18,**1903**.03.02

徐季和 **1899**.05.27

徐繼焜 **1903**.03.05,03.14,12.05

徐堅 **1893**.04.06

徐劍甫(見徐仁鑄)

徐景濂 **1896**.11.13

徐敬業 **1898**.09.30

徐鏡如 **1892**.02.29,**1898**.10.09

徐九成 **1903**.06.06

徐菊壽 **1896**.08.20,**1897**.01.12,

01.22,03.13,04.20,07.04,08.
02,**1898**.06.17,06.20,08.24,
10.06,10.10,**1902**.01.22

徐橘壽(見徐鈺)

徐君勉(見徐勤)

徐厲 **1900**.07.20

徐霖 **1901**.02.18

徐陵 **1907**.11.06

徐敏卿 **1896**.12.09,12.21

徐明諤 **1907**.06.05

徐明齋 **1903**.10.20,11.26

徐某(見徐錫麟)

徐培元 **1905**.03.11

徐琪 **1901**.11.26,12.07

徐棨 **1905**.03.11

徐乾學 **1893**.08.13

徐勤 **1898**.02.18,05.05

徐懋立 **1892**.04.16,**1895**.03.06,
1901.05.11,05.21,09.23,**1903**.
09.29,09.30,10.03,10.04,10.
07,10.19,10.21,**1904**.04.29

徐仁鑄 **1892**.04.02,**1897**.09.03,
10.09,12.19,**1898**.01.10,01.
25,02.20,02.25,03.02,03.06,
03.07,05.21,05.22,08.14,08.
17,08.23,08.24,08.28,09.03,
09.12,09.13,10.03,10.01,10.
11,11.02,**1900**.03.11,08.28,
1901.03.22,07.09

徐榮甲 **1905**.01.07,03.02,04.13

徐孺子(見徐稚)

徐闓生　**1903**.11.28

徐士琦　**1900**.03.20,04.06,04.
11,04.12,04.15,04.18,04.23,
05.02,05.06,05.07,05.11,05.
16,06.01,06.02,06.09,06.13,
06.16,06.20,06.24,07.03,07.
13,07.17,07.20,07.23,08.01,
08.04,08.11,08.16,08.22,08.
24,09.14,09.16,10.02,10.31,
11.25,12.09,12.15,12.25,
1901.03.30,04.01,04.03,04.
10,04.12,05.17,05.22,06.03,
06.10,06.14,06.22,07.03,07.
25,07.29,08.16,08.21,08.24,
08.26,09.06,09.07,09.09,09.
16,09.30,10.24,11.14,11.20,
11.22,11.25,11.27,11.28,
1906.03.20,03.23,03.26,03.
27,04.06,05.07,06.14,06.20,
06.29

徐士瀛　**1898**.09.21

徐氏(見徐乾學)

徐世昌　**1905**.07.01,08.01,09.
07,09.29,10.10,10.14,10.20,
1906.11.14,**1907**.03.25,04.23,
05.30,06.13,07.16,07.20,07.30

徐世傑　**1904**.05.02,**1906**.11.07

徐侍清　**1897**.08.23

徐壽鶴　**1897**.01.22,12.28

徐壽鴻　**1898**.01.04

徐壽菊(見徐鈺)

徐壽老(見徐樹銘)

徐叔鴻(見徐樹鈞)

徐舒銑　**1898**.07.16

徐舒欽　**1896**.07.03,**1898**.07.16

徐舒銑　**1898**.07.16

徐舒鍾　**1898**.07.16

徐樹鈞　**1892**.05.05,**1894**.04.28,
1896.09.23,**1897**.01.17,01.22,
1903.10.17,**1906**.04.23

徐樹銘　**1897**.07.14,09.03,**1898**.
06.22,10.10,11.04,**1899**.03.
19,03.24,**1900**.01.24

徐松　**1894**.09.21,09.22,09.29

徐頌閣(見徐郙)

徐泰生　**1895**.01.12

徐廷笏　**1895**.04.30

徐桐　**1892**.03.31,04.21,05.01,
1894.04.04,05.13,05.19,**1895**.
04.04,**1897**.02.02,**1898**.04.28,
07.27,**1899**.02.07,**1900**.07.15,
07.22,07.31,08.10,08.30,11.
10,12.26,**1901**.03.11

徐維三　**1897**.07.17,08.06,09.
09,**1898**.07.12,09.05

徐偉　**1907**.07.18,07.21,07.26

徐煒　**1907**.07.23

徐渭　**1895**.05.01,05.02,08.27

徐文長(見徐渭)

徐雯青（見徐元霖）

徐錫麟　**1907**. 07. 09, 07. 16, 07. 21, 07. 22, 07. 23, 07. 30, 08. 01

徐小谷　**1901**. 01. 06, 01. 13, 04. 21, **1902**. 03. 11, 06. 05, **1903**. 11. 05, 11. 12, **1906**. 05. 07

徐小穀（見徐小谷）

徐小圃　**1898**. 04. 18

徐小雲　**1900**. 09. 04

徐星伯（見徐松）

徐星伯　**1898**. 06. 13

徐學使（見徐仁鑄）

徐學士（見徐致靖）

徐延旭　**1895**. 07. 14, 09. 26

徐研夫（見徐仁鑄）

徐研甫（見徐仁鑄）

徐彦甫（見徐仁鑄）

徐養原　**1892**. 08. 12

徐蔭林　**1900**. 10. 18, 10. 26

徐蔭師（見徐桐）

徐蔭軒（見徐桐）

徐用儀　**1900**. 08. 30, 09. 24

徐友爰　**1903**. 02. 14, 02. 18

徐雨村　**1892**. 02. 08

徐鈺　**1896**. 04. 24, 04. 27, 04. 29

徐元霖　**1897**. 05. 09

徐芸渠（見徐棻）

徐芸生（見徐運錦）

徐雲生（見徐運錦）

徐雲孫（見徐運錦）

徐運錦　**1892**. 09. 29, **1893**. 09. 02, 09. 14, **1894**. 07. 03, **1895**. 04. 06, 04. 08, 04. 16, 04. 21, 05. 04, 05. 10, 05. 11, 06. 20, 06. 25, 08. 31, 09. 17, 09. 18, 10. 08, 10. 19, 10. 20, 10. 22, **1896**. 04. 18, 05. 18, 05. 19, 05. 21, 06. 05, 06. 10, 06. 11, 06. 18, 07. 05, 07. 22, 08. 22, 09. 24, 10. 12, 10. 22, 11. 05, 11. 06, **1897**. 04. 20, 04. 28, 04. 29, 05. 08, 06. 11, 06. 17, 06. 23, 07. 29, 08. 29, 09. 09, 10. 20, **1898**. 06. 19, 07. 03, 07. 12, 08. 26, 08. 27, 09. 15, 10. 10, 10. 13, **1899**. 06. 21, **1901**. 07. 09, 07. 15, **1905**. 08. 24, **1907**. 01. 08

徐運銑　**1892**. 09. 29, **1893**. 05. 15, 08. 29, **1895**. 04. 13, **1896**. 05. 16, 09. 22

徐運鑫　**1892**. 06. 18, 07. 28, 08. 30, 10. 08, 10. 29, **1893**. 04. 16, **1894**. 07. 06, **1895**. 04. 18, 09. 03, 09. 07, 09. 17, **1896**. 05. 16, 05. 17, 06. 04, 06. 10, 06. 11, 06. 28, 08. 22, 09. 22, 10. 02, 10. 22, **1897**. 06. 28, 10. 20, 10. 22, **1902**. 10. 29

徐運釗　**1892**. 09. 29, **1893**. 08. 29

徐韻士　**1903**. 03. 01

徐昭佩　**1896**. 05. 12

1908.02.03

許受衡　**1893**.10.29

許叔重(見許慎)

許樹藩　**1894**.10.30,11.02,**1905**.
　06.19

許太尊(見許景祁)

許文玉　**1905**.12.20

許仙帥(見許振禕)

許顯忠　**1898**.10.14

許雪門　**1895**.11.30

許應驥　**1898**.07.08,07.17,08.06

許玉屏　**1902**.03.04

許岳鍾　**1903**.07.15,07.26

許兆魁　**1903**.03.01,03.05,03.
　14,04.05,10.13,**1904**.01.28,
　03.15,10.31,**1905**.09.02,**1906**.
　12.04,**1907**.04.22,04.27,06.
　03,09.14,09.28,10.13,10.20,
　11.20,12.03

許貞幹　**1893**.07.13

許振鴻　**1895**.05.30

許振禕　**1898**.01.14,**1902**.04.30

許竹篔(見許景澄)

許子立(見許承家)

許子笠(見許承家)

許子順　**1905**.09.03,10.15,10.
　22,12.20,12.24

許子訓　**1905**.10.04,**1906**.07.17,
　07.19,08.05,08.28,11.14,
　1907.02.21,02.28,06.17,06.

18,09.02

許宗彥　**1892**.08.01,08.12

緒芳有鄰　**1899**.12.23

宣帝(見漢宣帝)

宣公(見陸贄)

宣翹(見戴德誠)

軒翹(見戴德誠)

軒轅　**1895**.03.29

玄女　**1898**.04.06

玄宗(見唐玄宗)

璿伯(見張璿伯)

薛(見薛福成)

薛福成　**1897**.10.24,**1902**.01.10,
　03.19,03.21,03.29

薛景仙　**1904**.11.03

薛居州　**1903**.07.10

薛能　**1897**.12.23

薛仁貴　**1892**.04.20

薛紹徽　**1902**.12.23

薛叔芸(見薛福成)

薛星使(見薛福成)

薛應旂　**1900**.04.21

薛允升　**1894**.09.16

雪泉(見秦雪泉)

荀(見荀卿)

荀卿(見荀子)

荀文若(見荀彧)

荀彧　**1898**.05.26

荀子　**1892**.07.31,**1893**.04.09,
　1895.10.21,**1896**.04.21,**1898**.

03.09,04.12,**1901**.08.15,**1903**.
03.12

遜齋(見龍遜齋)

Y

亞夫(見周亞夫)

鄢(見鄢廷煇)

鄢廷煇　**1898**.08.05,08.08,08.
17,08.20

鄢廷辉(見鄢廷煇)

延齡(見陳延齡)

延平(見李侗)

延生(見朱益年)

延之(見顏延之)

言皋大人者(見剛毅)

言錫疇　**1905**.06.06

言蔭松　**1906**.07.06,07.17

研甫(見徐仁鑄)

研生(見何研生)

研仙(見龍璋)

閻(見閻若璩)

閻百詩(見閻若璩)

閻棟　**1898**.03.23

閻季迿　**1907**.03.26

閻季蓉(見閻鎮珩)

閻覲臣　**1892**.02.29,06.17,07.
02,07.03,07.13,07.22,09.01,
10.02,10.21,**1893**.04.20,04.
24,05.10,05.30,**1895**.04.05,

05.14,06.28,10.19,**1896**.04.
19,04.21,06.23,08.27,11.03,
1897.04.29,07.10,**1898**.07.26

閻克堅　**1905**.08.08,**1906**.04.20,
04.22

閻蘭　**1904**.04.01

閻夢皷　**1897**.12.20,**1898**.01.05,
02.16

閻若璩　**1892**.07.10,07.14,07.
15,**1893**.04.06,04.11,05.06,
07.14,08.12,07.04,09.30,
1903.11.26,11.27,12.02,12.05

閻士良　**1897**.11.21,**1905**.08.08

閻氏(見閻若璩)

閻象雯(見閻士良)

閻秀峰　**1902**.01.15,07.07,07.
15,**1904**.05.10

閻鎮珩　**1903**.11.12,**1907**.11.06

閻仲簴(見閻夢皷)

顏(見顏回)

顏(見顏可鑄)

顏(見顏鍾驥)

顏回　**1893**.07.13,**1898**.04.06,
1900.03.02

顏可鑄　**1903**.09.15,09.22,09.
23,09.25,09.27,10.13,10.16,
10.20,10.23,10.26,11.09,11.
13,11.16,11.17,11.18,11.21,
11.24,11.25,12.08,12.09,12.
16,12.17,12.18,12.19,12.27,

彥和(見劉緦)

彥老(見黃潤琛)

彥廷(見黃潤琛)

晏鼎升　**1896**.06.07,06.15,08.23,09.21,**1897**.04.21,06.04,**1898**.06.17,06.23

晏海瀾(見晏志清)

晏海南(見晏志清)

晏斯盛　**1894**.07.03

晏月槎　**1892**.10.29

晏月樵　**1892**.05.25,07.18,08.19,09.11

晏志清　**1892**.06.18,07.22,07.25,08.13,08.14,08.26,08.27,09.22,11.02,**1893**.04.19,06.03,06.04,06.12,07.08,07.18,07.19,07.26,08.02,08.08,09.16,09.17,**1894**.06.28,07.09,07.26,07.31,08.01,08.04,08.09,08.23,08.25,08.27,08.29,09.02,**1895**.04.09,04.24,04.30,05.03,05.09,05.11,05.25,05.28,06.05,06.19,06.20,07.17,08.10,08.29,09.18,10.01,10.03,10.23,10.24,10.26,**1896**.04.24,05.11,06.03,06.13,06.15,07.19,07.21,07.22,08.20,09.17,09.21,09.29,10.13,10.17,10.27,11.01,11.10,**1897**.04.21,05.02,05.17,05.

30,06.04,06.11,06.29,08.16,08.24,09.02,**1898**.06.17,06.22,06.23,06.24,06.25,07.08,08.28,09.05,09.11,09.15,09.27,09.29,09.30,10.15,**1899**.05.08,**1901**.07.02,07.03,07.17,08.06,08.22,08.24

晏子　**1898**.03.09

硯規(見楊硯圭)

硯仙(見龍璋)

雁舟(見吳嘉瑞)

燕謀(見陳燕謀)

燕生(見蔡金臺)

燕昭(見燕昭王)

燕昭王　**1892**.06.12,**1898**.03.09,03.14

羊公(見羊祜)

羊祜　**1898**.08.26

陽貨　**1892**.08.03

陽明(見王守仁)

揚雄　**1897**.12.16,**1898**.02.22,**1899**.04.23,10.20,**1900**.06.05,**1901**.10.22

揚子(見揚雄)

揚子雲(見揚雄)

楊(見楊度)

楊(見楊繼盛)

楊(見楊俍)

楊(見楊銳)

楊(見楊深秀)

楊惠嗜(見楊壽彤)

楊吉逢 **1895**.03.12,**1896**.11.28,
12.03,12.16,12.27,**1905**.04.
04,10.13,12.30,**1906**.02.04,
02.20

楊吉紅 **1907**.07.12

楊紀彝 **1906**.08.30

楊繼盛 **1898**.03.09

楊繼之(見楊世猷)

楊价人 **1899**.07.09,**1907**.07.24

楊進忠 **1900**.07.30

楊倞 **1893**.04.09

楊橘紅(見楊吉逢)

楊鈞 **1906**.04.09

楊俊 **1905**.09.22

楊開育 **1906**.06.29

楊葵生(見楊自超)

楊葵園(見楊自超)

楊廉夫 **1904**.11.09

楊廉甫(見楊士驤)

楊蓮臣 **1907**.09.21

楊霖生 **1898**.05.05

楊茂 **1904**.03.15

楊孟文 **1903**.08.28

楊孟湘 **1902**.07.15

楊冕 **1902**.07.20,08.04,08.23,
09.16,09.20,09.22,10.08,10.
15,11.08,11.18,12.29,**1903**.
01.14,01.15,03.18,10.09,11.
05,**1904**.01.08,02.19,10.09,

12.04,**1905**.03.31,07.04,07.
10,07.22,08.31,**1906**.01.27,
07.28,09.11,12.18,**1907**.07.27

楊明遠 **1893**.10.18,**1901**.06.03,
1905.02.27,03.11

楊銘勳 **1903**.10.06

楊某(見楊崇伊)

楊念規(見楊硯圭)

楊念惕 **1892**.06.20,08.17,09.
13,10.27,11.07,**1893**.04.21,
06.08,08.17,08.25,09.10,09.
15,09.16,10.29,**1894**.07.01,
08.19,**1895**.04.23,10.19,10.
22,**1896**.05.17,06.08,09.29,
10.06,10.09,11.06,11.09,11.
10,11.11,**1898**.08.01

楊蓬海(見楊恩壽)

楊晴川(見楊汝翼)

楊慶孫 **1899**.06.27,07.11,07.
12,10.01,11.05,11.27,12.03,
12.07,**1904**.11.27

楊秋照 **1905**.03.24

楊然青(見楊毓煇)

楊燃青(見楊毓煇)

楊人偉 **1906**.09.16

楊汝康 **1896**.12.16,**1905**.09.21,
1906.10.02

楊汝榮 **1896**.12.16

楊汝翼 **1895**.08.08,08.25,10.
25,12.19,**1896**.11.28,12.03,

12. 08 , 12. 10 , 12. 16 , 12. 19 , 12.
24 , 12. 31 , **1897**. 01. 14 , 01. 19 ,
01. 22 , 01. 31 , 02. 11 , 03. 13 , 03.
16 , 10. 05 , **1898**. 01. 14 , 03. 14 ,
03. 15 , 03. 16 , 03. 19 , 04. 13 , 04.
19 , 05. 26 , 06. 07 , 12. 22 , 12. 23 ,
12. 25 , **1899**. 01. 26 , 04. 20 , 04.
28 , 05. 03 , **1900**. 02. 26 , 03. 01 ,
08. 28 , 12. 26 , 12. 31 , **1901**. 11.
16 , **1902**. 01. 10 , 01. 29 , 02. 28 ,
03. 28 , 04. 19 , 07. 16 , 08. 10 , 09.
26 , 11. 21 , 12. 15 , **1903**. 04. 13 ,
05. 11 , **1904**. 02. 13 , 02. 27 , 03.
30 , 04. 03 , **1905**. 09. 09 , 10. 13 ,
12. 29 , **1906**. 02. 17 , **1907**. 07. 12 ,
07. 15

楊瑞安　**1893**. 11. 28

楊瑞霖(見楊肇元)

楊瑞雲　**1894**. 07. 19 , **1896**. 04. 22 ,
05. 16 , 06. 15 , 07. 11 , **1897**. 04.
21 , 06. 04 , 06. 20

楊銳　**1894**. 05. 15 , 05. 17 , **1898**.
09. 13 , 09. 14 , 10. 04 , 10. 13 , 10.
14 , 10. 30

楊若卿(見楊念惕)

楊商農(見楊書霖)

楊少鶴　**1897**. 05. 09

楊少六(見楊紹陸)

楊少陸(見楊紹陸)

楊少麓(見楊紹陸)

楊少曾(見楊紹曾)

楊紹陸　**1892**. 12. 12 , **1893**. 01. 03 ,
01. 04 , 03. 22 , 06. 04 , 06. 12 , 07.
28 , 10. 18 , 11. 15 , 12. 02 , **1894**.
01. 18 , 01. 22 , **1902**. 01. 12 , **1905**.
12. 09

楊紹星　**1903**. 11. 10

楊紹曾　**1893**. 11. 15 , **1894**. 02. 14 ,
11. 19 , **1897**. 12. 19 , **1898**. 02. 13 ,
1903. 03. 25 , **1904**. 03. 02 , 03. 06 ,
04. 30 , 11. 07 , 11. 09 , 11. 12 , 12.
31 , **1905**. 07. 15 , 07. 24 , 12. 09 ,
1906. 03. 25 , **1908**. 01. 16 , 01. 23

楊深秀　**1898**. 07. 01 , 07. 17 , 10.
03 , 10. 04 , 10. 30 , 10. 31 , **1899**.
01. 11

楊慎　**1897**. 07. 11 , **1901**. 03. 15

楊慎初　**1903**. 12. 08

楊升菴(見楊慎)

楊生(見楊廷傑)

楊生春　**1905**. 08. 26

楊繩藻　**1903**. 07. 01

楊盛　**1894**. 11. 20

楊聖燾　**1898**. 07. 03 , 07. 05 , 07. 06

楊石山　**1898**. 05. 04

楊石帥(見楊昌浚)

楊時　**1898**. 02. 19 , 04. 06

楊士驤　**1903**. 07. 30 , 08. 01 , 08.
03 , 08. 05 , 11. 15 , **1907**. 09. 07

楊世猷　**1902**. 10. 12 , 10. 13 , **1904**.

楊壽彤　**1892**.03.29,05.08,**1894**. 04.09,**1900**.10.11,11.10,**1901**. 03.25,04.01

楊叔喬(見楊鋭)

楊書霖　**1892**.12.02,**1893**.03.06, 03.08,03.09,04.01,05.21,05. 24,05.28

楊述貞(見楊樹箴)

楊述箴(見楊樹箴)

楊澍生(見楊殖)

楊澍箴(見楊樹箴)

楊樹穀　**1901**.09.19,**1906**.10.31

楊樹箴　**1892**.08.24,12.08,**1894**. 12.13,**1901**.09.19,10.09,**1902**. 03.16,03.19,03.27,03.28,03. 30,04.01,04.10,04.16,05.31, 06.04,06.07,06.24,08.04,12. 20,**1903**.05.06,**1906**.03.12

楊嗣昌　**1898**.05.09

楊松年　**1904**.04.23,12.20

楊天驥　**1903**.08.16

楊鐵傭(見楊希閔)

楊廷幹　**1904**.10.31

楊廷和　**1895**.07.28

楊廷傑　**1904**.02.19,**1905**.02.08, 07.10,**1906**.01.27,02.19,06. 22,07.10,07.12,09.16,09.17, 09.22,09.23,09.24,12.18,12. 23,12.26,**1907**.01.12,01.16,

01.18,01.30,03.04,03.11,03. 12,03.13,03.15,03.23,03.26, 12.01,12.22,12.30,**1908**.01. 05,03.04,03.05,03.06

楊彤伯　**1897**.12.06,12.24

楊微生　**1897**.04.12,**1901**.06.24, **1903**.05.25

楊維翰　**1894**.06.25,**1895**.04.03, 10.03,**1897**.06.04

楊渭璠　**1898**.04.18

楊蔚霖　**1894**.06.25,**1895**.04.06, **1896**.05.08,**1898**.07.19

楊臥雲(見楊希閔)

楊西屏(見楊廷傑)

楊希白　**1897**.02.01

楊希閔　**1893**.09.17,09.19,10. 13,**1894**.07.18,07.26,08.09, **1904**.12.11

楊希劭　**1902**.08.09,08.10

楊晳子(見楊度)

楊錫祉　**1902**.01.08,**1903**.06.08, 06.09

楊習之(見楊度)

楊習子(見楊度)

楊仙舫(見楊生春)

楊先倬　**1899**.05.02

楊筱園　**1894**.02.03

楊莘伯(見楊崇伊)

楊杏生　**1903**.07.30,**1908**.01.16

楊性農(見楊彝珍)

楊緒昌 **1896**.11.09

楊彥規(見楊硯圭)

楊硯圭 **1899**.07.29,08.02,08.
12,08.13,09.11,11.28,**1900**.
07.11,11.13,**1901**.01.18

楊硯規(見楊硯圭)

楊一清 **1906**.05.23

楊頤 **1894**.04.11,**1894**.05.17,
1894.09.16

楊彝珍 **1896**.08.22,08.23,**1902**.
10.12,10.13

楊亦文(見楊光熊)

楊意 **1902**.04.12

楊勇恪(見楊載福)

楊詠裳 **1898**.05.05

楊詠仙 **1899**.05.13,07.11,09.
02,09.03,09.04,10.09,11.08,
12.16,**1900**.07.31,**1904**.04.03,
1905.12.30,**1906**.02.17,02.20,
1907.06.14

楊佑生(見楊佑孫)

楊佑孫 **1899**.05.15,05.18,05.
20,05.28,06.27,07.11,07.12,
08.27,09.02,09.03,10.01,11.
05,11.22,12.03,12.07,12.17,
1900.03.19,03.29,04.12,04.
18,05.04,05.06,05.14,06.22,
07.01,07.02,**1901**.02.21,**1904**.
11.27

楊佑蓀(見楊佑孫)

楊玉科 **1893**.06.09,**1896**.12.16

楊毓輝 **1903**.06.17,06.18,06.
20,06.22,06.30,07.01,07.03,
08.01,08.03,08.07,08.09,08.
25,08.26

楊毓麟 **1896**.08.24,12.08,**1897**.
10.04,10.25,11.27,**1898**.11.
02,**1899**.01.12,01.26,10.03,
11.17,**1900**.06.11,08.20,**1901**.
06.08,**1902**.01.01,02.25,03.
01,03.04,03.13,**1903**.01.20,
07.30,**1905**.09.11,**1908**.01.22

楊垣 **1895**.04.11,04.14,04.18,
06.01,07.06,08.01,09.22

楊昀谷 **1897**.06.17,06.29,07.
16,08.16,08.20,08.22,**1898**.
08.14,10.11,10.15

楊雲衢 **1903**.08.22

楊雲軒 **1905**.07.12,07.15

楊雲章 **1892**.07.03,07.04

楊韻仙 **1894**.04.22

楊載福 **1892**.02.04

楊藻鑑 **1894**.09.16,**1895**.04.03,
1896.05.16,08.22,11.11,**1898**.
07.15

楊增犖 **1895**.10.19,**1896**.04.20,
04.21,05.18,05.29,08.04,08.
21,10.22,11.07,**1897**.04.21,
05.12,05.21,05.26,06.04,06.
15,06.20,09.02,10.20,**1898**.

姚丙然　**1899**.03.26

姚崇　**1899**.10.18,**1902**.04.23

姚俶詞　**1901**.11.02

姚宏業　**1906**.04.18,08.09

姚姬傳(見姚鼐)

姚良楷　**1907**.11.08

姚某(見姚洪業)

姚鼐　**1893**.05.06,**1900**.08.17

姚紹機　**1892**.07.02,10.08,**1894**.
　04.30

姚石山　**1898**.02.18

姚壽慈(見姚肇椿)

姚文卿　**1894**.12.29

姚錫光　**1897**.12.17,**1901**.04.27

姚肇椿　**1894**.12.21,**1899**.05.02,
　1900.03.30

姚之階　**1907**.11.21

姚仲華　**1902**.08.04

堯　**1892**.08.19,**1897**.01.25,03.
　07,**1898**.03.01,04.06,04.14,
　05.09,10.03,**1900**.01.01,01.
　13,03.02,11.04

堯階(見鍾堯階)

堯年(見袁堯年)

堯卿(見張堯卿)

堯衢(見余肇康)

堯帥(見岑春蓂)

耶和華　**1898**.04.07

耶律楚材　**1903**.07.15

耶穌　**1892**.07.09,**1896**.08.04,

1898.04.06,**1898**.04.07,**1898**.
04.09

冶秋(見張百熙)

垫老(見張百熙)

垫秋(見張百熙)

垫翁(見張百熙)

垫丈(見張百熙)

野老(見張百熙)

野秋(見張百熙)

野翁(見張百熙)

野丈(見張百熙)

葉(見葉德輝)

葉(見葉景揆)

葉(見葉覺邁)

葉(見葉志超)

葉昺文　**1902**.11.14

葉炳文　**1897**.03.20

葉德輝　**1893**.01.09,10.18,10.
19,10.21,11.15,12.02,**1894**.
01.18,02.13,02.14,10.21,11.
16,11.20,11.22,12.02,12.21,
1895.01.01,01.04,01.05,01.
21,02.21,02.23,02.27,02.28,
11.17,11.21,11.23,12.14,12.
18,12.26,12.27,**1896**.01.03,
01.04,01.09,01.15,01.16,01.
18,01.29,02.23,03.04,03.15,
03.22,03.24,03.28,04.02,04.
06,04.07,04.08,04.09,09.23,
09.26,11.29,12.05,12.06,

葉君(見葉德輝)

葉揆初(見葉景揆)

葉葵初(見葉景揆)

葉麻(見葉德輝)

葉默菴(見葉炳文)

葉佩瑲 1893.04.23

葉潤黎 1892.06.21,1893.05.22,
06.10,1897.03.31,1902.10.29

葉適 1898.09.14,1900.08.24,
1903.12.07

葉水心(見葉適)

葉太守(見葉景揆)

葉太尊(見葉景揆)

葉希賢 1899.12.26,1903.07.08

葉奕苞 1894.02.03,1899.12.10

葉雨村 1905.01.16,01.25

葉元芳 1895.08.14,08.20,08.
21,09.23,09.24

葉志超 1895.01.04,02.07,02.
15,03.07

葉仲元(見葉覺邁)

葉祖香(見葉元芳)

業釗(見魏業釗)

一兒(見皮嘉福)

一二兒(見皮嘉福、皮嘉祐)

一琴(見李維格)

一元(見熊羅宿)

伊川(見程頤)

伊東 1899.08.06

伊侯(見伊藤博文)

伊耆 1895.07.23

伊藤(見伊藤博文)

伊藤博文 1895.04.02,1897.10.
10,1899.04.20,08.02,08.06,
08.23,09.22,1900.09.12,1904.
11.26

伊相(見伊藤博文)

伊尹 1894.10.28,1898.03.01,
04.04,05.06,05.19,1903.11.26

依將軍(見依克唐阿)

依克唐阿 1895.12.16

夷吾(見管夷吾)

宜甫(見吳振棫)

怡臣(見余怡臣)

怡仲(見譚紹裳)

儀陸 1906.06.14

彝伯(見黃彝伯)

彝範(見陳範)

彝恂(見夏時濟)

彝仲(見譚紹裳)

乙垣(見熊羅宿)

亦文(見楊光熊)

亦元(見熊羅宿)

易(見易鏡盦)

易棣鄂 1907.06.06

易棻 1892.08.08

易鳳樓 1901.10.21

易古田 1907.07.15,07.16

易桂林 1904.03.17

易國觀 1906.09.02

易南生 **1902**.07.07

易佩紳 **1896**.01.18,02.28,03. 30,04.04,**1897**.10.01,12.09, 12.14,12.18,12.20,12.22,12. 23,12.27,12.31,**1898**.01.04, 01.30,05.03,**1899**.03.19,**1905**. 12.09,12.11,12.17,12.18,12. 21,**1906**.09.15,09.28

易瑞龍 **1898**.05.06

易睿如 **1907**.04.06

易叔吾 **1903**.03.06,**1907**.04.15

易紹生 **1907**.07.01,07.03

易實甫(見易順鼎)

易順鼎 **1892**.10.30,11.13,**1894**. 08.11,08.21,**1895**.07.08,09. 04,09.21,10.01,12.25,12.26, 12.28,**1896**.01.07,01.18,02. 28,03.04,03.05,03.15,03.28, 03.30,04.04,04.12,04.13,04. 14,04.16,09.12,**1897**.03.10, 03.13,03.15,03.16,03.17,03. 18,06.12,10.02,10.08,10.15, 10.22,11.27,12.07,12.09,12. 14,12.18,12.19,12.20,12.22, 12.23,12.24,12.25,12.26,12. 27,**1898**.01.04,01.08,01.23, 01.29,01.30,02.05,02.13,02. 17,02.21,03.03,04.18,04.26, 04.28,05.03,07.11,10.12,11. 30,12.02,12.07,12.31,**1899**.

01.04,01.07,01.12,01.18,03. 14,03.17,03.19,03.28,03.29, 04.02,04.26,04.30,05.03,05. 24,05.30,06.14,06.19,07.29, 08.12,08.18,08.21,08.22,08. 23,08.25,08.31,09.03,09.04, 09.11,09.19,**1901**.03.26,04. 21,**1904**.04.26,**1906**.09.15,10. 09,**1907**.09.14

易順豫 **1896**.03.29,04.01,04. 04,**1897**.10.04,**1898**.02.05, **1899**.03.19,**1903**.05.29,06.24, 07.16,**1907**.07.29

易堂(見劉易堂)

易緯 **1905**.12.26

易緯如(見易宗夔)

易緯輿(見易宗夔)

易渥芝 **1903**.06.19

易荇雲 **1901**.10.16

易由甫(見易順豫)

易中實(見易順鼎)

易仲晦 **1900**.11.03

易宗夔 **1907**.05.16,06.11,10. 16,10.19,**1908**.02.29

奕劻 **1894**.11.21,**1899**.08.02, 09.19,09.22,10.24,11.27, **1900**.01.06,02.23,06.27,06. 30,07.22,07.31,08.09,08.16, 09.04,09.12,09.13,09.15,09. 18,09.20,12.15,**1901**.01.15,

柚琴（見繆柚琴）

柚溪（見陶柚溪）

游昌際　**1906**.09.24

游鳳墀　1897.05.01,**1898**.06.23

友古（見陳友古）

友蘭（見余友蘭）

有若　1898.04.06,**1901**.06.07

又珊（見李肖聃）

又老（見陳寶箴）

又宜（見沈兆褘）

右老（見陳寶箴）

右銘（見陳寶箴）

右帥（見陳寶箴）

右丈（見陳寶箴）

幼安（見湯聘珍）

幼羲（見傅幼羲）

幼莪（見傅幼莪）

幼老（見陳寶箴）

幼老（見湯聘珍）

幼梅（見陳家述）

幼彌（見鄧國瓛）

幼農（見黃幼農）

幼樵（見張佩綸）

幼卿（見胡幼卿）

幼帥（見陳寶箴）

幼伊　**1904**.10.03

佑臣（見李世申）

佑老（見陳寶箴）

佑帥（見陳寶箴）

佑孫（見楊佑孫）

佑蓀（見楊佑孫）

佑賢（見張佑賢）

祐兒（見皮嘉祐）

于（見于式枚）

于（見于蔭霖）

于秉郇（見于廷榮）

于秉苟（見于廷榮）

于磻溪　**1906**.06.27,07.03,07.
　28,08.16,**1907**.09.23

于次棠（見于蔭霖）

于宏勛　1894.12.29

于洪熙　**1906**.06.15

于晦若（見于式枚）

于君（見于磻溪）

于某（見于式枚）

于式枚　1895.06.17,**1906**.05.31,
　06.12,06.13

于廷榮

于蔭霖　1898.07.27,**1899**.09.22,
　1900.07.22

于毓筠　**1907**.10.15

于越　**1898**.04.18

于鉞　1898.04.28,**1898**.05.02,
　1898.05.20

于竺珊　**1903**.03.03

余（見余覺民）

余（見余廷誥）

余（見余亭伯）

余（見余肇康）

余寶生　**1894**.01.27

余承伯　**1905**.03.22,.03.23,03.25,03.29,04.10,04.15,04.20,05.16,06.01,06.22,06.25,06.26,07.23,08.02,08.05,09.06,09.08,09.11,09.20,10.11,11.13,11.15,11.16,**1906**.01.11,06.26,08.01,08.03,10.15,10.17,10.18,10.19

余城伯　**1905**.03.18

余誠格　**1900**.02.23

余洞澂　**1892**.05.28,05.30,05.31,06.03

余棟臣　**1898**.12.02,12.23,**1899**.01.14,01.27,01.30,02.02,02.14,09.03

余端甫　**1892**.02.29,**1893**.06.23

余方伯(見余聯沅)

余傅霖　**1902**.08.12,08.23

余公(見余肇康)

余國琛　**1893**.07.02

余國鈞　**1898**.05.19

余潔　**1895**.05.03,09.29,10.03,**1896**.04.23

余介卿　**1899**.06.26,06.29,07.04,07.10,07.12,08.22,08.23,**1901**.08.22,08.28,09.13,09.23,**1902**.05.20,06.04,06.13,11.06,12.05,**1905**.03.18,04.02,07.24,09.10,**1906**.02.06,03.12,08.08,**1907**.03.07

余覺民　**1906**.06.30,07.01,08.01,09.16,10.31

余廉訪(見余肇康)

余聯沅　**1900**.11.23,**1901**.02.10,05.30,06.02,06.18,09.23

余蠻子(見余棟臣)

余佩蘭　**1899**.10.05,10.07,10.10,10.14,11.10,11.30,12.09,12.19,12.24,**1900**.01.18,02.06,**1907**.11.13,11.25

余平山　**1900**.06.06

余紉秋(見余佩蘭)

余生驤　**1895**.07.01,10.19,**1896**.04.21,**1897**.05.02,**1898**.06.17,06.23

余生騏　**1892**.06.19,10.24,**1893**.04.21,09.15,**1894**.03.11,06.30,**1895**.07.01,10.19,**1896**.04.21,**1897**.05.02,**1898**.06.17,06.23,09.30

余生麒(見余生騏)

余生芝　**1892**.08.24

余氏(見余介卿)

余式佳　**1902**.08.04

余壽璋　**1908**.01.12

余松喬　**1902**.08.26,11.12

余太守(見余肇康)

余天隨　**1899**.06.15

余廷誥　**1898**.08.05,08.17,08.20

余亭伯　**1903**.07.30,07.31,08.

20,10.27,**1904**.04.02,10.05

余庭伯(見余亭伯)

余沃　**1898**.04.18,04.28,05.02,
　05.19

余心言(見余友蘭)

余學師　**1902**.07.24,08.02,08.25

余堯衢(見余肇康)

余怡臣　**1893**.03.26,10.12,10.
　17,10.19,10.20,11.16,12.02,
　12.04,12.22,**1894**.01.08,01.
　09,01.15,01.23,01.24,01.27,
　01.28,10.16,11.21,**1899**.02.
　08,03.12,**1900**.09.24

余翊臣　**1893**.10.20,12.04,**1894**.
　01.28

余詠之(見余詠芝)

余詠芝　**1899**.10.03,10.14,10.
　15,10.17,10.24,11.20,**1900**.
　01.29

余友蘭　**1899**.10.05,11.30,12.
　09,**1900**.01.04

余雲山　**1901**.01.10

余兆麟　**1892**.06.18,06.22,**1893**.
　04.18,08.07,**1894**.06.24,08.
　02,**1902**.10.29

余肇康　**1893**.01.23,**1897**.03.02,
　03.17,03.26,03.27,03.28,03.
　29,05.23,06.23,09.17,09.18,
　1898.10.19,**1899**.03.14,**1901**.
　10.10,**1903**.02.15,02.21,02.

22,03.20,05.10,**1904**.12.22,
1905.01.13,04.04,04.05,04.
07,04.10,04.13,04.16,04.26,
05.31,06.12,06.16,07.04,07.
06,07.21,08.09,08.14,08.16,
08.23,08.24,08.26,08.29,08.
30,08.31,09.02,09.03,09.10,
09.12,09.13,09.14,10.13,10.
22,11.06,11.09,11.16,12.23,
1906.01.04,01.05,01.16,03.
10,03.12,03.13,03.15,03.21,
04.02,04.07,04.08,04.18,04.
19,04.23,04.30,05.12,05.18,
05.19,05.25,06.08,06.13,06.
14,06.15,06.16,07.01,07.19,
07.21,07.26,08.10,08.13,08.
17,08.20,08.25,08.27,09.05,
09.13,10.15,10.20,11.19,12.
26,**1907**.02.22,03.01,03.02,
04.05,05.08,05.26,06.13,06.
19,06.30,07.09,07.20,09.29,
10.01,11.11,11.15,11.16,11.
20,12.05,12.28,**1908**.02.14,
01.22,01.30,02.13,02.19,02.
22,03.04

余肇升　**1905**.04.26,05.11,10.
06,11.24,**1906**.06.28,07.01,
11.05,**1907**.03.08,03.14,03.
15,03.17,03.24,03.30,07.11,
07.14,08.07,09.21,11.20,12.

16,**1908**.01.27,02.25

余振麐 **1899**.09.16

余振之(見余振芝)

余振芝 **1899**.09.03,09.07,09.22,11.14

余子厚 **1894**.04.23,04.25

余子昭(見余肇升)

於承之 **1900**.05.18

於學勤 **1900**.02.08

俞(見俞蕃同)

俞(見俞鴻慶)

俞(見俞廉三)

俞(見俞明震)

俞(見俞樾)

俞(見俞秋華)

俞陛雲 **1900**.06.29

俞伯鈞(見俞鴻慶)

俞焯 **1898**.04.10

俞誠伯 **1904**.04.23

俞蕃邃 **1902**.09.30,10.02

俞蕃同 **1903**.04.21,04.22,04.23,04.27,05.09,10.13,11.05,11.07,11.11,11.18,11.21,11.23,12.05,12.06,12.08,12.11,12.13,12.14,12.19,12.22,12.26,12.30,12.31,**1904**.01.07,01.18,01.26,01.31,02.01,02.02,02.05,02.09,02.11,02.27,03.09,03.10,03.15,03.17,03.19,03.21,03.22,03.23,03.26,03.28,03.31,04.02,04.02,04.04,04.07,04.25,05.03,05.04,05.05,05.06,05.17,05.18,05.20,09.28,09.28,10.04,10.12,10.15,10.17,10.19,10.26,11.02,11.23,11.30,12.02,12.03,12.04,**1905**.01.11,01.12,01.14,01.16,01.24,01.26,01.27,01.29,01.30,01.31,02.05,02.08,02.09,02.14,02.27,03.03,03.04,03.08,03.09,03.25,03.28,04.03,04.13,05.06,05.07,05.11,07.04,10.04,10.06,**1906**.04.26,06.14,06.24,07.03,07.06,07.18,07.19,09.22,09.23,09.24,09.25,09.26,10.10,11.16,**1907**.09.26,09.28,**1908**.01.10,01.12

俞方伯(見俞廉三)

俞芳塢 **1903**.05.05,**1905**.11.14,12.01,**1906**.11.09

俞陔輔 **1900**.05.25,05.26,**1906**.05.15

俞誥慶 **1899**.05.02,**1902**.07.12,08.10,08.11

俞公(見俞廉三)

俞鶴皋(見俞錫爵)

俞鴻慶 **1892**.03.21,03.22,03.29,04.22,04.27,05.07,05.11,06.13,**1893**.01.08,01.09,01.

17，10. 26，10. 29，**1894**. 05. 19，
06. 01，10. 16，**1898**. 05. 31，06.
01，12. 29，**1899**. 01. 14，04. 03，
04. 13，07. 09，08. 12，10. 01，
1900. 06. 18，07. 08，07. 29，08.
01，09. 13，10. 11，11. 10，**1901**.
03. 22，04. 02，05. 03，09. 10，09.
12，09. 15，10. 19，10. 28，11. 14，
1902. 03. 19，03. 24，04. 04，04.
22，05. 05，05. 22，06. 02，07. 18，
08. 05，08. 12，09. 10，09. 22，09.
29，10. 01，10. 07，10. 11，11. 23，
11. 24，11. 27，11. 30，12. 01，12.
15，12. 20，12. 31，**1903**. 01. 18，
01. 19，01. 20，01. 25，01. 26，02.
10，02. 18，03. 02，03. 14，03. 16，
03. 19，03. 23，03. 24，03. 26，04.
09，04. 25，04. 26，04. 27，04. 28，
04. 29，05. 02，10. 16，**1907**. 06. 03

俞經詒（見俞蕃同）

俞鏡瀯　**1900**. 02. 24

俞可人

俞恪士（見俞明震）

俞理初（見俞正燮）

俞廉三　**1895**. 02. 10，**1898**. 02. 26，
06. 03，10. 31，10. 12，11. 26，12.
20，12. 23，12. 29，**1899**. 04. 12，
05. 23，06. 14，10. 17，11. 09，
1900. 07. 22，08. 19，**1901**. 01. 09，
1902. 01. 18，11. 03，05. 25，05.

29，11. 16，**1903**. 01. 24，01. 29，
02. 10，03. 04，03. 24，03. 25，04.
03，**1904**. 03. 24，**1907**. 07. 30

俞履初（見俞正燮）

俞明頤　**1896**. 03. 26，**1902**. 05. 09，
06. 02，07. 17，08. 24，**1903**. 01.
17，02. 12，02. 25，03. 09，03. 10，
03. 21，05. 01，11. 10，11. 11，11.
15，**1904**. 01. 24，01. 26，01. 31，
02. 21，04. 06，11. 05，**1905**. 09.
18，10. 31，11. 09，12. 03，12. 05，
12. 06，12. 13，**1906**. 04. 29，09.
26，12. 13，**1907**. 04. 22，04. 23，
04. 30，06. 17，08. 09

俞明震　**1892**. 04. 29，05. 01，**1894**.
04. 26，05. 07，05. 14，**1895**. 10.
01，12. 25，**1896**. 02. 09，02. 10，
02. 23，03. 05，03. 15，03. 22，03.
28，04. 02，04. 07，04. 23，07. 15，
10. 26，12. 04，**1897**. 01. 21，01.
22，02. 27，03. 13，10. 11，**1898**.
02. 05，02. 12，04. 13，04. 24，04.
29，05. 26，05. 31，06. 02，09. 12，
10. 12，**1899**. 02. 22，04. 02，04.
16，**1901**. 01. 06，**1902**. 05. 09，06.
02，**1903**. 07. 16，08. 21，08. 22，
1904. 01. 26，**1906**. 07. 30，08. 01，
08. 03，08. 11，08. 18，08. 20，09.
24，09. 26

俞塙士（見俞明震）

俞子昭　**1907**.01.30

英溪(見龍紱瑞)

英谿(見龍紱瑞)

魚玄機　**1903**.08.03

愚溪(見龍紱瑞)

愚溪(見沈蓋)

虞(見虞翻)

虞(見虞集)

虞翻　**1900**.04.08

虞集　**1895**.06.04

虞九(見劉虞九)

虞銘新　**1892**.07.24

虞新銘　**1892**.07.28,08.24,09.
　24,10.03,10.04,10.10,10.20,
　1893.04.16,05.24,05.25,07.
　11,07.14,09.03,**1895**.09.04,
　10.02

漁洋(見王士禎)

餘卿(見沈餘卿)

雨老(見張祖同)

雨老(見朱昌琳)

雨泉(見秦雨泉)

雨珊(見張祖同)

雨田(見任貴震)

雨翁(見秦雨泉)

雨翁(見張祖同)

雨丈(見張祖同)

雨植(見黃彊)

禹(見禹之謨)

禹　**1892**.08.19,**1892**.09.09,

1893.07.30,**1897**.03.07,**1898**.
　04.06,**1900**.01.29

禹疇(見陳禹疇)

禹門(見彭承謨)

禹某(見禹之謨)

禹之謨　**1906**.06.24,06.28,07.
　18,07.31,08.01,08.08,08.10,
　08.12,08.13,08.18,08.26,08.
　28,09.03,**1907**.01.01,12.03

庾山(見陳乃績)

庾信　**1893**.09.12,**1900**.02.03,
　1907.11.06

庾子山(見庾信)

與植(見黃彊)

玉芳(見皮玉芳)

玉階(見李明墀)

玉昆(見鄒裕昆)

玉帥(見周馥)

玉堂(見鄧玉堂)

玉田(見黃炳離)

玉谿(見李商隱)

育(見夏育)

喻忱　**1892**.06.23,**1896**.09.03

喻凡(見羅喻凡)

喻改釗　**1896**.09.03

喻紀綱　**1905**.06.12

喻見宗　**1898**.09.24

喻澍山　**1897**.11.26,12.23

喻樹　**1898**.05.07

喻顯宗　**1898**.09.30

09,06. 28,07. 19,07. 21,07. 30,
08. 07,08. 10,08. 23,09. 01,09.
05,09. 07,09. 10,09. 15,09. 27,
10. 15,10. 31,12. 26,**1907**. 06.
05,10. 01,11. 26,12. 27,12. 29,
1908. 01. 28,02. 13,02. 14

袁帥（見袁世凱）

袁爽秋（見袁昶）

袁慰廷（見袁世凱）

袁翔甫（見袁祖志）

袁小村　**1895**. 05. 23,05. 29,05.
31,06. 15,09. 29,10. 03,10. 04

袁緒欽　**1892**. 03. 16,03. 20,03.
21,03. 23,04. 12,04. 17,04. 24,
05. 10,05. 11,05. 12,05. 14,05.
24,05. 25,05. 26,06. 03,06. 06,
12. 16, 12. 23, 12. 24, 12. 28,
1893. 02. 26,03. 07,12. 07,12.
24,**1894**. 01. 29,02. 07,02. 10,
02. 11,02. 12,02. 13,02. 14,05.
07,11. 16,11. 21,12. 13,12. 17,
12. 18,12. 19,12. 23,12. 25,12.
26,12. 28,12. 29,**1895**. 01. 01,
01. 10,01. 30,02. 04,02. 16,05.
11,06. 09,**1896**. 02. 09,02. 10,
02. 14,02. 16,02. 24,02. 28,03.
05,03. 15,03. 28,**1897**. 01. 11,
01. 17,**1898**. 01. 03,01. 04,01.
10,01. 23,02. 06,12. 31,**1899**.
10. 25,**1900**. 02. 24,03. 01,08.

09,08. 10,12. 22,**1901**. 02. 05,
03. 06,04. 26,05. 12,10. 15,
1902. 05. 26,05. 30,09. 20,10.
02,11. 13,**1903**. 02. 17,02. 18,
06. 10,06. 28,06. 29,07. 01,07.
03,07. 05,07. 06,07. 07,07. 08,
07. 09,07. 10,07. 15,07. 18,07.
24,07. 27,07. 31,08. 09,08. 17,
08. 18,08. 23,08. 26,08. 27,08.
30,08. 31,09. 01,09. 02,09. 03,
09. 05,09. 25,**1904**. 05. 14,05.
24,**1906**. 07. 21,07. 27,08. 23,
08. 27,09. 12,10. 21,10. 23,
1907. 03. 22,12. 27

袁堯年　**1899**. 03. 15,03. 19

袁幼安　**1907**. 10. 20,11. 25

袁子才（見袁枚）

袁子純　**1896**. 04. 29,06. 21,11.
07,11. 09,11. 13,**1897**. 05. 06,
05. 13,06. 07,08. 19,08. 22,08.
30,09. 02,09. 05,**1898**. 06. 20,
06. 29,07. 30,08. 05,08. 11,08.
20,10. 09,**1900**. 01. 13,**1901**. 04.
19,05. 26

袁子良　**1896**. 11. 13

袁宗濂　**1895**. 09. 23,10. 03,10.
19,**1896**. 04. 20,04. 23,05. 17,
05. 19,06. 15,07. 06,08. 31,
1897. 03. 31,04. 20,06. 04,**1898**.
06. 23

載瀅　**1900**.10.01

載澤　**1905**.08.01,09.28,09.29,
　10.10,10.28,**1906**.01.10,02.11

載振　**1903**.04.04,05.28,06.01,
　06.13,06.28,**1904**.01.23,**1905**.
　07.16,11.10,**1907**.05.20,05.
　25,05.30,06.16

再筠(見華輝)

再雲(見華輝)

贊鈞(見成克襄)

贊雲(見華輝)

臧洪　**1900**.07.04

臧琳　**1898**.08.04

臧文仲　**1893**.02.09,**1898**.06.24

藻廷(見譚藻廷)

則天(見武則天)

澤(見載澤)

澤安　**1907**.03.10

澤臣(見狄澤昀)

澤生(見狄澤昀)

澤生(見夏敬履)

曾(見曾鞏)

曾(見曾廣銓)

曾(見曾國藩)

曾(見曾紀澤)

曾(見曾慶溥)

曾(見曾熙)

曾邦傑　**1892**.08.14

曾賓谷(見曾燠)

曾丙熙　**1896**.11.30,**1898**.05.30,

　11.28,11.30,**1899**.01.03,01.
　04,01.05,01.06,01.07,01.12,
　01.30,02.04,07.03,07.07,09.20

曾調鼎　**1896**.04.30

曾鞏　**1893**.08.03,**1895**.06.04

曾廣漢　**1893**.03.12,**1896**.05.19,
　1900.08.24,**1901**.09.22,12.07

曾廣鈞　**1894**.04.24,05.07,10.
　30,11.16,11.19,**1895**.12.22,
　1896.09.23,**1898**.05.15,10.12,
　1903.07.16,**1904**.01.18,**1905**.
　10.20,**1907**.07.06,07.09

曾廣詮(見曾廣銓)

曾廣銓　**1898**.09.19,

曾國藩　**1892**.02.04,04.30,**1893**.
　08.31,**1895**.07.03,**1896**.06.22,
　1897.09.13,**1898**.02.19,04.10,
　05.09,05.21,05.22,09.22,
　1899.04.20,**1900**.08.19,**1903**.
　04.20,04.28

曾國荃　**1892**.02.04,**1895**.12.06,
　1896.01.02,**1903**.06.17

曾鉌　**1899**.01.23,**1899**.01.30,
　1899.02.07,**1899**.02.14,**1902**.
　04.05

曾宏興　**1902**.07.17

曾洪茂　**1897**.10.27,11.03,**1901**.
　09.16

曾侯(見曾紀澤)

曾懷柳(見曾介石)

09,09. 15,09. 16,09. 17,09. 18,
09. 19,11. 23,12. 02,**1895**. 01.
27,02.18,09.01

張寶孫 **1893**.07.17

張本立 **1901**. 01. 06,01. 14,06.
08,**1902**.01.19,07.01

張必明 **1897**.02.13

張璧生 **1907**.04.09

張表 **1901**.01.13

張炳南 **1904**.01.15

張炳仁 **1893**.11.28

張炳喆 **1893**. 07. 17,09. 14,10.
29,**1894**.04.30

張伯純(見張通典)

張伯厚 **1897**.03.13

張伯良 **1898**.02.14

張伯興(見張紹齡)

張蒼 **1893**.06.03,**1899**.05.30

張承基 **1900**.11.26

張承叙 **1906**.04.16

張承祖 **1892**. 06. 30,08. 08,08.
16,08. 18,09. 13,09. 24,10. 15,
11.06,**1893**.04.22

張船山(見張問陶)

張垂纓 **1897**.08.17,08.19,08.27

張次宗 **1898**.03.25

張璁 **1895**.07.28

張大經 **1895**.07.02

張代榮 **1897**.12.09

張丹銘 **1895**. 07. 14,07. 19,07.

22,07. 23,09. 07,09. 08,09. 09,
09.17,09. 22,10. 15,10. 16,10.
19,10. 20,10. 21,10. 22,**1896**.
03.09,04. 20,05. 04,05. 06,05.
10,06. 02,06. 22,07. 08,07. 20,
09.14,09. 19,09. 21,09. 22,09.
23,10. 12,10. 19,10. 21,10. 25,
12.03,12. 19,12. 31,**1897**. 01.
02,07. 31,08. 02,09. 01,**1898**.
11.12,**1899**.01. 12,**1900**.02. 04,
02.11,05. 30,**1901**. 04. 19,06.
22,**1903**.10.04,**1906**.03.16

張亶臣(見張祖綸)

張道 **1899**.11.16,12.26

張德溪 **1893**.04.20

張殿撰(見張謇)

張鼎元 **1907**.12.09

張度西 **1895**.06.27,08.27

張方伯(見張紹華)

張飛鴻 **1905**.11.09

張鳳翔 **1897**.07.01

張鳳藻 **1893**.04. 19,04. 27,**1894**.
07. 03,08. 02,09. 01,09. 02,
1895.04. 02,07. 15,**1896**.04. 23,
1897.08. 25,**1898**.09.05,10.14

張皋文(見張惠言)

張根青 **1904**.03. 02,03. 03,03.
05,04. 04,04. 05,11. 02,**1905**.
01.17,02.22

張庚生 **1904**.02. 01,03. 11,03.

20, 04. 25, 05. 13, 10. 25, **1905**.
03. 18, **1906**. 12. 02, **1907**. 01. 22,
03. 18

張賡颺 **1897**. 06. 24, 07. 13, 07.
17, 07. 20, 08. 30, **1898**. 02. 08,
06. 17, 06. 21, 08. 26

張賡雲 **1897**. 06. 24

張公束(見張鳴珂)

張宮保(見張之洞)

張恭 **1899**. 10. 13

張苟合 **1899**. 01. 30, 09. 03, 09. 22

張觀詧(見張鶴齡)

張光淵 **1901**. 10. 07

張廣淵 **1907**. 06. 18

張鬼奴(見張蔭桓)

張國光 **1896**. 05. 07, 06. 08, 06.
20, 08. 22, 09. 21, 10. 30, **1897**.
04. 29, 08. 20, 11. 01, **1898**. 09. 30

張漢臣(見張希僑)

張漢卿(見張賡颺)

張漢彝 **1899**. 05. 02

張翰臣(見張希僑)

張翰卿(見張賡颺)

張鶴齡 **1903**. 06. 27, 06. 28, 06.
29, 11. 03, 11. 04, 12. 04, **1904**.
02. 27, 03. 13, 03. 17, 03. 30, 09.
28, 10. 01, 10. 03, 10. 06, 10. 15,
10. 17, 11. 12, 11. 13, 11. 24, 11.
26, 11. 27, 12. 03, 12. 09, 12. 05,
12. 06, 12. 08, 12. 29, 12. 31,

1905. 01. 13, 01. 30, 04. 13, 04.
14, 04. 23, 04. 25, 05. 12, 06. 27,
07. 31, 08. 17, 08. 29, 09. 12, 10.
16, 10. 19, 11. 14, **1906**. 02. 12,
05. 05, 05. 07, 05. 16, 05. 23, 05.
30, 06. 02, 07. 18, 08. 15, 09. 24,
09. 25, **1907**. 08. 03, 08. 28, **1908**.
02. 18

張黑(見張世畸)

張亨甫(見張際亮)

張亨嘉 **1894**. 02. 02, 12. 20, **1904**.
02. 22, 12. 28, **1905**. 02. 20, 07.
23, 09. 09, 10. 16, **1906**. 02. 18,
1907. 08. 31

張恒裕 **1894**. 11. 13, **1899**. 02. 06

張橫渠(見張載)

張衡 **1893**. 05. 27, 05. 28

張鴻順 **1899**. 03. 14

張華 **1892**. 09. 02, **1895**. 08. 14,
1897. 02. 19

張奐 **1899**. 12. 11, **1903**. 12. 16

張焕南 **1900**. 10. 06

張惠南 **1905**. 03. 14

張惠言 **1892**. 08. 02, **1894**. 02. 01,
1895. 09. 03, **1897**. 02. 21, **1899**.
06. 13

張緝光 **1896**. 03. 17, 08. 24, 09.
13, **1897**. 12. 03, 12. 07, 12. 08,
1898. 08. 21, **1899**. 01. 12, 01. 19,
05. 20, **1900**. 02. 11, **1901**. 02. 01,

09. 07,**1902**. 03. 30,**1906**. 02. 28,
08. 09

張讜 **1898**. 02. 19

張季卿 **1903**. 03. 05,03. 08,03.
15,03. 18,12. 25,**1904**. 01. 17,
1905. 09. 21

張季山 **1893**. 12. 04,**1899**. 04. 24,
04. 25,07. 18,07. 20

張季直(見張謇)

張際亮 **1893**. 12. 27

張繼卿 **1903**. 02. 17

張繼渠 **1894**. 06. 28

張繼煦 **1903**. 12. 26

張家驤 **1894**. 04. 24,**1896**. 02. 28,
02. 29,**1902**. 07. 06,07. 07,07.
12,07. 18,07. 29

張監院(見張希僑)

張柬之 **1898**. 10. 13

張儉 **1898**. 10. 12

張謇 **1894**. 05. 15,05. 21,**1897**.
10. 01,**1898**. 08. 26,**1899**. 01. 30,
1901. 07. 11,**1902**. 07. 11,**1905**.
02. 01,**1906**. 08. 05

張見六 **1897**. 08. 07,08. 16,08.
17,08. 19

張建勳 **1903**. 08. 18

張鑒臣 **1895**. 10. 25

張江陵(見張居正)

張介侯(見張澍)

張錦瑞 **1904**. 01. 15,01. 23

張錦堂 **1897**. 08. 07,08. 22,08.
26,08. 27,**1901**. 05. 13

張錦棠(見張錦堂)

張敬夫 **1899**. 05. 05,05. 06,05.
07,05. 08

張鏡堂 **1896**. 03. 16

張九鉞 **1895**. 06. 30

張居正 **1900**. 04. 27

張捄 **1894**. 07. 22,07. 26,09. 16,
1895. 04. 02,07. 15,10. 19,**1896**.
05. 21,08. 22,10. 02,11. 09,11.
11,**1897**. 10. 20

張俊揚(見張正暘)

張凱嵩 **1894**. 02. 05

張克誠 **1901**. 12. 02

張恪存(見張育鳳)

張力臣 **1901**. 02. 14

張立昌 **1907**. 09. 05

張廉訪(見張紹華)

張良 **1898**. 03. 09,05. 21,05. 22

張亮臣(見張祖蔭)

張麟 **1901**. 05. 05

張靈 **1896**. 03. 04

張履 **1895**. 09. 09

張髦 **1893**. 08. 20

張茂卿 **1903**. 06. 19,06. 27,07.
10,08. 02,09. 02

張勉南(見張祖笏)

張勉堂 **1896**. 05. 17,05. 19,06.
02,**1897**. 04. 19,04. 22,09. 01,

11. 26, **1898**. 04. 29, 05. 02, 06.
17, 08. 24, 10. 06, 10. 09, 10. 10,
10. 11, 10. 13, 10. 14, **1899**. 02.
02, 03. 25, **1901**. 06. 17, 06. 20,
06. 22, 06. 27, 07. 01, 07. 08, 07.
15, 08. 17, **1902**. 03. 07, 12. 24

張冕堂(見張勉堂)

張敏　**1908**. 02. 06

張名傑　**1903**. 06. 21

張鳴珂　**1892**. 10. 07, **1894**. 03. 13

張鳴岐　**1907**. 12. 28

張謨　**1903**. 11. 12

張某(見張正暘)

張穆　**1899**. 10. 16

張納　**1901**. 03. 26

張南屏　**1899**. 07. 10, **1900**. 01. 14

張南齋　**1897**. 09. 11, **1900**. 05. 24

張佩綸　**1894**. 12. 02, **1901**. 03. 26,
1902. 04. 30, 09. 03, **1903**. 11. 01

張平子(見張衡)

張其楷　**1905**. 08. 05

張啟芳　**1906**. 07. 05, **1907**. 01. 16

張啟明　**1893**. 09. 15, **1894**. 06. 26,
1895. 07. 28, 10. 05, 10. 18, **1896**.
05. 12, 08. 21, 10. 28, **1897**. 03.
31, 08. 18, 08. 31, 09. 09, **1898**.
04. 02

張憩雲　**1897**. 04. 11

張遷　**1895**. 08. 22, **1899**. 11. 20,
1899. 12. 03

張謇　**1895**. 02. 03

張樵野(見張蔭桓)

張欽　**1906**. 11. 07

張晴巖　**1895**. 03. 04

張慶勛　**1907**. 01. 15

張秋崖(見張瑞林)

張秋岩(見張瑞林)

張人駿　**1907**. 08. 16

張仁黼　**1903**. 08. 05

張榮纓　**1897**. 08. 16

張濡　**1898**. 03. 14

張汝梅　**1899**. 02. 07, 03. 17

張瑞林　**1896**. 10. 30, 10. 31, 11.
01, 11. 05, **1897**. 04. 21, 04. 23,
04. 25, 04. 28, 05. 01, 05. 07, 05.
08, 06. 10, 07. 11, 07. 15, 08. 28,
08. 31, 09. 01, 09. 03, 09. 07

張潤章　**1894**. 10. 22, 10. 28

張三先生(見張百熙)

張尚書(見張百熙)

張少庚　**1893**. 01. 15, 04. 01, **1894**.
02. 14, **1895**. 02. 13, **1899**. 06. 30,
1902. 02. 10, **1904**. 12. 29, 12. 30,
1905. 01. 06, 01. 16, 01. 22, 01.
25, 01. 26, 02. 14, **1906**. 08. 17,
1907. 01. 12

張少南　**1898**. 03. 31

張少熙(見張緝光)

張劭熙(見張少熙)

張紹莘　**1897**. 03. 13, 04. 11, 05.

22,07.13,**1898**.03.04,03.05,
06.15,06.16,10.07,10.09,11.
21,11.22,11.30,12.11,**1899**.
01.09,01.10,11.11,**1901**.10.
28,12.04,12.20,**1902**.01.01,
01.19,03.09,03.15,03.29,04.
05,04.26,05.22,06.25,09.03,
09.13,10.18,**1903**.06.14,**1904**.
03.09,**1905**.01.14,11.26,**1906**.
10.01

張紹璜　**1896**.10.18

張紹齡　**1893**.03.06,03.09,**1900**.
07.10,07.12,07.22,**1902**.03.
13,10.18,**1904**.10.27,10.30,
1905.01.23,02.13,03.13,03.
14,06.17,06.24,08.10,09.09,
1906.11.07,**1907**.06.01,09.03,
09.08,09.11,09.12,09.14,09.
16,12.05,**1908**.01.26

張紹熙(見張緝光)

張升猷　**1897**.02.06

張石琴　**1897**.10.06

張石卿　**1897**.11.05

張石生(見張家驤)

張石孫(見張家驤)

張石蓀(見張家驤)

張石州(見張穆)

張士珩　**1894**.12.28,12.30

張世畸　**1894**.08.17,**1895**.04.02,
05.20,**1896**.05.07,05.17,**1897**.

11.01

張世傑　**1897**.04.20

張世孫(見張家驤)

張栻　**1898**.03.09,**1904**.11.09

張守智　**1902**.11.14

張壽浯　**1897**.11.10

張綬黄　**1896**.05.05

張書鼎　**1896**.04.22

張恕堂　**1902**.07.30

張澍　**1905**.11.25

張澍堂　**1897**.12.29,**1902**.07.24

張樹森　**1895**.05.14

張嗣旭　**1892**.11.07,**1893**.04.18,
1894.06.25,08.25,**1895**.04.02,
08.30,**1896**.04.20

張松宇　**1901**.10.10

張天師　**1897**.11.19,**1901**.09.17

張通典　**1897**.03.17,**1898**.01.23,
02.01,02.14,02.21,09.19,
1900.02.22,**1904**.05.25

張通焕　**1898**.04.10

張通理　**1900**.02.22

張通謨　**1903**.07.15,07.26

張通煜　**1900**.02.22

張位賢　**1898**.06.17,07.14,10.08

張渭樵　**1903**.01.17

張文達(見張百熙)

張文瀾　**1901**.04.14

張文生　**1894**.12.08

張問陶　**1896**.03.04,03.05

張梧岡　**1897**.04.30,05.27,**1904**.
04.10

張希僑　**1895**.04.02,04.05,04.
08,04.09,04.24,05.11,05.24,
06.12,07.03,08.10,09.11,09.
18,10.15,10.20,10.27,**1896**.
04.21,04.25,04.27,06.24,07.
22,08.17,08.25,11.05,**1897**.
04.24,06.24,08.22,08.28,
1898.07.25,09.12

張錫年　**1895**.04.03,**1897**.10.20

張錫壽　**1896**.12.27,**1897**.01.02,
1899.04.12

張霞村(見張光淵)

張先炳　**1907**.01.22

張峴堂　**1896**.05.21,06.26,06.
28,07.04,07.07,07.12,07.27,
08.16,08.17,08.20,09.08,09.
13,09.17,09.20,10.02,10.16,
10.03,10.04,10.05,10.08,10.
11,10.12,10.14,10.25,10.26,
11.04,11.08,11.10,**1897**.04.
26,04.27,04.28,**1898**.10.15,
12.06,12.23

張香帥(見張之洞)

張香濤(見張之洞)

張襄沅　**1903**.05.28

張小船(見張紹華)

張小傳(見張紹華)

張小屏　**1902**.08.31

張小圃(見張鶴齡)

張小松　**1903**.06.03,06.27,07.
03,07.08,08.01,08.02,09.02,
1904.03.17

張小翁(見張鶴齡)

張小芸　**1898**.05.26

張筱船(見張紹華)

張筱傳(見張紹華)

張筱翁(見張紹華)

張孝良　**1906**.11.06

張孝謙　**1894**.04.11

張孝熙　**1904**.04.14,**1906**.10.15

張協沅　**1898**.05.02

張燮臣　**1902**.01.26

張燮君(見張亨嘉)

張燮鈞(見張亨嘉)

張燮堂　**1892**.05.16

張蟹蘆　**1905**.12.20,**1906**.02.04,
02.16,07.03

張星炳　**1907**.03.16

張杏春　**1907**.02.23,03.05,03.
07,03.17,03.18,03.19,04.17,
06.28,08.31,10.30,11.03,11.23

張煦　**1903**.12.19

張萱　**1901**.02.20

張璿伯　**1900**.01.14

張學培　**1897**.05.10

張學勤　**1902**.09.20

張學使(見張預)

張洵　**1896**.04.20,08.22,**1897**.

07.04

張堯卿　**1899**.07.04,07.11,07.23,07.26,**1900**.11.12,**1906**.03.19,12.28

張瑤林　**1903**.04.04

張冶秋(見張百熙)

張垫老(見張百熙)

張垫秋(見張百熙)

張垫翁(見張百熙)

張垫丈(見張百熙)

張野老(見張百熙)

張野秋(見張百熙)

張野翁(見張百熙)

張一麐　**1903**.08.30

張儀　**1900**.07.14

張彝初　**1906**.11.14

張彝仲　**1899**.04.30,**1902**.05.31

張翼雲　**1898**.05.11,**1902**.12.20,**1904**.02.01,**1907**.03.16

張蔭桓　**1895**.01.17,01.20,01.23,01.30,02.15,02.20,02.22,02.23,03.01,**1897**.04.11,12.17,**1898**.07.27,08.05,08.06,08.14,08.17,10.03,10.19,10.31,11.21,**1900**.01.06,08.16,08.30,**1905**.07.16

張英麟　**1903**.03.02

張焚遑　**1892**.09.01

張永太　**1898**.09.09

張永堂　**1902**.07.23

張詠仙　**1892**.02.29,03.01,06.13,**1895**.10.05,10.09,**1897**.05.03,05.24,06.24

張又甫　**1907**.11.20,**1908**.03.04

張幼杜　**1898**.12.31

張幼林　**1892**.04.25

張幼樵(見張佩綸)

張佑賢　**1897**.10.22,**1898**.06.17,07.14,10.08,**1902**.10.29,**1903**.07.16

張于湖　**1905**.07.01

張雨(見張祖同)

張雨老(見張祖同)

張雨珊(見張祖同)

張雨翁(見張祖同)

張雨丈(見張祖同)

張玉珊　**1895**.10.11

張育鳳　**1905**.06.29

張預　**1892**.02.02,**1894**.10.17,12.20,**1899**.10.23,11.16

張毓麟　**1897**.02.06

張元　**1899**.04.20

張元濟　**1898**.06.20,**1902**.04.05

張元玉　**1892**.03.29

張雲衢　**1903**.08.30

張運智　**1905**.05.04

張載　**1898**.02.14,02.19,04.06

張贊明(見張祖祺)

張曾敭　**1900**.10.01,**1905**.07.23,**1907**.09.07,10.07

張曾祐 **1902**. 07. 17
張振湘 **1907**. 03. 16
張振遠 **1907**. 05. 19
張正暘 **1897**. 11. 12, **1899**. 08. 11
張之洞 **1892**. 07. 29, 10. 30, **1894**.
　11. 14, 12. 30, **1895**. 01. 11, 04.
　28, 05. 25, 06. 17, 09. 03, 09. 13,
　10. 06, 12. 21, **1896**. 01. 16, 01.
　18, 02. 28, 06. 19, 08. 24, 09. 02,
　11. 02, 12. 30, **1897**. 01. 13, 02.
　07, 02. 28, 03. 02, 03. 27, 04. 11,
　05. 06, 05. 27, 07. 09, 11. 16, 11.
　27, 11. 30, 12. 04, 12. 17, 12. 20,
　1898. 01. 08, 01. 26, 02. 12, 04.
　24, 04. 28, 05. 01, 05. 09, 05. 15,
　05. 18, 05. 21, 05. 22, 06. 12, 07.
　11, 07. 18, 07. 27, 08. 05, 08. 08,
　08. 13, 09. 08, 09. 21, 09. 30, 10.
　04, 10. 07, 10. 09, 10. 12, 10. 14,
　10. 19, 10. 29, 10. 30, 11. 04, 11.
　12, 12. 23, 12. 29, **1899**. 01. 06,
　01. 09, 01. 30, 03. 14, 05. 22, 05.
　23, 05. 24, 06. 14, 06. 24, 07. 09,
　07. 24, 09. 22, 12. 27, **1900**. 03.
　20, 06. 09, 06. 15, 06. 24, 06. 27,
　07. 19, 07. 22, 07. 26, 07. 27, 08.
　05, 08. 19, 08. 20, 09. 01, 09. 15,
　09. 17, 09. 18, 09. 20, 09. 21, 09.
　24, 09. 26, 10. 01, 10. 03, 10. 27,
　10. 30, 11. 23, 12. 07, **1901**. 01.

09, 02. 18, 04. 02, 04. 13, 04. 21,
04. 25, 05. 11, 05. 12, 05. 29, 06.
03, 06. 14, 07. 22, 08. 21, 09. 01,
09. 10, 09. 12, 09. 15, 09. 21, 09.
23, 09. 30, 10. 04, 10. 09, 10. 20,
10. 31, 11. 05, 11. 30, 12. 10,
1902. 01. 17, 03. 07, 03. 09, 05.
09, 05. 29, 06. 02, 06. 30, 07. 18,
07. 28, 10. 08, 11. 03, 12. 10,
1903. 01. 19, 01. 20, 02. 06, 02.
07, 02. 11, 02. 15, 03. 01, 04. 30,
06. 03, 06. 09, 06. 13, 06. 15, 06.
18, 06. 20, 06. 22, 06. 25, 06. 26,
06. 27, 06. 29, 06. 28, 07. 03, 07.
09, 07. 10, 07. 11, 07. 12, 07. 14,
07. 16, 07. 19, 07. 24, 07. 27, 08.
03, 08. 05, 08. 06, 08. 08, 08. 13,
08. 15, 08. 16, 08. 17, 08. 25, 08.
28, 10. 11, 11. 11, 11. 12, 12. 02,
12. 12, **1904**. 01. 02, 01. 10, 02.
10, 02. 11, 03. 18, 04. 26, 05. 06,
05. 13, 09. 27, 10. 19, 11. 25, 11.
26, 12. 06, **1905**. 01. 15, 02. 01,
02. 27, 04. 19, 05. 10, 05. 12, 05.
19, 05. 20, 05. 22, 05. 25, 05. 27,
06. 03, 06. 08, 06. 14, 06. 21, 06.
27, 06. 30, 07. 10, 07. 23, 08. 26,
09. 07, 09. 19, 09. 21, 10. 22, 10.
26, 10. 29, 11. 07, 11. 17, 11. 28,
12. 06, 12. 21, **1906**. 02. 07, 02.

27,04. 07,04. 10,04. 29,05. 19,
05. 26,06. 02,06. 10,06. 11,06.
15,06. 29,07. 30,08. 08,08. 10,
08. 18,08. 21,08. 23,09. 05,09.
07,10. 02,10. 08,10. 15,10. 17,
10. 27,12. 19,12. 26,**1907**. 01.
17,01. 28,01. 30,03. 03,04. 06,
06. 13,06. 26,06. 28,07. 06,07.
11,07. 27,07. 29,08. 08,08. 14,
08. 20,08. 30,09. 06,09. 09,09.
11,09. 14,09. 16,09. 17,10. 01,
10. 11,10. 29,11. 30,12. 12,12.
13,**1908**. 01. 22,01. 28,02. 14

張之基 **1903**. 10. 31

張芝岑 **1896**. 12. 08,12. 16,**1902**.
11. 12

張芝生(見張錫壽)

張幟 **1907**. 11. 28

張中堂(見張之洞)

張仲卿 **1899**. 08. 13

張仲泉 **1897**. 03. 10

張仲思 **1902**. 11. 26,12. 11

張仲友 **1904**. 04. 26,04. 29,**1907**.
04. 21,**1908**. 01. 16

張竹濱 **1893**. 08. 22,11. 11,11.
15,11. 28,12. 21,12. 22,**1894**.
02. 14

張壽 **1904**. 02. 27

張卓 **1907**. 06. 05

張子成 **1905**. 11. 21

張子豐 **1904**. 12. 09

張子亮 **1897**. 10. 21

張子卿 **1905**. 08. 28

張子善 **1894**. 02. 12,**1898**. 04. 14

張子彝(見張學培)

張子虞(見張預)

張子玉 **1900**. 01. 14,10. 03,**1901**.
06. 09

張子雲 **1904**. 02. 06,02. 28,05.
12,05. 14,**1906**. 08. 30

張子蘊 **1897**. 06. 28

張祖笏 **1895**. 07. 19,09. 08,10.
27,**1896**. 04. 19,04. 21,04. 24,
04. 30,05. 02,05. 06

張祖綸 **1892**. 04. 15,05. 08,05.
09,**1900**. 10. 06,**1906**. 09. 01,10.
07,11. 15,**1907**. 01. 27,**1908**. 01.
28,01. 29

張祖祺 **1895**. 07. 05

張祖同 **1893**. 01. 04,03. 06,03.
08,04. 01,08. 08,10. 22,10. 29,
11. 16,**1894**. 01. 18,02. 13,10.
18,**1895**. 11. 30,12. 03,12. 05,
1896. 02. 23,02. 28,03. 05,03.
06,03. 08,03. 09,03. 21,11. 30,
12. 04,12. 07,**1897**. 01. 06,01.
07,02. 27,11. 02,11. 21,**1898**.
02. 16,03. 31,05. 27,08. 05,08.
09,08. 23,10. 30,11. 11,**1899**.
04. 27,05. 11,08. 06,08. 20,

振愚（見劉鐸）

正平（見禰衡）

正卿（見黃正卿）

鄭（見鄭觀應）

鄭（見鄭家溉）

鄭（見鄭玄）

鄭（見鄭藻）

鄭（見鄭祖煥）

鄭炳　**1901**.06.06

鄭成功　**1896**.08.03

鄭崇義　**1897**.05.27

鄭純嘏　**1902**.05.12,05.15,05.17,05.21,06.05,06.09,06.10,06.12,07.03,07.09,07.10,07.13,07.15,08.29,09.12

鄭固　**1899**.03.20

鄭觀應　**1895**.07.30,07.31,**1901**.08.20,**1905**.10.08

鄭和　**1897**.06.17

鄭忽　**1893**.08.17,09.08

鄭華　**1904**.04.01

鄭家溉　**1903**.05.28,07.01,07.06

鄭家聲　**1906**.01.03

鄭建　**1903**.11.25,**1904**.01.28

鄭教習（見鄭華）

鄭教習（見鄭藻）

鄭君（見鄭玄）

鄭俊卿　**1905**.01.23,02.02

鄭康成（見鄭玄）

鄭謙　**1904**.05.16,10.15,**1905**.

03.20,03.21,04.08,07.27,08.18,08.20,12.31,**1906**.03.17,07.09

鄭樵　**1893**.05.03,**1906**.08.31

鄭三俊　**1903**.10.17

鄭少華（見鄭藻）

鄭紹華　**1903**.04.25

鄭紹僑（見鄭祖煥）

鄭晟禮　**1898**.12.17,**1902**.03.05,**1905**.01.21,**1906**.01.27

鄭晟應　**1902**.04.30

鄭氏（見鄭玄）

鄭世卿　**1899**.03.11

鄭叔靜（見鄭沅）

鄭舜欽　**1905**.04.14

鄭舜卿　**1903**.04.06,**1905**.12.29

鄭思贊　**1898**.08.17

鄭蘇菴（見鄭孝胥）

鄭堂（見江藩）

鄭陶齋（見鄭觀應）

鄭先聲　**1907**.08.28

鄭襄　**1897**.12.18,12.23

鄭曉　**1907**.02.08

鄭孝胥　**1903**.08.18,10.18

鄭燮　**1895**.01.03

鄭星舫　**1892**.12.13

鄭玄　**1892**.06.21,07.05,07.08,07.18,08.01,08.02,08.12,08.13,08.14,08.15,08.16,08.21,08.22,08.23,09.02,09.04,09.

07,09. 09,09. 27,10. 16,10. 17,
1893. 02. 12,04. 10,04. 11,06.
08,07. 04,07. 09,07. 14,07. 22,
09. 30,**1894**. 03. 07,04. 19,07.
14,07. 16,07. 21,08. 01,10. 01,
10. 25,**1895**. 01. 21,01. 24,01.
28,01. 29,02. 01,02. 17,02. 22,
02. 23,02. 28,03. 02,03. 03,03.
31,06. 02,07. 09,07. 14,07. 23,
07. 28,08. 10,09. 07,**1896**. 03.
10,05. 07,06. 28,07. 07,07. 28,
08. 06,08. 13,08. 31,09. 27,10.
22,11. 01,**1897**. 01. 08,01. 25,
02. 16,03. 07,04. 03,05. 20,06.
06,06. 27,07. 17,07. 28,**1898**.
03. 23,04. 06,06. 19,06. 22,07.
29,09. 14,11. 08,11. 15,11. 16,
11. 19,12. 03,12. 25,**1899**. 01.
01,01. 02,01. 13,01. 20,01. 21,
01. 23,02. 28,03. 19,04. 24,05.
13,07. 29,10. 10,**1901**. 10. 02,
12. 14,**1903**. 12. 16,**1908**. 02. 03,
02. 21

鄭漁仲(見鄭樵)

鄭沅　**1894**. 06. 01,**1896**. 01. 04,
1900. 06. 15,**1903**. 08. 15,09. 24,
1907. 08. 26

鄭曰功(見鄭建)

鄭在衡(見鄭謙)

鄭藻　**1903**. 02. 18,**1904**. 01. 28,

03. 12,03. 14,03. 17,03. 18,03.
21,03. 24,03. 25,03. 27,03. 28,
04. 02,**1907**. 12. 01

鄭湛侯(見鄭襄)

鄭珍　**1896**. 04. 15

鄭衆　**1892**. 10. 06,**1898**. 12. 31

鄭子尹(見鄭珍)

鄭子餘　**1907**. 08. 04

鄭祖煥　**1898**. 07. 27,08. 23,**1900**.
10. 23

之翰(見賀之翰)

之溪(見龍之溪)

支(見支恒榮)

支恒榮　**1903**. 07. 17,**1904**. 11. 11,
1905. 01. 17,09. 04,**1906**. 05. 16,
06. 07

支學使(見支恒榮)

芝岑(見夏獻雲)

芝岑(見張芝岑)

芝初(見陳芝初)

芝房　**1907**. 07. 08,07. 09

芝陔(見賀芝陔)

芝佳　**1905**. 05. 04

芝老(見龍湛霖)

芝農　**1898**. 01. 30

芝山(見向冠羣)

芝生(見李芝生)

芝生(見龍湛霖)

芝翁(見龍湛霖)

芝仙(見皮芝仙)

芝仙(見楊芝仙)

芝貞　**1897**.07.21

枝山(見向冠羣)

直卿(見鄧直卿)

執吾(見唐執吾)

植城(見唐植城)

芷瀾(見賀元彬)

芷青(見陳芷青)

芷生(見趙啟霖)

芷汀(見繆德荣)

志伯愚(見志鋭)

志鈞　**1895**.08.09,**1896**.05.07

志鋭　**1895**.06.13,**1907**.07.23

志仲魯(見志鈞)

秩柄(見黃秩柄)

秩華(見俞秩華)

秩三(見連鼎垚)

秩西(見連鼎焱)

致齋(見黃致齋)

智州公(見皮登樂)

稚安(見湯魯璠)

稚衡　**1908**.01.12

稚華(見俞秩華)

稚璜(見王稚璜)

稚全(見劉稚荃)

稚泉(見劉稚荃)

稚荃(見劉稚荃)

摯虞　**1893**.05.27,**1899**.12.31

質吾(見唐執吾)

穉安(見湯魯璠)

穉泉(見朱穉泉)

中郎(見蔡乃煌)

中實(見易順鼎)

忠襄(見曾國荃)

忠壯公(見黃潤昌)

鍾(見鍾人傑)

鍾伯和　**1896**.06.10

鍾昌駿　**1907**.01.26

鍾覬奎　**1907**.06.27

鍾建　**1898**.06.30

鍾凱　**1905**.11.09

鍾慶咸　**1907**.02.01

鍾人傑　**1895**.04.09,04.11

鍾天緯　**1898**.08.26,10.12

鍾堯階　**1897**.09.23,09.27

鍾元英　**1896**.04.20,04.30,05.
　　23,06.07

種緣(見周逸)

仲丙(見黃仲炳)

仲炳(見黃仲炳)

仲丹(見杜貴墀)

仲蕃(見王景崧)

仲皋(見汪仲皋)

仲海(見秦仲海)

仲海(見周榮期)

仲瑚(見連仲瑚)

仲瑚　**1904**.10.09,**1906**.10.12

仲篯(見彭仲篯)

仲金(見陳作礪)

仲經(見陳作礪)

仲九(見李仲九)

仲舉(見陳蕃)

仲堪(見林仲堪)

仲連(見魯仲連)

仲魯 **1905**.05.12

仲牧(見李仲牧)

仲尼(見孔子)

仲求(見徐仲求)

仲阮(見徐慤立)

仲山師(見廖壽恒)

仲師(見廖壽恒)

仲叔圉 **1907**.02.18

仲蘇(見黃傳祁)

仲仙(見李經羲)

仲變(見程仲變)

仲宣(見李經羲)

仲雅(見楊仲雅)

仲雍 **1894**.08.19

仲友(見張仲友)

仲玉(見周仲玉)

仲元(見周逸)

仲遠(見徐仲遠)

仲曾(見俞仲增)

仲增(見俞仲增)

仲子鳳 1930.07.02

仲紫鳳 **1903**.06.24

重伯(見曾廣鈞)

重元(見周逸)

稟元(見周逸)

周(見周敦頤)

周(見周馥)

周(見姬旦)

周(見周浩)

周(見周士棻)

周(見周綏堂)

周(見周震麟)

周伯勛 **1903**.12.04,12.08,12.09,**1906**.11.24,**1907**.03.08,07.14,12.14

周勃 **1899**.01.05

周渤 **1902**.06.12,**1903**.05.29,07.17

周昌岐 **1893**.11.03

周長侯 **1908**.03.05

周長順 **1901**.11.15

周成王(見姬誦)

周崇福 **1896**.05.12,09.04,09.24,**1897**.06.30,07.15,**1901**.08.09

周傳德 **1906**.02.17,**1907**.11.01

周傳愷 **1906**.02.15,03.11

周傳禮 **1906**.03.11,07.04

周黨 **1903**.03.01,**1903**.03.27

周道焜 **1908**.01.27

周道人(見周漢)

周道生 **1892**.07.20,07.21,07.22,07.26,07.27,07.28,08.03,08.16,08.19,08.24,**1893**.03.21,04.21,06.04,09.16,10.07,10.23,**1895**.02.27,04.30,**1896**.

周爕球(見周起虞)

周爕生(見周起虞)

周賚　**1904**.01.02

周覽　**1902**.07.30,10.30,12.18,**1903**.03.18,10.09,**1904**.10.11,**1905**.03.31,**1906**.03.22

周立老(見周笠西)

周荔樵　**1897**.01.01

周笠老(見周笠西)

周笠西　**1896**.03.16,**1898**.03.08,12.23,**1899**.03.14,04.26,07.11,09.24,10.17,**1901**.09.13,**1902**.05.29,07.07,07.27,08.03,08.04,08.05,08.16

周聯慶　**1899**.09.03

周良翰　**1897**.08.29

周陵生(見周聲溢)

周菱村　**1907**.09.03

周菱生(見周聲溢)

周六湘(見周麓湘)

周鹿湘(見周麓湘)

周麓湘　**1899**.02.11,12.16,**1900**.02.01,**1904**.12.30,**1905**.02.01,05.10,09.17,11.19,12.02,12.05,12.24,12.25,12.31,**1906**.04.08,04.10,09.12,12.29,**1907**.02.04

周密　**1898**.03.09,**1905**.04.19

周某(見周逸)

周某(見周愛諏)

周穆王　**1896**.08.04

周乃斌　**1906**.11.16,11.18

周乃武　**1902**.09.20,**1904**.10.24,10.27,10.31,11.19,**1906**.06.04

周朋壽　**1905**.11.26

周齊　**1895**.09.22,09.28,**1895**.10.23,04.20,**1896**.09.11,**1897**.04.21,07.07,**1898**.06.19,07.23

周起虞　**1903**.03.22,03.08,04.23,04.26,05.06,07.17,07.18,08.29,09.21,10.18,11.03,11.22,11.23,12.18,12.25,**1904**.01.12,03.06,**1905**.05.08,**1906**.09.17,**1907**.03.05,06.16

周啟　**1902**.07.12

周琴邨　**1894**.05.05,05.09

周琹村(見周琴邨)

周勤生　**1897**.03.24

周任綏　**1900**.08.28

周蓉階　**1897**.06.08,**1900**.10.30

周榮期　**1892**.04.18,12.06,12.10,**1893**.11.05,11.24,**1894**.05.07,**1895**.12.27,**1898**.02.02,02.17,05.05,**1904**.12.22

周儒臣　**1906**.02.18,05.10,05.16,06.15,08.22,09.01,09.02,10.01,**1907**.04.23,05.30,07.07,10.06,12.21

周紹堂　**1904**.03.12

周聲和　**1893**.12.22

22,07. 27,08. 03,08. 05,09. 01,
1898.08.13

周湘屏(見周天保)

周曉漁(見周兆簧)

周心約　**1906**.02.16,03.02

周荇老(見周壽昌)

周亞夫　**1895**.06.08

周揚俊　**1904**.02.06

周夷王　**1905**.02.11

周益生　**1898**.03.23

周逸　**1903**.11.30,12.11,12.13,
12.19,12.20,12.29,**1904**.01.
09,02.17,03.03,03.07,03.10,
03.12,03.15,03.29,05.01,05.
06,05.18,09.27,10.02,10.10,
10.11,10.19,10.20,10.23,11.
13,11.14,11.24,11.26,11.30,
12.02,**1905**.01.24,01.26,02.
21,02.23,02.26,02.28,03.01,
03.03,04.03,04.08,04.11,04.
12,04.16,04.29,06.04,06.05,
06.11,06.15,07.20,07.23,07.
25,08.05,08.06,08.14,08.17,
09.17,09.27,09.30,10.05,10.
13,10.15,10.28,11.18,11.24,
12.03,12.05,**1906**.01.09,01.
20,01.22,01.29,03.09,03.11,
03.16,03.23,04.06,05.04,07.
09,07.17,07.26,08.05,08.06,
08.08,08.11,08.16,08.21,08.

24,08.25,08.30,09.10,09.12,
09.17,09.20,09.24,10.01,10.
02,10.23,10.25,11.03,11.08,
11.14,**1907**.01.02,01.07,01.
17,01.23,02.02,02.12,04.07,
04.27

周嶧亭　**1900**.01.04

周翼斌　**1902**.08.01,**1903**.02.19,
02.21

周蔭生(見周印生)

周吟樵　**1903**.02.01,02.17

周印生　**1893**.02.06,**1898**.03.02,
1899.09.10,09.14,12.07,**1900**.
10.17,10.18,**1901**.02.05,02.
22,03.09,03.19,05.22,06.02,
06.08,09.06,09.09,09.15,11.
11,11.15,12.15,**1903**.02.01,
02.06,03.21,05.11,09.26,12.
09,12.11,12.13,12.16,**1904**.
01.28,01.31,02.21,02.27,05.
08,**1907**.08.01,09.03,09.10,
09.12,**1908**.01.06

周郢生　**1892**.04.16,04.18,04.
19,04.22,05.07,05.08,05.11,
05.12,05.13,**1893**.02.05,02.
06,03.15,10.25,11.03,11.28,
1894.02.13,10.26,10.29,**1895**.
12.26,**1896**.01.04,**1898**.02.02,
02.06,02.17,11.02,**1899**.01.
09,03.14,04.04,07.11,08.02,

09. 03, 09. 18, 10. 05, 11. 17,
1900. 03. 30, 09. 12, **1902**. 05. 31,
06. 07, 07. 17, **1903**. 05. 01, 11.
30, **1904**. 02. 06, 12. 25, **1905**. 01.
23, 02. 13, 06. 03, **1906**. 05. 18,
05. 21, 06. 20, 06. 28, 07. 19, 08.
02, 09. 07

周玉崑 **1900**. 08. 06

周玉山(見周馥)

周爱諏 **1907**. 08. 20, 08. 21, 08.
23, 11. 30

周遠鵬 **1905**. 03. 19, 08. 31, **1906**.
01. 12

周運鴻 **1898**. 03. 23

周兆簧 **1901**. 03. 25

周軫 **1898**. 07. 24

周振鱗(見周震麟)

周振武 **1905**. 04. 13

周震鱗 **1903**. 03. 05, 03. 14, 09.
15, 11. 23, **1904**. 01. 28, 10. 11,
10. 17, 10. 29, 11. 02, 11. 04,
1905. 01. 12, 02. 09, 03. 08, 03.
20, 04. 06, 04. 14, 05. 11, 05. 12,
05. 28, 06. 26, 07. 04, 09. 13, 09.
30, 10. 20, 11. 04, 11. 05, 11. 20,
11. 21, 12. 06, **1906**. 02. 09, 02.
12, 03. 12, 03. 16, 04. 09, 05. 02,
05. 30, 06. 15, 06. 17, 06. 20, 06.
25, **1907**. 01. 16, 12. 08

周仲海(見周榮期)

周仲玉 **1906**. 04. 08, 04. 29, 06.
28, **1907**. 09. 22

周仲元(見周逸)

周重元(見周逸)

周壯 **1904**. 10. 17

周子聲 **1895**. 09. 05

紂 **1892**. 07. 31, **1893**. 06. 21

朱(見朱啟鈐)

朱(見朱熹)

朱(見朱錫祁)

朱(見朱益濬)

朱(見朱子陶)

朱愛卿 **1897**. 07. 24, **1900**. 07. 26,
1902. 07. 20

朱百度 **1900**. 04. 27, 10. 09

朱炳 **1904**. 03. 15

朱昌琳 **1896**. 03. 02, **1898**. 02. 02,
03. 24, 03. 31, 04. 22, 11. 04,
1899. 05. 18, **1901**. 03. 30, **1904**.
11. 27, **1906**. 09. 17

朱昌祚 **1901**. 05. 03

朱宸濬 **1893**. 09. 19, **1895**. 10. 28,
1896. 04. 17, **1898**. 03. 01, 04. 04

朱春生 **1895**. 01. 13

朱純卿(見朱益濬)

朱次江 **1895**. 12. 26

朱大韶 **1895**. 06. 15, 06. 20, **1899**.
08. 27, 08. 29

朱德生 **1900**. 06. 06, **1901**. 06. 09

朱迪齋(見朱紹文)

朱太守(見朱其懿)
朱太守(見朱益濬)
朱太尊(見朱其懿)
朱太尊(見朱益濬)
朱廷利　**1906**.03.03
朱桐岡(見朱紹遠)
朱文端(見朱軾)
朱文正(見朱筠)
朱溪雲　**1892**.06.22,06.23,06.
　27,06.30,08.01,08.02,08.07,
　08.11,08.27,08.30,09.05,09.
　13,09.18,09.27,10.02,10.08,
　10.12,10.19,10.26,11.05,11.
　07,11.08,**1893**.04.15,04.17,
　05.02,06.13,06.18,06.22,06.
　29,06.30,07.13,07.18,07.19,
　07.21,07.29,08.08,08.27,08.
　29,09.16,09.24,**1894**.03.08,
　03.10,03.11,03.14,06.22,06.
　25,07.02,07.07,07.11,07.12,
　07.19,07.27,08.04,08.19,08.
　24,08.30,09.05,09.16,**1895**.
　04.02,04.10,04.11,04.24,05.
　13,05.17,05.19,05.27,05.28,
　06.03,06.10,06.29,07.14,07.
　21,07.30,08.09,08.21,08.23,
　08.28,08.29,09.06,09.14,09.
　15,09.18,09.24,10.03,10.05,
　10.13,10.24,10.27,**1896**.04.
　18,05.17,05.22,05.28,07.28,

　08.04,08.09,08.20,09.20,09.
　21,09.26,09.30,10.05,11.01,
　11.02,11.11,**1897**.04.18,05.
　01,06.13,08.01,08.02,08.03,
　08.08,08.17,08.24,08.26,09.
　03,**1898**.05.02,06.14,06.22,
　06.28,07.05,07.21,08.05,08.
　30,09.06,09.09,09.12,09.28,
　09.30,10.01,10.02
朱熹　**1892**.07.08,07.21,**1893**.
　01.07,02.12,05.06,07.14,08.
　11,09.20,**1894**.09.25,10.01,
　1896.07.18,09.27,**1898**.02.19,
　03.01,03.07,03.06,03.09,03.
　14,03.23,04.04,04.06,04.09,
　04.14,04.19,05.19,05.21,05.
　22,07.29,10.01,**1900**.08.24,
　1901.07.26,08.17,08.22,10.
　02,**1903**.07.13,**1904**.11.09,11.
　26,**1905**.03.12,**1906**.09.18,
　1930.70.2
朱錫庚　**1892**.08.17,08.18,09.
　15,10.05,**1894**.07.13,07.19,
　10.17
朱錫年　**1895**.04.14
朱錫祁　**1892**.02.29
朱襄　**1895**.03.29
朱朽(見朱益濬)
朱延生(見朱益年)
朱延熙　**1903**.11.22,12.14,**1906**.

07. 01, 07. 12, 08. 08, **1907**. 02.
21, 03. 06, 03. 23, 04. 17, 04. 23,
05. 26, 06. 07, 06. 08, 09. 15, 09.
29, 10. 02, 10. 06, 10. 13, 11. 08,
11. 10, **1908**. 03. 02

朱一新　**1897**. 08. 07, 08. 08

朱彝尊　**1895**. 08. 02, 08. 12, 09.
01, **1899**. 12. 26, **1901**. 03. 15,
1907. 11. 06

朱益藩　**1897**. 06. 24, 06. 27, **1906**.
09. 06

朱益濬　**1898**. 08. 31, **1902**. 06. 02,
1903. 03. 06, 04. 13, 05. 06, 05.
08, 05. 09, 05. 11, 06. 04, 06. 06,
06. 20, 07. 19, 07. 30, 10. 20,
1904. 01. 10, **1906**. 03. 23, **1907**.
08. 03, **1908**. 01. 14, 02. 28

朱益年　**1897**. 03. 31, 06. 07, **1899**.
12. 28, 12. 30, **1900**. 01. 03, 01.
09, 03. 10, **1901**. 06. 09, 06. 17

朱益齋(見朱延熙)

朱蔭濤　**1907**. 12. 10, **1908**. 01. 08

朱英甫　**1896**. 11. 12

朱應登　**1895**. 05. 01

朱由檢　**1896**. 08. 08, **1898**. 04. 15,
04. 19, 05. 10

朱由榔　**1898**. 05. 19

朱由崧　**1896**. 08. 08

朱迺然　**1899**. 07. 12

朱右曾　**1897**. 01. 13, 02. 18

朱雨田(見朱昌琳)

朱雨翁(見朱昌琳)

朱元璋　**1895**. 09. 08, **1893**. 08. 12

朱允炆　**1895**. 09. 08

朱震亨　**1901**. 10. 20

朱之弼　**1894**. 02. 24

朱制軍(見朱昌祚)

朱稚全　**1907**. 07. 29

朱稚泉　**1903**. 04. 12

朱穉泉　**1907**. 12. 08, 12. 15

朱竹垞(見朱彝尊)

朱子(見朱熹)

朱子陶　**1904**. 04. 02, 04. 03, 04.
04, 04. 19, 09. 28, 10. 10, 10. 12,
10. 28, **1905**. 01. 14, 01. 15, 01.
17, 01. 24, 01. 26, 01. 30, 02. 05,
02. 08, 02. 09, 02. 13, 02. 14, 03.
02, 03. 03, 03. 05, 03. 11, 03. 12,
03. 17, 03. 18, 03. 22

朱字綠(見朱世文)

朱祖謀　**1900**. 08. 21, 10. 11

諸(諸利賓)

諸葛(見諸葛亮)

諸葛亮　**1894**. 05. 29, 07. 11, **1898**.
02. 19, 09. 28, **1899**. 01. 12, **1900**.
03. 31, **1903**. 12. 16

諸葛武侯(見諸葛亮)

諸利賓　**1907**. 05. 02, 05. 03

諸梁(見葉德輝)

竹濱(見張竹濱)

竹垞(見朱彝尊)

竹帥(見夏岑)

燭武　**1892**.01.31

柱臣(見劉佐楫)

柱丞(見劉佐楫)

祝睦　**1897**.07.06

祝誦　**1898**.05.09

顓(見顓頊)

顓頊　**1892**.08.19,**1900**.03.02

撰之(見黎撰之)

莊(見載勛)

莊(見莊廣良)

莊(見莊子)

莊存與　**1892**.06.25,07.01,07.
31,**1893**.06.11,07.24,07.29,
11.06,**1894**.09.26,**1896**.08.07

莊道(見莊廣良)

莊廣良　**1895**.11.16,**1897**.12.09,
1900.06.12,**1906**.03.08,06.24,
07.26,08.13,09.21,09.24,09.
29,12.11,12.13,**1907**.04.06,
09.20

莊公(見莊廣良)

莊觀誉(見莊廣良)

莊廉訪(見莊廣良)

莊生(見莊周)

莊氏(見莊存與)

莊述祖　**1904**.01.16

莊惺安(見莊廣良)

莊惺菴(見莊廣良)

莊周(見莊子)

莊子　**1892**.03.20,09.08,**1894**.
01.13,03.13,03.04,**1896**.08.
02,**1897**.09.11,**1898**.02.22,03.
09,**1907**.03.19

壯飛(見譚嗣同)

卓如(見梁啟超)

子才(見劉子材)

子材(見劉子材)

子產　**1898**.03.23,**1898**.06.12,
1906.12.29

子城(見皮心維)

子純(見魏子純)

子純(見袁子純)

子大(見程頌萬)

子發(見陳子發)

子服(見楊子服)

子綏(見楊子服)

子高(見戴望)

子庚(見王子庚)

子貢　**1892**.02.23,02.24,**1898**.
02.19,03.09,03.23,04.06,05.
09,08.04,**1901**.06.07

子穀(見曹典球)

子鶴(見程子鶴)

子鴻(見程子鴻)

子厚(見余子厚)

子鳶(見程子鳶)

子暉(見陳子暉)

子家(見黃子家)

子靖（見馮子靖）

子靖（見胡元俠）

子靜（見馮子靖）

子靜（見胡元俠）

子玖（見瞿鴻禨）

子俊（見鄒子俊）

子栗（見左孝寬）

子笠（見許承家）

子琳（見黃子琳）

子路　　1892.03.08,**1898**.02.19,

　03.09,03.23,**1899**.03.20

子莫　　1897.12.24

子牟　　1900.08.19

子培（見唐植城）

子皮　　1899.08.14

子平（見向長）

子期（見李孟麒）

子岐（見李孟麒）

子歧（見李孟麒）

子禽　　1892.02.24

子清（見胡子清）

子瑞（見胡元玉）

子桑伯子　　1894.02.28

子山（見庾信）

子善（見黃子善）

子善（見彭作潤）

子壽（見陸九齡）

子壽（見魏子壽）

子順（見許子順）

子陶（見朱子陶）

子威（見胡元儀）

子夏　　**1894**.01.13,03.04,09.17,

　10.28,**1898**.03.09

子新（見夏獻銘）

子休（見莊周）

子胥（見伍員）

子玄（見劉知幾）

子勛（見胡子勛）

子訓（見許子訓）

子彝（見胡元常）

子巽（見左孝同）

子翊（見魏子翊）

子雍（見王肅）

子魚（見皮子漁）

子漁（見皮子漁）

子餘（見黃昌年）

子餘（見皮子漁）

子元（見陳子元）

子雲（見揚雄）

子雲（見楊度）

子昭（見余肇升）

子肇（見梅子肇）

子貞（見何紹基）

子正（見胡元直）

子政（見胡元直）

子政（見向子政）

子直（見秦子直）

子植（見秦炳直）

子質（見秦炳直）

梓（見繆梓）

26,06. 30,07. 02,07. 17,07. 18,
07. 26,07. 29,08. 01,08. 02,08.
09,08. 27,09. 02,09. 10,10. 17,
1895. 04. 06,04. 08,04. 16,04.
19,04. 21,04. 26,04. 28,05. 09,
05. 12,05. 17,05. 23,05. 25,05.
31,06. 08,06. 12,06. 23,06. 25,
07. 05,07. 15,07. 20,08. 11,08.
21,08. 28,09. 01,10. 11,**1896**.
01. 22,04. 11,05. 07,06. 06,06.
08,06. 09,06. 19,06. 28,07. 03,
07. 07,07. 08,07. 09,07. 11,07.
22,08. 18,08. 22,09. 23,09. 24,
10. 06,10. 18,10. 24,10. 26,10.
29,11. 02,**1897**. 01. 13,04. 11,
04. 12,04. 14,04. 23,04. 26,04.
28,05. 03,05. 04,05. 05,05. 22,
05. 25,05. 26,05. 28,05. 29,06.
01,06. 03,06. 08,06. 10,06. 11,
06. 13,06. 14,06. 16,06. 17,06.
20,06. 30,07. 03,07. 04,07. 05,
07. 09,07. 11,07. 12,07. 15,07.
16,07. 19,07. 24,07. 29,08. 03,
08. 04,08. 05,08. 07,08. 20,08.
25,08. 27,08. 28,08. 30,09. 02,
09. 03,09. 06,09. 09,10. 05,11.
26,**1898**. 01. 18,04. 01,05. 30,
06. 06,06. 11,06. 15,06. 18,06.
19,07. 11,07. 14,07. 17,07. 18,
07. 19,07. 22,07. 23,07. 24,07.

25,07. 26,07. 27,07. 28,07. 30,
07. 31,08. 06,08. 08,08. 21,08.
22,08. 23,08. 30,09. 14,09. 21,
10. 09,10. 13,12. 17,**1899**. 03.
28,04. 02,09. 28,11. 11,12. 27,
1900. 02. 14,04. 27,11. 24,**1901**.
04. 19,12. 27,**1902**. 08. 18,**1906**.
05. 07

鄒淩沅　**1893**. 06. 17,06. 18,**1894**.
05. 07,05. 21,10. 17,**1895**. 04.
08,05. 19,06. 12,**1896**. 04. 22,
08. 01,08. 24,10. 18,10. 24,11.
06,11. 11,**1897**. 04. 23,06. 10,
07. 19,09. 09,**1898**. 06. 25,06.
27,07. 02,07. 14,07. 23,07. 28,
07. 30,08. 05,08. 08,08. 14,08.
19,08. 21,08. 26,09. 13,09. 14,
09. 16,10. 08,10. 12,10. 14,
1899. 06. 28,**1901**. 04. 19,07. 29

鄒某(見鄒容)

鄒容　**1903**. 07. 19,07. 22,08. 02,
08. 21,**1904**. 01. 16,**1906**. 07. 30

鄒森焱　**1903**. 11. 22,11. 27

鄒壽熙　**1902**. 01. 27

鄒叔誠(見鄒淩沅)

鄒叔澂(見鄒淩沅)

鄒叔澄(見鄒淩沅)

鄒叔績(見鄒漢勛)

鄒弢　**1896**. 07. 21

鄒彥　**1892**. 05. 09

10. 29, 12. 02, **1899**. 10. 04, 12.
16, **1902**. 02. 10, 05. 13, 05. 14,
05. 16, **1903**. 01. 10, **1904**. 03. 31,
1905. 02. 14, **1906**. 10. 25, **1907**.
01. 13, 10. 11

左芹生　**1892**. 03. 04, 08. 28, 09. 01

左欽敏　**1894**. 05. 19, 05. 26, **1898**.
12. 29, **1899**. 01. 06, 09. 03, 10. 04

左丘明　**1894**. 09. 17, **1895**. 02. 20,
1896. 09. 28, **1906**. 11. 02

左全孝　**1903**. 08. 05, 08. 19, **1905**.
06. 27

左日升　**1899**. 01. 06

左如(見汪左如)

左四(見左孝同)

左四先生(見左孝同)

左文襄(見左宗棠)

左孝寬　**1893**. 07. 21

左孝同　**1894**. 05. 01, **1895**. 02. 19,
02. 21, 10. 25, **1898**. 02. 11, 02.
16, 02. 17, 03. 21, 03. 22, 03. 25,
04. 05, 04. 18, 04. 23, 04. 25, 05.
09, 05. 15, 05. 28, 05. 30, 05. 31,
06. 01, 06. 05, 09. 14, 12. 23, 12.
25, 12. 29, 12. 31, **1899**. 01. 02,
01. 06, 01. 09, 01. 11, 01. 12, 01.
30, 02. 11, 09. 03, 10. 04, **1900**.
07. 22, **1902**. 08. 25

左孝威　**1898**. 02. 06

左孝勛　**1893**. 07. 21, **1894**. 10. 26

左仲冕　**1900**. 01. 29

左子建(見左孝勛)

左子異(見左孝同)

左子翼(見左孝同)

左子重(見左孝威)

左宗棠　**1892**. 02. 04, **1893**. 03. 05,
03. 21, 07. 06, 07. 21, 08. 31,
1895. 02. 21, 02. 25, 03. 12, **1896**.
07. 14, **1898**. 02. 19, 05. 09, **1899**.
01. 11, 03. 31, **1901**. 11. 14, **1902**.
08. 26, 08. 29, **1903**. 08. 20, 12.
15, **1905**. 01. 17, 06. 07, 06. 08,
1907. 11. 17, **1908**. 02. 29

佐楫　**1904**. 10. 14

佐久間　**1907**. 02. 02

作材(見陳作材)